Stephan Krüger
Epochen ökonomischer Gesellschaftsformationen

Stephan Krüger, Dr. rer. pol., Diplom-Volkswirt, -Kaufmann, -Soziologe, arbeitet als Unternehmensberater für Belegschaften und ihre Repräsentanten (Betriebsräte, Arbeitnehmervertreter in Aufsichtsräten und Gewerkschaften). Er ist außerdem Fellow am »Institut für die Geschichte und Zukunft der Arbeit« (IGZA).

Bislang erschienen von ihm in der Reihe »Kritik der Politischen Ökonomie und Kapitalismusanalyse« bei VSA: Band 1: »Allgemeine Theorie der Kapitalakkumulation« (2010), Band 2: »Politische Ökonomie des Geldes« (2012), Band 3: »Wirtschaftspolitik und Sozialismus« (2016), Band 4: »Keynes und Marx« (2012), Band 5: »Soziale Ungleichheit. Private Vermögensbildung, sozialstaatliche Umverteilung und Klassenstruktur« (2017), Band 6: »Weltmarkt und Weltwirtschaft« (2021).

Außerdem veröffentlichte er bei VSA: »Grundeigentum, Bodenrente und die Ressourcen der Erde. Die Relativierung der Knappheit und Umrisse eines linken Green New Deal« (2020).

Stephan Krüger
Epochen ökonomischer Gesellschaftsformationen

Eckpunkte und Entwicklungslinien der Weltgeschichte

Kritik der Politischen Ökonomie und Kapitalismusanalyse,
Band 7

VSA: Verlag Hamburg

www.vsa-verlag.de

© VSA: Verlag Hamburg GmbH 2023, St. Georgs Kirchhof 6, D-20099 Hamburg
Alle Rechte vorbehalten
Druck und Buchbindearbeiten: CPI books GmbH, Leck
ISBN 978-3-96488-143-4

Inhalt

Vorwort 11

Erster Abschnitt:
Fundamentalbestimmungen der materialistischen Geschichtsauffassung

Kapitel 1:
Wissenschaft von der Geschichte 16
a) Gesellschaftliches Sein und Bewusstsein 16
b) Dialektik als Wissenschaft des Zusammenhangs von Natur,
   Gesellschaft und Denken 22
c) Produktivkräfte, Produktionsverhältnisse und geschichtliche
   Bewegungsgesetze 28

Kapitel 2:
Das Verhältnis von Arbeit und Eigentum in der
bürgerlich-kapitalistischen Gesellschaft
sowie in vorbürgerlichen Gesellschaftsformen 40
a) Gesellschaftliche Arbeit und Gesellschaftsstrukturen in der
   bürgerlich-kapitalistischen Gesellschaft 40
b) Analyse der bürgerlichen Gesellschaft als Voraussetzung zur
   Erfassung vorbürgerlicher Gesellschaftsformen 60

Kapitel 3:
Soziale Beziehungen und Eigentumsformen
in vorbürgerlichen Gesellschaftsformen 72
a) Aktualität der Marxschen Skizze über Eigentumsformen
   vorbürgerlicher Gesellschaften sowie seiner ethnologischen Exzerpte 72
b) Entwicklungsformen der sozialen Beziehungen in
   naturwüchsigen Gemeinwesen 78
c) Eigentumsformen am Grund und Boden und
   Familienformen bei Sesshaftigkeit 83
d) Herausbildung einer staatlichen Sphäre 97

Zweiter Abschnitt:
Ökonomische Gesellschaftsformationen und Produktionsweisen

4. Kapitel:
Trennung von äußerer und menschlicher Natur: Herausbildung des Homo sapiens 104

   a) Klimatische Entwicklungen der Erde und ihre Aus- und Wechselwirkungen mit Bezug auf die Pflanzen- und Tierwelt im Pleistozän und Holozän 104
   b) Genealogie und Genesis des Menschen: Säugetiere, Primaten, Australopithecinen, Gattung Homo und Homo sapiens 108
   c) Merkmale und Eigenschaften des Homo sapiens: Die Rolle der Arbeit und die biophysiologische Evolution 113

Kapitel 5:
Gesellschaftsformationen und Produktionsweisen – Begriff und systematische Abfolge 117

Kapitel 6:
Produktionsweisen der vorbürgerlichen Gesellschaftsformation 127

   a) Nichtsesshafte Horden (Wildbeuter) 127
   b) Sesshaftigkeit, naturwüchsige Gemeinwesen auf der Basis von Gemeineigentum und die Bildung von Staaten im Rahmen der asiatischen Produktionsweise 131
   c) Antike Produktionsweise und Gesellschaften 144
   d) Mittelalterlicher europäischer Feudalismus 153
   e) Stellenwert von Sklaverei und Leibeigenschaft in der vorbürgerlichen Gesellschaftsformation (sekundäre Formen) 173
   g) Die Rolle des Kaufmannskapitals 178

Kapitel 7:
Die kapitalistische Produktionsweise und Kapitalismus als erste weltumspannende Gesellschaftsformation 182

   a) Die ursprüngliche kapitalistische Akkumulation 182
   b) Die industriellen Betriebsweisen der kapitalistischen Gesellschaftsformation 188

Kapitel 8:
Kommunistische Gesellschaftsformation 208

   a) Merkmale einer kommunistischen Produktionsweise und Gesellschaft 208
   b) Entwicklungsphasen der kommunistischen Gesellschaftsformation 228

Dritter Abschnitt:
Geschichtliche Entwicklung in den verschiedenen
Weltregionen im Rahmen der vorbürgerlichen Gesellschaftsformation

Kapitel 9:
Die auf Gemeineigentum beruhenden sesshaften Gesellschaften (archaischer Grundtyp) und ihre Fortentwicklung zu verschiedenen Ausprägungen der asiatischen Produktionsweise in den Weltregionen 246
- a) Übergang zur Sesshaftigkeit und Bevölkerungsentwicklung bis zur Zeitenwende (Jahr 1 u.Z.) 246
- b) Landwirtschaftliche Siedlungen in der Region des »Fruchtbaren Halbmonds« und die Entstehung von Stadtstaaten und Großreichen in Vorderasien 252
- c) Landwirtschaftliche Siedlungen auf dem afrikanischen Kontinent und die Herausbildung und Entwicklung der ägyptischen Hochkulturen 264
- d) Die ersten Ausprägungen der asiatischen Produktionsweise im Mittleren Osten (Iran) und auf dem indischen Subkontinent 270
- e) Die Entwicklung in China nach der Sesshaftigkeit und den Anfängen der Landwirtschaft bis zur Zeit der Shang- und Zhou-Dynastie 277
- f) Sesshaft gewordene Völker und Stämme in den Amerikas 281
- g) Gemeinschaften und Gesellschaften in anderen Weltregionen bis zur Zeitenwende 285

Kapitel 10:
Die antike Produktionsweise mit der griechischen Polisgesellschaft und dem Römischen Reich 289
- a) Vorgeschichte der antiken Gesellschaften durch Völker und Staatsbildungen im Mittelmeerraum 289
- b) Entwicklungen im antiken Griechenland 293
- c) Das Römische Reich: Sein Aufstieg, seine imperiale Ausdehnung und sein Niedergang 303
- d) Einzigartigkeit der antiken Produktionsweise: Temporär-regionale Beschränktheit und fortwirkende kulturelle, geistige und politische Errungenschaften 321

Kapitel 11:
Imperien und Staaten der asiatischen Produktionsweise sowie Fortbestand des archaischen Grundtyps von Gesellschaft in den verschiedenen Weltregionen nach dem Zeitenwechsel 325
- a) Iran: Parther- und Sassaniden-Reich 325
- b) Indien: Die Großreiche bis zur islamischen Eroberung 333
- c) China: Von der Qin- zur Qing-Dynastie 342
- d) Islamische Kalifate: Omaijaden- und Abbasiden-Herrschaft 377
- e) Byzantinisches Reich (ex-Oströmisches Reich) 386

f) Osmanisches Reich 390
g) Mogulreich 398
h) Archaischer Grundtyp und Ausprägungen der asiatischen
   Produktionsweise in den anderen Weltregionen 404

Kapitel 12:
Entwicklung des Feudalismus als auf (West-) Europa
begrenzte Produktionsweise und Gesellschaftsform 409
a) Germanische und keltische Stammesreiche als Erben des
   zerfallenden Weströmischen Reiches 409
b) Burgunder, Frankenreich und Staat der Langobarden 415
c) Die Stämme Skandinaviens beim Übergang in den Feudalismus 422
d) Heiliges Römisches Reich 427
e) Konstitution von Nationalstaaten:
   England und Frankreich im Mittelalter 449
f) Die Welt nach dem Zeitenwechsel und vor dem Kapitalismus: Gleichzeitigkeit von asiatischer und feudaler Produktionsweise in verschiedenen
   Weltregionen und deren unterschiedlichen Entwicklungspotentiale 471

Kapitel 13:
Handelsimperien – Rolle des Kaufmannskapitals und
seiner weltweiten Kolonien 480
a) Die italienischen Republiken Genua und Venedig 480
b) Die Seemächte Portugal und Spanien 487
c) Niederlande – Die erste Welthandelsmacht 500

Vierter Abschnitt:
Die Entwicklung des Kapitalismus im Weltmaßstab

Kapitel 14:
Ursprüngliche Kapitalakkumulation und Industrielle Revolution
in England und die Entwicklung der Großen Industrie zur historisch ersten
Betriebsweise des Kapitalismus 510
a) Ursprüngliche Akkumulation und Industrielle Revolution 512
b) Die Große Industrie in Großbritannien 519
c) Das Aufkommen europäischer Konkurrenznationen und
   der kapitalistische Aufbruch in Nordamerika 529

Kapitel 15:
Kapitalistische Weltwirtschaft im 19. Jahrhundert:
Zeitalter des klassischen Imperialismus und Zwischenkriegszeit 549
a) Kapitalistische Metropolen (GB, DR, USA, F) 549

b) Die imperialistische Aufteilung der Welt und
die daraus resultierenden internationalen Konflikte 565
c) Nachkriegswirren, labile internationale Konstellationen,
Weltwirtschaftskrise und ihre Nachwirkungen im New Deal
und (deutschem) Faschismus 579
d) Epochenwechsel in der Weltwirtschaft und Krieg 597

Kapitel 16:
Das amerikanische Zeitalter des Fordismus und
die Systemkonkurrenz zwischen Kapitalismus und Sozialismus 601
a) USA als Propagandist der fordistischen Betriebsweise 601
b) Die Periode der beschleunigten Akkumulation im sozialstaatlich
modifizierten Kapitalismus in den Metropolen des Weltmarkts 608
c) Der lange Prozess der Dekolonisierung und die Fortsetzung der Spaltung
in Erste und Dritte Welt während der Nachkriegsprosperität 629
d) Der beginnende Übergang der USA vom Demiurg
zum bloßen Hegemon der Weltwirtschaft 647
e) Das sozialistische Weltsystem im 20. Jahrhundert 666

Kapitel 17:
Übergang der beschleunigten Kapitalakkumulation in strukturelle
Überakkumulation von Kapital und Veränderung der internationalen
Arbeitsteilung im Rahmen der finanzkapitalistischen Globalisierung 683
a) Strukturelle Überakkumulation von Kapital und Krise des Fordismus 685
b) Der Zusammmenbruch der um die Sowjetunion gruppierten realsozialistischen Staaten der Zweiten Welt und der vorläufige Sieg des »Westens« . 699
c) Veränderung der internationalen Arbeitsteilung
und Aufkommen der Schwellenländer 708
d) Die Krisenkaskade der kapitalistischen Weltwirtschaft im Rahmen
der strukturellen Überakkumulation von Kapital seit Mitte
der 1970er Jahre bis heute 763

Kapitel 18:
Gegenwärtiger Status und Perspektiven der Weltwirtschaft 786
a) Ansätze zur Herausbildung einer neuen Betriebsweise der digitalen
oder Plattformökonomie und Bemühungen zur Dekarbonisierung
von Produktion und Konsumtion 786
b) Kapitalistische Metropolen, Schwellenländer und
Länder des globalen Südens 793
c) Der Ukraine-Krieg als Katalysator einer zukünftigen Spaltung der
Weltwirtschaft und eines neuen Kalten Krieges vor dem Hintergrund
des bevorstehenden Epochenwechsel auf dem Weltmarkt und in der
Weltwirtschaft 802

Fünfter Abschnitt:
**Übergang von der Vorgeschichte zur wirklichen Geschichte –
bisherige Versuche und Ansatzpunkte**

Kapitel 19:
Die Tage der Pariser Kommune 816

Kapitel 20:
Der sogenannte Realsozialismus als Zwischenspiel 824
 a) Russland nach der Sozialistischen Oktoberrevolution 1917
    und die weitere Entwicklung der Sowjetunion 824
 b) Die begrenzten Reformdiskussionen in den RGW-Ländern
    und ihre Umsetzung 845
 c) Informelle Beziehungen zwischen den Wirtschaftseinheiten als
    Bedingung der Planerfüllung im Realsozialismus 855
 d) Sonderfall Jugoslawien 859

Kapitel 21:
Sozialistische Marktwirtschaften: China, Vietnam und Kuba 877
 a) Volksrepublik China 877
 b) Sozialistische Republik Vietnam und
    Demokratische Volksrepublik Korea 898
 c) Die Entwicklung in Kuba nach der Revolution 910

Kapitel 22:
**Die Perspektiven der Weltwirtschaft im Rahmen
eines kooperativen Szenarios mit der Fortentwicklung internationaler
Organisationen zur Steuerung des Weltmarkts und der Weltpolitik** 919

Literatur 931
 A) Schriften von Marx und Engels 931
 B) Monographien und Aufsätze 933
 C) Statistische Materialien 949

Vorwort

Der historische Materialismus eröffnet den Blick auf die menschliche Geschichte unter zwei wesentlichen Gesichtspunkten. Zum einen geht es um die Ordnung und Strukturierung verschiedener Gesellschaftssphären und ihre jeweilige Bedeutung für verschiedene Gesellschaften in der historischen Entwicklung. Im Rahmen des bekannten »Basis-Überbau-Theorems« wird mit der Kategorie »Arbeit« das bestimmende, weil produzierende oder reproduzierende, in vorbürgerlichen Gesellschaften zugleich versteckte Element für die Konstitution von Gesellschaft sowie für Herrschaftsverhältnisse und Staatsformen identifiziert. Stets geht es dabei um Arbeit in bestimmter gesellschaftlicher Form, die für historisch unterschiedliche Gesellschaftsformen verantwortlich ist. Dabei ist eingeschlossen, dass der jeweilige Stellenwert dieser gesellschaftlichen Arbeit im historischen Prozess spezifischen Veränderungen unterliegt und in der vorbürgerlichen Gesellschaftsformation und den von ihr umschlossenen Produktionsweisen eine andere Stellung und einen anderen Stellenwert besitzt als in der bürgerlich-kapitalistischen Gesellschaft. Zum zweiten geht es um die Triebkräfte gesellschaftlicher Entwicklungen in historischer Dimension, d.h. um die Identifikation von Entwicklungsmöglichkeiten innerhalb jeweiliger Gesellschaften und die Übergänge von einer Gesellschaftsformation und Produktionsweise in eine jeweils andere. Damit wird auch die Frage beantwortet, warum Gesellschaften überleben, sich fortentwickeln oder untergehen. In übergreifend-historischer Dimension ist hierin zugleich der Umstand eingeschlossen, in welcher Weise die Geschichte der menschlichen Gesellschaften einen Aufstieg vom Niederen zum Höheren beinhaltet, von dem Karl Marx sagte, dass es sich um einen »naturgeschichtlichen« Prozess handelt, den die Menschen in ihrer sog. Vorgeschichte, d.h. bis in die bürgerlich-kapitalistische Gesellschaft hinein, unbewusst bzw. mit einem kleineren oder größeren Grad an Bewusstheit, durchlaufen haben.

Eine solche Analyse des geschichtlichen Prozesses ist alles andere als voraussetzungslos. Es handelt sich bei dem Historischen Materialismus um eine historisch bestimmte Gedankenform, die erst auf der Basis der bürgerlich-kapitalistischen Gesellschaft entstehen konnte und zunächst die Entschlüsselung der gesellschaftlichen Strukturen innerhalb der kapitalistischen Produktionsweise beinhaltet. Als Wissenschaft des Zusammenhangs von Wirtschaft, Gesellschaft und Staat(sformen) legt die Marxsche Kritik der politischen Ökonomie zugleich die Unterschiede zwischen verschiedenen Gesellschaftsformationen frei und ermöglicht eine Ordnung und Strukturierung des Materials auch der vorbürgerlichen Produktionsweisen sowie ihrer Gemeinsamkeiten mit und qualitativen Differenzen gegenüber der kapitalistischen Formation. Die Berechtigung und Notwendigkeit auf eine rd. 150 Jahre alte Theorie auch vor dem Hintergrund zwischenzeitlicher Erkenntnisse der Altertumswissenschaften und beinahe tagtäglich immer noch neu entdeckten Fundstätten historischer Artefakte zurückzugreifen, ergibt sich aus dem Status der Kritik der politischen Ökonomie als Basiswissenschaft nicht nur der Gesellschaftsanalyse im engeren Sinne, sondern auch der gesellschaftlichen Beziehungen der Menschen zur äußeren Natur. Erst auf dieser theoretischen Grundlage kann der Fehler vieler historischer Darstellungen vermieden werden, vorbürgerliche Gesellschaftsformen als unentwickelte Vorstufen der kapitalistischen Produktionsweise darzustellen und darüber hinaus mit der kapitalistischen Gesellschaftsformation zugleich das Ende der Geschichte zu unterstellen und ideologisch zu proklamieren. Die bürgerliche Gesellschaft als historisch gewordene Form ist daher bei aller Wandlungs- und Anpassungsfähigkeit der kapitalistischen Produktionsweise nicht das letzte Wort der menschlichen Geschichte, sondern verweist durch ihre immanenten Widersprüche und Gegensätze auf eine ihr nachfolgende qualitativ andere, kommunistische Gesellschaftsformation. Dieser Verweis auf die Zukunft enthält kein fix und fertiges Konzept, wohl aber bedeutsame Eckpunkte, die zusammen mit den Fehlern und Defiziten bisheriger Sozialismus-Versuche eine nicht nur abstrakte Vision beinhalten.

Die historische Abfolge verschiedener Gesellschaftsformationen enthält zuvorderst eine Systematik für die Entwicklung sowohl in Bezug auf Produktivkräfte der Arbeit als auch in Bezug auf die gesellschaftlichen Verhältnisse, in denen sie sich entfalten und denen verschiedene Entwicklungsstufen der Herausbildung und Ausgestaltung von beziehungs- und bedürfnisreichen Subjekten entsprechen. Soziale Evolution und Emanzipation der Subjekte in historischer Dimension sind jedoch weder eine Einbahnstraße noch ein Prozess, der einer a priorischen oder teleologischen Zielbestimmung folgt. Wenn trotzdem an der Vorstellung von Geschichte als naturgesetzmäßiger Entwicklung festgehalten wird, so bedeutet dies die Entschlüsselung einer inneren und teilweise verborgenen Logik des geschichtlichen Prozesses, die im Großen und Ganzen eine aufsteigende Entwicklung enthält, die sich nicht nur in der Ökonomie und dem Grad der Naturaneignung und -beherrschung, sondern auch in Bezug auf die Beschaffenheit von gesellschaftlichen Herrschaftsverhältnissen und die Herausbildung der Individualität nicht nur von einzelnen Subjekten, sondern der Gesellschaftsmitglieder insgesamt äußert. Diese innere Logik der Geschichte ist allerdings in dem überkommenen Entwicklungsschema der kanonisierten Form eines »Histomat« im Rahmen des Marxismus-Leninismus von Urgesellschaft – Sklavenhaltergesellschaft – Feudalismus – Kapitalismus – Sozialismus/Kommunismus nur in sehr vergröberter und teilweise sachlich falscher Form eingefangen worden.

Neben dem korrekt verstandenen begrifflichen Gerüst des Historischen Materialismus, mit dem Gesellschaftsformationen und die in ihnen eingeschlossenen Produktionsweisen und Gesellschaften identifiziert werden, sollen aber auch diese Kategorien im Sinne eines Umschlags von Theorie in Methode zur Darstellung der wichtigsten realgeschichtlichen Imperien und Gesellschaften nutzbar gemacht werden. Es sind in den verschiedenen real vorkommenden Produktionsweisen und Gesellschaften die jeweils dominierenden Produktionsverhältnisse zu identifizieren, die eine Zuordnung dieser Gesellschaften und Imperien samt des Aufweises ihrer jeweiligen historischen Spezifika erlauben. Dies begründet im Unterschied zur bürgerlichen Geschichtsschreibung den Fokus auf die jeweiligen sozialen Beziehungen der Menschen in der materiellen Produktion ihres Lebensprozesses zu legen. Erst mit einer solchen Darstellung der wichtigsten Eckpunkte und Stationen des geschichtlichen Entwicklungsprozesses dieses materiellen Lebensprozesses wird das Programm des Historischen Materialismus von Marx und Engels eingelöst.

Die Geschichte der Menschheit, angefangen von der Trennung von äußerer und menschlicher Natur, d.h. der Evolution des Homo sapiens bis zur Schaffung eines allumfassenden Weltmarkts im Zuge der kapitalistischen Globalisierung in der Gegenwart, ist Globalgeschichte der verschiedenen Regionen unseres Planeten mit all ihren Unterschiedlichkeiten und Ungleichzeitigkeiten, die sich bis auf den heutigen Tag als Erste Welt der kapitalistischen Industriemetropolen und dem globalen Süden der Vielzahl mehr oder weniger entwickelter Länder, in denen die Mehrzahl der Menschen leben, erhalten haben. Nach dem Scheitern des sog. Realsozialismus, der im 20. Jahrhundert als Alternative zur kapitalistischen Ersten Welt als sog. Zweite Welt bestanden hat, wird das Gegenbild zur kapitalistischen Gesellschaftsformation heutzutage in erster Linie durch die VR China als sozialistische Marktwirtschaft repräsentiert, die, obwohl sie von ihrem Entwicklungsstatus sowie nach ihrer Selbsteinschätzung noch ein Entwicklungs- bzw. Schwellenland ist, sich zur zweitgrößten Volkswirtschaft der Welt in den vergangenen Jahrzehnten emporgearbeitet hat. Bis die Volksrepublik allerdings zu einer nicht nur in wirtschaftlicher Hinsicht, sondern auch in ihrem gesellschaftlichen Gepräge zu einer umfassenden sozialistisch-kommunistischen Gesellschaft geworden sein wird, werden wiederum noch Jahrzehnte vergehen. Dass es in diesem Zeitraum auch zu einer schrittweisen Transformation der heutigen kapitalistischen Staaten kommen wird, die entsprechend ihrer qualitativ anderen Ausgangsbedingungen auch andere Ausgestaltungen und nationale etc. Spezifika aufweisen werden und aufweisen müssen, bildet die Basis für eine im Großen und Ganzen optimistische Entwicklungsperspektive für die Zukunft der Menschheit und ihres Planeten.

Damit ist zugleich der aktuelle politische Stellenwert des vorliegenden Textes benannt. Es gilt, nicht nur die großen Linien der Entwicklung der Geschichte der Menschen und ihrer Auseinandersetzung mit und Aneignung der äußeren Natur nachzuzeichnen, sondern auf der Grundlage einer Analyse und Bewertung der Gegenwart auch das vielerorts heutzutage verschüttete Bewusstsein von einer nichtkapitalistischen, kommunistischen Zukunft der menschlichen Gesellschaft wach zu halten bzw. wieder zu betonen. Letzteres ist angesichts der tiefen sozialen Gegensätze und ökologischen Gefährdungen, in die die Entwicklung des Kapitalismus die Menschheit namentlich in den letzten Jahrzehnten geführt hat, bedeutsam, um den Illusionen und Halbheiten, die sich um den Begriff eines »grünen Kapitalismus mit sozialem Ausgleich« in den Programmatiken verschiedener politischer Parteien ranken, entgegen zu treten, diese von ihren Halbheiten und Illusionen zu befreien sowie in der Antizipation des Übergangs zu einer nachkapitalistischen, sozialistisch-kommunistischen Gesellschaftsformation »aufzuheben«. In diesem Sinne soll der vorliegende Text nicht nur ein abgehoben-gelehrtes Interesse befriedigen, sondern zugleich eine aktuelle politische Stellungnahme beinhalten.

Das vorliegende Buch bildet eine, ursprünglich nicht geplante Ergänzung meiner 6-bändigen »Kritik der politischen Ökonomie und Kapitalismusanalyse«, die in den vergangenen rd. 10 Jahren erschienen ist. Mit dem 7. Band wird nunmehr die Kritik der politischen Ökonomie auch zu einer übergreifenden geschichtlichen Darstellung von Gesellschaftsformationen fruchtbar gemacht. Zum einen hat mich die Auseinandersetzung mit dem historischen Materialismus an die Anfänge meiner Beschäftigung mit Marxscher Theorie zurückgeführt, zum anderen hat sich der initiale Impuls für diesen Text aus den vielfältigen produktiven, zum Teil kontroversen Diskussionen im Rahmen des »Instituts für die Geschichte und Zukunft der Arbeit (IGZA)« ergeben.

Berlin im Sommer 2022

Erster Abschnitt:
Fundamentalbestimmungen der materialistischen Geschichtsauffassung

Kapitel 1: Wissenschaft von der Geschichte

a) Gesellschaftliches Sein und Bewusstsein

»*Es ist nicht das Bewußtsein der Menschen, das ihr Sein, sondern umgekehrt ihr gesellschaftliches Sein, das ihr Bewußtsein bestimmt.*« (MEW 13: 9) Und: »*Das Bewußtsein kann nie etwas andres sein als das bewußte Sein & das Sein der Menschen ist ihr wirklicher Lebensprozeß.*« (MEGA I.5: 135)

Die beiden vorstehenden Zitate gelten als Basissätze des materialistischen Verständnisses der Wirklichkeit. Sie sind die Gegenthese zur idealistischen Auffassung, wonach die Wirklichkeit als Vergegenständlichung der geistigen Welt begriffen wird und in G.W.F. Hegels zusammenfassender und systematischer Entäußerung des Begriffs sich vom Bewusstsein über das Selbstbewusstsein zur Vernunft, den Geist und die Religion bis zum absoluten Wissen vorarbeitet.[1] Der grob-materialistischen Kritik Ludwig Feuerbachs am deutschen Idealismus Hegels und seiner »junghegelianischen« Nachfolger setzen Karl Marx und Friedrich Engels bereits in der »Deutschen Ideologie« eine differenziertere Sichtweise entgegen, die allerdings noch theoretische Unzulänglichkeiten aufweist.[2] Rund zehn Jahre später (1857) resümiert Marx: »*Hegel geriet (...) auf die Illusion, das Reale als Resultat des sich in sich zusammenfassenden, in sich vertiefenden und aus sich selbst sich bewegenden Denkens zu fassen. (...) Für das Bewußtsein ... – und das philosophische Bewußtsein ist so bestimmt –, dem das begreifende Denken der wirkliche Mensch und da-*

---

[1] Vgl. Hegel, Phänomenologie des Geistes, in: HW 3.
[2] Das Konvolut verschiedener Texte, die gemeinhin als »Deutsche Ideologie« bezeichnet werden, wurde in dem Zeitraum zwischen Oktober 1845 und April/Mai 1847 von Marx und Engels abgefasst und war ursprünglich für eine gemeinsame Veröffentlichung (zusammen mit Moses Heß) in Form von Vierteljahresschriften, später als zwei- oder einbändige Publikation geplant (vgl. MEGA I.5: 725f.). Der überwiegende Teil dieser Texte beinhaltet die Auseinandersetzung mit Bruno Bauer, Max Stirner und den »wahren Sozialisten« (Saint-Simon, Fourier etc.); die Auseinandersetzung mit Feuerbach, die später zur Grundlegung der materialistischen Geschichtsauffassung überhöht wurde, begreift nur einen kleineren Teil der Gesamtmanuskripte ein. Als Dokument des Forschungsprozesses von Marx und Engels beleuchten die Manuskripte der »Deutschen Ideologie«, die zu ihren Lebzeiten nie veröffentlicht und als Text zur Selbstverständigung von ihnen bewertet wurden, den sie bewusst der »*nagenden Kritik der Mäuse*« (MEW 13: 10) überlassen hatten, den endgültigen Bruch mit der Philosophie und die konsequente Hinwendung zur Kritik der politischen Ökonomie, die Marx bereits in den »Ökonomisch-philosophischen Manuskripten von 1844« (vgl. MEW EB 1) und Engels mit seinen »Umrisse(n) zu einer Kritik der Nationalökonomie« (vgl. MEW 1) begonnen hatten. Die kritische Interpretation der »Deutschen Ideologie« im Zusammenhang mit den anderen Frühschriften offenbart noch Unzulänglichkeiten und Einseitigkeiten, verglichen mit späteren Ausführungen und Texten von Marx; vgl. Sozialistische Studiengruppen 1981.

1. Kapitel: Wissenschaft von der Geschichte

her die begriffne Welt als solche erst das Wirkliche ist – erscheint daher die Bewegung der Kategorien als der wirkliche Produktionsakt – der leider nur einen Anstoß von außen erhält –, dessen Resultat die Welt ist ... .« (MEW 42: 35f.)

Die materialistische Kritik am Idealismus Hegels scheint einerseits mit einer gängigen Auffassung des Alltagsbewusstseins, nach der die Menschen Produkt ihrer gesellschaftlichen und individuellen Umgebung sind, die ihr Bewusstsein und Agieren bestimmt, in Übereinstimmung zu sein. Andererseits lehrt die Handlungstheorie, sei sie soziologischer oder ökonomischer Provenienz, dass Gesellschaft oder die Ökonomie als Ganze das Produkt des wechselseitigen Handelns der Menschen sei. Handeln unterscheidet sich nach Max Weber vom Verhalten durch den Sinn als subjektiv gemeinten Sinn, d.h. als durch das Subjekt bestimmten und bewusst verstandenen Sinn, der zweckrational ist.[3] Handeln in dieser Bestimmtheit können immer nur einzelne Subjekte und damit rückt individuelles soziales Handeln an die Stelle des Gesellschaftsbegriffes.[4] Dieser methodologische Individualismus der verstehenden Soziologie schließt die Erwartungen der einzelnen Subjekte, die Reflexivität des Erwartens und schließlich nicht-intendierte Handlungsfolgen bewusster Aktionen der Einzelnen ein. Damit lässt sich der Bogen zu J.M. Keynes' Theorie zur Rolle der Erwartungen unter Unsicherheit schlagen – hier verstanden nicht als simple Ungewissheit der Zukunft, sondern als für eine Geldwirtschaft systemspezifische Unsicherheit des gegensätzlich bestimmten Zusammenhangs zwischen einzelwirtschaftlichem Handeln und dessen gesamtwirtschaftlichen Resultaten, der mit der »prästabilierten Harmonie« des neoklassisch à la Leon Walras erklärten Marktzusammenhangs bricht (vgl. Keynes 1936: 249 sowie Krüger 2012b: 24ff.). Auch Keynes bleibt wie Walras allerdings noch dem methodologischen Individualismus verpflichtet und bestimmt den Gegensatz zwischen einzelwirtschaftlichem Handeln und gesamtwirtschaftlichen Resultaten oder von einzelwirtschaftlicher und gesamtwirtschaftlicher Rationalität nur aus den nicht-intendierten Folgen des subjektiv gemeinten Sinns sozialen Handelns. Dies begründet bei ihm sodann die Existenz des Geldes oder die Existenz eines »*dauerhaften Vermögenswert(s) ...*

---

[3] Vgl. Weber 1921/1976: 1: »›*Handeln*‹ *soll ... ein menschliches Verhalten ... heißen, wenn und sofern als der oder die Handelnden mit ihm einen subjektiven Sinn verbinden.* ›*Soziales*‹ *Handeln aber soll ein solches Handeln heißen, welches seinem von dem oder den Handelnden gemeinten Sinn nach auf das Verhalten anderer bezogen wird und daran in seinem Ablauf orientiert ist.*«

[4] Damit redet Weber allerdings weder der Bevorzugung »großer Individuen« das Wort, noch wird damit die Existenz übersubjektiver sozialer Phänomene wie Familien, Klassen, Staat sowie von Normen, Rollen, Institutionen etc. geleugnet, sondern »*nur eine bestimmte Art ihrer Erklärung, nämlich, die sozialen Gebilde aus dem Handeln der einzelnen heraus deutend zu verstehen*«, intendiert. (Bader et al. 1976: 77) Die vergleichende Interpretation der Weberschen und der Marxschen Theorie über Wirtschaft, Gesellschaft und Staat von Bader et al. ist nach wie vor eine der besten Einführungen in die soziologische Gesellschaftsanalyse und Kritik der Handlungstheorie.

(mit) geldliche(n) Eigenschaften« (Keynes 1936: 248f.), wodurch die »*kennzeichnenden Probleme einer monetären Wirtschaft*« hervorgerufen werden. (Ibid.: 249)

Auch Karl Marx war sich natürlich des Faktums bewusst, dass dem einzelnen Individuum die ihn umgebenden gesellschaftlichen Verhältnisse »*durch Tradition und Erziehung zufließen*« und sie »*die eigentlichen Bestimmungsgründe und den Ausgangspunkt seines Handelns bilden*« (MEW 8: 139). Er identifizierte aber diese Vorstellung eines sozialisationsbedingten Handelns der Individuen als Auffassungsweise, die als Erklärung des gesellschaftlichen Ganzen nicht taugt. Denn dieses gesellschaftliche Ganze, dieses »gesellschaftliche Sein« als Bestimmungsgrund des Bewusstseins ist als »wirklicher Lebensprozess« nicht als bloßer Ausfluss dieses Bewusstseins bzw. des bewussten Handelns zu fassen, weil er, obzwar Handlungsresultat, nicht als Entäußerung des Selbstbewusstseins der einzelnen Subjekte zu begreifen ist. Er ist vielmehr als bewusstloses, weil nicht durchschautes Ergebnis ihrer praktischen Naturaneignung in der materiellen Produktion ihres Lebens zu bestimmen. Nicht die unintendierten Handlungsfolgen bewussten Handelns, sondern das Handeln der Subjekte selbst weist damit eine doppelte Bestimmtheit auf: Es ist als bewusst-unbewusstes Handeln zu begreifen und die Dimension des Unbewussten weist keine individuelle, sondern eine spezifisch gesellschaftliche Bestimmung auf.

Bewusst-unbewusstes Handeln der (bürgerlichen) Subjekte geschieht in erster Linie in der gesellschaftlichen Produktion ihres Lebens, d.h. im Bereich der Ökonomie. Die Beschaffenheit des materiellen Produktionsprozesses ist in der bürgerlich-kapitalistischen Gesellschaft – sowie in den ihr vorangegangenen Gesellschaftsformen[5] – derart, dass die Menschen in dieser ihrer Lebensreproduktion »*bestimmte, notwendige, von ihrem Willen unabhängige Verhältnisse (eingehen), Produktionsverhältnisse, die einer bestimmten Entwicklungsstufe ihrer materiellen Produktivkräfte entsprechen.*« (MEW 13: 8) Diese Produktionsverhältnisse sind als notwendige gesellschaftliche Verhältnisse für die Lebensreproduktion sowie als jeweils historisch bestimmte, d.h. historisch unterschiedliche Verhältnisse zu fassen und deren Unabhängigkeit von dem bewussten Willen der Subjekte ergibt sich aus einem jeweiligen Entwicklungsstand ihres Verhältnisses zur (äußeren) Natur und zueinander. Die Produktivkräfte, über die die Menschen auf den verschiedenen Stufen ihrer Geschichte verfügen, zeigen das jeweilige Ausmaß der bewussten Aneignung der äußeren Natur bzw. das Verhältnis zwischen der noch unerforschten, daher den Individuen fremd als äußere Macht gegenüberstehenden Natur und der bereits für menschliche Zwecke angeeigneten und beherrschten Natur. Die inhaltliche Einlösung der These von der unbewussten Dimension des sozialen Handelns der Individuen erfolgt durch den Aufweis der spezifischen Art ihrer Naturaneignung und Lebensreproduktion in der Kritik der politischen Ökonomie als positive Darstel-

---

[5] Wir kommen auf Gemeinsamkeiten und Unterschiede zwischen der bürgerlich-kapitalistischen Gesellschaft und ihren historischen Vorläufern im nachstehenden 2. Kapitel der vorliegenden Abhandlung ausführlich zu sprechen.

1. Kapitel: Wissenschaft von der Geschichte

lung der spezifisch historischen Formen, in denen sich der materielle Produktionsprozess im Kapitalismus – sowie in weiterer Instanz, auch in vorbürgerlichen Produktionsweisen – vollzieht.

Dieser materielle Produktionsprozess umgreift nun keineswegs die Gesamtheit der gesellschaftlichen Totalität, wie ebenso das bewusste Handeln der Individuen in der tagtäglichen Produktion und Reproduktion ihres Lebens, d.h. als gewöhnliches oder Alltagsbewusstsein mitnichten die Gesamtheit ihrer Bewusstseinsformen ausmacht. Innerhalb der bürgerlich-kapitalistischen Gesellschaft ist der materielle Gesamtproduktionsprozess nach verschiedenen Sphären zu differenzieren und ebenso ist jenseits des unmittelbar in und aus der materiellen Produktion entspringenden Bewusstseins die geistige Produktion im engeren Sinne als Moment der gesellschaftlichen Überbauten zu bestimmen, welche allerdings die materielle Produktion zu ihrer ökonomischen Basis hat. Die ökonomische Basis beherbergt im Kapitalismus die Gesamtheit der Verausgabungsformen produktiver, kapitalproduzierender Arbeit sowie, da Kapitalismus stets eine Marktwirtschaft ist, auch die Formen unproduktiver Arbeit, soweit diese mit den Formen des Produkts als Ware sowie den Operationen des Geldes, d.h. der Waren- und Geldzirkulation unmittelbar verknüpft sind, schließlich die Formen der unproduktiven Arbeit als (private und öffentliche) Dienste.[6] Die eigentliche geistige Produktion erhebt sich als funktionell abgeleiteter Bereich auf diesem materiellen Gesamtproduktionsprozess. Ihre Gedankenformen setzen die Gesamtheit dieser materiellen Verhältnisse sowie die ihr entsprechenden Bewusstseinsformen materialiter voraus: »*Die Produktionsweise des materiellen Lebens bedingt den sozialen, politischen und geistigen Lebensprozeß überhaupt.*« (Ibid.: 8f.) Weil und sofern der Produktionsprozess des materiellen Lebens Bewusstseinsformen einschließt, die dessen oberflächliche Erscheinungsformen, die spezifische Mystifikationen und Verdrehungen seiner inneren Struk-

---

[6] Damit enthält der materielle Produktionsprozess erstens nur die eigentliche Erwerbswirtschaft und dortselbst die produktiven Sphären der Agrikultur und extraktiven Industrie (inkl. Energiegewinnung), das Verarbeitende Gewerbe und Baugewerbe, die Lokomotions- und Kommunikationsindustrie sowie produktionsorientierte Dienstleistungen. Hinzu kommen als Sphären unproduktiver Arbeit des (internen und externen) Zirkulationsprozesses der Handel sowie die Bereiche des Finanzsektors (Banken, Versicherungen und sonstige finanzielle Dienstleistungen). Auch in entwickelten kapitalistischen Ökonomien werden nicht alle diese Funktionen von kapitalistischen Unternehmen übernommen; ein Bereich nichtkapitalistischer Warenproduktion und -zirkulation in Unternehmen, die unterhalb der Minimalschwelle von Kapital operieren und die daher, strikt genommen, nicht unter die Kategorien produktiver und unproduktiver Arbeit zu subsumieren sind, gehört zum materiellen Produktionsprozess hinzu; schließlich die Gebrauchswerte, die als Waren unter öffentlichen und gemeinwirtschaftlichen Vergesellschaftungsformen hergestellt und in der Regel zu bloßen Kostenpreisen verkauft werden. Das Resultat dieses materiellen Produktionsprozesses ist das Bruttoprodukt als Summe des Warenkapitals sowie der Waren aus den verschiedenen nichtkapitalistischen Warenproduktionen; es bildet den stofflichen Reichtum in erster Instanz. Zur gesamthaften Darstellung von Produktion, Einkommensentstehung, -verteilung, -umverteilung und -verwendung sowie Finanzierung. (vgl. Krüger 2021b)

tur beinhalten, nur ideell reproduzieren und solcherart das Material der geistigen Produzenten bilden, sind deren Resultate zugleich mehr oder weniger ideologische Formen. Sie sind das »richtige« Bewusstsein eines »falschen«, d.h. seine innere Struktur mystifizierenden und in verdrehter Form zum Ausdruck bringenden Seins.[7]

Entscheidend ist es, die Verhältnisse der ökonomischen Basis und diejenigen des Überbaus in ihrer jeweiligen formations- oder historischen Bestimmtheit zu erfassen; dies gilt auch für alle Formen der geistigen Produktion: »*Um den Zusammenhang zwischen der geistigen Produktion und der materiellen zu betrachten, vor allem nötig, die letztre selbst nicht als allgemeine Kategorie, sondern in bestimmter historischer Form zu fassen. (...) Wird die materielle Produktion selbst nicht in ihrer spezifischen historischen Form gefaßt, so ist es unmöglich, das Bestimmte an der ihr entsprechenden geistigen Produktion und die Wechselwirkung beider aufzufassen. Es bleibt sonst bei Fadaisen.*« (MEW 26.1: 256) Diese Fadaisen sind typisch für die geistigen Produzenten, wenn und sofern sie mit scheinbar überhistorischen Gedankenformen operieren, sie als ewige Wahrheiten aussprechen und als religiöse und/oder moralische Prinzipien zu originären Triebkräften und Handlungsnormen stilisieren. Es wird sich zeigen, dass verschiedene Gesellschaftsformen sowie die Art und Weise der Wechselwirkung zwischen materieller und geistiger Produktion – Letztere hier verstanden als Gesamtheit der Verhältnisse, die in der bürgerlich-kapitalistischen Gesellschaft die ideellen Formen der gesellschaftlichen und politischen Überbauten ausmachen – qualitative Unterschiede aufweisen, deren Missachtung zu einem totalen Missverständnis historischer Prozesse verleitet; dies gilt sowohl für die Gemeinwesen als solche, d.h. ihre sozioökonomischen Strukturen als auch für ihre politischen Formen, d.h. die jeweiligen Staatsformen.[8]

Unter den Bedingungen des entwickelten Kapitalismus erfahren die Verhältnisse der geistigen Produktion mit ihrer Subsumtion unter kapitalistische Produktionsverhältnisse, der Einbeziehung in kapitalistische Produktionsprozesse und die Verwandlung ihrer Produkte in (immaterielle) Waren, die wie ihre materiellen Pendants auf Märkten ge- und verkauft werden, gravierende Veränderungen. Sie wirken auf den Inhalt etlicher geistiger Produktionen zurück; er wird in kapitalistischen Massenprodukten wie Zeitungen, Büchern sowie als Musik und in Filmen etc. auf Speichermedien konserviert und als kapitalistische Ware, deren Gebrauchswert sich auf

---

[7] Vgl. MEW 39: 97: »*Die Ideologie ist ein Prozeß, der zwar mit Bewußtsein vom sogenannten Denker vollzogen wird, aber mit einem falschen Bewußtsein. Die eigentlichen Triebkräfte, die ihn bewegen, bleiben ihm unbekannt; sonst wäre es eben kein ideologischer Prozeß. Er imaginiert sich also falsche resp. scheinbare Triebkräfte. Weil es ein Denkprozeß ist, leitet er seinen Inhalt wie seine Form aus dem reinen Denken ab, entweder seinem eignen oder dem seiner Vorgänger. Er arbeitet mit bloßem Gedankenmaterial, das er unbewußt als durchs Denken erzeugt hinnimmt und sonst nicht weiter auf seinen entfernteren, vom Denken unabhängigen Ursprung untersucht, und zwar ist ihm dies selbstverständlich, da ihm alles Handeln, weil durchs Denken vermittelt, auch in letzter Instanz im Denken begründet erscheint.*«

[8] Vgl. hierzu das nachstehende 2. Kapitel.

dem Markt bewähren muss, um als Wert realisiert werden zu können, konfektioniert und vervielfältigt. Mit dieser kapitalistisch-marktbestimmten Zurichtung geht einem Großteil der geistigen Produktion deren historisch überkommene Abgehobenheit verlustig und macht einer teilweise weitgehenden Profanierung Platz. Letzteres verändert in der Regel nicht den ideologischen Charakter der Resultate geistiger Produktion, wenngleich seine inhaltliche Beschaffenheit nunmehr vielfach enger an das Alltagsbewusstsein der Gesellschaftsmitglieder gebunden, d.h. der Grad seiner Verselbstständigung gegenüber den gang und gäben Bewusstseinsformen verringert wird.[9] Zugleich führt die »Industrialisierung« der geistigen Produktion und ihrer Produkte, die entweder auf verschiedenen Speichermedien vergegenständlicht oder als Dienstleistungen vom ursprünglichen materiellen Produktionsprozess zu eigenständigen Warenangeboten verselbstständigt werden, rückwirkend zu einer stofflichen Veränderung der Struktur der Produktionszweige in der Gesamtwirtschaft. Das gesamtwirtschaftliche Produkt besteht sodann neben den Produkten des materiellen Gesamtproduktionsprozesses aus einer immer größeren Menge immaterieller Waren.[10] Gleichwohl bleibt ein prinzipielles Abhängigkeitsverhältnis zwischen materieller und immaterieller Produktion erhalten, weil die vergegenständlichten Produktivkräfte in der gesellschaftlichen Infrastruktur (Leitungsnetze etc.) sowie der gesamtwirtschaftlichen Maschinerie (fixes Kapital) Voraussetzung und Bedingung für die Ausbreitung und Distribution der immateriellen Produkte bleiben.[11]

---

[9] Dieser engere Rückbezug der geistigen Produktion auf das Alltagsbewusstsein beginnt mit der Transformation ihrer Produkte zu Massenkommunikationsmedien und findet seinen bisherigen Höhepunkt in den »Social Media-Plattformen« des Internets, die prinzipiell Jedem offenstehen und einen Jeden zum geistigen Produzenten machen, der seine Auffassungen kundtun und für die Allgemeinheit hochladen und verbreiten kann.

[10] Bedingung der Ware bleibt dabei der (materielle oder immaterielle) Gebrauchswert als stofflicher Reichtum. Diese Bestimmtheit des Gebrauchswerts oder des stofflichen Reichtums schließt solche Dienstleistungen aus, die reine Zirkulationstätigkeiten darstellen, also nur den reinen Formwechsel der in Ware in Geld bewerkstelligen sowie reine administrative und/oder finanzielle Funktionen (bei Banken, Versicherungen etc.) ausüben. Ihre oberflächliche Erscheinungsform als warenförmige Dienstleistungen, die in einer (kapitalistischen) Marktwirtschaft notwendig und nützlich sind und als Waren ge- und verkauft werden, bestimmt sie nicht automatisch als Gebrauchswerte. Der Begriff des Gebrauchswerts schließt zwar denjenigen des individuellen Nutzens ein, aber nicht alle nützlichen Dinge und Tätigkeiten stellen Gebrauchswerte dar; vgl. Krüger 2021b.

[11] Dieses Abhängigkeitsverhältnis zeigt sich des Weiteren bei Rationalisierungs- und Automatisierungsprozessen, die, wenn auch nicht in jedem Einzelfall so doch im Großen und Ganzen, von der materiellen Produktion ausgehen und einen bestimmten Entwicklungsstand derselben voraussetzen, bevor überhaupt geistige Produktion unter industriell-kapitalistische Bedingungen subsumiert und industrialisiert werden kann. Letzteres gilt nachgerade für eine Vielzahl der Prozesse, die unter den Oberbegriffen »Digitalisierung und künstliche Intelligenz« die nächsten Jahrzehnte technologischer und gesellschaftlicher Entwicklung wesentlich charakterisieren werden (vgl. Krüger 2019 und 2020).

b) Dialektik als Wissenschaft des Zusammenhangs von Natur, Gesellschaft und Denken

Das Bewusstsein als bewusstes Sein und die Differenzierung zwischen dem Alltagsbewusstsein der bürgerlichen Subjekte sowie den verschiedenen Formen geistiger Produktion wirft die Frage nach der Unterscheidung auch innerhalb der geistigen Produktion nach ideologisch bestimmtem Denken einerseits und dem wissenschaftlichen Bewusstsein andererseits (inkl. deren jeweiligen Konstitutionsbedingungen) auf. Ideologisches Bewusstsein ist bislang bestimmt worden als Gedankenkonstrukt, welches sich über seine Entstehung keine oder nur unzureichende Rechenschaft ablegt und die Wirklichkeit in ihrer unmittelbar erscheinenden Form wahrnimmt. Ideologie ist im Weiteren dann ein Konglomerat einer durch den geistigen Produzenten vorgenommenen Systematisierung der oberflächlichen Erscheinungsformen der Wirklichkeit sowie deren theoretische mehr oder weniger elaborierte Ausgestaltung, oftmals unter Rückgriff auf überlebte vorbürgerliche Bewusstseinsformen und mit diesen verquickt, zu eigenständigen Denkformen und -systemen. Dabei gewinnen diese Produkte der geistigen Produktion ein eigenständiges, verselbstständigtes Leben jenseits ihrer Konstitutionsbedingungen aus dem gesellschaftlichen Sein der gegenwärtigen Wirklichkeit.

Wissenschaftliches Bewusstsein über diese Wirklichkeit entspringt einerseits ebenso wie das Alltagsbewusstsein und seine ideologischen Weiterungen und Weiterentwicklungen aus dem gegenwärtigen gesellschaftlichen Sein. Andererseits zeichnet es sich aber dadurch aus, dass es ausgehend von der Kritik der politischen Ökonomie die innere Struktur des gesellschaftlichen Gesamtreproduktionsprozesses als gesellschaftliches Sein dechiffriert und die jeweiligen Vermittlungsformen zwischen dessen innerer Struktur als »Wesenheit« und ihren Erscheinungsformen auf der Oberfläche als dem unmittelbar Gegebenen aufzeigt. Die Erscheinungsformen oder das unmittelbar Gegebene sind eben nichts Anderes als das Wesen selbst in der Bestimmtheit des Seins und solcherart Bezugspunkt aller Bewusstseinsformen. Aber bekanntlich wäre »alle Wissenschaft (...) überflüssig, wenn die Erscheinungsformen und das Wesen der Dinge unmittelbar zusammenfielen« (MEW 25: 825), und diese Differenzierung und die Rekonstruktion, warum die innere Struktur oder das Wesen die jeweilige Erscheinungsform annimmt, markiert die Aufgabe des wissenschaftlichen Bewusstseins und stellt den Gegenstand des wissenschaftlichen Wissens dar. Ist die analytische Zergliederung des Stoffes im Rahmen der Erforschung eines Untersuchungsgegenstandes vollbracht, kann im Falle von Ökonomie und Gesellschaft »*die wirkliche Bewegung entsprechend dargestellt werden. Gelingt dies und spiegelt sich das Leben des Stoffs ideell wider, so mag es aussehn, als habe man es mit einer Konstruktion a priori zu tun*« (MEW 23: 27). Weil der gesellschaftliche Gesamtreproduktionsprozess in seiner Bewegung und seinem Verlauf selbst Einblicke in seine innere Struktur und dessen Zusammenhänge preisgibt und sie in seinen oberflächlichen Gestaltungen als Widersprüche offenbart, können diese Gegensätze und Widersprüche als reale Gegebenheiten dechiffriert werden

1. Kapitel: Wissenschaft von der Geschichte

und der Nachvollzug der wirklichen Bewegung kann idealistische Konstruktionen oder Phantastereien vermeiden bzw. ausschließen. Es sind namentlich die Krisen, in denen die oberflächlichen Erscheinungsformen von scheinbar zusammenhanglosen und gegeneinander verselbstständigten Momenten dieses Prozesses ihren inneren, wesentlichen Zusammenhang offenbaren. In diesen Krisen zeigen sich »*die gewaltsam getrennten Elemente, die wesentlich zusammengehören, durch gewaltsame Eruption (...) als Trennung eines wesentlich Zusammengehörigen*« und in ihnen stellt sich »*die Einheit (...) gewaltsam her.*« (MEW 42: 84) Somit werden die Mystifikationen der Oberfläche in der Bewegung des gesellschaftlichen Reproduktionsprozesses durch denselben immer auch praktisch kritisiert und konterkariert. Denn die erscheinenden Formen der Oberfläche des Gesamtreproduktionsprozesses beherbergen zwar Mystifikationen und Verkehrungen seiner inneren Struktur, sind aber keineswegs hermetisch geschlossen.

Es wird umgekehrt zur Aufgabe bewusster Produzenten von Ideologie, diese an der Oberfläche sich offenbarenden Widersprüche, die Einblicke in seine innere Struktur geben, wegzuräsonieren und zu verleugnen und so erst als Gedankenkonstrukt eine hermetisch widerspruchsfreie Welt zu produzieren.[12] Insofern besteht zwischen dem naturwüchsigen Alltagsbewusstsein der Subjekte in ihrem praktischen Werkeltagsleben und dem wissenschaftlichen Wissen nicht nur die Dieselbigkeit als gleichermaßen ideellen Reproduktionen ein und derselben gesellschaftlichen Wirklichkeit, sondern es gibt auch keine qualitative Differenz zwischen diesen Bewusstseinsformen. »*Da der Denkprozeß selbst aus den Verhältnissen herauswächst, selbst ein Naturprozeß ist, so kann das wirklich begreifende Denken immer nur dasselbe sein, und nur graduell, nach der Reife der Entwicklung, also auch des Organs, womit gedacht wird, sich unterscheiden. Alles andre ist Faselei.*« (MEW 32b: 553; Hervorh. i. Original) Was somit als Unterschied bleibt, besteht in den Verschiedenheiten des Wissens zwischen a) einem alltäglich-unmittelbaren Klassenbewusstsein, b) der ideologischen »Bearbeitung«, d.h. Systematisierung bis Leugnung seiner Widersprüche sowie c) der konzeptiven Aufbereitung und elaborierten Darstellung desselben als gedanklicher Rekonstruktion der Wirklichkeit.[13] Natür-

---

[12] Die Aufgabe der Ideologieproduzenten hatte Marx in Bezug auf die Ökonomie als Vulgärökonomie folgendermaßen charakterisiert: »*Um es ein für allemal zu bemerken, verstehe ich unter klassischer politischer Ökonomie alle Ökonomen seit W. Petty, die den innern Zusammenhang der bürgerlichen Produktionsverhältnisse erforscht im Gegensatz zur Vulgärökonomie, die sich nur innerhalb des scheinbaren Zusammenhangs herumtreibt, für eine plausible Verständlichmachung der sozusagen gröbsten Phänomene und den bürgerlichen Hausbedarf das von der wissenschaftlichen Ökonomie längst gelieferte Material stets von neuem wiederkaut, im übrigen aber sich darauf beschränkt, die banalen und selbstgefälligen Vorstellungen der bürgerlichen Produktionsagenten von ihrer eignen besten Welt zu systematisieren, pedantisieren und als ewige Wahrheiten zu proklamieren.*« (MEW 23: 95 Fn)

[13] Damit ist die Gegenthese zu Lenins Auffassung vom nur beschränkt-tradeunionistischen Bewusstsein der Lohnabhängigen einerseits und dem wissenschaftlichen Wissen der in der kommunistischen Partei organisierten Avantgarde der Berufsrevolutionäre anderer-

lich bestehen innerhalb dieser Arten von Bewusstseinsformen mannigfache Abstufungen und Differenzierungen.

Die Kritik der politischen Ökonomie, durch die der materielle Produktionsprozess (samt seinen Weiterungen) analysiert und in seiner Darstellung gedanklich rekonstruiert wird, ist als umfassende Gesellschaftstheorie die Basiswissenschaft der bürgerlich-kapitalistischen Gesellschaft. Sie hat nicht nur ihre realen historischen Voraussetzungen und stellt demgemäß eine historisch bestimmte Abstraktion dar, sondern erklärt auch ihre kontemporäre Genesis als ideellen Reflex der sozioökonomischen und weiter politisch-kulturellen Verhältnisse aus sich selbst heraus. Es bedarf daher keiner aparten Erkenntnistheorie. Gleichwohl bilden die verschiedenen Entwicklungsperioden der entwickelten, sich auf ihrer eigenen Grundlage reproduzierenden bürgerlichen Gesellschaft nicht gleichermaßen die Basis für die Konstitutionsbedingungen des wissenschaftlichen Bewusstseins. Dies gilt nicht nur in Bezug auf jeweilige Krisen,[14] sondern ebenso für den niederen oder höheren Entwicklungsgrad des materiellen Produktionsprozesses und seiner nachgeordneten Sphären im Kapitalismus selbst. Es zeigt sich anhand der Marxschen Kritik der politischen Ökonomie, dass der nur in seiner produktiven Kernstruktur bestehende und noch nicht in allen seinen vollentwickelten Formen ausdifferenzierte Gesamtreproduktionsprozess mehr von seiner inneren Kerngestalt offenbarte und demgemäß leichter zu entschlüsseln war als der namentlich in den abgeleiteten Sphären von Finanzsektor und politischen Umverteilungszentren ausgebildete Spätkapitalismus. So sehr der Letztere Andeutungen des Ersteren zu ausgebildeten Bedeutungen fortentwickelt hat, so sehr haben diese entwickelteren Verhältnisse auch neue Mystifikationen bspw. durch entwickelte Methoden der wirtschaftspolitischen Steuerbarkeit der Kapitalakkumulation erzeugt, die die Analyse verkomplizieren bzw. zur Verschüttung einstmals verbreiteter Einsichten beigetragen haben.[15] Es ist

---

seits formuliert (vgl. LW 5). Letzteres ist eben nicht das ganz Andere im Sinne einer exklusiven Einsicht in die innere Struktur des Kapitalismus und einen notwendigen Gang der geschichtlichen Entwicklung, welches »von außen« in die Arbeiterklasse hineinzutragen wäre, sondern nur die systematische Darstellung des widersprüchlich bestimmten Alltagsbewusstseins. Zur Kritik an Lenins Auffassung des wissenschaftlichen Wissens und deren politischen Konsequenzen vgl. PKA 1972.

[14] So bedurfte es der historischen Erschütterung der Weltwirtschaftskrise der Zwischenkriegszeit, dass mit der Keynesschen Theorie ein Gesamtparadigma der politischen Ökonomie formuliert werden konnte, welches nicht nur partielle Momente der kapitalistischen Produktionsweise jenseits vulgärökonomischer Verdrehungen analysierte, sondern als Gesamtsystem mit seitherigen Glaubenssätzen der bürgerlichen Ökonomie brach und in entscheidenden Grundzügen zu gleichen Erkenntnissen wie die Marxsche Theorie kam (vgl. Keynes 1936 sowie Krüger 2012b).

[15] Beispiele hierfür sind die Entwicklung des internationalen Währungszusammenhangs von einem Goldstandard mit konvertiblen Banknoten zu auch international weitgehend idealisierten Geldformen als Devisenstandard und inländischem inkonvertiblem Repräsentativgeld (vgl. Krüger 2012a sowie Krüger/Müller 2020) sowie die Ausdifferenzierung der Einkommensverteilung durch politisch organisierte Umverteilungen mit einem bürgerlichen

1. Kapitel: Wissenschaft von der Geschichte

dieser Umstand, dass ein in seiner Kerngestalt real bestehendes, aber noch nicht in seinen gesamten Ausfächerungen ausgebildetes Ganzes präziser zu analysieren ist, der die ungebrochene Aktualität der Marxschen Theorie als Bewusstseins- und Denkform aus der zweiten Hälfte des 19. Jahrhunderts sowohl in der vorliegenden, teilweise ergänzungsbedürftigen Form als auch ihrer orthodoxen – notabene: nicht dogmatischen – Weiterentwicklung für die Gegenwart erklärt und genetisch begründet. Marx und Engels hatten eben das Glück, zu einer Zeit und an einem Ort – England als dem damaligen Zentrum eines bereits industriell entwickelten Kapitalismus – zu leben, die genau diese Konstitutionsbedingungen des wissenschaftlichen Wissens bereitstellten.[16]

Dieses wissenschaftliche Wissen und seine Bestandteile sind weiter zu betrachten und zu konkretisieren. Wissenschaftliches Wissen umgreift den Zusammenhang von Natur, Gesellschaft und Denken und kreist solcherart um »*die Grundfrage aller, speziell neueren Philosophie, (…) nach dem Verhältnis von Denken und Sein.*« (MEW 21b: 274) Als »*zusammenfassende Wissenschaftswissenschaft*« (ibid.: 291) erfuhr die Philosophie aber bereits ab der zweiten Hälfte des 15. Jahrhunderts mit der gesonderten Ausbildung einer Naturphilosophie eine Ausdifferenzierung in ein Gesamtbild des Naturzusammenhangs einerseits und ihrer traditionellen Aufgabe der Untersuchung und Darstellung der menschlichen Geschichte und der Denkformen andererseits. Die trotz des beginnenden Aufschwungs der theoretischen Naturerkenntnis noch unzulängliche praktische Auseinandersetzung mit und Aneignung der äußeren Natur, dem Entwicklungsgrad der Produktivkräfte der Arbeit entspre-

---

Sozialstaat, von dem auch die lohnabhängigen Klassen durch Real- und monetäre Transfers profitieren und einer Verelendungstendenz der Arbeiterklasse, die zu Marx' Lebzeiten bestand, entgegenwirkt; vgl. Krüger 2017.

[16] Ermöglicht ein nur in seinen produktiven Kernstrukturen ausgebildeter Kapitalismus so einerseits leichter Einsichten in seine innere Natur, so führt er andererseits zu Verallgemeinerungen, die durch seine Entwicklung zum Spätkapitalismus praktisch kritisiert worden sind. Als Beispiel für Letzteres kann das »absolute, allgemeine Gesetz der kapitalistischen Akkumulation« (MEW 23: 674) gelten, welches besagt, dass »*je größer der gesellschaftliche Reichtum, das funktionierende Kapital, Umfang und Energie seines Wachstums, also auch die absolute Größe des Proletariats und die Produktivkraft seiner Arbeit (sind), desto größer die industrielle Reservearmee. (…) Je größer aber diese Reservearmee im Verhältnis zur aktiven Arbeiterarmee, desto massenhafter die konsolidierte Übervölkerung, deren Elend im umgekehrten Verhältnis zu ihrer Arbeitsqual steht. Je größer endlich die Lazarusschichte der Arbeiterklasse und die industrielle Reservearmee, desto größer der offizielle Pauperismus.*« (Ibid.: 673f.) Mit der Durchsetzung von Sozialversicherungen und dem Ausbau des bürgerlichen Staates zu einem (mehr oder weniger umfangreichen) Sozialstaat, wurde dieses Gesetz der kapitalistischen Akkumulation entscheidend modifiziert – zudem mit erheblichen politischen Konsequenzen für eine Überwindung des Kapitalismus. Allerdings hatte Marx seine diesbezüglichen Aussagen bereits weitsichtig relativiert: »*Es (das allgemeine Gesetz der kapitalistischen Akkumulation / S.K.) wird gleich allen andren Gesetzen in seiner Verwirklichung durch mannigfache Umstände modifiziert, deren Analyse nicht hierher gehört.*« (Ibid.: 674)

chend, ließ zunächst noch weiten Raum für die Übertragung von metaphysischen, der überkommenen Philosophie entlehnten Denkweisen in die Naturwissenschaft.[17] Die seinerzeitige »neuere« (deutsche) Philosophie, beginnend mit I. Kant und abschließend mit Hegels enzyklopädischem System, war demgegenüber von dem Bemühen geprägt, den übergreifenden Gesamtzusammenhang von Natur, Gesellschaft und Denken zu erfassen: »*Ihren Abschluß fand diese neuere deutsche Philosophie im Hegelschen System, worin zum erstenmal – und dies ist sein großes Verdienst – die ganze natürliche, geschichtliche und geistige Welt als ein Prozeß, d.h. als in steter Bewegung, Veränderung, Umbildung und Entwicklung begriffen, dargestellt und der Versuch gemacht wurde, den inneren Zusammenhang in dieser Bewegung und Entwicklung nachzuweisen.*« (MEW 19d: 206) Der in der »Phänomenologie des Geistes« durchgeführte Versuch, den Gesamtzusammenhang von Natur, Gesellschaft und Denken in einer Weise darzustellen, sodass aus der Bewegung der Idee oder des Begriffs sowohl die Denkformen als auch die Gesellschafts- und Naturformen sukzessive hervorgehen, ist innerhalb der Philosophie nicht mehr zu überbieten. An die Stelle dieses idealistischen Gesamtkonstrukts kann nur mehr die exakte Darstellung des Weltganzen treten, zu der das Hegelsche System als kolossale Fehlgeburt noch den Weg gewiesen hatte.[18]

Hinter der These von der Notwendigkeit der Umstülpung der Hegelschen Dialektik, um den rationellen Kern in der mystischen Hülle zu entdecken (vgl. MEW 23: 27), verbirgt sich ein veränderter Ansatz der Darstellung des inneren Zusammenhangs von Natur, Gesellschaft und Denken, der im Gegensatz zu Hegel nicht im Denken, sondern in der gesellschaftlichen Aneignung der Natur, d.h. der gesellschaftlichen Arbeit als Schlüsselkategorie, seinen Ausgangspunkt besitzt. Mit der Überwindung der idealistischen Verkehrung verschwindet zugleich die Philosophie als Wissenschaftswissenschaft: »*Sobald an jede Wissenschaft die Forderung herantritt, über ihre Stellung im Gesamtzusammenhang der Dinge und der Kenntnis von Dingen sich klarzuwerden, ist jede besondre Wissenschaft vom Gesamtzusammenhang überflüssig. Was von der ganzen Philosophie dann noch selbständig bestehen bleibt, ist die Lehre vom Denken und seinen Gesetzen – die formelle Logik und die Dialektik. Alles andre geht auf in die positive Wissenschaft von Natur und Geschichte.*« (MEW 19d: 207)

Formelle Logik und Dialektik (dialektische Logik) sind Denkformen, von denen die Erstere grundlegende logische Zusammenhänge oder Denkgesetze beinhaltet

---

[17] Vgl. MEW 21b: 295: »*(Ein) Gesamtbild zu liefern, war früher die Aufgabe der sogenannten Naturphilosophie. Sie konnte dies nur, indem sie die noch unbekannten wirklichen Zusammenhänge durch ideelle, phantastische ersetzte, die fehlenden Tatsachen durch Gedankenbilder ergänzte, die wirklichen Lücken in der bloßen Einbildung ausfüllte. Sie hat bei diesem Verfahren manche geniale Gedanken gehabt, manche spätern Entdeckungen vorausgesehn, aber auch beträchtlichen Unsinn zutage gefördert, wie das nicht anders möglich war.*«

[18] Vgl. MEW 19d: 206: »*Daß das Hegelsche System die Aufgabe (der Darstellung der ganzen natürlichen, geschichtlichen und geistigen Welt / S.K.) nicht löste, die es sich gestellt, ist hier gleichgültig. Sein epochemachendes Verdienst war, sie gestellt zu haben.*«

1. Kapitel: Wissenschaft von der Geschichte

und die Dialektik, darauf aufbauend und dieselbe integrierend, den inneren Zusammenhang der Dinge und Gesellschaftsformen im Denken rekonstruiert. Rekonstruktion des inneren Zusammenhangs ist dabei strikt, d.h. als gegenstandsspezifisch zu nehmen; es hat jenseits des jeweiligen Inhalts keine aparte Existenz als allgemeingültige und von außen an den Inhalt herangetragene Methode. Wenn dennoch von dialektischen Gesetzen der Bewegung – Widerspruch und seine Bewegungsformen, Umschlag von Quantität in (neue) Qualität sowie Negation der Negation – die Rede ist, handelt es sich um allgemeinste Bewegungsgesetze in der Natur, der Gesellschaft und im Denken als abstrakte Resultate des Durchdringens konkreter Inhalte. Das Wissen um sie kann bei der Analyse neuer Tatbestände in Natur und Gesellschaft als methodische Vorgehensweise im Forschungsprozess nutzbar gemacht werden – Umschlag von Theorie in Methode –, bildet aber keinen Universalschlüssel, der das Aufspüren der spezifischen Eigenschaften und inneren Strukturen des jeweiligen Analysegegenstandes ersetzen könnte. Würden die allgemeinen Bewegungsgesetze zu Prinzipien verabsolutiert, die auf den jeweils konkreten Stoff nur anzuwenden wären, würde die (materialistische) Dialektik wieder in ihr idealistisches Gegenstück zurückverwandelt und dem Verhältnis von Denken und Sein ein letztlich auf der Autonomie des Geistes gründender Vermittlungszusammenhang unterlegt.[19] Umgekehrt gilt: »*(Die) Prinzipien sind nicht der Ausgangspunkt der Untersuchung, sondern ihr Endergebnis; sie werden nicht auf Natur und Menschengeschichte angewandt, sondern aus ihnen abstrahiert, nicht die Natur und das Reich des Menschen richten sich nach den Prinzipien, sondern die Prinzipien sind nur insoweit richtig, als sie mit Natur und Geschichte stimmen.*« (MEW 20a: 33)[20]

Die Überwindung der Philosophie als Wissenschaftswissenschaft und die Ersetzung der idealistischen Dialektik durch ihre »Umstülpung« in die materialistische dialektische Logik findet sich in der durchgeführten Darstellung der Kritik der politischen Ökonomie, die bereits oben als Basiswissenschaft identifiziert worden ist. Sie begreift die bürgerlich-kapitalistische Gesellschaft als historisch gewordene

---

[19] Mit dieser Aussage ist ein Idealismusvorwurf impliziert, der die gängige Vorstellung von den drei Quellen des Marxismus – idealistische deutsche Philosophie, englische Nationalökonomie und französischer utopischer Sozialismus – und ihrer genialen Zusammenführung und Modifikation durch Marx kritisiert. Diese Drei-Quellen-Theorie, die auf Lenin zurückgeht (vgl. Lenin 1970) erfreut sich innerhalb des traditionellen Marxismus-Leninismus ungebrochener Aktualität; vgl. Xi Jinping 2020: 8ff.

[20] Das Vorstehende führt zu der Frage, ob dialektisches Denken als Rekonstruktion des Gesamtzusammenhangs von Natur, Gesellschaft und Denken und ihrer allgemeinen Bewegungsgesetze durch Verfahren der künstlichen Intelligenz mit ihrer eine Vielzahl von Szenarien erfassbaren Rechnerkapazität sowie den auf der formellen Logik (oder den Zufälligkeiten der sog. Chaostheorie) gründenden Selbstlernprozessen adaptiert werden kann, ob also, mit anderen Worten, ein Umschlag von Quantität (i.e. Durchrechnen von Szenarien mit Bewertung nach formeller Logik) in eine höhere Qualität im Sinne dialektischen Denkens möglich ist? Nach Allem, was bisher über künstliche Intelligenz bekannt ist (vgl. bspw. Russel/Norwig 2012), stoßen ihre Möglichkeiten hier an Grenzen, die nur durch die lebendige Arbeit – in Sonderheit durch die allgemeine, wissenschaftliche Arbeit – überwunden werden können.

Weise der Produktion – daher auch nicht als letztes Wort der menschlichen Entwicklung –, die es auf der Grundlage der im Zeitalter der Großen Industrie naturwissenschaftlich begründeten Entwicklung der Produktivkräfte der Arbeit zu einer umfassenden Aneignung der äußeren Natur zugunsten menschlicher Ziele und Zwecke bringt und die die gesellschaftlichen Bedingungen, Produktionsverhältnisse, entschlüsselt, unter denen dieser Prozess vonstattengeht. Die Kritik der politischen Ökonomie überwindet so den tradierten Gegensatz von Natur und Geschichte, der alle vorbürgerlichen Gesellschaftsformen charakterisiert theoretisch, weil und sofern sie den für den Kapitalismus typischen praktischen Raubbau an der menschlichen Arbeitskraft und äußeren Natur als Ergebnis eines bestimmten, beschränkten Entwicklungsstandes der Produktivkräfte gesellschaftlicher Arbeit und daher zugleich als Durchgangsform für eine höhere Gesellschaftsform identifiziert.[21] Was also bleibt, ist die Wissenschaft von der Geschichte, die nur noch nach der Seite der Geschichte der Natur und der Geschichte der Gesellschaft zu differenzieren ist.[22]

c) Produktivkräfte, Produktionsverhältnisse und geschichtliche Bewegungsgesetze

Die Geschichte der vom Menschen angeeigneten und umgeformten Natur ist die Geschichte der Entwicklung der Produktivkräfte der Arbeit. Diese umfassen nicht nur die Produktionsmittel als gegenständliche Artefakte, sondern auch und sogar in erster Linie die im Prozess der Naturaneignung entwickelten subjektiven Fähigkeiten der Menschen. Die lebendige Arbeit als historisch entwickelte Arbeitskraft, d.h. als in und durch die jeweilige Gesellschaft geschaffene und sich äußernde Kraft sowie die durch sie hervorgebrachten Instrumente, mit denen sie ihre auf den Arbeitsgegenstand einwirkenden Kräfte steigert, stellen jene materiellen Produktiv-

---

[21] Die zeitgenössischen planetaren Probleme einer menschengemachten globalen Erwärmung des Klimas mit gravierenden Rückwirkungen auf die Lebensbedingungen der Menschen sowie das Aufkommen zoonoser, d.h. von Tieren auf den Menschen übertragener Viren, die sich als weltumspannende Pandemien äußern, sind als genuin industriell-kapitalistisch produzierte Phänomene zu bestimmen, die sich aus den immanenten Widersprüchen des durch das Kapital beherrschten Akkumulationsprozess in der Weltwirtschaft ergeben. Die Bedingungen zur Lösung dieser Krisen reifen zwar in den hochentwickelten kapitalistischen Staaten durch konzertierte Forschungs- und Entwicklungsanstrengungen heran, jedoch sprengt ihre Umsetzung und die definitive Krisenüberwindung tendenziell die kapitalistische Systemgrenze; vgl. dazu Krüger 2021a.

[22] Marx reklamierte im »Kapital« vor dem Hintergrund der Entwicklung von Maschinerie als des entwickelten Produktionsmittels der industriellen Produktion »eine kritische Geschichte der Technologie« als Pendant zu Darwins »*Geschichte der natürlichen Technologie (als der) Bildung der Pflanzen- und Tierorgane als Produktionsinstrumente(n) für das Leben der Pflanzen und Tiere.*«. (MEW 23: 392 Fn) Beide »Technologie-Geschichten« können als Vorarbeiten und Bestandteile einer durch die Kritik der politischen Ökonomie angeleiteten Wissenschaft von der Geschichte begriffen werden.

1. Kapitel: Wissenschaft von der Geschichte

kräfte dar, welche sich unter jeweiligen gesellschaftlichen Bedingungen und in jeweiligen gesellschaftlichen Verhältnissen, Produktionsverhältnissen, ausbilden und bewegen. Sie gipfeln in dem von Marx so genannten »general intellect«,[23] der nicht nur die allgemeine oder wissenschaftliche Arbeit umschließt, sondern auch als gesellschaftlich verallgemeinerte Ressource den entwickeltsten Stand des Wissens der Gesellschaft über sich und die äußere Natur verkörpert und im tätigen Aneignungsprozess individuell und gesellschaftlich, vermittelt über gesellschaftliche Infrastrukturen, wirken lässt.

Diese Produktivkräfte sowie die Produktionsverhältnisse, innerhalb deren sie entstehen und zur Anwendung gelangen, bilden als jeweilige gesellschaftliche Produktionsweise eine Einheit, in der beide Momente einander bedingen: »*In der gesellschaftlichen Produktion ihres Lebens gehen die Menschen bestimmte, notwendige, von ihrem Willen unabhängige Verhältnisse ein, Produktionsverhältnisse, die einer bestimmten Entwicklungsstufe ihrer materiellen Produktivkräfte entsprechen.*« (MEW 13: 8) Dass diese Produktionsverhältnisse vom bewussten Willen der Menschen unabhängig sind oder ihr Handeln doppelt als bewusst-unbewusstes Handeln bestimmt ist, hatte sich aus der Analyse der bürgerlich-kapitalistischen Gesellschaft ergeben[24] und gilt mutatis mutandis, wie zu zeigen sein wird,[25] auch für vorbürgerliche Gesellschaftsformen. Erst eine der kapitalistischen Gesellschaftsformation nachfolgende kommunistische Formation wäre dadurch gekennzeichnet, dass in ihr die ursprünglich vom bewussten Willen unabhängigen Produktionsverhältnisse sukzessive zugunsten einer bewussten Gestaltung der Ökonomie überwunden werden können. Das von Marx angesprochene Entsprechungsverhältnis zwischen Produktionsverhältnissen und Produktivkräften impliziert zum Einen, dass Erstere die soziale Grundlage für die Entwicklung der Produktivkräfte, gewissermaßen einen Möglichkeitsraum, abgeben, indem sie vor allem die Entwicklungspotentiale der Fähigkeiten und Fertigkeiten der lebendigen Arbeit – und damit wiederum auch ihrer gegenständlichen Arbeitsmittel – determinieren. Ein vorbürgerliches Gemeinwesen als naturwüchsige Gemeinschaft bringt es eben neben der dominierenden

---

[23] Vgl. MEW 42: 602: »*Die Natur baut keine Maschinen, keine Lokomotiven, Eisenbahnen, electric telegraphs, selfacting mules etc. Sie sind Produkte der menschlichen Industrie; natürliches Material, verwandelt in Organe des menschlichen Willens über die Natur oder seiner Betätigung in der Natur. Sie sind von der menschlichen Hand geschaffne Organe des menschlichen Hirns; vergegenständlichte Wissenskraft. Die Entwicklung des capital fixe zeigt an, bis zu welchem Grade das allgemeine gesellschaftliche Wissen, knowledge, zur unmittelbaren Produktivkraft geworden ist und daher die Bedingungen des gesellschaftlichen Lebensprozesses selbst unter die Kontrolle des general intellect gekommen und ihm gemäß umgeschaffen sind. Bis zu welchem Grade die gesellschaftlichen Produktivkräfte produziert sind, nicht nur in der Form des Wissens, sondern als unmittelbare Organe der gesellschaftlichen Praxis; des realen Lebensprozesses.*«
[24] Vgl. den ersten Unterabschnitt des vorliegenden Kapitels.
[25] Siehe die nachfolgenden Kapitel der vorliegenden Abhandlung, insbesondere Kapitel 2 und 6.

primitiven Agrikultur maximal zu kunstfertigem Handwerk Einzelner in kleinen Nischen dieser Gesellschaft, aber nicht zu einer bewussten Anwendung und Verkörperung der Wissenschaften im Produktionsprozess.

Andererseits können die jeweiligen Produktionsverhältnisse und die auf ihrer Grundlage entstandenen Produktivkräfte auch einen Widerspruch beherbergen: »*Auf einer gewissen Stufe ihrer Entwicklung geraten die materiellen Produktivkräfte der Gesellschaft in Widerspruch mit den vorhandenen Produktionsverhältnissen oder, was nur ein juristischer Ausdruck dafür ist, mit den Eigentumsverhältnissen, innerhalb deren sie sich bisher bewegt hatten. Aus Entwicklungsformen der Produktivkräfte schlagen diese Verhältnisse in Fesseln derselben um. Es tritt dann eine Epoche sozialer Revolution ein.*« (MEW 13: 9)

Bei dieser Aussage handelt es sich um ein allgemeines Resultat im Sinne eines allgemeinen Bewegungsgesetzes für die geschichtliche Entwicklung auf der Grundlage der materialistischen Erfassung der Wirklichkeit oder im Rahmen des historischen Materialismus. Es stellt als Resultat aus der Betrachtung des tatsächlichen Geschichtsverlaufs eine Abstraktion dar, mit der beansprucht wird, die inneren letzten Treibkräfte historischer Entwicklungen, die innerhalb vorbürgerlicher Gesellschaftsformen durch namentlich politische Verhältnisse überlagert, mystifiziert und dadurch versteckt werden und erst innerhalb der bürgerlich-kapitalistischen Gesellschaftsformation offen zutage treten, dechiffriert zu haben. Als abstraktes Resultat markiert der Widerspruch zwischen Produktivkräften und Produktionsverhältnissen jedoch weder ein technizistisches Entwicklungsprinzip noch eine naturgesetzlich-teleologische Zielbestimmung sozialgeschichtlicher Evolution. In jedem Akt der Reproduktion »*ändern sich nicht nur die objektiven Bedingungen, z.B. aus dem Dorf wird Stadt, aus der Wildnis gelichteter Acker etc., sondern die Produzenten ändern sich, indem sie neue Qualitäten aus sich heraus setzen, sich selbst durch die Produktion entwickeln, umgestalten, neue Kräfte und neue Vorstellungen bilden, neue Verkehrsweisen, neue Bedürfnisse und neue Sprache*« (MEW 42: 402). Die Reproduktion ist also immer Neuproduktion und schließlich Destruktion der alten Arbeits- und Lebensformen. Dabei bleibt der allgemeine Charakter einer Produktionsweise, die Grundstruktur eines Gemeinwesens, über längere Zeit erhalten. Damit eine grundlegend neue Produktionsweise auftreten kann, müssen sich innerhalb der früheren Produktionsweise diejenigen Verkehrs- und Produktionsmittel sowie die Bedürfnisse entwickelt haben, die über die alten Produktionsverhältnisse hinausweisen und zu deren Verwandlung in ein neues Produktionsverhältnis hindrängen. Dieser Prozess der Veränderung, Auflösung und Zerstörung verläuft in verschiedenen Produktionsweisen in sehr unterschiedlichem Tempo. Je mehr der Aneignungsprozess der Natur gleichbleibt, desto konstanter sind die Eigentums- und Produktionsverhältnisse, ganz im Gegensatz zur bürgerlich-kapitalistischen Produktionsweise, deren allgemeiner Charakter im Unterschied dazu beständige Veränderungen der Produktivkräfte nicht nur aufweist, sondern sogar erzwingt.

In jedem Fall müssen aber diese objektiven Bedingungen der jeweiligen Produktionsweise durch subjektive soziale Gruppen, d.h. soziale Klassen, aufgenommen

1. Kapitel: Wissenschaft von der Geschichte

werden und durch sie in politisches Handeln umgesetzt werden. Wenn Marx und Engels im »Manifest der Kommunistischen Partei« herausgestellt hatten, dass »*die Geschichte aller bisherigen Gesellschaft*[26] ... *die Geschichte von Klassenkämpfen (ist)*« (MEW 4: 462), so hatten sie die sozialen Auseinandersetzungen betont, die sich innerhalb jeweiliger Produktionsverhältnisse entwickeln, wenn jene zu eng geworden waren, um den Widersprüchen zwischen den sozialen Akteuren als kollektiven Kräften, d.h. als Klassen, eine Bewegungsform zu ermöglichen. Die Lösung dieser sich in Klassenauseinandersetzungen ausdrückenden Widersprüche innerhalb der jeweiligen Produktionsverhältnisse sowie zwischen jenen und den materiellen Produktivkräften, über die diese Gesellschaft verfügt, bedeutet aber keineswegs, dass die handelnden Akteure ein Bewusstsein von den neu zu errichtenden Produktionsverhältnissen haben müssten. Letzteres kann, wenn überhaupt, nur für die Überwindung der kapitalistischen Gesellschaft in Richtung sozialistisch-kommunistischer Verhältnisse Gültigkeit beanspruchen und auch dort, wie die Geschichte gezeigt hat, nur in einem höchst widerspruchsvollen Prozess unter Einbeziehung des Staates, dessen Eroberung idealtypisch allererst die Voraussetzungen für eine nachfolgende gesellschaftliche Umgestaltung schaffen kann. Allgemein gilt daher: Das Ergebnis aufbrechender Widersprüche zwischen der Entwicklung von Produktivkräften, sozialen Kämpfen und eines Übergangs zu neuen Produktionsverhältnissen ist nur ein mögliches Szenario, dem dasjenige des Zusammenbruchs der alten Gesellschaft gegenübersteht.[27]

Marx stellt vorliegend Produktionsverhältnisse und Eigentumsverhältnisse in eine enge Beziehung; Letztere seien nur ein juristischer Ausdruck für die Ersteren. Mit Eigentumsverhältnissen sind daher zunächst Beziehungen zwischen lebendiger Arbeit bzw. dem Träger der Arbeitskraft und den Bedingungen ihrer Verwirklichung oder Betätigung als Arbeit gemeint, eine Beziehung, die im Eigentum oder Nichteigentum an den Produktionsmitteln ihren konzentrierten Ausdruck erhält und eben die Grundlage für Klassenunterschiede und Klassengegensätze bezeichnet,

---

[26] Präzisierend hatte Engels zur englischen und deutschen Ausgabe von 1888 hinzugefügt: »*Das heißt, genau gesprochen, die schriftlich überlieferte Geschichte*« (ibid.) und darauf verwiesen, dass nach der Erstveröffentlichung des »Kommunistischen Manifests« 1847 die seinerzeit bereits erhebliche neue anthropologische und ethnologische Forschung bis in das letzte Viertel des 19. Jahrhunderts bereits erhebliche neue Erkenntnisse gewonnen hatte; zu nennen ist für die Zeit namentlich das Werk von Lewis H. Morgan »Ancient Society«, das Marx ausgiebig zur Kenntnis genommen und exzerpiert hatte und Engels nach Marx' Tod in seiner Schrift »Der Ursprung der Familie, des Privateigentums und Staates« in wesentlichen Punkten zugrundegelegt hatte. Wir kommen darauf im 3. Kapitel zurück.

[27] Diese Möglichkeit des Zusammenbruchs einer Gesellschaft, die an ihren inneren Widersprüchen zugrundegeht, unterstreicht zugleich die prinzipielle Offenheit des historischen Entwicklungsprozesses. Dabei ist klar, dass ein derartiger gesellschaftlicher Zusammenbruch verschiedenartige Formen annehmen und vom einem bloßen Rückfall einer Gesellschaftsform auf eine frühere Gesellschaft, die zuvor existiert hatte, bis zu einem Verschwinden einer Gesellschaft durch Aussterben ihrer Mitglieder oder Aufgehen der Population in einer anderen Gesellschaft reichen kann.

die nicht nur mehr oder weniger natürlich begründete Hierarchiestrukturen zwischen verschiedenen Gruppen in archaischen Gesellschaftsformen zum Ausdruck bringt. Weil diese Beziehung zwischen Arbeit und ihren Verwirklichungsbedingungen als Eigentumsverhältnis gefasst wird, kann es sodann auch als Rechts- oder juristisches Verhältnis im engeren Sinne in Überbaustrukturen kodifiziert werden. Soweit es um das Eigentum oder Nichteigentum der Produzenten an den Produktionsmitteln geht, stellt dieses Verhältnis das hauptwichtige Element eines jeweiligen Produktionsverhältnisses dar und ist demgemäß den Bedingungen der materiellen Produktion oder der ökonomischen Basis zuzuordnen; zwischen Eigentum als Produktionsverhältnis und als juristischer Ausdruck ist also zu unterscheiden, wiewohl Ersteres die Basis für Letzteres ist.[28]

Dieses Eigentumsverhältnis als Produktionsverhältnis bestimmt die jeweilige Art und Weise, in der die Arbeit der unmittelbaren Produzenten verausgabt wird und sodann die jeweilige historisch spezifische Form, in der Mehrarbeit über die zur Reproduktion des Arbeiters (und seines familiären Anhangs) hinaus – wenn sie nicht nur zufällig entsprechend der Gunst der Naturbedingungen, sondern regelmäßig anfällt oder sogar den unmittelbaren Zweck und das Motiv für die Ingangssetzung eines Produktionsprozesses bildet – geleistet wird. So weist die Mehrarbeit in vorbürgerlichen Gesellschaften, in denen die Agrikultur den überragenden Bereich ausmacht, die Form der Grundrente oder als Steuer verkleidete Form eines Tributs auf; Arbeits-, Produkten- und Geldrente bilden dabei eine aufsteigende historische Entwicklungslinie. In der bürgerlich-kapitalistischen Gesellschaft nimmt das Surplusprodukt des eigentumslosen Arbeiters die Form des Mehrwerts an, der als Profit, Zins und Grundrente an die verschiedenen Fraktionen der besitzenden Klassen – und im Spätkapitalismus teilweise zu gewissen quantitativ beschränkten Teilen auch an die lohnabhängigen Klassen – verteilt wird.

Die spezifische Form, die die Mehrarbeit im Resultat von Eigentumsverhältnissen im materiellen Produktionsprozess annimmt, begründet die historische Spezifik gesellschaftlicher Herrschafts- und Knechtschaftsverhältnisse, wie sie unmittelbar aus der Produktion hervorwachsen und auf sie zurückwirken und nicht nur die wirtschaftlichen Verhältnisse der Gesellschaft bestimmen, sondern darüber hinaus auch die jeweilige politische Form des Gemeinwesens prägen. »*Die spezifische Form, in der unbezahlte Mehrarbeit aus den unmittelbaren Produzenten ausgepumpt wird, bestimmt das Herrschafts- und Knechtschaftsverhältnis, wie es unmittelbar aus der Produktion selbst hervorwächst und seinerseits bestimmend auf sie zurückwirkt. Hierauf aber gründet sich die ganze Gestaltung des ökonomischen, aus den Produktionsverhältnissen selbst hervorwachsenden Gemeinwesens und damit zugleich seine spezifische politische Gestalt. Es ist jedesmal das unmit-*

---

[28] Für bürgerlich-kapitalistische Gesellschaften führt Marx aus: »Um die Verhältnisse, worein Kapital und Lohnarbeit treten, als Eigentumsverhältnisse oder Gesetze auszudrücken, haben wir nichts weiter zu tun als das Verhalten beider Seiten in ihrem Verwertungsprozeß als Aneignungsprozeß auszudrücken.« (MEW 42: 382; Hervorh.i.O.)

1. Kapitel: Wissenschaft von der Geschichte

telbare Verhältnis der Eigentümer der Produktionsbedingungen zu den unmittelbaren Produzenten – ein Verhältnis, dessen jedesmalige Form stets naturgemäß einer bestimmten Entwicklungsstufe der Art und Weise der Arbeit und daher ihrer gesellschaftlichen Produktivkraft entspricht –, worin wir das innerste Geheimnis, die verborgne Grundlage der ganzen gesellschaftlichen Konstruktion und daher auch der politischen Form des Souveränitäts- und Abhängigkeitsverhältnisses, kurz, der jedesmaligen spezifischen Staatsform finden.« (MEW 25: 799f.) Hier ist in abstrakt-allgemeiner Form der Bogen als grundlegende Determinationsbeziehung geschlagen: ausgehend von der spezifisch gesellschaftlichen Form der Arbeit als Fundamentalkategorie (1) zu ihren Produktivkräften bzw. deren jeweiligem Entwicklungsstand (2) über die Produktionsverhältnisse (3), in denen das Eigentumsverhältnis des unmittelbaren Produzenten zu den Produktionsmitteln eingeschlossen ist (4), die wiederum die Form der Mehrarbeit und die jeweilige Ausgestaltung der Herrschaftsverhältnisse im materiellen Produktionsprozess bestimmen (5) und welche ihrerseits die bestimmende Grundlage der politischen Form des Gemeinwesens darstellen (6). Um dieses Determinationsverhältnis von der gesellschaftlichen Form der Arbeit bis zur Staatsform nicht schematisch und daher falsch zu verstehen, fügt Marx hinzu: *»Dies (der Bogen von der Arbeit bis zur Staatsform / S.K.) hindert nicht, daß dieselbe ökonomische Basis – dieselbe den Hauptbedingungen nach – durch zahllos verschiedne empirische Umstände, Naturbedingungen, Racenverhältnisse, von außen wirkende geschichtliche Einflüsse usw., unendliche Variationen und Abstufungen in der Erscheinung zeigen kann, die nur durch Analyse dieser empirisch gegebnen Umstände zu begreifen sind.«* (Ibid.: 800) Es wird zu zeigen sein,[29] welche jedesmalige Vermittlungsform existiert und ausgeprägt ist, um die Beziehungen zwischen den Formen der Arbeit, ihren Produktivkräften und Produktionsverhältnissen sowie den sozialen und Klassenverhältnissen[30] und

---

[29] Vgl. dazu die nachfolgenden Kapitel 2, 3 und 4 der vorliegenden Abhandlung. Das Insistieren auf dem »Dreischritt« von dem abstrakt-allgemein formulierten Zusammenhang über die jedesmalige gesellschaftlich spezifische Vermittlung zwischen den Variablen bis zu den nur empirisch aufnehmbaren Einflussfaktoren lässt den Vorwurf, hier würde von Marx selbst – und nicht nur von seinen Epigonen und späteren Vereinfachern – eine Überdetermination durch die Ökonomie und Geringschätzung politischer Faktoren vorgenommen (vgl. Giddens 1995: XIV und passim), ins Leere laufen. Auch der »Politische Marxismus« (»Political Marxism«), prominent repräsentiert durch die amerikanische Historikerin Ellen M. Wood, misst dem Politischen innerhalb des ökonomischen Reproduktionsprozesses nicht nur in vorbürgerlichen Gesellschaften, sondern auch im Kapitalismus eine systematisch überzogene Funktion zu; vgl. dazu die ausführliche Auseinandersetzung mit ihren Thesen durch Wallat (2021). Auf die qualitativen Unterschiede in Bezug auf den Stellenwert des Politischen innerhalb der vorbürgerlichen sowie der bürgerlichen Gesellschaftsformation ist in der nachfolgenden Entfaltung und Umsetzung des historischen Materialismus als wichtiges Moment unter verschiedenen Aspekten zurückzukommen.

[30] Auch und gerade am Klassenbegriff werden sich die je spezifischen sozialen Strukturen verschiedener Gesellschaftsformen festmachen. Die Unterscheidung zwischen Klassengesellschaften im Sinne bürgerlich-kapitalistischer Gesellschaften und (vorbürgerlicher)

schließlich den politischen Souveränitäts- und Abhängigkeitsverhältnissen historisch korrekt, d.h. gesellschaftsformspezifisch aufzunehmen.

Mit der Betonung der sich letztlich aus dem je spezifischen Charakter der Arbeit ergebenden spezifischen Vermittlungsformen zwischen ökonomischen Basisverhältnissen und der Beschaffenheit der Herrschaftsverhältnisse wird zugleich eine relative Autonomie der Überbauten sowie der Bewusstseinsformen der Akteure betont. Dies gilt nicht nur bei Umwälzungen der Produktionsverhältnisse, sondern auch im kontinuierlichen bzw. nicht-disruptiven Gang der Verhältnisse. *»Mit der Veränderung der ökonomischen Grundlage wälzt sich der ganze ungeheure Überbau langsamer oder rascher um. In der Betrachtung solcher Umwälzungen muß man stets unterscheiden zwischen der materiellen, naturwissenschaftlich treu zu konstatierbaren Umwälzung in den ökonomischen Produktionsbedingungen und den juristischen, politischen, religiösen, künstlerischen oder philosophischen, kurz, ideologischen Formen, worin sich die Menschen dieses Konflikts bewußt werden und ihn ausfechten. Sowenig man das, was ein Individuum ist, nach dem beurteilt, was es sich selbst dünkt, ebensowenig kann man eine solche Umwälzungsepoche aus ihrem Bewußtsein beurteilen, sondern muß vielmehr dies Bewußtsein aus den Widersprüchen des materiellen Lebens, aus dem vorhandenen Konflikt zwischen gesellschaftlichen Produktivkräften und Produktionsverhältnissen erklären.«* (MEW 13: 9) Diese Eigenständigkeit des »ganzen ungeheuren Überbaus« gegenüber dem materiellen Produktionsprozess gilt nach zwei Seiten hin, die mit dem Begriff einer sich kontemporär-historisch totalisierenden Totalität einer Gesellschaftsformation, namentlich der bürgerlich-kapitalistischen, erfasst werden kann. Zum Einen folgt die Anpassung und Ausgestaltung der gesellschaftlichen Überbau- und privaten Lebensverhältnisse nur mit größeren Zeitverzügen einer umgewälzten ökonomischen Basis nach und den dadurch grundsätzlich bestimmten sozialen Klassenverhältnissen. Dies kann exemplarisch in Bezug auf die Entwicklung der Familienverhältnisse in der bürgerlichen Gesellschaft deutlich gemacht werden. Der doppelt freie Lohnarbeiter lebte im Unterschied zu den besitzenden bürgerlichen Klassen der Kapitalisten und Grundeigentümer in den Anfängen der kapitalistischen Produktionsweise keineswegs in einer bürgerlichen Familie, sondern historisch überkommene Strukturen prägten seine private Lebensweise, die erst nach und nach zu einer die Möglichkeit der Individualitätsentwicklung eröffnenden Familienform umgestaltet werden konnten. Die fortbestehende gesellschaftliche Ungleichheit der Geschlechter (Patriarchat) erweist sich daher als Überbleibsel vorbürgerlicher Verhältnisse und Sozialstrukturen, keineswegs als Ausfluss der Herrschaftsverhältnisse im unmittelbaren Produktionsprozess der kapitalistischen Produktionsweise; umgekehrt, die innerhalb desselben erfolgende Entwicklung der Produktivkräfte gesellschaftlicher Arbeit stellt zusammen mit dem Ausbau des bürgerlichen Staats zu einem Sozialstaat erst die Bedingungen für ein partnerschaftlicheres Verhältnis innerhalb

---

Gesellschaften als Gesellschaften mit Klassenspaltung wird dabei wesentlich werden; vgl. das nachstehende 2. Kapitel.

1. Kapitel: Wissenschaft von der Geschichte

der (bürgerlichen) Familie bereit.[31] Das Fortleben historisch überkommener, vorbürgerlicher Verhältnisse, die erst nach und nach umgeformt und der bürgerlichen Gesellschaft angepasst werden, prägt neben den Familienstrukturen auch weitere »abgeleitete« oder Überbauphänomene wie Religion und Kunstformen etc. Zum Anderen erfolgt mit der Höherentwicklung der kapitalistischen Produktionsweise auch eine qualitative Weiter- und Höherentwicklung dieser Lebenssphären. Zwischen den ökonomischen Basisverhältnisse und der Kerngestalt des juristischen und politischen Überbaus im Staat etabliert sich namentlich mit dem Eintritt der lohnabhängigen Massen in die Politik ein weiteres Stockwerk in Gestalt einer Zivilgesellschaft als eigenständiger Gesellschaftssphäre in Form mannigfacher Formen und Institutionen, die nicht nur für die Angehörigen der besitzenden Klassen, sondern auch für die lohnabhängige Mehrheit ihr Leben jenseits des Arbeitsbereichs und damit ihre Bewusstseinsformen mitbestimmt.

Liegt, wie früher gezeigt, bereits in der Verselbstständigung der geistigen Produktion(en) als Bewusstseinsform(en) jenseits des unmittelbar aus dem materiellen Produktionsprozess hervorwachsenden naturwüchsigen oder Alltagsbewusstseins der unmittelbaren Produzenten die Grundlage für ihren ideologischen Charakter, so potenziert sich dieser mit dem im Rahmen von allgemeiner Arbeitszeitverkürzung sich erweiternden Bereich jenseits der Arbeit (Nichtarbeitsbereich) und seinen gesellschaftlichen Institutionen. »Arbeiten, um (jenseits der Arbeit) zu leben« – eine prinzipiell nicht zu kritisierende Auffassung –, wird jedoch zu einer januskörpigen sozialen Bestimmtheit der Subjekte und ihrer Bewusstseinsformen, wenn sie nicht nur eine reichere Individualitätsentwicklung bezeichnet, sondern gleichzeitig deren Klassenbestimmtheit überlagert und vernebelt. Auch wenn die Umwälzung in den ökonomischen Basisverhältnissen mehr oder weniger »naturwissenschaftlich treu« zu konstatieren ist, so gilt dies eben wegen der abgehobenen ideologischen Formen, in denen diese Umwälzungen ausgesprochen und verarbeitet werden, im Regelfall erst als Feststellung im Nachhinein. Hierin liegt eine allgemeine, d.h. in verschiedenen Gesellschaftsformen vorzufindende Mystifikation bezüglich des Widerstreits von Produktivkräften und Produktionsverhältnissen begründet, die deren Charakter als Triebkräfte historischer Umwälzungen verdunkelt. [32]

---

[31] Weder also löst sich die »Frauenfrage« als Nebenwiderspruch erst und automatisch nach Überwindung der kapitalistischen Produktionsweise im Sozialismus, noch lässt sich das Patriarchat klassenübergreifend aus einer vermeintlichen Stellung der Frau als Quasi-Leibeigene im Haushalt, die »Care-Arbeit« für die schmarotzenden Männer zur Reproduktion des Werts von deren Arbeitskraft verrichten muss, erklären, wie feministische Ansätze teilweise nahelegen bzw. unterstellen. Zur Kritik feministischer Kurzschlüsse und als alternativer marxistischer Erklärungsansatz für Familie und Patriarchat vgl. den nach wie vor ungebrochen aktuellen Text von SOST 1984.

[32] Eng mit der Ausdifferenzierung der zivilgesellschaftlichen Gesellschaftssphäre ist die Wahrnehmung der Segregation der Gesellschaft in Gestalt natürlicher und sozialer Unterschiede wie sexueller Orientierung (LGBTQ), ethnischer Herkunft und religiöser Anschauung, geschlechtlicher Diversität etc. verschiedener Bevölkerungsgruppen verbunden. Diese

Entsprechendes gilt in Bezug auf die Entwicklungsspielräume von Produktivkräften und Produktionsverhältnissen selbst: »*Eine Gesellschaftsformation geht nie unter, bevor alle Produktivkräfte entwickelt sind, für die sie weit genug ist, und neue höhere Produktionsverhältnisse treten nie an die Stelle, bevor die materiellen Existenzbedingungen derselben im Schoß der alten Gesellschaft selbst ausgebrütet worden sind. Daher stellt sich die Menschheit immer nur Aufgaben, die sie lösen kann, denn genauer betrachtet wird sich stets finden, daß die Aufgabe selbst nur entspringt, wo die materiellen Bedingungen ihrer Lösung schon vorhanden oder wenigstens im Prozeß ihres Werdens begriffen sind.*« (Ibid.) Es wird hier ein evolutionstheoretischer Zusammenhang formuliert, der aus der Betrachtung geschichtlicher Entwicklungen abgeleitet und insofern »objektiv«, d.h. vom bewussten Willen und Agieren Einzelner unabhängig ist und nicht voluntaristisch überwunden, allenfalls durch zielgerichtete politische Interventionen abgekürzt werden kann. Dennoch wäre es falsch, eine objektivistische Logik gesellschaftlicher Entwicklung zu unterstellen. Die inneren Triebkräfte sozialer Evolution sind doppelt zu fassen, objektiv-subjektiv bzw. materiell und sozial. Die Entwicklung der Produktivkräfte kann als »*problemerzeugender Mechanismus*« (Habermas 1976: 161) allenfalls den Anstoß für eine massenhafte Infragestellung der gegebenen Produktionsverhältnisse geben, deren Umwälzung aber nicht herbeiführen. Hierfür ist, wie bereits angeführt, die Aktion der gesellschaftlichen Klassenkräfte notwendig, die nicht nur in einen Gegensatz zu den herrschenden Verhältnissen geraten, sondern auch im Kern, vielfach mehr unbewusst als bewusst, neue soziale und politische Formen antizipieren. Erst mit der Erringung von Gestaltungsmacht lässt sich eine gegebene, alte Ordnung verändern, wobei die beginnende Veränderung der Produktionsverhältnisse vielfach zuerst noch unter dem alten politischen System stattfindet. Erst wenn sich die neuen Produktionsverhältnisse mehr und mehr etabliert haben, lassen sich in der Regel die Potentiale der neuen Produktivkräfte umsetzen. »*Das endogene Wachstum von Wissen ist also eine notwendige Bedingung der sozialen Evolution. Aber erst wenn ein neuer institutioneller Rahmen entstanden ist, können die bis dahin ungelösten Systemprobleme mit Hilfe des angesammelten kognitiven Potentials bearbeitet werden, woraus eine Steigerung der Produktivkräfte* resultiert. *Nur in diesem Sinn läßt sich der Satz verteidigen, daß eine Gesellschaftsformation nicht untergeht und neue höhere Produktionsverhältnisse nicht an deren Stelle treten, ›bevor die materiellen Existenzbedingungen derselben im Schoße der alten Gesellschaft selbst ausgebrütet worden sind‹*« (Ibid.: 162; Hervorh. i. Original).

---

als »Intersektionalismus« bezeichnete Bewusstseinsform fußt zwar vielfach auf wahrgenommener Diskriminierung von Minderheiten oder Teilen der Bevölkerung, mystifiziert aber zugleich die in der Klassenspaltung wurzelnde letztendliche Ursache dieser Diskriminierungen und verstellt im Resultat den Blick für eine nachhaltige Überwindung derselben, da es bei bloßen moralischen Appellen bleibt.

1. Kapitel: Wissenschaft von der Geschichte

Marx hatte dieses widersprüchliche Verhältnis von Produktivkräften und Produktionsverhältnissen unter Einschluss der Beziehung von materieller Basis und ideellen Überbauten bereits in den »Grundrissen« folgendermaßen formuliert: »*Alle bisherigen Gesellschaftsformen gingen unter an der Entwicklung des Reichtums – oder, was dasselbe ist, der gesellschaftlichen Produktivkräfte. Bei den Alten, die das Bewußtsein hatten, wird der Reichtum daher direkt als Auflösung des Gemeinwesens denunziert. Die Feudalverfassung ihrerseits ging unter an städtischer Industrie, Handel, moderner Agrikultur. (Sogar an einzelnen Erfindungen, wie Pulver und Druckerpresse.) Mit der Entwicklung des Reichtums – und daher auch neuer Kräfte und erweiterten Verkehrs der Individuen – lösten sich die ökonomischen Bedingungen auf, worauf das Gemeinwesen beruhte, die politischen Verhältnisse der verschiednen Bestandteile des Gemeinwesens, die dem entsprachen: die Religion, worin es idealisiert angeschaut wurde (und beides beruhte wieder auf einem gegebnen Verhältnis zur Natur, in die sich alle Produktivkraft auflöst); der Charakter, Anschauung etc. der Individuen. Die* Entwicklung der Wissenschaft allein – *i.e. der solidesten Form des Reichtums, sowohl Produkt wie Produzent desselben – war hinreichend, diese Gemeinwesen aufzulösen. Die Entwicklung der Wissenschaft, dieses ideellen und zugleich praktischen Reichtums, ist aber nur eine Seite, eine Form, worin die Entwicklung der menschlichen Produktivkräfte, i.e. des Reichtums erscheint. Ideell betrachtet, reichte die Auflösung einer bestimmten Bewußtseinsform hin, um eine ganze Epoche zu töten. Reell entspricht diese Schranke des Bewußtseins einem bestimmten Grad der Entwicklung der materiellen Produktivkräfte und daher des Reichtums. Allerdings fand Entwicklung statt nicht nur auf der alten Basis, sondern Entwicklung dieser Basis selbst. Die höchste Entwicklung dieser Basis selbst (die Blüte, worin sie sich verwandelt; es ist aber doch immer diese Basis, diese Pflanze als Blüte; daher Verwelken nach der Blüte und als Folge dieser Blüte) ist der Punkt, worin sie selbst zu der Form ausgearbeitet ist, worin sie mit der höchsten Entwicklung der Produktivkräfte vereinbar, daher auch der reichsten Entwicklung der Individuen. Sobald dieser Punkt erreicht ist, erscheint die weitere Entwicklung als Verfall und die neue Entwicklung beginnt von einer neuen Basis.*« (MEW 42, 445f.; Hervorh. i. Original) Die vorstehend zitierte Formulierung von Marx steht nicht zufällig im Kontext der nur für den Kapitalismus typischen universellen Tendenz des Kapitals, die Produktivkräfte zu entwickeln. Sie beansprucht aber allgemeinere Gültigkeit auch für vorbürgerliche Produktionsweisen, konnte aber erst auf Basis des spezifisch kapitalistischen Verhältnisses von Produktivkräften und Produktionsverhältnissen erkannt werden. Auch sind unterschiedliche Produktionsverhältnisse unterschiedlich flexibel für die Entwicklung der Produktivkräfte und deren soziale Rückwirkungen auf jene. Wenn die Auflösung einer bestimmten Bewusstseinsform – hier genommen als zusammenfassender Ausdruck sowohl für die Erkenntnis der Natur (Naturwissenschaften) als auch des geistigen Verständnisses der sozialen Beziehungen (zunächst Philosophie, sodann Wissenschaft von der Geschichte menschlicher Gesellschaften) – hinreicht für die Tötung einer ganzen Epoche und weiter einer Produktionsweise, so ist hier gleichzeitig auf das Bedingungsverhältnis von materieller Produktion und geistiger Produktion und Letztere als je spezifische Ausdrucksform der Ersteren, abgehoben. Entwicklungsfähigkeit der Produktionsverhältnisse im Verhältnis zum Fortschreiten der Natur- und Welterkenntnis (Produktivkräfte) und Grenze der Ersteren für Letztere, daher entweder Verfall der alten Basis oder Entwicklung von einer neuen Basis aus, markiert als Kurzform also einen äußerst verwickelten und theoretisch voraussetzungsvollen Zusammenhang.

Nimmt man nun diese Aussage von Marx nicht nur in Bezug auf die historische Entwicklung bis zu seiner Zeit, sondern bezieht auch die Entwicklung bis zum heutigen Tag ein, so wird auch die Frage nach der Möglichkeit des Übergangs von der kapitalistischen Produktionsweise zum Sozialismus/Kommunismus neu gestellt. Auch wenn berücksichtigt wird, dass für die Etablierung einer sozialistischen Gesellschaft dem bewusst-gestaltenden Eingriff aus den Überbauverhältnissen ein größerer Stellenwert und Spielraum, auch gegenüber den Verhältnissen des Spätkapitalismus mit seinem entwickelten wirtschafts- und gesellschaftspolitischen Instrumentarium, zuzugestehen ist und damit erweiterte Möglichkeiten eröffnet werden, notwendige Entwicklungsprozesse abzukürzen, erscheinen die Entwicklungen seit der russischen Oktoberrevolution 1917 und der Errichtung des »realsozialistischen Weltsystems« nach dem Zweiten Weltkrieg bis zum Zusammenbruch desselben 1989w1 rückblickend noch einmal in einem neuen Licht: Der Versuch, die administrativ-zentralistische Planung von Produktion und Ressourcenverteilung nach den Anfangserfolgen industrieller Entwicklung (namentlich in der Sowjetunion) aus einem Frühstadium des Kapitalismus beizubehalten und sogar als allgemeines Merkmal sozialistischer Produktionsverhältnisse darzustellen, war angesichts des erreichten Entwicklungsstandes der Produktivkräfte in der überwiegenden Mehrzahl der Länder des realsozialistischen Rats für Gegenseitige Wirtschaftshilfe (RGW) entweder vornherein illusionär oder wurde im Verlauf der Höherentwicklung mehr und mehr dysfunktional. Nur die Korrektur dieser Fehleinschätzung konnte dort, wo sie nicht zu spät erfolgte wie namentlich in der Sowjetunion – in erster Linie geht es dabei um die 1978 angestoßenen Reformen in der VR China mit der Errichtung einer sozialistischen Marktwirtschaft – den Untergang der sozialistischen Gesellschaft und des sozialistischen Staates verhindern.[33]

Damit präzisiert sich auch die Perspektive bezüglich des Übergangs von der »Vorgeschichte der menschlichen Gesellschaft« (vgl. ibid.) zum Kommunismus als Gesellschaftsformation, die den Gegensatz von Natur und Geschichte überwindet und, emphatisch gesprochen, allererst die wirkliche Geschichte der Menschheit eröffnet. Der objektive Charakter des Zusammenhangs von Produktivkräften und Produktionsverhältnissen, der eine Bedingtheit der einen durch die anderen und umgekehrt sowie ein begrenztes Ausmaß von Spielräumen impliziert, begründet zwar

---

[33] Vgl. die zusammenfassende Darstellung zur Bewertung von wirtschaftlicher Entwicklung und wirtschaftspolitischen Reformen der realsozialistischen Länder in Krüger 2016 sowie das 8. Kapitel und den abschließenden V. Abschnitt der vorliegenden Abhandlung.

1. Kapitel: Wissenschaft von der Geschichte

eine durch die Marxsche Theorie begründete historische Mission des Übergangs von der Vorgeschichte zur wirklichen Geschichte der Menschen, aber keinen objektiven Automatismus und allenfalls eine subjektiv-politisch proklamierte Zielbestimmung sozialistisch-kommunistischer Kräfte. Einem irgendwie bestimmten und als Naturgesetz ausgegebenen objektiven Automatismus stehen nicht nur die gesammelten historischen Erfahrungen der bisherigen Sozialismusversuche entgegen, sondern auch die von einer korrekten Auffassung des historischen Materialismus getragene und von Marx selbst prinzipiell erkannte,[34] vielleicht in ihrem ganzen Ausmaß noch unterschätzte Variabilität, Anpassungs- und immanente Lernfähigkeit der kapitalistischen Produktionsweise entgegen.

---

[34] Marx sprach von der kapitalistischen Produktionsweise als der »*jetzige(n) Gesellschaft, (die) kein fester Kristall, sondern ein umwandlungsfähiger und beständig im Prozeß der Umwandlung begriffener Organismus ist*« (MEW 23: 16).

Kapitel 2: Das Verhältnis von Arbeit und Eigentum in der bürgerlich-kapitalistischen Gesellschaft sowie in vorbürgerlichen Gesellschaftsformen

a) Gesellschaftliche Arbeit und Gesellschaftsstrukturen in der bürgerlich-kapitalistischen Gesellschaft

Doppelcharakter der Waren produzierenden Arbeit im Kapitalismus

Die Schlüsselkategorie der historisch-materialistischen Geschichtsauffassung ist die Arbeit und zwar in der bestimmten gesellschaftlichen Form, wie sie in der bürgerlich-kapitalistischen Gesellschaft existiert. Denn erst in dieser Gesellschaftsform, die auf die kapitalistische Produktionsweise gegründet ist, besteht sie als »Arbeit sans phrase«, d.h. als Mittel zur Schaffung des gesellschaftlichen Reichtums überhaupt, unabhängig von der bestimmten stofflichen Form, in welcher dieser sich präsentiert.[1] Diese Bestimmung der Arbeit sans phrase geht auf Adam Smith zurück, der mit dieser Kategorie die seinerzeitigen Verhältnisse der kapitalistischen Produktion auf den Begriff gebracht hatte. Die vormaligen Verhältnisse, die durch die Verschmelzung der Arbeit mit einer bestimmten inhaltlichen Ausrichtung derselben, vornehmlich Agrikulturarbeit, charakterisiert und zudem mit politischen Verhältnissen mehr oder weniger verquickt waren, waren damit überwunden. Arbeit war jetzt als Schöpferin des gesellschaftlichen Reichtums als solchem – »Wealth of Nations« –, der stofflich in eine unendliche Vielfalt konkreter Produkte und Arbeiten auseinanderfährt, anerkannt. Allerdings konnte Smith, wie nach ihm auch David Ricardo, die Arbeit als Wertbildnerin, neben ihrer Funktion als Gebrauchswerte herstellende Arbeit, noch nicht als eigenständige ökonomische Formbestimmung fixieren. Dies blieb Marx vorbehalten, der den Doppelcharakter der warenproduzierenden Arbeit als konkret-nützliche sowie als abstrakte Arbeit als »*Springpunkt, um den sich das Verständnis der politischen Ökonomie dreht*« (MEW 23: 56), herausstrich.

Die abstrakt menschliche Arbeit als »*produktive Verausgabung von menschlichem Hirn, Muskel, Nerv, Hand usw.*« (MEW 23: 58), unabhängig von der jeweiligen zweckgerichteten Form als konkret-nützliche Tätigkeit, ist als Schöpferin von Wert zugleich die spezifisch gesellschaftliche Form der Arbeit in der bürgerlichen Gesellschaft. Die Bestimmtheit der Arbeit als Betätigung der menschlichen fünf und mehr Sinne darf also nicht darüber hinwegtäuschen, dass abstrakt menschliche

---

[1] Arbeit in der bürgerlich-kapitalistischen Gesellschaft ist nicht nur für diese Gesellschaftsform die Schlüsselkategorie, sondern sie ermöglicht darüber hinaus den historisch-materialistischen Zugang für die vorbürgerlichen – sowie die nachkapitalistischen – Gesellschaftsformen. Insofern gilt der obige Satz absolut; vgl. die nachfolgenden Unterabschnitte dieses Kapitels sowie Kapitel 3.

Kapitel 2: Das Verhältnis von Arbeit und Eigentum

Arbeit keine physiologische Größe darstellt, sondern eine genuin gesellschaftliche. Es ist gerade ihr Spezifikum, dass scheinbar rein physiologische Merkmale zu genuin gesellschaftlichen Eigenschaften werden, in die kein Atom Naturstoff eingeht. Allerdings übt die abstrakt menschliche Arbeit mit ihrer Wertbildung auch Einfluss auf die Beschaffenheit der konkret-nützlichen Arbeit aus, die sich unter Bedingungen der industriellen Produktion als tendenzielle Nivellierung und Gleichmachung einer Vielzahl unterschiedlicher Arbeiten in verschiedenen Produktionssphären äußert. *»Obgleich ferner das Arbeitsvermögen in jeder besondern Produktionssphäre eine besondre Gestalt besitzt, als Vermögen für Spinnen, Schustern, Schmieden u.s.w., für jede besondre Produktionssphäre daher ein Arbeitsvermögen erheischt ist, das sich nach einer besondern Seite entwickelt hat, ein besonderes Arbeitsvermögen, so unterstellt jene gleiche Flüssigkeit des Capitals, seine Gleichgültigkeit gegen den besondern Charakter des Arbeitsprozesses, den es sich aneignet, dieselbe Flüssigkeit oder Variabilität in der Arbeit, also in der Anwendungsfähigkeit des Arbeitsvermögens durch den Arbeiter.«* (MEGA II 4.1: 87f.; Hervorh. im Original)[2] Arbeit in industriellen Produktionsprozessen ist also sowohl real-historische Voraussetzung dieser theoretischen Abstraktion wie sie als spezifische Gesellschaftlichkeit der Arbeit im Kapitalismus die Bedingungen der Arbeitsverausgabung im Sinne der Wertproduktion ihrerseits determiniert.

Als abstrakt menschliche Arbeit ist ihre Ausgangsbestimmung diejenige der gesellschaftlichen Gesamtarbeit.[3] *»Die gesamte Arbeitskraft der Gesellschaft, die sich in den Werten der Warenwelt darstellt, gilt hier (d.h. in Bezug auf die Wertschöpfung / S.K.) als eine und dieselbe menschliche Arbeitskraft, obgleich sie aus zahllosen individuellen Arbeitskräften besteht.«* (Ibid.: 53) Jede dieser individuellen Arbeitskräfte ist dieselbe unterschiedslose menschliche Arbeitskraft wie die andere, soweit sie den Charakter einer gesellschaftlichen Durchschnittsarbeitskraft besitzt und als solche wirkt. Als solche Durchschnittsarbeitskraft ist sie eine Arbeitskraft, die jeweils auch nur gesellschaftlich durchschnittliche Arbeitszeit benötigt, um einen bestimmten Gebrauchswert zu produzieren. Gesellschaftlich notwendige Arbeitszeit, d.h. jeweilige durchschnittliche gesellschaftliche Produktionsbedingun-

---

[2] Vgl. auch MEW 25: 206f.: »Nr. 2 (Werfen der Arbeitskraft von einer Sphäre in eine andere / S.K.) setzt voraus Aufhebung aller Gesetze, welche den Arbeiter hindern, aus einer Produktionssphäre in die andre oder aus einem Lokalsitz der Produktion nach irgendeinem andern überzusiedeln. Gleichgültigkeit des Arbeiters gegen den Inhalt seiner Arbeit. Möglichste Reduzierung der Arbeit in allen Produktionssphären auf einfache Arbeit. Wegfall aller professionellen Vorurteile bei den Arbeitern. Endlich und namentlich Unterwerfung des Arbeiters unter die kapitalistische Produktionsweise.«

[3] Gesellschaftliche Gesamtarbeit meint dabei nationale Gesamtarbeit, denn der gesellschaftliche Reproduktionsprozess umgreift die (nationale) Volkswirtschaft und das gesellschaftliche Gesamtkapital ist das jeweilige Nationalkapital. Das Wertgesetz, welches die Wertschöpfung sowie die Verteilung der Arbeit auf die verschiedenen Produktionssphären mit dem Ausgleich individueller und sphärenspezifischer Profitraten zu einer Durchschnittsprofitrate reguliert, hat also zuvorderst eine nationale Basis. Vgl. Krüger 2019: 32ff.

gen und der jeweilige Durchschnittsgrad von Geschick und Intensität der Arbeit, bestimmen die jeweilige Wertgröße der verschiedenen Waren in den Produktionssphären des gesellschaftlichen Gesamtproduktionsprozesses und seines Resultats, des gesamtgesellschaftlichen Produkts (Nationalprodukt). An diese Bestimmung der gesellschaftlichen Durchschnittsarbeitskraft, die zu jeweiligen Zeitperioden mit durchschnittlicher Intensität und Produktivität in den verschiedenen Produktionssphären verausgabt wird, schließt die Bestimmung der Arbeit als komplizierte Arbeit, die als Arbeit mit überdurchschnittlicher Intensität und Produktivität wirkt, im Sinne einer quantitativen Modifikation ihrer wertschöpfenden Potenz an. Sie produziert in gegebener Zeit einen höheren Wert als die einfache Durchschnittsarbeitskraft, ist aber als wertbildende Arbeit nur eine potenzierte einfache Arbeitskraft.[4] Die komplizierte Arbeit umfasst unter den Bedingungen industrieller Produktion den Bereich des sog. aggregierten Personals, das zu Marx' Zeiten ein »*numerisch unbedeutendes Personal (war), das mit der Kontrolle der gesamten Maschinerie und ihrer beständigen Reparatur beschäftigt ist, wie Ingenieure, Mechaniker, Schreiner usw. Es ist eine höhere, teils wissenschaftlich gebildete, teils handwerksmäßige Arbeiterklasse, außerhalb des Kreises der Fabrikarbeiter und ihnen nur aggregiert.*« (Ibid.: 443) Im Maße, wie im tayloristisch-fordistisch rationalisierten Arbeitsprozess die einfache Durchschnittsarbeit durch die Ausdifferenzierung der innerbetrieblichen Teilung der Arbeit endgültig praktisch wahr wurde und sich als Totalität historisch realisierte, schuf sie zugleich die Bedingungen ihrer verstärkten Ersetzung durch Maschinenfunktionen, sodass sich das Verhältnis zwischen Durchschnittsarbeitern und aggregiertem Personal mit komplizierteren Arbeitsfunktionen als Verhältnis zwischen dem angelernten Arbeiter, später: Facharbeiter und den technischen Angestellten mit arbeitsvorbereitenden, -überwachenden und -steuernden Funktionen im Produktionsprozess langfristig verschob. Mit einer zukünftig zunehmenden Digitalisierung der Produktionsprozesse erweitern sich einerseits die Substitutionsmöglichkeiten von lebendiger Arbeit durch Maschinerie, andererseits wird auch das Niveau der Durchschnittsarbeit – und damit ihr Verhältnis zu jeweiligen komplizierten Arbeiten – neu austariert. Eine im Endeffekt höhere Qualität der wertschöpfenden Potenz einer Arbeitsstunde in entwickelten kapitalistischen Metropolen zeigt sich sodann auf dem Weltmarkt als Auf-

---

[4] Vgl. MEW 23: 59: »*Kompliziertere Arbeit gilt nur als* potenzierte *oder vielmehr* multiplizierte *einfache Arbeit. So daß ein kleineres Quantum komplizierter Arbeit gleich einem größeren Quantum einfacher Arbeit. Daß diese Reduktion beständig vorgeht, zeigt die Erfahrung. Eine Ware mag das Produkt der kompliziertesten Arbeit sein, ihr* Wert *setzt sie dem Produkt einfacher Arbeit gleich und stellt daher selbst nur ein bestimmtes Quantum einfacher Arbeit dar.*« (Hervorh. im Original) Die Größe des Reduktionskoeffizienten der komplizierten auf einfache Arbeit kann, anforderungsspezifische Lohnsysteme unterstellt, anhand der Lohn- und Gehaltsdifferenzen zur Ecklohngruppe einfacher Durchschnittsarbeit indiziert werden; vgl. Krüger 2010 und 2015.

Kapitel 2: Das Verhältnis von Arbeit und Eigentum

stieg und Stellung von deren produktiven Nationalarbeiten auf der internationalen Stufenleiter der universellen Arbeit.[5]

Die nächste Bestimmtheit der gesellschaftlichen Gesamtarbeit in der bürgerlich-kapitalistischen Gesellschaft ist ihr indirekt-gesellschaftlicher Charakter. Sie wird unter Bedingungen einer allseitigen gesellschaftlichen Teilung der Arbeit in den einzelnen Produktionseinheiten (Unternehmen, Einzelkapitale) als Privatarbeit bei der Warenproduktion verausgabt und kann sich erst post festum auf dem Markt beim Austausch der Waren als Bestandteil der gesellschaftlichen Gesamtarbeit und quantitativ als gesellschaftlich notwendige Arbeit erweisen. Der gesellschaftliche Zusammenhang der jeweiligen privat verausgabten Arbeiten drückt sich demgemäß in sachlich-gegenständlicher Form als Werteigenschaft der Arbeitsprodukte aus. Dies begründet nach Marx den Fetischcharakter der Warenform: »*Das Geheimnisvolle der Warenform besteht also ... darin, daß sie den Menschen die gesellschaftlichen Charaktere ihrer eignen Arbeit als gegenständliche Charaktere der Arbeitsprodukte selbst, als gesellschaftliche Natureigenschaften dieser Dinge zurückspiegelt, daher auch das gesellschaftliche Verhältnis der Produzenten zur Gesamtarbeit als ein außer ihnen existierendes gesellschaftliches Verhältnis von Gegenständen. Durch dies Quidproquo werden die Arbeitsprodukte Waren, sinnlich übersinnliche oder gesellschaftliche Dinge. ... Es ist nur das bestimmte gesellschaftliche Verhältnis der Menschen selbst, welches hier für sie die phantasmagorische Form eines Verhältnisses von Dingen annimmt.*« (Ibid.: 86) Dieser Fetischismus der Waren hat Konsequenzen für das Bewusstsein der Subjekte. Da sich für sie der gesellschaftliche Charakter ihrer Privatarbeiten erst nach vollzogenem Produktionsakt im Austausch offenbart, kommt es in ihrem Alltagsbewusstsein zu der Verkehrung, dass ihre gesellschaftlichen Beziehungen »*als sachliche Verhältnisse der Personen und gesellschaftliche Verhältnisse der Sachen (erscheinen).*« (Ibid.: 87) Im praktischen Bewusstsein der Akteure drückt sich der gesellschaftliche Charakter ihrer Arbeiten dann so aus, dass ihr Arbeitsprodukt nützlich für andere sein muss und ihre verschiedenen konkret-nützlichen Arbeiten im gemeinsamen Wertcharak-

---

[5] Vgl. MEW 23: 583f.: »*In jedem Lande gilt eine gewisse mittlere Intensität der Arbeit, unter welcher die Arbeit bei Produktion einer Ware mehr als die gesellschaftlich notwendige Zeit verbraucht, und daher nicht als Arbeit von normaler Qualität zählt. Nur ein über den nationalen Durchschnitt sich erhebender Intensitätsgrad ändert, in einem gegebnen Lande, das Maß des Werts durch die bloße Dauer der Arbeitszeit. Anders auf dem Weltmarkt, dessen integrierende Teile die einzelnen Länder sind. Die mittlere Intensität der Arbeit wechselt von Land zu Land; sie ist hier größer, dort kleiner. Diese nationalen Durchschnitte bilden also eine Stufenleiter, deren Maßeinheit die Durchschnittseinheit der universellen Arbeit ist. Verglichen mit der weniger intensiven, produziert die intensivere nationale Arbeit in gleicher Zeit mehr Wert, der sich in mehr Geld ausdrückt. Noch mehr aber wird das Wertgesetz in seiner internationalen Anwendung dadurch modifiziert, daß auf dem Weltmarkt die produktivere nationale Arbeit ebenfalls als intensivere zählt, sooft die produktivere Nation nicht durch die Konkurrenz gezwungen wird, den Verkaufspreis ihrer Ware auf ihren (nationalen / S.K.) Wert zu senken.*« Vgl. dazu auch Krüger 2010: 725ff. sowie 2021: 102ff.

ter ihrer Arbeitsprodukte einander gleichgelten. Die Menschen beziehen ihre Arbeitsprodukte als Waren im Austausch aber nicht bewusst als bloß sachliche Hüllen gleichartiger, abstrakt menschlicher Arbeit aufeinander, sondern indem sie den Austausch ihrer Waren praktisch mit der bewussten Orientierung auf die jeweiligen Gebrauchswerte vollziehen, setzen sie ihre verschiedenen Arbeiten als abstrakte Arbeit gleich: »*Sie wissen das nicht, aber sie tun es.*« (Ibid.: 88)

Die eigentümliche Beschaffenheit des Handelns der bürgerlichen Subjekte als bewusst-unbewusstes Handeln ist damit das Ergebnis ihrer Einbindung in bzw. ihrer Unterordnung unter ein gesellschaftliches System der Arbeitsteilung mit dem allseitigen Warenaustausch als Vermittlungsform. Dieser Warenaustausch leitet ihr bewusstes Handeln und durch dasselbe reproduzieren sie zugleich stets aufs Neue ihren gesellschaftlichen Zusammenhang als nicht bewusst kontrollierte Bewegung von Sachen und ihrer vergegenständlichten gesellschaftlichen Beziehungen im Wertsein ihrer Arbeitsprodukte. Die bürgerliche Ökonomie mit ihren mikroökonomischen Kalkülen bildet den oberflächlich erscheinenden Zusammenhang im Austausch über die jeweilig vorgenommenen Nutzenschätzungen der Individuen und Privathaushalte ab. Die nicht kontrollierte Unterordnung der Austauschsubjekte unter ihren versachlichten gesellschaftlichen Zusammenhang, in dem auch die Wertgröße der Arbeitsprodukte und die quantitativen Austauschrelationen der Waren bestimmt werden, kann dann nur über Kunstgriffe erklärt werden: Leon Walras' Auktionator, der die aus den subjektiven Nutzenschätzungen sich ergebenden Gebote der Austauschsubjekte sammelt und abstimmt, bis eine markträumende quantitative Austauschrelation auf jedem Teilmarkt gefunden ist, stellt den Versuch dar, die »unsichtbaren Hände des Marktes« von Adam Smith in einen fiktiv agierenden Akteur zu transformieren, welcher die gleichgewichtigen relativen Warenpreise feststellt und sodann den Austauschprozess als markträumenden Prozess geschehen lässt.[6]

Als tauschfixiertes Paradigma ist die neoklassische Ökonomie mit ihrer subjektiven, auf die Nutzenkalküle basierten Werttheorie zugleich ignorant gegenüber dem Geld und seinen verschiedenen Funktionen; Letzteres gilt ihr nur als Schleier, der äußerlich über die Austauschverhältnisse von Ware gegen Ware geworfen wird und durch seine Menge die Höhe des allgemeinen Preisniveaus bestimmt, jedoch nicht in das System der relativen Preise und die davon ausgehenden Allokationsprozesse interveniert: »Money doesn't matter«. Demgegenüber hatte Marx gezeigt, dass aus den »Gesetzen der Warennatur« der Wert als Tauschwert seine vollendete Erschei-

---

[6] Vgl. Walras 1874/1984 83ff. Die grafische Darstellungsform der auf den Nutzenschätzungen beruhenden Angebots- und Nachfragekurven suggeriert über die mathematisch elaborierte Form eine Scheingenauigkeit der Ableitung von relativen Preisen der Waren, welche ihre profanen Voraussetzungen vertuscht, den alltäglichen Vorstellungsformen bei Käufen von Waren (Preis-Nutzenabwägungen) entspricht und daher für viele Rezipienten dieser Theorie offenbar überzeugend wirkt. Anders ist die geläufige Bewertung, dass die sog. objektive Werttheorie – zumal sie in der Regel falsch verstanden wird (vgl. Krüger 2019: 13ff.) – wissenschaftlich überholt sei, kaum nachzuvollziehen.

Kapitel 2: Das Verhältnis von Arbeit und Eigentum

nung im Geld erhält und die Heraussetzung des Geldes als allgemeines Äquivalent der Warenwelt durch jenes formbestimmte Handeln der Subjekte erfolgt, welches sich aus ihrer (notwendigen) Unterordnung unter ein in sachlicher Form existierendes System ihrer gesellschaftlichen Arbeit ergibt.[7]

Klassenverhältnis und scheinbarer Umschlag im Aneignungsgesetz im kapitalistischen Reproduktionsprozess

Als Subjekte des Austauschs und weiter der gesamtgesellschaftlichen Warenzirkulation sind sie gleiche und freie Privateigentümer ihrer Waren. »*Was hier allein herrscht, ist Freiheit, Gleichheit, Eigentum und Bentham. Freiheit! Denn Käufer und Verkäufer einer Ware ...sind nur durch ihren freien Willen bestimmt. Sie kontrahieren als freie, rechtlich ebenbürtige Personen. Der Kontrakt ist das Endresultat, worin sich ihre Willen einen gemeinsamen Rechtsausdruck geben. Gleichheit! Denn sie beziehen sich nur als Warenbesitzer aufeinander und tauschen Äquivalent für Äquivalent. Eigentum! Denn jeder verfügt nur über das Seine. Bentham! Denn jedem ...ist es nur um sich selbst tun. Die einzige Macht, die sie zusammen und in ein Verhältnis bringt, ist die ihres Eigennutzes, ihres Sondervorteils, ihrer Privatinteressen. Und eben weil so jeder nur für sich und keiner für den andren kehrt, voll-*

---

[7] Wenn die Warenbesitzer als jeweilige Einzelne auf den Markt treten, ist der Warenaustausch für sie einerseits ein individueller Prozess, sofern jeder einen (fremden) Gebrauchswert entsprechend seiner Bedürfnisse eintauschen will; andererseits kann er dies nur tun, wenn er seine eigene Ware als Wert im Rahmen eines gesellschaftlichen Prozesses zu realisieren vermag. Die Lösung dieses Dilemmas einer nicht gleichzeitigen Möglichkeit für alle Warenbesitzer, dass ihr Austausch individueller und gesellschaftlicher Prozess ist, verweist auf eine Dimension oder Bestimmtheit ihres sozialen Handelns, welche jenseits ihrer bewussten individuellen Motive liegt: »*Sie haben (...) schon gehandelt, bevor sie gedacht haben. Die Gesetze der Warennatur betätigten sich im Naturinstinkt der Warenbesitzer.*« (Ibid.: 101) Dieses soziale Handeln ›vor‹ dem bewussten Denken oder die Bestimmtheit des ›Naturinstinktes‹ der Warenbesitzer gründet sich eben auf ihre Einbindung in einen sachlich vermittelten arbeitsteiligen gesellschaftlichen Zusammenhang, dem sie als sachlich Abhängige vom Warenaustausch nur bei Strafe des eigenen Untergangs entgehen könnten und der daher ihr Handeln und weiter ihr Bewusstsein prädisponiert bzw. allererst erzeugt. Es kommt für das Verständnis erschwerend hinzu, dass der gesellschaftliche Prozess der Ausschließung des allgemeinen Äquivalents in seinem Resultat, der Geldform, ausgelöscht ist: »*Die vermittelnde Bewegung verschwindet in ihrem eignen Resultat und läßt keine Spur zurück.*« (Ibid.: 107) Diese vermittelnde Bewegung wird beständig wiederholt und bestätigt, indem die Warenbesitzer bewusst mit dem Resultat dieser vermittelnden Bewegung, dem Geld, umgehen. Sichtbar gemacht werden kann die vollzogene bzw. bestätigte Ausschließung einer Ware als Geld also nicht im Rahmen der kapitalistischen Produktionsweise mit der für sie bereits gegebenen typischen Allgemeinheit des Produkts als Ware, sondern nur durch den Aufweis, wie sich innerhalb eines historischen Prozesses in vorkapitalistischen Gesellschaften nach und nach der unmittelbare Produktenaustausch mit untergeordneter Warenproduktion schließlich zum regelmäßigen, durch Geld vermittelten Warenaustausch ausgebildet hat (vgl. ibid.:102ff.). Dieser historische Exkurs ist damit Bestandteil der systematischen Darstellung der Kategorien der kapitalistischen Produktionsweise.

bringen alle, infolge einer prästabilierten Harmonie der Dinge oder unter den Auspizien einer allpfiffigen Vorsehung, nur das Werk ihres wechselseitigen Vorteils, des Gemeinnutzens, des Gesamtinteresses.« (Ibid.: 189f.) Die Herstellung eines harmonischen Gesamtinteresses aus der jeweiligen individuellen Verfolgung der Privatinteressen ist die große ideologische Täuschung, die zugleich eine Verheißung der bürgerlichen Gesellschaft ausdrückt. Diese Verheißung ergibt sich aus der Freiheit und Gleichheit der Personen, die in den ökonomischen Verhältnissen wurzelt und in den juristischen Formen des bürgerlichen Privatrechts und schließlich in den historisch erst nach und nach für alle Gesellschaftsmitglieder hergestellten politischen Staatsbürgerrechten und der demokratischen Republik als entwickeltster bürgerlicher Staatsform fixiert wird. Die gleichzeitige Täuschung gegenüber diesem wahren Eden der angeborenen Menschenrechte ergibt sich aus der allseitigen sachlichen Abhängigkeit der Warenbesitzer voneinander und ihrer Subsumtion unter ein allseitiges System einer gesellschaftlichen Teilung der Arbeit; dabei liegt keineswegs in der Arbeitsteilung als solcher diese Enttäuschung begründet, sondern in ihrer spezifisch gesellschaftlichen Form, die als Naturform und dem Einzelnen als übermächtig erscheint und von der Gesellschaft als Ganzer wegen deren versachlichten Verhältnisse nicht kontrollierbar ist.[8] Die Täuschung und Enttäuschung des harmonischen Miteinanders der gleichen und freien Privateigentümer wird zu einem falschen Schein, wenn sich offenbart, dass das Eigentum der Einen mit der Eigentumslosigkeit der Anderen in Bezug auf die Verwirklichungsbedingungen von Arbeit einhergeht und sogar auf Letzterer beruht, dass also, mit anderen Worten, die Freiheit und Gleichheit der Personen in der Zirkulationssphäre oder auf dem Markt auf einem Herrschafts- und Knechtschaftsverhältnis auf dem dieser Zirkulationssphäre unterliegenden Produktionsprozess aufbaut und diesen vermittelt.[9]

---

[8] Dies gilt für die Warenzirkulation auf der Grundlage kapitalistischer Produktionsverhältnisse, ungeachtet der steuernden Politiken von Zentralbanken und Sozial- und Interventionsstaaten im Spätkapitalismus. Da Warenzirkulation und Warenproduktion in sehr verschiedenen Gesellschaftsformen anzutreffen sind, wenn auch in verschiedenem Umfang, sagen sie für sich noch nichts über die jeweilig unterliegenden Produktionsverhältnisse aus. Dementsprechend weist auch die vom Fetischcharakter der Ware ausgehende Verselbstständigung gesellschaftlicher Verhältnisse zu sachlichen Beziehungen zwischen Arbeitsprodukten unterschiedliche Ausmaße und Grade von Verkehrungen und Mystifikationen für die handelnden Subjekte auf. In der bürgerlichen Gesellschaft mit der für sie typischen Allgemeinheit der Warenform des Produkts sowie unterliegenden kapitalistischen Produktionsverhältnissen sind diese objektiven Verkehrungen und Mystifikationen für das Bewusstsein am größten.

[9] Erst mit Überwindung der kapitalistischen Produktionsverhältnisse, d.h. der Aufhebung der fundamentalen Verkehrung von Subjekt (lebendiger Arbeit) und Objekt (Kapital bzw. vergegenständlichte Arbeit) im Produktionsprozess und der Relativierung der Mehrwertproduktion als bestimmendem Motiv und Zweck, würden sich mit sozialistisch dominierten Produktionsverhältnissen und einer komplementären Strukturpolitik, erweitert zu einem neuen Politik-Mix des Staates, weiterer öffentlicher Instanzen, der Zentralbank sowie des Geschäftsbankensystems, bei Beibehaltung einer dezentral-marktwirtschaftlichen Ressourcenallokation, die Bedingungen für eine gesellschaftliche Kontrolle der gesamtwirtschaftli-

Kapitel 2: Das Verhältnis von Arbeit und Eigentum

Diesen Zusammenhang zwischen Zirkulation und Produktion, den ihnen entsprechenden Eigentumsgesetzen sowie von Freiheit und Gleichheit der Personen einerseits und ihrer Ungleichheit in Bezug auf ihr Eigentum an den Produktionsmitteln andererseits, erfasst Marx mit der abkürzenden Formel vom »scheinbaren Umschlag des Aneignungsgesetzes in der kapitalistischen Produktionsweise«. Sie schließt als Kehrseite der Freiheit für die Eigentumslosen den beständigen Zwang ein, ihre Arbeitskraft und damit sich selbst zu verkaufen, um sich als Einzelne bzw. als Familien zu reproduzieren, sodass auch die freie Wahl des Arbeitsplatzes durch den gebieterischen sozialen Zwang der »Hungerpeitsche« oftmals eine reine Illusion darstellt. »*Sofern jede Transaktion fortwährend dem Gesetz des Warenaustausches entspricht, der Kapitalist stets die Arbeitskraft kauft, der Arbeiter sie stets verkauft, und wir wollen annehmen selbst zu ihrem wirklichen Wert, schlägt offenbar das auf Warenproduktion und Warenzirkulation beruhende Gesetz der Aneignung oder Gesetz des Privateigentums durch seine eigne, innere, unvermeidliche Dialektik in sein direktes Gegenteil um. Der Austausch von Äquivalenten, der als die ursprüngliche Operation erschien, hat sich so gedreht, daß nur zum Schein ausgetauscht wird, indem erstens der gegen Arbeitskraft ausgetauschte Kapitalteil selbst nur ein Teil des ohne Äquivalent angeeigneten fremden Arbeitsproduktes ist und zweitens von seinem Produzenten, dem Arbeiter, nicht nur ersetzt, sondern mit neuem Surplus ersetzt werden muß. Das Verhältnis des Austausches zwischen Kapitalist und Arbeiter wird also nur ein dem Zirkulationsprozeß angehöriger Schein, bloße Form, die dem Inhalt selbst fremd ist und ihn nur mystifiziert. Der beständige Kauf und Verkauf ist die Form. Der Inhalt ist, daß der Kapitalist einen Teil der bereits vergegenständlichten fremden Arbeit, die er sich unaufhörlich ohne Äquivalent aneignet, stets wieder gegen größeres Quantum lebendiger fremder Arbeit umsetzt. Ursprünglich erschien uns das Eigentumsrecht gegründet auf eigne Arbeit. Wenigstens mußte diese Annahme gelten, da sich nur gleichberechtige Warenbesitzer gegenüberstehn, das Mittel zur Aneignung fremder Ware aber nur die Veräußerung der eignen Ware, und letztere nur durch Arbeit herstellbar ist. Eigentum erscheint jetzt auf Seite des Kapitalisten als das Recht, fremde, unbezahlte Arbeit oder ihr Produkt anzueignen. Die Scheidung zwischen Arbeit und Eigentum wird jetzt zur notwendigen Konsequenz eines Gesetzes, das scheinbar von ihrer Identität ausging.*« (Ibid.: 609f.) Auch wenn die Vorstellung des auf eigne Arbeit gegründeten Eigentums im Kernbereich der kapitalistischen Ökonomie[10] eine bloße

---

chen und gesamtgesellschaftlichen Verhältnisse herstellen lassen. (Vgl. Krüger 2016: 377ff. sowie Kapitel 8, Unterabschnitt d)

[10] Da der Gesamtreproduktionsprozess eines kapitalistischen Landes neben dem Kernbereich des dominierenden kapitalistischen Produktionsverhältnisses mit beständigen Unternehmensneugründungen, die als nichtkapitalistische Warenproduktion und -zirkulation beginnen, auch der Möglichkeit nach individuelle Karrieren begründet, die mit eigener Arbeit starten und zu mehr oder weniger großen kapitalistischen Unternehmungen werden, wird die meritokratische Vorstellung, dass Jeder seines Glückes Schmied sei, auch jenseits der aus der Zirkulationssphäre entspringenden Illusionen befeuert. Im Zuge der modernen

»*delusion*« (MEW 42: 422) darstellt, wird sie durch die Verhältnisse des Zirkulationsprozesses stets wieder von neuem erzeugt und »*die Reihenfolge der periodischen Reproduktionen und vorhergegangenen Akkumulationen, die das heute funktionierende Kapital durchgemacht hat, ... bewahrt immer seine ursprüngliche Jungfräulichkeit.*« (MEW 23: 613) Die Verwandlung des Werts der Arbeitskraft in den Wert der Arbeit selbst durch die Form des Lohnes befestigt diese Illusion.[11] Das Bewusstsein der beim Kapital beschäftigten Lohnarbeiter ist im Zuge des Verlaufs des Reproduktionsprozesses durch Produktion und Zirkulation somit widersprüchlich bestimmt: Einsichten in die Struktur des Herrschaftsverhältnisses innerhalb des Produktionsprozesses werden konterkariert durch Eigentums- und Aufstiegsillusionen und den Schein »gerechter« Entlohnung. Es bleibt den konzeptiven Ideologen der Bourgeois-Verhältnisse sodann vorbehalten, die eine Seite der widersprüchlichen Erscheinungen gegen die andere auszuspielen und/oder die eine gegenüber der anderen zu unterschlagen und in systematisierter Form theoretisch auszuarbeiten und zu verbreiten.

Die Formel des »scheinbaren Umschlags im Aneignungsgesetz« sagt zugleich viel über die spezifische Bestimmtheit der Klassenspaltung der bürgerlich-kapitalistischen Gesellschaft und ihrer Erscheinungsform an der Oberfläche aus. Wie die sozialen Beziehungen der Subjekte überhaupt, so wird auch ihre klassenbestimmte Gegensätzlichkeit als Lohnarbeiter und Kapitalist beständig neu durch Arbeit in ihrer näheren Bestimmtheit als produktive Arbeit produziert und reproduziert, weil sie sich an deren sachlich-gegenständlichen Ausdrucksformen festmachen. »*Produktive Arbeit ist nur ein abkürzender Ausdruck für das ganze Verhältnis und die Art und Weise, worin das Arbeitsvermögen im kapitalistischen Produktionsproceß figurirt. Die Unterscheidung von andren Arten der Arbeit ist daher von der höchsten Wichtigkeit, da sie gerade die Formbestimmtheit der Arbeit ausdrückt, worauf die gesamte kapitalistische Produktionsweise und das Kapital selbst beruht.*« (MEW 26.1: 371f.) Indem die produktive Arbeit Mehrarbeit über die zur Reproduktion des Werts ihrer Arbeitskraft notwendige Arbeit in der Form des Mehrwerts produziert, der zur Bedingung dafür wird, dass überhaupt notwendige Arbeitszeit verausgabt werden kann und die Produktionsmittel in Kapital verwandelt, produziert diese produktive Arbeit auch das Verhältnis von Arbeitskraft- und Produkti-

---

Plattform-Ökonomie, in der mit vergleichsweise geringen Kapitalvorschüssen Start-up-Unternehmen gegründet werden können, hat dieses Phänomen quantitativ zugenommen. Zumeist wird der eigentliche Profit aber beim Verkauf des Start-ups an ein alteingesessenes Kapital oder durch Einführung an der Börse und nicht durch die mühselige (interne) Akkumulation und Konzentration gemacht; zudem kommen auf viele Neugründungen nur wenig nachhaltig erfolgreiche Entwicklungen.

[11] Die Mystifikation der Lohnform, d.h. die Verwandlung des Werts der Arbeitskraft in den Wert der Arbeit selbst, sodass alle vom Arbeiter verausgabte Arbeit als durch den Lohn bezahlte Arbeit erscheint und das wirkliche Verhältnis unsichtbar macht und gerade sein Gegenteil zeigt, ist die Befestigung einer Mystifikation, die durch den scheinbaren Umschlag des Aneignungsgesetzes bereits fundamental begründet ist.

Kapitel 2: Das Verhältnis von Arbeit und Eigentum

onsmittelbesitzer als Klassenverhältnis von Arbeiter und Kapitalist und zwar auf beständig wachsender Stufenleiter. »*Eigentum an vergangner unbezahlter Arbeit erscheint jetzt als die einzige Bedingung für gegenwärtige Aneignung lebendiger unbezahlter Arbeit in stets wachsendem Umfang. Je mehr der Kapitalist akkumuliert hat, desto mehr kann er akkumulieren.*« (MEW 23: 609)

Da dieses beständig im kapitalistischen Produktionsprozess produzierte und reproduzierte Klassenverhältnis zwischen Lohnarbeitern und Kapitalisten durch die Zirkulationsakte auf dem Arbeits- und Warenmarkt, auf dem sich Arbeiter und Kapitalist als freie und gleiche Personen gegenüberstehen, vermittelt wird, wird auch das Klassenverhältnis zwischen den beiden Hauptklassen der bürgerlichen Gesellschaft mystifiziert. Es erscheint als Assoziationsverhältnis der Repräsentanten bloß stofflich verschiedener Produktionsfaktoren, die sich mehr oder weniger harmonisch das Resultat des Produktionsprozesses teilen und weiter als Verhältnis von sozialen Schichten mit bloß quantitativ unterschiedlichen Einkommens- und Vermögenspositionen. Diese Erscheinungsform ist umso deutlicher ausgeprägt, je mehr sich zwischen die beiden Hauptklassen lohnabhängige Zwischen- oder Mittelklassen schieben, die als unproduktive Lohnarbeiter nur sehr vermittelt und abgeschwächt dem kapitalistischen Herrschaftsverhältnis unterliegen und die Klassenzugehörigkeit hinter der gemeinsamen Form der Lohnabhängigkeit vertuschen. In gleicher Weise wirkt die unter kapitalistischen Prosperitätsbedingungen erfolgte partielle Dekommodifizierung der Arbeitskraft sowie die Einflussnahme der unmittelbaren Produzenten auf die Bedingungen der Arbeitsverausgabung im kapitalistischen Produktionsprozess durch Mitwirkungs- und Mitbestimmungsrechte, die zur Basis eines meritokratisch begründeten Aufstiegs Einzelner mit Überwindung qualitativer oder zumindest quantitativer Klassenschranken werden.

Lebendige Arbeit und die Macht der Agentien im kapitalistischen Produktionsprozess

Es ist schon darauf hingewiesen worden, dass die Entschlüsselung des Arbeitsbegriffs und des Eigentumsgesetzes (inkl. seines dialektischen Umschlags) realhistorische Voraussetzungen aufweisen, d.h. historisch bestimmte Abstraktionen oder Denkformen sind. Dies gilt auch für die näheren Bestimmtheiten der Arbeit als tätigem Prozess innerhalb der kapitalistischen Produktionsweise. Wie die Eigenschaften der Arbeit sans phrase und weiter der abstrakt menschlichen Arbeit als Wertschöpferin werden die allgemeinen Bestimmungen des Arbeitsprozesses erst praktisch wahr auf Grundlage entwickelter kapitalistischer Verhältnisse, denn der kapitalistische Produktionsprozess erscheint zunächst tatsächlich als einfacher Arbeitsprozess, »*unabhängig von jeder bestimmten Form*« (MEW 23: 192). Es handelt sich dabei »*nicht ... (um) eine willkürliche Abstraktion, sondern eine Abstraktion, die im Prozeß selbst vorgeht*« (MEW 42: 224), d.h. um eine Realabstraktion.[12]

---

[12] Die Erscheinung des Produktionsprozesses als einfacher Arbeitsprozess zeichnet sich durch Auslöschung seiner wertmäßigen Formbestimmtheiten aus. Diese treten erst wieder

In der Arbeit als Prozess zwischen Mensch und Natur verändert der Mensch nicht nur die äußere Natur, sondern auch seine eigene. Er entwickelt die in ihr schlummernden Potenzen und unterwirft das Spiel ihrer Kräfte seiner eigenen Botmäßigkeit. Arbeit, nicht in den historisch ersten »*tierartig instinktmäßigen Formen*«, sondern »*in einer Form, worin sie dem Menschen ausschließlich angehört*« (MEW 23: 192f.), ist Einheit von Hand- und Kopfarbeit; dies ist nachgerade ihr Spezifikum und es bleibt auch dann bestehen, wenn die jeweiligen Anteile der Hand- und Kopfarbeit sich in verschiedenen Arbeitsprozessen sehr stark unterscheiden. »*Was aber den schlechtesten Baumeister vor der besten Biene auszeichnet, ist, daß er die Zelle in seinem Kopf gebaut hat, bevor er sie in Wachs baut. Am Ende des Arbeitsprozesses kommt ein Resultat heraus, das beim Beginn desselben schon in der Vorstellung des Arbeiters, also schon ideell vorhanden war. Nicht daß er nur eine Formverwandlung des Natürlichen bewirkt; er verwirklicht im Natürlichen zugleich seinen Zweck, den er weiß, der die Art und Weise seines Tuns als Gesetz bestimmt und dem er seinen Willen unterordnen muß.*« (Ibid.: 193)

Die einfachen Momente des Arbeitsprozesses erfahren mit seiner nicht nur formellen, sondern reellen Subsumtion unter das Kapital und dessen Verwertungsdrang durch die Entwicklung der Produktivkräfte der Arbeit spezifische Ausformungen. Im Unterschied zur Entwicklung der Produktivkräfte durch Veränderung der Anordnung und Ausbildung der subjektiven Faktoren des Arbeitsprozesses nimmt die Umwälzung der Produktionsweise in der Industrie ihren Ausgangspunkt aufseiten des Arbeitsmittels, welches die lebendige Arbeit zwischen sich und den Arbeitsgegenstand schiebt bzw. mit welchem dieselbe immaterielle Nutzeffekte erbringt. Mit diesem Wechsel werden die Schranken der Produktivkraftentwicklung, die in den Grenzen der menschlichen Hand begründet sind, überwunden und der Steigerung der Kapitalverwertung neue Ressourcen erschlossen. Dass es weniger oder gar nicht die Gebrauchswerte sind, anhand deren historische Epochen unterschieden werden können, sondern dass es die Produktionsmittel bzw. genauer: die Arbeitsmittel sind, also die Art und Weise der Produktion, wodurch ein jeweiliger Entwicklungsstand der Produktivkräfte der Arbeit sich einen gegenständlichen Ausdruck verschafft, wird anhand des charakteristischen Arbeitsmittels des industriellen Produktionsprozesses, der Maschinerie, in besonderer Weise deutlich. Demzufolge ist das von Marx so genannte »historische Element« (ibid.: 392) konstitutiv für die Unterscheidung der Maschinerie vom Werkzeug. Dieses den Begriff der Maschinerie ausmachende historische Element besteht in ihrer Verkörperung von erkannten und für die Anwendung im Produktionsprozess technologisch umgesetzten Naturgesetzen, handele es sich nun um Gesetze der Mechanik, Kinetik, Chemie, Elektrik/Elektronik oder Informatik, kurz: um die wissenschaftliche Basis

---

an seinem Resultat als zwei Eigentümlichkeiten hervor, die sich als »unsichtbare Fäden« (vgl. ibid.: 225) seiner Rahmenbedingungen durch den Prozess durchgehalten haben: erstens arbeitet der Arbeiter unter der Kontrolle des Kapitalisten und zweitens gehört das Resultat des Arbeitsprozesses nicht dem Arbeiter, sondern dem Kapitalisten.

Kapitel 2: Das Verhältnis von Arbeit und Eigentum

des durch die Anwendung von Maschinerie charakterisierten Produktionsprozesses. »*Die Technologie enthüllt das aktive Verhalten des Menschen zur Natur, den unmittelbaren Produktionsprozeß seines Lebens, damit auch seiner gesellschaftlichen Lebensverhältnisse und der ihnen entquellenden geistigen Vorstellungen.*« (Ibid.: 393 Fn) Mit dieser Begriffsbestimmung von Technologie und Maschinerie ist ein weiter Bogen geschlagen.[13]

Wissenschaftliche Erkenntnis der Natur, d.h. die Entdeckung von Naturgesetzen und ihre Umsetzung in gegenständliche Mittel oder Apparaturen zur Anwendung im Produktionsprozess verschaffen dem industriellen Produktionsprozess eine qualitativ neue, höhere Basis gegenüber allen historisch vorhergehenden Formen. Das Prinzip der industriellen Produktion besteht darin, »*jeden Produktionsprozeß, an und für sich und zunächst ohne alle Rücksicht auf die menschliche Hand, in seine konstituierenden Elemente aufzulösen.... Die buntscheckigen, scheinbar zusammenhanglosen und verknöcherten Gestalten des gesellschaftlichen Produktionsprozesses lös(t)en sich auf in bewußt planmäßige und je nach dem bezweckten Nutzeffekt systematisch besondere Anwendungen der Naturwissenschaft.*« (Ibid.: 510) Hierin liegt zugleich ein weiterer wesentlicher Unterschied eines industriell organisierten Produktionsprozesses gegenüber seinen historischen Vorläufern: »*Die moderne Industrie betrachtet und behandelt die vorhandene Form eines Produktionsprozesses nie als definitiv. Ihre technische Basis ist daher revolutionär, während die aller früheren Produktionsweisen wesentlich konservativ war. Durch Maschinerie, chemische Prozesse und andre Methoden wälzt sie beständig mit der technischen Grundlage der Produktion die Funktionen der Arbeiter und die gesellschaftlichen Kombinationen des Arbeitsprozesses um.*« (Ibid.: 510f.) Der Drang des Kapitals nach gesteigerter Verwertung wird erfüllt durch die beständige Vervollkommnung und Weiterentwicklung der verschiedenen Technologien des gesamtgesellschaftlichen Produktionsprozesses, d.h. in allen seinen materiellen und immateriellen Produktionssphären, die sukzessive erobert und danach beständig umgewälzt werden.[14] Mit der Verkörperung der Technologien in der Maschinerie ist als Grundform des

---

[13] In diesem Zusammenhang reklamiert Marx eine »*kritische Geschichte der Technologie*«, für die »*bisher kein solches Werk (existiert)*« (ibid.); ihr Gegenstück sieht er im wissenschaftlichen Werk von Darwin, der »*das Interesse auf die Geschichte der natürlichen Technologie gelenkt (hat), d.h. auf die Bildung der Pflanzen- und Tierorgane als Produktionsinstrumente für das Leben der Pflanzen und Tiere.*« (Ibid.) Spätere Analysen der Geschichte der Technologie heben mit dem »first and second machine age« (vgl. Brynjolfson/McAffee 2011) eine historische Entwicklung von der Industrialisierung der materiellen Produktion zur Digitalisierung der Informationsarbeit mit dem Computer als zentralem Arbeitsmittel hervor. Die Marxsche Begriffsbestimmung der Maschinerie als Verkörperung wissenschaftlicher Erkenntnisse für die Anwendung im Produktionsprozess umgreift jedoch beides, d.h. sowohl die fortschreitende Inkorporation mechanischer (und chemischer) als auch informationsverarbeitender, die Steuerung der Maschinerie (und des gesamten Produktionsprozesses) umfassender Funktionen.

[14] In diesem Sinne ist industrielle Produktion prinzipiell gleichgültig gegen ihr stoffliches Material, mit dem sie operiert; dieses kann sowohl aus materiellen Arbeitsgegenstän-

kapitalistischen technischen Fortschritts die an die Naturalform der Maschinerie gebundene Entwicklung der Produktivkräfte gesellschaftlicher Arbeit für Produktionsprozesse auf industrieller Grundlage identifiziert (»embodied technical progress«).

Jede Maschinerie als Komplex von Kraft und zielgerichteter Kraftäußerung besteht aus drei Bestandteilen: Antrieb, Kraftübertragung und Werkzeugmaschine. Es ist dabei letztendlich gleichgültig, ob diese Bestandteile räumlich voneinander getrennt oder für jede einzelne Maschine besondert existieren. Des Weiteren ist es nachgeordnet, von welcher konkreten Beschaffenheit die Antriebskraft ist, die anfangs von lokal gebundenen Maschinen (Dampfmaschine) ausgeht und sich zur Erzeugung von Elektrizität als gesamtwirtschaftlicher Infrastruktur für dezentrale Elektromotoren fortentwickelt. Dementsprechend passt sich die Form der Kraftübertragung (Transmissionsmechanismus) an, wodurch sich die Fabrik-Lay-outs und der innerbetriebliche Transport durchgreifend verändern. Der Werkzeugmaschine, mit der auf den Arbeitsgegenstand eingewirkt wird, werden schrittweise automatische Steuerungselemente bis zur CNC-Technik (Computerized Numerical Control) inkorporiert; sie findet ihren Abschluss im automatischen Industrieroboter und einem automatischen Gesamtsystem unter Einschluss der den eigentlichen Produktionsprozess vor- und nachbereitenden Wertschöpfungsstufen. Innerhalb des Systems von Maschinerie nimmt die Werkzeugmaschine den dominanten Stellenwert ein; ihre Entwicklungsstufen markieren jeweilige Knotenpunkte und schon Marx antizipierte den Endpunkt als »*ein automatisches System der Maschinerie, das indes beständiger Verbesserung im Detail fähig ist.*« (Ibid.: 402)[15]

Die Maschinerie bestimmt die technische und organisatorische Gestalt des Arbeitsprozesses und der hierin eingeschlossenen Funktionen der lebendigen Arbeit. Allgemein lässt sich die Fortentwicklung des Maschinensystems beschreiben als fortwährende Veränderung der Aufteilung der Arbeitsfunktionen zwischen lebendiger Arbeit und Maschinerie zugunsten der Letzteren (Automatisierung). Nicht immer waren und sind die einfachen Hilfsarbeiten zuerst und am umfangreichsten einer Inkorporation in Funktionen der Maschinerie ausgesetzt; oftmals nimmt die Automatisierung auch bei komplizierteren Funktionen ihren Ausgang und lässt einfache Hilfs- und Einlegearbeiten (zunächst) bestehen. Generell gilt jedoch, dass je entwickelter die Technologie ist, umso mehr auch die Funktionen der Facharbeiter und sogar die komplizierten Arbeiten des aggregierten Personals automatisiert werden. Damit wird das Verhältnis von einfacher und komplizierter Arbeit sowohl im Zeitablauf hinsichtlich der sich längerfristig höher entwickelnden Durchschnittsar-

---

den, aber auch aus immateriellen Produkte wie Daten bestehen oder auch in Gestalt reiner Dienstleistungen existieren.

[15] Zwischen den Entwicklungsstufen des Maschinensystems und des industriellen Produkts existiert dabei eine Wechselbeziehung: das Produkt erfährt zunächst durch Gleichteilefertigung eine sukzessive Standardisierung und die Produktivität wird durch »single-purpose-Maschinen« gesteigert. Später erlauben flexibler einsetzbare »multi-purpose Maschinen« die weitergehende Differenzierung und Individualisierung auch des industriellen Massenprodukts.

Kapitel 2: Das Verhältnis von Arbeit und Eigentum

beit als Maßeinheit als auch hinsichtlich der jeweiligen Zusammensetzung des produktiven Arbeitsvolumens nach diesen Arbeitsarten neu konfiguriert. Dies erlaubt es Marx von einer beständig zunehmenden »Macht der Agentien im Produktionsprozess« zu sprechen: »*In dem Maße aber, wie die große Industrie sich entwickelt, wird die Schöpfung des wirklichen Reichtums abhängig weniger von der Arbeitszeit und dem Quantum angewandter Arbeit als von der Macht der Agentien, die während der Arbeitszeit in Bewegung gesetzt werden und die selbst wieder – deren powerful effectiveness – ... in keinem Verhältnis steht zur unmittelbaren Arbeitszeit, die ihre Produktion kostet, sondern vielmehr abhängt vom allgemeinen Stand der Wissenschaft und dem Fortschritt der Technologie, oder der Anwendung dieser Wissenschaft auf die Produktion.*« (MEW 42: 600) Mit fortschreitender Automation tritt die lebendige Arbeit »*neben den Produktionsprozeß, statt (ihr) Hauptagent zu sein. In dieser Umwandlung ist es weder die unmittelbare Arbeit, die der Mensch selbst verrichtet, noch die Zeit, die er arbeitet, sondern die Aneignung seiner eignen allgemeinen Produktivkraft, sein Verständnis der Natur und die Beherrschung derselben durch sein Dasein als Gesellschaftskörper – in einem Wort die Entwicklung des gesellschaftlichen Individuums, die als der große Grundpfeiler der Produktion und des Reichtums erscheint.*« (Ibid.: 601)

Die »Macht der Agentien«, von denen im obigen Zitat die Rede ist, sind für heutige Verhältnisse zu übersetzen als Maschinensysteme, in denen erstens auch die Steuerung der Werkzeugmaschinen in der materiellen Produktion durch immer leistungsfähigere Computer automatisiert werden; darüber hinaus hat zweitens die Verlagerung von namentlich geistigen Potenzen der lebendigen Arbeit in Maschinerie längst den Bereich der materiellen Produktion überschritten und mit der digitalen Informationsverarbeitung durch Maschinen (Computer) in immaterielle Sphären übergegriffen.[16] Kurzum: »*Der gesellschaftliche Geist der Arbeit erhält eine objektive Existenz außer den einzelnen Arbeitern.*« (Ibid.: 435) Diese objektive Existenz des »gesellschaftlichen Geists der Arbeit« besitzt unter kapitalistischen Bedingungen die Formbestimmung des konstanten fixen Kapitals, welches zum Indikator der Produktivkraftentwicklung und gleichzeitiger bewusst-unbewusster Form der gesellschaftlichen Gestaltung der Produktion wird. Damit erscheinen die Produktivkräfte der gesellschaftlichen Arbeit als produktive Kräfte des Kapitals und weiter seiner Selbstverwertung. Sie treten den Arbeitern als fremde Kräfte potenziell feindlich gegenüber; diese Verkehrung der Kräfte der lebendigen Arbeit in Kräfte des Kapitals wird sogar »*technisch handgreifliche Wirklichkeit*« (MEW 23: 446). Dabei ist diese Transposition des gesellschaftlichen Geists der Arbeit als fixes Ka-

---

[16] Von der frühen mechanischen über die elektrotechnischen und elektronischen bis hin zur digitalen informationsverarbeitenden Maschine geht die Entwicklung zur selbsttätigen Kreation von Algorithmen der Datenverarbeitung durch »Deep Learning« zur künstlichen Intelligenz. Die weltweite Vernetzung singulär-einzelwirtschaftlicher Agenten durch das Internet mit selbsttätiger Interaktion von Internet-Protocol-Adressen (IP-Adressen) führt zur Revolutionierung nicht nur der innerbetrieblichen, sondern auch der gesellschaftlichen Teilung der Arbeit (inkl. internationale Arbeitsteilung).

pital nicht nur für eine prinzipielle Gleichgültigkeit des Kapitals gegenüber den Vernutzungsbedingungen der Arbeitskraft verantwortlich, die erst durch zu erkämpfende Regulierungen und Schutzrechte eingehegt werden müssen, sondern auch für etwaige aus dieser Transposition entspringende Defizite in der Entwicklung und Ausschöpfung der Produktivkräfte der Arbeit, die externe Effekte der Beeinträchtigung und Zerstörung der äußeren Natur darstellen und die sich schließlich auch als Defizite der Kapitalverwertung selbst offenbaren.

Als – theoretischer – Endpunkt des Entwicklungsprozesses der Anwendung von Ergebnissen der allgemeinen Arbeit auf die Produktion verschwindet »*die unmittelbare Arbeit und ihre Quantität als das bestimmende Prinzip der Produktion – der Schöpfung von Gebrauchswerten – und wird sowohl quantitativ zu einer geringen Proportion herabgesetzt, wie qualitativ als ein zwar unentbehrliches aber subalternes Moment (dies bezieht sich alles auf die einfache Durchschnittsarbeit / S.K.) gegen die allgemeine wissenschaftliche Arbeit (dies sind die verbleibenden komplizierten Arbeiten / S.K.), technologische Anwendung der Naturwissenschaften nach der einen Seite, wie gegen die aus der gesellschaftlichen Gliederung in der Gesamtproduktion hervorgehende allgemeine Produktivkraft – die als Naturgabe der gesellschaftlichen Arbeit (obgleich historisches Produkt) erscheint.*« (Ibid.: 596)[17]

Allerdings gilt es bei alledem, die für die überschaubare Zukunft fortbestehenden Grenzen der durch Digitalisierung und künstliche Intelligenz bewerkstelligten Automatisierung lebendiger Arbeit im Blick zu behalten. Jeder noch so ausgeklügelte Algorithmus, der auf der Grundlage enormer Rechnerkapazität verschiedene Entwicklungsszenarien durchrechnet und durch Kombination derselben sogar neue zu generieren imstande ist, also die bloße Umsetzung vorher programmierter Ereignismöglichkeiten hinter sich lässt und insofern »kreativ« wirkt, kann (noch) nicht die Spezifik menschlicher Arbeit ersetzen. Diese simuliert und antizipiert das Neue eben jenseits vorbestimmter Szenarien oder Zufälligkeiten der Chaos-Theorie und transformiert es in praktische Umsetzungsschritte. Was Marx zu seiner Zeit dem »schlechtesten Baumeister« vor der »besten Biene« als spezifisch menschliche Fähigkeit seiner Arbeit attestierte, gilt zu heutiger Zeit namentlich in Bezug auf kre-

---

[17] Die vorstehend zitierten Aussagen von Marx aus dem sog. »Maschinenfragment« der »Grundrisse der Kritik der politischen Ökonomie« (Manuskript von 1857/58) widersprechen nicht und sind im vollständigen Einklang mit seinen Ausführungen im I. Band des »Kapital« Die gegenteilige Unterstellung, dass etliche Gedanken in späteren Manuskripten/Werken von Marx nicht wieder aufgenommen worden seien, ist abwegig (vgl. z.B. P. Mason 2016: 188f.). Bei derartigen Interpretationen wird der Begriff Maschinerie unzulässig stofflich auf Maschinen innerhalb der materiellen Produktion eingegrenzt, sodass die jüngeren (und zukünftigen) Entwicklungen als qualitativ Anderes erschienen. Außerdem wird der Zusammenhang des sog. Maschinenfragments zu dem in den »Grundrissen« dokumentierten Forschungsprozess vom Marx missachtet, der hinsichtlich der systematischen Darstellung der Produktivkraftentwicklung in dieser ersten Gesamtausführung des Systems der Kritik der politischen Ökonomie noch keineswegs zum Abschluss, d.h. zu seiner fertigen Form gekommen war. Zur ausführlichen Interpretation vgl. PEM 1978: 300ff.

Kapitel 2: Das Verhältnis von Arbeit und Eigentum

ative und allgemein-wissenschaftliche Entwicklungsarbeit unvermindert weiter. Es kommt auch für »niedrigere« Arbeiten hinzu, dass die Arbeit »*kein vereinzelter Akt*« (ibid.), sondern im eminenten Sinne gesellschaftlich bestimmt ist und sich in entwickelter Form als vergesellschafteter Prozess realisiert. Dies beginnt in der Kooperation einfacher Arbeiten und setzt sich im schöpferisch-kreativen Zusammenwirken Vieler fort. Es sind also, vereinfacht gesprochen, das Bewusstsein des Arbeiters und sein Erfindergeist, die Einheit von Hand- und Kopfarbeit, welche sich als sein Wille und seine Aufmerksamkeit während der gesamten Dauer des Arbeitsprozesses äußern sowie die aus dem vergesellschafteten Arbeitsprozess jeglicher Art entspringenden »animal spirits« (Lebensgeister), die nicht nur vorhandene Arbeitsarten durch Intensivierung befördern, sondern zugleich kreative Potentiale erzeugen, welche als eigentümliche Ressourcen des Gesamtarbeiters die differentiae specificae der lebendigen Arbeit ausmachen und auf die persönlichen Interaktionen zu ihrer Erschließung angewiesen sind.[18]

Alle Entwicklungsformen der lebendigen Arbeit von einfachen Funktionen bis zum entwickelten weitgehend automatisierten digitalen Produktionsprozess unterliegen unter kapitalistischen Bedingungen der systemspezifischen Subjekt-Objekt-Verkehrung, durch die ihre Potenzen sich als Produktivkräfte des Kapitals ihr gegenüber präsentieren, sodass nicht die Arbeit die Produktionsmittel anwendet, sondern diese Produktionsmittel als Kaptal die lebendige Arbeit anwenden. Die notwendige Arbeitszeit, die der Arbeiter arbeitet, um den Gegenwert seiner Lebensmittel zu produzieren, markiert dergestalt nicht die Basis für die Surplusarbeitszeit, sondern Letztere wird zur Bedingung, damit der Arbeiter überhaupt notwendige Arbeitszeit verausgaben kann bzw. überhaupt Beschäftigung findet. Produktiv ist in der kapitalistischen Produktionsweise nur diejenige Arbeit, die Mehrwert für das Kapital produziert und indem sie diesen Mehrwert für das Kapital produziert, produziert und reproduziert sie zugleich das Klassenverhältnis zwischen Kapital und Lohnarbeit. Es ist typisch und für den Kapitalismus und die produktive Arbeit spezifisch, dass das Klassenverhältnis nicht als naturwüchsiges Verhältnis im Gemeinwesen der Arbeit vorausgesetzt ist und durch die Arbeit nur reproduziert wird, sondern als grundlegendes soziales Verhältnis in der Ökonomie durch die Vergegenständlichung der lebendigen Arbeit beständig neu geschaffen wird, also sich an ihren Resultaten ausdrückt und kristallisiert. Ein so im eminenten Sinne ökonomisch begründeter Klassenbegriff ist in vorbürgerlichen Gesellschaftsformationen nicht gegeben.[19]

---

[18] Damit sind bei aller Herabsetzung von Grenzen der Automatisierung zu überwindbaren Schranken eigentümliche Beschaffenheiten der lebendigen Arbeit identifiziert, die in der Kombination von künstlicher und menschlicher Intelligenz das für gegenwärtige Vorstellungen als Leitlinie dienende Optimum zukünftiger Produktivkraftentwicklungen darstellen.

[19] Wir kommen auf die Unterschiede der sozialen Strukturen in vorbürgerlichen Gesellschaften gegenüber der bürgerlich-kapitalistischen Gesellschaft im Folgenden ausführlich zurück, weil sie das gesamte Herrschafts- und Knechtschaftsverhältnis prägen und die im vorangegangenen Kapitel zitierte Aussage von Marx, dass es »*jedesmal das unmittelbare Verhältnis der Eigentümer der Produktionsbedingungen zu den unmittelbaren Produzen-*

Wenn es daher im »Manifest der Kommunistischen Partei« von Marx und Engels heißt, dass die Geschichte aller bisherigen Gesellschaft die Geschichte von Klassenkämpfen ist, so ist der Klassenbegriff hier sehr weit gefasst und schließt z.B. den des Standes in der Feudalgesellschaft oder auch Herrschaftsstrukturen zwischen selbstwirtschaftenden Bauernfamilien und despotischen Herrschern, Königen etc. in Städten im Rahmen von naturwüchsigen Gemeinwesen ein. Die Unterscheidung zwischen einer Klassengesellschaft (im Kapitalismus) und verschiedenen Gesellschaften mit Klassenspaltung (in vorbürgerlichen Formen) präzisiert diese Unterschiede im Klassenbegriff.

Ökonomische Basis und gesellschaftliche Überbauten der bürgerlichen Gesellschaft

Eine weitere Unterscheidung in der Ausgestaltung sozialer Strukturen in verschiedenen Gesellschaftsformationen gilt mit Bezug auf Verhältnisse der ökonomischen Basis und der Überbauten. Natürlich gilt diese Differenzierung für jedwede Gesellschaftsform und Marx' allgemeine Untersuchungsresultate, dass es letzten Endes das widersprüchliche Verhältnis zwischen den Produktivkräften der Arbeit und den Produktionsverhältnissen ist, welches als innere Triebkraft für die Entwicklung verschiedener Gesellschaftsformen wirkt und dass es die jeweilige Produktionsweise des materiellen Lebens ist, welche die rechtlichen, politischen, religiösen, künstlerischen etc. Formen bestimmt, setzen diese Unterscheidung zwischen ökonomischer Basis und Überbau begrifflich voraus. Aber die Existenzweise von ökonomischer Basis und Überbau als zwei aparten Sphären der gesellschaftlichen Totalität ist nur für die bürgerlich-kapitalistische Gesellschaftsform charakteristisch und voll ausgebildet. Während innerhalb der kapitalistischen Ökonomie das Wertgesetz und die sich daraus ergebenden allgemeinen Entwicklungstendenzen der Kapitalakkumulation wirken und den Akteuren bestimmte Handlungsweisen in der Konkurrenz sachlich aufzwingen, gibt es derartige an ökonomische Formbestimmungen gebundene Zwangsgesetze in den Sphären des Überbaus der bürgerlichen Gesellschaft nicht. Deren Inhalte und Institutionen sind vielmehr als Ausdruck von Willensverhältnissen zu begreifen, denen unmittelbar keine ökonomischen Formbestimmungen unterliegen.

Die programmatische Formulierung lautet hier: »*Auf den verschiedenen Formen des Eigentums, auf den sozialen Existenzbedingungen erhebt sich ein ganzer Überbau verschiedener und eigentümlich gestalteter Empfindungen, Illusionen, Denkweisen und Lebensanschauungen. Die ganze Klasse* schafft und gestaltet *sie aus ihren materiellen Grundlagen heraus und aus den entsprechenden gesellschaftlichen Verhältnissen.*« (MEW 8: 139 / Hervorh. S.K.) »Schaffen und Gestalten« steht hier für bewusstes Handeln der Subjekte – allerdings sind diesem bewussten

---

ten (ist) ..., worin wir das innerste Geheimnis, die verborgne Grundlage der ganzen gesellschaftlichen Konstruktion und daher auch ... der jedesmaligen spezifischen Staatsform finden« (MEW 25: 799f.) inhaltlich einlöst.

Kapitel 2: Das Verhältnis von Arbeit und Eigentum

Handeln die »sozialen Existenzbedingungen« und die »verschiedenen Eigentumsformen«, kurz: die ökonomischen Basisverhältnisse systematisch vorausgesetzt. Nicht ein durch ökonomische Formbestimmungen bestimmtes soziales Handeln, d.h. ein sich hinter dem Rücken der Akteure geltend machendes Wertgesetz, ist für die Überbauverhältnisse charakteristisch, wohl aber werden deren Inhalte und institutionellen Ausgestaltungen durch die im kapitalistischen Reproduktionsprozess gesamthaft-naturwüchsig entspringenden Bewusstseinsformen bestimmt und daher historisch-spezifisch determiniert. Diese Determination lässt naturgemäß größere Spielräume für unabhängige Bewegungen im Verhältnis zu den ökonomischen Verhältnissen und temporäre Verselbstständigungen der Überbauverhältnisse gegenüber der ökonomischen Basis zu und enthält daher zugleich vielfältige Rückwirkungen der Ersteren auf die Letzteren.

Die erste und grundlegende Bestimmtheit des sich naturwüchsig aus dem kapitalistischen Reproduktionsprozess ergebenden Bewusstseins seiner Akteure ist die gesamthafte Antizipation seiner Ergebnisse, weil sie im Zuge der Reproduktion beständig zu Voraussetzungen werden oder aus Resultaten in Voraussetzungen umschlagen. »*Der Bürger sieht, daß das Produkt beständig Produktionsbedingung wird. Aber er sieht nicht, daß die Produktionsverhältnisse selbst, die gesellschaftlichen Formen, in denen er produziert und die ihm als gegebene, natürliche Verhältnisse erscheinen, das beständige Produkt – und nur darum die beständige Voraussetzung – dieser spezifisch gesellschaftlichen Produktionsweise sind.*« (MEW 26.3: 503) Weil die kapitalistischen Produktionsverhältnisse im Zuge der beständigen Reproduktion als natürliche erscheinen, können sie auch als unbezweifelbare Tatsache betrachtet werden.

Jede Dauerhaftigkeit der Lebensreproduktion schließt die Notwendigkeit ein, deren Regeln, Bedingungen und Voraussetzungen aufrechtzuerhalten, denn »*Regel und Ordnung ist selbst ein unentbehrliches Moment jeder Produktionsweise, die gesellschaftliche Festigkeit und Unabhängigkeit von bloßem Zufall und Willkür annehmen soll. Sie ist eben die Form ihrer gesellschaftlichen Befestigung und daher ihrer Emanzipation von bloßer Willkür und Zufall.*« (MEW 25: 801)

Und diese Wahrung der Kontinuität des Produktionsprozesses, die Aufrechterhaltung seiner allgemeinen Bedingungen »*macht sich ... ganz von selbst, sobald die beständige Reproduktion der Basis des bestehenden Zustandes, des ihm zugrunde liegenden Verhältnisses, im Lauf der Zeit geregelte und geordnete Form annimmt.*« (Ibid.) Sobald die gesellschaftliche Reproduktion durch die bloße Kontinuität feste Form angenommen hat – was nichts Anderes heißt, als dass sie sich als genuine Gesellschaftsform konstituiert hat und ihre gesellschaftlichen Verhältnisse als »die Ordnung« erscheinen –, wird aus der bloßen Akzeptanz dieser Ordnung die beständige Antizipation ihrer Resultate. In dem Bewusstsein davon, dass bestimmte gesellschaftliche Produktionsbedingungen Bedingungen der eigenen Lebensreproduktion sind, werden die sozialen Verhältnisse ideell vorausgesetzt, bevor die Individuen sie praktisch im wirklichen Aneignungsprozess umsetzen. Mit der beständigen Reproduktion des bestehenden Zustandes, die seinen spezifisch gesellschaftlichen Charakter einschließt, »*befestigt (er) sich als Brauch und Tradition und wird endlich geheiligt als ausdrückliches Gesetz.*« (Ibid.: 802)

Die vorstehenden Sätze gelten für jedwede in festeren Formen organisierte Gesellschaft, allerdings haben Brauch und Tradition einerseits und juristische Rechtsnormen andererseits einen unterschiedlichen Stellenwert und eine unterschiedliche Bedeutung im Zuge der Reproduktion in vorbürgerlichen Gesellschaften sowie der bürgerlich-kapitalistischen Gesellschaft. In Letzterer sind Gesetze juristische Ausdrucksformen von Willensverhältnissen der Bürger eines Landes und kommen zustande durch die Ermittlung und Festschreibung eines jeweiligen Durchschnittswillens, der durch seine Kodifizierung als Gesetz zum allgemeinen Willen wird. Seine Aufrechterhaltung und Geltendmachung bedarf einer öffentlichen Gewalt durch Exekutivorgane im Staatsapparat und dieser Staatsapparat wird rückwirkend zu einer allgemeinen Bedingung auch des ökonomischen Reproduktionsprozesses. Indem er die gegebenen Eigentumsverhältnisse und die Freiheit und Gleichheit der Personen als Staatsbürgerrechte gewährleistet, sichert er zugleich die unterliegenden und sich im Produktionsprozess geltend machenden Herrschafts- und Klassenverhältnisse. Wird die kontinuierliche Reproduktion der Gesamtverhältnisse gestört, z.B. durch tiefgreifende ökonomische Krisen oder innere politische Konflikte, ist stets die Möglichkeit gegeben, dass die Befestigung des gegebenen Zustandes über die Gewährleistung der existierenden Gesetze, auch wenn sie zuvorderst »das Bestehende heiligen« (vgl. ibid.: 801), nicht mehr hinreichend ist zur Sicherung von »Ruhe und Ordnung«. Die Verhältnisse der parlamentarischen bürgerlich-demokratischen Republik, dieser Staatsform für das entwickelte bürgerlich-kapitalistische Gemeinwesen, offenbaren dann ihren Januscharakter, indem sie mittels des allgemeinen Stimmrechts einer Mehrheit der Gesellschaftsmitglieder politische Gestaltungsmacht auch zur Überwindung der kapitalistischen Produktionsverhältnisse sowie der bürgerlich-kapitalistischen Gesellschaft insgesamt geben. Eine derartige Transformation der bürgerlich-kapitalistischen Gesellschaft kann dann allerdings zur »Sicherung des bestehenden Zustandes« auch mehr oder weniger gewaltsam durch eine personale Form der Klassenherrschaft konterkariert werden, sodass eine gewaltförmige an die Stelle der ruhig-geräuschlosen Weise der Reproduktion tritt.[20]

Dass der Kapitalismus in vielen seiner Krisen eine weitgehende Anpassungsfähigkeit bewiesen hat, ohne dass er von einer Mehrheit der Staatsbürger eines Landes als allgemeine Grundlage der gesellschaftlichen Reproduktion mit seinen Eigentumsverhältnissen in Frage gestellt worden ist, liegt nicht nur an seiner ökonomischen Grundstruktur, in der eine beständige Entwicklung der Produktivkräfte der Arbeit Veränderungen in den Produktionsverhältnissen systemkonform zu adaptieren erlaubt – die kapitalistische Gesellschaft ist kein »*fester Kristall, sondern*

---

[20] Die Formen dieses Umschlags in eine personale Form der Klassenherrschaft sind dabei, wie der historische Prozess gezeigt hat und zeigt, selbst vielfältig. Sie reichen von bonapartistischen Verhältnissen wie verschiedenen Formen mehr oder weniger autokratischer Präsidialverfassungen bis hin zu offen faschistischen-staatsterroristischen Herrschaftsformen.

Kapitel 2: Das Verhältnis von Arbeit und Eigentum 59

ein umwandlungsfähiger und beständig im Prozeß der Umwandlung begriffener Organismus« (MEW 23: 16) –, sondern auch an einer im Zuge seiner Höherentwicklung zum Spätkapitalismus vollzogenen Ausdifferenzierung der gesellschaftlichen Überbauten jenseits des eigentlichen Staatsapparats. Im Unterschied zum juristischen und staatlichen Überbau als Ergebnis des allgemeinen Willens der Subjekte, verschaffen sich je besondere Willen einzelner Gruppen von Individuen, die sich innerhalb und jenseits des kapitalistischen Reproduktionsprozesses zu vielfältigen Anlässen und zu unterschiedlichen Zwecken organisieren, in einer zivilgesellschaftlichen Sphäre und Öffentlichkeit Ausdruck. Dies führt zu einer vorher nie gekannten Ausbildung von Individualität auch bei den eigentumslosen Lohnabhängigen jenseits ihrer Klassenexistenz. Neben ihrer Bestimmtheit als Charaktermasken von Klassensubjekten[21] kommt es daher zur Ausbildung eines persönlichen Individuums. Im Zuge der Höherentwicklung der bürgerlichen Gesellschaft zum entwickelten und Spätkapitalismus wird diese Unterscheidung zwischen Klassensubjekt und persönlichem Individuum auch für die subalternen Klassen praktisch wahr und erfahrbar. Das Abhängigkeitsverhältnis zwischen dem Klassensubjekt und dem persönlichen Individuum bleibt daher funktionell erhalten und sorgt dafür, dass der Verselbstständigung des Letzteren Grenzen aufgewiesen werden. Gleichwohl verwischen sich dadurch rückwirkend die Klassengrenzen und -beschränktheiten der Lebensweise und bilden neue Mystifikationen hinsichtlich der sozialen Gliederung der bürgerlich-kapitalistischen Gesellschaft aus. Die Zivilgesellschaft als Sphäre der Organisation persönlich bestimmter Individuen wird damit zum Feld der ideologischen Auseinandersetzung sozialer und politischer Artikulationsweisen und zur Einordnung in jeweilige hegemoniale Konstellationen, z.B. die Beschränkung der Menschenrechte auf individuelle Freiheit bei gleichzeitiger Orientierung auf meritokratische Aufstiegsperspektiven als heutzutage gängige Bezeichnung des sog. liberal-demokratischen Kapitalismus mit vorgeblicher Überwindung ehemaliger Klassentrennung.[22] Solche zu gesellschaftlichen Wertorientierungen verdichteten Ideologien bestimmen wiederum die Ausformung allgemeiner

---

[21] Schon in der ökonomisch fundierten Bestimmtheit als Charaktermaske liegt für die Lohnabhängigen ein grundlegendes Moment von Individualitätsentwicklung, weil er seinen Anteil am gesellschaftlichen Reichtum in Geldform erhält, d.h. in einer Form, die qualitativ in alle möglichen Waren umsetzbar ist und nur quantitative Grenzen kennt. Es kommt hinzu, dass in den Wert der Arbeitskraft ein historisch-moralisches Element eingeht, welches ihren Träger als gesellschaftliches Subjekt jenseits eines sogenannten »bare bones-Standards« charakterisiert; darüber hinaus ist diese Komponente des Werts der Arbeitskraft historisch variabel und wird je nach den Kräfteverhältnissen in einem Land von Zeit zu Zeit nach oben oder nach unten neu eingemessen.

[22] Vgl. MEW 42: 97: »*Eine nähre Untersuchung jener äußren Verhältnisse, jener Bedingungen, zeigt aber die Unmöglichkeit der Individuen einer Klasse etc., sie en masse zu überwinden, ohne sie aufzuheben. Der einzelne kann zufällig mit ihnen fertig werden; die Masse der von ihnen Beherrschten nicht, da bloßes Bestehn die Unterordnung und die notwendige Unterordnung der Individuen unter sie ausdrückt.*«

Willensverhältnisse mit und beeinflussen damit auch die politischen Konjunkturen. Derartige komplizierte gesellschaftliche Strukturen und ihre Wechselwirkungen in Bezug auf die Ausbildung eines Bewusstseins der bürgerlichen Subjekte von der gesellschaftlichen Totalität waren in allen vorbürgerlichen Gesellschaftsformen nicht vorhanden.

b) Analyse der bürgerlichen Gesellschaft als Voraussetzung zur Erfassung vorbürgerlicher Gesellschaftsformen

Qualitative Unterschiede zwischen der bürgerlich-kapitalistischen Gesellschaft und vorbürgerlichen Gesellschaftsformen

Der korrekte Zugang zur Analyse vorbürgerlicher Gesellschaftsformen ist im Rahmen der materialistischen Gesellschaftstheorie höchst voraussetzungsvoll. Der für sie charakteristische Gegensatz von Natur und Geschichte ist erst auf Grundlage der bürgerlich-kapitalistischen Gesellschaft als solcher erkennbar und theoretisch im Denken überwindbar. Die Entschlüsselung zentraler Strukturzusammenhänge im Kapitalismus gibt Einsichten frei für qualitative Unterschiede und Gegensätze im Aufbau der vorbürgerlichen Gesellschaftsformation. Der korrekte methodische Zugang für die Analyse vorbürgerlicher Gesellschaftsformen ergibt sich daher nur über die durchgeführte Analyse der kapitalistischen Produktionsweise: »*Die bürgerliche Gesellschaft ist die entwickeltste und mannigfaltigste Organisation der Produktion. Die Kategorien, die ihre Verhältnisse ausdrücken, das Verständnis ihrer Gliederung gewähren daher zugleich Einsicht in die Gliederung und die Produktionsverhältnisse aller untergegangnen Gesellschaftsformen, mit deren Trümmern und Elementen sie sich aufgebaut, von denen teils noch unüberwundne Reste sich in ihr fortschleppen, bloße Andeutungen sich zu ausgebildeten Bedeutungen entwickelt haben etc. Die Anatomie des Menschen ist ein Schlüssel zur Anatomie des Affen. Die Andeutungen auf Höhres in den untergeordneten Tierarten können dagegen nur verstanden werden, wenn das Höhere selbst schon bekannt ist. Die bürgerliche Ökonomie liefert so den Schlüssel zur antiken etc. Keineswegs aber in der Art der Ökonomen, die alle historischen Unterschiede verwischen und in allen Gesellschaftsformen die bürgerlichen sehen.*« (MEW 42: 39) Die zentrale These lautet demnach: Die Entwicklung aller vorbürgerlichen Gesellschaften ist anzugehen über ihre qualitativen Unterschiede zu den Verhältnissen der bürgerlich-kapitalistischen Gesellschaft und die grundlegenden Kategorien, die ihre Verhältnisse ausdrücken und auf den Begriff bringen, enthalten ebenso viele Unterschiede und Gegensätze zu kapitalistischen Strukturen.

An erster Stelle steht dabei das Verhältnis von Arbeit und Eigentum. Der dialektische Umschlag des Aneignungsgesetzes von Produktion und Zirkulation innerhalb der kapitalistischen Produktionsweise enthält mit dem vermeintlichen Aneignungsgesetz, nach dem Eigentum das Resultat eigener Arbeit sei, sowie dem tatsächlichen Aneignungsgesetz, nach dem Eigentum tatsächlich das Resultat der

Kapitel 2: Das Verhältnis von Arbeit und Eigentum

Aneignung fremder Arbeit ist, beide Male als Grundvoraussetzung eine Ursache-Wirkungs-Beziehung von Arbeit und Eigentum. Eigentum im Sinne des Eigentums bzw. Nicht-Eigentums an den Produktionsmitteln, d.h. als Produktionsverhältnis ist Resultat bzw. Produkt der Arbeit. Die zentrale These von Marx lautet demgegenüber für vorbürgerliche Gesellschaftsformen: »*Aneignung (existiert / S.K.) nicht durch Arbeit, sondern als der Arbeit vorausgesetzt, der natürlichen Bedingung der Arbeit, der Erde als des ursprünglichen Arbeitsinstruments sowohl, Laboratoriums wie Behälters der Rohstoffe. ... die Hauptobjektive Bedingung der Arbeit erscheint nicht selbst als Produkt der Arbeit, sondern findet sich vor von Natur... Aber dieses Verhalten zu dem Grund und Boden, zur Erde, als dem Eigentum des arbeitenden Individuums ... ist schon vermittelt durch das naturwüchsige, mehr oder minder historisch entwickelte, und modifizierte Dasein des Individuums als Mitglied einer Gemeinde – sein naturwüchsiges Dasein als Glied eines Stammes etc.*« (MEW 42: 393) Damit ist die Grundstruktur der vorbürgerlichen Gesellschaftsformen das Gegenteil der bürgerlich-kapitalistischen Beziehung von Arbeit und Eigentum. Dementsprechend sind auch die Charaktere der Arbeit in vorbürgerlichen Gesellschaften qualitativ andere als in der kapitalistischen Produktionsweise. Daraus ergeben sich mannigfache Konsequenzen für fundamentale Bestimmtheiten verschiedener Lebensbereiche in den verschiedenen vorbürgerlichen Gesellschaftsformen.

Als erstes wird deutlich, dass die Auffassungsweise, nach der vorbürgerliche Gesellschaften nur mehr oder weniger entwickelte Vorstadien der bürgerlich-kapitalistischen Gesellschaft bilden, eine Auffassung von Geschichte darstellt, die grundlegend falsch ist. Sie kann darüber hinaus als typisch falsche Bewusstseinsform identifiziert werden, die sich aus der Mystifikation und Verkehrung gesellschaftlicher Verhältnisse in Verhältnisse von Sachen innerhalb derselben ergibt. Weil als sachliche Verhältnisse, erscheinen sie als gleichsam natürliche Verhältnisse, die nur unterschiedliche Entwicklungsstadien, aber keine grundlegend-qualitativen Unterschiede beherbergen. Diese Auffassung von Geschichte ist damit in geradezu klassischer Weise bürgerlich-ideologisches Bewusstsein.[23]

Des Weiteren ist auch der Begriff der Arbeit in vorbürgerlichen Gesellschaftsformen anders bestimmt als in der kapitalistischen Produktionsweise. Was in Letzterer Arbeit sans phrase und weiter abstrakt-menschliche Arbeit als wertschaffende Tätigkeit und Ausdrucksform ihres spezifisch gesellschaftlichen Charakters ist, be-

---

[23] Wir werden sehen, dass nicht nur Vertreter bürgerlicher soziologischer Theorien – z.B. Talcott Parsons als Vertreter einer strukturfunktionalistischen Theorie des Handlungssystems oder Niklas Luhmann als Vertreter der Systemtheorie –, sondern auch Geschichtsforscher wie z.B. Ian Morris oder David Christian, die im Unterschied zu Marx in seiner Zeit über den Zugang zu einem sehr viel größeren Schatz an Erkenntnissen der einschlägigen Wissenschaften bezüglich der früheren Stadien der menschlichen Entwicklung verfügen, bei vielen, namentlich sozialen Tatbeständen und gesellschaftlichen Verhältnissen, die nicht in ausgegrabenen Artefakten und menschlichen Knochenfunden materiell vorliegen, sondern durch theoretische Interpretationen und Bewertungen ergründet werden müssen, dieser ideologischen Denkform verfallen.

steht in den vorbürgerlichen Produktionsweisen nur in besonderen Naturalformen der Arbeit, wird dominiert durch eine dominierende konkret-nützliche Arbeitsart – Agrikulturarbeit –, und schließt darüber hinaus integral auch durch das Gemeinwesen veranlasste soziale Betätigungsweisen wie z.B. das Führen von Kriegen oder kultische Verehrung von Göttern etc. ein. Aufgrund der vorausgesetzten, nicht durch Arbeit erzeugten gesellschaftlichen Verhältnisse der Menschen konstituiert ihre Arbeit keine an den Arbeitsresultaten sich sachlich festmachenden und ausdrückenden Gesellschaftsstrukturen, die nur über diesen Umweg als natürliche erscheinen, sondern die sozialen Gegebenheiten sind direkt in den gesellschaftlichen Strukturen der Gemeinwesen inkorporiert. Die Arbeit produziert dieselben nicht ursächlich, sondern reproduziert sie nur.

Diese Reproduktion vorausgesetzter naturwüchsiger gesellschaftlicher Verhältnisse vollzieht sich in vorbürgerlichen Gesellschaften im Rahmen eines anderen Verhältnisses von wirtschaftlichen und persönlich-politischen Verhältnissen. Die für kapitalistische Gesellschaften typische Trennung eines kulturellen und politischen Überbaus von der ökonomischen Basis ist für diese Gesellschaftsform spezifisch und existiert so nicht in vorbürgerlichen Gesellschaften. Natürlich lassen sich auch in diesen Gesellschaften ihre Merkmale und Tatbestände entweder der ökonomischen Reproduktion oder gesellschaftlichen und politischen Verhältnissen analytisch zuordnen und es gilt auch hier, dass letztlich die Produktionsweise des materiellen Lebens als gesellschaftliches Sein das Bewusstsein der Akteure bestimmt, jedoch sind die Vermittlungsformen gänzlich andere als in der bürgerlichen Gesellschaft.

Dies beginnt damit, dass die Menschen immer nur als Mitglieder eines (naturwüchsigen) Gemeinwesens produzierend tätig werden können und sich auch in den sekundären Formen von Sklaverei und Leibeigenschaft stets in den besonderen persönlichen Gestalten als *»Feudalherr und Vasall, Grundherr und Leibeigner etc. oder als Kastenglieder etc. oder als Standesangehörige etc.«* (MEW 42: 96) gegenüber treten. Diese feste soziale Bestimmtheit der Individuen begründet die überragende Funktion von Brauch und Tradition als Verhaltensweisen der Menschen in diesen Gesellschaftsformen als Reproduktionsagentien; sie ist das gerade Gegenteil von der für bürgerlich-kapitalistische Verhältnisse typischen Abstraktion des Einzelnen als »bloß arbeitendes und isoliertes Individuum« (vgl. ibid.: 393) und als *»Punktualität ...., in der es als bloßer freier Arbeiter erscheint«* (ibid.), weiter entwickelt in der Spaltung zwischen Klassensubjekt und persönlichem Individuum und seinen Willensverhältnissen zur Ausgestaltung gesellschaftlicher Verhältnisse jenseits der Arbeit. Die sozialen Unterschiede als Hierarchiestrukturen und Spaltungen von Clans, Kasten und Ständen etc. beruhen nicht wie der bürgerlichen Gesellschaft auf einer sachlich vermittelten und durch (produktive) lebendige Arbeit produzierten und reproduzierten Eigentumslosigkeit der Produzenten, sondern auf direkten Macht- und Herrschaftsverhältnissen in den naturwüchsigen Gemeinschaften und Gemeinwesen, die nicht Resultat, sondern Bedingung für die Verausgabung von Arbeit sind. Wenn nicht eine direkte persönliche Unfreiheit als Sklave oder Leibeigener besteht, so bestimmt die persönliche Einbindung in ein naturwüchsiges Ge-

Kapitel 2: Das Verhältnis von Arbeit und Eigentum

meinwesen von vornherein die soziale Bestimmtheit des Subjekts als Mitglied einer Gens (Sippe), eines Clans oder einer Kaste, eines Stammes, einer Familie oder als Repräsentant vermeintlich höherer Mächte als Priester oder Despot. Veränderungen der Zugehörigkeiten von Einzelnen zu ihrer ursprünglichen Kaste oder Stand sind damit Ausnahmen, verglichen mit den gleichwohl beschränkten, in der sozialstaatlich ausgebildeten Struktur der bürgerlichen Gesellschaft aber jeweils möglichen Aufstiegsmöglichkeiten von Individuen durch eigene Anstrengungen. Dementsprechend ist das aus der Struktur der Gemeinwesen entspringende Vorrecht einzelner Subjekte und Familien oder sozialer Stände gegenüber Anderen im Unterschied und Gegensatz zum bürgerlichen gleichen Recht freier Personen der entsprechende rechtliche Ausdruck in der vorbürgerlichen Gesellschaftsformation, der in ihren späteren Gesellschaftsformen auch in juristischen Formen kodifiziert wird.

Wenn es unter den Bedingungen dieser naturwüchsigen Gemeinwesen in den historisch ersten Gesellschaftsformen nach dem Übergang zur Sesshaftigkeit, die grundsätzlich auf dem Gemeineigentum beruht, zur Bildung von Staaten kommt, beruhen diese ebenfalls auf direkter Gewalt und Macht und nicht auf der Konstitution von allgemeinen Willensverhältnissen der Gesamtheit der Gesellschaftsmitglieder. Es beginnt bei der natürlichen Verschiedenheit der Menschen, setzt sich fort in einer Arbeitsteilung, die auf biologischen sowie gesellschaftlichen Unterschieden aufwächst und sich in Über- und Unterordnungsverhältnissen zunächst in den blutsverwandten Zusammenhängen sowie der Familie kristallisiert. Sie entwickelt sich weiter zu Hierarchien zwischen Familien eines Stammes, zu Herrschaftsverhältnissen zwischen verschiedenen Stämmen und resultiert schließlich in einer gesellschaftlichen Arbeitsteilung zwischen Produzenten und von der materiellen Produktion freigestellten Sachwaltern der allgemeinen Angelegenheiten des Gemeinwesens. In diese Reihe der Herausbildung und Entwicklung sozialer Unterschiede sind der Umschlag von Quantität in Qualität in Bezug auf die Herausbildung von Herrschaftsverhältnissen in kleineren sozialen Einheiten, die Spaltung von Land und Stadt und endlich die Herausbildung von Staaten und die durch Unterjochung fremder Staaten gebildeten Imperien eingeschlossen. Stets sind es nicht sachlich vermittelte Herrschaftsstrukturen, sondern eine durch offene oder verdeckte Gewalt hergestellte und eine durch religiöse Vorstellungen verklärte politische Über- und Unterordnung, wodurch sich die soziale Struktur vorbürgerlicher Gesellschaftsformen ergibt. Innerhalb jeweiliger Grundformen sind naturgemäß erhebliche Abstufungen und Mischformen möglich, die sich auch auf die Art und Weise der Herrschaft, ob mehr demokratisch für jeweils bestimmte soziale Gruppen oder mehr despotisch etc., auswirken.[24]

---

[24] Vgl. zu den Grundformen von Eigentumsverhältnissen den nachstehenden Unterabschnitt sowie für die grundlegende Unterscheidung von Gesellschaftsformationen die Kapitel 5 bis 8. Die jeweiligen historisch und geografisch vorgekommenen konkreteren Ausgestaltungen und Entwicklungen dieser Gesellschaftsformation und Produktionsweisen behandeln wir in den nachstehenden Kapiteln 9 bis 13 des III. Abschnitts.

Die Herausbildung einer politischen Form des Gemeinwesens ist in vorbürgerlichen Gesellschaften die sichtbare Gestalt einer unterliegenden Klassenspaltung. Eine Klassengesellschaft zu sein haben derartige vorbürgerliche Gesellschaften mit der kapitalistischen Gesellschaft gemein. Dennoch bestehen aufgrund der unterschiedlichen Qualität ihrer sozialen Beziehungen unterschiedliche Formen des Klassenbegriffs. Während die Klassenspaltung in der bürgerlich-kapitalistischen Gesellschaft durch die sachlich vermittelten Beziehungen zwischen gleichen und freien Personen in ihren ökonomischen Verhältnissen produziert und reproduziert wird, gründet sie in vorbürgerlichen Gesellschaftsformen, die die Trennung zwischen ökonomischer und politischer Sphären nicht aufweisen, auf persönlich bestimmten, in der Struktur der jeweiligen Gemeinwesen eingebetteten direkten Herrschafts- und Knechtschaftsverhältnissen. Dementsprechend ist es sachgerecht, in näherer Bestimmung zwischen Kasten und Ständen einerseits und sich an den gegenständlichen Resultaten der produzierten Waren festmachenden sozialen Unterschieden als Klassen andererseits auch begrifflich zu unterscheiden. Diesen Unterschied hat Giddens im Auge, wenn er zwischen vorbürgerlichen Gesellschaften mit Klassenspaltung und der kapitalistisch-bürgerlichen Gesellschaft als Klassengesellschaft unterscheidet.[25] Dieser Unterschied zwischen Gesellschaften mit Klassenspaltung und der bürgerlich-kapitalistischen Gesellschaft als Klassengesellschaft wird wichtig bei der differenzierten Interpretation des berühmten Satzes aus dem »Manifest der Kommunistischen Partei«: »*Die Geschichte aller bisherigen Gesellschaft ist die Geschichte von Klassenkämpfen*« (MEW 4: 462) und wird uns bei der Betrachtung der Übergänge zwischen verschiedenen Produktionsweisen noch beschäftigten.[26]

Da direkte persönliche Verhältnisse zwischen den Individuen nicht nur in die Politik, d.h. die jeweilige Spitze der sozialen Gemeinwesen, sondern auch und vor allem in die ökonomische Reproduktion hineinwirken, ist das für die bürgerlich-kapitalistische Gesellschaft gefundene widersprüchliche Verhältnis von Produktivkräften und Produktionsverhältnissen, d.h. der durch die Produktionsverhält-

---

[25] Giddens bindet seine Unterscheidung zwischen Gesellschaften mit Klassenspaltung und Klassengesellschaften an verschiedene Formen des Privateigentums, vorbürgerliche Formen und die kapitalistische Form: »*Private property, in various differing forms, …seems to have been as widespread in non-capitalist civilisations outside Europe as in the European societies.*« (Giddens 1995: 108) Wenn Giddens Marx vorwirft, dass jener nur für die asiatische Produktionsweise die Klassenspaltung als strukturierendes Moment skeptisch beurteilt habe – »*Marx was right to have reservations about the significance of class as a structural feature of the Asiatic societies*« (ibid.: 107) – und ihm gleichzeitig entgegenhält, dass er dies bei den Griechen, in Rom oder im europäischen Feudalismus anders bestimmt habe – »*But he was wrong, I think, to suppose thast Greece, Rome, or European feudalism were distinctly different in this respect: that is, that there were ›class societies‹ whereas the others were not*« (ibid.) – so wird ihm faktisch unterstellt, dass er keine Differenzierung verschiedener Formen des Privateigentums habe und die Klassenbestimmung ausschließlich an Letzterem festgemacht habe. Dies ist falsch.

[26] Vgl. dazu die Kapitel 5 bis 8 im II. Abschnitt.

Kapitel 2: Das Verhältnis von Arbeit und Eigentum

nisse determinierte Spielraum für die Herausbildung neuer Produktivkräfte und überhaupt das Ausmaß der Aneignung der äußeren Natur als Treiber gesellschaftlicher Entwicklungen mystifiziert und durch die persönlichen Abhängigkeitsverhältnisse versteckt. Die Dechiffrierung dieser Mystifikation verweist als historisch bestimmte Abstraktion einmal mehr auf den Stellenwert der Analyse des Kapitalismus als Voraussetzung für die theoretische Überwindung des Gegensatzes von Natur und Geschichte. Die für vorbürgerliche Gesellschaftsformen charakteristischen persönlichen Abhängigkeitsverhältnisse zwischen den Individuen, »*die persönliche Beschränkung des Individuums durch ein andres*« (MEW 42: 97), verdecken ihre sachliche Abhängigkeit voneinander, die erst in der bürgerlich-kapitalistischen Gesellschaft auch als solche erscheint. In Letzterer besteht die »*sachliche Beschränkung des Individuums durch von ihm unabhängige und in sich selbst ruhende Verhältnisse*« (ibid.); sie verschaffen ihm als Einzelnem zwar eine größere Freiheit, sind aber so wenig eine Beseitigung von Abhängigkeitsverhältnissen, »*daß sie nur die Auflösung derselben in eine allgemeine Form sind; vielmehr das Herausarbeiten des allgemeinen* Grundes *der persönlichen Abhängigkeitsverhältnisse sind.*« (Ibid.; Hervorh. im Original)

Weil in der bürgerlich-kapitalistischen Gesellschaft die allgemeine Form des Arbeitsprodukts diejenige der Ware ist, die eine umfassende gesellschaftliche Arbeitsteilung zur Bedingung hat und die einzelnen Warenproduzenten auf die Notwendigkeit verweist, sich die zu seiner Reproduktion erforderlichen Gebrauchswerte in Austauschprozessen zu verschaffen, sind sie als Einzelne in ein gesamtgesellschaftliches Getriebe einbezogen und ihm subsumiert. Als gesellschaftlich bestimmte Individuen sind sie, obwohl persönlich Freie (und Gleiche), nach allen Seiten hin gesellschaftlich abhängig von allen Anderen; der sich selbst versorgende Einsiedler ist eine typische Robinsonade bürgerlich-ideologischer Anschauungen. Eine aus der gesellschaftlichen Teilung der Arbeit entspringende sachliche Abhängigkeit der Subjekte ist auch in vorbürgerlichen Gesellschaften ab eines gewissen Entwicklungsgrades und für andere Gesellschaftsmitglieder als eine autarke Dorfgemeinschaft gegeben. Diese sachliche Abhängigkeit geht jedoch einher mit persönlichen Abhängigkeitsverhältnissen, die zwar ebenfalls eine gesellschaftliche Arbeitsteilung beherbergen, aber die sachlichen Abhängigkeiten überdecken und dadurch mystifizieren. Erst mit der persönlichen Unabhängigkeit der Individuen in der bürgerlich-kapitalistischen Gesellschaft wird diese für vorbürgerliche Gesellschaftsformen typische Mystifikation praktisch aufgelöst und die aus einer umfassenden gesellschaftlichen Teilung der Arbeit sich ergebende sachliche Abhängigkeit der Individuen erscheint auch als solche; deshalb spricht Marx von der »Herausarbeitung des allgemeinen Grundes« gesellschaftlicher Beziehungen als sachlicher Abhängigkeit.

Die sachliche Abhängigkeit der Individuen voneinander, die sie als gesellschaftliche Individuen von Anbeginn an auszeichnet, nimmt also in den verschiedenen Gesellschaftsformationen nur verschiedene Formen an. Zu unterscheiden sind drei große funktionelle Unterschiede, die zugleich die grundlegende Unterscheidung verschiedener Gesellschaftsformationen ausdrücken, die ihrerseits in ihrer öko-

nomischen Grundstruktur verschiedene Produktionsweisen beinhalten. »*Persönliche Abhängigkeitsverhältnisse (zuerst ganz naturwüchsig) sind die ersten Gesellschaftsformen, in denen sich die menschliche Produktivität nur in geringem Umfang und auf isolierten Punkten entwickelt. Persönliche Unabhängigkeit, auf sachlicher Abhängigkeit gegründet, ist die zweite große Form, worin sich erst ein System des allseitigen gesellschaftlichen Stoffwechsels, der universalen Beziehungen, allseitiger Bedürfnisse und universeller Vermögen bildet.* (Ibid.: 91; Hervor. im Original)
Als auf der zweiten aufbauende dritte Form prognostiziert Marx: »*Freie Individualität, gegründet auf die universelle Entwicklung der Individuen und die Unterordnung ihrer gemeinschaftlichen, gesellschaftlichen Produktivität als ihres gesellschaftlichen Vermögens, ist die dritte Stufe. Die zweite schafft die Bedingungen der dritten.*« (Ibid.)

Ist somit die sachliche Abhängigkeit der Individuen voneinander der allgemeine Grund für ihre persönlichen Abhängigkeitsverhältnisse in vorbürgerlichen Gesellschaftsformen, gilt auch für diese trotz der in ihnen angelegten Mystifikation und Verdeckung der sachlichen durch persönliche Abhängigkeiten, dass das Verhältnis von Produktivkräften und Produktionsverhältnissen die geheime Ursache für ihre Entwicklungsmöglichkeiten darstellt. Die Selbstständigkeit der äußeren Natur, d.h. das vorkapitalistische Verhältnis zwischen angeeigneter (und erkannter) und unabhängig vom materiellen Lebensprozess bestehender Natur, beruht auf prinzipiell beschränkten Fähigkeiten der menschlichen Arbeit, die von den ersten instinktmäßigen Formen ihren Ausgang nehmen und auch in der weiteren Entwicklung im Rahmen vorbürgerlicher Gesellschafsformen nie ihren naturwüchsigen Charakter abstreifen können; nur in mehr oder weniger großen Nischen des Kunsthandwerks erreichen sie hoch entwickelte individuelle Fertigkeiten. Es sind die persönlichen Abhängigkeitsverhältnisse zwischen den Individuen, die einerseits Ausdruck eines unentwickelten Standes ihrer Produktivkräfte sind und andererseits der Entwicklung der Produktivkräfte ihrer Arbeit wiederum prinzipielle Beschränkungen auferlegen. Die genauere Ausprägung der persönlichen Abhängigkeits- und Unterordnungsverhältnisse determinieren als je spezifische Produktionsverhältnisse die Spielräume der jeweiligen Produktivkraftentwicklung im Rahmen dieser prinzipiellen Grenzen.

Die mehr oder weniger umfangreiche unberührte und daher auch nicht entschlüsselte Natur lässt dieselbe im Bewusstsein der Subjekte als fremde Macht übermächtig erscheinen, der die Gemeinwesen und ihre Mitglieder mehr oder weniger machtlos ausgeliefert sind. Dieser Stand der Naturaneignung ist die Basis für die Verklärung der äußeren Natur als fremde Macht in naturreligiösen Vorstellungen, die mit den nach und nach erweiterten, der Natur abgerungenen Substanzen und durchschauten Zusammenhängen zu monotheistischen religiösen Welterklärungen durch geistige Produzenten fortentwickelt und ausgestaltet werden. Der Ursprung der heutigen, in den bürgerlich-kapitalistischen Gesellschaften noch präsenten Religionen – Islam, Juden- und Christentum, Hinduismus, Buddhismus etc. – fußt auf dem überkommenen Gegensatz von Natur und Denken, d.h. religiös verklärten und nicht durchschauten Naturphänomenen, die allerdings mehr oder weniger für moderne Verhältnisse adaptiert worden sind.[27] Das Christentum mit dem Kultus des abstrakten Menschen und der Transposition undurchschauter Naturphänomene auf persönliche Schicksale der Subjekte ist dabei die für den okzidentalen Kapitalismus entsprechendste Form, die als »protestantische Ethik« (Max Weber) die industrielle Bourgeoisie zu Tugendhaftigkeit und Sparsamkeit anhielt und ihr den Widerstreit zwischen Akkumulation und Genuss bei der Verwendung des Mehrwerts ideologisch versüßte.

Conclusio: Methodischer Zugang zu vorbürgerlichen Gesellschaftsformen

Die herausgestellten Unterschiede zwischen der bürgerlich-kapitalistischen Gesellschaft und vorbürgerlichen Formen, die neben der jedesmaligen Spezifik sozialer Bestimmtheiten und Beziehungen der Individuen auch die Gemeinsamkeiten im Sinne eines allgemeinen Entsprechungsverhältnisses zwischen dem Entwicklungsstand der Produktivkräfte und den jeweiligen Produktionsverhältnissen sowie der Bedingtheit der politischen etc. Formen des Gemeinwesens durch die materielle Produktion des Lebens beinhalten, ergeben sich als historisch bestimmte Abstraktionen aus der durchgeführten Analyse der bürgerlichen Gesellschaft. Im Umkehrschluss ergibt sich: Sind die inhärenten Mystifikationen der bürgerlich-kapitalistischen Gesellschaft nicht entschlüsselt, sind der spezifisch gesellschaftliche Charakter der Arbeit und der Fetischismus der Warenwelt sowie der Zusammenhang zwischen Arbeit und Eigentum – scheinbarer Umschlag im Aneignungsgesetz als grundlegender Kapitalfetisch – nicht erkannt, ist ein korrektes Verständnis vorbürgerlicher Gesellschaftsformen bereits im Ansatz verstellt.

Im Manuskript von 1857/58 (»Grundrisse der Kritik der politischen Ökonomie«; vgl. MEW 42: 383ff.) hatte Marx sich zusammenhängend über die der kapitalistischen Produktionsweise vorhergehenden Gesellschaftsformen beschäftigt. Hintergrund dieser Beschäftigung war seine Selbstverständigung mit Bezug auf das Verhältnis von Arbeit und Eigentum innerhalb der kapitalistischen Produktionsweise, welches mit dem fundamentalen Strukturzusammenhang des (scheinbaren) Umschlags im Aneignungsgesetz sowie der Auflösung des Scheincharakters einer ursprünglichen Identität von (eigener) Arbeit und Eigentum im Reproduktionsprozess des (gewordenen) Kapitals zusammenfassend ausgedrückt ist.[28] Im Unterschied zur

---

[27] Die Säkularisierung des bürgerlichen Staates, d.h. die vollständige Trennung von Staat und Kirche ist in den allermeisten Staaten ein unvollendetes Projekt. Die voluntaristische Diskreditierung von Religion und Durchsetzung dieser Säkularisierung in den damaligen realsozialistischen Ländern, die teilweise Züge der Unterdrückung der Kirche aufwies, wurde durch die sich in den Kirchen sammelnden gesellschaftlichen Proteste in der Endphase dieser Gesellschaften, dem Wiederaufleben religiöser Verhaltensweisen und dem Erstarken der Kirche nach dem Ende dieser Gesellschaften grausam-gründlich konterkariert. Das Selbstverständnis heutiger islamischer Staaten besteht sogar in der bewussten Verschränkung von weltlicher und religiöser Macht.

[28] Vgl. zur Interpretation des Textzusammenhangs sowie des Marxschen Forschungsprozesses in den »Grundrissen« unsere Interpretation in PEM 1978: 171ff.

bürgerlich-kapitalistischen Gesellschaft, in der »*die objektiven Bedingungen der lebendigen Arbeit ... als getrennte, verselbständigte Werte gegen das lebendige Arbeitsvermögen als subjektives Dasein (erscheinen)*« (ibid.: 374), daher »*das Material, das es (das Arbeitsvermögen / S.K.) bearbeitet, ... fremdes Material (ist); ebenso das Instrument fremdes Instrument (und daher) seine (des Arbeiters / S.K.) Arbeit ... nur als Akzessorium an ihnen als der Substanz (erscheint) und ... sich daher in ihm nicht Gehörigem (vergegenständlicht)*« (ibid.: 375), ist für Gesellschaftsformen, die dem Kapitalismus historisch vorhergehen, ihrer Grundstruktur nach die Einheit von Arbeit und Produktionsmitteln und daher auch ein Eigentum des Produzenten am Produkt seiner Arbeit charakteristisch. Dies gilt zum einen bei den wandernden Horden der Wildbeuterzeit, nachfolgenden pastoralen Gesellschaften (Nomaden und Viehzüchtern) sowie für sesshaft gewordene Gesellschaften und naturwüchsige Gemeinwesen mit Bezug auf das Eigentum am Grund und Boden als der hauptwichtigsten Produktionsbedingung. Es gilt zum anderen mit gewissen Modifikationen auch bei den schon früh vorkommenden sekundären Formen von Sklaverei und Leibeigenschaft, welche zwar eine Trennung von lebendiger Arbeit und dem Produkt mit der bürgerlich-kapitalistischen Formation gemein haben, sich jedoch dadurch von der kapitalistischen Produktionsweise unterscheiden, dass sie entweder das Subjekt selbst als Produktionsinstrument bestimmen oder die Produzenten als Halbfreie durch außerökonomische Gewalt vom Mehrprodukt ihres Produktionsprozesses ausschließen. In allen Fällen beruhen diese Verhältnisse auf keinem freien Austauschverhältnis und »*die eine Seite – die die gegenständlichen Bedingungen der Arbeit in Form von selbständigen, für sich seienden Werten darstellt – (tritt nicht) als Wert (auf) und (betrachtet) Wertsetzung, Selbstverwertung, Geldschaffen (nicht) als letzten Zweck – (vielmehr / S.K.) unmittelbaren Genuß oder Schaffen von Gebrauchswert.*« (Ibid.: 376)

Die für die bürgerlich-kapitalistische Gesellschaft charakteristische Trennung von lebendiger Arbeit und ihren Verwirklichungsbedingungen ist sodann so tief im Bewusstsein der Akteure verwurzelt, dass »*die Erkennung der Produkte als seiner (des Arbeiters / S.K.) eignen und die Beurteilung der Trennung von den Bedingungen seiner Verwirklichung als einer ungehörigen, zwangsweisen ... ein enormes Bewusstsein (darstellt), selbst das Produkt der auf dem Kapital ruhenden Produktionsweise (ist), und so sehr das knell to its doom...*« (Ibid.: 375)[29] Erst sobald diese Erkenntnis massenhaft verbreitet ist, wird dieses als natürlich-sachlich antizipierte Resultat des Reproduktionsprozesses in Frage gestellt und negiert – analog zu »*dem

---

[29] In schlagender Form ausgedrückt findet sich die Trennung von lebendiger Arbeit und ihren Verwirklichungsbedingungen als allgemeiner oder Normalfall in dem Begriffspaar von Arbeitnehmer und Arbeitgeber. Es drückt genau das Gegenteil dessen aus, was tatsächlich auf der Grundlage der Trennung von Arbeit(skraft) und Produktionsmitteln vorliegt, nämlich das Gegenüberstehen von dem »Geber« von Arbeitskraft auf der einen und dem »Nehmer« oder Anwender von Arbeitskraft auf der anderen Seite. Das Begriffspaar von »employee« und »employer« steht demgegenüber den tatsächlichen Verhältnissen in der kapitalistischen Produktionsweise schon etwas näher.

Kapitel 2: Das Verhältnis von Arbeit und Eigentum   **69**

Bewusstsein des Sklaven, daß er nicht das Eigentum eines Dritten sein kann, seinem Bewußtsein als Person (widerspricht), (sodass) die Sklaverei nur noch (als) künstliches Dasein fortvegetiert und aufgehört hat, als Basis der Produktion fortdauern zu können.« (Ibid.)

    Den Zugang zu den Verhältnissen vorbürgerlicher Gesellschaftsformen bestimmte Marx vor diesem Hintergrund in den »Grundrissen« über verschiedene Eigentumsformen am Grund und Boden, die die Struktur verschiedener naturwüchsiger Gemeinwesen bezeichnen und unterscheiden und über die sich jeweilige soziale Beziehungen zwischen ihren Mitgliedern ergeben. Grundeigentumsformen stellen die Ausgangskategorien der sesshaft gewordenen Gemeinwesen dar, die der Arbeit vorausgesetzt sind, ihre spezifisch gesellschaftliche Form bestimmen und durch dieselbe nur reproduziert werden. Da das Verhältnis von Arbeit und Eigentum hier also gerade umgekehrt ist wie in der kapitalistischen Produktionsweise, in der sich Eigentum bzw. Nicht-Eigentum an den Produktionsmitteln im Ergebnis der Arbeit ergibt und sich an deren gegenständlichen Resultaten kristallisiert, kann der Analysezugang für vorbürgerliche Gesellschaftsformen nicht über die Arbeit und ihre materiellen Produktivkräfte, d.h. die historisch verschiedenen Gestaltungen der Arbeitsmittel erfolgen. Zwar drückt sich an ihnen ein jeweiliger Entwicklungsstand der Produktivkräfte der Arbeit in gegenständlicher Form aus und ist demzufolge auch anhand von historischen Artefakten im Nachhinein, d.h. heutzutage durch die Altertumswissenschaften analysier- und bestimmbar, doch berücksichtigt ein derartiger roher materialistischer Zugang gerade nicht die Spezifik vorbürgerlicher Gesellschaftsformen. Je weiter in der Geschichte der Menschheit zurückgegangen wird, umso wichtiger ist das Gemeinwesen selbst, d.h. der gesellschaftliche Zusammenhang der Subjekte als eine der Arbeit vorausgesetzte Produktivkraft einzuschätzen, der sich nach der Sesshaftwerdung dieser Gemeinwesen an verschiedenen Eigentumsformen am Grund und Boden Ausdruck gibt. Erst mit der unter diesen Bedingungen der vorausgesetzten Einheit von Eigentum (Grundeigentum) und Arbeit nach und nach sich entwickelnden gegenständlichen Produktivkräfte der Arbeit, d.h. mit einem wachsenden Umfang und Einfluss der lebendigen Arbeit des einzelnen Subjekts bzw. der verschiedenen Familien, gewinnen die Arbeitsmittel und weiter verschiedene vorbürgerliche Formen von Privateigentum wachsende Bedeutung für die Ausprägung der vorbürgerlichen Gemeinwesen.

    Vielfach gilt bis heute die Schrift von Friedrich Engels über den »Ursprung der Familie, des Privateigentums und des Staates« als ein Standardwerk der materialistischen Geschichtsauffassung im Hinblick auf vorbürgerliche Gesellschaftsformen. Dies umso mehr, als Engels im Vorwort zur ersten Auflage seines Werks dasselbe als »*Vollführung eines Vermächtnisses (bezeichnet / S.K.). Es war kein Geringerer als Karl Marx, der sich vorbehalten hatte, die Resultate der Morganschen Forschungen im Zusammenhang mit seiner – ich darf innerhalb gewisser Grenzen sagen unsrer – materialistischen Geschichtsauffassung darzustellen und dadurch erst ihre ganze Bedeutung klarzumachen. ... Meine Arbeit kann nur einen geringen Ersatz bieten für das, was meinem verstorbenen Freunde zu tun nicht mehr vergönnt war.*« (MEW 21a: 27) Unbestreitbar sind die Verdienste von Engels um die Ordnung und Aufbereitung der Anmerkungen und Bewertungen von Marx gegenüber dem Werk von Henry L. Morgan »Ancient Society«[30], die in den von Lawrence Krader herausgegebenen ethnologischen Exzerpten von Marx (vgl. Marx 1976) vorliegen.[31] Bei allen Übereinstimmungen und korrekten Interpretationen dieser Marxschen Exzerpte (zu Morgan), sind jedoch auch einige kritische Anmerkungen zu Engels' Text angebracht, die sich namentlich auf seine Ausführungen mit Bezug auf die Auflösung der Gentilordnung durch die dynamische Rolle der Familie und die Herausbildung politisch organisierter Gesellschaften beziehen.

Engels resümiert diesen Entwicklungszusammenhang wie folgt: »*Die Stufe der Warenproduktion, womit die Zivilisation beginnt, wird ökonomisch bezeichnet durch die Einführung 1. des Metallgeldes, damit des Geldkapitals, des Zinses und des Wuchers; 2. der Kaufleute als vermittelnder Klasse zwischen den Produzenten; 3. des Privatgrundeigentums und der Hypothek und 4. der Sklavenarbeit als herrschender Produktionsform. Die der Zivilisation entsprechende und mit ihr definitiv zur Herrschaft kommende Familienform ist die Monogamie, die Herrschaft des Mannes über die Frau, und die Einzelfamilie als wirtschaftliche Einheit der Gesellschaft. Die Zusammenfassung der zivilisierten Gesellschaft ist der Staat, der in allen mustergültigen Perioden ausnahmslos der Staat der herrschenden Klasse ist und in allen Fällen wesentlich Maschine zur Niederhaltung der unterdrückten, ausgebeuteten Klasse bleibt.*« (MEW 21a.: 170f.) Und bezüglich der Herausbildung von Klassen und der politischen Formen der Gemeinwesen fasst er zusammen: »*Die Gentilverfassung hatte ausgelebt. Sie war gesprengt durch die Teilung der Arbeit, und ihr Ergebnis, die Spaltung der Gesellschaft in Klassen. Sie wurde ersetzt durch den Staat.*« (Ibid.: 164) Auch wenn man berücksichtigt, dass es sich bei den vorstehend zitierten Passagen um zusammenfassende Aussagen vorher entwickelter Verhältnisse handelt, enthält die Entwicklungsreihe »Teilung der Arbeit – Warenproduktion – Klassenspaltung der Gesellschaft – Staat« Kurzschlüsse, denn die Auflösung der Gentilordnung in politisch organisierte Gesellschaften aufgrund der ökonomischen Bedingungen der Teilung der Arbeit (Warenproduktion) stehen in seinen Ausführungen unvermittelt nebeneinander. Diese Kurzschlüssigkeit, die der »klassischen« Auffassung des Marxismus-Leninismus hinsichtlich der Abfolge von Gesellschaftsformationen und Produktionsweisen – Urgesellschaft, Sklavenhaltergesellschaft, Feudalismus, Kapitalismus sowie Sozialismus/Kommunismus – Vorschub geleistet und die patriarchale Familie mit der subalternen Rolle der Frau in diese Entwicklungsreihe eingeordnet hat, beruht dabei selbst noch auf Tieferem, nämlich der Geringschätzung bis Missachtung der qualitativen Unterschiede und Gegensätze hinsichtlich der Verfassung der bürgerlich-kapitalistischen Gesellschaft und vorbürgerlichen Gesellschaftsformen. Engels nimmt an keiner Stelle seines Buches eine klare formationsspezifische Abgrenzung zwischen bür-

---

[30] Vgl. auch die deutsche Ausgabe: L.H. Morgan. Die Urgesellschaft, Lollar/Lahn 1976
[31] Wir kommen auf diese Exzerpte im nachstehenden 3. Kapitel ausführlich zurück.

Kapitel 2: Das Verhältnis von Arbeit und Eigentum

gerlichen und vorbürgerlichen Gesellschaften vor, sondern verlängert die Grundbestimmung »*der doppelten Art der Produktion und Reproduktion des Lebens*« (MEGA I, 5: 28) aus dem Manuskript der »Deutschen Ideologie« in die bürgerliche Gesellschaft und sieht nicht, dass mit der kapitalistischen Form des Privateigentums eine qualitative Umgruppierung der Ökonomie und ihrer Beziehungen zu abgeleiteten Gesellschaftssphären (Staat etc.) und privaten Lebensbereichen (Familie) einsetzt und sich ausbildet.[32]

---

[32] Genau diesen Mangel weist auch die ansonsten verdienstvolle Darstellung von Leisewitz/Schwarz (vgl. Leisewitz/Schwarz 2019/2020) auf, die vor dem Hintergrund moderner Forschungen und Erkenntnisse der Anthropologie und Ethnologie die bleibenden korrekten Einschätzungen und Bewertungen von Engels Text herausarbeiten.

Kapitel 3: Soziale Beziehungen und Eigentumsformen in vorbürgerlichen Gesellschaftsformen

a) Aktualität der Marxschen Skizze über Eigentumsformen vorbürgerlicher Gesellschaften sowie seiner ethnologischen Exzerpte

Den Zugang zu den Verhältnissen vorbürgerlicher Gesellschaftsformen bestimmte Marx in dem Kapitel über »Formen, die der kapitalistischen Produktion vorhergehen« im Manuskript von 1857/58 (»Grundrisse«) über verschiedene Eigentumsformen am Grund und Boden, die die Struktur verschiedener naturwüchsig-vorbürgerlicher Gemeinwesen bezeichnen und unterscheiden. Über sie ergeben sich zugleich jeweilige soziale Beziehungen zwischen ihren Mitgliedern. Diese Eigentumsformen am Grund und Boden als der wichtigsten Produktions- und Lebensbedingung sesshaft gewordener Gemeinwesen sind der Arbeit vorausgesetzt und werden durch dieselbe nur reproduziert. Zugleich, so die Marxsche These, sind die von ihm identifizierten drei grundlegenden Eigentumsformen und Strukturen der Gemeinwesen logisch erschöpfend und abschließend, was natürlich vielfältige Modifikationen sowie Vermischungen dieser Grundformen in verschiedenen Teilen der Welt und zu verschiedenen Zeiten selbstredend einschließt. Wenn er sie als asiatische, antike und germanische Eigentumsform bezeichnet, so sind diese Bezeichnungen nur cum grano salis zu nehmen; sie bezeichnen keinesfalls bereits exklusive regionale und/oder historische Zuordnungen für eine universalgeschichtliche Entwicklung der Menschheit vor dem Siegeszug der kapitalistischen Gesellschaftsformation.[1]

Mit der Darstellung der drei Grundformen vorbürgerlichen Eigentums ist weder eine ausgeführte Darstellung vorbürgerlicher Gemeinwesen gegeben, noch war eine solche von Marx in den »Grundrissen« intendiert. Vielmehr geht es ihm in erster Linie um die an der Ausprägung des (Grund-)Eigentums sich festmachenden Strukturen der Ökonomie naturwüchsiger Gemeinwesen nach dem Übergang zur Sesshaftigkeit. Wenn diese Eigentumsformen zugleich Kernbestimmungen vorbürgerlicher Produktionsweisen enthalten, so ist dieser Umstand der Logik der gesellschaftlichen Entwicklungsmöglichkeiten, die sich aus den verschiedenen Eigentumsformen ergeben (können), nachgeordnet. Dementsprechend ergibt die Differenzierung der verschiedenen Eigentumsformen einen Zugang zu verschiedenen Entwicklungsstufen vorbürgerlicher Gesellschaftsformen und damit einen Leitfaden für eine systemati-

---

[1] In den Passagen der »Grundrisse« geht es um systematisch unterschiedene und unter evolutionären Aspekten der Produktivkraftentwicklung vom Niederen zum Höheren aufsteigende Eigentumsformen (am Grund und Boden), nicht um vorbürgerliche Produktionsweisen, die nach Marx asiatische, antike und feudale Produktionsweisen sind.

Kapitel 3: Soziale Beziehungen und Eigentumsformen

sche Gruppierung des seinerzeit zur Kenntnis genommenen Materials.[2] Als logisch erschöpfende Grundtypen stellen diese Eigentumsformen einen (alternativen) methodischen Zugang zur Analyse naturwüchsig-vorbürgerlicher Gemeinwesen dar, weil sich an ihnen drei grundsätzliche Beziehungsstrukturen zwischen dem Einzelnen und dem Gemeinwesen festmachen. Eine ausführlichere Darstellung hatte sich Marx als »*eine Arbeit für sich, an die wir hoffentlich auch noch kommen werden*« (ibid.: 373), notiert und vorbehalten.[3]

In seinen letzten Lebensjahren – 1880 bis 1882 – hat sich Marx mit vorbürgerlichen Gesellschaftsformen und Lebensverhältnissen intensiv beschäftigt und verschiedene Texte zeitgenössischer Ethnologen ausgiebig rezipiert, exzerpiert und mit eigenen Kommentaren und Bewertungen versehen. Die von Marx vorgenommene Auswahl der untersuchten Texte ist dabei keineswegs zufällig, sondern verdankt sich seinem methodischen Leitfaden, den er bereits in den »Grundrissen« entwickelt hatte. Die »Ancient Society« von Lewis H. Morgan hat den Aufweis der sozialen Verhältnisse der wandernden Horden der »Wildheit« und Barbarei«[4] zum wesentlichen Gegenstand, den Morgan anhand seinerzeit rezenter Sozialverhältnisse der Indianer Nord-Amerikas – sowie, nachgeordnet, auch Mittel- und Süd-Amerikas – untersucht hatte und beschreibt. Die von Morgan identifizierten rezenten Sozialstrukturen der Indianer sind auf der Oberstufe der Wildheit für die hauptsächlich betrachteten Irokesen-Stämme, unter denen Morgan selbst eine Zeitlang gelebt hatte, zu verorten bzw. auf der Unter- und Mittelstufe der Barbarei, auf denen die

---

[2] Wir tragen diesem Umstand Rechnung, indem wir im vorliegenden Kapitel nur erst die allgemeinen sozialen Strukturen vorbürgerlicher Gemeinwesen als gewissermaßen systematische Grundformen behandeln. Im Kapitel 6 werden in einem zweiten Schritt die sich darauf aufbauenden vorbürgerlichen Produktionsweisen als Produktionsweisen der vorbürgerlichen Gesellschaftsformation inkl. ihrer jeweiligen Entwicklungsmöglichkeiten behandelt. In einem dritten Schritt ist sodann der reale geschichtliche Verlauf in den verschiedenen Regionen der Erde diesem theoretischen Rahmen zuzuordnen und in seinen Eckpunkten darzustellen; vgl. Kapitel 9 bis 13.

[3] Welches empirische Material Marx zur Zeit der Abfassung der »Grundrisse« zur Verfügung stand, hat E. Hobsbawm in seiner Kommentierung der »Formen, die der kapitalistischen Produktion vorhergehen« aufgelistet: »*At the time the Formen were written, Marx's and Engels' knowledge of primitive society was therefore only sketchy. It was not based on any serious knowledge of tribal societies, for modern anthropology was in its infancy, and in spite of Prescott's work (which Marx read in 1851 and evidently utilised in the Formen) so was our knowledge of the pre-Columbian cvilisation in the Americas. Until Morgan, most of their views about it were based partly on classical authors, partly on oriental material, but mainly on material from early medieval Europe or the study of communal survivals in Europe. Among these the Slavonic and East European ones played an important part, for the strength of such survivals in those parts had long attracted the attention of scholars.*« (Hobsbawm 1964: 25).

[4] Morgan hatte die (vor-)geschichtliche Entwicklung der Menschheit in die Stadien der Wildheit, Barbarei und Zivilisation, jeweils nochmals in Unter-, Mittel- und Oberstufe differenziert, ohne genauere zeitliche (und regionale) Datierung eingeteilt. Dieser Unterteilung sind Marx und Engels – vgl. MEW 21a: 30ff. – gefolgt.

höher entwickelten Pueblo-Indianer in den heutigen südlichen US-Bundesstaaten sowie die indigenen Völker Mittel- und Süd-Amerikas zur Zeit der spanischen Eroberungen der »Neuen Welt« lebten. Dabei handelt es sich um Sozialstrukturen und Gemeinwesen, wie sie zur Zeit der Abfassung der Texte – noch – existierten und die als charakteristisch für die Vorzeit von Morgan genommen wurden.[5] Nach der Morganschen Einteilung sind sodann die antiken griechischen Verhältnisse zur Zeit von Homers »Ilias« der Oberstufe der Barbarei zuzuordnen; die späteren Entwicklungen in Griechenland und dem Römischen Reich gehören sodann der ersten Stufe der »Zivilisation« an.

Marx destilliert aus Morgans »Ancient Society« die Bedeutung der Gens als fester, auf Blutsverwandtschaft gegründeter gesellschaftlicher Einheit nach der undifferenzierten Horde heraus, hebt den Dualismus zwischen Gens und Familie hervor und zeigt den allmählichen Übergang des Entwicklungsmoments auf die Familie bis hin zur monogamen und patriarchalen Familie für sesshafte bäuerliche Gemeinwesen. Die Entwicklungsreihe von der Auflösung des ursprünglichen Gemeineigentums am Grund und Boden über die Verteilung von Land unter die Gentes, zur Verteilung an Einzelne (bzw. Familien) bis zum Land als gesondertem Privatbesitz wird dann von Marx aus den anderen Werken, die er rezipiert und exzerpiert, gewonnen bzw. konkretisiert. Und zwar steht der Text »The Aryan Village in India and Ceylon« (1880) von Sir John Phear und die Marxschen Exzerpte daraus für die Verhältnisse der asiatischen Produktionsweise am Beispiel Indiens (und Ceylons) und die Exzerpte aus dem Buch »Lectures on the Early History of Institutions« (1875) von Sir Henry Sumner Maine für die germanische Eigentumsform am Beispiel Irlands sowie die Beschreibung feudaler Herrschafts- und Abhängigkeitsverhältnisse. Die Marxschen Exzerpte aus dem Text von Sir John Lubbock »The Origin of Civilisation and the Primitive Condition of Man« (1870) thematisieren demgegenüber keine vorbürgerliche Eigentumsform oder Produktionsweise, sondern behandeln Praktiken und Bräuche inkl. Religionsformen naturwüchsiger Gemeinwesen; sie sind zudem früher als die anderen ethnologischen Exzerpte niedergeschrieben worden.[6]

---

[5] Natürlich könnte man für diese Vorgehensweise den methodischen Einwand formulieren, dass die jeweilig vorliegenden Verhältnisse der zweiten Hälfte des 19. Jahrhunderts bereits durch Einflüsse der Kolonialmächte, Franzosen und Engländer sowie Spanier und Portugiesen in den beiden Amerikas, beeinflusst und dadurch verfälscht worden seien – ein Einwand, der allerdings abstrakt bleibt und letztendlich für alle Schlussfolgerungen gilt, die aus rezenten Verhältnissen von Gemeinschaften und Gemeinwesen in späterer Zeit gezogen werden. Darüber hinaus können diese Einflüsse in aller Regel identifiziert und damit zumindest eingegrenzt werden.

[6] Ebenfalls in die Zeitperiode der Marxschen Beschäftigung mit vorbürgerlichen Gesellschaftsformen fallen seine drei Entwürfe eines Antwortbriefes an Vera Sassulitsch (1881), die die Frage der Entwicklungsmöglichkeiten der russischen Dorfgemeinde (obščina) beinhalten. Sie sind darüber hinaus von Interesse, weil sie Aussagen zur germanischen Dorfgemeinde und der russischen Ackerbaugemeinde enthalten, die die Evolutionsbedingungen und

Kapitel 3: Soziale Beziehungen und Eigentumsformen

An der Auswahl der Texte sowie den Schwerpunktsetzungen der exzerpierten und kommentierten Passagen wird Marx' Zugang und Methodik zur Analyse und Darstellung vorbürgerlicher Gesellschaftsformen und Produktionsweisen deutlich. Die bereits in den »Grundrissen« gewonnene Auffassung bezüglich des der Verausgabung von Arbeit (Produktion) vorausgesetzten naturwüchsigen Gemeinwesens und ihrer Sozialverhältnisse – Blutsverwandtschaft, Gens, Familienformen, schließlich Bildung einer politischen Form als Verdoppelung der Gesellschaft in Gesellschaft und Staat – wird in einigen wesentlichen Punkten konkretisiert und präzisiert.[7] In diesem Sinne sind die Marxschen ethnologischen Exzerpthefte als Vorarbeit zu einer ausführlicheren Darstellung vorbürgerlicher Gesellschaftsformen zu bewerten, die den »*Schlüssel für das Verständnis der Vergangenheit*« (MEW 42: 373), dessen Grundelemente bereits in den »Grundrissen« identifiziert worden waren, um weitere Momente angereichert haben.

Der Fundus an empirischem Material zu vergangenen Gesellschaften ist heute ungleich höher als zu Zeiten von Marx (und Engels).[8] Es ist hier zu unterscheiden zwischen der Auflistung und Dokumentation archäologischer Funde, die mit den mittlerweile zur Verfügung stehenden Analyseverfahren ziemlich exakt datiert werden können; hierin besteht eine große Leistung der modernen Altertumswissenschaften. Da es sich dabei aber oftmals nur um materielle Artefakte verschiedenster Art (Werkzeuge, Grundrisse von Siedlungen, Grabbeigaben etc.), menschliche Knochenfunde und »künstlerische« Darstellungen an Höhlenwänden, später um schriftliche Aufzeichnungen von damaligen Zeitgenossen handelt, kommt der interpretatorischen Einordnung dieser Funde ein großer Stellenwert zu. Wo es zum anderen darum geht, historische Entwicklungen und gesellschaftliche Beziehungen vor der Zeit schriftlich überlieferter Geschichte zu rekonstruieren, kommen in diesen Wissenschaftsdisziplinen dagegen ganz überwiegend bürgerliche Anschauungsweisen zum Tragen, die in mehr oder weniger klassisch-ideologischer Weise Inter-

---

-möglichkeiten über den europäischen Feudalismus zur kapitalistischen Produktionsweise erörtern bzw. die Möglichkeiten thematisieren, von der russischen Ackerbaugemeinde direkt in Richtung einer nachkapitalistischen Produktionsweise überzugehen. Es geht dabei um Auflösungsformen des in verschiedenen Gemeinwesen und Ländern bestehenden Gemeineigentums am Grund und Boden. Wir kommen darauf im 6. Kapitel ausführlicher zurück.

[7] Der Herausgeber der Marxschen ethnologischen Exzerpthefte, Lawrence Krader, legt in seiner Einleitung demgegenüber das Hauptgewicht auf evolutionstheoretische Aspekte und ist damit bis zu einem gewissen Grad noch dem ursprünglich gängigen Schema eines kanonisierten »Histomat« verhaftet; korrekt relativiert er allerdings teleologische Zielbestimmungen der geschichtlichen Entwicklung, die Marx in dieser Form fremd waren.

[8] Der Aufschwung der Ethnologie als Wissenschaft erfolgte erst später. Sie entwickelte sich zunächst als Hilfswissenschaft des imperialen Kolonialismus zum Studium der »primitiven« Gesellschaften, die auf dem von den Kolonialmächten eroberten und zu verwaltenden Territorien lebten. Hieraus ergaben sich natürlich ernsthafte Forschungsprobleme. »*Jeder Feldforscher weiß, wie schwierig es ist, dort, wo Missionare und Kolonialverwalter gehaust haben, Informationen über das zu erhalten, was die Moral der Kolonialherren missbilligt.*« (Mellassoux 1975/1978: 22f.)

pretationsmuster nach typisch bürgerlichen Bewusstseinsformen zur Anwendung bringen.[9] Vor allem gilt dies im Hinblick auf soziale Tatbestände untergegangener Gesellschaftsformen, die eben nicht als gegenständliche Artefakte etc. objektiv im Hinblick auf Alter, Substanzen und Produktionsbedingungen etc. analysierbar sind, sondern wo, mit anderen Worten, der Analyse »*weder das Mikroskop ... noch chemische Reagenzien (dienen kann und demgegenüber) die Abstraktionskraft ... beide ersetzen (muss)*« (MEW 23: 12) – Abstraktionskraft in der vorliegend beschriebenen Weise im Sinne einer Abgrenzung und Entgegensetzung gegenüber bürgerlich-kapitalistischen Kategorien. Genau daran scheitern aber bürgerliche Historiker etc., wenn sie z.B. soziale Beziehungen und Eigentumsverhältnisse der frühen »Hilly Flankers« – dies sind die Besiedler in Mesopotamien als dem höchst entwickelten Bereich der »Lucky Latitudes« ab rd. neun Tsd. Jahren v.u.Z. – als monogame Beziehungen zwischen Ehegatten (ggf. noch mit »romantischer« Liebe) sowie Eigentum als Privateigentum ohne jede Differenzierung zwischen verschiedenen Formen desselben fassen: »*By imposing such mental structures on their own world, Hilly Flankers were, we might say, domesticating themselves. They even remade what love meant. The love between husband and wife or parent and child is natural, bred us over millions of years, but farming injected new forces into these relationships. Foragers had always shared their knowledge with their young, teaching them to find ripe plants, wild game, and save caves, but farmers had something more concrete to pass down. To do well, people now needed property – a house, fields, and flocks, not to mention investments like wells, walls, and tools. The first farmers were apparently quite communal, sharing food and perhaps cooking collectively, but by 8000 BCE they were building bigger, more complicated houses, each with its own storerooms and kitchens, and perhaps dividing the land into private owned fields. Life increasingly focused on small family groups, probably the basic unit for transmitting property between generations.*« (Morris 2010: 101)

Ein anderes Beispiel besteht hinsichtlich der Bewertung von Produktentausch und Handel sowie sich daran anschließende Verhältnisse von Kredit und Wucherkapital. Zwar lässt sich der jeweilige Umfang beider mittlerweile ziemlich genau bestimmen. Der Stellenwert von Geldverhältnissen im Austausch und Fernhandel, Tribut- und Steuerzahlungen sowie Kreditverhältnissen innerhalb der jeweiligen Gesellschaften und ihre Auswirkungen für die Entwicklung derselben, ob und in welchem Ausmaß sie befördernd oder zersetzend für die umgebenden und un-

---

[9] Eine in diesem Sinne positive Ausnahme besteht mit den »soziologischen Exkursionen« von Lambrecht et al (1998), Tjaden-Steinhauer/Tjaden (2001) sowie Sperling/Tjaden-Steinhauer (Hrsg.) (2004) und ihrem ganzheitlichen, d.h. die Einheit von Mensch und Natur in den Mittelpunkt stellenden Ansatz – wiewohl sie andererseits wiederum über das Ziel hinausschießen, indem sie allgemeine, für jede Gesellschaftsform geltende Reproduktionsbedingungen – Subsistenz- und Nachkommenssicherung sowie Erhalt des gemeinsamen Lebensraumes als Produktion, Familie und Politik – unterlegen und damit die qualitativen Unterschiede zwischen vorbürgerlichen Formen und der bürgerlich-kapitalistischen Gesellschaftsform zu gering schätzen.

Kapitel 3: Soziale Beziehungen und Eigentumsformen

terliegenden sozialen Strukturen gewirkt haben, ist dann jedoch schon wesentlich Gegenstand einer Interpretation, die die genauere Identifikation der Beschaffenheit des jeweiligen Gemeinwesens unterstellt. In der Regel dominiert die typisch bürgerliche Auffassung, dass vermehrter Produktenaustausch und Warenhandel sowie Geldverhältnisse generell als produktive Netzwerke begriffen werden, die wesentlich zur Fortentwicklung des Gemeinwesens und der Produktivkräfte von dessen unmittelbaren Produzenten beigetragen haben. Z.B. bewertet David Christian diese »Networks of Exchange« als kraftvolle Motoren des kollektiven Lernens der Menschen und als eine der Bedingungen für die Fortentwicklung der von ihm so genannten agrarischen Zivilisationen: »*In the era of agrarian civilisations, exchanges linked different types of commodities more effectively and over larger areas than before. These complex networks of exchange count as the second major structural novelty of the era of agrarian civilisations (neben ›diversity‹ als erstem ›powerful motor of collective learning‹ /S.K.).*« (Christian 2004: 289) Damit wird das Kind mit dem Bade ausgeschüttet und die differenzierte Bewertung der Rolle von Privateigentum und Geschlechterbeziehungen sowie Erweiterung von Warenaustausch und »globalem« Handel in ihrer Widersprüchlichkeit verunmöglicht; statt dessen werden diese Verhältnisse ganz im Sinne der bürgerlichen Gesellschaft und der auf dem Kapital beruhenden Produktionsweise begriffen – eine Sichtweise, die unter der Hand frühe Gemeinwesen letztlich als unentwickelte Vorstufen der bürgerlich-kapitalistischen Gesellschaft behandelt.

Auf der anderen Seite hat aber auch der »klassische« Marxismus-Leninismus in seinen Lehrbüchern mit der Fokussierung auf Herrschafts- und Knechtschaftsverhältnisse sowie den Klassenkampf als Motor der geschichtlichen Entwicklung, die naturgesetzlich eine Abfolge von Gesellschaftsformationen bis zum Sozialismus und Kommunismus erzeugen würden, ebenfalls ideologische Konstruktionen verbreitet. Mit einer Überbetonung der Rolle von Sklaverei und Leibeigenschaft in vorbürgerlichen Gesellschaften wurden Sekundärformen zu primären Strukturen verklärt. Demgegenüber hatte Marx Sklaverei und Leibeigenschaft als bloße Modifikationen und Auflösungsfermente der primären Gemeinwesen bestimmt. In der »Deutschen Ideologie« hatten er und Engels dies allerdings noch undifferenzierter gesehen: »*Die Sklaverei blieb die Basis der gesamten Produktion (in der antiken römischen Eigentumsform / S.K.)*« (MEGA I.5: 107) Die noch mit Unzulänglichkeiten behaftete historische Betrachtung in den Manuskripten der »Deutschen Ideologie« wurde später zum Basistext der materialistischen Geschichtsauffassung überhöht und die Unterscheidung zwischen verschiedenen ökonomischen Gesellschaftsformationen in das allgemeine Schema einer Abfolge: Urkommunistische Gesellschaft, Sklavenhaltergesellschaft, Feudalismus, Kapitalismus, Sozialismus und Kommunismus, gepresst. Ein solches Schema ist in der behaupteten Allgemeingültigkeit nicht haltbar.[10]

---

[10] Vgl. etwa: Autorenkollektiv 1970/1972. Demgegenüber war die einschlägige historische Forschung in den seinerzeitigen sozialistischen Ländern wesentlich differenzierter; vgl.

b) Entwicklungsformen der sozialen Beziehungen in naturwüchsigen Gemeinwesen

Die Geschichte der Menschheit[11] beginnt mit wandernden Horden, in denen keine anderen sozialen Verhältnisse bestehen können außer der wechselseitigen Verwandtschaft auf Basis von Blutsbanden. *»Wanderung (ist) die erste Form der Existenzweise, nicht daß der Stamm sich niederläßt auf einem bestimmten Sitz, sondern daß er abweidet, was er vorfindet – die Menschen sind nicht von Natur seßhaft.«* (MEW 42: 384) Die Suche nach Nahrungsmitteln, den natürlichen Früchten des Bodens und der Gewässer, erzwang eine stetige Mobilität dieser wandernden Gemeinwesen. Die Menschen gestalteten ihre sozialen Beziehungen als *»Hordenleben mit Promiskuität.«* (Marx 1976: 132) Ihre Bestimmtheit als soziale Wesen bestand in ihrem lebensnotwendigen Zusammenhalt auf Basis der Verkettung der einzelnen Mitglieder durch die Bande des Blutes. Die Horde existierte als Lebensmittel aneignende vorübergehende Eigentümerin jeweiliger territorialer Räume sowie als Schutz- und Trutzgemeinschaft gegenüber äußeren Gefahren z.B. durch wilde Tiere.

Mit einer gewissen quantitativen Ausweitung der Population, die von der Gunst der Naturbedingungen abhängig war, ergaben sich erste Differenzierungen der Horden durch die Bildung von Untergruppen. Diese Untergruppen entstanden getreu der Blutsverwandtschaft als besondere Gruppierungen, die die allgemeine Promiskuität ein Stück überwanden, sodass nur Verwandte der jeweiligen Generationsstufe zueinander in Ehebeziehungen traten. Damit entwickelte sich die Horde zum Stamm, der sich im Weiteren wiederum in interne Gruppen differenzierte bzw. differenzieren konnte. Der Stamm war nun Bedingung einer geschlossenen und begrenzten Gestalt des Gemeinwesens mit familiengruppenspezifischer Besonderung. Letztere lieferte das Material zu einer Akkumulation des Wissens des Stammes, welches durch Erfahrung gewonnen und mündlich überliefert wurde.[12]

Die Fortentwicklung dieser ersten Gemeinwesen bestand in der Erzeugung neuer sozialer Strukturen innerhalb des blutsverwandten Stammes. Die neuen Verhaltensweisen und Sitten wirkten, sobald sie eine gewisse Festigkeit und Verbreitung erlangt hatten, als erhöhte gesellschaftliche Produktivkraft des Gemeinwesens für die Art und Weise seiner Lebensreproduktion. Die Verfeinerung von Kenntnissen in der Daseinsgestaltung sowie die Ausbildung von subjektiven Fertigkeiten und die Erzeugung von Produktionsinstrumenten bauten auf dieser sozialen Grundlage

---

Sellnow u.a. 1977, Engelberg/Küttler (Hrsg.) 1978, Herrmann/Sellnow 1982 sowie Herrmann/Köhn (Hrsg.) 1988.

[11] Menschheit ist hier genommen als Homo sapiens. Die Entwicklungsschritte von dessen Genealogie und Genesis aus dem Tierreich (Primaten) ist später nachzureichen; vgl. Kapitel 4.

[12] Vgl. ibid.: 196: *»Die Künste, mit denen Wilde ihr Leben erhielten, erhalten sich bemerkenswert lange. Sie gehen nie verloren, ehe sie nicht durch andere, höhere, ersetzt worden sind. Durch die Ausübung dieser Künste und mit der Erfahrung, die sie durch soziale Organisation gewann, schritt die Menschheit unter einem notwendigen Entwicklungsgesetz voran, obgleich ihr Fortschritt substanziell für Jahrhunderte unmerklich war.«*

Kapitel 3: Soziale Beziehungen und Eigentumsformen

auf. Sie sind dementsprechend sekundäre Verhältnisse gegenüber der Zugehörigkeit der einzelnen Subjekte zu einem bestimmten sozialen »System« als Grundlage oder Basis ihrer Arbeit. Diese Arbeit und das Verhalten der Individuen waren mit ihrem Dasein als Teil eines solchen sozialen Systems untrennbar verbunden. Es sind also nicht die verobjektivierten, gegenständlichen Produktivkräfte inklusive der (lebendigen) Arbeit, von denen ausgehend bestimmte soziale Formen entwickelt werden können, in denen sich die Individuen zur Natur und zueinander verhalten. Das, was Marx in den »Grundrissen« eine naturwüchsige Stammesgemeinschaft nannte (vgl. MEW 42: 384), muss als eigenständige Produktivkraft verstanden werden, die auch eine genuine Entwicklung aufweist. Je weiter in der Geschichte zurückgegangen wird, desto größer ist die Bedeutung dieser subjektiven, in der Gemeinschaftlichkeit des Stammes zum Ausdruck kommenden Produktivkraft einzuschätzen, denn diese ist es zuvorderst, die das Dasein und das Überleben des Gemeinwesens gewährleistet.

Sobald das Gemeinwesen sich in ein strukturiertes Geflecht von Untergruppen auseinandergelegt hatte, war der Ursprung für eine nächsthöhere und komplexere Form von Gesellschaftlichkeit gelegt. Auf der Grundlage der übergreifenden Gemeinschaft des Stammes – gemeinsame Abstammung, Verwandtschaft, gemeinsame Sprache, gemeinsame Arbeit – bildeten die Untergruppen deutlichere Konturen aus. Sie wurden zu Gentes. Ihre Prinzipien sind deren drei: Zum Ersten ist eine Gens der Zusammenschluss einer »*Gesamtheit von Blutsverwandten, die von demselben Vorfahren abstammen*« (Marx 1976: 197). Die Frauen einer Untergruppe »*mit ihren Kindern und Nachkommen in der weiblichen Linie liefern genau die Mitgliedschaft einer Gens des archaischen Typus. Abstammung wird hier notwendig über die Frauen geführt, da die Vaterschaft für die Kinder nicht mit Sicherheit feststellbar.*« (Ibid.: 146f.) Zweitens gehört zu dieser gentilizischen sozialen Struktur ein Ausschluss der Bildung von Familiengruppen aus Mitgliedern ein und derselben Gens. Daraus folgt drittens das Gebot, Ehepartner in anderen (Nachbar-)Gentes zu suchen. Ein solches Ehegebot wirkte in spezifischer Weise auf den gesellschaftlichen Zusammenhalt ein; es ergänzte die Gemeinschaftlichkeit des Stammes dort, wo sie nicht unmittelbar durch Blutsverwandtschaft gegeben war. Die Gens wurde in der Folge als Organisation zum stabilsten Resultat aller bisheriger Entwicklungen.[13]

---

[13] Die Gens als soziale Organisationsform ist demgemäß nicht identisch mit dem Stamm und schon gar nicht mit späteren Familienformen; ihre Existenz kommt in früheren Zeiträumen und größeren Weltregionen vor als die in traditionellen Darstellungen genannten Verhältnissen des Römischen Reichs und der »Barbaren« der Völkerwanderung (vgl. Wikipedia). Die Gens bestand historisch-ursprünglich auf mütterlicher einlinearer Abstammungsfolge (Matrilinearität), wiewohl später auch Gentes auf patrilinearer Basis vorkommen; in weiterer Entwicklung bestand die Identität einer Gens auf der bloß vorgestellt-überlieferten Abstammung von einem gemeinsamen Ahnen. Leisewitz/Schwarz weisen zu Recht darauf hin, dass vorliegende ethnologische Befunde untersuchter und rekonstruierter unilinearer Ethnien, die eine Mehrheit patrilinearer gegenüber matrilinearen Deszendenzlinien zeigen »*für sich genommen noch nichts über die historische Abfolge der Abstammungsver-*

Mit der gentilizischen Blutsverwandtschaft sowie dem Ehesystem sind die sozialen Beziehungen der Individuen sowohl durch Abstammung als auch davon negativ abgegrenzte eheliche Beziehungen zweifach bestimmt. Die weitere Entwicklung zeigt nun ein zunehmendes Auseinanderfallen dieser beiden Arten von Beziehungen und es bildete sich ein Gegensatz zwischen Blutsverwandtschafts- und Ehesystem, indem immer weniger Verwandte gleicher Abstammung potenzielle Ehepartner zueinander sein konnten.[14] Andererseits wurden inzestiöse Verbindungen zwischen Ehepartnern zunächst nur erst bis zu einem gewissen Grad eingeschränkt, indem nur die Ehe zwischen Mitgliedern der eigenen Gens ausgeschlossen war.[15] Aber mit der Differenzierung von Blutsverwandtschaft und Familie begann ein jahrtausendelanger Prozess, der schließlich in der völligen Trennung beider endete.

Zwei gegenläufige Tendenzen bestimmen diese Entwicklung. Einerseits sondern sich die auch durch verschiedene Namen unterschiedenen Gentes eines Stammes voneinander ab und bilden zueinander eine relative blutsverwandtschaftliche Unabhängigkeit heraus. Andererseits vereinigen sich die Gentes wieder durch das spezifische Heiratsgebot sowie durch die soziale Zusammenfassung in übergeordneten Strukturen wie Phratrien, im Weiteren Clans und Kasten sowie Stammesbünden und Völkern. Die sich auf dieser Entwicklungsstufe festsetzenden Regeln hatten ihre erste, bewusstlose Naturwüchsigkeit verloren und wurden zu bewusster praktizierten Sitten und Gebräuchen. Dies begann mit dem Ausschluss leiblicher und collateraler Geschwister aus dem Ehesystem und dem Gebot, einen Ehepartner aus einer anderen Gens zu wählen; hinzu kamen Hilfe und Unterstützung der Gentilgenossen untereinander, wobei die Reaktion auf Bedrohungen nicht mehr nur zwangsläufiges Reagieren darstellte, sondern soziale Aufgabe und Verpflichtung geworden war. Der matrilinearen Abstammungslinie als Konstituens der historisch frühesten Gentes folgte eine Erbfolge des zunächst noch sehr geringen persönlichen Eigentums innerhalb der Muttergens. Die Aufgaben der Verwaltung und Führung des Stammes wurden von Repräsentanten der Stammgentes vollzogen, die neben der Bindung an die Verwandtschaftsprinzipien des Gemeinwesens vielfach wählbar, d.h. durch Akklamation entsprechender Versammlungen bestimmbar waren; dies schloss z.B. bei den nordamerikanischen Indianerstämmen bei Fehlver-

---

hältnisse aus(sagen)« (Leisewitz/Schwarz 2020: 121). An dem historischen Prä matrilinearer Abstammungslinien kann es keine Zweifel geben. In späteren Epochen nach erfolgter Sesshaftigkeit wurden die Gentes neben der Deszendenzlinie auch durch Residenzregeln – Matri- bzw. Patrilokalität – weitergehend charakterisiert. Auch dieses Merkmal unterliegt eindeutig einer historischen Abfolge und ist zeitlich den Deszendenzlinien nachgeordnet.

[14] Vgl. ibid.: 285: »*Die Familie geht nie ganz ein in die Gens, sobald letztere einmal existiert; sie geht immer nur halb ein in die Gens des Mannes und halb in die Gens der Frau.*«

[15] Dieser nur begrenzte Ausschluss von inzestiösen Eheverbindungen hat sich bis auf den heutigen Tag in den »standesgemäßen« Heiratsregeln der (europäischen) Königshäuser erhalten, wenngleich dieses Heiratsgebot mittlerweile auch durch die Einheirat »nichthochadliger« oder sogar »bürgerlicher« Ehepartner in den Kreisen der königlichen Verwandtschaftsbeziehungen in einigen Fällen durchlöchert worden ist.

halten auch die Abberufbarkeit von Kriegshäuptlingen ein und ging der späteren Erbfolge von Führungsfunktionen voraus.

Das Charakteristische dieser Sitten und Gebräuche ist, dass sie sich aus den vorausgesetzten Verwandtschaftsprinzipien des Gemeinwesens ableiten und nur auf diesen natürlichen Strukturen aufbauen konnten. Somit war die Gens Kern eines auf diese Prinzipien gegründeten komplexeren gesellschaftlichen Systems, welches alle Individuen gemeinsamer Herkunft und Sprache umfasste. Die Zugehörigkeit zur gemeinsamen Gruppe der Blutsverwandten war die einzige Voraussetzung für eine gleichberechtigte Teilnahme an allen das Gemeinwesen betreffenden Belangen sowohl in Fragen des gemeinsamen Lebensgewinnungsprozesses als auch in Fragen der sozialen Organisation. »*Alle Mitglieder einer Gens ... waren persönlich frei und verpflichtet, die Freiheit jedes anderen zu verteidigen; sie waren gleich an Befugnissen und persönlichen Rechten.*« (Ibid.: 207) Die Beschaffung der Nahrungsmittel, die Führung des Haushalts sowie der soziale Verkehr wurden auf dieser Grundlage geregelt. Insofern ist die Charakterisierung dieser Verhältnisse als »Urkommunismus« (J.H. Morgan) gerechtfertigt; auf der anderen Seite ist jedoch jegliche romantisch-verklärte Sehnsucht nach ursprünglich einmal gerechteren und besseren Lebensverhältnissen fehl am Platze. Denn »*in diesem frühen Zustand der Gesellschaft ging die Individualität der Personen in der Gens auf*« (Ibid.: 208). Die Gleichheit der Subjekte war keineswegs Ausdruck eines bewussten Verhaltens der Gesellschaftsmitglieder zu ihrer Lebensgestaltung und war nicht die Summe des gemeinsamen Willens entwickelter Individuen. Individualität im Sinne des bürgerlich-beschränkten, geschweige denn im Sinne eines vollentwickelten eigenschafts- und beziehungsreichen Subjekts existierte nicht. Das Individuum war immer nur Teil einer Gens. Insofern waren die gentile Gesellschaft und ihre Strukturen Ausdruck der noch bornierten Möglichkeiten des Einzelnen, waren also »*das Ergebnis der Schwäche des einzelnen ... Individuums*« (MEW 19a: 388), das als eigenständige Persönlichkeit noch gar nicht bestehen konnte.

Während also die Gens aus ihrem Ursprungskeim der vorausgegangenen Untergruppe der Horde herauswuchs und, sobald die Heiratsregeln sich verengt hatten, als innere Organisationsform über längere Zeit erhalten blieb, erfuhr die Familie weitreichendere Veränderungen. Sie konnte dabei, in welcher Gestalt sie innerhalb der Gentilgesellschaft auch ausgeprägt war,[16] allerdings nie die natürliche Basis dieses naturwüchsigen Gemeinwesens werden: »*Die Gens geht ganz ein in die Phratrie, diese in den Stammes(bund / S.K.), dieser in die Nation, aber die Familie geht nie ganz ein in die Gens, sobald letztere einmal existiert; sie geht immer nur halb*

---

[16] Marx folgt bei den Ausprägungen der Familie der Vorgabe von L.H. Morgan, dessen Text den größten Teil seiner ethnologischen Exzerpte darstellt. Es ist dabei hinsichtlich der Auseinanderentwicklung von Gens und Familie sekundär, inwieweit die von Morgan dargestellte Abfolge konkreter Lebensformen – Blutsverwandtschaftsfamilie, Punaluafamilie, Paarungsfamilie, syndyasmische Familie etc. (vgl. auch MEW 21a: 36ff.) – allgemeingültiges gesichertes ethnologisches Wissen darstellt.

ein in die Gens des Mannes und halb ein in die Gens der Frau.« (Marx 1976: 285) In diesem Sinne bestand das erste und zentrale Spezifikum der sich entwickelnden Gesellschaft in einer ausgeprägten Dualität von gentilizischer Gesellschaftsstruktur (lineage) und Familie. In dieser Dualität bestand zudem eine besondere Hierarchie zwischen beiden Polen. Die Familie, Bindeglied zwischen verschiedenen Gentes und insofern Quelle der Erweiterung der Erfahrungen und des gesellschaftlichen Wissens sowie Institution des wechselweisen Zusammenschlusses von Gentes und der Stärkung des Stammes, war zunächst der prägenden Kraft der Gens untergeordnet und blieb in dieser Rolle noch über lange Zeiträume.

Die zweite Besonderheit dieses Verhältnisses von Gens und Familie bestand darin, dass die Reproduktion des Gemeinwesens jetzt auch in qualitativ erweiterter Form die Reproduktion sozialer Regeln mit umfasste. Jede dieser Regeln – Gebote, Riten und Institutionen – blieb in letzter Instanz, sosehr sie auch das Leben der Mitglieder des Gemeinwesens modifizierten, auf die gentilen Strukturen und damit auf die Blutsverwandtschaft rückführbar. Diese Regeln drückten daher ihrem Charakter nach personale Verhältnisse aus und waren denselben geschuldet.

Gleichwohl verschob sich die weitere Entwicklungsdynamik in Richtung auf die ursprünglich den Gentilstrukturen untergeordneten Familie, die innerhalb der ihr zunächst gesetzten Grenzen gesonderte Entwicklungsstufen durchlaufen konnte, an deren Endpunkt die monogame Familie stand. Diese Entwicklung der Familienformen ist durch eine fortschreitende Einengung des zur Ehegemeinschaft zählenden Personenkreises gekennzeichnet: *»Der Fortschritt des alten komplizierten ›ehelichen‹ Systems besteht in einer sukzessiven Reduktion, bis es zurückgeführt ist auf Null in der monogamen Familie.«* (Ibid.: 134) Die monogame Familie markiert den Endpunkt der Einzelehe, d.h. der Paarbildung zwischen nur noch nicht blutsverwandtschaftlich verbundenen Personen. In der historischen Entwicklung war dies zunächst allerdings keineswegs gleichbedeutend mit einer auf romantischer Liebe beruhenden Partnerschaft. *»Die Ehe war nicht auf ›Zuneigung‹ gegründet, sondern auf Konvenienz und Notwendigkeit. Die Mütter arrangierten die Heiraten ihrer Kinder ohne deren vorherige Zustimmung oder Wissen; oft wurden so Fremde in ein eheliches Verhältnis gebracht; zu geeigneter Zeit wurden sie informiert, wann die einfache Heiratszeremonie stattfinden würde. ... Die Verbindung dauerte nur nach Belieben der Parteien, Mann oder Frau. Allgemeines Empfinden gegen diese Trennung bildete sich und gewann immer mehr an Kraft.«* (Ibid.: 153)[17]

Zu Beginn dieses Entwicklungsprozesses der Familie ist sie aber als Organisation zur eigenen Reproduktion noch zu schwach und auf den größeren sozialen

---

[17] Was Marx hier zusammenfassend für die frühesten Formen der Einzelehe und monogamen Familie beschreibt, hat sich teilweise bis heute bei arrangierten Ehen in bestimmten Kulturkreisen erhalten; zum Anderen gewann die Infragestellung der einfachen Auflösung der Ehe seitens der Ehepartner ihren Ausdruck z.B. im »Sakrament der Ehe« im Rahmen des (römisch-katholischen) Christentums, welches ihre Auflösung (Scheidung) verbietet – »Was Gott zusammengefügt hat, soll der Mensch nicht scheiden« –, und ebenfalls bis heute eine, wenn auch beschränkte, Gültigkeit in bestimmten Kulturkreisen besitzt.

Kapitel 3: Soziale Beziehungen und Eigentumsformen

Verbund der Gens angewiesen. Der weitergehenden Individualisierung der Familie stand auf dieser Entwicklungsstufe noch der tägliche Kampf um die Organisierung des Lebens und der Aneignung der Natur im Wege. Die Art und Weise der Herstellung und Erhaltung der Mittel zum Leben konnte bis dato nur von Gruppen bestimmter Größenordnung geleistet werden. Mit der Herausbildung der Sesshaftigkeit und der Verbesserung der Ernährungsbedingungen wurde jedoch der Fortschritt der Familie begünstigt. »*Je stabiler solch eine Familie wurde, desto mehr entwickelte sich ihre Besonderheit.*« (Ibid.: 156)

c) Eigentumsformen am Grund und Boden und Familienformen bei Sesshaftigkeit

Fortschritte bei der Gewinnung der Lebensmittel, in welchen die Höherentwicklung der Gemeinwesen integral und bestimmend eingeschlossen ist, beruhen auf und führen des Weiteren zu einer Verfeinerung der Instrumente der Naturaneignung. Dies ermöglichte schließlich die Überwindung des Zwangs, den einen Ort aus Not zu verlassen und einen neuen, die Lebensbedürfnisse befriedigenden Raum zu suchen. Die Verhältnisse zu fremden Gemeinwesen gestalteten sich nun entweder kriegerisch oder kooperierend. Damit wurden Krieg um bevorteilte Territorien und/oder Austausch von Produkten und Erfahrungswissen zwischen angrenzenden Stämmen zum festen Bestandteil der Lebensreproduktion der einzelnen Gemeinwesen.

Die Entwicklung zur Sesshaftigkeit von Gemeinwesen ist nur insoweit fixierbar, als ganz unterschiedliche Bedingungen der vorgefundenen äußeren Natur, also Klima, Vegetation etc., sowie der Stand der akkumulierten Erfahrungen des Stammes in ihrem Zusammenwirken sukzessive die Bedingungen schafften, sich an einem bestimmten Ort niederzulassen. Je nach historischem Entwicklungsgrad der Gemeinschaften und dem mehr oder weniger vorhandenem Maß der Aneignung der Naturbedingungen, unterlag der Übergang zur Sesshaftigkeit ganz disparaten Bedingungen. Wie auch immer die konkreten Daseinsformen der verschiedenen Regionen der Erde während dieser Übergangsphase zur Sesshaftigkeit voneinander abwichen, sich früher oder später, schneller oder langsamer vollzogen, immer etablierte sich die Ablösung der Wanderung unter dem Einfluss der gentilen Strukturen der Gemeinschaften.

Ein bestimmter Reifegrad der Gentes musste erreicht sein, ehe sich die Gemeinschaften niederlassen konnten. D.h. erst wenn die umherziehende Gruppe eine innere Festigkeit und Struktur ausgebildet hatte, wenn damit einhergehend die Gemeinschaft als sozialer Organismus stark genug war, die äußere Natur in bestimmter Weise zu kultivieren, wenn also Erfahrungen und verfügbare Produktionsinstrumente die Periode der eher zufälligen Nahrungsbeschaffung durch eine gewisse Festig- und Regelhaftigkeit abgelöst hatten, konnte eine Region als eigenes, fest umrissenes Territorium angeeignet und kultiviert werden. Dies galt gleichermaßen für die Aneignung und Nutzung des Bodens wie für die Domestizierung von Tieren. Neben einem frühen Acker- und Gartenbau sesshaft-immobil gewordener Gemeinschaften dauerte allerdings auch das Hirtenwesen als fortgesetzte Wanderung anderer Gemeinwesen fort.

So entwickelte die Gentilgesellschaft aus sich heraus die Bedingungen einer höheren Form der Aneignung der Natur; diese höhere Form setzte rückwirkend die Gemeinschaft in die Lage, sich zu erweiterten Stufen der Lebensweise emporzuarbeiten. Dieses Entwicklungsverhältnis fasst Marx in den »Grundrissen« folgendermaßen: »*In dem Akt der Reproduktion selbst ändern sich nicht nur die objektiven Bedingungen, z.B. ... aus der Wildnis (wird) gelichteter Acker etc., sondern die Produzenten ändern sich, indem sie neue Qualitäten aus sich heraus setzen, sich selbst durch die Produktion entwickeln, umgestalten, neue Kräfte und neue Vorstellungen bilden, neue Verkehrsweisen, neue Bedürfnisse und neue Sprache.*« (MEW 42: 402) In diesem Prozess werden so nach und nach die früheren Lebensweisen faktisch zerstört; sie leben allenfalls als Sitten und Riten noch weiter fort. Die ehemalige Identität von bornierter blutsverwandter Struktur des Gemeinwesens und naturwüchsiger Aneignung des Lebensmitteldargebots wurde abgelöst durch eine neue Identität der Gentilgesellschaft und ihrer Ortsgebundenheit.

Die Niederlassung solcher gentil organisierter Gesellschaften kann nicht als bestimmter Zeitpunkt in der Geschichte fixiert werden, als gewissermaßen endgültige Sesshaftigkeit: »*dies ›endgültig‹ absurd, da wir sehr oft finden, daß der Stamm, der sich einmal niedergelassen hat, de noveau wandert und sich wieder niederläßt, entweder freiwillig oder durch irgend etwas dazu gezwungen*« (Marx 1976: 424). Tatsächlich handelte es sich hierbei um einen Prozess, der sich über fünf Jahrtausende erstreckte und in den verschiedenen Regionen der Welt durch Rückfälle in Wildbeuterstrukturen (Jäger und Sammler) und durch Misch- und Übergangskombinationen geprägt war.

Durch Rekurs auf schriftlich überlieferte Geschichte wissen wir aus der antiken Entwicklung in Griechenland und im Römischen Reich, dass die Niederlassung der Menschen nach blutsverwandten Gruppen stattgefunden hat. Ganze Stämme oder Teile von ihnen ließen sich auf einem bestimmten Territorium nieder, sodass von einer ursprünglichen Identität von Ortsgemeinde und Blutsverwandtschaft auszugehen ist. Die Stammeszugehörigkeit als Einheit in Blut und Sprache blieb über lange Zeit hinweg das bestimmende Moment bei der Aneignung und Bebauung des Bodens, der als Gemeineigentum des Stammes bestand; es ist darüber hinaus anzunehmen, dass in frühester Zeit sowohl der Austausch von Land innerhalb des Stammes als auch ein gemeinsames Bebauen und Verteilen der Ernte üblich waren.

Welche Form des (Grund-)Eigentums und damit des Gemeinwesens sich jeweils in den Territorien ausbildete, hing ab »*teils von den Naturanlagen des Stammes, teils von den ökonomischen Bedingungen, unter denen er nun wirklich sich als Eigentümer zum Grund und Boden verhält, d.h. seine Früchte durch Arbeit aneignet, und dies (hängt ab) von Klima, physischer Beschaffenheit des Grund und Bodens, der physisch bedingten Weise seiner Exploitation, dem Verhalten zu feindlichen Stämmen oder Nachbarstämmen, und den Veränderungen, die Wanderungen, his-*

Kapitel 3: Soziale Beziehungen und Eigentumsformen

torische Erlebnisse etc. hineinbringen.« (Ibid.: 394) D.h. die Formen sind entweder vollständig oder doch weitgehend durch natürliche und nicht gesellschaftlich geschaffene Umstände bedingt. Die Grundformen der naturwüchsigen Gemeinwesen unterscheiden sich nach dem Grad der Unabhängigkeit und Selbstständigkeit der einzelnen Subjekte innerhalb der Stämme bzw. der Familien sowie den sich daraus ergebenden Entwicklungsmöglichkeiten der Produktivkräfte. Sie bildeten gleichzeitig auch unterschiedliche Hindernisse gegenüber fremden äußeren Einflüssen und waren in verschiedenem Grad assimilationsfähig.

»*In der ersten Form dieses Grundeigentums erscheint zunächst ein naturwüchsiges Gemeinwesen als erste Voraussetzung. Familie und die im Stamm erweiterte Familie, oder durch intermarriage zwischen Familien, oder Kombination von Stämmen. (...) (Die) Stammgemeinschaft, das natürliche Gemeinwesen (erscheint) nicht als Resultat, sondern als Voraussetzung der gemeinschaftlichen Aneignung (temporären) und Benutzung des Bodens.*« (Ibid.: 384) Die Erde ist nunmehr Arbeitsmittel und Arbeitsmaterial sowie der locus standi für das Gemeinwesen. Seine Mitglieder »*verhalten sich naiv zu derselben als dem Eigentum des Gemeinwesens und des in der lebendigen Arbeit sich produzierenden und reproduzierenden Gemeinwesens. Jeder Einzelne verhält sich nur als Glied, als member dieses Gemeinwesens als Eigentümer oder Besitzer. Die wirkliche Aneignung durch den Prozeß der Arbeit geschieht unter diesen Voraussetzungen, die selbst nicht Produkt der Arbeit sind, sondern als ihre natürlichen oder göttlichen Voraussetzungen erscheinen.«* (Ibid.: 376) Das Verhältnis zwischen dem Einzelnen und der Gemeinde kann in dieser systematisch wie historisch ersten Form als Verhältnis von Substanz und Akzidenz (vgl. ibid.: 392) gefasst werden: Das Eigentum ist gemeinschaftliches Eigentum der Gemeinde, der Einzelne nur Besitzer und dies auch nur, soweit er Mitglied der Gemeinde ist.

Diese Form I ist der archaische Grundtyp der gesamten vorbürgerlichen Gesellschaftsformation, von der die menschliche Entwicklung bei vollzogener Sesshaftigkeit ausgeht.[18] Sie ist auch im Hirtenwesen gegeben, indem »*der Stamm sich niederläßt auf einem bestimmten Sitz (und) abweidet, was er vorfindet.«* (Ibid.: 384) Diese Form I kann sich allerdings »*sehr verschieden realisieren.«* (Ibid.) Ein etwaiges Surplusprodukt, das über die Lebensmittel der Gemeindemitglieder hinaus erzeugt wird, gehörte dem Gemeinwesen, das als »*zusammenfassende Einheit ... über allen diesen kleinen Gemeinwesen steht*« (ibid.); diese Einheit erscheint »*zuletzt als Person ...und macht sich geltend sowohl im Tribut etc., wie in gemeinsamen Arbeiten zur Verherrlichung der Einheit, teils des wirklichen Despoten, teils des gedachten Stammwesens, des Gottes*« (Ibid.: 377). Dieser archaische Grundtyp der Gemeinwesen ist daher sowohl mit reiner Subsistenzproduktion als auch zufällig-gelegentlichen bis regelmäßig anfallenden Surplusprodukten kompatibel. Aller-

---

[18] Vgl. Marx 1976: 182: »*... die älteste Art des Landbesitzes (war) die gemeinschaftliche des Stammes ...; nach Beginn seiner Kultivierung wurde ein Teil des Stammeslandes unter die Gentes verteilt, die ihre Anteile gemeinsam besaßen.«*

dings verbleiben die Entwicklungsmöglichkeiten der Produktivkräfte unter diesen Bedingungen innerhalb eines eng limitierten Kreises. Auch diese naturwüchsigen Gemeinwesen bedurften in späteren Entwicklungsphasen bereits gemeinschaftlicher Produktionsbedingungen wie Wasserleitungen und einfacher Kommunikationsmittel. Die Bildung von Städten geschah hier »*neben (den) Dörfern bloß da, wo besonders günstiger Punkt für auswärtigen Handel; oder wo das Stammesoberhaupt und seine Satrapen ihre Revenu (Surplusprodukt) austauschen gegen Arbeit, sie als labour-funds verausgaben.*« (Ibid.: 386)

Dem Gemeineigentum des Stammes folgten im Laufe der Zeit Zuteilungen von Land an einzelne oder Familiengruppen, und diese Zuteilungen wurden schließlich zu gesondertem Privatbesitz. Diese Verteilung von Land an einzelne Familien setzte eine bestimmte Stärke und Eigenständigkeit der Familie voraus. Andererseits erhielt die Familie mit diesen veränderten ökonomischen Bedingungen starke Impulse für ihre weitere Entwicklung. Die Arbeit der Familie verwuchs mit dem Stück Land, das sie bebaute bzw. mit der Herde, die sie beaufsichtigte und versorgte. Die Gesamtheit des blutsverwandten Gemeinwesens verlor durch diese Entwicklung schrittweise an Bedeutung bei der Aneignung der Natur und der Reproduktion ihrer Mitglieder. Die Familie schob sich demgegenüber in den Vordergrund und entwickelte sich mehr und mehr zum identifizierbaren Träger der (gesellschaftlichen) Arbeit. Sie verwandelte sich aus einem Anhängsel des gentilen Gemeinwesens bzw. eines größeren Haushalts zu immer größerer Eigenständigkeit bei der Reproduktion ihrer Mitglieder.

Die Aneignung der Natur und die Akkumulation von Gebrauchsgütern wurden dadurch zu einem wesentlich auf Familienarbeit konzentrierten Vorgang. Die Früchte der Arbeit erschienen als Ergebnis familiärer Tätigkeit und die Arbeit der Familienmitglieder führte zum ausschließlichen Anspruch auf das von ihnen erzeugte Produkt. Aus dem Gemeineigentum hatte sich damit der Privatbesitz der Familien am Grund und Boden entwickelt. Damit wurde zugleich die ursprünglich blutsverwandte Struktur als erste und wesentlichste Produktivkraft durch die wachsende Bedeutung der Familie, die zum Zentrum der Akkumulation geworden war, in den Hintergrund gedrängt.

Zugleich blieb jedoch die gewachsene Selbstständigkeit der Familie zunächst immer noch in die gentilizischen Strukturen des Gemeinwesens eingebettet. Auch das Eigentum am Grund und Boden wies eine Doppelstruktur von Gemeineigentum und Familienbesitz auf. Von regelrechtem Privateigentum kann solange noch nicht gesprochen werden, solange die Gens noch die Einheit der Gesellschaft war und der Stamm bzw. seine Repräsentanten die Institutionen waren, welche das Land zuteilten und Einfluss auf die Art seiner Bebauung nahmen; auch das Erbrecht war zunächst noch ganz von den gentilen Strukturen bestimmt. Erst in der zweiten, antiken Eigentumsform wird diese Doppelstruktur zwischen gemeinschaftlichem Eigentum des Stammes bzw. des Gemeinwesens und privater Arbeit der Familie und ihrer Aneignung von dessen Produkten strukturell konstitutiv für die Eigentumsverhältnisse von Gemein- und Privateigentum.

Kapitel 3: Soziale Beziehungen und Eigentumsformen

Gegenüber der ersten Eigentumsform, stellt diese zweite Form »*das Produkt mehr bewegten, historischen Lebens, der Schicksale und Modifikationen der ursprünglichen Stämme (dar); sie unterstellt auch das Gemeinwesen als erste Voraussetzung, aber nicht wie im ersten Fall als Substanz, von der die Individuen bloß Akzidenzen sind, oder von der sie rein naturwüchsig Bestandteile bilden –, sie unterstellt nicht das Land als die Basis, sondern die Stadt als schon geschaffnen Sitz (Zentrum) der Landleute (Grundeigentümer). Der Acker erscheint als Territorium der Stadt; nicht das Dorf als bloßes Zubehör zum Land.*« (Ibid.) Diese zweite Form weist einen insgesamt höheren Entwicklungsstand der Produktivkräfte auf und die Erde an sich ist kein Hindernis mehr für die Individuen, sich zu ihr als ihrer unorganischen Natur zu verhalten. »*Die Schwierigkeiten, die das Gemeinwesen trifft, können nur von andren Gemeinwesen herrühren, die entweder den Grund und Boden schon okkupiert haben, oder die Gemeinde in ihrer Okkupation beunruhigen. Der Krieg ist daher die große Gesamtaufgabe, die große gemeinschaftliche Arbeit, die erheischt ist, sei es um die objektiven Bedingungen des lebendigen Daseins zu okkupieren, sei es um die Okkupation derselben zu beschützen und zu verewigen. Die aus Familien bestehende Gemeinde daher zunächst kriegerisch organisiert – als Kriegs- und Heerwesen, und dies eine der Bedingungen ihres Daseins als Eigentümerin. Die Konzentration der Wohnsitze in der Stadt Grundlage dieser kriegerischen Organisation. Das Stammwesen an sich führt zu höhren und niedren Geschlechtern, ein Unterschied, der noch mehr entwickelt durch Mischung mit unterjochten Stämmen etc.*« (Ibid.)

Arbeitsteilige Organisation, Anhäufung und Weitergabe von Erfahrung durch die Kontinuität der auf Familienarbeit beruhenden Landwirtschaft konnten durch das gentile Eigentums- und Erbrecht, welches die Möglichkeit der Auseinanderreissung sowie die Umverteilung an Grund und Boden einschloss, jederzeit zerstört werden. Erst die Fortentwicklung des anfänglichen Privatbesitzes zu regelrechtem verkauf- und beleihbarem sowie innerhalb der Familie vererbbaren Privateigentum trug der entwickelten Selbstständigkeit der Familien als nunmehrigen Zentren der Akkumulation Rechnung.[19] Dies entzog den gentilizischen Strukturen ihre Basis für das Gemeinwesen und besiegelte den Untergang der Gens.

Das Gemeindeigentum existiert in der zweiten Form getrennt vom Privateigentum und um diesen Dualismus der Eigentumsverfassung von Gemeineigentum und zu Privateigentum gewordenem Privatbesitz »*(drehte) sich die ganze in-*

---

[19] Es ist wichtig herauszustreichen, dass das Privateigentum in dieser zweiten Eigentumsform sich qualitativ vom Privateigentum als Basis der bürgerlich-kapitalistischen Gesellschaft unterscheidet. Es führt nicht zum Streben nach Reichtum in der abstrakten Form von Geld als universellem Repräsentant jedes stofflichen Reichtums, sondern die eigene Arbeit dient hier nur zur Reproduktion eines ohne Arbeit erworbenen Eigentums. Die Privateigentümer dieser Gemeinwesen »*verhalten sich als Eigentümer zu den natürlichen Bedingungen der Arbeit; aber diese Bedingungen müssen noch fortwährend durch persönliche Arbeit wirklich als Bedingungen und objektive Elemente der Persönlichkeit des Individuums, seiner persönlichen Arbeit, gesetzt werden.*« (Ibid.: 388)

nere Geschichte der (Römischen / S.K.) Republik.« (MEW 21a: 118) Das Eigentum des Einzelnen bzw. der Familie war jetzt nicht, wie in der ersten Eigentumsform, selbst unmittelbar Gemeindeeigentum und der Einzelne nur sein Nutzer. Umgekehrt gilt: »*Je weniger faktisch das Eigentum des Einzelnen nur verwertet werden kann durch gemeinsame Arbeit – also z.B. wie die Wasserleitungen im Orient –, je mehr der rein naturwüchsige Charakter des Stammes durch historische Bewegung, Wandrung gebrochen; je mehr ferner der Stamm sich entfernt von seinem ursprünglichen Sitz und fremden Boden okkupiert, also in wesentlich neue Arbeitsbedingungen tritt und die Energie des Einzelnen mehr entwickelt ist – sein gemeinsamer Charakter mehr als negative Einheit nach außen erscheint und so erscheinen muß –, um so mehr die Bedingungen gegeben, daß der Einzelne Privateigentümer von Grund und Boden – besondrer Parzelle – wird, deren besondre Bearbeitung ihm und seiner Familie anheimfällt.«* (MEW 42: 387) Somit existieren die beiden Formen des Eigentums, Privat- und Gemeineigentum, in negativer Einheit zueinander und stehen damit in Spannung zueinander. Z.B. war im Römischen Reich der Boden im Ganzen römischer Boden; ein Teil war den einzelnen Gemeindemitgliedern als Privateigentümern überlassen, ein anderer Teil dagegen musste als direkt gemeinschaftliches Eigentum erhalten bleiben. Jede römische Parzelle erschien als Besonderung vom gemeinsamen Boden, sodass für den Einzelnen um so weniger zur Bearbeitung übrig blieb, je mehr der römische Staat als ager publicus reservierte. Dieser ager publicus erscheint damit »*als das besondere ökonomische Dasein des Staates neben den Privateigentümern, so daß diese eigentlich* Privat*eigentümer als solche sind, soweit sie* ausgeschlossen *waren, priviert waren, wie die Plebejer, von der Benutzung des ager publicus.*« (Ibid.: 391; Hervorh. i. O.) Im Laufe der Zeit nahm dieser Gegensatz von Privat- und Staatseigentum kompliziertere Formen an: Reine Privateigentümer auf römischen Boden waren anfangs nur die Plebejer, wohingegen die Patrizier mit ihren Familien zunächst einen stärkeren Bezug auf das gemeinsame Ganze hatten, da sie den ager publicus benutzen durften und sich nicht nur durch ihre Parzelle auszeichneten, sondern auch durch ihren Besitz an Gemein- bzw. Staatseigentum sich als Römer darstellten.

Die Gemeinde als Staat ist auf Basis dieser zweiten, antiken Eigentumsform einerseits die Beziehung der freien und gleichen Privateigentümer aufeinander und ihre Verbindung nach außen; sie ist andererseits ihre Garantie für die Befriedigung ihrer gemeinschaftlichen Bedürfnisse und/oder ihren gemeinschaftlichen Ruhm. Mittelpunkt ist die Stadt mit dem Land als umgebendem Territorium, auf dem eine kleine Landwirtschaft für den unmittelbaren Konsum arbeitet; zugleich bestehen Manufakturen als häusliches Nebengewerbe der Frauen und Töchter, z.B. Spinnen und Weben, später auch als größere Werkstätten. Die Voraussetzung der Fortdauer des Gemeinwesens aber ist die »*Erhaltung der Gleichheit unter seinen self-sustaining peasants und die eigne Arbeit als die Bedingung der Fortdauer ihres Eigentums*« (Ibid.: 388). Die Surplusarbeit dieser Bauern gehörte der Gemeinde und war Basis ihres Kriegsdienstes, denn die Gemeinde trieb beständig durch Krieg oder durch Heirat über ihre gegebenen Schranken hinaus. Gegenüber dem Verhältnis von

Substanz und Akzidenz als Beziehung zwischen dem Einzelnen und der Gemeinde bzw. seinem Besitz und dem gemeinschaftlichen Eigentum kann diese zweite Eigentumsform auf den abstrakt-logischen Ausdruck einer Beziehung von Allgemeinheit, Einzelheit und Besonderheit gebracht werden: die Gemeinde ist »*das Allgemeine, das als solches, sowohl in seiner Vorstellung wie in der Existenz der Stadt und ihrer städtischen Bedürfnisse im Unterschied zu denen des einzelnen oder in ihrem städtischen Grund und Boden als ihrem besondren Dasein im Unterschied von dem besondren Dasein des Gemeindemitglieds eine seiende Einheit ist*« (Ibid.: 392).

Der Prozess der Fortentwicklung der Selbstständigkeit der Familie wurde durch diese Entwicklung und Verfügung über ihr privates Eigentum getrieben und fand seinen schlagenden Ausdruck in der Veränderung der Erbfolge. Während die ursprüngliche Erbfolge des noch geringen Besitzes sich innerhalb der gentilen Gemeinde vollzog, beruhend auf dem »*allgemeine(n) Prinzip ..., daß das Eigentum in der Gens des Verstorbenen bleiben und unter seine Mitglieder verteilt werden sollte*«, wurde seine praktische Umsetzung nach und nach so vollzogen, dass »*es sich die nächsten Verwandten an(eigneten).*« (Marx 1976: 172) Mit der Erstarkung der Familie wurde dieses Gewohnheitsrecht zum allgemein gültigen Recht, welches das Eigentum unter Ausschluss der übrigen Gentilen an die nähere, agnatische Verwandtschaft weitergab. Die nächste Veränderung der Erbfolge wies das Erbe den Kindern zu: »*Als Feldbau bewiesen hatte, daß die ganze Oberfläche der Erde zum Gegenstand des Eigentums im Besitz einzelner Individuen gemacht werden konnte, und als das Familienoberhaupt das natürliche Zentrum der Akkumulation wurde, hatte die neue Laufbahn der Menschheit im Zeichen des Eigentums begonnen.... Aber sobald Land Gegenstand des Eigentums wurde und Zuteilungen an Personen zu individuellem Besitztum geführt hatten, war es unausweichlich, daß zur agnatischen Erbfolge hinzukam: die dritte große Erbfolgeregelung, die das Eigentum den Kindern des verstorbenen Besitzers zuwies.*« (Ibid.: 184) Damit fielen der Reichtum und seine Vererbung in die Verfügungsgewalt der Familien im Gegensatz zur Gemeinde. Diese Entwicklung bedingte jedoch gleichzeitig zwingend den Übergang von der weiblichen Abstammungsfolge auf die männliche, was zugleich weitreichende Änderungen bezüglich der Stellung der Geschlechter nach sich zog.

Solange die mutterrechtliche Abstammungsfolge (Matrilinearität) anerkannt wurde, bestand jeder Haushalt aus den Mitgliedern einer Gens und den eingeheirateten Ehemännern. Die Kinder eines Ehepaares gehörten zur Gens der Mutter, nicht des Vaters. Anderseits lagen die Vergabe der Ämter des Stammes sowie die Verfügung über das gemeinschaftliche Eigentum in den Händen der Gens. Die Kinder konnten somit nicht von ihrem Vater erben, da dieser einer anderen Gens angehörte; ebenso wenig konnten die Söhne den Vätern in ihren Ämtern nachfolgen. Die Habe des gentilen Haushalts, der mehrere Familien umfasste, konnte aus demselben Grund nicht vom Vater auf die Kinder übergehen; sie wurde innerhalb der Gens in weiblicher Abfolge weitervererbt. Mit der Erstarkung der Familie als Zentrum des Lebens und der Arbeit geriet die gentilizisch-weibliche Erbfolge in Gegensatz zu der auf Familienarbeit beruhenden Reichtumsschaffung und musste daher überwunden werden. *»Die Arbeit von Vater und Kindern wurde mehr und mehr mit dem Land, der Züchtung von domestizierten Tieren und der Herstellung von Handelsgütern verbunden und führte zur Individualisierung der Familie; dies legte auch höhere Erbanrechte der Kinder auf das Eigentum nahe, bei dessen Schaffung sie beteiligt gewesen waren.«* (Ibid.) Das Resultat war, dass die Linie der Abstammung auf die männliche Seite überwechselte, sodass nun das Eigentum zwar zunächst noch in der Gens verblieb, aber vom Vater auf die Kinder übergehen konnte.

»Sobald Eigentum in größeren Mengen sich ansammelte und dauerhaftere Formen annahm und ein immer größer werdender Teil in Privatbesitz war, wurde die Abstammungsfolge in weiblicher Linie (wegen der Erbschaft) reif zur Abschaffung. Ein solcher Übergang der Abstammungsfolge auf die männliche Linie erhielt wie zuvor die Erbschaft in der Gens, aber brachte die Kinder in die Gens ihres Vaters und an die Spitze der agnatischen Verwandtschaft.« (Ibid.: 342)

Der Wechsel der Matrilinearität zur Patrilinearität leitete die Entwicklung der (monogamen) Familie in ihre patriarchalische Form ein. Die Emanzipation der Familie von der Gens und den auf Blutsverwandtschaft und Stammeseigentum beruhenden Gemeinwesen führte zu einer beginnenden Ungleichheit zwischen den Familien und erzeugte Interessengegensätze zwischen ihnen, die an die Stelle der ursprünglichen Gleichheit traten und diese auflösten. *»Die neue Laufbahn der Menschheit im Zeichen des Eigentums ... übte einen großen Einfluß auf den menschlichen Geist aus, rief neue Charakterzüge wach.«* (Ibid.: 184) Der Dualismus von Gemein- und Privateigentum setzte aber auch neue Entwicklungspotenziale frei: *»Befreit von den starken, aber engen Banden der Blutsverwandtschaft wird ihr (der Familie / S.K.) durch das Gemeineigentum an Grund und Boden und die sich daraus ergebenden sozialen Beziehungen eine feste Grundlage gesichert, während gleichzeitig das Haus und der dazugehörige Hof, ausschließlicher Bereich der einzelnen Familie, die Parzellenwirtschaft und die private Aneignung ihrer Früchte der Entwicklung der Persönlichkeit einen Auftrieb geben, der mit dem Organismus der primitiveren Gemeinwesen unvereinbar ist.«* (MEW 19a: 404f.)[20] Ungleichheiten zwischen den Familien und die Herausbildung höherer und niederer Geschlechter namentlich durch Mischung mit unterjochten Stämmen, d.h. die Entstehung aristokratischer Momente innerhalb des ortgebundenen Gemeinwesens – im Römischen Reich z.B. zwischen Patriziern und Plebejern – entsprachen nun auch eine Hierarchie innerhalb der Familien. Solange diese noch Sklaven und Knechte einschlossen, versteht sich dies von selbst, sie erstreckte sich aber darüber hinaus auch auf die beiden Ehepartner. Der Familienvater wurde nun zur Repräsentationsfigur der Gesamtfamilie und durch Befestigung seiner Rolle als Bauer, Hüters der Herde sowie als Krieger gegenüber der Frau als Mutter, die den häusli-

---

[20] Zwar bezieht sich die zitierte Aussage von Marx aus dem Dritten Entwurf seines Antwortbriefes an V. Sassulitsch auf die »Ackerbaugemeinde«, die für die dritte Eigentumsform (germanische Form sowie russische Gemeinde) steht, doch gilt seine Aussage auch für die frühere (antike) Form, die vorliegend noch unseren Hintergrund bildet.

Kapitel 3: Soziale Beziehungen und Eigentumsformen

chen Gartenbau sowie die Besorgung der Hauswirtschaft innehatte, zum Vorsteher und Patriarchen der Familie.« *Was diese Familienform (der patriarchalen Familie / S.K.) wesentlich charakterisiert: Organisation einer Anzahl von Personen, abhängigen und freien, in einer Familie unter väterlicher Gewalt, zum Zweck der Landnahme und um Schafe und Herden zu versorgen. Die in Sklaverei Gehaltenen und die als Dienste Beschäftigten lebten in der Ehebeziehung, und mit dem Patriarchen als Vorsteher bildeten sie eine patriarchale Familie. Autorität über ihre Mitglieder und über ihr Eigentum war die Hauptsache. Das Charakteristische: die Vereinigung einer Anzahl von Personen in einem bis dahin unbekannten Abhängigkeitsverhältnis. Väterliche Gewalt über die Gruppe; damit eine größere Individualität der Personen.*« (Marx 1976: 158)

Für die Subordination der Frau unter den männlichen Familienvorsteher als Patriarchen ist der Wechsel der Abstammungsfolge nur der Ausgangspunkt. Vor diesem Wechsel, d.h. auf der Grundlage der weiblichen Abstammungsfolge in der Gens konnte von einer Unterordnung der Frau schwerlich gesprochen werden, d.h. die natürliche Arbeitsteilung zwischen den Geschlechtern spielte so lange keine Rolle für die Hierarchie der Familienmitglieder, solange der Besitz an persönlichem Eigentum noch gering war und keinen Anlass für soziale Unterschiede und eine Veränderung der Erbfolge auf die männliche Linie bot.[21] Nunmehr jedoch fand Wechselwirkung zwischen sich entwickelnden sozialen Unterschieden zwischen Familien und innerhalb der Familie zwischen den Geschlechtern statt. »*In der späteren Periode der Barbarei kam Aristokratie auf, durch Entwicklung der Individualität der Person, Anwachsen von Reichtum, den nun Individuen in Menge besaßen.*« (Ibid.: 189) Weil jetzt Männer in der Gens vorherrschten, führte die Stärkung der Individualität der Person zugleich zur Stärkung der Vorherrschaft der Männer über die Frauen.

Ziel und Zweck der patriarchalen Familie ist die Sicherung ihrer Reproduktion. Dies geschieht durch die Schaffung und Mehrung von Reichtum und dessen Erhalt durch Übertragung des Erbes auf die ehelichen Kinder. Wesentliche Aufgabe der Frau wurde es von nun an, Kinder in ehelicher Legitimität zu gebären, den Haushalt zu organisieren und die Kinder zu erziehen. Die Beschränkung des Tätigkeitsfeldes der Frau und vor allem die für die Geschlossenheit und Kontinuität der Familie erforderlichen monogamen ehelichen Beziehungen von Seiten der Frauen, hatten weitreichende Auswirkungen auf ihre subalterne Stellung. »*Da die Triebfeder, welche die Monogamie hervortrieb, die Mehrung von Eigentum war und das Verlangen, es auf die Kinder zu übertragen – auf die legitimen Erben, die tatsäch-*

---

[21] In diesen Prozess der Umgruppierung der Familien ist eine Verfestigung der Arbeitsteilung zwischen Männern und Frauen im Gefolge verschiedener agrarischer Produktionsformen – Landbau und Jagd sowie Kriegführung als Domäne der Männer, Gartenbau, Hauswirtschaft sowie Gebären und Aufzucht der Kinder als Aufgaben der Frauen – eingeschlossen, die für sich genommen aber keineswegs hinreichen, um die Entwicklung zur patriarchalen Familie zu begründen. Würden diese Momente zu den ausschlaggebenden erklärt, würde in grob-materialistischer Manier ein begünstigendes oder bestärkendes Element zur entscheidenden Ursache verklärt.

liche Nachkommenschaft des verheirateten Paares – trat ... der neue Brauch auf: Abschließung der Frauen.« (Ibid.: 162) Die Frauen wurden nun im Haus gehalten, um ihnen jeden außerehelichen Geschlechtsverkehr unmöglich zu machen. Ihre gesellschaftliche Erziehung und Bildung war oberflächlich und den Bestimmungen der Ehe untergeordnet.

Am Beispiel der frühen griechischen Geschichte wird der Umbruchprozess, den die Frauen erfahren haben, besonders deutlich. Einerseits ergaben sich die Umwälzungen, die die Stellung der Frau mit Beginn der patriarchalen Familie erfahren hatte, andererseits verweisen überlieferte Mythen, Sagen und Traditionen auf eine frühere gleichberechtigtere Stellung der Frau. Sowohl die Griechen, als auch in abgeschwächter Form die Römer, brachten ein System der Beschränkung und Unterdrückung der Frau hervor, von dem einzelne Merkmale sich bis heute erhalten haben. »*Die Griechen blieben Barbaren in ihrer Behandlung des weiblichen Geschlechts auf der Höhe der Zivilisation; ihre Erziehung war oberflächlich, der Verkehr mit dem anderen Geschlecht war ihnen verweigert, ihre Inferiorität ihnen eingeprägt, bis sie schließlich von den Frauen selbst als Tatsache akzeptiert wurde. Die Frau war nicht ebenbürtiger Gefährte des Ehemannes, sondern stand zu ihm in der Beziehung einer Tochter. ... Das Leben bei den zivilisierten Griechen war ein System der Beschränkung und Unterdrückung der Frauen.*« (Ibid.: 161f.)

Die patriarchale Familie besteht als typische oder Grundform des gesellschaftlichen Mikrokosmos auch für die unter Entwicklungsaspekten höher entwickelte dritte Eigentumsform vorbürgerlicher Gesellschaften, die Marx als »germanische« bezeichnet. Engels, der allerdings für die germanischen Gemeinwesen noch lange Spuren von Mutterrecht identifiziert, äußert sich allerdings ausgesprochen freundlich hinsichtlich der »Achtung der Deutschen vor dem weiblichen Geschlecht«[22], während Tacitus dem germanischen Mann nur die Rolle als Trinker und Faulenzer zuweist. Allerdings hob auch Tacitus die besondere Wärme und Unverbrüchlichkeit des Ehebandes bei den Deutschen – Ausnahme: Ehebruch der Frau – hervor.

Die dritte Form des Gemeinwesens kennt nicht die (antike) Stadt mit umliegendem Grundeigentum als Mittelpunkt des Lebens, sondern nur die bloße Vereinigung

---

[22] Vgl. MEW 21a: 134: »*Jungfrauen aus edler Familie gelten für die bindendsten Geiseln bei Verträgen mit den Deutschen; der Gedanke daran, daß ihre Frauen und Töchter in Gefangenschaft und Sklaverei fallen können, ist ihnen fürchterlich und stachelt mehr als alles andere ihren Mut in der Schlacht; etwas Heiliges und Prophetisches sehn sie in der Frau, sie hörten auf ihren Rat auch in den wichtigsten Angelegenheiten...*« Vgl. auch die besonders hervorgehobenen Rechte der Frau im »Brehon Recht« als repräsentativ für das irische Gemeinwesen und die irische Familie auf Basis der dritten Eigentumsform: »*Der Traktat über ›soziale Beziehungen‹ setzt offenbar zeitweiliges Zusammenwohnen der Geschlechter als Teil der hergebrachten Ordnung der Gesellschaft voraus, und aufgrund dieser Annahme regelt er minuziös die gegenseitigen Rechte der Parteien; er zeigt eine besondere Fürsorge für die Rechte der Frau und geht darin sogar so weit, daß ihr der Wert ihrer häuslichen Arbeiten, solange sie im gemeinsamen Wohnhaus lebt, aufbewahrt wird. Dieser Traktat über soziale Beziehungen erwähnt eine ›erste‹ Frau.*« (Marx 1976: 424)

Kapitel 3: Soziale Beziehungen und Eigentumsformen

der Gemeindemitglieder, d.h. von einzelnen Familienhäuptern, die sich weitläufig getrennt festsetzen. Marx betrachtet sie als typisch für namentlich Westeuropa. Sie bringt es aus sich heraus nicht zu einem eigenen Staat, weil sich die einzelnen Familien in Wäldern festsetzen, getrennt durch große Entfernungen. Ihre Einheit und Existenz als Gemeinwesen ist nur als »*an sich seiende Einheit gesetzt ... in Abstammung, Sprache, gemeinsamer Vergangenheit und Geschichte etc. Die Gemeinde erscheint also als Vereinigung, nicht als Verein, als Einigung, deren selbständige Subjekte die Landeigentümer bilden, nicht als Einheit. Die Gemeinde existiert daher in fact nicht als Staat, Staatswesen, wie bei den Antiken, weil sie nicht als Stadt existiert. Damit die Gemeinde in wirkliche Existenz trete, müssen die freien Landeigentümer Versammlung halten... Zwar kommt auch bei den Germanen der ager publicus, das Gemeindeland vor oder Volksland, im Unterschied von dem Eigentum des Einzelnen. Er ist Jagdgrund, Weidegrund, Holzungsgrund etc., der Teil des Landes, der nicht geteilt werden kann, wenn er in dieser bestimmten Form als Produktionsmittel dienen soll.*« (Ibid.: 391) Das Gemeindeland, der ager publicus oder die Allmende, erscheint hier nur als Ergänzung des individuellen Eigentums und fungiert als Eigentum nur, soweit es gegen feindliche Stämme als Gemeinbesitz zu verteidigen ist. »*Das Eigentum des Einzelnen erscheint nicht vermittelt durch die Gemeinde, sondern das Dasein der Gemeinde und des Gemeindeeigentums als vermittelt, d.h. als Beziehung der selbständigen Subjekte aufeinander. Das ökonomische Ganze ist au fond in jedem Einzelnen Hause enthalten, für das sich ein selbständiges Zentrum der Produktion bildet. (Manufaktur rein als häusliche Nebenarbeit der Weiber etc.). ... In der antiken Welt ist die Stadt mit ihrer Landmark das ökonomische Ganze; in der germanischen der einzelne Wohnsitz, der selbst nur als Punkt in dem zu ihm gehörigen Land erscheint, keine Konzentration vieler Eigentümer ist, sondern Familie als selbständige Einheit.*« (Ibid.: 391f.)

In dieser dritten Form bildet also die isolierte selbstständige (Groß-)Familienwohnung für sich ein selbstständiges Zentrum der Produktion, in dem die Unabhängigkeit von der Gemeinde im realen Arbeitsprozess gesetzt ist. Die Selbstständigkeit der Familie gegenüber dem Gemeinwesen ist hier in höchster Form entwickelt und die dauernde reelle Existenz der Gemeinde ist nicht mehr nötig. Die Familien sind in der Grundform nicht städtisch konzentriert, weshalb auch die Möglichkeit zur Existenz eines übergreifenden Staates fehlt, da dessen Bestand als selbstständige Organisation die Stadt unterstellen würde.

Die Momente, die diese dritte Form als eine Form eines durch den Stammeszusammenhang bedingten Eigentums ausweisen, sind daher unauffälliger als in den beiden anderen Formen. Es sind hier im Wesentlichen drei Momente: Erstens: »*Ihre an sich seiende Einheit (ist gesetzt) in Abstammung, Sprache, gemeinsamer Vergangenheit und Geschichte etc.*« (Ibid.; Hervorh. im Original) Obwohl nur an sich seiende Einheit, bleiben diese Eigenschaften nicht nur solche der einzelnen Familien, sondern auch real solche des Gemeinwesens selbst. Die Gemeindeversammlung für Krieg, Religion, Rechtsschlichtung etc. lässt darüber hinaus den Stamm sichtbar werden: »*Die Gemeinde erscheint also als Vereinigung, nicht als Verein, als*

Einigung, deren selbständige Subjekte die Landeigentümer bilden, nicht als Einheit. ... Damit die Gemeinde in wirkliche Existenz trete, müssen die freien Landeigentümer Versammlung halten.« (Ibid.; Hervoh. im Original) Das Gemeindeeigentum schließlich ist einerseits gemeinschaftliches Zubehör zu den individuellen Stammsitzen und Bodenaneignungen, andererseits hat die Gemeinde im gemeinsam benutzten Jagd-, Weideland etc. eine besondere ökonomische Existenz, indem es so benutzt wird von »*jedem individuellen Eigentümer als solchen, nicht als Repräsentanten (wie in Rom) des Staates; wirklich gemeinsames Eigentum der individuellen Eigentümer, nicht des Vereins dieser Eigentümer.*« (Ibid.: 393)

Anhand der »Brehon Laws«,[23] die dem Text von H.S. Maine unterliegen, werden am Beispiel Irlands[24] die Entwicklungen von Stammes- und Familienstrukturen sowie Eigentumsverhältnissen auf Basis der dritten (»germanischen«) Eigentumsform von Marx kommentiert. Die Differenzierung zwischen den Familien vollzog sich ausgehend von der Verteilung des gemeinsamen Stammlands (Allmende oder Patrimonium), dessen Aneignung von einzelnen Familienhaushalten, namentlich durch die Kirche sowie durch Häuptlinge, von Brehonischen Rechtsgelehrten weitgehend anerkannt wird. »*Teilfamilien gelang es, sich der theoretisch regelmäßigen Neuverteilung des gemeinsamen Patrimoniums der Gruppe zu entziehen; andere erhielten mit ihrer Zustimmung Zuteilungen als Vergütung für Dienstleistungen oder als Apanage eines Amtes; daneben gab es fortwährend Übertragung von Land an die Kirche und seine intime Verbindung von Stammesrechten und kirchlichen Rechten ... Brehon Law zeigt, daß es allmählich Gestalt annahm, Gründe etc. führten dazu, daß es auf Privateigentum hinauslief ... Die Abtrennung von Land aus dem gemeinsamen Territorium erscheint am vollständigsten bei den Häuptlingen; viele von ihnen haben große private Güter in gewöhnlicher Pacht zusätzlich zu der Domäne, die zu ihrer Herrschaft gehörte.*« (Marx 1976: 426)

Diese Verwandlung von individuellem Landbesitz sowie angeeignetem ursprünglich gemeinsamen Stammland in Privateigentum wird den Übergang und die Auflösung der »germanischen« Eigentumsform in den (europäischen) Feudalismus

---

[23] Die Brehon Laws als Richtergesetze sind die altirische Form der Zivilrechtsprechung vor der anglonormannischen Besetzung des Landes. Sie bilden auch die Grundlage des heutigen britischen Rechtssystems, das als Case- oder Common Law bezeichnet wird (vgl. Wikipedia).

[24] Vgl. Marx 1976: 422f.: »*Alle Pfaffenautorität in Irland ging natürlich, nach der Konversion der irischen Kirche, an die ›Stämme der Heiligen‹ (die klösterlichen Missionsgesellschaften, die in allen Teilen der Insel gegründet wurden, und die Menge der von ihnen abhängigen Bischöfe). Der religiöse Teil des Alten Rechts wurde daher verdrängt. Es sei denn, die alten Vorschriften stimmten mit den Regeln des neuen christlichen Gesetzbuches, dem ›Law of the letter‹, genau überein. ... Die Brehons scheinen die Tatsachen (durch hypothetische Konjekturen, i.e. durch rein hypothetische Fälle), aus denen die jeweilige Entscheidung abgeleitet wurde, erfunden zu haben. Da ihre Erfindungen notwendigerweise durch die Erfahrung begrenzt waren, werfen die Fälle, die in den Rechtssammlungen unterstellt sind... Licht auf die Gesellschaft, in deren Mitte sie zusammengestellt wurden.*«

Kapitel 3: Soziale Beziehungen und Eigentumsformen

beschreiben; es ist der Endpunkt des ursprünglich »*allmähliche(n) Überwiegen(s) (zusammenhängend mit der Entwicklung von Privateigentum) der Einzelfamilie über die Gens*« (Ibid.: 459). Dieser Prozess ist gekennzeichnet durch die Erbfolge innerhalb der Familien mit dem schließlichen Sieg der Primogenitur: »*Nachdem die Kinder des Vaters schon mit Bezug auf die Familie teilen, und die Gens nur noch wenig oder gar nicht an der Erbschaft beteiligt, kann für öffentliche Funktionen, also Gens-Häuptling, Stammes-Häuptling etc., noch das alte Gens-Gesetz vorwiegend bleiben; notwendig entsteht aber Kampf zwischen beiden. ... So nahm die ›Domäne‹, wie sie später genannt wurde, mehr und mehr den Charakter reinen Eigentums an, der entsprechend dem Gesetz der Primogenitur vererbt wurde. Nach und nach weitete sich dann dies Prinzip der Primogenitur von der Domäne auf alle Güter des Inhabers der Herrschaft aus, wie auch immer sie erworben waren, und schließlich bestimmte dies Gesetz die Nachfolge der privilegierten Klassen durch das feudalisierte Europa.*« (Ibid.: 459f.) Diese Auflösung der »germanischen« Eigentumsform in den Feudalismus ist neben der Veränderung der Eigentumsverhältnisse am Grund und Boden bestimmt durch die Entstehung und Entwicklung von Dienstbarkeiten zwischen Stämmen und Familien sowie, als Spiegelbild, der Herausbildung einer Aristokratie oder Nobilität: »*Die Macht des Häuptlings wuchs zuerst durch das, was anderswo ›Commendation‹ genannt wurde, wodurch der freie Stammesangehörige ›sein Mann‹ wurde und in einem Status von Abhängigkeit blieb, der verschiedene Grade hatte ... ferner durch seine zunehmende Macht über das nicht zugeteilte Land des Stammesgebietes und durch die Kolonien von Knechten oder Halbknechten, die er hier ansiedelte; und endlich durch die materielle Stärke, die er durch die Anzahl seiner unmittelbaren Gefolgsmänner und Gefährten erlangte; die meisten standen ihm gegenüber mehr oder weniger in einem Dienstverhältnis. Das Rittergut mit seinen Pachtgütern, deren Inhaber freie Pächter des Lords waren, und mit seiner Domäne, die in unmittelbarer Abhängigkeit stand, war der Typus jeder feudalen Herrschaft in ihrer vollständigen Form, sei es, daß der Herrscher einen Höheren anerkannte oder höchstens im Papst, Kaiser oder Gott selbst einen besaß.*« (Ibid.: 433) Allgemein gilt: »*In Feudalgesellschaften war jedermann Untertan eines anderen geworden, der ihm übergeordnet war ...*« (Ibid.: 438)[25]

Fasst man abschließend die drei betrachteten Grundformen des (Grund-) Eigentums in naturwüchsigen auf Agrikultur (und mehr oder weniger beigeordnetem Handwerk) beruhenden Gemeinwesen als abstrakt-logische Strukturen zusammen, so ergeben sich drei unterschiedliche Formen von Eigentum, Gemeinwesen und sozial bestimmten Individuen. Es gibt entweder nur Gemeineigentum oder Kombinationen von Gemein- und privatem Eigentum mit jeweils unterschiedlichem Stellenwert beider. Diese unterschiedlichen Eigentumsformen unterliegen verschiedenen Ausprägungen der jeweiligen Gemeinwesen: a) nur die Einheit (als Gemeinwesen,

---

[25] Engels hat diesen Prozess der Auflösung der germanischen Eigentumsform in feudale Gesellschaftsstrukturen ebenfalls am Beispiel des fränkischen Reiches beschrieben (vgl. MEW 19e und 19f); seine sowie Marx' allgemeinere Ausführungen entsprechen einander.

Substanz) ist wirklich selbstständig gegenüber den Individuen als bloßen Akzidenzen, b) Einheit (Gemeinwesen, Allgemeinheit) und Individuum (Einzelnheit) bilden Pole eines Gegensatzes nebeneinander, wobei das Allgemeine eine besondere gegenständliche Existenz erhalten kann sowie c) nur die Einzelnen sind real und die Einheit ist bloß an ihnen und durch sie vorhanden. Diese Grundformen sind logisch erschöpfend. Sie bilden eine systematisch aufsteigende Linie mit Bezug auf die Stellung des Einzelnen bzw. der Familien und seiner bzw. ihrer Entwicklungsmöglichkeiten, die zugleich über die Potentiale von Produktivkraftentwicklung entscheiden, die für die Reproduktion und fortdauernde Existenz der Gemeinwesen verträglich sind. Anhand der Auflösung der germanischen Eigentumsform in den europäischen Feudalismus ist dies angedeutet worden.[26]

Alle Formen der naturwüchsigen Gemeinwesen sind in erster Linie durch die Gebrauchswertproduktion bestimmt. Ihr ökonomischer Zweck besteht in der Reproduktion des Individuums und der Gemeinde unter den vorausgesetzten objektiven Bedingungen. Dies ist ein wesentlicher Unterschied zur kapitalistischen Form der Vergesellschaftung. »*In allen diesen Formen ist die Reproduktion vorausgesetzter – mehr oder minder naturwüchsiger, oder auch historisch gewordner, aber traditionell gewordner – Verhältnisse des Einzelnen zu seiner Gemeinde, und ein bestimmtes, ihm vorherbestimmtes objektives Dasein, sowohl im Verhalten zu den Bedingungen der Arbeit, wie zu seinen Mitarbeitern, Stammesgenossen etc. – Grundlage der Entwicklung, die von vornherein daher eine beschränkte ist, aber mit Aufhebung der Schranke Verfall und Untergang darstellt. ... Es können hier große Entwicklungen stattfinden innerhalb eines bestimmten Kreises. Die Individuen können groß erscheinen. Aber an freie und volle Entwicklung, weder des Individuums, noch der Gesellschaft nicht hier zu denken, da solche Entwicklung mit dem ursprünglichen Verhältnis im Widerspruch steht.*« (Ibid.: 395) Alle diese Formen vorbürgerlichen Eigentums und der auf ihnen gegründeten Gemeinwesen entsprechen »*notwendig nur limitierter, und prinzipiell limitierter Entwicklung der Produktivkräfte*« (Ibid.: 404). Die innerhalb dieser Rahmenbedingungen stattfindende Produktivkraftentwicklung »*löst sie auf, und ihre Auflösung selbst ist eine Entwicklung der menschlichen Produktivkräfte. Es wird erst gearbeitet von gewisser Grundlage aus – erst naturwüchsig – dann historische Voraussetzung.*« (Ibid.)

Wenn Marx fortfährt, dass in der weiteren Entwicklung »*diese Grundlage oder Voraussetzung selbst aufgehoben (wird) oder gesetzt als eine verschwindende Voraussetzung, die zu eng geworden für die Entfaltung des progressiven Menschenpacks*« (ibid.), so wird die Auflösung des Widerspruchs zwischen Produktivkräften und Produktionsverhältnissen klar: Die Verallgemeinerung der Trennung des unmit-

---

[26] Eingeordnet in diese drei Formen von Gemeinwesen sind die Sekundärformen von Sklaverei und Leibeigenschaft, die zugleich wesentliche Auflösungsfermente derselben enthalten. »*Sklaverei und Leibeigenschaft sind ... nur weitere Entwicklungen des auf dem Stammwesen beruhnden Eigentums. Sie modifizieren notwendig alle Formen desselben.*« (Ibid.: 401) Wir kommen hierauf im 6. Kapitel zurück.

telbaren Produzenten von seinen Produktionsmitteln bei gleichzeitiger Befreiung aus persönlichen Abhängigkeitsverhältnissen, d.h. Auflösung der vorausgesetzten Einheit als gesellschaftlicher Zusammenhang in die persönliche Unabhängigkeit der Individuen auf Basis ihrer sachlichen Abhängigkeit voneinander. Der doppelt freie Arbeiter steht für gesellschaftliche Verhältnisse, in der die Arbeit selbst den sachlich vermittelten gesellschaftlichen Zusammenhang schafft – anstatt einen naturwüchsig vorausgesetzten Zusammenhang nur zu reproduzieren – und die Auflösung des Verhältnisses zwischen Gemein- und Privateigentum zugunsten des Privateigentums an den Produktionsmitteln den Charakter der Produktion qualitativ verändert, indem an die Stelle von Gebrauchswert und Subsistenz die Verwertung des Werts als Zweck der produktiven Arbeit gesetzt wird.

d) Herausbildung einer staatlichen Sphäre

In allen vorstehend dargestellten Eigentumsformen, die sich auf Eigentum an Grund und Boden beziehen und Sesshaftigkeit des Gemeinwesens unterstellen, kommt es im Rahmen von internen Entwicklungsprozessen zur Herausbildung von unterschiedlichen Gestaltungen einer politischen Form. Sie ist jeweils an den Auflösungsprozess gentiler Strukturen gebunden, der mit der Bildung einer territorialen Bindung der Subjekte ihre blutsverwandte Gemeinschaft zunächst komplementär flankiert und im Weiteren ersetzt. Damit ändert sich der Charakter der Gemeinwesen fundamental, obwohl die politische Form aus der Gesellschaft selbst nur durch eine Verdoppelung der Gesellschaft in Gesellschaft und Staat hervorgeht. In seiner Kritik an Maine führt Marx aus: »*Maine ignoriert das viel Tiefere: daß die scheinbar supreme selbständige Existenz des Staates selbst nur scheinbar und daß er in allen seinen Formen ein Auswuchs der Gesellschaft ist; wie seine Erscheinung selbst erst auf einer gewissen Stufe der gesellschaftlichen Entwicklung vorkommt, so verschwindet sie wieder, sobald die Gesellschaft eine bisher noch nicht erreichte Stufe erreicht hat, erst Losreißung der Individualität von den ursprünglich nicht despotischen Fesseln (wie Holzkopf Maine es versteht), sondern den befriedigenden und gemütlichen Banden der Gruppe, der primitiven Gemeinwesen – damit die einseitige Herausarbeitung der Individualität. Was aber die wahre Natur der letzteren, zeigt sich erst, wenn wir den Inhalt der Interessen dieser ›letzteren‹ analysieren. Wir finden dann, daß diese Interessen selbst wieder gewissen gesellschaftlichen Gruppen gemeinsame und sie charakterisierende Interessen, Klasseninteressen etc. sind, also diese Individualität selbst Klassen- etc. Individualität ist, und diese in letzter Instanz haben alle ökonomischen Bedingungen zur Basis. Auf diesen als Basen baut sich der Staat auf und setzt sie voraus.*« (Marx 1976: 487f.)

In den gentilen Gesellschaften wurden mit dem Erstarken der konkurrierenden Familienstrukturen, die ihrerseits Ausdruck und Bedingung eines wachsenden und gewachsenen Umfangs der Produktivkräfte waren, die allgemeinen Verwaltungsfunktionen nach und nach den Gentilstrukturen entzogen. »*Weil die gentilen In-*

stitutionen unfähig waren, den nun komplizierteren Bedürfnissen der Gesellschaft zu begegnen, wurde den Gentes, Phratrien und Stämmen allmählich alle bürgerliche Gewalt entzogen und diese auf neue Wahlkörperschaften übertragen. Das eine System verschwand langsam, das andere trat allmählich hervor, eine Zeitlang existierten beide nebeneinander.« (Ibid.: 299) Die neuen Bedürfnisse und Bedingungen der Gemeinwesen waren Sesshaftigkeit und zunehmende Dominanz der Familie im Lebensprozess.

Das gemeinsame Territorium, das nun ständig bewohnt und mit entwickelteren Formen des Ackerbaus bewirtschaftet wurde, wird mit sich herausbildenden Dörfern und Städten zu einer wesentlichen Form des objektivierten Daseins des Gemeinwesens, denn es ist Ausgangspunkt und Reservoir sämtlicher Lebenstätigkeiten. Auf diesem Territorium beschränkten sich die Bewohner mit der Zeit nicht mehr nur auf blutsverwandte Menschengruppen; es umfasste Reste untergegangener Gentes, versklavte und unterjochte Personen auch aus fremden Stämmen und Völkern sowie sich aus anderen Gebieten niederlassende Personen. Auch hatten sich ehemals zusammengehörige Stämme aus Naturumständen heraus wie Fruchtbarkeit des Bodens, gewachsene Größe des Stammes etc. auf unterschiedliche Territorien verteilt und büßten so nach und nach ihren ursprünglichen Zusammenhang ein. Alle diese Entwicklungen, Einwanderungen sowie *»Auswanderungen, Seefahrt und alle mit Handel verbundene Personenbewegungen (sind) nicht faßbar in auf Gens gegründeten Gesellschaften«* (Ibid.: 307).

Infolge dieser Durchmischung der auf einem Territorium lebenden Bevölkerung konnten die Grundlage der Organisation und Verwaltung der Gemeinwesen immer weniger die Blutsbande sein. Die territoriale Zusammengehörigkeit der Personen schob sich als wesentliche Grundlage in den Vordergrund. *»Der Bezirk mit dem unbeweglichen Eigentum, das er enthielt, und der Bevölkerung, die zu der Zeit darin wohnte, wurden die Einheit der Organisation; der Gentilgenosse wandelte sich in den Staatsbürger. Die Beziehungen eines Einzelnen zu seiner Gens, die persönlich gewesen waren, wurden auf den Bezirk übertragen und wurden territoriale.«* (Ibid.: 280f.)

Eine der wichtigsten gemeinschaftlichen Aufgaben der Gemeinwesen bestand in der Sicherung des eigenen Territoriums, denn dessen Existenz war unabdingbare Voraussetzung für die Reproduktion der etablierten Verhältnisse der sesshaft gewordenen Bewohner. Seine Verteidigung gegen Fremde sowie seine Erweiterung in der Folge des natürlichen Wachstums der Mitglieder des Gemeinwesens bzw. ihrer Ansprüche waren gemeinschaftliche Zielsetzungen seiner Bewohner und machten gemeinsame Aktionen im Kriegshandwerk notwendig. Krieg als große Gesamtaufgabe und kriegerische Organisation der aus Familien bestehenden Gemeinde wurde daher eine der Bedingungen ihres Daseins.

Das Territorium und seine Sicherung wurden somit ein wesentliches strukturierendes Element der Organisierung der gemeinschaftlichen Aufgaben, auch wenn die Veränderung und Transformation der ursprünglichen gentilen Strukturen mehrere Epochen umspann und je nach historischen und natürlichen Bedingungen das

Kapitel 3: Soziale Beziehungen und Eigentumsformen

Aussehen und die Gestalt der politischen Aufgaben und Bereiche unterschiedliche Ausformungen annahmen. Bedingung der Sicherung des Gemeinwesens durch Aufbau und Unterhalt eines Heeres ist natürlich die nicht nur zufällige, sondern regelmäßige Erzeugung eines Mehrprodukts durch die produktiven Klassen, d.h. in erster Linie der Bauern; die Aneignung dieses Mehrprodukts seitens der staatlichen Körperschaften geschah anfänglich durch Arbeits-, sodann durch Naturalleistungen, später nach dem Aufkommen von Geldmünzen als allgemeinem Äquivalent durch Erhebung von Steuern.

Der Prozess der wachsenden Bedeutung der Familie gegenüber den gentilen Strukturen gipfelte in ihrer Funktion als Zentrum nicht nur der privaten Hauswirtschaft, sondern als Zentrum der Akkumulation und des Trägers gesellschaftlicher Arbeit. Die Familie und das darauf aufbauende Privateigentum nicht nur an persönlichen Gegenständen, sondern auch am Grund und Boden als der hauptwichtigsten Produktionsbedingung erwies sich als »*das zersetzende Element der ursprünglichen ökonomischen und sozialen Gleichheit. Es führt heterogene Elemente ein, die im Schoße der Gemeinde Interessenkonflikte und Leidenschaften schüren.*« (MEW 19a: 404) Die gentile Gesellschaft umfasste mit der Zeit reiche wie arme Mitglieder, versklavte und freie, mächtige und schutzbedürftige. »*Sobald Rangunterschied zwischen Blutsverwandten in den Gentes entsteht, dieses in Konflikt mit dem gentilen Prinzip gerät.*« (Marx 1976: 259)

Neben der Durchsetzung der Territorialgebundenheit der Gemeinschaften werden die Unterminierung der Gleichheit und die Etablierung von Unterschieden zwischen den Subjekten und Familien zur zweiten Sprengmine der Gentilgesellschaft. Die unterschiedlichen, teilweise gegensätzlichen Anforderungen der einzelnen Familien an das Gemeinwesen, die unterschiedlichen Daseinsbedingungen der Gesellschaftsmitglieder, insbesondere Herren und Sklaven, die notwendige Regelung hierarchischer Verhältnisse innerhalb der Familien und zwischen ihnen, konnten auf der Grundlage gleichberechtigter Teilnahme am Geschehen des Gemeinwesens nicht mehr geregelt werden. Diese Entwicklung hatte »*die Einheit ihrer Interessen in Antagonismus ihrer Mitglieder verwandelt*« (Ibid.: 307).

Im Laufe der Jahrtausende bildeten sich neue Institutionen und neue Anschauungsweisen und Beziehungen der Menschen zueinander heraus, »*das Bewusstsein der gegenseitigen Verwandtschaft aller Mitglieder der Gentes ... kam mit der monogamen Familie außer Gebrauch*« (Ibid.: 289). Der Individualisierungsprozess der monogamen Familie schloss veränderte Eigentumsbeziehungen, Erbfolgen und hierarchische Verhältnisse der Personen zueinander ein. Die neuen staatlichen Instanzen und Körperschaften waren dabei Ausdruck einer dynamischen Gesellschaftsentwicklung, welche den divergierenden Interessen eine Bewegungsform ermöglichten. Dieser Zerfallsprozess gentiler Gesellschaftsstrukturen konnte auf der staatlichen Ebene die unterschiedlichsten Formen annehmen, je nach den besonderen historischen und natürlichen Bedingungen, so z.B. »*den Despotismus, den Cäsarismus, die Monarchie, die privilegierten Klassen, schließlich die repräsentative Demokratie*« (Ibid.: 341). Dabei folgte die staatliche Sphäre letztlich dem Veränderungsprozess der Eigentumsbeziehungen und der Hierarchie- und Klassenbildungen. Diese gesellschaftlichen Umorganisationen liefen in der Regel der Veränderung der politischen Formen voraus. In diesem Sinne kann von einer relativen Eigenständigkeit der Politik gesprochen werden, auch wenn sie in letzter Instanz immer wieder auf die zugrundeliegenden ökonomischen Beziehungen zurückgeführt werden kann. In dem Augenblick, »*wo Staaten existieren (nach den primitiven Gemeinschaften etc.), i.e. politisch organisierte Gemeinschaften, der Staat keineswegs das Prius ist; er erscheint nur so.*« (Ibid.: 486) Marx bezeichnet es als einen Grundfehler, »*daß die politische Herrschaft – welches immer ihre eigentliche Gestalt sei, und wie immer ihre Elemente im Ganzen – als etwas über der Gesellschaft Stehendes, auf sich selbst Beruhendes angesehen wird*« (Ibid.: 488). Genau dies bezeichnet aber die traditionelle Geschichtsschreibung, wenn sie von Haupt- und Staatsaktionen sowie »großen Männern« als Treibern ihrer Entwicklungen handelt.

Die Entstehung von politischen Formen des Gemeinwesens geht also einher mit der Entwicklung von sozialen Unterschieden der Familien; sie erhält eine Verschärfung der ursprünglich natürlich begründeten Unterschiede oder aus gesellschaftlichen Auseinandersetzungen herrührenden Ungleichheiten mit der Durchsetzung von Privateigentum am Grund und Boden. Es ist damit charakteristisch für die Ausbildung staatlicher Strukturen in diesen territorial gegliederten Gemeinwesen, dass sie auf Souveränitäts- und Unterordnungsverhältnissen innerhalb der Gesellschaft fußen, die sodann in einem Staat institutionalisiert werden, sich also in denselben »verdoppeln«. Als durch vielfältige Faktoren bestimmte persönliche Herrschaftsverhältnisse in der Gesellschaft werden sie durch Brauch und Tradition akzeptiert und antizipiert. Ihr ökonomischer Kern sind schließlich die sich herausbildenden Unterschiede im Umfang des privaten Eigentums der Familien, die zur Basis und Ursache von Klassenverhältnissen werden. Diese Klassenverhältnisse sind also persönlich bestimmte und geprägte gesellschaftliche Über- und Unterordnungsverhältnisse: Einem »*Herrscher gegenüber sind die anderen Mitglieder der Gesellschaft Untertanen; oder von diesem bestimmten Herrscher sind die anderen Mitglieder der Gesellschaft abhängig. Die Position ihrer anderen Mitglieder in Beziehung auf diesen bestimmten Herrscher ist ein Zustand der Unterwerfung oder der Abhängigkeit.*« (Ibid.: 485) Und: »*Das gemeinsame Charaktermal aller Formen der Souveränität – sei der Souverän eine Person oder eine Verbindung von Personen – ist, daß sie im Besitz zwingender Gewalt ist, die nicht unbedingt ausgeübt wird, aber ausgeübt werden kann.*« (Ibid.) Monarchie, Oligarchie, Aristokratie und Demokratie sind unter diesen Verhältnisse verschiedene Ausformungen der (vorbürgerlichen) Souveränitätsverhältnisse.

Die Spezifik der Staatenbildung in vorbürgerlichen Gemeinwesen beruht also auf persönlichen Souveränitäts- und Abhängigkeitsverhältnissen, die in der sozialen Struktur der Gemeinwesen selbst wurzeln. Die darin zum Ausdruck kommenden Klassenverhältnisse sind dementsprechend sowohl von ihrem Ursprung her als auch hinsichtlich ihrer Beschaffenheit und den Bedingungen ihrer Reproduktion etwas Anderes als die Klassenspaltung innerhalb der bürgerlich-kapitalisti-

Kapitel 3: Soziale Beziehungen und Eigentumsformen

schen Gesellschaft. Die regelmäßige Erzeugung eines Mehrprodukts ist ebenfalls nur die notwendige, keineswegs bereits hinreichende Bedingung für die Konstitution staatlicher Strukturen und Institutionen. Attribute dieser Staatenbildungen naturwüchsiger, vorbürgerlicher Gemeinwesen sind teilweise direkter Ausfluss der ursprünglich unterliegenden gentilen Phänomene dieser Gesellschaften. Teilweise haben diese sich bis in die heutige Zeit erhalten, allerdings nicht im Bereich der Ökonomie und auch nicht bei ökonomisch bestimmten Klassen- und Sozialstrukturen, wohl aber in den Bereichen der gesellschaftlichen Überbauten. Dies trifft z.B. auf religiöse Zeremonien zu, deren reale Basis seit langem verschwunden ist. »*Das lumpige religiöse Element wird Hauptsache bei der Gens, im Maß, wie reale Kooperation und gemeinsames Eigentum alle werden; der Weihrauchduft, der übrigbleibt.*« (Ibid.: 290) Dasselbe gilt für den blutsverwandten Zusammenhang der Personen in den Gentes, die »*für Jahrhunderte als ein Stammbaum der Geschlechter und Quelle religiösen Lebens*« (ibid.: 310) überlebten.

Dieses Verschwinden der Gens in den Überbau, das Überleben ihrer Reste in Mythen, religiösen Praktiken und traditionellen Gebräuchen und Sitten ist im normalkontinuierlichen Gang der gesellschaftlichen Verhältnisse der bürgerlichen Gesellschaft von geringer Bedeutung. Ganz anders ist es in vorbürgerlichen Verhältnissen und in Sonderheit unter den Bedingungen einer nur äußerlich durch bürgerlich-kapitalistische Verhältnisse überformten asiatischen Produktionsweise. Während in Krisensituationen entwickelter kapitalistischer Staaten, in denen keine der aktuellen Kräfte in der Lage ist, einen Entwicklungsweg für einen Ausweg aus diesen Krisen anzubieten, welcher hegemonial für die Mehrheit der Bevölkerung eines Landes wird, die Reaktivierung von Vorurteilen die Nation bzw. einen mehr oder weniger ausgeprägten Nationalismus, der sich auf gemeinsame Abstammungen und das kulturelle Erbe stützt, dominiert, ist für unentwickeltere Länder die religiöse Konnotation, insbesondere in Gestalt eines politischen Islams, charakteristisch. Letzteres gilt selbst noch für selbstständig gewordene Staaten nach einer lange währenden sozialistischen Gesellschaft, wie anhand ehemaliger asiatischer Sowjetrepubliken oder anhand der aktuellen Entwicklungen in der chinesischen Provinz Xingjiang zu studieren ist. Noch mehr gilt dies in Ländern, die während des 20. Jahrhunderts nie über den Status eines Dritte-Welt-Landes hinausgekommen sind. Selbst wenn dafür keine real-ökonomische Basis vorhanden ist, begünstigt die für vorbürgerliche Verhältnisse charakteristische fehlende Separierung eines marktdominierten Reproduktionsprozesses von den Verquickungen mit Überbauphänomenen in Form von Dorfgemeinschaften und religiösen Anschauungen Massenmobilisierungen und reaktionäre Tendenzen, die zerstörerische Situationen für die Gesellschaft als Ganze heraufbeschwören. Die religiöse Identität des Volkes und/oder die Nation als mehr oder weniger modifiziertes Resultat von antediluvianischen Stammesstrukturen ist unter diesen Bedingungen der naheliegende Bezugspunkt für die Selbstvergewisserung der Bevölkerung und ihre Abwehr gegenüber Fremden.

Zweiter Abschnitt:
Ökonomische Gesellschaftsformationen und Produktionsweisen

4. Kapitel: Trennung von äußerer und menschlicher Natur: Herausbildung des Homo sapiens

a) Klimatische Entwicklungen der Erde und ihre Aus- und Wechselwirkungen mit Bezug auf die Pflanzen- und Tierwelt im Pleistozän und Holozän

Auch vor dem Aufkommen anorganischen (pflanzlichen) und organischen (tierischen und menschlichen) Lebens wies die Materie des Planeten Erde komplexe Wechselwirkungen zwischen verschiedenen natürlichen Faktoren, d.h. eine beständige Bewegung derselben, auf. Auch wenn diese Bewegungsprozesse langsam, d.h. in Jahrmilliarden und -millionen vor sich gingen, waren diese Wechselwirkungen Voraussetzung und Ursache von Entwicklungen, die im Übrigen bis in die Gegenwart und Zukunft anhalten bzw. anhalten werden und durch die Dazwischenkunft des pflanzlichen, tierischen und menschlichen Lebens eine Vervielfachung von Einflussfaktoren mit verstärkenden Wirkungen erfahren haben. Die Vorstellung eines natürlichen Gleichgewichts zwischen diesen Faktoren und eine etwaige Störung durch menschliche Einwirkungen auf die äußere Natur gehen daher nicht nur vor dem Hintergrund der zugrunde zu legenden Zeithorizonte, sondern bereits als Gedankenformen in die Irre; sie widersprechen den aus der Analyse der Realität abgeleiteten und verallgemeinerten dialektischen Entwicklungsgesetzen der Natur.

Seit der Entstehung des Planeten Erde, jedenfalls aber vor vier Milliarden Jahren und vor dem erstmaligen Auftreten bekannten Lebens ca. 3,5 Mrd. Jahre vor heute, änderte sich das Klima, bedingt durch Veränderungen der Ozeane, der Landmassen, der Atmosphäre, der Gletscher sowie sodann der Vegetation. Einflussfaktoren waren die Sonneneinstrahlung, Platten-Tektonik, Vulkanismus, Erd-Orbit, Meeresströmungen, Konzentration von Treibhausgasen in der Atmosphäre und Verwitterung des Gesteins. Das Ganze ist ein erst in Teilen durch Geologie, Paläontologie, Meteorologie, Biologie und Physik analytisch durchdrungenes Öko-System und erst seit Mitte des 20. Jahrhunderts durch die Verbesserung chemischer Messmethoden, vielfältiger lokaler Messquellen und -ergebnisse, Satellitenbeobachtungen etc. in höherem Maße verstanden worden.

Verglichen mit anderen Planeten unseres Sonnensystems ist die lebensfreundliche oberflächennahe Temperatur der Erde von durchschnittlich rd. 10 bis 20° C nicht (nur) von der Nähe zur Sonne und der (wechselnden) Intensität der Sonneneinstrahlung pro Flächeneinheit abhängig, sondern vor allem von der Dichtigkeit der Atmosphäre und dem dadurch bedingten Treibhauseffekt, d.h. der Absorption und Rückreflektion der Sonnenstrahlung.[1]

---

[1] Der Effekt entsteht dadurch, dass die (Erd-) Atmosphäre weitgehend transparent für die von der Sonne ankommende kurzwellige Strahlung ist, jedoch wenig transparent für die

Kapitel 4: Herausbildung des Homo sapiens

Abbildung 4.1: Temperaturen seit 500 Mio. Jahren

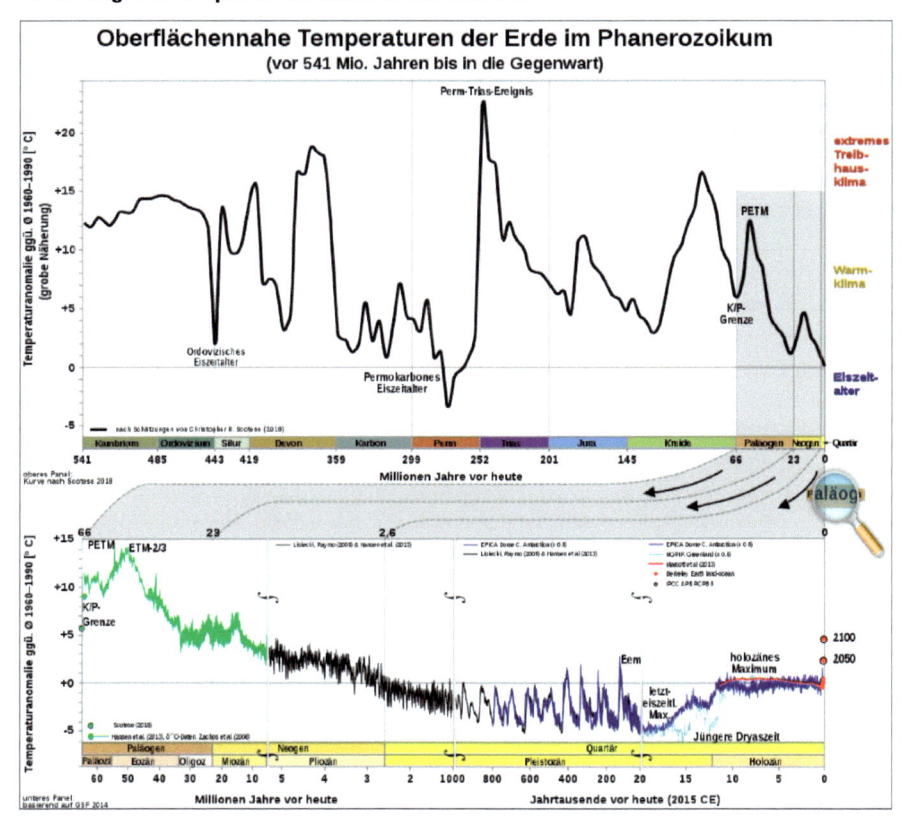

Quelle: wikipedia

Gleichwohl schließen diese astronomischen Verhältnisse für die Erde markante Wechsel von globaler Erwärmung und Eiszeiten ein. So zeigt die Klimageschichte eine starke Abkühlung vor rd. 260 Mio. Jahren (Karoo-Eiszeit) und eine darauffolgende starke Erwärmung vor rd. 250 Mio. Jahren mit dem Perm-Trias-Ereignis, das zum großen Massensterben der Landfauna und -vegetation führte. Vor rd. 100 Mio. Jahren kam es erneut zu einer globalen Erwärmung mit dem Temperatur-Höhepunkt vor rd. 50 Mio. Jahren, dem sich eine nachfolgende Abkühlung und Vergletscherung anschloss. Danach traten 100 Tsd.-Jahres-Zyklen mit längeren Eiszeiten und kürzeren Zwischen-Eiszeiten auf. Von heute aus gesehen leben wir am Ende einer Zwischen-Eiszeit, d.h. einer kurzen, stabilen Warm-Zeit und in einer Abkühlungs-

---

langwellige Infrarotstrahlung, die von der warmen Erdoberfläche und von der erwärmten Luft emittiert wird.

phase, die vor 50 Mio. Jahren begonnen hat und seit einigen Mio. Jahren zur Vergletscherung von Antarktis und Arktis geführt hat (vgl. Abb. 4.1).

Eine wesentliche Ursache für den Wechsel von Warm- und Eiszeiten besteht in der ständigen Verschiebung der Kontinentalplatten und ihrer Positionierung eher am Äquator oder eher an den Polen und der damit verbundenen CO_2-Konzentration in der Atmosphäre. »*Around 175 million years ago, the giant single continent of Pangaea began to break apart. By 100 million years ago, most of the continents had separated from one another, producing a very different-looking Earth consisting of a half-dozen smaller continents. In addition, global sea level stood at least 80 to 100 meters higher than it does today, and a shallow layer of ocean water flooded continental margins and low-lying interior areas. The geographic effect of this flooding was to fragment the existing continents into smaller land areas, making the geography of this greenhouse world even more unlike the single Pangaean landmass of 200 million years ago. Geologists call this interval the middle Cretaceous, a word meaning ›abundance of chalk‹, because marine limestones deposited by the high seas during this interval are common around the world. This interval is important to climate scientists because geologic records contain no evidence of permanent ice anywhere on Earth, even on the parts of the Antarctic continent situated right over the South Pole. Much of this interval seems to have been a warm greenhouse world.*« (Ruddiman 2014: 122)

Das Paläozän-Eozän-Temperaturmaximum (PETM) vor etwa 55,8 Mio. Jahren war eine nach geologischen Maßstäben sehr kurze, aber extreme Erwärmungsphase, deren Dauer auf 170.000 bis 200.000 Jahre veranschlagt wird. In der nachfolgenden Abkühlung des Klimas bis zur letzten Eiszeit – ab 50 Mio. Jahre und bis zum kältesten Punkt 20 Tsd. Jahre vor heute – bedeckten meilendicke Gletscher den meisten Teil der nördlichen Hemisphäre. Sie wurden von trockenen und kaum bewohnbaren Tundras gesäumt und nur ein schmales Band am Äquator ermöglichte menschliches Leben. Die erneute globale Erwärmung nach dieser letzten Eiszeit ließ etwa 17.000 Jahre v.u.Z. die Gletscher, die Nord-Amerika, Europa und Asien bedeckten, schmelzen und den Meeresspiegel steigen. Nach 14.000 v.u.Z. erfuhr die Welt eine erneute kurze Vereisung; gegen 12.700 v.u.Z. beschleunigte sich die Erwärmung wieder und brachte sie innerhalb einer einzelnen Lebensspanne auf ein Niveau, welches wir seit kürzerer Zeit kennen. »*The Last 10,000 Years. The global climate warmed following the last glacial maximum. Melting of great ice sheets took about 7,000 years from about 14 kya*[2] *to about 7 kya, with considerable variation in the dates of final melting for different ice sheets. The climate has been comparatively steady for the past 8,000 years or so. … The early Holocene from about 10,000 – 5,000 years ago was a time when Northern Hemisphere summer climates were warmer than today's. This period was also characterized by remarkable*

---

[2] »kya« als Akronym steht für kilo years ago, d.h. vor Tausend Jahren; »mya«: million years ago und »bya«: billion years ago bedeuten dementsprechend vor Millionen bzw. Milliarden (engl.: Billionen) Jahren.

Kapitel 4: Herausbildung des Homo sapiens

changes in the hydrology of the monsoonial climates of Africa and Asia. Evidence from close-basin lakes indicates that the period from about 9,000 – 6,000 years ago was the wettest in northern Africa in the last 25,000 years. It was during this interval that the hippopotamus, the crocodile, and a variety of hoofed animals occupied regions in the Sahara and in Saudi Arabia that are now some of the most arid on earth.« (Hartmann 2016: 288).

Das Klima im Mittel-Holozän, die Zeit von etwa 7.300 bis 3.700 v.u.Z., zeigte *»im Vergleich zu heute ... ein deutlich feuchteres Klima in den Wüstengebieten. Es gibt Anzeichen für ganzjährige Flüsse in der Sahara und anderen heutigen Wüsten. ... Wie etliche Felszeichnungen aus der Sahara zeigen, gab es zahlreiche Großtierarten wie Giraffen, Elefanten, Nashörner und sogar Flusspferde. Siedlung und Viehhaltung war den Menschen damals in diesen Gebieten möglich. ... Während des Klimapessimums von 4.100 bis 2.500 v.Chr., das deutlich niedrigere Temperaturen ... aufwies, zog sich die Savannenvegetation abrupt zurück. 3.200 bis 3.000 v.Chr. wurde das Klima in den Wüstengebieten deutlich trockener, es begann die Desertifikation der Sahara. Die Bewohner der Sahara und anderer werdender Wüstengebiete mussten ihre Lebensräume verlassen und sammelten sich in den Flusstälern des Nil, Niger, Huang-Ho und Indus sowie in Mesopotamien am Euphrat und Tigris. In den meisten dieser Gebiete blühten durch die Notwendigkeit einer staatlichen Organisation sowie einer deutlichen Bevölkerungszunahme erste Hochkulturen auf.«* (Wikipedia: Holozän; Verweis auf: H. Lamb, The Course of Postglacial Climate; in: Harding [Hrsg.] 1982).

Veränderungen des Öko-Systems und namentlich klimatisch bedingte Desertifikationen haben, wie bereits im vorstehenden Zitat angedeutet, erhebliche Auswirkungen auf die Tierwelt und die Menschen. Der Zusammenbruch von Kulturen z.B. in Ägypten hing zusammen mit der Dürreperiode gegen Ende des 3. Jahrtausends v.u.Z. und dem Ausbleiben des Nilhochwassers, der Anstieg der Temperaturen auf das sog. Optimum der Römerzeit ermöglichte dem karthagischen Feldherrn Hannibal die Überquerung der Alpen mit Elefanten (217 v.u.Z.), und die Völkerwanderung mit dem Vorstoß der Hunnen hing mit einer Trockenperiode in deren zentralasiatischer Heimat zusammen und besiegelte den Niedergang des Römischen Reiches im 4. Jahrhundert u.Z; sie brachte darüber hinaus den Handel auf der Seidenstraße zum Erliegen. Dies sind verschiedene Beispiele für die Einflüsse gravierender Klima- und Umweltänderungen auf die Entwicklung von Gesellschaften. Auch wenn heutzutage das Verhältnis von unbeherrschter zu beherrschter äußerer Natur ein anderes ist, d.h. die Fähigkeiten zur Beeinflussung und Kontrolle der äußeren Natur durch bewusste gesellschaftliche Anstrengungen immens gewachsen sind, bleiben die Einflüsse der Ersteren als ein wesentlicher Faktor bestehen. Dies zeigt sich aktuell an der durch die Industrialisierung und Energiegewinnung namentlich mit fossilen Brennstoffen hervorgebrachten globalen Erwärmung des Klimas, die bei der Beherrschung und Kontrolle im Einzelfall gesamthaft zu sog. externen Effekten geführt haben und führen, deren Begrenzung wiederum erhebliche Anstrengungen und Aufwendungen erfordern (werden).

b) Genealogie und Genesis des Menschen: Säugetiere, Primaten, Australopithecinen, Gattung Homo und Homo sapiens

Die Aufspaltung der Natur in (anorganische und organische) äußere Natur und menschliche Natur (Gattung Homo) sowie im Weiteren die Menschheitsgeschichte selbst spielen sich im Pleistozän und Holozän[3] ab, umgreifen also eine Zeitperiode seit etwa 2,5 Mio. Jahren (vor heute). Das Pleistozän fällt zusammen mit dem Beginn der gegenwärtigen wechselhaften Eis- und Warmzeiten, das Holozän markiert den Beginn der jüngsten Warmzeit oder Zwischeneiszeit, die bis heute anhält.

Unsere Tier-Familie im weiteren Sinne sind die Säugetiere, die bereits vor 200 Mio. Jahren zusammen mit den Dinosauriern, als kleine Landtiere lebten. Unsere engeren tierischen Vorfahren sind die Primaten, die als kleine nachtaktive Vierbeiner ihr Leben auf den Bäumen vor etwa 50 Mio. Jahren begannen, bis vor etwa sieben Mio. Jahren kleine Menschenaffen (Australopithecinen) in Afrika auf den Boden zurückkehrten und überwiegend aufrecht gingen. Die Gattung Homo beginnt vor etwa 2,5 Mio. Jahren mit dem Homo rudolfensis, Homo habilis und Homo ergaster in Afrika und breitet sich als Homo erectus vor 1,8 Mio. Jahren auch in Eurasien aus. Der moderne Homo sapiens entstand 300 Tsd. Jahre vor heute wiederum in Afrika – jedenfalls ist dies die überwiegende Anthropologen-Meinung – und breitete sich etwa 100 Tsd. Jahre vor heute weltweit aus.

Wichtige Entwicklungsschritte zum Menschen waren die Entwicklung eines visuellen Systems mit räumlichem Sehen, schneller Bildverarbeitung und einer sehr schnellen Auge-Hand-Koordination,[4] der aufrechte Gang, Benutzung und Produktion von Werkzeugen, das Feuer sowie die Entwicklung der Sprache. Die Entwicklung der Auge-Hand-Koordination der Primaten, die auf die Zeitspanne von 50 bis 15 Mio. Jahre (vor heute) zu datieren ist, bedingte evolutionäre Veränderungen des Schädels durch Vergrößerung des Gehirns, des Gebisses, das Wandern der ursprünglich seitwärts angeordneten Augen nach vorne sowie die Weiterentwicklung der Hand vom Kraftgriff der Primaten zum Präzisionsgriff von Daumen und

---

[3] Der Zeitabschnitt seit etwa 2,5 Mio. Jahren wird heute als Pleistozän – griechisch: am meisten neue Zeit – bezeichnet. Er reicht bis 12 Tsd. Jahre vor heute, d.h. bis zum Beginn des Holozän, der »ganz neuen Zeit«. Bisweilen wird mittlerweile auch von einem »Anthropozän« gesprochen als Bezeichnung einer neuen geochronologischen Epoche, nämlich des Zeitalters, in dem der Mensch zu einem der wichtigsten Einflussfaktoren auf die biologischen, geologischen und atmosphärischen Prozesse auf der Erde geworden ist. Da aber die Einwirkung des Menschen auf die äußere Natur mit seinen durch Arbeit vermittelten Aneignungsprozessen derselben seit jeher bestanden hat und sich mit der Entwicklung der Produktivkräfte der Arbeit nur quantitativ ausgeweitet hat, fällt es schwer, einen qualitativen Umschlagspunkt in diesem Verhältnis zwischen Mensch und (äußerer Natur) auszumachen, der nicht nur durch – unterstützungswerte – politische Initiativen gegen den Klimawandel und für die Erhaltung der Artenvielfalt begründet wird.

[4] Vgl. Striedter 2005: 307: »Overall, we may conclude that diverse evolutionary changes in the visual, motor, and solmatosensory systems all interacted to give early primates exceptionally good hand-eye-coordination.«

Kapitel 4: Herausbildung des Homo sapiens

Fingern. Der cladistische Stammbaum der Primaten reicht von den Prosians, die mit den heutigen Lemuren vergleichbar sind, eine Größe wie Eichhörnchen hatten und in den Bäumen lebten, über die Simians, die tagaktiv geworden waren und eine verkleinerte Schnauze und geringere Riechfähigkeit aufwiesen, zu den Hominoids oder Menschenaffen, die größere Gehirne sowie die (Wieder-) Entwicklung des Farbsehens für reife Früchte (rot) und junge Blätter (grün) besaßen und in sozialen Gruppen lebten. Heute lebende Menschenaffen sind in Asien die Gibbons, Siamangs und Orang-Utans, in Afrika die Schimpansen, Bonobos und Gorillas.

»*Die Unterschiede der Menschenaffen (»apes« / S.K.) zu den Altweltaffen (»monkeys« als ihren Vorgängern / S.K.) werden vor allem im Gebiss, in der Fortbewegung und der Skelettanatomie deutlich. Die Nahrungsquellen sind ähnlich, auch die Menschenaffen bevorzugen Früchte und Blätter. Jedoch unterscheidet sich die Art der Nahrungsbeschaffung deutlich. Während sich die leichten Altweltaffen mühelos auf den Zweigen bewegen und sich Nahrung greifen, hängen die schweren Menschenaffen an den Zweigen oder sitzen auf ihnen, um sich in stabiler Lage die Nahrung zu angeln. Dadurch wird ein größerer Bereich zugänglich, zum Beispiel auch unter den Ästen. Die hangelnde Fortbewegung wird als Brachiaton (Armtechnik) bezeichnet. Anatomisch äußert sich dies in einem gedrungenen Körper, dem im Gegensatz zu den Altweltaffen der Schwanz fehlt.*« (Schrenk 2019: 30) Robuste Lendenwirbel der Menschenaffen sind die Voraussetzung für die Aufrichtung des Körpers.

Afrikanische Menschenaffen breiteten sich über die bestehenden Landverbindungen vor etwa 15 Mio. Jahren auch nach Europa aus. »*Selbst aufrecht gehende Menschenaffen lebten schon in Europa, lange bevor sich Hominen in Afrika entwickelten, Oreopithecus, ein miozäner Menschenaffe, dessen Reste in der Toskana und auf Sardinien gefunden wurden, experimentierte mit der Bipedie als Mittel zur Nahrungssuche an hohen Bäumen. Sogar der aufrechte Gang ist also mehrmals unabhängig entstanden.*« (Ibid.: 33)

Das Sozialverhalten der Menschenaffen ist keineswegs gleich. Obwohl z.B. Bonobos und Schimpansen einander physiologisch sehr ähnlich und eng miteinander verwandt sind sowie lange Zeit dieselbe Evolutionsgeschichte aufwiesen, sind beide verschiedene Arten, was sich besonders im Sozialverhalten zeigt. Bei den Bonobos gibt es nicht die für Schimpansen typischen Alpha-Männchen; die Macht liegt in den Händen einer Gruppe älterer Weibchen. Gewalt ist selten in der Welt der Bonobos, stattdessen dienen intime Kontakte und das Teilen von Nahrung zur Vermeidung von Konflikten und zum Abbau von Spannungen. Eine Erklärung dieser Unterschiede könnten die unterschiedlichen Habitate sein; es liegt nahe, dass geringere Konkurrenz und größeres Nahrungsangebot verantwortlich für den Rückgang der Rivalität und Gewalt, für aggressivere Schimpansen und friedlichere Bonobos waren.

Bedingt durch die längerfristige Abkühlung des planetaren Klimas in der zweiten Hälfte des Miozän (10 Mio. Jahre vor heute) und der damit einhergehenden Rückbildung des tropischen Regenwaldes in Teilen Afrikas entstand mit dem Buschland (Savannen) eine neue ökologische Nische, in der sich ein Lebensraum auf dem Boden für die ehemaligen Baumbewohner bildete. Ein Teil der Primaten (Australopithecus) sammelte und jagte als Zweibeiner im offenen Gelände. Der Nahrungserwerb dürfte relativ unspezialisiert gewesen sein. Früchte, Beeren, Nüsse, Samen, Schösslinge, Knospen und Pilze standen zur Verfügung; unterirdische Wurzeln und Knollen konnten ausgegraben werden. Im Wasser und am Boden lebende kleine Reptilien, Jungvögel, Eier, Weichtiere, Insekten und kleine Säugetiere wurden ebenfalls gegessen.»*Das Leben im jahreszeitlichen Wechsel von trockenem und feuchtem Klima führte dazu, dass nicht das gesamte Nahrungsspektrum das ganze Jahr zur Verfügung stand. So ist davon auszugehen, dass Australopithecus afarensis Strategien entwickelte, das vielfältige Nahrungsangebot entsprechend der Verfügbarkeit zu einem saisonalen Lebensraum ... bestmöglich auszunutzen. Dies setzte einen sinnvollen Informationstransfer wenigstens von Individuum zu Individuum voraus, wenn auch noch keine Tradierung über Generationen hinweg notwendig war. Zwar sind keine Anzeichen für eine Sprechfähigkeit bei Australopithecus afarensis nachgewiesen, doch ist es wahrscheinlich, dass sich die schon bei Menschenaffen vorhandene differenzierte Kommunikationsfähigkeit in diesem Funktionszusammenhang als vorteilhaft erwies und weiterentwickelte.*« (Ibid.: 51)

Vor ungefähr drei Mio. Jahren begann eine Epoche von Klimaschwankungen und Abkühlung mit regional zunehmender Trockenheit in Afrika. Für die Homininen/Australopithecinen ergab sich eine Weggabelung und Aufspaltung: entweder Spezialisierung der Anatomie als Vegetarier oder Spezialisierung des Werkzeuggebrauches als Allesfresser. Es entstanden zwei Linien der Homininen, die robusten Australos und die Homos. Erstere starben nach 1,5 Mio. Jahren aus, Letztere entwickelten sich zum Homo sapiens weiter. »*Vor ca. 1 Million Jahren hatten sich in Afrika einerseits spezialisierte Pflanzenfresser unter den Großsäugern ..., andererseits effiziente, durch effektive Werkzeuge unterstützte Allesfresser unter den Homininen ... etabliert. Die dadurch entstehende Nahrungskonkurrenz führte zum Aussterben der robusten Australopithecinen zu einer Zeit, als mit Homo erectus die Gattung Homo bereits ihren Siegeszug bis nach Asien und Europa angetreten hatte.*« (Ibid.: 63)

Die frühesten Repräsentanten der Gattung Homo traten vor rd. zwei Mio. Jahren auf; sie zeichnen sich durch ein hohes Maß an Diversität auf.[5] »*Some, like Homo rudolfensis and Homo habilis, were quite similar to the early, gracile australospithecines. Others, mainly Homo erectus, were at least a foot taller than the australopithecines that shared their living space... They also had more vertical faces, smaller molars, and larger brains. According to the fossil record, Homo erectus made a variety of stone tools, such as cutting flakes and hand axes, which were probably used to cut meat and extract marrow from bones. In addition, Homo erectus pro-*

---

[5] Es wird eine Vielzahl von Homo-Arten unterschieden. Die ältesten sind Homo rudolfensis und Homo habilis, die vor rd. 2,5 bis 1,5 Mio. Jahren lebten. Die jüngeren Arten, die eine größere morphologische Nähe zum Homo sapiens aufweisen, sind Homo erectus, Homo ergaster, Homo heidelbergensis und Homo neanderthalensis.

bably discovered how to control fire ... and make containers for water or food...« (Templeton 2002: 48) Tatsächlich dürfte einer der wesentlichen Faktoren zur Anpassung an Veränderungen der Klima- und Vegetationsbedingungen für die Gattung Homo die Weiterentwicklung des Werkzeuggebrauchs als Mittel zur Erweiterung der Nahrungsbasis sowie als Alternative zur Entwicklung zum Vegetarier mit einem entsprechenden Kau- und Verdauungsapparat gewesen sein.[6] Die beginnende Werkzeugkultur konnte die Auswirkungen des Klimawechsels überdecken und verschaffte verschiedenen Arten der Gattung Homo mit dem Einsatz von Steinen zur Zerkleinerung der Nahrung eine langsam zunehmende Unabhängigkeit von direkten Umwelteinflüssen. Die Steinwerkzeuge wiesen dabei im Laufe der Zeit eine wachsende Vielfalt auf wie Artefakte aus den Ausgrabungsstätten Oldovan und Acheulean in Afrika zeigen.

Der nächste Meilenstein in der Auseinandersetzung der Urmenschen mit der Natur bestand in der Kontrolle und dem Gebrauch des Feuers. Allerdings ist es praktisch unmöglich, von heute aus zwischen Wildfeuern und solchen, die von Urmenschen entzündet worden sind, zu unterscheiden. »*Zhoukoudian near Beijing in China has been known for more than 80 years as a fire site ... Critiques have been made of its context, and on the nature of the ›burnt‹ material ..., much of which resulted from other natural processes. Nontheless, the site is a record of the activities of Homo erectus in the period 0.4–0,7 Ma[7], with more than 100,000 artefacts, and preserving burnt bones ... The repeated associations argue for controlled fire. ... From around 400,000 years ago, traces of fire become much more numerous on many sites, including numbers in Europe and the Middle East as well as Africa and Asia.*« (Gowlett 2016: 3ff.) Dem Gebrauch des Feuers wird ein großer Einfluss auf die menschliche Physiologie und soziales Verhalten zugeschrieben: »*The change in the genus Homo over 2 Myr has been remarkable. There are signs that a considerable part of this can be put down to the influence of fire. Particularly striking is that modern adult humans have an exceptionally long waking day, of 16 h or more, compared with 8 h in many mammal species. ... Whereas other primates such as chimpanzees and gorillas rise with the dawn and go to sleep around sundown ..., humans have peak alertness in the early evening. ... The several additional hours of wakefulness appear to have been made possible by fire and its ›daylight extension‹. The reasons appear to have been for social time (hence a probable link with language...), as well as protection against predators.*« (Ibid.: 7)

---

[6] Vgl. Schrenk 2019: 71: »*Vor ca. 2,8 bis 2.5 Millionen Jahren, lebten die Vormenschen etwa 5.000 Generationen lang in zunehmend extremeren Klima- und Umweltverhältnissen, die zu einer tiefgreifenden Änderung der Nahrungsgrundlagen führten. In diesem Zeitraum entstand auch die Gattung Homo. Aus der Gleichzeitigkeit der Ereignisse ... kann der Schluss gezogen werden, dass es zur Entwicklung eines hyperrobusten Kauapparats eine Alternative gab, die ebenfalls dazu geeignet war, die bei steigender Trockenheit zunehmend härtere Nahrung zu zerkleinern. Diese Alternative war der Beginn der Werkzeugkultur.*«

[7] »Ma« steht für million years ago, Millionen Jahre vorher; ebenso »Myr« für million years.

Ebenso bedeutsam ist der Gebrauch des Feuers für die Erhitzung der Nahrung, um sie dadurch zu erweichen und aufbewahrungsfähig zu machen. Durch Erhitzen, Braten und Kochen wurden neue Nahrungsmittel erschlossen bzw. damit besser energetisch auswertbar, sodass sich die dem Körper zur Verfügung stehende Energiemenge erhöhte, was sich wiederum nicht zuletzt auf die Stärke des Skeletts sowie die Größe des Gehirns auswirkte. »*A striking increase in human brain size is also one of the major developments in Homo. It has risen from an average ca. 600 to 1,300 cc in the course of Plestocene. ... As a larger brain is costly in energy, it needs explanation. ... High-quality diets are a neccessity of fueling the larger brain, from early times and especially from half a million years ago.*« (Ibid.: 2)

Klimatische Veränderungen und Höherentwicklungen der Nahrungskette mit ihren physiologischen und sozialen Auswirkungen sind die Voraussetzungen und Treiber für die Auswanderung von Homo-Gruppen aus dem afrikanischen Kontinent. Spätestens vor zwei Mio. Jahren verließen die ersten Frühmenschen den afrikanischen Kontinent bevorzugt in Richtung Levante und fruchtbaren Halbmond, die reichhaltige Nahrungsmittel in ressourcenreichen Flusstälern enthielten; später drangen sie auch in den Südkaukasus vor. »*Die ca. 1,8 Millionen alten Schädel- und Unterkieferfunde aus ... Georgien ... zeigen ganz archaische Merkmale, die erahnen lassen, dass die fast endlose Geschichte der immer wieder neuen Auswanderungen aus Afrika vielleicht schon mit Homo rudolfensis begann und nicht erst mit Homo erectus. Möglicherweise war die Jagd eine entscheidende Triebkraft, um in entfernteren Gebieten nach Beute zu suchen und so den Lebensbereich langsam auszudehnen. Expansionsbewegungen von wenigen Kilometern pro Generation führten in kurzen geologischen Zeiträumen zur Besiedlung neuer Lebensräume.*« (Schrenk 2019: 95)

Vor ca. 700 bis 500 Tsd. Jahren begann parallel zur Entstehung der Neandertaler in Europa[8] der vorletzte Evolutionsschritt auf dem Weg zum modernen Menschen in Afrika: der afrikanische Homo erectus entwickelte zunehmend Homo sapiens-Merkmale. Derartige Mischformen werden als »archaischer Homo sapiens« bezeichnet, da aus ihnen vor 300 Tsd. Jahren die modernen Menschen entstanden (vgl. ibid.: 98). »*Die Eigenschaften, die uns heute definieren, z.B. ein kleines Gesicht, ein markantes Kinn, ein rundlicher Schädel und kleine Zähne, waren damals zwar vorhanden, aber nicht alle in einer Person. Die Kombination von Verhalten und physischen und kognitiven Eigenschaften, die uns heute definieren, begann sich allmählich aufgrund gelegentlicher Vermischungen dieser verschiedenen Ahnengruppen zu entwickeln. Die Expansion moderner Menschen aus Afrika erreichte vor ca. 200.000 Jahren die Levante, vor ca. 80.000 Jahren die Arabische Halbin-*

---

[8] Vgl. ibid.: 103: »*Die frühen Europäer im mittleren Pleistozän waren Vorfahren der Neandertaler (Homo neanderthalensis) und der Denisova Menschen. Ihr gemeinsamer Ursprung lag in Afrika und reicht, wie sich aus genetischen Studien rückschließen lässt, bis vor ca. 800.000 Jahren zurück. Möglicherweise erfolgten seit ca. 300.000 Jahren Expansionen früher moderner Menschen aus Afrika, die zu regionalen Vermischungen führten.*«

Kapitel 4: Herausbildung des Homo sapiens **113**

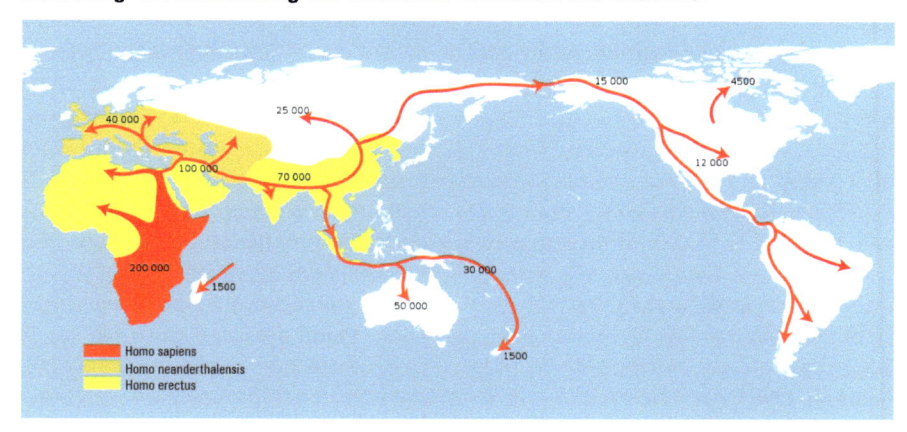

Abbildung 4.2: Ausbreitung des modernen Menschen aus Ostafrika*

* Die vorausgehenden Besiedelungen durch den Homo erectus (gelb) und den Neandertaler (ocker) sind farblich abgegrenzt; die Zahlen stehen für Jahre vor heute.
Quelle: Wikipedia

sel und spätestens vor ca. 60.000 Jahren Australien. Europa und Asien (Borneo, China) erreichten die frühesten modernen Menschen vor ca. 40.000 Jahren. … Über die Beringstraße gelangten sie wahrscheinlich schon vor 30.000 Jahren entlang der Küste des noch eisbedeckten Nordamerika zunächst nach Südamerika und schließlich vor ca. 12.000 Jahren auch nach Nordamerika. Diese Befunde stimmen sehr gut überein mit Studien über die Ursprünge moderner Sprachen.« (Schrenk 2019: 104; vgl. Abb. 4.2)

c) Merkmale und Eigenschaften des Homo sapiens: Die Rolle der Arbeit und die biophysiologische Evolution

Was den Menschen (Homo sapiens) vom Tier, auch von den Primaten als seinen unmittelbaren Vorfahren qualitativ unterscheidet,[9] ist sein Bewusstsein als bewusstes Sein gegenüber der objektiv existierenden Umwelt (Materie). Dieses bewusste Sein schließt das Selbstbewusstsein ein. Es wird im Prozess seiner in Gemeinschaft erfolgenden Auseinandersetzung mit der äußeren Natur gewonnen und entwickelt. Dabei umspannt diese Entwicklung einen Jahrmillionen umfassenden Prozess, der mit ersten instinktmäßigen Formen menschlicher Arbeit zur Gewinnung der Mittel für die physische Reproduktion seiner Gattung durch das Sammeln und Verzehren von Pflanzen beginnt, über zunehmend bewusstere Aneignungsprozesse der äußeren Natur fortschreitet und schließlich bis zur wissenschaftlichen Analyse

---

[9] Nur die biochemische Dimension betrachtet, haben neueren DNA-Untersuchungen zufolge Menschen über 98 % ihrer Gene mit den Menschenaffen gemeinsam.

der Welt und Anwendung und Nutzbarmachung ihrer Ergebnisse im materiellen Lebensgewinnungsprozess der Gesellschaften reicht. Dass es die stets in Gemeinschaft verausgabte menschliche Arbeit ist, welche soziale und materielle Produktivkräfte schafft und als der wesentliche Treiber menschlicher Entwicklungen fungiert, und dass es jeweilig unterschiedliche Gesellschaftlichkeiten der Arbeit sind, die in letzter Instanz das menschliche Zusammenleben prägend bestimmen und über jeweilige Entwicklungsmöglichkeiten bzw. Entwicklungsgrenzen der gesellschaftlichen Produktivkräfte bestimmen, sind beides genuine Erkenntnisse, die erst auf dem Boden der bürgerlich-kapitalistischen Gesellschaft erwachsen. Sie sind allerdings bereits von Friedrich Engels mit einer auch vom heutigen Standpunkt nur wenigen ergänzungsbedürftigen Merkmalen zusammengestellt worden; Entwicklungsstationen nach ihm sind: aufrechter Gang, Entwicklung des Organs Hand, Ausbildung der Sprache, Verfeinerung der Sinnesorgane, Entwicklung des Gehirns, Übergang von pflanzlicher zu fleischlicher Nahrung, relative Unabhängigkeit vom Klima sowie Entwicklung neuer Bedürfnisse wie Wohnung, Kleidung sowie neue Arbeitsgebiete.[10]

Der Mensch ist von Anbeginn an ein gesellschaftliches Wesen und es sind die jeweiligen gesellschaftlichen Verhältnisse, in denen er sich mit der äußeren Natur auseinandersetzt, die seine physiologischen Veränderungen als Evolution in den verschiedenen Entwicklungsstadien von den verschiedenen Homininen-Arten bis zum Homo sapiens prägen. Dabei sind, wie wir heute präziser wissen, die Entwicklung des Gehirns und des gesamten Nervensystems (Neocortex) sowie die Entwicklung der Auge-Hand-Koordination die wesentlichen biophysiologischen Veränderungen, die den Homo sapiens neben dem aufrechten Gang und der dadurch bedingten Veränderung des Skeletts gegenüber seinen Vorfahren auszeichnen; hinzu kommt die Herausbildung von Kommunikationsfähigkeiten (Sprache) als sozial-kulturelle Komponente.

In der Evolution des Gehirns und des gesamten Nervensystems als einem wesentlichen Teil des menschlichen Körpers fassen sich die biophysiologischen Entwicklungskomponenten des Homo sapiens zusammen. Nicht die absolute Größe des Gehirns, sondern seine relative Größe im Verhältnis zu Körpergröße und -gewicht der Homininen ist dabei neben der Größe des Neocortex mit seiner spezifischen Verschaltungsarchitektur der entscheidende Faktor, denn beide zusammen sagen Wesentliches über die Fähigkeiten zur Wahrnehmung der Umwelt, Körpersteuerung, Intelligenz und Interaktionsfähigkeit aus. »*Das Gehirn des modernen Menschen weist ein durchschnittliches Volumen von 1.450 ccm auf, jedoch ist die Variationsbreite erheblich. ›Intelligenz‹ hängt nicht mit individueller Gehirngröße zusammen, da es weniger auf das Volumen als auf die neuronale Vernetzung ankommt. Das Gehirn des Menschen ist ca. dreimal größer als das eines Schimpansen, aber nicht nur eine vergrößerte Kopie. Der Neocortex, zuständig für das Speichern*

---

[10] Vgl. das Manuskriptfragment »Anteil der Arbeit an der Menschwerdung des Affen« von 1876 (MEW 20b: 444ff.).

Kapitel 4: Herausbildung des Homo sapiens

und *Verknüpfen verschiedenster Informationen, zum Beispiel für das Verarbeiten von Erfahrungen und für ›Denkleistungen‹, ist überproportional erweitert. Ebenso ist das Kleinhirn (Cerebellum), in dem angelernte motorische Funktionsmuster koordiniert werden, stark ausgedehnt. Die Erweiterung des Neocortex zeigt sich an Schädelresten seit Homo erectus in der Erhöhung der Stirn; die Vergrößerung des Kleinhirns ist an Fossilien anhand einer zunehmenden Eintiefung der hinteren Hirngrube nachzuweisen.«* (Schrenk 2019: 89) Die Evolution des Gehirns und des Neocortex geht einher mit einem für Primaten einzigartigen prämotorischen Bereich zur Steuerung von Arm und Handbewegungen, die Voraussetzungen für eine entwickelte Auge-Hand-Koordination sind. Sie sind zugleich Bedingung für einen direkten Zugang zu den motorischen Neuronen, die die Muskeln von Kiefer, Gesicht, Zunge und Stimmbändern steuern und damit wesentliche Voraussetzungen für die Entwicklung von Sprache darstellen. Damit sind biophysiologische Entwicklungen für größere Fähigkeiten manueller Geschicklichkeit, vokale Artikulationsfähigkeit sowie des Denkens umschrieben.

Zugleich sind diese evolutionären Veränderungen in der Physiognomie des Homo sapiens nur möglich, indem er gezwungen wird, sich mit der außer ihm existierenden Natur produktiv im Rahmen von jeweiligen Gemeinschaftsstrukturen auseinanderzusetzen. Die verschiedenen Entwicklungsformen der gesellschaftlichen Arbeit sind Ursache und Treiber, die seine eigene physiologische und soziale Natur verändern. Am Anfang stehen die von Marx so genannten »ersten, instinktmäßigen Formen von Arbeit«, die nach allen Seiten hin von Naturwüchsigkeit sowohl im Hinblick auf die Mitgliedschaft der Menschen in ursprünglichen Gemeinschaften als auch von Formen der Nahrungsbeschaffung, die noch keineswegs oder nur ganz rudimentär die späteren charakteristischen Merkmale lebendiger Arbeit aufweisen, geprägt sind. Erst nach und nach verschiebt sich das Verhältnis zwischen naturwüchsigen Überlebensinstinkten und ihren Aktionen zu einem mehr durch gesellschaftliche Verhältnisse und bewusstere Aktionen bestimmten Prozess, der sich dem Charakter von Arbeit im eigentlichen Sinn als ziel- und zweckgerichteter Tätigkeit annähert. Es ist damit zugleich gesagt, dass es keine autonome, quasinatürliche Evolution der menschlichen Physiognomie und Physiologie gibt, sondern sie zunehmend übergeht in eine mehr und mehr gesellschaftlich erzeugte und bestimmte Entwicklung. Es ist somit die Entwicklung der sozialen und produktiven Kräfte der Arbeit, die den Angelpunkt für die Menschwerdung des Affen und die Entwicklung der Vormenschen (Homininen) zum Homo sapiens darstellen. Im Maße, wie in der Wechselwirkung von äußeren Anforderungen und biophysiologischen Veränderungen der moderne Mensch wird, verändert also der Mensch die äußere Natur und zugleich seine innere Natur, letztere als Einheit von äußerer Physiognomie und internen kognitiven Fähigkeiten.

Außerordentlich weitsichtig beschreibt Engels eine widersprüchliche Beziehung zwischen menschlicher Arbeit als bewusstem Tun und ihren sekundären Auswirkungen auf die äußere Natur, die kontraproduktive Effekte beinhalten können: »*Und so werden wir bei jedem Schritt daran erinnert, daß wir keineswegs die Natur beherr-*

schen, wie ein Eroberer ein fremdes Volk beherrscht, wie jemand, der außer der Natur steht – sondern daß wir mit Fleisch und Blut und Hirn ihr angehören und mitten in ihr stehn, und daß unsre ganze Herrschaft über sie darin besteht, im Vorzug vor allen andern Geschöpfen ihre Gesetze erkennen und richtig anwenden zu können.« (MEW 20b; 453) Die Entwicklung der Fähigkeiten der menschlichen Arbeit in der bürgerlich-kapitalistischen Gesellschaft, im Rahmen der auf wissenschaftlicher Basis operierenden Großen Industrie stellt die Bedingungen bereit, mit den negativen Effekten der Naturaneignung und -bearbeitung fertig zu werden: *»Aber auch auf diesem Gebiet lernen wir allmählich, durch lange, oft harte Erfahrung und durch Zusammenstellung und Untersuchung des geschichtlichen Stoffs, uns über die mittelbaren, entfernteren gesellschaftlichen Wirkungen unsrer produktiven Tätigkeit Klarheit zu verschaffen, und damit wird uns die Möglichkeit gegeben, auch diese Wirkungen zu beherrschen und zu regeln.«* (Ibid.: 454) Dass es die in erster Linie auf kurzfristigen Profit orientierte Wirtschaftsweise des Kapitalismus ist, die diese negativen externen Effekte der Naturaneignung erzeugt und ihre Reparatur und Vermeidung erschwert, ist als unmittelbar folgende Schlussfolgerung klar ausgesprochen (vgl. ibid.: 455).[11]

Zusammengefasst ergibt sich: Es hängt von den jeweiligen äußeren Umständen ab, d.h. sowohl der natürlichen als auch der sozialen Umwelt, in welcher Weise sich der moderne Mensch (Homo sapiens) an äußere Bedingungen anpasst und sich selbst ausrichtet und entwickelt. Von seiner genetischen Natur hat er sich auf eine breite Vielfalt an pflanzlicher und tierischer Nahrung ausgelegt; durch eine insgesamt hohe epigenetische Anpassungsfähigkeit ist der Homo sapiens in einer großen klimatischen und vegetativen Breite der Habitate lebensfähig geworden und hat den Planeten dementsprechend auch sukzessive besiedelt.

---

[11] Dass die Lösung der ökologischen Probleme wie z.B. die globale Erwärmung des Planeten durch die industrielle Produktion stofflich mit derselben prinzipiell lös- und beherrschbar sind, dass jedoch die kapitalistischen Produktionsverhältnisse genauso viele Hindernisse erzeugen, sei allen »ökologisch bewegten Menschen« ins Stammbuch geschrieben. Auch der Seitenhieb gegenüber den Verfechtern einer vegetarischen etc. Nahrung hat nichts von seiner Aktualität eingebüßt: *»Mit Verlaub der Herren Vegetarier, der Mensch ist nicht ohne Fleischnahrung zustande gekommen, und wenn die Fleischnahrung auch bei allen uns bekannten Völkern zu irgendeiner Zeit einmal zur Menschenfresserei geführt hat ..., so kann uns das heute nichts mehr ausmachen.«* (Ibid.: 449f.)

Kapitel 5: Gesellschaftsformationen und Produktionsweisen – Begriff und systematische Abfolge

Im 1. Kapitel des vorliegenden Textes ist, Marx' »allgemeinem Resultat« seiner Forschungen aus dem »Vorwort zur Kritik der Politischen Ökonomie« (vgl. MEW 13: 7ff.) folgend, die »Produktionsweise des materiellen Lebens« näher eingegrenzt und das Bedingungsverhältnis zwischen derselben und dem »sozialen, politischen und geistigen Lebensprozess« nach verschiedenen Seiten auseinandergelegt worden. Eine distinkte Produktionsweise des materiellen Lebens sowie der darauf gegründete soziale, politische und geistige Lebensprozess bilden eine gesellschaftliche Totalität, die in je historisch-spezifischer Form existiert. Gemeinhin wird diese gesellschaftliche Totalität bereits mit dem Begriff einer Gesellschaftsformation bezeichnet.[1] Damit entfallen jedoch sowohl die genauere Abgrenzung zwischen Gesellschaftsformation und Gesellschaftsform als auch die Unterscheidung zwischen ökonomischen Gesellschaftsformationen und Produktionsweisen. Bei einer Einengung des Begriffs der Gesellschaftsformationen auf je historisch-spezifische Gesellschaftsformen, die auf jeweiligen Produktionsweisen als ihren ökonomischen Basisverhältnissen beruhen, geht zudem der Zusammenhang eines übergreifenden geschichtlichen Entwicklungsprozesses verloren. Damit würde der Kategorie der Gesellschaftsformation ein wesentliches Element fehlen, welches den historischen Materialismus als Theorie einer durch bewusst-unbewusstes Handeln der Akteure erzeugte, aber in einem übergreifend-transepochalen Sinne keineswegs zufällige Entwicklung der Menschheit auszeichnet. Es bliebe, mit anderen Worten, die Dimension einer Systematik der evolutionären Entwicklungen ausgespart.

Damit ist zugleich gesagt, dass mit der Identifikation »*progressive(r) Epochen der Gesellschaftsformation*« (MEW 13: 9) ein innerer Zusammenhang des universalgeschichtlichen Prozesses ausgewiesen wird, dessen begriffliche Genese sich aus der Analyse der bürgerlich-kapitalistischen Gesellschaftsformation im System der Kritik der politischen Ökonomie ergibt und der sodann einen methodischen Rahmen für die Ordnung des geschichtlichen Materials und die konkreten geschichtlichen Verläufe in den verschiedenen Regionen der Welt im Sinne eines

---

[1] Vgl. etwa die Sammelbände mit Aufsätzen verschiedener Historiker aus den seinerzeitigen realsozialistischen Ländern, hrsg. von E. Engelberg und W. Küttler (1978) sowie Herrmann und I. Sellnow (1982). Auch neuere Veröffentlichungen, die eine Aktualisierung des historischen Materialismus intendieren, verwenden diese Kategorie in dieser Weise (vgl. Wallat 2021: 59 und passim) und grenzen sich damit von einer inflationären – und damit inhaltsleer werdenden – Begriffsbestimmung ab; ein (negatives) Beispiel für Letzteres ist die Bezeichnung des Absolutismus als Auflösungsform der feudalen Produktionsweise im Rahmen des westeuropäischen Übergangsprozesses zum Kapitalismus als eigenständige Gesellschaftsformation. (vgl. Gerstenberger 2006: 280ff. und passim)

»Umschlags von Theorie in Methode« abgibt. Keinesfalls darf es sich bei diesem Unterfangen um die berüchtigte »Subsumption of Cases under a General Principle« handeln, mit der der geschichtliche Prozess zurechtgestutzt wird, vielmehr ist gerade Übergangs- und Mischformen, die verschiedenen Produktionsweisen und Gesellschaftsformen entstammen, besonderes Augenmerk zu widmen, um der einzigartigen historischen Spezifik konkreter Gesellschaften und deren Entwicklungsverläufen Rechnung zu tragen. Insofern gilt, dass bei Vorliegen eines dominanten Produktionsverhältnisses und einer Gesellschaftsform die von ihnen ausgehende »*allgemeine Beleuchtung, worin alle übrigen Farben getaucht sind und welche sie in ihrer Besonderheit modifiziert*« (MEW 42: 40), besondere Beachtung zu schenken ist, um den »*besondre(n) Äther, der das spezifische Gewicht alles in ihm hervorstechenden Daseins bestimmt*« (ibid.), zu identifizieren.

Diesen Status von progressiven Epochen der Gesellschaftsformation vorausgesetzt, ist es sachgerecht, mit dieser Kategorie verschiedene Produktionsweisen und gesellschaftliche Lebensprozesse zu jeweiligen charakteristischen Typen zusammenzufassen. Danach lassen sich in der menschlichen Entwicklung drei historische Gesellschaftsformationen voneinander unterscheiden und als systematisch aufeinander aufbauende Entwicklungsstadien identifizieren: vorbürgerliche, bürgerlich-kapitalistische sowie postkapitalistisch-kommunistische Formationen. Sie unterscheiden sich nach ihrer jeweiligen ökonomischen Struktur, die durch die jeweilige Ausprägung des Verhältnisses von Arbeit und Eigentum an den Produktionsmitteln bestimmt wird und die die Art des gesellschaftlichen Zusammenhangs sowie die produktiven Entwicklungsfähigkeiten der Subjekte grundlegend determiniert.[2] Diese Gesellschaftsformationen beherbergen also nicht nur verschiedene Produktionsweisen, sondern fassen darüber hinaus auch unterschiedliche vorbürgerliche Gesellschaftsformen mit ihren gemeinsam gegenüber der bürgerlichen Gesellschaft qualitativ unterschiedenen Merkmalen und Charakteristika zu einer Formation zusammen; Entsprechendes gilt für die nachkapitalistische Gesellschaftsformation, von der nach dem Zusammenbruch des sog. Realsozialismus aktuell nur wenige Übergangsgesellschaften in einer ersten oder niederen Phase einer kommunistischen Gesellschaft, die gemeinhin als Sozialismus bzw. sozialistische Produktionsweise bezeichnet wird, übrig geblieben sind. Die saubere begriffliche Unterscheidung zwischen Gesellschaftsformation, Produktionsweise und Gesellschaftsform fängt für vorbürgerliche Gesellschaften die historischen Unterschiede der Eigentumsverhältnisse, der Formen des Zwanges, Rolle und Stellung der bäuerlichen

---

[2] Vgl. die früher zitierte Aussage von Marx, in der er diese Gesellschaftsformationen nach dem Verhältnis von sachlicher Abhängigkeit und persönlicher Unabhängigkeit der Subjekte und dessen jeweiligen historisch spezifischen Ausprägungen unterschieden hatte: persönliche Abhängigkeit auf Basis sachlicher Abhängigkeit für die vorbürgerliche Formation, persönliche Unabhängigkeit auf Basis sachlicher Abhängigkeit für die kapitalistische Formation sowie »*universelle Entwicklung der Individuen und die Unterordnung ihrer gemeinschaftlichen, gesellschaftlichen Produktivität als ihres gesellschaftlichen Vermögens*« (MEW 42: 91) für die kommunistische Formation.

Tabelle 5.1: Gesellschaftsformationen und Gesellschaftsformen

Gesellschaftsformationen	Basis-Überbau-Struktur	Sozialstrukturen
I. Vorbürgerliche: Eigentum der Arbeit vorausgesetzt	keine Trennung: Gemeinde-/Staatsformen als Erstes vor Produktion/Arbeit	Gentes/Stämme/Familien; Clans und Klassen als Kasten, Stände
II. Kapitalistische: Trennung von Arbeit und Eigentum	Trennung von Basis und Überbau(ten): Arbeit produziert soziale Beziehungen als sachliche	Ökonom. Klassenstruktur/ individuelle Differenzierungen
III. Kommunistische: Einheit von Arbeit und Eigentum	Bewusste Steuerung: Reiche der Naturnotwendigkeit und der Freiheit	Auflösung nicht-antagonistischer Klassen in Schichten

Produzenten, der Klassenstruktur sowie der Inhalte der Produktivkraftentwicklung innerhalb der vorbürgerlichen Formation – alles Kriterien, die gegen eine einheitliche Gesellschaftsformation vorbürgerlicher Produktionsweisen vorgebracht werden (vgl. Naumann 1978: 14ff.) – ein.

Die vorstehenden Zusammenhänge zwischen Gesellschaftsformationen und Gesellschaftsformen (Basis-Überbau-Beziehungen) lassen sich – eingedenk der Problematik einer stets vergröbernd wirkenden Zusammenfassung – wie in Tabelle 5.1 summarisch zusammenfassen.

Historisch-spezifische Gesellschaftsformationen haben ihre zeitliche Zuordnung innerhalb der Entwicklung der menschlichen Gesellschaft sowie ein jeweiliges regionales Vorkommen auf dem Planeten Erde. Dies schließt zum Einen die gleichzeitige Existenz verschiedener Formationen und Produktionsweisen in verschiedenen Regionen der Welt ein; es bedeutet zum Anderen keineswegs, dass es in ein und derselben Weltregion eine vollständige Reihe aufeinander folgender Formen geben müsste bzw. gegeben hätte. Die Identifikation historischer Gesellschaftsformationen erlaubt aber eine gesamthaft-universelle Strukturierung des Geschichtsverlaufs, die einem inneren, durch die Wechselwirkung zwischen der Entwicklung der Produktivkräfte menschlicher Arbeit und den ihnen entsprechenden Produktionsverhältnissen in letzter Instanz getriebenen Entwicklungsgang systematisch folgt und dementsprechend auch eine Theorie sozialer Emanzipation enthält. Bei alledem beinhalten die Gesellschaftsformationen keinen strikt deterministischen Entwicklungsprozess ihrer verschiedenen Produktionsweisen und Gesellschaftsformen, wiewohl im Rahmen einer Universalgeschichte, d.h. einer weltumspannenden und zeitlich von den ersten menschlichen Gesellschaften bis zur Gegenwart und darüber hinaus reichenden Entwicklung, im Großen und Ganzen eine nicht kontingente übergreifende Entwicklung im Sinne eines Aufsteigens vom Niederen zum Höherem zu verzeichnen ist. Dies schließt allerdings oftmals intervenierende Kreuz- und Querzüge sowie disruptive Entwicklungsperioden integral ein.[3] Damit sind zugleich vermeintliche teleologische Zielbestimmungen und Selbstgewissheiten eines in einem verengten Sinn verstandenen naturgesetzlichen geschichtlichen Entwicklungsprozesses ausgeschlossen. Es wird gewissermaßen eine Mittelposition eingenommen zwischen dem inkorrekten von Stalin und dem traditionellen Marxismus-Leninismus begründeten universellen, unilinearen Periodisierungsschema einer Weltgeschichte[4] – von einer solchen kann als sich totalisierende Totalität sowieso erst mit der Durchsetzung der kapitalistischen Produktionsweise gesprochen werden –, und einer für die bürgerliche Geschichtswissenschaft charakteristischen oberflächlichen, nach Jahrhunderten unterteilenden Periodisierung, die zudem oftmals mit einem impliziten oder expliziten Ende der Geschichte im Rahmen des Kapitalismus versehen wird.

Ein Aufsteigen vom Niederen zum Höheren in und durch die Abfolge verschiedener Gesellschaftsformationen gibt der geschichtlichen Entwicklung der Menschheit also eine innere Logik in der früher konkretisierten Art und Weise.[5] Der Aufweis von progressiven Epochen ökonomischer Gesellschaftsformationen impliziert daher in erster Linie nur eine *systematische* Abfolge verschiedener Produktionsweisen und Gesellschaftsformen und dadurch zugleich eine übergreifend-langfristige soziale Evolution in der Geschichte. Bei allen Zufälligkeiten historischer Umstände und Prozesse, die selbstredend nicht zu leugnen sind, wird erst mit dem Aufweis von progressiven Gesellschaftsformationen die menschliche Geschichte als ein langfristiger Prozess erfassbar, der als übergreifender sozialer Emanzipationsprozess auch die objektive Grundlage dafür bietet, die subjektiven Triebkräfte

---

[3] Vgl. Engels' zusammenfassende Formulierung in einem Brief an J. Bloch: »*Nach materialistischer Geschichtsauffassung ist das* in letzter Instanz *bestimmende Moment in der Geschichte die Produktion und Reproduktion des wirklichen Lebens. ... Zweitens aber macht sich die Geschichte so, daß das Endresultat stets aus den Konflikten vieler Einzelwillen hervorgeht, wovon jeder wieder durch eine Menge besonderer Lebensbedingungen zu dem gemacht wird, was er ist; es sind also unzählige einander durchkreuzende Kräfte, eine unendliche Gruppe von Kräfteparallelogrammen, daraus eine Resultante – das geschichtliche Ergebnis – hervorgeht, die selbst wieder als das Resultat einer, als Ganzes, bewußtlos und willenlos wirkenden Macht angesehen werden kann. Denn was jeder einzelne will, wird von jedem andern verhindert, und was herauskommt, ist etwas, was keiner gewollt hat. So verläuft die bisherige Geschichte nach Art eines Naturprozesses und ist auch wesentlich denselben Bewegungsgesetzen unterworfen.*« (MEW 37: 463f.; Hervorh. i. Original)

[4] Diese unterliegt auch noch den ansonsten von mir hochgeschätzten Darstellungen der DDR-Althistoriker. Demgegenüber folge ich eher den Positionen von G. Sofri und L. Kuchenbuch – »*Marx' Theorie ist explizit antideterministisch und antiteleologisch*« (Kuchenbuch 2022: 294) –, obwohl Ersterer eher Problemstellungen aufwirft als sie zu lösen (vgl. Sofri 1972: 177ff.) und Letzterem in seinem methodisch-analytischen Zugang zu seinem Themenfeld des europäischen Feudalismus über den bäuerlichen (und handwerklichen) Produktionsprozess analog zu Marx Analyse des kapitalistischen Produktionsprozesses nicht gefolgt werden kann (vgl. ibid.: 214ff.).

[5] Vgl. auch Kapitel 1, Unterabschnitt c) bezüglich der Bewegungsformen des Widerspruchs zwischen Produktivkräften und Produktionsverhältnissen.

in Gestalt jeweiliger progressiver Klassen in den verschiedenen Gesellschaften zu identifizieren und einzuordnen. Diese Dimension einer sozialen Evolution in der Geschichte ist ein schmaler Grat jenseits »*eine(r) geschichtsphilosophischen Theorie des allgemeinen Entwicklungsganges ..., der allen Völkern schicksalsmäßig vorgeschrieben (wäre), was immer die geschichtlichen Umstände sein mögen, in denen sie sich befinden*« (MEW 19b: 111) einerseits und einer kontingenten Offenheit mit ausschließlicher Fokussierung auf jeweils »*unterschiedliche historische Milieus*« (ibid.: 112) andererseits.

Marx hatte in seinem »Vorwort zur Kritik der Politischen Ökonomie« »*in großen Umrissen ... asiatische, antike, feudale und modern bürgerliche Produktionsweisen als progressive Epochen der ökonomischen Gesellschaftsformation*« (MEW 13: 9) unterschieden. In den späteren Entwürfen einer Antwort auf den Brief von V.I. Sassulitsch von Februar/März 1881 hatte er von einer »*archaischen oder primären Formation unseres Erdballs*« gesprochen, welche »*ihrerseits eine Reihe von Schichten verschiedenen Alters, von denen die eine über der anderen liegt, (enthält).*« (MEW 19a: 398) Diese archaische Formation umfasst in solchen verschiedenen Schichten die unterschiedlichen vorbürgerlichen Produktionsweisen und Gesellschaften verschiedener Typen. Dabei gehört die Marx im seinerzeitigen Zusammenhang interessierende »*russische Dorfgemeinde ... zum jüngsten Typus dieser Kette*« (Ibid.). Diese russische Dorfgemeinde, die zu Marx' Lebzeiten, d.h. zur Zeit der bereits in England (und Westeuropa) existierenden industriell-kapitalistischen Produktionsweise noch bestand, bildet eine Ausformung der »*‹Ackerbaugemeinde›, (die) überall den jüngsten Typus der archaischen Gesellschaftsformation (darstellt).*« (Ibid.: 388) Die asiatische und antike Produktionsweise sowie die »*germanische Gemeinde*«, die »*zur Zeit Julius Cäsars ... noch nicht und ... (zur Zeit) als die germanischen Stämme Italien, Gallien, Spanien etc. eroberten, (nicht mehr existierte)*« (ibid.: 402), bilden eine systematische Stufenleiter hinsichtlich ihrer internen Strukturen und Entwicklungsmöglichkeiten und sind jeweils höher entwickelte Formen und Modifikationen des archaischen Urtyps der vorbürgerlichen Gesellschaftsformation. Letztere umfasst die Anfänge der Menschheitsentwicklung mit wandernden Horden der Wildbeuterzeit über die allmähliche Sesshaftwerdung naturwüchsiger Gemeinschaften und die Herausbildung von Klassenstrukturen verschiedener Art im Zuge von Auflösungsformen des ursprünglichen Gemeineigentums bis zum Übergang in den Kapitalismus als historisch zweiter und erster weltumspannender Gesellschaftsformation.

Damit sortiert sich das Bild. Der historische Urtyp der archaischen Formation beruht auf den Formen des Gemeineigentums, die wir früher als Form I bezeichnet hatten. Dieses Gemeineigentum erstreckt sich zunächst auf die Inbesitznahme der Territorien durch wandernde Horden sowie nach erfolgter Sesshaftigkeit zuvorderst auf den Grund und Boden, welchen die niedergelassenen naturwüchsigen Gemeinschaften landwirtschaftlich bearbeiten. Die asiatische Produktionsweise stellt begrifflich und historisch die ersten Ausgestaltungen der Form I dar, die zugleich Modifikationen und Auflösungsformen des ursprünglichen Gemeineigentums am Grund und Boden enthält und damit eine große Variationsbreite aufweist. Sie reicht von der altindischen Gemeinde einzelner Bauerndörfer über sog. Palast- und Tempelwirtschaften bis zur Verwandlung des Gemeineigentums in Staatseigentum in »high-end states« und Imperien. Die anderen Typen dieser archaischen Formation sind die antike, auf der Eigentumsform II begründeten Produktionsweisen sowie die germanische Eigentumsform (Form III) mit der Etablierung von Privateigentum am Grund und Boden, sodass sich jeweils unterschiedliche Mischungen von Gemein- und Privateigentum ergeben. Dabei führen die antike Eigentumsform und Produktionsweise zu einer Sklavenhaltergesellschaft und die germanische Eigentumsform, die für sich genommen am wenigsten zu einer distinkten Produktionsweise kristallisiert, vor dem Hintergrund der Auflösung der antiken Form (im Weströmischen Reich) zum Übergang in den (europäischen) Feudalismus als neuer Produktionsweise mit weitgehend selbstständig arbeitenden Bauern und Handwerkern, die aber zugleich zu einem großen Teil persönlich abhängige Leibeigene sind.

Die Entwicklungsdimension im Rahmen der vorbürgerlichen Gesellschaftsformation oder den verschiedenen Schichten des archaischen Grundtyps von Gesellschaft ist unter dem Aspekt ihres regionalen Vorkommens mit dem Begriff der »welthistorischen Zentren« zu erfassen versucht worden. Danach stellt sich »*das Programm einer wissenschaftlichen Weltgeschichtsforschung dar als Versuch einer gedanklichen Rekonstruktion jener wirklichen Entwicklungslinie, die vermutlich von den punktuellen Staatsbildungen im vorderasiatischen, indischen und chinesischen Raum ausging, über spezifische Syntheseprozesse im östlichen Mittelmeerraum zur Entfaltung der antiken Produktionsweise und schließlich zur Formierung der westeuropäischen (und auch anderer) Feudalgesellschaften führte und dort in die Konstitution der bürgerlich-kapitalistischen Produktionsweise mündete.*« (Naumann 1978: 17)

Mit dieser Entwicklungsreihe konkret-regionaler Gesellschaften sind die zu behandelnden Fragestellungen benannt:
- Welches sind die jeweiligen Kontitutionsbedingungen dieser Gesellschaften?
- Worin liegen in den jeweiligen Weltregionen die Agentien für einen Übergang von einer Form in die andere bzw. warum hat sich ein derartiger Übergang in eine systematisch höhere Form in anderen Gesellschaften nicht vollzogen?
- Welche Einflüsse sind aus der Rolle der nichtsesshaften Viehzüchter (Nomadenvölker) und der großen Wanderungsbewegungen und Eroberungen sowie der anschließenden Assimilation unterschiedlicher Völker und der Synthese zu jeweils der entwickelteren Zivilisation und Kultur[6] entstanden?
- Welche Unterschiede, bezogen namentlich auf feudale Formen, sind hinter oberflächlich gleichen oder ähnlichen Erscheinungsformen verborgen, die unterschiedliche Entwicklungspotenziale beinhalten und daher auch verschiedene Entwicklungen hervorgebracht haben?

---

[6] Vgl. MEW 9: 221: »...einem unabänderlichen Gesetz zufolge werden barbarische Eroberer selbst durch die höhere Zivilisation der Völker erobert, die sie sich unterwarfen.«

Kapitel 5: Begriff und systematische Abfolge

In diese Fragestellungen integral eingeschlossen ist die Identifikation und Differenzierung der die historischen Übergänge oder Niedergangsprozesse von Gesellschaften befördernden Agentien nach quasi-objektiven Entwicklungen von Produktivkräften und subjektiven sozialen Bewegungen oder Klassenkämpfen, die beide ein jeweiliges Bewusstsein der handelnden Akteure unterstellen.

Die früher betrachteten drei Eigentumsformen, die in ihrer logischen Struktur umfassend und abschließend sind, determinieren zwar grundlegend die Struktur jeweiliger Gemeinwesen durch das Verhältnis des Einzelnen zur Gemeinschaft, sind aber für sich genommen noch keine Produktionsweisen, sondern nur ein jeweiliger Nukleus. Ihre Ausgestaltung zu dominierenden Produktionsweisen bringt weitere Momente hinein wie z.B. historische und regionale Ausfächerungen der Eigentumsverhältnisse oder die Etablierung spezifischer politischer Formen der Gemeinwesen als Staaten und Imperien oder die Ausgestaltung von Herrschafts- und Knechtschaftsverhältnissen in verschiedenen sekundären Formen als Sklaverei und späterer Leibeigenschaft. Ein signifikantes Merkmal der antiken Produktionsweise ist die Sklaverei, die sowohl in der Polis der Griechen als auch im Weltreich der Römer in die Produktionsbedingungen eingreift. Aber weder ist die antike Sklaverei das primäre Produktionsverhältnis der antiken griechisch-römischen Gesellschaften noch hat sie den gesamten Zeitraum von deren Existenz geprägt; beides verbietet es, von einer Epoche der Sklavenhaltergesellschaft zu sprechen (vgl. Schmidt 1978: 120f.). Die antike Sklaverei geht mit dem Niedergang des Römischen Reiches unter und mit der Entwicklung von Feudalverhältnissen etablieren sich Hörigkeits- und Leibeigenschaftsverhältnisse, die ebenso wie antike Sklaverei als Sekundärmerkmale zu den primären, durch die Eigentumsformen konstituierten Produktionsverhältnissen mit mehr oder weniger umfangreichen Modifikationen hinzutreten. Während die germanische Eigentumsform zusammen mit den Residuen der antiken (west-) römischen Form zum Kern einer neuen, höheren Produktionsweise wird, generiert die asiatische Produktionsweise bei allen strukturellen und regional keineswegs auf den asiatischen Kontinent beschränkten unterschiedlichen Ausprägungen[7] keine endogenen Entwicklungspotentiale zu höheren feudalen gesellschaftlichen Formen und weist nach dieser Seite einen dominieren-

---

[7] Der historische Ursprung der asiatischen Produktionsweise im Nahen Osten und in Mesopotamien ist zwar auf dem asiatischen Kontinent anzuordnen, doch hat sich bereits früh mit den altägyptischen Hochkulturen im Niltal auf Afrika übergegriffen, später dann auch auf Mittel- und Südamerika; eine vergleichbare terminologische Problematik ergibt sich für die »altorientalische Klassengesellschaft« (vgl. Sellnow et al. 1977) als Ausprägung der Gesellschaftsformen der asiatischen Produktionsweise. Wir bleiben mangels einer überzeugenden kategorialen Alternative nachfolgend bei dieser eingeführten und auf Marx zurückgehenden Begrifflichkeit. Die teilweise bestehende Aversion gegen die asiatische Produktionsweise rührt denn ja auch weniger aus der insinuierenden inkorrekten geografischen Zuordnung und regionalen Begrenzung, sondern auf der völlig überzogenen Identifikation der asiatischen Produktionsweise mit orientalischem Despotismus und mongolisch-tatarischer Barbarei insbesondere in Bezug auf Russland, die auf A. Wittgogels Einleitung

den stagnanten Grundton als limitierendes Moment auf. Auch dieser Produktionsweise sind naturwüchsige Verhältnisse von persönlicher Abhängigkeit inhärent. Das einzelne Gemeindemitglied bleibt hier zunächst ein bloßes Akzidenz des das Gemeineigentum verwaltenden Stammes sowie später der Dorfgemeinde und deren innerer Sozialgliederung; auf dieser Grundlage bilden sich spezifische Herrschaftsverhältnisse heraus, die oberflächlich auch feudale Formen von Hörigkeit annehmen, aber keinen mittelalterlichen westeuropäischen Feudalismus mit seinen spezifischen Entwicklungspotentialen hervorbringen. Trotz oberflächlicher Analogien und Gemeinsamkeiten werden sie von Marx daher auch nicht unter der Kategorie des »Feudalismus« gefasst.[8] Nur die Verhältnisse des (west-)europäischen Feudalismus im Mittelalter führen über verschiedene Zwischenschritte zur erstmaligen Herausbildung der bürgerlich-kapitalistischen Gesellschaftsformation.[9] Die asiatische und antike Produktionsweise sowie der aus der germanischen Form sich entwickelnde Feudalismus haben demgegenüber gemeinsam, dass sie allesamt vorbürgerliche Klassengesellschaften mit hierarchischen Clans, Kasten und Ständen sowie persönlichen Herrschafts- und Knechtschaftsverhältnissen sind.

Die zur kapitalistischen Produktionsweise führende ursprüngliche Akkumulation von Kapital, die als wesentliches Moment die Trennung des Produzenten von seinen Produktionsmitteln bei gleichzeitiger Überwindung persönlicher Abhängigkeitsverhältnisse zugunsten formeller persönlicher Gleichheit und Freiheit einschließt, d.h. den doppelt freien Lohnarbeiter und eine auf der Trennung von Arbeit und Eigentum gegründete eigenständige Gesellschaftsformation, vollzog sich in England als ›klassischer‹ Prozess, der auf dem (west-) europäischen Kontinent mit jeweiligen nationalen Besonderheiten nachvollzogen wurde. Es wird zu betrachten sein, weshalb diese originäre ursprüngliche Kapitalakkumulation nicht in Frankreich, sondern in England stattgefunden hat, wo doch der Feudalismus in seiner ursprünglichen Ausprägung im Westfrankenreich gegründet, in der Normandie durch die norwegischen Eroberer weiterentwickelt und durch die französischen Normannen in England fertig eingeführt worden war (vgl. MEGA II, 3.6: 2180).

---

zu Marx' »Enthüllungen zur Geschichte der Diplomatie im 18. Jahrhundert« (vgl. Wittvogel 1981 sowie auch ders. 1977) zurückgeht.

[8] Vgl. Kuchenbach 2022: 147 und 153. Einen Sonderfall konstituiert die Entwicklung in Japan »*mit seiner rein feudalen Organisation des Grundeigentums und seiner entwickelten Kleinbauernwirtschaft*« (MEW 23: 745, Anm. 192). Es ist die einzige Region, die neben (West) Europa eine weitgehend endogen erzeugte, allerdings zeitlich spätere ursprüngliche Akkumulation zur kapitalistischen Produktionsweise aufweist. Wir kommen darauf im 12. Kapitel zurück.

[9] Auf dem afrikanischen Kontinent, teilweise bis in die jüngste Gegenwart, sowie in den beiden Amerikas bis zur Kolonisierung durch Spanier, Portugiesen sowie Franzosen und Engländer haben sich bei der indigenen Bevölkerung verschiedene Realisierungsformen des ersten Typus der archaischen Formation gehalten. Auch in niedrig entwickelten asiatischen Ländern wuchern unter der Oberfläche teilweise althergebrachte gentilizisch-tribalistische Strukturen fort.

Kapitel 5: Begriff und systematische Abfolge

Von dieser historisch ersten ursprünglichen Akkumulation des Kapitals sind spätere sekundäre und tertiäre etc. Formen in den Siedlerkolonien etc.[10] zu unterscheiden. Eigenständige und historisch jüngere Fälle einer ursprünglichen Akkumulation werden schließlich aus einer Verbindung von externen, durch Verlagerung von Produktionszweigen angestoßenen und intern akkumulativ verarbeiteten Prozessen in den heutigen Schwellenländern seit den 1970er Jahren in den »Tiger-Staaten« Südkorea, Taiwan, Hongkong und Singapur sowie namentlich seit dem Jahrtausendwechsel in den BRICS-Ländern (VR China, Indien, Brasilien, Russische Föderation und Südafrika) hervorgebracht. Davon zu unterscheiden sind die Entwicklungen in Ländern mit blockierten Übergängen zum Kapitalismus, die in einer perennierenden ursprünglichen Kapitalakkumulation verharren. Mit diesen Formen einer nachholend-gelungenen oder permanenten, blockierten ursprünglichen Akkumulation des Kapitals ist der gesamte heutige »globale Süden« umfasst, der in Afrika und Asien Länder beinhaltet, die sich im internationalen Vergleich vom Status eines niedrigst entwickelten Landes (least developed country, LDC) nicht befreien und nicht zu sich industrialisierenden Schwellenländern aufschließen konnten.

Die realgeschichtliche Entwicklung in den verschiedenen Regionen der Welt ist in ihren Eckpunkten im Einzelnen später aufzunehmen und wird die unterschiedliche Ausprägung der Grundformen verschiedener Produktionsweisen und die in ihnen vorkommenden primären und sekundären Produktions- und Sozialverhältnisse offenbaren, die die Typisierung verschiedener Gesellschaften und Staaten nicht ganz einfach machen und vielfältige Kontroversen innerhalb der an Marx orientierten Geschichtswissenschaft hervorgerufen haben.[11] Zunächst geht es um die systematische Darstellung der verschiedenen Typen von Gesellschaftsformationen, die in Abbildung 5.1 mit ihren jeweiligen Produktionsweisen nochmals schematisch in ihrem systematischen Zusammenhang dargestellt sind.

---

[10] Z.B. USA, Kanada sowie Australien und Neuseeland. Davon zu unterscheiden ist die koloniale Eroberung Mittel- und Südamerikas durch Spanier und Portugiesen, die allerdings bis in die zweite Hälfte des 20. Jahrhunderts nur in Ansätzen kapitalistische Verhältnisse hervorgebracht hat.

[11] Vgl. dazu die Abschnitte III bis V. Die angesprochenen Kontroversen beziehen sich namentlich auf die vorbürgerliche Gesellschaftsformation und das Verhältnis zwischen primären Eigentumsformen und Sekundärmerkmalen und das überkommene Epochenschema des Historischen Materialismus marxistisch-leninistischer Provenienz.

Abbildung 5.1: Epochen von Gesellschaftsformationen und Produktionsweisen (schematisch-systematische eigene Darstellung)

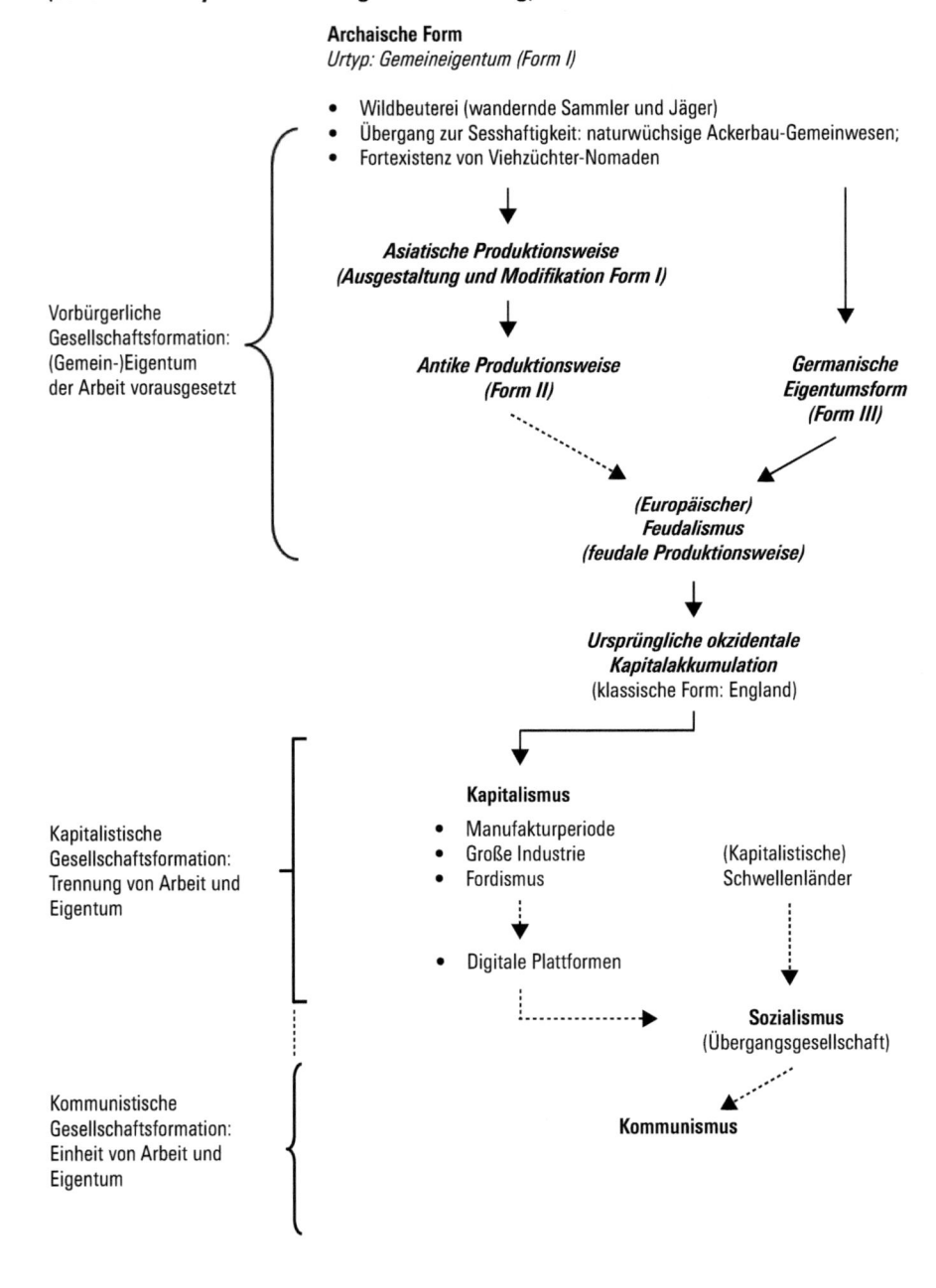

Archaische Form
Urtyp: Gemeineigentum (Form I)

- Wildbeuterei (wandernde Sammler und Jäger)
- Übergang zur Sesshaftigkeit: naturwüchsige Ackerbau-Gemeinwesen;
- Fortexistenz von Viehzüchter-Nomaden

Vorbürgerliche Gesellschaftsformation: (Gemein-)Eigentum der Arbeit vorausgesetzt

Asiatische Produktionsweise
(Ausgestaltung und Modifikation Form I)

Antike Produktionsweise
(Form II)

Germanische Eigentumsform
(Form III)

(Europäischer) Feudalismus
(feudale Produktionsweise)

Ursprüngliche okzidentale Kapitalakkumulation
(klassische Form: England)

Kapitalistische Gesellschaftsformation: Trennung von Arbeit und Eigentum

Kapitalismus
- Manufakturperiode
- Große Industrie
- Fordismus

(Kapitalistische) Schwellenländer

- Digitale Plattformen

Sozialismus
(Übergangsgesellschaft)

Kommunistische Gesellschaftsformation: Einheit von Arbeit und Eigentum

Kommunismus

Kapitel 6: Produktionsweisen der vorbürgerlichen Gesellschaftsformation

a) Nichtsesshafte Horden (Wildbeuter)

Die Erde als locus standi und ihre Pflanzen- und Tierwelt als natürliches Reservoir sind die originären Existenzbedingungen für die Menschen von Anbeginn an. Die Nahrungsmittelgewinnung der wandernden Horden des Homo sapiens erfolgte in den ersten Jahrtausenden durch Wildbeuterei. Sammeln von essbaren Pflanzen, in einem späteren Stadium Erlegen von wilden Tieren – dies schloss zunächst wesentlich auch die Verwertung von Aas ein – sind etwas unpräzise als aneignende im Unterschied zu späterer verarbeitender Nahrungsproduktion bezeichnet worden. Denn um die Verwertung gesammelter Pflanzen oder die Aufbereitung des Aases von verendeten Tieren in einen verzehrbaren Zustand zu bringen, sind erste Prozesse der Zubereitung dieser Substanzen vorausgesetzt. Bei der späteren Jagd auf Wildtiere versteht sich von selbst, dass Aneignung die genuinen Tätigkeiten der Jagd, des Erlegens der Tiere und die Verarbeitung und Zubereitung des Fleisches einschließt. Darüber hinaus geht in all diese Prozesse erfahrungsmäßig gewonnenes – und sukzessive erweitertes – Wissen hinsichtlich geeigneter Örtlichkeiten und der Genießbarkeit von pflanzlichen und tierischen Rohprodukten ein. Zwischen ›Entnahme‹ und Konsum sind also von Anbeginn an mehrere Arbeitsschritte eingeschlossen, die schließlich auch die Nutzung und den Einsatz von (einfachen) Werkzeugen einbegreifen. Damit ist zugleich gesagt, dass sowohl subjektive Fertigkeiten als auch die Nutzung objektiver Mittel als Instrumente der Wildbeuter Entwicklungen und Weiterentwicklungen unterstellen, die sich aus der Tätigkeit der Nahrungsgewinnung der wandernden Horden unmittelbar ergeben.

Während über die Werkzeuge und Instrumente der Wildbeuter archäologische Artefakte sowie Fossilien, die heutzutage durch entwickelte Verfahren auch ziemlich genau zeitlich datiert werden können, Auskunft geben sowie die vergleichende Analyse der Gehirn-Struktur und -evolution und die Entschlüsselung des Genoms heutiger Menschen und fossiler Funde in den letzten Jahrzehnten erhebliche Fortschritte gemacht haben, sind die Kenntnisse hinsichtlich der sozialen Beziehungen der wandernden Menschengruppen nicht gleichermaßen sicher zu bestimmen, sondern nur durch die Heranziehung anthropologischer Erkenntnisse und ethnologischer Analysen rezenter Wildbeuter-Gemeinschaften zu gewinnen. Die Bedeutung der Gemeinschaften, auch als eigenständige und in den Anfängen der Menschheitsentwicklung für lange Zeit wichtigste Produktivkraft für die Lebensreproduktion, muss im Hinblick auf ihren Stellenwert für die Rekonstruktion dieser frühen Stadien gegenüber der Analyse vergegenständlichter Artefakte und Fossilien hoch bewertet werden. Die von Marx gewonnenen Schlussfolgerungen aus den Analysen zeitgenössischer Untersuchungen sind damit trotz des seinerzeit noch unentwickelten Standes dieser Forschungen vor der Herausbildung der Wissenschaftsdisziplinen der Anthropologie und Ethnologie als plausible Bewertungen aus seinen Erkenntnissen in Bezug auf die Dechiffrierung vorbürgerlicher Sozialverhältnisse vor dem Hintergrund seiner Kritik der politischen Ökonomie des Kapitalismus zu bewerten. Die historisch-ursprüngliche Allgemeinheit matrilinearer Verwandtschaftsbeziehungen in Form von Gentes in den naturwüchsigen Gemeinwesen sind dabei ebenso wie Identifikation von Familienstrukturen als historisch nachgeordneten, sekundären Verhältnissen trotz der in heutigen rezenten Stammes- und Verwandtschaftsverhältnissen nachgewiesenen patrilinearen Strukturen zwingend.[1]

Relativ sicher dürfte auch sein, dass Homo habilis im beginnenden Pleistozän – 1,85 bis 1,70 Mya – in der Frühzeit Oldavais[2] in offenen und nicht räumlich festgelegten, d.h. von Zeit zu Zeit den unmittelbaren Lebensraum wechselnden Gruppen existierte und von der Sammlung von Pflanzen, dem Einfangen von Kleintieren und dem Verwerten von Aas lebte. Die soziale Struktur dieser Gruppen erschöpfte sich zunächst in Mutter-Kinder- bzw. Mutter-Geschwister-Gruppen als Verwandtschaftsbeziehungen. Gemeinsame Angelegenheiten dieser Gruppen ergaben sich aus dem Schutz vor Raubtieren etc. »*Das gesellschaftliche Leben war vermittelt durch ein entwickeltes Selbstbewußtsein und Bewußtsein des/der Anderen der einzelnen Menschen sowie ein gesellschaftliches Selbstbewußtsein der Beziehungen zueinander und zur belebten und unbelebten Umwelt.*« (Lambrecht et al. 1998: 88) Dieses Bewusstsein war dabei sicher weder die Grundlage noch der Überbau des gesellschaftlichen Lebens, sondern unmittelbares konstitutives Element des praktischen Lebenszusammenhangs.

Wesentlich später, vor rd. 40 bis 35 Tsd. Jahren (vor heute) im Übergang zum Jungpäöolitikum[3] wurde »*die Hordengesellschaft des Altmenschen ... durch die erreichten Fortschritte gesprengt. An ihre Stelle war allmählich eine neue, jedoch auch Traditionen der Hordengesellschaft bewahrende Organisationsform getreten: Die Gentilorganisation.*« (Sellnow et al. 1977: 59) Ihr Vorkommen war laut entsprechenden Fundstätten in Südwestasien, in Nord- und Südafrika sowie auch in Europa anzutreffen. Auch der Homo sapiens der Gentilorganisation war Sammler von Pflanzen, Verwerter von Fleisch und Knochen bereits toter Tiere sowie gelegentlicher Jäger kleineren Wilds, wobei sich eine Arbeitsteilung zwischen Männern und Frauen zu entwickeln begann, insofern schwerpunktmäßig – keineswegs

---

[1] Vgl. Leisewitz/Schwarz 2020 II: 121.

[2] In der nordtansanischen Oldavai-Schlucht wurden vielerlei steinerne Artefakte aus einer Zeit von vor 1,8 Mio. Jahren gefunden, die Rückschlüsse auf die natürliche Umwelt eines Sees sowie von Homo habilis benutzen Steingeräten (Haumesser, Kratzer sowie Hämmer) erlauben.

[3] Das Jungpaläolithikum oder die jüngere Altsteinzeit umgreift die Zeitspanne von rd. 40 Tsd. bis 20 Tsd. Jahren vor heute. Es wird nach vorne vom Mittel- und Altpaläolithikum – drei Mya bis 300 kya bzw. 300 bis 40 kya – und nach hinten vom Mesolithikum oder der Mittelsteinzeit (20 kya bis 11 kya) begrenzt. Ab 11 Tsd. Jahren vor heute beginnt das Neolithikum (Jungsteinzeit), das ab 5,3 kya von der Bronzezeit abgelöst wird.

ausschließlich – Erstere die Jagd und Letztere das Sammeln betrieben. Im Unterschied zu den äußerst primitiven Steingeräten von Oldavai zeigen Funde, dass die handwerklichen Fähigkeiten der Menschen im Hinblick auf erste Speerspitzen aus Knochen oder Geweih sowie zur Bearbeitung von Tierhäuten fortentwickelt worden waren; auch die Erbeutung kleinerer pelztragender Tiere gewann für Bekleidung an Bedeutung. Die Menschen lebten, wenn sie nicht umherzogen, zunehmend in Höhlen und Felsvorsprüngen, die im Verlauf der Zeit ausgestaltet und ausgeschmückt wurden, wie erhalten gebliebene Wandmalereien zeigen. Sie verfügten außerdem über Feuerstellen in Form von Herden.

Ihre Gesellschaft bestand aus offenen Gruppen ohne feste territoriale Bindung in der Größe von 5 bis 1.500 Mitgliedern, wobei rd. 150 in Kontakt lebende Personen die für das Überleben notwendige Minimalgröße darstellten und durch Mobilität der Subjekte gewährleistet wurde. *»Nur in fünf Regionen Europas gab es überhaupt eine dauerhaft überlebensfähige Population von 150 Personen und mehr: in Nordspanien, Südwestfrankreich, Belgien, in Teilen Tschechiens und im Tal der Urdonau in der Schwäbischen Alb. Im Südwesten Frankreichs mit seinen Karsthöhlen lebte dabei mit 440 Personen die größte Gruppe.«* (Schmidt/Zimmermann 2019) Offenbar waren die Zentren untereinander vernetzt. Neben den Kernregionen existierten *»wohl kleine Einzelgruppen von etwa 40 Personen..., (die) für sich genommen nicht überlebensfähig gewesen (wären)«* (ibid.) und sich zeitweilig während bestimmter Jahreszeiten in Regionen bis zu 200 km von den Zentren entfernt aufhielten. Regionale Populationen starben wiederholt aus, das System vernetzter Populationen mit hoher Mobilität war jedoch überlebensfähig. Die sozialen Einheiten bestanden als Abstammungsgruppen (Mutter-Kinder- bzw. Mutter-Geschwister-Gruppen) sowie aus weiteren erwachsenen Frauen und daneben familialen Strukturen, die die Männer einschlossen. Die an den jeweiligen Orten sich aufhaltenden Populationen waren besondere Gemeinschaften als Sippe oder Gens mit einer unterstellten gemeinsamen Herkunft.

»Es ist anzunehmen, daß durch die Bildung von Sippen oder Gentes eine gewisse Regelmäßigkeit in den gesellschaftlichen Beziehungen aufgekommen ist, was sich auf die familialen und politischen Aktivitäten ausgewirkt haben dürfte. *In einer solchen angenommenen gemeinsamen Herkunftsgruppe (Sippe) dürfte auch die soziale Existenz eines jeden einzelnen Menschen auf eine bestimmte Weise definiert worden sein, wodurch den Personen selber bestimmte soziale Rollen zugewiesen worden wären. Auch die Gesellschaft insgesamt, die nunmehr durch verschiedene ortsverbundene und gebietsbezogene Gruppen gebildet wird, oder sich in solche Gruppen unterteilt hat, wird nunmehr wesentlich dadurch bestimmt worden sein, daß sie einen Zusammenhang solcher Gruppen oder Sippen darstellte.«* (Lambrecht et al. 1998: 118)

Die kleinen Einheiten als Mutter-Kind/Geschwister-Gruppen waren nun wesentlich Teil einer Sippe oder Gens, die wiederum erstmalig eine gewisse »regelhafte gesellschaftliche Ordnung« aufwies. In dieser »Urgesellschaft« oder archaischen Grundform, in sich *»auf der Grundlage des erreichten Standes der Produktivkräfte feste Regeln und Normen des Zusammenlebens durchgesetzt (hatten), ... (die)* *auf der blutsverwandtschaftlichen Organisation der Gesellschaft in Geschlechterverbände (beruhten)«* (Grünert et al. 1982: 113), waren natürliche gegenüber gesellschaftlichen Einflussfaktoren überwiegend – nicht nur bei Homo habilis und seinen Nachfolgern, sondern auch noch bei den wandernden Gruppen des Paläolithikums.

Marx und Engels hatten im Anschluss an Lewis H. Morgan die vorgeschichtlichen Kulturstufen als »Wildheit« und »Barbarei« unterschieden und beide nochmals in jeweils drei Stufen unterteilt. Dabei sind die Verhältnisse der Wildbeuterei der Unter- und Mittelstufe der ersten Periode (»Wildheit«) zuzuordnen. Als wesentlichen Entwicklungsschritt hebt Engels *»die Ausbildung artikulierter Sprache (als) Hauptergebnis«* (MEW 21a: 30) der Unterstufe als »Kindheit des Menschengeschlechts« (vgl. ibid.) hervor, eine Ansicht, die durch die heutigen Ergebnisse auch der biophysiologischen Entwicklung des Menschen bestätigt wird. Die Mittelstufe der ersten Periode umschreibt demgegenüber die Verhältnisse des Paläolithikums mit *»der Verwertung von Fischen (wozu wir auch Krebse, Muscheln und andere Wassertiere zählen) zur Nahrung und mit dem Gebrauch des Feuers. Beides gehört zusammen, da Fischnahrung erst vermittelst des Feuers vollständig vernutzbar wird. Mit dieser neuen Nahrung aber wurden die Menschen unabhängig von Klima und Lokalität; den Strömen und Küsten folgend, konnten sie selbst im wilden Zustand sich über den größten Teil der Erde ausbreiten. Die roh gearbeiteten Steinwerkzeuge des frühen Steinalters, die sogenannten paläolithischen, die ganz oder größtenteils in diese Periode fallen, sind in ihrer Verbreitung über alle Kontinente Beweisstücke dieser Wanderungen.«* (Ibid.: 31)

Auch die Bedeutung der Jägerei als Nahrungsquelle relativiert Engels korrekterweise: »... *Wild, das mit der Erfindung der ersten Waffen, Keule und Speer, gelegentliche Zugabe zur Kost wurde. Ausschließliche Jägervölker, wie sie in den Büchern figurieren, d.h. solche, die nur von der Jagd leben, hat es nie gegeben*; dazu ist der Ertrag der Jagd viel zu ungewiß.« (Ibid.; Hervorh. i. Original) Stattdessen hebt er die »Menschfresserei« als Nahrungsquelle auf der Mittelstufe der »Wildheit« hervor, der zu seiner Zeit (im letzten Viertel des 19. Jahrhunderts) die indigenen Völker in Australien und Polynesien noch frönten (vgl. ibid.).

Die überragende Bedeutung des sozialen Zusammenhangs in der Horde im Verhältnis zur der menschlichen Arbeit und ihrer produktiven Potentiale für die gesellschaftliche Entwicklung der Menschheit gilt auch für die Epoche der »Menschwerdung des Affen« im Paläolithikum. Dabei sind mit der Bestimmung der »Arbeit« nicht nur ihre ersten rudimentären Formen als instinkthafter Überlebensdrang mit ersten primitiven Aneignungsformen der äußeren Natur bis zur Beherrschung des Feuers gemeint, sondern auch alle Funktionen, die in der natürlichen Reproduktion der Gattung eingeschlossen sind.

»Das dritte Verhältniß (nach Erzeugung der Mittel zur physischen Reproduktion des Subjekts und Erweiterung seiner Bedürfnisse / S.K.) was hier gleich von vorn herein in die geschichtliche Entwicklung eintritt, ist das, daß die Menschen, die ihr eignes Leben täglich neu machen, anfangen, andre Menschen zu machen, sich fortzupflanzen – das Verhältniß zwischen Mann & Weib, Eltern & Kindern, die Fa-

Kapitel 6: Produktionsweisen der vorbürgerlichen Gesellschaften

milie.« (MEGA I, 5: 28)[4] Worauf es vorliegend nur ankommt, ist die Produktion und Reproduktion des menschlichen Lebens als Doppelverhältnis, d.h. als natürliches wie gesellschaftliches Verhältnis (vgl. auch Leisewitz/ Schwarz 2019/20). Der natürliche Reproduktionsakt und die Aneignung der äußeren Natur durch Sammeln und (später) Jagen sind zunächst nur zwei naturnotwendige Äußerungsformen der Menschen, fallen lange Zeit räumlich und funktionell unmittelbar in Eins und sind nur geschlechtsspezifisch unterschieden. Wenn die Einbeziehung der sog. Reproduktionsarbeit in Bezug auf den Nachwuchs in den Begriff von Arbeit eine Relevanz besessen hat, dann unter Verhältnissen, in denen die Trennung von gesellschaftlich bestimmter (Erwerbs-) Arbeit und im Privathaushalt verrichteten reproduktiven Funktionen noch gar nicht bestanden hat.

b) Sesshaftigkeit, naturwüchsige Gemeinwesen auf der Basis von Gemeineigentum und die Bildung von Staaten im Rahmen der asiatischen Produktionsweise

Naturwüchsige Gemeinwesen auf Basis von Gemeineigentum am Grund und Boden

Der Übergang wandernder Gemeinschaften als Wildbeuter zur Sesshaftigkeit mit der Ausbildung von landwirtschaftlicher Bodenbearbeitung lässt sich nach den mittlerweile vorliegenden Erkenntnissen der archäologischen Forschung auf die Zeitspanne von rd. 10 Tsd. bis 5 Tsd. Jahren v.u.Z. datieren und liegt damit im Bereich des Übergangs vom Mesolithikum zum Neolithikum. Die wandernden Horden bildeten bei teilweiser Vernetzung,[5] auf den Kontinenten, jedoch weitgehend unabhängig voneinander, in den »Lucky Latitudes« – diese umfassen einen Bereich zwischen 20 bis 35 Grad Nord in der »Alten Welt« und rd. 15 Grad Süd bis 20 Grad Nord in der »Neuen Welt« – die ersten Formen von Sesshaftigkeit aus. Wesentliche Ursache war eine weltweite Klimaerwärmung mit dem Aufkommen einer üppigen Vegetation in diesen »Lucky Latitudes«, die es dem Homo sapiens

---

[4] In der »Deutschen Ideologie« hatten Marx und Engels noch die Familie als »*im Anfange das einzige soziale Verhältniß … ., (welches) späterhin, wo die vermehrten Bedürfnisse neue gesellschaftliche Verhältnisse, & die vermehrte Menschenzahl neue Bedürfnisse erzeugen, zu einem untergeordneten (Verhältnis / S.K.)*« (Ibid.: 28.) wird, bezeichnet. Diese Aussagen bezüglich der Familie sind jedoch, wie ausführlicher im 3. Kapitel gezeigt, ungenau bis inkorrekt: weder ist die Familie das einzige soziale Verhältnis, da übergeordnet die wandernde Gruppe als »gesellschaftliche Einheit« besteht, noch sind die ersten Formen der »Familie« beide Elternteile – »Mann & Weib, Eltern & Kinder« (ibid.) –, sondern es bestehen lange Zeit Mutter-Kind-/Geschwister-Gruppen ohne Einbezug der Männer (außer im Zeugungsakt).

[5] Immer wieder werden auch durch archäologische Funde Beziehungen und Verbindungen zwischen wandernden Horden nachgewiesen, sogar zwischen Neanderthalern und modernen Menschen (Homo sapiens), deren Vorkommen nicht abwechselte, sondern die lange Zeit neben- und teilweise miteinander existierten.

der Wildbeuterzeit ermöglichte, ein aktiveres Verhältnis zur äußeren Natur zu entwickeln, indem er begann, zur eigenen Produktion von Nahrungsmitteln überzugehen; insofern war der Übergang in Sesshaftigkeit und beginnende Agrikultur zum überwiegenden Teil durch natürliche Veränderungen bestimmt. Er geschah unabhängig voneinander zu verschiedenen Zeiten und in verschiedenen Weltregionen, die als diese »Lucky Latitudes« die größten vegetativen Vorteile von der globalen Erwärmung aufwiesen. »*Research in recent decades has confirmed that agriculture arose independently during the Holozän in at least seven different regions of the world – Southwest Asia, East Asia, the New Guinea highlands, sub-saharian Africa, Andean South America, central Mexico, and the eastern United States – at different times. ...agriculture was clearly not a chance discovery made in one specific region, which then spread rapidly and globally once its advantage was perceived. Instead what we see is a parallel process of change among human societies in different regions, all of whom abandoned hunting and gathering in favour of food production.*« (Scarre 2013: 187f.) Dabei war der Übergang zur Sesshaftigkeit allerdings keine gradlinige Entwicklung, sondern ein von Rückfällen in Wildbeuterstrukturen geprägter Wechsel- und durch Misch- und Übergangskombinationen geprägter Prozess, der sich über fünf Jahrtausende erstreckte. Denn die Überlegenheit der frühen Agrikulturgesellschaften hinsichtlich der Sicherung der materiellen Reproduktion der Gemeinschaften war keineswegs direkt gegeben, sondern wesentlich abhängig von der Bevölkerungsdichte pro Fläche. Insofern ist davon auszugehen, dass der Prozess des Übergangs von vorlandwirtschaftlicher Seßhaftigkeit und die späteren Anfänge von Pflanzenanbau und Tierhaltung eine lange Zeitspanne beansprucht hat und durch Rück- bzw. Wechselfälle geprägt war. Klimatisch bedingte Gunst der Naturbedingungen und dadurch bedingte Zunahme der Bevölkerung sind jedoch schließlich die sich durchsetzenden Treiber für die Sesshaftigkeit von Gemeinschaften, die Entwicklung vom frühem Garten- und Feldbau und zu ersten Formen von festem Grundeigentum im Unterschied zur bloß temporären Inbesitznahme von Territorien von Seiten der nicht-sesshaften Gruppen.

Mit der Sesshaftigkeit der Bevölkerung, den Formen des Grundeigentums und der darauf gegründeten Gemeinwesen und in festeren Strukturen sich entwickelnden Gesellschaften wird der archaische Grundtyp der Gesellschaft durch eine sich konsolidierende ökonomische Basis fortentwickelt. Die historisch-ursprüngliche Form dieser sesshaft gewordenen Gemeinschaften ist das agrikulturelle Dorf, das aus mehreren Hausstätten (Hütten) besteht. Das Eigentum am Grund und Boden gehört unmittelbar der Gemeinschaft und jeder Einzelne ist nur als Mitglied dieser Gemeinschaft Grundeigentümer und unter der Voraussetzung dieser seiner Mitgliedschaft in der Lage, den Boden als locus standi und landwirtschaftlich zu bestellende Fläche zu nutzen. »*In der ersten Form dieses Grundeigentums – erscheint zunächst ein naturwüchsiges Gemeinwesen als erste Voraussetzung. Familie und die im Stamm erweiterte Familie oder durch intermarrige zwischen Familien oder Kombination von Stämmen.*« (MEW 42: 384) Die Familie, von der hier die Rede ist, ist zunächst jene Mutter-Kind-/bzw. -Geschwister-Gruppe, die als kleinste soziale Einheit bereits in den verschiedenen Formen der Vorsesshaftigkeit bestand und sich zur Gens als einer stärker regelhaft geordneten Gesellschaft ortsverbundener und gebietsbezogener Gemeinschaften mit einer mehr oder weniger fiktiven gemeinsamen Genealogie fortentwickelt hatte. Die Einzelnen als Mitglieder von Gentes sind unmittelbar in das Gemeinwesen eingebunden und nur als solche gemeinschaftliche Eigentümer des Grund und Bodens; daher erscheinen sie als Einzelne bzw. soziale Einheiten als eigentumslos und als bloße Besitzer. Im Laufe der Zeit hatten sich die ursprünglich matrilinear bestimmten Abstammungsgruppen um einen Mann/Vater zu einer Eltern- oder Paarfamilie erweitert, eine Entwicklung, die mit steigendem persönlichen Besitz und seiner Sicherung durch eine veränderte Erbfolge zugunsten der Kinder bedingt war; darauf deuten auch die Größe und Ausstattung der Wohnbauten in dem dem Paläolithikum folgenden Neolithikum hin. Die Paar- oder Elternfamilie blieb jedoch zunächst präpatriarchalisch und die Frauen behielten auch über die Familie hinaus gesellschaftliche Rollen als Sprecherinnen und Schamaninnen, die in diesen Funktionen die Gemeinschaft vertreten haben. Phratrien und Stämme als Verbindungen dieser Gentes sowie Bünde von Stämmen (Völker) stellen sodann umfassendere gesellschaftliche Einheiten dar.

Der Übergang von einer Subsistenzgewinnung durch Sammeln und Jagen zu ersten Ansätzen einer agrarischen Produktion in Gestalt eines beginnenden Anbaus von Pflanzen und des Haltens von Tieren führt in Bezug auf den Produktionsprozess der Gemeinschaften zu Veränderungen: extensives und intensives Sammeln von Pflanzen, Förderung des Pflanzenwachstums, Säen bzw. Anpflanzen wilder Pflanzen und schließlich Anbau biologisch veränderter Pflanzen. Entsprechendes gilt für den Umgang mit Tieren, ihrer Zähmung sowie bezüglich der Nutzung »sekundärer« tierischer Produkte wie Wolle, Milch, Zugkraft etc. Neben natürlichen Produktivkräften wie der Fruchtbarkeit und Regenerierbarkeit des Bodens spielen die Entwicklung von Bodenbearbeitungsgeräten wie Steinsicheln sowie später Holzpflügen (ab 3 kya) wichtige Rollen für die Erhöhung der Erträge. Künstliche Bewässerung sowie das Anlegen von Vorräten in Magazinen neben den Hausstätten der Familien sind gemeinschaftlich hergestellte und unterhaltene Bedingungen für die agrikole Arbeit in den Gemeinwesen.

In der Reproduktion ihres Lebens bearbeiteten die bäuerlichen Gruppen und Familien als Mitglieder von Gentes und Stämmen jeweilige Teilstücke des Grund und Bodens der Gemeinschaft, teilweise im durch die Gemeinschaft bestimmten Wechsel der Bodenflächen. Dabei kann die Ausgestaltung der konkreten Eigentums- und Gemeindeverhältnisse sowie der Produktionsprozesse unterschiedlich sein. »*Diese Art Gemeindeeigentum kann nun, soweit es nun wirklich in der Arbeit sich realisiert, entweder so erscheinen, daß die kleinen Gemeinden unabhängig nebeneinander vegetieren und in sich selbst der einzelne auf dem ihm angewiesnen Los unabhängig mit seiner Familie arbeitet (eine bestimmte Arbeit für* gemeinschaftlichen Vorrat, Insurance *sozusagen, einerseits, und für* Bestreitung der Kosten des Gemeinwesens als solchen, *also für Krieg, Gottesdienst etc.; das herrschaftliche dominium im ursprünglichsten Sinn findet sich erst hier, z.B. in den slawischen Gemeinden, in den rumänischen etc. (...), oder die Einheit kann sich auf die Gemeinschaftlichkeit in der Arbeit selbst erstrecken, die ein förmliches System sein kann, wie in Mexico, Peru besonders, bei den alten Kelten, einigen indischen Stämmen. Es kann ferner die Gemeinschaftlichkeit innerhalb des Stammwesens mehr so erscheinen, daß die Einheit in einem Haupt der Stammfamilie repräsentiert ist oder als Beziehung der Familienväter aufeinander. Danach dann entweder mehr despotische oder demokratische Form dieses Gemeinwesens.«* (Ibid.: 386; Hervorh. i. Original) Das heißt also, dass »*diese Form, wo dasselbe Grundverhältnis zugrunde liegt, ... sich selbst sehr verschieden realisieren (kann). Z.B. es widerspricht ihr durchaus nicht, daß, wie in den meisten* asiatischen *Grundformen, die zusammenfassende Einheit, die über allen diesen kleinen Gemeinwesen steht, als der höhere* Eigentümer *oder als der einzige Eigentümer erscheint, die wirklichen Gemeinden daher nur als* erbliche *Besitzer.*« (Ibid.: 385)

Mit der im Zuge der Sesshaftwerdung erfolgten gemeinschaftlichen Inbesitznahme von Grund und Boden bildet zunächst nur die territoriale Konsolidierung von Garten- und Ackerbau sowie Tierhaltung und Tierzucht in allen Regionen der Welt, wo sich dieser Übergang zu unterschiedlichen Zeitperioden durchsetzt, das neue Element des archaischen Urtyps von sesshaften Gemeinwesen. Wie auch immer sich der Produktionsprozess gestaltet, ob als direkt gemeinschaftliche Verausgabung von Arbeit der Gemeindemitglieder oder als Inbesitznahme und Bebauung einzelner Bodenstücke im Rahmen von Familienstrukturen bei Beschränkung der gemeinschaftlichen Arbeiten des agrikulturellen Dorfes auf die Sicherung des Grund und Bodens und die Anlage von gemeinschaftlichen Vorräten etc. – das Gemeinwesen ist in diesen Ursprüngen noch keineswegs durch die Existenz eines Staates gekennzeichnet. Dies gilt auch im Hinblick auf die Übernahme von Verwaltungsfunktionen durch einzelne Personen oder Familien als Repräsentanten des Gemeinwesens, zumal diese Funktionen zunächst keineswegs vererblich waren, sondern wohl in Versammlungen bestimmt wurden. Somit bestand der Reproduktionsprozess niedergelassener Gemeinwesen also noch ganz unabhängig von einer im Staat verselbstständigten politischen Form. Auch die benötigte Mehrarbeit, die das Gemeinwesen für seine jeweiligen gemeinschaftlichen Angelegenheiten benötigte, wurde durch gemeinschaftliche Arbeiten seiner Mitglieder erbracht, die somit eine durch Verteilung von Arbeit auf verschiedene Verwendungsformen charakterisierte Arbeitsrente darstellt.

Eine mehr demokratische Variante dieser Gemeinwesen war durch eine Versammlung der Stammältesten mit einem Häuptling an der Spitze gegeben, der zwar meist männlich war – daher ist Marx' Rede von einer Beziehung der Familienväter durchaus gerechtfertigt –, geht aber gleichzeitig auch mit matriarchalisch-gentilizisch strukturierten Abstammungsverhältnissen einher.[6] Für diese Verhältnisse früher Gemeinwesen, die noch keinen Staat als selbstständige politische Form kennen,

---

[6] Vgl. auch Morgans Beschreibungen der Verhältnisse bei den Irokesen-Indianern, die einen Rat als demokratische Versammlung aller männlichen und weiblichen Gentilen hat-

hat Engels den Begriff der »*militärischen Demokratie*« (MEW 21a: 124) geprägt. Erst mit der Verfestigung der Arbeitsteilung zwischen Männern als Nahrungsbeschaffern, u.a. durch die Jagd auf Großwild und Eigentümern der notwendigen Arbeitsmittel – »*nach dem Brauch der damaligen Gesellschaft war also der Mann ... Eigentümer der neuen Nahrungsquelle, des Viehs, und später des neuen Arbeitsmittels, der Sklaven*« (ibid.: 59) – und den Frauen als Müttern sowie primäre Sachwalterinnen »hauswirtschaftlicher« Tätigkeiten (inkl. eines hortikulturellen Anbaus von Pflanzen) fallen Matrilinearität (Mutterrecht) und Matrilokalität (Residenzregel) endgültig zugunsten der patriarchalischen Familie fort, nachdem vorher die Männer/Väter dauerhaft zu den dominanten Mutter-Kinder/Geschwister-Gruppen, d.h. den ursprünglichen Gentilstrukturen hinzugekommen waren.[7]

In der individuellen Bearbeitung des gemeinschaftlichen Grund und Bodens sowie den Repräsentationsfunktionen von Häuptlingen liegt allerdings auch die Möglichkeit des Umschlags von mehr demokratischen in mehr despotische Formen, insbesondere auf den übergeordneten Ebenen von Phratrien und Stammesbünden etc., wodurch sich Hierarchien innerhalb der Gemeinwesen herausbildeten. »*Da die Einheit der wirkliche Eigentümer ist und wirkliche Voraussetzung des gemeinschaftlichen Eigentums – so kann diese selbst als ein* Besondres *über den wirklichen besondren Gemeinwesen erscheinen, wo der einzelne dann in fact eigentumslos ist oder das Eigentum – i.e. das Verhalten des einzelnen zu den* natürlichen Bedingungen der Arbeit und Reproduktion als ihm gehörigen, als den objektiven, als unorganische Natur vorgefundner Leib seiner Subjektivität – für ihn vermittelt erscheint durch das Ablassen der Gesamteinheit, die im Despoten realisiert ist als dem Vater der vielen Gemeinwesen – an den einzelnen durch die Vermittlung der besondren Gemeinde.*« (MEW 42: 385; Hervorh. i. Original)

Damit eine Verselbstständigung des Gemeinwesens zu einer besonderen Existenz nicht nur in ideellen Repräsentationsformen existiert, sondern sich auch reell darstellt, ist die Existenz eines Surplusprodukts die notwendige Bedingung. Danach gehört ein von den produktiven Einheiten/Familien der Gemeinde, zu denen dann auch durch Arbeitsteilung konstituierte Formen von Handwerken gehören, produziertes, zuerst gelegentlich und zufällig anfallendes, später regelmäßig geschaffenes

---

ten mit einem männlichen Sachem (Friedenvorsteher) sowie, zeitweise, einen (männlichen) Kriegshäuptling (vgl. MEW 21a: 86ff.)

[7] Vgl. die Darstellung der Entwicklungslinien zur patriarchalen Familienform in Kapitel 3. Sehr drastisch und in dieser Form übertrieben hatte Engels die Ablösung der matriarchalisch geprägten Gens durch die patriarchalische Familie beschrieben: »*Der Umsturz des Mutterrechts war die* weltgeschichtliche Niederlage des weiblichen Geschlechts. *Der Mann ergriff das Steuer auch im Hause, die Frau wurde entwürdigt, geknechtet, Sklavin seiner Lust und bloßes Werkzeug der Kindererzeugung.*« (Ibid.: 61; Hervorh. i. Original) Letztere Zuschreibungen treffen allerdings nicht die frühen Zustände des Übergangs von der Paarungs- zur patriarchalen Familie. Auch die Ablösung des Mutterrechts erhält im Hinblick auf die Vererbung von werthaltigen Dingen erst dann eine größere Bedeutung, wenn es tatsächlich etwas zu vererben gibt.

Surplusprodukt dieser selbstständigen Verkörperung der Gemeinschaft.*»Das Surplusprodukt – das übrigens legal bestimmt wird infolge der wirklichen Aneignung durch Arbeit – gehört damit von selbst dieser höchsten Einheit. Mitten im orientalischen Despotismus und der Eigentumslosigkeit, die juristisch in ihm zu existieren scheint, existiert daher in der Tat als Grundlage dieses Stamm- oder Gemeindeeigentums, erzeugt meist durch eine Kombination von Manufaktur und Agrikultur innerhalb der kleinen Gemeinde, die so durchaus self-sustaining wird und alle Bedingungen der Reproduktion und Mehrproduktion in sich selbst enthält. Ein Teil ihrer Surplusarbeit gehört der höhern Gemeinschaft, die zuletzt als* Person *existiert, und diese Surplusarbeit macht sich geltend sowohl im Tribut etc. wie in gemeinsamen Arbeiten zur Verherrlichung der Einheit, teils des wirklichen Despoten, teils des gedachten Stammwesens, des Gottes.«* (Ibid.: 385; Hervorh. i. Original)

Der Hinweis auf Manufakturen neben der landwirtschaftlichen Arbeit dokumentiert die über die Erwirtschaftung von einem zufällig bestimmten agrikulturellen Surplusprodukt hinausgehende Arbeitsteilung, die mit handwerklichen Produkten, d.h. insbesondere Arbeitsmitteln, wiederum die Erträge der Agrikultur steigert. Obwohl das Handwerk gegenüber der Agrikultur absolut untergeordnet bleibt – in der Verteilung der zur Verfügung stehenden Arbeit bleibt es wohl bei einem Anteil von maximal ca. 10 bis 20% –, macht es die einzelnen produktiven Einheiten »self-sustaining« und steigert das Surplusprodukt über gelegentlich anfallende Überschüsse und eine Reproduktion auf strikt gleichbleibender Stufenleiter. Diese Produktivitätssteigerung ist die Basis für die Vergrößerung der Gemeinden und schließlich die Bildung von Städten. Hinzu kommt ein Produktenaustausch, zunächst an den Rändern zwischen Gemeinwesen, im Weiteren die Ausbildung eines sich entwickelnden Fernhandels. *»Die eigentlichen Städte bilden sich hier neben den Dörfern bloß da, wo besonders günstiger Punkt für auswärtigen Handel oder wo das Staatsoberhaupt und seine Satrapen ihre Revenu (Surplusprodukt) austauschen gegen Arbeit, sie als labour-fonds verausgaben.«* (Ibid.: 386)

Damit ist zunächst die ökonomische Grundlage für die Bildung von Stadtstaaten gelegt, die an die bereits vorher vorhandenen gemeinschaftlichen Einrichtungen und Institutionen anschließen (können). Derartige staatliche Gebilde entstandenen zuerst gegen Ende des 4. Jahrtausends v.u.Z. im Süden Mesopotamiens; die Städte Uruk, Ur oder Kisch werden zu Zentren der sog. Frühen Hochkultur (vgl. Lambrecht et al. 1978: 190). Sie beruhen auf einer Bewässerungslandwirtschaft, dem Handwerk sowie einem sich entwickelnden Handel. An der Spitze der Städte standen zu Herrschern aufgestiegene Häuptlinge und Sachwalter für die Beziehungen zu den Göttern, die als Personifikationen der übermächtigen Naturverhältnisse für die religiöse Flankierung und Absicherung der Reproduktion des Gemeinwesens sorgten. Dabei übernahmen die religiösen Repräsentanten zuweilen auch politische Funktionen.[8] *»Der traditional legitimierte Herrscher symbolisiert eine mo-*

---

[8] Marx bemerkt im ersten Band des »Kapital« in Hinblick auf die Wasserregelung in Ägypten, dass *»die Notwendigkeit, die Perioden der Nilbewegung zu berechnen, ... die*

Kapitel 6: Produktionsweisen der vorbürgerlichen Gesellschaften

ralische Ordnung, in der die Geltung von Normen mit der Person des Herrschers unmittelbar verknüpft werden kann. Der Herrscher steht über den anderen Menschen und interagiert unmittelbar mit den verhaltensstabilisierenden Göttern: er wird manchmal selbst zum Gott, zum Repräsentanten eines Gottes, zumindest zum Vollzugsorgan der Wünsche und Absichten der Götter.« (Eder 1980: 96)

Die familialen Verhältnisse sind in diesem entwickelteren Stadium des archaischen Grundtyps in der Regel patriarchalisch strukturiert, der gemeinschaftliche Bodenbesitz auf dem Land wird durch unterschiedlich große Inbesitznahmen einzelner Familien unterminiert, und mit chronischen Konflikten zwischen den Städten um Wasser, Land und Handelswege wird die Aufstellung und Unterhaltung eines Heeres zu einer wichtigen Bedingung der Erhaltung des Bestandes des Gemeinwesens bzw. der Stadtstaaten. *»Chronic warfare led to the elimination of women from public decision-making. Egalitarian relationships in the kin-based clans were destroyed by militarism, the centralization of political power, class structures, and patrilineal, patrilocal lines that ensured the transmission of private property through the male. ... Patriarchy ... provided the structural basis for channeling leadership and authority.«* (Rohrlich/Nash 1981: 65) Damit verfestigen sich die patriarchalen Strukturen innerhalb der Familien und es entwickelt sich eine Klassenteilung zwischen tributpflichtigen Bauern (sowie Handwerkern) und Händlern einerseits sowie staatlichen Funktionsträgern – dem Stadt- bzw. Staatsoberhaupt (König) und seinen Satrapen (Palast), seiner religiösen Gefolgschaft (dem Tempel und seinen Dienern) sowie dem Heer – andererseits als strukturierendes Gesellschaftselement. Die Verfestigung patriarchaler Familienstrukturen und die Etablierung institutioneller politischer Formen des Gemeinwesens überformen und zerstören die naturwüchsigen verwandtschaftlich- und geschlechtsbestimmten sowie demokratischen oder autoritär-despotischen Vorformen sozialer Unterschiede. An die Stelle gemeinschaftlicher Arbeiten für die allgemeinen Angelegenheiten des Gemeinwesens treten Formen von Tributleistungen der Bauern und Handwerker an die staatlichen Obrigkeiten.

Basis des entstehenden Staates wird also eine auf das Surplusprodukt der landwirtschaftlichen Einheiten gegründete Weiterentwicklung und Verknöcherung gesellschaftlicher Arbeitsteilung in direkt und indirekt produktive Stände; denn zur »gesellschaftlich notwendigen Arbeit« gehört auch die Tätigkeit namentlich der religiösen Funktionen des Tempelpersonals, die die Beziehung zu den Göttern als mystisch hypostasierten Weltenlenkern herstellen. Zivilisatorische Fortschritte gründen in der Entwicklung der staatlichen Institutionen, die teilweise über eigenes Wirtschaftsvermögen in Form von Palast- und Tempelwirtschaften als separiertes Eigentum verfügen, ein Gerichtswesen etablieren und Anfänge der Schrift entwickeln. Aus erfolgreich durchgeführten Kriegen mit anderen Staaten gewinnt die Versklavung von Kriegsgefangenen ökonomische Bedeutung, sodass eine oftmals

---

ägyptische Astronomie (schuf) und mit ihr die Herrschaft der Priesterkaste als Leiterin der Agrikultur« (MEW 23: 537 Fn).

bedeutend anwachsende Sklavenpopulation eine weitere Gesellschaftsklasse wird. Für die erste Form des Eigentums relativiert Marx jedoch diese Klassenbestimmung, weil auch der selbstwirtschaftende Bauer, weil er nie zum Eigentümer, sondern nur zum Besitzer des Grund und Bodens wird, im Grunde (»au fond«) »*selbst das Eigentum, der Sklave dessen (ist), in dem die Einheit der Gemeinde existiert*« (MEW 42: 401), sodass ein Unterschied zwischen »Freien« und »Unfreien« verschwimmt. Demzufolge hebt »*Sklaverei ... hier weder die Bedingungen der Arbeit auf, noch modifiziert sie das wesentliche Verhältnis*« (Ibid.). All dies gilt bis in die teilweise kriegerisch gebildeten Formen von späteren Großreichen (Ägypten, Persien, Indien etc.) im Übergang von »low-end zu high-end states«[9], die hinsichtlich ihrer Subsistenzsicherung sowie ihrer Gesellschaftsstruktur als Ausdifferenzierungen und Modifikationen dieser ersten Form von Gemeinwesen zu ausgebildeten asiatischen Produktionsweisen zu klassifizieren sind.

Weiterentwicklung der Gemeinwesen in der bzw. zur asiatischen Produktionsweise

Die Form der asiatischen Produktionsweise im strikten, auch regional zugeordnetem Sinn, weist eine spezifische Ausgestaltung der Form I des Gemeineigentums der Gemeinwesen auf. In ihren primitiven Formen, z.B. in Indien, geht sie von verstreuten selbstgenügsamen Dörfern mit einem »*Produktionsgebiet von 100 bis auf einige 1000 Acres*« (MEW 23: 378) aus. Innerhalb der Gemeinwesen besteht eine unmittelbare Verbindung von kleiner Landwirtschaft und Hausindustrie (Handwerk). Sozialstrukturell sind die Gemeindemitglieder zwischen Stämmen und Kasten geteilt, »*deren Gefüge auf einer Art Gleichgewicht beruhte, die aus allgemeiner gegenseitiger Abstoßung und konstitutioneller Abgeschlossenheit aller ihrer Mitglieder herrührte.*« (MEW 9: 220) Die Hauptmasse der Produkte wird für den unmittelbaren Selbstbedarf der Gemeinde produziert und »*die Produktion selbst ist daher unabhängig von der durch Warenaustausch vermittelten Teilung der Arbeit im großem und ganzen der indischen Gesellschaft. Nur der Überschuß der Produkte verwandelt sich in Ware, zum Teil selbst wieder erst in der Hand des Staats, dem ein bestimmtes Quantum seit undenklichen Zeiten als Naturalrente zufließt.*« (MEW 23: 378) Neben der produktiven Bevölkerung existieren Richter, Polizei und Steuereinnehmer (in einer Person), Buchhalter, Grenzwächter, Wasseraufseher, Brahmanen für den religiösen Kultus sowie Schmied und Zimmermann. »*Dies Dutzend Personen wird auf Kosten der ganzen Gemeinde erhalten. Wächst die Bevölkerung, so wird eine neue Gemeinde nach dem Muster der alten auf unbebau-*

---

[9] Vgl. Morris 2010: 229: »*The biggest event in the first millennium BCE in both East and West was a shift from low-end toward high-end states. States had been drifting that way since the days of Uruk; mid-third millennium-BCE Egyptian pharaohs already had enough bureaucratic muscle to build pyramids, and a thousand years later their successors organized complex armies of chariots. But the scale and scope of first-millennium-BCE-states – in management and fighting – dwarfed all earlier efforts.*«

Kapitel 6: Produktionsweisen der vorbürgerlichen Gesellschaften

tem Boden angesiedelt.« (Ibid.: 378) Dies ist bereits eine höhere Form gegenüber den Anfängen mit einem durch gemeinschaftliche Arbeiten geschaffenen Mehrprodukt, die nur ein geringes indirekt und nicht-produktives Personal ernähren konnte.

Eine weitergehende Befestigung einer verselbstständigen politischen Form des bzw. der einzelnen Gemeinwesen setzt eine Differenzierung zwischen den familialen Einheiten im Zusammenhang der Modifikation des ursprünglichen Gemeineigentums am Grund und Boden voraus. Sie nahm oftmals ihren Ausgang durch die Aneignung von gemeinschaftlichen, nicht den Einzelnen zugeordneten Bodenflächen seitens der Dorfvorsteher und Stammeshäuptlinge. Die zunächst naturwüchsig herausgebildeten Unterschiede zwischen den familialen Einheiten wurden in einem späteren Schritt zur Basis und Voraussetzung für Dienstbarkeiten in Gestalt einer stellvertretenden Bebauung von Anbauflächen, die die eine Gruppe für andere Mitglieder des Gemeinwesens erbrachte bzw. zu erbringen hatte. Marx legt bei seiner Betrachtung der indischen Ackerbaugemeinde anhand seiner Exzerpte aus dem Text von Phear[10] großen Wert auf die Unterschiede dieser Dienstbarkeiten im Rahmen der asiatischen Produktionsweise gegenüber Fronarbeit und Leibeigenschaft im europäischen Feudalismus: »*Fast alle stellvertretende Bebauung nimmt diese Form an; nicht bekannt: Verpachten des Landes für einen Geldbetrag; es existiert dito keine Klasse von Landarbeitern, die auf dem Lande eines anderen für Lohn arbeiten. In dem agrikulturellen Dorf von Ceylon mit Reisanbau ist – praktisch – kein Geld in Gebrauch.*« (Marx 1976: 409) Die Dienstbarkeiten auf den verschiedenen Ebenen betrafen daher kein Land, »*sondern Übertragungen von Herrschaft über Bevölkerung.*« (Ibid.: 410) Der Grund und Boden bleibt Gemeineigentum und die Besitzverhältnisse differenzieren sich aus. Die Eigentumsverhältnisse zeigen aber nicht die Herausbildung von Privateigentum an, welches verkauft oder verpachtet werden kann. Die Herrschaftsverhältnisse sind unmittelbar personelle.

Diese am Beispiel Indiens bzw. Ceylons herausgestellten und vom (späteren) europäischen Feudalismus unterschiedenen Verhältnisse bilden den Schlüssel zu einem korrekten Verständnis von Herrschaftsverhältnissen im Rahmen der asiatischen Produktionsweise. Erst in ihrer ausgebildeten Form markiert sie eine »*ursprüngliche Identität von ›Klasse und Staat‹, in der der Staat mittels eines bürokratischen Gewaltapparats selbst die Ausbeutung der politisch-juristisch unfreien und abhängigen Arbeit organisiert.*« (Wallat 2021: 28) Dies setzt aber bereits die Verfestigung der sozialen Differenzierung innerhalb der naturwüchsigen Gemeinwesen und ihre Zusammenfassung in größeren Einheiten mit der Ausbildung staatlicher Institutionen sowie der Verwandlung des Gemeineigentums in staatliches Ei-

---

[10] Wie früher bemerkt, beschreibt der Text von J. Phear über das »arische« Dorf in Indien und Ceylon zeitgenössische Verhältnisse dortiger rezenter agrikultureller Gemeinden. Dabei gilt für bestimmte Regionen von Ceylon, dass die Verhältnisse der »*Einwohner der Dörfer … für eine sehr lange Periode bis jüngst durch die entlegene und unzugängliche Lage vor der zerstörerischen Wirkung fremder Einflüsse jeglicher Art bewahrt (blieben), daher dort ein ›lebendiges Muster typischer‹ sehr primitiver agrikultureller Ökonomie und Zivilisation.*« (Marx 1976: 402f.)

gentum und der Aneignung von Mehrprodukt in Form von Steuern voraus. Dabei war eine der ökonomischen Grundlagen und Funktionen der Staatsmacht über die zusammenhanglosen kleinen Produktionseinheiten in Indien die Regelung der Bewässerungswirtschaft; Marx bemerkt: »*die muhamedanischen Herrscher Indiens verstanden dies besser als ihre englischen Nachfolger.*« (MEW 23: 537 Fn)

Die weitere Geschichte der indischen Gemeinwesen ist eine »*Geschichte der aufeinanderfolgenden Eindringlinge, die ihre Reiche auf der passiven Grundlage dieser widerstandslosen, sich nicht verändernden Gesellschaft errichteten*« (MEW 9: 220). Obwohl gerade relativ stagnante Zustände diese indischen Gemeinwesen charakterisieren, standen sie höher als die durch die Eroberer repräsentierten Zustände: »*Die Araber, Türken, Tataren, Moguln, die Indien nacheinander überrannten, wurden rasch hinduisiert, denn einem unabänderlichen Gesetz der Geschichte zufolge werden die barbarische Eroberer selbst stets durch die höhere Zivilisation der Völker erobert, die sie sich unterwarfen.*« (Ibid.: 221) Der einzige Effekt, den die fremden Eroberer erzeugten, war die Beeinflussung und Modifikation der politischen Überformung der einzelnen kleinen Gemeinwesen und ihre Zusammenfassung in größeren territorialen Einheiten.

Damit ist das indische Beispiel mit einerseits formellem Staatseigentum am Grund und Boden – der Staat als »orientalischer Despot« ist »*der oberste Grundherr*« und besitzt »*Anspruch auf das Mehrprodukt, (wodurch) Rente und Steuer ... in der überwiegenden Form der Naturalrente (zusammenfallen)*« (MEW 25: 804) – und andererseits mehr oder weniger autarken Dorfgemeinden kleiner Bauernwirtschaften mit häuslicher »Industrie« oder unabhängigen Handwerksbetrieben, exemplarisch für eine am unteren Ende stehende asiatische Produktionsweise. Am anderen Extrem ist die chinesische Entwicklung einzuordnen.[11] Vor dem Beginn unserer Zeitrechnung existierte auch in Ostasien die altorientalische Ackerbaugemeinde auf Basis des Gemeineigentums am Grund und Boden; die »*ökonomische Struktur der chinesischen Gesellschaft (beruhte) auf der Vereinigung von kleiner Agrikultur mit häuslicher Industrie*« (MEW 13: 540). Im Unterschied zu den frühen Imperien des fruchtbaren Halbmonds, Ägyptens und des Perserreichs bestand aber auf dem Territorium des heutigen China zunächst kein einheitlicher Zentralstaat, sondern die Zentren gesellschaftlicher Entwicklung veränderten sich vor der Zeit der Han-Dynastie (ab 206 v.u.Z.) häufig zwischen verschiedenen Regionen und Stämmen, die miteinander Krieg führten. Diese Kriegszüge hatten zugleich das Eindringen eines zentralasiatischen Nomadenvolks im Norden abzuwehren; sie erweiterten das chinesische Territorium im Nordwesten, Südosten und Süden und waren bis in das Gebiet des heutigen Vietnam ausgedehnt worden. Erst für diese chinesischen Dynastien gilt die Bezeichnung einer entwickelten asiatischen Produktions-

---

[11] Für andere, zwischen diesen Extremen anzusiedelnde entwickelte orientalische Gesellschaften – z.B. Ägypten unter den Pharaonen, Iran unter der Herrschaft der Sassaniden sowie der Araber im Nahen Osten, Nordafrika bis Spanien unter den Abbasiden – vgl. die Kapitel 9 und 11 der vorliegenden Abhandlung.

Kapitel 6: Produktionsweisen der vorbürgerlichen Gesellschaften 141

weise, in der der Staat mittels seiner erhobenen Steuern und einem bürokratischen Apparat zu einem prominenten Ausbeuter der bäuerlichen Produzenten wird. Dabei war auch in China keine ungebrochene, nur durch verschiedene Dynastien im politischen Überbau differenzierte Entwicklung seit der Han-Dynastie zu verzeichnen, sondern es existieren neben regionalen Verschiebungen der Reichs-Territorien auch disruptive Perioden von Fremdherrschaft.[12]

Seinerzeitiger Begründer der Han-Dynastie war der Überlieferung nach Liu Bang, ein Kleinbauer, der in seinem Heimatbezirk einen untergeordneten Amtsposten innegehabt hatte und an der Spitze einer Armee im Kampf gegen den Aristokraten Xiang Yu siegte. Als Kaiser nahm er den Titel Gaozu an. Erst mit der Han-Zeit verallgemeinerte sich der in den vorher bestehenden sieben großen Staaten der vorangegangenen Zhanguo-Zeit bereits bestehende Staatsapparat auf das neuvereinigte Land.[13] Dies bedeutete auch in China die beginnende Auflösung der gentilizischen Formen der gesellschaftlichen Organisation. Auch in China war der Kaiser der oberste Grundherr, die Verteilung des Grund und Bodens durch den Staat an die bäuerlichen Produzenten löste die vorherige Zuteilung durch die Dorfgemeinschaften ab. Staatlich kontrolliertes Gemeineigentum am Grund und Boden war in China fortan die dominierende Form und markierte zugleich eine Modifikation bzw. Auflösung des ursprünglichen Gemeineigentums. Das imperiale China war ein »Steuer- und Ämterstaat« (vgl. Wallat 2021: 30). Bäuerliches Kleineigentum war demzufolge nur individueller Besitz, der mit hohen staatlichen Steuerabgaben belegt wurde. Konflikte zwischen den Privilegien der aristokratischen Stammesfamilien, die größeren Grundbesitz teilweise mithilfe ihrer ursprünglichen Funktion als beamtete Steuereinnehmer des Staates angeeignet hatten sowie der Steuerhunger des Staates zur Erfüllung wirtschaftlicher Aufgaben (Bewässerungsanlagen und Kanäle, Bauvorhaben, insbes. Paläste der Herrscherfamilie) und zur Ausübung insbesondere seiner militärischen Macht auf der einen Seite und den Kleinbauern als der Masse der unmittelbaren Produzenten auf der anderen Seite prägten die sozialen Auseinandersetzungen. Es waren die drückenden Steuern, die die Kleinbauern vielfach in Abhängigkeitsverhältnisse zu anderen Besitzern von größerem Grund und Boden trieb, sie zu Hörigen (bis hin zu Sklaven) der Letzteren machte und der Gesellschaftsstruktur feudalähnliche Züge aufprägte, die aber wie am indischen Beispiel erläutert und für die asiatische Produktionsweise typisch, nicht auf einer Herrschaft über das Land als Privateigentum beruhen, sondern auf personaler Herrschaft über die kleineren Bauern und deren Dienstbarkeiten.[14] Das quantitative Ver-

---

[12] Der gravierendste Einschnitt nach dem Zeitwechsel und vor der kapitalistischen Kolonisierung war die Mongolenherrschaft von Khublai Khan im 12. bis 14. Jahrhundert u.Z.; vgl. dazu Kapitel 11.
[13] Vgl. Sellnow et al. 1977: 444ff. sowie 645ff. sowie Kapitel 11 der vorliegenden Abhandlung.
[14] In den zwei Jahrhunderten vor dem Entstehen des fast zweitausendjährigen zentralistischen Kaiserreiches wird vielfach von »Feudalismus« in China gesprochen und diese Einschätzung vornehmlich auf die Vergabe von Ländereien an unterstellte Territorialgewalten

hältnis zwischen Großgrundbesitzern und kleinen Bauern, deren Selbstständigkeit und/oder Unselbstständigkeit als Pächter der Ersteren hatte entscheidende Auswirkungen auf die Produktivkraftentwicklung der chinesischen Landwirtschaft.[15] Auch in China nahm das ursprüngliche Gemeineigentum am Grund und Boden die Form des Staatseigentums an und die Grundrente erhielt die Form einer Produkten- und Geldrente, die teilweise mit der Steuer verschmolz.

Spezifikum der chinesischen Entwicklung war die Ausbildung einer Beamtenschaft (Bürokratie), die in späteren Entwicklungsstadien vermittels regelrechter Lehrgänge und Prüfungsverfahren rekrutiert wurde. Sie beschränkte einerseits die Macht des Großgrundbesitzes und wurde andererseits zum wesentlichen Treiber der Entwicklung von Produktivkräften. Sie fungierte als Repräsentant der kaiserlichen Zentralgewalt vor Ort und führte eine systematische Erfassung der Bevölkerung und Ländereien zu Besteuerungszwecken durch. Sie wirkte darüber hinaus vereinheitlichend in Bezug auf die Verwendung von Maßen, Gewichten und Normen, einer einheitlichen Schrift und Währung und ließ auch die Infrastruktur (Straßennetz, Poststationen, Bewässerungskanäle) ausbauen sowie eine Mauer zum Schutz gegen die »barbarischen« Völker als Eindringlinge errichten. Die chinesischen Kaiserreiche waren weitgehend defensiv gegenüber ihren Nachbarn, mussten sich gegenüber den Einfällen der Horden aus dem Norden und Westen verteidigen und konzentrierten sich als abgeschlossene Gesellschaften schwerpunktmäßig auf ihre interne Entwicklung. Ab dem 6. Jahrhundert u.Z. überflügelte China den Westen und war auf dem Höhepunkt seiner Agrikultur, seines Kunsthandwerks und seiner Kultur bis ins 18. Jahrhundert das entwickeltste Land der Welt. Im Unterschied zu Indien kann also in Bezug auf die asiatische Produktionsweise in China nicht von stagnanten Zuständen gesprochen werden; die chinesischen Kaiserreiche sind nachgerade Prototypen eines »high-end state« auf der modifizierten und spezifisch ausgestalteten Grundlage der Eigentumsform I im Rahmen der asiati-

---

durch die regionalen Herrscher gestützt (vgl. Brentjes 1970 sowie Goepper (Hrsg.) 1988). Solche auf vererbliche Dienstbarkeiten begründete Herrschaftsverhältnisse machen jedoch noch keinen Feudalismus im Sinne des europäischen Mittelalters aus. Demgegenüber handelt es sich bei diesen West-Zhou- und Zhanguo-Dynastien um Vorformen des späteren kaiserlichen Gemeinwesens, in denen die Produzenten (Bauern) den Grund und Boden durch Überlassung und später durch Vererbung zugewiesen erhielten.

[15] Thilo/Heyde weisen auf die jeweiligen Vor- und Nachteile der unterschiedlichen Betriebsformen und -größen chinesischer Bauernwirtschaften hin: »*Produktivitätssteigerung durch die Anwendung mechanischer Geräte, große Vielfalt der angebauten Kulturen und eine gewiß vorauszusetzende beträchtliche Breite in den ländlichen Nebenproduktionen, wie Seidenraupenzucht, Teeanbau, Lackherstellung und Kultur von Arzneipflanzen, gaben offensichtlich dem Großgrundeigentum gegenüber dem althergebrachten bäuerlichen Kleineigentum die ökonomisch besseren Chancen. ... Viele – wenn nicht alle – der traditionell in China angebauten Kulturen waren nur dann wirklich ertragreich, wenn sie intensiv gepflegt, d.h. ständig gejätet, gedüngt, verzogen, behäufelt usw. wurden. Hierfür bot natürlich das Kleineigentum mit der bäuerlichen Einzelfamilie als grundlegender ökonomischer Einheit die besseren Voraussetzungen.*« (Thilo/Heyde 1982: 617)

schen Produktionsweise. Sie teilen jedoch auf der anderen Seite deren prinzipiell limitierte Entwicklungsmöglichkeiten, die im Fehlen eines regelrechten Privateigentums am Grund und Boden, dessen Ausbildung durch die Grundstruktur der asiatischen Produktionsweise mit der restringierenden Rolle der staatlichen Beamtenschaft gegenüber einem privaten Kaufmannskapital verhindert wurde und der Initiative und Schöpferkraft der einzelnen produktiven Bauernfamilien und einer vorgängigen privaten Geldkapitalakkumulation enge Grenzen setzte, begründet liegen.

Damit wird die Spannbreite von Ausgestaltungen der Entwicklungen der Eigentumsform I und der Gemeinwesen, die mit der archaischen Grundform der vorbürgerlichen ökonomischen Gesellschaftsformation unter Bedingungen der Sesshaftigkeit zusammenfallen, offenkundig. Sie reicht von naturwüchsigen Formen des Gemeineigentums bis hin zu dominierendem Staatseigentum. Gleichwohl ist ihr Aufbau in der Grundkonstruktion einfach und daher Basis für die Beständigkeit und Unverwüstlichkeit dieser Gesellschaftsform. Die beständigen Auflösungen und Neubildungen asiatischer Staatswesen berühren den einfachen produktiven Organismus nicht: »*Die Struktur der ökonomischen Grundelemente der Gesellschaft bleibt von den Stürmen der politischen Wolkenregion unberührt*« (MEW 23: 379) – daher ihre Beständigkeit und ihre gleichzeitige Entwicklungsgrenze. Wenn Marx diese Form generell als »asiatisch-orientalische Form« oder »asiatische Produktionsweise«[16] bezeichnet hat, so hebt dies auf ihren geografische Ursprungsort ab, darf aber nicht darüber hinwegtäuschen, dass sie mit ihrem in verschiedener Form bestehenden Gemeineigentum am Grund und Boden auch in anderen Teilen der Welt die Grundstruktur sesshaft gewordener Gesellschaften mit Agrikultur als primärer ökonomisch-produktiver Basis gebildet hat und teilweise auf dem afrikanischen Kontinent sogar bis in die jüngere Vergangenheit und Gegenwart, was die Eigentumsverhältnisse auf dem Land betrifft, fortwirkt.[17]

---

[16] Die alternativ von Wittfogel vorgeschlagene Bezeichnung als »hydraulische Gesellschaften« hebt auf großangelegtes Wassermanagement für die Landwirtschaft ab, was ohne Zweifel ein Merkmal dieser Gesellschaften darstellt (vgl. Wittfogel 1977). Da es aber keineswegs ihr einziges oder gar bestimmendes Merkmal ist und von Wittfogel mit einem Kurzschluss zu semi- oder volldespotischen Herrschaftsformen verknüpft wird, hat sich diese Bezeichnung zu Recht nicht durchgesetzt. Es kommt hinzu, dass Wittfogel die von ihm herausgestellte orientalische Despotie der »westlichen freien Gesellschaft« gegenüberstellt und sich dadurch politisch nach dem Zweiten Weltkrieg auf einer Seite des »Kalten Krieges« verortet hat. Vgl. auch seine Einleitung zu Marx' »Enthüllungen zur Geschichte der Diplomatie« in: Wittfogel 1981.

[17] Vgl. Julius K. Nyerere: »*Wir in Afrika haben das Land immer als Besitz der Gemeinschaft angesehen. Jedes Mitglied der Gesellschaft hatte ein Recht auf Bodennutzung, denn anders konnte er nicht seinen Lebensunterhalt verdienen, und es kann nicht jemand das Recht auf Leben haben, wenn er nicht auch ein Recht hat auf die Mittel, es zu erhalten. Aber das Recht des Afrikaners auf Land war lediglich ein Nutzungsrecht; er hatte keinen weiteren Anspruch darauf und er kam auch nicht auf den Gedanken zu versuchen, ob er nicht auch ein anderes Recht beanspruchen könnte. Das Anwachsen des Parasitentums dürfen wir hier in Tanganjika nicht dulden. Die TANU-Regierung muss auf die traditionelle afrikanische*

c) Antike Produktionsweise und Gesellschaften

Ein systematischer Übergang von der ersten Form des Gemeineigentums des Gemeinwesens zu der von Marx herausgestellten Form II der antiken Ackerbaugemeinde, die er namentlich mit dem Römischen Reich idealtypisch illustriert, ist im real-historischen Prozess nur regional isoliert im antiken Griechenland und in Rom vorgekommen und hat an ihrer Peripherie die Mittelmeer-Gemeinwesen der Phönizier und von Karthago geprägt.[18] Gegenüber der ersten Form, stellt diese zweite Form »*das Produkt mehr bewegten, historischen Lebens, der Schicksale und Modifikationen der ursprünglichen Stämme (dar); sie unterstellt auch das Gemeinwesen als erste Voraussetzung, aber nicht wie im ersten Fall als Substanz, von der die Individuen bloß Akzidenzen sind, oder von der sie rein naturwüchsig Bestandteile bilden –, sie unterstellt nicht das Land als die Basis, sondern die Stadt als schon geschaffnen Sitz (Zentrum) der Landleute (Grundeigentümer). Der Acker erscheint als Territorium der Stadt; nicht das Dorf als bloßes Zubehör zum Land.*« (MEW 42: 386) Diese zweite Form weist zur Zeit ihres damaligen Bestehens einen insgesamt höheren Entwicklungsstand der Produktivkräfte auf und die Erde

---

Weise des Grundbesitzes zurückgreifen. Das heißt, ein Mitglied der Gesellschaft erhält einen Anspruch auf ein Stück Land unter der Bedingung, dass er es nutzt. Bedingungsloser oder ›freier‹ Grundbesitz (der zu Spekulation und Parasitentum führt) muss abgeschafft werden. Wir müssen, wie ich bereits gesagt habe, unsere alte Geisteshaltung wiedergewinnen – unseren traditionellen afrikanischen Sozialismus – und ihn auf die neue Gesellschaft anwenden, die wir jetzt schaffen wollen.« Nyereres »Uyama-Sozialismus« war intentional der Versuch, vorkoloniale traditionelle Strukturen der auf Gemeineigentum gegründeten Dorfgemeinschaften direkt in eine sozialistische Gesellschaft zu transformieren. Damit galt er als Pionier eines an den Marxschen Vorstellungen in den Sassulitsch-Briefen skizzierten alternativen Weges zum Sozialismus ohne den Umweg über Privateigentum und Kapitalismus. Das Projekt scheiterte nicht nur wegen einer schlechten Umsetzung durch die TANU-Vertreter vor Ort, sondern auch infolge einer idealistischen Konzeption von Gemeinschaftsfeldern anstelle einer Kombination von Gemeineigentum am Grund und Boden und privater Bewirtschaftung durch Bauernfamilien (vgl. Tetzlaff 2018: 132ff.). Auch jenseits von Privateigentum und Kapitalismus ist private Initiative unerlässlich. Ein direkter Übergang zu ausschließlichem Gemeineigentum mit gemeinsamer Bewirtschaftung, d.h. eine Rückkehr zur Eigentumsform I auf einem qualitativ höheren Niveau hat sich in der Praxis als eine Überforderung der Subjekte dargestellt, wie auch z.B. die chinesische Entwicklung gezeigt hat.

[18] Die im Text der »Grundrisse« von Marx vorgenommene Betrachtung der vorbürgerlichen Eigentumsformen, in Sonderheit die Beschränkung einer antiken Produktionsweise auf die Verhältnisse des Römischen Reiches haben ihm den Vorwurf des »Eurozentrismus« – »Europocentric overtones« (Giddens 1993: 85) – eingebracht. Engels hat die antiken Verhältnisse weiter gefasst, d.h. inkl. der griechischen Gens und der Entstehung des griechischen Staates (vgl. MEW 21a: 98ff.). Tatsächlich blieb die antike Eigentumsform auf Südeuropa beschränkt. Hält man daran fest, dass die Kombination von Gemein- und Privateigentum eine eigenständige Gesellschaftsform begründet, geht dieser Vorwurf des »Eurozentrismus« gegenüber Marx und Engels ins Leere.

an sich ist kein Hindernis mehr für die Individuen, sich zu ihr als ihrer unorganischen Natur zu verhalten.

Wirtschaft, Gesellschaft und Staat im antiken Griechenland

Im antiken Griechenland war wie in dem historisch vorausgegangenen ersten, auf dem Gemeineigentum am Grund und Boden aufgebauten archaischen Urtyp die Gens die gesellschaftliche Einheit an der Schwelle der Zivilisation, d.h. dem Übergang von der Bronze- zur Eisenzeit etwa ab 1.600 v.u.Z.; übergeordnete Einheiten waren in der sog. archaischen Zeit von Homer und Hesiod (ab 800 v.u.Z.) die Phratrie, der Stamm und ein Bund von Stämmen. Die Gruppenehe hatte sich aufgelöst, das Mutterrecht war dem Vaterrecht gewichen. Engels sieht in diesen Entwicklungen den Einfluss des »*aufkommende(n) Privatreichtums, (der) seine erste Bresche in die Gentilverfassung gelegt (hat).*« (MEW 21a: 98) Diese Entwicklung gebot zur Sicherung des Vermögens der Gens als neue Entwicklung die Heirat auch innerhalb derselben, die in der vorherigen Gentilverfassung ausgeschlossen war (vgl. ibid.).

Mit der Mykenischen Kultur auf Kreta und auf dem griechischen Festland hatte sich im Mittelmeerraum der archaische Grundtyp sesshaft gewordener Gesellschaften zu einer Form der asiatischen Produktionsweise »*als monarchistisch verfasste Palastwirtschaft*« (Wallat 2021: 31) weiterentwickelt. Einwanderungen fremder Stämme aus dem Norden (Dorer u.a.) und kriegerische Landnahmen führten etwa zur Mitte des 13. Jahrhunderts v.u.Z. zum Untergang der mykenischen Kultur. An ihrer Stelle entwickelte sich aus der Ethnogenese der griechischen Stämme eine Gesellschaft, die den bereits vorher vorhandenen Parzellenbodenbau durch Verteilung von Landflächen an freie Bauern weiter betrieb und nach und nach zu ihrer ökonomischen Basis fortentwickelte. Auf sie gründete sich die griechische Polis als »*Zusammenschluss freier, wehrhafter Bodeneigentümer in einer weitgehend autarken, geschlossenen Siedlung ..., deren anbaufähiges Territorium unter die Bewohner aufgeteilt war*« (Sellnow et al. 1977: 281).

Der Parzellenbodenbau erforderte keine groß angelegten Bewässerungswirtschaften, die ein wesentliches Konstituens der Großreiche der asiatischen Produktionsweise darstellen, sondern begünstigte im Gegensatz dazu die Entwicklung der Energie des einzelnen selbstwirtschaftenden Bauern, der seine Parzellen schließlich als Privateigentum besaß. Der Übergang von der asiatischen Produktionsweise und den darauf gegründeten altorientalischen Klassengesellschaften zur antiken Produktionsweise beruhte also zum Einen auf den geographischen Gegebenheiten, die bereits in der mykenischen Kultur Parzellenbodenbau begünstigt hatten. Zum Anderen kam nun die Ausbildung von Privateigentum am Grund und Boden seitens der Bauern in den dörflichen Gemeinschaften hinzu, wodurch die Produktivkraftentwicklung der Bauernwirtschaften stimuliert wurde. Eine Dualität von Gemein- und Privateigentum blieb erhalten, sofern Wälder und Wiesen sowie auch Wasserquellen, Seen, Flüsse, Erzvorkommen und Hafenanlagen Eigentum der gesamten Polisbürgerschaft blieben, aber das Privateigentum zum Entwicklungsimpuls der Produktivkräfte avancierte. An Letzteres schloss sich die Entwicklung von Handwerk und Handel in den städtischen Poleis an, die die Verwandlung von Produkten in Waren und neben dem bereits von den Phöniziern betriebenen Fernhandel auch Ansätze zur Ausbildung eines inneren Marktes beförderten. Damit ist zugleich die Singularität der Entwicklung der asiatischen zur antiken Produktionsweise festgemacht; sie beruhte auf der natürlich-geographischen Grundlage als Mittelmeer-Anrainer, die sowohl die Landwirtschaft als auch den Handel spezifisch ausgeprägt und bei den Eigentumsverhältnissen die Institutionen des Privateigentums und des Warenaustauschs entwickelt hat.[19] Gleichwohl blieb der Hauptteil der Produktion nach wie vor sowohl auf den Gebrauchswert als auch den Selbstbedarf der Bauernwirtschaften gerichtet.

Die griechische Gesellschaft war zur Zeit Homers (etwa 700 v.u.Z.)[20] noch in kleinen Völkerschaften organisiert, innerhalb deren Gentes, Phratrien und Stämme ihre Selbstständigkeit noch bewahrt hatten.[21] Auch für die Griechen trifft der später bei den Römern gesteigerte Einfluss von Heerwesen (inkl. seiner maritimen Ausrichtung) und Krieg als wichtigen Bestandteilen der gesellschaftlichen Arbeit zu. Es geht schließlich um »*systematische Räuberei zu Land und zur See .... (als) regelrechte Erwerbsquelle*«. (MEW 21a: 105) Marx bemerkt dazu als Charakteristikum der antiken Gesellschaftsform: »*Die Schwierigkeiten, die das Gemeinwesen trifft, können nur von andren Gemeinwesen herrühren, die entweder den Grund und Boden schon okkupiert haben, oder die Gemeinde in ihrer Okkupation beunruhigen. Der Krieg ist daher die große Gesamtaufgabe, die große gemeinschaftliche Arbeit, die erheischt ist, sei es um die objektiven Bedingungen des lebendigen Daseins zu okkupieren, sei es um die Okkupation derselben zu beschützen und zu verewigen. Die aus Familien bestehende Gemeinde daher zunächst kriegerisch organisiert – als Kriegs- und Heerwesen, und dies eine der Bedingungen ihres Daseins als Eigentümerin. Die Konzentration der Wohnsitze in der Stadt Grundlage dieser kriegerischen Organisation. Das Stammwesen an sich führt zu höhren und niedren Geschlechtern, ein Unterschied, der noch mehr entwickelt durch Mischung mit unterjochten Stämmen etc.*« (MEW 42: 386f.)

---

[19] Die griechische Kolonisation bildete in Italien die Grundlage für die römische Entwicklung, die zu der zweiten Form der antiken Produktionsweise und Gesellschaft auf höherer Stufenleiter als in Griechenland führte. Die weitere Entwicklung in der Reihe der Produktionsweisen der vorbürgerlichen Gesellschaftsformation ging dann auch vom Römischen Reich aus.

[20] Im Unterschied zu der Zeit davor kann sich die historische Analyse von nun an vermehrt auf schriftliche Aufzeichnungen der Zeitgenossen stützen, sodass namentlich die sozialen Verhältnisse der antiken Produktionsweise in Griechenland und im Römischen Reich nicht mehr vornehmlich durch plausible (Rück-) Schlüsse rekonstruiert werden müssen.

[21] Vgl. MEW 21a: 102: »*Sie wohnten bereits in mit Mauern befestigten Städten; die Bevölkerungszahl stieg mit der Ausdehnung der Herden, des Feldbaus und den Anfängen des Handwerks; damit wuchsen die Reichtumsverschiedenheiten und mit ihnen das aristokratische Element innerhalb der alten, naturwüchsigen Demokratie. Die einzelnen Völkchen führten unaufhörliche Kriege um den Besitz der besten Landstriche und auch wohl der Beute wegen; Sklaverei der Kriegsgefangenen war bereits anerkannte Einrichtung.*«

Kapitel 6: Produktionsweisen der vorbürgerlichen Gesellschaften

Zur Heroenzeit (ab ca. 500 v.u.Z.) war der Grund und Boden in Attika bereits verteilt und aus dem ursprünglichen Gemeineigentum teilweise in privates Eigentum übergegangen. Neben der Landwirtschaft war der Seehandel, der ursprünglich von den Phöniziern beherrscht worden war, großenteils von den Griechen übernommen worden. Die fortschreitende Teilung der Arbeit zwischen Ackerbau und Handwerk sowie die Entwicklung von Produktentausch und Handel und die Mobilisierung des Grundeigentums durch Kauf und Verkauf von Grund und Boden hatten die gentilizischen Strukturen untergraben. So durchmischte sich durch diese Entwicklungen nicht nur die Bewohnerschaft der angestammten Gebiete dieser gesellschaftlichen Grundeinheiten, sondern auch die Eigentümerschaft am Grund und Boden. Das Aufkommen von Geld und Wucher verstärkte und beschleunigte diese Prozesse: *»... die sich entwickelnde Geldwirtschaft (drang) wie zersetzendes Scheidewasser in die auf Naturalwirtschaft gegründete, althergebrachte Daseinsweise der Landgemeinden. Die Gentilverfassung ist mit Geldwirtschaft absolut unverträglich; der Ruin der attischen Parzellenbauern fiel zusammen mit der Lockerung der sie schützend umschlingenden alten Gentilbande. Der Schuldschein und die Gutsverpfändung (denn auch die Hypothek hatten die Athener schon erfunden) achteten weder Gens noch Phratrie. Und die alte Gentilverfassung kannte kein Geld, keinen Vorschuß, keine Grundschuld.«* (MEW 21a: 109)

Die Veränderung der ökonomischen Basis war Untergrabung und Auflösung der Organe der Gentilverfassung und Einschiebung, Umwandlung und Ersetzung derselben durch staatliche Institutionen. Der neue Staat etablierte eine Zentralverwaltung in Athen und an die Stelle des bloßen Bundes nebeneinander wohnender Stämme, die ihre Angelegenheiten großenteils selbst verwaltet hatten, trat ihre Zusammenfassung und schließliche Verschmelzung zu einem einzigen Volk. Damit wurde auch ein athenisches allgemeines Recht geschaffen, welches über den Rechtsbräuchen der Stämme und Gentes stand und sie endlich ersetzte. Politische Rechte konnte nur derjenige geltend machen, der Landeigentum besaß und dieses war an seine Mitgliedschaft in der Polisgemeinde gebunden. Zur Geltendmachung und Durchsetzung dieses Rechts schuf sich der Staat neben dem bereits bestehenden Militärapparat auch eine exekutive öffentliche Gewalt für innere Angelegenheiten. Dies war wegen der zerstörerischen Tendenzen des Wuchers auch absolut notwendig: *»... bildete die sich immer üppiger ausbreitende Geldherrschaft des Adels auch ein neues Gewohnheitsrecht aus zur Sicherung des Gläubigers gegen den Schuldner, zur Weihe der Ausbeutung des Kleinbauern durch den Geldbesitzer. Sämtliche Feldfluren Attikas starrten von Pfandsäulen, an denen verzeichnet stand, das sie tragende Grundstück sei dem und dem verpfändet um soundso viel Geld. Die Äcker, die nicht so bezeichnet, waren großenteils bereits wegen verfallner Hypotheken oder Zinsen verkauft, in das Eigentum des adligen Wucherers übergegangen; der Bauer konnte froh sein, wenn ihm erlaubt wurde, als Pächter darauf sitzenzubleiben und von einem Sechstel des Ertrags seiner Arbeit zu leben, während er fünf Sechstel dem neuen Herrn als Pacht zahlen mußte. Noch mehr. Reichte der Erlös des verkauften Grundstücks nicht hin zur Deckung der Schuld, oder war* *diese Schuld ohne Sicherung durch Pfand aufgenommen, so mußte der Schuldner seine Kinder ins Ausland in die Sklaverei verkaufen, um den Gläubiger zu decken. Verkauf der Kinder durch den Vater – das war die erste Frucht des Vaterrechts und der Monogamie. Und war der Blutsauger dann noch nicht befriedigt, so konnte er den Schuldner selbst als Sklaven verkaufen. Das war die angenehme Morgenröte der Zivilisation beim athenischen Volk.«* (Ibid)

Die Familienform war nunmehr patriarchal geprägt und die elementare soziale Einheit der griechisch-antiken Gesellschaft war der »Oikos« als Hausgemeinschaft, dem der Hausherr vorstand. Die Sozialstruktur des griechischen bzw. athenischen Volkes bestand unter diesen post-gentilizischen Verhältnissen aus Adligen (Eupatriden), Ackerbauern (Geomoren), Handwerkern (Demiurgen) und (externen sowie internen) Sklaven; die Einteilung der ersten drei Rubriken wird Theseus zugeschrieben. Das Recht zur Besetzung öffentlich-staatlicher Ämter bestand ausschließlich für die Adligen, sodass auch in dieser Beziehung das ursprünglich egalitär-demokratische Repräsentationsrecht der Gentes überwunden war. Allerdings entwickelten sich durch Wucher und Verschuldung die wirtschaftlichen und sozialen Verhältnisse derart, dass eine staatliche Intervention notwendig wurde. Dies geschah durch die Reformen des Solon im Jahr 594 v.u.Z.: »*Solon eröffnete die Reihe der sogenannten politischen Revolutionen, und zwar mit einem Eingriff in das Eigentum. Alle bisherigen Revolutionen sind Revolutionen gewesen zum Schutz einer Art des Eigentums gegen eine andere Art des Eigentums. … in der solonschen (Revolution / S.K.) mußte das Eigentum der Gläubiger herhalten zum Besten des Eigentums der Schuldner. Die Schulden wurden einfach für ungültig erklärt.«* (Ibid.: 112) Zur Verhinderung einer Neuauflage der Versklavung des Volkes wurden Maßregeln zur Begrenzung der Größe des von Einzelnen zu besitzenden Grundeigentums festgelegt; gleichzeitig erfolgte eine Einteilung der Bürger in vier Klassen nach der Größe ihres Grundbesitzes, was zugleich Vorrechte für die Besetzung öffentlicher Ämter für die besitzenden drei Klassen beinhaltete. Damit war das Privateigentum am Grund und Boden endgültig staatlich sanktioniert. Mit der neuerlichen Revolution des Kleistenes (509 v.u.Z.) wurden nicht nur die letzten Reste der Gentilverfassung beseitigt, sondern auch die Solonsche Einteilung der Bürger in vier Klassen.[22]

Engels sieht im Siegeszug des Privateigentums, des Warenaustauschs und des Wucherkapitals die Totengräber der Gentilverfassung bei den antiken Griechen. Er übersieht jedoch die unbestreitbare zerstörerische Wirkung dieser Elemente auf die naturwüchsigen gesellschaftlichen Grundlagen, indem er die antike Ackerbaugemeinde faktisch als Gesellschaft von kleinen, nichtkapitalistischen Warenproduzenten darstellt.[23] Demgegenüber ist festzuhalten, dass die antike Produktions-

---

[22] Vgl. ibid.: 114 »*Nicht mehr die Zugehörigkeit zu den Geschlechtsverbänden, sondern nur der Wohnsitz entschied; nicht das Volk, sondern das Gebiet wurde eingeteilt, die Bewohner wurden politisch bloßes Zubehör des Gebiets.*«

[23] Vgl. ibid.: 110f.: »*Wie rasch aber, nach dem Entstehn des Austausches zwischen einzelnen und mit der Verwandlung der Produkte in Waren, das Produkt seine Herrschaft über*

Kapitel 6: Produktionsweisen der vorbürgerlichen Gesellschaften

weise zwar das Privateigentum am Grund und Boden hervorbrachte und mit der Ausweitung der Arbeitsteilung zwischen Bauern und Handwerkern auch eine Intensivierung des Produktenaustauschs, aber gleichzeitig in ihren fundamentalen ökonomischen Strukturen weiterhin auf Subsistenzproduktion beruhte. Die politischen Interventionen von Solon richten sich gegen die zerstörerischen Auswüchse der Schuldknechtschaft und des Wuchers, sie waren jedoch weit davon entfernt eine Gesellschaft zu schaffen, in der die unmittelbaren Produzenten »*als ebenbürtige moralische und vernunftbegabte Menschen anerkannt (wurden), die fähig sind, sich selbst zu regieren*«. (Wallat 2021: 44) Diese der attischen Polis-Demokratie unterstellte positive Bewertung stellt einen Euphemismus dar, dem bereits Engels mit einer überschwänglichen Bewertung der griechisch-antiken Entwicklung vorgebaut hatte. Gleichzeitig hatte er jedoch die Bedeutung des griechischen Vorbilds mit Hinweis auf die Zahlenverhältnisse der verschiedenen sozialen Klassen in Athen, noch ganz abgesehen vom Umland, relativiert: »*Der Klassengegensatz, auf dem die gesellschaftlichen und politischen Einrichtungen beruhten, war nicht mehr der von Adel und gemeinem Volk, sondern der von Sklaven und Freien, Schutzverwandten und Bürgern. Zur Zeit der höchsten Blüte bestand die ganze athenische freie Bürgerschaft, Weiber und Kinder eingeschlossen, aus etwa 90.000 Köpfen, daneben 365.000 Sklaven beiderlei Geschlechts und 45.000 Schutzverwandte – Fremde und Freigelaßne. Auf jeden erwachsenen männlichen Bürger kamen also mindestens 18 Sklaven und über zwei Schutzverwandte.*« (Ibid.: 116)

Diese Zahlenverhältnisse dokumentieren die Bedeutung der Sklaverei, die im Sinne einer »*formationsprägenden Institution*« (Sellnow et al. 1977: 276) die antike Produktionsweise in Griechenland und Rom als »Sklavenhaltergesellschaft« im traditionellen Verständnis der historisch-materialistischen Geschichtsauffassung des Marxismus-Leninismus qualifiziert hat. Die Entstehungsgründe der Sklaverei aus Krieg und Eroberung sowie Schuldknechtschaft, stellen jedoch ein sekundäres Moment gegenüber der Gemeinde privater Parzelleneigentümer dar; insofern beruht die Sklaverei zwar auf dem Privateigentum von Grund und Boden bzw. seiner gewaltsamen Okkupation und/oder Schuldknechtschaft, stellt aber gerade eine Form der Auflösung dieses Grundverhältnisses dar und ist daher nicht die »formationsprägende« Institution, zu der sie überhöht worden ist, sondern im Gegenteil eines ihrer Zerfallselemente.

---

den Produzenten geltend macht, das sollten die Athener erfahren. Mit der Warenproduktion kam die Bebauung des Bodens durch einzelne für eigne Rechnung, damit bald das Grundeigentum einzelner. Es kam ferner das Geld, die allgemeine Ware, gegen die alle andern austauschbar waren; aber indem die Menschen das Geld erfanden, dachten sie nicht daran, daß sie damit wieder eigne neue gesellschaftliche Macht schufen, die Eine allgemeine Macht, vor der die ganze Gesellschaft sich beugen mußte. Und diese neue, ohne Wissen und Willen ihrer eignen Erzeuger plötzlich emporgesprungene Macht war es, die, in ihrer ganzen Brutalität ihrer Jugendlichkeit, ihre Herrschaft den Athenern zu fühlen gab.«

Römisches Reich

Die römische Gens zu Beginn der überlieferten Geschichte Roms glich der griechischen Institution mit Vaterrecht und einem gemeinsamen Grundbesitz. »*Dieser war in der Urzeit stets vorhanden, sobald das Stammland anfing geteilt zu werden. Unter den lateinischen Stämmen finden wir den Boden teils im Besitz des Stammes, teils der Gens, teils der Haushaltungen, welche damals nicht notwendig Einzelfamilien waren. Romulus soll die ersten Landteilungen an einzelne gemacht haben, ungefähr eine Hektare ... auf jeden. Doch finden wir noch später Grundbesitz in den Händen der Gentes, vom Staatsland gar nicht zu sprechen, um das sich die ganze innere Geschichte der Republik dreht.*« (MEW 21a: 118)

Dieses Staatseigentum existierte in Roms als Gemeineigentum (ager publicus) getrennt vom Privateigentum. Das Eigentum des Einzelnen war also hier kein unmittelbares Gemeindeeigentum und der Einzelne nur sein Besitzer. Umgekehrt gilt generell: »*Je weniger faktisch das Eigentum des Einzelnen nur verwertet werden kann durch gemeinsame Arbeit ..., je mehr der rein naturwüchsige Charakter des Stammes durch historische Bewegung, Wanderung gebrochen; je mehr ferner der Stamm sich entfernt von seinem ursprünglichen Sitz und* fremden *Boden okkupiert, also in wesentlich neue Arbeitsbedingungen tritt und die Energie des Einzelnen mehr entwickelt ist – sein gemeinsamer Charakter mehr als negative Einheit nach außen erscheint und so erscheinen muß –, um so mehr die Bedingungen gegeben, daß der Einzelne* Privateigentümer *von Grund und Boden – besondrer Parzelle – wird, deren besondre Bearbeitung ihm und seiner Familie anheimfällt.*« (MEW 42: 387; Hervorh. i. Original) Somit existieren zwei Formen des Eigentums, Privat- und Staatseigentum, die zueinander in negativer Einheit und damit Spannung stehen: Der Boden ist im Ganzen römischer Boden; ein Teil ist den einzelnen Gemeindemitgliedern als Privateigentümern überlassen, ein anderer Teil dagegen muss als direkt gemeinschaftliches Eigentum erhalten bleiben, das als Weideland und Tempelgrund fungiert. Jede römische Parzelle erscheint als Besonderung vom gemeinsamen Boden, sodass für den Einzelnen um so weniger zur Bearbeitung übrig bleibt, je mehr der römische Staat als ager publicus reserviert. Dieser ager publicus erscheint »*als das besondere ökonomische Dasein des Staates neben den Privateigentümern, so daß diese eigentlich* Privat*eigentümer als solche sind, soweit sie* ausgeschlossen *waren, priviert waren, wie die Plebejer, von der Benutzung des ager publicus*«. (Ibid.: 391; Hervorh. i. Original.)

Im Laufe der Zeit nimmt dieser Gegensatz von Privat- und Staatseigentum kompliziertere Formen an: Reine Privateigentümer auf römischen Boden sind anfangs nur die nicht zum Stammesadel zählenden Plebejer, wohingegen die adligen Patrizier mit ihren Familien zunächst einen stärkeren Bezug auf das gemeinsame Ganze haben, da sie den ager publicus benutzen dürfen und sich nicht nur durch ihre Parzelle auszeichnen, sondern auch durch ihren Besitz an Staatseigentum sich als Römer (populus romanus) darstellen. »*Die Gemeinde, obgleich hier schon* historisches *Produkt, nicht nur dem fact nach, sondern als solches gewußt, daher entstanden, hier Voraussetzung des* Eigentums *am Grund und Boden – d.h. der Beziehung des*

Kapitel 6: Produktionsweisen der vorbürgerlichen Gesellschaften   151

arbeitenden Subjekts zu den natürlichen Voraussetzungen der Arbeit als ihm gehörigen –, diese Gehörigkeit aber vermittelt durch sein Sein als Staatsmitglied, durch das Sein des Staats – daher durch eine Voraussetzung, die als göttlich etc. betrachtet wird.« (Ibid.: 387; Hervorh. i. Original)

Der Mittelpunkt des Gemeinwesens ist die Stadt mit dem Land als umgebendem Territorium, ihr produktives Zentrum eine kleine Landwirtschaft, in der in erster Linie für den unmittelbaren Selbstbedarf gearbeitet wird; zugleich bestehen Manufakturen, ursprünglich als häusliches Nebengewerbe der Frauen und Töchter, z.B. für Spinnen und Weben, die später zu großen Einheiten anwachsen. Die Voraussetzung der Fortdauer des Gemeinwesens ist die »*Erhaltung der Gleichheit unter seinen self-sustaining peasants und die eigne Arbeit als die Bedingung der Fortdauer ihres Eigentums*«. (Ibid.: 388) Die Surplusarbeit dieser Bauern gehört der Gemeinde und ist Basis ihres Kriegsdienstes, denn die Gemeinde treibt beständig durch Krieg über ihre gegebenen Schranken hinaus; darüber hinaus ist ihre städtische Struktur Voraussetzung für ihre Wehrhaftigkeit. Der »*Krieg ist ... die große Gesamtaufgabe, die große gemeinschaftliche Arbeit, die erheischt ist, sei es um die objektiven Bedingungen des lebendigen Daseins zu okkupieren, sei es um die Okkupation derselben zu beschützen und zu verewigen. Die aus Familien bestehende Gemeinde daher zunächst kriegerisch organisiert – als Kriegs- und Heerwesen, und die eine der Bedingungen ihres Daseins als Eigentümerin. Die Konzentration der Wohnsitze in der Stadt Grundlage dieser kriegerischen Organisation.*« (Ibid.: 386f.) Gegenüber dem Verhältnis von Substanz und Akzidenz als Beziehung zwischen dem Einzelnen und der Gemeinde in der ersten Eigentumsform kann die zweite Form auf den abstrakt-logischen Ausdruck einer Beziehung von Allgemeinheit, Einzelheit und Besonderheit gebracht werden: die Gemeinde ist »*das Allgemeine, das als solches, sowohl in seiner Vorstellung wie in der Existenz der Stadt und ihrer städtischen Bedürfnisse im Unterschied zu denen des einzelnen oder in ihrem städtischen Grund und Boden als ihrem besondren Dasein im Unterschied von dem besondren Dasein des Gemeindemitglieds eine* seiende Einheit *ist.*« (Ibid.: 392; Hervorh. i. Original)

Es ist wichtig herauszustreichen, dass das Privateigentum in dieser zweiten Grundform naturwüchsiger Gemeinwesen sich qualitativ vom Privateigentum als Basis der bürgerlich-kapitalistischen Gesellschaft unterscheidet. Es führte trotz bestehender Geldverhältnisse und Zinswucher, sowohl auf dem Höhepunkt des Römischen Reiches als auch in der Phase seines Niedergangs, nicht zum Streben nach Reichtum in der abstrakten Form von Geld als universellem Repräsentant jedes stofflichen Reichtums, sondern die eigene Arbeit diente hier nur zur *Re*produktion eines ohne Arbeit erworbenen Eigentums. Sowohl die Griechen als auch die Römer als Privateigentümer des antiken Gemeinwesens »*verhalten sich als Eigentümer zu den natürlichen Bedingungen der Arbeit; aber diese Bedingungen müssen noch fortwährend durch persönliche Arbeit wirklich als Bedingungen und objektive Elemente der Persönlichkeit des Individuums, seiner persönlichen Arbeit, gesetzt werden.*« (Ibid.: 388)

Die Bedeutung des römischen Rechts ergibt sich aus der Existenz der beiden Eigentumsformen und folgt ihnen mit der Unterscheidung zwischen Privat- und öffentlichem Recht nach; die scharfe Ausprägung, die die beiden Eigentumsformen durch die Trennung zwischen privat bearbeiteten Bodenflächen und dem ager publicus erhalten, war ein historisch neues Phänomen und unterschied sich strukturell von der Differenz zwischen Oikos und Polis bei den Griechen.

Die politische Urgeschichte Roms endet damit, dass »*die alte auf persönlichen Blutsbanden beruhende Gesellschaftsordnung gesprengt und eine neue, auf Gebietseinteilung und Vermögensunterschied begründete, wirkliche Staatsverfassung an ihre Stelle gesetzt (wurde). Die öffentliche Gewalt bestand hier in der kriegsdienstpflichtigen Bürgerschaft gegenüber nicht nur den Sklaven, sondern auch den vom Heeresdienst und der Bewaffnung ausgeschlossenen sogenannten Proletariern.*« (MEW 21a: 125) Innerhalb dieser Verfassung »*bewegt sich die ganze Geschichte der römischen Republik mit allen ihren Kämpfen der Patrizier und Plebejer um den Zugang zu den Ämtern und die Beteiligung an den Staatsländereien, mit dem endlichen Aufgehn des Patrizieradels in der neuen Klasse der großen Grund- und Geldbesitzer, die allmählich allen Grundbesitz der durch den Kriegsdienst ruinierten Bauern aufsogen, die so entstandenen enormen Landgüter mit Sklaven bebauten, Italien entvölkerten und damit nicht nur dem Kaisertum die Tür öffneten, sondern auch seinen Nachfolgern, den deutschen Barbaren.*« (Ibid.: 125f.)

Die auf den antiken Eigentumsformen begründete Produktionsweise hatte mit Griechenland und Rom ihre beiden charakteristischen Leuchttürme. Dieser Charakter eines Leuchtturms gilt auch in Bezug auf das Verhältnis zwischen materieller und geistiger Produktion bzw. Kunst: »*Bei der Kunst bekannt, daß bestimmte Blütezeiten derselben keineswegs im Verhältnis zur allgemeinen Entwicklung der Gesellschaft, also auch der materiellen Grundlage, gleichsam des Knochenbaus ihrer Organisation, stehn. ... Von gewissen Formen der Kunst, z.B. dem Epos, sogar anerkannt, daß sie in ihrer weltepochemachenden, klassischen Gestalt nie produziert werden können, sobald die Kunstproduktion als solche eintritt; also daß innerhalb des Berings der Kunst selbst gewisse bedeutende Gestaltungen derselben nur auf einer unentwickelten Stufe der Kunstentwicklung möglich sind.*« (MEW 42: 44)

Es geht dabei nicht nur um eine Umkehrung des funktionellen Abhängigkeitsverhältnisses zwischen materieller und geistiger Produktion in historischer Dimension, sondern um die Nichtreproduzierbarkeit vom Kunstformen in späteren Gesellschaftsformen: »*Ein Mann kann nicht wieder zum Kind werden, oder er wird kindisch. ... Warum sollte die geschichtliche Kindheit der Menschheit, wo sie am schönsten entfaltet, als eine nie wiederkehrende Stufe nicht ewigen Reiz ausüben? ... Der Reiz ihrer (der Griechen / S.K.) Kunst für uns steht nicht im Widerspruch zu der unentwickelten Gesellschaftsstufe, worauf sie erwuchs. Ist vielmehr ihr Resultat und hängt vielmehr unzertrennlich damit zusammen, daß die unreifen gesellschaftlichen Bedingungen, unter denen sie entstand und allein entstehen konnte, nie wiederkehren werden.*« (Ibid.: 45) Noch schärfer konturiert sich dieser Widerspruch zwischen materieller und geistiger Produktion dadurch, dass die antike Produktionsweise und Gesellschaft nicht nur historisch vergangen ist, sondern im Wesentlichen nur durch die Form des Privateigentums an Grund und Boden eine evolutionäre Fortentwicklung erfahren hat, die allerdings auf einer anderen Eigentumsform, d.h. einer anderen Grundstruktur von Gemeinwesen aufbaute und durch dieselbe modifiziert wurde.[24] Nach der Teilung des durch seine kolonialen Eroberungen überdehnten Imperiums, das durch den Landhunger der wachsenden Bevölkerung angetrieben wurde und stetig ansteigende Ausgaben für das Heer erforderte, in das oströmische (Byzanz) und weströmische Reich fällt Ersteres in Formen einer asiatischen Produktionsweise zurück, während Letzteres in seiner Endphase durch die barbarischen Invasionen germanischer etc. Stämme aus dem Norden seiner aktiven Zerstörung entgegen ging.[25]

d) Mittelalterlicher europäischer Feudalismus

Die germanische Eigentumsform und ihre Auflösung in die Ackerbaugemeinde als Mischform von Privat- und Gemeineigentum

Die dritte Eigentumsform und das darauf gegründete Gemeinwesens kennt nicht die Stadt mit umliegendem Grundeigentum als Mittelpunkt des Lebens, sondern nur die bloße Vereinigung der Gemeindemitglieder, d.h. von einzelnen Gentes, später Familienhäuptern, die sich im Land weitläufig getrennt festsetzen. Sie wird von Marx als charakteristisch für germanische[26] Verhältnisse angesehen und ist nur in

---

[24] E. Wood verweist darüber hinaus auf die Fragmentierung des römischen Staates in seiner Endphase: »The tendency towards fragmentation was thus built into the very structure of the Roman state, not only in the particularism and divisiveness of private property on which the state was based, but also in its parcellised mode of administration. In the end, the tendencies towards fragmentation prevailed. The disintegration state had long since become an intolerable burden to peasants and a dispensable nuisance to landlords. It left behind a network of personal dependence binding peasants to landlord and land.« (Wood 2002: 67) Da die Thematisierung der verschiedenen Eigentumsformen, namentlich der Form III, bei Wood keine Rolle spielt und sie im Rahmen ihres »Political Marxism« die Rolle von Überbauten, namentlich des Staates, überbetont, ist dieser Hinweis auf die Fragmentierung des Weströmischen Staates als Entwicklungstreiber und Kontinuitätselement allenfalls als nachgeordnetes Moment einzuschätzen.

[25] Es hat also keinen organischen Übergang der antiken Produktionsweise des (west)römischen Reiches in eine höhere Form gegeben, sondern nur einzelne Strukturelemente wie z.B. die Differenzierung zwischen zwei gleichrangigen, allerdings eng aufeinander bezogenen Reichen der irdisch-politischen und religiös-geistlichen Gewalt, die als Merkmale des westlichen Christentums die Verhältnisse des nachfolgenden europäischen Feudalismus mitprägten (vgl. Wallat 2021: 48).

[26] Für die Grundstruktur dieser Eigentumsform und dem darauf gegründeten Gemeinwesen kann die Zuordnung weiter gefasst und – mit jeweiligen besonderen Ausprägungen – für die keltischen, slawischen und skandinavischen Stämme und Völker erweitert werden (vgl. Hobsbawm 1964). Exemplarisch bildet im Rahmen des Niedergangs des (west-) römischen

Europa anzutreffen. Aus sich heraus bringt sie es nicht zu einem neuen eigenen Imperium, weil – zunächst – nicht zu einem Staat. Ihre »*an sich seiende Einheit (ist) gesetzt in Abstammung, Sprache, gemeinsamer Vergangenheit und Geschichte etc. Die* Gemeinde *erscheint also als* Vereinigung, *nicht als* Verein, *als Einigung, deren selbständige Subjekte die Landeigentümer bilden, nicht als Einheit. Die Gemeinde existiert daher in fact nicht als* Staat, Staatswesen, *wie bei den Antiken, weil sie nicht als* Stadt *existiert. Damit die Gemeinde in wirkliche Existenz trete, müssen die freien Landeigentümer* Versammlung *halten... Zwar kommt auch bei den Germanen der* ager publicus, *das Gemeindeland vor oder Volksland, im Unterschied von dem Eigentum des Einzelnen. Er ist Jagdgrund, Weidegrund, Holzungsgrund etc., der Teil des Landes, der nicht geteilt werden kann, wenn er in dieser bestimmten Form als Produktionsmittel dienen soll.*« (MEW 42: 391; Hervorh. i. Original) Das Gemeindeland erscheint bei den Germanen aber nur als Ergänzung des individuellen Eigentums und fungiert als Eigentum nur, soweit es gegen feindliche Stämme als Gemeinbesitz zu verteidigen ist. »*Das Eigentum des Einzelnen erscheint nicht vermittelt durch die Gemeinde, sondern das Dasein der Gemeinde und des Gemeindeeigentums als vermittelt, d.h. als Beziehung der selbständigen Subjekte aufeinander. Das ökonomische Ganze ist au fond in jedem Einzelnen Hause enthalten, für das sich ein selbständiges Zentrum der Produktion bildet. (Manufaktur rein als häusliche Nebenarbeit der Weiber etc.). ... In der antiken Welt ist die Stadt mit ihrer Landmark das ökonomische Ganze; in der germanischen der einzelne Wohnsitz, der selbst nur als Punkt in dem zu ihm gehörigen Land erscheint, keine Konzentration vieler Eigentümer ist, sondern Familie als selbständige Einheit.*« (Ibid.: 391f.)

Die germanische Form geht wie die beiden anderen Formen aus der Sesshaftwerdung der ursprünglich wandernden Horden und dem dort dominierenden Gemeineigentum des temporär genutzten Grund und Bodens als Modifikation hervor. Sie hat mit der antiken Eigentumsform den selbstwirtschaftenden Privateigentümer als Hauptfigur gemeinsam. Aber schon äußerlich hat das vorausgesetzte Gemeinwesen keine eigenständige materielle Existenz wie im griechischen oder römischen Staat. In dieser dritten Eigentumsform bildet die isolierte selbstständige (Groß-) Familienheimstätte für sich ein selbstständiges Zentrum der Produktion, in dem die Unabhängigkeit von der Gemeinde im realen Arbeitsprozess gesetzt ist; für die germanische Form ist die dauernde reelle Existenz der Gemeinde nicht nötig. »*In der germanischen Form der Landmann nicht Staatsbürger, d.h. nicht Städtebewohner, sondern Grundlage die isolierte, selbständige Familienwohnung, garantiert durch den Verband mit andren solchen Familienwohnungen vom selben Stamm und ihr gelegentliches, für Krieg, Religion, Rechtsschlichtung etc. Zusammenkommen für solche wechselseitige Bürgschaft. Das individuelle Grundeigentum erscheint hier nicht als gegensätzliche Form des Grundeigentums der Gemeinde noch als durch*

Reiches ihre germanische Ausgestaltung im sog. Frankenreich die Grundlage für die Entwicklung feudalistischer Verhältnisse im europäischen Mittelalter. Vgl. ausführlich Kapitel 12.

Kapitel 6: Produktionsweisen der vorbürgerlichen Gesellschaften

sie vermittelt, sondern umgekehrt. Die Gemeinde existiert nur in der Beziehung dieser individuellen Grundeigentümer als solcher aufeinander. Das Gemeindeeigentum als solches erscheint nur als gemeinschaftliches Zubehör zu den individuellen Stammsitzen und Bodenaneignungen.« (Ibid.: 392)

Die Momente, die diese dritte Form als Form eines durch den Stammeszusammenhang bedingten Eigentums ausweisen, sind daher unauffälliger als in den beiden anderen Formen. Es sind hier im Wesentlichen drei Momente. Erstens: »*Ihre an sich seiende Einheit (ist gesetzt) in Abstammung, Sprache, gemeinsamer Vergangenheit und Geschichte etc.*« (Ibid.; Hervorh. im Original) Obwohl nur an sich seiende Einheit, sind diese Eigenschaften nicht nur solche des Einzelnen, sondern auch real solche des Gemeinwesens selbst. Zweitens: Die Gemeindeversammlung für Krieg, Religion, Rechtsschlichtung etc. lässt den Stamm sichtbar werden: »*Die Gemeinde erscheint also als Vereinigung, nicht als Verein, als Einigung, deren selbständige Subjekte die Landeigentümer bilden, nicht als Einheit. … Damit die Gemeinde in wirkliche Existenz trete, müssen die freien Landeigentümer Versammlung halten.*« (Ibid.; Hervorh. im Original) Drittens: Das Gemeindeeigentum ist einerseits gemeinschaftliches Zubehör zu den individuellen Stammsitzen und Bodenaneignungen, andererseits hat die Gemeinde im gemeinsam benutzten Jagd-, Weideland etc. eine besondere ökonomische Existenz, indem es so benutzt wird von »*jedem individuellen Eigentümer als solchen, nicht als Repräsentanten (wie in Rom) des Staates; wirklich gemeinsames Eigentum der individuellen Eigentümer, nicht des Vereins dieser Eigentümer*«. (Ibid.: 393)

Innerhalb dieser dritten Eigentumsform sind die produktiven Fähigkeiten der Mitglieder des Gemeinsens gebündelt in jeder Großfamilie vorhanden, die jeweils für sich ein selbstständiges Zentrum der Produktion bildet; dies ergibt sich schon durch ihre räumlich getrennte Existenzweise auf dem Land. Landwirtschaft ist naturgemäß auch hier die Hauptproduktionsbasis, sie wird durch sog. häusliche Nebenindustrie ergänzt. Mit dieser Existenzform verselbstständigter sozialer Einheiten wird die Entwicklung der Produktivkräfte der Arbeit am weitesten vorangetrieben, wie es überhaupt in Formen möglich ist, in denen vorgefundenes gemeinschaftlich bedingtes Grundeigentum und eine vorwiegend auf Subsistenz gerichtete Produktion existiert.

Dies wirft die Frage auf, weshalb es im Rahmen der germanischen Eigentumsform zu diesen sozioökonomischen Verhältnissen etwa im Vergleich zu denen der ausgebildeten asiatischen Produktionsweise kommen konnte, obwohl doch beide einen gleichen systematischen Ursprung im archaischen Urtyp der menschlichen Gesellschaft besitzen?[27] Die Antwort besteht zunächst in den veränderten äußeren

---

[27] In seiner späten Beschäftigung mit den Werken des Juristen und Rechtshistoriker Georg Ludwig Maurers über frühe deutsche Geschichte der Dorf- und Stadtverfassung und der Fron- und Bauernhöfe etc. hatte Marx in einem Brief an Engels vom 14. März 1868 festgestellt, dass »*die von mir aufgestellte Ansicht, daß überall die asiatischen, resp. indischen Eigentumsformen in Europa den Anfang bilden, (hier) neuen … Beweis (erhält)*«. (MEW 32a:

Verhältnissen für beide Formen, die im Hinblick auf deren Entwicklungsbedingungen zuvorderst in natürlichen, klimatischen Umständen zu finden sind »*Die äußeren Naturbedingungen zerfallen ökonomisch in zwei große Klassen, natürlichen Reichtum an Lebensmitteln, also Bodenfruchtbarkeiten, fischreiche Gewässer usw., und natürlichen Reichtum an Arbeitsmitteln, wie lebendige Wassergefälle, schiffbare Flüsse, Holz, Metalle, Kohle usw. In den Kulturanfängen gibt die erstere, auf höherer Entwicklungsstufe die zweite Art des natürlichen Reichtums den Ausschlag.*« (MEW 23: 535) Je geringer noch die zu befriedigenden Bedürfnisse des Menschen und je größer die Bodenfruchtbarkeit und die Gunst des Klimas, desto geringer ist die zur Erhaltung und Reproduktion des Produzenten notwendige Arbeitszeit und desto geringer sind die aus der äußeren Natur entspringenden Anforderungen und damit seine dadurch erzwungenen Anstrengungen und Fähigkeiten. Damit ergibt sich die Grundlage zur Beantwortung der gestellten Frage. Marx verweist zustimmend auf den Kaufmann Thomas Mun,[28] wenn er sagt: »*Eine zu verschwenderische Natur ›hält ihn (den Menschen / S.K.) an ihrer Hand wie ein Kind am Gängelband‹. Sie macht seine eigne Entwicklung nicht zu einer Naturnotwendigkeit. Nicht das tropische Klima mit seiner überwuchernden Vegetation, sondern die gemäßigte Zone ist das Mutterland des Kapitals. Es ist nicht die absolute Fruchtbarkeit des Bodens, sondern seine Differenzierung, die Mannigfaltigkeit seiner natürlichen Produkte, welche die Naturgrundlage der gesellschaftlichen Teilung der Arbeit bildet und den Menschen durch den Wandel der Naturumstände, innerhalb deren er haust, zur Vermannigfachung seiner eignen Bedürfnisse, Fähigkeiten, Arbeitsmittel und Arbeitsweisen spornt.*« (Ibid.: 536f.) Obwohl in den nachfolgenden Beispielen, weil sie u.a. auf die Arbeitsteilung abheben (vgl. ibid.: 537), der Übergang zur germanischen Eigentumsform nicht aufgezählt wird, kann davon ausgegangen werden, dass durch die Naturumstände in der gemäßigten Klimazone Nord- und Westeuropas mutatis mutandis auch die besonderen Verhältnisse der auf dieser Eigentumsform aufbauenden Gemeinwesen in erster Linie aus klimatisch-natürlichen Verhältnissen in vergleichbaren Regionen erklärt werden können. Im Besonderen bedeutet dies, dass im Unterschied zum Mittelmeerraum mit seinem Mangel an Sommerregen im nördlichen Europa die klimatischen Verhältnisse für entwickel-

---

42) Dies ist im Hinblick auf die gemeinsame Grundform des Gemeineigentums sowohl für die archaische Urform als auch namentlich die primitive indische Form der asiatischen Produktionsweise zu interpretieren; von ihr geht die Entwicklung der germanischen Eigentumsform unter den Rahmenbedingungen Nord- und Westeuropas aus.

[28] Dieser Thomas Mun hatte im Zusammenhang mit seinen Untersuchungen zum auswärtigen Handel Englands ausgeführt: »*Da der erste (der natürliche Reichtum / S.K.) höchst nobel und vorteilhaft ist, macht er das Volk sorglos, stolz und allen Ausschweifungen ergeben; der zweite dagegen erzwingt Sorgfalt, Gelehrsamkeit, Kunstfertigkeit und Staatsklugheit.*« (Zit. ibid.: 536 Fn) Vgl. auch die bei Morris aufgeführten Axiome für gesellschaftliche Entwicklung: »*Faulheit, Angst und Habgier*« (vgl. Morris 2011: 34ff.).

Kapitel 6: Produktionsweisen der vorbürgerlichen Gesellschaften

tere Anbaumethoden[29] eine deutlich höhere Gunst natürlicher Produktivkräfte der Arbeit bereitstellten. Neben diesen äußeren, objektiven Faktoren kommen subjektive hinzu, die in der aus der »germanischen Barbarei« herstammenden Auflösung von deren militärischer Demokratie wurzeln und zugleich Kontinuität und Diskontinuität zum historischen Vorgänger des auf der Basis der antiken Produktionsweise gegründeten zerfallenden Weströmischen Reiches beinhalten: Kontinuität im Hinblick auf die Gemeinsamkeit der Klassenspaltung beider Gesellschaftsformen, der antiken wie der germanischen, Diskontinuität im Hinblick auf die personellen Träger des römischen Adels einerseits und germanischen Adels andererseits. Insofern ist es korrekt, von der Ersetzung der aus der antiken Gesellschaft entstandenen Adelsschicht durch eine »*frisch aus der ›Barbarei‹, der militärischen Demokratie, kommende Adelsschicht ... eine Kraftquelle für die Erneuerung der Gesellschaft*« (Mottek I 1972: 61) zu sehen. Namentlich durch die Zusammenfassung von Territorien mit unterschiedlicher Vergangenheit antiker und archaischer Verhältnisse sowie die über den Fernhandel vermittelten Kontakte ergeben sich die progressiven Elemente für die Produktivkraftentwicklung im Rahmen der germanischen Eigentumsform als Synthese natürlicher, objektiver und subjektiver Tatbestände.

Diese Synthese aus gentilizischen Basisstrukturen und Adaption antiker Errungenschaften wird allerdings mit der These des »*Überspringen(s) der Stufe der ausgebildeten Sklavenhaltergesellschaft (für) die volle Entfaltung des Feudalismus*« (ibid.: 92) nicht korrekt erfasst, unterliegt ihr doch eine unzulässige Verallgemeinerung der Epochenentwicklung im Rahmen der traditionellen marxistisch-leninistischen, historisch-materialistischen Geschichtsauffassung. Auf der anderen Seite ist damit bereits gesagt, dass die Ausbildung der germanischen Eigentumsform in den Feudalismus eine auf Westeuropa fokussierte Entwicklung darstellen musste. Dies schließt durchaus ein, dass verschiedene feudale Elemente in Wirtschaft, Gesellschaft und Staat in je verschiedener Zusammensetzung auch in Gesellschaften vorzufinden waren, deren dominante Struktur auf der asiatischen Produktionsweise gegründet war.[30]

Innerhalb der »germanischen« Eigentumsverfassung bestehen die Verwandtschaftsbeziehungen wie bei den anderen Eigentumsformen zunächst als Gentes. Dabei haben sich Elemente der Gentilverfassung in einzelnen europäischen Ländern – keltische Gens in Irland, Wales und Schottland – teilweise bis in 11. Jahrhundert u.Z. bei Iren und Walisern und bis ins 18. Jahrhundert u.Z. bei den Schotten erhalten. In den von Germanen bewohnten Territorien finden sich tief bis ins Mittelalter Spuren von Mutterrecht. Engels äußert sich ausgesprochen freundlich

---

[29] Hier ist auf die Dreifelderwirtschaft – Anbau von Wintergetreide im ersten Jahr, von Sommergetreide im zweiten Jahr und Beschränkung der Brachezeit zur Regeneration der Böden im dritten Jahr – zu verweisen, die im Vergleich zu südlichen Regionen über bestimmte Zeiträume höhere Erträge aus gegebenen Ackerflächen erbrachte.

[30] Einen besonderen Fall stellt die japanische Entwicklung im Mittelalter dar, weil sie den in Westeuropa beheimateten feudalen Strukturen am nächsten kam. Wir kommen hierauf später noch einmal zurück; vgl. Kapitel 12.

hinsichtlich der »Achtung der Deutschen vor dem weiblichen Geschlecht« (vgl. MEW 21a: 134): »*Jungfrauen aus edler Familie gelten für die bindendsten Geiseln bei Verträgen mit den Deutschen; der Gedanke daran, daß ihre Frauen und Töchter in Gefangenschaft und Sklaverei fallen können, ist ihnen fürchterlich und stachelt mehr als alles andere ihren Mut in der Schlacht; etwas Heiliges und Prophetisches sehn sie in der Frau, sie hören auf ihren Rat auch in den wichtigsten Angelegenheiten ...*« (Ibid.) Arbeitsteilig zwischen den Geschlechtern dürfte sich auch die Arbeit im Haus und auf dem Feld strukturiert haben, wenngleich Tacitus dem germanischen Mann nur die Rolle als Trinker und Faulenzer zuweist. Die Ehe entwickelte sich allmählich zu einer monogamen Paarungsehe und Tacitus spricht vor dem Hintergrund der sprichwörtlichen altrömischen Dekadenz von der besonderen Wärme und der Unverbrüchlichkeit des Ehebandes bei den Deutschen (Ausnahme Ehebruch der Frau).

Die Macht in den germanischen Gemeinwesen lag bei der Volksversammlung, in der die Gemeinschaft der Mitglieder eine reelle Existenz erhielt. Der Rat der Vorsteher (principes) wurde aus der Volksversammlung gewählt; der Vorsteher war vom Kriegsführer (deces) unterschieden. Mit dem Übergang zum Vaterrecht wurde die Wahlfunktion des Vorstehers allmählich erblich; damit kam es zur Bildung von höheren Familien in den Gentes. Daneben hatten die Priester hohen Rang und Disziplinargewalt. Beide bildeten in der Folgezeit die Grundlage für den ersten und zweiten Stand der feudalen Gesellschaft als Adel und Klerus. Bünde von Stämmen hatten sich schon seit Cäsars Zeit gebildet, bei einigen mit Königen und obersten Heerführern, die sich teilweise zu autokratischen Tyrannen fortentwickelten und als Günstlinge bei den Königen zu Rang, Reichtum und Ehren gelangten; auch freigelassene Sklaven konnten zuerst am Hof, sodann im Staat eine große Rolle spielen. Zum großen Teil rekrutierte sich der neue Adel aus diesen Personen, zum anderen Teil entstammte er aus Leibgarden und Offizieren, die durch Kriege und Raubzüge als Gefolgschaften von den Kriegsführern zusammengehalten wurden.[31]

Im Unterschied zu den Eigentumsformen und Gemeinwesen der Formen I und II, die es in ihrer Entwicklung zu frühen Staaten und Imperien brachten, kam es im Rahmen der Form III mit den auf der Gentilordnung gegründeten germanischen Gemeinwesen wegen der fehlenden Existenzform von Städten zunächst nicht zur Etablierung eines übergreifenden Staates.[32] Die Form III bildet daher nur den Kern

---

[31] Vgl. MEW 21a: 140: »*Im ganzen gilt ... für die zu Völkern verbündeten deutschen Stämme dieselbe Verfassung, wie sie sich bei den Griechen der Heroenzeit und den Römern der sogenannten Kaiserzeit entwickelt hatte: Volksversammlung, Rat der Gentilvorsteher, Heerführer, der schon einer wirklichen königlichen Gewalt zustrebt. Es war die ausgebildetste Verfassung, die die Gentilordnung überhaupt entwickeln konnte; sie war die Musterverfassung der Oberstufe der Barbarei. Schritt die Gesellschaft hinaus über die Grenzen, innerhalb deren diese Verfassung genügte, so war es aus mit der Gentilordnung, sie wurde gesprengt, der Staat trat an ihren Stelle.*«

[32] Vgl. MEW 42: 391: »*Die Gemeinde existiert daher in fact nicht als Staat, Staatswesen, wie bei den Antiken, weil sie nicht als Stadt existiert.*« (Hervorh. i. Original)

einer eigenständigen Produktionsweise und erst ihre Auflösung in feudalistische Verhältnisse kristallisiert sich im Mittelalter in (West-) Europa zu einer solchen.

Ausbildung von Feudalverhältnissen im europäischen Mittelalter

Im Niedergang des Römischen Reiches waren die eroberten Provinzen rücksichtslos ausgebeutet worden. Je mehr das Reich unter dem Kaisertum verfiel, desto höher stiegen Steuern und Tributleistungen. Handel und Handwerk vollzogen einen Niedergang, nur der Zinswucher dauerte fort. *»Allgemeine Verarmung, Rückgang des Verkehrs, des Handwerks, der Kunst, Abnahme der Bevölkerung, Verfall der Städte, Rückkehr des Ackerbaus auf eine niedrige Stufe – das war das Endresultat der römischen Weltherrschaft.«* (MEW 21a: 143) Die auf Sklavenwirtschaft gegründeten Latifundien hatten sich wie die antike Sklaverei in Griechenland überlebt und waren in Italien in Viehweiden und Villengüter mit Gartenbau umgewandelt worden. Für Sklaven war zukünftig hauptsächlich nur noch Platz als Haus- und Luxussklaven. Gleichwohl war die absterbende Sklavenarbeit zunächst noch für produktive Arbeit gut, die der freie Römer für unwürdig erachtete. Im Ergebnis der Veränderungen und Umwälzung der Sklavenwirtschaft steigerten sich die Zahl der Freigelassenen und die Zunahme der Kolonen als Pächter landwirtschaftlicher Güter, die als »Halbfreie« persönliche Freiheit (Rechts- und Waffenfähigkeit) genossen, aber an die Scholle gebunden waren und mit dieser veräußert werden konnten. In den römischen Provinzen gab es daneben noch freie Kleinbauern, die sich zum Schutz gegen Beamte und Wucherer oft unter die Hoheit von mächtigen Lokalgrößen stellten und ihnen ihr Eigentum an ihren Grundstücken gegen Nutznießung auf Lebenszeit übertragen. *»Dafür, daß die deutschen Barbaren die Römer vor ihrem eignen Staat befreiten, nahmen sie ihnen zwei Drittel des gesamten Bodens und teilten ihn unter sich. Die Teilung geschah nach der Gentilverfassung...«* (Ibid.: 145)

In den germanischen Gebieten des Ostfrankenreichs blieb die Aufteilung des Landes zwischen etlichen hundert Gauen (Bezirken) bis ans Ende des Mittelalters die Grundlage des Lebens der Bevölkerung. Diese Markverfassung ist jahrhundertelang die Form gewesen, in der sich die Freiheit der germanischen Stämme verkörpert hatte. Engels spricht in diesem Zusammenhang von der *»ältesten Genossenschaft«* (MEW 19e: 474), die das ganze Volk umfasste und dem ursprünglich alles in Besitz genommene Land gehörte. Später wurde die durch Verwandtschaft verbundene Gesamtheit die Bewohner eines Gaus Besitzer des besiedelten Gebiets. Dem Volk als solchem blieb nur das Verfügungsrecht über die noch übrigen herrenlosen Flächen. Die weitere Entwicklung sah dann so aus: *»Die Gaubewohnerschaft trat wieder an die einzelnen Dorfgenossenschaften – ebenfalls aus näheren Geschlechtsverwandten gebildet – ihre Feld- und Waldmarken ab, wobei dann wieder das überschüssige Land dem Gau verblieb. Ebenso die Stammdörfer bei der Aussendung neuer, aus der alten Mark des Urdorfs mit Land ausgestatteter Dorfkolonien.«* (Ibid.)

Die Gentilbeziehungen innerhalb der Gaue verflüchtigten sich nach und nach in den Bereich gemeinsamer Geschichte und Sprache (»Kultur«) und das Prinzip einer territorialen Gliederung trat im Zuge des Wachstuns der Bevölkerung und der Mobilität durch Wanderungsbewegungen an die Stelle der Ansiedlung nach Stämmen und Geschlechtern. Reduzierte sich das Volk damit zunächst auf eine mehr oder minder feste Konföderation von Gauen,[33] so löste sich die Gemeinschaft des Volkes sodann auf in kleine Dorfgenossenschaften, die selbstgenügsame Einheiten von Produktion und Konsumtion bildeten.[34] Dies ist die Grundstruktur der dritten, germanischen Eigentumsform. Engels These ist nun, dass Staat und Privateigentum (Boden als Ware) die beiden Bedingungen und Treiber des Übergangs der germanischen Gemeinden zum Feudalismus darstellten: Eine Fortentwicklung der Verhältnisse »*eine(r) solche(n) Zusammensetzung des Volks aus lauter kleinen Genossenschaften, die zwar gleiche, aber ebendeshalb keine gemeinsamen ökonomischen Interessen haben, macht eine nicht aus ihnen hervorgegangene, ihnen fremd gegenüberstehende, sie mehr und mehr ausbeutende Staatsgewalt zur Bedingung der Fortexistenz der Nation*«. (Ibid.) Im Unterschied zu den Ausformungen der auf Gemeineigentum am Grund und Boden beruhenden Gemeinwesen, wo die Staatsgewalt als zusammenfassende Einheit auftritt und das Gemeineigentum am Grund und Boden vielfach in Staatseigentum fortentwickelt wird (Formen I und II), bestanden in den von den Deutschen eroberten römischen Ländern die einzelnen Anteile am Grund und Boden bereits als Allod. »*Mit dem Allod war nicht nur die Möglichkeit, sondern die Notwendigkeit gegeben, daß die ursprüngliche Gleichheit des Grundbesitzes sich in ihr Gegenteil verkehrte. Von dem Augenblick seiner Herstellung auf ehemals römischem Boden wurde das deutsche Allod, was das römische Grundeigentum, das neben ihm lag, schon lange gewesen war – Ware.*« (Ibid.: 476) Aus bloßem Besitz wurde Eigentum und damit entwickelte sich die Ungleichheit zwischen den Mitgliedern der Dorfgenossenschaften. Es fand Übertragung von individuellem Eigentum statt, wodurch neues großes Grundeigentum als Privateigentum entstand.

Altes Großgrundeigentum existierte in Gallien zunächst in der Fortexistenz römischer Großgrundbesitzer; sie ließen ihre Güter durch sog. Hintersassen gegen Zins (Geldrente) bebauen. Sodann wurde im Rahmen der Eroberungskriege in von den germanischen Stämmen besiedelten Gebieten das alte Volksland in Domäne der sich zu Königen erklärenden Stammes- und Heerführer verwandelt. Diese Bildung privaten Großgrundeigentums durch die Usurpation des alten germanischen Volks-

---

[33] Zur zeitlichen und stammesmäßigen Verordnung: »*In diesem Zustand scheinen die Deutschen zur Zeit der Völkerwanderung gewesen zu sein. Von den Alemannen erzählt dies Ammianus Marcellinus ausdrücklich; in den Volksrechten blickt es noch überall durch; bei den Sachsen bestand diese Entwicklungsstufe noch zur Zeit Karls des Großen, bei den Friesen bis zum Untergang der friesischen Freiheit.*« (Ibid.)

[34] Vgl. ibid.: 475: »*Damit war das Volk aufgelöst in einen Verband kleiner Dorfgenossenschaften, unter denen kein oder doch fast kein ökonomischer Zusammenhang bestand, da ja jede Mark sich selbst genügte; ihre eignen Bedürfnisse selbst produzierte und außerdem die Produkte der einzelnen benachbarten Marken fast genau dieselben waren. Austausch zwischen ihnen war also ziemlich unmöglich.*«

Kapitel 6: Produktionsweisen der vorbürgerlichen Gesellschaften

lands in königliche Domänen (Krongut) in den sich ausbildenden Reichen, beginnend mit den Dynastien der Merowinger und Karolinger nach dem Untergang des Weströmischen Reiches auf den Boden des römischen Gallien und der angrenzenden rechtsrheinisch-germanischen Stammes- und Siedlungsgebiete der Germanen, legt die Basis für Grundeigentumsverhältnisse, die in ihrer Grundstruktur auch in anderen westeuropäischen Regionen lange bestehen bleiben. »*Während der vielen Bürgerkriege, die aus den Teilungen des Reichs entsprangen, vermehrte sich dies Krongut noch fortwährend durch massenhafte Einziehungen der Güter sogenannter Rebellen. Aber so rasch es wuchs, so rasch wurde es verschleudert in Schenkungen an die Kirche wie an Privatleute, Franken und Romanen, Gefolgsleute (…) oder sonstige Günstlinge des Königs. Als während und durch die Bürgerkriege sich bereits die Anfänge einer herrschenden Klasse von Großen und Mächtigen, Grundbesitzern, Beamten und Heerführern gebildet, wurde auch ihr Beistand von den Teilfürsten durch Landschenkungen erkauft.*« (Ibid.: 477)

Die Bildung der feudalen Ständegesellschaft vollzog sich sodann als Umwälzung der alten Markverfassung. Die freien Hintersassen, die ursprünglich rechtlich den Grundherren gleich standen, wiewohl sie von ihm ökonomisch abhängig waren, wurden auch politisch von ihm abhängig. Der Grundherr wurde zum »Seigneur«, der für seine Hintersassen gegenüber dem König bürgen musste und dem dieser einen Teil seiner Amtsbefugnisse übertrug. Die Hintersassen unterlagen daher seiner Gerichtsbarkeit und wurden auch rechtlich die Untergebenen des Seigneurs oder seine »homines«. Hintergrund hierfür war die Verwandlung des Allod in nicht vererbbares Benifizium und die Verpflichtung zum Kriegsdienst. Zum Teil unterwarfen sich verarmte Freie auch von sich aus zu Vasallen des Seigneurs, d.h. in lebenslänglich diesem zu Dienstleistungen Verpflichtete (Kommendation), denen der Erstere dafür deren Unterhaltsmittel zur Verfügung stellte, was im Weiteren mit einer Zurverfügungstellung von bebaubarem Land einherging. Dieses Verhältnis von Dienstherr und Vasall wurde allen Gemeinfreien zur Pflicht gemacht und staatlich sanktioniert.

Zwischen König, Gefolgsleuten und Hintersassen bestand dasselbe Abhängigkeitsverhältnis von Staat und großen Grundbesitzern als königlichen Vasallen oder Aristokraten wie zwischen den Grundbesitzern und ihren Dienstleuten als Halbfreien und Leibeigenen. »*So verschwanden die Gemeinfreien immer mehr. Hatte ihre allmähliche Trennung von Grund und Boden einen Teil in die Vasallität der neuen großen Grundherren getrieben, so trieb die Furcht vor direktem Ruin durch den Heerdienst den andern Teil geradezu in die Leibeigenschaft.*« (Ibid.: 493) Die Sozialstruktur der Gesellschaft zeigte somit neben den Großgrundbesitzern als aristokratischem Adel und ihren Vasallen eine mehr und mehr wachsende Klasse von Unfreien, die ursprünglich einmal freie Kleinbauern (und Handwerker) gewesen und nun in Servilität als Leibeigene und Hörige gefallen waren. Damit war die alte Mark- und Heerverfassung aus der germanischen Eigentumsform in ein unmittelbares Herrschafts- und Knechtschaftsverhältnis verwandelt und die Transformation des zerfallenen römischen Staates zu Feudalstaaten vollzogen worden.

Wie immer in derartigen Prozessen spielten auch Gewalt und Betrug eine wichtige Rolle. Eine besondere Rolle bei der Aneignung von Grundbesitz spielte die (katholische) Kirche. Sie besaß auf der einen Seite Immunität, wodurch ihr Eigentum in den Bürgerkriegen, Plünderungen und Konfiskationen geschützt wurde. Zudem profitierte sie von Schenkungen durch die Herrscher, von Übereignungen von Kleineigentümern, die ihr Eigentum gegen Niesbrauch an sie abtraten sowie Methoden der »Zuchthausindustrien«, d.h. von Betrug und Taschenspielertricks – Engels spricht in diesem Zusammenhang von »*Erscheinungen Verstorbener, besonders Heiliger, die zur Erschwindelung von Reichtümern für die Kirche (dienten)*« sowie »*auch und hauptsächlich (von) Urkundenfälschung*«. (Ibid.: 479) Die so angeeigneten Ländereien ließ die Kirche, ebenso wie die privaten Grundeigentümer, durch unfreie oder auch freie Hintersassen als Leibeigene oder faktische Leibeigene bearbeiten; von daher datiert die Redeweise vom »Zehnten für den Pfaffen«, der als Abgabe aus dem Arbeitsprodukt des Halbfreien so viel klarer und handgreiflicher war als der Segen der Kirche.

Die Sozialstruktur der Feudalstaaten wies, bei allen Unterschieden zwischen Frankreich, Deutschland (Heiliges Römisches Reich) und England, in den folgenden Jahrhunderten die klassische Dreigliedrigkeit von Adel, Klerus und arbeitendem dritten Stand auf. Dabei machten Adel (Könige samt Gefolgschaften und Adelsstände) und Klerus zusammengenommen deutlich weniger als 10% der Bevölkerung aus. Den Rest der zunehmenden Bevölkerung – z.B. Verdoppelung im Königreich Frankreich von 11 auf 22 Mio. vom 14. Jahrhundert bis 1700 und auf 28 Mio. in den 1780er Jahren – machte der sog. Dritte Stand aus, der bis zur Französischen Revolution 1789 überwiegend aus unfreien Bauern sowie Pächtern und einer im Zeitablauf zunehmenden Klasse von Handwerkern und Kaufleuten sowie bei ihnen beschäftigten Lohnarbeitern bestand.[35] In seinem Tableau Économique hatte F. Quesnay 1758 die ökonomischen Beziehungen zur Reproduktion der Gesellschaft durch die produktive Klasse (Bauern) und die »sterile« Klasse der Handwerker etc. durch wenige aggregierte Austauschbeziehungen und Tributleistungen dargestellt (vgl. Quesnay 1798/1971: 339ff.).

Die Verwandlung der Markgenossenschaft in feudale Herrschaftsformen zeigt am Beispiel des Frankenreiches exemplarisch die prominente Rolle des Privateigentums am Grund und Boden für die auf persönliche Abhängigkeitsverhältnisse gegründete politische und ökonomische Ordnung des Feudalismus. »*Statt des un-*

---

[35] Piketty notiert für Frankreich vom Ende des 14. bis in die zweite Hälfte des 17. Jh. Anteile von König/Adel und Klerus von etwa 1,5 bzw. 2%; bis zum Ende des 18. Jh. hatten sie auf jeweils 0,8% abgenommen (vgl. Piketty 2020: 114). Auch Kuchenbuch geht von einer ähnlichen sozialstrukturellen Verteilung der Bevölkerung auf die verschiedenen Stände aus, die er als charakteristisch für die feudale Klassengliederung ansieht: Bauern als Vollbauern, Kätner (d.s. abhängige Kleinbauern, die in einer Käte leben) und Tagelöhner mit 70 bis 90%, Adel (Reichsaristokratie und Ritter, Burgherren) sowie Klerus mit 2 bis 8% sowie heterogen zusammengesetztes städtisches Bürgertum mit den restlichen 10 bis 20% (vgl. Kuchenbuch 2022: 241ff.).

abhängigen Mannes finden wir hier jedermann abhängig – Leibeigene und Grundherrn, Vasallen und Lehnsgeber, Laien und Pfaffen. Persönliche Abhängigkeit charakterisiert ebenso die gesellschaftlichen Verhältnisse der materiellen Produktion als die auf ihr aufgebauten Lebenssphären.« (MEW 23: 91) Die Unterschiede der europäischen feudalen Gesellschaftsformen gegenüber denen des chinesischen »high-end states« der asiatischen Produktionsweise mit ihrem (formellen) Staatseigentum ergeben sich also aus der zwieschlächtigen Rolle und Funktion des Privateigentums am Grund und Boden: Dieses ist einerseits ein zerstörerisch-auflösendes Element im Hinblick auf die Verhältnisse der germanischen Eigentumsform mit ihrem individuellen Eigentum selbstständiger Großfamilien und spielt andererseits als Basis einer dezentralen, auf den Familien als Zentren von Produktion und Konsumtion aufsetzenden Entwicklung eine die Produktivkräfte forcierende Rolle. Hinter der oberflächlichen Gleichartigkeit von Hörigkeitsverhältnissen in der feudalen und asiatischen Produktionsweise sind somit unterschiedliche dominierende Produktionsverhältnisse anzutreffen, die als Agentien auch unterschiedliche Entwicklungsmöglichkeiten der Gesellschaft hervorbringen.

Charakteristika der feudalen Produktionsweise

Marx zufolge wurde Feudalismus in seiner typischen Ausprägung im Westfrankenreich gegründet, in der Normandie durch die norwegischen Eroberer weiterentwickelt durch die französischen Normannen in England fertig eingeführt. *»In der feudalen Gesellschaft ... , wie man am besten in England studiren kann, weil hier das System des Feudalismus fertig von der Normandie eingeführt und seine Form in einer in vielen Rücksichten verschiednen Gesellschaftsunterlage aufgeprägt wurde, erhalten auch die Verhältnisse einen feudalen Ausdruck, die dem Wesen des Feudalismus fernstehn, z.B. blosse Geldverhältnisse, worin es sich in keiner Weise um wechselseitige persönliche Dienste von Suzerain und Vasall handelt.«* (MEGA II: 3.6: 2180)

Ökonomisch beruhte der mittelalterliche europäische Feudalismus auf einer Landwirtschaft, die neben Ackerbau (Anbau verschiedener Getreidearten) und Viehzucht ländliches Nebengewerbe (Weben, Spinnen etc.) umfasste. Hinzu kam ein sich im Lauf der Zeit entwickelndes und spezialisierendes städtisches Handwerk neben einem untergeordneten Waren- und Geldhandel.[36] Subsistenzproduktion und gebrauchswertorientierte Produktion sind dominant, Letztere auch beim Handwerk:

---

[36] Vgl. MEW 25: 794f.: *»Bei der eigentlichen Naturalwirtschaft, wo gar kein oder nur ein sehr unbedeutender Teil des agrikolen Produkts in den Zirkulationsprozeß eintritt und selbst nur ein relativ unbedeutender Teil des Produkts, der die Revenue des Grundeigentümers darstellt, wie z.B. auf vielen altrömischen Latifundien, wie auf den Villen Karls des Großen, und wie ... mehr oder weniger während des ganzen Mittelalters, besteht das Produkt und das Mehrprodukt der großen Güter keineswegs bloß aus den Produkten der agrikolen Arbeit. Es umfaßt ebenso die Produkte der industriellen Arbeit. Häusliche Handwerks- und Manufakturarbeit, als Nebenbetrieb des Ackerbaus, der die Basis bildet, ist die Bedingung der Produktionsweise, worauf diese Naturalwirtschaft beruht, im europäischen Altertum und*

»*Bei dem städtischen Handwerk, obgleich es wesentlich auf Austausch beruht und Schöpfung von Tauschwerten, ist der unmittelbare, der Hauptzweck der Produktion* Subsistenz als Handwerker, *als* Handwerksmeister, *also* Gebrauchswert; nicht Bereicherung, *nicht* Tauschwert *als* Wert. *Die Produktion ist daher überall einer vorausgesetzten Konsumtion, die Zufuhr der Nachfrage untergeordnet und erweitert sich nur langsam.*« (MEW 42: 419; Hervorh. im Original)) Dementsprechend waren die Preise für die Produkte des Austauschs keineswegs durch das Wertgesetz geregelt, sondern »*nur ein formelles Moment für den Austausch blosser Gebrauchswerte.*« (Ibid.: 380)

Die gesellschaftliche Arbeitsteilung zwischen Agrikultur und Handwerk enthielt den Gegensatz zwischen Land und Stadt in sich, indem »*das Land im Mittelter die Stadt politisch ausbeutet, überall da, wo der Feudalismus nicht durch ausnahmsweise städtische Entwicklungen gebrochen ist, wie in Italien, (während) die Stadt überall und ohne Ausnahme das Land ökonomisch exploitiert durch ihre Monopolpreise, ihr Steuersystem, ihr Zunftwesen, ihren direkten kaufmännischen Betrug und ihren Wucher*«. (MEW 25: 809) Durch diese am flachen Land geübte Prellerei eigneten sich die Städte einen Teil der Rente der Grundeigentümer und des Einkommens seiner Untersassen an; dies wusste schon Adam Smith hinsichtlich der Ausbeutung des Landes durch hohe Preise der städtischen Handwerksartikel.[37]

Mittelalter sowohl wie noch heutzutage in der indischen Gemeinde, wo deren traditionelle Organisation noch nicht zerstört ist.«

[37] Vgl. Smith I: 162f.: »*Durch solche Anordnungen war jede Gruppe (innerhalb der zünftigen Städte) zwar verpflichtet, die von anderen benötigten Waren innerhalb der Stadt etwas teurer, als sie es sonst getan hätte, zu kaufen, aber zur Entschädigung wurde sie instand gesetzt, ihre eigenen Waren im gleichen Grade teurer zu verkaufen. Wie man sagt, die Angelegenheit war in dieser Beziehung genauso breit wie lang. Beim Handel zwischen den verschiedenen Gruppen innerhalb der Stadt gab es durch diese Reglementierungen keinen Verlierer. Aber beim Handel mit der Provinz waren sie alle die großen Gewinner. Allein diese Art von Geschäften erhält und bereichert jede Stadt. Jede Stadt bezieht ihren gesamten Lebensunterhalt und alle gewerblichen Rohstoffe vom Land. Sie bezahlt beides hauptsächlich auf zwei Arten: erstens durch Rücksendung eines Teils der be- und verarbeiteten Rohstoffe auf das Land, wodurch deren Preis um die Löhne der Arbeiter und die Profite ihrer Meister oder unmittelbaren Beschäftigter steigt; zweitens durch die Belieferung des Landes mit einem Teil der von der Stadt entweder aus andren Ländern oder entfernten Teilen desselben Landes eingeführten Roh- und Manufakturprodukte, wodurch der ursprüngliche Preis dieser Waren ebenfalls um die Löhne der Fuhr- oder Seeleute und die Profite der Händler, welche diese Arbeiter beschäftigten, erhöht wurde. Daraus, was der erste dieser beiden Geschäftszweige verdient, besteht der Gewinn, den die Stadt durch ihre Manufakturen erzielt. Was von den zweiten verdient wird, stellt den Gewinn des Binnen- und Außenhandels dar. Die Löhne der Arbeiter und die Profite ihrer verschiedenen Beschäftiger machen die Gesamtsumme aus, welche die beiden Zweige gewinnen. Führen also irgendwelche Reglementierungen zur Erhöhung der Löhne und Profite über den Stand hinaus, der sonst vorhanden wäre, so befähigen sie die Stadt, mit einem kleineren Quantum ihrer Arbeit das Produkt einer größeren Arbeitsmenge des Landes zu kaufen. Sie verschaffen den Kaufleuten und Handwerkern der Stadt einen Vorteil gegenüber den Grundbesitzern, Farmern und Landar-*

Die sozioökonomische Basis des europäischen Feudalismus bestand aus einem Verhältnis bzw. Verhalten des unmittelbaren bäuerlichen Produzenten zu seinen Arbeitsmitteln als Eigentum und zum Grund und Boden als Besitz. Beides begründet seine Selbstständigkeit als ökonomisches Subjekt und eine individualisierte Form des Arbeitsprozesses, der vom bäuerlichen familiären Einzelbetrieb ausgeht; dörfliche Kooperationsbeziehungen für Weiterverarbeitungen des Rohprodukts in Getreidemühlen, Backöfen und Brauhäusern sowie bei Handwerksarbeiten sind dem selbstständigen Einzelbetrieb nachgeordnet.

Diese Selbstständigkeit des bäuerlichen Produzenten in seinem familiären Betrieb ist die erhalten gebliebene Ausdrucksform der dritten germanischen Eigentumsform als strukturierendes Element des feudalen bäuerlichen Produktionsprozesses und beherbergt qualitative Unterschiede sowohl zu kollektiven Formen der agrikolen, in Sippen, Clans und Dörfern organisierten Produktion als auch zur Arbeit der Sklaven in der antiken Produktionsweise.[38] Sie erzeugt grundsätzlich ein gewisses Maß an Identifikation des bäuerlichen Produzenten mit seiner Arbeit, die förderlich für die Entwicklung der agrikulturellen Produktivkräfte im Hinblick auf die Erhaltung der Bodenfruchtbarkeit (Fruchtwechsel- und Brachlandwirtschaft) ist. Darüber hinaus stimuliert sie das als häusliche Nebenindustrie betriebene Handwerk im Hinblick auf die Verbesserung der Arbeitsmittel zur Bodenbearbeitung. Eine Entwicklung und Steigerung der Produktivkräfte ist demgemäß – innerhalb gewisser Grenzen – der Stellung der unmittelbaren Produzenten, ihrem Verhalten zu den objektiven Bedingungen ihrer Arbeit, immanent.

Diese Selbstständigkeit des bäuerlichen Produzenten ist jedoch eingebettet in das übergeordnete Eigentum des Grundherrn am Grund und Boden, der sich das ganze oder Teile des bäuerlichen Mehrprodukts durch außerökonomische Gewalt aneignet. Diese Einbettung des bäuerlichen Produktionsprozesses in die feudalen Eigentumsverhältnisse hatte sich historisch über das Lehnswesen von ursprünglich freien Bauern sowie Kolonen herausgebildet und Letztere zu Unfreien oder Leib-

---

beitern und vernichten das natürliche Gleichgewicht, das sonst beim Handel, der zwischen Stadt und Land getrieben wird, vorhanden wäre. Das gesamte Jahresprodukt der Arbeit der Gesellschaft wird jährlich auf diese beiden Menschengruppen aufgeteilt. Mit Hilfe solcher Reglementierungen erhalten die Stadtbewohner davon einen größeren Teil als ihnen sonst zufallen würde, und einen kleineren Teil bekommt die Landbevölkerung.« Vgl. auch MEGA II.3.3: 676: »*Und ursprünglich die Agricultur produktiver, weil hier eine von Natur eingerichtete Maschine, nicht nur Naturkräfte, mitwirken; der einzelne Arbeiter sofort mit einer Maschine arbeitet. In der antiken Zeit und im Mittelalter die Agriculturproducte relativ viel wohlfeiler als die Industrieproducte, was schon daraus hervorgeht ..., welches Verhältniß beide im Durchschnittsarbeitslohn einnehmen.«*
[38] Vgl. MEW 42: 377: »*Im Sklavenverhältnis gehört er (der Arbeiter / S.K.) dem einzelnen, besondren Eigentümer, dessen Arbeitsmaschine er ist. Als Totalität von Kraftäußerung, als Arbeitsvermögen, ist er einem andern gehörige Sache und verhält sich daher nicht als Subjekt zu seiner besondren Kraftäußerung oder der lebendigen Arbeitstat. Im Leibeigenschaftsverhältnis erscheint er als Moment des Grundeigentums selbst, ist Zubehör der Erde, ganz wie das Arbeitsvieh.«* (Hervorh. im Original)

eigenen gemacht. Ihr Mehrprodukt wird ihnen qua Herrschaft begründenden Eigentums des Feudalherrn am Grund und Boden, an den sie als Unfreie, also durch außerökonomische Gewalt gebunden sind, enteignet. »*Es ist ferner klar, daß in allen Formen, worin der unmittelbare Arbeiter ›Besitzer‹ der zur Produktion seiner eignen Subsistenzmittel notwendigen Produktionsmittel und Arbeitsbedingungen bleibt, das Eigentumsverhältnis zugleich als unmittelbares Herrschafts- und Knechtschaftsverhältnis auftreten muß, der unmittelbare Produzent also als Unfreier; eine Unfreiheit, die sich von der Leibeigenschaft mit Fronarbeit bis zur bloßen Tributpflichtigkeit abschwächen kann. Der unmittelbare Produzent befindet sich hier der Voraussetzung nach im Besitz seiner eignen Produktionsmittel, der zur Verwirklichung seiner Arbeit und zur Erzeugung seiner Subsistenzmittel notwendigen gegenständlichen Arbeitsbedingungen; er betreibt seinen Ackerbau wie die damit verknüpfte ländlich-häusliche Industrie selbständig. ... Es sind also persönliche Abhängigkeitsverhältnisse nötig, persönliche Unfreiheit, in welchem Grad immer, und Gefesseltsein an den Boden als Zubehör desselben, Hörigkeit im eigentlichen Sinn.*« (MEW 25: 798f.)

Es kommt hinzu, dass da, wo Gemeindeland als Überbleibsel aus der germanischen Eigentumsform existiert, der Hörige bei allem Gefesseltsein an die Scholle des Grundherrn, nicht nur im Besitz seiner notwendigen Produktionsmittel war bzw. sein konnte, sondern darüber hinaus noch Miteigentümer am Gemeindeland. »*Man muß nie vergessen, daß selbst Leibeigene nicht nur Eigentümer, wenn auch tributpflichtiger Eigentümer, der zu seinem Haus gehörigen Bodenparzellen war, sondern auch Miteigentümer des Gemeindelandes. ›Der Bauer ist‹* (in Schlesien) *›Leibeigener‹. Nichtsdestoweniger besitzen diese serfs Gemeindegüter.*« (MEW 23: 745 Fn)

Die Beziehung zwischen dem unmittelbaren Produzenten und dem Aneigner seines Mehrprodukts beruht daher auf einer persönlich-politischen Über- und Unterordnung. Hierbei bilden Brauch und Tradition (Gewohnheitsrechte) als die typischen aus der Reproduktion des gesellschaftlichen Produktions- und Konsumtionsprozesses hervorwachsenden Bewusstseinsformen der Akteure auf beiden Seiten des Verhältnisses die unabdingbare Grundlage für die Gewährleistung der Festigkeit der gesellschaftlichen Ordnung jenseits direkter Gewaltanwendung im Einzelfall; sie ist durch die rechtliche Verfügung des Grundherrn über seine Abhängigen abgesichert. Der Grundherr ist seinerseits in die politischen Hierarchie- bzw. Abhängigkeitsverhältnisse der verschiedenen Adelsstände einbezogen, die bis zum König oder Kaiser an der Spitze reichen und Verpflichtungen beinhalten, die von Steuerzahlungen bis teilweise delegier- bzw. abwälzbaren Diensten reichen und durch Überlassungen, Schenkungen etc. von Grund und Boden begründet wurden. Im Feudalismus ist Jeder von Jedem persönlich abhängig.

Quantitativ wird der feudale bäuerliche Produktionsprozess bestimmt einerseits durch das Existenzminimum der bäuerlichen Familie, zu der neben dem Hausvater und seiner Frau samt Kindern auch das Gesinde (Knechte und Mägde) gehört sowie das benötigte Saatgut für die kommende Periode; beide Bestandteile beinhalten das notwendige Produkt. Das darüber hinausgehende Mehrprodukt unterliegt dem Rentenanspruch des Grundherrn, der in der Regel als fixe Größe stipuliert war, sowie weiteren Abzügen bspw. in Form von Stolgebühren, Bußen und Opfergaben durch die Kirche. Je nach Ertrag der jährlichen Ernte konnte sich ein zusätzlicher Überschuss ergeben, der gegen externe Handwerksprodukte ausgetauscht werden konnte, oder im negativen Fall das Existenzminimum und den Saatgutvorrat schmälerte. Die klassische Form der feudalen Krise ist daher die Unterproduktionskrise infolge von Missernten, die zu Hungersnöten und Infektionsseuchen führte und durch längerfristige Bevölkerungsentwicklungen flankiert wurde. Wenn es eine Relevanz einer »Malthusianischen« Beziehung zwischen Nahrungsmittelaufkommen und Bevölkerungsentwicklung gegeben hat, dann nicht im Kapitalismus, sondern in vorbürgerlichen Produktionsweisen und hier in Sonderheit im Feudalismus.

Für die Bauern war in der europäischen Feudalgesellschaft eine Auffächerung von Formen der Unfreiheit charakteristisch. Sie reichten von Leibeigenschaft mit Fronarbeit über Gefesseltsein an den Boden als Zubehör desselben bis zur Hörigkeit im eigentlichen Sinn und markierten Unterschiede gegenüber Formen der Untertanenschaft oder Tributpflichtigkeit, die auch im Rahmen der asiatischen Produktionsweise anzutreffen sind. Je nach der jeweiligen Beschaffenheit des sozialen Charakters des unfreien Bauern existierte die Grundrente als allgemeine Form des Mehrprodukts im Rahmen der feudalen Produktionsweise in unterschiedlichen Formen. Die Rentenformen weisen in der historischen Entwicklung eine aufsteigende Linie von der Arbeitsrente über die Produktenrente zur Geldrente auf, die allerdings nicht alle ausschließlich-typisch für die feudale Produktionsweise sind.[39] Auch die Rückwirkungen der verschiedenen Formen der feudalen Produktionsweise und der resp. Stellung des bäuerlichen Produzenten auf die Entwicklungsmöglichkeiten der Produktivkräfte sind unterschiedlich.

Für die erste Form der Arbeitsrente gilt, dass das Zusammenfallen des Mehrprodukts mit unbezahlter fremder Arbeit »*hier keiner Analyse (bedarf), da es noch in seiner sichtbaren, handgreiflichen Form existiert, denn die Arbeit des unmittelbaren Produzenten für sich selbst ist hier noch räumlich und zeitlich geschieden von seiner Arbeit für den Grundherrn, und die letztre erscheint unmittelbar in der brutalen Form der Zwangsarbeit für den Dritten. Ebenso ist die ›Eigenschaft‹, die der Boden hat, eine Rente abzuwerfen, hier auf ein handgreiflich offenkundiges Geheimnis reduziert, denn zu der Natur, die die Rente liefert, gehört auch die an den Boden gekettete menschliche Arbeitskraft und das Eigentumsverhältnis, das ihren Besitzer zwingt, diese Arbeitskraft anzustrengen und zu betätigen über das Maß*

---

[39] Vgl. MEW 25: 795f.: »*Eine unrichtige Auffassung der Natur der Rente basiert auf dem Umstand, daß aus der Naturalwirtschaft des Mittelalters her, und ganz den Bedingungen der kapitalistischen Produktionsweise widersprechend, die Rente in Naturalform zum Teil in den Zehnten der Kirche, zum Teil als Kuriosität, durch alte Kontrakte verewigt, sich in die moderne Zeit herübergeschleppt hat. Es gewinnt dadurch den Anschein, daß die Rente nicht aus dem Preis des Agrikulturprodukts, sondern aus seiner Masse entspringt, also nicht aus gesellschaftlichen Verhältnissen, sondern aus der Erde.*«

hinaus, welches zur Befriedigung seiner eignen unentbehrlichen Bedürfnisse erheischt wäre.« (MEW 25: 800) Die Form der Arbeitsrente charakterisiert die Fronwirtschaft, in der das Land des Feudalguts in zwei Teile zerfällt, das Herren- und das Bauernland. Beide existierten räumlich getrennt voneinander, sodass der bäuerliche Fröner jeweils auch einen Teil seiner Arbeit für sich und einen anderen für seinen Fronherrn zu verrichten hatte. Als ursprünglichste Form der Grundrente ist die Arbeitsrente keineswegs auf europäische Feudalverhältnisse beschränkt, sondern charakterisiert auch die Dienstbarkeiten der agrikulturellen Produzenten in den Frühstadien der asiatischen Produktionsweise.

Für die zweite Form, die Produktenrente, ist dagegen typisch »*daß die Mehrarbeit nicht mehr in ihrer Naturalgestalt, also auch nicht mehr unter direkter Aufsicht und Zwang des Grundherrn oder seiner Vertreter zu verrichten ist; vielmehr der unmittelbare Produzent, durch die Macht der Verhältnisse statt durch direkten Zwang und durch die gesetzliche Bestimmung statt durch die Peitsche angetrieben, unter seiner eignen Verantwortlichkeit sie zu leisten hat. Die Mehrproduktion, in dem Sinne der Produktion über die unentbehrlichen Bedürfnisse des unmittelbaren Produzenten hinaus und innerhalb des von ihm selbst faktisch zugehörigen Produktionsfeldes, des von ihm selbst exploitierten Bodens, statt wie früher auf dem herrschaftlichen Gut neben und außer dem seinigen, ist hier schon sich von selbst verstehende Regel geworden.*« (MEW 25: 803) Die Produktenrente »*setzt ferner voraus die Vereinigung ländlicher Hausindustrie mit dem Ackerbau; das Mehrprodukt, welches die Rente bildet, ist das Produkt dieser vereinigten agrikol-industriellen Familienarbeit, ob sie nun, wie dies häufig im Mittelalter der Fall, die Produktenrente mehr oder minder industrielle Produkte einschließt oder nur in der Form von eigentlichem Bodenprodukt geleistet wird. Bei dieser Form der Rente braucht die Produktenrente, worin sich die Mehrarbeit darstellt, keineswegs die ganze überschüssige Arbeit der ländlichen Familie zu erschöpfen. Dem Produzenten ist vielmehr, verglichen mit der Arbeitsrente, ein größerer Spielraum gegeben, um Zeit für überschüssige Arbeit zu gewinnen, deren Produkt ihm selbst gehört, so gut wie das Produkt seiner Arbeit, das seine unentbehrlichen Bedürfnisse befriedigt. Ebenso werden mit dieser Form größere Unterschiede in der ökonomischen Lage der einzelnen unmittelbaren Produzenten eintreten. Wenigstens ist die Möglichkeit dazu da, und die Möglichkeit, daß dieser unmittelbare Produzent die Mittel erworben hat, selbst wieder fremde Arbeit unmittelbar auszubeuten.*« (Ibid.: 804) Erst mit der Verwandlung der Arbeits- in Produktenrente beginnt sich die Selbstständigkeit des unmittelbaren Produzenten als Eigentümer seiner Arbeitsmittel und Besitzer des gesamten Grund und Bodens zu realisieren, sodass sich positive Rückwirkungen auf individuelle Anstrengungen und Produktivkräfte ergeben. Für die Aufteilung des gesamten Ackerlandes auf die Bauern hat sich die Bezeichnung der »Zinswirtschaft« gegenüber der früheren Fronwirtschaft eingebürgert, obwohl der Zinsbauer seine Abgabe in naturaler Form, d.h. als Teil seines Produkts geleistet hat.

Die Geldrente ist die letzte Form, die bereits entwickelte Ware-Geld- und Marktbeziehungen voraussetzt und die Verwandlung des Bauern in einen abhän-

Kapitel 6: Produktionsweisen der vorbürgerlichen Gesellschaften

gigen Pächter. »*Obgleich der unmittelbare Produzent nach wie vor fortfährt, mindestens den größten Teil seiner Subsistenzmittel selbst zu produzieren, muß jetzt ein Teil seines Produkts in Ware verwandelt, als Ware produziert werden. Der Charakter der ganzen Produktionsweise wird also mehr oder weniger verändert. Sie verliert ihre Unabhängigkeit, ihr Losgelöstsein vom gesellschaftlichen Zusammenhang.*« (MEW 25: 805) Sie bleibt aber eine Form des vorkapitalistischen Mehrprodukts: »*Indes, die Basis dieser Art Rente, obgleich sie ihrer Auflösung entgegengeht, bleibt dieselbe wie in der Produktenrente, die den Ausgangspunkt bildet. Der unmittelbare Produzent ist nach wie vor erblicher oder sonst traditioneller Besitzer des Bodens, der dem Grundherrn als dem Eigentümer dieser seiner wesentlichsten Produktionsbedingung, überschüssige Zwangsarbeit, d.h. unbezahlte, ohne Äquivalent geleistete Arbeit in der Form des verwandelten Mehrprodukts zu entrichten hat. Das Eigentum an den vom Boden verschiednen Arbeitsbedingungen, Ackergerätschaft und sonstigem Mobiliar, verwandelt sich schon in den frühern Formen erst faktisch, dann auch rechtlich in das Eigentum des unmittelbaren Produzenten, und noch mehr ist dies für die Form der Geldrente vorausgesetzt. Die erst sporadisch, sodann auf mehr oder minder nationalem Maßstab vor sich gehende Verwandlung der Produktenrente in Geldrente setzt eine schon bedeutendere Entwicklung des Handels, der städtischen Industrie, der Warenproduktion überhaupt und damit der Geldzirkulation voraus. Sie setzt ferner voraus einen Marktpreis der Produkte, und daß selbe mehr oder minder ihrem Wert annähernd verkauft werden, was unter den frühern Formen keineswegs der Fall zu sein braucht.*« (Ibid.: 805)

Mit der Geldrente als dominierender Form des feudalen Mehrprodukts und der ihr entsprechenden gesellschaftlichen Verhältnisse wird der Übergang in die kapitalistische Gesellschaftsformation vorbereitet: »*Mit Geldrente verwandelt sich notwendig das traditionelle gewohnheitsrechtliche Verhältnis zwischen den, einen Teil des Bodens besitzenden und bearbeitenden, Untersassen und dem Grundeigentümer in ein kontraktliches, nach festen Regeln des positiven Gesetzes bestimmtes, reines Geldverhältnis. Der bebauende Besitzer wird der Sache nach zum bloßen Pächter. Diese Verwandlung wird einerseits, unter sonst geeigneten allgemeinen Produktionsverhältnissen, dazu benutzt, die alten bäuerlichen Besitzer nach und nach zu expropriieren und an ihre Stelle einen kapitalistischen Pächter zusetzen; andrerseits führt sie zum Loskauf des bisherigen Besitzers von seiner Rentpflichtigkeit und zu seiner Verwandlung in einen unabhängigen Bauer, mit vollem Eigentum an dem von ihm bestellten Boden. Die Verwandlung der Naturalrente in Geldrente wird ferner nicht nur notwendig begleitet, sondern selbst antizipiert durch Bildung einer Klasse besitzloser und für Geld sich verdingender Tagelöhner. Während ihrer Entstehungsperiode, wo diese neue Klasse nur noch sporadisch auftritt, hat sich daher notwendig bei den bessergestellten rentpflichtigen Bauern die Gewohnheit entwickelt, auf eigne Rechnung ländliche Lohnarbeiter zu exploitieren, ganz wie schon in der Feudalzeit die vermögenderen hörigen Bauern selbst wieder Hörige hielten. So entwickelt sich nach und nach bei ihnen die Möglichkeit, ein gewisses Vermögen anzusammeln und sich selbst in zukünftige Kapitalisten zu verwandeln.«* (Ibid.: 806f.) Verhältnisse, unter denen die Geldrente die dominierende Form der Rente bzw. des Mehrprodukts ist, differenzieren also die Beziehung zwischen Grundherrn und bäuerlichen Produzenten aus, indem sie Letztere als Pächter von dem Grundherrn gehörenden Land fortentwickeln, der seinerseits landlose Bauern als Tagelöhner anwendet und so eine Zwischenstellung gewinnt. Unter dominierenden Feudalverhältnissen bleibt dabei der Pächter noch ein persönlich Abhängiger oder Unfreier gegenüber dem Grundeigentümer. Dies ändert sich erst, wenn die gesellschaftlichen Rahmenbedingungen keine feudalen, sondern kapitalistisch dominierte geworden sind, d.h. wenn an die Stelle von ungleichen und unfreien Personen, die zueinander im Verhältnis von persönlichen Abhängigkeiten stehen, formell Gleiche getreten sind, zwischen denen nur noch ein Kontraktverhältnis besteht. Natürlich tritt unter solchen Bedingungen die Grundrente als Geldrente auf, aber sie hat ihre ökonomische Funktion und Stellung – als Differential- und absolute Rente mit Bezug auf die nunmehr dominierende Form des Mehrwerts als Profit und die Profitrate als regelnde Instanz – mit der Verwandlung in kapitalistisches Grundeigentum zugleich qualitativ verändert. Die Geldrente als Form der feudalen Grundrente ist somit eine Übergangsform. »*In der weitern Entwicklung muß die Geldrente führen – von allen Zwischenformen abgesehn, wie z.B. von der des kleinbäuerlichen Pächters – entweder zur Verwandlung des Bodens in freies Bauerneigentum oder zur Form der kapitalistischen Produktionsweise, zur Rente, die der kapitalistische Pächter zahlt.«* (Ibid.: 806)

In der Feudalgesellschaft des europäischen Mittelalters macht, sozialstrukturell gesehen, »*erstens die agrikole Bevölkerung noch den weit überwiegenden Teil der Nation (aus) und… zweitens (erscheint) der Grundeigentümer noch als die Person …, die in erster Hand die überschüssige Arbeit der unmittelbaren Produzenten vermittelst des Monopols des Grundeigentums sich aneignet, wo also das Grundeigentum auch noch als die Hauptbedingung der Produktion erscheint.*« (Ibid.: 792) Neben diesen beiden Hauptklassen steht der selbstständige Handwerker und Händler in den Städten. Handelt es sich dabei um ehemalige Leibeigene, die ihrem Grundherrn entflohen oder von diesem in die Stadt umgesiedelt worden waren, blieben sie oder gerieten sie auch in den Städten oft erneut in persönliche Abhängigkeiten. Ihre eigene Organisation in Korporationen – Zünften bei den Handwerkern, Gilden bei den Kaufleuten – schotteten sie einerseits gegeneinander ab und schützten sie andererseits vor auswärtiger Konkurrenz, unterwarfen aber andererseits den Einzelnen unter das jeweilige Korporationsregime. Damit waren sowohl für das Handwerk als auch den Handel spezifische Hemmnisse für deren Entwicklung gegeben. Die Städte standen im fortwährenden Kampf um ihre politische Unabhängigkeit von den Feudalherren und dem politischen Adel, mit dem sie sich Selbstverwaltung, das Münzrecht und die Befreiung von den Steuerlasten verschaffen wollten.

Für die feudale Produktionsweise und die in ihr in erster Linie für den Selbstbedarf der unmittelbaren Produzenten und ihrer Grundherrn betriebene bäuerliche Produktion war lange Zeit die Dominanz der Naturalform der Produkte charakteristisch und die jeweilige Besonderheit der Arbeiten ihre unmittelbar gesellschaftliche Form. Dementsprechend erschienen den Akteuren auch ihre gesellschaftlichen Verhältnisse als persönliche bzw. politische Verhältnisse und nicht als verkleidet in gesellschaftlichen Verhältnissen von Sachen (Waren). Diese persönlichen Verhältnisse der Individuen verdecken aber andererseits ihre sachliche Abhängigkeit voneinander als geheimen Grund ihrer persönlich-politischen Über- und Unterordnung. Sofern sie nicht selbstgenügsam wirtschafteten, wurde generell ihr Verhältnis zur äußeren Natur mystifiziert, die – nach wie vor und wie für vorbürgerliche Verhältnisse in abgestufter Weise typisch – als (über-)mächtige fremde, höhere Macht angesehen wurde. Dementsprechend hatten sich Rolle und Stellenwert der Religion, d.h. in (West-) Europa der Katholizismus im Mittelalter, nicht nur erhalten, sondern ausgebaut bzw. zugenommen. Marx spricht von der »*Hauptrolle*« (MEW 23: 96, Fn), welche der Katholizismus im Mittelalter gegenüber der Politik in der Antike spielte, und führte dies auf seinen irdischen Kern, d.h. die »*Art und Weise, wie die Menschen ihr Lebens gewannen*« (vgl. ibid.), zurück. Tatsächlich machte ja auch der Klerus neben dem Adel und den Bauern und Handwerkern einen eigenständigen gesellschaftlichen Stand aus, der als Grundeigentümer ökonomisch bedeutsam war, spezifisch feudale Immunität als Vorrecht genoss und auch den politischen Herrschern als Königen von Gottes Gnaden die unabdingbare Absolution erteilte und damit auch Einfluss auf die dynastische Entwicklung nahm.

Was hat den Niedergang und die Auflösung der feudalen Produktionsweise bewirkt? In einer zunächst in der englischen Zeitschrift »Science and Society« in den 1950er Jahren geführten, sich auf den Text von M. Dobb »Studies in The Development of Capitalism« (vgl. Dobb 1946/1963) beziehenden Diskussion standen sich zwei konträre Positionen gegenüber. Dobb machte den Drang der Grundeigentümer nach Steigerung der Feudalrenten und gesteigerter Exploitation der Bauern als immanente zerstörerische Haupttriebkraft für die Auflösung des feudalen Produktionssystems verantwortlich. Die Überstrapazierung der bäuerlichen Produzenten erzeugte deren wachsenden Widerstand, der zwar zunächst zu einer Steigerung der Produktivkräfte und Verbesserungen der feudalen Organisation führte, im Resultat jedoch eine Auflösung der leibeigenschaftlichen Abhängigkeitsverhältnisse in Westeuropa erbrachte.[40] Dies führte zu einer Ausbreitung selbstständiger Warenproduktion und der Verwandlung der Feudalrente in Geldrente von zu landwirtschaftlichen Pächtern gewordenen Bauern und selbstständigen Handwerkern in den Städten. Selbstwirtschaftende freie Bauernwirtschaften und aufkommende Handwerksmanufakturen beinhalteten ebenso viele Sprengminen der Feudalverhältnisse, wenngleich Letztere in den gesellschaftlichen Überbauverhältnissen noch formal fortexistierten. Die Gegenposition vertrat P. Sweezy, der auf Basis des Verständnisses von Feudalismus als Produktion für den Selbstbedarf der wirtschaftlichen Einheiten im Handelskapital einen äußeren fremden Faktor sah, der mit der Grundstruktur der feudalen Produktionsweise unvereinbar sei und daher ihr wesentliches

---

[40] Dies galt nur für Westeuropa, während es in Osteuropa im Zuge der Kolonisierung des Landes zu einer »zweiten Leibeigenschaft« (Engels) kam.

Auflösungsferment darstelle; dem Feudalismus wurde von Sweezy daher keine innere widersprüchliche Entwicklungstriebkraft zugebilligt und dessen Produktionsweise als wesentlich stationär begriffen.[41] Es ging also um den jeweiligen Status von Leibeigenschaftsverhältnissen, der Beziehung von Land und Stadt im 15. und 16. Jahrhundert und der Rolle des Handelskapitals. Unbestreitbar sind alle von den Protagonisten angeführten Faktoren wirksam, es kommt allerdings auf ihre historische Abfolge und ihren Zusammenhang an.

E. Hobsbawm hatte mit seiner Periodisierung der westeuropäischen Entwicklung im Mittelalter eine zwar thesenhaft abstrakte, gleichwohl jedoch überzeugende Unterscheidung verschiedener Phasen vorgenommen (vgl. Hobsbwam in Sweezy/Dobb et.al. 1984). Der ersten Phase nach dem Zusammenbruch des Weströmischen Reiches und der allmählichen Herausbildung einer Feudalökonomie (frühes Mittelalter) folgte die Blütezeit des Feudalismus in der Zeit zwischen 1000 bis ins frühe 14. Jahrhundert mit einem markanten Wachstum der Bevölkerung, der landwirtschaftlichen und gewerblichen Produktion und des Handels, der Wiederauferstehung der Städte, dem Aufschwung der Kultur und einer Expansion nach außen durch die Kreuzzüge, Immigration, Kolonialismus und Einrichtung von Handelsstationen im Ausland (Hochmittelalter). Es folgte die Krise des Feudalismus im 14. und 15. Jh., die durch *»einen Zusammenbruch der auf großen Einheiten beruhenden Landwirtschaft, durch den Niedergang der gewerblichen Warenproduktion und des internationalen Handels, durch Bevölkerungsschrumpfung, Ansätze zu gesellschaftlichen Revolutionen und ideologische Krisen (gekennzeichnet war).«* (Ibid.: 217) Es ist diese dritte Periode, die Dobb mit seinem Hinweisen auf Überstrapazierung der bäuerlichen Produzenten durch die Grundeigentümer und die dadurch erzeugten Widerstände im Auge hatte, wenn er von den zerstörerischen inneren Triebkräften für die feudale Produktionsweise handelt. Tatsächlich stellt der »Zusammenbruch der auf großen Einheiten beruhenden Landwirtschaft« das Schlüsselelement dar. Dobb hatte folgende Faktoren für diese Konstellation, vornehmlich auf England bezogen, angeführt: geringer Spielraum für die Steigerung des bäuerlichen Mehrprodukts wegen geringer Arbeitsproduktivität, Erschöpfung des Bodens bei Zunahme der Zahl der zu ernährenden Vasallen der Grundherren, Landflucht der Bauern, Bevölkerungsschwund wegen Pestepidemie und Kriegen mit Entvölkerung des Landes sowie gleichzeitig verstärkte Anstrengungen der Urbarmachung von Ödland (vgl. Dobb 1946/1963: 53ff.). Es dauerte bis zur Mitte des 15. Jahrhunderts, bis eine erneute Expansionsphase bis zur Mitte des 17. Jh. einsetzte, *»in der sich die ersten Anzeichen eines großen Bruchs in der Basis und im Überbau der Feudalgesellschaft finden (die Reformation, die Grundlagen der bürgerlichen Revolution in den Niederlanden) und in der die europäischen Händler zum ersten Mal mit Nachdruck nach Amerika und in den indischen Ozean vorstoßen. Diese Periode betrachtete Marx als typisches Kennzeichen für den Beginn der kapitalistischen Ära.«* (Hobsbawm in Sweezy/Dobb et al. 1984: 217f.)

---

[41] Zu den seinerzeitigen Diskussionsbeiträgen vgl. Sweezy/Dobb et al. 1984.

Kapitel 6: Produktionsweisen der vorbürgerlichen Gesellschaften

Der »große Bruch in der ökonomischen Basis«, von der Hobsbawm für diese Periode spricht, bezieht sich sowohl auf die Veränderung der internen sozioökonomischen Beziehungen durch die Relativierung und partielle Aufhebung der Leibeigenschaft mit der Ausbreitung der nichtkapitalistischen Warenproduktion selbstständiger, freier Akteure in Landwirtschaft, Handwerk und Binnenhandel als auch den Aufschwung des Fernhandels, zuerst von Portugal und Spanien, sodann durch die Niederlande. Damit wurden die Klassenverhältnisse in Westeuropa, durchaus in unterschiedlichem Grad in den einzelnen Ländern, verändert. Zugleich wirkte sich dies, allerdings nur partiell und noch unterschiedlicher in den verschiedenen Ländern, in den Überbauverhältnissen aus und führte in einem ersten klaren Durchbruch zur bürgerlichen Gesellschaft in der englischen »Glorious Revolution« unter Oliver Cromwell. Der endgültige Triumph der kapitalistischen Gesellschaft war sodann mit der gleichzeitigen Existenz der industriellen Revolution in England, der amerikanischen Revolution und der französischen Revolution im letzten Viertel des 18. Jahrhunderts gegeben.

Abschließend ist noch der Status der nicht- bzw. vorkapitalistischen Warenproduktion und -zirkulation im Übergang von Feudalismus zu Kapitalismus zu klären. Ganz klar ist, dass es sich hierbei nicht um ein Gesellschaftssystem sui generis handelt und sie kein lebensfähiges System eigener Art darstellte. Ihre Akteure waren in Westeuropa keine Leibeigenen mehr, wenngleich die Bauern ihr Land teilweise noch auf die eine oder andere Weise unter feudalen Titeln besaßen. Zeitlich ist ihre Existenz in der Auflösungsphase des Feudalismus zu datieren. Sie ergriff keineswegs die Gesamtheit der jeweiligen Ökonomie eines Landes und war zudem mit etlichen feudalen Elementen überformt. Der entscheidende Übergang in die kapitalistische Produktionsweise vollzog sich mit der Expropriation dieser freien Bauern von ihrem Land, ihrer Verwandlung in freie Lohnarbeiter auf der einen und der Genesis der (industriellen) Kapitalisten auf Basis der vorgängigen Bildung von Geldkapital auf der anderen Seite. Historischer Ursprungsort dieser ursprünglichen kapitalistischen Akkumulation war England, wo sich im Unterschied zu Frankreich die Überwindung des politischen Kräfteverhältnisses zwischen den sozialen Klassen aus dem Feudalismus und das Zusammenbringen von doppelt freier Lohnarbeit und industriellem Kapital zuerst vollzog.[42]

e) Stellenwert von Sklaverei und Leibeigenschaft in der vorbürgerlichen Gesellschaftsformation (sekundäre Formen)

Die persönlichen Herrschafts- und Knechtschaftsverhältnisse von Sklaverei und Leibeigenschaft bezeichnet Marx als »*weitre Entwicklungen des auf dem Stammwesen beruhnden Eigentums. Sie modifizieren notwendig alle Formen desselben.*«

---

[42] Warum die ursprüngliche Akkumulation des Kapitals in England Platz griff und nicht in dem anderen feudalen Nationalstaat Frankreich, ist in Kapitel 14 aufzunehmen.

(MEW 42: 401) Bezogen auf die drei Eigentumsformen gilt dies absolut. Andererseits ist Sklaverei eine typische Ausprägung für die asiatische und antike Gesellschaftsform, Hörigkeit als Leibeigenschaft für den Feudalismus.

Für den archaischen Grundtyp in der ersten Eigentums- und Gesellschaftsform spricht Marx davon, dass der Einzelne, weil er nie zum Eigentümer, sondern nur zum Besitzer des Grund und Bodens wird, im Grunde (»au fond«) »*selbst das Eigentum, der Sklave dessen (ist), in dem die Einheit der Gemeinde existiert*« (ibid.), sodass ein qualitativer Unterschied zwischen »Freien« und »Unfreien« nicht existiert. Demzufolge hebt »*Sklaverei ... hier weder die Bedingungen der Arbeit auf, noch modifiziert sie das wesentliche Verhältnis*«. (Ibid.) Sklaverei in der archaischen Grundform bis zur asiatischen Produktionsweise ist also grundsätzlich ein nur formelles Moment und bezeichnet in erster Linie eine naturwüchsige Abhängigkeit des Einzelnen von der Gemeinde oder dem (despotischen) Staat, die allerdings bei besiegten Völkern in manifeste Formen umschlagen kann.

Diese Form von Sklaverei in der altindischen Gemeinde und den chinesischen Kaiserreichen geht durchaus einher mit Verhältnissen, in denen der Bauer den bearbeiteten Grund und Boden im Besitz hat und teilweise mit eigenen Geräten bearbeitet. »*Der unmittelbare Produzent befindet sich hier der Voraussetzung nach im Besitz seiner eignen Produktionsmittel, der zur Verwirklichung seiner Arbeit und zur Erzeugung seiner Subsistenzmittel notwendigen gegenständlichen Arbeitsbedingungen; er betreibt seinen Ackerbau wie die damit verknüpfte ländlich-häusliche Industrie selbständig. Diese Selbständigkeit ist nicht dadurch aufgehoben, daß, wie etwa in Indien, diese Kleinbauern unter sich ein mehr oder minder naturwüchsiges Produktionsgemeinwesen bilden, da es sich hier nur von der Selbständigkeit gegenüber dem nominellen Grundherrn handelt. Unter diesen Bedingungen kann ihnen die Mehrarbeit für den nominellen Grundeigentümer nur durch außerökonomischen Zwang abgepreßt werden, welche Form dieser auch immer annehme. Es unterscheidet sie dies von der Sklaven- oder Plantagenwirtschaft (in der antiken Produktionsweise oder unter Bedingungen kapitalistischer Produktion in den amerikanischen Südstaaten im 19. Jahrhundert / S.K.), daß der Sklave hier mit fremden Produktionsbedingungen arbeitet und nicht selbständig. Es sind also persönliche Abhängigkeitsverhältnisse nötig, persönliche Unfreiheit, in welchem Grad immer, und Gefesseltsein an den Boden als Zubehör desselben, Hörigkeit im eigentlichen Sinn. Sind es nicht Privatgrundeigentümer, sondern ist es wie in Asien der Staat, der ihnen direkt als Grundeigentümer und gleichzeitig Souverän gegenübertritt, so fallen Rente und Steuer zusammen, oder es existiert vielmehr dann keine von dieser Form der Grundrente verschiedne Steuer. Unter diesen Umständen braucht das Abhängigkeitsverhältnis politisch wie ökonomisch keine härtere Form zu besitzen als die ist, welche alle Untertanenschaft gegenüber diesem Staat gemeinsam ist. Der Staat ist hier der oberste Grundherr. Die Souveränität ist hier das auf nationaler Stufe konzentrierte Grundeigentum. Dafür existiert dann aber auch kein Privateigentum, obgleich sowohl Privat- wie gemeinschaftlicher Besitz und Nutznießung des Bodens.*« (MEW 25: 798f.) Formelles Staatseigentum als Grundlage für Zuteilungen von Boden an Private, die schließlich erblich werden können und das Zusammenwachsen von Grundrente und Steuern bzw. die Aufspaltung einer Bruttorente in Steuern für den Staat als nominellen Grundeigentümer und eigentliche Rente für den privaten Grundbesitzer, der den ihm als Privatbesitz überlassenen Boden von Abhängigen, d.h. unfreien Bauern sowie Sklaven bearbeiten lässt, führt feudale Elemente in die dominierenden und übergeordneten Produktionsverhältnisse der asiatischen Produktionsweise ein.

Für die zweite, antike Form hat Sklaverei eine andere Qualität und bildet unter quantitativem Aspekt ein wesentliches ökonomisches Moment. Schon die Vermehrung der Bevölkerung begründet bei Privateigentum von Land ökonomisch Eroberungskriege und Kolonisation. Sobald privates Grundeigentum ökonomisch durch Käufe und Verkäufe mobilisiert wird, entsteht Sklaverei auch durch Schuldknechtschaft aus internen Verhältnissen. Der Übergang in diese mehr oder weniger modifizierten Formen ist also entweder durch Krieg oder Verschuldung vermittelt. Krieg ist darüber hinaus das Ferment zur Modifikation der Grundtypen der Eigentumsformen (ausgenommen vielleicht die erste). »*Wird der Mensch selbst als organisches Zubehör des Grund und Bodens mit ihm erobert, so wird er miterobert als eine der Produktionsbedingungen, und so entsteht Sklaverei und Leibeigenschaft, die die ursprünglichen Formen aller Gemeinwesen bald verfälscht und modifiziert, und selbst wieder zu ihrer Basis wird. Die einfache Konstruktion wird dadurch negativ bestimmt.*« (MEW 42: 399)

Für die verschiedenen Formen der Sklaverei gilt es also festzuhalten, dass sie keine eigenständige Gesellschaftsform oder Produktionsweise – Sklavenhaltergesellschaft (vgl. Autorenkollektiv 1970/1972: 67ff.) – darstellen, sondern in die Grundstrukturen der Eigentumsformen I und II, d.h. in asiatische oder antike Produktionsverhältnisse in je verschiedener Weise integriert sind. Wenn Sklavenarbeit nicht in isolierter Weise, bspw. durch häusliche Luxussklaven verausgabt, sondern auf großer Stufenleiter in den orientalischen Imperien, bspw. im altägyptischen Pyramidenbau, oder auf Latifundien im spätrömischen Reich in kooperativ-vergesellschafteten Produktionsprozessen angewandt wird und tendenziell sogar quantitativ gegenüber der subsistenzbasierten Agrikultur dominiert, ist die Grundstruktur des Gemeinwesens bereits erheblich modifiziert.

In besonderer Weise bedingt diese Modifikation der Grundstruktur zugleich eine Destruktion dieser Form innerhalb der antiken Produktionsweise. Dies beschreibt ihre Grenzen unter evolutionstheoretischen Aspekten. Von den Plebejern des alten Roms sagt Marx: »*Das waren ursprünglich freie Bauern, die, jeder auf eigne Rechnung, ihr eignes Stück Land bebauten. Im Verlauf der römischen Geschichte wurden sie expropriiert. Die gleiche Entwicklung, die sie von ihren Produktions- und Subsistenzmitteln trennte, schloß nicht nur die Bildung des Großgrundbesitzes, sondern auch die großer Geldkapitalien ein. So gab es einen schönen Tages auf der einen Seite freie Menschen, die von allem, außer ihrer Arbeitskraft, entblößt waren, und auf der andern, zur Ausbeutung dieser Arbeit, die Besitzer all der erworbenen Reichtümer. Was geschah? Die römischen Proletarier wurden nicht Lohnarbeiter, sondern ein faulenzender* Mob, *noch verächtlicher als die sog.* ›*poor whites*‹ *der Südstaaten der Vereinigten Staaten, und an ihrer Seite entwickelte sich keine kapitalistische, sondern eine auf Sklavenarbeit beruhende Produktionsweise.*« (MEW 19b: 111f.; Hervorh. i. Original) Und: »*Wie wenig sie (die Verwandlung in Geldrente / S.K.) ohne eine bestimmte Entwicklung der gesellschaftlichen Produktivkraft der Arbeit durchführbar ist, bezeugen verschiedne unter dem römischen Kaisertum gescheiterte Versuche dieser Verwandlung und Rückfälle in die Naturalrente, nachdem man wenigstens den als Staatssteuer existierenden Teil dieser Rente allgemein in Geldrente hatte verwandeln wollen.*« (MEW 25: 806) Es ist also der erreichte Entwicklungsstand der Produktivkräfte im Römischen Reich, der eine Entwicklung zum Kapitalismus trotz partieller Warenproduktion und auf diese gegründetes römisches Privatrecht nicht zuließ; erst auf Grundlage feudaler Strukturen bzw. ihrer Zerstörung und Überwindung hatten sich die materiell-ökonomischen Verhältnisse soweit entwickelt, dass der Übergang zur kapitalistischen Produktionsweise möglich wurde.

Anders als mit der Sklaverei ist es mit der Leibeigenschaft. Sie entwickelte sich im europäischen Mittelalter mit der Modifikation und Zersetzung der germanischen Eigentumsform. Diese ist erst im Rahmen ihrer Auflösung in den Feudalismus mit Leibeigenschaft verknüpft und bringt überschuldete kleine Bauern oder landlose Personen zur Arbeit auf ihrem nur noch formell gehörenden Grund hervor oder zwingt sie, sich als Halbfreie auf Gütern von Großgrundbesitzern zu verdingen. Im Unterschied zur antiken Sklaverei bedeutet für den Hörigen, sobald er nicht mehr nur auf fremdem Grund und Boden, sondern auch auf ihm gewohnheitsrechtlich gehörenden Grund arbeitet, d.h. sobald seine Mehrarbeit nicht mehr nur die Form der Arbeitsrente, sondern die der Produkten- und Geldrente angenommen hat, dass er innerhalb bestimmter Grenzen eigenen Besitz bilden kann. »*Nehmen wir z.B. an, die Fronarbeit für den Grundherrn sei ursprünglich zwei Tage der Woche gewesen. Die zwei Tage wöchentlicher Fronarbeit stehn damit fest, sind eine konstante Größe, gesetzlich reguliert durch Gewohnheitsrecht oder geschriebnes. Aber die Produktivität der übrigen Wochentage, worüber der unmittelbare Produzent selbst verfügt, ist eine variable Größe, die sich im Fortgang seiner Erfahrung entwickeln muß, ganz wie die neuen Bedürfnisse, mit denen er bekannt wird, ganz wie die Ausdehnung des Markts für sein Produkt, die wachsende Sicherheit, mit der er über diesen Teil seiner Arbeitskraft verfügt, ihn zu erhöhter Anspannung seiner Arbeitskraft spornen wird, wobei nicht zu vergessen, daß die Verwendung dieser Arbeitskraft keineswegs auf Ackerbau beschränkt ist, sondern ländliche Hausindustrie einschließt. Die Möglichkeit einer gewissen ökonomischen Entwicklung, natürlich abhängig von der Gunst der Umstände, vom angebornen Racencharakter usw., ist hier gegeben.*« (Ibid.: 802)

Zerstörerisch und daher auflösend gegenüber dem naturalen und auf Subsistenz gerichteten feudalen Grundverhältnis wirken alle Formen von Produktenaustausch, Warenproduktion und Geldverhältnissen, in Sonderheit die sich daran anschließenden Kreditverhältnisse mit Zins und Wucher. Sie werden die mächtigsten Hebel zur Zerstörung des kleinen Grundeigentums sowie des rein konsumtiv aufgestellten Großgrundeigentümers. »*Die charakteristischen Formen ..., worin das Wucherkapital in den Vorzeiten der kapitalistischen Produktionsweise existiert, sind zweierlei. ... erstens, der Wucher durch Geldverleihen an verschwenderische Große, wesentlich Grundeigentümer; zweitens, Wucher durch Geldverleihen an den kleinen, im Besitz seiner eignen Arbeitsbedingungen befindlichen Produzenten, worin der Handwerker eingeschlossen ist, aber ganz spezifisch der Bauer, da überhaupt in vorkapitalistischen Zeiten, soweit sie kleine selbständige Einzelproduzenten zulassen, die Bauernklasse deren große Majorität bilden muß.*« (Ibid.: 608)

Demzufolge gilt, dass der Wucher zerstörend die unterliegenden dominanten Produktionsverhältnisse zersetzt, wenn er die Eigentumsformen auflöst, auf deren Grundlage die politische Gestalt der Gemeinwesen beruht. »*Bei asiatischen Formen kann der Wucher lange fortdauern, ohne etwas andres als ökonomisches Verkommen und politische Verdorbenheit hervorzurufen. Erst wo und wann die übrigen Bedingungen der kapitalistischen Produktionsweise vorhanden, erscheint der Wucher als eines der Bildungsmittel der neuen Produktionsweise, durch Ruin der Feudalherrn und der Kleinproduktion einerseits, durch Zentralisation der Arbeitsbedingungen zu Kapital andrerseits.*« (Ibid.: 610f.)

Wenn Marx generell davon spricht, dass durch die Entwicklung von Sklaverei und Leibeigenschaft die unterliegende Produktionsweise negativ bestimmt wird, so liegt diese Negativität darin, dass die Subjekte nicht mit ihren eigenen, sondern mit fremden Produktionsmitteln bzw. Produktionsmitteln, die ihnen nur formell gehören, arbeiten. Der Grund und Boden ist dabei neben den eigentlichen Arbeitsmitteln das hauptwichtige Produktionsmittel in der vorbürgerlichen Gesellschaftsformation. Dies markiert die Grundbestimmung von Sklaverei und Leibeigenschaft als sekundären Formen gegenüber der naturwüchsigen Identität von Arbeit und Eigentum, die überall den Ausgangspunkt für verschiedene Modifikationen dieses Verhältnisses bildet: »*Sklaverei, Leibeigenschaft etc., wo der Arbeiter selbst unter die Naturbedingungen der Produktion für ein drittes Individuum oder Gemeinwesen erscheint – also Eigentum nicht mehr das Verhalten des selbstarbeitenden Individuums zu den objektiven Bedingungen der Arbeit – ist immer sekundär, nie ursprünglich, obgleich notwendiges und konsequentes Resultat des auf dem Gemeinwesen und Arbeit im Gemeinwesen gegründeten Eigentums.*« (MEW 42: 403) Die Aneignung fremden Willens ist aber Voraussetzung eines Herrschaftsverhältnisses. Ein willenloses Tier z.B. kann zwar dienen, aber es macht den Eigner nicht zu einem Herren.

Allerdings bestehen hier qualitative Unterschiede zwischen Sklaverei und Leibeigenschaft. Letztere wächst zwar auf einem fremden Herrn gehörenden Grund und Boden auf, doch ist die Hörige immerhin Besitzer nicht nur seiner Arbeitsinstrumente, sondern faktisch auch des Bodens. In dieser Selbstständigkeit des abhängigen Bauern erhalten sich konstitutive Elemente der germanischen Eigentumsform. Diese wird zwar zerstört, aber dessen durch Leibeigenschaft modifizierter Charakter wird zur Grundlage einer eigenen Produktionsweise, der feudalen, die über Jahrhunderte in der westeuropäischen Ausprägung fortbesteht und Entwicklungspotenziale der Produktivkräfte erschließt, die in der antiken und noch mehr der asiatischen Form nicht vorhanden waren.

Wenn sich auf Basis aller Eigentumsformen in differenzierter Form dauerhafte Verhältnisse verschiedener Produktionsweisen mit je bestimmten historischen Klassenverhältnissen ausbilden, dann ist klar, dass Marx' berühmte Kurzformel, dass die spezifisch ökonomische Form, in der unbezahlte Mehrarbeit aus den unmittelbaren Produzenten herausgepumpt wird, die Spezifik des Herrschafts- und Knechtschaftsverhältnisses bestimmt, auch für die verschiedenen Typen vorbürgerlichen Eigentums Gültigkeit beansprucht. Dies gilt auch, wenn die primären und sekundären Formen in verschiedenen Epochen und verschiedenen Weltregionen verschieden aussehen.

g) Die Rolle des Kaufmannskapitals

Fernhandel war bereits in frühen Zeiten der Menschheitsentwicklung ein beiherspielendes Moment in den auf Selbstbedarf gerichteten Produktionsweisen. Das Handelskapital ist »*die historisch älteste freie Existenzweise des Kapitals*«. (MEW 25: 337) Seine Voraussetzungen sind ökonomisch nur die Existenz von Produktenaustausch, in dem das Produkt in und durch den Austausch erst die Form der Ware erhält, sowie von allgemeinen Äquivalenten, die als Geld fungieren. »*Das selbständige Kaufmannsvermögen, als herrschende Form des Kapitals, ist die Verselbständigung des Zirkulationsprozesses gegen seine Extreme, und diese Extreme sind die austauschenden Produzenten selbst. Diese Extreme bleiben selbständig gegen den Zirkulationsproze*ß*, und dieser Proze*ß *gegen sie. Das Produkt wird hier Ware durch den Handel. Es ist der Handel, der hier die Gestaltung des Produkts zu Waren entwickelt; es ist nicht die produzierte Ware, deren Bewegung den Handel bildet.*« (Ibid.: 340)

Der Profit des Kaufmanns in vorkapitalistischen Verhältnissen ist reiner Veräußerungsprofit, er verkauft teurer als er eingekauft hat. Dabei ist aber das quantitative Verhältnis zwischen Einkaufs- und Verkaufspreisen ganz zufällig und keineswegs etwa durch das Wertgesetz bestimmt. Solange das Handelskapital den Produktenaustausch unentwickelter Gemeinwesen vermittelt, erscheint der Profit des Kaufmanns nicht nur als Übervorteilung, sondern entspringt großenteils aus ihr. Erst ein fortgesetzter Austausch und die regelmäßige Reproduktion für den Austausch »*hebt diese Zufälligkeit mehr und mehr auf. Zunächst aber nicht für die Produzenten und Konsumenten, sondern für den Vermittler zwischen beiden, den Kaufmann, der die Geldpreise vergleicht und die Differenz einsteckt. Durch seine Bewegung selbst setzt er die Äquivalenz.*« (Ibid.) Daran ändert auch der Umstand, namentlich bei Fernhandel nichts, wenn der Kaufmann den Transport der gehandelten Waren zwischen verschiedenen Kulturkreisen vermittelt und somit neben dem reinen Kaufen und Verkaufen auch die produktive Funktion der Ortsveränderung bewerkstelligt. In jedem Fall eignet sich das Kaufmannskapital einen großen bis überwiegenden Teil des Mehrprodukts an, umso mehr, je unentwickelter die Gemeinwesen, zwischen denen er vermittelt. Es ist dies, weil der Kaufmann »*teils als Zwischenschieber zwischen Gemeinwesen, deren Produktion noch wesentlich auf den Gebrauchswert gerichtet ist und für deren ökonomische Organisation der Verkauf der Produkte des überhaupt in Zirkulation tretenden Produktenteils, also der Verkauf der Produkte zu ihrem Wert von untergeordneter Wichtigkeit ist; teils weil in jenen frühern Produktionsweisen die Hauptbesitzer des Mehrprodukts, mit denen der Kaufmann handelt, der Sklavenhalter, der feudale Grundherr, der Staat (z.B. der orientalische Despot) den genießenden Reichtum vorstellen, dem der Kaufmann Fallen stellt, wie schon A. Smith …für die Feudalzeit richtig herausgewittert hat. Das Handelskapital in überwiegender Herrschaft stellt also überall ein System der Plünderung dar, wie denn auch seine Entwicklung bei den Handelsvölkern der alten wie der neuen Zeit direkt mit gewaltsamer Plünderung, Seeraub, Sklavenraub, Unterjochung in Kolonien verbunden ist; so in Karthago, Rom, später bei Venezianern, Portugiesen, Holländern etc.*« (Ibid.: 343)

Die Handelsvölker der Alten – an hervorragender Stelle sind hier die Phönizier zu nennen, die ihre ursprüngliche territoriale Basis in Stadtstaaten an der östlichen Mittelmeerküste (Levante) besaßen und Handelsbeziehungen zur Zeit der antiken Gesellschaften an den Küsten Kleinasiens sowie des östlichen und südlichen Mittelmeeres unterhielten, bis sie von den Griechen verdrängt wurden, sowie ihre Nachfolger zur Zeit des Römischen Reiches, die als Kolonie Karthago bestanden – existierten, wie Marx schrieb, »*wie die Götter des Epikur in den Intermundien der Welt*«. (MEW 25: 342) Der Handel der ersten selbstständigen Handelsstädte »*beruhte als reiner Zwischenhandel auf der Barbarei der produzierenden Völker, zwischen denen sie die Vermittler spielten*«. (Ibid.) Voraussetzung dieser Handelstätigkeit war die Verwandlung von Produkten in Waren in und durch ihre Austausche auf Basis ganz unterschiedlicher Produktionsweisen.

Das mittelalterliche Handelskapital weist mit den italienischen Stadtrepubliken Genua und Venedig und ihren seinerzeitigen Konkurrenten der arabisch-islamischen Händler der Kalifate, dem portugiesischen und spanischen Handelsimperien sowie dem niederländischen Handelskapitalismus verschiedene, der eigentlichen industriell-kapitalistischen Produktionsweise historisch vorgelagerte Existenzformen auf, die zwar allesamt im Resultat die Bildung größerer Geldvermögen erbracht haben, für sich genommen jedoch noch keineswegs den Übergang der feudalen und die kapitalistische Produktionsweise bewerkstelligen konnten. Während der spanisch-portugiesische Kolonialismus in Mittel- und Südamerika sowie in Fernost in vielem dem Muster der römischen Expansion gefolgt ist und zu einem Großteil ein Privatunternehmen von Staates Gnaden zum Ruhme des Königs und zum Füllen seiner Kassen war, baute der Fernhandel der Araber teilweise auf bereits bestehenden Handelsnetzen auf und vermittelte zwischen Märkten, die über den Islam als verbindendes religiöses sowie gewaltvoll-militärisches Element bereits miteinander in Beziehung standen. Anders als im okzidentalen Feudalismus wurde das arabische Imperium von den Städten aus dominiert; in sie floss auch der Reichtum aus dem Handel. Der Aufstieg der italienischen Städte, neben Genua und Venedig auch Pisa und Florenz, konsolidierte eine städtische Klasse von Kaufleuten und Geldhändlern (Bankiers), die mit dem Reichtum aus ihren Handels- und Finanzgeschäften das umliegende Land zugunsten der städtischen Ökonomie ausbeuteten. E. Wood weist darauf hin, dass der materielle Erfolg der italienischen Handelsrepubliken keineswegs eine überlegene Produktivität, sondern im Wesentlichen die politisch-militärische Gewalt gewesen ist, deren Quintessenz in der Beherrschung von Handelsnetzen bestand (vgl. Wood 2016: 73). Hinzu kam eine kommerziellen Gesichtspunkten folgende Bündnis- und Vertragspolitik mit den seinerzeitigen Imperien. Der niederländische Handelsimperialismus schließlich hatte als Hauptziel ebenfalls nicht die Landeroberung, Ausbeutung und Plünderung von Ländern, sondern die Kontrolle des – damaligen – Welthandels mittels überlegener Technik und Waffengewalt (vgl. ibid.: 84).

Zusammenfassend gilt: »*Es unterliegt keinem Zweifel – und gerade diese Tatsache hat ganz falsche Anschauungen erzeugt –, daß im 16. und 17. Jahrhundert die großen Revolutionen, die mit den geographischen Entdeckungen im Handel vorgingen und die Entwicklung des Kaufmannskapitals rasch steigerten, ein Hauptmoment bilden in der Förderung des Übergangs der feudalen Produktionsweise in die kapitalistische. Die plötzliche Ausdehnung des Weltmarkts, die Vervielfältigung der umlaufenden Waren, der Wetteifer unter den europäischen Nationen, sich der asiatischen Produkte und der amerikanischen Schätze zu bemächtigen, das Kolonialsystem, trugen wesentlich bei zur Sprengung der feudalen Schranken der Produktion. Indes entwickelte sich die moderne Produktionsweise, in ihrer ersten Periode, der Manufakturperiode, nur da, wo die Bedingungen dafür sich innerhalb des Mittelalters erzeugt hatten. Man vergleiche z.B. Holland mit Portugal. Und wenn im 16. und 17. Jahrhundert die plötzliche Ausdehnung des Handels und die Schöpfung eines neuen Weltmarkts einen überwiegenden Einfluß auf den Untergang der alten und den Aufschwung der kapitalistischen Produktionsweise ausübten, so geschah dies umgekehrt auf Basis der einmal geschaffnen kapitalistischen Produktionsweise.*« (MEW 25: 345)

Bei allen entwicklungsfördernden Wirkungen des Kaufmannskapitals gilt jedoch im Allgemeinen, dass die jeweiligen vorkapitalistischen Produktionsverhältnisse der in Kontakt gebrachten Gemeinwesen durch dasselbe entweder weitgehend unberührt geblieben sind[43] oder aber zerstört wurden. Dies begründet die beschränke

---

[43] Vgl. ibid.: 346: »*Die Hindernisse, die die innere Festigkeit und Gliederung vorkapitalistischer, nationaler Produktionsweisen der auflösenden Wirkung des Handels entgegensetzt, zeigt sich schlagend im Verkehr der Engländer mit Indien und China. Die breite Basis der Produktionsweise ist hier gebildet durch die Einheit kleiner Agrikultur und häuslicher Industrie, wobei noch in Indien die Form der auf Gemeineigentum am Boden beruhenden Dorfgemeinden hinzukommt, die übrigens auch in China die ursprüngliche Form war. In Indien wandten die Engländer zugleich ihre unmittelbare politische und ökonomische Macht, als Herrscher und Grundrentner, an, um diese kleinen ökonomischen Gemeinwesen zu sprengen. Soweit ihr Handel hier revolutionierend auf die Produktionsweise wirkt, ist es nur soweit*

Wirkung des vorbürgerlichen Kaufmannskapital. »Wieweit er (der Handel / S.K.) ... die Auflösung der alten Produktionsweisen bewirkt, hängt zunächst ab von ihrer Festigkeit und innern Gliederung. Und wohin dieser Prozeß der Auflösung ausläuft, d.h. welche neue Produktionsweise an Stelle der alten tritt, hängt nicht vom Handel ab, sondern vom Charakter der alten Produktionsweise selbst. ... Es folgt daraus, daß diese Resultate selbst noch durch ganz andre Umstände bedingt (sind) als durch die Entwicklung des Handelskapitals.« (Ibid.: 344) Damit es zum Übergang in die kapitalistische Produktionsweise kommt, ist also neben den entwicklungsfördernden Wirkungen des Kaufmannskapitals vor allem die Trennung der unmittelbaren Produzenten von ihren Produktionsmitteln sowie die Auflösung feudaler Abhängigkeitsverhältnisse nötig, d.h. die Schaffung von doppelt freien Lohnarbeitern.

---

sie durch den niedrigen Preis ihrer Waren die Spinnerei und Weberei, die einen uralt-integrierenden Teil dieser Einheit der industriell-agrikolen Produktion bildet, vernichten und so die Gemeinwesen zerreißen. Selbst hier gelingt ihnen dies Auflösungswerk nur sehr allmählich. Noch weniger in China, wo die unmittelbare politische Macht nicht zu Hilfe kommt. Die große Ökonomie und Zeitersparung, die aus der unmittelbaren Verbindung von Ackerbau und Manufaktur hervorgehn, bieten hier den hartnäckigsten Widerstand den Produkten der großen Industrie, in deren Preis die faux frais des sie überall durchlöchernden Zirkulationsprozesses eingehn. Im Gegensatz zum englischen Handel läßt dagegen der russische die ökonomische Grundlage der asiatischen Produktion unangetastet.«

Kapitel 7: Die kapitalistische Produktionsweise und Kapitalismus als erste weltumspannende Gesellschaftsformation

a) Die ursprüngliche kapitalistische Akkumulation

Das historische Werden der kapitalistischen Produktionsweise oder ihre ursprüngliche Akkumulation ist vor allem die Geschichte der Expropriation des ländlichen Produzenten, des Bauern, vom Grund und Boden und markiert den Übergang der feudalen Gesellschaft in die ökonomische Struktur der kapitalistischen Gesellschaft. Ihr Ergebnis ist die Schaffung eines massenhaften doppelt freien Lohnarbeiters auf der einen und eines Eigners von Geld, Produktions- und Lebensmitteln, der durch Ankauf fremder Arbeitskraft seine vorgeschossene Wertsumme zu vermehren trachtet, auf der anderen Seite. Auf beiden Seiten dieses Verhältnisses sind die in die Ökonomie eingewobenen politischen Verquickungen aufzulösen. Dies bedeutet zum Einen, die Fesselung des Produzenten an die Scholle und seine Leibeigenschaft oder Hörigkeit gegenüber einer anderen Person sowie die Subsumtion der Handwerker und Kaufleute unter die Herrschaft der Zünfte und Gilden zu beseitigen. Zum anderen waren die zünftigen Handwerksmeister und Feudalherren zu verdrängen, die die Feudalmacht kennzeichnenden Vorrechte zu überwinden und die Ökonomie auf Basis von Vertragsverhältnissen formell gleicher und freier Personen auszugestalten.[1]

Obgleich die ersten Anfänge von (Handels-) Kapitalismus schon im 14. und 15. Jahrhundert in einigen Mittelmeerstädten (Venedig, Genua etc.) auftraten, datiert eine kapitalistische Produktionsweise erst vom 16. Jahrhundert an. Dort, wo

---

[1] Es ist einigermaßen erstaunlich, dass obgleich Marx zu Beginn des 24. Kapitels des I. Bandes des »Kapital« sowohl die bürgerlichen Vorstellungen eines historischen Sündenfalls, der sich an den Schein einer aus der kapitalistischen Zirkulationssphäre entspringenden Vorstellung von einer fleißigen und sparsamen Elite einerseits, und faulenzenden, alles verjubelnden Lumpen andererseits (vgl. MEW 23: 741) überzeugend kritisiert als auch unmissverständlich die Trennung und Expropriation einer Masse von Bauen von ihrem Land und ihre Verwandlung in doppelt freie Lohnarbeiter als Nukleus der ursprünglichen Akkumulation als Vorgeschichte der kapitalistischen Produktionsweise herausstellt, sich dennoch auf Marx berufende Historiker mit allerlei tollen Vorstellungen hervortun. Dies meint sowohl Vorstellungen eines graduellen Hinüberwachsens in die kapitalistische Produktionsweise infolge von durch das Kaufmannskapital gebildeten Geldreichtums als auch überzogene Thesen bezüglich der überragenden Rolle der imperialistischen Kolonisierung, die zugleich erklären sollen, weshalb in England und nicht in anderen Ländern der Peripherie, z.B. Spanien und Portugal oder gar in Ländern mit asiatischer Produktionsweise, eine zum Kapitalismus führende ursprüngliche Akkumulation stattgefunden hat. Natürlich spielen beide Faktoren wichtige Rollen, doch beinhalten sie nicht die entscheidende Triebkraft (»prime mover«) des historischen Werdens des Kapitalismus in seinem Ursprungsland England.

Kapitel 7: Kapitalismus als erste weltumspannende Formation

sie auftritt, ist die Aufhebung der Leibeigenschaft längst vollbracht und der Bestand souverän-feudaler Städte als einer der Glanzpunkte des Mittelalters, bereits im Niedergang; dennoch gilt, dass »*die ökonomische Struktur der kapitalistischen Gesellschaft … aus der ökonomischen Struktur der feudalen Gesellschaft (hervorgegangen ist).*« (MEW 23: 743) Bedeutsam für diesen Prozess und historisch epochemachend sind »*alle Umwälzungen, die der sich bildenden Kapitalistenklasse als Hebel dienen; vor allem aber die Momente, worin große Menschenmassen plötzlich und gewaltsam von ihren Subsistenzmitteln losgerissen und als vogelfreie Proletarier auf den Arbeitsmarkt geschleudert werden. Die Expropriation des ländlichen Produzenten, des Bauern, von Grund und Boden bildet die Grundlage des ganzen Prozesses.*« (Ibid.: 744) Dieser Prozess der Bildung einer Klasse freier Lohnarbeiter vollzog sich mit verschiedener Färbung und in verschiedenen Phasen in verschiedenen Ländern; nur in England besaß er »*klassische Form*« (Ibid.).[2] Er stellte damit auch die primäre Form der ursprünglichen Akkumulation des Kapitals dar, die mit einem Zeitverzug in Ländern auf dem europäischen Kontinent nachvollzogen wurde und später unter den Bedingungen eines bereits bestehenden kapitalistischen Weltmarkts in sekundären, tertiären etc. Formen stattfand.

In England war die feudale Produktionsform mit Leibeigenschaftsverhältnissen bereits im 14. Jahrhundert faktisch überwunden. »*Die ungeheure Mehrzahl der Bevölkerung bestand damals und noch mehr im 15. Jahrhundert aus freien, selbstwirtschaftenden Bauern, durch welch feudales Aushängeschild ihr Eigentum immer versteckt sein mochte. Auf den größeren herrschaftlichen Gütern war der früher leibeigne bailiff (Vogt) durch den freien Pächter verdrängt. Die Lohnarbeiter der Agrikultur bestanden teils aus Bauern, die ihre Mußezeit durch Arbeit bei den großen Grundeigentümern verwerteten, teils aus einer selbständigen, relativ und absolut wenig zahlreichen Klasse eigentlicher Lohnarbeiter. Auch letztre waren faktisch zugleich selbstwirtschaftende Bauern, indem sie außer ihrem Lohn Ackerland zum Belauf von 4 und mehr Acres nebst Cottages angewiesen erhielten. Sie genossen zudem mit den eigentlichen Bauern die Nutznießung des Gemeinde-*

---

[2] In der bereits früher behandelten Antwort von Marx auf den Brief von V.I. Sassulitsch vom 16. Februar 1881 hatte er die Möglichkeiten einer Transformation der russischen Dorfgemeinde in Formen der kollektiven Produktion ohne vorherige kapitalistische Entwicklung mit Zerstörung der naturwüchsigen Gemeinwesen auf dem Land erörtert (vgl. MEW 19a: 384ff.). In der endgültigen Fassung seines Antwortbriefes hebt er hervor, dass die im »Kapital« dargestellte ursprüngliche Akkumulation »*ausdrücklich auf die Länder Westeuropas beschränkt (ist)*«. (Ibid.: 242) Für die russischen Verhältnisse gilt: »*Die im ›Kapital‹ gegebene Analyse enthält also keinerlei Beweise – weder für noch gegen die Lebensfähigkeit der Dorfgemeinde, aber das Spezialstudium, das ich darüber getrieben habe und wofür ich mir Material aus Originalquellen beschafft habe, hat mich davon überzeugt, daß diese Dorfgemeinde der Stützpunkt der sozialen Wiedergeburt Russlands ist; damit sie aber in diesem Sinne wirken kann, müßte man zuerst die zerstörenden Einflüsse, die von allen Seiten auf sie einstürmen, beseitigen und ihr sodann die normalen Bedingungen einer natürlichen Entwicklung sichern.*« (Ibid.: 243)

landes, worauf ihr Vieh weidete und das ihnen zugleich Mittel der Feuerung, Holz, Torf usw. bot.« (Ibid.: 744f.) Neben Großgrundbesitzern, die ihren Boden nach der normannischen Eroberung in »*riesenhaften Baronien ..., wovon eine einzige oft 900 alte angelsächsische Lordschaften einschloß*« (ibid.), zugeteilt bekommen hatten, bestanden überall auch kleine Bauernschaften. Diese Verhältnisse erlaubten bei gleichzeitiger Blüte eines neuen, nicht-feudalen Städtewesens im 15. Jahrhundert einen »*Volksreichtum ..., aber sie schlossen den Kapitalreichtum aus*«. (Ibid.) Diese kleinen Bauernschaften beinhalteten in der Substanz eine kleine, nichtkapitalistische Warenproduktion für den Überschuss über den jeweiligen Selbstbedarf, der als Ware auf hauptsächlich auf lokalen Märkten in und für die Städte verkauft wurde. In diesem Sinne war »*das individuelle, auf eigne Arbeit gegründete Privateigentum*« (Ibid.: 791) der Bauern und Handwerker historischer Vorgänger der kapitalistischen Produktionsweise.[3]

Die wesentliche Bedingung für die Entwicklung der kapitalistischen Produktionsweise bestand nun neben der Nutzbarmachung des aus Handel und Handwerk herstammenden Geldkapitals in der Auflösung der feudalen Gefolgschaft der selbstständigen (Klein-) Bauern durch ihre gewaltsame Verjagung von ihrem Grund und Boden, obgleich sie ihn letztlich unter dem gleichen feudalen Rechtstitel besaßen wie die Großgrundeigentümer; hinzu kam die Usurpation des bestehenden Gemeindelandes durch die Letzteren. Die Verwandlung von Ackerland in Schafweide, befördert durch das Aufblühen der flandrischen Wollmanufakturen und einen entsprechenden Anstieg der Wollpreise, war eines der angewandten Mittel dieser Expropriation und Usurpation. Einen weiteren Anstoß für die Umwälzung der Eigentums- und Besitzverhältnisse auf dem Land ergab im 16. Jahrhundert die Reformation und in ihrem Gefolge der »*kolossale Diebstahl der Kirchengüter*«, die »*großenteils an raubsüchtige königliche Günstlinge verschenkt oder zu einem Spottpreis an spekulierende Pächter und Stadtbürger verkauft (wurden)*«. (Ibid.: 749) Er bewirkte die Freisetzung und Proletarisierung der Klosterbewohner sowie der alten erblichen Untersassen. Noch in den letzten Dezennien des 17. Jahrhunderts war die unabhängige Bauernschaft (Yeomanry) zahlreicher als die Klasse der ländlichen Pächter; zur Mitte des 18. Jahrhunderts war Erstere verschwunden. Schließlich wurde auch das Gemeindeeigentum, diese »*altgermanische Einrichtung, die unter der Decke der Feudalität fortlebte*« (ibid.: 752), im 18. Jahrhundert durch gesetzliche Dekrete (Bill for Inclosures of Commons) in Privateigentum verwandelt und endgültig aufgelöst, nachdem es bereits vorher na-

---

[3] Zur Vermeidung von Missverständnissen sei klarstellend bemerkt, dass diese Verhältnisse einer nichtkapitalistischen Warenproduktion im Rahmen der Auflösung feudalistischer Verhältnisse weder einen »Naturzustand« von Wirtschaft und Gesellschaft umschreiben, noch identisch sind mit der in der einfachen Zirkulation im Rahmen kapitalistischer Verhältnisse entstehenden Bewusstseinsform eines ersten, auf eigene Arbeit gegründeten Aneignungsgesetzes. Dieses ist nur die mystifizierte Erscheinungsform seines Gegenteils, der kapitalistischen, auf der Trennung von Arbeit und Eigentum beruhenden Aneignung; vgl. dazu Kapitel 2.

Kapitel 7: Kapitalismus als erste weltumspannende Formation

mentlich durch Verwandlung von Ackerland in Schafweide dezimiert worden war. Der letzte große Enteignungsprozess der Ackerbauern vom Grund und Boden war schließlich das »*Clearing of Estates (Lichten der Güter, in der Tat Wegfegung der Menschen von denselben)*« (ibid.: 756), d.h. Niederreissung der Cottages, der Behausungen der Bauern.[4]

Die Herstellung der doppelt freien Lohnarbeiter wurde flankiert durch direkte Gewalt des Staates. Marx verweist sowohl auf die »Blutgesetzgebung gegen die Expropriierten seit Ende des 15. Jahrhunderts und die Gesetze zur Herabdrückung des Arbeitslohns« (vgl. ibid.: 761ff.) als auch auf die Herstellung eines inneren und weiter auswärtigen Marktes für das sich entwickelnde industrielle Kapital durch ein System des öffentlichen Kredits sowie das Kolonialsystem mit Handelskriegen und Protektionismus (vgl. ibid.: 781ff.). Dies setzte seinerseits die Bildung eines Nationalstaats voraus, der in England und Frankreich durch die absolute Monarchie geschaffen worden war und dessen Fehlen in den deutschen Ländern, die erst durch die Revolution von 1848, zudem unvollständig, entwickeltere politische Verhältnisse etablieren konnten, lange Zeit ein Entwicklungshemmnis der kapitalistischen Produktionsweise war. Die gewaltförmigen Methoden im Innern der Länder und gegenüber dem Ausland sowie der durch die absolute Monarchie geschaffene Nationalstaat akzentuieren die Rolle der Politik und ihre Rückwirkung auf Wirtschafts- und Sozialstrukturen im Rahmen der ursprünglichen Akkumulation.[5]

---

[4] Vgl. ibid.: 756f.: »*Was aber ›Clearing of Estates‹ im eigentlichen Sinne bedeutet, das lernen wir nur kennen im gelobten Lande der modernen Romanliteratur, in Hochschottland. Dort zeichnet sich der Vorgang aus durch seinen systematischen Charakter, durch die Größe der Stufenleiter, worauf er mit einem Schlag vollzogen wird (in Irland haben Grundherrn es dahin gebracht, mehrere Dörfer gleichzeitig wegzufegen; in Hochschottland handelt es sich um Bodenflächen von der Größe deutscher Herzogtümer) – und endlich durch die besondre Form des unterschlagenen Grundeigentums. Die Kelten Hochschottlands bestanden aus Clans, deren jeder Eigentümer des von ihm besiedelten Bodens war. Der Repräsentant des Clans, sein Chef oder ›großer Mann‹, war nur Titulareigentümer dieses Bodens, ganz wie die Königin von England Titulareigentümerin des nationalen Gesamtbodens ist. Als der englischen Regierung gelungen war, die inneren Kriege dieser ›großen Männer‹ und ihre fortwährenden Einfälle in die niederschottischen Ebenen zu unterdrücken, gaben die Clanchefs ihr altes Räuberhandwerk keineswegs auf; sie änderten nur die Form. Aus eigner Autorität verwandelten sie ihr Titulareigentum in Privateigentumsrecht, und da sie bei den Clanleuten auf Widerstand stießen, beschlossen sie, diese mit offener Gewalt zu vertreiben.*«

[5] Damit ergibt sich auch eine Antwort auf die Frage, weshalb diese ursprüngliche Akkumulation in England (Britannien) historisch zuerst und in klassischer Form stattgefunden hat und nicht in Frankreich, d.h. dem Land der seinerzeit originären Herausbildung der feudalen Produktionsweise durch das damalige Frankenreich; beide Länder hatten es zu einem Nationalstaat gebracht. In einem Vergleich zwischen England und Frankreich weist die amerikanische Historikerin E. Wood auf die Unterschiede in der Verfasstheit der Ökonomie und des Staatswesens in diesen beiden Ländern hin. Sie betont die historisch frühere und umfassendere Zentralisierung des englischen Staates gegenüber dem stärker durch die feudale Parzellierung politischer Macht charakterisierten französischen Staat. Zum Anderen hatte der grundbesitzende Adel in England seinen relativen Verlust an politischer Macht

Die Expropriation des Landvolks schuf unmittelbar nur große Grundeigentümer, die aber in den seltensten Fällen den Boden selbst bewirtschafteten, sondern an (kapitalistische) Pächter übergaben und sich auf die Einstreichung der Grundrente konzentrierten. Die Ursprünge dieser Pächter waren der »selbst leibeigne Bailiff«, dessen Lage nicht qualitativ, sondern nur quantitativ in Bezug auf die Ausbeutung von Lohnarbeit verschieden war von der des Bauern. Er wurde später Halbpächter (Metayer), der gemeinsam mit dem Landlord das Ackerbaukapital bereitstellte und mit ihm das Produkt teilte. *»Diese Form verschwindet in England rasch, um der des eigentlichen Pächters Platz zu machen, welcher sein eignes Kapital durch Anwendung von Lohnarbeitern verwertet und einen Teil des Mehrprodukts, in Geld oder in natura, dem Landlord als Grundrente zahlt.«* (MEW 23: 771) Dieser kapitalistische Pächter profitierte von den Umwälzungen im 15. und 16. Jahrhundert im Gegensatz und auf Kosten des unabhängigen Bauern und selbstwirtschaftenden Ackerknechts; namentlich die Usurpation von Gemeindeweiden erlaubte ihm die Vermehrung seines Viehbestandes *»fast ohne Kosten, während ihm das Vieh reichlichere Düngungsmittel zur Bestellung des Bodens liefert«.* (Ibid.) Neben der Bereicherung auf Kosten der Bauern als seinen späteren Lohnarbeitern profitierte der Pächter aber zusätzlich auf Kosten des Grundeigentümers, indem er bei langlaufenden Pachtverträgen – in England oft für 99 Jahre – die Beschaffenheit der Grundrente als fixe Revenue namentlich in Zeiten steigender Preise ausbeutete und seinen Profitanteil am agrikolen Mehrwert gegenüber der Grundrente steigerte.

Der Schaffung massenhafter vogelfreier Proletarier entspricht auf der anderen Seite die Genesis der industriellen Kapitalisten; erst beide zusammen bilden die unabdingbare Voraussetzung für die kapitalistische Produktionsweise. Diese Genesis der industriellen Kapitalisten besaß verschiedene Wurzeln. Neben vereinzelten Aufstiegen kleiner Zunftmeister und selbstständiger Handwerker, die in der Kindheitsperiode der kapitalistischen Produktion durch Zufälle mannigfacher Art jene Karriere durchlaufen konnten – ihre unzulässige Verallgemeinerung bildet bis heute die Grundlage der meritokratischen bürgerlichen Ideologie, nach der jeder seines Glückes Schmied sei –, wurde das notwendige Geldkapital durch Wucher- und Kaufmannskapitalisten gebildet, die mit den Handelsbedürfnissen des Weltmarkts im 15. Jahrhundert weiteren Auftrieb erhalten hatten. Unter feudalen Verhältnissen war dieses durch Wucher und Handel gebildete Geldkapital durch die

---

durch ökonomische Konzentration und Zentralisierung von Ländereien gewissermaßen kompensieren können im Verhältnis zu den länger bestehenden bäuerlichen Kleineigentümern in Frankreich (vgl. Wood 2015). Etwas überspitzt fasst sie mit Bezug auf das Verhältnis von Nationalstaat und ursprünglicher Akkumulation in England zusammen, dass deren Entwicklung sich vollzog in Form *»einer Art Arbeitsteilung zwischen der politischen und der ökonomischen Macht, zwischen dem monarchischen Staat und der aristokratischen Herrscherklasse, zwischen einer zentralen politischen Macht, die viel früher als andere in Europa ein faktisches Monopol der Zwangsgewalt besaß, und einer ökonomischen Macht, die auf Privateigentum an Land basierte, das stärker konzentriert war als anderswo in Europa«.* (Ibid.: 198) Wir kommen auf diese Fragestellung in Kapitel 14 zurück.

Kapitel 7: Kapitalismus als erste weltumspannende Formation

Feudalverfassung auf dem Land und die Zunftverfassung in den Städten an seiner Verwandlung in industrielles Kapital behindert worden. Diese Schranken fielen mit der Auflösung der feudalen Gefolgschaften und der Errichtung neuer Manufakturen außerhalb der Kontrolle des alten Städtewesens und seiner Zunftverfassung fort.

Die verschiedenen Methoden der ursprünglichen Akkumulation im Sinne der Schaffung von Reichtum in Geldform in der Hand von Privaten gründeten sich des Weiteren auf die Ausbeutung von Kolonien, die Kontrahierung öffentlicher Kredite sowie Etablierung moderner Steuersysteme sowie protektionistische Maßnahmen der Staaten. Sie hatten sich »*mehr oder minder in zeitlicher Reihenfolge, namentlich auf Spanien, Portugal, Holland, Frankreich und England (verteilt). In England werden sie Ende des 17. Jahrhunderts systematisch zusammengefaßt... Diese Methoden beruhn zum Teil auf brutalster Gewalt, z.B. das Kolonialsystem. Aber alle benutzten die Staatsmacht, die konzentrierte und organisierte Gewalt der Gesellschaft, um den Verwandlungsprozeß der feudalen in die kapitalistische Produktionsweise treibhausmäßig zu fördern und die Übergänge abzukürzen. Die Gewalt ist der Geburtshelfer jeder alten Gesellschaft, die mit einer neuen schwanger geht. Sie ist selbst eine ökonomische Potenz.*« (Ibid.: 779)

Die kapitalistische Produktion beginnt historisch, nachdem die Kapitaleigenschaft vom Wucher- und Handelskapital aus der Zirkulationssphäre in den Produktionsprozess übergegriffen hatte mit einer zunächst nur formellen Subsumtion der Arbeit unter das Kapital. Dessen überkommene Form beruhte auf handwerklicher Arbeit in den städtischen und ländlichen Manufakturen. Deren Verwandlung in kapitalistische Betriebe entsprang auf doppelte Weise: »*Einerseits geht sie von der Kombination verschiedenartiger, selbständiger Handwerke aus, die bis zu dem Punkt verunselbständigt und vereinseitigt werden, wo sie nur noch einander ergänzende Teiloperationen im Produktionsprozeß einer und derselben Ware bilden. Andrerseits geht sie von der Kooperation gleichartiger Handwerker aus, zersetzt dasselbe individuelle Handwerk in seine verschiednen besondren Operationen und isoliert und verselbständigt diese bis zu dem Punkt, wo jede derselben zur ausschließlichen Funktion eines besondren Arbeiters wird. Einerseits führt daher die Manufaktur Teilung der Arbeit in einen Produktionsprozeß ein und entwickelt sie weiter, andrerseits kombiniert sie früher geschiedne Handwerke. Welches aber immer ihr besondrer Ausgangspunkt, ihre Schlußgestalt ist dieselbe – ein Produktionsmechanismus, dessen Organe Menschen sind.*« (Ibid.: 358) Gleichgültig, wie die Manufaktur entstanden war, der Charakter der Arbeit war handwerksmäßig, d.h. die Produktivität des manufakturmäßigen Produktionsprozesses blieb abhängig von und bestimmt durch das handwerksmäßige Geschick der Manufakturarbeiter. Jeder Arbeiter wird ausschließlich einer spezifischen Teilfunktion angeeignet und seine Arbeitskraft wird in das lebenslange Organ dieser Teilfunktion verwandelt, denn nur so kann die Herausbildung des subjektiven Geschicks der lebendigen Arbeit auf die Spitze getrieben werden.

Charakteristisch für den manufakturmäßigen Produktionsprozess war historisch die Organisation der Manufakturen im Zunftwesen gewesen. Dies bedeutete gegenseitige Abschottung der Branchen voneinander durch Bewahrung und Vererbung der jeweiligen Arbeitsmethoden als Zunftgeheimnisse, die nur den Zunftmitgliedern als Eingeweihten zugänglich gemacht wurden. »*Es ist charakteristisch, daß bis ins 18. Jahrhundert hinein die besondren Gewerke mysteries (mystères) hießen, in deren Dunkel nur der empirisch und professionell Eingeweihte eindringen konnte.*« (Ibid.: 510) Der Wechsel der Arbeiter aus einer Branche in eine andere war daher sowohl durch die Spezialisierung der Arbeit als auch durch die Zunftorganisation der Produktionsstätten weitgehend verunmöglicht. Was für die lebendige Arbeit galt, galt ebenso für das Kapital. Auch sein Wechsel zwischen verschiedenen Produktionssphären war selbst für seine Existenzform als Geldkapital beschränkt; ein noch unentwickeltes Kredit- und Bankensystem, das unter entwickelten kapitalistischen Verhältnissen eine wesentliche Bedingung für die Verteilung des Kapitals auf die verschiedenen Produktionssphären ist, kam als weiteres Hemmnis hinzu. Im Resultat war in der Manufakturperiode der Ausgleich der Branchenprofitraten zu einer allgemeinen oder Durchschnittsprofitrate vielfach gehemmt. Die Bildung von Produktionspreisen war nur partiell möglich, es blieb vielfach bei der Herausbildung von Marktwerten, d.h. die Konkurrenz wirkte vornehmlich innerhalb der Produktionssphären und nicht zugleich zwischen ihnen, sodass Monopolpositionen einzelner Branchen nicht oder nur unvollständig nivelliert werden konnten. Beide überkommenen Beschränkungen für die Arbeit und das Kapital wurden im Übergang zur industriellen Betriebsweise als der eigentlichen kapitalistischen Form, d.h. der reellen Subsumtion des Produktionsprozesses unter das Kapital, überwunden. Von gesellschaftlich dominierenden kapitalistischen Produktionsverhältnissen und einer ausgebildeten kapitalistischen Produktionsweise als sich totalisierender Totalität kann daher erst gesprochen werden, wenn der Produktionsprozess als industrieller Produktionsprozess in den wichtigsten Branchen dominiert und der Ausgleich individueller Profitraten zu einer allgemeinen oder Durchschnittsprofitrate unter Mitwirkung eines kapitalistischen Geld-, Kredit- und Bankensystems die Ressourcenallokation der Gesamtwirtschaft steuert.

b) Die industriellen Betriebsweisen der kapitalistischen Gesellschaftsformation

Die weithin geteile Überzeugung, dass die Entwicklung der kapitalistischen Produktionsweise in den bestimmenden Metropolen des Weltmarktes kein bruchloses Kontinuum seit der industriellen Revolution im 18. Jahrhundert darstellt, ist im wissenschaftlich-politischen Mainstream zum Einen mit verschiedenen Theorien »Langer Wellen der Wirtschaftsentwicklung« von Nicolai Kondratieff über Joseph Schumpeter, Gerhard Mensch bis zu Ernest Mandel und Stefan Schulmeister unter

Kapitel 7: Kapitalismus als erste weltumspannende Formation

Zugrundelegung jeweils unterschiedlicher ökonomischer Paradigmen,[6] und zum Anderen mit verschiedenen Ausprägungen der Regulationstheorie[7] zu erfassen versucht worden. Der Mangel der vorliegenden Ansätze, insbesondere derjenigen, die sich positiv auf die Marxsche Kritik der politischen Ökonomie beziehen, besteht darin, dass sie die Ansätze, die bei Marx selbst im »Kapital« vorzufinden sind, nicht positiv aufnehmen und weiterdenken. Denn Marx hatte selbst mit seiner Kategorie der »gesellschaftlichen Betriebsweise« die Grundlage für eine historische Periodisierung der kapitalistischen Produktionsweise gelegt. In der zu seinen Lebzeiten

---

[6] Während sich Kondratieff nach seiner primär statistischen Aufbereitung von langen Preisreihen in seinem zweiten, theoretischen Aufsatz mit Rückgriff auf Marx auf eine Abwandlung von dessen Erklärung industrieller Zyklen durch die Umschlagsbedingungen von fixem Kapital – periodisches Auftreten großer Infrastruktur-Investitionen – orientiert hatte (vgl. Kondratieff 1926 und 1928), feiert der Neoklassiker Schumpeter periodische schöpferische Zerstörungen durch innovative Unternehmer, die mit neuen Kombinationen lange, überzyklische Aufschwünge mithilfe einer von den Geschäftsbanken bewerkstelligten Geldschöpfung aus dem Nichts in Gang setzen (vgl. Schumpeter 1911, 1939 und 1942/1950). Mensch identifiziert wie Kleinknecht sog. Basisinnovationen im Unterschied zu Verbesserungsinvestitionen, verbleibt damit bei einer kruden technizistischen Erklärung (vgl. Mensch 1977 und Kleinknecht 1984). Mandel rekurriert ebenfalls auf die Marxsche Theorie und macht lange Wellen der Wirtschaftsentwicklung an zyklenübergreifenden Auf- und Abbewegungen der Profitrate(n) fest (vgl. Mandel 1983), während Schulmeister ein keynesianisches Paradigma mit unterschiedlichen Bedingungen für »realkapitalistische« Auf- und »finanzkapitalistische« Abstiegsphasen langer Zyklen bemüht (vgl. Schulmeister 2018). Die Literatur zu diesem Thema ist äußerst vielfältig, es wird zwischen Langen Wellen mit diskretionär-exogenen und Langen Zyklen mit endogen bestimmten Wendepunkten unterschieden. Generell gilt, dass »*der Erklärung des empirisch ... zu konstatierenden Phänomens der historischen Abfolge von Perioden längerfristiger Prosperität und längerfristiger Stagnation/ Depression ... ein theoretisches Konzept Langer Wellen um so mehr gerecht (wird), um so mehr von seinen substanziellen und tragenden Bestandteilen aufgegeben (wird); mit anderen Worten: ein steigender Realitätsgehalt der Theorie korrespondiert direkt mit der Auflösung ihrer Fundamente – ein Dilemma, welches die Lange-Wellen-Theorien mit vielen anderen Theorien teilen. Was bleibt, ist die Absage an regelrechte Zusammenbruchstheorien der Kapitalakkumulation – aber dazu hätte es der ganzen theoretischen Anstrengungen nicht bedurft!*« (Krüger 1986: 98)

[7] Zentralkategorie der Regulationstheorie ist die des »Akkumulationsregimes«. Es beschreibt eine jeweilige Organisation der Produktion und der Kapitalakkumulation einschließlich des Modus der Entlohnung, der Mehrwertproduktion, der Verteilung sowie der Intervention (qualitativ und quantitativ) des Staates, die zusammen genommen für längerfristige Wachstumsperioden oder Stagnations- und Depressionsphasen verantwortlich sind. Kriterium für das Eine oder das Andere sind Kompatibilitäten oder Disfunktionalitäten zwischen diesen verschiedenen Faktoren; vgl. die Standardtexte von M. Aglietta (1987 und 2000) und A. Lipietz (1983). Wenn auch eine systematische Struktur für jeweilige Akkumulationsregimes und ihr Rückbezug auf allgemein-langfristig wirkende Gesetzmäßigkeiten der Kapitalakkumulation unzureichend ausgebildet ist, ist positiv hervorzuheben ist, dass mit der Kategorie des Akkumulationsregimes eine umfassende Gesamtheit nationaler und internationaler Einflussfaktoren für die jeweiligen Entwicklungsperioden der kapitalistischen Produktionsweise in den Blick genommen wird.

veröffentlichten englischen und französischen Ausgabe des I. Bandes des »Kapital« werden jeweils verschiedene Momente dieser gesellschaftlichen Betriebsweise der Großen Industrie in jeweiligen Übersetzungen benannt. In der englischen Ausgabe des I. Bandes des »Kapital« wird der Begriff der gesellschaftlichen Betriebsweise sowohl unspezifisch als »*mode of production*« (MEGA II, 9: 394) sowie in Bezug auf die industrielle Betriebsweise auch genauer mit »*industrial methods*« (ibid.: 413) übersetzt. In der französischen Ausgabe werden mit »*modes sociaux d'exploitation*« (MEGA II, 7: 410) die gesellschaftlichen Rahmenbedingungen der technischen und organisatorischen Strukturen des Produktionsprozesses betont. Bei diesen Betriebsweisen geht es nicht nur im engeren Sinne um differente betriebliche Strukturen, sondern auch um Arbeitsverhältnisse, durch sie geschaffene Sozialstrukturen sowie politische Regulierungen der Arbeitsmärkte. Kurz, ein »*ganzer Gesellschaftsmechanismus*« (MEW 23: 526) ist in diese Kategorie einzubeziehen.

Auch wenn die kapitalistische Produktionsweise als spezifisch kapitalistische Produktionsweise durch fundamentale Eigenschaften charakterisiert und allgemein bestimmt ist, verändert sie im langfristigen Zeitablauf nicht nur ihren technisch-technologischen Entwicklungsstand, sondern auch ihr gesellschaftliches Gepräge. Der Kapitalismus war und ist nie ein fester Kristall gewesen, sondern im Unterschied und Gegensatz zu allen vorbürgerlichen Gesellschaftsformen ein umwandlungsfähiger und beständig im Prozess der Umwandlung begriffener Organismus (vgl. MEW 23: 16). Die Wandlungen und Ausformungen, die die kapitalistische Produktionsweise in ihrer historischen Entwicklung angenommen hat und die wiederum allgemein bestimmbare besondere Ausprägungen derselben ausdrücken, können im direkten Anschluss an Marx als jeweilige gesellschaftliche Betriebsweisen des gesellschaftlichen Reproduktionsprozesses gefasst werden. Sie fußen allesamt auf der Großen Industrie, stellen aber innerhalb des unmittelbaren Produktionsprozesses und gesamtgesellschaftlichen Reproduktionsprozesses jeweilig spezifische Akzentuierungen seiner charakteristischen Produktivitäts- und Rationalisierungsparadigmen sowie Organisationsformen dar. Diese sind die Basis für jeweilige historisch spezifische Ausgestaltungen der Strukturierung des produktiven Gesamtarbeiters sowie typischer Unternehmensformen der Einzelkapitale. Auf diese Ausgestaltungen der primären ökonomischen Sektoren gründen sich spezifische Formen der abgeleiteten Bereiche von Distribution und Zirkulation bis hin zu charakteristischen Ausprägungen des Staates und seiner Intervention in die Ökonomie sowie der individuellen Konsumtion und privaten Lebensweise der bürgerlichen Subjekte (Familienformen, symbolische Reproduktion). Damit geht es bei der gesellschaftlichen Betriebsweise um ein jeweilig in sich gegliedertes Ganzes von primären und abgeleiteten Verhältnissen, eben um einen »ganzen Gesellschaftsmechanismus«. Schließlich lassen sich auch historisch spezifische internationale Akkumulationsregimes mit dominierenden Weltmarkt-Hegemonen und -Demiurgen, unterschiedlichen Formen und Ausgestaltungen der internationalen Arbeitsteilungen und Herrschaftsverhältnissen zwischen den Nationen sowie verschiedenen Währungssystemen unterscheiden. Damit ist die Gesamtheit der kapitalistischen

Gesellschaftsformation und ihrer gesellschaftlichen Reproduktionsprozesse als gegliederte Totalität mitsamt funktionellen Abhängigkeiten benannt; gesellschaftliche Betriebsweisen und internationale Akkumulationsregimes beinhalten also nicht nur Kompatibilitäten bzw. Disfunktionalitäten wie die Regulationstheorie unterstellt. Die Totalität des gesellschaftlichen Gesamtreproduktionsprozesses war in den verschiedenen Ländern wiederum die Grundlage für eine jeweilige Ausprägung des Bewusstseins der Mitglieder der bürgerlich-kapitalistischen Gesellschaft sowie dessen Bündelung zu politisch-kulturellen Hegemonien von Klassenkräften und deren Ideologie. Diese werden rückwirkend wiederum zu Voraussetzungen und Befestigungen einer dominierenden gesellschaftlichen Betriebsweise, die für längere Zeitperioden die Basis abgibt für die Wirkungsweise der ökonomischen Gesetze der kapitalistischen Akkumulation.

Die Große Industrie als sich totalisierende Totalität

Die erste industrielle Betriebsweise des Kapitalismus ist identisch mit der Periode der schrittweisen Eroberung der wichtigsten Produktionszweige durch die »industrial methods« in den verschiedenen Ländern, d.h. den in der zweiten Hälfte des 18. sowie des 19. Jahrhunderts entwickelten europäischen Ländern Großbritannien (England), Frankreich, den Staaten des Deutschen Reiches sowie später den USA. In Ersteren werden die historisch vorhergehenden Verhältnisse der Manufakturperiode überwunden und umgewälzt.

Die große Industrie treibt durch die Umwälzung der gesellschaftlichen Teilung der Arbeit zur Vervielfachung der nunmehr industriell organisierten Produktionszweige und ihrer Einzelkapitale und steigert deren Produktenausstoß. Das mit der industriellen Produktionsweise massenhaft anschwellende Maschinenprodukt bedurfte »*auch eine(r) Revolution in den allgemeinen Bedingungen des gesellschaftlichen Produktionsprozesses, d.h. den Kommunikations- und Transportmitteln*«. (Ibid.: 404f.) War die Produktion der Maschinen wegen der technischen Kompliziertheit dieses Produkts zunächst noch eine Domäne der Manufakturen und von Handarbeit, musste »*die große Industrie ... sich ... ihres charakteristischen Produktionsmittels, der Maschine selbst, bemächtigen und Maschinen durch Maschinen produzieren. So erst schuf sie ihre adäquate technische Unterlage und stellte sich auf ihre eignen Füße.*« (Ibid.: 405) Die erste Zeit der Verallgemeinerung des maschinenmäßigen Betriebs ist die Periode, in der das Kapital außerordentliche Profite realisieren kann. Dies ist für die sich im 19. Jahrhundert entwickelnden industriellen Metropolen die Zeit eines längerfristigen Anstiegs der allgemeinen Profitrate.[8]

Die Große Industrie verändert die Arbeitsinhalte der Maschinenarbeiter und erschließt dem Maschinenbetrieb neue Personengruppen. Die handwerkliche Arbeit der Manufakturarbeiter wird zu Fabrikarbeit transformiert. »*Mit dem Arbeitswerkzeug geht auch die Virtuosität in seiner Führung vom Arbeiter auf die Maschine*

---

[8] Vgl. zur Profitratenentwicklung der kapitalistischen Metropolen in der Entwicklungsphase der ersten industriellen Betriebsweise die Kapitel 14 und 15.

über. Die Leistungsfähigkeit des Werkzeugs ist emanzipiert von den persönlichen Schranken menschlicher Arbeitskraft. Damit ist die technische Grundlage aufgehoben, worauf die Teilung der Arbeit in der Manufaktur beruht.« (Ibid.: 442) Die durch den Maschinenbetrieb revolutionierte gesellschaftliche Teilung der Arbeit findet somit ihr Pendant in einer Umwälzung der Arbeitsteilung in den Fabriken. Durch Reduktion eines Großteils der Arbeitsinhalte auf einfache Operationen, die nach bestimmter Anlernzeit ausgeübt werden können sowie bloße Handlangertätigkeiten, wird die lebenslange Annexion der Maschinenarbeiter an eine konkretnützliche Arbeitsart relativiert. Was auf der einen Seite eine Universalisierung der Anwendung lebendiger Arbeit für verschiedene Arbeitsarten bedeutet, wird unter den kapitalistischen Bedingungen jedoch zu einer »*lebenslange(n) Spezialität, einer Teilmaschine zu dienen*«. (Ibid.: 445) Die technischen Möglichkeiten der lebendigen Arbeit werden »*mißbraucht, um den Arbeiter selbst von Kindesbeinen in den Teil einer Teilmaschine zu verwandeln*«. (Ibid.)

Ein gleicher Missbrauch ergab sich durch die Einbeziehung von Frauen und Kindern in den von Maschinen dominierten Arbeitsprozess in dieser Kindheitsperiode der Großen Industrie. Damit verteilte sich der Wert der Arbeitskraft, der stets auf die Reproduktion des Arbeiters und seiner Familie bezogen ist, über eine größere Anzahl von arbeitenden Familienangehörigen. Somit verbilligte sich die Bezahlung einer individuellen Arbeitskraft durch den Kapitalisten. Erst die Erkämpfung von Schutzrechten durch die entstehende Arbeiterbewegung, das Verbot von Kinderarbeit, welches schließlich gesetzlich fixiert wurde, führte zusammen mit einer Begrenzung der Länge des Arbeitstages (Zehnstundenbill) zu einer neuen Einmessung des historisch-moralischen Elements des Werts der Arbeitskraft und zur Begrenzung des kapitalistischen Raubbaus an der Gesundheit der Arbeiterklasse.Hieran zeigt sich die Bedeutung der Rückwirkung des Staates auf die sozialen Bedingungen dieser ersten gesellschaftlichen Betriebsweise der Großen Industrie. Auch und gerade die Begrenzung der extensiven Länge des Arbeitstages wurde mit dem Aufkommen des maschinenmäßigen Betriebs essentiell, denn für die möglichste Verlängerung des Arbeitstages ergaben sich mit der Einführung der Maschinerie neue Anreize für das Kapital, durch eine möglichst rasche Amortisation ihres Werts die Entwertung des in der Maschinerie vergegenständlichten Kapitals aufgrund ihres moralischen Verschleißes zu konterkarieren. Die wiederum erfolgende Gegenbewegung der Kapitalisten gegenüber der gesetzlichen Beschränkung des Arbeitstages erfolgte durch eine forcierte Steigerung der Intensität der Arbeit. Die Etablierung der neuen Betriebsweise der Großen Industrie war nicht auf die Verhältnisse im Innern eines Landes beschränkt, sondern hob umgekehrt Außenhandel und Weltmarkt auf eine qualitativ neue, höhere Stufe. Große Industrie und Weltmarkt fußten auf einer neuen internationalen Teilung der Arbeit zwischen Metropolen und unentwickelten Ländern, die namentlich als Rohstofflieferanten fungieren.[9] Es bil-

---

[9] Vgl. ibid.: 475: »*Es wird eine neue, den Hauptsitzen des Maschinenbetriebs entsprechende internationale Teilung der Arbeit geschaffen, die einen Teil des Erdballs in vorzugs-*

Kapitel 7: Kapitalismus als erste weltumspannende Formation

dete sich ein internationales Regime von Handelsstrukturen heraus, welches lange Zeit durch direkte Herrschaftsverhältnisse zwischen industriell entwickelten Ländern und von ihnen beherrschten Kolonien geprägt war. Die Entwicklung des Weltmarkts führte zur Aufteilung der Welt zwischen den Kolonialmächten; dies war die Zeit des »klassischen« Imperialismus.

Großbritannien als Land, das mit der industriellen Revolution und der Herausbildung der Großen Industrie sowie gegründet auf seine überkommene Stellung als Seemacht mit der größten Flotte die internationalen Beziehungen und mit seinem Nationalkapital den Weltmarkt beherrschte, wird zum ersten modernen Weltmarkt-Hegemon. Es hat mit seiner Spitzenstellung auf der internationalen Stufenleiter der produktiven Nationalarbeiten zusätzlich die Funktion des Weltmarkt-Demiurgen im 19. Jahrhundert inne: sein dominierender Anteil am internationalen Handel bestimmt das Auf und Ab des Welthandelszyklus und überträgt seine nationale zyklische Bewegung auf diejenige der nachgeordneten Nationen. Die Funktion als internationaler Propagandist der industriellen Produktionsweise wird dabei nicht nur durch seinen Außenhandel, sondern auch durch britische Kapitalexporte befördert.[10]

Länger als die industrielle Vorherrschaft bleibt die finanzielle Dominanz Großbritanniens auf der Grundlage des damaligen Geld- und Währungssystems erhalten. Es beruht in allen entwickelten Ländern auf goldkonvertibler Banknotenzirkulation mit festen Deckungsverhältnissen durch die nationalen Goldreserven sowie auf dem goldenen Weltgeld im internationalen Verkehr. Obwohl auch international bereits ein Großteil der Transaktionen durch auf britische Pfund Sterling lautende und auf britische Banken gezogene Handelswechsel abgewickelt wird, bleibt bei Überschreitungen der sog. Goldpunkte in den bilateralen Wechselkursen der nationalen Währungen die physische Versendung von Gold in Barrenform eine regelmäßige Veranstaltung. Aufgrund der starren Deckungsvorschriften für den inländischen Notenumlauf durch die nationalen Goldreserven führte jeder Goldabfluss ins Ausland namentlich in zyklischen Krisen sofort zu regelrechten Geldkrisen, weil die Zentralbanken den Diskontsatz zur Verteidigung der Golddeckung des nationalen Notenumlaufs heraufsetzen mussten und so die zyklischen Krisen monetär

---

weis agrikoles Produktionsfeld für den andern als vorzugsweis industrielles Produktionsfeld umwandelt.«

[10] Vgl. MEW 25: 364: *»Ein für England wirklich beunruhigender Faktor ... ist jener, daß England anscheinend nicht in der Lage ist, im Inland ein ausreichendes Betätigungsfeld für sein riesiges Kapital zu finden; daher muß es in zunehmendem Maße Geld verleihen und, in dieser Beziehung ähnlich Holland, Venedig und Genua zur Zeit ihres Niedergangs, selbst die Waffen für seine Konkurrenten schmieden. Es ist gezwungen, durch die Gewährung großer Kredite die Spekulation in anderen Ländern zu fördern, um für sein überschüssiges Kapital ein Betätigungsfeld zu finden und muß so seinen erworbenen Wohlstand aufs Spiel setzen, um das Kapital zu vermehren und zu erhalten. Indem es gezwungen ist, anderen Industrieländern große Kredite zu geben, wie etwa dem europäischen Festland, streckt es selbst seinen industriellen Rivalen die Mittel dazu vor, mit ihm um Rohstoffe zu konkurrieren und ist somit selbst dabei behilflich, die Rohstoffe für seine eigenen Fabrikate zu verteuern.«*

verschärften. Damit wurde das Währungssystem des Goldstandards zu einem weiteren wesentlichen Agentium für den Weltmarktzyklus.

Gesellschaftliche Betriebsweise des Fordismus
Bereits vor der Zeit des Ersten Weltkriegs, verstärkt jedoch in der Zwischenkriegszeit wurde in den USA in einigen Produktionszweigen ein weiterentwickeltes Rationalisierungsparadigma der industriellen Produktion entwickelt und umgesetzt. Es nahm seinen Ausgang vom »American Production System« und wurde mit den Untersuchungen F.W. Taylors zur Prozesssteuerung von Arbeitsabläufen fortentwickelt und verbunden, die, gestützt auf Arbeitsstudien und einem arbeitsvorbereitenden Management, den Arbeitern detailliert vorgegeben wurden und für die der Begriff des »Scientific Management« steht. Inhaltlich ging es um die Zerlegung der Operationen der lebendigen Arbeit in kleine, genau zeitlich gestoppte Arbeitsfunktionen, d.h. um eine ins Extrem gesteigerte Zergliederung der Tätigkeit der Produktions- und Montagearbeiter in der Fabrik. Diese Entwicklung setzte auf den bereits durch die Anwendung von Maschinerie technisch nivellierten konkret-nützlichen Tätigkeiten in den verschiedenen Produktionszweigen und Gewerken auf und trieb mit der seriellen Fließproduktion den durch das Maschinensystem strukturierten Arbeitsprozess zu neuen Optima der Kostensenkung.

Auf der anderen Seite entspricht diesem Produktionsverfahren eine Standardisierung der auf single-purpose-Maschinen gefertigten Einzelteile: standardisierte Massenproduktion. Mit der gesellschaftlichen Zentralisierung der Stromproduktion als Antriebsenergie wurde im Innern der Fabrik die Energieversorgung der Maschinen dezentralisiert, was den früher weitläufigen mechanischen Transmissionsmechanismus für einen durch Naturkräfte oder Dampfmaschinen gelieferten Antrieb qualitativ veränderte und mit dem veränderten Lay-out der Produktionshallen auch den Teilefluss der Arbeitsgegenstände entscheidend ökonomisierte.

Die neue Produktionsphilosophie orientierte auf eine hohe Eigenleistungsfertigung von der Rohstoffgewinnung über deren Verarbeitung in den verschiedenen Gewerken bis zur Endmontage. Ein derartiges Produktionskonzept war vollumfänglich nur im Rahmen von Großunternehmen realisierbar. Großserienproduktion in zumeist als Kapitalgesellschaften (AGs) verfassten großen Einzelkapitalen mit hoher vertikaler Integration schloss an die Konzentrations- und Zentralisationsprozesse von Kapital im späten 19. Jahrhundert an. Diese Unternehmensformen hatten schon zu dieser Zeit Konkurrenzvorteile des amerikanischen und deutschen Kapitals gegenüber dem kleinteiliger verfassten britischen Kapital erbracht und die Konkurrenzverhältnisse auf den Weltmärkten zulasten des Letzteren und zugunsten der ersteren Nationalkapitale verschoben.

Die durch Ausdifferenzierung der innerbetrieblichen Teilung der Arbeit charakterisierte Produktivkraftsteigerung des tayloristisch organisierten Produktionsprozesses entwickelt die bereits im Begriff von Maschinerie und Großer Industrie enthaltenen Tendenzen in Richtung eines umfassenden automatischen Systems und nur beigeordneter und möglichst gleichförmigen, daher auch exakt zeitlich taktba-

Kapitel 7: Kapitalismus als erste weltumspannende Formation

ren Funktionen der lebendigen Arbeit weiter. Insofern gibt es auf der Ebene des unmittelbaren Produktionsprozesses keinen scharfen Übergang von der erstmaligen gesellschaftlichen Betriebsweise der Großen Industrie zu ihrem »tayloristischen« Nachfolger. Auch zeitlich geht in den USA der Übergang fließend vor sich und hat bereits in der Zwischenkriegszeit etliche Produktionszweige erfasst.[11]

Ökonomisch waren die USA zwar bereits seit Anfang des 20. Jahrhunderts die ökonomisch stärkste Nation, aber infolge der Größe ihres Binnenmarktes bis zum Zweiten Weltkrieg in erster Linie auf ihre internen Verhältnisse konzentriert; dies änderte sich erst endgültig mit ihrem Eintritt in den Zweiten Weltkrieg. Aufgrund dieser internationalen Konstellation gab es in der Zwischenkriegszeit kein führendes Zentrum in der Weltwirtschaft und Weltpolitik. Der für die Finanzierung des Ersten Weltkriegs von den direkt involvierten Ländern suspendierte Goldstandard wurde in modifizierter Form mit erweiterten Reservemedien als Gold-Devisen-Standard teilweise gewaltsam, weil zu den alten Paritäten der Vorkriegszeit (Großbritannien), wieder hergestellt. Die nach Ende des Ersten Weltkriegs etablierten sozialen Sicherungssysteme blieben zumeist limitiert und die 1929 ausgebrochene Weltwirtschaftskrise wurde durch protektionistische Abschottungen der Märkte und eine austeritäre staatliche Wirtschaftspolitik verschärft, was die Verluste an ökonomischen Ressourcen und sozialen Standards erheblich steigerte. Sie schloss als Große Krise die in der Zwischenkriegszeit noch einmal verlängerte beschleunigte Kapitalakkumulation aus der Zeit vor dem Ersten Weltkrieg endgültig ab. Die 1930er Jahre waren in den wichtigsten kapitalistischen Metropolen durch eine anhaltende, mehr oder weniger stark ausgeprägte Überakkumulationssituation geprägt, die mit dem »New Deal« in den USA und dem Faschismus namentlich im Deutschen Reich in zwei qualitativ verschiedene Modernisierungsmaßnahmen in Ökonomie und Politik umgesetzt wurde.

Erst nach Ende des Zweitem Weltkriegs hatte sich die Welt endgültig gedreht. In ihrem kapitalistischen Teil war die Rangfolge zwischen den Nationen und metropolitanen Nationalkapitalen nunmehr eindeutig fixiert. Die USA fungierten nun

---

[11] Antonio Gramsci hatte in seinen Gefängnisheften gegen Ende der 1920er Jahre diese Weiterentwicklung der Produktionsstrukturen unter dem Begriff des »Amerikanismus« erfasst und sich die Frage gestellt, welche Bedingungen sich aus diesem Rationalisierungsparadigma für die Subjekte, d.h. die Arbeiter ergeben (vgl. Gramsci 1967). Für ihn war klar, dass nur von den USA als Gesellschaft ohne feudale Vergangenheit, die als Einwanderungsgesellschaft neuen Entwicklungen prinzipiell aufgeschlossen gegenüberstand und auf Basis der neuen Produktionsstrukturen mit dem »Five-Dollar-a-Day-Angebot« ungelernte Arbeiter (u.a. Farbige) aus den Südstaaten in den Arbeitsmarkt der industriellen Zentren integrieren und den Facharbeitermangel überwinden konnte, die zukünftige Entwicklung ausgehen konnte. Demgegenüber war die Sozialstruktur in den meisten Ländern Europas in den 1920er Jahren durch einen relativ großen Bereich traditioneller, nichtkapitalistischer Warenproduktion und -zirkulation und im politischen Überbau durch einen Bleimantel »leinigparasitärer Sedimente« durch die fortwirkende Rolle des Adels sowie im Bereich der herrschenden Ideologie geprägt.

als Propagandist ihrer neuen gesellschaftlichen Betriebsweise, die in und durch den »New Deal« sowie die Kriegswaffenproduktion für die Alliierten im Zweiten Weltkrieg weiterentwickelt und verallgemeinert worden war. Sie bestimmten das neue internationale Währungssystem als Gold-Dollar-Standard mit festen Wechselkursen zwischen ausländerkonvertiblen nationalen Währungen, die im Inlandsverkehr ihre Goldeinlösbarkeit (endgültig) verloren hatten. Dies eröffnete den nationalen Zentralbanken der kapitalistischen Metropolen größere Spielräume für ihre an binnenwirtschaftlichen Zielen ausgerichtete Geldpolitik, die allerdings durch das Regime fixer Wechselkurse zwischen den Währungen Interventionspflichten in die nationalen Devisenmärkte beinhalteten und damit die Steuerungspotenz der Geldpolitik wiederum einschränkten.

Auf der internationalen Ebene hatten die Amerikaner sich gegen die Vorstellungen der Briten, die mit dem Vorschlag von J.M. Keynes für eine »International Clearing Union« (Weltzentralbank) und eine Internationale Handelsagentur eine internationale Wirtschaftsregierung etablieren wollten, durchgesetzt und anstattdessen ein klassisches Fondsmodell (Internationaler Währungsfonds) für internationale Kredite bei Zahlungsbilanzdefiziten geschaffen, welches die Anpassungslast gegenüber außenwirtschaftlichen Disproportionen wie ehedem weitgehend den Defizitländern aufbürdete. Dennoch war dieses Bretton-Woods-Währungssystem ein Fortschritt gegenüber der Zwischenkriegszeit und ein wesentliches Vehikel für die Verallgemeinerung der von den USA ausgehenden erneuten beschleunigten Kapitalakkumulation in den anderen Metropolen.

Zur neuen fordistischen Betriebsweise gehörte schließlich ganz wesentlich der Auf- bzw. weitere Ausbau sozialer Sicherungssysteme für Krankheit, bei Arbeitslosigkeit und für das Alter hinzu. Sie wurden mit nationaler Spezifik und daher im Einzelnen auch unterschiedlicher Reichweite in allen kapitalistischen Metropolen installiert und drückten den Umstand eines neuen Kräfteverhältnisses zwischen den Hauptklassen der bürgerlich-kapitalistischen Gesellschaft durch den vermehrten Eintritt der Arbeiterbewegug in die Politik aus. Je nachdem, in welchem Umfang haushaltsreproduktive Dienstleistungen und darüber hinaus zentrale Wirtschaftsbereiche, Branchen oder einzelne bestimmende Unternehmen des industriellen Kapitals und/oder Banken und Versicherungen, in öffentliches Eigentum überführt und unter öffentlicher Regie betrieben wurden, veränderte sich das Verhältnis zwischen dem kapitalistischen und einem gemeinwirtschaftlich-öffentlichen Sektor des Gesamtreproduktionsprozesses in den verschiedenen Ländern und akzentuierte die Bestimmtheit der Ökonomie als Mixed Economy oder sozialstaatlich modifizierten Kapitalismus. In keinem »westlichen« Land wurde jedoch die Dominanz kapitalistischer Produktionsverhältnisse in Frage gestellt; allerdings hatten sich die Möglichkeiten wirtschaftlicher Beeinflussung und bewusster politischer Steuerung der Kapitalakkumulation durch die staatliche Finanzpolitik sowie die Geldpolitik deutlich erhöht. Diese institutionelle Ausgestaltung bei Währung, Außenhandel und sozialer Sicherung stellte ein Spezifikum der neuen Betriebsweise des Fordismus gegenüber ihrem Vorläufer dar und markierte einen wesentlichen Einflussfaktor für

Kapitel 7: Kapitalismus als erste weltumspannende Formation

die sich in den 1950er und 1960er Jahren in Form von bloßen Wachstumszyklen bewegende beschleunigte Kapitalakkumulation.

Diese beschleunigte Kapitalakkumulation war zusammen mit den sozialstaatlichen Umverteilungen von Einkommen die Grundlage für die Integration der Lohnabhängigen in die Produktionsprozesse beim Kapital sowie in den ausgebauten Bereichen des öffentlichen Sektors. Wachsende Beschäftigungsstände und der Abbau der Arbeitslosigkeit, die in den 1940er und 1950er Jahren in den meisten kapitalistischen Metropolen als Erblast des Krieges noch herrschte, drehten das Kräfteverhältnis an den Arbeitsmärkten und ermöglichten durchgängige Reallohnsteigerungen und gleichzeitige sukzessive Arbeitszeitverkürzungen der Tages-, Wochen-, Jahres- und Lebensarbeitszeit. Die (bereinigten) Lohnquoten als oberflächliche Ausdrucksformen der allgemeinen Mehrwertraten veränderten sich zugunsten der abhängig Beschäftigten bzw. der produktiven Lohnarbeiter. Das historisch-moralische Element im Wert der Arbeitskraft erhielt eine neue Einmessung und die Arbeiterklasse sowie die Mitglieder der lohnabhängigen Mittelschichten erhielten Zugriff auf die gesamtgesellschaftliche Surpluszeit, die vorher nur den Mitgliedern der herrschenden Klassen und ihrem Anhang vorbehalten war. Die Partizipation der Lohnabhängigen am gesellschaftlichen Reichtum führte in allen Metropolen des Kapitals zur Verwandlung der Märkte aus Verkäufer- zu Käufermärkten und stabilisierte so über die konsumtive Endnachfrage das gesamtwirtschaftliche Wachstum.[12]

International währte die unbedingte ökonomische Dominanz der USA allerdings vergleichsweise kurz. Schon in den 1960er Jahren begann der US-Anteil an den Weltexporten zu sinken und die anderen Metropolen, zuvorderst die BRD und mit gewissem Zeitverzug auch das japanische Nationalkapital, holten auf. Auch die Prägekraft des US-Konjunkturzyklus für den Welthandelszyklus ließ nach. An den Finanzmärkten begann im Verlauf der 1960er Jahre eine Spekulation gegen die US-Währung und ihre fixierte Goldparität von 35 Dollar pro Unze. Anfang der 1970er Jahre war die Goldparität des US-Dollars nicht mehr zu halten und wurde von der Nixon-Administration nach zweimaliger Abwertung gänzlich aufgehoben. Damit war das Bretton-Woods-Währungssystem fixer Wechselkurse krisenhaft zusammengebrochen. An seine Stelle trat ein sog. Devisenstandard mit frei floatenden ausländerkonvertiblen Währungen. Dieser Devisenstandard wurde in der Folge die monetäre Grundlage für die nationalen und internationalen Verschuldungsexzesse, die bis zum Quantitative Easing und der Beanspruchung der wichtigsten Zentralbanken als »Lender of Last Resort« seit der Finanzmarkt- und Weltwirtschaftskrise gegen

---

[12] Neben der inneren Erstarkung der Arbeiterbewegung nach dem Zweiten Weltkrieg spielte in der Folgezeit auch die Existenz des um die Sowjetunion gruppierten »sozialistischen Weltsystems« eine Rolle bei der sozialstaatlichen Zähmung des Kapitalismus (»Systemkonkurrenz«), denn es zeigte die Möglichkeit der Existenz des ganz Anderen. Erst im Maße, wie die ökonomische Potenz der sozialistischen Staaten im Verlauf der 1970er und 1980er Jahre gegenüber dem Kapitalismus abnahm, verblasste diese Alternative.

Ende des ersten Jahrzehnts nach dem Jahrtausendwechsel reichen und das internationale Finanzsystem vor dem Kollaps – bislang – bewahrt haben.

Die Tubulenzen an den internationalen Finanzmärkten, die Ende der 1960er Jahre begannen und in der ersten Runde den Aufschwung der von Regulierungen »befreiten« Euro-Dollarmärkte erbrachten, erwiesen sich im Rückblick als Vorboten für das Ende der beschleunigten reproduktivem Kapitalakkumlation, die für alle kapitalistischen Metropolen außer Japan in der ersten Weltwirtschaftskrise nach dem Zweiten Weltkrieg offenbar wurden und die nachfolgende Periode einer strukturellen Überakkumulation von Kapital einleiteten. Im Unterschied zur Weltwirtschaftskrise 1929–32 und der nachfolgenden Depressionsphase der 1930er Jahre wurde diese erneute strukturelle Überakkumulation von Kapital auf der zwischenzeitlich entwickelteren fordistischen Basis der abgeleiteten Bereiche der Gesamtreproduktionsprozesse der Metropolen, dem entwickelten Instrumentarium der Finanz- und Geldpolitik sowie verstärkter internationaler Abstimmung und Kooperation qualitativ besser gemanagt. Beides, die institutionellen Fortentwicklungen der abgeleiteten Bereiche und die Nutzung der nunmehr etablierten internationalen Institutionen, sind dafür verantwortlich, dass diese erneute strukturelle Überakkumulation nicht zu Zusammenbrüchen nationaler Kapitalakkumulationen in den Metropolen geführt hat, sondern der kapitalistischen Produktionsweise neue Stabilisatoren eingefügt worden sind.

Nicht nur in den kapitalistischen Metropolen war die Phase der Nachkriegsprosperität eine Periode des wirtschaftlichen und sozialen Fortschritts. Auch die Länder des Südens, die sog. Dritte Welt, konnten das Joch des Kolonialismus der alten europäischen Mächte formell abschütteln. Nachdem das Deutsche Reich seine Kolonien bereits nach dem Ende des Ersten Weltkriegs aufzugeben hatte, folgten die Kriegsverlierer des Zweiten Weltkriegs, Italien und Japan, 1945 nach. In der Folgezeit mussten auch die anderen Kolonialmächte Großbritannien, Frankreich, Belgien, Niederlande und Portugal nach und nach ihre Kolonialherrschaft aufgeben. Zum Einen waren die Kolonien ökonomisch Zuschussgeschäftte geworden, zum Anderen hatten die dortigen nationalen Befreiungsbewegungen erfolgreich ihre Unabhängigkeitskriege geführt. Gleichwohl führte die Entkolonialisierung aber weder zu einem ökonomischen Aufbruch in den neuen Staaten, noch zu einer Veränderung der internationalen Arbeitsteilung. Letztere wurde vielmehr nun statt in ihrer althergebrachten direkt gewaltförmigen Weise durch die unter der Oberfläche von Markttransaktionen wirkenden internationalen Gewichtungen der Wertschöpfungspotenz nationaler Arbeiten zementiert und ist daher zu Recht als Neokolonialismus bezeichnet worden.

Bei all diesen auf den nationalen sowie der internationalen Ebene spielenden Entwicklungen waren mit dem Ende der beschleunigten Kapitalakkumulation die Grenzen der fordistischen Betriebsweise in den Metropolen erreicht. Nachdem Japan, das mit einem Time-lag von rd. einem Jahrzehnt seine Nachkriegsprosperität begonnen hatte, als seinerzeit zweitgrößte Volkswirtschaft in den 1980er Jahren als letzte Metropole ebenfalls in eine struktruelle Überakkumulationssituation abgeglitten war, waren verschiedene wirtschaftspolitische Versuche zu registrieren, um die aufgelaufenen ökonomischen Probleme zu bekämpfen. Sie reichten von Produktionsoptimierungen der »Lean Production« (»Toyotismus«) über Deregulierungen an den Arbeits- und Finanzmärkten zur Optimierung der Angebotsverhältnisse für das Kapital durch Steigerung der Profitquote am Wertprodukt und gipfelten in der Etablierung eines Regimes des Fnanzmarktkapitalismus (»Finanzialisierung«) durch Entfesselung der Marktkräfte auf kapitalistischer Grundlage, orchestriert durch die Ideologie des Neoliberalismus, um die Probleme des Kapitalismus durch ein »Mehr« an Kapitalismus zu lösen. Tatsächlich gelang es vordergründig, durch Umverteilung zugunsten der Profite die allgemeine Mehrwertrate, die im Zuge der Nachkriegsprosperität gesunken war, wieder zu stabilisieren – allerdings durch vermehrte Produktion von absolutem Mehrwert durch Druck auf die Arbeitslöhne (Geld- und Soziallöhne) und dementsprechend zurückgehenden Raten des Produktivitätsfortschritts.

Entlastung für die reproduktive Kapitalakkumulation kam auch vonseiten der Zinssätze. Diese waren in der Phase des Übergangs in die Überakkumulation, die mit verstärkter Inflationierung der Warenpreise infolge der zunächst noch erfolgreichen Verteidigung der Geldlöhne durch die Gewerkschaften auf bisherigen Allzeit-Hochs in den 1970er Jahren bis zur Krise des VII. Nachkriegszyklus (1976–1982) gestiegen waren, durch den Abschwung dieses Zyklus und ein gleichzeitig konzertiertes Umschalten der Geldpolitik der wichtigsten Zentralbanken Schritt für Schritt gesenkt. Die Zentralbanken unterstützten und verstärkten in der Folgezeit die veränderten Angebot-Nachfrage-Konstellationen an den Finanzmärkten, die wegen der nachlassenden Akkumulationsdynamik in den Metropolen sowie vorsichtiger Kreditpolitik der Banken bei der Finanzierung nachgeordneter Länder eine wachsende Masse anlagesuchenden Geldkapitals aufwiesen. Demzufolge begannen die Zinssätze auch marktbestimmt langfristig zu sinken; damit passte sich ihre Entwicklung an die der sinkenden bzw. gesunkenen Profitraten an. Die dadurch sich ergebende Verbesserung des reproduktiven Investitionskalküls wirkte mit bei der Stabilisierung der Kapitalakkumulation, verstärkte aber gleichzeitig Fehlallokationen von Investitionen, die in der Folgezeit die Verluste erhöhten. Auf jeden Fall war diese Konstellation einer strukturell niedrigen Profitrate sowie niedrigen Zinssätzen aber keine Basis für eine ökonomische Revitalisierung zugunsten einer neuen beschleunigten Kapitalakkumulation. Auftrieb erhielt allerdings die Finanzspekulation, was die Banken mit »innovativen« Produkten auszunutzen versuchten – bis zum allfälligen Crash in der Finanzmarktkrise von 2007/08.

Eine weitere wichtige Veränderung der Bedingungen der Kapitalakkumulation ist hervorzuheben. Die internationale Arbeitsteilung zwischen kapitalistischen Metropolen als Ver- und Bearbeiter von namentlich mineralischen Rohstoffen einerseits und den als Dritte Welt – neben der Zweiten Welt als um die seinerzeitige Sowjetunion gruppierten sozialistischen Ländern – bezeichneten Staaten, in der ein Großteil der Lagerstätten dieser Rohstoffe gelegen ist, die zumeist von internationalen Bergbau-Konzernen abgebaut werden, blieb lange Zeit im Grundsatz unverändert. Sie überlebte die Phase des Kolonialismus und des anschließenden Neokolonialismus und wurde durch die Mechanismen des internationalen Austauschs sowie durch interne Blockaden in vielen Dritte-Welt-Ländern, die interne Modernisierungen und Höherentwicklungen limitierten oder gänzlich verhinderten, immer wieder von Neuem reproduziert. Erst als die Kapitalakkumulation der Metropolen in die strukturelle Überakkumulation abglitt, kam es Ende der 1970er/Anfang der 1980er Jahre zu einer ersten Veränderung der bis dato vorherrschenden Struktur der internationalen Arbeitsteilung. Die sog. vier Tigerstaaten Südkorea, Taiwan, Singapur und Hongkong wurden bevorzugte aufnehmende Länder für arbeitsintensive Produktionsprozesse aus den Metropolen. Sowohl die Verschlechterung der Verwertungsbedingungen in den Letzteren als auch die internen Rahmenbedingungen in diesen ersteren Ländern markierten die Bedingungen für diese Veränderung der internationalen Arbeitsteilung, die einzelne Länder der Dritten Welt erstmalig in größerem Umfang auch zu Ländern mit verarbeitender Industrie machte.

Die Entwicklung der vier, in ihrer ökonomischen Struktur durchaus unterschiedlichen asiatischen Tigerstaaten zu industriell-kapitalistischen Schwellenländern war seinerseits nur der Auftakt einer zweiten Welle von Entwicklungsprozessen, die vor der Jahrtausendwende mit der VR China und Indien, mit der Russischen Föderation als Nachfolgestaat der 1991 aufgelösten Sowjetunion sowie mit Brasilien bevölkerungsmäßige und ökonomische Schwergewichte (in absoluten Größen) auf die vorderen Plätze des Weltmarktes brachten. Insbesondere die Entwicklung der VR China nach dem Beginn der Wirtschaftsreformen in 1978 sollte sich in der Folgezeit als herausragende Erfolgsgeschichte für die Beseitigung der Armut und eine durch eine proaktive staatliche Strrukturpolitik geführte ökonomische Entwicklung von arbeitsintensiven einfachen Produktionen zu High-Tech-Branchen über eine gewisse Breite des Reproduktionsprozesses erweisen. China wurde zur Werkstatt der Welt, besitzt mittlerweile die internationale Spitzenposition bei den Weltexporten und ist im gegenwärtigen dritten Jahrzehnt nach dem Jahrtausendwechsel dabei, von der zweitgrößten zur weltweit größten Volkswirtschaft (in absoluten [Dollar-] Werten gerechnet) aufzusteigen.

Zusammenfassend lässt sich für die gesellschaftliche Betriebsweise des Fordismus sowie ihre »post-fordistischen« Auflösungsformen festhalten: War die Schranke der beschleunigten Kapitalakkumualtion in der historisch ersten Betriebsweise der Großen Industrie eher die gesamtwirtschaftliche Ersparnis als Basis für die Akkumulationsfonds der Einzelkapitale, so hatte sich nunmehr durch die Ausgestaltung der Distributions-, Klassen- und Konsumtionsverhältnisse der Nachkriegszeit die konsumtive Endnachfrage als kritische Größe für die Investitionen und die Kapitalakkumulation in den Vordergrund geschoben. Die betriebene neoliberale Umverteilungspolitik »von unten nach oben« akzentuierte die Schranke der antagonistischen Distributionsverhältnisse weiter, die – auch – vonseiten der Realisationsbedingungen des gesellschaftlichen Gesamtprodukts, also durch die Nachfrage keinen Ausweg aus der Überakkumulationssituation bereitstellten.

Netzwerke als Fundamente des »digitalen Kapitalismus«

Die Entwicklungen, die unter den Begrifflichkeiten des digitalen, Online-, High Tech- oder Plattform-Kapitalismus gefasst werden und das Internet zur wesentlichen allgemeinen Produktionsbedingung haben, haben einen längeren Vorlauf in der krisenhaften Entwicklung nach der Hochzeit des Fordismus während der Nachkriegsprosperität, die zuweilen als »Post-Fordismus« bezeichnet wird, gehabt. Schon dieser Begriff sagt aus, dass es sich bei diesen Nachwirkungen des Fordismus um keine neue gesellschaftliche Betriebsweise handelt; vielmehr waren es verschiedene Suchprozesse, um aus der Überakkumulationsfalle auszubrechen. Wenn diesen auch kein durchschlagender Erfolg beschieden war, so erbrachten doch die Aufwertung der Marktsteuerung ökonomischer Aktivitäten, die teilweise Entflechtung der tief integrierten Leistungsportfolios von Unternehmen zugunsten der Konzentration auf Kernkompetenzen sowie die Reduzierung der innerbetrieblichen Hierarchieebenen mit Verlagerung dispositiver Funktionen auf die Ebene des »Shopfloor« nicht nur negative Ergebnisse.

Die Verselbstständigung oder organisatorische Aufspaltung von Unternehmensbereichen als Profit-Center und selbstständigen Marktakteuren und ihre Steuerung nicht mehr »top-down« durch vielfach gegliederte Leitungsebenen, sondern durch tatsächliche oder simulierte Marktprozesse und -preise führte zu einer verursachungsgerechteren Kostenzuordnung auf die Kostenträger und Kosteneinsparungen sowie via Outsourcing zur Verwandlung von ehemaligen Fixkosten in variable Kosten. Der Verkauf von Randbereichen und deren Neuzusammenfassung zu größeren homogenen Unternehmenseinheiten erschloss des Weiteren neue Synergien aus der veränderten gesellschaftlichen Arbeitsteilung und erlaubte Skalierungen auf höherer Stufenleiter mit entsprechenden Fixkostendegressionen. Eine mehr oder weniger umfangreiche Neukomposition der Struktur des gesellschaftlichen Gesamtkapitals ergab Netzwerkeffekte zwischen Gliedern vertikaler Wertschöpfungsstufen, die in mehr oder weniger festen Clustern von Zulieferer-Abnehmer-Beziehungen bis hin zu Entwicklungspartnerschaften zwischen selbstständigen Unternehmen organisiert wurden. Dass all diese Prozesse und Maßnahmen durch finanzialisierte Imperative sowie Über- und Unterordnungsstrukturen in den Lieferketten überformt wurden, die ihre produktivitätssteigernden Effekte nur bruchstückhaft oder im Extremfall gar nicht zum Tragen brachten, liegt an der bekannten Differenz zwischen den technischen Möglichkeiten einzelwirtschaftlicher Produktivkräfte der Arbeit und ihrer kapitalistischen Anwendung mit der kapitalimmanenten und -typischen Subjekt-Objekt-Verkehrung im Produktionsprozess.

In den Fällen, in denen der Neuzuschnitt der Unternehmen durch Abgabe von Randbereichen und nicht-betriebsnotwendigen Assets ein korrektes Maß gefunden und keine strategisch relevanten Komplementäreffekte abgeschnitten hatte und die abgegeben Betriebsteile und Wertschöpfungsstufen beim Käufer derselben neu zusammengesetzt und aufgebaut worden waren, ergeben sich aus dieser Umgruppierung der gesellschaftlichen Arbeitsteilung jene Produktivitätseffekte durch Spezialisierung, von denen bereits A. Smith[13] wusste und die Marx trotz aller mit der kapitalistischen Warenproduktion verbundenen Anarchie der gesellschaftlichen gegenüber der innerbetrieblichen Arbeitsteilung herausgestellt hatte.[14]

Während aber zu Marx' Zeiten betriebliche und gesellschaftliche Arbeitsteilung sich vor allem im Verhältnis zwischen Planmäßigkeit der einen und Naturwüchsigkeit der anderen Seite gegenüber standen, wurde jetzt auf einer höheren Stufe die naturwüchsige Marktallokation selbst genutzt, um Verluste an Arbeitszeit, die nicht im Preis der Waren vergütet wird, zu reduzieren. Denn eine Verallgemeinerung der Marktvermittlung anstelle des vorherigen innerbetrieblichen Leistungsaustauschs schafft zwar kein Atom an zusätzlichem Wert, hilft aber durch den Ansporn der einzelwirtschaftlichen Akteure und ihrer neu gewonnenen Flexibilität zur Optimierung ihrer an den Marktpreisen ausgerichteten Handlungen die verausgabte, jedoch nicht im Wert bzw. Preis vergütete Arbeitszeit zu verringern.

Mit der Entwicklung des Internets erhalten diese »postfordistischen« analogen Netzwerke eine neue materielle Basis. Es ist nun möglich, die Interaktion zwischen selbstständigen Unternehmen neben Preissignalen zusätzlich und parallel durch informationelle Vernetzung zu strukturieren. Digitale Plattformen werden zu internationalen Marktplätzen, auf denen Markttransaktionen der Plattform-Nutzer mit gesteigerter Transparenz und zu geringeren Zirkulationskosten abgewickelt werden können. Die Redeweise von »proprietären Märkten« (P. Staab[15]) bringt diese

---

[13] Vgl. Smith 1786/1963: 9: »*Die außerordentliche Steigerung der produktiven Kräfte der Arbeit und die Vervollkommnung der Erfahrung, Geschicklichkeit und Sachkenntnis, womit die Arbeit überall angeleitet oder verrichtet wird, scheinen Auswirkungen der Arbeitsteilung gewesen zu sein.*«

[14] Vgl. MEW 23: 376f.: »*Statt daß in der Manufaktur das eherne Gesetz der Verhältniszahl oder Proportionalität bestimmte Arbeitermassen unter bestimmte Funktionen subsumiert, treiben Zufall und Willkür ihr buntes Spiel in der Verteilung der Warenproduzenten und ihrer Produktionsmittel unter die verschiednen gesellschaftlichen Arbeitszweige. Zwar suchen sich die verschiedenen Produktionssphären beständig ins Gleichgewicht zu setzen, indem einerseits jeder Warenproduzent einen Gebrauchswert produzieren, also ein besondres gesellschaftliches Bedürfnis befriedigen muß, der Umfang dieser Bedürfnisse aber quantitativ verschieden ist und ein innres Band die verschiedenen Bedürfnismassen zu einem naturwüchsigen System verkettet; indem andrerseits das Wertgesetz der Waren bestimmt, wie viel die Gesellschaft von ihrer ganzen disponiblen Arbeitszeit auf die Produktion jeder besondren Warenart verausgaben kann. Aber diese beständige Tendenz der verschiednen Produktionssphären, sich ins Gleichgewicht zu setzen, betätigt sich nur als Reaktion gegen die beständige Aufhebung dieses Gleichgewichts. Die bei der Teilung der Arbeit im Innern der Werkstatt a priori und planmäßig befolgte Regel wirkt bei der Teilung der Arbeit im Innern der Gesellschaft nur a posteriori als innre, stumme, im Barometerwechsel der Marktpreise wahrnehmbare, die regellose Willkür der Warenproduzenten überwältigende Naturnotwendigkeit.*«

[15] Vgl. P. Staab: Digitaler Kapitalismus. Markt und Herrschaft in der Ökonomie der Unknappheit (2019). Dieser Text, der sich nicht durch paradigmatische Stringenz auszeichnet, sondern ein eklektisches Sammelsurium unterschiedlicher theoretischer Versatzstücke ist, gilt dabei zu Unrecht als Referenz – oder vielleicht gerade deshalb. Demgegenüber bemühen sich die Autoren des »Argument«-Buches: Online Kapitalismus (vgl. Argument 335),

Kapitel 7: Kapitalismus als erste weltumspannende Formation

Funktion digitaler Plattformen zunächst korrekt zum Ausdruck; es ist aber notwendig, hier verschiedene Differenzierungen vorzunehmen.

Proprietär sind die Märkte, weil sie von Beginn an durch privatkapitalistische Unternehmen bereitgestellt wurden. Sie fungieren als gemeinschaftliche Produktionsbedingungen, als »*verbindende Ader(n) einer Masse ... (individueller / S.K.) Produktionsprozesse*«. (MEW 42: 620) Insofern sind diese allgemeinen Produktionsbedingungen nur auf neue ökonomische Sphären, nämlich den Markt oder die ökonomische Zirkulation erweitert worden; es gab und gibt sie aber auch immer schon in anderen Bereichen. Am Beispiel des Wegebaus hatte Marx in der seinerzeitigen analogen Welt bereits die ökonomischen Bedingungen für diese gemeinschaftlichen Produktionsbedingungen herausgestellt und gleichzeitig betont, dass ihr privatkapitalistischer Betrieb einen hohen Entwicklungsstand der kapitalistischen Produktionsweise innerhalb eines Landes voraussetzt: »*Damit der Kapitalist nun den Wegebau als Geschäft unternehme auf seine Kosten, sind verschiedne Bedingungen nötig, die alle damit zusammenfallen, daß die auf das Kapital begründete Produktionsweise schon zu höchster Stufe entwickelt ist.*« (Ibid.: 436) Marx benennt: (1) Größe des Kapitals (Aktienkapital), (2) Zins als Verwertung (nicht Profit), (3) Bereitschaft zur Zahlung seitens der Nutzer, (4) die Nutzer sind zahlreich, d.h. nicht nur Kapitale, sondern auch Konsumenten (vgl. ibid.: 436). Genau diese Merkmale gelten auch für die heutigen digitalen Plattformen als infrastrukturelle Netzwerke.

Wenn dann im nächsten Schritt die Kostenoptimierung von Zirkulationskosten durch digitale Plattformen mit einer »Logik der Unknappheit« (Staab) verbunden wird, wird allerdings zweierlei kurzschlüssig vergessen. Zum Einen besteht der Unterbau dieser digitalen Plattformen aus einer hochentwickelten materiellen Infrastruktur von Basisstationen, Servern und Übertragungsnetzen, die (glasfaser-) kabelgebundene Backbones sowie ein engmaschiges Funknetz von Antennen voraussetzen.[16] Es sind also, mit anderen Worten, erhebliche Investitionen zum Auf- und Ausbau dieser Infrastrukturen notwendig, die mit der Höherentwicklung dieser Produktivkräfte zudem periodisch in neuer Form in natura zumindest teilweise ersetzt werden müssen. Die Umschlagsgeschwindigkeit dieser materiellen Basis ist wegen des wirtschaftlichen Veraltens infolge des permanenten Produktivitätsfortschritts in diesem Bereich hoch und funktioniert ganz nach dem Muster hoch-

---

allen voran W.F. Haug, A. Ziegler F. Butello/P. de Paiva Lareiro und A. Boes/T. Kämpf, um einen Rückbezug der aktuellen Verhältnisse in Produktions- und Lebensweise auf die Kategorien der Marxschen Kritik der politischen Ökonomie. Dies ist, auch wenn teilweise Kritik anzumelden ist, schon ein für sich verdienstvoll. Wir übernehmen nachfolgend den Begriff des »Digitalen Kapitalismus«, weil er am passendsten und eingängigsten erscheint. Dies bedeutet nicht, dass wir Staabs Ausführungen folgen.

[16] Der neue 5G-Mobilfunktstandard z.B. benötigt gegenüber seinem 4G-Vorgänger ein wesentlich dichteres Netz von Breitbandkabelverbindungen sowie eine wesentlich größere Anzahl von Funkstationen, um die wachsenden Datenvolumina mit den geforderten geringeren Latenzzeiten in der Fläche zu distribuieren.

entwickelter Maschinerie. Dabei geht der Auf- und Ausbau dieser digitalen Infrastruktur in ganz dergleichen Weise wie die vorherige Etablierung analoger Cluster von Unternehmen der materiell produzierenden Bereiche vor. Der »*Aufbau großtechnischer verteilter Systeme (›Warehouse-Scale-Computing‹)*« (Ziegler 2021: 64) vollzieht sich durch Nutzung der Effekte einer differenzierten gesellschaftlichen Arbeitsteilung. Engpass der Infrastruktur war zunächst der Aufbau von Zugängen für die geforderte Skalierbarkeit der Nutzerzugriffe auf jeweilige Internet-Anwendungen; hinzu kam der Aufbau eines superschnellen Glasfasernetzes für immer weiter wachsende Datenmengen und immer schnellere Down- und Uploadgeschwindigkeiten. Es folgte sodann die »*Gestaltung verteilter Computer-Cluster*« (ibid.: 66) anstatt einer von den jeweiligen einzelnen Unternehmen betriebenen Groß-Infrastruktur. Sie musste zudem fehlertolerant durch redundante Systeme ausgelegt werden, um bei periodischen Zusammenbrüchen keine Totalausfälle des Netzes zu provozieren. Die dezentralen interagierenden Komponenten, die »*zu Billigpreisen von Kontraktfertigern in Asien*« (ibid.: 67) produziert werden können, erlaubten außerdem, den Energieverbrauch für die Kühlung der Server in den Datenzentren zu ökonomisieren – ein nicht ganz nebensächlicher Umstand.

Eine vergleichbare Vorgehensweise wie bei der Dezentralisierung von Hardware-Komponenten kommt auch bei der Softwareentwicklung zum Tragen. Auch hier ist das Ziel, die Skalierbarkeit der Nutzung bereits bei der Entwicklung zu berücksichtigen. Statt einer »monolithischen Architektur der Applikation« wurde diese modularisiert und in eine Vielzahl lose gekoppelter Software-Dienste aufgespalten (vgl. ibid.: 68f.). Dies erforderte rückwirkend auch eine Veränderung der Software-Entwicklungsarbeit, die zunächst in teilautonomen Teams innerhalb der Digital-Konzerne durchgeführt wurde, im Weiteren auch, zumindest teilweise, an individuelle Entwickler in anderen Ländern (Clickworker) kostengünstig ausgelagert werden kann.

Ein weiterer Schritt der Neufassung gesellschaftlicher Arbeitsteilung ist die Auslagerung und Zusammenfassung von IT-Ressourcen in einer Cloud, wodurch das Internet selbst zum Betriebssystem (vgl. ibid.: 72) wird. »*Statt aufwendig eigene Datenzentren zu betreiben, können nun selbst kleine Start-ups innerhalb kürzester Zeit auf die elastisch skalierbaren IT-Infrastrukturen in einer ›öffentlichen Cloud‹ (Public Cloud) für den verteilten Betrieb ihrer software- und datenbasierten Anwendungen zugreifen und so sehr schnell globale Reichweite erlangen.*« (Ibid.: 73) Dies gilt nicht nur für kleine Start-ups, sondern auch etablierte Unternehmen können nunmehr ihre eigenen Rechenzentren abschalten und Teile ihrer IT-Infrastrukturen auf die Clouds auslagern. Die Bezeichnung »Public Cloud« ist allerdings insofern irreführend, als es sich hierbei zwar um ein sog. öffentliches Versorgungsgut, besser: eine allgemeine Produktionsbedingung handelt, sie jedoch durch privatwirtschaftliche Unternehmen betrieben wird wie der seinerzeitige Wegebau zu Marx' Zeiten und später private Eisenbahnen oder private Autobahnen. Obwohl dieser private Betrieb einerseits Ausdruck des hohen Entwicklungsstandes der kapitalistischen Produktionsweise ist, bietet es sich aber andererseits von selbst an, diese gemeinschaftlichen Produktionsbedingungen in öffentlich-staatliche Regie zu übernehmen, d.h. zu gemeinschaftlichen allgemeinen Bedingungen der Produktion zu machen. Dies hat eine nur im engeren Sinn ökonomische Seite; hinzu kommt die politische Macht, die mit diesen verbindenden Adern ausgeübt wird.[17]

Diese Netzwerkverhältnisse bei Entwicklung und Betrieb digitaler Infrastrukturen im »Industrial Internet of Things« (IIoT) unterscheiden sich von dem erstmaligen Auftreten der Großen Industrie sowie dem Fordismus dadurch, dass sie nicht zuvorderst am individuellen Produktionsprozess ansetzen, sondern nicht erst in ihrer weiteren Ausprägung, sondern von vornherein die gesamtgesellschaftliche Dimension der Organisation von Arbeit in den Fokus nehmen. Nicht nur durch eine allgemeine Höherentwicklung der Produktivkräfte, sondern darüber hinaus durch diese gesamtgesellschaftliche Ausrichtung gewinnt der »general intellect« eine gewachsene Bedeutung für eine digitale Betriebsweise. Bereits in den »Grundrissen« hatte Marx diesbezüglich zusammengefasst: »*Die Natur baut keine Maschinen, keine Lokomotiven, Eisenbahnen, electric telegraphs, selfacting mules etc. Sie sind Produkte der menschlichen Industrie; natürliches Material, verwandelt in Organe des menschlichen Willens über die Natur oder seiner Betätigung in der Natur. Sie sind* von der menschlichen Hand geschaffne Organe des menschlichen Hirns; *vergegenständlichte Wissenskraft. Die Entwicklung des capital fixe zeigt an, bis zu welchem Grade das allgemeine gesellschaftliche Wissen, knowledge, zur* unmittelbaren Produktivkraft *geworden ist und daher die Bedingungen des gesellschaftlichen Lebensprozesses selbst unter die Kontrolle des general intellect gekommen und ihm gemäß umgeschaffen sind. Bis zu welchem Grade die gesellschaftlichen Produktivkräfte produziert sind, nicht nur in der Form des Wissens, sondern als unmittelbare Organe der gesellschaftlichen Praxis; des realen Lebensprozesses.*« (MEW 42; 602; Hervorh. i. Original)

Eine weitere verbreitete Fehleinschätzung in Bezug auf die digitale Ökonomie ist vor dem Hintergrund, dass sich die Auffassung einer Null-Grenzkosten-Ökonomie hartnäckig hält, zu kritisieren. Die Anforderung an Skalierbarkeit der digitalen Technik ist nämlich, wie bereits bei der Hardware-Infrastruktur deutlich geworden ist, keineswegs umsonst zu haben. Auch die meisten Betreiber von digitalen Plattformen vermarkten deren Nutzeffekte oder Gebrauchswerte als Application Services (Apps) nicht als freie Güter (sog. Commons), sondern als Waren. Sie werden durch Zugangsberechtigungen und durch Patente und Schutzrechte mit Kosten für die Nutzer belegt. Man mag dies betrauern und in der einfacheren Skalierbarkeit für die Anwender eine unzulässige Privatisierung der Ergebnisse allgemeiner (wissenschaftlicher) Arbeit sehen, sollte dabei aber nicht vergessen, dass für die Ent-

---

[17] Es kommt noch eine weitere Dimension hinzu, weil die Konzerne, die derartige Web-Services für Europa anbieten, wie z.B. Amazon Web-Services, US-Kapitale sind, die andere Nationen dadurch in internationale Abhängigkeitsbeziehungen bringen. Der Aufbau alternativer Infrastrukturen wie z.B. der europäischen Gaia-X Cloud ist hier ein – zunächst – defensiver Ansatz.

wicklung erfolgreicher Apps als Waren wie in anderen Bereichen auch, die insgesamt aufgewendete Arbeit sich nur zu einem Bruchteil in vermarktbaren Waren und damit in Geld realisiert. Eine alternativ zunächst angebotene kostenfreie Zurverfügungstellung digitaler Angebote wird entweder durch die Verwertung von Daten oder sonstige Zusatznutzen (Werbung) finanziert oder dient zur Bindung der Nutzer an eine spezifische Anwendung und erschwert, wenn sie eine gewisse Ausdehnung erfahren hat, den Wechsel auf eine andere Anwendung; sie stellt also nichts weiter als eine Markteintrittsbarriere dar, die sodann später mit einem Zugangsentgelt für die Nutzer monetarisiert werden kann bzw. wird.

Es bleibt ein Unterschied zwischen sog. Meta-Plattformen und reinen Anwender-Plattformen, die auf spezifischen Betriebssystemen der Meta-Plattformen aufsetzen und die Inhaber dieser Betriebssysteme – in der kapitalistischen Mobilfunk-Welt: IOS (Microsoft) oder Android (Voreinstellungen für Google-Apps) – als oligopolistische private Anbieter mit einer monopolartigen Position ausgestattet hat, die es ihnen erlaubt, von den Anwender-Plattform-Betreibern ein Nutzungsentgelt als Monopolrente zu erheben. Dies ist eben die Kehrseite der privatkapitalistischen Erstellung und des Betriebs einer gemeinschaftlichen Produktionsbedingung und fordert an und für sich einen Staatseingriff heraus, um die Überlagerung des Grundgesetzes der Konkurrenz durch Machtpositionen, zudem solche von US-Anbietern, zu beseitigen. Anwenderplattformen wie Facebook, Amazon (Online-Handel), Sina-Weibo, Paypal, Zalando, Priceline, Yelp, Naver etc. sind nun die Basis für spezifische Geschäftsmodelle, die unterschiedliche ökonomische Formbestimmungen aufweisen und die Plattform-Betreiber als Vermieter (Leasinggeber), Online-Händler, Anbieter von Finanzdienstleistungen sowie Kommunikationsforen ausweisen; hinzu kommen Zusatznutzen durch individualisierte Werbebotschaften und Sammlung und Aufbereitung von Nutzerdaten verschiedenster Art.

Gesellschaftliche und innerbetriebliche Arbeitsteilung standen stets in einem Wechselverhältnis, in dem die eine die andere anstößt und weitertreibt. Die Veränderungen in der gesellschaftlichen Arbeitsteilung durch die Bildung von Unternehmensnetzwerken führt nicht nur zu einer Abstimmung und Koordination von verschiedenen Funktionen einer zusammenhängenden Wertschöpfungskette zwischen verschiedenen in einem Cluster zusammengefassten Einzelkapitalen und vermeidet dadurch Dopplungen von Aufgaben, sondern die hinter der Netzwerkökonomie stehende Technologie der Digitalisierung und internetgestützten Interaktion von Akteuren bzw. IP-Adressen ermöglicht cyber-physischen Systemen und künstlicher Intelligenz auch innerhalb der Fabriken, neue Chancen der Automatisierung bisher der lebendigen Arbeit vorbehaltener Funktionen zu erschließen. Sobald die Sensorik und Steuerung von Maschinen (Robotern) durch einprogrammierte Algorithmen eine selbstständige Aktion dieser Maschinen unter vorgegebenen Bedingungen und mit vorgegebenen Aktionsszenarien möglich macht, umfasst die Automatisierung menschlicher Arbeit, d.h. ihre Verwandlung in Maschinenfunktionen (vergegenständlichte Arbeit) sowohl die noch vorhandenen einfacheren Tätigkeiten, greift aber darüber hinaus in bisher der menschlichen Arbeit vorbehaltene dispositive Entscheidungssituationen sowie allgemeine (wissenschaftliche) Arbeiten über. Die bereits durch die mikroelektronische Datenverarbeitung begonnene systemisch-ganzheitliche Rationalisierung aller Kreislaufstadien des Einzelkapitals durch integrierte Steuerung von Einkauf, Vorproduktlager, Fertigung, Warenlager, Absatz und ideeller Kontrolle der Wertmetamorphosen wird weiter vervollkommnet. Auch entwickeltere produktionsbezogene Dienstleistungen und kompliziertere Tätigkeiten im Finanzsektor bei Banken und Versicherungen werden nun automatisierbar.

Damit ist eine immer weitergehende kostengünstige Individualisierung von Massenprodukten ebenso autonom durch Maschinen im »Industrial Internet of Things« (Machine-to-Machine, M2M) steuerbar wie z.B. Kreditentscheidungen jenseits des (bereits automatisierten) Standardbereichs aufgrund von differenzierten Scoringmodellen mit einer Vielzahl von Merkmalen des Nachfragers in Szenarien mit jeweiligen Wahrscheinlichkeitswerten. Selbst Havarien im Produktionsprozess können maschinell erkannt, analysiert und bewertet sowie selbsttätig behoben werden. Dies bedeutet nicht nur eine Revolution im unmittelbaren Produktionsprozess sowie im gesamtgesellschaftlichen Zirkulationsprozess, sondern bringt des Weiteren Produktinnovationen und damit genuine neue Wertschöpfungspotentiale wie beispielsweise das autonom fahrende Auto hervor, welches im Transportwesen die Ortsveränderung von Waren und die Mobilität von Personen gravierenden Veränderungen unterziehen wird. Gerade das Eindringen der Digitalisierung in den privaten Alltag der Bevölkerung wird die Lebensverhältnisse in der Zukunft noch viel stärker revolutionieren als die seinerzeitige Technisierung der Hausarbeit.

Es ist allerdings eine Frage, ob eine derartige neue Betriebsweise noch im Rahmen dominierender kapitalistischer Produktionsverhältnisse herstellbar ist oder nicht bereits über deren Systemgrenzen hinausweist. Bekanntlich führte ja auch der Fordismus bereits zu gravierenden Änderungen durch Ausbau nichtkapitalistischer Vergesellschaftungsformen (Mixed Economy). Sowohl ökonomisch scheint es ausgeschlossen, dass ohne katastrophische Entwertungen von Kapital die regulierende Funktion der Profitrate im Rahmen einer erneuten beschleunigten Kapitalakkumulation wiederherstellbar ist. Auch gesellschaftlich und politisch ist nicht absehbar, dass die Voraussetzungen für die Entfaltung der Potenziale der neuen Produktivkräfte unter den Aspekten der Corporate Governance, der Veränderung der Eigentumsverhältnisse sowie der Abstimmung der Verhältnisse des Arbeits- und Nichtarbeitsbereichs im Rahmen des Kapitalismus, auch eines von neoliberalen, finanzkapitalistischen Übertreibungen bereinigten Kapitalismus, möglich ist.[18]

---

[18] Während eine »grüne« Produktivkraftentwicklung – Dekarbonisierung von Produktion und Konsumtion zur Erreichung von Klimaneutralität durch Innovationen und Substitutionsprozesse zur weitestgehenden Schließung der Stoffkreisläufe – im Rahmen einer kapitalistischen Marktwirtschaft durch administrative Vorgaben und politische Preismodifikationen durchaus möglich erscheint, führt die Entfaltung der Potentiale einer digitalen Betriebsweise des gesellschaftlichen Reproduktionsprozesses über die Systemgrenze hinaus und lässt eine sozialistische Marktwirtschaft als legitime Erbin der »Sozialen Marktwirtschaft« bzw. einer Mixed Economy auf Basis kapitalistischer Produktionsverhältnisse aufscheinen.

Kapitel 8: Kommunistische Gesellschaftsformation

a) Merkmale einer kommunistischen Produktionsweise und Gesellschaft

Methodischer Status

Das zentrale Anliegen von K. Marx und F. Engels war die Untersuchung der bürgerlich-kapitalistischen Gesellschaft als historischer Durchgangsform in den Epochen ökonomischer Gesellschaftsformationen. Wie ausführlich begründet,[1] gibt die Anatomie der bürgerlichen Gesellschaft mit ihrer gesamten Struktur von Ökonomie und Überbau nicht nur Hinweise und den methodischen Leitfaden für die Analyse vorbürgerlicher Gesellschaften, sondern auch Andeutungen auf nachbürgerliche Gesellschaften im Sinne einer kommunistischen Gesellschaftsformation.[2] Von den drei Grundformationen von Gesellschaft ist die kommunistische Formation die dritte, die sich in allgemeiner Weise gegenüber dem der Arbeit naturwüchsig vorausgesetzten Eigentum in vorbürgerlichen Produktionsweisen und der Trennung von Arbeit und Eigentum in der kapitalistischen Formation durch eine bewusst hergestellte Einheit von Arbeit und dem Eigentum an ihren Verwirklichungsbedingungen, d.h. den Produktionsmitteln auszeichnet.

Eine zu den »Formen, die der kapitalistischen Produktionswiese vorhergehen« aus den »Grundrissen« vergleichbare Skizze für die historische Auflösung des Kapitalismus und eine ihm folgende kommunistische Gesellschaft, die in emphatischer Weise allererst die eigentliche menschliche Geschichte nach der vorherigen Vorgeschichte ausmachen soll, findet sich bei Marx und Engels nicht. Was namentlich in den drei Bänden des »Kapital« sowie ihren Vorläufer-Manuskripten zu finden ist, sind Äußerungen zu einzelnen, sich aus der Aufhebung bürgerlich-kapitalistischer Formen ergebender Strukturen. Daraus ergibt sich jedoch noch nicht ohne Weiteres ein Gesamtbild von Marx' Vorstellungen einer kommunistischen Gesellschaft. Tatsächlich wäre es auch ein grundlegendes Missverständnis, wollte man bei ihm und in seiner Kritik der politischen Ökonomie bereits einen Modellentwurf nachkapitalistischer Produktionsweisen und Gesellschaften suchen und finden. Es gilt hier die programmatische Aussage aus der »Deutschen Ideologie«: »*Der Communismus ist für uns nicht ein* Zustand, *der hergestellt werden soll, ein* Ideal, *wonach sich die Wirklichkeit zu richten haben (wird). Wir nennen Communismus die*

---

[1] Vgl. Kapitel 2.
[2] Vgl. MEW 42: 373: »*Ebenso führt diese richtige Betrachtung (der gegenwärtigen Verhältnisse / S.K.) andrerseits zu Punkten, an denen die Aufhebung der gegenwärtigen Gestalt der Produktionsverhältnisse – und so foreshadowing der Zukunft, werdende Bewegung sich andeutet. Erscheinen einerseits die vorbürgerlichen Phasen als nur historische, i.e. aufgehobne Voraussetzungen, so die jetzigen Bedingungen der Produktion als sich selbst aufhebende und daher als historische Voraussetzungen für einen neuen Gesellschaftszustand setzende.*« (Hervorh. i. Original)

Kapitel 8: Kommunistische Gesellschaftsformation

wirkliche *Bewegung, welche den jetzigen Zustand aufhebt. Die Bedingungen dieser Bewegung ergeben sich aus der jetzt bestehenden Voraussetzung.*« (MEGA I, 5: 37; Hervorh. i. Original)

Wenn es demzufolge kein Modell einer kommunistischen Gesellschaft geben kann – es gelten zudem für diese Gesellschaftsformation historische, ethnische, nationale, kulturelle, politische etc. Verschiedenheiten in noch viel größerem Maße als bei den »varieties of capitalism« in der Gegenwart –, so ist es dennoch nicht nur legitim, sondern auch notwendig, aus der Negation der kapitalistisch-bürgerlichen Formen sowie der Fortschreibung der in jenen enthaltenen Entwicklungstendenzen Eckpunkte und Strukturelemente einer höheren Form gesellschaftlicher Arbeit zu identifizieren. Dabei bleiben diese Eckpunkte und Strukturelemente auf einer allgemeinen oder abstrakten Ebene. Sie begreifen dabei aber nicht nur ökonomische Verhältnisse im engeren Sinne ein, sondern ebenso Bereiche der gesellschaftlichen Überbauten und ihr jeweiliges Verhältnis zu den ökonomischen Strukturen.

Gemeinschaftliche Produktion

Die gesellschaftliche Produktion, in erster Linie der materielle Produktions- und Reproduktionsprozess als Aneignungsprozess der äußeren Natur mit Transformation des Naturstoffs in eine nützliche Form, d.h. in Gebrauchswerte zur Befriedigung menschlicher Bedürfnisse, ist als in jeweils spezifischen historischen Formen vor sich gehender Prozess auch in nachkapitalistischen Gesellschaften die Grundlage der gesellschaftlichen Überbauten. Entscheidend nach Marx ist für diesen materiellen Gesamtreproduktionsprozess eine gemeinschaftliche Produktion, in der die im Schoße der bürgerlichen Gesellschaft herausgesetzten gesellschaftlichen Produktivkräfte durch die assoziierten Produzenten bewusst angeeignet und genutzt werden.

Eine gemeinschaftliche Produktion bezeichnet spezifische Produktionsverhältnisse, die in erster Linie durch die Eigentumsverhältnisse an den Produktionsmitteln bestimmt sind. Hier ist Marx stets eindeutig gewesen: »*Die aus der kapitalistischen Produktionsweise hervorgehende kapitalistische Aneignungsweise, daher das kapitalistische Privateigentum, ist die erste Negation des individuellen, auf eigne Arbeit gegründeten Privateigentums. Aber die kapitalistische Produktion erzeugt mit der Notwendigkeit eines Naturprozesses ihre eigne Negation. Es ist Negation der Negation. Diese stellt nicht das Privateigentum wieder her, wohl aber das individuelle Eigentum auf Grundlage der Errungenschaft der kapitalistischen Ära: der Kooperation und des Gemeinbesitzes der Erde und der durch Arbeit selbst produzierten Produktionsmittel.*« (MEW 23: 791) Die von Marx angesprochene Negation des kapitalistischen Aneignungsgesetzes als Negation der Negation konstituiert individuelles Eigentum des vergesellschafteten Gesamtarbeiters oder der assoziierten Produzenten. Sein bzw. ihr Eigentum gründet sich in der nachkapitalistischen Produktionsweise auf ihre Arbeit, aber nicht als privates Eigentum und auf ihre individuelle Arbeit wie im (vermeintlich) ersten Aneignungsgesetz der bürgerlich-kapitalistischen Gesellschaft, sondern auf ihre vergesellschaftete Arbeit und ihr individuelles Eigentum als Kollektiv oder bewusste Assoziation, d.h. als gesellschaftliches Eigentum. Auf einer qualitativ anderen, höheren Stufe kehrt damit in der kommunistischen Gesellschaftsformation das Verhältnis zwischen Gemeineigentum der Gesellschaft und individuellem Eigentum des kollektiven Arbeiters in den jeweiligen Produktionsprozessen wieder – aber dieses Mal nicht als naturwüchsiges Verhältnis von Gemeinwesen und dem einzelnen Akteur, sondern als bewusst gestaltete und kontrollierte Beziehung sowohl im Rahmen der einzelwirtschaftlichen wie der gesamtgesellschaftlichen Teilung der Arbeit. Die Produktionsmittel – Grund und Boden sowie Arbeitsmittel und Rohstoffe – werden zum Gemeinbesitz dieses vergesellschafteten Subjekts des Produktionsprozesses. »*Das fremde Eigenthum des Capitalisten an dieser Arbeit nur aufzuheben, indem sich sein Eigenthum als das des Nicht-Einzelnen in seiner Selbständigen Einzelheit, also des associirten, gesellschaftlichen Individuums umgestaltet. Damit hört natürlich der Fetischismus auf, daß das Product Eigenthümer des Producenten ist und alle die innerhalb der capitalistischen Production entwickelten gesellschaftlichen Formen der Arbeit werden von dem Gegensatz erlöst, der sie alle verfälscht und gegensätzlich darstellt...*« (MEGA II, 3.6: 2145; Hervorh. i. Original)

Auf der einen Seite gilt es, die selbstständige Einzelheit der produzierenden Akteure genauer zu bestimmen, die in der Figur des (kapitalistischen) Privateigentümers zur absoluten Entwicklungsform von Individualität vereinseitigt wurde. Aber die Aneignung und Weiterentwicklung der Produktivkräfte kann sich nicht mehr nach Maßgabe vorgegebener und durch das Privateigentum fremdbestimmter Eigentumsverhältnisse vollziehen. Jetzt wird vielmehr das geschichtlich akkumulierte Potenzial an Fähigkeiten, Wissen und Kompetenzen der unmittelbaren Produzenten, kurz: der »general intellect« der gesamten Gesellschaft zur Anwendung gebracht: »*Das Menschenmaterial for a new sphere of production ist so geliefert.*« (MEW 26.3: 434) Daher kann auf der anderen Seite der Nexus von Privateigentum und Produktivkraftentwicklung in Formen gesellschaftlicher Aneignung und gesellschaftlichen Eigentums umgestaltet werden. Bei einem solchen Transformationsprozess gesellschaftlicher Arbeit ist es letztlich »*in einem Wort die Entwicklung des gesellschaftlichen Individuums, die als der große Grundpfeiler der Produktion und des Reichtums erscheint.*« (MEW 42: 601)

Das gesellschaftliche Eigentum als Gemeinbesitz am Grund und Boden als »locus standi« und Nutzfläche für die Agrikultur und extraktive Industrie sowie an den durch Arbeit erzeugten Produktionsmitteln stellt Marx sich namentlich in genossenschaftlichen Eigentumsformen vor.[3] Denn die Genossenschaften verbinden

---

[3] Die Präferierung von genossenschaftlichen Eigentumsformen durch Marx steht im Gegensatz zu der auf Lenin zurückgehenden und später durch Stalin und den Marxismus-Leninismus vorgenommenen wertenden Hierarchisierung von Eigentumsformen mit Staatseigentum als sozialistischer Eigentumsform und genossenschaftlichen Formen als nachgeordneten, vorzugsweise in Landwirtschaft und Handwerk anzuwendenden Formen gesellschaftlicher Arbeit. Andererseits sind genossenschaftliche Eigentumsformen in durchaus verschiedenen konkreten Formen denkbar, z.B. als eingetragene Genossenschaften, als Aktiengesellschaften in den Händen der Belegschaften oder auch als branchenmäßige Eigentumsfonds,

Kapitel 8: Kommunistische Gesellschaftsformation

idealtypisch den unabdingbaren Eigentumssinn der unmittelbaren Produzenten mit der vergesellschafteten Verausgabung der Arbeit im Produktionsprozess. Die selbstbewusste Bildung eines vergesellschafteten Arbeitskörpers, welcher selbstverständlich organisatorisch-technisch bedingte Über- und Unterordnungen durch Leitungs- und Aufsichtsfunktionen einschließt, sowie das Miteigentum seiner einzelnen Mitglieder am Resultat der Produktion – »Was«, »für Wen« und »Wieviel« der Produktion –, das sich während der Arbeitsverausgabung als Mitbestimmung über das »Wie« derselben äußert, heben die Rolle der lebendigen Arbeit als subjektive und hauptwichtige Produktivkraft gegenüber ihrer kapitalistischen Herabsetzung als bloßem Produktionsfaktor, der den objektiven Produktivkräften untergeordnet wird, neu hervor und kann in allgemeiner Form, modern gesprochen, als sozialistische »Corporate Governance« im erwerbswirtschaftlichen Sektor des Gesamtreproduktionsprozesses beschrieben werden.

Nach den Aktiengesellschaften als entwickeltster Organisationsform, wozu es die kapitalistische Produktionsweise bringt,[4] sieht Marx die »Kooperativfabriken der Arbeiter« als »*erste Durchbrechung der alten Form*« (MEW 25: 456) und damit als Keimform und Durchgangsstadium zur dominierenden Eigentumsform bei gemeinschaftlicher Produktion. Vorgesetzt ist allerdings, dass ihnen die der kapitalistischen Produktionsweise geschuldeten Mängel und Gegensätze genommen werden. Diese bestehen zum Einen in ihrer internen Organisation, weil der »*Gegensatz zwischen Kapital und Arbeit ... nur innerhalb derselben aufgehoben (ist), ... in der Form, daß die Arbeiter als Assoziation ihr eigner Kapitalist sind, d.h. die Produktionsmittel zur Verwertung ihrer eignen Arbeit verwenden*« (ibid.); zum Anderen sind sie in der Form des Reproduktionsprozesses als kapitalistischem begründet und der Einbettung dieser Kooperativfabriken, die den gegensätzlichen Charakter der gesellschaftlichen Arbeit, die als Privatarbeit auf Basis kapitalistischer Produktionsverhältnisse verausgabt wird, an sich tragen in dem gesamtwirtschaftlichen Zusammenhang.

Der Charakter der Produktionsverhältnisse als kapitalistischen Verhältnissen wurzelt in der sozialen Eigenschaft der Produktionsmittel als Kapital, der lebendigen Arbeit als Lohnarbeit, beides Ausdruck der Trennung der Arbeit von ihren Verwirklichungsbedingungen, und daher dem Zwang für den Arbeiter, unbezahlte Mehrarbeit zu verausgaben, also Mehrwert zu produzieren als Resultat dieses kapitalistischen Eigentumsverhältnisses. Die Beziehung zwischen notwendiger, zur Reproduktion des Werts der Arbeitskraft zu verausgabender Arbeit und Mehrar-

---

die von Vertretern der unmittelbaren Produzenten verwaltet und gesteuert werden, solange noch Ware-Geld-Beziehungen vorherrschen und die produzierenden Einheiten (Betriebe) die Form von Unternehmen haben.

[4] Das Aktienkapital als Schöpfung des Kreditwesens auf Basis entwickelter vergesellschafteter Produktionsprozesse ist für Marx die »*Aufhebung der kapitalistischen Produktionsweise innerhalb der kapitalistischen Produktionsweise und daher ein sich selbst aufhebender Widerspruch, der prima facie als bloßer Übergangspunkt zu einer neuen Produktionsform sich darstellt.*« (MEW 25: 454)

beit über diese notwendige Arbeit hinaus schließt im kapitalistischen Produktionsprozess die Umkehrung ein, dass die Mehrarbeit zur Bedingung der notwendigen Arbeit wird. Dementsprechend verkehren sich die Produktivkräfte der lebendigen Arbeit zu Produktivkräften der im Kapital vergegenständlichten Arbeit, sodass die beständige Aneignung der Mehrarbeit durch den Kapitalisten sich als Selbstverwertung des Kapitals präsentiert: »*Alle Kräfte der Arbeit projektieren sich als Kräfte des Kapitals wie alle Wertformen der Ware als Formen des Geldes.*« (MEW 23: 634) Diese Subjekt-Objekt-Verkehrung wird mit der Entwicklung des Produktionsprozesses vergesellschafteter lebendiger Arbeit und ihren Produktivkräften durch gesellschaftliche Kooperation vieler individueller Arbeitskräfte, planvoller innerbetrieblicher Arbeitsteilung und systematisch in Gestalt des Maschinensystems angewandter Naturkräfte, d.h. der spezifisch kapitalistischen Produktionsweise reeller Subsumtion der Arbeit unter das Kapital, auf die Spitze getrieben. Die Dynamik innerhalb der kapitalistischen Produktionsweise forciert mit dem Widerspruch zwischen den auf immer neuen und höheren wirtschaftlichen Niveaus vergesellschafteten Produktivkräften und den kapitalistischen Formen des Privateigentums auch objektiv die Auflösung dieses Nexus von Kapitaleigentum und gesellschaftlicher Produktivkraft. Es zeigt sich nämlich, dass das gesellschaftliche Produktivitätsniveau gerade nicht erreicht wird durch das Privateigentum an den Produktionsbedingungen, sondern durch gesellschaftliche Arbeit auf großer Stufenleiter. Somit ergibt sich, »*daß der Besitz (im Sinne des Privateigentums / S.K.) des Einzelnen an den Produktionsbedingungen nicht nur als nicht nöthig, sondern als unvereinbar mit dieser Production auf grosser Stufenleiter erscheint.*« (MEGA II, 3.6: 2144) Der Kapitalist als privater Eigentümer der gesellschaftlichen Produktionsbedingungen ist als Nicht-Arbeiter zugleich Repräsentant derselben. Er »*vertritt (aber) in der That den Arbeitern nie ihre Vereinigung, ihre gesellschaftliche Einheit gegenüber.*« (Ibid.) Mit der Überwindung des Gegensatzes zwischen gesellschaftlicher Produktion und Privateigentum ergibt sich somit für die gesellschaftliche Einheit der Arbeiter, »*daß sie dieß Productionsmittel gesellschaftlich, nicht als Privatindividuen besitzen. Das capitalistische Eigenthum ist nur ein gegensätzlicher Ausdruck dieses ihres gesellschaftlichen – i.e. negirten Einzeleigenthums an den Productionsbedingungen. (Daher am Product. Denn das Product wandelt sich beständig in die Productionsbedingungen um.) Es zeigt sich zugleich, daß diese Verwandlung eine bestimmte Entwicklungsstufe der materiellen Productivkräfte erheischt.*« (Ibid.; Hervorh. im Original) Es ist in diesem Zusammenhang daran zu erinnern, dass die Kategorie des Produktionsmitteleigentums hier nicht als bloß juristische Form zu begreifen ist, sondern als Ausdruck der realen Aneignungsweise durch die lebendige Arbeit im Produktionsprozess. Ohne dass sich Marx intensiv mit verschiedenen Ausgestaltungsmöglichkeiten und -formen dieser Aneignungsweise assoziierter Produzenten im unmittelbaren Produktionsprozess auseinandergesetzt hat, erhellt doch sofort, dass die im Kapitalismus entwickelten Management-Konzepte, die der Hervorhebung der Initiative und Eigenverantwortlichkeit der lebendigen Arbeit und der Relativierung des Gegensatzes zwischen dispositiven und exekutiven

Kapitel 8: Kommunistische Gesellschaftsformation

Funktionen innerhalb des Gesamtarbeiters durch Abbau von Hierarchiestufen in den Unternehmen zunehmend größeres Gewicht für die Steigerung der einzelwirtschaftlichen Produktivität beimessen, ebenso viele Ansatzpunkte für die Weiterentwicklung zu einer sozialistischen »Corporate Governance« bieten.

Die Auswirkungen der Veränderung der Eigentumsverhältnisse bleiben nicht auf die einzelwirtschaftliche Ebene beschränkt. Es ist die Subjekt-Objekt-Verkehrung als grundlegender Ausdruck des Kapitalfetischs, wodurch der in den einfachen Formen von Ware und Geld sachlich ausgedrückte gesamtgesellschaftliche Zusammenhang des nur indirekt-gesellschaftlichen Charakters der Arbeit seine formationsspezifische Bestimmtheit als Warenfetischismus erhält. Die sich auf dem Markt bzw. in der Zirkulationssphäre zeigenden Friktionen des gesellschaftlichen Systems der Arbeitsteilung, dass eventuell nicht die gesamte verausgabte Arbeit auch als gesellschaftlich notwendige Arbeit, also als wertbildend im Preis anerkannt wird – eine Möglichkeit, die oberflächlich in der Zweiteilung der Gesamtwarenmetamorphose W – G – W in zwei selbstständige und voneinander unabhängige Teilprozesse begründet liegt und die Warenzirkulation vom bloßen Produktenaustausch unterscheidet –, werden erst durch den Unterbau der kapitalistischen Produktionsverhältnisse zu einer immanenten, periodisch in Gestalt zyklischer Krisen bzw. langfristig mit dem Gesetz des tendenziellen Falls der allgemeinen Profitrate, auftretenden Notwendigkeit des kapitalistischen Akkumulationsprozesses. Es ist daher systematisch zu unterscheiden zwischen dem an den einfachen Formen von Ware und Geld sich festmachenden Fetischismus der Verkehrung sozialer Verhältnisse der Menschen in ihren Arbeiten zu gegenständlichen Beziehungen ihrer Arbeitsprodukte als Waren einerseits und der durch die produktive, kapitalsetzende Arbeit des gesellschaftlichen Arbeiters im Produktionsprozess erzeugten Subjekt-Objekt-Verkehrung der Wertbildung durch lebendige Arbeit und der Selbstverwertung des Kapitals als vergegenständlichter Arbeit andererseits. Erst Letztere führt zum Widerspruch zwischen gesellschaftlichen Produktivkräften oder Produktivkräften gesellschaftlicher Arbeit und ihrem privateigentümlichen Auftritt als Kapitalfetisch: »*Der Ton wird gelegt nicht auf das* Vergegenständlichtsein, *sondern das* Entfremdet-, Entäußert-, Veräußertsein, *das dem Nicht-dem Arbeiter, sondern den personifizierten Produktionsbedingungen, i.e. dem-Kapital-Zugehören der ungeheuren gegenständlichen Macht, die die gesellschaftliche Arbeit selbst sich als eins ihrer Momente gegenübergestellt hat.*« (MEW 42: 722; Hervorh. i. Original) Die Missachtung dieses wesentlichen Unterschieds zwischen Ware und Geld auf der einen sowie (konstantem und variablem) Kapital auf der anderen Seite und die Außerachtlassung der wesentlichen Determination der Ersteren durch das Letztere hat gerade für nachkapitalistische Wirtschaftsweisen unzählige Phantomdiskussionen hinsichtlich des Verhältnisses von Markt und Plan hervorgerufen und zu einer grundfalschen Auffassung sozialistischer Produktionsverhältnisse mit ihrem Fortgelten der Ware-Geld-Beziehungen geführt.

Despotische Regierung der Produktion und Verwalterin der Distribution oder buch- und rechnungsführendes gesellschaftliches Board

Wenn die kapitalistische Vergesellschaftungsform des in den Formen von Ware und Geld erscheinenden indirekt gesellschaftlichen Charakters der Gesamtarbeit erst durch die unterliegenden Produktionsverhältnisse und dem ihnen entsprechenden Aneignungsgesetz konstituiert wird, ergibt sich im Umkehrschluss, dass die Überwindung des kapitalistischen Charakters der Produktionsverhältnisse durch individuelles Eigentum der assoziierten Produzenten auf der Grundlage des Gemeinbesitzes an den Produktionsmitteln sehr wohl mit den Formen von Ware und Geld sowie Marktprozessen in einer ersten Phase der kommunistischen Gesellschaftsformation kompatibel ist. Voraussetzung ist allerdings, dass der für den Kapitalismus typische anarchische gesamtwirtschaftliche Zusammenhang zwischen den einzelnen Produzenten oder Unternehmen durch eine bewusste Abstimmung zwischen den einzelnen Produktionssphären entsprechend den Anforderungen zur Reproduktion der Produktionsmittel sowie den den Bedürfnissen der Konsumenten entsprechenden Produkten zur individuellen Konsumtion ersetzt wird. Wie diese bewusste Abstimmung beschaffen ist bzw. nicht beschaffen sein kann, hat Marx im Rahmen seiner Kritik an der Arbeitsgeld- oder Stundenzetteltheorie von A. Darimon[5] einleitend im »Kapitel vom Geld« der »Grundrisse der Kritik der politischen Ökonomie« näher bestimmt. Darimons Konzeption hat zwei miteinander zusammenhängende Implikationen, einmal die Zentralisierung aller Transaktionen am Waren- (und Arbeits-)markt – bei Darimon ist die (Zentral-) Bank allgemeiner Käufer und Verkäufer –, zum Anderen die Notwendigkeit für diese Bank, die gesellschaftlich notwendige Arbeitszeit für die Produktion jeder beliebigen Ware sowie die Verteilung der gesellschaftlichen Gesamtarbeitszeit auf die verschiedenen Produktionssphären festzulegen, um das von ihr emittierte Arbeitsgeld in quantitativ bestimmter Weise konvertibel für die allgemeine Zirkulation zu machen: »*Genau ... besehn wäre die Bank nicht nur der allgemeine Käufer und Verkäufer: sondern auch der allgemeine Produzent. In der Tat wäre sie entweder die despotische Regierung der Produktion und Verwalterin der Distribution, oder sie wäre in der Tat nichts als ein board, was für die gemeinsam arbeitende Gesellschaft Buch und*

---

[5] Vgl. A. Darimon, De la Reform des Banque (Paris 1856). Darimon polemisiert gegen das Währungsregime des internationalen Goldstandards mit konvertiblen Banknoten in der Binnenzirkulation und spricht sich nicht nur für inkonvertibles Repräsentativgeld aus, sondern will überhaupt Geld als gegenständliches Wertmaß für die Waren durch ein Geld, welches direkt auf die in den Waren inkorporierte Arbeitszeit bezogen ist, ersetzen. Für Marx stellt sich damit die Grundfrage: »*Können durch Änderungen im Zirkulationsinstrument – in der Organisation der Zirkulation – die bestehenden Produktionsverhältnisse und die ihnen entsprechenden Distributionsverhältnisse revolutioniert werden? Fragt sich weiter: Kann eine solche Transformation der Zirkulation vorgenommen werden, ohne die bestehenden Produktionsverhältnisse und die auf ihnen beruhnden gesellschaftlichen Verhältnisse anzutasten?*« (MEW 42: 58)

Kapitel 8: Kommunistische Gesellschaftsformation

Rechnung führte. Die Gemeinsamkeit der Produktionsmittel ist vorausgesetzt etc., etc.« (MEW 42: 89)

Diese Alternative in der Ausgestaltung einer zentralen Einheit für die gesamtgesellschaftliche Produktion und Distribution – despotische Regierung oder rechnungsführendes Board – liest sich nachgerade als geniale Antizipation von zwei grundverschiedenen Modellen einer nachkapitalistischen, sozialistischen Wirtschaft, der sich auch Darimon als Proudhon-Schüler bzw. die zeitgenössischen Saint-Simonisten verpflichtet fühlten. Despotisch wird die wirtschaftliche Zentralregierung, wenn und weil sie Umfang und Struktur der gesamtwirtschaftlichen Produktion im Vorhinein festlegen will und muss, ohne Rücksicht auf sich verändernde Produktionsbedingungen und, mehr noch, sich verändernde Bedürfnisstrukturen zu nehmen. Eine demokratisch legitimierte Rückkoppelung durch Einflussnahme der Konsumenten auf die Produktionsplanung ist, wenn überhaupt, nur in großen Zeitabständen möglich, weil sie das gesamte Räderwerk der Verschlingung der individuellen Reproduktionsprozesse miteinander betrifft. Entsprechendes gilt für die Einkommensverteilung, die derselben Starrheit wie die Produktionsplanung unterliegt. Eine zentrale gesamtwirtschaftliche Planung der Produktion und Verteilung ist der Natur der Sache nach statisch bzw. komparativ-statisch für die jeweiligen Planungsperioden, auf jeden Fall nicht dynamisch, weil sie das individuelle Reagieren der Unternehmen auf Marktveränderungen, seien sie hervorgerufen durch Veränderungen auf der Angebotsseite oder der Nachfrageseite, durch eigenverantwortete Investitionen ausschließt oder zumindest eng begrenzt. Sie fußt theoretisch-paradigmatisch auf einer unterstellten Gleichgewichtsökonomie und zwängt die Wirklichkeit in ein starres Korsett. Dies besteht nicht nur in der theoretischen Vorstellungswelt, sondern auch in der Wirklichkeit, wenn die zentrale Stelle (Bank oder Planungsbehörde) qua Stellung und Zugriff auf die Produktionsergebnisse bzw. die Produktionsmittel die praktische Macht besitzt, die starren gleichgewichtigen Produktions- und Verteilungsstrukturen auch tatsächlich durchzusetzen.

Wie aber sieht das Gegenmodell zu dieser despotischen Planung und Verwaltung von Produktion und Distribution aus? Was meint Marx mit dem »board«, welches für die werktätige Gesellschaft Buch und Rechnung führt? Buch- und Rechnungsführung sind in erster Instanz nur Aufzeichnungen über abgelaufene wirtschaftliche Prozesse auf gesamtwirtschaftlicher Ebene.[6] Damit aus dieser ex-post-Betrachtung der gesamtwirtschaftlichen Buchführung eine gesellschaftlich bewusste Abstimmung von Produktion, Verteilung und Konsumtion wird, müssen ihre Da-

---

[6] Mit den heutigen Systemen der Volkswirtschaftlichen Gesamtrechnungen (inkl. Gesamtwirtschaftliche Finanzierungsrechnung und bankstatistische Gesamtrechnung) nebst den unterliegenden primärstatistischen Materialien liegen die Daten und Instrumente dieser gesamtwirtschaftlichen Buchführung bereits vor. Wir haben an anderer Stelle begründet, dass die gesamtwirtschaftliche Statistik im Gegensatz zur bürgerlichen Volkswirtschaftstheorie faktisch ein eigenständiges ökonomisches Paradigma konstituiert, welches die für die Erstere charakteristischen Mystifikationen und Verkehrungen implizit-praktisch kritisiert (vgl. PKA 1976 sowie Krüger 2010, 2012a, 2015 sowie 2021b).

ten und Ergebnisse handlungsbestimmend für die Zukunft werden; es muss also ein Umschlag von retrospektiver Buchführung in Planung und Steuerung wirtschaftlicher Prozesse stattfinden. Um die Dynamik der wirtschaftlichen Entwicklung zu sichern und sowohl bindende Festlegungen für die zukünftige Ausrichtung der Gesamtwirtschaft als auch die für die Bedürfnisbefriedigung unabdingbare Variabilität des Produktangebots zu gewährleisten, ergibt sich zwingend eine Kombination zwischen gesellschaftlicher Planung und Steuerung, also bewusster Einflussnahme der Gesellschaft einerseits und einer dezentralen Ressourcenallokation, in der die einzelnen Unternehmen oder Wirtschaftseinheiten als Anbieter an den Warenmärkten auf nachfrageinduzierte Marktdaten mit der Vornahme von Investitionen reagieren können, andererseits. Die Alternative zur zentralen Planung und Verwaltung von Produktion und Distribution ist also eine Mischung von gesellschaftlicher Planung und Steuerung sowie von Marktprozessen: auch die nachkapitalistische Wirtschaft benötigt für ihr erstes Entwicklungsstadium die Form des Produkts als Ware und operiert mit Geld, auch sie geht im jeweiligen Einzelfall von einem Spannungsverhältnis zwischen individuell verausgabter Arbeit und gesellschaftlich notwendiger Arbeit aus, welches sich erst im Austausch zeigt und in der Preisbewegung auflöst. Allerdings konstituiert die gesamtgesellschaftliche Planung und Steuerung eine gegenüber kapitalistischen Verhältnissen qualitativ andere ex-ante-Beziehung oder Vermittlung zwischen den einzelnen Gliedern und Produktionssphären des gesellschaftlichen Systems der Arbeitsteilung.

Damit wird die Beschaffenheit dieser gesamtgesellschaftlichen Planung und Steuerung sowie das quantitative Verhältnis zwischen derselben und der Allokation durch Marktprozesse – neben den Eigentums- und Organisationsformen der Unternehmen und Betriebe – systembestimmend. Es geht somit darum, wie und wodurch Planung und Steuerung eine neue Qualität gegenüber hoch entwickelten kapitalistischen Verhältnissen gewinnen und in welcher Weise sich das Verhältnis zwischen Planung und Steuerung sowie marktwirtschaftlicher Allokation im Zusammenhang einer schrittweisen Transformation der Verteilungsformen innerhalb der nachkapitalistischen Gesellschaft auf den unterschiedlichen Entwicklungsstufen der kommunistischen Gesellschaft verschiebt.

Es ist nun zugestanden, dass von Marx und Engels weder detailliertere Ausführungen über eine Differenzierung zwischen einerseits gesellschaftlicher Planung und Steuerung sowie andererseits einzelwirtschaftlicher marktbestimmter Ressourcenallokation, noch bezüglich etwaiger zeitlicher Perioden, in denen sich das Gewicht zwischen diesen beiden ex-ante-Regulationen des gesellschaftlichen Gesamtreproduktionsprozesses zugunsten der ersten Form verschieben kann, vorliegen. Anstatt dessen liegen namentlich von Engels in seiner Kritik an der von Eugen Dühring als »*Adept und gleichzeitig Reformator des Sozialismus*« (MEW 20a: 5) im sozialdemokratischen Zentralorgan veröffentlichten Theorie des Sozialismus Aussagen vor, die, wörtlich genommen und als allgemein gültige Dogmen und Handlungsanweisungen interpretiert, fatale politische Schlussfolgerungen bezüglich der Gestaltung der Wirtschaft in den seinerzeitigen realsozialistischen Ländern begründet

Kapitel 8: Kommunistische Gesellschaftsformation

oder mindestens verstärkt haben.[7] Der Warencharakter des (gesamtgesellschaftlichen) Produkts und ein indirekt gesellschaftlicher Charakter der Arbeit, welche sich erst im Austauschprozess als Bestandteil der gesellschaftlich notwendigen Gesamtarbeit erweist, wird von Engels nur der kapitalistischen Produktionsweise zugeordnet und daher in nachkapitalistischen Gesellschaften als Überbleibsel der Vergangenheit bzw. der neuen Gesellschaft als wesensfremd erklärt: »*Aber jede auf Warenproduktion beruhende Gesellschaft hat das Eigentümliche, daß in ihr die Produzenten die Herrschaft über ihre eignen gesellschaftlichen Beziehungen verloren haben. (…) Mit der Erweiterung der Warenproduktion aber, und namentlich mit dem Auftreten der kapitalistischen Produktionsweise, traten auch die bisher schlummernden Gesetze der Warenproduktion offener und mächtiger in Wirksamkeit. … Die Anarchie der gesellschaftlichen Produktion trat an den Tag und wurde mehr und mehr auf die Spitze getrieben. (…) Der Widerspruch zwischen gesellschaftlicher Produktion und kapitalistischer Aneignung reproduziert sich als Gegensatz zwischen der Organisation der Produktion in der einzelnen Fabrik und der Anarchie der Produktion in der ganzen Gesellschaft.*« (Ibid.: 253ff.) Warenproduktion, Entfremdung der Subjekte gegenüber ihren gesellschaftlichen Beziehungen und Anarchie der Produktion durch die naturwüchsige gesellschaftliche Arbeitsteilung sind allesamt Tatbestände der einfachen Zirkulation, die als erste Totalität des gesellschaftlichen Ganzen nur die oberflächliche, abstrakte Sphäre des kapitalistischen Gesamtreproduktionsprozesses ist; sie erhalten in diesen Formulierungen eine überzogene Mächtigkeit.

Rationell ist eine Interpretation dieser an sich nicht falschen Aussagen nur dann, wenn die Überwindung von Waren- und Geldverhältnissen auf der Zeitachse weit in die Zukunft verschoben wird, in der nämlich nicht nur die Kapitalknappheit, sondern auch die Ressourcenknappheit generell überwunden, also das »ökonomische Problem« gelöst worden ist. Vom heutigen Standpunkt und dem gegenwärtig erreichten wirtschaftlichen Entwicklungsgrad, noch mehr von demjenigen zu Zeiten von Marx und Engels, sind derartige Verhältnisse zwar prinzipiell vorstellbar, stehen jedoch nicht in Reichweite einer auch längerfristig orientierten Wirtschafts- und Gesellschaftspolitik. Nur in langfristiger Perspektive kann daher gelten: »*(Die) Lösung kann nur darin liegen, daß die gesellschaftliche Natur der modernen Produktivkräfte tatsächlich anerkannt, daß also die Produktions-, Aneignungs- und Austauschweise in Einklang gesetzt wird mit dem gesellschaftlichen Charakter der Produktionsmittel. Und dies kann nur dadurch geschehn, daß die Gesellschaft offen und ohne lange Umwege Besitz ergreift von den jeder andern Leitung außer der ihrigen entwachsenen Produktivkräften. Damit wird der gesellschaftliche Charakter der Produktionsmittel und Produkte, der sich heute gegen die Produzenten selbst kehrt, der die Produktions- und Austauschweise periodisch durchbricht und sich nur als blindwirkendes Naturgesetz gewaltsam und zerstörend durchsetzt, von den*

---

[7] Wir kommen auf die Historie der realsozialistischen Länder im 20. Jahrhundert im 20. Kapitel ausführlicher zu sprechen; vorliegend geht es um theoretische Basissätze.

Produzenten mit vollem Bewußtsein zur Geltung gebracht und verwandelt sich aus einer Ursache der Störung und des periodischen Zusammenbruchs in den mächtigsten Hebel der Produktion selbst. (...) Mit dieser Behandlung der heutigen Produktivkräfte nach ihrer endlich erkannten Natur tritt an die Stelle der gesellschaftlichen Produktionsanarchie eine gesellschaftlich-planmäßige Regelung der Produktion nach den Bedürfnissen der Gesamtheit wie jedes einzelnen; damit wird die kapitalistische Aneignungsweise, in der das Produkt zuerst den Produzenten, dann aber auch den Aneigner knechtet, ersetzt durch die in der Natur der modernen Produktionsmittel selbst begründete Aneignungsweise der Produkte: einerseits direkt gesellschaftliche Aneignung als Mittel zur Erhaltung und Erweiterung der Produktion, andererseits direkt individuelle Aneignung als Lebens- und Genußmittel. (...) Mit der Besitzergreifung der Produktionsmittel durch die Gesellschaft ist die Warenproduktion beseitigt und damit die Herrschaft des Produkts über die Produzenten. Die Anarchie innerhalb der gesellschaftlichen Produktion wird ersetzt durch planmäßige bewußte Organisation.« (Ibid.: 260ff.)

Die Vorstellung von einem gesamtgesellschaftlichen Plan, mit dem der gesellschaftliche Charakter der Arbeit bereits bei ihrer Ingangsetzung oder Verausgabung gegeben sei, weil sie Gebrauchswerte herstellt, deren gesellschaftliche Nützlichkeit und Notwendigkeit eben durch diesen Plan ausgedrückt wird, erhält ihre Überzeugungskraft durch die Bewertung marktvermittelter Allokation als »anarchisch«, weil sie erst nachträglich, nach bereits vollbrachtem Produktionsakt im Austausch bestätigt oder sanktioniert wird. Diese »Anarchie der Produktion« wird also an den Unterschied und Gegensatz zwischen Privat- und gesellschaftlicher Arbeit gebunden, daran, dass das gesellschaftlich unter die einzelnen Produzenten verteilte gesellschaftliche Arbeitsvolumen von ihnen privat, d.h. unabhängig voneinander vergabt wird und erst, nachdem es sich bereits in einem Produkt vergegenständlicht hat, also ex-post, sich als gesellschaftlich notwendige Arbeit erweisen kann bzw. muss, wenn dieses Produkt als Ware auf dem Markt ausgetauscht oder gegen Geld verkauft wird.[8] Im Gegensatz dazu stehen Verhältnisse, nachdem die Ge-

---

[8] Einen differenzierenden Interpretationsversuch, der in die in den realsozialistischen Ländern intensiv geführte Diskussion über »Warenproduktion im Sozialismus« und »sozialistische Warenproduktion« eingebracht wurde, besteht in der Unterscheidung zwischen der durch die gesellschaftliche Arbeitsteilung bedingten und durch den Volkswirtschaftsplan strukturierten eigenständigen Produktion der Betriebe, die als staatliche Betriebe zwar keine Eigentümer der Produktionsmittel sind, dieselben aber als Verfügungsberechtigte besitzen und nutzen und ihre Produkte untereinander als Waren (ohne Eigentumswechsel, weil ja innerhalb des Staatssektors) austauschen einerseits – man sprach hier von »einer spezifischen Isoliertheit der staatlichen Betriebe« – und der unabhängig voneinander, weil privat verausgabten Arbeit im Rahmen kapitalistischer Warenproduktion andererseits (vgl. Behrens 1961: 30 ff.). Grundlegend bleibt aber auch bei den Vertretern des Konzepts der sozialistischen Warenproduktion die Auffassung vom Staatseigentum an den Produktionsmitteln als höchster Form des Volkseigentums – Arbeit »*im Rahmen des einheitlichen sozialistischen Eigentums als unmittelbare Volksarbeit*« (ibid.: 49) – sowie der Notwendigkeit einer umfassenden zentralen Planung, die mit dem Fortschritt der Produktivkräfte sowie der gesamt-

Kapitel 8: Kommunistische Gesellschaftsformation

sellschaft sich in den Besitz der Produktionsmittel gesetzt hat und sie in unmittelbarer Vergesellschaftung zur Produktion verwendet: »*Sobald die Gesellschaft sich in den Besitz der Produktionsmittel setzt und sie in unmittelbarer Vergesellschaftung zur Produktion verwendet, wird die Arbeit eines jeden, wie verschieden auch ihr spezifisch nützlicher Charakter sei, von vornherein und direkt gesellschaftliche Arbeit. Die in einem Produkt steckende Menge gesellschaftlicher Arbeit braucht dann nicht erst auf einem Umweg festgestellt zu werden; die tägliche Erfahrung (sic! / S.K.) zeigt direkt an, wieviel davon im Durchschnitt nötig ist. Die Gesellschaft kann einfach berechnen, wieviel Arbeitsstunden in einer Dampfmaschine, einem Hektoliter Weizen der letzten Ernte, in hundert Quadratmeter Tuch von bestimmter Qualität stecken. Es kann ihr also nicht einfallen, die in den Produkten niedergelegten Arbeitsquanta, die sie alsdann direkt und absolut kennt, noch fernerhin in einem nur relativen, schwankenden, unzulänglichen, früher als Notbehelf unvermeidlichen Maß, in einem dritten Produkt auszudrücken und nicht in ihrem natürlichen, adäquaten, absoluten Maß, der Zeit. ... Die Gesellschaft schreibt also unter obigen Verhältnissen den Produkten auch keine Werte zu. ... Allerdings wird auch dann die Gesellschaft wissen müssen, wieviel Arbeit jeder Gebrauchsgegenstand zu seiner Herstellung bedarf. Sie wird den Produktionsplan einzurichten haben nach den Produktionsmitteln, wozu besonders auch die Arbeitskräfte gehören. Die Nutzeffekte der verschiedenen Gebrauchsgegenstände, abgewogen untereinander und gegenüber den zu ihrer Herstellung nötigen Arbeitsmengen, werden den Plan schließlich bestimmen. Die Leute machen alles sehr einfach ab ohne Dazwischenkunft des vielberühmten ›Werts‹.*« (Ibid.: 288)

Als langfristige Perspektive für eine höhere Phase der kommunistischen Gesellschaft genommen kann diese Vision geteilt werden. Im Unterschied zu dieser Vision einer perspektivischen Überwindung von Ware und Geld wurden die inkriminierten Aussagen von Marx und Engels jedoch gemeinhin auf die nähere Zukunft, d.h. die niedere Phase der kommunistischen Gesellschaft, also landläufig gesprochen, die Phase des Sozialismus bezogen. Die Vorstellung von einer vollständigen Ablösung des Marktes durch einen gesamtgesellschaftlichen Plan erschien in dieser Perspektive als zwingend, weil als wörtliche Umsetzung entsprechender Aussagen der »Klassiker« des wissenschaftlichen Sozialismus. Wird die im Sozialismus zu überwindende Anarchie der Produktion in erster Linie an der sich in der einfachen Warenzirkulation zeigenden Gesellschaftlichkeit der Arbeit festgemacht und die sich erst im nachfolgenden Produktionsprozess manifestierende Subjekt-Objekt-Verkehrung zwischen den Produktionsmitteln als Kapital und der lebendigen Arbeit als Vermögen des Lohnarbeiters nur als Verstärkung dieser bereits in den einfachen Formen des Werts von Ware und Geld angelegten Entfremdungen, Verkehrungen und Mystifikationen begriffen, wird die Überwindung der Warenform des Produkts sowohl notwendige wie hinreichende Bedingung für eine be-

---

wirtschaftlichen Buchführung zunehmend in Natural- und Mengenplanung erfolgen und die Wertrechnung ersetzen sollte (vgl. ibid.: 47 und passim).

wusste Steuerung des gesellschaftlichen Gesamtreproduktionsprozesses. Die Logik ist dann einfach: Wert, Ware und Geld sind bereits in nuce Kapital und müssen daher, wenn der kapitalistische Charakter der Verhältnisse überwunden werden soll, ebenfalls überwunden werden; zugleich gilt der Umkehrschluss: werden die einfachen Formen des Werts, Ware und Geld, beibehalten, hat man es nicht mit einer sozialistischen Wirtschaftsweise zu tun.

Produktivkraftentwicklung und Ökonomie der Zeit

Dass die Zeitbestimmung im Sinne einer »Ökonomie der Zeit« bei gemeinschaftlicher Produktion wesentlich bleibt, vielmehr noch wesentlicher wird als unter kapitalistischen Bedingungen, wo systematisch verausgabte Arbeitszeit beispielsweise in den Krisen nachträglich entwertet wird, versteht sich an und für sich von selbst.[9] Darüber hinaus gilt, wenn die Entwicklung der Produktivkräfte der Arbeit von ihren Beschränkungen durch die kapitalistischen Produktionsverhältnisse befreit sind, dass die Reduzierung der für die gesellschaftliche Reproduktion notwendigen Arbeitszeit allererst Raum schafft für das von Marx so genannte »Reich der Freiheit«, welches auf dem »Reich der Naturnotwendigkeit« aufwachsen kann: »*Der wirkliche Reichtum der Gesellschaft und die Möglichkeit beständiger Erweiterung ihres Reproduktionsprozesses hängt ... nicht ab von der Länge der Mehrarbeit, sondern von ihrer Produktivität und von den mehr oder minder reichhaltigen Produktionsbedingungen, worin sie sich vollzieht. Das Reich der Freiheit beginnt in der Tat erst da, wo das Arbeiten, das durch Not und äußre Zweckmäßigkeit bestimmt ist, aufhört; es liegt in der Natur der Sache nach jenseits der Sphäre der eigentlichen materiellen Produktion.*« (MEW 25: 828) In diesem Sinne zitiert er zustimmend den berühmten Satz: »*Wealth is nothing but disposable time.*« (MEW 26.3: 262)[10] Basis hierfür ist ein hoher Stand der Entwicklung der gesellschaftlichen Produktivkräfte: »*Es ist dann keineswegs mehr die Arbeitszeit, sondern die disposable time das Maß des Reichtums.*« (MEW 42: 604)

Mit der im Gesamtreproduktionsprozess verwurzelten Produktivkraftentwicklung bleibt das »Reich der Naturnotwendigkeit« aber im Fokus der gesellschaftlichen Entwicklung und der darauf bezogenen Maßnahmen. Marx macht mit der Produktionsweise der Großen Industrie diejenige Entwicklungsform der Produk-

---

[9] Vgl. MEW 42: 105: »*Gemeinschaftliche Produktion vorausgesetzt, bleibt die Zeitbestimmung natürlich wesentlich. Je weniger Zeit die Gesellschaft bedarf, um Weizen, Vieh etc. zu produzieren, desto mehr Zeit gewinnt sie zu andrer Produktion, materieller oder geistiger. Wie bei jedem einzelnen Individuum, hängt die Allseitigkeit ihrer Entwicklung, ihres Genusses und ihrer Tätigkeit von Zeitersparung ab. Ökonomie der Zeit, darein löst sich schließlich alle Ökonomie auf.*«

[10] Vgl. auch MEW 42: 604: »*...hört ... die disposable time auf, gegensätzliche Existenz zu haben, so wird einerseits die notwendige Arbeitszeit ihr Maß an den Bedürfnissen des gesellschaftlichen Individuums haben, andrerseits die Entwicklung der gesellschaftlichen Produktivkraft so rasch wachsen, daß, obgleich nun auf den Reichtum aller die Produktion berechnet ist, die* disposable time *aller wächst.*« (Hervorh. i. Original)

Kapitel 8: Kommunistische Gesellschaftsformation

tivkräfte aus, die eine andere Logik der Produktion nicht nur ermöglicht, sondern auf ihren höheren Entwicklungsniveaus auch nahelegt bzw. zur Nutzung all ihrer produktiven Möglichkeiten auch erfordert. Er antizipiert Entwicklungsperspektiven der großindustriellen Produktionsweise mit weitgehender Automatisierung der Funktionen der »unmittelbaren Arbeit«, die zu seiner Zeit noch in Gestalt des »unmittelbaren Maschinenpersonals« (vgl. MEW 23: 443) den Hauptanteil innerhalb des produktiven Gesamtarbeiters ausmachten, sodass tendenziell nur das »aggregierte Personal« (vgl. ibid.) mit den Funktionen der Arbeitsvorbereitung (Programmierung der Produktionssteuerung), Überwachung und Reparatur des automatisierten Maschinenbetriebes neben den Produktentwicklern (Entwicklungsingenieure/Konstrukteure) übrig bleiben würde. Aber auch viele dieser Funktionen des »aggregierten Personals« sind mittlerweile weitgehend automatisierbar. Andererseits bleibt die Differenz zwischen der Entwicklung des »general intellect« (vgl. MEW 42: 602) im Sinne der allgemeinen wissenschaftlichen Arbeit auf der einen Seite und der Umsetzung ihrer Resultate in »*unmittelbare Organe der gesellschaftlichen Praxis*« (ibid.), d.h. in (gegenständliche) Agentien auf der anderen, bestehen – was, nebenbei bemerkt, unter einer nachkapitalistischen Wirtschaftsweise, die Monopolisierung von Erfindungen etc. in Form von Patenten erst relativiert und in späteren Entwicklungsstadien ausschließt. Damit verlieren die Ergebnisse der allgemeinen wissenschaftlichen Arbeit, weil sie bis an das Stadium ihrer anwendungsbezogenen Umsetzung in konkrete Produkte öffentlich finanzierte und erstellte Leistungen darstellen, ihren privatwirtschaftlichen Warencharakter und werden zu freien Gütern.

Die Überwindung der »unmittelbaren Arbeit« zugunsten der Arbeit der Steuerung und Kontrolle eines automatisierten Systems sowie Umsetzung der Resultate wissenschaftlicher Arbeit in neue Produkte und Produktionsverfahren verwandelt die lebendige Arbeit in »travail attractif« und den unmittelbaren Produzenten in ein polyvalentes Subjekt. Andererseits bleibt auch diese attraktive Arbeit dem »Reich der Naturnotwendigkeit« verhaftet, sie »*kann nicht zum Spiel werden, wie Fourier es will.*« (Ibid.: 607) Aber der Gegensatz zwischen Arbeitszeit und freier Zeit wird überwunden und damit wird das Subjekt selbst verändert: »*Die freie Zeit – die sowohl Mußezeit wie Zeit für höhre Tätigkeit ist – hat ihren Besitzer natürlich in ein andres Subjekt verwandelt und als dies andre Subjekt tritt er dann in den unmittelbaren Produktionsprozeß. Es ist dieser zugleich Disziplin mit Bezug auf den werdenden Menschen betrachtet, wie Ausübung, Experimentalwissenschaft, materiell schöpferische und sich vergegenständlichende Wissenschaft mit Bezug auf den gewordenen Menschen, in dessen Kopf das akkumulierte Wissen der Gesellschaft existiert.*« (Ibid.) Die Entwicklung vom »werdenden« zum »gewordenen Menschen« wird an verschiedene Entwicklungsformen seiner Arbeit als gesellschaftliche gebunden und festgemacht an der entwickeltsten Betriebsweise der Großen Industrie, die im Schoße kapitalistischer Produktionsverhältnisse die Bedingungen einer höheren Gesellschaftsform bereitstellt.

Kommt somit dem »Reich der Naturnotwendigkeit« sowohl im Hinblick auf die Bereitstellung der materiellen Bedingungen wie im Hinblick auf die Entwicklung der produktiven Fähigkeiten der Subjekte eine elementare Funktion zu, so ist der »gewordene Mensch« als »möglichst Bedürfnisreicher, weil Eigenschafts- und Beziehungsreicher« (vgl. ibid.: 322) erst zu sich selbst gekommen, wenn er im »Reich der Freiheit« seine erworbenen Fähigkeiten zur Entwicklung seiner Genüsse auslebt. Im Gegensatz zu asketischen Vorstellungen der utopischen Sozialisten seiner Zeit – und ein bedürfnis- und genussfeindliches Ideal hat sich bruchlos bis auf den heutigen Tag innerhalb linker politischer Positionen erhalten –, orientiert Marx auf das gerade Gegenteil einer derartigen Grundhaltung: »*Also keineswegs* Entsagen vom Genuß, *sondern Entwickeln von power, von Fähigkeiten zur Produktion und daher sowohl der Fähigkeiten, wie der Mittel des Genusses. Die Fähigkeit des Genusses ist Bedingung für denselben, also erstes Mittel desselben und diese Fähigkeit ist Entwicklung einer individuellen Anlage, Produktivkraft.*« (Ibid.: 607; Hervorh. i. Original) Damit schließt sich der Kreis. Die Marxsche Vorstellung einer nachkapitalistischen, sozialistischen und weiter kommunistischen Gesellschaft impliziert neben einer allumfassenden wissenschaftlichen Basis der Aneignung und Nutzbarmachung der äußeren Natur in der Produktion die Entwicklung eines bedürfnisreichen und bewusst genießenden Subjektes. Eine Gesellschaft, in der die freie Entfaltung des Einzelnen die Voraussetzung der freien Entfaltung Aller ist, ist dabei nur denkbar als demokratische Gesellschaft, die frei von jeglicher Bevormundung durch übergeordnete Organe ist: Sozialismus bzw. Kommunismus und persönliche Freiheit gehören nicht nur untrennbar zusammen, sondern fallen unmittelbar in eins.

Distributionsformen nach Leistung und nach Bedürfnissen

In den »Randglossen zum Programm der deutschen Arbeiterpartei« (bekannt als »Kritik des Gothaer Programms«, 1875) hat sich Marx neben kritischen Bemerkungen zu Lasalleschem Gedankengut in den Programmformulierungen auch zu einigen ökonomischen Fragen der der bürgerlich-kapitalistischen Produktionsweise nachfolgenden kommunistischen Gesellschaftsformation geäußert. Neben den nur aus dem Zusammenhang der Programmkritik verständlichen Formulierungen[11], geht es namentlich um Verteilungsformen für die individuelle Konsumtion der Gesellschaftsmitglieder.

---

[11] So polemisiert Marx gegen die Lasallesche Kategorie des »Arbeitsertrags«, bei der offenbleibt, ob es sich um Gebrauchswerte oder den Wert derselben handeln soll, bei der die quantitative Bestimmtheit inklusive oder exklusive des übertragenen Werts der Produktionsmittel unbestimmt ist und bei der die Frage der individuellen Verteilung unter der Gesellschaftsmitglieder mit dem unbestimmten Attribut »gerecht« unzulänglich beschrieben wird. In diesem Zusammenhang findet sich folgende Formulierung: »*Innerhalb der genossenschaftlichen, auf Gemeingut an den Produktionsmitteln gegründeten Gesellschaft tauschen die Produzenten ihre Produkte nicht aus; ebensowenig erscheint die auf die Produkte verwandte Arbeit als Wert dieser Produkte, als eine von ihnen besessene sachliche Eigenschaft, da jetzt, im Gegensatz zur kapitalistischen Gesellschaft, die individuellen Arbeiten nicht mehr auf einem Umweg, sondern unmittelbar als Bestandteile der Gesamtarbeit existieren.*« (MEW 19c: 19f.) Damit wird der Anschein erweckt, als reiche die Herstellung

Kapitel 8: Kommunistische Gesellschaftsformation

Marx macht zunächst klar, dass vom gesellschaftlichen Gesamtprodukt verschiedene Abzüge vorzunehmen sind, bevor die zur individuellen Verteilung zur Verfügung stehende Größe bestimmt ist. Neben der Deckung des Ersatzes der in der abgelaufenen Periode vernutzten Produktionsmittel, einem Akkumulationsfonds für die Erweiterung der Stufenleiter des Reproduktionsprozesses sowie einer gesamtgesellschaftlichen Vorsorge für »*Mißfälle, Störungen durch Naturereignisse etc.*« (MEW 19c: 19), sind weitere Abzüge für »*die allgemeinen, nicht direkt zur Produktion gehörigen Verwaltungskosten*« und »*zur gemeinschaftlichen Befriedigung von Bedürfnissen ... wie Schulen, Gesundheitseinrichtungen etc.*« vorzunehmen sowie »*Fonds für Arbeitsunfähige etc.*« (ibid.) zu bilden. Mit diesen Hinweisen sind die Bestandteile der kollektiven Konsumtion der Gesellschaft, sowohl die »*aufs bedeutendste (zu beschränkenden)*« (ibid.) nicht-reproduktiven Verwaltungsaufwendungen als auch die eigentlichen für die Privathaushalte reproduktiven sozialen Dienste (Realtransfers) benannt. Erst danach ergibt sich als Restgröße der zur individuellen Verteilung zur Verfügung stehende Teil des gesellschaftlichen Gesamtprodukts.

Für diese Verteilung sollen nun, je nach dem Entwicklungsgrad der nachkapitalistischen Produktionsweise und Gesellschaft zwei verschiedene Distributionsprinzipien gelten: für die erste oder niedere Phase der kommunistischen Gesellschaft erfolgt die Verteilung entsprechend der erbrachten individuellen Leistung. »*Womit wir es hier zu tun haben, ist eine kommunistische Gesellschaft, nicht wie sie sich auf ihrer eignen Grundlage entwickelt hat, sondern umgekehrt, wie sie eben aus der kapitalistischen Gesellschaft hervorgeht, also in jeder Beziehung, ökonomisch, sittlich, geistig, noch behaftet ist mit den Muttermalen der alten Gesellschaft, aus deren Schoß sie herkommt. Demgemäß erhält der einzelne Produzent – nach den Abzügen – exakt zurück, was er ihr gibt. Was er ihr gegeben hat, ist sein individuelles Arbeitsquantum. Z.B. der gesellschaftliche Arbeitstag besteht aus der Summe der individuellen Arbeitsstunden. Die individuelle Arbeitszeit des einzelnen Produzenten ist der von ihm gelieferte Teil des gesellschaftlichen Arbeitstags, sein Anteil daran. Er erhält von der Gesellschaft einen Schein, daß er soundso viel Arbeit geliefert (nach Abzug seiner Arbeit für die gemeinschaftlichen Fonds), und zieht mit diesem Schein aus dem gesellschaftlichen Vorrat von Konsumtionsmitteln soviel heraus, als gleich viel Arbeit kostet. Dasselbe Quantum Arbeit, das er der Gesellschaft in einer Form gegeben hat, erhält er in der andern zurück.*« (Ibid.: 20)[12]

---

genossenschaftlicher Vergesellschaftungsformen im Produktionsprozess aus, um die Waren- und Werteigenschaft der Produkte abzustreifen. Gemeint ist aber im Rahmen dieser Streitschrift nur, dass auf der Grundlage genossenschaftlicher, auf Gemeingut an den Produktionsmitteln gegründeten Produktionsverhältnissen die Mystifikationen und Verdrehungen des Warenfetischismus nicht mehr zum Tragen kommen – eine allerdings überzogenvergröberte Formulierung.

[12] Die zitierte Passage liest sich auf den ersten Blick wie eine späte Rückkehr von Marx zu den oben kritisierten Auffassungen des Proudhonisten A. Darimon über Arbeitsgeld (Stundenzettel) etc., wenngleich auf Basis veränderter Produktionsverhältnisse mit genossenschaftlichen Eigentumsformen. Ebenso wie die zuvor zitierte Bemerkung über die Abstreifung der

Worauf es Marx vorliegend ankommt, ist das dem Warenaustausch nachempfundene Verteilungsprinzip nach der erbrachten Leistung des aktiven Genossenschaftsmitgliedes. Es geht hier um die abstrakte Gleichheit, um gleiches Recht für ungleiche Individuen und ihre ungleichen Fähigkeiten und Arbeitsinputs: »*Dies gleiche Recht ist ungleiches Recht für ungleiche Arbeit. Es erkennt keine Klassenunterschiede an, weil jeder nur Arbeiter ist wie der andre; aber es erkennt stillschweigend die ungleiche individuelle Begabung und daher Leistungsfähigkeit der Arbeiter als natürliche Privilegien an. Es ist daher ein Recht der Ungleichheit, seinem Inhalt nach, wie alles Recht.*« (Ibid.: 21; Hervorh. i. Original) Eine solche aus der vorangegangenen bürgerlich-kapitalistischen Gesellschaft überkommene individuelle Distributionsform ist nach den Maßstäben einer kommunistischen Gesellschaft ein »*Mißstand, (der) allerdings unvermeidbar (ist) in der ersten Phase der kommunistischen Gesellschaft*«. (Ibid.) Die ökonomische Grundlage für diese an den individuellen Beiträgen nach den Prinzipien des bürgerlichen Rechts ausgestaltete Verteilung liegt in dem Umstand, dass die zur Verfügung stehenden Konsumtionsmittel noch nicht in einem solchen Überfluss zur Verfügung stehen, dass die individuelle Verteilung, abgesehen von den Fonds zur kollektiven individuellen Konsumtion (Realtransfers), ohne die Bindung an die je individuellen Arbeitsinputs der (aktiven) Gesellschaftsmitglieder möglich wäre. Die Konsumtionsmittel haben also – noch – nicht den Status freier Güter erlangt, die ohne monetäre Budgetrestriktion, ohne »von der Gesellschaft zertifizierte Scheine für die geleisteten Arbeitsinputs« zur Verfügung gestellt werden können.

Letzteres ist erst in einer höheren Phase der kommunistischen Gesellschaft möglich, »*nachdem die knechtende Unterordnung der Individuen unter die Teilung der Arbeit, damit auch der Gegensatz geistiger und körperlicher Arbeit verschwunden ist; nachdem die Arbeit nicht nur Mittel zum Leben, sondern selbst das erste Lebensbedürfnis geworden; nachdem mit der allseitigen Entwicklung der Individuen auch ihre Produktivkräfte gewachsen und alle Springquellen des genossenschaftlichen Reichtums voller fließen – erst dann kann der enge bürgerliche Rechtshorizont ganz überschritten werden und die Gesellschaft auf ihre Fahne schreiben: Jeder nach seinen Fähigkeiten, jedem nach seinen Bedürfnissen!*« (Ibid.)[13] Tatsäch-

---

Warenform des Produkts und die Überwindung seiner Werteigenschaft handelt es sich vorliegend jedoch um eine Illustration und didaktische Vereinfachung für die deutsche Arbeiterpartei, die in ihren programmatischen Auffassungen stark von Ferdinand Lassalle geprägt war. Es stellt eine Verkennung des Marxschen Textes dar, wenn einige dieser Aussagen und Formulierungen 1:1 als Anweisungen für eine nachkapitalistische Gesellschaft hergenommen werden – was in der Realität vieler sozialistischer Länder des sog. Realsozialismus – leider – geschehen ist und wesentlich zum Untergang dieser Gesellschaften beigetragen hat.

[13] Auch bei diesen Formulierungen sind einige Klarstellungen vonnöten: Die Aufhebung der knechtenden Unterordnung der Individuen unter die Teilung der Arbeit heißt nicht Aufhebung der Arbeitsteilung überhaupt, etwa im Sinne der falschen Ineinssetzung von Teilung der Arbeit und Verselbstständigung des gesellschaftlichen Zusammenhangs zwischen den Individuen in der bürgerlichen Gesellschaft beim frühen Marx der »Deutschen Ideolo-

Kapitel 8: Kommunistische Gesellschaftsformation

lich überwindet das Verteilungsprinzip »jedem nach seinen Bedürfnissen« die zuvor herausgestellten Grenzen der Verteilung nach individueller Leistung, insofern das Äquivalenzprinzip zwischen Leistung (Arbeitsinput) und (individueller) Teilnahme an der Konsumtion überwunden wird.

Die Überwindung des Äquivalenzprinzips gilt zuvorderst für die öffentlichen monetären Transfers bspw. einer auf dem Umlageprinzip beruhenden Rentenversicherung. Richten sich nicht nur die Einzahlungen in den gesellschaftlichen Assekuranzfonds als Steuern oder spezielle Sozialabgaben nach dem erzielten Markteinkommen der aktiven Erwerbstätigen, sondern werden auch die ausgezahlten Rententransfers an die Höhe der eingezahlten Beträge gebunden, wenn auch in der Regel mit politisch bestimmten Modifikationen (Gewährleistung einer Mindest- und Maximalrente), reproduzieren sich die von Marx herausgestellten Muttermale der alten kapitalistischen Gesellschaft auch bei deren nichtkapitalistischen Vergesellschaftungsformen. Solange Letztere im Rahmen von dominierenden kapitalistischen Produktionsverhältnissen bestehen, ist dies systemkonform; unter nachkapitalistischen, sozialistischen Produktionsverhältnissen sind aber gerade diese Vergesellschaftungsformen als Erste von ihren bürgerlichen Muttermalen zu befreien. In weiterer gesamtgesellschaftlicher Dimension ist dies nur möglich, wenn tendenziell alle Produkte der individuellen Konsumtion zu freien Gütern geworden sind, also die die Zahlungsfähigkeit des Bedürfnisses bedingende Knappheit der Produkte überwunden ist. Vor dem Hintergrund dieser Vision wird verständlich, dass Marx die Arbeit zum ersten Lebensbedürfnis stilisiert; etwas weniger emphatisch bedeutet dies einen so hohen Entwicklungsstand der Produktivkräfte gesellschaftlicher Arbeit, dass die Gesellschaft tatsächlich mit einem Minimum an gesellschaftlicher Arbeitszeit ein derart reichliches Produkt- und Dienstleistungsangebot zur Verfügung stellen kann, sodass eine monetäre Budgetrestriktion bei der Verteilung tendenziell wegfallen kann.[14] Zu berücksichtigen ist zudem, dass natürlich auch die Ausgestaltung des gesellschaftlichen Bedürfnissystems im Zeitablauf Änderungen unterliegt, die keineswegs mit Notwendigkeit zu einem »infiniten immer mehr«, insbesondere an materiellen Produkten für alle Einzelnen führen (müssen).[15]

---

gie«, wo die Schlussfolgerung abgeleitet wurde, »*daß in der kommunistischen Gesellschaft, wo jeder nicht einen ausschließlichen Kreis der Tätigkeit hat, sondern sich in jedem beliebigen Zweige ausbilden kann (so weit, so gut / S.K.), die Gesellschaft die allgemeine Produktion regelt und mir eben dadurch möglich macht, heute dies, morgen jenes zu tun, morgens zu jagen, nachmittags zu fischen, abends Viehzucht zu treiben und nach dem Essen zu kritisieren, wie ich gerade Lust habe, ohne je Jäger, Fischer, Hirt oder Kritiker zu werden.*« (Marx 1965: 1215; vgl. auch SOST 1981a: 114ff.) Auch die Rede von der Arbeit als »erstem Lebensbedürfnis« fällt, wörtlich genommen, hinter die oben dargestellte Unterscheidung zwischen dem »Reich der Naturnotwendigkeit« und dem »Reich der Freiheit« zurück.

[14] Diese Formulierung macht deutlich, dass auf dem Weg zur Überwindung der Knappheit Zwischenetappen für verschiedene Produktgruppen möglich sind, die eine Kombination unterschiedlicher Verteilungsprinzipien bedingen.

[15] Vgl. dazu ausführlicher Krüger 2020: 273ff.

Nicht-produktive Arbeit und Staat

Im Unterschied zu den Aussagen von Marx (und Engels) zu wirtschaftlichen Eckpunkten nachkapitalistischer Gesellschaften, die sich hauptsächlich aus der durchgeführten wissenschaftlichen Analyse der ökonomischen Struktur der bürgerlich-kapitalistischen Gesellschaft herausdestillieren lassen, handelt es bei ihren Bemerkungen zum Staat in aller Regel um Bemerkungen, die im Rahmen ihrer Kommentierung zeitgeschichtlicher Auseinandersetzungen des aufkommenden Industrieproletariats gegenüber der die politische Macht innehabenden Bourgeoisie getroffen worden sind. Damit haben die seinerzeitigen konkreten Ausgestaltungen der Klassenstrukturen und Formen der Klassenkämpfe sowie die in ihnen geltend gemachten politischen Forderungen einen besonderen historischen Stellenwert, sodass sich ihre umstandslose direkte Anwendung auf die gegenwärtigen Verhältnisse der entwickelten Gesellschaften der industriellen Metropolen aufgrund der zwischenzeitlichen Entwicklungen demokratischer Strukturen und zivilisatorischer Errungenschaften verbietet. Eine solche wortwörtliche Übernahme verschiedener Aussagen würde in die Irre führen und historisch überkommene Kostümierungen sozialer und politischer Verhältnisse unzulässig verallgemeinern. Es sind im vorliegenden Zusammenhang daher nur die aus den damaligen Verhältnissen herauszufilternden Verallgemeinerungen für grundlegende Strukturprinzipien der politischen Form der sozialen Emanzipation von Interesse.

Die angedeuteten Einschränkungen beziehen sich namentlich auf Marx' Schrift »Der Bürgerkrieg in Frankreich«, in dem er die Erfahrungen der Pariser Kommune, dieser ersten proletarischen Revolution in der Geschichte, als Adresse des Generalrats an alle Mitglieder der Internationalen Arbeiterassoziation (IAA) in Europa und den Vereinigten Staaten von Amerika zu verallgemeinern sucht.[16] Hier finden sich seine Ausführungen zur Diktatur des Proletariats als Eroberung der politischen Macht, um ein Zwischenstadium im Übergang zur kommunistischen Gesellschaft zu etablieren, »*in welchem (der) Klassenkampf seine verschiednen Phasen auf rationellste und humanste Weise durchlaufen kann*« (MEW 17b: 546). Diese Diktatur des Proletariats ist gegründet auf die bewaffnete Macht der Arbeiterklasse, die die alte Staatsmaschinerie des Unterdrückungsapparats zerschlägt und an die Stelle des bürgerlichen Heeres die demokratische Organisation der proletarischen Armee und Volksmiliz setzt (vgl. ibid.: 538).[17] Im 21. Jahrhundert haben diese Auffassungen allerdings nur mehr historischen Wert, hat sich doch mit dem Eintritt der Arbeiterklasse und ihrer Organisationen in die verschiedenen Überbauten der entwickelten bürgerlichen Gesellschaft (inkl. des Staates) nicht nur ihre ökonomische

---

[16] Wir kommen auf die Tage der Pariser Kommune als ersten, wenn auch nur keimhaft umgesetzten Sozialismusversuch, der zudem zu kurz war, um reale Erfahrungen einer kommunistischen Gesellschaft zu erzeugen, in Kapitel 19 nochmals zurück.

[17] Namentlich diese Aussagen galten später Lenin als Ausgangsmaterial für seine Schrift »Staat und Revolution« (vgl. LW 25), die 1917 verfasst, es mit einem vergleichbaren Entwicklungsgrad der bürgerlich-kapitalistischen Gesellschaft in Russland zu tun hatte.

Kapitel 8: Kommunistische Gesellschaftsformation

Stellung, sondern auch ihre gesellschaftliche und politische Position erheblich verändert. Dementsprechend ist auch Marx' Orientierung auf die Zusammenfassung von legislativer, exekutiver und judikativer Gewalt als Gegensatz zum Selbstverständnis des bürgerlichen Rechtsstaates mit Gewaltenteilung unter heutigen Bedingungen nicht mehr aktuell.

Von systematischer Bedeutung und daher bleibendem Wert sind jedoch Bemerkungen sowohl von Marx als auch von Engels zur ökonomischen Basis dieser Übergangsperiode, wird doch die Verstaatlichung von Betrieben als mögliche Durchgangsform für die Etablierung genossenschaftlicher Produktionsverhältnisse bestimmt. Zwar ist klar, dass »*weder die Verwandlung in Aktiengesellschaften noch die in Staatseigentum ... die Kapitaleigenschaft der Produktivkräfte auf(hebt)*«. Jedoch gilt: »*Das Staatseigentum an den Produktivkräften ist nicht die Lösung des Konflikts, aber es birgt in sich das formelle Mittel, die Handhabe der Lösung.*« (MEW 20a: 260)[18] Für bestimmte Bereiche des ökonomischen Reproduktionsprozesses kann allerdings die staatliche Form des Eigentums als sowohl kommunales wie auch gesamt- oder zentralstaatliches Eigentum unter heutigen Bedingungen eine längerfristige Berechtigung besitzen.[19]

Wenn der Zugriff auf die zentrale exekutive Gewalt des Staatsapparats sowohl politisch wie ökonomisch auch unter Bedingungen der parlamentarischen Republik durch die Erringung der Stimmenmehrheit bei allgemeinen Wahlen die Voraussetzung einer Umgestaltung der gesellschaftlichen Verhältnisse bildet, so ist dies, Marx zufolge, nur der Ausgangspunkt, der den Beginn für die schrittweise Aufhebung der Trennung von Gesellschaft und Staat zu bilden hat. Was unter dieser Aufhebung der Verselbstständigung des Staates gegenüber der Gesellschaft zu verstehen ist, hat er in allgemeiner Weise durch die Verwandlung von politischen Funktionen in Verwaltungsfunktionen umschrieben. Ein allmähliches »Absterben des Staates« beinhaltet dabei erstens eine weitgehende Verlagerung von Entscheidungen auf untere kommunale Ebenen, die Transformation reproduktiver Funktionen des bürgerlichen Sozial- und Interventionsstaates in zivilgesellschaftliche Organisationsformen, z.B. auf private Non-Profit- und/oder gemeinwirtschaftlich organisierte Gesellschaften und schließlich die Reduzierung nicht-reproduktiver staatlicher Funktionen, d.h. Funktionen, die im Rahmen des bürgerlichen Staates den Gewaltapparat (Polizei, Armee etc.), die Finanzverwaltung, die Repräsentation nach innen und außen sowie die Justiz beinhalten, auf ihr möglichstes Minimum. Auch wenn unter modernen Verhältnissen heutzutage die ökonomische Bedeutung der letzteren bereits eine relativ geringe Größe ausmacht, bleibt die »*Beseitigung der Täuschung, daß Verwaltung und politische Leitung Geheimnisse wären, transzen-

---

[18] Vgl. auch Lenin, der die Übergangsperiode nach der Übernahme der politischen Macht durch die Bolschewiki ganz offen als Staatskapitalismus bezeichnete, allerdings darin keineswegs den Endpunkt der wirtschaftlichen und gesellschaftlichen Transformation sah.
[19] Zu denken ist in diesem Zusammenhang einerseits an öffentlich-kommunale Versorgungsunternehmen, andererseits an Institutionen des Kredit- und Versicherungsgewerbes.

dente Funktionen, die nur den Händen einer ausgebildeten Kaste – Staatsparasiten, hochbezahlten Sykophanten und Sinekuristen in den höhren Stellungen anvertraut werden könnten« (MEW 17b: 544), eine zwar nicht ökonomisch, vielmehr jedoch politisch-legitimatorische Aufgabe von großer symbolischer Bedeutung. In diesem Zusammenhang bleibt die Orientierung der Entgeltung der Mitglieder dieser politischen »Klasse« am durchschnittlichen Gehalt (»Arbeiterlohn«) bedeutsam.[20] Die Forderung nach einem allmählichen Absterben des Staates bildet darüber hinaus einen der sinnfälligsten Gegensätze zu den Gesellschaften des so genannten Realsozialismus, in denen diese Forderung mit Stalins Konzeption des »Staates des ganzen Volkes« offiziell zu Grabe getragen worden war.

b) Entwicklungsphasen der kommunistischen Gesellschaftsformation

Niedere Phase der kommunistischen Gesellschaft als Marktsozialismus

Die Diktatur des Proletariats stellt althergebrachten Vorstellungen zufolge die Übergangsphase von einer bürgerlich-kapitalistischen zu einer kommunistischen Gesellschaft dar. Die seit Marx' und auch Lenins Zeiten erfolgten internen Fortentwicklungen und Ausgestaltungen der bürgerlichen Gesellschaft mit einem Sozial- und Interventionsstaat einerseits sowie die gewonnenen Erfahrungen und Erkenntnisse aus der Existenz und Entwicklung der sog. realsozialistischen Gesellschaften in der Sowjetunion und den mittel- und osteuropäischen Staaten nach dem Zweiten Weltkrieg andererseits ergeben die zwingende Schlussfolgerung, dass die der kapitalistischen Produktionsweise und der auf ihr gegründeten bürgerlichen Gesellschaft folgende Gesellschaft nicht nur ein kurzes zeitliches Intermezzo, sondern eine eigenständige Entwicklungsphase ausmachen muss. Ein evolutionär möglicher Übergang als Systemwechsel aus den entwickelten sog. »kapitalistischen Demokratien des Westens« zeichnet sich sodann durch eine qualitative Veränderung der Produktionsverhältnisse sowie die Bewahrung und den Ausbau zivilgesellschaftlicher Errungenschaften und Strukturen der Überbauten bürgerlicher Gesellschaften aus. Beide qualitative Veränderungen ordnen eine solche gemeinhin als »Sozialismus« bezeichnete Totalität von Ökonomie, Gesellschaft und Staat der kommunistischen Gesellschaftsformation als deren niedere Phase zu.

Die Produktionsverhältnisse dieser niederen Phase der kommunistischen Gesellschaftsformation werden nicht nur nicht auf Ware-Geld-Beziehungen verzichten, sondern der marktwirtschaftlichen Ressourcenallokation die dezentrale Steuerung

---

[20] Auch die heutige Bezahlung der politischen Repräsentanten sowie des staatlichen Verwaltungspersonals kommt, kruden Vorurteilen im Hinblick auf vermeintlich ausufernde Sinekuren etc. dieser Personen zum Trotz, diesem von Marx angesprochenen Ideal bereits relativ weitgehend nahe. Die komplett leistungsentkoppelten Spitzeneinkommen werden nicht im öffentlichen Sektor, sondern unter Marktbedingungen im privaten Sektor erzielt; vgl. dazu auch Piketty 2014 ; 415ff.

Kapitel 8: Kommunistische Gesellschaftsformation

der Unternehmensportfolios überlassen. Dies ergibt sich zum Einen aus der Notwendigkeit, die notwendige Variabilität und Flexibilität im einzelwirtschaftlich-unternehmensmäßigen Handeln gegenüber Marktveränderungen zu gewährleisten und zum Anderen aus den nach wie vor bestehenden Knappheitsverhältnissen zwischen den verfügbaren Konsumtionsfonds und den gesellschaftlichen Bedürfnissen, die die Dazwischenkunft von Geld als Rationierungsmittel, d.h. die Notwendigkeit der Zahlungsfähigkeit der Bedürfnisse als Bedingung für deren Befriedigung erfordern. Eine sozialistische Marktwirtschaft ergibt aus diesen Verhältnissen allerdings erst dann, wenn sowohl eine proaktive strukturpolitische Steuerung der Marktallokation einen Rahmen und eine strategische Entwicklungsrichtung vorgeben als auch die der Zirkulationssphäre unterliegenden Verhältnisse der Wertschöpfung im Produktionsprozess die Verkehrung von Subjekt und Objekt durch eine substanzielle Mitentscheidung der unmittelbaren Produzenten über das Was, Wie und Für wen der Produktion überwinden. Eine solche sozialistische Corporate Governance setzt eine Absicherung durch veränderte Eigentumsverhältnisse an Produktionsmitteln als deren Grundlage voraus. Die Eigentumsfrage im Sinne der Herstellung einer Einheit von Arbeit und Eigentum an den Produktionsmitteln bleibt damit neben der Veränderung der Betriebsorganisation in Richtung Mitentscheidung der (weiterhin) abhängig Beschäftigten ein zentrales Element.

Die Ausgleichung individueller Profitraten zu einer gesamtwirtschaftlich-durchschnittlichen Profitrate stellt den zentralen Mechanismus der Ressourcenallokation unter kapitalistischen Bedingungen dar. Die durch staatliche Politiken hervorgebrachten Modifikationen gegenüber diesem Profitratenausgleich blieben im Spätkapitalismus nachgeordnete Interventionen in dieses Grundgesetz der kapitalistischen Konkurrenz. Seine Ersetzung durch eine makroökonomisch angelegte zukunftsorientierte, d.h. proaktive Strukturpolitik, die die Richtung des Gesamtreproduktionsprozesses anstelle der naturwüchsigen, profit- und preisgesteuerten kapitalistischen Allokation determiniert, markiert den qualitativen oder systemspezifischen Unterschied zwischen einer nachgeordnet modifizierten kapitalistischen Marktallokation oder »sozialen Marktwirtschaft« und einer sozialistischen Marktwirtschaft. Anders ausgedrückt: Die Profitrate als Steuerungsgröße geht ihrer gesamtwirtschaftlichen Allokationsfunktion zugunsten dieser makroökonomischen proaktiven Strukturpolitik verlustig und wird zu einer bloß noch einzelwirtschaftlichen Variable im Zielsystem der erwerbswirtschaftlichen Unternehmen neben anderen im Rahmen einer sozialistischen Corporate Governance, die die Deckung der Produktionskosten sowie einen Akkumulationsfonds zu gewährleisten hat.

Demokratisch legitimierte proaktive makroökonomische Strukturpolitik, welche den wirtschaftspolitischen Politik-Mix aus Finanz- und Geldpolitik von Staat und Zentralbank integriert und strukturiert zum Ersten, eine Mischung verschiedener Eigentumsformen an den Produktionsmitteln, d.h. an Grund und Boden sowie den durch Arbeit erzeugten Produktionsmitteln der Unternehmen und sonstigen Organisationen ohne Erwerbszweck, die neben Privatunternehmen einen bestimmenden Bereich vergesellschafteter, d.h. in öffentlichen, genossenschaftlichen und gemeinwirtschaftlichen Rechtsformen organisierter Unternehmen und Betriebe aufweisen zum Zweiten sowie zum Dritten die Demokratisierung der Unternehmens- und Betriebsführung in allen einzelwirtschaftlichen Einheiten stellen die drei wesentlichen allgemeinen Merkmale dieser sozialistischen Marktwirtschaft dar.

Damit ist die sozialistische Marktwirtschaft der legitime Erbe der »sozialen Marktwirtschaft«, die in der Zeit nach dem Zweiten Weltkrieg auf der Grundlage dominierender kapitalistischer Produktionsverhältnisse durch die Einfügung nichtkapitalistischer Vergesellschaftungsformen die Grenzen der vorangegangenen Phasen der Kapitalakkumulation überwinden konnte und die Betriebsweise des Fordismus etablierte und flankierte. Die überkommenen Grenzen der vorangegangenen Entwicklungsperioden lagen strukturell in der vormaligen Geld- und Währungsverfassung sowie einem noch unentwickelten Sozial- und Interventionsstaat; ihre Überwindung durch ein entwickelteres Geld- und Währungssystem inkonvertibler Banknoten im Inland und fixen Wechselkursen im Außenwirtschaftsverkehr (Bretton-Woods-System) sowie die Ausgestaltung der Wirtschafts- und Sozialpolitik der Staaten ermöglichten eine erneute zyklenübergreifende beschleunigte Kapitalakkumulation und gesellschaftliche Prosperität auf der Basis der neuen Betriebsweise. Wenn nach dem Zweiten Weltkrieg die Grenzen der kapitalistischen Produktionsweise noch kapitalistisch-immanent durch diese Ausgestaltung abgeleiteter Wirtschaftssektoren zu überwindbaren Schranken herabgesetzt werden konnten, so ist dies im Rahmen der strukturellen Überakkumulationssituation von Kapital seit dem letzten Viertel des 20. Jahrhunderts sowie zur Implementierung einer digitalen Betriebsweise und Plattformökonomie nicht mehr im Rahmen des Kapitalismus, sondern nur noch durch den Systemwechsel zu erreichen. Andererseits ist durch die benannten Merkmale der sozialistischen Marktwirtschaft dieser Systemwechsel evolutionär, d.h. durch eine organische Weiterentwicklung der »sozialen Marktwirtschaft« möglich, was allerdings weder heißt, dass dieser Systemwechsel sich gewissermaßen von selbst als einfaches Hinüberwachsen der alten in die neuen Formen vollziehen kann, noch dass er ohne die Überwindung des Widerstandes der herrschenden Klassen und die Herstellung einer alternativen hegemonialen Position der den Systemwechsel tragenden gesellschaftlichen Kräfte, kurz: ohne Klassenkampf, durchzusetzen ist.

Der erreichte Entwicklungsstand der gesellschaftlichen Produktivkräfte in den kapitalistischen Metropolen bietet die Basis dafür, den Übergang in die sozialistische Marktwirtschaft in rationellen Formen unter demokratischen Verhältnissen und ohne offene Gewalt zu vollziehen. Mit der Reaktion namentlich der Zentralbanken durch lockere und ultralockere Geldpolitiken (Quantitative Easing) ist im Spätkapitalismus auf die durch die strukturelle Überakkumulation von Kapital erzeugten Krisenprozesse reagiert worden; damit wurde bereits der Kapitalcharakter des zinstragenden Kapitals relativiert. Gleichzeitig waren diese Interventionen der Politik in die Kapitalakkumulation durch massive Verschuldungsprozesse defensiv im Sinne des »Kaufens von Zeit« ausgelegt, jeweils in der Hoffnung, dass sich hierdurch die notwendigen Reproportionierungen des Gesamtreproduktions-

Kapitel 8: Kommunistische Gesellschaftsformation

prozesses naturwüchsig marktbestimmt einstellen und eine erneute beschleunigte reproduktive Kapitalakkumulation in Gang gesetzt würden. Dies unterstreicht die Möglichkeiten politischer Interventionen und gleichzeitig ihre immanenten Grenzen. Letztere liegen nicht oder nur für den oberflächlichen Betrachter in der fehlenden Abstimmung verschiedener Politiken, hier: einer expansiven Geldpolitik und einer restriktiven staatlichen Finanzpolitik, die sich bis zu einem gewissen Grad gegenseitig konterkarierten.

Die mittlerweile schon mehrere Jahrzehnte anhaltende Überakkumulation von Kapital offenbart direkt, dass gegenständliche Ressourcen an Produktionsmitteln im Überfluss vorhanden sind. Wenngleich bei genauerer Betrachtung zwischen überakkumuliertem (fixen) Kapital und durch den im Neoliberalismus durch Sparexzesse der Politik ausgezehrten und beeinträchtigten materiellen Infrastrukturen und allgemeinen Versorgungsleistungen zu unterscheiden ist, bedeuten dieser (relative) Überfluss an Kapital sowie die mittlerweile entwickelten Instrumentarien der politischen Interventionen, dass der Übergang in eine sozialistische Gesellschaft, den ursprünglichen Vorstellungen von Marx und Engels entsprechend, für die höchst entwickelten kapitalistischen Länder auf der Tagesordnung steht bzw. stehen kann. Eine vorgängige bürgerlich-demokratische Revolution zur Überwindung feudaler Strukturen, eine nationale Befreiung der Gesellschaft von Fremdherrschaft und eine nachholende ursprüngliche Akkumulation, die viele Umgestaltungen unter Führung kommunistischer Kräfte in der Vergangenheit entscheidend geprägt und vielfach auch deformiert haben, trifft für die hier im Mittelpunkt stehenden Verhältnisse nicht mehr zu.[21]

Überreichlichkeit von Kapital ist jedoch nicht identisch mit der Überwindung der Knappheit verfügbarer Warenangebote im Verhältnis zu den gesellschaftlichen Bedürfnissen. Selbst das Auftreten der Letzteren bloß in Form einer zahlungsfähigen Nachfrage enthält nicht nur die Budgetrestriktion privater Haushalte in allgemeiner Weise, sondern wird durch die Verschärfung der Ungleichheiten in der Einkommensverteilung in allen kapitalistischen Metropolen als naturwüchsiges Ergebnis der kapitalistischen Überakkumulation und durch eine neoliberale Politik in besonderer Weise akzentuiert. Auch die politische Agenda des Einwirkens auf eine Korrektur der marktbestimmten Einkommensverteilung zwischen Profit und allen Formen des Lohns durch Abbau der gravierendsten Ungleichheiten sowie die Reparatur des unter neoliberalen Auspizien durchgeführten Sozialabbaus durch ins Werk gesetzte Deregulierungen und Privatisierungen ehemals staatlich-öffentlicher Schutzvorschriften und bestehender Institutionen würde die Beziehung zwischen

---

[21] Dies heißt natürlich im Umkehrschluss nicht, dass sozialistische Umgestaltungen für unentwickeltere Länder per se ausgeschlossen wären, wie ja sowohl Marx' Sassulitsch-Brief zeigt und auch den seinerzeit in der Sowjetunion der 1920er Jahre intensiv geführte »Industrialisierungs-Debatte«, die die Option einer länger praktizierten »Neuen Ökonomischen Politik« beinhaltet hatte. Auch das Umsteuern in der Volksrepublik China durch die marktwirtschaftlichen Reformen ab 1978 ist nachgerade ein Beispiel für alternative Entwicklungswege. Vgl. auch Krüger 2016: 273ff., 301ff., 346ff.

dem Angebot an Konsumtionsmitteln und der zahlungsfähigen Nachfrage nach wie vor als Knappheitsbeziehung bestehen lassen. Diese bedarf zu ihrer Operationalisierung zwingend der Formen von Ware und Geld. Und zwar müssen die Preise der Waren im überwiegenden Maße tatsächliche Marktpreise sein, die sowohl die gesellschaftlich notwendige Arbeit, die zur ihrer Produktion nötig war bzw. ist als auch die Verteilung der gesellschaftlichen Gesamtarbeit auf die verschiedenen Produktionszweige zum Ausdruck bringen und somit ihre allokative Informationsfunktion erfüllen.[22] Die Conclusio hieraus lautet: Der marktvermittelten Ressourcenallokation mit die Knappheitsverhältnisse zum Ausdruck bringenden Preise kommt das Prä bei der Selbststeuerung des Gesamtreproduktionsprozesses zu, wenn veränderte Rahmensetzungen administrativer Art, z.B. durch (zeitweilige oder permanente) gänzliche Herausnahme bestimmter Produktionen aus dem Marktzusammenhang, die notwendige Einhegung der Marktallokation bereitstellen. Die politische Steuerung durch den makroökonomischen Politik-Mix erfolgt auf dieser Grundlage durch indirekte Beeinflussungen der monetären Variablen, an denen sich die Einzelwirtschaften ausrichten. Eine Steuerung der Ökonomie durch administrative Planung ignoriert demgegenüber die Knappheitsverhältnisse zwischen Angebot und zahlungsfähiger Nachfrage und macht mit der Etablierung vermeintlich kommunistischer Distributionsverhältnisse den zweiten Schritt vor dem ersten.

Die dezentral marktbestimmte Ressourcenallokation der sozialistischen Marktwirtschaft kann auf die Profitraten der Unternehmen als einzelwirtschaftliche Steuerungsvariable nicht verzichten. Allerdings ist der Stellenwert der Profitorientierung der einzelwirtschaftlichen Entscheidungen durch die sozialistische Corporate Governance auf die Erwirtschaftung von internen Überschüssen zur Investitionsfinanzierung und Vorsorge grundsätzlich eingeschränkt und darüber hinaus je nach Rechtsform des betreffenden Unternehmens mehr oder weniger relativiert, am stärksten im Staatssektor, am wenigsten im Privatsektor und von Fall zu Fall im genossenschaftlichen Sektor. Damit wird die im Begriff der Profitrate enthaltene Tendenz der Surplusprofiterzielung, die unter kapitalistischen Bedingungen das Vehikel zur Herstellung ausgeglichener Profitraten ist, durch die ordnungspolitischen Einhegungen sowohl durch verschiedene Unternehmensverfassungen als auch durch

---

[22] Die Außerkraftsetzung dieser marktvermittelten Allokation durch administrative Lenkungen der Konsumtionsmittel-Produktion oder die dauerhafte Festschreibung von niedrigen Preisen bestimmter Waren (Grundversorgungsgüter, Wohnungsmieten etc.) in den realsozialistischen Gesellschaften durch staatliche Subventionen, haben die Allokationsmechanismen der Marktwirtschaft entweder total negiert oder stark beschädigt. Das Ergebnis war entweder eine administrative Gängelung des privaten Konsums oder die Auszehrung des Staatshaushalts durch immer größere Subventionszahlungen bei gleichzeitig schwindender Qualität der angebotenen Grundversorgungsgüter wegen ausbleibender Produktentwicklungsanstrengungen seitens ihrer Produzenten. Damit erreichte die intentional bewusste Steuerung der Ökonomie durch Außerkraftsetzung der wertgesetzlichen Regulierung und eine vermeintlich unmittelbare Gesellschaftlichkeit der verausgabten Arbeiten das genaue Gegenteil der beabsichtigten Ergebnisse. Wir kommen hierauf zurück; vgl. Kapitel 20.

Kapitel 8: Kommunistische Gesellschaftsformation

die makroökonomische Strukturpolitik öffentlicher Instanzen eingeschränkt. Der Akkumulation wird somit zu einem großen Teil ihre Naturwüchsigkeit genommen. Auf der anderen Seite aber kann und soll auf die materielle Interessiertheit der Belegschaften der vergesellschafteten Unternehmen und der Einzelunternehmer in den Privatunternehmen nicht verzichtet werden, denn diese bleibt als Belohnung sine qua non für individuelle Anstrengungen und Initiativen für Innovationen. Eine gesellschaftliche Kontrolle der marktbestimmten Einkommensverteilung in Form der Kappung von Höchsteinkommen sorgt wiederum dafür, dass unkontrollierte und gesellschaftlich unerwünschte Verselbstständigungstendenzen von Einkommensungleichheiten innerhalb der sozialistischen Marktwirtschaft vermieden werden.

Die Wirkung des Preismechanismus von Angebot und Nachfrage bleibt, innerhalb des von der Ordnungspolitik gesetzten Rahmens sowie innerhalb der von der Strukturpolitik gesetzten Grenzen, zuvorderst für den gesamtwirtschaftlichen Warenmarkt zur Steuerung des Produktportfolios der Unternehmen bestehen. Für die beiden anderen Märkte, Arbeitsmarkt und Finanzmarkt, wirkt die Allokation über Marktpreise nur sehr viel eingeschränkter. Für den Arbeitsmarkt setzt die politische Regulierung an der seinerzeit in der fordistischen Betriebsweise des Kapitalismus begonnenen und während der nachfolgenden Periode des Neoliberalismus teilweise zurückgeführten Dekommodifizierung der Arbeitskraft wieder an. Allerdings ist die Ausrichtung dieser Dekommodifizierung der Arbeitskraft nunmehr sowohl an den neuen Erfordernissen einer digitalisierten Wirtschaft als auch den zusätzlichen Anforderungen der sozialistischen Corporate Governance der sozialistischen Marktwirtschaft vorzunehmen. Die gleichberechtigte und immer wieder auszubalancierende Stellung der Ökonomie der (lebendigen) Arbeit gegenüber der Ökonomie der Betriebswirtschaft bedingt eine gesteigerte Verpflichtung nicht nur der Wirtschaftspolitik, sondern auch der einzelnen Unternehmen. Sie gilt bei der Lohnfindung durch die allgemein tariflich-verbindlich festgeschriebene Partizipation der abhängig Beschäftigten an Produktivitätsentwicklung und Wirtschaftswachstum, der Sicherung der Arbeitsplätze durch betriebliche Qualifizierungsmaßnahmen und Beschäftigungsinitiativen bei Rationalisierungsprozessen und Umstrukturierungen der Produktportfolios sowie der Gewährleistung »guter« und »agiler« Arbeit(sbedingungen) innerhalb der Produktionsprozesse. Es werden, mit anderen Worten, die einzelnen Unternehmen unmittelbar in die Pflicht genommen, für die Qualität und Quantität ihrer Beschäftigten, die ja in genossenschaftlich organisierten Unternehmen selbst direkt oder indirekt Anteilseigner sind, Sorge zu tragen und dies in ihrem Zielsystem operativ und strategisch gleichberechtigt bis dominant gegenüber ihrer Renditeorientierung zu verankern.

Der Finanzmarkt mit seinen einzelnen Teilmärkten ist in abgestimmter Weise neben der staatlichen Finanzpolitik, die über die Beeinflussung der Angebots- und Nachfrageverhältnisse der Warenmärkte wirkt, der Hauptansatzpunkt zur Steuerung des gesamtwirtschaftlichen Akkumulationsprozesses im Sinne der festgelegten Ziele der makroökonomischen Strukturpolitik. Neben der zu Anfang durchzuführenden Rückführung der im Finanzmarktkapitalismus überbordenden Geldkapitalakkumulation (in allen ihren Formen) sind tendenziell alle Formen des zinstragenden Kapitals und seiner Verwertungsraten in den Dienst der wirtschaftspolitischen Steuerung der Akkumulation zu nehmen und dementsprechend zu instrumentalisieren; dieser Ansatz schließt an die Maßnahmen und Instrumente der ultralockeren Geldpolitik an. Die Überführung des Geschäftsbankensektors in öffentliche Eigentumsformen ist dabei wesentlich.

Dies unterstellt des Weiteren die möglichste Beseitigung der Finanzspekulation an den Sekundärmärkten für Vermögenswerte (Wertpapiere, Immobilien) durch Verbote von Geschäften ebenso wie die Kontrolle der Zinspolitik der Zentralbank, die Einflussnahme auf die Kreditpolitik der Geschäftsbanken und die Regulierung der Märkte für kurz- und langfristiges Geldkapital (Emissionsmärkte) gemäß den strukturpolitischen Zielen durch Kreditinstitute mit verschiedenen besonderen wirtschaftspolitischen Aufgaben. Neben der Steuerung und Einflussnahme auf die Angebotsbedingungen der Finanzmärkte und Anlageformen von Geldkapital kommt nachfrageseitig auch der Beteiligungspolitik öffentlicher wirtschaftspolitischer Instanzen an reproduktiven Unternehmen durch zeitweiliges oder permanentes Venture-Kapital ein hoher Stellenwert zu. Diese Form eines »Public-Private-Partnership« gibt dem öffentlichen Partner die Führungsrolle und unterscheidet sich damit qualitativ von den hergebrachten kapitalistischen Formen, in denen der private Investor bestimmt und die öffentliche Seite auf die Bereitstellung von Finanzmitteln reduziert wird.

Auf der Basis der Umgestaltung der Ökonomie durch eine sozialistische Marktwirtschaft sind auch die gesellschaftlichen Überbauten im Sinne eines zivilgesellschaftlichen Sozialismus, der ein Alternativmodell zu den staatsfixierten Strukturen des seinerzeitigen Realsozialismus darstellt, aufzustellen. Zivilgesellschaftlicher Sozialismus heißt zuvorderst, im Sinne der ursprünglichen Vorstellungen von Marx und Engels die Verselbstständigung des bürgerlichen Staates durch möglichste Reduzierung desselben auf Verwaltungsfunktionen zu verschlanken sowie alle Aufgaben, die keine Hoheitsakte beinhalten oder zu staatlichen Funktionen auf den verschiedenen Ebenen der Gebietskörperschaften (supranational, national, regional, lokal) per allgemeinem Willen der Staatsbürger erklärt worden sind, tendenziell in vor-staatlichen, zivilgesellschaftlichen Strukturen zu organisieren. Oftmals reicht es beispielsweise bei vielen wirtschaftspolitischen Institutionen aus, diese in einer unternehmensmäßigen Form in öffentlich-staatlichem Eigentum zu organisieren, um typisch staatlich-bürokratisches Reagieren zugunsten eines situativ-raschen Agierens im Hinblick auf Marktkonstellationen sicherzustellen. Unbenommen bleibt demgegenüber die repräsentative Demokratie in einem republikanischen Staatswesen als zivilisatorische Errungenschaft der kapitalistischen Gesellschaftsformation als allgemeiner Aufbau des Staates erhalten. Der Sache eines wirklich demokratischen Willensbildungsprozesses innerhalb dieses Gemeinwesens ist mit einem zivilgesellschaftlichen Sozialismus am meisten gedient, wird doch hiermit die Selbstaktivität der Bürger gestärkt und durch geeignete, öffentlich finanzierte und unterstützte Angebote/Projekte gefördert.

Kapitel 8: Kommunistische Gesellschaftsformation

Die sozialistische Marktwirtschaft als niedere Phase der kommunistischen Gesellschaftsformation setzt im Hinblick auf Auswärtiges bzw. die weltmarkt- und weltpolitischen Zusammenhänge zunächst auf den gegebenen nationalstaatlichen Verhältnissen und existierenden supranationalen Gemeinschaften auf. Ein mehr oder weniger zeitlich synchroner Übergang bedeutender Metropolen in einen sozialistischen Transformationsprozess würde darüber hinaus neue Möglichkeiten für die Gestaltung der internationalen ökonomischen und politischen Beziehungen eröffnen. Es geht dabei um ein internationales kooperatives Szenario wichtiger nationaler Regierungen im Hinblick auf die Weiterentwicklung der bestehenden internationalen Organisationen – Welthandelsorganisation (WHO), Internationaler Währungsfonds (IWF) und Weltbank (WB) – in Richtung auf eine internationale Wirtschaftsregierung, die in die Entwicklung der nationalen Ökonomien koordinierend nach gemeinsam festgelegten Zielen eingreift und damit sowohl die internationale Teilung der Arbeit strukturiert als auch die bestehende Unterentwicklung des »globalen Südens« mit geeigneten Maßnahmen überwindet. Eine Restrukturierung der internationalen Arbeitsteilung setzt an die Stelle der kapitalistischen Globalisierung eine neue Ausbalancierung von Produktionsprozessen, die national, supranational in jeweiligen Weltregionen und international-global organisiert werden und dadurch sowohl die Transaktionskosten des internationalen Handels reduziert und unter ökologischen Nachhaltigkeitsaspekten schädliche Emissionen minimiert. Die Bewältigung dieser Aufgabe wird zum Hauptgegenstand der zu einer Internationalen Handelsagentur (ITA) weiterentwickelten Welthandelsorganisation (WTO), die nicht nur den internationalen Wettbewerb beaufsichtigt und kontrolliert, sondern Zielorientierungen für die verschiedenen Weltregionen und ihre jeweiligen (großen) Nationalstaaten und supranationalen Wirtschaftsvereinigungen entwickelt und abstimmt sowie im Verein mit dem Internationalen Währungsfonds (IMF), der auf Basis eines internationalen Geldes die Funktion einer als Welt-Zentralbank übernimmt, die Abstimmung der nationalen Zahlungsbilanzen betreibt. Die internationale (Geld-) Kapitalbewegung ist dabei vordringlich auf Direktinvestitionen und mit politischen Zielen und Auflagen versehene Kredite zu orientieren. Die Weltbank behält auf der Basis einer gesteigerten Kapitalausstattung und mit einer neuen politischen Ausrichtung, die mit (den bisherigen) neoliberalen Entwicklungskonzepten, die zum überwiegenden Teil gescheitert sind, bricht ihre bisherige Aufgabe, die Unterentwicklung der Länder des Südens aufzuheben; die Organisation des Technologie-Transfers aus den entwickelten Staaten und der jeweiligen Einbindung in interne Kreislaufbeziehungen in den Empfängerländern ist dabei ein vordringlicher Politikansatz.[23]

---

[23] Vgl. Krüger 2021a: 528ff. sowie das abschließende 22. Kapitel.

Höhere Phase der kommunistischen Gesellschaft

Eine marktsozialistische Wirtschaft und Gesellschaft ist, auch wenn es sich dabei um eine stabile, weil organisch strukturierte und nicht hybride Gesellschaft handelt, die eigenständig längerfristig bestehen kann, eine Übergangsgesellschaft innerhalb der kommunistischen Formation zu einer Wirtschaftsweise, in welcher tatsächlich das ökonomische Problem der Knappheit der Ressourcen im Verhältnis zu den Bedürfnissen der Menschen gelöst worden ist. Mit der tendenziellen Überwindung der Knappheit von Gütern und Dienstleistungen wird auch die marktvermittelte Rationierung der Teilnahme der Bevölkerung an der gesamtgesellschaftlichen Konsumtion erst relativiert und nachfolgend sukzessive überwunden. Was mit der Dekommodifizierung der Arbeitskraft und der Überwindung des Kapitalcharakters des zinstragenden Kapitals zugunsten der Funktionalisierung des Zinses zur strukturpolitischen Wirtschaftssteuerung innerhalb der sozialistischen Marktwirtschaft begonnen wurde, wird in einer höheren Phase der kommunistischen Gesellschaft mit der Ablösung der gesellschaftlichen Nachfrage von ihrer unterliegenden und sie limitierenden Zahlungsfähigkeit vollendet.[24]

Nicht zu Unrecht wird in Anlehnung an Marx die kommunistische Produktionsweise mit einer Verteilungsform »jedem nach seinen Bedürfnissen« identifiziert. Dies schloss in der ursprünglichen Form, die Marx zu seiner Zeit vor Augen hatte, zunächst nur die gesellschaftliche Tolerierung ungleicher Partizipation von Individuen oder Familien/Haushalten an der Konsumtion ein, nachdem sie nach ihren Fähigkeiten zur gesellschaftlichen Produktion beigetragen hatten. Das Äquivalenzprinzip des Warenaustauschs und der Bezahlung der Arbeitskraft nach ihrer Leistung, die auch die Ausgestaltungen einer sozialistischen Corporate Governance im Marktsozialismus charakterisiert, wird damit überwunden. Auch im Kommunismus bleibt aber der formbestimmte Zusammenhang zwischen Produktions- und Distributionsverhältnissen gültig. Dies gilt nicht nur im Hinblick auf die Produktion als Grundlage für die Distribution der Produkte, die Verteilung der Einkommen und ihre Verwendung sowie den beständigen Umschlag von produzierten Resultaten in Voraussetzungen im Zuge der gesellschaftlichen Reproduktion. Es gilt dies auch nach der Formseite hin: an kommunistische Produktionsverhältnisse sind nicht nur bezüglich der gesamtgesellschaftlichen Produktivität, sondern auch der Vergesellschaftungs- sowie der Organisationsformen der Arbeit spezifische Anforderungen zu stellen, damit die kommunistischen Verteilungsformen in einem gesamtgesellschaftlichem Maßstab und Umfang zur Anwendung kommen können.

---

[24] Nur in diesem Sinne haben die marxistischen Kritiker Recht, die an der Überwindung der Warenform von Produkten und Dienstleistungen sowie des Geldes in seinen überkommenen Funktionen als Zirkulations-, Zahlungsmittel und Schatz festhalten. Nahezu alle Vertreter dieser Auffassung fehlen jedoch darin, dass sie die ökonomischen Voraussetzungen für die Überwindung von Ware und Geld nicht thematisieren oder zu naiven oder diktatorisch-zwanghaften Formen zur Durchsetzung derartiger Verhältnisse Zuflucht nehmen und suggerieren, als sei ein Übergang in eine geldlose Wirtschaft in einer überschaubaren Zeit möglich.

Kapitel 8: Kommunistische Gesellschaftsformation

Im Marktsozialismus wird die steuernde Rolle der Profitrate als Allokationsinstrument für die Verteilung der gesellschaftlichen Gesamtarbeit auf die verschiedenen Produktionssphären und das Tempo der Akkumulation gegenüber kapitalistischen Verhältnissen entscheidend relativiert, jedoch bleibt die Überschusserzielung im Marktsektor der Volkswirtschaft nicht nur eine gesamtgesellschaftliche Notwendigkeit für Investitionen sowie für Assekuranz und öffentliche Vorsorge, sondern auch bewusstes Motiv und individuelle Antriebskraft für die wirtschaftlichen Akteure. Bei Beibehaltung dezentraler Produktionsentscheidungen im Rahmen einer gesellschaftlichen Teilung der Arbeit gilt für den kommunistischen Beitrag eines jeden Einzelnen »nach seinen Fähigkeiten« aber nicht mehr der Rückgriff auf den Gewinn als Motiv einzelwirtschaftlichen Handelns. Der Entkoppelung der Konsumtion von der individuellen Leistung entspräche dann produktionsseitig die Entkoppelung der Produktion von individueller Gewinnerzielung. Der wirtschaftliche Erfolg sowie die Kontrolle über die Qualität der produzierten Gebrauchswerte würden nicht mehr über Geldäquivalente in Form von differenten Gewinnen angezeigt und vermittelt, sondern bedürften dieser Hilfskrücke nicht mehr, weil sie aus der intrinsischen Motivation der unmittelbaren Produzenten selbst entspringen. Dies würde wiederum voraussetzen, dass die lebendige Arbeit zu »travail attractif« geworden ist, größtenteils aus allgemeiner wissenschaftlicher und dispositiver Arbeit besteht und die materielle Produktion weitestgehend automatisiert ist.[25]

Mit der Überwindung der Profitdetermination der Produktion wird auch das Eigentum an den Produktionsmitteln in Sinne des Ein- bzw. Ausschließens vom Personengruppen überflüssig. Die Alternative auch zu den genossenschaftlichen und öffentlichen Eigentumsformen im Marktsozialismus ist in einer kommunistischen Gesellschaft der tatsächliche Gemeinbesitz der gesamten Gesellschaft an den durch Arbeit erzeugten Produktionsmitteln sowie dem Grund und Boden. Erst unter derartigen kommunistischen Verhältnissen würde der bloße Besitz im Sinne im Sinne der Verfügungsgewalt, die Eigentumswechsel an den Produktionsmitteln ausschließt, an die Stelle marktsozialistischer Eigentumsverhältnisse treten und der Betrieb als Einheit der Produktion an die Stelle des Unternehmens.[26] Mit der Über-

---

[25] Eine derartige intrinsische Motivation der unmittelbaren Produzenten würde beinhalten, dass Arbeit – im Kommunismus verschwimmt der alte Unterschied zwischen Erwerbsarbeit und privater Tätigkeit – zu einem wesentlichen Lebensbedürfnis geworden ist, wenngleich sie dem Reich der Naturnotwendigkeit verhaftet bliebe, und durch immaterielle Belohnungsformen ausgezeichnet wird – gewissermaßen eine Wiederkehr der im Frühstadium der realsozialistischen Gesellschaften praktizierten Auszeichnungen, die aber seinerzeit (noch) nicht durchschlagende und nachhaltige Wirkungen entfaltet hatten und entfalten konnten.

[26] Die im seinerzeitigen Jugoslawien in der Verfassung vom 1963 verankerte Formulierung, dass die nationalisierten Betriebe als »gesellschaftliches Eigentum« niemanden gehören, sollte diesen Gedanken zum Ausdruck bringen und zeigte doch zugleich, dass dieses gesellschaftliche Eigentum als eine Eigentumsform neben anderen – Genossenschafts- und Privateigentum – Verhältnissen angehörte, die im Entwicklungsgrad von kommunistischen Produktionsverhältnissen noch weit entfernt waren: Das niemandem gehörende gesellschaft-

windung des Gewinnstrebens bedarf es auch nicht mehr des Eigentumssinns als individueller Antriebskraft, wenngleich individueller Besitz im privaten Bereich im Zusammenhang mit der Individualitätsentwicklung der Subjekte eine gewisse Bedeutung bewahren dürfte.[27]

Für eine solche Ökonomie, in der die Überschüsse in den einzelnen Produktionswirtschaften über die Gestehungskosten nicht mehr Steuerungsinstrumente als Belohnungs- oder Sanktionsmittel darstellen, stellt sich allerdings wieder eine innerhalb der marxistischen Diskussion oft und kontrovers diskutierte Frage von Neuem: Ist eine kommunistische Produktionsweise vorstellbar im Sinne etlicher Formulierungen von Marx über eine gesamtgesellschaftliche Buchführung und Steuerung der Verteilung von Arbeitsquanta auf die verschiedenen Produktionssphären und Betriebe, d.h. im Sinne eines zentralen, wiewohl auf verschiedenen Ebenen ansetzenden Planungs- und Entscheidungsprozesses oder bedarf auch der Kommunismus nach der Lösung des wirtschaftlichen Problems, d.h. der Überwindung der Knappheiten, einer dezentral gesteuerten Allokation, die in verwandelter Form Eigenschaften einer Marktbestimmtheit aufweist? Damit steht, bedingt durch das Fortbestehen einer gesellschaftlichen Teilung der Arbeit, wiederum die Problematik von »Plan« und »Markt« im übertragenen Sinne sowie die Zuordnung wirtschaftlicher Entscheidungen auf verschiedene Ebenen – zentral,[28] regional, kommunal und einzelwirtschaftlich – auf der Agenda.

---

liche Eigentum wurde vielfach zum ›herrenlosen‹ Eigentum und konnte sich gegenüber den konkurrierenden anderen Eigentumsformen nicht behaupten, d.h. die wirtschaftlichen Ergebnisse der nationalisierten Betriebe nach Produktivität, Akkumulationskraft, Produktqualität etc. blieben zurück und mussten vielfach durch Überschüsse der anderen Sektoren subventioniert werden.

[27] Auch für die individuelle Konsumtion kann jedoch unterstellt werden, dass gemeinschaftliche Nutzung von ehemals privat-individuell genutzten Konsumgütern eine ganz andere Rolle als heutzutage spielen kann und wahrscheinlich spielen wird. Bereits in der Gegenwart haben insbesondere bei den jüngeren Generationen, nicht (nur) aus finanziellen Gründen, Formen gemeinschaftlicher Nutzung bspw. von Kraftfahrzeugen eine Attraktivität gewonnen, die ein verändertes Mobilitätsverhalten nicht nur im Bereich des kollektiven Nah- und Fernverkehrs zum Ausdruck bringt, sondern auch im Individualverkehr sowie im Verhalten zum eigenen Auto als Symbol für Freizügigkeit, Spaß und sozialer Distinktion.

[28] Zentralentscheidungen über wirtschaftliche Sachverhalte sind unter kommunistischen Bedingungen keine Entscheidungen auf der Ebene von Nationalstaaten. Marx und Engels haben bereits früh das Prinzip des bürgerlichen Nationalstaats in Frage gestellt und im Zusammenhang mit dem »Absterben des Staates« im Kommunismus zur Disposition gestellt. Die proletarisch-sozialistische Revolution ist nicht eine Revolution »*gegen diese oder jene ... Form der Staatsmacht*«, sondern »*eine Revolution gegen den Staat selbst*« (MEW 17b: 541). Sie ist daher nicht in überkommenen nationalen Grenzen zu vollenden, sondern nur als »*vereinigte Aktion, wenigstens der zivilisierten Länder*« (MEW 4: 479) und »*nur als die That der herrschenden Völker ›auf einmal‹ und gleichzeitig möglich.*« (MEGA I, 5: 38) Da wir vorliegend von »Kommunismus« handeln, gilt dies absolut; bereits vorher müsste sich eine »Konföderation sozialistischer Länder« (Behrens) als reproduktionsfähige Einheit etabliert haben, die prinzipiell-ursprünglich auch in der Organisation sozialistischer Sowjet-

Kapitel 8: Kommunistische Gesellschaftsformation

Ein Vertreter der ersten Variante war u.a. der DDR-Ökonom Fritz Behrens, der zwar die Ware-Geld-Beziehung im Sinne einer sozialistischen Warenproduktion im Übergang von Kapitalismus zum Sozialismus bejaht hatte, sie jedoch spätestens für die höhere Phase der kommunistischen Gesellschaft als zu überwindende Größe ansieht: »*In der kommunistischen Gesellschaft ist das Niveau der gesellschaftlichen Produktivkräfte und damit die Produktivkraft der gesellschaftlichen Arbeit so hoch entwickelt, daß das gesellschaftliche Produkt direkt in seiner Naturalform als Produktionsmittel und Konsumtionsmittel verteilt wird. Und wenn Marx schrieb, daß auch ›nach Aufhebung der kapitalistischen Produktionsweise, aber mit Beibehaltung gesellschaftlicher Produktion, die Wertbestimmung vorherrschend in dem Sinne‹ bleibe, ›daß die Regelung der Arbeitszeit und die Verteilung der gesellschaftlichen Arbeit unter die verschiedenen Produktionsgruppen, endlich die Buchführung hierüber, wesentlicher denn je wird‹, so können wir das nur in dem Sinne verstehen, daß jetzt die gesellschaftliche Arbeit als konkrete Arbeit unmittelbar in ihrer Naturalform erscheint und daher als Arbeitszeit erfaßt und abgerechnet wird, weil die Warenproduktion und mit ihr der Doppelcharakter der Arbeit verschwunden ist und die wesentlichen Unterschiede zwischen ihren konkreten Formen überwunden sind.*« (Behrens 1961: 58) Eine derartige Buchführung und Produktionssteuerung in Arbeitszeit unterstellt, dass die Unterschiede zwischen verschiedenen konkret-nützlichen Arbeiten belanglos geworden sind, einerseits wegen Automatisierung einfacher und vieler kompliziert-dispositiver Tätigkeiten, andererseits wegen der allseitig entwickelten polyvalenten Individuen, die vielfältige Tätigkeitsmöglichkeiten in den automatisierten Produktionsprozessen innehaben können. Ob sodann in Stunden oder monetären Größen – Geld als Rechengeld – bilanziert und abgerechnet wird, ist nur durch Zweckmäßigkeitserwägungen bestimmt. Entscheidender ist jedoch, dass es einer übergeordneten Koordination betrieblicher Aktivitäten bedarf, um die Reproduktionsfähigkeit dieser Ökonomie in einem gesamtgesellschaftlichen Umfang zu gewährleisten. Auch wenn diese übergeordnete Koordination auf Basis der Nutzung entwickelter Informations-, Kommunikations- und Steuerungssysteme mehr noch als im Marktsozialismus zunehmend bei dezentralen Gebietskörperschaften angesiedelt werden kann, bleibt über den Freiheitsgrad des Verhaltens des individuellen Konsumenten (sowie des einzelnen Betriebs) das Moment der beständigen Rückwirkung auf gegebene Produktionsstrukturen und Leistungsportfolios erhalten, die einzelwirtschaftlich verarbeitet werden müssen. Dies bedeutet, dass auch die kommunistische Ökonomie auf dezentral-einzelwirtschaftliche Produktionsentscheidungen und Ressourcenallokation nicht verzichten kann, soll nicht die unumgängliche Flexibilität und Variabilität des gesellschaftlichen Produktionsprozesses eingeschränkt werden. Anders formuliert: die traditionelle Vorstellung, die eine sozialistisch-kommunistische Ökonomie mit zentraler

---

republiken als beitrittsfähiger Union – im Gegensatz zum danach propagierten Aufbau des Sozialismus in einem Land (Stalin), der durch Außenhandel und (kapitalistischen) Weltmarkteinfluss fortwährend bedroht blieb – angelegt war. Vgl. dazu auch Piketty 2020: 1185ff.

Planung und Ressourcenzuweisung identifiziert und gerade darin die Alternative – und Überlegenheit – zum Kapitalismus ansah und die in der Praxis gescheitert ist, ist zugunsten einer dezentral organisierten Steuerung, die durch übergeordnete Instanzen proaktiv beeinflusst wird, aufzugeben. Erfolgt die dezentrale Steuerung der Ressourcenallokation nicht mehr über Preise und den Marktmechanismus, so ist nur die Form in einer kommunistischen Ökonomie zu ersetzen, nicht aber ihr Inhalt.

Die Überwindung von Knappheitsverhältnissen und die Etablierung des Verteilungsprinzips »jedem nach seinen Bedürfnissen« würde nach wie vor unterstellen, dass die Produktionseinheiten Kenntnis von den Bedürfnissen ihrer Konsumenten nach Qualität und Quantität erhalten müssen und danach ihr Leistungsportfolio ausrichten und entwickeln können. Diese unabdingbare Kenntnis der Konsumentenbedürfnisse kann wie bereits im entwickelten Kapitalismus und Marktsozialismus mit Käufermärkten durch Markt- resp. Konsumforschung gewonnen werden und wird durch die systematische individualitätsbezogene Auswertung von Konsumentendaten im Rahmen des online-gestützten Handels auch heutzutage bereits umfassend praktiziert. Allerdings bedarf diese systematische Konsumentenforschung aufgrund der notwendigen Variabilität und geforderten Flexibilität jeglicher Produktion auch einer notwendigen »ex-post-Bestätigung«. Diese erfolgt unter kommunistischen Verhältnissen nicht mehr durch den Wettbewerb zwischen den Anbietern sowie durch Sanktionen der Käufer mit ausbleibender zahlender Nachfrage, sondern im positiven Fall durch beschleunigte Lagerräumung mit nur kurzfristig auftretenden Knappheiten, im negativen Fall durch nicht-intendierte Lagerbildung, die partielle Überproduktion anzeigt. Es ist unabdingbar, den Erfolg des Absatzes durch Lagerräumung bzw. den Misserfolg desselben durch unfreiwilligen Lageraufbau in den Distributionskanälen zu erfassen und als Daten den produzierenden Einheiten zu kommunizieren; dabei kann diese Erfassung sowohl in stofflichen als auch in monetären Einheiten als Rechengrößen erfolgen. Auf diese Informationen können und müssen die Einzelwirtschaften sodann mit Veränderungen ihres Leistungsportfolios reagieren und diese Reaktionen können nur dezentral durch die Betriebe selbst erfolgen. In diesem Sinne unterscheidet sich die Reaktion der produzierenden Einheiten auf die Verteilung von Konsumtionsmitteln als freien Gütern entsprechend den Bedürfnissen der Konsumenten vom Verkauf derselben unter Marktbedingungen nur der Form nach.

Die auf ex-post-Bestätigungen konzentrierte Bilanzierung für Güter und Dienstleistungen der individuellen Konsumtion kann nicht in der gleichen Weise für die Produktionsmittel-Produktion gelten, wenn die Gesellschaft auf eine übergeordnete Einflussnahme über langfristig-strategische Entwicklungsperspektiven des gesellschaftlichen Reproduktionsprozesses nicht verzichten will. Es bedarf andererseits aber auch hier der einzelwirtschaftlichen Fähigkeit, das betriebliche Leistungsportfolio dem Bedarf jederzeit anzupassen. Neben direkt-administrativen Vorgaben an einzelne Betriebe werden auch indirekte Steuerungselemente und -maßnahmen zur Anwendung kommen. Sie entfalten ihre Wirkung zum Einen ausgehend von den Betrieben, die strategische Investitionen per Vorgabe durchzuführen ha-

Kapitel 8: Kommunistische Gesellschaftsformation

ben und zum Anderen durch die jeweiligen Nachfragen aus dem Bereich der Konsumtionsmittel-Produktion. Die Koordination und Vermittlung dieser Nachfragen auf Seiten der Produktionsmittel-Produzenten und ihre dezentrale Umsetzung in betriebliche Leistungsportfolios legt Abrechnungen in monetären Größen, d.h. in Rechengeld nahe, d.h. in Konten bei Banken. Es geht nur um Verrechnungen, nicht mehr um Vermögensanlagen etc. Ein derartiges Banksystem übernähme damit die Rolle des vom Marx apostrophierten »*board(s), was für die gemeinsam arbeitende Gesellschaft Buch und Rechnung führt*« (MEW 42: 89).

Die Buchführung der Betriebe sowohl des Produktions- wie des Konsumtionsmittel-Sektors würde als Aufwandspositionen monetäre und stoffliche Größen für verbrauchte Produktionsmittel i.S. von Arbeitsmitteln und Rohstoffen als Kosten aufweisen sowie Überschussgrößen, bei Produktionsmittel-Produzenten analog zum Umsatzüberschuss der Konsumgüter-Betriebe in Abhängigkeit von abgesetzter Produktion. In der Kosten-Erfolgsrechnung der Betriebe entfiele die Kostengröße des Arbeitslohns für verausgabte lebendige Arbeit, die keine monetären Einkünfte zur Bestreitung der individuellen Reproduktion mehr benötigt und daher auch keine Lohnkosten mehr verursacht.

Dies führt zu der Frage nach den in der gesellschaftlichen Buchführung erfassten Größen zurück. Tatsächlich gibt es einige Formulierungen von Marx, die eine Rechnung in Arbeitsstunden nahelegen und es war auch in den Debatten über längerfristige, kommunistische Entwicklungsperspektiven in den realsozialistischen Gesellschaften weitgehender Konsens, dass nicht mehr in monetären Größen, sondern in Natural- und Mengeneinheiten sowie Arbeitsstunden kalkuliert werden soll. Hält man aber wegen der auch unter kommunistischen Bedingungen fortbestehenden, wegen der Beschaffenheit der Konsumtionsmittel als freie Güter noch zunehmenden Variabilität und Flexibilität der Konsumentenbedürfnisse an der Notwendigkeit dezentraler Entscheidungsprozesse der produzierenden Einheiten fest, bleiben monetäre Größen als Rechen- Kontroll- und Steuerungsgrößen in den genannten Grenzen unverzichtbar, wenngleich ihr Charakter nur mehr technisch ist und dem, was die bürgerliche Ökonomie als »Hilfsmittel des gesellschaftlichen Verkehrs« nennt, tendenziell gleichkommt.

Es ergibt sich also, dass kommunistische Produktions- und Distributionsverhältnisse nochmals einen qualitativen Sprung gegenüber wesentlichen Konstruktionsmerkmalen einer sozialistischen Marktwirtschaft voraussetzen. Sie setzen nicht nur einen noch höheren Entwicklungsgrad der Produktivkraft gesellschaftlicher Arbeit voraus – dieser ist notwendig, um die monetäre Budgetrestriktion bei Konsumtionsmitteln zu überwinden, also Knappheiten zu beseitigen –, sondern auch vielfältige Verhaltensänderungen gegenüber Verhältnissen des Marktsozialismus und noch mehr gegenüber denen im Kapitalismus. Erst wenn die Gesellschaft das Gewinn- und Eigentumsstreben hinter sich gelassen hat, sind kommunistische Verteilungsformen vorstellbar; ebenso ist erst dann die Überwindung der Waren- und Geldform, gänzlich bei Konsumgütern und sozialen Dienstleistungen, relativiert und zu technischen Größen herabgesetzt bei Produktionsmitteln (Investitions- und

Produktionsgüter und produktionsbezogenen Dienstleistungen), denkbar. Diese Verhaltensänderungen in der Produktion wie bei der individuellen Konsumtion können nicht dekretiert und schon gar nicht erzwungen werden, sondern müssen sich in einem evolutionären Prozess als Veränderungen der gesellschaftlichen Arbeit sowie der gesellschaftlichen Bedürfnisse schrittweise herausbilden. Die Überwindung der von Marx so genannten »Muttermale« der alten kapitalistischen Gesellschaft ist nur vorstellbar im Rahmen etlicher Generationswechsel und übersteigt den Horizont des Marktsozialismus als Gesellschaft in mittlerer Reichweite. Letztere ist damit zugleich in ihrem transitorischen Charakter bestimmt.

Dritter Abschnitt:
Geschichtliche Entwicklung in den verschiedenen Weltregionen im Rahmen der vorbürgerlichen Gesellschaftsformation

Auf der Grundlage der im vorstehenden Abschnitt herausgestellten Charakteristika verschiedener Gesellschaftsformationen und der in ihr enthaltenen Produktionsweisen ist in den nachstehenden Abschnitten und Kapiteln nunmehr der tatsächliche historische Entwicklungsgang in den verschiedenen Weltregionen in wesentlichen Eckpunkten darzustellen. Dabei geht es selbstredend nicht um eine umstandslose Einsortierung der Entwicklung in verschiedenen Ländern (Territorien) in jeweiligen Zeitperioden in ein starres Schema; die differentia specifica der systematisch unterschiedenen Gesellschaftsformationen und Produktionsweisen bilden jedoch die methodische Basis für die Identifikation jeweils dominierender sozioökonomischer Strukturen (Produktionsverhältnisse) und sind samt ihren konkreten zeithistorischen und regionalen Ausgestaltungen für jeweilige Gesellschaften zu skizzieren. Gerade aus diesen nur empirisch konstatierbaren Besonderungen allgemeiner Grundstrukturen werden sich noch Klärungen und Präzisierungen für Interdependenzen verschiedener Gesellschaften und jeweiliger Übergänge von einer in eine andere Produktionsweise und Gesellschaft – diese schließen, darauf sei explizit hingewiesen, auch Entwicklungsregressionen substantiell ein – ergeben. Bei der Vielfältigkeit der wirklichen geschichtlichen Verläufe muss es vorliegend selbstverständlich bei charakteristischen und als bestimmend angesehenen Gesellschaften, Staaten und Imperien bleiben.

Geschichtliche Fakten, die als allgemeingültig angesehen werden können, werden nachstehend als »general wisdom« aus einschlägigen historischen Werken und Veröffentlichungen entnommen, ohne dass im Einzelnen jeweilige Fundstellen als Zitate ausgewiesen werden. Neben den allgemein zugänglichen Quellen des Internets, hier insbesondere den jeweiligen Wikipedia-Beiträgen, stützen wir uns auf historische Darstellungen, die nicht nur bspw. die Abfolge von Herrscherdynastien und sonstige Haupt- und Staatsaktionen in den Mittelpunkt stellen, sondern die besonderes Gewicht auf die dahinter liegenden sozioökonomischen Verhältnisse – wirtschaftliche Zusammenhänge, Eigentumsverhältnisse, soziale und Klassenstrukturen mit von ihnen getragenen sozialen und politischen Bewegungen sowie nationale und supranationale bzw. internationale Zusammenhänge – legen.[1] Nur jeweilige Bewertungen der Autoren, z.B. über Bestimmung der domi-

---

[1] Natürlich wird durch die zugrunde gelegte Auswahl eine subjektive Bewertung vorgenommen, die durch die vorstehend explizierten Strukturzusammenhänge eines revidierten Historischen Materialismus begründet ist; in diesem Sinne ist also eine »parteiliche Her-

nierenden Produktionsverhältnisse, die Ursachen von Übergängen in neue, höhere Gesellschaftsformen oder Rückentwicklungen bis hin zu Zusammenbrüchen von Gesellschaften und ihren Staaten, ob und inwiefern ihnen zugestimmt wird oder nicht, werden als Zitate kenntlich gemacht. Diese Vorgehensweise dient der besseren Lesbarkeit des Textes, der dadurch eine zusammenhängende geschichtliche Entwicklung offenbaren soll.

Verzichtet wird für die Zeit vor dem 19. Jahrhundert, d.h. für die vorbürgerliche Gesellschaftsformation und ihre Produktionsweisen, auf quantifizierte Ausweise von ökonomischen Kategorien, die zumeist auf Daten der »Maddison-Database« rekurrieren.[2] Dies geschieht nicht nur wegen der zumeist unsicheren Datenlage, die Scheingenauigkeiten suggeriert, sondern auch wegen prinzipieller theoretischer Vorbehalte, weil gemeinhin mit Kategorien der bürgerlich-kapitalistischen Produktionsweise wie z.B. dem Sozialprodukt, welches zumeist sogar mit gegenwärtigen Geldbeträgen (US-Dollars) und nicht in naturalen Einheiten bewertet wird, operiert wird. Derartige, von der Gegenwart bzw. jüngeren Vergangenheit ausgehende Rückrechnungen genuin kapitalistischer ökonomischer Kategorien verfehlen vom Ansatz her die Spezifik vorbürgerlicher Ökonomien mit ihren in vorausgesetzte soziale und politische Verhältnisse eingebetteten Wirtschaftsstrukturen. Der ökonomische Gehalt und Aussagewert derartiger, zum Teil bis zum Jahr 1 u.Z. durchgeführter Rückrechnungen ist somit sowohl wegen suggerierter Scheingenauigkeiten als auch wegen der Nicht-Anwendbarkeit dieser kapitalistischen ökonomischen Kategorien prinzipiell zu bezweifeln. Erst ab dem 19. Jahrhundert, genauer ab 1820 bzw. 1850 sind quantitative Werte ökonomischer Variablen in monetären Größen, ausgehend von den zeithistorischen Aufzeichnungen Großbritanniens und der anderen frühen kapitalistischen Metropolen,[3] sinnvoll und werden im Rahmen der Entwicklung der kapitalistischen Gesellschaftsformation und Produktionsweise

---

angehensweise« impliziert. Zeitliche Datierungen und Aussagen, die durch zwischenzeitliche Erkenntnisse zu präzisieren sind, werden korrigiert bzw. berücksichtigt. An Textquellen für geschichtliche Fakten und Verläufe für die Produktionsweisen und Gesellschaften der vorbürgerlichen Gesellschaftsformation sind die wichtigsten: Werke der seinerzeitigen DDR-Althistoriker Mottek 1972, Sellnow et al. 1977, Herrmann 1982, Herrmann/Sellnow 1982; die westlich orientierten Universal-Historiker Christian 2003 und Morris 2011; das Dokumentarwerk von Dunn/Mitchel 2015, Weltgesellschafts-Theoretiker wie Menzel 2015, Braudel 1998 und 1999 und Strathern 2020 sowie soziologische, marxistisch orientierte Autoren: Lambrecht/Tjaden/Tjaden-Steinhauer 1998, Tjaden-Steinhauer/Tjaden 2001.

[2] Das Maddison-Datenprojekt wurde in 2010 mit dem Ziel gegründet, die von Angus Maddison zusammengestellten Daten der ökonomischen Performance früherer Gesellschaftsformen fortzuschreiben bzw. rückzurechnen, um quantifizierte Aussagen über vorbürgerliche Produktionsweisen zu ermitteln.

[3] Vgl. dazu insbesondere Mitchell 1994, die historischen Daten der Bank of England sowie Historical Statistics der United States of America from Colonial Times, Deutsche Bundesbank (1976), Wagenführ (1933).

Kapitel 9: Auf Gemeineigentum beruhende Gesellschaften 245

für verschiedene Ländern und zeitliche Entwicklungsabschnitte herangezogen.[4] Zur regionalen Verortung jeweilig behandelter Gesellschaften und ihrer Entwicklungsetappen wird geographisches Kartenmaterial aus verschiedenen Quellen in die Darstellung integriert.

---

[4] Dies gilt für die Kapitel 14-18 des IV. Abschnitts; sodann für die Kapitel 21 und 22 des V. Abschnitts.

Kapitel 9: Die auf Gemeineigentum beruhenden sesshaften Gesellschaften (archaischer Grundtyp) und ihre Fortentwicklung zu verschiedenen Ausprägungen der asiatischen Produktionsweise in den Weltregionen

a) Übergang zur Sesshaftigkeit und Bevölkerungsentwicklung bis zur Zeitenwende (Jahr 1 u.Z.)

Die beginnende Sesshaftigkeit umherziehender Horden der Menschen – Homo erectus, Homo neanderthalensis und Homo sapiens – hatte bereits vor der Zeit von 10.000 Jahren vor heute, die grob den Zeitrahmen des ersten Sesshaftwerdens bezeichnet, zur Inbesitznahme der verschiedenen Kontinente des Planeten geführt. Ausgehend von der Geburtsstätte des Menschen in Ostafrika hatten diese sich in einem Zeitraum von mehreren Hunderttausend Jahren auf den afrikanischen und Teile des asiatischen Kontinents, sodann auf Teile Europas und schließlich auf Australien und Südostasien sowie die Amerikas ausgebreitet. Dies geschah mit gleichzeitiger teilweiser Durchmischung der verschiedenen Menschenarten sowie der schließlichen Durchsetzung des Homo sapiens als überlegenem Typus.[5] Die dauernde Inbesitznahme des Grund und Bodens und seine Bebauung durch erste Formen von Hortikultur und Agrikultur vollzog sich in verschiedenen Erdregionen unabhängig voneinander – man geht mittlerweile von mindestens sieben weit auseinanderliegenden Regionen aus: Fruchtbarer Halbmond, östliche Sahara, Indus Valley, Täler des Gelben und des Yangze-Flusses, Neu Guinea und Oaxaca in Mittelamerika (Mexiko) sowie in Peru (vgl. Abb. 9.1), zu unterschiedlichen Zeiträumen zwischen 11 Tsd. und 5 Tsd. Jahren v.u.Z. in diesen Regionen und in durch natürliche (Klima) und soziale Gegebenheiten (Bevölkerungsvermehrung) verursachten und mit Rückfällen in Wanderung und Wildbeuterei gekennzeichneten Prozessen. Überall war die Durchsetzung der Sesshaftigkeit von Gemeinschaften durch deren gemeinsame Inbesitznahme des Grund und Bodens charakterisiert; der archaische Urtyp dieser Gesellschaften kannte den Einzelnen nur als Mitglied einer Gens und weiter eines Stammes, d.h. als bloßes Akzidenz der Gemeinschaft. Die Existenz dieser Gemeinschaften war dabei zugleich die hauptwichtige gesellschaftliche Produktivkraft neben den dominierenden natürlichen Gegebenheiten und die Basis für die Schaffung und Entwicklung von Arbeitsmitteln.

---

[5] Vgl. Kapitel 4 und dort die Abbildung 4.2.

Abbildung 9.1: Frühe Zentren der Agrikultur

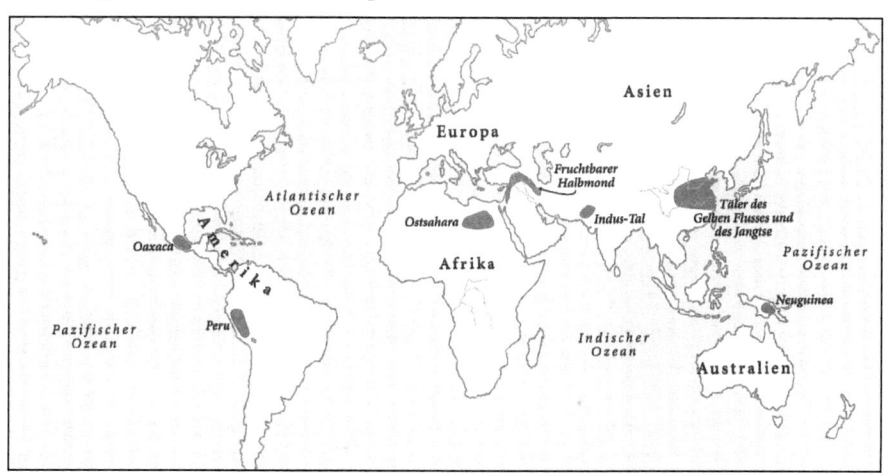

Quelle: Morris 2011 (deutsche Ausgabe): 122

Innerhalb der Geschichtswissenschaft werden verschiedene Hypothesen für die Gründe des Übergangs zur Sesshaftigkeit diskutiert. Scarre (vgl. Scarre 2013: 186f.) unterscheidet fünf: (1) die sog. Oasen-Theorie, die auf Gorden Childe zurückgeht und die Desertifizierung des Nahen Ostens als Grund für die Vertreibung der Tiere in die Oasen ausmacht und damit deren Domestifizierung als wichtigem Bereich der Agrikultur Vorschub geleistet hätte; diese These gilt mittlerweile als überholt. (2) Mit der Hilly-Flanks-Hypothese (R. Braidwood und andere amerikanische Archäologen) wird die Entstehung der Agrikultur in dem Hügelland des fruchtbaren Halbmondes, einer Zone besonderer Fruchtbarkeit für wilde Gräser und Tiere, verortet; sie gilt heutzutage als Teil des Mainstreams. (3) In auf demografische Entwicklungen bezogenen Theorien (vgl. Binford 2001) werden veränderte Umwelteinflüsse, die in fruchtbaren Regionen zu Bevölkerungswachstum führten und durch Bevölkerungsdruck in der Folge zur Besiedelung auch weniger ressourcenreicher Regionen fortschritten, als Verbreitung der Sesshaftigkeit benannt. Schließlich gibt es noch sog. Evolutionstheorien (4), in denen auf eine gemeinsame Entwicklung und Beeinflussung von Tieren bzw. Pflanzen und Menschen abgehoben wird sowie die sog. »Feasting Theory« (5), die in festlichen Zusammenkünften von Stammesführern und der dafür notwendigen Ressourcenmobilisierung den Grund für die Errichtung und Etablierung von festen Sitzregionen von Gemeinschaften ausmachen.

Von allen diesen Theorien können nur die Hilly-Flanks-Hypothese, die zudem die beginnende Sesshaftigkeit geografisch im Rahmen der Lacky Latitudes und damit natürlich-klimatischen Gegebenheiten zuordnet sowie die Demografie-Theorien, die Bevölkerungsvermehrung und -druck hervorheben, überzeugende Faktoren benennen. Beide Hypothesen, die auf die klimatischen und weiteren natürlichen Faktoren wie Bodenfruchtbarkeit und reichliches Wildtiervorkommen mit nachfolgender Vermehrung der Bevölkerung in den naturwüchsigen Gemeinschaften mit Differenzierungs- und Auswanderungsdruck in benachbarte sowie weiter entfernte Territorien abheben, führen die wesentlichen Einflussfaktoren der natürlichen und sozialen Produktivkräfte zusammen. Sie erklären zugleich die vielfältigen Rückfälle von Sesshaftigkeit in erneutes wanderndes Hordentum sowie fortbestehendes Hirtenwesen mobiler Gemeinschaften, wenn die Gunst der Naturbedingungen nachließ und/oder das Wachstum der Bevölkerung das Nahrungsmittelaufkommen an den Orten der Niederlassung der Gemeinschaften unzureichend werden ließ. Im Gegensatz zu späteren Zeitperioden, in denen sich die Entwicklung der Produktivkräfte mehr und mehr an der gesellschaftlichen Arbeit und ihren Arbeitsmitteln ausdrückte und festmachte und die Herausbildung der Selbstständigkeit der Individuen durch die Überwindung der aus den Naturverhältnissen entspringenden Widerstände forciert wurde, also in Gebieten gemäßigter Klimate und weniger üppigen natürlichen Rahmenbedingungen, war in diesen frühen Zuständen die Günstigkeit des Klimas und der sonstigen Naturbedingungen, also deren hohe Ergiebigkeiten im Verhältnis zu den geringen Bedürfnissen der Menschen in den betreffenden Weltregionen, der wesentliche Fortschrittstreiber für die Übergänge zur schließlichen Sesshaftigkeit der Gemeinschaften als neuer Form ihrer sozialen Existenz.[6]

Eine Zunahme der Bevölkerung ist sowohl Voraussetzung als auch Resultat der Sesshaftwerdung. Sesshaftigkeit ist verbunden mit dem Bau festerer Heimstätten, Vorratshaltung, intensiverem Ackerbau und Tierzucht sowie, gegründet auf diese Veränderungen im materiellen Lebensprozess, höherer Kinderzahl, aber auch höherer Kindersterblichkeit und der Zunahme von Krankheiten und Seuchen und dementsprechend einer höheren Sterberate. Der zeitliche Versatz zwischen dem Anstieg der Geburtenrate und dem Anstieg der Sterberate ergab als sog. erster demografischer Übergang einen nachhaltigen Zuwachs der Bevölkerung in der Zeitperiode der Sesshaftwerdung der Gemeinschaften, Familien und Stämme.

Es liegen verschiedene Schätzungen für die Entwicklung der globalen Bevölkerung in der Zeit zwischen 10.000 und 5.000 Jahren vor heute vor.[7] Folgt man den Archäologen Hassan und Binford sowie neueren Modellrechnungen, so ist davon auszugehen, dass vor 10.000 Jahren rd. fünf Mill. Menschen auf der Erde lebten, deren Zahl in den nachfolgenden fünf Tausend Jahren auf weltweit etwa 20 Mill. angewachsen war. In den nachfolgenden 5 Tausend Jahren erfolgte mehr als eine Verzehnfachung auf deutlich über 200 Mill. Dabei vergrößerte sich der Anteil

---

[6] Vgl. Scarre 2013: 187: »*Climatic factors may often have played a major role, but these varied in importance from case to case. ... The recognition that hunting and gathering are normally more cost-efficient than incipient agriculture strongly suggests that population pressure must have been one of the most significant factors.*«

[7] Vgl. Hassan 1981, Binford 2001 und Livi Bacci 1997.

Kapitel 9: Auf Gemeineigentum beruhende Gesellschaften

Abbildung 9.2: Bevölkerung nach Kontinenten von 10000 v.u.Z. bis zur Zeitenwende; in Mill. Menschen

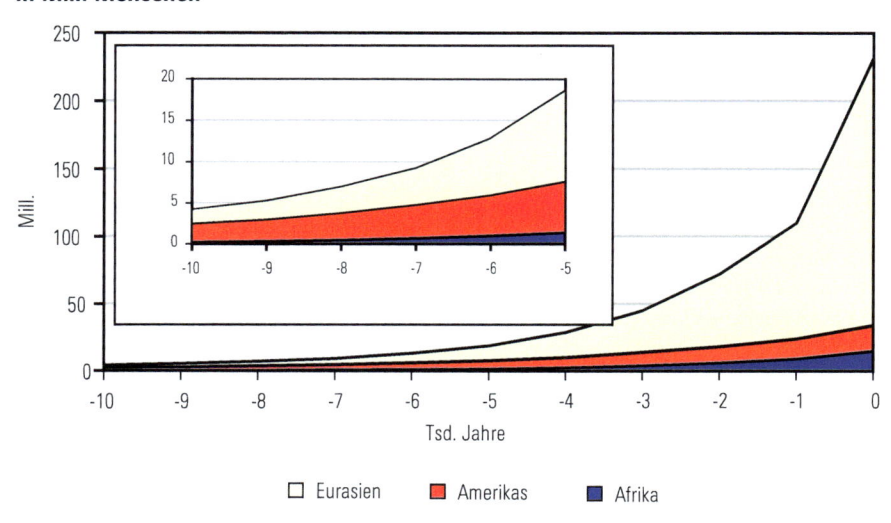

Quellen: Hassan 1981, Maddison 2010

der in der eurasischen Weltregion lebenden Menschen immer mehr: im Jahr 1 u.Z. auf rd. 85% gegenüber rd. 6 bzw. 8% in Afrika und den Amerikas (vgl. Abb. 9.2).

Da der Übergang zur Sesshaftigkeit in verschiedenen Erdregionen unabhängig voneinander und in verschiedenen Zeitperioden erfolgt ist, war die Verbindung zwischen den Gemeinschaften sowohl innerhalb dieser Regionen und noch mehr zwischen ihnen, sofern nicht durch Wanderungsprozesse bedingt, anfangs kaum vorhanden. Dennoch ist davon auszugehen, dass sesshaft gewordene Gemeinwesen in der Folgezeit überall den gleichen oder zumindest ähnlichen Grundtyp aufgewiesen haben. Bei der Langsamkeit gesellschaftlicher Entwicklungen, die Jahrtausende umfassten, konnten sich auf den verschiedenen Erdteilen erst allmählich Unterschiede zwischen den naturwüchsigen Gemeinwesen herausbilden. Wiederum waren es zuvorderst die natürlichen Verhältnisse der jeweiligen Umgebungen, die einen prägenden Einfluss auch auf die Ausgestaltung der sich entwickelnden sozialen Anlagen der Gemeinschaften im Rahmen ihres gemeinsamen Grundtyps ausübten; sie wurden erst nach und nach durch jeweilige sozioökonomische Entwicklungen ergänzt.

b) Landwirtschaftliche Siedlungen in der Region des »Fruchtbaren Halbmonds« und die Entstehung von Stadtstaaten und Großreichen in Vorderasien

Die Region des »Fruchtbaren Halbmondes« umfasst die Territorien der Ostküste des Mittelmeeres (heutiges Israel, Levante sowie Teile von Syrien und Jordanien), die Insel Zypern und erstreckt bis ins anatolische Hochland und des Weiteren in die Region des Zweistromlandes (Mesopotamien), d.h. den heutigen Irak bis in den Westen von Iran (vgl. Abb. 9.3). Der Anbau von kultivierten Getreidesorten lässt sich in diesen Gebieten bereits ab 8500 v.u.Z. nachweisen; vorher gab es bereits verschiedene Wildgetreide. Von den verschiedenen frühen Zentren der Agrikultur in den »Hilly Flanks« gilt diese Region des Nahen Ostens als die historisch Erste, in der von mehr oder weniger konsolidierter Sesshaftigkeit von naturwüchsigen Gemeinwesen mit kombinierter Subsistenzwirtschaft aus Sammeln und Jagen sowie beginnendem Pflanzenanbau und späterer Garten- und Landwirtschaft (inkl. des Haltens und Domestizierung von Nutztieren) als Reproduktionsgrundlage auszugehen ist.

Die Vegetation in dieser Region bestand nach der Eiszeit in den geschützten Zonen an den Gebirgsrändern aus subtropischen Wäldern, die in Grasland und Baumsteppen übergingen. Es traten Wildformen verschiedener Getreidesorten und Hülsenfrüchte auf; in der Tierwelt gab es außer Gazellen Wildschweine, Urrinder, wilde Ziegen und Schafe. Die ersten Ansätze von Agrikultur bestanden in der Förderung des Pflanzenwachstums durch künstliche Bewässerung, dem Säen bzw. Anpflanzen wilder Pflanzen und schließlich dem Anbau biologisch veränderter Pflanzen; Entsprechendes gilt für den Umgang mit Tieren. Archäologische Relikte, die auf vorlandwirtschaftliche Siedlungen schließen lassen, sind u.a. in der Südlevante (Beidha), im Jordantal (Jericho), in der Oase von Damaskus (Tell Aswad, Tell Ramad), am mittlerem Euphrat (Murybet) sowie in den Hochebenen Südwestanatoliens (Hacilar, Çatal Hüyük) gefunden worden.

Die Siedlungen lassen auf Gefüge gebauter Häuser mit Wohnstätten für jeweils zwei oder drei Erwachsene und einige Kinder schließen sowie einem Nebeneinander von größeren und kleineren Häusern für gemeinschaftliche Einrichtungen wie Magazine (Vorratsräume) und kultische Einrichtungen; zum Teil besaßen diese Siedlungen Ummauerungen. Die Anzahl der Bewohner dieser Siedlungen, die teilweise aus dem Zusammensiedeln von Bevölkerungsgruppen entstanden waren, ist äußerst unsicher. Schätzungen, z.B. für Çatal Hüyük, »*reichen von 500 bis 10.000 Personen, wobei die kleinere Zahl die wahrscheinlichere ist*« (Lambrecht et al. 1998: 169). In Murybet waren die frühesten Behausungen Rundhäuser, einräumig mit bis zu 6 m Durchmesser und außerhalb liegenden gemeinsamen Arbeitsplätzen mit Herdgruben. Später, ab 7000 v.u.Z. traten kleine rechteckige, in Kammern unterteilte Bauten auf, die wohl Vorratshäuser und/oder Kultstätten gewesen sind. In Çatal Hüyük hatten die meisten Häuser eine Grundfläche von 25 bis 27 qm, welche oftmals kleine Vorratskammern einschlossen. »*Daneben gab es Häuser, die bis*

Kapitel 9: Auf Gemeineigentum beruhende Gesellschaften

Abbildung 9.3.: Fruchtbarer Halbmond

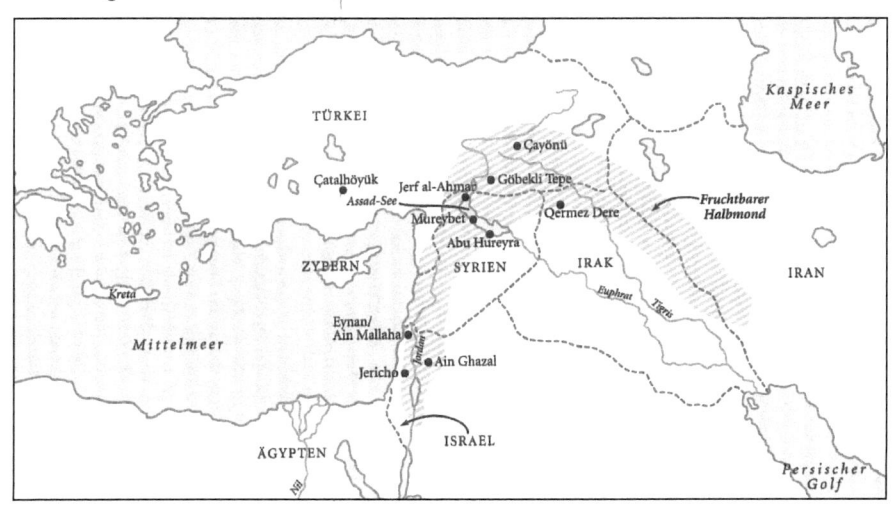

Quelle: Morris 2011 (deutsche Ausgabe): 94

zu 11 qm klein, und solche, die bis zu 48 qm groß waren. Von Größe und Grundausstattung her – L-förmig angeordnete Sitz- und Liegebänke entlang der West- und der Nordwand, Herde und Backöfen an der Südwand – können sie etwa zwei bis drei Erwachsenen und ebenso vielen Kindern Platz geboten haben, in wenigen Fällen bis zu acht Personen.« (Ibid. nach Mellaart 1967) Neben dem Gemeineigentum der Siedlungsmitglieder am Grund und Boden lässt die Ausgestaltung der Wohnstätten sowohl auf Gemeineigentum als auch auf Privatbesitz der Familien an den (wenigen) Gerätschaften der häuslichen Wirtschaft schließen. Die Bestattung der Toten wurde in Çatal Hüyük ebenfalls innerhalb der Häuser, d.h. im privaten Umfeld und fast immer unter den Liegebänken, vorgenommen. Derartige Skelette fanden sich in nahezu allen Häusern. Grabbeigaben gab es bei der Mehrheit der Toten keine, ansonsten bei Männerskeletten vor allem Waffen, bei Frauenskeletten Schmuckgegenstände und Geräte.

Wie während der vorangegangen Wildbeuterzeit dürfte auch bei dem Zusammensiedeln nunmehr ortsgebundener Gemeinschaften die matrilineare Gens als Abstammungsgruppe nach wie vor die übergeordnete Sozialgliederung gewesen sein, nunmehr allerdings mit wachsender Bedeutung von Familien, die den Mann als Paar- bzw. Elternfamilie einschlossen: *»Innerhalb dieser Gemeinschaften scheinen sich mit der Zeit Abstammungsgruppen (Mutter-Kinder/Geschwister-Gruppen) entwickelt zu haben, die nun um einen Mann/Vater erweitert waren. Die Größe und besonders die Ausstattung der Wohnbauten in den südwestasiatischen Siedlungen könnte als Anlaß für die Vermutung genommen werden, daß sich die familiale Untereinheit der Gesellschaft nun in eine sog. Paarfamilie verwandelt hatte. Das wird*

Abbildung 9.4: Uruk, Ur und Kisch

Quelle: https://www.wissen.de/lexikon/uruk

besonders deutlich in Çatal Hüyük, da hier die Wohngebäude ganz klar den Lebensraum einer solchen Elternfamilie darstellen. Dies gilt um so mehr, als diese Gebäude zugleich der Bestattungsort der Mitglieder solcher Familien waren. Dabei sieht es in diesem Fall so aus, daß die mütterliche Herkunft der Kinder betont worden ist und die Frau in der Familie weiterhin die Hauptrolle hatte. Aber auch der Mann/Vater spielte nun eine Rolle, und neue Beziehungen begannen sich bereits zu entwickeln.« (Ibid.: 171f.) In jedem Fall spricht diese anfängliche Form der Familie im Rahmen der matrilinear geprägten Gens für eine egalitäre Stellung der Geschlechter in den Haushalten und eine nicht-hierarchische und schon gar nicht klassenmäßig differenzierte Ordnung innerhalb der Siedlungen. Die Familie bleibt damit präpatriarchalisch genauso wie die gemeinschaftlichen (»öffentlichen«) Angelegenheiten prästaatlich bleiben.

Die weitere Entwicklung zu sog. Frühen Hochkulturen fußt auf diesen Verhältnissen des fruchtbaren Halbmondes und findet ihre historisch früheste Form im Süden Mesopotamiens, in denen sie sich in Orten wie Uruk, Ur und Kisch zentriert (vgl. Abb. 9.4). Zeitlich ist diese Entwicklung etwa von 3200 bis 2800 v.u.Z. zu datieren.

Von den Naturlandschaften schloss das Land zwischen und beiderseits von Euphrat und Tigris sowohl eine flache, nach Süden zum (Persischen) Golf hin langsam abflachende Schwemmlandebene ein, die erst wohl im Holozän ab 5000 v.u.Z. in einer Zeit aufgeschwemmt worden war, in der das Klima sehr feucht war und der Golf weit in das Land hinein reichte. Um die Mitte des 4. Jahrtausends v.u.Z. wurde das Klima trockener, der Meeresspiegel fiel und die Küstenlinie verschob sich auf frühere Meeresgebiete des Golfs. So wurde im Süden Mesopotamiens im Laufe von zwei- bis dreihundert Jahren zusätzlich besiedelbares, fruchtbares Land freigegeben. Während des 3. Jahrtausends v.u.Z. gestaltete sich das Klima noch ari-

Kapitel 9: Auf Gemeineigentum beruhende Gesellschaften

der, der Meeresspiegel sank weiter und die Unterläufe von Euphrat und Tigris gruben sich tiefer ein, das Land wurde trockener und das Wasser insgesamt knapper. Ab 3000 v.u.Z. gab es keine einschneidenden Klimaveränderungen mehr und so blieben die Sommer trocken und heiß und die Winter eher kühl und feucht. Zwar dürfte es in der Zeit der Besiedelung dieser Region vielerlei Vögel, Fische sowie Süßholzgewächse gegeben haben, u.a. die vielseitig nutzbare Dattelpalme, doch gab es im tiefliegenden Schwemmland außer Wasser und mineralreichem Boden nicht viel mehr als Lehm und Schilf. Anders sah es in den nördlichen Bergländern Mesopotamiens aus, in denen Regenfeldbau und dörfliche Dauersiedlungen bereits im 6. und 5. Jahrtausend v.u.Z. nachgewiesen sind und in denen Landwirtschaft mit Hilfe künstlicher Bewässerung betrieben wurde. Die Besiedlung Südmesopotamiens kam dagegen erst mit dem Rückgang des Wassers im 4. Jahrtausend in Gang.

Die Bevölkerung im Ort Uruk, dessen Anfänge in die Obed-Zeit ab 5500 v.u.Z. zurückreichen, nahm um 3200 v.u.Z. stark zu und die Siedlungsfläche sowie die Zahl der Siedlungen vervielfachte sich in Gestalt mehrstufiger Siedlungsringe um einen Ort herum. In dieser Zeit entwickelten sich im Süden der Schwemmlandebene etwa ein halbes Dutzend solcher zentralen Orte wie Uruk, wobei die Siedlungsentwicklung im Süden um Uruk und im Norden um Nippur/Kisch unterschiedlich verlief. Während sich im Norden Bevölkerungs- und Siedlungsentwicklung gleichförmiger gestalteten, stiegen im Süden Bevölkerungszahl und Siedlungsfläche an bei gleichzeitiger Verringerung der Anzahl der Orte und der Herausbildung von größeren Städten; Uruk ist hierfür das am besten untersuchte Beispiel. »*Hier entstand in der Zeit der frühen Hochkultur, am Ende der Späturuk- bzw. zu Beginn der Dschembet Nasr-Zeit, zum ersten Mal eine Hochterrasse im Eanna-Bezirk, die vermutlich mit einem Tempel bestanden war. ... Sie bildete nun eine einheitliche große Gemeinschaftsanlage für den östlichen und den westlichen (›Anu-Ziqqurat‹) Teil der Stadt, der zuvor anscheinend einen eigenen ›Kultbezirk‹ gehabt hatte. In der weiteren Entwicklung, nämlich in der Frühdynastisch I-Zeit, wurde die Stadt mit einer Mauer umgeben. In der anschließenden FD II- und FD III-Periode*[8] *freilich verlor Uruk (wie andere Städte am alten Flußlauf) infolge der ... Euphratverlagerung zugunsten von Umma und anderen weiter östlich gelegenen Orten an Bedeutung.*« (Lambrecht et al. 1998: 203)

Während des 4. Jahrtausends v.u.Z. waren im nördlichen Mesopotamien, in den Randhügeln des Zagros und in der Susiana sowie im südlichen Teil des Zweistromlandes Ackerbau und Viehzucht zur hauptsächlichen Unterhaltsquelle geworden. In der Landwirtschaft wurden Weizen, die anspruchslosere Gerste, Lein/Flachs sowie Linsen, Erbsen und Butterwicken angebaut; an Fruchtgewächsen wurde vor allem die Dattelpalme kultiviert. Es bestand die Notwendigkeit der Bewässerung, die zunächst aus kleinen naturgegebenen Wasserläufen erfolgte und mit den trockener werdenden Bodenverhältnissen und der Ausdehnung der Anbauflächen durch den

---

[8] Man unterscheidet drei frühdynastische Perioden: I. 2900 bis 2800 v.u.Z., II. und III. ca. 2800 bis 2350 v.u.Z.

Bau künstlicher Kanäle, die schließlich zu großflächigeren Bewässerungssystemen ausgebaut wurden, bewerkstelligt wurde. Als wichtige landwirtschaftliche Geräte kamen Sicheln, Mahlsteine und vor allem eine Hake als Vorform des Pflugs zum Einsatz. An landwirtschaftlichen Nutztieren wurden Schafe, Ziegen, Schweine, Esel und Rinder gehalten, anfangs zunächst nur für fleischliche Nahrung, später auch zur Nutzung sog. Sekundärprodukte wie Zugkraft von Eseln und Rindern für Hakenpflüge sowie Kriegswagen, Milch von Tieren, Wolle von Schafen.

Wie in der vorangegangenen Zeitperiode der beginnenden und schließlich konsolidierten Sesshaftigkeit von Gemeinschaften wurde das Land weiterhin durch kleine bäuerliche Betriebe von Familien im Rahmen subsistenzwirtschaftlicher Haushalte bearbeitet. Wahrscheinlich dürfte sich wegen des zusätzlichen Arbeitsaufwandes für die Bewässerung des Bodens eine besondere Bindung an das von einem Haushalt bearbeitete Land entwickelt haben, was eine unmittelbar gemeinschaftliche Bodenbearbeitung des von einer Siedlung in Besitz genommenen Gesamtareals abgelöst hatte. Eine solche besondere Beziehung eines Haushalts zu dem von seinen Mitgliedern bearbeitete Land schloss Gemeineigentum von einer Gruppe solcher Haushalte, z.B. einer Sippe, an Land nicht aus, da auch Kollektivland ganz oder teilweise individuell bearbeitet werden kann. Nach wie vor war somit die Mitgliedschaft der bäuerlichen Familien zu übergeordneten sozialen Einheiten wie Gens und Stamm unabdingbare Voraussetzung für die Bearbeitung des dieser Einheit gehörenden bzw. von ihr in Besitz genommenen Grund und Bodens. In welcher Weise die ursprüngliche Zuteilung des Landes auf die Familien erfolgt war und wie dessen Erträge im Einzelnen innerhalb der Gemeinschaft auf gemeinschaftliche Aufgaben und familiären Reproduktionsfonds verteilt worden sind, ist nichts bekannt.

Innerhalb der städtischen Gemeinschaftseinrichtungen und -organisationen sind Vorratslager für Saatgut und Reserven für schlechte Jahre sowie Versammlungen der Gemeinschaften zunächst mit dem gewöhnlich als »Tempel« bezeichneten Einrichtungen verbunden oder verwachsen gewesen. Neben Abgaben an die Götter – z.B. war »Inanna« für die Vorratshaltung zuständig – besaß der Tempel Uruk auch große selbstbewirtschaftete Ländereien, die teilweise durch neu gewonnenes Land erweitert und teilweise als Pfründe an Tempel-Beschäftigte vergeben wurden. Außerdem sind verschiedene Handwerke in Textilien, Metallen und Tonwaren unter der Regie des Tempels, manchmal auf größerem Maßstab, betrieben worden; auch der Einsatz von Sklaven ist bezeugt. Ebenso wurden Handelsniederlassungen oder Außenposten Uruks unterhalten; sie betrieben Produktenaustausch zwischen Gütern des notwendigen Bedarfs gegen Luxusartikel wie wertvolle Steine oder Textilien. Neben die Tempelwirtschaft trat im weiteren Verlauf als weitere Organisationsform der »Palast«. Er war ursprünglich aus militärischen Aufgaben hervorgegangen und unterhielt eine Reihe von Werkstatts- und Vorratsräumen in seinen Gebäuden. Der Palast erhielt Lieferungen von Gütern aus den Haushalten, Bereitstellung von Arbeitsleistungen und auch die Übergabe von Ländereien. Als Tempel- und Palastwirtschaften waren neben die bäuerlichen Haushaltungen somit eigene Wirtschaftsvermögen getreten, die Erzeugnisse, Rohstoffe, Gebäude, Arbeitskräfte, Böden und

Kapitel 9: Auf Gemeineigentum beruhende Gesellschaften 255

Vieh umfassten. Außerdem wurde ein Gerichtswesen etabliert. All diese Einrichtungen mussten durch Abgaben in Naturalform, d.h. durch Güter und Arbeitsleistungen, welche auch Bereitstellungen für Kriegsunternehmungen bei Konflikten um Land, Wasser und Handelswege einschlossen, wirtschaftlich unterhalten werden. Ihre Basis dürfte zunächst in wechselseitigem Einvernehmen der Akteure begründet gewesen sein, die Entscheidungsbefugnisse in Bezug auf menschliche, natürliche und sachliche Vermögen an gemeinschaftliche Einrichtungen abgegeben und dort zentralisiert hatten.

Mit der Verfestigung der geschlechtlichen Arbeitsteilung zwischen einer durch Männer betriebenen Landwirtschaft auf dem Feld und der Besorgung des Haushalte (inkl. Kinderversorgung) durch die Frauen sowie der Zunahme persönlicher Güter im Eigentum der Haushalte, die an die nachfolgende Generation vererbt werden konnten, wandelte sich die Struktur der egalitären Paarfamilie zur Familie eines Hausvaters, der die Funktion als Haushaltsvorstand nach außen ausübte. Hinzu kam, dass durch kriegerische Konflikte den Männern die Aufgaben des Kriegsdienstes zukamen. Anstelle matrilinearer Verwandtschaftsstrukturen, die durch die territoriale Bindung bereits untergraben worden waren, traten damit zunehmend patrilinear dominierte Verwandtschaftsstrukturen, die den überkommenen Gentilverbund zunehmend auflösten. Aus dem ursprünglich gentilizisch eingebundenen Haushalt war so die Hausvaterfamilie mit eigenem Wirtschaftsvermögen und patriarchalischer Verfügung geworden. In dieser Familienform leisteten typischerweise die übrigen Familienmitglieder dem »Familienvater« Gehorsam. Jedoch behielten die Frauen als alleinstehende Mütter, als Priesterinnen und Konkubinen, die teilweise als Prostituierte instrumentalisiert wurden, wie das »Gilgamesch-Epos« bezeugt, in den Nischen der Gesellschaften noch eigenständige Funktionen. Die Sozialstruktur des Gemeinwesens insgesamt wies nunmehr neben einer gesellschaftlichen Arbeitsteilung zwischen der Mehrheit der Bauern(familien) sowie Handwerkern und Händlern sich entwickelnde und verfestigende gesellschaftliche Unterschiede in Bezug auf reichere und ärmere Haushalte einerseits sowie den aus der Arbeit der »Produktiven« unterhaltenen Personen von Tempel und Palast sowie deren Entourage und Satrapen andererseits auf. Damit hatte sich die ursprünglich egalitäre gentilizische Gemeinschaft zu einem Gemeinwesen mit Klassengliederung im Sinne von Über- und Unterordnung einzelner Gruppen fortentwickelt.

Die Verselbstständigung einer politischen Form des Gemeinwesens aus den Gesellschaftsstrukturen schloss funktionell an die Aufgaben des Friedensrichters und Kriegsführers (»militärische Demokratie«) und wirtschaftlich an die herausgebildete Tempel- und Palastwirtschaft und deren ökonomische Existenzen an. Letztere bestanden neben der eigenen Wirtschaft aus den gemeinschaftlich erbrachten Leistungen der bäuerlichen Haushalte als Grundeinheiten, die sich zu regelmäßiger Tributpflicht fortentwickelten. Die personelle Repräsentation, die ursprünglich in Versammlungen bestimmt worden war, konnte sich nach und nach in erbliche Dynastien transformieren. Damit wurde aus der territorial gebundenen Bauerngemeinschaft ein Stadtstaat, im Weiteren, vermittelt über Krieg und Unterwerfung anderer Gemeinwesen, ein Territorialstaat. Dessen Oberhaupt verklärte seine Herrschaft als die Exekution des Willens verschiedener Gottheiten und führte seine Entscheidungen auf göttliche Gebote zurück; dies lag umso näher, als die Verselbstständigung des Staates und seine Personifikation im Herrscher als Fürst oder König aus der Manifestation naturreligiöser Mythen und ihrer Vergegenständlichung im Tempel entsprungen war.

Nach dem Ende des 4. Jahrtausends v.u.Z. gab es in der Region des Fruchtbaren Halbmonds keine gravierenden Veränderungen des Klimas mit Auswirkungen auf die Beschaffenheit der Landschaft mehr und die Entwicklung in der Region verlagerte sich zunehmend von den natürlichen Einflüssen auf gesellschaftlich bedingte Faktoren. Eine Zunahme der Bevölkerung führte zu einer Intensivierung der Auseinandersetzungen zwischen den frühsumerischen Stadtstaaten um agrikulturell bebaubare Bodenflächen und die Nutzung der Ressource Wasser für deren künstliche Bewässerung. »*Die rasante Ausdehnung dieser Stadtstaaten führte ... zur Verknappung des begehrtesten, d.h. der Bewässerungswirtschaft erschließbaren Grund und Bodens. Kriegerische Auseinandersetzungen, in denen es gleichzeitig um Wasser und um die politische Vorherrschaft in diesem Gebiet ging, waren die Folge dieser Entwicklung. Man begann, die Städte zu ummauern, und in den Inschriften und auf bildlichen Darstellungen treten uns nun zum ersten Mal namentlich bekannte Herrscher entgegen.*« (Sellnow et al. 1977: 148) In den Tempeln war ursprünglich das für die Organisation der Produktion erforderliche Wissen monopolisiert; sie waren daher zunächst die wichtigsten Zentren für die wirtschaftliche, politische und kulturelle Entwicklung der Stadtstaaten. Daneben hatte es jedoch auch eine »weltliche« Gewalt gegeben, die anfangs der Priesterschaft untergeordnet war, mit der Zunahme kriegerischer Auseinandersetzungen aber ihre Rolle und schließliche Vorherrschaft festigte und sich gegen die Machtansprüche der Priesterschaft durchsetzte. Die in eigenen Palästen residierenden Herrscher drängten den politischen Einfluss, den die dörflichen Gemeinden zur Zeit der Vorherrschaft der Tempel durch die Institution von Ältestenräten noch besessen hatten, zurück. Dieser Übergang der Herrschaftsgewalt in die Hände der weltlichen Aristokratie war damit zugleich mit einem Abbau der Rechte der bäuerlichen Produzenten verbunden.

In den Auseinandersetzungen zwischen den verschiedenen Stadtstaaten mit ihrer weitgehenden wirtschaftlichen Autarkie kam es zunächst noch nicht zur Konstitution größerer politischer Einheiten, sondern nur zur Vorherrschaft einer Stadt gegenüber einer anderen. Eine besondere Rolle spielte dabei die Stadt Kisch, deren »Könige« einen Führungsanspruch in Südmesopotamien behaupteten, was in der Erzählung des »Gilgamesch-Epos« Eingang fand. Hinsichtlich der Eigentumsverhältnisse am Grund und Boden bestand weiterhin außerhalb des staatlichen Grundeigentums der Palast- und Tempelwirtschaft noch das Sippen- oder Großfamilieneigentum im Rahmen der Dorfgemeinde, die damit nach wie vor die Stellung als eines der Produktion vorausgesetzten naturwüchsigen Gemeinwesens innehatte. Eigentumsübertragungen von Feldern von Eigentümergruppen an den Herrscher des Stadtstaats sind durch einige auf Stein aufgezeichnete Käufe verbürgt. »*Die Auf-*

Kapitel 9: Auf Gemeineigentum beruhende Gesellschaften

Abbildung 9.5: Die ersten Großreiche Vorderasiens

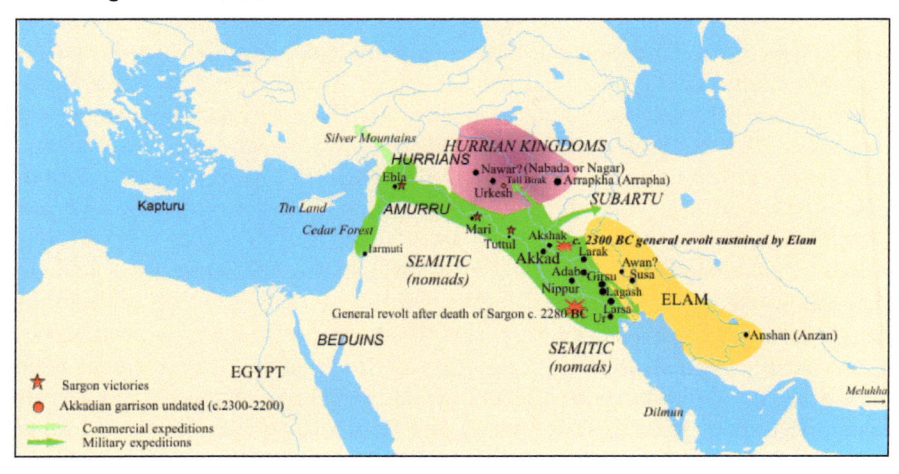

Quelle: www.worldhistory.org/image/160/map-of-the-akkadian-empire/

hebung des Gemeineigentums erfolgte daher in Mesopotamien nicht durch die generelle Aneignung der obersten Verfügungsgewalt durch eine ›höhere Einheit‹ bzw. den Staat, sondern führte gleichsam zu einer Zweiteilung des Eigentumsverhältnisses. Einen Teil des Bodens eignete sich die herrschende Klasse als sog. Tempel- und Palasteigentum an. Durch Usurpation weiterer Ländereien, Aneignung neu erschlossener Bewässerungsgebiete, Kauf und Pfändung war dieser Anteil immer größer geworden, wobei auch die Verfügung über die Wasserressourcen eine erhebliche Rolle gespielt haben dürfte. Das ehemalige Gemeineigentum konnte aber dennoch in Resten bewahrt werden. Es wurde jedoch ständig vom Zugriff der herrschenden Klassen bedroht.« (Ibid.: 150)

Gegen Ende des 3. Jahrtausends v.u.Z. entstanden die ersten Großreiche Vorderasiens, die die volle Durchsetzung des zentralisierten Territorialstaates gegenüber dem Stadtstaat brachten und die Grundlage für die spezifische Ausgestaltung der asiatischen Produktionsweise in dieser Region abgaben. »*Die absolute Herrschergewalt des Königs siegte über die Tempelaristokratie. Gleichzeitig wurden die letzten Reste gentil-demokratischer Gemeindeinstitutionen auf unwesentliche Kompetenzen zurückgedrängt und verloren ihren Einfluß. Ihre Aufgaben wurden weitgehend von einem dem König verpflichteten Beamtenapparat übernommen.*« (Ibid.: 152) Aber auch wenn die Erweiterung der Staatsbildung die ursprünglichen demokratischen Verhältnisse in den Dorfgemeinden überlagerte und ersetzte, blieben diese Gemeinschaften nach wie vor das soziale Grundelement der Reiche. Zwischen etwa 2350 bis 2000 v.u.Z. entwickelten sich nach- und nebeneinander das Reich von Akkad, die Herrschaft der Gutäer sowie das Reich der Könige aus der III. Dynastie von Ur (vgl. Abb. 9.5).

Ursachen wie Konsequenzen der neuen Großstaaten lagen in der Erweiterung der Bewässerungswirtschaft, um die fortschreitende Bodenversalzung zu bekämpfen, welche das Aufkommen von Weizen gegenüber der anspruchsloseren Gerste und im Endeffekt die Produktionsmenge beider Getreide vermindert hatte. Darüber hinaus profitierten der Fernhandel sowie der Handelsverkehr insgesamt von den neuen Gegebenheiten größerer Reiche, die die Kontrolle über die Handelsstraßen und Rohstoffzentren erleichterten. König Sargon von Akkad (2340–2284), der 56 Jahre herrschte, steht als Spitzenrepräsentant für das erste stabile Großreich in Vorderasien.

Die sozialökonomischen Verhältnisse des Akkad-Reiches beinhalteten zum Einen das Königsland als erweitere Palastwirtschaft, das entweder weiterhin selbst bearbeitet oder an Nutznießer vergeben wurde, die es zum Teil weiterverpachteten. Zum Anderen bestand das Bodeneigentum von Großfamilien oder Dorfgemeinden fort, wobei der kleinbäuerliche Grundbesitz nach und nach zurückgedrängt wurde, sodass sich die soziale Differenzierung und Ungleichheit innerhalb der Dorfgemeinden erhöhte. Diese Ungleichheit war Ursache für die Erosion des kollektiven Eigentums der Dorfbewohner an ihrem Grund und Boden.»*Die Sonderinteressen der reichen Bauern hatten bewirkt, daß aus der Gemeinde als kollektivem Eigentümer ein Kollektiv von Eigentümern wurde. Die zahlreichen in akkadischer Sprache verfaßten Wirtschafts- und Rechtsurkunden bestätigen dieses Bild einer auf dem bereits differenzierten Bodeneigentum beruhenden Dorfgemeinde.*« (Ibid.: 154f.) Die weitere Entwicklung in nachfolgenden Reichen ließ die Dorfgemeindeorganisation immer weiter zurücktreten und verfallen und beförderte mit dem Aufkommen von Geld, Kredit und Schuldknechtschaft die Ausbildung von privatem Grundbesitz. Zwar gab es vereinzelt auch Gegenbewegungen, z.B. im dem dem Akkad-Reich nachfolgenden Stadtstaat von Ur, doch war diese Auflösung des ursprünglichen Gemeineigentums der Dorfgemeinschaften zugunsten der Stärkung individuellen Besitzes und damit die fortschreitende Differenzierung der bäuerlichen Hausgemeinschaften mit den»Hausvätern« als Repräsentanten die dominierende Tendenz.

Nach dem Zerfall der III. Dynastie von Ur, wodurch der Versuch gescheitert war, einen ganz Mesopotamien umfassenden Territorialstaat nach dem Vorbild eines sumerischen Stadtstaates zu organisieren, und nach der erneuten Etablierung einer Reihe kleiner Königtümer, folgte ab Beginn des 2. Jahrtausends v.u.Z. im altbabylonischen Reich die Wiedervereinigung der Region unter einer Zentralregierung, für die Hammurabi (1792-1750) als Herrscher sowie als Namensgeber eines juristischen Kodex, der strenge Strafen nach dem sog. Talionsprinzip vorsah, steht. Das altbabylonische Reich wies eine Zentralisierung der Kontrolle über Boden und Wasser sowie bei Gewichten, Preisen und Zinsen mit einer Dezentralisierung der Produktion auf. Ein beträchtlicher Teil des Königslandes wurde an Parzellenbauern gegen Abgaben und Dienstleistungen vergeben; dieses Land war vererbbar. Landvergabe gegen Kriegsdienstleistungen der Bauern sicherte dem König ein jederzeit aufzubietendes Heer. Die Steuereinziehungsrechte wurden an Beamte oder auch Privatpersonen vergeben, die sich für ein bestimmtes Aufkommen zu verpflichten hatten;

Kapitel 9: Auf Gemeineigentum beruhende Gesellschaften

überschüssig eingetriebene Steuern oder durch günstige Umstände darüber hinaus vermehrte Mittel verblieben bei diesen Steuereintreibern. Das Handwerk war im altbabylonischen Reich bereits stärker spezialisiert, als Abnehmer kam jedoch wegen der selbstgenügsamen Produktion sowohl der Bauern als auch der Großwirtschaften von Palast und Tempel nur ein kleiner Personenkreis in Betracht, was die Entwicklungsmöglichkeiten dieses Bereichs beschränkte. Ebenso war die Entwicklung für die Kaufleute begrenzt, da der Staat an seinen Monopolpositionen festhielt. Neben der bereits erwähnten Systematisierung von Rechtssätzen wurde die Mathematik im Zusammenhang mit Feldvermessungen fortentwickelt.

Dass insbesondere die soziale Lage der Bauern sich verschlechterte, geht aus den »Seisachthien«, d.h. den Schuldaufhebungen für Darlehens- und Steuerrückstände hervor, welche der Staat wohl weniger aus Gerechtigkeitsüberlegungen denn aus Rücksichten zur Gewährleistung der Reproduktion des Gemeinwesens erließ. Denn die Flucht der Dienstpflichtigen hatte sich als Ausdruck von Klassenwidersprüchen als Phänomen verbeitert und die Geflüchteten machten als zusammengeschlossene Banden die Handelswege unsicher. Darüber hinaus mussten sich die altbabylonischen Staatswesen im Fruchtbaren Halbmond mit Angreifern auseinandersetzen, die aus den gebirgigen Gebieten außerhalb der bisherigen Zentren kamen. Anfang des 16. Jahrhunderts v.u.Z. stießen die Hethiter von Anatolien bis nach Babylon vor und bereiteten der Hammurabi-Dynastie ein Ende. Nutznießer dieser Entwicklung waren die Kassiten, die bereits unter den Nachfolgern Hammurabis nach Mesopotamien eingedrungen waren und sich am mittleren Euphrat festgesetzt hatten. In Obermesopotamien bildete sich der Staat von Hurri-Mitanni. *»Vorderasien trat damit um die Mitte des 2. Jt. in eine neue Etappe seiner Entwicklung ein.«* (Ibid.: 167)

In der zweiten Hälfte des 2. Jahrtausends v.u.Z. entstanden in den Regenfeldgebieten Vorderasiens eine Reihe von großen Eroberstaaten, die mit Assyrien, dem kassitischen Babylonien, Elam sowie mit Ägypten rivalisierten. Die sozioökonomischen Verhältnisse in diesen Staaten besaßen grundsätzlich, d.h. qualitativ die gleiche Ausprägung der asiatischen Produktionsweise wie im altbabylonischen Vorgängerreich, nur quantitativ erweitert: Der Grund und Boden stand teilweise freien Gemeindemitgliedern, teilweise Personen, die es mit der Verpflichtung zur Dienst- und Abgabenleistung an den Staat erhalten hatten, zu. Daneben gab es königliche Domänen sowie Großwirtschaften von Angehörigen der Königsfamilie. Die Klassenstruktur entsprach im Wesentlichen der altbabylonischen: vollberechtigte Bürger als kleine agrarische Produzenten auf dem Land nebst wenigen Handwerkern und Kaufleuten in den Städten, Abhängige des Palastes und Sklaven. Die Klasse der agrarischen Produzenten waren vom Boden nicht getrennt, jedoch keine Eigentümer des von ihnen bebauten Bodens. Die an Private übergebenen Landparzellen und die Domänen und Großwirtschaften der Sippe der Königsfamilie stellten nun das ursprünglich einmal abgesonderte Gemeindeland dar, das in der Folgezeit mehr oder weniger gewaltvoll vergrößert worden war, während der Grund und Boden der freien Gemeindemitglieder die von ihnen in Besitz genommenen und sodann vererbbaren Teile des einmal gemeinsam von der Dorfgemeinde besessenen Landes ausmachten. Somit »*zerfiel ... die Dorfgemeinde als kollektiver Grundeigentümer und wurde zu einem mehr administrativen Rahmen für eine Reihe von Hauswirtschaften*« (Ibid.: 174). Die Rolle des Gemeinwesens, ursprünglich einmal die Voraussetzung für den Bestand der Gentes und Familien, begann sich damit mehr und mehr in den Überbau zu verflüchtigen und bildete am Ende im Wesentlichen nur noch den »Weihrauchduft, der übrig bleibt« (Marx). Die Tempel waren mittlerweile funktionell und ökonomisch vollkommen in den Staatsapparat integriert. Hinsichtlich der Fortschritte in der ideellen Erfassung der Wirklichkeit ist die Weiterentwicklung der Keilschrift zu einer Buchstabenschrift mit nur noch 30 Zeichen anstelle der ursprünglichen mehrere hundert Silbenzeichen umfassenden babylonischen Keilschrift hervorzuheben (vgl. ibid.: 175).

Auch im ägäischen Raum, d.h. auf den Inseln und dem griechischen Festland, hatte sich der archaische Grundtyp sesshaft gewordener Gemeinwesen weiterentwickelt. Zeugnisse aus Kreta sowie – später – aus Mykene belegen, dass das Eigentum am Grund und Boden beim Herrscher konzentriert worden war, der den Bauern als oberster Grundherr gegenüberstand, eine umfangreiche Palastwirtschaft betrieb und Abgaben und Dienstleistungen einforderte. Damit handelte es sich hier wie in der Region des Fruchtbaren Halbmondes um eine despotische Ausgestaltung der Eigentumsform I mit der Umbildung des früheren Stammesadels zum Hofadel; als Sondertatbestand kam hinzu, dass der Fernhandel in der frühminoischen Zeit eine große Rolle spielte und die Grundlage für die späteren phönizischen Handelsaktivitäten abgab, die später von den Griechen usurpiert wurden. Im Randgebiet der altorientalischen Welt bildete sich mit Kreta ein neues wirtschaftliches und politisches Zentrum heraus (vgl. Abb. 9.6), das vor allem Wolle sowie Erzeugnisse des hochstehenden kretischen Palasthandwerks nach Vorderasien exportierte. In den großen Speichern der Paläste fanden sich neben Kupferbarren große Mengen an weiteren Handelsgütern, wie Öl, Getreide, Feigen, Wein, Honig, Gewürzen, Duftstoffen, Wolle, Geweben, Keramik, Werkzeugen und Schmuck. Mit der Ausdehnung ihrer Handelsaktivitäten entwickelten sich die kretischen Palastherren auch zu Zwischenhändlern, die einen Teil der im Handel erworbenen Güter weiterverkauften.

Es wird zwischen der Periode der sog. Älteren Paläste von der Wende vom 3. zum 2. Jahrtausend bis zum zerstörerischen Erdbeben vor dem 17. Jahrhundert v.u.Z. sowie der Periode der Jüngeren Paläste (etwa 1700-1375 v.u.Z.) unterschieden. In Letzterer spielten die Herrscher von Knossos eine bedeutende Rolle und sie war die Blütezeit des mittelminoischen Kreta mit Ausbau eines Straßennetzes, wesentlichen Fortschritten im Schiffbau sowie der Entwicklung einer Schrift (kretische Hieroglyphen- und frühe Linearschrift). Die Blüte der mykenischen Kultur auf dem griechischen Festland in der Wende vom 17. zum 16. Jahrhundert v.u.Z. wurde durch die Handelskontakte mit Kreta wesentlich beschleunigt. Schließlich trat Mykene, im Nordosten des Peloponnes gelegen, das Erbe Kretas an und gelangte im 14. Jahrhundert v.u.Z. auf den Höhepunkt seiner Macht. Um die Mitte des 13. Jahrhunderts v.u.Z. kam es dann mit dorischen Stämmen zu zuwandern-

Kapitel 9: Auf Gemeineigentum beruhende Gesellschaften

Abbildung 9.6: Minoische Kultur auf Kreta

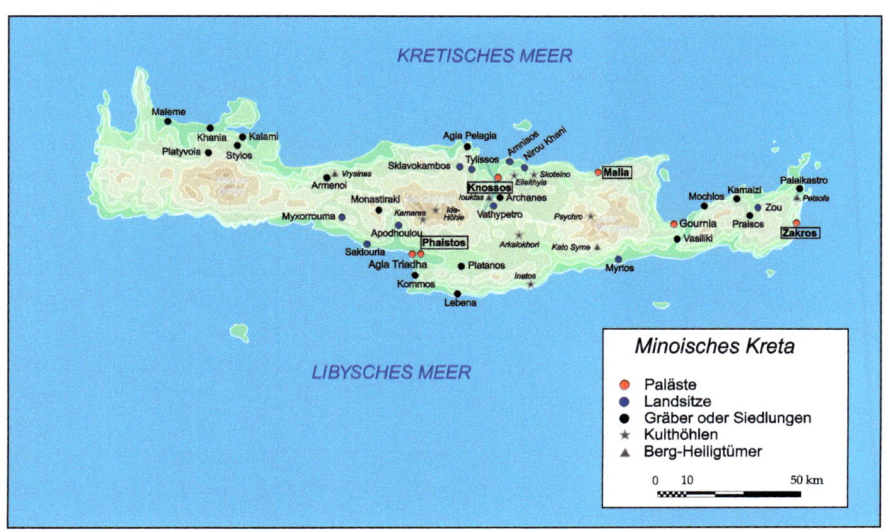

Quelle: https://de.wikipedia.org/wiki/Minoische_Kultur

den Eroberern aus dem Norden, die das Ende der minoisch-mykenischen Epoche brachten und in ein »dunkles Zeitalter« mündeten. In der Rückschau zeigt sich allerdings, dass diese Entwicklungsperiode in Kreta und Mykene wichtige Vorbedingungen für die spätere antike Produktionsweise in den hellenistischen Staaten geschaffen hatte.

Gegen Ende des 2. Jahrtausends v.u.Z. vollzogen sich in Vorderasien ethnische Umgruppierungen durch Einwanderungen verschiedener nomadischer Stämme aus dem syrisch-arabischen Steppengebiet (Aramäer), von sog. Seevölkern über die Ägäis vom Balkan sowie durch die endgültige Sesshaftwerdung der in Palästina lebenden Stämme. Der Zusammenbruch des Hethitischen Staates und diese Einwanderung und Siedlung verschiedener Stämme und Völkerschaften veränderten das Gesamtbild Vorderasiens. Zunächst kam es zur Gründung mehrerer kleinerer Fürstentümer. In dieser Zeit waren wirtschaftliche Fortschritte durch die Verwendung des Eisens (eiserne Pflugscharen) sowie durch die Anlegung von Tiefbrunnen und in den Felsboden geschlagene Bewässerungskanäle zu verzeichnen sowie durch die umfassendere Nutzung des einhöckrigen Kamels (Dromedar) für den Verkehr für längere Strecken und durch wasserarme Gegenden.

Die von Assyrien ausgehende Expansion der dort lebenden Stämme wendete sich zunächst gegen die aramäischen Fürstentümer im nördlichen Teil des Fruchtbaren Halbmondes, die in günstigen Ackerbaugebieten lagen und wichtige Handelsrouten in Richtung des Mittelmeeres kontrollierten. Das assyrische Reich expandierte in der ersten Hälfte des 1. Jahrtausends v.u.Z. im Westen bis zum Mittelmeer, im

Abbildung 9.7: Assyrerreich

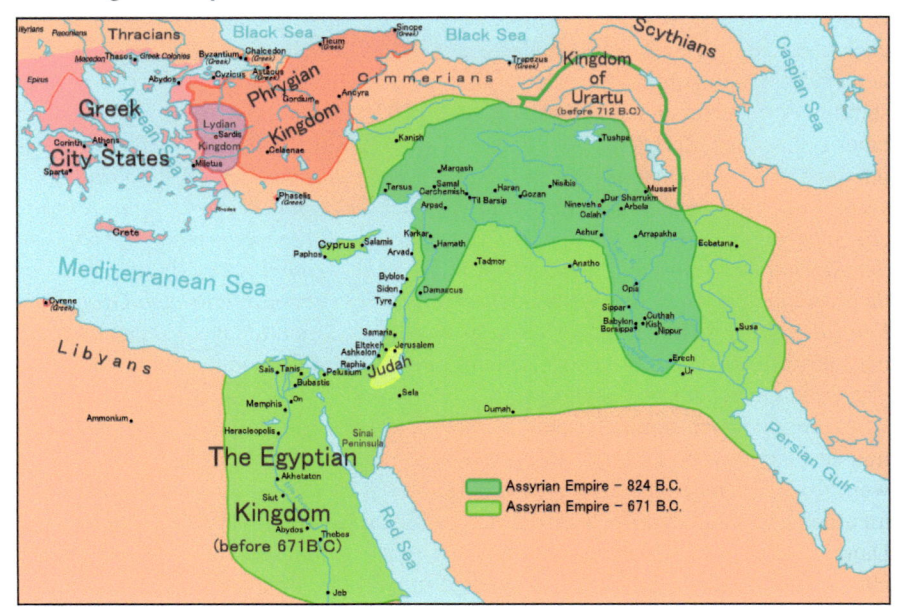

Quelle: https://de.wikipedia.org/wiki/Assyrisches_Reich#/media/Datei:Map_of_Assyria.png

Norden bis zu den Quellflüssen von Euphrat und Tigris und im Südosten bis zum Persischen Golf (vgl. Abb. 9.7). Babylonien wurde durch eine Personalunion mit Assyrien verbunden; im Jahr 689 v.u.Z. zerstörten die Assyrer Babylon vollständig und töteten die meisten Einwohner. Durch erfolgreiche Feldzüge erreichte Asarhaddon (680–669) die größte Ausdehnung des assyrischen Reiches und eroberte 671 auch einen Teil Ägyptens bis zum oberägyptischen Theben. Die militärische Expansion zielte auf die Gewinnung von Kriegsgefangenen und Deportierten; den eroberten Gebieten wurden schwere Tributverpflichtungen auferlegt.

Sozialökonomisch vertiefte sich in neuassyrischer und neubabylonischer Zeit die Kluft zwischen großen Grundeigentümern und verarmten bäuerlichen Kleinproduzenten; damit setzte sich die bereits in der vorangegangenen Zeit begonnene Verschärfung der sozialen Gegensätze der asiatischen Produktionsweise und der auf ihr gegründeten altorientalischen Klassengesellschaft fort. Im Innern des assyrischen Großreiches konzentrierten sich in den Städten die verbliebenen freien Mitglieder der Gesellschaft, die ökonomische und politische Bewegungsfreiheit erlangten und teilweise von ihren Abgabe- und Dienstverpflichtungen gegenüber dem König befreit wurden. Das Heer wurde nicht mehr durch ein Aufgebot der freien Bauern, sondern durch Söldner rekrutiert, die mit massivem Einsatz der Reiterei und Belagerungstechnik neue militärische Fähigkeiten ausbildeten; der

Kapitel 9: Auf Gemeineigentum beruhende Gesellschaften

Einfluss militärischer Anführer im Staatsapparat nahm zu. Daneben übernahm die Beamtenschaft die Aufgabe von Statthaltern des Königs in den Provinzen des Reiches und hatte für eine permanente Kontrolle bezüglich der regelmäßigen Abgabenleistungen zu sorgen. Sie strebte aber auch beständig nach politischer Selbstständigkeit und versuchte, eigene Fürstentümer zu etablieren, sodass die Gefahr einer politischen Zersplitterung stets virulent war. »*In der neuassyrischen Periode wuchs die unfreie, ökonomisch abhängige Bevölkerung sowohl innerhalb Assyriens als auch in den vom ihm unterworfenen Gebieten, und durch die zahlreichen Kriegszüge nahm auch die Zahl der Sklaven zu, die mehr und mehr Objekte der Reichtumsvermehrung wurden und nicht mehr – zumal sie im wesentlichen in der königlichen Wirtschaft eingesetzt wurden – den patriarchalischen Großfamilien zugehörten.*« (Ibid.: 185) Allerdings wurde der Reichtum des Königs und seiner Satrapen sowie der aristokratischen Grundbesitzer konsumtiv verausgabt, d.h. wesentlich unproduktiv genutzt.

An den Rändern des assyrischen Großreiches in Kleinasien sowie Syrien-Palästina bestand bzw. bildete sich eine Vielzahl kleiner Fürstentümer, die sich zu zeitweiligen Koalitionen gegenüber dem beständigen Druck der Zentralmacht zusammenfanden. Unter ihnen waren die aramäischen Fürstentümer von Hannath und Damaskus, der in Palästina entstandene Staat der Hebräer sowie die phönizischen Handelsstädte die Wichtigsten. Die weltgeschichtliche Bedeutung des in Palästina gegründeten Staates Israel lag dabei in der Ausprägung einer monotheistischen Religion und der Fixierung seines Werdegangs in den alttestamentarischen Schriften, welche die Entstehung des Christentums als eine der späteren Weltreligionen vorbereitete. In den nördlichen und östlichen Gebirgsregionen kam es zur Bildung einiger Staatswesen, die einen niedrigeren Entwicklungsgrad der sich aus der Gentilordnung bildenden asiatischen Produktionsweise verkörperten.

Für den Zusammenbruch des assyrischen Großreiches kurz nach der Erreichung seines machtpolitischen Zenits waren sowohl innere wie äußere Faktoren bestimmend. Die Verarmung und wachsende Abhängigkeit der bäuerlichen Produzenten, die einer dreifachen Ausbeutung durch die assyrischen Könige, ihre Statthalter in den Provinzen und die herrschende Klasse in den Städten ausgesetzt waren, unterminierte die produktive Basis des Reiches. Die zunehmende Stärke großer Grundbesitzer sowie der privilegierten herrschenden Klasse in den Städten schwächten auf der anderen Seite die Position des Herrschers. Die einzelnen Provinzen wiesen unterschiedliche wirtschaftliche und gesellschaftliche Gegebenheiten auf und konnten nur mit Hilfe militärischer Gewalt zusammengehalten werden. Immer wieder kam es zu Aufständen, die weite Teile des Reiches erfassten. Am Ende des 7. Jahrhunderts v.u.Z. brach das assyrische Reich endgültig zusammen. Auf seinen Trümmern bildete sich das neubabylonische Reich unter Nebukadnezar II. (604–562), das mit denselben Problemen äußerer Aggression durch Staaten an seinen Rändern und inneren wirtschaftlichen und sozialen Widersprüchen konfrontiert war. Namentlich die Auseinandersetzungen innerhalb der herrschenden Klasse Babyloniens erleichterten es dann den Persern im Jahr 539, in Mesopotamien einzudringen. Damit begann für das Zweistromland und wenig später für ganz Vorderasien die Zeit der Perserherrschaft.

c) Landwirtschaftliche Siedlungen auf dem afrikanischen Kontinent und die Herausbildung und Entwicklung der ägyptischen Hochkulturen

Auf den afrikanischen Kontinent war die östliche Sahara, die gegen Ende der letzten Kaltzeit um 10.500 v.u.Z. ein grünes und fruchtbares Land gewesen war, eine der sieben identifizierten Weltregionen, in denen sich der Übergang wandernder Wildbeuter zur Sesshaftigkeit konsolidiert hatte und von jenen Völkern besiedelt wurde, die zuvor südlich der Sahara gelebt hatten. Nach 5.000 v.u.Z. wurde diese Region immer trockener und desertifizierte sich ab 4.000 Jahre v.u.Z., sodass die Bewohner gezwungen waren, in klimatisch günstigere Gebiete abzuwandern. Sie bewegten sich vor allem in die Region des Nils und gründeten südlich des zweiten Katarakts neue Siedlungen. Archäologische Funde belegen, dass im Nil-Tal bereits seit 6.000 v.u.Z. Landwirtschaft betrieben wurde. Außerdem erfolgte eine Wanderungsbewegung in die weiter südlich gelegenen Regionen Westafrikas südlich der Sahelzone. Die ältesten Funde domestizierter Tiere, Rinder sowie Schafe und Ziegen, stammen aus Nordafrika um 4.500 v.u.Z. und dokumentieren pastoralistisch lebende Gemeinschaften.

Über die soziale Struktur der Gemeinwesen in dieser frühen Zeit ist außer der plausiblen Annahme, dass vornehmlich kleinere, weitgehend autarke Gemeinschaften mit gemeinschaftlicher Inbesitznahme des Grund und Bodens im Sinne des archaischen Grundtyps, der bereits in der vorangegangen Wildbeuterperiode herrschte, bestanden, nichts bekannt. Kleinere Königreiche in Westafrika, die eine Weiterentwicklung naturwüchsiger Hierarchieverhältnisse innerhalb dieser Gemeinwesen darstellten, sind erst später zu datieren. Nur für die ägyptischen Hochkulturen ist ab ca. 3100 v.u.Z. unter der Herrschaft des Menes als erste der nachfolgenden 30 Dynastien des Alten, Mittleren und Neuen Reiches Näheres als gesichertes Wissen verfügbar.

Ägypten stellt eine riesige Flussoase dar, die von den Wüsten Nord- und Ostafrikas eingeschlossen wird (vgl. Abb. 9.8). Dadurch war es lange Zeit von der übrigen Welt fast isoliert, zumal auch im Süden, beginnend bei Assuan, die Nilkatarakte den Zugang zum Sudan erschweren. Deutlich unterscheidet sich Oberägypten als enges, höchstens 30 bis 40 km breites und ungefähr 700 km langes Flusstal, von Unterägypten, dem Nil-Delta. Das Deltagebiet war nach der letzten Eiszeit durch Anschwemmung von Schlamm entstanden. Es wird von zahlreichen Mündungsarmen durchzogen und grenzt im Nordosten an die Landenge von Suez, über die die einzige Landverbindung nach Vorderasien führt. Das Niltal besteht aus Alluvialboden, dessen Fruchtbarkeit durch die jährliche Überschwemmung gesichert wird. Die Nilüberschwemmung beginnt im Juni mit der Schneeschmelze in den Bergen von Abessinien (heute: Äthiopien) und führt zusammen mit Regengüssen große Men-

Abbildung 9.8: Niltal

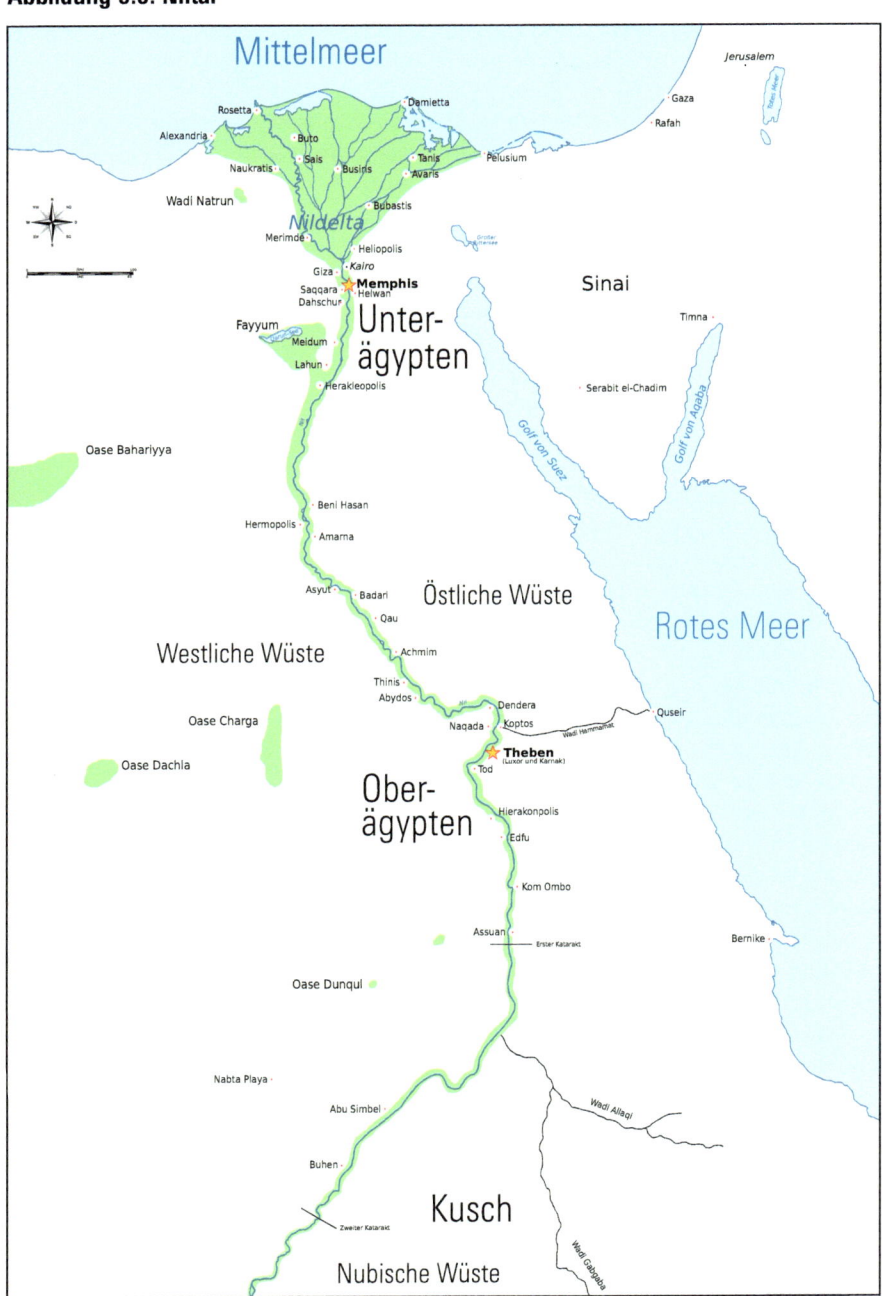

Quelle: https://de.wikipedia.org/wiki/Altes_Ägypten

gen von mineralischem Schlamm mit sich, der sich im ganzen Niltal im September/Oktober absetzt. Durch die jährlichen Schlammablagerungen und die Durchtränkung des Erdreichs wird eine Versalzung des Bodens verhindert, sodass die Bodenfruchtbarkeit erhalten bleibt und hohe landwirtschaftliche Erträge gewährleistet werden. Dies setzt allerdings eine Bewässerungslandwirtschaft voraus, die einerseits möglichst viel Land der Überschwemmung aussetzt, andererseits beim Zurückgehen des Wasserspiegels die Wassermassen ungehindert, aber zur Erhaltung der Ackerkrume langsam und verzögert abfließen lässt. Dazu mussten zahlreiche Deiche und Kanäle angelegt werden, die wegen der gewaltigen Wassermassen großräumige Anlagen erforderten, die nur durch die Kooperation einer großen Anzahl von Menschen hergestellt werden konnten.

Die Entwicklung im Niltal ist daher ab der Wende vom 4. zum 3. Jahrtausend v.u.Z. bis zur Perserherrschaft in 525 v.u.Z. von ägyptischen Einheitsreichen geprägt, die in ihren Krisenphasen allerdings auch dem Zerfall in kleinere Einheiten ausgesetzt waren. Der wirtschaftliche Fokus der ägyptischen Reiche und Dynastien lag stets auf großräumigen Flussregulierungen, die der Zentralgewalt die Kontrolle über die Bereitstellung von Wasser als wichtigster Inputressource des bedeutendsten wirtschaftlichen Produktionsbereichs, der Landwirtschaft, verschafften. Diese die gesamte Entwicklung der ägyptischen Hochkulturen charakterisierende Eigenart bildete von Anbeginn an einen wesentlichen Unterschied zu der eher kleinräumig-dezentralen Irrigation in Mesopotamien. Dementsprechend kam es in Ägypten schon während der ersten beiden Dynastien (sog. Thinitenzeit: 2985–2665 v.u.Z.) zur Bildung königlicher Güter (Domänen) neben dem Fortbestand der traditionellen Dorfgemeinden als Gemeineigentümern des Grund und Bodens. Die Domänen wurden zur Grundlage für die Einteilung des Territoriums in Gaue. Dadurch wurde die überkommene lokale Nobilität zugunsten der Stärkung einer dem Pharao als despotischem Herrscher persönlich verpflichteten Beamtenschaft geschwächt. Bereits zu Beginn der Hochkulturen floss das von der Zentralmacht eingezogene Mehrprodukt der Bauern dem Staatsspeicher zu, aus dem es umverteilt und entweder der individuellen Konsumtion nicht produktiver Bevölkerungsteile, der Erweiterung bzw. Erhaltung der Bewässerungsanlagen oder der Finanzierung von Tempel- und Palastbauten (inkl. Pyramiden) zugeführt wurde. Der Außenhandel der ägyptischen Reiche war bis zu deren Ende ebenfalls ein Staatsmonopol. Die Aufgaben der Regulierung der Irrigationssysteme auf Grundlage der jährlichen Nil-Überschwemmungen erbrachte schon früh als bedeutende kulturelle Leistung die Einführung eines festen, astronomisch orientierten Kalenders, der das Jahr in 365 Tage einteilte und 3 Jahreszeiten zu je 4 Monaten kannte, von denen jeder 30 Tage hatte. Die Jahre wurden mit Hilfe von Jahrestafeln gezählt, auf denen jeweils ein besonderes Ereignis vermerkt war. Diese Tafeln waren die Vorstufe für eine offizielle Geschichtsschreibung nach Jahren (Annalen).

Im Alten (2665–2480 v.u.Z.), Mittleren (1991-1650 v.u.Z.) und Neuen Reich (1527-ca. 1100 v.u.Z.), deren Übergänge bzw. deren Abschluss jeweils durch den Zerfall des zentralen Pharaonenstaates und seine Auflösung in einzelne, gegenein-

Kapitel 9: Auf Gemeineigentum beruhende Gesellschaften

ander verselbstständigte Kleinstaaten gekennzeichnet war, kristallisierte sich mehr und mehr die Domänenwirtschaft als vorherrschende Form in der ägyptischen Landwirtschaft auf der Grundlage von Staatseigentum am Grund und Boden heraus. Spiegelbildlich dazu nahmen Umfang und Einfluss der Dorfgemeinden immer weiter ab. Daneben entwickelte sich die gesellschaftliche Arbeitsteilung weiter und die Formen kooperativer, vergesellschafteter Arbeit, z.B. im Pyramidenbau, gewannen an Bedeutung. Die Fortschritte bei den Produktivkräften zeigten in der Landwirtschaft eine wachsende Spezialisierung; Kupferguss und später Bronzelegierungen unter Verwendung von Eisen wurden wichtige Werkstoffe des Handwerks und der Transport mit Eselskarawanen und Lastschiffen flankierte diese Entwicklungen. Ein innerer Markt blieb gleichwohl beschränkt, der einfache Produktenaustausch wurde nur partiell durch die Verwandlung der Produkte in Waren weiterentwickelt; als Wertmaß fungierte anfangs Getreide, im Neuen Reich übernahmen Metalle zum Teil diese Funktion. Während sich ein selbstständiges Handwerk langfristig ausbilden und weiterentwickeln konnte, blieb der Außen- und Fernhandel unter staatlicher Regie und beschränkt.

Die Arbeitskräfte für Bewässerungs- und Pyramidenbau wurden aus der bäuerlichen Bevölkerung während der Perioden der Landüberschwemmungen rekrutiert. Darüber hinaus kamen Kriegsgefangene als Sklaven zum Einsatz, ohne dass allerdings Sklaverei sich zu einem dominierenden gesellschaftlichen Produktionsverhältnis ausbildete. Neben der Mehrheit der bäuerlichen Produzenten, die als Parzellenbauern ihren Grund und Boden in faktischem Besitz hielten, bildete die Beamtenschaft den Träger und Repräsentanten mächtiger administrativer staatlicher Institutionen und etablierte sich als Nutznießer von landwirtschaftlichen Flächen vor Ort. Daneben gewann während der gesamten Zeit der verschiedenen Reiche die Priesterkaste an Bedeutung, vielfach auf Kosten der Macht des pharaonischen Staates. Sie gründete sich ökonomisch auf den der Tempelwirtschaft als Eigentum zugehörigen Boden, administrativ auf ihre Funktion als Begründer der ägyptischen Astronomie zur Regulierung der Bewässerungswirtschaft sowie als religiöser Sachwalter der Gottheiten. Seinen augenscheinlichen Ausdruck erhielt diese wachsende Bedeutung und Macht der Priesterschaft darin, dass schon im Alten Reich der Pharao nur noch als Sohn des Sonnengottes verklärt wurde und nicht mehr als Gott selbst.

Die knapp 500 Jahre der Zeit zwischen dem Ersten und Zweiten Reich verstärkten die Entwicklungen der Erosion der Macht des Pharaos und der Verselbstständigung der Priesterschaft sowie die Zunahme der Bedeutung des Tempels und der Pyramidenstädte als Grundeigentümer. Dies ging einher mit wirtschaftlicher Stagnation und Unabhängigkeitsbestrebungen der Gaufürsten, die schließlich zum Zerfall des Pharaonenstaates führten. Die wirtschaftlichen Probleme zeigten sich im Ausbleiben von Lieferungen der Bauern an den Staatsspeicher, wodurch die ökonomische Existenz von kleinen Schreibern, Beamten und Ordnungshütern sowie von Handwerkern in Mitleidenschaft gezogen wurde. Allerdings überdauerte die Tempelwirtschaft diese Krisen und blieb intakt. Schließlich kristallisierten sich aus der Dezentralisierung der politischen Macht zwei Gaufürsten heraus, die um die erneute Errichtung einer Zentralgewalt miteinander konkurrierten. Mentuhotep II. (2061–2010) aus dem Gau Theben konnte diese Auseinandersetzung für sich entscheiden, etablierte einen neuen Zentralstaat und sicherte sich seine Macht durch eine Verwaltungsreform, mit der Wesire als Oberaufseher über die Gaufürsten ernannt wurden.

Im Mittleren Reich ab 1991 v.u.Z. differenzierten sich die Eigentumsverhältnisse am Grund und Boden weiter aus. »*Das betraf einerseits den Anspruch der Beamtenaristokratie auf volle Verfügungsgewalt über die ursprünglich nur zur Versorgung überlassenen Landanteile. Dadurch bildeten sich Individualrechte heraus, die die Voraussetzung für die Entstehung von Großgrundeigentum darstellten. Andererseits konnten auch die bäuerlichen Kleinproduzenten ihre Wirtschaften, die als Familienbetriebe erhalten blieben, mit Erfolg gegen den Zugriff des Staates verteidigen. In den Verwaltungszentren schließlich begann sich ein selbständiges Handwerk zu entwickeln, das für den Austausch produzierte. Es bildete sich eine besondere soziale Schicht heraus, in den schriftlichen Quellen häufig als die ›Kleinen‹ und ›Waisen‹ bezeichnet. Das waren individuell wirtschaftende Produzenten, die direkt vom Staat besteuert wurden. Ein großer Teil des Grund und Bodens befand sich in der Periode des Mittleren Reiches nach wie vor in der Hand des Staates. Er wurde durch Großwirtschaften bearbeitet und war entweder bestimmten Verwaltungsinstitutionen angegliedert oder diente der Versorgung des Hofes; vielfach wurden die Erträge unmittelbar an die zentralen Speicher abgeführt. Daneben gab es auf Staatsland noch Soldatensiedlungen und Pyramidenstädte, in denen die Produzenten einen teilweise erheblichen Besitz am Boden hatten. Schließlich existierten die Tempelländereien, über die die Pharaonen die Verfügungsgewalt weitgehend verloren hatten.*« (Sellnow et al. 1977: 206)

Die Brechung der Macht der Gaufürsten und ihre Ablösung durch Militärgouverneure in Unterägypten waren der Versuch, die Zustände des Alten Reiches wiederherzustellen. Jedoch versuchten die Bauern und Beamten vielfach mit Erfolg, die neuerrungenen Rechte zu verteidigen. Darauf reagierte die Staatsspitze mit Gewalt, um die Bevölkerung zu Staatsarbeiten zu zwingen. Insbesondere ging es um den Ausbau der Bewässerungswirtschaft sowie um Arbeiten auf neugeschaffenen Domänen und an Befestigungsanlagen. Der größte wirtschaftliche Erfolg in dieser Periode war die Kolonisierung der sumpfigen Fayum-Oase durch großangelegte Meliorationsmaßnahmen und der Bau eines Kanals, um die Wasserzufuhr vom Nil zu regeln; sie wurde in der Regierungszeit von Amenembet III. (1842-1795 v.u.Z.) realisiert und vergrößerte die anbaufähige Fläche in bedeutendem Maße. »*Die Kultivierung des Fayum war eine außergewöhnliche Leistung, die bis weit in die griechisch-römische Zeit im Bewußtsein der Ägypter lebendig blieb. Sie muß als organisatorische Leistung dem Bau der Pyramiden mindestens gleichgesetzt werden, bedeutete jedoch im Unterschied dazu eine produktive Verwertung von akkumuliertem Reichtum.*« (Ibid.: 208) In der Regierungszeit von Amenembet III. hatte das Mittlere Reich seinen Höhepunkt und erlebte eine starke räumliche Expansion nach Nubien im Süden und Syrien im Norden. Trotz relativ guter wirtschaftlicher Lage

Kapitel 9: Auf Gemeineigentum beruhende Gesellschaften

gewannen jedoch wie im Alten Reich zentrifugale Kräfte an Gewicht und führten am Ende der 12. Dynastie zum fortschreitenden Verfall. Im frühen 18. Jahrhundert v.u.Z. kamen Könige auf den Thron, die nur noch nominell das Niltal beherrschten; auch der ägyptische Einfluss in den Nachbargebieten ging zurück. Um 1715 v.u.Z. zerfiel das Mittlere Reich endgültig.

In der nachfolgenden Zeit markierte die sog. Hyksos-Herrschaft ein Zwischenspiel. »Hyksos« bezeichnet Fremdlinge. Hierbei handelte es sich um Menschengruppen verschiedener ethnischer Herkunft, die aus Vorderasien eingesickert waren und das asiatische Element im Nildelta durch eine stärkere Verflechtung von Ägypten mit Vorderasien verstärkten. Die Hyksos-Herrscher schufen keinen neuen Einheitsstaat, sondern übernahmen vorhandene Verwaltungseinrichtungen und wurden auch außerhalb des Nildeltas von den regionalen Nobilitäten zunächst anerkannt. Ihre Entmachtung und Vertreibung geschah wiederum ausgehend von den Fürsten von Theben; unter Ahmose (1551-1527 v.u.Z.) wurde Ägypten endgültig befreit, ein neuer Einheitsstaat errichtet und die Periode des Neuen Reichs begründet.

Der wirtschaftliche Aufschwung, der sich im Neuen Reich vollzog, resultierte vor allem aus weiteren Verbesserungen der Arbeitsmittel. Statt Kupfer wurden nun härtere Bronzelegierungen als Werkstoffe für Waffen und Werkzeuge verwendet. Bedeutend war auch die Einführung eines Wasserschöpfwerkes als einer Art Ziehbrunnen für kleinere Landwirtschaftsbetriebe. Ein Teil des Staatslandes, welches nicht durch Großwirtschaften bebaut wurde, wurde parzelliert und an Bauern gegen festgelegte Abgaben zur Bebauung überlassen; damit gewann die individuelle Bewirtschaftung eine größere Bedeutung und die Produktivitätsentwicklung in der Agrikultur wurde stimuliert. Diese Förderung der bäuerlichen Kleinbetriebe erweiterte die gesellschaftliche Arbeitsteilung und schaffte einen begrenzten inneren Markt, der insbesondere von den Tempelwirtschaften bedient wurde. Metall statt Getreide übernahm die Rolle des Äquivalents bei Tauschgeschäften. Handwerkliche Spezialisten waren allerdings nach wie vor kaum in Austauschbeziehungen einbezogen.

Die Priesterschaft konnte im Neuen Reich ihre wirtschaftliche und politische Sonderstellung weiter festigen. Daneben etablierte sich das stehende Heer als weiterer Machtfaktor gegenüber dem Pharao. Auf der Grundlage gefestigter innerer Strukturen strebten die verschiedenen Machtgruppen nach äußerer Expansion, zunächst gegen Nubien, sodann gegen das Mitanni-Reich in Mesopotamien. Dadurch konnte Ägypten seinen Machtbereich zeitweilig bis zum Euphrat vorschieben. Unter Thutmosis III. (1490-1438 v.u.Z.) erlebte Ägypten seine größte Ausdehnung im Rahmen der Pharaodynastien und war auf dem Höhepunkt seiner politischen Machtentfaltung. Durch Beute und Tribute konzentrierte sich in Ägypten ein ungeheurer Reichtum, der zur Grundlage eines Aufschwungs des Wissens in Mathematik, Kartographie und Geographie wurde; auch die Einführung der Volkssprache als Staatssprache ist in diesem Zusammenhang zu nennen. Darüber hinaus wurden die Priester aus dem Staatsapparat zurückgedrängt und Teile von Tempelland durch den Staat konfisziert, sodass nun ein größerer Teil der Domänen wieder dem Unterhalt der politischen Zentralgewalt diente.

Aber diese Blüte des Neuen Reiches war endlich. Unter Ramses II. (1290-1224 v.u.Z.) gelangte die ägyptische Hochkultur letztmalig in der Geschichte des Altertums zu gewaltiger Macht. Eine Intervention in Syrien endete in der Schlacht mit den Hethitern bei Kadesch am Orontes verlustreich und mit einem Patt; es kam zum Abschluss eines Friedensvertrages zwischen beiden Großreichen. Im Rahmen von Wanderbewegungen drangen sog. Seevölker, die seit dem 14. Jahrhundert v.u.Z. aus dem Balkan u.a. in Libyen gelandet waren, nach Ägypten ein und konnten zunächst noch abgewehrt werden. Es folgten jedoch weitere Anstürme, denen immer schwieriger zu widerstehen war. Ein rascher Wechsel von Pharaonen, Korruption, Plünderungen und Übergriffe der Libyer erbrachte schließlich die Übernahme der politischen Macht durch Heerführer. Die Entmachtung der Pharaonen führte spiegelbildlich wiederum zur Zunahme der Macht durch die Priesterkaste. Ihr Tempeleigentum soll zu dieser Zeit etwa die Hälfte des anbaufähigen Bodens ausgemacht haben; ihre Privilegien bestanden in der Befreiung von Steuern und Abgaben und der Tempel wurde zu einem Staat im Staate. Ein Aufstand der Volksmassen in Reaktion auf die drückende Ausbeutung der Bauern durch Steuern und Arbeitsverpflichtungen läutete das Ende der Ramessidenzeit – bezeichnet nach dem Namen der Pharaos, die alle den Namen Ramses trugen – ein. In der folgenden Spätzeit von 1080–525 v.u.z. existierten in Ägypten wiederum Kleinstaaten und Fremdherrschaften von voneinander unabhängigen Teilherrschern. Um die Mitte des 8. Jahrhunderts v.u.Z. war Ägypten in annähernd 20 Teile zerfallen; lediglich die Gegend um Theben (Thebais) bildete noch ein geschlossenes Herrschaftsgebiet. Nubien gewann seine Unabhängigkeit zurück.

Die Nachfolger von König Kaschta in der Thebais gerieten in Widerspruch zu den Interessen des assyrischen Großreiches, das ebenso wie Ägypten Anspruch auf die Städte in Südpalästina erhob. Assyrien erwies sich als der Stärkere und stieß bis Memphis vor. Vor dem Hintergrund der inneren Krise in Assyrien nutzte Psammetich I. (664–609) die Gelegenheit und errichtete in Ägypten zum letzten Mal eine politische Zentralgewalt im verbliebenen Gebiet (sog. Saitenzeit). Mit der Eroberung des neubabylonischen Reiches durch die Perser übernahmen diese im Jahre 525 v.u.Z. Ägypten, sodass das Nilland endgültig seine politische Unabhängigkeit verlor.

d) Die ersten Ausprägungen der asiatischen Produktionsweise im Mittleren Osten (Iran) und auf dem indischen Subkontinent

Iran und das Perserreich

Iran ist ein Hochlandmassiv, das im Westen an die mesopotamische Tiefebene, im Norden an das Kaspische Meer, im Osten an das Industal angrenzt und im Süden steil zum Persischen Golf abfällt. Das durch diese Gebirge umschlossene Becken weist eine Steppenlandschaft auf, die von Salzseen und -sümpfen und Wüsten durchzogen wird und in der in den Sommermonaten gar keine und ansonsten nur geringe Niederschläge fallen; nur die westlichen und nördlichen Randgebiete des

Kapitel 9: Auf Gemeineigentum beruhende Gesellschaften

Hochlands gestatteten teilweise den Regenfeldbau. Kleine Burgherrschaften entstanden entlang der das Land schon früh durchziehenden Handelsverbindungen, die sich seit dem Ende des 2. Jahrtausends und verstärkt seit dem 13. Jahrhundert v.u.Z. Einwanderungswellen von Bevölkerungsgruppen aus den Steppen nördlich des Kaukasus und östlich des Kaspischen Meeres gegenübersahen. Die einwandernden Stämme verdrängten und assimilierten die Vorbevölkerung und erhielten später die Bezeichnung Arier bzw. Iraner. Sie waren vorwiegend Viehzüchter und betrieben darüber hinaus Wanderfeldbau und siedelten sippenweise in Dorfgemeinschaften. Nachdem sich ihre Sesshaftigkeit durchgesetzt und die Bevölkerungszahl vermehrt hatte, wurden Bewässerungsbauten – Tiefbrunnen im Hochland und unterirdische Kanäle, oftmals kilometerlang – notwendig, deren Errichtung sowohl dauerhafte Werkzeuge als auch Formen kooperativer Arbeit voraussetzte. Bereits in der ersten Hälfte des 1. Jahrtausends v.u.Z. entwickelten sich mit der Vervollkommnung der Irrigationsmöglichkeiten in den mittelasiatischen Oasengebieten (Chiwa, Samarkand, Balch) große landwirtschaftliche Siedlungen mit teilweise stadtähnlichen Ausmaßen.

Ein größerer Territorialstaat in Westiran (Medien), das lange unter dem Einfluss und der Bedrohung assyrischer Heere gestanden hatte, gelang erst im 6. Jahrhundert v.u.Z. Im Bündnis mit den Neubabyloniern eroberte Kvaxares II. (ca. 625–585) im Jahre 612 Ninive; damit war die Periode assyrischer Vorherrschaft beendet. Seinerseits fand die medische Herrschaft durch das Aufbegehren des Vasallenkönigs Kyros II. (590/580–530) um 550 v.u.Z. ihr Ende. Dies war der erste Schritt zur Schaffung eines von Iran ausgehenden Großreiches, des Perserreichs. Die herrschende Dynastie benannte sich nach ihrem legendären Ahnherrn als Achämeniden. Ihr Staat bestand bis zu seiner Eroberung durch Alexander von Makedonien in den Jahren 333–330 v.u.Z.

Kyros, der in einer Serie von Feldzügen ganz Vorderasien eroberte, konnte sich auf ein Heer aus überwiegend freien Mitgliedern der Dorfgemeinden stützen. Er zog 539 in Babylon, der Hauptstadt des neubabylonischen Reiches ein, im Osten erweiterte er seinen Herrschaftsbereich bis an den Pamir und die Indus-Ebene (vgl. Abb. 9.9). Sein Nachfolger Kambyses (558–552) drang 525 v.u.Z. in Ägypten ein und unterwarf die in den letzten Jahren durch innere Gegensätze und Spaltungen geschwächten Erben des dortigen Neuen Reiches.

Die Perser, die auf einer niedrigeren Entwicklungsstufe der asiatischen Produktionsweise und Staatenbildung standen als die von ihnen unterworfenen Reiche in Assyrien und Ägypten, änderten an den dort vorgefundenen Verhältnissen zunächst nichts, sondern begnügten sich mit der Erhebung von Steuern und Tributen. Damit blieb das Perserreich mit seiner gewaltigen Ausdehnung vom Nil bzw. Mittelmeer bis nach Indien intern ökonomisch desintegriert.»*Nur politische Gewalt, nicht ökonomische Verflechtung, hielt dieses Riesenreich, dessen einzelne Teile einen unterschiedlichen Stand der gesellschaftlichen Entwicklung aufwiesen, zusammen.*« (Sellnow et al. 1977: 227) Auch bis zum Höhepunkt der Macht des Achämenidenreichs unter Dareios (549–486), der nach dem Sturz des Kambyses 522

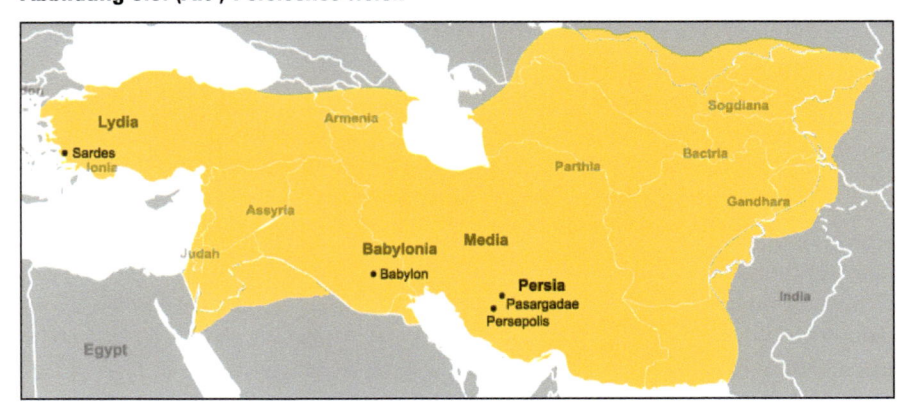

Abbildung 9.9: (Alt-) Persisches Reich

Quelle: https://de.wikipedia.org/wiki/Kyros_II.

v.u.Z. an die Macht kam und durch Neuordnung der Satrapien dem Großreich eine neue Verwaltungs- und Steuerorganisation gab, blieb es bei dieser desintegrierten ökonomischen und Sozialstruktur. Das wirtschaftliche Schwergewicht lag auf Vorderasien, wo sich im ägäischen Raum bereits die antike Produktionsweise durchgesetzt hatte. Damit umfasste das Perserreich von Dareios Regionen mit dem archaischen Grundtyp in Teilen Irans und den Bergstämmen Kleinasiens, sodann Regionen mit asiatischer Produktionsweise und in Griechenland eine Region mit antiken Verhältnissen.

Neben dem in Gemeineigentum bestehenden Grund und Boden der Dorfgemeinschaften spielte das Königsland, das ursprünglich den Herrschern der eroberten Gebiete gehört hatte, eine wichtige Rolle. Es bildete die Basis sowohl für Großwirtschaften als auch für Landvergaben, die häufig nur Nutzungsrechte mit militärischen Dienstverpflichtungen, zum Teil aber auch Eigentumsrechte für den persischen Amts- und Militäradel darstellten. Die Satrapen-Wirtschaften waren nach dem Vorbild des königlichen Haushalts organisiert. Neben dem Königsland bildeten die Ländereien des Tempels wichtige Wirtschaftseinheiten, die in Form einer Generalpacht Personen überlassen waren, die sie gegen festgelegte Leistungen an die unmittelbaren Produzenten weitervergaben. Ein anderer Teil des landwirtschaftlich genutzten Landes befand sich in privatem Eigentum, von kleinsten Parzellen bis hin zu Großgrundbesitz, welches durch die königlichen Schenkungen entstanden war. In den griechischen Städten Westkleinasiens existierte Privateigentum der vollberechtigten Stadtbürger entsprechend der dort herrschenden antiken Produktionsweise.

Handwerk und Handel hatten in den Gebieten Vorderasiens bereits einen hohen Stand erreicht. Die Handwerker waren sowohl vom königlichen Hof als auch von den Tempeln abhängig; teilweise waren sie auch selbstständig und konnten in Korporationen organisiert sein. Die Warenwirtschaft und der Fernhandel waren in achämenidischer Zeit wegen der Thesaurierung der durch Steuern eingegangenen Edelmetalle seitens der persischen Könige und der harten Trbutforderungen der Perser gegenüber den unterworfenen Gebieten eingeschränkt. Die Naturalwirtschaft spielte trotz der Versuche, einheitliche Maße und eine feste Goldwährung unter Dareios I. (sogenannte Dareiken) zu etablieren, eine beträchtliche Rolle. Ein neu eingeführtes Kommunikationsmittel stellte die persische Post dar, die Nachrichten mit erheblicher Schnelligkeit übermittelte.

Die herrschende Klasse im Perserreich bildete keine einheitliche Gruppe. Neben König und Adel, den höheren Beamten und der Priesterschaft bestand sie aus den Großgrundbesitzern und den mit ihnen verbundenen Eigentümern der reichen Geschäftshäuser. Großkönig und Hof bildeten die Zentralregierung und standen an der Spitze der durch Satrapen verwalteten Provinzen; die Satrapen waren in der Regel Angehörige des Herrscherhauses oder des persischen Adels.

Die Niederlage der Perser gegen die Griechen in der Schlacht von Marathon (490 v.u.Z.) läutete den Niedergang ihres Reiches ein. Der Sohn und Nachfolger des Dareios, Xerxes (519–465), musste ebenfalls entscheidende Niederlagen hinnehmen. Die persisch-griechischen Kriege, die mit dem Kallias-Frieden (449 v.u.Z.) endeten, offenbarten, dass eine weitere Machtausdehnung des Perserreiches nicht mehr möglich war. Interne Aufstände der Satrapen sowie in Ägypten ließen schließlich, trotz einer vorübergehenden Konsolidierung des Reiches unter Artaxerxes (359–338), nach dem Angriff der Griechen und Makedonen unter Führung Alexanders (des Großen) das Perserreich zu Beginn der 330er Jahre v.u.Z. zusammenbrechen.

Industalkultur und die Staaten in Nord- und Mittelindien

Im Industal (Mehrgarh) können bereits für 7000 v.u.Z. Hafer, Weizen und Schafe in kultivierter bzw. domestizierter Form nachgewiesen werden. Die naheliegendste Hypothese ist, dass die Agrikultur im Industal ein Ableger aus dem Fruchtbaren Halbmond war (vgl. Morris 2010: 121). »*Doch sollten wir sofort festhalten, dass der Ackerbau dort rasch eigene Entwicklungsschritte ging. So wurde das indigene Zeburind um 5500 v.u.Z. domestiziert, und um 2500 v.u.Z. gab es dort eine hochentwickelte städtische Kultur mit eigener Schrift.*« (Ibid.: 123) Nimmt man den gesamten indischen Subkontinent in den Blick, so vollzog sich die gesellschaftliche und kulturelle Entwicklung im 4. bis 2. Jahrtausend v.u.Z. in vier großen Zonen, und zwar unterschiedlich im Tempo, jedoch unter gegenseitiger Beeinflussung. Und zwar handelte es dabei um erstens eine einheitliche wirtschaftlich-kulturelle Zone im äußersten Nordwesten, d.h. im Gebiet des Indus mit seinen Nebenflüssen zusammen mit dem heutigen Afghanistan sowie Nord- und Süd-Belutschistan. In dieser Zone existierten ähnliche geographische Bedingungen wie in Ägypten und Mesopotamien, gleichzeitig aber günstigere Voraussetzungen für die Entstehung sesshafter Ackerbauern als in den übrigen Gebieten Indiens. Die zweite Zone, das Ganges-Yamuna-Gebiet, wies bis weit in die historische Zeit tropische Urwälder auf; die Rodung von Ackerflächen war erst mit der Verbreitung des Eisens möglich, wenn auch seit etwa 2000 v.u.Z. zunächst stein- und sodann stein-kupferzeitliche Siedlungen nachgewiesen worden sind. Für die Bewässerung der Felder war zusätzlich zu dem Wasser der Flüsse auch der regenbringende Sommermonsun auszunutzen. Das Hochplateau des Dekhan sowie die fruchtbaren Regionen an der Ost- und Westküste bildeten die dritte Zone. Die Flusstäler des Dekhan-Plateaus sind sehr schmal und tief und daher nur in geringem Umfang agrarisch nutzbar. Diese Zone ist vorwiegend vom Monsun abhängig. Südindien schließlich bildete die vierte wirtschaftlich-kulturelle Zone; hier waren vor allem die Küstenstreifen fruchtbar, während im Innern des Landes durch die jahreszeitlich austrocknenden Flüsse ungünstige Bedingungen für den Ackerbau herrschten. Die Bewässerung war abhängig vom Monsunregen und musste in z.T. künstlich angelegten Teichen und Reservoiren aufgefangen und gespeichert werden (vgl. Sellnow et al. 1978: 234).

Zum Zentrum der historischen Entwicklung wurde seit dem 7. Jahrtausend v.u.Z. Nordwestindien und mit den Quetta-Zhob-Kulturen im 5. Jahrtausend wurde der Übergang zu Bodenbau und Viehzucht vollzogen. In der Mitte des 3. Jahrtausends kam es in der bronzezeitlichen Industalkultur (2500-1400 v.u.Z.) zur Herausbildung einer Klassengesellschaft mit Staat. Es war die erste Klassengesellschaft auf indischem Boden mit einer räumlichen Ausdehnung von 1,2 Mio. km²; sie war damit größer als andere altorientalische Staaten zu dieser Zeit. Ihre beiden größten Städte waren Mohendscho-Daro und Harappa an den gut schiffbaren Flüssen Indus und Ravi (vgl. Abb. 9.10). Neben Ackerbau – angebaut wurde Weizen. Gerste. Sesam, Melonen, Datteln – und Viehzucht – mit indischem Buckelrind, Schaf, Ziege, Hund und Esel – entwickelte sich ein Handwerk auf Bronzebasis für die Herstellung von Werkzeugen, Schmuck, Äxten, Hacken, Dolchmessern und Meißeln. Diese Handwerkserzeugnisse wurden bis zum Gangestal, Mesopotamien und den Bahreininseln im Persischen Golf im Fernhandel exportiert. Durch Handelsgewinne gelangten die Städte dieser Industalkultur zu erheblichem Reichtum; hervorzuheben ist der Aufbau einer Kanalisation für Brauch- und Regenwasser sowie die Errichtung mehrstöckiger Häuser mit gesondertem Küchenraum, Bad und Toilette. Das Mehrprodukt der Landwirtschaft ging in zentrale Speicher der Städte zur Alimentierung nicht produktiver Bevölkerungsgruppen sowie für jeweils gemeinschaftliche Arbeiten und Aktivitäten. Die Blüte der Industalkultur lag um 2300–2000 v.u.Z.

Verfall und Ende dieser Kultur wurden wohl durch größere Wanderungsbewegungen und den Rückgang des Fernhandels infolge einer zunehmenden Unsicherheit der Karawanenwege nach Iran ausgelöst. Hinzu kamen sich verändernde Naturbedingungen: Rückgang der bewaldeten Fläche und Verschlechterung des Wasserhaushalts. Die beiden Städte Mohendscho-Daro und Harappa wurden ziemlich abrupt von ihren Bewohnern verlassen, wohl wegen der Verlagerung des Flusslaufs des Ravi und einer großen Überschwemmungskatastrophe am Indus. Damit endete diese Industalkultur etwa gegen 1500 v.u.Z.

Die anderen bewohnten Zonen des indischen Subkontinents – Gangestal und Dekhan sowie Südindien – befanden sich auf einer niedrigeren Entwicklungsstufe der archaischen Form, nämlich den naturwüchsigen Ackerbau-Gemeinwesen auf Basis des Gemeineigentums und noch nicht erfolgter Staatsgründung, wenngleich

Abbildung 9.10: Industalkultur

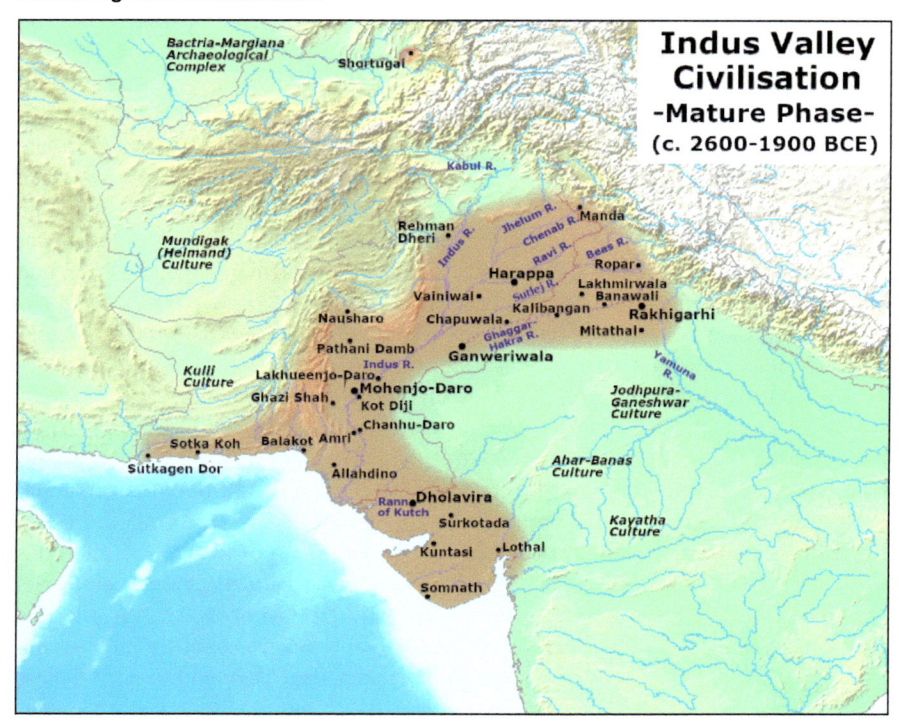

Quelle: https://de.wikipedia.org/wiki/Indus-Kultur

davon auszugehen ist, dass der Einfluss der Industalkultur im weiteren Verlauf dort bedeutende Umwälzungen der gesellschaftlichen Entwicklung beeinflusst hat.

Gegen Ende des 2. Jahrtausends v.u.Z. geriet Indien in das Einzugsgebiet von Wanderungsbewegungen indoiranischer Stämme, die sich selbst Aryas nannten. Sie gehörten zu jenen Bevölkerungsgruppen, die seit Beginn dieses Jahrtausends von ihrem ursprünglichen Siedlungsgebiet in Zentralasien nach Ost- und Mitteleuropa, Kaukasien, Kleinasien und ins iranische Hochland wanderten, Sie waren Rinder- und Pferdezüchter und kannten den Anbau von Gerste. Vor ihrer Einwanderung nach Indien spalteten sich die Arya-Stämme; ein Teil ließ sich in Iran nieder, während die übrigen nach Osten weiterzogen, bis sie über Belutschistan etwa im 13. Jahrhundert v.u.Z. nach Nordwestindien gelangten.

Diese Einwanderung der Arya-Stämme und die Unterwerfung der einheimischen Bevölkerung sowie eine später folgende langsame Durchmischung beider Bevölkerungsgruppen bestimmten die gesellschaftliche Entwicklung während der gesamten folgenden Periode. Unter fortwährenden Kämpfen mit der einheimischen Bevölkerung im Kampf um die Vorherrschaft drangen die Aryas allmählich nach Osten vor und gelangten etwa um 900 v.u.Z. in das Ganges-Yamuna-Gebiet.

Im Unterschied zu der internen Differenzierung und Klassenbildung der Staaten im Vorderen Orient erfolgte die Staatenbildung der Aryas durch unmittelbare Herrschaft und Unterwerfung der einheimischen Bevölkerung. Die Aryas eigneten sich nicht den Grund und Boden an, erzwangen jedoch von der indigenen Vorbevölkerung die Ablieferung des gesamten Mehrprodukts. Auch innerhalb der Aryas vertieften sich die sozialen Ungleichheiten und Rangunterschiede. Es kam zur Ausbildung einer Ständeordnung: Die Aryas gliederten sich in Brahmanen (Priesteradel), Kschattriyas (Kriegeradel) und Vaischyas (Bauern, Handwerker und Händler). Als vierter und niedrigster Stand (Schudra) wurde die vorarische Bevölkerung diesem System eingegliedert. Diese Ständeordnung sicherte den oberen beiden Ständen große Privilegien; sie nannten sich selbst »Esser« gegenüber den Armen und Unterdrückten als ihrer »Speise«. Sklaverei existierte nur als patriarchalische Haussklaverei, die hauptsächlich durch Schuldsklaverei und zum Teil auch durch Kriegsgefangenschaft entstanden war. Aus dem Adel entstand zunächst ein Wahlkönigtum, das später zum Erbkönigtum wurde. Im Staatsapparat werden Wagenlenker, Herolde, Heerführer und Gramani als Führer eines Dorfes aufgeführt. Letztere vertraten das Dorf gegenüber dem König und fungierten andererseits als dessen Beauftragte, die die Naturalabgaben einzusammeln hatten.

Im 8. Jahrhundert v.u.Z. hatten sich die Verhältnisse in den von den Aryas eroberten Gebieten konsolidiert. Es gab zunächst 16 kleine Staatsgebiete, die durch nachfolgende Machtkämpfe im 5. Jahrhundert auf 4 reduziert worden waren. Sie enthielten zwei verschiedene Staatsformen, Aristokratien und Monarchien. In Ersteren hatten sich Reste gentilizisch-demokratischer Institutionen der naturwüchsigen Dorfgemeinschaften erhalten. Die indischen Dorfgemeinschaften waren jeweils autark und hatten ein Handwerk in ihr dörfliches Leben integriert. Das Dorf beherbergte und unterhielt gemeinsame Handwerker wie Schmiede, Zimmerleute, Töpfer etc., die nicht durch Waren-, sondern durch Dienstbeziehungen verbunden waren. Dementsprechend konnte ein Binnenmarkt nur außerhalb der Dorfgemeinden entstehen. Ausgangspunkt für Marktbeziehungen waren die Städte, die sich etwa seit dem 8. Jahrhundert v.u.Z. im nordöstlichen Indien herausbildeten. Sie waren nicht als Handelsstädte gegründet worden, sondern als Residenzen eines Königs bzw. einer Aristokratengruppe oder sie erwuchsen aus Tempeln. Diese Konstellation von Stadt und Land brachte es mit sich, dass Marktstrukturen sowie Zins und Wucher die selbstgenügsamen Dorfgemeinden nur peripher erfassen konnten, was die charakteristische Langlebigkeit dieser Gemeinschaften und ihren entwicklungsstagnanten Grundton erklärt.

Hinsichtlich der Verfügungsgewalt über das gesellschaftliche Mehrprodukt wandelten sich nach und nach die Formen. Ursprünglich bezog der König nicht genau fixierte Naturalabgaben als »Geschenke« oder »Opfer«; erst später traten festgelegte Anteile am Ertrag der Dorfwirtschaften bzw. festgelegte Steuern, die Händler und Handwerker zu bezahlen hatten, an deren Stelle. Seinerseits hatte der König einen Teil seiner Befugnisse und Revenuen an die brahmanischen Priester abzugeben. Das Ständesystem erfuhr durch die Vermischung der Bevölkerungsgruppen

Kapitel 9: Auf Gemeineigentum beruhende Gesellschaften

der Aryas mit der indigenen Vorbevölkerung Abweichungen seiner ursprünglich festen sozialen Gliederung. Brahmanen waren nun nicht mehr nur Priester oder Lehrer und lebten nicht mehr nur von Geschenken, sondern übten auch praktische Berufe als Bauern oder Händler aus. Die Schudras repräsentierten die Klasse der bäuerlichen und handwerklichen Produzenten und waren nun nicht mehr nur Diener der drei oberen Stände.

Auf geistigem Gebiet war die indische Gesellschaft zur Mitte des 1. Jahrhunderts v.u.Z. zu großen Leistungen fähig. Sie entwickelte eine normative Formen- und Lautlehre des Sanskrit in der Grammatik des Panini, eines Höflings des Königs Bimbisara von Magadha. In der Religion erwuchs mit dem Dschinismus sowie insbesondere dem Buddhismus, der in seiner ursprünglichen Form eine offene Kritik am Despotismus übte, eine bis heute existente, allerdings nach dem Tode Buddhas in verschiedene Strömungen auseinander fahrende Lehre.

Die asiatische Produktionsweise der altindischen Gemeinden und die darauf gegründete indische Gesellschaft stellte im Vergleich zu den mesopotamischen und ägyptischen Hochkulturen sowie insbesondere der Entwicklung in China eine eigenständige Form, nämlich den Typus eines sog. »low-end-states« dar. Ihre agrikulturelle ökonomische Grundlage, die mit Regenfeldbau bzw. nur kleinräumigen Bewässerungssystemen funktionierte, widerstand mit ihren selbstgenügsamen und zum Teil weit voneinander entfernt gelegenen Dorfgemeinden mit ihren integrierten Handwerken lange externen Markteinflüssen und sich verändernden Konstellationen in den politischen Überbauten. Die bäuerlichen Eigentümer- und Produzentenkollektive besaßen den Grund und Boden gemeinschaftlich; eine Auflösung dieser Form des Gemeineigentums durch Parzellierung oder gar die Verwandlung in Privateigentum fand in den indischen Dörfern kaum statt. Die Ausbildung von Klassenstrukturen in Gestalt einer Ständegliederung war nur innerhalb der Städte sowie im Verhältnis der Städte als Zentren der Staatswesen gegenüber den Dörfern gegeben und äußerte sich in deren Tributleistungen zu den in den Städten residierenden priesterlichen und politischen Adelsständen. Insofern ist die indische Form der altorientalischen Klassengesellschaft die charakteristischste Ausprägung des stagnativen Grundtons und der Zählebigkeit der asiatischen Produktionsweise.

e) Die Entwicklung in China nach der Sesshaftigkeit und den Anfängen der Landwirtschaft bis zur Zeit der Shang- und Zhou-Dynastie

Nach dem gegenwärtigen Wissensstand geht man davon aus, dass die Menschen in China ab 8000 v.u.Z. Wildreis kultivierten. Um 7000 v.u.Z. hatten sie begonnen, im Tal des Gelben Flusses Hirse anzubauen; möglicherweise wurden auch bereits Schweine domestiziert. Eine kontinuierliche Entwicklung hin zur Agrikultur einer sesshaft werdenden Jägerkultur hatte sich ab des 5 Jahrtausends v.u.Z. im nordchinesischen Wei-Tal im Rahmen der Yangshao-Kultur herausgebildet. Die betreffende Region war ein fruchtbares Löß-Hochland zwischen dem Gebirgskamm und der

Ebene des Wei-Flusses, eine semiaride Steppe mit konzentrierten Regenfällen im Sommer und mit starker Sonneneinstrahlung. Trotz der in diesem Gebiet häufigen Hochwasser- und Dürrekatastrophen waren die natürlichen Bedingungen für die Agrikultur günstiger als etwa im Tal des Yangtze mit seinem heißen und feuchten Klima und seinen in diesen frühen Zeiten noch ausgedehnten Sumpfgebieten. In Ausgrabungen offenbarten sich in Gebrauch befindliche entwickeltere Werkzeuge in diesem Kerngebiet der Entstehung der Landwirtschaft in China: »*Spaten und Hacken aus Stein ersetzten die Steinbeile, als die Menschen von der Brandrodung kleiner Waldstücke zu dauerhaft kultivierten Feldern übergingen; die Spaten wurden größer, als die Ackerbauern den Boden tiefer umzugraben begannen.*« (Morris 2011: 129) Es ist aber davon auszugehen, dass Pflanzenanbau und Tierhaltung zunächst nur neue Elemente in einer umfassenderen traditionellen Subsistenzgewinnung namentlich von Jagd und Fischfang gewesen sind.

Frühe chinesische Siedlungen wie Jiahu (um 7000 v.u.Z.) unterschieden sich kaum von denen im Fruchtbaren Halbmond. Man fand Relikte kleiner, unregelmäßig runder, halb in die Erde gebauter Hütten und zwischen diesen Mahlsteine und Grabstätten. In Jiahu lebten zu dieser Zeit 50 bis 100 Menschen. Es ist davon auszugehen, dass bestimmte Reproduktionsfunktionen wie Kochen und Vorratshaltung gemeinschaftlich betrieben wurden. Um das 5 Jahrtausend v.u.Z. nahm die Siedlerzahl bis auf 150 Personen zu und die Dörfer wurden zum Teil durch Gräben geschützt (vgl. Lambrecht et al. 1998: 170). Eineinhalbtausend Jahre später, um 3500 v.u.Z., hatten einige Gemeinwesen bereits 2.000 oder 3.000 Bewohner, d.h. etwa so viele, wie Çatal Hüyük in Kleinasien 3.000 Jahre früher.

Um 3500 v.u.Z. waren Sesshaftigkeit und durch Landwirtschaft bestimmte Lebensweisen in Ostasien fest etabliert und hatten sich von den dortigen Bevölkerungskernen her ausgebreitet. Ob sich diese Entwicklung durch Wanderungsprozesse der Menschen aus den Kerngebieten zwischen Yangtze und Gelbem Fluss ergeben haben, die ihre agrikulturellen Lebensformen mitgenommen hatten, oder ob sich lokale Wildbeutergruppen niederließen, ist unter Archäologen umstritten (vgl. Morris 2011: 133). Sicher ist hingegen, dass mandschurische Sammlergruppen um 6000 v.u.Z. Hirse anbauten, dass ab 4000 v.u.Z. bis weit hinaus im Yangtze-Tal Reis angebaut wurde und dass dies auch im 3. Jahrtausend auf Taiwan und rund um das heutige Hongkong und um 2000 v.u.Z. im heutigen Thailand und Vietnam geschah. Außerdem verbreitete sich um diese Zeit der Reisanbau auch auf der Malaiischen Halbinsel und über das Chinesische Meer hinweg auf den Philippinen und Borneo. Demgegenüber konzentrierten sich die prähistorischen Koreaner und Japaner trotz der Kenntnis von Reis- und Hirseanbau seit dem 4. und 3. Jahrtausend v.u.Z. auf Fischfang in den Küstengebieten und Sammeltätigkeiten anstelle der Bestellung des Bodens. In Korea und Japan war der Übergang zum Ackerbau verbunden mit dem Auftauchen von Waffen aus Metall (Bronze und Eisen). Erst um 500 v.u.Z. waren Reisfelder auf Japans südlicher Insel Kyushu verbreitet.

Die Fortentwicklung sesshaft gewordener Ackerbaugemeinden in Richtung einer ersten historisch fassbaren Bildung eines Territorialstaates datiert mit der Shang-

Kapitel 9: Auf Gemeineigentum beruhende Gesellschaften

(oder Yin-) Dynastie im 16. bis 11. Jahrhundert v.u.Z. Die Shang waren ihren Nachbarn gegenüber im Vorteil, weil sie als Erste die Kenntnis der Bronzeherstellung praktisch anwenden und damit überlegene Waffen herstellen konnten. Sie unterwarfen zahlreiche benachbarte Stämme, machten sie botmäßig und forderten einen Teil ihrer Produkte als Tribut. Die Führer der unterworfenen Stämme wurden in das Herrschaftssystem der Shang eingefügt und mussten für sie vor allem Kriegszüge ausführen. Im Laufe der Zeit verschmolzen diese Stammesführer mit dem Shang-Adel und bildeten zusammen mit ihm die herrschende Klasse dieses Staates.

Dieser herrschenden Klasse stand die große Masse der Bauern gegenüber, die nach den Shang-zeitlichen Orakelinschriften als die »Leute«, die »Vielen« oder die »vielen Leute« charakterisiert wurden. Die Bauern lebten nach wie vor in dörflichen Gemeinschaften in gentilizischen Formen oder sippenweise zusammen und bebauten den gemeinsam urbar gemachten und in ihrem Gemeinbesitz befindlichen Boden. Sie waren kollektiv zu Arbeitsleistungen und Abgaben gegenüber dem Adel verpflichtet – ein Herrschaftsverhältnis, welches sich auf persönliche Abhängigkeiten und nicht auf Eigentumsbeziehungen gründete. Die handwerklichen Tätigkeiten hatten sich in dieser Shang-Zeit noch nicht verselbstständigt und wurden als bäuerliches Nebengewerbe betrieben. Die Heranziehung von Sklaven, wohl rekrutiert aus Kriegszügen gegen andere Stämme, für die Handwerksdienste des herrschenden Adels – Bronzearbeiten für Ritualgefäße sowie Knochen- und Jadeschmuck etc. –, ist wahrscheinlich. Dass die Herrschaft der Shang-Zeit besonders grausame Züge aufwies, lässt sich aus dem Brauch schlussfolgern, beim Tode von Herrschern andere Menschen zu töten und als Totenbegleiter mit ins Grab zu legen.

Der Grund und Boden befand sich in dieser Zeit in China weiterhin im kollektiven Besitz der Dorfgemeinschaften und der König als Repräsentant der herrschenden Klasse war die »zusammenfassende Einheit« (Marx) über den einzelnen, sich selbst versorgenden Gemeinwesen. Er betrachtete den gesamten Grund und Boden als sein Eigentum, was später die Form von Staatseigentum annahm und eine Ausprägung der asiatischen Produktionsweise mit einer altorientalischen Klassengesellschaft darstellt. Die Bauern waren zur Abgabe eines Teils ihrer Produkte an den Territorialherrscher – bei den Angehörigen des Zhou-Stammes soll es ein Zehntel, bei den unterworfenen Fremdstämmigen ein Neuntel gewesen sein – sowie zu verschiedenen Dienstleistungen verpflichtet. Die auf dem gemeinsamen Besitz, gemeinsamer Aneignung der Produkte und der blutsverwandtschaftlichen Sippenbildung (Gentes) beruhende Dorfgemeinde dürfte in der ersten Hälfte des 1. Jahrtausends v.u.Z. in China noch im Wesentlichen intakt gewesen sein. Es war eine Besonderheit der chinesischen sozialen Organisation, dass die Klassendifferenzierung auf der Sippenstruktur aufgebaut war. Hinzu kam eine enge Verbindung zwischen traditionellen Oberhäuptern und der staatlichen Verwaltung – eine wesentliche materielle Grundlage für Konfuzius' Moralphilosophie.

Das von den Zhou beherrschte Gebiet (vgl. Abb. 9.11) war wesentlich größer als das Staatsgebiet der Shang, da die Herrscher der Randgebiete besonders ihr Territorium im Süden stetig ausgedehnt hatten. Zwischen den Fremdstämmen in den

Abbildung 9.11: Gebiet der Zhou-Dynastie

Quelle: Dunn/Mitchell 2015: 153

Grenzgebieten und den von den Zhou geführten Stämmen gab es ständig kriegerische Auseinandersetzungen, in deren Verlauf im Jahr 771 v.u.Z. die Zhou sogar ihre bisherige Hauptstadt aufgeben und in die Nebenresidenz nahe dem heutigen Louyang (Provinz Henan) verlegen mussten. Damit begann die Ost-Zhou- oder Chunqiu-Zeit (771–481 bzw. 481–221 v.u.Z.). Mit dem Beginn der Chunqiu-Zeit verloren die Zhou zusehends an politischer Bedeutung, bis ihnen nur noch kultische Funktionen blieben. Sie wurden zwar eine Zeitlang noch als Oberhaupt formal respektiert, doch verlagerte sich die tatsächliche Macht mehr und mehr auf die Territorialherrscher und den Stärksten unter ihnen als Hegemon.

Der Ausbeutungsdruck der herrschenden Klasse auf die Dorfgemeinschaften nahm infolge der kriegerischen Auseinandersetzungen beständig zu und veranlasste viele Bauern, ihre Dörfer zu verlassen und auf sich auf Ödland, häufig auf dem Gebiet eines fremden Herrschers, niederzulassen. Die Folge solcher Neugründungen von Dörfern war, dass anstelle des Gemeineigentums Kleineigentum der Familien an Grund und Boden trat, welches zu einem mächtigen positiven Impuls der Neuansiedlung wurde. Diese neuen Dörfer wurden direkt der Verwaltung des Herrschers unterstellt und bildeten eine der Keimzellen der späteren zentralistischen Verwaltungsstruktur, die sich wiederum negativ auf das Gemeineigentum der Dorfgemeinschaften auswirkte. Handel und Handwerk waren bis gegen Ende der Chunqui-Zeit für die Bedürfnisse des Kultes und des Luxus an die herrschende Klasse gebunden; Ansätze zu ihrer Verselbstständigung ergaben sich zuerst bei den Neusiedlern.

Auf den Gebieten der Religion, Ideologie und Kultur vollzogen sich gegenüber der Shang-Zeit bis zur Mitte des 1. Jahrtausends v.u.Z. vielfache Wandlungen. Der Herrscher galt als »Sohn des Himmels«, eine Zuschreibung und Legitimation, die in der späteren chinesischen Philosophie eine große Rolle gespielt hat. Gefäße und Geräte aus Bronze wiesen eine überaus kunstvolle Gestaltung auf und stellten einen ersten Höhepunkt in der chinesischen Kulturentwicklung dar. Die Schrift diente dem Kult und fand sich in Inschriften auf den Bronzegeräten in hoch entwickelter Form.

f) Sesshaft gewordene Völker und Stämme in den Amerikas

Neben den Hilly Flanks im fruchtbaren Halbmond, der östlichen Sahara in Afrika und sodann im Niltal, dem Industal sowie in den Tälern des Gelben und des Yangtze-Flusses in China sind auf dem amerikanischen Kontinent Gebiete in Mittelamerika und in Peru östlich der Anden in Südamerika Ursprungsorte sesshaft gewordener Stämme und Völker mit landwirtschaftlicher Produktion gewesen. Dabei sind die Regionen in den Amerikas jüngeren Ursprungs und sind um jeweils etwa eintausend Jahre vor und nach der Zeitenwende zu datieren. Die Olmec-Kultur in Mexiko ist dabei älter als die Chavin de Huántar-Periode in Peru; die Anfänge der Ersteren reichen bis 1350 v.u.Z. zurück (vgl. Dunn/Mitchel 2015: 222).

Mesoamerika

In Mesoamerika, d.h. dem südlichen Mexiko sowie den heutigen zentralamerikanischen Staaten Guatemala, Belize, Honduras und El Salvador (vgl. Abb. 9.12) waren im Laufe des 1. Jahrtausends v.u.Z. mehrere Gesellschaften zunächst als Stadtstaaten entstanden, deren Reproduktionsgrundlage auf einem relativ hoch entwickelten Bodenbau beruhte: Olmec, Teotihuacán und Zapotec auf dem Hochland um die Region des heutigen Mexiko-City sowie dem fruchtbaren Oaxaca-Tal, die Maya-Kultur auf der Halbinsel Yucatán. Verschiedentlich beruhte die Wirtschaft auf einem Bewässerungsbodenbau wie im Tehuacántal, wo der bisher bekannte älteste Staudamm auf dem amerikanischen Kontinent gebaut worden war. Pyramidenbauten gehörten zu den caracteristischen Kultzentren dieser Gesellschaften, wobei die Kultur von La Venta besondere Bedeutung erlangte, weil sich hier die bestimmenden Züge der späteren Maya-Kultur herausbildeten.

Der Übergang wandernder Jäger und Sammler, die in Höhlen gelebt hatten, zu sesshaften Agrikulturgesellschaften hat in Mesoamerika einen sehr langen Zeitraum in Anspruch genommen. Gesammelt wurden von den Wildbeutern insbesondere Eicheln, Mesquite-Schoten und Nüsse; diese Pflanzen und Früchte wurden später durch den Anbau von Garten- und Flaschenkürbissen als Nahrungsmittel ergänzt.

Abbildung 9.12: Mittelamerikanische Hochkulturen

Quelle: www.wissen.de/lexikon/mittelamerikanische-kulturen

Darüber hinaus gehörten Weißwedelhirsche und Waldkaninchen zu den Jagdtieren. Später wurden Hunde, Truthühner und verschiedene Vogelarten domestiziert (vgl. Lambrecht et al. 1998: 153f.). Nach konsolidierter Sesshaftigkeit kam der Anbau von Mais neben Rohstoffen wie Baumwolle, Kakao und Vanille zu den produzierten Agrarprodukten hinzu. Letztere wurden dabei auch Gegenstände eines lebhaften Handels, der teilweise über Entfernungen von mehr als 1.000 km über Zwischenstationen abgewickelt wurde.

Die mittelamerikanischen Stadtstaaten hatten zunächst eine vergleichbare Größe wie die antiken griechischen Städte. Die Sozialstruktur der Stadtstaaten umfasste neben den unmittelbaren agrikulturellen Produzenten, die wohl eine persönlich freie Bevölkerung darstellten und zu Arbeits- und Abgabeleistungen für die Gemeinschaft verpflichtet war, Priester, welche vom Produktionsprozess freigestellt waren und die ideologische und auch politische Macht in den Händen hatten; hinzu kam eine Schicht handwerklicher Spezialisten, die den Tempeln zugeordnet war.

Noch vor der Zeitenwende entwickelten sich mit der Tehuacán- und Maya-Kultur zwei neue Reiche, die nach der Bevölkerungszahl und der räumlichen Ausdehnung erheblich größer waren als die Stadtstaaten und in den folgenden Jahrhunderten eine führende Stellung in Mesoamerika erlangten. Beide Kulturen bildeten die charakteristischen Strukturen der asiatischen Produktionsweise mit einem hierarchischen System von Ausbeutung der unmittelbaren Produzenten und staatlicher

Kapitel 9: Auf Gemeineigentum beruhende Gesellschaften

Organisation heraus wie sie sich in der Grundstruktur vorher in der »Alten Welt« in ihren verschiedenen Regionen etabliert hatten.

Auf dem ausgedehnten Gebiet der Halbinsel Yucatán sowie ihren im Süden angrenzenden Gebieten mit ihren feuchten Regenwäldern war ein hochproduktiver Maisanbau ohne größere Bewässerungsanlagen möglich, der ein erhebliches Mehrprodukt abwarf. Dies war die materielle Basis für alle Charakteristika der Maya-Kultur wie Kultzentren, Monumentalarchitektur, Steinskulpturen, polychrome Keramik, prunkvoll ausgestattete Gräber von Mitgliedern der herrschenden Klasse (Herrscher, Adlige und Priester) sowie Kalender und eine eigene Götterwelt. Neben der Landwirtschaft existierte ein spezialisiertes Handwerk, welches an die Tempel angebunden blieb und Gegenstände für den Luxuskonsum sowie für Zeremonialobjekte bereitzustellen hatte.

Es gab in der klassischen Maya-Periode im Tiefland über 100 Siedlungszentren, die jeweils Dörfer mit 12 bis 300 Hausplattformen umfassten, die entweder Altäre, Tempel und größere Häuser für die Adligen enthielten oder um Pyramidentempelanlagen herum gebaut waren. Gesellschaft und Staat waren strikt hierarchisch gegliedert; ob es einen Oberherrscher für das Gesamtgebiet der Tiefland-Maya-Kultur gegeben hat, ist ungewiss.

Während die klassische Maya-Kultur in der Zeitperiode bis zum Ende des ersten Jahrhunderts u.Z. zu datieren ist, ist die Zeit von Teotihuacán im zentralmexikanischen Hochland bereits vor der Zeitenwende bis etwa 850 u.Z. anzusetzen; um 100 u.Z. erreichte Teotihuacán eine führende Stellung gegenüber anderen Zentren des mexikanischen Hochlands. Das Zentrum, die Stadt Teotihuacán, wuchs in den ersten vier Jahrhunderten von 30.000 auf rd. 65.000 Einwohner. Der Teotihuacán-Staat dehnte sich über weite Teile des zentralmexikanischen Hochlandes aus und stützte sich ökonomisch in erster Linie auf eine unvergleichlich hohe Produktivität der Landwirtschaft, deren Hauptcharakteristikum die »schwimmenden Gärten« waren, die aus mit Schilf, Schlamm und Erde bedeckten Flößen bestanden, die auf den flachen Seen des Hochtales verankert waren und eine fruchtbare Grundlage für die Anbauprodukte darstellten.

Die sozioökonomische Beschaffenheit des Maya-Staates wies ein Gemeineigentum der Dorfgemeinden am Grund und Boden auf; die Gemeinden waren dem weltlichen und geistigen Adel tributpflichtig. Daneben könnte ein relativ hoch entwickelter Handel auch schon zur Entstehung neuer Eigentumsformen beigetragen haben, wie sie sehr viel später unter aztekischer Herrschaft in Gestalt des privaten Bodeneigentums des Adels fassbar wurden.

Das Ende von Stadt und Staat Teotihuacán lag zwischen dem Ausgang des 6. und der Mitte des 8. Jahrhunderts u.Z. Es stand mit dem allmählichen Vordringen der Tolteken auf dem Territorium Zentralmexikos in Verbindung. Während der Staat zerfiel, verlor die Stadt ihre beherrschende Stellung und löste sich in sechs kleinere Städte auf. Auch die Maya-Kultur verfiel um diese Zeit. Ursächlich waren wahrscheinlich Aufstände des Volkes, das sich gegen das steigende Prunkbedürfnis der Priesterherrschaft zur Wehr setzte, weil jene ständig größere Arbeits- und Abga-

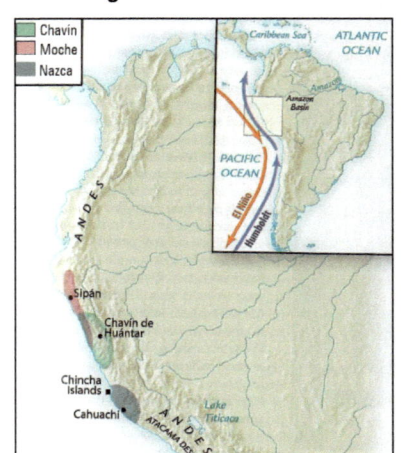

Abbildung 9.13: Andine Hochkulturen

Quelle: Kopie aus: Dunn/Mitchell 2015: 239

benleistungen von den bäuerlichen Produzenten forderte. Auch hier lebte die Bevölkerung in kleinen Weihern weiter und ging zahlenmäßig zurück.

Andine Gebiete Südamerikas (Peru)

An der peruanischen Küste (vgl. Abb. 9.13) lebte die sesshaft gewordene Bevölkerung vor dem 1. Jahrtausend v.u.Z. hauptsächlich von Wildpflanzen und Molluskenfang; Letzteres sind Weichtiere wie Schnecken, Muscheln und Kopffüßer. Seitdem im Hochland die Existenz auf der Grundlage der Pflanzenkultivierung gesichert werden konnte, wurden die Gemeinschaften auch hier sesshaft. Die Hochlandbewohner errichteten in ihren Ansiedlungen Steinhäuser, bauten Tempel und stellten Keramik her.

Die Herausbildung sozialer Klassen und eines Staates wurde wesentlich durch die Erfindung und kontinuierliche Erweiterung des Bewässerungsbodenbaus beeinflusst. In der fast regenlosen peruanischen Küstenwüste entwickelten sich an den Flüssen Oasenwirtschaften, die zunächst isoliert nebeneinander bestanden und unterschiedliche Kulturformen hervorbrachten. Die Gesellschaft von Chavín de Huantár errichtete das älteste in Amerika bisher bekannte Gebäude aus Stein um etwa 900 v.u.Z. In seiner größten Ausdehnung besetzten Chavíns Gebäude, Höfe und Plätze rd. 0,5 km². Die Chavín-Kultur, obgleich sie einen gemeinsamen Ausgangspunkt hatte, differenzierte sich in eine Vielzahl regionaler Kulturen auf, die manchmal nur noch in wenigen Zügen an das historische Vorbild erinnerten.

Auf Basis des in der Chavín-Periode erreichten Entwicklungsniveaus der Landwirtschaft, insbesondere des mit einfachen Bewässerungsmethoden betriebenen Maisanbaus, erfolgte in der Folgezeit ein intensiver wirtschaftlicher Ausbau der Küstentäler sowie, in geringerem Maße, einiger Hochlandbecken. An der Küste wurden in dieser Zeit die meisten, ganze Täler erfassenden Bewässerungssysteme errichtet. In der Sierra entsprach ihnen die Anlage von Terrassenkomplexen, die mitunter mit Bewässerungseinrichtungen direkt verbunden waren. In der Folge nahmen die Größe der Siedlungen und die Bevölkerungsdichte zu. Im Süden, an der Küste sowie im Bergland kam es zur Entstehung von größeren, in Zentrum und Peripherie gegliederten Siedlungen, die von Dörfern umgeben waren; mit Tiahuanaco, Pukará und Huari entstanden Siedlungseinheiten mit mehr als 10.000 Einwohnern. Im Norden war dagegen die Tendenz zu beobachten, die geschlossenen Dörfer der Vergangenheit zugunsten von Streusiedlungen aufzulösen. Zugleich war dies eine

Kapitel 9: Auf Gemeineigentum beruhende Gesellschaften 285

Zeit ständiger kriegerischer Unruhen, was aus den Funden an Befestigungsanlagen und Waffen hervorgeht.

Aus der Chavín-Kultur ging die Moche- und Mochicakultur hervor. Viele Anzeichen sprechen dafür, dass es im Mochetal zu einem politisch und kulturell einheitlichen Staat kam, der aus Eroberungen hervorgegangen war. Die Sozialstruktur wies eine Gliederung von Priestern, Feldherren, Kriegern, Gefangenen, Sklaven und Dienstboten neben Bauern, Handwerkern und Händlern auf, wie aus der Malerei auf Keramikerzeugnissen hervorgeht. Sklaven als Schuld- oder Strafsklaven wurden zur Gewinnung von Guanodünger auf den der Küste vorgelagerten Chinchainseln eingesetzt.

Die Intensität und Ausdehnung der Landwirtschaft wird durch die großen und komplizierten Bewässerungsanlagen und durch die Anwendung tierischen Guanodüngers charakterisiert. Einzelne Bewässerungskanäle hatten eine Länge von mehr als 100 km; außerdem wurden Stauseen und Aquadukte angelegt. Neben dem Bodenbau spielten Jagd, Fischfang und Sammeltätigkeit weiterhin eine Rolle. Neben der Mochekultur spielten die Kulturen von Nazca an der Südküste und Gallinzao im Virútal sowie die frühe Cuzcokultur mit ihren großen Stadtanlagen eine Rolle und prägten das politische und kulturelle Bild des Andenraumes bis in die zweite Hälfte des 1. Jahrtausends u.Z.

g) Gemeinschaften und Gesellschaften in anderen Weltregionen bis zur Zeitenwende

Jenseits der Weltregionen, in denen sich, ursprünglich unabhängig voneinander, zuerst der landwirtschaftliche Bodenbau mit sesshaften Gemeinwesen etabliert hatte und die sich vom archaischen Grundtyp der Gemeinwesen mit Gemeineigentum am Grund und Boden zu asiatischen Produktionsweisen und Klassengesellschaften mit jeweils spezifischen Ausprägungen fortentwickelt hatten, bestanden bis zur Zeitenwende in der übrigen Welt noch Urgesellschaften von wandernden Gemeinschaften und sich in den Anfängen von Sesshaftigkeit befindlichen naturwüchsigen Gemeinwesen, so in Europa (außerhalb des Mittelmeerraumes) und den sonstigen Gebieten Asiens sowie in Afrika, Ozeanien und Australien und schließlich in Nordamerika.

Für die im Übergang von der Wanderung zur Sesshaftigkeit befindlichen Stämme war bedeutsam, ob oder ob nicht sie in den Randgebieten zu den höher entwickelten Gesellschaften lebten und daher durch Kontakte mit ihnen in den Besitz höher entwickelter Produktivkräfte, d.h. zunächst der Kupfermetallurgie, sodann der Bronzemetallurgie und des Eisens, gelangten. Einige dieser Stämme traten aktiv gegen diese Nachbarstaaten auf und drangen in deren Territorien ein, eroberten die Macht und gründeten sodann selbst Staaten. Andere Stämme wurden durch mächtigere Staaten unterdrückt, die in ihrem Expansionsdrang sich Rohstoffe und Produkte aus deren Gebieten aneigneten und die Bevölkerung ausbeuteten und versklavten. Andererseits vollzogen die Gemeinschaften, die nicht in derartigen Randgebieten zu entwickelteren Gesellschaften und Staaten lebten, autochthone Entwicklungen, die nach Maßgabe der Herausbildung einer internen Teilung der Arbeit und beginnenden sozialen Differenzierung die Entwicklungsstufen zur asiatischen Produktionsweise mit jeweils besonderen, stark durch die jeweiligen Naturverhältnisse determinierten Eigenheiten durchliefen.

Neben dem quantitativen Verhältnis zwischen Bodenbau und Viehzucht – z.B. Nutzung des Pferdes –, welches sowohl über den Grad der Sesshaftigkeit als auch die kriegerische Stärke des betreffenden Stammes entschied, war die Verfügung über Metalle und ihre Nutzung zur Schaffung entwickelterer Arbeitsinstrumente ein entscheidender Faktor für interne Produktivkraftentwicklung und deren Auswirkungen auf die Produktionsverhältnisse. Für die Bronzemetallurgie lag in Europa der regionale Ausgangspunkt an seiner südöstlichen Flanke und war abhängig von der Verfügung über abbaubare Kupfererze; er befand sich zunächst im Karpatenraum, im Kaukasusgebiet sowie im Gebiet südlich des Urals. Auf dem Balkan ging der Übergang zur Bronzezeit vom Norden Sloweniens, Kroatiens und Serbiens aus und führte über Ungarn bis nach Rumänien. Im nördlichen Mitteleuropa, in Skandinavien sowie im Gebiet zwischen Karpaten und Dnepr waren Kupfergegenstände zwar bekannt, aber bronzezeitliche Kulturen entstanden hier erst später. Die frühen Bronzezeitkulturen in Westeuropa entstanden demgegenüber unter dem Einfluss von Stämmen im westlichen Mittelmeerraum; eine relativ hohe Entwicklung wurde zu Beginn des 2. Jahrtausends v.u.Z. auf der Iberischen Halbinsel erreicht. Im Maße, wie sich Austauschbeziehungen zwischen den verschiedenen Stämmen und Regionen entwickelten, konnte sich die aufblühende Kupfer- und Bronzemetallurgie ausbreiten, zu entwickelteren Produktionsmitteln genutzt werden und Ertragssteigerungen in der Agrikultur sowie Spezialisierungen im Handwerk befördern. Im Verlauf der folgenden Jahrhunderte des 2. Jahrtausends v.u.Z. haben in Eurasien weitere Stämme, die zunächst wirtschaftlich und gesellschaftlich über den im Neolithikum erreichten Stand nicht hinauskamen, ebenfalls eine bronzezeitliche materielle Kultur entwickelt, so Stämme im nördlichen Mitteleuropa und in Südskandinavien. »*Das Entwicklungsniveau der Gesellschaft(en) war ... unterschiedlicher als je zuvor. Bei manchen urgesellschaftlichen Stämmen geriet die Gentilordnung in Verfall oder begann sich aufzulösen; andere verharrten auf dem Status der wirtschaftlichen und kulturellen Entwicklung des Neolithikums oder befaßten sich weiterhin mit Sammeln, Jagd und Fischfang, besaßen aber eine neolithische Kultur. Schließlich gab es Stämme, deren materielle Lebensgrundlage der von spät- oder epipaläolithischen Gemeinschaften entsprach.*« (Sellnow u.a. 1977: 261)

In Afrika hatte sich bis zum Ende des 2. Jahrtausends v.u.Z. die Kultur und Lebensweise der Stämme des archaischen Grundtyps kaum verändert; dies galt auch weiterhin für die Bevölkerung in den sonstigen Habitaten des Kontinents zur Zeit der Entwicklung zur asiatischen Produktionsweise in Ostafrika, in Ägypten und Nubien. Soweit die Stämme nicht als Jäger und Fischer lebten, sondern Ackerbau und Viehzucht in ihren Siedlungsgebieten betrieben, blieb ihre Produktionsweise

Kapitel 9: Auf Gemeineigentum beruhende Gesellschaften

ohne wesentliche Fortentwicklungen. Dies galt auch für die Stämme, die infolge der zunehmenden Austrocknung der Sahara gezwungen waren, nach Süden abzuwandern. Zogen sie sich hingegen nach Norden in die Küstenregionen zurück, kamen sie vereinzelt in Kontakt zu Gegenständen aus Eisen, die sie möglicherweise von den Phöniziern erworben hatten. Es drangen aber auch Viehzüchternomaden und kriegerische Gruppen als bewaffnete Pferdereiter von Norden vor; sie erreichten vereinzelt den Oberlauf des Niger.

In Ozeanien und Australien verharrten die dort lebenden Menschen mit am längsten bei einer Kultur und Lebensweise von Jägern, Sammlern und Fischern. Erst im Verlauf des 2. Jahrtausends v.u.Z. setzte hier eine gewisse Neolithisierung ein. Sie erfolgte durch Zuwanderer aus dem Raum von Indochina, Südchina und Japan, die einige Kulturpflanzen wie Tare, Banane, Brotfrucht und Kokosnuss einführten.

In Nordamerika blieb in den Küstenzonen von Florida und Georgia, wo bereits vor Beginn des 2. Jahrtausends v.u.Z. Keramik in Gebrauch gekommen war sowie in der mittleren Atlantikregion, wo seit Mitte dieses Jahrtausends Mais angebaut wurde, die Sicherung des Lebensunterhalts durch Jagen und Sammeln die hauptsächliche Wirtschaftsweise.

Zusammenfassend kann somit festgehalten werden, dass in der Zeit bis zum Jahr 1 u.Z. die Welt, die auf allen Kontinenten besiedelt und durch Menschen belebt war, in ihren verschiedenen Regionen unterschiedliche Entwicklungsstufen des archaischen Typs von Gesellschaft aufwies. Sowohl Gentilgesellschaften als auch Gesellschaften, in denen Familienstrukturen die gentilizischen Verhältnisse in den Überbau geistiger Verarbeitung der Wirklichkeit verbannt und mehr oder weniger entwickelte staatliche Verhältnisse bis hin zu Großreichen herausgebildet hatten, bestanden nebeneinander. In vielen Fällen waren bereits durch Produktenaustausch und Fernhandel sowie durch Wanderungsprozesse und Eroberungen Verbindungen zwischen den verschiedenen Gemeinwesen geknüpft worden, die in der Regel die Verhältnisse der höher entwickelten Gesellschaften durchsetzten und verallgemeinerten. Dies betraf sowohl die Produktionsverhältnisse als auch ihre geistig-ideologischen Ausdrucksformen. Ersteres zeigt sich an der Relativierung und teilweisen Modifikation und Auflösung des ursprünglichen Gemeineigentums der Gemeinschaften am Grund und Boden als der hauptwichtigsten Produktionsbedingung. Absonderungen von Tempelgrund und Staatseigentum sowie Überlassung der Nutzungsrechte bis hin zur definitiven Verteilung als privates Eigentum stellten diese Modifikationen und Auflösungen dar. Jedoch blieb auch da, wo formell staatliches Eigentum an die Stelle des alten Gemeineigentums getreten war, die zunächst für den Eigenbedarf wirtschaftende Agrikultur der Dorfgemeinden die wirtschaftliche Grundlage der Gesellschaft und hatte das ökonomische Aufkommen der staatlichen Tributforderungen zu sichern. Die Ausgestaltung der politischen Form der Gemeinwesens wies neben der sog. militärischen Demokratie bei in Auflösung begriffenen gentilizischen Strukturen sowie bloß formell über große Gebiete herrschende Staaten auch jene despotischen Regierungsformen auf, die oftmals ausschließlich – fälschlicherweise – mit der asiatischen Produktionsweise identifiziert werden.

Zwar bedingt diese Produktionsweise die Existenz von Klassen und Staat anstelle der bloßen sozialen Differenzierung innerhalb der naturwüchsigen Gemeinwesen, doch weist diese Klassengesellschaft zu verschiedenen Zeiten und in verschiedenen Weltregionen jeweils spezifische Ausgestaltungen auf. Diese Unterschiede stellen bei der zugrundliegenden Gleichförmigkeit der gesellschaftlichen Reproduktion Ansatzpunkte für unterschiedliche Entwicklungen dar. Soweit sie nicht bloße Fortentwicklungen auf Basis der asiatischen Produktionsweise ausmachen, schafften sie mit der Herausbildung der antiken Produktionsweise eine qualitativ höhere Form von Ökonomie, Gesellschaft und Staat.

Kapitel 10: Die antike Produktionsweise mit der griechischen Polisgesellschaft und dem Römischen Reich

a) Vorgeschichte der antiken Gesellschaften durch Völker und Staatsbildungen im Mittelmeerraum

Auf die kretisch-mykenische Gesellschaft und Kultur als Form der asiatischen Produktionsweise und altorientalischen Klassengesellschaft ist bereits bei der Betrachtung des kassitischen Babyloniens als außerhalb von Mesopotamien gelegenem wirtschaftlichem und politischem Zentrum hingewiesen worden. Es bildete die interne Ausgangskonstellation, die einwandernde Stämme nach Griechenland – Dorier und Nordwestgriechen – vorfanden, deren Entwicklungsstand noch der sog. militärischen Demokratie, d.h. dem archaischen Grundtyp kriegerischer Gemeinwesen mit einer Gliederung in Phylen und Phratrien sowie einer Sippenaristokratie, entsprach. Die kretisch-mykenische Gesellschaft wies demgegenüber bereits die Existenz staatlicher Strukturen und eine deutliche Trennung in Palastland mit abhängigen Bauern sowie Gemeindeland auf, auf dem bäuerliche Produzenten im Rahmen der Dorfgemeinschaft Besitzrechte besaßen und ihre jeweilgen Parzellen bebauten. Neben diesen Parzellenbauern bestand eine gefestigte Aristokratie, deren ökonomische Basis sich aus der Palastwirtschaft sowie aus ihrer Rolle im Fernhandel ergeben hatte.

Die Einwanderung und kriegerische Landnahme der Dorier etc. führte zu Bevölkerungsbewegungen und der Ethnogenese der griechischen Stämme. Die Zentren der mykenischen Palastwirtschaft wurden vernichtet und ihre staatlichen Repräsentanten gestürzt. Die Aneignung des Landes, das aus Ackerland und Viehweide bestand, durch die Einwanderer, dürfte zwar die Macht der Sippenaristokratie gegenüber den übrigen Stammesangehörigen gestärkt haben, gleichzeitig aber wurde auch der bereits in mykenischer Zeit betriebene Parzellenbodenbau gestärkt, der durch die geographischen Gegebenheiten des Landes – Gebirgslandschaft Griechenlands und Kleinheit der Landgüter von 5 bis 20 ha, in denen die primitive Anbauweise der Zweifelderwirtschaft und verlustreiche Viehhaltung ohne Winterstallung herrschte – bedingt war. Die Verteilung von Parzellen (Kleroi) an die wehrfähigen Bauern und die individuelle Bewirtschaftung und Aneignung von deren Produkten wurde zur Ausgangsbedingung für die spätere Ausbildung von Privateigentum auf dem Land. Dieses Privateigentum bestand neben einem fortbestehenden Gemeineigentum an Wiesen, Wäldern und Wasserressourcen. Die Mitgliedschaft in der dörflichen Gemeinschaft und Miteigentum am Gemeindeland gaben zunächst noch die Basis für individuelle Bewirtschaftungen ab. *»Da sich das Individuum noch nicht von der Gemeinschaft gelöst hatte, sondern gentile Bindungen wirksam* *blieben, bildete die individuelle Aneignung einen Teil der Gesamtaneignung durch die Gemeinschaft. Das Individuum handelte dabei als Mitglied der Gesellschaft, und seine Rechte waren denen der Gesamtheit der Stammesmitglieder untergeordnet.«* (Sellnow et al. 1977: 279f.)

Die Wanderungsbewegungen erbrachten einen erheblichen Bevölkerungszuwachs und erzwangen einen Zusammenschluss zerstreuter Siedlungen und die kriegerische Organisation ihrer Bewohner (Synoikismus). Dies führte zu einer stadtähnlichen Anlage (Polis), die nicht mit den vorherigen Palästen mykenischer Burganlagen vergleichbar war. Ihre innere Struktur bestand aus einem Adelsrat für das gesamte Polisgebiet, der größere Machtvollkommenheit besaß als die früheren Sippenaristokratien der dörflichen Siedlungen. Ein weiterer Unterschied bestand in der Rolle des Handels, der nicht nur an den Fernhandel der Phönizier im Mittelmeerraum anschloss, sondern eine neue Qualität gewann, indem er Austauschbeziehungen zwischen Handwerksprodukten und Überschüssen der bäuerlichen Produzenten vermittelte, so dass allmählich ein innerer Markt entstand. Im Ergebnis kehrte sich die Beziehung von Stadt und Land um: die Stadt war nun nicht mehr eine nachgeordnete Siedlung des Landes, sondern das Zentrum, um das die ländlichen Gebiete gruppiert waren.

Als Staat entstand die Polis aus der Herrschaft der privilegierten Sippenaristokratie gegenüber den kleinen Grundeigentümern und sich verselbstständigenden Handwerkern. Er hatte im Adelsrat den Charakter einer öffentlichen Gewalt mit eigenen Organen erhalten. Gegenüber mykenischer Zeit hatte die Masse der Polisbewohner kein Interesse mehr an der Institution des Königtums; seine Funktionen gingen auf verschiedene Amtsträger, die Archonten, über und der Adelsrat wurde zum Areopag. Dies bedeutete, »*daß die alte Aristokratie die Polis beherrschte, jedoch in einer relativ demokratischen Form*« (Ibid.: 282). Ihre wirtschaftliche Basis bestand in Abgaben, die unter Rückgriff auf die noch bestehenden gentilen Bindungen vielfach als »Geschenke« der Bauern und Handwerker verkleidet waren.

Zugleich entwickelten sich Ungleichheiten zwischen den Kleinproduzenten (Parzellenbauern und Handwerkern). Konnten diese ihre Abgaben nicht mehr erfüllen, mussten sie ihre Äcker verpfänden, mit ihren Familien in Schuldknechtschaft gehen und als Tagelöhner ihre Verpflichtungen abarbeiten. Dies vergrößerte die sozialen Unterscheide weiter. Die in der Mehrheit kleinen Bauernwirtschaften wurden durch Erbteilungen immer kleiner und damit unrentabler; jüngere Söhne mussten sich dementsprechend ihren Unterhalt als Saisonarbeiter oder Tagelöhner auf den Ländereien der größeren Eigentümer verdienen. Eine weitere Alternative war die Auswanderung in die Kolonisationsgebiete an den Küsten des Mittelmeeres und des Schwarzen Meeres. Die griechische Kolonisation war neben der Suche verschuldeter und landloser Bauern nach neuem Grund und Boden in anderen Regionen auch durch den Handel getrieben, der nach und nach von den Phöniziern übernommen wurde. In den kolonisierten Gebieten wurden Gemeinwesen nach dem Vorbild der griechischen Mutterstädte etabliert, die neben der Bereitstellung der Schiffe zunächst auch die Versorgung der Kolonien garantierten. Die Eigentumsverhältnisse

Kapitel 10: Die antike Produktionsweise: griechische Polis und Römisches Reich

am Grund und Boden in den Kolonien waren ein Abbild derjenigen des Mutterlandes, d.h. sie beinhalteten die Dualität von Gemeineigentum der Polisbürgerschaft von Wäldern, Wiesen, Seen, Flüssen und sonstigen Wasserressourcen sowie Rohstofflagerstätten und Hafenanlagen auf der einen und Privateigentum an Äckern und Wohnstätten auf der anderen Seite. Ab Mitte des 7. Jahrhunderts v.u.Z. dehnte sich die griechische Kolonisationsbewegung bis nach Ägypten und Unteritalien aus; die Handelsbeziehungen reichten von Spanien im Westen bis nach Syrien im Osten, wobei hinzuzufügen ist, dass Seehandel und Seeräuberei kaum zu trennen waren.

In Italien trafen die griechischen Kolonisten auf die dort lebenden Völkerschaften und Stämme, die den Übergang von der Zerfallsphase des archaischen Urtyps zur asiatischen Produktionsweise am Vollziehen waren oder bereits vollzogen hatten. Die Etrusker, die sich aus der Verschmelzung von Einwanderern aus dem Osten mit verschiedenen autochthonen Volkselementen herausgebildet hatten, lebten in der Zeit der griechischen Kolonisation (ab 7. Jahrhundert v.u.Z.) *»wahrscheinlich in einer Gesellschaftsform des ›altorientalischen‹ Typs, bei dem die Organisatoren der Entwässerungsarbeiten Eigentümer des Bodens und die bäuerlichen Gemeinden dessen bloße Besitzer wurden.«* (Ibid.: 310)

Die politische Organisation der Etrusker bestand in einem 12-Städte-Bund, der von jeweiligen »Königen«, den Lukumonen, beherrscht wurde. Dieser etruskische Städtebund war eine Föderation von selbstständigen miteinander rivalisierenden Stadtstaaten, die sich nur gegen äußere Gegner zu gemeinsamen Aktionen zusammenschlossen. Die etruskische Expansion zielte nach den nördlichen Apenninen und in die Poebene sowie im Süden bis nach Kampanien. Das in der Mitte gelegene Rom erhielt dabei eine Schlüsselposition. In Kampanien und zur See gerieten die Etrusker in einen scharfen Gegensatz zu den Griechen und konnten zeitweise die Vorherrschaft im Tyrrhenischen Meer erringen. Als aber im 5. Jahrhundert die Griechenstädte zunehmend nach außen gerichtete Aktivitäten entfalteten, wurde die etruskische Seeherrschaft entscheidend geschwächt.

Die Entwicklung der italischen Völkerschaften war untrennbar mit dem Einfluss der Griechen verknüpft. Die griechischen Kolonien entwickelten sich seit dem 8. Jahrhundert v.u.Z. zu selbstständigen Staaten, d.h. Poleis mit größerem Territorium (Magna Graecia). Sie bemächtigten sich Teile des umliegenden fruchtbaren Landes und unterwarfen die einheimische Bevölkerung. Neben dem Handel betrieben sie intensiv Ackerbau und Viehzucht und führten Wein- und Olivenkulturen ein. Wie in Griechenland bildeten die bäuerlichen Kleinproduzenten die zahlenmäßig größte Klasse. Die Herrschaftsformen waren aristokratisch. Soziale Kämpfe im Innern, Zwistigkeiten mit den örtlichen Stämmen und die zunehmende Macht der phönizischen Städtegründung Karthago, das über den Handel und sein Militär groß geworden war, leiteten den Niedergang der westgriechischen Kolonien ein. Gleichwohl lebten die von ihnen etablierten sozialen und politischen Strukturen fort.

Anteil an der historischen Entwicklung Italiens hatten auch die Kelten (Gallier) als Träger der sog. Hallstattkultur. Diese basierte nicht auf verschiedenen Sprachen oder Dialekten, welche nicht überliefert sind, sondern auf der Verwendung materieller Rohstoffe (Eisen) für Waffen und Gebrauchsgegenstände, z.B. des Eisenpfluges (vorrömische Eisenzeit ab 800 v.u.Z.), die anhand von Bestattungsbräuchen identifiziert worden sind. Die keltischen Völkerscharen stießen im Verlauf ausgedehnter Wanderungen auf der Apenninenhalbinsel bis nach Kampanien und Apulien vor, ließen sich in Norditalien nieder und drängten die Etrusker zurück. Im Verlauf der frühen Eisenzeit festigten sich auch die Handelsbeziehungen der Völker Italiens zu den Völkern der Hallstattkultur, zum Balkan und zu Nordafrika. Dabei spielten beständige kriegerische Auseinandersetzungen eine bedeutende Rolle.

Unter dem Einfluss von Griechen, Etruskern und Kelten entwickelte sich in Italien eine Form der asiatischen Produktionsweise, indem die überkommenen Verhältnisse des archaischen Urtyps von Gemeinwesen transformiert wurden. Mit einer durch die Kriege fortschreitend differenzierten Eigentumsstruktur bildete sich eine Stammesaristokratie als Oberschicht heraus, gewählte Heerführer traten als »Könige« auf und legten stadtähnliche Siedlungen zum Schutz gegen äußere Feinde und zur Festigung ihrer eigenen Position an. Rom wurde zu einem strategisch und wirtschaftlich bedeutenden Mittelpunkt, in dem sich wichtige Straßenverbindungen Italiens kreuzten; die Uferregionen des Tiber boten von der Mündung her festen Boden und Seeschiffe konnten bis auf die Höhe der Stadt gelangen.

Nach der Sage teilte Romulus, der legendäre Gründer Roms, jedem römischen Bürger zwei Morgen Land zu. In der auf Parzellenbau basierten bäuerlichen Wirtschaft deutete sich wie in Griechenland die spätere Entwicklung des individuellen Eigentums als Privateigentum bereits an. Ein relativ großer Teil des ländlichen Bodens galt als Gemeindeland (ager publicus). Die Adelsfamilien vergaben einen Teil ihres Landes als Leihgabe an landlose oder arme Bauern. Diese waren als Klienten ihren Schutzherren dienstpflichtig und galten als Bürger minderen Rechts. Daneben gab es Sklaven, die zunächst noch in einem patriarchalischen Abhängigkeitsverhältnis lebten. Die Klassendifferenzierung der römischen Gesellschaft beruhte auf einer ungleichmäßigen Verteilung des Grund und Bodens und des Viehs, wodurch die soziale Oberschicht in die Lage versetzt wurde, Kriegsgefangene und verarmte Stammesgenossen in persönliche Abhängigkeitsverhältnisse verschiedener Art zu zwängen.

Im römischen Staat war die Besetzung staatlicher Ämter (Senat) den Adligen (Patriziern) vorbehalten. Der Rex (König), durch den Senat gewählt, war lange Zeit kein absoluter Herrscher, sondern Heerführer, Oberpriester und Vorsitzender im höchsten Gericht. Engels spricht davon, dass in der Zeit dieser Könige die Römer »*in einer auf Gentes, Phratrien und Stämmen begründeten und aus ihnen entwickelten militärischen Demokratie (lebten)*« (MEW 21a: 124). Mit der Vermehrung der Bevölkerung sowie durch die Eroberung neuer Gebiete und durch Einwanderung veränderte sich die Zusammensetzung der auf römischem Territorium lebenden Gesellschaft zugunsten der nicht zu den Angehörigen der alten Gentes, Curien[1] und

---

[1] Die Curie war in der Urgeschichte Roms das Mittelglied (Phratrie) zwischen Gens und Stamm und bestand aus 10 Gentes.

Kapitel 10: Die antike Produktionsweise: griechische Polis und Römisches Reich

Stämmen gehörenden Bevölkerung, die zwar persönlich freie Leute waren, Grundeigentum erwerben konnten sowie Steuern und Kriegsdienste leisten mussten, jedoch keinen Zugang zu öffentlichen Ämtern hatten. Gegen 500 v.u.Z. wurde eine neue Volksversammlung mit einer dem Rex Servius Tullius zugeschriebenen Verfassung geschaffen, die sich an griechische Muster anschloss und den römischen Populus und die Plebejer ohne Unterschied einschloss, wenn sie Kriegsdienste leisteten.

In der politischen Form des römischen Gemeinwesens haben wir somit Institutionen vor uns, die gewissermaßen in der Mitte zwischen dem orientalischen Despotismus und der Bürgergesellschaft im antiken Griechenland angesiedelt sind und die man unter Rückgriff auf Marx als relativ »demokratische Form der höheren Einheit« bezeichnen kann. Obwohl die Entwicklung der griechischen und römischen antiken Gesellschaft gleichermaßen auf der zweiten Eigentumsform mit Dualität von Gemein- und Privateigentum als Grundform der antiken Produktionsweise aufbauen, sind beide nachfolgend getrennt zu betrachten.

b) Entwicklungen im antiken Griechenland

Blüte und Niedergang der griechischen Polis

Die Poleis auf dem griechischen Festland und im Mittelmeerraum beherbergten, da sie autonome Einheiten darstellten, örtliche Unterschiede in ihrer internen, namentlich politischen Verfassung. In manchen gelang es dem Demos, d.h. dem nichtaristokratischen Teil ihrer Bewohner, politischen Einfluss zu gewinnen, in anderen setzte sich die alte Sippenaristokratie durch und erweiterte ihre wirtschaftlichen und politischen Machtpositionen. Die zwischen und innerhalb der Poleis sich daraus verschärfenden Unterschiede und Widersprüche führten zur Ausbildung der sog. Tyrannis (Mitte des 7. Jahrhunderts v.u.Z.). *»Die Tyrannen waren ihrer Herkunft nach meist Angehörige der Sippenaristokratie, gehörten aber zu jener Gruppe, die sich mit Handel und Gewerbe beschäftigte und daher mit Handwerkern und Händlern gemeinsame Interessen besaß. Sie hatten meist wichtige Funktionen innerhalb der Polisverwaltung inne...«* (Sellnow et al. 1977: 288) Die Tyrannen konnten nur durch bewaffnete Aufstände gegen die herrschende Aristokratie an die Macht gelangen, was ihre Unterstützung durch breite Schichten der Polisbürger unterstellte. Insofern führten die Tyrannen die Überwindung der Sippen- und Stammesorganisation weiter und bereiteten der späteren antiken Demokratie den Weg. Ökonomisch war mit der Tyrannenherrschaft die Aufhebung von Schuldknechtschaft und -sklaverei verbunden. Allerdings wurden die Eigentumsverhältnisse am Grund und Boden nicht angetastet.

Für einige Regionen des griechischen Festlandes – Boötien, Thessalien und Peloponnes – waren die einwandernden dorischen und nordwestgriechischen Stämme nicht auf Rand-, sondern auf Kerngebiete der überkommenen mykenischen Gemeinwesen getroffen, in denen die gentilen Strukturen der Wanderungszeit noch lange in der staatlichen Periode fortwirkten; die wesentlichste Gemeinschaft, die auch in der weiteren Entwicklung eine besondere Rolle spielen sollte, war Sparta auf dem Peloponnes. Deren Produktionsverhältnisse wiesen mit den Heloten abhängige Bauern auf, die an den Staat bzw. die spartanischen Vollbürger (»Spartiaten«) Naturalabgaben zu leisten hatten. Dies konservierte die Naturalwirtschaft und hemmte die Warenproduktion durch eine limitierte spartanische Produktivkraftentwicklung.

Die griechische Polisordnung erlebte ihre Blütezeit im 6. und 5. Jahrhundert v.u.Z. In dieser Zeit wurde Athen zum Zentrum der Entwicklung. In Athen war die Entwicklung zunächst langsamer als in anderen Poleis verlaufen. Soziale Widersprüche zwischen den Klassen spitzten sich später, dafür aber deutlicher zu, weil anderswo praktizierte Lösungsformen z.b. durch Auswanderung keine Lösung mehr bringen konnten, da die besten Gebiete in den Kolonien bereits durch andere Poleis okkupiert waren. Auch die Errichtung einer Tyrannis durch Kylon scheiterte an den Gegenmaßnahmen der Aristokratie. Fortdauernde interne Konflikte sowie Willkür und Übergriffe der herrschenden Aristokratie ließen die Forderung nach einer Kodifizierung des Rechts, das für alle freien Bürger Athens gelten sollte, in den Vordergrund treten. In diesen Zusammenhang sind sowohl die Gesetze Drakons (624 v.u.Z.) als auch später die Solonschen Reformen (594/593 v.u.Z.) einzuordnen. Letztere enthielten die Verkündigung eines Schuldenerlasses, der viele Kleineigentümer vor dem Ruin rettete und die Schuldsklaverei beseitigte. Wie bei den Reformen der Tyrannis wurden jedoch die Eigentumsverhältnisse am Grund und Boden nicht angetastet.

Der von Engels hervorgehobene revolutionierende Charakter der Solonschen Reformen – »*Alle bisherigen Revolutionen sind Revolutionen gewesen zum Schutz einer Art des Eigentums gegen eine andere Art des Eigentums. ... in der solonschen (Revolution / S.K.) mußte das Eigentum der Gläubiger herhalten zum Besten des Eigentums der Schuldner.*« (MEW 21a: 112) – ist auch an der Einteilung der Bürger in vier Vermögensklassen auf Basis der Jahreserträge nicht nur des Bodeneigentums, sondern auch anderer Eigentumsformen, zu erkennen. Zwar überwogen in der ersten Klasse die aristokratischen Grundeigentümer, unter denen die Volksversammlung die Archonten auswählte, doch erlangte auch die zweite Vermögensklasse, die vorwiegend die städtischen Gewerbetreibenden umfasste, bald Zugang zu den höchsten Staatsämtern. Die Angehörigen dieser beiden Klassen stellten im Bürgerheer die Reiterei. Zur dritten Vermögensklasse gehörten vor allem Bauern und mittlere städtische Handwerker, die im Bürgerheer den wichtigsten Teil, die schwerbewaffneten Hopliten (schwere Infanterie), stellten und durch die Schaffung eines Rates (Bule) auch ein nachgeordnetes politisches Mitspracherecht erhielten. Schließlich bildeten die freien Kleineigentümer und eigentumslosen Bürger die vierte Vermögensklasse (Theten), die im Heer als Leichtbewaffnete dienten, außerdem zur Volksversammlung zugelassen waren und gleiches aktives Stimmrecht bei den Wahlen der Archonten und der Bule besaßen. Das Ergebnis der Solonschen Reformen ist dennoch ernüchternd: »*Im Grunde genommen hatten die Reformen niemanden zufriedengestellt, sondern die Gegensätze in der Bevölkerung eher verschärft.*« (Sellnow et al. 1977: 293)

Während die »Leute der Ebene« eine Gruppe von Grundeigentümern war, die Reformen rückgängig machen wollten, eroberten die Diakrier (»Leute hinter den Bergen«) als zahlenmäßig größte Gruppe von Kleinbauern und verarmter Landbevölkerung unter Peisistratos im Jahr 545 v.u.Z. Athen und errichteten eine Tyrannis. In der Innen- und Außenpolitik berücksichtigte Peisistratos die Forderungen der mittleren und kleinen Eigentümer, förderte besonders das Handwerk und schuf erstmalig geordnete Staatseinkünfte durch Einführung einer Ertrags- und Einkommensteuer (5 bzw. 10%), die in Geld zu zahlen war. Dies beförderte die Ware-Geld-Verhältnisse und führte zur Schaffung einer einheitlichen Währung (»attische Eulen«). Von diesen Maßnahmen profitierten bis auf die aristokratischen Grundeigentümer alle Bevölkerungsschichten Athens; trotzdem kam es auf deren Betreiben und mit Unterstützung Spartas im Jahr 510 zur Ermordung bzw. Vertreibung der Tyrannen-Nachfolger Hipparchos und Hippias, die beide Söhne von Peisistratos waren.

Nach diesen Wirren kam es einige Jahre später zu einer (erneuten) Ausarbeitung einer Verfassung, die Kleisthenes als Führer der »Leute der Küste« (Parailer), d.h. im Wesentlichen Handwerker und Händler, vornahm. Ihr wichtigster Teil war die Neuordnung der Phylen, d.h. der aus gentilizischer Zeit überkommenen Stammeszugehörigkeiten zugunsten territorialer Bezirke (Demen), denen fortan die Führung der Bürger-, Steuer- und Aushebungslisten oblag. Jeder Athener gehörte von nun an ohne Rücksicht auf seinen Wohnsitz zu dem Demos, in dem seine Familie registriert war. Mit der Verfassung des Kleisthenes wurden alle freien Bürger Athens erstmals in ihren politischen Rechten theoretisch gleichgestellt, jedoch behielten die Zensusklassen für die Besetzung der Ämter ihre Bedeutung. Praktisch war die Ausübung dieser Rechte allerdings den reichen Athenern vorbehalten, da die politischen Funktionen nicht entgolten wurden.

Während sich in Athen mit den Reformen des Kleisthenes ein entscheidender Schritt zur antiken Demokratie vollzog, bestanden in Sparta die alten Verhältnisse weiter. Das private Eigentum an Grund und Boden war nicht weiterentwickelt worden, sondern das gesamte Territorium Spartas galt mit den darauf lebenden Heloten als Staatsland, das allen Spartiaten gehörte. Ihnen war die produktive Arbeit in der Landwirtschaft, im Handel oder im Gewerbe per Traditionsrecht verboten, sondern ihre Arbeit war das Kriegführen. Auch die staatlichen Institutionen entwickelten sich kaum weiter, doch traten fünf von der Volksversammlung gewählte Ephoren an die Stelle des Königtums.

Zu Beginn des 5. Jahrhunderts v.u.Z. hatten die griechischen Staaten mit dem Angriff des Perserreiches eine schwere Kraftprobe zu bestehen. Im Jahr 513 versuchten die Perser, ihre Nordgrenze gegen Einfälle der Skytenstämme zu schützen. Sie ließen ihre Truppen nach Europa übersetzen und errichteten eine Satrapie, die von Struma bis zum Bosporus reichte. Dies war eine Bedrohung für die griechischen Festlandstaaten, insbesondere für das importabhängige Athen. Die kleinasiatischen Poleis leisteten im sog. ionischen Aufstand Widerstand; er endete mit der Vernichtung der Flotte und der Zerstörung Milets im Jahr 494. Für die nachfolgende Invasion Griechenlands durch die Perser war auch die prekäre Situation ihrer neuen Satrapie bestimmend; als Bedrohung kamen die weiterhin unruhigen Skythen sowie Athen, das die kleinasiatischen Griechen unterstützt hatte, hinzu. Athen lehnte eine Unterwerfung unter die Perser entschieden ab, auch Sparta fand sich zur Verteidigung gegen die Perser bereit.

Nach der erfolgreichen Abwehr der Perser bei Marathon (490 v.u.Z.) folgten die für die Griechen erfolgreichen Seeschlachten mit der unter Themistrokles neu aufgebauten Flotte bei Salamis und Mykele sowie der Sieg in der Landschlacht bei Plataiai (479), der unter dem Oberbefahl Spartas errungen wurde. Als bedeutungsvoll für den Kriegsverlauf hatten sich auch Aufstände gegen den Großkönig Xerxes in persischen Satrapien erwiesen, die dessen innere Kräfte banden. Als Ergebnis dieser Perserkriege standen das Hinterland der kleinasiatischen Poleis sowie der gesamte Bereich der Ägäis und das Schwarzmeergebiet nun unter dem Einfluss der griechischen Staaten. Dies nutzte vor allem dem Handel sowie dem Gewerbe Athens.

Allerdings waren bereits während des Perserkrieges Widersprüche zwischen Athen und Sparta entstanden, deren Ursache in dem Bestreben Athens lag, sich zu einer bedeutenden Seemacht zu entwickeln. Athen hatte den sog. Attisch-Delischen Seebund zwischen den Inseln und den kleinasiatischen Poleis geschlossen und besaß innerhalb desselben die Hegemonie. Dementsprechend fiel das Kommando der Bundesflotte Athen zu.

Innerhalb des athenischen Staates brachen erneut soziale Auseinandersetzungen aus. Innerhalb des städtischen Demos verlangten die mittleren Eigentümer sowie die eigentumslosen und verarmten Politen die vollständige politische Gleichstellung auch im Hinblick auf das passive Wahlrecht. Die Reformen des Ephialtes nach 463 v.u.Z. führten zu einer konsequenten Demokratisierung des athenischen Staatsapparates wie sie die antike Klassengesellschaft nicht wieder erreichte. Epialtes stellte sich ganz auf die Seite des mittleren und ärmeren städtischen Demos (3. und 4. Einkommensgruppe der Solonschen Zensusordnung) und der Arepag sowie das Archontat verloren das Recht, die Beschlüsse der Volksversammlung für ungültig zu erklären und die Rechtsprechung über Amtspersonen ohne Anhörung der Volksversammlung auszuüben. Der Areopag behielt nur sakrale Befugnisse, wozu die Rechtsprechung bei Mord, der als Religionsfrevel galt, gehörte. Seine sonstigen Befugnisse übernahmen die Strategen (Heerführer), die Bule, die Heliaia (oberstes Gericht) und die Volksversammlung. Damit verfügte der städtische Demos über den entscheidenden Einfluss. Weitergehende Reformen auch auf sozialem Gebiet wie die Verleihung der Bürgerrechte auch an Fremde (Metöken) und die Erweiterung der Rechte der ärmeren Bürger, die bereits unter Solon nicht durchführbar gewesen waren, scheiterten. 461 v.u.Z. wurde Ephialtes ermordet. Eine weitergehende Demokratisierung der antiken Gesellschaft erfolgte danach nicht mehr; insofern war diese Periode die Hochzeit und volle Ausbildung der antiken Demokratie.

Die außenpolitische Expansion Athens, insbesondere die Einflussnahme in Ägypten nach dessen Abfall von Persien, schlug fehl. Im Jahr 454 v.u.Z. endete das Unternehmen mit der Vernichtung der griechischen Expeditionsheere durch die Perser. Es kam zum sog. Friedensschluss von Kallias (449), mit dem sich die Perser

Kapitel 10: Die antike Produktionsweise: griechische Polis und Römisches Reich

Abbildung 10.1: Peloponnesischer Krieg

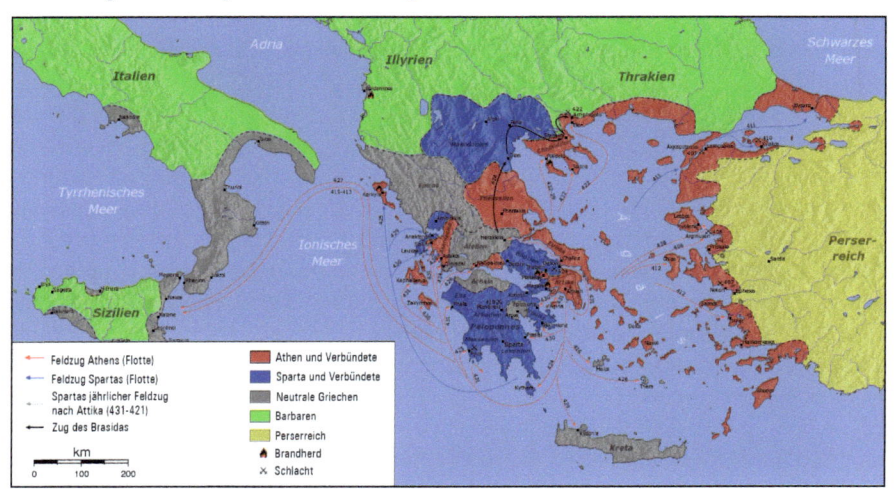

Quelle: https://de.wikipedia.org/wiki/Peloponnesischer_Krieg

den Besitz der rohstoffreichen und strategisch bedeutsamen Insel Zypern sicherten; ihre Kriegsflotte zogen sie allerdings aus der Ägäis zurück, womit sie praktisch ihre ionische Satrapie aufgaben. Für die griechischen Poleis bedeutete dies zugleich die maximale Grenze ihrer räumlichen Machtausdehnung.

Das Zentrum der sozialökonomischen Entwicklung, vor allem der Ware-Geld-Beziehung sowie der politischen und kulturellen Errungenschaften hatte sich nach dem Kallias-Frieden endgültig von den kleinasiatischen Poleis nach Athen verlagert. Diese Periode ist mit den Namen des griechischen Politikers Perikles als Führer des Demos, der Tragödiendichter Aischylos und Euripides sowie des Philosophen Sophokles verbunden. Sie markierte die Hochzeit der griechischen Dichtung und Philosophie. Allerdings konnten weder die Vollendung der athenischen Demokratie noch die kulturelle Blütezeit des 5. Jahrhunderts v.u.Z. über die Schwächen des athenischen Staates hinwegtäuschen.

Diese inneren Schwächen lagen zum Einen darin, dass aus dem Bund der Poleis wegen der Selbstständigkeit der anderen Poleis kein einheitlicher Staat mit einem einheitlichen allgemeinen Interesse entstand (vgl. Abb. 10.1). Verantwortlich dafür war zum Anderen die recht schmale ökonomische Basis, die Warenproduktion und Handel begrenzte. Der Umfang der Sklavenarbeit war insbesondere in der handwerklichen Produktion sowie in den Bergwerken angestiegen und markierte darin die typische Begrenzung ihrer Produktivkraftentwicklung. Die herrschende Klasse war immer noch die Klasse der größeren Grundeigentümer, die ökonomisch die Familienbetriebe in der landwirtschaftlichen und gewerblichen Produktion dominierte. Der Reichtum Athens gründete sich zudem weniger auf der internen Produktion als vielmehr auf der Ausbeutung der Bundesgenossen durch den Phoros, d.h.

die Abgaben des Seebundes und die erhobenen Hafen- und Zollgebühren, mit denen die ein- und ausgeführten Waren belegt wurden. Damit sind spezifische Grenzen der antiken Produktionsweise in ihrer attischen Ausprägung benannt. Darüber hinaus waren die Widersprüche zwischen Athen und Sparta nie gelöst worden.

Ihre sowohl durch interne Auseinandersetzungen als auch durch ihre Rivalitäten untereinander getriebenen Gegensätze entluden sich im Peloponnesischen Krieg zwischen beiden Staaten, der im Jahr 413 v.u.Z. mit der Vernichtung des athenischen Heeres und der Flotte endete. Der unter Vorherrschaft Athens bestehende attisch-delische Bund zerbrach und Sparta entschloss sich, ein Bündnisangebot Persiens anzunehmen, eine neue Flotte aufzubauen und durch erhöhte Soldzahlungen athenische Schiffsbesatzungen abzuwerben. Im Jahr 405 brachte Sparta bei Aigospotami Athen die letztendlich entscheidende Niederlage bei. Damit war die Blütezeit der Polis und der attischen Demokratie nicht nur für Athen, sondern für ganz Griechenland zu Ende.

Innergriechische Kämpfe und der Hellenismus in Asien
Die Niederlage und anschließende ökonomische Schwächung Athens verstärkten die Zersplitterung der griechischen Poleis in sich bekämpfende und gegenseitig schwächende Kleinstaaten. Sparta diktierte Athen eine Oligarchenregierung (Regime der Dreißig) auf, die sich später spaltete und anschließend durch ein Heer von nach Theben emigrierter Athener unter Führung von Thrasybulos besiegt wurde. Trotz Wiederherstellung demokratischer Verhältnisse hatte aber Athen nicht nur seine politische Herrschaft über ein großes Territorium mit vielen Poleis, sondern auch seine wichtigsten Handelsmärkte verloren. Die Bemühungen, ein Versorgungsprogramm (Diäten) für die ärmeren Schichten aufzulegen und eine weitere Ausdehnung der Bürgerrechte herzustellen, fußend auf dem Konzept eines Naturrechts durch Antiphon, kamen über Ansätze nicht hinaus.

Andererseits expandierte Sparta in neue Siedlungsgebiete und zur Erschließung neuer Möglichkeiten für den Handel, unterstützte den Aufstand des persischen Satrapen Kyros in Kleinasien, verlor aber im anschließenden Krieg gegen die Perser. Mit dem sog. Königsfrieden 387 v.u.Z. wurde der Kallias-Frieden annulliert und die Poleis in Kleinasien waren bis zur Eroberung durch den Makedonier Alexander fester Teil des Perserreichs.

Die Hegemonie Spartas, errungen im Krieg gegen den chalkidischen Städtebund, war keineswegs auf ökonomischer Stärke, vielmehr rein auf der militärischen Organisation, ihrer Verbindung zu den Oligarchen und die persische Unterstützung gegründet. Folgerichtig wirkte die Beherrschung sozialökonomisch entwickelterer Poleis durch das Übergreifen von Geldwirtschaft rückwirkend zersetzend auf die Naturalökonomie Spartas: »*Der seit der zweiten Hälfte des 5. Jh. bemerkbare Einfluß der relativ entwickelten Ware-Geld-Beziehungen verstärkte das Eindringen des antiken Eigentums und der Sklaverei auch in jene Gebiete, in denen bisher selbstgenügsame Produktion und patriarchalische Abhängigkeitsverhältnisse vorherrschten.*« (Sellnow 1977: 331) Das Ende der Hegemonie Spartas auf dem grie-

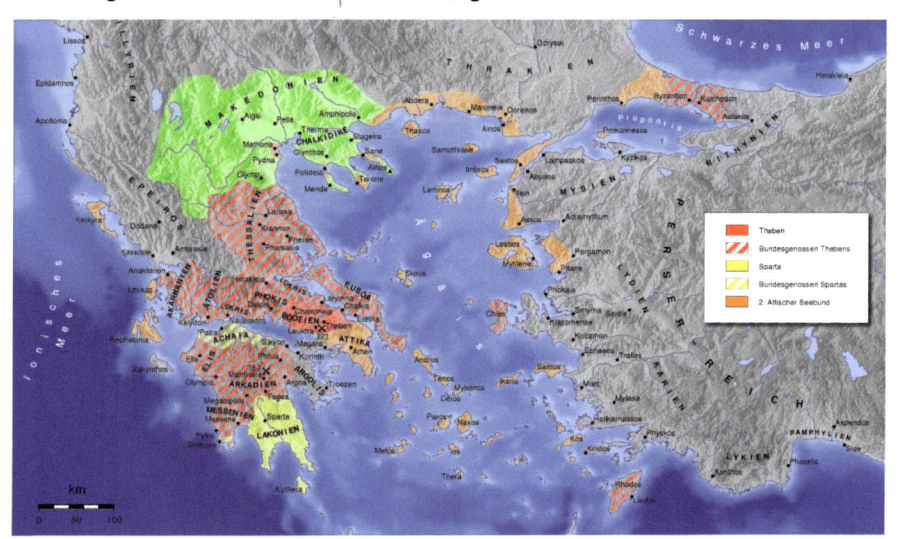

Kapitel 10: Die antike Produktionsweise: griechische Polis und Römisches Reich

Abbildung 10.2: Griechenland zur Zeit der Hegemonie Thebens

Quelle: https://de.wikipedia.org/wiki/362_v._Chr.

chischen Festland ergab sich nach der verlorenen Auseinandersetzung mit Theben und den Böotiern.

In der Folgezeit waren fortdauernde Auseinandersetzungen zwischen den verschiedenen Polis-Staaten zu verzeichnen (vgl. Abb. 10.2). Vor dem Hintergrund der Schwächung Spartas bauten die Athener eine neue Flotte auf und dominierten den zweiten Attischen Seebund, der allerdings aus Rücksichtnahme gegenüber Persien ohne die verhältnismäßig reichen kleinasiatischen Poleis auskommen musste; außerdem hatten seine Mitglieder große Autonomie. Zur Finanzierung der Flotte hatte Athen erstmalig eine Vermögensteuer (1%) auf Basis eines Katasters erhoben. Die athenischen Bürger und ortsansässigen Fremden ohne politische Rechte (Metöken) waren dazu in hundert Steuergruppen eingeteilt worden. Die Klassstruktur des Demos wies nach wie vor die bäuerlichen Kleineigentümer als zahlenmäßig größte Gruppe auf, die in Konkurrenz zu den Großgrundbesitzern standen. Die Bedeutung der Sklavenarbeit nahm zu, namentlich in den Silberbergwerken von Laurion mit schlimmen Arbeitsbedingungen, die zu hohen Sterblichkeitsraten führte. Überhaupt wurden Sklavenhandel und Sklavenvermietung wichtige Geschäfte; die zunehmende Konkurrenz billiger Sklavenarbeit war für die Kleineigentümer desaströs, weil sie ihren Militärverpflichtungen nicht mehr nachkommen konnten und sich vielfach als Söldner verdingen mussten. Da sich Athen zur Sicherung des Absatzes seiner Produktion gegen die eigenen Bundesgenossen im Seebund richtete, zerfiel dieser im Krieg der Bundesmitglieder untereinander und die Wirtschaft Athens erlebte einen weiteren Niedergang.

Seit dem Jahr 355 mischte sich Makedonien immer stärker in die griechischen Angelegenheiten ein. Es wurde Mitglied der delphischen Amphiktyonie, einem kultischen Verbund von benachbarten Stämmen und Staaten/Stadtstaaten mit einem gemeinsamen Heiligtum und war damit als griechischer Staat anerkannt. In Makedonien dominierten zwar auch die adligen Grundeigentümer über die freien bäuerlichen Produzenten, doch herrschten insgesamt wenig differenzierte und entwickelte Ausbeutungsverhältnisse; Sklaverei existierte nur als patriarchalische Haussklaverei. Bis zum 4. Jahrhundert v.u.Z. gab es außerdem keine feste staatliche Organisation, sondern die regionalen Fürstenhäuser erkannten den von der Heeresversammlung der wehrfähigen Bauern gewählten König nur als obersten Heerführer im Krieg an. Erst unter Philipp II. (382–336) war es mit Unterstützung Spartas zur Einigung Makedoniens zu einem zentral regierten, einheitlichen Staat gekommen, der in Mittelgriechenland eine bedeutende Machtposition gewann. Mit dem Sieg der Makedonen über die Polisheere der Athener und Böotier, die gegen Makedonien aufbegehrt hatten, unterwarf sich Makedonien das griechische Festland mit Ausnahme der Peloponnes.

Der Feldzug der Makedoner und Griechen gegen Persien, der 334 v.u.Z. unter Philipps Sohn Alexander begann, war nicht – nur – ein Rachefeldzug wegen der den Griechen von den Persern 150 Jahre vorher zugefügten Schäden, wie die herrschende Geschichtsschreibung vielfach meint, sondern zumindest gleichwertig direkt ökonomisch bedingt: Es ging um den Gewinn neuer Rohstoffquellen und die Beseitigung der von den persischen Satrapien am Schwarzen Meer ausgehenden ständigen Gefahren (Bedrohung/Schließung der Meerengen am Hellespont für griechische Schiffe) sowie um die Ausbeutung neueroberter Gebiete und den Binnenhandel. Die differenzierten Beweggründe der unterschiedlichen Bevölkerungsgruppen, die sich im gemeinsamen Interesse am Feldzug gegen Persien trafen, fanden in Alexander (»dem Großen«) einen Heerführer, der alle Voraussetzungen für eine erfolgreiche Leitung eines solchen Eroberungszuges in sich vereinigte: Herrschsucht, Egozentrismus, Feldherrnkunst, administrative Fähigkeiten, verbunden mit Vorstellungen von einer Ökumene, in der sich die ethnischen Unterschiede zwischen Griechen und Persern als eine Art Herrenvölker verwischen sollte.

Das persische Großreich (Archämidenreich), das in dieser Zeit den Orient vom Indus bis zur Ägäis umfasste, befand sich in der zweiten Hälfte des 4. Jahrhunderts v.u.Z. in einer Krise, da zentrifugale Kräfte durch die nach Selbstständigkeit strebenden Satrapien herrschten.[2] Diese auseinanderstrebenden Interessen machten Alexander und seinem makedonisch-griechischem Heer das Siegen relativ leicht, so dass sie innerhalb von zehn Jahren ein Gebiet unterwarfen, dessen Grenzen von Epirus bis zum Indus reichten. Nur dreimal stellen sich die Truppen des Perserkönigs Dareios III. den Angreifern: am Granikos in Kleinasien (334), bei Issos an der Syrischen Pforte (333) und bei Gaugamela östlich des Tigris (331). Überall wurden die Perser trotz zahlenmäßiger Überlegenheit leicht besiegt. Allerdings war

---

[2] Vgl. Kapitel 9, Unterabschnitt d) der vorliegenden Abhandlung.

Kapitel 10: Die antike Produktionsweise: griechische Polis und Römisches Reich

Abbildung 10.3: Griechenland zu Hellenistischer Zeit

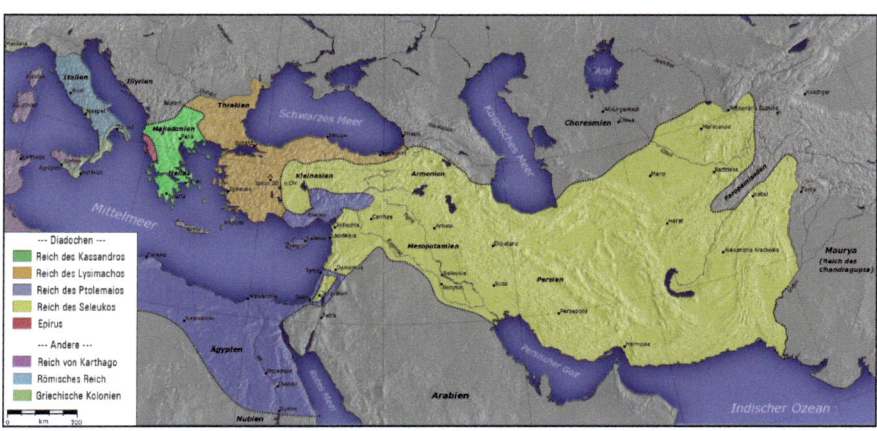

Quelle: https://de.wikipedia.org/wiki/Hellenismus

das eroberte Gebiet in sich wenig gefestigt und zerfiel nach dem Tod Alexanders im Jahr 323 v.u.Z. in selbstständige Staatsgebiete, deren Könige um die politische Vorherrschaft kämpften (Diadochenkämpfe).

Demzufolge erreichte Alexander sein Ziel, die eroberten Gebiete in einem Staat zusammenzufassen, nicht. Zu unterschiedlich waren die sozialökonomischen Bedingungen zwischen der griechisch-antiken Produktionsweise und Gesellschaft einerseits und der asiatischen Produktionsweise und altorientalischen Klassengesellschaft des Perserreichs, dessen Eigentumsverhältnisse an den Produktionsmitteln, insbesondere am Boden, sich nicht verändert hatten, andererseits. Es wurden zwar eine Reihe von Städten nach dem Muster griechischer Poleis gegründet, in denen Soldaten und griechische Handwerker und Händler angesiedelt wurden, vielfach handelte es sich bei diesen Städtegründungen aber nur um die Zusammenlegung bereits existierender Dörfer und Städtchen oder um die bloße Umbenennung bereits existierender Orte. Die persische Satrapeneinteilung wurde nicht angerührt. Der Versuch, auf einer gemeinsamen Basis antike und orientalische Elemente nebeneinander zu belassen oder gar miteinander zu vermischen und zu integrieren, konnte wegen ihrer Verschiedenheit und Gegensätzlichkeit nicht gelingen.

Wozu es nur kam, war, dass in einigen Nachfolgestaaten dieses Gesamtreiches antike Elemente auch außerhalb des griechisch-makedonischen Kernlandes wirksam wurden, so in Ägypten durch die Ptolemäer, in Makedonien, Thrakien und Nordgriechenland durch die Antigoniden und von Babylon bis zu den karischen Küsten der Ägäis sowie den Küsten des Golfs von Oman durch die Seleukiden. Letztere waren die eigentlichen Gewinner der als »Hellenismus in Asien« bezeichneten Nachfolgereiche (vgl. Abb. 10.3). Die Seleukiden konnten sich mit Syrien, Armenien und Palästina bis an das Mittelmeer ausbreiten; sie gerieten später mit dem Partherreich in Konflikt.[3]

Für das griechisch-ägäische Gebiet waren die Auswirkungen des persischen Feldzuges zwieschlächtig. Zwar fanden Handwerker und Händler in den neuen Poleis des Ostens neue Wirkungsmöglichkeiten, deren ökonomische Folgeerscheinungen zu einer verschärften Konkurrenz mit den griechischen Städten führten, weil deren Export beschränkt wurde. Die Ausprägung eines großen Teils des erbeuteten Goldschatzes der Archämeniden erbrachte in Griechenland eine Geldentwertung. Da jedoch die Löhne der Tagelöhner infolge eines erhöhten Arbeitskräfteangebots und der beschränkten Exporte teilweise unter die Unterhaltskosten der Sklaven fielen, die Lohnarbeit der Freien also teilweise billiger war als die Sklavenarbeit, kam es zu vielen Freilassungen von Sklaven, die sich manchmal auch selbst loskaufen konnten, wenn ihnen der Einbehalt eigener Mittel gestattet war. Diese freigelassenen Sklaven bildeten dann in den Städten eine mit den Metöken vergleichbare selbstständige Schicht. »*So ergab sich die widersprüchliche Situation, daß die Sklavenarbeit in Attika, dem klassischen Land einer entwickelten Sklaverei, bei steigendem Sklavenangebot im ganzen ägäischen Bereich infolge der Diadochenkämpfe zurückging, während die Zahl der Tagelöhner bei sinkender Nachfrage nach attischen Erzeugnissen stieg.*« (Ibid.: 338)

Ein Aufbegehren Athens gegen die Makedonen nach Alexanders Tod endete mit dem erneuten Verlust ihrer Flotte und weiterem Niedergang. Eine Freiheit im Sinne der klassischen Polis gab es sowohl für die kleinasiatischen als auch die Festland-Poleis und die Inseln in dieser »hellenistischen« Epoche, die vom Ende des 4. bis zum 1. Jahrhundert v.u.Z. reichte, nicht mehr. Athen z.B. wurde makedonische Provinzstadt. Aber auch in Makedonien bestanden innere fundamentale Widersprüche zwischen den seit dem 4. Jh. eingedrungenen Elementen der Poliswirtschaft – Geldverkehr, Sklaverei, Städte mit begrenzter Autonomie im Innern und bäuerliches Kleineigentum – und den überkommenen Verhältnissen sowie den Bestrebungen der Herrscher. Tatsächlich waren die Metallbergwerke und die besten Ländereien in der Hand des Königs, der sie mitsamt den darauf befindlichen Dörfern und Bauern an verdiente Höflinge und Heerführer als eine Art Pfründe vergab.

Im 3. und 2. Jahrhundert v.u.Z. setzte sich damit eine Entwicklung fort, die schon im 4. Jh. sichtbar geworden war: Die Gebiete Griechenlands ohne Polisordnung und auf einem niedrigeren sozialökonomischen Entwicklungsstand spielten wegen des Niedergangs der Poleis eine größere Rolle als diese. Es kam zu Gründungen verschiedener Bünde zwischen den Städten – des Ätolischen sowie des Achäischen Bundes –, in denen um die Vorherrschaft in Griechenland auch mit Makedonien und Sparta gekämpft wurde. So schwächten sich die Griechen und Makedonier gegenseitig. Einbezogen in die punischen Kriege der Römer mit Karthago wurde Makedonien schließlich zu einer tributpflichtigen Provinz unter einem römischen Prokonsul, dem schließlich auch ganz Griechenland unterstellt wurde. Griechenland

---

[3] Vgl. dazu Kapitel 11, Unterabschnitt a).

damit hörte auf, in Politik und Ökonomie eine Rolle zu spielen. Die attische antike Produktionsweise und polisdemokratische Gesellschaft waren als Intermezzo innerhalb der vorbürgerlichen Gesellschaftsformation zugunsten eines Rückfalls in überkommene Strukturen, die zudem unter römischer Fremdherrschaft standen, beendet.

c) Das Römische Reich: Sein Aufstieg, seine imperiale Ausdehnung und sein Niedergang

Der Niedergang des Königtums und die Ausbreitung des römischen Staates und der antiken Produktionsweise über Italien

Zu Beginn des 4. Jahrhundert v.u.Z. war Rom im Bündnis mit den Latinern und Hernikern die stärkste Macht in Mittelitalien. Die römische Wirtschaft war vorrangig auf Viehzucht und Ackerbau ausgerichtet, Raubzüge erbrachten hauptsächlich Vieh, das sich in den Händen der Patrizier konzentrierte. Die Okkupation des Gemeindelandes und seine Erweiterung stellten die Hauptquelle für die zunehmende Konzentration des Grundeigentums in dieser Zeit dar. Auf der anderen Seite geriet ein Teil der ländlichen Kleinproduzenten, denen die Nutzung des Gemeindelandes verwehrt war, in Not. Der Verlust von Hofstelle und Gartenland brachte viele Bauern in Schuldkrechtschaft, die nur durch Rückzahlung der Schulden aufzuheben war. Der Anteil der Besitzlosen und Minderbemittelten machte Mitte des 5. Jahrhunderts mehr als 50% der gesamten Bürgerschaft aus. Da Versuche zur politischen Beseitigung der Schuldknechtschaft scheiterten, wurde schließlich die Kolonisation ein Mittel, die inneren Schwierigkeiten abzubauen und römischen und latinischen Bürgern Bodenparzellen zu übereignen.

Die herrschende Klasse innerhalb der römischen Gesellschaft bildeten die Patrizier als grundbesitzende Viehzüchter. Sie waren aus dem Reiteradel der Königszeit hervorgegangen und hatten maßgeblichen Anteil an der Abschaffung des Königtums. Die Patrizierfamilien genossen freilich nicht alle gleiches Ansehen, sondern nahmen entsprechend ihres jeweiligen Reichtums einen unterschiedlichen Rang ein. Dem patrizischen Adel standen die Nichtadligen gegenüber, die noch stärker differenziert waren. Sie formierten sich als eine Art Opposition und traten vom Anfang des 5. Jahrhunderts an als Plebejer in die Geschichte ein. Die Hauptmasse der Plebejer setzte sich aus Bauern, Handwerkern und Händlern zusammen; unter ihnen gab es viele ökonomisch abhängige und politisch in einem Treueverhältnis zu ihrem Patron stehende Klienten von Patriziern. Die unbemittelten Plebejer waren nicht kriegsdienstpflichtig, nicht militärisch organisiert und hatten dadurch mindere Rechte. Die Sklaverei nahm in dieser Zeit zu, spielte aber noch nicht eine vergleichbare Rolle wie die Klienten und freien Kleinproduzenten.

Die politischen Institutionen der römischen Republik wurden nicht völlig neu geschaffen, sondern zumeist älteren Vorbildern entlehnt und entsprechend den jeweiligen neuen Bedingungen umgebildet. An die Stelle des Königs traten jetzt zwei Konsuln. Beide Amtsträger waren im Besitz der vollen Gewalt, jedoch an Jahresfristen und das Kollegialitätsprinzip, nach dem jeder die gleichen Machtbefugnisse und ggf. die Maßnahmen des Amtskollegen unterbinden konnte, gebunden. Neben den Konsuln wurde ein dritter Imperiumsträger, der Stadtprätor, geschaffen, dem die Rechtsprechung oblag. Zu den ältesten Amtsträgern der Republik gehörten die Quästoren, die die Staatskasse verwalteten und seit dem Jahr 447 v.u.Z. von der Volksversammlung gewählt wurden; seit 421 durften auch Plebejer dieses Amt bekleiden. Schließlich ist noch das Amt des Zensors zu erwähnen, der die Vermögenseinschätzung der römischen Bürger vorzunehmen hatte. Anfang des 5. Jahrhunderts hatten die Plebejer einen ersten großen politischen Erfolg gehabt als zunächst zwei Volkstribunen etabliert wurden, die jedem Plebejer Hilfe bringen und durch Einsprüche Amtshandlungen des Magistrats unwirksam machen konnten. Später wurde ihre Zahl auf zehn erhöht. Seit dem Ende des 3. Jahrhunderts durften sie in Senatssitzungen erscheinen und diese einberufen. Ihre Amtsgewalt war jedoch auf die Stadt beschränkt. Zur entscheidenden Institution im Staat wurde der Senat. Gegenüber den gewöhnlich alle Jahre wechselnden Amtsträgern verkörperte er politische Kontinuität. Seine Empfehlungen, die ursprünglich nur eine beratende Funktion besaßen, gewannen im Laufe der Zeit an Gewicht, und die Magistrate konnten ohne die Billigung durch den Senat kaum eigenmächtige Entscheidungen fällen. Alle Ämter waren unbesoldet, sodass Bürger minderen Reichtums von vornherein für ihre Übernahme ausgeschlossen waren.

Eine wichtige Neuerung dieser Zeit stellte die Zenturienordnung dar. Die römischen Bürger wurden ihrem Zensus, d.h. ihrem Besitz entsprechend, in sechs Klassen mit unterschiedlichen Stimmrechten in der Volksversammlung der Hundertschaften (Centurien) eingeteilt. An der Spitze standen die Ritter (equites), die zusammen mit der ersten Klasse 98 Zenturien stellten und damit bereits über die Mehrheit der insgesamt 193 Zenturien verfügten. Die letzte Klasse, Handwerker, Musiker und die Proletarier, die keinen im Zensus erfassten Besitz innehatten, kamen auf insgesamt nur 5 Zenturien. Die Festlegung dieses Gruppenwahlrechts sicherte den Patriziern und den reichen Plebejern die weitere Herrschaft.

Bedeutsam ist im Rahmen dieser Verfassung die Fixierung des geltenden Rechts in zwölf Tafeln (»Zwölftafelgesetz«). Nach Livius bildeten die XII-Tafeln die Quelle des gesamten öffentlichen und privaten Rechts (ius civile). Das Gesetzeswerk zielte auf die formale Gleichheit aller römischen Bürger vor dem Gesetz. »*Hierin lag die prägnanteste juristische Reflexion der Konstituierung des antiken Stadtstaates als eines Verbandes aller Bürger.*« (Sellnow et al. 1977: 322) Das vormalige Sippeneigentum war in den XII-Tafeln nur noch in Resten zu erkennen; vielmehr wurde das Privateigentum durch das Gesetz geschützt. Es war veräußerlich und konnte im Erbgang auch geteilt werden. Eine deutliche Heraushebung aus dem Geschlechterverband erfuhr der nächste väterliche Verwandte, der proximus agnatus. Im Falle des Fehlens eines Agnaten oder eines Testaments verfiel das Eigentum der Sippe. Die Verfügung über den Boden wurde nicht kraft eines persönlichen Rechts ausgeübt, sondern nur durch das römische Bürgerrecht vermittelt. Nur ein römischer Bürger hatte Eigentumsrechte, nur er besaß Land auf Grund des Bürgerrechts, wo-

Kapitel 10: Die antike Produktionsweise: griechische Polis und Römisches Reich

mit auch das Verhältnis von Eigentum als Voraussetzung von Arbeit und Ökonomie einen juristisch fixierten Ausdruck bekam.

Die römische Familie war noch stark von religiösen Anschauungen geprägt. Die göttliche Kraft wurde im Genius des Familienoberhauptes (pater familias) verehrt. Große Bedeutung hatte der Ahnenkult, der ebenfalls an die Person des pater familias gebunden war. Beschützer des Hauses sah man in den Penaten, d.h. den speziell in der Vorratskammer waltenden Göttern, während außerhalb des Hauses die Laren als Schutzgötter bzw. -geister bestimmter Orte für das Wohlergehen der Familie sorgten. Letztere wurden an den Grenzen der Grundstücke verehrt, vor allem an Kreuzwegen.

Rom war zunächst nur ein Stadtstaat und die stärkste Macht in Mittelitalien. Das Streben der Römer war nun darauf gerichtet, ihren Hegemonieanspruch zunächst in Latium vollends durchzusetzen. Dies richtete sich gegen die Position der Latiner, die mithilfe der Karthager und dem römisch-karthagischen Vertrag (348 v.u.Z.), in dem beide Staaten ihre Einflussgebiete voneinander abgrenzten, geschwächt werden sollte. Den Karthagern wurde zugestanden, unbotmäßige Latinerstädte zu überfallen und auszuplündern. Die zunehmenden Spannungen zwischen Römern und Latinern entluden sich schließlich im Latinerkrieg zwischen 340 und 338 v.u.Z. Rom ging aus diesem Krieg siegreich hervor und löste den bisherigen Bund mit den Latinern auf. Im Resultat gab es nun zwei Gruppen von Gemeinden: Städte, die das römische Bürgerrecht ganz oder teilweise besaßen (municipium) und Städte, die mit Rom verbündet waren, in ihren inneren Angelegenheiten autonom waren und das römische Bürgerrecht nicht besaßen, also nicht gleichberechtigt waren; ihre Bewohner waren Bundesgenossen der Römer (socii). Dem Latinerkrieg folgte der Samnitenkrieg, der 304 mit einem Sieg Roms entschieden wurde. Rom war nun Herr in Italien von der Poebene bis Kampanien. Den letzten großen Widerstand hatten die Römer in Tarent zu brechen. Nach anfänglichen Niederlagen gegenüber dem mit Tarent verbündeten König Pyrrhos von Epirus trug Rom in der Schlacht bei Beneventum im Jahr 275 v.u.Z. aber den Sieg davon. Tarent fiel 272 an die Römer, die mit verschiedenen Stämmen sowie griechischen Städten Bündnisse schlossen. Die italienischen Griechen wurden »See-Bundesgenossen« der Römer. Rom war damit zu einer Großmacht im Mittelmeerraum aufgestiegen.

Parallel dazu ging die römische Kolonisation vonstatten, in deren Verlauf sich das römische Reich über ganz Italien verbreitete. Dabei wurden römische Bürger vorwiegend in Seestädten angesiedelt, während latinische Kolonien das Binnenland besiedelten. Von den eroberten Ländereien wurde der bei weitem größte Teil als ager publicus genutzt. Durch die Inbesitznahme der Kolonien konnte das große Grundeigentum durch Beanspruchung des Gemeindelandes stärker zunehmen als das Kleineigentum. Handel und Handwerk hielten dagegen mit dieser Entwicklung nicht Schritt, auch die Geldwirtschaft war noch wenig ausgeprägt. Auf dem Meer hatten die Römer noch keine Machtposition; weil sie über keine große Flotte verfügten, waren sie auf Hilfeleistungen der Griechenstädte angewiesen. Trotz des im Allgemeinen niedrigen Entwicklungsstandes der Produktivkräfte wurden in dieser

Zeit beachtliche Bauten errichtet, so die Via Appia zwischen Rom und Capua und der Bau der ersten großen Wasserleitung.

Im Innern dauerten die Auseinandersetzungen zwischen Patriziern und Plebejern weiter an. Die wohlhabenden Plebejer erzwangen nach und nach den Zugang zu den höchsten Ämtern, insbesondere zum Konsulat. Sie waren jedoch keine Mitglieder des Patriziats und hießen im Senat nicht patres, sondern »die Aufgeschriebenen« (conscipti), weil sie sich in den Senat über die Funktion des Militärtribunen einschreiben lassen konnten. Erst im Jahr 287 v.u.Z. erfolgte über die gesetzliche Regelung der Plebiszite ihre staatsrechtliche Gleichstellung mit den Patriziern. Die Oberschichten der Plebejer verschmolzen mit den Patriziern zu dem einheitlichen Stand der Nobilität. Er war nahezu identisch mit der herrschenden Klasse der Großgrundeigentümer. Auch die unteren Schichten der Plebejer errangen wichtige Erfolge. Im Jahr 326 verfügte ein Gesetz, dass kein römischer Bürger mehr als Person für Schulden haftete, sondern nur mit seinem Eigentum; dies bedeutete die Abschaffung der Schuldknechtschaft. Auch die Auspeitschung oder Hinrichtung eines römischen Bürgers ohne vorherige Anhörung durch die Volksversammlung wurde durch ein Gesetz aus dem Jahr 300 v.u.Z. verboten. Wichtig für die politische Stellung der Plebejer war zudem, dass bei der Zensuseinteilung der Geldbesitz mit dem Eigentum am Grund und Boden gleichgestellt wurde.

Die weitere römische Expansion im Mittelmeerraum und die höchste Blüte der römischen antiken Produktionsweise und Gesellschaft

Seit etwa 500 v.u.Z. hatte die phönizische Gründung Karthago den Handel im westlichen Mittelmeer beherrscht und ursprünglich in gutnachbarschaftlichen Beziehungen zu Rom gelebt. Karthago war eine oligarchische Handelsaristokratie, die in der Mitte des 5. Jahrhunderts die libyschen Stämme unterworfen und dadurch großes Grundeigentum gebildet hatte. Während die Grundeigentümer ihre Macht in Afrika festigen wollten, strebte die Handelsaristokratie nach einer überseeischen Expansion. Dabei waren das an Getreide reiche Sizilien und der einträgliche Handel seiner Griechenstädte begehrenswerte Objekte, auf die auch die Römer orientiert waren; das bedeutete Krieg. Der Erste Punische Krieg brach 264 v.u.Z. aus, den die Römer in großen Seeschlachten bei Mylä (260) mit einer neuen Entertaktik trotz nautisch unterlegener Schiffe gewannen. Der Friedensschluss von 241 v.u.Z. zwang die Karthager, auf das kornreiche Westsizilien (Ausnahme: Königreich von Syrakus) zu verzichten, die Inseln Sardinien und Korsika an Rom abzutreten und Kriegsentschädigungen zu zahlen. Karthago bemühte sich um einen Ersatz der verlorenen Gebiete im an Getreide-, Wein- und Olivenanbau reichen Südspanien und gründete Neukarthago (heutiges Cartagena).

Die Grenze der Einflussgebiete zwischen Rom und Karthago wurde in Spanien durch den Fluss Ebro markiert; die Stadt Sagunt im karthagischen Einflussgebiet war jedoch mit Rom durch einen Freundschaftsvertrag verbunden. Ihre Einnahme und die Überschreitung des Ebro durch die Heere Karthagos unter Führung Hannibals lösten den Zweiten Punischen Krieg (218–201) aus. Mit seinem überraschen-

Kapitel 10: Die antike Produktionsweise: griechische Polis und Römisches Reich

Abbildung 10.4: Römisches Reich 190 v.u.Z.

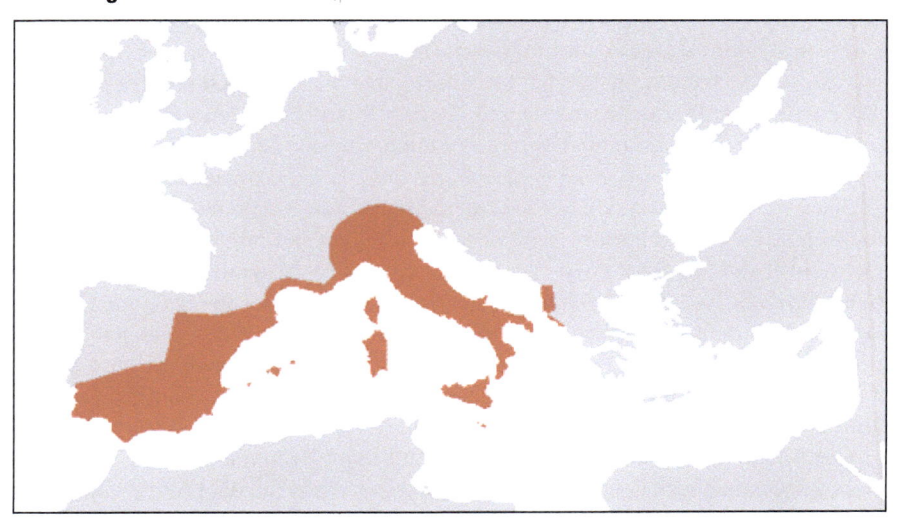

Quelle: www.roemer.nrw/das-roemische-reich

den Zug über die Pyrenäen, durch Südgallien und über die Alpen nach Norditalien durchkreuzte Hannibal die strategischen Pläne der Römer, die Karthago in Spanien und Nordafrika angreifen wollten. Hannibals Siegeszug durch Italien und seine erfolgreichen Schlachten an der Trebia (218), am Trasimenischen See (217) und in der großen Einkreisungsschlacht bei Cannae (215) wurde nicht durch die Einnahme Roms gekrönt, da Hannibal zunächst weitere Bündnisse schloss, u.a. mit Philipp V. von Makedonien, und an Rom vorbei sich nach Süditalien orientierte. Unterdessen sammelten die Römer neue Kräfte, eroberten Syrakus und Sizilien vollständig und konnten auch Neukarthago erobern und den Krieg nach Afrika tragen. Hannibal war gezwungen, aus Italien zur Unterstützung herbeizueilen und erlitt 202 bei Zama eine entscheidende Niederlage. Karthago musste wiederum schwere Friedensbedingungen auf sich nehmen. Im Ergebnis des Zweiten Punischen Krieges fiel Spanien an Rom und wurde Provinz (Hispania) (vgl. Abb. 10.4).

Als Karthago wirtschaftlich erneut erstarkte, nutzten die Römer die Gelegenheit und zerstörten die Stadt nach dreijähriger Belagerung vollständig und verkauften einen Teil der Bewohner in die Sklaverei. Dieser Dritte Punische Krieg (149-146) war ein reiner Vernichtungsfeldzug. In seinem Ergebnis okkupierten die Römer Nordafrika und bildeten daraus eine Provinz. Auch Ägypten wurde untergeordnet und seine Herrscher sanken zu bloßen Klientelfürsten herab.

Mit den östlichen Reichen kam Rom erstmalig im Jahr 229 v.u.Z. in Berührung, als es sich zum Schutze der italischen Kaufleute genötigt sah, der Seeräuberei der Illyrer Einhalt zu gebieten. Als die Makedonier sich anschickten, ihr Reich auf Kosten der Ptolemäer in Syrien und anderen kleinen Staaten zu erweitern, erklärten ihnen die Römer den Krieg. Makedonien wurde geschlagen, das makedonische Königtum abgeschafft und Makedonien im Jahr 148 v.u.Z. zur Provinz erklärt. Zwei Jahre später zerstörten die Römer die reiche Handelsstadt Korinth und unterstellten ganz Griechenland dem Statthalter von Makedonien. Das pergamenische Gebiet, das der kinderlose König von Pergamon den Römern überlassen hatte, wurde zur Provinz Asien.

Die römischen Provinzen wurden einerseits als Beutegut betrachtet, andererseits fühlte sich Rom besonders im Orient als Nachfolger der eingegliederten Monarchien. Jede Provinz hatte feste Abgaben in Geld oder Naturalien an Rom zu entrichten und die Kosten des Staathalters und seines Gefolges zu bezahlen. Der Statthalter herrschte in seiner Provinz wie ein Monarch unumschränkt, er verblieb in der Regel nur für ein Jahr im Amt, wodurch sein Antrieb zur persönlichen Bereicherung mit lukrativen Wuchergeschäften stimuliert wurde. Die Städte in den Provinzen gliederten sich nach privilegierten »freien« Städten und Untertanenstädte.

Die nahezu in ununterbrochener Folge geführten Expansionskriege zogen bedeutende ökonomische und soziale Veränderungen nach sich. Der Anteil römischen Eigentums an italischem Land stieg von einem Siebtel auf ein Viertel um die Mitte des 2. Jahrhunderts u.Z. Zahlreiche römische und latinische Kolonien entstanden in Italien, bestehende wurden durch weitere Siedler verstärkt und es ist anzunehmen, dass in den ersten drei Jahrzehnten des 2. Jh. bis zu 40.000 Menschen Landparzellen erhalten und eine Fläche von bis zu 250.000 ha besiedelt haben. Gleichwohl ging die Anzahl wehrfähiger Bürger durch kriegsbedingtes langjähriges Fernbleiben der männlichen Arbeitskräfte, die unmittelbaren Kriegsverluste, Missernten und Viehseuchen sowie durch Verschuldung zurück. Die eigentumslos gewordenen Bauern verblieben auf dem Lande und mussten sich ihren Unterhalt als Pächter (Kolonen), Handwerker sowie Hilfs- und Saisonarbeiter verdienen. Viele suchten sich auch einen wohlhabenden Patron und dienten ihm als Klienten. Gleichzeitig nahm die Konzentration des Grundeigentums in den Händen wohlhabender Römer und Italiker zu. Die Fläche des ager publicus hatte sich durch Konfiskationen von großen Teilen der Ländereien von zerstörten Städten seitens des römischen Staates bedeutend erweitert; sie wurde vor allem an Viehzüchter verpachtet. Von der Nutzung des Staatslandes wurden Steuern erhoben, die ein Zehntel des Getreides, ein Fünftel der Früchte und eine bestimmte Menge Vieh umfassten. Durch Verkäufe, Erbschaften und Verpachtung ergab sich bald eine unübersichtliche Lage, und der ursprüngliche ager publicus konnte kaum mehr festgestellt werden. Einen bedeutenden Aufschwung erfuhren die Güter mittlerer Größenordnung (sog. Villen) mit einer Wirtschaftsfläche von 20 bis 125 ha, die den Beginn einer intensivierten und spezialisierten Landwirtschaft markierten.

Mit dem Anwachsen des großen und mittleren Grundeigentums war die Ausbreitung der Sklaverei verbunden. Berechnungen haben ergeben, dass zwischen 200 und 150 v.u.Z. rd. 250.000 Menschen versklavt wurden, vornehmlich Kriegsgefangene. Damit war die Basis für zahlreiche Sklavenaufstände gegeben. Der größte

Kapitel 10: Die antike Produktionsweise: griechische Polis und Römisches Reich

war der Aufstand des Spartacus (73–71 v.u.Z.) mit einer Teilnehmerzahl zwischen 60 und 100 Tsd. Personen. Spartacus zog zunächst nach Süditalien und errang mehrere Siege über römische Truppen. Jedoch verzichtete er, der römische Kleinbauern durch mäßige Requisitionen schonte und den Besitz von Gold und Silber verbot, Rom anzugreifen. Spartacus unterlag schließlich den Legionen des Licinius Crassus und des Cn. Pompeius nach heldenhaftem Kampf.

Die Polisstruktur blieb trotz der großen Ausdehnung des römischen Herrschaftsbereichs im Wesentlichen unverändert. Nach wie vor war die unmittelbare Anwesenheit der Bürger in den Volksversammlungen erforderlich, wenn sie ihre Rechte wahrnehmen wollten, sodass ärmere Bürger entfernter Orte faktisch weitgehend ausgeschlossen waren. Hier zeigte sich die Enge des Polisrahmens, die später die Verselbstständigung der staatlichen Institutionen zum Prinzipat begünstigte. Bereits vorher festigte sich die Stellung der Nobilität, deren Vertreter im Zweiten Punischen Krieg weit über die ursprüngliche Jahresfrist im Oberkommando verblieben. Hinzu kam eine Beschränkung für die Bekleidung öffentlicher Ämter durch gestaffelte Mindestalter. Außerdem war die Nobilität bemüht, die Anzahl öffentlicher Ämter möglichst niedrig zu halten, um allein darüber verfügen zu können. Die Vorrangstellung des Populus Romanus gegenüber den Bundesgenossen und Provinzialen, insbesondere den Latinern, blieb erhalten und trat durch mehrere Restriktionen hinsichtlich der Bedingungen zur Ausübung von Ämtern deutlich hervor.

Diese Zuspitzung sozialer Gegensätze bildete den Hintergrund für Reformen des Gajus Sempronius Gracchus, der in den Jahren 123 und 122 v.u.Z. Versuche unternahm, durch neue Gesetze Landanweisungen für die Bauern und vergünstige Getreidelieferungen an den städtischen Plebs zu erhöhen. Diese demokratischen Versuche scheiterten. Nach 119 v.u.Z. wurden weitere Landanweisungen an Bauern verboten und der bestehende Besitz am ager publicus bestätigt. Schließlich wurde sogar jeglicher Besitz an Staatsland für Privateigentum erklärt – der bisherige Höhepunkt für die beständigen Konflikte zwischen den dualen Eigentumsformen, die die antike Produktionsweise charakterisieren. Die Reformen der Gracchen-Brüder hatten die Agrarfrage nicht lösen und auch das römische Heeres-Rekrutierungssystem, welches die Kosten für die Ausrüstung der Soldaten vom Sold abzog, nicht verbessern können; die Kampfmoral des Heeres sank (weiter).

Insofern waren die schweren Niederlagen der Römer gegen die vom Norden her einfallenden germanischen Stämme der Teutonen (113) und Kimbern (109-105) nicht verwunderlich. Nach 107 wurde C. Marius, Sohn eines römischen Ritters, zum Konsul gewählt; er führte eine einschneidende Reform des römischen Heerwesens durch. Marius ließ vermögenslose Bürger (Proletarii) einziehen, stellte ihnen Ausrüstung und festen Sold durch den Staat zur Verfügung und ließ ihnen nach Beendigung ihrer Dienstzeit als Veteranen Landparzellen zuweisen. Diese Ablösung des Bauernheeres durch ein Söldnerheer beeinflusste fortan die kriegerischen Auseinandersetzungen nachhaltig. Außerdem wurde die Kohortentaktik mit der Gliederung einer Legion in 10 Kohorten und weiter in Manipeln und Zenturien eingeführt bzw. vollendet. Damit wurden die taktische Beweglichkeit der Truppe erhöht und gleichzeitig größere Gefechtseinheiten geschaffen. Der Krieg gegen die Jugurtha konnte 105 erfolgreich abgeschlossen werden, und in den Jahren 102 und 101 v.u.Z. gelangen Siege über die Teutonen und Kimbern bei Aquae Sextiae bzw. Vercellae; sie bannten die Germanengefahr. Auch gelang es, die in dieser Zeit ausbrechenden Sklavenaufstände auf Sizilien (104-101) niederzukämpfen.

Seit Einführung des Berufsheeres wandelte sich die Agrarfrage immer mehr zu einem Problem der Veteranenversorgung. In der Poebene, auf Korsika und in Nordafrika erhielten 10.000 ehemalige Soldaten Parzellen; später wurden sogar 120.000 Veteranen auf konfiszierten Ländereien in Italien angesiedelt. Ebenso stattete man die Veteranen des Pompeius und von Cäsar mit Land aus. Letzterer ließ in seinem Konsulatsjahr (59) den ager publicus in Kampanien an 20.000 Bürger mit drei oder mehr Kindern verteilen. Außerdem wurde die Kolonisationstätigkeit in Spanien, Südgallien und Asien intensiviert. In der Landwirtschaft wurde neben Viehzucht der Anbau von Getreide sowie Wein und Oliven erweitert; eine große Rolle spielte auch der Gartenbau. Der Luxuskonsum der Oberschichten wurde durch Geflügel, Meerestiere und Wild befriedigt und die Zucht von Tieren, u.a. in aufwendig angelegten Fischteichen, fortentwickelt. Darüber hinaus lieferte die Landwirtschaft die Rohstoffe für gewerbliche Bereiche wie Weberei und Keramik. Ein wichtiger Produktionszweig blieb die Gewinnung von Eisenerzen und die Verarbeitung von Eisen durch Schmiede. Arbeitskräfte der mittelgroßen Werkstätten waren hauptsächlich Sklaven. Um 30 v.u.Z. ging der Historiker Dionysios von Halikarnassos in Italien von einer Bevölkerung von 14 Millionen Menschen aus, worunter sich etwa 4 Millionen Sklaven befunden haben sollen. Neben den in der Produktion Beschäftigten arbeiteten sie auch als Hausdiener, Schreiber, Lehrer und in staatlichen Stellen. Sklaven wurden zudem als Verwalter auf Ländereien und Aufseher in Produktionsbetrieben eingesetzt; einige konnten etwas Vieh halten und sich freikaufen. Das volle Eigentumsrecht geschweige denn den Bürgerstatus erhielten sie nie.

Der Geldverkehr erreichte im 1. Jh. v.u.Z. einen Höhepunkt; Geldwechsler, -verwalter, -verleiher und Auktionäre bereicherten sich am Zinswucher. Teilweise waren die Zinssätze allerdings durch Gesetz gedeckelt; sie betrugen in der Regel 6% und maximal 12%. Das Wucherkapital spielte in dieser Zeit eine sehr negative Rolle und die akkumulierten Reichtümer dienten nur der Schatzbildung, d.h. sie wurden nicht produktiv für die erweiterte Reproduktion verwendet. Viele Personen unterschiedlicher sozialer Stellung wurden in Schulden gestürzt. In den 60er Jahren v.u.Z. kam es zu schweren Zusammenstößen zwischen Gläubigern und Schuldnern, in deren Ergebnis drei Viertel der Schulden erlassen werden mussten.

Nach der Niederschlagung des Spartacus-Aufstandes verstärkte sich die Tendenz, den Einsatz von Sklaven auf großen Latifundien zu unterbinden und stattdessen Teile der großen und mittleren Güter an Kolonen zu verpachten. Kolonen waren zu dieser Zeit freie Klein- und Großpächter, die ihre Pacht in Geld oder Naturalien zahlten und nur durch den Pachtvertrag mit dem Grundeigentümer verbunden waren. Dies beförderte das Interesse des Pächters am Arbeitsergebnis. Das Kolonat, dessen unmittelbare Vorgänger in der frührömischen Klientel sowie in ita-

Kapitel 10: Die antike Produktionsweise: griechische Polis und Römisches Reich

lischen, hellenistischen und nordafrikanischen Eigentumsverhältnissen zu suchen sind, breitete sich seit dieser Zeit über Italien aus.

Innerhalb der freien Bevölkerung Roms entstanden nach den gracchischen Reformen zwei große Gruppierungen, die Optimaten und die Popularen, die in der Folgezeit die politischen Auseinandersetzungen prägen sollten. Die Optimaten bildeten den Teil der Nobilität, der seine vorhandenen Privilegien starr verteidigte und mit der Auspiziendeutung zu rechtfertigen versuchte; Cicero war einer ihrer Protagonisten. Die Popularen waren Politiker aus den oberen Schichten, die sich zur Durchsetzung ihrer Interessen der unteren Schichten bedienten, indem sie deren Forderungen teilweise Rechnung trugen. Sie stützten sich auf die Ritterschaft, die ländlichen Kleinbauern, Saisonarbeiter, Pächter. Handwerker und die städtischen Plebs (Händler, Lohnarbeiter, Tagelöhner). Die verschiedenen Gruppen des Plebs erhoben wie bisher die Forderung nach Landvergabe, Schuldentilgung und verbilligten Getreidezuweisungen; ihre politischen Bestrebungen zielten auf die Stärkung der Volksversammlung. Die wirtschaftlichen Abhängigkeitsverhältnisse schwächten jedoch die Plebs erheblich, sie waren darüber hinaus nur auf unmittelbar kurzfristige Forderungen fokussiert.

Eines der brennendsten politischen Probleme, das zudem an die Grundprinzipien der antiken Produktionsweise und Gesellschaft gebunden war, war die Frage der Gewährung des römischen Bürgerrechts an die Bundesgenossen und Latiner. Im Jahr 91 v.u.Z. trat der Volkstribun M. Livius Drusus mit Gesetzesanträgen hervor, die vorsahen, den Senat durch Aufnahme von 300 Rittern auf 600 Mitglieder zu erweitern und den Bundesgenossen das römische Bürgerrecht zu verleihen. Beide Gesetzesanliegen wurden abgelehnt, Livius Drusus wurde ermordet. Dieser Gewaltakt löste den sog. Bundesgenossenkrieg (91–89) aus. Acht italische Völkerschaften schlossen sich gegen Rom zusammen und gründeten einen eigenen Bundesstaat mit der Hauptstadt Corfinium, die sie Italia nannten. Dies setzte die Römer unter Druck und führte schließlich zu dem Ergebnis, dass allen Bundesgenossen und Latinern, die treu geblieben oder die Waffen niedergelegt hatten, das römische Bürgerrecht gewährt wurde. Allerdings waren sie anfangs in ihrer politischen Wirksamkeit noch eingeschränkt, was aber später zugunsten eines einheitlichen römischen Bürgerstatus aufgehoben wurde. Seit dieser Zeit blühten die italischen Städte auf; es war ein Schritt zur Überwindung der stadtstaatlichen Enge auf der Grundlage der antiken Produktionsweise.

Hatte man mit der Verleihung des Bürgerrechts an zahlreiche Latiner und Bundesgenossen einerseits einen schwelenden politischen Widerspruch gelöst, so verschärften sich andererseits die Auseinandersetzungen zwischen Optimaten und Popularen. Sie kamen offen bei den Auseinandersetzungen um den Oberbefehl für einen Kriegszug zum Ausdruck, der ursprünglich L. Cornelius Sulla zugesprochen worden war. Als ihm der Oberbefehl entzogen wurde, zog er mit seinem Heer nach Rom, vertrieb die Anhänger des Marius, die seine Absetzung betrieben hatten und setzte Gesetze durch, die die Gewalt der Volkstribunen begrenzten und die des Senats erweiterten. Im Frühjahr des Jahres 83 v.u.Z. gelang es ihm, den Popularen jeglichen Einfluss in Italien, Sizilien und Africa zu entziehen. Ein Gesetz übertrug ihm die Diktatur zur Neuordnung des Staates. Alle in der Vergangenheit erkämpften und durchgesetzten Rechte auf Machtteilhabe seitens der mittleren und unteren Schichten der römischen Klassengesellschaft wurden durch Sulla wieder zunichte gemacht. Durch die Ansiedlung von etwa 120.000 Veteranen in Italien stärkte er den mittleren und kleinen Grundbesitz und schuf sich eine militärische Reserve.

In den 70er Jahren, besonders während des Spartacus-Aufstandes, wuchs die Opposition gegen die sullanische Verfassung. Die beiden Konsuln des Jahres 70 v.u.Z., Cn. Pompeius und M. Licinius Crassus, setzten schließlich deren reaktionärsten Teile außer Kraft und die Volkstribunen erhielten die volle Amtsgewalt zurück; auch andere von Sulla durchgesetzte Veränderungen wurden wieder rückgängig gemacht. Im Jahr 60 v.u.Z. kam es zwischen Pompeius, Crassus und dem Popularpolitiker C. Iulius Cäsar (100–44) zu einer Übereinkunft (1. Triumvirat), um das weitere militärische und politische Vorgehen zu koordinieren. Sie teilten sich Einflussgebiete des römischen Reiches untereinander auf. Cäsar erhielt für fünf Jahre die Provinzen Gallia Cisalpina, Illyricum sowie das jenseitige Gallien und eine Verlängerung seiner Amtszeit als Konsul. Durch das Triumvirat büßte der Senat seine führende Macht ein.

In der Folgezeit jedoch brach das Triumvirat auseinander. Crassus starb im Jahr 53 im Kampf gegen die Parther, Pompeius näherte sich wieder dem Senat zu und Cäsar, der das bis dato noch freie Gallien mit seinen Legionen besiegt hatte, setzte sich gegen Pompeius in der Schlacht bei Pharsalos in Thessalien durch; Pompeius wurde als Flüchtling in Ägypten ermordet. Es gelang Cäsar, den Widerstand in verschiedenen Teilen des Imperiums zu brechen und im Jahr 45 v.u.Z. kehrte er nach Rom zurück. Entgegen seiner in der Zeit seines Aufstiegs betriebenen volkstümlichen Politik entsprach sein weiteres Vorgehen nicht den Erwartungen der Plebs. Schuldentilgungen blieben aus, die Anzahl der Getreideempfänger wurde reduziert. Andererseits verfuhr er mit seinen Gegnern schonend und seine Politik war darauf gerichtet, einen Ausgleich unter den verschiedenen Ständen herbeizuführen. Im Jahre 45/44 ließ sich Cäsar die Würde eines Diktators auf Lebenszeit verleihen. Mit dieser Machtstellung fanden sich die Republikaner als konservativste Gruppe der Optimaten jedoch nicht ab. Sie organisierten eine Verschwörung, der Cäsar im Jahr 44 an den Iden des März, d.h. dem 15. dieses Monats, zum Opfer fiel.

Zur Wiedererrichtung der Republik kam es nach seinem Tod jedoch nicht, denn bereits im Jahr 43 v.u.Z. schlossen sich die Führer der Cäsarianer, M. Antonius, M. Aemilius Lepidus und C. Octavianus, der Großneffe und Adoptivsohn Cäsars, zum 2. Triumvirat zusammen. Ihre Neuordnung des Staates beinhaltete Proskriptionen, denen 300 Senatoren und 2.000 Ritter, unter ihnen auch M. Tullius Cicero, zum Opfer fielen. Einsetzende Differenzen innerhalb des 2. Triumvirats konnten zunächst noch zugunsten einer regionalen Kompetenzverteilung beigelegt werden, nach der Octavian den Westen, Antonius den Osten und Lepidus die afrikanischen Provinzen zugesprochen erhielten. Antonius bewegte sich im Ostteil des Imperiums wie ein mit unumschränkten Vollmachten ausgestatteter Monarch und suchte seine

Kapitel 10: Die antike Produktionsweise: griechische Polis und Römisches Reich

Abbildung 10.5: Römisches Reich um die Zeitenwende

Quelle: www.roemer.nrw/das-roemische-reich

Stellung durch seine Verbindung mit der ägyptischen Königin Kleopatra zu festigen. Im Jahr 32 v.u.Z. kam es zum Bruch zwischen Octavian und Antonius; in der Entscheidungsschlacht bei Actium behielt Octavian die Oberhand; Antonius und Kleopatra begingen Selbstmord. Ägypten wurde von Octavian erobert und einem Präfekten unterstellt. Der ägyptische Staatsschatz und die anderen Reichtümer des Königshauses setzten Octavian in die Lage, seine Soldaten reichlich zu belohnen. Als er im Jahr 29 v.u.Z. in Rom einzog, gab es keine Kraft mehr, die seine Alleinherrschaft ernstlich hätte gefährden können (vgl. Abb. 10.5).

Die innere Ruhe und Ordnung wieder herzustellen und den militärischen Schutz nach außen zu gewährleisten waren die Aufgaben, die Octavian in Angriff nehmen musste. Er tat dies, indem er das Heer durch Geschenke, das Volk durch Brot, alle insgesamt durch die Annehmlichkeiten des friedlichen Lebens (Tacitus) gewann. Octavian erhielt ein prokonsularisches Imperium auf zehn Jahre sowie den direkten militärischen Oberbefehl in mehreren Provinzen; im Jahr 27 v.u.Z. verlieh ihm der Senat den Ehrentitel Augustus (»der Erhabene«). Er kontrollierte die gesamte Innenpolitik und übernahm auch das Amt des obersten Priesters (Pontifex maximus). Der Senat büßte seinen entscheidenden Einfluss ein und gab nur noch »Empfehlungen«. Gegen die Sklaven ging er mit äußerster Strenge vor. In der Außenpolitik wurde Spanien vollständig »befriedet« und die mit grausamen Methoden betriebene Unterwerfung der Alpenvölker sicherte die Verbindung nach Gallien.

Abbildung 10.6: Römisches Reich zur Zeit von Augustus

Quelle: https://de.wikipedia.org/wiki/Römisches_Reich#/media/Datei:Roman_provinces_trajan.svg

Mit den Parthern erzielte Augustus eine Übereinkunft, als Grenze wurde der Euphrat vereinbart und für Armenien ein römisches Protektorat festgelegt. Die Aggression der Römer richtete sich insbesondere gegen Germanien, in das mehrere Feldzüge unternommen wurden (vgl. Abb. 10.6). Die Herrschaft über Germanien ging jedoch nach der Niederlage der Legionen des P. Quinctilius Varus im Jahre 9 u.Z. gegen den Cheruskerfürsten Arminius in der Schlacht im Teutoburger Wald wieder verloren.

Die durch Augustus schrittweise eingeführte monarchistische Staatsform des Prinzipats war im Kern eine Militärdiktatur im Interesse der stadtrömischen und munizipalen Eigentümer namentlich der mittelgroßen Güter, d.h. der Villae, als ihrer sozialen Basis. Dieser Wirtschaftstyp der Villen hatte sich auf die Erzeugung bestimmter Produkte spezialisiert, die als Waren auf den Märkten verkauft wurden und war zu dieser Zeit als progressive Wirtschaftsform anzusehen. Im 1. Jahrhundert u.Z. erreichte die italische Landwirtschaft den Höhepunkt ihrer Entwicklung. Ihre Techniken verbesserten sich durch Wassermühlen, Räderpflug und vervollkommnete Pressen für Wein und Öl. Nach Columella, der sein Werk über die Landwirtschaft zur Zeit Neros schrieb, war Italien ein blühender Garten, bebaut mit Wein- und Olivenpflanzen. Andererseits war das Land zunehmend auf die Einfuhr von Getreide, hauptsächlich aus Ägypten und Africa, angewiesen. Im Handwerk kam es zu einer immer weiteren Spezialisierung und in größeren Werkstätten nahm die innerbetriebliche Arbeitsteilung zu. Der Binnenhandel wurde mit Flussbooten, kleineren Küstenschiffen, Mauleseln und Wagen betrieben. Der Fernhandel erfuhr unter den Bedingungen der Pax Romana eine spürbare Belebung und reichte über den Seeweg über das Rote Meer und Indien bis nach China. Der höchste Stand der Produktivkräfte und der Zenit der römischen antiken Produktionsweise mit einer zunehmenden Dominanz des Privateigentums gingen mit einer sich bereits in einem deutlichen Niedergang befindlichen antiken demokratischen Staatsverfassung einher.

Diese Blütezeit der italischen Landwirtschaft hielt jedoch nicht lange an. Ihr zunehmender Niedergang war bedingt durch die Unrentabilität der Sklavenarbeit wegen Arbeitssabotage und zunehmende Aufsichtskosten, wachsende Konzentration des Bodeneigentums mit nachlassendem Interesse an intensiver Nutzung, beschleunigtem Übergang zur Verpachtung und merklicher Bodenerschöpfung. Dieser Entwicklung korrespondierte eine wachsende Konkurrenz der Provinzen mit ihren hohen Abgaben, die neben der zunehmenden Ausbeutung durch Rom auch das ökonomische Erstarken der Provinzen zum Ausdruck brachte. Trotz gegenwirkender Maßnahmen der römischen Kaiser wuchs die Neigung, Ländereien in Italien zu verkaufen und dafür Grundeigentum in den Provinzen zu erwerben. Die Ausdehnung des Pachtsystems durch Vergabe von Pachten auf dem als kaiserliches Eigentum konfiszierten Gütern gegen ein Drittel der Ernte verwandelte die ehemals freien Kolonen in abhängige Bauern eines Grundbezirks, deren Rechte und Pflichten in einem Gutsstatut niedergelegt wurden. Kaiserliche Güter gehörten zu keinen städtischen Territorien, sondern waren exterritorial und frei von munizipalen Verpflichtungen; so vergrößerte sich das einer Stadt nicht zugeordnete Grundeigentum. Die Einnahmen der Städte gingen zurück und Mitte des 2. Jahrhunderts u.Z. begann ihr Niedergang im Westen des Reiches.

Unter den freien römischen Bürgern nahm die soziale Differenzierung weiter zu. In dieser Zeit wurde bereits zwischen »Ehrwürdigen« (honestiores) und »Niederen« (humiliores) unterschieden. Zur ersten Gruppe gehörten die Senatoren, Ritter und munizipalen Magistrate; sie erhielten bestimmte Vorrechte, sodass die formale Gleichheit aller Bürger vor dem Gesetz aufgehoben wurde. Es erfolgte ein Ausbau des Beamtenapparates, die Kaiser Claudius, Trajan und Hadrian richteten Kanzleien mit festen Aufgaben ein und wandelten das bereits unter Augustus geschaffene kaiserliche Beratungsgremium in eine offizielle und ständige Institution um. Dem Volk in Rom war jeglicher politischer Einfluss schon von Tiberius (14–37 u.Z.) genommen worden. Die Regierung lenkte das Interesse der städtischen Bevölkerung auf Brot und Spiele; die Zahl der Festtage wurde erhöht. Die Kaiserherrschaft stützte sich zunehmend auf das Heer und trug unter einigen Herrschern, wie Nero, Domitian und Commodus, bereits Züge einer absoluten Monarchie. Die harte Ausbeutung der Provinzbewohner führte in einigen Gebieten des Imperiums häufig zu Aufständen, so in Africa (17–24), in Gallien (21), in Britannien (43/44) und in Palästina sowie in Kyrene, Ägypten, Syrien und Zypern. Diese Aufstände widerlegen die Fiktion eines »Römischen Friedens« (Pax Romana). Ihm ging stets ein Sieg der Waffen voraus.

Niedergang und Teilung des Römischen Reiches

Das 2. und 3. Jahrhundert u.Z. war durch Auseinandersetzungen zwischen der Munizipalaristokratie und den Landmagnaten gekennzeichnet. Das durch Kolonen bewirtschaftete kaiserliche und private Grundeigentum dehnte sich weiter aus; bereits Kaiser Pertinax hatte 193 verfügt, dass brachliegendes Land durch Private mit zehnjähriger Steuerfreiheit übernommen werden konnte. Die Kolonen wurden ihrer Rechte beraubt, zu erhöhten Arbeitsleistungen gezwungen und begaben sich vielfach mehr oder freiwillig unter den Schutz mächtiger Grundeigentümer (Patricinium); sie wurden zunehmend nur noch als bloßer Bestandteil eines Gutes betrachtet. Um dem Verfall der Städte entgegenzuwirken, wurde die staatliche Kontrolle verstärkt bei gleichzeitiger Erhöhung der finanziellen Verantwortlichkeit der Ratsmitglieder.

Die politischen Auseinandersetzungen mit der Provinzialaristokratie verschärften sich und es kam zu einer zunehmenden Zersplitterung durch deren Streben nach größerer wirtschaftlicher und politischer Selbstständigkeit; in den Provinzen riefen einzelne Heeresteile Gegenkaiser aus. In Gallien kam es zur Ausrufung eines Separatstaates, der von 258 bis 273 u.Z. seine Unabhängigkeit wahren konnte; Teile von Spanien und Britannien schlossen sich diesem gallischen Sonderreich an, ebenso Truppen der Rheinarmee. Unter den Anführern Amandus und Aelianus stellten sie sich den römischen Truppen zum Kampf und wurden erst 286 von Maximian besiegt. Auch im Osten brachen die Widersprüche hervor. Der Herrscher von Palmyra wehrte Angriffe der Parther und örtlicher Usurpatoren ab und Rom musste seine Herrschaft anerkennen. Erst unter Aurelian gelang es 272/273 u.Z., diese Gebiete wieder unter römische Kontrolle zu bringen. Auch in anderen Teilen des Reiches flackerten Aufstände durch entflohene Kolonen und Sklaven auf.

Diese sozialen Bewegungen im eigenen Reich sowie die ständigen Einfälle der »Barbaren« zwangen die separatistisch orientierte Provinzialaristokratie schließlich, bei der römischen Zentralregierung Schutz zu suchen, denn ihre eigene Macht erwies sich noch als zu wenig gefestigt. Im 3. Jahrhundert u.Z. setzte ein allgemeiner Ansturm auf die Grenzen des Imperiums ein. Er wurde im Osten durch die Nachfolger der Parther, die Sassaniden, getragen, im Westen durch die Germanen an der Rhein-Donau-Grenze sowie die Alemannen, Franken und die Goten und im Süden durch die Mauren in Afrika. Alle diese Einfälle schädigten die Wirtschaft des Imperiums und zerrütteten das soziale und politische Gefüge. In dieser Zeit verlor der römische Senat den letzten politischen Einfluss und seine Beschlüsse wurden durch die Entscheidungen des Rats des Prinzeps (consilium principis) ersetzt; damit war die Umwandlung des Prinzipats in eine absolute Monarchie vollzogen.

Mit Hilfe dieser absoluten Militärmonarchie sollte dem weiteren Verfall des Reiches Einhalt geboten werden. Die Konzentration politischer und militärischer Machtmittel führte zur Restaurierung überlebter Herrschaftsverhältnisse und war ein (weiterer) Schritt zur Rückverwandlung der antiken Produktionsweise und Gesellschaft zu den überkommenen Verhältnissen der asiatischen Produktionsweise und orientalischen Klassengesellschaft. Obwohl schon einige Herrscher der frühen Kaiserzeit eine unumschränkte Monarchie angestrebt hatten, machten erst Au-

Kapitel 10: Die antike Produktionsweise: griechische Polis und Römisches Reich 317

relian (270–275) und dessen Nachfolger, insbesondere Diokletian (284–305) und Konstantin (306–337), sie zum herrschenden Staatssystem. Charakteristisch dafür waren ein funktionierender zentral geleiteter Staatsapparat, eine arbeitsteilige Behördenhierarchie sowie zahlreiche staatliche Kontrollinstanzen. Durch die Festigung der monarchischen Gewalt und die Reorganisation des Staatsapparats gelang es den Kaisern und der herrschenden Klasse, die im Wesentlichen die großen Landeigentümer auf exterritorialem Grund und Boden umfasste, den Bestand des Imperium Romanum nach innen und außen zu erhalten. Im Westen wurde das vorübergehend verlorengegangene Gallien dem Reich wieder einverleibt, im Osten die Lage durch Eingliederung des Separatstaats Palmyra stabilisiert. Außerdem wurden die Aufständischen in Ägypten erfolgreich bekämpft.

Im Innern brach Aurelian den Widerstand seiner Gegner im Senat und im Heer gewaltsam. Er führte eine Münzreform durch, um der Münzverschlechterung durch die Entwertung der Silbermünzen durch Beimischung von Kupfer und Blei und der Zerrüttung des Finanzwesens entgegenzuwirken; die aus Palmyra erbeuteten Edelmetalle schufen hierfür die Voraussetzungen. Die Schiffseigner wurden verpflichtet, für eine regelmäßige Lieferung von Grundnahrungsmitteln in der Hauptstadt Sorge zu tragen, um der Gefahr von Unruhen und Hungerrevolten Herr zu werden. Sein Nachfolger Diokletian passte den bisher einheitlichen Staatsapparat durch Dezentralisierung den mittlerweile erreichten ökonomischen und politischen Realitäten durch eine Gewaltenteilung mit anfangs einem, später drei Mitregenten an, die verschiedene Teile des Reiches zu überwachen und zu verantworten hatten. Diese Aufteilung des Reiches in Einflusssphären und Operationsgebiete unter den nunmehr insgesamt vier Kaisern (Tetrarchen) barg bereits den Keim der politischen Auflösung des Imperiums in sich, die im Jahr 395 u.Z. durch die Teilung in ein Oströmisches und ein Weströmisches Reich vollzogen werden sollte.

Konstantin modifizierte die Diokletianische Reichseinteilung durch eine straffere Organisation in vier Präfekturen (Oriens, Illyrium, Italia, Gallia) und erhöhte bei gleichzeitiger Verstärkung des Heeres auf 79 Legionen (900.000 Mann) die Zahl der Provinzen auf 117 Administrationseinheiten nach vornehmlich ethnisch geschlossenen Gebieten. Auf dem Territorium der alten griechischen Kolonie Byzantion wurde von ihm in den Jahren 324–330 u.Z. die Stadt Konstantinopel, die als »zweites Rom« gelten sollte, gegründet. Die Wahl dieses Ortes im Osten zur neuen Hauptstadt des Reiches bestätigte die inzwischen abgeschlossene Entwicklung, dass Italien und Rom im Zusammenhang mit den ökonomischen Selbstständigkeitsbestrebungen und der wachsenden wirtschaftlichen, politischen und kulturellen Bedeutung der Ostprovinzen an Vorrang eingebüßt hatten.

Während der Regentschaft Konstantins erhielten im Osten die reichen Stadtbewohner und im Westen die Großgrundbesitzer besondere Vorrechte. Außerdem suchte er in der christlichen Kirche, die die kaiserliche Autorität nun als Gottesgnadentum anerkannte und die Sklaverei tolerierte, eine weitere Stütze der Staatsordnung. Jedoch gelang im 4. Jahrhundert die Festigung des Staates immer nur vorübergehend. Privater Reichtum wurde vornehmlich konsumtiv verausgabt oder thesauriert und der Kampf gegen äußere und innere Feinde verschlang den größten Teil des vom Staat angeeigneten Mehrprodukts.

Mit dem Niedergang der Städte entfiel der wichtigste Absatzmarkt für die auf Warenproduktion orientierten Villen (mittlere Güter) und Ergasterien (Werkstätten), die mit Sklaven arbeiteten. Auf den exemten Gütern war bei der angestrebten Autarkie die abhängige Kleinpacht effektiver.»*Mit dem Übergang zur agrarischen Kleinproduktion im Rahmen des großen Grundeigentums sank auch das hohe Niveau der gesellschaftlichen Arbeitsteilung in den Städten, in denen auf der Grundlage günstiger ökonomischer Bedingungen leistungsfähige Werkstätten entstanden waren. Nicht zuletzt durch die auf das Land abwandernde Bevölkerung ging das Handwerk immer weiter zurück und paßte sich dem Niveau der bäuerlichen Kleinproduktion an.*« (Sellnow 1977: 399) Allerdings vollzog sich dieser Niedergang der materiellen Produktion im Reichsgebiet nicht überall und auch nicht gleichmäßig. Landwirtschaft und Handwerk wurden vor allem im Westen des Imperiums von der Krise ergriffen. Hier bedrohten oder ruinierten die großen sich selbst versorgenden staatlichen Domänen und Privatgüter nicht nur die noch vorhandenen freien Bauernschaften, sondern schalteten auch die städtische Marktproduktion weitgehend aus. »*Diese unmittelbare Auflösung des bisherigen ökonomischen Gefüges hatte zur Folge, daß sich die Rückkehr von der Ware-Geld-Wirtschaft zur Naturalwirtschaft – trotz gelegentlicher Hindernisse – relativ gradlinig vollzog. Damit wurde im Westteil das Land wieder zum Schwerpunkt des gesamten Wirtschaftslebens, und der Hauptteil der gesellschaftlichen Produktion verlagerte sich auf das Großgrundeigentum der Landmagnaten.*« (Ibid.; 400) Auch das Steuersystem entwickelte sich zurück auf die Formen der Arbeits- und Produktenrente.

Im Ostteil des Reiches behielten die Städte als Handels- und Verwaltungszentren zunächst noch einen stärkeren ökonomischen Einfluss. Da auch die Sklaverei als Ausbeutungsverhältnis in der Landwirtschaft und im Handwerk des Ostens ohnehin weniger ausgeprägt war als in Italien oder anderen Kerngebieten des Westens, konnte sich die Krise der antiken Produktionsweise hier weniger stark auswirken. Insofern blieb die Ökonomie hier zunächst noch weitgehend stabil. Somit verlagerte sich das ökonomische und kulturelle Zentrum des Reiches immer mehr nach Osten, während sich die antikaiserlichen Verselbstständigungstendenzen der Landmagnaten im Westen, die die Unzufriedenheit der abhängigen Landbevölkerung für ihre Zwecke zu instrumentalisieren suchten, zunahmen. Insgesamt äußerten sich die Klassenauseinandersetzungen seit dem 3. Jahrhundert u.Z. in zunehmender Renitenz und Arbeitssabotage Einzelner sowie in der Massenflucht von Kolonen, Tagelöhnern und Landsklaven von den Bodenparzellen und von kleinen Handwerkern aus den Städten.

Auch in sozialen Bewegungen fanden diese Entwicklungen ihre Ausdrucksformen. Zunächst entstand mit den Agnostikern eine soziale Bewegung, die auf eine utopische, auf Gütergemeinschaft und Gemeineigentum basierende egalitäre Gesellschaft orientierte, Sodann führten die Bagauden in Gallien einen Kleinkrieg gegen die kaiserlichen Truppen und Polizeiverbände. Während die Bagauden eine

Kapitel 10: Die antike Produktionsweise: griechische Polis und Römisches Reich

organisierte soziale Bewegung auslösten, führten die Briganten als Ausgestoßene der Gesellschaft aus sozialem Notstand meist spontane Aktionen und Beutezüge durch, die militärische Kräfte der Römer banden, ihr Nachschub- und Versorgungssystem störten und eine allgemeine Verunsicherung auslösten. Die Briganten besaßen keine eigene Klassenbasis, sondern waren als bewaffnete Gruppen, die sich aus geflohenen Sklaven, Kolonen, Gefangenen, Vagabunden etc. rekrutierten, eher das Zersetzungsprodukt dieser Klassen. Einen weiteren wichtigen Höhepunkt der sozialen Bewegungen und des Widerstandes in den Provinzen bildete von 376–378 der Gotenaufstand an der Donau, dem 365 in Thrakien eine Erhebung von Kolonen und Soldaten vorangegangen war, die auch auf Kleinasien übergriff. Unter der Führung des Westgoten Fritigern besetzten die Aufständischen Güter der Aristokraten und enteigneten und töteten sie. Bald führte diese Bewegung zu einem regulären Krieg gegen die römische Besatzung, der sich weitere Völker anschlossen. Trotz der Niederlage eines römischen Heeres bei Adrianopel (378) konnten die Römer die Goten von der Hauptstand Konstantinopel fernhalten und Teile von ihnen als Bundesgenossen neutralisieren und einzelne Stammesführer nach dem Tode Fritigerns korrumpieren. Danach drohte dem Reich im Osten in der Folgezeit die größte Gefahr von den Reiterstämmen der Hunnen, die bis in das nördliche Schwarzmeergebiet vordrangen, die Ostgoten zur Kriegsgefolgschaft zwangen und mit anderen »Barbarenstämmen« weiter nach Westen vordrangen. Die verschiedenen sozialen Bewegungen des 4. Jahrhunderts u.Z. in den Provinzen sowie die Einbrüche germanischer, slawischer und asiatischer Völker trugen wesentlich dazu bei, den Auflösungsprozess des überlebten gesellschaftlichen Systems im Römischen Reich zu beschleunigen.

Kurz vor seinem Tod (395) übertrug Kaiser Theodosius die Herrschaft auf seine beiden Söhne, die jeweils eine der Reichshälften verwalteten. Diese »Reichsteilung« vollzog nur den seit längerem ablaufenden Dissoziationsprozess nach. Das Weströmische Reich brach nach der Unterwanderung durch germanische Völker – der Vandale Stilicho lenkte als Oberbefehlshaber des Heeres bereits faktisch die Politik gegenüber dem 11-jährigen Sohn Honorius von Theodosius als Kaiser –, dem Einfall der Goten, die 410 Rom eroberten und plünderten, der Eroberung von Gallien und Spanien durch Vandalen, Alanen und Sueben sowie der Provinzen Numidien und Africa durch die Vandalen und die erneute Eroberung und Plünderung der Stadt Rom, zusammen; der germanische Heerführer Odoaker setzte den weströmischen Kaiser ab und wurde zum neuen König ausgerufen. Formell blieb die unteilbare römische Kaisermacht als Fiktion jedoch bestehen.

Ostrom blieb, da auf einer stabileren ökonomischen Grundlage basierend, fortbestehen, zumal die zahlreichen Eroberungszüge im 5. Jahrhundert, die sich auch gegen Konstantinopel gerichtet hatten – in den 70er Jahren zogen die Ostgoten unter Theoderich plündernd durch die Balkanhalbinsel und griffen Konstantinopel mehrmals an –, letztendlich glimpflich verliefen. Zu einer Zeit, als das Westreich sich endgültig in den Händen von Germanenkönigen befand, wurde das Ostreich von den letzten germanischen Heeren verlassen.

In seiner Gesetzgebung hatte Theodosius I. das Christentum praktisch zur alleinigen Staatsreligion erhoben und die Kirche, intern durch ein Schisma gespalten, gewann eine wachsende Bedeutung. Es hatte sich eine »Verkirchlichung« des Staates und umgekehrt eine immer stärkere Einmischung des Staates in Belange der Kirche herausgebildet. Die Haltung der herrschenden Kreise zur Religion wurde mehr und mehr durch die Verbindung von Christlichem und Antikem geprägt; antikes Gedankengut sowie antike Bildung waren in der ganzen byzantinischen Zeit eng miteinander verflochten. Der Staat hatte sich mit der Kirche liiert und konnte so seine expansiven Ansprüche, die in dem durch Konstantin I. begründeten »Imperium Christianum« zum Ausdruck kamen, ideologisch untermauern und seine Untertanen kirchlich-religiös unter einem einigenden Band zusammenschließen.

Innerhalb der wirtschaftlichen Basis entwickelten sich in diesem Jahrhundert das »Patricinium« als Schutzschirm von großen Grundeigentümern, die viele kleinbäuerliche Produzenten gegen Steuerforderungen des Staates und Militärdienstverpflichtungen abschirmte, sowie das Kolonat, das ursprünglich »freie« Bauern umfasste, die sowohl auf dem Acker des Grundherren als auch auf eigenem Grund und Boden arbeiteten, nunmehr aber erhöhtem außerökonomischem Zwang durch richterliche Befugnisse ausgesetzt wurden. Diese feudalartigen Abhängigkeits- und Ausbeutungsverhältnisse trugen noch die Muttermale der alten Dorfgemeinden des Balkans und der Ägais in sich – eine Symbiose, die die asiatischen Produktionsweisen jenseits des westeuropäischen Feudalismus charakterisierte.[4] Aus dem großen Grundeigentum, das sich zu einem wesentlichen Teil in der Hand des Kaisers (Staatseigentum) sowie der Kirche und der Klöster befand, entstanden aber nicht wie im Westen autarke Wirtschaftseinheiten, sondern die Arbeitsteilung zwischen Stadt und Land, der Binnen- und Fernhandel, kurz: die Existenz von Ware-Geld-Beziehungen blieb in gewissem Umfang weiterbestehen; es fand also nicht, wie im Westen, ein Rückfall in Naturalwirtschaft statt. Die Städte büßten aber in politischer Hinsicht mehr und mehr ihre Bedeutung als selbstverwaltete Einheiten zugunsten des Einflusses der Bischöfe und kirchlichen Amtsträger ein. So wurde ihnen auch noch das Recht der Steuereintreibung genommen, das auf die Beamten der Prätorianerpräfektur übertragen wurde.

Justinian I. (527–565) suchte mit seiner Politik das Imperium Romanum wiederherzustellen. Dies bedeutete zum Einen die Wiedergewinnung des von oströmischer Seite nie verloren gegebenen Westreiches, zum Anderen die Unterstützung der städtischen Grundeigentümer und Kurialen und Schwächung der exterritorialen Grundeigentümer und des Senats. Somit galt seine außenpolitische Aufmerksamkeit in erster Linie Italien, wo die Ostgoten seit 493 u.Z. ihre Herrschaft errichtet hatten und unabhängig von Byzanz in ihren Eigentums- und Siedlungsformen lebten.[5] Von 535 an wurden ganze byzantinische Armeen nach Italien geworfen.

---

[4] Vgl. dazu das nachfolgende Kapitel 11, in dem die anderen asiatischen Imperien – Iran, Indien, China, Arabien und Byzanz (ex-oströmischen Reich) – behandelt werden.
[5] Vgl. dazu ausführlich Kapitel 12.

Kapitel 10: Die antike Produktionsweise: griechische Polis und Römisches Reich

Trotzdem konnte nach der Überwältigung des Gotenkönigs Witigis 548 dessen Nachfolger Totila zunächst ganz Italien zurückerobern und seine Macht stabilisieren, indem er sich im Kampf gegen den senatorischen Adel auf breite Kreise der Bauern und Kolonen stützte, die er zu diesem Zweck ebenso wie die Sklaven von den Verpflichtungen gegenüber ihren Grundherren befreite. Erst im Jahr 553 gelang es Ostrom, die gotischen Heere zu schlagen und in Italien wieder »römische Zustände« zu etablieren; Sklaven und Kolonen mussten zu ihren einstigen römischen Herren zurückkehren.

Nicht nur außenpolitisch, sondern auch im Inneren wurden unter Justinian die wirtschaftlichen, gesellschaftlichen und politischen Verhältnisse restauriert. Dies bedeutete zum Einen eine rege Handelstätigkeit sowohl am Mittelmeer als auch im Orient; zum Anderen förderte Justinian die orthodoxe Kirche zur ideologisch-religiösen Festigung seiner Herrschaft. Er ließ große Bauten errichten, in der Metropole die Hagia Sophia, sowie auch andere Kirchen und Profanbauten. Diese Monomentalbauten sowie die Kriegführung an der persischen Grenze und gegenüber Vorstößen der Slawen belasteten den Staatshaushalt außerordentlich und führten trotz des etablierten engmaschigen Steuersystems zur wirtschaftlichen Überdehnung des Reichs. Damit scheiterte die Restaurationspolitik Justinians letztendlich innen- wie außenpolitisch: Weite Teile Italiens fielen schon 568 an die Langobarden; Südspanien wurde 624 von den Westgoten zurückerobert; Nordafrika blieb zwar bis zur arabischen Eroberung 698 u.Z. byzantinisch, musste aber ständig gegen Unruhen der maurischen Stämme verteidigt werden. Die Kleinproduzenten waren derart verarmt, dass im Jahre 553 die aufgelaufenen Steuerschulden gestrichen und die Heeresstärke radikal reduziert werden musste.

Im Unterschied zur Entwicklung im Westen konnte das oströmische Reich eine gewisse Stabilität erhalten. Die antike Produktionsweise hatte sich hier nie in der reinen Form wie dort ausprägen können, sondern überkommene Eigentums- und Organisationsformen wie die Dorfgemeinde waren neben der selbstständigen Ausbildung von Handwerk und Handel und der in einen Warenaustausch hineingezogenen Städte wirksam geblieben. Die Einordnung des oströmischen Reiches in die Reihe orientalischer Imperien auf der Grundlage der asiatischen Produktionsweise sicherte seine grundlegende Fortexistenz. Dagegen war die Entwicklung im Westen disruptiv, sie erbrachte aber zugleich etwas Neues mit der Entwicklung der germanischen Eigentumsform (Form III) hin zum westeuropäischen Feudalismus.

d) Einzigartigkeit der antiken Produktionsweise: Temporär-regionale Beschränktheit und fortwirkende kulturelle, geistige und politische Errungenschaften

Weltgeschichtlich gesehen besaßen die antike Produktionsweise und die auf ihr gegründeten griechischen und römischen Gesellschaften eine kurzeitige temporäre Existenz, die regional auf den Mittelmeerraum begrenzt war und als Inseln innerhalb der umgebenden Gesellschaften sowohl des archaischen Grundtyps als auch solchen, die sich zu Formen der asiatischen Produktionsweise fortentwickelt hatten, bestanden. Nach ihrem Zerfall fielen beide, die griechische und die (ost-)römische antike Gesellschaft, wieder in Formen der asiatischen Produktionsweise und der orientalischen Klassengesellschaft zurück. Innerhalb der Epochen progressiver Gesellschaftsformationen hat das Intermezzo der antiken Produktionsweise und ihrer darauf gegründeten Gesellschaften jedoch bleibende Spuren hinterlassen, die namentlich in den Überbausphären sowohl kulturell-geistiger wie politischer Art bis auf den heutigen Tag fortwirken.

Die ionische Naturphilosophie als ideelles Produkt in der Aufstiegsphase der antiken Produktionsweise in den damals fortgeschrittensten Gebieten der kleinasiatischen Poleis und ihrer Auseinandersetzung mit kulturellen Einflüssen aus den altorientalischen Staaten beschäftigte sich mit der Frage nach der Entstehung der Welt. Thales vom Milet (um 600 v.u.Z.) hielt das Wasser für ihren Urstoff, sein Schüler Anaximander bezeichnete das »Unendliche« als Urgrund aller Dinge. Er schuf die Anfänge der Evolutionstheorie, die die Herkunft des Menschen aus tierischen, fischähnlichen Lebensformen ableitete. Die Gedankenformen lassen sich zurückführen auf die Beobachtung von Phänomenen der äußeren Natur, die auf einer gewissen Entwicklungsstufe erkannt und systematisiert, d.h. verallgemeinert werden konnten. Beide Vertreter können damit als Urväter einer materialistischen Weltbetrachtung gelten. Heraklit (um 500 v.u.Z.) deutete das Sein als einen Prozess der ständigen Bewegung ewigen Werdens und Vergehens. Träger dieser Wandlungen war für ihn das Feuer, aus dem und zu dem sich Alles entwickeln sollte. Als Movens der Bewegung bestimmte er die Existenz von Gegensätzen und formulierte damit bereits ein Grundgesetz der Dialektik. Die griechische Naturphilosophie besaß ihren Höhepunkt in Demokrit (460–370 v.u.Z.), der ein universaler Denker und Forscher auf den Gebieten der Entstehung und Entwicklung der menschlichen Kultur, der Kriegstechnik sowie der Mathematik und Landwirtschaft war. Der Kern seiner Philosophie war die Lehre von den Atomen als den unteilbaren kleinsten Teilchen, die je nach ihrer Form und ihrer Lage zueinander die Vielfalt der natürlichen Gegebenheiten bewirkten. Schließlich ist in dieser Zeitepoche noch der Mathematiker Pythagoras zu nennen, der um 550 v.u.Z. sich große Verdienste erworben und bis heute gültige Erkenntnisse ergründet hat.

Wie die auf rationale Welterklärung orientierte Naturphilosophie fällt auch die griechische Kunst in die Blütephase der griechischen Poleis-Ökonomie und -Gesellschaft in den 400er Jahren v.u.Z. Mit der griechischen Tragödie und Komödie als Formen der künstlerischen Reflektion der Gesellschaft in der schauspielerischen Darstellung im Theater wird ein weitläufigerer Vermittlungsprozess dieser Form geistiger Produktion zur materiellen Wirklichkeit aufgespannt. Beide Formen, Tragödie und Komödie, entwickelten sich aus mythologischen Ursprüngen – dem Kult des bäuerlichen Vegetationsgottes Dionysos sowie den Festumzügen, die zu seinen Ehren veranstaltet wurden –, die das Epos als Ausdrucksform eines bestimmten Standes der Naturerkenntnis offenbaren. Alle Mythologie überwindet

Kapitel 10: Die antike Produktionsweise: griechische Polis und Römisches Reich 323

und beherrscht und gestaltet die Naturkräfte in der Einbildung und durch die Einbildung und weist ihrerseits noch verschiedene Stufen der Dechiffrierung der Naturkräfte als äußere beherrschende Macht auf. »*Die griechische Kunst setzt die Mythologie voraus, d.h. die Natur und die gesellschaftlichen Formen selbst schon in einer unbewußt künstlerischen Weise verarbeitet durch die Volksphantasie. Das ist ihr Material.*« (MEW 42: 44)

Der erste griechische Tragödiendichter war Aischylos (525–456/455 v.u.Z.), der sich der Überwindung von Traditionen des archaischen Grundtyps von Gesellschaft verpflichtet sah und versuchte, seinen Zeitgenossen die Bedeutung und Größe der demokratischen Polisordnung gegenüber der zeitgenössischen Despotie der Perser und Ägypter zu vermitteln. Auch bei Sophokles (490–406 v.u.Z.) wurde das Leben der Polis sichtbar, wenn er die Beziehungen zwischen Individuum und Gesellschaft thematisierte und ihre Widersprüche durch die Bewahrung überlieferter Werte lösen wollte. Allerdings besaß er eine tiefe humanistische Grundüberzeugung, die in seinen Tragödien »Antigone« und »König Ödipus« zum Ausdruck kommt. Im Gegensatz zu der konservativen Auffassung von Sophokles proklamierte der jüngste der klassischen griechischen Tragödiendichter, Euripides (485–407/406 v.u.Z.), eine offene Austragung seinerzeitiger gesellschaftlicher Widersprüche und orientierte darauf, Neues an die Stelle des Alten zu setzen. Im Unterschied zu der griechischen Tragödie griff die Kunstform der Komödie teils aggressiv-polemisch, teils heiter-jovial in das Leben der Polisgesellschaft ein. Ihr bedeutendster Vertreter, Aristophanes (etwa 460–390 v.u.Z.), kritisierte aus einer konservativen Warte das politische, wirtschaftliche und geistige Leben Athens in den letzten Jahrzehnten des 5. Jahrhunderts; seine Angriffe richteten sich gegen die radikale Demokratie und ihre Exponenten.

Zur gleichen Zeit nahm auch die griechische Geschichtsschreibung als eine von der altgriechischen, rd. 400 Jahre vorher zu datierenden Dichtung eines Homers der Illias und Odyssee unterschiedene und auf einem höheren Niveau angesiedelte Darstellung, mit Herodot (gest. nach 430 v.u.Z.) ihren Anfang. In teils noch naiver Erzählweise werden von ihm die frühe Geschichte der Griechen und vor allem die Perserkriege geschildert. Stärker wissenschaftlich ausgerichtet war das Werk von Thukydides (um 460–396 v.u.Z.), der die Geschichte des Peloponnesischen Krieges und den Verlauf und die Folgen der Machtkämpfe zwischen Athen und Sparta thematisierte. Stärker als bei Herodot war sein analytischer Angang, der zwischen Ursache und unmittelbarem Anlass unterschied, ausgeprägt.

Vor dem Hintergrund der politischen und ökonomischen Krise in Athen, die den Niedergang der Polisordnung einleitete und entsprechend der sich durchsetzenden oligarchischen Tendenzen, ist es nicht verwunderlich, dass auf geistig-kulturellem Gebiet sich progressive Strömungen kaum durchsetzten. Platon (427–347 v.u.Z.) vertrat eine Weltanschauung, nach der das wahre Sein nur den ewigen und unvergänglichen Ideen zukomme; er bestimmte in idealistischer Manier die Gegenstände der materiellen Welt als Nachbildungen und Schatten dieser Ideen. In seinem Staatsideal kämpfte Platon gegen den Auflösungsprozess der Polis, doch war sein »Philosophenstaat« nicht realisierbar. Dialektik blieb bei ihm auf Begriffe beschränkt und wurde so zum Ausgangspunkt für spätere idealistische Philosophen. Aristoteles (384–322 v.u.Z.) lehnte die platonische Staatsutopie und den Dualismus zwischen Idee und Materie ab und orientierte – wieder – auf eine realistische Weltsicht, die sich in einer Fülle grundlegender Analysen der Natur und gesellschaftlicher sowie erkenntnistheoretischer Probleme zu bewähren vermochte. Die Universalität und die Wissenschaftlichkeit seiner Denkleistung ließen die Philosophie als ideellen Reflex des natürlichen und gesellschaftlichen Seins zu einer entscheidenden Kraft im geistigen Leben werden. *»Mit Aristoteles erreichte die philosophische Bewegung, die mit Thales von Milet ihren Anfang genommen hatte, ihr höchstes Stadium.«* (Sellnow et al. 1977: 343)

Einen nochmaligen Höhepunkt erlangte die griechische Kultur in den hellenistischen Herrschersitzen zweihundert Jahre später aus der Integration orientalischer Traditionen, die den griechischen Charakter bestehen ließen. Allerdings blieb der Kunstgenuss in Dichtung und Bildhauerei nur der sozialen Oberschicht an den Höfen der jeweiligen Herrscher zugänglich. Angesichts der stagnativen Entwicklung, in die Ökonomie und Politik der hellenistischen Staaten seit dem 3. Jahrhundert v.u.z. geraten waren, ist es nicht verwunderlich, dass in Philosophie und Religion Skeptizismus und Epikureismus die charakteristischen Denkrichtungen waren. Der Skeptizismus war Ausdruck einer aus den Fugen geratenen Welt und führte folgerichtig zum Verzicht auf das Bestreben nach Erkenntnis und Urteilsfindung. Epikur (342/341–271/270 v.u.Z.) dagegen knüpfte an die aufklärerischen Traditionen der ionischen Naturphilosophie an und setzte den in dieser Zeit ausgeprägten Formen des religiösen und philosophischen Idealismus durch die Weiterentwicklung der Atomtheorie Demokrits ein System rationaler Welterklärung entgegen. Seine Ethik und Gesellschaftstheorie reflektierten sowohl die sinkende politische Bedeutung der Polis als auch die über die Polis hinausgehenden Tendenzen des Hellenismus.

Im Unterschied zur griechischen, auf der Poliskultur aufsetzenden Philosophie gingen die naturwissenschaftlichen Ergebnisse der Römer nicht über den Erkenntnisstand des Hellenismus hinaus. Dies gilt ungeachtet der Leistungen von Seneca (4 v.u.Z. bis 65 u.Z.) als Vertreter des Stoizismus und von Livius und Tacitus (etwa 55–128 u.Z.) in der Geschichtsschreibung. In der bildenden Kunst repräsentierten die Römer zur Zeit ihres Imperium Romanum bei Portraitdarstellungen und Wandmalerei eine neue, höhere Entwicklungsstufe. Hinsichtlich der monotheistischen Religion ist auch das zur Staatsreligion avancierte römisch-orthodoxe Christentum in diesem Zusammenhang zu nennen.

Kapitel 11: Imperien und Staaten der asiatischen Produktionsweise sowie Fortbestand des archaischen Grundtyps von Gesellschaft in den verschiedenen Weltregionen nach dem Zeitenwechsel

a) Iran: Parther- und Sassaniden-Reich

Ebensowenig wie Iran unter der Perserherrschaft ein Gebiet mit einer einheitlichen ökonomischen Struktur wurde, konnte eine solche Einheitlichkeit zur Zeit der Seleukiden und Asakiden (4. Jahrhundert v.u.Z. bis 3. Jh. u.Z.) erreicht werden. Demzufolge erfassten Veränderungen Iran sehr ungleichmäßig. Im Osten und Mittelasien dominierten noch Strukturen der gentizilischen Dorfgemeinden und zum Teil wurden die Steppengebiete durch Nomadenviehzüchter besiedelt. In Mesopotamien war dagegen der Übergang in eine asiatische Produktionsweise mit intensivem Bewässerungsbodenbau und handwerklicher Produktion bereits lange vorher vollzogen worden. Ein großer Teil des Landes gehörte dem König und wurde von bäuerlichen Produzenten bewirtschaftet, die an den Boden gebunden waren. In Gebieten des iranischen Hochlandes, die an den Verbindungsstraßen des Fernhandels zwischen dem Mittelmeer und Indien sowie China lagen, existierten Elemente der antiken Produktionsweise unter griechischem Einfluss mit Ware-Geld-Beziehungen und Poleis; dort wurden Neuerungen z.B. durch tiergetriebene Mühlen und das Wasserrad eingeführt.

Die Ausbreitung der Seleukiden nach Westen reichte bis zum Tigris und damit zu einer Grenze, die bis zur arabischen Eroberung bestand. Im Osten trennten die Griechen unter Diodotos um ca. 246 v.u.Z. in einem gräko-iranischen Staat Baktrien, d.h. ein Gebiet, das heute den Norden Afghanistans sowie die südlichen Territorien der zentralasiatischen Staaten Tadschikistan, Usbekistan und Turkmenistan bildet (Khorasan) und im Süden bis zum Indus reichte, von der Seleukiden-Herrschaft ab (vgl. Abb. 11.1). Dieses gräko-iranische Baktrien enthielt eine entwickelte Landwirtschaft und existierte selbstständig für mehr als einhundert Jahre. Auch andere Teile Irans gelangten unter einheimischen Dynastien oder persischen Satrapen faktisch zur Selbstständigkeit. Die Parner, ein ostiranisches Nomadenvolk, drangen in das Gebiet an der Südostgrenze des Kaspischen Meeres ein und machten ihren König zum Herrn des Landes; kulturell und sprachlich assimilierten sie sich rasch mit der einheimischen Bevölkerung, vollzogen den Übergang zur altorientalischen Klassengesellschaft und wurden so zu »Parthern«. Ihr Herrscherhaus wurde zur Dynastie der Arsakiden. Die Seleukiden waren nach ihrer Niederlage gegen die Römer 190/189 v.u.Z. nicht mehr in der Lage, die parthische Oberherr-

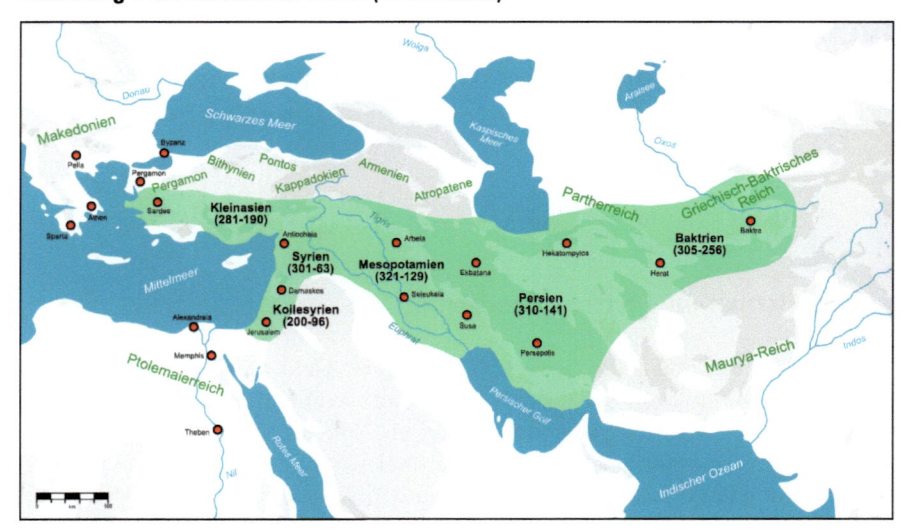

Abbildung 11.1: Seleukiden-Reich (3. Jh. v.u.Z.)

Quelle: https://de.wikipedia.org/wiki/Seleukidenreich

schaft in ihrer ursprünglichen östlichen Reichshälfte zu überwinden und mussten sich ihnen unterordnen.

Im arsakidischen Reich traten jene parthischen Adelshäuser als Inhaber staatlicher Machtpositionen, großer Verwaltungsgebiete und weitläufigen Grundeigentums hervor, die die weitere Entwicklung bestimmen sollten. Die überkommene verwirrende Vielfalt administrativer Einheiten von Unterkönigtümern, Satrapien und anderen Statthalterschaften wurde nicht überwunden, sondern festigte sich sogar. Die parthischen Könige hatten auf die Wünsche des Adels in einem Rat bei Hofe Rücksicht zu nehmen und verfügten tatsächlich nur über die diejenigen Reichsgebiete, die an der »Seidenstraße«, also der großen Transitstraße vom Römischen Reich bis nach Indien und China lagen.

Die innere sozioökonomische Verfassung des Partherreichs (siehe Abb. 11.2) beruhte auf denselben Eigentumsformen, die auch schon im achämenidischen Iran vorgeherrscht hatten. Auf das Fortleben von unmittelbar dem König bzw. seinen Satrapen, Dynasten oder Unterkönigen unterstellten Dorfgemeinschaften, die durch Abgabepflichten und Staatsfronen ausgebeutet wurden, weisen schriftliche Aufzeichnungen aus dieser Zeit hin. Durch eine fortschreitende Verschuldung der Bauern infolge ihrer zu leistenden Abgaben ergaben sich ein direkt persönliches Abhängigkeitsverhältnis und das volle Verfügungsrecht über die Schuldner. Die Umwandlung von Steuerbesitz-, Administrations- und Gläubigerrechten in Grundeigentumsrechte war ein charakteristisches Element innerhalb der asiatischen Produktionsweise, welches die Konzentration von Grund und Boden beförderte. Han-

Kapitel 11: Imperien und Staaten der asiatischen Produktionsweise

Abbildung 11.2: Parther-Reich (2. Jh. v.u.Z. bis 3. Jh. u.Z.)

Quelle: https://de.wikipedia.org/wiki/Partherreich

del und Handwerk, insbesondere das iranische Kunsthandwerk, expandierten mit der Intensivierung des Warenaustausches.

Die drei letzten Jahrhunderte arsakidischer Herrschaft waren geprägt durch eine zunehmende Macht des Adels. Die Bedrohung des Staates durch die Römer im Westen und die Kuschan-Herrscher, die das Gebiet vom Aralsee bis zum Golf von Bengalen beherrschten, im Osten, schafften zunächst eine Interessengemeinschaft zwischen dem Adel und dem Königshaus, die ein völliges Auseinanderbrechen des Staates verhinderte. Jedoch nahmen die kriegerischen Handlungen zwischen König und Lokalherren zu. Einer dieser Lokalherren, der König Ardaschir aus der Dynastie des Sasan, bereitete schließlich der arsakidischen Herrschaft im Jahr 226 u.Z. ein Ende.

Die Nachfolger der Parther waren die Sassaniden. Ihr Reich, das in Abgrenzung zum Altpersischen Reich der Achämeniden auch als Neupersisches Reich bezeichnet wird, existierte bis zur arabischen Eroberung Persiens, also von 224 u.Z. bis zur Schlacht von Nehawend im Jahr 642 bzw. bis zum Tod des letzten Großkönigs Yazdegerd III. im Jahr 651 u.Z. Es war über Jahrhunderte eine bedeutende Großmacht und ein Rivale des Oströmischen Reiches. Nachdem die Gründung des Sassaniden-Reiches als militärisch erzwungener Dynastiewechsel durch Ardaschir erfolgt war, blieb der Einfluss der bisherigen lokalen und regionalen Machthaber bestehen, auch wenn sie sich formal dem neuen König unterwarfen. Viele parthische Adelsfamilien arrangierten sich mit der neuen Dynastie und spielten weiterhin eine wichtige Rolle im Reich, dessen ökonomische und soziale Struktur keine substanziellen Veränderungen erfuhr. Auch eine Zunahme abhängiger Pachtbauern, die gegenüber dem Grundeigentümer zu bestimmten Leistungen und Abgaben verpflichtet waren, also eine Zunahme individualisierter Ausbeutungsverhältnisse gegenüber den weiterhin bestehenden Bindungen innerhalb der Dorfgemeinschaften widerspricht nicht der Einordnung des Iran unter den Sassaniden als altorientalische Klassengesellschaft auf Basis der asiatischen Produktionsweise.[1] Feudale Ausbeutungsverhältnisse der unmittelbaren Produzenten, d.h. Verhältnisse, in denen die Bauern auf fremden bzw. gepachtetem Grund und Boden mit eigenen Produktionsmitteln arbeiten und einen Teil des erwirtschafteten Produkts an den Grundeigentümer abzugeben haben, sind innerhalb der asiatischen Produktionsweise als mehr oder weniger weitgehende Modifikationen des Gemeineigentums und seiner Verwandlung in Staatseigentum und privates Eigentum sowohl früher als auch später in anderen Regionen der Welt anzutreffen – ohne dass sich dadurch sozioökonomische und politische Verhältnisse herausgebildet hätten, die eine feudale Produktionsweise auf Basis der Ausformung der dritten Eigentumsform der vorbürgerlichen Gesellschaftsformation entstehen ließen, geschweige denn eine zum Kapitalismus treibende Entwicklung wie sie für Westeuropa charakteristisch gewesen ist.

Wie für altorientalische Klassengesellschaften und Imperien nicht untypisch, spielte auch bei den Sassaniden der Krieg eine bedeutende Rolle. König Ardaschir, der die Vermögens- und Rechtsverhältnisse des Adels aus arsakidischer Zeit unangetastet gelassen hatte, suchte seine Stellung und den Sturz der Vorgängerdynastie durch militärische Erfolge zu legitimieren. Vernichtet wurden zunächst die politischen Gegner der Sassaniden im Innern, insbesondere das arsakidische Königshaus, dessen gesamtes Vermögen in das Eigentum der Sassaniden überging. Ardaschir wandte sich nicht nur gen Osten, wo er gegen die Kuschana kämpfte und bis nach Merw vordrang, sondern bald auch nach Westen. Allerdings war das persische Vorgehen insofern defensiv, als man wohl lediglich die Euphratlinie zurückgewinnen und verhindern wollte, dass Armenien als offene Flanke diente (vgl. Abb. 11.3). Ein erster Schlagabtausch mit den Römern unter Kaiser Severus Alexander scheint 231/32 u.Z. trotz hoher Verluste auf beiden Seiten weitgehend ergebnislos verlaufen zu sein. Nach dem Tod des Kaisers griff Ardaschir 238 erneut an und eroberte mehrere Städte. 240/41 u.Z. konnte das strategisch wichtige Königreich Hatra nach mehrjähriger Belagerung der Hauptstadt und mit gewaltigem Aufwand erobert werden; Hatra war ein arsakidischer Widerstandshort gewesen. Somit war

---

[1] Dass mit dem Sassaniden-Reich, wie im Übrigen auch andere asiatische Imperien, bereits der Übergang in den Feudalismus vollzogen sei bzw. zumindest begonnen worden wäre, ist allerdings die These von I. Sellnow et al., wenngleich sie einräumen, dass dieser Übergang »*nur langsam*« (ibid.: 609) vollzogen worden wäre und eine »*altorientalische Substruktur (bestehen blieb, insofern) der Staat die alten Dorfgemeinschaften als ökonomische und rechtliche Einheiten anerkannte*« (Ibid.).

Kapitel 11: Imperien und Staaten der asiatischen Produktionsweise

Abbildung 11.3: Sassaniden-Reich (3. bis 7. Jh. u.Z.)

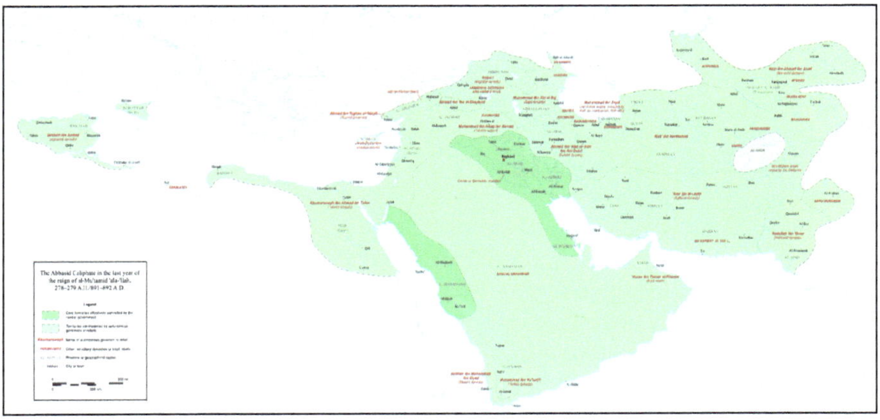

Quelle: https://de.wikipedia.org/wiki/Sassanidenreich

die persische Westgrenze vorerst gesichert. In der Folgezeit gab es unter Ardaschirs Sohn Schapur I. (240–270/272 u.Z.), der sich Großkönig (Schahinschah) nannte, mehrere Feldzüge gegen die Römer. Im dritten und letzten Feldzug fiel der römische Kaiser Valerian im Jahr 260 nach der Schlacht vom Edessa persönlich in die Hände der Sassaniden – eine bis dahin unbekannte Schmach für die Römer.

Das Sassaniden-Reich hatte sich im 3. Jahrhundert erfolgreich als Gegengewicht zum Römischen Reich im Osten etabliert. Teils sehr beachtliche militärische Erfolge genügten zwar nicht, die Grenzen dauerhaft zu verschieben, aber auch römische Erfolge konnten das Sassanidenreich nicht in existenzielle Bedrängnis bringen. In diesem Zusammenhang dürften manche persischen Angriffe auch zur vorbeugenden Abwehr gedient haben, denn Mesopotamien, an der unmittelbaren Grenze zum Imperium gelegen, war das wirtschaftliche und politische Herz des Sassaniden-Reichs; dies galt speziell für die alte Kulturlandschaft des unteren Mesopotamiens. Die Sassaniden hatten, ganz ähnlich wie die Römer, nicht nur an einer Front zu kämpfen. Auch das Neupersische Reich musste sich, wie schon die Parther, gegen nomadische Eindringlinge aus den Steppen Zentralasiens zur Wehr setzen. Die Pässe des Kaukasus mussten ebenso verteidigt werden wie die stets gefährdete Nordostgrenze, wo die Sassaniden zunächst gegen die Kuschana und Saken zu kämpfen hatten.

Das Sassaniden-Reich lag an der Schnittstelle zwischen Ost und West (vgl. Abb. 11.3). Man sah die Welt in drei große Reiche unterteilt, wobei Iran gegen Rom und Transoxanien – das Land jenseits des Oxus, womit im Wesentlichen das Land zwischen den Strömen Amudarja und Syrdarja mit den alten Metropolen Samarkand und Buchara bezeichnet wird – positioniert war. Die Sassaniden nahmen für sich in Anspruch, die wichtigsten Teile der zivilisierten Welt unter ihrer Herrschaft in ihrem Reich vereinigt zu haben. Im Verhältnis zu Rom kam es im schließlich im 5.

Jahrhundert u.Z. zu einer bemerkenswerten Wandlung. Die Römer akzeptierten die Sassaniden notgedrungen als nahezu gleichberechtigt. Für sie waren diese Perser keine Barbaren wie etwa die Germanen, sondern eine zivilisierte und gleich starke Macht. Zuvor hatte es unter den Nachfolgern von Schapur immer wieder kriegerische Auseinandersetzungen mit den Römern gegeben; ein Streitpunkt war das christlich geprägte Armenien, das an der Grenze beider Reiche lag und schließlich zwischen beiden unter Schapur III. und Theodosius I. um das Jahr 387 u.Z. geteilt wurde. Auch die Nordostgrenze des Sassaniden-Reiches blieb stets wegen periodischer Einfälle asiatischer Reitervölker (Hunnen) gefährdet.

Der Prozess des Niedergangs der königlichen Macht, der bereits unter den Söhnen Schapurs I. begonnen hatte, konnte während der langen Regierung Schapurs II. unterbrochen, aber nicht aufgehalten werden. Neben seinen Kämpfen gegen das Römische Reich gelang ihm die endgültige Unterwerfung des Kuschan-Reiches bei fortwährenden Auseinandersetzungen mit nomadischen Nachbarvölkern, insbesondere den Chioniten an der Nordostgrenze Irans. Innere Auseinandersetzungen hatten jedoch ein weitergehendes Eingreifen Irans in die zentralasiatischen Verhältnisse verhindert, sodass hier spätestens zu Beginn des 5. Jahrhunderts u.Z. unter den chionitischen Stämmen ein hephthalitischer Staat entstehen konnte, der die Gebiete von Chinesisch-Turkestan bis Choresmien und zum Indus vereinte. Zu dieser Zeit hatte Peroz I. den iranischen Thron inne. Er entschied sich für einen Angriff gegen die Hephthaliten, erlitt aber eine verheerende Niederlage. Die Folge war eine tributäre Abhängigkeit des Sassaniden-Reichs vom Hephthalitenstaat, die wohl bis in die erste Hälfte des 6. Jahrhunderts währte. Infolge einer langanhaltenden Dürre entstand eine Hungersnot, die als eine der größten Katastrophen gilt, die Iran je getroffen haben. Der König musste Steuern und Fronen erlassen und zur Versorgung des Volkes den Reichen die Öffnung der Speicher befehlen. Diese Zeit der großen Not des iranischen Volkes bildete Hintergrund und Auslöser eines großen Volksaufstandes, der mit dem Namen Mazdaks verbunden ist, der auch Namensgeber einer philosophischen Lehre und einer sozialen Bewegung war. Mazdaks Zielvorstellungen lassen sich als Ideal eines Königtums und einer Gesellschaftsordnung altorientalischer Prägung fassen; in dieser Weise eignete sich Mazdaks Lehre zur Rechtfertigung und Begründung eines Reformwerks, das dem mittlerweile als König herrschenden Kawad I. zur Festigung seiner eigenen Macht und zur Linderung der Volksnot unerlässlich schien. Mit der Billigung des Königs konnte daraufhin eine religiöse Gemeinschaft entstehen, die sich als eine Art eines reformierten Zaroastrismus verstand und Anhänger aus allen Schichten der Bevölkerung vereinigte. Im Zusammenhang mit dem Volksaufstand erhielten Mazdaks Lehren eine sozialrevolutionäre Komponente.

Ihre Bekämpfung und schließliche Ausrottung dieser Lehre erfolgte unter dem Sassaniden-Herrscher Chosrau I. (531–578 u.Z.), weil sie inzwischen die bestehende Struktur der Herrschaftsverhältnisse in Frage stellte. Chosrau hatte die bereitwillige Unterstützung durch Adel und Geistlichkeit vor dem Hintergrund der aufbegehrenden Bewegung des Volkes; er begann ein historisch bedeutsames Reformwerk, das aus einer Steuer-, Verwaltungs- und Heeresreform bestand. Steuerlich wurden die Dorfgemeinden bessergestellt, indem die Bereicherungsmöglichkeiten der Steuereinnehmer und ihrer Helfer begrenzt wurden; außerdem wurden die Großgrundeigentümer durch Festlegung einer festen Grundsteuer auf Basis einer Katastrierung des Bodens neben einer neu festgesetzten Kopfsteuer belastet. Vordringliches Anliegen von Chosrau war die Förderung einer breiten niederen Adelsschicht, die er als Bundesgenossen gegenüber dem mächtigen Hochadel sowie der aufbegehrenden Bauernschaft ansah.

Was für das Sassaniden-Reich im Unterschied zu seinem arsakidischen Vorgänger typisch gewesen ist, war neben der erheblichen Stärkung der Staatsmacht eine vermehrte Städtegründung unter der Regie der Könige; der prächtige Ausbau der königlichen Hauptresidenz Ktesiphon symbolisierte dies. Teilweise wurden Manufakturen und Werkstätten in den Städten vom Staat selbst betrieben, der sich auch Handelsmonopole reservierte. Mit diesen Entwicklungen ging eine wachsende Geldzirkulation einher, in der bereits die Verwendung von Wechseln als bargeldlose merkantile Transaktionsmittel vorkam. Diese Aktivitäten des Staates in Handwerk und Handel sowie mit Bezug auf die Gründung von Städten führten allerdings nicht dazu, dass die Städte eine selbständige und den gesellschaftlichen Entwicklungsprozeß wesentlich fördernde Rolle spielen konnten.

Die Landwirtschaft war wie überall in der Alten Welt der wichtigste Wirtschaftszweig. Sie erbrachte die meisten Steuern, wenngleich die Besteuerung lange Zeit nicht effizient vollzogen wurde, was sich erst zeit- und teilweise durch die Reformen Chosraus änderte. Die Bauern profitierten von den Reformen Chosraus, da sie nun ihr Land selbstständig bearbeiten durften und in einem geringeren Maße vom Adel abhängig waren als vorher. Die Bedeutung des Landadels und der lokalen Landbesitzer nahm in dieser Zeit dennoch erheblich zu. Besonders bedeutend war in diesem Zusammenhang (das nicht-iranische) Mesopotamien, wo rund zwei Drittel aller Steuereinnahmen eingetrieben wurden, sich wichtige urbane Zentren befanden und die landwirtschaftliche Produktion ergiebig war. Darüber hinaus war für die Wirtschaft der Sassaniden bedeutsam, dass mehrere bedeutende Handelsrouten durch das von ihnen kontrollierte Gebiet verliefen, vor allem die sog. Seidenstraße. Das an der Schnittstelle zwischen der Mittelmeerwelt einerseits und der Steppe Zentralasiens sowie den weiteren Verbindungswegen nach Indien und China andererseits liegende Sassaniden-Reich profitierte davon erheblich. Persien schlug auch aus dem Zwischenhandel mit Ostrom Gewinn; mehrmals versuchten die Römer, die sassanidischen Zwischenhändler auszuschalten, was nicht gelang. Die Perser wehrten auch die Expansionsbemühungen sogdischer Händler ab, die in Zentralasien den Seidenhandel weitgehend kontrollierten.

Die sassanidische Gesellschaft war ab dem 5. Jahrhundert, ähnlich wie der Hofadel, in vier Klassen (Kasten) unterteilt: 1) Priester und Richter, 2) Krieger, 3) Schreiber (Beamte) und 4) Bauern und Handwerker. Eine bedeutende Rolle spielten die zoroastrischen Priester, die sowohl mit religiösen Fragen befasst waren als auch staatlich administrative Funktionen ausübten, wobei sie als Richter und Rechtsgelehrte wirkten. Entscheidend war aber vor allem das Verhältnis zwischen dem jeweiligen Großkönig und dem Hochadel, wenn dieser auch dem Herrscher nie en bloc gegenüberstand, sondern in unterschiedliche Gruppierungen zerfiel. Die Sklaven wurden zwar als »Sachen« angesehen, gleichzeitig aber auch als menschliche Wesen betrachtet und waren so vor allzu grausamer Behandlung geschützt, wenngleich ihre Besitzer sie verkaufen oder verschenken durften. Zu berücksichtigen sind ferner die Kriegsgefangenen und Deportierten aus den römischen Gebieten, die im Sassaniden-Reich wiederangesiedelt wurden. So bauten römische Gefangene Gebäude und Brücken, die noch heute erhalten sind.

Außenpolitisch hatte ein im Jahr 532 u.Z. abgeschlossener Frieden zwischen dem römischen Kaiser Justian und Chosrau nur acht Jahre Bestand. 540 nutzte Letzterer die Gunst der Stunde und brach den Vertrag. Er marschierte mit starken Truppenverbänden in Syrien ein, während Justinians Truppen in Italien im Gotenkrieg gebunden waren. Die Römer konnten den Vorstoß nicht unterbinden, so dass sogar die Weltstadt Antiochia am Orontes von den Persern erobert und geplündert wurde. Auf demselben Kriegszug machte Chosrau auch in anderen oströmischen Städten reiche Beute und deportierte Zehntausende nach Persien. Justinian nahm den Krieg gegen die Perser wieder auf. In den Waffengängen an der Ostküste des Schwarzen Meeres und in Mesopotamien gab es keinen Sieger. Römer und Sassaniden schlossen schließlich 562 erneut Frieden, der wiederum nur zehn Jahre hielt, denn 572 kam es unter Justinians Nachfolger Justin II. erneut zu Kampfhandlungen, nachdem die Römer die im vorherigen Friedensschluss vereinbarten Tributzahlungen eingestellt hatten. Der Krieg zog sich für beide Seiten in die Länge und war geprägt von Vorstößen und Gegenangriffen an der Front. Gegen Ende seiner langen Herrschaft gelang es Chosrau, an der Südküste des Persischen Golfes und in Südarabien Fuß zu fassen. Oman und Jemen wurden um 570 persisch, was auch im Hinblick auf die dort verlaufenden Handelsrouten des Indienhandels von Bedeutung war. Als Chosrau starb, hinterließ er ein sehr mächtiges, aber auch von den langen Kriegen erschöpftes Reich.

Nach dem Tod Chosraus I. führte sein Sohn Hormizd (579–590) den seit 572 andauernden Krieg gegen Ostrom mit wechselndem Erfolg fort. Im Innern begann er gegen den Adel und die zoroastrische Priesterschaft vorzugehen und wurde 590 durch eine Adelsrevolte gestürzt und durch seinen Sohn Chosrau II. ersetzt. Chosrau II. (590–628) gilt als der letzte bedeutende Sassaniden-Herrscher. Die Beziehungen zum Westen waren in den ersten zehn Jahren seiner Herrschaft so friedlich wie nie, im Inneren war er in religiöser Hinsicht tolerant und band Anhänger des christlichen Glaubens in seinen Beamtenapparat ein. Sein oberster Finanzbeamter Yazdin sanierte den Staatshaushalt. Während die Sassaniden in den vorangegangenen Jahrhunderten niemals ernsthaft versucht hatten, ihren Machtbereich im Westen über Armenien und Mesopotamien hinaus zu erweitern, brach Chosrau II. angesichts erneuter Kriegshandlungen mit den Römern; der von 603 bis 629 tobende Krieg mit ihnen war der »letzte große Krieg der Antike«. Syrien und Ägypten wurden um 620 als dauerhafte Eroberung administrativ in das Perserreich integriert, ebenso wie es Jahrzehnte zuvor bereits mit Jemen und Oman geschehen war. Fast schien es so, als sei das Reich der Achämeniden wieder auferstanden. In mehreren Feldzügen hatten die Sassaniden die Oströmer an den Rand des Untergangs gebracht und kontrollierten einen Großteil des Reiches, bis Kaiser Heraklios 622 wieder in die Offensive ging und mehrere persische Verbände besiegte. Es zeigte sich nun, dass Chosrau II. den Krieg offenbar nicht mit aller Kraft führen konnte. So standen starke Truppenverbände in Ägypten, die sich nicht am Kampf gegen Heraklios beteiligten, zumal Chosrau seinen hochadligen Kommandeuren nicht ernsthaft vertraute. Eine persische Großoffensive, die mit der Belagerung von Konstantinopel im Jahr 626 durch die mit den Persern verbündeten Awaren verbunden war, scheiterte. Heraklios konnte mit seiner flexiblen Kriegsführung Erfolge verbuchen. Mehrmals manövrierte er persische Verbände aus und besiegte feindliche Einheiten. Entscheidend für die persische Niederlage war letztlich aber das Eingreifen der Türken in den Krieg auf Seite von Heraklios, der diplomatische Kontakte zu ihnen aufgenommen hatte und 627 sein Vorgehen mit ihnen koordinierte. Der türkische Großangriff, der das Kernland des Reiches bedrohte, führte dazu, dass die Perser nun einen Zweifrontenkrieg führen mussten. Im Dezember 627 fügte Heraklios einem persischen Heer eine Niederlage zu. Chosrau II., der sich in der Nähe der Schlacht aufhielt und von dem römischen Vorstoß überrascht worden war, musste fliehen und verlor damit sein Ansehen und seinen Rückhalt bei den Adelsgrößen in seinem Reich. Er wurde bald darauf entthront und schließlich ermordet. Sein Sohn und Nachfolger Kavadh ersuchte sofort um Frieden und bot die Räumung aller besetzten Gebiete an. Die persischen Truppen zogen sich in das Reich zurück und ihre Anführer griffen sogleich in den Kampf um die Krone ein.

In der historiographischen Überlieferung wird der Beginn der Regierungszeit Chosraus II. und auch er persönlich positiv geschildert. Der König galt als mutig und als scharfsinnig, die Pracht seines Hofes wird betont gewürdigt. Das änderte sich mit der Schilderung der zweiten Regierungshälfte, als er den Krieg gegen Ostrom begann und der mit dem beginnenden Niedergang seines Reiches endete, wobei der steigende Steuerdruck, das Misstrauen des Königs und der lange Krieg sich negativ auswirkten. In diesem Sinne war Chosrau II. für die Zerstörung der alten Weltordnung mitverantwortlich, die während der gesamten Spätantike zwischen Ostrom und Persien bestanden hatte. Das Ende des durch diese Wirren geschwächten Sassaniden-Reiches wurde in der Regierungszeit von Yazdegerd III. (632–641) besiegelt, als die Heere der muslimischen Araber sowohl in die oströmischen Orientprovinzen als auch in das Sassaniden-Reich eindrangen.

b) Indien: Die Großreiche bis zur islamischen Eroberung

Die Zeit von ca. 350 bis 236 v.u.Z. umfasst die Entstehung, Blüte und den Verfall des Reiches von Magadha. Dessen Kernland bestand in etwa aus dem heutigen indischen Bundesstaat Bihar. In seiner Entwicklung und Expansion bildet sich je-

Abbildung 11.4: Magadha-Reich (3./2. Jh. v.u.Z.)

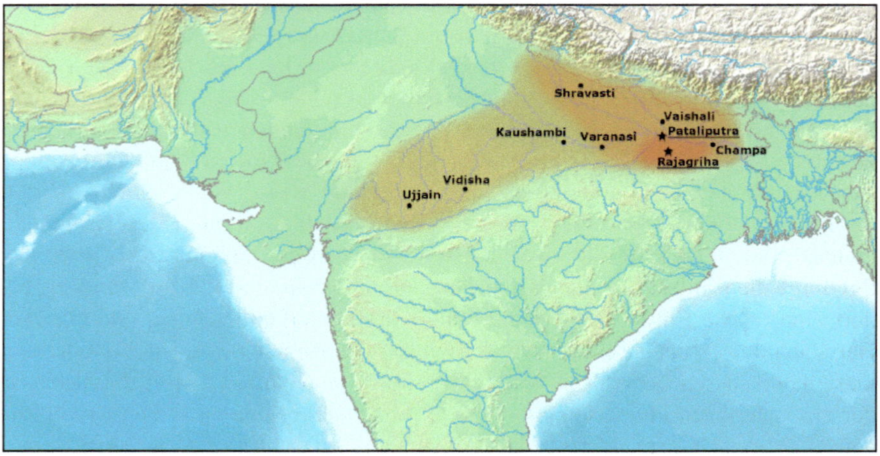

Quelle: https://de.wikipedia.org/wiki/Magadha

doch das erste Großreich mit einem Gebiet heraus, wie es später erst wieder unter den Mogul-Kaisern im 16. Jh. u.Z. erreicht wurde.

Die Verhältnisse auf dem indischen Subkontinent waren lange Zeit idealtypisch für einen »low-end state« der asiatischen Produktionsweise, der sich allmählich aus den Verhältnissen des dorfgemeinschaftlichen Grundeigentums herausgebildet hatte. Ursprünglich galt die Mitgliedschaft in einer Großfamilie als Voraussetzung für einen ständigen, gewohnheitsrechtlich garantierten Anspruch auf einen bestimmten Landanteil innerhalb des Gemeindeterritoriums, der individuell bebaut werden konnte. Allerdings konnte die Gemeinde aber auch das Verfügungsrecht der Familie über diesen Landanteil einschränken; ein Vorkaufsrecht bei Zwangsverkäufen infolge Verschuldung lag bei den Verwandten, den Nachbarn und den Gläubigern des betreffenden Verkäufers. Wurde Land an Personen, die nicht zur Gemeinde gehörten, verkauft, reservierte es die Gemeinde weiterhin für die Familie des ehemaligen Eigentümers zum Rückkauf. Dieses Rückkaufsrecht konnte noch nach zwei Generationen geltend gemacht werden. Innerhalb der indischen Dorfgemeinde hatten sich also aus den Nutzungsrechten der Mitglieder im Laufe der Zeit weitergehende Rechte entwickelt, die einem Eigentum nahekamen und die soziale Differenzierung innerhalb der Dorfgemeinde beschleunigten. Persönliche Abhängigkeitsverhältnisse waren zumeist Schuldverhältnisse, die unter dem Begriff »dasa« zusammengefasst wurden. Sklaverei existierte nur als Haussklaverei und hatte innerhalb der Produktion keine Bedeutung.

Die indischen Dorfgemeinden bestanden im Reich von Magadha (vgl. Abb. 11.4) weiterhin als weitgehend autarke Einheiten, die neben Landwirtschaft auch ein Dorfhandwerkersystem enthielten und damit unberührt von Marktbeziehungen waren. Eine nennenswerte Produktivkraftentwicklung fand ausschließlich im städ-

Kapitel 11: Imperien und Staaten der asiatischen Produktionsweise

tischen Handwerk statt und beruhte neben den subjektiven Fähigkeiten der Handwerker auf der Einführung eiserner Werkzeuge. Der Handel blieb, soweit er den Austausch zwischen Land und Stadt vermittelte, hauptsächlich Luxus- und Rohstoffhandel; ansonsten existierte er als einfacher Tauschhandel. Das Mehrprodukt der dörflichen und städtischen Produzenten wurde seitens des Königs durch feste Steuern und Abgaben durch staatliche Steuerbeamte eingezogen. Die Weitläufigkeit des Landes bot den Gemeinden allerdings vielfach Ausweichmöglichkeiten, sich dem Steuerzugriff zu entziehen.

Um 364 gelangte der Thron von Magadha durch Usurpation in den Besitz der Dynastie der Nandas, dem bedeutendsten Königreich im Norden Indiens. Begünstigt durch die Entdeckung und Ausbeutung großer Eisen- und Kupfererzlager hatte dort eine rasche Entwicklung der Produktivkräfte stattgefunden, die die Nanda-Herrscher durch Ausbau eines Verwaltungsnetzes und ein hartes Steuersystem flankierten und so den Grundstein für das Großreich der Mauryas legten. Die Kämpfe der einheimischen kleinen Königreiche und Satrapien gegeneinander und gegen den Einfall von Alexander von Makedonien auf der Grundlage der Eroberung des Perserreichs, nutzte Tschandragupta Maurya, der Begründer der Maurya-Dynastie von Magadha, zur Schaffung einer Basis gegen die Nandas im Nordwesten Indiens. Er übernahm deren Reich im Jahr 317 v.u.Z. Unter Tschandragupta und seinen beiden Nachfolgern gelangte das Großreich des Mauryas, das vom Stammland Magadha aus fast den ganzen Subkontinent in seinen Grenzen vereinigte, zum Höhepunkt seiner Entwicklung; seine größte Machtentfaltung erreichte es unter dem König Aschoka.

In seinen späteren Regierungsjahren war es sein vordringlichstes Anliegen, das riesige heterogene Reich zu einigen; es wurde versucht, einheitliche Maß- und Gewichtsstandards durchzusetzen. Die Naturalabgaben der Dörfer blieben zwar weiterhin Grundlage der Staatseinkünfte, doch versuchte der Staat, d.h. der König und die ihn tragende Aristokratie, sich noch nicht aufgeteiltes Land zwischen den oft weit entfernten Dorfgemeinden anzueignen oder Gemeindelandanteile, deren ursprüngliche Inhaber nicht mehr existierten, als Königsfelder zu bebauen oder an Beamte zur Nutzung zu vergeben. Auch Landvergabe als Ersatz für Gehaltszahlungen oder die Vergabe der Steuernutzung von Dörfern an Brahmanen, die nicht mehr nur Priester, sondern auch Inhaber anderer Berufe wie Ärzte, Beamte, Astrologen etc. geworden waren, kam vor. Für den Bedarf des Exports und des städtischen Handwerks wurde der Anbau technischer Kulturen wie Baumwolle, Indigo, Zuckerrohr verstärkt; der Außenhandel weitete sich beträchtlich aus.

Im Maurya-Reich entstand eine entwickelte geistige Kultur mit dem Hinduismus, dessen Götter Schiwa und Wischnu vorarischen Ursprungs sind. In der Bhagavadgita lehrt Krischna, eine der angesehensten Gottheiten der hinduistischen Religion, dass jeder Mensch, auch eine Frau und außerhalb der brahmanischen Gesellschaft Stehende, den Weg zur Erlösung gehen könne, wenn er ohne Eigennutz zum Wohl der Welt handelte; in dieser Form wurde der Hinduismus zu einer neuen volkstümlichen Reformbewegung. Neben dem aufkommenden Hinduismus breitete sich in dieser Periode auch der Hainyana-Buddhismus weiter aus, der interne Schismen entwickelte und kritisch einzelnen Mönchen gegenüberstand.

Trotz der Erfolge auf ökonomischem und kulturellem Gebiet war das Maurya-Reich nur von kurzem Bestand. Bereits unmittelbar nach dem Tode von Aschoka begann sein Zerfall. Die Ursachen liegen in der Zersplitterung der autark existierenden Gebiete sowie der letztlich nur im Kernland Magadha erfolgreichen Administration. Auf politischem Gebiet bestanden Gegensätze zwischen den brahmanischen Kasten und der buddhistenfreundlichen Haltung Aschokas; darüber hinaus verstärkte sich der Druck der gräko-baktrischen Staaten auf die Nordwestgrenze des Reiches. Infolge dieser fehlenden Integration erstrebten einzelne Bereiche wieder ihre Unabhängigkeit und auf das erste Großreich auf indischem Boden folgte eine Periode politischer Zersplitterung in selbstständige Staaten.

Bis zum Jahr 185 v.u.Z. regierten in Magadha und in den an die Gangesebene angrenzenden Gebieten noch Könige aus dem Hause der Mauryas. Unter den beiden nachfolgenden Dynastien, den Schungas (185–68) und den Kanvas (68–23), schrumpfte das Reich immer mehr zusammen, bis es gegen Ende der Regierungszeit der Kanvas nur noch das Kernland Magadha umfasste. In Mittel- und Nordindien waren nach dem Zerfall des Maurya-Reiches eine Reihe von selbstständigen Staaten entstanden, die in kriegerische Auseinandersetzungen sowohl mit den Herrschern von Magadha als auch den gräko-baktrischen Königen verwickelt waren. Das nordwestliche Indien bildete den Schauplatz wechselnder Kämpfe zwischen verschiedenen Einwanderervölkern und den Indo-Griechen. Diese Kämpfe hörten erst mit der Eingliederung Nordwestindiens in das Reich der Kuschanas auf. Das Kuschan-Reich wurde von Abkömmlingen der Yuezhi, die ursprünglich aus der heutigen chinesischen Provinz Gansu herstammten, gegründet; die Gründung wird Kudschula Kadphises zugeschrieben. Das Reich der Kuschanas reichte vom heutigen Staat Tadschikistan bis zum Kaspischen Meer und vom Gebiet des heutigen Afghanistan bis hinunter ins Industal und das Ganges-Yamuna-Zweistromland; es schloss Kaschmir und Gandhara ein. Im weiteren Verlauf der Entwicklung verlagerte sich der Schwerpunkt des Kuschan-Reiches immer mehr von Baktrien nach Indien. Auf den letzten bedeutenden Herrscher Vasudeva folgten die sog. kleinen Kuschanas; insgesamt blieb Nordindien bis zur Gupta-Zeit ab ca. 320 u.Z. in viele kleinere Staaten geteilt.

Die ökonomische Basis blieb in den Dörfern mit der Verbindung von Ackerbau und Handwerk und damit auch mit der selbstgenügsamen Produktion bestehen. Allerdings ging die allmähliche Modifikation der Eigentumsverhältnisse am Grund und Boden durch Auflösungen des Gemeineigentums weiter. Neben den Dorfbewohnern, die kein von der Gemeinde garantiertes Recht auf Bodenanteile besaßen, entwickelte sich ein Unterschied zwischen vollberechtigten Gemeindemitgliedern mit erblichen Ansprüchen und den übrigen Bauern, die als ehemalige Fremde das Land nur in bedingter Nutzung hatten. »*Infolgedessen entwickelte sich die Gemeinde stets mehr zu einer Institution, die einer Schicht von Bauern mit bevorzugtem Status ihr Grundeigentum garantierte und die übrigen Bauern davon*

Kapitel 11: Imperien und Staaten der asiatischen Produktionsweise

ausschloss.« (Sellnow et al. 1977: 434) Die herrschende Klasse schuf sich neben den Pfründeübertragungen mit den sog. agrahara-Schenkungen neue Formen der Verfügungsgewalt über den Grund und Boden. Dabei wurde steuerfreies Land zur direkten Nutzung vergeben, und zwar meist an Brahmanen, die dieses Land teilweise auch selbst bebauten. Diese Brahmanen »*gingen in der privilegierten Oberschicht der Dörfer auf. Ihr Eigentum an den Feldern unterlag damit denselben Beschränkungen wie das der übrigen Dorfmitglieder. Ihre Rechte wurden durch die Dorfgemeinde zwar garantiert, aber auch eingeschränkt.*« (Ibid.)

Eine weitere typische Ausprägung der asiatischen Produktionsweise in Indien, die auf den der Arbeit vorausgesetzten Gemeinschafts- und Eigentumsverhältnissen beruht, bestand in der Entwicklung in den Städten Nord- und Mittelindiens, in denen eine Schicht reicher Handwerker und Händler entstanden war, die sich in Korporationen vereinigten und einen bedeutenden wirtschaftlichen und sozialen Machtfaktor darstellten. Es kam zur Herausbildung von Berufskasten, die mit dem Zwang zur Erblichkeit der Berufe die Kontinuität der Produktion durch innerfamiliale Weitergabe von Kenntnissen und Fertigkeiten sicherten. Im Kastensystem, welches sich bis in die Gegenwart erhalten hat, gab es für jede Kaste genaue Bestimmungen, die neben dem Beruf auch die Speisegemeinschaft, die Heiratsbeziehungen und das Verhältnis zu den übrigen Kasten regelten.

Im Großreich der Guptas (vgl. Abb. 11.5), das in der Zeit von 320 bis 600 u.Z. zu datieren ist, erfuhren viele der bereits vorher existierenden sozioökonomischen Verhältnisse eine weitere Ausprägung und Entwicklung. Nach dem Zusammenbruch des Kuschan-Reiches und der darauf folgenden Dezentralisation gelang es dem Staat Magadha noch einmal, unter der Gupta-Dynastie weite Teile Nord- und Mittelindiens in einem Großreich zu vereinen. Zwar bestanden die regionalen Königtümer fort und regierten in ihren Gebieten weitgehend selbstständig, allerdings mit einem unterschiedlichen Grad ihrer Abhängigkeit von der Zentralverwaltung; generell hatten sie jedoch die ihnen von jener auferlegten Abgaben zu leisten. Entscheidend für den Bestand des Gupta-Reiches war die Behauptung gegenüber den Hephthaliten oder Weißen Hunnen, die von ihrem Zentrum in Baktrien immer wieder nach Indien einfielen, bis sie von den Heeren des Königs Skandagupta zur Mitte der 50er Jahre des 4. Jahrhunderts vernichtend geschlagen wurden. Mit diesem Sieg über die Hephthaliten war Indien das einzige Land, das sich gegen ihren Ansturm erfolgreich verteidigen konnte.

Die politische Macht im Gupta-Reich lag völlig in der Hand der Könige, die teilweise oberste Heerführer waren und sich auf den vom König ausgewählten Kronprinz, die Ratgeber des Königs, die Heerführer und Kommandierenden der Reiterei und der Elefantentruppen sowie sog. »oberste Torhüter« und oberste Richter als Würdenträger stützten. Der Staat wurde in Provinzen und diese in Distrikte unter staatlichen Beamten gegliedert. Statthalter des Königs in den Provinzen waren entweder Gupta-Prinzen oder eine Art Unterkönige als Angehörige der jeweils unterworfenen Herrscherhäuser. Ökonomisch spielte im Gupta-Reich der Fernhandel, der bis nach Byzanz und Aksum sowie Hinterindien und China reichte, eine

Abbildung 11.5: Gupta-Reich (320–600 u.Z.)

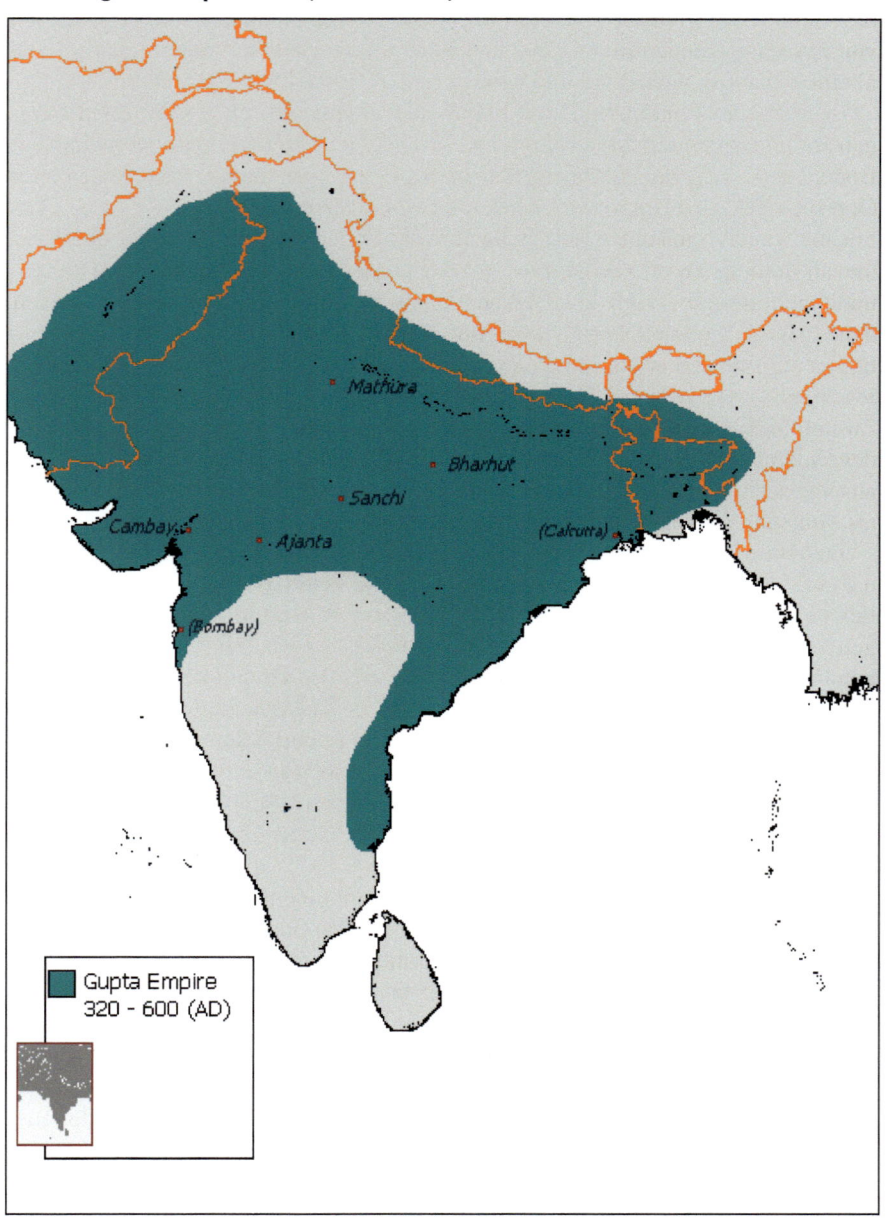

Quelle: https://de.wikipedia.org/wiki/Gupta-Reich

Kapitel 11: Imperien und Staaten der asiatischen Produktionsweise

hervorragende Rolle. Die Erschließung des Hochlandes von Dekhan, d.h. des Gebiets inmitten des indischen Subkontinents, für die Landwirtschaft, die den Einsatz von Eisenwerkzeugen für den Brunnenbau voraussetzte, war ein wichtiges Ereignis für die wirtschaftliche Entwicklung.

In den sozioökonomischen Beziehungen weiteten sich die agahara-Schenkungen aus und dezentralisierten administrative Verfügungsrechte über den Grund und Boden, sodass es zur Förderung der weiteren Herausbildung einer privilegierten Oberschicht in den Dorfgemeinden kam. Diese Schenkungen betrafen vorwiegend brachliegendes Land innerhalb der Dorfterritorien, das der König als Erbe übernahm und an Brahmanen vergab. Durch die Steuerpfründe und die Rechte aus Verwaltung und Gerichtsbarkeit vollzog sich eine Ausweitung der Nutzungs- zu weitergehenden Quasi-Eigentumsrechten. Diese Entwicklung führte später zur Herausbildung brahmanischer Bauernkasten. Auf wissenschaftlichem Gebiet wurden im Gupta-Reich die Werke der griechisch-römischen Astrologie weiterbearbeitet; in diesem Zusammenhang bediente sich die indische Mathematik dieser Zeit der Null und des Dezimalsystems. In religiös-ideologischer Hinsicht kam es zum Synkretismus aus vedischen und hinduistischen Elementen, aus dem sich später der Hinduismus als Volksreligion entwickelte.

Der Untergang des Gupta-Reiches um die Wende vom 5. zum 6. Jahrhundert u.Z. war gekommen, als die wieder anstürmenden Heere der Hephthaliten schließlich den Zusammenbruch herbeiführten, der durch die separatistischen Bestrebungen lokaler Würdenträger im Innern begünstigt worden war. Zuerst fielen den »Weißen Hunnen« das Pandschab, Kaschmir, Teile von Radschputana und Ostmalva in die Hände, deren Oberhäupter keinen ernsthaften Widerstand leisteten. Mit ihrem Untergang war das Schicksal der Aristokratien in Indien besiegelt. Die Hephthaliten wurden von Toramana angeführt, der bis nach Magadha vordrang und das Gebiet des Gupta-Reiches bis auf einige Teile im Norden und Osten an sich riss. Von langer Dauer war die Herrschaft der Hephthaliten allerdings nicht; um 535 wurden sie besiegt und vertrieben.

Schon immer hatte die gesellschaftliche Entwicklung in Südindien eine Sonderstellung inne gehabt; bis ins Mittelalter sollten sich die Eigenheiten dieses indischen Landesteils erhalten. Bis zum 6. Jahrhundert v.u.Z. hatten in Südindien Verhältnisse des archaischen Urtyps von Gesellschaften mit Gemeineigentum autarker Dorfgemeinschaften bestanden; danach setzte ihre Fortentwicklung zur asiatischen Produktionsweise und Klassengesellschaft ein. Etwa vom 1. Jahrhundert v.u.Z. bis gegen Ende des 2. Jh. u.Z. waren die Tscholas die führende Macht in Südindien; ihr bedeutendster König war Karikala (im 190 u.Z.). Er veranlasste den Bau großer Bewässerungsanlagen (Staubecken und Kanäle), die den Wasserüberschuss des Kaveri-Flusses in die Trockengebiete von Süd-Tandschur leiteten. Mit dem 3. Jahrhundert u.Z. neigte sich die Periode der bis dato in Südindien herrschenden Dynastien dem Ende zu und es kam zur Herausbildung eines neuen Großreiches unter der Pallava-Dynastie in diesem Gebiet. Die Gesellschaft trug dieser Zeit noch stark gentil-matriarchale Züge, die die Klassendifferenzierung teilweise überdeckten. Neben der Mehrheit der bäuerlichen Produzenten auf dem Land hatten sich in den Städten Händler und Handwerker etabliert, die sich bereits weitgehend spezialisiert hatten. Der König ging aus der Bauernschaft hervor und wurde meistens gewählt, konnte daher auch wieder abgesetzt werden. Er galt als Gottesinkarnation und war oberster Richter. Die ökonomische Basis des Staatsapparates, der hohe und niedere Verwaltungsbeamte, Heerführer und Minister umschloss, bestand aus Naturalsteuern der Dörfer, hinzu kam die Beute aus Kriegen und Überfällen.

Die südindischen Städte konnten mit der Entwicklung des Überseehandels in den ersten Jahrhunderten u.Z. ihre Unabhängigkeit bewahren und dem König als selbstständige Macht gegenübertreten. Die Könige hatten aus kommerziellen Gründen ein Interesse daran, ihre Hauptstädte in die Nähe der Handelszentren, an die Küste oder an einen schiffbaren Fluss zu verlegen. Inschriften belegen, dass Dotationen des Königs in Form von Land an Mönchsgemeinden und Stiftungen von Klosteranlagen vorkamen. Der Einfluss des Hinduismus zeigte sich in der Übernahme des Kastenwesens.

Im 7. Jahrhundert u.Z. waren auf dem Territorium des ehemaligen Gupta-Reiches mehrere Staaten entstanden, die einander häufig bekämpften. Im Nordwesten hatten sich die Gurdscharas, die mit den Hephthaliten nach Indien gekommen waren, angesiedelt und bildeten ein Reich, das sich im 8. Jh. bis in das Gangestal und nach Mittelindien erstreckte. In Nord- und Nordostindien kämpften die Gauda in Bengalen, die Maukhari im mittleren Gangestal bis zur Ganges-Yamuna-Ebene und die Puschyabhuti im Gebiet um Delhi miteinander um die Vorherrschaft. Nach dem Sieg über die Rivalen gründete 606 u.Z. Harsch Puavardhana Puschyabhuti noch einmal ein größeres Reich; es währte allerdings nur kurze Zeit und wurde von einer Kleinstaaterei mit wechselnden Dynastien abgelöst. Weitere jeweils kurzzeitige Reichsbildungen wechselten sich bis zum 8. Jahrhundert ab, hatten aber keinen dauerhaften Bestand, sodass es im 10. Jh. u.Z. in Nord- und Mittelindien mehr als zwanzig kleinere Fürstentümer gab, von denen keines eine bedeutende Position erobern konnte.

Dagegen kam es in Südindien im 9. bis 12. Jahrhundert noch einmal zur Bildung eines größeren Reiches, das sich in der Zeit seiner größten Macht sogar bis nach Ceylon und Indonesien erstreckte. Es wurde durch die kleine Dynastie der Tscholas, die schon in den beiden ersten Jahrhunderten nach dem Zeitenwechsel eine dominierende Stellung in Südindien innegehabt hatten, beherrscht. Sie wurden im 10. Jh. zur bedeutendsten Seemacht in Indien und kontrollierten den überwiegenden Teil des Seehandels mit Arabien, Hinterindien, Indonesien und China. Kämpfe mit kleinen, nach Unabhängigkeit strebenden Fürstentümern an den Rändern ihres Reiches, die nur lose in einem Vasallenverhältnis mit der Zentralmacht verbunden waren, erschöpften die Kraft der Tscholas, sodass ihr Reich gegen Ende des 12. Jh. verfiel.

In Nordwestindien hatte schon in den neunziger Jahren des 10. Jahrhunderts die türkisch-islamische Dynastie der Ghaznaviden mehrfach Einfälle unternommen, wobei die interne Zersplitterung in viele kleine Fürstentümer ihr Vordringen begünstigte. Sabuktigin von Ghazni und sein Nachfolger Mahmud dehnten ihre Macht über das Pandschab bis weit nach Gudscherat aus. Als um 1170 u.Z. Mohammed Ghuri Ghazni eroberte und die Nachfolge der Ghaznaviden in Indien antrat, begann das Zeitalter der 600jährigen islamischen Herrschaft auf dem Subkontinent. Marx hatte diese Entwicklung Indiens als eine »*Geschichte der aufeinanderfolgenden Eindringlinge, die ihre Reiche auf der passiven Grundlage dieser widerstandslosen, sich nicht verändernden Gesellschaft errichteten*« (MEW 9: 220), beschrieben und als eine im Wesentlichen politische Überformung der einzelnen kleinen Gemeinwesen, die ihre innere Struktur nur unwesentlich veränderten, bestimmt. Demzufolge ist die indische Entwicklung bis zur Kolonisation durch die Engländer zu Beginn des 18. Jahrhunderts durch die Britisch-Ostindische Kompanie eine Entwicklung im Rahmen der asiatischen Produktionsweise auf einem vergleichsweise niedrigen Niveau geblieben. Wenn sich dabei die Verhältnisse zum Grund und Boden, der den Mitgliedern der Dorfgemeinde ursprünglich nur zur privaten Nutzung zustand, im Laufe des sozialen Differenzierungsprozesses innerhalb der Dorfgemeinden und der Herausbildung von klassenbestimmten Herrschafts- und Knechtschaftsverhältnissen in den größeren oder kleineren Territorien stärker zu eigentumsmäßigen Rechten, die administrative Funktionen einschlossen, weiterentwickelten, so sind dies Ausprägungen innerhalb der asiatischen Produktionsweise und keineswegs Ausdrucksformen eines Übergangs zu einem Feudalismus in Indien. Weder die Schenkungen von Land an Tempel, Klöster, einzelne Brahmanen und Beamte des Königs sowie kleine Fürsten stellten etwas qualitativ Neues gegenüber den agrahara-Schenkungen der Vor-Gupta- und Gupta-Zeit dar und auch die Vergabe von Steuerpfründen und sonstigen Einkünften aus Dörfern an Mitglieder der herrschenden Königsfamilien kam bereits in dieser Zeit vor. Das stärkste Argument, das für die Feudalisierung der Verhältnisse in Indien zu dieser Zeit angeführt wird, besteht in der »*Individualisierung bei der Abschöpfung des Mehrprodukts*« als Ausdruck für die »*Herausbildung neuer Eigentumsformen.*« (Sellnow et al: 1977: 642f.) Die Entstehung von privatem Grundeigentum durch Schenkungen und die darauf begründeten »*Ausbeutungsverhältnisse in Form von Pacht, bezahlter Arbeit oder direkter Abhängigkeit*« (ibid.: 643) weisen allenfalls Ähnlichkeiten zu den sozialen Verhältnissen der feudalen Produktionsweise in (West-) Europa auf und haben, da an den Grund und Boden gebunden, feudale Züge. Aber sie konstituieren keinen Feudalismus. Dem steht die fortbestehende Bindung des Einzelnen an die Gemeinde entgegen, die nach wie vor die Verfügungsgewalt über privates Grundeigentum beschränkte und die soziale Bestimmtheit des bäuerlichen Produzenten als Gemeindemitglied bestimmte. Auch über das Gemeineigentum an Weide, Wasser und Brachland der Dorfgemeinden bestimmten neben dem König in erster Linie die Dorfvorsteher und ihre Helfer. Ein Vergleich zur germanischen Allmende liegt nahe, doch bedeutet das nicht, dass die Sozialstrukturen in den indischen Dörfern Eigenschaften der germanischen Eigentumsform (Form III) aufgewiesen hätten; Entsprechendes gilt für die städtischen Korporationen (Schrenis) die nur auf den ersten Blick Ähnlichkeiten zum europäischen Zunftwesen aufweisen, jedoch in Indien durch das Kastensystem fundiert waren. Damit ist klar: Zu wenig war die Selbstständigkeit der einzelnen Gemeindemitglieder entwickelt und zu stark wurde ihre individuelle Entwicklung durch die Herrschaftsformen der orientalischen Despotie unterdrückt, als dass feudale Züge oder einzelne Erscheinungsformen eine Kategorisierung der indischen Gesellschaft(en) der Nach-Gupta-Zeit als feudalistische Gesellschaften rechtfertigen würde. Ihrem Fortbestand im Rahmen der asiatischen Produktionsweise entspricht auch der Umstand, dass die Entwicklung der Produktivkräfte der Arbeit limitiert war und »*die indische Wirtschaft auf dem Stand blieb, den sie in der Gupta-Zeit erreicht hatte*« (Ibid.: 640).

c) China: Von der Qin- zur Qing-Dynastie

Qin-Dynastie (bis 207 v.u.Z.)

In den über 2.000 Jahren des chinesischen Kaiserreichs wechselten sich Zeiten relativer Stabilität mit Einfällen nomadischer Völker (vor allem aus den nördlichen Regionen) und heftigen Verwerfungen zwischen den Dynastien ab, durch die es zu teils langandauernden Teilungen des Landes kam.

Die Qin-Dynastie war die erste Dynastie des chinesischen Kaiserreiches; ihre Ursprünge liegen in der Zhou-Zeit. Sie entstand aus dem Staat Qin, dem westlichsten der sieben Staaten, die in der »Zeit der Streitenden Reiche« um die Vorherrschaft rangen. Qin gelang es, bis zum Jahre 221 v.u.Z. alle rivalisierenden Reiche zu erobern und somit zum ersten Mal das gesamte von Chinesen besiedelte Territorium unter einer Krone zu vereinigen (vgl. Abb. 11.6). Dies war der Höhepunkt einer Entwicklung, die bereits in den vorangegangenen Jahrhunderten eingesetzt hatte und eines der wichtigsten Ereignisse in der Geschichte Chinas darstellt.

Den Herrschern von Qin hatte man schon zur West-Zhou-Zeit Gebiete im Nordwesten des Zhou-Territoriums zugewiesen, die in ständigen Kriegen mit Fremdstämmen nach und nach vergrößert worden waren. Als relativ junger Staat hatte die Aristokratie hier nie den inneren Grad der Verfestigung erlangt wie in den chinesischen Kerngebieten. Was sich aus den Strukturen der älteren Zeit erhalten hatte, wurde durch die Reformen des Kanzlers Shang Yang (gest. 338 v.u.Z.) geschliffen. Das gesamte Qin-Volk wurde in Gruppen von 5 und 10 Familien eingeteilt, die füreinander Verantwortung trugen. Im ganzen Land wurde eine einheitliche administrative Gliederung etabliert, der auch eine bestimmte feste Vergabe von Grund und Boden entsprach, was die Macht der Dorfgemeinden beschnitt und die Sanktionierung des bäuerlichen Kleineigentums bedeutete. Mit dieser Integration des individuellen bäuerlichen Kleineigentums in die staatliche Ausbeutung durch Steuerzahlungen wurde die absolute Gewalt des Staates gefestigt. An die Stelle des Grundeigentums der naturwüchsigen Dorfgemeinden trat das formelle Eigentum des Qin-Staates am Grund und Boden und dessen individuelle Bewirtschaftung durch bäuerliche Familien – eine durchaus typische Ausformung der asiatischen Produktionsweise, die auch in anderen Imperien anzutreffen war. Im Laufe

Kapitel 11: Imperien und Staaten der asiatischen Produktionsweise   343

Abbildung 11.6: Gebiet der Qin-Dynastie

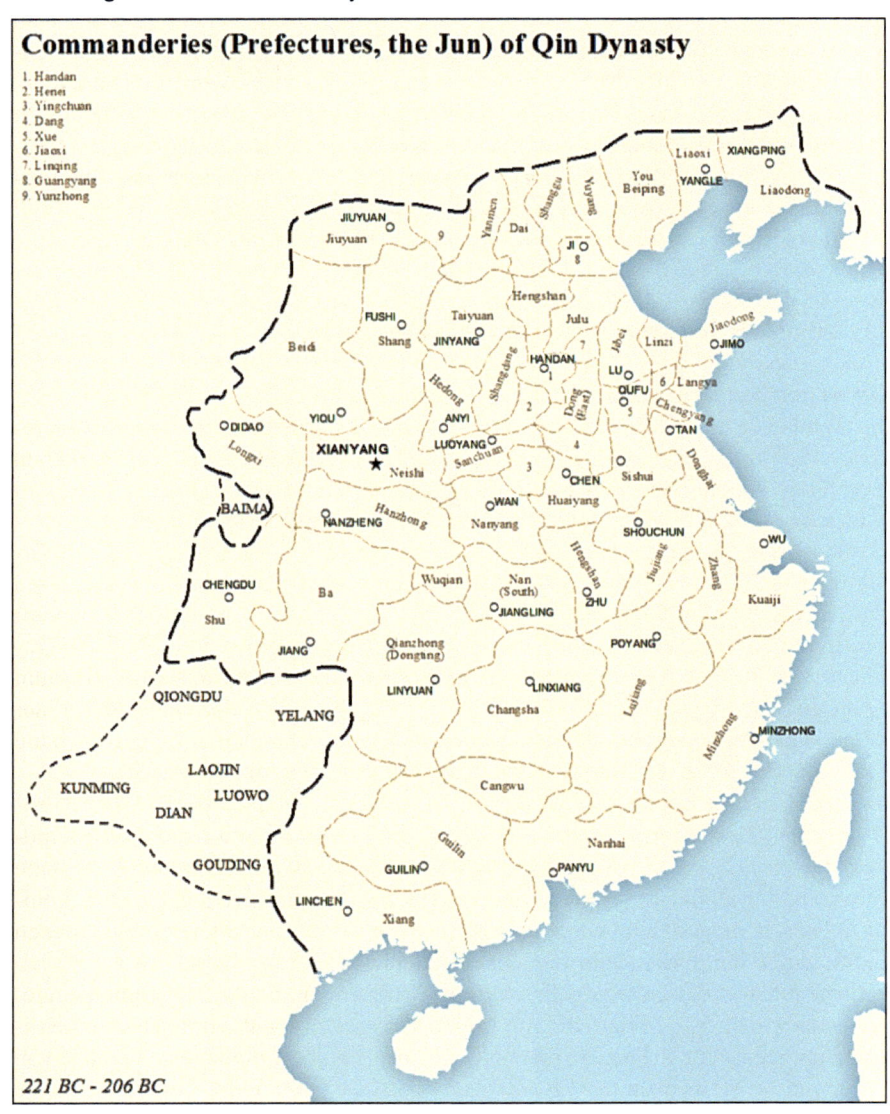

Commanderies (Prefectures, the Jun) of Qin Dynasty

1. Handan
2. Henei
3. Yingchuan
4. Dang
5. Xue
6. Jiaoxi
7. Linqing
8. Guangyang
9. Yunzhong

221 BC - 206 BC

Quelle: https://de.wikipedia.org/wiki/Qin-Dynastie

von etwas mehr als einem Jahrhundert gelang es Qin, eine große innere Stabilität zu gewinnen, alle anderen kleineren Königreiche – Wei, Han, Zhao, Qi, Yan und Chu – nach und nach zu beseitigen und China unter seiner Herrschaft zu vereinen (221–207 v.u.Z.).

Die Grundstruktur der von Shang Yang entwickelten Gedanken wurden nun auf das gesamte Territorium übertragen. China wurde in 36 Präfekturen und jede Präfektur in eine Reihe von Kreisen unterteilt, deren leitende Beamte von der Zentrale ernannt wurden. Es kam zur Vereinheitlichung des Geldsystems und der Schrift. Ein geschlossenes Netz von Straßen wurde angelegt und zum Schutz vor den zentralasiatischen Nomadenstämmen an der Nordgrenze des Reiches eine Große Mauer errichtet. Der Ausbau sowie die Verbindung der alten Bewässerungsanlagen und Kanäle dienten ebenso dem Verkehr wie der Berieselung der Felder.

In vielen aufwendigen Kriegen mussten die Qin unter Shihuangdi, dem »Ersten Kaiser« (221–210 v.u.Z.), die zentralasiatischen Nomaden der Xiongnu abwehren. Das chinesische Territorium wurde durch Eroberungen im Nordwestern bis zur Grenze von Ostturkestan und im Süden bis in das Gebiet des heutigen Vietnam erweitert. Die Belastung der Bauern durch Steuern, Kriegsdienst und Arbeiten an den Bauvorhaben des Kaisers wurden immer drückender, brachten Viele in Strafgefangenschaft und entluden sich im Jahr 209 in einem gewaltigen Aufstand unter der Führung der Bauern Chen Seng und Wu Guang. Ersterer erklärte sich in Huaiyang (Henan) zum König und zog gegen die Hauptstadt Changdu (Chang'an), wurde aber durch die Truppen des Kaisers bei Lintong (Shenxi) und Mianchi (Henan) geschlagen.

Han-Dynastie (226 v.u.Z. – 220 u.Z.)

Die durch den Aufstand ausgelösten Wirren führten schließlich zum Sturz der Qin-Herrschaft im Jahr 207 v.u.Z. und zur Errichtung einer neuen Dynastie, der Han-Dynastie (vgl. Abb. 11.7). Ihr Begründer war Liu Bang, ein Kleinbauer, der in seiner Heimat einen untergeordneten Amtsposten innegehabt hatte und an der Spitze einer Armee gegen den Aristokraten Xiang Yu den Sieg errang. Als Kaiser (206-195 v.u.Z.) nahm er den Titel Gaozu an.

Während der ersten Jahrzehnte der Han-Herrschaft wurden niedrigere Steuern von den bäuerlichen Produzenten erhoben; auch ihre Belastung durch Dienstleistungen hielt sich in Grenzen. Die Bauern lebten mit ihren Familien, die jeweils aus ca. 5 bis 6 Personen bestanden, in kleinen Dörfern. An deren Spitze stand eine Art Dorfschulte, bei dem es sich wahrscheinlich meist um einen älteren Angehörigen einer wohlhabenden Familie gehandelt hat. Er regelte die Angelegenheiten des Dorfes und vertrat es gegenüber den vorgesetzten Beamten. Die tradierten Sippenstrukturen hatten nur noch den Charakter eines bloßen Verwandtschaftssystems und waren keine Determinanten der Eigentumsverhältnisse mehr. Die herrschende Klasse im Reich bestand aus der Kaiserfamilie samt ihrer weitreichenden Verwandtschaft und aus den Beamten der zentralen Administration und deren Verwandten. Der größte Teil von ihnen gelangte in erster Linie durch die Ausübung staatlicher Ämter in diese Position und hatte durch Amtsgehälter, Bestechungsgelder und Schenkungen des Kaisers Anteil am gesellschaftlichen Mehrprodukt. Privates Grundeigentum spielte für diese Personen zunächst vornehmlich als Geldanlage eine Rolle und hatte während der ersten Jahrzehnte der Han-Dynastie nur einen geringen Um-

Abbildung 11.7: Territorium der Han-Dynastie

Quelle: https://www.britannica.com/topic/Han-dynasty

fang. Die Beamten hatten das Recht und die Pflicht, innerhalb ihres Zuständigkeitsbereiches geeignete Personen für den Aufstieg in zentrale Ämter auszuwählen, um so die Kontinuität der Herrschaft zu gewährleisten. An Zugeständnissen gegenüber der alten Aristokratie und prominenten Angehörigen seiner Sippe überließ ihnen der Kaiser kleinere Territorien zur privaten Ausbeutung und selbstständigen Herrschaft. Dies führte in der Folgezeit zu Konflikten und schließlich zu dem Versuch einiger dieser kleinen Territorialherrscher, sich gegen die Zentralgewalt zu erheben. Ihre Revolten wurden erst im Jahr 154 u.Z. endgültig niedergeschlagen.

Die Konsolidierung der ökonomischen Basis des Staates nutzte der Kaiser Wu (Wudi) in seiner Regierungszeit (140–87 v.u.Z.) zu weitreichenden außenpolitischen Unternehmungen. Im Jahr 133 v.u.Z. begann Wudi, gegen die Xiongnu vorzugehen, brachte dann Ostturkestan unter chinesische Oberhoheit, eroberte den Nordteil von Korea und drang im Süden tief in die noch von Fremdstämmen bewohnten Gebiete ein. Diese militärischen Unternehmungen verschlangen die ökonomischen Reserven des Staates und führten zu erneuten drastischen Steuererhöhungen, die viele Bauern ruinierten. Sie gerieten in Abhängigkeit von Wucherern oder verließen ihre Dörfer und vagabundierten im Land umher. Der Zerfall der Dorfgemeinden mit ihrem Gemeineigentum am Grund und Boden zog in relativ kurzer Zeit für viele bäuerliche Produzenten den Verlust des gerade gewonnenen Grundbesitzes nach sich und führte zu einer raschen sozialen Differenzierung zugunsten bessergestellter Bauern und Beamten, die ihren Besitzstand vergrößern konnten. Es bildete sich großer Grundbesitz auf der einen und Abhängigkeit durch Pacht und Arbeit im Tagelohn seitens seiner Bearbeiter auf der anderen Seite. Auch Handwerker und Kaufleute waren durch Staatsmonopole für die Herstellung und den Vertrieb von Salz und Eisen benachteiligt. Gleichwohl blieben die bäuerlichen Kleinproduzenten und ihre Produktionsresultate immer noch die Haupteinnahmebasis des Staates.

Die nach Wudi einsetzende Krise der Zentralgewalt machte die vorangegangene Förderung der Landwirtschaft durch Anlage von Bewässerungseinrichtungen und Kanäle bald wieder zunichte. Unter Wudis Nachfolgern der westlichen Han kam es zu heftigen Streitigkeiten um die Macht. Schließlich gelang es Wang Mang, dem Neffen einer Han-Kaiserin, die Macht an sich zu reißen und die Dynastie Xin (9–13 u.Z.) zu etablieren. Die 15 Jahre seiner Regierung waren reich an Reformversuchen verschiedenster Art, führten aber ökonomisch und politisch zu heilloser Verwirrung. Als infolge der Änderung des Laufes des Huanghe große Teile Chinas überschwemmt wurden, kam es allenthalben zu Aufständen des Volkes. Den Kern bildete der Aufstand der nach ihrem Erkennungszeichen benannten »Roten Augenbrauen« (18–27). Eintausend Bauern besetzten, von Hunger getrieben, die Gebiete um Qinzhou (Linzi) und Xuzhou (bei Tancheng) in Shandong. Im Kampf um die Hauptstadt Chang'an (heutiges Xi'an in der Provinz Shenxi) unterlagen die Truppen des Wang Mang und er wurde getötet.

Den Aufständischen fehlte von Anbeginn an die Fähigkeit, Ordnung und Disziplin durchzusetzen und die Massen vom Plündern abzuhalten. Aufgrund dieser fehlenden inneren Festigkeit ihrer Herrschaft übernahm im Jahr 25 u.Z. Liu Xiu (4 v.u.Z. bis 57 u.Z.), ein Angehöriger einer Nebenlinie des Han-Kaiserhauses, an der Spitze von Bauerntruppen die Stadt Luoyang ein und stellte dort als Kaiser Guangwudi die Han-Dynastie wieder her. Es folgte die Periode der Östlichen Han in den Jahren 25–220 u.Z. mit insgesamt 12 Kaisern. Guangwudi machte den Bauern größere Zugeständnisse und bemühte sich um die Zurückdrängung einflussreicher Gruppen am Hofe. Unter seinen Nachfolgern kam es jedoch seit dem Ende des 1. Jahrhunderts u.Z. zum Kampf um die Vorherrschaft konkurrierender Gruppen der Eunuchen und Sippen der Kaiserinnen und Beamten. Diese Kämpfe waren mit außerordentlichen Blutopfern verbunden. Auch an den Grenzen des Reiches konnte die Oberhoheit über Ostturkestan nicht aufrechterhalten werden und die Xiongnu-Stämme fassten erneut in Nordchina Fuß. Im Innern des Landes verarmten die Kleinbauern weiter und viele mussten ihre Wirtschaften aufgeben. Lo-

Kapitel 11: Imperien und Staaten der asiatischen Produktionsweise

kale Magnaten schufen aus den verarmten Bauern sowie aus Sklaven Privattruppen zur Verteidigung ihrer Anwesen. Gegen Ende des 2. Jahrhunderts kam es wieder zu zahlreichen Aufständen, unter denen der Aufstand der nach ihrem Erkennungszeichen so benannten »Gelben Turbane« unter ihrem Gründer Zhang Jiao der Bedeutendste war. Zhang Jiao propagierte den Kampf gegen das korrupte und unfähige Regime der Han.

Seine Bewegung erfasste das gesamte ostchinesische Küstengebiet und erstreckte sich am Chanjiang (Yangtzekjang) entlang bis nach Sichuan. Wenn es auch den Han-Truppen gelang, diesen Aufstand niederzuschlagen, so brachen doch in anderen Gebieten weitere Aufstände aus, die durch lokale Heerführer nach individuellen Interessen und Zielstellungen geführt wurden. Einer von ihnen, Cao Cao (155–220), brachte schließlich den letzten Han-Kaiser Xiandi in seine Gewalt und errang eine faktische Herrschaft über ganz Nordchina. Damit war die Han-Dynastie entmachtet, ihr Territorium wurde zum Schauplatz der Auseinandersetzung zwischen verschiedenen Heerführern, die sich um die Vormacht stritten.

Bedeutsam für die Han-Zeit ist die Weiterentwicklung des Konfuzianismus zu einer umfassenden Lehre durch Dong Zhoungshu (etwa 176 bis etwa 104 u.Z.) und seine Erhebung in den Rang einer Staatsideologie. Sie diente als Grundlage für die Ausbildung der Beamten und wurde an der auf Vorschlag von Dong Zhoungshu gegründeten kaiserlichen Akademie gelehrt. Hervorzuheben sind außerdem die Leistungen der Han-Dynastie auf dem Gebiet der Historiographie mit der Begründung einer offiziellen Dynastiegeschichte.

Teilung des Reiches und Herrschaft der Fremdvölker (220–589)

Während der kriegerischen Auseinandersetzungen zwischen verschiedenen Heerführern nach dem Zerfall der Han-Dynastie verließen viele Bauern ihren Grund, um dem nicht mehr tragbaren Steuer- und Dienstleistungszugriff des Staates zu entgehen, vagabundierten über das Land oder begaben sich in die Gefolgschaft von reichen Grundbesitzern. Bei der Ausgestaltung der Abhängigkeitsverhältnisse der bäuerlichen Produzenten gab es große lokale Unterschiede, die von Sklaven, über landwirtschaftliche Pächter mit einer gewissen, schon durch die Wirtschaftsweise der chinesischen Intensivkultur bedingten Selbstständigkeit bis hin zu Soldaten, die in den persönlichen Truppen ihrer Herren dienten, reichten. Die Existenz von Grundherrschaften, deren Führer ausgehend von befestigten, burgähnlichen Höfen zum Teil gewaltige Gebiete und bis zu Tausende Familien beherrschten, bildeten die Grundlage für separatistische Tendenzen, die die Restitution einer politischen Zentralgewalt verunmöglichten. Auf dem von der Han-Dynastie seinerzeit beherrschten Gebiet kam es nach langen Kämpfen zur Gründung der drei Staaten Wei (220–265), Shu (221–263) und Wu (222–280) (vgl. Abb. 11.8). Die meiste Macht besaß die Regierung in dem von Cao Pei (187–226) gegründeten Staat Wei, der ganz Nordchina umfasste und den sein Vater Cao Cao von West-Shandong aus erobert hatte. Wei war der wirtschaftlich entwickeltste der drei Staaten und eroberte später die Gebiete der beiden anderen Staaten Shu und Wu.

Abbildung 11.8: Die drei Königreiche um 250 u.Z.

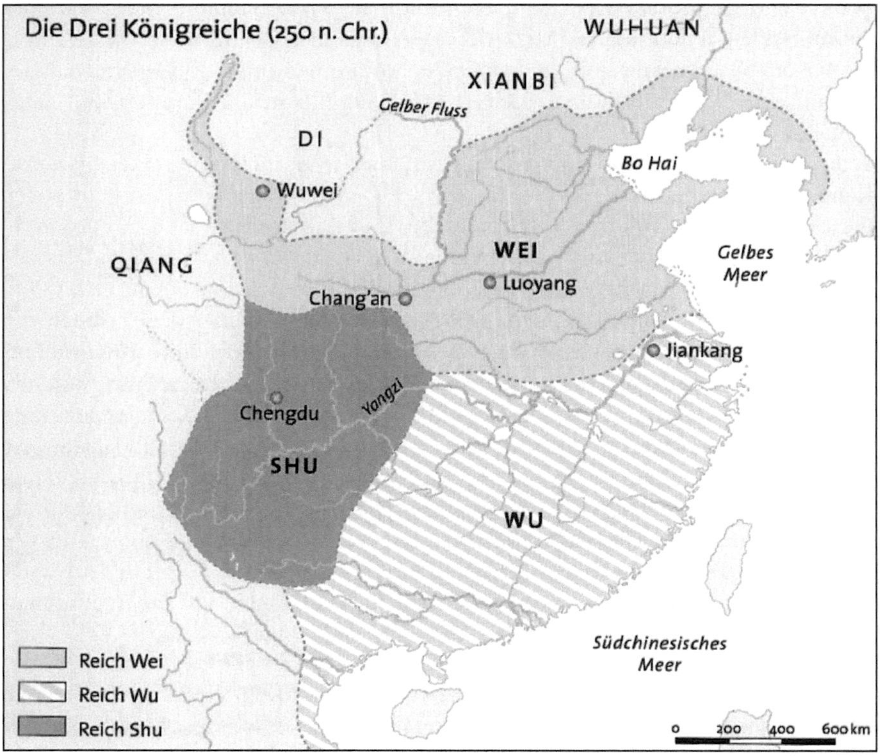

Quelle: Schmidt-Glintzer 2008: 59

Durch die ständigen Kriege der Ost-Han-Dynastie war die Bevölkerung dezimiert worden und die Zahl der vom Staat registrierten und besteuerten Haushalte hatte stark abgenommen. Die Städte waren verödet und Handwerk und Handel lagen zu Beginn des 3. Jahrhunderts danieder. Geld war nicht mehr in Gebrauch und der Produktentausch vollzog sich in naturalwirtschaftlichen Formen. Große Teile des Landes lagen brach und Arbeitskräfte für die Landwirtschaft waren schwer zu finden. Dies war der Hintergrund für die meist wohl zwangsweise Ansiedlung von noch nicht von Grundherren abhängiger Bevölkerung auf brachliegendem Land im Rahmen des sog. Tuntian-Systems. Es wurde nach der Gründung von Wei auf das ganze Land ausgedehnt und betraf auch Bevölkerungsgruppen aus den Grenzgebieten, die umgesiedelt wurden.

Die Siedlungseinheiten dieses Tuntian-Systems bildeten Wehrdörfer mit 60 bis 70 Personen; sie hatten mehr als 50% des Ertrags als Naturalrente an den Staat abzuführen und gerieten dadurch in Abhängigkeit. In den Staaten Shu und Wu war die Position großer Grundeigentümer, die unbebaute Ländereien in von Nichtchinesen bewohnten Gebieten kolonisierten, zu stark, als dass die Staatsmacht in größerem Maße ein derartiges System hätte durchsetzen können.

Wei eroberte im Jahr 263 den Staat Shu, allerdings wurde zwei Jahre nach diesem militärischen Erfolg die Sippe Cao durch die Sippe Sima gestürzt, die durch Sima Yan 265 den Thron bestieg und die Dynastie Jin (West-Jin, 265–317) gründete. Unter Sima Yan wurde das schon unter den Wei eingeführte System der »9 Rangstufen« weiter ausgebaut, nach dem nun ausschließlich die Herkunft sowie die Bedeutung der von den Vorfahren bekleideten Ämter bei der Einordnung in das Rangsystem Berücksichtigung fanden. Mit der Unterwerfung des Staates Wu (280) führte Sima zur Sicherung der Regierungseinkünfte das Bodenbesitzsystem »Juntian« ein, mit welchem eine Begrenzung des Besitzes von Bodenanteilen von Adligen und Beamten beabsichtigt war. Neben der Ablieferung von Naturalrenten an den Staat mussten verschiedene Dienstleistungen, u.a. eine Verpflichtung zur Bodenbearbeitung, eingegangen werden. Eine wirksame Begrenzung des großen Grundbesitzes wurde allerdings durch dieses System nicht erreicht, sodass die Jin-Regierung sich keine ausreichende politische und ökonomische Basis schaffen konnte. Die herrschende Oberschicht begann alsbald, ihre Macht und Einkünfte vornehmlich für luxuriöses und ausschweifendes Leben zu verwenden. Die Widerstände und inneren Kämpfe, die daraus erwuchsen, schwächten die Wirtschaft Nordchinas außerordentlich und große Teile des hungernden Volkes flohen in das ruhigere Gebiet südlich des Yangtzekiang.

Die Zeit der Schwäche nutzten die an den Grenzen Nordchinas lebenden Fremdvölker, die keine Einheitlichkeit, sondern ein buntes Gemisch verschiedener Stämme bildeten, um sich nach Süden auszudehnen. Fünf »Barbarenvölker« – Di und Qiang aus Gansu und Shenxi sowie Xiongnu, Jie und Xianbei – drückten der chinesischen Geschichte des 4. bis 6. Jahrhundert ihren Stempel auf. Sie lebten teilweise noch in archaisch-gentilizischen oder Verhältnissen der militärischen Demokratie und betrieben Jagd und Viehzucht und wechselten nach ihrer Niederlassung zum Ackerbau über, ohne ihre sozialen Organisationsformen sofort aufzugeben. Von den chinesischen Behörden wurden sie registriert und in das chinesische Steuersystem eingegliedert.

Im Jahre 304 nutzten die Xiongnu die Schwäche der Jin-Regierung und eroberten den Mittel- und Südteil von Shenxi und die Hauptstadt Luoyang (316). Große Teile der Bevölkerung flohen nach Süden; Nordchina wurde völlig den Fremdvölkern überlassen. Der Xiongnu-Staat unter Liu Yuan war der erste der zwanzig Staaten, die in Nordchina in der Zeit von 304 bis 439 neben- und nacheinander bestanden. Der Versuch einer dieser Staaten – Staat Qin – durch die Eroberung Südchinas das ganze Reich wieder zu einen, scheiterte 383 in der Schlacht am Fei-Fluss (Provinz Anhui). Die Spaltung in Nord- und Südreiche wurde damit für die nächsten zwei Jahrhunderte besiegelt.

In Südchina, d.h. dem Gebiet südlich des Huai-Flusses mit dem Zentrum in der Yangtze-Region, hatte ein Angehöriger einer Seitenlinie des Jin-Kaiserhauses eine neue Dynastie, die Ost-Jin-Dynastie, begründet. Er stützte sich vorwiegend auf die in den Süden geflüchteten großen Grundbesitzer mit ihrem Anhang, konnte aber die Unterstützung der schon im Süden ansässigen Grundherren erst allmählich gewinnen. Aus dem Norden waren etwa 60 bis 70% der hohen Beamten und reichsten Grundbesitzer – das waren etwa 1/8 von dessen Bevölkerung – gekommen. Sie siedelten im Ost-Jin-Staat getrennt von der ansässigen Bevölkerung und behielten ihre ursprünglichen Siedlungsgemeinschaften bei. Die Ost-Jin-Regierung musste den privaten Grundeigentümern viele Vergünstigungen im Hinblick auf von ihnen abhängige Bauern sowie private Truppen einräumen; dies führte zum Entzug großer Bevölkerungsgruppen von der staatlichen Besteuerung. Die innere Schwäche des Ost-Jin-Staates wurde darüber hinaus durch Widersprüche zwischen Einheimischen und Zugewanderten, zwischen Familien mit hohem und niedrigerem Rang und zunehmende Cliquenkämpfe und Korruption innerhalb der Regierung akzentuiert. Demzufolge wurde die herrschende Dynastie im Jahr 420 von einem Militärführer gestürzt; es folgte die Periode der vier sog. Süddynastien.

Künstliche Bewässerung und Intensivierung der Landwirtschaft, Entstehung eines Getreidehandels und Entwicklung des Außenhandels mit Südostasien führten zu einer Entwicklung der Produktivkräfte. Die Position der großen Grundeigentümer blieb unangetastet, ihnen floss der größte Teil des landwirtschaftlichen Mehrprodukts zu. Für den Staat blieben neben der Handelssteuer nur die Einnahmen, die die Besteuerung der kleinen bäuerlichen Einzelproduzenten erbrachte, die neben einer Bodensteuer, einer in Geweben zu zahlenden Haushaltssteuer noch aus Markt-, Salz-, Alkohol-, Kopf- und Vermögenssteuern bestand. Diese wirtschaftliche Konsolidierung setzte sich aber nicht in eine politische Stärkung der Süddynastien um. Dies wurde deutlich sichtbar anhand der Unfähigkeit eines aktiven Vorgehens gegenüber Nordchina. Hier hatte inzwischen der Stamm der Tuoba, die in engem Kontakt mit dem chinesischen Staat ihren ursprünglichen archaischen Grundtyp von Gesellschaft zu einer Klassengesellschaft fortentwickelt und den Staat Wei (Nord-Wei 386–534) mit der Hauptstadt Pingcheng (heute: Datong, Provinz Shanxi) gegründet hatten, die Oberhoheit gewonnen. Die Tuoba hatten chinesische Regierungsformen übernommen und sich mit den chinesischen Gutsbesitzern verbunden. Unter der Regierungszeit des Kaisers Xiaowen (471–499) wurde offiziell das Juntian-System (»Gleicher Bodenbesitz«) eingeführt mit dem Ziel, das große Grundeigentum zu begrenzen und die Staatseinnahmen durch direkte staatliche Kontrolle von Boden und Produzenten zu erhöhen. In diesem System erhielt jeder Mann zwischen 15 und 60 Jahren 40 Mu[2] Ackerland und 20 Mu Land zum Pflanzen von Maulbeerbäumen; Frauen erhielten die Hälfte, Sklaven die gleiche Menge wie Freie. Das Ackerland ging nach dem Tod des Bauern an den Staat zurück, das Pflanzland sollte im ständigen Besitz der Familie verbleiben. Außerdem wurde unter Kaiser Xiaowen die Sinisierung des Tuoba-Adels betrieben, die Benutzung der chinesischen Sprache war Pflicht. Die Zahl der buddhistischen Klöster, der Mön-

---

[2] Mu (oder mon) ist ein chinesisches Flächenmaß; 1 Mu entspricht 667 m^2 oder 1/15 ha.

Kapitel 11: Imperien und Staaten der asiatischen Produktionsweise

Abbildung 11.9: China vor der Reichs-Einigung unter Kaiser Wu

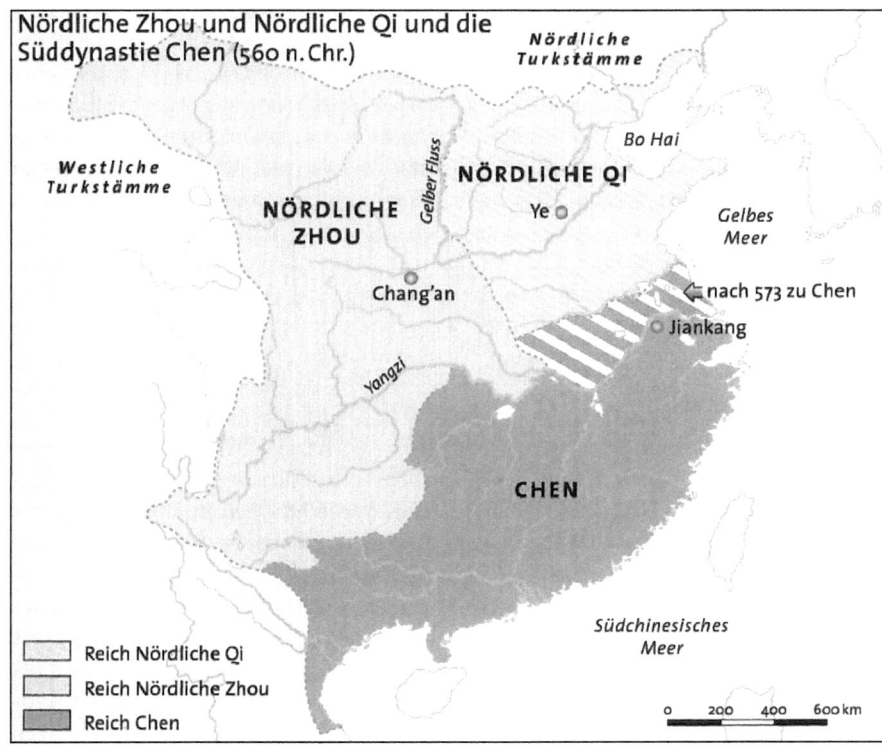

Nördliche Zhou und Nördliche Qi und die Süddynastie Chen (560 n. Chr.)

- Reich Nördliche Qi
- Reich Nördliche Zhou
- Reich Chen

Quelle: Schmidt-Glintzer 2008: 67

che und Nonnen sowie der von den Klöstern abhängigen Bauern nahm zu und ihre Erträge aus der Bewirtschaftung ihrer ausgedehnten Ländereien, aus Spenden sowie betriebenen Wuchergeschäften stiegen stark an – Versuche des Tuoba-Staats, Maßnahmen gegen ein übermäßiges Anwachsen der Klöster zu unternehmen, waren ohne durchschlagenden Erfolg.

Nach einem Intermezzo von Staatenbildungen durch mehrfache Teilungen des Tuoba-Staats kam es durch Unterwerfung dieser Staaten durch den Kaiser Wu von Nord-Zhou (561–578) nicht nur zur Einigung von Nordchina, sondern auch zur Unterwerfung der Süddynastien, sodass Ganz-China wieder politisch vereint war (vgl. Abb. 11.9). Unter dem Kaiser Yang Jian, der den Titel Wendi annahm (581–604), wurde die Zentralmacht gestärkt und das Juntian-System für herrenloses Brachland wieder belebt. Im Ergebnis ergab sich eine Gesundung der Wirtschaft mit einer zahlenmäßigen Zunahme der staatlich erfassten Bevölkerung und der Erweiterung der bebauten Ackerflächen; auch das Handwerk (Seidenweberei und Schiffbau) und der Handel erlebten eine Belebung. Allerdings wurden die unter Wendi gesammelten Reserven durch seinen Nachfolger Yangdi (605–617) durch kriegerische Unternehmungen in Ostturkestan, Hinterindien, Taiwan und Korea wieder aufgebraucht. Auch die Errichtung aufwendiger Bauten – Neuerbauung der Großen Mauer an der Nordgrenze und Anlage des Kaiserkanals, der in drei Abschnitten das Yangtze- und Beijing-Gebiet mit dem Gelben Fluss (Huanghe) verband – verschlangen erhebliche Ressourcen. Hinzu kamen einmal mehr Luxus und Verschwendung des Herrscherhauses. Im Jahr 618 etablierte sich aus den Kämpfen des Volkes und innerhalb der herrschenden Klasse die Dynastie Tang unter Li Yuan.

Tang-Dynastie (618–907)

Der Nachfolger von Li Yuan (Gaozu), Taizong (627–649), daran interessiert, dem Land nach den Aufständen Ruhe zu verschaffen, der erschöpften Landwirtschaft die Möglichkeit einer Erholung zu geben und die neue Herrschaft zu konsolidieren, übernahm die wichtigsten wirtschaftlichen und politischen Institutionen der vorherigen Sui-Herrschaft und proklamierte erneut das Juntian-System, das auf weitere berechtigte Bevölkerungsgruppen (Greise, Kinder, Kranke, Witwen, Handwerker, Händler und Mönche) ausgeweitet wurde. Offenbar gab es aber große Schwierigkeiten bei seiner praktischen Umsetzung, da das bestehende Grundeigentum nicht angetastet werden durfte und die verfügbare Bodenmenge klein, die potentiellen Bodenempfänger aber sehr zahlreich waren.

Für den Staats- und Verwaltungsaufbau wurden 623 detaillierte Bestimmungen erlassen: Die Macht wurde in den dem Kaiser direkt unterstellten Regierungsdepartments konzentriert, die lokale Verwaltung mehrstufig in Präfekturen, Bezirke und Dörfer differenziert und an die Stelle des »Systems der 9 Ränge« trat eine zentrale Ernennung der führenden Präfektur- und Bezirksbeamten, die ein Beamtenprüfungssystem zu durchlaufen hatten, welches all denen, die die notwendige Ausbildung in der Lehre der konfuzianischen Klassiker sowie literarische Fähigkeiten mitbrachten, eine Amtskarriere eröffnete.

Diese letztere Maßnahme bildete den Anfang für den Bruch des Machtmonopols der wenigen führenden reichen Familien und erlaubte weitesten Kreisen der größeren Grundeigentümer den Eintritt in politische Ämter. Das Prüfungssystem bildete fortan ein wesentliches Mittel, die Interessen der großen Grundeigentümer mit denen der staatlichen Zentralgewalt zu vereinen.

Taizong und sein Nachfolger Gaozong (650–683) hatten sich mit den aus Innerasien herandrängenden Türken auseinanderzusetzen und konnten in einer Reihe von Feldzügen die teils nomadisierenden, teils sesshaften Völker im Gebiet nördlich des Tianshan und der Wüste Gobi chinesischer Verwaltung unterstellen. Im Süden wurde die Grenze chinesischer Herrschaft bis weit in das Gebiet des heutigen Vietnam ausgedehnt. Der Versuch, auch Korea zu erobern, gelang durch den mit Tang verbündeten Staat Silla über die beiden koreanischen Staaten (Paekche und Kokuryō) (vgl. Abb. 11.10).

Mit dem hochentwickelten fruchtbaren Yangtze-Gebiet besaßen die Tang-Herrscher eine Kornkammer, die ihnen reiche wirtschaftliche Ressourcen garantierte.

Kapitel 11: Imperien und Staaten der asiatischen Produktionsweise 353

**Abbildung 11.10: Gebiet der Tang-Dynastie
(inkl. zeitweise kontrolliertes Territorium im Westen)**

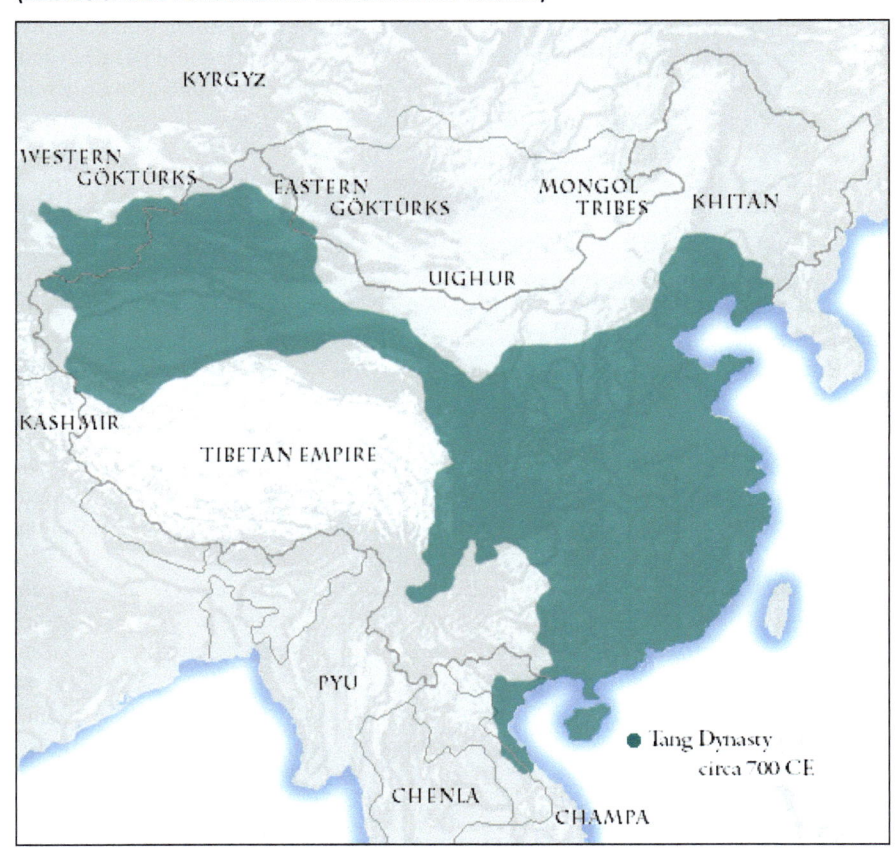

Quelle: https://de.wikipedia.org/wiki/Kaiser_der_Tang-Dynastie

Auch Handwerk und Handel erlebten einen ungekannten Aufschwung. Die wichtigsten Produktionszweige waren die Seidenweberei, die zum Teil in häuslicher Produktion durch Bauern, zum Teil in hochspezialisierten Brokatwebereien betrieben wurde, und die Porzellanherstellung. Daneben spielten Bergbau und Schiffbau eine bedeutende Rolle. Das Handwerk befand sich zum größten Teil in Privathand, nur die für den Hof bestimmten Produkte wurden in speziellen staatlichen Werkstätten hergestellt. Die Kaufleute waren in Korporationen organisiert und operierten im ganzen Reich und den Nachbargebieten, wobei der Verkehr durch den weiteren Ausbau des Kanal- und Straßennetzes wesentlich gefördert wurde. Die Herstellung von Münzen wurde 621 zum ausschließlichen Vorrecht des Staates erklärt.

Im Lauf des 8. Jahrhunderts führte jedoch die weitere Ausdehnung des großen Grundeigentums wiederum zu einer Krise der Staatsfinanzen. In der Zeit des Kaisers Xuanzong (712–756) mussten mehrfach Versuche unternommen werden, Bauern, die ihren Heimatort verlassen hatten und herumvagabundierten, neu steuerlich zu erfassen. Das Grundeigentum veränderte seine vorherige Struktur und wurde nun durch eine Art Gutshof (zhuang), einen durch zahlreiche Pächter bewirtschafteten Betrieb mittleren Ausmaßes, dominiert. Der Pächter war dem Grundherrn zur Zahlung einer Grundrente und zu persönlichen Diensten verpflichtet. Durch die Vermischung von privaten und staatlichen Abhängigkeitsverhältnissen im Dorf wurde es für die Zentralgewalt immer schwieriger, die Steuern wie bisher pro Kopf der Bevölkerung einzuziehen. Die auf dem Juntian-System basierende Besteuerung geriet in eine ernsthafte Krise und wurde im Jahr 780 durch die sog. Zwei-Steuer-Methode ersetzt. Es sah die Besteuerung des Gesamtvermögens vor, das sowohl den Boden als auch das sonstige Eigentum der Familie umfasste und in zwei Raten in Geld entrichtet werden musste. Es blieb auch das Grundmodell der Besteuerung für die folgenden Jahrhunderte.

Die Bedeutung des 7. und 8. Jahrhunderts liegt darin, dass »*in dieser Zeit die Formen gefunden wurden, die in ihrem Zusammenwirken die Existenz Chinas als eines mächtigen und trotz aller Krisen doch im wesentlichen einheitlichen Zentralstaates garantierten. Der Staat verzichtete auf alle weiteren Versuche, das private Grundeigentum zu beseitigen, und beteiligte fortan breite Kreise der großen Grundeigentümer an der Ausübung der Staatsmacht; forderte jedoch von ihnen regelmäßige Steuerzahlungen sowie eine gewisse Begrenzung des privaten Grundeigentums.*« (Sellnow et al. 1977: 659)

In kultureller Hinsicht erlebte der Konfuzianismus, der zur Han-Zeit die verbindliche Staatsdoktrin gewesen war, zunächst einen Niedergang und wurde durch die daoistische Lehre verdrängt. In der Auseinandersetzung mit dem Buddhismus entwickelte sich der Daoismus aus einer vorwiegend philosophischen Lehre zur Religion. Er konnte aber nie die Stellung einer allein herrschenden Staatsreligion erlangen und wurde schließlich von der Weiterentwicklung der konfuzianischen Lehre in den Jahrhunderten vor und während der Tang-Zeit verdrängt. Er erhielt eine kanonische Interpretation und wurde in verschiedenen Schriften niedergelegt. Diese bildeten den Lehr- und Prüfungsstoff für die eingeführten Beamtenprüfungen. Auf diese Weise durchdrang der Konfuzianismus viele Lebensbereiche und bildete in der Tang-Zeit die herrschende Staatsideologie. Bei alledem kamen jedoch durch den Kontakt mit Ausländern auch andere Religionen, u.a. das nestorianische Christentum und zentralasiatische Einflüsse auf dem Gebiet der bildenden Kunst zur Wirkung. In der Hauptstadt Chang'an, der mit rd. 1 Million Einwohnern größten und blühendsten Stadt der Welt im 8. Jahrhundert u.Z., waren Zentralasiaten und die von ihnen mitgebrachten Güter ein nicht wegzudenkendes Element.

Song-Dynastie (960-1279)

Im Jahr 960 war es dem ehemaligen General Zhao Kuangyin gelungen, das Reich nach einer Periode des Zerfalls in fünf Dynastien und zehn südliche Kaiserreiche seit dem Untergang der Tang-Dynastie wieder zu vereinigen. Mit Abschluss der innerchinesischen Auseinandersetzungen gründete er eine neue Dynastie, die Song, und regierte bis 976 als Kaiser Taizu. Der Versuch des zweiten Song-Kaisers, den Herrschaftsbereich auch nach Norden auszudehnen und Beijing zu erobern, schlug zunächst fehl. Hauptstadt des Song-Reiches blieb Kaifeng, während im Westen und Norden mit den Xixia und Liao Steppenvölker die Macht übernahmen. Die Liao waren sogar in der Lage, von 907 bis 1125 parallel zu den Song eine Fremddynastie im Norden und Westen von China zu errichten und die Tradition des angestammten Tributsystems fortzusetzen. Dieses Tributsystem ging bis in die Han-Zeit zurück, breitete sich unter den Tang aus und beinhaltete Aufwartungen von Tributgesandtschaften fremder Staaten, die eine zeremonielle Präsentation von »Geschenken«, die in China begehrt, aber kaum verfügbar waren, vor dem Thron des Kaiser darbrachten. Diese Tributgeschenke waren die verkleidete Form einer Steuer, die keineswegs nur Exotika oder reine Luxuswaren, sondern auch Gebrauchsprodukte des militärischen oder zivilen Massenbedarfs umfasste. Ihnen standen die Gegengeschenke des Kaisers gegenüber, die aus klassischen chinesischen Exportwaren bestanden. Dieses Tributsystem beruhte auf hierarchischen Beziehungen zwischen »Schenkenden« und »Beschenkten«, d.h. in der Regel zwischen dem chinesischen Reich und nachgeordneten Staaten.

Obwohl die Song mit 1,25 Millionen Mann damals die größte Armee der Welt unter Waffen hatten, war diese eher defensiv ausgerichtet und ausschließlich im Norden zur Sicherung der Grenze stationiert. Mindestens ebenso wichtig wie die zur Defensive aufgebotenen Truppen waren Verträge, die die Song mit den Steppenvölkern immer wieder abschließen mussten. Dazu gehörte der Friedensvertrag von Shanyuan mit den Liao im Jahr 1005, wobei dieser Vertrag seitens der Chinesen erhebliche Tributzahlungen, jährlich zu entrichtende 100.000 Taels Silber und 200.000 Ballen Seide, einschloss. Der chinesische Anspruch auf Oberhoheit, wie er im Tributsystem zum Ausdruck kam, konnte nicht immer behauptet werden, sondern funktionierte auch umgekehrt. Als dieser Vertrag 1042 nur mit noch höheren Tributzahlungen verlängert werden konnte und zwei Jahre später ein ähnlicher Vertrag mit den Xixia geschlossen werden musste, geriet die Song-Dynastie in eine erste existenzielle Krise. Die schweren Tributleistungen zusammen mit den Unterhaltskosten des riesigen stehenden Heeres hatten über 80% der gesamten Staatseinnahmen verschlungen.

In dieser Situation kam mit Shenzhong ein Kaiser an die Macht, in dessen Regierungszeit (1063-1085) ein umfassendes Reformprogramm von Staat und Gesellschaft aufgelegt wurde. Sein Grundgedanke bestand darin, über massive Eingriffe in die Wirtschaft höhere Einnahmen für die Staatskasse zu generieren. Der für Finanzen zuständige Bereich wurde auf drei Behörden aufgeteilt: das »Salz- und Eisenmonopolamt«, zuständig für Bergbau, Schifffahrt und Handel, das »Amt für öffentliche Einnahmen« zuständig für Budget und Steuereintreibung und das »Amt zur Regelung des Haushalts« für die Verwaltung und Verteilung der Staatseinnahmen. Um die Ämter mit leistungsfähigen Beamten auszustatten, wurde das Erziehungswesen, insbesondere das staatliche Prüfungswesen als zentrales Element der Elitenrekrutierung, reformiert. Die Beamten erhielten ein geldliches Gehalt und keine Pfründe in Naturalform mehr. Die zunehmende Verbreitung formaler Bildung und die Institution der Beamtenprüfung eröffneten neuen Schichten den Zugang zu Ämtern. Zwar kam es nach dem Tod des Reformkaisers Shenzhong zu einer Gegenbewegung, die die Reformen zurückzudrehen versuchte, doch war das Programm langfristig durchaus erfolgreich.

Der Druck der Völker aus Zentralasien wurde jedoch immer stärker. Während die Khitan, ein Nomadenvolk, das im Norden die Liao-Dynastie gegründet hatte, noch durch eine Mischung von militärischer Abschreckung und Tributzahlungen ferngehalten werden konnte, kam es 1115 mit der Gründung des Staates Jin auf dem Gebiet der heutigen Mandschurei zu einer neuen Herausforderung. Seine Bevölkerung bestand aus Jurchen, ein halbsesshaftes Volk, das neben Jagen und Sammeln eine bescheidene Landwirtschaft betrieb. Die Jin wendeten sich zunächst gegen die Liao und drängten sie nach Westen ab. Danach eroberten sie ganz Nordchina bis zum Huai-Fluss. Die Song gaben ihre Hauptstadt Kaifeng auf und flüchteten nach Süden in die neue Hauptstadt Hangzhou. Von dort herrschten sie als Südliche Song von 1127-1279 noch weitere 150 Jahre über Südchina. Die Nordgrenze musste durch Tributzahlungen an die Jin weiterhin gesichert werden (vgl. Abb. 11.11).

Die 300 Jahre der Song gelten als Periode einer wirtschaftlichen Revolution, in dessen Rahmen der alte Adel endgültig abdankte, die Landbesitzverhältnisse leichter rechtlich regelbar wurden, neue städtische Zentren sich entwickelten und insgesamt die Grundlage für einen erweiterten Wohlstand gelegt wurde. In der Landwirtschaft, die weiterhin den Leit- und Basissektor der chinesischen Wirtschaft darstellte, war der Übergang zur künstlichen Bewässerung und zur Nassreiskultur die entscheidende Innovation. Damit wurde eine schrittweise Ausdehnung der Anbaufläche für Grundnahrungsmittel über den Yangtze hinaus nach Süden ermöglicht; neben die Produkte des Trockenfeldbaus wie Hirse und Weizen trat der Reis. Nicht nur die Ausdehnung der Anbaufläche, sondern auch die viel höheren Flächenerträge als Folge der künstlichen Bewässerung und der Einführung des »Champa-Reis« als besonders dürreresistenter und schnell reifender Sorte aus Indochina sowie die aus klimatischen Gründen möglichen zwei bis drei Ernten pro Jahr führten zu einer erheblichen Steigerung der Produktivität in der Landwirtschaft. Ergänzend traten der Einsatz von Düngemitteln, der Wasserbau, Fortschritte bei den landwirtschaftlichen Arbeitsmitteln, bei der Saatzucht sowie landwirtschaftlichen Nebenprodukten wie der Tierhaltung, der Kultur der Seidenraupen, dem Anbau von Tee, Ölsaaten, Baumwolle und anderen Textilfasern hinzu. Dadurch ergab sich ein wachsendes landwirtschaftliches Brutto- und Mehrprodukt, das ein beträchtliches Bevölkerungswachstum zuließ; sogar die Erträge pro Kopf nahmen zu. Dadurch wurden Möglichkeiten für Spezialisierungen in der Landwirtschaft entsprechend

Abbildung 11.11: Die Song und ihre Nachbarn

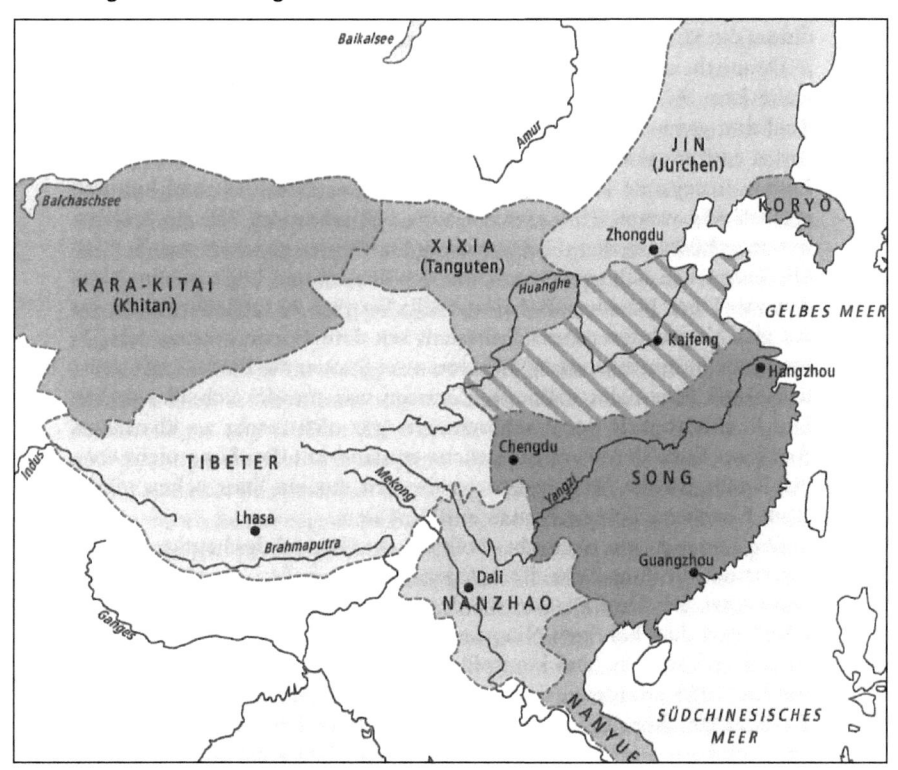

Quelle: Vogelsang 2021: 305

den regionalen Bedingungen erschlossen; im Ergebnis stieg die Produktion für den Austausch und damit der Binnenmarkt. China besaß im 13. Jh. die modernste Landwirtschaft der Welt und hatte einen Entwicklungsstand erreicht, den England erst im 18. Jahrhundert erzielte. Die schon während der Tang-Zeit begonnene Veräußerbarkeit von Grund und Boden begünstigte die Bildung von Großgrundbesitz weiter und ließ die Zahl der Gutshöfe steigen. Sie führte aber gleichzeitig zu einer Verminderung des Kleinbauerntums. Wenn Letztere nicht zu Pächtern von Land wurden, blieb ihnen nur die Abwanderung in die Städte.

Im ersten Jahrtausend u.Z. hatte die chinesische Bevölkerung bei etwa 59 Millionen Einwohnern verharrt. Bis zum Jahr 1300 war sie auf rd. 100 Millionen angestiegen; bis 1500 blieb sie auf diesem Niveau, um bis 1600 weiter auf 160 Millionen zu wachsen; im Verhältnis zum Westen Europas dürfte sie etwa das Doppelte betragen haben. Trotz der wiederkehrenden Einbrüche als Folge von Epidemien, Hungersnöten und Kriegen ergab dieses Bevölkerungswachstum zwischen 1000 und 1300 auch eine steigende Bevölkerungsdichte; die Überschussfähigkeit der Landwirtschaft konnte eine wachsende städtische Bevölkerung ernähren. Bereits um 1100 sollen rd. 6 Millionen, d.s. etwa 6 bis 7,5% der Gesamtbevölkerung, in Städten gelebt haben. Die Rede ist dabei von Städten, die, wenn sie über große Garnisonen verfügten, viele hunderttausend Einwohner zählen konnten. Dieses Bevölkerungswachstum ging mit einer großen Binnenwanderung von Norden nach Süden einher; seine Treiber waren neben Überschwemmungen von Laufänderungen des Huanghe in den Jahren 893, 1048 und 1194 die bereits zur Tang-Zeit sich vollziehenden Wanderungs- und Umsiedlungsbewegungen. Lebten zu Beginn des ersten Jahrtausends noch etwa 80% im Norden, hatte sich das Verhältnis zwischen beiden Landesteilen bis 1300 umgekehrt. Damit hatte sich auch der wirtschaftliche Schwerpunkt verlagert. Der Fernhandel nach Europa wurde zunehmend von den Küstenstädten über den Seeweg abgewickelt; parallel ging der Handel über die zentralasiatischen Karawanenstraßen zurück.

Die wachsende städtische Bevölkerung bedurfte für ihre Versorgung auch neuer Infrastrukturen für den Binnenhandel. Für den Transport von Getreide wurden ein Kanalsystem sowie Brücken und neue Wege angelegt. Auch dieser Ausbau des Transports war zu dieser Zeit einzigartig; für die Instandhaltung waren hunderttausende Personen notwendig. Dies kam der Entwicklung von Handwerk und Gewerbe, die für den Markt arbeiteten, zugute. Die regionale Spezialisierung der Landwirtschaft auf Seidenraupenkultivierung, Baumwolle und Hanfanbau war Grundlage von Textilmanufakturen, die bereits arbeitssparende Maschinen zum Abhaspeln der Seidenkokons und des Spinnens von Hanf einsetzten. Sie verfügten teilweise bereits über einen mechanischen Antrieb mit Hilfe eines Wasserrads. Auch die Eisenindustrie wuchs, ihre Produktion soll bereits bis zu 100.000 Tonnen p.a. betragen haben; chinesische Autoren sprechen sogar von 150.000 Tonnen. China wurde so zur Werkstatt von Asien. Bedeutsam war auch die Papierindustrie in Verbindung mit der Drucktechnik. Für das Jahr 1024 sind der Druck von Papiergeld und für 1040 der Druck mit beweglichen Lettern belegt. Systematische Experimente zur Naturforschung, die sich auf die Gebiete Mathematik, Astronomie, Medizin, Pharmazie, Metallurgie und Chemie (Schießpulver) erstreckten, erlebten einen Aufschwung.

Die Verlagerung des Song-Reiches in den Süden ging zwar mit dem Verlust der Rohstoffvorkommen (Kohle, Eisenerz) einher, führte aber ansonsten zu keiner wirtschaftlichen Schwächung, da die ertragsstarken landwirtschaftlichen Regionen im Süden am Unterlauf des Yangtze verblieben waren. Es entfiel sogar die Notwendigkeit des Getreidetransports über große Entfernungen, da die neue Hauptstadt Hangzhou inmitten der Agrarregion lag. Kompensation für den Verlust der wirtschaftlichen Ressourcen des Nordens bot der Überseehandel, der in den Küstenregionen zu einem zweiten wesentlichen Standbein der chinesischen Wirtschaft aufstieg. Song-China entwickelte sich von einer reinen Landmacht mit agrarischer Basis zusätzlich in Richtung einer sich auf den Fernhandel stützenden Seemacht.

Dieser See- und Fernhandelsorientierung trug auch die Politik der nächsten Song-Kaiser Rechnung. Unter Song Gaozong (1127-1162) wurde der maritime Bereich gefördert, der neben der Agrarsteuer aus Zöllen zusätzliche Einnahmen für die

Kapitel 11: Imperien und Staaten der asiatischen Produktionsweise

Staatskasse versprach; zudem wurden die Außenhandelsmodalitäten für Im- und Exporte durch Seehandels-Büros, sog. Shibosi, mit Zweigstellen in den wichtigsten Umschlagshäfen an der Südküste kontrolliert und reguliert. Faktisch betrieb China damit eine merkantilistische Politik der Kommerzialisierung des Außenhandels.

Der expandierende Überseehandel verlangte den Ausbau der Hafenstädte, des Schiffbaus sowie aller daran hängenden Gewerbe. Zwischen 1000 und 1200 wurden im Jahresdurchschnitt etwa 1.500 hochseetüchtige Schiffe, vornehmlich Handelsschiffe vom »Fuzhou-Typ« (Dschunken), gebaut, sodass davon auszugehen ist, dass die Handelsmarine über etwa 15 bis 30 Tsd. Einheiten verfügte; hinzu kamen noch etwa 5.000 Kriegsschiffe. Auch hiermit lag China in der damaligen Welt mit seiner Flotte unangefochten an der Spitze und hatte bereits lange vor den Portugiesen wichtige Seerouten, z.B. die Südspitze Afrikas, befahren. Dies erforderte besondere nautische Kompetenzen wie die Verwendung von einem erdmagnetischen Kompass, Gezeitentabellen, des Fernrohrs und des Senkbleis. Die chinesische Handelsschifffahrt war dabei nicht auf küstennahe Seeregionen beschränkt, sondern befuhr sowohl mittlere Routen nach Korea, Japan, Vietnam, Java, Sumatra, Philippinen und Borneo als auch Langstreckenrouten jenseits der Malakka-Straße bis nach Bengalen, Ceylon, Indien, Persien, Arabien und Ostafrika. Der Höhepunkt der Song-Marine war in den Jahren 1164-1204 erreicht.

Die militärische Konsequenz dieser maritimen Fernhandelsexpansion war, dass die Flotte gegenüber den Heeren ein stärkeres Gewicht bekam. Die Kriegsflotte wurde zum Schutz des Fernhandels, zum Küstenschutz sowie auf dem Yangtze als Flussmarine, der für die Südlichen Song die Grenze nach Norden bildete, eingesetzt. Dort waren die Jin ein beständiger Bedrohungsherd. Von 1127-1141 herrschte mehr oder weniger permanent Krieg; erst 1141 konnte er mit einem neuen Friedensvertrag beendet werden. Aber dieser Frieden währte nicht lange. Zwanzig Jahre später kam es zur entscheidenden Schlacht, die nicht zu Lande, sondern zu Wasser vor der Küste von Shandong in der Nähe der Halbinsel Chenjia (heutiges Quingdao) ausgetragen wurde und mit einem klaren Sieg der Song-Flotte endete. Damit waren die Jin als Herausforderer endgültig abgewehrt.

Nach dem Höhepunkt der Machtentfaltung der Song-Dynastie kam es jedoch zu einer Reduzierung der Flotte und der Mannschaften, die zu anderen Zwecken eingesetzt wurden. Die Gründe für diesen Vorgang sind unklar; am plausibelsten ist die Annahme, dass die finanzielle Belastung durch die Flotte und die Kriege untragbar geworden war, zumal es im Jahr 1160 zu einer Finanzkrise des Staates gekommen war, die dieser mit der Ausgabenfinanzierung durch Papiergeldemission, d.h. durch Anwerfen der Druckerpresse beantwortete. Damit begann der Niedergang des Song-Reiches, der mit internen Machtkämpfen zwischen Binnen- und Außenhandelsorientierung der Politik, zu hohen Kosten und der Sorge der konfuzianischen Beamten, von den Fernhandelskaufleuten herausgefordert zu werden, einhergang. Die Reduzierung der Flotte war das sichtbare Zeichen für diesen Prozess und bereitete der Eroberung durch die Mongolen Khublai Kahns 50–60 Jahre später den Weg.

Die Mongolenherrschaft in China (1279-1368)

Die insgesamt 89 Jahre als Yuan-Dynastie in China während Mongolenherrschaft nach den Song war eines von vier Khanaten – neben dem Il-Khanat in Persien und den angrenzenden Gebieten des Abbasiden-Kalifats, dem Khanat der Goldenen Horde in Südrußland sowie dem Chagatai-Khanat in Zentralasien auf dem Gebiet des heutigen Kasachstan –, in die sich das Mongolenreich in der zweiten Phase seiner Existenz differenziert hatte. Dieses war mit Beginn des Jahres 1230 als Imperium, das sich über den größten Teil der eurasischen Landmasse erstreckte, von dem gerade einmal eine Million umfassenden mongolischen Nomaden durch Eroberungen entstanden und 120 Jahre später wieder auseinandergebrochen.

Als nomadisches Reitervolk lebten die Mongolen in auf Blutsverwandtschaft gegründeten Stämmen und Clans von Jagd und Weidewirtschaft (Viehzucht) sowie von den erhobenen Tributen unterworfener sesshafter Gemeinwesen, d.h. von Raub. Die Unterwerfung fremder Stämme und Gemeinwesen und ihre tributäre Ausplünderung sowie die Integration von deren Kriegern in das unter Oberhoheit von Mongolen geführte Heer erbrachte wachsende Truppenstärken und führte zur Dynamik immer weiterer Eroberungen. Die militärische Überlegenheit der mongolischen Reiterei war ihre wesentliche Machtressource; in eroberten Gebieten nutzten die Mongolen das Fachwissen der Mitglieder unterworfener Gemeinwesen, assimilierten sich mit den höher entwickelten Gesellschaften aber nur in der zweiten Phase ihrer Herrschaft und dort auch nur im Il-Khanat und in China. Als Nomaden zog der Tross aller Mitglieder der Stämme, d.h. wehrfähige Männer als Jäger und Krieger sowie Frauen, Alte und Kinder, die alle mit der Reproduktion zusammenhängenden Aufgaben zu übernehmen hatten, von Ort zu Ort. Ursprünglich hatten sich die Mongolen aus ihren angestammten Territorien der heutigen Mongolei und südlich des Baikalsees wegen einer klimatisch bedingten Reduzierung der Flächen für ihre extensive Weidewirtschaft – Reduzierung des Graslandes wegen sinkender Temperaturen um das Jahr 1200 – aufgemacht, um neue, zusätzliche Gebiete zu erobern.

Die Mongolen waren eine archaische, analphabetische Gesellschaft mit militärischer Demokratie verschiedener Clans und lose verbundener Stämme, in denen die in den Versammlungen (Khuriltai) bestimmten Führer per Akklamation bestätigt wurden. Innerhalb des herrschenden Stammes setzten sich die Mitglieder der sich immer weiter verzweigenden Familie des Dynastiegründers Dschingis Khan für die obersten politischen und militärischen Positionen durch. Der Zusammenhalt der Stämme sowie Aufstieg und Niedergang des Mongolenreiches wurden durch das Charisma des jeweiligen Großkhans entscheidend beeinflusst. Die Eroberung des nördlichen chinesischen Territoriums durch die Mongolen begann 1209 durch Dschingis Khan, unter dem 1215 Beijing und 1233 Kaifeng eingenommen wurde; die Ablösung der Südlichen Song-Dynastie ist Ende der 1270er Jahre mit dem Namen Khubilai Khans verbunden, der zugleich der erste Herrscher der sich nun Yuan (Uranfang) nennenden Dynastie wurde (vgl. Abb. 11.12).

Die erste Welle der mongolischen Expansion nach China begann 1200 und richtete sich gegen die Xixia, gegen die die Song sich nur durch Tributzahlungen hat-

Kapitel 11: Imperien und Staaten der asiatischen Produktionsweise

Abbildung 11.12: Mongolen-Reiche

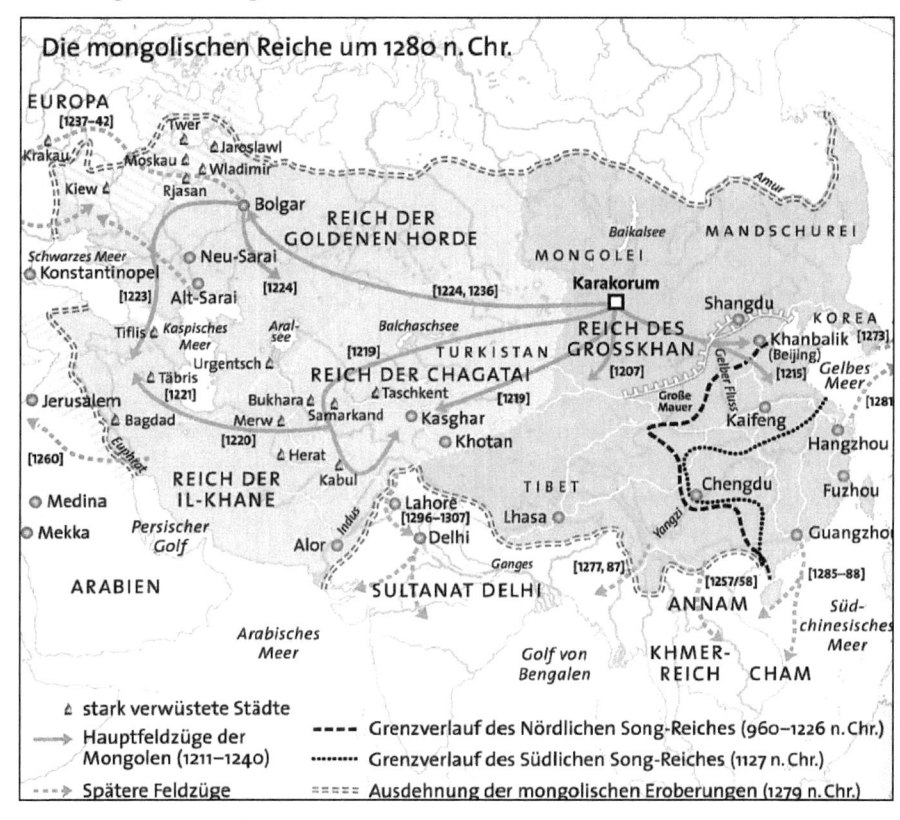

Die mongolischen Reiche um 1280 n. Chr.

- △ stark verwüstete Städte
- → Hauptfeldzüge der Mongolen (1211–1240)
- ⇢ Spätere Feldzüge
- ---- Grenzverlauf des Nördlichen Song-Reiches (960–1226 n. Chr.)
- .... Grenzverlauf des Südlichen Song-Reiches (1127 n. Chr.)
- ===== Ausdehnung der mongolischen Eroberungen (1279 n. Chr.)

Quelle: Schmift-Glintzer 2008: 100

ten erwehren können. Andere Völker wie die Uighuren unterwarfen sich freiwillig. Hauptgegner waren jedoch die in Nordchina ansässigen Jin, deren Tributrecht gegenüber den Mongolen 1210 gebrochen wurde. An die Stelle des Tributhandels trat die Eroberung und gewaltsame Eintreibung des Tributs in umgekehrter Richtung. 1215 wurden große Teile Nordchinas besetzt, die Jin zwischen den Mongolen und den Südlichen Song aufgerieben. Die Unterwerfung der technisch und zivilisatorisch überlegenen Song konnte aufgrund der geographischen Gegebenheiten des chinesischen Südens mit seinen vielen Wasserläufen, dem Dschungel und der gebirgigen Topographie nicht durch die mongolische Reiterei erfolgen. Mit Hilfe von abtrünnigen Song als externen Hilfskräften bauten die Mongolen eine eigene Flotte; es wurden 5.000 Kriegsschiffe mit 70.000 Mann gegen die Südlichen Song aufgeboten. Die entscheidende Seeschlacht wurde 1276 vor Kanton geschlagen, nachdem die Song sich immer weiter nach Süden abgesetzt hatten. Spätere Eroberungszüge von Khubilai/Yuan I. führten nur noch zur Eroberung Koreas (1269-1273), scheiterten aber gegenüber Japan sowie zwischen 1281 und 1291 gegenüber Annam, Java, Ceylon und Madagaskar.

Die Konsolidierung der mongolischen Herrschaft über China verlangte die Aufgabe des Nomadentums als bisheriger Identität der Mongolen. Durch Einbeziehung chinesischer Fachleute und Beamten zur Verwaltung des Staatsapparats und Erzielung regelmäßiger Einnahmen fand eine Sinisierung der politischen Führung statt. Khubilai/Yuan regierte das Reich mehr nach chinesischen als nach mongolischen Traditionen. Er verlagerte die Hauptstadt von Karakorum nach Khanbalik (Beijing) im Jahr 1284; 1267 wurde sie ausgebaut, und 1271 verlegte er alle zentralen Behörden dorthin. Als Verwaltungssprache wurde neben dem Mongolischen im Allgemeinen das Chinesische verwendet. Die Mehrsprachigkeit in der Verwaltung war ein Aspekt der bis 1368 praktizierten »dualen Herrschaft«, bei der wichtige Positionen doppelt besetzt wurden, mit Mongolen und Chinesen, die die Verwaltung führten.

An die Stelle der wirtschaftlichen und kulturellen Weltoffenheit der Song traten mit der Mongolenherrschaft bereits 1286 erste Exportverbote und ab 1293 ein Reglement des Seeverkehrs. Die Konsequenz war, dass der Verkehr auf den südlichen Seerouten zwischen Europa und Ostasien zahlreichen Herrschern und Kaufleuten diverser Nationalitäten – Araber, Perser, Inder etc. – überlassen blieb, wobei sich insbesondere islamische Inder aus Gujarat hervortaten. Der Islam konnte in Asien nicht durch das Schwert, sondern durch die Kaufleute seine letzte große Expansionswelle durchlaufen, die ihn bis in die indonesische Inselwelt und den Süden der Philippinen trieb. Dennoch waren die Leistungen der Mongolen/Yuan mit Bezug auf die Organisation des Binnentransportwesens in China bedeutend: es wurden etwa 1.400 Poststationen im Abstand von 14–40 Meilen errichtet, die über 50.000 Pferde und Lasttiere, 4.000 Karren und 6.000 Boote verfügten.

Der Niedergang der Yuan-Dynastie deutete sich bereits mit der raschen Aufeinanderfolge von neun Nachfolgekaisern von Khubilai-Khan zwischen 1294 und 1368 an, die das Dauerproblem der Nachfolgeregelung mongolischer charismatischer Herrschaft dokumentieren. Der Konflikt zwischen Sesshaftigkeit und Nomadentum spielte in China als Widerspruch zwischen Bewahrung mongolischer Traditionen und dem Assimilierungsdruck, der durch den unvermeidlichen Rückgriff auf die chinesischen Beamten ausgeübt wurde, eine wichtige Rolle. Letzteres führte dazu, dass sich die Mongolen in China mehr und mehr zu schmarotzenden Rentiers, die nur noch wenig zur Ordnung des Landes beitrugen, entwickelten. Es kamen Streitigkeiten zwischen den herrschenden Mongolenclans um die schwindende Ressourcenbasis, die finanziellen Belastungen durch den Staatsapparat und die Bauten in den zwei abwechselnd innerhalb jeden Jahres genutzten Hauptstädten Karakorum und Beijing, die militärische Überdehnung durch die gescheiterten Flottenexpeditionen und der Zerfall des Reiches in von regionalen Herrschern (Warlords) beherrschten Gebieten hinzu. Versorgungsprobleme des Nordens, Hungersnöte und Aufstände ab 1323 waren die Folge. Besonders erschwerend wirkte der Ausbruch der Pest zu Beginn der 1330er Jahre, der zu einer Reduzierung der

Bevölkerung um ein Drittel führte. All dies führte 1355-1368 zum Aufstand der »Roten Turbane« unter Zhu Yuanzhang, der unter der Bezeichnung seiner Regierungsdevise als Hongwu-Kaiser in die Geschichte einging. Er kam aus einfachsten bäuerlichen Verhältnissen; ihm gelang der schnelle Aufstieg innerhalb der »Roten Turbane«, schließlich der Sturz der Yuan-Dynastie und damit die Vertreibung des mongolischen Herrscherhauses. Er gründete 1368 nach dem Vorbild des ersten Han-Kaisers Gaozu die Ming-Dynastie und formte die Institutionen des Reiches so, wie sie bis zum Ende der Kaiserzeit Bestand haben sollten.

Ming-Dynastie (1368–1644)

Nach dem Niedergang der Yuan-Dynastie Mitte des 14. Jh. war China politisch fragmentiert und hatte sich in einzelne Herrschaftsgebiete aufgespalten. Es war als Reich in Auflösung begriffen wie seit Jahrhunderten nicht. Dem allgemeinen Chaos begegneten einzelne Gruppen mit militärischen Mitteln, ein Prozess, in dem Yuan-Loyalisten, lokale Selbstverteidigungsgruppen und ein ausgedehntes Banditenwesen lokale und regionale Machtzentren bildeten und in dem Sektenbewegungen miteinander rivalisierten. Verschiedene Heilslehren hatten sich zu einem volksbuddhistischen Kult verbunden, als dessen Vollstrecker sich die »Roten Turbane« verstanden. Diese in den 1330er Jahren erstmals belegte Bewegung wurde prominent unter ihrem ersten großen Anführer, einem Volkshelden namens Peng Yingyu, der als »Mönch Peng« bekannt wurde. In der nordchinesischen Ebene hatte diese Geheimgesellschaft großen Einfluss gewonnen. In den Bürgerkriegswirren profilierte sich danach Zhu Yuanzhang als einer ihrer Militärführer. Er war 1344 während einer großen Hungersnot in ein buddhistisches Kloster gegangen, hatte vier Jahre später das Mönchsgewand wieder abgelegt und die Führung einer Gruppe Aufständischer übernommen. Zhu Yuanzhang bezog, als er die Nachfolge in der Führung der Roten Turbane des Nordens übernommen hatte, im südlich gelegenen Nanjing sein Hauptquartier. Von dort gelang es erst Jahre später, die westlichen Rivalen, die eine Han-Dynastie errichtet hatten, zu neutralisieren. So hatten sich zwei große Kräfte herausgebildet, die seit Mitte des 14. Jahrhunderts mit jeweils dynastischem Anspruch um die Vorherrschaft rivalisierten. Dies waren der Yuan-Hof und seine Verbündeten einerseits und die Aufständischen unterschiedlicher Couleur andererseits. Zhu Yuanzhang hatte sich durch die Rettung des Sohns des 1351 hingerichteten Han Shantong und seiner Mutter, die beide in Gefangenschaft geraten waren, dynastischer Legitimität bemächtigt, die Han-Dynastie beendet und sich zum Fürsten des Staates Wu ausrufen lassen. Dabei handelte es sich um einen Dynastiewechsel, der nicht nur eine Folge der Anti-Yuan-Rebellionen war, sondern eine Machttransformation, die sich mit dem Rückgriff auf ältere Traditionen, u.a. der Song, nährte (vgl. Abb. 11.13).

Der ausgeprägte Regionalismus und die politischen Kämpfe von lokalen Warlords hatten Lösungsversuche im Zusammenhang einer auf alte Ordnungsvorstellungen zurückgreifenden zentralistischen Staatsorganisation begünstigt. Das kalte Weltklima im 14. Jahrhundert mit seinen eisigen Wintern und kurzen Sommerzei-

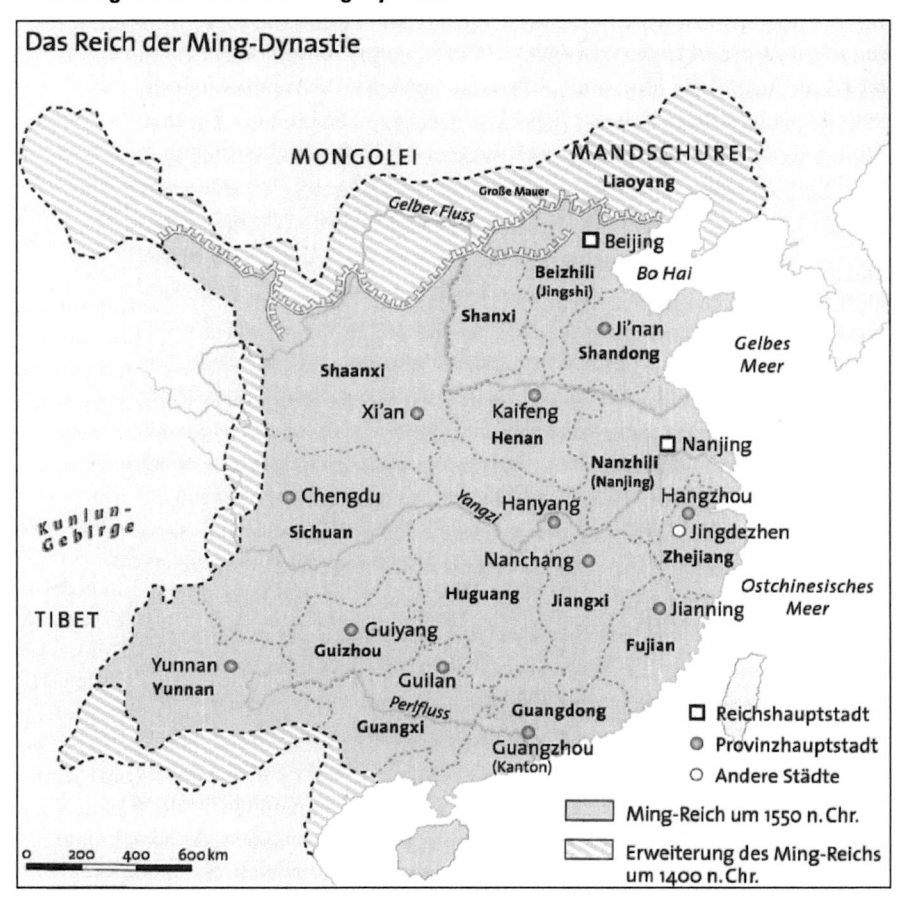

Abbildung 11.13: Reich der Ming-Dynastie

[Karte: Das Reich der Ming-Dynastie, mit Beschriftungen u. a. MONGOLEI, MANDSCHUREI, Liaoyang, Große Mauer, Gelber Fluss, Beijing, Beizhili (Jingshi), Bo Hai, Shanxi, Ji'nan, Shandong, Gelbes Meer, Shaanxi, Xi'an, Kaifeng, Henan, Nanzhili (Nanjing), Nanjing, Chengdu, Yangzi, Hanyang, Hangzhou, Sichuan, Jingdezhen, Zhejiang, Nanchang, Ostchinesisches Meer, Kunlun-Gebirge, Huguang, Jiangxi, Jianning, TIBET, Guiyang, Guizhou, Fujian, Yunnan, Guilan, Perlfluss, Guangxi, Guangdong, Guangzhou (Kanton). Legende: Reichshauptstadt, Provinzhauptstadt, Andere Städte, Ming-Reich um 1550 n. Chr., Erweiterung des Ming-Reichs um 1400 n. Chr. Maßstab: 0 200 400 600 km]

Quelle: Schmidt-Glintzer 2008: 110

ten sowie die verheerenden Überschwemmungen des Gelben Flusses im Jahr 1344 mit einer anschließenden Flussbettveränderung hatten ebenso wie die Pestepidemie zur katastrophalen Lage beigetragen. Die auf lokaler Ebene agierenden gebildeten Schichten der Bürokratie suchten die sich neu etablierende Dynastie zu stärken und ihr zu dienen. Ihre Expertise und Professionalität wurden zu Garanten für eine langfristig erfolgreiche Reformierung des Reiches und die Durchsetzung von Zentralismus und Autokratie. Auch die Person des neuen Hongwu-Kaisers Zhu Yuanzhang spielte eine Rolle.

Selbst aus bäuerlichen Verhältnissen herstammend, standen für Zhu Yuanzhang der Wiederaufbau und die Stärkung der Landwirtschaft in seinen Herrschaftsjahren im Mittelpunkt seiner Politik. Es wurden große Fortschritte in Sachen Bewässerung, Wiedererschließung von Anbauflächen und der Wiederaufforstung gemacht. In vielen Provinzen wurden unzählige große und kleine Bewässerungs- und Flussregulierungsprojekte verwirklicht. Große Flächen wurden neu bebaut und verwüstete Zonen durch Bevölkerungsumsiedlungen systematisch neu erschlossen; Basis waren Bevölkerungszählungen 1381, 1391 und 1393, sowie eine landesweite Agrarerhebung in 1387. Danach ergab sich für das Jahr 1380 eine offizielle Bevölkerungszahl von 65 Millionen Einwohnern bei 10,6 Millionen Haushalten; tatsächlich dürften es nach modernen Schätzungen sogar etwa 80 Millionen Bewohner gewesen sind. Allein die neue Hauptstadt Nanjing hatte 1,2 Millionen Einwohner und damit mehr als jede europäische Stadt zu dieser Zeit. Festgehalten wurden aber nicht nur die Kopfzahl, sondern auch die Familiengröße, die Dorfzugehörigkeit und die Qualifikation der Arbeitskräfte. Damit war der Zensus Voraussetzung zur Reorganisation des Steuerwesens und verschaffte der Regierung einen Überblick für das an jeweiligen Orten zu mobilisierende Arbeitskräftepotential und dessen Fähigkeiten. Der Agrarzensus führte darüber hinaus zu einem landesweiten Kataster, in dem nicht nur die Größe der Ackerflächen, sondern auch die Güteklassen des Bodens erfasst waren.

Für Ansiedlungen erhielten Bauern Landzuteilungen und bekamen mit Werkzeugen und Steuerbefreiung der Arbeitstiere staatliche Hilfen. Das wichtigste Ziel von Hongwu war es, autarke Dorfer zu schaffen, um der Ungleichheit zwischen Großgrundbesitzern und Kleinbauern entgegen zu wirken. Der Grund und Boden bestand weiterhin im Obereigentum des Staates bzw. seines Repräsentanten, des Kaisers; die Bauern waren demgemäß nur Besitzer. Auch das Militär sollte sich durch an seine Mitglieder zugeteilte Ländereien selbst versorgen. Die reichsten Familien in jeder Gegend wurden zu Steuereintreibern gemacht. Allerdings war die Agrarsteuer in der Ming-Zeit mit 5 bis 10% der Erträge recht gering, und die Ming-Regierung hielt bis zum Ende der Dynastie an den unter Hongwu festgelegten Steuerregistern fest. Jedoch reichten die lokalen Abgaben vielfach nicht aus, um die mit der wachsenden Bevölkerung steigenden Verwaltungsaufwendungen zu bezahlen. Die Beamten erhoben daraufhin außergesetzliche Abgaben, was zur Entwicklung von Korruption führte. Noch dazu zeigte im Laufe der Zeit die Versorgung des Militärs Schwächen im Selbstversorgungssystem von Hongwu auf; unter seinen Nachfolgern konnte sich die Armee nicht mehr selbst tragen und die Soldaten, die keinen Sold erhielten, verkauften ihr Land und desertierten. Dies wiederum stärkte die reichen Familien, die ihren Grundbesitz vermehrten.

Die Konzeption autarker Dörfer funktionierte keineswegs überall. Landesteile mit Versorgungsproblemen waren zunehmend auf Getreidelieferungen angewiesen. An der Südostküste stand kaum noch kultivierbares Land zur Verfügung. Das Yangtze-Delta hatte sich zum Seiden- und Baumwollerzeugungszentrum entwickelt, was zur Folge hatte, dass der Anbau von Grundnahrungsmitteln vernachlässigt wurde; diese mussten dann aus den zentralchinesischen Provinzen eingeführt werden. Dies galt ebenso für Fujian, wo sich die landwirtschaftliche Produktion auf Tabak und Zuckerrohr konzentriert hatte. Allerdings hatten diese regionalen

Spezialisierungen auch ihre Vorteile, denn sie stützten die Entwicklung des binnenwirtschaftlichen Agrarhandels und beförderten durch die Produktivitätseffekte aus der erweiterten gesellschaftlichen Arbeitsteilung das Bevölkerungswachstum.

Der Anbau von Baumwolle verbreitete sich vom Yangtze-Delta in das Landesinnere. Ab dem 14. Jahrhundert hatten Haushalte in landwirtschaftlichen Gebieten erhöhte Einkommen aus dem Verkauf von Baumwolle. Während auf dem Land Baumwolle nach wie vor von Hand gesponnen wurde, kamen in Webereien in städtischen Gebieten auf der Grundlage handwerklicher Produktion erste Maschinen zum Einsatz. Ein weiteres Gewerbe, in dem China zur Ming-Zeit weltweit führend wurde, war der Buchdruck. Während in den vorangegangenen Dynastieperioden Texte hauptsächlich handschriftlich verbreitet wurden, fand im 16. und 17. Jh. eine mediale Revolution statt. Wegen der Durchsetzung des Buchdrucks wurden Bücher sehr günstig und Enzyklopädien, Reiseführer, Romane und Novellen in hoher Auflage produziert. Die Porzellanherstellung, ein traditionell chinesisches Produkt und Handelsware, wurde weiterentwickelt. In Brennöfen, in denen Feldspat und Quarz bei 1.400° Celsius zu Porzellan weißer Farbe (»Weißes Gold«) gebacken wurde, wurden Produkte mit stahlharter Oberfläche in hohen Stückzahlen produziert und zu Massenware.

Im Gegensatz zur Landwirtschaft und, nachgeordnet, Handwerk und Gewerbe, galt Handel nach konfuzianischer Überzeugung jedoch als parasitär und sollte reduziert werden. Dementsprechend kontrollierte die Regierung den Binnenhandel durch staatliche Monopole sowie Preiskontrollen. Des Weiteren waren Reisen ab einer Distanz von mehr als 30 Meilen (48 km) nur mit offizieller Genehmigung gestattet. Zur Bekämpfung der regionalen Versorgungsprobleme wurde ein Wertmarkensystem eingeführt, welches die Versorgung mit Getreide und Reis sichern sollte. Händler, die Getreide oder Reis lieferten, erhielten im Gegenzug Wertmarken für Salz, die bei der Regierung einzutauschen waren; das Salz konnte gewinnbringend weiterverkauft werden. Privaten Kaufleuten wurde der Fernhandel verboten, der Außenhandel wurde staatliches Monopol; zwischen 1370 und 1450 wurden diese Regelungen immer weiter verschärft. Küstenprovinzen, die sich in der Vergangenheit durch den Außenhandel rascher entwickelt hatten als Provinzen im Inland wurden nicht mehr gefördert, weil alle Regionen wirtschaftlich auf gleichem Niveau stehen sollten.

Neben diesen wirtschaftlichen Entwicklungen wurde zur Hongwu-Zeit auch die staatliche Verwaltung reformiert. Dazu gehörte die Wiedereinführung des staatlichen Prüfungswesens im Jahr 1384. Die verschiedenen Kategorien der Beamtenschaft umfassten etwa 15.000 Personen, von denen etwa sechs Tsd. der Zentralverwaltung in der Hauptstadt und rd. vier Tsd. auf Distriktebene angehörten; hinzu kamen weitere fünf Tsd. Lehrer in den staatlichen Bildungseinrichtungen, die für die Ausbildung des Nachwuchses zuständig waren. Gelehrt wurde kein praktisches Wissen, sondern die Texte der konfuzianischen Klassiker.

Seit den 1390er Jahren gab es sechs Ministerien: Personalwesen (Inneres), Finanzen, Krieg, Justiz, Riten (Äußeres) und Öffentliche Arbeiten (Wirtschaft). Darüber stand das Große Sekretariat; sein Vorsitzender fungierte als eine Art Premierminister. Zur Bürokratie kamen als zweite Säule der Macht im Staat die Hofkreise, das Personal des Kaiserhofs und die aufgrund des großen Harems beträchtliche Zahl der kaiserlichen Prinzen mit ihrer Entourage. Aus den Prinzen rekrutierte sich der künftige Kaiser; Machtkämpfe und Giftmorde unter den Rivalen waren an der Tagesordnung.

Die dritte Machtsäule waren die Eunuchen, die in der Ming-Zeit einen großen Einfluss auf die Regierungsgeschäfte ausübten und nahezu 250 Jahre lang mit dem konfuzianischen Mandarinat in einem Dauerkonflikt um den Einfluss auf den kaiserlichen Willen und die Kontrolle über den kaiserlichen Apparat lagen: Sollten Moral und gesellschaftliche Ordnung (Konfuzianer) oder Pragmatismus und eine aktive, an Macht- und Wirtschaftsinteressen orientierte Politik die Richtschnur sein? Insofern war das Mandarinat eher bewahrend und konservativ, die Eunuchen eher modern-progressiv; einig waren sich allerdings beide darin, dass den privaten Kaufleuten nicht das Feld und politischer Einfluss überlassen werden dürfe. Die Rekrutierung der Eunuchen erfolgte nicht qua Geburt wie bei den Prinzen oder durch Leistung wie bei den Beamten, sondern durch ein informelles Auswahlverfahren im Kindesalter. Die freiwillige Kastration talentierter Jungen war in armen Familien ein möglicher Karriereweg; viele Eunuchen wurden auch gewaltsam im Zuge von Feldzügen und Militäraktionen an der chinesischen Peripherie rekrutiert. Deshalb fanden sich unter ihnen viele Nichtchinesen ohne konfuzianischen Bildungshintergrund und mit fremder Religionszugehörigkeit. Attraktiv für den Kaiser machte die Eunuchen ihr weites Einsatzfeld. Neben der Verwendung in militärischen und diplomatischen Führungspositionen, wurden sie zur Überwachung von Herrschern in kleineren Staaten, der Investitur neuer Könige, zur Teilnahme an Hochzeiten und Begräbnissen in tributpflichtigen Staaten eingesetzt.

Während die Periode Hongwu (1308–1398) und seines Nachfolgers Jiawen (1399–1402) der Konsolidierung der Ming-Dynastie und den inneren Reformen diente, war die Periode des dritten Ming-Kaisers Yongle (1403–1424) eine Phase der Expansion nach außen. In seine Regierungszeit fallen die ersten fünf von insgesamt sieben unter Leitung des Eunuchen-Admirals Zheng He durchgeführten maritimen Expeditionen, die für die Ming-Zeit einen legendären Status besitzen.

Ihre materielle Voraussetzung bestand in dem Flottenbauprogramm, das zu Beginn des 15. Jh. gestartet wurde. Eine besondere Rolle spielte dabei die Longjiang-Werft in Nanjing, die zwischen 1403 und 1491 in Betrieb war, sieben Trockendocks besaß und die bis dato weltgrößten Segelschiffe baute. Allein in dieser Werft wurden zwischen 1404 und 1419 etwa 2.000 hochseetüchtige Schiffe in verschiedenen Größenklassen gebaut. Ihr Design ging auf die Dschunken aus der Song-Zeit zurück, nur wurden nunmehr erheblich größere Schiffe mit 59–85 Metern Länge und 500-1.000 Tonnen Tragfähigkeit gebaut. Von seinem Hauptkampfschiff mit fünf Masten, vier großen und zwanzig kleinen Kanonen besaß China zu Beginn des 15. Jh. etwa 180 Einheiten; hinzu kamen 700 Pferdetransporter, 240 Getreidetransporter und 300 Truppentransporter, alles in allem eine Flotte von knapp 500

Abbildung 11.14: Chinesische Seerouten und Ming-Fahrten

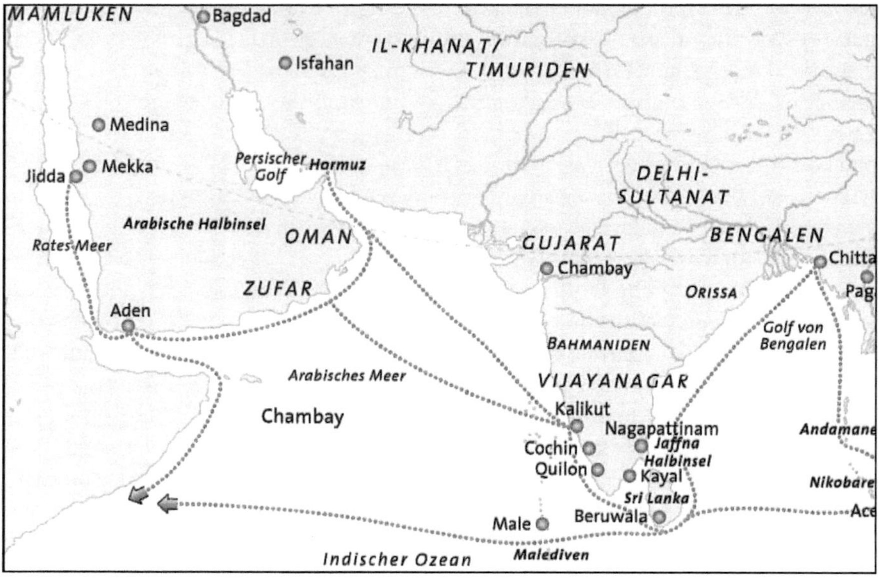

Quelle: Schmidt-Glintzer 2008: 118

Einheiten, die überseetüchtig waren und große Truppenkontingente samt deren Tross aufnehmen konnten.

Bei diesen Seeexpeditionen (vgl. Abb. 11.14), die bis an die afrikanische Küste, mindestens bis auf die Höhe von Madagaskar, evtl. sogar bis zum Kap der Guten Hoffnung und in den Südatlantik geführt haben, ging es zum Einen um die Demonstration der chinesischen Macht und die Wiederherstellung, Konsolidierung und Ausweitung des Tributsystems. Damit kamen zweitens auch wirtschaftliche Beweggründe zum Tragen, denn der Staatshandel sollte auf Kosten des privaten Fernhandels gestärkt werden. Ziel war die Wiederherstellung der alten, aus der Song-Zeit herrührenden Handelsbeziehungen mit Südostasien, Indien, Persien, Arabien und Afrika, die nach dem Zerfall der Mongolenherrschaft gestört waren. Darüber hinaus waren die Seerouten eine Alternative zur Landroute in den Mittleren und Vorderen Orient. Drittens spielten auch innenpolitische Gründe eine Rolle: Sollte China nicht nur das politische, sondern auch kommerzielle Zentrum der Welt werden, oder in relativer Isolation verharren. Aber auch den Befürwortern der Expansionspolitik waren Missionierung und religiöse Motive, anders als später den europäischen Händlern und Kolonisten, fremd. Es ging auch nicht darum, dem privaten chinesischen Überseehandel freie Bahn zu schaffen; im Gegenteil sollten der private Fernhandel und seine Netzwerke gerade zurückgedrängt werden. Während bei den ersten Expeditionen politische Motive im Vordergrund standen, überwogen in den letzten Fahrten wirtschaftliche Aspekte. Dabei ging es insbesondere bei der letzten, siebten Reise, die unter der Herrschaft des 5. Ming-Kaisers Xuande durchgeführt wurde, um den Versuch, das durch verringerte chinesische Präsenz im Indischen Ozean erodierende Tributsystem wieder zu stabilisieren. Diese 7. Expedition führte nochmals bis Hormuz, Aden, Jeddah (Mekka) und Malindi; der Tod Zheng Hes 1433 während der Rückfahrt begünstigte die Gegner der maritimen Expansion. 1435 wurde ein Seehandelsverbot erlassen und damit die seit 1397 immer wieder verhängten Verbote erneuert oder verschärft. Das Seehandelsverbot richtete sich in erster Linie gegen private Kaufleute, die im offiziellen chinesischen Verständnis nahezu synonym als Schmuggler und Piraten galten. Darüber hinaus waren diese Verbote aber auch Ausdruck vom Isolationismus und Protektionismus; sie führten in der Konsequenz dazu, dass sich in China keine starke Kaufmannsklasse herausbilden konnte.

Das Tributsystem, seine Erweiterung und Konsolidierung, als politischer und ökonomischer Kern der expansiven Orientierung in der zweiten Periode der Ming-Dynastie, unterlag auch den Expeditionen zu Land an der Landgrenze des Reiches. Auch hier gab es tributpflichtige Staaten, die als Ausgangspunkte der kontinentalen Expansion genutzt werden konnten. Schon 1387 und 1388 waren erste Reisen unternommen worden; die wirklich große Expedition, vergleichbar mit den Reisen Zheng Hes, erfolgte unter Leitung des Eunuchen Li Da im Jahr 1414. Sie dauerte 269 Tage, besuchte insgesamt 19 Staaten und Orte in Zentralasien und ging bis Samarkand. Weitere kleinere Expeditionen gingen in der Folgezeit auch nach Shiraz und Isfahan in Persien sowie nach Sibirien, Tibet und Nepal. Das Ziel war jeweils Tributbeziehungen zu knüpfen und auszuweiten. Die zentralasiatischen Expeditionen führten zur Wiederbelebung des Karawanenhandels, der mit dem Zusammenbruch der Mongolenherrschaft kollabiert war; ihre Routen waren Bestandteil der »Seidenstraße«. Die spätere isolationistische Politik in der Endphase der Ming-Dynastie führte analog zum Seehandel allerdings auch zum neuerlichen Niedergang des Karawanenhandels.

Dieser Umschwung von der expansionistischen zur isolationistischen Politik der Ming hängt zweifelsohne mit militärischen Misserfolgen an der Nordgrenze des Reiches gegenüber den wiedererstarkten mongolischen Stämme als auch den zunehmend ungünstiger gewordenen Kosten-Nutzen-Beziehungen der letzten Seeexpeditionen zusammen. Ersteres führte zum Wiederaufbau und der Verlängerung der Großen Mauer sowie zur Verlagerung der Hauptstadt des Reiches nach Beijing, die 1402 begonnen und 1421 mit dem Bau der »Verbotenen Stadt« abgeschlossen wurde. Letzteres gilt als »*selbstinszenierter hegemonialer Niedergang der Ming*« (vgl. Menzel 2015: 232ff.). Er war selbstinszeniert, weil es in der gesamten pazifisch-indischen Region keine Macht gab, die in einen hegemonialen Ausscheidungskampf mit den Ming hätte treten können: das Ming-China hatte seine internationale Hegemonie ohne Gegenwehr errichten können und hat auf sie auch wieder verzichtet, als es den isolationistischen Weg eingeschlagen hat. China »*hat im Grunde auf höchstem Niveau den langen Niedergang selber inszeniert, der sich bis in das 19.*

Jahrhundert fortsetzen sollte« (Ibid.: 232). Vielfach wird darüber gerätselt, welches die Motive für diesen grundlegenden Paradigmenwechsel, der in der Abwrackung der Flotte sinnbildlich zum Ausdruck kam, gewesen sind? Die naheliegendste Erklärung ist in einem ganz klassischen Sinn »imperiale Überdehnung«: »*China war zwar wirtschaftlich leistungsfähig wie kein anderes Land seiner Zeit auch nur annähernd. Aber auch die Ressourcen Chinas waren nicht grenzenlos. Yongle ist seiner Hybris erlegen: Er wollte alles, die Ausdehnung des Tributsystems im Süden, im Westen und im Norden, damit die Kontrolle des Welthandels und zugleich die Niederwerfung widerspenstiger Feinde in Annam (nördlicher Teil Vietnams / S.K.) und der Mongolei. Es wollte Landmacht und Seemacht sein, Imperium und Hegemonie, wollte zwei Hauptstädte, die hegemoniale Hafenstadt Nanking und die imperiale Karawanenstadt Peking am Ende der Steppe. Dieses alles war auf Dauer trotz des effektiven Steuersystems schlechterdings nicht zu finanzieren, weil es ungeheure Ressourcen an Menschen und Material verschlang.*« (Ibid.: 233; Hervorh. i. Original)

Das Offenbarwerden dieser imperialen Überdehnung und ihre Konsequenz, das Umschalten von einer offensiv nach außen gerichteten Politik zu einer defensiven Orientierung, fällt in die Zeit der Kaiser Zhengtong/Tianshun (1436-1449 bzw. 1457-1464). Das Verbot des Baus seetüchtiger Schiffe, die Schleifung der Marine-Basen in Fujian und der Beginn des Wiederaufbaus der Großen Mauer bedeuteten gleichzeitig den ideologischen Sieg des konfuzianischen Mandariats über die von den Eunuchen vertretene kommerzielle Position. Die Fragestellung, ob beim Obsiegen der Eunuchen die Weltgeschichte einen ganz anderen Verlauf genommen hätte, d.h. die Industrielle Revolution nicht in Großbritannien, sondern im China stattgefunden und zur Werkstatt der Welt gemacht hätte (vgl. ibid.: 325), ist so gestellt, falsch, weil sie die Gesamtheit der sozioökonomischen Verhältnisse der chinesischen Gesellschaft nicht in den Blick nimmt. Damit ist erneut die grundsätzliche Bewertung aufgeworfen, ob China bereits seit längerem eine feudale Produktionsweise und Gesellschaft gewesen ist oder doch eine seit ehedem bestehende und bis zur äußeren Einwirkung europäischer Mächte mit den sog. Opium-Kriegen im 19. Jahrhundert fortexistierende asiatische Produktionsweise aufgewiesen hat, die zwar feudale Ausprägungen und Modifikationen besaß, doch nicht die für Westeuropa – in erster Linie: Frankreich, England – charakteristischen Elemente einer neuen, höheren kapitalistischen Produktionsweise und bürgerlichen Gesellschaft in sich trug. Diese Fragestellung ist anhand der letzten Kaiser-Dynastie Chinas, der Qing-Dynastie, wieder aufzunehmen.

Qing-Dynastie (1644–1912)
Das im Nordosten Chinas jenseits der Großen Mauer lebende sesshaft gewordene, ursprünglich halbnomadische Volk der Mandschu hatte unter seinem Führer Nurhaci (Regierungszeit 1559–1626) einen Staat gegründet, den dieser in acht sog. »Bannern« organisiert hatte. Dabei handelte es sich ursprünglich um Truppenverbände mit einer Stärke von jeweils 300 Mann. Als sich die Mandschu von chinesischen Generälen in den Kampf gegen Aufständische, die im Jahr 1644 die Ming-Haupt-

Kapitel 11: Imperien und Staaten der asiatischen Produktionsweise 371

Abbildung 11.15: Qing-Reich (von 1689 bis 1820)

Quelle: https://de.wikipedia.org/wiki/Qing-Dynastie; Jahr 1820

stadt eingenommen hatten – der Ming-Herrscher Chongzhen hatte Selbstmord begangen –, hatten hineinziehen lassen, waren es diese Banner, die sich inzwischen nicht nur aus Mandschu, sondern auch aus Mongolen und chinesischer Grenzbevölkerung zusammensetzten, die das chinesische Reich unter ihre Kontrolle brachten und weitgehend unter sich aufteilten. Bei den Mandschu handelte es sich eigentlich um eine bunte Mischung verschiedener Jurchen-Stämme, die sich erst seit 1635 als Manju oder Manzhou bezeichneten.

Bereits im Jahr 1636 hatten die mandschurischen Eroberer die »Große Qing-Dynastie«, die »Große Leuchtende«, proklamiert. Doch dauerte die Eroberung ganz Chinas durch die Mandschu-Truppen mehrere Jahrzehnte; erst 1681 wurde der Südwesten und 1683 Taiwan erobert. Die begonnene expansionistische Tendenz des Mandschu-Staates setzte sich danach auch darüber hinaus fort, und China erreichte im Jahr 1759 seine größte territoriale Ausdehnung unter der Mandschu-Herrschaft (vgl. Abb. 11.15).

Gegen die Mandschu-Eroberer hatten sich ursprünglich vor allem die reichen Städte am Unterlauf des Yangtze, in denen sich viele Kaufleute verschanzt hatten, gewehrt. Jiading ergab sich den Qing-Truppen erst, nachdem diese drei furchtbare Massaker unter der Bevölkerung angerichtet hatten. Der Widerstand Jiandings brach erst Monate unter dem Feuer schwerer Kanonen zusammen, und die Qing metzelten die gesamte Bevölkerung von 170.000 Menschen nieder. Am schlimmsten traf es Yangzhou, die Hauptstadt am Kaiserkanal. Die Qing-Truppen hatten die Stadt nach einwöchiger Belagerung gestürmt. Was folgte, ist als Massaker von Yangzhou in die Geschichte eingegangen: zehn Tage lang ließen die Truppen ihrer Wut freien Lauf, plünderten, vergewaltigten, brandschatzten und mordeten. Der Widerstand gegen die Mandschu/Qing war in den Provinzen, nicht in der Hauptstadt Beijing, die 1644 in lediglich 40 Tagen eingenommen worden war, am stärksten. Diese Konstellation macht verständlich, dass die Mandschu-Eroberer auch von Vielen sogar begrüßt wurden, weil sie die Wiederherstellung geordneter Verhältnisse und insofern Kontinuität verhießen, obwohl zunächst noch gänzlich unklar war, wie die Verwaltung und insbesondere der Staatshaushalt saniert werden könnten; zur Bindung der Beamtenschaft an die neuen Herrscher wurde auch die Beamtenprüfung fortgeführt bzw. wieder eingeführt. Als äußeres Zeichen des erfolgten Dynastiewechsels wurde am 8. Juni 1645 nach der Einnahme von Beijing im Namen des minderjährigen Kaisers Shunzhi (1643–1661) als erstes Edikt an die neuen Untertanen das Tragen des »Chinesenzopfes« als Zeichen der Unterwerfung verpflichtend erlassen.[3] Ansonsten wurden Ehen zwischen Han-Chinesen und Mandschu verboten; die Hauptstadt Beijing wurde zweigeteilt, in eine Teilstadt für Mandschu im Norden und eine für Chinesen im Süden. Die Mandschurei wurde für Han-Chinesen gesperrt. Beides wurde aber in der Praxis nicht konsequent durchgehalten.

Während der Qing-Dynastie wuchs die Bevölkerung Chinas stark an, von geschätzt 56 Millionen im Jahr 1644 auf etwa 400 Millionen im Jahr 1911. Nach Hungersnöten infolge der Unruhen um den Dynastiewechsel von der Ming- zur Qing-Dynastie stabilisierte sich die wirtschaftliche Lage in den 1680er Jahren. Während der frühen Qing-Zeit florierte der Binnenhandel und ausländische Märkte gewannen – wieder – an Bedeutung. Handelshemmnisse, die während der Ming-Zeit eingeführt worden waren, wurden aufgehoben.

Diese Entwicklung ähnelte der expansionistischen Periode der Ming-Herrschaft, allerdings gab es wesentliche Unterschiede. Neu war, dass die Bauern, die zuvor ganz überwiegend für den Eigenbedarf gewirtschaftet hatten, nun verstärkt ihre Erzeugnisse als Waren auf Märkten verkauften. Bis zum Ende des 18. Jahrhunderts kamen so mehr als 10% des Getreides und die Hälfte der Baumwolle auf Märkten zum Verkauf. Die Markttage waren so gestaffelt, dass sie sich nicht mit denen angrenzender Dörfer überschnitten, sodass größere Städte die ganze Woche über Märkte hatten. Umgekehrt kamen Produkte des Handwerks und Gewerbes aus den

---

[3] Vgl. Qing shilu, Shizu 17; zit. nach Vogelsang 2021: 410: »*Innerhalb von acht Tagen nach Eingang dieses Schreibens haben alle Einwohner der Hauptstadt und deren Umgebung sowie der übrigen Provinzen ihre Haare zu scheren. Wer diesem Befehl folgt, gehört zu unserem Volk; wer zögert oder zweifelt, wird wie ein aufsässiger Bandit behandelt und schwer bestraft werden. Wer sich dem Befehl entzieht, an seinem Haar hängt oder spitzfindig dagegen argumentiert, wird nicht leicht davonkommen.*«

Kapitel 11: Imperien und Staaten der asiatischen Produktionsweise

Städten über diese Märkte zu den Dörfern. Städte, in denen sich bestimmte Handwerkszweige konzentrierten, z.b. Woll- und Seidenkleidung, erlebten einen Aufschwung; das südliche Jiangsu, eine Nachbarprovinz von Shanghai, entwickelte sich durch den Seidenhandel zu einer kommerziellen und kulturellen Hauptregion Südostchinas; die Stadt Suzhou als Standort vieler Manufakturen ragte dabei besonders hervor. Mit der Zeit kamen viele Kleinhändler zu Reichtum, bildeten eine Mittelschicht zwischen Bauern und Großgrundbesitzern und den höheren Verwaltungsbeamten und versuchten, innerhalb der Qing-Hierarchie einen höheren Status zu erlangen, z.b. durch den Kauf von Gelehrtenlizenzen. Innerhalb der Handelsgüter besaß neben den traditionellen Produkten wie Reis, Tee und Zucker, Porzellan und Papierprodukten, Baumwolle eine überragende Bedeutung. Bis zum 19. Jahrhundert wurde der Baumwollimport viermal so groß wie der Baumwollexport; Baumwolle wurde zum meist verwendeten Textilstoff.

Zum Ausgleich schwankender Ernteerträge wurden Getreidespeicher von der Regierung angelegt. Notwendig werdende Verkäufe aus diesen Speichern wurden zur Stabilisierung der Preise genutzt: 5% unter dem Marktpreis bei guter Ernte, 10% bei schlechter Ernte; außerdem wurde Getreide in den Provinzen verteilt, um den Bedarf zu decken und Preisanstiege zu verhindern. Das bereits in früheren Dynastien angewandte System des »Tribut-Reises« wurde unter den Qing erneut eingeführt. Die Besteuerung der Bauern konnte niedrig gehalten werden, weil die Staatskasse durch den wirtschaftlichen Aufschwung nach den Wirren des Dynastiewechsels regelmäßig gefüllt war. Auch die Gehälter der Beamten konnten erhöht werden; Steuerhinterziehung wurde durch die Mandschuren hart bestraft.

China war, durch die Qing politisch besonders betont, ein Vielvölkerstaat mit großen regionalen Disparitäten. Neben unterschiedlichen lokalen und regionalen Traditionen wirkten das Vorhandensein paramilitärischer Verbände in den Provinzen und ein regional unterschiedliches Echo auf Konflikte in der Hauptstadt. Jenseits dieser lokalen und regionalen Differenzierung leitete der vierte Qing-Kaiser Qianlong (1736–1795) im 18. Jahrhundert eine Epoche der Expansion nach außen und Kolonisation im Innern ein. Das Land der Jungaren im Ili-Gebiet und der Jungarai wurde in den Jahren 1754–1759 besetzt, das Tarimbecken mit Kaschgar, Chotan und Jarkend 1760. In das seit 1720 abhängige Tibet verlegte man 1790/91 eine chinesische Garnison, die dort bis 1912 bestand. Als Reaktion auf das aggressive Vorgehen der europäischen Handelskompanien begannen die Qing ab 1757 den Überseehandel für die Europäer noch stärker zu reglementieren; bis 1843 war nur noch der Hafen in Guangzhou (Kanton) für den Seehandel zwischen China und Europa zugelassen. Die ab 1800 zunehmende europäische Überlegenheit wurde nicht wahrgenommen. Man hing nach wie vor der sinozentrischen Weltordnung an, die keine Freiheit des Handels kannte und die anderen Staaten danach einordnete, wie nah sie der chinesischen Kultur standen; formell waren sie dabei alle chinesische Vasallen.

In verschiedenen Gebieten des Riesenreiches gab es Spannungen mit den unterworfenen Völkern, die gegen Ende der Qianlong-Ära kulturell bedrängt wurden. Aufwendige Feldzüge belasteten die Staatskasse, z.B. kostete der Feldzug gegen die Tibeter 1771–1776 70 Mio. Silberliang. Die kriegerischen Auseinandersetzungen begünstigten Straßenraub und Korruption. Ein Bannergeneral, Heshen, massakrierte Bauern; diese erhoben sich 1795 gegen seine Geldforderungen unter dem Namen »Weißer Lotus«. Das staatliche Defizit wurde durch Bauern- und Minderheitenaufstände so vergrößert, dass man bei Hof sparen und sogar die Hofjagden einstellen musste. Unter dem Folgekaiser Jiaqing (1796-1820) sabotierten die Beamten die Deich- und Flussregulierung und zweigten Gelder für den eigenen Gebrauch ab; in der Folge kam es zu sieben Überschwemmungen. Die Aufstände der Bauern und Minderheiten fanden in der ganzen ersten Hälfte des 19. Jahrhunderts kein Ende; sie waren vor allem eine Folge des wachsenden Missverhältnisses von Bevölkerungszahl und verfügbarem Ackerland. In den Jahren 1826-1838 stieg der Opiumhandel schlagartig an und der Opiumkonsum bereitete sich in dieser Krisenzeit trotz staatlichen Verbots immer weiter aus. Das hatte schwerwiegende Auswirkungen auf die Wirtschaft, das niedere Beamtentum und die öffentliche Moral. Durch den Opiumhandel entstand für China ein Außenhandelsdefizit, wodurch das früher importierte Silber wieder abfloss. Die Regierung konnte diese Entwicklung nicht verhindern, weil sie die Opiumkriege gegen die Europäer verlor und die sog. »Ungleichen Verträge« auftroyiert bekam, nach denen China erhebliche Souveränitätseinschränkungen und einen halbkolonialen Status gegenüber verschiedenen Mächten – Großbritannien, USA, Frankreich, Russland, Preußen und Japan – hinnehmen musste.

Die interne Krise des Qing-Kaiserreiches entlud sich im Taiping-Aufstand (1851–1864), der die chinesische Gesellschaft in ihren Grundfesten erschütterte. Die Taiping waren eine politische und religiöse Gruppierung, die der Mystiker Hong Xiuguan nach Kontakten mit christlichen Missionaren und eigenen Visionen gegründet hatte. Ihre Bewegung wurde vorwiegend von ethnischen Minderheiten getragen, die sich durch die Zentralregierung benachteiligt oder unterdrückt fühlten. Im Taiping-Aufstand starben 20 bis 30 Millionen Menschen.

Im Jahr 1855 änderte zudem der Gelbe Fluss wiederum seinen Lauf, eine Katastrophe, die es zuletzt 1324 gegeben hatte. Die Zerfallsprozesse des Landes, die insbesondere durch die Taiping-Rebellion und durch Muslim-Aufstände zwischen 1850 und 1878 bestimmt waren, wurden durch eine auf staatliche »Selbststärkung« (ziqiang) ausgerichtete Restaurationspolitik während der Ära des Kaisers Tongzhi (1862–1875) gemildert.

Doch die unterliegenden fundamentalen Widersprüche der chinesischen Gesellschaft, die Armut auf dem Lande und die inneren Konflikte zwischen ultrakonservativen Patrioten des Nordens und eher pragmatisch gesonnenen Politikern des Südens, konnten dadurch nicht gelöst werden. Die Erholung in den letzten drei Jahrzehnten des 19. Jh. war nur scheinbar. Seit 1900 lag die Qing-Dynastie in Trümmern. Die gerade aufgebaute Kriegsflotte wurde im Ersten Japanisch-Chinesischen Krieg von 1894/95 von den Japanern zerstört; Taiwan und Korea gingen zugunsten von Japan verloren. China wurde in Einflusssphären ausländischer Mächte aufgeteilt. 1911 kam es im Zuge der Xinhai-Revolution zum Sturz des letzten Kaisers

Kapitel 11: Imperien und Staaten der asiatischen Produktionsweise 375

Abbildung 11.16: Die Aufteilung Chinas im 19. Jh.

Quelle: Schmidt-Glintzer 2008: 167

Puyi durch Yuan Shikai und Sun Yat-sen. Letzterer rief am 1. Januar die Republik China aus (vgl. Abb. 11.16).

Kommen wir am Schluss der Betrachtung der chinesischen Kaiser-Dynastien auf die Frage nach der Einordnung der chinesischen Gesellschaft zurück. Leider sind die meisten Darstellungen der chinesischen Geschichte[4] auf rein makroökonomisch-internationale Verhältnisse oder auf Abfolgen politischer Herrscherhäuser und ihre kulturell-ideologischen Vorstellungen fokussiert und man erfährt nur in Nebenbemerkungen Etwas über die sozialökonomischen Grundlagen der chinesischen Gesellschaft. Damit bleiben die Lebensverhältnisse der überwiegenden Mehrheit der Bevölkerung, der Bauern, weitgehend außerhalb der Betrachtung. Ihre Beziehung zu den Produktionsmitteln, d.h. den Eigentumsverhältnissen am Grund und Boden und zu den sonstigen Arbeitsmitteln, deren technische Beschaffenheit als Produktivkräfte der Arbeit und der Stellenwert und die innere Struktur der Dorfgemeinden sowie deren Beziehung zum Großgrundbesitz werden gar nicht oder kaum erwähnt. Daher rühren die später innerhalb der Kommunistischen Partei erörterten Fragestellungen, inwieweit feudale Verhältnisse die Strukturen einer asi-

---

[4] Zugrundegelegt wurden vorliegend die Darstellungen von Menzel 2015, Vogelsang 2021, Schmidt-Glintzer 1999 sowie 2008. Nur bis zur Tang-Dynastie konnte das sich auf den Historischen Materialismus berufende Werk des Autorenkollektivs der DDR-Althistoriker, Sellnow et al. 1977, hinzugezogen werden.

atischen Produktionsweise überlagert oder gar bestimmt hatten, d.h. ob China bis zu der erst im 20. Jahrhundert durch europäische und japanische Einflüsse nachgeholten ursprünglichen Kapitalakkumulation eine asiatische oder feudale Produktionsweise sowie Gesellschaft und Staat gewesen ist.

Die Antwort fällt nach der vorangegangenen Betrachtung eindeutig aus. Die herrschenden Produktionsverhältnisse in China sind dem Typus der asiatischen Produktionsweise zuzuordnen. Dafür sprechen das staatliche Obereigentum am Grund und Boden, durch das die bäuerlichen Produzenten ein steuerlicher Tribut auferlegt wurde, der anfangs in naturaler Form als Getreideablieferungen und zu entrichtende Dienstleistungen, in späterer Zeit, mit der auch die Bauern einbeziehenden Geldzirkulation, partiell in Geldform zu entrichten war. Die herrschende Klasse bestand aus dem Kaiser und seinem Königshof, den eingesetzten Regierungsvertretern sowie neben dem Gewaltapparat aus einer Beamtenschaft, die ab einer gewissen Zeit nicht mehr durch familiale Bindungen, sondern die besondere Form der Beamtenprüfungen und -auswahl bis in die Provinzen rekrutiert wurde, als besonderen exekutiven Organen. Kam es bei der Beamtenschaft sowie den oberen Militärangehörigen nicht zur Entgeltung in monetärer Form, sondern durch Landzuteilungen, wurde mit dem so geschaffenen Privatbesitz an Grund und Boden eine besondere, neben die Großgrundbesitzer tretende Klasse eines Dorfadels geschaffen, der zudem die Aufgabe der Steuereinziehung zugewiesen bekam. Diese Funktion der Steuereinnehmer war eine wesentliche Basis für Konzentrationsprozesse von Grund und Boden, die zwar nicht formell, aber sich faktisch zu einem Quasi-Privateigentum mit erblichen Attributen fortentwickelten; die legale Möglichkeit, Grund und Boden zu kaufen, verstärkte diese Entwicklung und führte in der Nach-Kaiserzeit zu auch formellem Privateigentum. Bis zur Qing-Zeit gab es jedoch seitens der Zentralregierung immer wieder Ansätze, die Bildung von Großgrundbesitz zu beschränken und die Entwicklung genuin feudaler Eigentumsverhältnisse zu behindern. Die Bewirtschaftung des Grundbesitzes erfolgte durch Pächter, d.h. enteignete Kleinbauern oder landwirtschaftliche Tagelöhner; das Mehrprodukt teilte sich in diesen Fällen neben dem steuerlichen Tribut in Pacht, d.h. eine Form der Grundrente auf, wobei wegen der Steuerhoheit des Dorfadels beide Formen ineinander verschwammen. Ein typisch feudales Lehnswesen mit den Formen der Prekarie und Kommendation wie in Westeuropa fand keine gesamtgesellschaftliche Verbreitung. Die selbstständigen bäuerlichen Produzenten verfügten in der Bewirtschaftung ihrer Parzellen über eigene Arbeitsmittel und arbeiteten, von den zuletzt, d.h. während der Qing-Zeit auf zehn Prozent angewachsenen Erträge, die auf Märkten zum Verkauf als Waren gelangten, abgesehen, für den Eigenbedarf. Das ursprüngliche Gemeineigentum am Grund und Boden blieb mit der für asiatische Verhältnisse typischen früh in Staatseigentum verwandelten Form auch nach Auflösung der Verwaltungsaufgaben der Dorfgemeinden grundlegend.

Was die chinesische Gesellschaft schon spätestens seit der Song-Zeit und trotz der vielfältigen regionalen Disparitäten in den jeweilig beherrschten Territorien auszeichnete, war ein sog. high-end state, d.h. eine politische Zentralgewalt, die mehr oder weniger stark in die wirtschaftlichen Verhältnisse einwirkte. Sie folgte sowohl mit ihrer Kolonisierung nach innen als auch ihrer Expansion nach außen konfuzianischen Vorstellungen der Beschränkung des privaten Kaufmannswesens. Dieses blieb staatlicher Reglementierung bis hin zur Monopolisierung des Fernhandels unterworfen, ebenso wie die damit zusammenhängende Geldzirkulation, die schon früh Repräsentativgeldformen kannte. Auch das handwerkliche Gewerbe bis hin zu den städtischen Manufakturen in bestimmten Produktionszweigen blieb unter strikter staatlicher Kontrolle. Die Produktivkraftentwicklung sowohl in der Landwirtschaft durch künstliche Bewässerung als auch im Transportwesen durch Anlage von Kanälen und Landwegen war damit wesentlich staatlich gesteuert und vielfach abhängig von Regierungsentscheidungen; die Außerkraftsetzung der großen Flotte während der Ming-Zeit dokumentierte dies eindrucksvoll. Damit fehlte China bis zur letzten Kaiserdynastie die an der Verbreitung von Privateigentum hängende Privatinitiative, die unter den sozioökonomischen Verhältnissen des ausgehenden Feudalismus in Westeuropa eine interne ursprüngliche Kapitalakkumulation in Gang setzte: es fehlte vor allem eine durch ein Kaufmannskapital initiierte vorgängige Geldakkumulation von Privaten auf vielen Punkten der Peripherie des chinesischen Reproduktionsprozesses.

Zusammenfassend ergibt sich daher eine Einordnung von Chinas Wirtschaft, seiner Gesellschaft und seines Staates als entwickelte asiatische Produktionsweise, die einzelne feudale Elemente aufwies, aber diese ihre Basis nicht überwunden hat und, da sie bis in das ausgehende 18. Jahrhundert die entwickelste Wirtschaft der damaligen Welt darstellte, nicht für Stagnation, wohl aber für die prinzipiellen Entwicklungsgrenzen einer asiatischen Produktionsweise geradezu exemplarisch ist.

d) Islamische Kalifate: Omaijaden- und Abbasiden-Herrschaft

Die arabische Halbinsel bietet, da sie größtenteils von unfruchtbaren Wüsten bedeckt ist, nur in wenigen Gebieten sesshaften Ackerbauern und Viehzüchtern die notwendigen Lebensbedingungen. Nur im südwestarabischen Hochland ermöglichten regelmäßige Niederschläge das Entstehen einer Ackerbaukultur. Die Wirtschaft dieses Gebiets beruhte auf dem intensiven Bewässerungsbodenbau in den oasenartigen Tälern des Hochlandes. Mit Hilfe des Zements, den die Südaraber bereits Ende des 2. Jahrtausends v.u.Z. kennenlernten, konnten sie große Zisternen und Dämme errichten, um die beträchtlichen Wassermengen zu speichern, die die jährlichen Überflutungen mit sich brachten. Unter diesen Bewässerungsbauten gewann die Oase Marib eine herausragende wirtschaftliche und politische Bedeutung. Dadurch konnte in der Oase eine Fläche von über 1.600 ha bewässert werden; seit 500 v.u.Z. wurde sie beständig ausgebaut und erhielt im 4. Jahrhundert u.Z. ihre endgültige Gestalt.

Boden und Bewässerungsanlagen waren größtenteils Eigentum der gesamten Gemeinde, die am Rande der bewässerten Flächen in Städten mit festungsartigen, mehrstöckigen Häusern wohnte. Der Boden wurde jährlich an die einzelnen Sippen und Großfamilien zur Bearbeitung verteilt. Um die Mitte des 1. Jahrtausends entstand das Sippeneigentum am Grund und Boden neben den Flächen der Tempel und des Königs. »*Dieses Sippeneigentum am Grund und Boden, aber auch an Vieh und Sklaven stellte ein Charakteristikum der südarabischen Entwicklung dar. Es war die Folge eines zähen Fortbestehens von Resten der Urgemeinschaftsordnung, die sich teilweise bis in die Neuzeit hinein erhalten haben. Die soziale Differenzierung beruhte daher in Arabien nicht auf individueller, sondern auf sippenmäßiger Grundlage.*« (Sellnow et al. 1977: 461)

Der älteste südarabische Staat, Saba, entstand aus einem Verbund zweier großer Stämme mit dem Kerngebiet in der Oase Marib. Er wurde zur Mitte des 1. Jahrtausends v.u.Z. von einem Ältestenrat geleitet, der die Organisationsaufgaben der Wirtschaft sowie kultische Funktionen ausübte; aus seiner Mitte ging der Mukarrib hervor, der in den letzten Jahrhunderten des 1. Jt. v.u.Z. durch einen König ersetzt wurde. Die aus der Sippenaristokratie hervorgegangene herrschende Klasse verfügte nun über Eigentum an Grund und Boden, Vieh und Häusern und beutete abhängige Sippen und Sklaven aus. Das erzielte Mehrprodukt wurde vorrangig für den Bau und die Ausbesserung der Bewässerungsanlagen sowie für die Errichtung von Befestigungsbauten und Tempel verwendet.

Neben der Bodenbewirtschaftung spielte der Karawanenhandel mit Luxusgütern eine entscheidende wirtschaftliche und politische Rolle. In der Landschaft Dhofar in Südarabien wuchs der Weihrauch-Strauch, dessen Harz begehrt war und von den dort lebenden Jägern und Sammlern geerntet und geharzt wurde. Auf der sog. Weihrauchstraße wurde es in Karawanenreisen von siebzig Tagen durch die Gebiete der südarabischen Staaten sowie das westarabische Randgebirge und vorbei an der palästinensischen Mittelmeerküste bis nach Ghasa verteilt.

Die Politik aller südarabischen Staaten war auf die Kontrolle und Sicherung der arabischen Handelswege und ihren Schutz vor Konkurrenten gerichtet. Frühzeitig bestanden Beziehungen der Sabäer zu den von archaisch organisierten Stämmen nur dünn besiedelten westarabischen Oasen und nach Nordäthiopien, von wo aus der Handel mit Ägypten intensiviert wurde. Mit Ägypten, das das Handelsmonopol der Südaraber brechen wollte, entstanden erbitterte Kämpfe um die Vorherrschaft über die Karawanenwege. Dem Seefahrer Eudoxos von Kyzikos gelang es erstmals um 115 v.u.Z. unter Nutzung der Monsunwinde, den direkten Seeweg nach Indien für Ägypten zu erschließen. Die Herausbildung der islamischen Kalifate nach der allmählichen Zersetzung der innerhalb der arabischen Beduinenstämme herrschenden Gentilbeziehungen fußte auf der Entwicklung eines zentralisierten Staates auf der Arabischen Halbinsel in Westarabien (Hidschas) und der gewaltigen Expansion dieses Reiches unter dem Banner des Islam. Im 6. Jahrhundert u.Z. war diese Staatenbildung eingeordnet in den Kampf zwischen dem oströmisch-byzantinischen Reich mit den Sassaniden; er erfolgte im Rahmen der Auseinandersetzungen zwischen der arabischen Dynastie der Ghassaniden, die im Dienste von Byzanz stand und der ebenfalls arabischen Dynastie der Lachmiden, die in

Südmesopotamien eine ähnliche Funktion im Dienste der Sassaniden wahrnahm. Durch die Schwächung und Erschöpfung der Großmächte entstand ein machtpolitisches Vakuum, in dem sich die arabische Staatenbildung aus den beständigen Stammeskriegen der Beduinenstämme vermittelt über ein einigendes ideologisches Band – den Islam – vollziehen konnte. Bezogen auf ihre Ursprünge hatte Friedrich Engels beiläufig-zusammenfassend die Lehre Mohammeds als »*eine auf Orientalen, speziell Araber, zugeschnittene Religion (charakterisiert), die … einerseits auf handel- und gewerbetreibende Städter, andererseits auf nomadisierende Beduinen*« (MEW 22: 450 Fn) zugeschnitten war. Damit ist die seinerzeitige soziale Klassenbasis beschrieben, die die Entstehung des arabischen Staates und seines ideologischen Überbaus bestimmte.

Historischer Ausgangspunkt und spätere Geburtsstätte der islamischen Bewegung war Mekka, die reichste Handelsstadt des Hidschas, das zunächst ein Zentrum eines fetischistischen, teils polytheistischen Kultes mit dem Symbol eines schwarzen Meteoriten in der Kaaba war und bereits in vorislamischer Zeit einen Bezugspunkt von jährlichen Pilgerwanderungen von Beduinen und Ackerbauern aus der weiteren Umgebung dargestellt hatte. Vor dem Hintergrund des Interessengegensatzes zwischen den wirtschaftlich stärkeren, u.a. durch Wuchergeschäfte reich gewordenen Sippen von Kaufleuten einerseits und ärmeren Stammesmitgliedern andererseits schlossen sich Letztere zu einer »Tugendliga« zusammen, aus der der aus der Sippe der Banu Haschin stammende Mohammed ibn Abdallah (um 570–632 u.Z.) zum Begründer des Islam als monotheistischer Religionslehre wurde. Die sozialen Ursprünge des Islam, die sich auch in einigen Zügen seiner später in schriftlicher Form ausgeführten und zusammengefassten Inhalte wiederfinden, waren also ursprünglich nicht aristokratischer, sondern eher oppositioneller Natur.

Mohammed war frühzeitig Waise geworden und lebte erst nach seiner Heirat mit der Kaufmannswitwe Chadidscha, in deren Auftrag er Kamelkarawanen nach Syrien führte, in sozialer Sicherheit. Er suchte in Mekka und auf seinen Handelsreisen Gespräche mit Vertretern anderer Religionen; schließlich sah er sich um 610 als göttlicher Prophet der Araber berufen zu sein. Die Offenbarungen, Suren als Kapitel bzw. Abschnitte des Koran, die er von Allah erhalten zu haben glaubte, propagierte er seinen Landsleuten mündlich; erst im Jahre 651 u.Z. unter dem dritten Kalifen Osman wurden sie in einem verbindlichen Kontext in schriftlicher Form zusammengestellt. Mohammeds Protest gegen die religiösen und wirtschaftlichen Praktiken der reichen mekkanischen Oberschicht rief deren energischen Widerstand hervor. Im Jahr 622 unternahm Mohammed mit seinen Anhängern die Hedschra (Auswanderung) nach der etwa 300 km nördlich gelegenen Stadt Jathrib, die bald »Stadt des Propheten«, kurz: Medina, genannt wurde. Mohammed und seine Anhänger vollzogen eine bewusste Trennung von den traditionellen gentilen Bindungen und begannen die Stammesbande durch religiöse Verbindungen zu ersetzen. In Medina gelangte Mohammed zum ersten Mal zu politischer Autorität, die es ihm ermöglichte, ein Staatswesen zu schaffen, welches den Kern für die zukünftige Vereinigung Arabiens bildete. Schrittweise setzte er in Medina die Stärkung des Einflusses der muslimischen Auswanderer gegenüber der lokalen Opposition in den arabischen und jüdischen Stämmen durch und profilierte den Islam als selbstständige Religion in Abgrenzung zu anderen Religionen; er entwickelte seine kultischen Grundlagen sowie seine staats-, zivil- und personenrechtlichen Normen weiter. In einem acht Jahre währenden Kampf gegen Mekka schlossen sich immer mehr Beduinenstämme des Hidschas der Bewegung Mohammeds an, der schließlich im Januar 630 kampflos in Mekka einzog. Die Mehrheit der mekkanischen Aristokratie nahm den Islam an. Mohammed hinterließ bei seinem Tod im Jahr 632 ein junges theokratisches Staatswesen, dessen Führung in den Händen der neuen muslimischen Aristokratie lag, die die Gefährten Mohammeds bei der Hedschra, den mekkanischen Adel und die muslimischen Führer der medinesischen Stämme vereinte.

Die sozioökonomischen Verhältnisse des jungen Staates wiesen hybride Strukturen auf. Zum Einen wirkten Formen der zerfallenden Gentilordnung, vermischt mit Elementen von Sklaverei, die der Islam theoretisch missbilligte, fort. Zum Anderen beinhalteten sie Elemente, die eine Anpassung an die später eroberten Verhältnisse in den byzantinischen und sassanidischen Gebieten begünstigten wie Verteilungsformen der beweglichen Kriegsbeute – ein fünfter Teil zugunsten für Mohammed, seine Sippe und die Witwen und Waisen gefallener muslimischer Krieger – sowie eine Almosenabgabe als religiös verbrämte staatliche Kopfsteuer von 2,5% p.a. des persönlichen Gesamtvermögens, die die Steuereintreiber Mohammeds von allen muslimischen Gläubigen erhoben. Außerdem mussten christliche und jüdische Gemeinden Tribut leisten, mit dem sie sich das Recht auf die weitere Ausübung ihrer Religion sowie die Befreiung vom Waffendienst erkauften. Privates Eigentum wurde anerkannt und Handel und Gewerbe, bei gleichzeitiger Verurteilung wucherischer Praktiken, gefördert.

Mohammed hatte keine Bestimmungen hinsichtlich seiner Nachfolge hinterlassen. Nach seinem Tod wurde sein engster Vertrauter und Schwiegervater Abu Bakr zum Nachfolger (Kalifen) proklamiert; damit entstand die Institution des Kalifats. Der erste Kalif (632–634) musste zunächst dem Abfall verschiedener Beduinenstämme im Hidschas und Jemen entgegentreten, die ihre Bindungen an den Islam nach Mohammeds Tod als hinfällig betrachteten und die Almosensteuer verweigerten. Binnen weniger als zwei Jahren gelang es der Kalifenarmee nicht nur, diese Stämme an die islamische Gemeinde zu binden, sondern auch jene arabischen Stämme der Halbinsel zu unterwerfen, die sich bisher dem Vormarsch des Islam widersetzt hatten. Mit der Einbeziehung all dieser Stämme in den jungen Staat wuchsen seine militärischen Möglichkeiten, und die Eroberung weiterer Gebiete in Beutezügen wurde zu einem Hauptanliegen des Kalifenstaats. Bis zum Jahr 656 wurden Syrien, der Irak, Ägypten, Transkaukasien, die iranischen Kernländer und Chorasan erobert und in das arabisch-islamische Reich einbezogen. Diese militärischen Erfolge beruhten auf der Vereinigung der Beduinenstämme zu einer schlagkräftigen und auf Stammesgrundlage organisierten ständig unter Waffen stehenden Armee, dem Drang nach Beute und dem islamischen Prinzip des »heiligen Kriegs« (Dschihad) als einigendes Band für den Kampf gegen die »Ungläubigen«. Die Er-

Kapitel 11: Imperien und Staaten der asiatischen Produktionsweise

oberungen wurden begünstigt durch die Schwächung der Großmächte Byzanz und Iran infolge ihrer jahrelangen kriegerischen Auseinandersetzungen. In den eroberten Ländern wurden die Araber vielfach als Befreier wahrgenommen.

Unter dem zweiten Kalifen Omar (634–644) wurde die Verwaltung des Reiches durch Militärgouverneure und Steuerbeamte in den eroberten Provinzen organisiert. Die Eigentums- und Besitzverhältnisse in den eroberten Gebieten wurden nicht grundlegend verändert. Nur das Eigentum der byzantinischen und sassanidischen Krone sowie geflohener Grundeigentümer ging in die Hände des islamischen Staates über und wurde als immobile Beute im Gegensatz zur beweglichen Beute nicht unter die Muslime aufgeteilt. Damit wurde das Prinzip des Obereigentums des Staates an Grund und Boden durchgesetzt. Teilweise wurden unbebaute Ländereien später als Privateigentum, für die nur die Almosensteuer an den Staat abzuführen war, an reiche Muslime verteilt. Allerdings erlangte der muslimische Grundeigentümer sonstige Immunitäten (Sonderrechte). Kriegsgefangene wurden zeitweise als Sklaven auf den Domänen der muslimischen Aristokratie eingesetzt, Sklavenarbeit erlangte aber keinen bestimmenden Einfluss in der Produktion. Zum Islam übergetretene Einwohner in den Provinzen mussten sich als sog. Mawali einem der arabischen Stämme anschließen, galten aber lange Zeit nicht als gleichberechtigt. Mithilfe eines Registers (Diwan) wurde ein Teil der Einkünfte des Staates aus der unbeweglichen Beute als Sold, Pension oder Dotation für die muslimischen Krieger und ihre Witwen und Waisen ausgeschüttet; die Begünstigung der Aristokratie als Klassendifferenzierung war dabei ausgeprägt.

Unter dem dritten Kalifen Osman (644–656), der der reichen mekkanischen Sippe der Omaijiden entstammte und bei der Besetzung der wichtigsten Ämter eine Politik der Vetternwirtschaft betrieb, kam es zu einer Krise, in der der Kalif von aufständischen Kriegern aus Kufa, Basra und al-Fustat ermordet und durch Ali (656–661), den vierten Kalifen ersetzt wurde. Ihm erwuchs durch Muawija, dem omaijischen Statthalter in Syrien ein Widersacher, der die Sache der alten mekkanischen Aristokratie vertrat, die sich zur Leitung des Staates berufen fühlte und im Jahr 661 auch durchsetzte. Die Niederwerfung der ersten Oppositionsversuche einfacher Muslime war der Ausgangspunkt einer deutlichen Trennung verschiedener Strömungen innerhalb des Islams, die als Gegensatz zwischen Schiiten und Sunniten bis heute fortdauert. Die Schiiten als Anhänger der Nachfahren Alis sahen sich dabei als Vertreter der unterdrückten Volksmassen in den eroberten Gebieten, während die Sunniten als Partei der Omaijidenkalifen sich als rechtmäßige Nachfolger der ersten Kalifen begriffen.

Die Herrschaft der Omaijiden dauerte von 661 bis 750 u.Z. In diesem Zeitraum verlagerte sich das Zentrum des arabisch-islamischen Reiches nach Syrien und das Kalifat erreichte im Gefolge einer zweiten Eroberungswelle seine größte territoriale Ausdehnung. Sie reichte im Norden ins byzantinische Kleinasien und die Gebiete nördlich des Kaukasus, im Osten nach Transoxanien und Belutschistan und im Westen bis an die nordafrikanische Küste des Atlantik und von dort über die Pyrenäenhalbinsel bis nach Südfrankreich (vgl. Abb. 11.17). Allerdings waren die Er-

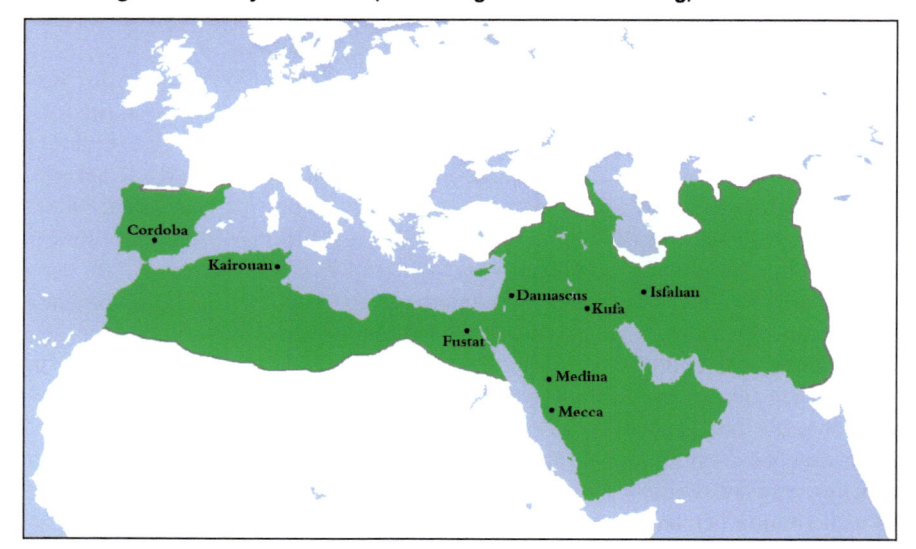

Abbildung 11.17: Omajiden-Reich (in seiner größten Ausdehnung)

Quelle: https://de.wikipedia.org/wiki/Umayyaden

gebnisse dieser Eroberungen unterschiedlich. Im Ostmittelmeer hatten sie trotz der zweimaligen Belagerung von Konstantinopel keinen bleibenden Erfolg, in Transoxanien spielte der Statthalter von Chorasan mit seinen arabischen und iranischen Heeren die entscheidende Rolle gegenüber den Heeren der Zentralgewalt. Die Unterwerfung des Westgotenreiches, das bis 718 nahezu völlig in die Hände der arabisch-berberischen Eroberer geriet, wurde durch den Sieg der Franken bei Tours und Poitiers im Jahr 732 beendet und schuf eine für die Araber unüberspringbare Grenze. Auf der Pyrenäenhalbinsel konnten sie erst durch die Reconquista im 9. Jahrhundert endgültig vertrieben werden.

Ziel der omaijidischen Politik war und blieb die Stärkung und Sicherung des arabisch-islamischen Reiches sowie die allseitige Förderung der diesem Reich verbundenen muslimischen Aristokratie. Nach internen, zum Teil kriegerischen Auseinandersetzungen zwischen Aufständischen, die einen schiitischen Gegenkalifen ausgerufen hatten, und den sunnitischen Omaijaden in Chusistan und im Südirak sowie dem Aufstand der Berber in Nordafrika gegen die diskriminierende Politik der arabischen Eroberer, zeichnete sich zu Beginn des 8. Jahrhunderts eine gewisse Konsolidierung der zentralen Staatsmacht ab. Eine signifikante Weiterentwicklung der Produktivkräfte in der Omaijidenzeit ist allgemein nicht nachzuweisen, wenngleich der Wiederherstellung von Bewässerungsanlagen, eine Spezialisierung der handwerklichen Gewerbe und ein ausgedehnter Fernhandel nach Ostasien, Indien, Ostafrika und dem Wolgagebiet zu verzeichnen war. Nach wie vor wirkten patriarchalische Gentilverhältnisse mit unterschiedlichen Verfallserscheinungen so-

Kapitel 11: Imperien und Staaten der asiatischen Produktionsweise

wie Sklaverei namentlich in den Randprovinzen fort. Auch das Obereigentum des Staates am Grund und Boden blieb grundsätzlich erhalten und bestand neben dem freien Eigentum der muslimischen Aristokratie (Mulk). Die Ausbeutung der Bauern durch Kopf- und Grundsteuer betrug bis zu zwei Dritteln des Ernteertrages, was neben den oft räuberischen Praktiken der Steuereintreiber zu ständiger Unruhe unter den Bauern führte. Die Steuern waren teils in Naturalien, teils in Geld zu entrichten; die Arbeitsrente spielte eine untergeordnete Rolle und trat nur bei den vom Staat geforderten Arbeiten an Bewässerungssystemen, beim Straßen- und Wegebau, bei der Anlage von Befestigungen und Militärlagern in Erscheinung; sie betraf nicht nur die Bauern.

Alles in Allem war das islamische Omaijiden-Reich eine spezifische Ausprägung der asiatischen Produktionsweise, in der der Islam als verbindendes ideologisches Element eine tragende Rolle spielte. Erscheinungsformen bei Eigentumsverhältnissen, Ausbeutungsstrukturen und der Form des Mehrprodukts lassen kaum Ähnlichkeiten zu feudalen Verhältnissen erkennen, weshalb die Bewertung des Omaijiden-Reiches als frühfeudale Gesellschaftsform, die sich im Laufe der Zeit sogar in Richtung eines Feudalismus weiterentwickelt habe, abwegig erscheint – zumal es weder zu Leibeigenschaft noch zu einer feudalen Immunität gekommen ist.[5]

Das Abbasiden-Reich löste ab dem Jahr 750 u.Z. die Dynastie der Omajiden in der Regierung des Kalifats ab. Die abbasidischen Kalifen kamen durch eine Aufstandsbewegung an die Macht, in der der proto-schiitischen Gruppe aus Kufa, der Haschiniya, die entscheidende Rolle zukam. Der Aufstand gegen die Omajiden wurde von Abu Muslim aus Merw (Chorasan) angeführt und trug dazu bei, dass Abul Abbas as-Saffah, ein Nachkomme des Onkels von Mohammed, Kalif wurde. Zulauf erhielten die Aufständischen vor allem aus der persisch-iranischen Bevölkerung, die mit der Herrschaft des arabischen Adels unzufrieden war. Im Vergleich zu den Arabern wurden Perser, auch wenn sie Muslime waren, benachteiligt, verfügten als Angehörige einer alten Kulturnation aber über Einfluss in der Wirtschaft. Da unter den Omajiden nur solche Menschen wichtige Ämter bekleiden durften, die eine direkte arabische Herkunft nachweisen konnten und zu einem arabischen Stamm oder Clan gehörten, fühlten sich die Angehörigen der Aristokratie in Persien und Syrien als zweitklassig. Indem die Abbasiden versprachen, jedem Muslim unabhängig von seiner Herkunft den Zugang zu wichtigen Posten zu gestatten, gewannen sie rasch Unterstützung. Nach der Besetzung von Mesopotamien ließ sich Abul Abbas im Jahr 749 in Kufa zum Kalifen ausrufen und begründete damit die Dynastie der Abbasiden. 750 u.Z. brachen die Abbasiden in der Schlacht vom

---
[5] Dies allerdings ist die These in dem Kollektivwerk von Sellnow et al. (1977), die das Omaijkiden-Reich als Herausbildung des Feudalismus einordnen, die verschiedenen Steuerlasten als »*Feudalrente*« (ibid.: 633) bewerten und von einer »*Umwandlung der Masse der Gemeindemitglieder in feudalabhängige Bauern*« (ibid.) sprechen – und gleichzeitig einräumen, dass gentilizische Formen und Stammesstrukturen noch fortwirken, was nach der von uns vorgenommenen Einordnung typische Charakteristika der asiatischen Produktionsweise sind.

Großen Zab im Nordirak den letzten Widerstand der Omajiden unter Kalif Marwan II. Dem folgenden Massaker an den Omajiden entkam ein einziger Omajiden-Prinz nach al-Andalus, wo er als Abd ar-Rahman I. das Emirat von Cordoba gründete. Während ihnen damit Andalusien entglitt, konnten die Abbasiden 751 in der Schlacht am Talas Transoxanien gegen die Chinesen behaupten.

Der Bruder und Nachfolger von Abul Abbas as-Saffah, Al-Mansur, ließ Abu Muslim 755 ermorden und organisierte den Staat als persisch-iranisches Großreich. Im Gegensatz zu den Omajiden stützten sich die Abbasiden bei ihrer Herrschaft vor allem auf Iraner und später die Türken. Al-Mansur begann im Jahr 762 mit dem Bau von Bagdad, das er aufgrund seiner günstigen Lage zur Hauptstadt machte. Die Verwaltung wurde vollkommen in der Hand des Kalifen zentralisiert und durch ein Spitzelsystem abgesichert. Der Nachfolger Al-Mansurs, Al-Mahdi (775–785), begann mit dem Aufbau eines prachtvollen Hofstaates, wobei das Herrscherhaus der Sassaniden als Vorbild fungierte. Für diese Repräsantationszwecke kam es zu einer erheblichen Verschwendung der Staatsgelder und permanentem Steuerdruck insbesondere gegenüber den Bauern, die vielfach in die Verschuldung getrieben wurden und oftmals Landflucht begingen. Außerdem wurden religiös-sozial geprägte Unruhen namentlich an den Rändern des Abbasiden-Reiches provoziert, die in den Folgejahren in Nordafrika, Ägypten, Syrien, Chorasan und Aserbaidschan Platz griffen und durch die Truppen des Kalifen aus der Zentrale Bagdad nur schwer zu beherrschen waren. Unter dem Nachfolgekalifen Harun ar-Raschid (786–809) konnte zwar durch das Wesirat der persischen Barmakiden die grundsätzliche Stabilität des Reiches gesichert werden, doch ging nach dem seinerzeitigen Verlust von al-Andalus auch die Kontrolle über den Maghreb verloren, dessen Herrscher eine faktische Unabhängigkeit vom Kalifat erlangten. Nach dem Tod von Harum ar-Raschid im Jahr 809 kam es zu erneuten Auseinandersetzungen und Aufständen im Reich und zur Ausrufung eines Gegenkalifen. Erst nachdem dieser abgedankt hatte, kam es unter Al-Mamum in 819 u.Z. zu einer erneuten Konsolidierung.

Trotz dieser ständigen Machtkämpfe und Aufstände erlebte das Abbasiden-Reich im späten 8. und frühen 9. Jahrhundert eine prosperierende wirtschaftliche Entwicklung und Expansion (vgl. Abb. 11.18). Sie führte zu einer aufblühenden Stadtkultur. Menschen aller Berufe siedelten sich in den neuen Wirtschaftszentren an und ein regelrechtes Baufieber, das zur Errichtung neuer Paläste, Märkte und Wohnviertel führte, griff Platz. Außerdem erlebte der Handel, der von einer gemeinsamen Sprache, Religion und Staatsangehörigkeit profitierte, einen Aufschwung. Die Warenströme und Bankgeschäfte nahmen zu und bescherten den Händlern erhebliche Gewinne. Da die Kaufleute Steuern nach ihrer Selbsteinschätzung zahlten, entrichteten sie meistens zu wenig. Auch die Landwirtschaft stabilisierte sich in dieser Zeit. Es wurden neue Landstriche durch Aufbau von Bewässerungsanlagen und die Trockenlegung von Sümpfen erschlossen; der Anbau von Zuckerrohr, Datteln, Orangen und Baumwolle nahm zu. Die Eigentumsverhältnisse am Grund und Boden wiesen wie zur Omajiden-Zeit ein formelles Obereigentum des Staates so-

Abbildung 11.18: Abbasiden-Kalifat (um 850)

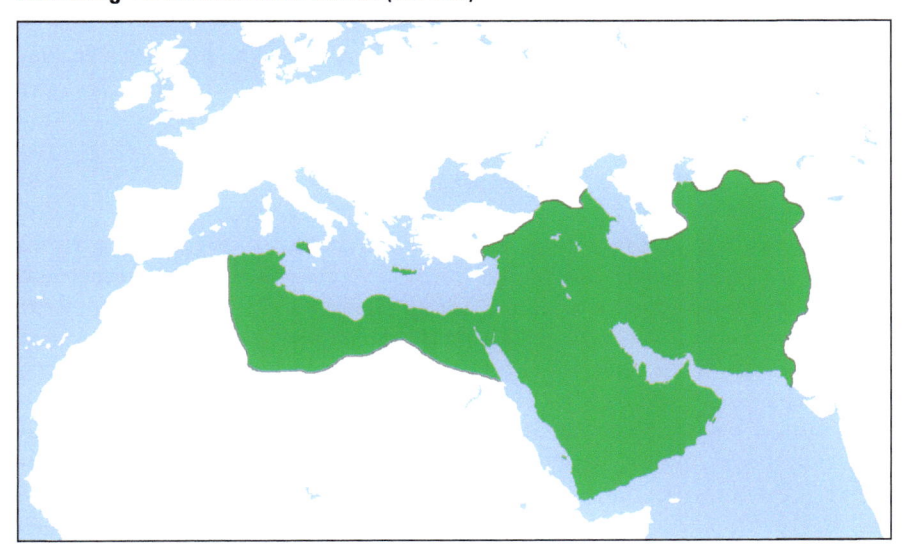

Quelle: https://de.wikipedia.org/wiki/Abbasiden-Kalifat

wie freies Grundeigentum der muslimischen Aristokratie, welches durch persönliche Lehenvergabe vermehrt wurde, auf; daneben bestand weiterhin kleines Eigentum von Bauernwirtschaften.

Die blühende Stadtkultur und die Kosten des Staatshaushalts verursachten jedoch einen beständigen Steuerhunger. Die Steuerpächter setzten die von den Bauern zu zahlenden Abgaben, die zudem im Voraus entrichtet werden mussten, oftmals willkürlich fest und machten mit den Kaufleuten, die die Ernten aufkauften, gemeinsame Sache bei der Ausbeutung und Prellerei der bäuerlichen Produzenten. Auch die Abgaben der Nicht-Muslime wurden hart eingetrieben. Alles dies führte zu erheblichen sozialen Problemen in der muslimischen Gesellschaft. Gleichwohl erlebten die Wissenschaften, die als Erbe der griechischen Antike gelten, einen gewaltigen Aufschwung, der durch den Kalifen Al-Mamum mit der Errichtung eines Hauses der Weisheit (bait al-Hikma) gefördert wurde. Auf religiös-ideologischem Gebiet kam es allerdings zu einer Art Inquisition mit der Verfolgung abweichender Lehren, die sich vor allem gegen die Traditionsgelehrten richtete. Gegenüber dieser restriktiven schiitischen Religionspolitik kam es zur Mitte des 9. Jh. unter Al-Mutawakkil zu einer sunnitischen Gegenreaktion.

Die abbasidischen Kalifen wurden im Niedergang der Dynastie aus ihrer politischen Funktion als islamische Herrscher zunehmend verdrängt und fungierten nur noch als religiöse Oberhäupter, die bloß noch zur Herrschaftslegitimation dienten. Die faktische Entmachtung der Abbasiden-Dynastie durch die aus dem Iran stammenden Buyiden sowie nachfolgend durch die türkischen Seldschuken konnten zwar die Kalifen Al-Muqtafi (1136-1160) und An-Nasir (1180-1225) noch einmal überwinden, doch mit der Eroberung und Zerstörung Bagdads im Jahr 1258 durch den Mongolen Hülegü, der auch den letzten Kalifen Al-Mustasim hinrichten ließ, war das Abbasiden-Reich Geschichte geworden. Seine Erben wurden die Osmanen.

e) Byzantinisches Reich (ex-Oströmisches Reich)

Am Ende des 6. Jh. umfasste das Byzantinische Reich (einst: Oströmisches Reich) als geschlossener Komplex die Länder um das östliche Mittelmeer: Griechenland und die Balkanhalbinsel, Kleinasien, Syrien, Palästina und Ägypten (vgl. Abb. 11.19). Von den von Justinian zurückeroberten Gebieten waren danach in Italien nur noch einige Enklaven um Ravenna, Genua, Rom und in Süditalien sowie die Inseln geblieben. Die letzten Stützpunkte in Südostspanien fielen 624 an die Westgoten zurück. Der westliche Teil der nordafrikanischen Küste blieb zwar im 7. Jahrhundert noch byzantinisch, wurde aber am Ende des 7. Jh. schließlich von den Arabern erobert, die schon im Jahr 647 bis nach Karthago vorgestoßen waren. Auch in seinen östlichen Gebieten erlitt Byzanz im Verlauf des 7. Jh. schwere territoriale Verluste als Syrien (636), Palästina (638), Obermesopotamien (639/640) und Ägypten (646) für immer verloren gingen.

Das römische Imperium hatte lediglich auf dem Gebiet der Verwaltung und in einigen Bereichen der Kultur eine gewisse Vereinheitlichung innerhalb seines Gebietes erreicht, sodass die Provinzen ihre Besonderheiten weitgehend bewahrt hatten. Die dortigen sozioökonomischen Verhältnisse bestanden einerseits aus fortbestehenden archaischen Formen von Dorfgemeinden in Kleinasien, Syrien, Thrakien und im Landesinneren gelegenen Gebieten, deren Verpflichtung gegenüber dem Staat lediglich in der Steuerzahlung bestand. Die Existenz von freien Kolonen, d.h. Kolonen, die neben ihrem Pachtland auch eigenes Land besaßen, war überwiegend in den Ostprovinzen anzutreffen. Zum anderen hatten sich in Griechenland, in den Donauprovinzen und an der Westküste Kleinasiens die antike Form des Grundeigentums sowie die antike Verwaltungsorganisation und Kultur in breiterem Umfang und dauerhafter erhalten. Privates großes Grundeigentum auf außerstädtischen Territorien, das von Sklaven bewirtschaftet wurde, hatte es in den östlichen Provinzen auch früher schon in geringerem Maße gegeben. In den byzantinischen Enklaven und Nordafrika schließlich überwog der von Kolonen und anderen Abhängigen bewirtschaftete Großgrundbesitz mit Ansätzen feudaler Abhängigkeit der bäuerlichen Produzenten von Grundeigentümern und deren Unabhängigkeit gegenüber dem Staat.

Ein weiterer, für das Ostreich bedeutender Faktor war die Existenz von Städten in einer größeren Zahl als im Westen. Sie waren Orte eines höher entwickelten Handwerks und weiter ausgreifenden Handels. Neben der Hauptstadt Konstantinopel gab es Ende des 6. Jahrhunderts mit Thessaloniki, Smyrna, Nikaia sowie Antiochia und Alexandria eine Reihe weiterer wichtiger Produktionszentren mit der Herstellung

Kapitel 11: Imperien und Staaten der asiatischen Produktionsweise

Abbildung 11.19: Byzantinisches Reich um 550

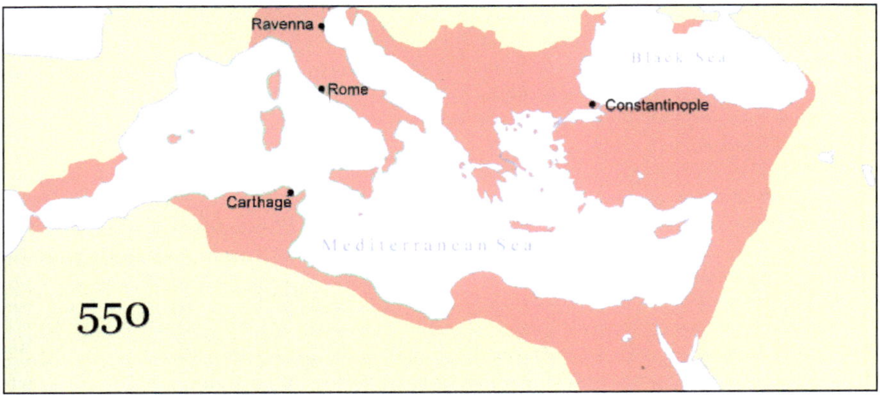

Quelle: https://de.wikipedia.org/wiki/Byzantinisches_Reich

von Luxusprodukten, die von einem entwickelteren Stand der Produktivkräfte sowie des Könnens und der Erfahrung der freien und unfreien Produzenten zeugten.

Diese verschiedenartigen Produktionsverhältnisse im byzantinischen Reich gewährleisteten zunächst eine gewisse Stabilität seiner materiellen Basis. Sie verloren bzw. veränderten jedoch ihre Wirksamkeit, als der Staat seine Fähigkeit zunehmend verlor, die Entwicklung in den Provinzen zu steuern und eine Reihe von militärischen Misserfolgen gegen die Westgoten auf der iberischen Halbinsel, gegen die Perser im Osten und gegen die Awaren und Slawen im Norden hinzunehmen hatte; örtliche Erhebungen, z.B. in der Kornkammer des Reiches Ägypten, in denen sich Volkswiderstand mit separatistischen Motiven verband, kamen hinzu. Nicht nur die ländliche Bevölkerung erhob sich gegen Not und Steuerdruck, sondern auch in den großen Städten wuchs der Widerstand unter Führung der Demen. Zudem gab es Unruhe im Heer, das überwiegend aus fremden Söldnern bestand, wegen Soldrückständen und -kürzungen. All diese Entwicklungen zeugten von einer durchgreifenden Krise des alten Herrschaftssystems.

Eine permanente Bedrohung des Byzanz-Reiches waren die beständigen Einfälle sog. »Barbarenstämme« aus dem Norden. Ihr Einfluss spielte eine wesentliche Rolle, da mit der kriegerischen Eroberung die bäuerliche Landnahme einherging. Schon in der ersten Hälfte des 6. Jahrhunderts waren die Slawen auf die Balkanhalbinsel eingedrungen. Nachdem sie zunächst immer wieder zurückgeschlagen werden konnte, setzte in den 80er Jahren des 6. Jh. ein so massiver Ansturm der Awaren und Slawen ein, dass die Grenzbefestigungen an Save und Donau fielen und die ganze Balkanhalbinsel überrannt wurde. Während die Awaren zurückgeschlagen werden konnten, verblieben die Slawen nach siegreichen Kämpfen auf byzantinischem Boden und siedelten sich dort als Bauern an. Dieser Prozess begann bereits in den 80er Jahren, er nahm zu Beginn des 7. Jahrhunderts (nach 602), als die

Abbildung 11.20: Byzantinisches Reich um 717

Quelle: https://de.wikipedia.org/wiki/Byzantinisches_Reich

Slawen bis an die Süd-, Ost- und Westküste der Balkanhalbinsel vorstießen, Massencharakter an. Erst Mitte des 7. Jh. kam es von byzantinischer Seite zu einem ernsthaften Gegenangriff, nachdem einige Slawenstämme die byzantinische Oberhoheit anerkannten und der byzantinische Staat seinerseits die slawischen Bauern in verödeten Gebieten ansiedelte. Unter Justinian II. (685–695; 705–711) wurde diese Vorgehensweise in größerem Umfang angewendet und Zehntausende von Slawen wurden in Kleinasien angesiedelt. Zuvor war es einigen Bulgarenstämmen gelungen, das Gebiet zwischen Donau und Balkan zu erobern, sich die dort lebenden Slawenstämme zu unterwerfen und 681 ein slawisch-bulgarisches Reich zu gründen. Es war das erste Barbarenreich auf byzantinischem Boden, das Byzanz offiziell anerkannte und dem sogar Tribute gezahlt werden mussten. Mit dieser Konsolidierung auf dem Balkan wurden einerseits nördliche Gebiete formell aufgegeben, andererseits begann die Integration der Slawenstämme in das byzantinische Gesellschaftssystem (vgl. Abb. 11.20). Diese Integration wirkte sich nicht nur in einer Veränderung der ethnischen Strukturen, sondern auch in wirtschaftlicher, sozialökonomischer und militärischer Hinsicht aus. Durch die Ansiedlung von Slawen wurden die relativ freien Dorfgemeinden gestärkt. In ihnen bestand ein Dualismus von Gemeinde- und Sondereigentum. Neben dem Gemeindeeigentum am Dorfland wurden nach der Ernte auch die einzelnen Parzellen der Gemeindemitglieder gemeinsam als Weide genutzt. Die formal gleichberechtigten Gemeindemitglieder waren Eigentümer ihres Ackerstückes, das sie zur Bearbeitung vergeben bzw. »auf ewig« tauschen konnten und das einem ausdrücklichen gesetzlichen Schutz unterlag. Nur als Gemeindemitglied bestand dieses Eigentum und dessen Schutz, sodass Verhältnisse der Eigentumsform III (»germanische Form«) bei den Slawen bestanden.

Innerhalb der Gemeinden entwickelten sich jedoch recht erhebliche soziale Unterschiede, indem einzelne Mitglieder ihre privat-individuellen Aktivitäten auf das

Gemeindeland ausdehnten; auf der anderen Seite existierten mittellose Bauern, die ihr Land aus Mangel an Arbeitsmitteln und Saatgut ganz oder teilweise einem Anderen zur Bestellung übergaben. Einige dieser Mittellosen nahmen eine bezahlte Arbeit auf, Andere zogen in die Fremde und entgingen damit ihrer Steuerpflicht, für die die Nachbarn haften mussten. Die gegen Lohn Arbeitenden (mistholoi) standen innerhalb des Dorfes auf der untersten Sprosse der sozialen Stufenleiter, während diejenigen Gemeindemitglieder, die auf ursprünglich gemeinsame Bodenareale zugriffen, einen wachsenden Einfluss auf das Leben in dem Gemeinwesen erlangten. Neben dem kleinbäuerlichen Eigentum gab es auch noch großes Grundeigentum, das von Kolonen, teilweise auch noch von Sklaven, bearbeitet wurde. Während das private Großgrundeigentum infolge von Einfällen fremder Stämme bedroht und teilweise verteilt wurde, blieb der Grundbesitz der Kirche und der Klöster von diesen Bedrohungen weitgehend verschont. So bahnte sich über die soziale Differenzierung innerhalb der Dorfgemeinde der Weg in feudale Strukturen.

Wie bereits dargestellt, hatte sich der byzantinische Staat in anderen Gebieten gegenüber den Persern und Arabern zu erwehren. Als Herakleios im Jahr 610 u.Z. den Thron des byzantinischen Reiches bestieg, waren die Balkangebiete dem Zugriff der Reichsgewalt praktisch entzogen. Nach Siegen über die Perser bei Ninive und die Abwehr der Araber in der Seeschlacht von Konstantinopel (678) war die Stärkung des Heeres wegen fehlender Menschen für Söldnertruppen durch einheimische Kräfte unter sog. Strategen in großen Militärbezirken (Themen) geboten. Verlassener Grund und Boden wurde zu erblicher Nutzung bei gleichzeitiger Verpflichtung zum Militärdienst an sog. Soldatenbauern (Stratioten) verteilt. Themenorganisation und Stratiotentum waren die Mittel, fremde Völkerschaften in das byzantinische Reich zu integrieren und stärkten seine materielle Basis.

So wurde der spätantike Staat im Osten nicht wie im Westen zerschlagen. Er wurde jedoch umgestaltet und wies Elemente sowohl antiker Reste wie archaischasiatischer Formen auf, die zu Feudalstrukturen trieben. Gleichzeitig wirkten Verfallsprozesse. Die antike Munizipalordnung mit gewählten Vertretern der städischen Selbstverwaltung existierte nicht mehr. Zahlreiche Städte verfielen, andere sanken zu Landgemeinden herab. Warenproduktion und Münzprägungen gingen zurück und der Binnenhandel nahm ab. Der kulturelle Bereich bewegte sich in traditionellen Formen. Allerdings wurde das anachronistische Latein durch das Griechische ersetzt. Kirche und Klöster konnten insgesamt ihren Grundbesitz bewahren, teilweise vergrößern, die Religion wurde durch den sog.»Bilderstreit« (726/730–843), der weit über eine ideologisch-philosophische Auseinandersetzung wegen der Säkularisierung von Klostergütern und Konfiskation kirchlichen Vermögens unter Kaiser Konstantin V. (741–775) hinausging, geprägt und führte schließlich in das erste Schisma zwischen katholischer und orthodoxer Kirche. Insgesamt können Wirtschaft, Gesellschaft und Staat des byzantinischen Reiches bis zum Ende des 11. Jh. nicht als Formen der feudalen Produktionsweise charakterisiert werden, zu bedeutend sind die fortwirkenden Elemente der asiatischen Produktionsweise, wenngleich feudale Elemente wie der Verleih von Landstücken an Adlige und Heerführer für besondere Leistungen im Krieg durch die Kaiser zur lebenslangen Nutzung und ihre Bewirtschaftung durch Abhängige in einigen Regionen existierten.

f) Osmanisches Reich

Nach seiner Genesis und Bevölkerungszusammensetzung war das Osmanische Reich sowohl Nachfolger der Mongolen, als auch Fortführer der islamischen Kalifate sowie Erbe des byzantinischen Reichs. Es entstand Anfang des 14. Jahrhunderts als regionaler Herrschaftsbereich im nordwestlichen Kleinasien im Grenzgebiet des Byzantinischen Reiches unter einem Anführer mutmaßlich nomadischer Herkunft. Dieser löste sich aus der Abhängigkeit vom Sultanat der Rum-Seldschuken, das nach 1243 unter die Vorherrschaft des mongolischen Il-Khanats geraten war und seine Macht eingebüßt hatte. Hauptstadt war ab 1326 Bursa, ab 1368 Adrianopel (Edirne), schließlich seit 1453 Konstantinopel, das seit 1876 offiziell Istanbul genannt wird. In Vorderasien beherrschten die Osmanen mit Syrien, dem Gebiet des heutigen Irak und dem Hedschas mit den heiligen Städten Mekka und Medina die historischen Kernlande des Islam, in Nordafrika unterstand das Gebiet von Nubien über Oberägypten westwärts bis zum Atlasgebirge der osmanischen Herrschaft. In der islamischen Welt stellte das Osmanische Reich nach dem Omaijaden- und Abbasidenreich die dritte und letzte sunnitische Großmacht gegenüber der Dynastie der Safawiden dar, die in Persien die Schia als Staatsreligion durchgesetzt hatte. In Südost-Europa beherrschten die Osmanen mit Rumelien den Balkan und das heutige Griechenland sowie die Walachei, Ungarn und Siebenbürgen/Bessarabien. Mit den Nordregionen der Schwarzmeerküste sowie dem Umland des Asowschen Meeres und später im Kaukasus bis zum Westufer des Kaspischen Meeres breitete sich das Osmanische Reich bis an die Grenze Russlands im Norden und Persiens im Osten aus (vgl. Abb. 11.21). Es beanspruchte mit dieser Gebietsausdehnung politisch, militärisch und wirtschaftlich eine europäische Großmachtrolle neben dem Heiligen Römischen Reich sowie Frankreich und England. Im Mittelmeer kämpfte das Reich mit den italienischen Handelsrepubliken Venedig und Genua, dem Kirchenstaat und dem Malteserorden um eine wirtschaftliche und politische Vormachtstellung. Im Indischen Ozean forderte es im 15./16. Jh. Portugal im Kampf um den Vorrang im Fernhandel mit Indien und Indonesien heraus.

Im Laufe des 18. Jahrhunderts und vor allem im 19. sowie im 20. Jh. erfuhr das Osmanische Reich in Auseinandersetzungen mit den europäischen Mächten sowie durch nationale Unabhängigkeitsbestrebungen in seinen rumelischen Kernlanden erhebliche Gebietsverluste. Sein Territorium verkleinerte sich auf das europäische Thrakien sowie auf Kleinasien. Der Erste Weltkrieg führte zwischen 1917 und 1922 zum Ende der vier großen Monarchien der Hohenzollern im deutschen Kaiserreich, der österreichisch-ungarischen Habsburger, der russischen Romanows sowie auch der Osmanen. Unter Mustafa Kemal Pascha wurde 1923 als Nachfolgestaat des Osmanischen Reiches die Republik Türkei gegründet.

Kapitel 11: Imperien und Staaten der asiatischen Produktionsweise

Abbildung 11.21: Osmanisches Reich

Quelle: https://pfl.wikipedia.org/wiki/Osmanisches_Reich

Der Ursprung des Osmanischen Reiches liegt bei dem nomadischen Turkvölkern, die unter Osman I. (1258–1324/26) in den fruchtbaren Gebieten Westanatoliens Weidegrund für ihre Herden vorfanden. Wie die mongolischen Reiterstämme lebten sie in gentilen Verbänden unter Bedingungen der militärischen Demokratie und usurpierten Land in Territorien, die nur von schwachen byzantinischen Besatzungen geschützt waren. Osman konnte sich mit seinen Erfolgen und der Aussicht auf reiche Beute die Unterstützung berittener Krieger benachbarter türkischer Stämme sichern und seinen Herrschaftsbereich nach Nordwesten ausdehnen. Die Belagerung von Städten und die Verwüstung ihres Umlandes führten jedoch dazu, dass die Ackerflächen der Stadtbewohner nicht bebaut wurden und ihre Herden nicht mehr weiden konnten. Die Raubzüge bedrohten damit auch den bisherigen hoch entwickelten Handel, dessen Routen zwischen Asien und Europa auf dem Herrschaftsgebiet Osmans lagen und seine Unterstützer an den Überschüssen des Ost-West-Handels teilhaben ließen. Osmans Sohn und Nachfolger Orhan (1281–1359/62) hatte im Jahr 1326 nur ein kleines Fürstentum geerbt, das lediglich halb so groß wie die heutige Schweiz war. In den Folgejahren eroberte er mit Siegen über die byzantinische Armee weitere Gebiete und machte Bursa zu seiner Hauptstadt, die es bis 1368 blieb und von Adrianopel abgelöst wurde. Die Grundlage des Osmanischen Reiches bestand auch in der Folgezeit in der militärischen Eroberung von Territorien und der Sicherung ihrer Verbindungen zum Zentrum zu Land und zu Wasser; eigener Handel auf den traditionellen Handelsrouten war sekundär gegenüber der militärischen Logistik. Militärische Neuerungen veränderten die klassische nomadische Kriegsführung und waren entscheidend für die weiteren kriegerischen Erfolge. Mit den Janitscharen entstand eine stehende Infanterie, die während der folgenden Jahrhunderte die Elite der osmanischen Armee stellte. Die Rekrutierung der Soldaten erfolgte durch sog. Knabenlese, mit der meist christliche Jungen auf dem Balkan zwangsweise ausgehoben und unter geistlicher Anleitung zum Islam bekehrt wurden. Ihre Stellung als Sklaven des Herrschers machte sie diesem unmittelbar untertan und sicherte ihre Loyalität. Die Janitscharen stiegen neben der politischen Elite des Hofes und der islamischen Gelehrtenschaft zu einer dritten politischen Macht neben weiteren Truppeneinheiten des Heeres auf.

Die wirtschaftlichen Gewinne aus den neu eroberten Gebieten überwogen zu jener Zeit noch die Kriegskosten. Die eroberten Territorien wurden in einzelne, nicht vererbbare Militärlehen, sog. Tımar, aufgeteilt, deren Inhaber je nach Größe und Einkommen ihres Lehngutes schwere Sipahi-Reiterei zu stellen und zu unterhalten hatten; diese wurde neben den Janitscharen zur zweiten Säule der osmanischen Armee. Teilweise erhielten auch die früheren Herrscher der eroberten Regionen derartige Lehnsgüter und wurden dadurch zu Loyalität und Heerfolge verpflichtet. Dieses Tımar-System wies zwar auf den ersten Blick Ähnlichkeiten mit dem europäisch-feudalen Lehnswesen auf, jedoch stellte es nur Einkunftsquellen dar, beinhaltete keine Hoheitsrechte und die auf diesem Land arbeitenden Bauern waren keine an den Boden gefesselten Leibeigenen. Auch die Gerichtsbarkeit lag entsprechend dem islamischen Recht bei einer eigenen Hierarchie von Kadis. Solange die Kosten der Kriegführung und Versorgung der Sipahi-Kavallerie aus den Einkommen der Tımar gedeckt waren, finanzierten sich die Eroberungen selbst und erbrachten sogar Überschüsse. Erst mit dem Aufkommen der kostspieligen Feuerwaffen im 16. Jahrhundert überstiegen die Kosten der stehenden, modern ausgestatteten und in barer Form besoldeten Heere die finanziellen Ressourcen der klassischen Tımar-Organisation.

Ursprünglich also finanzierte sich die Kavallerie des Osmanischen Heeres, indem die einzelnen Lehen berittene Lanzenreiter zu stellen hatten, selbst. Die Tımar-Inhaber lebten meist auf oder nahe bei ihren Gütern, konsumierten einen Teil der dort erzeugten Güter selbst und beanspruchten Frondienste. Mit dem militärischen Niedergang dieser Reiterei ab dem 16. Jahrhundert und der wachsenden Bedeutung der Janitscharen und anderer direkt besoldeter Truppen wurden die Tımars zunehmend eingezogen und der Domäne des Sultans zugeschlagen oder an Günstlinge und Höflinge als Sinekure vergeben. Im Lauf der Geschichte wurden Naturalsteuern und Frondienste meist in Bargeldsteuern umgewandelt. Diese Art der Steuererhebung führte tendenziell dazu, dass sich der Staat oder sonstige Berechtigte nicht mehr für die wirtschaftliche Grundlage des Steueraufkommens interessierten, während die Steuerpächter im Bestreben, ihre Investitionen zu amortisieren, die Bevölkerung zum Teil hemmungslos auspressten.

Die Landwirtschaft war die Basis und der größte Bereich der Wirtschaft. Eigentümer des Bodens war, wie für asiatische Produktionsweisen im Orient typisch, grundsätzlich der Staat. Erbliches privates Grundeigentum machte nie mehr als 5 bis 10% der Gesamtfläche aus. Ein weiterer Teil des Grundbesitzes lag bei den frommen islamischen Stiftungen. Der staatliche Grundbesitz wurde vom Sultan oder seiner Verwaltung als Lehen vergeben und durch die Finanzbehörden verwaltet; diese Lehren waren nicht nur nicht erblich, sondern durften weder verkauft noch verschenkt werden.

Die Landvergabe wurde in Form von Landurkunden dokumentiert. Je nach dem erwarteten Ertrag des Landes unterschied man Staatsdomänen sowie Stabspfründen der hohen Würdenträger wie Wesiren, Provinzgouverneuren etc. mit einem Ertrag von mindestens 100.000 Akçe (Silbermünzen), Großpfründen der Beamten und höheren Offiziere (über 20.000 Akçe) und Kleinpfründen (tımar) mit einem Ertrag von 1.000 bis 2.000 Akçe. Ein Teil des Landbesitzes blieb als Staatsdomäne immer Staatseigentum, dessen Abgaben meist von Steuerpächtern, Mültezim, eingetrieben wurden. Diese hatten eine vorher anhand des erwarteten Ertrags festgesetzte Abgabesumme abzuliefern, konnten aber darüber hinaus zusätzliche Abgaben festlegen und sich so bereichern. Daher waren Steuerpachten sehr begehrt, und sie wurden oft an den Meistbietenden vergeben.

Die Bebauung des Landes wurde von den nicht leibeigenen Bauern durchgeführt, sie waren verpflichtet, das überlassene Land zu bearbeiten. Neben den Bauern arbeiteten auch Sklaven in der Landwirtschaft. Sklaverei war, auch dies typisch für altorientalische Klassengesellschaften, ein wichtiger wirtschaftlicher und politischer Faktor im Osmanischen Reich. Kriegsgefangene wurden ebenso wie die Einwohner eroberter Gebiete versklavt. Zur Absicherung neu eroberter Territorien wurde gelegentlich die eingesessene Bevölkerung auf den Sklavenmärkten verkauft und durch zwangsweise umgesiedelte Bewohner anderer Regionen des Reiches ersetzt. Galeerensklaven wurden wie von fast allen Seemächten des Mittelmeerraums in dieser Zeit auch auf den Schiffen des Osmanischen Reiches eingesetzt.

Neben den sesshaften Ackerbauern war auch die nomadische Bevölkerung für die osmanische Wirtschaft unentbehrlich. Sie wurde von den Behörden zur Besteuerung registriert und nach Familieneinheiten, denen jeweils eine Jurte zugeteilt war, die Land für die Sommer- und Winterweiden einschloss, organisiert. Neben der Viehhaltung betrieben Nomadenfamilien auch den Anbau von Baumwolle und Reis in den Winterweide-Gebieten. Von besonderer wirtschaftlicher Bedeutung war die nomadische Kamelzucht. Bis zum Aufkommen der modernen Transportmittel im 19. Jahrhundert waren Kamelkarawanen, abhängig von nomadischen Kamelführern, das wichtigste Transportmittel für den Proviant, Tross und die schwere Ausrüstung für das Heer.

Die Agrarwirtschaft erzeugte nicht nur Rohstoffe aus direktem Anbau für den Eigenbedarf der Bauern, sondern verarbeitete sie auch weiter. Die Waren wurden auf lokalen Märkten oder an Zwischenhändler verkauft. Größere Landgüter entstanden eher in neu besiedelten oder neu kultivierten Regionen, hier vor allem infolge der Ansiedlung von Flüchtlingen und Nomaden durch die osmanische Regierung. Kennzeichnend für die dörflichen Ansiedlungen waren ihre Verbundenheit mit den naheliegenden größeren Städten und ihre bürokratische Organisation in Steuereinheiten.

Gegenüber der Steuereinkommen liefernden Landwirtschaft war die handwerkliche Produktion in den Städten von geringerer Bedeutung für die osmanische Verwaltung. Handwerker konnten das zur Arbeit nötige Rohmaterial entweder direkt von der dörflichen und Nomadenbevölkerung im Austausch gegen Handelsgüter auf Messen in der Nähe der Sommerlager erwerben oder über den zentralen Einkauf der Handwerksgilden. In den Städten arbeiteten Handwerker meist in kleinen Läden, oder zu mehreren in Werkstätten, die häufig von einer sog. Frommen Stiftung (nach islamischem Recht) gemietet waren; daraus entwickelten sich im 17. Jahrhundert Verlags-Manufakturen. Während in den städtischen Manufakturen bis zum 16. Jahrhundert noch überwiegend Sklaven gearbeitet hatten, gingen die Verleger im 17. Jh. dazu über, freie Arbeitskräfte zu beschäftigen, die in den wachsenden Städten zur Verfügung standen und bereit waren, zu niedrigen Löhnen zu arbeiten. Frauen stellten einen Großteil dieser Arbeiter, die oftmals in Heimarbeit tätig waren, bis etwa seit dem 18. Jh. die Ausübung eines Handwerks an einem bestimmten Ort, bspw. einem Stiftungsgebäude, von einer Art Lizenz oder einem vererbten Platz abhängig gemacht wurde.

Bauern, Hirten, Handwerker und Kaufleute waren die »Reaya«, d.h. Produzenten des Osmanischen Reiches; sie erbrachten Renten an die Sipahi, Zölle und steuerliche Abgaben sowie, soweit sie nicht Muslime waren, eine gesonderte Kopfsteuer. Damit finanzierten sie die »Askaris«, d.h. das Militär und die Beamten des Staatsapparats zum einen in naturaler Form für die Sipahi-Truppen, zum anderen in Geldform als Steuern für die Janitscharen (Infanterie), die staatlichen Beamten und den Hofstaat des Sultans sowie die Geistlichkeit und die Richter (Kadis). Diese internen Reproduktionsmittel für das Militär sowie die Beamten wurden durch Anteile an der exogenen Kriegsbeute ergänzt. Mit den »Askaris« und den »Reayas« waren der sozioökonomische Aufbau des Osmanischen Reiches und sein Staatszweck gegeben: Das Militär hatte neue Territorien zu erobern, d.h. den staatlichen Grund und Boden zu vermehren, der zuvorderst als Landlehen an die Kavallerie zurückgegeben wurde, die sich durch die Grundrente aus diesem Land selbst finanzierte. Alle anderen Produzenten waren in erster Linie als Steuerzahler von Interesse, die die anderen Teile der Armee, Infanterie (Janitscharen) und Flotte, sowie den sonstigen Staatsapparat zu finanzieren hatten. Kriegführung als wichtiger Bestandteil der gesellschaftlichen Arbeit hatte also für die Osmanen ein genau definiertes Ziel, insofern die territoriale Expansion dazu diente, Land und Menschen unter Kontrolle zu bringen, über die der Sultan nach Belieben, weil sie entweder Lehensnehmer oder Sklaven waren, verfügen konnte. Dieses »weltliche« Ziel des osmanischen

Staates wurde ergänzt durch die zusätzliche Aufgabe der islamischen Missionierung und des Schutzherren aller sunnitischen Muslime nicht nur in den unmittelbar kontrollierten Gebieten; als besondere List der Geschichte darf dabei gelten, dass diese religiöse Selbstverpflichtung, soweit sie durch die Janitscharen erfüllt wurde, von einer ursprünglich nicht-muslimischen sozialen Gruppe gewährleistet wurde.

Für den Staatshaushalt besaß das Osmanische Reich zwei Budgetsysteme. Der zentrale Staatsschatz stand dem Sultan zur Verfügung; er wurde aus dem Anteil des Sultans an Kriegsbeuten, konfiszierten Landgütern und »Geschenken« gespeist. Daraus wurde der Hof des Sultans, die Truppen der Hohen Pforte und die Beamten der zentralen Verwaltung finanziert. In die zweite Kasse unter der Kontrolle des Großwesirs und des obersten Finanzbeamten (Defterdar) flossen die Abgaben der Provinzen, Zölle sowie die direkt an die Staatskasse entrichteten Steuern. Falls sich hier ein Defizit ergab, konnte es aus dem zentralen Staatsschatz ausgeglichen werden; dies war besonders in Kriegszeiten der Fall, da die Bezahlung des Heeres und der Flotte den überwiegenden Teil der Staatseinnahmen beanspruchte. In den im 16. Jahrhundert annektierten arabischen Regionen, Zypern und Ungarn waren die Generalgouverneure unter der Aufsicht eines eigenen Defterdar und der örtlichen Richter selbst verantwortlich für die Provinzhaushalte. In diesen Provinzen wurden alle Ausgaben aus den örtlichen Kassen bestritten, Überschüsse wurden an den Staatsschatz in Istanbul abgeführt, Defizite aus diesem beglichen.

Die Besteuerung der Bevölkerung vollzog sich durch den Aşar (wörtlich: »der Zehnte«) und war ursprünglich eine Naturalsteuer, die vor allem in den nahöstlichen Regionen des Reiches auf landwirtschaftliche Produkte sowie Baumwolle, Fisch, Honig und Seide erhoben wurde und jährlich an den Inhaber des Tımar zu entrichten war. Je nach Region waren ein Zehntel, ein Achtel oder sogar ein Drittel aller Erzeugnisse abzuliefern. Daneben wurden weitere, eigentlich nur für Kriegszeiten vorgesehene Steuern ab dem 17. Jahrhundert ständig eingezogen. Die Steuern waren vor allem für die Landbevölkerung regional unterschiedlich, meist aber sehr hoch. In späterer Zeit wurde die Aşar durch Bargeldsteuern abgelöst, später wieder eingeführt und erst durch die Türkische Republik abgeschafft. Die steuerpflichtige Bevölkerung war in Steuereinheiten organisiert, die in detaillierten Bevölkerungs- und Steuerregistern dokumentiert wurden. Außerordentliche Abgaben und Gebühren kamen hinzu, insbesondere in Kriegszeiten; z.B. die Steuer auf Tiere (Schafe und Ziegen), die Stempelsteuer als gebührenpflichtige Beglaubigung des Edelmetallwerts von Münzen sowie Sondersteuern (Kopfsteuer) für Nicht-Muslime.

Die duale Machtarchitektur aus muslimischer Reiterei, die sich auf ein befristetes Lehenssystem stütze und bei der die alte Stammesgliederung mit einer entsprechenden Führungsschicht im Hintergrund wirksam blieb, und aus dem Janitscharenkorps, das persönlich auf den Sultan eingeschworen war und über keinerlei familiäre, ethnische oder territoriale Bindungen verfügte, enthielt immer den Keim eines Interessenkonflikts in sich. Solange das Reich expandierte, konnte dieser latente Konflikt gezügelt werden, aber als die Expansion an ihre Grenze stieß, offenbarte er sich und war einer der Gründe für den späteren Niedergang des Reiches.

Ein weiterer Grund für eine blockierte Fortentwicklung des Osmanischen Reiches war der untergeordnete Stellenwert des Handels, namentlich des Fernhandels, innerhalb seiner sozioökonomischen Struktur.

Zwar war das Osmanische Reich kein reines Agrarland, sondern fußte auch von Anbeginn an auf der überkommenen Fernhandelstradition, die durch seine geopolitische Lage bedingt war. Da das osmanische Gebiet auf dem Schnittpunkt traditioneller Handelsrouten des Europa-Ostasien-Handels lag, spielte der Fernhandel schon früh eine Rolle; durch seine große Flotte als dritter bedeutender Waffengattung neben Sipahi-Kavallerie und Janitscharen-Infanterie stand es in Auseinandersetzung mit den bedeutenden Handelsimperien der italienischen Städte im Mittelmeer- und Schwarzmeerraum und später den Portugiesen zusätzlich auch im Handel über das Rote Meer, den Persischen Golf und den Indischen Ozean. Aber für die Flotte, zeitweise die größte der damaligen Welt und nicht in erster Linie als Handelsflotte eingesetzt, sondern, dem Staatszweck der Osmanen entsprechend, in erster Linie eine Kriegsmarine, blieb die Handelsfunktion nachgeordnet. Schlaglichtartig kam dies zum Ausdruck, als im Jahr 1517 Piri Reis, ein türkischer Admiral der osmanischen Flotte, dem damaligen Sultan Selim I. der Gestrenge (1512–1520) seine Weltkarte vorlegte, über die Entdeckungsfahrten der Westeuropäer informierte und ihn offenbar motivieren wollte, es diesen gleichzutun. Der Sultan hätte anstatt auf die Grundrente auf den Handelsprofit als zukünftig auszubauender Quelle der ökonomischen Existenz des Reiches setzen müssen, was er nicht tat. Damit änderte sich nichts Wesentliches an der ökonomischen Grundstruktur des Osmanischen Reiches, das der asiatischen Produktionsweise und der militärischen Despotie treu blieb.

Gleichwohl orientierte sich das Osmanische Reich nicht an einem strikten Isolationismus, sondern führte die überkommene Handelstradition fort und baute ihre Reichweite nach Maßgabe seiner territorialen Expansionen aus. Bis zur Mitte des 14. Jahrhunderts verkehrten Karawanen mit Handelswaren wie Gewürzen oder Seide aus Indien, China und Iran über eine Nordroute zu den Schwarzmeer-Häfen von Asow, Soldajo und Caffa, oder über die iranischen Städte Soltaniye und Täbris zu den anatolischen Häfen von Trabzon, Samsun, Ayas, Antalya und Ephesos. Die wichtigsten Handelshäfen für Gewürze im Mittelmeer waren bis zur osmanischen Eroberung des Mamlukenreichs Beirut, das über die Route Dschidda-Mekka-Damaskus, sowie Alexandria, das über Kairo beliefert wurde. Im Verlauf des 15. Jh. gewann die Südroute zunehmend an Bedeutung, im Osmanischen Reich erlangte Bursa eine Vorrangstellung als Handelshafen für indische und arabische Produkte sowie für persische Seide.

Jedoch scheiterten die Anstrengungen des Osmanischen Reichs, die Portugiesen aus den Häfen am Persischen Golf zu vertreiben. Die Osmanen erreichten nach mehreren kriegerischen Auseinandersetzungen nur, dass Portugal den muslimischen Händlern von Hormus freien Verkehr auf dem Indischen Ozean – mit Ausnahme des Roten Meeres, welches vom Osmanischen Reich kontrolliert wurde – gegen Tributzahlungen gestattete. Bis zur Eroberung durch den persischen Schah

Abbas I. 1622 blieb Hormus unter portugiesischer Herrschaft ein bedeutendes Zentrum des Indienhandels.

Für den Handel mit Europa verband eine bedeutende west-östliche Handelsroute Indien über die arabischen Häfen von Aden und den Nahen Osten mit den Republiken Genua und Venedig. Überhaupt war die Republik Venedig ein Zentrum osmanischer Handelsaktivitäten im Mittelmeer; 1621 wurde dort der am Canale Grande gelegene Palast Fontego dei Turchi osmanischen Kaufleuten zur Verfügung gestellt. Seit etwa 1400 verkehrten Waren auch in nord-südlicher Richtung über Damaskus, Bursa, den Schwarzmeer-Hafen von Akkerman und das polnische Lwow bis nach Polen, die baltischen Staaten und ins Großfürstentum Moskau. Eine weitere bedeutende Nord-Süd-Route verlief über die Donauhäfen und Siebenbürger Städte wie Brașov nach Ungarn und der Slowakei. Der Handel mit Europa vollzog sich auf der Grundlage von Privilegien (sog. Kapitulationen), die der osmanische Sultan einzelnen europäischen Staaten erteilte. Sie sicherten meist freien Handel, Zollvorteile und die Übertragung der Gerichtsbarkeit über die Untertanen des jeweiligen Handelspartners, sollten aber in erster Linie den Status der Untertanen fremder, vor allem nicht-islamischer Herrscher auf osmanischem Boden regeln. Nach osmanischem Recht waren die erteilten Kapitulationen an die Person des Sultans gebunden und verloren mit dessen Tod oder bei einem Machtwechsel ihre Gültigkeit. Sie mussten demnach periodisch erneut ausgehandelt werden. Die erste Kapitulation wurde 1352 mit der Republik Genua vereinbart, in den 1380er Jahren folgte die Republik Venedig und weitere italienische Handelsstädte. Frankreich hatte schon 1517 von der Pforte die Bestätigung der mit der ägyptischen Mamlukendynastie geschlossenen Kapitulation erlangt; im 17. Jahrhundert traten die Niederländischen Provinzen als direkte Handelspartner hinzu. Ab dieser Zeit begannen die europäischen Wirtschaftsmächte, den Charakter des auf diesen Kapitulationen beruhenden Handels langsam umzuformen. Seit dem 18. Jahrhundert wurden Kapitulationen dem Osmanischen Reich immer häufiger mittels politischem oder militärischem Druck abgezwungen.

Letzteres machte deutlich, dass den Osmanen und ihren Nachfahren, den Türken Mustafa Kemal Paschas, nach dem Ersten Weltkrieg lange Zeit nur eine Rolle an der Peripherie des durch die westeuropäischen kapitalistischen Nationen dominierten Weltmarkts blieb. Letztlich entscheidend waren interne Gründe, d.h. die Natur der asiatischen Produktionsweise und die auf ihr gegründete orientalische Klassengesellschaft. Sie blockierten die Entwicklung zu höheren Formen der gesellschaftlichen Arbeit, die sich nicht durch die Dominanz des militärisch-bürokratischen Staatsapparats und seiner Orientierung auf steuerliche Abschöpfung, sondern durch neue Wertschöpfung auszeichneten. Die oftmals angeführte Skleroseproblematik, d.h. eine Abfolge unfähiger Sultane beginnend mit Suleiman I. (Regierungszeit 1520 bis 1566), ihres Rückzugs aus der aktiven Regierung, der wachsende Einfluss des Harems und intriganter Hofkreise, der häufige Wechsel der Wesire sowie der Hang zu Luxus und Ausschweifung, war nur die äußerliche Erscheinungsform der Erosion der Macht dieser Zentralfigur des zentralistisch organisierten Osmanischen Reiches. Zutreffend fasst Menzel das Zusammenspiel von internationaler Hegemonie und imperialer Macht zusammen: »*...lässt sich folgern, dass der hegemoniale Abstieg der Osmanen früher einsetzte und sich schneller vollzog als der imperiale. Der Weltmachtanspruch war nach 1571 nicht mehr einzulösen, weil keine maritime und keine wirtschaftliche Weiterentwicklung erfolgte, während der imperiale Anspruch dank der Konsolidierung der Agrarsteuer noch lange Zeit aufrechterhalten blieb. Die Logik der Rente blieb erhalten, die Logik des Profits wurde verfehlt.*« (Menzel 2015: 428)

g) Mogulreich

Bis zur schrittweisen Kolonisierung des indischen Subkontinents durch die Portugiesen und Engländer, die unter der britischen Ostindien-Kompanie bis nach Zentralasien ausgriff, blieb die ökonomische Basis der verschiedenen islamischen Nachfolger des Gupta-Reichs strukturell weitgehend gleich und charakteristisch für die asiatische Produktionsweise: Formelles Staatseigentum am Grund und Boden, selbstgenügsam-autarke Dorfgemeinschaften mit beigeordneter sog. Hausindustrie bildeten die Grundlage für marginales städtisches Handwerk und Handel, die zusammen durch staatliche Strukturen überbaut wurden. In Form von Grundsteuern wurden die ländlichen Überschüsse abgeschöpft und der Staatskasse zugeführt. Das bebaute Land war furchtbar genug, um Erträge zu erbringen, die denen westeuropäischer Bauern zu den jeweiligen Zeiten nicht nachstanden. Die wichtigsten Anbaupflanzen waren Weizen, Reis, Hirse und Hülsenfrüchte, außerdem Baumwolle und Jute (in Bengalen). Die sozialen Verhältnisse in den Dörfern hatten sich im Rahmen der fortbestehenden Gemeinschaften differenziert und der Dorfadel als Jagirdar oder Zamindar zog einen Teil der Ernte als Steuer für sich und die zentralstaatlichen Repräsentanten ein.

Mit dem Sultanat von Delhi begann in Nordindien die islamische Herrschaft, die mehr als 600 Jahre andauern sollte. Es wurde durch die Mamluk-Dynastie 1206 in der Nachfolge des Ghuridenreiches, das sich in der zweiten Hälfte des 12. Jh. als Herrscher über zentralafghanische Gebiete, über große Teile Persiens und Nordindiens ausgedehnt hatte, abgelöst. Das Sultanat bestand bis 1526 und ging in der Schlacht bei Papinat gegen die überlegene Reiterei und die Feuerwaffen der Timuriden unter; damit trat das Mogulreich an seine Stelle. Das Sultanat von Delhi war Zeit seines Bestehens von interner Instabilität durch Revolten regionaler Statthalter, unterworfener Fürsten (zumeist Hindus) sowie Umsturzversuchen am Königshof geprägt gewesen. Seine Dynastien waren türkischer Herkunft, aber ethnisch gemischt mit Paschtunen. Der Machthöhepunkt war mit der Khalji-Dynastie und hier durch Ala du-Din Khalji in den Jahren 1299 bis 1316 erreicht worden, der die Mongolen vor Delhi abwehrte, Festungen von regionalen Fürsten eroberte und bis in den Dekhan mit Unterwerfung der dortigen Hindustaaten vordringen konnte. Seine Reiterarmee soll bis zu einer halben Million Mann gezählt haben, was den

Bauern, die zumeist Hindus waren, hohe Steuern bis zur Hälfte der Ernteerträge abverlangte; die Bauern wurden so auf das absolute Existenzminimum herabgedrückt. In den Jahren der nachfolgenden Tughluq-Dynastie (1320-1413) führten Aufstände zur Selbstständigkeit bestehender bzw. zur Bildung neuer Königreiche; 1407 machte sich das Sultanat von Gujarat selbstständig. 1451 folgten afghanische Stammesfürsten der Lodi, die die Verwaltungsstrukturen des Sultanats stabilisierten, auf denen die ersten Großmogulen aufbauen konnten.

Das Mogulreich bestand von 1526 bis 1858. Sein Kernland lag in der nordindischen Indus-Ganges-Ebene um die Städte Delhi, Agra und Lahore. Auf den Höhepunkt seiner Macht umfasste es fast den gesamten Subkontinent und Teile Afghanistans und war mit insgesamt 3,2 Mio. Quadratkilometern eines der größten Territorialreiche bis dato. In ihm lebten zwischen 100 und 150 Mill. Menschen und im Jahr 1700 wurde sein Anteil an der Weltbevölkerung auf ca. 29 Prozent geschätzt.

Der erste Großmogul Babur regierte 1526–1530. Er stammte aus einem der vielen muslimischen Kleinfürstentümer Transoxaniens und war ein direkter Nachfahre Timurs in der sechsten Generation, seine Mutter führte ihre Abstammung in direkter Linie auf Dschingis Khan zurück. Er regierte von Kabul aus und führte den Titel Padischah (Kaiser). Über den Kaiber-Pass führte er Eroberungsfeldzüge, für die er nach osmanischem Vorbild sein Heer mit Kanonen und Gewehren ausstattete und mit denen er die zahlenmäßig überlegene Armee des letzten Delhi-Sultans bezwang. Er rief sich zum Kaiser von Hindustan aus und begründete somit das Mogulreich. Die Festigung seiner Herrschaft erfolgte durch eine Koalition mit anderen rajputischen Herrschern, die er aber anschließend (1527) besiegte. In der Folge bereiste Babur sein neues Reich ausgiebig, schlug mehrere Revolten nieder und verteilte großzügige Geschenke an seine Untergebenen und Verwandten, was die Staatskasse erheblich belastete. Die Vergabe von Lehen (jagir) und die auf lokalen Loyalitäten aufbauenden Verwaltungsstrukturen der Lodi-Dynastie behielt er unverändert bei. Sein Sohn Humayun erbte 1530 ein innerlich wenig gefestigtes Reich, das vom Hindukusch bis Bihar reichte.

Die Regierungszeit Humayuns war ein Interregnum verschiedener Feldzüge, der Flucht nach Persien nach der Errichtung einer kurzzeitigen Dynastie der Suriden unter Sher Shah und der Rückkehr nach Hindustan nach dem Sturz der Suriden-Dynastie infolge eines Erbfolgestreits (1554). Unter Humuyuns ältestem Sohn Akbar konsolidierte sich das Mogulreich und wurde durch die Unterwerfung anderer indischer Sultanate – Malwa (1561), Gondwana (1564), Gujarat (1573) und Bihar (1574) – territorial erheblich vergrößert. Die eroberten Gebiete wurden formal dem Mogulreich zugeschlagen und Provinzgouverneuren unterstellt (vgl. Abb. 11.22).

Von besonderer Bedeutung war die Unterwerfung der militärisch starken Rajputenstaaten, deren volle Integration zuvor keinem islamischen Reich geglückt war. Durch eine geschickte Heiratspolitik mit rajputischen Prinzessinnen schwächte Akbar die Rajputen einerseits und ging andererseits gleichzeitig militärisch gegen feindlich gesinnte Fürsten vor. 1568 nahmen Mogultruppen die stärkste Rajputenfestung Chittor nach mehrmonatiger Belagerung ein und massakrierten die Zivil-

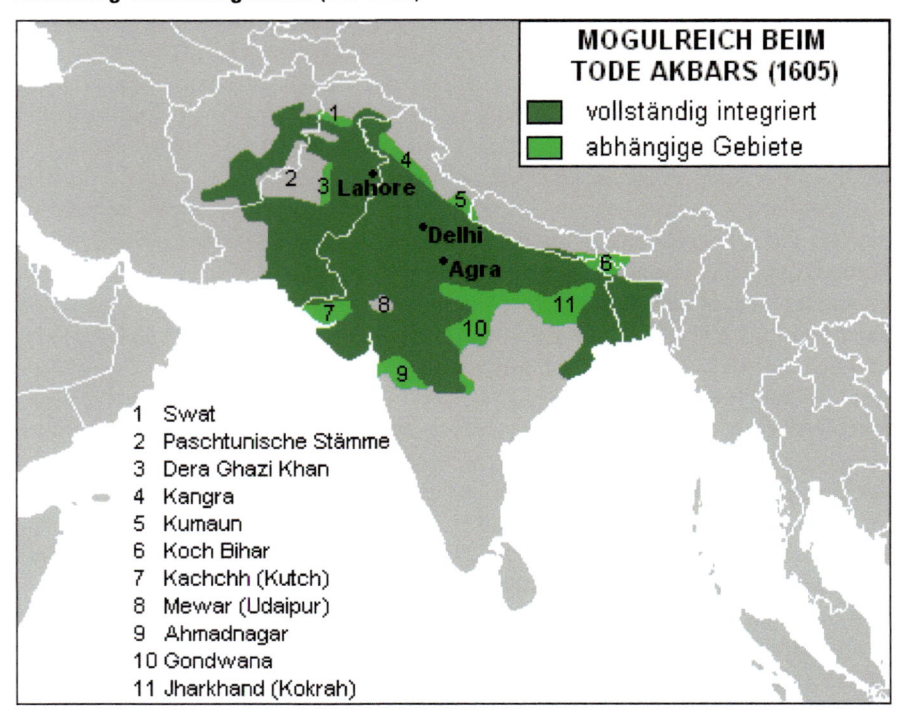

Abbildung 11.22: Mogulreich (um 1605)

> **MOGULREICH BEIM TODE AKBARS (1605)**
> ■ vollständig integriert
> ▨ abhängige Gebiete
>
> 1 Swat
> 2 Paschtunische Stämme
> 3 Dera Ghazi Khan
> 4 Kangra
> 5 Kumaun
> 6 Koch Bihar
> 7 Kachchh (Kutch)
> 8 Mewar (Udaipur)
> 9 Ahmadnagar
> 10 Gondwana
> 11 Jharkhand (Kokrah)

Quelle: https://de.m.wikipedia.org/wiki/Datei:Mogulreich_Akbar.png

bevölkerung. Innerhalb weniger Jahre hatten schließlich alle Rajputenfürsten mit Ausnahme des Rana von Udaipur die Vorherrschaft des Mogulreiches anerkannt.

Die folgenden Dynastien – Akbar (1556-1605), Jahangir (1605-1627), Shah Jahan (1628–1658) – waren durch fortdauernde interne Konflikte der Zentralmacht gegen einzelne Fürstentümer gekennzeichnet. Territorial erweiterte sich die Mogul-Oberhoheit über die gesamte nordindische Tiefebene sowie große Teile der heutigen Staaten Afghanistan und Pakistan. Der Staatsaufbau wurde mit einem zentralisierten Beamtenapparat reformiert, der Herrschaft anstelle des Lehenswesens rationalisieren sollte; infolge der weit verbreiteten Korruption blieb die Wirkung derartiger Maßnahmen aber begrenzt. Die hundert Jahre zwischen Mitte des 16. und Mitte des 17. Jahrhunderts waren unter den obigen drei Herrschern von Toleranz zwischen der islamischen Staatselite und der hinduistischen Mehrheit der Bevölkerung geprägt. Auch Hindus konnten Beamte werden und die vom Islam vorgeschriebenen Sondersteuern für Nicht-Muslime wurden abgeschafft. Die Hofhaltung insbesondere des Shah Jahan war besonders prachtvoll, die von ihm in Gang gesetzte Bautätigkeit – z.B. das Taj Mahal in Agra als Grabmal für seine Frau – umfangreich; beides verschlang große Summen, führte zu Steuererhöhungen, auf die die Bauen mit passivem Widerstand, d.h. durch Landflucht reagierten.

In der zweiten Hälfte des 17. Jh. unter der Herrschaft Aurangzebs (1658–1707) wurde das Mogulreich nach Süden über fast den gesamten indischen Subkontinent ausgedehnt (vgl. Abb. 11.23). Diese Expansion war nötig, um weiteres Land zu okkupieren, das als Lehen an den Adel verteilt werden konnte. Dementsprechend waren Kriege gegen unabhängige Fürstentümer und Klein-Staaten eine beständige Begleiterscheinung. Auf dem Dekhan war dem Mogulreich mit den Stämmen der Marathen neben Bijarpur und Golkonda ein weiterer starker Feind entstanden. Während Bijapur 1686 und Golkonda 1687 dem Mogulreich eingegliedert werden konnten, leisteten die marathischen Stammesführer anhaltenden Widerstand und banden militärische Kräfte, die im Norden, dem eigentlichen Kernland des Mogulreichs, fehlten. Wirtschaftlich war dies fatal, denn die Verwaltung litt und der weniger fruchtbare und zerklüftete Dekhan erbrachte ein weitaus niedrigeres Steueraufkommen als die fruchtbaren Ebenen des Nordens. Insofern machten sich Überdehnungserscheinungen im Mogulreich bemerkbar, das nur noch durch Aurangzebs persönliche Autorität zusammengehalten wurde.

Im Unterschied zu seinen Vorgängern griff Aurangzeb wieder auf den Islam als ausschließliche Herrschaftslegitimation zurück. Die Rechtsprechung fußte auf der Scharia, die Kopfsteuer für Nicht-Muslime wurde wieder eingeführt sowie ein Verbot des Neubaus von Hindu-Tempeln und Gotteshäusern anderer Glaubensgemeinschaften ausgesprochen. Diese Politik rief Spannungen zwischen Hindus und Muslimen hervor, die den inneren Frieden des Reiches empfindlich störten und den Widerstand hinduistischer Fürstenhäuser erregte. Unruhen unter den Rajputen schwelten bis zum Tode Aurangzebs.

Unter seinem Sohn Bahadur Shah begann der Niedergang des Mogulreiches. Zwar konnte mit den Marathen Frieden geschlossen werden, doch die abtrünnigen Rajputen gerieten zunehmend außer Kontrolle der Zentralregierung; hinzu kam noch ein Aufstand der Sikh im Norden, dessen Niederschlagung Kräfte band. Im weiteren Verlauf wurden die Provinzen des Reichs durch Zugeständnisse der Zentralregierung zu halbautonomen Staaten und unterstanden schließlich dem Kaiser (Shah) nur noch nominell. Die innere Schwäche des Reichs und die Regionalisierung der Macht nutzten auswärtige Herrscher zu Einfällen in das Territorium des Mogulreichs, so der afscharidische Herrscher von Persien; die persische Grenze wurde an den Indus vorangetrieben. Die Afghanen unter dem Herrscher Ahmad Schah Durrani eroberten und annektierten den Punjab, den Sindh und Gujarat; 1757 plünderten sie Delhi. Auch die internen Dezentralisierungstendenzen gewannen weiter an Stärke: Bengalen und Avadh erlangten faktisch Selbstständigkeit und entrichteten nur noch symbolische Tribute an die Zentralregierung.

Nachdem die portugiesischen Kolonisten ihren Estado da India nur an der Westküste bei Goa errichtet hatten, übernahm ihr Nachfolger, die Britische Ostindien-Kompanie, in der ersten Runde Bengalen mit Kalkutta, sodann Bihar und nach und nach das gesamte Territorium des Mogulreichs. An die Stelle des Großmoguls, des-

Abbildung 11.23: Mogulreich um 1700

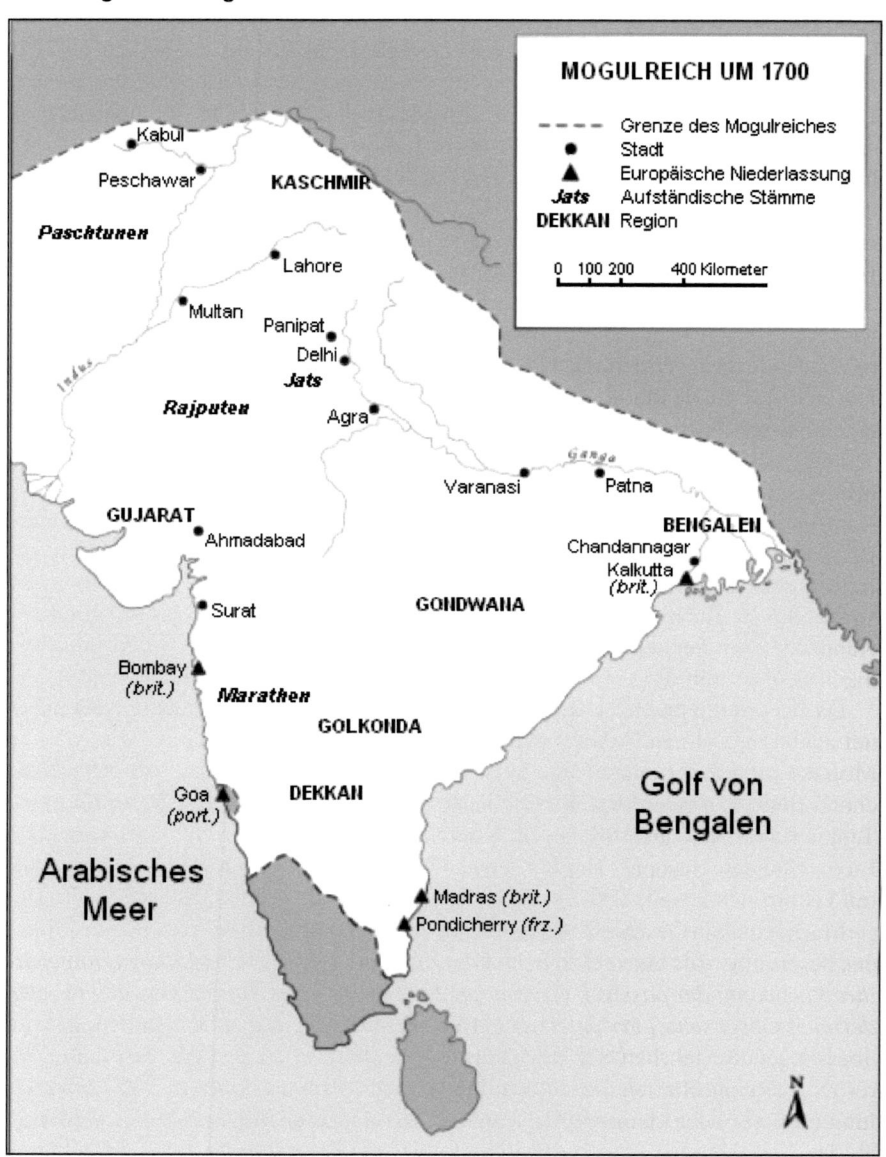

Quelle: https://de.wikipedia.org/wiki/Datei:Mogulreich_um_1700.png

Kapitel 11: Imperien und Staaten der asiatischen Produktionsweise

sen zuletzt nur noch nominelle Herrschaft 1858 endete, trat der britische Resident als Gouverneur der Kolonie Britisch-Indien; Königin Viktoria nahm 1876 in Anknüpfung an die Mogulherrschaft den Titel einer Kaiserin von Indien an.

Verglichen mit den späteren chinesischen Dynastien war das Mogulreich trotz einiger Ansätze zu einer effektiven Organisation des Staatsapparats und eines systematischen Steuerwesens der klassische »Low-end State« der asiatischen Produktionsweise mit einer schwachen Zentralregierung und in Fürstentümern zusammengefassten weitgehend autarken Dorfgemeinschaften. Deren Anbaumethoden veränderten sich während der gesamten Mogulzeit kaum. Die durch das ländliche Handwerk, das mit einfachsten Mitteln Gebrauchsgegenstände herstellte, getragenen Wirtschaftskreisläufe waren kleinräumig. Zentralstaatliche Bemühungen in Richtung des Aufbaus und der Förderung nicht-landwirtschaftlicher Gewerbe waren gering und beschränkten sich auf einige hoch spezialisierte staatliche Manufakturen für die Herstellung von Luxusgütern. Dem Binnenhandel kam daher nur eine untergeordnete Bedeutung zu.

Der Außenhandel wurde lange durch muslimische Seefahrer bewerkstelligt, bis er durch die Portugiesen übernommen wurde. Wichtigste Ausfuhrerzeugnisse waren während der gesamten Mogulzeit Textilien, zunächst Seidenstoffe, sodann Baumwollstoffe, außerdem Gewürze und Farbstoffe wie Ultramarin, Indigo und Indischgelb. Der Außenhandel zu Land wurde über Afghanistan und die Handelsstraßen über Lahore und Kabul nach Zentralasien und China oder über Lahore und Kandahar nach Persien sowie entlang des Ganges über Allahabad durch Bengalen nach Birma geführt.

Da Indien selbst arm an Silber- und Goldvorkommen ist. musste der Außenhandel auch einen steten Zufluss an Edelmetallen für die Münzprägung, die sich im Mogulreich mit der zunehmenden Bedeutung der Geldwirtschaft entwickelte, sichern. Eingeführt wurden darüber hinaus Pferde und Kaffee aus Arabien, Textilien, Teppiche und Wein aus Persien, chinesisches Porzellan, Ebenholz aus Ostafrika und Luxusgüter aus Europa. Der bis ins frühe 16. Jahrhundert blühende Sklavenhandel mit Ostafrika war seit Akbar verboten worden.

Marx hatte die Geschichte unter den namentlich muslimischen Herrschern Indiens beschrieben als eine »*Geschichte der aufeinanderfolgenden Eindringlinge, die ihre Reiche auf der passiven Grundlage dieser widerstandslosen, sich nicht verändernden Gesellschaft errichteten*« (MEW 9: 220). Die indischen Bauern als weit überwiegende Mehrheit der Bevölkerung erlebten in den sozialen Strukturen ihrer Dorfgemeinschaften die Entwicklung der Moguldynastien als bloße Abwechslung größerer oder kleinerer Abzüge von ihren Erträgen, die über die Dorfadligen als Steuereinnehmer an die Fürsten und die Zentralregierung zu entrichten waren. Ansonsten lebten sie in tagaus tagein in ihren angestammten naturwüchsigen Verhältnissen, die durch die Gleichheit der Reproduktion auf gegebener, weitgehend stagnanter wirtschaftlicher Grundlage bestimmt waren. Entwicklung fand nur in ganz begrenztem Maße bei der Herrscherklasse statt, eine gesamtgesellschaftliche Höherentwicklung war durch die Natur dieser Produktionsweise ausgeschlossen.

h) Archaischer Grundtyp und Ausprägungen der asiatischen Produktionsweise in den anderen Weltregionen

Afrika: Aksum und Ghana

In Afrika hat sich bis zum Ende des 2. Jahrtausends v.u.Z. die Lebensweise und Kultur der in archaischen Gemeinschaften lebenden Menschen kaum verändert. Bis zur zunehmenden Desertifizierung der Sahara-Region ab 4000 v.u.Z. war ihr östlicher Teil eine der sieben Weltregionen gewesen, in denen zuerst Bodenbau und Viehhaltung betrieben worden war. Mit der zunehmenden Austrocknung ihrer Habitate waren die Bewohner gezwungen gewesen, nach Süden abzuwandern oder sich nach Norden in die Küstenregionen zurückzuziehen. In Nordafrika, z.B. in La Mekina (Algerien) sind Siedlungsplätze nachzuweisen, deren Bewohner über Gegenstände aus Eisen verfügten, die sie wohl von den Phöniziern erworben hatten. Es drangen auch Viehzüchternomaden, kriegerische Gruppen mit Pferden, Streitwagen und Speeren von Norden bis zum Oberlauf des Niger vor. Vor und während der ägyptischen Hochkulturen lebten in großen Gebieten Afrikas Bevölkerungsgruppen weiterhin als Jäger und Fischer, die verschiedentlich einfachen Bodenbau mit der Hacke betrieben. Südlich von Ägypten am Unterlauf des Nils in Aksum auf dem Territorium des heutigen Äthiopien bildete sich ein staatsförmiges Gemeinwesen heraus, dessen Wurzeln bis in das 5. Jahrhundert v.u.Z. zurückreichen. In dieser Zeit bestand in Südarabien der sabäische Staat, dessen wirtschaftliche Interessen eng mit dem Fernhandel verbunden waren. Einzelne Sabäer-Gruppen ließen sich im aksumitischen Gebiet nieder, von dem aus Händler zu wichtigen Rohstoffen wie Elfenbein, Gold und Weihrauch Zugang hatten. Daneben waren Sklaven wichtige Bestandteile des Handelsverkehrs zwischen Ägypten, Meroë und Indien. Aksum besaß für die Vermittlung dieses Handelsverkehrs eine günstige geografische Position, da es einerseits in unmittelbarer Nachbarschaft zu Meroë lag und andererseits Zugang zur Küste des Roten Meeres besaß. Aksum war gleichsam die Brücke, die Ägypten bzw. Meroë mit Indien verband (vgl. Abb. 11.24).

Dem arabischen Fernhandel im Gebiet des Roten Meeres wurde jedoch durch die Handelspolitik der Ptolomäer zunächst ein Ende gesetzt, sodass die Verbindungen zwischen Aksum und Südarabien abbrachen. In die Ptolomäer-Zeit fiel noch eine weitere wichtige Veränderung, nämlich der Übergang zur Eisenzeit in der zweiten Hälfte des 3. Jahrhunderts v.u.Z. direkt aus der Steinzeit ohne die Bronzezeit als Zwischenstufe. Mit dem Eisen kam ein Werkstoff zur Anwendung, der eine bedeutende Weiterentwicklung der Produktivkräfte erlaubte und eine wichtige Voraussetzung für die Bildung des aksumitischen Staates, die gegen 150 u.Z. begann, darstellte.

Als das Ptolomäer-Reich nach der Schlacht von Actium 31 v.u.Z. zusammenbrach, kam es zu politischen Um- und Neubildungen. Es erfolgten erneut Einwanderungen aus Südarabien nach Aksum. Um die Mitte des 3. Jahrhunderts u.Z. war die Macht von Aksum so weit angewachsen, dass es in die politischen Kämpfe sowohl in Südarabien als auch in Meroë eingreifen konnte. In Nordostafrika trat es sogar die Nachfolge des gegen Ende des 3. Jh. zerstörten Meroë an. Seine Blüte-

Kapitel 11: Imperien und Staaten der asiatischen Produktionsweise

Abbildung 11.24: Königreich von Aksum

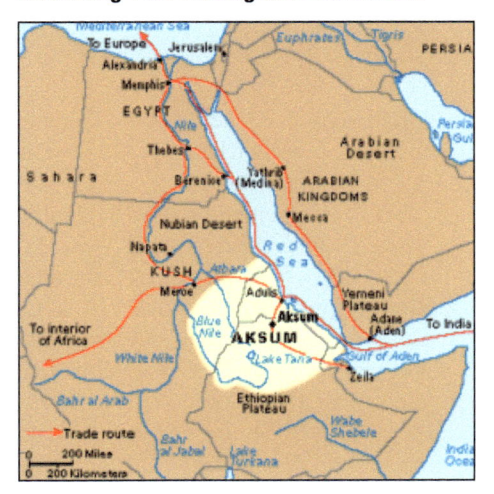

Quelle: https://afrika4teens.de/die-geschichte-afrikas/die-ersten-afrikanischen-hochkulturen/aksum-das-erste-christliche-koenigreich/

zeit erlebte Aksum im 4. Jh. u.Z. als seine Führer den Herrschaftsbereich erweiterten und dieser Staat im politischen Kräftespiel neben den Sassaniden, Rom und China als vierte bedeutende Macht angesehen wurde.

Zu seiner Rolle im Fernhandel gehörte in der zweiten Hälfte des 3. Jahrhunderts die Prägung von eigenen Münzen mit einem eigenen Goldstandard, nachdem vorher römisches Geld verwendet worden war – Ausdruck eines erreichten hohen Standes der Geldwirtschaft. Gleichwohl blieb die Landwirtschaft die wichtigste Grundlage der Ökonomie von Aksum. Man ging zum Bewässerungsbodenbau über, da mit der traditionellen Methode des Wanderfeldbaus die Produktivität nicht weiter zu steigern war. Es wurden Bewässerungssysteme großen Ausmaßes geschaffen und auf den bewässerten Flächen Weizen angebaut. Die höhere Produktivität des Bodenbaus garantierte die Versorgung der entstehenden großen Handelszentren und bildete die Grundlage für die Unterhaltung des Staatsapparates und den Ausbau der Tempel und Paläste.

Die Errichtung von Monumentalbauten galt in Aksum als religiöse Verpflichtung der zu Arbeitsleistungen herangezogenen Untertanen. Außerdem verlangte dieser Luxus kontinuierlich hohe Staatseinnahmen, die die Bewohner neben ihren Arbeitsleistungen durch regelmäßige Steuerzahlungen sicher zu stellen hatten. Auch die unterworfene fremdstämmige Bevölkerung war zu tributären Sachleistungen als Voraussetzung für die weitere Nutzung ihres Territoriums verpflichtet; hinzu kamen als Geschenke verkleidete Abgaben an den Herrscher. Darüber hinaus wurden auf die gehandelten Waren Zölle erhoben. Alle diese verschiedenen Abgaben standen dem König als Staatsoberhaupt zu. Er verteilte sie unter seinen Beamten bzw. Mitgliedern seines Hofstaates und der Aristokratie. In Aksum hatte sich so ein Staat herausgebildet, der seiner Grundstruktur nach der altorientalischen Klassengesellschaft entsprach und auf der asiatischen Produktionsweise als seiner ökonomischen Basis beruhte.

Nur wenig später als in Aksum setzte die Staatenbildung in Ghana ein, dessen Territorien nicht mit dem heutigen Staat Ghana an der afrikanischen Westküste identisch waren, sondern auf dem Gebiet des heutigen Mauretanien und Mali lagen (vgl. Abb. 11.25). Ihre Anfänge lagen im 4. Jh. u.Z. und stimmten mit den Verhältnissen von Aksum in zwei wesentlichen Punkten überein: In beiden Fällen war der

Abbildung 11.25: Ghana-Reich

Quelle: http://westafrikaportal.de/koenigreichhana.html

Handel von hervorragender Bedeutung und bei beiden Staaten spielte der Kontakt zu anderen Handelsvölkern eine große Rolle.

Ein wichtiges Handelsprodukt war Gold, das bereits die Phönizier bzw. Karthager und die Römer angelockt hatte. Die Goldvorkommen lagen allerdings weit entfernt vom damaligen Ghana in den Waldgebieten des westlichen Sudan. Außerdem spielten die Salzvorkommen auf mauretanischem Boden eine wichtige Rolle, denn Salz galt als das wichtigste Äquivalent im Goldhandel mit den Bewohnern des westlichen Sudan. Dort gab es keinerlei Salzvorkommen, aber der Bedarf an Salz war aufgrund des feucht-warmen Klimas in diesem Gebiet sehr groß. Wer Salz anbieten konnte, stimulierte die sudanesische Goldproduktion. In der Sahara entstanden ständig befahrene Karrenwege, auf denen mit Ochsen bespannte Wagen die Verbindungen zwischen den Handelsknotenpunkten herstellten. Die Route, die die westafrikanischen Handelsstützpunkte mit dem Mittelmeergebiet verband, verlief von Südmauretanien nach dem südlichen Marokko. Auf ihr wurden die begehrten Erzeugnisse des hochentwickelten Handwerks aus dem Mittelmeergebiet – Waffen, Schmuck und Gewebe – in die Sudanländer importiert, den Gegenwert dafür bildete hauptsächlich Gold.

Neben dem Handel war die Landwirtschaft der wichtigste Produktionszweig. Mit der Verbreitung eiserner Werkzeuge entwickelten sich technische Verbesserungen im Bodenbau. Daneben wurden Steinumhegungen der Felder zum Schutz gegen Erosion und Terrassierungen an den Berghängen angelegt. Der durch Handel und Produktion erworbene Reichtum wurde ungleich verteilt und führte zu sozialen Differenzierungen. Die Bildung einer Klassengesellschaft in Mauretanien war daneben durch politische Momente bedingt. Nach der Überlieferung Ghanas waren die ersten 22 Herrscher »Weiße«, wahrscheinlich Libyo-Berber, die in Nordafrika ansässig waren. Hintergrund waren die Berberaufstände gegen die Römer, die das nordafrikanische Gebiet besetzt hatten. Niederlagen der Aufständischen zwangen einen Teil der Berber, in südliche Gebiete auszuweichen. Sie trugen wohl entscheidend zur Auflösung der gentilizischen Gemeinwesen und Herausbildung eines Staates in Ghana bei.

Aus Berichten arabischer Reisenden und Gelehrten ist bekannt, dass an der Spitze dieses Staates ein Herrscher mit despotischen Vollmachten stand, der über den gesellschaftlichen Reichtum und seine Verteilung bestimmte. Im Unterschied zu Aksum entstand in Westafrika kein Bewässerungsbodenbau; hier waren immer genügend Landreserven zur extensiven Ausdehnung des Bodenbaus vorhanden, der mit den überkommenen Methoden, wenn auch mit entwickelteren Produktionsmitteln, betrieben wurde. Zur Steigerung des Mehrprodukts richteten sich die Interessen der ghanaischen Könige jedoch insbesondere auf die Gewährleistung und Förderung des Handels. Der Überfluss an Grund und Boden und die Beibehaltung traditioneller Formen der landwirtschaftlichen Produktion hatten für die gesellschaftliche Entwicklung Westafrikas eine wichtige Konsequenz, nämlich die noch bis in die Gegenwart feststellbaren Spuren und die teilweise fortdauernde Existenz der Dorfgemeinde mit ihren patriarchalischen Beziehungen und kollektiven Eigentumsstrukturen. Dies führte nicht nur in Ghana dazu, dass sich die Klassenspaltung der Gesellschaft nur langsam vollzog. Der Staat Ghana hat mehr als 600 Jahre bestanden; erst 1076/1077 u.Z. ist er durch Einfälle der Almoraviden schwer erschüttert und schließlich im 13. Jahrhundert durch ein anderes westafrikanisches Großreich, Mali, abgelöst worden.

Was vorliegend für das Königreich Ghana festgestellt worden ist, gilt für andere Regionen des subsaharischen Afrikas, abgesehen vom großen Stellenwert des Handels für Ghana, in ähnlicher Weise. Bis heute sind die Eigentumsstrukturen am Grund und Boden oftmals noch nicht umfassend privateigentümlich ausgestaltet worden. Überkommenes Gemeineigentum hat jenseits der Stürme der politischen

Reiche und sogar der späteren kapitalistischen Kolonisierung des Kontinents in vielen Gebieten getrotzt und lebt unterhalb der Oberfläche noch vielfach fort. Dies ist einer der Gründe, weshalb viele heutige afrikanische Staaten eine hybride Ökonomie aufweisen, in der kapitalistische Produktion und Zirkulation noch nicht die Gesamtheit der ökonomischen Verhältnisse strukturiert hat.

Restliche Welt
Während der Orient sowie der indische Subkontinent und China innerhalb des vorliegend betrachteten Zeitraums der dem Zeitenwechsel folgenden Jahrhunderte der territoriale Raum für nebeneinander bestehende und sich teilweise voneinander ablösende Imperien und Staaten auf Basis einer je spezifischen Fortentwicklung der asiatischen Produktionsweise waren, verharrten zunächst weite Teile Europas (West-, Nord und Osteuropa), Nord- und Zentralasien, Ozeanien (Australien) und Afrika – außer den eher punktuellen Enklaven von Aksum und Ghana – sowie die Amerikas – außer den mittelamerikanischen und andinen (peruanischen) Reichen – weitgehend im archaischen Grundtyp nomadisierender Stämme oder sesshafter Dorfgemeinschaften. Damit gab es in der Welt ein Nebeneinander von urgesellschaftlichen Formen mit teilweiser Ausprägung zu einer militärischen Demokratie sowie Low-end- und High-end-States mit vielfältigen regionalen, sozioökonomischen, kulturellen und politischen Ausgestaltungen.

Kapitel 12: Entwicklung des Feudalismus als auf (West-) Europa begrenzte Produktionsweise und Gesellschaftsform

a) Germanische und keltische Stammesreiche als Erben des zerfallenden Weströmischen Reiches

Wirtschaftliche, soziale und politische Verhältnisse im zerfallenden Weströmischen Reich

In der Mitte des 5. Jahrhunderts u.Z. umfasste das Weströmische Reich außer Italien noch Teile Galliens, Spaniens und Nordafrikas. Als das weströmische Kaisertum um 480 unterging, war das Staatsgebiet auf Italien und einige kleine im Nordwesten und Nordosten angrenzende Regionen zusammengeschrumpft. Germanische Stämme und Stammesverbände hatten sich der verlorengegangenen Gebiete bemächtigt (vgl. Abb. 12.1).

Die wirtschaftlichen Verhältnisse waren in den verschiedenen Gebieten sehr unterschiedlich entwickelt. In Italien waren in der zweiten Hälfte des 5. Jahrhunderts die ehemals fruchtbaren Landschaften teilweise verödet und auf einem Tiefpunkt angelangt; es herrschte ein Mangel an Arbeitskräften. Nur im nördlichen Teil des Landes, in Gallien und im Südosten Spaniens hatten sich lebensfähige Reste der früheren Wirtschaft erhalten. In den Städten bestand noch ein ausgedehnter Orienthandel sowie der Handel mit dem Kaiserhof in Ravenna und der Bevölkerung Roms. In den von Franken eroberten Gebieten Galliens und im altfränkischen Stammland zwischen Somme und unterer Schelde dominierte das Bodeneigentum der kleinbäuerlichen Dorfgemeinde, in dem die Produzenten Eigentümer des von ihnen bearbeiteten Bodens waren. In Südgallien und in Spanien existierten noch Sklaverei und mancherorts Reste der verfallenden archaischen Urgesellschaft aus der Periode der militärischen Demokratie. Im nordafrikanischen Gebiet blieb der Einfluss der Vandalen begrenzt. In allen germanischen Staaten bestanden die in Königsland umgewandelten ehemaligen kaiserlichen Domänen, von den Grundeigentümern verlassenes Land sowie konfiszierte Ländereien.

Entsprechend dieser verschiedenen wirtschaftlichen Gegebenheiten wies auch die soziale Situation in den letzten Jahrzehnten des Bestandes des Weströmischen Reiches erhebliche Unterschiede auf. In Italien wurden die kaiserlichen Güter zunehmend von der Kirche und von der Senatsaristokratie übernommen. Die Großgrundbesitzer hatten ihr Grundeigentum fast völlig aus der Aufsicht der Zentralgewalt herausgelöst und faktisch verselbstständigt. Durch das Patrozinium, d.h. die Schutzherrschaft eines Heiligen, hatten diese Kreise sowie der katholische Klerus Gewalt über Bauern und ganze bäuerliche Siedlungen erlangt; ebenso war es auf den vandalischen Königsgütern in Nordafrika, bei den Westgoten und den Gütern

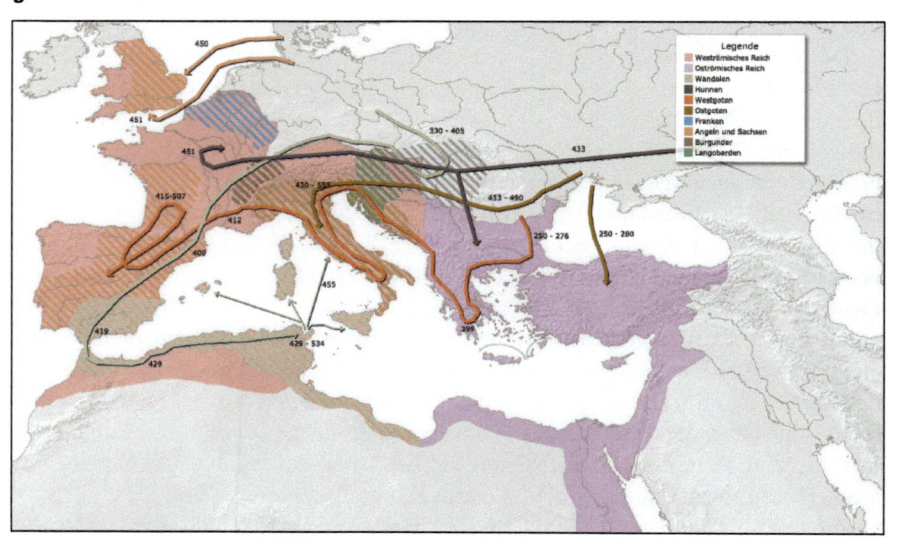

Abbildung 12.1: Siedlungsräume und Wanderungsbewegungen germanischer Verbände

Quelle: https://de.wikipedia.org/wiki/Völkerwanderung

des gallo-römischen Adels in Burgund. In den germanischen Staaten, in denen die herrschaftliche Landnahme überwog, hatte sich die wirtschaftliche und soziale Verfassung nicht wesentlich verändert. Dagegen bestimmten in den fränkischen Teilen Galliens die Mitglieder freier Dorfgemeinschaften und das Königtum bzw. die Herzogsgewalt die soziale Situation. Während in den ostgermanischen Staaten des Weströmischen Reiches der spätantike Kolonat und Überreste der Sklaverei weiterhin die Grundlage der Wirtschaft bildeten, spielte im fränkischen Föderatengebiet in Nord- und Nordostgallien der Kolonat keine Rolle. Neben Freien gab es dort auch Halbfreie (Liten), Sklaven und unfreie Hofleute; Erstere hatten den Status zinspflichtiger Bauern, der den Halbfreien nicht zustand. Die Kirche hatte als sozialer Machtfaktor im fränkischen Stammland noch keine besondere Bedeutung.

Die staatliche Gewalt des Weströmischen Reiches befand sich seit der Mitte des 5. Jahrhunderts vollends in Agonie. Der Staat hatte durch seine Steuern, Staatsfronden und Ablieferungen aller Art die Masse der Bevölkerung in immer tiefere Armut gestürzt. In Italien und den Provinzen übernahmen mehr und mehr die Großgrundbesitzer die Unterdrückungsfunktion des Staates. Sie hielten eigene Heeresverbände, eigene Gefängnisse und versuchten, auch innerhalb der Kirchenorganisation ihren Einfluss zu erweitern. Germanische Föderaten unterstützten diese Politik, indem sie Bauernaufstände in den Provinzen zu unterdrücken halfen; sie hatten durch die Stellung eines Heeres auch die Verteidigung nach außen übernommen. Die kaiserliche Gewalt beschränkte sich mehr und mehr nur auf die Gesetzgebung ohne eigene

Macht zu deren Durchsetzung. Damit verlor die Zentralgewalt ihre Bedeutung; im Jahr 476 wurde in Westrom das Kaisertum abgeschafft. Die Föderaten, die Kirche und die großen Grundbesitzer hatten die Macht übernommen.

Der Zerfall des Weströmischen Reiches bedeutete auch den Untergang der antiken Produktionsweise. Die beständigen Kriege und die konsumtive Verausgabung des Mehrprodukts hatten zu einer klassischen Überkonsumtionskrise geführt, die die vorhandenen Produktivkräfte vernichtete. Ländereien verödeten, Produktionsbetriebe wurden aufgegeben, produktiv-subjektive Erfahrungen des Handwerks gerieten in Vergessenheit und die Bevölkerung schrumpfte. Stagnation und zeitweiliger Rückgang der Produktivkräfte erwiesen sich im 5. Jh. in Gallien und Spanien als so schwerwiegend, dass die fränkischen und westgotischen Gesellschaften rund zwei Jahrhunderte brauchten, um einen neuen wirtschaftlichen Aufschwung einzuleiten. Auch in Italien wurde durch die Kriege Justinians und auftretende Seuchen wirtschaftliche Erholung wieder zunichte gemacht. Erst unter den Langobarden kam es im 7./8. Jh. wieder zu einer erneuten Entwicklung der Produktivkräfte.

Im 6. Jahrhundert war bei den Franken und Thüringern noch der Hakenpflug in Gebrauch, Arbeitsgeräte aus Eisen waren selten. Auch die Kurzgewannflure, kleine Ackerabschnitte der freien bäuerlichen Siedlungen, waren noch allgemein verbreitet. Erst mit dem 7. Jahrhundert bildeten sich in der Nähe königlicher Höfe und adliger Grundherrschaften Siedlungen mit großräumigen Flurianlagen, die von zinspflichtigen Bauern bewirtschaftet wurden. Seit dem 7. Jh. nahm die Bevölkerung wieder zu und die landwirtschaftliche Nutzfläche wurde ausgedehnt. Im 8. Jahrhundert begann sich im Frankenreich die Dreifelderwirtschaft mehr und mehr durchzusetzen. Sense statt Sichel dominierte zunehmend die Arbeiten der Getreideernte, die Technik im Mühlengewerbe wurde weiterentwickelt. Roggen wurde die bevorzugte Getreideart und der Gartenbau für Hülsenfrüchte und Obst nahm zu. Eine systematische Vorratswirtschaft ist seit dem 8. Jh. nachweisbar. Mit den neuen Produktivkräften in der Landwirtschaft ließ sich die Produktivität merklich steigern, die selbstständige Wirtschaftsführung der Bauern erhöhte ihr persönliches Interesse und stimulierte intensivere Arbeitsmethoden. Die auf die germanische Eigentumsform (Form III) gegründete wirtschaftliche Selbstständigkeit und die Individualisierung der bäuerlichen Hofwirtschaften als Zentren von Produktion und Konsumtion dokumentierten die Überlegenheit dieser Agrikultur gegenüber der vorherigen römischen Landwirtschaft.

Entstehung und Entwicklung germanischer Staaten auf dem Territorium des Weströmischen Reichs

Im Verlauf des 5. Jahrhunderts entstanden auf dem Territorium des Weströmischen Reiches die ersten germanischen Staaten. Sie entwickelten sich zunächst unter dem römischen Föderatenstatus. Diese Staaten bildeten sich seit der Mitte des 5. Jh. bei den Vandalen, Westgoten, Sueben und Burgundern, in der zweiten Hälfte des 5. Jh. bei den Franken, den Germanen Odoakers und den Ostgoten und im 6. Jh. bei den Sachsen und Langobarden.

Im Jahre 429 setzten die Vandalen, die ursprünglich wohl aus dem Osten (Weichselgebiet) herstammten und im Rahmen der Völkerwanderung in das Gebiet des heutigen Spaniens gelangten, unter König Geiserich von Spanien nach Nordafrika über, besiegten die dortige römische Herrschaft und unterdrückten die römischen Grundeigentümer und die katholische Kirche. Nach und nach eroberten sie außerdem die Balearen, Korsika, Sardinien und Sizilien; Rom wurde von ihnen im Jahr 455 eingenommen und geplündert. Innerhalb des Reiches herrschte ihr König absolut, war oberster Richter und beanspruchte die Kirchenhoheit. Er schaffte sich durch Treueid verbundene Dienstleute, die Lehnsgüter, neben ihrem als Allod bestehenden Privateigentum am Grund und Boden, zugeteilt erhielten. Die Gegensätze zwischen den Vandalen und Provinzialrömern wurden bis zum Ende des Vandalenreiches regelmäßig in religiös verbrämten Formen als Auseinandersetzungen zwischen Arianern und Katholiken ausgetragen. Bereits unter Geiserichs Sohn und dessen Nachfolgern zeichnete sich der Niedergang des Vandalenstaates ab; er ging 533/534 nach kurzem Kampf gegen die Truppen unter dem byzantinischen Kaiser Justinian I. unter.

Die sozioökonomischen Verhältnisse behielten die Vandalen im Wesentlichen bei. Allerdings wurde die provinzial-römische herrschende Klasse physisch beseitigt. Basierte die vandalische Königsmacht auf konfisziertem kaiserlichem und provinzial-römischem Grundbesitz, der durch Kolonen und Sklaven bewirtschaftet wurde, so wurde für die Masse der freien Vandalen die Lehnsgüter in Form der »sortes Vandalorum« geschaffen. Die Kolonen, Sklaven und freien Kleinbauern blieben zumeist in ihrer bisherigen Abhängigkeit, wenngleich sich ihre Abgabenbelastungen gegenüber der römischen Zeit ermäßigten. Da die Vandalen selbst im Militär- und Verwaltungsdienst arbeiteten, benötigten sie Massen unfreier und abhängiger Arbeitskräfte, die teilweise durch gewaltsame Umsiedlungen von aufsässigen Katholiken aus den Städten in die ländliche Produktion rekrutiert wurden; auch Kriegsgefangene wurden so eingesetzt. *»Daraus erklärt sich auch, weshalb die Ansätze zur feudalen Produktionsweise bei den Vandalen weniger stark waren als bei den Westgoten, denen freilich eine ungleich längere Entwicklungsperiode zur Verfügung stand. Die vandalischen Herren haben nicht intensiv auf eine qualitative Umgestaltung der sozioökonomischen Verhältnisse eingewirkt, sondern behielten die alten Verhältnisse und Strukturen weitgehend bei. Zwar entsprachen ihre Sklaven in mancher Hinsicht schon den mittelaltrigen Leibeigenen, aber über Ansätze kam diese Entwicklung insgesamt nicht hinaus.«* (Sellnow et al. 1977: 516) In den rd. einhundert Jahren des Bestandes des Vandalenreichs konnte keine stabile politische Macht etabliert werden.

Die Westgoten, die schon im 4. Jahrhundert römische Bundesgenossen gewesen waren, wandten sich nach der Eroberung Roms durch die Vandalen zunächst nach Süditalien, setzten sich dann aber seit 411 in Südwestgallien und Teilen Spaniens fest. Seit 418 standen sie in einem neuen Föderatenverhältnis, das ihnen eine selbstständige innere Entwicklung zubilligte. Nach dem Abzug der Vandalen nach Afrika beherrschten sie fast ganz Spanien und gewannen 462 Gallien hinzu. Allerdings war dies nur von kürzerer Dauer, denn nach einem verlorenen Krieg fiel im Jahr 506 fast das gesamte westgotische Staatsgebiet in Gallien an die siegreichen Franken.

Die soziale und politische Struktur im Westgotenreich war durch die Königsmacht und adlige oder freie Dienstleute geprägt, die ihrerseits freie, freigelassene und unfreie Abhängige unter sich in einem vielfach gestaffelten Ausbeutungsverhältnis hatten. Die Könige verlangten den Grundeigentümern im Wesentlichen nur militärische Dienste ab; die Grundeigentümer wurden durch Zuteilungen von Ämtern und Land entschädigt. Seit der Mitte des 6. Jahrhunderts nahm die soziale Differenzierung der westgotischen Gesellschaft zu und unter König Leowigild (568–586) entwickelten sich die ersten feudalen Ansätze. Mit der Aufhebung des Eheverbots zwischen Goten und Romanen nahm die ethnische Verschmelzung zu; die spanische Bevölkerung wurde nach einem einheitlichen Territorialprinzip gegliedert. Leowigilds Nachfolger Reccared I. (586–601) trat zur katholischen Kirche über und legte die zwangsweise konfessionelle Einheit aller Westgoten fest. Seit Mitte des 7. Jh. gewann jedoch der feudale Adel immer mehr an wirtschaftlicher und politischer Macht auf Kosten der königlichen Zentralgewalt. Es kam zu anarchischen Zuständen und nach der Schlacht von Arcos de la Frontera im Jahr 711 wurde Spanien leichte Beute der eingedrungenen Araber.

Das Eigentum am Grund und Boden befand sich im 7. Jahrhundert zum überwiegenden Teil in der Hand der westgotischen Könige, der Kirche und relativ weniger Großgrundeigentümer der provinzial-römischen und germanischen Aristokratie. Sie bewirtschafteten den Grund und Boden nur zum Teil selbstständig und vergaben den übrigen Teil an Gefolgs- und Dienstleute der freien und unfreien Stände. Außerdem ging es im Westgotenreich um den Besitz der Städte und ihrer Bevölkerung; die Auseinandersetzungen zwischen der ländlichen und städtischen Bevölkerung kennzeichneten die Geschichte des späten Westgotenstaates. In demselben spielte die Gesetzgebung eine bedeutende Rolle: der Codex Euricianus und die Gesetzbücher Lex Romana Visigotorum und Breviarum Alarici waren die ersten schriftlich überlieferten Germanenrechte. Vor der arabischen Invasion wurde unter König Recessvinth (649–672) der Feudalisierungsprozess weiter getrieben, was im Lex Visigotorum Reccessvindiana (654) zum Ausdruck kam, in dem die Eigentumsverhältnisse und das Abgabesystem fixiert wurden. Wichtig war in diesem Prozess die Unterstützung der Zentralgewalt durch die Kirche.

Im Kerngebiet des Römischen Reiches in Italien war der Staat Odoakers der erste germanische Staat. Er war aus den Kämpfen des germanischen mit dem weströmischen Heer hervorgegangen, die um die Anwendung des römischen Quartiergesetzes gingen, welches Grundlage der Forderung der germanischen Föderaten um die Zuteilung eines Drittels des italischen Grundeigentums war. Der Heerführer der Germanen, Odoaker, wurde nach der Absetzung des weströmischen Kaisers Romulus Augustulus, der im Jahr 475 auf den Thron gekommen war, zum König des Staates ausgerufen, zu dessen Hauptstadt Ravenna wurde. Der Staat Odoakers bildete in vielerlei Hinsicht eine unmittelbare Fortsetzung der weströmischen Staatsmacht und Odoaker wurde vom oströmischen Kaiser als Patricius, dem höchsten

Titel, den jener zu vergeben hatte, anerkannt; der oströmische Kaiser blieb jedoch der formelle Souverän des Landes. Es gelang Odoaker, sich mit den Vandalen zu verständigen, die ihm Sizilien überließen. Als er jedoch Expansionsbestrebungen nach Norden und Osten entwickelte, lenkte der oströmische Kaiser Zenon die Ostgoten gegen Odoakers Staat. Im Jahre 493 wurde Odoaker von Theoderich, dem Ostgotenkönig, nach der Übergabe Ravennas ermordet.

In sozialökonomischer Hinsicht wurden im Staat Odoakers die überkommenen Grundlagen nicht angetastet. Die Kirche und die senatorischen Grundeigentümer, die den größten Teil des Grund und Bodens besaßen, behielten Macht und Einfluss. Für die Masse der Bevölkerung, insbesondere auch die auf Kolonenhöfen angesiedelten germanischen Söldner, brachte die kurzzeitige Existenz des Staates von Odoaker – er bestand weniger als zwanzig Jahre – keine Neuerungen.

Die Ostgoten waren seit dem Ende des Attila-Reiches, das sich im Rahmen der Völkerwanderung zwischen dem West- und Oströmischen Reich in Ungarn als Kernland bis 454/55 etabliert hatte, oströmische Föderaten auf dem Balkan. Sie wurden vom Kaiser Zenon nach Italien geführt, um sich in der Auseinandersetzung mit den Germanen Odoakers gegenseitig zu schwächen und Byzanz wieder zu größerem Einfluss in Italien und im Westen zu verhelfen. Im Jahr 497 wurde der Ostgotenkönig Theoderich (471–526) von Byzanz als Vasallenkönig anerkannt; seine Macht war dadurch begrenzt. Er konnte für die romanische Bevölkerung Italiens keine Gesetze, sondern nur königliche Verordnungen und Vorschriften (Edikte) erlassen und kein römisches Bürgerrecht verleihen. Theoderich setzte die Kompromisspolitik Odoakers auf höherer Ebene fort, bemühte sich um einen Ausgleich zwischen Germanen und Romanen und erlegte beiden Gruppen Steuern auf. Die Romanen wurden in großem Umfang in die Tätigkeit des Staatsapparats einbezogen.

Trotz aller Integrationsbestrebungen neigten die katholische Kirche und der italische Senatsadel jedoch mehr und mehr Byzanz zu; auch die Masse der einheimischen Bevölkerung war mit der ostgotischen Herrschaft immer weniger zufrieden. Nach Theoderichs Tod brachen heftige Streitereien innerhalb der ostgotischen Führungsschicht zwischen probyzantinischen Gruppen und Teilen des Dienstadels über die weitere Entwicklung des Staates aus. Der Dienstadel wollte im Gegensatz zu Byzanz die frühfeudalen Elemente in Wirtschaft und Gesellschaft unterstützen. Dagegen griff Byzanz mit militärischer Gewalt ein und unterwarf von 535 bis 553 das Land. Damit war Italien für eine kurze Zeit ganz in byzantinische Hand gefallen. Ein Teil der Ostgoten siedelte sich in Oberitalien sowie in den Südalpen als Bauern an und ging später in der langobardischen Bevölkerung auf.

Das Ostgotenreich besaß eine ähnliche sozialökonomische Grundlage wie der westgotische Staat. Während der König die Kronländereien und die darauf befindlichen Untertanen übernahm, siedelte man die Stammesgenossen auf dem abgetretenen Drittel des italischen Grundbesitzes an, und zwar überwiegend in Oberitalien. Auf den so entstehenden ostgotischen Allodialgütern arbeiteten Kolonen und Sklaven. Auf dem den Italikern verbliebenen Land hielt sich die spätantike Wirtschafts- und Sozialstruktur. Aus den Zuteilungen von Dienstgütern an Dienstleute des Königs bildete sich eine Schicht selbstständig wirtschaftender Bauern heraus, die an den ostgotischen Dienstadel ein Mehrprodukt an Natural- und Geldabgaben abzuführen hatte. Der Sieg der feudalen Produktionsweise wurde durch die byzantinische Aggression vereitelt, durch die vorübergehend noch einmal die alten Verhältnisse restauriert werden konnten.

Im Ostgotenreich verschärften sich die Gegensätze zwischen Goten und Italikern und innerhalb der Ostgoten selbst. Die Auseinandersetzungen gewannen unter König Totila bei dem Versuch der Abwehr der byzantinischen Aggression an Stärke. Totila beschloss eine Agrarreform mit Übertragung von Eigentumsrechten an bearbeiteten Parzellen an die Kolonen sowie die Freilassung von Sklaven zur Einreihung in das Heer. Gleichzeitig wurden die großen Grundeigentümer stark besteuert. Doch reichte die Zeit für Totila nicht aus, um diese Reform wirken zu lassen. Er fiel 552 in offener Feldschlacht, ein Jahr bevor der ostgotische Staat endgültig von Byzanz erobert wurde. Justinian machte die Vorhaben Totilas sofort rückgängig und restaurierte damit wieder die alte Ordnung.

b) Burgunder, Frankenreich und Staat der Langobarden

Der Staat der Burgunder

Bald nach der Zerstörung der römischen Grenzanlagen am Oberrhein durch Vandalen, Alanen und Sueben zogen die Burgunder über den mittleren Rhein. Ihre Siedlungsgebiete lagen zunächst in der Rheinpfalz mit Worms als Hauptstadt. Nach 413 wurden sie als römische Föderaten anerkannt. Nach 433 wurden sie vom römischen Heermeister Aëtius in Savoyen und in der westlichen Schweiz angesiedelt; zunächst war Genava (Genf), dann Lugdunum (Lyon) die Hauptstadt des Staates. In den folgenden Jahren drangen die Burgunder, unterstützt vom gallo-römischen Adel, über die Flüsse Saône und Rhone südwärts bis zur Durance vor. Das Föderatenverhältnis mit Rom wurde gelöst.

Bedeutendster Herrscher des burgundischen Staates war König Gundobad (474–516). Unter ihm wurde das Territorium des Staates im Süden bis zum Mittelmeer ausgedehnt (vgl. Abb. 12.2). Die herrschende Klasse im burgundischen Staat verband sich eng mit der gallo-römischen Grundbesitzeraristokratie. Unter Gundobad wurde 501 das geltende Recht für die Burgunder, kurz darauf auch für in ihrem Staat lebende Römer kodifiziert. Die Gesetze waren stark vom spätrömischen Recht beeinflusst; dies zeigte sich besonders in Fragen der Sklaverei mit Ausschluss der Verjährung bei Sklavenflucht und Angelegenheiten des Kolonats. Darüber hinaus dokumentieren sie den raschen Zerfall der germanischen Gemeindestruktur und die Herausbildung des Allods, das gegen Ende des 5. Jahrhunderts und damit früher als bei den Franken, frei veräußerliches individuelles Familieneigentum war.

Sklaven spielten am Königshof und bei freien Handwerkern und als Gutsverwalter eine Rolle. Die in der spätrömischen Gesellschaft einsetzende Annäherung zwischen Sklaven und Kolonen entwickelte sich auch im burgundischen Staat weiter.

Abbildung 12.2: Staat der Burgunder um 500 u.Z.

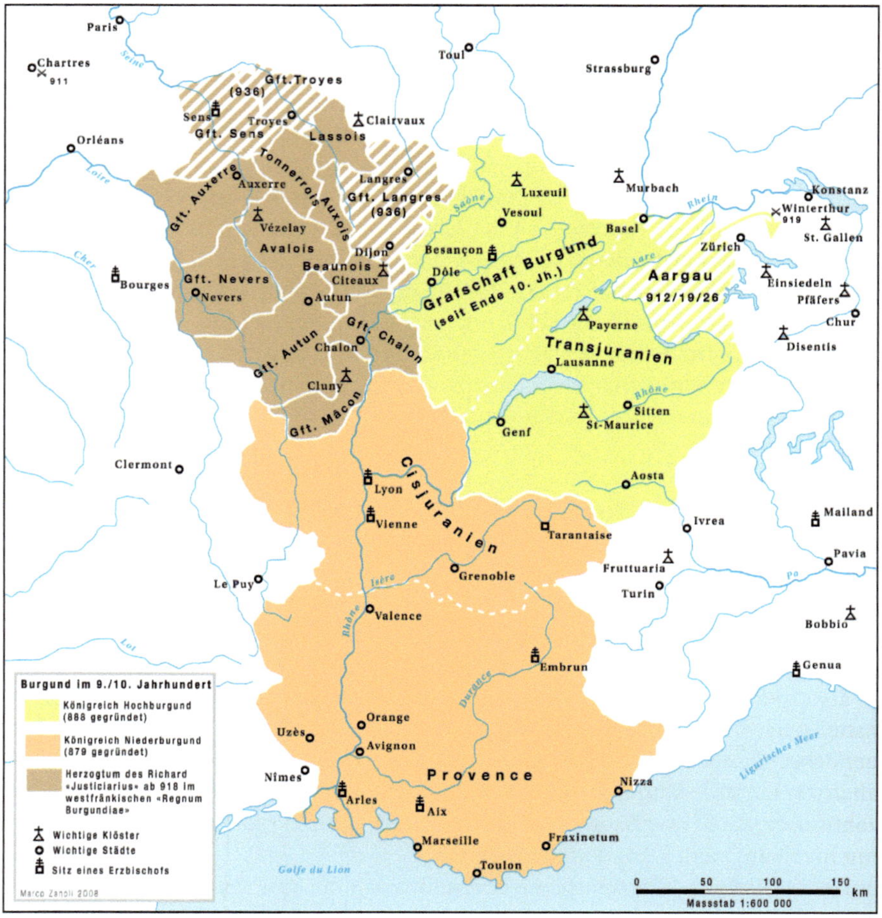

Quelle: https://de.wikipedia.org/wiki/Burgundische_Geschichte

Die Siedlungen in unmittelbarer Nähe der romanischen Grundbesitzer und die Beschäftigung von Kolonen verstärkten den Romanisierungsprozess in der burgundischen Gesellschaft. Auch die katholische Kirche gewann bedeutenden Einfluss, obwohl die burgundischen Könige erst 516 offiziell von der arianischen zur katholischen Religion übertraten. Politisch musste der burgundische Staat zwischen seinen mächtigen Nachbarn lavieren. Durch ständige Kämpfe geschwächt, wurde er schließlich im Jahr 534 von den Franken erobert.

Das Frankenreich

Mit der Entstehung des Frankenreiches begann eine Entwicklung, die sowohl in sozialökonomischer als auch in politischer Hinsicht für ganz West- und Mitteleuropa von größter Bedeutung werden sollte.

Im Jahr 481 hatte Clodwig (Clodowech) nach dem Tode seines Vaters Childerich die Herrschaft im salfränkischen Teilkönigtum übernommen; im Laufe seiner Regierungszeit (481–511) gelang es ihm, andere fränkische Herrscher auszuschalten und das Herrschaftsgebiet zu vereinheitlichen. Damit wurde die Macht der Merowingerdynastie, benannt nach ihrem legendären Vorfahren Merowech, entscheidend gestärkt. Die Reste der altfränkischen Gentilaristokratie wurden vernichtet und der neuaufkommende Dienstadel und die Kirche wurden tragende Säulen für den entstehenden Staat. Dieser Staat des Frankenreichs hatte seine Vergangenheit im Föderatenverhältnis, welches Childerich um 470 gelöst hatte, und in der Entmachtung der Heeresvolksversammlung, die einen Rest archaisch-demokratischer Rechte dargestellt hatte. Die Königsgewalt hielt die Unfreien (Knechte und Mägde) und Halbfreien (Liten) sowie die unterworfenen romanischen Bevölkerungsschichten in Botmäßigkeit.

Aus den Raub- und Beutezügen früherer Zeiten wurden nun fränkische Expansionen und Annexionen anderer Gebiete. Nach ihren Siegen über den Rest des römischen Staates, die linksrheinischen Thüringer, die Westgoten und Burgunder wurden die Franken fast unumschränkte Herrscher über Gallien. Auch über den Rhein drangen sie vor und unterwarfen die Alemannen sowie die rechtsrheinischen Thüringer; die Sachsen und Baiern (Bayern) machten sie tributpflichtig (vgl. Abb. 12.3).

Jede selbstständige politische Macht in den germanischen Staaten jener Zeit hatte sich mit dem Anspruch von Byzanz auseinanderzusetzen, Erbe und Nachfolger des römischen Kaisertums zu sein. Die Durchsetzung dieses Anspruches hing allerdings vom jeweiligen Kräfteverhältnis ab. Zur Zeit Clodwigs suchte der byzantinische Kaiser Anastasius (491–518) eine Verständigung mit dem Frankenkönig im eigenen Interesse, um die fränkisch-gotischen Gegensätze auszunutzen. Er ernannte Clodwig zum römischen Ehrenkonsul, hatte den theoretischen Anspruch auf Gallien (und Britannien) nicht aufgegeben, musste aber die politische Macht des Frankenreiches respektieren.

Der fränkische König brauchte jedoch zur Entwicklung und Festigung seiner staatlichen Macht interne Bündnispartner, die er durch Übertritt zum Katholizismus im katholischen Episkopat Galliens fand. Die Mitglieder der königlichen Gefolgschaft besaßen ausschlaggebenden Einfluss bei der Besetzung der wichtigsten kirchlichen Ämter; die weltlichen Ämter überließen sie ausschließlich ihren Vertrauten. Diese standen an der Spitze des Heeres, leiteten die Außenpolitik, die Gesetzgebung und vereinigten die Finanzgewalt in ihrer Hand. Der Hausmeier stand zunächst an der Spitze einer Hofverwaltung und war seit dem Ende des 6. Jahrhunderts Anführer der königlichen Gefolgschaft. Die wichtigste Einkommensquelle waren die Einkünfte der Königsgüter; hinzu kamen Kopf- und Grundsteuern, die teils in Naturalien, teils in Geld bezahlt werden mussten. Der fränkische Staat, der

Abbildung 12.3: Frankenreich vom 5. bis 9. Jahrhundert

Quelle: https://de.wikipedia.org/wiki/Fränkisches_Reich

in seinen Einrichtungen auf manche römischen Vorbilder zurückgriff, war seinem Charakter und Wesen nach dennoch etwas Neues, mit dem die antike Staatsmacht im Westen zerschlagen wurde.

In der fränkischen Gesellschaft hatte sich im 5. Jh. aus gentilizischen Strukturen die auf dem Territorialprinzip beruhende Ackerbaugemeinde mit aus Großfamilien bestehenden Hauswirtschaften entwickelt. Im nachfolgenden Jahrhundert wurde der Zerfall dieser Großfamilien deutlich und der früher bereits vererbbare Ackeranteil wandelte sich zum frei veräußerlichen Privateigentum der Kleinfamilie. Diese Entwicklung hing mit den neuen Produktivkräften in der Landwirtschaft – Dreifelderwirtschaft und verbesserte Bodenbearbeitungsgeräte – und der Art der Produktion – individuell-selbstständige Bearbeitung der Flurstücke durch die Bauern – unmittelbar zusammen. In Verbindung mit diesem Prozess entstand aus der Ackerbaugemeinde die nachbarschaftliche Markgenossenschaft, wobei die Familien jedoch jeweilige Produktions-Konsumtions-Einheiten blieben. Die Äcker wurden aus der Sondernutzung ehemaliger Großfamilien zum Allod, also frei veräußerlichem Privateigentum der bäuerlichen Einzelproduzenten, und damit zur Ware. Zwar blieben Ödland, Wald, Weiden und Gewässer weiterhin noch dörfliches Gemeineigentum (Allmende), das allen Bauern zur Verfügung stand, doch führte das Allodialeigentum zu einer fortschreitenden sozialen Differenzierung der Kleinfamilien. Die germanische Eigentumsform erhielt mit der Entwicklung des Privateigentums am Grund und Boden ihre nächste Ausgestaltung.

Im 8. und 9. Jahrhundert verloren viele Bauern der Markgenossenschaft im Frankenreich, ebenso wie im Westgoten- und Langobardenreich, ihr Allod an die großen Grundeigentümer, den König, die Herzöge und die Kirche. Sie wurden dadurch zu abhängigen Produzenten, die noch Besitz- und Nutzungsrechte am Boden besaßen, aber für diese Landleihe einen Teil ihres Mehrprodukts an den Grundherrn abliefern mussten. Dabei waren die Formen des Umwandlungsprozesses des Allod unterschiedlich: Schenkung, Verkauf, Pfand, Tausch sowie religiös verbrämte Enteignungen kamen vor. Dahinter stand stets ein mehr oder minder offener Zwang sowohl seitens der großen Grundeigentümer als auch durch Heeresverpflichtungen, denen die Bauern nur durch Aufgabe ihrer persönlichen Freiheit entgehen konnten. Die Zahl der freien Dorfgenossen nahm daher ständig ab und die der abhängigen Bauern stieg. Zugleich sonderten sich kleine und mittlere Grundherren von der Markgemeinde ab und unterminierten so die noch bestehenden Gemeinschaftsformen. Als größter Grundherr galten der König sowie die Kirche und die Klöster. Das Grundeigentum der weltlichen Feudalherren stammte dabei nur zu einem geringen Teil aus ihren eigenen Allodialwirtschaften, der weitaus größere aus königlichen Schenkungen und Verleihungen, die nur in ihren bloßen Besitz übergingen. Hinzu kamen das von den Bauern »geschenkte«, d.h. enteignete Land (sog. Prekariat) sowie Landerwerbungen durch das jedem Franken zustehende Bifangrecht aus der Rodung von Wäldern und der Urbarmachung von Ödland, die zum Allod hinzukamen.

Etwa seit dem 7. Jh. entwickelten die fränkischen Feudalherren die auf der Gutsherrschaft basierende Fronhofs- oder Villikationsverfassung, die in Frankreich unter dem Namen der »Seigneurie« bekannt war. In den größeren Gutseinheiten ließen sich neue und bessere Produktionsmethoden leichter und umfassender verwirklichen als auf den kleinen Bauernhöfen. Deren Ausbeutung beruhte im Wesentlichen auf der persönlichen Unfreiheit der bäuerlichen Produzenten. Insgesamt stieg seit dem 8. Jh. die landwirtschaftliche Produktion in den wirtschaftlichen Zentren des Frankenreichs – Pikardie, Hennegau, Brabant, Elsaß, Lothringen und Nordburgund – bedeutend an und sicherte den ökonomischen und politischen Sieg der Feudalgesellschaft.

Der fränkische Staat der Merowinger war in den verschiedenen Provinzen politisch unterschiedlich aufgebaut. Die römische Verwaltungsorganisation existierte noch in der Provence und in Rätien; in den fränkischen Dorfsiedlungen gab es altfränkische Einrichtungen neben spätrömischen mit dem Grafio (Graf) an der Spitze. Mehrere römische Civitatis fasste man zu einem Herzogtum (Dukat) zusammen, die anfangs allerdings noch nicht in erblichem Familienbesitz bestanden. In der den mittlerweile etablierten Verhältnissen angepassten Rechtsordnung, die insbesondere Veränderungen zugunsten des Königs und der Kirche aufwies, ist das auch auf die Töchter von Verstorbenen ausgedehnte Recht, Land zu erben, hervorzuheben; dadurch wurde die Entwicklung des Grundeigentums der Kleinfamilie gefördert. Die meisten Bestandteile der fränkischen Rechtsordnung galten nur für die Franken und die Gallo-Römer nördlich der Loire; für die romanische Bevölkerung südlich davon wurden keine besonderen fränkischen Gesetze erlassen, sie unterlag weiterhin dem westgotischen Breviarium Alarici und der Lex Romano Burgundinum.

In der zweiten Hälfte des 6. Jahrhunderts war die fränkische Expansion abgeschlossen. Es begann eine Zeit, in der die ökonomische und politische Macht des Adels und sein Einfluss auf das Königtum ständig stiegen. Aus dieser Entwicklung ging die Ablösung der Merowinger-Dynastie durch die Karolinger hervor, deren Ahnherren der austrische Hausmeier Pippin der Ältere und der Bischof Arnulf von Metz waren. Die gewachsene Macht des Adels zeigte sich in der Weiterentwicklung der Grafschaftsverfassung, nach der die königliche Gefolgschaft, aus der sich bisher der Dienstadel rekrutiert hatte, zugunsten der Grundeigentümer an Einfluss verlor. Dies war der erste Schritt zur Erblichkeit des Grafenamtes. Auch die Gefolgschaften des Adels gewannen durch die Immunität (Steuerfreiheit) des adligen und kirchlichen Besitztums und eine eigne adlige Gerichtsbarkeit an Bedeutung. Neben den adligen Grundeigentümern nahmen die abhängigen Bauern als Königs- und Kirchenleute eine Zwischenstellung zwischen Freien und Unfreien ein; sie unterschieden sich aber wiederum auch von den Liten, waren zum Kriegsdienst verpflichtet, zahlten gerichtliche Strafen aus eigenen Mitteln und standen unter dem Patronat des Königs oder Bischofs und hatten sich wohl aus verarmten fränkischen Gemeindebauern rekrutiert. Insgesamt bestand das Rechtssystem des 6. Jh. noch aus einerseits germanischen Stammesrechten mit den Merkmalen der zerfallenden Gentilgesellschaft und andererseits aus Königsrechten mit den Kennzeichen einer entstehenden feudalen Klassengesellschaft. Dieser Hybridcharakter des fränkischen Rechts offenbarte, dass der Feudalisierungsprozess noch in seinen Anfängen stand und keineswegs abgeschlossen war.

In den folgenden Jahrhunderten kämpften mit wechselndem Erfolg zwei bedeutende Hausmeier um den vorherrschenden Einfluss im Frankenreich: Ebroin und Pippin, der Mittlere aus Austrien. Mit dem Sieg des austrischen Heeres in der Schlacht von Tertry in der Pikardie im Jahr 687 begründeten die Karolinger endgültig ihre Vorherrschaft im Frankenreich. Pippin wurde auch Hausmeier in Neustrien und reorganisierte die geschwächte staatliche Zentralgewalt. Damit schufen die Karolinger günstige Voraussetzungen für die Überwindung des Widerstandes der freien Bauern sowie der Adelsanarchie. Sie verstärkten ihr enges Bündnis mit der Kirche und nahmen Kontakt mit dem Papsttum auf. Pippin gelang die Unterwerfung der aufsässigen thüringischen und friesischen Herzöge. Im Jahr 714 starb er. 751 wurde Pippin, der Kleine nach der Absetzung des letzten Merowinger-Königs Childerich III. (743–751) neuer fränkischer König. Damit begann die Herrschaft der Karolinger, die das Frankenreich endgültig zur bestimmenden politischen Kraft in Westeuropa machten: Karl der Große (747–814) gilt als der bedeutendste Herrscher aus dem Geschlecht der Karolinger; er war von 768–814 König des Frankenreiches, ab 800 als Kaiser.

Kapitel 12: Mittelalterlicher europäischer Feudalismus   421

Abbildung 12.4: Langobarden-Staat in den Jahren 572 und 744

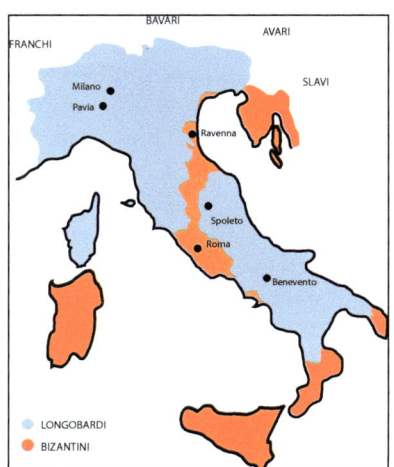

Quelle: https://de.wikipedia.org/wiki/Langobardenreich

Der Staat der Langobarden

Die Langobarden siedelten seit der zweiten Hälfte des 5. Jahrhunderts als römische Föderaten in Noricum (heutiges Österrreich) und Pannonien (Westungarn). Seit 568 drangen sie unter ihrem König Albion unter dem Druck der Awaren in der pannonischen Tiefebene in Italien ein und eroberten bis zum Ende des Jahrhunderts die wichtigsten norditalienischen Städte; Ticium (Pavia) wurde ihre Hauptstadt. Ravenna und Venedig sowie Sizilien, Kalabrien und Apulien blieben jedoch im Besitz von Byzanz. Im Gebiet von Rom begann sich der Kirchenstaat herauszubilden (vgl. Abb. 12.4).

Die Mehrheit der Langobarden und der mit ihnen verbündeten Stämme siedelte in Oberitalien in bäuerlichen Gemeinden. Innerhalb des Langobardenstaats hatten die Herzöge einen entscheidenden Anteil an der politischen Macht. Der Staat konfiszierte einen Teil der Ländereien der italischen Großgrundbesitzer und der Kirche. Die Italiker mussten eine Naturalsteuer bezahlen, die bis zu einem Drittel der Ernte betrug.

Unter König Rothari (636–652) hatte sich die langobardische Königsmacht konsolidiert. Zu den Resten des Gentiladels war ein neuer Dienstadel getreten, der der Macht der Herzöge Grenzen setzte. Zum Dienstadel gehörten die Verwalter der königlichen Güter, die königlichen Richter sowie andere Staats- und Hofbeamte. Die Herzöge, die selbst ein Gefolge hatten, besaßen allerdings einen höheren sozialen Rang. Neben der Aneignung des ehemaligen königlichen und kaiserlichen Grundeigentums sowie umfangreichen Enteignungen der italischen Grundbesitzeraristokratie und der katholischen Kirche bestand die ökonomische Grundlage des

Langobardenreiches aus einer vorwiegend bäuerlichen Landnahme der eroberten Ländereien besonders im norditalischen Raum. Noch zur Mitte des 7. Jh. bestand die Mehrheit der Langobarden aus Freien, und der Boden war noch frei verfügbar. Allerdings wurde die ökonomische und soziale Einheit nicht mehr durch die Sippe, sondern die Großfamilie gebildet. Es entwickelte sich wie bei den Franken und anderen Germanen eine der Markgenossenschaft entsprechende Nachbarschaftsgemeinde. Die Langobarden waren in Freie (Arimannen) und Halbfreie (Aldionen) geteilt; die romanische Bevölkerung besaß überwiegend den Status von Halbfreien. Seit dem 7./8. Jh. wurden die untersten Schichten der freien bäuerlichen Bevölkerung mehr und mehr zu Diensten für den Staat gezwungen, was ihren Status dem der Halbfreien annäherte.

Die Beziehungen des Langobardenreiches zu Byzanz waren durch die Schwäche der damaligen byzantinischen Macht geprägt. Um 680 schloss Byzanz mit den Langobarden einen Friedensvertrag, in dem es diesen Staat auf der Grundlage des Status quo anerkennen musste. Byzantinisch blieben noch Istrien, Venedig, Ravenna, Rom sowie Neapel und Kalabrien. Die Regierungszeit des Königs Liutprand (712–744) bildete den Höhepunkt der langobardischen Königsmacht; alle Herzöge, auch die süditalischen, mussten sich ihm unterwerfen. Hinter diesen politischen Ereignissen verbarg sich ein grundlegender sozialökonomischer Prozess: Die Feudalisierung von Gesellschaft und Staat machte während der ersten Hälfte des 8. Jahrhunderts entscheidende Fortschritte und es zeigte sich einerseits eine starke Differenzierung innerhalb der Bevölkerung und andererseits eine Angleichung des sozialen Status der unteren Schichten der Langobarden an den der Italiker. Die Herzöge und Dienstadligen bauten ihre Höfe zu feudalen Grundherrschaften aus. In den Städten belebten sich im 8. Jh. Handwerk und Handel wieder.

Die relative Schwäche des langobardischen Königtums nutzte Karl der Große 774, um seinem Frankenreich diesen letzten benachbarten Germanenstaat einzuverleiben.

c) Die Stämme Skandinaviens beim Übergang in den Feudalismus

Zur antiken Produktionsweise des Römischen Reiches bestanden seitens der nordeuropäischen Stämme Dänemarks, Schwedens und Norwegens deutlich geringere, nur durch den Handel vermittelte Kontakte als bei den mittleren und südlichen Ländern (West-) Europas. Dies galt im Großen und Ganzen auch für die Angeln, Sachsen, Jüten und Ostfriesen. Vereinzelt wanderten Stammesteile, die an den Kämpfen um Siedlungsland im Gebiet des Römischen Reiches oder an dessen Grenzen teilgenommen hatten und dort gescheitert waren, nach Skandinavien zurück. Im Zuge der Auflösung der Gentilgesellschaft blieben archaische gesellschaftliche Einrichtungen wie das Thingwesen, die Stammesversammlungen und -kulte sowie die Sippenstruktur und die Großfamilienverbände noch für längere Zeiten erhalten. Die bäuerlichen Wirtschaften waren als Hofverbände organisiert und die Landparzellen wurden durch Familienmitglieder, Unfreie oder Kriegsgefangene, die im Zuge der

Kapitel 12: Mittelalterlicher europäischer Feudalismus 423

Abbildung 12.5: Siedlungsgebiete nord- und mitteleuropäischer Stämme vor dem 10. Jahrhundert

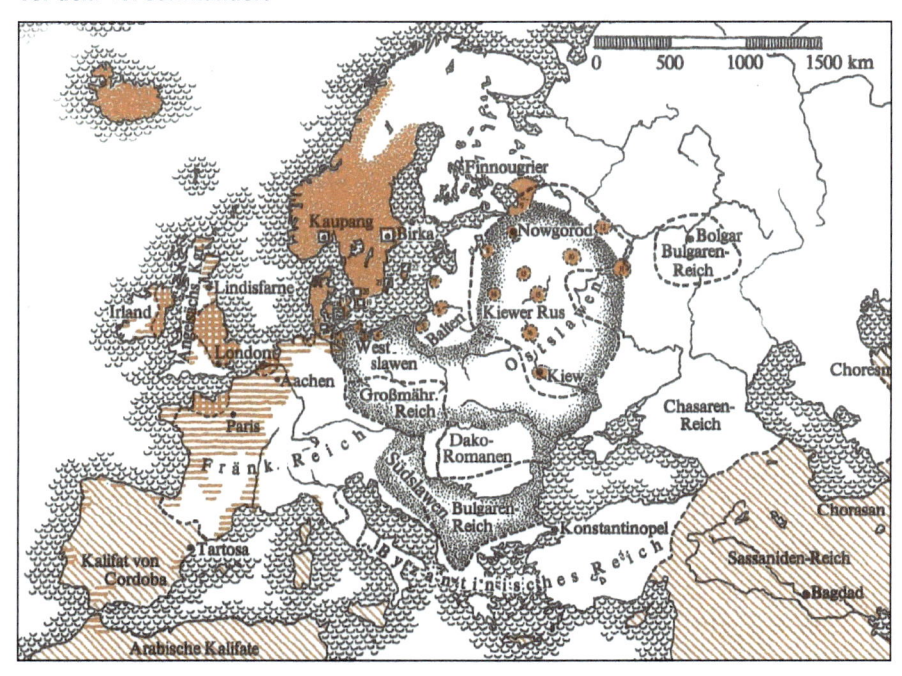

Quelle: Herrmann 1982: 63

häufigen Raubzüge rasch zunahmen, bearbeitet. Teilweise erhielten die Unfreien aber auch Land zur selbstständigen Bewirtschaftung gegen Abgaben bzw. Arbeitsleistungen zugeteilt. Im Rahmen dieser gesellschaftlichen Organisationsformen spielten Gentiladel, Krieger und Heerführer mit ihrem Gefolge eine entscheidende Rolle. Die traditionellen Gewohnheiten der Gentilorganisation, durch Geschenke der Stammesangehörigen zum Unterhalt der Führer, d.h. dem Stammesadel, beizutragen, nahm bald die Form eines einfachen Steuersystems an. Der Adel hatte neben seinen Gefolgschaften darüber hinaus eine breite militärische Basis, über die er stets verfügen konnte. Ohne intensiveren Kontakt zur antiken Produktionsweise bildeten sich in den nordeuropäischen Ländern aus der allmählichen Auflösung der archaischen Gesellschaftsform (Urgesellschaft) Charakteristika der germanischen Eigentumsform in der Ökonomie und der Struktur der Gemeinwesen heraus (vgl. Abb. 12.5).

In Skandinavien setzte gebietsweise seit dem 3./4. Jahrhundert ein wirtschaftlicher Aufschwung ein. Er beruhte vor allem auf der landwirtschaftlichen Produktion, in der mit dem Bodenwendepflug und der Aufstallung des Viehs im Winter neue Produktivkräfte zur Anwendung kamen; er wurde begleitet von einer Entwicklung im Handwerk, in dem insbesondere Schmiede und Steinmetze eine Rolle spielten. Zu größerer Wirksamkeit gelangten diese Veränderungen jedoch erst während der Völkerwanderungszeit zwischen dem 5. und 6. Jh. In dieser Zeit nahm die Dichte der Besiedlung um Göteburg, in Schonen sowie auf den Ostseeinseln Gotland, Öland und Bornholm, im nördlichen Mittelschweden und an der nordnorwegischen Küste bis über den Polarkreis hinaus zu. Seit dem 3. Jahrhundert kam es häufig zwischen zahlreichen kleinen Gentilgruppen und Stämmen zu kriegerischen Zusammenstößen; diese Kriege endeten teilweise mit der Verlegung der Wohnsitze, der Herausbildung von Stammesverbänden und kleinen Königreichen. Die Sea (Schweden) konnten in diesen Kämpfen eine überragende Stellung erringen und behaupten. Die dicht besiedelten und für den Seeverkehr wichtigen Inseln Öland und Gotland gerieten unter ihre Vorherrschaft. Mit der Unterwerfung der Ganta (Goten) in Westschweden um 600 entstand ein verhältnismäßig großes Königreich, das vom Geschlecht der Ynglinge beherrscht wurde. Infolge dieser Kämpfe wurden die Dänen nach Süden gedrängt. Beide, Schweden und Dänen, waren im 4. bis 6. Jh. die stärksten Kräfte im Ostseegebiet.

Durch die Veränderung der Wohnsitze größerer Bevölkerungsgruppen, der Neuerschließung von Land durch Menschen verschiedener Stämme und der Zusammenfassung verschiedener Gruppen in Stammesverbänden hatte sich eine Lockerung der Gentilorganisation ergeben, die von lokal-territorialen Siedlungsgemeinschaften abgelöst wurde. Dies galt auch für Norwegen, wie Landschaftsbezeichnungen anstelle von Stammesnamen zeigen. Hintergrund dieser Entwicklung war eine kontinuierliche Agrarwirtschaft, die mit der Einführung von Fruchtwechselwirtschaft und Flureinteilung verbunden war und den erstmaligen Anbau von Roggen aufwies. Der wirtschaftliche Aufschwung stand mit der Entwicklung und Festigung der Hofverbände im Zusammenhang. Große Scharen von Knechten und Mägden sorgten für die Bewirtschaftung. Auch der größere Teil der freien Bauern konnte durch die Verbesserung der Wirtschaft und durch Ausbreitung unfreier Arbeit seine Position stärken. Die Hofverbände bestanden aus der Hofstelle, dem Garten- und Ackerland sowie den Anrechten auf Weide, Wiese und Wald. Vergleichbar mit dem Allod der Franken stellten sie eine frühe Form von Privateigentum dar. Auf den großen Hofverbänden des Adels arbeiteten unfreie Handwerker und Wanderhandwerker.

Seit dem 6. Jh. begann sich in einigen Gebieten Skandinaviens Eisengewinnung und -verarbeitung herauszubilden. Dies fand in Mittelschweden, Südjütland und Südnorwegen um den Oslofjord statt. In den küstennahen Gebieten gewann der Schiffbau an Bedeutung; das hochseetüchtige Kielschiff löste das Boot ab. Zwei Jahrhunderte später entstanden daraus die Wikingerschiffe. Damit waren die Voraussetzungen für den umfangreichen Seeverkehr der Kaufleute und Händler gegeben. Mit der Kenntnis anderer Länder wurde gleichzeitig die Begehrlichkeit nach deren Reichtümern geweckt. Die Länder im Süden der Ostsee bargen nicht nur Reichtümer an Naturprodukten und waren ein Reservoir für Sklavenjagden, sondern über die Gebiete liefen auch wichtige Handelsrouten zum Schwarzen und Kaspischen Meer. Alle Motive, Bedingungen und Ursachen zusammen führten zu den Ereignissen, die als Wikinger-, Waräger- oder Normannenzüge bekannt sind und mehr als zwei Jahrhunderte die Völker von Irland bis zum Kaspischen Meer in Schrecken versetzten und Zerstörungen, Verwüstungen und Versklavungen von Menschen nach sich zogen.

Westeuropa erlebte den blutigen Auftakt der Wikingerzüge im Jahr 793 mit der Ausplünderung und Zerstörung des Klosters Lindisfarn an der englisch-schottischen Grenze. Auch viele Landstriche Englands, Irlands, des Frankenreiches, Sachsens und Frieslands, seit Mitte des 9. Jh. auch Spaniens und Italiens, wurden durch die Wikinger heimgesucht. Die Einwohner wurden niedergemetzelt oder in Gefangenschaft genommen; Händler, die sie zu großen Sklavenkarawanen zusammenstellten und weiterverkauften, befanden sich in vielen Fällen im Gefolge der wikingischen Heere. Nicht weniger als West- und Mitteleuropa hatten auch baltische und slawische Staaten unter den Wikingereinfällen zu leiden. Jedoch waren die Wikingerzüge vielfach nur zeitweilig erfolgreich. Stämme und Staaten, deren soziale Organisation und ökonomische Stärke gleich oder höher als die der Eroberer war, warfen die Fremdherrschaft entweder rasch wieder ab oder assimilierten die Eroberer in den Prozess der internen Klassen- und Staatsbildung.

Von den merowingisch-karolingischen Handelsemporien ging seit dem 8. Jahrhundert ein regelmäßiger Handel mit Skandinavien über die Nord- und Ostsee aus, an dem fränkische, friesische, sächsische, aber auch arabische und jüdische, slawische und skandinavische Kaufleute teilhatten. Vor allem an Kreuzungen der Land- und Seewege entstanden rasch aufblühende Handelszentren wie z.B. Birka im Kerngebiet der Svea und Haithabu (Schleswig). Dieser Handelsverkehr fand Anschluss an den arabischen Handel im unteren Wolgagebiet und in Mittelasien.

Die großen Handelsorte standen unter unmittelbarer Kontrolle der mächtigen Adelsgeschlechter, in erster Linie der Könige der entstehenden Staaten. Sie setzten Zolleinnehmer oder Grafen ein, und die Abgaben der Kaufleute und Handwerker dieser Frühstädte füllten die königlichen Schatzhäuser. In Birka residierte zwar in der Mitte des 9. Jh. ein königlich-schwedischer Aufsichtsbeamter für die Einziehung der Abgaben, daneben verfügten die Könige aber ebenso über Grund und Boden mit Zugriff auf das agrarische Mehrprodukt. Auch die Handwerker und Kaufleute besaßen Eigentum an ihren Parzellen, die mittlerweile frei verkäuflich waren. Städtische Angelegenheiten wurden in Versammlungen der Bewohner beraten und entschieden – eine Nachwirkung der aus der Gentilgesellschaft stammenden Institution des Thing (Volksversammlung).

Die sozialökonomische Entwicklung in Skandinavien war durch das Erstarken der Hofverbände, die Erweiterung der Arbeitsteilung und des Handels sowie die Aneignung von Reichtum durch große Raubzüge gekennzeichnet und bildete so die Grundlage klassengesellschaftlicher Verhältnisse und die Ausbildung des frühfeudalen Staates. In Schweden blieb ein Übergangszustand zwischen der Auflösung der archaischen Gesellschaftsform und der Entstehung des Staates über mehrere Jahrhunderte erhalten. Die Ynglinge in Alt-Uppsala konnten ihre Macht zwar behaupten, über das Stammesgebiet hinaus vermochten sie sich aber erst am Ende des 10. Jahrhunderts unter Erik dem Siegreichen (975–995) und Olaf Schoßkönig (995-1022) durchzusetzen; auch das Christentum wurde erst in dieser Zeit eingeführt. Dänemark hatte im 8./9. Jh. mehrere Zentren: im Süden der Jütischen Halbinsel um Haithabu, in Mitteljütland um Jellinge sowie auf den Inseln Seeland und Schonen. Erst in der ersten Hälfte des 10. Jh. begann unter Grom dem Alten die Zusammenfassung der verschiedenen Gebiete zu einem Feudalstaat. Harald Blauzahn führte das Christentum ein, und Sven Gabelbart begann um die Jahrtausendwende mit der Bildung eines dänischen Großreiches, dem schließlich für einige Jahrzehnte auch England und Norwegen angehörten.

Die Klassenstruktur dieser frühfeudalen Staaten war einerseits durch Kämpfe zwischen verschiedenen Adelsgruppen sowie andererseits durch harte Kämpfe der Bauern gekennzeichnet. Charakteristisch für Skandinavien dabei war, dass sich die freien Bauern weitgehend behaupten konnten. Der Kampf der herrschenden Adelsstände gegen die Bauern um Bodeneigentum zog sich über Jahrhunderte hin, ohne dass es dem Adel gelang, ein umfassendes feudales Grundeigentum durchzusetzen und die freien Bauern in Leibeigene oder Hörige zu verwandeln. Ausbeutung und feudale Abhängigkeit nahmen daher spezifische Formen an. Ein Teil der Bauern wurde selbst zu Ausbeutern und hielt Knechte und Mägde, oftmals sklavengleich, auf den Hofverbänden. Diese Unfreien rekrutierten sich weitgehend aus Gefangenen, die während der Wikingerzüge ins Land gebracht worden waren. Ihre Nachkommen blieben im Wesentlichen Knechte und Mägde. Persönlich unfrei, hatten sie keine politischen und gesellschaftlichen Rechte. Die wichtigste produktive Klasse bildeten die freien Bauern. Sie unterschieden sich in ihrer sozialen Stellung hinsichtlich ihres Bodeneigentums und der Zahl ihrer Knechte und Mägde voneinander. Für jüngere Söhne der Bauern bestand bei dem geltenden Erbrecht (Primogenitur) kaum noch die Möglichkeit, eigenes Land zum erhalten, da sich Adel und König seit dem 8./9. Jh. das noch nicht bebaute Land angeeignet hatten. In Norwegen unternahm König Harald Schönhaar am Ende des 9. Jh. einen Generalangriff auf das Eigentum der freien Bauern. Ein Teil der Bauern unterwarf sich, ein großer Teil brach mit Hab und Gut nach der unbesiedelten Insel Island auf und verwirklichte dort die Vorstellungen von einer zweckmäßigen Gesellschaftsordnung in Form einer Bauernrepublik.

Sellnow et al. resümieren die Entwicklung in Skandinavien folgendermaßen: *»Versucht man, die Epoche der Herausbildung des Feudalismus und des feudalen Staates in Dänemark, Norwegen und Schweden zu untergliedern, so lassen sich zwei Etappen unterscheiden: Die erste Etappe, die den Zeitraum vom Ende des 6. bis zum Ende des 8. Jh. umfaßt, ist durch die Herausbildung einer neuen Qualität der Agrarwirtschaft, durch die Entstehung von Hofverbänden und die Gründung kleiner Königreiche gekennzeichnet. In der zweiten Etappe, d.h. zwischen dem Ende des 8. und dem ausgehenden 10. Jh., erfolgte die soziale Differenzierung der freien Bauern, von denen ein Teil sein Allod verlor. Ein weiteres Kennzeichen für die Herausbildung des Feudalismus war die Entstehung des großen Grundeigentums und der Ledungs- oder Pachtorganisation als spezifisch skandinavischer Form feuda-*

ler Ausbeutung (Verpachtung von Grund und Boden mit den Hofstellen und Anrechten an die Allmende an persönlich freie Bauern auf drei Jahre gegen Leistung vom Naturalabgaben / S.K.). In einem komplizierten Prozeß entstanden schließlich in der zweiten Hälfte des 10. Jh. der dänische, schwedische und norwegische Feudalstaat.« (Sellnow et al. 1977: 557)

Gegenüber der skandinavischen Entwicklung wies die in Mitteleuropa, d.h. bei den nördlichen und südlichen Völkern der Westslawen – östlich des Frankenreiches an der Linie Donau-Böhmerwald-Saale-Elbe sowie bei den Tschechen, Mähren und Slowaken sowie in Polen – sowie in noch größerem Maße bei den Südslawen auf dem Balkan (Bulgaren, Serben, Kroaten, Slowenen und Ungarn) keine vergleichbare distinkte Herausbildung des Feudalismus auf. Dies war sowohl der größeren Langlebigkeit gentiler Gesellschaftsformen als auch, bei den Balkanvölkern, der Nähe und dem Einfluss von Byzanz geschuldet. Zwar entstanden wie im Byzantinischen Reich feudale Formen sowohl bei der Ausbeutung der bäuerlichen Produzenten als auch im Staat, doch sollten sie sich im Unterschied zu West- und Nordeuropa nicht als entwicklungsfähig zur Vollendung der feudalen Produktionsweise oder gar zum Übergang in eine ursprüngliche Kapitalakkumulation erweisen. Die Stämme, Völker und Staaten blieben bei allen Unterschieden untereinander in hybriden Formen von zerfallenden archaischen Gesellschaften, asiatischer Produktionsweise und Ausbildung feudaler Formen stecken. Erst die Bildung des Osmanischen Reiches als Nachfolger von Byzanz sowie die Habsburger Monarchie Österreich-Ungarn setzten neue Rahmenbedingungen verschiedener Art für die weitere Entwicklung in Ost- und Südosteuropa.

d) Heiliges Römisches Reich

Veränderungen in Herrschaftsgebiet und Territorialstruktur, Kaiserdynastien und Eckpunkte der politischen Entwicklung

Heiliges Römisches Reich war die offizielle Bezeichnung für den Herrschaftsbereich römisch-deutscher Kaiser vom Spätmittelalter bis zum Jahr 1806. Das Reich bildete sich im 10. Jahrhundert unter der Dynastie der Ottonen aus dem ehemals karolingischen Ostfrankenreich heraus. Mit der Kaiserkrönung Ottos I. im Februar 962 in Rom knüpften die römisch-deutschen Herrscher, wie zuvor die Karolinger, an die Idee des erneuerten Römerreiches an, woran bis zum Ende des Reiches zumindest prinzipiell festgehalten wurde. Im Unterschied zu der Entwicklung in Frankreich und England, in denen sich im Feudalabsolutismus zentralisierte Nationalstaaten herausbildeten, war das Heilige Römische Reich bis zu seinem formellen Ende zu Beginn des 19. Jahrhunderts zu keiner Zeit ein einheitlicher Staat, sondern wurde durch eine ausgeprägte Dezentralisierung seiner verschiedenen Territorien und ihrer verschiedenen Landesherren geprägt. Als Reich bestand es nur als Dachverband quasi-selbstständiger, wenngleich nicht komplett souveräner Fürsten- und Herzogtümer, die die Könige und Kaiser als ideelle Reichsoberhäupter anerkannten und den Reichsgesetzen und der Reichsgerichtsbarkeit mehr oder weniger unterworfen waren. Die Bewohner des Reichsterritoriums waren nicht direkt dem König bzw. Kaiser untertan, sondern den jeweiligen Landesherren.

Nach dem Tod Pippins des Kleinen im Jahr 768 wurde die Herrschaft des Frankenreiches unter seinen beiden Söhnen geteilt. Doch der Jüngere starb bald, und der Ältere, Karl, wurde alleiniger Herrscher im ganzen Frankenreich; er sollte fast ein halbes Jahrhundert das Abendland regieren. Mit dem sog. Königsbann besaß er das Recht, zu gebieten und zu verbieten. Viele Bereiche wie die Königshöfe und Klosterbezirke waren von der Gewalt der Grafen und ihrer Gerichtsbarkeit ausgenommen und deren Angelegenheiten wurden vom König selbst entschieden. Bei der Gerichtsbarkeit des Adels wurde der Heerbann aufgerufen, zu dem ihre Gefolge sowie die wehrpflichtigen Bauern und die Vasallen des Königs kamen. Die Krieger hatten ihre Ausrüstungen, Pferde, Waffen und Verpflegung selbst zu beschaffen. Das Heer versammelte sich im Frühjahr auf dem »Maifeld«, auf dem der König seine Capitularien verkündete.

Von seinem Vater hatte Karl die Aufgabe übernommen, den Papst gegen die Langobarden zu schützen. Als dieser um Hilfe bat, marschierte Karls Heer in Italien ein, eroberte die Hauptstadt Pavia (774) und zwang den Langobardenkönig, ins Kloster zu gehen. Er übernahm das Reich und setzte sich selbst die Krone der Langobarden auf. In Bayern hielt Herzog Tassilo Verbindungen zu den feindlichen Awaren im Osten jenseits der Grenzen; mit Hilfe der Bischöfe und Adligen wurde er abgesetzt. Tassilo unterwarf sich Karl in Ingelheim (788) und Bayern erhielt einen königlichen Statthalter. Die Sachsen waren der letzte westgermanische Stamm, der nicht zum Frankenreich gehörte. Sie hatten sich fast bis an den Rhein ausgebreitet, standen in immer neuen Grenzkämpfen mit den Franken und widersetzten sich der Christianisierung. Sie lebten in keinem einheitlichen Staatswesen, sondern selbstständig und nur locker vereinigt in vielen kleinen Gauen. Dies bedeutete für die Franken und ihr Heer, dass sie es zunächst nicht mit einem ganzen Staat, sondern mit einzelnen Gauen oder Stämmen zu tun hatten. Im Jahr 772 eroberten die Franken die Eresburg an der Diemel und zerstörten dortige Kultgegenstände. Zwei Jahre später unternahmen die Sachsen einen Rachefeldzug. In der Folge begann ein jahrzehntelanges Ringen. Erst 782 konnte Karl Grafschaften auf dem Territorium des Sachsengebietes errichten lassen und das Land wurde in Missionsprengel eingeteilt. Damit war das Land aber noch nicht unterworfen und in das Frankenreich integriert. Der Widerstand der Sachsen wurde durch den westfälischen Edeling Widukind angeführt. Er wurde »Herzog« der Bauern und kämpfte mit ihnen zehn Jahre um ihre Freiheit und für die Religion ihrer Väter. Obwohl die Friesen den Sachsen zu Hilfe kamen, blieben die Franken unter Karl schließlich Sieger. Widukind beugte sich und ließ sich taufen.

Auch nach der Eroberung des Langobardenreiches, der Integration Bayerns und der sächsischen Gebiete wurde das fränkische Reich an seinen neuen Grenzen durch fremde Völkerschaften und Staaten bedroht. Im Norden saßen die Dänen, im Osten slawische Völker (Wenden, Sorben, Tschechen), im Südosten die Awaren und im

Süden jenseits der Pyrenäen die Araber. Einen schweren Krieg führten die Franken gegen die Awaren. Dieses mongolische Reitervolk hatte ein großes Reich in der ungarischen Tiefebene gegründet und war über die Donau nach Bayern vorgedrungen. 795/796 gelang es den Franken, die Awaren zu schlagen und ihre Reichtümer anzueignen. In der Folge zerfiel das Awarenreich und in die neu gewonnenen Gebiete westlich der Donau rückten allmählich bayerische Siedler ein. Sie stießen im Osten vor und im Süden bis zur Drau. Gegen das Kalifat von Cordoba auf der Iberischen Halbinsel schoben sich die Franken bis zum Ebro vor und sicherten ihr Territorium durch eine »spanische Mark«. Im Ergebnis dieser Kriege hatte das Frankenreich alle Stämme der Germanen mit Ausnahme der Dänen vereinigt und sich als dritte Großmacht, als »christliches Reich«, neben dem Byzantinischen Reich und dem arabischen Kalifat etabliert.

Formell entstand das Heilige Römische Reich aus dem ostfränkischen Reich, das durch den Vertrag von Verdun im Jahr 843 unter den Enkeln Karls in drei Teilreiche aufgeteilt worden war. Sein erster Kaiser, Otto I., der ursprünglich Herzog von Sachsen und König des Ostfrankenreiches war, wurde ab 951 König von Italien und ab 962 römisch-deutscher Kaiser und begründete die Dynastie der Ottonen. Das Territorium des Reiches umfasste während der Regentschaft der Ottonen neben dem ursprünglichen Ostfrankenreich und dem Königreich Italien mit Burgund, Lothringen und Friesland Teile des mittelfränkischen Reiches im Westen und mit Böhmen, Mähren und der Ostmark (Teile des heutigen Österreich) sowie mit Mecklenburg, der Nord-Mark und der Mark-Lausitz westslawische Gebiete (vgl. Abb. 12.6). Damit waren von Anbeginn an sehr heterogene Stämme und Völkerschaften mit ihren unterschiedlichen sozialökonomischen Verhältnissen, Gebräuchen und Sprachen einbezogen. Außerdem hatte Otto II., König ab 961, die letzten verbliebenen verwandtschaftlichen Verbindungen zum westfränkisch-französischen Reich aufgelöst und einen endgültigen Bruch in und mit der Karolinger-Dynastie vollzogen.

Wie für feudale Staaten und Reiche typisch, spielten auch im Heiligen Römischen Reich Zeit seines Bestehens beständige Auseinandersetzungen innerhalb der herrschenden Klassen eine bestimmende Rolle in den Sphären des ideologischen und politischen Überbaus. Die Kämpfe vollzogen sich zwischen König- bzw. Kaisertum und verschiedenen Ständen des Feudaladels sowie zwischen weltlicher Herrschaft und Klerus mit dem Papst an Spitze. Einbindungen der Kirche in das weltliche Herrschaftssystem wechselten sich mit Streit zwischen Kaisern und Päpsten ab, Auseinandersetzungen innerhalb der hochadligen Dynastien und Familien sowie Bedeutungsverluste und -gewinne der Könige und Kaiser gegenüber Fürsten und Herzögen folgten einander.

Als bedeutsamste Merkmale im Hinblick auf die Beziehung zwischen Staat und Kirche sind hierbei der Investiturstreit als Auseinandersetzung zwischen König und Papst bzw. zwischen Kaisertum und Papsttum von 1073 bis 1122 um das alleinige Recht der Amtseinsetzung von Bischöfen und Äbten, die auch weltliche Aufgaben hatten sowie die Glaubensspaltung durch die Reformation, die unter Kaiser Karl V. 1547/48 zur Reichsacht und dem sog. Schmalkaldischen Krieg führte, hervor-

Abbildung 12.6: Heiliges Römisches Reich um 1000 u.Z.

Quelle: www.kinderzeitmaschine.de/mittelalter/hochmittelalter/lucys-wissensbox/reich-und-regierung/was-ist-das-heilige-roemische-reich/

zuheben. Der anschließende Augsburger Religionsfrieden durch ein Reichsgesetz im Jahr 1555, das den Anhängern der Confessio Augustana (Bekenntnistext der lutherischen Reichsstände) dauerhaft ihre Besitzstände und freie Religionsausübung zugestand, ermöglichte eine Nachfolgeperiode ohne kriegerische Konflikte. Diese flammten erst 1618 wieder auf und führten mit dem Kampf der Habsburger Kaiser und den Fürsten sowie dem Kampf der Fürsten untereinander zum Ausbruch des Dreißigjährigen Krieges (1618-1648).

Auf der politischen Ebene brachte die Abkehr der Thronfolge von der erblichen Legitimation qua Abstammung durch die Wahl der mächtigsten Fürsten, die zum ersten Mal nach dem Tod Heinrich V. 1125 bei der Inthronisation Lothar III. zur Anwendung kam, eine entscheidende Verschiebung des Kräfteverhältnisses innerhalb der Herrschaftsklasse zum Ausdruck; sie entsprach dem dezentral-föderalen Charakter des Reiches. Im Weiteren ist für seine Entwicklung eine mit der Zeit zunehmende Verrechtlichung seiner politischen Verfassung typisch. Frühes Kernstück dieser Verrechtlichung war die »Goldene Bulle«, ein in Urkundenform verfasstes kaiserliches Gesetzbuch, das von 1356 an das wichtigste der Grundgesetze des Reiches war. Es regelte vor allem die Modalitäten der Wahl und der Krönung der römisch-deutschen Könige und Kaiser durch die Kurfürsten bis zum Ende seines Bestehens 1806. Daneben gab es viele, durch lange Überlieferung und Ausübung gefestigte und praktizierte Rechtsnormen, die erst seit dem 13. Jh. und verstärkt seit dem 15. Jh. durch schriftlich fixierte Gesetzestexte ergänzt wurden.

Die territorialen Veränderungen des Reiches seit seinem Beginn betrafen weniger die eroberten Territorien und viel stärker seine innere Gliederung. Verloren gingen in Italien die Ende des 12. Jahrhunderts zur Zeit der Staufer eroberten Gebiete in Unteritalien und Sizilien, mit denen das Reich seine größte Ausdehnung erfahren hatte. Dafür vergrößerte sich in Mittelitalien der seit 756 bestehende Kirchenstaat im 13. Jh. um das Herzogtum Spoleto. Im 15. Jh. kamen weitere Gebiete um Parma, Modena, Bologna, Ferrara, Romagna und Perugia zum Kirchenstaat hinzu; sie hatten davor zum Reich gehört. Im Westen verlor das Reich bis 1400 Teile des ehemaligen Königtums Burgund an Frankreich. Dafür konnte im Nordosten das Herzogtum Pommern aus dem Territorium des Königreichs Polen integriert werden. Verglichen mit der internen Gliederung des Reichs um die Jahrtausendwende nahm die interne Zersplitterung der seinerzeitigen Königreiche und Herzogtümer durch die Bildung von Reichsgliedern durch Fürsten, Grafen, Prälaten und Ritter erheblich zu.

Die auf dem Reichstag zu Augsburg 1555 beschlossene Reichsexekutionsordnung beinhaltete die verfassungsmäßige Schwächung der kaiserlichen Gewalt und die völlige Föderalisierung des Reiches. Die Reichskreise und lokalen Reichsstände erhielten neben ihren bisherigen Aufgaben auch die Zuständigkeit für die Durchsetzung der richterlichen Urteile und die Besetzung der Beisitzer des Reichskammergerichts. Außerdem erhielten sie neben dem Münzwesen weitere, bisher kaiserliche Aufgaben. Territorial bedeutsam war auch die Erkämpfung einer weitgehenden Autonomie der »Alten Eidgenossenschaft«, einem lockeren Gefüge verschiedener Länder und Stadtstaaten. Durch den Westfälischen Frieden wurden die eidgenössischen Stände, ihre Untertanengebiete und Verbündeten schließlich völkerrechtlich souverän, d. h. unabhängig vom Heiligen Römischen Reich.

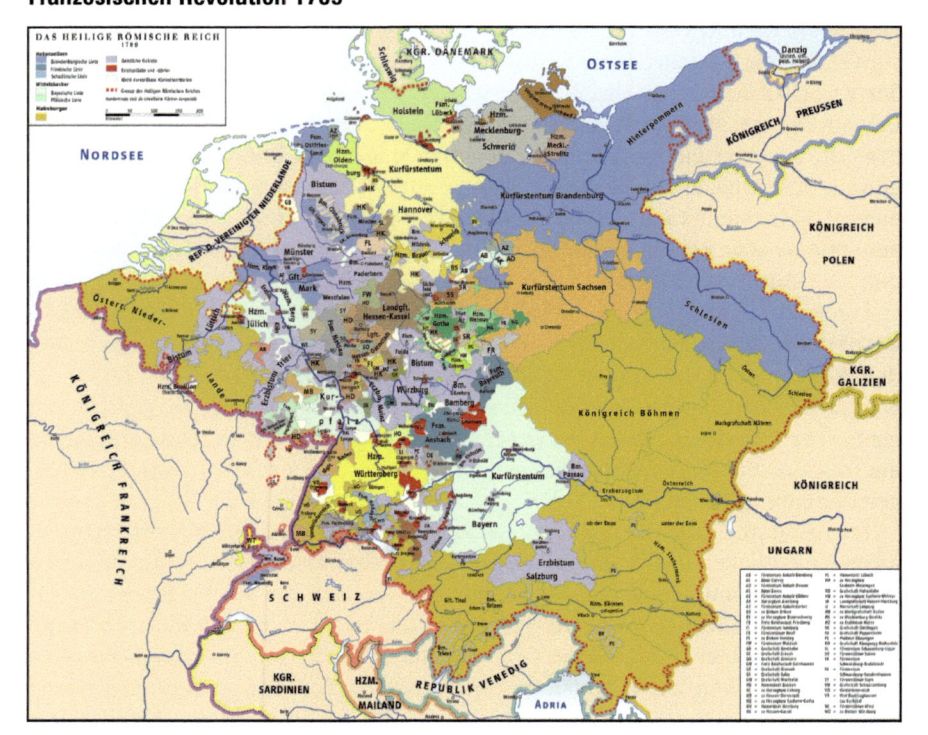

Abbildung 12.7: Heiliges Römisches Reich am Vorabend der Französischen Revolution 1789

Quelle: https://de.m.wikipedia.org/wiki/Datei:HRR_1789.png

In der Folgezeit konzentrierte sich das Reich immer mehr auf seine deutschen Gebiete. Gegen Ende des 18. Jahrhunderts, am Vorabend der Französischen Revolution, bestand ein aus Kleinstaaten bestehendes deutsches Kerngebiet, das im Nordwesten durch die Niederlande (Österreichische Niederlande) und im Nordosten und Osten durch die Herzogtümer Mecklenburg-Schwerin, Mecklenburg-Strelitz, das von den Hohenzollern regierte Kurfürstentum Brandenburg mit Hinterpommern und Schlesien, das Kurfürstentum Sachsen sowie das Habsburgische Königreich Böhmen (inkl. Mähren und Slowakei sowie heutiges Österreich mit Ausnahme des Erzbistums Salzburg) umrahmt wurde (vgl. Abb. 12.7).

Brandenburg-Preußen und Österreich-Böhmen passten nicht nur aufgrund ihrer territorialen Größe, sondern auch wegen ihrer inneren zu Staaten gewordenen Verfasstheit mittlerweile nicht mehr in den Reichsverbund. Beide hatten die ursprünglich in ihrem Innern dezentral und ständisch geprägten Länder reformiert und den Einfluss der Landstände gebrochen. Aus der Rivalität zwischen Preußen und Österreich erwuchsen im 18. Jahrhundert mehrere Kriege, die für das Gesamtreich verheerend wirkten. Die Reichsinstitutionen waren zu Nebenschauplätzen der Machtpolitik geworden und die Verfassung des Reiches hatte mit der Wirklichkeit nicht mehr viel zu tun. Die Abdankung des letzten Kaisers des Heiligen Römischen Reiches Deutscher Nation, des Habsburgers Franz II. (1792-1806) durch Niederlegung der Reichskrone, erfolgte gegenüber dem nicht mehr aufzuhaltenden Druck der Franzosen unter Napoleon Bonaparte. Die formelle Auflösung des Reiches setzte den Schlusspunkt unter einen längeren Niedergang mit Schwächung der Zentralgewalt, dem Dualismus der beiden Großmächte Preußen und Österreich, zunehmender Souveränität und Einzelinteressen der mittelgroßen Reichsterritorien und der schließlichen Missachtung der Reichsverfassung infolge der Selbstauflösung durch den letzten Kaiser.

Von der Gentilgesellschaft zur Herausbildung des Feudalismus in Wirtschaft und Gesellschaft (bis 10./11. Jahrhundert)
Diese Stürme in den Wolkenregionen der politischen Überbauten, wiewohl sie organisch zu den Bedingungen der feudalen Produktionsweise gehören, umrahmen die sozialökonomischen Bedingungen des materiellen Lebensprozesses der Mehrheit der unmittelbaren Produzenten in Agrikultur sowie in Handwerk und Handel.

Im Unterschied zum Westfrankenreich bestanden in den westgermanischen Stämmen im Ostfrankenreich überwiegend freie Sippengemeinschaften selbstwirtschaftender Bauernfamilien. In der Zeit Karls des Großen vollzog sich mit der Unterwerfung der Sachsen eine Vereinigung westgermanischer Stämme, die unter Verhältnissen einer sich zersetzenden Gentilgesellschaft mit der Verfassung einer militärischen Demokratie lebten, mit romanischen Völkergruppen, die in Gallien die Endphase der antiken Produktionsweise repräsentierten. Diese Verbindung unterschiedlicher sozioökonomischer Strukturen bildete die Basis für Fortschritte der Produktivkräfte in der Landwirtschaft. Wachsende Verbreitung eiserner Arbeitsinstrumente (Beile, Äxte, Messer, Sicheln) sowie eiserne Pflugscharen für tieferes Pflügen des Ackerbodens und die Nutzung des kontinentalen Klimas mit einer verhältnismäßig großen Menge an Sommerregen ermöglichten eine Beschränkung der Brachezeit der Ackerflächen zur Regeneration der Böden auf jedes dritte Jahr: Dreifelderwirtschaft. Diese nahm die Form an, dass auf verschiedenen Bodenflächen nebeneinander im ersten Jahr Wintergetreide und im zweiten Jahr Sommergetreide angebaut wurde, während der Acker im dritten Jahr brach lag; hinzu kam unter romanischem Einfluss ein ausgeprägter Gartenbau sowie die Viehzucht durch künstlich angelegte Wiesen.

Hauptträger der landwirtschaftlichen Produktion waren bei den germanischen Stämmen nach der Völkerwanderung die freien Bauern, für die mit der Beendigung von Kriegen die vorherige Verbindung von Ackerbau und die gewöhnlich sehr unwillkommene und erzwungene Unterbrechung durch ihre Tätigkeit als Krieger fortfiel; Letztere wurde allmählich nur noch für eine Minderheit zur Hauptbeschäftigung. Die in der germanischen Eigentumsform angelegte Tendenz, Grund und Boden in privaten Besitz und weiter Privateigentum zu überführen, konnte sich weitgehend durchsetzen und rückwirkend die Entwicklung der Produktivkräfte in der Landwirtschaft beschleunigen. Die ursprüngliche jährliche Neuzuteilung von Ackerland im Rahmen der Dorfgemeinden war jetzt aus agrartechnischen Gründen nicht mehr erforderlich. Aus festem Besitz wurde kraft Gewohnheit das Privateigentum an den einmal zugewiesenen Bodenstücken. Der Übergang zur Dreifelderwirtschaft und die dauernde Aufteilung der Bodenanteile wurden mittels der Einteilung der Ackerfluren in mehrere zusammenhängende Abschnitte, sog. Gewanne, vollzogen. Das jeder Familie zugewiesene Ackerland setzte sich dadurch aus zerstreut liegenden Abschnitten in den verschiedenen Gewannen der drei Fluren zusammen. Das Gewanndorf wurde damit charakteristisch für das Dorf im deutschen Mittelalter; auch die Feudalherren haben sich später dieses Gewannprinzips bedient, als es ihnen darum ging, bei neuanzulegenden Dörfern gleichartige Anteile für die von ihnen abhängigen Bauern zu schaffen. In den Gewanndörfern bestand der Zwang zur gemeinsamen Regelung der Feldbestellung, die bei den freien Bauern durch die Dorfgenossen selbst erfolgte. Sie regelten darüber hinaus auch die Weide- und Waldnutzung gemeinsam, sodass trotz des Sieges des Privateigentums ein genossenschaftlicher Charakter erhalten blieb. In der Dorfgenossenschaft ersetzte die gemeinschaftliche Bindung der Dorfbewohner allmählich die alte Sippenstruktur vollständig. Die Dorfgenossenschaft trat auch an die Stelle der Sippe als Eigentümerin des zum Dorf gehörenden unverteilten Landes, also der Dauerweide und des von den Dorfbewohnern genutzten Waldes, welche die Allmende ausmachten.

Die Sozialstruktur des Dorfes wies mit der Differenzierung unter den Dorfgenossen den Dorfadel auf, der aus den Dorfreichen, dem früheren Sippenadel und Resten des alten Gentil- oder Stammadels bestand. Hinzu kam neben dem König und den Herzögen ein sog. Dienstadel mit Grundbesitz, der sich aus dem Gefolge des Königs sowie der Personen zusammensetzte, die mit der Ausübung bestimmter Ämter betraut worden waren; schließlich sind noch die führenden Elemente der christlichen Kirche (Bischöfe, Äbte etc.) zu nennen.

Diese Oberschicht aus Herzögen und Dorf- und Dienstadel begann nicht nur die entscheidende politische und militärische, sondern auch die entscheidende ökonomische Rolle zu spielen, was seinen Ausdruck in der Konzentration immer größerer Teile des Grund und Bodens in ihren Händen fand. In den Landesteilen, die früher zum Römischen Reich gehört hatten, wurde dieser Konzentrationsprozess dadurch erleichtert, dass hier bereits ein Großgrundbesitz vorherrschte, wobei an die Stelle des römischen Adels nunmehr die Oberschicht der Eroberer trat. Langsamer und schwieriger als in dem früher römischen Teil des Reiches war die Herausbildung des Großgrundeigentums in dem übrigen Hauptteil des Landes, der erst nach und nach in die Hände der romanisierten Franken fiel. Neben den Sippenältesten wurden hierbei die herzogliche Gewalt bei den Alemannen, Bayern und Thüringern sowie die Königsgewalt bei den Franken bedeutsam. Es gelang zwar den Herzögen und dem Frankenkönig nicht, das frühere Obereigentum der unterworfenen Stämme vollständig in ihr privates Eigentum zu verwandeln, aber sie vermochten es, sich das Volkseigentum in Bezug auf die großen Wälder und Ödländereien anzueignen. Dieser Landraub gewann ökonomische Bedeutung durch den großen Rodungsprozess, der zur selben Zeit begann und den Anteil des nutzbaren Landes vergrößerte; hinzu kam die Beschlagnahme von Gütern aufsässiger Mitglieder des Stammesadels.

Allerdings erhielt der Dienstadel das Land in den meisten Fällen nicht zur unbeschränkten Verfügung als Allod, sondern die Nutzung des übergebenen Landes war an verschiedene Bedingungen wie Treue zum König und Ausübung bestimmter Dienstverhältnisse geknüpft und war zunächst auch befristet auf die Lebenszeit des Dienstadligen, d.h. es war Lehen oder Beneficium. Erst allmählich wurde die Übereignung des Landes erblich. Unter den Begünstigten ragten die Grafen hervor, die an der Spitze der Gaue standen, in die die Frankenkönige das ganze Reich eingeteilt hatten und die im Namen des Königs die sog. Banngewalt ausübten. Sie forderten in dieser Eigenschaft vor allem Heeresdienste ein und wurden aus Amtsträgern schließlich selbstständige, mächtige Feudalherren. Daneben bildete sich durch Schenkungen des Königs auch kirchlicher Großgrundbesitz aus; zudem hatte die Kirche schon vor dem Zusammenbruch des Römischen Reiches Immunität genossen und hatte so auch ihr ursprüngliches Grundeigentum sichern können. Das Grundeigentum dieser verschiedenen Grundherren wurde zunächst ebenso wie früher von Kolonen und teilweise auch von Sklaven bestellt. Es bildete für die herrschende Klasse den ökonomischen Stützpunkt, von dem aus ihr die Unterwerfung der Masse der freien Bauern und die Liquidierung des bäuerlichen Eigentums nachfolgend gelang.

Bei dieser Unterwerfung spielte außer der Beseitigung der militärischen Demokratie und neben der Christianisierung vor allem der Sieg des privaten über das gemeinwirtschaftliche Eigentum am Ackerland die wesentliche Rolle. Die freien Bauern, die aus Besitzern ihres Bodenanteils zu Eigentümern wurden, gerieten mit der Möglichkeit, über ihr Land zu verfügen, auch in die Gefahr, es zu verlieren. Der Sieg des Privateigentums bedeutete spiegelbildlich die Schwächung der Rolle der Dorfgenossenschaft und des in ihr begründeten Rückhalts für den einzelnen Bauern. Ende des 10. und Anfang des 11. Jahrhunderts war der überwiegende Teil des nutzbaren Bodens in den deutschen Territorien durch den ökonomischen Ruin von Bauernfamilien privates Großgrundeigentum geworden. Neben Unglücksfällen durch Seuchen, die den Viehbestand dezimierten oder durch Brand, Hagelschlag, Krankheit etc. spielten auch die in Geld bemessenen hohen Bußen des Strafsystems eine wichtige Rolle; hinzu kam die Verpflichtung zum Kriegsdienst, für den nach der Heeresreform unter Karl dem Großen zwar nicht mehr der einzelne Mann mit Pferd und Ausrüstung geradezustehen hatte, der Bauer jedoch mit einem Geldbetrag herangezogen wurde. Den durch ökonomischen Ruin bedrohten Bauern blieb in vielen Fällen kein anderer Ausweg, als sich um »Hilfe« an ökonomisch Stärkere, also die Großgrundbesitzer des Dorf- und übrigen Adels sowie der Kirche zu wenden. Die Gegenleistung bestand in der Übereignung des ganzen oder eines Teils des eigenen Bodens und war in den meisten Fällen, sofern ein Darlehen nicht zurückgezahlt werden konnte, eine dauernde.

Die Formen dieser Geschäfte zwischen Bauern und Großgrundbesitzern bestanden in der Prekarie als dauernde Verpflichtung für Abgaben und Frondienste bei Übergang des Landes als Obereigentum an den Borger oder in der Form der Kommendation, in der der Bauer sich unter die Schutzherrschaft eines mächtigen Feudalherrn stellte und für die er Gegenleistungen wie bei der Prekarie leisten musste. Der Bauer verlor dadurch seine Selbstständigkeit sowie sein Eigentum am Grund und Boden, den er dann nur gegen Leistung von Abgaben und Frondiensten wieder zur Nutzung erhielt. Damit wurde die Ausplünderung des Bauern zugleich beschränkt und geregelt, denn der Feudalherr hatte ein gewisses Interesse, ihn nicht völlig zu ruinieren, um ihm die Weiterbewirtschaftung des Bodens zu ermöglichen. Zugleich gewährte die Kommendation den Bauern Schutz vor Fehden und Raubzügen jeglicher Art. Beide Formen aber waren Formen des außerökonomischen Zwangs, der den Betroffenen mit religiöser Ideologie »versüßt« und von der Kirche weidlich ausgenutzt wurde.

Der Umstand, dass allmählich der größte Teil der Bauern Boden bearbeitete, der ihnen nicht bzw. nicht mehr als Eigentum gehörte, brachte es mit sich, dass zumindest die Mehrheit der so Ausgebeuteten ihre Freiheit ganz oder teilweise verlor und in Leibeigenschaft und Hörigkeit verfiel. Dabei war unter dieser Leibeigenschaft die persönliche Abhängigkeit zu verstehen, die zur Ableistung von Frondiensten zwang, während die Hörigkeit die mildere Form dieses außerökonomischen Zwanges darstellte. Beiden war gemeinsam der Verlust der Selbstständigkeit und Freizügigkeit der Bauern, wie sie vor allem in seiner Bindung an den Boden, der Beschränkung in Bezug auf dessen Besitzveräußerung sowie hinsichtlich der Familienbeziehungen – z.B. die Notwendigkeit, bei Heirat die Erlaubnis des Herrn einzuholen – zum Ausdruck kamen. Die Gerichtsbarkeit der Feudalherren, dass nämlich dieser bei Streitigkeiten seiner Bauern über Dienst und Abgaben entschied, ergänzte diese persönlichen Unterordnungsverhältnisse. Dabei genoss der Feudalherr Immunität, was bedeutete, dass es den Staatsorganen vom König verboten war, sich in die inneren Verhältnisse des Fronhofverbandes einzumischen; somit ging auf den Grundeigentümer das Monopol der öffentlichen Gewalt auf dem zu seinem Fronhof gehörenden Boden über. Den Beamten des Königs war es verboten, gegen Personen, die der Immunität unterstanden, unmittelbare Zwangsgewalt anzuwenden. Diese erste Leibeigenschaft charakterisierte die Verhältnisse ab dem 9./10. Jahrhundert.

Wenn auch bereits im 10. Jh. der weitaus größte Teil des landwirtschaftlich genutzten sowie des noch ungenutzten Bodens feudales Grundeigentum darstellte, heißt dies umgekehrt nicht, dass die Großgrundeigentümer ihren gesamten Boden als Leiheland durch die von ihnen ausgebeuteten Bauern bearbeiten ließen. Sie behielten vielmehr einen Teil als sog. Salland für die Eigenwirtschaft als Fronhof. Daraus ergaben sich zwei verschiedene Formen der feudalen Ausbeutung, die zu verschiedenen Formen der feudalen Rente führten. Die erste und zunächst wichtigste Form bestand in der Arbeitsrente, die als Frondienst vom Bauern während eines Teils seiner Arbeitszeit innerhalb der Fronhofseigenwirtschaft des Grundherren abzuleisten war; Mehrarbeit für den Herrn und notwendige Arbeit des Bauern für sich waren räumlich und zeitlich getrennt. Neben Ackerfronden auf dem Salland waren darin auch Fronden für die Haltung des herrschaftlichen Viehs (Futterbeschaffung, Errichtung von Zäunen, Hüten des Viehs) sowie Leistungen, die unmittelbar dem Haushalt des Herrn dienten wie Brotbacken, Brauen, Mithilfe beim Bau des herrschaftlichen Hauses etc. eingeschlossen. Das durchschnittliche Ausmaß all dieser Frondienste hing vom Verhältnis des Sallandes zum Leiheland ab und wird für das 9. und 10. Jh. mit durchschnittlich drei Tagen pro Woche angegeben. Die zweite Form der feudalen Ausbeutung, für die der Feudalherr die Produktion der selbstständigen Bauernwirtschaften seiner Leibeigenen heranzog, wurde als Naturalzins bzw. Naturalrente hauptsächlich in Produktform erhoben. Gegenstand der Naturalrente bildeten in den verschiedenen Grundherrschaften fast alle Güter, die der Herr für seine persönliche Konsumtion brauchte, erstens Nahrungsmittel (Getreide, Eier, Wein, Schweine und Hühner), zweitens auch gewerbliche Produkte, z.B. Leinen und Wollgewebe. Sowohl bei der Arbeits- wie bei der Naturalrente waren die Leistungen der Bauern zumeist regelmäßig; es gab aber auch solche, die nur zu bestimmten Anlässen, wie z.B. bei Heirat oder Tod gefordert wurden, verfiel doch beim Tod des Bauern anfänglich zumeist seine ganze Habe dem Herrn, später gewöhnlich nur ein Teil oder auch das beste Stück Vieh (Bestvieh).

Neben einer Minderheit noch freier Bauen gab es im 10. Jh. Leibeigene und Hörige verschiedener Kategorien. Zinsbauern waren solche, die keine Hörigen oder gar Leibeigene waren und deren zu erbringende Leistungen sich zumeist auf Zinsen beschränkten, die aus den Erträgen der von ihnen bestellten Flächen zu leisten waren. Sie kamen aus den Reihen der ehemals freien Bauern, die sich bei der Übereignung ihres Landes, bei der Kommendation oder bei der Übernahme zu rodender Flächen zu festen, geregelten und niedrigen Leistungen für sich und ihre Kinder verpflichtet hatten. Hörige Hufenbauern, die die Mehrheit der Bauern stellten, waren gewöhnlich eng mit dem Fronhof verbunden, hatten Zins und Frondienste zu leisten und waren dem außerökonomischen Zwang des Feudalherrn stärker ausgesetzt. Noch härter war das Los der Unterhufenbauern, die den späteren Kärtnern entsprachen. Sie besaßen so wenig Land, dass sie ihre Familie auch bei bescheidensten Bedürfnissen kaum ausreichend zu ernähren vermochten. Bei ihnen nahm, soweit sie nicht bereits für die wohlhabenden Bauern arbeiteten, der Frondienst die ausschlagende Rolle ein. Ihre wirtschaftliche und soziale Stellung näherte sich daher derjenigen der leibeigenen Knechte und Mägde, dem sog. Hofgesinde, an.

Die typische Form des feudalen Grundeigentums waren die räumlich zerstreuten Grundstücke von Sal- und Leiheland. Dieser Streubesitz ging auf die Entstehungsgründe des großen Grundbesitzes zurück, wenn die Bauern ihr Eigentum verschiedenen Feudalherren übertragen hatten; hinzu kam, dass die ursprünglich geschlossenen, z.T. aus gerodeten Forsten bestehenden Bodenkomplexe später noch durch Erbteilung, Schenkung oder Lehen zersplittert wurden. Dieser Umstand des Streubesitzes hat das Weiterbestehen der Dorf- bzw. Markgenossenschaft unter der Grundherrschaft erleichtert und blieb auch in späteren Zeiten von Bedeutung. Diese Genossenschaften regelten die wirtschaftlichen Angelegenheiten des Dorfes auch noch weiterhin. Da aber auch die Feudalherrn Mitglieder der Markgenossenschaft waren, machten sie ihr Recht auf die Nutzung der Allmende geltend und usurpierten es in vielen Fällen, was zur Einschränkung der bäuerlichen Nutzung dieser Flächen führte.

Ackerbau und Handwerk waren ursprünglich wenig arbeitsteilig geschieden, was zu Beginn im Heiligen Römischen Reich zu einem niedrigen Entwicklungsniveau des Letzteren beitrug. Erste handwerkliche Spezialisierungen ergaben sich durch die Dorfschmiede und Zimmerleute, sodann kamen Steinmetze, das Töpfer- und Müllerhandwerk hinzu. Auch die selbstständigen Handwerker wurden zum größten Teil der feudalen Ausbeutung unterworfen. Behielten sie ihre Freiheit, mussten sie häufig nur einen Geldzins entrichten. Spezialisten, die auf den Fronhöfen angesiedelt wurden wie z.B. Bäcker, Brauer und Walker, waren allerdings unfrei. Die Spannbreite spezialisierter Handwerker umfasste so freie sowie unfreie Handwerker mit selbstständiger Wirtschaft und Verpflichtung zu Natural- und Geldabgaben und unfreie Handwerker, die auf den Fronhöfen arbeiteten; hinzu kamen noch Wanderhandwerker.

Der Handel hatte zu dieser Zeit noch einen geringen Umfang. Dementsprechend waren die Ware-Geld-Beziehungen und die Märkte noch wenig entwickelt. Eigene germanische Münzprägungen wurden weniger im Handel als vielmehr für die Bezahlung von Bußen gebraucht. Die Anfänge des Städtewesens setzten die Traditionen der alten römischen Städte zunächst fort, an die Stelle der romanisierten trat allmählich eine fränkische Bevölkerung. Um die Ansiedlungen der Bischofssitze scharten sich Geistliche, Ministralen und der Kirche zugehörige Fronbauern. Im 10. Jh. hatten stadtähnliche Siedlungen im Reich vor allem die Funktion von Verwaltungssitzen. Ökonomische Bedeutung erhielten sie erst im 11. Jh. mit dem Aufkommen geschlossener Siedlungen von Handelstreibenden.

Märkte, Städte und Gewerbe sowie Auflösung der ersten Leibeigenschaft (11. bis 15. Jahrhundert)

In den ersten Jahrhunderten des zweiten Jahrtausends machten die gesellschaftliche Arbeitsteilung und die Ware-Geld-Beziehungen bedeutende Fortschritte. Dieser Prozess fand Ausdruck in der Erweiterung der älteren Städte und der Entstehung von neuen. Ca. 10 bis 15% der deutschen Bevölkerung lebten nunmehr in Städten.

Im Unterschied zu Frankreich und England war die Entstehung von Märkten und der Fortschritt der Ware-Geld-Beziehungen im deutschen Reich nicht durch eine verhältnismäßig starke Stellung des Königtums, das Handel und Märkte unter seinen Schutz nahm, begünstigt worden. Die beständigen Auseinandersetzungen zwischen königlicher Zentralgewalt und den großen Feudalherrn waren durch die ökonomische Dezentralisation stark beeinflusst und zugunsten der Letzteren entschieden worden; hinzu kam noch das Bündnis der Feudalherren mit dem päpstlichen Lager, das durch die Herrschaft des deutschen Königtums seit Otto I. über Nord- und größere Teile Mittelitaliens Widerstände seitens des Vatikans erzeugt hatte.

Während mit Ausnahme Englands in der Zeit des 12. und 13. Jahrhunderts der feudale Staat in ganz Europa schwach gewesen ist und die feudale politische Zersplitterung überwog, hatten sich im 14. und 15. Jh. bedeutsame Unterschiede zwischen den verschiedenen Ländern ergeben, weil im deutschen Reich die Schwäche des Zentralstaats anhielt oder sogar zunahm, während der Staat in anderen europäischen Ländern erstarkte und fördernd auf die Wirtschaft einwirken konnte. In den deutschen Ländern herrschten eine Unzahl verschiedener Zölle, welche die einzelnen Feudalherren erhoben, und eine Vielzahl der Sorten von Münzen, die von ihnen und später den Städten geprägt wurden. Allerdings begünstigte diese Schwäche des Feudalstaats den ökonomischen Aufstieg des städtischen Bürgertums und die Abschüttelung der feudalen Ausbeutung und Unterjochung im Bereich der Städte.

Vom 11. bis 13. Jahrhundert nahm das Wachstum der deutschen Bevölkerung zu, die am Anfang des 14. Jh. die Zahl von etwa 12 bis 13 Millionen erreicht hatte. Dabei nahm die Bevölkerungsdichte in den alten Siedlungsgebieten westlich der Elbe und Saale tendenziell ab, da zu derselben Zeit im Zuge der Ostkolonisation eine große Auswanderung in die Territorien östlich von Elbe und Saale erfolgte. Der Bevölkerungsvermehrung entsprach neben einer überproportionalen Zunahme der Stadtbewohner auch eine Vergrößerung der Zahl der Bauern, die sich als Pioniere bei der Erschließung neuer großer Ödländereien auszeichneten. Die Vergrößerung der Anbaufläche war aber nicht die einzige Quelle des Wachstums der landwirtschaftlichen Produktion; hinzu kam eine Intensivierung der Bestellung durch tieferes und häufigeres Pflügen und eine bessere Düngung. Somit erhöhten sich auch die Erträge pro Flächeneinheit.

Zum Ende des 11. Jahrhunderts war durch die Unterwerfung auch der bisher noch freien Bauern namentlich in Sachsen die feudale Ausbeutung zu einem gewissen Abschluss gekommen. Die Feudalherren versuchten zur Steigerung ihres Anteils am agrikolen Mehrprodukt entsprechend ihrer wachsenden Konsumtionsbedürfnisse die Belastung der Bauern zu erhöhen. Allerdings minderten die zu dieser Zeit stattfindenden Kreuzzüge in den Nahen Osten zur »Befreiung« Jerusalems mit ihrer Aussicht auf Beute an beweglichen Schätzen diese Bestrebungen etwas. Die Hauptformen des bäuerlichen Widerstandes gegen verschärfte Ausbeutung waren in dieser Zeit neben der Flucht in die Städte die Flucht von einem Feudalherrn zu einem anderen, wodurch die Ostkolonisation den Rahmen schuf. Es bildeten sich auch neue Formen zur Steigerung des Anteils der Feudalherren am bäuerlichen Mehrprodukt durch die Herausbildung von gerichtsherrlichen Lasten heraus, der sog. Bede.

Sie entfiel allerdings nur auf einen kleinen Teil des Adels, weil es den aufsteigenden Ministralen, den Rittern, zu dieser Zeit noch nicht möglich war, sich die Gerichtsherrschaft zu sichern. Auch die Verwandlung des alten, erblichen Leihverhältnisses in ein modernes, halbbürgerliches Pachtverhältnis auf Zeit begann sich auszubilden. Es führte zu höheren Abgaben der Bauern als Pächter, da sie nun nicht mehr eine mengenmäßig bestimmte Leistung zu erbringen hatten, sondern einen bestimmten Anteil an der Gesamternte. Allerdings hatte diese Zeitteilpacht im deutschen Reich, im Gegensatz zu Frankreich und England, im 12. und 13. Jh. noch keinen durchschlagenden Erfolg und war zunächst nur auf Teile des bisherigen Sallandes beschränkt.

Die gesamthafte Steigerung der Agrikulturproduktion und ihres Mehrprodukts führte trotz dieser verschiedenen Versuche, den Anteil des Letzteren zugunsten der Feudalherren zu erhöhen, im Endeffekt zu einer stärkeren Stellung der Bauern. Auch traten Qualitätsmängel der Frondienste als Ausdruck einer passiven Resistenz der Bauern im Zuge der intensiveren Landbestellung stärker hervor. Die Eigenwirtschaften der Grundherren litten unter den gleichen Problemen, weshalb die großen Feudalherren deren Leitung an von ihnen eingesetzte Meier abgaben und sich darauf beschränkten, nur noch die Renten einzuziehen. Jedoch barg diese Delegation der Verlagerung der Aufsicht und Kontrolle auch Eigendynamiken: das Amt des Meiers wurde erblich und verselbstständigte sich teilweise zu einer faktischen Verkleinerung des Grundbesitzes der großen Feudalherren. Als Ausweg bot sich an, das Salland direkt an die Bauern als Pachtland zu vergeben, wodurch die Funktion des Meiers überflüssig wurde. Damit verschwand faktisch das Salland und mit ihm die Eigenwirtschaft des Grundherren. Diese insgesamt widersprüchliche Entwicklung – gestärkte Stellung der Bauern, Ersetzung der Frondienste durch Pachten sowie Verschwinden der Eigenwirtschaften der Feudalherren – kennzeichnete die Verhältnisse im 12. und 13. Jahrhundert und führte zwar nicht zum Verschwinden, aber zu Auflösungstendenzen der Leibeigenschaft; dies wurde durch teilweise offizielle Freilassung von Leibeigenen bzw. durch die Anerkennung geflüchteter Leibeigener als Freie flankiert.

Die Steigerung der landwirtschaftlichen Produktion beruhte zum Teil auf der weiteren Ausbildung der gesellschaftlichen Arbeitsteilung, die zu einer gesteigerten Verselbstständigung der Herstellung handwerklicher Güter in eigenen Produktionseinheiten führte. Auch hörte der einzelne Bauer auf, alle oder zumindest fast alle landwirtschaftlichen Güter selbst zu produzieren, die von seinem Feudalherren oder von ihm selbst verbraucht wurden. Mit der Spezialisierung sowohl der Agrar- wie der Handwerks- und Bergwerksproduktion konnte die Produktivität der jeweiligen Arbeitsarten gesteigert werden. Zugleich wurden dadurch mehr Produkte in Waren verwandelt; die Leibeigenschaft von Bauern und Handwerkern war mit deren Auftritt als Verkäufer ihrer Produkte auf lokalen Markt nicht unvereinbar. Damit nahm die Geldzirkulation auf Kosten des Naturaltausches zu; das Gleiche gilt für die Rentenarten.

Neben der Entwicklung der Lokalwaren-Zirkulation und den Wochenmärkten erfuhr auch der Fernhandel einen Aufschwung. Das wichtigste Ergebnis der Kreuzzüge bestand darin, dass der Handel zwischen Europa und dem Orient über das Mittelmeer unter der Seeherrschaft der italienischen Städte – in erster Linie Venedigs und Genuas – neu belebt wurde. Dies geschah nun in einem Umfang, wie ihn die antike Produktionsweise, in der das Mittelmeer als Handelsweg bereits die entscheidende Rolle gespielt hatte, nicht gekannt hatte. Diesem Aufschwung des Mittelmeerhandels schadete es auch kaum, dass das vorgebliche Ziel der Kreuzzüge, das sog. Heilige Land mit Jerusalem, den Kreuzfahrern wieder verlorenging; denn die Seeherrschaft der italienischen Städte wurde von den auf dem Lande siegreichen Türken nicht gefährdet. Außerdem wurde im Jahr 1204 Konstantinopel von den Kreuzfahrern eingenommen und damit seine bisherige Vormachtstellung im Orienthandel gebrochen. Waren des Fernhandels waren neben Gewürzen (Pfeffer), Genussmittel wie Datteln, Feigen, Apfelsinen, Reis und Rohrzucker auch die Seidengewebe Asiens und die indischen Baumwollprodukte. Zugleich ging mit dem Aufschwung des Fernhandels die Bildung von Fernhandelssiedlungen mit größeren Gruppen von Kaufleuten sowohl an bereits bestehenden Plätzen als auch in neu entstehenden Städten einher.

Die Entwicklung der Städte erlebte darüber hinaus einen Aufschwung. Die Niederlassung der Kaufleute und Handwerker in den alten Römerstädten und Ansiedlungen von Feudalherren mit ihren hörigen Bauern sowie Bischofssitzen, Königspfalzen und Klöstern fand im 12., häufiger aber erst im 13. Jahrhundert seinen äußerlichen Ausdruck in der Ummauerung durch eine Stadtmauer. Die Gesamtzahl dieser Städte betrug im deutschen Reich im 14. Jh. etwa 3.000 mit einer geschätzten Gesamtbevölkerung von ca. 12–13 Millionen Bewohnern. Die Städte befanden sich gewöhnlich auf einem Feudalherren gehörenden Grund und Boden. Dieser war als Stadtherr für die dort angesiedelten Hörigen keineswegs mit ihrem bisherigen Feudalherrn identisch, repräsentierte aber wie die Bischöfe in den früheren Römerstädten die staatliche Gewalt vor Ort und zog daher auch die ursprünglich dem König zukommenden Abgaben ein. Die Abhängigkeit der Kaufleute von diesen Stadtherren war nun keineswegs ein Hörigkeitsverhältnis, sondern die Marktsiedler erhielten Grundstücke zuerst in freier Erbleihe, sodann, mit der ökonomischen Entwicklung der Stadt, als faktisches Eigentum. So setzte sich in den Städten ein freies Bodenrecht durch, welches die Verpachtung von Land an Kaufleute ermöglichte und diesen eine auch in rechtlicher Hinsicht freiere Stellung als derjenigen der Masse der Bauern verschaffte. Mit dem weiteren Aufschwung der Städte und dem wachsenden Reichtum der Kaufleute ergab sich notwendigerweise eine Verschiebung der ökonomischen Machtverhältnisse zwischen Stadtbewohnern und Stadtherren und damit auch eine Verschiebung der politischen Machtverhältnisse zwischen ihnen; viele Städte erkämpften sich eine mehr oder weniger große Selbstständigkeit. Diese Bewegung nahm im Freiheitskampf der Kommunen in Nordfrankreich ihren Ausgangspunkt und griff über Flandern auf das Rheinland über; Köln, Worms und Mainz waren die seinerzeitigen Leuchttürme.

Die politische Umwälzung wurde in den deutschen Städten dadurch erleichtert, dass der König mit den großen Feudalherren in beständigen Auseinandersetzungen stand und daher die Städter als Bundesgenossen brauchte. Dieses Bündnis war allerdings in der Hauptsache auf die Zeit der salischen Könige, Heinrich IV. und Heinrich V., beschränkt; später war die Macht der Könige im Reich so weit gesunken, dass Letztere nicht mehr imstande waren, die Städte zu schützen. Allerdings fanden die emporkommenden Kaufleute neue Verbündete in Gestalt von Feudalherren, die in bestimmten Regionen gerade zur Macht drängten. Beides, das Fehlen einer starken zentralen politischen Macht und die Uneinigkeit der Feudalherren untereinander, hat in den deutschen Ländern jene souveränen Städte möglich gemacht, die Marx als den »*Glanzpunkt des Mittelalters*« (MEW 23: 754) bezeichnet hat. Diese Souveränität war am vollständigsten dann, wenn es sich um Städte handelte, die nur dem verhältnismäßig schwachen König bzw. Kaiser unterstellt waren. Sie wurden als Reichsstädte bzw., wenn es sich um ehemalige Bischofssitze handelte, als freie Reichsstädte bezeichnet. Sie hatten eine eigene Gerichts- und Polizeigewalt, eine eigene Wehrverfassung, eine eigene Münze und ein eigenes Finanz- und Steuerwesen.

In den freien Städten bildete sich ein neuer, nicht auf feudaler Ausbeutung beruhender bürgerlicher Bereich der Wirtschaft mit einem städtischen Bürgertum heraus; von ihm ging seit dem 13. Jh. immer mehr der kulturelle und ökonomische Fortschritt aus. Zwischen dem Aufschwung der Städte und der Entwicklung des Handwerks bestand eine Wechselwirkung, die zur Erweiterung des Marktes führte. Es bildeten sich Zünfte für verschiedene handwerkliche Gewerke, die als Selbsthilfeeinrichtungen neben der Absicherung ihrer Mitglieder samt deren Familien die Konkurrenz der jeweiligen Gewerke durch Regelung der Beziehungen zwischen Berufskollegen und Schutz vor dem Gefahren der Märkte bspw. durch Festsetzung von Minimalpreisen beschränkten. Mit dem Zunftzwang wurde die Ausübung eines bestimmtes Gewerbes nur den Mitgliedern der dafür zuständigen Zunft vorbehalten; damit richtete sich dieser Zunftzwang einmal gegen die Mitglieder einer anderen Zunft, zum anderen bedeutete er Beitrittspflicht. Zum Zunftzwang kam die Bannmeile hinzu, die den Konkurrenzausschluss regional definierte. Andererseits waren die Zünfte keine Produktionsgenossenschaften, sondern beließen die einzelnen Mitglieder als unabhängige private Produzenten, jedoch wurden für ihre Mitglieder gemeinschaftlich zu nutzende Einrichtungen wie Ölmühlen, Färberhäuser etc. unterhalten.

Die komplementäre Organisation für die Kaufleute war die Gilde. In ihr wurden zunächst die Krämer und Höker zusammengefasst, die unmittelbar mit den Konsumenten zu tun hatten und deren Geschäfte sich häufig am Ort abspielten. Die Funktionen der Gilden waren denen der Zünfte vergleichbar. Für die Handelsherren der größeren Städte, besonders der Seestädte, die bestimmte Funktionen des Groß- und Fernhandel innehatten, spielte der gildenmäßige Zusammenschluss im 12. und 13. Jh. demgegenüber eine wesentlich geringere Rolle. Sie bedurften keiner besonderen Organisation, denn sie beherrschten oder stellten in Personalunion die Stadtregierung.

Dem Aufschwung von Warenproduktion, Marktentwicklung und Produktivkraftsteigerung im 12. und 13. Jahrhundert folgte in den beiden folgenden Jahrhunderten eine Verlangsamung der wirtschaftlichen Entwicklung mit teilweise stagnativen Tendenzen. Nur wenige neue Städtegründungen waren zu verzeichnen, in Bezug auf die Stadtbevölkerung war sogar bisweilen eine Abnahme festzustellen, die erst im 19. Jh. wieder in einen erneuten Zuwachs mündete. Neben wenigen grundlegend neuen Produktionsmethoden, vielmehr einer bloßen Verbesserung vorhandener Verfahren spielte als außerökonomischer Tatbestand der Ausbruch der Beulenpest (»Schwarzer Tod«) Ende der vierziger Jahre des 14. Jh. eine gewichtige Rolle. Die Pandemie trat wohl zuerst in Zentralasien auf und gelangte über die Handelsrouten – unter anderem über die Seidenstraße – nach Europa. Aus dem östlichen Mittelmeerraum verbreitete sich die Krankheit in das restliche Europa. In den folgenden Jahrzehnten kam es nicht nur im deutschen Reich, sondern auch in anderen Ländern Europas zu starken Bevölkerungsabnahmen von durchschnittlich rd. zehn Prozent. Dabei war dieses Massensterben nicht überall gleichmäßig ausgeprägt, die Städte wurden mehr heimgesucht als die Dörfer, die westlichen Regionen mehr als die östlichen. Die erste große Pandemiewelle endete 1353; sie flackerte in den Folgejahren immer wieder in einzelnen Regionen Europas auf, da sich die Seuche endemisierte. Mitte des 14. Jh. hatten jedoch starke Einwanderungen und Zuzüge aus ländlichen Regionen die Stadtbevölkerung trotz der Verluste durch die Pest wieder auf das frühere Niveau gebracht. In der zweiten Hälfte des 15. Jh. ging in den Städten die vorherige stagnante Entwicklung zu Ende und die gewerbliche Produktion nahm wieder zu, allerdings zum Teil auf Kosten der Landwirtschaft und der Bauern.

In dieser Zeit bildeten sich auch neue Formen der wirtschaftlichen Organisation der gewerblichen Produktion und des Handels heraus. Die breite Schicht ärmerer Handwerksmeister konnte unter den mittlerweile herrschenden Bedingungen des 14. und 15. Jahrhunderts vielfach ihre Selbstständigkeit nur formell aufrechterhalten, weil ihnen die erforderlichen Mittel für Rohstoffeinkauf und Vertrieb in entferntere Absatzgebiete fehlte. Diese Handwerker wurden in einem Verlag zusammengefasst: ihr Produktionsprozess wurde von einem Verleger geleitet, der die zu produzierenden Produkte bestimmte, finanzielle Mittel für die Rohstoffe vorschoss und den Verkauf bewerkstelligte. Faktisch erhielt der handwerkliche Produzent damit Lohn, wenngleich er formell selbstständig arbeitete und der Verleger nur die Funktionen des Kaufmannskapitals übernahm. Diese Form der verlegerischen Ausbeutung von Handwerkstätigkeiten gewann auch als Nebenbeschäftigung in Form der Heimarbeit namentlich in der Textilproduktion an Bedeutung. Die im Verlag begonnene manufakturmäßige Organisation des Produktionsprozesses erhielt in den Bergwerken zur Gewinnung von Silber, Kupfer und Blei, entsprechend der Natur des betreffenden Produktionsprozesses, eine festere Gestalt. Eine ebenfalls am Verlag ansetzende, jedoch die Funktionen des Kaufmannskapitals fortentwickelnde Struktur wurde durch die Fugger geschaffen. Das durch Wucherkapital gebildete Vermögen der Fugger wurde genutzt zur Einflussnahme auf die gewerbliche Produktion durch Herstellung bestimmter Warentypen, das feudale Regal über Bodenschätze und ihre Ausbeutung sowie die Finanzierung von Produktionsfunktionen durch Kredite; damit wurde die Verwandlung von Kaufmannskapital in industrielles Kapital vorangetrieben. Das Vermögen der Fugger war seinerzeit eines der größten und soll nach einer Inventur nach dem Tode Jakob Fuggers 1527 etwa 2,02 Mio. Gulden – nach heutigen Wert 400 Mrd. US-Dollar – betragen haben. Im Bereich des Handels wurde mit der Städtehansa ebenfalls eine überkommene Organisationsform fortentwickelt. Sie umfasste auf ihrem Höhepunkt in der zweiten Hälfte des 14. Jh. 90 Städte, die nicht nur an norddeutschen Küsten, sondern auch weit im Binnenland lagen. Der hanseatische Städtebund war ein mächtiges militärisches und politisches (»halbstaatliches«) Instrument in den Händen der norddeutschen, insbesondere Lübecker Handelsherren zur Marktbeherrschung.

Landwirtschaft und Gewerbe bis zur Endphase des deutschen Feudalismus (16. bis 18. Jahrhundert)
Während der zweiten Hälfte des 15. Jh. wurde mit der stärker werdenden Bevölkerungszunahme der Mangel an bäuerlichen Arbeitskräften weitgehend beseitigt. Es gab immer mehr Bewerber für neue Bauernwirtschaften, aber der große Bodenvorrat, der sich als Folge des »Schwarzen Todes« herausgebildet hatte, wurde von den Feudalherren nur zu ungünstigeren Bedingungen als früher üblich abgegeben. In der zweiten Hälfte des 15. Jh. und zu Beginn des 16. Jh. kann von einer regelrechten Offensive der Feudalherren gegen die Bauern gesprochen werden. Ihr Ziel war, den Dorfgenossenschaften die Nutzung der Allmende zu nehmen oder zu beschränken; sie sollte der Schafzucht und sonstigen Weidewirtschaft dienen. Auch das erbliche Recht der Bauern auf den Boden, das sie in den ersten Jahrhunderten des zweiten Jahrtausends errungen hatten, sollte ihnen durch die Verwandlung zu Zeitpächtern genommen werden. Darüber hinaus begnügten sich die Feudalherren zur Erhöhung der regelmäßigen bäuerlichen Abgaben aus der Zeitpacht nicht nur mit legalen Maßnahmen, sondern griffen auch zu Willkür und Gewalt insbesondere zur Steigerung der sog. unregelmäßigen Abgaben, die im Todes- und Veräußerungsfall zu entrichten waren und auf das ganze bewegliche Vermögen der Bauern ausgedehnt wurden. Dies lief auf einen Zustand hinaus, der faktisch als zweite Leibeigenschaft anzusehen war. Hinzu kamen noch die Lasten aus fürstlichen Steuern, u.a. für Kriege. In Südwestdeutschland, wo die Kosten des staatlichen Apparats infolge der Zersplitterung des Landes in einzelne Fürstentümer besonders hoch waren, schlug dies besonders durch.

In dieser Situation wuchs der Wille zum Widerstand seitens der Bauern. In Schwaben und Franken sowie in Thüringen und anderen Teilen des Reiches entfaltete sich ab 1525 eine Bewegung, die als großer Bauernkrieg in die Annalen der Geschichte eingegangen ist. Er wurde durch den Beginn der Reformation stimuliert, die das »religiöse Bollwerk der altertümlichen Grundeigentumsverhältnisse« (Marx) in Frage stellte und das Gebäude der mittelalterlichen Gesellschaft insgesamt angriff. Der Bauernkrieg erhielt damit den Charakter einer bürgerlichen Revolution, obgleich die Bauern nur die Ablösung der Feudallasten und nicht ihre gänzliche Abschaffung forderten. Er endete mit einer Niederlage der kämpfenden Bauern, weil es ihnen nicht gelang, starke und sichere Verbündete zu gewinnen. Weder die Ritter, deren ökonomische Macht und politischer Einfluss gegenüber den Landesherren etwa seit der zweiten Hälfte des 15. Jh. zurückgegangen war, noch das Bürgertum, das mit seinen reichen Patriziern vom Schlage der Fugger offen auf der Seite der feudalen Reaktion stand und auch in seinen mittleren Schichten, obwohl nicht so eng mit den Feudalherren verbunden, eine indifferente Position einnahm, waren Unterstützer der Bauern. Es verblieben nur die armen Schichten der Städte und die Handwerksgesellen sowie die Knechte, Heimarbeiter und Bergleute, die aber insgesamt zu schwach waren, um eine entscheidende Rolle zu spielen. Die Niederlage im Bauernkrieg hatte zur Folge, dass die Herrschaft des Feudalismus in Deutschland noch für fast weitere drei Jahrhunderte anhielt. Durch den Sieg der Fürsten als Kräften der nationalen Zersplitterung wurde die Schaffung der nationalen Einheit unmöglich.

Für einen anderen als einen durch die Volksmassen erkämpften Weg der Schaffung eines einheitlichen Nationalstaates fehlte in Deutschland jenes nationale Königtum, das, wie in England oder Frankreich, mit Hilfe des Bürgertums und des fortschrittlichen Kleinadels diese Aufgabe übernehmen konnte. Den Kaiser des Heiligen Römischen Reiches Deutscher Nation kann man nicht als Vertreter solcher nationaler Bestrebungen bezeichnen; im Gegenteil waren die Habsburger, mit denen ab dem 16. Jahrhundert die Kaiserwürde dauernd verbunden blieb, Verbündete jener katholischen Reaktion, die sich in der zweiten Hälfte des 16. Jh. immer mehr breitmachte und den kulturellen Fortschritt aufzuhalten suchte, der mit der Reformation eingesetzt hatte. Der im 16. und Anfang des 17. Jh. sich verschärfende Kampf zwischen dem Habsburger Kaiser und den Landesfürsten als Repräsentanten der nationalen Zersplitterung fand seinen Höhepunkt im Dreißigjährigen Krieg (1618-1648).

In jenem Krieg zeigten sich nicht nur die Wirkungen der nationalen Zersplitterung in den innerdeutschen Auseinandersetzungen, sondern auch in der Tatsache, dass andere Staaten – Dänemark, Schweden und Frankreich – ihre Heere nach Deutschland entsandten und das Land gemeinsam mit den einheimischen Söldnern verwüsteten: Deutschland bildete den Kriegsschauplatz Europas. Die Verluste an Menschen waren immens, die Bevölkerung ging um etwa ein Drittel zurück, nicht nur wegen direkter Kriegshandlungen, sondern auch wegen Seuchen und Hungersnöten als deren unmittelbaren Folgen. Zu dem Verlust an Menschen kam die Zerstörung von Dörfern und Städten. Ein großer Teil des Landes wurde infolge der allgemeinen Unsicherheit unbebaut gelassen, und auch die Erzeugung auf den bestellten landwirtschaftlichen Flächen ging stark zurück.

Das politische Resultat dieses Dreißigjährigen Krieges war die Beendigung des jahrhundertelangen Kampfes zwischen den Fürsten und dem Kaiser zugunsten der fürstlichen Landesherren. Die Fürsten hatten ihre Souveränität errungen und waren vollständig unabhängig geworden mit dem Recht, Bündnisse auch mit ausländischen Staaten zu schließen. Damit war die Zersplitterung des deutschen Reiches endgültig konsolidiert: 2.000 souveräne Territorien, darunter 300 größere geistliche und weltliche Fürstentümer, ansonsten kleine und kleinste Einheiten, kennzeichneten nunmehr das politische Bild.

Innerhalb der größeren und großen geschlossenen Territorien vollzog sich eine Zentralisation innerhalb der Zersplitterung, und die landesherrlichen Gewalten hatten sich nicht nur gegenüber dem Kaiser gefestigt, sondern wurden auch gegenüber kleineren Feudalherren (Reichsritterschaften) und den Reichsstädten geltend gemacht. Die Ära des Absolutismus, also der Herrschaftsform, bei der eine einzelne Person über die souveräne Ausübung aller Staatsgewalt verfügt, setzte sich in Deutschland nicht nur wesentlich später als bspw. in England und Frankreich, sondern auch nur in Miniaturform auf Ebene der einzelnen Länder und Fürstentümer durch; es fehlte dem deutschen Absolutismus der nationale Charakter. Anstelle eines Nationalbewusstseins regierte der Ungeist blinden Gehorsams und eines Untertanengeistes des deutschen Bürgertums. Dies galt auch für die klassische Wirtschaftspolitik des Absolutismus, den Merkantilismus, der seitens der Fürstentümer praktiziert wurde: ein Protektionismus durch Zollschranken (Schutzzölle), aktive Handelsbilanzen und Akkumulation von Geldschätzen hemmte die Bildung eines nationalen Kapitals und förderte die gewerbliche Produktion nur im Kleinen.

Die die gewerbliche Produktion befördernden Elemente waren zum Einen die Nachfrage der Feudalherren, die über den Markt all jene Produkte als Waren nachzufragen begannen, die sie nicht mehr in eigenen Produktionseinheiten selbst herstellten. Zum Anderen wurde der Staat immer mehr zum Abnehmer gewerblicher Waren, sowohl von militärischen Ausrüstungsgegenständen (Waffen, Schiffe, Uniformen etc.) als auch von Luxusgütern für die Hofhaltung. Die Finanzmittel für diese Warenkäufe kamen neben den direkten Steuern sowie grund- und gerichtsherrlichen Abgaben an die Fürsten aus neu eingeführten indirekten Steuern der Stadtbevölkerung (Akzisen) sowie aus der Münzverschlechterung, d.h. der Manipulation des Eigenwerts des Metallgeldes (Wippen und Kippen). Neben der Ausweitung des inneren Marktes wurde der äußere Markt für gewerbliche Warenexporte durch die geografischen Entdeckungen des 15. und 16. Jahrhunderts, die mit den Namen von Christoph Kolumbus, Vasco da Gama und Fernando Magellan verbunden sind, gefördert. In der Folge dieser Entwicklungen kam es im 16. bis 18. Jh. zu einer extensiv erweiterten gewerblichen Produktion, die u.a. durch Einwanderungen – z.B. Vertreibung der Hugenotten aus Frankreich im Jahr 1685, die vorwiegend Handwerker und Kaufleute waren – begünstigt wurde. Aber auch die Arbeitsproduktivität durch erhöhte interne Arbeitsteilung und Spezialisierung machte Fortschritte im Rahmen der Ausbreitung von Manufakturen, Anfängen der technischen Wissenschaften und einem Aufschwung der Naturwissenschaften im engeren Sinne. Aber weder war diese Entwicklung der gewerblichen Produktion über die Breite der Produktionszweige, noch gar in regionaler Hinsicht gleichmäßig ausgeprägt.

Auch in der Landwirtschaft waren regionale Unterschiede zwischen dem Westen und dem Osten des Reiches charakteristisch und bestimmend. Geografische Scheidelinie war die Elbe, weshalb man von West- und Ostelbien sprach. Grundlage war die unterschiedliche ökonomische und soziale Basis der Landwirtschaft in diesen Landesteilen. Im Westen verfügte, bedingt u.a. durch den Widerstand der Bauern im Bauernkrieg, die Mehrheit der Bauern nach wie vor über ein erbliches Besitzrecht am Grund und Boden mit schwer veränderlichen Abgaben. Der Umfang des Herrenlandes, d.h. der feudalen Eigenwirtschaften, blieb gering, und das private Einkommen der Feudalherren floss deshalb vor allem aus den Abgaben der

Bauern, die Geld- oder auch Naturalform haben konnten. Die Reste der alten Leibeigenschaft lebten nicht wieder auf, allerdings war die Freizügigkeit selbst innerhalb eines bestimmten Territoriums sowohl durch die Erhebung von Abzugsgeld als auch durch verschiedene Gesindeordnungen erschwert. Im 16. bis 18. Jh. war es somit nirgendwo zu einer substantiellen Veränderung der Produktionsverhältnisse oder auch nur in den Formen der feudalen Ausbeutung gekommen; die verschlechterte Lage des Bauern aus den beiden vorangegangen Jahrhunderten blieb erhalten.

Im Gegensatz zu Westelbien kam es in den Gebieten östlich der Elbe – und darüber hinaus in großen Teilen Osteuropas – zu wesentlichen Veränderungen in den Formen und der Intensität der feudalen Ausbeutung der Bauern. Die Feudalherren, besonders und zuerst die an der Steigerung ihres Anteils am Mehrprodukt interessierten Ritter, brachten hier die in verschiedenen Teilen des Reiches im 15. Jh. begonnene Offensive, die auf die Beseitigung der Erblichkeit des bäuerlichen Besitzrechtes und begrenzten Abgabeleistungen zielten, zu einem vollen Erfolg; insofern kann von der Herstellung einer zweiten Leibeigenschaft gesprochen werden. Sie hatte die ökonomische Funktion, die Bestellung größerer ritterlicher Eigenwirtschaften, feudaler landwirtschaftlicher Großbetriebe, durch die Zwangsarbeit der dörflichen Bevölkerung zu sichern und bildete einen wesentlichen Bestandteil der Gutswirtschaft.

Ihre Voraussetzung war das Bestehen feudaler Eigenwirtschaften, die im Zuge der seinerzeitigen Ostkolonisation begründet und durch die Folgewirkungen der Beulenpest-Pandemie ausgedehnt worden waren. Nunmehr konnten diese größeren Betriebe von der gesteigerten Nachfrage nach agrarischen Erzeugnissen profitieren, die durch den Anstieg der Zahl der im Gewerbe tätigen Menschen sowie der Beamten, Soldaten und Matrosen absolut und relativ zugenommen hatte. Ein Zurückbleiben des Angebots an Landwirtschaftswaren gegenüber der zunehmenden Nachfrage führte zu deutlichen Preissteigerungen, absolut und relativ gegenüber Gewerbeprodukten. Profitieren von dieser Agrar-Konjunktur des 16. Jahrhunderts konnten aber nur Betriebe in Regionen, in denen die Möglichkeit zum Fernabsatz (Transport) spezialisierter Agrarprodukte z.B. nach den amerikanischen Zucker-, Tabak- und Baumwollplantagen vorhanden waren. Diese Bedingungen kamen den Rittergütern Ostelbiens zugute, die als von Knechten und Mägden bestellte Eigenwirtschaften die Einkommensgrundlage der Feudalherren bildeten, während grundherrliche Einnahmen im Gegensatz zu den westlichen Regionen nur ein geringes Ausmaß erreichten. Diese Konzentration auf die Eigenwirtschaften wurde durch die Liquidierung des Raubrittertums als zuvor bestandene Erwerbsalternative und deren Ersetzung durch Söldnerheere begünstigt. Auch begannen die ostelbischen Ritter nunmehr, den Getreidehandel selbst zu übernehmen, um die Handelsprofite nicht mehr den städtischen Kaufleuten zu überlassen.

Die Erweiterung der ritterlichen Eigenwirtschaften setzte sich im 16. Jahrhundert zunächst in der Weise durch, dass die Ritter frei gewordene Höfe nicht wieder verliehen, sondern dem Herrenland anschlossen. Auch übernahmen sie das verschuldete Land von Bauern und vertrieben diese gewaltsam von ihrem Grund und

Boden, um sie auf einem kleineren Grundstück als sog. Kossäten wieder einzusetzen. Dieses »Bauernlegen« war nur in großem Umfang möglich, weil die Ritter mit der Verfügung über die Gerichtsherrschaft über ein Instrument außerökonomischer Macht verfügten. Bäuerlicher Widerstand gegen dieses Vorgehen war in den östlichen Gebieten immer schon schwierig gewesen, weil sich die Kolonisation seinerzeit von Anbeginn an unter der Autorität des Adels vollzogen hatte, während westlich von Elbe und Saale die feudale Grundherrschaft der vorher existierenden freien Bauernschaft mit ihrer Dorf- bzw. Markgenossenschaft aufgesetzt worden war. Die östlichen Landesherren unternahmen nichts gegen die Vergewaltigung der Bauern, ja sie gaben den Rittern sogar ausdrücklich das Recht, widerspenstige Bauern zu legen. Das Bauernlegen im 18. Jh. wurde darüber hinaus dadurch erleichtert, dass die Bauern bei Neuansiedlungen nach dem Dreißigjährigen Krieg ein Besitzrecht für den Grund und Boden nur für die Dauer ihrer Lebenszeit, d.h. ohne Vererbbarkeit, erhalten hatten. Ein staatlicher »Bauernschutz« begann erst mit dem Edikt Friedrichs II. aus dem Jahr 1764, mit dem das Bauernlegen rückgängig gemacht und die Bauernwirtschaften, soweit sie vor dem Siebenjährigen Krieg der europäischen Mächte (1756-1763) bestanden hatten, wiedererrichtet wurden. Allerdings war nicht die konkrete Person des Bauern geschützt, da der Gutsherr einen Bauern von seiner Scholle verjagen konnte, wenn er dafür sorgte, dass ein Anderer seine Stelle einnahm.

Da die Gutsbetriebe vor allem durch die Fronarbeit der Bauern bestellt wurden, ging mit der Ausdehnung des Herrenlandes vom 16. bis 18. Jh. eine bedeutende Ausdehnung der bäuerlichen Frondienste einher. Sie bildeten in zunehmendem Maße den Hauptteil der bäuerlichen Leistungen. Auch Familienmitglieder wurden gezwungen, als Gesinde auf dem herrschaftlichen Hof zu arbeiten (Gesindezwangsdienst). Darüber hinaus wurden landarme bzw. landlose Bevölkerungsgruppen im Dorfe für die Bestellung der Güter herangezogen und exploitiert. Eine neue Quelle zur Erweiterung der Tagelöhner ergab sich aus dem Bauernlegen. Gelegte Bauern wurden in Landarbeiter verwandelt und nicht mehr als Kossäten wieder angesiedelt. Somit schlug der Prozess der Verringerung des Bauernlandes und der Erweiterung des Herrenlandes in etwas qualitativ Neues um: die völlige Liquidierung der Bauernwirtschaften zugunsten der Herrenwirtschaften und die Trennung der Bauern von ihrem gesamten Bodenbesitz. Diese Trennung stellt eine Parallele zum großen Bauernlegen in England in derselben Zeit dar; allerdings war der wesentliche Unterschied, dass die ostelbischen Landarbeiter des 18. Jh. nur »frei« von ihren Produktionsmitteln geworden waren, jedoch nicht zugleich die freie Verfügung über ihre Arbeitskraft erhalten hatten, wie dies in England der Fall gewesen ist. Demnach führte die Entwicklung in Ostelbien zur Errichtung einer zweiten Leibeigenschaft und nicht zur Überwindung feudaler Abhängigkeiten.

e) Konstitution von Nationalstaaten: England und Frankreich im Mittelalter

England: Vom römischen Britannia bis zur Glorious Revolution

Bis in die ersten Jahre des 5. Jahrhunderts gehörte England als Provinz Britannia zum Weströmischen Reich. Mehrere Jahrhunderte lang hatte Britannien Getreide in das römische Gallien geliefert. Hintergrund war eine entwickelte Landwirtschaft in einigen Gebieten Ost- und Südostenglands, in denen sich unter den klimatischen Bedingungen des Insellandes durch die Einführung von Roggen als neuer Getreideart seitens der Römer und die Durchsetzung der Fruchtwechselwirtschaft stabile Erträge erzielen ließen. Die landwirtschaftliche Produktion erfolgte vielfach in Großbetrieben nach römischem Vorbild. Außerdem hatte diese Entwicklung zur Entstehung einer Reihe von Städten und Handelsplätzen wie z.b. Londinium (London) beigetragen. In ihnen spielte die einheimische romanische Aristokratie sowie die romanisierte Aristokratie der Belgen und Kelten eine führende Rolle.

Ende des 3. Jahrhunderts begannen an der Südostküste Englands die Einfälle der Sachsen und anderer Stämme, die ihre Wohnsitze an der südöstlichen Nordseeküste hatten. In der zweiten Hälfte des 5. Jh. gelang es Jüten, Angeln und Sachsen, Gebiete an der Südküste Englands zu erobern und in der Folgezeit ihre Macht über den größten Teil Britanniens auszudehnen. Ein Teil der einheimischen romanischen bzw. romanisierten keltisch-gälischen Bevölkerung zog sich in die unwegsamen Gebiete von Wales und Cornwall zurück, ein anderer Teil siedelte nach der letzten großen Schlacht zwischen Angelsachsen und Briten (516) in die bis heute als Bretagne benannten Gebiete Frankreichs über (vgl. Abb. 12.8).

Der Adel der Eroberer forcierte die Bildung kleiner, voneinander unabhängiger Staaten; bis zur Mitte des 6. Jh. entstanden so Kent, Sussex, Essex, Westanglia, Wessex, Mercia und Northumbria. Im Westen konsolidierte sich das Königreich Wales; Irland und Schottland, die von der römischen Eroberung kaum berührt waren, blieben weiterhin von Bewohnern keltischer Herkunft besiedelt, die in archaischen Formen mit einer die ursprüngliche Clan-Verfassung modifizierten Sippenstruktur lebten. Im 5. Jh. drang das Christentum in die Gesellschaft Irlands ein und erfuhr eine spezifische, von der römischen Kirche zunächst unabhängige Ausprägung. Durch die Eroberungen wurden die gesellschaftlichen Grundlagen der römischen Gesellschaft entweder zerschlagen oder doch stark verändert. Jedoch blühte der Sklavenhandel weiter, denn die ständigen Kämpfe der entstehenden Staaten untereinander und gegen das keltische Königreich von Wales brachten immer neue Kriegsgefangene ein, die auf den Märkten in England, darunter vor allem in London, an Sklavenhändler verkauft wurden.

In England begannen sich unter diesen Bedingungen bereits seit dem 6. Jh., zum Teil auf der Grundlage der alten Römerstädte, die Anfänge frühfeudaler Handels- und Handwerkersiedlungen herauszubilden. Seit dem 7. Jh. entwickelte sich ein regelmäßiger und fester Verkehr zwischen England und den Handelsemporien im Merowingerreich. Auf dem durch den Handel gebahnten Wegen gelangten christ-

Abbildung 12.8: Britannien nach der sächsisch-anglisch-jütischen Eroberung

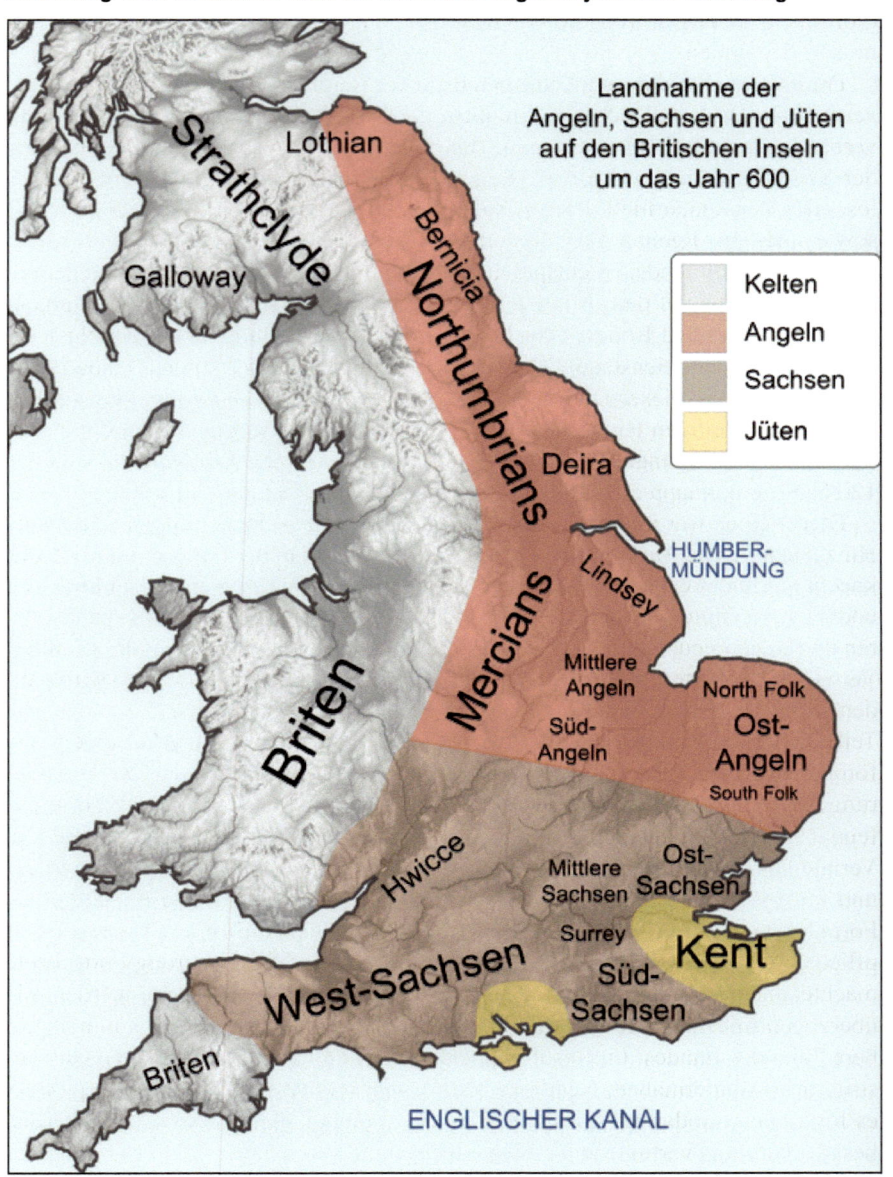

Quelle: https://mittelalter.fandom.com/de/wiki/Entstehung_der_englischen_Nation

Kapitel 12: Mittelalterlicher europäischer Feudalismus

liche Missionare nach England, und die Christianisierung durch die römisch katholische Kirche war von größter Bedeutung für die Entwicklung des Feudalismus in Britannien.

Die angelsächsischen und jütischen Eroberer hatten zunächst ihre Gesellschaftsverfassung der zerfallenden gentilizischen Organisationsformen mit starken Hofverbänden auf England übertragen. Das eroberte Land wurde auf die Mitglieder der Kriegerverbände verteilt, wobei jeder Familienverband eines Freien 1 Landlos, Hide genannt, erhielt. Dieses Hide umfasste Hofstelle, Garten und Ackerland sowie anteiliges Recht auf die Nutzung der aus Weiden, Wiesen, Wild und Wasser bestehenden Allmende. Es entsprach damit dem Allod der fränkischen und germanischen Stämme auf dem Kontinent und bildete eine erste Stufe des Privateigentums am Grund und Boden. Daneben ließ die Landzuteilung an die Gefolgsleute der Könige einen Dienstadel, Thegn genannt, entstehen, der zu dem Geburtsadel (Eorls) hinzutrat; dieser Dienstadel bildete die zweite große Gruppe des Feudaladels. Die jeweiligen Hides waren in Abhängigkeit von geographischen und ökonomischen Bedingungen unterschiedlich groß; im Durchschnitt dürften sie etwa 120 acres, d.h. knapp 50 ha oder 200 Morgen umfasst haben.

Diese Größe war im Familienbetrieb kaum bestellbar und konnte nur durch die Hinzuziehung und Ausbeutung von Unfreien bewirtschaftet werden. Neben der Verknechtung und Ausbeutung der einheimischen britischen Bauern durch die Eorls und Thegn konnten auch Teile der Freien (Ceorls) an der Ausbeutung partizipieren und in den Feudaladel aufsteigen. Da auch Kaufleute, die über ein bestimmtes Vermögen verfügten, sich an größeren Unternehmungen beteiligen konnten, wurden sie ebenfalls zu Thegn. Mobiles Eigentum und Landeigentum waren daher in Teilen Englands nicht so starr voneinander abgegrenzt wie auf dem Kontinent und förderten die Ausbildung von vollem Privateigentum, welches auch die Veräußerung von Grund und Boden einschloss. Dadurch wurde wiederum die Form der feudalen Abhängigkeit der Bauern beeinflusst: die Mehrzahl der Ceorls wurde im Verlauf des 6. bis 9. Jh. in den Status von abhängigen Feudalbauern herabgedrückt und musste Arbeitsleistungen sowie Natural- und Geldabgaben in mannigfacher Form erbringen. Hierbei spielten Raub von Eigentum und die ruinöse Heeresdienstpflicht wesentliche Rollen. Im Maße, wie die Klassendifferenzierung Fortschritte machte, entstanden feudale Grundherrschaften, die »manor« genannt wurden. Sie überzogen mit ihren Fronhöfen und Hebestellen für Naturalabgaben immer größere Teile des Landes. Im Resultat präsentierte sich damit die englische Klassenstruktur folgendermaßen: Neben den adligen Grundherren (Eorls und Thegn) gab es fortan den minderfreien Bauern (Gebur), der einen eigenen Wirtschaftsbetrieb besaß, über Land verfügte und dieses selbstständig bearbeitete. Daneben gab es den Kotsetle (Kotsassen), der seinen kleinen Acker zumeist mangels Zugviehs mit dem Spaten umgrub. Beide, Geburs und Kotsetles, waren zu umfangreichen Arbeitsleistungen auf den Höfen des Adels verpflichtet.

Ein nicht unbeträchtlicher Teil des Mehrprodukts der Bauern unter diesen Eigentumsverhältnissen wurde in Waren verwandelt, und damit begann der Handel auch

Abbildung 12.9: Die britischen Feudalstaaten zur Zeit der dänischen Eroberung

Quelle: https://de.wikipedia.org/wiki/Datei:Britain_802_de.svg

im Binnenland eine größere Rolle zu spielen. Geldmünzen dienten als Zirkulationsmittel und als Basis für die Münzprägung wurde das karolingische Münzsystem entlehnt, wobei einem Pfund 20 Shillinge oder 240 Denare (Pennies) entsprachen.

Grundlage für die Stabilisierung der Feudalverhältnisse und die Entstehung von Marktverkehr und Handel war der Aufschwung der landwirtschaftlichen Produktion zwischen dem 6. und 9. Jahrhundert. Roggenanbau und Verwendung des Bodenwendepfluges mit Radvorgestell, Viehzucht und die Anwendung von Wassermühlen bezeichneten den erreichten Entwicklungsstand der Produktivkräfte.

Sozioökonomisch verlor die bäuerliche Hide ihren Allodcharakter und wurde zum Bestandteil des Grundeigentums des Feudaladels. Diese wurden als »Stapols« bezeichnet, wurden zur Basis der feudalen Land- und Steuereinheit und entsprachen in etwa der bäuerlichen Hufe auf dem europäischen Kontinent. Dieser Prozess der Durchsetzung der feudalen Produktionsweise war bis zur normannischen Eroberung im 11. Jh. endgültig abgeschlossen.

Unter König Alfred dem Großen (871–899/900), der König von Wessex war, wurde mit der Bildung des englischen Feudalstaates das Land straffer organisiert und sich der Bedrohung durch die Dänen, die das Land seit Ende des 8. Jh. erst überfallen und sodann ganz Ostengland zwischen Themse und Northumbrien erobert und besiedelt hatten, entgegengestellt. Zunächst war die feudale Staatsmacht in England verhältnismäßig schwach entwickelt gewesen, da sich die angelsächsischen Dörfer in Nachbarschaftsgemeinden weitgehend selbst verwalteten. Da die angelsächsischen Königreiche zunächst etwa gleich stark waren, kam es lange nicht zur Entstehung eines umfassenden Feudalstaates (vgl. Abb. 12.9). Erst zu Beginn des 9. Jh. traten an die Stelle der dörflichen Selbstverwaltungen Grafschaften (Shires), an deren Spitze ein Graf als Königsvertreter gestellt wurde. Die noch üblichen Volksversammlungen entwickelten sich zu Grafschaftsversammlungen des Adels und das Gerichtswesen ging fest in die Hände des Adels über. Die von Dänen und Norwegern besiedelten Gebiete wurden im dritten Viertel des 10. Jahrhunderts dem englischen Feudalstaat einverleibt. Nach den ursprünglichen sieben Königreichen nach der sächsisch-anglisch-jütischen Eroberung, der Herausbildung des feudalen Grundeigentums und der Unterwerfung der freien Bauern unter die feudale Abhängigkeit war die Etablierung eines umfassenden Feudalstaates und die Einführung der Grafschaftseinteilung der Abschluss der Durchsetzung der feudalen staatlichen Ordnung in England.

Alfreds Nachfolger bauten das von ihm angelegte Verwaltungssystem aus, in dem als Kronbeamte Sheriffs an der Spitze eines Shires standen. Die Shires wurden vor allem für das Gerichtswesen und das Heeresaufgebot wichtig. Alfreds Sohn Eduard fügte den Dänen 910 in der Schlacht von Tettenhall eine weitere schwere Niederlage zu und war danach vor allem in Auseinandersetzungen mit den südlichen dänischen Reichen erfolgreich. 918 erkannten die Könige dieser Reiche ihn als Herren an, später auch die Herrscher Schottlands. Unterdessen veränderten sich auch die dänischen Gebiete im Osten Englands, die als Danelag bezeichnet wurden. Die einstigen Wikinger gingen immer mehr zu einer bäuerlichen Lebensweise über, bauten Burgen und Ansiedlungen und nahmen das Christentum an. Um 980 begann eine neue Welle von Wikingerangriffen von See aus. Größere Kämpfe blieben jedoch weitgehend aus, da die angelsächsischen Herrscher Tribute zahlten und die Wikinger wieder abzogen. Um diese Tribute aufzubringen, führte König Æthelred auf Anraten des Erzbischofs als erster mittelalterlicher Herrscher eine allgemeine Grundsteuer ein, das Danegeld. Dennoch setzten die Wikinger ihre Bestrebungen fort, die angelsächsischen Gebiete zu erobern. Nach der verlorenen Schlacht von Maldon 991 zahlte Æthelred 10.000 Pfund (3.732 kg) Silber Tribut, um den Abzug der Wikinger zu erkaufen. Diese Summen steigerten sich mit der Zeit. 994 mussten 7.250 kg Silber für den Abzug Olaf Tryggvasons aufgebracht werden, 1012 sogar 22 Tonnen Silber.

Knut der Große wurde 1016 zum König von England gekrönt und regierte ab 1018 England und Dänemark in Personalunion sowie weite Teile Norwegens und Südschwedens. England war damit Teil eines durch Seefahrt zusammengehaltenen Großreichs. Knuts Herrschaft über England stellte für das Land eine außerordentlich lange Friedensperiode dar. England erholte sich nach jahrzehntelangen Wikingerraubzügen und das Danegeld wurde wieder abgeschafft. Neben der Einbeziehung der Kirche in seine Herrschaftsstrukturen bemühte Knut sich um die Integration sowohl der Angelsachsen als auch der sesshaft gewordenen Dänen in seinem neugeschaffenen Nordseereich. Die Bevölkerungsgruppen wurden vom König weitgehend gleich behandelt, unterschieden sich aber durch die verschiedenen, jeweils für sie geltenden Rechtsordnungen, die sich aus germanischen Stammesverfassungen entwickelt hatten. Wichtigstes rechtliches Werkzeug des Königs war der Königsfriede, mit dem Ansiedlungen, Gutshöfe, Einrichtungen (beispielsweise Kirchen, Straßen oder Brücken) und Personengruppen (etwa die Juden) in den persönlichen Haushalt des Königs übernommen und damit geschützt wurden. Als zusätzliche Verwaltungsebene über den Shires richtete der selten in England anwesende König vier Earldoms (Wessex, Mercia, East Anglia und Northumbria) ein, die jeweils von einem Ealdorman verwaltet wurden.

Nach dem Tode von Knuts Sohn Hardiknut zerbrach das englisch-dänische Großreich, und der normannische Einfluss in England wuchs zusehends. Unter ihm kam es zu Entwicklungen, die schnell Konflikte hervorriefen: Einerseits wuchs der Einfluss sowohl des alten angelsächsischen als auch des dänischen Hochadels, insbesondere der Earls der Herzogtümer, andererseits bevorzugte Hardiknuts Halbbruder Eduard, der nach Hardiknuts Tod auf den Thron gekommen war, normannische Adlige an seinem Hof. Dies führte zu einem Konflikt zwischen dem eingesessenen Adel und den Normannen. Eduard hatte bis zu diesem Zeitpunkt eine neue Herrschaftsorganisation eingeführt, die die normannischen Könige später durchsetzen sollten, insbesondere mit der direkten königlichen Einsetzung von Klerikern auf Verwaltungsposten und Bischofsstühlen.

Wilhelm, Herzog der Normandie, war über seine Großtante Emma zumindest entfernt mit dem angelsächsischen Königshaus verwandt. Er unternahm mit Harald von Norwegen einen Feldzug nach England. Harald erreichte als erster die Insel und landete mit 300 Langschiffen in Yorkshire. Nach zunächst wechselvollem Verlauf unterlagen die englischen Truppen in der Schlacht von Hastings, in der Harold und seine Brüder fielen. Danach stieß Wilhelm kaum noch auf Widerstand. Am Weihnachtstag 1066 wurde er in Westminster zum englischen König gekrönt und die normannische Herrschaft in England aufgebaut.

Der Sieg Wilhelms führte zur Einführung des effektiven Lehnsystems der Normannen. Eine kleine normannische Oberschicht ersetzte den eingesessenen Adel fast vollständig. Wilhelm befahl die Erstellung des Domesday-Buches, welches Steuern der gesamten Bevölkerung, ihrer Ländereien und Besitztümer erfasste. Anders als in vielen anderen europäischen Ländern setzte sich mit Wilhelm das englische Königtum als alleiniges Zentrum des Feudalsystems durch. Letztlich befand sich der gesamte Grundbesitz auf der Insel in der Hand des Königs, der ihn an seine Lehnsnehmer weitergab, die wiederum ihnen untergeordnete Lehnsnehmer hatten. Grundherrschaft aus eigener Macht der Fürsten wie etwa im Heiligen Römischen Reich gab es nicht. Auch die Verwaltung Englands wurde von Wilhelm neu geregelt: Mit wenigen Ausnahmen wurden die Counties als neue, kleinere Gebiete eingeführt. An ihrer Spitze standen Earls oder Counts als königliche Lehnsnehmer. Darunter entstand aber eine weitere Schicht von Sheriffs als direkt dem König verantwortliche Beamte. Auch kirchliche Ämter wurden zunehmend von Normannen besetzt. Insgesamt führte die normannische Dominanz in der englischen Führungsschicht dazu, dass Anglonormannisch und Latein zu den dominierenden Sprachen wurden. Angelsächsisch wurde nur noch im einfachen Volk gesprochen. Im Rechtssystem machte sich der normannische Einfluss u.a. in der klaren Trennung der weltlichen und geistlichen Gerichtsbarkeit geltend.

Unter den Söhnen Wilhelms I. kam es zu Auseinandersetzungen um das Erbe, aus denen schließlich Heinrich I. als Sieger und als Herrscher sowohl über England als auch über die Normandie hervorging. Im Jahre 1100 musste Heinrich zur Absicherung seiner Herrschaft dem Adel die »Charter of Liberties«, den Vorläufer der Magna Carta, zugestehen. Unter ihm wurde außerdem der Investiturstreit zwischen der englischen Krone und der katholischen Kirche ausgefochten, der mit der Regelung endete, dass die Kirche die Bischöfe mit geistlichen Vollmachten ausstatten durfte, sie aber zuvor zu Vasallen des Königs werden mussten. Bis zum Ende seiner Herrschaft richtete Heinrich mit dem Schatzamt (Lord High Treasurer), einem Verwaltungsgerichtshof und den Reiserichtern weitere Elemente einer zentralen Königsherrschaft ein.

Beständige Konflikte zwischen dem einheimischen Adel und den Königen, deren Abfolge durch Tod und Nachkommenschaft sich im Rahmen einer Heiratspolitik innerhalb der dänischen und normannischen hochadligen Familien ergab, prägten die politische Entwicklung im 11. bis 13. Jahrhundert und weiteten sich zeitweise zu regelrechten Bürgerkriegen aus. Einen vorläufigen Endpunkt fanden diese Auseinandersetzungen in der Magna Carta von 1215, in der grundlegende politische Freiheiten des Adels gegenüber dem König fixiert wurden und die als wichtigste Quelle des englischen Verfassungsrechts gilt. Erstarkte die Königsmacht wieder und sicherte sie ihre interne Herrschaft durch Burgenbau und das Aufstellen eines Söldnerheeres, wurde das Herrschaftsgebiet auch durch auswärtige Feldzüge ausgedehnt; es umfasste seit 1169/70 Irland, nach 1283 Wales und kurzeitig auch Teile Frankreichs und der Iberischen Halbinsel unter Heinrich II. (1133-1189) im Angevinischen Reich.

Im ersten und zweiten »Krieg der Barone« wurde die Macht des Adels gegenüber dem König noch weiter ausgedehnt, indem durch die »Provisions of Oxford und Westminster« ein sog. Magnaten-Ausschuss als Kontrollorgan der Regierungsgeschäfte eingerichtet wurde; damit war das englische Königtum bereits zu einer Art parlamentarischen Monarchie geworden.

In der Zeit von der Mitte des 10. bis zur Mitte des 14. Jahrhunderts kam es zu rd. einer Verdreifachung der englischen Bevölkerung auf bis zu sechs Millionen Menschen. Diese Entwicklung hatte eine Reihe wirtschaftlicher und gesellschaftlicher Folgen: Der Ackerbau wurde mit der Einführung der Dreifelderwirtschaft und der Urbarmachung weiterer Flächen intensiviert. Die Selbstversorgung mit Nahrungsmitteln gelang jedoch nur in klimatisch günstigen Regionen und politisch stabilen Zeiten. Häufig wurde Getreide importiert, ebenso in größeren Mengen Wein und Holz. Wichtigste Exportartikel waren Wolle, Eisen und Zinn. Der Fernhandel lag mehrheitlich in der Hand kontinentaleuropäischer und jüdischer Kaufleute. Es gab in dieser Zeit noch kaum englische Handelsschiffe.

Die normannische Eroberung zog auch eine Veränderung der Dorfstrukturen nach sich. Ländliche Siedlungen wurden zunehmend um die Herrenhäuser des Adels gruppiert und nicht mehr in genossenschaftlich aufgebauten Dörfern nach angelsächsischer Tradition. Vor allem auf wikingische Impulse ging das Wachstum von Städten zurück. Schnell bildeten sich jedoch auch außerhalb des Danelag große Siedlungen, die bald vom König den Status von »Boroughs« mit Selbstverwaltung und eigener Gerichtsbarkeit erhielten. Mit Ausnahme von London, das in dieser Zeit rd. 50.000 Einwohner hatte, blieben die englischen Städte meist deutlich kleiner als ihre kontinentalen Gegenparts.

Die Klassenstruktur hatte sich folgendermaßen entwickelt: Der Hochadel wird für das Hochmittelalter auf rund 170 Familien geschätzt. Ihnen waren rund 5.000 bis 6.000 Ritter nachgeordnet, die wiederum unfreie Bauern als Leibeigene hatten. Freie Bauern waren direkte Untertanen des Königs und genossen den Unfreien gegenüber rechtliche Privilegien. Da die Ritter im Verlauf des Mittelalters ihre Vasallendienste zunehmend durch Geldzahlungen ablösten, blieb ihnen zunehmend Zeit zur eigenen Bewirtschaftung eines Teils ihrer Güter, die dann nicht durch unfreie Bauern, sondern durch Landarbeiter auf den Rittergütern erfolgte. Eine Veränderung erlebte die Sozialstruktur, als 1290 alle Juden aus England ausgewiesen wurden.

Nach der wirtschaftlichen Wachstumsphase des Früh- und Hochmittelalters prägte im 14. Jahrhundert die Pestepidemie die Entwicklung in England. Nach zwei schweren Pestschüben 1348 und 1361/62 kam es zu mehreren kleinen Ausbrüchen der Seuche, die insgesamt die Bevölkerung in etwa halbierten und einen verbreiteten Arbeitskräftemangel nach sich zogen. Von diesem Arbeitskräftemangel profitierte nach einer anfänglichen schweren Wirtschaftskrise vor allem die überlebende Landbevölkerung. Landarbeiter erhielten höhere Löhne, freie Bauern kauften das frei gewordene Land und stiegen teilweise zu Großbauern (Yeomen) auf. Die Konkurrenz durch Eigenwirtschaftsgüter der Adligen ging zurück, da diese sich angesichts der steigenden Löhne aus der Landwirtschaft zurückzogen und sich vom Ackerbau ab- und der Schafzucht zuwandten. Zwar gerieten auch einige kleinere freie Bauern neu in die Abhängigkeit, doch ertrotzte sich die Mehrheit der Unfreien von ihren Herren weitergehende Rechte, die zunehmend auch schriftlich fixiert und damit gerichtlich einklagbar wurden. Bis zum Ende des 14. Jahrhunderts war die Leibeigenschaft dadurch faktisch weitgehend verschwunden und die überwiegende Mehrzahl der Bevölkerung bestand im nachfolgenden 15. Jh. aus freien, selbstwirtschaftenden Bauern, wenngleich feudale Formen ihr Eigentum noch überdeckten. Auf den großen Gütern der Grundherren war der frühere unfreie Vogt durch den freien Pächter verdrängt und ersetzt worden. Diese Pächter beschäftigten teilweise Bauern, die jenseits der zu ihrer Reproduktion benötigten Arbeitszeit auf diesen großen Gütern arbeiteten; teilweise wurde auch eine noch wenig zahlreiche Klasse eigentlicher Lohnarbeiter angewandt. Auch Letztere waren faktisch zugleich selbstwirtschaftende Bauern, die neben ihrem Lohn Ackerland geringer Größe nebst Behausungen angewiesen erhielten. Sie genossen zudem mit den eigentlichen Bauern die Nutznießung des Gemeindelandes als Viehweide und seinen Wald als Brennstoffreservoir. Durch die faktische Aufhebung der Hörigkeit wuchs das Standesbewusstsein der Landbevölkerung, was sich am deutlichsten im Bauernaufstand von 1381 ausdrückte. Diese faktische Transformation der bäuerlichen Produzenten zu Privateigentümern wurde in der Folgezeit Ausgangspunkt zu ihrer Expropriation vom Grund und Boden als Subsistenzmittel und ihrer Verwandlung in doppelt freie Lohnarbeiter.

Auf den Landadel hatte die erste, erfolgreiche Phase des Hundertjährigen Krieges Englands mit Frankreich grundlegende Auswirkungen. Sein klassisches Vasallenverhältnis wandelte sich in Vertragsbeziehungen, mit denen die Krone oder Hochadlige sich die militärischen Dienste des Landadels mit lebenslangen Unterhaltszahlungen erkauften. Dies steigerte einerseits die Fähigkeit der Krone zu lang anhaltenden Kriegszügen, stellte aber andererseits den mächtigen adligen Grundherren schlagkräftige Privatarmeen zur Verfügung.

Nachdem die schlimmsten Auswirkungen der Pestepidemie vorbei waren, beschleunigte sich die Entwicklung der Städte, allen voran diejenige Londons. Erstmals entstand eine größere Schicht einheimischer Kaufleute, die den Fernhandel betrieben. London profitierte vor allem von seiner ab dem 13. Jh. feststehenden Funktion als Königssitz. Zur Versorgung des Hofes erhielten Händler- und Handwerkergilden Privilegien. Der Geldbedarf des Königs legte den Grundstein für das Londoner Bankenwesen. Die Eroberungen in der Frühphase des Hundertjährigen Krieges steigerten die in England im Umlauf befindliche Geldmenge, so dass sich die Geldwirtschaft in der zweiten Hälfte des 14. Jh. endgültig durchsetzte. Parallel zum Ausbau der Schafzucht und des Fernhandels wurde die Rohwolle verstärkt im Land zu Tuch weiterverarbeitet, was eine größere Wertschöpfung und gut bezahlte Arbeitsplätze für die Landbewohner nach sich zog.

Auf der politischen Ebene begann ab dem 15. Jahrhundert die Ausbildung des englischen Nationalstaates deutlichere Konturen anzunehmen. Diese Entwicklung wies mehrere Spezifika auf und vollzog sich einerseits in Auseinandersetzungen mit und zwischen dem Hochadel, sodann mit den Ausprägungen des sich entwickelnden Parlamentarismus und andererseits zwischen Krone und Klerus. Wesentliche Eckpunkte dieser Entwicklungen ergaben sich in der Tudor-Epoche unter der

Regentschaft von König Heinrich VIII. in den Jahren zwischen 1509 und 1547. In dieser Zeit wurden zahlreiche, vor allem juristische Sonderrechte des Klerus abgeschafft, große Ländereien der römisch-katholischen Kirche an die Krone übertragen und nachfolgend zu Schleuderpreisen an vermögende Großbauern (Yeomanry) und verdiente Gefolgsleute aus dem Kleinadel (Gentry) verkauft. Außerdem ging es um die Lösung vom römischen Papsttum. Hintergrund für Letzteres waren persönliche Beziehungen des Königs, sein Begehren zu seiner Scheidung und Heirat einer Mätresse, um einen männlichen Erben als Thronfolger zu zeugen. Gegner der Politik Heinrich VIII. aus Klerus und Hochadel wurden in der Regel umgehend hingerichtet. Außenpolitisch startete Heinrich von Calais aus einen Feldzug gegen Frankreich, konnte aber lediglich die französische Gemeinde Boulogne erobern, was einer Niederlage gleichkam. Das Fürstentum Wales verlor endgültig seine Unabhängigkeit und wurde in das englische Königreich eingegliedert.

Im folgenden Elisabethanischen Zeitalter gingen die religiösen Auseinandersetzungen weiter. Unter Elisabeth I. wurde die römische Hoheit über die englische Kirche, die sich zwischenzeitlich in der Krise der Tudor-Epoche wieder etabliert hatte, wieder aufgehoben und die anglikanische Kirche auf den Protestantismus ausgerichtet; Rom reagierte darauf mit der Exkommunikation Elisabeths und einer gezielten Gegenreformation. Ab 1585 wurde die Todesstrafe gegen entdeckte katholische Priester verhängt. Der Religionskampf ging jedoch mit verschiedenen Protagonisten weiter und bildete neben wirtschaftlichen und politischen Gegensätzen einen wesentlichen Hintergrund für den englisch-spanischen Krieg (1585-1604), in dem sich die Unterstützung der englischen Katholiken durch Spanien und umgekehrt die englische Hilfe für die gegen Spanien aufständischen Niederländer manifestierte. In diesem Seekrieg besiegte die technisch überlegene englische Flotte die spanische Armada in einer Reihe von Seeschlachten im Britischen Kanal und vernichtete die fliehenden spanischen Schiffe endgültig. Damit begann Englands Aufstieg zur See- und Kolonialmacht.

Um 1550 war die englische Bevölkerung nach der Pest wieder auf rund drei Millionen angewachsen. Die Landbevölkerung stellte bei weitem die Mehrheit. London wuchs bis zum Ende des Jahrhunderts auf rund 215.000 Bewohner an und war damit die mit Abstand größte Stadt auf den britischen Inseln. Die Metropole bildete sich weiter zum Zentrum eines ausgedehnten Fernhandels auf Kosten anderer englischer Handelsstädte aus. Das starke Bevölkerungswachstum und die endgültige Durchsetzung der Geldwirtschaft in allen Lebensbereichen führten zu einem erheblich wachsenden Bedarf an Münzgeld. Die Verschlechterung des Münzmetalls wurde neben der Abnutzung durch Gebrauch des Mediums durch allerlei Fälschungen verstärkt; sie zog einen Anstieg der Warenpreise nach sich und führte zur Verelendung weiter Kreise der Bevölkerung, die auf die in Geld ausgezahlten Löhne angewiesen war. Gewinne machten dagegen sowohl adlige als auch bäuerliche Grundbesitzer sowie Lebensmittelhändler und teilweise auch Pächter mit langfristigen Pachtverträgen. Insgesamt stieg die Bedeutung der Lebensmittelproduktion für den Verkauf und nicht mehr nur für den eigenen Unterhalt stark an, insbesondere zur Versorgung der stark wachsenden Metropole London. Dies zog auch technische Neuerungen in der Landwirtschaft nach sich, so die Ergänzung der Dreifelderwirtschaft durch bodenverbessernde Futterpflanzen, gezielte Düngung und die zeitweise Beweidung von Ackerland, die die bisherige Brache weitgehend verdrängte.

Die englische Bauernschaft dieser Zeit teilte sich in drei Gruppen. Am schlechtesten gestellt waren die Leaseholders (um 1500 rund ein Neuntel der Bauern). Sie verfügten über Pachtverträge mit begrenzter Laufzeit, die immer wieder neu ausgehandelt wurden. Sie wurden dadurch von der Inflation am härtesten getroffen. Die Copyholders stellten mehr als die Hälfte der Bauernschaft. Ihre Erbpachtverträge waren praktisch unkündbar und sahen auf sehr lange Frist festgelegte Zahlungen vor. Die Freeholders (etwa ein Fünftel) als dritte Gruppe waren zwar nominell den Grundherren abgabepflichtig, traten im Prinzip aber als freie Bauern auf. Durch das gesamte 16. Jahrhundert hindurch gab es immer wieder Auseinandersetzungen um die Privatisierung der Allmenden um die Bauerndörfer herum. Während die Grundbesitzer versuchten, dieses Land in Privatbesitz umzuwandeln (sog. Enclosure), um die ertragreiche Lebensmittelproduktion zu steigern, waren die landlosen Arbeiter angesichts der Inflation zunehmend auf die Nutzung des Gemeinschaftseigentums angewiesen, um sich selbst versorgen zu können. Die Regierung erkannte diese Zusammenhänge und versuchte die Privatisierung der Allmende mit Gesetzen zu verhindern, setzte sich damit aber nur teilweise gegen die Interessen der Grundbesitzer durch.

Im 16. Jahrhundert begannen in England, weitaus früher als im übrigen Europa, die gesellschaftlichen Schranken zwischen niederem Adel (Gentry) und Bürgertum zu verschwinden. Einflussreiche, vermögende und gebildete Bürgerliche konnten im Ansehen auf eine Ebene mit dem Adel gelangen. Umgekehrt war es für nicht erbberechtigte jüngere Söhne aus adligen Familien spätestens am Ende des 16. Jh. nicht mehr ehrenrührig, eine Karriere als Händler zu machen, obwohl bei weitem die Mehrheit sich für eine klerikale oder militärische Laufbahn entschied. Eng mit der Reformation verbunden und eine Bedingung für den Wirtschaftsaufschwung in dieser Epoche war eine gewandelte Einstellung zu Erwerbsarbeit und Reichtum. In kaum einem anderen Land setzte sich die protestantische Arbeitsethik dermaßen konsequent durch wie in England. Erwerbsarbeit wurde als göttlich aufgegebene Pflicht des Menschen verstanden und der daraus erworbene Reichtum als Gradmesser für die göttliche Gnade. Neben dem wirtschaftlichen Aufschwung zog diese Mentalitätsveränderung eine restriktive Armengesetzgebung nach sich, die öffentliche Unterstützung nur noch den Bedürftigen zukommen ließ, die als nicht arbeitsfähig angesehen wurden. Zum Unterhalt dieser Armen in den jeweiligen kommunalen Gemeinschaften wurden die besitzenden Bürger ab 1563 gesetzlich unter der Androhung von Haftstrafen gezwungen. Auf der anderen Seite wurden arbeitsfähige Arme spätestens ab 1576 auch mit Zwangsmaßnahmen zur Arbeit verpflichtet. Daraus entwickelten sich die Arbeitshäuser, bei denen es sich de facto meist um Zwangsarbeitslager handelte, in die Arme eingewiesen wurden, auch ohne eine Straftat begangen zu haben. Dies war ein weiterer Baustein für die Herausbildung des doppelt freien Lohnarbeiters, denn die Trennung von seinem Eigentum an Grund und Boden war zunächst nur die notwendige Bedingung für seinen Status als Besitzer bloßer Arbeitskraft gewesen; es musste der, anfänglich gewaltvoll durchgesetzte Zwang als hinreichende Bedingung hinzutreten, damit diese Arbeitskraft auch am Markt angeboten wurde und in der Produktion in Wirksamkeit trat.

In der Periode nach der Regentschaft von Elisabeth I. bis zur »Glorious Revolution« gegen Ende des 17. Jahrhunderts schob sich anstelle der religiösen Auseinandersetzungen zwischen König, Adel und Klerus immer mehr der Kampf um Einfluss zwischen Krone und Parlament in den Vordergrund. Hintergrund war die erstarkende Position des aufkommenden Bürgertums in Gewerbe, Handwerk und Handel. Auch die Finanzierung des Staatshaushalts wurde Gegenstand der Auseinandersetzungen, denn Kriegszüge und Hofstaat beanspruchten Finanzmittel, die die regulären Steuereinnahmen überstiegen. Irland und Schottland waren in sehr viel geringerem Ausmaß unter englischer Vorherrschaft, weshalb Friedensschlüsse mit Frankreich und Spanien notwendig wurden, um Aufstände in diesen beiden Regionen, die sich bis zum Bürgerkrieg ausweiteten, niederzuschlagen. Außerordentliche Finanzmittel waren jedoch vom Parlament zu genehmigen und dessen Zustimmung war teilweise nur gegen Verzicht auf königliche Privilegien zu erhalten. Ende 1642 brach unter der Regentschaft Karls I. der Bürgerkrieg zwischen vom Parlament ausgehobenen Milizen, die von schottischen Truppen unterstützt wurden, und dem königlichen Heer offen aus. Die Parlamentstruppen unter Oliver Cromwell trugen schließ den Sieg davon; Karl I. wurde nach einem Prozess wegen Tyrannei im Januar 1649 hingerichtet.

Nach der Hinrichtung des Königs gab das Parlament England eine neue Staatsordnung; am 19. Mai 1649 rief das Parlament offiziell die Republik aus, die sich fortan »Commonwealth of England« nannte. Es umfasste zunächst nur England und Wales, später kamen Schottland und Irland dazu (Commonwealth and Free State). Es besaß die Legislative und einen Staatsrat mit dem Vorsitzenden Oliver Cromwell. Cromwell wurde nach Irland geschickt, um den dortigen Aufstand niederzuschlagen (1650). Karl II., der Sohn Karls I., war unterdessen von den Schotten zum König bestimmt worden und begann mit der Rückeroberung des englischen Throns, wurde aber von Cromwells Armee geschlagen. Cromwell entwarf eine Verfassung, die neben den verbrieften Rechten des Parlaments auch erstmals Abgeordnete aus England, Irland und Schottland vorsah und das neue Amt eines Landprotektors, welches er selbst übernahm.

Neue stabile Verhältnisse kehrten jedoch nicht ein; vielmehr gelangte Karl II. wieder an die Macht und betrieb mit dem Parlament und der anglikanischen Kirche eine Restaurationspolitik. Grundsätzlich wurden alle Gesetze widerrufen, denen sein Vater König Karl I. nicht zugestimmt hatte. Insbesondere wurde das Parlamentswahlrecht wieder auf den Stand vor dem »Commonwealth« zurückgesetzt. Auch die zwischenzeitliche Liberalität in der Religionspolitik wich wieder einer rigiden Kirchenpolitik. Die kurze Periode der englischen Republik von 1649 bis 1660 war damit zu Ende.

Ab 1665 verschlechterten sich jedoch Lage und Stimmung in der Bevölkerung. Ein erneuter Pestausbruch, der große Brand von London im Folgejahr und der erfolglose Krieg gegen die Niederlande (1665-1667) erschütterten das Land. Nach dem Tod Karls II. 1685 berief sein Nachfolger James (Jakob) II. als König von England, Schottland und Irland wieder ein Parlament ein, geriet aber als Förderer seiner katholischen Glaubensbrüder schnell in einen scharfen Konflikt mit der anglikanischen Kirche. Als mit der Geburt eines Thronfolgers 1688 der Beginn einer katholischen Dynastie drohte, forderte eine Gruppe aus dem englischen Adel Wilhelm von Oranien zu einer Invasion Englands auf, die er erfolgreich beendete. Nachdem er die »Bill of Rights« unterschrieben hatte, wurde er vom Parlament zur Führung der Regierungsgeschäfte legitimiert. Damit war der König nicht mehr eine Person von Gottes Gnaden wie in den anderen europäischen Staaten, sondern direkt von den parlamentarischen Vertretern aus der herrschenden Klasse der Lords legitimiert worden. Diese »Glorious Revolution« führte also zur Abschaffung des königlichen Absolutismus in Britannien; seit dieser Revolution ist das Parlament Träger der Staatssouveränität. Der Nationalstaat aus England, Wales, Schottland und Irland war als parlamentarische Monarchie fortan offen auch für die politische Partizipation und Einflussnahme anderer besitzender Klassen als der grundbesitzenden Lords; dies unterschied die politischen Rahmenbedingungen Englands von denen seines wichtigsten Konkurrenten und Widersachers Frankreich und war einer der Faktoren, welche die ursprüngliche Kapitalakkumulation in England und nicht in Frankreich in ihrer ursprünglichen Form stattfinden ließ.

Frankreich: Von der Teilung des Frankenreiches bis zur Französischen Revolution

Mit der Teilung des Frankenreichs im Vertrag von Verdun begann 843 die Geschichte Frankreichs als eigenständiges Gemeinwesen. Die Söhne des Karolingerkaisers Ludwig I. des Frommen (814–840) teilten das Frankenreich in einen östlichen, einen mittleren und einen westlichen Teil, wie es damals üblich war, wenn der verstorbene Herrscher mehr als einen überlebenden Sohn hatte (vgl. Abb. 12.10). Erster König des Westfränkischen Reichs, dessen Wurzeln schon in früheren Reichsteilungen in Neustrien und Austrien begründet lagen, wurde Karl II. der Kahle (843–877). Damit war der Ursprung des heutigen Frankreichs begründet.

Wie im Ostfrankenreich bildeten sich große Territorien mit den Herzogtümern Franzien, Aquitanien, Gascogne, Bretagne und Normandie sowie den Grafschaften Champagne, Toulouse, Barcelona und Flandern. Das Mittelreich wurde ab 925 dem Ostreich zugeschlagen; später wurden Teile davon wieder an Frankreich angegliedert. Anfangs hatte Westfranken eine starke Stellung unter den Karolingerreichen. Karl II. konnte Italien erwerben und wurde 875 zum Kaiser gekrönt. Danach jedoch löste sich das Reich wieder auf: Niederburgund (877) und Hochburgund (888) wurden selbstständige Königreiche, und auch die Herrschaft in Italien konnte nicht aufrechterhalten werden. Im Jahr 880 musste der Anspruch auf Lothringen aufgegeben werden, das an Ostfranken fiel. In den folgenden Jahrzehnten wechselte die

Abbildung 12.10: Teilung des Frankenreiches im 9. Jh.

Quelle: https://de.wikipedia.org/wiki/Fränkisches_Reich

Königstellung im Westfrankenreich öfter zwischen den Dynastien der Karolinger und Robertiner. Nachdem die Robertiner 987 endgültig die Königsherrschaft im Westfrankenreich übernommen hatten, war das französische Königtum weitgehend auf seinen Kernraum in der Île-de-France beschränkt und übte nur eine nominelle Oberherrschaft über die übrigen Herzogtümer in Frankreich aus.

Ökonomisch bestanden im Westfrankenreich die Reste der antiken Produktionsweise des zerfallenen weströmischen Reiches mit dominierendem Großgrundbesitz fort. Nur waren an die Stelle der früheren römischen Eigentümer romanisierte Franken getreten. Im karolingischen Zeitalter begann sich mit neuen Pflanzen, neuen agrikulturellen Produktivkräften und guter Wetterbedingungen die Landwirtschaft zu erholen. Dieser Aufschwung führte jedoch nicht zu einer Wiederbelebung des städtischen Lebens. Vielmehr gingen die städtischen Aktivitäten in Handwerk und Handel zunächst infolge von internen kriegerischen Auseinandersetzungen des Adels, Überfällen der Araber aus der Iberischen Halbinsel und den Invasionen der Wikinger weiter zurück. Erst als der Fernhandel wiederbelebt werden konnte, wurden die isolierten militärischen, kirchlichen und königlichen Zentren zum Kern neuer Städte, um die sich allmählich Vororte von Kaufleuten und Handwerkern gruppierten. Sozialstrukturell existierten neben dem Adel und Klerus abhängige Bauern, die auf den aus der Römerzeit übernommenen großen Gütern des fränkischen Adels als Kolonen und andere Hörige arbeiteten; daneben müssen auch noch freie Bauernwirtschaften von Parzellenbauern bestanden haben. Der Übergang zum Feudalismus vollzog sich im Westfrankenreich anders als Osten nicht auf Basis und durch Fortentwicklung der germanischen Eigentumsform, sondern als mehr oder weniger direkter Übergang aus den Trümmern der antiken Produktionsweise.

Im Unterschied zu Ostfranken bzw. dem Heiligen Römischen Reich spielten in Westfranken/Frankreich die dynastische Kontinuität und das Geblütsrecht bis ins 19. Jahrhundert die wesentliche Rolle im politischen System. Die Könige erreichten Anfang des 13. Jh. sogar die Errichtung einer Erbmonarchie. Nach dem Aussterben der Karolinger wurde 987 Herzog Capet von Franzien König von Frankreich und begründete die später sogenannte Kapetinger-Dynastie. Der weitere Aufstieg der Kapetinger begann mit Ludwig VI. dem Dicken (1106-1137). Durch Ausbildung des Lehnsrechts und Privilegierung der Städte konnte er die Stärkung der Krone auf Kosten des niederen Adels einleiten. Ein französisches Nationalgefühl bei den höheren Ständen entstand durch den Angriff des römisch-deutschen Kaisers Heinrich V. im Jahr 1124 und durch die Kreuzzüge, in denen sich die Franzosen als »auserwähltes Werkzeug Gottes« sahen. Ludwig verband sich mit dem Papsttum zum Schutz gegen Deutschland.

Herzog Wilhelm, der Eroberer Englands, war gleichzeitig Vasall des französischen Königs. Aus der dynastischen Verbindung der französischen Krone mit dem englischen Königshaus entwickelte sich in den kommenden vier Jahrhunderten (11. bis 15. Jh.) durch England die größte Bedrohung für Frankreich, die in etlichen Kriegen zwischen beiden Ländern resultierte. Durch Heirat, Verwandtschaft und Erbfolgen innerhalb und zwischen den hochadligen Familien ergaben sich wechselnde Konstellationen von Machtbereichen, beginnend mit dem Angevinischen Reich durch die Heirat der geschiedenen Frau von Ludwig VII. (1137-1180) mit Heinrich Plantagenet, der Herzog der Normandie und Graf weiterer französischer Territorien war, aber auch König von England wurde. Dieses Angevinische Reich nahm etwa die Hälfte des französischen Staatsgebiets ein. Die anschließenden französisch-englischen Kriege führten zur Eroberung der Normandie und zur Verdrängung Englands aus dem Gebiet nördlich der Loire unter Ludwigs Sohn Philipp II. August (1180-1223). Ludwig IX. der Heilige (1226-1270) konnte danach die englische Herrschaft auf Teile der Gascogne und Aquitanien im Südwesten Frankreichs beschränken; außerdem musste der englische König Heinrich III. Ludwig IX. als Lehnsherren anerkennen. Im folgenden 13. Jahrhundert kam es unter anderen Pro-

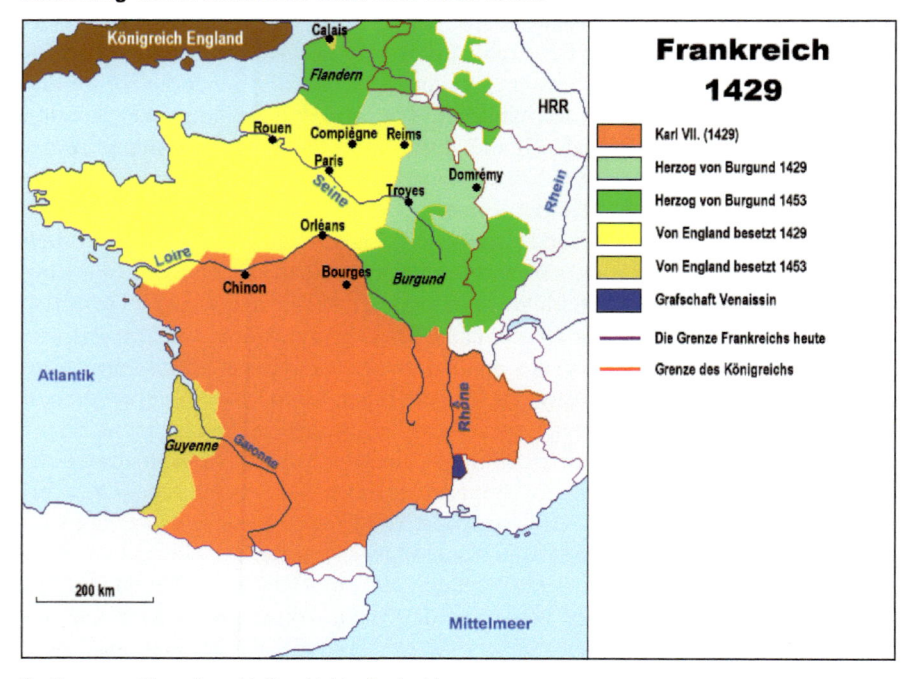

Abbildung 12.11: Frankreich unter dem Haus Valois

Quelle: www.wikiwand.com/de/Geschichte_Frankreichs

tagonisten auf beiden Seiten zu erneuten Konflikten und 1297–1305 zu einer ersten militärischen Auseinandersetzung mit den traditionell pro-englischen Städten in Flandern, in der der französische König Philipp IV. der Schöne die Oberhand behielt.

Die Karpetinger-Dynastie erlosch 1328 in der direkten Linie mit dem Tod König Karls IV. Ihr folgte die Valois-Dynastie nach, die männlicherseits ebenfalls auf Hugo Capet zurückging. Nach dem Tod des letzten Karpetingers (1328) wurde gemäß männlicher Thronfolge Philipp von Valois, Graf von Anjou, zum neuen König bestimmt. Thronansprüche erhob aber ebenfalls Eduard III. Plantagenet, König von England und Herzog von Aquitanien; er war der Neffe Karls IV. in weiblicher Folge. Dieser Nachfolgestreit bildete den politischen Hintergrund für den Hundertjährigen Krieg 1339–1453 zwischen England und Frankreich. England erzielte große Anfangserfolge und eroberte bis 1360 neben Calais den gesamten Nordwesten Frankreichs. Innerhalb Frankreichs kam es kriegsbedingt, wegen der ausgebrochenen Pestpandemie 1348 sowie wegen interner Auseinandersetzungen zwischen den Adelsgeschlechtern der Bourguignons und Armagnacs, in denen es um Grundbesitz, politischen Einfluss und Zugriff auf den Staatsschatz ging, zu schweren inneren Kämpfen. Obwohl der interne Bürgerkrieg erst 1435 durch den Vertrag von Arras beendet wurde, gelang es den Franzosen, die Engländer in einen Kleinkrieg zu verstricken und abzunutzen; bis 1380 wurden Letztere auf wenige Stützpunkte an der Atlantikküste zurückgedrängt.

Die 13 Jahrzehnte von 1335 bis 1450 waren durch eine Reihe wirtschaftlicher Katastrophen mit schlechten Ernten, Hungersnöten sowie dem Krieg und Seuchen, die vier Generationen von Franzosen heimsuchten, gekennzeichnet. Die Bevölkerung war zuvor gewachsen, was die Nahrungsmittelversorgung umso prekärer machte. Der »Schwarze Tod« des Jahres 1347, der in der Folgezeit in Abständen von fünfzehn Jahren durch mehrere kleine Ausbrüche wiederholt wurde, raffte rd. ein Drittel der Bevölkerung dahin. Zudem marschierten während des Krieges die französischen und englischen Armeen über das Land, brannten Städte nieder, leerten die Nahrungsmitteldepots, störten Landwirtschaft und Handel und hinterließen neuerliche Krankheiten und Hungersnöte. Die königliche Autorität wurde geschwächt, als lokale Adlige zu starken Herren wurden, die gegeneinander um die Kontrolle lokaler Regionen kämpften. Insgesamt sank Frankreichs Bevölkerung von 17 auf 12 Millionen in 130 Jahren.

Als England 1415 erneut den Krieg forcierte, kam es in Frankreich zur Staatskrise. Die Herzöge des Hauses Burgund, die in dieser Zeit ihren Besitz und ihren Einfluss gestärkt hatten, stellten sich mit Philipp dem Guten von Burgund (1419–1467) auf die Seite Englands und besetzten zusammen mit englischen Truppen die Normandie und den Norden Frankreichs einschließlich Aquitaniens und der Île-de-France mit Paris. Französischer nationaler Widerstand gegen diese Besetzung wurde durch Jeanne d'Arc, die »Jungfrau von Orléans« personifiziert, dem es gelang, 1436 Paris und 1449–1453 die Normandie zurückzuerobern; nach der Schlacht bei Castillon wurde der Hundertjährige Krieg beendet (vgl. Abb. 12.11).

In der Zwischenzeit konnten die Burgunder ihren Herrschaftsbereich weiter ausbauen. König Karl VII. konnte deren Abwendung von England nur durch die Entlassung Burgunds aus der französischen Lehnsabhängigkeit erkaufen. Burgund hatte seinen Aufstieg der Schwäche der französischen Monarchie verdankt, die nach Beendigung des Hundertjährigen Krieges und der Thronbesteigung von Ludwig XI. 1461 beendet war. Der nun entbrennende Konflikt zwischen französischem König und Herzog Karl des Kühnen, der Burgund zu einem unabhängigen Königreich erklären wollte, war der Auftakt der Konflikte zwischen dem französischen Haus Valois und den Habsburgern in den nachfolgenden Jahrhunderten, die die Burgunder als Bundesgenossen gewonnen hatten. Als es zum Krieg wegen der von den Habsburgern erhobenen Ansprüche auf französisches Territorium kam, fiel 1493 die Grafschaft Flandern und das Artois an Habsburg und wurde in das Römisch-deutsche Reich eingegliedert. Bei Frankreich verblieben die übrigen französischen Territorien aus dem burgundischen Erbe (Burgund, Nevers, Picardie) (vgl. Abb. 12.12).

Gegen Ende des 15. Jh. wurden Spanien und Frankreich im Zuge der italienischen Kriege seit 1495 zunehmend Machtkonkurrenten. Frankreich versuchte mehrfach erfolglos Mailand zu annektieren und so die Oberhoheit in Italien zu erlangen. Unter dem französischen König Franz I. entwickelten sich anhaltende Auseinandersetzungen mit dem Habsburger Kaiser Karl V., der seine Besitzungen in Südita-

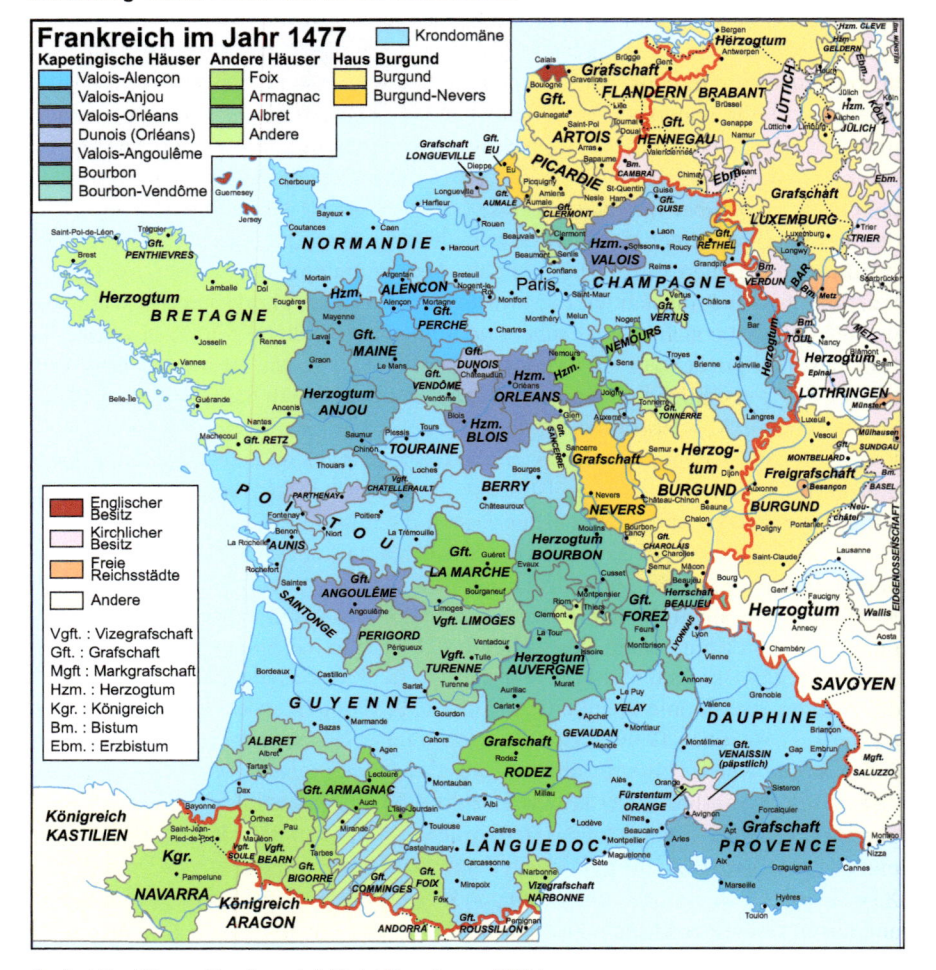

Abbildung 12.12: Frankreich im 15. Jahrhundert

Quelle: https://de.m.wikipedia.org/wiki/Datei:Map_France_1477-de.svg

lien zu verteidigen suchte und damit auch erfolgreich war. Unter Franz' Nachfolger Heinrich II. kam es schließlich zur Unterzeichnung des Friedens von Cateau-Cambrésis. Durch diesen Friedensvertrag verlor Frankreich kurzzeitig seine Vormachtposition an Spanien.

Das Ende der direkten Linie der Valois-Dynastie führte zu Kämpfen, bei denen schließlich Heinrich IV. aus dem Hause Bourbon im Jahr 1589 König wurde. Er war der bedeutendste männliche Nachkomme des französischen Königshauses und Neffe des Königs Franz I., sodass er sich gegen das pro-spanische Haus Guise durchsetzen konnte, das den Thron usurpieren wollte. Er war Protestant und musste zum Katholizismus übertreten, um seine Herrschaft zu festigen. Mit der Thronbesteigung von Heinrich IV. begann die bedeutendste Epoche der französischen Geschichte und der erneute Aufstieg Frankreichs zur Vormacht in Europa mit der Durchsetzung der absolutistisch-zentralistischen Form des Nationalstaates. Frankreich und England verfügten damit, anders als das deutsche Reich, in der Folgezeit über die Ökonomie befördernde politische Rahmenbedingungen. Heinrich installierte eine zentral gelenkte, vom König völlig abhängige Bürokratie und schlug eine aggressive Außenpolitik gegenüber Spanien ein. Sein Sohn Ludwig XIII. stand zunächst unter der Regentschaft seiner Mutter Maria von Medici. Es folgte eine Zeit, in der zwei Kardinäle, Richelieu und Mazarin, die Geschicke des Landes an Stelle des Königs lenkten und den Protestantismus zurückdrängten. Das katholische und protestantische Lager hatte sich in den Hugenottenkriegen gegenseitig um politischen Einfluss bekämpft; in der sog. Bartholomäusnacht im August 1572 waren wichtige protestantische Persönlichkeiten ermordet worden, was erhebliche Flüchtlingsströme ausgelöst hatte. Mit der Einnahme von La Rochelle 1628 durch die Truppen Richelieus hatten die Hugenotten die letzten ihnen gewährten Rückzugsplätze verloren und waren danach schutzlos der absolutistischen königlichen Politik ausgeliefert. Unter Richelieu wurde die Macht der Krone wieder gefestigt und die innere Opposition endgültig ausgeschaltet. Auf Betreiben Richelieus griff Frankreich aktiv in den Dreißigjährigen Krieg in Mitteleuropa ein und geriet dadurch automatisch in Konflikt mit Spanien. Im Westfälischen Frieden von 1648 erhielt Frankreich Gebiete im Elsass zugesprochen und erreichte eine dauerhafte Schwächung der Zentralgewalt des Heiligen Römischen Reichs. Mit dem Pyrenäenfrieden 1659 ging die Zeit der Hegemonie Spaniens auch äußerlich sichtbar zu Ende und das Zeitalter der französischen Dominanz in Europa begann. Fast alle Fürsten Europas orientierten sich am Vorbild der französischen Kultur am Hof von Schloss Versailles.

Ludwig XIV. erbte 1643, damals vierjährig, den Thron; Mazarin führte die Regierungsgeschäfte weiter. Der Adel bekämpfte vergeblich die Herrschaft Mazarins und die absolutistische Macht. Nach dem Tod Mazarins 1661 übernahm Ludwig XIV. selbst die Regierung; unter ihm als sog. »Sonnenkönig« gelangte Frankreich auf den Gipfel seiner Macht. Außenpolitisch betrieb er in der Tradition seines Großvaters und Richelieus eine expansive Politik mit dem Ziel, das Gewicht Frankreichs in Europa zu stärken und erreichte symbolhaft die Anerkennung des diplomatischen Vorrangs der französischen vor der spanischen Krone. Innenpolitisch reformierte er den französischen Staat durch Ausbau der Bürokratie und Vereinfachung des Rechtswesens. Die Wirtschaft wurde nach den Grundsätzen des Merkantilismus umstrukturiert und das französische stehende Heer wurde zum größten des Kontinents zusammen mit einer großen Marine ausgebaut. Um diese Projekte zu finanzieren, schuf Ludwig mehrere zusätzliche Steuern: die »Kapitulation«, begonnen 1695, die jede Person inkl. Adeliger und Geistlicher zu entrichten hatte, obgleich die Befreiung von dieser Pflicht durch eine große einmalige Summe erkauft werden konnte; außerdem die »Dixième« (1710–1717, 1733 neu gestartet) als echte Steuer auf Einkommen und Immobilien, die das Militär unterstützen sollte.

Hauptsteuer blieb die »Taille«, aber ihr Aufkommen war je nach Steuerstatus der Provinz unterschiedlich.

Während der Herrschaft Ludwig XIV. führte Frankreich mehrere Kriege. Der Spanische Erbfolgekrieg (1701-1713) führte zu einer exorbitanten Staatsverschuldung bis nahe an den Staatsbankrott. Auch das Land hatte schwer unter den wirtschaftlichen Belastungen des Krieges zu leiden. Letztlich aber konnte sich Frankreich gegenüber der Koalition der europäischen Mächte behaupten und eine enorme territoriale Erweiterung im Norden um Artois, Dunkirk und Lille sowie vor allem im Osten mit der Einverleibung Strasbourgs, des Elsass und Franche-Comté gegenüber dem Heiligen Römischen Reich durchsetzen. Im Religionsstreit wurde das Toleranzedikt von Nantes aus dem Jahr 1598, das den calvinistischen Protestanten (Hugenotten) religiöse Freiheiten verschafft hatte, aufgehoben, protestantische Schulen geschlossen und ein Auswanderungsverbot verfügt; trotzdem flohen Hunderttausende französische Protestanten in die Nachbarländer, was für Frankreich einen erheblichen Verlust an menschlichen und wirtschaftlichen Ressourcen bedeutete.

Die Wirtschaft Frankreichs war in der ersten Hälfte des folgenden 17. Jahrhunderts von einem dynamischen Wachstum und von einem Aufschwung in Landwirtschaft und Gewerbe geprägt. Mit einer geschätzten Bevölkerung von 17 Millionen im Jahr 1400, 20 Millionen im 17. Jh. und 28 Millionen im Jahr 1789 übertraf die Bevölkerung sogar diejenige Russlands und war doppelt so groß wie diejenige Britanniens und der Niederlande. Obwohl Frankreich insgesamt ein zutiefst ländliches Land blieb und weniger als zehn Prozent der Bevölkerung in Städten lebten, war der Anstieg der städtischen Bevölkerung besonders ausgeprägt. Paris wuchs zu einer der größten Städte mit einer geschätzten Einwohnerzahl von 650 Tsd. bis zum Ende des 18. Jh. heran und wurde zum wissenschaftlichen und intellektuellen Zentrum Europas.

Obwohl die landwirtschaftliche Produktion neben Getreide eine Vielzahl von Obst- und Gemüsesorten aufwies sowie traditionell im Weinbau eine bedeutende Position einnahm, blieben die Produktionsmethoden der französischen Bauern den mittelalterlichen Traditionen verbunden und führten zu geringen Flächenerträgen. Bei der schnell wachsenden Bevölkerung geriet die extensive Ausweitung der bebaubaren Böden an Grenzen; die Situation wurde durch wiederholte katastrophale Ernten verschlimmert. Mitte des 16. Jh. hatten das demographische Wachstum, die gestiegene Nachfrage nach Konsumtionsmitteln und der rasche Zustrom von Gold und Silber aus Afrika und Amerika zu inflationär steigenden Preisen – Getreide war von 1520 bis 1600 fünfmal so teuer geworden – und sinkenden Realeinkommen geführt. Steigende Preise für landwirtschaftliche Produkte waren auch ab Ende der 1730er Jahre für die nächsten drei Jahrzehnte infolge der Bevölkerungszunahme zu verzeichnen. Sie waren für die Großgrundbesitzer äußerst profitabel, während der Anteil in der Hand von Kleinbauern mit rd. einem Drittel des Ackerlandes konstant blieb. Als neuer Trend kam dann im 18. Jh. das in die Hände der Bourgeoisie gelangte Ackerland mit ebenfalls rd. einem Drittel bis 1789 hinzu. Die Einführung von modernen Techniken der Fruchtfolge und die Verwendung von Düngemitteln, die sich an den Erfolgen der Landwirtschaft in Britannien und Italien orientierten, waren bei den französischen Bauern erst punktuell ausgeprägt. In Nordfrankreich herrschte im 17. Jh. noch das Dreifeldsystem der Fruchtfolge und im Süden das Zweifeldsystem, nach dem die Bauern jedes Jahr entweder ein Drittel oder die Hälfte des Ackerlandes als Brache freiließen, um die Bodenfruchtbarkeit zu regenerieren. Dies bedeutete eine beträchtliche Verschwendung von bebaubarer Ackerfläche sowie auch eine geringere Bodenregeneration im Vergleich zum Anbau von Futterpflanzen. Die harten Bedingungen, die schlechte Ernten verursachten, trafen hauptsächlich die Kleinbauern, während die Großgrundbesitzer von steigenden Grundstückspreisen und einer starken Nachfrage profitierten. Die ernsthafteste wiederkehrende Bedrohung bestand in Brotknappheit und starken Preiserhöhungen; der durchschnittliche Einkommensbezieher hatte bis zu 70% seines Einkommens allein für Brot auszugeben. Die französische Regierung experimentierte erfolglos mit der Regulierung des Getreidemarktes, setzte Preiskontrollen im Zeitraum zwischen dem Ende der 1760er Jahre und 1775 mehrmals ein und hob sie wieder auf. Die Unruhen, die infolge hoher Getreidepreise ausbrachen, sog. Mehlkrieg, wurden mit Gewalt niedergeschlagen.

Im Handwerk und Gewerbe entwickelten sich im 17. Jh. Metallurgie und Bergbau. Die Einführung der Hochtemperatur-Schmiede und die Ausweitung des Mineralbergbaus waren wichtige Entwicklungen; allerdings musste Frankreich nach wie vor viele Metalle wie Kupfer, Bronze, Zinn und Blei importieren. Im Bereich des Textilgewerbes ermöglichte die Seidenproduktion, eingeführt in Tours im Jahr 1470 und in Lyon im Jahr 1536, sich einem florierenden Markt anzuschließen, wenngleich die französischen Produkte nicht die Qualität italienischer Seiden erreichte. Außerdem waren die Wollproduktion sowie die Produktion von Leinen und Hanf, beides wichtige Exportwaren, verbreitet. Für den Fernhandel waren Rouen als zweitgrößte Stadt des Landes mit 70 Tsd. Einwohnern im Jahr 1550 und Marseille, französisch seit 1481, mit ihren Häfen bedeutende Zentren; im 18. Jh. kamen Nantes und Bordeaux hinzu. Lyon war der Standort der französischen Banken und Handelsmessen, die viermal im Jahr stattfanden und den Export französischer Waren und den Import italienischer, deutscher, niederländischer und englischer Artikel beförderten. In Lyon befanden sich die Häuser der meisten europäischen Bankenfamilien, darunter Fugger und Medici. Regionale Handelswege und Märkte verbanden Lyon, Paris und Rouen mit dem Rest des Landes.

Unter dem Nachfolger Ludwigs XIV., seinem Urenkel Ludwig XV., gingen der wirtschaftliche Aufschwung und die kulturelle Blüte zunächst weiter. Allerdings verlor Frankreich durch seine erfolglose Teilnahme am Siebenjährigen Krieg gegen Friedrich den Großen 1756-1763 erhebliche Teile seiner Kolonien in Nordamerika sowie Teile von Indien an England. Ludwig XV. starb 1774. Der Enkel Ludwig XV., Ludwig XVI. (1754-1793), wurde 1774 König von Frankreich und Navarra. Er machte die von seinem Vorgänger durchgeführten Reformen wieder rückgängig. Missernten infolge von schlechten Wetterbedingungen führten in den 1770er und 1780er Jahren zu einem deutlichen Anstieg der Armut: In den nördlichen Städten machten die Armen mehr als 20% aus. Vertreibung und Kriminalität nahmen ebenfalls zu und das Wachstum von Bettlern und Banditen wurde zu einem Problem. Insgesamt lebte etwa ein Drittel der französischen Bevölkerung, etwa acht Millionen Menschen, in Armut. Von der Krise waren zwar auch Adlige, die Bourgeoisie und wohlhabende Landeigentümer betroffen, doch Bauern und abhängige Kleinbürger als Handwerker und Händler in den Städten trugen die Hauptlast. Die feudalen und sonstigen seigneurialen Abgaben hatten sich erhöht, von denen Geistlichkeit und Adel profitierten, zumal sie von Steuern teilweise befreit waren. Vor dieser zugespitzten sozialen Lage ließ der König im brutalen Winter 1788 sogar Geld an die Armen von Versailles verteilen.

Auf dem Land machte der Eigenbesitz der Bauern am Grund und Boden mittlerweile etwa 30% aus. Den Rest teilten sich adlige Grundeigentümer, Klerus und Bürgertum. Leibeigenschaft gab es nur noch in einzelnen Regionen. Der Anteil der landlosen Bauern, die Abgaben an den Grundherrn zu entrichten hatten, schwankte regional zwischen 30% und 75%. Dabei standen dem Grundherrn im Allgemeinen die Hälfte vom Zuwachs des Viehs und der Ernte zu; häufig setzte er aber noch mehr durch. Die sozioökonomische Konstellation der Landbevölkerung markierte den Hintergrund für die Teuerung der Grundnahrungsmittel aufgrund von Missernten in den 1780er Jahren, der die Kleinbauern und die städtischen Armen extrem belastete und ihre Teilnahme an den revolutionären Prozessen von 1789 erklärt; umgekehrt hätte die Französische Revolution ohne die Teilnahme der Bauern möglicherweise sogar nicht siegen können.

Die ökonomische Entwicklung in den Jahren vor der Revolution hatte den Konkurrenznachteil der französischen Industrie gegenüber derjenigen Englands offengelegt. Als der englisch-französische Handelsvertrag von 1786 ab Mitte des Folgejahres den französischen Markt für britische Waren geöffnet hatte, unterboten die qualitativ hochwertigeren und gleichzeitig billigeren englischen Produkte die Angebote der heimischen Hersteller. 1788 kam es zu einer schweren Krise von Gewerbe und Industrie, die zu dem katastrophalen Ernteausfall im Sommer 1788 noch hinzukam. Dadurch kam es zu einer großen Finanzkrise des Staates, zu der u.a. die Teilnahme Frankreichs am amerikanischen Unabhängigkeitskrieg noch beigetragen hatte. Der König reagierte mit Sparmaßnahmen und der Einführung eines neuen Steuersystems zur direkten Besteuerung des ersten und zweiten Standes (Adel und Klerus). Im Gefolge der Krisen sah sich der König genötigt, die alte ständische Versammlung, die Generalstände (les États generaux), einzuberufen, um die nicht mehr allein zu lösenden Probleme anzugehen. Am 17. Juni 1789 erklärten sich die Abgeordneten des Dritten Standes zur Nationalversammlung, am 14. Juli folgte der Sturm auf die Bastille. Damit wurde dem Ancien Régime und dem Absolutismus durch die Französische Revolution ein Ende gesetzt. Ihre Ergebnisse waren die formelle Aufhebung der Leibeigenschaft und die Herstellung der bürgerlich-rechtlichen Gleichheit der Personen und die Niederreißung der Zunftschranken und Verkündung der Gewerbefreiheit.

f) Die Welt nach dem Zeitenwechsel und vor dem Kapitalismus: Gleichzeitigkeit von asiatischer und feudaler Produktionsweise in verschiedenen Weltregionen und deren unterschiedlichen Entwicklungspotentiale

In der Zeit nach dem Zeitenwechsel und vor der im 15. Jahrhundert beginnenden primären ursprünglichen, zum Kapitalismus führenden Akkumulation in England finden sich in den verschiedenen Weltregionen ganz interschiedliche Produktionsweisen und Gesellschaftsformen. Neben fortbestehenden archaischen Typen von sesshaften Gesellschaften sowie Nomadenstämmen in den meisten Gebieten Nord-, Mittel- und Südamerikas, Afrikas und weiten Teilen Asiens (inkl. Ozeanien), existierten schwerpunktmäßig auf dem asiatischen Kontinent sowie in vereinzelten Einsprengseln in Mittel- und Südamerika sowie in Afrika Formen der asiatischen Produktionsweise, die eine große Vielfalt zwischen den Extremen naturwüchsiger Formen und höher entwickelter Staaten und Imperien aufwiesen. Die auf dem Mittelmeerraum konzentrierte antike Produktionsweise mit ihren beiden Leuchttürmen Griechenland und dem Römischen Reich hatte nach der Zeitenwende bereits entweder ihren Höhepunkt überschritten oder stand noch in voller Blüte als westliches römisches Weltreich. Im 4. Jh. u.Z. wurde mit dem Niedergang des Weströmischen Reiches dann das Ende der antiken Produktionsweise besiegelt und es begannen sich in Nord- und Westeuropa auf der Grundlage der zur germanischen Eigentumsform fortentwickelten Gentilgesellschaft neue Formen von Gemeinwesen herauszubilden, die im Frankenreich sowie auf den britischen Inseln zu neuen Formen von Privateigentum und Hörigkeitsverhältnissen selbstständig arbeitender Bauern führten. Zusammen mit den aus der Antike übernommenen und transformierten Formen von Staatlichkeit kristallisierten sie im westeuropäischen Feudalismus zu einer neuen Produktionsweise und Gesellschaftsform. Ihr regionaler Schwerpunkt lag in Frankreich und England mit im 15. Jahrhundert konstituierten Nationalstaaten, die als neue Überbaustrukturen einen wesentlichen Treiber der ursprünglichen Kapitalakkumulation bereitstellten. Zu dieser Zeit existierten somit archaische Gesellschaftsformen, asiatische Produktionsweisen mit orientalischen Klassengesellschaften, teilweise mit feudalen Ausbeutungsformen, sowie feudale Produktionsweisen nebeneinander. Die modifizierte Übersicht der Abbildung 12.13 über die zeitliche Datierung verschiedener Produktionsweisen und Gesellschaftsformen in den Weltregionen fasst diese Gleichzeitigkeit der Verschiedenheiten bis zum Ende des ersten Jahrtausends u.Z. zusammen.[1]

---

[1] Die von mir modifizierte Abbildung 12.13 ist folgendermaßen zu lesen:
blassgelb: archaischer Grundtyp nicht-sesshafter Gesellschaften
dunkelgelb: archaischer Grundtyp sesshafter Gesellschaften
grün: asiatische Produktionsweise und »altorientalische« Klassengesellschaften
rot: antike Produktionsweise und Gesellschaften
blau: Eigentumsform III als Übergang zum Feudalismus.

472 Dritter Abschnitt: Geschichte der verschiedenen Weltregionen

Abbildung 12.13: Übersicht: Weltgeschichte bis zur Herausbildung des Feudalismus

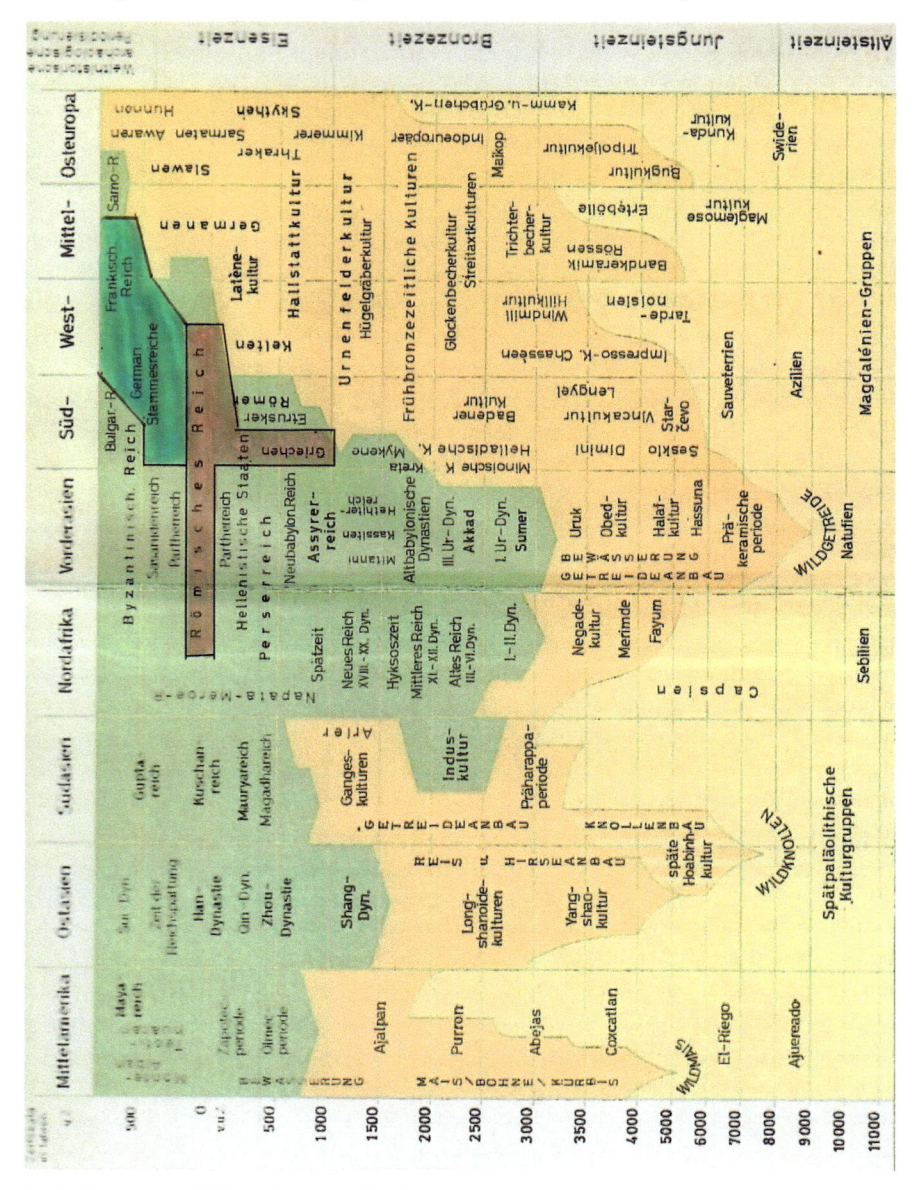

Quelle: Sellnow et al. 1977 mit eigenen Modifikationen

Kapitel 12: Mittelalterlicher europäischer Feudalismus

Unter evolutionstheoretischen Aspekten steht die durchgeführte Ergänzung und Modifikation innerhalb dieser Übersicht nachfolgend im Mittelpunkt. Es geht dabei um die Zuordnung zu und Unterscheidung zwischen Gesellschaften mit dominierenden Verhältnissen einer asiatischen Produktionsweise und feudalen Formen der Ausbeutung der unmittelbaren Produzenten einerseits und eines ausgeprägten Feudalismus andererseits, die im Original der vorstehenden Übersicht zugunsten eines einheitlichen und weltumspannenden Feudalismus-Begriffs nicht explizit aufgenommen ist. Hintergrund ist die Fragestellung, weshalb nur die genuin feudale Produktionsweise zu einer primären ursprünglichen Kapitalakkumulation geführt hat, während dies unter sozioökonomischen Verhältnissen der Typen von asiatischer Produktionsweise trotz oberflächlicher feudaler Gemeinsamkeiten gerade nicht vorgekommen ist.

Dieser Fragestellung soll exemplarisch anhand einer Gegenüberstellung der Entwicklung in Japan einerseits und Russland andererseits nachgegangen werden; ihre vollständige Beantwortung geschieht später bei der Behandlung der primären Form der ursprünglichen Kapitalakkumulation in England.[2] Dabei steht die japanische Entwicklung »*mit seiner rein feudalen Organisation des Grundeigenthums und seiner entwickelten Kleinbauernwirthschaft.*« (MEGA II.8: 673, Anm. 192) für einen singulären Fall genuin feudaler Formen in Produktion und Gesellschaft; dies unterscheidet die japanische Entwicklung beispielsweise von der chinesischen, die eine spezifisch feudale Selbstständigkeit der mit eigenen Produktionsmitteln arbeitenden unmittelbaren Produzenten nicht aufgewiesen hat, weil sie durch den chinesischen Staatsapparat mit seiner allumfassenden Bürokratie gerade verhindert wurde. Unter Entwicklungsaspekten bildet aber nicht der »high-end state« der chinesischen Dynastien, sondern die Entwicklung in Russland das andere Extrem einer Stagnation der Produktivkräfte im Rahmen einer asiatischen Produktionsweise und der lange Zeit bestehenden Blockade einer endogenen ursprünglichen Kapitalakkumulation. Die Gegenüberstellung der sozioökonomischen Verfassung und Entwicklung beider Länder kann daher exemplarisch die immanenten Entwicklungspotentiale beider Produktionsweisen verdeutlichen, die Singularität eines genuinen Feudalismus unterstreichen und damit zugleich erste Antworten auf die Frage geben, warum die industrielle Revolution und der Kapitalismus zum historisch ersten Mal in Westeuropa – und eben rd. 100 Jahre später in Japan – aufgetreten ist.

Auf dem Territorium des späteren Großrussischen Reiches hatte im 2. bis 5. Jahrhunderts der Zerfallsprozess der archaischen Gesellschaftsform (sog. Urgemeinschaftsordnung) begonnen. Durch den Hunneneinfall ab 375 u.Z. wurde die weitere Entwicklung der dort lebenden Stämme behindert und ihre Produktivkräfte in der landwirtschaftlichen Produktion begannen zu stagnieren und verfielen schließlich; erst mit dem 6./7. Jh. konnte die gesellschaftliche Entwicklung der slawischen Stämme wieder in größerem Umfang aufgenommen werden. Die mongolische Eroberung Russlands im 13. Jahrhundert bildete einen erneuten Einschnitt nament-

---
[2] Vgl. dazu Kapitel 14.

lich für den zuvor entwickelten Fernhandel zwischen China und der Krim auf der nördlichen Seidenstraße. Gleichwohl ist es nicht zielführend, aus diesen beiden Einfällen fremder Völkerschaften eine durchgängige Prägung der russischen Entwicklung durch »asiatisch-barbarische« Merkmale zu diagnostizieren.[3] Letzteres schließt auch die qualitative Differenz der gesellschaftlichen Konsequenzen dieser Einfälle mongolischer Reitervölker gegenüber denen der Normannen Mitte des 9. Jh., die sich anschließend mit den einheimischen Stämmen assimilierten, ein.

Die mit dem frühen 9. Jahrhundert begonnene Herausbildung des altrussischen Staates, der sog. Kiewer Rus, auf Basis der vorgängigen Entwicklung der asiatischen Produktionsweise mit Gemeineigentum der Dorfgemeinden verschaffte jener feudale Attribute. Sie drückten sich zuerst an den Eigentumsformen des Grund und Bodens aus, die aus dem Allodialeigentum im Familienbesitz, das der Fürst dem adligen Grundeigentümer nicht entziehen konnte, sowie dem Feudum, welches der Eigentümer gegen bestimmte Leistungen, meist die Heerfolge, an den Vasallen weitergab, bestanden. Jenseits der Gleichartigkeit dieser Eigentumsformen mit denen in Westeuropa gab es im Kiewer Reich aber kein Lehnswesen mit entsprechenden dezentralen Gerichtsbarkeiten. Auch über diese Zeit des ersten Jahrtausends hinaus waren die Güter des Adels meist sog. Vatergüter, d.h. Allode, welche der Gefolgsmann behielt, auch wenn er den Herrn wechselte.

Neben Allod und Feudum konnten sich in der Rus noch lange bis ins 19. Jahrhundert Dorfgemeinden mit freien Bauern und Handwerkern halten. Sie wiesen als lokal gebundene Mikrokosmen teilweise noch lange gentilizische Verhältnisse auf und hatten zum Einen Privateigentum an Ackerland sowie an Haus und Hof und zum Anderen Gemeineigentum an Wäldern, Weiden und Ödland. Dieser Dualismus der Eigentumsformen qualifizierte nach Marx die russische Ackerbaugemeinde als »*jüngsten Typus der archaischen Gesellschaftsformation*« (MEW 19: 388) und hätte sie »*mit großer Lebenskraft erfüllen (können), denn einerseits festigen das Gemeineigentum und aller sich daraus ergebenden sozialen Beziehungen ihre Grundlage, während gleichzeitig das private Haus, die parzellenweise Bewirtschaftung des Ackerlandes und die private Aneignung der Früchte eine Entwicklung der Persönlichkeit gestatten, die mit den Bedingungen der Urgemeinschaften unvereinbar war*« (Ibid.). Wohlgemerkt spricht Marx hier von bloßen Möglichkeiten der Entwicklung der russischen Ackerbaugemeinde, nicht von festen Bedingungen, die auch durch die Be-

---

[3] Für eine geradezu abenteuerliche Bewertung der russischen Entwicklung stehen die Arbeiten von K.A. Wittfogel 1961 sowie 1981. Er meint, dass das Reitervolk der Mongolen eine aus China übernommene »hydraulische« Gesellschaft (Bewässerungswirtschaft) weitergegeben habe. Auch Marx wird vom Wittfogel in seinem Vorwort zu dem Marxschen Text »Enthüllungen zur Geschichte der Diplomatie im 18. Jahrhundert« unterstellt, dass die Dynastie Rurik als Wurzel des modernen Russland durch das Tatarentum und die Rolle der Mongolen-Eroberung entscheidend geprägt worden sei: »*Was für Keime feudaler Entwicklung die Welt von Kiew auch immer besaß, sie wurden vernichtet durch den Zerfall dieser Welt, der es den Mongolen (Tataren) ermöglichte, Rußland, das sich damals in einem unbestimmten Zustand befand, unter ihr Joch zu zwingen.*« (Wittfogel 1981: LXI)

Kapitel 12: Mittelalterlicher europäischer Feudalismus

rücksichtigung der gleichzeitigen Existenz einer kapitalistischen Produktionsweise und ihres Weltmarkts noch nicht in Richtung eines alternativen Übergangs in eine nachkapitalistische, sozialistisch-kommunistische Gesellschaftsformation – dies war die übergreifende Fragestellung in Marx' Sassulitsch-Briefentwürfen – gegeben waren, sondern eine Revolution erfordert hätten (vgl. ibid.: 395).

Es kam anders. Die russische Ackerbaugemeinde blieb die ökonomische Basis für eine asiatische Produktionsweise mit feudalen Attributen. Das fehlende Lehnswesen führte zu einem Vasallentum mit Tributen durch das Recht zur Steuerbewilligung durch die Adelsstände als Form der Grundrente. Der Adel hatte »Vatergüter« und »Dienstgüter«; im Verlauf des 16. Jh. setzten der Adel die Erblichkeit der Dienstgüter und die russische Krone die Dienstverpflichtung von den Vatergütern durch. Die erhöhte Belastung der Bauern ließ sich jedoch nur durch eine Verschärfung des außerökonomischen Zwangs realisieren. Diese Verschärfung begann mit der Begrenzung des Abzugsrechts der Bauern auf einen Tag im Jahr, d.h. des Rechts, den Hof zu verlassen, um sich Land oder einen anderen Herrn zu suchen. Sie fand ihren juristischen Abschluss mit der offiziellen Bindung der Bauern an die Scholle im Jahr 1649. In diesem Prozess ging der Unterschied zwischen Knechten und freien Bauern verloren; Letztere waren bis dato Mitglieder der Dorfgemeinden, denen auch die niedere Gerichtsbarkeit mit einem System gewählter Ältester oblag. Die Herrschaft über Leib und Leben dagegen lag beim Großfürsten und später beim Zaren. Im 18. Jahrhundert konnten dagegen Bauern sogar ohne Land verkauft werden, d.h. sie waren Leibeigene geworden.

Die Produktivität der russischen Landwirtschaft blieb mit einem Verhältnis von 1:4 von Aussaat zu Ernte weit hinter entwickelten westeuropäischen Verhältnissen bspw. in Flandern mit 1:9 zurück; sie sank im 19. Jh. in Russland sogar auf 1:3. Die Stände, die von den feudalen Tributen lebten – Adlige, Staatsbeamte und Ausländer im Dienste der Zaren – wuchsen rascher als das Aufkommen der Ernten; diese unproduktiven Klassen nahmen zwischen 1678 und 1719 von 4 auf 9% der Gesamtbevölkerung zu (vgl. Nolte 1978: 153 sowie 157). Im Jahr 1861 wurde die Leibeigenschaft der Bauern unter Zar Alexander II. aufgehoben. Die Bauern waren jetzt nicht mehr an die Grundeigentümer gekettet, blieben aber weiterhin im bestehenden System der Dorfgemeinschaften integriert. Erst 1906 setzte Stolypin als Premierminister nach der Revolution von 1905 das Recht auf privaten Grundbesitz für Kleinbauern durch und ebnete so die Entwicklung des Kapitalismus auf dem Land. Die ursprüngliche Akkumulation setzte sich also in Russland erst mit Beginn des 20. Jahrhunderts durch – zwar nicht direkt von außen getragen durch Siedleremigranten aus den damaligen kapitalistischen Metropolen wie vorher in Nordamerika, jedoch unter Bedingungen eines bereits entwickelten kapitalistischen Weltmarkts, an dessen Peripherie das Russische Reich einbezogen war.[4]

---

[4] Diese Entwicklung des Kapitalismus in Russland mit dem Schwerpunkt der internen Verhältnisse (innere Märkte) ist von Lenin in seinem gleichnamigen Buch von 1899 (1. Auflage) ausführlich analysiert worden; vgl. LW 3.

Der Beginn sesshafter, Landwirtschaft betreibender Gemeinwesen wird in Japan mit der Yayoi-Zeit, etwa zwischen dem 10. und 8. Jahrhundert v.u.Z. datiert; vorher wurde von Jagd, Fischerei und Pflanzensammeln gelebt. Noch bis zum 5. Jh. u.Z. bestanden in Japan Verhältnisse der archaischen Gesellschaft mit Gemeineigentum am Grund und Boden aller Sippenangehörigen. Seit dem 3./2. Jh. v.u.Z. bildete Reis die Grundlage der Ernährung, der auf Nassfeldern in Sumpfgebieten und an Flussufern angebaut wurde, ohne dass zunächst eine künstliche Bewässerung notwendig war. Kriegsgefangene und Sippenangehörige, die gegen geltende Normen des Zusammenlebens verstoßen hatten, wurden in Ausbeutungs- und Abhängigkeitsverhältnissen gehalten. Unfreie, Halbfreie und Stammesadel bildeten sich als drei Gruppen des zerfallenden Urtyps der archaischen Gesellschaft heraus. Mitte des ersten Jahrtausends u.Z. waren mit der Konsolidierung von Stammesverbänden Voraussetzungen für die Staatsentstehung gegeben. Der erste Verbund war der von Yamato, mit dem ein festeres soziales Gefüge mit einem königlich-priesterlichen Oberhaupt im Gebiet des heutigen Nara gebildet wurde, das allmählich auch andere Stammesvereinigungen bis nach Westjapan unterwarf. Zu dieser Zeit, d.h. etwa 600 u.Z., zählte die Bevölkerung auf den japanischen Inseln etwa 5 Millionen Einwohner. Das Yamato-Gemeinwesen entwickelte sich während der Asuka-Zeit, die sich auf die Asuka-Region konzentrierte und die Macht über Clans in Kyūshū und Honshū ausübte; Clan-Häuptlingen wurden teilweise erbliche Titel verliehen. Der Name Yamato wurde zum Synonym für ganz Japan, als die Herrscher von Yamato andere Clans unterdrückten und landwirtschaftliche Flächen erwarben. Basierend auf chinesischen Modellen (einschließlich der Übernahme der chinesischen Schriftsprache) entwickelten sie ein System von Handelsstraßen und eine zentrale Verwaltung. Die grundlegende Verwaltungseinheit, das Gokishichidō-System, war die Grafschaft; die Gesellschaft war in Besatzungsgruppen organisiert.

In der Yamato-Zeit begann auch eine in der Folge anhaltende Verbindung Japans mit Korea und China; Einwanderer aus diesen Ländern beeinflussten das Wirtschafts- und Sozialgefüge in Japan wesentlich. Sie brachten ein hoch entwickeltes handwerkliches Können, neue Impulse auf dem Gebiet der Kunst und eine neue Religion, den Buddhismus, in das Land. Zwischen den japanischen Stammesgemeinwesen wurde Tauschhandel betrieben, als Zahlungsmittel wurde häufig Seide verwendet, obgleich auch chinesische Münzen aus der späten Han-Zeit (nach 100 u.Z.) als Grabbeilagen gefunden worden sind. Ein erstes Edikt von 646 n. Chr. verweist auf die Existenz von staatlichen Marktkontrolleuren, die Handelsrouten und Märkte beaufsichtigten sowie Steuern eintrieben.

Mit dem 7. Jahrhundert u.Z.. etablierten sich neue Eigentumsverhältnisse, die zur Aufrechterhaltung eines Staatsapparats bedurften. Im Rahmen von Machtkämpfen innerhalb der Stammesaristokratien gewannen einige Familien wie die ōtomo, Monobe und Soga eine Vormachtstellung, die in der Bildung eines starken, zentralisierten Staates mit der sog. Taika-Reform (645 u.Z.) gipfelte. Die Machtkämpfe innerhalb dieser Oberschichten spiegelten sich auch ideologisch wider: Die Soga förderten die Verbreitung des Buddhismus, andere Teile der Stammesaristokratien stützten sich auf den Shintoismus und damit auf eine einheimische Naturreligion. Die Durchsetzung der Taika-Reform und die Taihō-Reformgesetze (702) bestimmten die Gleichstellung der bisher halb- bzw. unfreien Bevölkerung mit den freien Bauern. Der Tenno, wie sich der oberste Herrscher seit dem 7. Jh. nannte, gewann mit dieser Reform die soziale Basis für die Erklärung des gesamten Grund und Bodens zu staatlichem Eigentum. Es waren hierfür wirtschaftliche Gründe ausschlaggebend: Kanal- und Dammbauten wurden durchgeführt und das Bewässerungsnetz kontinuierlich verbessert. Den freien Bauern wurden Landesteile zur Bearbeitung als Ackerflächen zugewiesen, für deren Nutzung sie dem Staat gegenüber steuer- und dienstleistungspflichtig waren. Diejenigen Ländereien, die sich in der Hand von Mitgliedern des kaiserlichen Herrscherhauses, der lokalen hohen Aristokratie, Inhabern hoher Staatsämter sowie von buddhistischen und shintoistischen Klöstern befanden, blieben jedoch von diesen Verpflichtungen ausgenommen. Diese, ein Vielfaches der bäuerlichen Bodenparzellen umfassenden Landesteile waren lebenslanger Besitz und wurden später erblich. Neben der Bewirtschaftung erschlossener Ländereien gab es durch vergleichbare Regelungen auch einen Anreiz zur Urbarmachung von Neuland.

In der folgenden Jahrhunderten, der sog. Heian-Zeit (794-1186), verfielen das Taika- und Taihō-System. Der staatliche Steuerdruck gegenüber den Bauern nahm zu, sie mussten vielfach ihre Landanteile verpfänden oder reagierten durch Landflucht. Damit wurde die ökonomische Grundlage des Staates untergraben. Der herrschende Adel erwies sich als unfähig, das Land zu verwalten. Anstelle des vorher realisierten Geldsystems wurde Reis zur primären Tauscheinheit. Mit dem Shōen-System, das sich im 8 Jahrhundert zu entwickeln begann, wurden die Eigentumsverhältnisse umgewälzt und im 10 Jh. hatten sich kleinbäuerliche und feudale Eigentumsverhältnisse in Japan durchgesetzt. Bis zum 11. Jh. wurde mehr Land von privaten Eigentümern kontrolliert als von der Zentralregierung. Dem Kaiserhaus wurden somit Steuereinnahmen zur Finanzierung der nationalen Armee entzogen. Als Antwort darauf stellten die Eigentümer der Shōen eigene private Armeen von Samurai-Kriegern auf. Zwei mächtige Adelsfamilien, die von Zweigen der kaiserlichen Familie abstammten, die Clans Taira und Minamoto, erwarben große Armeen, mit deren Hilfe sie sich viele Shōen außerhalb der Hauptstadt aneigneten. Die Zentralregierung begann, diese beiden Kriegerclans einzusetzen, um Aufstände und Piraterie zu unterdrücken. Bei dieser allgemeinen Unsicherheit gab es für die freien Bauern Schutz nur bei mächtigen Grundherren. So kam es, dass neben den Shōen schließlich nur noch eine geringe Zahl freibäuerlicher Höfe existierte, und zwar vornehmlich auf aus Neuland erschlossenem Boden, der von den Familienangehörigen bearbeitet werden konnte.

Zwischen 1274 und 1281 mussten zwei durch Kubilai Khan vom mongolischen Reich eingeleitete Invasionen durch die Samurai-Armeen aus dem ganzen Land abgewehrt werden. Obwohl die Japaner einem Feind mit überlegenen Waffen zahlenmäßig unterlegen waren, kämpften sie beide Male in Kyushu gegen die Mongolen, bis die mongolische Flotte durch Taifune zerstört wurde. Trotz des Sieges des Kamakura-Shogunats hatte die Landesverteidigung die Finanzen so weit aufgebraucht, dass es seinen Vasallen keine Entschädigung für ihre Rolle beim Sieg gewähren konnte. Dies hatte dauerhafte negative Folgen für die Beziehungen des Shogunats zur Samurai-Klasse. Dennoch trat Japan ab 1250 in eine Phase eines wirtschaftlichen Aufschwungs mit Bevölkerungswachstum ein. In ländlichen Gebieten nahm mit dem vermehrten Einsatz von Eisenwerkzeugen und Düngemitteln, verbesserten Bewässerungstechniken und Doppelkulturen die Produktivität in der Landwirtschaft zu und die Anzahl der Dörfer stieg. Weniger Hungersnöte und Epidemien ließen auch die Städte wachsen; der Handel nahm zu und es wurde wieder zum geldvermittelten Warenaustausch übergegangen. Bis 1450 hatte sich die japanische Bevölkerung auf 10 Millionen Einwohner vermehrt, verglichen mit 6 Millionen am Ende des 13. Jahrhunderts.

Im 16. Jahrhundert ergaben sich durch die Expeditionen des Venezianers Marco Polo die ersten Kontakte Japans mit den Europäern. Japan wurde von ihnen als hoch entwickelte feudale Gesellschaft mit einer hohen Kultur und fortschrittlicher vorindustrieller Technologie wahrgenommen. Das Land war dicht besiedelt und urbanisiert. In der Folgezeit wurden die Portugiesen Vermittler und Kontrolleure des Asienhandels nach und von Japan. Probleme mit Piraterie und dem aggressiven Vordringen westlicher Mächte in ganz Ostasien führten am Ende des 16. Jh. zu drastischen Einschränkungen des Überseehandels. Einzige europäische Handelspartner wurden nun die Niederländer. Ein weiteres wesentliches Ereignis bezüglich der Beziehungen Japans zu auswärtigen Staaten war 1853 die Landung amerikanischer Schiffe unter Commodore Matthew Perry in der Bucht von Edo, um beim Tokugawa-Shogunat Konzessionen und die Öffnung von Vertragshäfen zu erreichen; nach vier Jahren zähen Ringens kamen mit dem Vertrag von Kanagawa erstmals Handelsbeziehungen zwischen Japan und den USA zustande, die in der späteren Meiji-Zeit (1868-1912) wesentliche äußere Entwicklungsimpulse für die japanische Wirtschaft und Gesellschaft erbrachten.

1867 trat die »bakufu« genannte letzte Shogunatsregierung unter Tukugawa Yoshinobu ihr Amt an und wurde noch im selben Jahr durch ein Bündnis der gegnerischen Kräfte (Clans) aus verschiedenen Lehensfürstentümern (han) gestürzt. Anstelle einer bürgerlichen Revolution wie gegen Ende des vorangegangenen 18. Jh. in Frankreich oder den USA kam es knapp einhundert Jahre später in Japan zu einer Koalition zwischen Feudalherren (daimyō) und Kaufleuten (chōnin), die das Ende der Feudalzeit einläutete. Die Abschließungspolitik der Shogunatsregierungen und die Armut der Bauern, die noch vorwiegend von Subsistenzwirtschaft lebten, hatte die binnenwirtschaftliche Geldkapitalbildung gehemmt und die chōnin daran gehindert, einen Binnenmarkt größeren Ausmaßes zu entfalten. Da andererseits der Wohlstand der Kaufleute eng mit den Kriegern (Samurai) und adligen daimyō als ihren Kunden und Schuldnern verbunden war, dachten die chōnin nicht im Traum an eine frontale Attacke gegen den Feudalismus als System; sie waren nur bereit, eine politische Bewegung gegen das »bakufu« zusammen mit anderen rivalisierenden Feudalgruppen zu finanzieren. Darüber hinaus investierten die Kaufleute, vor allem die kleineren unter ihnen, das aus Handel und Wucherzinsen erlöste Geld in Grund und Boden. Durch Umgehung des feudalen Verbots der Akkumulation von Grundbesitz entstand eine neue Klasse von Landbesitzern, die in der Agrikultur lediglich modifizierte feudale Beziehungen konservierte und demzufolge mit den adligen daimyō mehr gemein hatte als mit der Bauernschaft, die ihrerseits gegen die Ausplünderung von Seiten der alten feudalen Machthaber und neuen Landbesitzer revoltierte, wenn auch erfolglos. Die Meiji-Periode gilt als Restauration, weil sie die kaiserliche Macht des Tennos wiederherstellte, sie enthielt andererseits Reformen der Anpassung an sich verändernde soziale und politische Bedingungen, ohne jedoch grundlegende Veränderungen in der Sozialstruktur der japanischen Gesellschaft disruptiv herbeizuführen.

Wenn Marx, wie eingangs zitiert, mit Bezug auf Japan von »*seiner rein feudalen Organisation des Grundeigenthums und seiner entwickelten Kleinbauernwirthschaft*« (MEGA II.8: 673, Anm. 192) gesprochen hatte, so lässt sich diese Charakterisierung nunmehr zum Einen auf die Periode des Taika- und Taihō-Systems beziehen, als der japanische Staat als Eigentümer des gesamten Grund und Bodens Landflächen an freie Kleinbauern verteilt hatte. Zum Anderen wurden diese freien Bauernwirtschaften nach und nach durch Steuerdruck des Staates ruiniert und mit dem Shōen-System dem privaten feudalen Grundeigentum untergeordnet. Mit beiden Tatbeständen wies Japan genuine Züge der feudalen Produktionsweise – Selbstständigkeit der unmittelbaren Produzenten, die vielfach als persönlich Abhängige den privaten Grundherren durch außerökonomische Gewalt tributpflichtig wurden – auf. Die Entwicklungen eines selbstständigen Handwerks und Kaufmannstands blieben limitiert und beschränkten demgemäß zunächst eine binnenwirtschaftlich induzierte ursprüngliche Kapitalakkumulation. Erst durch den beginnenden auswärtigen Handel mit den Venezianern (Marco Polo) und seine Verstetigung durch die Portugiesen und Holländer sowie schließlich den USA, d.h. durch äußere Einwirkungen wurden diese internen Grenzen überwunden. Eine industrielle Revolution trat in Japan erstmals gegen Ende des 19. Jh. bei der Textilherstellung und -verarbeitung (Baumwolle, Seide) auf – gut einhundert Jahre später als im industriellen Mutterland England.

Kapitel 13: Handelsimperien – Rolle des Kaufmannskapitals und seiner weltweiten Kolonien

a) Die italienischen Republiken Genua und Venedig

Der reine Kaufmannskapitalist Genua

Die Stadtstaaten Genua und Venedig, die zeitlich nacheinander von Mitte des 13. Jh. bis zum Beginn des 16. Jh. als internationale Kaufmannsmächte mediterrane Fernhandelsnetze in Europa von Norditalien bis Flandern und vom Atlantik bis zum Schwarzen Meer geknüpft hatten und in dieser Zeit die wichtigsten Akteure im Handel mit dem Orient gewesen sind, waren Republiken mit oligarchischer Prägung durch wenige große Familien. Sie waren ausgesprochene Seemächte mit nur beschränkten territorialen Ambitionen und ohne eigentliche landwirtschaftliche und mit einer nur geringen gewerblichen Basis in wenigen Bereichen, vor allem im Schiffbau. Sie bildeten Scharniere zwischen Okzident und Orient bzw. zwischen West- und Osteuropa und betrieben eine Schaukelpolitik zwischen den großen Mächten ihrer Zeit – Byzantinern, dem Mongolenreich mit seinen Khanaten sowie dem arabischen Sultanat der Bahri- und Burdschi-Mamluken in Ägypten –, die nur eine begrenzte Loyalität gegenüber dem lateinisch-christlichen Abendland aufwiesen.

Genua, 1097 als Stadt gegründet, begann seinen Aufstieg vom Piratennest zur ersten maritimen Macht in Europa im Jahr 1162 mit dem Freibrief Kaiser Barbarossas, der der Stadt alle bislang erworbenen Rechte bestätigte und ihre politische Autonomie innerhalb des Heiligen Römischen Reichs garantierte. 1191 wurden Genua von Kaiser Heinrich VI. die Herrschaft über den schmalen Streifen entlang der ligurischen Küste von Monaco bis Porto Venere sowie Rechte in Korsika und Sizilien verliehen. Mit dem mit dem byzantinischen Kaiser geschlossenen Vertrag von Nymphaion (1261) wurde den Genuesen der privilegierte Zugang zum Schwarzen Meer eingeräumt. Der Waffenstillstand mit Venedig im Jahr 1270, der ein langes Patt mit dem Rivalen einleitete und die Ausschaltung Pisas als Konkurrent im westlichen Mittelmeer nach der Seeschlacht bei Meloria (1288), konsolidierten Genuas Position; ihre Unterstützung der Kreuzfahrer in den ersten vier Kreuzzügen hielt die Muslime in Schach und sicherte der Republik neue Handelsrouten und Bündniskonstellationen.

Genua war ein Stadtstaat, der auf dem Höhepunkt seiner Macht in seinem territorialen Kerngebiet gerade 150 Tsd. Einwohner zählte und der nur über punktuellen Kolonialbesitz im Mittelmeer und Schwarzen Meer verfügte. Unter diesen waren Caffa und Tana die wichtigsten Städte, da sie von erheblichem Umlandsbesitz umgeben waren, der das Kernland an der ligurischen Küste weit übertraf. Als End-

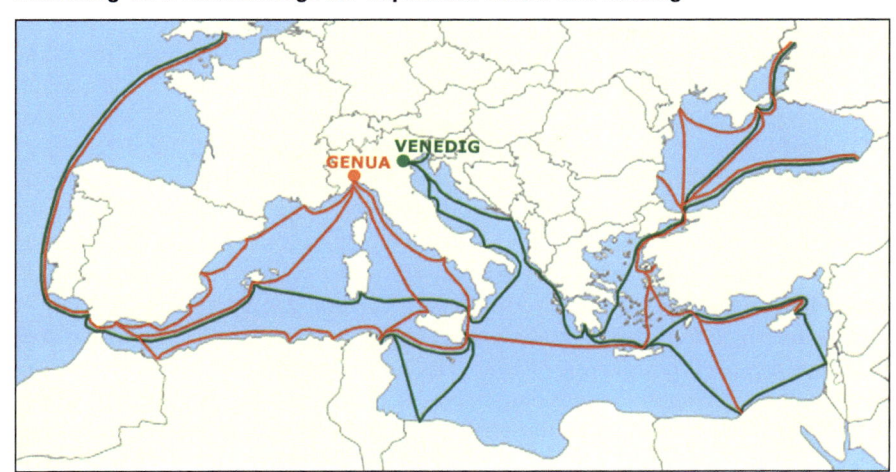

Abbildung 13.1: Handelswege der Republiken Genua und Venedig

Quelle: https://de.wikipedia.org/wiki/Genueser_Kolonien

punkte des zentralasiatischen Fernhandels hatten sie große kommerzielle Bedeutung; das Asowsche Meer war 130 Jahre lang ein »genuesisches Meer« und von ähnlicher Bedeutung wie das Nildelta.

Der Aufstieg der Stadt als Handelsmacht erfolgte im ersten Schritt durch Festigung ihrer Position im westlichen Mittelmeer. Die Ziele umfassten zunächst die Kontrolle des Handels zwischen Nordeuropa und dem Mittelmeer sowie des Fernhandels zwischen Asien und Europa; schließlich die Kontrolle des Ost-West-Handels im gesamten Mittelmeer durch ein errichtetes Netz aus Kolonien, Privilegien und Verträgen (Mare clausum). Der Abschluss von Verträgen war die Vorgehensweise einer Bündnisstrategie gegenüber den im Osten starken Muslimen und erlaubte Genua, sich in der Levante festzusetzen. Die unentschieden endende Auseinandersetzung mit Venedig wurde durch weitere Bündnisse mit anderen Akteuren umgesetzt und ergab eine dominante Position im Schwarzen Meer mit dem wichtigen Stützpunkt Caffa sowie in der Ägäis (vgl. Abb. 13.1).

Die wirtschaftliche Basis der Genuesen war der Handelsprofit, den sie im Zwischenhandel erzielten. Ihre seinerzeitige Überlegenheit im Handel gründete sich auf dessen kommerzielle Organisation. Dazu gehörte die Gründung von Handelskompanien, die die Funktion von Kolonialgesellschaften hatten und als Gesellschaften mit beschränkter Haftung ausgelegt waren. Wichtigste Vertragsform war zunächst ein Kontrakt zwischen einem Kommanditär und einem Kaufmann/Kapitän; Ersterer stellte drei Viertel des Kapitals, um die Fahrt zu finanzieren und die Waren einzukaufen, Letzterer stellte das Schiff, unternahm die Reise und wickelte das Geschäft ab. Die Verteilung des Gewinns entsprach der Verteilung des Risikos. Die Verträge wurden ursprünglich für jede Fahrt neu abgeschlossen, galten später aber auch für längere Zeiträume. Schließlich setzte sich ein System durch, bei dem das gesamte Kapital durch den oder die ortsansässigen Kaufleute gestellt wurde, während der Partner nur noch die Fahrt organisierte. Auch fuhren Schiffe nicht mehr ohne Ladung auf einer Route, sondern betrieben Export-/Importfahrten auf festen Routen mit Haltepunkten und festgelegten Abfahrts- und Ankunftszeiten. Zur Minderung der Risiken wurde ab 1341 zum ersten Mal eine Seeversicherung abgeschlossen. Auch das Finanzwesen wurde revolutioniert. Bei Geschäften im Fernhandel waren Bankiers ursprünglich reine Geldwechsler, später weitete sich ihre Tätigkeit auf die Kreditvergabe aus. Das Wechslergeschäft verlor an Bedeutung, weil die genuesische Währung zum internationalen Zahlungsmittel auf den angestammten Handelsrouten und in den durch sie verbundenen Stützpunkten wurde.

Eng verbunden mit dem und eine notwendige Ergänzung des Fernhandels war seine militärische Absicherung. Militärisch führend war Genua nur zur See mit seinen Galeeren und den kleineren Karacken, die damals als die besten der Welt galten. Für den Bau dieser Schiffe mussten alle Materialien – Holz, Eisen, Pech, Teer, Hanf, Leinen – importiert werden. Beide Schiffstypen waren auf Geschwindigkeit konstruiert und wurden von Ruderern und einem Hilfssegel angetrieben. Im Schiffbau wurden mit Heckrudern und dem Lateinsegel am Fockmast, mit dem ein Kreuzen gegen den Wind möglich wurde, Innovationen eingeführt, die später die Venezianer perfektionierten. Der Schwerpunkt lag auf der Handelsmarine; sie war nicht staatlich wie bei den Venezianern, sondern gehörte privaten Familien. Eine permanente Kriegsflotte wurde von der genuesischen Kommune nie unterhalten. Die Stärke Genuas als Seemacht drückte sich weniger in der Anzahl seiner Schiffe aus als den Fähigkeiten zur raschen Mobilisierung einer Flotte durch situativen Neubau. Eine stehende Flotte war solange nicht notwendig, solange der Bau von Schiffen nicht so lange Zeiträume beanspruchte, sodass rasche Reaktionen nicht mehr möglich waren. Die Besatzung für militärische Operationen wurde aus den Bewohnern des Kernlandes ausgehoben, die Staatskasse übernahm den Sold der Matrosen, während die Flottenführer vom Stadtadel, insbesondere den vier großen Familien der Grimamldi, Fieschi, Spinola und Doria gestellt wurden. Bewaffnet waren die Kriegsgaleeren mit Seekanonen und Bogenschützen für den kurzen Distanzkampf.

Genua war um 1330 zumindest in Europa mit etwa 100.000 Einwohnern hinter Konstantinopel, Venedig, Mailand und Florenz die fünftgrößte Stadt vor Paris und London; allein zwischen 1300 und 1330 soll die Einwohnerzahl um ein Fünftel zugenommen haben. Die Dynamik Genuas und die enorme Zunahme des Warenhandels, dessen Maximum zu Beginn der 1290er Jahre erreicht worden war, werden durch den zweimaligen Ausbau des Hafens zwischen 1300 und 1328 dokumentiert. Gegen Ende der 1330er Jahre erfolgte der Übergang zur Dogenrepublik, einer Oligarchie der reichen Kaufleute, die bis 1528 Bestand haben sollte; diese Entwicklung war für eine effektive Kontrolle des genuesischen Herrschaftsbereichs mit einer Reform der Kommunalverfassung verbunden. Ein Indiz für den außerordentlichen Reichtum der Kommune ist der Umstand, dass im Jahr 1293 das Steueraufkommen aus dem Seehandel fast vier Millionen genuesische Pfund und damit etwa das Zehnfache der Einkünfte des französischen Königs zu dieser Zeit betragen hat. Die Profitspannen der Kaufleute betrugen bis zu 100%.

Im Zeitraum zwischen 1261 und 1350 hatte Genua seinen wirtschaftlichen und politischen Zenit erreicht. Der anschließende Niedergang der genuesischen Handelsmacht war in erster Linie durch externe Faktoren bedingt. Neben dem Ausbruch der Pest in Caffa und Genua, durch den die Bevölkerung Genuas auf 45.000 Einwohner gesunken war, spielte der wieder aufgeflackerte Krieg mit Venedig eine Rolle, der bis zum Frieden von Turin 1381 Kräfte band. Parallel dazu musste sich Genua auch im Westen gegen Piraterie, die von Nordafrika ausging, erwehren, was zur Bewaffnung der Handelsschiffe führte. Den finalen Stoß erhielt das genuesische Kolonialsystem 1453 mit der Eroberung Konstantinopels durch die Osmanen. Damit war das byzantinische Reich endgültig an sein Ende gelangt und Genua von seinen Kolonien am Schwarzen Meer abgeschnitten worden. Auch im Westen kam Genua unter Druck. Zwar hatte der genuesische Handel mit England erst 1460 seinen Höhepunkt erreicht, doch ergriff England danach protektionistische Maßnahmen zugunsten seiner Kaufleute. Auch das Zeitalter der genuesischen Galeere und Karacke kam durch die mit Kanonen bestückten Galeonen, die von Portugal und Spanien eingesetzt wurden, an sein Ende. Damit war die Zeit Genuas als Seemacht beendet; es wurde ein strategischer Schwenk zugunsten internationaler Geldgeschäfte vollzogen, die Stadt stieg zum Finanzzentrum der katholischen Welt auf und seine Bankiers finanzierten die kolonialen und militärischen Aktivitäten Spaniens in der Folgezeit.

Venedig – Kaufmannskapitalist mit Hinterland und Arsenal

Die Stadtrepublik Venedig, die Genua als mediterrane Handelsmacht auf vergleichbar ausgreifenden Fernhandelsrouten zwischen Orient und Okzident sowie zwischen West- und Osteuropa abgelöst hat, war von ihrer Bevölkerungszahl deutlich größer als Genua. Unter Schwankungen, die u.a. durch die Pestepidemie ausgelöst wurden, betrug sie zwischen 1200 und 1600 zwischen 80 und 130 Tsd. Einwohner. Dies erlaubte Venedig, anders als Genua, eine beträchtliche Siedungsausweitung nach Kreta, Zypern und in andere Kolonien, in denen die Venezianer eine Plantagenwirtschaft zum Anbau von Zucker und Baumwolle auf der Grundlage von Sklavenarbeit aufzogen. Auch geopolitisch stand Venedig die Po-Ebene offen und mit der Eroberung der Terraferma bis zum Gardasee war die Stadt eine bescheidene Territorialmacht, die ihr angestammtes Gebiet der Lagune verlassen hatte und im Machtspiel der italienischen Staaten Florenz, Mailand sowie dem Kirchenstaat mitmischte.

Als vornehmliche Handelsmacht, die zwischen verschiedenen Staaten und deren unterschiedlichen Produktionsweisen eine Vermittlerrolle innehatte, war Venedig dem byzantinischen Reich mit seiner orientalischen Despotie zugehörig; auch damit war ein Unterschied zu Genua gegeben, das zu dem nur lose geknüpften und feudal geprägten Heiligen Römischen Reich mit seinen rivalisierenden Machtzentren der Feudalherren, freien Reichsstädten, Ritterorden und Bünden von Handelsstädten verbunden war. Venedig war wie das byzantinische Reich zentralistisch organisiert und griff mit einer strikten bürokratischen Kontrolle in seine Wirtschaft ein. Diese Wirtschaft bestand neben dem dominierenden Handel auch aus den gewerblichen Zweigen des Schiffbaus und der Waffenproduktion, die großenteils staatlich betrieben wurden; sowohl die großen Handelsgaleeren als auch das »Arsenal«, eine mehrfach erweiterte große Schiffswerft mit einer Lagerung von Reserveschiffen sowie der Produktion von Waffen und Ausrüstungen für den Schiffsbetrieb gehörten dem Staat. Der Aufbau des Staates wies mit dem Dogen an der Spitze und verschiedenen hierarchischen Beratungsgremien – Rat des Dogen, der Vierzig, Senat und Großer Rat – sowie der Generalversammlung des Volks als Akklamationsgremium eine zentralistische Organisation auf. Die herrschende Oligarchie bestand zunächst aus den großen Familien des Stadtadels, verheiratete ihre Söhne und Töchter in die europäischen Herrscherhäuser und stellte Kardinäle und Päpste. Mitte des 13. Jahrhunderts wurde die Herrschaft des Stadtadels durch Familien von zu Wohlstand gekommenen Kaufleuten und Handwerkern erweitert. Venedigs Oligarchie war aufgrund ihrer Interessenidentitäten homogen und zerfiel nicht wie diejenige Genuas in Fraktionen. Der Staatsapparat der Stadtrepublik bestand aus rd. 200 Familien, darunter 20 bis 50 »großen« Familien, deren Abkömmlinge für Spitzenämter in Frage kamen. Aus ihnen rekrutierten sich etwa 500 Beamte, die die Geschicke der Stadt und der Kolonien lenkten.

Als Seemacht konnte sich Venedig nach der zeitweisen Eroberung Konstantinopels durch die Kreuzritter im Vierten Kreuzzug (1203–1204), den die Venezianer logistisch mit Schiffen unterstützt hatten, auf die Adria als direkte Einflusszone durch Kontrolle aller wichtigen Orte an der Gegenküste zu Italien stützen: Adria als »venezianisches Binnenmeer«. Ende des 14. Jh., nach dem vierten Seekrieg mit Genua wurde das venezianische Kolonialreich in Griechenland erweitert. Mit der Eroberung seines Hinterlandes (Terraferma) hatte Venedig Zugriff auf eine eigene Nahrungsmittelversorgung und kontrollierte die für den Schiffbau wichtige Waldregion in den Alpen. Hinzu kam ein ausgedehntes Netz von Handelsniederlassungen; ihre Organisationsform reichte von förmlichen eigenen Stützpunkten im Osten, die teilweise mit militärischer Gewalt errichtet wurden, bis zu informellen, diplomatischen und vertraglichen Vereinbarungen mit den Mächten im Westen. Damit hatte Venedig Zugriff auf die Route ins Schwarze Meer mit Niederlassungen auf der Krim und in Tana, auf die Südroute durch das Rote Meer, die mit Verträgen mit dem Sultan der Mamluken gesichert wurde, auf Kleinarmenien zwischen Syrien und der Türkei, auf den Handel mit Deutschland und mit Flandern und England sowie die Berberküste. Damit wird deutlich, dass Venedig vorzugsweise mit seinerzeit entwickelten Regionen und Staaten wie Byzanz, Ägypten, Persien und indirekt auch mit Indien und China Handel trieb. Gegenstand waren vorwiegend Luxusgüter, insbesondere Gewürze (Pfeffer), die einen hohen spezifischen Wert hatten; der Gewürzhandel versprach Profite von bis zu 40%. Dies unterschied Venedig von der Hanse und den Niederlanden, die in der Ost- und Nordsee vorwiegend mit Stapelgütern wie Getreide, Holz oder Salz handelten.

Kapitel 13: Das Kaufmannskapitals und seine weltweiten Kolonien

Fernhandel ging mit militärischer Absicherung und kriegerischer Expansion in der damaligen Zeit Hand in Hand. Mit dem Rivalen Genua hat Venedig insgesamt fünf Seekriege ausgefochten. Der erste Seekrieg (1253–1259) entzündete sich an der Kontrolle der Handelsrouten; er endete unentschieden. Genua reaktivierte den Asienhandel auf der zentralasiatischen Route, Venedig kooperierte mit den Mamluken und konzentrierte sich auf die Südroute. Der zweite Seekrieg (1293–1298) war eine Reaktion auf das päpstliche Handelsverbot mit den Muslimen nach dem Fall von Akkon – nach sechswöchiger Belagerung und erbitterten Kämpfen hatte der ägyptische Mamluken-Sultan al-Aschraf Chalil die Stadt schließlich im Mai 1291 eingenommen und damit einen mehrfach umkämpften und mehrfach von christlichen Kreuzrittern und islamischen Kräfte eroberten strategischen Stützpunkt und Hafen in Galiläa endgültig gewonnen – und führte zur Niederlage der Venezianer vor Lajazzo; der Frieden von Mailand im Jahr 1299 sanktionierte ein neuerliches Patt zwischen den Kontrahenten, das durch die Aufteilung der Einflusszonen im östlichen und westlichen Mittelmeer dokumentiert wurde. Der dritte Seekrieg mit Genua (1351–1354) stand im Zeichen der Pestepidemie in Europa, dem Zusammenbruch des Mongolenreichs, dem drastischen Verfall des Fernhandels und dem Kampf um einen schrumpfenden Markt. Er endete mit einer Niederlage Venedigs und dem Vertrag von Genua. Venedig musste den Handel mit den Mongolen und der Schwarzmeer-Region aufgeben. Der vierte Seekrieg bzw. Chioggia-Krieg (1378-1381) entzündete sich an dem venezianischen Versuch, in die Schwarzmeer-Region zurückzukehren.

Venedig hatte die kleine Insel Tenedos am Eingang zum Marmarameer besetzt, um so die Dardanellen zu kontrollieren; dies war ein Kriegsgrund für Genua. Die genuesische Flotte griff nunmehr die Stadt Venedig direkt an, drang in die Lagune ein und besetzte die Stadt Chioggia am südlichen Rand der Lagune. Venedig, das erstmals Seegeschütze einsetzte, gelang die Vertreibung der Genuesen, was im Frieden von Turin 13812 festgehalten wurde. Der letzte fünfte Seekrieg (1431) mit der Schlacht bei Portofino war dann nur noch ein Nachhutgefecht ohne eine Veränderung des durch den Ausgang des vierten Seekriegs festgeschriebenen Kräfteverhältnisses zwischen den beiden Stadtrepubliken zu bewirken. Dreimal konnte Genua die Herausforderung mehr oder weniger erfolgreich abwehren; letztlich verfügte die Stadt aber über zu wenige Menschen für eine permanent auf dem Wasser gehaltene Flotte. Der schließliche Erfolg Venedigs verdankt sich weniger überlegener Technik und größerer militärischer Kompetenz als vielmehr der Fähigkeit, die eigenen Ressourcen optimal zu mobilisieren und einzusetzen.

Diese letztlich entscheidende Fähigkeit Venedigs beruhte zum Einen auf dem Rückgriff auf eigene Kapazitäten für Schiffbau und Waffenproduktion (Arsenal), zum Anderen auf dem überlegenen finanziellen Fundament der venezianischen Macht. Letztere speiste sich neben Steuern nicht nur aus den Profiten des staatlichen Gewürzhandels und der Versteigerung von Frachtraum staatlicher Schiffe an private Kaufleute, sondern auch aus den Einkommen aus der Kolonialwirtschaft, womit das Motiv der kolonialen Ausbeutung fremder Territorien Auftrieb erhalten hatte.

Wie die Handelsmacht Genuas, die rd. neunzig Jahre währte, war auch die Position Venedigs zwischen 1381 und 1503 mit gut einhundertzwanzig Jahren nicht sehr viel länger, auf jeden Fall ebenso begrenzt. Damit wird die These bestätigt, dass Handel zwischen einer nicht durch den Händler kontrollierten Produktionsbasis, welche erst die zu handelnden Waren hervorbringt, gewissermaßen in der Luft hängt. Gerade weil das antediluvianische Handelskapital in der vorbürgerlichen Gesellschaftsformation, welches als Vermittler innerhalb und zwischen einer asiatischen und feudalen Produktionsweise agiert, seine vorausgesetzten Extreme nicht kontrolliert, sondern zu einem Gutteil auch destruktive Tendenzen hervorbringt, ist der Niedergang der vorbürgerlichen Handelsmächte die Regel. Im Falle Venedigs sind auch vornehmlich externe Ursachen bestimmend für seinen Niedergang gewesen. Die entscheidende Rolle spielte eine Zangenbewegung von osmanischer Expansion im Osten und portugiesischer Expansion im Westen. Für Ersteres standen die beiden Kriege Venedigs mit den Osmanen (1463-1479 sowie 1499-1503); entscheidend war dabei der zweite Krieg mit den beiden Seeschlachten bei Zonchio 1499 und 1500. Sein Ergebnis war für Venedig der Verlust der wichtigsten Militärstützpunkte in Griechenland, der Festungen Modon und Koron; Venedig blieben nur noch die Inseln, während das Festland um die Ägäis in osmanische Hände gelangt war. Während im Osten so die Militärmacht Venedigs getroffen wurde, erfolgte im Westen der Anschlag auf seine Handelsmacht. Portugal konnte einen Teil des Gewürzhandels mit Indien umleiten, wenngleich die Portugiesen weder die Route durch das Rote Meer noch die Route über den Persischen Golf völlig in die Hand bekamen. Erst die niederländischen Fleuten auf den mediterranen und asiatischen Schauplätzen waren sowohl den venezianischen Galeeren als auch den portugiesischen Karacken so weit überlegen, dass sie das wirkliche Ende des Gewürzhandels auf den alten Routen durchsetzen konnten.

Es gab aber auch interne Gründe für den Niedergang der Stadtrepublik. Venedig hatte es versäumt, seine Galeeren-Flotte zugunsten von Segelschiffen für die Atlantik-Route aufzugeben. Daher konnte das kleinere und finanziell viel schwächere Portugal Venedig den Rang ablaufen. Außerdem wurde Venedig in die Konflikte des italienischen Staatensystems einbezogen. Insofern hatte die Stadt an zwei Fronten zu kämpfen und neben seiner Marine von etwa 30 Tsd. Mann zusätzlich als Territorialmacht ein Heer von weiteren 40 Tsd. Söldnern zu unterhalten. Beides verschlang zu große Ressourcen, so kostete der Unterhalt des Arsenals Ende des 16. Jh. bereits ein Viertel bis ein Drittel des Staatshaushalts; hinzu kam die Holzknappheit, die es nötig machte, den ganzen Alpenraum als Nachschubregion einzubeziehen. Das Vorrücken der Osmanen in Dalmatien und im Schwarzen Meer reduzierte und versperrte den Zugang zu alternativen Holzregionen. Am Ende konnte Venedig immer nur hinhaltenden Widerstand leisten und wurde bloßer Juniorpartner der Osmanen. Der Abstieg erfolgte zwar langsam, war aber unaufhaltsam.

b) Die Seemächte Portugal und Spanien

Portugal: Imperium zur See

In Portugal war die Reconquista im Jahr 1253 zum Abschluss gekommen. Bereits 1249 war Portugal als erster europäischer Nationalstaat gegründet worden. Das Land hatte im 15./16. Jh. etwa eine Million Einwohner und war ein kleiner und armer Staat in peripherer Randlage zu Europa. Seine Bevölkerung betrieb Fischfang im Atlantik und produzierte landwirtschaftliche Nahrungsmittel in sozialen Strukturen der überkommenen Agrargemeinde. Portugal hatte zunächst keine einheimischen Handelskapitalisten, besaß keine Tradition des Fernhandels, kein eigenes exportorientiertes Gewerbe und hatte keine wissenschaftliche Tradition, die sich mit den fortgeschrittenen Mächten der damaligen Zeit messen konnte. Fast Alles musste daher importiert werden: Geldkapital aus Genua, Florenz und den oberdeutschen Handelszentren zur Finanzierung der maritimen Expansionen, nautische Instrumente und Kartographen aus dem gesamten Mittelmeerraum sowie Kanonen aus Flandern und Deutschland. Die Handelstätigkeit beschränkte sich auf den Zwischenhandel, weil man einerseits kaum etwas zu exportieren hatte und andererseits die aus Asien importierten Gewürze nicht selber vermarkten konnte und sie deshalb nach Antwerpen weiterleiten musste.

Allerdings hatte dieses Land mit seiner archaischen Wirtschaftsstruktur einen feudal geprägten Staat, der im Verbund mit Kirche und Klerus als Träger der maritimen Expansionen für Handel und Kolonisierung fremder Länder fungierte. Da im Mittelalter die eigentliche Fernhandelsfunktion von der unabdingbaren militärischen Absicherung von Schiffen und kriegerischen Eroberung bzw. Verteidigung von Handelsrouten kaum zu trennen war und durch den religiösen Einfluss von Kirche und Papst die Kreuzzugsmission zur Bekämpfung anderer Religionen stets eine Rolle spielte, bestanden die Motive der Seefahrer aus einer bunten Mischung von feudalem Abenteurertum, Entdeckerfreude, Suche nach Gold, Fortsetzung der Reconquista, Kreuzzug und der Suche nach Sagengestalten wie dem Priesterkönig Johannes und seinem Land. Die Errichtung eines portugiesischen Imperiums zur See begann mit der Eroberung des marokkanischen Ceuta im Jahr 1415 und bestand nach der Aufteilung der Einflusszonen zwischen Portugal und Kastilien (Spanien) auf Basis des Vertrags von Tordesillas mit den portugiesischen Kolonien des »Estado da India« bis zum Jahr 1580, als Portugal in die Personalunion mit Spanien gezwungen wurde und seine Unabhängigkeit verlor.

Die Basis der portugiesischen Expansion bestand in dem von Portugiesen entwickelten Schiffstyp der Galeone, die eine Kombination und Weiterentwicklung aus der bis dato dominierenden Galeere der Genuesen und Venezianer und der aus dem seinerzeitigen Wikingerschiff entstandenen Kogge war. Die Portugiesen übernahmen aus dem Norden das Heckruder, die bauchigere Form und die hohen Bordwände und entwickelten einen Bug, der den Atlantikwellen trotzen konnte. Sie übernahmen aus dem Mittelmeer die glatte Kraweelbeplankung, die das Schiff schneller machte und von den Arabern die Lateinbesegelung. Die Vorteile der so entstandenen Karavelle waren hohe Seetüchtigkeit auf dem Atlantik, die Möglichkeit des Kreuzens gegen den Wind und die Manövrierfähigkeit in Küstennähe oder flussaufwärts. Die Ladekapazität und die Bemannung mit 12 bis 20 Seeleuten gestattete eine hohe Reichweite, da die Mannschaft nunmehr mit ausreichend Proviant versorgt werden konnte. Aus dieser Karavelle wurde dann im 16. Jahrhundert die größere Galeone entwickelt, die eine Ladekapazität von bis zu eintausend Tonnen besaß. Die Kombination von Rah- und Lateinsegel war der entscheidende Durchbruch. Bestückt wurde die Galeone mit 15 Geschützen, die im Bedarfsfall auf bis zu 40 Geschütze in den Luken aufgerüstet werden konnten und eine ausgesprochene Offensivwaffe darstellten. Dieses Hauptkampfschiff des 16. Jh. war sowohl den Kanus und Einbäumen der Küstenbevölkerung als auch der arabischen Dhau überlegen; die viel größeren chinesischen Kriegsdschunken hatten die Chinesen rd. 70 Jahre vorher selbst aus dem Verkehr gezogen. Seemännische Expertise hatten sich die Portugiesen in der von Heinrich, dem Seefahrer im Jahr 1433 gegründeten »Seefahrerschule von Sagres« durch Zusammenführung der Kenntnisse aus dem gesamten Mittelmeerraum sowie aus Arabien angeeignet. Von besonderer Bedeutung war dabei das Verständnis der Windsysteme im Nordatlantik mit seinen für die Hochseesegelschifffahrt ausschlaggebenden Monsunwinden.

Die erste Expansionswelle bestand in der Erkundung des Atlantiks. Madeira (1418) und die Azoren (1427) wurden entdeckt. Die Plantagenökonomie, die bereits von den Genuesern und Venezianern im östlichen Mittelmeer auf den Inseln Zypern und Kreta praktiziert wurde, wurde für den Zuckeranbau auf den Atlantikinseln übertragen und später auf die Nordküste Brasiliens ausgedehnt. Im Rahmen der Atlantikerkundung wurden in Argium (heutiges Mauretanien), auf der Insel Gorée vor der senegalesischen Küste, den Kapverden sowie Sao Thomé und Principe im Golf von Guinea Faktoreien nach italienischem Vorbild gegründet. Sklaven und Gold aus Westafrika waren die geraubten Handelsgüter. Das Fort Sao Jorge da Minha an der Goldküste (heutiges Ghana) wurde zur Zentrale des Goldhandels und die Kongomündung zum Zentrum des Sklavenhandels, der den bisherigen Sklavenhandel im Osten (Krim) ersetzte.

Nachdem der Seeweg nach Guinea gefunden und die Araber aus dem Goldhandel verdrängt worden waren, trat in den 1470er Jahren die Suche des Seeweges nach Indien auf die Agenda, um analog auch den Gewürzhandel unter Kontrolle zu bringen; Genua unterstützte dieses Vorhaben finanziell. Da nun nicht mehr nur arabische Zwischenhändler, sondern mächtigere Akteure wie die Mamluken, die Venezianer und indischen Gujaratis als Zwischenhändler oder Zolleinnehmer in der langen Kette von Indien bis Europa betroffen waren, war auch der Widerstand, den die Portugiesen zu brechen hatten, härter als im Fall des Goldhandels. Neben diesen wirtschaftlichen Interessen spielte bei diesen Unternehmungen auch die Suche nach dem mythischen Reich des Priesterkönigs Johannes, das irgendwo in Afrika vermutet wurde, eine Rolle. Man erhoffte sich von einem christlichen Reich des Johannes einen Bündnispartner im Rücken der Muslime, sodass religiöse Motive mit machtpolitischen Kalkülen Hand in Hand gingen.

Kapitel 13: Das Kaufmannskapitals und seine weltweiten Kolonien

Abbildung 13.2: Das portugiesische Kolonialreich im 16. Jh. (grün)

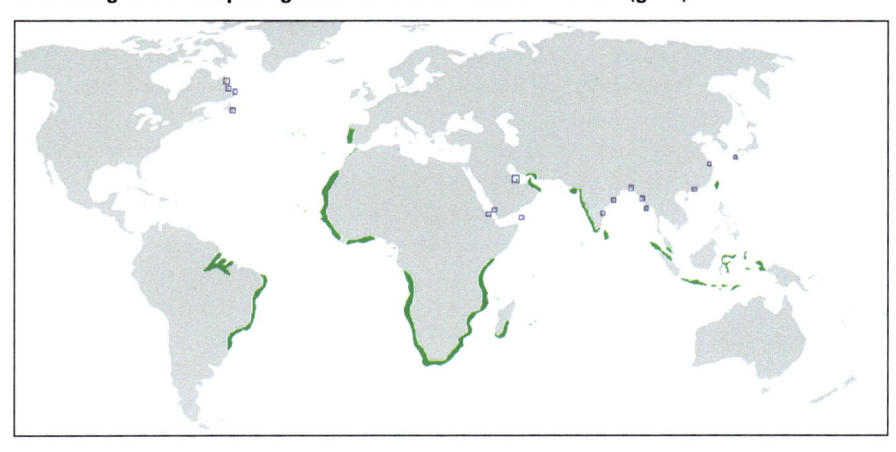

Quelle: https://de.wikipedia.org/wiki/Portugiesische_Kolonialgeschichte

Seit Mitte der 1480er Jahre ging Portugal zweigleisig vor. Bartolomeo Dias umrundete 1487/88, nachdem er weit nach Westen ausgeholt hatte, als erster Europäer die Südspitze Afrikas. Das auf seiner Rückfahrt so benannte Kap der Stürme wurde nach seiner Rückkehr nach Lissabon vom König in Kap der Guten Hoffnung (auf die Gewürze Asiens) umbenannt. Gleichzeitig wurden zwei Landexpeditionen auf der alten Route in Richtung Asien ausgesandt; die zweite gelangte durch das Rote Meer über Aden zum Persischen Golf und weiter nach Indien. Der Expeditionsleiter Pero de Covilha (um 1447–1526) sandte auf der Rückreise aus Kairo einen Bericht nach Lissabon mit den Erfahrungen, die er in Indien, Arabien und Ostafrika gemacht hatte. Darin standen die Hinweise, dass Calicut das Zentrum des Pfefferhandels in Indien sei, dass Nelken von einem noch weiter entfernten Ort stammten, dass Goa und Cannanore wichtige Hafenstädte seien, dass die ostafrikanische Küste befahrbar sei und dass man die indische Küste direkt von Sofala im Osten des heutigen Mosambiks ansteuern könne. Mit diesem Bericht verfügten die Portugiesen über eine fast lückenlose Kenntnis der gesamten Strecke von Lissabon bis Calicut, bevor Vasco da Gama seine erste Reise auf dem Seeweg nach Indien antrat.

Der seit jeher bestehende und erneut aufflammende Konflikt zwischen Portugal und Kastilien, der stärksten Macht auf der Iberischen Halbinsel, wurde am 7. Juni 1494 mit dem Vertrag von Tordesillas mit einem Kompromiss beigelegt, der bis zur Verschmelzung beider Kolonialreiche durch die Personalunion zwischen Spanien und Portugal im Jahr 1580 Bestand hatte. In diesem Vertrag wurde eine globale Landnahme zwischen beiden Mächten vereinbart, die eine Aufteilung der weltweiten Einflusssphären ohne jegliche Einbeziehung der betroffenen anderen Mächte und Völker beinhaltete. Portugal gewann in Tordesillas die Kontrolle des Seewegs nach Indien und den möglichen Zugriff auf den Gewürzhandel, Kastilien die potentielle Kontrolle über einen großen Teil des – noch nicht »entdeckten« – amerikanischen Kontinents (vgl. Abb. 13.2) und damit später den Zugriff auf das internationale Zahlungsmittel Silber, welches Europa im Asienhandel so dringend benötigte. Zugleich wurde durch diesen Vertrag Portugal als Seemacht und Spanien primär als Landmacht bestätigt.

Bis dato wurde der Fernhandel vom Mittelmeer bis nach China in seinen Routen und Umschlaghäfen durch die Perioden des Monsuns geprägt und durch ein arbeitsteiliges System von Händlern aus diversen Ländern abgewickelt. Östlich von Malakka an der Westküste Malaysias dominierten die Chinesen, im Zentrum die Inder, insbesondere aus dem muslimischen Gujarat, im Westen die Araber und Perser, wobei die Araber eine Kette von Sultanaten entlang der ostafrikanischen Küste gegründet hatten. Zentrum des Pfefferhandels war Calicut an der Malabarküste im Südwesten des indischen Subkontinents. Dessen Kaufleute hatten Faktoreien in Alexandria, Kairo und Fez. Endpunkt des Fernhandels auf der südlichen Route war Dschidda am Roten Meer, auf der nördlichen Route durch den Persischen Golf Hormuz.

Gewürze, insbesondere Pfeffer, waren das lukrativste Handelsobjekt dieser Zeit mit einer enormen Spanne zwischen den Erzeugerpreisen in Calicut und den Abgabepreisen in Antwerpen; Erstere betrugen nur ein Zwanzigstel der Letzteren. Das Ziel des portugiesischen Kaufmannskapitals war es nun, einen möglichst großen Teil des Handels von den alten Routen auf die Kaproute rund um Afrika und Europa herum zu lenken und damit den bisherigen Zwischenhandel auszuschalten; nur so ließen sich die hohen Transportkosten rechtfertigen. Diese Kosten schlossen eine notwendige und dauerhafte Präsenz der Portugiesen vor Ort ein und zwar nicht nur Faktoreien, sondern militärisch besetzte Forts und Flotten. Darüber hinaus musste die negative Handelsbilanz ausgeglichen werden, was nur durch Edelmetall aus Europa oder Guinea herangeschafft oder in Asien zuvor verdient worden war. Schließlich war der Widerstand all derjenigen zu brechen, die an dem alten System als Mittelsmänner im Hintergrund partizipierten; dies betraf nicht nur die lokalen Sultane und Fürsten, sondern die eigentlichen Handelskonkurrenten Portugals, die bisher die Operationen durchgeführt hatten. Als die Osmanen 1517 mit der Eroberung von Syrien und Ägypten die Funktionen der Mamluken übernommen hatten, erhielt diese Konkurrenz im Gewürzhandel eine neue Dimension.

Vor Ort benötigte die portugiesische Kolonie im »Estado da India«, der aus nicht miteinander verbundenen Territorien an den Küsten des indischen Subkontinents – Goa (Hauptstadt) sowie Damão und Diu – bestand (vgl. Abb. 13.3) und die portugiesischen Besitzungen in Ostafrika sowie die Stützpunkte in Ost- und Südostasien mit verwaltete, erhebliche Ressourcen zum Unterhalt des militärischen, bürokratischen und kirchlichen Apparats. Sollte dieser sich selbst finanzieren, musste vor Ort besteuert werden, was im Gegensatz zu den Interessen des Heimatstaates stand, der möglichst große Handelsvolumina in Lissabon zur Steuer heranziehen wollte. Ersteres wurde erzielt durch das sog. Cartaz-System, mit dem der größte Teil des Handels, der als innerindischer Küstenhandel durchgeführt wurde, mit ei-

Kapitel 13: Das Kaufmannskapitals und seine weltweiten Kolonien

Abbildung 13.3: Stützpunkte des Estado da India

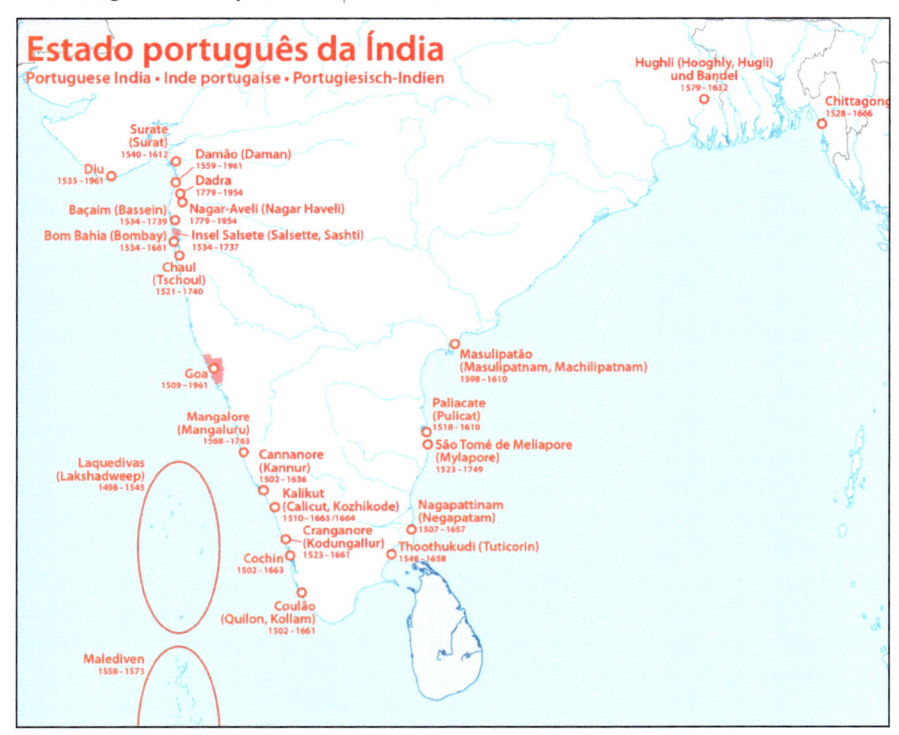

Quelle: https://pt.wikipedia.org/wiki/Estado_da_India

ner Passierschein-Abgabe (Cartaz) belegt wurde, dessen Aufkommen in Gänze in die Kasse des Estado da India ging. Lissabon erhielt die Erträge aus Zöllen und Profiten der unter der Regie der Krone durchgeführten Handelstransaktionen; zu Letzteren kam in stets wachsendem Umfang die zumindest teilweise räuberische Handelsbeute aus den portugiesischen Kolonien, die bereits um 1520 mehr als zwei Drittel der Gesamteinnahmen des Staatshaushalts ausgemacht hatte.

Unter dem Eindruck rückläufiger Gewürzlieferungen nach Kairo/Alexandria kam es 1507–1509 zu massiven militärischen Auseinandersetzungen der Mamluken gegen Portugal aus dem Roten Meer heraus, die von Venedig finanziell unterstützt wurden. Portugal musste 1508 zunächst eine Niederlage gegen die vereinigte Flotte der Araber und Gujuratis hinnehmen. Im Folgejahr kam es dann aber zu der entscheidenden Seeschlacht vor Diu, einer Insel vor der Südküste des indischen Bundesstaates Gujarat. Die arabisch-indische Flotte lag vor Anker und wurde von den portugiesischen Geschützen zerstört, ohne dass die Galeeren die Chance gehabt hätten, ihre Kampftaktik zum Einsatz zu bringen. Der Sieg der Portugiesen festigte ihre Herrschaft für die nächsten rd. einhundert Jahre. Mitte der 1530er Jahre hatte Portugal mit etwa 300 hochseetüchtigen Schiffen im Indischen Ozean und bis zu 50 Küstenforts in Afrika und Asien den relativen Gipfel seiner Macht erreicht.

Sprach der Vertrag von Tordesillas mit Bezug auf die Aufteilung der Handelssphären zwischen Portugal und Kastilien auf der Nord-Süd-Linie Portugal die Region des Atlantik südlich der Höhe des Mittelmeers – bei Verzicht auf die ursprünglich beanspruchten Kanarischen Inseln – sowie das Rote Meer, den Persischen Golf und den Indischen Ozean zu, so auf der West-Ost-Linie die Osthälfte Brasiliens in Südamerika. Brasilien diente Portugal lange Zeit nur als Zwischenstation auf dem langen Weg nach Goa, um die Schiffe zu versorgen.

Erst mit der Regierungszeit Johanns III. wurden seit 1531 Pläne zur Nutzung des Landes entwickelt. In einem Streifen entlang der Küste wurden Zuckerplantagen angelegt; sieben Jahre später erfolgte die Gründung der ersten Zuckermühle. Von einer systematischen Kolonisierung kann erst seit 1539 gesprochen werden. 1548 wurde Bahia Kolonialhauptstadt; die eigentliche Hochzeit der brasilianischen Kolonie erfolgte erst später, als in Asien für Portugal schon Alles vorbei war. Die Logik der portugiesischen Expansion war in Brasilien nicht auf eine Kontrolle der Seerouten und die Teilhabe an einem florierenden Handelssystem angelegt, sondern auf die Erschließung, d.h. Ausplünderung seiner Ressourcen orientiert. Wo Produktion stattfand, war die indigene Bevölkerung als Jäger und Sammler den körperlichen Belastungen harter Plantagenarbeit nicht gewachsen; sie wurde durch afrikanische Sklaven ersetzt. Damit begann der berüchtigte Dreieckshandel zwischen Europa, Westafrika und Amerika, der später von den Engländern systematisch ausgebaut und betrieben werden sollte.

Ein beginnender Niedergang der Position Portugals als See(handels)macht zeigte sich bereits in den 1540er Jahren, nachdem die Osmanen Basra erobert hatten, über den Persischen Golf in den Indischen Ozean vorstießen und der osmanische Admiral Piri Reis, vom Roten Meer kommend, Aden eroberte. Dabei waren die Osmanen nur einer unter vielen Konkurrenten und Gegnern. Tatsächlich waren es zu viele und Portugal mit seinem geringen wirtschaftlichen Potential im Kernland war schon den Spaniern als Landmacht hoffnungslos unterlegen. Seine kolonialen Besitzungen waren fast permanent unterbesetzt, da immer wieder Krankheiten das Personal dezimierten und »Nachschub« aus Portugal immer zu gering war. Letztlich mangelte es Portugal an drei entscheidenden Faktoren: Geld, Menschen sowie Schiffen, die wegen einer fehlenden internen Produktionsbasis auch nicht im erforderlichen Umfang vermehrt werden konnten.

Dies drückte sich auch in der finanziellen Situation des portugiesischen Staates aus: sinkenden Zolleinnahmen standen wachsende Kosten für den Unterhalt der ausländischen Besitzungen gegenüber; bereits 1560 hatte Portugal zum ersten Mal den Staatsbankrott erklären müssen. Am Ende blieb nur die Entscheidung, Asien ganz preiszugeben. 1640 wurde Portugal zwar wieder unabhängig von Spanien, das seinerseits zu dieser Zeit seinen Zenit bereits überschritten hatte. Es musste sich seitdem aber schrittweise in eine Abhängigkeit von England begeben, um der niederländischen Konkurrenz halbwegs standhalten zu können.

Insgesamt ist daher Portugal ein weiteres Beispiel für eine bloße Handelsmacht ohne produktiven Unterbau, der durch seine auswärtigen Kolonien, deren Ausbeutung gegen die Konkurrenz mächtiger und größerer Staaten stets zu behaupten war, nicht ersetzt werden konnte. Für einen vorwärtsweisenden, produktiven Aufbruch und spill-over-Effekte des Handels waren die portugiesische Ackerbaugemeinde und ihr feudaler Staat nicht nur zu klein und randständig, sondern auch strukturell unfähig. Noch mehr gilt dies für seine Kolonien: Die afrikanischen und indischen Gebiete waren archaische Gesellschaften oder Peripherien eines »low end-State« der asiatischen Produktionsweise, die brasilianischen Territorien waren nur um den Preis der Zerstörung indigener Lebensformen und der Ersetzung der Eingeborenen durch importierte Sklaven für die Kolonialmacht »inwertzusetzen«.

Spanien: Agrargemeinde mit einem durch das feudale Königshaus ererbtem weltweitem Imperium

Zur Zeit der Rückeroberung (Reconquista) der ursprünglich von Berbern und Mauren besetzten und durch die Omaijaden im Kalifat von Cordoba organisierten Territorien der Iberischen Halbinseln durch christliche Heere, bestanden auf dem Gebiet des heutigen Spanien mehrere kleinere Königtümer, von denen dasjenige von Kastilien das größte und in der Folgezeit das Bestimmende war (vgl. Abb. 13.4).

Bereits zur Mitte des 13. Jahrhundert war im westlichen Teil der Halbinsel die Reconquista zum Abschluss gekommen und das Königreich Portugal in seinen heutigen Grenzen hatte die muslimische Besetzung hinter sich gelassen. Bis zum 15. Jh. bestanden neben Portugal auf dem restlichen Territorium der Iberischen Halbinsel die Königreiche von Kastilien, Navarra, Aragón sowie das muslimische Granada als Restbestand des Kalifats von Cordoba. Der Einigungsprozess der spanischen Königtümer wurde durch Kastilien vorangetrieben: Die baskischen Provinzen waren bereits um 1200 angeschlossen worden, die Eroberungen von Sevilla (1248) und Cadiz (1265) waren gefolgt. Mit der Heirat Isabellas von Kastilien mit Ferdinand von Aragón wurde 1469 eine Doppelherrschaft begründet, womit ein weiterer Schritt zur Konstituierung eines spanischen nationalen Staates vollzogen wurde. Dieser war mit der Eroberung von Granada bis zum Ende des 15. Jh. vollendet; zu dieser Zeit hatten christliche Truppen auch die letzten unter muslimischer Herrschaft stehenden Gebiete der Iberischen Halbinsel erobert und damit die Reconquista in Gänze abgeschlossen. Zwischen Aragon und Kastilien sollte allerdings in der Folgezeit die Rivalität immer wieder aufflackern.

Karl V. (1500–1558) war nach dem Tod seines Vaters Philipp I. von Kastilien Landesherr der Burgundischen Niederlande, bestehend aus elf Herzogtümern und Grafschaften, und ab 1516 als Carlos I. der erste König von Spanien, genauer von Kastilien, León und Aragón in Personalunion. Karl V. bzw. Carlos I. war von Geburt kein Spanier, sondern Niederländer und wurde teilweise als »Karl von Gent« apostrophiert. Zu den burgundischen Niederlanden gehörten seinerzeit Flandern, das Herzland Brabant mit der Hauptstadt Brüssel, französische Provinzen, die sieben Provinzen der Nördlichen Niederlande und Luxemburg, nicht aber das Her-

Abbildung 13.4: Iberische Halbinsel um 1200 (Wendepunkt der Reconquista zugunsten der portugiesischen und spanischen Königreiche)

Quelle: https://de.wikipedia.org/wiki/Geschichte_Spaniens

zogtum Burgund, das als Bourgogne 1482 an Frankreich gefallen war. Als Habsburger hatte Karl im Jahr 1519 das Erzherzogtum Österreich geerbt und wurde als Karl V. zum römisch-deutschen König gewählt. Nach seiner Krönung 1520 trug er zunächst den Titel »erwählter Kaiser des Heiligen Römischen Reiches« und wurde im selben Jahr im Kaiserdom zu Aachen zum römisch-deutschen König gekrönt. Im Ergebnis stand Karl V. damit einem äußerst komplexen Gebilde vor, welches neben Kastilien die Besitzungen Aragón mit dem süditalienischen Königreich Neapel mit Sizilien und Sardinien, die burgundischen Besitzungen sowie die österreichischen Erblande, die u.a. Bayern und Mähren einschlossen, neben dem Heili-

Kapitel 13: Das Kaufmannskapitals und seine weltweiten Kolonien

Abbildung 13.5: Habsburger Besitzungen zur Zeit Karls V. im 16. Jahrhundert

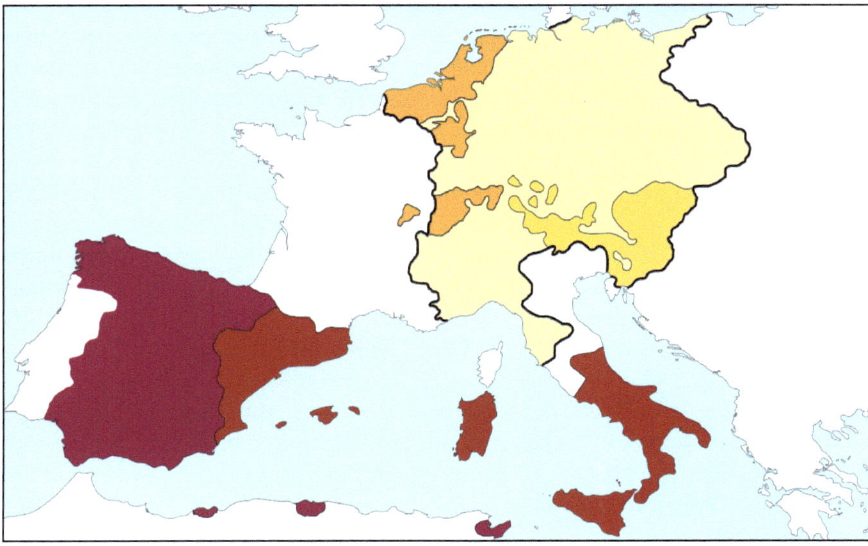

Quelle: https://de.wikipedia.org/wiki/Karl_V._(HRR)

gen Römischen Reich enthielt (vgl. Abb. 13.5). Unter seinem Sohn Philipp II. kam es zur Teilung der spanischen von der österreichischen Habsburgerlinie und Philipp war ab 1556 nur noch König von Spanien. Gegenüber seinem Vater, der keine offizielle Hauptstadt besaß, sondern permanent auf Reisen war und zwischen den wichtigsten Teilen seines Reiches, den Niederlanden, dem deutschstämmigen Österreich, Italien und Spanien mit einem Tross von bis zu 4.000 Personen aus Beratern, Bürokraten und Akten umherzog, hatte Philipp seine Hauptstadt und das burgundische Hofzeremoniell 1559 von Brüssel nach Madrid verlegt. Er kämpfte als Spanier gegen die Ablösungsbestrebungen der Niederlande, die sein Vater der burgundisch-spanischen und nicht der österreichischen Erbmasse zugeschlagen hatte.

Die sozioökonomischen Verhältnisse waren nicht nur unter Karl V., sondern auch nach der Teilung unter Philipp II. in den verschiedenen Regionen der Reiche höchst unterschiedlich. Das kastilisch-spanische Kernland war ein armes Agrarland und fungierte als Lieferant von Wolle für die Gewerbezentren in Flandern und Oberitalien sowie als Geburtsstätte überzähliger Bevölkerung – sie betrug insgesamt etwa 10 Millionen – für die Soldaten der Armeen, die diese Zentren und die spanischen Kolonien erobern und behaupten sollten. Herzstück der spanischen Landwirtschaft war neben der Getreideproduktion die Schafzucht. Die sog. Mesta, die als Vereinigung zwischen 1273 und 1836 bestand, organisierte die jährliche Transhumanz, die Wanderung der Schafherden in der Größenordnung von zwei bis vier Millionen Merino-Schafen von Andalusien und Extremadura nach Kastilien. Die Sozialstruktur der spanischen ländlichen Bevölkerung war somit eine Mischung aus sesshaften

Bauern und nomadisierenden Viehzüchtern; sie bildeten nach ihrer Lebensweise den Typus der archaischen Agrargemeinde ohne nennenswerte Hausindustrie. Die Vermarktung der nicht selbst konsumierten Produkte, also insbesondere der Schafwolle, besorgten die Handelshäuser von Burgos, die Verarbeitung des Rohmaterials erfolgte in den Textilzentren in Nordwesteuropa und Oberitalien. Kastilien bot seiner Bevölkerung somit nur geringe Erwerbschancen außer der landwirtschaftlichen Produktion für den Selbstbedarf und hat nie eine eigene Textilmanufaktur hervorgebracht. Da die Verarbeitung der Wolle in den Niederlanden erfolgte und diese auch zum Reich gehörten, fehlte der Ansporn zum Aufbau von Verarbeitungszentren im spanischen Kernland. Nur im Baskenland mit seinen Wald- und Erzvorkommen entwickelten sich eine Hüttenproduktion und der Schiffbau. Im Ergebnis blieb Spanien, was es zu Beginn bereits war, ein armes Agrarland an der europäischen Peripherie mit überkommenen archaischen Produktionsverhältnissen.

Dies war in den niederländischen Gebieten anders. Im 16. Jh. gehörten erst 11 und ab 1523–43 17 Provinzen der Niederlande mit ihren Manufakturen in Flandern und Brabant sowie den aufstrebenden Industriezentren in Leiden und Delft zu den wohlhabendsten Regionen der Welt. Neben der Textilindustrie gab es industrielle Branchen des Schiffbaus und der Eisenverarbeitung, z.B. Kanonengießerei, Waffenmanufakturen und Schiffsausrüstungen. Darüber hinaus war auch die Agrikultur – Landwirtschaft und Fischfang – hoch entwickelt. Im Fernhandel und Finanzwesen waren die Niederlande ebenfalls an vorderer Stelle; unbestrittenes Zentrum war hier Antwerpen. Neben den Niederlanden war Oberitalien mit der Mailänder Textilindustrie eine weitere Perle des Reiches. Oberitalien war darüber hinaus als Bindeglied auf dem Landweg vom Mittelmeer über die Alpen in die Niederlande von großer geopolitischer Bedeutung; dies insbesondere, nachdem der Seeweg durch die Biskaya und den Ärmelkanal für spanische Schiffe infolge der Aktivitäten der aufständischen Niederländer zu riskant geworden war.

Die anderen Regionen hatten demgegenüber einen nachgeordneten Stellenwert. Die österreichischen Erblande waren wegen der im Alpenraum zu fördernden Edelmetalle solange wichtig, solange die Spanier noch nicht die Silberminen in Amerika entdeckt hatten und ausbeuten konnten. Neapel und Sizilien waren Armenhäuser in Europa und nur für die Galeerenflotte im Mittelmeer von geopolitischer Bedeutung.

Die mit Ausnahme der Niederlande und Oberitalien wirtschaftlich unterentwickelten Gebiete des spanischen Königreiches in Europa waren keine Basis für eine imperiale Handelsmacht. Tatsächlich war Spanien auch nur durch exogene Umstände, d.h. durch eine Kette von geschlossenen und wieder gelösten Heiraten, Mitgiften und historischen Zufällen, zu seinem Imperium gekommen. Ein herausragendes Beispiel für Ersteres ist die Personalunion des Königreichs Portugal und der spanischen Krone, die durch die portugiesische Erbfolgekrise (Kinderlosigkeit) ausgelöst wurde, zwischen 1580 und 1640 bestand und die gesamte Iberische Halbinsel sowie die portugiesischen Überseebesitztümer unter die Herrschaft der spanischen Habsburgerkönige Philipp II., Philipp III. und Philipp IV. brachte. Das Beispiel für historische Zufälle ist die Entdeckung der mittel- und südamerikani-

Kapitel 13: Das Kaufmannskapitals und seine weltweiten Kolonien

schen Silberminen, die den spanischen Herrschern die Staatskasse füllte und sie in den Besitz des damaligen Weltgeldes brachte; nur dank des amerikanischen Silbers konnte Spanien überhaupt seinen ungeheuren Militärapparat unterhalten, den es brauchte, um seine Kolonien zu behaupten und seine Kriege zu finanzieren. In diesem Sinne war das spanische Reich ein Imperium auf tönernen Füßen, immer in Gefahr seine Kosten nicht decken zu können – was durch vier Staatsbankrotte während der Regierungszeit Philipps II. (1556–1598) eindrucksvoll dokumentiert wird.

Spanien war also in erster Linie Militärmacht und nur sehr nachgeordnet Organisator des Fernhandels. Letzteres nur in der Zeit der bestehenden Einheit mit Portugal durch dessen ausländische Besitzungen und Kolonien sowie durch die Entdeckung und den Zugriff auf die amerikanischen Silbervorkommen. Durch den Vertrag von Tordesillas war Spanien in Nord-Süd-Richtung (von Pol zu Pol) auf die Einflusssphäre und das Handelsmonopol einer seinerzeit noch gar nicht entdeckten westlichen Weltregion – 320 Seemeilen westlich der Azoren, d.h. Gesamt-Nord- und Mittel-Amerika sowie Süd-Amerika ohne das östliche Brasilien – verwiesen worden. Nach den Reisen des italienischen Seefahrers in kastilischen Diensten Christoph Kolumbus (1451–1506), die ursprünglich zur Entdeckung einer Seeroute nach Indien unternommen worden waren und in denen er zuerst in der Karibik und in seiner vierten Reise im heutigen Honduras auf Land gestoßen war, gerieten Mittelamerika und die karibischen Inseln sowie der überwiegende Teil Südamerikas unter spanische Herrschaft.

Nur ein Westteil Brasiliens fiel an Portugal; später wurde Ganz-Brasilien portugiesisch geprägt. Für das Königreich Spanien war die Entdeckung Amerikas und die vorher beschlossene Aufteilung ein glücklicher Umstand, geriet es doch, wie sich in den folgenden Jahrzehnten herausstellen sollte, in den Besitz von unermesslichen Ressourcen, die nur erschlossen werden mussten. Dass es sich hierbei nicht um unbesiedeltes Land handelte, dass Mittel- und Südamerika zumindest in Teilen eine dichte Bevölkerung aufwiesen und dass dort Staaten oder gar Imperien mit Hochkulturen existierten, war aus der damaligen europäischen Perspektive kein Argument, zumal es sich um »Heiden« und nicht um christliche (oder muslimische) Zivilisationen handelte. Spanien hatte zwar das Rennen um die Gewürzinseln im Osten gegenüber Portugal verloren, dafür aber ein riesiges Kolonialreich im Westen gewonnen.

Im Jahr 1545 wurden im als Vizekönigreich organisierten Peru durch Hinweise von Indianern die Silberminen von Potosi »entdeckt« und ab 1546 die mexikanischen in Zacatecas und Guanajuato. Nachdem europäische, vor allem deutsche, Bergwerks- und Hüttentechnologie nach Amerika transferiert worden war und seit die Routen zum Abtransport des Silbers aus dem bolivianischen und mexikanischen Hochland über den sog. »Königsweg« (Camino Real) an der Westküste Perus und anschließend mit Hilfe der Silberflotten bis nach Sevilla eingerichtet worden waren, stieg Spanien in kürzester Zeit zum weltweit mit Abstand größten Silberproduzenten auf. Spanien war seinerzeit die einzige Kolonialmacht mit Edelmetallvorkommen in den Kolonien. Zwischen 1550 und 1800 erreichte es mit mehr als 80%

der Weltförderung fast ein Monopol. Bei der Goldproduktion waren es, nachdem Brasilien teilweise einverleibt worden war, etwa 70%.

Ein Fünftel der Gold- und Silberförderung, der sog. Quintero, wurde direkt vor Ort an die spanische Krone, d.h. die Staatskasse der Kolonialmacht abgeführt. Ebenso lukrativ war die Besteuerung des Handels mit Amerika; hinzu kamen noch Tributleistungen, die den Indianern abgepresst wurden. Spanien erhielt damit die Finanzmittel, um die Fertigwarenimporte aus Europa, die ein permanentes Handelsbilanzdefizit verursachten, zu bezahlen. In der Beziehung zwischen dem Mutterland und seinen amerikanischen Kolonien etablierte sich eine rudimentäre internationale Arbeitsteilung. Anders als die Portugiesen, die auf der Hinfahrt ihrer Schiffe nach Asien nur mit Ballast segelten, luden die Spanier auf der Hinfahrt nach Amerika Passagiere und europäische Fertigwaren, und auf der Rückfahrt Kolonialwaren und Edelmetall. Natürlich waren die Handelsschiffe insbesondere auf der Rückfahrt nach Spanien gegen Kaperungen vom Piraten und anderer Länder militärisch durch Kriegsschiffe zu sichern; trotzdem war die Schwundquote hoch.

Zur Sicherung seiner Besitzungen in Europa und seiner Kolonien unterhielt Spanien drei Armeen. Die Flandernarmee war 1567 aufgestellt worden, nachdem ein Jahr zuvor mit dem Bildersturm der Aufstand in den Niederlanden einen ersten Höhepunkt erreicht hatte. Sie bestand aus kastilischen, italienischen und südeuropäischen Söldnern und musste über die Spanische Heerstraße von Genua nach Brüssel marschieren, da wegen der niederländischen und englischen Flotten in der Nordsee, im Ärmelkanal und im Atlantik der Seeweg durch die Biskaya und den Kanal nach Sluis oder Antwerpen zu riskant geworden war, zumal Spanien bis 1583 als Folge des niederländischen Aufstands über keine Häfen in Flandern mehr verfügte. Aus niederländischer Sicht hatte die Flandernarmee den Charakter einer Besatzungsarmee aus Fremden. Zwischen 1573 und 1643 hatte sie eine Stärke von bis zu 60–70 Tsd. Mann. Ihr harter Kern waren die Tercios, quadratisch aufgestellte Kontingente von Pikenträgern, die aufgrund ihrer kompakten Kampfweise kaum zu überrennen und der Kavallerie überlegen waren. Lange Zeit brauchten sie keinen Feind zu fürchten, zumal die Tercios ab 1540 modernisiert und die Pikenträger um Büchsenschützen für die Distanz ergänzt wurden. Die Flandernarmee war allerdings nicht die einzige Armee im spanischen Heer und machte nur zwischen 30 und 50% der gesamten Landstreitmacht aus; im Vergleich zu anderen europäischen Ländern verfügte Spanien über das größte Heer.

Neben dem Heer unterhielt Spanien noch zwei Flotten, die Galeerenflotte im Mittelmeer, die eine osmanische Expansion abzuwehren hatte, und die Atlantikflotte, die erst in den 1570er Jahren in Dienst gestellt worden war und defensive Aufgaben besaß, nämlich die spanische Silberflotte vor niederländischen, englischen und französischen Angriffen sowie vor den Piraten zu schützen. Dieser Aufgabe wurde sie weitgehend gerecht; nur zweimal, 1628 und 1659, gelang es den Niederländern bzw. Engländern, große Beute zu machen. Einen offensiven Zweck verfolgte diese Flotte nur Ende der 1580er Jahren, um einen großen Befreiungsschlag zur Lösung des Niederlandeproblems zu starten, deren englische Unterstützung durch eine Invasion Englands zu beenden, den Sturz Elisabeth I. herbeizuführen, die Reformation in England wieder rückgängig zu machen und die englischen Kaperkriege gegen spanische Schiffe zu stoppen. Dieses Unternehmen von Invasionsarmee und Flotte erwies sich für die Spanier als Katastrophe und endete mit einer gravierenden Niederlage und dem Verlust rd. der Hälfte der spanischen Armada.

Für die Finanzierung seiner permanenten Kriegsführung waren die Steuereinnahmen und Tribute – u.a. der Quintero aus der amerikanischen Silberextraktion – nicht hinreichend. Die spanische Krone benötigte permanent Liquidität, um die laufenden Zahlungen an die Söldnerarmeen zu leisten, gesunkene, kriegszerstörte oder ausgemusterte Schiffe zu ersetzen, diese mit Nachschub zu versorgen, Festungsanlagen zu bauen, zu unterhalten und mit Garnisonen zu versorgen. Es waren also nicht nur die laufenden Herrschaftskosten zu decken, sondern es mussten darüber hinaus auch rasch außerordentliche Summen, je nach politischer oder militärischer Situation, mobilisiert werden. Hier kam das Wucherkapital ins Spiel. Die Handels- und Bankhäuser von Genua, Antwerpen, Augsburg und Nürnberg waren stets willige Gläubiger, die die spanischen Steuereinnahmen und die jährlichen Silbereinnahmen aus Amerika als Sicherheiten für die Zurverfügungstellung von Krediten nahmen. Der Kredit der Fugger, die im Zeitalter der Reformation zudem beim katholischen Glauben geblieben waren, spielte hier eine wichtige Rolle. Die Staatseinnahmen des spanischen Staates mussten manchmal auf Jahre hinaus verpfändet werden, um die Kontrahierung von Wucherkapital bzw. seine Rückzahlung samt Zinsen zu ermöglichen. Dass dies auch für die Gläubiger ein risikovolles Geschäft darstellte, auf das sie entsprechende Zinsen veranschlagten, wurde durch die mehrmaligen Staatsbankrotte des spanischen Staates unter seinen Königen Karl V. und Philipp II. deutlich. Wenn die alten Gläubiger frische Kredite verweigerten, so fanden sich doch nach Bankrotterklärung und Entschuldung rasch wieder neue Geldgeber, die auf den weiter fließenden und wieder unbelasteten Strom der Sicherheiten bauen konnten. Militärische Verpulverung von Geld und privatkonsumtive Verschwendungssucht der spanischen Krone gingen zusammen mit dem Wucherkapital eine zerstörerische Allianz ein, die die ländliche Bevölkerung letzten Endes durch gesteigerte Ausbeutung zu tragen hatte. Beides erklärt, warum Spanien immer ein armes Land blieb.

Zwar besaß Spanien im 16. und 17. Jahrhundert keine feudale Produktionsweise, doch war, wie in Portugal, der Staat ein Feudalstaat, der mit seinem Anspruch auf eine katholische Universalmonarchie unmittelbar in die religiös motivierten und verbrämten Auseinandersetzungen und Kriege einbezogen war. Krone und Klerus standen in einer symbiotischen Beziehung und kämpften gegen das religiöse Schisma von Protestantismus und Calvinismus. Unter Karl V. als deutschem Kaiser war dieser Anspruch auf gottgewollte christliche Weltherrschaft auf das Heilige Römische Reich bezogen, unter seinem Sohn Philipp II. und seinem Nachfolger Philipp III. als spanischen Königen, wurde sie für Europa bzw. die gesamte Welt proklamiert. Der Kampf gegen die inneren und äußeren Feinde des Universalmonarchen, ob französischer König, deutsche protestantische Fürsten, Niederländer und Engländer, Osmanen oder widerspenstige Heiden in Amerika, wurde dadurch religiös-ideologisch legitimiert, dass sie die Schutz- und Ordnungsfunktion des Universalmonarchen unterminierten und damit das oberste Ziel, die Einheit der Christenheit, die Ausbreitung des Christentums und den Kampf gegen rivalisierende Weltordnungsvorstellungen schwächten. In der spanischen Inquisition fand dieser religiöse Wahn seinen inneren Höhepunkt, in der Teilnahme Spaniens am Dreißigjährigen Krieg seinen äußeren.

Woran ist Spanien gescheitert? Die wesentliche Ursache liegt in dem Umstand, dass das Land keine vollständige Feudalgesellschaft mit einer entsprechenden Produktionsweise ausbilden, sich nicht einmal zu einer internationalen Handelsmacht entwickeln konnte, sondern immer nur Militärmacht blieb, um die ererbten Reichsteile in Europa und Übersee zu sichern. Seine Finanzierungsbasis war die Rente als Steuer und Tribut und nicht einmal der Handelsprofit in seiner antediluvianischen Gestalt als Kaufmannsprofit; hinzu kam die destruktive Wirkung des Wucherkapitals zur Alimentierung konsumtiver Staatsausgaben für Militär und individuell persönliche Verschwendung. Ebenso wie im portugiesischen Königreich gab es außer in den Niederlanden keine Ansatzpunkte für die Entwicklung der Produktivkräfte; mit dem Abfall der sieben Provinzen Holland, Seeland, Utrecht, Groningen, Geldern, Overijssel und Friesland von Spanien war jeglicher Weg zur internen Höherentwicklung von Wirtschaft und Gesellschaft dahin. Es kam hinzu, dass der Achtzigjährige Krieg gegen den Abfall der Niederlande (1568–1648) Spanien regelrecht ruiniert hat.

c) Niederlande – Die erste Welthandelsmacht

Ursprünglich existierten die Niederlande als 17 Provinzen, die in etwa das Gebiet der heutigen Benelux-Staaten plus Teile Nordfrankreichs umfassten (vgl. Abb. 13.6). Nach der Separierung der 7 nördlichen Provinzen verblieben die südlichen Niederlande als spanische und ab 1713 als österreichische Niederlande und Teil des burgundisch-habsburgischen Reiches. Im Jahr 1579 schlossen sich die sieben nördlichen Provinzen zusammen und gründeten die Republik der Sieben Vereinigten Provinzen. Nach dem Sieg über die Spanier erlangten die Gebiete 1648 im Westfälischen Frieden ihre Selbständigkeit und trugen ab dato den Namen Republik der Vereinigten Niederlande.

Allerdings verblieb mit dem Haus Oranien und in der Position des Statthalters des spanischen Königs noch ein starkes monarchistisches Element erhalten, das sich in einem permanenten Kompetenzgerangel zwischen den einheimischen Ständen bzw. deren Repräsentanten und den sog. Orangisten Ausdruck verschaffte. Nach mehreren Kriegen gegen England und gegen Frankreich verloren die Niederlande nach dem Spanischen Erbfolgekrieg ihren Anfang des 17. Jahrhunderts erworbenen Großmachtstatus. Die Zeit der Republik der Vereinigten Niederlande endete mit der Französischen Revolution.

Abbildung 13.6: Die 17 Provinzen der Niederlande im 16. Jahrhudert

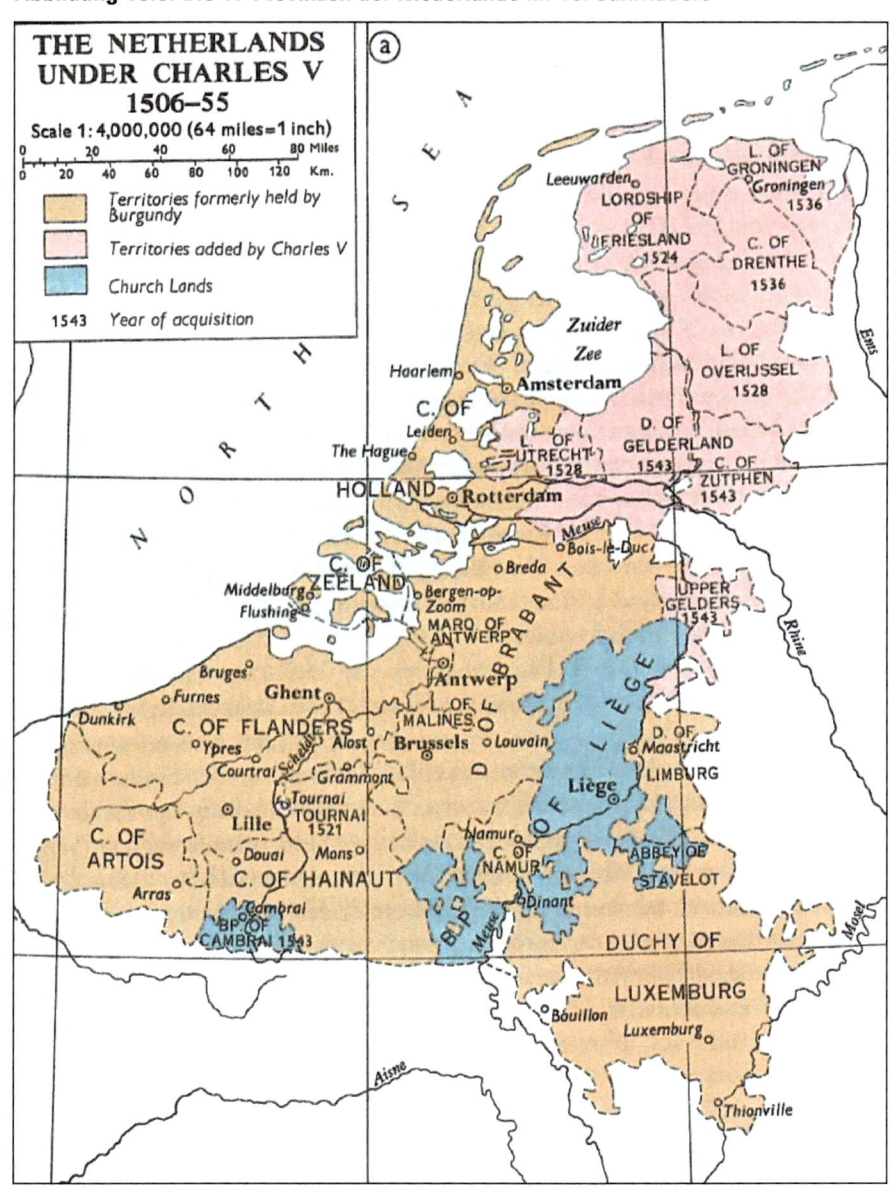

Quelle: Menzel 2015: 524

In religiöser Hinsicht war der Calvinismus die bedeutendste Glaubensrichtung und auch offizielle Staatskirche, umfasste aber nur rd. die Hälfte der Bewohner, während die andere Hälfte andern Bekenntnissen – seit 1530 den Täufern und anderen reformierten Kirchen – angehörten; das Prinzip des Augsburger Religionsfrieden »cuius regio, eius religio« galt explizit nicht für die Niederlande. Die Reformation in den Niederlanden war eine Bewegung von unten und nicht wie im Heiligen Römischen Reich durch den Bekenntniswechsel des Landesherrn bestimmt. Der Sprachenkonflikt mit all seinen Implikationen, spielte im Norden durch die Teilung Burgunds keine Rolle mehr; dort wurde nur Niederländisch gesprochen.

Die Niederlande waren vor ihrer Unabhängigkeit der am meisten entwickelte und reichste Teil des Spanischen Reiches, wobei der Norden mit seiner Kernprovinz Holland wiederum vergleichsweise rückständiger war als der Süden mit den Kernprovinzen Brabant und Flandern.

Die Bevölkerung der Niederlande betrug zwischen 1650 und 1750 etwa 1,85–1,95 Millionen; sie stagnierte in dieser Zeit und folgte erst danach dem europäischen Wachstumstrend im Rahmen des demografischen Übergangs. Als plattes Land, vielfach auf oder sogar unter dem Meeresspiegel, ist es nicht nur von vielen Wasserläufen und Kanälen durchzogen, sondern weist auch viele Binnengewässer und Moore auf, die durch aufwendige Deichbauten gegenüber der See zu sichern sind. Landgewinnung durch Entwässerung war eine große Aufgabe.

Getreide wurde importiert und stattdessen Milchwirtschaft, Gemüse- und Blumenanbau betrieben; die landwirtschaftliche Produktion hatte bereits im 17. Jh. einen hohen Spezialisierungsgrad. Der Fischfang auf dem Atlantik als Hochseeheringsfischerei spielte eine bedeutende Rolle, allerdings musste hierfür das Salz als unentbehrliches Konservierungsmittel aus Frankreich, Spanien und Portugal, später sogar aus der Karibik (Venezuela) importiert werden.

Eine Ressourcenausstattung des Landes durch Bodenschätze, Energievorkommen war kaum vorhanden, selbst Wald und Steine waren Mangelware; einzig der reichlich vorhandene Torf konnte als Brennstoff genutzt werden. Die Konsequenz war, dass es kaum Urproduktion gab und nahezu alle Vorprodukte importiert werden mussten. Niederländisches Gewerbe und Industrie waren daher von Anfang an reine Veredelungsproduktionen. Um die notwendigen Importe bezahlen zu können, musste ein Teil der Fertigungswaren immer exportiert werden. In der Funktion als Zwischenhändler – Importe, interne Veredelung und anschließender Reexport – bestand schon früh eine außenwirtschaftliche Orientierung. Neben dem Torf war der permanent kräftig wehende Wind die einzig wirkende natürliche Ressource als Antriebskraft für Segelschiffe und Windmühlen. Letztere wurden multifunktional eingesetzt und perfektioniert, sodass sie bei jeder Windrichtung betrieben werden konnten. Ihr Einsatz ging weit über die klassische Mühlenfunktion hinaus und sie funktionierten als universelle Antriebsmaschinen; 1598 nahm die erste windgetriebene mechanische Sägemühle in Amsterdam den Betrieb auf.

In den verarbeitenden Produktionszweigen achteten die Niederländer darauf, sich auf die arbeits- und wertschöpfungsintensiven Endstufen der Fertigung, das

Bleichen, Färben und Appretieren von Stoffen zu spezialisieren, während man die Woll- und Flachsproduktion, selbst die Spinnerei und Weberei zu Rohtuchen Ländern wie England überließ. Seit 1585 kamen neue Textilbranchen, die neue Stoffe herstellten (»New Draperies«) hinzu. Die frühe niederländische Manufaktur mit ihren Zentren Harlem, Delft und Leiden für Textilien, Keramik, Bier, Alkohol, Tabak und Zucker basierte vollständig auf importierten Vorprodukten, wobei im 16. Jh. neben europäischen auch koloniale Rohstoffe verarbeitet wurden. Besondere Leistungen mit weitreichenden Koppelungseffekten konnten die Niederländer auch im Schiffbau vorweisen. Mit der Büse, der Fleute und dem Linienschiff hatte sowohl die Handels- als auch die Kriegsmarine lange Zeit deutliche Vorteile gegenüber den Galeeren und Galeonen der anderen Mächte, die sie sowohl in Bezug auf schnellen Transport von Massen- und Luxusgütern als Konkurrenzvorteile einsetzen konnten als auch im Hinblick auf neue und überlegene Kampftechniken zur See.

Neben dem Handel der sog. »Kleinen Fahrt« im Ostsee- und Nordseeraum sowie der »Großen Fahrt« des Fernhandels im Mittelmeerraum, Asien und Amerika nebst den daran hängenden Finanzierungs- und Versicherungsfunktionen sowie seiner maritimen militärischen Absicherung hatten die Niederlande somit auch einen durch Handel umrahmten Produktionssektor – ein Umstand, der Portugal und dem spanischen Reich in seinem iberischen Kernland weitgehend fehlte. Ihr Zwischenhandel war durch interne Produktion und Wertschöpfung vermittelt und flankiert, hing also als reale und ökonomische Zirkulationstätigkeit nicht mehr – nur – in der Luft.

Damit die Niederlande in ihrem »Goldenen Zeitalter« im 17. Jahrhundert, d.h. von 1580 bis 1713, zur ersten Welthandelsmacht aufsteigen konnten, war die Herauslösung aus dem Spanischen Reich und ihre erst faktische und sodann formelle politische Unabhängigkeit eine wesentliche Bedingung. Der Aufstieg zur Führungsmacht vollzog sich deshalb nicht nach, sondern parallel zum bzw. durch den dreifachen Prozess der Separation von Spanien, vom Heiligen Römischen Reich und vom südlichen Teil der eigenen Region. Er war immer von Krieg begleitet; die Niederländer führten von 1572 bis 1713 nahezu permanent irgendwo auf der Welt Krieg, daheim gegen Spanien und später gegen Frankreich und dessen Verbündete, in der Nordsee gegen Spanien und später gegen England, in der Ostsee gegen Dänemark, Schweden und die Hanse, in Brasilien und Westafrika gegen Portugal, in der Karibik und vor der iberischen Halbinsel gegen Spanien, in der Malacca-Straße, auf den Molukken, vor Goa oder Ceylon gegen Portugal; hinzu kamen noch die zahlreichen Scharmützel und militärischen Interventionen gegen lokale Fürsten in Ost- und Südostasien.

Die Opposition der Niederländer gegen Spanien war getrieben durch die Absicht Philipps II., die reichlichen Steuereinnahmen aus den Niederlanden für eigene Zwecke, die Abwendung des drohenden Staatsbankrotts 1557, zu verwenden. Die niederländische Ständeversammlung versagte ihm dazu die Zustimmung. Auch in der Folgezeit versuchte er, den wirtschaftlich leistungsfähigsten Teil seines Reiches fiskalisch besonders in die Pflicht zu nehmen. Damit brachte Philipp die Kaufleute und Gewerbetreibenden als Steuerzahler, den katholisch-niederländischen Adel, der nicht unter absolutistische Kuratel gestellt werden wollte, die Provinzialstände, die ihre regionalen Rechte nicht verlieren und die Protestanten, die nicht dem Druck einer Gegenreformation ausgesetzt werden wollten, gegen sich auf. Ergebnis dieser Gemengelage war der in Flandern ausbrechende »Bildersturm« vom 10. August 1566, der sich rasch über die anderen Provinzen ausbreitete und in dem in vielen katholischen Kirchen die Altarbilder zum Opfer fielen. Dieser Tag gilt als symbolischer Auftakt des Unabhängigkeitskampfes. In der Folge wurde die calvinistische Kirche zur Staatskirche und zur religiösen Speerspitze des Widerstands der Niederländer gegen Spanien.

An der Küste brach eine Aufstandsbewegung aus. Sie kulminierte vom 19. bis 23. Juli 1572 in der ersten freien Versammlung der holländischen und seeländischen Stände in Dordrecht. Der Prinz von Oranien wurde zum Statthalter ernannt, aber nicht vom spanischen König, sondern von den niederländischen Ständen. Er wurde damit auch zur institutionellen Klammer für die anderen Provinzen. Der Versuch Oraniens, auch in Brabant und Flandern und damit im gesamten niederländisch sprachigen Teil dauerhaft die Macht zu übernehmen, scheiterte jedoch am militärischen Widerstand der spanischen Flandernarmee. Die Zweiteilung der Niederlande zwischen Norden und Süden blieb auch in der Folgezeit erhalten, Holland löste Brabant und Flandern als führende Provinz ab und nicht mehr Antwerpen, sondern Amsterdam wurde das neue Handelszentrum; in der Folgezeit verblieb Flandern weitgehend im Süden und Brabant wurde zweigeteilt. Politisch erbrachte diese Entwicklung die völlige Trennung der Niederlande von Spanien und die De-facto-Souveränität der sieben nördlichen Provinzen.

Zunächst bestanden die nördlichen Provinzen in einer losen und föderalen Struktur, bei der sich alte mit neuen Elementen mischten; es gab eine Vielzahl unklarer Kompetenzverteilungen zwischen den einzelnen Institutionen, große Asymmetrien bei formaler Gleichheit der Provinzen und rivalisierende Machtzentren. Die Provinzen hatten jeweils eine Stimme in den Generalständen; es bestand ein imperatives Mandat gegenüber den jeweiligen Provinzialständen, die ihrerseits je nach Provinz ganz unterschiedlich quantitativ nach Vertretern des Adels, der Städte sowie der freien Bauern (nur in Friesland) zusammengesetzt waren. Menzel sieht hierin eine »*verbürgerlichte Gesellschaft*«, in der »*der Feudalismus ... nur schwache Spuren hinterlassen hatte*« (Menzel 2015: 545). Allerdings schloss dies ein, dass »*in den 57 Städten aller sieben Provinzen ... plutokratische Stadtregierungen (...) herrschten, die sich aus den wohlhabenden Kaufleuten rekrutierten und an deren Spitze ein Bürgermeister stand*« (Ibid.). Gleichzeitig gab es trotz der formalen Gleichberechtigung der Provinzen eine klare Hierarchie mit Holland an der Spitze, gefolgt von Seeland, entsprechend der anteiligen Steuerleistung. »*Informell galt: Die großen Kaufleute Amsterdams bestimmten die Politik der Stadt Amsterdam, Amsterdam bestimmte die Politik Hollands und Holland bestimmte die Politik der Generalstände. ... In den Niederlanden ist im 17. Jahrhundert die frühbürgerliche Republik unmittelbar aus der mittelalterlichen Gesellschaft hervorgegangen, während sich bei den Nachbarländern der Absolutismus formierte, der erst über eine Revolution in eine bürgerlich-republikanische (Frankreich) oder bürgerlich-konstitutionelle Gesellschaft (England) transformiert wurde.*« (Ibid.) Die fehlende Konstitution eines Nationalstaats, die auch durch die formelle Selbstständigkeit der »Republik der Vereinigten Niederlande« im Ergebnis des Westfälischen Friedens 1648 nicht hergestellt wurde und für eine ursprüngliche Kapitalakkumulation eine entscheidende Bedingung darstellt, war eine wesentliche Ursache für den späteren Niedergang der Niederlande.

Die Schwäche des niederländischen Staates setzte sich auch gegenüber den überseeischen Gebieten fort. Hier hatten zwei private Aktiengesellschaften, die »Vereinigte Ostindien Compagnie« (VOC) und die »Westindische Compagnie« (WIC) für Amerika und die Karibik, für gut 200 Jahre fast ein Monopol für die niederländische Außenwirtschaftspolitik. Neben dem Handelsmonopol mit Ost- bzw. Westindien, zu dem auch Ost- und Westafrika gezählt wurde, besaßen sie auch hoheitliche Rechte. So konnten die Kompagnien eine Kriegsmarine unterhalten, Forts anlegen, Truppen mobilisieren und völkerrechtliche Verträge mit lokalen Fürsten schließen. Im Laufe der Zeit wurden so große Territorien auf drei Kontinenten erworben oder erobert. Vor Ort in Indonesien bzw. Brasilien wurden sie durch Generalgouverneure mit Sitz in Batavia (heute Jakarta) bzw. in Moritzstadt (heute Recife) vertreten. Insofern lässt sich nicht eindeutig beantworten, ob die niederländischen Kolonien tatsächlich niederländische Kolonien oder nicht vielmehr Privatbesitz holländischer, seeländischer und sonstiger privater Finanziers als Aktionäre der Kompagnien waren, die sich staatliche Attribute leisteten. Erst mit der Zweiten Republik ab 1795, sog. Batavische Republik (1795–1806), wurden daraus regelrechte Kolonien des Staates (vgl. Abb. 13.7).

Der niederländische Aufstieg zur Welthandelsmacht hat sich über einen sehr langen Zeitraum, einen etwa 100 Jahre dauernden Emanzipationsprozess, der von heftigen kriegerischen Auseinandersetzungen begleitet war, erstreckt. Der Unabhängigkeitskrieg gegen Spanien (und Portugal) war nicht nur militärisch, sondern auch als Wirtschaftskrieg geführt worden. Im Maße, wie Spanien durch die Sperrung der Häfen von Lissabon und Sevilla für die niederländischen Rebellen zum Mittel des Embargos griff, sahen diese sich gezwungen, direkt und ohne portugiesische Zwischenhändler mit Asien Handel zu treiben. Der niederländische Handel mit Massenfrachtgütern innerhalb von Europa wurde so ergänzt um den Luxusgüterhandel aus Übersee. Dabei wurde sowohl der alte Weg durch das Mittelmeer über die Levante als auch der neue Weg um Afrika herum genutzt. Hier engagierte sich die VOC. Weil die Portugiesen an der indischen Westküste, in Ceylon und auf der malaysischen Halbinsel über starke Garnisonen verfügten, konzentrierten sich die Niederländer im indonesischen Archipel und setzten sich zunächst auf den Molukken fest. Der Gewürzhandel mit Indonesien stand damit zunächst im Mittelpunkt, während man den Pfeffermarkt in Indien und den Zimtmarkt in Ceylon erst später in Angriff nahm. Mit der Entsendung kommerziell versierter Leute für die Leitungspositionen anstelle der seinerzeitigen portugiesischen Hidalgos war das Vorhaben der VOC von Anfang an erfolgversprechender als die Aktivitäten Portugals

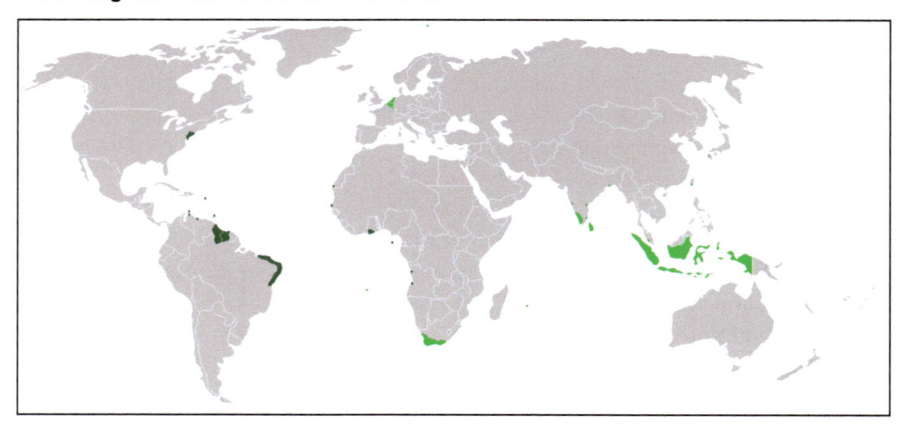

Abbildung 13.7: Niederländische Kolonien

Quelle: https://de.wikipedia.org/wiki/Niederländische_Kolonien

100 Jahre zuvor. Die VOC hatte in ihrem planmäßigen Vorgehen im Verlauf von 60 Jahren Schritt für Schritt die wichtigsten portugiesischen Stützpunkte in Asien bis auf Goa und Macao überrannt, damit den Estado da India durchlöchert und den Asienhandel mit Europa übernommen; Konsequenz war der endgültige Niedergang der alten Handelsrouten nach Europa durch das Rote Meer und den Persischen Golf. Von der VOC wurden in der Hochzeit des asiatischen Handels 25 Faktoreien und zahlreiche Forts von Mocha in Arabien bis Nagasaki in Japan dirigiert und die Anzahl der im Ausland Beschäftigten stieg von 4,5 Tsd. (1625) über 18 Tsd. (1700) auf etwa 25 Tsd. (1751); hinzu kamen noch 3,6 Tsd. Einheimische und 2,4 Tsd. Sklaven (vgl. Abb. 13.7).

Die Expansion im Westen, nach Westafrika, in die Karibik und nach Brasilien, war demgegenüber sehr viel mühsamer und zeigte auch viel geringere Erfolge für die Niederländer bzw. die WIC. Die Charta der WIC unterschied sich von der der VOC dahingehend, dass Erstere eher als militärischer Arm der Niederlande in der Neuen Welt gedacht war und nicht über die weitreichenden Hoheitsrechte der VOC verfügte. Wirtschaftlich blieb die WIC immer ein fragiles Unternehmen. In Nordamerika begannen ihre Aktivitäten 1614 mit der Gründung einer Niederlassung auf der Insel Manhattan, um in das Pelzgeschäft mit den Indianern einzusteigen. Daraus entstand 1626 Neu-Amsterdam (bis 1664), das heutige New York. In Brasilien traf die WIC auf Portugal, das dort allerdings seine Kräfte, anders als in Asien, weniger zersplittert hatte. Nach dem Scheitern einer ersten Runde des Seekrieges gegen die portugiesischen Bastionen beiderseits des Atlantiks verlegte sich die WIC auf das Kapergeschäft; größter Erfolg war die Aufbringung der kompletten spanischen Silberflotte vor Havanna im Jahr 1628. Während die Niederländer in der Folgezeit mit der Gründung Niederländisch-Brasiliens (1630–1654) zeitweilig erfolgreich waren, ging die Schlacht um die Karibik mit Spanien verloren und die

Kapitel 13: Das Kaufmannskapitals und seine weltweiten Kolonien

Niederlande mussten sich mit Curaçao begnügen, das allerdings zum Zentrum des Sklavenhandels für die gesamte Karibik ausgebaut wurde. Nach einer misslungenen Festsetzung der Niederländer in Chile und einem Aufstand von Überseeportugiesen, freigelassenen Sklaven und Indianern in Moritzstadt (Recife) – dem Gründungsmythos des heutigen Brasiliens – verzichteten die Niederländer endgültig auf Brasilien. Die WIC endete im bloßen Sklavenhandel.

Die Rolle und Stellung der Niederlande ab Ende des 16. bis Anfang des 18. Jahrhunderts, die ihr »Goldenes Zeitalter« genannt wird, war die einer weltweiten Handelsmacht, die ihre Vorgänger Portugal und Spanien in wesentlichen Teilen der Welt beerbt hatte. Gleichwohl nimmt sich der nachhaltige und länger andauernde Kolonialbesitz der Niederlande mit Niederländisch-Indien in Ostasien, Niederländisch-Guayana im Nordwesten Südamerikas, den Niederländischen Antillen und Südafrika auf den ersten Blick bescheidener aus. Dies macht deutlich, dass die Logik der niederländischen Position durch die Suche nach Profit, Handelsprofit, getrieben wurde und nicht durch die Suche nach Tribut oder Rente infolge der Okkupation fremder Länder und Ausplünderung ihrer Ressourcen. Auch dass die – allerdings geringe – interne Produktion mit den Handelsstrukturen verkettet war, zeigt eine höhere Entwicklungsstufe als diejenige ihrer Vorgänger an. Dennoch ist es überzogen, wenn davon gesprochen wird, das *»im 17. Jahrhundert ... der Kapitalismus in den Niederlanden seine erste große Blüte (erlebte)«* (Menzel 2015: 593f.). Die Niederlande haben es nicht zu einer kapitalistischen Volkswirtschaft gebracht, geschweige denn zu einem hegemonialen Weltsystem, sodass der Topos vom »langen 16. Jahrhundert«, das einen ersten Hegemoniezyklus der Weltwirtschaft bzw. dessen Aufstiegsphase von 1450–1650, wie von F. Braudel oder I. Wallerstein[1] behauptet, begründet habe, das Unverständnis von einer kapitalistischen Produktionsweise offenbart.

Gleichwohl ist nach den Ursachen des langsamen Niedergangs der niederländischen Position im Fernhandel zu fragen und damit auch die Frage aufzuwerfen, warum die Industrielle Revolution nicht bereits 100 Jahre früher ihren Ausgang von den Niederlanden genommen hat. Die zweite Frage ist erst im nachfolgen Kapitel zu beantworten und kann hier nur mit Bezug auf die fehlenden Grundlagen für die Ausbildung eines produktiv-industriellen Nationalkapitals in den Niederlanden angedeutet werden. Der Positionsverlust des Landes im internationalen Handel war zunächst ein relativer gegenüber einem anderen aufsteigenden Land, England, das kurz vor der Wende zum 19. Jahrhundert die Niederlande im Pro-Kopf-Einkommen zu überholen begann (vgl. Menzel 2015: 594). Neben einer zu geringen produktiven Basis und der fehlenden Ressourcenausstattung im Bereich energetischer und mineralischer Grundstoffe kommt das Fehlen eines Nationalstaats hinzu, der im Rahmen einer ursprünglichen Kapitalakkumulation zu einem wesentlichen Treiber wird. Hinzu kam als weiterer Grund, das die Niederlande von ihren mächtigen Nachbarn Frankreich und England in die Zange genommen wurden. Nach mehre-

---
[1] Vgl. Braudel 1986 sowie Wallerstein 1980 und 1989.

ren Kriegen gegen England und gegen Frankreich verloren die Niederlande nach dem Spanischen Erbfolgekrieg ihren Anfang des 17. Jahrhunderts erworbenen Status als Welthandelsmacht.

Vierter Abschnitt:
Die Entwicklung des Kapitalismus im Weltmaßstab

Kapitel 14: Ursprüngliche Kapitalakkumulation und Industrielle Revolution in England und die Entwicklung der Großen Industrie zur historisch ersten Betriebsweise des Kapitalismus

a) Ursprüngliche Akkumulation und Industrielle Revolution

Der Übergang in die kapitalistische Ära vollzog sich in einem längeren Prozess, dessen Schauplatz Westeuropa war. Sein Vorspiel geht bis in das letzte Drittel des 15. und die ersten Dezennien des 16. Jahrhunderts zurück und verbreitete sich im restlichen 16. Jahrhundert. Im 17. Jahrhundert waren die Niederlande als erste Welthandelsmacht der Vorreiter; sodann, d.h. seit der zweiten Hälfte des 17. Jahrhunderts, folgte mit Frankreich das in dieser Zeit militärisch mächtigste Land in Europa und lieferte sich mit den Niederlanden und Spanien etliche Kriege, die mit dem Frieden von Utrecht 1713 beendet wurden. Nach Utrecht trat mit Großbritannien[1] der wichtigste internationale Akteur für die Folgezeit auf die Bühne der Weltpolitik. Im Siebenjährigen Krieg von 1756 bis 1763 versuchte Frankreich, den Engländern diesen Platz streitig zu machen; mit der Trafalgar-Schlacht und dem Sieg der Royal Navy über die verbündeten Franzosen und Spanier 1805 war dieser Versuch beendet.

Die ursprüngliche Kapitalakkumulation mit ihren beiden Hauptergebnissen, der Schaffung persönlich freier, jedoch von ihren angestammten Produktionsmitteln getrennter Arbeiter und der Genesis industrieller Kapitalisten, die nicht nur auf den Handel, sondern vor allem auf die Übernahme der Produktion orientiert sind, besitzt eine Vielzahl von Ursachen. Diese betreffen zunächst und in erster Linie die sozio-ökonomischen Verhältnisse in den Ländern Niederlande, Frankreich und England bzw. Großbritannien, umfassen jedoch auch ihre internationale Stellung zueinander und im Hinblick auf ihre kolonialen Eroberungen im Rest der Welt. Dabei benötigen die internen Umwälzungen der Wirtschafts- und Sozialstrukturen naturgemäß längere Zeiträume als die darauf reagierenden, zum Teil als Revolutionen und Gegenrevolutionen ausgeprägten politischen Verhältnisse, sowie die von den jewei-

---

[1] Ethnisch wurden die keltisch-gälischen Ureinwohner Britanniens nach der westgermanischen Einwanderung durch Angeln, Sachsen und Jüten in Randgebiete abgedrängt. Die Bezeichnung »England« weist demzufolge auf das »Land der Angeln« hin im Unterschied zum »Land der Briten« (=Kelten). Letzteres umfasste neben dem angelsächsischen Kern die »keltische Peripherie«, bestehend aus dem westlichen Teil der schottischen Highlands, Wales, Cornwall sowie der Inseln Man und Irland. Historisch war zunächst nur England ein internationaler Akteur, der in der Regierungszeit von James I. (1603-1625) durch Personalunion der Kronen von England und Schottland, die ursprünglich zwei selbstständige Staaten waren, verbunden war, und im zweiten »Act of Union« 1707 zwischen England inkl. Wales und Schottland zu Großbritannien politisch vereinigt wurde.

ligen Regierungen geführten Kriege um die Vorherrschaft über ausländische Gebiete in Asien, Westafrika und den Amerikas. Die ursprüngliche Kapitalakkumulation in England erbrachte mit dem Übergang aus der Manufakturperiode in die Ära der Industriellen Revolution und der Schaffung des Regimes der Großen Industrie die erste genuin kapitalistische Betriebsweise der neuen Gesellschaftsformation.

Die Niederlande, die Marx als »*die kapitalistische Musternation des 17. Jahrhunderts*« (MEW 23: 779) bezeichnet hatte, waren dies im Wesentlichen aufgrund ihres auf Kolonialwirtschaft gegründeten Zwischenhandels, nicht wegen ihrer Manufakturen, die keineswegs die Breite der Wirtschaft dominiert hatten. Nicht nur ihre Bevölkerung, sondern vor allem ihre produktive Wirtschaftsbasis war einfach zu schmal, sodass trotz der singulären Vernetzung der niederländischen Textilveredlung mit importierten Vorprodukten sich kein durchgreifend umwälzender Entwicklungsimpuls Bahn brechen konnte. Es blieb eben hauptsächlich beim Handel und dem Handelsprofit sowie den Tributleistungen aus den kolonisierten Gebieten; der industrielle Profit spielte nur eine untergeordnete Rolle.

Bei Frankreich sah die Sachlage anders aus. Seine Bevölkerung betrug zu Beginn des 17. Jh. rd. 20 Millionen Einwohner, war bis 1750 auf 25 Millionen angewachsen und stellte damit die umfangreichste Bevölkerung Westeuropas. Bis zur Französischen Revolution 1789 war sie auf 28 Millionen gestiegen. Die Landbevölkerung machte davon mehr als zwei Drittel aus. Ursprünglich bewirtschaftete sie Land, das im Eigentum eines Seigneurs war und stand ihm als Pächter oder Halbpächter gegenüber, der regelmäßige Natural- und Geldleistungen zu entrichten hatte. Wie in anderen westeuropäischen Ländern nahm die feudale Leibeigenschaft nach und nach ab, bis in der zweiten Hälfte des 18. Jahrhunderts die meisten Landwirte formal freie Bauern waren. Dabei blieb die Eigenversorgung der Bauernwirtschaften hoch, sodass viele französische Provinzen faktisch autark waren; demzufolge war der innere Markt in Frankreich lange Zeit nur gering ausgeprägt.

Die Bauernschaft wies allerdings erhebliche interne Unterschiede und Differenzierungen auf: neben Großgrundbesitzern und Pächtern dominierte der französische Parzellenbauer, der Eigentümer einer kleinen, nur mit seiner Familie bearbeitbare Flächen hatte, und deren Erträge oftmals zum Sterben zu viel und zum Leben zu wenig erbrachten. Um Missernten auszugleichen und die Abgaben an Grundeigentümer sowie den Staat bezahlen zu können, wurden viele Parzellenbauern in die Verschuldung getrieben. Beim Erwerb neuen Bodens steigerte sich die Verschuldung durch die vorgängige Zahlung des Bodenpreises, der als kapitalisierte Grundrente einen Vorschussbestandteil darstellte, dem im Unterschied zu den mobilen Produktionsmitteln, Arbeitsgeräten und Saatgut, keine unmittelbare Wertschöpfung zuzurechnen war. Dadurch gerieten die Bauern immer mehr in Abhängigkeit vom Wucherkapital. »*So kam es, daß der französische Bauer unter der Form der Zinsen für die auf der Erde haftenden* Hypotheken, *unter der Form von Zinsen für* nicht verhypothezierte Vorschüsse des Wucherers, *nicht nur eine Grundrente, nicht nur den industriellen Profit, mit einem Wort, nicht nur den* ganzen Reingewinn *an den Kapitalisten abtritt, sondern selbst* einen Teil des Arbeitslohns, *daß er also auf die*

Stufe des irischen Pächters herabsank – und alles unter dem Vorwande, Privateigentümer *zu sein.*« (MEW 7: 83; Hervorh. i. Original) Der Verelendungsprozess des Bauern wurde beschleunigt durch die stets wachsende Steuerlast und durch Gerichtskosten, die neben den Hypothekenzinsen einen großen Teil seines Nettoprodukts aufzehrten.[2] Nur einem kleinen Teil der Parzellenbauern konnte unter diesen Verhältnissen ein Aufstieg zur Dorfbourgeoisie gelingen, d.h. die Möglichkeit zur Anwendung rationeller Ackerbaumethoden durch Vergrößerung des Landbesitzes und Beschäftigung von Tagelöhnern etc., während die Masse der kleinen Grundeigentümer durch zunehmende Verelendung und wachsende Verdingung als Ackerbautagelöhner zum Dorfproletariat wurde oder sich diesem faktisch annäherte. Dies macht zugleich deutlich, warum die Masse der französischen Parzellenbauern in der Konkurrenz mit der großen britischen Agrikultur in keiner Weise mithalten konnte. Auf der anderen Seite wurde die Verteidigung des Privateigentums am Grund und Boden seitens der Bauern, auch wenn es faktisch nur nominell war, zu einem wesentlichen, Veränderungsprozesse be- oder verhindernden Moment; im Gegenteil wurde ein Großteil der bäuerlichen Bevölkerung zusammen mit dem städtischen Lumpenproletariat zum Resonanzboden der französischen Konterrevolution und dem Staatsstreich von Napoleon Bonaparte.

Gewerbe und Industrie hatten in Frankreich im Vergleich zu den zeitgenössischen Niederlanden nur einen geringen Stellenwert. Allenfalls das nordfranzösische Textilgewerbe und die Seidenindustrie Lyons besaßen eine größere Bedeutung. Demzufolge war auch der Umfang der Beschäftigung in diesen Bereichen gering, d.h. nicht größer als die Anzahl der Staatsdiener (inkl. Militär) und sonstiger Dienstleister wie z.B. Lehrer und Geistlichkeit. Dementsprechend finanzierte sich der französische Staatsapparat auch hauptsächlich durch die Besteuerung der Landwirtschaft. Deren Produkte waren zudem die wichtigste Quelle der Exporte: Wein aus dem Süden, Getreide aus dem Norden, ergänzt durch Salz, das in den Salinen an der südfranzösischen Atlantikküste gewonnen wurde. Importiert wurden Fertigwaren aller Art, wobei die Niederlande mit Abstand der wichtigste Lieferant waren. Abgewickelt wurde der französische Außenhandel auf niederländischen Schiffen, denn eine französische Handelsmarine gab es allenfalls rudimentär; eine starke, politisch einflussreiche Handelsbourgeoisie wie die Amsterdamer oder Londoner Großkaufleute gab es nicht. Die Vertreibung der Hugonotten, die am ehesten

---

[2] Vgl. ibid.: 84: »*Nach einer statistischen Aufstellung von 1840 betrug das Bruttoprodukt des französischen Grund und Bodens 5.237.178.000 frs. Es geht hiervon ab 3.552.000.000 frs. für Kosten der Bearbeitung, eingeschlossen den Konsum der arbeitenden Menschen. Bleibt ein Nettoprodukt von 1.685.178.000 frs., wovon 550 Millionen für Hypothekenzinsen, 100 Millionen für Justizbeamte, 350 Millionen für Steuern und 107 Millionen für Einschreibungsgeld, Stempelgeld, Hypothezierungsgebühren usw. abzuziehen. Bleibt der dritte Teil des Nettoprodukts, 538 Millionen* (müsste heißen: 578.178.000, was aber an der Sache nicht viel ändert / S.K.); *auf den Kopf der Bevölkerung verteilt, noch nicht 25 frs. Nettoprodukt. In dieser Rechnung findet natürlich weder der außerhypothekarische Wucher sich aufgeführt, noch die Kosten für Advokaten usw.*«

kommerzielle Expertise aufweisen konnten, unterstrich diesen Sachverhalt. Demzufolge war Frankreich auf kommerziellem Gebiet eher eine europäische Peripherie.

Nur als Militärmacht ragte es heraus. Die Armee stand im Zentrum des staatlichen Handelns und war die eigentliche Quelle der französischen Macht. Zwar wurde zwischen 1695 und 1705 ein größeres Flottenbauprogramm aufgelegt, doch vor La Hogue wurde bereits 1692 die französische Flotte vernichtend durch die Engländer und Niederländer geschlagen; nach der Niederlage der spanisch-französischen Flotte in der Seeschlacht von Trafalgar (1805) war die britische Seehoheit unangefochten. Die französische Außenpolitik war immer militärisch bestimmt, die Handelspolitik militärischen Erwägungen untergeordnet. Folgerichtig genoss die kontinentaleuropäische Politik Vorrang vor überseeischen Ambitionen, die Frankreich später nur zu einer halbherzigen und verspäteten Kolonialmacht werden ließen. Erst 1664 gründete J.B. Colbert eine französische Ostindienkompanie, die an der Koromandelküste und in Bengalen Faktoreien unterhielt, allerdings bereits 1693 bankrott machte. Die französischen Stützpunkte auf Madagaskar, Réunion und Mauritius waren bloße Zwischenstationen auf dem langen Weg nach Asien. Frankreichs Nordamerika-Abenteuer war relativ kurzzeitig, nur in der Karibik hinterließ es nachhaltige Spuren. Das Kolonialsystem fiel somit weitgehend als initiierendes Element für eine ursprüngliche Kapitalakkumulation aus.

Im Innern wies Frankreich eine spezifische Ausprägung des absolutistischen Staates und seiner Politik auf, dessen Anfänge schon auf die zwei Vorgänger Ludwigs XIV. zurückgingen. Der absolute Monarch war der alleinige Inhaber der Souveränität und stand über allen Gesetzen (»Der Staat bin ich«). Die Architekten der Herrschaft waren insbesondere der Nachfolger Kardinal Richelieus, Giulio Mazzarino alias Jules Mazarin sowie Jean Baptiste Colbert als regierender Minister bzw. Finanzminister unter Ludwig XIV. Der absolutistische französische Staat war zugleich Dirigent der Wirtschaft und Exekutor einer merkantilistischen Politik, die in der Kontrahierung von Finanzmitteln zum Unterhalt des Staatsapparats, insbesondere des Heeres, ihr Ziel besaß; Zollpolitik und Ämterkauf waren wesentliche Finanzquellen neben immer wieder neuen Steuern (Taille, Capitation, Dixième, Cínquatrième, Vingtième sowie Gabelle, Aides und Akzise), die in erster Linie die Bauern belasteten. Innenpolitische Gegner des französischen Absolutismus waren die Calvinisten (Hugonotten), die letztmalig von Ludwig XIII. einberufenen Generalstände, die erst im Zusammenhang mit der Französischen Revolution wiederbelebt wurden, sowie der Adel.

Diese Gegner wurden entweder verfolgt bzw. außer Landes getrieben oder durch neue Institutionen ersetzt. Die merkantilistische Politik, die sich zusammenfasste in der Forderung der Steigerung des Edelmetallvorrats im Ergebnis einer positiven Handelsbilanz, war im Hinblick auf die Förderung einer industriell-produktiven Kapitalakkumulation teilweise direkt kontraproduktiv, weil die nationale Edelmetallreserve konsumtiv, d.h. zur Finanzierung der Staatsausgaben, insbesondere des Militärhaushalts, verwendet wurde. Sofern sie sich in privaten Händen niederschlug, begünstigte sie die Bankokratie und den Wucher.

Vergleicht man für die vorstehend aufgelisteten sozioökonomischen und politischen Faktoren, die verschiedene Ursachen und Treiber für eine ursprüngliche Kapitalakkumulation in der Zeit des 17. und 18. Jahrhunderts darstellen, die französischen mit den englischen Verhältnissen, ergibt sich von selbst die Beantwortung der Frage, warum ursprüngliche Akkumulation und kapitalistische Produktionsweise historisch zuerst in England bzw. Großbritannien Platz gegriffen haben.

Nachdem bereits im 15. Jh. die Leibeigenschaft der englischen Bauern faktisch überwunden worden war, existierten neben Gütern der Großgrundbesitzer, auf denen der unfreie Vogt durch den freien Pächter ersetzt worden war, kleinere private Betriebe freier Bauern. Letztere konnten sich teilweise zu Großbauern fortentwickeln oder hatten als Kleinbauern neben ihrem privaten Grundbesitz auch Zugang zum dörflichen Gemeindeland. Die Usurpation dieses Gemeindelandes durch Private griff erst Platz, nachdem sich die Grundgrundbesitzer Ende des 15. und während des 16. Jahrhunderts vermehrt wegen steigender Löhne aus dem Ackerbau zurückzogen, sich der Schafzucht zuwandten und dafür zusätzlichen Grund und Boden benötigten. Diese Agrikulturrevolution veränderte die Struktur des englischen landwirtschaftlichen Produkts durch vermehrte Produktion von Schafswolle für Woll- und Tuchstoffe und veränderte die Sozialstruktur auf dem Land. An die Stelle der von den großen Grundeigentümern bewirtschafteten Eigenbetriebe traten vermehrt Pächter, die bei den allgemein steigenden Preisen bzw. dem sinkenden Geldwert in den Jahren des gesamten 16. und bis zur Mitte des 17. Jahrhunderts aus ihren langfristigen Pachtkontrakten Extraprofite auf Kosten der stipulierten fixen Grundrenten aneignen konnten. Während in Frankreich die kleinen Parzellenbauern als strukturkonservatives Element unproduktive Verhältnisse in der Landwirtschaft bis weit in das 19. Jh. zementierten, wurde die englische Agrikultur gewaltsam umgewälzt und resultierte in produktiven kapitalistischen Pachtbetrieben einerseits und massenhafter Freisetzung von ehemaligen Kleinbauern von ihrem Grund und Boden, die den in den Städten entstehenden industriellen Betrieben als Lohnarbeiter zur Verfügung standen, andererseits.

Bis in das 17. Jh. war England im Vergleich zu den Niederlanden gewerblich-industriell nicht besser aufgestellt als Spanien und Frankreich. Die Herstellung von Wolltuch, welches den klimatischen Anforderungen Nordwesteuropas entsprach, war der mit Abstand wichtigste Gewerbezweig des Landes; auf eine andere Manufaktur hatte sich England zunächst überhaupt nicht spezialisieren können. Demzufolge waren auch Wolle und unbehandelte Rohtücher (broad cloth) die wichtigsten Exportgüter, die namentlich in die Niederlande versandt wurden, die dann die anspruchsvollere Weiterverarbeitung und Veredelung durch Appretieren, Färben und Bedrucken übernahmen und nach ganz Europa reexportierten. Die Vermittlung der englischen Exporte war bereits das Geschäft der auch politisch einflussreichen Londoner Fernhändler. Da England auf der anderen Seite alle Arten von Fertigwaren importieren musste und diese Importe von niederländischen Reedern abgewickelt wurden, war England zunächst ebenfalls wie Frankreich im Wesentlichen nur Peripherie in kommerzieller Hinsicht.

Kapitel 14: England und die Entwicklung der Großen Industrie

Die Jahre der Republik unter Oliver Cromwell (1649-1660) und die »Glorious Revolution« von 1688/89 gelten als Beginn für den Aufstieg Englands als wirtschaftliche Macht gegenüber den Niederlanden durch den englisch/britischen Merkantilismus und seinen Protektionismus mit Navigationsakte und den Staple Acts, die das Monopol der Beförderung von Importwaren aus Übersee und Europa durch englische Schiffe ebenso bestimmten wie für die Fischerei. Außerdem musste der Warenverkehr zwischen europäischen Drittländern und englischen Kolonien über London erfolgen. London begann damit, Amsterdam als europäischen Umschlagsplatz abzulösen. Der englische Merkantilismus war auf die Außenwirtschaftspolitik orientiert und bediente mit den Kornzöllen die Renteninteressen der Grundeigentümer und mit den protektionistischen Maßnahmen die englischen Kaufleute und Handelskompanien. Zum Freihandel ging Großbritannien erst über, als es durch sein Protektionssystem und seine Kolonien bereits im Zenit seiner wirtschaftlichen Überlegenheit stand und die Vertreter der Industrie im Parlament so stark geworden waren, dass deren Freihandelsinteressen mehrheitsfähig wurden.

Da England über keinen eigenen Zugang zu Silber und Gold als Weltgeld verfügte, kam der britischen Ostindien-Kompanie (EIC) neben ihrer Funktion als Handelsagent und der Festsetzung als Territorialmacht durch die Übernahme Portugals Estado da India die Funktion zu, den Silberabfluss aus dem Import indischer Baumwolle und Gewürzen zu kompensieren. Dies wurde im 19. Jh. durch den Opiumhandel mit China bewerkstelligt und führte zu den beiden Opiumkriegen sowie den »Ungleichen Verträgen«, die eine Ursache für den Niedergang der chinesischen Qing-Dynastie ausgemacht haben. Neben dem Asienhandel war England auch ein offensiver Akteur in Nordamerika bis zum Amerikanischen Unabhängigkeitskrieg und in der Karibik. England etablierte sich im Dreieckshandel mit Sklaven aus Westafrika in die Südstaaten der USA und dem Import der auf den Plantagen gewonnen Baumwolle, die in seiner Textilindustrie verarbeitet wurde.

Bevor es jedoch zu dieser Stellung Englands/Großbritanniens als Welthandelsmacht Nr. 1 kam, waren im Innern mit der ursprünglichen Kapitalakkumulation und der Genesis industrieller Kapitalisten die materiellen Bedingungen für diese Rolle zu schaffen. Die Ruinierung und Expropriation der kleinen, selbstwirtschaften Bauern bedeutete gleichzeitig die Vernichtung der ländlichen Nebenindustrie, die jene neben ihrer Landwirtschaft betrieben hatten; ihr Ergebnis war die Scheidung von Agrikultur und Manufakturen. Manufakturen entstanden zum Einen durch die Verwandlung kleiner Zunftmeister und selbstständiger Handwerker in industrielle Kapitalisten, die mit der Übernahme der ehemaligen häuslich-ländlichen Nebenindustrie Entwicklungsimpulse für ihr Geschäft bei Ausbildung eines inneren Marktes für gewerbliche Produkte erhielten; in Einzelfällen gelang auch Lohnabhängigen ein Aufstieg zu selbstständigen Produzenten. Zum Anderen war das durch Wucher und Handel gebildete Geldkapital durch die Auflösung der feudalen Gefolgschaften und Verjagung des Landvolks frei geworden für eine Anlage in gewerblich-industriellen Produktionssphären auf der Basis von durch handwerkliche Arbeitsteilung und Arbeitsorganisation organisierten Produktionsprozessen. Im Verlagssystem fungierte ein Kaufmann als Einkäufer der Rohstoffe und Verkäufer der Waren aus einzelnen handwerklichen Betrieben, z.T. auch in häuslicher Heimarbeit gefertigten Produkten; hier blieb der Produktionsprozess mehr oder weniger unverändert und der Verleger war wesentlich nur Ein- und Verkäufer für von ihm abhängige Produzenten. Eine weiterentwickelte Form ergab sich aus der Bildung von Manufakturbetrieben entweder durch die Zusammenfassung von Produktionsprozessen gleichartiger Produkte oder durch Integration und Zusammenfassung verschiedener Wertschöpfungsstufen jeweils unter einheitlicher Regie. Damit war aus dem Kaufmann ein industrieller Kapitalist geworden und die manufakturmäßige Produktion und Arbeitsorganisation markierte die erste Betriebsweise des entstehenden Kapitalismus, die durch eine zunächst bloß formelle Subsumtion der Arbeit unter das Kapital gekennzeichnet war. Diesen letzteren Weg bewertete Marx als den »*wirklich revolutionierenden Weg.*« (MEW 25: 347) Herzstück der englischen Manufakturperiode war zunächst die Baumwoll- und Textilindustrie.

Ergänzend zu der Geldkapitalbildung aus Binnen- und Fernhandel sowie mit Letzterem verbundenen Geldhandlungs- und Bankgeschäften spielte auch die staatliche Kreditaufnahme durch Anleihebegebungen eine Rolle. Damit begann das Zeitalter der Aktienunternehmen und die Börsenentwicklung erhielt großen Auftrieb; beides sollte im Verlauf des 19. Jahrhunderts eine neue Blüte der Kapitalakkumulation, dieses Mal nicht als ursprüngliche, sondern als genuin kapitalistische Entwicklung derselben hervorbringen. Bis in die 1770er Jahre reichten die Steuereinnahmen zur Deckung des Staatshaushalts aus, es sei denn, es herrschte Krieg. In diesen Fällen mussten die zusätzlichen Ausgaben durch Staatsanleihen finanziert werden. Die Aufwendungen für das Militär waren mit 50% der Ausgaben, in akuten Kriegszeiten auch mehr, der größte Einzelposten; dabei hielten sich die Ausgaben für die Armee und die Marine in etwa die Waage. Die innereuropäischen Kriege – u.a. drei Seekriege mit den Niederlanden – und der Siebenjährige Krieg von 1756-1763, in den alle seinerzeitigen Großmächte (Großbritannien/Kurhannover, die kaiserliche österreichische Habsburgermonarchie, Spanien, Frankreich und Russland sowie das Heilige Römische Reich) verwickelt waren und der in Europa, Asien (Indien) und Nordamerika sowie der Karibik geführt wurde und daher manchmal sogar als Erster Weltkrieg angesehen wird, hatten die Niederlande und Frankreich ihre vorherrschende Stellung in Europa gekostet, und sie mussten Teile ihrer Kolonialgebiete, insbesondere Frankreich in Nordamerika, an Großbritannien abgeben. Damit war der Aufstieg Großbritanniens als Weltmacht auch in politischer Hinsicht vollzogen.

Seine Verfassung als konstitutionelle Monarchie seit der Glorious Revolution, in der dem Parlament und den dort vertretenen Parteien der Whigs als nationalistische und protestantische Interessenvertreter des Fernhandels (Kaufleute, Reeder, Bankiers) und der Kolonien einerseits und der Torys als protektionistisch und katholisch orientierte Vertreter des Großgrundbesitzes andererseits eine erhöhte Machtfülle im Vergleich zum französischen Absolutismus zugekommen war, verschaffte den herrschen Klassen von Kapital und Grundeigentum innerhalb des britischen Nationalstaats eine Balance zwischen wirtschaftlicher und politischer Macht. Sie begünstigte lange vor der Französischen Revolution einen Aufstieg des Bürgertums im Verein mit einem Machtausgleich gegenüber dem Grundrenten beziehenden Adel.

Zusammenfassend kann mit Bezug auf die ursprüngliche Kapitalakkumulation nochmals auf die Marxsche Aussage verwiesen werden, dass alle ihre Agentien – Kolonialsystem, Staatsschuld und modernes Steuersystem sowie Protektionismus – in England am Ende des 17. Jh. systematisch zusammengefasst vorliegen (vgl. MEW 23: 779). Sie bilden deren Voraussetzungen und gehen über in die Industrielle Revolution, die eine zeitgleiche Beseitigung der Engpässe bei Arbeitskräften, Brennstoffen und Antriebskraft ermöglichte und mit der Fortentwicklung zur Großen Industrie eine neue kapitalistische Betriebsweise generierte, die dieses Mal nicht nur auf einer formellen Subsumtion der Arbeit unter das Kapital aufbaute, sondern auf der historisch erstmaligen Umwälzung der Verhältnisse des Produktionsprozesses auf Basis wissenschaftlich erkannter und genutzter Naturgesetze. Damit eröffnete sich eine beispiellose Produktivitätsexplosion, die frühere Produktionsweisen nicht gekannt hatten.

Um in der für England wichtigen Textilindustrie dem Konkurrenzvorteil der unerschöpflichen und billigen Arbeitskraft der indischen Baumwollverarbeitung zu begegnen, markierte die in Reaktion auf die Preisausschreibung der Society of Arts im Jahr 1767 gemachte Erfindung der mechanischen Spinnmaschine von James Hargreaves, die er nach seiner Tochter »Jenny« benannte, einen Entwicklungs-Meilenstein. Ein konkurrierendes Gerät, die »Waterframe«, wurde 1769 von Richard Arkwright entwickelt. Aber erst die Kombination beider Konstruktionsprinzipien durch Samuel Crompton 1779, der er deshalb den Namen »Mule« gab, ebnete den Weg zur Mechanisierung der Baumwollspinnerei. Damit konnte der entscheidende Engpass der englischen Baumwollindustrie, der hohe Arbeitskräftebedarf in der Handspinnerei, überwunden werden. Der Produktivitätsanstieg durch die Anwendung der Spinning Mule auf 420 kg Garn pro Stunde bedeutete mehr als eine Verzehnfachung des Outputs gegenüber Spinning Jenny und Waterframe und rd. eine Verfünfzehnfachung gegenüber dem Handrad (vgl. Abb. 14.1).

Während in der Handspinnerei bis zum Jahr 1800 je nach Verfahren nicht mehr als 3–8 Gramm Garn pro Stunde gesponnen wurden, sodass die Arbeit von etwa 100 Handspinnerinnen nötig war, um einen Weber mit Garn zu versorgen, konnte die zwischen 1800 und 1830 gebräuchliche, mit Pferden angetriebene »Mule« bereits 120 Gramm Garn pro Stunde produzieren. Der seit 1840 gebräuchliche »Selfactor«, ein halbautomatischer Wagenspinner mit Wasserantrieb, schaffte bei 1.000 Spindeln und 20 Arbeitskräften 360 Gramm Garn pro Stunde und damit das Hundertfache der früheren Hausindustrie. Konsequenz dieser Produktivitätsexplosion war eine drastische Expansion der englischen Baumwollindustrie, die zum ersten Leitsektor der Industriellen Revolution wurde und diese Position lange behauptete. In der nachgelagerten Verarbeitungsstufe, der Weberei, erfolgte die Produktivitätssteigerung durch den Übergang vom mechanischen Webstuhl zum »Power Loom« rd. 80 Jahre später (1850); auch hier bedeutete der Übergang von der Maschine zur

Abbildung 14.1: Produktivitätsentwicklung im Spinnen und Weben (1750-1900)

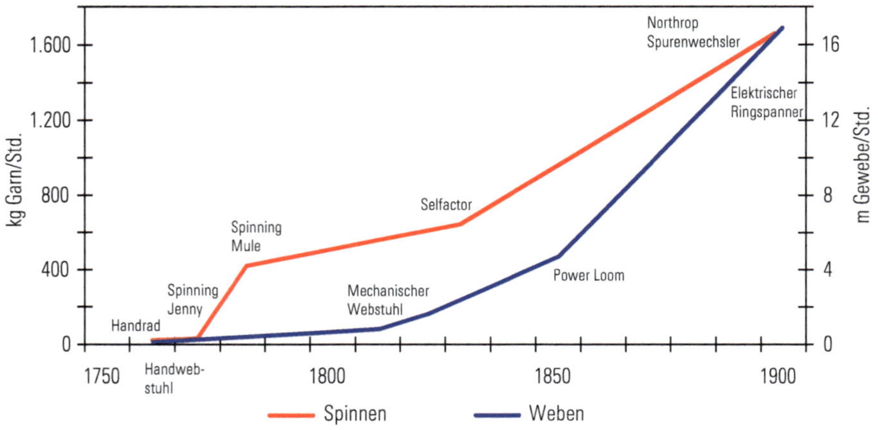

Quelle: IGZA

eigentlichen Maschinerie eine Verdreifachung des Gewebes, das in einer Stunde hergestellt werden konnte. Jeweils folgten auf die Effekte der Produktivitätsentwicklungen enorme Produktionssteigerungen und eine dramatische Preissenkung pro Produkteinheit. Damit wurden Baumwolltextilien, die ursprünglich reine Luxusgüter darstellten, zu Massenprodukten und verdrängten in Großbritannien die heimischen Wollstoffe. Die ursprünglich konkurrenzlos billige indische Baumwollproduktion konnte in die Knie gezwungen werden und bereits 1786 wurden die ersten britischen Baumwolltextilien nach Indien exportiert. Dennoch blieben die hohen Zölle für die britische Baumwollindustrie erhalten.

Eine ähnliche Revolution erfuhr die Eisenindustrie. Bis etwa 1770 hatte die britische Roheisenproduktion bei etwa 15 Tsd. Tonnen pro Jahr stagniert und war gegenüber dem Beginn des Jahrhunderts wegen des Mangels an Holzkohle sogar rückläufig gewesen, sodass Großbritannien auf Importe aus Schweden, damals der weltgrößte Produzent, angewiesen wurde. Seit 1788 übersteig die heimische britische Produktion erstmals die Importmenge und 1790 wurde die schwedische Produktion gesamthaft übertroffen. Damit wurde die Eisenindustrie zur zweiten britischen Importsubstitutionsbranche mit vergleichbaren Zuwachsraten wie bei der Baumwollindustrie. Zwischen 1796 und 1840 verzehnfachte sich die Produktion und bis 1879 erhöhte sie sich weiter um das Vierfache. Erst als sie knapp 6 Mio. Tonnen jährlich erreicht hatte, verlangsamte sich das Wachstum. Gleichzeitig war der Import bis auf eine geringe Menge an Spezialstählen verschwunden und stattdessen kam es zu einem substantiellen britischen Eisenexport, sodass die schwedische Eisenindustrie unter Druck geriet und sich nur mühsam behaupten konnte. Großbritannien begann auf breiter Front die industrielle Führungsrolle zu übernehmen.

In der Eisenindustrie bestand der Engpass nicht bei den Arbeitskräften, sondern beim Brennstoff zur Verhüttung des Roheisens. Weil die Wälder Großbritanniens, durch den Schiffs- und Hausbau schon stark beansprucht, zur Neige gingen, konnte nur noch wenig Holzkohle produziert werden. Deshalb waren das waldreiche Schweden mit seinem mittelschwedischen Revier und sogar das ferne Russland mit Hüttenbetrieben am Ural im 18. Jh. als führende Eisenproduzenten an England vorbeigezogen. Die bahnbrechende Erfindung war hier Henry Corts Puddelverfahren aus dem Jahr 1784, das den Einsatz von Steinkohle anstelle von Holzkohle im Verhüttungsprozess erlaubte. Derselbe Cort hatte im Übrigen 1783 bereits die mechanischen Walzen erfunden, die die bisher im Schmiedeprozess verwendeten Hammerwerke ersetzten und die Produktion von qualitativ besserem Eisen erlaubten.

Die Entwicklungen in der Textil- und Eisenindustrie erzeugten einen wachsenden Bedarf nach Ausrüstungsgütern, die zunächst noch in den eigenen Werkstätten intern hergestellt wurden, bevor sich eine eigenständige Maschinenbauindustrie etablierte. Ein wichtiges Segment war in diesem Bereich der Bau von Dampfmaschinen; hier war James Watt 1782 die entscheidende Verbesserung gelungen. Als Antriebsmaschine fand die Dampfmaschine in vielen Branchen Verwendung, so zum Betrieb von Pumpen in Bergwerken, was tiefere Schächte und größeren Kohleabbau ermöglichte, zum Antrieb der Hammerwerke, Walzen und Blasebälge in der Hüttenindustrie anstelle der Wasserräder oder zum Antrieb der neuen Textilmaschinen. Die neue Antriebskraft wirkte nicht nur bei der Erhöhung der Arbeitsproduktivität mit, sondern hob zugleich die Standortgebundenheit der Industrie auf, die durch die Verfügbarkeit und den Wasserstand von Bächen und Flüssen bedingt war. Die Fabriken konnten nun aus den Mittelgebirgen in die Ebene, vom Land in die Stadt verlagert werden – dorthin, wo die Rohstofflagerstätten von Kohle und Erz, die Arbeitskräfte, die Transportwege und die Abnehmer zu finden waren. Auch Dampfmaschinen selbst waren nicht an feste Standorte gebunden, sondern konnten auf ein Schiff oder einen Wagen gestellt werden; mit der Mobilität von Antriebsmaschinen war der Schritt zum Dampfschiff und der Eisenbahn getan.

b) Die Große Industrie in Großbritannien

Die sich aus der industriellen Produktion in Großbritannien ausbreitende Produktionsweise der Großen Industrie, diese von Marx als »*spezifisch kapitalistische Produktionsweise*« (MEW 23: 533) gekennzeichnete materielle Basis entwickelter kapitalistischer Gesellschaften, ist zugleich die erste industrielle Betriebsweise, die in den seinerzeitigen entwickelten Metropolen historisch den Zeitraum von Mitte des 19. Jh. bis in die Jahre der Zwischenkriegszeit in der ersten Hälfte des 20. Jh. umfasst. Sie unterstellt die Existenz von Nationalkapitalen, die sich im Zuge der Umwälzung der ökonomischen Verhältnisse in jeweiligen Nationalstaaten herausgebildet hatten. Diese Herausbildung von gesellschaftlichen Gesamtkapitalen als Nationalkapitalen bildet den Rahmen für die Wirkung des Wertgesetzes und der marktwirtschaftlich-sachlichen Steuerung der Ressourcenallokation durch die Bildung allgemeiner Mehrwertraten und den Ausgleichungsprozess zu nationalen Durchschnittsprofitraten. Damit ist der Charakter der Produktionsweise der Großen Industrie als kontemporäre sich totalisierende Totalität bestimmt, die auch die Rückwirkung der staatlichen Tätigkeiten auf ökonomische Prozesse integral einschließt; denn jede industrielle Betriebsweise ist, dies sei nochmals ausdrücklich hervorgehoben, als ein »ganzer Gesellschaftsmechanismus« (vgl. ibid.: 526) zu begreifen.

Für die Entwicklung der Großen Industrie als Betriebsweise in Großbritannien hat Marx im »Kapital« die wesentlichen Entwicklungsetappen dargestellt.[3] Als sich über die gewerblichen Bereiche der Wirtschaft ausbreitende oder totalisierende Totalität der industriellen Umwälzung der Arbeitsprozesse wiederholt sich auf der neuen Grundlage des Fabrikbetriebs die frühere, beim Übergang in die ursprüngliche Kapitalakkumulation zu verzeichnende, zweifache Entwicklung: Zum Einen, wenn eine einzelne Arbeitsmaschine an die Stelle des Manufakturwerkzeugs tritt und vermittelst der Ersetzung des Antriebs menschlicher oder tierischer Muskelkraft durch mechanische Triebkraft, Dampf oder Wasser, den Übergang zum Fabrikbetrieb einleitet. Dies war die Form z.B. im Zweig der Seidenweberei in Coventry, wo die mechanische Antriebskraft im sog. Engine House durch verschiedene Cottage-Fabriken angemietet werden konnte. Ein derartiger kurzfristiger Übergang vom Manufaktur- zum Fabrikbetrieb war die Regel in allen Produktionsprozessen, in denen die Natur des Prozesses nicht von vornherein die Produktion auf großer Stufenleiter bedingte; Letzteres war der zweite Entwicklungsgang.

Darüber hinaus machte der Maschinenbetrieb die Anwendung von »cheap labour« durch Frauen und Kinder in größerem Maße technisch möglich. Nicht nur wurde dadurch das Rechtsverhältnis zwischen Käufer und Verkäufer der Arbeitskraft als Verhältnis freier Personen unterminiert, sondern Arbeiten, die vorher innerhalb der sog. Hausindustrie als besonderer Form des Verlagssystems ausgeübt worden waren, wurden nunmehr in das auswärtige Department der Fabrik verwandelt. Voraussetzung war, dass die Natur der Arbeitsprozesse nicht die Anwendung räumlich konzentrierter und direkt kommandierter Arbeit von vornherein erzwang. So wurde im Rahmen der Großen Industrie auf der anderen Seite eine andere Armee von in den großen Städten und über das flache Land zerstreuter Hausarbeiter nutzbar gemacht. Als Beispiel führt Marx eine Hemdenfabrik in Londonderry, Irland an, die 1.000 Fabrikarbeiter und 9.000 auf dem Land zerstreute Hausarbeiter beschäftigte (vgl. ibid.: 486). Dieser Umstand und das Beispiel zeigen, dass die Verallgemeinerung großindustrieller Produktionsprozesse auch immer die Repro-

---

[3] Vgl. den Unterabschnitt »8. Revolutionierung von Manufaktur, Handwerk und Hausarbeit durch die große Industrie« (MEW 23: 483ff.) sowie, in Bezug auf die Rückwirkung des Staates, den Unterabschnitt »9. Fabrikgesetzgebung. (Gesundheits- und Erziehungsklauseln.) Ihre Verallgemeinerung in England« (ibid.: 504). Der Unterabschnitt »10. Große Industrie und Agrikultur« (ibid.: 527ff.) behandelt allgemeinere Fragen, die in der systematischen Darstellung »*erst später dargestellt werden (können)*« (ibid.: 527) und im Rahmen unseres vorliegenden Argumentationszusammenhangs außer Betracht bleiben.

Kapitel 14: England und die Entwicklung der Großen Industrie

duktion traditioneller Arbeitsformen, die jetzt allerdings der Fabrikarbeit untergeordnet waren, einschließt, wenn sich daraus Verwertungsvorteile für das Kapital ergaben. Es versteht sich, dass die Beschäftigung Unmündiger, die Aufteilung des familienbezogenen Werts der Arbeitskraft auf mehr Familienmitglieder sowie der dadurch erzeugte Drang der Eltern, ihre Kinder soweit wie möglich dem kapitalistischen »Arbeitgeber« anzudienen, den Familienstrukturen der Proletarier-Haushalte alles Andere als förderlich waren – von der emotionalen Eltern-Kinder-Beziehung ganz zu schweigen.

Trieb der Fabrikbetrieb auf der einen Seite zur Reproduktion traditioneller Arbeitsformen auf seiner Grundlage, so führte die Zerstörung der Naturbasis der Arbeitskraft auf der anderen Seite aber auch dazu, mit umfassender Einführung der Maschinerie die Verwandlung zersplitterter Haus- oder Manufakturarbeit zu überwinden. Auch für diese Entwicklung fanden sich mannigfache Beispiele im seinerzeitigen Großbritannien. Es kam hinzu, dass die englische Fabrikgesetzgebung durch Einschränkung und Verbot von Kinderarbeit und schließlich der Durchsetzung eines 10-stündigen Normalarbeitstages der schrankenlosen Ausbeutung der Arbeitskräfte Grenzen setzte und, genauso wichtig, die Revolutionierung der Arbeitsprozesse durch Anwendung von Maschinerie und stets verbesserter Maschinerie beschleunigte.[4] Insofern ist die Fabrikgesetzgebung als erste bewusste und planmäßige Rückwirkung der Gesellschaft auf die naturwüchsige Gestalt ihres Produktionsprozesses ein notwendiges Produkt der Großen Industrie, ebenso wie ihre materiellen Resultate.

Die Verallgemeinerung industriell betriebener Produktionsprozesse innerhalb eines Landes und seines Nationalkapitals besitzt also sowohl genuin ökonomische als auch soziale und politische Triebkräfte. Die Ersteren sind ihr unmittelbar begrifflich inhärent, denn ihre technische Basis ist im Unterschied zu allen früheren Produktionsweisen revolutionär sowohl innerhalb einer jeden von ihr ergriffenen Produktionssphäre als auch im Hinblick auf deren Zusammenhang im System der gesellschaftlichen Teilung der Arbeit. Nachdem die industrielle Revolution in den englischen Leitbranchen der Textil- und Eisenindustrie Fuß gefasst hatte, ging der bestimmende Einfluss der gesamtwirtschaftlichen Nachfrage sukzessive auf die Nachfrage nach Produktionsmitteln über. Stahl und Gusseisen ersetzten als Werkstoffe Holz im Transport- und Maschinenwesen, als Baustoff sowie zur Herstellung auch von Haushaltswaren. Die Eisenindustrie differenzierte sich in Sparten

---

[4] Vgl. ibid.: 498f.: »*Diese naturwüchsig vorgehende industrielle Revolution wird künstlich beschleunigt durch die Ausdehnung der Fabrikgesetze auf alle Industriezweige, worin Weiber, junge Personen und Kinder arbeiten. Die zwangsweise Regulation des Arbeitstags nach Länge, Pausen, Anfangs- und Endpunkt, das System der Ablösung für Kinder, der Ausschluss aller Kinder unter einem gewissen Alter usw. ernötigen einerseits vermehrte Maschinerie und Ersatz von Muskeln durch Dampf als Triebkraft. Andrerseits, um im Raum zu gewinnen, was in der Zeit verlorengeht, findet Streckung der gemeinschaftlich vernutzten Produktionsmittel statt, der Öfen, Baulichkeiten usw., also in einem Wort, größre Konzentration der Produktionsmittel und entsprechend größre Konglomeration von Arbeitern.*«

Abbildung 14.2: Beschäftigung nach Wirtschaftszweigen im UK 1710-1911

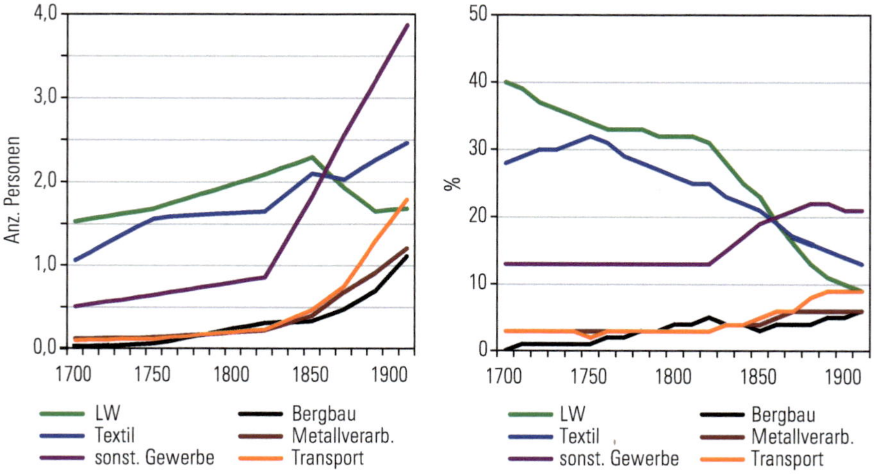

Quelle: IGZA

von Hochofenwerken, Hüttenwerken, Walzwerken und Gießereien aus. Ein weiterer Effekt, der für alle Branchen durchschlagende Bedeutung besaß, war die Revolutionierung des Transportwesens. Die Eisenbahn erlebte ihre stürmische Phase in Großbritannien zwischen 1835 und 1860, als die Streckenlänge von rd. 350 auf 9.000 Meilen zunahm; sie verdrängte die traditionellen Transportmittel von Kutschen oder Ochsenkarren und wurde darüber hinaus auch zu einem bedeutenden Konkurrenten gegenüber den Binnentransporten per Schiff über Flüsse und Kanäle. Später kam als weitere allgemeine Bedingung des Reproduktionsprozesses die Entwicklung im gesellschaftlichen Kommunikationssystem durch Telegraphie und Telefonie etc. hinzu.

Die Verteilung der britischen Beschäftigung auf die Wirtschaftszweige der materiellen Produktion zeigt die Zunahme in der Landwirtschaft auf ihr Maximum bis Mitte des 19. Jh. mit etwas mehr als 1,8 Mio. Personen; danach nimmt sie noch rascher ab als sie vorher zugenommen hatte, wobei Großbritannien (mit Irland) bei zunehmender Bevölkerung Selbstversorger an Nahrungsmitteln bleibt. Dies macht deutlich, dass die Produktivitätssteigerung der industriellen Revolution keineswegs auf die industriellen Branchen – Textil- und Bekleidungsindustrie, Bergbau und Metallverarbeitung – beschränkt war. Die Beschäftigung bei Textil und Bekleidung stieg durchgängig, nur kurz zwischen 1850 und 1865 unterbrochen, bis zum Jahrhundertwechsel vom 19. auf das 20. Jh.; dabei überholte die Beschäftigung in diesem Wirtschaftszweig die Landwirtschaft gegen 1875 und blieb von da ab bis zum Jahrhundertwechsel neben dem gesamten sonstigen Gewerbe der Bereich mit

Kapitel 14: England und die Entwicklung der Großen Industrie

Abbildung 14.3: Profitrate des britischen Kapitals 1825-1921

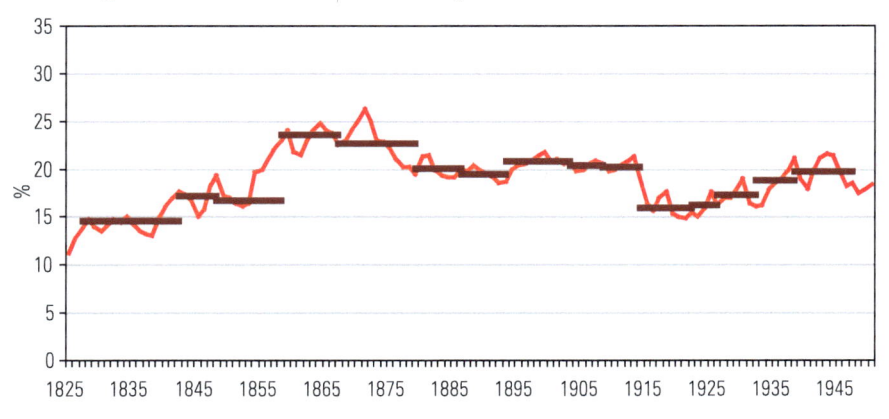

Quelle: Allen 2005, Roberts 2009

der höchsten Beschäftigung. Deutlich nahm auch die Beschäftigung ab des zweiten Drittels des 19. Jh. bei Handel und Transport zu; zum Jahrhundertwechsel auf das 20. Jh. ist dieser Wirtschaftszweig derjenige mit der dritthöchsten Beschäftigung (vgl. Abb. 14.2).

Da davon auszugehen ist, dass Bergbau, Metallverarbeitung, Textilherstellung sowie Transportwesen die Kernbereiche der Großen Industrie sind und in den oben beschriebenen Prozessen nach und nach der industriellen Betriebsweise unterworfen wurden, wird deutlich, dass die produktivitätsbedingte Einsparung an lebendiger Arbeit durch gleichzeitiges Produktionswachstum via Kapitalakkumulation überkompensiert worden ist. Genau diese Konstellation markiert eine langfristig-überzyklisch beschleunigte Akkumulation des gesellschaftlichen Gesamtkapitals, d.h. hier des britischen Nationalkapitals. Es kommt für diese Entwicklung noch hinzu, dass es sich in vielen Fällen um die erstmalige Einführung industrieller Produktionsmethoden handelt, in der sie ihre Konkurrenzvorteile gegenüber Handwerk und Manufakturen voll ausspielen konnten.

Diese Sturm- und Drangperiode der industriellen Produktion ist dadurch charakterisiert, dass sie den betreffenden Kapitalen außerordentliche Profite zu realisieren erlaubt, die zu einer Quelle fortgesetzter beschleunigter Akkumulation im angestammten Geschäft werden und die nach neuer Anlage drängenden Zusatzkapitale in die begünstigten Produktionssphären ziehen. Anhand der durchschnittlichen Profitrate des britischen Kapitals lässt sich diese Sturm- und Drangphase der Großen Industrie genauer datieren, denn diese Profitrate steigt in den ersten vier Konjunkturzyklen, d.h. bis in die erste Hälfte der 1860er Jahre vom Zyklus zum Zyklus an. Erst danach beginnt diese Profitrate einen tendenziellen Fall, der aber von zwischenzeitlicher Konstanz begleitet ist und erst während des Ersten Weltkriegs auf das Anfangsniveau des I. Zyklus, der durch die erste »wirkliche Weltmarktkrise 1825« (Marx) begonnen wurde, zurückgefallen ist (vgl. Abb. 14.3). Hinter diesen gleichen Profitratenniveaus verbergen sich jedoch ganz unterschiedliche ökonomische Konstellationen: das Ausgangsniveau der britischen Durchschnittsprofitrate markiert einen begonnenen Durchsetzungsprozess der Betriebsweise der Großen Industrie, der sich in einem bunten Wirrwarr von Übergangsformen vollzieht und diese nach und nach mit steigenden Profitraten überwindet. Das Niveau der britischen Profitrate am Ende des vorliegenden Betrachtungszeitraums ist demgegenüber das Resultat einer vorgängigen beschleunigten Kapitalakkumulation, die jedoch ab des letzten Viertels des 19. Jh. nach und nach an Dynamik verliert. Allerdings reicht es bis zuletzt noch hin für eine per Saldo positive Attraktion zusätzlicher Arbeitskräfte des britischen industriellen Kapitals.

Diese beschleunigte Kapitalakkumulation hatte auch erhebliche Auswirkungen auf die Raumstruktur des Landes und die Binnenwanderung der Bevölkerung. Es kam zu einer raschen Urbanisierung, wobei neben London die neuen Industriezentren in Mittelengland und die Hafenstädte Liverpool und Glasgow besonders rasch wuchsen. Die dorthin strömende Bevölkerung wurde durch die Aussicht auf Arbeitsplätze in diesen Städten angezogen; diese Binnenwanderung verlängerte den durch die Einhegungsgesetze (»Enclosure Acts«) zu Beginn der Industriellen Revolution ausgeübten Druck zur Landflucht der Bevölkerung.

Der industrielle Aufbruch in Großbritannien fand zeitlich parallel zur Französischen Revolution sowie der von Napoleon verhängten Wirtschaftsblockade gegen das Vereinigte Königreich (Kontinentalsperre ab 1806) statt. Die militärischen und wirtschaftlichen Herausforderungen haben dem Industrialisierungsprozess, abgesehen von den Jahren 1811/12, als die Kontinentalsperre ihre größte Wirkung erzielte und der Außenhandel Einbrüche zu verzeichnen hatte, nicht geschadet. Die Einbußen auf den Märkten in Neuengland im Zuge des amerikanischen Unabhängigkeitskrieges 1775–1783 oder auf dem europäischen Kontinent konnten immer wieder rasch kompensiert werden. Viel stärker betroffen war der atlantische Handel der britischen Kriegsgegner, insbesondere Frankreichs, die auf den Überseehandel angewiesen waren, den die britische Flotte unterbinden konnte. Als Napoleon 1794 die Niederlande besetzte und dort die Batavische Republik ausgerufen wurde, übernahmen die Briten die Verantwortung für die niederländischen Kolonien für die Dauer des Krieges. Die Kap-Kolonie wurde mit Gewalt besetzt, Malacca, Westsumatra und die Molukken begaben sich freiwillig unter britische Hoheit. Java folgte 1819 nach; auch in der Karibik konnte Großbritannien mit der Übernahme von Trinidad und Surinam von der niederländischen Schwäche profitieren.

Als Napoleon zu seinem Ägypten-Feldzug 1798-1801 aufbrach, fürchtete man in Britannien, dass die Franzosen bis nach Indien vordringen wollten. Nachdem die Briten den muslimischen Aufstand des Sultanats Mysore in Nordindien geschlagen hatten, dehnten sie ihren direkten Herrschaftsbereich auf dem Subkontinent von einem Sechstel auf bis zu zwei Drittel aus. Die Britische Ostindien-Kompanie (EIC), bisher eine private Gesellschaft mit von Staat verliehenen Hoheitsrechten

Kapitel 14: England und die Entwicklung der Großen Industrie

wurde vom britischen Staat übernommen und die Generalgouverneure in Indien fortan von der Regierung bestellt. Die gescheiterten offensiven Ambitionen Napoleons im Mittelmeer – Seeschlacht von Abukir – und in der Karibik – Guerilla-Aufstand der Sklaven auf Haiti – wurden nach der Wiederaufnahme des sog. Dritten Koalitionskrieges zwischen Frankreich mit seinem Verbündeten Spanien auf der einen und Großbritannien auf der anderen Seite in der Seeschlacht beim Kap Trafalgar (Gibraltar) durch die Briten unter H. Nelson endgültig beendet. Großbritannien hatte für die nächsten 100 Jahre auf See keinen ebenbürtigen Gegner mehr.[5]

Im britischen Außenhandel verfolgte die Regierung seit der Ära Cromwell eine merkantilistische Politik mit Importzöllen. Sie schirmten die heimische Produktion der Leitbranchen, insbesondere der Baumwollindustrie gegenüber den billigen indischen Textilimporten ab und erleichterten die interne industrielle Entwicklung. Die Zölle waren darüber hinaus die wichtigste Einnahmekategorie für den britischen Staatshaushalt. Erst die Finanzierung der britischen Beteiligungen an den Napoleonischen Kriegen hatte die Einführung einer Einkommensteuer notwendig gemacht; sie wurde 1815 wieder abgeschafft. Der Übergang zum Freihandel erfolgte sukzessive nach Maßgabe der zunehmenden Konkurrenzfähigkeit britischer industrieller Waren. Die 1815 eingeführten Getreidezölle zum Schutz der heimischen Landwirtschaft wurden erst im Rahmen der organisierten Freihandelsbewegung, die 1831 in der »Anti Corn Law-Liga« ihren organisatorischen Ausdruck gefunden hatte, nach 1838 zugunsten eines gleitenden Zolltarifs, der sich am Inlandspreis für Getreide und damit dem Ertrag der jährlichen Ernte orientierte, wieder gelockert. Auf der politischen Ebene stand die Zollpolitik im Schnittpunkt des Whig-Tory-Gegensatzes, wobei die Liberalen als Vertreter der Industrie den Freihandel propagierten, die Konservativen als Vertreter des Grundeigentums und der Landwirtschaft an den Zollschranken festhielten. Mit dem 1832 verabschiedeten Wahlreformgesetz, das die Zahl der Wahlberechtigten von 220 Tsd. auf 500 Tsd. erweiterte, errangen die Liberalen die Mehrheit im britischen Unterhaus und setzten die Zollreformen der Jahre 1842-1846 durch, welche die Freihandelsprotagonisten stärkten. Die Aufhebung aller Zölle auf Fertigwarenimporte erfolgte 1853. Großbritannien schloss danach Freihandelsverträge mit Belgien, Italien, Österreich und dem Deutschen Zollverein. Bei allem Hin und Her im Hinblick auf die britische Außenwirtschaftspolitik gilt seitens zeitgenössischer Historiker insgesamt die

---

[5] In den Napoleonischen Kriege auf dem europäischen Kontinent, die von Frankreich gegen wechselnde Koalitionen von Staaten geführt wurden – dazu gehörte der Russlandfeldzug 1812 und die Völkerschlacht bei Leipzig 1813 – war Großbritannien vielfach auf Seiten der Koalition direkt oder indirekt beteiligt. Es war wirtschaftlich ein Gewinner dieser Kriege und hatte seinen industriellen Vorsprung in die Waagschale geworfen. Auf dem Wiener Kongress (1816) wollte der österreichische Kanzler Fürst Metternich die alte vorrevolutionäre Ordnung Europas wieder herstellen. Dies gelang für Österreich; für Großbritannien bedeutete es die Weltherrschaft mit einer Verdoppelung der Anzahl seiner Kolonien – statt 23 (1792) waren es 43 geworden – und den Beginn seiner Funktion als Demiurg des bürgerlichen Kosmos. Für Frankreich bedeutete es das Ende seiner imperialen Ambitionen.

Abbildung 14.4: Salden der Leistungsbilanz Großbritanniens, in Mio. £

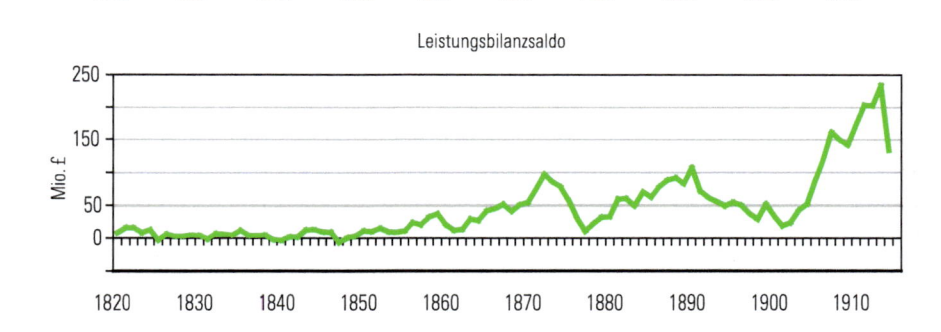

Handelsbilanzsaldo

Dienstleistungsbilanzsaldo

Leistungsbilanzsaldo

Quelle: Mitchell

Zeit zwischen 1815 und 1873 als eine Phase zunehmenden Freihandels, die mit dem Erstarken der britischen Industrie koinzidierte.

Der Außenhandel Großbritanniens war während der meisten Jahrzehnte des 19. Jahrhunderts durch seine anfängliche Monopolstellung bei der Industrialisierung, andererseits jedoch durch die politisch vermittelten Beziehungen zu den unentwickelten Ländern und Regionen des »Empire« spezifisch geprägt.

Dass die Freihandelsorientierung sich nur als große Entwicklungslinie durchsetzen konnte, die immer auch wieder durch Einführung neuer Zölle konterkariert

Kapitel 14: England und die Entwicklung der Großen Industrie 527

wurde, kann unschwer mit der Entwicklung der britischen Handelsbilanz in dem infrage stehenden Zeitraum in Verbindung gebracht werden. Sie wies nämlich seit 1823 einen negativen Saldo auf, der sich sukzessive vergrößerte und bis zum Ersten Weltkrieg unter Schwankungen nicht umgekehrt werden konnte. Dieser negative Handelsbilanzsaldo ergab sich, weil die britischen Exporte in der ersten Hälfte des 19. Jh. trotz der Durchsetzung der Betriebsweise der Großen Industrie zunächst nur sehr langsam anstiegen. Die Absatzgebiete für die britischen Exporte waren im Wesentlichen Länder, die nur sehr begrenzt den Hauptexportartikel Textilien der britischen Industrie aufnehmen konnten oder zu arm waren, mehr als einen winzigen Pro-Kopf-Bedarf zu befriedigen. Die Verallgemeinerung der Industrialisierung Großbritanniens war daher vor allem binnenmarktgetrieben. Auf der Importseite dominierte die Einfuhr von Rohmaterialien und Luxuswaren für die Ober- und Mittelklassen des Landes; zwischen 1814 und 1845 bestanden die britischen Nettoimporte zu rd. 70 Prozent aus Rohmaterialien und zu etwa 25 Prozent aus Nahrungsmitteln, überwiegend tropischen und ähnlichen Erzeugnissen wie Tee, Zucker und Kaffee sowie Alkohol. Der Abbau der Zollschranken tat ein Übriges; die Reduzierung der Getreidezölle ab den 1840er Jahren erbrachte einen beschleunigten Niedergang der britischen Landwirtschaft, der hingenommen wurde, weil die Einfuhr von billigem Getreide die Löhne niedrig hielt und spiegelbildlich die Profite ansteigen ließ. Insgesamt kam es so zu einem nur von zyklischen Schwankungen unterbrochenen stetigen Wachstum der eingeführten Waren.

Die britische Leistungsbilanz wurde ausgeglichen durch die sog. unsichtbaren Transaktionen, d.h. Dienstleistungen im Zusammenhang mit Handel, Seetransporten und Finanzwesen (vgl. Abb. 14.4); sie waren die direkte Konsequenz von Großbritanniens Kontrolle der Seewege durch seine Flotte. Außerdem erbrachten die britischen Direktinvestitionen im Ausland wachsende Profite. Sie begannen um 1870 die binnenwirtschaftliche Nettokapitalbildung zu überrunden, was zu dieser Zeit bereits ein Hinweis für eine langsam zurückgehende Dynamik der Binnenakkumulation des britischen Kapitals ist. War Großbritannien nach der industriellen Revolution und während der ersten zwei Drittel des 19. Jh. die Werkstatt der Welt, so erwuchsen dem britischen Kapital ab den beiden letzten Dezennien dieses Jahrhunderts neue Konkurrenten auf dem Weltmarkt, die seine Rolle als Demiurg des kapitalistischen Kosmos zu relativieren begannen.

Mehr denn je war die britische Leistungsbilanz in den letzten Dezennien des 19. Jh. auf die steigenden Einnahmen aus Transportvergütungen, Versicherungen sowie Entgelten aus dem internationalen Kapitalverkehr, dessen Zentrum die Londoner City geworden war und der durch die britische Währung, das Pfund Sterling, dominiert wurde, angewiesen. Bereits 1819 war Großbritannien zum internationalen Goldstandard übergegangen und hatte das doppelte Weltgeld aus Silber und Gold zugunsten des wertvolleren Metalls vereinheitlicht. Das inländische Bargeld bestand zunächst aus konvertiblen Privatbanknoten und Goldmünzen für unterschiedliche Zirkulationskanäle und wurde im Laufe der Zeit zugunsten goldkonvertibler Zentralbanknoten der Bank von England (BoE) fortentwickelt.

Abbildung 14.5: Kaufkraft einer £-Geldeinheit 1800 bis 1920; Referenz 2019

Quelle: Statista

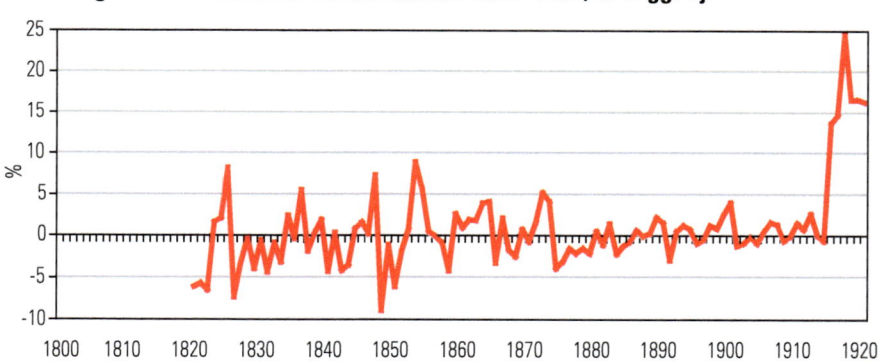

Abbildung 14.6: Inflationsrate Großbritannien 1820–1920; in % gg. Vj.

Quelle: Bank of England

In der Zeitperiode der Napoleonischen Kriege Ende des 18. Jh./Anfang des 19. Jahrhunderts, in der mit dem sog. Bankrestriktionsgesetz ein Regime inkonvertiblen Staatspapiergeldes – Limitierung der Staatsverschuldung bei der Bank of England (BoE) und Aufhebung der Einlöseverpflichtung in Edelmetall seitens der Bank – etabliert wurde, das bis zum 1. Peelschen Bankgesetz währte, mit dem zu goldkonvertiblen Banknoten zurückgekehrt wurde, hatte sich die Kaufkraft des Pfund Sterling um rd. ein Viertel vermindert. Nach dieser Krisenphase des britischen Geldsystems waren die restlichen Jahrzehnte des 19. Jahrhunderts jedoch von einer steigenden Kaufkraft bzw. einer deflationären Warenpreisentwicklung oder einer

Konstanz beider Größen gekennzeichnet (vgl. Abb. 14.5 und 14.6). Nur kurzzeitig kam es 1839 noch zu einer Inflation, als joint stock banks aus Konkurrenzgründen vermehrt Privatbanknoten in Umlauf gebracht und damit durch einen kurzzeitigen over-issue eine monetär induzierte Preissteigerung erzeugt hatten. Danach konnten Geldkrisen im Zusammenhang mit zyklischen Einbrüchen der Kapitalakkumulation jeweils durch zeitweilige Aufhebungen der durch die Peelschen Bankacts von 1844 vorgeschriebenen Deckungsverhältnisse des nationalen Notenumlaufs durch die Goldreserve der BoE aufgefangen werden. Dies berührte die internationale Rolle der britischen Währung als Weltgeldsubstitut nicht grundsätzlich. Umgekehrt, auch nachdem die Konkurrenzposition des britischen Kapitals auf dem Weltmarkt nachgelassen und nach der Jahrhundertwende und noch mehr in der Zwischenkriegszeit verloren gegangen war, blieb Großbritannien noch Hegemon in der Finanzsphäre und London neben dem aufkommenden New York ein bedeutendes internationales Finanzzentrum. Mit der Weltwirtschaftskrise und nach dem Zweiten Weltkrieg war es damit jedoch vorbei.

c) Das Aufkommen europäischer Konkurrenznationen und der kapitalistische Aufbruch in Nordamerika

Die nachholende ursprüngliche Akkumulation und industrielle Revolution in Kontinentaleuropa

Frankreich (vgl. Abb. 14.7) war gegenüber den Niederlanden und Großbritannien zur Zeit der Französischen Revolution und der in England bereits fortgeschrittenen ursprünglichen Kapitalakkumulation, obwohl nach wie vor vorwiegend agrarisch geprägt, gewerblich-industriell kaum schlechter aufgestellt. Die Überwindung der absolutistischen Monarchie und Etablierung der Ersten Republik hatte an dieser sozioökonomischen Struktur wenig geändert. Die Überwindung des Feudalregimes für die Bauern war nicht nur nicht umfassend erfolgt, sondern als selbstständige formal freie Parzellenbauern stand ein Großteil von ihnen fortan weiterhin unter dem Joch progressiver Verschuldung gegenüber dem Wucherkapital. Die Ausbreitung von Marktverhältnissen hatte die Spekulation um Getreidepreise zum Blühen gebracht und den Aufkäufern Profite auf Kosten der bäuerlichen Produzenten beschert. Die Finanzaristokratie profitierte darüber hinaus von der wachsenden Verschuldung des französischen Staates infolge der von Napoleon geführten Kriege.

Die durch die napoleonische Kontinentalblockade hervorgerufene Abschirmung des Binnenmarktes gegen Großbritannien wurde durch die streng protektionistische Zoll- und Tarifpolitik in der Restaurationszeit Napoleons im Wesentlichen beibehalten. Diese Politik brachte allerdings nicht einen vergleichbaren Innovationsschub wie in Großbritannien; im Rahmen der merkantilistischen Politik entwickelte sich nur die Schwerindustrie. Sie hatte allerdings damit zu kämpfen, dass die französische Kohle nicht zur Kokserstellung geeignet war, sodass Kohle zu hohen Kosten importiert werden musste, zumal die Gebietsverluste durch die Unabhängigkeit

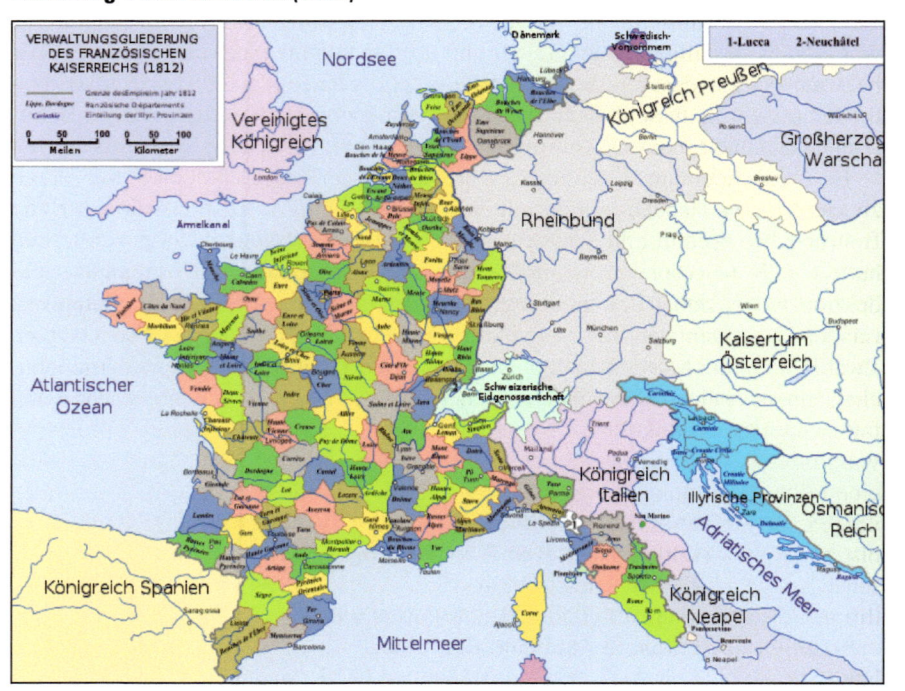

Abbildung 14.7: Frankreich (1812)

Quelle: https://de.wikipedia.org/wiki/Französische_Departements_in_Mitteleuropa_von_1792_bis_1814

Belgiens 1830 diese Situation noch verschärft hatten. Bedingt durch Frankreichs Waldreichtum einerseits und die Knappheit an mineralischer Kohle andererseits, wurde der Holzkohlehochofen noch sehr lange zur Metallverhüttung eingesetzt, so dass die Eisenproduktion durch Kokshochöfen noch 1850 nur 50 Prozent der Gesamtproduktion ausmachte. Es kam hinzu, dass das im französischen Bergbau geförderte Metallerz entweder in die Kohleregionen transportiert werden, oder aber die Kohle in Regionen mit Erzförderung verbracht werden musste, wo sich daraufhin, wie im Loire-Becken, ein Großteil der französischen Schwerindustrie ansiedelte. Beides verursachte hohe Transportkosten. Eine Besserung stellte sich erst nach und nach mit dem Aufbau des Eisenbahnnetzes ein.

Überlegene englische Technologien hielten zu Beginn des 19. Jahrhunderts durch eine Kombination von Technologietransfer und Industriespionage in Frankreich allmählich Einzug. So führte der englische Mechaniker William Cockerill im Jahre 1813 eine Wattsche Dampfmaschine in das französisch besetzte Belgien ein, die als Modell für Replikate benutzt wurde. Dies geschah trotz aller britischen Versuche, die technischen Neuerungen im eigenen Land zu halten, denn in Großbritannien war die nicht lizenzierte Ausfuhr von Maschinen verboten. Frankreich, wel-

Kapitel 14: England und die Entwicklung der Großen Industrie

ches die Dampfmaschine schon seit 1781 – wenn auch nur in geringer Stückzahl – verwendete, profitierte von diesem Technologietransfer. Die Baumwollspinnerei wurde nach der allgemeinen Einführung der Mule-Jennys der modernste Gewerbezweig des Landes. Diese fortschreitende Mechanisierung der Produktionsmethoden in den Schlüsselindustrien schaffte in der Folgezeit die Grundlage für eine flächendeckende Industrialisierung.

Eine beschleunigte Entwicklung war aber erst im Zeitraum von 1830 bis 1869 zu verzeichnen. Dabei hatte die Julirevolution 1830, die zum endgültigen Sturz der Bourbonenherrschaft und der erneuten Machtübernahme des Bürgertums geführt hatte, eine Rolle gespielt. Es kam zu einem deutlichen Anstieg der industriellen Produktion, wobei jedoch Frankreich den Rückstand gegenüber den fortgeschrittensten Ländern Kontinentaleuropas – Belgien und Deutschland – nicht aufholen konnte. Zwar hielten nun Maschinen und technische Neuerungen in vielen Industriebereichen Einzug, jedoch verdrängte die moderne Industrie die überkommenen manufakturmäßigen Produktionsformen nicht in allen Bereichen. Nach der Februar-Revolution 1848 und nach dem Staatsstreich von Louis Napoléon Bonaparte wurde eine partielle Öffnung des französischen Binnenmarktes für ausländische Waren vorgenommen. Insgesamt festigte sich die wirtschaftliche Entwicklung Frankreichs bis zum Ersten Weltkrieg – allerdings unterbrochen durch den Deutsch-Französischen Krieg 1870/71, nach dessen Verlust Frankreich Gebietsabtretungen (Elsaß-Lothringen) erlitt und hohe Reparationen an das Deutsche Kaiserreich zahlen musste.

Nach der Französischen Revolution waren die ehemaligen Südlichen Niederlande, in etwa die heutige Benelux-Region, aus der Zugehörigkeit zur Habsburger Monarchie Österreichs gelöst worden und zu Frankreich gekommen. Nach der Napoleonischen Kaiserzeit 1815 wurde auf dem Wiener Kongress dieses Gebiet zu den neuen Niederlanden vereinigt. 1830 spalteten sich weite Teile im Süden der Niederlande ab und schufen den heutigen Staat Belgien; das Großherzogtum Luxemburg blieb mit den Niederlanden in Personalunion verbunden. Belgien war das erste Land auf dem europäischen Kontinent, in dem die Industrielle Revolution Platz griff; noch bis zum Jahr 1900 war es die fünftgrößte Wirtschaftsmacht der Welt nach den USA, Deutschland, Großbritannien und Frankreich. Es galt seinerzeit als »Paradies der Kapitalisten« (Marx), weil es seine Entwicklung auf eine besonders harte Ausbeutung der Arbeiter gründete, die weder durch die Gegenwehr der Trade Unions noch durch Fabrikgesetze gezügelt wurde. Neben der ultraliberalen Wirtschaftspolitik der Brüsseler Regierung waren die reichen Kohlevorkommen im Limburger Steinkohlerevier und die unter dem König Leopold II. etablierte Kolonialmacht mit Ausbeutung und Raub der Bodenschätze des Kongo ausschlaggebend für den Erfolg der ursprünglichen Kapitalakkumulation Belgiens.

Zu den Niederlanden, Frankreich und Belgien als den ersten Ländern der Industrialisierung auf dem europäischen Kontinent kamen mit Zeitverzügen Deutschland, d.h. der Deutsche Bund als Nachfolger des Heiligen Römischen Reiches und nach dem Ende des Bundes 1866, die Österreichisch-Ungarische Doppelmonarchie hinzu. Das russische Zarenreich, nach seiner territorialen Größe infolge der internen Kolonisierung Zentralasiens und Sibiriens ebenfalls eine europäisch-asiatische Großmacht, erlebte seine eigentliche industrielle Revolution erst nach der Oktoberrevolution 1917.

Das Heilige Römische Reich Deutscher Nation war im Zuge der Napoleonischen Kriege und der daraus resultierenden Gründung des Rheinbundes, dessen Mitglieder aus dem Reich ausgetreten waren, handlungsunfähig geworden und 1806 mit Niederlegung der Reichskrone durch Kaiser Franz II. formell erloschen. In gewisser Weise war der 1815 gebildete Deutsche Bund, der ein Ergebnis des Wiener Kongresses darstellte und dessen Gründungsurkunde, die Deutsche Bundesakte, Teil der Wiener Kongressakte war, der Nachfolger des Heiligen Römischen Reiches. Der Deutsche Bund war ein Staatenbund der souveränen absolutistischen Feudalfürsten und freien Städte Deutschlands mit Einschluss des Kaisers von Österreich und der Könige von Preußen, Dänemark und der Niederlande bezüglich Holsteins bzw. Luxemburgs (vgl. Abb. 14.8). Er hatte keine Staatsgewalt, bildete keinen Zentralstaat als räumlichen Rahmen für ein deutsches Nationalkapital aus, sondern war diesbezüglich in seinen Funktionen und Rechten noch begrenzter als das vormalige Reich, das es auch nie zu einer wirklichen Zentralgewalt wie in Frankreich oder England gebracht hatte. Der Bund bestand bis zum Jahr 1866 und scheiterte sowohl am politischen Machtkampf zwischen Preußen und Österreich als auch an den unterliegenden Gegensätzen zwischen aufkommenden kapitalistischen Produktionsverhältnissen gegenüber feudalen Überresten in Wirtschaft und Staat.

Nach der Glorious Revolution in England und der Französischen Revolution des 18. Jh. war das 19. Jahrhundert dasjenige, in dem sich verspätet und im Wesentlichen durch eine »Revolution von oben« eine bürgerliche Umwälzung in Deutschland vollzog, deren Ergebnisse eine Beschleunigung der Durchsetzung kapitalistischer Produktionsverhältnisse ergaben.

Zu unterscheiden waren dabei drei verschiedene Regionen. Erstens die Gebiete, in dem sich der Prozess der Beteiligung des Bürgertums an der politischen Macht nicht nur unter französischer Kontrolle, sondern in hohem Maße auf französische Initiative vollzog. Dies war im Rheinland und in den Territorien des Großherzogtums Berg (Gebiet um das heutige Wuppertal) und des Königreichs Westfalen der Fall. Beseitigt wurden hier nicht nur die Feudallasten, sondern auch die räumliche Zersplitterung durch die französische revolutionäre Armee 1792 bzw. die Armeen Napoleons 1806/07.

Das zweite Gebiet war das der östlichen und mittleren Provinzen Preußens, in denen die Beseitigung der feudalen Verhältnisse auf Initiative eigener fortschrittlicher Kräfte des Bürgertums begann. Schließlich blieben drittens die übrigen Teile Deutschlands, vor allem die sog. Rheinbund-Staaten, in denen sich die Entwicklung langsamer vollzog, weil sowohl im Innern als auch vonseiten äußerer Einwirkungen die progressiven Kräfte schwächer waren. Von diesen drei verschiedenen Gebieten hatte Preußen erstrangige Bedeutung, denn das Königreich Preußen hatte nicht nur das größte Territorium mit der höchsten Bevölkerungszahl, sondern wurde in der Folgezeit zur politisch und ökonomisch führenden Kraft.

Abbildung 14.8: Deutscher Bund

Quelle: https://de.m.wikipedia.org/wiki/Datei:Deutscher_Bund.svg

Die Überwindung der feudalen Produktionsweise durch Aufhebung der Leibeigenschaft der Bauern war in den deutschen Ländern, verglichen mit Frankreich, wo dies durch die Französische Revolution einheitlich im ganzen Land und quasi auf einen Schlag abgeschlossen wurde, ein länger währender Prozess. Insbesondere in den ostelbischen Gebieten, in denen es im 15. und 16. Jh. zu einer zweiten Leibeigenschaft auf den großen Gütern der Junker gekommen war, kam es zwar Anfang des 19. Jahrhunderts zur Aufhebung der persönlichen Unfreiheit der Bauern, doch währten die sonstigen Feudallasten wie Frondienste, die gutsherrliche Polizeigewalt und die Patrimonialgerichtsbarkeit noch länger fort; erst in den 1870er Jahren waren diese Überbleibsel der Feudalordnung in Preußen endgültig beseitigt. Die Verwandlung des Landbesitzes in regelrechtes Privateigentum an Grund

und Boden erfolgte zwar im ersten Dezennium des 19. Jh., doch geschah sie in einer für die Bauern höchst ungünstigen Weise, insofern überkommene Beschränkungen gegen das »Bauernlegen« mit aufgehoben wurden. Die Pflicht des Gutherren, den »gelegten« Bauern bis zu deren anderweitigen Unterbringung ein Obdach zu bieten, entfiel und den so freigesetzten Bauern blieb nur der Gang ins Arbeitshaus als Heimatlose.

Noch länger als die Überwindung der Feudalordnung auf dem Lande dauerte die Beseitigung der feudalen Gewerbeverfassung mit dem Monopol der Zunftmeister, dem Zunftzwang sowie den erblichen Rechten auf ausschließliche Ausübung eines bestimmten Gewerbes. Ebenso wie die verschiedenen Übergangsformen vom leibeigenen, mit eigenen Produktionsmitteln arbeitenden Bauern über verschiedene Formen der ländlichen Hausindustrie zum doppelt freien Lohnarbeiter, behinderten die überkommenen Monopole der Zünfte die Herausbildung einer industriellen Bourgeoisie, die als Träger fortgeschrittener Produktionsmethoden auf die Durchsetzung einer freien Konkurrenz zwischen verschiedenen Produktionssphären und die Beseitigung der Zunftbindung ihrer Beschäftigten angewiesen war. Die Aufhebung des Zunftzwanges war in Frankreich wie die definitive Aufhebung der Leibeigenschaft ein unmittelbares Ergebnis der Französischen Revolution gewesen; in den von Napoleon besetzten Gebieten des Rheinlandes wurde ebenso wie in der Schweiz die Gewerbefreiheit bereits zum Ende des 18. Jh. eingeführt. In den übrigen deutschen Gebieten fand die Einführung der Gewerbefreiheit Staat für Staat zu unterschiedlichen Terminen statt und zog sich von den Stein-Hardenbergschen Reformen in 1810 bis 1869 zur Verallgemeinerung der Gewerbeordnung des Norddeutschen Bundes hin; in Österreich bestand der Zunftzwang bis 1859.

Ein weiteres feudales Relikt war die staatliche Zersplitterung in kleine Fürstentümer, Grafschaften, Freie Städte und größere Königreiche. Sie beruhte auf dem merkantilistischen Protektionssystem der Abschottung des jeweiligen inneren Marktes für Manufakturwaren bei gleichzeitiger Beschränkung der Ausfuhr von Rohstoffen. Ihre Ergebnisse waren neben Einfuhrverboten Zölle und Akzisen für die Einfuhr von Waren sowie Gebühren für den Warentransit, wenn er Grenzen der einzelnen deutschen Staaten überschritt.

Auch die von Handelskapitalisten und aufkommender Industriebourgeoisie getragene Bewegung gegen die ökonomische Zersplitterung benötigte einen Zeitraum von 1814 – Forderung des Freiherrn v. Stein: »Alle Binnenzölle abschaffen! Bundesgrenzzölle!« – über 1820 – Beginn der vom »Verein deutscher Kaufleute und Fabrikanten« getragenen und durch den Ökonomen Friedrich List theoretisch untermauerten Kampagne für Abschaffung der Binnenzölle – bis zur faktischen Umsetzung zunächst durch verschiedene von einigen Staaten gegründeten Zollvereine, der Bildung des preußischen Zollvereins Ende der 1820er Jahre und schließlich des Deutschen Zollvereins, dessen Realisierung sich von 1830–1834 hinzog. Hannover, Holstein und vor allem die Hansestädte blieben zunächst noch außerhalb, sodass dem Deutschen Zollverein in den ersten Jahrzehnten noch Küstenzugänge, insbesondere zur Nordsee fehlten. Seine endgültige Realisierung fiel erst mit dem

Kapitel 14: England und die Entwicklung der Großen Industrie

Abbildung 14.9: Deutscher Zollverein

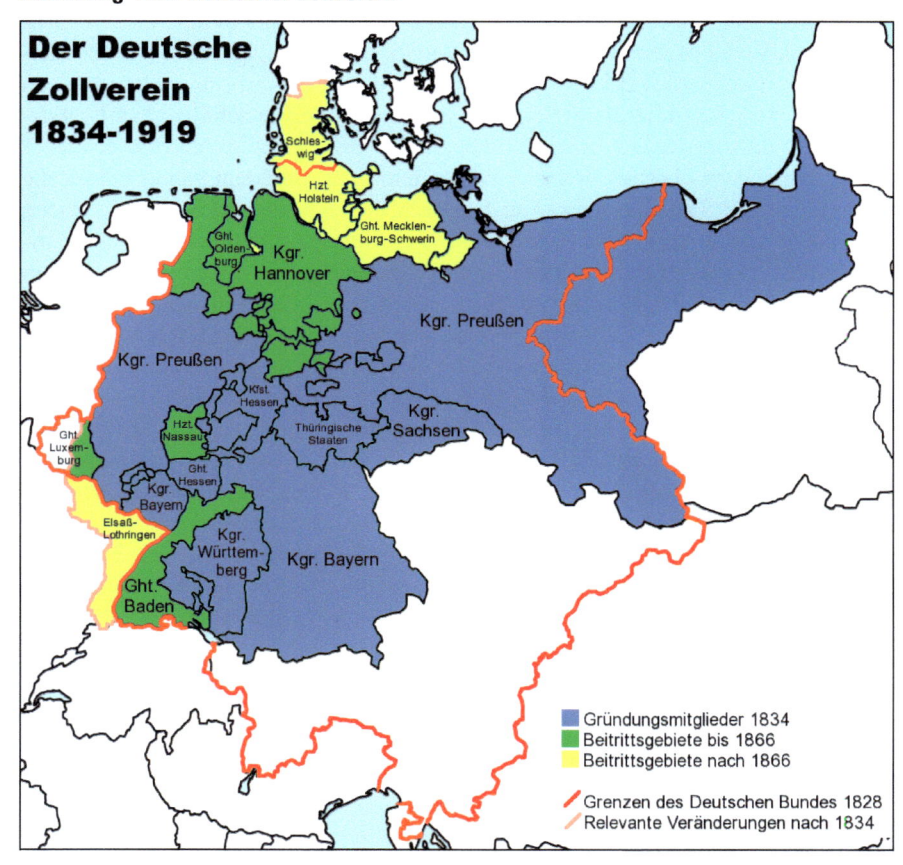

Quelle: https://de.wikipedia.org/wiki/Deutscher_Zollverein

Prozess der Herstellung der politischen Reichseinheit unter Bismarck zusammen (vgl. Abb. 14.9).

Die Industrielle Revolution, in die die ursprüngliche Kapitalakkumulation im Ursprungsland England in der zweiten Hälfte des 18. Jahrhunderts überging, benötigte in den deutschen Staaten eine längere Vorbereitungszeit. Zum Einen vollzog sie sich, wie generell auf dem europäischen Kontinent, als gewissermaßen sekundärer Vorgang unter Bedingungen der Konkurrenz eines zunächst überlegenen Landes mit einer entwickelteren kapitalistischen Produktionsweise. Zum Anderen spielten Anfang des 19. Jh. die französische Besatzung, die Teilnahme an den französischen Feldzügen und insbesondere die erzwungene Beseitigung von Schutzmaßnahmen gegen französische Konkurrenzprodukte sowie die durch Frankreich verhängte Kontinentalsperre eine bedeutende Rolle. Dabei waren die Auswirkungen dieser Faktoren zwiespältig, allerdings überwogen die negativen Konsequenzen der letzteren Aspekte. Auf der Positivseite stand die zeitweilige Ausschaltung der englischen Konkurrenz und damit entkam Deutschland der Gefahr, eine Halbkolonie der Briten zu werden.

Andererseits verfiel es der verstärkten Ausplünderung durch das bonapartistische Frankreich und der durch militärische Macht geschützten Konkurrenz französischer Waren. Fremdherrschaft und die durch sie aufgezwungenen Kriege deformierten die Entwicklung der Produktion in Deutschland weit mehr als in England. Und wenn sich in England infolge der Kriege die Not der arbeitenden Bevölkerung steigerte, so war dies in den deutschen Staaten und insbesondere in Preußen noch in größerem Umfang der Fall, jedenfalls zu einer Zeit, in der es an den Kriegen Napoleons unmittelbar beteiligt war. Nach der Niederlage Napoleons hatte sich Deutschland seine nationale Unabhängigkeit gegenüber Frankreich wieder gesichert; nach der Bildung des Zollvereins gab es zudem bessere wirtschaftliche Bedingungen gegenüber England. Außerdem begann ein längerer Zeitabschnitt, in dem Deutschland weder einen Kriegsschauplatz bildete noch an einem großen Krieg beteiligt war. Trotzdem konnten auch nach der Umstellung der Kriegs- auf Friedenswirtschaft in den 1820er Jahren nur recht langsame Fortschritte bei der Steigerung des Umfangs der gewerblich-industriellen Produktion erzielt werden.

Bis es zu einer sprunghaften Ausdehnung der industriellen Produktion ab Mitte der 1830er Jahre kam, waren eine schwere und langwierige Agrarkrise im dritten Dezennium, die Resultat widersprüchlicher Entwicklungen von Missernten, verminderter Vorratsbildung während der Kriegsjahre und während der Kontinentalsperre, Einbruch des Außenhandels durch die »Corn Laws« in Großbritannien und anderen Ländern war, zu überwinden und die gewerbliche Produktion im Textilgewerbe (Baumspinnerei und Baumwollweberei) sowie die Produktion in der Montanindustrie (Bergbau und Metallurgie) als zunächst singulären Produktionszweigen zu entwickeln.

Damit diese Konstellation sich verallgemeinern konnte und damit die Industrielle Revolution in Deutschland Platz griff, mussten eine disponible Arbeitsbevölkerung, die sich als ländliche und städtische Überbevölkerung aus der Ruinierung nichtkapitalistischer Warenproduzenten rekrutiert hatte, auf der einen Seite, und disponiblen Geldkapitals auf der anderen Seite gebildet bzw. akkumuliert worden sein. Die Quellen des Letzteren gehen auf die Profite der Handelsbourgeoisie im 18. Jahrhundert, namentlich dessen zweite Hälfte, zurück; insbesondere die Kaufleute Hamburgs und anderer Hansestädte hatten gegen Ende des Jahrhunderts auf Kosten des niederländischen Handels in Kolonialwaren sowie dessen Transithandels dazu beigetragen, seit die Annexion der Niederlande durch Frankreich 1795 erfolgt war; Kapitalflucht reicher französischer Emigranten und Holländer nach Deutschland kam hinzu. Nach dem Sieg über Napoleon ging diese ursprüngliche Akkumulation von Geldfonds weiter und bildete zunächst überschüssiges Geldkapital, was durch das Sinken des Zinsfußes auf 4% zu Beginn der 1830er Jahre dokumentiert wird.

Kapitel 14: England und die Entwicklung der Großen Industrie

Erst ab Mitte der 1830er Jahre kann davon gesprochen werden, dass die Vorperiode der industriellen Revolution in Deutschland durchschritten war und ihre eigentliche Entwicklung begann – mehr als fünfzig Jahre nach dem Vorreiter England. Eine erste deutsche Investitionswelle griff Anfang der 1840er Jahre Platz. Sie war getragen durch den beginnenden Eisenbahnbau, der in dieser Zeit die führende Rolle spielte. Die Kapitalneuanlagen in dieser ersten Leitbranche waren fast ausschließlich durch Gründungen von Aktiengesellschaften vermittelt, während Investitionen in anderen Produktionszweigen noch ganz überwiegend auf die alte Weise finanziert wurden. Erweiterungen des Geschäfts wurden nun aber neben Eigenakkumulation auch schon durch Bankkredite finanziert. Es begannen die Bemühungen seitens prominenter Vertreter des Kölner Handelskapitals, Aktienbanken zu gründen, jedoch verweigerte der preußische Absolutismus im Verein mit dem adligen Junkertum zunächst noch die Erteilung von Konzessionen. Dies führte am Vorabend der Märzrevolution von 1848 zu einer Verschärfung der Gegensätze zwischen Junkern und dem absolutistischen Staat auf der einen und der Bourgeoisie auf der anderen Seite. Die anfängliche Niederlage der preußischen Monarchie gab zunächst der Bourgeoisie die Möglichkeit, bessere Finanzierungsbedingungen für ihre industriellen Unternehmungen durchzusetzen.

Nach den mit den Märzerrungenschaften relativ rasch erkämpften politischen Erfolgen – Aufhebung der Pressezensur sowie Befreiung der Bauern – geriet die revolutionäre Bewegung ab Mitte 1848 jedoch zunehmend in die Defensive. Auch die vor allem im Herbst 1848 und bei der Reichsverfassungskampagne im Mai 1849 neu aufflammenden Höhepunkte der Erhebungen, die regional in Sachsen, der bayerischen Pfalz, der preußischen Rheinprovinz und vor allem im Großherzogtum Baden bürgerkriegsähnliche Ausmaße angenommen hatten, konnten aber das letztliche Scheitern der Revolution in Bezug auf ihre wesentliche Kernforderung nicht mehr aufhalten. Dementsprechend gingen von der Revolution 1848/49 kurzfristig negative Konsequenzen auch für die ökonomische Entwicklung aus, während die langfristigen Wirkungen in die entgegengesetzte Richtung ausschlugen. Ökonomisch bedeutsam war auch die Erschließung der großen Goldschätze in Kalifornien und Australien, die zu einer sprunghaften Ausdehnung der Edelmetallproduktion führten. Da sowohl Nordamerika als auch Australien aufgrund ihres noch geringen Warenangebots bedeutend mehr exportierten als importierten, ergoss sich ein wachsender Zustrom des goldenen Weltgelds nach Europa, vor allem nach England als dem führenden Exporteur. Der Diskontsatz der Bank von England sank von 8 auf einen Durchschnittssatz von 2 bis $2^1/_2$ Prozent am Anfang der 1850er Jahre. Der Goldregen und die Ausdehnung der Weltmarktverbindungen beförderten die Geschäfte in den USA sowie in England und Frankreich in bedeutendem Maße; in Deutschland trat die Belebung erst später ein.

In 1852/53 begann hier eine zweite massenhafte Anlage von fixem Kapital, in der der Eisenbahnbau zwar immer noch eine bedeutende Rolle spielte, jedoch die Investitionen der Schwerindustrie sowie im Bergbau immer stärker in den Vordergrund traten. Auch die Gründung von Aktiengesellschaften hatte mittlerweile die

Beschränkungen der 1840er Jahre überwunden und beförderte nunmehr diese Investitionswelle. Das Bankwesen nahm einen Aufschwung und das deutsche Geldsystem konnte mit steigender Banknotenzirkulation sowie einer Zunahme des Wechseldiskonts seinen Beitrag zu dieser Entwicklung leisten. Großbanken und die Montanindustrie verzeichneten einen Aufschwung an Neugründungen, teilweise kam es auch zu Umwandlungen bisheriger Einzelunternehmen in AGs. Anreiz für die Aktionäre waren weniger die Dividendenausschüttungen als die Gründer- und Kursgewinne, die sich an der Aktienbörse erzielen ließen: die Spekulation bekam erheblichen Auftrieb.

In den 1860er Jahren veränderte sich die deutsche Konjunktur. Dem Aufschwung fehlte das spekulative Element, welches die Gründungswelle der 1850er Jahre ausgezeichnet hatte. Retardierend wirkten jetzt der amerikanische Bürgerkrieg und die dadurch hervorgerufene Baumwollnot sowie die sog. Einigungskriege von 1864 und 1866. Der deutsch-französische Krieg von 1871/72 brachte erneut eine Unterbrechung, leitete aber mit dem Sieg des Norddeutschen Bundes und der Gründung des deutschen Kaiserreichs am 1. Januar 1871 die endgültige Herstellung eines deutschen Nationalkapitals ein und setzte sich in die sog. Gründerjahre des achten Jahrzehnts fort. Damit war Deutschland endgültig im Kreis der kapitalistischen Metropolen und europäischen Großmächte angekommen.

Neben den im späteren deutschen Kaiserreich vereinigten Fürsten-, Herzogtümern, Freien Städten und Königreichen Preußen, Hannover und Bayern gehörte auch das Kaiserreich Österreich zum Deutschen Bund als Nachfolger des Heiligen Römischen Reiches (Deutscher Nation). Nach den Napoleonischen Kriegen verzeichneten seine Gebiete ab Mitte der 1820er eine Phase von Wirtschaftswachstum, zunehmender Bevölkerung und technischen Fortschritten in der Landwirtschaft und im gewerblich-industriellen Bereich. Wie in den anderen deutschen Staaten wurde die beginnende Industrialisierung von Manufakturen der Textilproduktion sowie Bergbau, Hüttenwesen und Papierindustrie getragen. Auch im Verkehrswesen gab es Fortschritte: Postkutschen wurden technisch verbessert, das Poststraßennetz ausgebaut, Dampfmotoren ermöglichten einen effizienteren Schiffsverkehr für Personen und Güter. Naturräumliche Gegebenheiten machten den Bau von Eisenbahnstrecken im Hügelland und Gebirge schwierig und wegen Tunnel- und Brückenbauten aufwendig. Die eigentliche Industrialisierung begann in Österreich später als in einigen anderen europäischen Staaten. Gebiete der Rohstoffgewinnung, Verarbeitungszentren und Absatzmärkte waren oft nicht direkt miteinander verbunden, wodurch sich keine industriellen Großräume entwickelten

Die Durchsetzung der sog. kleindeutschen Lösung ohne Österreich nach der Auflösung des Deutschen Bundes 1866 festigte die Hegemonie Preußens bei der Gründung des Norddeutschen Bundes aus der Vereinigung aller deutscher Staaten nördlich der Mainlinie 1867. Diese kleindeutsche Lösung geschah gegen den Willen Österreichs, das im sog. Deutschen Krieg zudem Venetien verloren hatte. Als Resultat verfassungsrechtlicher Vereinbarungen zwischen dem Kaisertum Österreich und dem Königreich Ungarn wurde 1867 die österreichisch-ungarische Mo-

Kapitel 14: England und die Entwicklung der Großen Industrie

Abbildung 14.10: Ursprüngliches Gebiet der k.u.k. Monarchie Österreich-Ungarn

Quelle: www.britannica.com/place/Austria-Hungary

narchie (kaiserliche und königliche, k.u.k. Monarchie) gegründet, womit Ungarn aus dem bisherigen Einheitsstaat ausschied und eine eigene königliche Regierung erhielt (vgl. Abb. 14.10). Das Königreich Ungarn war nun innenpolitisch selbstständig und ein gleichberechtigter Staat in einer Realunion mit Österreich, die sich verpflichtend nur auf Außenpolitik, Kriegswesen und die gemeinsame Finanzierung dieser beiden Ressorts erstreckte. Die Außenpolitik wurde vorerst durch das Dreikaiserbündnis als Neutralitätsabkommen zwischen dem Deutschen Reich, Österreich-Ungarn und Russland und in späterer Zeit durch den Zweibund mit dem Deutschen Reich bzw. den Dreibund (mit Italien) geprägt.

Die Doppelmonarchie Österreich-Ungarn existierte bis 1918. Ihr Staat umfasste zu dieser Zeit weit mehr Fläche als die heutigen Staaten Österreich und Ungarn. Kroatien, Tschechien (Böhmen und Mähren), Slowenien, Slowakei und Bosnien-Herzegowina waren damals Teil der Donaumonarchie; auch Teile von Italien, Serbien, Polen, Rumänien und der Ukraine gehörten zu ihr. Flächenmäßig war sie damals der zweitgrößte Staat Europas nach Russland; ihre 50 Mio. Einwohner waren dessen drittgrößte Bevölkerung.

Österreich-Ungarn war ein Vielvölkerstaat, in dem von Anbeginn an Spannungen zwischen den verschiedenen Ethnien herrschten, die durch nationalistische Strömungen noch angeheizt wurden. Die bisher herrschende deutsche Nationalität konnte durch die slawischen Ethnien, wenn sie gemein auftraten, im Reichsrat überstimmt werden; die Magyarisierungspolitik der ungarischen Regierung verschärfte diese Problematik. Die Polen in Galizien kooperierten oft mit der Wiener

Regierung und erhielten für Galizien bedeutende Infrastrukturinvestitionen. Die anderen slawischen Nationalitäten Altösterreichs fühlten sich mit den Deutschen, die die Staatsbürokratie dominierten, nicht gleichberechtigt. Die vergeblichen Bemühungen der Tschechischen Nationalbewegung in Böhmen und Mähren um einen österreichisch-tschechischen Ausgleich konkurrierten mit den Bestrebungen der dortigen deutschen Minderheit; auch die Einführung der Zweisprachigkeit schaffte keine Abhilfe. In Kärnten und der Steiermark mit ihren slowenischen Gebieten und in Tirol mit seinem italienischen Gebiet wurden Autonomiewünsche der jeweiligen Minderheit von der deutschen Mehrheit in den Landtagen schroff abgelehnt. Die Annexion der osmanischen Provinz Bosnien-Herzegowina 1878 hatte zu starken Spannungen mit dem Königreich Serbien, das sich als Anwalt aller Südslawen sah, geführt, und war 1914 ein Grund für das Attentat von Sarajewo.

Die Industrialisierung war im Land auf einige Standorte beschränkt: Mur-Mürz-Furche, südliches Wiener Becken und Rheintal. Nach 1840 begann die verstärkte Industrieansiedelung in Wien, Böhmen und Mähren. In der zweiten Hälfte des 19. Jahrhunderts spielte die Braunkohleförderung eine große Rolle. Um 1850 entfielen immerhin rund 55 Prozent der Braunkohleförderung auf die Alpen- und Donauländer, wo bis dahin die Wirtschaft im Übrigen sehr stark auf Holz als Energieträger ausgerichtet war. Bis zum Ausbruch des Ersten Weltkriegs hatte sich die Förderung in den Alpenländern verdreißigfacht, in den Ländern der böhmischen Krone sogar verdreihundertfacht. Die Eisenindustrie und der Maschinenbau hatten in Böhmen sowie in der Steiermark und in Kärnten ihre Schwerpunkte. Bei der Beschäftigung dominierte die deutsche Bevölkerung.

Für die Manufakturbetriebe hatte die Industrialisierung zur Folge, dass kleine Gewerbetreibende und Handwerker, die bisher ein gutes bis sehr gutes Auskommen gehabt hatten, ihre Selbständigkeit aufgeben mussten und verloren. Sie mussten Arbeiten zu niedrigen Löhnen annehmen, um überhaupt überleben zu können. Die Manufaktur verlor während der Industrialisierung immer mehr an Bedeutung bis diese schließlich beinah ganz verschwunden war. In den Fabriken herrschten unmenschliche Arbeitsbedingungen. Ein 14 Stundentag war die Regel und Sonntage, d.h. die Sonntagsruhe gab es nicht mehr. Die Löhne hielten sich am unteren Existenzminimum, so dass selbst Kinderarbeit in Kauf genommen werden musste, um die Familie überhaupt am Leben zu erhalten. Im Bergbau wurden Kinder sogar sehr gern als Arbeitskräfte eingesetzt, da diese auch in kleinere Schächte passten und auf diese Weise Kosten gespart sowie mehr Gewinn gemacht werden konnte.

Dennoch war der wirtschaftliche Aufschwung auch in Österreich nicht mehr aufzuhalten. Im Zuge der Industrialisierung gründeten sich neue Firmen und hochqualifizierte Produkte entstanden, dazu gehörte zum Beispiel die Seidenindustrie. Eine exportfähige Industrie entstand. In Ungarn, das noch stärker als Österreich landwirtschaftlich geprägt war, entwickelte sich gegen Ende des 19. Jahrhunderts eine stärkere Industrie. Es dominierte die Nahrungsmittelindustrie mit einer Konzentration der Mehlfabriken in Budapest. Insgesamt kann festgehalten werden, dass Wirtschaft und insbesondere Industrie in der Doppelmonarchie im 19. Jh. zum Einen, gemessen an der Größe des Landes und der Bevölkerung, nicht die Breite und gesamtwirtschaftliche Ausbreitung der führenden Länder des europäischen Kontinents besaß, zum Anderen, dass der Sieg kapitalistischer Produktionsverhältnisse in Österreich zeitlich deutlich hinter der Entwicklung in Deutschland hinterherhinkte und in Ungarn bis zur Jahrhundertwende zum 20. Jh. kapitalistische Produktionsverhältnisse noch gar nicht dominierend waren; nur die Entwicklung in Böhmen markierte hiervon eine Ausnahme.

Binnenkolonisation und kapitalistische Entwicklung in den USA
Die USA durchliefen als erste Siedlerkolonie die ursprüngliche Kapitalakkumulation in einer von deren europäischen Ursprungsländern verschiedenen Weise. Es mussten keine überkommenen feudalen Verhältnisse durch bürgerliche Revolutionen politisch und durch Umgestaltung der Produktionsverhältnisse ökonomisch und sozial überwunden werden, sondern die einheimische indianische Bevölkerung wurde entweder vernichtet oder in Reservate gesperrt, und die auf dem nordamerikanischen Kontinent ankommenden Siedler etablierten die aus ihren Heimatländern angestammten sozioökonomischen Verhältnisse im Wesentlichen nur unter Rücksichtnahme auf die geographisch-natürlichen Gegebenheiten des in Besitz genommenen Landes. Bis zur Unabhängigkeitserklärung gegenüber dem Mutterland Großbritannien (1776) gingen allerdings der Neunjährige Krieg zwischen England und Frankreich (1754–1763), der durch den Konflikt der beiden Kolonialmächte um die Vorherrschaft in Nordamerika ausgelöst worden war, mit der Niederlage Frankreichs und dem Frieden von Paris (1763) endete und für Großbritannien den Weg als Kolonialmacht freimachte, sowie der Unabhängigkeitskrieg der 13 neuenglischen Kolonien (1775–1783), der sich an der Erhebung von Steuern der Kolonie für das Mutterland und der Verletzung des Grundsatzes »No Taxation without Representation« entzündet hatte, voraus. Letzterer endete mit dem zweiten Frieden von Paris 1783, der Anerkennung der Unabhängigkeit der Kolonien durch Großbritannien und dessen Verzicht auf alle Gebiete bis zum Mississippi. In der Unabhängigkeitserklärung, verfasst von Thomas Jefferson, erklärten die 13 britischen Kolonien ihr Recht, einen eigenen souveränen Staatenbund zu bilden. Sie enthielt darüber hinaus in ihrer Präambel – auf der Grundlage des Naturrechts, inspiriert von der Philosophie John Lockes – die unveräußerlichen Menschenrechte des Individuums (»... all men are created equal, that they are endowed by their Creator with certain unalienable Rights, that among these are Life, Liberty and the pursuit of Happiness...«).

Wesentliche Vorgänge der Unabhängigkeit sowie der ihr folgenden Prozesse bilden bis auf den heutigen Tag den Gründungsmythos der USA, aus dem sich das religiös konnotierte Narrativ von der vermeintlichen Überlegenheit von »God's own Land« mit einem natürlichen Führungsanspruch über den Rest der Welt ableitet und, wie die Unabhängigkeitserklärung bereits deutlich macht, die illusionären Bewusstseinsformen der einfachen Warenzirkulation, überhöht zu ewig gültigen Prinzipien, kolportiert. Dieses Selbstverständnis und Sendungsbewusstsein der

USA ist zu verschiedenen Zeiten auf jeweils anstehende Herausforderungen und Aufgaben durch verschiedene Präsidenten in mehr oder weniger offen einseitigen imperialistischen Doktrinen konkretisiert worden: Jeffersons »Empire of Liberty«, das »Manifest Destiny« zur Rechtfertigung der Binnenkolonisierung des nordamerikanischen Kontinents, George Washingtons »Farewell Adress« zur Begründung des Neutralismus gegenüber europäischen Konflikten, die Monroe-Doktin (1823) gegen den europäischen Kolonialismus in der westlichen Hemisphäre, die später zur Begründung von amerikanischen Interventionen in ihrem »Hinterhof« (Lateinamerika) reformuliert wurde, die Truman-Doktrin (1947) zur Eindämmung der Sowjetunion bis zur Carter- und Bush-Doktrin (1980 und 2002), mit denen die USA ihre Zuständigkeit für den Persischen Golf bzw. ihren Anspruch auf präventive kriegerische Interventionen gegen Terrorismus und vermeintliche »Schurkenstaaten« reklamierten.

Nach der Unabhängigkeit der 13 britischen Kolonien an der Ostküste wurden in einer ersten Welle der Expansion die Appalachen überschritten und die Gebiete bis zum Mississippi besiedelt, die den Indianern in immer neuen Kriegen und Gefechten abgerungen worden waren. Dadurch wuchs die Union um zehn Staaten von Alabama und Mississippi im Süden bis Minnesota im Norden. Dazu gehörte der Gürtel der späteren Industriestaaten entlang der Großen Seen (Ohio, Indiana, Illinois, Wisconsin und Michigan) mit seinem Zentrum Chicago. Hier vor allem fand die Industrielle Revolution in den USA statt. Zum Auftakt der zweiten Welle wurde 1803 für die lächerliche Summe von 15 Mio. US-Dollar im »Louisiana-Purchase« das Territorium der Union jenseits des Mississippi nahezu verdoppelt. Louisiana war 1802 kurzfristig von Spanien an Frankreich zurückgefallen und von Napoleon an Jefferson verkauft worden, als der Versuch, in Nordamerika ein zweites französisches Empire zu errichten, gescheitert war. Die weitere Expansion in die großen Agrarstaaten in den »great plains« des Mittleren Westens folgte der Expedition von Lewis und Clark (1804/05). Nicht käuflich vorbereitet, sondern militärisch erzwungen wurde sodann die Vertreibung Spaniens aus Florida, das 1810 bzw. 1813 annektiert wurde. Die Einverleibung Kanadas, damals nur ein schmaler Streifen zu beiden Ufern des St-. Lorenz-Stromes dagegen scheiterte und die Ontario-Halbinsel konnte 1812 nicht erobert werden.

Der dritte große Expansionsschritt folgte 1819. Das übrige Florida wurde Spanien abgekauft, aber erst 1815 als weiterer Staat in die Union aufgenommen. Im Vertrag mit Spanien über die beiderseitigen transkontinentalen Einflusssphären bis zum Pazifik (1846) »verzichtete« Spanien auf den Anspruch auf das Oregon-Territorium (später die Unions-Staaten Washington, Oregon und Idaho) und beschränkte sich fortan auf den Südwesten Nordamerikas. Als Mexiko 1821 unabhängig wurde, wurde es südlich des Oregon-Territoriums zum Rechtsnachfolger Spaniens; Texas und Kalifornien wurden mexikanische Provinzen. Dieses »Groß-Mexiko« hatte allerdings nicht lange Bestand. US-Einwanderer nach Texas brachten die geringe spanisch-mexikanische Bevölkerung rasch in die Minderheit und verkündeten 1836 die texanische Unabhängigkeit; sie währte jedoch nur kurz. Neun

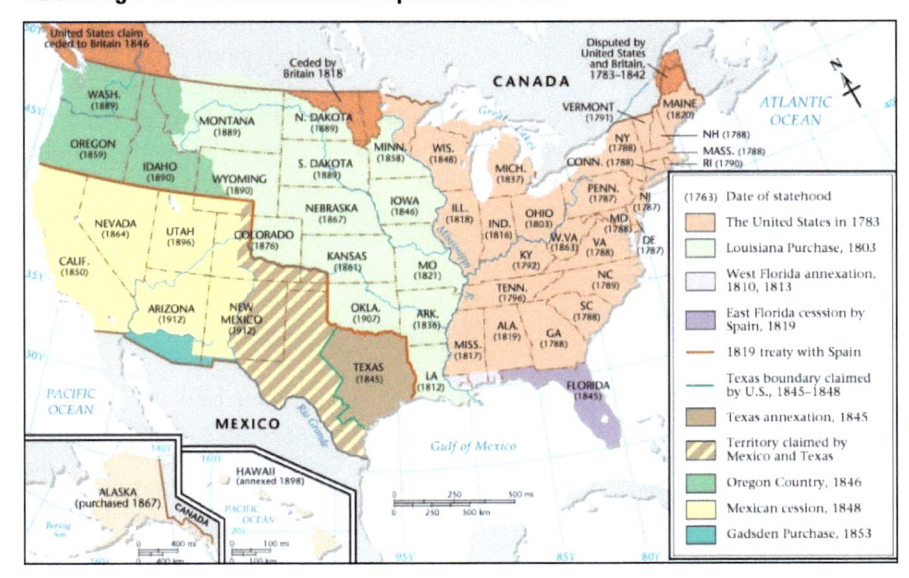

Kapitel 14: England und die Entwicklung der Großen Industrie

Abbildung 14.11: Binnenkoloniale Expansion der USA

Quelle: https://vividmaps.com/the-united-states-of-america/

Jahre später wurde der Staat annektiert. 1846 folgte im Norden die vertragliche Annexion von Oregon, auf das auch Großbritannien Ansprüche erhoben hatte. Damit war die Grenze zu Kanada entlang des 49. Breitengrades definiert. Zuvor hatte Großbritannien auf seinen Anspruch auf Teile der späteren Bundesstaaten Minnesota und North Dakota verzichtet.

Der vierte große Schritt folgte im Krieg mit Mexiko (1846–1848), in dessen Verlauf US-Truppen Mexiko-City besetzten. Im Frieden von Guadelupe Hidalgo musste Mexiko die Gebiete der späteren Bundesstaaten Kalifornien, Nevada, Utah, Arizona und New Mexico abtreten und vermochte Texas sein Territorium nach Westen und Süden bis zum Rio Grande auszudehnen. 1853 folgte der »Gadsen Purchase« zur Vergrößerung von Arizona, um Eisenbahninteressen an der mexikanischen Grenze zu bedienen, 1867 der Kauf Alaskas von Russland für schäbige 7,2 Mio. US-Dollar, indem die finanziellen Schwierigkeiten Russlands nach dem Krim-Krieg ausgenutzt wurden (vgl. Abb. 14.11).

Ausgehend von der Fläche der USA um 1790, d.h. den 13 Gründungsstaaten der Union mit 888,9 Tsd. Quadratmeilen, wurden bis 1867 insgesamt 2.719,9 Tsd. Quadratmeilen durch mehr oder weniger erzwungene Landkäufe sowie direkte Eroberungen und Annexionen hinzugewonnen; dies ist mehr als eine Verdreifachung des Ausgangswerts. Hinzu kamen bis 1917 weitere Erwerbungen und Eroberungen – Hawaii, Philippinen als Kolonie, Guam und Puerto Rico, Amerikanisch-Samoa, Panama-Kanalzone sowie die Virgin Islands –, die weniger flächenmäßig als geostrategisch ins Gewicht fallen (vgl. Abb. 14.12).

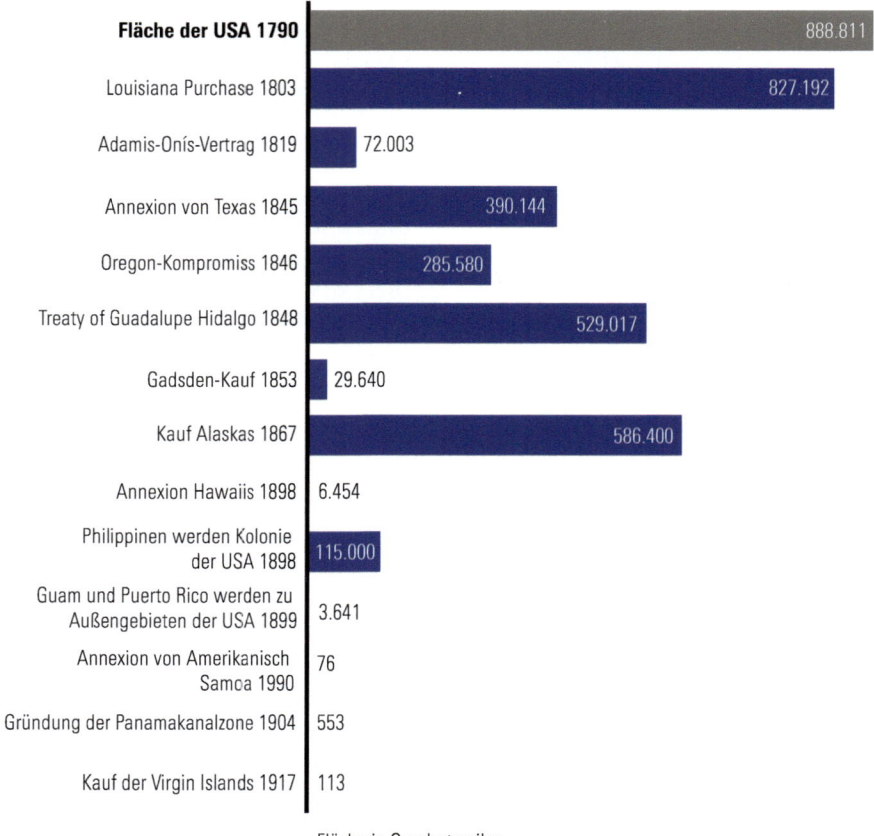

Abbildung 14.12: Territoriale Expansion der USA (in square miles)

Ereignis	Fläche in Quadratmeilen
Fläche der USA 1790	888.811
Louisiana Purchase 1803	827.192
Adams-Onís-Vertrag 1819	72.003
Annexion von Texas 1845	390.144
Oregon-Kompromiss 1846	285.580
Treaty of Guadalupe Hidalgo 1848	529.017
Gadsden-Kauf 1853	29.640
Kauf Alaskas 1867	586.400
Annexion Hawaiis 1898	6.454
Philippinen werden Kolonie der USA 1898	115.000
Guam und Puerto Rico werden zu Außengebieten der USA 1899	3.641
Annexion von Amerikanisch Samoa 1990	76
Gründung der Panamakanalzone 1904	553
Kauf der Virgin Islands 1917	113

Quelle: https://de.statista.com/statistik/daten/studie/1133447/umfrage/territoriale-expansion-der-usa/

Die territoriale Expansion, die in den 45 Jahren zwischen 1803 (Kauf von Louisiana) und 1848 (Sieg über Mexiko) ihre größte Dynamik entfaltete, bedurfte, um konsolidiert zu werden, einer Unterfütterung durch Besiedelung. Daran waren vorher sowohl Frankreich und Spanien als auch Mexiko gescheitert; die Franzosen waren Pelzhändler mit den Indianern geblieben und die Spanier hatten das Edelmetall des Landes, flankiert durch religiöse Missionierung, geplündert. Erst die Siedler, die über die Appalachen nach Westen zogen, machten den Ureinwohnern das Land streitig und entzogen den Nomaden ihre Lebensgrundlage. Diese Besiedlung der riesigen Flächen war nur möglich, weil immer neue Immigranten ins Land strömten. Sie kamen nicht nur aus Großbritannien, sondern die USA wurden zum Magneten der europäischen Auswanderer schlechthin. Die Wellen der kontinentalen

Expansion und Binnenkolonisierung schafften Raum für immer neue Wellen von Einwanderern, die diesen Raum zu füllen vermochten.

Die eigentliche Masseneinwanderung setzte in den 1840er Jahren ein. Kamen 1820 noch weniger als 10 Tsd. und 1830 gerade um 23 Tsd. Personen jährlich, so schnellten die Zahlen 1840 auf 84 Tsd. und 1850 auf 370 Tsd. p.a. hoch. Den Löwenanteil stellten nicht mehr die Briten, sondern die Iren, die daheim unter einer großen Hungerkrise zu leiden hatten. Insgesamt folgte die Immigration dem zeitlich versetzten Strukturwandel in den europäischen Herkunftsländern. Die Masse der ersten Einwanderer stellte Großbritannien, die als Erste auch die Neue Welt grundlegend prägten. Nach den Iren folgten die Deutschen und Skandinavier (Höhepunkt 1882), die Russen (Höhepunkt 1913), die Italiener und sonstigen Mitteleuropäer (Höhepunkt 1914). 1910 überstieg die jährliche Einwanderung bereits die Millionengrenze, 1914 war der absolute Höhepunkt mit 1,22 Mio. erreicht.

Die push- und pull-Faktoren der Migration waren zum Einen das soziale Elend in den Herkunftsländern, zum Anderen Hoffnung und Verheißung, die mit der »Neuen Welt« verbunden und die durch Werbemaßnahmen von Agenten und Schifffahrtslinien sowie Briefe, die die zuerst Ausgewanderten nach Hause schickten, befeuert wurden. Tatsächlich gab es in den USA auch einmalige Bedingungen für eingewanderte Siedler, die durch den Homestead Act des Jahres 1862 kodifiziert worden waren. Mit ihm wurde der Landraub staatlich reguliert, und es wurde bestimmt, dass Land in einer Größenordnung, das von einem Familienmitglied bearbeitet werden konnte, nach dreijähriger Bewirtschaftung in das Eigentum des Siedlers übergehen werde. Auf diese Weise wurde die Landnahme der Siedler in immer größerem Umfang nach Westen ausgedehnt. Da der von den Indianern genutzte Grund und Boden als frei und herrenlos galt, handelte es sich bei dieser Besiedlung um eine Erstinbesitznahme; eine Grundrente als Belastung der erwirtschafteten Erträge gab es nicht. Es gab keine feudalen Restriktionen wie in Europa, Bauernbefreiung und Bodenreformen spielten keine Rolle; dies unterschied die USA vom Export des europäischen Feudalismus in den spanischen und portugiesischen Kolonien Lateinamerikas und im seinerzeitigen Erstado da India. Ideologisch begründet wurde dieser Landraub an den nordamerikanischen Ureinwohnern durch das religiös begründete und überhöhte »Manifest Destiny«, das seine Fortsetzung im »Frontier-Mythos« fand. Die Regelung des Homestead Act galt bis 1891, als mangels weiterer freier Flächen die Grenze (Frontier) geschlossen wurde und die große Zeit der Binnenkolonisation vorüber war. Erst gegen Ende des 19. Jh. wurden dann andere Einwandererländer wie Kanada, Australien, Neuseeland, Südafrika und der Süden von Lateinamerika (Argentinien, Uruguay, Chile und der Süden von Brasilien) zu Zielpunkten der späten europäischen Auswandererströme.

Die ökonomische Fundierung erhielt die binnenkoloniale Besiedlung durch die Produktivkraftentwicklung in der Agrikultur und materiellen Infrastruktur. Die USA wurden seit Mitte des 19. Jahrhunderts zum Vorreiter der Mechanisierung der Landwirtschaft und damit zum Gegenstück der asiatischen Nassreiskultur. Nicht Flächen-, sondern Arbeitsproduktivität war angesichts der besonderen Gegebenheiten – viel Land, wenig Menschen gegenüber wenig Land und viele Menschen bspw. in China – die Zielgröße. Unter den Agrarmaschinen war nach der Einführung der eisernen Pflugschar (1997) die Entwicklung der automatischen Mähmaschine 1833 bedeutsam. Die erste Agrarmaschinenfabrik von Cyrus McCormick wurde 1849 in Chicago gegründet; die Stadt wurde nicht nur zum Zielpunkt des Viehtriebs und der Schlachthöfe, sondern auch zum Zentrum des Landmaschinenbaus. Bevor die Masseneinwanderung in den 1850er Jahren einsetzte, stand bereits ein technisches Angebot zur Verfügung, welches die Siedler in den Stand setzte, nur mit Hilfe der Familienarbeitskraft Farmen zu bewirtschaften, die für europäische Verhältnisse riesige Ausmaße hatten und viele Landarbeiter erfordert hätten. So wurde für eingewanderte freie Einzelbauern und ihre Familien eine agrarische Überschussproduktion möglich.

Neben der Mechanisierung der Landwirtschaft, die in den 1920er Jahren durch den Traktor mit Verbrennungsmotor einen weiteren Schub erfuhr, war im 19. Jahrhundert die Erschließung des Landes durch eine Transport- und Kommunikationsinfrastruktur eine weitere wichtige Komponente. An die Stelle von Postkutschen mit Pferdewechseln trat die Eisenbahn; im Mai 1869 wurde die erste transkontinentale Eisenbahnverbindung fertiggestellt. 1844 gab es bereits die erste Telegraphenverbindung zwischen Washington und Baltimore. Auch die Binnenschifffahrt auf dem Mississippi und dem St. Lorenz-Strom mit dem Verbund der Großen Seen waren Transportwege für Baumwolle bzw. Agrargüter.

Landnahme fruchtbaren Bodens durch eingewanderte freie bäuerliche Siedler, beginnende Mechanisierung der Agrikultur und infrastrukturelle Erschließung des inneren Marktes durch Transport- und Kommunikationsmittel sowie der Export ländlicher Überschusserzeugnisse auf Basis der Konservierung und des Gefrierverfahrens für verderbliche Produkte ergaben einen gewaltigen Agrarboom, der der Industrialisierung in den USA voranging. Im Unterschied zum Plantagensektor in den Südstaaten, der auf Sklavenarbeit beruhte und dementsprechend zwar günstig aber wenig produktiv war, führte die Besiedlung des Westens zu einer Boden- und Einkommensverteilung, die sich zunächst durch eine relativ hohe Homogenität auszeichnete und die Bauern ohne jegliche Grundrentenbelastungen sowohl in den Stand setzte, ihre Investitionen selbst zu finanzieren als auch als Nachfrager von Massenkonsumgütern aufzutreten. Hier lag der Ausgangspunkt für die Ausbildung des großen amerikanischen Binnenmarktes.

Außenwirtschaftlich waren die USA 1846 mit dem »Walker-Tarif« in Reaktion auf die Abschaffung der Kornzölle in Großbritannien zum Freihandel übergegangen. Dahinter stand die Koalition der Plantagenbesitzer der Südstaaten und der Familienbetriebe in den Agrarstaaten des Mittleren Westens; beide sehr unterschiedlichen und teilweise in Gegensatz zueinander stehenden Klassen bildeten die Wählerschaft der Demokratischen Partei. Ihre Verbindung brach mit dem Beginn des Bürgerkriegs 1861 auf. Die USA kehrten wieder zum Protektionismus zurück. Er lag im Interesse der sich industrialisierenden Nordstaaten, die den Gang zur Spitze erst noch vor sich hatten und die die US-Landwirtschaft bereits innehatte.

Kapitel 14: England und die Entwicklung der Großen Industrie

Den Ausschlag für eine Interessengemeinschaft zwischen Farmern und Industriellen war schließlich, dass die Letzteren in die Lage kamen, die Bauern mit Industriewaren zu beliefern und zugleich mit ihren Lohnarbeitern deren Nahrungsmittel abzunehmen. Die zeitweilige Orientierung nur auf den Binnenmarkt war wegen dessen Größe kein akutes ökonomisches Problem.

Erst nach dem Sieg des Nordens im Bürgerkrieg begann Ende der 1860er Jahre die eigentliche Industrielle Revolution in den USA. Der technologische Aufstieg konnte sich im Schutz prohibitiver Zölle im letzten Viertel des 19. Jahrhunderts vollziehen. Hinzu kam der Aufschwung im Bergbau, 1859 wurde in Pennsylvania Öl entdeckt. Neben das große Binnenmarktvolumen trat die nahezu komplette Ausstattung mit Grundstoffen agrarischer, energetischer und mineralischer Art. Es gab im Grunde keine subjektive und objektive wirtschaftliche Ressource, die in den USA nicht im Überfluss vorhanden war. Den Jahren der »Reconstruction« nach dem Bürgerkrieg folgte in den 1870er Jahren das »Vergoldete Zeitalter« (Gilded Age) eines wirtschaftlichen Aufschwungs und technologischer Fortschritte mit der Durchsetzung der Produktionsweise der Großen Industrie; neben den klassischen Branchen der Montanindustrie waren es die neuen Produktionszweige wie Chemie und Elektrotechnik, die die US-Industrie zu prägen begannen. Es gab ein rasches Wachstum der Städte namentlich im Industriegürtel – heutiger »Rust Belt« – mit gleichzeitiger großer Armut; auch die Korruption war auf allen politischen Ebenen vorzufinden. Dennoch vollzog sich im Gilded Age der Übergang der USA von einer vornehmlich landwirtschaftlich geprägten Gesellschaft zur Industriegesellschaft. Bis zum Jahrhundertwechsel stieg der Anteil des Bergbaus, der Verarbeitenden Industrie und des Baugewerbes am Nationalprodukt auf knapp 26% gegenüber 18% des Anteils der Landwirtschaft; 1869 waren beide Anteile noch etwa gleichauf gewesen. Bei der Verteilung der Beschäftigung auf diese Sektoren war der Gleichstand am Ende des ersten Jahrzehnts nach dem Jahrhundertwechsel erreicht.

Die Entwicklung von Landwirtschaft und Industrie gingen der Ausgestaltung abgeleiteter Bereiche zeitlich deutlich voran. Das US-Geldsystem erhielt erst 1913 – rd. 70 Jahre später als in Großbritannien – mit dem Federal Reserve System ein föderal geprägtes Zentralbanksystem, das über die Funktion als Refinanzierungsinstitut für die Mitgliedsbanken und als zentraler Hort für den nationalen Goldschatz Banknoten als gesetzliches Zahlungsmittel ausgab. Vorher war das Umlaufmittel lange Zeit uneinheitlich gewesen: europäische Münzen hatten neben Banknoten und Staatspapiergeld zirkuliert, englische Institute hatten die Außenhandelsfinanzierung und den Kapitalmarkt der USA beherrscht.

Auch der Aufbau des US-amerikanischen Staatsapparats war lange Zeit gehemmt. Ein Außenamt mit Exekutive gab es in umfänglicher Form erst seit 1867; vorher hatte der Kongress immer gebremst. 1867 war auch das Jahr der Annexion der Midway-Inseln im Pazifik auf halbem Weg nach Japan und China. Das aufziehende Zeitalter der Dampfschifffahrt verlangte eine Infrastruktur aus Kohlenstationen, um die Reichweite der Schiffe zu erhöhen. 1887 wurde auch Pearl Harbor auf Hawaii Flottenstützpunkt und 1899 auf Samoa eine dritte Kohlenstation errichtet. Hatte die US-Marine zuvor nur der Küstenverteidigung gedient, so erfolgte nunmehr der Aufbau der USA als Seemacht, die zur Grundlage ihrer späteren Weltherrschaft wurde.

Kapitel 15: Kapitalistische Weltwirtschaft im 19. Jahrhundert: Zeitalter des klassischen Imperialismus und Zwischenkriegszeit

a) Kapitalistische Metropolen (GB, DR, USA, F)

Zyklische und langfristige Entwicklung der britischen Kapitalakkumulation

Die Industrielle Revolution eröffnete mit der Mechanisierung der britischen Baumwollspinnerei in den letzten beiden Dezennien des 18. Jahrhunderts die Verwandlung der bis dato handwerklichen Bearbeitung von Baumwolle durch industrielle Methoden, die nach dem Jahrhundertwechsel auch den nachgelagerten Zweig der Weberei ergriffen. Beides bildete den Auftakt für die Eisenproduktion und mit der Einführung der Dampfmaschine als neuer Antriebsmaschine die Ausweitung der Kohleproduktion. Mit der Übernahme der zunächst manufakturmäßig gefertigten Werkzeugmaschinen in industrielle Produktionsprozesse etablierten sich Fabrikarbeit und Große Industrie als neue Betriebsweise in den seinerzeitigen Leitsektoren. Massenhaft anschwellendes Industrieprodukt benötigte neue materielle Infrastrukturen durch die Revolutionierung des überkommenen Transport- und Kommunikationswesens: der Außenhandel begann dem inneren Markt den Rang abzulaufen. Damit entwickelte sich ein Weltmarkt für Industriewaren, der den internationalen ökonomischen Zusammenhang zwischen den Ländern auf eine qualitativ neue Stufe hob. Die kapitalistische Produktionsweise und ihre Betriebsweise der Großen Industrie begannen ausgehend von Großbritannien ihren Siegeszug in den damals entwickeltsten Volkswirtschaften Frankreichs, Hollands, Belgiens und Deutschlands und revolutionierten dort überall die überkommenen sozioökonomischen Verhältnisse.

Die Produktions- und Betriebsweise der Großen Industrie erzwang eine beständige Mobilität der Lohnarbeiter des Kapitals. Sie wurden infolge des Ersatzes von lebendiger Arbeit durch Maschinerie in einer Produktionssphäre freigesetzt und durch das Wachstum mit Ausdehnung des Kapitalvorschusses in anderen Sphären wieder einbezogen. Diese beständige Repulsion und Attraktion von Kapital und Arbeitskräften bildet eine materielle Grundlage für die eigentümliche Bewegung der Kapitalakkumulation in Gestalt industrieller Zyklen mit ihren Phasen der Belebung, wachsenden Lebendigkeit, Überproduktion, Krise sowie Rückgang des Geschäfts, um nach Bereinigung der Disproportionen zwischen den Produktionszweigen des nationalen Gesamtkapitals mit einer konzentrierten Neuanlage von fixem Kapital den gleichen Kreislauf von Neuem auf einer höheren Stufenleiter zu durchlaufen. Über den Weltmarkt und den internationalen ökonomischen Zusammenhang zwischen den kapitalistischen Metropolen verallgemeinert sich diese Entwicklung der Kapitalakkumulation mit time-lags zwischen den nationalen Konjunkturen. Innerhalb dieses internationalen Konjunkturzusammenhangs spielt das entwickeltste Nationalkapital die Rolle des Anstoßgebers; denn aufgrund seines bedeutenden Anteils am internationalen Handel bestimmt sein nationaler Zyklus die Expansionen und Kontraktion von Handel und Kapitalverkehr auf dem Weltmarkt. Großbritannien war damals nicht nur Hegemon innerhalb der internationalen wirtschaftlichen Verflechtungen, sondern Demiurg des gesamten bürgerlichen Kosmos, da auch auf dem Weltmarkt die ökonomische Sphäre die Basis für politische Über- und Unterordnungen der verschiedenen Länder und ihrer Regierungen ist. Zwar gab es auch schon innerhalb der vorbürgerlichen Gesellschaftsformation Imperien und Dominanzstrukturen zwischen verschiedenen Ländern und Territorien, doch waren sie zuvorderst politisch-militärisch begründet. Erst mit der kapitalistischen Gesellschaftsformation und dem durch sie geschaffenen Weltmarkt als systematisches Produkt, der nun eine neue Qualität internationaler Zusammenhänge darstellte, wurde die gesamte Breite des ökonomischen Prozesses der entwickelten Länder in seine Konjunkturen einbezogen und auch die nachgeordneten Staaten der propagandistischen Tendenz des Kapitals unterworfen.

Der auf industrieller Grundlage ablaufende Akkumulationsprozess des Kapitals weist mit seiner Produktivkraftentwicklung durch nicht nur virtuellen, sondern effektiven Ersatz lebendiger Arbeit durch Maschinerie einen immanenten Widerspruch hinsichtlich seines Ziels und Zwecks, der größtmöglichen Verwertung des vorgeschossenen Kapitalwerts durch gesteigerte Profitproduktion, auf. Denn der durch die Konkurrenz den einzelnen Kapitalen aufgeherrschte Zwang zur beständigen Steigerung der Arbeitsproduktivität gerät in Konflikt mit der von einem Kapital gegebener Größe anwendbaren lebendigen Arbeit, die als einziger Produktionsfaktor Wertschöpfung erzeugen und daher auch Mehrwert oder Profit produzieren kann. Die Bewegungsform dieses Widerspruchs zwischen Produktivkraftsteigerung und Verwertung ist nur möglich bei einem beständigen Wachstum des vorgeschossenen Kapitals, damit das wertschöpfende Element, welches auf der einen Seite durch Ersatz von lebendiger Arbeit durch Maschinerie freigesetzt oder vermindert wird, auf der anderen Seite durch Größenwachstum des Kapitalvorschusses wieder in den Produktionsprozess einbezogen werden kann. Das Gesetz des steigenden Wachstums des konstanten Kapitals innerhalb des Produktionsprozesses erzwingt somit ein Wachstum des Gesamtkapitalvorschusses in jedem einzelnen Geschäft wie in dem gesamten nationalen Reproduktionsprozess, welches mindestens so groß sein muss, dass der Umfang der in Bewegung gesetzten lebendigen Arbeit gleichbleiben kann und, unter der Voraussetzung einer steigenden allgemeinen Rate des Mehrwerts, eine wachsende gesamtgesellschaftliche Profitmasse erbringt. Erfordert ist also eine beschleunigte Akkumulation des gesellschaftlichen Gesamt- oder Nationalkapitals, die sich über die zyklischen Schwankungen hinweg als langfristige Tendenz durchsetzt.

Geht es um die Durchsetzung einer neuen Betriebsweise in gesamtwirtschaftlicher Dimension, ist diese Konstellation für die Bewegungsform des immanenten Widerspruchs der Mehrwertproduktion gegeben, umso mehr, wenn es sich, wie im 19. Jahrhundert, um die erstmalige Verallgemeinerung der industriellen Betriebsweise handelt. Die langfristig steigende Profitrate des britischen Kapitals in der Sturm-

und Drangperiode der Betriebsweise der Großen Industrie bis über die Mitte des 19. Jh. hinaus hatte diesen Sachverhalt eindrucksvoll bestätigt.[1] Erst nach dieser Periode der sich in den wichtigsten Produktionssphären durchsetzenden neuen Betriebsweise der Großen Industrie machte sich die Ausdrucksform einer beschleunigten Akkumulation des Kapitals als zwieschlächtiges Gesetz eines tendenziellen Falls der allgemeinen Profitrate bei gleichzeitigem absoluten Wachstum der gesamtwirtschaftlichen Profitmasse geltend. Allerdings gilt, dass diese langfristig-überzyklische Bewegungsform des immanenten Widerspruchs der Mehrwertproduktion ihrerseits widersprüchlich bestimmt ist, da es zunehmend schwieriger wird, eine wachsende Profitmasse für das gesellschaftliche Gesamtkapital zu generieren. Je höher bereits die allgemeine Mehrwertrate angestiegen, d.h. je geringer der Anteil der notwendigen Arbeitszeit am einzelnen produktiven Arbeitstag geworden ist, umso geringer ist der Mehrwertzuwachs aus jeder Produktivitätssteigerung pro einzelnem Arbeitstag. Und je höher die Produktivkraft der Arbeit bereits gesteigert worden ist, umso höher ist auf der anderen Seite die organische und Wertzusammensetzung des fungierenden Kapitals bzw. des Kapitalvorschusses, umso schwieriger wird es dementsprechend, ein Kapitalwachstum zu realisieren, welches eine absolut steigende Profitmasse für das gesellschaftliche Gesamtkapital erbringt. Es kommt hinzu, dass wachsender Widerstand der Arbeiterklasse, der im 19. Jahrhundert die Beschränkung der Länge des Arbeitstages auf zehn Stunden und das Verbot von Kinderarbeit erbrachte, der Steigerung der Mehrwertrate Grenzen setzt und damit sowohl die Profitrate pro tanto erniedrigt als auch das Wachstum der Profitmasse begrenzt. Darüber hinaus reduzieren alle aus der Mehrwertmasse zu finanzierenden Zirkulationskosten die Profitquote am Mehrwert. Auch vonseiten der Distributionsverhältnisse verringern sich die Spielräume für die Realisierung des wachsenden Gesamtprodukts: jede Zunahme der Ungleichheit in der Verteilung der Primärrevenuen Arbeitslohn und Profit – steigende Profitquote am Wertprodukt bzw. vice versa, sinkende Lohnquote –, die angebotsseitig die Profitrate entlasten, erhöhen nachfrageseitig die Schranken des Marktes.

Zwar kann eine Verlagerung der binnenwirtschaftlichen Widersprüche des kapitalistischen Akkumulationsprozesses in die äußere Sphäre, z.B. durch steigende Exporte, Abhilfe schaffen. Dies gelingt namentlich, wenn ein Nationalkapital auf einem vorderen Rang in der internationalen Stufenleiter der Nationalarbeiten steht und somit aus der Gewichtung der Wertschöpfung einer nominalen Menge von nationaler Arbeitszeit Surplusprofite realisieren kann. Im Falle des Demiurgen, dessen produktive Nationalarbeit an der Spitze dieser internationalen Stufenleiter rangiert, kann seine produktivere und intensivere Nationalarbeit als potenzierte Arbeit sogar gegenüber allen anderen unterlegenen Konkurrenten verwertet werden, solange andere Nationalkapitale nicht durch raschere binnenwirtschaftliche Produktivitätsentwicklungen diese Vorsprünge eingeebnet haben. Jedoch sind diese außenwirtschaftlichen Effekte in der Regel nachgeordnet gegenüber den in der Binnenwirtschaft

---
[1] Vgl. Abbildung 14.3 im 14. Kapitel.

Tabelle 15.1: Datierung industrieller Zyklen Großbritanniens

A) Vor dem Ersten Weltkrieg	Zeitraum	Dauer	Krise
I. Vorkriegs-Zyklus	1827–1842/43	15 Jahre	1837
II. Vorkriegs-Zyklus	1843–1848	6 Jahre	1847
III. Vorkriegs-Zyklus	1849–1858	10 Jahre	1857
IV. Vorkriegs-Zyklus	1859–1867	9 Jahre	1866
V. Vorkriegs-Zyklus	1868–1879	12 Jahre	1873/74
VI. Vorkriegs-Zyklus	1880–1886	7 Jahre	1882
VII. Vorkriegs-Zyklus	1887–1893	7 Jahre	1890
VIII. Vorkriegs-Zyklus	1894–1903	10 Jahre	1900
IX. Vorkriegs-Zyklus	1904–1908	5 Jahre	1907
X. Vorkriegs-Zyklus	1909–1914	6 Jahre	1913
Kriegszyklus	1915–1922	8 Jahre	1921
B) Zwischenkriegszeit:			
I. Zwischenkriegszyklus	1923–1926	4 Jahre	1925
II. Zwischenkriegszyklus	1927–1932	6 Jahre	1929
III. Zwischenkriegszyklus	1933–1938	6 Jahre	1936

wirkenden originären Tendenzen; zudem sind sie international ein Nullsummenspiel, das schließlich auch auf die Weltmarktgewinner negativ zurückwirken muss.

Aus alledem folgt, dass eine langfristig-überzyklisch beschleunigte Kapitalakkumulation keinen infiniten Progress darstellen kann, sondern endlich ist. Sie ist zumindest solange endlich, solange nicht eine qualitativ neue, höhere Betriebsweise des gesamtgesellschaftlichen Produktionsprozesses mit neuen internationalen und nationalen Rahmenbedingungen die Karten der Weltwirtschaft neu mischt und so eine neue Epoche begründet.[2]

Der Beginn einer sich zyklisch bewegenden kapitalistischen Akkumulation datiert in Großbritannien als internationalem Vorreiter mit der Krise des Jahres 1825. Marx bestimmt sie als die erste wirkliche Weltmarktkrise, die den periodischen Kreislauf des modernen Lebens der großen Industrie eröffnet (vgl. MEW 23: 20). Die krisenhaften Entwicklungen vor diesem Datum sind wesentlich dem Zusammenspiel aus agrarisch-natürlichen, ökonomisch abgeleiteten sowie politischen

---

[2] Hierin liegt der rationelle Gehalt der Auffassung langer Perioden der Kapitalakkumulation in der Weltwirtschaft. Im Unterschied aber zu allen sog. Weltsystemtheorien sind diese spezifisch für die kapitalistische Gesellschaftsformation. Innerhalb derselben können sie nur durch deren distinkte Betriebsweisen und ihren jedesmaligen Zusammenhang mit den Gesetzmäßigkeiten der kapitalistischen Akkumulation, keineswegs jedoch durch technologisch-stoffliche etc. Faktoren, begründet werden; vgl. auch Kapitel 7.

Kapitel 15: Klassischer Imperialismus und Zwischenkriegszeit

Abbildung 15.1: Industrielle Zyklen in Großbritannien bis zum Ausbruch des Zweiten Weltkriegs: Importe und Sozialprodukt (GNP), jeweils laufende Preise; in % gg. Vj.

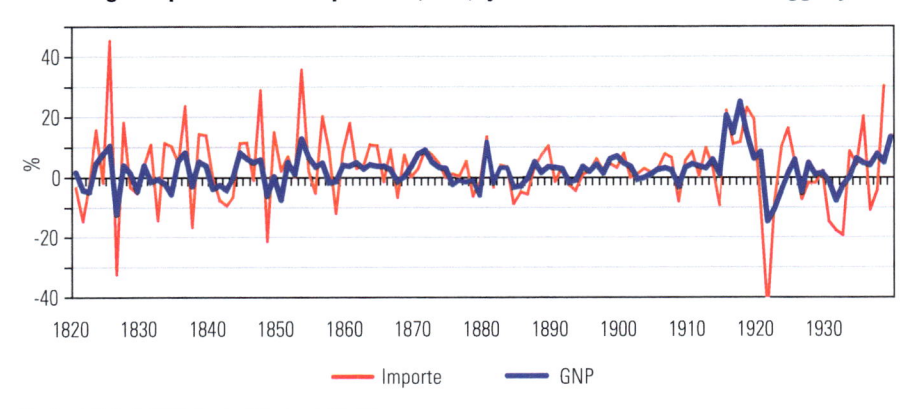

Quelle: Mitchell 1978, Bank of England, Maddison

Faktoren zu erklären.[3] Erst gegen Ende des ersten Viertels des 19. Jahrhunderts sind nicht nur die binnenwirtschaftlichen materiellen Grundlagen der spezifisch kapitalistischen Produktionsweise geschaffen, sondern hat auch der Weltmarkt einen derartigen Grad an Umfang und Regelmäßigkeit gewonnen, dass zum einen die Anzahl der industriell entwickelten Nationen zahlreich genug geworden ist und zum anderen das jeweilige Verhältnis von Binnen- und Außenhandel in denselben eine Zusammenfassung nationaler Konjunkturen zu einem Welthandels- und weiter Weltmarktzyklus erlaubt.

Für die Kapitalakkumulation Großbritanniens in dieser Zeit ergibt sich die in Tabelle 15.1 zu sehende Datierung industrieller Zyklen für die Periode seiner Rolle als Demiurg bzw. später als Hegemon bzw. eines der führenden Länder des kapitalistischen Weltmarkts in der Zwischenkriegszeit (vgl. Abb. 15.1):

Mehrere Umstände sind anhand dieser Datierung der industriellen Zyklen Großbritanniens herauszustellen:

Erstens. Die Zykluslänge weist eine Tendenz zur Verkürzung auf: von den anfangs schon von Marx notierten rd. 10–12 Jahren reduzierte sich die zyklische Periode auf zuletzt rd. 6–7 Jahre. Dabei ist die zeitliche Regelmäßigkeit des zykli-

---

[3] Vgl. MEW 26.2: 498: »*Die Krisen von 1800-1815 konnte er (Ricado / S.K.) erklären aus Getreideteuerung infolge des Misswachses von Ernten, aus Depreziation des Papiergelds, aus Depreziation der Kolonialwaren etc., weil infolge der Kontinentalsperre der Markt gewaltsam, aus politischen, nicht ökonomischen Gründen, kontrahiert war, die Krisen nach 1815 konnte er sich ebenfalls erklären teils aus einem Mißjahr, von Getreidenot, teils aus dem Fall der Kornpreise, weil die Ursachen aufgehört hatten zu wirken, die nach seiner eignen Theorie während des Kriegs und der Absperrung Englands vom Kontinent die Getreidepreise in die Höhe treiben mußten, teils aus dem Übergang von Krieg zum Frieden und den daher entspringenden ›sudden changes in the channels of trade‹.*«

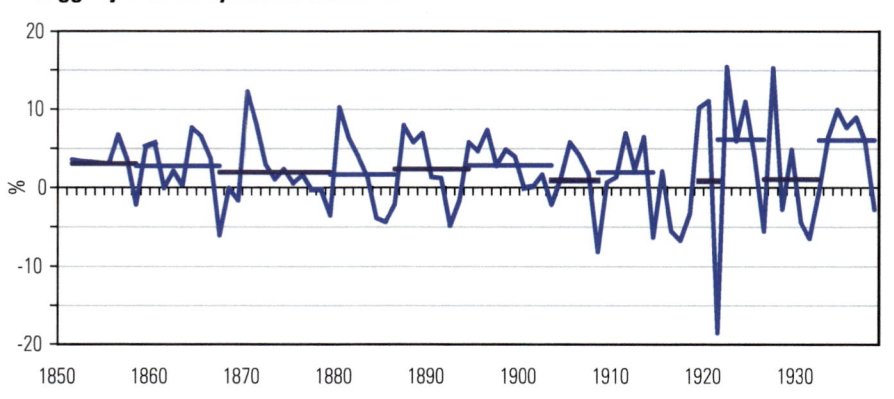

Abbildung 15.2: Index der Industrieproduktion von Großbritannien; in % gg. Vj. und im Zyklusdurchschnitt

Ab 1920 ohne Republik Irland. Quelle: Mitchell 1978

schen Verlaufs noch deutlicher, wenn man die Abfolge der jeweiligen zyklischen Krisen bzw. oberen Wendepunkte betrachtet. Das Auftreten der zyklischen Krisen erfolgte im Abstand von zunächst rd. 10 Jahren, verdichtete sich gegen Ende des Vorkriegszeitraums auf rd. 7–8 Jahre und betrug in der Zwischenkriegszeit 6 Jahre.

Zweitens. Deutlich ausgeprägt sind die jeweiligen zyklischen Abschwünge mit regelmäßigen absoluten Kontraktionen des Umfangs des wirtschaftlichen Gesamtprodukts. Das Geld- und Währungssystem des Goldstandards mit konvertiblen Banknoten sowie die noch vergleichsweise undifferenzierten Verteilungs- und Umverteilungsverhältnisse bedingten das Fehlen erst in der Zwischenkriegszeit und nach dem Zweiten Weltkrieg dem ökonomischen Prozess eingefügter konjunktureller Stabilisatoren in den Abschwungsphasen. Besonders lang und tief ausgeprägte zyklische Depressionsperioden wies der I. und V. Zyklus in der Vorkriegsphase auf. Bezogen auf die Periode 1837 und Folgejahre sprach Engels von »*langen Nachwehen, an die sich 1842 noch eine vollständige Nachkrise anschloss*« (MEW 25: 569) bzw. von einem »*Druck ..., der seit 1837 fast ununterbrochen auf der englischen Industrie gelastet hatte*« und erst »*Ende 1842 ... zu weichen (begann).*« (ibid.: 421) Hobsbawm bewertet den Abschwung des I. Zyklus in den Jahren 1841/42 als die »*schlimmste Wirtschaftskrise des 19. Jahrhunderts.*« (Hobsbawm 1969 I: 78)

Der zyklische Abschwung nach der Krise des V. Vorkriegszyklus 1873/74 wird oft als Auftakt einer »Großen Depression«, die sich bis gegen Ende des Jahrhunderts hinzieht, bezeichnet: »*Nach einem glanzvollen Aufstieg kam die Wirtschaft zum Stillstand. Obwohl die britische Hochkonjunktur der frühen 1870er Jahre nicht ganz so dramatisch wie in den USA und in Mitteleuropa einbrach, ging es inmitten des Trümmerschutts der bankrotten Finanziers und der erkaltenden Hochöfen unerbittlich mit ihr bergab. Im Gegensatz zu anderen Industriemächten konnte sich die britische Wirtschaft nicht wirklich wieder erholen. Preise, Profite und Zinssätze*

Tabelle 15.2: Wachstumsraten im Zyklusdurchschnitt

Vorkriegsyklus	BSP	Industrieproduktion
III. 1849-1858	3,7%*	3,1%*
IV. 1859-1867	3,1%	2,8%
V. 1868-1879	1,6%	2,0%
VI. 1880-1886	1,4%	1,7%
VII. 1887-1893	1,9%	2,4%
VIII. 1894-1903	3,1%	2,9%
IX. 1904-1908	1,1%	1,0%
X. 1909-1914	3,5%	2,0%

* kein vollständiger Zyklus

fielen oder blieben rätselhaft niedrig. Einige wenige kleine, hektische Booms vermochten diesen langen, frustrierenden Niedergang nicht aufzuhalten. Erst Mitte der 1890er Jahre trat eine Wende ein.« (Ibid.: 130)

Drittens. Betrachtet man die in den jeweiligen Konjunkturzyklen erzielten durchschnittlichen Zuwachsraten des Sozialprodukts bzw. der britischen Industrieproduktion, zeigt sich eine langfristige graduelle Abschwächung, die im VI. und VII. ihre relativen Tiefpunkte besitzt (vgl. Abb. 15.2). Für die Zeit der erst ab 1850 vorliegenden statistischen Daten ergibt sich danach das in Tabelle 15.2 zu sehende Bild:

Außerdem zeigt sich eine ausgeprägte Investitionsschwäche im VI. Vorkriegszyklus (1880–1886) sowie nach dem Jahrhundertwechsel im IX. Zyklus. In beiden Zeitperioden ging die Investitionstätigkeit gegenüber dem jeweils vorangegangenen Zyklus absolut zurück (vgl. Abb. 15.3). Diese Entwicklung beleuchtet zugleich schlaglichtartig die ausschlaggebenden Tatbestände für den Verlust der industriellen Suprematie Großbritanniens: der Hauptgrund hierfür war in einer fehlenden Anpassung der britischen Kapitalakkumulation an die mittlerweile erreichte technologische und unternehmensstrukturelle Entwicklung zu erblicken, die der Tribut der früheren Vorreiterrolle und der nun die Innovation behindernden sog. stranded assets war. »*Die am weitesten verbreitete und wahrscheinlich beste ökonomische Erklärung für die nachlassende Dynamik in der britischen Industrie jener Zeit (d.h. gegen Ende des 19. Jahrhunderts / S.K.) ist, dass hierbei ›letztlich Großbritanniens früher und langwieriger Start als Industriemacht‹ eine Rolle gespielt habe. Diese Erklärung beleuchtet die Mängel des privatwirtschaftlichen Mechanismus auf mehrere Weise. Die erste Industrialisierung fand natürlich unter besonderen Bedingungen statt, die nicht aufrechterhalten werden konnten, und mit Methoden und Techniken, die, wie fortschrittlich und zweckdienlich sie auch zu ihrer Zeit gewesen sein mochten, auf die Dauer nicht die fortschrittlichsten und zweckdienlichsten bleiben konnten. Zudem schuf sie eine Produktions- und Marktstruktur, von der keineswegs feststand, dass sie wirtschaftliches Wachstum und technische Veränderung auf lange Sicht wirklich gewährleisten würde. Dennoch kam es*

Abbildung 15.3: Investitionen in Großbritannien (Gross Capital Formation incl. Stocks) bis zur Weltwirtschaftskrise, preisbereinigt in % gg. Vj.

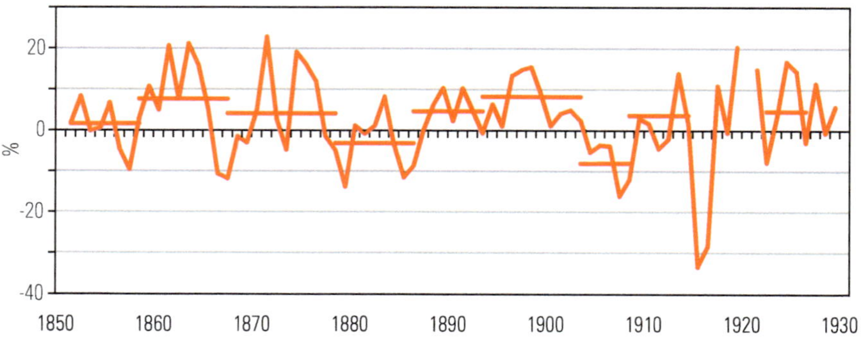

Ab 1920 ohne Republik Irland. Quelle: Mitchell

teuer und war es schwierig, eine antiquierte Struktur mit einer neuen zu vertauschen. Es war teuer, weil es sowohl die Verschrottung von alten Anlagen, die noch immer Gewinne einbringen konnten, bedeutete, als auch die Errichtung neuer Anlagen mit hohen Anfangskosten; denn in der Regel ist die neuere Technologie auch die kostspieligere. Es war schwierig, weil es die Zustimmung einer großen Anzahl einzelner Firmen oder Industrien zur Rationalisierung voraussetzte, Firmen, von denen keine wusste, wem die Rationalisierung am meisten nützen würde, und ob sie dabei nicht ihr Geld an Außenseiter oder Konkurrenten weggaben. Solange auf die alte Weise befriedigende Profite erzielt werden konnten, und solange die Entscheidung zur Modernisierung auf der Gesamtsumme der Entscheidungen einzelner Firmen basierte, musste der Anreiz schwach bleiben und das Allgemeininteresse der Wirtschaft zurücktreten.« (Hobsbawm 1969 II: 23f.)

Viertens. Während des Ersten Weltkriegs, in den Großbritannien unmittelbar nach der deutschen Kriegserklärung an Russland eintrat und bei dem es der britischen Regierung neben seiner Bündnisverpflichtung gegenüber Belgien auch darum ging, den Vormarsch des Deutschen Reiches zu einer Weltmacht zu stoppen, erlitt das Land einen Rückgang der Industrieproduktion um rd. 20% des Standes von 1913. Der Nachkriegserholung 1919/20 und dem irischen Unabhängigkeitskrieg folgte in den darauf folgenden Jahren 1921/22 eine neuerliche tiefe Krise, die für das Rest-Königsreich insgesamt höhere Verluste aufwies als die spätere Weltwirtschaftskrise 1929–1932.

Zusammenfassend ergibt sich somit aus dem Vergleich der jeweiligen zyklendurchschnittlichen Wachstumsraten sowohl des Bruttoinlandsprodukts (Gross National Product zu konstanten Preisen) als auch der Industrieproduktion ein langfristiger Trend zurückgehender Zuwachsraten der Produktion (vgl. Abb. 15.4). Das Kontinuum der Kapitalakkumulation in Großbritannien umgreift auch die Entwicklung in der Zwischenkriegszeit bis zum Ausbruch der Weltwirtschaftskrise im Jahr

Kapitel 15: Klassischer Imperialismus und Zwischenkriegszeit   557

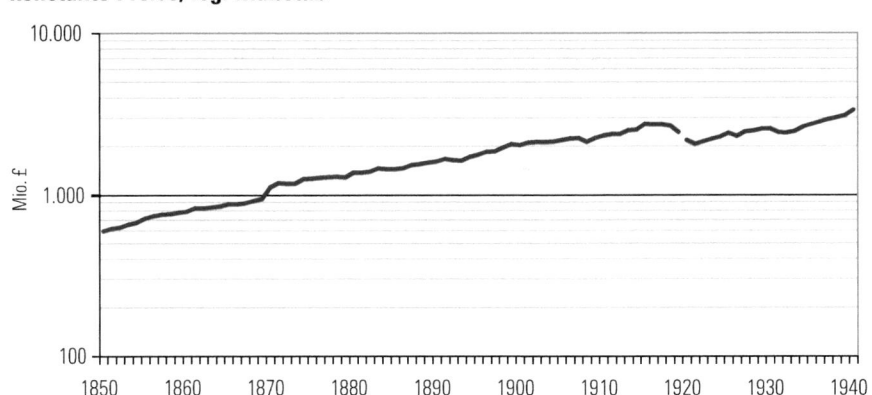

Abbildung 15.4: Gross National Product (GNP) von Großbritannien, konstante Preise; log. Maßstab

Ab 1920 ohne Republik Irland. Quelle: Mitchell 1978

1929. Nach der Schrumpfung der gesamtwirtschaftlichen Aktivität in den Kriegsjahren und danach, liegen die zyklendurchschnittlichen Veränderungsraten des preisbereinigten GNP mit 0,6% im I. Zwischenkriegszyklus auf einem sehr niedrigen Niveau und mit −0,8% im II. Zwischenkriegszyklus, der die Weltwirtschaftskrise einschließt, sogar im negativen Bereich. Auf einem höheren Level verläuft die Industrieproduktion in vergleichbarer Weise.

Die britische Außenwirtschaftsposition und die aufkommenden Konkurrenten Deutsches Reich und USA im letzten Viertel des 19. Jahrhunderts

Der herausgestellte Strukturkonservatismus des britischen Kapitals wird noch deutlicher, wenn die weitere Entwicklung seiner Weltmarkteinbindung, die tendenziell parasitäre Züge annimmt, beleuchtet wird. Der Außenhandel samt der durch ihn induzierten Produktionen und Funktionen (Dienstleistungen) besaß für Großbritannien traditionell eine überragende Wichtigkeit. Er war ursprünglich, d.h. in der ersten Hälfte des 19. Jahrhunderts, einerseits eine Folge seiner Monopolstellung bei der Industrialisierung, andererseits durch die politisch vermittelten Beziehungen zu den unentwickelten Ländern und Regionen des Empire spezifisch geprägt.

Als im letzten Viertel des 19. Jahrhunderts die britische Wettbewerbsfähigkeit im internationalen Handel gegenüber den mittlerweile fortgeschrittenen Konkurrenten Deutschland und USA schwand, gewann der Handel mit den unentwickelten Ländern ein immer größeres Gewicht. Einen guten Teil des Verlusts an Märkten in den entwickelten Ländern kompensierte das britische Kapital durch den Rückzug auf die angestammten »Partner« im Empire. Der Verlust an internationaler Konkurrenzfähigkeit lief zeitlich den bereits oben identifizierten Perioden deutlich verlangsamten gesamtwirtschaftlichen Wachstums im VI. und IX. Vorkriegszyklus voraus; dies wird sichtbar anhand eines deutlich verschlechterten Handelsbilanzsaldos, der sich in den jeweiligen nachfolgenden Perioden nur zögernd wieder verbesserte.[4] Dem defizitären Warenhandel stand jedoch stets ein positiver Saldo der sog. unsichtbaren Transaktionen Großbritanniens mit dem Ausland gegenüber, der im Regelfall die Bilanz der gesamten laufenden Posten (Leistungsbilanz) positiv abschließen ließ. Die Akkumulation eines wachsenden Auslandsvermögens, ausgedrückt in einem durchgängig positiven Leistungsbilanzsaldo, gelang nur durch diese Überkompensation der defizitären Bilanz des Warenhandels durch den positiven Saldo der Dienstleistungstransaktionen. Die wichtigsten Einnahmequellen der britischen Dienstleistungsbilanz waren seit jeher die Schifffahrt, die zwischen einem Drittel und der Hälfte der gesamten Welttonnage ausmachte, die Profite aus Handel und Dienstleistungen im Ausland, die Zinsen und Dividenden aus britischen Auslandsinvestitionen sowie schließlich die Einnahmen aus Versicherungen, Maklergeschäften etc., kurz: aus der dominierenden Finanzposition der Londoner City.

Die Entwicklung der Dienstleistungsbilanz markiert ein weiteres Charakteristikum der Stellung Großbritanniens auf dem Weltmarkt gegen Ende des 19. Jahrhunderts. Aus dem Monopolisten der Produktionsweise der großen Industrie im Anfang des 19. Jahrhunderts wurde nicht nur eine Nation, die sich weitgehend auf den Handel mit den unentwickelten und politisch abhängigen Staaten des Empire zurückzog, sondern die ihre internationale Vorherrschaft mehr und mehr nicht mehr auf ihre industrielle Überlegenheit, sondern ihre Stellung im kommerziellen Bereich gründete. *»Die britische Wirtschaft insgesamt tendierte fort von der Industrie, hin zu Handel und Finanzwesen, wo Großbritanniens Dienstleistungen zwar seine bereits vorhandenen Konkurrenten stärkten, aber nach wie vor befriedigende Profite einbrachten. Großbritanniens jährliche Auslandsinvestitionen begannen um 1870 die inländische Nettokapitalbildung zu überrunden. Beide wurden zusehends zu Alternativen, bis unter Eduard VII. ein fast ununterbrochener Rückgang der Inlandsinvestitionen bei gleichzeitig steigenden Auslandsinvestitionen einsetzte. Während des großen Booms (1911–1913) unmittelbar vor dem Ersten Weltkrieg wurde im Ausland doppelt soviel wie im Inland investiert. … Die Wirtschaft Großbritanniens wurde, so kann man sagen, immer weniger wettbewerbsfähig, seitdem sie von den Überresten ihrer Monopolstellung, von der unterentwickelten Welt, von ihren angehäuften Reichtümern und vom Fortschritt ihrer großen Konkurrenten lebte.«* (Hobsbawm 1969 II: 27f.)

Die beiden größten Konkurrenten des britischen Kapitals auf dem Weltmarkt waren im letzten Viertel des 19. Jahrhunderts die USA und das Deutsche Reich. Während die USA nach dem Ende des Bürgerkriegs (1861–1865) einen rapiden industriellen Entwicklungsprozess durchliefen (Gilded Age), aufgrund der Größe des Landes, seiner Bevölkerung, d.h. seines Binnenmarktes jedoch weit weniger ökonomisch und politisch nach außen orientiert waren, hatte das Deutsche Reich nach der Reichsgründung und dem Deutsch-Französischen Krieg rasch die öko-

---

[4] Zu den Salden der britischen Leistungsbilanz – Handel und Dienstleistungen (sog. unsichtbare Transaktionen) – vgl. Abbildung 14.3.

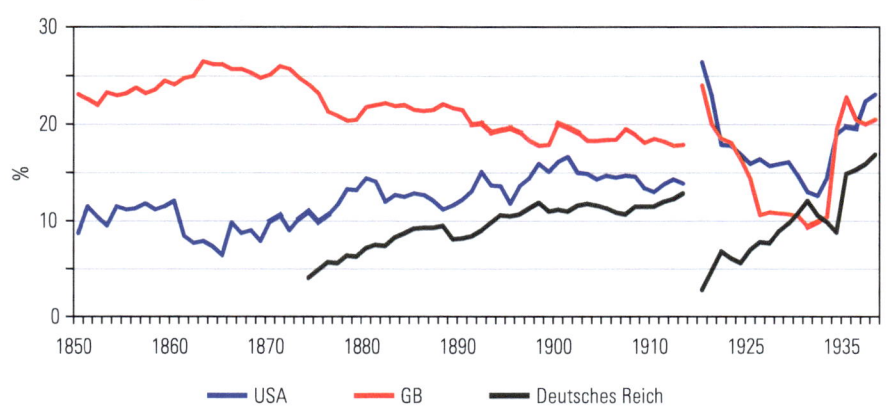

Abbildung 15.5: Welthandelsanteile (Exporte) in der Vorkriegs- und Zwischenkriegszeit

Quellen: G. Federico/A. Tena-Junguito 2016, W.S./E.S. Woytinski 1955

nomische Vorherrschaft auf dem europäischen Kontinent errungen. Beide Nationen überrundeten das britische Kapital gegen Ende des 19. Jahrhunderts bereits in einigen wichtigen Branchen.

Die veränderte internationale Kräftekonstellation zeigt sich deutlich anhand der Umschichtung der Welthandelsanteile (Exporte materieller Waren) zwischen den Hauptkonkurrenten Großbritannien, USA und Deutschland (vgl. Abb. 15.5). Ab dem V. Vorkriegszyklus verlor Großbritannien 5 Prozentpunkte seiner Anteile am Welthandel sowohl zugunsten der USA als auch zugunsten des deutschen Kapitals, das ausgehend von niedrigen Anteilswerten seine Anteile am Weltexport kontinuierlich steigerte. Nach der Jahrhundertwende und kurz vor Ausbruch des Ersten Weltkriegs waren die drei Nationalkapitale nahezu gleich stark auf den Weltmärkten vertreten; der nach wie vor bestehende Vorsprung Großbritanniens hatte sich erheblich verkleinert. Nach dem Ersten Weltkrieg war dieser Vorsprung komplett verschwunden, britisches und amerikanisches Kapital lagen nunmehr gleichauf; Deutschland musste sich nach dem verlorenen Krieg und den Nachkriegswirren wieder ganz von unten emporarbeiten.

Die industrielle Karriere der USA und des Deutschen Reiches kommt nicht nur auf den Auslandsmärkten, sondern auch binnenwirtschaftlich anhand der zunehmenden Synchronisierung der zyklischen Entwicklung ihrer Industrieproduktion mit dem von Großbritannien nach wie vor dominierten Weltmarktzyklus zum Ausdruck. Ab den 1880er Jahren, d.h. mit dem VI. Vorkriegszyklus, dominiert die Tendenz zur internationalen Vereinheitlichung der Konjunkturzyklen in den kapitalistischen Metropolen gegenüber nationalen Sonderbewegungen eindeutig (vgl. Abb. 15.6). Im Einzelnen ergeben sich für die USA und das Deutsche Reich die in Tabelle 15.3. abgebildeten Zyklusabgrenzungen.

Abbildung 15.6: Nationale Konjunkturzyklen: Industrieproduktion von USA und DR; in % gg. Vj.

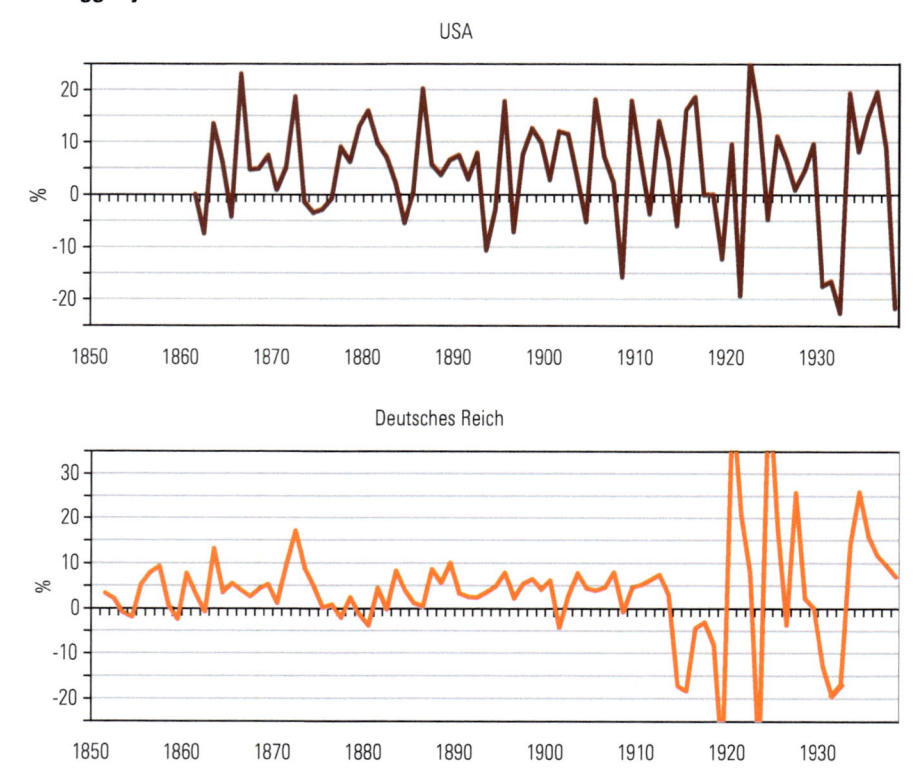

USA

Deutsches Reich

Quellen: United States Department of Commerce, Wagenführ

Fixiert man die oberen Wendepunkte, d.h. die zyklischen Krisen der britischen Industriekonjunktur, so zeigt sich zunächst ein charakteristischer Vorlauf des Zyklus des Weltmarktdemiurgen gegenüber seinen Konkurrenten; dies ist 1873/74 (V. Vorkriegszyklus), 1882 (VI. Vorkriegszyklus) und 1890 (VII. Vorkriegszyklus) der Fall. In den letzten beiden Zyklen ist dieser Vorlauf Großbritanniens verschwunden. Bereits vor dem Ausbruch des Ersten Weltkriegs hatte Großbritannien damit seine Funktion als Weltmarktdemiurg, d.h. als Generator der Weltkonjunktur verloren. Seine internationale Hegemonie ruhte von nun an nicht mehr nur auf seiner Stellung innerhalb der internationalen Stufenleiter der produktiven Nationalarbeiten, deren Spitzenposition sich relativiert hatte, sondern auch auf seiner Dominanz innerhalb der Geldkapitalakkumulation nebst damit zusammenhängenden Funktionen. In der Zeit zwischen den beiden Weltkriegen übernahm bereits die USA eine Führungsrolle beim Welthandel; dementsprechend ist die US-Konjunktur sowohl in der Zeit während des Ersten Weltkriegs, in den die USA erst 1917 eintraten so-

Tabelle 15.3: Zyklusabgrenzungen für die USA und das Deutsche Reich

	USA	DR	GB
IV. Vorkriegszyklus	-1865	-1870	
V. Vorkriegszyklus	1866-1876	1871-1877	1859-1867
VI. Vorkriegszyklus	1877-1884	1878-1886	1880-1886
VII. Vorkriegszyklus	1885-1894	1887-1892	1887-1893
VIII. Vorkriegszyklus	1895-1904	1893-1901	1894-1903
IX. Vorkriegszyklus	1905-1908	1902-1908	1904-1908
X. Vorkriegszyklus	1909-1914	1909-1914	1909-1914
Kriegszyklus	1915-1921	1915-1923	1915-1922
I. Zwischenkriegszyklus	1922-1927	1924-1926	1923-1926
II. Zwischenkriegszyklus	1928-1933	1927-1932	1927-1932
III. Zwischenkriegszyklus	1934-1938	1933-1938	1933-1938

wie in den 1920er Jahren am regelmäßigsten. Weder litt dieses Land unter Kriegszerstörungen, noch gab es jenseits der Umstellungsrestriktionen von Kriegs- auf Friedenswirtschaft nennenswerte Nachkriegsprobleme wie in Großbritannien und vor allem im Deutschen Reich mit Kriegs- und Nachkriegswirren inkl. Hyperinflation. Die Zwischenkriegszyklen der US-Kapitalakkumulation hatten eine Dauer zwischen sechs bzw. fünf Jahren und ordnen sich damit in die tendenzielle Verkürzung des Weltmarktzyklus aus der Vorkriegszeit ein.

Das zusammenfassende Bild der gesamten Periode der Kapitalakkumulation des US- und deutschen Kapitals in der Vorkriegs- und Zwischenkriegszeit drückt sich in deren Profitraten aus (vgl. Abb. 15.7). Beide zeigen zunächst die »klassische« Entwicklung für die in der Zeit vor dem Ersten Weltkrieg sich durchsetzende kapitalistische Industrialisierung: hohe Profitzuwächse auf Basis sinkender Lohnquoten im Maße, wie die Große Industrie sich ausbreitet und vermehrte Massen kapitalistischer Lohnarbeiter beschäftigt (innere Landnahme). Die jeweiligen Spitzenwerte der Profitraten werden für beide Nationalkapitale zeitgleich im VI. Vorkriegs-Weltmarktzyklus (1877/78–1884/86) erzielt. Danach dominiert die Produktivkraftentwicklung einer sich auf ihrer eigenen Grundlage bewegenden (und weiter ausbreitenden) Kapitalakkumulation als drastischer Fall der Profitrate im VII. Vorkriegszyklus in den USA mit nachfolgender Stabilisierung auf den erreichten Niveau und als tendenzieller Fall von Zyklus zu Zyklus bis zum Ausbruch des Ersten Weltkriegs im Deutschen Reich infolge einer dominierenden Steigerung der organischen Zusammensetzung des angewandten Kapitals (Kapitalkoeffizient).

Die Zwischenkriegszeit zeigt für die USA die Fortsetzung der Akkumulationstrends aus der Periode vor dem Ersten Weltkrieg mit einem historischen Tiefpunkt der US-Profitrate im II. Zwischenkriegszyklus, der die Weltwirtschaftskrise umschließt. Die Stabilisierung während der beginnenden New Deal-Ära im Folgezyklus

Abbildung 15.7: Durchschnittsprofiraten US- und deutsches Kapital

Profitrate US-Kapital

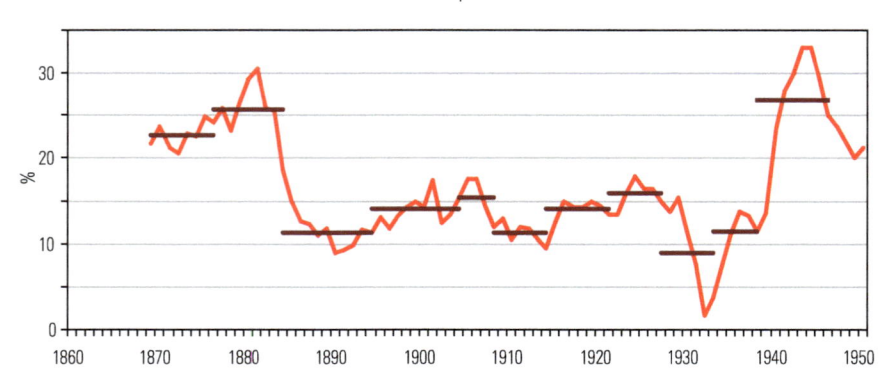

Profitrate deutsches Kapital

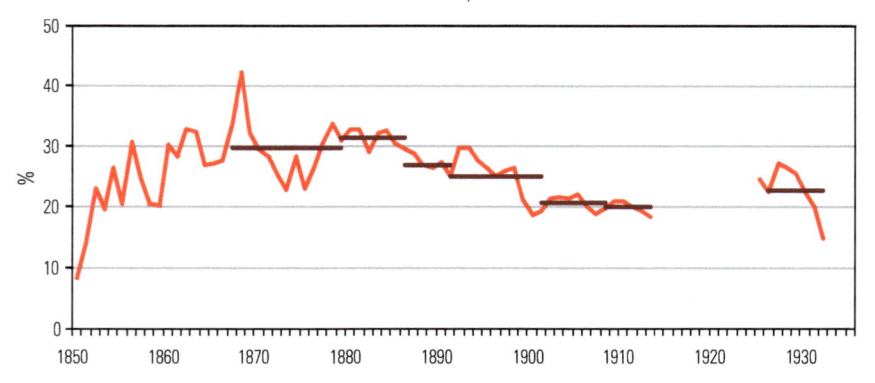

Quellen: Roberts 2009, US Census, Wagenführ, Maddison sowie eigene Berechnungen

wird durch die hochprofitliche US-Kriegsgüterproduktion für die Alliierten während des Zweiten Weltkriegs mit einem neuerlichen Anstieg der Profitrate auf ihr Ursprungsniveau vom VI. Vorkriegszyklus übertroffen. Für das deutsche Kapital ergibt sich für den einzigen statistisch erfassbaren II. Zwischenkriegszyklus eine Profitrate leicht über dem Niveau der letzten beiden Vorkriegszyklen. Die Profitsteigerung während der Aufschwungsphase der 1920er Jahre nach Überwindung der Hyperinflation wurde kompensiert durch den Profitverfall während der Weltwirtschaftskrise.

Die Veränderung der internationalen Position des britischen und amerikanischen Nationalkapitals sowie ihrer Währungen in der Zwischenkriegszeit

Solange das britische Nationalkapital die uneingeschränkte Funktion des Weltmarkt-Demiurgen innehatte, waren die Geld-, Währungs- und Finanzverhältnisse durch das Regime des internationalen Goldstandards geregelt. Die wichtigsten europäischen Währungen, schließlich auch der US-Dollar, standen in einer festen, konstanten Parität zum Gold als Geldware, die durch Deckungsvorschriften des inländischen Banknotenumlaufs gesichert werden sollte. An der Spitze der internationalen Stufenleiter dieser goldkonvertiblen Währungen stand das britische Pfund Sterling. Sterling-Banknoten liefen nicht nur in der nationalen Geldzirkulation als papierne Substitute der Goldsovereigns um, sondern in Pfund Sterling denominierte und auf Londoner Banken gezogene Wechsel wurden darüber hinaus das dominierende Transaktionsmedium in der internationalen Zirkulation. Sie ersetzten die Goldversendung zum Ausgleich der nationalen Zahlungsbilanzen solange sich Agio bzw. Disagio der Kurse zwischen Wechseln unterschiedlicher Währungen innerhalb der sog. Goldpunkte, die durch die Kosten der Verschiffung und der Versicherung der Goldsendungen bestimmt waren, bewegten. Damit war bereits zur Zeit des Goldstandards auch in der internationalen Zirkulation eine weitgehende Idealisierung der Geldware Gold als Transaktions- sowie als Reservemittel (für die Valutakasse der Zentralbanken) gegeben. Diese Verhältnisse der internationalen Geldzirkulation wirkten auch nach dem Verlust der Eigenschaft des britischen Kapitals als Weltmarkt-Demiurg bis zum Ausbruch des Ersten Weltkriegs fort.

Die Finanzierung der Hochrüstung des Ersten Weltkriegs durch Erhöhung der staatlichen Ausgaben war unter diesem Geld- und Währungsregime des Goldstandards systemkonform nicht möglich. Bereits vor Ausbruch der eigentlichen Kriegshandlungen war dieses Währungssystem des Goldstandards durch Goldhortungen von Privaten und verstärkte Repatriierung von Auslandsforderungen unter Druck geraten. Konsequenterweise wurden in allen betroffenen Ländern entweder die Deckungsvorschriften des binnenwirtschaftlichen Banknotenumlaufs suspendiert oder die Definition der Bezugsgrößen für die Deckungsvorschriften geändert und dem Staat praktisch unbegrenzten Zugang zum Notenbankkredit eröffnet. Die Auswirkungen des Ersten Weltkriegs auf die internationalen Gläubiger-Schuldner-Beziehungen und die nationalen Währungen bewegten sich zwischen den Extremen des Aufstiegs der USA als Hauptfinanzier und -gläubiger der Kriegskosten ihrer europäischen Verbündeten einerseits und der Verpflichtung zu umfangreichen Reparationsleistungen in den Versailler Verträgen sowie der vollständigen Zerrüttung des nationalen Geldwesens durch eine Hyperinflation, die nur durch eine Währungsreform beendet werden konnte, beim Kriegsverlierer Deutsches Reich andererseits.

In längerfristiger Betrachtungsperspektive akzentuieren die Resultate des Ersten Weltkriegs für die USA und Großbritannien aber nur die bereits in der vorangegangenen Periode wirksam gewordenen Entwicklungstendenzen der Kapitalakkumulation. Während Großbritannien in den 1920er Jahren mit gestiegenen Handelsbilanzdefiziten zu kämpfen hatte, die immer schwieriger durch Überschüsse seiner

Dienstleistungsbilanz auszugleichen waren, wurden die USA ein strukturelles Leistungsbilanz-Überschussland und behielten nach dem Krieg auch ihre Position als Netto-Kapitalexporteur, wenn auch in vermindertem Umfang, bei. Netto-Kapitalexporteur im Langfristbereich blieb allerdings auch Großbritannien bis zur Weltwirtschaftskrise, allerdings in wesentlich geringerem Umfang als die USA. Das Verhältnis des amerikanischen zum britischen Nettokapitalexport betrug etwa 2:1 (auf Basis des überbewerteten Pfund-Dollar-Wechselkurses der 1920er Jahre). Damit konnte Großbritannien in der Zwischenkriegszeit seine internationale Gläubiger-Position verteidigen sowie, in Nachwirkung der im 19. Jahrhundert etablierten Strukturen, die Rolle von London mit seinen Banken als international bedeutender Finanzplatz behaupten.

Die Wiederherstellung des durch den Ersten Weltkrieg suspendierten Goldstandards als Währungsverfassung sowohl in der binnenwirtschaftlichen als in der außenwirtschaftlichen Zirkulation war in der Nachkriegszeit die große Aufgabe für die verschiedenen Regierungen und galt nachgerade als Symbol für die Wiedererreichung ökonomischer Normalität. In den meisten Fällen wurde bei dieser Wiederherstellung ökonomischer Normalität allerdings über das Ziel hinausgeschossen, weil die Währungen auf ihre Vorkriegsparität zum Gold gebracht werden sollten, obgleich in den Jahren des Krieges die nationalen Preise mehr oder weniger deutlich über ihr Vorkriegsniveau hinausgetrieben worden und auch durch die naturwüchsige Stabilisierung in und durch die Krise 1921 nicht wieder auf ihr altes Niveau gesunken waren. Eine Ausnahme bildete der US-Dollar, da die amerikanische Wirtschaft die Kriegsverhältnisse nicht nur weitgehend unbeschadet überstanden, sondern darüber hinaus durch die Rüstungskonjunktur sowie die Finanzierung der Alliierten national und international an Stärke gewonnen hatte. Die Rückkehr der amerikanischen Währung zum Goldstandard erfolgte bereits 1919 und die Beibehaltung der Vorkriegsparität des Dollars zum Gold war vor dem Hintergrund des Verlaufs der US-Kapitalakkumulation und außenwirtschaftlicher Überschüsse kein Problem. Anders das Pfund Sterling. Während der Dollar und der Finanzplatz New York mit großen Goldbeständen und relativ geringen Verbindlichkeiten etwaige Konvertierungen von Dollarforderungen des Auslands gegen Gold leicht erfüllen konnten, war dies für London und die britische Währung nicht ohne Weiteres möglich: Gegen Großbritannien bestanden große Forderungen in Pfund Sterling und gleichzeitig verfügte die Bank von England nur über geringe Goldbestände. Dies war vor dem Ersten Weltkrieg kein Problem gewesen, da die internationale Stellung des Pfundes unangefochten gewesen war; nunmehr aber hatten sich die Verhältnisse gedreht. Die Unfähigkeit Großbritanniens, eine Kontrolle über das internationale Geldsystem auszuüben, sollte später ein wichtiger Faktor beim Zusammenbruch des Goldstandards in den 1930er Jahren sein.

Die vielfach falschen Wechselkurse zwischen den Goldstandard-Währungen vergrößerten die Zahlungsbilanzprobleme und erzwangen Anpassungen in wesentlich größerem Umfang und Ausmaß als in der Vorkriegszeit. Nur wenige Länder waren wie Großbritannien bereit, dem Außenwert ihrer Währung die binnenwirtschaftliche Wertschöpfung zu opfern, während umgekehrt Überschussländer die Goldzuflüsse in Bezug auf die binnenwirtschaftliche Geldmenge zu neutralisieren versuchten. Der »klassische« Anpassungsmechanismus über Preisverschiebungen zum Ausgleich der Zahlungsbilanzen trat daher nur unvollkommen in Wirksamkeit. Die Last des Ausgleichs wurde einseitig den Defizitländern aufgebürdet, während Überschussländer teilweise die Goldzuflüsse ihrerseits noch zu befördern versuchten.

b) Die imperialistische Aufteilung der Welt und die daraus resultierenden internationalen Konflikte

Dekolonisierung in Lateinamerika

Lateinamerika, d.h. Mittel- und Südamerika (inkl. Karibik) war seit dem Vertrag von Tordesillas Ende des 15. Jh. zwischen Spanien (Kastilien) und Portugal entlang einer Linie vom Pol zu Pol von 370 Léguas (ca. 2.282 km) westlich der westlichsten Kapverdischen Inseln – dies entspricht einem Meridian von 46°37' westlicher Länge – aufgeteilt worden. Mittelamerika und die Karibischen Inseln sowie der gesamte westliche Teil des südamerikanischen Kontinents waren spanisch und nur der Osten Brasiliens war Portugal zugeordnet. Die spanische Eroberung war von Mittelamerika und aus der Karibik auf der Suche nach dem sagenhaften Goldland El Dorado erfolgt. Angetrieben durch die reichen Goldquellen in Mexiko, hatten die Spanier unter Francisco Pizarro von Panama aus die Pazifikküste Südamerikas für die spanische Krone erkundet und erobert. Dabei waren sie im Jahr 1526 ins heutige Ecuador und Peru gelangt. Die einheimische indigene Bevölkerung wurde entweder gewaltsam ausgelöscht wie insbesondere auf den karibischen Inseln oder durch die von den Spaniern eingeschleppten Krankheiten dezimiert.

Mit der Stabilisierung des riesigen Reiches und der Gründung des Vizekönigreiches Neuspanien (Mexiko und Venezuela) und des Vizekönigreiches Peru (spanischer Teil von Südamerika und Panama) im Jahr 1543 mit Lima als Hauptstadt, gab es zwei Vertreter des spanischen Königs auf dem Kontinent; der Vizekönig von Peru galt wegen der Silbervorkommen in Potosí als höhergestellt. Das Gebiet wurde in Provinzen eingeteilt, dem jeweils ein Gouverneur mit administrativen und richterlichen Befugnissen vorstand.

1717 wurde vom Vizekönigreich Peru ein drittes abgespalten: Neugranada. Vom Vizekönigreich Neuspanien kam das Venezuela-Gebiet dazu. 1776 gab es eine weitere Abspaltung von Peru und es wurde im Süden des Kontinents das Vizekönigreich Rio de la Plata gegründet (vgl. Abb. 15.8). Dies war die Ausgangslage im spanischen Teil Lateinamerikas um 1800.

Im Unterschied zu der vorkolonialen Besiedlung der Region an der Westküste des südamerikanischen Kontinents durch sesshaft gewordene andine Hochkulturen (Chavín, Moche und Nazca) hatten die naturräumlichen Bedingungen im Amazonasbecken das Aufkommen von bevölkerungsstarken Hochkulturen nicht zugelassen und nur eine geringe Bevölkerung aus nomadischen oder halbnomadischen

Abbildung 15.8: Die spanischen Vizekönigreiche in Mittel- und Südamerika

a) Peru b) Neugranada (1717) c) Rio de la Plata (1776)

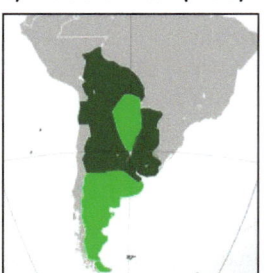

Quelle: Wikipedia

Gruppen von Jägern und Fischern erzeugt, die in geringem Umfang auch Ackerbau betrieben. Offiziell wurde Brasilien am 22. April 1500 durch den portugiesischen Seefahrer Pedro Álvares Cabral entdeckt. Der portugiesische König Johann III. ließ die brasilianische Küste in zunächst zwölf Zonen einteilen und vergab diese an Adlige und Günstlinge. Zur wirtschaftlichen Entwicklung setzte man vor allem auf den Anbau von Zuckerrohr in Plantagen. Als Arbeitskräfte wurden zunächst Indigene aus dem näheren Hinterland gefangen, sodann afrikanische Sklaven neben freiwilligen Einwanderern und Verbannten aus Europa, die katholisch sein mussten, eingesetzt. Um 1600 war Brasilien der größte Zuckerproduzent der Welt. Wenige Jahre später war der Dreieckshandel in vollem Schwung: Manufakturprodukte wurden in Afrika gegen Sklaven verkauft, die Sklaven wurden in Süd- und Nordamerika gegen Edelmetalle, Zucker, Kakao und Gewürze eingetauscht und diese wurden nach Europa gebracht.

Im ersten Viertel des 19. Jh., zwischen 1810 und 1826 befreite sich Lateinamerika von der spanischen bzw. portugiesischen Herrschaft. Die sozioökonomischen Verhältnisse, gegen die die Aufständischen in den lateinamerikanischen Kolonien angingen, waren zu Beginn des 19. Jh. nicht mehr die der kolonialen Anfangszeit, in der sich die spanische Kolonialmacht auf die Ausbeutung der Gold- und Silberminen in Mexiko, Peru und Bolivien sowie auf die Sicherung des Schiffstransports von Edelmetallen über den Ozean in das Mutterland konzentriert hatte.

Die für die Herrschaft Spaniens über Lateinamerika charakteristische »feudale Privilegienwirtschaft« (vgl. Roesler 2009) war auf die Regulierung des Handels zwischen Spanien und Kolonien fokussiert. Sevilla war Spaniens einzig zugelassener Amerikahafen für Im- und Exporte, die zugelassene Handelsroute für Südamerika ging von Sevilla über die Kanaren und Antillen nach Cartagena (Kolumbien) und Portobello (Panama). Pro Jahr verkehrten zwei Geleitzüge zwischen dem Mutterland und den Kolonien, die einerseits Gold und Silber aus Mexiko und Peru nach Spanien brachten und andererseits Luxusprodukte und Verbrauchsgüter aus Europa in die amerikanischen Kolonien sandten. Dieses Flottensystem schützte vor Pira-

Kapitel 15: Klassischer Imperialismus und Zwischenkriegszeit

tenangriffen und erleichterte gleichzeitig die Kontrolle der Verschiffungen und die Erhebung von Handelsabgaben. Innerhalb Südamerikas belieferte Chile die Bergwerkstädte der Anden mit Getreide, Argentinien versorgte Peru und Bolivien mit Textilien, Lederwaren und Wein. Dieser intrakontinentale Handel wurde durch die faktische Zollunion zwischen den spanischen Vizekönigreichen begünstigt.

Mit dem »Neuen System der ökonomischen Herrschaft für Amerika« wurden 1743 die Handelsverbindungen zwischen Spanien und den Kolonien liberalisiert. Von dieser Liberalisierung wurde eine Ausweitung bisheriger Absatzgebiete für Manufakturwaren aus dem Mutterland erwartet. Gleichzeitig war klar, dass die im Konkurrenzkampf innerhalb Europas unterlegenen spanischen Gewerbebetriebe in den Vizekönigreichen nur dann eine Chance hätten, wenn den Kaufleuten anderer westeuropäischer Staaten der Zutritt zu den Kolonien weiterhin verwehrt blieb. Die Einfuhr spanischer Produkte nach Lateinamerika erfuhr gegenüber ausländischen Waren, die ebenfalls von spanischen Schiffen transportiert werden mussten, eine Zollbegünstigung von 50 bis 75 Prozent. Selbstversorgung innerhalb der Kolonien, abgesehen von der Subsistenzwirtschaft der indigenen Bevölkerung, war dagegen unerwünscht. Die neue, konsequenter umgesetzte Kolonialstrategie Spaniens wies den Kolonien die Rolle von Lieferanten von Rohstoffen aus dem landwirtschaftlichen und dem Bergbaubereich einerseits und Abnehmern von Fertigwaren aus Spanien andererseits zu.

Dabei wurden von den Schöpfern dieses spanischen Merkantilismus die sozialen und politischen Folgen in den Vizekönigreichen in keiner Weise ins Kalkül gezogen. Dies betraf zunächst die zunehmende Entfremdung zwischen den in den Kolonien geborenen Spaniern, den Kreolen, und den Eurospaniern. Zu den Begünstigten der merkantilistischen Reformen zählte zum Einen die kleine Schicht der einheimischen Kaufleute in den Handelsstädten der Kolonien, die aufzublühen begannen. Buenos Aires, das zwei Jahrhunderte lang am Rande der spanisch-amerikanischen Handelswege gelegen hatte, zählte 1778 24.000 Einwohner und 1794 bereits 40.000. Zu den weiteren Nutznießern der Reformen gehörten auch die Eigentümer großer landwirtschaftlicher Betriebe, Plantagen und Viehzuchtfarmen (Haziendas). Als Rohstofflieferanten standen sie neben den Bergwerken im Mittelpunkt des Interesses der spanischen Merkantilisten. Demgegenüber erbrachten die wirtschaftlichen Veränderungen für die kreolische Oberschicht der Handwerker und Manufakturbesitzer nur beschränkte Vorteile. Ihre Textilherstellung geschah mit veralteter technischer Ausrüstung bei niedriger Produktivität und hohen Kosten, und sie hatten seit den Reformen unter der Konkurrenz der aus Spanien kommenden Erzeugnisse zu leiden.

Von jeglichem Wirtschaftsaufschwung im letzten Drittel des 18. Jh. war dagegen die arme Landbevölkerung, die überwiegend aus Indianern und Mestizen bestand, ausgeschlossen. Soweit sie nicht in naturwüchsigen autarken Dorfgemeinschaften Subsistenzwirtschaft betrieben, konnte sich die in erwerbswirtschaftliche Verhältnisse einbezogene Landbevölkerung auch nach der Aufhebung der direkten feudalen »Encomienda« im Jahr 1720 und ihrer Verwandlung in die indirekte, jedoch nicht weniger drückende Abhängigkeit in Gestalt der Peonage, einer Art Schuldsklaverei, nicht der Verfügungsgewalt der Grundeigentümer entziehen. Die Entstehung einer breiten Klasse freier Farmer als Privateigentümer von Grund und Boden, wie sie in den entwickelten Ländern Westeuropas die Ablösung feudaler Verhältnisse eingeleitet hatte, wurde dadurch verhindert. Eine fast ebenso rechtlose Stellung wie die Peone nahmen die aus feudalen Bindungen entlassenen Hirten, die Gauchos, ein. Für die aus Afrika importierte Sklavenbevölkerung versteht sich ihre Unterdrückung von selbst; ihre Zahl nahm in dieser Zeit insbesondere auf Kuba von 44 Tsd. (1775) auf über 100 Tsd. Personen im Jahr 1800 zu.

Die Aufstände und Befreiungskriege gegen die koloniale Oberhoheit wurden von der kreolischen Oberschicht getragen, obgleich sie teilweise auch zu den Nutznießern der merkantilistischen Reformen der Kolonialmacht Spanien gehört hatte. Die einheimischen Kaufleute der Hafenstädte waren auf den intrakontinentalen Handel beschränkt, während der lukrative Handel mit Europa den Eurospaniern vorbehalten blieb. Noch wichtiger als die ökonomische Benachteiligung war den Kreolen jedoch die gesellschaftliche, speziell die politische Zurücksetzung, die sie durch die Eurospanier erfuhren. Letzteren standen nach der Umgestaltung der Administration in den Vizekönigreichen alle wichtigen Verwaltungsposten zu, die Geld (vor allem durch Bestechung) sowie Reputation einbrachten. Es bedurfte allerdings einer Reihe objektiver und subjektiver, innerer und äußerer Voraussetzungen, um diese latente Unzufriedenheit in offene Rebellion zu verwandeln. Hierzu gehörte das Aufklärungsgut der neuen Wissenschaft der Politischen Ökonomie durch die Physiokraten und Adam Smith, die dem freien Markt die Ressourcenallokation überantwortet sehen wollten und Freihandel propagierten.

Einen praktischen Einblick in dieses Reich der freien Wirtschaft glaubten die kreolischen Kaufleute und Gutsbesitzer 1806/07 nehmen zu können, als die Landstriche an der La Plata-Mündung zeitweise durch britische Truppen besetzt waren und die Zölle gesenkt und das staatliche Handelsmonopol für eine Reihe von Waren abgeschafft worden war. Sieben Monate lang erfreuten sich die Bewohner Montevideos eines umfassenden Angebots mit vergleichsweise niedrigen Preisen. Die meisten Vertreter der kreolischen Bourgeoisie waren überzeugt, dass die Einführung des Freihandels und eine enge Anlehnung an die Wirtschaftsmacht Großbritannien nach Vollzug der Unabhängigkeit wirtschaftspolitisch der einzig richtige Schritt sein würde.

Der Unabhängigkeitskrieg in Lateinamerika (1808-1826) war durch Entwicklungen im Mutterland Spanien ebenso bestimmt wie durch solche in den Kolonien. Der Einmarsch Napoleons in Spanien 1808 zwang den spanischen König zur Abdankung, schwächte die Verbindungen der Kolonialadministration und ermunterte die Unzufriedenen in allen Vizekönigreichen, was mit Ausnahme Perus vorübergehend zur Beendigung der spanischen Kolonialherrschaft führte. Nach dem Ende der französischen Besetzung der Pyrenäenhalbinsel schöpfte die eingesetzte spanische Regierung wieder Kraft und sandte zusätzliche Truppenkontingente nach Spanisch-Amerika. Zeitweise gerieten die spanischen Kolonien mit Ausnahme des

Einzugsgebiets des Rio de la Plata wieder in spanische Hand. Endgültig die spanische Kolonialherrschaft abzuschütteln gelang den Kreolen erst, nachdem Spanien nach Ausbruch einer bürgerlichen Revolution – liberale Verfassung von Cadiz – und während des Einmarsches der französischen Truppen 1820-1823, die König Ferdinand VII. wieder an die Macht brachten, mit eigenen Problemen konfrontiert war und daher keinen militärischen Widerstand in den amerikanischen Kolonien mehr leisten konnte. Nur die Inseln Kuba und Puerto Rico blieben Kolonien, weil die Kreolen aus Furcht vor der Selbstbefreiung der Sklaven, die auf der benachbarten Antilleninsel Santo Domingo erfolgt war, das Plantagensystem verteidigten. Im Ergebnis erbrachte der Unabhängigkeitskrieg in Südamerika zwar politische Veränderungen, beließ aber die bestehenden sozialen Verhältnisse weitgehend unangetastet. Die Sklaverei wurde nur in jenen Staaten aufgehoben, in denen ihre Abschaffung nicht schadete. Tributzahlungen der Indios wurden zunächst abgeschafft, aber bald wieder eingeführt. Auch der feudale Arbeitszwang der »Mita« wurde dort, wo er sich überlebt hatte, endgültig abgeschafft, wich aber auch nach der Unabhängigkeit nur der Peonage infolge Schuldknechtschaft.

Ecuador hatte als erster Staat Südamerikas bereits 1809 seine Unabhängigkeit erklärt, war aber Ende 1812 von den Spaniern zurückerobert worden. Erst nach der Befreiung Kolumbiens, bekamen auch die Unabhängigkeitsbestrebungen Ecuadors neuen Auftrieb. In der Schlacht am Pichincha am 24. Mai 1822 gelang Antonio José de Sucre, dem General unter Simón Bolivar mit ecuadorianischen, großkolumbischen und argentinisch-chilenischen Truppen der entscheidende Sieg über die Spanier. Damit erreichte der königliche Gerichtsbezirk Quito die Unabhängigkeit von Spanien und Bolívar gliederte ihn an sein Großkolumbien an. Im Norden hatte unterdessen Bolívar in Venezuela seine Truppen konzentriert. Ihm war es gelungen, eine Armee von 6.500 Mann aufzustellen und am 24. Juni 1821 gelang ihm in der Schlacht von Carabobo ein entscheidender Sieg gegen gut 4.000 Spanier. In Peru schickte Bolívar wieder zuerst Sucre, um die politischen Verhältnisse zu klären, und kam schließlich selbst und unternahm 1824 den Feldzug zur Befreiung Perus. Sein Ergebnis war die Vertreibung der Spanier aus Peru und die Initiierung der Unabhängigkeit Boliviens. Eine Sonderstellung nahm Uruguay ein. Es schaffte zwar schon 1811 mit dem Nationalhelden José Gervasio Artigas, die spanische Kolonialherrschaft zu beenden, jedoch wurde das Gebiet 1821 vom Nachbarland Brasilien annektiert. Nach mehreren Revolten erklärte Uruguay schließlich am 25. August 1825 seine Unabhängigkeit und verbündete sich mit Argentinien. 1828 wurde schließlich der Vertrag von Montevideo unterzeichnet, in dem Uruguay unter dem Schutz Großbritanniens die Unabhängigkeit endgültig zugestanden wurde.

Die Wirtschaft blieb von den Kriegszerstörungen in der Mehrzahl der neuen Staaten weitgehend verschont. Nur die Bergbaubetriebe mussten ihre Produktion zeitweise einstellen und erlitten Zerstörungen ihrer Schächte. Allerdings erlebte die Wirtschaft keinen Aufschwung, da nach dem Unabhängigkeitskrieg der bisherige Handelspartner Spanien aus dem lateinamerikanischen Wirtschaftsleben fast gänzlich verschwand und die Beziehungen zum neuen Haupthandelspartner

Großbritannien auf Basis ungleicher Verträge erfolgte, die die Dominanz von Großbritannien ebenso festschrieben wie die der einstigen Kolonialmacht Spanien.

Auch in Brasilien war der Ruf nach Unabhängigkeit laut geworden, aber anders als die Spanier zeigten sich die Portugiesen entgegenkommender. Dadurch, dass bis 1821 Rio de Janeiro Sitz des portugiesischen Königs, der portugiesischen Regierung und Hauptstadt des 1815 gegründeten Königreiches von Portugal und Brasilien war, verliefen hier die Bruchlinien wesentlich gemäßigter als in den hispano-amerikanischen Staaten. Am 7. Dezember 1822 erklärte Brasilien nach dem 1821 stattgefundenen Umzug der portugiesischen Regierung von Rio de Janeiro nach Lissabon die Unabhängigkeit. Es hatte sich als unmöglich erwiesen, beide auf unterschiedlichen Kontinenten liegenden Staaten gleichzeitig zu regieren. Der vergleichsweise friedliche Übergang zur Unabhängigkeit und die durch die Krone geschaffene starke Zentralregierung begünstigte die Stabilität Brasiliens nach der Unabhängigkeit. Anders als die hispano-amerikanischen Staaten brach Brasilien nicht in einem Konglomerat verschiedener Staaten auseinander, sondern konnte seine territoriale Integrität wahren.

Während die meisten hispano-amerikanischen Staaten nach der Unabhängigkeit Jahrzehnte des Chaos und Unruhen durchlebten, genoss Brasilien ein Zeitalter relativer Stabilität. Bereits zur Kolonialzeit war der Anbau von Agrarprodukten wie Kakao, Kaffee und Baumwolle gefördert worden, ebenso die Zuckerexporte. Gefördert wurde auch die Ansiedlung von Industrien, soweit diese die gewerblichen Importwaren aus dem Mutterland für den brasilianischen Markt nicht behinderten. Da das portugiesische Gewerbe weitaus weniger entwickelt war als das spanische, blieb für die Herausbildung einer nicht-agrarischen Produktion in Brasilien ein größerer Freiraum. Brasiliens Bevölkerung wuchs in der zweiten Hälfte des 18. Jh. für lateinamerikanische Verhältnisse rasch an und überschritt zum Jahrhundertwechsel die Einwohnerzahl Portugals. Eine Besonderheit Brasiliens lag darin, dass aus der Verbindung von Portugal mit Großbritannien eine gegenseitige Öffnung der Märkte bestand und England einen legalen Zugang zum brasilianischen Markt besaß. Dies sollte in der Folgezeit auch für die anderen lateinamerikanischen Staaten eine wichtige Rolle spielen.

Die Unabhängigkeitserklärung der ehemaligen spanischen Vizekönigreiche und ihre Aufspaltung zu verschiedenen Staaten waren zunächst einseitig erfolgt. Dies war auch in Brasilien der Fall gewesen, wo es britischer Vermittlung bedurfte, bevor in 1825 ein portugiesisch-brasilianischer Friedens- und Allianzvertrag zustande kam und die Anerkennung Brasiliens durch die europäischen Staaten freigab. Anders als Portugal hatte die spanische Regierung auf die einseitigen Unabhängigkeitserklärungen ihrer ehemaligen Kolonien reagiert. Erst nach 1836, nach gescheiterten Invasionen spanischer Truppen in Mexiko und Peru erfolgte ihre Anerkennung durch Spanien; zuerst von Mexiko (1836), sodann von Ecuador (1840), Chile (1844), Venezuela (1845), Bolivien (1847), Argentinien (1858), Peru (1865), Paraguay (1880), Kolumbien (1881) und Uruguay (1882). Bereits zuvor hatten die USA die Souveränität dieser Staaten anerkannt.

Kapitel 15: Klassischer Imperialismus und Zwischenkriegszeit

Die Erlangung der politischen Souveränität der lateinamerikanischen Staaten war jedoch nicht gleichbedeutend mit ihrer außenwirtschaftlichen Emanzipation. Die wirtschaftliche Vorherrschaft des britischen Kapitals auf dem Weltmarkt aufgrund der internationalen Spitzenstellung der britischen Nationalarbeit nach Produktivität, Intensität und Qualität innerhalb der internationalen Stufenleiter der Arbeiten, flankiert durch die Größe der britischen Handelsflotte – im Jahr 1829 gehörten mit rd. 2,5 Mio. Tonnen 42% der Welttonage Großbritannien – wurde durch einseitig zugunsten britischer Handelskapitalisten abgefasster Handels- und Schifffahrtsverträge mit den lateinamerikanischen Staaten zementiert. Dies betraf geringere Finanzzölle auf britische Importe gegenüber anderen Handelspartnern sowie juristische Immunität britischer Staatsbürger gegenüber den einheimischen Strafverfolgungsbehörden.

Die Konsequenzen dieser wirtschaftlichen und politischen Hegemonie des britischen Handelskapitals waren für die unabhängig gewordenen Staaten Südamerikas fatal. Sie verschafften britischen Textilprodukten (Baumwoll- und Wollwaren) als den seinerzeit (um 1850) dominierenden Weltmarktwaren ein faktisches Monopol bei den lateinamerikanischen Importen und verhinderten weitgehend den Auf- und Ausbau eines heimischen Gewerbes und einer heimischen Industrie oder beförderten gar deren Zusammenbruch. Nur bei den Exportwaren, Rohstoffen wie Gold und Silber, Kupfer aus Peru und Chile, Zinn aus Bolivien und Salpeter aus Chile sowie landwirtschaftlichen Produkten wie Tierhäuten, Talg, Knochen und Pökelfleisch, konnten die lateinamerikanischen Staaten das Weltgeld zur Finanzierung ihrer Importe verdienen. Defizite in ihrer Handelsbilanz sowie in den Staatshaushalten, die im Wesentlichen nicht durch Einkommensteuern, sondern Finanzzölle finanziert wurden, mussten durch Kreditaufnahmen ausgeglichen werden, wodurch sich neue finanzielle Abhängigkeiten von britischen Kaufleuten und Banken ergaben. Die Ökonomie der lateinamerikanischen Staaten beruhte also auf einer exportgeleiteten Entwicklung, die aufgrund der ökonomischen Überlegenheit des Haupthandelspartners Großbritannien mit dessen Importen zugleich eine interne Industrialisierung mit Aufbau eines Binnenmarktes für deren Waren verhinderte. Hinzu kam noch, dass der intrakontinentale Handel zwischen den südamerikanischen Staaten, der zur Kolonialzeit noch eine Zollunion gewesen war, nunmehr aufgrund der Meistbegünstigungsklausel den mit den überseeischen Handelspartnern bestehenden Zöllen unterworfen wurde.

Damit sind auch die Gewinner und Verlierer dieser zunächst bis zum Jahr 1870 bestehenden exportgeleiteten Entwicklung ausgemacht. Erste Gewinner waren die Mitglieder der Handelsbourgeoisie in den Hafenstädten, die vielfach englische Kaufleute waren. Darüber hinaus partizipierten auch die Großgrundbesitzer von Latifundien und Haciendas von den dort heranwachsenden landwirtschaftlichen Exportprodukten; sie erhöhten ihre extensive Erzeugung vornehmlich durch Rodung der Wälder (Brasilien) oder Vertreibung der Indianer vom Grasland (Argentinien). Beide Gruppen fungierten als Konsumenten importierter Luxuswaren, eiferten den Moden aus Europa nach und errichteten sich aus ihren Renteneinkommen herrschaftliche Häuser und Paläste. Demgegenüber waren die Gewerbetreibenden und Manufakturisten die Verlierer dieses Entwicklungsmodells, weil sie sich in der Konkurrenz gegenüber den ausländischen Importwaren kaum behaupten konnten. Die Landarbeiter auf den Latifundien und die Gauchos in der Viehwirtschaft blieben, was sie waren, abhängige Arme, die auf einem vergleichbaren Niveau wie dem der außerhalb des Marktzusammenhangs für den Selbstbedarf wirtschaftenden Kleinbauern und indigenen Dorfgemeinschaften leben mussten.

Die Kolonialverhältnisse in Afrika und Asien und die ungleiche Entwicklung zwischen den Metropolen

Die Kolonialmächte im 19. Jahrhundert waren die Länder des »alten« Europa, neben Spanien, Portugal und Holland in erster Linie Großbritannien und danach Frankreich und das Deutsche Reich. Die USA übten nach ihrer Unabhängigkeit koloniale Herrschaft nur über die Philippinen, Hawaii und einige kleinere Inselgruppen im Pazifik aus, Japan beherrschte vor dem Ersten Weltkrieg an größeren Territorien nur die koreanische Halbinsel und Taiwan. Das Osmanische Reich als vergangene Großmacht voriger Jahrhunderte erstreckte sich nur noch über das türkische Kernland sowie den Nahen Osten (mit den heutigen Staaten Jordanien, Libanon, Israel und Irak sowie küstennahe Streifen am Roten Meer und Persischen Golf der arabischen Halbinsel). Die Doppelmonarchie Österreich-Ungarn beherrschte den Balkan (späteres Jugoslawien mit Ausnahme Serbiens) sowie die spätere Tschechoslowakei und Teile Rumäniens sowie grenznähere südliche Territorien des heutigen Polen und der Ukraine. Vor dem Ausbruch des Ersten Weltkriegs war die gesamte Welt unter die seinerzeit dominierenden kapitalistischen Metropolen aufgeteilt. Der Kapitalismus hatte sich als dominierende Gesellschaftsformation in Gestalt imperialistischer Herrschaft weltweit etabliert.

Die mit Abstand größte Kolonialmacht war der seinerzeitige Demiurg des kapitalistischen Weltmarkts und Hegemon der Weltpolitik Großbritannien. Auch nach der amerikanischen Unabhängigkeit hatte Großbritannien mit Britisch-Indien (in den seinerzeitigen Grenzen, d.h. mit dem heutigen Pakistan, Bangladesh, Myanmar und Ceylon/Sri Lanka) sowie Afghanistan und Malaysia große Teile des asiatischen Kontinents inkl. der Kronkolonien Singapur und Hongkong unter direkter Kontrolle. Hinzu kam die erzwungene Öffnung Chinas in den beiden Opiumkriegen (1839–1842 und 1856–1860). Daneben gehörten Kanada und Australien sowie Neuseeland zum britischen Empire (vgl. Abb. 15.9).

In Afrika beherrschten die Briten im Osten des Kontinents ein fast durchgängiges Territorium von Ägypten im Norden bis zum Kap der Guten Hoffnung (Südafrika) im Süden – nur unterbrochen durch das unter deutscher Kolonialherrschaft stehende Deutsch-Ostafrika (heutiges Tansania, Ruanda und Burundi sowie Teile von Mosambik); hinzu kamen koloniale Eroberungen in Westafrika (Sierra Leone, Goldküste (Gambia), Togoland (Ghana) und Nigeria. Auf der arabischen Halbinsel beherrschten die Briten den östlichen und südlichen Rand (die heutigen Vereinigten Emirate, Bahrain, Qatar, Oman und Jemen). Auch in Ozeanien waren sie dominant

Kapitel 15: Klassischer Imperialismus und Zwischenkriegszeit 573

Abbildung 15.9: Imperialistische Aufteilung der Welt (Übersicht)

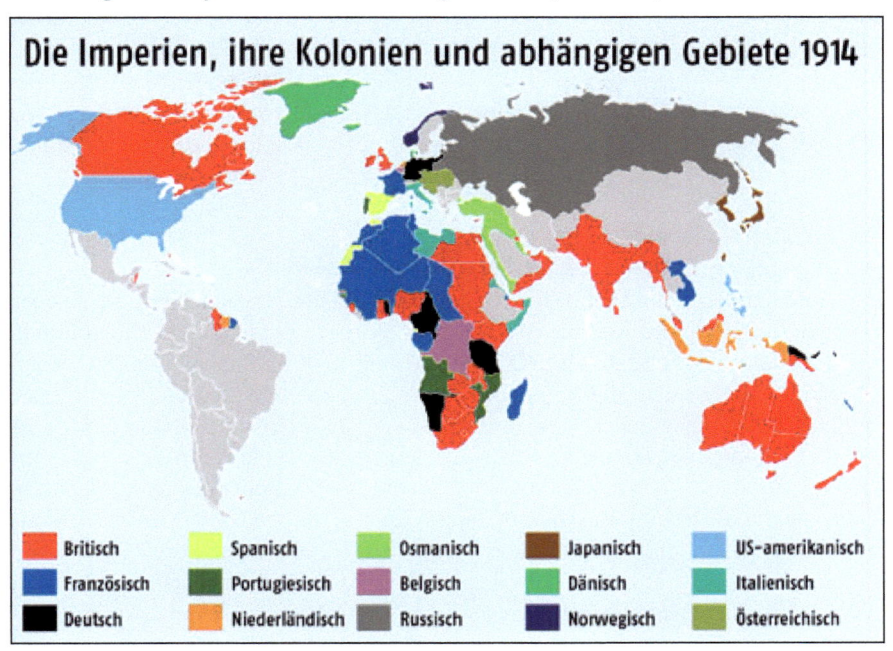

Die Imperien, ihre Kolonien und abhängigen Gebiete 1914

Britisch	Spanisch	Osmanisch	Japanisch	US-amerikanisch
Französisch	Portugiesisch	Belgisch	Dänisch	Italienisch
Deutsch	Niederländisch	Russisch	Norwegisch	Österreichisch

Quelle: www.suedwind-magazin.at/die-verschwiegene-tragoedie/

präsent (u.a. im heutigen Papua-Neuguinea). In der »Neuen Welt« beherrschten sie die meisten Kleinen Antillen-Inseln in der Karibik (zum Teil bis auf den heutigen Tag) sowie Britisch-Guayana und Britisch-Honduras (heute: Belize); nicht zu vergessen die »Falklandinseln« (Malvinas) in der südlichen Hemisphäre als Kronkolonie, für die die britische Kriegsflotte noch 1982 einen Krieg mit Argentinien geführt hat. Auch in Europa waren sie außer in ihrem Kernland (inkl. Isle of Man und Kanalinseln) mit dem Dominion Irland (heute: Nord-Irland als Bestandteil des Vereinigten Königreiches und Republik Irland) sowie in Malta, Zypern, Gibraltar und Helgoland vertreten. Gegen Ende des 19. Jahrhunderts hatte England das der britischen Krone »*mittelbar oder unmittelbar unterstehende Territorium auf ein Viertel der vom Land bedeckten Erdoberfläche (die in britischen Atlanten in stolzem Rot koloriert waren) (erweitert). Wenn wir das sogenannte ›informelle Empire‹ der unabhängigen Staaten mit einbeziehen, die letzten Endes wirtschaftlich von England abhängig waren, dann war flächenmäßig etwa ein Drittel der Länder der Erde in wirtschaftlicher und sogar kultureller Hinsicht britisch.*« (Hobsbawm 1989: 99f.)

Daneben nahmen sich die kolonialen Herrschaftsgebiete der »Grand Nation« Frankreich fast bescheiden aus. Der Schwerpunkt französischer kolonialer Eroberungen lag neben Französisch-Indochina (Vietnam, Laos und Kambodscha)

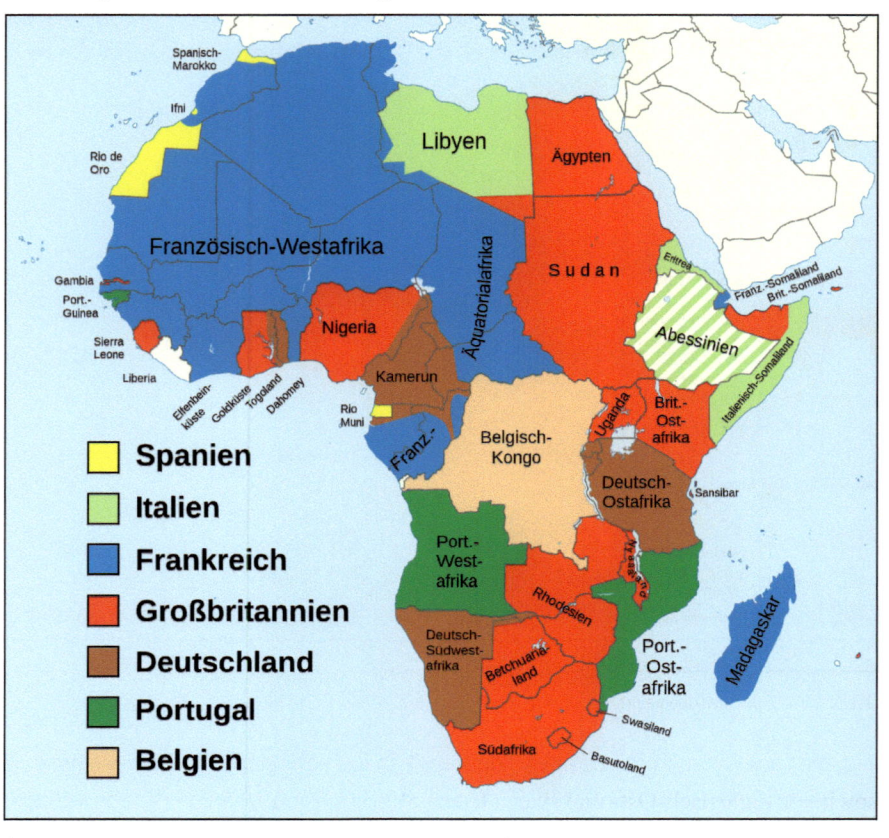

Abbildung 15.10: Koloniale Aufteilung Afrikas

Quelle: www.suedwind-magazin.at/die-verschwiegene-tragoedie/

in Afrika. Französisch-Westafrika und Französisch-Äquatorialafrika bildeten ein zusammenhängendes Territorium, das sich von den Maghreb-Staaten über die Sahara-Region bis zur westlichen und südlichen Atlantikküste (nur unterbrochen durch englische und deutsche Besitzungen) sowie im Osten bis inkl. des heutigen Tschad und der Zentralafrikanischen Republik erstreckte; hinzu kamen weiter südlich Äquatorial-Guinea und Gabun sowie die Insel Madagaskar im Indischen Ozean. In der Neuen Welt besaß bzw. besitzt Frankreich bis auf den heutigen Tag die Kleinen Antillen-Inseln Martinique und Guadeloupe sowie Französisch-Guayana (Französische Übersee-Departments). Mit einigem Abstand hinter diesen Kolonialmächten rangierten das Deutsche Reich mit Besitzungen in Afrika (Kamerun, Deutsch-Ostafrika und Deutsch-Südwestafrika) sowie einigen Inseln in Südostasien (Deutsch-Neuguinea), Belgien mit Belgisch-Kongo (späteres Zaire bzw. Demokratische Republik Kongo) sowie Portugal mit Portugiesisch-Guinea (heutiges Guinea-Bissau)

Kapitel 15: Klassischer Imperialismus und Zwischenkriegszeit

Abbildung 15.11: Kolonialstrukturen in Fernost

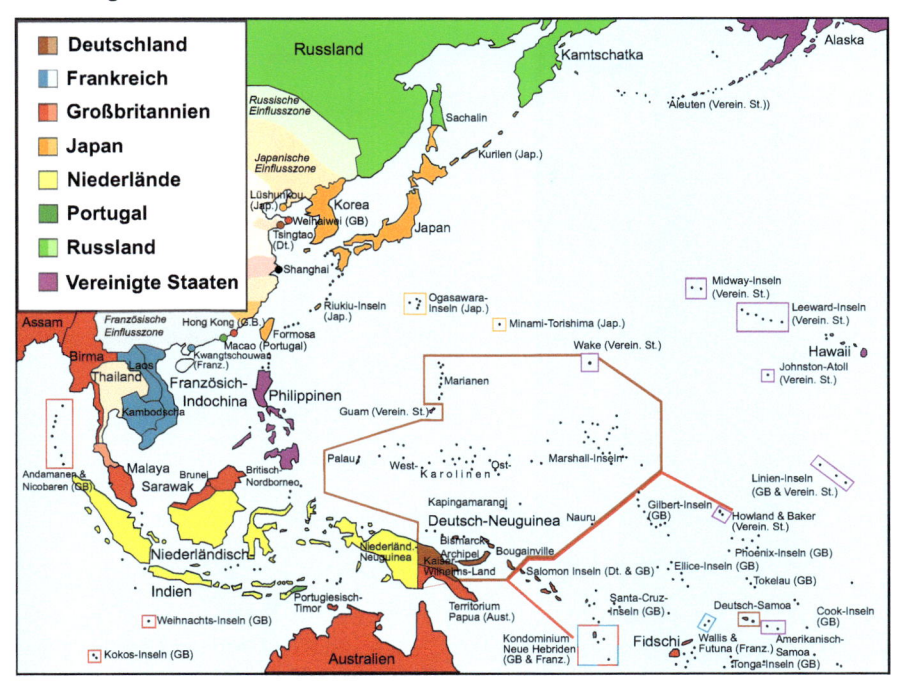

Quelle: https://de.m.wikipedia.org/wiki/Datei:East_Asia_and_Oceania_1914-de.svg

sowie Portugiesisch-Ost- und -westafrika (Angola bzw. Tansania und Mosambik), schließlich Italien mit Libyen sowie Eritrea, Abessinien (Äthiopien) und Somalia. Der Vollständigkeit halber sind noch die spanischen Besitzungen mit umgebenden Territorien um die bis heute verbliebenen Exklaven Ceuta und Melilla sowie an der Westküste Rio de Ora (heutiges Westsahara) zu erwähnen (vgl. Abb. 15.10).

Größere koloniale Besitzungen hatte im 19. Jahrhundert noch das niederländische Königreich in Südostasien. Dort beherrschten die Holländer mit Sumatra, Borneo und Niederländisch-Neuguinea das spätere Indonesien (vgl. Abb. 15.11). Darüber hinaus waren sie bis vor wenigen Jahren auf den Niederländischen Antillen in der Karibik (Aruba, Bonaire, Curaçao sowie Sint Maarten, Saba und St. Eustatius) präsent.

Während die geringen Besitzungen im Pazifik für die USA ökonomisch keine Rolle spielten und die kolonialen Eroberungen für die »alten« europäischen Mächte Frankreich und Deutsches Reich nur eine vergleichsweise geringe Bedeutung als Rohstofflieferanten und Absatzmärkte besaßen – für beide Mächte standen die politische Funktion und die symbolische Bedeutung ihrer Kolonien als Großmacht-Attribute an erster Stelle –, war die Ökonomie Großbritanniens seit jeher fest mit

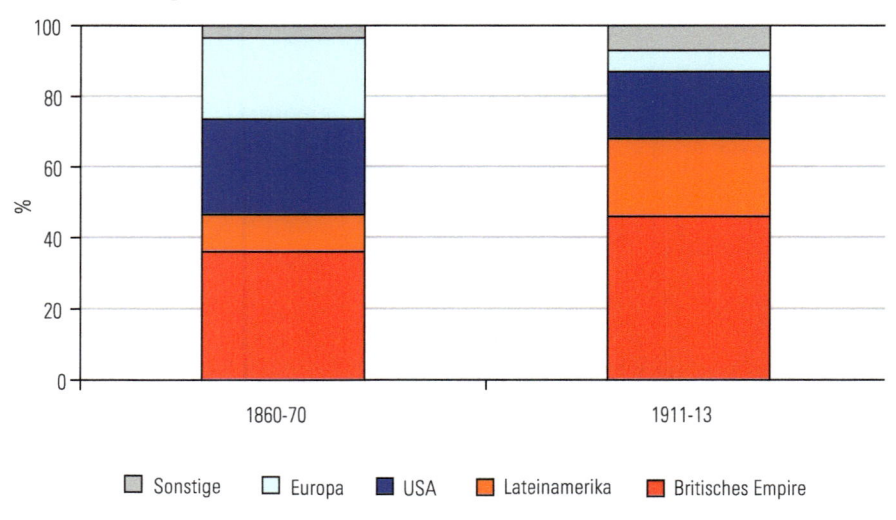

Abbildung 15.12: Regionale Verteilung der britischen Auslandsinvestitionen vor dem Ersten Weltkrieg; in %

□ Sonstige □ Europa ■ USA ■ Lateinamerika ■ Britisches Empire

Quelle: Hobsbawm 1989, zit. nach; Feinstein

seinen Kolonien verbunden. Englands Vormachtstellung als Weltmarkt-Demiurg beruhte immer schon auf seinen besonderen Beziehungen mit seinen überseeischen Bezugsquellen agrarischer und industrieller Grundstoffe sowie den fremden Absatzmärkten. Das koloniale Imperium Großbritanniens markierte Stärke und Schwäche zugleich, wobei die Schwäche im Hinblick auf die Konkurrenzfähigkeit des britischen Kapitals auf dem Weltmarkt mit fortschreitender Zeit die gewichtigere Seite dieser Balance werden musste.

Die zunehmende Orientierung der Ökonomie Großbritanniens auf sein Einflussgebiet (Empire) und minder entwickelte Länder (Lateinamerika) kam auch bei der Verteilung der britischen Auslandsinvestitionen zum Ausdruck (vgl. Abb. 15.12). Nach Europa und in die USA, d.h. in die Reproduktionsprozesse der konkurrierenden kapitalistischen Metropolen, ging nach der Jahrhundertwende gerade noch ein Viertel dieser Auslandsinvestitionen. Insofern kann man sagen: Nachdem durch die britischen Auslandsinvestitionen im 19. Jahrhundert mit fortschreitender Zeit überschüssiges Kapital, das weder im Inland noch in den beherrschten Gebieten profitable Anwendung fand, in die nachgeordneten kapitalistischen Metropolen floss und dort die Kapitalakkumulation der wichtigsten Konkurrenten beförderte, war seit dem letzten Viertel des 19. Jahrhunderts die zunehmende Wichtigkeit des Empires und unentwickelterer Länder nicht mehr und nicht weniger als ein Rückzug Großbritanniens auf angestammte Bereiche, der den zunehmenden Verlust der ursprünglichen Überlegenheit dieses Nationalkapitals auf dem Weltmarkt unterstrich. Damit war angelegt, dass mit der späteren Auflösung des britischen Empires auch die Bedeutung Großbritanniens als Wirtschafts- und sodann auch als Weltmacht schwinden musste. Vor dem Ersten Weltkrieg war allerdings neben dem ökonomischen Einfluss auch und gerade die englische Kultur und Lebensweise in den Ländern des Empires ungebrochen, wenngleich sie vornehmlich von Vertretern der Kompradoren-Bourgeoisie sowie einheimischen Verwaltungsbeamten adaptiert wurde. Der kulturelle Einfluss Großbritanniens hielt im Unterschied zum wirtschaftlichen noch lange nach dem Zerfall des Britischen Empires an.

Die ökonomischen Gründe für den Ersten Weltkrieg

Die vollständige Aufteilung der Welt zwischen den kapitalistischen Metropolen und ihren unmittelbaren und mittelbaren Einflussgebieten in den weniger entwickelten und unentwickelten Regionen musste mit einer gewissen Folgerichtigkeit zu Konflikten zwischen den wirtschaftlich dominierenden Nationalkapitalen führen, die als Konflikte zwischen Staaten ausgetragen wurden, wenn eine ökonomische Abschottung durch Protektionismus nicht ausreichte, um die Marktzugänge – sowohl im Innern der Metropolen als auch in ihren Kolonien und Einflussgebieten – zu sichern. In diesem Sinne wurde die Rivalität zwischen den Großmächten – neben Großbritannien das Deutsche Reich, Frankreich, Österreich-Ungarn, Japan sowie auch die USA mit ihrer Monroe-Doktrin, die Mittel- und Südamerika als Einflussgebiet (»Hinterhof«) betrachtete – durch ökonomische Tatbestände, d.h. den jeweiligen Akkumulations- und Verwertungstrieb der Nationalkapitale bestimmt. Dennoch ist Hobsbawm zuzustimmen, wenn er bei seiner Analyse der Ursachen für den Ersten Weltkrieg geltend macht, dass es nicht wirtschaftliche Gründe allein und schon gar nicht nur der Einfluss der nationalen Rüstungsproduzenten im Verein mit kriegslüsternen Militärs war, der zum Ausbruch dieser Katastrophe 1914 geführt hat: »*Aber was Europa in den Krieg trieb, war nicht das Wetttrüsten an sich, sondern die internationale Lage.*« (Hobsbawm 1989: 388) Vielmehr sind die politischen Verwicklungen zu berücksichtigen, welche nach dem an und für sich zufälligen Anlass nach dem Attentat eines nationalistischen Studenten auf den österreichischen Thronfolger Erzherzog Franz Ferdinand in Sarajewo zur Kriegserklärung Österreich-Ungarns an Serbien führte (»Serbien eine Lektion erteilen«). Die geschlossenen Bündnisstrukturen – Deutschland mit Österreich auf der einen und die sog. »Tripleentente« zwischen Großbritannien, Frankreich und Russland auf der anderen Seite – führten vor dem Hintergrund der als Bedrohung wahrgenommenen wirtschaftlichen und politischen Expansionsbestrebungen zu einem teilweise für die betroffenen Regierungen selbst überraschenden Eklat, der nicht wie bspw. die vorangegangene »Agadirkrise« im Jahr 1911[5] friedlich und mit blo-

---

[5] Deutschland hatte das Kanonenboot »Panther« zur Einnahme des Hafens von Agadir im Süden von Marokko entsandt, um von den Franzosen eine »Kompensation« für deren bevorstehende Übernahme Marokkos als »Protektorat« zu erlangen. England, das den Anschein erweckte, es sei zum Krieg an der Seite Frankreichs entschlossen, zwang den deutschen Kaiser Wilhelm II. zum Rückzug.

ßen Drohungen beigelegt wurde. Demgegenüber überlagerten sich in den folgenden Jahren innenpolitische und internationale Krisen: »*Das abermals von einer sozialen Revolution bedrohte Rußland, das von der Auflösung eines politisch nicht mehr regierbaren Vielvölkerstaates bedrohte Österreich und auch das polarisierte und deshalb immobile Deutsche Reich – sie alle neigten ihrem Militär und dessen Lösungsvorschlägen zu. Selbst Frankreich, einig in seiner Abneigung, mehr Steuern zu zahlen und auf diese Weise eine massive Aufrüstung zu finanzieren (es erwies sich als einfacher, die allgemeine Wehrpflicht wie früher auf drei Jahre zu verlängern), wählte 1913 einen Präsidenten, der Revanche gegenüber Deutschland forderte und mit dem Säbel rasselte, womit er den Generälen aus dem Herzen sprach, die nunmehr mit mörderischem Gottvertrauen ihre Defensivstrategie für die Aussicht aufgeben wollten, eine Offensive über den Rhein vorzutragen. Die Briten zogen Schlachtschiffe einer Heeresverstärkung vor: Die Flotte war schon immer populär, und den Liberalen als den Beschützern des Handels kamen nationale Ruhmestaten nicht ungelegen. Im Gegensatz zu Heeresreformen waren waffenstarrende Schiffe politisch attraktiv. ... Obgleich jedoch die britische Regierung bis zum letzten Augenblick friedlich blieb – oder sich zumindest weigerte, aus Angst vor einer Spaltung der am Kabinett beteiligten Liberalen Stellung zu beziehen –, so kam für sie doch nicht in Betracht, sich aus dem Krieg herauszuhalten. Zum Glück verschaffte der deutsche Einmarsch in Belgien, seit langem durch den Schlieffenplan vorbereitet, London einen moralischen Deckmantel für die folgenden diplomatischen und militärischen Notwendigkeiten.*« (Ibid.: 405f.)

Die wechselseitigen Kriegserklärungen der europäischen Regierungen und Mobilmachungen trafen auf eine nationalistisch geprägte Kriegsbegeisterung breiter Bevölkerungskreise; die Freiwilligenmeldungen in Deutschland, Großbritannien, Frankreich und Russland übertrafen alle Erwartungen. Die Massen folgten den Fahnen ihrer Staaten und verließen jene Führer, die sich dem Krieg widersetzten. Oder, noch schlimmer, die Führer der zuvor erstarkten sozialdemokratischen Parteien schwenkten selbst in das Lager der Kriegsbefürworter und -unterstützer um; die Zustimmung der Mehrheit der sozialdemokratischen Reichtagsfraktion zu den von der deutschen Regierung beantragten und zur Abstimmung gestellten Kriegskrediten verfolgt die deutsche Sozialdemokratie bis auf den heutigen Tag. In der (II.) Internationale waren nur Lenin und seine Mitstreiter unerschütterliche Kriegsgegner. Sie sollten Recht behalten und der Erste Weltkrieg mit seinen menschlichen Verlusten und materiellen Zerstörungen wurde in Russland zu einer der Ursachen für die Revolutionen des Jahres 1917.

c) Nachkriegswirren, labile internationale Konstellationen, Weltwirtschaftskrise und ihre Nachwirkungen im New Deal und (deutschem) Faschismus

Die Auswirkungen des Ersten Weltkriegs und die Struktur des Weltmarkts in der Zwischenkriegszeit

Die ursprünglich als nur kurz währender Waffengang gedachte militärische Auseinandersetzung entwickelte sich zu einem langwierigen Abnutzungs- und Stellungskrieg, der Jahr für Jahr mehr Opfer forderte; etwa 17 Millionen Menschen verloren ihr Leben. Er war ein Weltkrieg, denn er wurde in Europa, im Nahen Osten, in Afrika, Ostasien und auf den Ozeanen geführt. Wichtige Kriegsbeteiligte waren Deutschland, Österreich-Ungarn, das Osmanische Reich und Bulgarien einerseits sowie Frankreich, Großbritannien und das Britische Weltreich, Russland, Serbien, Belgien, Italien, Rumänien, Japan und die USA andererseits. Insgesamt 40 Staaten beteiligten sich am bis dahin umfassendsten Krieg der Geschichte, insgesamt standen annähernd 70 Millionen Menschen unter Waffen. Auch die Kolonialgebiete wurden in den Krieg hineingezogen. So hatte Großbritannien bereits im ersten Kriegsjahr beschlossen, den Krieg auszudehnen und alle deutschen Kolonien anzugreifen oder durch verbündete ausländische Truppen angreifen zu lassen. Dabei kam es besonders in Afrika zu teils schweren Kämpfen. Togo und Kamerun wurden eingenommen; die Südafrikanische Union griff Deutsch-Südwestafrika an. In Deutsch-Ostafrika konnte sich die deutsche Schutztruppe bis zum Kriegsende halten. Die deutschen Kolonien im Pazifik, in denen keine Schutztruppen stationiert waren, wurden nahezu kampflos an Japan, Australien und Neuseeland übergeben.

Kriegsentscheidend war letztendlich die ökonomische Potenz der USA, nicht so sehr die zwei Millionen Mann, die sie ab Sommer 1918 auf dem europäischen Kriegsschauplatz einsetzten, als der Krieg fast schon entschieden war. Der eigentliche Beitrag der USA war der mit dem »War Revenue Act« des Jahres 1917 eingerichtete Fonds, mit dem die Kriegsanleihen der Alliierten bedient wurden. Ohne diese sofort zu mobilisierende Finanzkraft des Staates und privater Anleger wäre es für die deutschen Kriegsgegner nur schwer möglich gewesen, den Krieg fortzusetzen. Insgesamt kostete die USA der Krieg gut 200 Mrd. US-Dollar. Diese Kriegsfinanzierung war zugleich ein Grund, welcher – neben anderen – den hegemonialen Übergang von Großbritannien zu den USA in der Weltwirtschaft vorbereitete.

Am Ende des Krieges bestimmte der Friedensvertrag von Versailles, dass Deutschland Teile des Reichsgebiets abzugeben und alle ehemaligen Kolonien aufzugeben hatte. Sie kamen zunächst unter die Kontrolle des neu gegründeten Völkerbundes, der die weitere Verwaltung bestimmte. Damit war allerdings nicht automatisch die staatliche Unabhängigkeit dieser ehemals deutschen Kolonien gegeben, sondern sie wechselten nur die Kolonialmacht. Die afrikanischen Besitzungen des deutschen Reiches fielen hauptsächlich den Briten zu. Die Teilung der Welt in Kolonialmächte und abhängige Territorien wurde im Ergebnis des Ersten Weltkriegs also keineswegs aufgehoben.

Abbildung 15.13: Welthandel: Exporte und Importe; in Mrd. Golddollar

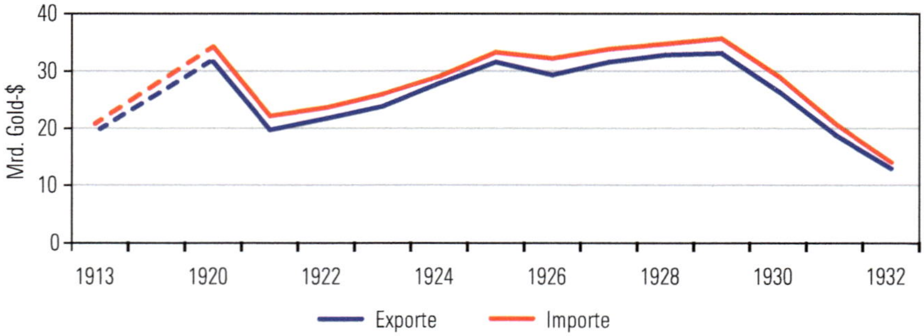

Quelle: W.S. und E.S. Woytinski 1955

Neben den politischen Ergebnissen hinterließ der Erste Weltkrieg auch in den internationalen wirtschaftlichen Verhältnissen erhebliche Konsequenzen. Das Welthandelsvolumen (in Golddollar) lag 1920 zunächst um mehr als 50% über dem Vorkriegsniveau (1913), sackte jedoch in der Krise 1921 wieder auf dieses Vorkriegsniveau ab. Erst 1929, d.h. unmittelbar vor der Weltwirtschaftskrise konnte der Wert von 1920 wieder leicht übertroffen werden (vgl. Abb. 15.13). Damit hatte der Welthandel erheblich an Dynamik gegenüber der Zeit vor dem Ersten Weltkrieg eingebüßt, wo der internationale Handel die Wachstumsraten der Weltproduktion deutlich übertroffen hatte. Dies galt bei Fertigwaren für die gesamte Zwischenkriegszeit und für Agrarprodukte mit Ausnahme der Jahre 1926–1929. In diesen Jahren überstieg die Angebotskapazität vieler rohstoffproduzierender Peripherieländer die Nachfrage der industriellen Metropolen. Der damit zusammenhängende Verfall der Rohstoffpreise wurde zu einem der wichtigsten Gründe für den Zusammenbruch des Weltagrarmarktes in der Wirtschaftskrise.

Dass die Entwicklung des Welthandels in den 1920er Jahren als Wachstumsfaktor für die Weltwirtschaft weitgehend ausfiel, hatte auch mit der Zunahme der Regionalisierung des auswärtigen Handels innerhalb der Wirtschaftsblöcke Europa (plus Kolonien), Sterling-Zone, Dollar-Zone (USA, Kanada, Lateinamerika) sowie Sowjetunion zu tun. Die Anteile der Regionen an den Weltex- und -importen blieben in der gesamten Zwischenkriegszeit ziemlich konstant; Nordamerika und Europa als Repräsentanten der entwickelten Länder vereinigten knapp zwei Drittel der Weltexporte auf sich. In dieser globalen Perspektive realisierten sowohl Nord- wie Mittel- und Südamerika Exportüberschüsse, während die europäischen Länder mit ihrem mit Abstand größten Anteil am Welthandel Importüberschüsse verzeichneten. Asien war Nettoexporteur ebenso wie Afrika mit Ausnahme der Jahre der Weltwirtschaftskrise.

Im Verhältnis der kapitalistischen Metropolen untereinander hatte sich im Gefolge des Krieges nicht nur das politische, sondern auch das wirtschaftliche Kräfteverhältnis verändert. Die europäischen Mächte erlitten während des Ersten Weltkriegs erhebliche ökonomische Einbußen. Am heftigsten war das Deutsche Reich betroffen; Industrie- und Agrarproduktion schrumpften deutlich, die Erstere lag 1919 um rd. 14% unter dem Niveau von 1914, das Sozialprodukt (in konstanten Preisen) war in den Kriegsjahren um annähernd 6% jährlich geschrumpft. Auch die Wirtschaft Großbritanniens verzeichnete bis 1918 Rückgänge in der Industrieproduktion, die Bruttoinvestitionen gingen während der Kriegszeit um mehr als 50% zurück. Im Unterschied dazu hatten sich die USA schnell auf die Kriegsbedingungen, die ihr Territorium nicht betrafen, eingestellt und erlebten durch die Belieferung der verbündeten europäischen Kriegsteilnehmer mit Rohstoffen, Nahrungsmitteln und Kriegsmaterial sowie durch Substitution ehemals aus Europa bezogener Importe einen Aufschwung in Landwirtschaft und Industrie. Lagen die Welthandelsanteile, gemessen an den Exporten, der drei führenden Metropolen Großbritannien, USA und Deutsches Reich vor Beginn des Ersten Weltkriegs 1913 noch fast gleichauf zwischen 12% (DR) und 16% (GB), so hatten sich 1920 die internationalen Gewichte erheblich verschoben. Die USA rangierten nunmehr leicht vor Großbritannien, während auf das Deutsche Reich weniger als 3% der Weltexporte entfielen. Es dauerte ein halbes Jahrzehnt, bis Deutschland wieder an seine Vorkriegsposition anknüpfen konnte. Mit der Verschiebung der Welthandelsanteile ging auch eine Verlagerung der internationalen Kapitalströme einher. Die USA waren ausgangs des Krieges Gläubigernation gegenüber Frankreich und Großbritannien geworden und wurden in der Folgezeit mit zinsinduzierten kurzfristigen Kapitalanlagen in Deutschland zu einer fragilen Stütze der internationalen Konjunktur.

Die Weltwirtschaftskrise als finaler Abschluss der Periode beschleunigter Kapitalakkumulation aus dem 19. Jahrhundert

Es wurde schon darauf hingewiesen, dass das Ende der Periode einer beschleunigten Akkumulation und ihre Ablösung durch eine kapitalistische Überakkumulation für den Weltmarkt-Demiurgen des 19. Jahrhunderts Großbritannien mit einer langen Vorankündigung erfolgten. Denn mehr und mehr verlor das britische Kapital an Wettbewerbsfähigkeit auf dem Weltmarkt gegenüber den aufkommenden Konkurrenten Deutsches Reich und USA, die mit Aktiengesellschaften und Kartellen überlegene Organisationsformen gegenüber den stärker durch mittlere Unternehmensgrößen dominierten englischen Kapitalen aufwiesen. Mehr und mehr konzentrierte sich infolge des Verlustes an Konkurrenzfähigkeit die britische Kapitalakkumulation auf die Länder des Britischen Empire, wenn nicht sogar die Anlage disponibler (Geld-) Kapitale Großbritanniens im Ausland die Akkumulationsdynamik seiner unmittelbaren Konkurrenten aktiv beförderte. Die tendenziell sinkenden zyklendurchschnittlichen Wachstumsraten der britischen Wertschöpfung seit den 1880er Jahren, verstärkt durch die Wirren des Weltkriegs und den Verlust eines Teils seines direkten Staatsgebietes durch die Unabhängigkeit der Republik Irland, setzten sich in den 1920er Jahren bruchlos fort. Nach dem Kriegs-Zyklus (1915–1922) weisen die ersten beiden Zwischenkriegszyklen 1923–1926 und

1927–1932 alle Merkmale eines Überakkumulationssituation auf: schwache Aufstiegsbewegungen ohne nennenswerte multiplikative Effekte, stattdessen unregelmäßige Oszillationen (Stop-and-Go-Bewegungen) sowie lange und tiefgreifende Abschwünge bereits 1921 und 1926 sowie 1929–32.

Das Deutsche Reich konnte als Kriegsverlierer mit den politischen Erschütterungen durch die Novemberrevolution 1918, den Gebietsabtretungen namentlich an Frankreich (Elsass-Lothringen, Teile des Saarlandes) und Polen, der Besetzung des Rheinlandes, dem Verlust aller Kolonien, den durch die Versailler Verträge aufgebürdeten Reparationsleistungen und der Zerrüttung des Geldwesens durch die Hyperinflation von 1923 als Nachwirkung der staatlichen Kriegsfinanzierung durch die Notenpresse an seine Vorkriegsrolle als aufstrebende Industriemacht erst in der zweiten Hälfte der 1920er Jahre wieder anknüpfen. Die Prosperitätsjahre blieben auf die Aufschwungsphasen der ersten beiden Zwischenkriegszyklen mit einem nur schwach ausgeprägten Abschwung 1926 beschränkt; dies war zu wenig für eine durchgreifende Erholung, geschweige denn eine weichenstellende Modernisierung der Gesamtwirtschaft.

Für die USA blieben die Ergebnisse der Versailler Friedenskonferenz hinter den hochgesteckten Erwartungen zurück. Präsident Woodrow Wilson wurde zu Hause direkt für den Misserfolg verantwortlich gemacht. Weitreichende Konsequenzen für die globale Nachkriegsordnung sollte die Senatsentscheidung vom November 1919 haben, mit der der Beitritt der USA in den Völkerbund abgelehnt wurde. Die Nation wollte sich (wieder) vom Schicksal Europas abwenden und zum Isolationismus zurückkehren, eine Haltung, die der mit großer Mehrheit neugewählte republikanische Präsident Warren G. Harding (1921–1923) durch seinen berühmten Wahlkampfslogan »Zurück zur Normalität« ausdrückte. Hiermit brachte er die Stimmung einer Gesellschaft zum Ausdruck, die nach der Reform- und Kriegszeit dem Idealismus à la Wilson nun überwiegend kritisch gegenüberstand. Mit Harding wurde die Dominanz der Republikanischen Partei eingeleitet, die in ungebrochener Folge bis 1932 auch die Präsidenten stellte. Die Armee wurde auf ein Drittel der Stärke des Jahres 1919 reduziert, die Interventionstruppen in Sibirien, die die konterrevolutionären Weißgardisten im russischen Bürgerkrieg nach der Oktoberrevolution unterstützen sollten, wurden wieder zurückgezogen. Allerdings verhängten die USA einen Wirtschaftsboykott gegen Sowjet-Russland. Wirtschaftlich wurde das Land unter Hardings Regierung zur bedeutendsten Handelsmacht und von einer Schuldnernation zum größten Gläubiger der Welt. Neben London etablierte sich New York als Zentrum der Weltfinanz. Trotz isolationistischer Außenpolitik blieben die USA in der Außenhandelspolitik aktiv. Sie erwarteten die Rückzahlung der alliierten Schulden und hatten ebenso ein Interesse, die Reparationszahlungen der Besiegten mitzugestalten. Im »Dawes-Plan« von 1924 wurde ersichtlich, dass sie für die deutschen Rückzahlungsschwierigkeiten größeres Verständnis aufbrachten als England und Frankreich. Sie setzten eine Angleichung der Zahlungen an die wirtschaftliche Leistungsfähigkeit des Deutschen Reiches durch und stellten ihm eine erhebliche Anleihe zur Verfügung. Als sich die Forderungen erneut als zu hoch er-

Kapitel 15: Klassischer Imperialismus und Zwischenkriegszeit

Abbildung 15.14: Aktienkurse in USA, GB, DR und Frankreich; Indizes 1926 = 100

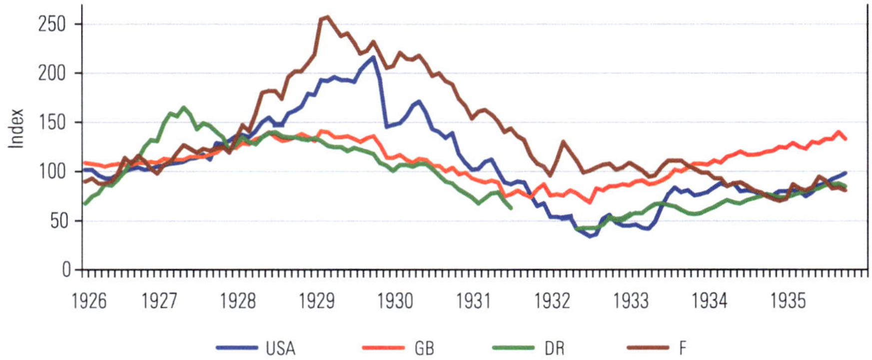

Quelle: League of Nations, Statistical Yearbooks

wiesen, wurden die jährlichen deutschen Zahlungsraten 1929 auf amerikanischen Druck hin nochmals reduziert, was dokumentierte, dass den USA an einer europäischen Stabilität gelegen war, nicht zuletzt um eigene Investitionen dort zu sichern. Diese Rücksichtnahme war aber weit davon entfernt, eine wirtschaftliche Führungsrolle in der Weltwirtschaft zu übernehmen, obwohl sie dazu beitrug, dass das Pfund Sterling endgültig aufhörte, internationale Leitwährung zu sein.

Der außerordentliche Charakter der Weltwirtschaftskrise gegenüber einem »normalen« zyklischen Einbruch ist bereits anhand der zyklendurchschnittlichen negativen Veränderungsraten der gesamtwirtschaftlichen Produktion im II. Zwischenkriegszyklus zum Ausdruck gekommen. Für das Jahr 1929 wurde mit Ausnahme des Deutschen Reiches zwar für den Jahresdurchschnitt noch eine positive Wachstumsrate ausgewiesen – 6,3% in den USA, 1,4% in Großbritannien –, jedoch hatten sich bereits zur Jahresmitte Abschwächungstendenzen der zyklischen Kapitalakkumulation bemerkbar gemacht. Unmittelbarer Auslöser des Abschwungs war dann der Börsenkrach in New York mit den Kurseinbrüchen an der Aktienbörse vom »schwarzen Freitag« in der Woche vom 21. bis 25. Oktober 1929 bzw. dem darauf folgenden Montag, den 28. Oktober, in denen der Dow Jones Industrial Average innerhalb von 4 Tagen von 326,5 auf 260,6 Punkte, d.h. um mehr als 20 Prozent fiel. Dieser Einbruch in New York zog die anderen Börsen mit nach unten, deren Aktienkurse teilweise schon vorher ihr zyklisches Hoch erreicht und bereits wieder verlassen hatten – wie in Deutschland sowie Frankreich – oder nicht den amerikanischen Überschwang ab Mitte 1928 mit vollzogen hatten – wie in Großbritannien (vgl. Abb. 15.14). Kurs-Gewinn-Verhältnisse, die von 10 bis 12 auf 20 bis 30 gestiegen waren, waren eindeutig spekulationsgetrieben und für die damaligen Verhältnisse enorm.[6] Das Hauptproblem war jedoch die weitgehende Kreditfinan-

---

[6] Zum Vergleich: Shiller (2005: 5) berechnet ein durchschnittliches preisbereinigtes KGV für den Höhepunkt des New Economy-Hypes in 2000 in den USA von rd. einem Drittel mehr.

zierung der Hausse, die sich nach dem Zusammenbruch sofort zu einer empfindlichen Kreditrestriktion auswuchs und damit die reproduktive Wertschöpfung und Akkumulation in Mitleidenschaft zog.

Hintergrund des Kurseinbruchs an der New Yorker Börse war ein weltweiter Zinsanstieg, der 1929 sein zyklisches Maximum erreichte und damit den Zeitpunkt des Krisenausbruchs dokumentiert. Dabei lag der Diskontsatz der Bank von England über den kurzfristigen Geldmarktsätzen und signalisierte so eine geldpolitische Verschärfung gegenüber den Markttendenzen; diese Konstellation war bei den anderen Ländern erst nach 1931 gegeben. Dieser Restriktionskurs der Bank von England wurde für einen Abzug von Geldern aus New York verantwortlich gemacht, der den vollkommen überhitzten Markt umschwenken ließ. Die ausgebrochene Panik verstärkte sich, einmal begonnen, aus sich selbst heraus. Alle Stabilisierungsbemühungen der amerikanischen Notenbank sowie privater US-Banken fruchteten nichts. Die durch den Kurseinbruch am Aktienmarkt und den Kapitalabzug ausgelöste Liquiditätsklemme breitete sich auf den reproduktiven Sektor aus und leitete den Abschwung ein.

Es hat immer Versuche gegeben, den außerordentlichen Charakter der Weltwirtschaftskrise durch ihre Einbettung in langfristige Entwicklungstendenzen der Kapitalakkumulation oder allgemeiner der wirtschaftlichen Entwicklung generell zu begründen. Folgt man der These, dass die langfristige Entwicklung des Kapitalismus durch eine Abfolge von etwa 50-jährigen sog. »Kondratieff-Zyklen« geprägt sei, so würde die Weltwirtschaftskrise sowie die anschließende Depressionsperiode den Abschwung eines 3. Kondratieff-Zyklus, der ca. 1890 nach dem sog. Gründerkrach begonnen, durch Elektrotechnik-, Schwermaschinen- und Chemie-Branchen getragen und bis etwa 1940 angedauert habe, markieren.[7] Eine andere, stark auf stoffliche Merkmale abhebende und die der Weltwirtschaftskrise folgende Depressionsphase in den USA aus Hindernissen für eine Veränderung von Produktstrukturen erklärende Interpretation,[8] unterliegt wie die »Theorie langer Wellen« einer fehlenden wertmäßigen Vermittlung. Demgegenüber halten wir fest: Es waren die Verwertungsspielräume der überkommenen Arbeits- und Betriebsweise der kapitalistischen Produktion, die in der vorangegangen Phase ausgereizt worden waren. Die neue, in Anfängen in den USA etablierte Betriebsweise des Fordismus konnte in der Zwischenkriegszeit noch nicht in den europäischen Metropolen Fuß fassen.

---

[7] Neben N. Kondratieff selbst (vgl. Kondratieff 1926 und 1928) stehen Schumpeter (vgl. Schumpeter 1939) und Mensch (vgl. Mensch 1973) im bürgerlichen Spektrum und E. Mandel (vgl. Mandel 1983) für eine marxistische Interpretation dieses Paradigmas. Alle derartigen, zudem sehr disparaten Erklärungsansätze bleiben u.E. weit hinter der Aussagekraft des von uns entwickelten Zusammenhangs von dominanten Rationalisierungsparadigmen, spezifischen Betriebsweisen und internationalen Akkumulationsregimes zurück.

[8] Vgl. Bernstein 1987: 27: »*Recovery was lacking in the thirties because at the same time that long-run potentials for growth were shifting under the influence of a secular transformation to sectors whose presence in the aggregate economy was still relatively insignificant, short-run obstacles to a smooth transition emerged.*«

Dem standen sozialstrukturelle und politische Hemmnisse und Blockaden entgegen. Insofern entfiel rückwirkend für die USA jegliche Verstärkung ihrer reproduktiven Kapitalakkumulation durch den auswärtigen Handel mit den europäischen Metropolen. In der Weltwirtschaftskrise, deren Ausbruch und internationale Verallgemeinerung über die Finanzmärkte lief, fassten sich dann alle ökonomischen sowie weltpolitischen und innenpolitischen Widersprüche der führenden kapitalistischen Länder zusammen; insofern markiert diese Krise den Abschluss des vorangegangen historischen Kontinuums.

Verschärfung der Krise durch Protektionismus und finanzpolitische Austerität

Die in den fundamentalen Produktionsverhältnissen wurzelnde kapitalistische Überakkumulation wurde durch wirtschaftspolitische Maßnahmen einiger Regierungen verschärft. Protektionistische Abschottungen mit Abwertungswettläufen beeinträchtigten die Weltmarktverhältnisse und eine staatliche Finanzpolitik, die auf sinkende Einnahmen mit Ausgabenkürzungen reagierte, beschränkte die konsumtive Endnachfrage in den betroffenen Ländern.

Ein wesentliches krisenverschärfendes Element der Krise 1929–1932/3 war der Einbruch des Welthandels, der von 1930 bis 1932 vom 1,75-fachen auf das 0,7-fache der Zeit vor dem Ersten Weltkrieg (1913) zurückging (vgl. die frühere Abb. 15.13). Auf den Verfall der agrarischen Rohstoffpreise, der bereits vor Ausbruch der Weltwirtschaftskrise zu verzeichnen war, ist bereits hingewiesen worden; er war Ausdruck eines die Nachfrage übersteigenden Angebots bei vielen Rohstoffen (außer Baumwolle). Die beginnenden Preissenkungen wurden durch Importzölle von Abnehmerländern und steigende Verkäufe der Produzentenländer, um die auf den Farmen und Bauernwirtschaften lastenden Kreditverbindlichkeiten zu bedienen, verschärft. Dieser Prozess bedingte eine regelrechte Preisdeflation, die Zahlungsbilanzdisproportionen hervorrief bzw. verschärfte und Goldverkäufe der Goldstandardländer erzwang, nachdem die Devisenreserven aufgebraucht waren. Sie führte schließlich zum Ausstieg aus dem Goldstandard mit anschließenden Währungsabwertungen. Kindleberger spricht in diesem Zusammenhang von einer durch das Verhalten der Rohstoffländer erzeugten »strukturellen Deflation«[9], die der durch die industrielle Überakkumulation von Kapital erzeugten zyklischen deflationären Preisentwicklung zeitlich vorherging und sich nach Ausbruch der Krise mit ihr in der nachfolgenden Depressionsphase vereinigte.

---

[9] Vgl. Kindleberger 1973: 108f.: »*Von 1925 bis 1929 lief in der Welt-Rohstoffwirtschaft ein Prozeß ab, den man ... als strukturelle Deflation bezeichnen kann. Anstelle einer Übernachfrage bestand ein Überangebot. Einige Länder versuchten der Lage Herr zu werden, indem sie das Überangebot auf Lager nahmen. Ohne eine Anpassung der Produktion wurde das Problem damit nur aufgeschoben. Die anderen Länder hielten es eines nach dem anderen für nötig, den Konsequenzen des Überangebots auszuweichen, indem sie es vom Binnenmarkt fernhielten oder die Ernte um jeden Preis verschleuderten; dabei milderten sie vielleicht die Folgen zu Hause durch Abwertung, die die Preise im Ausland herunterzog. So zwingt das Überangebot dem System der Weltwirtschaft eine Art struktureller Deflation auf.*«

Die marktbestimmten Konsequenzen und geld- und währungspolitischen Reaktionen auf diese Deflation waren destabilisierende Geldkapitalbewegungen, d.h. ein Abzug von Geldern aus Ländern mit hoher Krisenbetroffenheit und abwertender Währung, was deren Zahlungsbilanzprobleme verschärfte und zu einer Kreditdeflation führte. Das Deutsche Reich war von diesen Prozessen in besonderer Weise betroffen. Gleichzeitig gab es im Verlauf des Abschwungs ab 1930 auch immer wieder auf einzelne Länder verteilte kurzzeitige Entspannungen in einzelnen Bereichen. Derartige zwischengeschaltete Erholungsphasen des Krisenverlaufs waren immer auch Anlass für Einschätzungen, dass die Krise überwunden sei und die Wirtschaft sich bereits wieder auf dem Pfad der Erholung befinde. Jedoch waren dies nur kurzzeitige Intermezzi, denn die übergreifende Entwicklung wurde durch weitere Kontraktion mit Verlust der Kreditwürdigkeit, Zahlungsverzug, Währungsabwertungen, politischen Wirren und weiter fallenden Preisen beherrscht – alles Gründe für die Unattraktivität einer Anlage von Geldkapital seitens potenzieller Investoren.

Vor dem Hintergrund der Zahlungsbilanzverwerfungen waren die internationalen Versuche zur Reduzierung von Einfuhrzöllen und Öffnung der Märkte von wenig Erfolg gekrönt. An der internationalen Konferenz zur Stabilisierung des Welthandels vom Februar 1930, die konkrete Maßnahmen zu den 1929 beschlossenen Stillhalteabkommen bei den Zöllen erarbeiten sollte, nahmen nur 27 Länder teil. Davon unterzeichneten nur 11 das Schlussdokument, das schließlich nur sieben Staaten ratifizierten. Großbritannien mit seiner traditionellen Orientierung am Freihandel war dabei der einzige größere Akteur. Die USA erhöhten mit dem »Smoot-Hawley-Tarif« ihre Zölle und lösten damit eine ganze Reihe von Retorsionsmaßnahmen anderer Länder aus. Im folgenden Jahr 1931 rückte auch Großbritannien von seiner Freihandelsdoktrin ab. Im September desselben Jahres gab das Land vor dem Hintergrund von internen Auseinandersetzungen zwischen Liberalen und der Labour-Party um den Staatshaushalt den Goldstandard auf; innerhalb weniger Tage verlor das Pfund Sterling gegenüber dem US-Dollar ein Viertel seines Wechselkurses (von 4,86 auf 3,75 US-$ für 1 £). Im Dezember 1930 hatte sich der Pfund-Kurs auf 3,25 US-Dollar erniedrigt. Der größte Teil des Empire, Skandinavien, Osteuropa sowie Argentinien, Ägypten und Portugal folgten dem britischen Beispiel; nur der US-Dollar sowie der Goldblock um Frankreich und die Reichsmark folgten der Abwertung nicht. Den Währungsabwertungen folgte eine weitere Runde von Zollerhöhungen.

Die um sich greifende Abwertungsspirale und die protektionistischen Abschottungen durch steigende Importzölle trafen diejenigen Länder am härtesten, die stark vom Export ihrer Grundstoffe abhängig waren. Nachdem die unentwickelten und weniger entwickelten Länder zunächst durch das Versiegen der Kapitalmärkte betroffen worden waren, fielen 1932/33 auch ihre Exporte teilweise regelrecht zusammen; ihre Exportrückgänge lagen teilweise zwischen 50 und 80%. Damit wurden nahezu alle Länder der Erde, die am Welthandel teilnahmen, in den Krisensog hineingezogen und die Krise wurde zu einer wirklichen Weltwirtschaftskrise.

Kapitel 15: Klassischer Imperialismus und Zwischenkriegszeit

Die weitgehende Zerstörung der Welthandelsbeziehungen war nicht die einzige krisenverschärfende Entwicklung. Hinzu kam in wichtigen Ländern eine Austeritätspolitik bei den öffentlichen Finanzen, welche neben dem Rückgang der Investitionen und der privaten Konsumnachfrage auch die öffentliche Nachfrage massiv kontrahieren ließ. Am härtesten war Deutschland betroffen, da neben dem konjunkturbedingten Einnahmeausfällen der öffentlichen Budgets und den steigenden Anforderungen aufgrund von Transfers für die stark zunehmende Zahl der Arbeitslosen die Restriktionen durch die Zahlungserfordernisse für Reparationen aus dem Versailler Vertrag noch hinzukamen. Als der Kapitalimport nach Deutschland zurückging und darüber hinaus kurzfristig angelegte Geldkapitalien zurückgezogen wurden, kamen Banken in Schieflage.[10] Die Bemühungen, die deutsche Bankenkrise durch eine ausländische Anleihe zu überwinden, scheiterten. Nur ein Moratorium in Form der Prolongation des 100-Millionen-Dollar-Kredits der Zentralbanken vom 25. Juni 1931 um drei Monate und eine offizielle Empfehlung für ein Stillhalteabkommen bei den deutschen Auslandskrediten (»Hoover-Moratorium«) kam zustande.

Die Bankenkrise wurde von der deutschen Regierung Brüning benutzt und die Austeritätspolitik der öffentlichen Haushalte wurde teilweise bewusst betrieben, um die Last der Reparationen abzuschütteln. »*Der wesentliche Punkt ... ist, daß Brüning in der Deflation ein Mittel sah, die Reparationen loszuwerden.*« (Ibid.: 182) Dies wurde als Vorbedingung dafür gesehen, um einerseits die Arbeitslosigkeit zu bekämpfen und andererseits den politischen Vormarsch der Nationalsozialisten zugunsten der »bürgerlichen Mitte« zu stoppen. »*Deutschland mußte seinen Gläubigern demonstrieren, daß es nicht mehr zahlen konnte.*« (Ibid.: 183) Gegen den Mythos, dass die Regierung Brüning nach Beseitigung der Reparationslasten zu einer groß angelegten Arbeitsbeschaffungspolitik übergegangen wäre, hat Woytinsky, einer der Verfasser des WTP-Plans der Gewerkschaften für Arbeitsbeschaffungsmaßnahmen, zu Recht eingewandt: »*Seine (Brünings / S.K.) selbstmörderische Politik entsprang seinen allgemeinen Anschauungen. Er fürchtete das Phantom einer nicht aufzuhaltenden Inflation; der Gedanke, den Arbeitslosen durch Arbeitsbeschaffung das Leben zu erleichtern, gefiel ihm nicht; und er meinte, daß ein Programm öf-*

---

[10] Vgl. Kindleberger 1973: 163f.: »*Am 5. Juli (1931 / S.K.) berichtete eine Zeitung in Basel, dem Sitz der Bank für Internationalen Zahlungsausgleich, daß eine deutsche Bank in Schwierigkeiten sei. Einen Tag später wurde die Danatbank genannt. Die deutsche Bankenkrise entlud sich. ... Am 13. Juli wurden die Banken kurzfristig geschlossen. Als sie am 16. Juli öffneten, wurden die Auslandskredite blockiert und der Diskontsatz von 7 auf 10 Prozent angehoben. Am 18. Juli schlossen sich 43 größere Banken mit Ausnahme der Danatbank im ›Überweisungsverband e.V.‹, einer Haftungsgemeinschaft unter der Führung der Golddiskontbank zusammen, und am 25. Juli wurde die Akzept- und Garantiebank AG gegründet, welche durch ihr Akzept die dritte Unterschrift auf Wechsel leisten sollte, damit diese reichsbankfähig wurden und von der Reichsbank diskontiert werden konnten. Als die Akzeptbank am 28. Juli ihre Tätigkeit aufnahm, betrug der Diskontsatz der Reichsbank 10 Prozent. Am 1. August 15 Prozent.*«

fentlicher Arbeiten ein Luxus sei, den Deutschland sich nicht leisten könne.« (Woytinsky 1961: 466) Ganz in der Linie, die Reparationslast um jeden Preis loszuwerden, verschärfte Brüning seinen wirtschaftspolitischen Kurs durch Notverordnungen weiter: die Löhne wurden auf das Niveau von Anfang 1927 gesenkt, die Arbeitslosigkeit ging nicht zurück, sondern stieg weiter an und die NSDAP gewann weiter an Boden. Als auf der Lausanner Konferenz von Mitte 1932 die Reparationen de facto gestrichen wurden, war Brüning schon nicht mehr deutscher Kanzler. Der Versuch der Europäer, d.h. Großbritanniens und Frankreichs, ihre Schulden aus dem Ersten Weltkrieg gegenüber den USA zusammen mit den deutschen Reparationen zu streichen, sorgten nachfolgend noch für anhaltende Diskrepanzen zwischen den Regierungen dieser Länder.

Die wirtschaftliche Bewertung dieser Umstände ist eindeutig. Beginnend bei den dem Deutschen Reich als Auslöser des Ersten Weltkriegs auferlegten Reparationsleistungen, die schon Anfang der 1920 Jahre von J.M. Keynes als kontraproduktiv für die Entwicklung der Weltwirtschaft erkannt wurden und während der gesamten Periode der Weimarer Republik in Deutschland ein probates Propagandamittel der politischen Rechten gegen die demokratischen »Verzichtspolitiker« gewesen waren, sorgte die neoklassisch-traditionellem Denken und politischer Arroganz der bürgerlichen Politiker gegenüber den Nöten der Arbeiterklasse verhaftete Finanzpolitik der Haushaltskonsolidierung durch Ausgabenkürzungen für eine überlagernde Verschärfung der strukturellen Überakkumulationskrise. Ein entschlossenes wirtschaftspolitisches Gegensteuern wäre eine notwendige, wenngleich wohl nicht hinreichende Bedingung für die wirksame Bekämpfung der faschistischen Flut gewesen, die ab 1933 den Umschlag in die personale Form der Klassenherrschaft zielstrebig betrieb; eine weitere Bedingung wäre eine Einheitsfront-Politik von Sozialdemokraten und Kommunisten gewesen, die darüber hinaus die demokratischen bürgerlichen Kräfte in ihre Hegemonie hätten einbinden müssen.

Das Aufkommen der faschistischen Flut und ihr Regierungseintritt hatten sich in 1920er Jahren in Italien und Österreich schon vor der Machtergreifung der deutschen Nationalsozialisten ereignet.[11] Mussolinis Marsch auf Rom führte bereits 1922 zu einer Koalitionsregierung des Partito Nazionale Fascista (PNF) mit Konservativen und Nationalisten und Mussolini als Ministerpräsidenten; 1925 errichteten die Faschisten dann eine Einparteiendiktatur. In Österreich war die Weltwirtschafts- und Bankenkrise Katalysator des Eintritts faschistischer Kräfte um E. Dollfuß in die Regierung – ihr Leitmotiv beinhaltete drei Gewalten: den Gottesglauben, den eigenen harten Willen und das Wort der Führer. Auch hier unterstützten rechtsbürgerli-

---

[11] Der japanische Militärfaschismus weist gegenüber den europäischen Bewegungen und Regimen einige Besonderheiten mit dem traditionell verwurzelten Tennokult und der herausragenden Rolle des Militärs auf. Seinen antikommunistischen Verve – es wird als offene Frage behandelt, ob die Kapitulation Japans im Zweiten Weltkrieg stärker durch die beiden Atombombenabwürfe der Amerikaner oder die Furcht vor einer Invasion durch Sowjetunion motiviert war – teilt er mit seinen europäischen Partnern.

che Parteien aus Angst um die Zersetzung des Volkes durch marxistischen Klassenkampf und liberal-demokratische Wirtschaftsgestaltung diesen Prozess, der sodann etwa zeitgleich mit dem Deutschen Reich zur Errichtung eines faschistischen Ständestaates und Verbot der Arbeiterparteien KPÖ und SPÖ führte. Der Anschluss Österreichs an das Deutsche Reich im März 1938 war dann nur der Endpunkt dieses Prozesses. Wie in Deutschland hatten die sozialdemokratischen Parteien – PSI in Italien, SPÖ in Österreich – durch ihre inkonsequente Haltung den Vormarsch der Faschisten nicht entschieden von Anbeginn bekämpft; die Spaltung der Arbeiterbewegung wirkte auch hier ebenso wie in Deutschland katastrophal.

Die Massenbasis der faschistischen Bewegungen bestand, entsprechend den Sozialstrukturen mit einem noch großen Anteil nichtkapitalistischer Warenproduzenten in Landwirtschaft und Gewerbe, zum Einen aus deklassierten Kleinbürgern aus diesem Sektor, zum Anderen aus während der Weltwirtschaftskrise massenhaft arbeitslos gewordenen Arbeitern und Angestellten. Dass darüber hinaus ohne die massive Unterstützung der faschistischen Parteien durch einen Teil der Kapitalistenklasse ihre Machtergreifung nicht möglich gewesen wäre, ist evident und rechtfertigt die Bewertung, dass der Faschismus eine besonders reaktionäre Form der personalen Klassenherrschaft der Bourgeoisie ist; damit diese allerdings machtwirksam werden kann, sind ökonomische und soziale Krisen sowie vielfältige Blockaden zwischen den Kräften und Parteien im politischen System das notwendige Pendant.

Amerikanischer »New Deal« und deutscher Faschismus als Reaktionen auf die Depression der 1930er Jahre

Mit dem Periodenwechsel in den III. Zwischenkriegszyklus im Jahr 1932 in Großbritannien und Deutschland sowie im darauf folgenden Jahr in den USA war die Überakkumulationssituation keineswegs überwunden. Der Rückgang von Inlandsprodukt und Industrieproduktion in den Jahren des Abschwungs war in Großbritannien am geringsten ausgeprägt; er blieb hinter dem Rückgang von 1921 zurück. Im Unterschied zu den beiden anderen Ländern waren die 1920er Jahre in Großbritannien schon stärker von chronischen Überakkumulationsmerkmalen geprägt gewesen, sodass sich Krise und Abschwung für den ehemaligen Demiurg des Weltmarkts in seine tendenziell stagnante vorherige Entwicklung einordnen.

Demgegenüber waren sowohl in den USA als auch im Deutschen Reich die Reduktionen des Inlandsprodukts und der Industrieproduktion sehr viel deutlicher ausgeprägt, sodass die Weltwirtschaftskrise hier stärker als Abbruch einer in den Vorjahren prosperierenden Entwicklung erscheint. Demzufolge lagen die Wachstumsraten von Inlandsprodukt und Industrieproduktion in den ersten Jahren nach dem zyklischen Periodenwechsel in diesen Ländern auf einem hohen Niveau, doch handelte es sich hierbei zunächst um einen bloßen statistischen Basiseffekt gegenüber den Schrumpfungen seit 1929/30, der auch die zyklendurchschnittliche Wachstumsrate des III. Zwischenkriegszyklus verfälscht. In Großbritannien wurde 1934 das Vorkrisenniveau, allerdings erst 1935 wieder das Niveau des Gross National Product (GNP) von 1915–17 nach den Nachkriegsverlusten erreicht. Das Deutsche Reich

Abbildung 15.15: Erholung nach der Weltwirtschaftskrise in USA, GB und DR: GNP/ NSP zu konst. Preisen und Industrieproduktion; Indizes 1929 = 100

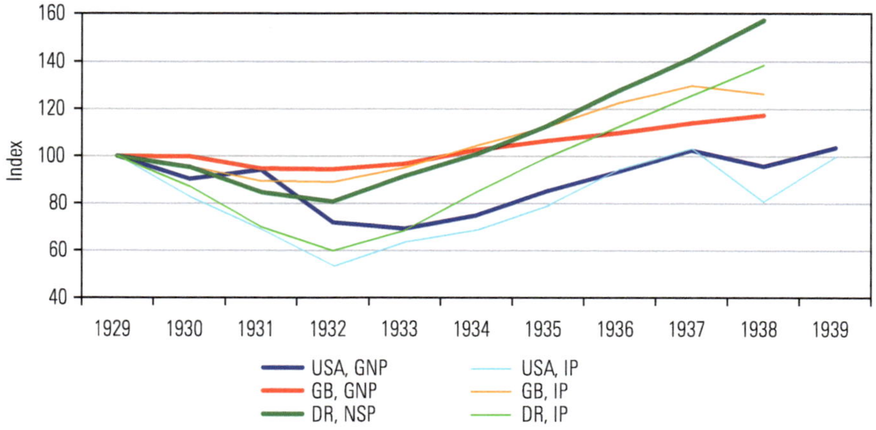

Quellen: Mitchell 1978, United States Department of Commerce, Wagenführ

erreichte das Vorkriegsniveau seines Nettosozialprodukts von 1913 bereits in den Jahren vor der Weltwirtschaftskrise 1927/28 und übertraf es danach ab 1935. Demgegenüber wurde das Vorkrisenniveau des Sozialprodukts bereits 1934 leicht übertroffen, dasjenige der Industrieproduktion ein Jahr später. Die Tiefe und Länge des Abschwungs und die nur allmähliche Erholung nach dem Periodenwechsel 1933 erbrachten für die USA erst 1937 wieder ein über dem Niveau des Jahres 1929 liegendes GNP. Diese späte Erholung galt auch für die US-Industrieproduktion, die erst in diesem Jahr das Vorkrisenniveau von 1929 wieder erreichte. Im Folgejahr 1938 wurden mit dem Abschwung des III. Zwischenkriegszyklus bereits die Erholungserfolge der Vorjahre wieder konterkariert. Bemerkenswert ist in dieser Zusammenstellung der Entwicklung der 1930er Jahre, dass das Deutsche Reich den Erholungsprozess am deutlichsten vollzog und auch dem zyklischen Einbruch des Jahres 1938 trotzte, diesen vielmehr mit positiven Wachstumsraten von Sozialprodukt und Industrieproduktion überstand (vgl. Abb. 15.15).

Hinter diesen Wirtschaftszahlen verbergen sich allerdings soziale Verwerfungen erheblichen Ausmaßes. Die Zahl der Arbeitslosen stieg in den USA innerhalb eines Jahres nach Krisenbeginn von 1,6 auf 4,6 Millionen, erhöhte sich ein Jahr später auf 11,6 Millionen und erreichte Anfang 1933 die 13-Millionen-Grenze. Hinzu kam eine massenhafte Ausdehnung prekärer Beschäftigungsverhältnisse mit zum Teil drastischen Lohnsenkungen. Auch im Deutschen Reich stiegen Arbeitslosigkeit, Armut und Not. Im September 1929, also noch vor Ausbruch der Krise hatte die Arbeitslosigkeit in Deutschland bereits 1,4 Millionen Personen erfasst. 1930 stieg die Zahl der offiziell registrierten Arbeitslosen auf 3,1 Millionen, ein Jahr später lag sie bei 4,5 Millionen; im Jahresdurchschnitt 1932 betrug sie 6,2 Millionen. Zusammen mit der Arbeitslosigkeit hatte die Kurzarbeit zugenommen. Am Ende des Abschwungs 1932 waren insgesamt 7 bis 8 Millionen Menschen ohne Beschäftigung oder unterbeschäftigt. Die Löhne waren vor diesem Hintergrund bereits 1930 um 18,5% gefallen und sanken bis 1932 auf fast die Hälfte des Vorkrisenniveaus.

Vor diesem in den beiden Ländern vergleichbaren Hintergrund wirtschaftlicher Entwicklung und sozialer Zerrüttung waren die politischen Antworten gleichwohl vollkommen verschieden. In den USA kam der Demokrat Franklin D. Roosevelt, der seit 1928 Gouverneur im Staate New York gewesen war, durch den Gewinn der Präsidentschaftswahl 1932 gegen den bisherigen Präsidenten und Kandidaten der Republikanischen Partei Herbert Hoover an die Macht. Er war während der 1920er Jahre durchaus ein Verfechter des Laissez-faire-Mainstreams gewesen und hatte in seinem Programm außer dem Versprechen, sofort etwas gegen die Krise zu unternehmen – »Wir müssen handeln, und zwar schnell« – kein ausgearbeitetes wirtschaftspolitisches Konzept. Er galt vielmehr als »Experimentalist« und als Pragmatiker, dessen allgemeine Leitlinie ein neues Zusammenwirken von Politik und Wirtschaft mit einem sozialen Ausgleich war, d.h. ein Neuer Kurs (New Deal). Seine ersten Maßnahmen waren die Regulierung des Bankensektors zur Stabilisierung dieses systemischen Bereichs der Ökonomie durch den Glass-Steagall-Act, der die Trennung von Geschäfts- und Investmentbanking vorsah sowie ein Börsengesetz, welches den Aktienhandel unter bundesstaatliche Aufsicht stellte und den geforderten Eigenkapitalanteil der Banken erhöhte. Beides war eine Reaktion auf die Verselbstständigungstendenzen der Finanzsphäre mit ihren spekulativen Exzessen, die zum Ausbruch der Krise geführt hatten. Die reproduktive Tätigkeit der Unternehmen wurde in Abhängigkeit ihres Erfolges bzw. Misserfolges unter intensivere Aufsicht und Kontrolle gestellt und eine teilweise Entflechtung marktbeherrschender Konzerne durchgesetzt. Ein Schwerpunkt des Staatseingriffs war das überregionale Verkehrswesen, dem Buchführungs- und Tarifpflichten auferlegt wurden; ein Jahr nach der Übernahme der Kontrolle über den Lkw-Verkehr wurde auch die amerikanische Handelsmarine unter Aufsicht gestellt.

Zur sozialen Seite des New Deal gehörten drei Maßnahmebündel zur Linderung der Arbeitslosigkeit, Stärkung der wirtschaftlichen Sicherheit der Lohnempfänger sowie zur Stärkung der Stellung der organisierten Arbeiterschaft. Die Ziele dieser Maßnahmen bestanden darin, auf einen Ausgleich zwischen Kapital und Arbeit hinzuwirken und gleichzeitig durch Lohnersatzleistungen die konsumtive Nachfrage und damit den Binnenmarkt zu stabilisieren. Die Stärkung des Gewerkschaftsbundes CIO (Congress of Industrial Organization) war dabei ein Kontrapunkt gegenüber der »American Federation of Labor« (AFL), die ihren Einfluss in den 1920er Jahren zugunsten sog. »gelber Gewerkschaften«, die von der Kapitalseite gesteuert wurden, verloren hatte.

Zusammengefasst wurden diese Maßnahmen des New Deal im 1933 vom Kongress verabschiedeten »National Industrial Recovery Act« (NIRA) und der »National Recovery Administration« (NRA) als Organisation zu ihrer Umsetzung. Das gesamte Projekt des Rooseveltschen New Deal war eine »*Mixed Economy auf kapi-*

talistischer Grundlage«. (Roesler 2010: 25) Sie schloss einzelne Nationalisierungen im Bankensektor und bei der Energieversorgung ein, die jedoch nie, weder faktisch noch gar intentional, über die kapitalistische Systemgrenze hinausgingen. Dies war vor dem Hintergrund der objektiven ökonomischen und sozialen Situation der USA in den 1930er Jahren und dem Bewusstsein der Bevölkerung keineswegs ein Mangel dieser Konzeption. Umgekehrt ging die Positionierung der Kommunistischen Partei CPUSA entsprechend der Beschlüsse des VI. Kominternkongresses am Bewusstsein der amerikanischen Arbeiterklasse vorbei und war sektiererisch und desorientierend, was durch die Wahlergebnisse sowohl der Kommunistischen als auch der Sozialistischen Partei – sie erzielten 1932 für ihre Präsidentschaftskandidaten weniger als 1% bzw. 2,2% und 1936 noch weniger – deutlich manifestiert wird.

Auch die Präsidentschaftswahlen des Jahres 1936 gewann Roosevelt, obgleich die Opposition der Kapitalseite (Big Business) sowie der Judikative in Gestalt des Obersten Gerichts der Vereinigten Staaten gegen die Maßnahmen des New Deal zugenommen hatten, je mehr dessen Erfolge die wirtschaftliche Stabilisierung des US-Reproduktionsprozesses erbracht hatten. Auch die ideologischen Apparate, die zu einem großen Teil fest in der Hand der politischen Reaktion waren, schossen im Wahlkampf gegen den Kandidaten der Demokratischen Partei; W.R. Hearst, der rechte Medienmogul beschrieb Roosevelt als »Stalin Delano Roosevelt«. Der Antikommunismus gehörte seit jeher zur US-Staatsräson, obgleich in den 1920er und 1930er Jahren die Industrialisierungserfolge der Sowjetunion noch weitgehend positive Aufnahme im Westen fanden. Nach der erfolgreichen Wiederwahl Roosevelts konnten die Maßnahmen des New Deal fortgesetzt werden.

Der Abschwung nach dem Ausbruch der Krise 1929 war in Deutschland 1930-1932 etwa gleich stark wie in den USA gewesen, allerdings setzte die Erholung im Deutschen Reich rd. ein Jahr früher ein. Auch in Deutschland hatte mit dem WTP-Plan ein mit dem New Deal vergleichbarer wirtschaftspolitischer Ansatz vorgelegen, der unter dem mit Notverordnungen regierenden Kanzler Brüning allerdings nicht zum Zuge gekommen war. Dessen Sparpolitik, die auf Ausgleich des öffentlichen Haushalts orientierte und von Lohnsenkungen als Bedingung für ein Wiederanspringen der Unternehmensinvestitionen ausging, hatte den Abschwung in den Jahren 1930 bis Mitte 1932 verschärft. Im Sommer 1932 hatte auch in den Augen der offiziellen Öffentlichkeit die Brüningsche Strategie der Krisenbekämpfung endgültig versagt. Seine Nachfolger v. Papen und v. Schleicher gaben die Restriktionspolitik schrittweise auf. Letzterer hatte sogar die Unterstützung der Gewerkschaftsführer des ADGB erhalten.[12] Natürlich macht die staatstragende, kollabora-

---

[12] Theodor Leipart, einer der führenden Vertreter des Allgemeinen Deutschen Gewerkschaftsbundes, hatte im Dezember 1932 erklärt: »*Die Gewerkschaften ... sind gegründet, um die Lage der Arbeiter im Rahmen der heutigen Wirtschaftsordnung zu verbessern. Heute versucht Schleicher, einen Teil unserer Forderungen zu erfüllen. Können wir in dieser Situation die Aufforderung der Regierung ablehnen, an der Durchführung der Arbeitsbeschaffung mitzuarbeiten?*« Und er antwortete mit »Nein« (vgl. Treue 1967: 333).

Kapitel 15: Klassischer Imperialismus und Zwischenkriegszeit

tive bis klassenverräterische Unterordnung von ADGB-Führern unter die Vorgaben von Kapitalvertretern und Bourgeois-Regierung die Verbitterung der Vertreter der KPD erklärlich – sie war dennoch mit ihrem »Sozialfaschismus-Vorwurf« an die Adresse der führenden Vertreter von SPD und ADGB politisch sektiererisch und spielte im Ergebnis objektiv der politischen Rechten in die Hände. Bei den Reichstagswahlen im Juli und November 1932 erreichte die NSDAP 37% bzw. 32% der abgegebenen Stimmen und ihr Vorsitzender Adolf Hitler wurde Ende Januar 1933 vom Reichspräsidenten Hindenburg zum Kanzler einer konservativ-nationalsozialistischen Reichstagsmehrheit als Nachfolger v. Schleichers ernannt. Damit nahm das Verhängnis seinen Lauf.

Wirtschafts- und sozialpolitisch waren die Nazis mit einem 1932 entwickelten »Wirtschaftlichen Sofortprogramm der NSDAP« angetreten. Es propagierte direkte Arbeitsbeschaffung durch staatliche Ausgaben in Milliardenhöhe und »produktive Kreditschöpfung« durch die Reichsbank. An die Stelle der Einordnung des Landes in den internationalen Handel und Kapitalverkehr trat die Orientierung auf Autarkie im Rahmen einer »Großraumwirtschaft«, die neben dem Deutschen Reich die baltischen Staaten, Osteuropa und Österreich, d.h. das »Zwischeneuropa«, umfasste. Diese Konzeption ließ sich mit der »Blut-und-Boden-Ideologie« der Nationalsozialisten (»Lebensraum im Osten für die arische Herrenrasse«) verbinden. Zu ihrer Umsetzung war der Aufbau der Wehrmacht unabdingbar. Die Maßnahmen der Arbeitsbeschaffung standen daher von vornherein unter der Maxime einer »Wehrwirtschaft«, d.h. der Gestaltung der Volkswirtschaft im Frieden unter militärischen Gesichtspunkten für den Krieg.

Die Verwirklichung der Lebensraumideologie und des Autarkieprogramms erforderten einen zielgerichteten und effizienten Einsatz der staatlichen Mittel. Damit waren Methoden und Instrumente administrativer Planung und Ressourcenbewirtschaftung verbunden, um die Feststellung des Rohstoffbedarfes für die aus Rüstungsindustrie und Zivilindustrie bestehende Gesamtwirtschaft, die Bereitstellung von Treibstoffen, die Anpassung des Verkehrswesens an zukünftige militärische Erfordernisse sowie die Regelung der Finanzierung der indirekten und direkten Rüstung zu bewerkstelligen. Wesentliche Beiträge dazu waren eine Intensivierung eines bereits 1929 begonnenen Straßen- und Brückenbauprogramms und die Förderung der Fahrzeugindustrie.

Die militärstrategische Bedeutung der Reichsautobahnen muss dabei allerdings relativiert werden. Obwohl eine breite Motorisierung Deutschlands damit einherging, was in Folge vielen Personen eine Ausbildung als Kraftfahrer in Friedenszeiten ermöglichte, hatten die Reichsautobahnen später wenig Bedeutung für den Transport von schweren Waffen und Truppen in die Kriegsgebiete. Hierfür wurden hauptsächlich Eisenbahn und Pferde eingesetzt. Als Arbeitsbeschaffung für die schwer vermittelbare Gruppe der unausgebildeten Arbeitskräfte war das Straßenbauprogramm jedoch äußerst wirksam. Noch deutlich mehr Bedarf an Arbeitskräften entstand in den hauptsächlich für die Rüstung produzierenden Bereichen Schiff- und Flugzeugbau.

Die Einführung der allgemeinen Wehrpflicht am 16. März 1935 führte zu einem Anwachsen der Truppenstärke von rund 100.000 auf rund eine Million Soldaten bei Kriegsbeginn und trug ebenfalls zum Abbau der Arbeitslosigkeit bei. Der im Juni 1935 gegründete Reichsarbeitsdienst (RAD) verteilte bis 1941 Arbeitskräfte an überwiegend zivile Projekte und die Landwirtschaft. Diese Methode der Arbeitsbeschaffung wurde von der Bevölkerung und von der ausländischen Presse im Vergleich zur Aufrüstung als harmlos angesehen. Der RAD war für männliche Jugendliche zwischen 19 und 24 Jahren verpflichtend, ab 1. September 1939 auch für weibliche Jugendliche. Bis 1938 waren 350.000 Jugendliche in dieser in 30 Arbeitsgaue aufgegliederten Organisation erfasst. Im Verlauf des Krieges wurden vom RAD mehr und mehr militärische Projekte bedient, wie zum Beispiel der Ausbau von Bunkeranlagen. Mit den Arbeitsbeschaffungsmaßnahmen und damit der zahlenmäßigen Vergrößerung der aktiven Arbeiterschaft ging eine Demontage der Rechte der Lohnabhängigen einher. Am 2. Mai 1933, einen Tag nach dem »Tag der nationalen Arbeit«, wurden die Gebäude der Gewerkschaften besetzt, ihr Vermögen beschlagnahmt und führende Funktionäre verhaftet. Das Gesetz zur Ordnung der nationalen Arbeit vom 20. Januar 1934 führte zu einer Umdeutung der Unternehmer in »Betriebsführer« und der Lohnarbeiter in »Gefolgschaft«. Ab 1936 vollzog sich ein Wandel von der Arbeitsbeschaffung zur Arbeitszuteilung bis hin zur Zwangsarbeit. Durch die Einführung des Arbeitsbuches, das jeder Arbeiter zu führen hatte, wurden die individuellen Karrieremöglichkeiten durch Unternehmenswechsel stark eingeschränkt. Die Organisation der Deutschen Arbeitsfront (DAF) übernahm die formale Vermittlung zwischen Arbeiterschaft und Unternehmen. Die DAF war streng auf die Möglichkeiten der Leistungssteigerung und der ideologischen Gleichschaltung der »Gefolgschaft« ausgerichtet. Ein von der Propaganda häufig genutztes Instrument war das Amt »Kraft durch Freude« (KdF), das für die staatlich gelenkte Erholung zuständig war. Nach zeitgenössischen Berechnungen lag der Lebensstandard in Deutschland bei der Hälfte von dem der Vereinigten Staaten und bei zwei Dritteln desjenigen von Großbritannien.

Wie die reinen quantitativen Daten für die Entwicklung des Sozialprodukts und der Industrieproduktion nach 1933, dokumentieren auch die Arbeitslosenzahlen einen vordergründigen Erfolg der Wirtschaftspolitik der Nationalsozialisten. Nach dem Höhepunkt der Arbeitslosigkeit von 6,2 Millionen im Jahr 1932 ging ihre Zahl über 4,8 Millionen 1933, 2,7 Millionen 1934, 2,15 Millionen 1935, 1,6 Millionen 1936 bis auf unter 1 Million 1937 zurück. Im gleichen Zeitraum nahm die Zahl der Beschäftigten bei der Reichsautobahn von rd. vier Tsd. 1933 auf über 100 Tsd. Personen 1936 zu, bei der deutschen Fahrzeugproduktion von 100 Tsd. 1932 auf 585 Tsd. Personen 1936, bei der Flugzeugindustrie von vier Tsd. 1933 auf 167 Tsd. 1937 sowie beim Schiffbau von 50 Tsd. 1932 auf 600 Tsd. Personen 1937.

Bis 1935 waren die direkten Militärausgaben mit 18% des gesamten öffentlichen Haushalts vergleichsweise gering, die zunehmende Motorisierung war ein Gradmesser des Bevölkerungswohlstandes und die Deutschen Reichsautobahnen waren ein Prestigeobjekt zur Demonstration der nationalsozialistischen Leistungsfähigkeit.

Kapitel 15: Klassischer Imperialismus und Zwischenkriegszeit

Bis 1936 schien der versprochene Wiederaufschwung geschafft und die Rückkehr in die Weltwirtschaft noch möglich. Doch mit dem Aufschwung erhielten Hitler und die NSDAP eine Bestätigung, die angeblichen »Machenschaften des Weltjudentums« als Ursache der Weltwirtschaftskrise durch nationale politische Maßnahmen überwunden zu haben. Für die innenpolitisch gestärkte Riege der Autarkie- und Lebensraumideologen war es an der Zeit, den nächsten Schritt zu gehen, die Intensivierung der direkten Rüstung als Vorbereitung für einen Eroberungskrieg.

Arbeitsbeschaffung und Rüstung bedurften bereits ab 1933 des Einsatzes der Notenpresse zu ihrer Realisierung. Hjalmar Schacht als Reichsbankpräsident ermöglichte den Umlauf von »Sonderwechseln«, die von der Reichsbank gedeckt und vom Staat garantiert wurden. Die Zusammenhänge um diese Wechsel blieben der Öffentlichkeit zunächst verborgen. Einerseits sollte keine Klarheit über das Ausmaß der künftigen Rüstungsinvestitionen und damit über den Bruch des Versailler Vertrages bestehen. Andererseits sollte am Geldmarkt keine Unsicherheit über die Stellung der Reichsmark aufkommen und damit keine ungewünschte Entwertung ihrer Kaufkraft erfolgen. Für diesen Zweck wurde ein Scheinunternehmen gegründet, die Metallurgische Forschungsgesellschaft m.b.H. (Mefo mbH); außer als Finanzierungsinstrument, um durch eine zweite Unterschrift die Diskontierung ihrer Wechsel durch die Reichsbank rechtlich zu ermöglichen, hatte die Mefo mbH keinen weiteren Geschäftszweck. Es wurden also, mit anderen Worten, unter dem Deckmantel der Kreditgeldzirkulation zusätzliche Wertzeichen über den Umweg der Mefo GmbH geschaffen. Für Rüstungsausgaben wurden 11,9 Milliarden Reichsmark von 1934 bis zum verhängten Ausgabestopp der Mefo-Wechsel 1938 durch diese »gedeckt«. Das entsprach 30% der bis dahin getätigten Ausgaben der Wehrmacht und damit mehr als dem Tausendfachen der Eigenkapitaleinlage der Mefo von nur einer Million Reichsmark. Daneben wurden unverzinsliche Reichsanweisungen (U-Schätze) und ab Mai 1939 sogenannte NF-Steuergutscheine (»Neuer Finanzplan«) ausgestellt. Damit wurden Rechnungen, die an das Deutsche Reich ausgestellt wurden, zu 40 % sofort bezahlt und der Rest als Steuernachlass gutgeschrieben. U-Schätze und NF-Steuergutscheine waren als Zahlungsmittel somit einfaches (inkonvertibles) Staatspapiergeld.

Schon einen Tag nach dem Anschluss Österreichs am 12. März 1938 wurden die Goldreserven der Österreichischen Nationalbank der Deutschen Reichsbank übertragen. Das Gold aus Österreich überstieg die deutschen Reserven zu jenem Zeitpunkt um das Dreifache. Von da an wird der Begriff Nazigold/Raubgold verwendet, um den Zugriff auf Goldreserven eroberter Länder und der Bürger durch SS- und Regierungsstellen bis 1945 zu kennzeichnen. Nach Ermittlungen im Jahr 1946 erbeutete das nationalsozialistische Deutschland in den besetzten Gebieten Gold im Wert von 700 Millionen Dollar, den größten Teil davon in Belgien und den Niederlanden; Polen dagegen war es gelungen, den größten Teil des Zentralbankgoldes (Wert ca. 87 Millionen US-Dollar) zu Kriegsbeginn in Sicherheit zu bringen. Der finanzielle Bedarf für die Rüstung wurde als mittelfristiges Problem gesehen, eine hohe Verschuldung insbesondere durch kurzfristige Kredite wurde dafür in Kauf genommen. Es sollte eine durch begrenzte militärische Aktionen erzwungene territoriale Expansion folgen.

Die von Vielen befürchtete Inflation, die aufgrund des Anwerfens der Notenpresse zu erwarten war, trat zunächst nicht ein. Die staatliche Festlegung der Marktordnung und die Kontrolle über Preisgestaltung und Gewinnmargen durch den Reichskommissar für die Preisbildung setzten die marktwirtschaftliche Preisbildung außer Kraft. Der Verbraucherpreisindex stieg lediglich mit durchschnittlich 1% pro Jahr. Da die so erzwungene Stabilität der Reichsmark rein politisch und nicht wirtschaftlich begründet war, konnte die Währung am internationalen Geldmarkt kein Vertrauen schaffen. Große internationale Investitionen in die deutsche Wirtschaft blieben aus, was eine chronische Devisenknappheit zur Folge hatte. Die aufgestaute Inflation führte erst nach dem Kriegsende zur Währungsreform.

Vieles, was die Nationalsozialisten seit 1933 an vordergründigen Erfolgen vorweisen konnten, war auf einem ökonomisch instabilen Fundament aufgebaut. Von vornherein war das Kalkül gewesen, über Raub von Reichtümern aus fremden Ländern und der Unterdrückung fremder Völker die auf ungedeckte Kredite gegründeten Maßnahmen der Gegenwart zukünftig, d.h. über Eroberungskriege vermittelt, zu refundieren oder refinanzieren. Dass das »Tausendjährige Reich« dennoch 12 Jahre Bestand hatte, ist namentlich den Schöpfer- und Produktivkräften der arbeitenden Massen zuzuschreiben, die die Nationalsozialisten in eine Hegemonie einbinden konnten, und mit der eine in diktatorischen Formen ablaufende Modernisierung der Gesellschaft erfolgte, die sich bis Kriegsende auch in einem hochentwickelten materiellen Kapitalstock (Ausrüstungsvermögen) einen gegenständlichen Ausdruck verschafft hatte.

Die nachgeordneten und unterentwickelten Länder in den 1930er und 1940er Jahren

Die bereits vor Ausbruch der Weltwirtschaftskrise bestehende deflationäre Preisentwicklung bei agrarischen und mineralischen Grundstoffen, die durch den Abschwung und um sich greifenden Protektionismus 1930–32 verschärft wurde und viele Länder an der Peripherie des kapitalistischen Weltmarkts als Rohstoffexporteure massiv betroffen hatte, bildete sich erst langsam mit der beginnenden Erholung der Weltwirtschaft ab 1933 zurück. Im britischen Commonwealth verzeichneten die Länder, die gegen das Pfund Sterling abgewertet hatten – hierbei handelt es sich um Australien, Neuseeland sowie mit der Zunahme des Goldpreises die Südafrikanische Union –, nach und nach Preissteigerungen und damit die Überwindung der Deflation.

Allerdings war die Erholung der Preise im Britischen Empire insgesamt unterschiedlich; so war die preisliche Erholung in Britisch-Indien deutlich schwächer ausgeprägt. In Niederländisch-Indien, das durch den Gulden an den Goldblock gebunden war, fielen die Preise sogar bis zum Jahr 1936. In Lateinamerika verschaffte die Abwertung der Währungen Argentinien, Chile und Mexiko wieder einen wachsenden Absatzmarkt für Grundstoffe; damit konnten auch die unfreiwilligen Lagerbestände bei Zinn, Baumwolle, Weizen, Seide und Zucker nach und nach ohne Einschränkung der laufenden Produktion abgebaut werden.

»*Im ganzen gesehen jedoch waren die dreißiger Jahre für die Entwicklungsländer, mit ganz wenigen Ausnahmen (wie der Südafrikanischen Union) eine schwierige Zeit. Ohne Möglichkeit, Kredite zur Finanzierung ihrer Investitionsprogramme zu erhalten, schwer belastet durch den Schuldendienst wegen der niedrigen Preise in Goldwährungen und in Pfund Sterling, blieben ihre Zahlungsbilanzen unter Druck. Man hielt an Devisenkontrollen und Abwertung fest, und die Zölle blieben hoch, trotz des amerikanischen Versuchs, diese unter dem Reciprocal Trade Agreement Act herunterzuhandeln. In vielen Teilen Afrikas und Asiens führten die Abwertung des Yen und das Vordringen japanischer Exporte, insbesondere von Textilien, zu besonderen Importkontrollen zum Schutz der eigenen Kleinindustrie und der traditionellen Märkte der britischen und französischen Mutterländer. Die Erholung war schleppend, begrenzt, unbefriedigend.*« (Kindleberger 1973: 255f.)

d) Epochenwechsel in der Weltwirtschaft und Krieg

Dass Kriege den Niedergang alter und das Aufkommen neuer Gesellschaften, wenn nicht ursächlich erzeugt, so doch als Katalysatoren vermittelt und beschleunigt haben, insbesondere wenn es sich bei diesen Gesellschaften um regionale Imperien gehandelt hat, ist eine geschichtliche Tatsache. Schließlich gilt für die vorbürgerliche Gesellschaftsformation und die in ihr einzuordnenden Gesellschaften als allgemeines Merkmal, dass Kriegführung ein integrales Moment der gesellschaftlichen Arbeit neben der Aneignung der äußeren Natur zur Gewinnung der erforderlichen Lebensmittel gewesen ist. Auch in den relativ am höchsten entwickelten europäischen Gesellschaften des Feudalismus in der vorbürgerlichen Formation war dies mit Bezug auf die zahllosen Kriege, die ihre Staaten und deren Regierungen mit- und gegeneinander geführt haben, bis in die jüngere Vergangenheit ein Faktum.

Die Herausbildung bürgerlich-kapitalistischer Gesellschaften mit ihrer qualitativ anderen internen Verfassung gleicher und freier Bürger – wiewohl deren Konstitution selbst noch ein historisch erst werdendes Resultat ihrer Entwicklung gewesen ist – begleitete zunächst die Hoffnung und Erwartung, dass deren tendenziell interne Zivilisierung sozialer Konflikte sich auch auf ihr Verhältnis zueinander auswirken könnte und sollte. Von den jeweiligen gewaltvollen Begleitumständen im Rahmen einer ursprünglichen Kapitalakkumulation abgesehen, verlagerten sich die kriegerischen Auseinandersetzungen zwischen kapitalistischen Ländern bis zum Ausbruch des Ersten Weltkriegs zunächst schwerpunktmäßig auf Kriege mit und in den kolonisierten vorkapitalistischen Gesellschaften. Diese hatten erst durch die Kolonialherren einen territorial-staatlichen Rahmen erhalten, der ihnen zumeist seitens der Kolonialmacht aufoktroyiert worden war und später durch ethnisch und religiös konnotierte Konflikte vielfach die Tradition kriegerischer Auseinandersetzungen begünstigte.

Zwischen den kapitalistischen Nationen sorgen die ökonomischen Entwicklungsunterschiede von vornherein für eine internationale Über- und Unterordnung, die das politische Handeln der Regierungen (mit)bestimmen. Die internationale Konkurrenz um Rohstoffe und Absatzmärkte wird allerdings bis auf den heutigen Tag keineswegs nur durch ökonomische Parameter ausgefochten; die Modifikation des Wertgesetzes in seiner internationalen Anwendung mit seiner Gewichtung der Wertschöpfungspotenz gegebener Quanta produktiver Nationalarbeit und die dadurch begründete internationale Ausbeutung zwischen Nationalkapitalen ist vielfach nicht ausreichend, sondern wird durch politische Interventionen – Koalitionen zwischen Ländern, politische Drohgebärden und den Krieg als anerkannte Ultima Ratio – um geopolitische und geoökonomische Einfluss- und Ausbeutungssphären verlängert. Imperialismus bedeutet daher immer zweierlei: einerseits politische Einflussnahme auf die ökonomische Konkurrenz zwischen den entwickelten Nationalkapitalen, anderseits Kampf um eine Neuaufteilung der Welt bzw., da diese bereits zu Beginn der kapitalistischen Epoche komplett aufgeteilt war, Umverteilung der Herrschaftsgebiete und Einflussregionen. In diesem Sinne ist Imperialismus nicht eine vorübergehende Entwicklungsperiode des Kapitalismus, sondern kennzeichnet diese Gesellschaftsformation von Anbeginn an, wenngleich hinsichtlich der Intensität der Auseinandersetzungen der imperialistischen Staaten untereinander und ihrer jeweiligen Zielrichtung natürlich genuin historische und nationale Schwerpunkte bestanden und bestehen.

Die Entwicklung im 19. Jahrhundert, namentlich seines letzten Viertels und in den ersten beiden Dezennien des 20. Jahrhunderts hat nun gezeigt, dass der Verlust der Demiurgenfunktion des britischen Kapitals und seines Staates durch das ökonomische Aufkommen der nachgeordneten Nationalkapitale USA und Deutschland eine neue Konstellation auf dem Weltmarkt und in der Weltwirtschaft insgesamt erbracht hatte. Die konstitutiven Merkmale der britischen Hegemonie, gegeben durch eine bestimmte internationale Teilung der Arbeit zwischen kapitalistischen Metropolen und Kolonien, ein finanzielles Weltmarktregime mit internationalem Goldstandard und der Rolle des Pfund Sterling als primärem Weltgeldsubstitut sowie ein auf diesen Grundfesten aufgebautes System politischer Beziehungen zwischen den Regierungen der wichtigsten Staaten, war durch die ungleiche Entwicklung der Kapitalakkumulation unterhöhlt worden und wurde insbesondere von den aufholenden und erstarkenden Staaten infrage gestellt. Der Verlust einer Demiurgeneigenschaft und seiner Funktion als Ordnungsmacht und »Hüter« der Weltwirtschaft – wobei anzumerken ist, dass diese Attribute mehr naturwüchsig als durch bewusste Politik, bspw. durch Zulassung von nationalen Handelsbilanzdefiziten Großbritanniens zugunsten anderer Weltmarktakteure, bestanden – wurde durch verschiedene nationale Politiken überdeckt. Amerikanischer Isolationismus und deutscher (und österreichischer) Nationalismus bildeten dabei Extreme ab. Diese Gemengelage aus internen ökonomischen Widersprüchen, internationaler Konkurrenz und politischen Gegensätzen zwischen den Regierungen stellte den Rahmen für den vielfach als zufällig angesehenen Ausbruch des Krieges 1914–1918 dar, der sich infolge der inhärenten Kriegsdynamik zu einem Weltkrieg auswuchs.

Kapitel 15: Klassischer Imperialismus und Zwischenkriegszeit

Der Ausgang des Ersten Weltkriegs erbrachte eindeutige Gewinner und Verlierer. Eine Kriegspartei war mit Russland nach der siegreichen Oktoberrevolution 1917 für die Folgezeit aus der imperialistischen Konkurrenz ausgeschieden. Der große Verlierer Deutschland bekam mit der Revolution 1918 nur eine neue politische Verfassung, aber keine Überwindung der letztendlichen Kriegsursache, seines Status als Mitstreiter und Anführer innerhalb der imperialistischen Konkurrenz. Die Beibehaltung überkommener Sozialverhältnisse auf dem Land und im städtischen Kleingewerbe perpetuierte nationalistische Tendenzen und die sog. »Schmach von Versailles« erzeugte Revanchegelüste, welche nach einem Jahrzehnt des ökonomischen Wiederaufstiegs durch die sozialen Verwerfungen infolge der Weltwirtschaftskrise massenhafte Unterstützung fanden. Von den Kriegsgewinnern war Großbritannien nicht in der Lage, seinen vorherigen Niedergangsprozess aufzuhalten oder gar umzukehren, im Gegenteil, dieser setzte sich fort. Die USA waren durch ihre entwickelten subjektiven und objektiven Produktivkräfte – Sozialstruktur eines Einwanderungslands ohne überkommene feudale Reste, beginnende Herausbildung einer neuen, höheren Betriebsweise (Taylorismus/Fordismus) – und ihre Position als internationaler Gläubiger an sich prädestiniert, Großbritannien als Demiurg des bürgerlichen Kosmos abzulösen; allerdings führte die Orientierung auf ihren Binnenmarkt und die Rückkehr zum politischen Isolationismus durch die der Administration Wilson nachfolgenden republikanischen Präsidenten der 1920er Jahre zu keinem gestalterischen Eingriff in die europäischen Widersprüche. So folgte dem Interregnum nach dem Ersten Weltkrieg ein weiterer, diese Mal noch umfangreicherer und zerstörerischer Zweiter Weltkrieg. Dabei bleibt die Frage, ab wann die im Werden begriffene neue Betriebsweise des gesellschaftlichen Produktionsprozesses eine tragfähige interne Basis für eine international offensiv gestalterische Politik abgegeben hätte; sicherlich waren dazu die internen Weichenstellungen des New Deal und die daraus entspringenden Produktivkräfte gesellschaftlicher Arbeit unverzichtbar – aber da war der Krieg bereits ausgebrochen und erst nach dessen Ende waren die USA fähig und auch bereit, die Rolle des Weltmarktdemiurgen zu übernehmen und auszufüllen.

Auch für den Kapitalismus gilt also, dass eine zeitliche Koinzidenz zwischen objektiv anstehendem Wechsel vom Weltmarkt-Demiurgen für die Weltwirtschaft und dem dadurch konstituierten politischen Interregnum auf internationaler Ebene und Kriegshandlungen, welche entsprechend des weltumspannenden Charakters der kapitalistischen Gesellschaftsformation auch weltkriegsartige Ausmaße aufweisen (müssen), keine bloße Zufälligkeit darstellen. Auch ist ein sog. Ausscheidungskampf im Sinne eines direkten Krieges zwischen altem und neuem Hegemon, wie er teilweise zwischen Imperien in vorbürgerlichen Gesellschaften charakteristisch war und an archaische Zweikämpfe erinnern mag, keineswegs die zwingende Form der Auseinandersetzung; schließlich waren Großbritannien und die USA, vom Unabhängigkeitskrieg im 18. Jh. abgesehen, zumeist politisch verbündet. Dies heißt nicht notwendigerweise, dass ein zukünftig wiederum anstehender Epochenwechsel in Weltwirtschaft und Weltpolitik wiederum mit einem Weltkrieg ausgefochten werden muss, obgleich die Wahrscheinlichkeit eher höher als in der ersten Hälfte des 20. Jahrhunderts zu veranschlagen ist. Im Zeitalter atomarer Waffen, die mehrfach den Globus und die Weltbevölkerung auszulöschen vermögen, liegen die Anforderungen für die Umsetzung und Gestaltung eines Epochenwechsels allerdings auf einem qualitativ ganz anderen Niveau.[13]

---

[13] Hierauf ist im abschließenden 22. Kapitel nochmals zurückzukommen.

Kapitel 16: Das amerikanische Zeitalter des Fordismus und die Systemkonkurrenz zwischen Kapitalismus und Sozialismus

a) USA als Propagandist der fordistischen Betriebsweise

Das Kräfteverhältnis der kapitalistischen Metropolen auf dem Weltmarkt nach dem Zweiten Weltkrieg

In der Perspektive langfristiger Entwicklungstrends der Kapitalakkumulation und der auf ihr aufgebauten bürgerlichen Gesellschaften in den Ländern der westlichen Alliierten wirkte der Zweite Weltkrieg als Katalysator von lange vorher begonnenen, mindestens in die Zwischenkriegszeit zurückreichenden Tendenzen. Schon vor der Jahrhundertwende waren die USA, von der Ausstattung mit natürlichen Ressourcen sowieso eines der reichsten Länder der Erde, zum größten industriellen Produzenten der Welt geworden. Sie waren bereits in den 1920er Jahren der Pionier des am weitesten entwickelten industriellen Rationalisierungsparadigmas, welches auf der Grundlage der Produktionsweise der Großen Industrie durch die arbeitswissenschaftlich gestützte Zergliederung mit genau quantitativ bemessenen Detailfunktionen der lebendigen Arbeit neue Produktivkräfte und Kostensenkungspotentiale erschlossen hatte. Das mit dem Namen von F.W. Taylor verbundene »Scientific Management« etablierte mit der Fließfertigung die technologische Basis der Massenproduktion standardisierter Produkte. Sie wurde in Mischkonzernen mit einer hohen internen Leistungstiefe und tief gegliederten Hierarchieebenen umgesetzt. In der Zwischenkriegszeit waren die Anfänge dieser neuen Betriebsweise des industriellen Produktionsprozesses in einigen Produktionszweigen in Fortführung des »American Production System« bereits umgesetzt worden; die Reorganisation der industriellen Beziehungen des »New Deal« in den 1930er Jahren hatte sodann für ihre weitere Verallgemeinerung gesorgt.

Die USA, deren Territorium weitgehend von Kriegseinwirkungen verschont geblieben war, waren nicht nur der bedeutendste Finanzier für die Kriegslasten ihrer Verbündeten – d.h. neben Großbritannien und Frankreich auch der Sowjetunion –, sondern hatten nach zudem direkt von der Umstellung ihrer Wirtschaft auf Kriegsverhältnisse profitiert. Die Rüstungsproduktion war gewaltig gesteigert worden. Trotz der Einberufung in die Armee hatte sich die Zahl der Beschäftigten in der heimischen Produktion von 54 Mio. (1940) auf 64 Mio. Personen (1945) erhöht. Dies wurde möglich sowohl durch die Eingliederung von Arbeitslosen als auch durch vermehrte Frauenarbeit; auch wurde die durchschnittliche Arbeitszeit von 37,5 auf 45,2 Wochenstunden erhöht. Dies ergab eine kräftige Produktionszunahme pro Beschäftigten; die Gewerkschaften unterstützten diese Entwicklung aus patriotischen Motiven. Nach Kriegsende besaß die produktive Nationalarbeit des US-Kapitals mit ihrem modernen Rationalisierungsparadigma den unangefochtenen Spitzenplatz in der Produktivitätsrangskala auf dem Weltmarkt.

Neben diesen ökonomischen Vorteilen in der technischen und organisatorischen Ausgestaltung des gesellschaftlichen Produktionsprozesses verfügten die USA über jene gesamtgesellschaftliche Konstellation in Bezug auf die Sozialstruktur und die Ausgestaltung des kulturellen und politischen Überbaus, welche der neuen Betriebsweise die Erringung der Hegemonie erlaubte und damit eine Phase beschleunigter Akkumulation des Kapitals in gesamtwirtschaftlicher Dimension erst ermöglichte. Schon zu Beginn der 1930er Jahre hatte Gramsci diese gesellschaftlichen Bedingungen der USA, die er mit dem Begriff des »Fordismus« zusammenfassend bezeichnet hatte, herausgehoben und als differentia specifica dafür erkannt, dass nur in den USA das neue weltwirtschaftliche Zentrum einer Epoche beschleunigter Kapitalakkumulation heranreifen konnte.[1] Neben den erhöhten Reallöhnen ergaben sich namentlich aus dem Fehlen parasitärer »*Sedimentierungen nichtstuerischer und unnützer Massen*« (Gramsci 1967: 379), wie sie für europäische Metropolen in den 1920er Jahren als Nachwirkungen traditioneller Verhältnisse kennzeichnend und durch den Ersten Weltkrieg und die politischen Umwälzungen der Nachkriegszeit nicht beseitigt worden waren, einerseits, sowie durch den Schmelztiegeleffekt der interkulturellen Zusammensetzung der amerikanischen Volksmassen andererseits günstige Bedingungen für die Heranbildung der der neuen Industriestruktur entsprechenden Lebensverhältnissen in den USA. Ökonomisch und gesellschaftlich war das Land bereits lange vor dem Zweiten Weltkrieg die international führende Macht gewesen.

Die Position auf der Gewinnerseite des Zweiten Weltkriegs und ihre militärische Dominanz verstärkten sodann auch die Position der USA auf der weltpolitischen Bühne. Die US-Marine war die stärkste der Welt und unterhielt ein weltweites Netz von Militärbasen von Asien bis Europa; die Verteilung der Kriegsflotte über die Weltmeere erlaubte einen weltweiten Operationsradius, ähnliches gilt für die Luftwaffe, die in Europa und Ostasien über zahlreiche neue Flugplätze bei Alliierten und besetzten Kriegsgegnern verfügte. Kern der maritimen Macht waren die großen Flugzeugträger, Kern der Luftmacht die Bomber mit hoher Ladekapazität und großer Reichweite. Hinzu kam das Atomwaffenmonopol bis 1949.

Alles zusammengenommen verschaffte dieser Nation die Basis für die Rolle des Demiurgen des kapitalistischen Weltmarkts. Im Gegensatz zur Entwicklung der 1920er und 1930er Jahre hatte der Krieg nunmehr auch die politische und ökonomische internationale Öffnung der USA, d.h. den Übergang von der »isolatio-

---

[1] Vgl. Gramsci 1967: 383: »*In Amerika hat die Rationalisierung die Herausbildung eines neuen, dem neuen Typ der Arbeit und des Produktionsprozesses konformen Menschentypus notwendig gemacht. Diese Heranbildung befindet sich noch in einer Anfangsphase und hat deswegen einen (anscheinend) idyllischen Charakter. Sie ist noch in der Phase psychophysischer Anpassung an die neue Industriestruktur, die durch hohe Löhne angestrebt wird. Vor der Krise von 1929 zeigte sich kein Aufblühen des ›Überbaus‹, oder bestenfalls nur sporadisch; das heißt, die Grundfrage der Hegemonie (war) noch nicht gestellt worden.*«

Kapitel 16: Fordismus und die Systemkonkurrenz

nistischen« zur »internationalistischen« Politik erbracht. Bereits in der Zwischenkriegszeit war der US-Dollar zur stärksten Währung geworden und hatte neben dem Pfund Sterling in weiten Bereichen die Weltgeldfunktionen der internationalen Leit- und Reservewährung eingenommen. Dies hatte die Goldbestände der USA gewaltig anschwellen lassen; die Kriegsfinanzierung hatte den amerikanischen Goldschatz nochmals gesteigert. Auf der anderen Seite stand, wiederum kriegsbedingt, die hohe Verschuldung Großbritanniens. Beides drückte sich im internationalen Gewicht der beiden führenden nationalen Währungen in der internationalen Zirkulation aus. Die Stellung des Dollars war nach dem Krieg noch weiter gefestigt, während das britische Pfund einen weiteren Bedeutungsverlust erlitten hatte, der sich in der Folgezeit noch fortsetzen sollte.

In der Tat war die langfristige Entwicklung der Stellung Großbritanniens auf dem Weltmarkt in gewisser Weise das negative Spiegelbild zur amerikanischen. Großbritannien war kriegsbedingt nicht nur bei den USA, sondern auch bei einigen Commonwealth-Staaten hoch verschuldet. Obgleich die Gläubigerländer Großbritanniens in der unmittelbaren Nachkriegszeit zunächst bereit waren, ihre Sterlingforderungen aufzustocken und die Kolonien und Dominions ihre Dollardevisen gegen Pfund Sterling abtraten, reichte diese Atempause nicht aus, um die ehemals starke internationale Position des Pfundes wieder zu installieren. Der Versuch der Wiederherstellung der Sterlingkonvertibilität am 15. Juli 1947 – auf Druck der USA und als Bedingung für amerikanische Anleihegewährung an Großbritannien erzwungen – endete mit einem Fiasko. Durch Umtausch von Pfund Sterling gegen Dollars wurden die britischen Währungsreserven nach wenigen Wochen so weit ausgezehrt, dass dessen Konvertibilität bereits nach einem Monat wieder suspendiert werden musste. Die Schwäche der britischen Währung drückte nur den weit fortgeschrittenen Verlust internationaler ökonomischer und politischer Potenz Großbritanniens aus. Bereits in der Zwischenkriegszeit hatte die Zuwachsrate des Bruttosozialprodukts Großbritanniens im internationalen Vergleich auf einem der hinteren Plätze gelegen; die vormalige Hegemonialposition dieses Landes auf dem Weltmarkt hatte zur Herausbildung eben jener parasitären Sedimentierungen beigetragen, die Gramsci zufolge nicht nur das Entstehen eines neuen nationalen Akkumulationszentrums verhinderten, sondern auch die Anpassung an international vorgegebene Standards erschwerten. Großbritannien erlitt auch in der Nachkriegszeit die Fortsetzung seines internationalen Bedeutungsverlustes.

Frankreich hatte, obwohl es zu den europäischen Siegermächten des Zweiten Weltkriegs gehörte, seine in der Zwischenkriegszeit errungene Stellung eingebüßt. Das Land war direkter Schauplatz des Krieges gewesen und von den deutschen Faschisten zu einem großen Teil okkupiert worden; dementsprechend waren die materiellen Schäden bedeutend. Paris hatte seine Stellung als internationaler europäischer Finanzplatz, der zeitweise von der Schwäche Großbritanniens bzw. Londons profitiert hatte, verloren. Der französische Franc spielte außerhalb der Franc-Zone, d.h. außerhalb des Wirtschaftsverkehrs zwischen französischem Mutterland und Kolonien, keine internationale Rolle. Mit seiner Abwertung im Jahr 1948 war er offiziell auf 20% seines Gold- und Dollarwertes von 1944 reduziert (1 US-$ = 265 FF). Politisch konnte sich das Land zu Gute halten, dass es sich durch den aufopferungsvollen und erfolgreichen Kampf der Resistance in Frankreich und Belgien international an Ansehen gewonnen hatte.

Die anderen größeren Länder, die den Status kapitalistischer Metropolen in der Zeit vor dem Zweiten Weltkrieg innegehabt hatten – Deutschland, Italien, Japan –, waren als Verlierer des von ihnen begonnenen Krieges besetzt und der politischen Souveränität verlustig gegangen. Insgesamt waren ihre Verluste an Menschenleben und materiellen Werten immens.

Ausgangs des Krieges war somit eine eindeutige internationale Rangordnung der kapitalistischen Nationen hergestellt. Die USA nahmen den unbestrittenen ersten Platz ein, gegründet auf den Entwicklungsstand ihrer produktiven Nationalarbeit, ihre internationale Gläubigerposition, die »produktivistische Orientierung« der gesellschaftlichen Hauptklassen sowie politisch flankiert durch ihre militärische Dominanz und ihre Führerschaft bei den westlichen Siegermächten. Damit hatten die USA die Macht, bei der Diskussion um die Neuordnung des internationalen Wirtschafts- und Währungssystems ihre spezifischen Interessen durchzusetzen.

Die Gründung der UNO und das Bretton Woods-Währungssystem als durch die USA dominierter Kompromiss

Bereits während des Krieges gab es die erste Vorkonferenz zur Gründung der United Nations Organization (UNO) in Washington. 1943 folgte eine Resolution des US-Kongresses zur Teilnahme und damit das Signal, dass eine Ratifizierung des Vertrages nicht ein zweites Mal wie seinerzeit im Falle des Völkerbundes scheitern sollte. Damit waren die wesentlichen Weichen gestellt, zumal auf der Konferenz von Jalta im Februar 1945 auch die Sowjetunion ihre Forderungen an die Nachkriegsordnung durchgesetzt hatte. Der eigentliche Gründungsakt im Frühjahr 1945 auf Basis der von den USA, Großbritannien, China und der Sowjetunion erarbeiteten UNO-Charta war daher nur noch Formsache. Ihre zentrale Mission ist die Aufrechterhaltung von Frieden und Sicherheit in der Welt. Neben der Generalversammlung aller Mitgliedsländer und dem Sicherheitsrat mit fünf ständigen Mitgliedern – USA, Sowjetunion, Großbritannien, Frankreich und China (zunächst Republik China) –, die bei der Verabschiedung von Resolutionen ein erweitertes Vetorecht haben, wurde in der Folgezeit ein UNO-System mit Haupt- und Nebenorganen sowie Unterorganisationen gebildet, die als »Weltregierung« neben den Staaten und ihren nationalen Regierungen die Geschicke des Planeten regeln und voranbringen sollte.

Eine der wichtigsten Sonderorganisationen wurden der Internationale Währungsfonds (IWF) und seine Schwesterorganisation Weltbank, die den institutionellen Rahmen der Weltwirtschaft festlegten. Bereits im Sommer 1941 hatte J.M. Keynes Vorschläge für eine internationale Verrechnungsunion[2] verfasst, die wesentliche Ele-

---

[2] Vgl. »Proposals for an International Clearing Union«; Keynes 1943.

mente einer neuen, qualitativ höher entwickelten Organisation der Weltwirtschaft einbegreift und ursprünglich als Teillösung eines Gesamtplanes gedacht war, der neben dem Währungssystem auch die internationale Handelspolitik, eine »vernünftige Lenkung« von Produktion, Verteilung und Rohstoffpreisen sowie die Bereitstellung von Mitteln langfristiger Entwicklungshilfe umfassen sollte. Hervorstechende Merkmale dieses später als »Keynes-Plan« bezeichneten Dokuments waren:

- Errichtung einer internationalen Clearing-Union zur multilateralen Verrechnung der internationalen Zahlungen;
- Schaffung einer internationalen Währung (Bancor) – an Gold gebunden (denominiert), wenngleich nicht gegen Gold einlösbar – als künstliche Währungsreserve zum nationalen Saldenausgleich bei der Clearing-Union;
- Feste Wechselkurse der nationalen Währungen zum Bancor und damit auch untereinander, die durch ein ordnungsgemäßes, allgemein anerkanntes Verfahren festgesetzt werden, um einseitige Aktionen und kumulative Abwertungen zu verhindern;
- Gemeinsame Verantwortung von Defizit- und Überschussländern zur Herstellung eines weltwirtschaftlichen Gleichgewichts durch Vergabe von kurz- bis mittelfristigen Zahlungsbilanzkrediten in Bancor mit gestaffelten Auflagen der Clearing-Union an beide Ländergruppen.

Im Kern ging es bei dem »Keynes-Plan« somit um die Entwicklung eines internationalen Zentralbanksystems, mit dem die positiven Effekte nationaler Kredit- und Bankensysteme für die nationale Kapitalakkumulation auf eine internationale Ebene gehoben, d.h. für den Welthandel nutzbar gemacht und für die Steuerung wirtschaftlicher Prozesse im internationalen Verkehr ausgeweitet bzw. etabliert werden sollten. Bei der Clearing-Union würden sich für Länder mit aktiver Zahlungsbilanz Kreditsalden, für Länder mit passiver Zahlungsbilanz Debetsalden in Bancor ergeben, die sich für die Weltwirtschaft als Ganzes bzw. für die Clearing-Union notwendig ausgleichen müssten. Um jedoch ein übermäßiges Ansteigen der nationalen Aktiv- und Passivsalden zu vermeiden, waren für die einzelnen Länder spezifisch durch Länderquoten festgesetzte Verschuldungsgrenzen vorgesehen. Ebenso waren jedoch auch Sanktionen für die Überschussländer vorgesehen. Um diese von der Akkumulation hoher Bancor-Guthaben abzuhalten, sollten auf die Kreditsalden Abgaben geleistet werden und Währungsaufwertungen vorgenommen werden. Während der Zahlungsverkehr für laufende Transaktionen frei sein sollte, ging Keynes von der fortbestehenden Notwendigkeit von Verkehrskontrollen für den Kapitalverkehr aus.

Diesen britischen Vorschlägen gegenüber entwickelten die USA Gegenvorstellungen, die die »internationale Sozialisierung der Funktionen des Weltmarkthegemons« entscheidend zurücknahmen. Der amerikanische »White-Plan« sah ursprünglich ebenfalls die Schaffung einer internationalen Währungseinheit (»Unitas«) vor. Sie sollte, ebenso wie die fest miteinander verbundenen nationalen Währungen gegenüber dem Gold konvertibel sein. Im Unterschied zum Keynes-Plan, der auf dem Prinzip eines geschlossenen Banksystems basiert und dessen Verschuldungspotential einfach eine Funktion der Salden im internationalen Zahlungsverkehr bildet, baute der White-Plan auf dem Prinzip eines internationalen Fonds auf, in den alle Mitgliedstaaten Beiträge einzuzahlen hätten und dessen Kreditvolumen durch diese Beiträge sowie durch eventuelle Anleihen beschränkt war. Hatte der Keynes-Plan schon von Anfang an ein Verschuldungspotential von 25 Mrd. US-Dollar vorgesehen, so beschränkte sich der von H. White vorgeschlagene Fonds auf einen Anfangswert von fünf Mrd. US-Dollar, wovon zudem nur die Hälfte einzuzahlen wäre. Zum Zahlungsbilanzausgleich sollte an die Stelle eines mit gestaffelten Auflagen versehenen Systems automatischer kurzfristiger Kredite die Vergabe von normalen Beistandskrediten seitens des internationalen Fonds treten. Fundamentale außenwirtschaftliche Disproportionen sollten durch Veränderungen der festen Wechselkurse behoben werden; somit wurde die Anpassungslast hauptsächlich auf die Defizitländer verlagert, denen damit eine traditionelle Deflationspolitik abverlangt wird. An die Stelle einer weitgehenden internationalen Sozialisierung der Hegemon-Funktion trat also bei White eine institutionelle Re-Etablierung dieser Funktion als Attribut einer Nation, d.h. der USA. Insgesamt präferierten die Amerikaner ein internationales Währungssystem, das in seinen grundlegenden Konstruktionsmerkmalen dem überkommenen Gold(devisen)standard nachempfunden war.

Auf der Konferenz von Bretton Woods vom Juli 1944 – »Internationale Währungs- und Finanzkonferenz der Vereinten und Assoziierten Nationen« –, die mit Vertretern von 44 Ländern stattfand, wurde der gemeinsame amerikanisch-britische Vorschlag in seinen wesentlichen Punkten angenommen. Dabei handelte es allerdings um eine leicht abgewandelte Form des ursprünglichen amerikanischen »White-Plans«. Die Engländer hatten auf die »expansionistische Ausrichtung«, so der amerikanische Vorwurf, verzichtet, die direkte Begrenzung der Verpflichtungen der Gläubigerländer konzediert und von der Forderung nach Errichtung einer Clearing-Union abgesehen. Umgekehrt schwächten die Amerikaner ihre Vorstellungen über den Grad der internationalen Einmischung in die Wirtschaftspolitik eines Schuldnerlandes ab und konzedierten eine Übergangsregelung für die unmittelbare Nachkriegszeit, nach der die Währungskonvertibilität sowie der Abbau von Devisenrestriktionen dispensiert werden konnten. Das Bretton-Woods-Abkommen sah die Gründung eines internationalen Stabilisierungsfonds (Internationaler Währungsfonds, IWF) und eines internationalen Investitionsinstituts (Weltbank, WB, International Bank for Reconstruction and Development) vor. Es trat am 27. Dezember 1945 in Kraft. Ihm traten 35 Staaten bei, darunter die wichtigsten westlichen Währungsländer; die Sowjetunion, die bei den Vorberatungen und der Konferenz selbst zugegen gewesen war, enthielt sich der Unterzeichnung und trat der Konvention nicht bei.

Das neue Währungssystem fixierte feste Paritäten der verschiedenen nationalen Währungen zum Gold und bestimmte ihre Gold-Konvertibilität im Außenwirtschaftsverkehr. Die Bindung einer Währung an eine solche offiziell in Gold konvertible Währung im Sinne einer indirekten Konvertibilität war allerdings ebenfalls möglich. Damit wurde die Sterling- und Dollar-Zone in z.T. erweiterter Form sanktioniert. Das Bretton-Woods-System verwarf allerdings die Vorschläge von Keynes und White, eine künstliche internationale Währungseinheit zu schaffen und war somit weitgehend ein Gold-Devisen-Standard, in dem der US-Dollar zur Leit- und Reservewährung werden sollte: Gold-Dollar-Standard. Zwischen den so über das Gold bzw. das Gold und eine internationale Leitwährung fixierten Wechselkursen wurde eine Schwankungsbreite von zwei Prozent zugelassen, d.h. je ein Prozent über oder unter der festgesetzten Parität. Oberhalb bzw. unterhalb dieser Interventionspunkte hatten die Zentralbanken oder Währungsbehörden der Länder an ihren Devisenmärkten zu intervenieren. Wechselkursänderungen wurden in einem nach Ausmaß abgestuften Verfahren geregelt, die bei fundamentalen Änderungen seitens des IWF zustimmungspflichtig waren.

Es wurde zudem beschlossen, das Währungssystem dieser festen Wechselkurse in einen Rahmen des multilateralen Freihandels einzufügen. Alle administrativen Zahlungsrestriktionen für laufende Transaktionen sollten aufgehoben werden; Kapitalverkehrstransaktionen waren seit jeher vielfältigen politischen Regelungen unterworfen und hiervon nicht betroffen. Jedoch war es nicht möglich, sofort alle bestehenden und die Leistungsbilanztransaktionen berührenden Devisenverkehrsbeschränkungen aufzuheben; eine Übergangsfrist von fünf Jahren wurde vereinbart, innerhalb der noch einschränkende Regelungen bei der Finanzierung des internationalen Handels toleriert wurden.

Zum Ausgleich bei Zahlungsbilanzdefiziten sah das Bretton-Woods-Abkommen eine Palette kurz- und mittelfristiger Überbrückungskredite vor. Sie wurden vom Internationalen Währungsfonds ausgereicht und waren durch die Pflichteinzahlungen der Mitgliedsländer fundiert. Jedes Land hatte eine Quote, bemessen nach dem Umfang seines Bruttosozialprodukts und seines Anteils am Welthandel, und zwar zu 25% in Gold bzw. konvertiblen Währungen und zu 75% in seiner Landeswährung, zu entrichten. Aufgrund der unterschiedlichen Bemessung der Länderquoten, die gleichzeitig Grundlage für das Stimmrecht eines jeden Landes sind, ergab sich eine zugunsten der USA und Großbritanniens verschobene Machtstruktur im IWF; beide Länder besaßen ein faktisches Vetorecht.

Anhand der merklichen Restriktionen für die Kreditvergabe des IWF an Defizitländer wird die ursprüngliche amerikanische Konzeption des »White-Plans« deutlich, der im Gegensatz zu Keynes' Vorschlag den Stellenwert des Zahlungsbilanzausgleichs für die nationale Wirtschaftspolitik eines Landes an die erste Stelle setzte: »*Die anfänglich ziemlich beschränkten IWF-Reserven und das ausgeklügelte Verfahren zur Ausübung des Ziehungsrechts waren von den amerikanischen Unterhändlern und späteren Verwaltern bewußt als Hindernisse errichtet worden, um die Mitgliedsstaaten dazu zu veranlassen, erst alle binnenwirtschaftlichen Möglichkeiten zur Bekämpfung eines auftauchenden Defizits in der Zahlungsbilanz einzusetzen, bevor sie sich an den IWF wandten. In dieser rigiden Haltung schlagen sich sowohl die orthodox-liberalen Auffassungen der amerikanischen Regierung nieder als auch der starke Druck von seiten des internationalen Bankwesens. Damit brach ein von vornherein in das System von Bretton Woods eingebauter Gegensatz auf:*

Die erheblich eingeschränkte Wechselkursflexibilität erforderte als Gegengewicht mehr ausländische Mittel zur Überbrückung der Zahlungsbilanzdefizite, und gerade diese Ausweitung wurde eng begrenzt. Zwischen dem normativen Idealsystem, das in Bretton Woods ausgehandelt worden war, und dem allgemeinen Währungswirrwarr um 1945 tat sich eine breite Kluft auf. In der Weltwirtschaftskrise und im Zweiten Weltkrieg hatten sich Handels- und Zahlungsrestriktionen verbreitet, und danach fand sich bis auf die Vereinigten Staaten keine einzige Regierung bereit, sie kurzfristig zu lockern. Dies war ja der Grund, warum die Welthandels-Charta von Havanna niemals ratifiziert und die internationale Handelsorganisation niemals gegründet wurde. Da der IWF in einer noch nicht freien Weltwirtschaft seine Hauptfunktion als internationale Kreditanstalt kaum ausüben konnte, versuchte er zunächst, die Aufgaben der gescheiterten internationalen Handelsorganisation zu übernehmen. So bemühte sich der IWF in den ersten zehn Jahren seines Bestehens um eine verbreitete Anwendung der Prinzipien des Allgemeinen Zoll- und Handelsabkommens (GATT). Erst als sich der Welthandel genügend liberalisiert hatte, konnte sich der IWF seinem ursprünglichen währungs- und finanzpolitischen Auftrag voll widmen.« (van der Wee 1984: 487 ff.)

b) Die Periode der beschleunigten Akkumulation im sozialstaatlich modifizierten Kapitalismus in den Metropolen des Weltmarkts

Die Fortentwicklung des Systemgegensatzes zum Kalten Krieg und die Integration der BRD als Frontstaat in die »westliche Staatengemeinschaft« durch »Marshall-Plan«, Wiederbewaffnung und NATO-Beitritt

Die Nachkriegsprosperität mit ihren bis dato für unmöglich gehaltenen ökonomischen Wachstumsraten und sozialem Wohlstand besaß ihr Zentrum in den Vereinigten Staaten von Amerika. Ausgehend von dort entfaltete sich eine neue Epoche beschleunigter Kapitalakkumulation über den kapitalistischen Teil der Welt. Diese Funktion der USA als Demiurg des Weltmarkts ist zu Recht als »Pax Americana« bezeichnet worden. Unter institutionellen Aspekten schloss diese Pax Americana neben der Etablierung des Bretton-Woods-Währungssystems die schrittweise Liberalisierung des Welthandels durch Abbau von Zollschranken ein – ein Prozess, der allerdings nur langsam vorankam und nicht die Ziele erfüllte, die ursprünglich in ihn gesetzt worden waren. Die Schaffung einer Welthandelsorganisation (International Trade Organization, ITO) als Ausdruck eines multilateralen Freihandels scheiterte sowohl am Widerstand von isolationistisch orientierten Kreisen in den USA als auch von europäischen Ländern, insbesondere Großbritanniens, dessen Ökonomie nicht stark genug erschien, um auf die Präferenzsysteme innerhalb des Commonwealth und die Zollschranken verzichten zu können. Die auf der Konferenz in Havanna im März 1948 vereinbarte Welthandels-Charta trug bereits als mühsam erreichter Kompromiss dieser unterschiedlichen Verfassung der verschiedenen Ökonomien Rechnung; sie wurde vom amerikanischen Kongress nicht sank-

Kapitel 16: Fordismus und die Systemkonkurrenz

tioniert. Anstattdessen wurden im Rahmen des Wirtschafts- und Sozialrats der Vereinten Nationen nur bilaterale Handelsabkommen vereinbart, die, da sie auf der Grundlage der Meistbegünstigung geschlossen wurden, die kommerziellen Zugeständnisse für den Welthandel insgesamt verallgemeinerten. Es kam nur zu einem »Protocol of Provisional Application« eines Allgemeinen Zoll- und Handelsabkommens (GATT), das später in die Internationale Handelsorganisation integriert werden sollte. Da die ITO nie zustande kam, übernahm das GATT selbständig einige der jener zugedachten Funktionen.

In den ersten Jahren nach der Beendigung des Krieges war die ökonomische Rekonstruktion und Belebung auf die US-Wirtschaft beschränkt, während der Fortschritt in Westeuropa zunächst weitgehend ausblieb. Die bedingungslose Kapitulation der faschistischen Achsenmächte Deutschland und Italien, ebenso Japans sowie die weitgehenden Zerstörungen des Krieges und der Atombombenabwürfe verunmöglichten einen raschen Neuanfang. Es kam hinzu, dass die europäische Ernte des Jahres 1947 katastrophal ausfiel, was die schwierige Versorgungssituation der Bevölkerung potenzierte. Durch den Korea-Krieg wurden die Rohstoffpreise auf dem Weltmarkt hinaufgetrieben. Beide Faktoren erhöhten die Belastung der Zahlungsbilanzen der europäischen Staaten. Auf der politischen Ebene fürchteten die USA um ihren gerade gewonnenen Einfluss in Westeuropa und im Fernen Osten, als unter der Schirmherrschaft der Sowjetunion in Osteuropa und Asien sozialistische Regime etabliert wurden. Die beginnende Systemkonkurrenz, die später zum Kalten Krieg ausartete, beförderte ökonomische Hilfsmaßnahmen der USA gegenüber Westeuropa. Im Mittelpunkt der »Marshallplanhilfe« (European Recovery Programm, ERP) stand Deutschland bzw. Westdeutschland, nachdem frühere Konzeptionen der Siegermächte noch eine weitgehende De-Industrialisierung dieses Kriegsgegners vorgesehen hatten (Morgenthau-Plan).[3]

Das Programm für den europäischen Wiederaufbau (ERP) beinhaltete neben finanziellen Mitteln auch strukturgestaltende Wirtschaftsmaßnahmen und -ziele, die durch den New Deal inspiriert waren. Das Notprogramm des Marshallplans umfasste folgende strategische Ziele: Erneuerung der Infrastruktur; drastische Produktionssteigerung, insbesondere in den Schlüsselsektoren Energie und Stahl; gleichgewichtigere Streuung der europäischen Schwerindustrie statt der zu starken Ballung im Ruhrgebiet; Rationalisierung in der Landwirtschaft und im verarbeitenden Gewerbe; Aufbau von Strukturen, die eine monetäre und finanzielle Stabilität herstellen. Nach vier Jahren sollte die europäische Wirtschaft sich selbst tragen. Wichtiger noch waren die finanziellen Maßnahmen. Die USA gewährten im Rahmen

---

[3] Der Morgenthau-Plan sah eine Teilung Deutschlands und den Abbau von Industrieanlagen vor, um für Deutschland einen erneuten Krieg unmöglich zu machen und mit den demontierten Anlagen die angegriffenen Staaten wieder aufzubauen. Einen ähnlichen Weg verfolgte auch der erste Plan des Franzosen Jean Monnet, nach dem Frankreich die Kontrolle über die deutschen Steinkohlenvorkommen im Ruhrgebiet und Saarland bekommen sollte. Die Besatzungsmächte einigten sich 1946 auf einen strengen Zeitplan für Demontagen in Deutschland; der Abbau von Industrieanlagen endete erst 1950.

des Marshallplans Gelder in Höhe von insgesamt fast 14 Mrd. US-Dollar, Westdeutschland erhielt davon ca. 1,4 Mrd. als Darlehen. Die meisten Mittel flossen in Form direkter Zuschüsse mit der Auflage, davon Waren aus den USA zu kaufen, und nur ein Teil als Kredit. Dies sollte Transferprobleme vermeiden und die eigene US-Wirtschaft ankurbeln.

16 europäische Länder nahmen den Marshallplan an. Diese Länder bildeten 1948 die Organisation für europäische wirtschaftliche Zusammenarbeit (»Organisation for European Economic Cooperation«, OEEC), deren hauptsächliche Aufgaben zunächst die Ausarbeitung des Endprogramms zum europäischen Wiederaufbau sowie die Empfehlung der konkreten Maßnahmen der Marshallplanhilfe waren. Die Abwicklung des europäischen Zahlungsverkehrs wurde im Rahmen der OEEC 1950 durch Gründung der Europäischen Zahlungsunion multilateral ausgestaltet und dadurch in erheblichem Maße ökonomisiert. Damit waren wesentliche institutionelle Bedingungen im internationalen Verkehr geschaffen, um die Kapitalakkumulation in Westeuropa in Gang kommen zu lassen. Der Marshallplan galt darüber hinaus auch als Anstoß und erster Schritt der späteren europäischen Integration.

Die ökonomische Bedeutung des Marshallplans wird oftmals allerdings erheblich überschätzt. Die Hilfsgelder machten weniger als drei Prozent des Nationaleinkommens der 16 unterstützten Länder aus. Barry Eichengreen (vgl. Eichengreen 2008) berechnete eine Steigerung des Bruttoinlandsproduktes durch die ERP-Mittel um durchschnittlich 0,5% p.a. in den Jahren von 1948 bis 1951.[4] Die Marshallplan-Gelder waren für die neugegründete Bundesrepublik und ihre Währung allerdings bedeutsam für die Teilnahme am internationalen Handel, da die Bank deutscher Länder als Zentralbank des westdeutschen Staates anfangs über keinerlei Währungsreserven verfügte und die D-Mark dementsprechend zunächst nicht konvertibel war.

Eine wesentliche Motivation der US-Regierung für die Unterstützung des europäischen Wiederaufbaus war eine politische. Zwar waren die Hilfen ursprünglich auch den osteuropäischen Ländern angeboten worden, doch lehnten die Sowjetunion und die mit ihr nach Kriegsende verbündeten Regierungen diese Maßnahmen ab, legten ein Alternativprogramm (Molotow-Plan) auf und gründeten das Kominform (Kommunistisches Informationsbüro) zum Zusammenschluss der sozialistischen Länder und ihrer führenden Parteien als Nachfolgeeinrichtung der Kommunistischen Internationale. Der Ost-West-Gegensatz kristallisierte sich auch an der Unterstützung der linken Volksfront bzw. deren Demokratischer Armee im griechischen Bürgerkrieg durch die Sowjetunion, was der »Westen« und in Sonderheit die Briten, unter deren Schutz die griechische Regierung aus Konservativen und Monarchisten stand, als unzulässigen Eingriff in ihre Interessensphäre (Truman-Doktrin) betrachteten. Der sich zum Kalten Krieg auswachsende Ost-West-Gegensatz und die »Eindämmung« des Kommunismus wurden sodann eine wesentliche Triebkraft sowohl für wirtschaftliche Unterstützung als auch politisch-militärische

---

[4] Für die Westzonen der späteren Bundesrepublik relativiert auch Abelshauser die Bedeutung der Marshallplan-Gelder, vgl. Abelshauser 1975 und 1979.

Zusammenarbeit, die schließlich 1949 in der Gründung der NATO (North Atlantic Treaty Organization) gipfelte.

Bereits mit dem Brüsseler Vertrag vom März 1948 hatten sich die westeuropäischen Länder Frankreich, das Vereinigte Königreich, die Niederlande, Belgien und Luxemburg zu einem Bündnis für wirtschaftliche, soziale und kulturelle Zusammenarbeit sowie zur kollektiven Selbstverteidigung zusammengeschlossen. Dieses Bündnis war nominell noch als Beistandspakt gegen eine erneute deutsche Aggression vorgesehen. Im März 1947 hatten die USA die britische Schutzmachtrolle über Griechenland und die Türkei übernommen, um einer sowjetischen Machtausweitung entgegenzuwirken. Mit der Berlin-Blockade 1948 rückte in Westeuropa eine mögliche militärische Bedrohung durch die von der Sowjetunion angeführten sozialistischen Staaten ins Blickfeld. Daraufhin kam es zu einem wechselseitigen Abkommen, das am 4. April 1949 von den Brüsseler Paktstaaten zusammen mit den USA und Kanada unterzeichnet wurde. Als weitere Gründungsmitglieder kamen Italien, Norwegen, Dänemark (mit Grönland), Island und Portugal hinzu. Das NATO-Abkommen trat am 24. August desselben Jahres in Kraft.

Die politische Bedeutung der Marshallplan-Hilfe der USA kam in Sonderheit für die Positionierung der 1948 neugegründeten Bundesrepublik zur Geltung. An der Grenze zu dem unter sowjetischen Einfluss stehenden anderen deutschen (Teil-)Staat DDR sollte mit einer ökonomisch wiedererstarkten und im »Westen« verankerten BRD der Systemgegensatz zwischen Kapitalismus und Sozialismus im Fokus stehen und symbolisch ausgetragen werden. Dazu gehörte, dass die Bundesrepublik bereits 1955 wieder eigenes Militär aufstellen und der NATO beitreten konnte.[5]

Nachkriegsrekonstruktion der Reproduktionsprozesse und Sanierung von Geld und Währung in den kapitalistischen Metropolen

Die zentrale ökonomische Aufgabe im Innern der nationalen Reproduktionsprozesse nach der Beendigung des Krieges bestand in der Umstellung von Kriegs- auf Friedenswirtschaft. Dies schloss neben der stofflichen Umorientierung der Produktion, die je nach besonderem Produkt und spezifischen Produktionsbedingungen einfacher oder schwieriger zu bewerkstelligen war, die Reintegration des militärischen Personals in die zivile Erwerbsbevölkerung, die Behebung der kriegsbedingten materiellen Schäden an Bauten, Ausrüstungen und Infrastruktur und schließlich die Reorganisation des nationalen Geldwesens ein. In nahezu allen entwickelten

---

[5] Bevor die Bundesrepublik in die NATO aufgenommen wurde, musste sie der Westeuropäischen Union (WEU) beitreten. Diese sollte die deutsche Wiederbewaffnung kontrollieren. Zudem musste die Bundesrepublik erklären, auf jegliche gewaltsame Wiederherstellung der deutschen Einheit und auf den Bau atomarer, biologischer und chemischer Waffen zu verzichten. Die neu zu gründende Bundeswehr sollte maximal 500.000 Soldaten umfassen, all ihre Verbände wurden dem NATO-Kommando unterstellt. Obwohl Sozialdemokraten und außerparlamentarische Gruppen gegen die Wiederbewaffnung protestierten, trat die Bundesrepublik am 6. Mai 1955 offiziell der NATO bei. Das Bundesministerium für Verteidigung wurde geschaffen und die Bundeswehr gegründet.

kapitalistischen Ländern äußerte sich die durch die Kriegsfinanzierung sowie die Umstellung der gesamtwirtschaftlichen Nachfrage auf Kriegsbedingungen bedingte Beeinträchtigung des nationalen Geld- und Kreditsystems in den ersten Nachkriegsjahren als heftige Preisinflation. Dem noch danieder liegenden Angebot an zivilen Waren stand eine durch übermäßige Papiergeldemission aufgeblähte Geldmenge gegenüber; zusätzlich drängte ein Teil der Kriegsersparnisse (»forced savings«) als zahlungsfähige Nachfrage in die Zirkulation. Im Resultat dieses Aufeinandertreffens eines mengenmäßig restringierten Warenangebots und einer nominell aufgeblähten Geldmenge musste es zu heftigen inflationären Entwicklungen kommen.

Die USA, die am wenigsten aller entwickelten Nationen durch direkte Kriegseinwirkungen betroffen waren, erlebten die Inflationsphase als vergleichsweise kurzdauernden Prozess, der durch Interventionen der Regierung rasch unter Kontrolle gebracht werden konnte. Die inflationsbedingte Umverteilung der Einkommen »von unten nach oben« wurde in der politischen Auseinandersetzung denjenigen angelastet, die als Verantwortliche der Preisinflation angesehen wurden. In den Wahlen zum Kongress gewannen die Republikaner die Mehrheit und nutzten die Gunst der Stunde zur gesetzlichen Absicherung des verschobenen sozialen Kräfteverhältnisses. Mit dem »Labor-Management-Relations-Act« (»Taft-Hartley-Act«) wurden etliche Errungenschaften, die die Arbeiterbewegung und ihre Gewerkschaften in den 1930er Jahre im Rahmen des New Deal durchgesetzt hatten, wieder zurückgenommen. Ökonomisch bedeutete die politische Absicherung der Reallohnverluste der amerikanischen Arbeiterklasse eine Verbesserung der Verwertungsbedingungen des Kapitals durch Senkung seiner Produktionskosten und eine Stabilisierung des allgemeinen Preisniveaus. Damit konnte die industrielle Expansion, nunmehr unter Bedingungen der Friedensökonomie, fortgehen.

Großbritannien bekämpfte die Inflation unter einer Labour-Regierung durch eine Austeritätspolitik, die Löhne und Gewinne einfror und den Konsum durch Rationierungen beschränkte. Die zur Finanzierung des Krieges stark angehobenen direkten Steuern blieben hoch. Die strengen Rationierungsmaßnahmen waren bis zum Jahr 1954 in Kraft; sie reduzierten die Inflation drastisch, begrenzten jedoch das allgemeine Konsumniveau der Bevölkerung. Der Übergang von Kriegs- zu Friedensverhältnissen eröffnete zugleich die letzte Phase des Untergangs des britischen Kolonialreichs. Zunächst versuchte das britische Kapital jedoch im Rahmen des Sterling-Blocks seine Konkurrenzvorteile auf dem Weltmarkt gegenüber unentwickelten und weniger entwickelten Staaten, d.h. den noch bestehenden oder ehemaligen Kolonien, zu stabilisieren.

Mit der politischen Auflösung des Empire in selbständige Staaten ging zunächst eine Intensivierung der ökonomischen Beziehungen einher. Während bis Ende der 1920er Jahre offiziell keinerlei Handelspräferenzen und -beschränkungen innerhalb des Empire bestanden, wurde in der Folge der Weltwirtschaftskrise 1932 ein Präferenzsystem errichtet, das Vorzugsbedingungen für den Warenhandel innerhalb des Commonwealth bzw. des Sterling-Gebietes sowie Importrestriktionen für Waren von außerhalb umfasste. Zwar wurde dieses Präferenzsystem teilweise

Kapitel 16: Fordismus und die Systemkonkurrenz

bereits vor dem Zweiten Weltkrieg gelockert, aber während und nach dem Krieg wurde es noch verstärkt: die Restriktionen gegenüber Importen von außerhalb, im Wesentlichen heißt dies gegenüber amerikanischen und kontinentaleuropäischen Produkten, wurden im gesamten Sterling-Gebiet verschärft. Davon profitierte insbesondere Großbritannien, da sein Handel mit den anderen Commonwealth-Ländern traditionell den größten Anteil am Gesamthandel dieses Verbunds ausmachte. Dennoch blieb die Handelsbilanz Großbritanniens defizitär. Dieses Handelsdefizit wurde jedoch typischerweise durch eine positive Dienstleistungsbilanz ausgeglichen. Nach 1945 ergab sich allerdings erst 1948 wieder ein positiver Leistungsbilanzsaldo, der während der 1950er Jahre mit Ausnahme von 1951 und 1955 anhielt. Als ab Ende 1952 die Importrestriktionen gelockert wurden, wurden die USA und Japan zunehmend wichtige und schließlich dominierende Exporteure in die Commonwealth-Länder, die ihrerseits für ihre Waren zunehmend Märkte außerhalb des Commonwealth suchten.

Die Finanzierung des wirtschaftlichen Wiederaufbaus Großbritanniens wurde zunächst auf die gleiche Weise wie die Finanzierung eines großen Teils der Kriegslasten bewerkstelligt, nämlich durch Verschuldung gegenüber dem Ausland. In den USA und Kanada wurden langfristige Anleihen aufgenommen, die Dollarforderungen der Commonwealth-Staaten wurden gegen Pfund Sterling umgewechselt. Sowohl die binnenwirtschaftlichen wie die außenwirtschaftlichen Maßnahmen waren aber keineswegs ausreichend, um das britische Pfund dem freien Markt zu überantworten. Mit der zunehmenden Auflösung noch bestehender kolonialer Abhängigkeiten und der Lockerung der engen Handelsbeziehungen zwischen Commonwealth-Ländern und dem Vereinigten Königreich änderte sich auch das gleichförmige währungspolitische Verhalten der Sterling-Länder. Die unabhängig gewordenen Staaten etablierten eigene nationale Geldwesen, wickelten Im- und Exporte zunehmend über Nicht-Sterling-Währungen ab und traten als selbständige Mitglieder dem IWF bei. Obwohl in diese Entwicklung eingeschlossen war, dass diese Staaten ihre Gold- und Dollarreserven weitaus stärker erhöhten als ihre Sterlingreserven, blieben die britischen Sterling-Verbindlichkeiten gegenüber diesen Ländern hoch und stiegen gar noch. Großbritannien blieb auch nach dem Krieg ein Land mit hoher Auslandsverschuldung.

Deutschland, d.h. die vier Besatzungszonen eines Teils des ehemaligen Deutschen Reiches, war als Kriegsverlierer und besetztes Land nicht nur besonders von Menschenverlusten und materiellen Schäden betroffen, sondern besaß als Erblast des Krieges ein vollständig zerrüttetes Geldwesen. Die Kosten des Krieges waren außer durch Steuern durch staatliche Verschuldung finanziert worden, bei gleichzeitigem Preis- und Lohnstopp sowie administrativer Begrenzung des Angebots aus Produktionen und Importen für den Konsum der Bevölkerung und rüstungswirtschaftlich unwichtige Investitionen der Unternehmen. Als Folge dieser Art der Kriegsfinanzierung fielen sehr hohe, nicht verausgabbare Beträge aus laufendem Einkommen und Gewinnen an, die zur Erhöhung der Kassenbestände und der sonstigen Bankeinlagen, zum Schuldenabbau der Unternehmen untereinander und gegenüber den Banken sowie zum Kauf von Staatspapieren durch die immer liquider werdenden Banken und z.T. auch durch das Publikum geführt hatten. Damit existierte ein immenser »Geldüberhang« als äußeres Zeichen einer durch Preis- und Lohnstopp »zurückgestauten Inflation«.

Nach der Befreiung Deutschlands und nach dem allgemeinen Zusammenbruch der ehemaligen Verwaltung versagte natürlich auch das bisherige staatliche Bewirtschaftungs- und Kontrollsystem auf den meisten Gebieten; die Reichsbankleitstelle Hamburg konstatierte 1945 ein ständiges Fortschreiten der allgemeinen Auflösung des gegenwärtigen Systems der Scheinbewirtschaftung. Die Durchführung einer umfassenden Währungsreform war unter diesen Verhältnissen eine wesentliche Voraussetzung für ein Ingangkommen des wirtschaftlichen Erholungsprozesses.

Die gesetzliche Geldschöpfung mit der Währungsreform 1948 erfolgte durch Auszahlung eines Kopfbetrages an jeden Bewohner der drei Westzonen in Höhe von 40 DM im Umtausch von 40 Reichsmark (RM). Wiederkehrende Leistungen wie Löhne, Mieten, Pachten, Renten etc. wurden im Verhältnis 1:1 von RM auf DM umgestellt. Die öffentlichen Kassen einschl. Militärregierungen, Bahn und Post sowie alle Arbeitgeber erhielten ebenfalls eine Erstausstattung als DM-Guthaben bei ihren Hausbanken in gesetzlich vorgeschriebener und einfach zu ermittelnder Höhe, z.B. 60 DM für Arbeitgeber pro Beschäftigten. Im Laufe der ersten Woche wurden so 4–5 Mrd. DM in Zirkulation gebracht. Namentlich durch die Umstellung der wiederkehrenden Leistungen, d.h. eines Großteils des Volkseinkommens im Verhältnis 1:1 war gewährleistet, dass sich für die Warenpreise eine Ausgangsbasis in DM ergab, die den alten RM-Preisen entsprach. Eine zweite Rate des Kopfbetrages in Höhe von 20 DM wurde im September 1948 ausgezahlt. Für die Umstellung der Schuldverhältnisse (außer aus wiederkehrenden Leistungen) wurde ein Umstellungssatz von 10 RM = 1 DM festgesetzt. Die Umstellung von RM-Schuldverhältnissen auf DM im Verhältnis 10:1 war neben der Ungültigerklärung der Staatsschuld das wesentliche Mittel zur gewaltsamen Rückführung der Geldmenge und damit zur Beseitigung der kriegsbedingten rückgestauten Inflation durch den existierenden Geldüberhang. Diese beiden Maßnahmen trafen neben den privaten Geldvermögensbesitzern insbesondere die Geschäftsbanken schwer: Nachdem ihre Bilanztitel materiell bereits weitgehend wertlos geworden waren, waren sie nunmehr auch formal vernichtet.

Bei der allgemeinen, wenngleich in ungleichem Maße gegebenen Zerrüttung der nationalen Geldwesen, der großenteils administrativ festgesetzten bzw. eingefrorenen Warenpreise und der vielfältigen Restriktionen im Außenhandel durch strikte Devisenverkehrskontrollen war die Festlegung von Wechselkursen zwischen den Währungen vielfach ein politischer Akt, basierend mehr auf statistischen Berechnungen von Kaufkraftparitäten und bestimmt durch nationale wirtschaftliche Zielsetzungen denn durch die naturwüchsigen Gesetze des Außenwirtschaftsverkehrs zwischen entwickelten kapitalistischen Nationen. Wegen ihres großen Wiederaufbaubedarfs hatten die meisten Regierungen dem IWF 1946 überbewertete Kurse vorgeschlagen, die er übernahm. Auf kurze Sicht war diese Strategie durchaus vernünftig, denn sofort nach dem Krieg entstand ein riesiger Bedarf an ausländischen Erzeugnissen für den Wiederaufbau industrieller Kapazitäten, die man selbstverständlich billig importieren wollte. Eine unerwünschte Einfuhr war ja mühelos durch diskriminierende Kontrollen abzuwehren, die der IWF bis 1952 offiziell akzeptierte. Das Niveau der Exportpreise spielte keine Rolle, da es in den ersten Jahren nach dem Krieg kaum Konkurrenz gab. Letztlich war jede Regierung davon überzeugt, dass die eigene Volkswirtschaft sich nach einigen Jahren wieder ausreichend erholt haben würde, um das Warenangebot genügend zu erhöhen; durch die fallenden Preise würde die Überbewertung ihrer Währung gegenüber den anderen von selbst verschwinden.

Diese Hoffnungen auf quasi-automatische Rektifikation der Wechselkurse erfüllten sich jedoch nicht. Unterschiedliche Teuerungsraten in den verschiedenen Ländern bei gleichzeitigem Festhalten an festen Paritäten führten zu Verzerrungen wie verschiedenen cross-rates zwischen zwei Währungen oder multiplen Wechselkursen. Eine Wiederherstellung des Multilateralismus und eine Expansion des internationalen Handels erforderten zudem die Beseitigung der Unterbewertung des US-Dollars und Schweizer Frankens durch differenzierte Neufestlegung ihrer Kurse zu den übrigen Währungen. Den Ausgangspunkt dieses umfassenden Re-alignments bildete die Pfund-Abwertung um 30% gegenüber dem US-Dollar (sowie dem Schweizer Franken) anlässlich der amerikanischen zyklischen Krise 1948/49 mit ihren restriktiven Auswirkungen für die Exporte der Sterling-Zone und dem Rohstoffpreisverfall, wodurch die unbeständigen Reserven der Sterling-Zone außerordentlich beansprucht wurden. Die meisten Länder zogen nach: Frankreich wertete um 22%, die BRD die neugeschaffene DM um 20% gegenüber dem Dollar ab.

Diese Neuanpassung der Wechselkurse wurde gemeinhin als Herstellung tendenziell »richtiger« Paritäten interpretiert, jedenfalls als Beendigung der vorherigen Dollarunterbewertung; gleichzeitig markierte dieses Re-alignment die Wende für den Dollar als knappe Währung innerhalb der internationalen Zirkulation. Damit war von der monetären Seite ein wesentliches Hindernis für die Wiederbelebung des Welthandels beseitigt worden. Ein weiterer wichtiger Schritt bestand in der Etablierung der Europäischen Zahlungsunion (EZU), die den Multilateralismus im europäischen Zahlungsverkehr erheblich beförderte. Clearing-Stelle der EZU wurde die Bank für Internationalen Zahlungsausgleich (BIZ), bei der die Nettopositionen der Mitgliedsländer monatlich beglichen werden mussten; teilweise fungierte die EZU auch als Kreditgeber, so 1950/51 gegenüber der BRD. Mit dem vollzogenen Übergang zur Währungskonvertibilität 1958 wurde die EZU aufgelöst.

Die Kapitalakkumulation in den USA, der BRD, Großbritannien, Frankreich und Japan bis zur Weltwirtschaftskrise 1974/75

Innerhalb des Welthandels dominierten die USA nach dem Zweiten Weltkrieg absolut. Gemessen an den Weltexporten bestritten sie in den 1950er Jahren eine Quote von rund 20%; dies war doppelt so viel wie die der nächstfolgenden Nation Großbritannien, die trotz der fortbestehenden Begünstigung durch Handelsschranken

Abbildung 16.1: Weltmarktanteile (Export) kapitalistischer Metropolen 1950-1975

Quelle: Internationaler Währungsfonds

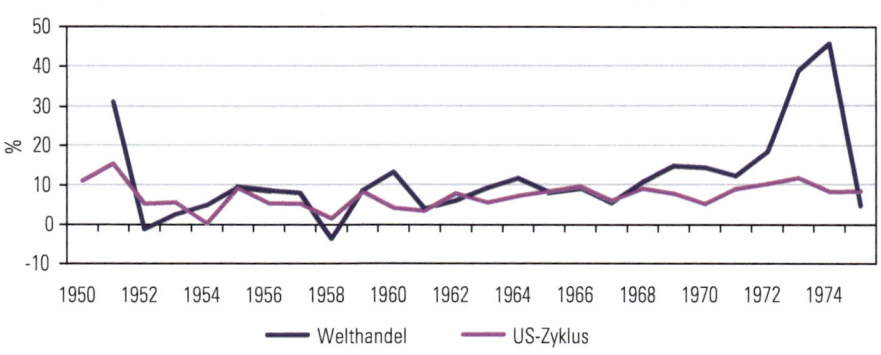

Abbildung 16.2: Weltmarktzyklus 1945-1975, lfd. Preise; in % gg. Vj.

Quelle: United Nations, US Department of Commerce

nur auf 10% kam. Wiederum die Hälfte des britischen Anteils konnte Frankreich in diesem Zeitraum auf sich vereinigen (5%), sodass die westlichen Siegermetropolen des Zweiten Weltkriegs in dem dem Krieg folgenden Jahrzehnt mehr als ein Drittel der Weltexporte bestritten. Die BRD holte allerdings in den 1950er Jahren, ausgehend von einem niedrigen Niveau von 3,6% (1950) rasch auf, ein Prozess, der sich im folgenden Jahrzehnt für Japan wiederholte (vgl. Abb. 16.1).

Diese ausgeprägte Ungleichverteilung der Welthandelsanteile zwischen den führenden kapitalistischen Weltmarktmetropolen, wie sie sich als Ergebnis langfristiger ökonomischer Entwicklungstendenzen sowie politischer Konstellationen im Anschluss an den Zweiten Weltkrieg ergab, verschaffte dem zyklischen Verlauf der Kapitalakkumulation in den USA den prägenden Einfluss für die Kon-

Tabelle 16.1: Zyklusdatierung für die USA und den Welthandelszyklen nach dem Zweiten Weltkrieg bis zur Mitte der 1970er Jahre

	USA-Zyklus	Welthandels-Zyklus
I. Nachkriegszyklus	1950–1954	bis 1952
II. Nachkriegszyklus	1955–1958	1953–1958
III. Nachkriegszyklus	1959–1961	1959–1961
IV. Nachkriegszyklus	1962–1967	1962–1967
V. Nachkriegszyklus	1968–1970	1968–1971
VI. Nachkriegszyklus	1971–1975	1972–1975

Tabelle 16.2: Zyklendurchschnittliche Wachstumsraten in den USA und im Welthandel (I. bis VI. Nachkriegszyklus)

	USA	Welthandel
I. Nachkriegs-Zyklus	4,7%	7,0%
II. Nachkriegs-Zyklus	2,6%	6,5%
III. Nachkriegs-Zyklus	3,3%	9,7%
IV. Nachkriegs-Zyklus	5,0%	8,5%
V. Nachkriegs-Zyklus	2,4%	9,5%
VI. Nachkriegs-Zyklus	2,6%	4,5%

junkturen des Weltmarkts. Obgleich das US-Nationalkapital seit jeher aufgrund seines großen Binnenmarkts nur eine vergleichsweise niedrige Außenhandelsverflechtung aufwies, war die prägende Kraft des US-Zyklus für die Konjunkturen des Welthandels und in weiterer Instanz für die nationalen industriellen Zyklen der nachgeordneten kapitalistischen Metropolen evident. In der ersten Zeit nach dem Krieg kam die relative Schwäche der westeuropäischen Konkurrenten als weiteres Element hinzu.

In dem Zeitraum bis zur Mitte der 1970er Jahre durchliefen Welthandel und US-Konjunktur insgesamt sechs Zyklen mit einer durchschnittlichen Länge von vier bis fünf Jahren. Dies war eine weitere Verkürzung gegenüber der Zwischenkriegszeit, in der der industrielle Zyklus 5 bis 6 Jahre gedauert hatte (vgl. Abb. 16.2). Daraus ergibt sich die in Tabelle 16.1 zusammengefasste Datierung.

Abgesehen vom Ende des I. Zyklus, welcher für die USA erst mit dem Jahr 1954 erreicht war, ergab sich eine exakte Synchronität für die zyklischen Periodenwechsel 1958, 1961 und 1967. Erst das Ende des V. Nachkriegszyklus durchliefen die USA ein Jahr vor dem Periodenwechsel des Welthandels, aber zu dieser Zeit hatte die prägende Kraft der US-Kapitalakkumulation für den internationalen kapitalistischen Zusammenhang bereits an Intensität verloren.

Abbildung 16.3: Profitrate der US-Kapitalgesellschaften

Quelle: eigene Berechnungen auf Basis von Daten des US Census und des Economic Report of the President

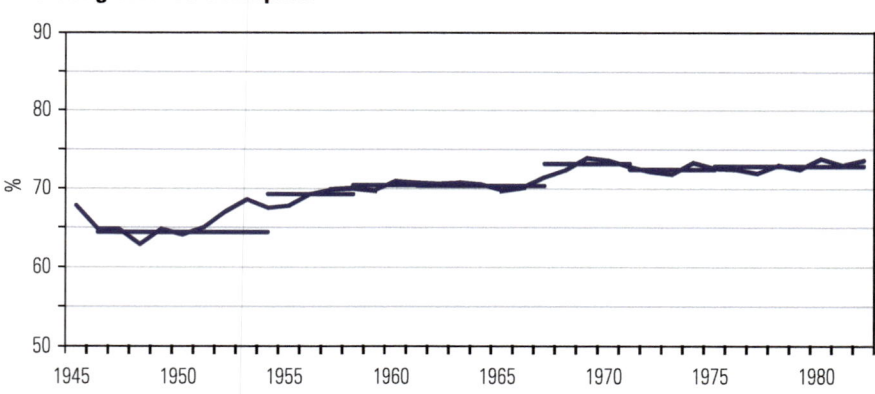

Abbildung 16.4: US-Lohnquote

Quellen: US Census, Economic Report of the President

Die zyklendurchschnittlichen Zuwachsraten des USA-Wachstums und des Welthandels zeigten, nunmehr jeweils preisbereinigt, das in Tabelle 16.2 zu sehende Bild.

Die Differenzen in diesen Zuwachsraten sind augenfällig und dokumentieren die aus dem internationalen Handel sich ergebenden Wachstumsimpulse für die dominierenden Handelsnationen. Obwohl sich anhand des zyklendurchschnittlichen Wachstums für das US-Kapital keine eindeutige Tendenz ergibt, nimmt die Anzahl seiner beschäftigten produktiven Lohnarbeiter als Index für die in Bewegung gesetzte produktiv-wertschöpfende Arbeit bis zum Anfang der 1970er Jahre zu. Aber der Welthandel entwickelte sich dynamischer als die US-Binnenkonjunktur und amerikanische Produkte beanspruchten seit Ende der 1950er Jahre nur mehr einen progressiv abnehmenden Anteil an den Weltexporten. Die zunächst uneingeschränkte Demiurgen-Rolle des US-Nationalkapitals wurde in den 1960er Jah-

Tabelle 16.3: Zyklusdurchschnittliche Wachstumsraten in GB, BRD, F und Japan (I. bis VI. Nachkriegszyklus)

	GB	BRD	F	Japan
I. Nachkriegs-Zyklus	2,3%	8,5%	4,3%	6,0%
II. Nachkriegs-Zyklus	2,6%	7,3%	4,5%	7,3%
III. Nachkriegs-Zyklus	3,3%	5,6%	6,5%	10,9%
IV. Nachkriegs-Zyklus	3,2%	3,7%	5,2%	11,4%
V. Nachkriegs-Zyklus	2,6%	5,3%	6,0%	10,2%
VI. Nachkriegs-Zyklus	2,0%	1,9%	3,7%	5,5%

ren zunächst kaum merklich, seit Ende der 1960er/Anfang der 1970er offensichtlicher relativiert.

Die allgemeine Profitrate der US-Kapitalgesellschaften lag im I. und II. Nachkriegszyklus noch auf dem hohen Niveau, auf das sie während der Umstellung des amerikanischen Reproduktionsprozesses auf Kriegswirtschaft und Rüstungsproduktion im Kriegszyklus angestiegen war. Aber bereits mit dem III. Nachkriegszyklus (1959–1961) fiel sie deutlich ab und verharrte in der Folgezeit auf niedrigeren Werten. Zum einen dokumentiert dies den »klassischen« Entwicklungsverlauf einer beschleunigten Kapitalakkumulation, zum anderen reflektiert dies den Anstieg der gesamtwirtschaftlichen Lohnquote vom I. bis IV. Zyklus als Indikator einer fallenden allgemeinen Mehrwertrate, die den Profitratenfall verstärkte (vgl. Abb. 16.3 und 16.4).

Verglichen mit der amerikanischen verlief die bundesdeutsche und japanische Kapitalakkumulation erheblich dynamischer. Frankreich konnte in Bezug auf die durchschnittlichen Zuwachsraten gut mithalten und nur Großbritannien verlor progressiv sowohl auf internationalen Märkten als auch hinsichtlich seiner binnenwirtschaftlichen Akkumulation (vgl. Abb. 16.6). Die zyklendurchschnittlich erreichten Wachstumsraten des preisbereinigten Sozialprodukts in den wichtigsten industriellen Konkurrenten des US-Kapitals sind in Tabelle 16.3 zusammengefasst.

In den 1960er Jahren hatte sich die BRD als westeuropäische Führungsmacht in ökonomischer Hinsicht durchgesetzt, die auch auf dem Weltmarkt progressiv an Boden gewann. Neben dem Umstand des Nachholbedarfs, der für die BRD aufgrund der kriegsbedingten Zerstörungen am größten war, war die Tatsache der tiefgreifenden gesellschaftlichen Zäsur, d.h. die uneingeschränkte Hegemonie der »produktivistischen Orientierung« des industriellen Kapitals auch bei den subalternen Klassen, ein ausschlaggebender Faktor.

Der Gewinn von Welthandelsanteilen durch das BRD-Kapital ergab sich ab der zweiten Hälfte der 1950er Jahre auch auf Kosten der USA. Abbildung 16.5 dokumentiert die unterschiedliche Entwicklung der Arbeitsproduktivität in beiden Ländern bis zur Mitte der 1970er Jahre. Ohne dass über das Ausgangsniveau in miteinander konkurrierenden Produktionszweigen direkte Aussagen gemacht werden

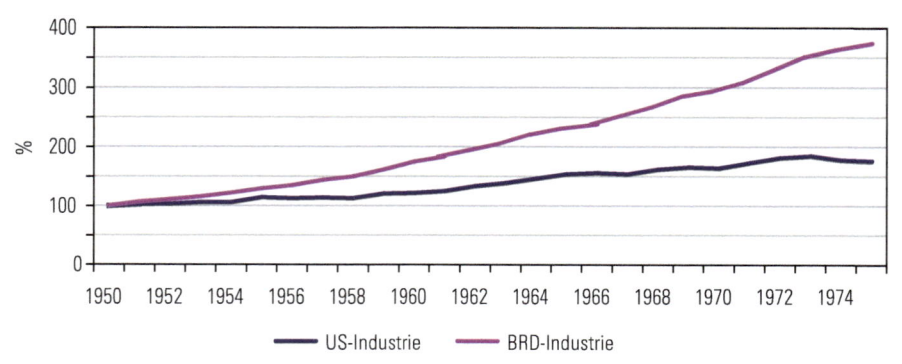

Abbildung 16.5: Produktivitätsentwicklung in der US- und BRD-Industrie, 1950=100

— US-Industrie — BRD-Industrie

Quellen: Statistisches Bundesamt, Bureau of Statistics

können, spricht doch das unterschiedliche Entwicklungstempo im Betrachtungszeitraum für sich selbst. Daraus ist die Schlussfolgerung zu ziehen, dass die USA sukzessive, und zwar im Zeitablauf zunehmend, die ehemaligen Produktivitäts- und damit Konkurrenzvorteile einbüßten. Der Verlust an Welthandelsanteilen besitzt also fundamentale reproduktive Gründe. Er zeigte sich darüber hinaus in einer stofflichen Umgruppierung der US-Exporte, bei denen die Agrar- und Halbfertigwaren zunehmend gegenüber den industriellen Fertigprodukten an Gewicht gewannen.

Die Durchschnittsprofitrate des BRD-Kapitals startete im I. Nachkriegszyklus von einem sehr hohen Niveau aus. Es war das Resultat sowohl des durch kriegsbedingte Zerstörungen und Entwertungen vergleichsweise geringen Kapitalbestandes sowie niedriger Löhne und demzufolge einer sehr hohen Mehrwertrate. In der Folgezeit bedingte die dynamische BRD-Kapitalakkumulation zum einen ein rasches Wachstum des Kapitalvorschusses, zum anderen nach Maßgabe der zunehmenden Einbeziehung von anfangs arbeitslosen sowie zugewanderten Erwerbspersonen in den Produktionsprozess, eine sukzessive Verbesserung ihrer Verteilungsposition. Diese drückte sich in einer Reduzierung der Mehrwertrate von Zyklus zu Zyklus aus, die nicht nur durch steigende Reallöhne, sondern gleichfalls durch eine kontinuierliche Verkürzung der Arbeitszeiten verursacht wurde. Die Entwicklung der allgemeinen Mehrwertrate des BRD-Kapitals (nach sozialstaatlicher Umverteilung)[6] zeigte im III. bis VI. Nachkriegszyklus, d.h. beginnend mit dem Ende der 1950er Jahre bis zur ersten Weltwirtschaftskrise der Nachkriegszeit 1974/75, einen fortgesetzten Rückgang, der den Fall der Profitrate verstärkt hat (vgl. Abb. 16.7 und 16.8).

Diese Spezifika der BRD-Profitrate – hohes Ausgangsniveau und durch eine sinkende Mehrwertrate verstärkter Profitratenfall – zeigten sich zeitversetzt auch

---

[6] Zur genaueren Analyse der Bestimmungsgründe der BRD-Mehrwertrate auch unter Einbezug der sozialstaatlich vermittelten Umverteilungsprozesse für die produktiven Arbeiter vgl. Krüger 2017: 391ff.

Kapitel 16: Fordismus und die Systemkonkurrenz

Abbildung 16.6: Konjunkturzyklen in USA, GB, BRD und Japan 1950-1975, jeweils in % gg. Vj.

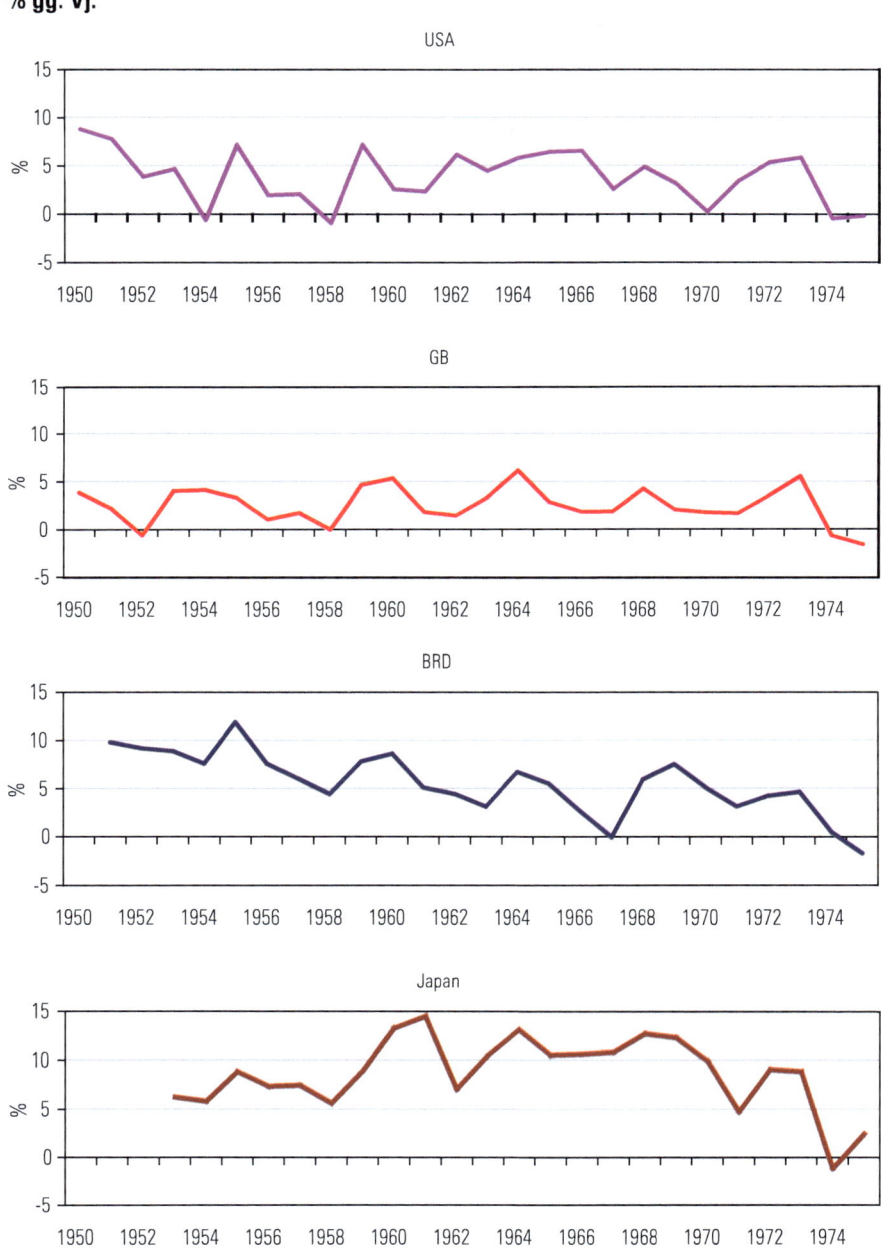

Quellen: US Department of Commerce, IWF, OECD

Abbildung 16.7: Profitrate des BRD-Kapitals

Quellen: Volkswirtschaftliche Gesamtrechnung, BBK-Jahresabschlüsse und eigene Berechnungen

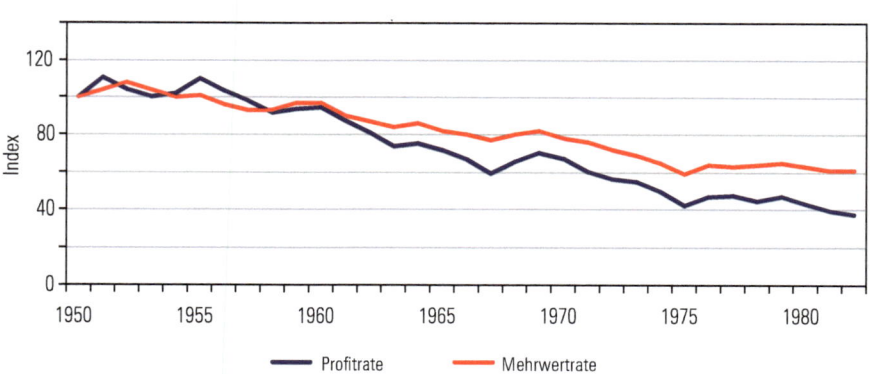

Abbildung 16.8: Entwicklungsverhältnis von allgemeiner Mehrwert- und Profitrate des BRD-Kapital; 1950 = 100

Quelle: eigene Berechnungen

in der japanischen Nachkriegsentwicklung. In Japan vollzog sich die ökonomische Rekonstruktion nach dem Krieg erst beginnend mit Ende der 1950er Jahre. Die Profitrate des japanischen Kapitals blieb bis Anfang der 1970er Jahre, d.h. bis einschl. des V. Nachkriegszyklus auf dem hohen Ausgangsniveau und begann ihren Fall erst danach. Während für die meisten anderen kapitalistischen Metropolen die Weltwirtschaftskrise 1974/75 bereits das Ende der beschleunigten Akkumulation der Nachkriegszeit markierte, begann sich in Japan der Umschwung erst zu Beginn der 1980er Jahre zu vollziehen und war erst nach mit dem VIII. Nach-

Kapitel 16: Fordismus und die Systemkonkurrenz

Abbildung 16.9: Profitrate des japanischen Kapitals

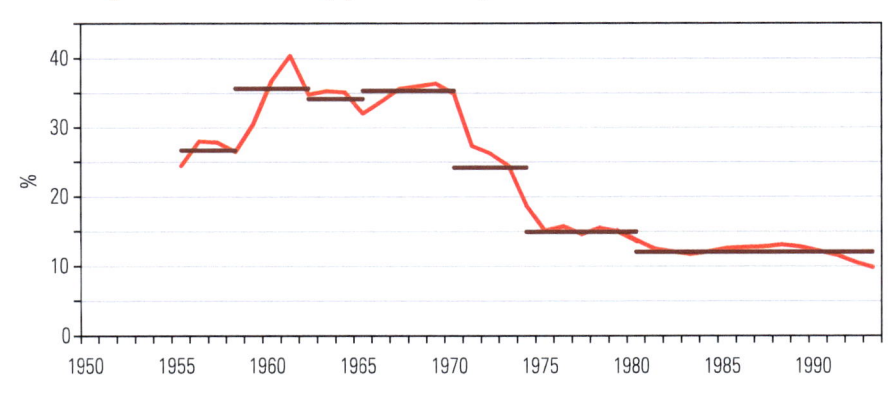

Quelle: National Accounts, eigene Berechnungen

kriegszyklus, d.h. zu Beginn der 1990er Jahre, vollzogen. Damit trotzte Japan der kapitalistischen Überakkumulation zunächst wegen des späteren Beginns seiner Nachkriegsprosperität, hatte aber danach sofort mit einer länger währenden Deflationsphase, die sich lange nicht überwinden ließ, zu kämpfen (vgl. Abb. 16.9).

Die Durchschnittsprofitraten des britischen, französischen und italienischen Kapitals bewegten sich auf leicht unterschiedlichen Niveaus mehr oder weniger ausgeprägt fallend in den drei Nachkriegsjahrzehnten bis zur Mitte der 1970er Jahre, d.h. bis zum VI. Nachkriegszyklus mit seiner Krise und seinem Abschwung 1974/75. Dabei wies die Profitrate in Großbritannien den regelmäßigsten Verlauf auf, d.h. kein hohes Ausgangsniveau zu Beginn des Betrachtungszeitraums sowie ein tendenzieller Fall ab dem III. Zyklus. Die Profitrate des französischen Kapitals erreichte ihr niedriges Niveau während der Prosperität bereits mit dem II. Nachkriegszyklus und verharrte in der Folgezeit auf demselben. Das italienische Nachkriegs-Wirtschaftswunder (»miracolo italiano«) begann zeitversetzt erst mit den 1960er Jahren, vergleichbar mit der japanischen Entwicklung (vgl. Abb. 16.10). Die vorliegend nicht ausgewiesene Profitrate des kanadischen Kapitals verharrte seit Anfang der 1960er Jahre unter nur geringen zyklischen Schwankungen auf einem mit den europäischen Metropolen vergleichbaren Niveau und erfuhr erst mit dem VIII. Nachkriegszyklus eine leichte Reduktion.

Zusammenfassend lässt sich damit für die Kapitalakkumulation der Nachkriegszeit in den kapitalistischen Metropolen in Nordamerika, Japan und Europa festhalten:

Erstens: Die von der US-Akkumulation angestoßene und angeleitete Epoche einer beschleunigten Kapitalakkumulation auf dem Weltmarkt bezog alle schon vor dem Zweiten Weltkrieg existenten nationalen Zentren ein. Allerdings ergaben sich erhebliche Wachstumsdifferenzen zwischen den nationalen Reproduktionsprozessen.

Abbildung 16.10: Profitraten in Großbritannien, Frankreich und Italien

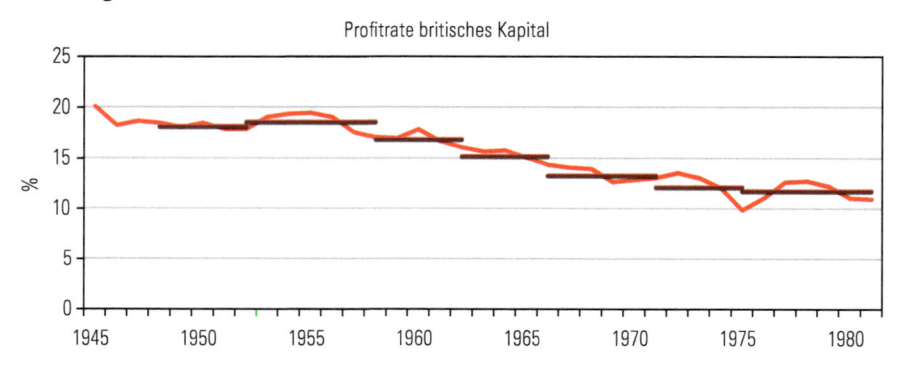

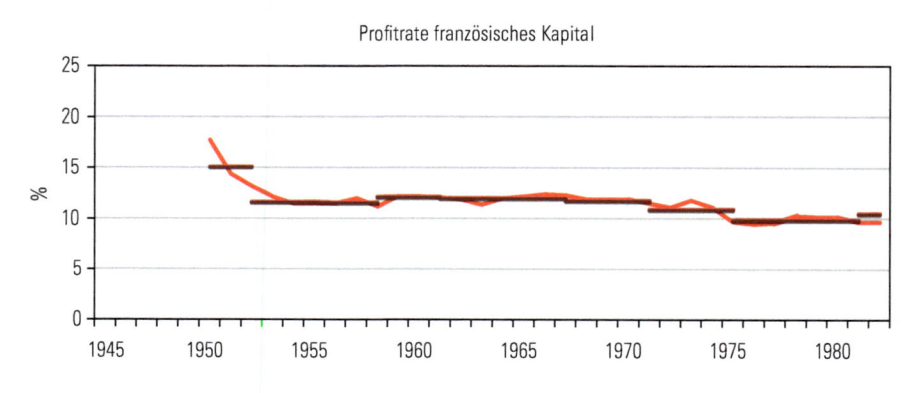

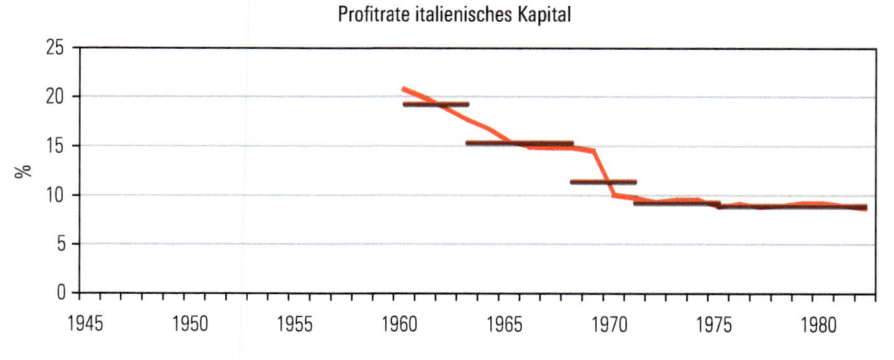

Profitrate britisches Kapital

Profitrate französisches Kapital

Profitrate italienisches Kapital

Quellen: Jeweilige National Accounts und eigene Berechnungen

Zweitens: Die Bundesrepublik und zeitversetzt Japan vollzogen die dynamischste Entwicklung, jeweils ausgehend von einem durch die Kriegszerstörungen bedingten anfänglich umfassenden wirtschaftlichen Rekonstruktionsprozess mit ebenso neu geschaffenen gesellschaftlichen Strukturen. Dabei besaß die japanische Kapitalakkumulation mit ihrem beschleunigten Verlauf einen time-lag von rd. 10 Jahren, der sich auch bis zu ihrem Ende durchhielt.

Drittens: Die Funktion des Demiurgen der US-Kapitalakkumulation für den Weltmarkt begann sich bereits in den 1960er Jahren zu relativieren. Die auf deutlich niedrigerem Niveau liegenden Wachstumsraten der US-Binnenwirtschaft führten zu einer allmählichen Einebnung der ursprünglichen Vorsprünge. Die US-Profitrate sank im III. Zyklus stark ab und auf dem Weltmarkt verloren die USA progressiv Marktanteile zugunsten der BRD und Japans. Mitte der 1970er Jahre waren die USA bloß noch ökonomische Hegemonialmacht.

Viertens: Der allmähliche Verlust dieser Demiurgenfunktion des US-Nationalkapitals wird darüber hinaus sichtbar anhand der im Zeitablauf abnehmenden Fähigkeit, die Ebbe- und Flutperioden des Welthandels zu bestimmen. Während die Periodenwechsel im III. und IV. Zyklus auf dem Weltmarkt eindeutig von der US-Binnenakkumulation reguliert wurden, wurde der Übergang in den V. Weltmarktzyklus 1971 bereits von den nationalen Periodenwechseln in der BRD und Japans bestimmt, denn beide Nationen zusammengenommen vereinigten mittlerweile einen erheblich größeren Anteil des Welthandels auf sich als die Vereinigten Staaten. Der in den reproduktiven Verhältnissen begründete Verlust der Demiurgenrolle des US-Kapitals vollzog sich also im Verlauf des V. Nachkriegszyklus auf dem Weltmarkt – eine Zeitperiode, die nicht zufällig auch den Zusammenbruch des Bretton-Woods-Währungssystems brachte. Spätestens seit Mitte der 1970er Jahre existierte in den reproduktiven internationalen ökonomischen Beziehungen kein eindeutiges Weltmarktzentrum mehr, sondern ein Polyzentrismus zwischen den USA, Westeuropa mit der BRD an der Spitze sowie Japan (samt dessen traditionellem Einflussbereich mit den späteren fernöstlichen Schwellenländern Süd-Korea, Taiwan, Hongkong und Singapur).

Fünftens: Die Krise 1974/75, die nahezu synchron in allen kapitalistischen Metropolen hereinbrach, war zugleich das Ende der langfristigen Epoche beschleunigter Kapitalakkumulation der Nachkriegszeit (mit Ausnahme Japans). Der Abschluss des deutschen Wirtschaftswunders, der französischen »Trente glorieuse« und des »miracolo italiano« läutete zugleich das Ende der Nachkriegsprosperität ein.

Der Auf- und Ausbau bürgerlicher Sozial- und Wohlfahrtsstaaten

Die fordistische Arbeits- und Betriebsweise nach dem Zweiten Weltkrieg in den kapitalistischen Metropolen ist nicht nur durch die immanente Fortentwicklung der genuin kapitalistischen Formen von Produktion und Zirkulation gekennzeichnet, sondern auch und wesentlich durch den Ausbau und die Weiterentwicklung nichtkapitalistischer Vergesellschaftungsformen in Gestalt bürgerlicher Interventions-, Sozial- und Wohlfahrtsstaaten. Sowohl für die substanzielle Fortentwicklung der

Einwirkung staatlicher Wirtschaftspolitik auf die naturwüchsigen Gesetzmäßigkeiten der Kapitalakkumulation als auch für die Ausgestaltung der Absicherung sozialer Notlagen der Lohnarbeiterexistenz sowie das Angebot öffentlicher Dienstleistungen sozial-kultureller Art für die Gesamtheit der Staatsbürger steht der mit J.M. Keynes verbundene Begriff der »Mixed Economy« als staatlich domestiziertem Kapitalismus. Bei aller qualitativen Vielfältigkeit national-spezifischer Ausgestaltungsformen des Interventions- und Sozialstaates waren seine ökonomischen Wirkungen im Wesentlichen nur quantitativ verschieden, insofern in keinem »westlichen« industriell entwickelten Land in der Nachkriegszeit die Dominanz des kapitalistischen Produktionsverhältnisses aufgehoben wurde.

Die weitestgehenden Einhegungen des kapitalistischen Produktionsverhältnisses im privatwirtschaftlichen Sektor wurden in Ländern wie Großbritannien und Frankreich bewirkt, die einen Teil ihres gesellschaftlichen Gesamtkapitals in staatliches Eigentum, zumeist als Folgewirkung der Kriegsverhältnisse, überführt hatten. Sofern es sich nicht nur um die bloße Veränderung des Eigentumstitels an den Produktionsmitteln handelte, also die Verwandlung von Privat- in Staatskapital, sondern um interne Veränderungen der Beziehungen zwischen Management und Belegschaft im Hinblick auf die betriebliche Organisation und die Mitbestimmungsrechte der abhängig Beschäftigten sowie um die Nutzung des staatlichen Wirtschaftssektors für die Planung und bewusste Steuerung der gesamten Volkswirtschaft, wurde tatsächlich eine Modifikation der naturwüchsigen Marktgesetze der Kapitalakkumulation bewirkt. Allerdings reichte es weder in Frankreich und Großbritannien noch in der BRD mit ihrer nicht am Eigentumstitel ansetzenden, sondern die Mitbestimmungsrechte der Lohnabhängigen über gesetzliche Regulierungen der Betriebs- und Unternehmensverfassung verankernden partiellen De-Kommodifizierung der Wareneigenschaft der Arbeitskraft zur Überschreitung der Systemgrenze. Dazu waren sowohl die Mitwirkungsrechte der Beschäftigten und ihrer gewerkschaftlichen Repräsentanten innerhalb der Betriebe und Unternehmen als auch die planerischen Eingriffe öffentlicher Instanzen in die Ausrichtung der gesamtwirtschaftlichen Kapitalakkumulation qualitativ im Hinblick auf proaktive Steuerungsziele und Steuerungsinstrumente beschränkt und quantitativ sowohl im Hinblick auf ihre Reichweite und das Volumen des Mitteleinsatzes nicht ausreichend; vielfach blieb es bei bloßen Reaktionen auf naturwüchsige Resultate der Kapitalakkumulation und ihre nachträgliche sozialverträgliche Ausgestaltung und Absicherung.

Den limitierten Eingriffen in die Produktion und die gesellschaftlichen Produktionsverhältnisse im Rahmen der Mixed Economy entsprachen jedoch weitergehende Modifikationen der Einkommensverteilung und daher der Bedingungen der individuellen Konsumtion. Dies begann bei einer progressiven Einkommensbesteuerung und reichte über öffentlich-staatliche monetäre Transfers als Lohnersatzleistungen und die Begünstigung sozialer, insbesondere familiärer Strukturen der Privathaushalte bis hin zu Realtransfers, also öffentlichen Dienstleistungen, die der Gesamtheit der Nutzer ohne Äquivalent oder gegen nur geringe Gebühren zur Verfügung gestellt wurden. In diesem letzteren Fall realisierte der bürgerliche Sozialstaat also bereits punktuell kommunistische Distributionsformen (»jedem nach seinen Bedürfnissen«). Je höher der Anteil derartiger Sozialtransfers an den gesamten öffentlichen haushaltsreproduktiven Leistungen war, umso mehr weitete sich der Sozialstaat zum Wohlfahrtsstaat aus; Letzteres wurde zu einem Spezifikum in den skandinavischen Ländern. Blieb daher die Steuerungskompetenz der staatlichen Wirtschaftspolitik – Finanzpolitik und sektorale/regionale Strukturpolitik neben der Geldpolitik der Zentralbank – beschränkt, so bewirkte die öffentlich-staatliche Umverteilung der Einkommen eine Stabilisierung der konsumtiven Endnachfrage der Privathaushalte. Sie führte über automatische Stabilisatoren zu einer Abmilderung und Verkürzung der zyklischen Abschwünge und wirkte vermittelst diskretionär angelegter Transfers (staatliche Programme) nachfragestützend für regionale oder sektorale Entwicklungen. Neben der durch die Zentralbank-Geldpolitik hervorgebrachten Stabilisierung der Geldzirkulation war diese öffentlich bedingte oder beeinflusste Nachfragestützung dafür verantwortlich, dass sich die industriellen Zyklen nach dem Zweiten Weltkrieg vielfach in Wachstums- oder Prosperitätszyklen verwandelt hatten. Die Verminderung der Verluste zyklischer Abschwünge und Entwertungen von Kapital durch die Stabilisierung der konsumtiven Endnachfrage steigerte auch die zyklendurchschnittlich realisierten Wachstumsraten der gesamtwirtschaftlichen Produktion und bildete den Hintergrund für die seinerzeit bisweilen namentlich von Vertretern der Sozialdemokratie proklamierte Überwindung des Konjunkturzyklus.

Die Sozialstaatskomponente war im internationalen Vergleich in den USA traditionell am geringsten ausgeprägt. Die im Rahmen des New Deal in den 1930er Jahren durchgesetzten sozialpolitischen Regelungen – »Social Securities Act« mit bundeseinheitlicher Rentenversicherung sowie Arbeitslosenabsicherung und Sozialhilfe auf Ebene der Bundesstaaten – wurden nach dem Zweiten Weltkrieg zunächst nicht weiterentwickelt. Die soziale Absicherung blieb auch mit dem »War on Poverty« unter demokratischer Präsidentschaft John F. Kennedys und Lyndon B. Johnsons hinter den europäischen Regelungen zurück. Die öffentliche Krankenfürsorge und Krankenversicherung wurden nur für Senioren eingeführt, für die aktiven Lohnabhängigen blieb als kollektive Absicherung im Wesentlichen nur der betriebliche Krankenversicherungsschutz. Insgesamt bildeten die US-amerikanischen Sozialstaatsregelungen nur ein unteres Netz, das in etlichen Bereichen über eine Armenfürsorge kaum hinauskam. Wem dies nicht ausreichte, war auf private Versicherungssysteme verwiesen; deren Geldkapitalfonds waren schon immer eine wesentliche Größe für die amerikanischen Finanzmärkte gewesen. In diesem Sinne markierten die US-Verhältnisse auch im internationalen Vergleich zwischen den entwickelten kapitalistischen Metropolen in der Phase der Nachkriegsprosperität ein unteres Sozialstaatsniveau.

Im mittleren Bereich standen, international gesehen, die Sozialstaaten in Großbritannien und in Frankreich sowie der BRD. Alle verfügten über eine soziale Renten-, Arbeitslosen- und Krankenversicherung. In Großbritannien wurde der steuerfinanzierte National Health Service (NHS) 1946 unter der Labour-Regierung von Clemens Attlee eingeführt und galt in den Jahrzehnten nach dem Zweiten Weltkrieg als Paradestück des britischen Sozialstaats. In Frankreich wurde die gesetzliche Sozialversicherung (Sécurité sociale) schrittweise auf- und ausgebaut. Sie deckte die Risiken Krankheit, Alter, Berufsunfälle und -krankheiten sowie Arbeitslosigkeit ab und beinhaltete auch Familienförderung aus bevölkerungspolitischen Motiven zur Förderung der demografischen Entwicklung. Sie wurde als Umlagesystem durch anteilige Abzüge am Erwerbseinkommen finanziert und war im Großen und Ganzen mit dem (west-) deutschen System vergleichbar. Ihr Ausbau erfolgte kontinuierlich und besaß seinen Höhepunkt Anfang der 1980er Jahre unter der Präsidentschaft Francois Mitterands und der sozialistisch-kommunistischen Regierung.

Der schwedische Wohlfahrtsstaat (auch als »Volksheim« – »Folkhemmet« bezeichnet) wurde als politisches Projekt ab den 1930er Jahren aufgebaut. In dieser Zeit war der Begriff eng mit dem sozialdemokratischen Ministerpräsidenten Per Albin Hansson verbunden. Seinen Höhepunkt erreichte dieses Volksheim in den 1970er Jahren, als es alle Bürger vom Kleinkind (über die kommunale Kinderfürsorge) bis zum Rentner (über die kommunale Altenfürsorge) erfasste. Dieses Sozialsystem war steuerfinanziert und beruhte auf hohen Steuersätzen, die als Grenzsteuersätze mit bis zu 100% zu einem starken Umverteilungseffekt der Einkommen führten. Neben monetären Transfers waren verschiedene sozial-kulturelle Dienstleistungsangebote des Staates (Realtransfers) ein Kernstück des skandinavischen Wohlfahrtsstaates. Die dahinter stehenden gesellschaftspolitischen Grundannahmen wurden als »schwedisches Modell eines Dritten Weges jenseits von Kapitalismus und (realexistierendem) Staats-Sozialismus« bezeichnet und kamen dem »demokratischen Sozialismus« sozialdemokratischer Prägung, welcher die Dominanz kapitalistischen Produktionsverhältnisse unangetastet lässt, am nächsten.

Einen Sonderfall gegenüber den durch öffentlich-staatliche Systeme organisierten Sozialleistungen stellten die Regelungen des japanischen Sozialstaats dar. Sie bildeten lange Zeit ein eigenständiges »Modell«. Eine wesentliche Grundlage für die soziale Absicherung der berufstätigen Bevölkerung war ihre Anstellung bei einem japanischen Unternehmen; insbesondere mit Großunternehmen war der japanische Lohnabhängige in den ersten Jahrzehnten nach dem Zweiten Weltkrieg lebenslang fest verbunden. Das Unternehmen sorgte für eine angemessene Rente im Alter und übernahm mitunter sogar die gesamten Kosten für die Krankenversicherung. Dabei fiel dem Staat seit den 1960er Jahren komplementär die Organisation einer Grundsicherung aller Bürger für Rente und Krankheit, allerdings auf einem niedrigen Niveau, zu. Die patriarchalische, unternehmensgebundene Sozialpolitik sowie die staatliche Grundsicherung wurden durch Fürsorgeleistungen des Familienverbundes sowie privat-individuelle Vorsorge ergänzt. Mit dem Eintritt der japanischen Kapitalakkumulation in eine strukturelle Überakkumulation in den 1990er Jahren nahm die lebenslange Fürsorge der Unternehmen für ihre Mitarbeiter mit bis dato nicht gekannten Entlassungen auch bei Großunternehmen Schaden und schuf neue Anforderungen an die staatlichen Sicherungssysteme.

c) Der lange Prozess der Dekolonisierung und die Fortsetzung der Spaltung in Erste und Dritte Welt während der Nachkriegsprosperität

Die Ausgangssituation 1945 und die Dekolonisierung als direktes Resultat des Zweiten Weltkriegs

Die Höherentwicklung der kapitalistischen Produktionsweise durch Überwindung an und für sich dysfunktionaler Regulierungen der Geldzirkulation im Innern der Länder und zwischen den kapitalistischen Metropolen sowie die Ausgestaltung der Distributionsverhältnisse durch den Auf- und Ausbau bürgerlicher Sozial- und Wohlfahrtsstaaten mit stabilisierenden Rückwirkungen auf den Verlauf der Kapitalakkumulation wurden in der Nachkriegsära ergänzt durch die sukzessive Dekolonisierung der unentwickelten Teile der Welt, die diesen Ländern staatliche Unabhängigkeit und formelle politische Selbstbestimmung brachte. Somit entledigte sich der Kapitalismus auch in der internationalen Sphäre den tradierten Formen offener direkter Unterdrückung und überwand auf den ersten Blick auch die hässlichen Merkmale der imperialistischen Aufteilung der Welt zwischen einer kleinen Gruppe von entwickelten Ländern, die zwei verheerende Kriege untereinander geführt und »ihre« Kolonien in ihre Auseinandersetzungen einbezogen hatten (vgl. Abb. 16.11).

Das Ende des Zweiten Weltkriegs war Aufbruch und Fortsetzung eines teilweise bereits in der Zwischenkriegszeit begonnenen Prozesses der Dekolonisierung, der sich sodann bis in die 1980er Jahre erstreckte. Nachdem das Deutsche Reich als Kriegsverlierer seine kolonialen Besitzungen bereits nach dem Ersten Weltkrieg verloren hatte, mussten auch Japan nach seiner bedingungslosen Kapitulation im Gefolge der Atombombenabwürfe der USA sowie Italien als Kriegsverlierer ihre Kolonien aufgeben. Italien verlor seine Kolonien Libyen und Abessinien (Äthiopien) in Afrika; Libyen kam bis 1949 unter britische und französische Verwaltung. Die japanische Kolonie Formosa (Taiwan) konnte als Teil Chinas bzw. 1949 als spätere Republik China, die zum Rückzugsort der Kuomintang als unterlegener Bürgerkriegspartei gegenüber der siegreichen Volksbefreiungsarmee der chinesischen Kommunisten unter Mao Zedong geworden war, die japanische Fremdherrschaft überwinden. Die Kolonie Chosen (Korea) wurde nach Kriegsende zunächst unter sowjetische Verwaltung im Norden und amerikanische Verwaltung im Süden gestellt. Der 1950 ausbrechende Koreakrieg zwischen der mittlerweile gegründeten Demokratischen Volksrepublik Korea (DVRK) und der Republik Korea (Südkorea) gründete auf dem Alleinvertretungsanspruch der beiden Korea-Staaten sowie dem Systemgegensatz zwischen den USA sowie der Sowjetunion und der VR China, die jeweils eine der Kriegsparteien unterstützten. Der Krieg endete nach wechselvollem Verlauf territorial in etwa da, wo er begonnen hatte, nämlich am 38. Breitengrad mit einem Waffenstillstand, dem bis heute kein Friedenvertrag nachgefolgt ist.

Nach Kriegsende bestanden die Kolonialreiche von Großbritannien, Frankreich, den Niederlanden sowie Portugal und Spanien zunächst fort. Demgegenüber hatten die USA die Philippinen, die als »Commonwealth der Philippinen« einen halbautonomen Status nach ihrem kolonialen Dasein im Ergebnis des spanisch-amerikani-

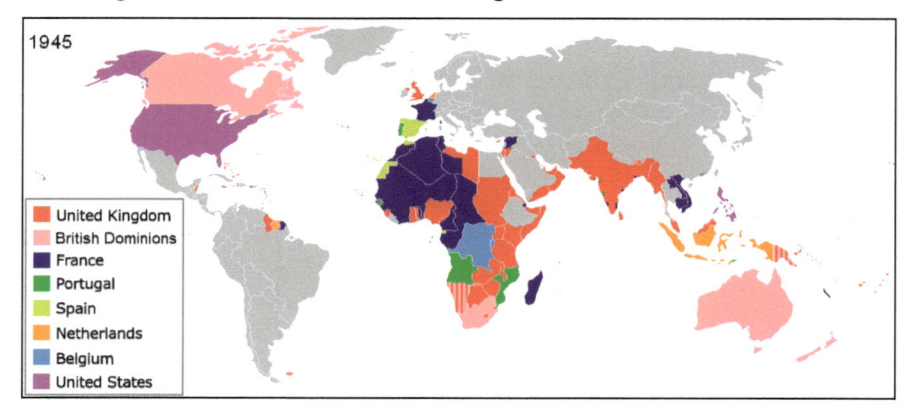

Abbildung 16.11: Kolonialmächte und Kolonialgebiete 1945

Quelle: https://de.wikipedia.org/wiki/Dekolonisation

schen und des philippinisch-amerikanischen Krieges gegen Ende des 19. Jahrhunderts besessen hatten, im Zuge des Zweiten Weltkriegs aus japanischer Besatzung befreit. 1946 wurden die Philippinen formal in die Unabhängigkeit entlassen, wobei sich die USA für die Dauer von 99 Jahren die Hoheitsrechte über Militärstützpunkte auf den Inseln sicherten.

Dekolonisierung in Asien (Indien und Fernost)

In dem dem Kriegsende folgenden Jahrzehnt konzentrierte sich die Auflösung der Kolonialreiche zunächst schwerpunktmäßig auf Asien. Dabei ist zwischen der Dekolonisierung der von Großbritannien beherrschten Gebiete auf dem indischen Subkontinent sowie von Burma einerseits und den Unabhängigkeitskriegen in Südostasien andererseits zu unterscheiden. Die Entlassung von Britisch-Indien in die staatliche Unabhängigkeit vollzog sich im Jahr 1947 im Ergebnis der vom Indischen Nationalkongress (INC) unter Mahatma Gandhi sowie seinem Nachfolger Jawaharlal Nehru angeführten Befreiungsbewegung sowie der deutlich gewordenen Überforderung der britischen Kolonialmacht in wirtschaftlicher und politischer Hinsicht. Sie ging einher mit der staatlichen Aufspaltung in Indien und Pakistan, die weitgehend entlang der ethnisch-religiösen Trennung zwischen Hindus und Muslimen verlief und die Fürstentümer regionaler Maharadschas einbezog. 1948 folgte die Unabhängigkeit Burmas (heute: Myanmar) sowie Ceylons (heute: Sri Lanka).

Gegenüber der Dekolonisierung Indiens, die neben durchaus vorkommenden gewaltvollen Aktionen stark durch den sprichwörtlichen gewaltlosen Widerstand Gandhis geprägt war, verlief die Entwicklung in Indonesien und Indochina sehr viel kriegerischer. Ausschlaggebend dafür war der Umstand, dass die nationalen Befreiungsbewegungen in diesen Gebieten vielfach durch kommunistische Parteien und deren bewaffnete Abteilungen geführt wurden und damit durch den sich ent-

Kapitel 16: Fordismus und die Systemkonkurrenz

Abbildung 16.12: Dekolonisierung Asiens

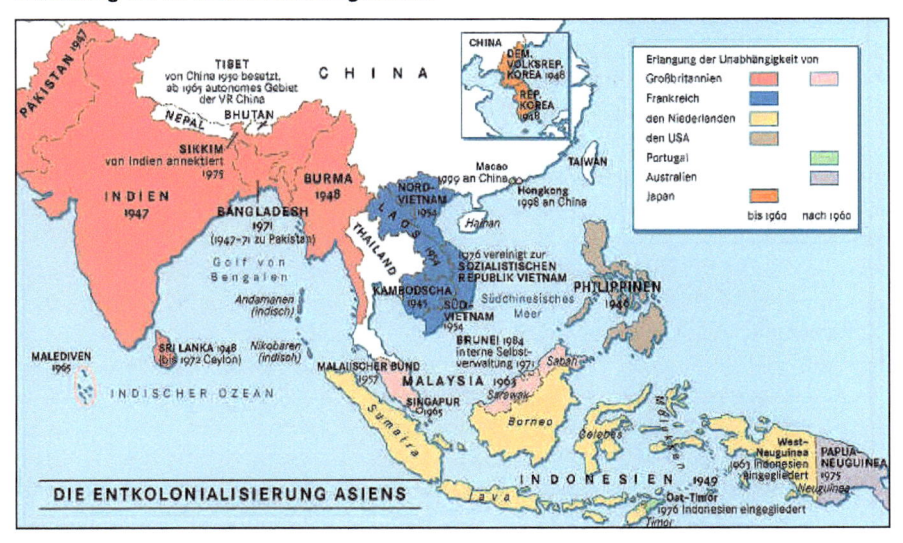

Quelle: http://jgsaufgab.de/intranet2/geschichte/geschichte/gesch_Karten/entkolonialisierung_asiens.htm

wickelnden Kalten Krieg und den durch USA sowie Sowjetunion (und VR China nach 1949) geprägten Systemgegensatz zwischen Kapitalismus und Sozialismus bestimmt wurden. Dies war zum einen im späteren Indonesien (Sumatra, Java, Borneo etc.), das unter holländischer Herrschaft stand, der Fall; in Indonesien kam es vier Jahre lang zu einer militärischen und diplomatischen Auseinandersetzung mit den Niederlanden, bevor diese im Dezember 1949 Niederländisch-Indien in die Unabhängigkeit entließen. Zum anderen war dies auch in Vietnam, Laos und Kambodscha der Fall, die alle unter französischer Kolonialherrschaft standen. Schließlich war auch die Unabhängigkeitsbewegung auf den Philippinen, die sich gegen die USA richtete, ebenfalls durch die kommunistischen Hukbalahap (HUK) geprägt. Die USA verstanden sich als selbsternannter Retter und Verteidiger der »westlichen Werte« und intervenierten verdeckt oder offen in die Auseinandersetzungen zwischen den Kolonialmächten und den Befreiungsbewegungen. Dies ging bis zur Übernahme der Rolle der alten Kolonialmacht Frankreich als direkte Kriegspartei im Krieg gegen den Viet Minh unter Hồ Chi Minh in Vietnam und darüber hinaus in Laos und Kambodscha (vgl. Abb. 16.12).

Hồ Chi Minh hatte als Führer der Viet Minh nach der erfolgreichen Augustrevolution am 2. September 1945 unmittelbar nach Unterzeichnung der Kapitulation des japanischen Kaiserreichs die Demokratische Republik Vietnam (DRV) als unabhängigen Staat in ganz Vietnam ausgerufen und sich dabei auf die Unabhängigkeitserklärung der USA von 1776 gestützt. Vietnam war damit nach Indonesien die zweite unabhängige Republik Südostasiens. Trotz eines Friedensvertrages mit den Viet Minh erzwangen die Franzosen am 23. September 1945 jedoch die Wiedererrichtung ihres kolonialen Regimes in Südvietnam. Der Versuch Frankreichs, sich auch das inzwischen unabhängige Nordvietnam wieder botmäßig zu machen, führte 1946 zum Ausbruch des Indochinakrieges. Er wurde zunächst zwischen der französischen Kolonialmacht und den Viet Minh, die ihre Basis in Nord-Vietnam hatten, geführt. In Südvietnam wurde eine antikommunistische Marionettenregierung der Kolonialmacht unter Ngô Đình Diệm eingesetzt, die 1956 mit amerikanischer Rückendeckung die im Genfer Abkommen vorgeschriebenen gesamtvietnamesischen Wahlen, auf die eine Wiedervereinigung mit Nordvietnam folgen sollte, verweigerte. Stattdessen ließ Diệm Wahlen für eine Verfassunggebende Nationalversammlung durchführen, die er gegen mehrere Oppositionsparteien mit großer Mehrheit gewann. Mit dieser Wahl wurde die im Jahr zuvor proklamierte Eigenstaatlichkeit Südvietnams bestätigt. Diệm und die USA lehnten alle Forderungen Nordvietnams nach Wiedervereinigung strikt ab.

Die von den Viet Minh durchgeführten Landreformen wurden in Südvietnam zurückgenommen. Die südvietnamesische Regierung versuchte mit Fünfjahresplänen einen wirtschaftlichen Wiederaufbau in Gang zu bringen. Erschwerendes Hindernis war dabei der hohe Anteil an ausländischem Privatbesitz, wie beispielsweise im Anbau von Kautschuk. Dessen Erträge blieben nicht im Land, sondern gingen vorwiegend nach Frankreich. Die USA unterstützten Diệms Ziel, einen unabhängigen und souveränen Staat aufzubauen. Die amerikanische Wirtschafts- und Militärhilfe erreichte bis 1960 einen Wert von rund drei Milliarden Dollar. Jedoch war die Regierung Diệms unpopulär, Studenten und Buddhisten protestierten gegen die Regierungspolitik. Bis 1960 versank Südvietnam immer mehr in Korruption und Chaos. Am 2. November 1963 wurde Diệm ermordet. Darauf folgten mehrere kurzlebige Regierungen, bis eine von den USA protegierte Militärjunta die Regierungsgewalt übernahm. Am 30. Juli 1964 fingierten die USA einen Zwischenfall im Golf von Tonkin. Nachdem bisher unter Präsident Kennedy nur sogenannte Militärberater der USA in Vietnam stationiert waren, nahmen die USA diesen Zwischenfall nunmehr zum Anlass für eine massive militärische Aufrüstung. Zu dieser Zeit gingen sie davon aus, dass durch Infiltration nordvietnamesischer, also kommunistischer Kräfte, das westlich orientierte Südvietnam umkippen und ebenfalls kommunistisch werden könnte. Der weitere Verlauf ist allgemein bekannt: Nach exzessiven kriegerischen Auseinandersetzungen, in denen die USA Napalm und andere Massenvernichtungswaffen in großem Stil einsetzten, mussten sie am 28. Januar 1973 einen Waffenstillstand vereinbaren, der zwischen Henry Kissinger und Lê Đức Thọ, dem Nachfolger von Hồ Chí Minh, abgeschlossen wurde. Damit endete die direkte Kriegsbeteiligung der USA, die Waffenlieferungen an Südvietnam gingen jedoch weiter. Die Nordvietnamesen setzten den Kampf gegen Südvietnam fort und ihre Volksbefreiungsarmee erzielte fortlaufend Geländegewinne in Südvietnam. Am 21. April 1975 stand Saigon vor dem Fall und die letzten verbliebenen Vertreter der USA wurden evakuiert. Am 30. April wurde Saigon (heute: Hồ Chi Minh-Stadt) eingenommen, Südvietnam kapitulierte bedingungslos. Der

Vietnamkrieg war damit zu Ende und Vietnam wurde unter Führung des siegreichen Nordvietnams wiedervereinigt.

Die zwischenzeitliche Ausweitung des Vietnamkrieges auf die Nachbarstaaten Laos und Kambodscha, die sich mit internen Auseinandersetzungen zwischen rechtsgerichteten Regimen und ursprünglich Viet Minh-orientierten Befreiungskräften verband, führte 1975 in Kambodscha zur Machtübernahme der Roten Khmer und zum Versuch des Aufbaus eines »urkommunistischen« Bauernstaates, der zu einem Zivilisationsbruch mit gewaltigen Opfern an Menschen führte. 1979 wurde mit Unterstützung Vietnams dieser Irrweg für das kambodschanische Volk beendet. In Laos, wie Kambodscha und Vietnam ebenfalls ursprünglich französische Kolonie, deren Status nach der japanischen Besatzung im Zweiten Weltkrieg nach dessen Ende wieder hergestellt worden war und das ebenso wie Kambodscha in den Vietnamkrieg hineingezogen wurde, übernahmen nach dem Ende des Vietnamkrieges die kommunistisch geprägten Kräfte des Pathet Lao durch eine im Vergleich zum Geschehen im Nachbarland Kambodscha unblutige Revolution im Jahre 1975 die Macht und proklamierten am 2. Dezember 1975 die Demokratische Volksrepublik Laos. Die Laotische Revolutionäre Volkspartei wurde zur regierenden Partei des Landes bestimmt. Vergleichbar zur wirtschaftlichen Umgestaltung in der DRV wird auch in Kambodscha und Laos eine Transformation zu einer sozialistischen Marktwirtschaft nach dem Vorbild der VR China betrieben.

Naher Osten (Arabien)
Die Entwicklung im Nahen Osten war durch den Zerfall des Osmanischen Reiches geprägt. Sie ging zurück auf den Ersten Weltkrieg und die seinerzeit rivalisierenden Großmächte Großbritannien, Frankreich, Russland und Deutschland. Dabei fielen Russland durch die antikoloniale Position der Sowjetunion nach 1917 und das Deutsche Reich als Kriegsverlierer des Ersten Weltkriegs nach 1918 aus; es verblieben Großbritannien und Frankreich. Auf der anderen Seite stellten nur der Nachfolger des Osmanischen Reiches, die Türkei Atatürks, sowie die Königreiche Persien, Ägypten sowie Saudi-Arabien die Akteure dar, die auf der einen Seite jeweils ein namhaftes Territorium sowie eine – mit Ausnahme Arabiens – größere Bevölkerung repräsentierten, wenngleich sie als Protektorate unter fremdem Einfluss standen oder wie die Türkei mit den langen Nachwirkungen des Niedergangs des Osmanischen Reiches – Staatsbankrott von 1876 und der nachfolgenden verfestigten wirtschaftlichen Subalternität gegenüber den europäischen Mächten – zu kämpfen hatten. Das Territorium zwischen diesen vier Gebilden, d.h. die Levante und das Zweistromland wurde durch Briten und Franzosen im Sykes-Picot-Abkommen eigenmächtig und ohne Konsultation der betroffenen Bevölkerung sowie ohne jegliche Berücksichtigung ethnisch-religiöser Unterschiede so aufgeteilt, dass die Gebiete im Norden an Frankreich und die im Süden an die Briten fielen.[7] Frank-

---

[7] Bezeichnend und selbstentlarvend ist der Ausspruch von Sir Mark Sykes: »*Ich würde eine Linie ziehen, die vom ›e‹ in Acre (Akko) bis zum letzten ›k‹ in Kirkuk reicht*«, als er den

reich teilte das ihm zufallende Mandatsgebiet in die Staaten Libanon und Syrien auf; Großbritannien übernahm das Mandat über Mesopotamien, dem es später den Namen Irak gab und verleibte sich zuvor noch die ölreiche Provinz Mossul ein. Zwischen Syrien, dem Irak und ihrem Mandatsgebiet Palästina richteten die beiden Mächte einen Pufferstaat namens »Transjordanien« ein.

Zu den Mandatsbedingungen gehörte, dass die Briten die Verwirklichung der »Balfour-Deklaration« ermöglichen sollten, in der sie am 2. November 1917 die »Gründung einer nationalen Heimstätte für das jüdische Volk in Palästina« versprochen hatten, die aber die Rechte bestehender nichtjüdischer Gemeinschaften in Palästina nicht beeinträchtigen sollte. Die Mandatsmacht war aufgefordert, die jüdische Einwanderung zu ermöglichen, diese jüdischen Einwanderer geschlossen anzusiedeln und hierfür auch das ehemalige osmanische Staatsland zu verwenden. Im Juli 1922 teilten die Briten Palästina in zwei Verwaltungsbezirke, Palästina und Transjordanien, das etwa dreiviertel des Mandatsgebietes umfasste. Im Jahr 1946 wurde Transjordanien unabhängig. Am 29. November 1947 stimmte die Generalversammlung der Vereinten Nationen mit Zweidrittelmehrheit und unter Einbezug aller Großmächte für den UN-Teilungsplan für Palästina, der das Gebiet in einen jüdischen und einen arabischen Staat einteilte, wobei der Großraum Jerusalem als »Corpus separatum« unter internationale Kontrolle gestellt werden sollte. Die Araber allerdings lehnten den Plan ab. Die Gründung des Staates Israel erfolgte am 14. Mai 1948 und wurde sofort von den USA und zwei Tage später von der Sowjetunion anerkannt.

Noch in der Gründungsnacht erklärten Ägypten, Saudi-Arabien, Transjordanien, der Libanon, der Irak und Syrien dem neuen Staat den Krieg. Es folgte der Israelische Unabhängigkeitskrieg (Erster Arabisch-Israelischer-Krieg), der von Mai 1948 bis Januar 1949 dauerte und der Israel gegenüber dem Teilungsplan erhebliche Gebietsgewinne – vor allem im westlichen Galiläa um Akko und im nördlichen Negev – brachte. 1949 wurde mit den arabischen Angreifern jeweils ein Waffenstillstandsabkommen unterzeichnet. In der Folgezeit kam es mehrmals zu Kriegen zwischen Israel und arabischen Staaten, so zum »Sechstagekrieg« 1967 und zum »Jom-Kippur-Krieg« 1973. Die Nichtanerkennung des Staates Israel durch die Palästinenser und eine sich bis in die Gegenwart steigernde starre Haltung der israelischen Regierungen gegenüber einer Zwei-Staaten-Lösung sowie eine aggressive Siedlungspolitik in besetzten Gebieten, die das Territorium für einen souveränen Palästinenser-Staat sein sollen, führten mehrfach zur palästinensischen »Intifada« und bilden auch aktuell einen politischen Brennpunkt, der das Potenzial besitzt, nicht nur die Regionalmächte Iran, Türkei und Saudi-Arabien in einen Krieg mit Israel, sondern auch die Großmächte USA und Russland in unkontrollierbare kriegerische Explosionen hineinzuziehen.

Pakt Ende 1916 am Kartentisch in 10 Downing Street erläuterte.

Dekolonisierung Afrikas

Gegenüber der Dekolonisierung Asiens und der Bildung selbstständiger Staaten im Nahen Osten erfolgte die Überwindung der Kolonialherrschaft für die meisten Territorien in Afrika erst ab Ende der 1950er Jahre. Vorher erreichten nur die Südafrikanische Union 1910 die Unabhängigkeit von Großbritannien sowie Ägypten seit der Republikgründung 1952 und die ehemaligen italienischen Kolonien Äthiopien 1941 und Libyen 1951 ihre formelle Unabhängigkeit. 1956 folgten der Sudan sowie Marokko und Tunesien und 1957 Ghana. Danach überschlugen sich die Ereignisse und 1958 bzw. 1960 entstanden 18 neue Staaten: Guinea, Kamerun, Kongo-Brazzaville, Elfenbeinküste, Dahomey (heute: Benin), Gabun, Obervolta (heute: Burkina Faso), Madagaskar, Mali, Mauretanien, Niger, Nigeria, Zentralafrikanische Republik, Senegal, Somalia, Tschad und Togo. Am 30. Juni 1960 erklärte Belgisch-Kongo ebenfalls seine Unabhängigkeit; die ehemalige belgische Kolonie wurde damit zu Zaire (heute: Demokratische Republik Kongo). Im Verlauf der 1960er Jahre folgten Sierra Leone, Tanganjika (heute: Tansania), Algerien, Uganda, Ruanda, Burundi, Kenia, Sansibar (1964 mit Tanganjika als Tansania vereinigt), Sambia, Malawi, Gambia, Botswana, Lesotho, Swasiland, Äquatorialguinea und Mauritius. Damit waren die Kolonialreiche Großbritanniens (mit Ausnahme von Rhodesien bzw. Simbabwe) und Frankreichs sowie Belgiens aufgelöst. In den meisten Fällen vollzog sich die Dekolonisierung vergleichsweise friedlich, weil die Kolonien in vielen Fällen ein ökonomisches Zuschussgeschäft geworden waren und die »Mutterländer« sich diese Kostgänger nicht länger halten wollten. Eine der Ausnahmen bildet die Sezession Algeriens, das ursprünglich eng an Frankreich angebunden bleiben sollte und erst nach einem mehrjährigen Unterabhängigkeitskampf der Algerischen Befreiungsfront FNL, der sich zu einem regelrechten Algerienkrieg auswuchs und nachfolgend das französische Kernland in Mitleidenschaft zog, seine staatliche Souveränität erlangte.

In den 1970er Jahren blieben danach nur noch die portugiesischen Besitzungen und das spanische Westsahara – neben den bis auf den heutigen Tag bestehenden Exklaven Ceuta und Melilla – übrig. Während Westsahara kurz vor dem Tod des spanischen Diktators Franco abgestoßen und später von Marokko annektiert wurde, verteidigte das portugiesische Salazar-Regime seine Afrika-Kolonien in heftigen Kämpfen mit den nationalen Befreiungsbewegungen, obwohl diese Kämpfe einen Großteil des portugiesischen Staatshaushalts auffraßen. Guinea-Bissau, Angola, Mosambik sowie die Kap Verden und Komoren, São Tomé und Príncipe wurden erst im Gefolge der sog. »Nelken-Revolution« in Portugal nach 1974, die zum Sturz der Diktatur führte, unabhängig. In den 1970er Jahren hatten dann nur noch die Seychellen, Dschibuti sowie 1980 Simbabwe ihren Kolonialstatus zu überwinden; die Sezessionen von Eritrea 1993 von Äthiopien und Südsudan 2011 von Sudan fallen dann schon nicht mehr unter die Auflösung ehemaliger Kolonialreiche (vgl. Abb. 16.13).

Die Dekolonisierung nach dem Zweiten Weltkrieg, obwohl sie nach einer Seite hin die Fortsetzung eines bereits in der Zwischenkriegszeit begonnenen Prozesses

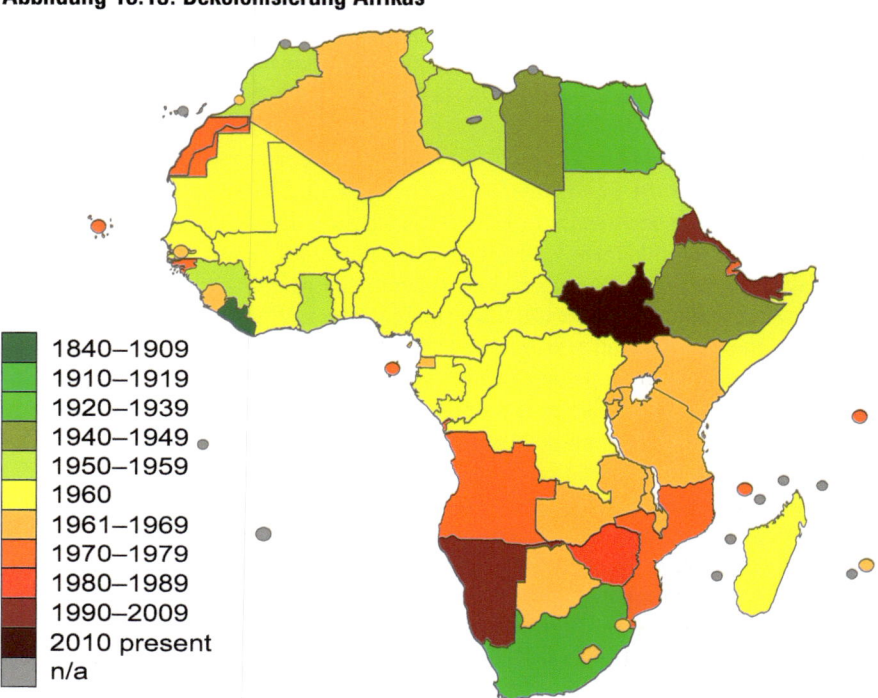

Abbildung 16.13: Dekolonisierung Afrikas

Legende:
- 1840–1909
- 1910–1919
- 1920–1939
- 1940–1949
- 1950–1959
- 1960
- 1961–1969
- 1970–1979
- 1980–1989
- 1990–2009
- 2010 present
- n/a

Quelle: https://de.wikipedia.org/wiki/Dekolonisation_Afrikas

darstellte, war auf der anderen Seite eine Neuordnung der Welt, die die Mehrheit der damaligen Erdbevölkerung umfasste. Vor dem Hintergrund einer zunehmenden Unrentabilität der Unterhaltung der administrativ-staatlichen Strukturen in den Kolonien sowie der direkten und indirekten Kosten des Kampfes gegen nationale Unabhängigkeitsbewegungen setzte auch in den alten Kolonialmächten zunehmend ein Umdenken ein. Einzelne Ereignisse wie die Suezkrise des Jahres 1956 machten die Ohnmacht geschwächter europäischer Mächte vor dem Hintergrund des nunmehr bestehenden Kalten Krieges zwischen den Supermächten USA und Sowjetunion offenbar. Großbritannien und Frankreich, die Luftlandetruppen nach Ägypten entsandt hatten, um den vom ägyptischen Präsidenten Nasser verstaatlichten Suezkanal zurückzuerobern, wurden durch massive Drohungen der beiden Supermächte USA und Sowjetunion dazu gezwungen, ihre militärische Operation abzubrechen.

Erfolge und Misserfolge der binnenwirtschaftlich orientierten Entwicklungen in Mittel- und Südamerika

Die bereits im ersten Drittel des 19. Jahrhunderts sukzessive unabhängig gewordenen Staaten Mittel- und Südamerikas hatten ihre ökonomische Entwicklung zunächst als modifizierte Fortführung der traditionellen Beziehungen zu ihren seinerzeitigen Kolonialmächten, nunmehr jedoch bezogen auf den damaligen Weltmarkt-Demiurg Großbritannien, beibehalten. Diese eingeschlagene exportorientierte Entwicklung der unabhängig gewordenen Staaten war jedoch nicht prinzipiell und von vornherein alternativlos gewesen. In Mexiko unter Lucas Alamán, in Argentinien unter Manuel de Rosas und in Paraguay unter den Präsidenten José Gaspar Rodríguez (Dr. de Franca) sowie unter Carlos und Francisco Lopez (1844-1870) wurden verschiedene Ausprägungen einer protektionistischen Wirtschaftspolitik zur Entwicklung einer binnenwirtschaftlichen Industrie und einer stärkeren Fokussierung auf die jeweiligen Binnenmärkte umzusetzen versucht. Diese binnenwirtschaftlichen Orientierungen der Wirtschaftspolitik waren allerdings nur kurzzeitige Intermezzi; sie scheiterten am Widerstand der einheimischen und englischen Handelsbourgeoisie und den Exportinteressen der Großgrundbesitzer entweder ökonomisch oder, wie im Falle Paraguays, an direkter militärischer Intervention der Tripelallianz von Brasilien, Argentinien und Uruguay, die von Großbritannien durch Waffen und Kredite unterstützt wurde.

Das System der exportorientierten Entwicklung war danach absolut dominierend und erlebte seine Blütezeit zwischen dem letzten Drittel des 19. Jahrhunderts und dem Ersten Weltkrieg und verzeichnete in den 1920er Jahren bis zur Weltwirtschaftskrise 1929-1932 nochmals eine Verlängerung. Zeitweiligen positiven Entwicklungen, die namentlich der Reduzierung der Zölle seitens der dominierenden industriellen Metropolen als Abnehmer lateinamerikanischer Waren geschuldet waren sowie technischen Fortschritten im Transportwesen der Güter nach Europa (Kühltechnik), standen Nachteile infolge steigender Abhängigkeiten von den Welthandelsmächten und den Konjunkturen des Weltmarkts gegenüber, zumal es an alternativen intrakontinentalen Absatzmöglichkeiten auf dem südamerikanischen Kontinent nach wie vor mangelte. So beschränkte sich die Industrieentwicklung Lateinamerikas im Wesentlichen auf die Komplettierung der Exportgüter durch Wertschöpfungsstufen, die mit dem Anbau, dem Transport und der Aufarbeitung der Rohstoffe bis zu deren Verschiffung verbunden waren. Im Ergebnis waren allerdings überdurchschnittliche Zuwachsraten des Bruttoinlandsprodukts in Lateinamerika gegenüber dem Weltdurchschnitt zu verzeichnen. Großbritannien verlor im Laufe der Zeit seine ursprüngliche Monopolposition als Exporteur nach Lateinamerika gegenüber seinen europäischen und US-amerikanischen Konkurrenten.

Nach dem Ersten Weltkrieg hatte sich für die lateinamerikanischen Staaten keine substanzielle Veränderung ihrer wirtschaftspolitischen Strategie, wohl aber eine Veränderung der geographischen Ausrichtung ihrer Exporte und Importe zugunsten der USA ergeben, die Großbritannien als Haupthandelspartner abgelöst hatten. Diese veränderte Ausrichtung auf die USA hatte bereits zur Jahrhundertwende begonnen, nachdem die USA mit einer aggressiv-expansionistischen Neuinterpretation ihrer Monroe-Doktrin ihren »Hinterhof« in Mittel- und Südamerika einerseits durch eine gewaltvolle »Big Stick-Policy« gegenüber Kuba, Nikaragua und der Dominikanischen Republik, andererseits für den Rest der lateinamerikanischen Staaten durch ihre »Dollar-Diplomacy«» auf Kurs« gebracht hatten. Die offene Dominanz der USA nicht nur in wirtschaftlicher, sondern auch in politischer Unterordnung der Staaten Mittel- und Südamerikas unterschied sich als Neokolonialismus nur in oberflächlichen Erscheinungsformen vom traditionellen Imperialismus der Kolonialmächte.

Die Weltwirtschaftskrise 1929–1932 sowie die anschließende depressive Entwicklung in den 1930er Jahren zerstörten die Grundlagen der exportorientierten Wirtschaftsstrategie der lateinamerikanischen Staaten. Die mengenmäßige Kontraktion des Welthandels und der gleichzeitige Preisverfall namentlich bei Mineralien und Agrarrohstoffen hatten die Exporterlöse schrumpfen lassen und dementsprechend auch die Importfähigkeit der Länder drastisch reduziert. Auch die Überbrückung von Defiziten in den Zahlungsbilanzen dieser Länder durch Auslandskredite war nun nicht mehr möglich. Infolge drastisch reduzierter Ausfuhr- und Einfuhrmöglichkeiten und allein gelassen mit einem unzureichenden Binnenmarkt, der auf den weitgehenden Wegfall des Außenmarktes nicht vorbereitet war, sank die Produktion in den meisten lateinamerikanischen Staaten während der Weltwirtschaftskrise beträchtlich. Die stärksten Produktionseinbußen erlitten jene Länder, die zuvor erstens die Entwicklung nach außen am intensivsten betrieben und die höchste Exportquote am ihrem Nationaleinkommen vorzuweisen hatten, deren wichtigste Exportprodukte besonders vom Preisverfall betroffen waren und für deren Exportprodukte die Nachfrage am deutlichsten zurückgegangen war. Das Nationaleinkommen beispielsweise von Kuba ging zwischen 1928 und 1932 um etwa ein Drittel zurück, dasjenige von Chile sogar um 36 Prozent. Damit war das gesamte Export-Import-System als Motor einer nachholenden Entwicklung dieser Volkswirtschaften, die teilweise noch mehr oder weniger große Bevölkerungsteile in informellen Verhältnissen aufwiesen und für ihre Erwerbssektoren eine interne, breiter angelegte Industrialisierung vernachlässigt bzw. verhindert hatten, am Ende.

In Reaktion auf diese substanziell veränderten Rahmenbedingungen wurden zunächst erste Notstandsmaßnahmen in den 1930er Jahren ergriffen. Bolivien, Peru und Chile konnten die Tilgung ihrer Altschulden nicht mehr gewährleisten und mussten Zahlungsunfähigkeit erklären. Das einzige größere Land, das sowohl seine Zinsen als auch seine Tilgungsleistungen aufrechterhalten konnte, war Argentinien. Um die Exportbedingungen zu verbessern, verließen die Länder den Goldstandard und werteten ihre Währungen ab. Zugleich erhöhten sie ihre Importzölle drastisch. Hinzu kamen Anpassungsreaktionen durch Diversifizierungen der Exportstrukturen und den Abschluss bilateraler Verträge mit wichtigen Handelspartnern. Diese Notstandsmaßnahmen mussten jedoch durch eine qualitative Veränderung der bisherigen wirtschaftspolitischen Strategie unterfüttert werden und damit gerieten die Entwicklung des jeweiligen Binnenmarktes und eine breiter angelegte

Entwicklung industrieller Strukturen in den Fokus. Für eine derartige Veränderung der wirtschaftspolitischen Orientierung fehlten jedoch zunächst wesentliche interne Voraussetzungen. Das heimische Gewerbe und die binnenwirtschaftliche Industrie waren über Jahrzehnte vernachlässigt worden; sie bestanden überwiegend aus Kleinbetrieben, wenn deren Produktion nicht sogar durch die Konkurrenz überseeischer importierter Waren zerstört worden war. Die bestehende Infrastruktur eines auf die Hafenstädte ausgerichteten Transportwesens war ein weiteres Hindernis. Insbesondere aber fehlte ein aufnahmefähiger Binnenmarkt für Waren des Massenkonsums, also interne Kaufkraft, da die Einkommensungleichheit zwischen der Exportoligarchie und den Großgrundbesitzern einerseits und der Masse der Bauern (Kleinpächter), Landarbeiter (Gauchos) und städtischen Lohnarbeiter andererseits in der Vergangenheit noch zugenommen hatte. Außerdem waren Investitionen für die Entwicklung einer einheimischen Industrie notwendig, die aus internen Finanzierungsquellen wegen eines fehlenden binnenwirtschaftlichen Bank- und Kreditsystems sowie der Orientierung der besitzenden Klassen auf Luxuskonsum nicht ohne Weiteres darstellbar waren. Zentralbanken zur Refinanzierung eines inländischen Banksystems mussten teilweise erst errichtet werden. Einer Hinwendung zu einer neuen wirtschaftspolitischen Strategie standen nicht zuletzt auch die Interessen der Export-Import-Oligarchie entgegen. In das politische Vakuum einer nicht oder kaum organisierten Arbeiterklasse und einer kleinen in liberalen Parteien organisierten Fraktion der herrschenden Klasse, die die Ausweglosigkeit der bisherigen exportorientierten Entwicklungsstrategie erkannt hatte, stieß in einigen Staaten das Militär, welches die politischen Angelegenheiten in seine eigenen Hände nahm und gegen die unmittelbare Macht der alten herrschenden Klassen intervenierte (z.B. in Argentinien).

Auch ideologisch setzte eine Umorientierung ein, die zuvorderst mit dem Namen von Raúl Prebisch und der »Dependencia-Theorie« verbunden ist. Prebisch, ein argentinischer Ökonom, hatte verschiedene Positionen bei Banken und Regierungen seines Landes innegehabt, war vom Selbstverständnis her Keynesianer und wurde Mitbegründer der 1948 geschaffenen UN-Wirtschaftskommission für Lateinamerika CEPAL. In seinem später als Prebisch-Manifest gefeierten Buch hatte er die Stellung Lateinamerikas in der internationalen Teilung der Arbeit als Peripherie, deren spezifische Aufgabe darin bestehe, für die industriellen Metropolen Nahrungsmittel und Rohstoffe herzustellen, analysiert und herausgestellt, dass in dieser Konstellation eine Industrialisierung dieser Länder keinen Platz habe. Wenngleich diese Erkenntnis keinesfalls neu war – bekanntlich hatte Marx bereits mehr als achtzig Jahre vorher diese Struktur der internationalen Teilung der Arbeit als charakteristisches Moment für die Betriebsweise der Großen Industrie herausgestellt –, so wurde sie nun zur theoretischen Fundierung der Entwicklungsstrategie der importsubstituierenden Industrialisierung, welche in der Folgezeit zur dominierenden Ausrichtung der Wirtschaftspolitik vieler Staaten der Dritten Welt wurde. Die Herstellung der im Lande benötigten Verbrauchsgüter durch die eigene Industrie sollte die Abhängigkeit der lateinamerikanischen Wirtschaft von der Einfuhr der sich durch eine ungünstige Entwicklung der Terms of Trade ständig verteuernden Konsumgüter und sonstigen Industriewaren verringern helfen und tendenziell bis zur Selbstversorgung gehen. Wesentlich für die Umsetzung dieser Politik war die aktive Rolle eines planerisch in die Wirtschaft eingreifenden, gegen die auswärtige Konkurrenz schützenden und finanzielle Mittel mobilisierenden Staates. Prebisch sprach sich darüber hinaus für die Schaffung eines gemeinsamen lateinamerikanischen Marktes, eine Boden- und Agrarreform sowie eine Umverteilung des Nationaleinkommens zugunsten der Volksmassen zur Generierung zusätzlicher zahlungsfähiger Nachfrage aus. Kritiker der Dependencia-Theorie bezweifelten die Repräsentativität der Terms of Trade zwischen Fertigwaren und Rohstoffen und machten insbesondere darauf aufmerksam, dass die Politik der Importsubstituierung auf den Import von Maschinen und Ausrüstungen für die Binnenindustrialisierung angewiesen sei, was wiederum zur erneuten Abhängigkeit von den hochindustrialisierten Ländern führe.

In ihrer ersten Periode war jedoch diese Politik der importsubstituierenden Industrialisierung durchaus erfolgreich. In Argentinien, das über Jahrzehnte hinweg das Vorzeigeland für das Funktionieren der exportorientierten Entwicklung gewesen war, praktizierte die 1943 an die Macht gekommene Militärjunta, in der sich Juan Domingo Péron als Arbeitsminister, Verteidigungsminister, Vizepräsident und späterer, mehrfach abgesetzter und wiedergewählter Präsident hervorgetan hatte, diese Politik. Sie beinhaltete die Integration der unteren städtischen Bevölkerungsschichten mittels staatlicher Sozialpolitik, Stärkung der Gewerkschaften, Verstaatlichung (»Entprivatisierung«) u.a. der zu zwei Dritteln in englischem Besitz befindlichen Eisenbahnen und Aufstellung eines Fünfjahresplans zur beschleunigten Industrialisierung des Landes. Auch nach seinem Tod 1974 blieben die umfangreichen Verstaatlichungen bzw. Gründungen von staatlichen Unternehmen im Bereich von Industrie, Banken und Verkehr von den Nachfolgeregierungen zunächst ebenso unangetastet wie die Institution des staatlichen Außenhandelsmonopols.

Unter Péron hörte Argentinien auf, ein Agrarland zu sein und neben den alten Hafenindustrien entwickelten sich neue Gewerbezweige vor allem im Bereich der Leichtindustrie, die die Versorgung der Bevölkerung mit Konsumgütern übernahmen. Nach den »fetten Jahren« der unmittelbaren Nachkriegsprosperität hielt das Wirtschaftswachstum Argentiniens bis zum Beginn der 1970er Jahre noch an. Allerdings zeigten sich durch häufige Regierungswechsel zunehmende politische Instabilitäten, die auch die genauere Ausprägung der Wirtschaftspolitik betrafen. In den letzten Jahren des Péronismus unter Juan und, nach seinem Tod 1974, Isabel Péron spitzten sich die wirtschaftlichen Probleme mit einem Anstieg der Inflation – Preissteigerung 1976 400% p.a. –, Warenverknappungen sowie einer Zunahme der Auslandsverschuldung zu; sie mündeten 1976 in einen Militärputsch und zu einem wirtschaftspolitischen Kurswechsel. Danach setzte ein Niedergangsprozess der argentinischen Wirtschaft ein.

Anders als in Argentinien wurde in Mexiko die politische Herrschaft der Exportoligarchie bereits 1930 beendet. Die provisorische Regierung unter dem ehe-

Kapitel 16: Fordismus und die Systemkonkurrenz

maligen Militär Lázaro Cárdenas verbot zum Schutz der einheimischen Industrie die Einfuhr von Industriewaren bzw. belegte diese mit hohen Zöllen. Nachdem er 1934 zum Präsidenten gewählt worden war, setzte er mit dem »Sechsjahresplan für ein neues Mexiko« eine Reihe von Dekreten durch, mit denen der Weg für eine Entwicklung nach innen geebnet wurde. Im Jahr 1937 nationalisierte Cárdenas die vom britischen und amerikanischen Kapital beherrschten Bankgesellschaften und Eisenbahnen sowie die Erdölgesellschaften zunächst endschädigungslos. Nachdem er 1938 einen von den USA unterstützten Putsch aufgrund der Unterstützung der mexikanischen Gewerkschaften überstanden hatte, revanchierte er sich mit einer umfangreichen Sozialgesetzgebung. Außerdem setzte er eine Agrarreform durch, durch die Millionen Hektar Acker, Weideland und Brache, die sich in der Hand einiger hundert Haciendoros befanden, in die Hand von Peones übergeben wurden, die sich ihrerseits in Bauerngemeinschaften (Eljdos) organisierten. Cárdenas letztes Regierungsjahr 1940 markierte den Auftakt einer an den Bedürfnissen des Binnenmarktes orientierten Industrialisierungs- und Importsubstituierungspolitik. In der Folgezeit existierten in Mexiko fast 51 Tsd. gewerbliche Unternehmen, allerdings überwiegend Kleinunternehmen mit insgesamt rd. 560 Tsd. Beschäftigten; im Durchschnitt betrug deren Beschäftigtenzahl 11 Personen. Hervorzuheben ist die Kombination der Industrialisierungspolitik mit der Agrarreform, mit der staatlicherseits der Binnenmarkt stimuliert wurde, obgleich die Erfolge der Landverteilung an die Peones nicht die erhoffte Ausweitung der landwirtschaftlichen Erträge erbrachte.

Ebenso früh wie in Mexiko führten die wirtschaftlichen Probleme durch die Weltwirtschaftskrise in Brasilien zum politischen Umschwung. Unter Getúlio Vargas als Präsident wurde 1937 eine neue Verfassung eingeführt. Vargas unterstützte die Gründung der »Arbeiterpartei Brasiliens (Partido dos Trabalhadores, PT«) und begründete eine umfangreiche Sozialgesetzgebung. Die betriebene Importsubstituierungspolitik beförderte die Entwicklung der Leichtindustrien (chemische Industrie einschl. Erzbergbau sowie Metallverarbeitung); das Eisenbahnnetz wurde erweitert, Autobahnen, Flughäfen und Docks angelegt sowie die Erzeugung von Elektroenergie mittels Wasserkraft begründet. Vargas trat auf Druck der Militärs Ende 1945 zurück, aber der »Getúlismo« überlebte seine Amtszeit. 1950 wurde er wiedergewählt und setzte die Industrialisierungs- und Sozialprogramme fort. Im Kampf gegen die Abführung der Gewinne der ausländischen Konzerne an deren Konzernzentralen verstaatliche er die Erdölindustrie und schuf mit Petrobrasil einen der großen Staatskonzerne Lateinamerikas. Auch nach seiner erneuten Amtszeit, die bis 1954 dauerte, setzten seine Nachfolger die eingeschlagene Politik fort.

Péron, Cárdenas und Vargas waren bei allen Unterschieden im Detail politische Führer, die mit ihrer jeweiligen Massenbasis, die vor allem in der sich organisierenden Arbeiterschaft bestand, Wahlen gewannen und mehr oder weniger als populistische Führer im Volk anerkannt bis vergöttert wurden. Trotz ihrer teilweisen Bewunderung des europäischen Faschismus waren ihre soziale Basis sowie die betriebene Politik eindeutig an den unmittelbaren Interessen der arbeitenden Mehrheit des Volkes ausgerichtet. Im Unterschied zu den »Caudillos« früherer Zeiten, die vielfach Züge regionaler »Warlords« aufgewiesen hatten, war ihre Macht institutionell verankert und durch allgemeine Plebiszite begründet.

Während der gesamten Periode der Nachkriegsprosperität in den kapitalistischen Metropolen konnten die lateinamerikanischen Länder insgesamt, bei Unterschieden im Detail, die Früchte der importsubstituierenden internen Industrialisierung in Form hoher Zuwachsraten ihrer gesamtwirtschaftlichen Produktion ernten. Allerdings verminderte sich die Wachstumsdynamik bereits im Verlauf der 1960er Jahre. Trotzdem reichte es im besten Fall Argentiniens, das bereits 1950 von einem vergleichsweise hohen Niveau aus begann, noch zu einer Verdoppelung des Bruttoinlandsprodukts in dem Zeitraum bis 1970. Die Abschwächung der Wachstumsdynamik in den letzten Jahren dieser zwei Dezennien war zum Einen durch eine unzureichend werdende Expansion der jeweiligen Binnenmärkte verursacht, zum Anderen gelang es trotz exportfördernder Maßnahmen der Wirtschaftspolitik nicht, den Anteil der ins Ausland gehenden nationalen Fertigwarenproduktion nennenswert zu steigern. Ersteres hatte mit fehlenden oder unzureichenden Agrarreformen zu tun, die die Ausweitung eines internen gesamtwirtschaftlichen Wert- und Stoffersatzes hemmten, nachdem in einer ersten Phase der Industrialisierung die städtische Massenkonsumtion für die binnenwirtschaftliche Markterweiterung gesorgt hatte. Trotz Versuchen, einen integrierten Markt für Lateinamerika zu schaffen – Lateinamerikanischer Freihandelsverbund (LAFTA), Andenpakt und Zentralamerikanischer Gemeinsamer Markt (CACM) –, kam eine mit der Europäischen Wirtschaftsgemeinschaft (EWG) vergleichbare Integration nicht zustande, sodass der intrakontinentale Handel ein Desiderat blieb und keine Markterweiterung in Lateinamerika erbrachte. Der Auslandsabsatz lateinamerikanischer Fertigwaren in die USA und nach Europa konnte aufgrund hoher Produktionskosten, geringerer Qualität der erzeugten Produkte und einem weniger modernen Design, jeweils im Vergleich zum durch die Metropolen definierten Weltmarktstandard, kaum kompensierend wirken. Bis zur Mitte der 1970er Jahre hatte im Rahmen der beschleunigten Kapitalakkumulation in den fortgeschrittensten Industrieländern die aus dem 19. Jahrhundert bestehende internationale Arbeitsteilung eben noch Bestand; ihre Veränderung erfolgte erst später und war durch den Übergang in eine strukturelle Überakkumulationssituation in den Metropolen maßgeblich mitbestimmt.

Als es zu einer mehrheitlichen Abkehr vom Modell der Importsubstituierung nach der Weltwirtschaftskrise 1974/75 und dem Übergang zu einer durch vornehmlich private internationale Geldkapitalakkumulation finanzierten Entwicklung kam, waren es vornehmlich die Länder Lateinamerikas, auch wenn sie als Ölproduzenten und Rohstofflieferanten von zwischenzeitlichen Preishaussen profitieren konnten, die die negativen Auswirkungen gesteigerter internationaler Verschuldung am umfangreichsten zu ertragen hatten. Die steuernde Rolle und Funktion des Staates war, etwa im Vergleich zu den in der zweiten Hälfte der 1970er Jahre auftrumpfenden asiatischen »Tigerstaaten« (Südkorea, Taiwan, Singapur und Hongkong), immer schon zu gering und/oder strukturpolitisch defizitär gewesen. Mit dem Aufbrechen der Schuldenkrisen lateinamerikanischer Länder und der Notwendigkeit zu Krediten internationaler Institutionen wie IWF und Weltbank Zuflucht zu nehmen, erzwangen die Auflagen der Kreditgeber nun eine neoliberale austeritäre Wirtschaftspolitik (»Washington Consensus«), die anstatt die strukturpolitischen Defizite zu heilen, sie vielmehr noch potenzierten.

Dekolonisierung zwischen politischer Emanzipation und Reproduktion von Unterentwicklung

Die geschwundene ökonomische Potenz der Kolonialmächte Großbritannien und Frankreich sowie, in weiterer Instanz Niederlande, Belgien, Portugal und Spanien, die den Status nachgeordneter Mächte in der Weltpolitik eingenommen hatten, sowie der dem Kalten Krieg zugrundeliegende Systemgegensatz zwischen Kapitalismus und Sozialismus unterliegen dem berühmten Ausspruch des britischen Premierministers Harold Macmillan 1960 in seiner viel beachteten Rede in Kapstadt: *»The wind of change is blowing through this continent, and whether we like it or not, this growth of national consciousness is a political fact.«* Macmillans Statement wurde von den Wortführern antikolonialer Bewegungen weitgehend als Zusage gelesen, nationalen Autonomieforderungen künftig nicht mehr entgegentreten zu wollen. Zu Beginn der 1960er Jahre hatte sich das internationale Kräfteverhältnis neu justiert. Dies lässt sich nicht zuletzt an einer Positionierung der UNO – der nun bereits eine ganze Reihe in die Unabhängigkeit entlassener ehemaliger Kolonien angehörten – zur Frage kolonialer Herrschaft ablesen. In der vielzitierten Resolution 1514 aus dem Jahr 1960 bekannte die Generalversammlung der Vereinten Nationen, sie sei überzeugt, dass *»das Fortbestehen des Kolonialismus die Entwicklung der internationalen wirtschaftlichen Zusammenarbeit behindert, die soziale, kulturelle und wirtschaftliche Entwicklung der abhängigen Völker hemmt und dem Ideal ... von einem weltweiten Frieden entgegenwirkt«*. Diejenigen Länder, die sich weiterhin an alle oder zumindest einige koloniale Besitzungen klammerten oder sie kurzerhand zu integralen Bestandteilen des »Mutterlandes« erklärten, wie namentlich Frankreich (im Falle Algeriens) und Portugal, führten einen letztlich aussichtslosen Kampf gegen eine weltwirtschaftliche und weltpolitische übergreifende Entwicklung, den sie nicht gewinnen konnten.

Bei den ehemaligen Kolonien, die nach dem Zweiten Weltkrieg nun selbstständige Staaten, allerdings vielfach in territorialen durch die ehemaligen Kolonialherren bestimmten Grenzen, geworden waren, handelte es durchgängig um hybride Ökonomien und Gesellschaften, die archaische Verhältnissen (vornehmlich in Afrika) und/oder in Auflösung begriffene oder zerfallene asiatische Produktionsweisen mit traditionellen, zumeist feudalartigen Formen von Klassenverhältnissen als interne Basis aufwiesen. Neben informellen, auf unmittelbaren Selbstbedarf gerichteten Verhältnissen auf dem Land, teilweise kombiniert mit der sog. häuslichen Nebenindustrie, gab es marktorientierte Dorfgemeinschaften, die in Arbeitsteilung mit einem städtischen Kleingewerbe standen, welches sich als eigener Sektor verselbstständigt hatte. In den Dörfern bestanden entweder noch verschiedene Varianten von Gemeineigentum oder aus privater Bewirtschaftung hervorgegangenes und schließlich gesellschaftlich anerkanntes Privateigentum am Grund und Boden, welches vielfach in der Hand von Großgrundeigentümern war, die ihre Pächter oder abhängigen Landarbeiter in einer inferioren und/oder feudalartigen Abhängigkeit hielten. Hybride Ökonomien und Gesellschaften hatten sich durch die durch die koloniale Unterwerfung erzeugten Beziehungen zum kapitalistischen Weltmarkt ausgebildet. Neben den Rohstoffe extrahierenden Unternehmen der Kolonialmächte gab es mehr oder weniger entwickelte einheimische, zumeist kleinkapitalistische Unternehmensstrukturen sowie mehr oder weniger weit entwickelte materielle und finanzwirtschaftliche Infrastrukturen. Überlagert wurden diese hybriden Wirtschaftsstrukturen durch politische Überbauten, die nur in wenigen Fällen mit den unterliegenden ethnisch-kulturellen Verhältnissen eine Entwicklung zur Herausbildung eines Nationalstaats eingegangen waren und beförderten, vielfach jedoch mehr oder weniger große Inkompatibilitäten zwischen Stammes- und staatlichen Strukturen aufwiesen; diese Inkompatibilitäten wurden teilweise erst Jahrzehnte später zu krisenhaften Auflösungsfermenten multiethnischer Staatsgebilde.

Was die autonome Entwicklung dieser neu entstandenen Staaten von vornherein hemmte, war die fehlende Integration dieser hybriden ökonomischen und gesellschaftlichen Sektoren. Hinzu kam auch nach der Abschüttelung der kolonialen Abhängigkeit ein fortgesetzter Ressourcentransfer zugunsten kapitalistischer Handelspartner, der die Ausbeutung der in Rohstoffen bestehenden Werte durch nach wie vor in auswärtiger Hand befindlicher kapitalistischer Unternehmen noch erhöhte. Allenfalls konnten einheimische Kompradoren und Teile des obersten Staatspersonals an den Grundrenten der extravistischen Konzerne partizipieren. Nur partielle Liefer- und Leistungszusammenhänge zwischen den verschiedenen wirtschaftlichen Sektoren, d.h. ein fehlender gesamtwirtschaftlicher Wert- und Stoffersatz des gesellschaftlichen Reproduktionsprozesses, der die Herstellung eines Nationalkapitals hemmte, wenn nicht gar verhinderte, waren die Ausgangsbedingungen für die einheimische staatliche Wirtschaftspolitik. Selbst in den früh unabhängig gewordenen lateinamerikanischen Ländern hatten die Interventionen des Staates durch Zölle, Steuern und die Herstellung allgemeiner Produktionsbedingungen diese Defizite nicht beseitigt, zum Teil zeitweilig während der langen Phase der exportorientierten Entwicklungsstrategie sogar noch verschärft; auch das Umschalten der Wirtschaftspolitik auf eine importsubstituierende interne Industrialisierung mit Nationalisierungen ausländischer Unternehmen hatte hier nur partiell Abhilfe geschaffen. Wie viel schwieriger waren da die strukturpolitischen Anforderungen in gerade erst unabhängig gewordenen Staaten, die nicht nur keine einheitliche Produktionsweise, sondern ein sehr viel niedrigeres Ausgangsniveau ihrer internen Produktivkräfte besaßen.

Diesen sozioökonomischen Bedingungen standen auch die nationalen Befreiungsbewegungen gegenüber, denen nach Überwindung der Fremdherrschaft die Aufgabe eines wirtschaftlichen Aufbaus ihres Landes zufiel. Vielfach war der Kampf um nationale Unabhängigkeit auch mit sozialistischen Orientierungen ver-

Kapitel 16: Fordismus und die Systemkonkurrenz

bunden gewesen und damit in den weltweiten Systemgegensatz einbezogen. Die Ausgangsbedingungen in den ehemaligen Kolonien erlaubten aber nur in seltenen Fällen, teilweise unter Rückgriff auf theoretisch-konzeptionelle Vorüberlegungen von Marx in seinen Entwürfen zu dem Sassulitisch-Brief,[8] Lenins Überlegungen zu schwächsten Kettengliedern in der Weltpolitik[9] sowie den Mao Zedong-Ideen für eine Bauernrevolution mit sozialistischer Perspektive[10], die Entwicklung einer kohärenten und erfolgreichen Strategie mit dem Ziel einer Errichtung des Sozialismus aus unentwickelten, vorkapitalistischen Verhältnissen. Was sich teilweise nach außen hin als sozialistische Parteien und Bewegungen präsentierte, die nach erfolgreichem Unabhängigkeitskampf die Regierung stellten und sich am sozialistischen Weltsystem, d.h. vornehmlich an der Sowjetunion orientierten, war z.B. als »arabischer Sozialismus« bei Licht gesehen Alles Andere als die schrittweise Errichtung der sozialen Emanzipation der Bevölkerung in den ehemaligen Kolonien. Wiewohl die Erreichung der staatlichen Unabhängigkeit eine wesentliche Bedingung für diese soziale Emanzipation darstellte, war in den meisten Fällen eine sozialistische Befreiungsbewegung nur dadurch erfolgreich, dass sie nationale Ziele proklamierte und verfolgte – es blieb dann zumeist auch bei einer formalen politischen Emanzipation, der keine soziale oder gar sozialistische Emanzipation nachfolgte. Die Ausnahmen von dieser Regel sind mit der VR China, der Demokratischen Volksrepublik Korea, der Demokratischen Republik Vietnam (Nordvietnam als Vorläufer der Sozialistischen Republik Vietnam nach dem gewonnenen Krieg) und der Republik Kuba an einer Hand abzuzählen.

Das ungelöste analytische Problem und die darauf fußende unzureichende Konzeption eines Sozialismus unter weitgehend vorkapitalistischen Verhältnissen mit fehlender bürgerlicher Gesellschaft bestand in der falschen Bewertung des Hybridcharakters zwischen diesen unterliegenden sozioökonomischen Strukturen und einer von außen induzierten punktuellen ursprünglichen Kapitalakkumulation der nun zu staatlicher Selbstständigkeit gelangten ehemaligen Kolonien. Ausgangspunkt hätten in jedem Fall die internen Verhältnisse und die Initiierung von deren endogenen Potenzialen sein müssen. Ob die Reform des in der Regel dominierenden Agrarsektors über die Auf- und Zuteilung des Landes an Privatproduzenten oder die Transformation von Gemeineigentumsstrukturen in genossenschaftliche Produktionsverhältnisse mit spezifischer staatlicher Förderung erfolgen sollte, war sowohl theoretisch, noch mehr aber praktisch eine Herausforderung, weil die Versorgung der Bevölkerung mit einheimisch produzierten Nahrungsmitteln eine gebieterische Notwendigkeit war, um die Legitimität und Unterstützung der Bevölkerung für die neue politische Führung zu sichern. Es gibt tatsächlich nur sehr wenige Beispiele für eine gelungene Agrarreform, mit der ohne Umwege mit zum Teil katastrophalen

---

[8] Vgl. MEW 19a: 242ff., 384ff. sowie unsere Ausführungen im 10. Kapitel der vorliegenden Abhandlung.
[9] Vgl. LW 9 und 22.
[10] Vgl. Mao Zedong 1968 und 1976.

Konsequenzen für die Ernährungslage der Bevölkerung entwicklungsfähige Strukturen auf dem Land bei gleichzeitiger Ressourcenbereitstellung für eine industrielle Akkumulation geschaffen worden sind. An vorderster Stelle rangieren hier Südkorea und Taiwan, beides bis nach dem Zweiten Weltkrieg japanische Kolonien, die sich allerdings zusätzlicher externer Mittelzuflüsse durch die USA und Japan sowie vom Festland geflüchteter Nationalchinesen erfreuen konnten.[11]

Die zweite Herausforderung bestand in der Ausrichtung und Schwerpunktsetzung der internen Industrialisierung. Der Aufbau einer internen Produktionsmittel-Erzeugung mit Einschluss der Schwerindustrie und die stärkere Konzentration auf die sog. leichtindustriellen Branchen mit Konzentration auf die Produktion von Konsumtionsmitteln standen sich hier gegenüber. Hinzu kam auch hier die Rolle des Staates und seiner nicht nur sektoral, sondern auch gesamtwirtschaftlich ausgerichteten Strukturpolitik. Die Übernahme einer wirtschaftspolitischen Führungsrolle der staatlichen Politik schloss dabei ein differenziertes Vorgehen gegenüber dem ausländischen Kapital ein, d.h. ein abgewogenes Verhältnis zwischen Nationalisierungen (Verstaatlichungen) und Kooperationen, z.B. in Form von Joint-Ventures zwischen staatlichen Institutionen und Auslandskapitalisten. Damit war auch über die Außenhandelspolitik zu entscheiden, d.h. das Verhältnis zwischen Importsubstituierung und Zollschutz einheimischer Branchen und Exportorientierung, ggf. mit staatlichem Außenhandelsmonopol, in jedem Fall aber mit Devisen- und Kapitalverkehrsbeschränkungen und -kontrollen, die im Rahmen der Nachkriegsprosperität bis zum Ende der 1970er Jahre noch allgemein akzeptiert und angewandt wurden.

Diese Herausforderungen wurden seinerzeit theoretisch-paradigmatisch allenfalls als Problemtatbestände erwähnt, jedoch weder durch marxistische noch durch traditionell-bürgerliche Entwicklungstheorien, angefangen bei der klassischen Theorie komparativer Vorteile bis zur Dependenz-Theorie befriedigend gelöst. Teilweise waren gerade marxistische Ansätze eines überzogenen Schemas eines gesetzlich vorgezeichneten Entwicklungsprozesses eines jeden Landes oder die hochabstrakten, in ihrer Konsequenz jedoch die jeweiligen spezifischen internen Bedingungen der Dritte-Welt-Länder vernachlässigenden oder gänzlich missachtenden Ansätze einer Weltsystemtheorie, nicht nur theoretisch desorientierend, sondern ergaben, wo sie angewandt wurden, keine positiven Resultate.

Nicht ausgeblendet werden darf zudem die geopolitische Situation. Für die sich sozialistisch gerierenden Entwicklungsländer kamen nicht nur die alle unentwickelten Ökonomien charakterisierenden wirtschaftlichen Nachteile des internationalen Handels mit kapitalistischen Ländern in Betracht, sondern darüber hinaus ein beständiger politischer Druck durch die kapitalistische Führungsmacht USA mit ihren imperialistischen Interessen und Ansprüchen als Weltordnungsmacht, dem die Sowjetunion mangels ökonomischer Potenz (zu) wenig entgegenzusetzen hatte. Auch die eigenständige internationale Organisierung der ehemaligen Kolonien in

---

[11] Auf die Entwicklung in Südkorea und Taiwan wird im nachstehenden 17. Kapitel ausführlicher eingegangen.

der Bewegung der »Blockfreien Staaten« (ab 1961) konnte vor dem Hintergrund der Heterogenität ihrer Mitglieder an diesem Dilemma wenig ändern.

Interne wirtschaftliche und soziale Disproportionen sowie beständiger äußerer Druck aus ökonomisch-preislicher Minderbewertung der nationalen Wertschöpfung und politische Inferiorität auf der internationalen Bühne markieren dann die Gemengelage für das oftmalige Scheitern eines nichtkapitalistischen Entwicklungsweges. Maximal mögliche entwicklungspolitische Fortschritte wurden mit der Politik der Importsubstituierung, verbunden mit staatlich regulierten Exporten von Grundstoffen, erzielt; ihre Ergebnisse waren vielfach besser als sie im Rückblick nach dem neoliberalen Umschwung beurteilt wurden. Ein Umschalten auf mehr oder weniger bedingungslose Anpassung an die Weltmarktverhältnisse als »second-best-Variante« war sodann vielfach das Resultat nicht beherrschter interner Widersprüche und eines Misserfolgs bei der wirtschaftspolitisch flankierten Verbindung der verschiedenen ökonomischen Sektoren. Kam es nach dem Scheitern eines eigenständigen Entwicklungsweges zu dem Übergang zu dieser Entwicklungsvariante, war er oft mit vorgängiger politischer Repression der »sozialistischen« Regierung gegenüber Teilen der eigenen Bevölkerung verbunden, was ihrer Delegitimierung Vorschub leistete und bürgerlich-kapitalistische Kräfte als legitime Erben gescheiterter sozialistischer Experimente erscheinen ließ. Eine nüchterne Bilanz der Antikolonial- und politischen Unabhängigkeitsbewegungen in den Ländern der Dritten Welt kommt also um den Befund ihres letztendlichen Scheiterns selbst bei anfänglich positiven Ansätzen nicht herum – zu gering ist die Anzahl erfolgreicher Entwicklungen.

d) Der beginnende Übergang der USA vom Demiurg zum bloßen Hegemon der Weltwirtschaft

Die Außenwirtschaftsposition der wichtigsten kapitalistischen Metropolen

In den ersten zweieinhalb Jahrzehnten nach Kriegsende bis zum Beginn der 1970er Jahre wies der Handelsbilanzsaldo der USA deutliche Überschüsse auf. Erst mit dem V. Zyklus deutete sich ein Umschwung an und im VI. Zyklus (1971–1975) hatte sich der Handelsüberschuss in ein Defizit verwandelt. In der unmittelbaren Nachkriegszeit herrschte insbesondere vonseiten der europäischen Nationen ein nahezu absoluter Bedarf an amerikanischen Waren, allerdings – trotz der Marshallplanhilfe der USA – akuter Zahlungsmangel; infolgedessen bestanden vielfältige Importrestriktionen. Dies erklärt, warum nach 1945 bis zum Anfang der 1950er Jahre das US-Handelsbilanzaktivum nicht erheblich größer ausfiel. Die amerikanische Handelsbilanz mit den Ländern Westeuropas rutschte jedoch bereits ab 1953 ab, nur kurzzeitig unterbrochen durch die konjunkturelle Abschwungsphase des II. Zyklus (1956/57) aufgrund des nachlassenden Importsogs in diesen Ländern. Nur weil die Bilanz der USA mit der restlichen Welt in den 1950er Jahren zunehmend positiv gestaltet werden konnte, wurde dieser strukturelle Faktor zunächst noch

Abbildung 16.14: Zahlungsbilanz der USA 1946-1975; in Mrd. $

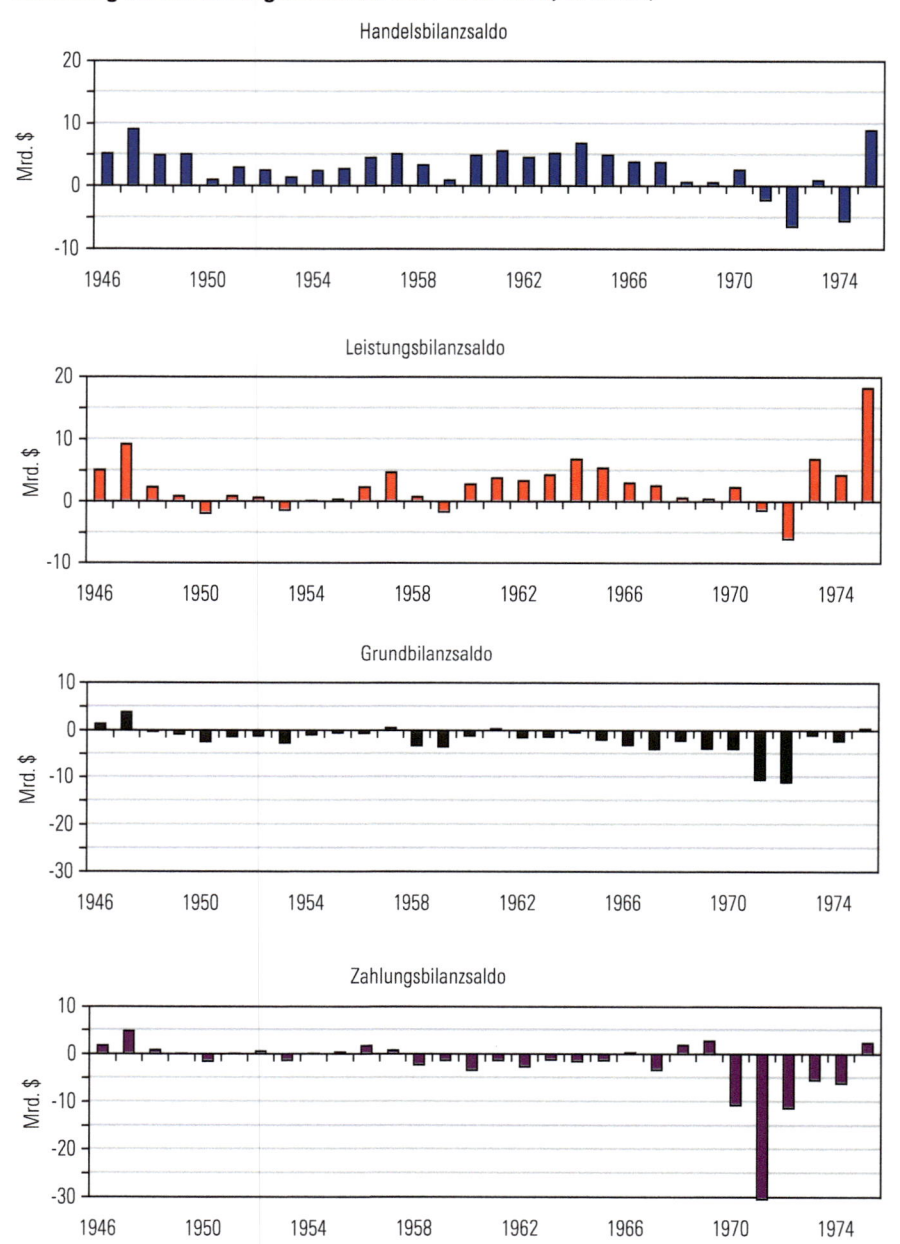

Handelsbilanzsaldo

Leistungsbilanzsaldo

Grundbilanzsaldo

Zahlungsbilanzsaldo

Quellen: IWF, OECD

überdeckt. Die 1960er Jahre zeigten einen wieder durchgängigen US-Handelsbilanzüberschuss, der durch die anhaltend inflatorischen Entwicklungen in den meisten europäischen Ländern begünstigt wurde; zudem banden die USA ihre Entwicklungshilfezahlungen in verstärktem Maße an die Bereitschaft der Empfängerländer, US-Waren zu importieren. Allerdings begann sich ab der zweiten Hälfte der 1960er Jahre das relativ langsamere Entwicklungstempo der Produktivität der US-Industrie im Verhältnis zu den wichtigsten kapitalistischen Konkurrenten geltend zu machen.

Der Leistungsbilanzsaldo war mit Ausnahme des ersten Zyklus positiv. Eine defizitäre oder nur schwach positive Dienstleistungsbilanz, im Verein mit der strukturell negativen Übertragungsbilanz, war zu Beginn immer wieder Anlass für administrative restriktive Maßnahmen der US-Regierung gewesen, sei es in Bezug auf die Einschränkung der Devisenkosten der Wirtschafts- und Militärhilfe oder sei es in Bezug auf die Tourismusausgaben amerikanischer Bürger im Ausland. Seit 1962 schlug der Dienstleistungsbilanzsaldo um; verantwortlich hierfür waren nun die rasch steigenden Erträgnisse aus den wachsenden US-Auslandsinvestitionen, die 1965 mit netto 5,1 Mrd. US-Dollar bereits höher als der Aktivsaldo der Handelsbilanz mit 4,9 Mrd. US-Dollar waren. Ab 1960 wies der US-Leistungsbilanzsaldo durchgängig positive Werte auf (vgl. Abb. 16.14).

Den Überschüssen bei den laufenden Posten stand auf der Finanzierungsseite ein struktureller Netto-Kapitalexport gegenüber. Der Saldo des langfristigen Kapitalverkehrs zeigte sowohl bei öffentlichen Ausleihungen als auch bei privaten Direktinvestitionen und Krediten durchgängig ein Überwiegen der Kapitalexporte. Dementsprechend wies die Devisenbilanz mit uneinheitlichen Bewegungen in den ersten beiden Zyklen ein Defizit auf. Dieses Devisenbilanzdefizit finanzierten die USA einerseits mit Gold, das gegen Präsentation eines Teils der Auslandsdollars abgegeben werden musste; dieser Goldabfluss war in den 1960er Jahren am ausgeprägtesten. Zum anderen baute sich im kurzfristigen Bereich eine Verschuldungsposition der USA gegenüber dem Ausland nach und nach auf. In den 1950er Jahren wurde die zunehmende Akkumulation von Dollarguthaben bei anderen Zentralbanken, die kriegsbedingt über nur sehr geringe Auslandsaktiva verfügten, noch begrüßt. Mit Beginn der 1960er Jahre änderte sich jedoch diese Einschätzung: die Etablierung des Goldpools 1961, der progressive Aufbau eines großen reziproken Swap-Netzes des Federal Reserve Systems mit anderen Zentralbanken und die Emission nichtmarktfähiger, auf die Währung des Gläubigerlandes lautender sog. »Roosa-Bonds', mit denen sich die USA vor noch größeren Umtauschaktionen von Dollars gegen Gold schützen wollten, trugen mehr und mehr Züge einer erzwungenen Finanzierung des Zahlungsbilanzdefizits auf Kosten anderer Länder.

Obwohl alles dies in den 1960er Jahren bis inklusive des IV. Zyklus noch keine dramatischen Züge trug, führte der zunehmende Aufbau von US-Dollarforderungen in den Händen des Auslands zur langsamen, aber steten Untergrabung des internationalen Vertrauens in die Leit- und Reservewährung. Aus der Dollarlücke unmittelbar nach dem Zweiten Weltkrieg war mittlerweile ein Dollarüberfluss geworden, der von Jahr zu Jahr nach Maßgabe des kumulierten US-Zahlungsbilanzdefizits zunahm. Im III. und IV. Zyklus manifestierte sich somit ein systemimmanentes Dilemma des Gold-Dollar-Standards, bevor die Stellung des US-Nationalkapitals innerhalb der internationalen Konkurrenz aufgrund reproduktiv-fundamentaler Schwächen direkt angegriffen wurde. 1966/67 war eine Situation erreicht, in der die Zweifel an der Bonität des US-Dollars als Weltgeldersatz sich soweit verdichtet hatten, dass der allfällige Rückschlag in der US-Binnenkapitalakkumulation und eine Umkehr ihrer Handels- und Leistungsbilanz zu qualitativ neuen und eruptiven Prozessen auf den Weltmärkten führte.

Wie schon zu seinen Glanzzeiten als dominierende Nation auf dem Weltmarkt blieb die Handelsbilanz des Vereinigten Königreiches auch nach dem Zweiten Weltkrieg defizitär. Neben dem fortbestehenden strukturellen Moment, d.h. der Importabhängigkeit von industriell zu verarbeitenden Rohstoffen (außer Kohle), kam aber nunmehr eine weiter geschwundene internationale Konkurrenzfähigkeit britischer Waren auf den Weltmärkten hinzu. Die Zuwachsraten der britischen Exporte blieben stark hinter den Zuwachsraten der Weltexporte zurück, obwohl der britische Reproduktionsprozess, im Unterschied zum US-amerikanischen, traditionell relativ eng mit dem Weltmarkt verbunden war. Nur die überkommene starke Stellung der Londoner City im internationalen Bank- und Versicherungsgeschäft verschaffte der Nation einen Ausgleich durch einen positiven Dienstleistungsbilanzsaldo. Jedoch reichte nunmehr der positive Saldo der »unsichtbaren« Transaktionen nicht mehr aus, um das Handelsbilanzdefizit zu kompensieren und die britische Leistungsbilanz geriet damit, im Unterschied zu den Verhältnissen vor dem Ersten Weltkrieg und in der Zwischenkriegszeit, im Zyklusdurchschnitt in den negativen Bereich. Verantwortlich für diese Defizite der laufenden Posten war der von Zyklus zu Zyklus zunehmende Importüberschuss der britischen Handelsbilanz. Die beständige Pfund-Schwäche in den 1960er Jahren besaß hierin ihre letztendliche Ursache.

Die Differenzierung der Leistungsbilanz nach Ländern ergibt, dass die »alte« Konstellation nach wie vor bestand: die Leistungsbilanz war mit den Nicht-Sterling-Ländern immer negativ, mit den Ländern des Sterlinggebietes dagegen immer positiv. Dies drückte den komplementären Charakter zwischen dem britischen Reproduktionsprozess und demjenigen des äußeren Sterlinggebietes aus. Nach der Aufhebung der Restriktionen innerhalb des Commonwealth gegenüber Warenimporten ging der Anteil des Inter-Commonwealth-Handels Großbritanniens an seinem Gesamthandel sukzessive zurück; dies schlug voll auf die Handelsbilanz durch. Zusätzlich hatte die Wettbewerbsfähigkeit der britischen Industrie auf den Weltmärkten deutlich abgenommen. Letztliche Ursache war eine ungenügende Produktivitätsentwicklung, im Verein mit inflationären Entwicklungstendenzen bei den Exportpreisen.

Nach den USA war Großbritannien der zweitgrößte Kapitalexporteur auf dem Weltmarkt. Fand das britische Kapital zunächst in den Kolonien weiterhin günstige Gelegenheiten zur Anlage, so gingen mit der Umwandlung der Kolonien in unabhängige Staaten die Kapitalexporte in diese Länder zurück. Gleichzeitig stiegen die Kapitalanlagen in Ländern außerhalb des Sterling-Blocks trotz wiederholter Ver-

Kapitel 16: Fordismus und die Systemkonkurrenz 651

Abbildung 16.15: Zahlungsbilanz Großbritanniens 1946-1975; in Mrd. £

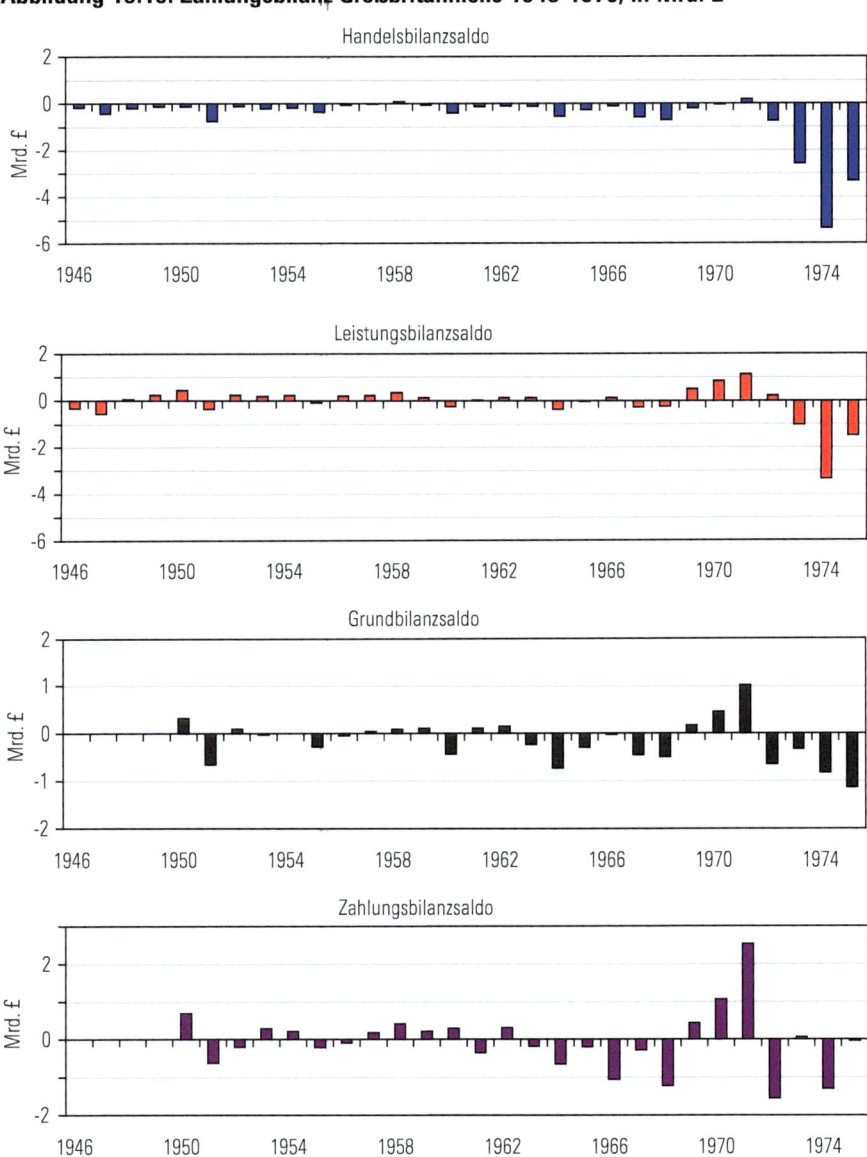

Quellen: IWF, OECD

schärfungen der staatlichen Restriktionen gegenüber dem Kapitalexport in Nicht-Sterling-Länder an. Der Saldo des britischen langfristigen Kapitalverkehrs zeigte wegen wachsender Beteiligung des britischen Geldkapitals an Direktinvestitionen im Ausland mit Ausnahme der Jahre 1961 und 1962 einen Netto-Kapitalexport. Im kurzfristigen Bereich bildete der Kapitalverkehr der britischen Geschäftsbanken ein allerdings relativ schwaches Gegengewicht – Ausdruck der überkommenen und nach wie anhaltenden Rolle Londons als wichtigstem Finanzplatz Europas und der nachgeordneten Stellung des Pfundes als Reservewährung im Commonwealth-Bereich. Als allerdings die latente Pfund-Schwäche 1967/68 manifest wurde, überzeichnete die gegen die britische Währung gerichtete Spekulation die reproduktive Entwicklung. Der kurzfristige Kapitalverkehr verzeichnete 1966–68 per Saldo starke Abflüsse und zog die Zahlungsbilanz Großbritanniens in ein wachsendes Defizit. Zur Finanzierung dieses Defizits der Zahlungsbilanz musste Großbritannien 1967 auf Kredite des Internationalen Währungsfonds zurückgreifen. Die gleichzeitige Verminderung der Währungsreserven 1966 und 1967 ging schwerpunktmäßig à conto der Goldreserve, die in beiden Jahren um 360 Mio. Pfund Sterling schmolz, während gleichzeitig die britischen Devisenreserven um 280 Mio. £ anstiegen (vgl. Abb. 16.15).

In allem als Gegenpart zu Großbritanniens Außenwirtschaftsposition entwickelte sich die Zahlungsbilanz der Bundesrepublik. Die deutsche Handelsbilanz wies, abgesehen von den ersten beiden Jahren 1949/50, einen strukturell positiven Saldo aus, der sich in den ersten vier Konjunkturzyklen zunächst allmählich, ab 1967/68 zunehmend deutlicher und im VI. Zyklus (1972–1975) massiv aufbaute. Dieser Entwicklung unterlag eine nach dem anfänglichen Ausschluss vom Weltmarkt und wegen der zu Beginn der 1950er Jahre vorherrschenden Devisenknappheit, die nur durch die Marshallplan-Gelder gemindert wurde, eine zunehmende Integration der bundesdeutschen Ökonomie in die internationale Arbeitsteilung. Bereits im Jahr 1950 lag der Anteil der bundesdeutschen Exporte bei knapp 8% der Gesamtproduktion; die Importquote als Anteil der Importe an der Binnennachfrage (Inlandsverfügbarkeit) lag mit 7,1% etwas niedriger; beide Quoten nahmen jedoch bis zur Mitte der 1970er Jahre kontinuierlich zu und erreichten 1975 15 bzw. 13,6%. Die ausfuhrinduzierte Bruttoproduktion lag dabei in der Quote nochmals um ein Drittel bis um die Hälfte höher als die direkte Exportquote. Neben einer überlegenen Konkurrenzfähigkeit deutscher Exportwaren namentlich bei Maschinen und Anlagen sowie Fahrzeugen aufgrund von Qualitätsmerkmalen gestaltete sich auch die Entwicklung der Terms of Trade bis zum Jahr 1972 immer positiver; erst der erste Ölpreisschock führte ab 1973 zu einem kurzfristigen Rückgang.

Die deutsche Leistungsbilanz wurde durch die Handelsbilanz dominiert. Gleichwohl reichten deren Überschüsse nicht immer aus, um strukturell negative Salden bei den unsichtbaren Transaktionen der Dienstleistungs- sowie der Übertragungsbilanz zu kompensieren. Die deutsche Dienstleistungsbilanz wurde neben den unmittelbar mit dem Spezialhandel zusammenhängenden Komponenten (Fracht, Versicherungskosten etc.) durch strukturelle Defizite aus dem Reiseverkehr deutscher

Geschäftsreisender und Privatpersonen (Auslandstourismus) geprägt. Die Übertragungsbilanz wurde durch gleichermaßen negative Salden bei privaten Übertragungen – seit den 1960er Jahren Überweisungen der in der BRD arbeitenden ausländischen Arbeitskräfte (sog.»Gastarbeiter«) in ihre Heimatländer – als auch bei öffentlichen Übertragungen – u.a. Entwicklungshilfe sowie seit den 1970er Jahren zunehmende Übertragungen an die EG/EU (BRD als »Nettozahler«) – bestimmt. Beides zusammen genommen, struktureller Importüberhang bei den »invisibles« und Übertragungsüberschuss an das Ausland, verminderten für die Leistungsbilanz den vom Spezialhandel vorgegebenen Positivsaldo.

Im Kapitalverkehr verzeichnete die BRD im Betrachtungszeitraum im langfristigen Bereich seit 1951 einen Nettokapitalexport, der in den 1960er Jahren insgesamt deutlich anstieg. Bei einem Netto-Importsaldo bei Direktinvestitionen und Portfolioanlagen war diese Gesamtbilanz des langfristigen Kapitalverkehrs durch eine ansteigende Kreditgewährung bedingt. Dennoch war dieser Passivsaldo des langfristigen Kapitalexports nicht so groß, um den Aktivsaldo der Leistungsbilanz aufzuzehren. Die bundesdeutsche Grundbilanz war, abgesehen von wenigen Jahren, im Schnitt der ersten vier Nachkriegszyklen positiv.

Diese prägende Kraft der fundamentalen Verhältnisse im reproduktiven Bereich und in der langfristigen Kapitalbewegung schlug durch bis auf den Devisenbilanzsaldo. In den ersten beiden Zyklen gelang dadurch der Aufbau von neuen Währungsreserven sowohl in Gold als auch in Devisen. 1958 wurde die D-Mark frei konvertibel. Der Umschlag in der Zahlungsbilanz 1959 wurde schon 1960 durch einen Überschuss von über 8 Mrd. DM überwunden; die leichten Passivsalden 1961 und 1962 korrespondierten mit der Entwicklung von Leistungs- bzw. Grundbilanz und waren z.T. Konsequenzen der 1961 vollzogenen DM-Aufwertung um 5%. Bis zu den Turbulenzen im internationalen Währungsgefüge 1967/68 herrschte während des IV. Zyklus Ruhe (vgl. Abb. 16.16).

Dennoch ist die Auffassung weit verbreitet, dass die DM mehr oder weniger durchgängig unterbewertet gewesen sei, sodass die zum Teil außerordentlichen Aktivsalden der BRD-Zahlungsbilanz auch wechselkursbedingt zu sehen seien. Gesichertes Wissen dürfte demgegenüber zunächst nur sein, dass auf Basis der Festsetzung des Ausgangswechselkurses der neugeschaffenen DM im Verein mit der 1949 vollzogenen 20%-igen Abwertung gegenüber dem US-Dollar, der Wechselkurs der DM ab etwa Mitte der 1950er Jahre zu gering geworden war: *»Gewiß hat sich nach 1949, etwa ab Mitte der fünfziger Jahre, herausgestellt, daß die D-Mark bei dieser Parität unterbewertet war. Aber bei der Erstfestsetzung 1949 war die außerordentlich günstige Entwicklung des deutschen Außenhandels in den Jahren nach 1951 keinesfalls vorhersehbar. Die ... Währungsentwicklung der Jahre 1949 bis 1951 läßt den Schluß zu, daß bei der Kursfestlegung von 1949 die D-Mark eher etwas überbewertet wurde und erst durch die spätere Entwicklung zunehmend in die Stellung einer unterbewerteten Währung hineinwuchs.«* (Emminger 1976: 543) Folgt man dieser Einschätzung, so wäre nur der Zeitpunkt der DM-Aufwertung zu spät gewählt worden. Obwohl seinerzeit die Mehrzahl der

Abbildung 16.16: Zahlungsbilanz der BRD 1950-1975; in Mrd. DM

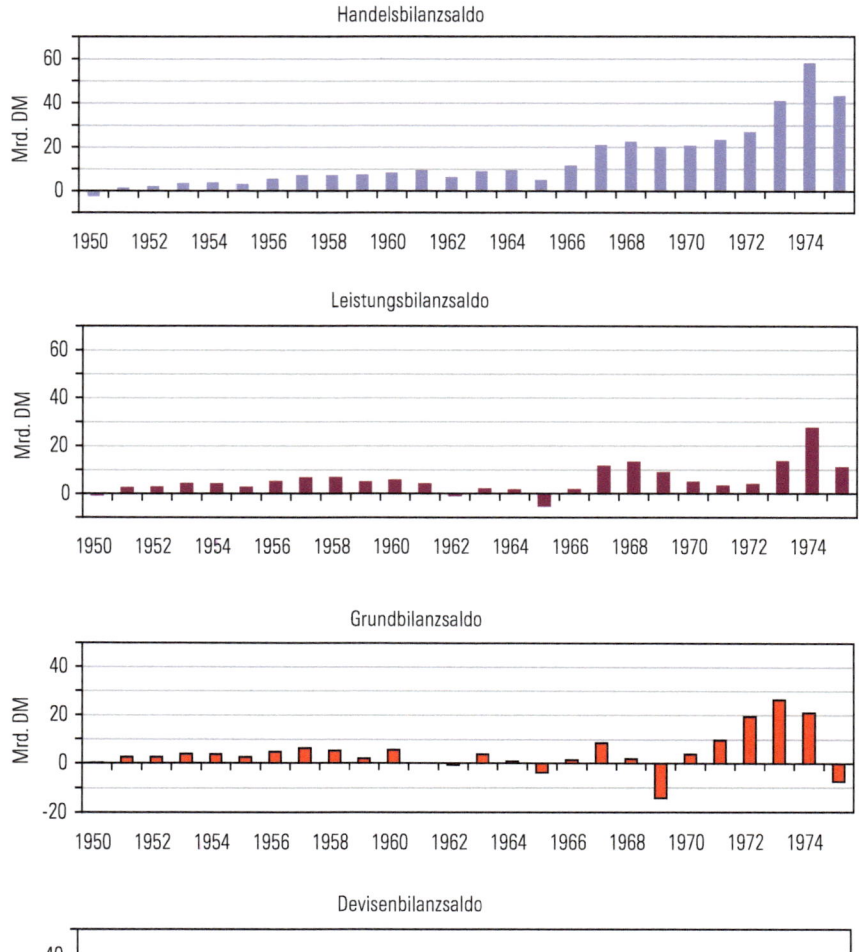

Quelle: Deutsche Bundesbank

Währungsexperten davon ausging, dass nicht nur zu spät, sondern auch zu gering aufgewertet worden sei (vgl. ibid.: 508), zeigte die BRD-Leistungsbilanz einen deutlichen Abbau ihres Aktivsaldos: »*Vor allem aber normalisierte sich schon ab Mitte 1961 die Leistungsbilanz. ... Im weiteren Verlauf stellte sich heraus, daß die Auswirkungen der DM-Aufwertung trotz ihres geringen Ausmaßes doch recht beachtlich waren. Nach Untersuchungen durch Experten des IWF führte sie immerhin zu einer Verringerung der deutschen Exporte um etwa 10% gegenüber dem trendmäßig und nach der Entwicklung der Absatzmärkte zu erwartenden Umfang ... Bei der Einfuhr dagegen zeigte sich zwar der erwartete Effekt einer Verbilligung, in D-Mark gerechnet, aber nur eine sehr geringe Wirkung auf die Einfuhrmengen.*« (Ibid.: 508)

Die Handelsbilanz Frankreichs war in den ersten beiden Konjunkturzyklen aufgrund des Verlustes der vorherigen Hauptexportmärkte in Tunesien, Marokko und Indochina im Gefolge der Dekolonisation sowie aufgrund gestiegener Importe von Kriegsgütern durchweg defizitär. Der Zerfall der Franczone konnte erst ab dem III. Zyklus durch eine verstärkte Orientierung auf die Märkte der Europäischen Wirtschaftsgemeinschaft, insbesondere Italiens, schrittweise kompensiert werden. Die Beendigung der kriegerischen Engagements 1954 in Indochina, des Suezkonflikts 1956 und schließlich des Algerienkriegs 1962 waren ebenfalls wichtige Faktoren für die Besserung der französischen Handelsbilanz. Symbol des »miracle francais« war aber nicht der Übergang von der Vierten zur Fünften Republik – Übertragung der politischen Macht an De Gaulle am 1. Juni 1958 und Annahme einer neuen Verfassung im September dieses Jahres –, sondern die Währungsumstellung auf den Nouveau Franc zum 1. Januar 1960, nachdem die französische Währung bereits 1957 und 1958 um insgesamt über 30% abgewertet worden war. Im Außenhandel erzielte Frankreich im Durchschnitt des III. und IV. Zyklus z.T. beachtliche Überschüsse (vgl. Abb. 16.17).

Dass trotz dieser Umkehrung des Handelsbilanzsaldos die Gesamtheit der laufenden Posten, von wenigen Jahren abgesehen, durchgängig defizitär war, lag an dem strukturell hohen Defizit der Übertragungsbilanz sowohl aufgrund privater wie öffentlicher Übertragungen. Dahinter standen auch in den 1960er Jahren die politischen und ökonomischen Verflechtungen des französischen Mutterlandes mit seinen ehemaligen und noch bestehenden Kolonien bzw. Auslandsdepartments.

Im Kapitalverkehr war Frankreich im langfristigen Bereich Nettokapitalexporteur; bevorzugtes Anlagegebiet war bis weit in die 1960er Jahre hinein die Franc-Zone. Dass trotz einer defizitären Grundbilanz die Devisenbilanz Frankreichs im III. und IV. Zyklus relativ hohe Überschüsse auswies, lag namentlich an einem sehr hohen statistischen Restposten, hinter dem sich zum überwiegenden Teil den privaten Haushalten zufließende Geldströme aus Nordafrika verbargen. Der positive Devisenbilanzsaldo Frankreichs in den 1960er Jahren setzte die Regierung dann in den Stand, akkumulierte Dollarforderungen vom amerikanischen Schatzamt gegen Gold umtauschen zu lassen, was Frankreich im Unterschied zur BRD offensiv praktizierte.

Abbildung 16.17: Zahlungsbilanz Frankreichs 1950–1975; in Mrd. FF

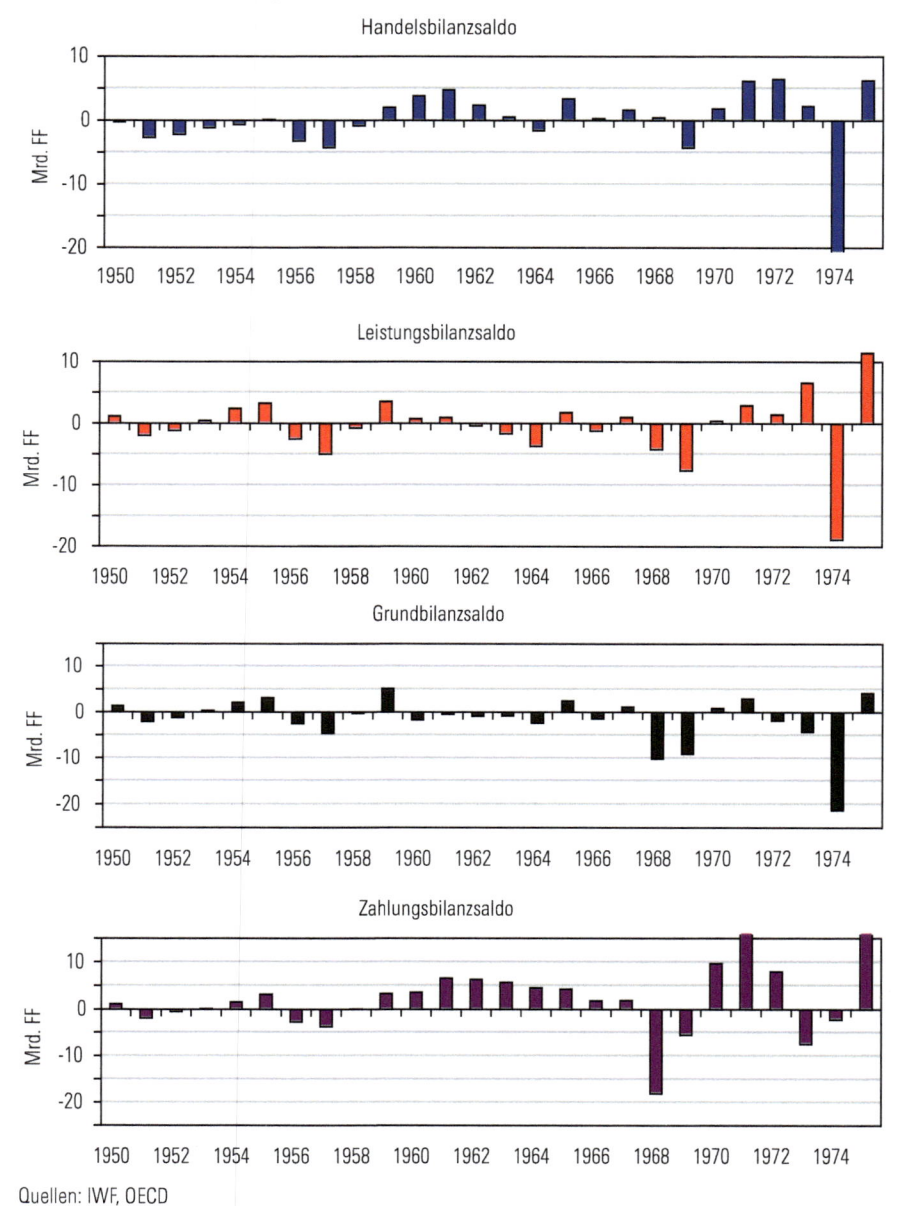

Quellen: IWF, OECD

Die Zahlungsbilanz Japans folgte zeitversetzt der BRD-Entwicklung; ihr Handelsbilanzüberschuss begann ab Mitte der 1960er Jahre rasch zu steigen, was mit der Ausnahme weniger Jahre zu einer positiven Leistungsbilanz führte. Die Blütezeit des japanischen Kapitals auf dem Weltmarkt, auch im Hinblick auf wachsende langfristige Kapitalexporte, entfaltete sich jedoch erst in der folgenden Periode, in der die meisten anderen Länder bereits stärker unter ihrer Überakkumulationssituation zu leiden begannen.

Zusammenbruch des Bretton Woods-Währungssystems und Übergang zum internationalen Devisenstandard

Ein System fester Wechselkurse zwischen kapitalistischen Volkswirtschaften widerspricht ebenso wie eine fixe Parität des US-Dollars gegenüber der Geldware Gold an und für sich der Dynamik und Variabilität der Kapitalakkumulation, die sich im internationalen Zusammentreffen als ungleichmäßige Entwicklung der Nationalkapitale ausdrückt. Dass es für zwei Jahrzehnte und vier industrielle Zyklen nur wenige Wechselkursanpassungen zwischen den wichtigsten kapitalistischen Währungen gegeben hat und die Gold-Dollar-Parität nach anfänglichen Oszillationen des marktbestimmten Goldpreises sich auf die administrativ fixierte Größe von 35 US-Dollar pro Feinunze Gold einpendeln konnte, dokumentierte zum einen den Charakter der Kapitalakkumulation als beschleunigte Akkumulation in den beteiligten Ländern und die auf dieser Basis aufsetzende Geldpolitik der Zentralbanken und gründete zum anderen auf einer bis dato nicht gekannten und der Erhöhung der US-Produktivität in der Warenproduktion entsprechenden Steigerung der natürlichen und gesellschaftlichen Arbeitsproduktivität in den Goldminen Südafrikas, die im Betrachtungszeitraum zwischen 50 und 75% der jährlichen Neugoldproduktion bereitstellten und damit den Goldwert bestimmten.

Systembedingt war innerhalb des vorliegenden Betrachtungszeitraums – abgesehen von den Abwertungen der Währungen gegenüber dem Dollar bis 1949 – keine Wechselkursveränderung des US-Dollars zu verzeichnen, sondern nur Wechselkursveränderungen anderer Währungen gegenüber der US-Devise. Dies verschaffte den USA einen spezifischen Wechselkursvorteil bei ihren Außenwirtschaftstransaktionen, denn die Veränderung der Währungsparitäten berührte in erster Instanz stets nur den bilateralen Kurs zu einer einzigen Währung und ließ das sonstige Paritätsgefüge bestehen. Die Erosion des internationalen Vertrauens gegenüber der US-Währung, welches sich anhand der anhaltenden Goldabflüsse ab 1958 dokumentierte, schlug somit bis zum Jahr 1971 nur selektiv auf die Wechselkurse des US-Dollars durch. Bis zum Ende des IV. Zyklus wurde der Abwertungsverdacht nur einmal, am 6. März 1961 durch eine 5%-ige Aufwertung der D-Mark, manifest; sie brachte das dynamischere Wachstum der Exporte der BRD im Verhältnis zu denen der USA zum Ausdruck. Allerdings war zwischen dem Außenwert des Dollars und seiner binnenwirtschaftlichen Kaufkraft bzw. dem Vergleich der Entwicklung der Binnenwerte der Währungen zu unterscheiden. Bis einschließlich des IV. Zyklus lag die Entwertungsrate der Dollarkaufkraft signifikant niedriger als dieje-

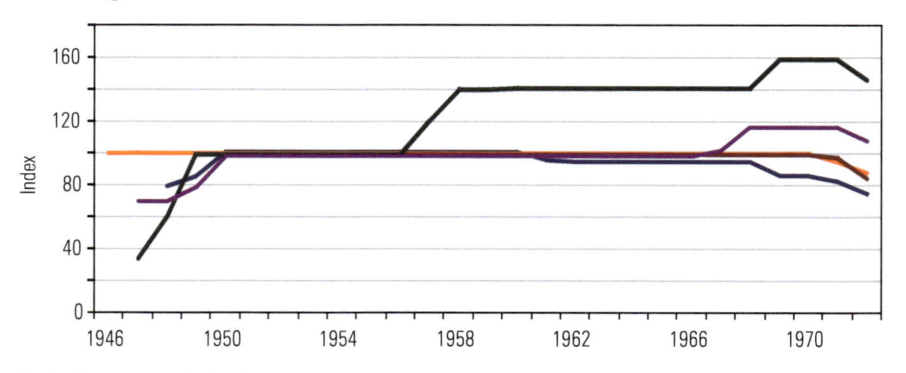

Abbildung 16.18: Wechselkurse des US-Dollars; Index 1950=100

Quelle: Deutsche Bundesbank

nige anderer Währungen (DM eingeschlossen). Stabilitätsvorteile der USA innerhalb des internationalen Preiszusammenhangs wirkten als abschwächendes Moment gegenüber der durch die Entwicklung der Zahlungsbilanz bedingten Aushöhlung des Außenwerts des US-Dollars.

Die zweimalige Abwertung des Franc zum 12. August 1958 um 16,7% und zum 29. Dezember 1958 um 14,9% musste zum überwiegenden Teil der französischen Währung zu Buche geschrieben werden und hing neben der deutlich höheren Verminderung des Binnenwerts des Franc gegenüber den anderen betrachteten Währungen mit den Wirren der kriegerischen Engagements Frankreichs in seinen ehemaligen Kolonien bzw. deren Auswirkungen zusammen. Insofern drückte die Neufestsetzung der Paritäten des Franc gegen Ende der 1950er Jahre marktbestimmte Entwicklungen an den Devisenmärkten aus bzw. vollzog diese nach. Die Abwertung des britischen Pfund Sterling am 18. November 1967 um 14,3% gegenüber dem US-Dollar wurde primär nicht durch die binnenwirtschaftliche Entwertung der Kaufkraft des Pfundes als vielmehr durch die außenwirtschaftliche Schwäche des britischen Nationalkapitals verursacht und war anhand der Entwicklung der Handels- und Leistungsbilanz in den 1960er Jahren abzulesen. Nicht die Tatsache der Abwertung des Pfundes selbst und ihr Ausmaß als vielmehr der späte Zeitpunkt widersprachen den marktbestimmten Entwicklungen an den Devisenmärkten, nach denen bereits zu Beginn des IV. Zyklus eine Pfund-Abwertung angestanden hätte. Die Konstanz des Austauschverhältnisses des japanischen Yen gegenüber dem Dollar widersprach zunächst der deutlichen Verminderung der Binnenkaufkraft der japanischen Währung. Zum Einen wurde aber hierdurch sowohl der binnenwirtschaftliche Akkumulationsprozess des japanischen Nationalkapitals als auch die in den 1960er Jahren beginnende Eroberung von Weltmarktanteilen nicht gestört. Zu einer internationalen Transaktions- oder gar Anlagewährung ist der Yen innerhalb des Betrachtungszeitraums andererseits nicht geworden, sodass

Kapitel 16: Fordismus und die Systemkonkurrenz

von der Dollar-Yen-Parität im Wesentlichen nur die japanisch-amerikanischen Außenwirtschaftstransaktionen selbst betroffen waren.

Somit ergibt sich als Ergebnis, dass die Paritäten des US-Dollars zu den in jener Zeit wichtigsten Währungen Pfund Sterling, D-Mark und französischem Franc (ffr/FF), d.h. das Wechselkursgefüge im Großen und Ganzen – von den in einem Festkurssystem stets erheblichen Disproportionen durch time-lags bei der Wechselkursanpassung einmal abgesehen – im jeweiligen Zyklusdurchschnitt gesehen marktgerecht waren (vgl. Abb. 16.18).

Mit der Konstanz der Wechselkurse und des marktbestimmten Goldpreises in Höhe der administrativ festgeschriebenen Parität war jedoch mit Beginn des V. Nachkriegszyklus 1967/68 Schluss. Nunmehr griffen krisenhafte Veränderungen im internationalen Währungssystem Platz.

Erstens. Die Goldspekulation zwischen Oktober/November 1967 und März 1968 gegen den US-Dollar überstieg die Interventionsmöglichkeiten des Gold-Pools der Zentralbanken, führte zu dessen Auflösung und zur Einführung eines gespaltenen Goldmarkts, d.h. zur Aufhebung der festen Gold-Dollar-Parität von 35 US-Dollar pro Feinunze für die privaten Akteure. Am freien Goldmarkt stieg der Goldpreis bis Anfang 1969 auf 43 US-Dollar je Unze, bröckelte danach jedoch wieder – vorerst – auf seinen alten Wert ab.

Zweitens. Das Zentrum der Krise verschob sich vorübergehend nach Europa: »*Die Beruhigung um den Goldpreis ging mit einer starken Verbesserung der amerikanischen Zahlungsbilanz einher, die 1968 und 1969 einen Überschuss zeigte. Auch die sozialen und politischen Unruhen in Westeuropa, besonders die französische Mai-Revolte von 1968, entlasteten den bedrängten Dollar. In Frankreich hatten der politische Aufruhr und das große Handelsbilanzdefizit die Währungsreserven der Banque de France zwischen Mai und Ende November 1968 von 6,9 Milliarden Dollar auf unter 4 Milliarden schrumpfen lassen.*« (van der Wee 1984: 537) Die BRD weigerte sich, die D-Mark aufzuwerten. Die Spekulation gegen den französischen Franc erzwang am 8. August 1969 seine Abwertung um 11,1% gegenüber dem US-Dollar. Die Regierung der Bundesrepublik Deutschland gab am Tag nach den Bundestagswahlen vom 28. September 1969 den Kurs der D-Mark frei. Am 24. Oktober 1969 wurde er wieder an den Dollar gekoppelt, allerdings zu einer um 9,3 Prozent höheren Parität als vor den Wahlen.

Drittens. Kurz darauf geriet die amerikanische Zahlungsbilanz dramatisch unter Druck, nachdem sie sich in den Jahren 1968/69 verbessert hatte – allerdings ausschließlich aufgrund massiver Kapitalimporte bei einem bis dato historischen Tiefstand des Handelsbilanzaktivums von jeweils nur gut 600 Mio. US-Dollar: »*Das (die Verschlechterung der Handelsbilanz / S.K.) lag an der expansiven Haushaltspolitik, die Kennedy einleitete und Johnson fortsetzte, um den Vietnam-Krieg und die neuen inländischen Wohlfahrtsprogramme zu finanzieren. Der Verzicht auf Steuererhöhungen löste unvermeidlich eine Inflation aus. Diese führte bei dem festen Goldpreis für den Dollar zu einer immer stärkeren Überbewertung der amerikanischen Währung und brachte die Zahlungsbilanz in ein zunehmendes Ungleich-*

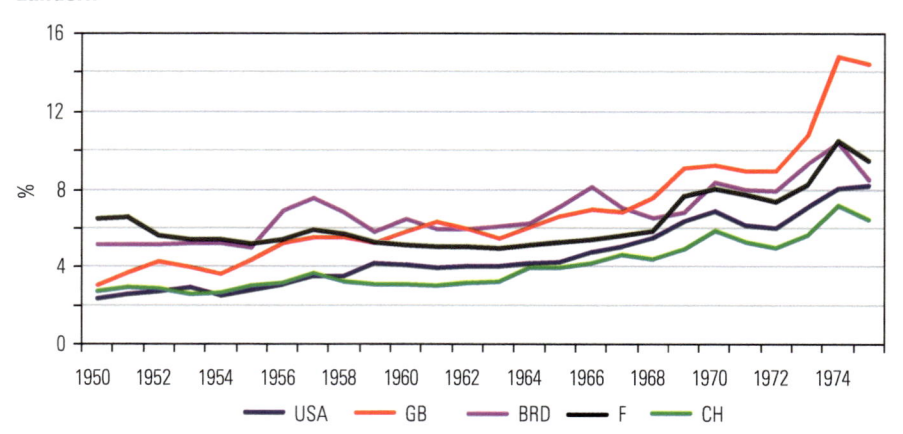

Abbildung 16.19: Langfristige Zinssätze (Rendite öffentlicher Anleihen) in wichtigen Ländern

Quellen: IWF, OECD, Statistisches Bundesamt

gewicht.« (Ibid.: 538) Bei Licht betrachtet steht jedoch hinter diesen Faktoren ein weiter fortgesetzter Verlust der Konkurrenzfähigkeit amerikanischer Waren auf den Weltmärkten infolge einer deutlich geringeren Produktivitätssteigerung der US-Industrie gegenüber ihren deutschen und japanischen Konkurrenten: »*Die optische Verbesserung der Gesamtbilanz von 1968 konnte jedoch nicht darüber hinwegtäuschen, dass es sich dabei um eine einmalige Konstellation handelte und dass die Fundamente der Zahlungsbilanz in diesem Jahr im Gegenteil eine grundlegende Schwächung erlitten hatten.*« (Aschinger 1973: 169) Seit 1971 sollte dann auch die amerikanische Handelsbilanz, von nur zwei Jahren 1972 und 1975 abgesehen, in ein strukturelles und sich immer mehr vergrößerndes Defizit geraten.

Im Verlauf dieses V. Zyklus, der in den USA bereits 1970, auf dem Weltmarkt erst Ende 1971 abgeschlossen wurde, verschob sich auch die Verteilung der Weltexportanteile zwischen den kapitalistischen Metropolen nochmals deutlich: der US-Anteil blieb zwar noch der größte, fiel aber, zyklendurchschnittlich gerechnet, auf 15,7 % zurück, während die Anteile der BRD (knapp 12 %) und Japans (6,7 %) weiter stiegen. Auch der Periodenwechsel dieses Zyklus auf dem Weltmarkt wurde erstmals nicht mehr von der US-Konjunktur bestimmt. Die Kehrseite dieser deutlich nachlassenden Kraft der reproduktiven US-Kapitalakkumulation waren überbordende internationale Geldkapitalbewegungen spekulativen Charakters, die sich gegen den US-Dollar richten.

Ein entscheidender Faktor war die Zinsentwicklung. Neben dem langfristig durchgesetzten Anstieg des Zinsniveaus wurde deutlich, dass die ehemals bestehenden, zum Teil erheblichen Zinsdifferenzen in der vorliegend interessierenden Zeitperiode tendenziell abgebaut wurden (mit Ausnahme Großbritanniens) (vgl. Abb. 16.19).

Kapitel 16: Fordismus und die Systemkonkurrenz

Tabelle 16.4: Zinsdifferenzen 1968–1971 in BRD, GB, F und Schweiz gegenüber US-Zinsen

	BRD	GB	F	CH
1968	+ 1,04%	+ 2,09%	+ 0,40%	-1,09%
1969	+ 0,47%	+ 2,71%	+ 1,31%	-1,43%
1970	+ 1,44%	+ 2,36%	+ 1,20%	-1,04%
1971	+ 1,78%	+ 2,78%	+ 1,62%	-0,85%

Die Zinsdifferenzen der europäischen Länder gegenüber den US-Zinsen sind in Tabelle 16.4 dokumentiert.

Dieser Abbau der Zinsdifferenzen war aber seinerseits bereits die Folge spekulativer Kapitalzuflüsse nach Westeuropa aus dem Dollarraum. Die Spekulation war wechselkursorientiert, d.h. an die Erwartung einer Abwertung des Dollars und einer Aufwertung des Schweizer Frankens und der D-Mark gebunden, die beide zu Gegenpolen der US-Währung geworden waren. Der Dollar-Außenwert war durch die vorangegangenen Entwicklungen der US-Reserve- und Liquiditätsposition zunehmend – im Verhältnis zur Parität gegenüber dem Gold und den konkurrierenden Reservewährungen – ausgehöhlt worden. Die Chronik der Ereignisse vom Standpunkt der BRD ab Ende 1968 zeigte immer neue spekulative Wellen, die gegen den gegebenen Dollar-DM-Wechselkurs anbrandeten und zur mehrmaligen Schließung der Devisenbörsen führten. Die Spekulation gegen den US-Dollar erreichten einen ersten Höhepunkt am 5. Mai 1971, als die Bundesbank sich weigerte, weiterhin offiziell zur Erhaltung des geltenden Wechselkurses einzugreifen und den Dollarkurs freigab. Andere europäische Länder schlossen sich an. Die Verschlechterung der US-Handelsbilanz, die für das gesamte Jahr 1971 ein Defizit von knapp 2,3 Mrd. US-Dollar aufwies, beförderte die Spekulation zusätzlich. Es setzte eine regelrechte Kapitalflucht aus dem Dollar ein. Auf dem Höhepunkt der Währungskrise Anfang August 1971 stieg der Kurs der D-Mark wieder kräftig, der freie Goldpreis erreichte 44 US-Dollar pro Unze und die Fluchtwellen aus dem Dollar uferten aus. Am 15. August 1971 kündigte der amerikanische Präsident Nixon einseitig das Goldeinlöseversprechen des US-Dollars auf. Damit fiel der wesentliche Pfeiler des Bretton-Woods-Währungssystems der Nachkriegszeit zusammen. Nach einem kurzen Intermezzo des Versuchs der Re-Etablierung eines Regimes fester Wechselkurse mit erweiterten Bandbreiten von Ende 1971 ging zunächst das britische Pfund Sterling im Juni 1972 zu flexiblen Wechselkursen gegenüber dem Dollar über, bis schließlich auch die anderen wichtigen Währungen im Frühjahr 1973 folgten. Somit war der letzte Rest des Bretton-Woods-Systems beseitigt.

Damit fand eine Entwicklung ihren Abschluss, deren wesentliche währungsmäßige Dimension in Abbildung 13.20 nochmals zusammenfassend ausgewiesen wird. Die Netto-Reserveposition des Dollars war erstmals 1965 negativ geworden und vergrößerte sich von 1969 auf 1970 drastisch um mehr als das 5-fache

Abbildung 16.20: Reserve- und Liquiditätsposition der US-Währung

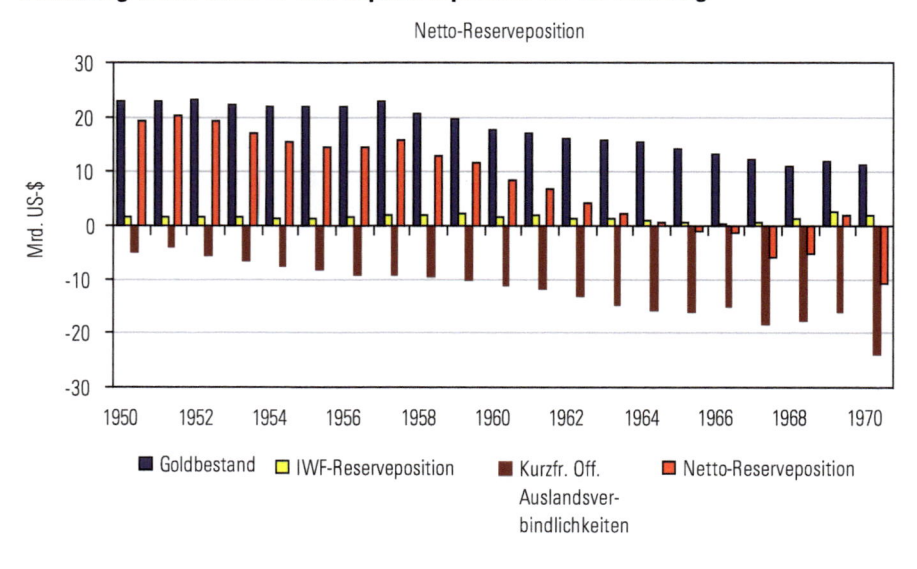

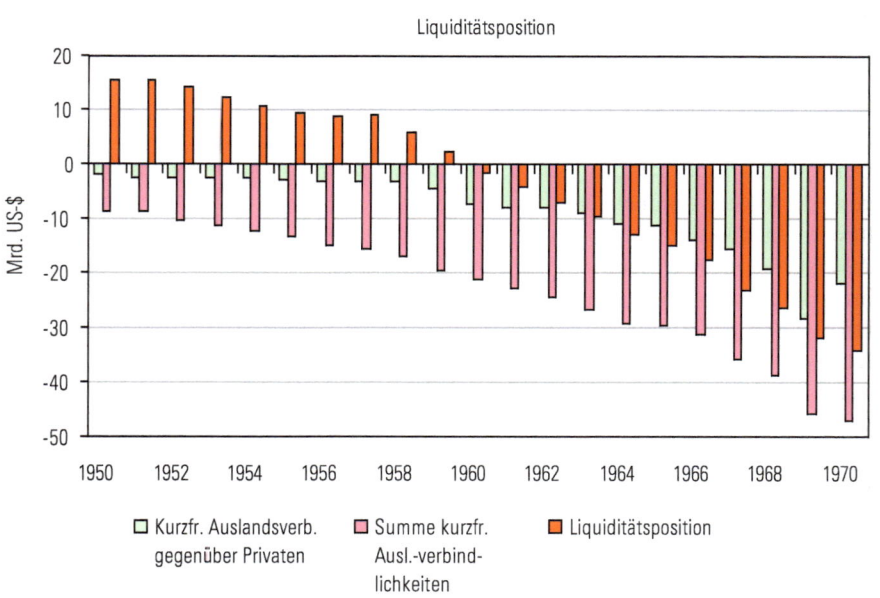

Netto-Reserveposition

Legende: Goldbestand ▪ IWF-Reserveposition ▪ Kurzfr. Off. Auslandsverbindlichkeiten ▪ Netto-Reserveposition

Liquiditätsposition

Legende: Kurzfr. Auslandsverb. gegenüber Privaten ▪ Summe kurzfr. Ausl.-verbindlichkeiten ▪ Liquiditätsposition

Quelle: Aschinger 1971 nach IWF und Federal Reserve System

auf knapp 11 Mrd. US-Dollar. Rechnet man zusätzlich die kurzfristigen Verbindlichkeiten der USA gegenüber Privaten im Ausland hinzu, die allein in den beiden Jahren 1969/70 infolge eines starken Engagements der US-Banken am Eurodollarmarkt spektakulär auf- und abschwollen, sieht das Bild noch deutlicher aus. Es wird nur aufgehellt, wenn ihm die positive langfristige US-Auslandsinvestitionsbilanz gegenübergestellt wird. »*Während die amerikanische Zahlungsbilanz seit den Fünfzigerjahren mit chronischen Defiziten abschloss und sich dadurch die Liquiditätsposition des Dollars erheblich verschlechterte, vermochten … die Vereinigten Staaten gleichzeitig dank größerer Kapitalexporte ihre langfristige Investitionsposition stark zu verbessern. Der zunehmenden kurzfristigen Nettoverschuldung steht eine noch stärker gewachsene langfristige Netto-Gläubigerstellung gegenüber. Indessen hängt das Vertrauen in den Dollar als internationale Währung und die Bereitschaft des Auslandes, Dollars als Währungsreserven zu halten und weiter zu äufnen (vermehren / S.K.), nicht von der amerikanischen Investitionsbilanz, sondern von der Liquiditätsposition des Dollars, das heißt vom Verhältnis der liquiden Aktiven zu den liquiden Verbindlichkeiten gegenüber den ausländischen Notenbanken ab. Es sind die anhaltende defizitäre Zahlungsbilanzlage der USA und die fortgesetzte Verschlechterung der Nettoreserveposition des Dollars, die, zusammen mit der Saturierung vieler Länder mit Dollarreserven, zur Befürchtung Anlass gaben, dass die Vereinigten Staaten hinsichtlich ihrer externen Liquidität in eine Krise geraten könnten.* (Ibid.: 176)

Weltwirtschaftskrise 1974/75 und Übergang der beschleunigten Kapitalakkumulation in strukturelle Überakkumulation von Kapital

Der VI. Nachkriegszyklus (1972–1975) war der Zyklus, in dem sich der Übergang der vorherigen langfristig beschleunigten Kapitalakkumulation in eine strukturelle Überakkumulation von Kapital in den meisten industriellen Metropolen – Ausnahme ist im Wesentlichen nur der japanische Reproduktionsprozess, der erst im VIII. Zyklus dieser Entwicklung folgte – vollzog. Damit begann die von den USA angestoßene und dominierte Epoche kapitalistischer Prosperität zu erodieren. Der Übergang in die Überakkumulationssituation vollzog sich in zwei Phasen: Der Verlust der währungsmäßigen Suprematie des Weltmarktdemiurgen innerhalb des vorhergehenden V. Zyklus erwies sich rückblickend als bloßer Vorbote des im Ergebnis des folgenden VI. Zyklus vollzogenen Übergangs auch in den reproduktiven Basisverhältnissen. Mit der eben erwähnten Ausnahme Japans war diese Entwicklung, weil über den strammen internationalen Zusammenhang der nationalen Akkumulationsprozesse vermittelt, allgemein. Verglichen mit der beschleunigten Kapitalakkumulation im 19. Jahrhundert unter der Ägide Großbritanniens war die Periode der USA als uneingeschränkter Weltmarkt-Demiurg damit wesentlich kürzer; dies ist dem höheren Entwicklungsgrad der Produktivkräfte gesellschaftlicher Arbeit und ihren wertmäßigen Ausdrucksformen geschuldet – trotz der erweiterten wirtschaftspolitischen Spielräume durch die Geldpolitik der Zentralbanken und die Fiskalpolitik der Staatshaushalte.

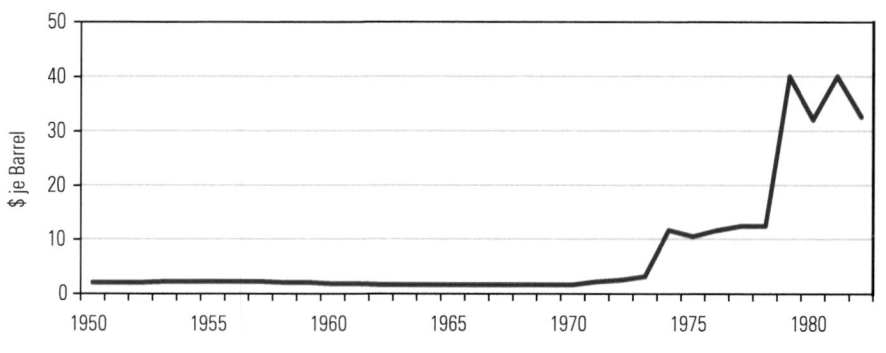

Abbildung 16.21: Jahresdurchschnittspreise für Erdöl in $ 1950–1982 (Arabian Light, Ras Tanura)

Quelle: IWF

Das Ende der beschleunigten Kapitalakkumulation in der Nachkriegsära fiel zusammen mit der tendenziellen Erschöpfung der Produktivitätspotenziale der ursprünglich in den USA bereits während der 1920er Jahre in Ansätzen etablierten fordistischen Betriebsweise forcierter Automatisierung der Großserienproduktion. In der ab Mitte der 1970er Jahre einsetzenden Umbruchphase sah es einige Zeit so aus, als würde der US-Fordismus durch einen japanischen »Toyotismus« – in Anlehnung an die Produktions- und Rationalisierungskonzepte des japanischen Autobauers »Toyota« – abgelöst werden können. Die Verschlankung der Aufbauorganisation der Unternehmen durch Reduzierung der Hierarchiestufen und partielle Verlagerung dispositiver Tätigkeiten auf die Ebene des »shopfloors« (»lean production«) sowie das Prinzip kontinuierlicher Verbesserungen der Geschäftsprozesse (»Kaizen«) mit Orientierung auf Null-Fehler-Produktion anstelle aufwendiger Nacharbeiten am fertigen Produkt zur Qualitätssicherung waren jedoch im Wesentlichen nur Optimierungen und Weiterentwicklungen der tayloristischen Form industrieller Produktion. Sie waren im Verein mit den infolge ihres späteren Beginns noch unausgeschöpften Wachstumspotenzialen der japanischen Kapitalakkumulation dafür verantwortlich, dass sich der Übergang der beschleunigten in eine strukturelle Überakkumulation in Japan erst mit dem Übergang vom VIII. in den IX. Nachkriegszyklus vollzog.

Der VI. Nachkriegszyklus beinhaltete 1973 mit der Verfünffachung des Preises des mittlerweile wichtigsten Energieträgers den ersten Erdöl-Preisschock, der der vorherigen konstanten bzw. leicht zurückgehenden Entwicklung der Ölpreisentwicklung ein Ende setzte (vgl. Abb. 16.21). Die Verbilligung der energetischen Basis der entwickelten kapitalistischen Reproduktionsprozesse aufgrund der nach dem Zweiten Weltkrieg vermehrt erschlossenen ergiebigen Öl-Lagerstätten im Nahen und Mittleren Osten hatten zusammen mit der Revolution in den Transportbedingungen durch Riesentanker zu einer durchgreifenden Ökonomisierung des zirkulierenden konstanten Kapitals sowie der Energierechnung der Privathaushalte ge-

Kapitel 16: Fordismus und die Systemkonkurrenz

führt und dadurch die Kapitalakkumulation befördert. Als die seit Ende der 1950er Jahre bestehende Spaltung des Welt-Erdölmarktes aufgrund einer steigenden Importnachfrage der USA zu Ende ging und die USA zum weltgrößten Erdöl-Importeur aufstiegen, war es dem internationalen Kartell der Erdöl produzierenden und exportierenden Länder (OPEC) möglich, den Preis drastisch heraufzusetzen. Neben der Aufhebung des künstlich segmentierten Erdölmarktes und der Neueinjustierung der Preisregulation durch die schlechteste zur Befriedigung der Nachfrage notwendigen Angebotsklasse resultierte der Anstieg des Ölpreises daher auch aus der Reintegration des Energiemarktes als Ganzem, denn »*der Preis von 10,46 Dollar je Barrel Arabian Light, der sich nach den Preiswirren des Jahres 1974 herausgebildet hatte ... entsprach annähernd dem (unsubventionierten) Äquivalenzpreis der Steinkohle in Westeuropa...*«(Keiser 1979: 60) Dass in der Folgezeit die durch diese Entwicklungen sich ergebenden Surplusprofite für die ergiebigsten Lagerstätten des Mittleren Ostens bei der Neufestsetzung der Grundrente zu relativ dauerhaften Kostpreisbestandteilen für die Ölfördergesellschaften wurden, liegt in der Natur der Sache.[12]

Die Preissteigerung des Erdöls 1973/74 zog andere Rohstoffpreise mit, sodass die kapitalistischen Metropolen mit steigenden Aufwendungen für Bestandteile des zirkulierenden konstanten Kapitals Profiteinbußen zu verzeichnen hatten. Daher erhielt die Erklärung, dass die erste Weltmarktkrise 1974/75 in der Nachkriegsära nicht aufgrund immanenter Gesetzmäßigkeiten der kapitalistischen Akkumulation, sondern aufgrund exogener Preissteigerungen verursacht worden sei, einen Schein an Plausibilität. Dieselbe Erklärung wurde dann für Krise und Abschwung des nachfolgenden VII. Zyklus 1980–82, erweitert um die Wirkungen einer restriktiven Geldpolitik der wichtigsten Zentralbanken zur Brechung der Zinshausse, nochmals vorgebracht. Beide Male wird durch derartige populäre Krisenerklärungen jedoch der Blick auf die inneren Widersprüche der Kapitalakkumulation dem Auge entrückt.

Der mit Krise und Abschwung des VI. Zyklus in den meisten kapitalistischen Metropolen vollzogene Übergang der Kapitalakkumulation in eine Überakkumulationssituation prägte Weltmarkt und Weltwirtschaft auch in den nachfolgenden Jahrzehnten bis zum heutigen Tag. Die Durchsetzung einer neuen, höheren Arbeits- und Betriebsweise zusammen mit der Ablösung eines Weltmarkt-Demiurgen durch einen anderen wird sich daher wie zur Zeit zwischen den beiden Weltkriegen wieder nicht reibungslos herstellen und hat sowieso bereits einen wesentlich längeren Zeitraum beansprucht.[13]

---

[12] In der Folgezeit übersprang der Erdölpreis anlässlich eines nochmaligen Nachfrageschubs im Zuge einer weltweit sich belebenden Konjunktur 1978/79 im Laufe des Jahres 1980 die Marke von 30 US-Dollar je Barrel. Im Gegensatz zum ersten Ölpreissprung wirkten sich nunmehr jedoch stärker angebotsseitige Restriktionen aus. Zum Einen führte der Golfkrieg zwischen Irak und Iran zu Ausfällen der Gesamtfördermenge, zum Anderen gelang es den in der OPEC zusammengeschlossenen Ländern, einen Ausgleich für die geschwundene Kaufkraft des US-Dollars durchzusetzen.

[13] Wir kommen hierauf im abschließenden 22. Kapitel zurück.

e) Das sozialistische Weltsystem im 20. Jahrhundert

Oktoberrevolution 1917, Kriegskommunismus im Bürgerkrieg und die Neue Ökonomische Politik (NÖP)

Die Sozialistische Oktoberrevolution in Russland markierte den Beginn einer Zeitenwende. Sie brachte mit den Bolschewiki unter W.I. Lenin eine Partei mit einem genialen Führer an die Macht, der die Chance der historischen Situation ergriff, um entgegen der bis dato vorherrschenden Auffassung, in einem Agrarland, in dem sich die kapitalistischen Produktionsverhältnisse nur auf wenige größere Städte konzentrierten und mit einem politischen Überbau, der erst in der vorausgegangenen Februarrevolution mit der Herrschaft des Zarismus feudale Strukturen abgeworfen hatte, die Errichtung einer sozialistischen Gesellschaft anzugehen. Allerdings begriff Lenin die Russische Oktoberrevolution als bloßem Auftakt einer größeren revolutionären Welle, die im schwächsten Kettenglied des Kapitalismus beginnt und sich danach auch in den seinerzeit entwickelten kapitalistischen Metropolen, voran in Deutschland, zu sozialistischen Umgestaltungen, wenn nicht gar zu einer Weltrevolution, fortsetzen würde. Zur erfolgreichen Identifikation einer historischen Chance gehörte des Weiteren, die Kriegsmüdigkeit der russischen Bevölkerung zu berücksichtigen. Russland kämpfte im Ersten Weltkrieg auf Seiten der Entente-Mächte England und Frankreich und der Krieg hatte das Land an den Rand des ökonomischen Zusammenbruchs gebracht. Die nach der Februarrevolution 1917 an die Macht gekommene bürgerlich-sozialdemokratische Regierung unter Führung Alexander Kerenskis gab demgegenüber dem Drängen der Kriegsverbündeten auf Fortführung des Krieges durch Russland nach, wie sie überhaupt mehrheitlich auf die Errichtung einer bürgerlich-demokratischen Republik orientiert war. Lenin veröffentlichte demgegenüber nach seiner Ankunft aus Zürich in Petrograd, in das er mit Unterstützung des deutschen Kaiserreichs gelangt war, seine Aprilthesen, in denen er sich gegen die Zusammenarbeit mit der Kerenski-Regierung aussprach und stattdessen die sofortige Beendigung des Krieges und eine Bodenreform mit Enteignung des Großgrundbesitzes sowie der Übernahme der Kontrolle über Industrie und Banken forderte. Im Sturm auf das ehemalige zaristische Winterpalais in Petrograd manifestierte sich die Machtübernahme der Bolschewiki als welthistorisch zweite sozialistische Revolution nach der Pariser Kommune.

Der Machtübernahme der Bolschewiki folgte eine dreijährige Phase des sog. Kriegskommunismus, in der umfassende Eingriffe in die Wirtschaft des Landes vorgenommen werden sollten, die aber durch den Bürgerkrieg mit der weißen Armee verschiedener Oppositionskräfte gegenüber den Bolschewiki und der durch Leo Trotzki geführten Roten Armee in umfassender Weise be- und verhindert wurden. Die Entente- und Mittelmächte unterstützten die Weißgardisten und trugen damit zur Verlängerung dieses Bürgerkrieges und der Erhöhung seiner Opferzahlen – etwa 8 bis 10 Millionen Menschen verloren ihr Leben – bei. Demzufolge klaffte ein gewaltiger Unterschied zwischen theoretischen Konzepten und der Praxis der gesellschaftlichen Umgestaltung.

Auf dem Land, auf dem die übergroße Mehrheit der russischen Bevölkerung lebte, hatten die Bauern sich das Land bereits genommen. Das »Grundgesetz über den Boden«, das im Januar 1918 erlassen wurde, orientierte auf eine möglichst gleichmäßige Verteilung des Bodens unter die Bauern und sanktionierte die bereits durchgeführten Verteilungen nachträglich. Die Aufstellung von Wirtschaftsplänen durch den neugegründeten »Obersten Volkswirtschaftsrat« scheiterte bereits im Ansatz, weil die sowjetische Zentralgewalt nie wusste, über welche Teile des Landes sie am nächsten Tag infolge des Bürgerkrieges verfügen würde. Der beabsichtigten Sozialisierungspolitik auf dem Land durch Bildung von staatlichen Mustergütern (Sowchosen) und Kollektivwirtschaften (Kolchosen) kam keine praktische Bedeutung zu, die Nationalisierung der Industrie – das erste umfassendes Nationalisierungsdekret für die Industrie wurde im Juni 1918 erlassen – erfolgte nicht aus wirtschaftlichen Erwägungen, sondern »*um in das systemlose und die Produktion schwer schädigende Vorgehen der lokalen Instanzen Ordnung zu bringen*« (Pollock 1929: 50).

Trotz aller Anstrengungen sank die Produktivität der Wirtschaft von Monat zu Monat, die Teuerung nahm rasant zu und die Kaufkraft der Löhne verminderte sich beständig; seit September 1918 mehrten sich Forderungen auf »Naturalisierung des Arbeitslohns«, d.h. auf Lohnzahlung in Naturalien. Mit der Zeit bildete sich ein Kartensystem heraus, in den größeren Städten wurden Speiseanstalten eingerichtet. Mit der völligen Beseitigung des legalen Privathandels wurde die Leitung der Beschaffung und Verteilung aller Mittel des persönlichen Gebrauchs dem Verpflegungskommissariat (Narkomprod) übergeben (November 1918). Dieses Ministerium spielte eine immer wichtigere Rolle und war schließlich die einzige noch funktionierende Behörde, während der Oberste Volkswirtschaftsrat das Recht verlor, über die Gegenstände des persönlichen Konsums zu verfügen. Im März 1919 erzwang die desolate Versorgungslage die Bildung von Konsumkommunen, der die Bürger des betreffenden Ortes beizutreten hatten und die unter der Kontrolle des »Narkomprod« zusammengefasst wurden.

Nach dem Sieg der Sowjetregierung im Bürgerkrieg gegen die konterrevolutionären Weißgardisten unter Denikin, Koltschak u.a. im Jahr 1919 und dem Friedensschluss mit den Entente-Mächten 1920 war die Sowjetmacht gefestigt und wollte nun darangehen, eine sozialistische Wirtschaft frei von Kriegszwängen im Innern aufzubauen. Handlungsleitend waren Vorstellungen, namentlich von Leo Trotzki, zum Aufbau einer marktlosen, auf Grund eines Planes geleiteten zentralen Verwaltungswirtschaft durch eine Militarisierung der Arbeit; Arbeitspflicht und Arbeitsbuch wurden die Mittel zur sektoralen und regionalen Kommandierung der Arbeiterarmeen. Die Ergebnisse dieser Anstrengungen waren überall, auf dem Land, in der Industrie, beim Transportwesen und im Handel, miserabel. Sowohl die Verteilung der Lebensmittel als auch der Rohstoffe funktionierte schlecht und viele Fabriken mussten aus Mangel an Materialien und Arbeitskräften schließen. Die Beseitigung der marktvermittelten Allokation, die als Kampf gegen die Bourgeoisie verstanden wurde, erzwang die Ausdehnung des Kartensystems und die Komplettauszahlung der Löhne in Naturalien (Dekret vom April 1920). Tatsächlich war diese »proletarische Naturalwirtschaft« nach allen Seiten hin Ausdruck der damaligen Mangelsituation.

Diese Verhältnisse hätten wohl die Wirtschaft und Versorgung der Bevölkerung mit Lebensmitteln zum Zusammenbruch gebracht, wenn nicht durch die Politik entschieden gegengesteuert worden wäre. Unmittelbarer Auslöser für den Politikwechsel der Bolschewiki war die Missernte des Jahres 1920, die zu Hunger im Dorf und in der Stadt geführt hatte. Die Bauern hatten begonnen, das Saatgut des nächsten Jahres aufzuessen, sodass für 1921 eine noch schlimmere Situation drohte. Zwar gelang es, durch eine großangelegte Saatgutkampagne die Vernichtung des für die längerfristige Entwicklung der Landwirtschaft erforderlichen Saatguts zu retten, doch wurde es dringlich, die Politik der Ablieferungen des Agrikulturprodukts an den Staat zu verändern, d.h. die wegen fehlender Waren aus der Industrieproduktion ohne nennenswerte Gegenleistungen erzwungenen Ablieferungen der Bauern zu reduzieren. Andernfalls drohte die Gefahr, dass das Bündnis der Arbeiterklasse mit der Bauernschaft, diese soziale und politische Basis für die Sowjetmacht, zerbrechen würde.

Die Neue Ökonomische Politik (NÖP) war die Antwort auf diese Situation. Sie nahm ihren Ausgangspunkt mit der Verwandlung der bisherigen naturalen Beschlagnahmungen durch den Staat in eine Naturalsteuer, die nur etwa die Hälfte der ursprünglichen Ablieferungen betrug und den Bauern Spielraum für den Handel ihrer Produkte auf den lokalen Märkten ließ. Auch der Handel und die staatliche Regelung von Kauf und Verkauf sowie der Geldumlauf wurden den neuen Verhältnissen angepasst.

Im industriellen Sektor stand eine Veränderung der bisherigen Politikkonzeption an, weil weder Landwirtschaft noch extraktive Industrie in der Lage waren, Rohstoffe in der benötigten Menge für die Großindustrie zu liefern. Auch jene selbst war nicht in der Lage, eine genügende Anzahl von Produkten für den primären Wirtschaftssektor bereitzustellen. Demzufolge erfolgte die Orientierung auf das Erreichbare, nämlich die »Wiederherstellung der Kleinindustrie«. Das Instrument dafür war die Vergabe von Konzessionen des proletarischen Staates an inländische und ausländische Kapitalisten. Lenin bezeichnete diese Politik als Staatskapitalismus, der dem Sozialismus näher stehe als der überkommene kleinbürgerliche Kapitalismus; Vorbild für die Organisation des Staatskapitalismus war für Lenin Deutschland als das neben den USA bestehende Land mit den entwickeltsten industriellen Produktionsverhältnissen der damaligen Zeit.

Der Sowjetrussland von den Mittelmächten des Ersten Weltkriegs, Deutschland und Österreich-Ungarn, aufgezwungene Diktat- oder Raubfrieden von Brest-Litowsk – Unterzeichnung am 3. März 1918 – hatte den Bolschewiki eine Atempause bei der Konsolidierung ihrer Macht verschafft und es ihnen erlaubt, ihre militärischen Kräfte im Bürgerkrieg neu zu bündeln. Der Preis dafür war die militärische Besetzung der Westgebiete des ehemaligen Russischen Kaiserreichs durch die Mittelmächte. Territorial betraf dies zum Einen die Ukraine, die sich zuvor gegen die

Kapitel 16: Fordismus und die Systemkonkurrenz

Sowjetregierung gestellt, als ukrainische Volksrepublik ihre staatliche Unabhängigkeit erklärt und mit den Mittelmächten einen Separatfrieden geschlossen hatte. Zum Anderen hatten sich ebenfalls Lettland, Litauen und Estland als selbstständig erklärt. Polen hatte 1919 den geschwächten Sowjetstaat angegriffen und seine Ostgrenze nach einem Sieg im Polnisch-Sowjetischen Krieg unter Marschall Józef Piłsudski im Frieden von Riga 1921 etwa 250 km östlich der Curzon-Linie, die Gebiete der heutigen West-Ukraine und von West-Belarus ausschloss, festgelegt.

Die Revolution in Russland war zwar nicht zum Auftakt einer Weltrevolution geworden, jedoch waren im und nach dem Bürgerkrieg kommunistische Kräfte, die von den russischen Bolschewiki unterstützt worden waren, in verschiedenen umliegenden Regionen des russischen Kernlands an die Macht gekommen und hatten sozialistische Sowjetrepubliken ausgerufen. Am 30. Dezember 1922 hatten sich die Russische Sozialistische Föderative Sowjetrepublik (RSFSR), die Ukrainische Sozialistische Sowjetrepublik (USSR), die Weißrussische Sozialistische Sowjetrepublik (BSSR) und die Transkaukasische Sozialistische Föderative Sowjetrepublik zur Union der Sozialistischen Sowjetrepubliken (UdSSR) zusammengeschlossen. Die Transkaukasische Sozialistische Föderative Sowjetrepublik umfasste nach der Regelung des Grenzverlaufs zur Türkei 1921 die Armenische SSR, Aserbaidschanische SSR und die Georgische SSR. Die Fernöstliche Republik vom Baikalsee bis zu Kamtschatka wurde 1920 als Pufferstaat gegen Japan gegründet. Nachdem die Rote Armee auch dieses Gebiet zurückerobert hatte, schloss es sich im November 1922 wieder Russland, d.h. der RSFSR und somit der Sowjetunion an. Nord-Sachalin blieb noch bis 1925 japanisch besetzt. Moskau wurde die Hauptstadt der Sowjetunion. 1924 erhielt die Sowjetunion ihre erste Verfassung mit dem Prinzip einer Räterepublik.

Im Rahmen des Zweiten Weltkriegs erfolgten die letzten territorialen Erweiterungen der UdSSR. Im sowjetisch-finnischen Krieg (30.11.1939-13.03.1940) wurden nach der Niederlage Finnlands Teile Kareliens in die neu geschaffene Karelo-Finnische Sozialistische Sowjetrepublik integriert, die 1956 in die RSFSR eingegliedert wurde. Im Juni 1940 annektierte die Sowjetunion die drei baltischen Staaten Estland, Lettland und Litauen sowie die rumänischen Gebiete Bukowina und Bessarabien, die spätere Moldauische SSR.

Industrialisierung der Sowjetunion in den 1920er und 1930er Jahren

Bis zum Überfall des faschistischen Deutschland auf die UdSSR am 22. Juni 1941 waren in der Sowjetunion 3 Fünfjahrpläne – I. 1928-1933, II. 1933-1938 sowie ab 1938 – aufgestellt worden, die den beschleunigten Aufbau der Schwerindustrie in den Mittelpunkt stellten. Im Ergebnis wurden bis 1940 produziert: »*15 Mio. t Roheisen, d.h. fast viermal soviel wie im Jahre 1913; 18,3 Mio. t Stahl, d.h. 4½ mal soviel wie 1913; 166 Mio. t Kohle, d.h. 5½ mal soviel wie 1913; 31 Mio. t Erdöl, d.h. 3½ mal soviel wie 1913; 38,3 Mio. t Warengetreide, d.h. 17 Mio. t mehr als 1913; 2,7 Mio. t Rohbaumwolle, d.h. 3½ mal soviel wie 1913.*« (vgl. Lehrbuch 1955) Dies bedeutete im Bereich Stahl und Energie jeweils Erfüllung bis Übererfüllung der Planvorgaben. Dieser Ausrichtung der Volkswirtschaftsplanung auf Industrialisierung im staatlichen (i.e. sozialistischen) Industriesektor war seit Mitte der 1920er Jahre eine intensive Diskussion sowjetischer Ökonomen über den einzuschlagenden Weg beim Aufbau des Sozialismus in einem wirtschaftlich und kulturell rückständigen Land mit einem Anteil der Bauernschaft von knapp 80% an der Bevölkerung sowie extrem niedriger Produktivität in allen Wirtschaftszweigen vorausgegangen. Sie ist als »Industrialisierungsdebatte in der Sowjetunion 1924-1928« bekannt (vgl. Erlich 1960).

Nach den wirtschaftlich desaströsen Resultaten der sog. Phase des »Kriegskommunismus« waren mit der NÖP ein Stopp des ökonomischen Niedergangs und eine Stabilisierung der wirtschaftlichen Entwicklung gelungen sowie Hungersnot, Landflucht und Arbeitslosigkeit bekämpft worden. Die Masse der Bauern, die durch die mit der Revolution durchgesetzten Enteignung und Verteilung der Ackerflächen des Großgrundbesitzes von Abgaben- und Steuerlasten befreit und selbst zu kleinen, d.h. nichtkapitalistischen Warenproduzenten geworden waren, hatten nach drei Jahren »Kriegskommunismus« mit Requisitionen vermehrt auf dem Sprung gestanden, das Bündnis mit der Arbeiterklasse und der Kommunistischen Partei (KPR) bzw. ihre Neutralität gegenüber der Sowjetmacht aufzukündigen. Innerhalb der KPR war deutlich zu machen, dass die Einführung einer staatskapitalistischen Wirtschaftsweise durch die NÖP vor dem Hintergrund der gewaltigen wirtschaftlichen und sozialen Probleme nicht nur unabdingbar war, sondern darüber hinaus einen Schritt vorwärts darstellte. Auch wenn die dahinter stehende Leninsche Sozialismuskonzeption kritisch gesehen werden muss, so hatte er, wie 1917, auch 1921 die korrekte Definition der historischen Situation für sich.

Ökonomisch war die Stabilisierung der sowjetischen Volkswirtschaft durch die NÖP allerdings schwerpunktmäßig mit einer Minimierung der Investitionen in Bezug auf die bestehenden Ausrüstungen und Anlagen (inkl. Infrastruktur) einhergegangen, sodass die laufende Produktion zunehmend »auf Verschleiß« der vorhandenen Investitionsgüter gefahren worden war. Mitte der 1920er Jahre war allen Teilnehmern an der Industrialisierungsdebatte klar, dass eine zukünftige Perspektive der sowjetischen Wirtschaft nur durch physischen Ersatz und Neuerrichtung von Anlagen und Ausrüstungen erschlossen werden konnte, sodass die Frage in den Mittelpunkt rückte, wie ein derartiges gesamtwirtschaftliches Investitionsprogramm anzugehen sei; dies wurde als Übergang von der Restaurations- in die Rekonstruktionsperiode bezeichnet.

Ausgangssituation für ein solches Investitionsprogramm war die fortbestehende Situation des »Warenhungers«, d.h. eine Knappheit von Waren erstens der Industrie für das Dorf, zweitens des Dorfes für den individuellen Konsum und drittens der Industrie für Rohstoffe. Die kontroverse Diskussion über den einzuschlagenden Industrialisierungsweg drehte sich um das Ausmaß der Ressourcenbereitstellung für die und die Geschwindigkeit der Industrialisierung, da von einer Ausreifungszeit für neue Anlagen und Fabriken vom Zeitpunkt des Beginns der Produktion von Produktionsgütern bis zum Wirksamwerden der durchgeführten Investitionen von bis zu drei Jahren auszugehen war. Bevor die Errichtung neuer materieller Infrastrukturen und neuer Fabriken einen gesteigerten Produktenausstoß erbringen könnten, würden sich also sowohl die Disproportionen zwischen Industrie und Landwirtschaft als auch der Warenhunger verschärfen.

In der Industrialisierungsdebatte innerhalb der 1920er Jahre wurden nach kontroversen Diskussionen innerhalb der Kommunistischen Partei Russlands (Bolschewiki) (KPR (B)) der Fokus der einzuschlagenden Wirtschaftspolitik zwischen Schwer- und Leichtindustrie sowie deren Stellung zur Landwirtschaft theoretisch ausbalanciert und Übertreibungen von »rechts« und »links« korrigiert. Stalin und mit ihm die Mehrheit von Politbüro und Zentralkomitee der in KPdSU (B) umbenannten Partei übernahmen formal diese Position. Sie orientierte aber mit dem Kampf gegen die reichen Bauern (Kulaken), der mit einer Besteuerung begann, über die Diskriminierung, Ausgrenzung und Enteignung reichte und schlussendlich in der Parole der »Liquidierung des Kulakentums als Klasse« endete, auf die Kollektivierung der Landwirtschaft binnen kurzer Zeit, die oftmals unter Zwang folgte. »*Waren bis Ende Juli 1930 23,6% der Bauernwirtschaften den Kolchosen beigetreten, so waren es am 1. Juli 1931 52,7% und im Herbst 1931 bereits 61%. Im Jahre 1931 kam die Kollektivierung in den Hauptanbaugebieten für Getreide im Nordkaukasus, im Steppengebiet der Ukraine und auf der Krim, an der Unteren und Mittleren Wolga zum Abschluß. Hier hatten sich über 80% der Bauernwirtschaften in Kolchosen zusammengeschlossen.*« (Berchin 1971: 375) Das gewaltvolle Vorgehen gegenüber den Kulaken und der vielfach unter Zwang vollzogene Zusammenschluss von (Mittel-) Bauern in Kolchosen waren dabei nicht nur eine Verletzung der Leninschen Prinzipien der Freiwilligkeit, Überzeugungsarbeit und Vorgehensweise anhand des »Muster-Beispiels«, sondern auch gegen den erklärten Willen selbst der härtesten Vertreter einer Industrialisierung durch die ursprüngliche sozialistische Akkumulation durchgeführt worden.

Bei der Bewertung der Industrialisierung der Sowjetunion in den ersten drei Fünfjahrplänen ist zu differenzieren zwischen den unbestreitbaren Erfolgen der mit administrativen Mitteln durchgesetzten beschleunigten Industrialisierung und der Frage, ob es nicht bereits in den 1920er Jahren in der damaligen Sowjetunion möglich gewesen wäre, durch Weiterentwicklung und Ausdifferenzierung der NÖP einen alternativen und gegebenenfalls noch erfolgreicheren Weg zur Industrialisierung zu beschreiten. Es geht dabei vor allem um den Ansatz von N. Bucharin, der zwar prinzipiell nicht über Lenins Auffassung der NÖP hinausgeht, allerdings diese Phase für einen längeren Zeitraum von Jahrzehnten angesehen hatte. Tatsächlich bewahrheitete sich anhand der Erfolge der Industrialisierung der frühen Sowjetunion, die auch im kapitalistischen Westen bewundernd zur Kenntnis genommen wurden, die prinzipielle Funktionalität einer administrativen Lenkung der Wirtschaft bei Konzentration auf eine überschaubare Anzahl von Branchen oder Schwerpunktbereichen. Die gewaltigen Verluste der sowjetischen Industrialisierung an Menschen und ökonomischen Ressourcen auf dem Land infolge der überstürzten Kollektivierung der Bauernwirtschaften waren allerdings weder notwendige Begleitumstände eines erfolgreichen Aufbaus einer (schwer-)industriellen Basis noch kann im Nachhinein die Art und Weise von Industrialisierung und Kollektivierung mit dem Hinweis gerechtfertigt werden, dass allein hierdurch die materiellen Voraussetzungen für das Bestehen der Sowjetunion im Zweiten Weltkrieg und den Sieg der Roten Armee über das faschistische Deutschland geschaffen worden wären – eine Auffassung, die bis in letzten Tage der Sowjetunion offiziell vertreten wurde: »*Die Partei schlug einen bislang beispiellosen Industrialisierungsweg vor; nicht mit äußeren Finanzierungsquellen zu rechnen, nicht langjährige Akkumulationen durch die Entwicklung der Leichtindustrie abzuwarten, sondern sofort die Schwerindustrie voranzubringen. Das war unter jenen Bedingungen der einzig mögliche, wenn auch für das Land und das Volk ein unsäglich schwieriger Weg. Das war ein bahnbrechender Schritt, in dem der revolutionäre Enthusiasmus der Massen als Komponente des* ökonomischen *Wachstums mit in Rechnung gestellt wurde. Die Industrialisierung brachte das Land mit einem Schwung auf ein qualitativ neues Niveau ... Bei nüchterner Betrachtung der Geschichte, unter Berücksichtigung der Gesamtheit innerer und internationaler Realitäten erhebt sich zwangsläufig die Frage: War es unter den damaligen Bedingungen möglich, einen anderen Kurs als den von der Partei vorgeschlagenen zu wählen? Wenn wir bei der geschichtlichen und Lebenswahrheit bleiben wollen, so kann es nur eine Antwort geben: Nein, es war nicht möglich.*« (Gorbatschow 1987: 47)

Chinesische Bauernrevolution und Gründung der Volksrepublik China

Als Mao Zedong am 1. Oktober 1949 mit den Worten »Das chinesische Volk hat sich erhoben« die sozialistische Volksrepublik China in Beijing proklamierte, lagen lange Jahre eines opferreichen Bürgerkrieges gegen die Guomindang, der zugleich ein nationaler Unabhängigkeitskrieg gegen die exterritorialen Konzessionen imperialistischer Mächte und gegen die japanische Okkupation großer Landesteile war, hinter den Kommunisten, die die Führung dieses Krieges mit einer mit den Bauernmassen verbundenen Partisanenarmee innehatten. Die Gründung der Volksrepublik bedeutete zugleich den Aufbau einer Zentralgewalt, politische Befreiung der Frauen und die Durchführung einer radikalen Agrarreform mit dem Ziel der Beseitigung des Großgrundbesitzes als ökonomischer Basis der provinzialen Warlords. Wie in Sowjetrussland nach der Oktoberrevolution wurde auch in China mit der Enteignung der Grundherren und Verteilung des Landes an die landlosen Bauern und Landarbeiter privates Eigentum mit kleinen Betriebsgrößen zwischen 0,1 bis 0,25 ha geschaffen. In der Industrie werden die 4 großen chinesischen »bürokratischen Kapitale« der Familien Ciang, Soong, Kung und Tschen, die eng mit dem Guomindang-Regime verbunden waren, verstaatlicht, während mittlere und kleinere Unternehmen von ihren Eigentümern und Geschäftsleitungen weitergeführt wurden. Damit zog die Kommunistische Partei Chinas (KPCh) anfangs Lehren aus der russischen nachrevolutionären Entwicklung, indem sie Elemente der Neuen Ökonomischen Politik im Sinne der Stabilisierung und raschen Entwicklung des Gesamtreproduktionsprozesses umsetzte. Die neuen staatlichen Handelsgesellschaften konzentrierten sich auf sechs wichtige Waren (Getreide, Kohle, Baumwollstoff, Speiseöl, Kochsalz und Erdöl), ansonsten wurde das private Unternehmertum und die Gewährleistung einer »angemessenen Gewinnspanne« respektiert. Im Finanzsektor wurde die alte inflationierte Währung durch den Renminbi Yuan (»Volksgeld«) ersetzt, die privaten Banken schrittweise in gemischt staatlich-private Institute umgewandelt und unter der Führung der »Volksbank« (»Peoples Bank of China, PBC«) als Zentralbank gestellt. Im Außenhandel wurden die noch bestehenden »ungleichen Verträge« mit imperialistischen ausländischen Mächten gekündigt und ein staatliches Außenhandelsmonopol etabliert. Die Handelsbeziehungen mit den kapitalistischen Staaten wurden erst nach Ausbruch des Koreakrieges zugunsten der Orientierung auf die sozialistischen Staaten des »Rats für Gegenseitige Wirtschaftshilfe« (RGW) beendet.

1953 wurde der erste Fünfjahrplan aufgelegt, mit dem China eine gesamtwirtschaftliche Planung der Volkswirtschaft nach dem Vorbild der Sowjetunion einzuführen begann. Die Verstaatlichung der Produktionsmittel in Industrie und Handel wurde vorangetrieben – 1956 war der Anteil der staatlichen, genossenschaftlichen und der gemischt staatlich-privaten Wirtschaft am gesamten Nationaleinkommen von 21,3% 1952 auf 92% gestiegen – und der Ausbau der Schwerindustrie in den Mittelpunkt der Aktivitäten gestellt. Ziel war es, die »wesentlichen modernen Güter« selbst herzustellen. Die für diese ursprüngliche Akkumulation notwendigen Ressourcen, die nicht von der Industrie selbst bereitgestellt oder durch Hilfen von außen, d.h. von der Sowjetunion als Kredite gewährt wurden, sollten aus der Entwicklung der Landwirtschaft gezogen werden. Mit einer forcierten Bildung von Agrar-Genossenschaften sollten die Begrenzungen der Produktivkraftentwicklung, die den kleinteiligen Bauernwirtschaften geschuldet waren, überwunden werden. Das Ergebnis war, dass die Umwandlung in Genossenschaften zum Ende 1956 96% der gesamten Bauernschaft umfasste.

Mit dem ersten Fünfjahrplan folgte also die Wirtschaftspolitik der KPCh im Grundsatz der Politik der sowjetischen Industrialisierung, wenngleich die Transformation der privaten landwirtschaftlichen Kleinbetriebe in Genossenschaften nicht mit der Rücksichtslosigkeit und den Opfern wie in der Sowjetunion (»Liquidierung der Kulaken als Klasse«) durchgeführt wurde. Das Ziel der Agrarpolitik war eine reiche Bauernschaft zu erhalten, während der Landreform den reichen Bauern zu neutralisieren, bessere Sicherheit den Mittelbauern und jenen Personen zu bieten, die kleine Parzellen verpachteten sowie die Gutsbesitzerklasse zu isolieren und das Feudalsystem in geordneter Weise zu liquidieren. Auf der anderen Seite lagen im damaligen China geradezu klassisch die ökonomischen Bedingungen für eine zentralisierte Planung vor, die allerdings von vornherein als Schwerpunktplanung ausgelegt wurde. Die Planung der 42 Ministerien, die innerhalb der staatlichen Plankommission arbeiteten, bestand im Wesentlichen aus allgemeinen Vorgaben über den geplanten Anstieg der einzelnen Wirtschaftszweige; nur die Produktion in den großen staatseigenen Betrieben wurde detailliert vorgegeben. Damit wurde die ab eines gewissen Umfangs nicht mehr zu beherrschende Bilanzierung von vornherein vermieden. Jenseits der zentral geplanten Schwerpunktbereiche der Volkswirtschaft verlief der Wert- und Stoffersatz zwischen den Betrieben in faktischen Marktprozessen, deren Preise allerdings vielfach administriert waren.

Die wirtschaftlichen Ergebnisse dieses ersten Fünfjahrplans werden als sehr erfolgreich angesehen; der industrielle Brutto-Output wuchs im Durchschnitt um 10,9% p.a. und das Volkseinkommen um 8,9% p.a. Gleichwohl entsprang innerhalb der KPCh eine Auseinandersetzung über den weiteren Weg des sozialistischen Aufbaus. Im »Kampf zweier Linien« standen sich die Fraktion um Liu Shaoqi und Deng Xiaoping, die für die Einführung von materiellen Hebeln und Anreizen und damit auf stärker indirekte Lenkungsmethoden setzten und die Fraktion um Mao, die auf die Moral und den Willen der Massen, die es als Produktivkraft in permanenten Kampagnen zu aktivieren gelte, gegenüber. Während sich die Mao-Linie auch der besonderen Beliebtheit im linksradikalen politischen Spektrum in den kapitalistischen Ländern erfreute, war die Konzeption von Liu Shaoqi *»weniger voluntaristisch, erkannte die Realitäten besser, auch die begrenzten Potentiale eines armen, unentwickelten Agrarlandes, versuchte die materiellen Bedürfnisse der Produzenten, die in ihrer Gesamtheit zugleich Konsumenten sind, zu befriedigen, wünschte zumindest ihre Artikulierung und Vertretung. Sie wollte die zentrale Planung der wichtigen Produktionszweige durch unbürokratische Zulassung der keineswegs kapitalistischen Privatinitiative ergänzen, die planmäßige Sicherung der Grundbedürfnisse also durch private Marktangebote vervollständigen. Materielle Anreize sollten die Motivation in der Produktionsarbeit erhöhen. Die eigenen Anstrengungen Chinas sind für diese Gruppe die Grundlage, auswärtige Hilfe kann deren Erfolg aber beschleunigen. In Zhou Enlais großem Modernisierungsplan von 1975, in den Wirtschaftsreformen des neuen Kurses und den vier Modernisierungen unter Deng Xiaoping und Zhao Ziyang tauchen viele Ideen des Liu-Konzeptes wieder auf.«* (Bergmann 1996: 23)

Gleichwohl setzte sich in diesem Kampf zweier Linien, der sich an der Landwirtschaft entzündet hatte, das Mao-Konzept durch. Es beinhaltete die Gründung von Volkskommunen, die sich von den bisherigen Produktionsgenossenschaften dadurch unterschieden, dass das bäuerliche Eigentum komplett sozialisiert wurde und die bisher üblichen Formen privaten Wirtschaftens und Lebens – private Felder und Gärten, Hühner- und Schweinehaltung, Gerätschaften sowie Essen, Kinderbetreuung, teilweise sogar das private Wohnen und Schlafen – durch kollektive Regelungen und Formen ersetzt wurden. Die Größe der neu gebildeten Volkskommunen, für die jeweils mehrere Dörfer zusammengelegt wurden (zwischen 10 und 18 Tsd. Haushalten), sollte die Zusammenfassung der Arbeitskräfte unter einem Kommando zur Bewältigung größerer Aufgaben ermöglichen. Mit diesen Formen einfacher Kooperation, d.h. Bildung subjektiver Massenkräfte, sollten die höheren Formen der Produktivkraftentwicklung, insbesondere der Ersatz lebendiger Arbeit durch Maschinerie ersetzt bzw. deren Fehlen kompensiert werden. Mit diesem Einsatz menschlicher Arbeitskräfte als Ersatz für fehlende Technik war beabsichtigt, die »Generallinie des sozialistischen Aufbaus«, d.h. einen gleichzeitigen Aufbau von

Industrie und Landwirtschaft zu realisieren und mit einem »Großen Sprung nach vorn« die Energie- und Stahlproduktion schlagartig zu erhöhen, um Großbritannien bis 1972 in der Pro-Kopf-Erzeugung an schwerindustriellen Gütern »einzuholen und zu überholen«. Die heutige offizielle chinesische Position bewertet die Kampagne des »Großen Sprungs nach vorn« als den Wünschen der Bevölkerung entgegenstehend und zerstörend gegenüber dem ursprünglich verfolgen Konzept der Freiwilligkeit bei der Bildung einer kollektivierten Landwirtschaft gewirkt zu haben.

Die Ergebnisse des »Großen Sprungs nach vorn« beinhalteten einen gewaltigen Rückgang der landwirtschaftlichen Produktion – die Getreideproduktion nahm von 200 Mio. t in 1958 über 170 (1959) auf 143,5 Mio. t in 1960 ab und erreichte 1966 wieder das Niveau von 1958 (vgl. Statistical Yearbook of China) – und führten zu einer großen Hungersnot zwischen 1959 und 1961. Die Bildung der Volkskommunen war zugleich die Basis für ein neues Industrialisierungskonzept, mit dem der Schwerpunkt der Arbeit auf dem Land von der Landwirtschaft auf den industriellen Aufbau verlagert werden sollte. Aus Bauern sollten Arbeiter werden, indem überall kleine Fabriken errichtet wurden. Die Ernährung der neuen Industriearbeiter sollte keine zusätzlichen Ressourcen erfordern, weil sie gleichzeitig als Bauen noch ihre eigenen Lebensmittel produzierten. Die zu Volkskommunen zusammengeschlossenen Dörfer sollten überall auf dem Land kleine Hochöfen bauen und Stahl kochen. Bis Mitte 1959 wurden 240.000 kleine Hochöfen errichtet, die Stahlerzeugung lag im August bei 4,5 Mio. Tonnen; ab August dieses Jahres arbeiteten 50 Millionen Menschen in Bergwerken oder an den inzwischen 600.000 Hochöfen, überall wurde nach Erz geschürft und wurden Bäume gefällt, um die Hochöfen zu betreiben. Der erzeugte Stahl war dabei überwiegend schlecht bis unbrauchbar.

Die bereits zu Anfang des »Großen Sprungs« sich einstellenden Ergebnisse erforderten alsbald Korrekturen, die sich allerdings zunächst nur auf einige Aspekte bezogen. So wurden Planziffern nach unten korrigiert und die industriellen Belegschaften reduziert. In den Volkskommunen, in denen es viel Widerstand gegen die umfassende Kollektivierung gegeben hatte, wurden private Parzellen wieder zugelassen; die Bauern durften auch wieder Schweine und Geflügel halten und auf Dorfmärkten verkaufen. Die Korrekturen erfolgten nach der Maßgabe »den Plan den realen Verhältnissen anpassen«. Auch die Folgen dieses zweiten Versuchs waren aber desaströs: die landwirtschaftliche Produktion brach 1960 total ein, es kam zu rücksichtslosem Raubbau an der Natur, die mühsam aufgebauten Stauseen wurden undicht und konnten kein Wasser speichern, Kohlegruben und Eisenwerke waren wegen zu niedriger Leistungen völlig nutzlos. Hinzu kam, dass sich die Sowjetunion infolge der aufgebrochenen Divergenzen mit der KPCh aus allen vereinbarten und begonnenen Projekten zurückzog.

Mit Ausbruch der großen Hungersnot und der massiv aufgetretenen Engpässe in der leichtindustriellen Produktion wurde 1962 ein »Zehnjahresplan zur Wiederherstellung und Entwicklung« des Landes aufgestellt und zu der »normalen« Rechnungsführung bei der Plankommission und in den Betrieben zurückgekehrt. Die Planziele wurden erneut auf ein realistisches Maß zurückgeführt, ebenso der

Ausbau industrieller Projekte; die Förderung der Landwirtschaft wurde wieder vorrangiges Ziel. Die Volkskommunen wurden verkleinert und durften jeweils nur noch einen industriellen Betrieb betreiben, wobei sie sich vorrangig auf die Produktion von Dünger und kleinen Landmaschinen konzentrieren sollten. Die Zahl der Arbeiter und Angestellten in den städtischen Betrieben wurde drastisch reduziert, etwa 130 Millionen Menschen werden in ihre Dörfer zurückgeschickt. »*As a result, the economy once again returned to a track of healthy development. After several years of adjustment, agriculture, light industry and heavy industry achieved relatively balanced development. Compared with 1960, the value of agricultural output in 1965 was 42.2% higher, the value of light industry output increased by 27.5%, while the value of heavy industry output dropped by 37.2%. In addition, the state's financial situation made a turn for the better; the accumulation rate decreased and the living and consumption standards of urban and rural residents increased by 25.7%. China's industrial construction and science and technology sectors made considerable progress.*« (Li/Fumin/ Lei 2010: 30)

Mao Zedong musste seine Funktion als Parteivorsitzender »freiwillig« aufgeben und Liu Shaoqi wurde an seiner Stelle Partei- und Staatschef. Der Wechsel an der Führungsspitze der Kommunistischen Partei offenbarte den Kampf der zwei Linien und den vorläufigen Sieg des ökonomischen Realismus der Gruppe um Liu Shaoqi gegenüber dem Voluntarismus von Mao Zedong und Lin Biao. Dieser Sieg des ökonomischen Realismus war aber nicht von Dauer. Mao und seine Fraktion eroberten mit Hilfe einiger Militärführer die Parteiführung zurück und machten unter der Parole einer »Großen proletarischen Kulturrevolution« einen erneuten Versuch, die seiner Ansicht nach beginnende bürgerlich-kapitalistische Restauration im Denken und Verhalten der Bevölkerung – hierfür steht der Wunsch der Massen nach den vier symbolischen Haushaltsgeräten: einem Fahrrad, einer Nähmaschine, einem Radio und einer Armbanduhr – durch moralische permanente Kampagnen zu konterkarieren. Durch die Kulturrevolution wurden die Wirtschaft, kulturelle Einrichtungen und die geistige Produktion insgesamt erneut schwer gestört. Städtische Jugendliche und Parteikader wurden in großer Zahl aufs Land zur Arbeit geschickt; die einseitigen Direktiven für die Agrarproduzenten wurden verschärft. Nunmehr sollte mehr Gewicht auf regionale und lokale Selbstversorgung mit Lebensmitteln gelegt werden und es wurde die Richtlinie ausgegeben, unabhängig von den ökologischen Verhältnissen überall Getreide anzubauen. Auch hier waren die wirtschaftlichen und sozialen Konsequenzen chaotisch. Die Proletarische Kulturrevolution startete 1966 und endete 1976. Diese zehn Jahre werden mittlerweile als die »*most tumultuous and disastrous period since the founding of the People's Republic of China*« (ibid.: 32) betrachtet und bewertet.

Unvollendete Reformen der 1960er Jahre und Übergang zur Periode der Stagnation im RGW-Bereich

Nach dem Sieg der Alliierten über die faschistischen Achsenmächte in Europa und der bedingungslosen Kapitulation Hitler-Deutschlands sowie über den Militärfaschismus des japanischen Kaiserreiches nach den Atombombenabwürfen der Amerikaner auf Hiroshima und Nagasaki kam es entsprechend der auf den Konferenzen von Jalta und Potsdam mit den Repräsentanten der USA (F.D. Roosevelt bzw. H.S. Truman), UdSSR (J. Stalin) und Großbritanniens (W. Churchill) beschlossenen zukünftigen Machtverteilung in Europa (und der übrigen Welt) in den von der Roten Armee befreiten Ländern Mittel- und Osteuropas zur Bildung von Regierungen, in denen die jeweiligen Kommunistischen Parteien eine führende Rollen übernahmen. Allgemein akzeptiertes Ziel war es, die sozialen und politischen Wurzeln des Faschismus durch Umgestaltung der wirtschaftlichen und politischen Machtverhältnisse zu beseitigen. Dabei unterschieden sich sowohl die politischen Formen der nationalen Umgestaltung als auch die sozioökonomische Verfasstheit der einzelnen Länder. Vorwiegend agrarisch strukturierten Volkswirtschaften und Sozialstrukturen standen solche mit einer durch den Krieg zwar teilweise zerstörten, jedoch insgesamt hoch entwickelten Industriestruktur und einer durch kapitalistische Lohnarbeiter dominierten Klassenstruktur gegenüber; zu Letzteren gehörten namentlich die Tschechoslowakei und Ostdeutschland.

In allen Ländern stand in der unmittelbaren Nachkriegszeit die Wiederherstellung des gesellschaftlichen Reproduktionsprozesses mit der Beseitigung der Kriegsfolgen an Industrie, materieller Infrastruktur und Wohnungsbestand auf der Agenda. Hierfür war, wie bei vom Krieg zerstörten ökonomischen Potentialen Westeuropas auch, eine Wirtschaftspolitik mit administrativ-zentraler Ressourcenzuweisung auf jeweilige Schwerpunktbereiche das Mittel der Wahl. Insofern lag seitens der Kommunistischen Parteien die Übernahme des »sowjetischen Modells« namentlich für die industriellen Bereiche nahe; darüber hinaus galt allerdings eine zentral-administrative Planung als alternativloses Ideal der angestrebten sozialistischen Umgestaltung. In der Landwirtschaft gab es demgegenüber eine große Spannbreite zwischen der Verwandlung kleinbäuerlicher Betriebe, die im Zuge von Bodenreformen aus enteigneten Großgrundeigentum gebildet worden waren, in kollektive und genossenschaftliche Strukturen einerseits und der Beibehaltung weitgehend privater bäuerlicher Eigentumsverhältnisse, die teilweise bis 1990 fortdauerten, andererseits.

Als Pendant zum Marshall-Plan der USA und der daraus entstandenen Organisation für europäische wirtschaftliche Zusammenarbeit (OEEC) wurde 1949 als Folgeorganisation des Komintern (Kommunistisches Informationsbüro) der Rat für Gegenseitige Wirtschaftshilfe (RGW) gegründet; ihm gehörten neben der Sowjetunion die Länder Polen, Rumänien, Bulgarien, Ungarn und die Tschechoslowakei an, später folgte die DDR (vgl. Abb. 16.22).[14] Wesentliche Aufgabe des RGW war

---
[14] Am 23. Februar 1949 trat Albanien dem Bündnis bei (dessen Mitgliedschaft später ruhte). Spätere Mitglieder wurden die Mongolei (1962), Kuba (1972) und Vietnam (1978).

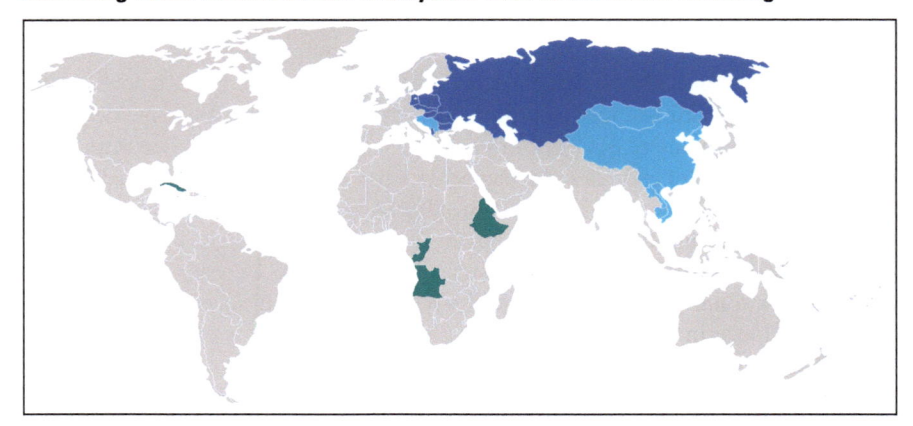

Abbildung 16.22: Sozialistisches Weltsystem nach dem Zweiten Weltkrieg

Quelle: www.wikiwand.com/de/Ostblock

die Abstimmung der nationalen Volkswirtschaftspläne über die Gosplan-Behörde, um eine interne Arbeitsteilung und Spezialisierung sowie eine allmähliche Angleichung der ursprünglich sehr unterschiedlichen wirtschaftlichen Bedingungen in den Mitgliedsstaaten zu erreichen. Die wirtschaftlich stärkeren Länder Sowjetunion, DDR, Tschechoslowakei und, mit Abstrichen, Ungarn sollten die schwächeren unterstützen, um Aufholprozesse in Gang zu setzen. Der Außenhandel zwischen den Mitgliedern wurde durch längerfristige bi- und multilaterale Verträge organisiert. Als Gegenstück zur NATO wurde 1955 die Warschauer Vertragsorganisation als militärischer Beistandspakt unter der Führung der Sowjetunion gegründet.

Die RGW-Staaten (Vollmitglieder sowie Staaten mit Beobachterstatus) umfassten als sozialistisches Weltsystem oder Zweite Welt in der größten Ausdehnung mehr als ein Drittel des Territoriums der Erde und knapp 30 Prozent der Weltbevölkerung. Als Systemkonkurrent zur Ersten Welt der kapitalistischen Staaten (inkl. industrialisierte Satellitenstaaten) war das sozialistische Weltsystem Bezugspunkt auch für die Orientierung vieler Entwicklungsländer der sog. Dritten Welt. Hier war zu unterscheiden zwischen Staaten mit sozialistischer Orientierung ihrer Wirtschafts- und Gesellschaftspolitik (bis 1990/91) wie z.B. Angola, Äthiopien und der Volksrepublik Kongo (Kongo-Brazzaville) einerseits und Staaten, die sich mehr oder weniger politisch an der Seite der Sowjetunion positionierten und mit ihr in Freundschaftsverträgen verbunden waren wie Irak, Syrien und Libyen. Die Spaltung der Welt in zwei Pole mit unterschiedlichen Wirtschafts-, Gesellschafts- und politischen Systemen, die sich im Verhältnis eines Kalten Krieges gegensätzlich gegenüberstanden und solcherart miteinander konkurrierten und zu Bezugspunkten der Weltpoli-

---

Außerdem trat Jugoslawien einigen Organen des RGW bei. China (bis 1961) und Nordkorea hatten Beobachterstatus.

tik geworden waren, prägte der Entwicklung nach dem Zweiten Weltkrieg bis zum Zusammenbruch des sog. Realsozialismus ihren Stempel auf.

Gegen Ende der 1950er Jahre kam es in den realsozialistischen RGW-Ländern durchweg zu einer deutlichen Verlangsamung des Wirtschaftswachstums; in der UdSSR sank das jahresdurchschnittliche Wachstum von 11,3% (1950–1955) über 9,2% (1956–1960) auf 6,5% (1960–1965) (vgl. Leptin 1968). Für die vergleichsweise höher entwickelten Volkswirtschaften der DDR und der ČSSR hatten die wirtschaftlichen Rahmenbedingungen für eine nachholende Industrialisierung nach der Überwindung der unmittelbaren Kriegsfolgen von vornherein nicht gepasst. Die Übernahme des sowjetischen Planungsmodells war daher für diese Länder schon bald dysfunktional geworden. Es war insoweit kein Zufall, dass bereits Anfang der 1960er Jahre in der DDR schrittweise das ursprünglich etablierte Planungssystem sowjetischer Art durch Einfügung einer dezentralen, auf der Betriebsebene (Kombinate, später: Vereinigung Volkseigener Kombinate) angesiedelten Entscheidungsebene modifiziert wurde. Hauptziel der als »Neues Ökonomisches System der Planung und Lenkung« (NÖSPL) bezeichneten Reform war die Optimierung der Verbindung der zentralen staatlichen Planung mit einer indirekten Steuerung der Betriebe über monetäre Lenkungsmittel; dabei wurden die staatliche zentrale gesamtwirtschaftliche Planung und die dezentrale Planung und Regelung durch die Betriebe als »komplementäre« Instrumente angesehen. Damit hatte die Sozialistische Einheitspartei (SED) der DDR in der Wirtschaftspolitik der sozialistischen Staaten eine Pionierfunktion übernommen, die erst ein paar Jahre später auch in der UdSSR mit ähnlich ausgerichteten Wirtschaftsreformen im »Neuen System der Planung und ökonomischen Stimulierung« (1965) nachvollzogen wurde. Ebenfalls 1965 begann in der ČSSR der Reformprozess nach der Entscheidung des ZK der KPČ über die »Vervollkommnung des Systems der planmäßigen Leitung der tschechoslowakischen Volkswirtschaft«. 1968 beschloss in Ungarn das ZK der Ungarischen Sozialistischen Arbeiterpartei (USAP) die Einführung des »Neuen Ökonomischen Mechanismus (NÖM)«.

Dieser Neuorientierung der Wirtschaftspolitik war das immer offenkundigere Auftreten erheblicher Mängel der überkommenen zentral-administrativen Planung mit der Vorgabe stofflich-naturaler Größen, insbesondere der Kennziffer »Bruttoproduktion«, vorausgegangen, die die Betriebe zu bloßer Produktionsmengensteigerung (»Tonnenideologie«), oftmals an den Bedürfnissen der Abnehmer vorbei und zu Planerfüllungen mit sinkender Arbeitsproduktivität, stimuliert hatten. Die Volkswirtschaftsplanung selbst war mehr eine bloße Extrapolation der Strukturen denn eine auf jeweilige neue Verhältnisse aufsetzende, mit differenzierten und neuen Schwerpunkten operierende Gestaltung der gesamtwirtschaftlichen Entwicklung geworden. Auch das für eine zentralistische Planung charakteristische Informationsproblem, sowohl was inkorrekte Meldungen der Betriebe über verfügbare Produktionskapazitäten und vorhandene Reserven in Richtung der Zentrale zur Erreichung »weicher Planvorgaben« anging, als auch was die zunehmend unmöglicher werdende Planung von detaillierten Vorgaben für die Vielzahl der

Produktionseinheiten anbetraf, machte sich anhand von Disproportionalitäten, d.h. Mangel- sowie Überschusserscheinungen, immer stärker bemerkbar. Im Resultat führten diese Probleme und Dysfunktionalitäten zu den sinkenden Wachstumsraten des Nationaleinkommens.

Die auf diese Entwicklungen reagierenden Wirtschaftsreformen waren in ihrer Grundausrichtung in allen realsozialistischen Ländern die Gleichen: 1. Verbesserung der Planung durch Reduzierung der vorgegebenen Kennziffern und Verstärkung der Rolle der Perspektivpläne und Normative, 2. Beseitigung der übermäßigen Reglementierung der Betriebe durch Eröffnung und Vergrößerung des Entscheidungsspielraums auf Betriebsebene, wie die Planvorgaben im Einzelnen zu realisieren sind, 3. Festigung und Entwicklung der wirtschaftlichen Rechnungsführung, d.h. Umstellung der Betriebe auf stärkere Eigenfinanzierung und Verstärkung der ökonomischen Stimulierung durch Ausrichtung an der Kennziffer »Rentabilität« als Verhältnis des Gewinns zu den Produktionsgrundfonds und den normierten Umlaufmitteln, d.h. faktisch als Profitrate – sie galt als »*synthetisches Nutzenkriterium betrieblicher Tätigkeit.*«(Nick 1970: 204) – sowie 4. Übergang zur Leitung der Industrie nach dem Zweigprinzip, wo bislang noch auf territorialer Grundlage geplant worden war (wie in der Sowjetunion). Mit diesem veränderten Planungsmechanismus wurde zweierlei betont, erstens die nach wie vor bestehende Priorität der Zentralplanung gegenüber den auf den Ware-Geld-Beziehungen fußenden Kennziffern und Handlungsparametern und zweitens die Einführung einer dezentralen betrieblichen Entscheidungsebene, wodurch die Betriebe aus bloßen Vollzugsorganen der Vorgaben der zentralen Plankommissionen zu Mitentscheidern wurden, allerdings begrenzt auf die durch die zentralen Vorgaben limitierten Spielräume. Korrespondierend zu den neu eröffneten Entscheidungsspielräumen der Betriebsdirektoren wurde auch die Belegschaft mit materiellen Stimuli an dem Erfolg ihrer Betriebe beteiligt.

Die aktivere Rolle der Ware-Geld-Beziehungen, die nunmehr nicht nur als verkleidete Formen stofflicher Kennziffern fungierten, wurde strikt von einer marktwirtschaftlich vermittelten Allokation unterschieden und abgegrenzt; der Marktsozialismus wurde als korporativer oder Gildesozialismus mit anarcho-syndikalistischen Zügen herabgewürdigt (vgl. Liberman 1973: 53). Eine Orientierung der Betriebe an Marktverhältnissen, d.h. »*über den Erfolg einer Sache auf Grundlage der Rentabilität der Produktion und des Umfangs des Verkaufs beliebiger Waren und Dienstleistungen zu urteilen*« entspräche nicht dem sozialistischen »Erziehungsauftrag« und »*trabt ... den gewöhnlichen, oft entstellten, durch die kleinbürgerliche Lebensweise erzogenen Neigungen hinterher.*« (Ibid.: 54) Insofern blieb es bei der Ineinssetzung von zentraler Planung mit »sozialistischer Vergesellschaftung der Arbeit«, d.h. der – intendierten – Herstellung der Gesellschaftlichkeit der Gesamtarbeit durch den bewussten Plan ex ante. Dem Marktprozess wurde somit keine eigenständige allokative Funktion beigemessen, sondern er sollte im Sinne der zentralen Planvorgaben funktionalisiert oder instrumentalisiert werden, d.h. er blieb letztlich passiv. Dies war auch die prinzipielle Herangehensweise beim DDR-NÖSPL bzw. Ökonomischen System des Sozialismus (ÖSS). Demgegenüber wurde im ursprünglichen tschechoslowakischen Modell sowie in Ungarn der umgekehrte Weg versucht. Mit dem Ende des »Prager Frühlings« war dieser Ansatz in der ČSSR jedoch ebenfalls beendet.

Ein Großteil dieser Reformen war ein Suchprozess nach etwas grundsätzlich Neuem. Er wurde eingeengt durch das Festhalten der führenden Parteien an der Identität von Staatseigentum und sozialistischem Eigentum und dem Primat einer Ex-ante-Zentralplanung mit einer sozialistischen Vergesellschaftung der Arbeit. Beide Prämissen erwiesen sich als zu enges Korsett für die Herausbildung einzelwirtschaftlicher Innovationen und einer autonomen Entwicklung der Produktportfolios namentlich im Konsumgüterbereich. Genossenschaftliche Eigentumsverhältnisse bestanden im Wesentlichen nur in der Landwirtschaft und im Handwerk, eine aus der Eigentumsfunktion der unmittelbaren Produzenten an ihrem Betrieb entspringende Produktivkraftentwicklung blieb somit marginal. Griffen die Reformbemühungen über den Bereich der Ökonomie hinaus auf die Verhältnisse des kulturellen und politischen Überbaus oder stellten sie gar die in den Verfassungen festgeschriebene Rolle der führenden Partei zugunsten der Entwicklung einer zivilgesellschaftlichen Sphäre jenseits staatsförmiger Organisationsformen mit dem beständigen Kampf um Hegemonie der verschiedenen gesellschaftlichen Gruppen und Klassen in Frage, wurde Verrat am Sozialismus unterstellt. Die beständige ideologische Diversion des kapitalistischen Westens tat ein Übriges und provozierte gewaltsame Interventionen der realsozialistischen Staaten wie 1968 in der ČSSR. Damit wurden natürlich die Bedingungen für den friedlich-diskursiven Kampf um eine sozialistische Hegemonie noch weiter zerstört.

Im Ergebnis dieser Konstellationen wurden in den Ländern, die ökonomisch (DDR) oder ökonomisch und politisch (ČSSR) eine Vorreiterrolle im Reformprozess um einen sog. »Sozialismus mit menschlichem Antlitz« gespielt hatten, die angestoßenen Entwicklungen abgebrochen und zurückgedreht. Ein ökonomischer Aufbruch war damit nicht mehr möglich; im Gegenteil, die Wachstumsraten von Produktion und Volkseinkommen blieben im »real existierenden Sozialismus« weiter hinter der Entwicklung im kapitalistischen Westen zurück, der im Jahrzehnt vor der Weltwirtschaftskrise 1974/75 seine prosperierende Nachkriegsentwicklung – wenn auch nicht mehr auf dem hohen Niveau der 1950er und ersten 1960er Jahre noch fortsetzen konnte. Die achtzehn Jahre unter dem Generalsekretär Leonid Breschnew der KPdSU (1964 bis 1982) wurden zunehmend mit wirtschaftlicher Stagnation und politischer Regression verbunden. Auch Erich Honecker, der 1971 Walter Ulbricht als Generalsekretär der SED abgelöst hatte und für die Konzeption einer mehr und mehr zugunsten der Sozialpolitik verschobenen »Einheit von Wirtschafts- und Sozialpolitik« stand, führte die DDR in den 1980er Jahren in eine durch Verschuldung in der BRD finanzierte Überkonsumtionskrise, auch wenn sie von der Bevölkerung nicht als solche wahrgenommen wurde.

Allerdings blieb die zivilisierende Funktion der Systemkonkurrenz zwischen Kapitalismus und realexistierendem Sozialismus namentlich für europäische Länder erhalten. Dies galt ökonomisch im Hinblick auf eine Begrenzung der Ausbeutung, teilweise auch im Hinblick auf Großaufträge aus den sozialistischen Ländern, die Krisenentwicklungen in einzelnen Unternehmen und Regionen im kapitalistischen Westen abmildern konnten. Dies galt aber auch politisch sowohl auf der übergeordneten internationalen Ebene zwischen den beiden Führungsmächten USA und Sowjetunion als auch im zwischenstaatlichen Bereich und nicht zuletzt auch im Hinblick auf die Unterstützung kommunistischer Parteien in westeuropäischen Ländern. Ohne den Faktor der Systemkonkurrenz zu überschätzen – er hatte, von Land zu Land unterschiedlich, auch negative Auswirkungen im Hinblick auf problematische Entscheidungen und Entwicklungen in den realsozialistischen Ländern – überwog die Einhegung und Begrenzung kapitalistischer Profitmaximierung und politischer Selbstgefälligkeit.

Kapitel 17: Übergang der beschleunigten Kapitalakkumulation in strukturelle Überakkumulation von Kapital und Veränderung der internationalen Arbeitsteilung im Rahmen der finanzkapitalistischen Globalisierung

a) Strukturelle Überakkumulation von Kapital und Krise des Fordismus

Welthandel und Weltmarktzyklus unter Überakkumulationsbedingungen

Das Ende der Nachkriegsperiode ökonomischer Stabilität und Kontinuität in den internationalen Beziehungen zwischen den kapitalistischen Metropolen wurde mit der Weltwirtschaftskrise 1974/75 eingeleitet. Während im V. Nachkriegszyklus (1968–1971) die Instabilitäten und krisenhaften Entwicklungen noch aparte Phänomene der finanziellen und monetären Verhältnisse auf dem Weltmarkt zu sein schienen, offenbarte sich mit dem Abschluss des folgenden VI. Zyklus (1972–1975) der qualitativ veränderte Charakter der kapitalistischen Akkumulation für alle kapitalistischen Metropolen (außer Japan). Für den Welthandel ergaben sich die in Tabelle 17.1 dargestellten Zykluseinteilungen und Wachstumsraten (in laufenden und konstanten Preisen).

Die Krise 1974/75 wurde von allen nationalen Reproduktionsprozessen der kapitalistischen Metropolen mit Ausnahme Japans synchron und mit negativen Veränderungsraten durchlaufen, teilweise sogar in zwei aufeinander folgenden Jahren. Auch der Welthandel ging 1975 preisbereinigt absolut zurück. Ebenso scharf war die Abschwungsbewegung 1980–82 im folgenden Zyklus ausgeprägt. Der obere Wendepunkt dieses Konjunkturzyklus wurde von den USA 1979/80 eingeleitet, danach folgte eine Doppelrezession 1980 und 1982. Nur Japan konnte sich dieser erneuten weltweiten Wirtschaftskrise mit einem bloßen Rückgang der Zuwachsraten seines Sozialprodukts bis zu einem gewissen Grad entziehen. Der folgende VIII. Zyklus dauerte bis 1991 in den USA, bis 1993 in der BRD und in Japan; der Welthandel wies demzufolge zwei kurz aufeinander folgende Tiefpunkte in 1991 und 1993 auf.

Für den gesamten VII. Zyklus war die durchschnittliche Wachstumsrate des Welthandels mit 3,5% auf einem niedrigen Niveau, der höhere Wert in laufenden Preisen war der anhaltenden Inflation und 1979 dem zweiten Ölpreisschock geschuldet. Im folgenden VIII. Zyklus stieg die preisbereinigte Wachstumsrate des Welthandels auf 5,1% und die der Teuerung geschuldete Differenz zur Zuwachsrate in laufenden Preisen hatte deutlich abgenommen. Die Zwischentiefpunkte in diesem VIII. Zyklus – beim Welthandel 1985, in Japan 1986 – gingen auf die (erste) Asienkrise zurück und betrafen in erster Linie nur den fernöstlichen Wirtschaftsraum mit Ausnahme der VR China. Der folgende IX. Zyklus nahm 1992 in den USA seinen Ausgang und ab 1994 kam es weltwirtschaftlich zu einer konjunktu-

Tabelle: 17.1: Zyklusdatierung des Weltmarktzyklus und durchschnittliche Wachstumsraten des Welthandels in laufenden und konstanten Preisen (VII. bis XI. Nachkriegszyklen)

	Zyklusdatierung	Wachstumsraten laufende Preise	Wachstumsraten konstante Preise
VII. Nachkriegs-Zyklus	1976–1982	11,7%	3,5%
VIII. Nachkriegs-Zyklus	1983–1993	6,6%	5,1%
IX. Nachkriegs-Zyklus	1994–2001	6,5%	8,2%
X. Nachkriegs-Zyklus	2002–2009	10,1%	3,6%
XI. Nachkriegs-Zyklus	2010–2020	4,1%	2,9%

rellen Belebung, die aber in den einzelnen kapitalistischen Metropolen nicht an die Periode der beschleunigten Kapitalakkumulation vor 1975 anknüpfen konnte. Letzteres galt auch für die USA, die zwar die 1990er Jahre auf einem höheren Wachstumspfad als die anderen entwickelten kapitalistischen Länder durchliefen, aber keineswegs ein Wirtschaftswunder erfuhren, wie seinerzeit bisweilen orakelt wurde. Auch die Sonderrolle Japans war in diesem IX. Zyklus passé. Konnte sich das japanische Kapital in den ersten beiden Überakkumulationszyklen der Wachstumsverlangsamung in Folge schwächerer zyklischer Aufwärtsbewegungen und tieferer zyklischer Abschwünge noch weitgehend entziehen, brach es nunmehr umso heftiger über den japanischen Reproduktionsprozess herein. Eine ausgeprägte Immobilienkrise, die das japanische Bankensystem in Mitleidenschaft zog, wuchs sich zu einer mehrjährigen Deflation an den Warenmärkten aus und lähmte den reproduktiven Geschäftsgang nachhaltig. Die Überwindung dieser Deflationsperiode war erst mit dem Beginn des X. Zyklus 2004 gegeben – um dann im Rahmen der Finanzmarkt- und Weltwirtschaftskrise ab 2007 erneut auf die Tagesordnung gesetzt zu werden. Zu Recht ist daher für Japan von einem »verlorenen Jahrzehnt« der 1990er Jahre gesprochen worden (vgl. Abb. 17.1).

Im Unterschied zu der Entwicklung in den nationalen Akkumulationsprozessen der entwickelten kapitalistischen Metropolen lag die langfristige Wachstumsrate des Welthandels im VIII. und noch mehr im IX. Zyklus auf einem deutlich höheren Niveau. Dies war sowohl Ausdruck einer zunehmenden Verflechtung der nationalen Reproduktionsprozesse über den internationalen Handel als auch Ergebnis des stärkeren Auftretens neuer Akteure, d.h. weiterer Nationen bzw. Nationalkapitale als wichtigen »Spielern« auf den Weltmärkten. Dies führte in der Folge nicht nur zu verstärkten Verlagerungstendenzen ganzer Produktionssphären aus den kapitalistischen Metropolen in die neu aufstrebenden Schwellenländer, sondern hing auch mit dem Aufbau internationaler Wertschöpfungsketten kapitalistischer Konzerne und ihrer Aufteilung auf verschiedene sich industrialisierende Staaten zusammen – beides Entwicklungen, die landläufig mit dem Begriff der Globalisierung der Weltwirtschaft bezeichnet werden. Allerdings verlangsamte sich die Zunahme des

Kapitel 17: Strukturelle Überakkumulation und Globalisierung 685

Abbildung 17.1: Weltmarktzyklus ab 1970

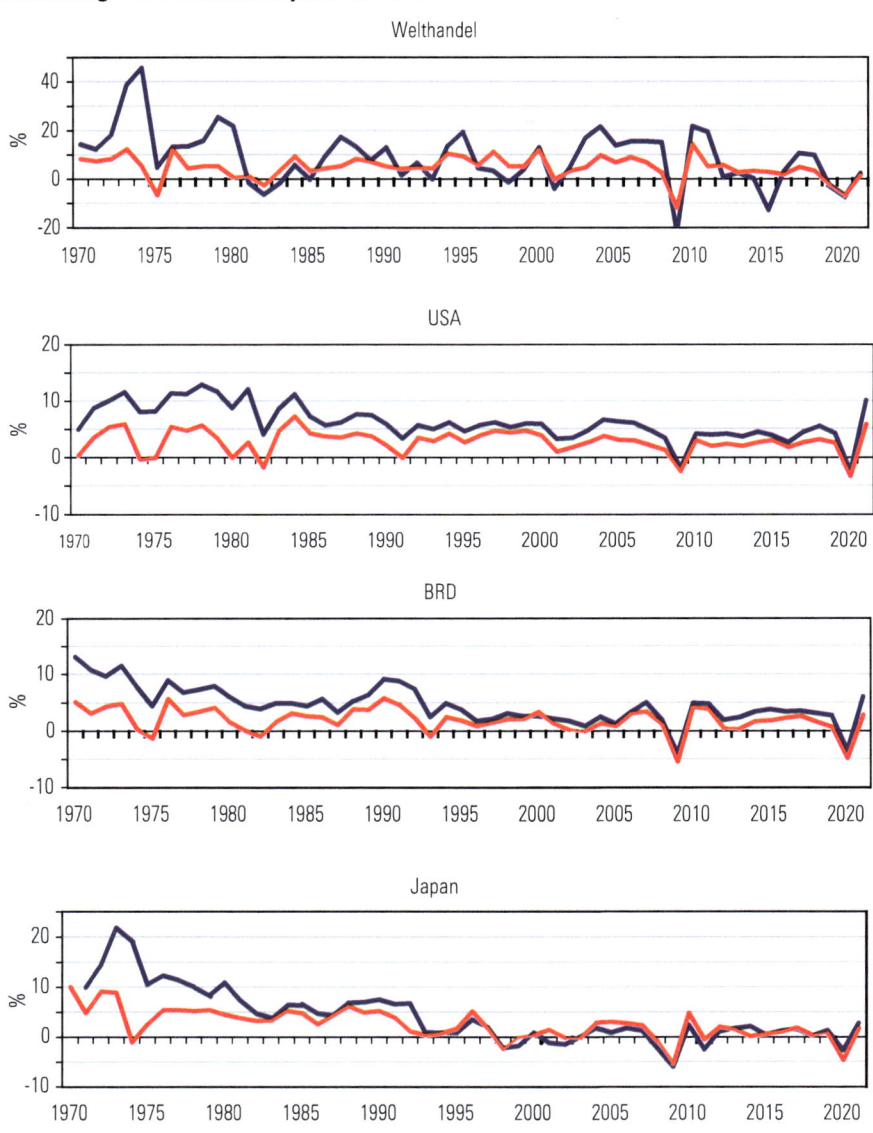

Quelle: IWF, WTO, OECD, Statistisches Bundesamt

grenzüberschreitenden Handels in den beiden Folgezyklen wieder; beide wurden durch tiefe Krisen beendet, die das Volumen des Welthandels kontrahieren ließen.

Die internationalen Handelsstrukturen waren in den 1970er Jahren zunächst und vorübergehend vom gemeinsamen Auftreten der im OPEC-Kartell zusammen geschlossenen Erdöl produzierenden und exportierenden Länder geprägt gewesen, die mit den zweimaligen Preisrevolutionen dieses zum wichtigsten Energieträger avancierten Rohstoffs sprunghaft an Bedeutung auf dem Weltmarkt gewonnen hatten. Die Plötzlichkeit des ersten Ölpreisanstiegs 1973 lenkte Einkommensströme erheblichen Ausmaßes insbesondere von kapitalistischen Industrieländern zugunsten der OPEC-Länder um und das Leistungsbilanzgefüge der Weltwirtschaft wurde 1973/74 erheblich durcheinandergewirbelt. Der aggregierte Leistungsbilanzüberschuss der kapitalistischen Industrieländer (Metropolen und nachgeordnete entwickelte Volkswirtschaften) kehrte sich aus einem Überschuss von 20,3 Mrd. US-$ 1973 in ein Defizit von 10,8 Mrd. US-$ im Jahr 1974 um und beruhte zum überwiegenden Teil auf der sprunghaft erhöhten Ölrechnung. Desgleichen vergrößerte sich das Leistungsbilanzdefizit der Nichtöl-Entwicklungsländer auf 37 Mrd. US-$, wobei besonders die Gruppe der »major export manufacturers« (Argentinien, Brasilien, Griechenland, Hongkong, Israel, Südkorea, Portugal, Singapur und Südafrika) durch die Ölpreisverteuerung belastet wurde. Spiegelbildlich dazu schnellte der Leistungsbilanzüberschuss der OPEC-Länder um 61 Mrd. $ auf mehr als 68 Mrd. $ in die Höhe. In den Folgejahren verquickten sich konjunkturelle bzw. Überakkumulationstendenzen mit den fortbestehenden Auswirkungen der Ölpreiserhöhung. Im Jahr 1980 wiederholte sich eine vergleichbare Entwicklung.

In beiden Fällen 1973/74 und 1979/80 resultierte aus den Ölpreisrevolutionen ein weltwirtschaftliches Transferproblem, welches eine reproduktive und eine finanzielle Dimension besaß. Da die Ölexport-Länder (Algerien, Indonesien, Iran, Irak, Katar, Kuwait, Libyen, Nigeria, Oman, Saudi-Arabien, Vereinigte Arabische Emirate, Venezuela) zum überwiegenden Teil niedrig entwickelte Länder waren, die zudem zu einem großen Teil kleine Binnenmärkte aufwiesen, war ihre Fähigkeit zur Umsetzung des durch die Ölpreishausse bezogenen Geldes für Käufe von Waren vergleichsweise gering. Eine unmittelbare Rückschleusung der Petro-Dollars der OPEC-Staaten in die Industrieländer aufgrund von Importen konnte somit nicht stattfinden. Dennoch war die Importfähigkeit selbst der bevölkerungsarmen Staaten am Persischen Golf so beachtlich, dass im Laufe von fünf Jahren nach dem ersten Ölpreisschub der Leistungsbilanzüberschuss der OPEC-Länder nahezu abgebaut worden war. Von diesem durch Warenströme vermittelten Recycling profitierte in erster Linie die Gruppe der Industrieländer, die bereits mit Beginn des VII. Zyklus 1976 wieder eine ausgeglichene aggregierte Leistungsbilanz aufwiesen. Die nochmals in die Höhe schnellenden Leistungsbilanzüberschüsse der OPEC-Länder im Gefolge des zweiten Ölpreisschubs wurden noch schneller wieder abgebaut; das bereits 1983 wieder zu verzeichnende Sinken der Ölpreise unter einen Jahresdurchschnittswert von 30 US-$ je Barrel im Gefolge einer Stabilisierung des Dollar-Wechselkurses sowie verstärkter Erfolge bei der Einsparung von

Öl – im Zusammenspiel mit einer nach wie vor mäßigen konjunkturellen Entwicklung ab 1983 – verstärkte diese Tendenz zum Ausgleich.

In der Folgezeit, d.h. beginnend mit den 1980er Jahren waren es zunächst die südostasiatischen Schwellenländer Südkorea, Taiwan sowie die Stadtstaaten Singapur und Hongkong, denen es gelang, industrielle Entwicklungsprozesse nachzuholen und zunächst mit einfachen Massenprodukten, im Weiteren jedoch auch mit zunehmenden Anteilen bei höheren industriellen Waren sich auf den Weltmärkten zu etablieren. Während Singapur und Hongkong als ehemalige britische Kolonien immer schon als bedeutende Seehäfen Tore für ihr Hinterland und damit als Stadtstaaten keine Repräsentanten der in ihren Nachbarländern dominierenden asiatischen Produktionsweise gewesen waren, hatten sich Südkorea sowie Taiwan als Teil Chinas vor der japanischen Kolonisierung nach Maßgabe der für den ostasiatischen Kontinent typischen Ausprägung dieser Produktionsweise entwickelt. Nach der Überwindung des Kolonialstatus war für alle vier Staaten eine aktive staatliche Intervention in die Ökonomie zur Entwicklung und Unterstützung jeweiliger sektoraler Bereiche charakteristisch gewesen. Der Hybridcharakter der Ökonomie in den Flächenstaaten von traditionellen Produktionsverhältnissen und wesentlich von außen induzierter kapitalistischer Entwicklung konnte erfolgreich zu einer kapitalistischen Industrialisierung überwunden werden und die Länder aufnahmebereit machen für ausgelagerte Produktionsprozesse aus den Metropolen. In den 1990er Jahren konnte vor dem Hintergrund der marktwirtschaftlichen Transformation des chinesischen Reproduktionsprozesses mit dem Beginn des rasanten Aufstiegs der VR China als industrieller Produktions- und Handelsmacht auf noch wesentlich höherem Niveau und in wesentlich größerem Umfang die Industrialisierung eines Agrarlandes registriert werden. Auch hier war es einer staatlichen Strukturpolitik, dieses Mal unter der Regie eines sozialistischen Staates und einer kommunistischen Regierung zu verdanken, dass sich die Entwicklung mit fast durchgängig zweistelligen binnenwirtschaftlichen Wachstumsraten des Nationalprodukts vollzog. China schickte sich an, auch im Welthandel eine internationale Führungsposition einzunehmen, die ab dem Jahr 2009 als weltgrößter Warenexporteur auch erreicht wurde. Demgegenüber erlitt Japan nach der Jahrtausendwende einen Bedeutungsverlust als Exporteur, nachdem der auch nach der Weltwirtschaftskrise 1974/75 zunächst unvermindert weitergehende Expansionsprozess des japanischen Kapitals Ende der 1980er bzw. Mitte der 1990er Jahre seinen Zenit erreicht hatte (vgl. Abb. 17.2).

Die Intensivierung des Welthandels und die Umgruppierung der Konstellationen zwischen den führenden Handelsnationen vollzog sich innerhalb der vorliegend betrachteten Zeitperiode trotz des zuvor krisenhaft zusammengebrochenen Bretton-Woods-Währungssystems fixer Wechselkurse zwischen den nunmehr floatenden bedeutendsten Transaktionswährungen auf dem Weltmarkt. Dieses Währungssystem hatte während der vorangegangenen Periode in den kapitalistischen Metropolen Wesentliches zur Verallgemeinerung, Stabilisierung und wechselseitigen Forcierung der beschleunigten Akkumulation ihres reproduktiven Kapitals beigetragen. Die Krise des Bretton-Woods-Fixkurssystems war durch die Schwächung des US-

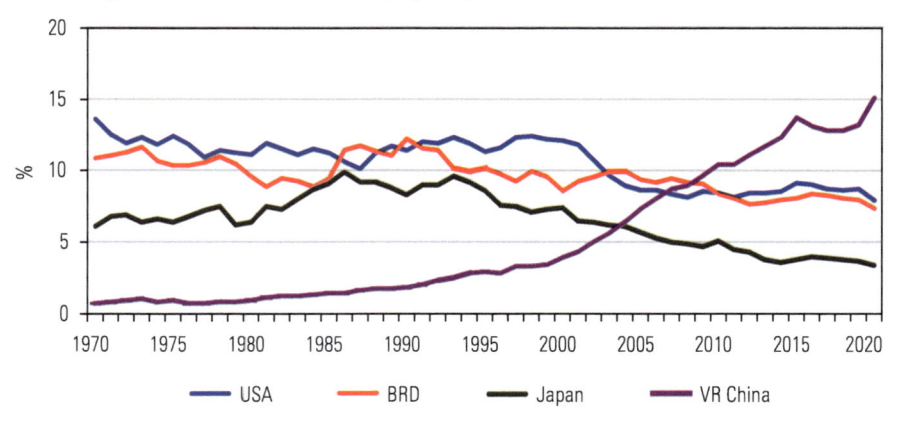

Abbildung 17.2: Welthandelsanteile (Exporte) ab 1970

Quelle: IMF, WTO

Dollars als Weltgeldersatz verursacht worden; Grundlage dafür war wiederum die tendenzielle Einebnung der ursprünglichen Produktivitätsvorteile der USA sowie die Belastung der US-Ökonomie durch kriegerische Abenteuer in Vietnam und Kambodscha gewesen. Mit der einseitigen Aufkündigung der Konvertibilitätsverpflichtung des Dollars gegen Gold zur festen Parität durch den amerikanischen Präsidenten R. Nixon am 11. März 1973 wurde das Währungsregime der Nachkriegsprosperität beendet. An seine Stelle tritt ein »*monetärer modus vivendi*« (Aschinger 1978, S. 23), der mit Bezug auf die verschiedenen Wechselkurspraktiken ein bunt gemischtes Bild unabhängig flottierender Währungen, an andere Währungen mehr oder weniger fest gekoppelter Währungen, an Währungskörbe gebundene Währungen sowie ein gemeinsames Blockfloaten mit gegenseitiger Intervention (Europäischer Wechselkursverbund) aufwies. Bestimmend für internationale Transaktionen waren jedoch frei schwankende Wechselkurse zwischen Währungen, mit denen über 50% des Welthandels abgewickelt wurden – dies betraf die amerikanische, japanische und britische Währung sowie die Außenbeziehungen der am Europäischen Festkurssystem teilnehmenden Währungen.

Die verstärkte internationale Verflechtung der nationalen Reproduktionsprozesse und das Aufkommen neuer Länder und Ländergruppen an den Warenmärkten – sowie mit der beschleunigten Geldkapitalakkumulation auch an den Finanzmärkten – drückte dabei keineswegs einen Wert an sich aus, von dem umstandslos auf einen internationalen Wohlstandsgewinn geschlussfolgert werden konnte. Zum Einen blieb das Auftreten neuer »Spieler« auf den Märkten auf sehr wenige Länder beschränkt, die ihre Weltmarktanteile zum Teil durch rücksichtslose Ausbeutung von Menschen und äußerer Natur errangen. Darüber hinaus scheiterten auch viele Länder mit dem Versuch, nachholende Entwicklungsprozesse mit Rückgriff auf Kreditaufnahmen an internationalen Märkten durchzuführen – was zurückblieb, waren überschuldete Nationen, die sich den Diktaten ihrer Gläubiger sowie internationaler Institutionen zu unterwerfen hatten. Zum Anderen war ein Teil der Weltmarktanteile dieser aufkommenden Länder auch zugleich den Krisenentwicklungen in den angestammten Metropolen des Kapitals geschuldet, drückte also auch nach dieser Seite alles Andere als allgemeine Wohlstandsmehrung durch Freihandel und unregulierte Märkte aus. Für die Mehrheit der unterentwickelten Länder blieb sowieso keine Hoffnung; hier markierte die Periode nach 1975 einmal mehr die Aneinanderreihung verlorener Jahrzehnte. Zur beschleunigten Geldkapitalakkumulation und Finanzspekulation in und zwischen den kapitalistischen Metropolen selbst trat somit eine Geldkapitalakkumulation zwischen Industrie- sowie OPEC-Ländern auf der einen und nachgeordneten Ländern sowie Nichtöl-Entwicklungsländern auf der anderen Seite. Damit erreichte die Verselbständigung der Geldkapitalakkumulation eine neue Stufe, die sich im – ersten – Eklat der internationalen Schuldenkrise 1980–82 manifestierte.

Kapitalistischer Roll-back in der Wirtschaftspolitik durch Supply-Side-Politics, Finanzialisierung und Neoliberalismus
Die erste Ausdrucksform der strukturellen Überakkumulation von Kapital war in den 1970er und 1980er Jahren eine »stagflationäre« Entwicklung, d.h. ein Zusammenspiel von stagnativer Kapitalakkumulation bei gleichzeitig gestiegener Inflationierung der Warenpreise. Eine zunehmende Preisinflation an den Warenmärkten infolge eines Nachfragesogs (demand pull) signalisiert in der ersten Runde steigende Kapitalprofite und stimuliert die Kapitalakkumulation und damit das Wirtschaftswachstum. Erst danach steigen auch die Kosten an, und zwar sowohl die Preise der Produktionsmittel als auch der Preis der Arbeitskraft, d.h. die Geldlöhne. Dieser wachsende Kostendruck wird sodann, wenn der Nachfragesog anhält, auf die Absatzpreise überwälzt (cost-push) und das Zusammenspiel von steigenden Preisen, wachsenden Profiten und weiterhin steigenden Kosten setzt sich fort. Unter Bedingungen einer langfristig beschleunigten Kapitalakkumulation ist dies die klassische Konstellation eines zyklischen Aufschwungsprozesses, der erst dann an sein Ende kommt, wenn die Weitergabe steigender Produktionskosten an die Absatzpreise sich an Nachfragerestriktionen bricht.

Die gewinnsteigernde Wirkung einer verstärkten Preisinflation und die Umsetzung steigender Gewinne in zunehmende Investitionen und gesteigertes Wirtschaftswachstum unterstellen aber ein allgemeines Profitratenniveau, welches als Durchschnitt von differierenden Branchenprofitraten und Einzelrenditen einen genügenden Abstand gegenüber dem langfristigen Zinsfuß als konkurrierender Ertragsrate bei der Investitionsentscheidung aufweist und dadurch den Zyklus als Prosperitätszyklus oder als Moment einer langfristig beschleunigten Kapitalakkumulation charakterisiert. Genau diese Konstellation lag aber in der Überakkumulationssituation nach der Weltwirtschaftskrise Mitte der 1970er Jahre gerade nicht vor. Die Profitrate war langfristig in den vorangegangenen Zyklen während der Prosperitätsperiode nach dem Zweiten Weltkrieg gesunken und der Kapitalzinsfuß hatte sich infolge der Stabilisierung der Umschlagprozesse der Kapitale durch

Betriebsmittelkredite sowie einer mit dem Ausbau des Sozialstaats langfristig gewachsenen öffentlichen Verschuldung nicht der gesunkenen Profitrate angepasst. Im Gegenteil, die von Zyklus zu Zyklus zunehmende Inflationierung der Warenpreise, verstärkt durch den exogenen Faktor der deutlichen Preiserhöhung beim mittlerweile wichtigsten Energieträger Erdöl, hatte die Nominalzinssätze sukzessive erhöht. Niedrige Profitraten und dementsprechend niedrige Grenzleistungsfähigkeiten des Kapitals bei gleichzeitiger Erhöhung der langfristigen Zinsen markieren die schlechteste aller Welten für die reproduktive Kapitalakkumulation in den oberflächlichen Formen des Reproduktionsprozesses, der sich nicht mehr im Modus einer beschleunigten Kapitalakkumulation bewegt. Teilweise lagen die Profitraten nicht nur in einzelnen Jahren zyklischer Krisen, sondern auch als zyklendurchschnittliche Größen auf dem Niveau des Kapitalzinsfußes oder sogar darunter (vgl. Abb. 17.3).

Dieses in den 1970er Jahren bzw. im VII. Nachkriegszyklus in allen kapitalistischen Metropolen außer Japan vorliegende Missverhältnis von Profitrate und langfristigem Zinsfuß ging auf der anderen Seite trotz latenter und manifester Überproduktion in den verschiedenen Zyklusphasen mit fortwährend steigenden Warenpreisen einher. Seine Ursachen lagen neben externen Faktoren der Kostensteigerung durch importierte Vorprodukte (inkl. Energieträger) in hohen und wegen der noch guten Beschäftigungssituation an den nationalen Arbeitsmärkten nach unten starren Geldlöhnen, die gut aufgestellte Arbeiter- und Gewerkschaftsbewegungen vorerst noch vollständig den steigenden Warenpreisen für die gewohnheitsmäßig in die Konsumtion der Lohnabhängigen eingehenden Waren anpassen konnten. Vielfach kam es sogar zu anhaltend steigenden Reallöhnen. Im Ergebnis ergab sich so eine Preis-Lohn-Preis-Spirale mit dem scheinbar paradoxen Zusammenspiel zwischen verlangsamter reproduktiver Kapitalakkumulation (Stagnation) und anhaltender Inflation.

Diese stagflationäre Entwicklung als erster Ausdruck der strukturellen Überakkumulation von Kapital nach der Weltwirtschaftskrise 1974/75 war für den gesamten VII. Zyklus charakteristisch. Dessen oberer Wendepunkt, d.h. seine zyklische Krise lag für Japan und Großbritannien im Jahr 1980 bzw. 1981 für die BRD. Die USA hatten bereits 1980 einen ersten Einbruch in der laufenden Reproduktion erfahren, welcher nach dem zyklischen Zinsmaximum in 1981 in ein zweites zyklisches Tief mündete (sog. Doppelrezession, double dip). Der zyklische Abschwung dieses VII. Nachkriegszyklus war mit Ausnahme Japans in den meisten kapitalistischen Metropolen vergleichbar tief wie der vorangegangene Abschwung des VI. Zyklus 1974/75. Wie dieser wurde er durch den zweiten Ölpreisschock 1979 durch externe Umstände verschärft.

Die hohen und in den 1970er Jahren ansteigenden Zinssätze wirkten darüber hinaus nicht nur restringierend für die reproduktive Kapitalakkumulation der Metropolen, sondern verschärften darüber hinaus die Schuldenkrise der nachgeordneten Länder; hinzu kam die Aufwertung des US-Dollars, also der Währung, in der die meisten Kredite denominiert waren. Insbesondere bei der Ausgestaltung der

Kapitel 17: Strukturelle Überakkumulation und Globalisierung

Abbildung 17.3: Profitraten und Zinssätze in kapitalistischen Metropolen

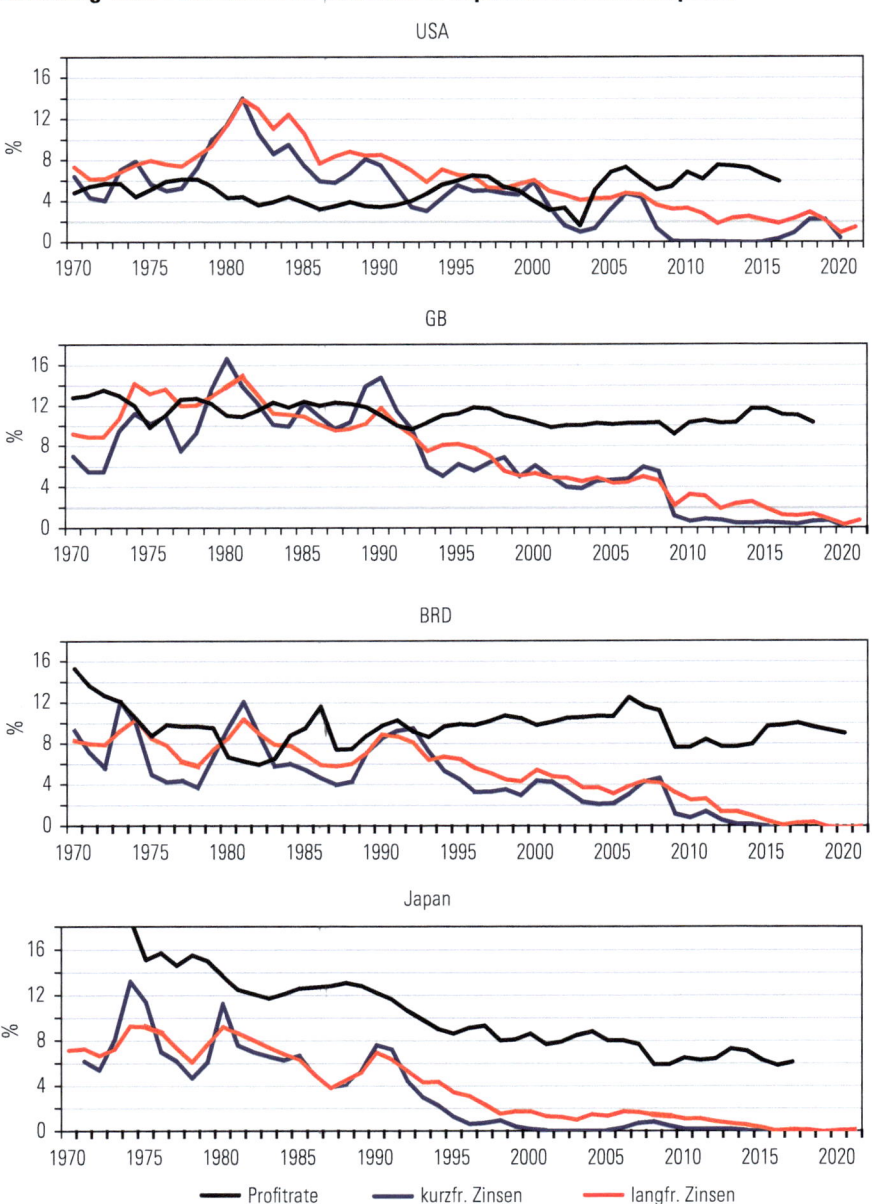

Quellen: OECD, Deutsche Bundesbank, Bank of Japan, FRED

Euromarkt-Kredite als Roll-over-Kredite mit jeweils kürzerfristiger Neufestsetzung der Zinsen erhöhten sich die Schuldendienstaufwendungen sprunghaft. Wurde erst einmal das Kreditrisiko seitens der Gläubigerbanken infolge auftretender Zahlungsschwierigkeiten höher bewertet, kamen neben der Erhöhung des Standardzinsfußes (seinerzeit LIBOR-Rate) gestiegene Aufschlagssätze hinzu. Die Zinsen stiegen so doppelt, bei gleichzeitig kurzfristiger Anpassung.

Bis zum Ende der 1970er Jahre verharrte der langfristige Zinsfuß in den USA mit nur geringen Schwankungen bei knapp 8% und begann erst ab dem Jahr 1979 diese Marge deutlich zu übersteigen. Ausgeprägte konjunkturelle Bewegungen wies nur der kurzfristige Zinsfuß in den USA mit jeweiligen zyklischen Maxima in 1973/74 und 1979–81 auf. Die Erhöhung des (zyklendurchschnittlichen) Zinsniveaus in den anderen Ländern war kein singuläres, auf das Ende des VII. Zyklus beschränktes Phänomen, sondern besaß strukturell-langfristigen Charakter. Mit Beginn des ersten Zyklus unter Überakkumulationsbedingungen vollzog sich eine signifikante Steigerung des Zinsniveaus sowohl im kurz- wie im langfristigen Bereich (mit einer teilweise inversen Zinsstruktur). Diese internationale Konstellation hielt – bei jeweils national langfristig steigenden Kapitalmarktzinsen – bis zum Ende der 1970er Jahre an (vgl. Abb. 17.3).

Neben den national spezifisch konturierten Angebot-Nachfrage-Konstellationen an den Geldkapitalmärkten, für die es insbesondere im langfristigen Bereich trotz zunehmender internationaler Integration keinen weltweiten Ausgleich der (»Real«-) Zinsen gab, entsprach die Diskrepanz in den nationalen (Nominal-) Zinsniveaus des Weiteren der unterschiedlichen Höhe der nationalen Preissteigerungsraten. Der US-Dollar war, neben der D-Mark in den 1950er und 1960er Jahren eine der kaufkraftbeständigsten Währungen im internationalen Vergleich gewesen und konnte, relativ gesehen, diesen Charakterzug bis zum Ende der 1970er Jahre halten. Erst 1980 hatte der nationale Kaufkraftverlust des Dollars zu den am stärksten inflationierenden Währungen aufgeschlossen. Neben den konjunkturellen Einflussfaktoren hatte dies mit der betriebenen Geldpolitik der Zentralbanken zu tun, insofern diese die induzierten Preisauftriebstendenzen monetär alimentiert hatten. Bis zum Jahr 1980 betrieb die US-Zentralbank eine permissive Geldpolitik; zusammen mit den konjunkturellen Erholungstendenzen und der zweiten Ölpreisanhebung erreichte die Preissteigerung in den USA noch im Jahr 1980 einen Nachkriegsspitzenwert von 13,5%. Danach schaltete die Federal Reserve Bank auf eine restriktive Geldpolitik um, verschärfte damit den konjunkturzyklischen Abschwung und erreichte fortan wieder deutlich niedrigere Kaufkraftentwertungen der US-Devise. Der Umschwung in der betriebenen Geldpolitik war nicht auf die USA beschränkt; tendenziell alle kapitalistischen Metropolen betrieben nunmehr eine mehr oder weniger restriktive Geldpolitik. Auch nach dem konjunkturellen Periodenwechsel in den VIII. Nachkriegszyklus blieben die Preissteigerungen niedrig. Die Überakkumulation als Stagflation wurde fortan durch eine Überakkumulation mit stabilen Warenpreisen, die immer auch schon die Gefahr des Abrutschens in eine Deflation aufwiesen, abgelöst (vgl. Abb. 17.4).

Kapitel 17: Strukturelle Überakkumulation und Globalisierung

Abbildung 17.4: Entwicklung der Warenpreise in den wichtigsten kapitalistischen Metropolen; Veränderung gg. Vj. in %

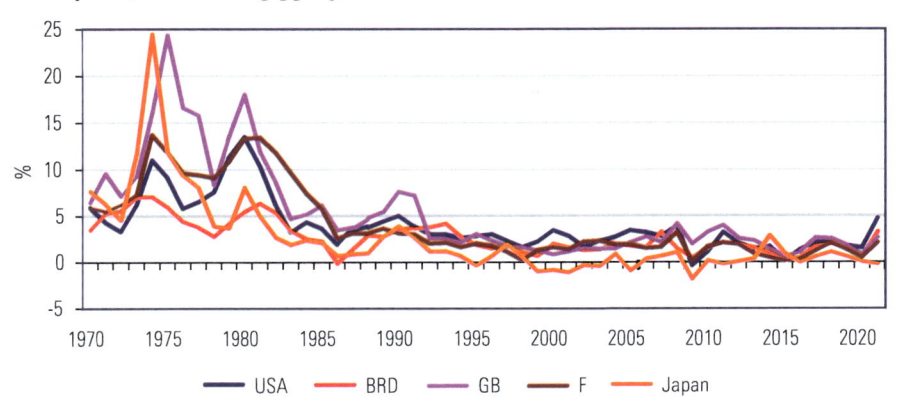

Quelle: IWF, OECD

Dieses vor dem Hintergrund der Abschwungsbewegung des VII. Nachkriegszyklus erfolgende konzertierte Umschalten der Geldpolitik der wichtigsten Zentralbanken auf einen Restriktionskurs muss als geldpolitische Reaktion auf die gewachsene Überakkumulationssituation als Stagflation gewertet werden, die zusammen mit der ordnungs- und fiskalpolitischen Angebotspolitik der Regierungen einen ersten Ausbruchsversuch aus der strukturellen Krisenkonstellation darstellte. Darüber hinaus wurde die Bekämpfung der hohen Inflationsraten der Warenpreise zu einer den Substanzwert der akkumulierten Geldvermögensbestände sichernden Maßnahme. Wegen der mittlerweile in allen Ländern erfolgten – begrenzten – Partizipation weiter Teile der lohnabhängigen Bevölkerung an der Geldvermögensbildung (Spareinlagen) und der besonderen Betroffenheit niedrigerer Einkommen durch inflationäre Preissteigerungen bei Konsumgütern erhielt diese geldpolitische Restriktion sowie der Umschwung der Wirtschaftspolitik zu Deregulierungsmaßnahmen gegenüber Schutzbestimmungen am Arbeitsmarkt, der Auflösung der Mixed Economy der Nachkriegsjahrzehnte durch Privatisierung öffentlicher Unternehmen und Betriebe sowie einer den arbeitsmarktbestimmten Druck auf die Löhne politisch verstärkenden staatlichen Verteilungspolitik Zustimmung auch über den kleinen Kreis der Geldkapitalisten hinaus. Mit den 1980er Jahren war die Abkehr von einer keynesianisch inspirierten Politik der Einhegung des Kapitalismus durch nichtkapitalistische Vergesellschaftungsformen – öffentliche Unternehmen, Auf- und Ausbau der Sozialstaaten – vollzogen. Es erfolgte die Hinwendung zum monetaristischen Paradigma einer regelgebundenen Geldpolitik zur Brechung der Inflation und einer auf die Selbststeuerungsfähigkeit der Märkte orientierten Wirtschafts- und Fiskalpolitik, mit denen die aufgetretenen Probleme des Kapitalismus durch ein Mehr an Kapitalismus, also eine Abkehr von dem in den 1970er Jahren erfolglos gebliebenen Keynesianismus, gelöst werden sollten; diese Herangehensweise sollte später noch mehrmals radikalisiert werden. Den Verlierern dieses Umschwungs der Wirtschaftspolitik wurde versprochen, dass eine politisch gestützte Steigerung der Profite auch und gerade auf Kosten der Arbeitslöhne eine Rückkehr zu Wirtschaftswachstum einleiten und daher in der nächsten Runde auch die Lohnbezieher durch Abbau der Massenarbeitslosigkeit und wieder ansteigende Löhnen besser stellen würde (»trickle-down-Effekt«).

Tatsächlich ging in der Folgezeit das Zinsniveau in allen kapitalistischen Metropolen – unter zyklischen Schwankungen – langfristig-strukturell gegenüber den Höchstständen der 1970er und zu Beginn der 1980er Jahre zurück. Entsprechendes galt für die nationalen Preisniveaus. Beide Entwicklungen waren nun aber keineswegs (nur) das Ergebnis einer erfolgreichen, weil zielkonformen Geldpolitik, sondern in erster Linie naturwüchsig marktbestimmt und dementsprechend Ausdruck der fortwährenden strukturellen Überakkumulation von Kapital. Dies galt zum einen für die Entwicklung der Warenpreise, die eine beständige latente Überproduktion aufgrund von unterdurchschnittlich ausgelasteten Produktionskapazitäten, d.h. überakkumulierten Fixkapital dokumentierten. Dieses überakkumulierte Kapital wurde nicht durchgreifend entwertet; es wirkte darüber hinaus als Hemmnis für die reproduktive Neuanlage von Kapital, welche vielfach nur im Verdrängungswettbewerb erfolgreich war. Nur in der der Finanzmarktkrise von 2007/08 folgenden tiefen Krise 2009 fand eine umfassendere Vernichtung und Entwertung von überakkumuliertem Kapital statt, was einigen Ländern, u.a. dem BRD-Nationalkapital, zu einer nachfolgenden Exportkonjunktur verhalf und den USA durch eine expansive Fiskalpolitik eine positive Wirtschaftsentwicklung im XI. Zyklus (ab 2010) ermöglichte. Die Kehrseite war eine nur zögerliche konjunkturelle Erholung in anderen Ländern, die bis hin zu einer stagnativ-depressiven Entwicklung ging und regelrecht deflationäre Tendenzen an ihren Warenmärkten erzeugte.

Zum anderen war auch die strukturell-langfristige Reduzierung der Zinsen in erster Instanz marktbestimmt und direkter Ausdruck von überakkumulierten Kapital in Form von Geld- oder Leihkapital, welches keine profitable reproduktive Anlage fand. Insofern fand ein Zusammenspiel zwischen gesunkener Profitrate und sinkenden Zinssätzen statt mit einer von der Profitrate ausgehenden Wirkungsrichtung. Diese Konstellation einer durch den Profitratenfall bedingten Reduzierung der Zinssätze ist auch als der allgemeine Fall einer strukturellen Überakkumulationssituation anzunehmen; demgegenüber war das vorherige Zusammentreffen von niedrigen Profitraten und hohen Geldzinsfüßen das bloße Intermezzo eines Übergangs.[1]

---

[1] Vgl. MEW 25: 371f: »*Da man gesehn, daß die Höhe der Profitrate im umgekehrten Verhältnis steht zur Entwicklung der kapitalistischen Produktion, so folgt daher, daß der höhre oder niedre Zinsfuß in einem Lande in demselben umgekehrten Verhältnis zur Höhe der industriellen Entwicklung steht, soweit nämlich die Verschiedenheit des Zinsfußes wirklich Verschiedenheit der Profitraten ausdrückt. ... In diesem Sinn kann man sagen, daß der Zins reguliert wird durch den Profit, näher durch die allgemeine Profitrate. Und diese Art seiner Regulierung gilt selbst für seinen Durchschnitt.*« (Hervorh. / S.K.)

Kapitel 17: Strukturelle Überakkumulation und Globalisierung

Leihkapital in Geldform wandert ab in die verschiedenen Formen fiktiven Kapitals und wird in liquiditätsnahen Formen als Spekulationskasse gehalten. Je stärker die Zinsen sinken und die Kurse des fiktiven Kapitals steigen, umso stärker haussieren die Börsen und Immobilienmärkte, auf deren Sekundär- oder Bestandsmärkten die Umsatztätigkeit, durch spekulative Erwartungen genährt, zunimmt und Vermögenspreisblasen treibt. Durch die Instrumentalisierung der Geldpolitik zur reproduktiven Konsumnachfragesteigerung (asset-based wealth driven accumulation) bzw. zur Rettung der zusammenbrechenden Finanzmärkte und Geschäftsbanken in der Krise von 2007/08 ist später diese Zinssenkungstendenz nochmals durch die Zentralbanken politisch verstärkt worden. Damit wurde die Steuerungsfunktion des Zinssatzes für die Kapitalakkumulation bis zu einem gewissen Grad suspendiert. So vorteilhaft auf der einen Seite niedrige Zinsen für die reproduktive Kapitalakkumulation als geringer Kapitalkostenfaktor sind, so krisenerzeugend sind auf der anderen Seite die durch die Niedrigzinsen getriebenen Vermögenspreise – fiktives Kapital: Wertpapiere aller Art sowie Immobilien (Grund und Boden) –, durch die Fehlallokationen von Kapital durch Bevorteilung des Kaufs von Eigentumstiteln gegenüber wertschöpfenden Investitionen erzeugt werden. Beim allfälligen Platzen dieser Vermögenspreisblasen wird nicht nur Wertschöpfung und reproduktive Kapitalakkumulation rückwirkend krisenhaft betroffen, sondern auch das internationale Finanzsystem kann dadurch in eine existenzbedrohende Krise hineingerissen werden. Vor der Großen Krise 2007-09, d.h. im VIII. und IX. Zyklus sowie im Aufschwung des X. Zyklus 2003–2006/07 hatte der fortschreitende Rückgang des Zinsniveaus allerdings zeitweise zur Stabilisierung von Wertschöpfung und Kapitalakkumulation beigetragen. Bei den gegenüber der Prosperitätsperiode niedrigen Niveaus der nationalen Durchschnittsprofitraten in diesem Zeitraum erbrachte die fortwährende Reduzierung des Kapitalzinssatzes neben den nun mehr und mehr nach unten flexiblen Geldlöhnen eine Kostenentlastung der Unternehmen, die auch das Investitionskalkül verbesserte. Der Fortfall der »Lohnpeitsche« reduzierte allerdings den Zwang zu Rationalisierungsinvestitionen, zumal die neoliberale Deregulierungspolitik in allen entwickelten Ländern den Auf- und Ausbau eines Niedriglohnsektors auf vielfältige Art betrieb. Zusammen mit dem niedrigeren gesamtwirtschaftlichen Wachstum führte diese Umverteilung »von unten nach oben« zu signifikant niedrigeren Produktivitätszuwächsen – eine Entwicklung, die im langfristigen Trend bereits Mitte der 1970er Jahre begann. Sofern sie auf verminderten Rationalisierungsinvestitionen beruhte, drückte sie das Ausweichen des Kapitals auf vermehrte Methoden der absoluten Mehrwertproduktion durch Lohndrückerei, Verlängerung der Arbeitszeiten und vermehrte Heranziehung atypischer Beschäftigung aus. Die Kehrseite dieser für das Kapital verbesserten Angebotsbedingungen durch eine sinkende Lohnquote war allerdings die Zuspitzung der Realisierungsbedingungen des gesamtwirtschaftlichen Warenprodukts durch eine relativ schwache Entwicklung der konsumtiven Endnachfrage.

Die überakkumulationsspezifische Ausformung der spezifisch kapitalistischen Produktionsweise mit zunehmender Bedeutung und Einflussnahme der Finanzmärkte auf die reproduktive Wertschöpfung wurde auch auf Seiten der Eigentumsverhältnisse der Unternehmen und den sich daraus ergebenden Ausprägungen des Verwertungsprozesses fortgesetzt. Finanzialisierung bedeutet daher nicht nur eine gewachsene Einflussnahme der Finanzmärkte und ihrer ökonomischen Variablen auf die reproduktive Wertschöpfung und Kapitalakkumulation, sondern darüber hinaus die Transformation der Funktion des Kapitaleigentums in ein spezifisches kapitalistisches Geschäftsmodell der Kapitalanlagegesellschaften. Überakkumuliertes Geldkapital, das durch Kapitalfonds gebündelt und angelegt wird, fand nun auch zunehmend im Kauf von reproduktiven Unternehmen eine Anlage. Diese Form der Finanzinvestition war in den angelsächsischen Ländern seit jeher verbreitet; sie gewann nun auch international ein weiteres Betätigungsfeld. Betrug das von Kapitalanlagefonds – sowohl konventionelle Fonds von Versicherungen, Pensionsfonds etc. als auch Staatsfonds, ETFs, Private Equity- und Hedgefonds – gehaltene Beteiligungskapital 1990 weltweit 13,7 Bio. US-Dollar, so hatte es sich bis 2017 auf 132,7 Bio. US-Dollar, d.h. auf das 10-fache gesteigert. Demgegenüber hatte sich im Betrachtungszeitraum das weltweite Bruttoinlandsprodukt (BIP) nur auf das 3,6-fache erhöht. Die unterschiedliche Wachstumsgeschwindigkeit beider Größen hatte sich dabei insbesondere im zweiten Jahrzehnt nach dem Jahrtausendwechsel, d.h. nach Finanzmarkt- und Weltwirtschaftskrise 2007–09, eingestellt (vgl. Abb. 17.5).

Traditionell war die Bedeutung der Kapitalfonds als Produktionsmitteleigentümer besonders hoch in den USA sowie auch in Großbritannien. Die Anpassung juristischer Rahmenbedingungen und die steuerliche Bevorteilung der Unternehmensbeteiligungen durch Kapitalanlagegesellschaften verschaffte der Veränderung der Eigentumsverhältnisse im Unternehmenssektor aber auch in Ländern mit einem großen Anteil traditionell eigentümergeführter Unternehmen wie in der BRD den Durchbruch. Die Übernahme der unternehmerischen Leitung durch Kapitalfonds wirkte auf die Geschäftsführungen in den Unternehmen zurück. An die Stelle der ehemaligen fordistischen Corporate Governance einer – wenn auch asymmetrischen – Kooperation zwischen Management und Vertretern der Belegschaft und der Orientierung an Umsatzwachstum und Marktanteilssteigerung trat die Maximierung des Unternehmenswerts (shareholder value), ausgedrückt im Aktienkurs oder im Ertragswert nicht börsennotierter Unternehmen. Aus der eher passiven Rolle eines Anteilseigners, der seine periodischen Ausschüttungen kassiert und sich ansonsten wenig um die operative Geschäftstätigkeit bekümmert, traten die Kapitalanlagegesellschaften als Eigentümer heraus und brachten das Management mit am Aktienkurs oder Unternehmenswert orientierten Vergütungsformen, teilweise auch durch den Zwang, Aktien des eigenen Unternehmens durch bereitgestellte Kredite zu erwerben, auf ihre Seite. Die Leidtragenden waren die abhängig Beschäftigten am Ende der Kette, deren Entlohnung nun auch einzelwirtschaftlich zu einer Residualgröße der Unternehmensrechnung wurde, die sich der Rendite- und shareholder value-Vorgabe der Eigentümer unterzuordnen hatte.

Das Geschäftsmodell der Finanzinvestoren setzt auf kurzfristige Profite sowohl durch Druck auf die Arbeitslöhne als auch durch Neustrukturierung der Leis-

Kapitel 17: Strukturelle Überakkumulation und Globalisierung

Abbildung 17.5: Assets unter Management von Fonds weltweit; in Mrd. US-Dollar

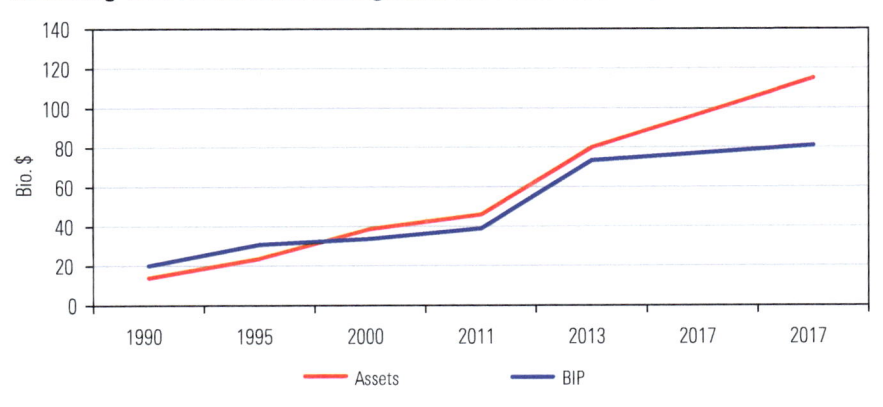

Quelle: IMF, McKinsey

tungsportfolios durch Konzentration auf Kernkompetenzen und Abstoßung von Wertschöpfungsstufen durch Outsourcing und Verkauf von Randbereichen (nichtbetriebsnotwendige Assets). Damit wird ein Beitrag zur Restrukturierung der gesellschaftlichen Arbeitsteilung mit Neuaufstellung der Einzelkapitale und Generierung von Synergien durch Skalierungseffekte bei neu zusammengesetzten Unternehmen geleistet. Auch die Marktverhältnisse werden erweitert, wenn neu auf Kernkompetenzen zugeschnittene Unternehmen an die Stelle der früheren tief vertikal integrierten Unternehmen mit einer hohen Eigenleistungstiefe treten. Fixe Kosten werden teilweise zu variablen Kosten und ermöglichen dadurch Entlastungen durch Vermeidung von Leerkapazitäten. Allerdings vollzogen sich all diese Veränderungen in der Unternehmensaufstellung und -führung unter dem Imperativ kurzfristiger Profitmaximierung. Es lag daher in der Natur der Sache, dass vielfach über das Ziel hinausgeschossen wurde, indem Unternehmensbereiche verkauft wurden, die strategische Komplementäreffekte zum Kerngeschäft aufwiesen. Die Abgabe von Wertschöpfungsstufen an Fremdanbieter führte darüber hinaus oftmals zu Qualitätsmängeln an den Produktionsergebnissen, die kurzfristig nicht geheilt werden konnten. Ganz übel wurde und wird es für Firmen, die mehrmals von Finanzinvestoren ge- und verkauft werden. Der teilweise kreditfinanzierte Kaufpreis wird dem gekauften Unternehmen aufgebürdet, seine Zins- und Tilgungsverpflichtungen belasten den zukünftigen Cashflow und beschränken damit die Finanzierungsmöglichkeiten für Investitionen. Wird der Kauf bzw. Verkauf mehrmals wiederholt, sind die Überschuldung des Unternehmens und dessen Bankrott vorprogrammiert. Im Ergebnis hatten sich trotz teilweise neu eröffneter positiver Produktivitätseffekte die finanzkapitalistischen Unternehmensübernahmen und -führungen in allen Ländern als unfähig erwiesen, der strukturellen Überakkumulationssituation zu entkommen.

All die Versuche, die Überakkumulationssituation durch endogen-kapitalistische Methoden zu überwinden, haben keine erneute beschleunigte Kapitalakkumulation

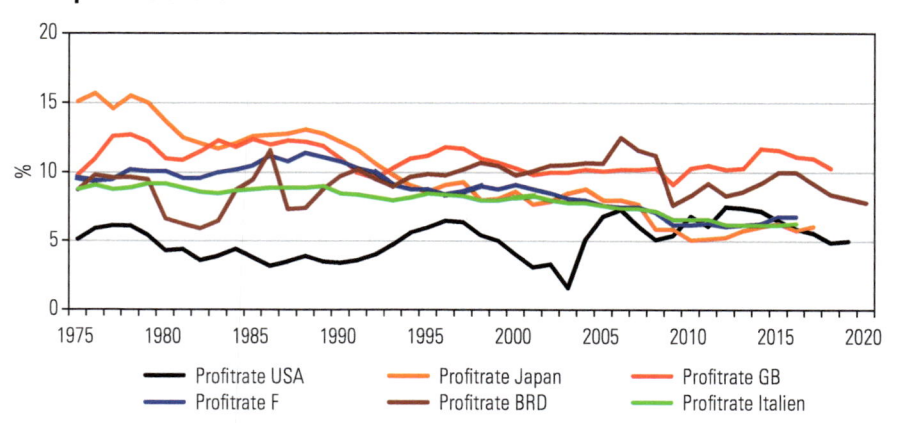

Abbildung 17.6: Nationale Durchschnittsprofitraten der wichtigsten kapitalistischen Metropolen seit 1975

[Liniendiagramm: %-Werte von 0 bis 20 auf der y-Achse, Jahre 1975 bis 2020 auf der x-Achse. Linien: Profitrate USA (schwarz), Profitrate F (blau), Profitrate Japan (orange), Profitrate BRD (braun), Profitrate GB (rot), Profitrate Italien (grün).]

Quelle: eigene Berechnungen auf Basis von Daten der jeweiligen National Accounts. OECD, BRD-VGR

und eine darauf gegründete gesellschaftliche Prosperität in den kapitalistischen Metropolen erbracht. Ökonomisch führte die Verschärfung der Verteilungsunterschiede durch Deregulierungen von Schutzbestimmungen der abhängig Beschäftigten und die Reduzierung und/oder Brechung der gesellschaftlichen Machtpositionen ihrer Gewerkschaften zu einer Revitalisierung der Methoden absoluter Mehrwertproduktion. Dadurch konnte der aus der Periode der beschleunigten Akkumulation vollzogene langfristige Fall der nationalen Durchschnittsprofitrate auf dem zur Mitte der 1970er Jahre erreichten Niveau, d.h. dem Ende des VI. Nachkriegszyklus, stabilisiert werden. Das Niveau der Profitraten verharrte unter zyklischen Schwankungen stabil mit nur geringen Unterschieden zwischen den Ländern (vgl. Abb. 17.6).[2] Was die Verwertung der metropolitanen Nationalkapitale also durch die steigenden Mehrwertraten gewonnen hatten, haben sie durch die Zuspitzung der Antagonismen in den Verteilungsverhältnissen wieder auf der Realisierungsseite verloren. Ein Ausbruch aus diesem typischen Widerspruch des kapitalistischen Akkumulationsprozesses ist keinem Nationalkapital gelungen. Auch forcierte Exporte, um die inneren Widersprüche auf ein äußeres Feld und auf Kosten anderer Länder zu verlagern, haben sich nur als nachgeordnetes Moment erwiesen; dies zumal, als tendenziell alle entwickelten kapitalistischen Metropolen ihre Waren- und Kapitalexporte in ein anderes Land, die VR China, forciert haben. Der chinesische Reproduktionsprozess wurde nach der Jahrtausendwende zur neuen Werkstatt der

---

[2] Das Niveau der US-Profitrate liegt bis zum XI. Zyklus niedriger als dasjenige in den anderen Metropolen, da hier nur die Kapitalgesellschaften enthalten sind, dessen Profitratenniveau in der Regel unter demjenigen des sonstigen kapitalistischen Wirtschaftssektors liegt. Weil das japanische Kapital erst später in die Überakkumulation übergeht, liegt das japanische Profitratenniveau im VII. Zyklus noch höher als dasjenige in den anderen Ländern.

Welt und China erwies sich sowohl in der internationalen Finanzmarkt- und Weltwirtschaftskrise 2007–09 als auch in der Covid-19-Krise 2020/21 als tendenziell der wichtigste Stabilitätsanker der Weltwirtschaft.

b) Der Zusammmenbruch der um die Sowjetunion gruppierten realsozialistischen Staaten der Zweiten Welt und der vorläufige Sieg des »Westens«

Der Untergang der »Zweiten Welt« in den Wirren der Systemtransformation

Beginnend mit der Sozialistischen Oktoberrevolution 1917 hatte sich im Gefolge und nach dem Zweiten Weltkrieg ein Verbund sozialistischer Staaten herausgebildet, der neben den kapitalistischen Metropolen als der selbsternannten Ersten sowie der großen Zahl unentwickelterer Länder als der Dritten Welt als Zweite Welt bezeichnet wurde. Diese Zweite Welt umfasste bis zum Jahr 1990 mehr als ein Drittel des Territoriums aller Länder der Welt und besaß mit der Sowjetunion und der VR China sowie den entsprechenden kommunistischen Parteien KPdSU und KPCh zwei Zentren der kommunistischen Bewegung, die beginnend mit den späten 1950er Jahren zu Rivalen wurden. Diese Rivalität hatte sich im Verlauf von rd. zehn Jahren zunehmender Entfremdung bis 1969 zu einem kurzen Waffengang am Grenzfluss Ussuri gesteigert. Im Zentrum der ideologischen Auseinandersetzung zwischen den beiden kommunistischen Parteien stand vor dem Hintergrund der maoistischen »ultralinken« Fehlentwicklungen des »Großen Sprungs nach vorn« sowie der »Proletarischen Kulturrevolution« der Führungsanspruch der KPCh im Weltkommunismus, dokumentiert im »Vorschlag zur Generallinie der internationalen kommunistischen Bewegung«, den die sowjetische Seite mit einem »Offenen Brief des ZK der KPdSU an alle Parteiorganisationen, an alle Kommunisten der Sowjetunion« beantwortete. Nach Maos Tod und der Entmachtung der »Viererbande« um seine letzte Ehefrau Jiang Qing konnte die KPCh unter Deng Xiaoping die Fehlorientierungen, die zeitweise zu einem Schulterschluss der Chinesen mit dem US-Imperialismus gegen die zum Hauptfeind erklärte Sowjetunion geführt hatten, korrigieren.[3] Die Wiederannäherung der beiden kommunistischen Parteien ging zusammen mit dem Beginn der Reformen in der Volksrepublik.

Der in den 1980er Jahren startende neue höhere Wachstumspfad der chinesischen Ökonomie auf dem Niveau von durchschnittlich 10% p.a. offenbarte trotz des niedrigeren Ausgangsniveaus der chinesischen gegenüber der sowjetischen Volkswirtschaft eine zunehmende Entwicklungsdiskrepanz. Mit der chinesischen Wachstumsdynamik konnte die sowjetische Ökonomie, die seit den letzten Jahren der Breschnew-Zeit in einer stagnativen Entwicklung nicht nur ökonomisch, sondern auch in Gesellschaft und Politik verharrt hatte, auch unter dem reformorien-

---

[3] Vgl. dazu ausführlich das 21. Kapitel der vorliegenden Abhandlung.

tierten Nachfolger J. Andropow[4] an der Spitze der KPdSU, nicht mithalten. Andropow verstarb nach nur 15 Monaten in der Funktion des Generalsekretärs der KPdSU und mit seinem Nachfolger K. Tschernenko gewannen zunächst wieder die konservativen Kräfte im Politbüro der Partei die Oberhand. Erst die Wahl M. Gorbatschows zum KPdSU-Generalsekretär im März 1985 stellte die Weichen zu einer Fortsetzung des Reformkurses, die mit den Schlagworten »Glasnost (Offenheit)« und »Perestroika (Umgestaltung)« zusammenfassend beschrieben werden.

Die Gorbatschowschen Reformen litten von Anbeginn unter dem Mangel einer unzureichenden Analyse und Bewertung der Ausgangssituation in der Sowjetunion der 1980er Jahre, insofern das Ausmaß der Zerrüttung ökonomischer Strukturen gravierend unterschätzt wurde. Nach wie vor wurde von der Existenz einer zentralen Kommandowirtschaft ausgegangen, die durch Stärkung der Selbstständigkeit der Betriebe (»wirtschaftliche Rechnungsführung«) und Aufwertung der Marktverhältnisse sukzessive transformiert werden sollte. Tatsächlich war jedoch die sowjetische Ökonomie ab den 1960er Jahren sukzessive zu einer Hybridökonomie geworden, in der informelle Marktverhältnisse auf grauen und schwarzen Märkten nicht nur ein beiherspielendes Moment geworden waren, sondern sich als notwendige Ergänzung der zentralen Planung, zum Teil als beherrschend gegenüber der durch den Plan bestimmten zentralen Ressourcenzuweisung, mit allen Konsequenzen von Korruption und persönlicher Bereicherung entwickelt hatten. Die Stärkung der Marktmechanismen führte vor diesem Hintergrund nicht zu einer schrittweisen Transformation der staatssozialistischen Ökonomie in eine sozialistische Marktwirtschaft – diese war das erklärte Ziel der Gorbatschowschen »Perestroika« –, sondern zu einem weiteren Aufblühen der Schattenwirtschaft. Was versäumt wurde, und hier lagen neben unterschiedlichen Ausgangsbedingungen die wesentlichen Unterschiede zur Reformkonzeption in der VR China, war ein verbindlicher Rahmen mit funktionierenden makroökonomischen Regulierungen für die Freisetzung der Marktmechanismen. Was in China über einen längeren Zeitraum durch eine schrittweise Umsetzung der Preisreform hin zu gesellschaftliche Knappheitsverhältnisse widerspiegelnden Preisen sowie einer funktionierenden Investitionslenkung und makroökonomischen Strukturpolitik realisiert wurde, sollte in der Sowjetunion quasi naturwüchsig hergestellt werden. Daraus ergab sich bereits unter Gorbatschow eine Schocktherapie zur marktwirtschaftlichen Umgestaltung, die keine nennenswerten Erfolge zeitigte und vor allem auch bei der Bevölkerung nicht als sukzessive Verbesserung der Lebenslage ankam. Dementsprechend führten auch die mit »Glasnost« umschriebenen Demokratisierungsprozesse

---

[4] Als erster Reformschritt unter Andropow wurde zur Stärkung ethisch-moralischer Prinzipien eine Kampagne gegen den übermäßigen Alkoholkonsum in der sowjetischen Gesellschaft gestartet. Es folgten Schritte auf dem Weg zur Demokratisierung des wirtschaftlichen Lebens in den Betrieben und zur gesellschaftlichen Selbstverwaltung bis hin zu Pilotprojekten zur Dezentralisierung des Wirtschaftsmechanismus. Allerdings verblieben sie grundsätzlich in der Logik der seinerzeitigen Libermanschen Reformkonzeptionen der 1960er Jahre (vgl. Kapitel 20).

Kapitel 17: Strukturelle Überakkumulation und Globalisierung

nicht zum Aufbau einer funktionierenden Zivilgesellschaft mit einer Stärkung der Selbstaktivität und -organisation der Bevölkerung, sondern eher zur weiteren Diskreditierung vorhandener gesellschaftlicher und politischer Strukturen. Regionalegoistische Verselbstständigungstendenzen zwischen den Sowjetrepubliken und innerhalb der größten, selbst aus verschiedenen Republiken und autonomen Regionen zusammengesetzten Russischen Sozialistischen Föderativen Sowjetrepublik (RSFSR), die sich bis zu gewaltvollen Auseinandersetzungen zwischen Armenien und Aserbaidschan um das Gebiet Berg-Karabach steigerten, dokumentierten eindrucksvoll den Fehlschlag der Umgestaltung und die Rat- und Machtlosigkeit selbst der kommunistischen Partei.[5]

Nach der Abspaltung der drei baltischen Sowjetrepubliken sowie von Armenien und Georgien und ihren Unabhängigkeitserklärungen und dem halbherzigen Versuch zur Verteidigung erodierender Zentralstrukturen im August 1991 durch das sog. »Staatskomitee für den Ausnahmezustand«, kam es im Dezember dieses Jahres zur Auflösung der Sowjetunion durch den Pakt der drei Präsidenten von Russland B. Jelzin, Weißrussland S. Schuschkewitsch und der Ukraine L. Krawtschuk; dabei hatten sich im März diesen Jahres noch rd. 76% der Bevölkerung der UdSSR für die Beibehaltung der Union ausgesprochen. An die Stelle der Sowjetunion trat die »Gemeinschaft Unabhängiger Staaten (GUS)«, die außer den drei baltischen Staaten alle ehemaligen Sowjetrepubliken, wenn auch mit unterschiedlicher Stellung, umfasste. Die GUS war allerdings auch als Wirtschaftsraum nicht mit einer arbeitsteiligen Konföderation zu vergleichen, ihre Bedeutung nahm in der Folgezeit zunehmend ab. Außerdem flammten bis auf den heutigen Tag verschiedene kriegerische Konflikte zwischen und innerhalb der ehemaligen Sowjetrepubliken auf.[6]

---

[5] Was die KPCh mit der gewaltvollen Intervention gegen aufbegehrende Studenten und oppositionelle Bevölkerungskreise im Juni 1989 auf dem Tian'anmen-Platz vor dem Hintergrund eines zwar widerspruchsvollen, im ganzen jedoch funktionierenden Reform- und Umgestaltungsprozesses noch mit der Selbstgewissheit eines strategischen Konzepts und der Überzeugung zur alternativlosen Rettung der Volksrepublik vor dem wirtschaftlichen und gesellschaftlichen Chaos durchsetzen konnte, war in der Sowjetunion und ihrem Einflussbereich der Warschauer Vertragsstaaten in Mittel- und Osteuropa nicht mehr möglich. Insofern dokumentiert die Absage an die seinerzeitige Breschnew-Doktrin durch die KPdSU und Gorbatschow, für die Letzterer im Westen als Vorkämpfer für Demokratie und Selbstbestimmung gefeiert wurde, die Hilflosigkeit und Kapitulation einer nicht mehr zu reformierenden Sozialismus-Konzeption.

[6] Nach der formalen Auflösung der Sowjetunion Ende 1991 kam es in der Folgezeit in zahlreichen ehemals sowjetischen Regionen zu bewaffneten Konflikten. Beispiele dafür sind der Bergkarabach-Konflikt 1988–1994, der Transnistrien-Konflikt mit dem Höhepunkt 1992, der Georgisch-Abchasische Krieg 1992–1993, der Tadschikische Bürgerkrieg 1992–1997, die russische Verfassungskrise 1993 in Moskau, der Erste (1994–1996) und der Zweite Tschetschenienkrieg (1999–2009), der Dagestankrieg 1999, der Kaukasuskrieg 2008, die Unruhen in Südkirgisistan 2010, die Krimkrise und der Krieg in der Ukraine seit 2014 sowie 2020 wiederum der Konflikt zwischen Armenien und Aserbaidschan um Bergkarabach. Höhepunkt der kriegerischen Auseinandersetzungen ist der im Februar

Nach der Auflösung der Sowjetunion konstituierte sich die Russische Föderation als deren offizieller Nachfolgestaat und übernahm auch deren komplettes Atomwaffenpotenzial. Russland ist nach 1991 keine Supermacht mehr, doch hat es sich unter der Präsidentschaft W. Putins in den letzten Jahren wieder stärker als internationaler politischer Akteur profiliert. Ökonomisch jedoch kann Russland nicht einmal ansatzweise mit den führenden Nationen auf dem Weltmarkt mithalten.

Die Wirren des Systemwechsels brachten für die nunmehr selbstständigen ehemaligen Sowjetrepubliken sowie fünf weitere mittel-/osteuropäische Länder – Polen, Ungarn, Bulgarien, CSFR und Rumänien – auch eine rasch zunehmende Verschuldung bei westlichen Banken. Deren Auslandsverschuldung stieg von 134 Mrd. US-$ 1989 über 152 (1990) auf 162 Mrd. US-$ in 1991; dies ist ein Anstieg von 21% in zwei Jahren. Dem offiziellen Jubel über den Zusammenbruch der »realsozialistischen« Wirtschaftssysteme und den Wegfall eines Alternativmodells zum Kapitalismus kontrastierte die nüchterne Bewertung der privaten Kreditgeber dieser sog. »Reformländer«, die in realistischer Einschätzung der Irrungen und Wirren dieses Transformationsprozesses die Bereitstellung von weiterem privatem Kapital verweigerten. Damit rutschten diese Ex-RGW-Staaten hinsichtlich ihres Kreditstandings auf einen Fuß mit überschuldeten Entwicklungs- und Schwellenländern.

Der vorläufige Sieg des Westens: Erweiterung von NATO und Europäischer Union durch mittel- und osteuropäische Staaten

Der Zusammenbruch der realsozialistischen Staaten und ihre Umwandlung in formell bürgerlich-repräsentative Demokratien, die Auflösung der DDR und der Anschluss Ostdeutschlands an die Bundesrepublik sowie die Implosion der Sowjetunion waren der Sieg der westlichen kapitalistischen Staaten im Kalten Krieg der Nachkriegszeit; insofern stellten sie einen Epochenumbruch dar. Die Systemauseinandersetzung zwischen Realsozialismus und Kapitalismus wurde letztlich durch die Unterlegenheit des fälschlich mit einer sozialistischen Wirtschaftsweise identifizierten administrativ-planwirtschaftlichen Systems entschieden, welches in der Produktivitätsentwicklung hinter dem kapitalistischen Klassenfeind zurückblieb, die Versorgung der Bevölkerung nur mehr schlecht als recht bewerkstelligen konnte und daher auch die Freizügigkeit der Menschen schon aus ökonomischen Gründen einschränken musste. Die Verzahnung des Staates mit der herrschenden kommunistischen Partei und die Usurpation zivilgesellschaftlichen Engagements durch allgegenwärtige staatliche Organisationen wuchsen auf dieser Grundlage auf und diskreditierten die realsozialistischen Verhältnisse in weiten Kreisen der Bevölke-

---

2022 begonnene Einmarsch der russischen Armee in die Ukraine, der sich zu einem umfassenden Krieg ausgeweitet hat. Die NATO ist hier durch umfassende Wirtschaftssanktionen gegen die Russische Föderation und umfangreiche Waffenlieferungen an die Ukraine nicht nur indirekt beteiligt und hat als Kriegsziel mittlerweile eine substanzielle Schwächung der russischen Militärmaschinerie ausgegeben. Wir kommen auf den aktuellen Ukraine-Krieg im abschließenden 22. Kapitel zurück.

Kapitel 17: Strukturelle Überakkumulation und Globalisierung

rung. Auch die Parität im Wettrüsten mit den USA und der NATO hatte die Sowjetunion als Führungsmacht des realsozialistischen Lagers aufgrund ihrer internen wirtschaftlichen und Versorgungsprobleme mit fortschreitender Zeit nur unter großen Anstrengungen noch gewährleisten können. Der forcierten Aufrüstung in den USA in den 1980er Jahren unter der Präsidentschaft von R. Reagan hatte die UdSSR schließlich nichts Gleichwertiges mehr entgegenzusetzen und geriet immer weiter in die Defensive. Bereits 1980 hatte in der damaligen Volksrepublik Polen die Streikbewegung auf der Danziger Lenin-Werft mit der Gründung der Gewerkschaft Solidarność, die durch regimekritische Intellektuelle und vor allem die in Polen traditionell starke katholische Kirche und dem seinerzeitigen polnischen Pabst unterstützt wurde, die Polnische Vereinigte Arbeiterpartei PVAP unter Druck gesetzt und gezwungen, den Ausnahmezustand zu verhängen. Diese Auseinandersetzungen in Polen bildeten den Auftakt für eine erstarkende Protestbewegung, die in der zweiten Hälfte der 1980er Jahre in mehreren realsozialistischen europäischen Ländern mehr und mehr an Zulauf gewann. Die Öffnung der Grenze zu Österreich durch Ungarn im August 1989 stellte dann den Auftakt für den letzten Akt des Dramas dar und leitete die Massenflucht insbesondere von DDR-Bürgern in die Bundesrepublik ein; der Fall der Berliner Mauer im November 1989 vollendete diesen Prozess. All diese Entwicklungen musste Gorbatschow in den letzten Jahren als Präsident der Sowjetunion mehr oder weniger tatenlos geschehen lassen. Die teilweise Begeisterung für seine »Glasnost-« und »Perestroika-Initiativen« waren mangels fehlender positiver Ergebnisse nicht dazu angetan, eine erneute Hegemonie bei der Bevölkerung der realsozialistischen Staaten zu gewinnen. Der als »Wiedervereinigung Deutschlands nach der friedlichen Revolution« im kapitalistischen Westen emphatisch gefeierte Anschluss der DDR an die Bundesrepublik im Jahr 1990 erfolgte nach den Vorstellungen der westdeutschen Seite mit Unterstützung der seinerzeitigen Siegermächte des Zweiten Weltkriegs (inkl. Sowjetunion) und erbrachte mit der Vergrößerung der BRD eine erste Ostausdehnung der NATO.[7]

Keine zehn Jahre nach der Implosion der realsozialistischen Staatengemeinschaft wurden auf dem NATO-Gipfel in Madrid 1997 den ehemaligen Warschauer

---

[7] Dabei war Gorbatschow sowohl von deutscher Seite als auch vom seinerzeitigen amerikanischen Außenminister J. Baker – allerdings lediglich mündlich – zugesichert worden, dass nach der deutschen »Wiedervereinigung« keine weitere Ostausdehnung der NATO erfolgen solle. Die Amerikaner rückten jedoch von dieser Zusage wieder ab und die deutsche Bundesregierung Kohl/Genscher schloss sich – natürlich – der amerikanischen Vorgabe an. Schließlich einigte man sich mit Gorbatschow darauf, dass die sowjetischen Truppen weitere vier Jahre im Gebiet der DDR verbleiben durften, wenn in dieser Zeit u. a. ein von Deutschland finanziertes Wohnungsbauprogramm für rückkehrende Soldaten umgesetzt werden würde. Die finanziellen deutschen Zusagen beliefen sich auf 12 Mrd. DM zuzüglich drei Mrd. DM zinsloser Kredite. Die Sowjetunion verzichtete dafür auf die ursprünglich diskutierte Zusage der Nichtausdehnung der NATO. Dieser Verzicht auf politischen und militärischen Einfluss gegen ein »Linsengericht« dokumentiert die Inferiorität der einstmaligen Weltmacht Sowjetunion in ihren letzten Tagen.

Vertragsstaaten Polen, Tschechien und Ungarn erstmals Beitrittsverhandlungen angeboten, später auch weiteren osteuropäischen Staaten. 1999 traten Polen, Tschechien und Ungarn der NATO bei. Beim Gipfeltreffen in Prag im November 2002 lud die NATO die Länder Bulgarien, Estland, Lettland, Litauen, Rumänien, Slowakei und Slowenien zu Beitrittsgesprächen ein; im März 2004 traten diese sieben Länder der NATO ebenfalls bei. Nach der Jahrtausendwende gab es seitens der USA verstärkte Bemühungen für eine NATO-Mitgliedschaft der Ukraine und von Georgien; mittlerweile war aber die Position der Russischen Föderation als offiziellem Nachfolgestaat der UdSSR wieder so weit konsolidiert, dass diesem Ansinnen nicht entsprochen werden konnte. Außer den ehemaligen baltischen Sowjetrepubliken gibt es bis auf Weiteres für weitere Territorien der ehemaligen UdSSR keine NATO-Beitrittsperspektive; allerdings hat die Ukraine ihren Beitrittswunsch zur NATO sogar in ihrer Verfassung verankert.[8]

2004 und in einer zweiten Runde 2007 wurde auch die Europäische Union (EU) durch Beitritt der ehemaligen RGW-Staaten Mittel- und Osteuropas nach Osten erweitert. Neben einer mittlerweile politisch-ideologischen Nähe zum westlichen Kapitalismus waren dafür die in Aussicht gestellten Wirtschaftshilfen ein wichtiges handlungsleitendes Element. Denn ähnlich wie in den Nachfolgestaaten auf dem Gebiet der ehemaligen Sowjetunion war auch in diesen Ländern der Transformationsprozess zu einer kapitalistischen Marktwirtschaft mit erheblichen Produktions- und Wohlstandseinbußen verbunden. Auch für die aufnehmenden Staaten der EU bedeutete die Osterweiterung erhebliche Belastungen für den EU-Haushalt. Für die westeuropäischen Arbeitsmärkte ergaben sich aus der Dienstleistungsfreiheit als einer der vier konstitutiven Freiheiten des EU-Binnenmarktes Unterminierungen sozialer Standards, die zum Teil mit mehrjährigen Übergangsvorschriften abgemildert werden mussten. Insgesamt gesehen war die Osterweiterung der EU das endgültige Symbol für den Sieg des kapitalistischen Wirtschaftssystems und ein Zugeständnis des »Westens«, welches gewissermaßen als Kollaterallast der vorherigen jahrzehntelangen ideologischen Propaganda für Freiheit und Demokratie zu tragen war. Wie das vereinigte Gesamtdeutschland nach dem DDR-Abschluss war auch die Europäische Union nach der Osterweiterung im Durchschnitt ärmer als zuvor. Für die Beitrittsstaaten galt und gilt die EU als Quelle umfangreicher Transferleistungen aus dem Brüsseler EU-Haushalt, mit denen sie fehlende inländische Ressourcen zur Akkumulation und der Entwicklung ihrer Wirtschaftsstruktur kompensieren können. Dass ihnen dabei ökonomisch in den allermeisten Fällen nur die Rolle einer verlängerten Werkbank westlicher Kapitale bleibt, die Lohnkostendiffe-

---

[8] Mit der zweiten Osterweiterung 2004 war die NATO-Ausdehnung noch nicht zu Ende. 2009 folgten Albanien und Kroatien, 2017 Montenegro und 2020 Nordmazedonien – alles Länder, die ehemals dem realsozialistischen Lager zugehörig waren. Im Zuge des Russland-Ukraine-Krieges stellten 2022 die westeuropäischen Länder Schweden und Finnland, die beide ihren Neutralitätsstatus lange gepflegt hatten, ebenfalls Beitrittsanträge. Neben Georgien und der Ukraine gibt es mit Bosnien-Herzegowina und Serbien weitere Beitrittsaspiranten.

renzen und fehlende, als Beschränkung geltende Regulierungen ausnutzen, tut der Attraktivität dieser westlich-kapitalistischen Gemeinschaft in den Augen der minder entwickelten Länder keinen Abbruch; allerdings fehlen sowohl ökonomisch als auch politisch jegliche Alternativen.

Die Kriege der »westlichen Wertegemeinschaft« in Europa, Nahost und Afghanistan

Die Schwächung der Sowjetunion durch immer offener zutagetretende wirtschaftliche Defizite in den 1980er Jahren führte auch politisch-militärisch schließlich zum Verlust ihres Status als Super- bzw. Weltmacht. Dies kam nicht nur in Europa durch den Zusammenbruch von RGW und Warschauer Vertragsgemeinschaft zum Ausdruck, sondern auch im ersten Golfkrieg, als der UdSSR nur noch eine Beobachterposition ohne politischen Einfluss verblieb. Der Irak unter Saddam Hussein hatte im August 1990 das Emirat Kuwait am Persischen Golf besetzt und beanspruchte es als Provinz seines Hoheitsgebiets, die seinen Küstenzugang zum Persischen Golf erheblich vergrößern würde.[9] Die gewaltsame Annexion Kuwaits durch den Irak rief die USA auf den Plan, die eine Veränderung der geopolitischen Situation im Nahen Osten mit einer Bedrohung ihres angestammten Verbündeten Israel und des Königreichs Saudi-Arabien sowie des Zugriffs auf die Ölreserven fürchteten. Unter ihrer Führung konstituierten sie eine Koalition mit Beteiligung der ehemaligen Kolonialmacht Großbritannien und einigen arabischen Staaten (u.a. Saudi-Arabien, Ägypten, Syrien), die auf der Grundlage mehrfacher Resolutionen des UN-Sicherheitsrats im Januar zuerst einen Luftkrieg gegen den Irak begann und im darauffolgenden Monat in das Land einmarschierte. Die technische und personelle Übermacht der Koalition war so gravierend, dass der Krieg in kurzer Zeit beendet war und die übrig gebliebenen Truppen des Iraks sich aus dem besetzten Kuwait zurückziehen mussten. Dortselbst wurde die alte feudale Herrscherfamilie wieder inthronisiert.

Traditionell war der Irak ein Verbündeter der Sowjetunion. Weder war es der sowjetischen Regierung gelungen, Saddam Hussein im Vorfeld von dem Einmarsch in Kuwait abzuhalten, noch konnte sie in der Folgezeit eine einflussnehmende Rolle bei den diplomatischen Verhandlungen und UN-Resolutionen sowie den nachfolgenden militärischen Aktivitäten spielen. Im weiteren Verlauf der 1990er Jahre und den zunehmenden Konflikten – insbesondere die verschiedenen Jugoslawien-Kriege, seit 1995 mit Beteiligung der NATO in Bosnien und 1998/99 in Serbien (Kosovo-Krieg) mit der Bombardierung Belgrads durch NATO-Kampfbomber[10]

---

[9] Außerdem wurde den Kuwaitis vorgeworfen, die in der OPEC vereinbarten Ölförderquoten nicht eingehalten zu haben und durch Überproduktion für ein Sinken des Ölpreises verantwortlich zu sein. Der gesunkene Ölpreis traf den Irak in besonderer Weise, weil das Land sich im vorhergegangenen Krieg mit dem Iran massiv verschuldet hatte und auf eine Bezahlung seiner Schulden mit zukünftigen Öleinnahmen rechnete.

[10] Die NATO griff die Bundesrepublik Jugoslawien an, ohne dafür ein UN-Mandat zu haben und ohne dass ein Mitgliedsland angegriffen und so der Bündnisfall der NATO aus-

– spielte Russland ebenfalls keine Rolle, obgleich auch Serbien innerhalb der damaligen (Rest-) Bundesrepublik Jugoslawien ein traditioneller Bündnispartner der Russischen Föderation war.

Im völkerrechtswidrigen, durch eine bewusste Täuschung der Vollversammlung und des Sicherheitsrates der Vereinten Nationen durch die US-Regierung begründeten zweiten Angriffskrieg gegen den Irak 2003 manifestierte sich die Unipolarität der Welt mit den USA als einziger Weltmacht in endgültiger Weise. Nach dem Angriff auf die Türme des World Trade Centers in New York mit gekaperten Linienflugzeugen durch islamistische Terroristen sahen sich die USA berechtigt und bemüßigt, Vergeltung zu üben und die von Präsident Bush (jr.) identifizierte »Achse des Bösen« im Namen von Freiheit, Demokratie und Humanität zu vernichten. Nach dem Einmarsch in Afghanistan und dem Krieg gegen die dort herrschenden und als Unterstützer der Al-Qaida-Terroristen ausgemachten Taliban – eine Gruppierung in der Nachfolge der Islamisten, die die USA während der Besetzung Afghanistans durch die Sowjetunion selbst mit Waffen ausgerüstet hatten –, sollte im weiteren Schritt ein »regime change« im Irak vollzogen werden, da das Regime von Saddam Hussein und der Baath-Partei als Störenfried gegenüber den geopolitischen und ökonomischen Interessen der USA ausgemacht worden war. Obwohl Präsident Bush nach eineinhalb Monaten den Krieg für siegreich beendet erklärte, dauerte die nachfolgende offizielle Besetzung des Landes noch weitere acht Jahre (bis 2011), in denen Terroranschläge an der Tagesordnung waren. Der Irakkrieg 2003 ist darüber hinaus Ausgangspunkt und Geburtsstunde der Terror-Miliz »Islamischer Staat« gewesen, die in der Folgezeit nicht nur die Region, sondern auch die westlichen Staaten sowie die Russische Föderation in Atem gehalten hat.

Mit dem Afghanistan-Krieg der USA und ihren verbündeten Staaten konnte zwar das anfängliche Kriegsziel, ein Sieg über die Al-Qaida-Terroristen mit der schließlichen Tötung Osama bin Ladens aufgrund der militärischen Überlegenheit der

---

gelöst worden wäre. Von den Befürwortern wurde der Kosovokrieg als einer der ersten »humanitären Kriegseinsätze« bezeichnet und als Maßnahme zum Schutz vor weiteren Menschenrechtsverletzungen der jugoslawischen Sicherheitskräfte gerechtfertigt. Unvergessen sind die Äußerungen des damaligen deutschen Verteidigungsministers R. Scharping (SPD), der die serbischen Übergriffe auf die albanisch-muslimischen Bewohner des Kosovo mit den Verbrechen der deutschen Nationalsozialisten (»Einrichtung von Konzentrationslagern«) verglich; Außenminister J. Fischer (Grüne/Bündnis 90) assistierte ihm dabei. Die serbische Regierung beklagte sezessionistische Tendenzen bei großen Teilen der albanischen Bevölkerung des Kosovo und berief sich auf das Recht, auf dem Staatsgebiet Serbiens die seit 1997 mit Guerilla-Methoden agierende UÇK zu bekämpfen. Der Jugoslawien-Krieg der NATO ohne UN-Mandat war der »Sündenfall« gegenüber dem bis dato herrschenden Konsens, bestehende territoriale Grenzen in Europa nicht durch Kriege zu verändern; vorbereitet war diese Entwicklung allerdings bereits durch die Aufspaltung Jugoslawiens 1991 als Slowenien und Kroatien ihren Austritt aus dem jugoslawischen Staatsverbund erklärt hatten und insbesondere die BRD sich durch sofortige Anerkennung dieser beiden Teilrepubliken als selbstständige Staaten hervorgetan hatte; es folgte der jugoslawische Bürgerkrieg und eine schließliche sukzessive Verselbstständigung auch der anderen Teilrepubliken.

Kapitel 17: Strukturelle Überakkumulation und Globalisierung

westlichen Kriegsallianz erreicht werden, die weiteren Absichten, den Aufbau einer bürgerlichen Demokratie in diesem Land zu ermöglichen, wurden jedoch verfehlt. Tatsächlich unterlag auch hier ein gravierendes Analyse- und Verständnisproblem der westlichen Propagandisten von »Freiheit und Demokratie«. Die Beschaffenheit der afghanischen Gesellschaft als Hybridstruktur von Dorfgemeinschaften mit Stammesstrukturen auf Grundlage einer traditionell-asiatischen Produktionsweise auf der einen und von internationalen und Weltmarkteinflüssen beeinflussten Sozialstrukturen in den größeren Städten auf der anderen Seite, die im Wesentlichen durch islamisch-religiöse Identitäten miteinander verbunden waren, wurde nicht erkannt bzw. als Ausgangsbasis für eine gesellschaftlich-politische Umgestaltung genommen. Schon die Demokratische Volkspartei Afghanistans war nach ihrer Machtergreifung im April 1978 mit ihrem primär städtisch orientierten Modernisierungskonzept an der mangelnden endogenen Entwicklungsfähigkeit einer islamisch geprägten traditionellen und die Mehrheit der Bevölkerung umfassenden Ackerbaugesellschaft gescheitert. Die Bemühungen, traditionelle Clan-Strukturen und religiöse Werte unter dem Nachfolger Babrak Kamals, Mohammed Nadschibullah (ab September 1987), stärker zu berücksichtigen, kamen zu spät und waren zudem mit dem Makel der durch diese Reformkräfte herbeigerufenen sowjetischen Invasion des Landes behaftet. Der Kampf der islamistischen Mudschaheddin gegen die sowjetische Armee, die von den USA und Pakistan mit Waffen und Rückzugsmöglichkeiten in ihrem Guerilla-Attacken unterstützt wurden, war ebenso erfolgreich wie später, nach immerhin 20 Jahren Besatzung des Landes durch die westlichen Verfechter von »Freiheit und Demokratie« (2001–2021), der Kampf der Taliban gegen diese Besatzer. Die schmähliche Evakuierung ausländischer Personen und afghanischer Helfer, nachdem die Taliban binnen vier Wochen nach dem Abzug der westlichen Truppen ohne Gegenwehr der westlichen Marionettenregierung und ihrer Polizei und Armee im August 2021 in Kabul einmarschiert waren, erinnerte an die Niederlage der USA im Vietnamkrieg.

Festzuhalten ist, dass die USA nach dem Untergang der Sowjetunion als verbliebene Weltmacht für die Zunahme kriegerischer und terroristischer Auseinandersetzungen eine wesentliche Mitverantwortung tragen und diese teilweise durch eigenes Handeln allererst erzeugt haben. Die Beendigung des Kalten Krieges durch den Abtritt der einen Partei hat die Welt nicht nur nicht sicherer, sondern extrem unsicherer gemacht; dies hatte als Hintergrund eine mehr und mehr schwindende ökonomische Potenz der UdSSR bzw. ihres Nachfolgestaats, der Russischen Föderation und kulminierte im Februar 2022 in dem von den USA mitprovozierten Einmarsch der russischen Armee in die Ukraine.

c) Veränderung der internationalen Arbeitsteilung und Aufkommen der Schwellenländer

Veränderung der internationalen Arbeitsteilung

Während der Entwicklungsperiode der beschleunigten Kapitalakkumulation der Nachkriegszeit blieb die angestammte internationale Teilung der Arbeit aus der Vor- und Zwischenkriegszeit zwischen vornehmlich rohstoffverarbeitenden industriellen Ländern und Ländern mit vorwiegend agrikolem und extraktivem Produktionsfeld weitgehend als Teilung zwischen kapitalistischen Metropolen und unterentwickelteren Ländern bestehen; auch die formelle staatliche Selbstständigkeit nach Abschüttelung des kolonialen Jochs hatte an dieser Spaltung der Welt wenig geändert. Erst als die Kapitalakkumulation in den Metropolen nach der Weltwirtschaftskrise 1974/75 in den Modus der Überakkumulation von Kapital überging, änderte sich an diesen Verhältnissen die überkommene Zweiteilung.

Neben dem veränderten Akkumulationsmodus in den Metropolen (samt ihrer nachgeordneten Satelliten-Staaten mit dominierenden kapitalistischen Produktionsverhältnissen in Industrie, Handel und Finanzwesen) unterstellte die Veränderung der internationalen Arbeitsteilung zwischen Erster und Dritter Welt, dass sich in Ländern der Letzteren die überkommene Hybridstruktur zwischen vorbürgerlichen Verhältnissen auf dem Land und intern entwickelter und durch den Weltmarkt beförderten kapitalistischen Strukturen in Städten zugunsten einer ursprünglichen Kapitalakkumulation verschoben hatte. Ein tendenziell gesamtwirtschaftlicher, auf Marktbeziehungen gegründeter Wert- und Stoffersatz, das Vorhandensein einheimischer doppelt freier Lohnarbeiter, ein zumindest in den Städten vorhandenes Handels- und Banksystem, eine vorwiegend extern veranlasste Bildung von Geldkapital sowie eine materiell-technische Infrastruktur, welche – mit Abstufungen – einen Großteil des Landes erschlossen hatte, waren die Ausdrucksformen dieser Entwicklung. Die ersten Länder, die durch den erreichten Entwicklungsstand ihres Reproduktionsprozesses gegenüber den mehr oder weniger entwickelten archaischen Formen der Ackerbaugesellschaft ihre Rolle innerhalb der kapitalistisch beherrschten internationalen Teilung der Arbeit verändern konnten, waren ab der zweiten Hälfte der 1970er Jahre die sog. vier Tigerstaaten Südkorea, Taiwan, Singapur und Hongkong. In der zweiten Runde nach dem Jahrtausendwechsel war es insbesondere die VR China, die einen neuen Platz in der Weltwirtschaft fand.

Eine besondere Rolle bei der internen Industrialisierung spielte die Ausgliederung und Verlagerung von Produktionsprozessen oder ganzer Produktionszweige aus den kapitalistischen Metropolen. Ihr Hintergrund war aufseiten der Metropolen als abgebendem Bereich die Verengung der Verwertungs- und Wachstumsspielräume im Zuge der kapitalistischen Überakkumulation; die Erschließung von Kosteneinsparungen durch niedrigere Lohnkosten war hier ein wesentlicher Treiber. Aufseiten der aufnehmenden Länder mussten die infrastrukturellen, qualifikatorischen und politischen Bedingungen für den erfolgreichen Betrieb der ausländischen Direktinvestitionen gewährleistet sein; die Reduzierung der Transport- und

Kommunikationskosten für die Vernetzung der Standorte in den Metropolen mit denen in den aufnehmenden Ländern kamen hinzu. Der Natur der Sache nach waren es in der ersten Runde einfache Produktionsprozesse mit einem bedeutenden Anteil lebendiger Arbeit, die aus den Metropolen verlagert wurden; die klassische verlängerte Werkbank bildete in aller Regel den Ausgangspunkt. Es hing dann hauptsächlich von den weiteren Aktionen des aufnehmenden Landes ab, ob es bei diesen verlängerten Werkbänken bzw. singulären Förder- und Anbaubedingungen industrieller und agrikultureller Rohstoffe blieb, oder ob sich aus diesen klassischen Weltmarktproduktionsstätten Entwicklungseffekte für die heimische Wirtschaftsstruktur ergaben.

Als besonders wirkungsvolles Entwicklungsmodell hatten sich die eröffneten Freien Produktionszonen an den Küsten nach dem Start der Wirtschaftsreformen 1978 in der Volksrepublik China sowie in Südkorea erwiesen. Wirtschaftliche Anreize in Gestalt billiger Arbeitskräfte und steuerlicher Vergünstigungen wurden in China mit Joint-Venture-Strukturen kombiniert. Es handelte sich bei diesen Joint-Ventures um eine win-win-Konstellation für beide Parteien: der ausländische kapitalistische Partner erhielt günstige Produktionsbedingungen und den Zugang zum internen Markt, die einheimische Seite profitierte von Technologie und Know How und erhielt zudem den Schlüssel zur Integration dieser Joint-Ventures in seine internen Liefer- und Leistungsstrukturen durch Vernetzung mit einheimischen Zulieferern und Abnehmern. Ein wesentlicher Erfolgsfaktor des skizzierten Modells lag im starken regulatorischen Zugriff des Staates auf die inländischen wirtschaftlichen Verhältnisse und die systematische Verknüpfung der Produktionsprozesse in den Produktionszonen mit binnenwirtschaftlichen Liefer- und Leistungszusammenhängen.

Nach der ersten Runde der Verlagerung von Produktionsprozessen in die sich industrialisierenden Staaten bestand nach dem Jahrtausendwechsel das nächste Entwicklungsziel in der sukzessiven Ausweitung von den aus den Metropolen übernommenen Produktionsprozessen und -bereichen auf höherwertige Produkte und kompliziertere Produktionsverfahren mit umfangreicheren inländischen Vorproduktionen. Es ging dabei nicht nur um die quantitative Ausweitung der extern induzierten Impulse für die heimische Wirtschaft, sondern um deren qualitative Vertiefung. Damit erwuchs der Kapitalakkumulation in den Metropolen endgültig eine ernstzunehmende Konkurrenz und die Entwicklung der Weltwirtschaft wurde auch immer stärker von der Entwicklung dieser Newly Industrialized Countries (NICs) abhängig. Das Ausmaß, in dem in diesen Schwellenländern mittlerweile komplexe Produkte in komplizierten Produktionsprozessen nebst hochwertigen Dienstleistungen hergestellt bzw. erbracht werden, trennt diese Länder in die, die ökonomisch auf dem Sprung zu industriellen Metropolen sind und jenen, die im Industrialisierungsprozess noch auf unteren oder mittleren Stufen stehen.

Diese Veränderungen in der Struktur der internationalen Teilung der Arbeit wirkten ihrerseits auf die Reproduktionsprozesse in den kapitalistischen Metropolen zurück. Neben der verschärften Konkurrenz wurden durch Zergliederung von Produktionsprozessen einzelne Wertschöpfungsstufen in internationale Wertschöp-

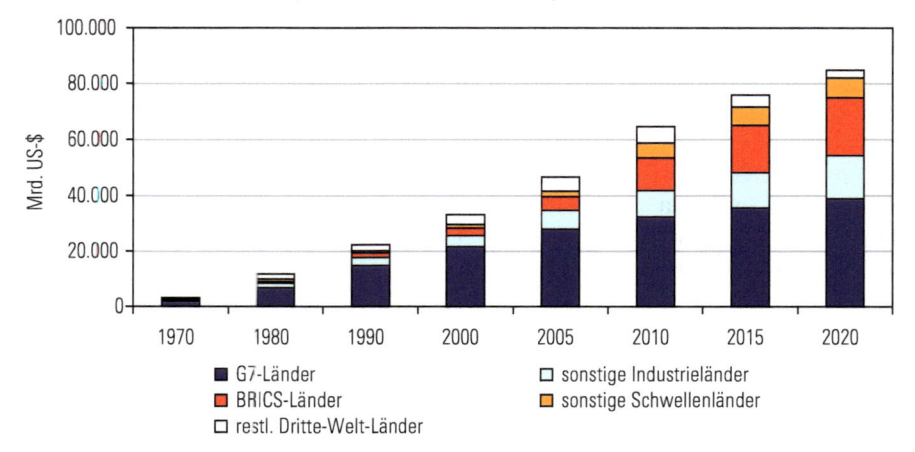

Abbildung 17.7: Weltsozialprodukt nach Ländergruppen (in lfd. US-Dollar)

- G7-Länder
- BRICS-Länder
- restl. Dritte-Welt-Länder
- sonstige Industrieländer
- sonstige Schwellenländer

Quelle: eigene Berechnungen auf Basis von Daten der Weltbank

fungsketten unter dem Dach multinationaler Konzerne auf verschiedene Länder verteilt. Diese Globalisierung der Produktion unterstellt mehr noch als bei der Distribution fertiger Produkte auf dem Weltmarkt das reibungslose Funktionieren eines internationalen Transportsystems per Schiff, Flugzeug und zu Land. Obwohl durch die Konzern-Headquarters zentral gesteuert, sind die einzelnen Produktionsstätten in der Regel selbstständige Tochterunternehmen, die auch auf Drittmarktsignale bei sog. Make-or-Buy-Entscheidungen zu achten haben. In jedem Fall wächst die internationale Abhängigkeit zwischen diesen einzelnen Produktionsstätten mit ineinander greifenden Wertschöpfungsketten, was sich bei Krisen oder Transporthavarien relativ schnell bemerkbar macht. Neben den reinen Kostenvergleichen bei Lohn- und Transportkosten sowie Steuerbelastungen wird mittlerweile die Resilienz gegenüber wirtschaftlichen, sozialen und handels- und allgemein politischen Entwicklungen ein weiterer Faktor. Unbedingte Globalisierung der Wertschöpfungsketten macht daher mittlerweile zumindest teilweise einer ausgewogeneren Verteilung unter verschiedenen Nebenbedingungen Platz.

Wie sich diese qualitativ veränderte internationale Arbeitsteilung quantitativ anhand der Beiträge verschiedener Ländergruppen zum Welt-Bruttosozialprodukt (BSP) ausgedrückt hat, zeigt Abb. 17.7. Machten die entwickelten kapitalistischen Metropolen (G7-Ländergruppe aus USA, Japan, BRD, Großbritannien, Frankreich, Kanada und Italien) sowie die sonstigen Industrieländer (restliche EU-Staaten, Australien, Schweiz, Israel u.a.) 1980 noch einen Anteil von 71 Prozent des Welt-BSP aus, ist ihr Anteil im Jahr 2020 auf 64 Prozent zurückgegangen. Spielgelbildlich hat der Anteil der Schwellenländer (BRICS-Staaten sowie Südkorea, Thailand, Türkei, Mexiko u.a.) von 13,5 Prozent in 1980 auf 32,8 Prozent in 2020 zugenommen. Dabei waren insbesondere die fünf BRICS-Staaten (Brasilien, Russland, Indien, VR

China und Südafrika) die Treiber bei den Schwellenländern, da sie zum einen wegen ihrer Größe (territorial und nach Bevölkerung) und zum anderen wegen ihres Entwicklungsniveaus (allgemein und in je verschiedenen Produktionssphären) an der Spitze der Gruppe der Schwellenländer stehen; ihr Anteil am Welt-BSP verdreifachte sich von 6,2 Prozent 1980 auf zuletzt 24,4 Prozent (2020).

Die vier asiatischen »Tigerstaaten« Hongkong, Singapur, Taiwan und Südkorea

Die ersten Länder, die den Aufbruch auf dem Weltmarkt in den 1970er Jahren vollzogen, waren die vier sogenannten »asiatischen Tigerstaaten« Südkorea, Taiwan, Singapur und Hongkong. Dabei stellte Hongkong als britische Kronkolonie auf dem Territorium der VR China unter entwicklungstheoretischen Aspekten einen Sonderfall dar; im Unterschied zu den anderen asiatischen Siedlerkolonien Australien und Neuseeland erfolgte die Überwindung des Kolonialstatus durch die Übergabe Hongkongs an die Volksrepublik erst 1997. Seitdem ist Hongkong eine wirtschaftliche Sonderverwaltungszone mit kapitalistischer Marktwirtschaft und einer höheren internen Autonomie, aber Bestandteil des Staatsgebiets und Hoheitsbereichs der VR China. Als ehemaliger Stadtstaat mit 6,4 Mio. Einwohnern vor dem Übergang in die VR China 1996 war Hongkong vergleichbar mit Singapur, welches ebenfalls eine britische Kolonialvergangenheit besitzt, 1963 als Teil der der malaysischen Föderation vom Vereinigten Königreich unabhängig wurde und kurz danach aus der Föderation als selbstständiger Stadtstaat ausscherte. Mit 2,4 Mio. Einwohnern 1980 – jedoch 5,7 Mio. 2017 – ist Singapur deutlich kleiner ist als Hongkong. Gegenüber diesen beiden Stadtstaaten sind Südkorea und Taiwan beides ehemalige japanische Kolonien, die nach dem Zweiten Weltkrieg den Kolonialstatus abschüttelten und sowohl als Flächenländer als auch von ihrer Bevölkerungszahl wesentlich größer waren und sind: Südkorea hatte 1980 38 Mio. Einwohner (2017: 51 Mio.), Taiwan, das sich selbst Republik China[11] nennt und 1971 im Zuge der internationalen »Ein-China-Politik« seine UN-Mitgliedschaft und die Vertretung Chinas als ständiges Mitglied im UN-Sicherheitsrat an die Volksrepublik abzugeben hatte, besaß 1980 17,7 Mio. Einwohner (heute: 23,5 Mio.).

Die ökonomische Entwicklung von Hongkong und Singapur nach dem Zweiten Weltkrieg weist einige Ähnlichkeiten auf. Beide Stadtstaaten stützten sich auf ihre angestammten Potentiale als Seehäfen, die an bedeutenden Schifffahrtsrouten liegen und als Tore zur Belieferung des Hinterlandes, Malaysia bzw. China, fungieren. Beide erlebten in einer ersten Phase den Aufbau arbeitsintensiver Zweige der Leichtindustrie – neben Textil- und Bekleidung, Haushaltsgeräte, Spielwaren und Elektronikartikel – und spielten ihre anfänglichen Lohnkostenvorteile aus. Aller-

---

[11] Die Volksrepublik China betrachtet Taiwan als abtrünnige Provinz und betreibt die perspektivische Rückkehr der Insel in sein Hoheitsgebiet. Taiwan ist international als selbstständiger Staat nicht anerkannt. Ökonomisch ist Taiwan jedoch ein eigenständiger Reproduktionsprozess mit einem distinkten gesellschaftlichen Gesamtkapital.

dings blieb es nicht bei diesen vergleichsweise einfachen arbeitsintensiven Produktionen. Singapur betrieb den Aufbau von Kapazitäten in den Bereichen Schiffbau und Schiffsreparatur, Erdölraffinerien und Chemischer Industrie, während Hongkong sich zu einem dienstleistungsorientierten Zentrum von High Tech-Unternehmen und Finanzen entwickelte; diesen Prozess vollzog Singapur zeitlich später nach. Beide Staaten setzten bei ihrem Industrialisierungs- und Entwicklungsprozess auf direkte staatliche Lenkung im Sinne einer offensiven Strukturpolitik, während ansonsten hinsichtlich der Regulation der Arbeitsbeziehungen maximale Liberalität zugunsten des Kapitals galt, die auch politisch flankiert und abgesichert wurde. Sowohl der britische Gouverneur in Hongkong als auch die Regierung in Singapur standen für Beschränkungen des Streikrechts und soziale Absicherungen der lohnabhängigen Bevölkerung auf niedrigen Niveaus. Dementsprechend war die Einkommensspreizung in beiden Stadtstaaten extrem; dies ist in Rechnung zu stellen, wenn anhand von Durchschnittseinkommen heutzutage ein dem industrialisierten Europa vergleichbarer Status ausgewiesen wird.

In Formosa (Taiwan) hatte die japanische Kolonialmacht, ähnlich wie in Korea, in der Landwirtschaft einige Verbesserungen eingeführt, ohne die Sozialstruktur, d.h. das Verhältnis zwischen Landlords und gewöhnlichen Bauern sowie die dörflichen Gemeinschaften umzukrempeln. Dies erfolgte erst nach dem Zweiten Weltkrieg und nach der Niederlage der Kuomintang (KMT) unter Chiang Kai-shek im Bürgerkrieg gegen die Kommunisten Mao Zedongs 1949 und ihrer Flucht vom Festland auf die Insel Taiwan. Der stagnanten Periode während der Kolonialzeit folgte in den 1950er Jahren eine Umwälzung durch eine Landreform, die zwar die Großgrundbesitzer als Klasse nicht beseitigte, jedoch einen Teil ihres Landes an selbstwirtschaftende Bauernfamilien verteilte und die ehemaligen Eigentümer durch Naturalbonds und Aktien von staatlichen Unternehmen entschädigte. Mehr noch als die Landreform in Südkorea gilt diejenige in Taiwan, gemessen an der nachfolgenden Produktivitätsentwicklung des Agrarsektors sowie des Ressourcentransfers zugunsten der Industrie, als eine der wenigen erfolgreichen Landreformen im Rahmen marktwirtschaftlich-kapitalistischer Produktionsverhältnisse.

Jenseits der Landwirtschaft war der Handel der einzige Wirtschaftssektor, in dem sich während der Kolonialzeit eine taiwanische Kompradorenbourgeoisie etablieren konnte. Das durch die Landreform der 1950er Jahre aufgelegte »land-to-the-tiller-Programm«, mit dem Großgrundbesitzer zum Engagement und Investment ihrer Entschädigungen in der Industrie stimuliert werden sollten, war weitgehend ein Fehlschlag. Die Schwäche der eigenständigen taiwanischen Bourgeoisie wurde allerdings teilweise wettgemacht durch die nach 1949 komplett importierte bewaffnete Herrschaftsschicht vom chinesischen Festland, die auch (Textil-) Fabriken physisch aus Kanton, Shanghai und anderen Standorten auf die Insel verlagerte. In den 1950er Jahren bestand das Gesamtkapital Taiwans aus dem Auslandskapital der USA sowie später Japans, dem Staatskapital, welches sich aus der Auflösung des Kolonialbesitzes der Japaner ergeben hatte, den importierten bzw. implantierten Fabriken der ehemaligen Festlandskapitalisten sowie einer zunächst schmalen

Kapitel 17: Strukturelle Überakkumulation und Globalisierung

Abbildung 17.8: Gross National Product in konstanten Preisen in Landeswährung für Südkorea und Taiwan; Veränderung gg. Vj. in %

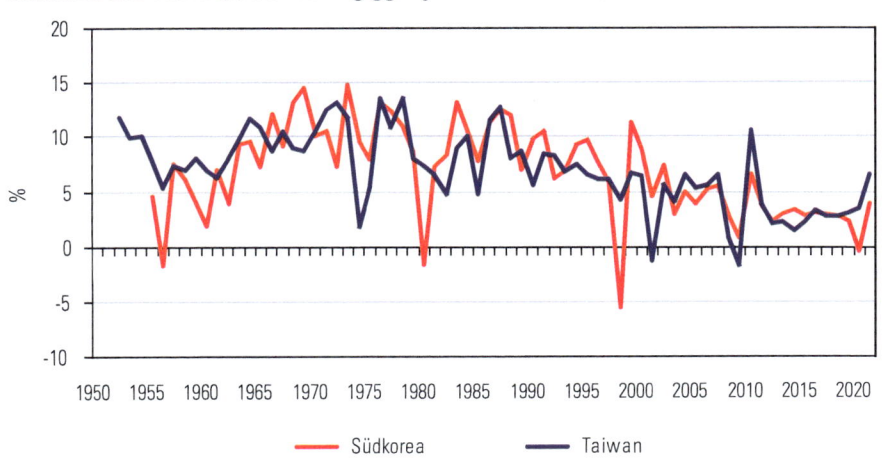

Quelle: The Economist, wikipedia, FRED

Basis von im Eigentum der originären taiwanischen Bevölkerung befindlichen Unternehmen der Kompradorenbourgeoisie; hinzu kamen noch wenige im Zuge der Landreform aus Grundeigentümern zu Kapitalisten gewordene einheimische Aufsteiger. In der Folgezeit blieb neben dem Auslandskapital (sowie der ausländischen Wirtschafts- und Finanzhilfe insbesondere der USA) der Staatssektor bedeutsam. Damit zeigt sich am Entwicklungs- und Industrialisierungsprozess Taiwans, ähnlich wie für Südkorea und Singapur, die bedeutende Rolle einer direkten Intervention des Staates in die Ökonomie, die bei einer langfristig angelegten Strukturpolitik beginnt und bis zur direkten Übernahme wichtiger Produktionen in öffentliche Regie bzw. deren Beibehaltung als Staatskapital reicht.

Es stellt somit keine Überraschung dar, wenn die Entwicklung des taiwanischen Bruttoinlandsprodukts in langfristiger Betrachtung seit den 1950er Jahren ähnlich hohe Wachstumsraten aufweist wie die der anderen »asiatischen Tiger«. Auch wenn ein niedriges Ausgangsniveau in Rechnung zu stellen ist, ist gleichwohl ein durchweg positives, wenn auch unter jährlichen Schwankungen erfolgendes gesamtwirtschaftliches Wachstum, welches erst im Abschwung des IX. Weltmarktzyklus 2001 sowie im darauffolgenden Abschwung des X. Zyklus 2009 erstmalig in der Nachkriegsentwicklung einen leichten Rückgang aufwies, absolut bemerkenswert für den kapitalistischen, weltmarktorientierten Entwicklungsprozess eines zu Beginn unterentwickelten Landes. Den Abschwung des XI. Zyklus sowie die Covid-19-Krise 2020 überstand Taiwan vergleichbar mit der Entwicklung in der Volksrepublik auf dem Festland mit einem bemerkenswerten Zuwachs des Nationalprodukts i.H.v. 3,4% (vgl. Abb. 17.8).

Die koreanische Halbinsel war wie Taiwan von 1905 bis zum Ende des Zweiten Weltkriegs und der Kapitulation des japanischen Kaiserreichs 1945 unter der Kolonialherrschaft Japans. Anders als andere Kolonialmächte, z.B. England im Verhältnis zu Indien, bezog Japan seine Kolonien Formosa (Taiwan) und Chosen (Korea) in eine systematische Arbeitsteilung bei der Produktion des Hauptnahrungsmittels Reis ein und schuf damit Bedingungen im Agrikultur-Sektor, die die Bereitstellung interner Ressourcen für die spätere industrielle Entwicklung nach dem Zweiten Weltkrieg begünstigten.

Am Anfang stand die Bereinigung der Eigentumsstrukturen, die noch im 19. Jahrhundert keine klaren und eindeutigen Zuordnungen auf private Eigentümer (Bauerngemeinden und -familien) aufgewiesen hatten, sondern durch sich überlappende Zugriffe von ursprünglich beamteten bzw. mit Staatsauftrag versehenen Einziehern von agrarischem Surplus gekennzeichnet waren. Durch die Erstellung eines Katasters im zweiten Dezennium nach dem Jahrhundertwechsel schaffte die Kolonialmacht Klarheit über die Besitzverhältnisse sowie über Lage und Qualität der Böden; dieses Kataster erleichterte die nach dem Zweiten Weltkrieg durchgeführte Landreform entscheidend. Mit der Änderung und Klarstellung der Eigentumsverhältnisse am Grund und Boden war zudem die Voraussetzung gegeben, um qualitative Veränderungen in den agrikulturellen Produktionsmethoden zu initiieren. Dies betraf die künstliche Bewässerung, die Saatzucht und den Einsatz von Düngemitteln. In Korea war bereits zu Beginn des 20. Jahrhunderts der Großteil der bebaubaren Böden in Nutzung, sodass eine Ertragssteigerung kaum durch Erweiterung der Anbaufläche, vielmehr im Wesentlichen nur durch Einsatz von Hochertragssorten von Reis sowie durch Düngemittel und Qualitätsverbesserung der Böden durch Kapitalanlagen (Bewässerungssysteme) möglich war. Der Wendepunkt in der Agrarentwicklung von quantitativer Ausdehnung der Bewirtschaftungsfläche mit Übergang zu schlechteren Böden zu einer intensivierten Bearbeitung der vorhandenen Flächen war damit bereits früh gegeben und wurde durch die japanische Kolonialverwaltung unterstützt. Dabei verfolgte die japanische Kolonialmacht diese Anstrengungen nicht aus humanitären Gründen, sondern im Eigeninteresse, um den eigenen Versorgungsschwierigkeiten auf ihren Inseln zu begegnen, durch die sie durch die protektionistischen Nachwirkungen der Weltwirtschaftskrise besonders betroffen war.[12] Die Versorgungslage der Bevölkerung in den Kolonien blieb dagegen prekär.

Ein vergleichbar entwicklungsfördernder Einfluss der Kolonialmacht lässt sich nur noch für das Transportwesen auf der koreanischen Halbinsel ausmachen; der Ausbau des Eisenbahnnetzes, der Straßen und der Häfen war dabei in erster Linie

---

[12] Vgl. Wontroba/Menzel 1978: 91: »*Von wesentlicher Bedeutung dabei ist, daß der aus Korea herausgeschleuste Reis hier (in Japan selbst / S.K.) das Hauptnahrungsmittel der einheimischen Bevölkerung darstellte. Mithin betrafen die Etappen japanischer Investitionen und die Ausbeutungsusancen im Agrarbereich nicht nur einzelne Inseln von Exportenklaven etwa für Genußmittel (Tee, Kaffee, Früchte etc.) in einem Meer wenig davon tangierter Subsistenzlandwirtschaft, sondern die Lebensgrundlagen der Masse der Bevölkerung selbst.*«

Kapitel 17: Strukturelle Überakkumulation und Globalisierung

durch die Importbedürfnisse der Kolonialmacht getrieben. Demgegenüber blieben die Impulse Japans für die eigentliche industrielle Entwicklung Koreas gering, lagen geographisch hauptsächlich im Norden der koreanischen Halbinsel und betrafen nur einzelne Rohstoffe (Kokskohle, Eisenerz, Nichteisenmetalle und chemische Dünger), die das extrem rohstoffarme Japan benötigte. Zudem lag der Schwerpunkt der externen industriellen Ressourcen für Japan in der Mandschurei, die es sich 1931 formell einverleibt hatte.

In Korea übernahmen nach dem Abzug der Japaner zunächst die Siegermächte Sowjetunion und USA die Verwaltung und Aufsicht; die Verhandlungen über ein vereinigtes Korea verliefen jedoch ergebnislos. Im August 1948 übernahm Rhee Syng-man, ein Vertreter der von den Japanern 1910 abgesetzten koreanischen Joseon-Dynastie offiziell die Regierungsgeschäfte von der US-amerikanischen Militärregierung. Der sowjetisch kontrollierte Norden beantwortete dies mit der Gründung der Demokratischen Volksrepublik Korea (DVRK) am 9. September 1948, deren erster Präsident Kim Il-Sung wurde. Beide Regierungen betrachteten sich als rechtmäßige Regierung über ganz Korea und kündigten darüber hinaus an, diesen Anspruch auch militärisch durchsetzen zu wollen. Der Korea-Krieg, der im Juni 1950 begann, wuchs sich schnell zu einem Stellvertreterkrieg zwischen den USA als Schutzmacht des Südens und der Sowjetunion sowie der VR China als Schutzmächten des Nordens aus. Er wurde bislang nur mit einem Waffenstillstandsabkommen, das 1953 geschlossen wurde, nicht jedoch mit einem Friedensvertrag beendet; damit wurde die Teilung der koreanischen Halbinsel am 38. Breitengrad festgeschrieben.

Noch nach dem Ende des Koreakrieges war Südkorea eines der ärmsten Agrarländer der Welt. Die südkoreanische Wirtschaftspolitik setzte mit einer Landreform von 1945 bis 1949 ein, wodurch die japanischen Großgrundbesitzer enteignet und das Land unter den einheimischen Bauern aufgeteilt wurde. Zusätzlich stellten die USA und Japan erhebliche Wirtschaftshilfe zur Verfügung, um Südkorea analog zur BRD als Frontstaat gegen kommunistische Einflüsse zu profilieren. Industriell gab es allerdings zunächst kaum nennenswerte Ansatzpunkte, zumal die Lagerstätten der Rohstoffe sich vornehmlich in Nordkorea befanden. Dementsprechend waren die 1950er Jahre durch eine weitgehend fehlende industrielle Entwicklung gekennzeichnet.

Dies änderte sich erst in den 1960er Jahren mit wirtschaftlichen Reformen, die das wirtschaftliche Wachstum fördern sollten. Es gründeten sich zahlreiche südkoreanische Firmen, nachdem die politischen Instabilitäten überwunden worden waren. Zusätzlich begannen die USA und vor allem Japan in Südkorea zu investieren. Die Kapitalakkumulation des Landes war durch hohe Spar- und Investitionsquoten gekennzeichnet. In der Folge entwickelten sich nach japanischem Vorbild große Misch-Konzerne (Jaebeols), die staatliche Privilegien genossen. Hinzu kamen hohe Direktinvestitionen namentlich der großen japanischen Handelshäuser.

In der Industrie arbeiten aktuell etwa 20 % aller abhängig Beschäftigten. Sie trägt zu rd. 35 % zum Bruttoinlandsprodukt bei und hat gegenüber den 1960er und 1970er Jahren ihren Anteilswert fast verdoppelt. Südkorea hat sich in letzter Zeit auf die

Fertigung von Technologieprodukten spezialisiert und konkurriert auf Augenhöhe mit anderen internationalen Herstellern. In der Produktion von Flachbildschirmen, der Chipproduktion, Computern und Schiffen haben südkoreanische Produkte eine marktbeherrschende Stellung erreicht. Südkorea ist die größte Schiffsbaunation der Welt und rangiert auch bei der Halbleiter- und Display-Produktion auf Platz eins; bei der Herstellung von Mobiltelefonen liegt das Land auf dem zweiten Platz; mit Bezug auf die Stahl- und Automobilindustrien rangiert Südkorea auf Platz fünf.

Rückblickend hat Südkoreas Industriepolitik den Kurs in jedem Jahrzehnt erheblich geändert. In den 1960er Jahren hatte die Regierung damit begonnen, den Export zu fördern, indem entsprechende Gesetze und Vorschriften erlassen und exportorientierte Entwicklungspläne aufgestellt wurden. In den 1970er Jahren stand die chemische Industrie im Zentrum der südkoreanischen Industriepolitik. In den 1980er Jahren kam es zu einer industriellen Umstrukturierung mit dem Ziel, kleine und mittlere Unternehmen zu fördern. Während bis zu dieser Zeit der Industriesektor meist aus Großkonzernen bestand, konnte sich der Anbietermarkt danach diversifizieren. Dies kam der Entwicklung von privaten Dienstleistungen zugute, die mittlerweile gesamthaft, d.h. inkl. Transport- und Kommunikationsindustrie sowie Finanzsektor einen Anteil von 48% des BIP aufweisen. Die Ausrichtung internationaler Großereignisse wie der Sommerolympiade 1988 in Seoul, der Fußballweltmeisterschaft (zusammen mit Japan) im Jahr 2002 sowie der Winterolympiade 2018 in Pyeongchang hat dabei als Katalysator gewirkt.

Unter langfristigem Aspekt weist Südkorea seit den 1980er Jahren, d.h. nachdem das stürmische Wachstum der beiden vorausgegangenen Jahrzehnte vorbei war, einen langfristigen Trend zurückgehender zyklendurchschnittlicher Wachstumsraten auf (vgl. Abb. 17.8). Diese Entwicklung markiert nicht nur einen (negativen) statistischen Basiseffekt, sondern zeigt zugleich, dass sich die allgemeinen Gesetzmäßigkeiten einer beschleunigten Kapitalakkumulation auch im Rahmen des nachholenden Industrialisierungs- und Modernisierungsprozesses der südkoreanischen Volkswirtschaft Geltung verschaffen. Denn dies ist als Spezifikum der Entwicklung Südkoreas als Schwellenland herauszustellen, dass vor dem Hintergrund einer strukturellen Überakkumulation von Kapital in den »alten« Metropolen ein beschleunigter Verlauf der Kapitalakkumulation nicht nur nicht ausgeschlossen, sondern teilweise sogar dadurch mitbedingt war. Im vorliegenden Fall profitierte Südkorea zunächst von der bis in die 1980er Jahre reichenden und damit länger als in den übrigen Metropolen andauernden beschleunigten Akkumulation des japanischen Nationalkapitals sowie sodann von der Deflationsperiode Japans in den 1990er Jahren, die bis weit über die Jahrtausendwende dortselbst Nachwirkungen zeitigte und Wachstumsverluste für die regionale Hegemonialmacht erbrachte, die zunächst Südkorea, später zunehmend die VR China teilweise ausfüllen konnten. Mit dem X. Nachkriegszyklus ab 2004 ist aber auch für den südkoreanischen Reproduktionsprozess eine beschleunigte Entwicklung vorerst vorbei.

Die Profitrate des südkoreanischen Nationalkapitals zeigte bis zum Beginn der 1980er Jahre ein hohes und nicht von den typischen zyklischen Schwankungen des

Kapitel 17: Strukturelle Überakkumulation und Globalisierung 717

Abbildung 17.9: Profitrate des südkoreanischen Kapitals

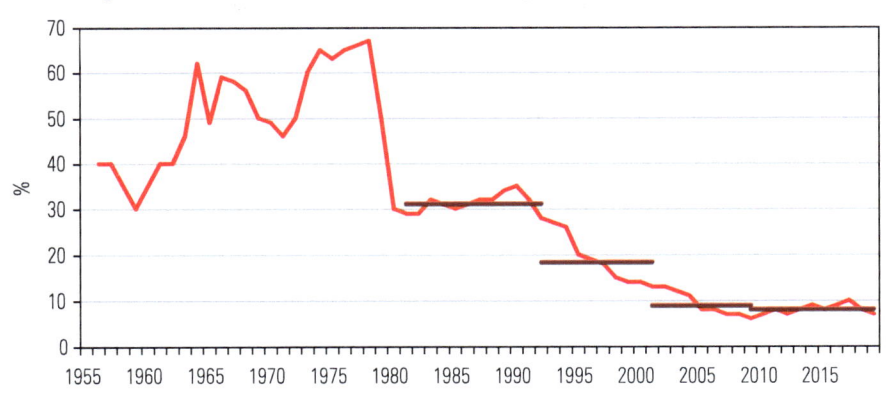

Quelle: Maito, eigene Berechnungen

Weltmarktzyklus bestimmtes Niveau und dokumentiert den auf- und nachholenden internen Industrialisierungsprozess des Landes. Mit dem VIII. Zyklus ab 1981 fiel sie drastisch ab und offenbarte in der Folgezeit mit einem weitergehenden Fall den »klassischen« Entwicklungsverlauf industrieller Kapitalakkumulation. Die gesamtwirtschaftliche Lohnquote stieg dabei seit Mitte der 1970er Jahre bis in die zweite Hälfte des letzten Jahrzehnts des 20. Jahrhunderts kontinuierlich an, sodass die Verbesserung der Verteilungsposition der Lohnabhängigen einen Gutteil zum Fall der Profitrate beigetragen hat. Andererseits erklärt dieser Anstieg der Lohnquote nicht allein den drastischen Fall der Profitrate, sodass deutlich wird, dass der Profitratenfall auch durch die steigende Kapitalintensität des Produktionsprozesses verursacht wurde. Zwar wurde der Lohnquotenanstieg seit dem Jahrtausendwechsel gestoppt, doch ging der Fall der Profitrate weiter: Es liegt daher nahe, dass mit dem X. Zyklus ab 2002 die südkoreanische Kapitalakkumulation auch mit strukturellen, d.h. überzyklischen Überakkumulationsproblemen zu kämpfen hat, die im folgenden XI. Zyklus nicht aufgelöst worden sind (vgl. Abb. 17.9).

Die anderen »Newly Industrialized Countries«

1. Indien

Indien gilt wegen der Größe seiner Bevölkerung – 1,38 Mrd. Menschen (2020) – sowie seines hohen Wirtschaftswachstums seit Beginn der 1980er Jahre, welches von einem sehr niedrigen Ausgangsniveau startete, als »zweites China«. Obgleich die bisherigen Erfolge der Entwicklung der Republik Indien nicht an diejenigen Chinas heranreichen, wird seine Entwicklung in der medialen Öffentlichkeit mit größerer Sympathie betrachtet, weil Indien als bevölkerungsmäßig »größte Demokratie der Welt« angesehen wird, welche zudem ein kapitalistisches Marktsystem aufweist und damit nicht als wirtschaftlich »feindliche« Macht betrachtet wird. Feudal-religiöse Hierarchien des traditionellen Kastenwesens, in religiösen Gegensätzen mit terroristischen Anschlägen ausgetragene Konflikte zwischen verschiedenen Ethnien, eine seit 2014 amtierende Regierung der führenden Janata-Partei (BJP) mit einem Premierminister N. Modi, der offen hindu-nationalistische rassistische Positionen vertritt sowie der seit langem schwelende Konflikt mit Pakistan um die nordindische Region Kaschmir tun dieser Sympathie keinen Abbruch.

Der Entwicklungsgrad der indischen Volkswirtschaft wird aktuell noch durch einen Agrikultursektor illustriert, der rd. 18% zum gesamtwirtschaftlichen BIP beiträgt und mehr als die Hälfte der Erwerbspersonen des Landes beschäftigt. Diese Beziehung dokumentiert eine sehr geringe Produktivität, die wiederum auf geringen Betriebsgrößen mit durchschnittlich 1,15 ha und selbstständigen Bauern, die sozial auf gleichem Fuß wie lohnabhängige Landarbeiter stehen, beruht. Entsprechendes gilt für den Handel, in dem nur 4% der Geschäfte größer sind als 46m² und ohne Lager sowie größere Transport- und Lieferkapazität auskommen müssen. Wie 4/5 der Bauern und Handwerker sind auch die Händler zum überwiegenden Teil Scheinselbstständige (vgl. Neelsen 2019: 30). Die indische Industrie ist einerseits traditionell durch die schon unter der britischen Kolonialherrschaft etablierte Textilindustrie, andererseits durch die in den Fünfjahrplänen der 1960er Jahre aufgebaute Stahl-, Maschinenbau- und chemische Industrie geprägt; in jüngerer Zeit kommen neben der Automobilproduktion mit der Pharmaindustrie sowie den Informationstechnologien moderne Industriezweige hinzu. Bei Dienstleistungen hat Indien im Bereich von Software und IT-Services mittlerweile eine weltweit führende Position erreicht.

Diese Dienstleistungen werden vor allem im Auftrag ausländischer Kunden erbracht; Call Center-Leistungen sowie Dienstleistungen im Gesundheitswesen sind klassische Beispiele für ein Outsourcing von Funktionen aus den Unternehmen der kapitalistischen Metropolen (sog. Offshoring). Neben dem Warenexport von Textilien und IT-Leistungen entsendet Indien auch Arbeitskräfte in großer Zahl u.a. in die Golf-Staaten; ihre Überweisungen betrugen zuletzt 72 Mrd. US-Dollar und überstiegen damit den Betrag der ausländischen Direktinvestitionen (60 Mrd. US-$ p.a.). Generell jedoch ist die indische Ökonomie nach wie vor stark binnenwirtschaftlich orientiert, denn der heimische Bedarf an Konsumtionsmitteln ist immens, die Zahlungsfähigkeit wegen verbreiteter Armut der Bevölkerung aber noch erheblich restringiert. Nur die sog.»Davos-Klasse« als international orientierte Bourgeoisie, eine Mittelschicht von Beschäftigten bei weltweit führenden Dienstleistungsunternehmen sowie Angehörige Freier Berufe in den urbanen metropolitanen Zentren kommen mit mindestens 1.000 Dollar Monatseinkommen auf ein gehobenes Nachfragepotential; es macht ein Drittel der privaten Konsumausgaben für am Markt als Waren verkaufte Produkte aus.

Zusammen mit den 32 Mio. Mitgliedern der unteren Mittelschicht aus unteren Angestellten und Beamten mit Gehältern über 450 Dollar pro Monat stellen sie die Käufer für Waren der Nahrungsmittelproduktion, der Telekommunikation sowie von langlebigen Gebrauchsgütern; Motorroller und Autos sind vor dem Hin-

Kapitel 17: Strukturelle Überakkumulation und Globalisierung 719

Abbildung 17.10: Gross National Product Indien in laufenden und konstanten einheimischen Preisen; Veränderung gg. Vj. in %

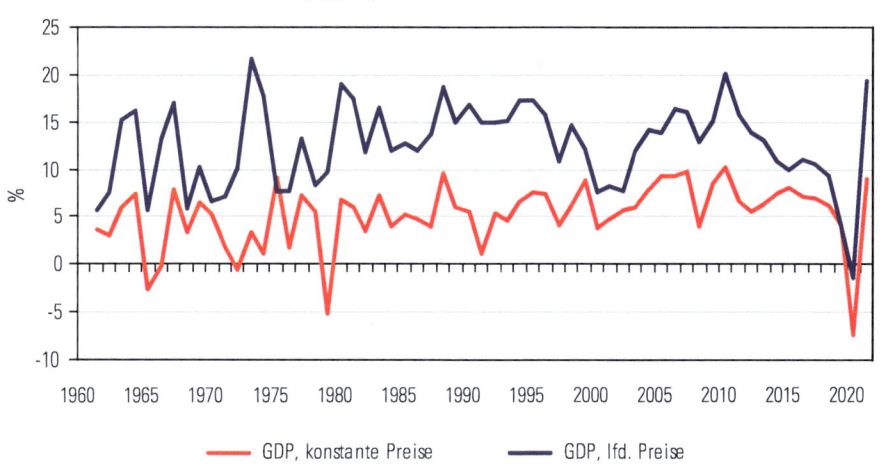

Quelle: OECD, Weltbank

tergrund des völlig unzureichenden öffentlichen Transportsystems sowie als Statussymbol besonders begehrt.

Mit den aufgewiesenen Wirtschaftsstrukturen, die von einem nach wie vor großen Agrarsektor mit überwiegend informellen Verhältnissen über in der Vergangenheit durch staatliche Interventionen aufgebaute Industrien bis hin zu an den Börsen erworbenen Welt-Champions wie der Tata-Gruppe (Metallindustrie, Automobile, Telekommunikation, Software) oder Arcelor Mittal reichen, sowie einer Klassen- und Sozialstruktur, die durch ein Nebeneinander von rural-feudalen, nichtkapitalistischen und nur formell Selbstständigen sowie kapitalistischen Produktionsverhältnissen von Lohnarbeit und Kapital gekennzeichnet ist, bestimmt sich die indische Ökonomie und Gesellschaft als peripherer Kapitalismus, der sich aus einem low-end state der asiatischen Produktionsweise über die englische Kolonialherrschaft im 19. Jahrhundert zu einer hybriden Ökonomie mit zunehmendem Weltmarkteinfluss nach der staatlichen Unabhängigkeit fortentwickelt hat. Mit dem Jahrtausendwechsel begann sich der gegenwärtige Status Indiens als Schwellenland auszubilden; allerdings sind dessen weitere Entwicklungsperspektiven als offen zu bewerten. Sowohl ein Verharren im Prozess einer immerwährenden ursprünglichen Akkumulation im Sinne eines »Wachstums ohne Entwicklung« als auch eine Überwindung der strukturellen Heterogenität des Nebeneinanders vom vor-, halb- und rein kapitalistischen Produktionsverhältnissen und Produktionsweisen ist beides möglich und hängt namentlich von der Wirtschafts- und Sozialpolitik der indischen Regierung ab. Dem Umgang mit dem bzw. der Überwindung des traditionellen Kastensystems, welches bei Heirat, Kandidatenaufstellung in politischen (auch linken) Parteien sowie dem Zugang zu öffentlichen Ämtern und staatlichem Personal nach wie vor eine bedeutende Rolle spielt und durch »positive Diskriminierung« (affirmative action) eher perpetuiert dann überwunden wurde, kommt dabei eine besondere Rolle zu.

Wie die Daten der Entwicklung des indischen Nationalprodukts zeigen (vgl. Abb. 17.10), hat sich mit dem bestehenden Gegensatz zwischen Stadt und Land, den sozialen und Klassenunterschieden und einem defizitären Gesundheitswesen die Covid-19-Pandemie gravierend ausgewirkt: Indien wies nicht nur eine hohe Übersterblichkeit seiner Bevölkerung auf, auch seine gesamtwirtschaftliche Produktion brach 2020 gravierend ein.

2. Russische Föderation

Russland ist, obwohl der offizielle Nachfolgestaat der Sowjetunion, nach 1991 keine Supermacht mehr. Dazu war der ökonomische Niedergangs- und politische Zerfallsprozess bereits zur Amtszeit von M. Gorbatschow als sowjetischer Präsident zu ausgeprägt und augenscheinlich. Erst unter der Präsidentschaft W. Putins hat sich die Russische Föderation wenn nicht ökonomisch, so doch politisch in den letzten Jahren wieder stärker als internationaler politischer Akteur profiliert. Ökonomisch jedoch kann Russland nicht einmal ansatzweise mit den führenden Nationen auf dem Weltmarkt mithalten. Die wirtschaftliche Entwicklung in der ehemaligen Russischen Sozialistischen Föderativen Sowjetrepublik nach 1991 war durch die Fortführung und teilweise Radikalisierung der sog. »Schocktherapie« gekennzeichnet. Die Russische Föderation erlebte unter dem damaligen Präsidenten B. Jelzin, der politisch zu einer Marionette der USA wurde und persönlich dem Alkoholismus verfiel, in der Folgezeit ein verlorenes Jahrzehnt mit horrender Inflation und einer Schrumpfung des (preisbereinigten) Bruttoinlandsprodukts in den 10 Jahren 1990–1999 um 38,6%. Auch nach dem Jahrtausendwechsel gelang es nicht, die Wirtschaft gesamthaft neu auszurichten; sie mutierte zu einem »Crony-Kapitalismus« mit einem Übergewicht persönlicher-korporativer Abhängigkeitsverhältnisse der führenden Kapitalisten (Oligarchen) von politischen Instanzen und blieb stark abhängig von der Preisentwicklung ihrer Rohstoffressourcen (vor allem Erdöl und Erdgas). Nach der Weltwirtschaftskrise 2009 erreichte die russische Ökonomie bis 2019 nur ein durchschnittliches (preisbereinigtes) Wachstum ihres BIP von knapp 2%, das zudem 2015 durch eine kurzzeitige Schrumpfung (–2%) unterbrochen wurde. Im Zuge der Covid-19-Krise sank das russische Nationalprodukt 2020 um 3,5 %; die Erholung im Folgejahr (+4,8%) kompensierte zwar den vorangegangenen Einbruch, war aber weit davon entfernt, die russische Ökonomie auf einen neuen, höheren Wachstumspfad zu bringen (vgl. Abb. 17.11). Die im Zuge des Ukraine-Kriegs nach der Invasion der russischen Armee in das westliche Nachbarland verhängten Sanktionen der kapitalistischen Staaten gegen russische Im- und Exporte sowie die Konfiskation russischer Vermögenswerte hat die Ökonomie der Russischen Föderation im Jahr 2022 erneut einbrechen lassen. Schließlich ist es das erklärte Ziel der USA und der anderen NATO-Staaten, die

Kapitel 17: Strukturelle Überakkumulation und Globalisierung   721

Abbildung 17.11: Gross National Product Russland in konstanten Preisen; Veränderung gg. Vj. in %

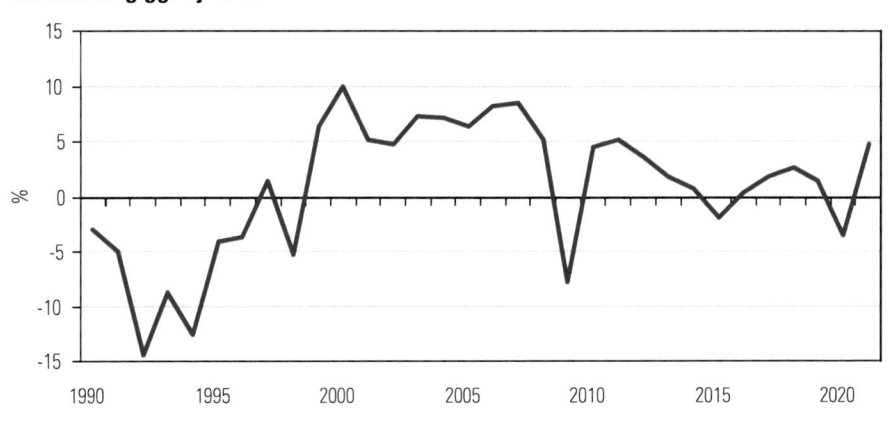

Quelle: OECD, Weltbank

russische Wirtschaft dauerhaft durch den angezettelten Wirtschaftskrieg zu schwächen bzw. sogar zu ruinieren, wie die Stimmen der westlichen Kriegstreiber tönen.

Der Verfall der russischen Ökonomie in den 1990er Jahren kommt auch anhand des Sinkens der Wertschöpfungsrate (BIP zu Kapitalstock in konstanten Preisen) zum Ausdruck, die 1995–98 mit 6% ihren niedrigsten Stand erreichte, nachdem sie 1990 noch rd. das Doppelte betragen hatte. Zwar war damit der Bodensatz erreicht und in der Folgezeit stieg diese Wertschöpfungsrate wieder an, erreichte aber im Jahr 2008 noch nicht wieder das Niveau von 1990/91. Nach dem Einbruch in der Weltwirtschaftskrise von 2009 erfolgte im nachfolgenden Zyklus eine Stabilisierung auf dem Niveau des Krisenjahrs. Natürlich ist für die akute Periode der Transformation zur Marktwirtschaft in den 1990er nicht von einer profitratengesteuerten Ressourcenallokation und Kapitalakkumulation auszugehen. Die rechnerische durchschnittliche Profitrate lag beginnend in 1995 bei rd. 2% und dokumentierte damit die in großem Umfang anzutreffende Fortführung defizitärer Betriebe. Eine Stabilisierung dieser durchschnittlichen Profitrate erfolgte mit dem Jahrtausendwechsel und den beiden folgenden Jahrzehnten. Mit etwa 5%[13] lag sie in den 2010er Jahren aber immer noch auf einem extrem niedrigen Niveau (vgl. Abb. 17.12). Zum russischen Crony-Kapitalismus gehört allerdings, dass einzelwirtschaftliche Renditen von ehemaligen sowjetischen Industriekomplexen, die in der »Jelzin-Ära« mit politischer Unterstützung des Kreml von Privatpersonen (na-

---

[13] Der Bruch in der Zeitreihe liegt an einer Neuberechnung des Nettoinlandsprodukts und seiner Aufteilung auf Löhne und Profite für die Jahre ab 2011; vgl. die Daten in: www.gks.ru. Ein Zugriff auf diese Seite zur Aktualisierung der Daten ist offenbar gegenwärtig nicht möglich.

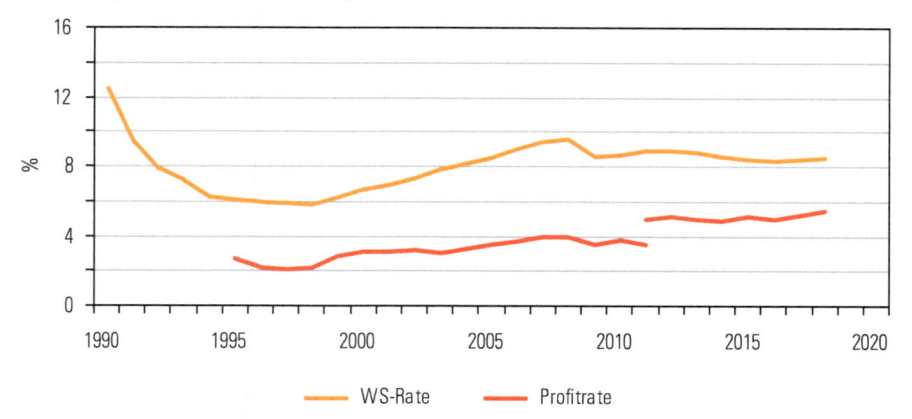

Abbildung 17.12: Wertschöpfungsrate und Profitrate in Russland

Quellen: Rosstat, Weltbank, FRED

mentlich ehemaligen Mitgliedern der sowjetischen Nomenklatura wie Betriebsdirektoren und Funktionsträgern staatlicher Organisationen) usurpatorisch angeeignet wurden, von diesem gesamtwirtschaftlichen Durchschnittsverhältnissen gravierend nach oben abweichen.

3. Brasilien

In der Föderativen Republik Brasilien hatte 1964 das Militär die Macht übernommen und regierte bis 1985 unter verschiedenen von ihm inthronisierten Präsidenten. In dieser Zeit waren große Prestigeprojekte (Transamazônica, das Wasserkraftwerk Itaipú, das Kernkraftwerk Angra dos Reis sowie der Bau von Autobahnen) angestoßen worden. Die Folge dieser Politik waren eine hohe öffentliche Verschuldung sowie viele unrentable Staatsbetriebe. Seit dem Ende der Militärdiktatur war Fernando Henrique Cardoso zum Führer einer neuen sozialdemokratischen Partei aufgestiegen, 1993 wurde er Finanzminister und 1994 zum Präsidenten gewählt. Cardoso war ursprünglich Vertreter der Dependencia-Theorie und hatte die Politik der Importsubstituierung propagiert. Anfang der 1990er Jahre schwenkte er jedoch unter der mittlerweile dominierenden Ideologie des »Washington Consensus« auf eine neoliberale Wirtschaftspolitik um und setzte mit dem »Plano Real« auf Inflationsbekämpfung als Oberziel – die brasilianische Inflationsrate lag Mitte 1994 bei 47% – durch die Einführung einer neuen, flexibel mit dem US-Dollar verbundenen Währung (Real), drastische Einsparungen im öffentlichen Haushalt inkl. des Gesundheits- und Erziehungswesens, eine zügige Privatisierung von Staatsbetrieben sowie umfangreiche Deregulierungen auf verschiedenen Gebieten (u.a. Außenwirtschaft und bei sozialen Institutionen). Tatsächlich gelang durch diese zu dieser Zeit offiziell als alternativlos angesehene Wirtschaftspolitik die Reduzierung der Inflationsrate, die die Realeinkommen der lohnabhängigen Bevölkerung stabilisierte und

Kapitel 17: Strukturelle Überakkumulation und Globalisierung 723

ihm 1998 die Wiederwahl sicherte. Der Preis war jedoch ein drastischer Anstieg der Arbeitslosigkeit, die in seiner zweiten Legislaturperiode bekämpft werden sollte. Jedoch war der brasilianischen Volkswirtschaft die Beseitigung des Schutzes vor ausländischer Konkurrenz durch die Deregulierungspolitik des »Plano Real« schlecht bekommen; die Unternehmen litten unter den hohen Realzinsen, die Investitionen wurden behindert und die Bankrotte nahmen zu. Die öffentlichen Haushalte verzeichneten Einnahmerückgänge durch die sinkenden Gewerbesteuern und ihr Defizit, das 1996 bei 6% des BIP gelegen hatten, nahm zu; es kumulierte 1998/99 in der Brasilienkrise. Die öffentliche Verschuldung war auf 273 Mrd. US-Dollar angewachsen, der größte der brasilianischen Bundesstaaten hatte ein Schuldenmoratorium gegenüber der Zentralregierung verkündet, und das Land war auf eine externe Finanzspritze angewiesen, die der IWF und einige Privatbanken in Höhe von 30 Mrd. US-Dollar dem Staat zukommen ließen. Damit konnte die BIP-Entwicklung 1998/99 als zweijährige Stagnation stabilisiert werden.

Cardosos Wirtschaftspolitik war damit gescheitert; er unterlag bei den Präsidentschaftswahlen 2002 Lula da Silva von der (sozialdemokratischen) Partido dos Trabalhadores (PT), der für das erste Jahrzehnt nach dem Jahrtausendwechsel eine Linksentwicklung einleitete. Dabei verdiente nur die Sozialpolitik unter dem neuen Präsidenten dieses Etikett, denn Lulas Wirtschaftsminister Antonio Parlocci strebte eine strikt neoliberale Wirtschaftspolitik nach den Vorgaben des IWF mit einer restriktiven Steuerpolitik, eines variablen Wechselkurses des Real mit freier Zirkulation des Kapitals, einer Politik des Vorrangs zur Erlangung von Außenwirtschaftsüberschüssen zur Tilgung bzw. vorgezogenen Rückzahlung der Auslandsschulden sowie eines Sparkurses bei öffentlichen Investitionen an. Für den weiteren Ausbau der Exportwirtschaft unterstützte der Staat das aus alten und neuen einheimischen Grundgrundbesitzern und internationalen Landwirtschaftskonzernen bestehende Agrarbusiness, dem ca. 90% der gesamten öffentlichen Subventionen für den Landwirtschaftssektor zuflossen. Demzufolge blieb die von Lula proklamierte Agrarreform mit Landverteilung an Landlose deutlich hinter den ursprünglich proklamierten Zielen zurück. Statt einer wirklichen Umverteilung von Grund und Boden wurde nur nicht genutztes Land der Großgrundbesitzer enteignet und verteilt. Es fehlte dem brasilianischen Präsidenten der Mut, den offenen Konflikt mit den Holzfäller- und Sojakönigen zu suchen und auszutragen. Es ist daher kein Wunder, dass Lulas Wirtschaftspolitik bei den herrschenden Parteien der USA und in Europa gut ankam; mehr als eine begrenzte sozialdemokratisch limitierte Umverteilungspolitik wird eben als zeitweiliger Ausnahmetatbestand nicht toleriert, wenn der reine Kapitalismus wieder einmal seine Unfähigkeit bewiesen hatte, die Reproduktion von Wirtschaft und Gesellschaft zu sichern.

Im XI. Wirtschaftszyklus auf dem Weltmarkt 2009–2020 Jahre verzeichnete Brasilien nur eine moderate Aufwärtsbewegung gegenüber dem Niveau vor der Großen Finanzmarkt- und Weltwirtschaftskrise von 2007 (vgl. Abb. 17.13). Damit lag das Land deutlich hinter den BRICS-Staaten China und Indien zurück. Einmal mehr wirkten interne politische Auseinandersetzungen negativ auf die wirtschaft-

Abbildung 17.13: Gross National Product Brasilien in konstanten Preisen der einheimischen Währung; Veränderung gg. Vj. in %

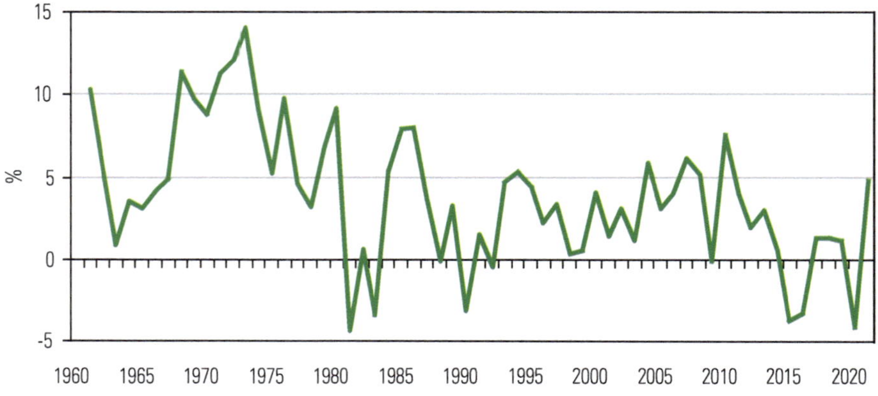

Quelle: OECD, Weltbank

liche Entwicklung ein. Die lähmenden Auseinandersetzungen um die von 2011 bis 2016 amtierende Präsidentin D. Rousseff, die wie ihr Amtsvorgänger Lula da Silva aus der Arbeiterpartei (PT) stammt, war durch ein mit zweifelhaften Argumenten begründetes Amtsenthebungsverfahren (Impeachment) gestürzt, Lula wegen vermeintlicher Korruption sogar verurteilt und inhaftiert worden. Aus der Neuwahl zum brasilianischen Präsidenten nach dem Interregnum des seinerzeitigen Vizepräsidenten M. Temer von der rechtsbürgerlichen Partido do Movimento Democrático Brasileiro war 2018 mit J. Bolsonaro ein offener Faschist und Verehrer der seinerzeitigen Militärdiktaturen als Sieger hervorgegangen, der politisch für eine (weitere) Verselbstständigung der Exekutive und Zerstörung demokratischer Strukturen stand und wirtschaftlich durch ein strikt neoliberales Programm den verhängnisvollen (und erfolglosen) seinerzeitigen Weg Chiles unter der Pinochet-Diktatur wiederholen wollte.

Brasilien besitzt eine bedeutende Agrikultur und extraktive Industrie. Demzufolge sind sowohl seine Binnenökonomie als auch seine Exportwirtschaft stark durch die Preisentwicklung der Primärprodukte abhängig. Deren Stagnation und Rückgang von 2012–2016 hatten die wirtschaftliche Entwicklung stark getroffen. Das Land durchlief 2015/16 die tiefste Rezession seit der Krise Anfang der 1980er Jahre; 2017 erfolgte eine Stabilisierung auf dem erreichten Niveau, welches rd. 7% unter dem Stand von 2014 lag. Diese Stabilisierung wurde durch eine Rekordernte eingeleitet, die die Preise der Lebensmittel reduzierte und die Kaufkraft der Konsumenten erhöhte; hinzu kamen die konjunkturbedingte Senkung der vorher hohen Inflationsrate sowie der Zinsen, die beide durch die Austeritätspolitik der Regierung Temer mit Reduzierungen der Staatsausgaben u.a. durch Entlassungen von Staatsbeschäftigten verstärkt worden war. In den Jahren 2017 bis 2019 wurde eine

Kapitel 17: Strukturelle Überakkumulation und Globalisierung

Abbildung 17.14: Profitrate Brasilien

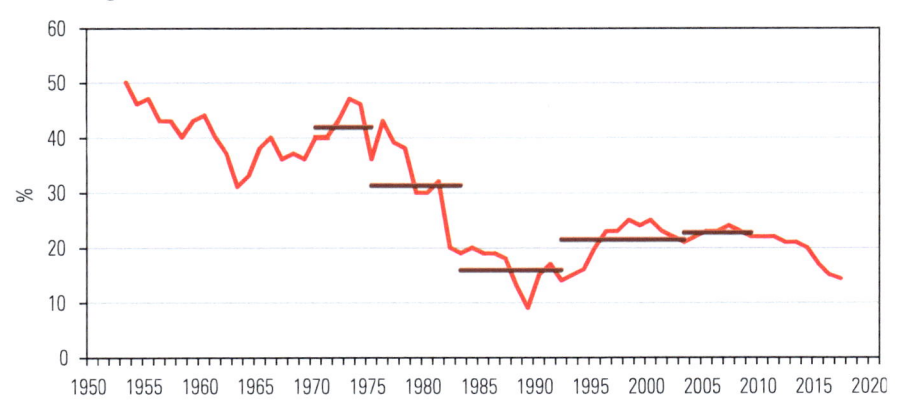

Quelle: Maito sowie FRED und macrotrends.net

leichte Erholung verzeichnet. Die Rekordernte 2016/17 begünstigte neben wieder steigenden Rohstoffpreisen die brasilianischen Exporte, sodass die Handelsbilanz mit einem Rekordüberschuss von 67 Mrd. US-Dollar im Jahr 2017 abschloss. 2018/19 verharrte die Wachstumsrate des BIP auf dem niedrigem Niveau von gut 1% p.a. Der Einbruch von -4,1% im Jahr der Covid-19-Krise 2020 konnte 2021 wieder wettgemacht werden. Brasilien war eines der am stärksten von der Pandemie betroffenen Länder mit bislang rd. 700 Tsd. Todesfällen – eine Übersterblichkeit, die durch die Pandemie-Leugnung durch Bolsonario, der damit seinem Vorbild D. Trump nacheiferte, neben dem insgesamt gering entwickelten Stand des Gesundheitswesens in dem Land wesentlich mitbedingt war.

Frühestens ab den 1970er Jahren, d.h. mit dem VI. Nachkriegszyklus auf dem Weltmarkt kann in Brasilien von einer beginnenden Kapitalallokation durch den Ausgleich individueller und Branchenprofitraten gesprochen werden. Das anfängliche Niveau war sehr hoch und drückte die hohen Profite der inneren Landnahme der kapitalistischen Produktion gegenüber traditionellen und nicht-kapitalistischen Wirtschaftssektoren aus. Nach der Weltwirtschaftskrise 1974/75, die Brasilien allerdings ohne Rückgang der gesamtwirtschaftlichen Wertschöpfung durchlief, erfolgte mit dem VII. Nachkriegszyklus ein drastischer Rückgang der Durchschnittsprofitrate, der sich im Folgezyklus fortsetzte. Im VIII. Zyklus lag das Niveau der brasilianischen Profitrate auf einer Höhe mit der Profitrate des japanischen Gesamtkapitals, welches in dieser Zeit noch beschleunigt akkumuliert hatte. In den Zyklen danach stieg die Profitrate in Brasilien wieder an und drückte eine zweite Landnahme des brasilianischen Kapitals im Zuge der beginnenden Entwicklung des Landes zu einem »Newly industrialized Country« auf dem Weltmarkt aus. Im XI. Zyklus nach der Weltwirtschaftskrise, die Brasilien nur mit einer einjährigen Stagnation des

BIP/GNP durchlief, befand sich die Profitrate wieder in einer Abwärtsbewegung, die vorliegend bis 2013 dokumentiert ist (vgl. Abb. 17.14). 2015/16 war eine Kontraktion des Reproduktionsprozesses um jeweils knapp 4% zu verzeichnen und in den Jahren 2017–19 fiel die Erholung mit weniger rd. +1% außerordentlich dürftig aus, sodass davon auszugehen ist, dass sich diese Abwärtsbewegung der Profitrate des brasilianischen Kapitals weiter fortgesetzt hat.

4. Südafrika

Auch in Südafrika, einem weiteren BRICS-Staat, bestimmten politische Turbulenzen die Agenda im jüngsten Jahrzehnt. Hier waren es die Auseinandersetzungen innerhalb des regierenden afrikanischen Nationalkongresses ANC, die 2018 in der Ablösung des seit 2008 amtierenden Präsidenten J. Zuma durch C. Ramaphosa gipfelten.

Südafrika ist nach wie vor das einzige Land auf dem afrikanischen Kontinent, in dem kapitalistische Produktionsverhältnisse eine dominante Rolle nicht nur in der Industrie und im städtischen Gewerbe, sondern auch in weiten Bereichen auf dem Land innehaben. Dies ergab sich in historischer Dimension aus dem Status dieses Lands am Kap der Guten Hoffnung als früherer Kolonie der Holländer mit ihrer Niederländischen-Ostindien Kompagnie und sodann der Briten, die das Land als Kronkolonie in Kriegen mit den Buren eroberten und okkupierten. Als Einwanderer wurden sie die tragenden sozialen Gruppen für eine erwerbswirtschaftlich-marktorientierte Entwicklung der Ökonomie neben der traditionellen Subsistenzwirtschaft der einheimischen Bevölkerung. Sie hatten mit der Apartheid-Politik bis in die jüngere Vergangenheit ihre auf rassistischen Vorurteilen aufgebaute Gesellschaft kultiviert, bis diese Politik sich schließlich nicht nur politisch, sondern auch ökonomisch als wachsendes Hindernis für die weitere Entwicklung des Landes erwiesen hatte. Bis 1994 hatte der Afrikanische Nationalkongress (ANC) einen nationalen Befreiungskampf gegen die ehemaligen weißen Siedler und sodann herrschende Bourgeoisie führen müssen, bis er mit Nelson Mandela den ersten schwarzen Präsidenten der Republik Südafrika stellen konnte.

Südafrikas Wirtschaft entwickelte sich im XI. Nachkriegszyklus seit 2009 auf einem niedrigen Erholungspfad, der im Jahr 2016 in eine Stagnation mündete, im Folgejahr mit einem Zuwachs von gerade einmal 1,4% des Gross Domestic Product keinen nachhaltigen Umschwung verzeichnete und 2019 erneut in eine Stagnation abrutschte. Verantwortlich für diese schwache Entwicklung waren Rückgänge im Verarbeitenden Gewerbe sowie im Dienstleistungssektor. Die hohen Zuwachse im Primärsektor, der allerdings nur Dürreperioden in der Landwirtschaft und Einbrüche im Bergbausektor in den Jahren zuvor kompensiert hatte, wirkten teilweise ausgleichend. Der Export Südafrikas litt unter sinkenden Rohstoffpreisen für seine Bergbauprodukte auf dem Weltmarkt und einer nur verhaltenen Nachfrage aus China und den kapitalistischen Metropolen; die Leistungsbilanz ist anhaltend defizitär.

In der Zeit davor hatte Südafrika eine durchgreifende Aufwärtsentwicklung durchlaufen, die vor allem in den 1960er und 1970er Jahren zeitweilig hohe Wachs-

Kapitel 17: Strukturelle Überakkumulation und Globalisierung

Abbildung 17.15: Gross National Product Südafrika in konstanten Preisen der einheimischen Währung; Veränderung gg. Vj. in %

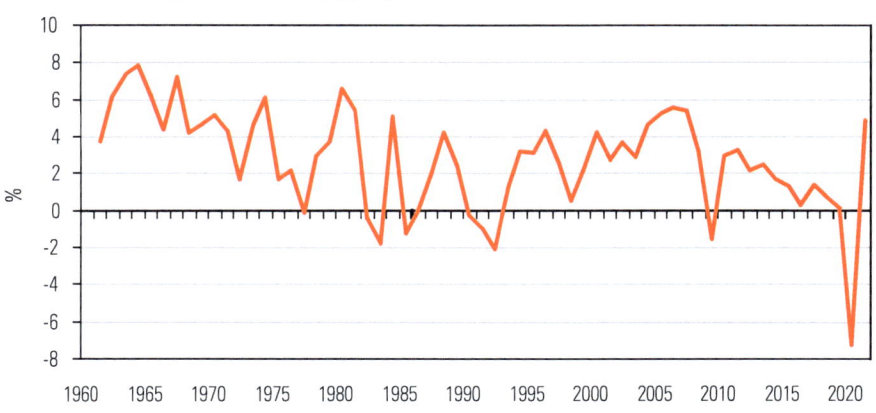

Quelle: OECD, Weltbank

tumsraten aufgewiesen hatte. Die zyklischen Bewegungen gingen weitgehend synchron mit dem Weltmarktzyklus, was in erster Linie durch die Preis- und Absatzentwicklung der aus Südafrika exportierten mineralischen Rohstoffe bedingt war (vgl. Abb. 17.15). Als einziges Land auf dem afrikanischen Kontinent, dass in der Nachkriegszeit schon früh eine industrielle Entwicklung, beginnend im Bergbausektor, zunehmend allerdings auch im Verarbeitenden Gewerbe verzeichnen konnte, gibt es Parallelen zu anderen Siedlerkolonien, z.B. zu Australien.

Entsprechend des industriellen Status Südafrikas – es wurde als eines der wenigen Länder außerhalb des Kreises der kapitalistischen Metropolen zur sog. Ersten Welt gezählt – kann bereits in den 1960er Jahren von einer regulierenden Funktion einer Durchschnittsprofitrate ausgegangen werden. Die Profitrate des südafrikanischen Kapitals entwickelte sich seit Anfang der 1960er Jahre, d.h. seit dem IV. Nachkriegszyklus »klassisch« mit fallender Tendenz von Zyklus zu Zyklus bis inkl. des VIII. Nachkriegszyklus. Dies geschah bei weitgehend stagnanter Lohnquote bzw. Mehrwertrate, sodass die Bewegung der Profitrate in erster Linie auf die Steigerung der Produktivkraft der Arbeit durch Ersatz von lebendiger Arbeit durch Maschinerie zurückzuführen war. Mit Beginn der 1990er Jahre begann die Lohnquote bis zur Krise 2009, die den X. Zyklus beschloss, zu fallen. Eine fallende Lohnquote war die erste Ursache für den Anstieg der Profitrate im IX. und X. Zyklus; die zweite ist in der Rohstoffpreisentwicklung zu sehen, die Südafrika in dieser Periode begünstigte. Entsprechendes galt auch für den nachfolgenden XI. Zyklus (vgl. Abb. 17.16).

Der Fall der Lohnquote ging zeitlich zusammen mit dem späten Ende des Apartheids-Regime, das schrittweise in der ersten Hälfte der 1990er Jahre überwunden wurde. Die politische Befreiung der farbigen Bevölkerungsmehrheit aus jahrzehn-

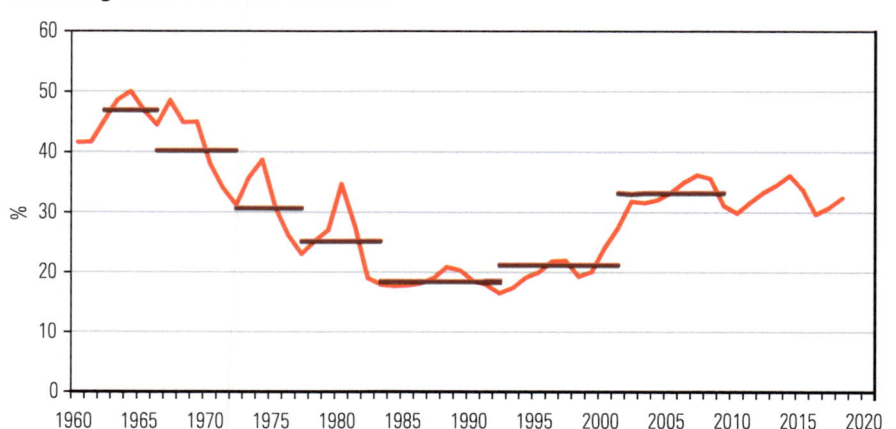

Abbildung 17.16: Profitrate Südafrika

Quellen: OECD, FRED, Swanwpoel/van Dyk (1977), South Africa Reserve Bank

telanger Unterdrückung erbrachte also zunächst der Kapitalseite Renditevorteile, während die lohnabhängige schwarze Bevölkerung erst im nachfolgenden XI. Zyklus wieder verteilungsseitig aufholen konnte. Ähnlich wie in Brasilien sind auch in Südafrika gewachsene Defizite im politischen System mitverantwortlich für die anhaltende soziale Ungleichheit und Armut großer Teile der schwarzen Bevölkerungsmehrheit in den Townships sowie die Herausbildung eines »Crony-Kapitalismus« mit Günstlingswirtschaft und »state capture« führender politischer Repräsentanten; für Letzteres stand beispielhaft der ehemalige Präsident und ANC-Vorsitzende J. Zuma.[14] Mit dem durch seine eigene Partei erzwungenen vorzeitigen Wechsel an der Spitze des Staates zu C. Ramaphosa verbindet sich die Hoffnung auf die Beendigung dieser auch die wirtschaftlichen Investitionen beeinträchtigenden politischen Verwerfungen. Ob der neue Mann an der Spitze den versprochenen Aufbruch in die Wege leiten wird, ist noch offen, denn er ist zwar ein Ex-Gewerkschafter, gehört jedoch mittlerweile zur einheimischen Bourgeoisie.

5. Australien

Die heute zu den G20-Staaten gehörende ehemalige britische Sträflingskolonie war seit Mitte des 19. Jahrhunderts ein klassisches Einwanderungsland zunächst von Europäern (Briten), sodann auch von asiatischer Bevölkerung (Chinesen). Heute stel-

---

[14] Vgl. Bullan 2017: 30: »*Das System Zuma geht hinunter bis auf die Gemeindeebene. Vetternwirtschaft ist verbreitet. Bauaufträge, die Versorgung einer Schule mit Schulbüchern, Lizenzen zum Betreiben von Geschäften, Jobs in der öffentlichen Verwaltung – alles ist verhandelbar und Gegenstand von Geben und Nehmen. Transparente Entscheidungsstrukturen, Bürgerbeteiligung und qualifizierte öffentliche Dienste sind die Ausnahme.*«

Kapitel 17: Strukturelle Überakkumulation und Globalisierung

len Nachfahren europäischer Einwanderer mehr als 90% der Bevölkerung, Asiaten 7%; 2,4% bezeichnen sich als Indigene (Aborigines), die im Zuge der Kolonisierung Australiens eine genauso marginale Rolle spielten wie die Indianer Nord-, Mittel- und Südamerikas. Nach dem Zweiten Weltkrieg wurden die zeitweilig erlassenen restriktiven Einwanderungsgesetze des australischen Commonwealth liberalisiert; eine prosperierende Wirtschaft entfaltete einen großen Bedarf an Arbeitskräften.

Nach 1950 waren Rohstoffe auf dem Weltmarkt stark nachgefragt und die australische Regierung förderte den Abbau von Rohstoffen intensiv. Der Anteil des Bergbaus am Bruttoinlandsprodukt beträgt seitdem etwa 10%. Das wirtschaftliche Wachstum Australiens wurde vor allem durch die Fahrzeug-, Chemieproduktion, Herstellung elektrischer und elektronischer Ausrüstung sowie von der Eisen- und Stahlproduktion bestimmt. Dieses Wachstum wurde auch durch die beiden Weltkriege nicht wesentlich negativ beeinflusst. In der Zeit nach dem Zweiten Weltkrieg verzeichnete das Land eine langfristige positive Wachstumsrate mit hoher Beschäftigung. Ihren Höhepunkt erreichte die industrielle Produktion in der Mitte der 1960er Jahre.

Seit den 1960er Jahren, d.h. mit dem III. Nachkriegszyklus verläuft die gesamtwirtschaftliche Entwicklung Australiens im Rhythmus des Weltmarktzyklus mit Periodenwechseln, die synchron mit denen der US-Konjunktur sind. Allerdings blieb Australien bis zu Krise und Abschwung des VII. Zyklus (1982) von absoluten Einbrüchen der Produktion verschont. In den Jahren 1982 bis 1983 verharrte die australische Wirtschaft in einer Rezession. Die damalige amtierende Labor-Regierung entschied daraufhin, ausländische Investitionen zuzulassen und sie begann, bestehende Wettbewerbsbeschränkungen zu lockern. Die Rezession wurde in der Folge durch einen starken Beschäftigungsanstieg überwunden und die Arbeitslosenquote erreichte mit 2% wieder den Stand von 1972. Mitte der 1990er Jahre setzte die seinerzeitige konservativ-liberale Regierung auf weitergehende Deregulierung, unter anderem des Währungs- und Finanzsystems, das sich noch stärker dem internationalen Kapital öffnen sollte. Schutzmaßnahmen für die Industrie und Landwirtschaft und Wettbewerbsbeschränkungen wurden zurückgefahren bzw. aufgehoben. Einige staatliche Aufgaben wurden privatisiert und das Transport- und Telekommunikationswesen dereguliert. Insbesondere jedoch profitierte Australien von dem in dieser Zeit einsetzenden Wachstumsprozess in Ostasien, vor allem in China. Seit den 1990er Jahren hat Australien eine der höchsten Wirtschaftswachstumsraten unter den OECD-Staaten. Seit 1990 hat es keine wirtschaftliche Rezession erlebt, selbst nicht in der Großen Finanzmarkt- und Weltwirtschaftskrise 2007-09; erst am Ende des XI. Nachkriegszyklus mit der Covid-19-Krise 2020 verzeichnete des BIP einen Rückgang um 2,5% (vgl. Abb. 17.17).

Australiens Exporte mit einem großen Anteil von Rohstoffen – Australien ist seit 1980 der weltgrößte Kohleexporteur; bei Flüssiggas wird erwartet, dass das Land in den nächsten Jahren Weltmarktführer wird – sind stark von der Entwicklung der Weltwirtschaft und den Rohstoffpreisen abhängig. Demgemäß ging der Export im Zusammenhang mit der volatilen Preisentwicklung der Rohstoffe im XI.

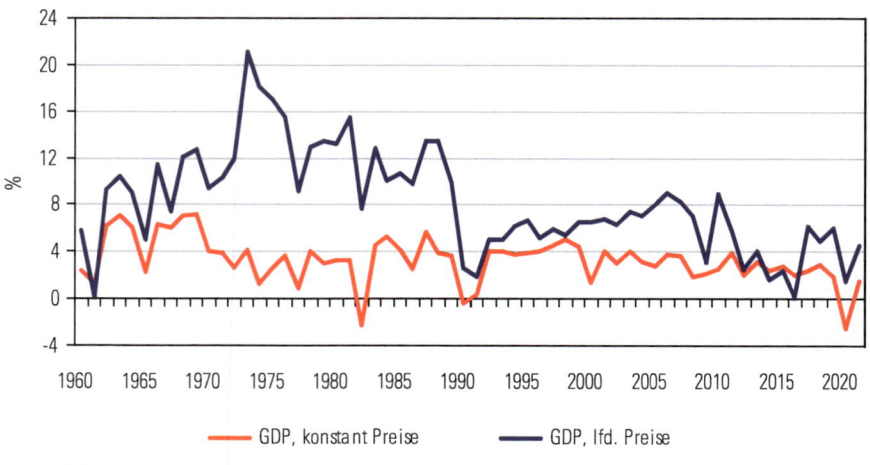

Abbildung 17.17: Gross Domestic Product Australien in laufenden und konstanten Preisen einheimischer Währung; Veränderung gg. Vj. in %

Quelle: OECD, Weltbank

Zyklus 2012 sowie 2014 und 2015 absolut zurück und der Defizitsaldo der Handelsbilanz (inkl. Services) erhöhte sich stark. Ab 2016 profitierte Australien vom allgemeinen Preisanstieg der Rohstoffe und der Handelsbilanzsaldo schwang ins Positive um; kurzfristig wird sich diese positive Entwicklung im Zuge der Energiekrise 2022 fortsetzen.

Die Profitrate von Australiens Gesamtkapital verharrt seit den 1970er Jahren, durchaus atypisch gegenüber den Profitraten in den kapitalistischen Metropolen sowie auch entwickelter Schwellenländer, auf einem hohen Niveau (rd. 20%) und zeigte nur im V. und VI. Nachkriegszyklus einen leichten Rückgang. Diese stabile Profitratenentwicklung ist mit dem Ausblieben eines Anstiegs der Lohnquote bzw. ihrem zeitweise leichten Rückgang, der weitgehenden Verschonung von tiefen zyklischen Krisen sowie, namentlich nach dem Jahrtausendwechsel, mit dem starken Anstieg der Rohstoffpreise im X. Zyklus zu erklären (vgl. Abb. 17.18).

Australien gilt als das Land mit dem neuntgrößten nationalen Gesamtvermögen weltweit. Der Gesamtbesitz der Australier an Immobilien, Aktien und Bargeld belief sich auf insgesamt 7.407 Milliarden US-Dollar (2017). Das Vermögen pro erwachsener Person betrug 402.603 Dollar im Durchschnitt und 195.417 Dollar im Median. Das Vermögen pro Kopf war damit sowohl im Durchschnitt, als auch im Median das dritthöchste der Welt (hinter Island und der Schweiz). Der Gini-Koeffizient bei der Vermögensverteilung lag 2016 bei 68,2 was auf eine relativ moderate Vermögensungleichheit hindeutet.

Geopolitisch ist Australien in den letzten Jahren verstärkt in den Fokus des anstehenden Epochenwechsels auf dem Weltmarkt und in der Weltpolitik geraten. Ob-

Abbildung 17.18: Profitrate Australien

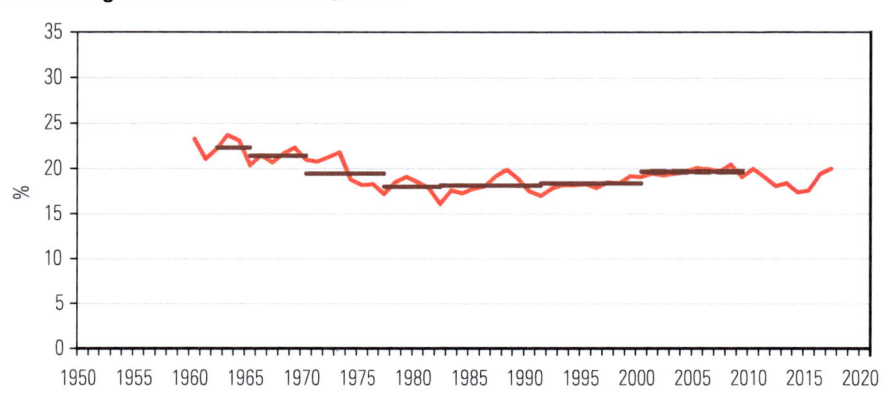

Quellen: OECD, FRED

wohl Australien wirtschaftlich stark von der prosperierenden Entwicklung in China profitiert hat und abhängig ist, haben seine Regierungen, gleichgültig, ob es sich um konservative oder Labor-Regierungen handelte, stärker auf politische Abgrenzungen gegenüber der Volksrepublik orientiert. Die einseitige Parteinahme zugunsten der imperialistischen Ambitionen der USA und des kapitalistischen Westens im Indopazifik ist zuletzt durch das sog. AUKUS-Bündnis zwischen Australien, dem Vereinigten Königreich und den USA zementiert worden; auch der jüngste Waffendeal über die Beschaffung atomgetriebener U-Boote durch Australien von den USA ordnet sich in diese Bemühungen, China vor seiner »Haustür« im Südchinesischen Meer einzuhegen, ein,

6. Argentinien

Argentinien war Anfang der 1950er Jahre eines der reichsten Länder der Erde und hatte ein Wohlstandsniveau vergleichbar mit dem anderer Einwanderungsländer wie Kanada und Australien. Im 19. Jahrhundert galt es als Musterland der seinerzeitigen exportorientierten Entwicklung und auch nach der Weltwirtschaftskrise 1929ff. war das Land zunächst ein Vorbild bei der importsubstituierenden Industrialisierungsstrategie in Lateinamerika gewesen. Wegen diverser Krisen fiel Argentinien jedoch in der zweiten Hälfte des 20. Jahrhunderts weit hinter Kanada und Australien und seit dem letzten Dezennium des 20. Jahrhunderts auch zunehmend hinter sich industrialisierende Länder wie Südkorea zurück.[15] In diesem Sinn ist Argen-

---

[15] Der Vergleich des Pro-Kopf-Einkommens (in 2015er US-Dollar) zwischen Argentinien und Südkorea zeigt zu Beginn der 1960er Jahre ein Verhältnis von 6,8:1, welches sich in den nachfolgenden drei Jahrzehnten bis 1990 bereits auf 0,9:1 umgekehrt hat und bis 2020 eine Relation von 0,36:1 erreicht hatte. M.a.W.: im Jahr 2020 ist das Pro-Kopf-Einkommen in Südkorea fast dreimal so hoch wie in Argentinien.

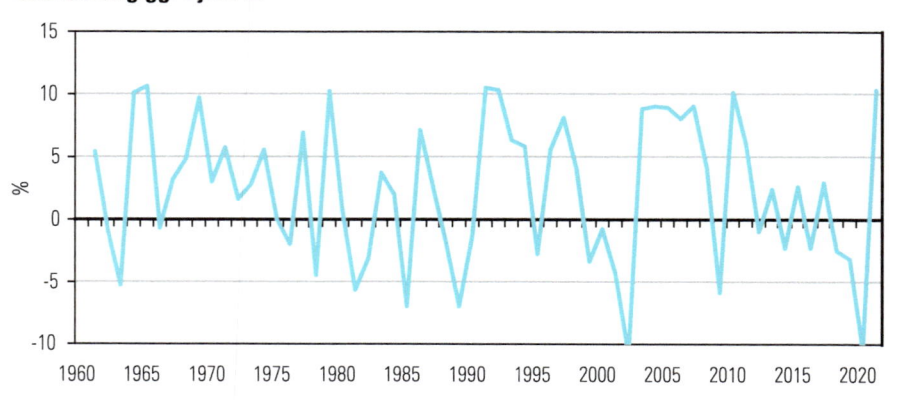

Abbildung 17.19: Gross National Product Argentinien, konstante Preise in US-Dollar, Veränderung gg. Vj. in %

Quelle: Internationaler Währungsfonds, Financial Statistics

tinien ein Sonderfall, da es nicht von einem niedrigen Entwicklungsstadium aufgestiegen, sondern von einem hohen auf ein mittleres Niveau zurückgefallen ist.

Als Nettoimporteur von Erdöl wurde Argentinien von den beiden Erdölpreisschocks 1973 und 1979/80 hart erwischt; sie waren im Verein mit einer nachlassenden Wachstumsdynamik ab den 1970er und vor allem den 1980er Jahren Ursachen der argentinischen Schuldenkrise. Nach dem verlorenen Krieg um die Falkland-/Malvinas-Inseln mit Großbritannien hatten die Militärs 1983 die Regierung an den demokratisch gewählten Präsidenten Raúl Alfonsin zu übergeben. In seiner Regierungszeit 1983 bis 1989, als er durch Unruhen vorzeitig zum Rücktritt gezwungen wurde, hatte sich das BIP Argentiniens absolut reduziert (in konstanten US-Dollar gemessen) (vgl. Abb. 17.19). Sein Nachfolger, der Péronist Carlos Menem akzeptierte vor dem Hintergrund der aufgelaufenen Auslandsverschuldung und einer Hyperinflation die Bedingungen des »Washington Consensus«, um frisches Geld von internationalen Organisationen (IWF, Weltbank) zu erhalten.

Die 1980er und 1990er Jahre bis weit nach der Jahrtausendwende waren für Argentinien ein Lehrbeispiel einer gescheiterten monetaristischen Wirtschaftspolitik, welche Wirtschaft und Währung auf breiter Front ruinierte und immense soziale Verwerfungen produzierte. Das daraufhin aufgelegte »Stabilisierungsprogramm« beinhaltete die Einführung einer neuen Währung (Austral) und einen allgemeinen Lohn- und Preisstopp. Damit konnte zwar die Inflationsrate kurzzeitig unter 100% p.a. gedrückt werden, doch konnten Spekulation und Kapitalflucht sowie die Verschuldung des Staates nicht überwunden bzw. reduziert werden. Ab 1988 folgte eine noch viel drastischere Geldentwertung, in deren Gefolge die argentinische Regierung in Zahlungsnotstand geriet. Eine mehrjährige Schrumpfung des BIP von 1988–1990 trieb die Armutsrate von 10 auf 47%. In den Jahren 1989/90 lag die Konsumentenpreissteigerung bei 3.080 bzw. 2.314%. Die daraufhin durchgeführte

Kapitel 17: Strukturelle Überakkumulation und Globalisierung 733

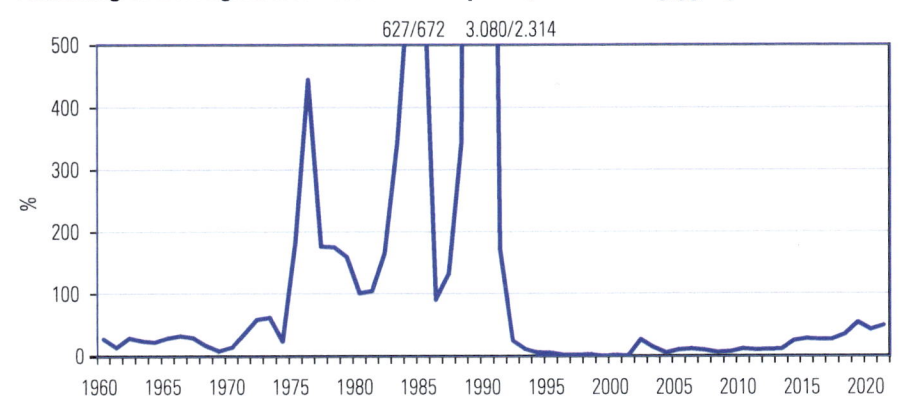

Abbildung 17.20: Argentinien: Konsumentenpreise; Veränderung gg. Vj. in %

Quelle: Internationaler Währungsfonds

Geldabwertung wandelte alle Privatkonten in Zwangsanleihen um und sorgte für einen Wertverlust der Geldvermögen um 70% (vgl. Abb. 17.20).

Es folgte die Kopplung des Austral bzw. des neuen argentinischen Peso an den US-Dollar zu einem festen Kurs (10.000 zu 1 bzw. 1:1) und ein Verbot der Indexierung der Geldlohnentwicklung. De facto handelte es sich hierbei, anders als im Fall Brasiliens, um die Dollarisierung des neuen Pesos. Zur Reduzierung der Staatsverschuldung wurde ein Privatisierungsprogramm von Staatsbetrieben aufgelegt, welches zu einem regelrechten Ausverkauf der argentinischen Wirtschaft (Denationalisierung), teilweise zu Schleuderpreisen, führte. Die feste Bindung des Peso an den US-Dollar bekam zwar die Preisentwicklung in den Griff – in der Folgezeit (ab 1993) lag die jährliche Preissteigerung von wenigen Ausnahmen abgesehen unter 10% p.a. –, doch die verbleibende Restinflation verteuerte die argentinischen Exporte und führte zu einer Importschwemme und einem Umschwung der Handelsbilanz ins Defizit.

Die Krisen 1995 (sog. Tequila-Krise in Mexiko) und 1998 (Brasilien-Krise) verstärkten die außenwirtschaftlichen Probleme Argentiniens, weil Brasilien seine Währung freigab und dadurch zu einem übermächtigen Konkurrenten Argentiniens auf den südamerikanischen Märkten wurde. 1999 bis 2001 schrumpfte das argentinische BIP in drei aufeinander folgenden Jahren. Zwar wies die Handelsbilanz ab 2000 wieder einen Überschuss auf, auch war die Wiederherstellung einer funktionierenden Geldzirkulation erfolgt, aber zu dem hohen Preis des weiteren Abstiegs Argentiniens in der Weltwirtschaft und einer gewaltigen Zunahme seiner internen sozialen Probleme. Charakteristisch sind in dieser Zeit die aus der Not der Bevölkerung geborenen informellen Tauschringe und das Suchen im Müll nach recycelbaren Materialien durch die sog. »Cartoneros«, die später durch einzelne kommunale Verwaltungen offiziell anerkannt und in formelle Strukturen überführt wurden.

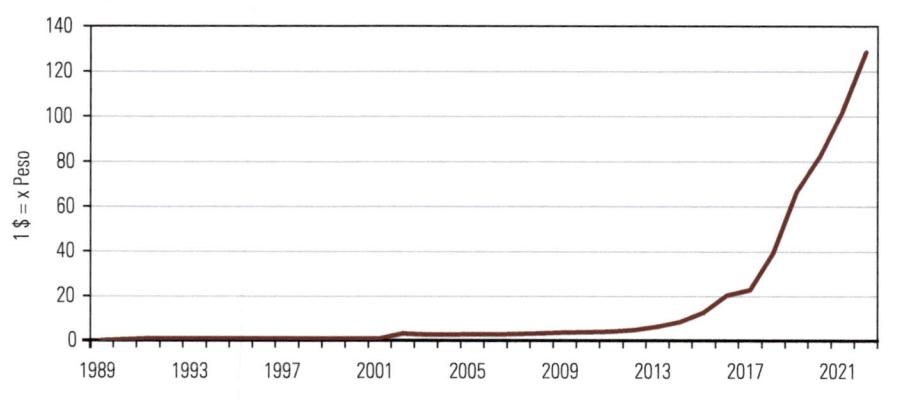

Abbildung 17.21: Wechselkurs US-Dollar – argentinischer Peso

Quelle: Internationaler Währungsfonds

Rückblickend gesehen sind die zweieinhalb Jahrzehnte zwischen 1980 und 2005 aber 25 verlorene Jahre für Argentinien gewesen.

Als die Regierung Cavallo im November 2001 bekannt gab, dass das vom Internationalen Währungsfonds vorgegebene Haushaltsziel nicht erreicht werden könnte, weigerte sich der IWF statutengemäß, die vorgesehene 1,25 Mrd. US-$-Tranche seines Kredits an Argentinien auszuzahlen. Die Konsequenzen waren ein drastischer Vertrauensverlust des argentinischen Staates im Aus- und Inland sowie eine rasche Kapitalflucht, die das Bankensystem in Schwierigkeiten brachte. Daraufhin wurde die Barabhebungsgrenze von Bankkonten auf 250 Pesos pro Woche begrenzt. Die argentinische Mittelklasse reagierte mit gewalttätigen Demonstrationen und einem Boykott; damit war die Regierung Cavallo am Ende. Die nachfolgenden, teilweise nur wenige Tage im Amt bleibenden Regierungen verkündeten die Zahlungsunfähigkeit des argentinischen Staates gegenüber seinen (ausländischen) Gläubigern. Bankschließungen für mehrere Tage und die Freigabe des Wechselkurses des Peso waren die nächsten wirtschaftspolitischen Maßnahmen, um eine vollständige Diskreditierung der Währung auch im Innern zu verhindern.

In der Folgezeit wertete der argentinische Peso gegenüber dem US-Dollar kontinuierlich ab (vgl. Abb. 17.21). Nach der Freigabe des Kurses nach 2001 sank der Wechselkurs des Pesos um mehr als 300% als Reaktion auf die in der vorangegangenen Periode vonstattengegangenen Verschiebungen, die durch die feste Kopplung des Peso administrativ zurückgestaut worden waren sowie die Erklärung der Zahlungsunfähigkeit Argentiniens gegenüber seinen ausländischen privaten Gläubigern. Bis zur Weltwirtschaftskrise 2009 hielt sich die Abwertung des Peso mit insgesamt 13,5% gegenüber 2002 noch in Grenzen und stimulierte die argentinischen Exporte. Dies geschah vor dem Hintergrund einer beginnenden Erholung der Wirtschaft mit Beginn des X. Nachkriegszyklus auf dem Weltmarkt. Die durch die Abwertung gesteigerte Wettbewerbsfähigkeit führte die Handelsbilanz zu bis-

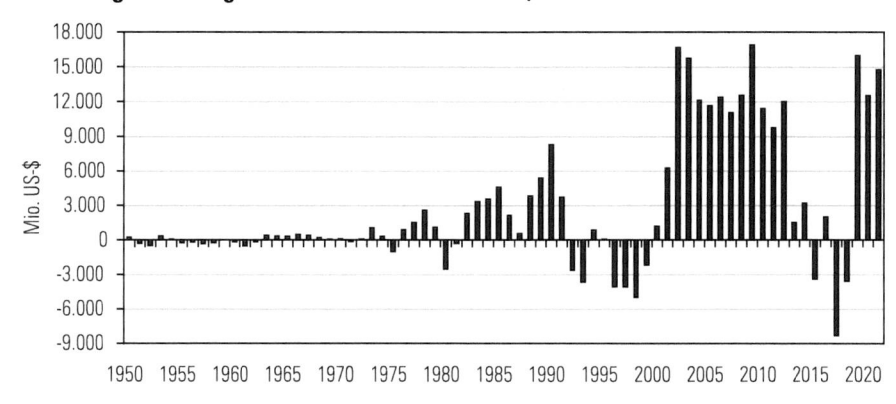

Kapitel 17: Strukturelle Überakkumulation und Globalisierung

Abbildung 17.22: Argentinien: Handelsbilanzsaldo, in Mio. US-Dollar

Quelle: World Trade Organization

lang nicht gekannten Überschüssen (vgl. 17.22). Die neuerliche Präsidentenwahl gewann im Mai Néstor Kirchner vom linken Flügel der peronistischen Partei; er behielt die eingeschlagene Wirtschaftspolitik bei und profitierte von der beginnenden konjunkturellen Erholung, die bis 2008 mit positiven, bis 2007 sogar hohen einstelligen Wachstumsraten anhielt.

Diese wirtschaftliche Erholung wurde jedoch durch die Argentinien-Krise vom 2004 getrübt, deren Ursprünge auf von der seinerzeitigen Militärdiktatur im Jahr 1976 begebene staatliche Bonds zurückgeht, die nach dem Recht des Staates New York emittiert worden waren und vorsahen, dass alle Teile der Anleihen gleich bedient werden müssen (Collective Action Clause). Dies führte nunmehr dazu, dass ein geregelter Schuldenschnitt – 75 bzw. später 65% waren vorgesehen – im Jahr 2004 zunächst nicht zustande kam, weil sich ein Teil der privaten Gläubiger verweigerte. Die Verhandlungen zogen sich in die Länge und betrafen auch Argentiniens Verhältnis zum IWF, obwohl das Land seine Schulden gegenüber den internationalen Institutionen immer bedient hatte. Bis 2005 hatten rd. drei Viertel der Gläubiger ein mehrfach verbessertes Angebot der argentinischen Regierung akzeptiert. Nur private Hedge Fonds, die große Teile der übrigen Anleihen erworben hatten, widersetzen sich.[16]

Im XI. Zyklus verfiel der Außenwert der argentinischen Währung von Jahr zu Jahr jedoch immer mehr. Im ersten Quartal des Jahres 2020 mussten bereits 92,2 Pesos für 1 US-Dollar gezahlt werden. Wieder ansteigende interne Inflationsraten, die schwache wirtschaftliche Entwicklung, das ansteigende Haushaltsdefizit des argentinischen Staates, anhaltende Kapitalflucht und die hohe Auslandsverschul-

---

[16] In diesem Zusammenhang erregte die Pfändung des argentinischen Segelschiffs »Libertad« am 2. Oktober 2012 im ghanaischen Hafen Tema, die auf Betreiben des Hedge Fonds »NML Capital« durchgeführt wurde, internationales öffentliches Aufsehen.

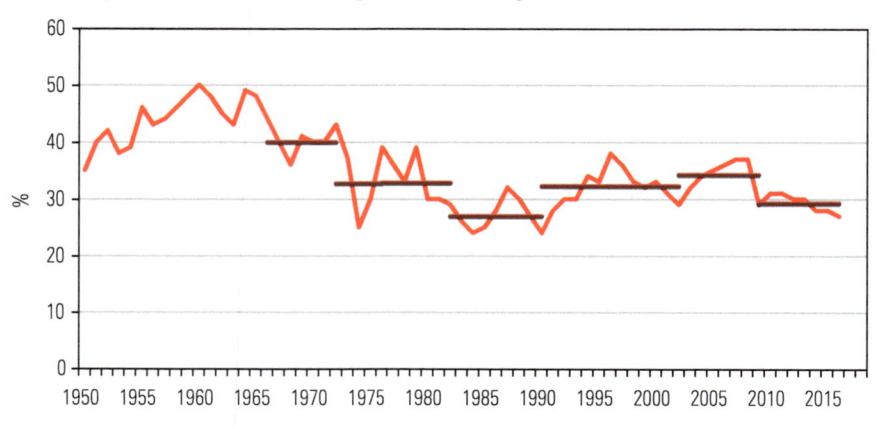

Abbildung 17.23: Profitrate des argentinischen Kapitals

Quelle: Maito, eigene Fortschreibung

dung des Landes sind die Gründe dafür. Anfangs versuchte die argentinische Notenbank noch, diesem Währungsverfall mit einer Anhebung des Leitzinses auf 40 Prozent und dem Einsatz von 10 Milliarden Dollar ihrer Devisenreserven zu begegnen. Die Regierung wollte gleichzeitig durch Sparmaßnahmen das Haushaltsdefizit senken. Diese Anstrengungen waren allerdings nicht von Erfolg gekrönt. Nachdem der Peso im Mai 2018 innerhalb weniger Wochen einen weiteren massiven Wertverfall erlitt, entschloss sich die Regierung von Präsident Mauricio Macri, den Internationalen Währungsfonds um einen neuen Hilfskredit zu bitten. Die Regierung bat anfangs um 30 Milliarden US-Dollar Unterstützung, der IWF sagte schließlich 56 Milliarden Dollar in einem Zeitraum von drei Jahren zu. Dies ist der höchste Kredit, denn der IWF jemals gewährt hat. Im Gegenzug verpflichtete sich Argentinien dazu, einen ausgeglichenen Primärsaldo im öffentlichen Haushalt vorzuweisen. Im August 2018 brach der Wechselkurs des Peso erneut ein. Präsident Macri musste daraufhin den IWF bitten, die zugesagten Hilfskredite schneller auszuzahlen. Dieser Bitte kam der Fonds schließlich nach, dafür wurden allerdings neue Sparmaßnahmen verlangt. Die Einsparungen der Regierung führten seitdem immer wieder zu Protesten und Streiks in Argentinien. Darüber hinaus schlug sich die Währungskrise immer stärker auf die binnenwirtschaftliche Akkumulation durch. Inflationsrate und Arbeitslosigkeit stiegen weiter an.

Die Präsidentschaftswahl 2018 führte zur Abwahl Macris, der alle Versprechen mit seiner neoliberal-monetaristischen Wirtschaftspolitik nicht hatte einlösen können und mit Alberto Fernández den Ex-Kabinettschef der früheren Kirchner-Regierung an die Macht brachte. Er übernahm ein schwieriges Erbe. Neben den in der Vorzeit kumulierten Problemen hatte er es mit einem anhaltenden Rückgang der argentinischen Wirtschaft zu tun, die 2018/19 um mehr als 5% schrumpfte und im Covid-19-Jahr 2020 um 10.5% einbrach, was allerdings 2021 wieder kompensiert werden konnte. Im Sommer 2022 stellte die argentinische Regierung den Antrag, der Organisation der BRICS-Staaten beizutreten, was die VR China befürwortet hat.

In langfristiger Betrachtung prägen Unregelmäßigkeiten die argentinische Wirtschaftsentwicklung für die gesamte Zeit nach dem Zweiten Weltkrieg. Von einem durch binnenwirtschaftliche Agentien verursachten industriellen Zyklus gibt es bei Argentinien keine Anzeichen, zu bestimmend sind die von der Politik ausgehenden, zumeist krisenhaften Rückwirkungen auf die argentinische Kapitalakkumulation. Die bezogen auf die Profitrate des argentinischen Kapitals ausgewiesenen Zyklusdurchschnitte verdanken sich daher sowohl den politisch verursachten Schwankungen als auch außenwirtschaftlichen Einflüssen.

Der Verlauf der Profitrate weist seit Beginn der 1960er Jahre zunächst einen deutlich ausgeprägten Rückgang aus, der die folgenden drei Zyklen bis zu Krise und Abschwung 1989/90, die nicht mit dem Weltmarktzyklus zusammenfallen, anhält. Die nachfolgende Steigerung der Profitrate markiert zuerst die Bevorteilung der Profite gegenüber den Löhnen durch die Inflationsbekämpfung und drückt in der Folgezeit die Stabilisierung der argentinischen Ökonomie aus. Die fortgesetzte Steigerung der Profitrate seit 2002 dokumentiert sodann den Umschwung der dieses Mal synchron mit dem Weltmarktzyklus verlaufenden Binnenkonjunktur. Nach der Finanzmarkt- und Weltwirtschaftskrise 2007-09 bewegte sich die Profitrate des argentinischen Kapitals auf einem wieder tieferen Niveau, welches sich bis zum Periodenwechsel in den XII. Nachkriegszyklus und der darin eingeschlossenen Covid-19-Krise noch weiter erniedrigt haben dürfte (vgl. Abb. 17.23).

7. Mexiko

Mexiko ist mit rd. 129 Mio Einwohnern (2020) nach Brasilien das zweitgrößte Land Lateinamerikas und besitzt mit einem BIP i.H.v. 1,1 Bio. US-Dollar (1,1 tn US-$) (2020) auch dessen zweitgrößte Ökonomie. Seit Jahren leidet das Land an politischen Turbulenzen und sie haben das Land in bestimmten Regionen bereits zu einem »failed state« transformiert, in denen Drogenkartelle und ihre paramilitärischen Einheiten für den Drogenschmuggel von Südamerika in die USA die Macht ausüben und die regulären Organe des Staates unterwandert haben.

Die mexikanische Wirtschaft ist strukturell mit anderen sich industrialisierenden Schwellenländern vergleichbar: der Agrikultursektor trägt 2016 nur noch 3,7% zum BIP bei und der industrielle Sektor ist mit einem BIP-Anteil von einem Drittel (noch) groß; auf die verschiedenen Dienstleistungen entfällt mit 62,5% der Rest. Mit seiner großen industriellen Basis produziert Mexiko Nahrungsmittel, Tabak, Chemikalien, Eisen und Stahl, Erdöl, Baustoffe, mineralische Rohstoffe, Textilien/Kleidung sowie Kraftfahrzeuge; die Exportquote beträgt 35.5% am BIP. Hauptabnehmer der mexikanischen Exporte sind die USA, in die 80% der Ausfuhren gehen. Dementsprechend ist die mexikanische Wirtschaft stark von der US-Konjunktur abhängig. Bedeutsam war daher 2018 die Verständigung auf das United States-Mexico-Canada Agreement (USMCA) als Nachfolger des Nordamerikanischen Freihandelsabkommen (NAFTA), welches zum 1. Juli 2020 in Kraft trat. Wichtig für

Abbildung 17.24: Gross National Product Mexiko in konstanten Preisen einheimischer Währung; Veränderung gg. Vj. in %

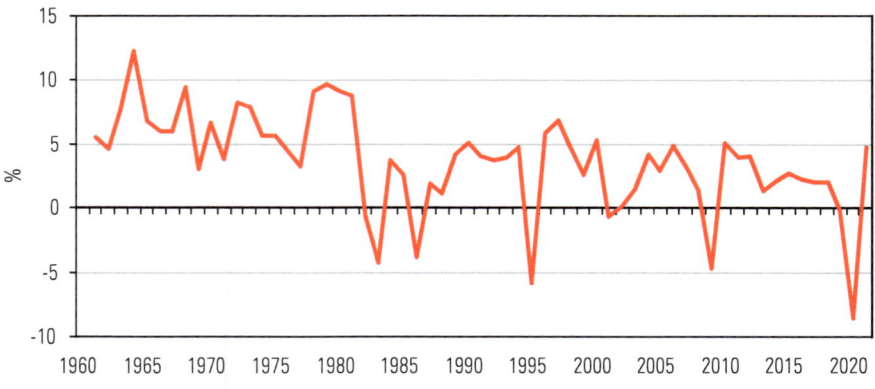

Quelle: OECD, Weltbank

die mexikanische Leistungsbilanz sind darüber hinaus die Überweisungen von Mexikanern aus den USA in ihr Heimatland; sie machten 2016 26 Mrd. US-Dollar aus und betrugen damit 2,7% des mexikanischen BIP. Mexiko hat sich aufgrund seiner Arbeitskräfte und geographischen Lage zum Fertigungswerk Nordamerikas entwickelt. Zahlreiche multinationale Unternehmen nutzen die niedrigen Löhne und den guten Ausbildungsstand sowie die gute Infrastruktur im Norden und Zentrum des Landes für ihre Produktions- und Fertigungsstätten. Mexiko galt nach der Absage an die wirtschaftspolitische Orientierung verstärkter Importsubstitution seit Mitte der 1980er Jahre lange Zeit als erfolgreicher neoliberaler Musterschüler und wurde im April 1994 in die OECD aufgenommen. Abgesehen von der Peso-Krise (»Tequila-Krise«) 1994/95, die keineswegs als zufälliges Ereignis von Politikversagen, sondern als Ergebnis immanenter Widersprüche der neoliberalen Politikausrichtung – Vorrangigkeit der Inflationsbekämpfung via Währungsfixierung des Peso an den US-Dollar, Aufwertung mit Kapitalzuflüssen, unkontrollierte Liberalisierung/Deregulierung auf der Außenhandelsebene sowie der Finanzströme mit konsumtiv-unproduktiver Verwendung des zugeflossenen Kapitals – anzusehen ist, sowie der Finanzmarkt- und Weltwirtschaftskrise in 2008/2009, konnte Mexiko von den 1990er-Jahren bis 2018 ein kontinuierliches wirtschaftliches Wachstum verzeichnen und ist ein G20-Mitgliedsland. Die nachfolgende Abschwächung des weltweiten Wirtschaftswachstums hat Mexiko, das auf Exporte und eine gute Weltmarktkonjunktur angewiesen ist, allerdings besonders hart getroffen. Lag die Wachstumsrate der vergangenen Jahre bei ca. 2,2%, so hat sie sich im Zuge des Konjunkturabschwungs 2019 und der Covid-19-Krise 2020 als Rückgang umgekehrt; der Wert des BIP-Zuwachses von 2021 i.H.v. 4,8% hat die Rückgänge der beiden vorangegangenen Jahre keineswegs aufgeholt (vgl. Abb. 17.24).

Kapitel 17: Strukturelle Überakkumulation und Globalisierung 739

Abbildung 17.25: Profitrate Mexiko

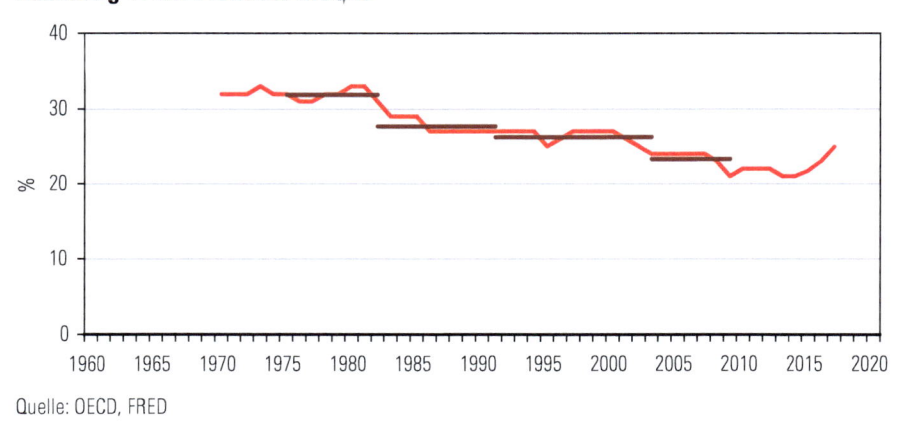

Quelle: OECD, FRED

Abbildung 17.26: Lohnquote Mexiko

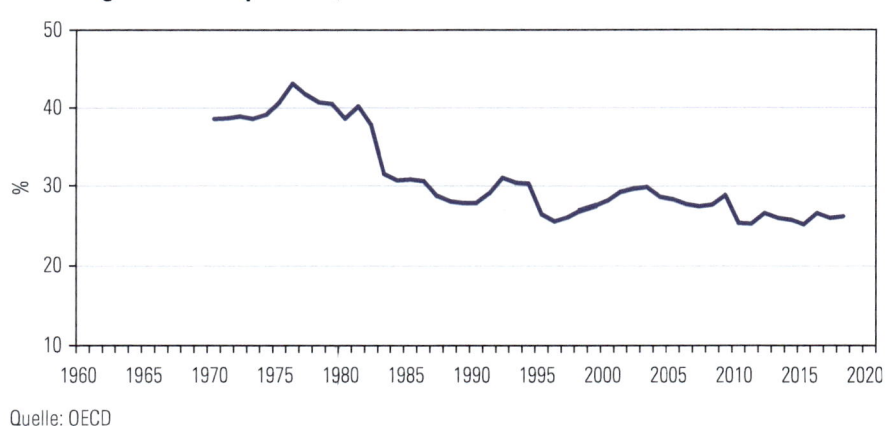

Quelle: OECD

Als Land mit einem großen industriellen Sektor und seiner Abhängigkeit von der US-Konjunktur sowie vom Weltmarktzyklus ist die Allokation von Kapital und Lohnarbeit spätestens seit der ersten weltwirtschaftlichen Nachkriegskrise 1974/75 durch die Bildung und Ausgleichung der nationalen Durchschnittsprofitrate gesteuert worden. Der nationale Konjunkturzyklus verzeichnete dementsprechend 1982, 2001/02 und 2009 Abschwungsphasen, die synchron mit dem Weltmarktzyklus sind. Die Peso-Krise 1994/95 hatte einen massiven Abzug von Auslandskapital zur Folge, was die mexikanischen Unternehmen in Schwierigkeiten brachte; die internationale Zahlungsfähigkeit des Landes wurde durch ein Hilfspaket von 50 Mrd. US-Dollar, getragen vom IWF, den USA, der Bank für Internationalen Zahlungsausgleich u.a., gewährleistet. Die Währungskrise endete »nur« in einer Wirtschaftskrise mit einem Einbruch des BIP um nahezu 6% in 1995.

Die Profitrate des mexikanischen Kapitals reduzierte sich, ausgehend von einem hohen Niveau zuvor, ab dem VII. Nachkriegszyklus graduell von Zyklus zu Zyklus.

Dass dieser Reduktionsprozess so gering ausgeprägt war, lag an der gleichzeitig deutlich sinkenden Lohnquote, die als entgegenwirkendes Moment vor allem im VII. sowie im VIII. Zyklus den Fall der Profitrate abmilderte (vgl. Abb. 17.25 und 17.26).

Im XI. Zyklus verlief die gesamtwirtschaftliche Entwicklung Mexikos zur Mitte des zweiten Jahrzehnts wegen der Krisen von Brasilien und Argentinien besser als bei diesen lateinamerikanischen Wettbewerbern. Mit dem Neuabschluss des Handelsabkommens mit den USA (und Kanada) besteht wieder größere Planungssicherheit für Mexikos Hauptexportmarkt. Der Gewinn der letzten Präsidentschaftswahlen 2018 durch Andrés Manuel López Obrador (»AMLO«) stellt die wirtschaftspolitischen Weichen in Mexiko neu zugunsten einer expansiveren Finanzpolitik und der Rücknahme bzw. des Stopps von wirtschaftlichen Deregulierungen der konservativen Vorgängerregierungen. Ob AMLO wie angekündigt den Krieg gegen die Drogenmafia erfolgreicher führen und damit das Stigma eines partiell zerfallenden Staates überwinden kann, wird wesentlich durch die Verbesserung der sozialen Situation armer Bevölkerungsgruppen entschieden werden.

8. Türkei

Die im internationalen Vergleich nach China und Indien höchsten Wachstumsraten verzeichnet die Türkei im XI. Konjunkturzyklus. Dieses Land am Schnittpunkt zwischen Europa und Asien, das nach dem Niedergang des Osmanischen Reiches nach dem Zweiten Weltkrieg lange Zeit vornehmlich in der Bundesrepublik nur als Herkunftsland von Migranten (sog. »Gastarbeiter«) wahrgenommen wurde, hat nach dem Jahrtausendwechsel eine bemerkenswerte Entwicklung durchlaufen. Seit 1980 hat sich die türkische Bevölkerung fast verdoppelt (1980: 44,8 Mio Einwohner, 2021: 85 Mio). Nicht nur in der stark europäisch geprägten Metropole Istanbul und anderen Großstädten, sondern auch im anatolischen Hinterland wurden ab 2003 die Industrie – zunächst mit dem Schwerpunkt Textilindustrie, sodann auch in den Bereichen Elektronik und Automobilproduktion – sowie der Tourismus zu Trägern des Wirtschaftswachstums und führten zur Herausbildung einer städtischen Mittelklasse, die steigende Einkommen erwirtschaften konnte. Diese Entwicklung wird in der Türkei mit dem Namen des heutigen Präsidenten Recep Tayyip Erdoğan und seiner islamischen »Partei für Gerechtigkeit und Aufschwung« (AKP) verbunden, die seit dieser Zeit die Regierung stellen und politisch zunächst eine Orientierung an der Europäischen Union mit Beitrittsperspektive und intensivierten wirtschaftlichen Beziehungen insbesondere zur Bundesrepublik anstrebten. Im Inland wurden mehrere große Infrastrukturprojekte im Verkehrsbereich realisiert, die der türkischen Bauwirtschaft Umsatzwachstum brachten und als Entwicklungsmultiplikatoren wirkten.

Kapitel 17: Strukturelle Überakkumulation und Globalisierung

Abbildung 17.27: Türkei: Handels- und Leistungsbilanzsaldo, in Mrd. US-Dollar

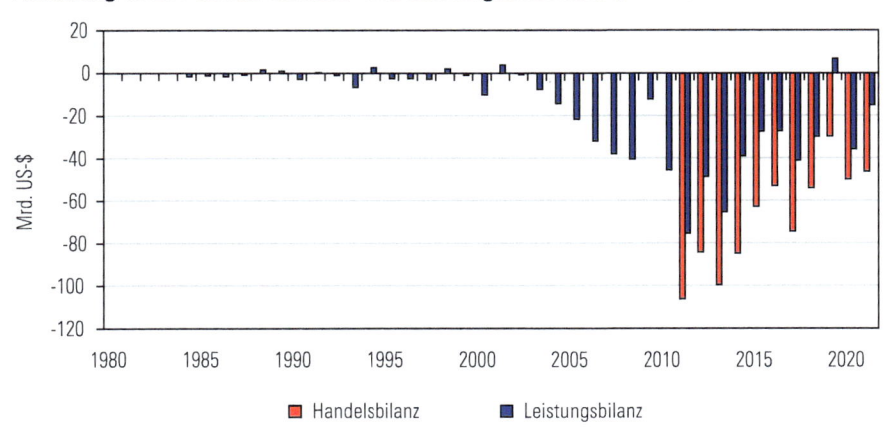

Quelle: OECD

Die türkische Handelsbilanz ist strukturell negativ. In den 2010er Jahren wurden Rekorddefizite verzeichnet; 2020/21 betrug der Saldo rd. −50 Mrd. US-Dollar. Dem Handelsbilanzdefizit wirken namentlich die Tourismuseinnahmen der Türkei entgegen. Steigende Besucherzahlen bis 2019 führten sogar zu einem einmaligen Überschuss in der Leistungsbilanz in 2019, bevor der Einbruch im Tourismusgeschäft im Covid-19-Jahr diese Entwicklung beendete (vgl. Abb. 17.27). Die ansonsten negative Leitungsbilanz führt jedoch dazu, dass die Türkei auf stete Kapitalimporte angewiesen ist. Daraus ergibt sich ein klassischer Zielkonflikt bezüglich der Zinsentwicklung sowie der Geldpolitik der türkischen Zentralbank: jede Verringerung der ausländischen Kapitalzuflüsse muss über steigende Zinsen und Abwertung der türkischen Währung zu steigender Inflation im Inland und Problemen der Bedienung von Krediten in ausländischer Währung führen.

Genau dies ist nach dem tatsächlichen oder vermeintlichen Putsch im Juli 2016 geschehen. Politisch wurde dieser Putsch vonseiten der regierenden AKP dazu benutzt, die türkische Verfassung zu einer sog. Präsidialdemokratie umzubauen mit einem auf die Person Erdoğan zugeschnittenen Machtzuwachs, dessen Macht nun vergleichbar mit der des amerikanischen Präsidenten ist. Zugleich war der Putschversuch Auftakt für eine umfassende »Säuberung« des Staatsapparats durch Entlassungen von Richtern, Polizisten, Universitätsprofessoren etc. sowie verfügten Schließungen von Zeitungen, Radio- und Fernsehsendern, sodass das durch ein Referendum mit knapper Mehrheit bestätigte Präsidialsystem alle Züge einer auf die Person Erdoğan zugeschnittenen Autokratie aufweist. An die Stelle der Gewaltenteilung und einer unabhängigen Justiz ist eine Verselbstständigung der Exekutive mit dem Präsidenten an der Spitze getreten. Aller Voraussicht nach wird er sich an dieser neu gewonnenen Position jedoch kaum erfreuen können, denn neben inter-

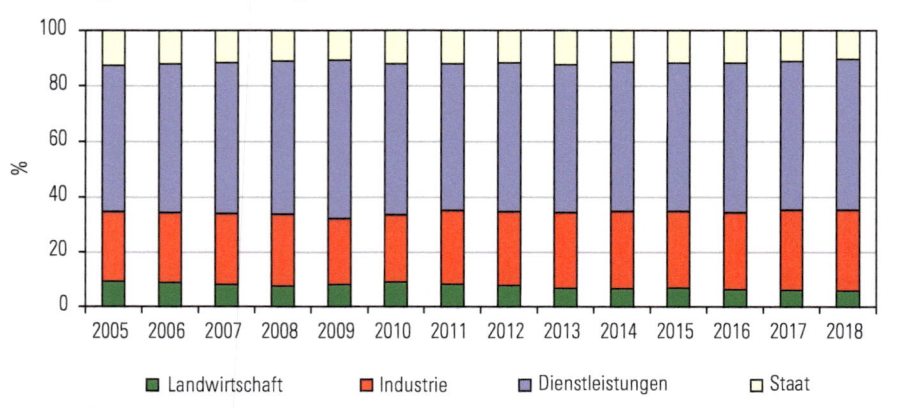

Abbildung 17.28: BIP-Beiträge der Sektoren in %

■ Landwirtschaft　　■ Industrie　　■ Dienstleistungen　　□ Staat

Quelle: OECD

nen politischen Problemen – die ungelöste Kurdenfrage und der Kampf der kurdischen Arbeiterpartei PKK –, außenpolitischen Machtansprüchen und Abenteuern – Intervention im syrischen Bürgerkrieg mit Einmarsch in die kurdisch kontrollierte syrische Provinz Rojava, Intervention in den Libyen-Konflikt sowie Auseinandersetzungen mit Griechenland und Zypern um Gasfelder im Mittelmeer –, bricht die türkische Ökonomie zunehmend ein. Damit kommen die zuvor verdeckten Probleme der türkischen Wirtschaft an die Oberfläche.

Die Sektorstruktur der türkischen Ökonomie zeigt in den letzten 1½-Jahrzehnten den weiteren Rückgang des Beitrages der Landwirtschaft zum türkischen BIP, der zuletzt noch 5,8% betrug. Der Anteil des industriellen Sektors (inkl. Bauwirtschaft) hatte sich im selben Zeitraum um 3 Prozentpunkte erhöht; die privaten Dienstleistungen blieben in etwa konstant, der Anteil des Staates ging zurück. Treiber dieser Veränderungen waren zum einen die Automobil- und Elektronikbranche sowie die Bauwirtschaft, zum anderen der Tourismus (vgl. Abb. 17.28).

Zwar hat die türkische Wirtschaft nach der Weltwirtschaftskrise 2009 den XI. Nachkriegszyklus bis 2020, d.h. inkl. auch des durch die Corona-Pandemie verstärkten Abschwungs 2020 mit positiven Zuwachsraten des BIP – zyklendurchschnittliche Wachstumsrate 5,5% – durchlaufen und damit insgesamt die positive Entwicklung der letzten zwei Jahrzehnte noch fortsetzen können, doch haben sich seit 2015 die Probleme der türkischen Ökonomie verdichtet und sich im zunehmenden Verfall des Wechselkurses der türkischen Lira gegen US-Dollar und Euro und einem zuletzt galoppierenden Anstieg der Inflation Ausdruck verschafft. Bereits von 2015 bis Mitte 2020 hatte die türkische Währung um 200% gegenüber US-Dollar und 190% gegenüber dem Euro abgewertet; seitdem sind weitere 500% Entwertungen hinzugekommen. Das wirtschaftliche Wachstum ist zuletzt zunehmend durch eine kreditgestützte staatliche Nachfrage hoch gehalten worden; die Zinsen wurden durch politische Einwirkung auf die Geldpolitik der Zentralbank nur in geringem Maße angepasst. Die zunehmenden Lieferengpässe bei Energieträgern und

Kapitel 17: Strukturelle Überakkumulation und Globalisierung 743

Abbildung 17.29: Gross National Product Türkei in konstanten Preisen einheimischer Währung; Veränderung gg. Vj. in %

Quelle: OECD, Weltbank

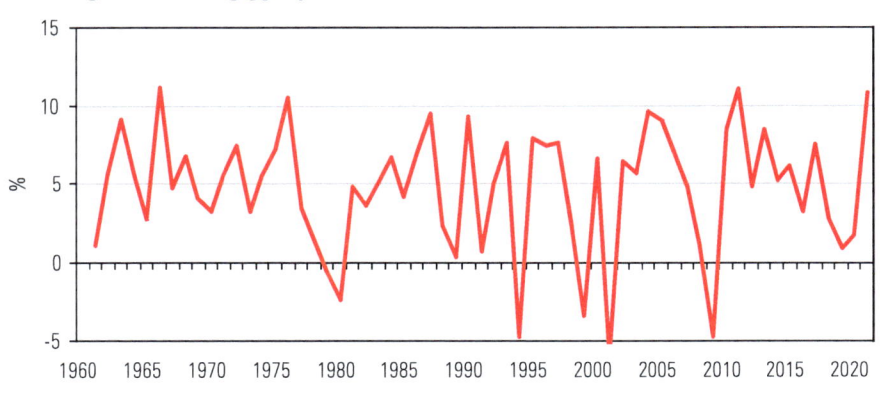

Abbildung 17.30: Profitrate Türkei

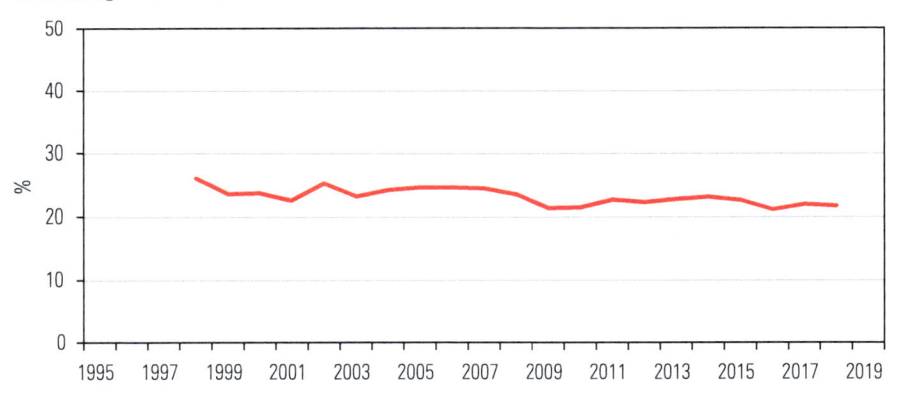

Quelle: OECD, World Bank, FRED

wichtigen Vorprodukten, die die Inflation allgemein befeuern, kommen zu diesen Probleme noch hinzu. Es ist davon auszugehen, dass das brüchige Fundament des vergangenen türkischen »Wirtschaftswunders« über kurz oder lang weitere Risse bekommen und das Land in noch größere ökonomische und politische Turbulenzen führen wird (vgl. Abb. 17.29).

In den vorliegend ausgewiesenen Daten zur Profitrate des türkischen Nationalkapitals sind diese Probleme noch nicht sichtbar (vgl. Abb. 17.30). Sie lag in der Zeit nach dem Jahrtausendwechsel, d.h. der Periode, in der sie eine regulierende Funktion für den türkischen Reproduktionsprozess wahrnimmt, zwischen 20 und 25% und damit auf dem Niveau anderer industrieller Schwellenländer. Trotz einer deutlichen Steigerung der gesamtwirtschaftlichen Lohnquote – von 1998 bis 2018 um 3,8 Prozentpunkte – ist die Profitrate stabil geblieben, was auf die starke Steigerung der Profitmasse in der Zeit des türkischen »Wirtschaftswunders« im ersten Jahrzehnt nach dem Jahrtausendwechsel zurückzuführen ist. Für die Jahre 2018/19 ist wegen des Durchschlagens der Krisentendenzen bei Finanzen und Währung von einem Rückgang der türkischen Profitrate auszugehen; das Corona-Krisenjahr 2020 sowie die international erhöhte Inflation und verstärkte Fragilität der Weltwirtschaft in 2022 wird ein Übriges getan haben.

Afrika, der abgehängte Kontinent nach der Dekolonisierung
Afrika umfasst mit einer Fläche von 30,2 Millionen km² etwa 22 % der gesamten Landfläche der Erde und hat eine Bevölkerung von rd. 1,34 Milliarden Menschen (2019). Damit ist Afrika sowohl nach Ausdehnung wie nach Bevölkerung der zweitgrößte Erdteil nach Asien. In der Gegenwart ist Afrika der Kontinent, auf dem der größte Teil der in absoluter Armut verharrenden Menschen lebt und der am wenigsten von der Höherentwicklung der nachgeordneten Länder (Schwellen- und Entwicklungsländer) seit den 1990er Jahren partizipiert hat. In diesem Sinne ist Afrika nach einer Seite hin nach wie vor das Armenhaus der Welt.

Andererseits wäre es falsch, wollte man alle Regionen und Staaten dieses Kontinents einheitlich unter dieser Zuschreibung zusammenfassen, Differenzierungen sind also notwendig. Zunächst geht es um die gängige und lange Zeit ausreichende Dreiteilung zwischen den nordafrikanischen Maghreb-Staaten (Marokko, Tunesien, Algerien sowie Libyen – mittlerweile allerdings ein failed state – und Ägypten), der Republik Südafrika (RSA) mit der am weitesten fortgeschrittenen kapitalistischen Produktionsweise auf dem Kontinent, und den zwischen diesen beiden Polen gelegenen subsaharischen 49 Staaten (inkl. das von Marokko besetze Westsahara). Viele von den Letzteren weisen eine dünne Besiedlung auf und haben relativ unfruchtbare Böden mit dünner Ackerkrume und betreiben extensive Landwirtschaft. Andererseits sind in dieser Gruppe auch Bevölkerungsschwergewichte wie Nigeria und Äthiopien sowie Länder mit einer fortgeschritteneren ursprünglichen Kapitalakkumulation enthalten. Die Subsahara-Staaten sind dementsprechend in einem weiteren Schritt noch nach verschiedenen Kriterien zu differenzieren; in diesem Sinne gilt auch für Afrika, dass die ehemalige Dritte Welt sich mittlerweile als differenzierter Globaler Süden erweist.

Für den überwiegenden Teil des afrikanischen Territoriums existierten vor der kolonialen Eroberung durch europäische Mächte naturwüchsige Gemeinwesen der Form I mit Gemeineigentum der Stämme am Grund und Boden, die für den afrikanischen Kontinent allerdings die Fortentwicklung zur asiatischen Produktionsweise und orientalischen Klassengesellschaft nicht »oder nur in einzelnen« Regionen vollzogen hatten; neuere historische Forschungen über das vorkoloniale Afrika bestätigen dies sowie gleichzeitig ein gewisses Maß an Unterschiedlichkeiten.[17] Die

---

[17] Vgl. zu verschiedenen Verhältnissen von Sklaverei in West- sowie in Ostafrika Eckert 2010 und Campbell 2010; zur Urbanisierung und zum Verhältnis von Stadt und Land Baller 2010.

Kapitel 17: Strukturelle Überakkumulation und Globalisierung

Herstellung gemeinschaftlicher Produktionsbedingungen wie Wasserleitungen und einfacher Kommunikationsmittel sowie die Bildung von Städten hatten auf dem afrikanischen Kontinent in der vorkolonialen Zeit sowohl in den nördlichen Territorien (Karthago, Fes, Kairo) stattgefunden, die durch das römische Reich und den Fernhandel der Phönizier Anschluss an antike Zivilisationen gefunden hatten als auch im Sudan (Nubien), Äthiopien/Eritrea sowie Westafrika. Für die inneren Territorien Afrikas war dagegen der selbstwirtschaftende und nur gelegentlich durch Austausch mit anderen Gemeinwesen in Kontakt kommende Stamm die dominierende Form bis zur kolonialen Unterwerfung durch die Europäer gewesen. Diese ethnisch-tribalistischen Zusammenhänge und das dem Stamme gehörende Gemeineigentum am Grund und Boden wirken bis heute für die bäuerlichen Kleinproduzenten und den ländlichen informellen Sektor fort.[18]

Sklavenwirtschaft bzw. unfreie Arbeit war in vielfältiger Weise in Afrika verbreitet. Sie resultierte aus Kriegen, Schuldknechtschaft sowie der Herausbildung interner Hierarchien innerhalb der Gemeinwesen. Als Quelle für Sklaven für die Südstaaten Nordamerikas, Südamerika und die Karibik wurde hauptsächlich die westafrikanische (männliche) Bevölkerung benutzt (transatlantischer Sklavenhandel). Zum Zweck des Sklavenhandels wurden Forts an den Küsten errichtet, den Transport aus dem Binnenland übernahmen meist einheimische Königreiche. Nach der industriellen Revolution und dem Verbot des Sklavenhandels 1807 wurde das afrikanische Territorium für die kapitalistischen Metropolen als Lagerstätte für Rohstoffe bedeutender und es wuchs das geopolitische Interesse der europäischen Großmächte; der Wettlauf um Afrika hatte innerhalb von weniger als 20 Jahren zur Besetzung fast des gesamten Kontinents geführt. Die Kolonialmächte sahen sich nicht oder nicht nur als Ausbeuter der natürlichen Ressourcen der afrikanischen Territorien, sondern auch als Zivilisationsbringer, die die überlegenen Werte der europäischen Zivilisation den »schwarzen Heiden« zukommen ließen. Neben dem rudimentären Aufbau einer Verkehrs- und Verwaltungsinfrastruktur, die wesentlich durch die Bewältigung der Ressourcengewinnung (Rohstoffextraktion) bedingt war, hinterließ auch die missionarische Bekehrung, vielfach versüßt mit gesundheitlicher Versorgung der indigenen Bevölkerung, bestimmende und bis auf den heutigen Tag reproduzierte Spuren im Sozialgefüge der afrikanischen Länder. Die staatliche Gliederung des heutigen Afrikas geht wesentlich auf die Kolonialreiche und die Prozesse ihrer Auflösung zurück; die Ausbildung einer nationalen Identität der Bevölkerung jenseits überkommener ethnisch-tribalistischer Strukturen und religiös-kultureller Unterschiede ist eher die Ausnahme, denn die Regel.

---

[18] Vgl. Goldberg 2015: 211 Fn:»*Nach wie vor sind die bodenrechtlichen Verhältnisse außerhalb der Städte und einiger Farmregionen durch Abwesenheit individuellen Privateigentums gekennzeichnet; selbst die Weltbank, die noch bis in die 1980er Jahre hinein versucht hatte, die Privatisierung von Grund und Boden (wegen angeblicher Investitionssicherheit) durchzusetzen, hat dies inzwischen aufgegeben. In Afrika ›befindet sich die Mehrheit der Flächen .. in Gemeinschaftsbesitz‹, schreibt Fred Pearce (S. 35). Unter dieser Bezeichnung werden allerdings ganz unterschiedliche Rechtsregime zusammengefasst.*«

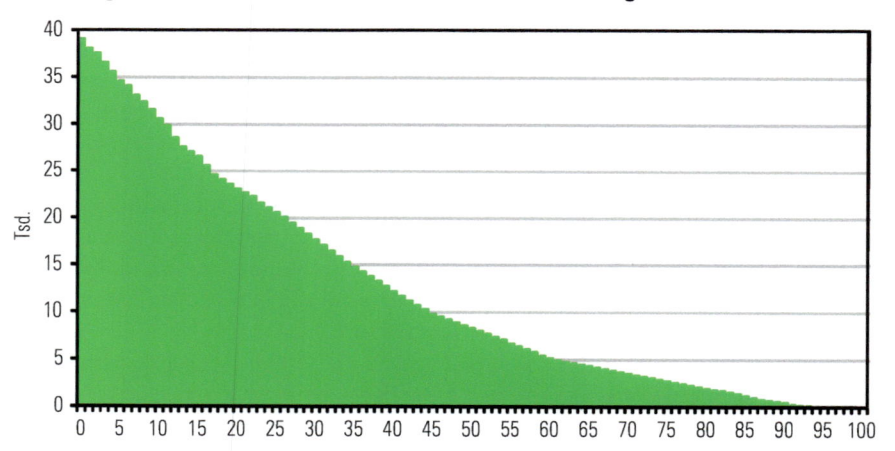

Abbildung 17.31: Altersaufbau der afrikanischen Bevölkerung

Quelle: United Nations DESA Population Division, World Population Prospects

Den naturwüchsigen Gemeinwesen des Typs I mit seinem agrikulturell-ländlichen Schwerpunkt sowie einer im subsaharischen Afrika (Ausnahme: RSA) nur punktuellen Urbanisierung mit Produktentausch und Ausbildung von individueller Selbstständigkeit der Bewohner entsprach lange Zeit eine stagnante Entwicklung der Bevölkerung, die mit der geringen Entwicklung der Produktivkräfte korrespondierte. Zwar war die Geburtenrate hoch, sie wurde jedoch durch eine ebenfalls hohe Sterberate (insbesondere Kindersterblichkeit) sowie eine geringe durchschnittliche Lebenserwartung konterkariert. Eine allmähliche Veränderung dieser Konstellation setzte erst mit einer Verbesserung der gesundheitlichen Versorgung ein, die zunächst durch koloniale und religiöse, namentlich christliche Einflüsse angestoßen wurde.

In der Gegenwart befinden sich die meisten afrikanischen Staaten noch mitten im demografischen Übergang mit einerseits verminderten Sterberaten und steigender Lebenserwartung, die andererseits (noch) nicht mit einer Reduzierung der Geburtenrate der weiblichen Bevölkerung einhergehen, da Kinderreichtum Arbeitskräfte namentlich im informellen Agrarsektor erbringt und bei weitgehendem Fehlen kollektiver Alterssicherungssysteme Versorgungssicherheit im familiären Rahmen bedeutet bzw. bedeuten soll. Demzufolge nimmt die Bevölkerung stark zu – eine Entwicklung, die auch für die nächsten Jahrzehnte noch anhalten wird (bei Ausbleiben von Pandemien etc. und großen Kriegen). Die Vereinten Nationen prognostizieren eine Verdoppelung der afrikanischen Bevölkerung zwischen 2018 und 2050. Dann sollen etwa 2,5 Mrd. Einwohner auf dem afrikanischen Kontinent leben (vgl. Abb. 17.31).

Auf die drei Gruppen von Ländern – Mittelmeer-Anrainer, Subsahara-Staaten und Republik Südafrika (RSA) – verteilen sich die 1,31 Mrd. afrikanische Gesamtbevölkerung 2017 zu 14,7% auf die 5 Mittelmeer-Anrainer (Maghreb-Staaten und

Ägypten), zu 2,8% auf die RSA und zu 82,5% auf die subsaharischen Länder. Im Jahr 1960 waren die Anteile der Mittelmeer-Anrainer mit 18,6% und Südafrikas mit 5,8% noch 1,4-mal so hoch gewesen. Dies bedeutet, dass in den knapp 60 Jahren des Betrachtungszeitraums die höchste Rate des Bevölkerungswachstums bei den ärmsten Ländern zu verzeichnen war; sie liegt für die subsaharischen Staaten mit +364% um 121 bzw. 139 Prozentpunkte höher als bei den nordafrikanischen Staaten bzw. bei Südafrika.

Gegenüber den späteren Schwellenländern waren die sozioökonomischen Ausgangsbedingungen in den (subsaharischen) afrikanischen Staaten in der postkolonialen Ära andere. Weder existierte, bedingt durch die Beschaffenheit der naturwüchsigen Gemeinwesen, individuelles Privateigentum am Grund und Boden, welches bereits im Vorhinein die Produktivkräfte sowie die Entwicklung der einzelnen Individuen über das charakteristische stagnante Niveau empor gehoben hätte, noch hatte sich unter der Kolonialherrschaft eine nennenswerte Kompradoren-Bourgeoisie herausgebildet, die zum endogenen sozialen Träger einer internen Entwicklung hätte werden können. Die Ausgangssituation in den meisten subsaharischen Staaten zu Beginn ihrer staatlichen Selbstständigkeit war vielmehr eine Hybridstruktur von traditioneller auf Subsistenz gerichteter Agrikultur einerseits und einer ausländisch-kolonialen vornehmlich extraktiven Industrie, die unverbunden nebeneinander standen. Die materielle Infrastruktur war ebenso erst aufzubauen wie die Etablierung eines inländischen Geld- und Bankwesens. Die afrikanischen Währungen waren, wenn sie nicht an die Währungen der ehemaligen Kolonialmächte angebunden wurden (wie z.B. der CFA in der Franc-Zone), reine Binnenwährungen, die anfangs auf nur rudimentäre Austausch- und Marktbeziehungen gegründet waren. Erst allmählich bildete sich in den überkommenen und in der Kolonialzeit errichteten städtischen Agglomerationen ein heimisches marktorientiertes Gewerbe heraus. Die Grundlagen und Ansätze einer ursprünglichen Kapitalakkumulation waren in den 1960er Jahren beschränkt. Die Wirtschaftsstruktur der subsaharischen Länder ist bis heute durch die Landwirtschaft (inkl. Forstwirtschaft und Fischerei) geprägt; zu dem formellen, in den statistischen Daten der Weltbank erfassten Agrarsektor, kommt noch ein informeller Sektor hinzu, der als Subsistenzwirtschaft kaum quantifiziert werden kann. Für alle subsaharischen Länder (ohne RSA) gilt, dass 1960 rd. 67% der Bevölkerung auf dem Land lebten (rural population); dieser Anteil hat sich sukzessive über 54% im Jahr 2000 auf 45,2% in 2017 vermindert. Der Beitrag des offiziellen Agrarsektors dieser Länder zum Bruttoinlandsprodukt (Gross National Product) ist immer noch dominant; Sierra Leone liegt gegenwärtig mit einem Anteil von 61,6% an der Spitze, Kenia mit 30,3% am Ende. Der landwirtschaftliche Sektor wird durch Kleinbauern mit einem hohen Durchschnittsalter geprägt. Es wird vielfach noch mit traditionellen Anbaumethoden, d.h. ohne nennenswerten Maschineneinsatz gearbeitet. Entsprechend niedrig sind die Erträge und die Produktivität in der Landwirtschaft. Für die Anschaffung von Landmaschinen sowie die systematische Düngung der Felder fehlt diesen Kleinbauern zumeist das Geld. Kredite sind ohne Sicherheiten nicht zu erlangen.

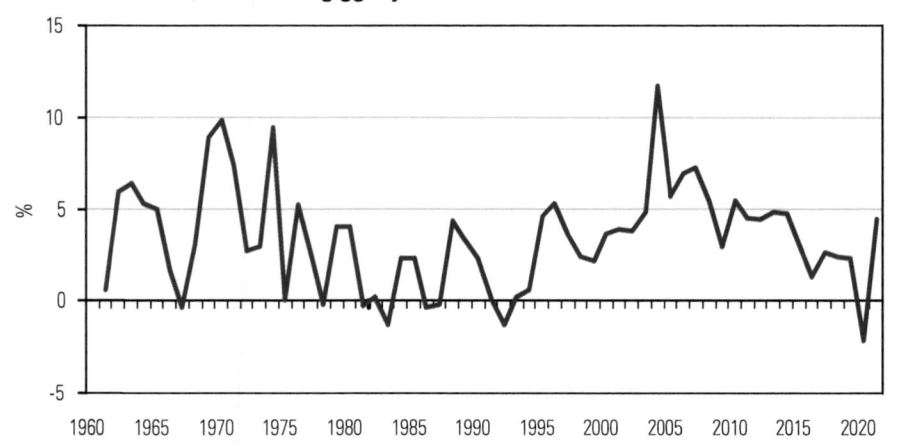

Abbildung 17.32: Wirtschaftswachstum im subsaharischen Afrika (inkl. RSA)* in konstanten US-Dollar, Veränderung gg. Vj. in %

* Die einheitliche BIP-Wachstumsrate für die subsaharischen Länder darf nicht darüber hinwegtäuschen, dass zwischen einzelnen Staaten eine erhebliche Streuung der Daten existiert; besonders markant sind in diesem Zusammenhang die Einflüsse von Bürgerkriegen z.B. im Ost-Kongo oder den portugiesischen Kolonien.
Quelle: OECD, Weltbank

Die gesamtwirtschaftlich hohen Wachstumsraten des afrikanisch-subsaharischen BIP bis zur ersten Hälfte der 1970er Jahre waren somit zum Einen Basiseffekten eines niedrigen Ausgangsniveaus geschuldet; sie wurden zum Anderen sektoral vornehmlich durch die Rohstoffextraktion sowie, in einigen Ländern, durch die von ehemaligen Kolonialherren betriebene Agrikultur getragen. Der wirtschaftspolitische Angang der Regierungen in den selbstständig gewordenen Staaten zur internen Entwicklung war mehrheitlich durch eine Politik der Importsubstitution, teilweise gegründet auf die Verstaatlichung vorhandener (ausländischer) Industrieunternehmen, gekennzeichnet. Die spätere Bewertung dieser Wirtschaftspolitik als fehlgeleitet bis katastrophal durch eine neoklassisch orientierte Entwicklungsstrategie des »Washington Consensus« erweist sich vor dem Hintergrund des stets im positiven Bereich – Ausnahme 1967 – verbleibenden BIP-Wachstums als bei weitem überzogen (vgl. Abb. 17.32); die Ergebnisse dieser Politik waren oftmals besser als ihr heutiger Ruf, denn Afrika ist aktuell weniger denn je in der Lage, einen hohen Grad an Selbstversorgung sicherzustellen. Rd. 80% der benötigten Lebensmittel der Subsahara-Staaten müssen mittlerweile importiert werden.

Die Nicht-Öl produzierenden afrikanischen Länder wurden durch die zweimalige Ölpreisrevolution 1973/74 und 1979/80 negativ getroffen und zurück geworfen; der gleichzeitig beginnende Anstieg auch der Preise mineralischer Rohstoffe bildete in den 1970er Jahren keine nennenswerte Kompensation, wie der Rückgang der BIP-Zuwachsraten zeigt. Erst ab Mitte der 1990er Jahre begannen die

Abbildung 17.33: Anteil der subsaharischen Länder an den Weltexporten (materielle Waren); in laufenden US-Dollar

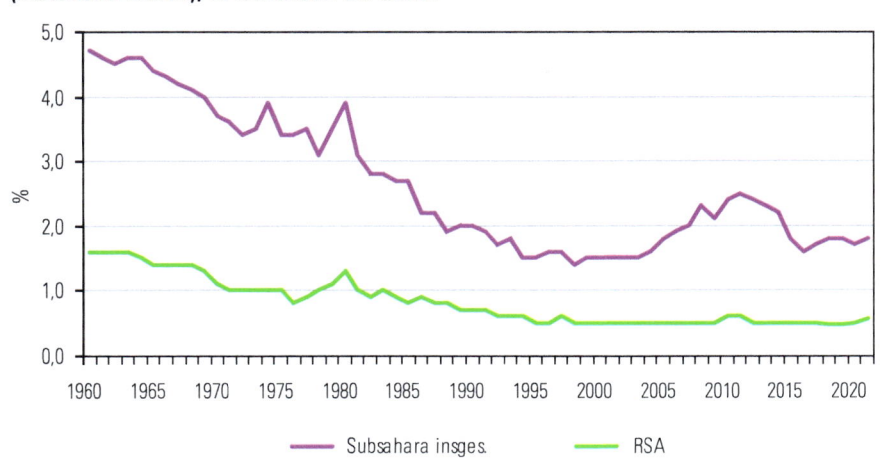

Quelle: OECD, Weltbank

Wachstumsraten des BIP wieder durchgängig zu steigen. Die zyklischen Krisen und Abschwünge der Weltkonjunktur um die Jahrtausendwende und auch die Finanzmarkt- und Weltwirtschaftskrise 2007–09 trafen das subsaharische Afrika nur in geringerem Ausmaß. Insbesondere die in diesen Ländern im X. Nachkriegszyklus auf dem kapitalistischen Weltmarkt (2003–2009) anhaltenden und namentlich durch die Rohstoffpreise getriebenen hohen Wachstumsraten gaben seinerzeit zu mehr oder weniger offen geäußerten Hoffnungen eines nun anstehenden Aufbruchs des afrikanischen Kontinents Anlass. In den Jahren nach der Großen Krise sanken die Zuwachsraten des BIP für die subsaharischen Länder allerdings wieder ab und relativieren das Bild von einem im wirtschaftlichen Aufbruch befindlichen Kontinents deutlich. Noch mehr gilt dies für den folgenden XI. Weltmarktzyklus.

Der Einfluss der Rohstoffpreisentwicklung, namentlich des Ölpreises, zeigt sich anhand der Stellung des subsaharischen Afrikas auf dem Weltmarkt (vgl. Abb. 17.33). Der Rückgang der Exportanteile wegen eines rascher zunehmenden Welthandels bis zur Mitte der 1990er Jahre wird nur zweimal kurz durch die Erdölpreissteigerungen 1973/74 sowie 1979/80 unterbrochen, die den erdölproduzierenden Staaten einen kurzzeitigen Anstieg ihrer Exporterlöse bescheren. Die in diesen Daten enthaltene Republik Südafrika durchläuft nur die Rohstoffpreis-Hausse Ende der 1970er/Anfang der 1980er Jahre; die Gesamtentwicklung ihrer Warenexporte folgt jedoch eher der Weltmarktkonjunktur der entwickelten kapitalistischen Länder, da die RSA als einziges Land Afrikas über eine nennenswerte Industriestruktur im Verarbeitenden Gewerbe verfügt. Für die sonstigen subsaharischen Staaten bestätigt sich die bereits bei der BIP-Entwicklung herausgestellte Differenzierung der Entwicklungsphasen. Sie korreliert positiv mit der Entwicklung der Terms of Trade. Namentlich der Bedeutungszuwachs dieser Länder auf dem Weltmarkt nach der Jahrtausendwende bis zum Beginn des zweiten Dezenniums wird durch die Rohstoffpreissteigerung getrieben, die durch die industriellen Entwicklungsprozesse der asiatischen und lateinamerikanischen Schwellenländer nachfrageseitig befördert wurde.

Jedoch überdeckten diese Preisentwicklungen das strukturelle Problem der Exporte der subsaharischen afrikanischen Staaten, welches in der fehlenden Differenzierung ihrer Ausfuhrgüter liegt, d.h. in der Abhängigkeit ihrer Exporte von wenigen und teilweise nur einem einzigen Produkt. Diese fehlende und in der gesamten zurückliegenden Entwicklungsperiode nicht nennenswert gesteigerte Diversifikation ihrer Exportstruktur setzt die Ökonomie dieser Länder regelmäßig den volatilen Bewegungen der internationalen Rohstoffpreisentwicklung aus. Dieser Umstand bedingt zudem, dass der innerafrikanische Handel nach wie vor wenig ausgeprägt ist. Der Einfluss des kapitalistischen Weltmarkts und seiner Konjunkturen war denn auch stark für den neuerlichen Rückgang des Exportanteils der subsaharischen Länder auf rd. 1,8 % in der zweiten Hälfte der 2010er Jahren verantwortlich.

Die wirtschaftlichen Entwicklungen zwischen der ersten Ölpreissteigerung 1973 und der nachfolgenden ersten Weltwirtschaftskrise 1974/75 nach dem Zweiten Weltkrieg bildeten die Ausgangsbedingungen eines für viele afrikanische Staaten in dieser Zeit alternativlos erscheinenden Versuchs, durch externe Verschuldung ihre durch verschlechterte Terms of Trade reduzierten Finanzmittel für den Fortgang interner Entwicklungsprozesse auf neuen Wegen zu erlangen. Er führte auch auf dem afrikanischen Kontinent vielfach zur Überschuldung mit anschließender Zerrüttung finanzieller Verhältnisse und bildete den Hintergrund für die sog. Strukturanpassungsmaßnahmen der 1980er Jahre, die unter der Ägide von Weltbank und Internationalem Währungsfonds ins Werk gesetzt wurden (Washington Consensus). Diese Strukturanpassungsmaßnahmen waren fokussiert auf die Stabilisierung von Staatshaushalt und Zahlungsbilanz durch Ausgabenkürzungen und Herstellung marktgerechter Wechselkurse, Liberalisierung von Außenhandel und Kapitalverkehr durch Aufhebung von Importzöllen und Beseitigung von Kapitalverkehrskontrollen, Deregulierung von Preisen, Zinsen und heimischen Wirtschaftsstrukturen durch Abbau staatlicher Interventionen sowie auf die Privatisierung von Staatsbetrieben und Auflösung staatlicher Steuerungsinstitutionen. Dieser marktradikale Angang der Entwicklungspolitik, wie er zwar einerseits durch Fehlentwicklungen der internen staatlichen (Wirtschafts-) Politik mitverursacht war, bedeutete andererseits für die meisten Länder, die diesen Strukturanpassungsmaßnahmen ausgesetzt wurden, ein verlorenes Jahrzehnt in den 1980er Jahren. Anstelle der Herstellung funktionierender Marktbeziehungen und sich darin vollziehender interner Entwicklungsprozesse resultierten die Ergebnisse dieser »Entwicklungspolitik« vielfach in der Zerstörung vorhandener endogener ökonomischer Potenziale. Am markantesten wurde dies durch solche Kapitalexporte der von außen ins Land geflossenen Gelder deutlich, die als Fluchtgelder der einheimischen »Eliten« auf den

Kapitel 17: Strukturelle Überakkumulation und Globalisierung

Abbildung 17.34: Verschuldung des subsaharischen Afrika (ohne RSA); absolut und in % des BIP, jeweils in laufenden US-Dollar

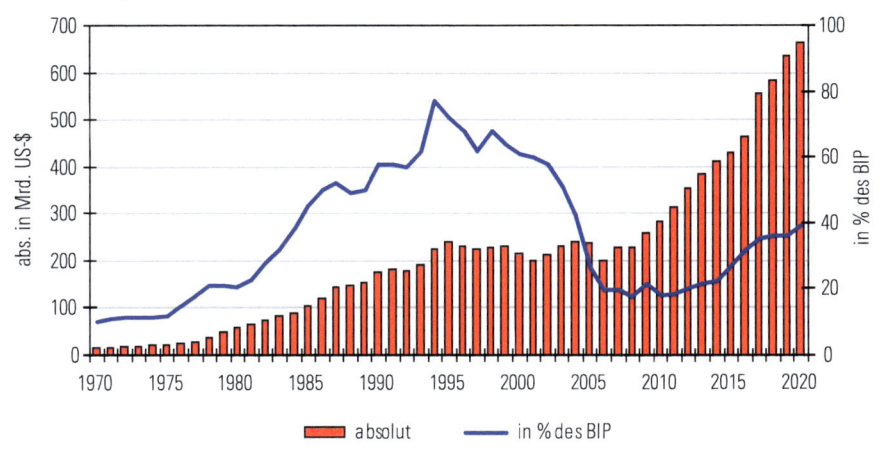

Quelle: OECD, Weltbank

Finanzmärkten der Metropolen wieder auftauchten. Die Unmöglichkeit, die aufgenommenen Kredite ausländischer (privater und öffentlicher) Banken zu bedienen, wurde nur sehr zögerlich vonseiten der Kreditgeber anerkannt. Die Einsicht, von unrealistischen Umschuldungsaktionen Abstand zu nehmen, führte erst in der zweiten Hälfte der 1990er Jahre zur Bereitschaft, die am höchsten verschuldeten Länder partiell durch Forderungsverzichte zu entschulden. Ab 1995 nahm die Schuldenlast absolut zunächst nicht mehr zu, stagnierte und ging in einigen Jahren leicht zurück. Der Höhepunkt der Verschuldungsquote am BIP der Länder war mit etwa 80% bereits 1994 erreicht; danach sank sie ab, d.h. das (nominelle) Wachstum (in US-Dollar) stieg rascher an als die ausstehende Verschuldung (vgl. Abb. 17.34). Damit setzte die oben herausgestellte Verbesserung der Ökonomie der subsaharischen Länder ein, die bis zur Finanzmarkt- und Weltwirtschaftskrise 2007-09 reichte und mit langsam steigenden Pro-Kopf-Einkommen einherging; Letztere hatten sich seit Mitte der 1970er Jahre u.a. wegen der oktroyierten Strukturanpassungsmaßnahmen reduziert.

Die Entwicklung nach der Weltwirtschaftskrise 2008/09 zeigte aber wieder eine Umkehr der Bewegungen. Die externen Schulden der subsaharischen Länder nahmen absolut wieder deutlich zu. Da das Wachstum des BIP zunächst noch anhielt, blieb die Verschuldungsquote bis 2011 noch niedrig, stieg in den Folgejahren langsam an und lag 2020 wieder bei rd. 40%. In diesem Punkt deutet sich somit wieder eine Entwicklung an, die 35 Jahre zuvor zu katastrophalen Ergebnissen geführt hatte und für alle Beteiligten – private Banken und öffentliche Institutionen als Gläubiger, viele subsaharische Länder als Schuldner – in erster Linie Verluste erbracht hatte.

Zugleich wird das Desaster der kapitalistisch-marktradikalen Entwicklungspolitik deutlich. Bei allen zu konstatierenden Defiziten und Fehlentwicklungen der Ökonomie der afrikanischen Staaten in den 1960er Jahren und der ersten Hälfte der 1970er Jahre, die durch die Politik der Strukturanpassungsmaßnahmen von Weltbank und Währungsfonds angegangen wurden, überzog diese Politik jedoch bei Weitem, indem sie den afrikanischen Ländern eine Deregulierungs- und Privatisierungspolitik verordnete, die selbst bei höher entwickelten kapitalistischen Ländern zu binnenwirtschaftlicher Auszehrung der effektiven Nachfrage – Restriktion der konsumtiven Endnachfrage sowie, dadurch bedingt, auch der Investitionsnachfrage – geführt hat. Die herausgestellte Beschleunigung des Wachstums ab Mitte der 1990er Jahre bis zur Weltwirtschaftskrise 2009 in den Subsahara-Staaten verdankte sich zu einem weit größeren Teil exogenen Ursachen, d.h. der Preissteigerung bei agrarischen und mineralischen Rohstoffen; dass durch von außen verordnete interne Reformen unproduktive und parasitäre Strukturen der afrikanischen Binnenwirtschaften bereinigt werden konnten und zur Neuausrichtung der Staatshaushalte zugunsten von Gesundheit und Bildung sowie zur Verbesserung der materiellen Infrastrukturen führten, machte nur einen Bruchteil der Effekte dieser Strukturanpassungsmaßnahmen aus.

Auch die wieder verstärkte Kreditaufnahme bei privaten Banken, d.h. im Umkehrschluss: eine forcierte Geldkapitalakkumulation mit gleichzeitig wachsender Auslandsverschuldung der Anlageländer, hat sich wieder als kontraproduktiv erwiesen und die alten Probleme von erzwungener interner Austerität zur Bedienung der aufgenommenen Kredite sowie Überschuldung wegen unzureichender Exporterlöse hervorgebracht. Die an und für sich bekannten negativen Konsequenzen für die (stark wachsende) Bevölkerung wurden damit wieder auf die Tagesordnung gesetzt. Die verdeckt in den Gesellschaften fortwirkenden naturwüchsigen Stammesunterschiede sowie religiösen Gegensätze wurden so – wieder – an die Oberfläche gespült; ihre Konsequenzen bieten für die besser ausgebildete Bevölkerung ebenso viele Gründe für deren Migration ins (europäische) Ausland. Im schlimmsten Fall waren sie der Nährboden für Bürgerkriege und zerfallende Staaten. Afrika befindet sich zu Beginn der 2020er Jahre also keineswegs im Aufbruch und folgt keineswegs den Positivbeispielen der asiatischen Entwicklung in den Schwellenländern dieses Kontinents.

Zur Differenzierung der Entwicklung in einzelnen afrikanischen Staaten

Wie sind nun die subsaharischen Länder Afrikas einzuordnen? Jörg Goldberg ist zuzustimmen, wenn er den *»kapitalistischen Sektor in den Ländern Afrikas südlich der Sahara – mit Ausnahme Südafrikas – (als einen) quantitativ begrenzte(n), von ausländischem Kapital, ausländischem Know how und nicht-afrikanischen Absatzmärkten abhängige(n) und mit der Gesamtgesellschaft und Gesamtökonomie kaum verbundene(n) Bereich«* (Goldberg 2015: 208) charakterisiert. Diesem kapitalistischen Sektor steht die weitgehend immer noch traditionelle und teilweise auf Subsistenz gerichtete Landwirtschaft unverbunden gegenüber. Eine wechselseitige

Kapitel 17: Strukturelle Überakkumulation und Globalisierung

Interaktion mit aktuellen oder zumindest potenziellen Entwicklungsprozessen findet im Wesentlichen nur zwischen städtischem Gewerbe, d.h. kleineren Unternehmen im Privatbesitz einheimischer Bevölkerungskreise und Dienstleistungen im Handel, Tourismus sowie bei Finanzen statt, natürlich nicht einheitlich, sondern verschieden ausgeprägt in den einzelnen Ländern und stark abhängig von der Qualität der staatlichen Verwaltung sowie wirtschaftspolitischen Eingriffen. Je nachdem, welchen Umfang die beiden hybriden Bereiche des kapitalistischen Sektors und der traditionellen Landwirtschaft im Verhältnis zu städtischem Gewerbe und Dienstleistungen besitzen, haben wir es also, grob gesprochen, mit Ländern dominierender vorkapitalistischer Verhältnisse oder mit Ländern eines unentwickelten Kapitalverhältnisses zu tun. Letztere machen nach wie vor eine ursprüngliche Kapitalakkumulation durch, die vom weltmarktbezogenen und in Auslandsbesitz organisierten kapitalistischen Sektor in aller Regel nur sehr begrenzte Entwicklungsimpulse empfängt.

Jenseits dieser allgemeinen Charakteristik der Entwicklung in den afrikanischen bzw. subsaharischen Ländern sind jedoch Differenzierungen notwendig, um zumindest ansatzweise eine Einordnung verschiedener Länder (Ist-Situation) vorzunehmen. Zu unterscheiden sind:

- Länder mit großer und geringerer Bevölkerung sowie deren Wachstumsrate; dies schließt das Kriterium der Heterogenität ihrer ethnisch-religiösen Zusammensetzung ein;
- Länder mit großen Vorkommen von fossilen Energieträgern und mineralischen Rohstoffen sowie des Stellenwerts der Letzteren im Hinblick auf deren zukünftige Bedeutung;
- Länder mit unterschiedlichem quantitativen Mischungsverhältnis zwischen verschiedenen sozioökonomischen Sektoren: vorbürgerlich-informell, nichtkapitalistische Warenproduktion, ausländische und inländische kapitalistische Unternehmen;
- Länder mit verschiedenen Ausmaßen der Einkommens- (und Vermögens) Ungleichheit;
- Länder mit unterschiedlichen politischen Systemen zwischen Diktaturen/Autokratien und (mehr oder weniger) Demokratien;
- Failing und failed States: Länder mit Bürgerkriegen und Auflösung staatlicher Strukturen etc.

Ein synthetisches Maß zur Identifikation der Rangfolge der verschiedenen afrikanischen bzw. subsaharischen Länder bleibt ihr jeweiliges Bruttoinlandsprodukt, differenziert nach absoluter Größe und Pro-Kopf in einheitlicher Währung (US-Dollar) und in Kaufkraftparitäten-Dollar für das Volumen des jeweiligen Warenkorbes oder Konsumtionsfonds. Die Zusammenstellung aller afrikanischen Staaten ist in Tabelle 17.2 dokumentiert.

Die Bevölkerungsschwergewichte der afrikanischen Länder sind Nigeria, Äthiopien, Ägypten und die DR Kongo mit jeweils rd. 100 Mio. und mehr Einwohnern. Sie gehören zu den Staaten mit mittleren Einkommen im unteren Bereich (Nige-

Tabelle 17.2: Bevölkerung und BIP afrikanischer Länder; absolute und Pro-Kopf-Werte in Mio. Personen bzw. Mrd. US-Dollar und Kaufkraftparitäten per 2020/21

Rang	Land	Bevölkerung in Mio.	BIP absolut Mrd. US-$	BIP pro Kopf US-$	BIP pro Kopf KKP
1	Nigeria	218	463	2.083	5.186
2	Südafrika	60	346	6.525	13.289
3	Ägypten	111	263	3.601	12.788
4	Algerien	45	263	3.337	11.240
5	Marokko	37	119	3.188	7.688
6	Angola	36	91	1.881	6.825
7	Äthiopien	123	89	994	2.908
8	Kenia	54	89	2.104	5.055
9	Ghana	33	89	2.226	5.799
10	Tansania	65	89	1.110	2.926
11	Elfenbeinküste	28	61	2.271	5.349
12	DR Kongo	99	49	544	1.142
13	Kamerun	28	40	1.505	3.687
14	Tunesien	12	39	3.295	10.142
15	Uganda	47	38	925	2.591
16	Sudan	47	34	776	4.096
17	Senegal	17	25	1.474	3.503
18	Simbabwe	16	22	1.443	2.254
19	Sambia	20	19	1.023	3.358
20	Libyen	7	19	2.891	5.892
21	Mali	23	17	890	2.410
22	Burkina Faso	23	17	831	2.276
23	Benin	13	16	1.291	3.499
24	Guinea	14	15	1.102	2.651
25	Gabun	2	15	7.277	15.951
26	Botsuana	3	15	6.420	15.493
27	Mosambik	33	14	449	1.297
28	Niger	26	14	568	1.289
29	Madagaskar	30	13	462	1.515
30	Malawi	20	12	568	1.460
31	Mauritius	1	11	8.619	20.506
32	Tschad	18	11	660	1.612
33	Namibia	3	11	4.276	9.517
34	Ruanda	14	10	816	2.264
35	Republik Kongo	6	10	2.206	4.249
36	Äquatorialguinea	2	10	10.036	25.168
37	Mauretanien	5	8	1.956	6.045

Rang	Land	Bevölkerung in Mio.	BIP absolut Mrd. US-$	BIP pro Kopf US-$	BIP pro Kopf KKP
38	Togo	9	8	916	2.222
39	Somalia	18	5	332	932
40	Südsudan	11	4	322	791
41	Sierra Leone	9	4	527	1.727
42	Eswatini (Swasiland)	1	4	3.533	9.041
43	Dschibuti	1	3	3.482	5.833
44	Burundi	13	3	256	762
45	Liberia	5	3	647	1.550
46	Zentralafrik. Republik	6	2	494	989
47	Eritrea	4	2	588	1.820
48	Lesotho	2	2	970	2.624
49	Gambia	3	2	770	2.274
50	Kap Verde	1	2	3.065	6.367
51	Guinea-Bissau	2	1	790	2.371
52	Komoren	1	1	1.355	3.044
53	Seychellen	0,1	1	11.702	25.555
54	Sao Tomé u. Principe	0,2	0,5	2.190	4.256
Summe		**1.439**	**2.513**	**1.746**	

* Rangfolge nach absolutem BIP; Quelle: Wikipedia

ria und Ägypten) bzw. mit geringem Einkommen (Äthiopien und DR Kongo).[19] Es sind gleichzeitig Länder, die noch am Anfang des demographischen Übergangs stehen und daher zunächst noch ein weiteres Bevölkerungswachstum erfahren werden – im Unterschied zu Südafrika und den Maghreb-Staaten. Wie die allermeisten afrikanischen Staaten, deren Grenzen durch die seinerzeitigen Kolonialmächte gezogen worden waren, sind Nigeria, Äthiopien und die DR Kongo Staaten, die verschiedene Völker, Ethnien und Stämme zusammenfassen, die z.T. auch heute

---

[19] Nach der Definition der Weltbank sind »Low Income Countries« bzw. Länder mit geringem Einkommen (Niedriglohnland) diejenigen Länder, deren Bruttonationaleinkommen pro Kopf und Jahr geringer als 1.045 US-$ ist; »Lower Middle Income Countries« bzw. Länder mit mittlerem Einkommen im unteren Bereich sind Länder, deren Bruttonationaleinkommen pro Kopf zwischen 1.046 und 4.125 US-$ liegt; »Upper Middle Income Countries« bzw. Länder mit mittlerem Einkommen im oberen Bereich sind Länder, deren Bruttonationaleinkommen pro Kopf zwischen 4.126 und 12.745 US-$ liegt, »High Income Countries« bzw. Länder mit hohem Einkommen (Hochlohnland) sind solche mit einem Bruttonationaleinkommen mit mehr als 12.745 US-$ pro Kopf und Jahr.

noch durch historisch-traditionelle Konflikte oder religiöse Unterschiede akzentuiert werden und sich auch territorial ausdrücken. Im bevölkerungsreichsten Staat Nigeria mit über 250 Ethnien (Stämmen) bekennen sich rd. 50% als Muslime und residieren überwiegend im Norden, etwa 46% sind Christen im Süden, der Rest verteilt sich auf traditionelle afrikanische Religionen. Äthiopien, ebenfalls ein Vielvölkerstaat, erfuhr von 1998 bis 2018 in einem Bürgerkrieg die Abspaltung der Region Eritrea, die als selbstständiger Staat konstituiert wurde; gegenwärtig bestehen gewaltsam ausgetragene Konflikte zwischen der Volksbefreiungsfront von Tigray und der Zentralregierung in der nördlichen Region des Landes, die dort zur Verhängung des Ausnahmezustandes geführt hatten. In der heutigen Demokratischen Republik Kongo, in der in vorkolonialer Zeit Pygmäen lebten und verschiedene Bantu-Völker einwanderten, bestehen heute ebenfalls rd. 200 verschiedene Ethnien mit erheblicher Sprachenvielfalt. In jüngerer Zeit, d.h. in der Endphase der Diktatur Mobutus in den 1990er Jahren sowie im ersten Jahrzehnt nach dem Jahrtausendwechsel tobten auf dem Gebiet des Staates drei Kriege, die z.T. durch äußere Einflüsse – Über- und Eingriffe von Rebellen aus Ruanda – mitbedingt waren. Im sog. dritten Kongo-Krieg ging es ebenfalls um die durch Konflikte im Nachbarland Ruanda beeinflussten Abspaltungsversuche der rohstoffreichen Provinz Katanga im Osten des Landes.

Aber auch kleinere afrikanische Staaten mit geringerer Bevölkerung sind multiethnisch, multireligiös und potentiell durch interne Konflikte und Kriege gefährdet. Unvergessen ist der Völkermord in Ruanda im Jahr 1994, als etwa 800.000 ethnische Tutsi und gemäßigte Hutu von radikalen Hutu ermordet wurden. Seine Vorgeschichte bestand in der Bevorzugung der Minderheit der Tutsi von der damaligen Kolonialmacht Belgien (nach dem Zweiten Weltkrieg); nach dem Abschuss der Präsidentenmaschine während des Anflugs auf den Flughafen der Hauptstadt Kigali 1994 kam es zum Ausbruch des Bürgerkrieges, der Grausamkeiten unvorstellbaren Ausmaßes aufgewiesen hat. Der Wiederaufbauprozess nach dem Ende des Bürgerkriegs verlief im Rahmen einer Erziehungs- und Entwicklungsdiktatur unter Präsident Paul Kagame, der im Jahr 2000 an die Macht kam. Noch immer gehört aber Runada zu den ärmsten Staaten auf dem afrikanischen Kontinent. Ein nicht funktionierendes sog. »nation-building« trifft auch für die ehemalige italienische Kolonie Somalia am Horn von Afrika zu, dessen Territorium schon im Übergang von 19. zum 20. Jahrhundert wegen seiner geostrategischen Bedeutung in der Rivalität zwischen Frankreich, England und Italien stand. Die somalische Bevölkerung, die ursprünglich eine Gesellschaft nomadisierender Clans bildete, die keinen zentralen Staat hatten, wurde nach 1960 zum Staat Somalia zusammengesperrt. Aufgrund der vorherigen Besetzung seines Territoriums durch Italiener und Engländer herrschten zunächst auf vielen Gebieten der staatlichen Administration, Exekutive und Rechtsprechung zwei verschiedene Systeme, deren Einheit sich nicht verwirklichen ließ; als Erstes wurde die französische Exklave Dschibuti zu einem eigenen Mini-Staat ausgegliedert. Somalische Bevölkerungsteile, die in Äthiopien und Kenia lebten, blieben aus dem neuen Staat ausgeschlossen. Das System der rivali-

Kapitel 17: Strukturelle Überakkumulation und Globalisierung 757

sierenden Staatsstrukturen brach gegen Ende der 1960er Jahre zusammen und ein 24-köpfiger Militärrat unter General Mohamed Siyad Barre übernahm die Macht. Sie währte bis 1991. Seitdem befindet sich der Staat Somalia in Auflösung und ist mittlerweile ein sog. failed state, in dem keine zentralen Regierungsfunktionen mehr funktionieren und regionale Warlords über Kombattanten und selbsternannte Gotteskrieger der Al-Schabab-Miliz die Macht ausüben. Die von somalischem Territorium ausgehende Piraterie gegenüber Handelsschiffen am Horn von Afrika mit Entführung der Mannschaften, die nur gegen Lösegeld wieder freigelassen wurden, ist eine weitere Ausdrucksform dieser anomischen Zustände.

Afrika als Kontinent ist reich an fossilen Energieträgern (Kohle, Erdöl) sowie mineralischen Rohstoffen. Auch zukünftig bieten seine Regionen bevorzugte Standorte für regenerative Energien wie insbesondere für Solarkraftwerke in den Wüstengebieten der Sahara. Über große Erdöllagerstätten, die namentlich von internationalen Konzernen erschlossen und teilweise auch ausgebeutet werden, verfügen die am Äquator gelegenen Staaten Angola, DR Kongo und Republik Kongo, Nigeria, Kamerun, Elfenbeinküste, Gabun, Tschad und Äquatorialguinea. Eisenerz wird in Südafrika, Sierra Leone, Guinea, Liberia, Gabun, Kamerun sowie DR Kongo und Kupfer vor allem in Sambia gefördert. Uran kommt aus Tansania, der Zentralafrikanischen Republik, Sambia und Niger, Diamanten aus Botsuana, Sierra Leone, Liberia, DR Kongo, Republik Kongo, Angola und dem Tschad. Der größte Exporteur vom Bauxit, dem Rohstoff zur Aluminium-Herstellung, ist das kleine Küstenland Guinea. Kautschuk wird auf Plantagen in Nigeria, Elfenbeinküste, Ghana, Liberia und Benin gewonnen. Das für elektronische Geräte aller Art unabdingbare Coltan (Colombit-Tantalit, gewonnen aus Tantal und Niob) wird namentlich in der DR Kongo gefördert;[20] außerdem befinden sich in der rohstoffreichen Provinz Katanga große Lagerstätten von Mangan, Blei, Zink und Zinn. Neben diesen für die produktive Konsumtion bedeutsamen Rohstoffen ist Afrika auch der Produktionsort vieler landwirtschaftlicher Rohmaterialien wie Kaffee, Kakao, exotischen Früchten etc.

Für die interne Entwicklung der Staaten sind die reichen Rohstoffvorkommen vielfach mehr Fluch als Chance gewesen. Dies zeigt sich oberflächlich-statistisch, wenn ressourcenreiche Länder über längere Zeitperioden ein geringeres wirtschaftliches Wachstum aufwiesen als rohstoffärmere Länder. Die Erklärung ist, dass die

---

[20] Vgl. Tetzlaff 2018: 233: »*Dass der Coltan-Abbau zu sozialen und ökologischen Schäden führt, ist allen Beteiligten bekannt, wird aber von den politisch verantwortlichen Behörden in der DR Kongo sowie den internationalen Bergbauunternehmen achtlos hingenommen. Der Abbau in der DR Kongo (ehemals Zaire) läuft nach einem über die Jahre gleich gebliebenen Muster ab. In den Dschungelgebieten im Osten des Kongos schürfen kleine Gruppen in Handarbeit das begehrte Metall – im Durchschnitt kann so täglich von einem Arbeiter der Erde etwa ein Kilogramm abgerungen werden. Für eine Handvoll US-Dollar gelangt das Metall über zahllose Zwischenhändler in die Provinzstädte Goma und Kisangani oder wird von den Kindersoldaten der Maji-Maji (wegen ihrer Grausamkeit berüchtigte ethnische Milizen) erbeutet. Von hier aus wird das Coltanerz per Lastwagen über Ruanda nach Daressalaam/Tansania transportiert, von wo aus die Fracht in alle Welt verschifft wird.*«

Rohstoffgewinnung durch industrielle Agro-Konzerne und Bergbauunternehmen bloße Inseln in der gesamten Ökonomie des Landes geblieben sind. Die gewonnenen Rohstoffe werden bis heute in subsaharischen Ländern zu mehr als 60% ohne weitere Veredelung und Verarbeitung exportiert, d.h. eine Verbindung mit internen Lieferstrukturen und Wertschöpfungsprozessen findet kaum statt. Verstaatlichungen der ausländischen Konzerne durch inländische Regierungen führten aufgrund fehlender nationaler Professionals und Managern oftmals in die wirtschaftliche Katastrophe und mussten durch nachfolgende Privatisierungen wieder »geheilt« werden – womit vielfach ein fehlerhafter Kreislauf von Neuem begann. Namentlich durch agro-industrielle Unternehmen werden für Plantagenwirtschaften auf dem Grund und Boden der bisher von einheimischen Bauern zur Selbstversorgung bewirtschaftete Flächen neue Monokulturen begründet. Der Staat erhält Deviseneinnahmen durch Grundrenten und Steuern, andererseits erwächst Widerstand seitens der expropriierten Bauern. Ein besonders krasses Beispiel hatte sich im Jahr 2008 auf Madagaskar abgespielt, als das südkoreanische Unternehmen Daewo Logistics für den Anbau von Mais und Palmöl für den Eigenbedarf Koreas 1,3 Mio. Hektar Land, was mehr als der Hälfte des fruchtbaren Bodens des Inselstaats entsprach, für die Dauer von 99 Jahren von der Staatsregierung pachtete; die Folge dieser Maßnahme war der Sturz des amtierenden Präsidenten in einem blutigen Machtkampf. Ähnlich gelagerte Beispiele gibt es viele in anderen afrikanischen Ländern. Auch der Erdöl-Staat Gabun bildet ein schlagendes Beispiel für einen Rentier-Staat, der, abhängig von den Preisnotierungen für Erdöl, von dessen Steigerungen profitiert hat. Dieser kleine Küstenstaat mit 2 Mill. Einwohnern erreichte zu Beginn der 2020er Jahre mit 7,3 Tsd. US-Dollar (rd. 16 Tsd. Kaufkraftparitäten-Dollar) eines der höchsten Pro-Kopf-Einkommen – nur übertroffen von ähnlichen Bedingungen in Äquatorialguinea, dem Vorzeige-Staat Botsuana und den Tourismus-Paradiesen Mauritius und Seychellen. Im wesentlichen handelt es sich hierbei um Erdölrenten, die aufgrund des formellen Staatseigentums am Grund und Boden den Staatshaushalt zum überwiegenden Teil finanzieren, einen großen öffentlichen Verwaltungssektor (»fonction publique«) alimentieren und zur Beute der jahrzehntelang herrschenden Familie von Omar Bongo und seinem Sohn Ali Bongo Odimba wurden. Hinter dem hohen durchschnittlichen Pro-Kopf-Einkommen verbergen sich gravierende Ungleichverteilungen des Nationaleinkommens zwischen der herrschenden Klasse an der Regierung und im öffentlichen Dienst einerseits und der Masse der Gabuner andererseits, die kaum an der Nutzung der durchgeführten Infrastrukturinvestitionen (Brücken, Straßen, Flugplätze, Gaskraftwerke und Ölraffinerien) partizipieren. Abstürzende Erdölpreise führten dementsprechend zu politischen Turbulenzen im Land. An ähnlichen Problemen leidet auch die größte Ökonomie des afrikanischen Kontinents Nigeria, deren extrem ungleiche Verteilung der Ölrenten zwischen den verschiedenen Ethnien und den verschiedenen Regionen dieses großen Flächenstaats zu einem tendenziellen Auseinanderfallen des staatlichen Gebildes geführt hat. In der armen Nordregion entwickelte sich mit der islamistischen Sekte Boko Haram eine Terrororganisation, die marodierend die Bevölkerung in Angst und Schrecken versetzt und von der nigerianischen Armee, die mit nominell 90 Tsd. Soldaten eine der größten in Afrika ist, nicht unter Kontrolle gebracht werden kann.

Eine gewisse Ausnahme vom »Ressourcenfluch« markiert die Entwicklung des südlichen Binnenstaates Botsuana, der deshalb auch als »Vorzeigestaat« gilt, welcher wesentliche Schritte zu einem Entwicklungsstaat vollzogen hat. Erst 1966 unabhängig geworden, entwickelte sich das koloniale Protektorat unter britischer Herrschaft mit dem Namen Bechuana-Land seit den 1970er Jahren von einem der ärmsten Länder der Welt zum Land mit einem der höchsten Pro-Kopf-Einkommen in Afrika. 2020 betrug es 6,4 Tsd. US-Dollar, was rd. 15,5 Tsd. KKP-Dollars entspricht. Von den natürlichen Bedingungen ist Botsuana keineswegs bevorteilt. Es ist das zweittrockenste Land des südlichen Afrika nach Namibia; rd. 84% der Landfläche bestehen aus dem Sand der Kalahari-Wüste. Reich ist Botsuana allerdings außer an Kohle an Diamanten-Vorkommen, die im Jahr 1967 entdeckt wurden und mittlerweile rd. 70% der gesamten Exporte des Landes ausmachen. Mit einem auf Konsens und Kooperation angelegten Vertragssystems zwischen dem Staat, der formal die Rechte auf alle Bodenschätze beansprucht, und der südafrikanischen Minengesellschaft De Beers als Weltmarktführer für Produktion und Vermarktung von Diamanten, die lange Zeit der Familie Oppenheimer gehörte, wurde ein Joint-Venture zwischen beiden Akteuren gebildet, dessen Anteile nach und nach zugunsten des botsuanischen Staates verschoben wurden.

De Beer produzierte im zweiten Jahrzehnt nach dem Jahrtausendwechsel weltweit Diamanten von rd. 30 Mio. Karat, wovon der Löwenanteil aus den Minen von Botsuana stammten. Die Einheimischen bekamen innerhalb dieses Joint-Venture Zugang zur Geschäftsführung und die Konzernzentrale wurde 2012 sogar von London nach Gabarone verlegt. De Beer lässt sein gesamtes Angebot an Rohdiamanten aus aller Welt in Gabarone sortieren und vermarkten, womit dem afrikanischen Staat die Anreicherung von Wertschöpfungsstufen auf seinem Territorium gelungen ist – ein seltener Erfolgsfall für afrikanische Staaten mit Rohstoffressourcen. Voraussetzung für diese Entwicklung war ein funktionierender Staatsapparat und die Integration einheimischer Arbeitskräfte auch in Führungsfunktionen des Konzerns. Die botsuanische Extraktion von Rohdiamanten im Rahmen des Joint-Venture mit De Beer hebt sich zudem positiv gegenüber dem Schürfen von sog. Blutdiamanten im sog. artisanal und small-scale Mining in anderen afrikanischen Ländern (Ost-Kongo, Simbabwe, Elfenbeinküste, Sierra Leone etc.) ab, die ohne offizielle Ursprungszertifikate geschmuggelt und von Warlords gestohlen werden und mit denen Bürgerkriege finanziert werden.

Auch hinsichtlich der Verwendung der an den botsuanischen Partner ausgeschütteten Profite ging die Regierung fortschrittliche und entwicklungsfördernde Wege. Sie investierte in die einheimische Infrastruktur (Bildung, Gesundheit, Verkehr, Tourismus), schaffte Arbeitsplätze zur Diversifizierung der öffentlich geförderten Wirtschaft, errichtete ein funktionierendes inländisches Kredit- und Bankensystem zur Entwicklung eines sozialen Wohnungsbaus und legte verschiedene

Sozialprogramme auf. Die Armutsquote ist in diesem Land nach dem Jahrtausendwechsel von über 30 auf unter 20 Prozent gesunken. Vorbildlich ist auch die Bildung eines Zukunftsfonds, der ähnlich wie vergleichbare Einrichtungen in Norwegen und Saudi-Arabien Vorsorge für spätere Generationen nach dem Ende des Diamanten-Zeitalters schaffen soll.

Auf der Habenseite der botsuanischen Entwicklung steht des Weiteren ein fast ausgeglichener Staatshaushalt und eine Staatsverschuldung mit einer Quote am BIP im einstelligen Bereich. Nicht gelöst ist dagegen die die weitere Entwicklung hemmende stark ungleiche Einkommensverteilung, die die hohen durchschnittlichen Pro-Kopf-Werte des BIP relativiert. Auch kann von einer durchgreifenden Industrialisierung des Landes in Richtung zukunftsfähiger materieller Produktionen und Dienstleistungen keineswegs gesprochen werden. Hier besitzt der Nachbar Südafrika nach wie vor das Alleinstellungsmerkmal.

Mit Botsuana liegt ein Beispiel für eine Monokultur vor, die im Rahmen bürgerlich-kapitalistischer Verhältnisse produktiv für die Entwicklung des Landes umgesetzt werden konnte. Dies unterscheidet Botsuanas Entwicklungsweg von anderen, unter nominell sozialistischen Vorzeichen nach der Überwindung des kolonialen Jochs durch die an die Regierung gekommenen nationalen Befreiungsorganisationen umgesetzten Prozessen. In Tansania stand nach der Unabhängigkeit in der Ära des ersten Präsidenten Julius Nyerere das »nation-building« der aus mehr als 100 Ethnien (Stämmen) und ebenso vielen Sprachen bestehenden Bevölkerung an erster Stelle. Die Vereinigte Republik Tansania ist ein Zusammenschluss aus dem Festlandterritorium des aus Teilen des ehemaligen Deutsch-Ostafrika bzw. nach dem Ersten Weltkrieg als britische Kolonie bestehenden Teils, der nach der Unabhängigkeit mit der Insel Sansibar zum heutigen Staat zusammengefügt wurde. In den 1960er Jahren hatte das unabhängig gewordene Land zunächst die überkommene Exportwirtschaft – Sisal, Kaffee, Baumwolle Cashewnüsse etc. vom Festland und der weltweit begehrten Gewürznelken aus Sansibar – fortgesetzt; die internen Entwicklungserfolge waren jedoch für die herrschende TANU-Partei nicht zufriedenstellend. Inspiriert durch die chinesische Bauernrevolution und die Mao Zedong-Ideen entwickelte Nyerere mit dem Ujamaa-Konzept Grundzüge eines afrikanischen Sozialismus, der nicht nur formelles Staatseigentum am Grund und Boden, sondern auch dessen gemeinschaftliche Bewirtschaftung (Gemeinschaftsfelder) durch Produktions- und Konsumgenossenschaften vorsah. Seine Umsetzung vor Ort durch Experten und TANU-Funktionäre erwies sich jedoch als schwierig und artete schließlich in Zwang (gewaltvolle Umsiedlungen etc.) aus. Gleichzeitig mit der Landreform wurden Industrieunternehmen, Banken, Geschäfte und Versorgungsbetriebe verstaatlicht. Die Marketing-Boards, die die Exportprodukte der Bauern aufkauften und vermarkteten, führten die Spanne zwischen dem Aufkaufpreis gegenüber den Erzeugern und dem Verkaufspreis auf dem Weltmarkt an den Staatshaushalt ab, der sie für Investitionen in eine materielle und soziale Infrastruktur (kommunale Zentren mit Schule, Hospital, Brunnenanlage und Marktplatz) nutzte. Der interessante Versuch des Ujamaa-Konzepts, aus kolonial überformten

Kapitel 17: Strukturelle Überakkumulation und Globalisierung

archaischen Gesellschaftsverhältnissen direkt eine sozialistische Gesellschaft zu errichten, scheiterte zum Einen wegen offensichtlicher Überforderung der Mehrheit der Bevölkerung, welche die gemeinschaftliche Arbeit nicht als höhere Form gegenüber privater (Familien-) Arbeit anzunehmen bereit war, zum Anderen auch wegen einer mangelhaften Umsetzung des Konzepts vor Ort durch Versagen der Manager, Angestellten und TANU-Funktionäre, die für Korruption anfällig waren. Im Ergebnis fiel die Nahrungsmittelproduktion in den 1970er Jahren stark ab; hinzu kam die Verteuerung der Energieimporte. Der Kampf gegen Schwarzmärkte und überhöhte Profite im Handel fiel mit dem zweiten Ölpreisschock 1979/80 zusammen; 1982 brauchte das Land Auslandshilfe i.h.v. 600 Mio. US-Dollar und ein Jahr später trat Nyerere als Präsident zurück. Unter seinem Nachfolger hatte sich Tansania der Politik der marktkonformen Strukturanpassung internationaler Institutionen (Weltbank) zu unterwerfen; auch ihre Erfolge waren begrenzt. Tansania, immerhin fünftgrößtes Land Afrikas, gleichzeitig aber nur mit dem zehntgrößten BIP, nimmt im BIP pro Kopf (1.110 US-Dollar) nur eine Stellung knapp oberhalb der offiziellen Armutsgrenze von 1.045 US-Dollar pro Kopf und Jahr ein.

Noch tragischer als die tansanische Entwicklung verlief diejenige in Simbabwe. Unter britischer Kolonialherrschaft um die Wende zum 20. Jahrhundert war das heutige Simbabwe die südliche der beiden Rhodesien-Kolonien, deren weiße Siedler 1923 das Privileg »responsible government«, nicht jedoch die Selbstständigkeit als Staat, die eine Generation vorher die weißen Siedler in Südafrika erhalten hatten, zugesprochen erhielten. Die Hälfte des Landes wurde mit dem Land Appointment Act 1930 durch die Kolonialverwaltung den weißen Siedlern zugeteilt, während große Teile der einheimischen Einwohner in Reservate nach dem Vorbild der USA in der zweiten Hälfte der 19. Jahrhunderts eingepfercht wurden. Wirtschaftlich prosperierten unter diesen Bedingungen Landwirtschaft (Mais, Tabak, Rindfleisch, Zucker und Baumwolle) und extraktive Bereiche (Gold, Asbest, Nickel, Kupfer, Chrom und Kobalt). In den 1960er Jahren widersetzte sich die mittlerweile angewachsene weiße Bevölkerung Rhodesiens dem allgemeinen Trend der Dekolonisation und erklärte gegen den Willen der britischen Regierung ihre Unabhängigkeit. Fünfzehn Jahre konnte sich das weiße Siedler-Regime unter Ian Smith und seiner Rhodesien Front als rechter Sammlungspartei halten; 1980 hatten die Kämpfer der beiden afrikanischen Befreiungsorganisationen ZANU und ZAPU (später vereinigt zu ZANU-PF) im Bürgerkrieg die Oberhand gewonnen und nach mehrjährigen Verfassungsgesprächen mit Großbritannien, dem Smith-Regime und den Befreiungsbewegungen die international anerkannte Unabhängigkeit als Simbabwe erreicht. Die ersten allgemeinen Wahlen gewann im Februar 1980 die ZANU-Fraktion mit Robert Mugabe.

Eine vordringliche Maßnahme der neuen Regierung war eine Landreform. Sie wurde erst jahrelang verzögert und dann chaotisch und unter Ausbrüchen von Gewalt durchgeführt. 788 Tsd. Familien lebten Anfang der 1980er Jahre in den sog. communal areas, dem früheren Stammesland der schwarzen Bevölkerung. Es konnte jedoch nur rd. 40% dieser Familien ernähren. Der größte Teil des commercial farmland war im Privateigentum der weißen Siedler und wurde von 4.800 Farmern bestellt. Im Zuge der Landreform kaufte die Regierung Farmland auf und verteilte es so, dass am Ende der ersten Freiheits-Dekade ca. 52 Tsd. Familien (416 Tsd. Menschen) auf ehemals »weißem Farmland« angesiedelt worden waren. Gleichzeitig hatten sich höhere Repräsentanten der ZANU-Regierung (Minister und höhere Beamte) rd. 300 Großfarmen angeeignet. Das Ergebnis dieser Landreformen war ein Rückgang von Produktivität und Ernteerträgen gegenüber der vorangegangenen Zeit. So wurde der Agrarsektor in eine schwere Krise gestürzt. Bis zum Beginn der 1990er Jahre hielt sich aber noch eine positive Entwicklung der Gesamtwirtschaft Simbabwes. Danach erfolgte der Absturz. Von 1998 bis 2008 schrumpfte die Wirtschaftsleistung um etwa die Hälfte. Ende 2008 waren aufgrund von Hyperinflation, Devisenknappheit, fehlenden Investitionen, Import- und Exportrestriktionen und Energieknappheit alle Wirtschaftsbereiche nahezu vollständig zum Erliegen gekommen. Die Einführung eines Multiwährungssystems nach dem Kollaps der einheimischen Währung (Inflationsrate von 100.000 % im Jahre 2008) mit dem US-Dollar als Leitwährung brachte ab 2009/2010 nur vorübergehend Besserung. Nahezu alle Sektoren der verarbeitenden Industrie mussten massive Umsatzeinbußen hinnehmen. Die Arbeitslosigkeit wurde 2005 auf rund 80 % geschätzt, nach einer anderen Erhebung 2009 sogar auf 95 %. Hinzu kam die Kriegsverwicklung Simbabwes mit der DR Kongo, die der Wirtschaft Devisen im Wert von mehreren hundert Millionen US-Dollar entzog. Auch nach der Absetzung des mittlerweile 90-jährigen Mugabe im Jahr 2017 durch seine eigenen Parteigänger hat sich die katastrophale Wirtschaftsentwicklung des Landes nicht verbessert. Eine ursprünglich unter sozialistischen Vorzeichen gestartete Regierung des politisch befreiten Landes endete in Kleptokratie, Korruption sowie Wirtschafts- und Staatszerfall und bietet dadurch ein abschreckendes Beispiel eines afrikanischen Entwicklungsstaates.

Das Fazit nicht nur der Globalbetrachtung des afrikanischen Kontinents, sondern auch einzelner Staaten fällt ernüchternd aus. Verglichen mit asiatischen Entwicklungs- und Schwellenländern und im Wettstreit zwischen kapitalistisch oder sozialistisch geprägten Transformationsprozessen überkommener vorbürgerlicher Wirtschafts- und Gesellschaftsstrukturen bleiben die afrikanischen Staaten weit zurück. Die Kernaufgabe, einen gesamtwirtschaftlichen Wert- und Stoffersatz auf der Grundlage funktionierender Marktstrukturen zu schaffen, der Produktion, Distribution, Zirkulation und Konsumtion organisch verbindet, ist nicht nur im »Vorzeigeland« Botsuana, sondern auch beim BRICS-Mitglied Südafrika bis heute nicht umfassend gelungen. Damit bleiben die afrikanischen Länder weit hinter Staaten wie Südkorea und Taiwan zurück, ganz zu schweigen von der Entwicklung in der VR China. Der Ansatz, aus subsistenzwirtschaftlichen Formen traditioneller Dorfgemeinden direkt zu sozialistischen Formen von Gemeinwirtschaft überzugehen, d.h. die Verhältnisse von Privatbesitz und -bewirtschaftung sowie die Periode einer ursprünglichen Kapitalakkumulation zu überspringen, ist weder im China Mao Zedongs noch im afrikanischen Tansania von Erfolg gekrönt gewesen. Dass andererseits Privatbesitz und Privatwirtschaft sowohl in Landwirtschaft als auch in der

Industrie und bei Dienstleistungen im Rahmen eines marktwirtschaftlichen Sozialismus positive Ergebnisse erzielen kann, dass also unverzichtbare private Wirtschaftsstrukturen nicht nur mit dominierenden sozialistischen Produktionsverhältnissen kompatibel sein können, sondern Letztere auch befördern können, ist bei allen vorstehenden negativen Beispielen eine fortbestehende Hoffnung und Schlussfolgerung.[21] Mehr noch als für kapitalistische Entwicklungswege ist allerdings ein funktionierender Staatsapparat für die Steuerung des wirtschaftlichen Entwicklungs- und Transformationsprozesses das sine qua non; dies zeigt sich positiv anhand der demokratischen Ansätze in Botsuana und Südkorea sowie natürlich in China.

d) Die Krisenkaskade der kapitalistischen Weltwirtschaft im Rahmen der strukturellen Überakkumulation von Kapital seit Mitte der 1970er Jahre bis heute

Für die Entwicklung der Weltwirtschaft nach dem Zweiten Weltkrieg ist mit der Unterscheidung zwischen beschleunigter Kapitalakkumulation und struktureller Überakkumulation von Kapital eine Zweiteilung von Prosperitätsphase und zunehmender Krisenhaftigkeit prägend. Diese Zweiteilung geht zwar von den kapitalistischen Metropolen, angeführt durch ihren US-Demiurg und -Hegemon aus, prägt jedoch die Gesamtheit nicht nur der ökonomischen, sondern auch der politischen Entwicklungen in der Welt. Die der Prosperität seit Mitte der 1970er Jahre – erste Weltwirtschaftskrise nach dem Zweiten Weltkrieg und Ausdruck des Strukturbruches der Kapitalakkumulation – nachfolgende Überakkumulation von Kapital beinhaltete eine Krisenkaskade, die an der Peripherie des kapitalistischen Weltmarkts begann und sich sukzessive, mitbedingt durch politische Ereignisse, bis in das Zentrum der kapitalistischen Gesellschaftsformation durch- und fortgefressen hat.

Schuldenkrisen der 1970er, 1980er und 1990er Jahre in Lateinamerika und Asien

Strukturelle Überakkumulation von Kapital bedeutet verlangsamte reproduktive Akkumulation und gleichzeitig beschleunigte Akkumulation von Geldkapital; Letztere wird zu einem Kernelement der Entwicklung, nachdem der beschleunigte Verlauf der Kapitalakkumulation beendet war. Bereits in der ersten Hälfte der 1970er Jahre hatte die von ihrer reproduktiven Grundlage sich mehr und mehr verselbstständigende Akkumulation von Geldkapital in den Euro- oder Xenofinanzmärkten ein neues Terrain gefunden. Diese Märkte waren ein internationales Netz von Banken, die Einlagen von Nichtbanken und Zentralbanken aus den nationalen Märkten entgegennahmen und diese schließlich wieder als Kredite an private Nichtbanken und staatliche Institutionen mit dem US-Dollar als der dominierenden Währung, jedoch außerhalb des nationalen US-Währungsraumes, weitergaben. Der Anteil des

---
[21] Vgl. dazu Kapitel 21 im V. Abschnitt dieses Buches.

Interbankgeschäfts auf diesen Xenomärkten betrug nach Schätzungen der Bank für Internationalen Zahlungsausgleich (BIZ) zwei Drittel ihres Gesamtvolumens. Ein wesentliches Kennzeichen dieser Märkte war ihre weitgehende Freiheit von geld- und kreditpolitischen Regulierungen der nationalen Kreditsysteme; ihre Residenz fanden sie auf immer aufsichtsliberaleren und exotischeren Plätzen wie Cayman-Islands, Bahamas, Panama, Hongkong, Singapur etc. Das Fehlen einer Kontrolle dieser Bankzonen durch nationale Zentralbanken, die Nichtexistenz von Mindestreservevorschriften und sonstigen kreditpolitischen Instrumentarien bot den auf den Xenofinanzmärkten operierenden Banken Vorteile bezüglich Konditionen (Zinssätze, Gebühren) und Ausnutzung des Kreditvergabepotentials; dies wurde verstärkt durch den Umstand, dass nur Transaktionen großen Umfangs abgewickelt wurden und die Kreditnehmer entweder internationale Unternehmen oder Regierungen und öffentliche Institutionen waren, deren Bonität außer Frage stand bzw. lange zu stehen schien. Das Geldkapitalaufkommen für diese Xenofinanzmärkte kam in letzter Instanz aus den nationalen Ersparnissen; neben den Überschüssen der OPEC-Staaten dominierten von der Aufkommensseite ländermäßig die kapitalistischen Metropolen. Das Wachstum dieses Geldkapitals war also in der Anfangszeit der 1970er Jahre nichts als ein Ausdruck des wachsenden Plethora-Geldkapitals der kapitalistischen Metropolen sowie der OPEC-Staaten, welches nach zinstragender Verwertung drängte.

Anfang der 1980er Jahre, d.h. am Ende des VII. Zyklus hatten die US-Banken die bis dato beherrschende Stellung der OPEC-Staaten als Nettogläubiger übernommen. Bis zu diesem Zeitpunkt hatten sich die Finanzierungsüberschüsse der OPEC-Staaten ziemlich synchron mit ihren Leistungsbilanzüberschüssen entwickelt. Die neue Stellung der US-Banken als größter Nettogläubiger an den Xenokreditmärkten hatte sich bereits zu Beginn dieses Zyklus angedeutet; spiegelbildlich entsprach ihr eine Abnahme der Bedeutung der europäischen, insbesondere britischen Geschäftsbanken. Auf der Schuldnerseite schlugen die zweite Ölpreiserhöhung 1979/80 sowie die zyklische Depression 1980–82 voll auf die Position der Nichtöl-Entwicklungsländer durch. Nach 1982 verlagerte sich die Kreditgewährung an den Xenomärkten weg von den Ländern mit aufgetretenen offenkundigen Schuldendienstproblemen hin zu entwickelten kapitalistischen Industrieländern mit gutem Kreditstanding. Die kapitalistischen Metropolen (Japan und Kanada sowie Westeuropa) stellten 1982 kurz nach den Entwicklungsländern die zweitgrößte Nettoschuldnergruppe am eng definierten Euromarkt dar.

In der Tat markierte das Ende des VII. Zyklus 1982 einen Wendepunkt der bis dato auf den internationalen Kreditmärkten spielenden Entwicklungstendenzen. Die Verdichtung der Zahlungsprobleme einiger Länderkunden des kapitalistischen Bankensystems in der Abschwungsphase dieses Zyklus beendete die Praxis, die freigesetzten und relativ überschüssigen Geldmittel der kapitalistischen Metropolen sowie die Liquiditätsüberschüsse der OPEC-Staaten unter Vermittlung des privaten Bankensystems für nachholende Industrialisierungsprozesse in halbentwickelte Schwellenländer Südostasiens und Lateinamerikas sowie an sozialistische

Länder Osteuropas auszuleihen. Die Verschuldungskrise dieser Länder wurde durch die Zahlungsunfähigkeit Polens 1981 angekündigt. Hierbei wurde zum ersten Mal deutlich, dass die privaten Banken – in diesem Fall insbesondere BRD-Banken – bei Einstellung des Schuldendienstes einen so hohen Wertberichtigungsbedarf ausweisen mussten, dass die Haftungsfunktion ihres Eigenkapitals erheblich beeinträchtigt wurde – mit allen unabsehbaren weiteren Konsequenzen für die Zahlungsfähigkeit dieser Banken gegenüber ihren inländischen Einlegern und damit für die Stabilität des Kredit- und Bankensystems schlechthin. Polen wurde zunächst zum Einzelfall erklärt; als Argentinien 1982 folgte, wurden erneut die Besonderheiten – Krieg mit Großbritannien um die Falkland-/Malvinas-Inseln – betont. Im August 1982 erklärte jedoch auch die Regierung Mexikos, dass sie ebenfalls nicht fähig sei, ihren Schuldendienst zu leisten – es trat mehr und mehr ins allgemeine Bewusstsein, dass es sich bei dieser Verschuldungskrise um ein globales Problem handelte: auf der einen Seite standen mehrere große Länderkunden, die faktisch oder nahezu zahlungsunfähig waren, auf der anderen Seite das Bankensystem der kapitalistischen Länder. Damit zeigte sich, dass die Verschuldungskrise nicht nur ein singuläres, einzelne Länder betreffendes Problem darstellte, sondern strukturellen Charakter besaß.

Ihre Ursachen lagen zum einen darin, dass der in nahezu allen kapitalistischen Metropolen vollzogene Übergang in eine strukturelle Überakkumulationssituation die Absorptionsfähigkeit der Märkte restringierte und damit die Schuldnerländer um die erwarteten Möglichkeiten brachte, aus den Exporterlösen die Deviseneinnahmen zu verdienen, die sie zum Schuldendienst benötigten. Hinzu kam die durch die zweimalige Ölpreisrevolution verteuerte Energierechnung, die die ärmeren Entwicklungsländer im Unterschied zu den kapitalistischen Metropolen, die sich den veränderten Preisrelationen vergleichsweise rasch anpassen konnten, mit voller Wucht traf. Auf der anderen Seite hielt die Preisentwicklung für die übrigen Rohstoffe, d.h. die Hauptexportartikel der unentwickelteren Länder, nicht nur nicht Schritt mit der gestiegenen Rechnung für Importöl, sondern zeigte eine disproportionale Scherenbewegung mit selbstverstärkenden Tendenzen. Die Indexkurve der Rohstoffpreise (in US-Dollar) wies in den zyklischen Abschwüngen des VI. und VII. Zyklus deutliche Preisrückgänge auf, während gerade in diesen Zeiten der Ölpreis weiterhin anstieg. Neben der mit der verlangsamten Kapitalakkumulation nachlassenden Rohstoffnachfrage vonseiten der industriellen Metropolen war für den Preisverfall für Rohstoffe 1981/82 ein Überangebot an vielen Rohstoffmärkten verantwortlich: die Erzeugerländer steigerten trotz nachlassender Nachfrage ihre Produktion, weil der Schuldendienst zur Erzielung von Exportdevisen zwang. Dieselbe Entwicklung wiederholte in noch ausgeprägterer Weise im folgenden VIII. Zyklus von 1987 bis 1993 (vgl. Abb. 17.35).

Neben dieser Preisschere war aber auch die teilweise konsumtive Verwendung der aufgenommenen Kredite für die Verdichtung der Krisenprozesse verantwortlich. Soweit die geliehenen Geldkapitalien in den Empfängerländern zur Finanzierung von nicht konkurrenzfähigen Industrieprojekten verwandt wurden, rein kon-

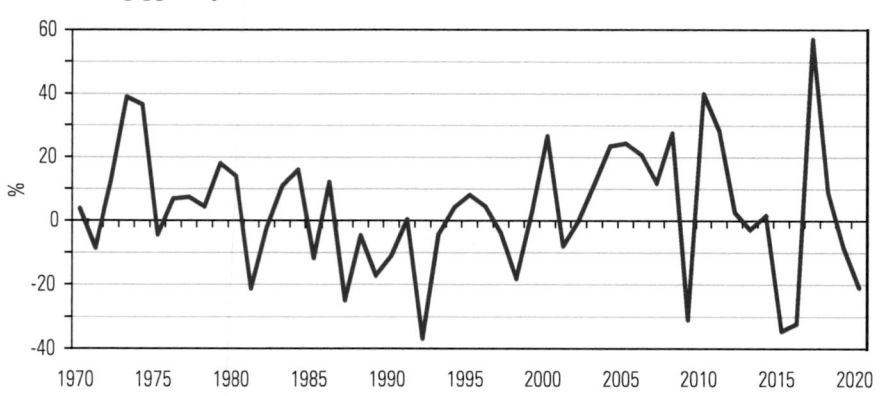

Abbildung 17.35: Rohstoffpreise (all primary commodities) auf US-Dollar-Basis; Veränderung gg. Vorjahr in %

Quelle: IWF, HWWI

sumtiv zur Deckung von öffentlichen Defiziten (inkl. Militärhaushalt) verausgabt und zum Ankauf von Luxusimportwaren seitens der herrschenden Klassen benutzt wurden oder sogar einfach wieder als Fluchtkapital auf den Finanzmärkten der Metropolen auftauchten, handelte es sich um nichts anderes als um Ausdrucksformen eines fehlgeschlagenen weltmarktorientierten Entwicklungsweges in diesen Ländern. Ein weiterer wichtiger Einzelfaktor für den Ausbruch der Schuldenkrise war schließlich im deutlichen Anstieg der Zinssätze bis zum Beginn der 1980er Jahre sowie der Aufwertung des US-Dollars zu sehen. Aufgrund der Größenverhältnisse zwischen dem Ausleihvolumen an den Xenomärkten und den nationalen Finanzmärkten der kapitalistischen Metropolen galt für diese Zeit, dass die Zinsbildung am Eurogeldmarkt von den jeweiligen inländischen Geldmarktsätzen sowie hinzukommenden weiteren Faktoren wie inländischen Mindestreserven und anderen Liquiditätsvorschriften bestimmt wurde. Die Zinsen am Eurobond- und Eurokapitalmarkt bestimmten sich vom Kapitalzinsfuß derjenigen Märkte her, auf deren Währungen die Wertpapiere lauteten, vom erwarteten Wechselkurs sowie institutionellen Faktoren wie der Steuerbelastung der Zinserträge.

Mit dem Übergang in den VIII. Zyklus 1983 war die Schuldenkrise von Dritte Welt- und Schwellenländern nicht beendet. Sie nahm bis zum Ende dieses Zyklus weiter zu, wenn auch in verlangsamtem Tempo. Der aufzubringende Schuldendienst wuchs absolut, wenngleich die Zinslast in der zweiten Hälfte der 1980er Jahre etwas abnahm. Gemessen an den Exporterlösen der Schuldnerländer aus Handel und Dienstleistungen waren jedoch noch durchweg mehr als 20% für Zinsen und Tilgung der Kredite wegzuzahlen, nachdem es 1986 mehr als 30% gewesen waren.

Der offene Ausbruch der Schuldenkrise im Jahr 1982 bildete zugleich den Auftakt der Bemühungen zur Entschärfung der Situation, die bereits zu dieser Zeit als eine Gefahr für die internationalen Finanzmärkte als Ganze angesehen wurde. Zu-

Kapitel 17: Strukturelle Überakkumulation und Globalisierung

nächst ging es nur um Zeitgewinn zur Wiederherstellung der Liquidität durch bilaterale Umschuldungsaktionen zwischen den Schuldnerländern und den Gläubigerbanken. In diese bilateralen Arrangements war dem Internationalen Währungsfonds als Vermittler eine Schlüsselrolle zugewachsen. Dabei ging es nur in zweiter Linie um direkte Zahlungsbilanzhilfen des IWF für die betroffenen Länder, denn eine Mittelbereitstellung des Fonds anstelle der Banken hätte seine vorhandenen finanziellen Möglichkeiten bei Weiten überschritten. Vielmehr stand in erster Linie seine Vermittlung beim Zustandekommen von Paketlösungen zwischen den beteiligten Akteuren im Vordergrund. Das Muster war dabei stets das Gleiche: den Schuldnerländern wurden Auflagen zur Gesundung ihrer öffentlichen Finanzen, Eindämmung ihrer nationalen Geldentwertung durch strikte Ausgabenkürzungen sowie zur Wiederherstellung eines Ausgleichs ihrer Zahlungsbilanzen bzw. Herstellung tragbarer Leistungsbilanzdefizite auferlegt. Ziel war stets, aus der Liquiditätskrise keine Solvenzkrise mit Einstellung der Zahlungsfähigkeit der Schuldnerländer werden zu lassen, was auf der anderen Seite mit erheblichen Abschreibungsbedarfen bei den Gläubigerbanken verbunden gewesen wäre. Die Hoffnung war dabei, dass mit einer sich erholenden Weltkonjunktur die Exporterlöse der Schuldnerländer ansteigen würden bei gleichzeitiger strikter Restriktion ihrer Importe. Tatsächlich war dieses »klassische« Konzept bei einigen Ländern, vom rein ökonomischen Standpunkt her gesehen, erfolgreich, insbesondere dann, wenn diese Länder wie Mexiko über genügend inländische Ressourcen – Ölvorkommen – verfügten, um tatsächlich steigende Exporterlöse erzielen zu können. Dass der auferlegte binnenwirtschaftliche Austeritätskurs die vorhandenen sozialen Probleme immens steigerte und die Lasten der »Anpassung« regelmäßig der großen und in der Regel armen Masse der Bevölkerung auferlegte, galt dabei als alternativlos. Die Propagierung von Strukturanpassungsmaßnahmen – Nachfragedrosselung und Kürzung der Staatsausgaben, Wechselkurskorrektur (Abwertung), Rationalisierung und Kostenökonomie, Liberalisierung der Handelspolitik, Exportanreize, Deregulierung von Märkten und Preisen, Privatisierung öffentlicher Unternehmen und Einrichtungen, Entbürokratisierung und Abbau von Subventionen – ist als »Washington Konsensus« bekannt und wurde in der Folgezeit zur offiziellen Politik von IWF und Weltbank. Diese klassisch neoliberale Politik trat in den Dritte-Welt-Ländern, die auf externe Finanzmittel angewiesen waren, an die Stelle der vorher betriebenen staatlich flankierten Importsubstituierung zum Aufbau binnenwirtschaftlich reproduktionsfähiger Wirtschaftsstrukturen. Obwohl deren Ergebnisse in vielen Fällen bei Licht besehen gar nicht so schlecht ausgefallen waren, wurden Defizite der internen Wirtschaftspolitik zur Legitimierung des marktradikalen Wandels des »Washington Konsensus« genutzt und als generelle Ursachen für Unterentwicklung denunziert.

Bei den Ländern, in denen auch auf mehrere Jahre angelegte bilaterale Umschuldungsaktionen keine Entspannung bei der Zahlungsfähigkeit versprachen, wurde auf Initiative der amerikanischen Regierung auf der Jahrestagung von IWF und Weltbank im September 1985 ein Drei-Punkte-Plan vorgeschlagen, um im Rahmen eines multilateralen Agreements die Länder mit den größten Schuldendienstproblemen – im wesentlichen handelte es dabei um lateinamerikanische Schwellen- und Entwicklungsländer (Argentinien, Bolivien, Brasilien, Chile, Ecuador, Kolumbien, Uruguay, Venezuela und Mexiko) sowie einige afrikanische Staaten (Elfenbeinküste, Nigeria, Marokko) und Jugoslawien – einem Sanierungsprozess zu unterziehen, der den neoliberalen Politkvorstellungen entsprach: ein vom Export getragenes Wirtschaftswachstum sollte durch Deregulierungen und Privatisierungen entfacht werden, damit die verschuldeten Staaten aus ihren Schwierigkeiten »herauswachsen« könnten. Diese nach dem seinerzeitigen amerikanischen Außenminister benannte »Baker-Initiative« sah vor, die außen- und binnenwirtschaftlichen »Anpassungsbemühungen« der Schuldnerländer neben Mittelausreichungen der Weltbank durch erhöhtes privatwirtschaftliches Engagement verstärkt fortzusetzen. Allein, die Ergebnisse dieser Initiative zeitigten nicht den von ihren Initiatoren erhofften Erfolg. Bei einigen der hochverschuldeten Länder hatten sich die Verhältnisse nach Ablauf von drei Jahren sogar verschlechtert. Damit war die Schuldenkrise aus einer anfänglichen Liquiditätskrise doch zu einem Solvenzproblem geworden, welchem nicht mit einem Schuldenmanagement und begrenzter Einräumung neuer Kredite beizukommen war. Aus diesem Grund war auch die Mittelbereitstellung durch private Banken erheblich hinter den Vorgaben der »Baker-Initiative« zurückgeblieben.

Vor diesem Hintergrund wurde es unausweichlich, den Fokus der Schuldenstrategie auf auszuhandelnde Schuldenverzichte und Schuldendiensthrerabsetzungen zu richten. Diese neue Schuldeninitiative knüpfte damit an die schon zuvor in Gang gekommenen marktmäßigen Transaktionen mit schuldenreduzierender Wirkung an, insbesondere den Tausch von Schulden in Anteilspapiere (»debt-to-equity-swaps«) oder den Tausch in Anleihen (»debt-to-bond-swaps«). Gemäß dieser neuen nach dem nunmehrigen amerikanischen Finanzminister Brady benannten Initiative sollten IWF und Weltbank über einen 3-Jahres-Zeitraum 20 bis 25 Mrd. US-Dollar für Schulden- bzw. Schuldendienstreduzierungen zur Verfügung stellen; Japan erklärte sich bereit, bis zu 10 Mrd. Dollar als Co-Finanzierung beizusteuern. In den ersten beiden Anwendungsfällen kauften die Philippinen im Rahmen der »Brady-Initiative« Bankschulden i.H.v. 1,5 Mrd. US-$ mit einem Abschlag von 50% zurück und Mexiko erwarb Zero-Bonds des amerikanischen Schatzamtes zur Einlösung der im Tausch gegen Buchforderungen der Banken ausgegebenen Schuldverschreibungen bei Fälligkeit; hier betrug der Abschlag 35% oder ein unter dem Marktzinssatz liegender Festzinssatz. Auch im Fall der »Brady-Initiative« blieben die Ergebnisse jedoch deutlich hinter den angestrebten Zielen zurück. Wie schon bei der »Baker-Initiative« waren die Privatbanken nicht bereit, den betroffenen Ländern frisches Kapital zur Verfügung zu stellen. Da sie in den Jahren durch Forderungsabschreibungen bilanziell Vorsorge getroffen hatten, waren sie vielfach bereit, letztlich auch Zahlungsrückstände ihrer Schuldner in Kauf zu nehmen, anstatt Zinszahlungen durch neue Kredite zu finanzieren.

Im Ergebnis der »Brady-Initiative« und dem Einsatz marktbezogener Instrumente konnten die Bankschulden von 5 Ländern – Mexiko, Costa Rica, Philippinen, Venezuela und Uruguay – um insgesamt 12 Mrd. US-$ gesenkt und der Cash Flow des Schuldendienstes entlastet werden. Bei anderen Ländern gestalteten sich die Forderungsteilverzichte schwieriger; dies galt insbesondere für so wichtige Länder wie Brasilien und Argentinien. Zugleich hatte sich die Gläubigerstruktur durch die »Brady-Initiative« weiter zugunsten öffentlicher Gläubiger verschoben. Die Banken hatten ihre Engagements von drei Vierteln der Außenstände 1988 auf zwei Drittel 1990 verringert. Einige Schuldnerländer hatten mittlerweile höhere Verbindlichkeiten gegenüber öffentlichen als gegenüber privaten Gläubigern.

Die Einbeziehung des IWF in die direkte Mittelbereitstellung für die verschuldeten Entwicklungs- und Schwellenländer blieb gegenüber den mit marktwirtschaftlichen Instrumenten und politischen Initiativen mobilisierten Mitteln marginal. Im Wesentlichen kamen in diesem Zusammenhang nur die Sonderfazilitäten – erweiterte und kompensatorische Fondsfazilität sowie Strukturanpassungsfazilität – in Betracht, die gegenüber den ansonsten allen IWF-Mitgliedsländern offenstehenden Kredittranchen in den meisten Jahren nur eine untergeordnete Rolle spielten. Es zeigte sich, dass die eigentliche Bedeutung des IWF weniger in der unmittelbaren Mittelbereitstellung für Länder mit Zahlungsbilanzschwierigkeiten, sondern wegen der Begrenztheit seiner Fondsmittel nur in einer komplementären Finanzierungsfunktion für externe öffentliche und private Mittel sowie der Durchsetzung und Überwachung der Auflagen für die Kreditnehmerländer bestehen konnte.

Die Fortsetzung der Überakkumulationskrisen nach dem Jahrtausendwechsel: Übergriff auf die Zentren des Weltmarkts

Hatten die Verschuldungskrisen von Entwicklungs- und Schwellenländern sich an der Peripherie des Weltmarkts abgespielt und die kapitalistischen Metropolen nur in ihrer Funktion als Kreditgeber betroffen, so änderte sich diese Konstellation mit der Dot-com-Blase im Abschwung des IX. Nachkriegszyklus 2001–03. In diesem Zyklus schien sich zunächst auch wirtschaftlich ein Aufbruch der Welt nach Überwindung des Kalten Krieges zu bestätigen. In den USA lagen die Zuwachsraten der gesamtwirtschaftlichen Produktion durchgängig etwas höher als im vorangegangenen Jahrzehnt; ein erneutes Beschäftigungswunder wurde ausgerufen, erwies sich jedoch wiederum wie im vorangegangenen Zyklus bei genauerer Betrachtung vor allem als Zunahme der Jobs im Niedriglohnsektor, der mit der Verschärfung der Verteilungsverhältnisse allenthalben zu einer neuen Blüte emporwuchs. Der sog. New-Economy-Boom ausgangs der 1990er Jahre tat ein Übriges; auch er erwies sich im Nachhinein in vielen Elementen als bloße »Dot-com-Blase«, der hektische Gründungsaktivitäten von Unternehmen mit Internet basierten Geschäftsmodellen vorausgegangen waren. Sie hatten den Aktienkursen und Unternehmenswerten trotz oftmaliger aktueller Verluste zu extremen Werten verholfen. Wer von den Gründern seine New Company im ersten Überschwang verkaufen konnte, war seine gegenwärtigen Verluste los und konnte mit den Verkaufserlösen sein »Retirement« genussvoll zelebrieren. Vielfach erwiesen sich die Geschäftsmodelle der zu hohen Preisen erworbenen Unternehmen für ihre Käufer in der Folgezeit allerdings als nicht nachhaltig; etliche Unternehmen der New Economy verschwanden in der Folgezeit wieder vom Markt. Somit waren die Verhältnisse des IX. Zyklus weit entfernt von einer Überwindung der chronischen Überakkumulationssituation in den kapitalistischen Metropolen. Im Gegenteil, auch Japan, das zunächst dem Übergang in die strukturelle Überakkumulation aufgrund seiner erst in den 1960er Jahren Platz greifenden erhöhten Akkumulationsdynamik getrotzt hatte, reihte sich nunmehr im Gefolge einer Aktien- und Immobilienblase, die 1990 ihren Höhepunkt erreichte, in den Geleitzug der an Überakkumulation von Kapital laborierenden Nationalkapitale ein. Mit dem Zusammenbruch dieser Spekulationsblase wurde das japanische Bankensystem in Mitleidenschaft gezogen. Der Staat und die japanische Zentralbank mussten intervenieren, um die Schieflagen japanischer Banken aufzufangen und kein Rottenfeuer an den Finanzmärkten entstehen zu lassen. Die in Reaktion auf diese Krise im IX. Zyklus einsetzende stagnative japanische Wirtschaftsentwicklung führte zu einer verfestigten Deflation an den Warenmärkten, die auch durch Niedrigstzinssätze der Bank of Japan und Konsumgutscheine des Staates nicht aufgelöst werden konnte.

Der in den USA am stärksten ausgeprägte New-Economy-Boom vor der und um die Jahrtausendwende war keineswegs nur auf den sog. Neuen Markt beschränkt, sondern bildete darüber hinaus die Kulisse für eine durch die Fiskal- und Geldpolitik treibhausmäßig geförderte Konstellation, die als »asset-based, wealth-driven accumulation« einen genuin finanzkapitalistischen Versuch einer Instrumentalisierung der selbst geschaffenen ökonomischen Agenten zur Kreation von Nachfrage und Wertschöpfung darstellte. Es war von Anbeginn absehbar, dass er scheitern musste, weil er nicht nachhaltig ausgestaltbar ist und keinen durchgreifenden Impuls für eine in einer fortwährenden Überakkumulationssituation verharrenden reproduktiven Kapitalakkumulation abgeben konnte. Die durch die Steuerpolitik der Bush (jn.)-Administration noch stärker verschärfte Einkommensungleichheit mit ihrem Resultat der Beschädigung der konsumtiven Massennachfrage sollte durch eine Ausweitung der Kreditaufnahme der Privathaushalte, flankiert durch eine durch die Niedrigzinspolitik der US-Zentralbank forcierte Aktienhausse, die im Wert steigende Kreditsichersicherheiten bereitstellte, konterkariert werden. Da diese vermögensmarktinduzierte Akkumulationsstimulierung keineswegs auf die USA beschränkt war, sondern in mehreren entwickelten kapitalistischen Industriestaaten ähnliche kreditfinanzierte Blasen erzeugt hatte, war nunmehr die akute krisenhafte Zuspitzung der strukturellen Überakkumulation von Kapital in den kapitalistischen Zentren des Weltmarktes selbst angekommen.

Zugleich wucherten die Krisenprozesse auch jenseits der kapitalistischen Metropolen an der Peripherie des Weltmarkts fort. In den 1990er Jahre spitzten sich die Verhältnisse in Fernost mit der Asienkrise 1997/98 zu. Vor dem Hintergrund der anhaltenden Deflationssituation in Japan rückten weitere asiatische Staaten – neben Südkorea und Singapur Thailand, Indonesien, Malaysia und die Philippinen – in den Fokus des Krisengeschehens und vollzogen einen überakkumulationstypischen Kreditboom, der zu Kurs- und Preisblasen an den Aktienmärkten sowie bei Immobilien führte und sich durch laxe Kreditgewährung von heimischen und internationalen Banken eine Zeitlang selbst genährt hatte. Kurzfristige Finanzierungen für langfristige Verwendungen des Geldkapitals, fehlende Absicherung der in Fremdwährung aufgenommenen Gelder und ein überhöhter Ausweis der Währungsreserven dieser asiatischen Länder bildeten alle Tatbestände und Erscheinungsformen zukünftiger Finanzmarktkrisen ab. Neu war, dass nunmehr die Schwellenländer des ostasiatischen Wirtschaftsraums – ausgenommen war neben der VR China nur Taiwan – synchron in die Krise stürzten und damit die fortschwelende Krise der regionalen ökonomischen Hegemonialmacht Japan verschärften. Insofern stellte die als Asienkrise bezeichnete Finanzmarktkrise im IX. Nachkriegszyklus eine dieses Mal auch eine führende Industriemacht einbeziehende Zuspitzung der internationalen Überakkumulations- und Verschuldungskrise dar.

1998 folgte die Russlandkrise, 1998/99 die Brasilienkrise, 2000/01 die Türkeikrise, 2001/02 erneut die Argentinienkrise und 2002 wiederum eine Brasilienkrise. Natürlich waren immer auch jeweilige binnenwirtschaftliche Ursachen wirksam – allein das verbindende Band aller dieser Länderkrisen war eine weltumspannende verselbstständigte Geldkapitalakkumulation und Spekulation auf den internationalen Finanzmärkten, die nicht nur den »Stoff« für die internen Fehlentwicklungen und Kreditblasen lieferten, sondern auch die externen Antriebe.

Insgesamt zeigt es sich also, dass diese zunächst an der Peripherie entstehenden Krisen sich stetig bis in die Zentren des kapitalistischen Weltmarkts voranfraßen und sich schließlich mit der Zweiten Großen Krise der kapitalistischen Produktionsweise 2007–09 vereinigten und in ihr gewissermaßen »aufgehoben« wurden. Sie bildeten ein Kontinuum zunehmender Verschuldung, welches schließlich nur noch durch eine beständige Geldschöpfung der Zentralbanken finanziell bewegt werden konnte. Die unterliegende Konstellation dieses Kontinuums ist eine beschleunigte Akkumulation von Geldkapital, welche die Kehrseite einer in eine strukturelle Überakkumulation gefallene reproduktive Kapitalakkumulation und Wertschöpfung darstellt, deren Zusammenbruch durch fortwährende Verschuldung verhindert wurde.

Die Große Krise: Finanzmarkt- und Weltwirtschaftskrise 2007-09 sowie anschließende Euro-Krise

Der erste Versuch einer Nachfragestimulierung an den Warenmärkten durch geldpolitisch unterstützte Vermögenspreissteigerungen war mit dem Platzen der Dotcom-Blase kurz nach dem Jahrtausendwechsel gescheitert; der zweite Versuch griff im nachfolgenden X. Nachkriegszyklus auf den Immobilienmarkt über und führte zu einer gigantischen kreditinduzierten Immobilienblase, die bis zum allfälligen Krach tatsächlich eine kurzfristige Stimulierung der reproduktiven Wirtschaftstätigkeit vor allem in der Bauwirtschaft hervorgebracht hatte. Diese Scheinblüte war beendet mit dem Ausbruch der US-amerikanischen Krise am Subprime-Markt 2007, welche zum Auslöser für eine internationale Finanzmarktkrise wurde und auf die reproduktive Sphäre übergriff. Sie war als zweite Große Krise der kapitalistischen Produktionsweise bis dato der Höhepunkt der kapitalistischen strukturellen Überakkumulation.

Im Unterschied zu der Krise in der Zwischenkriegszeit ab Ende der 20er Jahre des 20. Jahrhunderts, deren Ausbruch auch durch die Nachwehen des Ersten Weltkriegs und die Kapitalakkumulation der 1920er Jahre vorbereitet und spezifisch ausgestaltet worden war, hatte die Finanzmarkt- und nachfolgende Weltwirtschaftskrise 2007–09 einen Vorlauf von über 30 Jahren gehabt. Sie bezog wie damals sowohl die Metropolen als auch die Peripherie des Weltmarktes ein und war also ebenfalls im umfassenden Sinn eine internationale Krise der Kapitalakkumulation. Die deutlich längere Vorlaufzeit dieser zweiten Großen Krise der kapitalistischen Weltwirtschaft geht namentlich auf das Konto der seither stattgefundenen Fortentwicklung der Verhältnisse in den Sphären des Finanzsektors, der Geld- und Währungsverhältnisse sowie der Ausbildung der Staaten zu Sozialstaaten, also auf evolutionäre Fortentwicklungen der kapitalistischen Produktionsweise, zurück. Dadurch hatten sich die gesellschaftlichen Distributionsverhältnisse erheblich ausdifferenziert und die Möglichkeiten der Wirtschaftspolitik, mit den Krisenprozessen umzugehen, waren deutlich gesteigert worden. Wie die Große Krise des 20. Jahrhunderts aber durch den zyklischen Periodenwechsel 1932/33 in den III. Zwischenkriegszyklus keineswegs beendet war, galt dies ebenfalls für den neuen Krisenprozess des 21. Jahrhunderts. Dem tiefen Einbruch der reproduktiven Kapitalakkumulation und den Verwerfungen auf den Finanzmärkten folgte in vielen Fällen eine wirtschaftliche Entwicklung mit stagnativem Grundton.

Die Innovationen des Finanzmarktkapitalismus hatten allerdings eine typisch kapitalistische Kehrseite, die auf dem Höhepunkt der Finanzkrise als Gefahr für das gesamte international Geld- und Finanzsystem zutage trat. Großbanken in den westlichen Metropolen waren seit den 1980er Jahren zunehmend dazu übergegangen, sich weniger auf traditionelle Art über Depositeneinlagen ihrer Kunden, sondern über kurzfristige Geldmarktpapiere zu (re-)finanzieren, die sie in großen Volumina untereinander und an Geldmarktfonds im Rahmen von Repo-Geschäften verkauften.[22] Durch diese Großkundengeschäfte waren sie in der Lage, ihr Kreditvergabepotenzial »aufzuhebeln«, weil die Banken diese Asset-backed-Securities an Zweckgesellschaften (sog. Structured Investment Vehicles, SIV) und damit aus ihren Bilanzen ausgelagert hatten und diese SVIs ihre Muttergesellschaft mit den erhaltenen Geldern aus den Repo-Geschäften bezahlte. Die Hebelung (Leverage-Faktor) für die Kreditvergabe der Banken ergab sich daraus, dass die Eigenkapitalhinterlegung für diese ausgelagerten Repo-Geschäfte nur einen Bruchteil des Betrages betrug, der erforderlich gewesen wäre, wenn sie in der Bankbilanz auftauchen würden. Mit die-

---

[22] Repo-Geschäfte (Repurchase Agreements) sind Wertpapierpensionsgeschäfte mit einer Laufzeit von 1 Tag oder Übernacht bis zu 1 Jahr. Ihr »Stoff« bestand in den USA aus »Asset-backed-Securities (ABS)«, insbesondere vermögensbesicherten Commercial Papers (ABCP). Der Pensionsgeber (Verkäufer) veräußert das Papier mit einer Rückkaufvereinbarung nach bestimmter Zeit (Laufzeit des Pensionsgeschäfts). Ihm werden Depositen durch den Pensionsnehmer (Käufer) abzüglich eines Sicherheitsabschlages in Abhängigkeit von der Qualität der Papiere bzw. der unterliegenden Sicherheiten ausgezahlt. Nach Ablauf der Laufzeit zahlt er gegen die Wertpapiere den Kredit (Kaufpreis des Pensionsnehmers) zurück.

Kapitel 17: Strukturelle Überakkumulation und Globalisierung

sen Operationen wurde die Bilanzsumme der Banken aufgepumpt, ihr Kreditvergabepotential und damit auch ihr Profit. Neben diesen Verbriefungen, Auslagerungen und Hebelungen der Kreditvergaben im Verhältnis zum Eigenkapital der Banken wurde mit Fristenkongruenzen »gespielt«, indem mit der Spanne zwischen langfristigen Erträgen und kurzfristigen Finanzierungskosten Handel getrieben wurde.

Dieses »Financial Engineering« war keineswegs auf den US-Finanzmarkt beschränkt, sondern hatte ebenso die Märkte in Europa, Japan sowie der Schwellenländer erfasst. Hauptwährung war jedoch der US-Dollar, den andere Länder durch Devisenswap-Geschäfte im Austausch gegen ihre Landeswährung mit der Verpflichtung bezogen, die Devisen nach Ablauf der Ausleihfrist wieder in Dollar zurückzutauschen. In den Moment nun, als nach Ausbruch der Finanzmarktkrise das Vertrauen der Banken untereinander die Geldmärkte abrupt auszutrocknen begann, benötigten die Banken außerhalb der USA nicht nur zusätzliche Liquidität in ihrer jedesmaligen Landeswährung, sondern auch und vor allem in der US-Währung. Zum Liquiditätsrisiko kam so noch das Wechselkursrisiko hinzu, dass sich nach der internationalen Verallgemeinerung der Finanzmarktkrise zu einer absoluten Dollarknappheit steigerte und die Funktion der nationalen Zentralbanken als Lender of last Resort für ihr jeweiliges Währungsgebiet überstieg bzw. außer Kurs setzte.

Vom Umfang der während der Hochzeit der Krise benötigten Liquidität waren die Ziehungstranchen des Internationalen Währungsfonds bei weitem überfordert. Helfen konnte in dieser Situation nur die amerikanische Federal Reserve Bank (Fed), weil einzig sie in der Lage war, die benötigte Währung bereitzustellen. Die Fed hatte zunächst für die amerikanischen Finanzmärkte spezielle Liquiditätsfazilitäten geschaffen, um in Schieflage geratenen US-Banken und anderen Finanzinstitutionen Zugang zu billigem Geld in der Hoffnung zu verschaffen, die Bilanzen zu stabilisieren und den ruinösen Verkauf der mit Hypotheken besicherten Wertpapiere zu vermeiden. Aber sofort bedienten sich auch europäische Banken an dieser »Term Action Facility«, die 3,3 Bio. US-Dollar umfasste. Es zeigte sich aber rasch, dass die von der Fed für die amerikanischen Finanzmärkte bereitgestellten Linien nicht ausreichend waren; sie mussten ergänzt werden und sie wurden durch die Neuauflage eines alten Bretton-Woods-Instruments, den »Liquidity Swap Lines«, ergänzt und ausgeweitet. Diese Liquiditätsswap-Kreditlinien beinhalteten Verträge zwischen zwei Zentralbanken, d.h. der Fed und einer anderen Zentralbank, um für eine bestimmte Zeit Devisen auszutauschen, d.h. Dollars gegen eine andere Währung bereitzustellen. Die wesentlichen Profiteure dieser Swap Lines waren die Zentralbanken Japans, Europas (EZB, Bank of England sowie Schweizer Nationalbank) sowie der großen westlichen Schwellenländer. Diese Fazilität war zunächst begrenzt, seit Oktober 2008 wurde sie unbegrenzt eingesetzt; asiatische, europäische und lateinamerikanische Banken versorgten sich über dieses Instrument zwischen Dezember 2007 und August 2010 etwa 4,5 Bio. US-Dollar, allein die Europäische Zentralbank (EZB) nahm 2,5 Billionen. Damit wurden die wichtigsten »befreundeten« Zentralbanken der Welt faktisch zu Auslandsfilialen der amerikanischen Zentralbank und konnten die Begrenzungen ihrer Funktion als nationale

Lender of last Resort durch das Fed als globalen Lender of last Resort überwinden und so die in der Hochzeit der Finanzmarktkrise mögliche Kernschmelze des internationalen Finanzsystems verhindern.

Die Verhinderung einer Kernschmelze des internationalen Finanzsystems oder, nur anderer Ausdruck für denselben Sachverhalt, der Umschlag des internationalen Kredit- in das Monetarsystem, zeigt die Janusköpfigkeit des kapitalistischen Kredit- und Finanzüberbaus. Zum einen wurde durch die amerikanische Zentralbank mit ihrer Funktion des globalen Lender of last Resort ein hierarchisches System von Währungen und Zentralbanken bestätigt und gefestigt, dessen Unterbau in Bezug auf Wertschöpfung und reproduktive Kapitalakkumulation in den vorangegangenen Jahrzehnten zunehmend fragiler geworden war. Die Führungsrolle des US-Dollars als internationale Anlage- und Transaktionswährung der Weltwirtschaft war vor dem Hintergrund, dass alle Akteure in den Abgrund einer Diskreditierung von Repräsentativgeldwährungen mit unabsehbaren Konsequenzen nicht nur für den internationalen Handel, sondern auch die Binnenstrukturen aller entwickelten Volkswirtschaften geschaut hatten, bestätigt worden; dies zeigte sich auch in der Folgezeit, weil der Anteil der in Dollar fakturierten grenzüberschreitenden Geschäfte sowie der Anlage von Währungsreserven nochmals deutlich gestiegen war. Zum Anderen gründete sich diese Stärkung der Rolle des US-Devise aber immer mehr nicht auf die Stärke, sondern umgekehrt auf die Schwäche der US-Wirtschaft, die einfach »too big to fail« ist. Hätte die Fed nicht die anderen Zentralbanken in der Hochzeit der Finanzmarktkrise gestützt, wären Letztere gezwungen gewesen, alle ihre in Dollar denominierten Assets auf den Markt zu werfen, womit eine große Anzahl von Banken doch nicht die Liquiditätskrise überstanden hätte und viele nationale Bank- und Kreditsysteme in den Abgrund gerissen worden wären. Dies ist das auf die Spitze getriebene »lose Ende des Denominationsprozesses eines inkonvertiblen Repräsentativgeldes«, das in umfassenden Krisen in der Gefahr steht, auf das Gold als Geldware gewaltsam zurückgeworfen zu werden.[23]

Mit dem offenen Ausbruch der Finanzmarktkrise schlug die ursprüngliche Befeuerung der reproduktiven Kapitalakkumulation durch beständige Steigerungen der Preise (Kurse) des fiktiven Kapitals in ihr Gegenteil um. Der als Finanzmarktkrise begonnene Einbruch der reproduktiven Wirtschaftstätigkeit war sowohl durch die Transmission der Turbulenzen der Finanzmärkte als auch durch reproduktivendogene Faktoren einer konjunkturellen Überproduktion und zyklisch verstärkten Überakkumulation von (fixem) Kapital verursacht. Er nahm in den USA seinen Ausgang und verallgemeinerte sich über den internationalen Handel sowie die Geldkapitalbewegungen für die Kapitalakkumulation in den anderen Metropolen. Die Weltwirtschaftskrise begann im zweiten Halbjahr 2008 und führte zum bis dato tiefsten Abschwung der Ökonomie in der Nachkriegszeit im darauf folgenden Jahr 2009. Krise und Abschwung des X. Nachkriegszyklus waren also durch

---

[23] Vgl. dazu ausführlich Krüger 2012a.

Kapitel 17: Strukturelle Überakkumulation und Globalisierung

ein Zusammenspiel von Geldkrise und Konjunkturkrise, die sich beide wechselseitig verstärkten, geprägt.

Neben der in unterschiedlichem Ausmaß praktizierten Lockerung der Zentralbankpolitik gegenüber der Austrocknung der Geldmärkte und zur Linderung der sprunghaft gestiegenen Liquiditätsvorliebe reagierten die Regierungen der industriellen Metropolen und Schwellenländer, die sich nach Ausbruch der Krise in mehreren G20-Treffen international austauschten und ansatzweise abstimmten, mit staatlichen Nachfrageprogrammen. Konsens der Regierungen der G20-Länder war zu dieser Zeit, die Fehler einer krisenverschärfenden restriktiven Fiskalpolitik wie in der ersten Großen Krise in der Zwischenkriegszeit des 20. Jahrhunderts nicht zu wiederholen. Allerdings war das Volumen dieser staatlichen und staatlich induzierten Nachfragepolitik in den einzelnen Ländern sehr unterschiedlich dimensioniert. Insgesamt wurden rd. 3 Bio. US-Dollar oder 4,7% des Welteinkommens für öffentliche Konjunkturprogramme ausgegeben; hiervon entfielen auf die USA 35%, auf die VR China 20%, auf Japan und Europa je 15% und die restlichen Länder zusammen ebenfalls 15%. Dies bedeutete, bezogen auf die jeweilige Wirtschaftsleistung, für die USA etwa 7% des BIP, für die VR China etwa 14% und die EU insgesamt nur etwa 1,6%. Es ist dieser gemeinsamen Krisenintervention von Zentralbanken und Regierungen zu verdanken, dass für viele Länder bereits 2010 wieder ein Erholungsprozess der Kapitalakkumulation einsetzte und eine langandauernde Depressionsperiode wie in den 1930er Jahren nicht international Platz griff.

Dabei war mit dem Übergang vieler nationaler Ökonomien in den XI. Nachkriegszyklus 2010 der Krisenprozess allerdings keineswegs überwunden. Wie 1932/33, als nach dem akuten Höhepunkt der Weltwirtschaftskrise des 20. Jahrhunderts der Periodenwechsel in den III. Zwischenkriegszyklus vollzogen wurde, blieb auch nach 2010 die Kapitalakkumulation im Modus der strukturellen Überakkumulation. Krise und Abschwung des X. Nachkriegszyklus hatten durch die staatlichen Rettungsmaßnahmen für angeschlagene Finanzinstitute und die öffentlichen Ausgabenprogramme die Verschuldung namentlich der öffentlichen Haushalte nochmals massiv gesteigert. Aber auch die vermögensgetriebene Kapitalakkumulation der beiden vorigen zyklischen Erholungsperioden war eine kredit- und daher verschuldungsgetriebene Veranstaltung gewesen. In den Ländern mit Immobilienblasen war die Verschuldung der Privathaushalte auf bis dato ungekannte Höhen getrieben worden; auch in den meisten anderen Staaten hatten sinkende Masseneinkommen den privaten Konsumkredit stimuliert. Bei den Unternehmen hatte bereits in den Jahrzehnten zuvor die überakkumulationstypische Ausdifferenzierung der Eigen- bzw. Fremdkapitalposition verschiedener Kapitalgruppen zu teilweise prekären Finanzierungsverhältnissen geführt. Es standen sich Unternehmen mit reichlicher Liquidität, die nicht in reproduktive Investitionen sondern gewaltige Aktienrückkaufprogramme umgesetzt wurden und sog. Zombie-Unternehmen, die überschuldet waren und durch Betriebsmittelkredite von Banken, die sich die Abschreibung ausstehender Forderungen bilanziell nicht leisten konnten, am Leben erhalten wurden, gegenüber. Beides förderte die Durchführung von Zentralisationsprozessen durch Konkurrenten oder Finanzinvestoren (Private Equity- und Hedge-Fonds), die durch Merger & Akquisition-Prozesse die Struktur des gesellschaftlichen Gesamtkapitals teilweise erheblich umbauten. Die niedrigen Basiszinsen der Zentralbanken und das Wirken der finanzierenden Investmentbanken hatten diesen Umbau der Unternehmenslandschaft in geradezu klassisch-finanzkapitalistischer Manier ermöglicht und mit erheblichen eigenen Profiten vermittelt und flankiert. Das Resultat der Krise 2007-09 war somit die Potenzierung der vorher bereits bestehenden hohen Verschuldung der volkswirtschaftlichen Sektoren zu neuen Höchstständen. Das Wachstum des fiktiven Kapitalüberbaus war im Zeitalter der Verbriefung der unterliegenden Kredite die besonders augenfällige Ausdrucksform dieses finanzmarktgetriebenen »Schuldenkapitalismus«; hinzu kam eine sehr disproportionale Entwicklung der Gläubiger-Schuldner-Positionen zwischen Nationalkapitalen und Staaten, die sich in divergierenden Zahlungsbilanzpositionen ausdrückten.

Während nach der akuten Krise für die USA und wichtige Schwellenländer, in erster Linie China und Indien, im 2010 beginnenden XI. Nachkriegszyklus wieder ein Aufholprozess gegenüber ihren absoluten bzw. relativen Verlusten von Wertschöpfung und Beschäftigung stattgreifen konnte, wurde die Euro-Zone von einer Folgekrise einiger Mitgliedsländer heimgesucht, die die gemeinsame Währung, und damit das gesamte Konstrukt der Europäischen Union, bedrohte. Da sie in manifester Form in einer ganzen Reihe von Euro-Staaten offen ausgebrochen war – neben Irland, Griechenland und Portugal waren mit Spanien, Zypern und Slowenien weitere Länder unmittelbar erfasst worden –, konnten ihre Ursachen nicht nur subjektivem Versagen der wirtschaftlichen Akteure zugeschrieben werden, sondern mussten in tieferen Strukturdefiziten des Euro-Wirtschaftsraumes lokalisiert werden. Sie waren zum einen in den Geburts- und Konstruktionsfehlern der Euro-Zone begründet, also in der Zusammensperrung unterschiedlich produktiver nationaler Reproduktionsprozesse unter einheitlichen Verhältnissen des Finanzmarkts ohne eine aktiv-offensive Strukturpolitik zur Schaffung eines europäischen Gesamtreproduktionsprozesses. Der Fortbestand der nationalen Verfasstheit der reproduktiven Kapitalakkumulation hatte darüber hinaus zu einer tendenziellen Vertiefung und Verschärfung der Ungleichheiten durch das naturwüchsige Wirken der kapitalistischen Marktprozesse, in Sonderheit durch die Gesetzmäßigkeiten der Außenwirtschaftstransaktionen der Euro-Staaten, geführt. Die interne »Verarbeitung« der Außenwirtschaftseffekte in den Binnenwirtschaften der Euro-Zonen-Länder war vor Ausbruch der Eurokrise in 2010 für einige Länder durch den Aufbau von Verschuldungspositionen von Unternehmen, Staat und Privathaushalten überdeckt worden. Hintergrund hierfür war die an den Euro-Durchschnittsverhältnissen ausgerichtete Geldpolitik der EZB einerseits sowie eine expansive Fiskalpolitik der Regierungen und/oder Lohnpolitik der Gewerkschaften andererseits. Damit war weder die naturwüchsige kapitalistische Lösung einer sog. »internen Abwertung« durch Bankrotte, öffentliche Ausgabenkürzungen und Lohnreduzierungen wirksam geworden, noch die mangelnde Wettbewerbsfähigkeit infolge unterdurchschnittlicher Produktivität, Intensität und Qualität der betreffenden Nationalarbeiten durch gezielte strukturpolitische Interventionen beseitigt worden. Im Gegenteil, anhaltende Leistungsbilanzdefizite waren durch den Aufschwung des X. Zyklus ab 2004 zunächst überdeckt worden. Hinzu kamen wachsende interne Disproportionen des Wert- und Stoffersatzes in einigen dieser Länder durch Immobilienblasen, die von der Politik nicht nur nicht bekämpft, sondern teilweise aktiv angeheizt worden waren wie in Irland und Spanien. Schließlich waren weitere binnenwirtschaftliche Problemlagen wie große Verluste erzeugende nationale Großprojekte – die Ausrichtung der Olympischen Spiele in Athen 2004 und überdimensionierte Infrastrukturinvestitionen in einigen Ländern – sowie eine strukturell defizitäre politische Regulierung und Verwaltung – hier ist ebenfalls Griechenland das schlagendste Beispiel – erzeugt bzw. nicht abgestellt worden. Beides, das Zusammenwirken außenwirtschaftlich und intern produzierter wirtschaftlicher Disproportionen führte bereits vor dem Ausbruch der Finanzmarkt- und Weltwirtschaftskrise zu wachsender Verschuldung der Unternehmen sowie der staatlichen und privaten Haushalte der betreffenden Länder gegenüber ihrem inländischen sowie dem ausländischen Euro-Bankensystem.

Die dadurch gelegten Sprengminen gingen hoch, als das internationale System der Schuldenakkumulation durch den Umschwung der (Immobilien-) Märkte seinen Gegenschlag erhielt. Auf die in der Finanzmarktkrise eintretenden Schieflagen der heimischen Banken musste mit staatlichen Krediten und Garantien reagiert werden, auf die zurückgehende reproduktive Wirtschaftstätigkeit und zunehmende Arbeitslosigkeit war mit vermehrten öffentlichen Transfers sowie staatlichen Ausgabenprogrammen seitens der Regierungen zu antworten. Die dadurch neu kontrahierten Schulden der öffentlichen Haushalte kamen zu den vorher bestehenden hinzu und erschwerten bzw. verunmöglichten die Refinanzierung fällig gewordener Staatsanleihen am Kapitalmarkt für die Staaten, die bereits zuvor an labilen reproduktiven Verhältnissen bzw. einer bloßen kurzzeitigen, vermögenspreisinduzierten Scheinblüte ihrer Konjunktur laboriert hatten. Griechenland erwischte es Anfang 2010 zuerst, es folgten mit Irland, Portugal und wieder Griechenland 2010/11 weitere »vom Kapitalmarkt genommene Staaten«, die nunmehr nicht mehr durch Finanzzusagen einzelner Euro-Staaten, sondern im Rahmen der zwischenzeitlich aufgelegten European Financial Stability Facility (EFSF) bzw. seiner Nachfolgeeinrichtung ESM (European Stability Mechanism) mit Krediten finanziert werden mussten.

Wie die Banken in anderen Ländern auch, war das Banksystem in der Euro-Zone mit der Umkehr der vermögensgetriebenen Kapitalakkumulation aufgrund des Platzens der Immobilienblasen in Mitleidenschaft gezogen worden, denn auch die EU-Banken hatten eifrig bei der Jagd nach hohen Renditen durch zunehmend risikoreichere und intransparentere Engagements mitgespielt. Auch in solchen Euro-Ländern, die keinen plötzlichen Umschwung einer vorgängigen Hausse der Immobilienpreise zu verzeichnen hatten, waren Bankinstitute durch den Erwerb der sich nunmehr als toxisch erweisenden fiktiven Kapitale in Schieflage geraten und mussten durch öffentliche Gelder, staatliche Garantien und Kredite bis hin zur Teil- oder Vollverstaatlichung vor der Insolvenz gerettet werden. Durch die finanziellen Lasten, die die staatlichen Rettungsaktionen von Banken, die weiteren ad hoc durchgeführten staatlichen Ausgaben zur Stabilisierung der konsumtiven Endnachfrage sowie die gleichzeitig krisenbedingt wegbrechenden staatlichen Einnahmen durch geringere Steueraufkommen erzeugten, wurden die öffentlichen Haushalte zu einem weiteren Krisenbrennpunkt. Er wirkte auf die Finanzmärkte zurück, denn die staatlichen Defizitsalden überschritten in allen Euro-Staaten die 3%-Marke des »Stabilitäts- und Wachstumspaktes«, zum Teil in erheblichem Umfang.

Neben den internen Salden des Europäischen Zentralbanksystems (Target2)[24] hatte die Europäische Zentralbank durch Veränderungen der Usancen in ihren Geschäftsbeziehungen zum Euro-Bankensektor die ursprünglich sehr strikten Refinanzierungsbedingungen der Banken deutlich gelockert. Dies betraf den Übergang vom Zins- zum Mengentender bei der Schöpfung von Kreditgeld für das Bankensystem seit September 2008, Anfang 2012 ohne quantitative Begrenzung für den Zeitraum von drei Jahren zu niedrigen Zinsen (1%) und mit abgesenkten Qualitätsstandards für die als Sicherheit zu hinterlegenden Titel. Diese als »Dicke Berta« bezeichnete Refinanzierung des Euro-Bankensystems lockerte die Bedingungen des Rückflussgesetzes für die Kreditgeldzirkulation – ursprünglich galt eine Dauer von einem Monat für die Hauptrefinanzierungsfazilität und von drei Monaten bei der Spitzenrefinanzierungsfazilität – und schaffte eine Zentralbankgeldmengenkomponente, die faktisch zur Wertzeichenzirkulation gehört: Quasi-Kreditgeld. Die »Dicke-Berta-Finanzierung« wurde seit September 2012 durch sog. Outright-Geschäfte der EZB ergänzt, d.h. die Ankündigung eines notfalls unbegrenzten Ankauf von Staatsanleihen von Euro-Staaten am Sekundärmarkt, um die Renditen bei Neu- und Refinanzierungen der Staatshaushalte finanziell bedrängter Staaten herabzudrücken (»Bazooka«). Bereits die seinerzeitige Ankündigung der EZB, alles zu tun, um den Euro zu retten (»whatever it takes«), sorgte für eine zwischenzeitliche Entspannung der Euro-Krise. Auch wenn es mit der »EZB-Bazooka« nicht unmittelbar um notenbankfinanzierte öffentliche Haushaltsdefizite ging, agierte die EZB in allen diesen Maßnahmen offensiv als Lender of last Resort mit einer in quantitativer Hinsicht bisher nicht gekannten Größenordnung. Das Resultat waren extrem niedrige Zentralbankzinsen für die Refinanzierungsgeschäfte der Banken, die seit April 2016 bei Null (Hauptrefinanzierungsfazilität) lagen. Der Zinssatz für die Einlagefazilität der Banken bei der EZB war bereits seit Juli 2012 bei

---

[24] Target2 (Trans-European Automated Real-time Gross Settlement Express Transfer System) ist die aktuelle Generation des Zahlungsverkehrssystems Target. Positive oder negative Target2-Salden entstehen aus der länderübergreifenden Überweisung von Zentralbankgeld und schlagen sich als Forderungen und Verbindlichkeiten der betreffenden nationalen Zentralbanken gegenüber der EZB, die als Clearingstelle fungiert, nieder. Die Target2-Salden bilden einen Teil der nationalen Nettokapitalbewegungen zwischen den Euro-Ländern ab. Im Gegensatz zu den Salden der nicht am Eurosystem teilnehmenden Länder, die täglich ausgeglichen werden müssen, können sich die positiven und negativen Target2-Salden der Euro-Zentralbanken längerfristig aufbauen. Sie stellen als Forderungen und Verbindlichkeiten gegenüber der EZB eine zentralbankvermittelte Finanzierung von Leistungsbilanzüberschüssen oder -defiziten dar.

Kapitel 17: Strukturelle Überakkumulation und Globalisierung

Abbildung 17.36: Bilanzsummen von Fed und EZB (in jeweiligen Währungen)

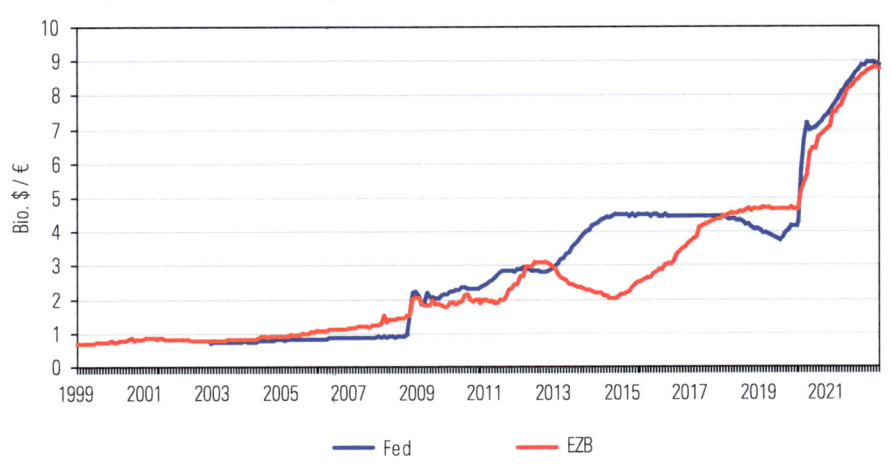

Quelle: https://tagesgeld.info/statistiken/bilanzsummen-der-zentralbanken/

Abbildung 17.37 Bilanzsummen der Bank of Japan und Bank of England (in jeweiligen Währungen)

Quelle: https://tagesgeld.info/statistiken/bilanzsummen-der-zentralbanken/

Null und wechselte seit Juni 2014 in den negativen Bereich, um das Angebot von Krediten für reproduktive Unternehmen zur Stimulierung der Akkumulation zu erhöhen. Auch die Marktzinssätze am Geldmarkt waren seit Ende 2014 (EONIA) bzw. Mai 2015 (3-Monats-EURIBOR) negativ geworden.

Mit diesem Übergang zu einer lockeren Geldpolitik, die durch großangelegte Ankaufsprogramme von Wertpapieren unterschiedlicher Emittenten durch die wichtigsten Zentralbanken der kapitalistischen Metropolen – Fed, EZB, Bank of England und Bank of Japan – noch weiter gelockert wurde (Quantitative Easing, QE), hatte die Geldpolitik eine Führungsrolle bei der Bekämpfung sowohl akuter Krisen als auch der unterliegenden fundamentalen Überakkumulation von Kapital übernommen. Mehrere dieser Wertpapier-Ankaufprogramme wurden seit November 2008, teilweise bis in die jüngste Vergangenheit, durchgeführt; auch hier war die Fed mit ihren QE I- bis QE III-Programmen von 2008-12 Vorreiter. Im Ergebnis fand eine Monetarisierung der Schulden statt, die sich in sprunghaften Ausdehnungen der Bilanzsummen der Zentralbanken ausdrückte.

Die erste dieser Monetarisierungen folgte der Finanzmarkt- und Weltwirtschaftskrise 2007–09, die zweite im Zuge des Abschwungs des XI. Zyklus 2019 und der anschließenden Covid-19-Krise; allerdings waren QE-Ankaufprogramme auch schon während der Aufstiegsphase des XI. Zyklus zur Niedrighaltung der Zinsen und gleichzeitiger Stimulierung der Kreditgewährung der Banken durchgeführt worden. Mittlerweile ist vor dem Hintergrund rasch angestiegener Inflationsraten der Ausstieg aus der QE-Politik vollzogen worden: Es werden keine neuen Netto-Käufe von Wertpapieren mehr getätigt, vielmehr per Saldo der Bestand vermindert. Die Fed war im Juni 2022 der Vorreiter, die anderen Zentralbanken folgten nach (vgl. 17.36 und 17.37).

Covid-19-Krise und die Folgen

Die Ende 2019 in der chinesischen Stadt Wuhan ausgebrochene Covid-19-Infektion, die sich im Laufe der ersten Monate 2020 über die gesamte Welt verbreitet und damit pandemischen Charakter gewonnen hatte, wird vielfach als exogener Gesundheitsschock mit gravierenden wirtschaftlichen Auswirkungen bewertet. Dies stimmt jedoch nach mehreren Seiten nicht. Zum einen belegt dieses zoonotische, vom Tier auf den Menschen übergesprungene Virus anschaulich die zunehmende Rückwirkung menschlicher Lebensformen auf die äußere wie innere Natur und damit auf zeitgenössische Tatbestände einer finanzkapitalistischen und, im Falle Chinas, entwicklungspolitisch getriebenen Globalisierung der Weltwirtschaft. Diese geht bekanntlich mit Waldrodung und Landverbrauch durch Urbanisierung, industriell betriebener Agrarwirtschaft und Massentierhaltung sowie ihren globalen Migrations- und Handelsrouten einher. Konsequenzen sind eine Reduktion der Biodiversität und die Vermehrung von vielfach medikamentenresistenten, aber auch gänzlich neuen Viren und Bakterien auf Lebendtiermärkten und für die Ei-, Milch- und Fleischproduktion.

Der Ausbruch der Covid-19-Pandemie verweist auf den Widerspruch zwischen Produktion in ihrer zeitgenössischen Ausprägung mit ihrem Raubbau an der äußeren Natur und der Störung des Stoffwechsels zwischen Mensch und Erde, insbesondere in Bezug auf die Agrikultur.[25] Zum Anderen sind die wirtschaftlichen

---

[25] Diesen Widerspruch zwischen kapitalistischer Produktionsweise und einer rationellen Agrikultur und Bodennutzung hatte Marx schon im 19. Jahrhundert hervorgehoben: »Mit

Kapitel 17: Strukturelle Überakkumulation und Globalisierung

Konsequenzen der Corona-Pandemie kein exogener Faktor für diese neuerliche Weltwirtschaftskrise seit dem Zweiten Weltkrieg im Jahr 2020, sondern nur ein Verstärker eines bereits im Vorjahr begonnenen Abschwungs einer sich weiterhin im Modus einer strukturellen Überakkumulation von Kapital bewegenden Konjunktur im XI. Zyklus gewesen. Im Unterschied zu der Krise im vorangegangenen Zyklus wurde sie dieses Mal nicht durch das internationale Finanzsystem ausgelöst, sondern der Abschwung der reproduktiven Kapitalakkumulation wurde durch die Lockdowns der wirtschaftlichen Aktivität infolge des Corona-Ausbruchs in vielen Ländern potenziert.

In der Betroffenheit der verschiedenen Länder durch Covid-19-Infektionen, der Reaktion der Regierungen sowohl im Hinblick auf das Herunterfahren des wirtschaftlichen und gesellschaftlichen Lebens als auch der zeitlichen und umfänglichen Öffnung nach den Lockdowns sowie im Hinblick auf die ergriffenen Stützungsmaßnahmen für die Wirtschaft durch Transfers zugunsten betroffener Branchen und Unternehmen und ihrer Beschäftigten sowie die Privathaushalte, zeigen sich große Unterschiede zwischen den Ländern, die zugleich viel über unterliegende Wertorientierungen und die Regierungskunst der verantwortlichen öffentlichen und staatlichen Akteure verraten.

Die VR China hatte mit ihrer »Null-Covid-Strategie«, die bei jedem Ausbruch mit mehr oder weniger flächendeckenden Lockdowns beantwortet wurden, den Schutz des Lebens jedes einzelnen Gesellschaftsmitglieds an die erste Stelle gestellt; erst nachdem die Pandemie endemischen Charakter angenommen hatte, wurde diese Politik aufgegeben. Unschwer ist daran eine das Kollektiv schützende Politik zu erkennen, die bewusst auch wirtschaftliche Nachteile in Kauf nimmt. Demgegenüber ist in den kapitalistischen Metropolen, wenn die Gefährlichkeit des Corona-

---

dem stets wachsenden Übergewicht der städtischen Bevölkerung, die sie in großen Zentren zusammenhäuft, häuft die kapitalistische Produktion einerseits die geschichtliche Bewegungskraft der Gesellschaft, stört sie andrerseits den Stoffwechsel zwischen Mensch und Erde, d.h. die Rückkehr der vom Menschen in der Form von Nahrungs- und Kleidungsmitteln vernutzten Bodenbestandteile zum Boden, also der ewige Naturbedingung dauernder Bodenfruchtbarkeit.« (MEW 25: 528) Marx zufolge schreitet der Raubbau an der Natur fort und werde »*einen unheilbaren Riß hervorbringen in den Zusammenhang des gesellschaftlichen und natürlichen, durch die Naturgesetze des Bodens vorgeschriebnen Stoffwechsels, infolge wovon die Bodenkraft verwüstet und durch den Handel diese Verwüstung weit über die Grenzen des eignen Landes hinaus getragen wird*« (MEGA II, 4.2: 573). Im Kontext seiner Beschäftigung mit Klima und Pflanzenwelt, Agrikulturchemie und Bodenerschöpfungstheorien schrieb Marx an Engels: »*Die erste Wirkung der Kultur nützlich, schließlich verödend durch Entholzung. Das Facit ist, daß die Kultur – wenn naturwüchsig voranschreitend u. nicht bewußt beherrscht – Wüsten hinter sich zurück läßt.*« (MEGA IV, 18: 866; Hervorh. i. Original) Aber die kapitalistische Produktion »*zwingt zugleich durch die Zerstörung der bloß naturwüchsig entstandenen Umstände jenes Stoffwechsels, ihn systematisch als regelndes Gesetz der gesellschaftlichen Produktion und einer der vollen menschlichen Entwicklung adäquaten Form herzustellen*« (MEW 23: 528). Zur Analyse der verschiedenen Formen der Bodennutzung und ihrer Konsequenzen vgl. Krüger 2020.

Virus nicht geleugnet wurde wie in den USA unter der Trump-Präsidentschaft, eine Balance zwischen Schutz des Lebens und Aufrechterhaltung eines jeweilig möglichen Maximums an wirtschaftlicher Aktivität praktiziert worden. Die Dominanz des Individuums und seiner Freiheit vor der Gemeinschaft war hier das Leitmotiv, dem die möglichste Reduzierung der Übersterblichkeit der Bevölkerung in den einzelnen pandemischen Wellen geopfert wurde. Dementsprechend waren die anteiligen Quoten der coronabedingten Übersterblichkeit, auch bei Berücksichtigung unterschiedlich effizienter Gesundheitssysteme in Ländern mit verschiedenen allgemeinen Entwicklungsniveaus, zwischen den verschieden motivierten Ansätzen des Umgangs mit der Corona-Pandemie sehr unterschiedlich.

Neben diesen Unterschieden in den ideologischen Orientierungen unterschied sich auch der wirtschaftspolitische Umgang mit der durch die Covid-19-Pandemie verursachten Schärfe der ökonomischen Krisen. China war das einzige große Land, welches für das Gesamtjahr 2020 ein positives Wachstum seines BIP mit 2,3% erreichen konnte; es wurde nur von dem kleinen Taiwan (+3,4%) übertroffen. Diese Konterkarierung der Krisenauswirkungen durch die Corona-Pandemie bedeutete für ein Schwellenland eine exzellente Performance; ein Vergleich der Zahlen Chinas mit denen Indiens in Bezug auf Covid-19-Infizierte und den ökonomischen Konsequenzen – die BIP-Veränderungsrate von Indien betrug 2020 -8% – unterstreicht diesen Befund eindrucksvoll. Demgegenüber verzeichneten die USA nicht nur weit über 1 Million durch Corona Gestorbene, sondern auch einen Wirtschaftseinbruch von -3,5 in 2020 gegenüber dem Vorjahr. Die Europäische Union (EU 27) und die Euro-Zone lagen mit BIP-Veränderungsraten von -6,1 bzw. -6,6% nur auf einem Mittelplatz im Ranking. Das Ausmaß der Stabilisierungsmaßnahmen der Staaten zugunsten der Aufrechterhaltung der Zahlungsfähigkeit von Unternehmen und Selbstständigen sowie der Konsumnachfrage der Privathaushalte war naturgemäß unterschiedlich und abhängig von den jeweiligen Ausgangsbedingungen vor Ausbruch der Corona-Krise und der Lockdowns. Die BRD z.B. konnte auf ein bereits in der vorhergehenden Krise 2007-09 erprobtes arbeitsmarktpolitisches Instrumentarium, insbesondere Regelungen zum Kurzarbeitergeld für freigestellte Beschäftigte, zurückgreifen. Dies war ein weiterer Faktor zur Erklärung der durchaus unterschiedlichen Produktionsrückgänge in verschiedenen Ländern.

Die Bruttoverschuldung der öffentlichen Haushalte (inkl. staatliche Sozialversicherungen) nahm sowohl absolut als auch in Relation zum jeweiligen BIP in 2020 zu, teilweise massiv. Alle G7-Staaten und die großen Schwellenländer verzeichneten Spitzenwerte ihrer Staatsverschuldung. Mit einer Quote von über 250% hat Japan seine Spitzenposition »ausgebaut«. Mit einer 200%-Quote folgt Griechenland, dessen Reproduktionsprozess vor Ausbruch der Finanzmarktkrise 2007/08 durch öffentliche Kredite künstlich ausgedehnt worden und das damit seinerzeitiger Vorreiter der nachfolgenden Euro-Krise geworden war. Italien, das sich im XI. Zyklus gar nicht von dem Einbruch der Weltwirtschaftskrise 2009 hatte erholen können, folgte mit einer Quote, die 2020 die Marke von 150% überschritt, auf dem nächsten Platz. Nach diesen drei Spitzenreitern mit der höchsten öffentlichen Verschuldung entwickelter Länder sortierte sich der überwiegende Rest der kapitalistischen Metropolen und Schwellenländer mit Verschuldungsquoten von +/- 100% ein; sie lagen damit zugleich im Weltdurchschnitt. Positive Ausreißer nach unten verzeichneten nur die VR China sowie die BRD mit Quoten von 65 bzw. 70% für 2020. Obwohl es keine allgemein gültige Größe einer Quote für die Schuldentragfähigkeit für öffentliche Haushalte gibt, so ist dennoch die Schlussfolgerung zwingend, dass eine fortgesetzte Steigerung der Verschuldung der Staaten nicht neutral für den außenwirtschaftlichen Status der Währung, also ihres Wechselkurses sowie der von dessen Veränderung ausgehenden Wirkungen für die jeweilige Binnenwirtschaft sein kann. Das bedeutet, dass der Spielraum wirksamer Krisenbekämpfung durch kreditfinanzierte Nachfrage der öffentlichen Haushalte mit jeder gravierenden Krise enger wird, wenn es nicht gelingt, die Verschuldungsquote der Staaten zwischenzeitlich wieder signifikant durch Wachstum der Wertschöpfung und/oder einer Inflationierung der Warenpreise zu senken.

Für die Entwicklung des allgemeinen Preisniveaus an den Warenmärkten ist die Geldpolitik der Zentralbank ein wichtiger Einflussfaktor, weil durch sie die jeweilige Menge des zirkulierenden Geldes wesentlich mitbestimmt wird. Der Übergang der wichtigsten Zentralbanken zu einer Politik des Quantitative Easing in und nach der Finanzmarkt- und Weltwirtschaftskrise 2007-09 hatte zu einer ersten, danach und im Abschwung 2020/21 zweiten Monetarisierung von Schulden geführt und eine wachsende Menge von Quasi-Kreditgeld in die Zirkulation gebracht. Dass sie zunächst als sog. Spekulationskasse oder flottierende Liquidität die Finanzmarkttransaktionen geschmiert und sich nicht unmittelbar auch auf die Preisniveaus an den Warenmärkten ausgewirkt hatte, war durch die nach wie vor in chronischer Überakkumulation verharrende reproduktive Wertschöpfung und Kapitalakkumulation, d.h. durch einen in vielen Ländern dominierenden stagnativen Grundton der Wirtschaftsentwicklung, verursacht worden. Im Zuge der Corona-Lockdowns wurden jedoch die internationalen Lieferketten durch Produktionsschließungen und Transportunterbrechungen an vielen Punkten gestört.

Es machte sich die durch die kapitalistische Globalisierung bedingte Vertiefung der internationalen Abhängigkeiten zwischen den nationalen Wirtschaftskreisläufen als verminderte Resilienz bei auftretenden Störungen und Krisen bemerkbar; als weiterer Faktor der Störung internationaler Handelsbeziehungen kamen die wirtschaftlichen Auswirkungen des Russland-Ukraine-Krieges seit Februar 2022 noch verschärfend hinzu. Äußerungsform dieser Störungen waren und sind zum Teil extreme Preissteigerungen für Grundstoffe, fossile Energieträger und mineralische Rohstoffe, die die Produktionskosten der der Unternehmen hochtreiben, die Ausgabenstrukturen der (privaten) Haushalte durcheinanderwirbeln und im Einzelfall sogar absolute Mangelerscheinungen hervorbringen. Insofern sind die Preissteigerungen an den Warenmärkten in der ersten Runde kostengetrieben (cost-push-inflation). Sie treffen allerdings auf bzw. werden finanziell alimentiert durch die große in der Vergangenheit geschaffene Geldmenge.

Werden nun in der zweiten Runde die gestiegenen Warenpreise durch höhere Tarifabschlüsse der Gewerkschaften und Anpassungen der öffentlichen fixen Revenuen (Transfers) flankiert, um Realeinkommensverluste der Masse der Bevölkerung wenn nicht auszugleichen, so doch abzumildern, erhält die inflationäre Steigerung der Warenpreise einen dieses Mal durch die Nachfrage induzierten weiteren Impuls (demand-pull-inflation). Das Zusammenspiel von Kostendruck und Nachfragesog, zumeist ungenau und vielfach denunziatorisch als Lohn-Preis-Spirale bezeichnet, führt unter Überakkumulationsbedingungen zu einer sog. Stagflation als Koinzidenz von Stagnation und Warenpreisinflation, weil die fundamentalen Verwertungsbedingungen des Kapitals, ausgedrückt in einem niedrigen Niveau der nationalen Durchschnittsprofitraten, keine Umsetzung des Nachfragesogs in beschleunigte Wertschöpfung und reproduktive Akkumulation rentierlich machen und für die Akteure in ihren Erwartungen erscheinen lassen. Reagieren nun die Zentralbanken auf die inflationäre Warenpreisentwicklung durch Ausstieg aus der vorgängigen ultralockeren Geldpolitik – Stopp der Ankaufprogramme und Verkauf der in der Vergangenheit angekauften Wertpapiere – sowie mit einer Erhöhung der Zentralbankzinsen, werden Zinssteigerungen auch am Markt indiziert; die pessimistischen Erwartungen der Unternehmer und Manager erhalten eine Bestätigung und Verschärfung. Die Auswirkungen von Zinserhöhungen in der konkreten Situation werden weniger die Nachfrage nach Investitionskrediten betreffen – reproduktive Erweiterungsinvestitionen werden bei dem schleppenden Geschäftsgang vornehmlich aus internen Mitteln von Unternehmen mit reichlicher Liquiditätsausstattung finanziert –, aber vielmehr Kreditnachfragen zur Finanzierung laufender Umschlagsprozesse der Unternehmen (Zahlungsmittelkredite) sowie die Schuldenaufnahme der öffentlichen Haushalte verteuern und private Konsumkredite (inkl. Hypothekendarlehen) restringieren. Dies kann in Ländern mit hohen Unternehmens- und Staatsverschuldungsquoten krisenauslösend wirken. Auch das Kursniveau an den Börsen wird getroffen, zumal die Niedrigstzinsen der vergangenen Jahre zu einer künstlichen Aufblähung der Kurse des fiktiven Kapitals beigetragen haben. D.h. auch die Finanzsektoren werden durch eine allgemeine Erhöhung der Zinssätze in Mitleidenschaft gezogen und zusätzliche negative Rückwirkungen auf reproduktive Wertschöpfung und Kapitalakkumulation ausüben.

Die Entwicklung der Warenpreise seit Beginn des XI. Zyklus 2010 zeigte in den USA und der BRD – beide Länder können Pars pro Toto für die kapitalistischen Metropolen genommen werden – bis zum Auftreten der Störungen in den internationalen Lieferketten und dem durch entstandene Knappheiten ausgelösten Kostendruck eine moderate Entwicklung innerhalb des Zielkorridors von rd. 2% Preissteigerung p.a. Erst im zweiten Halbjahr 2021 beschleunigte sich der Preisauftrieb an den Warenmärkten und führte am aktuellen Rand (Juni 2022) zu den höchsten Inflationsraten seit den 1970er Jahren (vgl. Abb. 17.38). Obwohl zunächst von den Zentralbanken und Regierungen als kurzfristiges Phänomen abgetan, ist mittlerweile die Einsicht gewachsen, dass der Kostendruck – seit Februar 2022 verstärkt durch den Krieg zwischen Russland und der Ukraine und den daraufhin beschlos-

Kapitel 17: Strukturelle Überakkumulation und Globalisierung 785

Abbildung 17.38: Preissteigerungsraten USA und BRD seit 2009; in % gg. Vj.

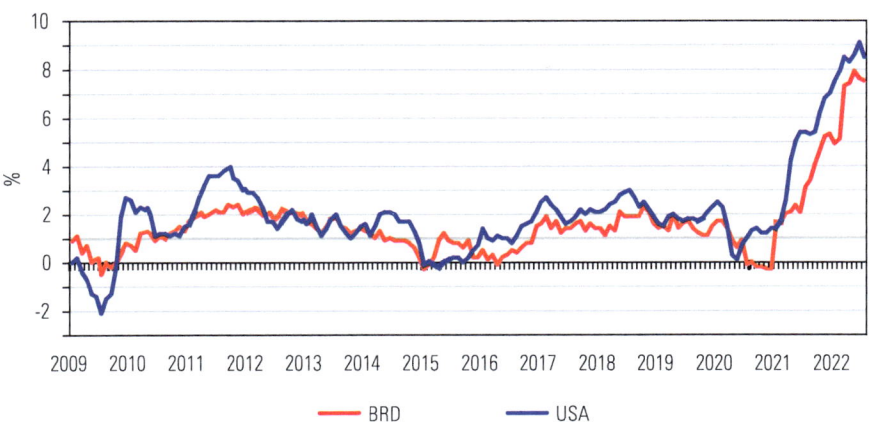

Quelle: www.inflation.eu

senen wirtschaftlichen Sanktionspaketen der USA und der EU, die einen regelrechten Wirtschaftskrieg gegen Russland ausgelöst haben – anhalten wird und die Inflationsentwicklung sich durch Tarifsteigerungen bei den Löhnen und Gehältern sowie staatliche Stützungsmaßnahmen für die Transfereinkommensbezieher verstetigen wird.

Im Ergebnis verbinden sich die gerade begonnene Erholung der Volkswirtschaften aus den Corona-Lockdowns mit neuerlichen Einbrüchen infolge gestörter internationaler Lieferketten und Handelsbeziehungen, inflationären Preisschüben und dem Ausstieg der Zentralbanken aus der ultralockeren Geldpolitik, die nur in Glücksfällen zu einer weichen Landung von reproduktiver Akkumulation und Wertschöpfung führen wird, vielfach aber zu einem Abbruch des gerade begonnenen Erholungsprozesses des XII. Nachkriegszyklus' durch eine erneute Rezession. In der Bundesrepublik wird vor diesem Hintergrund bereits an einem neuen Narrativ »gestrickt«: Namentlich wegen des russischen Angriffskrieges gegen die Ukraine und ausbleibender Gaslieferungen aus der Russischen Föderation, also wegen auswärtiger böser Mächte, müssten »wir« Wohlstandseinbußen gegenüber dem vergangenen »goldenen Jahrzehnt«, in dem es »uns« so gut wie nie gegangen sei, ertragen; Letzteres schließt an das frühere Märchen von der Konjunktur der Jahre 2010 bis 2019 als längster Aufschwung »ever« an – eine fast meisterhafte ideologische Verkehrung der Wirklichkeit und eine Mischung aus Ignoranz und Lüge, die, wenn es nicht so traurig wäre, den Beobachter staunend vor so viel Chuzpe am Wegesrand zurücklässt.

Kapitel 18: Gegenwärtiger Status und Perspektiven der Weltwirtschaft

a) Ansätze zur Herausbildung einer neuen Betriebsweise der digitalen oder Plattformökonomie und Bemühungen zur Dekarbonisierung von Produktion und Konsumtion

Große Industrie und Fordismus bezeichnen die beiden bisherigen Betriebsweisen im Kapitalismus, die den institutionellen und sozioökonomischen Rahmen für eine beschleunigte Kapitalakkumulation abgegeben haben. Mit der Weltwirtschaftskrise 1974/75 und dem Übergang kapitalistischer Akkumulationsprozesse in eine strukturelle Überakkumulation und eine sich immer mehr verfestigende säkulare Stagnation, hatte sich der Rahmen des fordistischen Kapitalismus als zu eng erwiesen, um immanent-endogen die kapitalistische Dynamik wieder durchgreifend und längerfristig zu entfachen. Trotz vieler wirtschafts- und gesellschaftspolitischer Versuche, diese kapitalistische Dynamik zu revitalisieren, haben die Durchschnittsprofitraten der kapitalistischen Metropolen bisher keinen Raum für eine erneute beschleunigte Kapitalakkumulation eröffnet. Allerdings waren neue Produktivkräfte der Arbeit in den fortgeschrittensten Ländern herausgesetzt worden, die mit einer Veränderung der gesellschaftlichen Arbeitsteilung, der Bildung von Netzwerken und der Digitalisierung von Produktions- und Konsumtionsprozessen Prozess- und Produktinnovationen in Gang gesetzt haben. Ausgehend nicht von der Revolutionierung der Produktivkräfte innerhalb der individuellen Produktionsprozesse wie es für die ersten beiden Betriebsweisen charakteristisch war, sondern direkt an dem gesamtgesellschaftlichen Gefüge und dem von Marx so genannten »general intellect« als verallgemeinertes gesellschaftliches Wissen haben sich computergestützte Plattformen unterschiedlicher Art als Nuklei einer neuen, höheren Betriebsweise herausgebildet.

Ihre ökonomischen Effekte sind vielfältig. Für die einzelnen Kapitale erlauben sie Effektivitätssteigerungen durch weitergehende Automatisierungen von bisher durch die lebendige Arbeit ausgeführten Funktionen und die Reduzierung von Kosten. Neben den Kosteneinsparungen aufgrund von Produktivitätseffekten neu konfigurierter Einzelkapitale, die ehemalige Randbereiche anderer Unternehmen zusammenfassen und auf höherer Stufenleiter konzentrieren, also Skalierungseffekte mit Steigerungen der Arbeitsproduktivität und Fixkostendegression erschließen, ergibt das auf der weiteren Ausarbeitung der Trennung von Eigentum und Funktion beruhende Mobilien-Leasing durch Verwandlung von Capital- in Operativ-Expenditures (Capex-Opex-Transformation) eine gesamtwirtschaftliche Reduzierung der Kapitalbindung und der Vorschüsse für fixes Kapitals durch gemeinschaftliche Netzwerkstrukturen; Entsprechendes gilt für die Auslagerung von unternehmensinternen Rechenzentren in Clouds. Vorhandene Produktionsmittel werden intensiver und durch mehrere Anwender nacheinander bei Vermietung oder gemeinschaftlich bei Infrastrukturen genutzt und damit werden Leerkapazitäten verringert und bei den Nutzern dieser Produktionsmittel unter kapitalistischen Bedingungen eine Ökonomisierung des konstanten Kapitals mit einem Impuls zur Steigerung der Profitrate hervorgebracht. In die gleiche Richtung wirkt die Ökonomisierung von Zirkulationskosten durch zielgerichtete Werbung auf Basis von Algorithmen, die durch Verarbeitung personenbezogener Daten durch künstliche Intelligenz die individuelle Ansprache des potenziellen Konsumenten erlauben; absolute oder relative Einsparungen an Zirkulationskosten vermindern die Abzüge von Mehrwertmasse und erhöhen dadurch die resultierende gesamtwirtschaftliche Profitmasse pro tanto.

Die Beobachtung, dass es sich bei diesen Tatbeständen teilweise um einen kapitalsparenden technischen Fortschritt handelt, darf dennoch nicht in eine Ursache für eine tendenziell steigende Profitrate des gesellschaftlichen Gesamtkapitals verallgemeinert werden. Dazu ist nicht nur die gesamtwirtschaftliche Durchdringung der kapitalistischen Reproduktionsprozesse durch diese digitalen Produktivkräfte und Produkte (noch) zu gering, sondern es sind diesen spezifischen Ökonomien der vergegenständlichten Arbeit die auf anderen Seite wachsenden Kapitalvorschüsse für das fixe Kapital der Infrastrukturen entgegenzuhalten, die zudem periodisch in natura zu ersetzen sind. Was der Anwender bei gemeinsamer Nutzung von fixem Kapital an Kapitalvorschuss einspart, ist auf der anderen Seite erkauft durch das industrielle Prinzip von Produktivkraftentwicklung durch Verwandlung von lebendiger, Neuwert schöpfender Arbeit in vergegenständlichte Arbeit. Im Hinblick auf die innerbetriebliche Organisation eröffnet die Anwendung von digitalen Techniken sogar neue und gesteigerte Möglichkeiten der Automatisierung von bisher durch lebendige Arbeit verrichteten Funktionen.

Des Weiteren werden mit Produktinnovationen, die nicht nur Modifikationen, Verbesserungen und Weiterentwicklungen schon vorhandener Produkte, sondern gänzlich neue Produkte hervorbringen, Produktionsprozesse inkl. vorgelagerter Forschungs- und Entwicklungsbereiche neu aufgesetzt. Bevor sie ihre typisch kapitalistische Karriere durch Optimierung der Abläufe, Automatisierung von Wertschöpfungsstufen etc. mit einer steigenden Wertzusammensetzung des vorgeschossenen bzw. einer steigenden organischen Zusammensetzung des angewandten Kapitals vollziehen, müssen sie, vorausgesetzt die neuen Produkte finden auf den Märkten ihre Käufer, zuvorderst skaliert, d.h. auf steigender Stufenleiter organisiert werden.

All die verschiedenen Veränderungen der Produktionsabläufe und geschaffenen neuen Produkte erzeugen widerstreitende Entwicklungstendenzen für die bestimmenden Variablen der gesamtwirtschaftlichen Profitrate. Insofern sind die Auswirkungen eines »digitalisierten Kapitalismus« zwar – noch – nicht präzise abzuschätzen, aber solange die schon seit längerem empirisch zu beobachtende Entwicklung einer signifikant geringeren gesamtwirtschaftlichen Produktivitätssteigerung gegenüber der Phase beschleunigter Kapitalakkumulation in der Nachkriegszeit – »Computer finden sich überall – außer in den Produktivitätsstatistiken« (R. Solow) – nicht in ihr Gegenteil umgedreht worden ist, fehlt der Initialimpuls für eine beschleunigte Akkumulation des gesellschaftlichen Gesamtkapitals. Die gegenwärtige, seit langem anhaltende stagnative Akkumulationsentwicklung mit geringen Produktivitätssteigerungen ist nicht durch Sättigungstendenzen des individuellen Konsums zu erklären, sondern wird zuvorderst bestimmt durch die vorgelagerte Einkommensverteilung, also die Gegensätze in den Distributionsverhältnissen. Da diese Einkommensverteilung, was die marktbestimmten Einkommen angeht, durch das traditionelle Instrumentarium der Finanzpolitik nur bis zu einem gewissen Umfang zu modifizieren ist und die politisch bestimmte Einkommensumverteilung, selbst einen entsprechenden politischen Willen unterstellt, die vorgelagerte primäre Einkommensverteilung nur in bestimmten Grenzen zu korrigieren vermag, bleibt dem Kapitalismus in seinen Metropolen der Ausbruch aus der Überakkumulationsfalle bis auf Weiteres verwehrt.

Denn weder gibt es einen direkten und unmittelbaren Einfluss von Technologien auf die Profitratenentwicklung des gesellschaftlichen Gesamtkapitals – dies gilt notabene auch für sog. »grüne« Investitionen zur langfristigen Umstellung der entwickelten Ökonomien auf eine nachhaltige stoffliche Basis (bei Energiegewinnung und materieller Produktion) –, noch sind die immanenten Bereinigungskräfte der Überakkumulation ausreichend für einen marktbestimmten »Re-Start« der Kapitalakkumulation in der Weltwirtschaft; dies zeigt eben das gleichbleibende Niveau der nationalen Durchschnittsprofitraten in den kapitalistischen Metropolen seit Beginn der Überakkumulationsperiode.[1]

Es kommt hinzu, dass auch international kein neues Akkumulationsregime mit einem Weltmarkt-Demiurgen in Sicht ist. Im Gegenteil, die USA als (noch) ökonomisch größte Volkswirtschaft sind trotz ihres US-Dollars als unbestrittenem Weltgeldrepräsentanten sowie der mit Abstand weltgrößten Kriegsmaschinerie absehbar nicht mehr allein fähig, diese Rolle auszufüllen. Auf der anderen Seite steht mit der VR China, obwohl zweitgrößte Ökonomie in der Welt, nach wie vor ein Schwellenland, d.h. ein sich noch im Aufholprozess zu den industriellen Metropolen befindlicher Reproduktionsprozess und Staat, der gegenwärtig weder fähig noch willens ist, eine international führende oder gar beherrschende Rolle einzunehmen. Ein an sich notwendiges kooperatives Szenario innerhalb der Weltwirtschaft scheitert namentlich am imperialistischen Machtstreben der USA und einer Europäischen Union, die sich wieder nahtlos den US-Vorgaben unterordnet.[2]

Die – bisherige – Organisation der lebendigen Arbeit in den digitalen Produktionsprozessen beinhaltet einen disruptiven Bruch mit dem früheren in den Fabriken konzentrierten Massenarbeitern der Großen Industrie in den beiden vorangegangenen gesellschaftlichen Betriebsweisen. An dessen Stelle ist neben den vom Home-Office aus arbeitenden Beschäftigten, denen zumindest teilweise der direkte soziale

---

[1] Vgl. dazu die Abbildung 17.6 für die kapitalistischen Metropolen sowie die Profitratenausweise für die industrialisierten Schwellenländer im vorstehenden 17. Kapitel.

[2] Wir kommen auf die hier angesprochenen Defizite im letzten Unterabschnitt dieses Kapitels sowie im abschließenden Kapital 22 zurück.

Kapitel 18: Perspektiven der Weltwirtschaft

Kontakt zu seinen Kollegen entzogen ist, vielfach der vereinzelte, auf Werkvertragsbasis operierende selbstständige Entwickler oder der angestellte, individualisierte Büroarbeiter getreten. Zweifellos gehen mit derartigen Entwicklungen potentiell erhöhte Spielräume für den Einzelnen in der Arbeit und vermehrte Möglichkeiten ihrer individuellen Einteilung einher. Dies kann zu einer Aufwertung der Tätigkeit, größerer Zeitsouveränität und Steigerung ihrer subjektiven Produktivkraft führen, wenn die gleichzeitig hierin angelegte Tendenz zur erzwungenen Selbstausbeutung des Einzelnen durch neue Regulierungen der Arbeit ausgeschaltet wird. Dies macht deutlich, welche arbeitspolitischen Erfordernisse an eine neue Arbeitsweise der digitalen Netzwerk-Ökonomie zu stellen sind. Die unumgängliche Flexibilisierung der Arbeitszeit und ggf. des Arbeitsortes ist mit dem Instrumentarium der Regulierung des fordistischen Normalarbeitsverhältnisses nicht mehr zu gewährleisten. Auch dem gewachsenen Bedürfnis der Arbeitenden nach Zeitsouveränität und flexiblen »Work-Life-Balances« ist mit den überkommenen starren Tarifregelungen des fordistischen Arbeitsverhältnisses kaum zu genügen. Eine freie Einteilung der zu leistenden Arbeit pro Tag, Woche, Monat und nicht zuletzt auch als Lebensarbeitszeit, die Relativierung und tendenzielle Aufhebung der Trennung von Hand- und Kopfarbeit und die stets weitergehende Übernahme von dispositiven Funktionen und Verantwortung führen quasi von selbst zur Notwendigkeit einer erweiterten Mitbestimmung der Beschäftigten im Rahmen der Betriebs- und Unternehmensverfassung, die durch eine Beteiligung am Produktivkapital (in verschiedenen Formen), d.h. durch Veränderung der Eigentumsverhältnisse und Aufhebung der Trennung des Arbeiters von den Produktionsmitteln als Verwirklichungsbedingungen seiner Arbeitskraft abzusichern ist. Die gesellschaftliche Diskriminierung und Aufhebung ungeschützter Arbeitsverhältnisse bei Lohnabhängigen und (kleinen) Selbstständigen ist dabei nur die Minimalbedingung für den Eintritt in derartige weitergehende Regulierungen.

Hierin zeigt sich neben der finanzkapitalistischen Überformung und den keineswegs gesamtwirtschaftlich verallgemeinerten Strukturen eine weitere Grenze der Organisation eines digitalisierten Produktionsprozesses im Rahmen der kapitalistischen Produktionsweise, denn weder gibt es, von vereinzelten Pilotabschlüssen abgesehen, bislang tarifrechtliche Regelungen, die die veränderte Natur der Arbeit mit den Bedürfnissen der Arbeitenden in Einklang bringen. Noch gar ist abzusehen, dass es auf der Ebene der Betriebs- und Unternehmensverfassung einen Ausbau der Mitbestimmungsmöglichkeiten der Beschäftigten gäbe, der als neue Arbeitsverfassung digitaler Produktionsprozesse die subjektiven Potentiale der Produktivkraftentwicklung systematisch erschließt und nutzbar macht. Die Entwicklung eines hoch produktiven Arbeiters setzt darüber hinaus jenseits seiner »travail attractif« im gesellschaftlichen Produktionsprozess im Nichtarbeitsbereich Verhältnisse voraus, die durch sozial-kulturelle Dienstleistungen und Angebote so ausgestaltet werden müssen, sodass ein allseitig entwickeltes Subjekt geschaffen wird, welches den verschiedenartigen Anforderungen aus der Arbeit, der Gesellschaft und seinen persönlichen Verhältnissen gewachsen ist.

Die Betriebsweise umfassend digitalisierter Prozesse von Produktion und Konsumtion schließt die Veränderung der stofflichen Grundlagen der materiellen Produktion zur Dekarbonisierung und CO_2-Neutralität ein, um den menschengemachten Klimawandel zu begrenzen und die UN-Ziele einer maximalen Erwärmung von 1,5 bis 2° Celsius bis zur Mitte des 21. Jahrhunderts zu realisieren. Dies bedeutet Ersetzung fossiler Energieträger wie Kohle, Öl und Gas durch regenerative Energien aus Naturkräften wie Wind, Sonne, Wasser und Geothermie sowie deren umfassende Nutzung in allen produktiven Verarbeitungsstufen von mineralischen Grundstoffen, Ersetzung und tendenzielle Vermeidung von nicht recyclebaren Stoffen (Kunststoffen) sowie die systematische Wiedergewinnung und -verarbeitung wertvoller Substanzen aus Abfallprodukten. Dies sind alles Aufgaben, die nicht nur auf der Agenda der hochentwickelten Industriegesellschaften stehen, sondern eine umfassende internationale Kooperation und Unterstützung der weniger entwickelten Länder durch die Weltgemeinschaft erfordern. Kommt Letzteres nicht in einem ausreichenden Maße zustande, werden sich die beschlossenen Klimaziele in Schall und Rauch auflösen und auf den Planeten und seine Bevölkerung werden ungemütliche Zeiten zukommen: Anstieg des Meeresspiegels durch die globale Erwärmung und Verlust tiefliegender Territorien, Bodenerosion und Vernichtung/Reduzierung der Regenerationskräfte des Bodens für die Agrikultur, Extremwetter mit Überschwemmungen und zahlreicher auftretenden zerstörerischen Tornados etc. Realistische Zeitgenossen, die die mittlerweile sich abzeichnende Nichterreichbarkeit des 1,5-Grad-Zieles vor Augen haben, orientieren daher verstärkt auf Maßnahmen, um den Auswirkungen einer stärkeren globalen Erwärmung auf die Menschen, Tiere und Landschaften zu begegnen. Zwischen der Transformation der stofflichen Basis der materiellen Produktion und der Realisierung einer digitalen Betriebsweise für Produktion und Konsumtion besteht ein Bedingungsverhältnis. Bleibt die Etablierung der digitalen Betriebsweise Stückwerk, wird auch die stoffliche Transformation nicht in der notwendigen Gesamtheit und Komplexität gelingen. Der Charakter der Produktion und Gesellschaft als Kapitalismus beschränkt beide, die Realisierung der neuen Betriebsweise stärker als die stoffliche Transformation der materiellen Produktion, weil technologische Entwicklungen für das Kapital leichter umzusetzen sind als Veränderungen des gesellschaftlichen Systems, welches seine Macht überwinden soll. Gegenwärtig sind jenseits der Verallgemeinerung technisch-digitaler Produkte und Prozesse in einzelnen Bereichen insbesondere eine neue Arbeitsverfassung sowie eine qualitativ höhere Abstimmung von Arbeits- und Nichtarbeitsbereich, d.h. eine veränderte Konsum- und Lebensweise, nicht in Sicht; diese wären aber notwendig, wenn es nicht nur um ein wesentlich technisches Projekt gehen soll. Da auch die digitale Betriebsweise oder Plattformökonomie wie ihre beiden Vorgänger eine gesellschaftliche Totalität oder einen »ganzen Gesellschaftsmechanismus« (Marx) darstellt, kann gegenwärtig von einer etablierten neuen gesellschaftlichen Betriebsweise nicht gesprochen werden.

Die politischen Ansätze zur Implementierung der neuen Betriebsweise unterscheiden sich nach dem unterliegenden Wirtschafts- und Gesellschaftssystem; ex-

Kapitel 18: Perspektiven der Weltwirtschaft

emplarisch können hier die USA und die EU einerseits, die VR China andererseits gegenüber gestellt werden.

Die Biden-Administration hat in den USA zwei großvolumige Programme zur Beseitigung der Defizite in den amerikanischen materiellen und immateriellen Infrastrukturen aufgelegt: 1. Das »Bipartisan Infrastructure Framework (BIF)« kombiniert bereits beschlossene Ausgaben sowie rd. 550 Mrd. US-Dollar an neuen Investitionen über zehn Jahre – in Summe sind es mehr als eine Bio. US-Dollar – für Sanierung/Instandsetzung maroder Straßen und Brücken, für das Schienennetz des öffentlichen Verkehrs, Elektro-Infrastrukturen und -Mobilität sowie Ausbau und Erweiterung der amerikanischen Strom- und Wassernetze. 2. Die »Build Back Better (BBB)« Pläne i.H.v. 3,5 Bio. US-Dollar über zehn Jahre mit drei Bereichen: American Rescue, American Jobs und American Families Plan. Die Schwerpunkte liegen bei der Bewältigung der Corona-Auswirkungen, der Ertüchtigung des Bildungs-, Erziehungs- und Gesundheitssystems sowie beim Wohnungsbau und haben damit ausgeprägte soziale Komponenten. Sowohl Umfang wie Finanzierung durch Steuererhöhungen von BBB stießen auf Ablehnung des amerikanischen Senats. Im Ergebnis wurde zunächst nur das Infrastruktur-Projekt BIF vom Kongress verabschiedet, BBB musste auf 740 Mrd. US-Dollar abgespeckt werden. Aber nicht nur die politischen Widerstände seitens der US-Republikaner und rechten US-Demokraten, sondern auch die Gesamtanlage der Programme verdient Kritik, weil sie weitestgehend im traditionellen Fahrwasser einer öffentlichen Nachfragestimulierung verbleiben und keine substanziellen Eingriffe in die Angebotsverhältnisse im Sinne einer aktiv-gestaltenden Strukturpolitik besitzen.

Vergleichbar zu dem amerikanischen BBB hat die Europäische Union mit dem Programm »Next Generation EU (NGEU)« ein Projekt im Volumen von 750 Mrd. Euro (Preise von 2018) im Zusammenhang mit dem mehrjährigen Finanzrahmen 2021–2027 über 1 Bio. Euro aufgelegt und verabschiedet. Hierin enthalten ist ein Wiederaufbaufonds als Konjunkturpaket, um die wirtschaftlichen und sozialen Auswirkungen der Covid-19-Pandemie in den Mitgliedsstaaten einzudämmen und zu mildern. Die Mittel für NGEU werden von der EU-Kommission an den Kapitalmärkten als Gemeinschaftsschulden, für die die einzelnen Mitgliedsländer haften, aufgenommen – das erste Mal, dass die EU und nicht die einzelnen EU-Staaten als Kreditnehmer auftritt. Das Geld soll zwischen 2021 und 2023 an Regionen und Wirtschaftsbereiche, die besonders durch die Wirtschaftskrise seit 2020 geschädigt wurden, in Form von Krediten und nicht zurückzahlbaren Zuschüssen ausgezahlt werden.

Der Wiederaufbaufonds ermöglicht den Mitgliedstaaten, ihre nationalen Fiskalregeln zu umgehen, beispielsweise die deutsche Schuldenbremse, indem sie auf EU-Ebene Schulden aufnehmen und sich die Gelder anschließend als Zuschüsse zuweisen. Nach einigen Querelen zwischen den EU-Regierungen über das Verhältnis zwischen (verlorenen) Zuschüssen und Krediten in Bezug auf die jeweiligen Länder-Tranchen wurde der Aufbaufonds formell im Februar 2021 gegründet. Seine Verwendungsbereiche sind ähnlich wie bei BBB: Klimaschutz durch »grüne« Investitionen, um 2050 Klimaneutralität zu erreichen (»make it green«), Digitalisierung von produktiver und individueller Konsumtion, u.a. Ausbau des 5G-Mobilfunknetz (»make it digital«), Investitionen in Forschung und Entwicklung für ein effizientes Gesundheitswesen und zur Abmilderung der Corona-Auswirkungen (»make it healthy«), Stärkung der Resilienz in Wirtschaft und Gesellschaft (»make it strong«) sowie Verbesserung der Chancengleichheit in allen EU-Ländern (»make it equal«). Zweifellos ist dieses Projekt NGEU ein Fortschritt mit Bezug auf gemeinschaftliche Anstrengungen der EU-Länder sowie nicht zuletzt auch hinsichtlich der Finanzierung, die mit der Begebung von EU-Bonds bei allerdings länderspezifischer Haftung die bislang in einigen Ländern, u.a. in der BRD, heftig verteidigte »No Bail-out-Klausel« des seinerzeitigen Maastricht-Vertrages durchlöchert. Dennoch verbleibt die Umsetzung der Finanzmittel wie in den USA in den traditionellen Bahnen öffentlicher Investitionen und fiskalischer Impulse. Auch die zeitlich begrenzte Umsetzung des NGEU-Projekt auf drei Jahre wird kaum längerfristig-nachhaltige Effekte generieren.

Anders dagegen die kürzer- und längerfristigen Konzepte der chinesischen Maßnahmen. Sie reichen bis 2049, dem 100-jährigen Geburtstag der Volksrepublik, und sind in einzelne Zeitscheiben mit konkreten Vorgaben unterteilt. Auf Basis der realisierten Phase, in der die industriellen Fertigungskapazitäten gefestigt und die Digitalisierung in der Fertigung gesteigert wurde, sollen bis 2025 (»Made in China 2025«) Kerntechnologien in Schlüsselbereichen gestärkt und vorhandene Stärken in Märkten ausgebaut werden. Bis 2025 soll damit die Gesamtqualität der Fertigung wesentlich verbessert, Chinas Position als Fertigungsnation gestärkt, die Innovationskapazität deutlich gesteigert und die Integration von IT in die Industrie gesteigert werden.

Der Energie- und Materialverbrauch, sowie die Schadstoffemission in Schlüsselindustrien sollen das Niveau einer entwickelten Volkswirtschaft erreichen. Im zweiten Schritt bis 2035 hat China das Ziel, sich im Mittelfeld der Industriemächte zu platzieren, große Durchbrüche in den Hauptbereichen zu erwirken und die allgemeine Wettbewerbsfähigkeit signifikant auszubauen. Im letzten Schritt bis 2049, zum hundertjährigen Bestehen der Volksrepublik, soll China als führende Industrienation an der Weltspitze stehen und bis dahin die Fähigkeiten besitzen, Innovationen und fortschrittliche Technologien sowie industrielle Systeme auf breiter Front zu entwickeln. Zur Umsetzung dieser Ziele wurden fünf landesweite Initiativen definiert: die erste Initiative umfasste den Aufbau von zunächst 15 und bis 2025 von 40 neuen Forschungs- und Entwicklungszentren, die zu Innovationen und technologischen Durchbrüchen in den Schlüsselbereichen führen sollen. Die zweite Initiative bezieht sich auf die Entwicklung innovativer industrieller High-End-Projekte in den Schlüsselindustrien. Ziel ist die Durchführung unabhängiger Forschung und Entwicklung in diesen Sektoren, um ein Wachstum des chinesischen Marktanteils von geistigem Eigentum für hochwertige Produkte bis 2025 zu erreichen.

Die dritte Initiative sieht die Entwicklung von Projekten vor mit Fokus auf Green Manufacturing/umweltfreundliche Produktion. Dabei sollen Projekte unternommen werden, um die Energieeffizienz zu steigern und den Ressourceneinsatz zu senken. Bis 2025 soll der chinesische Energieverbrauch einem fortgeschrittenen weltweiten Standard entsprechen.

Bei der vierten Initiative sollen Projekte entwickelt werden, welche sich auf Smart Manufacturing fokussieren. Dabei sollen führende chinesische Unternehmen beim Aufbau und Optimieren von Smart Manufacturing-Techniken, Anpassung der Lieferketten und Digitalisierung von Fabriken beitragen. Die fünfte Initiative fokussiert sich auf die Verstärkung der industriellen Grundlage. Dafür sollen vier Forschungszentren errichtet werden, um die Entwicklung von Materialien, industriellen Kernkomponenten und Techniken zu beschleunigen. Ziel der Initiative ist es, die Selbstversorgung für die Kernmaterialien und Komponenten in den Schlüsselindustrien über 40 auf 70% in 2025 zu steigern. Darüber hinaus praktiziert China das Modell von Pilotstädten, d.h. Tests zur erstmaligen Erprobung neuentwickelter Verfahren und Demonstration ihrer Ergebnisse.

Anhand dieser Gegenüberstellung werden das unterschiedliche Herangehen sowie die unterschiedlichen Eingriffsmöglichkeiten der wirtschaftspolitischen Instanzen deutlich und die Überlegenheit einer sozialistischen Marktwirtschaft gegenüber einem in traditionellen Bahnen verbleibenden Nachfragekeynesianismus wird sichtbar – trotz des nach wie vor unterschiedlichen Ausgangsentwicklungsstandes der Volkswirtschaften von USA und EU einerseits, China andererseits. Für die Volksrepublik sind namentlich im Bereich der sozialen Absicherung der Beschäftigten durch kollektive Sicherungssysteme, gemessen nicht an den US-typischen Defiziten, sondern kontinentaleuropäischen Standards, entsprechende zusätzliche Maßnahmen erforderlich.

Das Fazit aus diesen Vergleichen lautet: Weil die neue Betriebsweise auf der gesellschaftlichen Bündelung des »general intellect« aufbaut und nicht primär im einzelwirtschaftlichen Zugriff zu realisieren ist, lautet die Konsequenz, dass mit ihr die Grenze der kapitalistischen Organisation von Wirtschaft und Gesellschaft nicht nur erreicht, sondern überschritten wird. Die volle Umsetzung der digitalen Betriebsweise und umfassende Nutzung ihrer Möglichkeiten ist nur nach Überwindung der Dominanz kapitalistischer Produktionsverhältnisse realisierbar – und da hat die sozialistische Marktwirtschaft chinesischer Prägung die besseren Karten.

b) Kapitalistische Metropolen, Schwellenländer und Länder des globalen Südens

Wie präsentieren sich nun die Länder der Welt nach den vorliegend entwickelten sozioökonomischen Merkmalen und vorgestellten Entwicklungen zu Beginn des dritten Dezenniums des 21. Jahrhunderts in einer Momentaufnahme?

Die kapitalistische Gesellschaftsformation ist die eindeutig dominierende Form, ihr Kern sind die kapitalistischen Metropolen des G7-Formats – USA, BRD, Kanada, Vereinigtes Königreich, Frankreich, Japan und Italien – mit hohem, nicht unbedingt dem weltweit höchsten Bruttoinlandsprodukt (BIP in US-Dollar) pro Kopf.[3] Sie bilden zusammen mit den anderen Staaten der Europäischen Union sowie assoziierten Ländern wie z.B. Norwegen und der Schweiz den erweiterten Kern der kapitalistischen Weltwirtschaft. Ihre sozioökonomische Verfassung weist durchaus Unterschiede ihrer im Fordismus ausgebildeten »Mixed Economy« zwischen der USA auf der einen und den kontinentaleuropäischen Sozialstaaten auf der anderen Seite auf. Auch die Spannbreite des BIP/Kopf ist insbesondere durch die in den 1990er-Jahren erfolgte Osterweiterung der EU beachtlich: das BIP/Kopf im ärmsten Land der EU Bulgarien beträgt gerade einmal ein Sechstel desjenigen der USA im Jahr 2020. Dies ist in erster Linie Ausdruck eines unterschiedlichen Entwicklungsstandes der einheimischen Produktivkräfte der Arbeit und bedeutet, dass nicht etwa Bulgarien für sich, das bloß ein mittleres Schwellenland ist, sondern nur die EU als Ganzes zum erweiterten Kern der kapitalistischen Metropolen zu zählen ist.

Es folgt die größere Gruppe der Schwellenländer. Innerhalb des G20-Formats sind neben den obigen Metropolen hier Staaten mit unterschiedlichen Produktionsverhältnissen, unterschiedlichen Entwicklungsständen der internen Produktivkräfte, unterschiedlicher Größe und einer großen Spanne des BIP/Kopf versammelt: Australien, Südkorea, Saudi-Arabien, Russland, Türkei, Argentinien, Mexiko, Brasilien, Südafrika, Indonesien, Indien sowie die VR China. In weiterer Instanz sind in einer ersten Erweiterung zu den Schwellenländern zu zählen: Israel, Neuseeland, Taiwan und Malaysia sowie die nach den G20-Mitgliedern Brasilien, Mexiko und Argentinien entwickeltsten Staaten Lateinamerikas Uruguay, Chile, Panama und Costa Rica.

Einen Sonderstatus mit hohen Werten des BIP pro Kopf nehmen zum Einen die Stadt- und Zwergstaaten Singapur, Hongkong, Macao, Brunei, Dschibuti, Andorra und San Marino ein, zum Zweiten die Golf-Monarchien Katar, Vereinigte Arabische Emirate, Bahrein, Oman und Kuwait mit geringeren Bevölkerungszahlen und teilweise monostrukturierten Ökonomien und zum Dritten die Tourismus-Paradiese in der Karibik (Puerto Rico als US-Außenposten, Trinidad und Tobago, Bahamas, Barbados, St. Lucia, Antigua und Barbuda, Grenada, St. Kitts und Nevis, Dominica, Jamaica, Dominikanische Republik sowie St. Vincent und Grenadinen) und im Indischen Ozean (Seychellen, Malediven, Mauritius) bzw. der Südsee (Palau, Fidschi).

Am unteren Rand der Schwellenländer gibt es einen fließenden Übergang zu den relativ am höchsten entwickelten Ländern des globalen Südens mit hybriden Produktionsverhältnissen aus ex-sozialistischen, nunmehr (staats-)kapitalistischen sowie genuin kapitalistischen Sektoren und vorbürgerlich-agrarischen Strukturen. Die

---

[3] Klein- und Stadtstaaten wie Luxemburg, Singapur, Katar, Hongkong u.a. weisen teilweise höhere BIP/Kopf-Werte (nominal und kaufkraftbereinigt) infolge ihrer spezifischen ökonomischen Strukturen und geringeren Einwohnerzahlen auf; vgl. die nachstehende Tabelle 18.1.

Kapitel 18: Perspektiven der Weltwirtschaft

ehemaligen Sowjetrepubliken Kasachstan, Belarus und Turkmenistan finden sich nach ihrer staatlichen Selbstständigkeit ebenso unter den Schwellenländern wieder wie die Kaukasus-Republiken Georgien, Armenien und Aserbaidschan und die asiatischen Ex-Sowjetrepubliken Usbekistan, Tadschikistan und Kirgistan. Alle waren ursprünglich durch die Entwicklung innerhalb der Sowjetunion geprägte Länder, die in eine regionale, stark durch die russische Sowjetrepublik bestimmte Arbeitsteilung einbezogen waren. Nur die erstere Gruppe, die über große Bodenschätze verfügt und/oder zu den am weitesten industriell entwickelten Republiken der Sowjetunion gehörte, sind nach ihrem Pro-Kopf-BIP heutzutage am oberen Rand der nachgeordneten Schwellenländer einzuordnen. Die sonstigen Republiken Turkmenistan, das heutige Moldau und die Ukraine haben diesen Status, vor allem wegen interner gewaltvoller Auseinandersetzungen sowie Interventionen von außen (durch die Russische Föderation) nicht erlangen können. Als nachwirkender Effekt der ehemals sozialistischen Produktionsverhältnisse in den diesen Republiken kann allerdings die große Differenz zwischen mehr oder weniger niedrigen Pro-Kopf-Werten des BIP in nominellen US-Dollar und höheren Pro-Kopf-Werten in Kaufkraftparitäten herausgestellt werden.

Weiterhin zum unteren Bereich der Schwellenländer gehören die europäischen Nicht-EU-Staaten auf dem Balkan (Serbien, Montenegro, Nordmazedonien, Kosovo und Albanien), Kuba und Vietnam als Sonderfälle mit sozialistischen Produktionsverhältnissen und die sonstigen mittel- und südamerikanischen Länder wie Kolumbien, Peru und Ecuador. Nach ihren Pro-Kopf-Werten des BIP haben die übrigen lateinamerikanischen Staaten der Region wie Venezuela, Bolivien, Paraguay, Nikaragua, Guatemala und Honduras den Status eines Schwellenlandes noch nicht oder kaum erreicht.

Auf der Stufenleiter nach unten folgen die sonstigen asiatischen Länder (u.a. Jordanien, Iran, Pakistan, Bangladesch, Laos, Kambodscha, Philippinen, Mongolei) sowie die Staaten des afrikanischen Kontinents (außer Südafrika). Letztere werden von den nordafrikanischen Staaten Ägypten, Marokko, Algerien und Tunesien angeführt; bei den subsaharischen Ländern stechen Botsuana, Gabun, Äquatorialguinea und Namibia heraus.[4]

Ganz am unteren Ende der Rangskala stehen die ärmsten Länder nach ihren BIP/Kopf-Werten sowie die zerfallenden und bereits zerfallenen Staaten. Zu den Ersten gehören afrikanische Staaten wie Burundi, Mosambik, Niger, Liberia und Lesotho, zu den Letzteren gehören Länder wie Südsudan, Somalia, Libyen, DR Kongo, das von Marokko annektierte Westsahara in Afrika, der Jemen auf der arabischen Halbinsel, der Libanon sowie die durch Bürgerkriege bzw. ausländische Interventionen betroffenen Länder Syrien und Afghanistan, das bitterarme und mehrfach von Naturkatastrophen (Erdbeben) heimgesuchte Haiti und nach der russischen Invasion auch die Ukraine.

---

[4] Zum Ranking der sonstigen subsaharischen Staaten vgl. auch Kapitel 17.

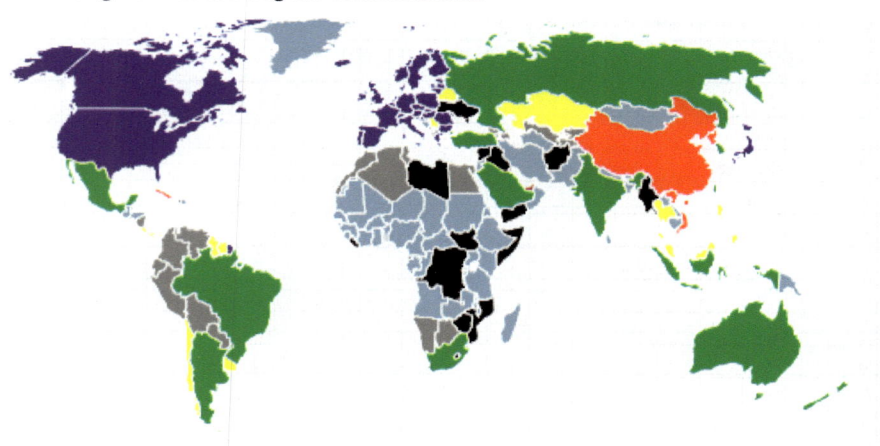

Abbildung 18.1: Gliederung der Weltwirtschaft

Blau: G7 + Satelliten; Grün: G20-Schwellenländer; Rot: Sozialistische Schwellenländer; Gelb: weitere Schwellenländer; Grau: nachgeordnete Schwellenländer; Graublau: Staaten mit hybriden Produktionsverhältnissen; Schwarz: Failing und failed States

Quelle: Eigene Zuordnungen

Die vorstehende keineswegs erschöpfende Zuordnung der Staaten der Welt zu den Kategorien:
- Kapitalistische Metropolen und nachgeordnete Industrieländer,
- Schwellenländer (inkl. Länder mit Sonderbedingungen wie Stadtstaaten und Monokulturen (extraktive sowie Tourismus-Industrie) sowie
- Länder des globalen Südens, die an die differenzierten Strukturen der Schwellenländer anschließen,

ist vorliegend fußend auf den Pro-Kopf-Werten des BIP, sowohl nach nominellen wie Kaufkraftparitäten-Dollars,[5] sowie der jeweiligen Wirtschaftsstruktur vorgenommen worden. Es handelt sich dabei um nicht mehr als eine grobe Ordnung und Sortierung der Länder, die allerdings auch den statistischen Zuordnungen internationaler Institutionen (u.a. Weltbank) unterliegt.[6] Die komplette Erfassung aller Staaten der Erde ist in Tabelle 18.1 sowie der Abbildung 18.1 dargestellt.

Wie wird sich diese Differenzierung der 196 Staaten der Welt zukünftig verschieben?

Kurzfristig, d.h. im laufenden Jahr 2022 und den Folgejahren haben verschiedene Faktoren – die Wichtigsten sind: (weitere) Störung der weltweiten Lieferketten

---

[5] Quelle für die BIP-Daten in US-Dollar sind Angaben der Weltbank, die Ermittlung der Kaufkraftparitäten-Werte ist eine Schätzung des Internationalen Währungsfonds.

[6] Vgl. auch Abbildung 17.7 im Unterabschnitt c) des 17. Kapitels.

Kapitel 18: Perspektiven der Weltwirtschaft

Tabelle 18.1: BIP der Länder der Welt; absolute Werte in Mrd. US-Dollar, Pro-Kopf-Werte in US-Dollar und Kaufkraftparitäten per 2020

Rang	Land	BIP absolut Mrd. US-$	BIP pro Kopf US-$	BIP pro Kopf KKP
1	USA	20.894	63.358	63.358
2	VR China	14.867	10.511	17.104
3	Japan	5.045	40.089	42.212
4	BRD	3.843	46.216	54.551
5	Vereinigte Königreich	2.710	40.394	44.154
6	Indien	2.660	1.930	6.510
7	Frankreich	2.624	40.299	46.325
8	Italien	1.885	31.604	41.268
9	Kanada	1.644	43.295	48.759
10	Südkorea	1.638	31.638	44.750
11	Russische Föderation	1.479	10.115	28.053
12	Brasilien	1.445	6.823	14.890
13	Australien	1.359	52.905	51.781
14	Spanien	1.280	27.179	38.443
15	Mexiko	1.074	8.404	19.089
16	Indonesien	1.060	3.922	12.220
17	Niederlande	913	52.456	57.665
18	Iran	835	9.928	13.314
19	Schweiz	752	87.367	73.246
20	Türkei	720	8.610	30.449
21	Saudi-Arabien	700	19.996	46.489
22	Taiwan	668	28.358	55.856
23	Polen	596	15.699	34.165
24	Schweden	541	52.129	54.480
25	Belgien	515	44.688	51.180
26	Thailand	502	7.188	18.231
27	Österreich	433	48.593	55.453
28	Nigeria	429	2.083	5.186
29	Irland	426	85.206	95.994
30	Israel	407	44.181	41.271
31	Argentinien	389	8.572	20.759
32	Ägypten	363	3.601	12.788
33	Norwegen	363	67.326	65.841
34	Philippinen	361	3.323	8.449
35	Vereinigte Arabische Emirate	359	38.661	71.139
36	Dänemark	356	61.154	59.136
37	Hongkong	347	46.657	59.656

Rang	Land	BIP absolut Mrd. US-$	BIP pro Kopf US-$	BIP pro Kopf KKP
38	Vietnam	343	3.523	10.897
39	Singapur	340	59.795	98.512
40	Malaysia	337	10.231	27.436
41	Südafrika	335	5.625	13.289
42	Bangladesch	323	1.962	5.287
43	Kolumbien	272	5.391	14.473
44	Finnland	270	48.786	49.806
45	Pakistan	262	1.255	5.153
46	Chile	253	12.993	23.363
47	Rumänien	249	12.868	30.517
48	Tschechien	245	22.943	40.793
49	Portugal	228	22.149	33.712
50	Neuseeland	209	41.165	42.446
51	Peru	205	6.134	14.838
52	Griechenland	189	17.657	28.772
53	Kasachstan	171	9.071	26.551
54	Irak	169	4.223	9.951
55	Ukraine	156	3.741	13.129
56	Ungarn	155	15.866	33.045
57	Algerien	148	3.337	11.240
58	Katar	145	54.185	96.607
59	Marokko	115	3.188	7.688
60	Kuwait	106	22.684	43.250
61	Slowakei	104	19.145	32.866
62	Puerto Rico	103	32.645	35.660
63	Kenia	102	2.104	5.055
64	Kuba	102	9.478	*
65	Ecuador	99	5.643	10.977
66	Äthiopien	97	994	2.908
67	Myanmar	81	1.527	5.241
68	Sri Lanka	81	3.682	13.223
69	Dominikanische Republik	79	7.554	18.620
70	Guatemala	78	4.317	8.303
71	Luxemburg	73	116.921	117.984
72	Bulgarien	69	10.006	23.721
73	Ghana	68	2.226	5.799
74	Tansania	64	1.110	2.926

Rang	Land	BIP absolut Mrd. US-$	BIP pro Kopf US-$	BIP pro Kopf KKP
75	Oman	63	14.255	31.312
76	Costa Rica	92	12.057	20.269
77	Elfenbeinküste	61	2.271	5.349
78	Belarus	60	6.398	20.170
79	Usbekistan	60	1.767	7.809
80	Angola	58	1.881	6.825
81	Uruguay	57	16.023	22.423
82	Kroatien	56	13.896	28.029
83	Litauen	56	19.981	38.817
84	Slowenien	54	25.549	39.378
85	Serbien	53	7.646	19.168
86	Panama	53	12.373	26.999
87	DR Kongo	49	544	1.142
88	Venezuela	47	1.691	5.177
89	Turkmenistan	46	7.674	14.312
90	Jordanien	44	4.286	10.348
91	Aserbaidschan	43	4.232	14.515
92	Kamerun	40	1.505	3.687
93	Tunesien	39	3.295	10.142
94	Uganda	38	925	2.591
95	Bolivien	37	3.168	8.305
96	Paraguay	36	4.918	12.852
97	Bahrain	35	23.590	50.567
98	Sudan	34	776	4.096
99	Nepal	34	1.178	4.049
100	Lettland	33	17.549	31.485
101	Estland	31	23.036	37.277
102	Nordkorea	26	1.700*	
103	Kambodscha	25	1.607	4.715
104	Senegal	25	1.474	3.503
105	El Salvador	25	3.799	8.498
106	Macau	24	35.621	54.943
107	Honduras	24	2.397	5.399
108	Zypern	24	26.785	40.007
109	Papua-Neuguinea	23	2.651	3.831
110	Simbabwe	22	1.443	2.254
111	Island	22	59.643	56.066

Rang	Land	BIP absolut Mrd. US-$	BIP pro Kopf	
			US-$	KKP
112	Trinidad und Tobago	22	15.425	25.022
113	Afghanistan	20	611	2.456
114	Bosnien und Herzegowina	20	6.035	15.231
115	Sambia	19	1.023	3.358
116	Libyen	19	2.891	5.892
117	Libanon	19	2.785	11.561
118	Jemen	19	580	1.844
119	Laos	19	2.587	8.099
120	Mali	17	890	2.410
121	Burkina Faso	17	831	2.276
122	Georgien	16	4.275	14.849
123	Benin	16	1.291	3.499
124	Guinea	15	1.102	2.651
125	Gabun	15	7.277	15.951
126	Botsuana	15	6.420	15.493
127	Malta	15	28.955	43.656
128	Albanien	15	5.153	14.172
129	Haiti	15	1.235	3.005
130	Mosambik	14	449	1.297
131	Jamaika	14	5.103	9.993
132	Niger	14	568	1.289
133	Madagaskar	13	462	1.515
134	Mongolei	13	3.916	11.823
135	Armenien	13	4.267	13.329
136	Nikaragua	13	1.943	5.679
137	Nordmazedonien	12	5.939	16.770
138	Brunei	12	26.061	62.306
139	Moldau	12	4.523	12.935
140	Malawi	12	568	1.460
141	Mauritius	11	8.619	20.506
142	Tschad	11	660	1.612
143	Namibia	11	4.276	9.517
144	Ruanda	10	816	2.264
145	Republik Kongo	10	544	1.142
146	Äquatorialguinea	10	7.137	17.897
147	Bahamas	10	25.734	33.233
148	Mauretanien	8	1.956	6.045

Kapitel 18: Perspektiven der Weltwirtschaft

Rang	Land	BIP absolut Mrd. US-$	BIP pro Kopf US-$	BIP pro Kopf KKP
149	Tadschikistan	8	844	3.675
150	Kosovo	8	4.348	11.470
151	Kirgistan	8	1.189	5.007
152	Togo	8	916	2.222
153	Guyana	5	6.953	19.694
154	Somalia	5	332	932
155	Montenegro	5	7.703	19.305
156	Fidschi	4	4.995	12.032
157	Südsudan	4	322	791
158	Barbados	4	15.346	13.324
159	Sierra Leone	4	527	1.727
160	Eswatini	4	3.533	9.041
161	Malediven	4	9.889	19.682
162	Dschibuti	3	3.482	5.833
163	Burundi	3	256	762
164	Liberia	3	647	1.550
165	Suriname	3	4.787	16.292
166	Andorra	3	36.631	51.989
167	Bhutan	3	3.359	12.058
168	Aruba	2	22.483	29.981
169	Zentralafrikanische Republik	2	494	989
170	Eritrea	2	588	1.820
171	Lesotho	2	970	2.624
172	Gambia	2	770	2.274
173	Osttimor	2	1.348	3.356
174	Kap Verde	2	3.065	6.367
175	Belize	2	4.077	6.132
176	St. Lucia	2	8.935	12.897
177	Salomonen	2	2.281	2.349
178	San Marino	2	46.282	60.490
179	Guinea-Bissau	1	790	2.371
180	Antigua und Barbuda	1	13.967	18.238
181	Komoren	1	1.355	3.044
182	Seychellen	1	11.702	25.555
183	Grenada	1	9.130	15.397
184	St. Kitts und Nevis	1	17.173	23.877
185	Vanuatu	1	3.090	2.659

Rang	Land	BIP absolut Mrd. US-$	BIP pro Kopf	
			US-$	KKP
186	Samoa	1	4.090	5.804
187	St. Vincent und Grenadinen	1	7.304	12.750
188	Dominica	1	7.416	11.945
189	Tonga	0,5	4.979	6.259
190	São Tomé und Príncipe	0,5	2.190	4.256
191	Mikronesien	0,4	3.892	3.438
192	Palau	0,3	14.732	14.838
193	Marshallinseln	0,2	4.413	3.830
194	Kiribati	0,2	1.673	2.199
195	Nauru	0,1	8.867	9.853
196	Tuvalu	0,1	5.106	4.999

* keine vorliegenden Daten
Quellen: Weltbank, IWF

aus multiplen Ursachen, Russland-Ukraine-Krieg mit den Wirtschaftssanktionen der NATO-Staaten und deren Auswirkungen für die Entwicklung der nationalen Preisniveaus, die durch Energie- und Nahrungsmittelpreise getrieben werden sowie die Reaktionen der Zentralbanken auf die gestiegenen Inflationsraten mit einer Straffung ihrer Geldpolitik (Zinsanhebungen, Wertpapierverkäufe) – die Möglichkeit eines globalen wirtschaftlichen Abschwungs erhöht. Er würde nach der gerade begonnenen Erholung der Weltwirtschaft von den wirtschaftlichen Auswirkungen der Corona-Pandemie die erzielten Fortschritte wieder konterkarieren. Die konkreten Auswirkungen werden von Land zu Land unterschiedlich sein, eine nennenswerte Verbesserung der jeweiligen Situation und Position eines Landes wird bei diesen Perspektiven der Weltwirtschaft jedoch nur in höchst seltenen Fällen möglich sein, eher eine Verschlechterung für zahlreiche Staaten.

Mittel- und längerfristig werden die Perspektiven von der gegenwärtigen Konkurrenz zwischen dem alten Hegemon USA und der aufsteigenden Macht China wirtschaftlich und geopolitisch überlagert und bestimmt werden. Dabei geht es sowohl um die Durchsetzung der neuen digitalen Betriebsweise als auch der politischen Einflussnahme der konkurrierenden Zentren sowie die Möglichkeit kriegerischer Auseinandersetzungen, die die Gefahr einer weltweiten Eskalation in sich bergen, wofür der gegenwärtig tobende Krieg zwischen Russland und der Ukraine nur einen Vorgeschmack bieten könnte.

c) Der Ukraine-Krieg als Katalysator einer zukünftigen Spaltung der Weltwirtschaft und eines neuen Kalten Krieges vor dem Hintergrund des bevorstehenden Epochenwechsels auf dem Weltmarkt und in der Weltwirtschaft

Die Welt und ihre Wirtschaft stehen zu Beginn des 21. Jahrhunderts an einem Knotenpunkt ihrer weiteren Entwicklung. Neue Produktivkräfte für eine neue Betriebsweise umfassender Digitalisierung der produktiven und individuellen Konsumtion stehen bereit und befinden sich (partiell) auf dem Weg zu ihrer Inwertsetzung. Die beiden größten Volkswirtschaften USA und China sind die ersten Protagonisten für diese neue Welt; beide sind sowohl hinsichtlich ihres allgemeinen Entwicklungsgrads als auch nach ihrer Wirtschafts- und Gesellschaftsverfassung unterschiedlich bis gegensätzlich. Was China als Schwellenland an Wohlstand seiner Bevölkerung im Verhältnis zu den USA fehlt, macht es durch sein überlegenes Wirtschaftssystem einer sozialistischen Marktwirtschaft gegenüber dem Kapitalismus amerikanischer Prägung wett. Unter weltwirtschaftlichen Aspekten kommt hinzu, dass die USA als früherer Demiurg des bürgerlichen Kosmos nach wie vor von den Attributen ihrer Hegemonialposition im Hinblick auf Währung, Auslandsvermögen und Militärpotential zehren; andererseits ist das amerikanische Jahrhundert vorbei und die USA befinden sich gegenüber der aufkommenden neuen Macht China in einem säkularen Abstiegsprozess und sind ihrer Rolle als einziger Supermacht seit dem Zusammenbruch der Sowjetunion verlustig gegangen. Diese verschiedene Verortung beider Länder in dem gegenwärtigen Interregnum bildet den Hintergrund für die Zuspitzung von Krisen und Auseinandersetzungen in geopolitischer Dimension. Die Rollen von Aggressor und Verteidiger, die sich aus dem Gegensatz zwischen Kapitalismus und Sozialismus ergeben – imperialistische Weltherrschaft und Konkurrenz um Ressourcen zur Befriedigung des Triebs zur Profitmaximierung hier, historisch geprägtes defensives und auf beiderseitigen Vorteil nach außen orientiertes primär wirtschaftliches Verhalten dort –, bilden die Folie für die Zuspitzung der ideologischen Auseinandersetzungen. Der vom kapitalistischen »Westen« ausgerufene Kampf zwischen liberal-demokratischen und repressiv-autokratischen Systemen markiert den Resonanzboden, der aggressives Verhalten gegenüber anderen Ländern in Form von Wirtschaftssanktionen, regelrechten Wirtschaftskriegen, über durch Stellvertreter geführte Regionalkriege bis hin zu einem Dritten Weltkrieg legitimieren soll bzw. legitimieren würde. Dabei geraten die Existenzfragen für einen großen Teil der Weltbevölkerung, die durch den menschengemachten, durch CO_2-Emissionen hervorgerufenen Klimawandel mit seinen Auswirkungen auf Meeresspiegelanstieg, Extremwetterereignisse und Desertifizierung ganzer Weltregionen verursacht worden sind und zur Lösung verstärkte internationale Kooperation erfordern würden, auf einen nachgeordneten Rang in der Agenda. Wie wenig nachhaltig zwischenzeitlich gefeierte internationale Erfolge gewesen sind, wird anschaulich klar durch die Rückschritte, die sich in der Bekämpfung der absoluten Armut in der Welt seit dem Jahrtausendwechsel durch die Finanzmarkt-

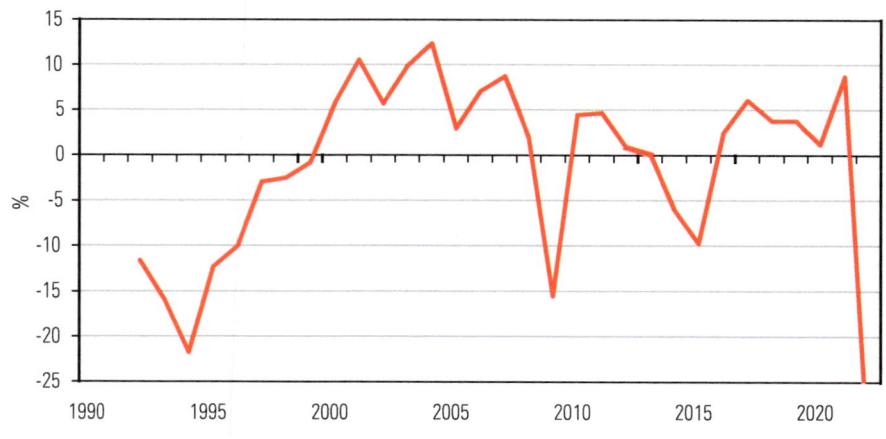

Abbildung 18.2: Entwicklung des BIP der Ukraine in US-Dollar; in % gg. Vorjahr

Quelle: Weltbank

und Weltwirtschaftskrise 2007-09 und die Covid-19-Krise 2020/21 für den ärmeren Teil der Weltbevölkerung im Globalen Süden eingestellt haben; hinzu kommen die Exportbeschränkungen von Getreide infolge des Russland-Ukraine-Krieges, die trotz der durch ausländische Vermittlung erzielten Vereinbarungen zwischen den Kriegsparteien wirken.

Die Spaltung der Welt wird aktuell durch diesen Krieg zwischen Russland und der Ukraine auf einen neuen Höhepunkt getrieben. In den einheimischen offiziellen Medien ist die Bewertung des russischen Einmarsches eindeutig und folgt dem Narrativ einer globalen Auseinandersetzung zwischen Demokratie und Autokratie; dabei inszeniert sich die Ukraine als Kämpfer für die »westlichen Werte«, während sie doch bereits vorher nicht nur ein degenerierter Oligarchen-Kapitalismus mit Korruption auf allen Ebenen und Anknüpfung an faschistoide bis offen faschistische nationalistische Traditionen – offene Verehrung des Antisemiten, Nationalisten und Wehrmacht-Kollaborateurs im Zweiten Weltkriegs Stepan Bandera als Freiheitskämpfer mit Dutzenden neu aufgestellter Staturen bei gleichzeitigem Abriss sowjetischer Denkmäler im Land –, sondern bereits ein »failing state« war, der nur durch finanzielle Transfers des Internationalen Währungsfonds und kapitalistischer Länder vor dem Staatsbankrott und Zerfall bewahrt wurde. Wenn sich der ukrainische Präsident Wolodymyr Selenskij als Garant europäisch-demokratischer Werte gegenüber dem »Terrorstaat« Russland ausgibt, ist dies eine täuschend-propagandistische Inszenierung, die nur vor dem Hintergrund der zugespitzten Kriegssituation verständlich wird, nichtsdestotrotz begierig von der offiziellen öffentlichen Meinung in den USA und den westeuropäischen Staaten kolportiert wird.

Ökonomisch war die Ukraine bereits vor der russischen Annexion der Halbinsel Krim 2014 ein notleidender Staat. In den 1990er Jahren schrumpfte das Bruttoinlandsprodukt der Ukraine nach der Unabhängigkeit um mehr als zwei Drittel des Ausgangsniveaus von 1991 und damit noch stärker als dasjenige der Russischen Föderation in den Jahren unter Jelzin. Dies war das Ergebnis des gescheiterten Transformationsprozesses zu einer kapitalistischen Marktwirtschaft sowie der Zerstörung vorheriger Arbeitsteilungen innerhalb der Sowjetunion. Vor der Großen Krise 2008/09 betrug das ukrainische BIP gerade mal 150% des Niveaus vor knapp 20 Jahren. Auch im folgenden Jahrzehnt der 2010er Jahre reichte es nur zu einer Stagnation; die politischen Turbulenzen im Zusammenhang mit dem sog. Euro-Maidan führten zu absoluten Schrumpfungen der gesamtwirtschaftlichen Produktion, die durch die Erholungsprozesse zwischendurch gerade einmal wettgemacht werden konnten. 2021 betrug das BIP der Ukraine rd. 169 Mrd. US-Dollar; in 2022 ist es aufgrund des Krieges um −30% zurückgefallen (vgl. Abb. 18.2).

Vielfach wird die Ukraine als »Kornkammer Europas« bezeichnet. Daran ist nur so viel richtig, als ihre Schwarzerdeböden sich durch eine hohe natürliche Fruchtbarkeit auszeichnen. Andererseits ist die gesellschaftliche Produktivität in der ukrainischen Landwirtschaft niedrig: Im Jahr 2014 lag die landwirtschaftliche Wertschöpfung pro Hektar bei 413 US-Dollar, verglichen mit 1.142 US-Dollar in Polen, 1.507 US-Dollar in der BRD und 2.444 US-Dollar in Frankreich. Etwa 30 Prozent der geschätzten 43,6 Mrd. Einwohner des Landes leben immer noch in ländlichen Gebieten und die Landwirtschaft beschäftigt mehr als 14 Prozent der Arbeitskräfte. Die seinerzeitige Privatisierung des Grund und Bodens übertrug das Land an 7 Mio. kleine Grundstückseigentümer, die zusammen mehr als 50% der gesamten landwirtschaftlichen Produktion erbringen. Da es bis 2020 verboten war, Land zu kaufen/verkaufen oder mit einer Hypothek zu belasten, blühte die Subsistenzwirtschaft mit Verpachtung des übrigen Landes; die Pacht ist mit 150 US-Dollar pro Hektar extrem niedrig. Durch die Bodenreform von 2020 unter der Selinskyj-Regierung sind mittlerweile Kauf/Verkauf und Beleihung des Bodens möglich; die Weltbank verspricht sich, entsprechend ihrer nach wie vor auf kapitalistische Verhältnisse orientierten Politik, von diesen veränderten Rahmenbedingungen steigende Pachteinnahmen sowie Investitionen in Bewässerung, Gartenbau etc. und damit erhebliche Produktivitäts- und Ertragssteigerungen der ukrainischen Landwirtschaft.

Mit einem BIP i.H.v. 155,6 Mrd. US-Dollar im Jahr 2020 lag die Ukraine auf dem 55. Platz im Länder-Ranking mit gerade einmal 3.741 US-$ pro Kopf. Mit 13.129 Kaufkraftparitäten-Dollar pro Kopf betrug das Lebensniveau der Bevölkerung weniger als 50% desjenigen der Russischen Föderation (28,1 Tsd. KKP), lag deutlich hinter den Ex-Sowjet-Republiken Kasachstan (26,6 KKP) und Belarus (20,2 Tsd. KKP) und auch noch unter dem von Georgien, Armenien, Aserbaidschan und Turkmenistan.

Neben der Landwirtschaft ist die Ukraine aus vergangenen sowjetischen Zeiten ein bedeutender Stahlproduzent und hatte sich vor dem Krieg aufgrund des hohen Bildungsniveaus seiner Bevölkerung, auch dies weitgehend eine Nachwirkung aus der Zeit der Sowjetunion, als eine der wichtigsten Werkbänke der Welt für die Entwicklung von Software qualifiziert. Nur Letzteres kann aber wirklich als Stärke der ukrainischen Wirtschaft gelten, da die weltweite Stahlproduktion durch Überkapazitäten und die dominierende Stellung Chinas beherrscht wird.

So desaströs wie das BIP sind die Staatsfinanzen des Landes, die ohne Unterstützungen seitens des IWF bereits vor Kriegsausbruch zusammengebrochen wären. Aktuell benötigt das Land 5 Mrd. US-Dollar im Monat, die von außen kommen müssen, um die staatlichen Strukturen und die Armee am Laufen zu halten. Auch mit der qualitativen Verfasstheit der staatlichen Strukturen steht es schlecht. Neben umfassender Korruption haben rechtsextreme und faschistische Gruppierungen wichtige Staatsfunktionen okkupieren können. Die Kommunistische Partei der Ukraine (KPU) als älteste Partei des Landes und Wiedergründung der ukrainischen Sektion der KPdSU im Jahr 1993 nach ihrem ersten Verbot nach der Unabhängigkeit 1991 war unter der Präsidentschaft von W. Janukowytsch an der Regierung beteiligt, sie wurde 2015 nach dem Maidan-Putsch wiederum verboten. Seit Ausbruch des Krieges wurden alle politischen Parteien, die als Repräsentanten der russisch sprechenden Bevölkerung im Verdacht standen, russlandfreundlich zu sein, ebenfalls verboten. Im Ergebnis ist das politische System der Ukraine vollständig gleichgeschaltet.

Nach dem Zerfall der Sowjetunion ging der schon lange vor 1991 begonnene Niedergang für die Russische Föderation als deren Nachfolgestaat in den 1990er-Jahre in größerer Geschwindigkeit und in größerem Umfang weiter; der spätere US-Präsident Barak Obama brachte die zwischenzeitlich hervorgebrachte Unipolarität der Welt infolge des Wegfalls des seinerzeitigen US-Gegenparts korrekt auf den Begriff, indem er Russland als bloße Regionalmacht bezeichnete und herabstufte. Dabei hatte die Russische Föderation nach den zerstörerischen Jelzin-Jahren unter der Nachfolgeregentschaft Wladimir Putins einen inneren Konsolidierungsprozess, durchaus krisenhaft und auf einem tendenziell stagnierenden Niveau, vollzogen, der auch wieder außenpolitische Ambitionen wachsen ließ. In mehreren militärischen Operationen versuchte Russland, sein »nahes Ausland«, d.h. die umgebenden ehemaligen Sowjetrepubliken als seine Einflusssphäre zu behaupten – eine Vorgehensweise, die auch die USA gegenüber ihrem »Hinterhof« in Mittel- und Südamerika ebenfalls stets offensiv praktiziert haben. Durch die Osterweiterungen der NATO war das Einflussgebiet der USA auch in Mittel- und Osteuropa über die ehemaligen RGW- und Warschauer Vertragsstaaten bis nahe an die Westgrenze der Russischen Föderation herangerückt. Eine offensive russophobe Rhetorik insbesondere von Polen und den Baltischen Staaten unterstrich diese faktische Einkreisung; auch an der Südflanke strebte Georgien in die westlich-amerikanische Hemisphäre. Die Ukraine war ursprünglich ein Pufferstaat, in dem sich die Westorientierung in Richtung Europäische Union durch ein Assoziierungsabkommen und die stärkere Anlehnung an Russland im Rahmen einer Eurasischen Wirtschaftsunion unter verschiedenen Präsidenten längere Zeit die Waage hielten. 2014 kam es zum sog. »Euro-Maidan«: EU-orientierte Teile der Bevölkerung der West-Ukraine revoltierten mit Unterstützung und Anleitung durch offen nationalistisch-faschistische Elemente sowie mit Unterstützung durch amerikanische und EU-Politiker gegen den seinerzeitigen Präsidenten Janukowytsch und erzwangen dessen Abtritt; die Redeweise vom »Maidan-Putsch« besitzt hier ihre Berechtigung. Russland seinerseits reagierte in der Folgezeit durch die Annexion der Halbinsel Krim, auf der in Sewastopol die russische Schwarzmeer-Flotte stationiert ist. Darüber hinaus wurden von Russland separatistische Bestrebungen im Donbass unterstützt, die 2015 zur Ausrufung der zwei Volksrepubliken Donezk und Luhansk führten. Seit 2015 herrschte Krieg innerhalb der Ukraine zwischen der Zentralmacht und den Separatisten. Schlichtungsversuche der Europäer – Frankreich und Deutschland – durch zwei Vereinbarungen zwischen den beteiligten staatlichen Repräsentanten der Ukraine und Russlands, nach dem Verhandlungsort in Belarus als »Minsk I« und »Minsk II« bezeichnet, wurden namentlich durch die ukrainische Seite sabotiert; sie waren von westlicher Seite sowieso nie ernsthaft angelegt.

Diese scheinbar innerukrainische und zwischenstaatliche zwischen Ukraine und Russland bestehende Gemengelage, die einen »frozen conflict« darstellte, muss, um korrekt bewertet zu werden, in die geopolitische Gesamtkonstellation eingeordnet werden. Denn die USA und ihre Nato-Verbündeten hatten nach 2014 ihre Bemühungen intensiviert, die Ukraine durch Waffenlieferungen und Militärberater in die NATO-Einflusssphäre zu integrieren. Damit war die NATO faktisch bis unmittelbar an die Westgrenze der Russischen Föderation vorgerückt. Nicht zu Unrecht wurde diese Situation von Russland als direkte Bedrohung seiner Sicherheit angesehen. Es folgten Versuche, durch Verhandlungen sowie die Errichtung einer militärischen Drohkulisse durch Aufmarsch der russischen Armee an den Grenzen der Ukraine eine schriftliche Verpflichtung der USA zu erwirken, mit der der mittlerweile in der ukrainischen Verfassung verankerten NATO-Beitrittsperspektive des Landes eine belastbare Absage erteilt würde; dazu waren jedoch weder die USA, die sonstigen NATO-Staaten noch die Ukraine bereit. In Missachtung der von der NATO in den vergangenen Jahren geführten Kriege und der Selbstgewissheit, dass die NATO kein Kriegs-, sondern ein Friedensbündnis demokratischer Staaten sei und selbstverständlich jedem Staat ein Beitritt zu Militärbündnissen freistehe, wurden die russischen Bemühungen abgelehnt. Hinzu kommt, dass bereits im Vorfeld Rüstungsbegrenzungsvereinbarungen zwischen USA und Sowjetunion/Russland (INF-Vertrag) von den USA aus einer Position der Stärke heraus gekündigt worden waren.

Im Februar erkannte Russland die beiden Volksrepubliken im Donbass als eigenständige Staaten an und begann am 24. Februar 2022 eine militärische Intervention in das Nachbarland Ukraine. Ideologisch begründet wurde die vom russischen Präsidenten Putin als »Spezialoperation« bezeichnete Invasion unter Rückgriff auf vermeintlich historische nationale Identitäten und Ansprüche aus der Zeit der Kiewer Rus, zuletzt auch unter Rückgriff auf das Zarenreich von Peter dem Großen. Mit diesen irreal-reaktionären, auf vermeintliche historisch gewachsene Blutsverwandtschaften rekurrierenden Argumenten wird der Ukraine die nationale Identität und faktisch das Recht auf eigene Staatlichkeit abgesprochen. Demilitarisierung und Entnazifizierung der Ukraine wurden von Putin als Begründung für den Krieg angeführt, garniert mit antikommunistischen und antisowjetischen Ausfällen, die bis in die Zeit Lenins und seiner liberalen Auffassungen zur Nationalitätenpolitik zurückreichten. In Bezug auf die russische Invasion in die Ukraine handelte es sich sowohl mit Bezug auf die russischen Bemühungen in Richtung USA als auch hinsichtlich einer ideologischen Rechtfertigung beide Male um ein Agieren aus einer inferioren und schwachen Position. Dies macht es für die stärkste Oppositionspartei in der russischen Duma, die Kommunistische Partei der Russischen Föderation (KPRF), außerordentlich kompliziert, zwischen den von ihr geteilten nationalen Sicherheitsinteressen Russlands einerseits und der gegenüber Sowjet-Zeiten qualitativ veränderten Gesellschaftsverfassung eines degenerierten Crony-Kapitalismus mit rückwärtsgewandten gesellschaftlichen und nationalistischen Strukturen und Tendenzen andererseits zu differenzieren und in der Öffentlichkeit Gehör zu finden.

Die USA und die EU reagierten auf die russische Invasion in die Ukraine mit beispiellosen Sanktionspaketen gegenüber der Russischen Föderation. Die Einfrierung, d.h. faktische Enteignung von rd. 416 Mrd. US-Dollar auf den Konten westlicher Zentralbanken deponierter Devisenreserven der russischen Zentralbank, die Bestandteil der nationalen Währungsreserve des Landes sind, und der Ausschluss etlicher russischer Banken vom Zahlungsinformationssystem SWIFT treffen die Auslandsbeziehungen des russischen Finanzsektors hart. Hinzu kommen Exportverbote von westlichen High-Tech-Waren, Beschlagnahmungen von Vermögen im und Einreiseverbote russischer Bürger ins Ausland, Druck auf westliche Unternehmen bezüglich des Stopps ihrer russischen Wirtschaftsbeziehungen sowie verhängte Importverbote russischer Waren, insbesondere fossiler Energieträger (Gas und Öl). Russland seinerseits hatte sich zunächst bemüht, seine Gegenmaßnahmen bei seinen Exporten so zu dosieren, dass Abhängigkeiten von EU-Staaten, insbesondere der BRD im Hinblick auf Gas- und Erdölimporte, zugunsten von Preissteigerungen für verminderte Mengenlieferungen per Saldo zu seinen Gunsten ausgefallen waren. Andererseits sind die Bemühungen der russischen staatlichen Öl- und Gasunternehmen verstärkt worden, den Absatz zur Kompensation wegfallender Lieferungen in anderen Regionen, insbesondere nach China und Indien, zu erhöhen.

Mit den Wirtschafts- und Personensanktionen sind die NATO-Staaten verdeckt bereits Kriegspartei auf Seiten der Ukraine geworden; endgültig wurden sie es mit den Lieferungen von Waffen, anfänglich Defensivwaffen, sodann auch schwerer Waffen wie Panzerhaubitzen, Schützen- und modernen Kampfpanzern. Nur vor der Einrichtung bspw. einer Flugverbotszone seitens der NATO für russische Militärflugzeuge im ukrainischen Luftraum wurde bislang – noch – zurückgeschreckt. Die offizielle Sprachregelung ist, dass die NATO eine direkte Konfrontation mit russischem Militär vermeiden will, weil man weiß, dass sich daraus blitzschnell ein Krieg mit immerhin der zweitstärksten Atommacht der Welt ergeben könnte. Allerdings mehren sich in der Diskussion um die Kriegsziele nicht nur in den von rechtsnationalistischen und rechtspopulistischen Regierungen geführten Staaten – neben Polen und den baltischen Staaten ist hier neben den USA auch dessen erster Juniorpartner in Europa, das Vereinigte Königreich mit seiner rechtspopulistischen

Tory-Regierung zu nennen –, sondern auch bspw. in öffentlich-rechtlichen Medien der BRD die Stimmen, die einen Sieg der Ukraine und eine Niederlage Russlands mit anschließender langanhaltender und nachhaltiger militärischer, ökonomischer und politischer Schwächung fordern und dafür auch bereit sind, bis an Grenze eines Dritten Weltkriegs und darüber hinaus zu gehen. Denn so viel ist klar: auch wenn die russische Intervention in das Nachbarland keineswegs als »Blitzkrieg« mit raschem Regimewechsel in Kiew verlaufen ist, die russische Armee nicht als Befreier des ukrainischen Volkes willkommen geheißen, sondern umgekehrt überwiegend als Aggressor wahrgenommen wird, der Krieg zu einer Aufwertung der NATO, zu der auch traditionell neutrale Staaten (Finnland und Schweden) beigetreten sind, geführt hat – Alles direkt kontraproduktive Ergebnisse der russischen Politik, die zu der Legitimation der »Spezialoperation« aus einer Position der Schwäche hinzukommen –, und sich deutliche Defizite und Nachteile des russischen Militärs bei Kampfkraft der Truppen und Treffsicherheit des Kriegsgeräts gezeigt haben, wird mit derartigen unverhohlenen Äußerungen nicht nur mit dem Feuer, sondern auch der eigenen Existenz gespielt. Je weiter Russland und seine Putin-Regierung in die Ecke des Kriegsverlierers gedrängt werden, umso höher ist die Wahrscheinlichkeit des Einsatzes auch von ABC-Waffen – bekanntlich sind ja auch die USA in ihrem antikommunistischen Furor sowohl im Korea- als auch im Vietnam-Krieg nicht davor zurückgeschreckt.

Mittlerweile wird davon ausgegangen, dass sich der Russland-Ukraine-Krieg noch lange als Stellungs- und Abnutzungskrieg, bestenfalls als »frozen conflict« bis zu einem Wechsel hin zu friedensbereiten Regierungen in beiden Staaten, hinziehen werde. Ein Ende des Krieges ist jedoch keineswegs im Interesse der faktischen externen Kriegsparteien. Die USA sehen sich in der komfortablen Lage, die ihnen als Vasall folgende Selenskyj-Regierung in der Ukraine mit Waffen und Geld zu unterstützen, ansonsten aber sowohl außerhalb der Reichweite von russischen Mittelstreckenwaffen zu sein, die potenziell atomar bestückt werden könnten, als auch die bereits eingetretene strategische Schwächung Russlands auf der Habenseite ihrer geopolitischen Agenda zu verbuchen. Sie können sich zukünftig umso stärker auf den eigentlichen Ausscheidungskampf mit der Volksrepublik China konzentrieren. Demgegenüber werden auf die EU weniger gemütliche Zeiten zukommen. Zum einen liegen nicht nur die osteuropäischen EU-Staaten, sondern beispielsweise auch die BRD im Bereich russischer Mittelstreckenraketen mit extrem kurzen Vorwarnzeiten. Zum anderen bestand eine langfristig gewachsene Abhängigkeit einiger EU-Staaten von russischen Öl- und Gaslieferungen, deren Aussetzung erhebliche wirtschaftliche Probleme – massive Preissteigerungen bis hin zu definitiven Mangelsituationen – für etliche Branchen und die Privaten Haushalte erzeugt hat. Die der Ukraine eröffnete Beitrittsperspektive in die EU wird bereits im Vorfeld vor dessen offizieller Mitgliedschaft viel mehr als nur die bisherigen Waffenlieferungen kosten. Es handelt sich hierbei um ein regelrechtes Danaer-Geschenk, welches die EU sich selbst in ihrem Wahn, mit der Ukraine für Freiheit und Demokratie zu kämpfen, gemacht hat. Denn durch den Krieg hat sich der Status der Ukraine nochmals geändert: aus einem »failling state« ist bis auf Weiteres ökonomisch ein »failed state« geworden und damit für die EU zukünftig finanziell ein Fass ohne Boden.

Damit sind kurz- und mittelfristig ökonomisch und politisch die Karten, in denen der Russland-Ukraine-Krieg nur den Katalysator bereits zuvor bestehender Widersprüche ausmacht, gemischt und verteilt. Gegenwärtig gibt es international eine Dreiteilung in der Bewertung des Russland-Ukraine-Krieges, die im Abstimmungsverhalten zur Resolution ES-11/1 der UN-Generalversammlung am 2. März 2022 sowie am 23. Februar 2023 durch die Generalversammlung der Vereinten Nationen zum Ausdruck kam. Gegen diese Resolution, d.h. gegen die Verurteilung Russlands als Angreifer stimmten neben Russland nur Belarus, Syrien, Eritrea und Nordkorea sowie Mali und Nicaragua, 35 bzw. 32 Staaten enthielten sich allerdings, u.a. die BRICS-Staaten VR China, Indien und Südafrika, außerdem die sozialistischen Länder Vietnam und Kuba, die ehemaligen Sowjet-Republiken Kasachstan, Armenien, Kirgistan und Tadschikistan sowie weitere asiatische (Iran, Irak, Pakistan, Bangladesch, Laos, Mongolei, Sri Lanka), lateinamerikanische (Bolivien, El Salvador, Nikaragua) und afrikanische Staaten (u.a. DR Kongo, Algerien, Äquatorialguinea, Angola, Namibia, Tansania, Uganda und Simbabwe). Auch an den vom »Westen« verhängten Sanktionspaketen gegen die Russische Föderation beteiligten sich diese Länder nicht wie übrigens auch nicht das NATO-Mitglied Türkei, das sich in der Folgezeit als Vermittler zwischen den Kriegsparteien in Bezug auf die Ermöglichung von Getreidelieferungen aus der Ukraine und Russland über das Schwarze Meer profiliert hat. Die große Mehrheit von 141 Staaten stimmte jedoch für die Resolution und verurteilte damit die Verletzung der territorialen Integrität der Ukraine durch die russische Invasion. Ordnet man diese drei Gruppen von Ländern nach ihrem ökonomischen Gewicht, kann von der durch die USA und ihrem Anhang intendierten internationalen Isolation der Russischen Föderation keine Rede sein. Vielmehr deutet sich zukünftig eine Zweiteilung der Weltwirtschaft an, die vom kapitalistischen Westen mit der vor sich hergetragenen Monstranz einer demokratischen, regelbasierten internationalen Ordnung gegenwärtig forciert wird, der sich jedoch ein großer Teil anderer ökonomischer Schwergewichte der Weltwirtschaft nicht unterordnet, sondern sich seine politischen und Handelsbeziehungen nach allen Seiten in einer multipolaren Welt offenhalten wird.

Die noch keineswegs gebannte Gefahr des erneuten Aufflackerns der Covid-19-Krise mit ihrer Beschädigung internationaler Lieferketten einer vorher bedingungslos fortgetriebenen Globalisierung von Produktionsprozessen, wird in Europa mit dem politisch begründeten Embargo russischer fossiler Energieträger sowie weiterer mineralischer und landwirtschaftlicher Rohprodukte verquickt und dadurch verstärkt. Der Effekt ist ein doppelter: die Rohstoffpreise steigen und fehlende Lieferungen und Knappheiten bspw. von Mikrochips induzieren eine kostengetriebene Inflationierung der Erzeugerpreise. Dies wurde noch verstärkt durch Logistik-Probleme infolge zeitweiliger Schließungen von Umschlaghäfen in der Werkstatt der Welt China. Vor diesem Hintergrund ist an einen planvollen und strukturierten Prozess der Transformation der Ökonomie in Richtung Digitalisierung und Dekarbonisierung nicht zu denken, geschweige denn an eine ziemlich umfassende Etablierung einer neuen Betriebsweise. Im Gegenteil musste mit Ad-hoc-Maßnahmen in Reaktion auf kurzfristig auftretende Engpässe bei Energieträgern und externen Warenlieferungen reagiert werden; damit wurden in der BRD sowohl die Laufzeitverlängerung der eigentlich zum Jahresende 2022 abzuschaltenden Kernkraftwerke als auch das Hochfahren bisher in Reserve gehaltener Kohlekraftwerke legitimiert; auch die einheimische Schiefergas- und -ölproduktion (Fracking) steht in der Diskussion. Die gleichzeitige kostengetriebene Inflation erzwingt sowohl höhere Löhne als auch höhere staatliche Transfers zum Ausgleich sozialer Notlagen der ärmeren Bevölkerungskreise. Dies erzeugte eine Inflationsdynamik – Preis-Lohn-Preis-Spirale –, die auf die allerorten niedrigen Profitraten der Nationalkapitale trifft. Statt Wachstum ergibt sich Stagflation. Infolge der internationalen Inflation sind die Zentralbanken gezwungen, von ihrer bis zuletzt verfolgten lockeren und ultralockeren Geldpolitik (Quantitative Easing) Abstand zu nehmen und nicht nur die Flutung der Finanzmärkte mit Quasi-Kreditgeld durch Wertpapier-Ankaufprogramme zu beenden, sondern die zirkulierende Geldmenge durch Abbau ihrer Wertpapierportfolios absolut zu reduzieren und die Zinsen zu erhöhen. Die Verengung und Verteuerung der Refinanzierungsbedingungen der Geschäftsbanken restringieren ihr Kreditvergabepotential. Die Steigerung der Zinssätze trifft auf in den vergangenen Krisen hinaufgetriebene Verschuldungspositionen sowohl von (Zombie-) Unternehmen als auch der privaten und öffentlichen Haushalte. Kommt es zu einer erneuten krisenhaften Zuspitzung aus dem Zusammenspiel von Stagflation und Verschuldungskrise mit politischen Überlagerungen aufgrund des Russland-Ukraine-Krieges, werden viele Länder schweren wirtschaftlichen (und politischen) Turbulenzen in der kurzen Frist ausgesetzt sein. Ein erneutes Aufbrechen der Euro-Krise z.B. durch Refinanzierungsschwierigkeiten des italienischen Staatshaushalts würde wegen des quantitativen Gewichts des G7-Mitglieds Italien nicht so einfach durch die bestehenden Instrumente und Institutionen – European Stability Mechanism (ESM) und Internationaler Währungsfonds – aufgefangen werden können wie seinerzeitige die Euro-Krise zu Beginn des zweiten Jahrzehnts nach dem Jahrtausendwechsel. Nunmehr kommt das Problem der Inflation hinzu, welches seinerzeit nicht bestand und die Rahmenbedingungen einer Anti-Krisen-Politik durch Geldschöpfung mindestens massiv erschwert, wenn nicht gar verunmöglicht.

Eine erneute Weltwirtschaftskrise nach dem überwundenen Corona-Einbruch 2020/21 würde zudem überlagert durch die durch den Ukraine-Krieg verstärkte Zweiteilung von Weltwirtschaft und Weltpolitik. Russland ist durch seinen Krieg sowie die verhängten Sanktionen mittelfristig geschwächt; ihm bleibt nur die Juniorpartnerschaft zur Volksrepublik China im Hinblick auf Absatzmärkte und Technologieimporte. Einzig sein Atomwaffenarsenal steht auf seiner Habenseite, während seine konventionellen Streitkräfte sowohl nach technischen Möglichkeiten und subjektiver Kampfkraft bislang offenbar erheblich überschätzt worden sind. Die chinesische Partei- und Staatsführung hat keine Illusionen hinsichtlich der Gegnerschaft der USA und der aggressiven Einkreisungsbestrebungen durch den neuen Pakt zwischen Australien, Großbritannien und den USA (AUKUS), der zukünftig mindestens um Japan erweitert werden soll; außerdem stehen mit Südkorea und Singapur verlässliche Vasallen in der Region bereit. Indonesien, die Philippinen und Indien versuchen – noch – einen Spagat der Äquidistanz zwischen ihrem wichtigen Handelspartner China und politischer Nähe zu den kapitalistischen Ländern der Region.

Die Arrondierung seines Hoheitsgebiets in Richtung des Südchinesischen Meeres durch Beanspruchung von Rohstoffvorkommen zur See und Anlage von Flugplätzen auf unbewohnten Inseln ist, bei Licht besehen, viel eher das Recht Chinas als die Beibehaltung der US-Militärstützpunkte von Hawaii über Diego Garcia bis Guam und Luzon (Philippinen) sowie auf Neuseeland, in Japan und Südkorea, jeweils Tausende Meilen von ihrem Territorium entfernt; hinzu kommt die Aufrüstung dieser Länder durch die USA. Auch der mögliche Krisenbrennpunkt zwischen China und den USA ist mit der Insel Taiwan bereits ausgemacht. China betrachtet Taiwan als abtrünnige Provinz, in die nach der Niederlage im chinesischen Bürgerkrieg Chiang Kai-Shek mit seinen Truppen und Getreuen geflohen war – nicht ohne vorher die chinesische Staatskasse (Währungsreserven) zu plündern und ganze Fabrikanlagen vom Festland auf die Insel transportieren zu lassen. China hat erklärt, dass die Wiedervereinigung von Taiwan mit der Volksrepublik nicht verhandelbar ist und entweder friedlich oder auch mit Militärgewalt vollzogen werden wird. Allerdings ist als letzter Zeitpunkt für diesen Vorgang erst das 100-jährige Bestehen der Volksrepublik im Jahr 2049, also noch mehr als ein Vierteljahrhundert von heute an gerechnet, benannt. Es ist davon auszugehen, dass eine eventuelle gewaltsame Invasion der chinesischen Volksbefreiungsarmee, auch nach den negativen Erfahrungen Russlands im aktuellen Krieg, nicht überhastet, sondern überlegt und wohl vorbereitet erfolgen würde. Wenn es allerdings dazu käme, wäre eine unmittelbare Konfrontation zwischen den USA als Schutzmacht der taiwanischen Regierung und der Volksrepublik gegeben.

Vor einer gewaltsamen Wiedervereinigung Taiwans mit der Volksrepublik stehen allerdings andere Aufgaben auf der Agenda. Die chinesische Regierung hat aus dem von den USA unter der Trump-Präsidentschaft begonnenen und durch die Biden-Harris-Regierung fortgeführten und verschärften Wirtschaftskrieg mit der Etablierung zweier Wirtschaftskreisläufe – Binnen- und Außenwirtschaft – bereits die erste Schlussfolgerung gezogen. Die Bemühungen, im Rahmen von »Made in China 2025« binnenwirtschaftliche Potentiale in Schlüssel- und High-Tech-Branchen zu entwickeln und inwertzusetzen, waren und sind der nächste Schritt. Die stärkere Kontrolle des Finanzsektors und, abgestimmt in erster Linie mit Russland, Alternativen zum SWIFT-Informationssystem zu schaffen sowie verstärkt Alternativen zum US-Dollar als Transaktions- und Anlagewährung zu entwickeln, die an frühere Initiativen nach der Finanzmarkt- und Weltwirtschaftskrise 2007-09 anschließen (De-Dollarisierung), sind weitere Schritte. Ganz offensichtlich hat die chinesische Partei- und Staatsführung die korrekte Interpretation der historischen Situation eines äußerst krisenhaft sich vollziehenden Epochenwechsels in einem ökonomischen und politischen Interregnum in Weltwirtschaft und Weltpolitik für sich: dieses Interregnum steht für eine Periode der Zweiteilung der Weltwirtschaft zwischen den kapitalistischen Staaten und der Volksrepublik mit Russland als Juniorpartner. Die übrigen Länder Lateinamerikas, Afrikas und Asiens werden bis auf Weiteres eine Mittelposition einnehmen und sowohl mit dem einen Pol als auch dem anderen Pol Wirtschaftsgeschäfte und politische Übereinkünfte vollziehen, weil die historisch gewachsenen internationalen Lieferketten und -beziehungen nicht ohne Weiteres gekappt werden können. Auch China wird so lange wie möglich, d.h. bis die eigenen Stärken weiter konsolidiert sind, gute Miene zum bösen Spiel des »Westens« zu machen versuchen – es sei denn, der US-Imperialismus und seine Vasallen legen es politisch auf einen direkten Ausscheidungskampf an. Dann allerdings wären die nur gemeinsam im Rahmen der Vereinten Nationen zu bearbeitenden ökologischen Probleme des Planeten nicht mehr im Sinne der gesamten Weltbevölkerung zu lösen.

So wie die Dinge liegen, und dafür ist der Ukraine-Krieg der wesentliche Katalysator, muss die Welt also zunächst durch diese Zweiteilung mit allen negativen Konsequenzen hindurchgehen. Wieder also zeitigt der Epochenwechsel auf dem Weltmarkt wirtschaftliche Krisen und geopolitische Verwerfungen, die bis zu kriegerischen Auseinandersetzungen gehen. Die Zivilisierung von Widersprüchen und Interessenkonflikten zwischen Nationen, die der kapitalistischen Gesellschaftsformation im Unterschied zu vorbürgerlichen Produktionsweisen und ihren Imperien zugeschrieben wurde, war in der ersten Hälfte des 20. Jahrhunderts nicht zum Tragen gekommen.[7] Auch wenn in der Folgezeit zunächst darauf vertraut wurde, dass nach Beendigung des Kalten Krieges zwischen dem kapitalistischen und sozialistischen Weltsystem das »Ende der Geschichte« (F. Fukuyama) angebrochen sei, trugen bereits die näheren Begleitumstände des Sieges der kapitalistischen Gesellschaftsordnung den Keim der Infragestellung dieses Sieges in sich. Es ging dabei nicht nur um die inhärente Eigenschaft des Kapitalismus, Krieg als ultima ratio der Konkurrenz um geostrategischen und geoökonomischen Einfluss zwischen konkurrierenden Nationalkapitalen zu begreifen, sondern auch um die anschließenden Bruchpunkte bei der Transformation der ehemals realsozialistischen Staaten in kapitalistische Wirtschaften und bürgerliche Scheindemokratien. Diese Bruchstellen wurden in all den Fällen überdeckt, in denen sich die realsozialistischen Staaten Mittel- und Osteuropas in ihre Rolle als Satelliten der angestammten westeuropäischen Metropolen sowie der USA fügten, was ihnen mit reichlichen Transfers aus den Fonds der Europäischen Union nach ihrem Beitritt zur EU und einigen Ländern zur Euro-Zone versüßt wurde.

Die eigentliche ökonomische und geopolitische Herausforderung für die USA ist aber trotz des Russland-Ukraine-Krieges nicht die Russische Föderation, sondern die VR China. Es ist erklärtes Ziel der US-Politik, gleichgültig von welcher der beiden amerikanischen Parteien die Präsidentschaft gestellt wird, China und den

---

[7] Vgl. Kapitel 15, Unterabschnitt d).

chinesischen Einfluss in Ostasien und darüber hinaus, nicht nur einzuhegen, sondern offensiv zu bekämpfen. Dieser chinesische Einfluss besteht bislang nur implizit durch die Verstärkung der militärischen Präsenz im ostchinesischen Meer, durch seine ökonomischen Offensiven im Außenhandel durch die »Neue Seidenstraße« (Belt & Road, B&R) und in der Industriepolitik durch Direktinvestitionen chinesischer (Staats-)Unternehmen in kapitalistischen Ländern. Damit sichert sich China Absatzmärkte für seine Produkte und Zugriff auf Rohstoffe und entwickelte Technologien. Da gleichzeitig die Infrastruktur der Partnerländer auf- und ausgebaut wird, unterscheidet sich das Vorgehen Chinas fundamental von der seinerzeitigen kapitalistischen Kolonisierung und dem Neokolonialismus der Nachkriegszeit gegenüber der Dritten Welt. Die USA und die Länder der EU werden dadurch gezwungen, ebenfalls Abstand von einseitigen Knebelverträgen mit Entwicklungsländern zu nehmen und die Propagierung der heilsamen Wirkungen des Washington-Konsensus zu relativieren; im Fokus insbesondere der EU-Staaten steht dabei Afrika.

Es bleibt aber nicht beim friedlichen ökonomischen Wettstreit der unterschiedlichen Wirtschaftssysteme und Politikansätze. Im Kern geht der Kampf um die Funktionen des Weltmarkt-Demiurgen, der aufgrund seiner ökonomischen Position zugleich die Weltpolitik maßgeblich bestimmt. Es ist schwerlich vorstellbar, dass es zukünftig ein einzelnes Land als Demiurg des Kosmos geben wird; vielmehr steht objektiv eine kooperative Gestaltung der institutionellen Rahmenbedingungen und der Funktionsweise der Weltwirtschaft sowie eine internationale Friedenspolitik, die sich den Menschheitsaufgaben der Überwindung von Hunger und Armut sowie der Begrenzung des menschengemachten Klimawandels widmet, auf der Agenda. M.a.W.: Es geht um eine bewusste Sozialisierung (Vergemeinschaftung) der Funktionen des Weltmarkt-Demiurgen, welche an und für sich nur unter Bedingungen einer Überwindung der kapitalistischen Produktionsweise in den wichtigsten Ländern möglich erscheint.[8]

---

[8] Wie diese Sozialisierung der Funktionen des Weltmarkt-Demiurgen aussehen könnte, wird im abschließenden 22. Kapitel der vorliegenden Abhandlung skizziert.

Fünfter Abschnitt:
Übergang von der Vorgeschichte zur wirklichen Geschichte – bisherige Versuche und Ansatzpunkte

Kapitel 19: Die Tage der Pariser Kommune

Die »Pariser Kommune« bestand vom 18. März bis 28. Mai 1871, also 71 Tage. Am 21. Mai waren die französischen Regierungstruppen in die Stadt eingedrungen, eine Woche später hatten sie die Kommunarden besiegt, ein Blutbad angerichtet und die erste sozialistische Revolution der Weltgeschichte, die als »*der ruhmvolle Vorbote einer neuen Gesellschaft (ewig gefeiert werden wird)*« (MEW 17a: 362), zertreten.

Ihre Vorgeschichte bildete der Deutsch-Französische Krieg von 1870 bis 1871. Er war ein Krieg zwischen Frankreich einerseits und dem Norddeutschen Bund unter der Führung Preußens sowie den mit ihm verbündeten süddeutschen Staaten Bayern, Württemberg, Baden und Hessen-Darmstadt andererseits. Sein Auslöser hatte im Streit zwischen Frankreich und Preußen um die spanische Thronkandidatur des Prinzen Leopold von Hohenzollern-Sigmaringen bestanden, seine Ursachen reichten weiter zurück, aufseiten Frankreichs bestanden sie in Revanchegelüsten gegenüber der Niederlage des napoleonischen Kaiserreichs 1814/15, die Napoleon Bonaparte als Kaiser Napoleon III. befriedigen wollte, aufseiten Preußens durch Verwicklungen in die Gebietsstreitigkeiten zwischen Frankreich, Österreich und den Niederlanden. Am 19. Juli 1870 hatte Frankreich Preußen den Krieg erklärt. Demzufolge sprach Marx von *einem »deutschen Verteidigungskrieg, (der allerdings) […] mit der Ergebung Louis-Napoleons, der Kapitulation von Sedan und der Proklamation der Republik in Paris (endete).«* (MEW 17c: 271) In diesem defensiven Sinne hatte sich König Wilhelm von Preußen (1797–1888) in seiner Proklamation zu Beginn des Krieges noch positioniert. Am 11. August 1870 hatte er jedoch ein Manifest an die französische Nation erlassen, in dem er die Ausweitung der Kriegshandlungen der deutschen Armee mit Überschreitung der französischen Grenzen durch »militärische Vorkommnisse« legitimierte. Abgesehen davon, dass – wie Marx zu Recht in seiner zweiten Adresse des Generalrats der Internationalen Arbeiterassoziation über den Deutsch-Französischen Krieg vom 9. September 1870 ausführte – »militärische Vorkommnisse« keine Begründung für einen Angriffskrieg darstellen können, wurde mit der Invasion Frankreichs aus dem Verteidigungskrieg ein offensiver imperialistischer Krieg, der nach seiner formellen Beendigung bereits seinen Folgekrieg provozieren und in sich bergen musste: *»Wenn Grenzen durch militärische Interessen bestimmt werden sollen, werden die Ansprüche nie ein Ende nehmen, weil jede militärische Linie notwendig fehlerhaft ist und durch Annexion von weiterm Gebiet verbessert werden kann; und überdies kann sie nie endgültig und gerecht bestimmt werden, weil sie immer dem Besiegten vom Sieger aufgezwungen wird und folglich schon den Keim eines neuen Kriegs in sich führt.«* (ibid.: 274)

Innerhalb weniger Wochen im Spätsommer 1870 besiegten die deutschen Verbündeten große Teile der französischen Armeen. Nach der Schlacht von Sedan in Nordfrankreich ging Kaiser Napoléon III. am 2. September 1870 in Gefangenschaft. Daraufhin bildete sich in Paris eine provisorische nationale Regierung, welche die Republik ausrief, den Krieg fortführte und neue Armeen aufstellte. Aber auch die neue Regierung vermochte es nicht, das Blatt im Sinne Frankreichs zu wenden.

Kapitel 19: Die Tage der Pariser Kommune

Am 18. Januar 1871 hatte sich Wilhelm I. im Schloss Versailles zum deutschen Kaiser ausrufen lassen. Während die neugewählte französische Regierung in Versailles unter Adolphe Thiers einen Waffenstillstand mit den Deutschen aushandelte, verteidigte die vor allem aus Handwerkern und Arbeitern rekrutierte Nationalgarde die Hauptstadt Paris gegen die deutsche Belagerung. Gegen den Versuch, die Nationalgarde zu entwaffnen, leisteten die Pariser Widerstand. Am 18. März wurden die Regierungstruppen aus der Stadt vertrieben und die Kommune proklamiert. Das real gewordene »Gespenst des Kommunismus« vereinte die vormaligen Kriegsgegner gegenüber dem neuen Feind. Der deutsche Kanzler Otto von Bismarck ließ die französischen Kriegsgefangenen frei und stellte sie der Regierung Thiers zur Verfügung, um die Kommune niederzuschlagen. Den am 21. Mai in die Stadt einrückenden Regierungstruppen hatten die Kommunarden militärisch wenig entgegenzusetzen, und es folgte eine »blutige Woche« der Rache, der Tausende von Parisern zum Opfer fielen.

In seiner Schrift »Der Bürgerkrieg in Frankreich« widmete sich Marx ausführlich den Begleitumständen und Ränkespielen der handelnden Personen der französischen Regierung unter Adolphe Thiers, seinem General Louis Jules Trochu und dem Außenminister Jules Favre. Er machte vor allem deutlich, wie nach der Kapitulation gegenüber Preußen eine überstürzte Wahl einer neuen Nationalversammlung (»Krautjunker-Versammlung«) die französische Konterrevolution gegen die gerade gegründete Republik sich ein scheindemokratisches Mäntelchen zu schaffen versuchte, um ihre Macht und persönliche Bereicherung zu sichern. Dem stand als einziges ernstliches Hindernis das von der Nationalgarde gegen die Preußen gehaltene und verteidigte Paris entgegen; nötig zur Überwindung dieses Hindernisses war die gewaltsame Entwaffnung der Nationalgardisten und ihrer gewählten Führung, ihrem Zentralkomitee. Damit eröffnete Thiers den Bürgerkrieg. Unter dem Vorwand einer vermeintlich unbewaffneten Demonstration – ein Zug »feiner Herren« – wurde in die Stadt einmarschiert, um unter den Rufen »Nieder mit dem Zentralkomitee! Nieder mit den Mördern! Es lebe die Nationalversammlung!« die Wachen der Nationalgardisten zu überwältigen und das Hauptquartier der Kommune zu besetzen. Das Unternehmen scheiterte: »*eine Salve zerstreute in wilde Flucht die albernen Gecken, die erwartet hatten, die bloße Schaustellung ihrer ›anständigen Gesellschaft‹ werde auf die Pariser Revolution wirken wie die Trompeten Josuas auf die Mauern von Jericho.*« (MEW 17a: 333; Hervorh. i. Original)

Marx hebt hervor, dass die Kommunarden mit ihrem defensiven Gebaren und ihrer Nachsichtigkeit, Großzügigkeit und möglichsten Gewaltlosigkeit gegenüber ihren Gegnern die Niederlage ihrer Revolution zum Teil selbst verschuldet hatten. »*Das Zentralkomitee von 1871 ließ die Helden der ›friedlichen Demonstration‹ einfach laufen, und so waren sie bereits zwei Tage später imstande, sich unter dem Admiral Saisset zu jener* bewaffneten *Demonstration zusammenzufinden, die mit dem bewußten Ausreißen nach Versailles endigte. In seinem Widerstreben, den durch Thiers' nächtlichen Einbruch im Montmartre eröffneten Bürgerkrieg aufzunehmen, machte sich das Zentralkomitee diesmal eines entscheidenden Fehlers dadurch schuldig, daß es selbst nicht sofort auf das damals vollständig hülflose Versailles marschierte und damit den Verschwörern des Thiers und seiner Krautjunker ein Ziel setzte.«* (ibid.) Die Versailler waren dagegen gnadenlos gegenüber ihren Gefangenen aus Paris; sie wurden massenhaft erschossen.

Die wenigen Tage des Bestehens der Kommune von Paris waren zu gering, um gesellschaftliche Umgestaltungen durchzusetzen. Nur der Verwaltungsapparat der Stadt konnte kurzfristig neu aufgestellt werden. Die kommunale Regierung bildete sich aus durch allgemeines Stimmrecht in den verschiedenen Bezirken von Paris gewählten Stadträten. Sie waren jederzeit absetzbar, bestanden in ihrer Mehrzahl aus Arbeitern und waren nicht eine parlamentarische, sondern eine arbeitende Körperschaft, die *»vollziehend und gesetzgebend zu gleicher Zeit (war)«* (ibid.: 339). Die Entgeltung der exekutiven Organe, Polizei und Beamtenschaft, erfolgte zum Arbeiterlohn, sodass die vordem existierende Verschwendung durch Repräsentationsgelder der Staatswürdenträger verschwand. Der geistige Unterdrückungsapparat der Staatsmacht, der zur damaligen Zeit namentlich durch den Klerus ausgeübt wurde, wurde aufgelöst und die Pfaffen in die Stille des Privatlebens zurückgesandt, *»um dort, nach dem Bilde ihrer Vorgänger, der Apostel, sich von dem Almosen der Gläubigen zu nähren.«* (ibid.) Die Säkularisierung des Staates, die bis heute in den bürgerlich-kapitalistischen Gesellschaften nicht vollendet ist, wurde im damaligen Paris in einem Schritt umgesetzt. Die dritte Gewalt, die Judikative, wurde durch gewählte und jederzeit absetzbare richterliche Beamte neu formiert.

Die Pariser Kommune sollte, so Marx' Einschätzung, allen großen gewerblichen Mittelpunkten Frankreichs als Muster dienen. Er sprach sich für eine weitgehend dezentralisierte Selbstregierung der unmittelbaren Produzenten in den Provinzen aus; die verbleibenden Zentralfunktionen auf nationaler Ebene sollten an *»kommunale, d.h. streng verantwortliche Beamte übertragen werden«* (ibid.). Das stehende Heer sollte durch eine Volksmiliz ersetzt werden. Mit diesen Hinweisen wird deutlich, was Marx sich unter seiner Orientierung auf das »Absterben des Staates« im Sinne der Zurücknahme der Verdoppelung der Gesellschaft in Gesellschaft und einen verselbstständigten Staatsapparat vorstellte: weitgehende lokale Selbstverwaltung und Selbstregierung durch Vertreter des Volkes mit imperativem Mandat und Verwandlung teurer Repräsentation in kostengünstige einfache Verwaltungsfunktionen. *»Die Mannigfaltigkeit der Deutungen, denen die Kommune unterlag, und die Mannigfaltigkeit der Interessen, die sich in ihr ausgedrückt fanden, beweisen, daß sie eine durch und durch ausdehnungsfähige politische Form gewesen war, während alle früheren Regierungsformen wesentlich unterdrückend gewesen waren. Ihr wahres Geheimnis war dies: Sie war wesentlich eine* Regierung der Arbeiterklasse, *das Resultat des Kampfs der hervorbringenden gegen die aneignende Klasse, die endlich entdeckte politische Form, unter der die ökonomische Befreiung der Arbeit sich vollziehen konnte.«* (ibid.: 342; Hervorh. i. Original)

Die Eroberung und Umgestaltung der Staatsmacht wird zur Voraussetzung und Bedingung zur Umgestaltung auch von Gesellschaft und Wirtschaft. *»Die politische Herrschaft des Produzenten kann nicht bestehn neben der Verewigung seiner*

Kapitel 19: Die Tage der Pariser Kommune

gesellschaftlichen Knechtschaft. Die Kommune sollte daher als Hebel dienen, um die ökonomischen Grundlagen umzustürzen, auf denen der Bestand der Klassen und damit der Klassenherrschaft ruht. Einmal die Arbeit emanzipiert, so wird jeder Mensch ein Arbeiter, und produktive Arbeit hört auf, eine Klasseneigenschaft zu sein.« (ibid.: 342)

Marx geht nun die verschiedenen Klassen der damaligen französischen Gesellschaft durch und skizziert die anstehenden Veränderungen ihrer ökonomischen Existenz. Für die Arbeiterklasse, d.h. das städtische Proletariat, welches zur Zeit der Pariser Kommune nur eine Minderheit von drei bis vier Mio. Personen bei einer Gesamtbevölkerung von etwa 36 Mio. Personen landesweit ausmachte, gibt er vor *»das individuelle Eigentum zu einer Wahrheit zu machen, indem … die Produktionsmittel, (der) Erdboden und das Kapital, jetzt vor allem die Mittel zur Knechtung und Ausbeutung der Arbeit, in bloße Werkzeuge der freien und assoziierten Arbeit verwandelt (werden).«* (ibid.: 342) Explizit orientiert Marx auf eine *»genossenschaftliche Produktion«* (Ibid.: 343). Die Regelung der *»nationale(n) Produktion nach einem gemeinsamen Plan [...], (ihre Übernahme) unter ihre eigne (der Gesamtheit der Genossenschaften / S.K.) Leitung, (um) der beständigen Anarchie und den periodisch wiederkehrenden Konvulsionen, welche das unvermeidliche Schicksal der kapitalistischen Produktion sind, ein Ende (zu) machen [...]«* (ibid.) soll Kommunismus in praxi darstellen.

Es wurden früher[1] beide Merkmale des »Kommunismus« – genossenschaftliche Produktion und gesamtgesellschaftliche Planung – ausführlicher behandelt und unterschiedlich bewertet. Während genossenschaftliche Eigentumsformen das individuelle Eigentum der unmittelbaren Produzenten am besten abbilden, im Unterschied etwa zu Staatseigentum, ist die Forderung nach gesamtgesellschaftlicher Planung näher historisch einzuordnen. Zur damaligen Zeit, in der zweiten Hälfte des 19. Jahrhunderts, war die Produktstruktur des gesellschaftlichen Reproduktionsprozesses, verglichen mit heutigen Verhältnissen, noch so wenig differenziert, dass eine branchenbezogene Planung und Aufteilung der gesellschaftlichen Gesamtarbeit auf diese Branchen nicht nur operationalisierbar, sondern auch als Gegenmodell zur naturwüchsigen Marktallokation vorstellbar war. Insofern tragen diesbezügliche Formulierungen von Marx und Engels den damaligen Verhältnissen Rechnung. Wir haben aber auch gesehen, dass bei Marx darüber hinaus ein klares Bewusstsein hinsichtlich der Tendenz der kapitalistischen Produktionsweise zur Differenzierung der Bedürfnisse nicht nur der besitzenden Klassen und der darauf bezogenen Differenzierung der Produktstruktur des gesellschaftlichen Reichtums vorhanden war, welche nicht durch eine einfache ex-ante-Planung abzubilden ist, sondern auf dezentrale Marktmechanismen und ihre indirekte Steuerung nicht verzichten kann.

Die durch die Kommune umzusetzende Revolution der ökonomischen Grundlagen bezieht sich auch auf die *»große Masse der Pariser Mittelklasse – Kleinhändler, Handwerker, Kaufleute –, die reichen Kapitalisten allein ausgenommen.«* (Ibid.:

---
[1] Vgl. Kapitel 8, Unterabschnitte b) und c) der vorliegenden Abhandlung.

344) Landesweit machte diese Mittelklasse (ohne Staatsdiener) etwa ein bis zwei Mill. Personen aus, in Paris war ihr Anteil an der Stadtbevölkerung höher als landesweit. Das französische Kaisertum hatte diese Mittelklasse ökonomisch ruiniert durch Finanzschwindeleien und seine Beihilfe zur Zentralisation des Kapitals und dadurch bedingte Enteignung eines großen Teils dieser Mittelklasse. Es hatte sie politisch unterdrückt und sittlich entrüstet durch die Zerstörung ihres Nationalgefühls als Franzosen. Dementsprechend stellte sich 1871 ein großer Teil der Pariser Mittelklasse »unter die Fahne der Kommune«. Allerdings hatte Marx auch Zweifel: *»Ob die Dankbarkeit dieser großen Masse der Mittelklasse die jetzigen schweren Prüfungen bestehn wird, bleibt abzuwarten.«* (Ibid.)

Die seinerzeit in der Stadt Paris nicht oder kaum repräsentierten Bauern, die im Land aber etwa zwei Drittel der Gesamtbevölkerung ausmachten, trugen 1871 die Hauptlast der von der französischen Thiers-Regierung dem Kriegssieger Preußen bewilligten fünf Milliarden Franc Kriegsentschädigung. Die Kommune erklärte demgegenüber gleich in einer ihrer ersten Proklamationen, dass die wirklichen Urheber des Krieges, d.h. die besitzenden Klassen der adligen Grundeigentümer und der Kapitalisten auch die Kosten zu tragen hätten; auch von anderen Lasten würden die Bauern befreit werden. *»Die Kommune würde dem Bauer die Blutsteuer abgenommen, ihm eine wohlfeile Regierung gegeben und seine Blutsauger, den Notar, den Advokaten, den Gerichtsvollzieher und andre gerichtliche Vampire, in besoldete Kommunalbeamte, von ihm selbst gewählt und ihm verantwortlich, verwandelt haben. Sie würde ihn befreit haben von der Willkürherrschaft des Flurschützen, des Gendarmen und des Präfekten; sie würde an Stelle der Verdummung durch den Pfaffen die Aufklärung durch den Schullehrer gesetzt haben. […] Dies waren die großen unmittelbaren Wohltaten, die die Herrschaft der Kommune – und sie nur – den französischen Bauern in Aussicht stellte.«* (Ibid.: 345) Der französische Bauer hatte Louis Bonaparte als Präsident der Republik an die Macht gebracht; dieser hatte sich dann zum Kaiser erhoben. Daraufhin setzte ein Desillusionierungsprozess bei den Bauern ein und sie begannen, sich den Bürgermeistern und Regierungspräfekten sowie anderen Regierungsvertretern entgegenzustellen. Marx' Hoffnung: *»Der Bauer war Bonapartist, weil die große Revolution, mit all ihren Vorteilen für ihn, in seinen Augen in Napoleon verkörpert war. Diese Täuschung, die unter dem zweiten Kaisertum rasch am Zusammenbrechen war (und sie war ihrer ganzen Natur nach den Krautjunkern feindlich), dies Vorurteil der Vergangenheit, wie hätte es bestehn können gegenüber dem Appell der Kommune an die lebendigen Interessen und dringenden Bedürfnisse der Bauern?«* (Ibid.: 345f.)

Insgesamt hat Marx vorliegend ein positives Bild der sozialistisch-kommunistischen Umgestaltung am Beispiel der Pariser Kommune gezeichnet, die im Übrigen nicht nur die nationale Befreiung der Arbeit repräsentierte, sondern von vornherein internationalistisch aufgestellt und orientiert war. Sie sei *»die wahre Vertreterin aller gesunden Elemente der französischen Gesellschaft«*. (Ibid.: 346) Sie blieb aber seinerzeit auf die Stadt Paris beschränkt. Revolutionen in Lyon und Marseille konnten von der französischen Thiers-Regierung bereits im Keim unterdrückt werden.

Kapitel 19: Die Tage der Pariser Kommune

Die bereits herausgestellte Asymmetrie bei der Anwendung von Gewalt seitens der Kommunarden einerseits – »*Die Mäßigung der Kommune, während zweimonatlicher unbestrittener Herrschaft, findet ihresgleichen nur im Heldenmut ihrer Verteidigung*« (ibid.: 357) – und der französischen Sodateska bei der Einnahme von Paris im Zeichen der Wiederherstellung »ordnungsgemäßer« Verhältnisse andererseits wurde agitatorisch von den geistigen Apologeten der Sieger in ihr jeweiliges Gegenteil verkehrt und war Gegenstand der Propaganda in der Öffentlichkeit nach dem Ende der Kommune. Die liberale und konservativ-reaktionäre Presse verbreitete nicht nur in Frankreich, sondern auch in anderen Ländern Märchen über Schlächtereien unbewaffneter Bürger. Dabei wurden erstmals auch die neuen Bildmedien als Mittel der Propaganda eingesetzt. Hunderte von Fotografen waren nach der Erstürmung von Paris durch die Thiers-Truppen in den Straßen unterwegs, deren Bilder als Holzstiche in illustrierten Zeitschriften wiedergegeben wurden und den Lesern das Gefühl vermittelten, dabei gewesen zu sein. »*Explizit zu Propagandazwecken mit dem Ziel, Getötete posthum zu diskreditieren, wurden Fotografien im Gefolge der Pariser Commune produziert. Und auch retuschierte und inszenierte Bilder ließen in dem aufgeheizten politischen Klima nicht auf sich warten; Fotomontagen, auf denen Schauspieler vermeintliche Verbrechen der Revolutionäre darstellten, sollten die Commune öffentlich diskreditieren.*« (Paul o.J.)

In Deutschland ging die Kriegshetze gegen Frankreich unmittelbar in die Hetze gegen die Kommune über. Die Presse betonte die Überlegenheit der Deutschen im »*großen und ernsten Geisteskampf des Germanismus mit dem Romanismus*«, sei doch das »*französische Volk [...] der Verwilderung verfallen. Wenn diese Rasse nicht von einer eisernen Despotie im Zaum gehalten wird, so kommt sie aus Revolutionen nicht heraus*«, konstatierte die liberale Staatsbürger-Zeitung am 28. März 1871. Im Juni schrieb die Spenersche Zeitung in Berlin, »*die Kommunisten von 1871 sind die gemeinsten Ungeheuer, die es jemals in der Welt gegeben hat.*« Die »*rote Bande (besteht aus) von Pulverqualm und Branntwein (berauschten) Rasenden, Brandstiftern und Mördern, gleichwie sie Räuber, Diebe, Schlemmer und Wollüstige waren.*«

Den Erklärungen der französischen Regierung in Versailles folgend, beschuldigten die Zeitungen die »Internationale Arbeiter-Assoziation (IAA)«, »*welche ihre Agenten in der ganzen Welt hat*«, den Aufstand angezettelt zu haben, und auch die englische Presse warnte vor solchen »*Strolchen und Brandstiftern*«, besonders vor Karl Marx als Anführer einer »*gewaltigen Verschwörung mit dem Ziel des politischen Kommunismus*«. Zur Ironie der Geschichte gehört, dass diese Hetze maßgeblich dazu beitrug, die Erste Internationale bekannt zu machen. Der damals der Öffentlichkeit weitgehend unbekannte Marx geriet als »*grand chef de l'Internationale*« zum am meisten verleumdeten und bedrohten Menschen in London, wie Marx Ludwig Kugelmann berichtete (vgl. MEW 33: 238). Marx' Schrift über den »Bürgerkrieg in Frankreich« erlebte schnell mehrere Auflagen. Die Internationale wurde durch die Kommune »*eine moralische Macht in Europa*«, schrieb Friedrich Engels später (vgl. MEW 33: 642).

Mit wenigen Ausnahmen berichtete die deutsche Presse im Mai 1871, dass ganz Paris von den Kommunarden in einem »Akt wahnwitziger Selbstvernichtung« in Brand gesteckt worden sei. Jedes Mittel sei ihnen recht, so die liberale Augsburger Allgemeine Zeitung, eine der angesehensten Blätter Deutschlands: »*Petroleum, Brand, Gift, Hinterlist, Meuchelmord. Besser die ganze Stadt verbrennen als Rückkehr des Feindes gestatten.*« Brandlegungspläne gelten als »*Programm der kommunistischen Anführer seit 1848*«, so der katholische Grenzbote, und noch Anfang Juni 1871 hieß es in der Allgemeinen Zeitung: »*Es herrscht nun in ganz Frankreich ein panischer Schrecken vor kommunistischen Brandstiftungen.*«[2] Sogar den großen Brand von Chicago im Oktober 1871 wollte man der Internationale in die Schuhe schieben.

Während in Paris in der »blutigen Woche« nach der Niederlage die Kommunarden zu Tausenden abgeschlachtet wurden, schuf die Propaganda eine der wirkmächtigsten Figuren des 19. Jahrhunderts, die Petroleusen, in der rechten Hand die rote Fahne, in der linken die Brandfackel. »*Man erzählte mir von den Petroleusen, die hexenartig im Hirn der Pariser spukten. Diese Furien sollten die Häuser entlang gehuscht sein und blitzschnell in jede Kellerluke ihr Petroleum gegossen und Zündhölzer nachgeworfen haben, wodurch ganze Straßen ein Raub der Flammen geworden seien. Wie viele unglückliche Frauen, die kein anderes Verbrechen begangen hatten, als ihre Petroleumkanne heimzutragen, mögen bei den Treibjagden der blinden Rachewut zum Opfer gefallen sein!*« (Kurz 1920: 183) Obwohl in den späteren Prozessen in keinem einzigen Fall eine Brandstiftung durch »Petroleusen« nachgewiesen werden konnte – die Gebäude waren zumeist durch feindlichen Kanonenbeschuss oder aus taktischen Gründen in Brand gesetzt worden –, diente der Mythos der Regierung in Versailles nicht nur zur Rechtfertigung der Gewaltorgie, sondern auch zur Diffamierung rebellischer Frauen, deren politisches Engagement als »unnatürlich« galt. Auch nach dem Jahrhundertwechsel war die Redeweise von den roten Petroleusen, dem lichtscheuen, johlenden, wutschnaubenden Gesindel, das versucht habe, ganz Paris anzuzünden und Leben und Eigentum des ruhigen Bürgers bedrohte, eine gängige Diffamierung der Kommunisten vonseiten der »anständigen Mitte« der bürgerlichen Gesellschaft.

So war in der Pariser Kommune Alles enthalten, was trotz ihres nur kurzzeitigen Bestehens und auf eine Stadt beschränkte Existenz ihre Einordnung in die Weltgeschichte als erste sozialistische Revolution rechtfertigt: ihre durch die I. Internationale unterstützte sozialistisch-kommunistische Orientierung, die Eroberung und Umgestaltung der bürgerlichen Staatsmacht durch die Kommunarden sowie die unbedingte demokratische Legitimation ihrer führenden Akteure durch verschiedene Klassen und Klassenfraktionen der produzierenden Klassen. Offen musste die Transformation von Wirtschaft und Gesellschaft wegen der singulären und kurzzeitigen Existenz der Kommune bleiben. Andererseits war aber auch deutlich geworden, dass die herrschenden bürgerlichen Klassen und ihre politischen Vertreter die

---

[2] Die Zeitschriftenzitate nach Korn 2021.

offene Gewalt zur Verteidigung bzw. Wiederherstellung ihrer Macht keineswegs scheuen und den Umschlag der Staatsverfassung aus einer bürgerlich-demokratischen Republik in eine offen despotische Klassenherrschaft durch eine Agitation und Propaganda zu flankieren wussten, die an Perfidie nicht zu übertreffen war. Aus alledem war die Lehre zu ziehen, dass Großmut und Nachsicht der Revolutionäre gegenüber dem Klassenfeind bei Strafe des eigenen Untergangs fehl am Platze ist.

Kapitel 20: Der sogenannte Realsozialismus als Zwischenspiel

a) Russland nach der Sozialistischen Oktoberrevolution 1917 und die weitere Entwicklung der Sowjetunion

Phase des Kriegskommunismus (1917–1921)

Die Oktoberrevolution 1917 bildete nach der Pariser Kommune den Auftakt für den zweiten Versuch der Errichtung einer sozialistischen Gesellschaft. Er dauerte im Ursprungsland dieses Mal bis zur Auflösung der Sowjetunion im Dezember 1991 ziemlich genau 74 Jahre und umfasste das flächenmäßig größte Land der Erde. W.I. Lenin hatte in den Diskussionen innerhalb der Sozialdemokratischen Arbeiterpartei Russlands (SDAPR), die 1898 in Minsk gegründet worden war und trotz der 1903 erfolgten Spaltung in Bolschewiki und Menschewiki einer marxistischen Orientierung folgte, nach der bürgerlichen Revolution 1905 und während der Doppelherrschaft zwischen der Februar- und Oktoberrevolution 1917 die theoretischen Sätze der Marxschen Theorie und die bis dato gemachten praktischen Erfahrungen der internationalen Arbeiterbewegung ausführlich rezipiert und ausgewertet. In seiner Schrift »Staat und Revolution« von 1917 hatte er insbesondere die Marxsche Analyse der Pariser Kommune und ihre Anwendung auf die russischen Verhältnisse dargelegt.[1] Die Hauptlinien der Politik der Bolschewiki nach der siegreichen Revolution folgten der Dramaturgie eines an der Pariser Kommune orientierten zweiten Angangs der Errichtung einer sozialistischen Gesellschaft, dieses Mal unter Vermeidung der Fehler und Halbheiten der Pariser Kommunarden knapp 50 Jahre zuvor.

Nach der erfolgten Machtübernahme der Bolschewiki, der Gründung des Rats der Volkskommissare als Regierung und der Auflösung der Verfassunggebenden Versammlung begann die rd. dreijährige Periode des sog. Kriegskommunismus von Oktober 1917 bis März 1921 als eine durch äußere Umstände – Krieg und ausländische Intervention, Bürgerkrieg und Blockade durch die kapitalistischen Staaten – erzwungene Entwicklungsphase nach der siegreichen Revolution. Die ersten Maßnahmen der Sowjetmacht waren Dekrete zur Nationalisierung der Banken, Syndizierung der nichtkartellierten Gewerbezweige und Zwangsbewirtschaftung aller lebensnotwendigen Waren. Sie bildeten die Rahmenbedingungen für die Etablierung einer allgemeinen und allumfassenden Arbeiterkontrolle über die Kapitalisten. Neben der Entmachtung der Bourgeoisie und der Übernahme der Leitung der Produktion sollten vor allem konterrevolutionäre Sabotageakte verhindert und die Produktion insbesondere in Betrieben von staatlicher Bedeutung (Rüstungsbetriebe) und solchen der Lebensmittelproduktion für die Bevölkerung aufrechterhalten werden. Im Zusammenhang mit der Einführung der allgemeinen Arbeits-

---

[1] Vgl. Lenin, Staat und Revolution; in: LW 25.

pflicht für Bürger beiderlei Geschlechts von 16 bis 55 Jahren sollte gewährleistet werden, dass die Besitzer der Betriebe die Beschlüsse der gewählten Vertreter der Werktätigen befolgen, sodass die Produktion von den unmittelbaren Produzenten tatsächlich unter ihre eigene Kontrolle gebracht würde. Die bisherigen Vorstände der großen Unternehmen wurden verpflichtet, die Geschäfte in vollem Umfang weiterzuführen und dabei das Gesetz der Arbeiterkontrolle zu beachten und den örtlichen Sowjets der Arbeiter-, Soldaten- und Bauerndeputierten volle Transparenz über ihre Tätigkeit zu gewähren.

Im Unterschied zu den auf die Industrie zielenden wirtschaftspolitischen Maßnahmen war das Agrarprogramm der Bolschewiki von Anfang an nicht auf die Etablierung sozialistischer Verhältnisse auf dem Dorf, sondern auf die Gewinnung der kleinbürgerlichen Massen als Verbündete der Arbeiterklasse und ihrer revolutionären Partei gerichtet.[2] Im Januar 1918 wurde das »Grundgesetz über den Boden« erlassen; sein Inhalt war im Wesentlichen eine Wiedergabe des Agrarprogramms der Sozialrevolutionäre und lief auf die möglichst gleichmäßige Verteilung des Bodens unter die werktätigen Bauern hinaus. Tatsächlich waren Dekret und Gesetz aber nichts anderes als die nachträgliche Legalisierung der bereits von den Bauern chaotisch durchgeführten Neuverteilung des Landes. Soweit das Nationalisierungsgesetz auch den Boden der reichen Bauern betroffen hatte, wurde es zunächst nicht durchgeführt (vgl. Pollock 1929: 36).

Mit dem »Obersten Volkswirtschaftsrat« wurde ein zentrales Organ zur Durchführung der Leitung und Organisierung der gesamten Wirtschaft geschaffen. Praktisch ging es aber nach dem Aufbau des Verwaltungsapparates zunächst nur um die Regulierung der industriellen Produktion und Verteilung; von einer umfassenden Planung der Arbeit konnte keine Rede sein, vielmehr wurde der ganze Wirtschaftsprozess immer chaotischer. Die Vorstellungen, eine geldlose Wirtschaft zu errichten, erfuhren unter den Bedingungen der Praxis eine erste Relativierung: »*Die Verteilung sollte allmählich an »Konsumtions-Produktions-Kommunen« übergehen, d.h. die ganze Bevölkerung sollte in nach Produktionseinheiten (Fabrik, Betrieb usw.) organisierten Konsumgenossenschaften zusammengefaßt werden, jedoch unter Beibehaltung von Markt und Geld und unter Zulassung von freiem Kauf und Verkauf, sofern diese Transaktionen eine gewisse Summe nicht übersteigen und in die Konsumtions- bzw. Arbeitsbücher eingetragen würden. Mit der Zeit sollten alle Käufer und Verkäufer gezwungen werden, bei der Zentralbank ein laufendes Konto zu führen und alle Zahlungen nur durch die Bank, d.h. bargeldlos, auszuführen. Bemerkenswert ist, daß für bestimmte gesellschaftlich wichtige Arbeiterkategorien naturale Entlohnung vorgesehen war.*« (Ibid.: 43f.)

Aber diese Vorstellungen kamen in gesellschaftlichem Umfang nicht über das Konzeptstadium hinaus. Warenzirkulation und Handel waren durch den Bürgerkrieg und Produktionsausfälle an vielen Stellen gestört, die Lohnzahlung musste

---

[2] Vgl. LW 26: 290: »*Was die Bauern betrifft, so sagen wir: Man muß dem werktätigen Bauern helfen, darf den Mittelbauern nicht kränken und muß den reichen Bauern zwingen.*«

in weiten Bereichen auf Naturalien umgestellt werden. Die desolate Wirtschafts- und Versorgungslage erzwang die Bildung von Konsumkommunen, der die Bürger des betreffenden Ortes beizutreten hatten und die unter der Kontrolle des »Verpflegungskommissariats« zusammengefasst wurden. »*Die offiziell festgesetzten Preise hatten nur noch rein nominellen Charakter und dienten lediglich der Verrechnung für die durch den Staat und seine Organe erfaßten Waren. Man hatte im Jahr 1918 für den Austausch zwischen ländlichen und Industrieerzeugnissen Friedenspreise festgesetzt, aber in dem Verhältnis, daß bei Zugrundelegung dieser Preise gegen Industriewaren im Friedenswert von 100 Rubeln Agrarprodukte im Friedenswerte von 300 Rubeln gegeben werden mußten; dieses Verhältnis wurde im August 1919 von 1:3 auf 1:2 reduziert. Auf dem Schleichhandelsmarkte war das Verhältnis bereits im September 1919 wie 1:6, ein deutliches Zeichen für die katastrophale Knappheit der Industrieerzeugnisse.*« (Ibid.: 55)

In dieser Situation allseitigen Mangels von Produktion, Distribution und Konsumtion hielten sich nach wie vor Vorstellungen, namentlich von Leo Trotzki, zum Aufbau einer marktlosen, auf Grund eines Planes geleiteten zentralen Verwaltungswirtschaft durch eine Militarisierung der Arbeit. Arbeitspflicht und Arbeitsbuch seien die Mittel zur sektoralen und regionalen Kommandierung der Arbeiterarmeen. »*Wenn wir ernsthaft von einer planmäßigen Wirtschaft sprechen wollen, wenn die Arbeitskraft in Übereinstimmung mit dem Wirtschaftsplan im gegebenen Entwicklungsstadium verteilt werden soll, darf die Arbeiterklasse kein Nomadenleben führen. Sie muß ebenso wie die Soldaten verschoben, verteilt, abkommandiert werden.*« (Trotzki 1920: 12) Auch Leo Kritzman idealisierte diese Verhältnisse des Kriegskommunismus und fasste sie in fünf Organisationsprinzipien zusammen: Produktionsprinzip, Klassenprinzip, Arbeitsprinzip, Kollektivitätsprinzip und Rationalisierungsprinzip und stellte mit revolutionärem Überschwang fest: »*In Wirklichkeit war der sogenannte ›Kriegskommunismus‹ der erste gewaltige Versuch einer proletarischen Naturalwirtschaft, ein Versuch der ersten Schritte des Ueberganges zum Sozialismus. In seinen Grundgedanken stellte er keineswegs eine Verirrung von Personen oder einer Klasse dar; er war – wenn auch nicht in reiner Form, sondern mit gewissen Entstellungen – eine Voraussahnung der Zukunft, ein Durchbruch dieser Zukunft in die Gegenwart (die jetzt bereits Vergangenheit ist) (…)*«. (Kritzman 1929: 123) Tatsächlich war diese »proletarische Naturalwirtschaft« aber nach allen Seiten hin Ausdruck der damaligen Mangelsituation. Ihre ideologische Überhöhung als »heroische Periode der grossen russischen Revolution« – so der programmatische Titel des Buches von Kritzman – stellt nur die auf die Spitze getriebene Illusion einer Sozialismus-Vorstellung dar, die die Überwindung der Ware-Geld-Beziehung in den Mittelpunkt stellt. Ihre praktischen Ergebnisse waren im Hinblick auf Produktivität und Produktion sowie Bedürfnisbefriedigung der Bevölkerung desaströs. Pollocks Bewertung, auch er Anhänger einer zentralistischen staatlichen Wirtschaftsplanung, ist da schon realistischer, wenn er zurückhaltend formulierte: »*Wenn aber den Bauern mit Gewalt und ohne nennenswerte Gegenleistung das Getreide abgenommen werden muß, wenn infolgedes-*

sen das Dorf zur primitivsten geschlossenen Hauswirtschaft zurückkehrt, wenn in Form der Arbeitspflicht bei der Holzbeschaffung die feudalen Frondienste wieder aufleben, wenn die Industrie zu Tode verwaltet wird und der ganze Wirtschaftsprozeß schließlich zum Stillstand kommt, dann fällt es schwer, in einem System, das zu solchen Konsequenzen führt, einer der Verkehrswirtschaft überlegene Wirtschaftsform zu sehen.« (Pollock 1929: 99)

Neue Ökonomie Politik (NÖP)

Beides, die Wirklichkeit in Sowjet-Russland und ihre ideologischen Verarbeitungsformen, waren die Ausgangsbedingungen, mit denen Lenin sich auseinandersetzen musste, als er zur Einsicht kam, dass es so nicht weitergehen konnte. Unmittelbarer Auslöser war die Missernte des Jahres 1920, die zu Hunger auf dem Dorf und in der Stadt führte. Damit wurde dringlich, die Politik der Ablieferungen des Agrikulturprodukts an den Staat zu verändern, d.h. die mangels Waren der Industrieproduktion ohne nennenswerte Gegenleistungen erzwungenen Ablieferungen der Bauern zu reduzieren. Andernfalls drohte die Gefahr, dass das Bündnis der Arbeiterklasse mit der Bauernschaft, diese soziale und politische Basis für die Sowjetmacht, nach der Revolution zerbrechen würde. Lenin postulierte: »*Wir werden mehr Zugeständnisse machen, natürlich in den Grenzen dessen, was das Proletariat zugestehen kann, wenn es die herrschende Klasse bleiben will.*« (LW 33: 8)

Die Neue Ökonomische Politik (NÖP) nahm ihren Ausgangspunkt anhand der Verwandlung der bisherigen naturalen Ablieferungen der Bauern, d.h. Beschlagnahmungen durch den Staat durch eine Naturalsteuer, die nur etwa die Hälfte der ursprünglichen Ablieferungen betrug und den Bauern Spielraum für den Handel ihrer Produkte auf den lokalen Märkten beließ. Lenin bezeichnete diese Maßnahme in der Ernährungs- und Wirtschaftspolitik als »*halbschlächtig*« (LW 32a: 297): »*Die Naturalsteuer ist eine der Formen des Übergangs von einem durch äußerste Not, Ruin und Krieg erzwungenen eigenartigen ›Kriegskommunismus‹ zu einem geregelten sozialistischen Produktenaustausch. Dieser ist aber seinerseits eine der Formen des Übergangs vom Sozialismus, und zwar einem Sozialismus mit Eigentümlichkeiten, die durch das Vorherrschen der Kleinbauernschaft in der Bevölkerung hervorgerufen sind, zum Kommunismus.*« (LW 32b: 355) Obwohl diese Maßnahme als maximales Zugeständnis an die Bauernschaft begriffen wurde, blieb es das langfristige Ziel in der Agrikultur, »*von der individuellen Arbeit zur kollektiven Arbeit (überzugehen); aber nachdem wir zu spüren bekommen haben, was dieser Übergang bedeutet, sollten wir nichts überstürzen, sondern begreifen, daß dieser Übergang je langsamer, desto besser vollzogen werden muß.*« (LW EB: 263) Lenin zog daraus die Schlussfolgerung, dass man sich auch dem Handel anpassen und zur staatlichen Regelung von Kauf und Verkauf und des Geldumlaufs übergehen müsse.

Auch im industriellen Sektor stand eine Veränderung der bisherigen Politikkonzeption an. Der sozialistische Aufbau war bisher theoretisch stets mit der Entwicklung der Großindustrie identifiziert worden – »*Ohne den kapitalistischen Großbetrieb, ohne eine hochstehende Großindustrie kann vom Sozialismus überhaupt nicht die Rede sein«* (LW 32c: 428) –, aber weder waren Landwirtschaft und extraktive Industrie in der Lage Rohstoffe in der benötigten Menge für die Großindustrie zu liefern, noch war jene selbst fähig, eine genügende Anzahl von Produkten für den primären Wirtschaftssektor bereitzustellen. Lenins Konsequenz: Also muss man sich auf das leichter Erreichbare verlegen, die »Wiederherstellung der Kleinindustrie«, *»die keine Maschinen erfordert, die weder staatliche noch große Vorräte an Rohmaterial, Brennstoff und Lebensmitteln erfordert, die der bäuerlichen Wirtschaft sofort eine gewisse Hilfe zu leisten und ihre Produktivkräfte zu heben vermag.«* (LW 32b: 356)

Auch die Entwicklung der Klein- und Leichtindustrie benötigt jedoch Waren, die nicht nur in der Binnenwirtschaft hergestellt wurden, sondern auch aus den kapitalistischen Ländern einzuführen waren; insbesondere ging es darum, die Verfügung über hochentwickelte Technologie bspw. bei der Ölförderung zu erhalten oder auch nur an der Förderung von Rohstoffen zu partizipieren. Das Instrument dafür war die Vergabe von Konzessionen des proletarischen Staates an die ausländischen Kapitalisten. *»Geben wir dem Konzessionär Erz und Holz, so wird er sich den größten Teil dieses Produkts nehmen und uns einen kleinen Anteil abgeben. Aber für uns ist es so wichtig, die Produktenmenge zu vermehren, daß auch ein kleiner Anteil ein gewaltiges Plus für uns ist.«* (LW 32d: 240f.)

Die Konzessionspolitik gegenüber Kapitalisten blieb nicht auf ausländische Unternehmen beschränkt, sondern wurde auch auf russische Unternehmer ausgedehnt. Der Staat verpachtete an einheimische kapitalistische Unternehmen *»einen dem Staat gehörenden Betrieb oder ein extraktives Industrieunternehmen oder ein Waldmassiv, eine Ländereien usw., wobei der Pachtvertrag am ehesten einem Konzessionsvertrag gleichkommt.«* (LW 32b: 362) Ein wesentliches Ziel war dabei, dass die Leiter der staatlichen Großbetriebe von den Kapitalisten die Geschäftsführung lernen, um *»die sozialisierten Staatsbetriebe auf das sogenannte Prinzip der wirtschaftlichen Rechnungsführung, d.h. auf kommerzielle Grundlage (überzuführen)«.* (LW 33b: 96)

Bei der Frage »Wer – Wen«, d.h. bei der Bestimmung der klassenmäßigen Grundlage dieser neuen ökonomischen Politik war Lenin eindeutig. Im »Kriegskommunismus« *»kämpft nicht der Staatskapitalismus gegen den Sozialismus. Sondern die Kleinbourgeoisie plus privatwirtschaftlicher Kapitalismus kämpfen zusammen. Gemeinsam, sowohl gegen den Staatskapitalismus als auch gegen den Sozialismus.«* (LW 32b: 343) Damit ergibt sich als Aufgabe: *»Entweder werden wir diesen Kleinbürger unsrer Kontrolle und Rechnungsführung unterwerfen (wie können das tun, wenn wir die Armen, d.h. die Mehrheit der Bevölkerung oder die Halbproletarier, um die klassenbewußte proletarische Vorhut organisieren), oder aber er wird unsere Arbeitermacht [...] unvermeidlich und unabwendbar zu Boden werfen [...].«* (Ibid.: 344) Vor diesem Hintergrund ist der Staatskapitalismus als Fortschritt zu werten: *»Der Staatskapitalismus steht ökonomisch unvergleichlich höher als unsere jetzige Wirtschaftsweise, das zum ersten. Zweitens aber hat er nichts Schreckliches für die Sowjetmacht an sich, denn der Sowjetstaat ist ein Staat, in dem die Macht der Ar-*

beiter und der armen Bauern gesichert ist.« (Ibid.: 346) Und: »*In Rußland überwiegt jetzt gerade der kleinbürgerliche Kapitalismus, von dem sowohl zum staatlichen Großkapitalismus als auch zum Sozialismus ein und derselbe Weg führt, der Weg über ein und dieselbe Zwischenstation, die ›allgemeine Rechnungsführung und Kontrolle über die Erzeugung und Verteilung der Produkte‹ heißt. Wer das nicht versteht, der begeht einen unverzeihlichen ökonomischen Fehler, entweder weil er die Tatsachen der Wirklichkeit nicht kennt, weil er nicht sieht, was ist, weil er der Wahrheit nicht ins Auge zu schauen vermag, oder aber, weil er sich auf die abstrakte Gegenüberstellung von ›Kapitalismus« und »Sozialismus‹ beschränkt und die konkreten Formen und Stufen dieses Übergangs heute bei uns nicht erfaßt.*« (Ibid.: 347)

Vorbild für die Organisation des Staatskapitalismus war für Lenin Deutschland: »*Hier haben wir das ›letzte Wort‹ moderner großkapitalistischer Technik und planmäßiger Organisation, die dem junkerlich-bürgerlichen Imperialismus unterstellt sind. Man lasse die hervorgehobenen Wörter aus, setze an die Stelle des militärischen, junkerlichen, bürgerlichen, imperialistischen Staates ebenfalls einen Staat, aber einen Staat von anderem sozialem Typus, mit anderem Klasseninhalt, den Sowjetstaat, d.h. einen proletarischen Staat, und man wird die ganze Summe der Bedingungen erhalten, die den Sozialismus ergibt.*« (Ib.: 346; Hervorh. i. Original) Oder, noch prägnanter: »*Der staatsmonopolistische Kapitalismus ist die vollständige materielle Vorbereitung des Sozialismus, ist seine unmittelbare Vorstufe, denn auf der historischen Stufenleiter gibt es zwischen dieser Stufe und derjenigen, die Sozialismus heißt, keinerlei Zwischenstufen mehr.*« (Ibid.: 348)

Zuzustimmen ist Lenin in diesem Zusammenhang sicherlich, dass es in Sowjetrussland zur Zeit der NÖP eine Pluralität von Produktionsverhältnissen gab: »*1. Die patriarchalische Bauernwirtschaft, die in hohem Grade Naturalwirtschaft ist; 2. Die kleine Warenproduktion (hierher gehört die Mehrzahl der Bauern, die Getreide verkaufen); 3. Der privatwirtschaftliche Kapitalismus; 4. Der Staatskapitalismus; 5. Der Sozialismus.*« (Ibid.: 343) Vor diesem Hintergrund war es korrekt, den Staatskapitalismus als dem Sozialismus am nächsten stehende Produktionsform zu bezeichnen.

Gleichwohl führte der Vergleich zu Deutschland, der von Lenin auch in der Form popularisiert wurde, dass er die Volkswirtschaft in der Art der Deutschen Post organisiert wissen wollte, auf Abwege und verweist darauf, dass er die Neue Ökonomische Politik nicht als eigenständige Art und Weise des Aufbaus des Sozialismus verstanden hat, sondern als strategischen Rückzug: »*Und unsere Neue Ökonomische Politik besteht ihrem Wesen nach eben darin, daß wir in diesem Punkt* (beim Übergang zur kommunistischen Produktion und Verteilung im ›Kriegskommunismus‹ / S.K.) *eine ernste Niederlage erlitten und einen strategischen Rückzug eingeleitet haben.*« (LW 33c: 43)

Allerdings ging Lenin davon aus, dass die NÖP nicht ein kurzes Intermezzo von wenigen Jahren, sondern eine Periode von Jahrzehnten sein würde. Auch bei der Bewertung der Organisationsform der Genossenschaften, die innerhalb der NÖP eine größere Bedeutung erlangte, gelangt Lenin in einem seiner letzten Artikel »Über das Genossenschaftswesen« (vgl. LW 33d: 453ff.) zu einer Korrektur früherer Auffassungen. Es ist hier zu unterscheiden zwischen dem genossenschaftlichen Zusammenschluss der Bürger in Handels- und Konsumgenossenschaften einerseits und der genossenschaftlichen Organisationsform von Produktionsbetrieben andererseits. Einkaufs- und Konsumgenossenschaften gelten ihm nun, d.h. unter Bedingungen der siegreichen Revolution, als genuin sozialistische Organisationsformen: *»Unter der Herrschaft der NÖP ist ein genügend breiter und tiefer genossenschaftlicher Zusammenschluss der russischen Bevölkerung im Grunde genommen alles, was wir brauchen, weil wir jetzt jenen Grad der Vereinigung von Privatinteressen, der privaten Handelsinteressen, ihrer Überwachung und Kontrolle durch den Staat, den Grad ihrer Unterordnung unter die allgemeinen Interessen gefunden haben, der früher für viele, viele Sozialisten einen Stein des Anstoßes bildete. In der Tat, die Verfügungsgewalt des Staates über alle großen Produktionsmittel, die Staatsmacht in den Händen des Proletariats, das Bündnis dieses Proletariats mit den vielen Millionen Klein- und Zwergbauern, die Sicherung der Führerstellung dieses Proletariats gegenüber der Bauernschaft usw. – ist das nicht alles, was notwendig ist, um aus den Genossenschaften, die wir früher als geringschätzig und krämerhaft behandelt haben und die wir in gewisser Hinsicht jetzt, unter der NÖP, ebenso zu behandeln berechtigt sind, ist das nicht alles, was notwendig ist, um die vollendete sozialistische Gesellschaft zu errichten?«* (Ibid.: 454)

Andererseits ist er jedoch weit entfernt von einer Auffassung von Genossenschaften als originäre und primäre Organisationsform der assoziierten Arbeit und betont ihre Begrenzung vornehmlich auf die Landwirtschaft. In der Tat wäre die umfassende Etablierung von genossenschaftlichen Betrieben auf dem Land, auf dem die Privatbetriebe dominieren, ein Schritt hin zur Aufhebung isolierter und wenig produktiver Arbeit in der Landwirtschaft. *»Dem Bauern, der sich am Genossenschaftsumsatz beteiligt, eine Prämie gewähren, das ist unbedingt eine richtige Form, doch gilt es hierbei, diese Beteiligung zu kontrollieren und zu prüfen, ob es eine bewußte und einwandfreie Beteiligung ist – das ist die Kernfrage.«* (Ibid.: 455) Insofern blieb das Genossenschaftswesen bei Lenin neben der Beschränkung als Produktionsgenossenschaft auf die Landwirtschaft nur die zweitbeste Form hinter dem sozialistischen Staatseigentum. Eine Übergabe verstaatlichter Industriebetriebe in die Hände der in ihnen arbeitenden Werktätigen war bei seiner Konzeption der NÖP nicht vorgesehen.

Später nahm N. Bucharin die Vorstellungen Lenins zur NÖP wieder auf. In seinem 1920 erschienenen Buch »Ökonomik der Transformationsperiode« hatte er noch die für den »Kriegskommunismus« typischen Auffassungen vertreten, die mit der Überwindung des Kapitalismus zugleich das Ende der Warenproduktion und damit der Verkehrung der Beziehungen zwischen Menschen als Beziehungen von Sachen proklamiert und mit dem Ende der auf kapitalistischer Warenproduktion beruhenden Gesellschaft auch das Ende der politischen Ökonomie gekommen sehen (vgl. Bucharin 1970: 10). Neun Jahre später, bei einer Gedenkversammlung zum 5. Todestag von Lenin im Januar 1929 stellte Bucharin jedoch die These auf, dass die letzten Artikel von Lenin[3] einen strategischen Entwurf für die Übergangsperiode zu einer sozialistischen Gesellschaft darstellen, der mehr ist als ein zeitweiliges Zurückweichen des Sowjetstaates und seiner Wirtschaftspolitik zu staatskapitalistischen Formen angesichts der desaströsen Ergebnisse des »Kriegskommunismus«: *»Liest man die Artikel aufmerksam, wird man leicht feststellen, daß es sich nicht um verstreute Einzelteile handelt, sondern um organische Bestandteile eines einzigen großen Plans leninistischer Strategie und Taktik, eines Plans, der in einer klar umrissenen Perspektive umrissen wird (...). Wenn man die von Lenin vor seinem Tode geschriebenen Artikel aufmerksam liest, finden wir dort die allgemeine Bewertung unserer Revolution aus dem Blickwinkel der Möglichkeit des Aufbaus des Sozialismus in unserem Land, die genaue Bestimmung der allgemeinen Linien unserer Entwicklung, eine tiefgreifende, wenn auch synthetische Analyse der internationalen Situation; die Grundlage unserer Strategie und Taktik; die Fragen des ökonomischen Aufbaus, der kulturellen Revolution, der grundlegenden Klassenverhältnisse, des Staatsapparates und der Massenorganisationen, und schließlich die Fragen der Parteiorganisation und ihrer Führung.«* (Bucharin 1929/1988: 47f.) Damit hatte Bucharin seine damalige Auffassung entscheidend verändert und korrigiert.

Mit den vorstehenden Stichworten sind die Punkte benannt, die Bucharin aus den Leninschen Artikeln herausdestilliert hatte und in denen er einen Gesamtplan sah. Vor dem Hintergrund der internationalen Situation, die in den 1920er Jahren eine Stabilisierung der soziökonomischen Verhältnisse in den kapitalistischen Metropolen erbracht hatte und die die Hoffnung auf eine baldige sozialistische Revolution in den entwickelten kapitalistischen Ländern hatte hinfällig werden lassen, bestand die Hauptaufgabe in Sowjetrussland darin, eine eigenständige Entwicklungsperspektive zu formulieren. Unter Rekurs auf die Marxsche Feststellung für die Verhältnisse in Deutschland im 19. Jahrhundert, dass es darauf ankäme, die *»Wiederauflage des Bauernkriegs zur Unterstützung der proletarischen Revolution«* (MEW 29: 47) herbeizuführen, hob Bucharin den Leninschen Gedanken gegenüber Zweiflern aus den Reihen der KPR (B) hervor, dass die Nutzung der einmaligen historischen Situation eines Bündnisses der Arbeiterklasse mit den Millionen Bauern in Russland eine Basis für eine sozialistische Revolution auch in einem unentwickelten Land geschaffen habe, die es zu erhalten gelte. Mit dem Bündnis von Arbeiterklasse und Bauern unter der Führung des Proletariats ging es zentral um die Frage, wie die Wirtschafts- und Gesellschaftspolitik gegenüber den Kleineigentümern auszusehen habe, d.h. welches Ausmaß an Opfern den Bauern für die Entwicklung der Produktivkräfte im Allgemeinen und in der Industrie im Besonderen aufzuerlegen sei. Im Gegensatz zu E.A. Preobraschenkijs These einer durch ein »Abpumpen« des landwirtschaftlichen Surplus zu finanzierenden ursprünglichen sozialistischen Akkumulation, unterstrich Bucharin, dass dieses Konzept die Ge-

---

[3] Vgl. »Tagebuchblätter«, »Über das Genossenschaftswesen«, »Über unsere Revolution«, »Wie wir die Arbeiter- und Bauerinspektion reorganisieren sollen« und »Lieber weniger, aber besser«; alle in LW 33.

fahr der Aufkündigung des Bündnisses durch die Bauern und ihre Anlehnung an die »Nepman«, d.h. die Neureichen auf dem Dorf mit sich bringen würde.[4] *»Wo ist der »Knackpunkt«? Worin besteht das tiefgreifende politische Konzept? [...] In erster Linie (darin), dass auf der Grundlage dieses Planes* (von Lenin / S.K.) *das Arbeiter-Bauern-Bündnis und die ›größte Umsicht‹ in Beziehung gesetzt sind; die Umsicht, worin sich die leninistische ›Erde‹ so klar von den trotzkistischen ›Himmeln‹* (gemeint sind die Konzepte von Preobraschenskij et al. / S.K.) *unterscheidet.«* (Bucharin 1929/1988: 51) Weder die Usurpation des landwirtschaftlichen Surplus noch eine gesteigerte Emission von Papiergeld mit dem Risiko einer Inflation und Warenverknappung oder die Verwendung vorhandener Währungsreserven für den Import von Waren und die Vergrößerung des Handelsbilanzdefizits stellten eine solide und stabile Basis für die Industrialisierung dar, sondern diese sei aus internen Quellen der Industrie sowie Einsparungen in den unproduktiven Ausgaben zu finanzieren: *»Lenin verweist auf andere Quellen. In erster Linie allergrößte Reduktion aller unproduktiven Ausgaben, die bei uns wahrhaftig enorm sind, und Anstieg der qualitativen Indizes, besonders der Produktivität der gesellschaftlichen Arbeit. Nicht die Papiergeldausgabe, Verbrauch der Reserven (Gold-, Handels-, Währungs-), Erhöhung der Abgabenlast der Bauern, sondern qualitativer Aufschwung der Produktivität der gesellschaftlichen Arbeit und entschlossener Kampf gegen unproduktive Ausgaben: Dies sind die wesentlichen Quellen der Akkumulation.«* (Ibid.: 51f.) Damit war zugleich gesagt, dass es neben dem Aufbau der Schwerindustrie auch um die Entwicklung der Leichtindustrie gehen müsse, die weniger Ressourcen beansprucht und in kürzerer Zeit mehr Ressourcen und Innenfinanzierungsmittel erbringt als die Erstere.

Bucharins Hauptsorge galt der Sicherung des Bündnisses der Arbeiterklasse mit der Bauernschaft. Auch hier folgte er Lenins Vorgaben, der stets die Mittel der Überzeugung anstelle des Kommandos und der Gewalt für die Bewahrung dieses für die Sowjetmacht existenziellen Klassenbündnisses präferiert und sich für die Notwendigkeit einer Kulturrevolution zur Hebung des Wissens- und Bewusstseinsstandes auf dem Land durch Hebung der elementaren Volksbildung ausgesprochen hatte. *»Wir müssen den Bauern ansprechen, indem wir auf seine Interessen einge-*

---

[4] Vgl. auch Bucharins letzte freie Rede als Mitglied des Politbüros vor dem Zentralkomitee der KPdSU(B) im April 1929: *»Genossen, (...) Nehmen Sie bitte ihren ›Tribut‹, zumindest als Versprecher, zurück! (...) Genossen, ich verstehe überhaupt nicht, wie eine marxistische Partei, noch dazu in ihrer offiziellen Resolution, die Besteuerung der Bauernschaft in der UdSSR so benennen kann. Bekanntlich unterscheidet sich der Marxismus von anderen wissenschaftlichen Richtungen unter anderem auch dadurch, dass er immer die entsprechende historische Bezeichnung für ökonomische Erscheinungen fordert: Kapital ist Kapital und nicht irgendein Produktionsmittel; Ware ist nicht dasselbe wie ein einfaches Produkt. Dasselbe trifft auf den Tribut zu. Tribut ist eine ganz bestimmte historische Kategorie, die mit dem Sozialismus nichts gemein hat und nichts gemein haben kann! Man darf doch nicht so mit theoretischen Thesen spielen. Das ist sowohl falsch als auch schädlich!«* (Bucharin 1929/1991: 19f.)

Kapitel 20: Der »Realsozialismus« als Zwischenspiel

hen, ohne Künsteleien, ohne jegliches Hin- und Herwackeln, die einfachsten Wege suchen, um an ihn heranzukommen. Die Verwirklichung des Plans der Kollektivierung erfordert eine Kulturrevolution, weil die vollständige Kollektivierung voraussetzt, daß die Genossenschaftsmitglieder in erster Linie auf zivilisierte Weise handeln. Unser Genossenschaftler, schrieb Genosse Lenin, »treibt heute Handel auf asiatische Manier, aber um ein guter Händler zu sein, muß er auf europäische Weise Handel treiben«. (...) Lenin lehrt: den Bauern bei seinen eigenen Interessen packen und über die Genossenschaft zum Sozialismus zu führen.« (Ibid.: 52) Mit der Notwendigkeit einer derartigen Kulturrevolution war zugleich unterstrichen, dass das von Bucharin im Anschluss an Lenin vertretene Konzept des sozialistischen Aufbaus eine längerfristige Zeitperiode beanspruchen wird: »*Es handelt sich um einen grandiosen Plan, der auf eine Periode von vielen Jahren angelegt ist. Er beruht auf sehr langfristigen Perspektiven, auf dem festen Fundament der Grundthesen von Lenin. Aber der Plan ist zugleich konkret: er gibt ganz eminent praktische Anleitung.*« (Ibid.: 55)

Mit all diesen Aussagen ging Bucharin aber fünf Jahre nach Lenins Tod nicht über dessen konzeptionellen Entwicklungsstand hinaus. Die zwischenzeitlichen Probleme der Umsetzung der NÖP, das Zurückbleiben der Ernteergebnisse hinter den Erwartungen, Landflucht der Dorfbevölkerung, die zu Massenarbeitslosigkeit in den Städten geführt hatte, Agitation gegen die Sowjetmacht und Propaganda der reichen Privatbauern (Kulaken) sowie andererseits Übertreibungen bei der Konfiszierung von Getreidevorräten hatten die Klassenstruktur und die politische Situation verändert. Bucharin konkretisierte und radikalisierte seine Auffassungen nicht in Richtung eines umfassenden Gegenkonzeptes zu den vorherrschenden Positionen zentralisierter Planung im Sinne einer Ausarbeitung einer indirekten Steuerung mithilfe marktbezogener Parameter, sondern blieb bei einer bloßen Interpretation von Lenins Gedanken stehen und bezog eine zentristische Position, indem er die auf dem Februar-Plenum des Zentralkomitees der KPdSU beschlossenen Maßnahmen gegen die Kulaken, für eine detaillierte Zentralplanung der Wirtschaft und ein schnelleres Wachstum der Industrie unterstützte. Damit hatte er allerdings den innerparteilichen Kampf über die Art und Weise des sozialistischen Aufbaus in der Sowjetunion verloren. »*Stalin hatte den Inhalt der Gedenkrede Bucharins* (zum 5. Todestag von Lenin / S.K.) *wohl verstanden und zögerte nicht mit seinen Gegenzügen. Die Hauptabrechnung mit Bucharin und den ›Rechten‹ folgte auf dem April-Plenum des ZK der KPdSU 1929, auf dem er alle Register zog. Er zögerte nicht, Lenins Testament zu zitieren, aber sehr selektiv. Lenins milde Kritik an Bucharins Scholastizismus wird erwähnt, aber natürlich Lenins Auftrag verschwiegen, Stalin abzusetzen, da er die Einheit der Partei gefährde. Ein Kampf um die politische und wirtschaftliche Strategie hatte begonnen, in dem Bucharin über die besseren Argumente, Stalin über den Apparat verfügte. Stalin begann ein Katz- und Maus-Spiel mit seinen Gegnern: Bedrohung, Ausschluß, Wiederaufnahme, wichtige neue Aufgaben, neue Bedrohung, Ausschluß, Verhaftung, Sippenhaft, Folter, ›Geständnisse‹, Prozeß, Todesurteil, Hinrichtung. Bucharin ›durfte‹ noch 1935 zusammen mit Karl Radek die neue, formal überaus demokratische Verfassung der SU von 1936 entwerfen – in jeder Hinsicht ein Meisterstück Stalinscher Hinterhältigkeit.«* (Bergmann 1988: 59)

Die Industrialisierungsdebatte in den 1920er Jahren

Nach den wirtschaftlich desaströsen Resultaten der Phase des »Kriegskommunismus« war mit der »Neuen Ökonomischen Politik« ein Stopp des ökonomischen Niedergangs und eine Stabilisierung der wirtschaftlichen Entwicklung gelungen. Ökonomisch war die Stabilisierung der sowjetischen Volkswirtschaft durch die NÖP allerdings schwerpunktmäßig mit einer Minimierung der Investitionen in Bezug auf die bestehenden Ausrüstungen und Anlagen (inkl. Infrastruktur) einhergegangen, sodass die laufende Produktion zunehmend »auf Verschleiß« der vorhandenen Investitionsgüter gefahren worden war. Mitte der 1920er Jahre war allen Teilnehmern an der »Industrialisierungsdebatte« klar, dass eine zukünftige Perspektive der sowjetischen Wirtschaft nur durch physischen Ersatz und Neuerrichtung von Anlagen und Ausrüstungen erschlossen werden konnte, sodass die Frage in den Mittelpunkt rückte, wie ein derartiges gesamtwirtschaftliches Investitionsprogramm anzugehen sei; dies wurde als Übergang von der Restaurations- in die Rekonstruktionsperiode bezeichnet. »*Im Unterschied zu den vorhergehenden Jahren, in denen wir noch alle Bestandteile für die Produktionsvorgänge in Reserve hatten und geringe Ausgaben ausreichten, um kleinere Einheiten zu ersetzen und mit ihnen ungenutzte Produktivkräfte großen Ausmaßes in Bewegung zu setzen, verlangt es heute größere und ständig wachsende Anstrengungen, ein neues Stück fixes Kapital*[5] *in Betrieb zu setzen.*« (Basarow, zit. nach Erlich 1960; 66f.)

Ausgangssituation für ein solches Investitionsprogramm war die fortbestehende Situation des »Warenhungers«, d.h. eine Knappheit von Waren sowohl der Industrie für das Dorf als auch des Dorfes für den individuellen Konsum und die Industrie in Form von Rohstoffen. Die Kontroverse drehte sich um das Ausmaß der Ressourcenbereitstellung und die Geschwindigkeit der Industrialisierung, da von einer Ausreifungszeit für neue Anlagen und Fabriken vom Zeitpunkt des Beginns der Produktion von Produktionsgütern bis zum Wirksamwerden der durchgeführten Investitionen von bis zu drei Jahren auszugehen war. Bevor die Errichtung neuer materieller Infrastrukturen und neuer Fabriken einen gesteigerten Produktenausstoß erbringen könnten, würden sich also sowohl die Disproportionen zwischen Industrie und Landwirtschaft als auch der Warenhunger verschärfen.

In der Analyse standen sich ursprünglich zwei gegensätzliche Positionen im Hinblick auf die Bestimmung der Ursachen des Warenhungers gegenüber: E.A.

---

[5] Anzumerken ist, dass die Diskutanten an der Industrialisierungsdebatte relativ lax und naiv mit den Termini der Marxschen Kritik der politischen Ökonomie umgingen und keine Scheu hatten, kapitalistisch-formbestimmte Kategorien zur Bezeichnung von Sachverhalten auch in der sowjetischen Industrie zu verwenden, die doch andererseits als Nukleus der sozialistischen Wirtschaftsweise und sozialistischer Produktionsverhältnisse galt.

Preobrashenskij, der führende Ökonom der linken Opposition, interpretierte den Warenhunger des Jahres 1925 als eine Folge der unzureichenden Entwicklung der industriellen Produktion und der ungenügenden Akkumulation der Industrie (vgl. Preobrashenskij 1971). Gegen seinen Vorschlag, die »ursprüngliche sozialistische Akkumulation«, d.h. einen forcierten Aufbau einer staatlichen Schwerindustrie, durchzuführen, bezog L. Schanin, ein Mitarbeiter des Finanzkommissariats, die Gegenposition, indem er sich für eine verstärkte Förderung der Klein- und Leichtindustrie aussprach, deren spezifisches Gewicht und deren Beschäftigungsanteil in der Ökonomie Sowjetrusslands vor dem Hintergrund der Schwäche der Großindustrie hoch waren. Der akute Warenmangel, der die Bauern der Sowjetmacht zu entfremden drohte, sollte durch den Ausbau der Leichtindustrie behoben werden; vermehrte Investitionen in die Landwirtschaft sollten zudem Exporterlöse durch Ausfuhr von Agrarprodukten (Getreide) ermöglichen, wodurch im Gegenzug billige ausländische Industriewaren solange importiert werden sollten, wie die einheimische Industrie noch nicht in der Lage war, den Bedarf der Bevölkerung zu decken: »*Die Voraussetzung für eine krisenfreie Expansion des fixen Kapitals ist eine gewisse vorherige Sättigung des Marktes sowohl mit agrarischen als auch mit industriellen Gütern.*« (Schanin, zit. nach Schmucker, in: Pollock 1929: XVII) Die Parteiführung lehnte diese Konzeption als »Agrarisierung« der Sowjetunion ab; außerdem wurde die Bedrohung der Sowjetunion durch die »kapitalistische Einkreisung« hoch bewertet[6], sodass die Export-Import-Komponente von Schanins Konzeption als unrealistisch verworfen wurde.

Die Konzeption von Preobrashenkijs ursprünglicher sozialistischer Akkumulation unterstellte für den forcierten Aufbau einer sozialistischen Schwerindustrie einen bedeutenden Ressourcentransfer aus dem privaten in den staatlichen Sektor, d.h. einen »*Tausch kleiner Mengen von Arbeit in einem Wirtschaftssystem gegen eine größere Menge Arbeit eines anderen Wirtschaftssystems*« (Preobrashenskij 1971: 118). Er ging so weit, von einem regelrechten »Ab- bzw. Hinüberpumpen« von Mitteln aus dem kapitalistischen zugunsten des staatlich-sozialistischen Wirtschaftssektors zu sprechen; die wichtigsten Mittel und Maßnahmen sollten dafür die Preispolitik der Industrie, die als Quasi-Trust Monopolpositionen gegenüber dem Privatsektor durchsetzen konnte, die Kreditpolitik des verstaatlichten Banksektors sowie die Besteuerung des Privatsektors sein (vgl. ibid.: 102ff.).

Auch die Konzeption Preobrashenskijs wurde als »Überindustrialisierung« verworfen und die Debatte konzentrierte sich auf die Bestimmung der korrekten Geschwindigkeit des industriellen Aufbaus im Verhältnis zur Landwirtschaft.

---

[6] Als Hauptkennzeichen der damaligen internationalen Lage galt nach wie vor die Gefahr eines kriegerischen Angriffs auf die UdSSR vor dem Hintergrund der Niederlage der chinesischen Kommunisten und dem Staatsstreich Chiang Kai-Sheks im Frühjahr 1927, dem Abbruch diplomatischer Beziehungen durch Großbritannien und Kanada, der Ermordung des sowjetischen Botschafters in Warschau (7.7.1927) sowie dem militärischen Konflikt UdSSR-China 1929.

N. Bucharin und A.J. Rykow betonten in diesem Zusammenhang, wenn sie auch die Notwendigkeit »riesiger Kapitalaufwendungen« zugaben, »*wie wichtig es sei, die gesamte Expansionsrate in bestimmten Grenzen zu halten. Gleichermaßen kategorisch weigerten sie sich, irgendeinem Wirtschaftssektor einen solchen Vorzug einzuräumen, daß dadurch ein zeitweiser Stillstand oder ein tatsächlicher Rückgang der anderen Sektoren hervorgerufen würde.*« (Erlich 1960: 87) Für Bucharin war entscheidend, dass ein durch den Aufbau der Industrie erzeugtes »zeitweiliges Ungleichgewicht« zwischen Warenangebot und -nachfrage nicht das Ausmaß einer »allgemeinen Wirtschaftskrise« annahm.

Damit hatte die Industrialisierungsdebatte ihren Fokus theoretisch korrekt ausbalanciert und Übertreibungen von »rechts« und »links« korrigiert. Stalin und mit ihm die Mehrheit von Politbüro und Zentralkomitee der mittlerweile in KPdSU (B) umbenannten Partei übernahm formal diese Position, orientierte aber mit dem Kampf gegen die reichen Bauern (Kulaken), der mit einer Besteuerung begann[7], über die Diskriminierung, Ausgrenzung und Enteignung reichte[8] und schlussendlich in der Parole der »Liquidierung des Kulakentums als Klasse« endete, auf die Kollektivierung der Landwirtschaft binnen kurzer Zeit, oftmals unter Zwang. »*Waren bis Ende Juli 1930 23,6% der Bauernwirtschaften den Kolchosen beigetreten, so waren es am 1. Juli 1931 52,7% und im Herbst 1931 bereits 61%. Im Jahre 1931 kam die Kollektivierung in den Hauptanbaugebieten für Getreide im Nordkaukasus, im Steppengebiet der Ukraine und auf der Krim, an der Unteren und Mittleren Wolga zum Abschluß. Hier hatten sich über 80% der Bauernwirtschaften in Kolchosen zusammengeschlossen.*« (Berchin 1971: 375) Das gewaltvolle Vorge-

---

[7] Vgl. SW 11: 234f.: »*Es ist (...) notwendig, zu erreichen, daß unsere Parteifunktionäre auf dem Lande in ihrer praktischen Arbeit zwischen Mittelbauern und Kulaken streng unterscheiden, sie nicht auf die gleiche Stufe stellen und nicht den Mittelbauern treffen, wo es gilt, den Kulaken zu schlagen. Es ist höchste Zeit, diese, mit Verlaub, Fehler zu beseitigen. (...) Es ist erwiesen, daß es bei uns etwa 5 Prozent Kulaken gibt. Es ist erwiesen, daß nach dem Gesetz nur 2–3 Prozent aller Höfe, das heißt der reichste Teil der Kulaken, mit der individuellen Steuer zu belegen sind. Es ist erwiesen, daß dieses Gesetz in der Praxis in einer ganzen Reihe von Bezirken verletzt wird.*« Auf dem ZK-Plenum im November 1928 ist dieser Hinweis Stalins auf die Diskrepanz zwischen Gesetz und praktischer Vorgehensweise der Repräsentanten der Partei auf dem Dorf aber schon Mittel zur Geißelung der rechten Abweichung, gemeint ist damit die Bucharin-Position. In der nächsten Runde waren dann die »Fehler« nicht mehr Ausnahmen, sondern gebilligte und akzeptierte Regel.

[8] Vgl. Berchin 1971: 333: »*Nach dem XV. Parteitag der KPdSU(B) erfuhr die Politik der Einschränkung und Verdrängung des Kulakentums eine Steigerung. Bei der Beschäftigung von Lohnarbeitern wurden Beschränkungen vorgenommen; der Kampf gegen Verletzungen von Bestimmungen des Arbeitsgesetzbuches durch die Kulaken wurde erhöht. Die Kulakenwirtschaften, die 4–5% aller Wirtschaften im Dorf ausmachten, brachten bis zu 45% der Gesamtsumme der Landwirtschaftssteuer auf. Den Kulaken wurde das Stimmrecht in allen Formen der Genossenschaft und in allen landwirtschaftlichen Vereinigungen entzogen. Seit 1926 wurde der Verkauf von Traktoren an Kulaken eingestellt. 1928/29 wurden sie ihnen durch Zwangsverkauf genommen und den Kolchosen und Sowchosen übergeben.*«

hen gegenüber den Kulaken und der vielfach unter Zwang vollzogene Zusammenschluss von (Mittel-) Bauern in Kolchosen waren dabei nicht nur eine Verletzung der Leninschen Prinzipien der Freiwilligkeit, Überzeugungsarbeit und Vorgehensweise anhand des »Muster-Beispiels«, sondern auch gegen den erklärten Willen selbst der härtesten Vertreter einer Industrialisierung durch die ursprüngliche sozialistische Akkumulation durchgeführt worden.

Von der charismatischen Herrschaft zur staatlichen Parteibürokratie

Das Schicksal Bucharins sowie Trotzkis und vielen der anderen Bolschewiki der ersten Stunde steht symptomatisch für die Degeneration, die das Konzept der Leninschen Partei nach dessen Tod erfuhr. Wiederum verglichen mit den von Marx hervorgehobenen Prinzipien der Pariser Kommune beinhalteten bereits die von Lenin entwickelten Prinzipien einer kommunistischen Partei als Partei von Berufsrevolutionären, deren Aufgabe darin besteht, das unentwickelte Bewusstsein der lohnabhängigen Massen (»trade-unionistisches Bewusstsein«) durch eine Avantgarde, die allein die Einsicht über den notwendigen Gang der Klassenkämpfe besitzt und diese Klassenkämpfe in Richtung des Ziels einer sozialistischen Umgestaltung von Wirtschaft, Gesellschaft und Staat führt,[9] eine Abkehr vom radikalen Demokratismus der seinerzeitigen Kommunarden. Vor dem Hintergrund, einerseits den Widerstand und Revanchismus der Bourgeoisie gegenüber der sozialistischen Revolution nicht mehr naiv zu unterschätzen und den andererseits unentwickelten Verhältnissen in Russland in den ersten Dezennien des 20. Jahrhunderts mit einem weitgehenden Fehlen zivilgesellschaftlicher Strukturen, ist zwar die Bedeutung einer Avantgarde von Berufsrevolutionären verständlich, doch war damit eine Genesis von Arbeiter- und revolutionären Bewusstsein formuliert, dessen umstandslose Verallgemeinerung auf Verhältnisse in entwickelten bürgerlich-demokratischen Staaten die kommunistische Bewegung auf Abwege und zu falschen strategischen Entscheidungen geführt hat. An der Spitze dieser Aberrationen steht der Stalinismus, der nicht nur an der Person Stalins festgemacht werden kann, sondern tiefere Ursachen besaß und der Sowjetunion bereits ab den 1920er Jahren einen gewaltigen Blutzoll und enttäuschte Hoffnungen sowohl innerhalb der kommunistischen Partei als auch bei der Bevölkerung auferlegt hat.

Ein wesentlicher Grund für Verselbständigungsprozesse der kommunistischen Partei(en) gegenüber der Bevölkerung und der Führung innerhalb der Parteien von der Parteibasis liegt in ihren Formen einer charismatischen Herrschaft begründet. Mit der Institutionalisierung dieser Parteien zu alleinigen oder per Verfassung festgeschriebenen führenden Staatsparteien wurde die Staatsförmigkeit der (real-)sozialistischen Gesellschaften zementiert und ist die Artikulation von Meinungsvielfalt unterbunden und in inoffizielle Nischen, z.B. den religiös-kirchlichen Raum, abgedrängt worden. Die Herausforderungen, die in der Erstreitung einer hegemonialen Position innerhalb der vorstaatlichen, zivilgesellschaftlichen Sphäre begründet

---

[9] Vgl. dazu Lenins Schrift »Was tun?« in LW 5: 35ff.

liegen, konnte nur in beschränkter Form innerhalb der kommunistischen Parteien stattfinden und war daher von vornherein kupiert und limitiert. Max Weber hat die Form charismatischer Herrschaft, ihre Ausprägung und ihren Funktionsmechanismus sowie ihre immanente Labilität, Vergänglichkeit und Transformation in andere Herrschaftstypen detailliert beschrieben.[10]

Weber bestimmt das soziologische Wesen der charismatischen Autorität durch die aktive Rolle des Trägers des Charismas, der kraft seiner Sendung Gehorsam und Gefolgschaft verlangt; Kriterium ist der Erfolg (vgl. Weber 1921/1976: 655). Deshalb ist der Bestand der charismatischen Autorität inhärent labil (vgl. ibid.: 656). Im Unterschied zur bürokratischen Rationalisierung, die die Dinge und Ordnungen »von außen« bestimmt, ruht das Charisma »*in seiner Macht auf Offenbarungs- und Heroenglauben, auf der emotionalen Überzeugung von der Wichtigkeit und Wert einer Manifestation religiöser, ethischer, künstlerischer, wissenschaftlicher, politischer oder welcher Art immer, auf Heldentum, sei es in der Askese oder des Krieges, der richterlichen Weisheit, der magischen Begnadung oder welcher Art sonst. Dieser Glaube revolutioniert »von innen heraus« die Menschen und sucht Dinge und Ordnungen nach seinem revolutionären Willen zu gestalten.*« (Ibid.: 657f.) Und: »*Während die bürokratische Ordnung nur den Glauben an die Heiligkeit des immer Gewesenen, die Normen der Tradition, durch die Fügsamkeit in zweckvoll gesatzte Regeln und das Wissen ersetzt, daß sie, wenn man die Macht dazu hat, durch andere zweckvolle Regeln vertretbar, also nichts ›Heiliges‹ sind, – sprengt das Charisma in seinen höchsten Erscheinungsformen Regel und Tradition überhaupt und stülpt alle Heiligkeitsbegriffe geradezu um.*« (Ibid.: 658)

In der Wirtschaft steht das Charisma für das Fehlen der »Rechenhaftigkeit« beim Güterverbrauch und einer rationalen Organisation der Güterproduktion (vgl. ibid.: 660). Auf der einen Seite bedeutet daher charismatische Herrschaft z.B. eine ethisch begründete Wirtschaft, die die Erfüllung von Wohlstandszielen für die ganze Gesellschaft proklamiert und an den revolutionären Enthusiasmus der Akteure, hier: der Arbeiterklasse bzw. ihrer klassenbewussten Vorkämpfer, appelliert. Auf der anderen Seite öffnet eine derartige ethisch begründete Steuerung der Wirtschaft dem Voluntarismus Tür und Tor. Beides hatte nicht nur die der Oktoberrevolution unmittelbar nachfolgende Periode des »Kriegskommunismus«, dieser vermeintlich ersten »heroischen Periode der russischen Revolution« (Kritzman) charakterisiert, sondern eben sowohl die Verhältnisse der Industrialisierungsperiode in der Sowjetunion in der Periode der ersten Fünfjahrpläne und des »Großen Vaterländischen Krieges«, schließlich den »Großen Sprung nach vorn« mit der Bildung

---

[10] Vgl. Weber 1921/1976: 654ff. Die Webersche Herrschaftssoziologie kennt drei Grundformen der Herrschaft, die patriarchale, die bürokratische und die charismatische Herrschaft. Sicherlich liegt die Schwäche des Weberschen Ansatzes in der isolierten, gegenüber den jeweiligen grundlegenden formationsspezifischen Produktionsverhältnissen unabhängigen Analyse. Nimmt man sie jedoch als Beschreibung von Herrschaftsformen, liefert sie Erklärungen für die Ausprägung und Entwicklung realsozialistischer Gesellschaften, die in eine marxistische Analyse und Beurteilung integriert werden können.

Kapitel 20: Der »Realsozialismus« als Zwischenspiel

von Volkskommunen in der VR China und wirtschaftlichen Vorstellungen Che Guevaras für die Umstrukturierung der kubanischen Wirtschaft nach der Revolution beschrieben und war daher tatsächlich ein allgemeines Merkmal der realsozialistischen Gesellschaften. Während die sowjetische Industrialisierung trotz ihrer Rücksichtslosigkeit gegenüber der Bevölkerung hinsichtlich des Aufbaus einer schwerindustriellen Basis erfolgreich war und daher auch entscheidend zum Sieg der Sowjetunion gegen den Hitlerfaschismus beigetragen hat, waren die Ergebnisse der Entwicklung in China katastrophal und machten die vorgängig erreichten Stabilisierungen der landwirtschaftlichen Produktion im ersten Fünfjahrplan (1953–1957) wieder zunichte.[11]

Aufgrund der inhärenten Labilität charismatischer Herrschaft ist diese regelmäßig nur von beschränkter Dauer. »*In ungebrochener Macht, Einheitlichkeit und Stärke wirkt sich sowohl der Glaube des Trägers selbst und seiner Jünger an sein Charisma [...] regelmäßig nur in statu nascendi aus. Flutet die Bewegung, welche eine charismatisch geleitete Gruppe aus dem Umlauf des Alltags heraushob, in die Bahnen des Alltags zurück, so wird zum mindesten die reine Herrschaft des Charismas regelmäßig gebrochen, ins ›Institutionelle‹ transponiert und umgebogen, und dann entweder geradezu mechanisiert oder unvermerkt durch ganz andere Strukturprinzipien zurückgedrängt oder mit ihnen in den mannigfaltigsten Formen verschmolzen und verquickt, so daß sie dann eine faktisch untrennbar mit ihnen verbundene, oft bis zur Unkenntlichkeit entstellte, nur für die theoretische Betrachtung rein herauszupräparierende Komponente des empirischen historischen Gebildes darstellt.*« (Weber 1921/1976: 661)

Die Auflösungsprozesse der charismatischen Herrschaft führen im vorliegend betrachteten Zusammenhang zu einer doppelten Transformation. Zum einen ist die Nachfolgeregelung für den charismatischen Führer – Lenin, Stalin, Mao Zedong, Kim Il-Sung, Tito, Fidel Castro – innerhalb der führenden Partei stets mit dem Verlust der charismatischen, an die Person gebundenen Eigenschaften bedroht bzw. verbunden. Die Ablösung einer charismatischen Führerpersönlichkeit durch ein faktisches oder gar formelles Führungskollektiv, insbesondere wenn diese Ablösung mit einer nachträglichen grundlegenden Kritik des Führers verbunden ist wie nach dem Tod Stalins und der Kritik Chruschtschows auf dem XX. Parteitag der KPdSU, kann den Charakter der Partei zugunsten einer formal rationalen, die früheren außergewöhnlichen Umstände überwindenden bürokratischen Form verändern und hat dies auch vielfach getan. Die bürokratische Herrschaftsform ist dann sowohl innerhalb der führenden Partei als auch im Verhältnis zwischen Partei, Staat und Gesellschaft das legitime Erbe der charismatischen Herrschaft im nachfolgenden Alltag. Dieser Entwicklungsprozess ist von erheblichen Widersprüchen geprägt. Fraktionsauseinandersetzungen innerhalb der kommunistischen Partei, die während der Phase der charismatischen Herrschaft unterdrückt worden waren, brechen auf, werden aber, soweit sie nicht eine neue charismatische Führerfigur kre-

---

[11] Vgl. Kapitel 16, Unterabschnitt e) sowie das nachfolgende 21. Kapitel.

ieren, in eine formal rationale, d.h. bürokratische Bewegungsform transformiert. In der Bürokratisierung der führenden Rolle der Staatspartei gegenüber Wirtschaft und Gesellschaft verändert sich die Partei weiter und wird zu einer die vorhandenen Strukturen bewahrenden Vereinigung.

Was ist die soziale und ökonomische Basis des von der charismatischen Herrschaft zur staatlichen Parteibürokratie degenerierten politischen Systems des untergegangenen Realsozialismus gewesen? Und warum hat gerade der Versuch, eine sozialistische Gesellschaft zu errichten, in den wichtigsten Ländern diese Herrschaftsformen hervorgebracht, die doch auf den ersten Blick fundamentalen Prinzipien der sozialistischen Bewegung widersprechen?

Theoretisch war die Auffassung von der revolutionären Partei als Avantgarde, als Träger des wissenschaftlichen Bewusstseins, verkörpert durch die revolutionäre sozialistische Intelligenz und praktisch umgesetzt durch ihre Rolle als Berufsrevolutionäre, unmittelbarer Ausfluss von Lenins Verständnis der Genesis der verschiedenen Bewusstseinsformen in der bürgerlichen Gesellschaft. Im Gegensatz zu Marx, der das Bewusstsein der Akteure der bürgerlich-kapitalistischen Gesellschaft als ideellen Ausdruck ihrer materiellen, durch Arbeit beständig reproduzierten sozialen Verhältnisse ansah und demzufolge die Gesamtheit von deren Widersprüchen und unterschiedlichen Entwicklungsverläufen auch im Bewusstsein reflektiert bestimmte, ging Lenin von qualitativen Unterschieden in der Bewusstseinsbildung verschiedener Akteure bzw. Akteursgruppen aus. Während Marx auch seine eigene Tätigkeit der Analyse der bürgerlichen Gesellschaft nur als Systematisierung ihrer verschiedenen Seiten, die sie in ihrer kontemporären Bewegung abwechselnd offenbart, begriff und daher keine qualitative Differenz zwischen Alltagsbewusstsein, Klassenbewusstsein und wissenschaftlichem Bewusstsein, sondern nur »quantitative« Verschiedenheiten notierte,[12] stellen für Lenin die Herausbildung der Arbeiterbewegung und die Entwicklung des wissenschaftlichen Sozialismus zwei voneinander unabhängige Bewegungen dar. Nur die erstere ist ein naturwüchsiges Produkt der Entwicklung kapitalistischer Verhältnisse und ihrer Bewegung durch die Kapitalakkumulation. Die theoretische Lehre des Marxismus ist aber unabhängig von dem spontanen Anwachsen der Arbeiterbewegung entstanden: »*Die Lehre des Sozialismus ist [...] aus philosophischen, historischen und ökonomischen Theorien hervorgegangen, die von den gebildeten Vertretern der besitzenden Klassen, der Intelligenz, ausgearbeitet wurden. Auch die Begründer des wissenschaftlichen Sozialismus, Marx und Engels, gehörten ihrer sozialen Stellung nach der bürgerlichen Intelligenz an.*« (LW 5: 386) Überspitzt formuliert, bestimmt Lenin also den wissenschaftlichen Sozialismus aus der ideologiekritischen Zusammenfügung von deutscher idealistischer Philosophie, englischer politischer Ökonomie und französischem utopischem Sozialismus durch die theoretische Arbeit der allein dafür prädestinierten sozialen Gruppe, der Intelligenz, während die Geschichte aller Länder davon zeuge, »*daß die Arbeiterklasse ausschließlich aus eigener Kraft nur ein*

---

[12] Vgl. Kapitel 1 der vorliegenden Abhandlung.

Kapitel 20: Der »Realsozialismus« als Zwischenspiel

trade-unionistisches Bewußtsein hervorzubringen vermag, d.h. die Überzeugung von der Notwendigkeit, sich in Verbänden zusammenzuschließen, einen Kampf gegen die Unternehmer zu führen, der Regierung diese oder jene für die Arbeiter notwendigen Gesetze abzutrotzen u.a.m.« (Ibid.: 385f.) Lenin begründet diese These vom limitierten, trade-unionistischen Bewusstsein der Arbeiterklasse aus der Erfahrung. Dass bei dieser Einschätzung die unentwickelten Verhältnisse im damaligen Russland eine Rolle gespielt haben, kommt hinzu.

Die kurze Zeit des konstitutionellen Experiments nach der Revolution von 1905/07 bis zum Februar 1917 in Russland konnte nicht ausreichen, um nachzuholen, was sich im Jahrhundert zuvor nicht ausgebildet hatte. Unter dem Zarismus hatten sich gesellschaftliche Eigeninitiative und eigenständige soziale Verbände kaum entfalten können. Weder Adelskorporationen noch Bürgergemeinden oder Zunftgenossenschaften waren entstanden, die ein unabhängiges Leben geführt und dem »Untertanenverband« zu Selbstbewusstsein verholfen hätten. »Gesellschaft« bildete sich in Russland selbst im Sinne der institutionalisierten Versammlung von Angehörigen des gleichen Standes wesentlich auf dem Wege autokratischer Anordnung. Es fehlte also fast gänzlich ein zivilgesellschaftlicher Überbau als Vermittlungsinstanz zwischen Ökonomie und Staat. Die Zerstörung zaristischer Staatlichkeit durch die Oktoberrevolution beschwor bei noch nicht gefestigter Machtposition der Bolschewiki die Gefahr der Selbstzerstörung der Revolution und verlangte, eine umfangreiche Verwaltung für die Durchführung politischer Direktiven einzurichten und wiederum deren Verdoppelung durch die Kontrolle seitens der Parteiinstanzen. Das heißt, es kam zu einer umfassenden Überformung gesellschaftlicher Strukturen durch »bolschewistische Staatlichkeit«. Diese Überformung durch staatlich-parteimäßige Verwaltungs- und Kontrollstrukturen erklärt des Weiteren, dass immer wieder Chancen vertan wurden, die qualitativ neuartige politische Basis der Sowjets (Räte) lebendig zu erhalten und weiterzuentwickeln bzw. mit einem Mehrparteiensystem die neue Staatsordnung auf eine breitere Grundlage politischer Repräsentationsverhältnisse zu stellen. Nachdem die Bolschewiki nach der Februarrevolution 1917 zunächst an spontanen Gründungen der Sowjets und ihrer Entfaltung aktiv teilnahmen, führte bereits die Abschaffung der Wahl des Kommandostandes in der neugegründeten Roten Armee 1918 zur Beschneidung der Rechte der Soldatenräte. (vgl. Anweiler 1958) Obwohl sie dem ersten sozialistischen Staat ihren Namen gaben, wiederholte sich diese Einverleibung der Sowjets durch Partei und Staat in der Folgezeit auf breiter Front.[13]

Aus der für die Existenz der Leninschen Partei konstitutiven Differenz zwischen Alltagsbewusstsein und wissenschaftlichem Bewusstsein ergibt sich die Notwendigkeit, beide aparten Bewusstseinsformen zusammen zu bringen, wobei der zur

---

[13] Sicherlich haben die Bauernproteste im Zuge der ökonomischen Krise und sozialen Spannungen während der Phase des »Kriegskommunismus« – »Sowjets ohne Bolschewiki« – dazu beigetragen, obgleich sie die SDAPR zu einer pragmatischen und zugleich problematischen Änderung ihrer Politik gegenüber der Bauernschaft gebracht hatten.

revolutionären Partei zusammengeschlossenen Intelligenz die aktive Rolle zufällt.[14] Damit war nicht nur vor der Revolution, sondern auch danach im Selbstverständnis der Akteure ein Verhältnis von Avantgarde und Masse, d.h. von Stellvertreter-Politik konstituiert, welches auch bei der Ausweitung der kommunistischen Parteien zu Staats- und Massenparteien im Realsozialismus erhalten blieb und mit den ursprünglichen Vorstellungen von Marx hinsichtlich einer zivilgesellschaftlichen Selbstorganisation der Produzenten und Mitglieder der sozialistischen Gesellschaft nicht mehr viel gemein hatte.

Gründet sich eine charismatische Herrschaft einer über »die Einsicht in den notwendigen Gang der Geschichte« verfügenden Avantgarde somit auf eine Überschätzung des wissenschaftlichen Bewusstseins oder, spiegelbildlich, Geringschätzung des Alltagsbewusstseins, so sind damit weitere Ausbildungen kommunistischer Stellvertreter-Politik und mangelnder demokratischer Transparenz und Rückkoppelung vorgeprägt. Der Personenkult innerhalb der KPR(B) war unter Lenin noch gering ausgeprägt; es gab eine ganze Anzahl von verdienten Bolschewiki, die sich wie Lenin selbst als konzeptive Ideologen verstanden und tatsächlich eine lebendige und kontroverse Debatte über strategische Perspektiven und operative Maßnahmen der Politik der Partei sowie später des sozialistischen Aufbaus führten. Erst unter Stalin in der Sowjetunion bzw. in abgeschwächter Form unter Mao-Zedong in der VR China entfaltete die sich mit patriarchalischen Formen verbindende charismatische Herrschaft innerhalb der kommunistischen Parteien ihre zerstörerische Wirkung und degenerative Kraft. Die Kritik Chruschtschows anlässlich des XX. Parteitags der KPdSU in seiner Rede »Über den Personenkult und seine Folgen« zählt zwar detailliert die Stalin zugeschriebenen Verbrechen gegen Parteimitglieder auf, erklärt aber den Stalinschen Personenkult hauptsächlich mit charakterlichen Defiziten, d.h. subjektivistisch. Eine Integration in übergeordnete Zusammenhänge der sozioökonomischen und politischen Entwicklung oder gar die Problematisierung von bereits unter Lenin angelegten Fehlentwicklungen findet in der Sowjetunion auch später nicht statt.

Der französische Kommunist J. Elleinstein hat versucht, diese Beschränkung der stalinistischen Degenerationen auf die Person Stalins zu überwinden. Mit dem »stalinschen Phänomen« hebt er ab auf die sozioökonomischen Rahmenbedingungen und Entwicklungen in der Sowjetunion in der Zeit von Stalin als Generalsekretär der KPdSU. Die Entstehung des stalinschen Phänomens sieht er in dem Ausgang der Industrialisierungsdebatte der 1920er Jahre: »*Es ist nicht so sehr die Notwendigkeit der wirtschaftlichen Entwicklung, die hier in Frage gestellt wird, sondern die Art und Weise, wie jene Entwicklung vonstatten ging. Mit anderen Worten, schuld ist nicht der Ökonomismus, sondern die bürokratischen Deformationen*

---

[14] Diese Hochschätzung der »Intelligenz« blieb in der marxistisch-leninistischen Soziologie stets erhalten. Sie wurde immer als eigenständige soziale Rubrik, nie als Bestandteil unterschiedlicher Fraktionen der Arbeiterklasse und der lohnabhängigen Mittelklassen klassenanalytisch verortet.

Kapitel 20: Der »Realsozialismus« als Zwischenspiel

eines Arbeiterstaates, in dem das Fehlen der politischen Demokratie sich mit den Bedingungen des Übergangs zum Sozialismus und dessen Errichtung verband.« (Elleinstein 1977: 178f.) Dem Hinweis auf Demokratiedefizite ist sicherlich nicht zu widersprechen; ebenso stehen die »bürokratischen Deformationen eines Arbeiterstaates« in der Konsequenz der Auflösung charismatischer Herrschaftsformen.

Die Lokalisierung der stalinistischen Degenerationen in der Führung bzw. der Beendigung der Industrialisierungsdebatte durch forcierten Aufbau der Schwerindustrie und Kollektivierung der Landwirtschaft verweist noch auf einen anderen Problemkomplex der sowjetischen Entwicklung, der ebenfalls bis in die Zeit der Oktoberrevolution zurückreicht: die Politik der Bolschewiki gegenüber der Bauernschaft und das Bündnis der Arbeiterklasse mit den armen Bauern, die »Smytschka«. Die Verteilung des Landes der Gutsbesitzer an die Bauern als einer der ersten Maßnahmen nach dem Erfolg der Oktoberrevolution war zum einem der katastrophalen Ernährungslage der russischen Bevölkerung geschuldet gewesen und hatte auch tatsächlich zu einer Besserung geführt; andererseits wurde eine Masse von bäuerlichen Kleineigentümern allererst geschaffen.[15] Versuchte Lenin in seinen Aprilthesen von 1917 (vgl. LW 24: 3 ff.) diejenigen Teile der Bauernschaft, die durch eine ansatzweise Entwicklung des Kapitalismus in Russland Proletarisierungstendenzen unterlagen, zu privilegierten Bündnispartnern der städtischen Arbeiterschaft zu machen, so befestigte das von den Bolschewiki übernommene »Dekret über Grund und Boden« vom 26. Oktober 1917 (vgl. LW 26b: 248 ff.), dessen Zentralteil als »Wählerauftrag zur Bodenfrage« aufgrund von 242 Wähleraufträgen örtlicher Sowjets von Bauerndelegierten zusammengestellt worden war, mit der »Nationalisierung« des Bodens zugleich die Zählebigkeit der Tradition im dörflichen Wirtschafts- und Sozialleben. Dieses sozialökonomische Kernstück der Oktoberrevolution schaffte weder Möglichkeiten für eine bürgerlich-kapitalistische noch agrarsozialistische Produktivkraftentwicklung auf dem Lande, sondern hinterließ den nachfolgenden Revolutionsjahren weiteren sozialen Konflikt- und Sprengstoff. *»Die Bauern (...) retteten die wichtigste Trophäe ihres Aufstandes, das hinzugewonnene Land, durch alle Wirren. Um seine Macht zu sichern, nahm das Sowjetregime die Aufteilung allen Grundbesitzes und die Festigung der* obščina *(Dorfgemeinde) in Kauf. Schon bald trat zutage, dass sich die solchermaßen gestärkte Dorfgesell-*

---

[15] Vgl. Pollock 1929: 35: »*In den Ausführungsbestimmungen zu diesem Dekret (der sofortigen entschädigungslosen Enteignung der Gutsbesitzer / S.K.) ist von der Erhaltung der Großbetriebe nicht mehr die Rede, nur Betriebe mit hochkultivierter Wirtschaft (Pflanzen-, Baumschulen usw.) werden von der allgemeinen Verteilung, die übrigens periodisch ›im Zusammenhang mit der wachsenden Bevölkerungszahl und der Hebung der Produktionskraft‹ wiederholt werden soll, ausgenommen. Das Dekret war die Grundlage für die berühmte ›Smytschka‹, das Bündnis zwischen den Bolschewiki und den großen Bauernmassen, auf dem die Herrschaft der ersteren beruht. (...) Am 27. Januar 1918 (...) wurde das ›Grundgesetz über den Boden‹ erlassen. Es bedeutete die völlige Preisgabe der Möglichkeit, die ökonomischen Grundlagen für die Durchführung der sozialistischen Wirtschaftsweise auf dem Lande zu erhalten oder gar zu stärken.*«

schaft auch politischer Kontrolle entzog. Der Gegensatz zwischen Stadt und Land blieb erhalten. Hier lag die tiefste Ursache für die Probleme, die Stalin 1929/30 mit dem Gewaltstreich der Kollektivierung zu lösen suchte.« (Hildermeier 1989: 303)

Schon Lenin wurde mit den letztlich paradoxen und widersprüchlichen Konsequenzen der Agrarpolitik der Bolschewiki im Gefolge der Oktoberrevolution konfrontiert. Von der Sozialstruktur der bäuerlichen Realität her wären für ein entwicklungs- und ausbaufähiges Arbeiter-Bauern-Bündnis die Mittelbauern entscheidend gewesen, die zahlenmäßig die Masse der Bauernschaft bildeten. Doch im Sommer 1918 wurden »Komitees der Dorfarmut« als dörfliche Stütze der bolschewistischen Staatsmacht ins Leben gerufen, die bei den bessergestellten Bauern Getreide beschaffen sollten, um Städte und Armee zu versorgen. Die Orientierung lautete: »Zuerst *gemeinsam mit der ›gesamten‹ Bauernschaft gegen die Monarchie, gegen die Gutsbesitzer, gegen das Mittelalter (und insoweit bleibt die Revolution eine bürgerliche, bürgerlich-demokratische Revolution).* Dann *zusammen mit der armen Bauernschaft, zusammen mit allen Ausgebeuteten* gegen den Kapitalismus, einschließlich der Dorfreichen, der Kulaken, der Spekulanten, und insofern wird die Revolution zu einer sozialistischen *Revolution.*« (LW 28: 300; Hervorh. im Original)

Diese Etappenbestimmungen, bei der der Staat versuchte, auch die Landwirtschaft in das System der proletarischen Naturalwirtschaft einzubeziehen, mussten an der kriegskommunistisch deformierten bäuerlichen Realität scheitern. Die ökonomischen Forderungen der Bauernschaft nach Marktbeziehungen und freiem Handel zwischen Stadt und Land sowie Forderungen nach Neuwahlen zu den Sowjets und freier politischer Artikulation und Repräsentanz aller sozialistischen Organisationen bedeuteten eine politische Kampfansage und damit Ausdruck der schwersten wirtschaftlichen und politischen Krise seit dem Oktober 1917.[16]

Es zeichnet Lenin in dieser politischen Konstellation aus, dass er sich als lernfähig erweist und versuchte, mit dem Übergang in die NÖP einen Ausweg zu finden. Allerdings hatte er die NÖP nicht als grundlegende Alternative im Sinne eines marktwirtschaftlichen Sozialismus begriffen. Eine marktsozialistische Alternative hätte demgegenüber eine langfristig angelegte Politik der Tolerierung von unterschiedlichen Eigentumsformen sowie eine aktive Gestaltung der Ökonomie mithilfe von indirekten Steuerungsinstrumenten nahegelegt und damit zu einer gänzlich anderen Richtung der Politik des sozialistischen Aufbaus geführt. Sowohl bei Lenin als auch bei Bucharin war jedoch das theoretische Dogma, dass Sozialismus identisch sei mit zentral-administrativer Planung und möglichster Beseitigung der Ware-Geld-Beziehungen bzw. ihres steuernden Einflusses auf die ökonomischen Prozesse, zu dominant. Auch wenn sowohl Lenin wie Bucharin der NÖP-Periode eine längerfristige Existenz zumessen wollten, war jedoch ihre Bewertung, dass sie mit einer sozialistischen Wirtschaftsweise letztlich nicht kompatibel sei, eindeutig.

---

[16] Lenin notiert: »*Ökonomik im Frühjahr 1921 hat sich in Politik verwandelt: ›Kronstadt‹.*« (LW 32e: 339)

Vor diesem Hintergrund besaß die Rettung der Revolution durch eine zweite Revolution 1929/30 ihre Folgerichtigkeit. Mit Stalin erfuhr die bolschewistische Bauernpolitik ihre spezifische Gewaltförmigkeit und wurde mit dem Überleben der Revolution insgesamt gerechtfertigt. Allein auf der Grundlage eines radikal durchgeführten Industrialisierungsprogramms würde sich die Sowjetmacht ihrer zahlreichen Klassenfeinde im In- und Ausland erwehren können: »*Wir sind hinter den fortgeschrittenen Ländern um 50 bis 100 Jahre zurückgeblieben. Wir müssen diese Distanz in zehn Jahren durchlaufen. Entweder wir bringen das zustande, oder wir werden zermalmt.*« (SW 13: 36)

Mit den vorstehenden Punkten, die nicht für die Sowjetunion, sondern grosso modo auch für die anderen realsozialistischen Staaten charakteristisch sind, wird die Problematik charismatischer Herrschaft und Wirtschaft sowie ihre Auflösung mit grundlegenden theoretischen Fragen und ebenso grundlegenden, bereits unmittelbar nach der Oktoberrevolution durchgeführten Maßnahmen verbunden bzw. auf diese zurückgeführt. Damit ist eine ebenso grundlegende Kritik am »realsozialistischen Modell« formuliert, die nicht erst für eine spätere Entwicklungsperiode gültig ist, sondern auch Relevanz für die Frühphase des Aufbaus des Sozialismus in Ländern mit unentwickeltem Kapitalverhältnis beansprucht.

b) Die begrenzten Reformdiskussionen in den RGW-Ländern und ihre Umsetzung

Übergang von zentral-administrativer Wirtschaftsplanung zu indirekter Zentralisierung durch Einsatz ökonomischer Kennziffern und materieller Stimulierung in den 1960er Jahren

Wenn auch durch die Weiterführung von Lenins Konzeption der Neuen Ökonomischen Politik und Bucharins Adaptierung dieses Konzeptes zum Aufbau des Sozialismus im Rahmen der Industrialisierungsdebatte in der Sowjetunion der 1920er Jahre eine andere Entwicklung als die unter Stalin umgesetzte Forcierung der Schwerindustrie und durchgreifende Kollektivierung der Landwirtschaft denkbar gewesen wäre, erhielt der eingeschlagene Weg durch die erzielten wirtschaftlichen Erfolge in der Praxis nachträglich eine Plausibilität und Rechtfertigung. Tatsächlich kann ja auch eine zentrale Planung für Schwerpunktbereiche innerhalb einer niedrig differenzierten Ökonomie funktionieren, wenn für die Entwicklung der Gesamtwirtschaft zunächst der Auf- und Ausbau dieser Schwerpunktbereiche entscheidend ist.[17] Es ist nur eine andere Formulierung desselben Sachverhalts, wenn der Erfolg des sowjetischen Systems der zentral-administrativen Planung und Lenkung der Ökonomie mit einer vorwiegend extensiv erweiterten Reproduktion in Verbindung gebracht wird, in der durch hohe Neuinvestitionen (schwer-) industrielle Kerne überhaupt etabliert und vermittelst der Erschließung und (Erst-) Ausbeu-

---

[17] Vgl. dazu Krüger 2016, Kapitel 12.

tung neuer Rohstoffvorkommen betrieben und ausgelastet werden.[18] Dies entsprach dem zu einem »Gesetz« stilisierten Vorrang des Wachstum der Produktionsmittel- gegenüber der Konsumgüter-Produktion inkl. Wohnungsbau und Verkehrswesen.[19]

Gegen Ende der 1950er Jahre kam es in den realsozialistischen Ländern durchweg zu einer deutlichen Verlangsamung des Wirtschaftswachstums; für die vergleichsweise höher entwickelten Volkswirtschaften der DDR und der ČSSR hatten die wirtschaftlichen Rahmenbedingungen für eine nachholende Industrialisierung nach der Überwindung der unmittelbaren Folgen des Zweiten Weltkriegs von vornherein nicht gepasst. Die Übernahme des sowjetischen Planungsmodells war daher an und für sich bereits von vornherein dysfunktional gewesen. Es ist insoweit kein Zufall, dass bereits Anfang der 1960er Jahre in der DDR schrittweise das ursprünglich etablierte Planungssystem sowjetischer Art durch Einfügung einer dezentralen, auf der Betriebsebene (Kombinate, später: Vereinigung Volkseigener Kombinate) angesiedelten Entscheidungsebene modifiziert wurde. Dieses »Neue Ökonomische System der Planung und Leitung (NÖSPL)« wurde namentlich von W. Ulbricht, dem damaligen Ersten Sekretär des Zentralkomitee der Sozialistischen Einheitspartei Deutschlands propagiert und seit 1963 in der DDR-Wirtschaft eingeführt; ab 1967 wurde es sodann weiterentwickelt zum »Ökonomisches System des Sozialismus (ÖSS)«. Hauptziel des NÖSPL/ÖSS war die Optimierung der Verbindung der zentralen staatlichen Planung mit einer indirekten Steuerung der Betriebe über monetäre Lenkungsmittel; dabei wurden die staatliche zentrale Planung und die dezentrale Planung und Regelung durch die Betriebe als »komplementäre« Instrumente angesehen (vgl. Richter 2015: 50f.). Damit hatte die SED in der Wirtschaftspolitik der sozialistischen Staaten eine Pionierfunktion übernommen, die erst ein paar Jahre später auch in der UdSSR mit ähnlich ausgerichteten Wirtschaftsreformen im »Neuen System der Planung und ökonomischen Stimulierung« (1965) nachvollzogen wurde.[20] Dieser Neuorientierung der Wirtschaftspolitik war das immer offenkundigere Auftreten erheblicher Mängel der überkommenen zentral-administrativen Planung mit der Vorgabe stofflich-naturaler Größen, insbesondere der Kennziffer: Bruttoproduktion, vorausgegangen, die die Betriebe zu bloßer Produktionsmengensteigerung (»Tonnenideologie«), oftmals an den Bedürfnissen

---

[18] Vgl. Kosta/Meyer/Weber 1973: 178: »›Extensives Wachstum‹ (...), das durch hohen Arbeitskräfteeinsatz und auf quantitative Produktionssteigerung gerichtete Erweiterungsinvestitionen charakterisiert ist, war mittels administrativer Methoden zu erreichen. Diese Industrialisierungspolitik wurde durch ›freie‹ Arbeitskräfte in der Landwirtschaft und Reichtum an natürlichen Ressourcen begünstigt.«

[19] Vgl. ibid.: 180: »*Das Wachstum der Produktionsmittelindustrie (Abt. A) in der Sowjetunion von 1928-1967 betrug durchschnittlich jährlich 11%, dasjenige der Konsumgüterindustrie (Abt. B) 4%.*«

[20] Ebenfalls 1965 begann in der ČSSR die Reform nach der Entscheidung des ZK der KPČ über die »Vervollkommnung des Systems der planmäßigen Leitung der tschechoslowakischen Volkswirtschaft«. 1968 beschloss in Ungarn das ZK der Ungarischen Sozialistischen Arbeiterpartei (USAP) die Einführung des »Neuen Ökonomischen Mechanismus (NÖM)«.

Kapitel 20: Der »Realsozialismus« als Zwischenspiel

der Abnehmer vorbei und zu Planerfüllungen mit sinkender Arbeitsproduktivität, stimuliert hatten. Die Volkswirtschaftsplanung selbst war mehr eine bloße Extrapolation der Strukturen denn eine auf jeweilige neue Verhältnisse aufsetzende, mit differenzierten und neuen Schwerpunkten operierende Gestaltung der gesamtwirtschaftlichen Entwicklung. Auch das für eine zentralistische Planung charakteristische Informationsproblem, sowohl was inkorrekte Meldungen der Betriebe über verfügbare Produktionskapazitäten und vorhandene Reserven in Richtung der Zentrale zur Erreichung »weicher Planvorgaben« anging als auch was die zunehmend unmöglicher werdende Planung von detaillierten Vorgaben für die Vielzahl der Produktionseinheiten anbetraf, machte sich anhand von Disproportionalitäten, d.h. Mangel- sowie Überschusserscheinungen immer stärker bemerkbar. Dies führte zu den sinkenden Wachstumsraten des Nationaleinkommens.

Entgegen der Praxis der bisherigen Volkswirtschaftspläne mit hauptsächlicher Extrapolation wesentlicher Zielvariablen, die ein Hindernis für technologische Umstrukturierungen und Steigerungen der Arbeitsproduktivität geworden waren, wurde nunmehr versucht, langfristige Perspektivpläne auf der Basis von Prognosen aufzustellen und die Jahresplanung durch Rückrechnungen und Rückkoppelungen zu ermitteln (»gleitende Projektierung«). Damit einher ging die Reduktion der Anzahl der Plankennziffern: »*Vor allem wurde die Anzahl der obligatorischen, den Betrieben zentral vorgegebenen Plankennziffern wesentlich eingeschränkt, eine Reihe von Kennziffern wurde ersetzt, und es wurde eine neue Kennziffer der Rentabilität eingeführt.*« (Liberman 1973: 19) Damit entstand die Aufgabe, wie die Realisierung der gesamtwirtschaftlichen Planziele in quantitativer (Nomenklatur und Produktionsmengen) und qualitativer Hinsicht (effiziente Durchführung der Produktionsprozesse) gewährleistet wird, wenn die Betriebe nicht unmittelbar durch Direktiven an die Planerfüllung gebunden sind. Dieser Aspekt wurde in den realsozialistischen Ländern unter der Überschrift der »Ausnutzung und bewussten Anwendung des Wertgesetzes« diskutiert. Konkret ging es darum, »*daß alle finanziellen Kategorien wie Preise, Kosten, Gewinn, Steuern, Kredite, Löhne u.a. so festgelegt werden müssen, daß sie indirekt, ohne administrative Planung, die Betriebe auf die Planziele lenken. Mittels der materiellen Interessiertheit und eines Systems indirekter Steuerungsmethoden (ökonomische Hebel) soll die traditionelle verbindliche Planung ersetzt und teilweise ergänzt werden.*« (Kosta/Meyer/Weber 1973: 189f.) Zentrale Größen dieser ökonomischen Hebel waren zum einen die »Produktionsfondsabgabe« als prozentualer Anteil des Werts der Grund- und Umlauffonds[21], die vom betrieblichen Gewinn an den Staatshaushalt abzuführen war. Sie sollte einem der Hauptmängel des alten Systems, der unbegründeten Anforderung von Haushaltsmitteln für Investitionszwecke, entgegenwirken. Zum anderen wurde

---

[21] So begann in der DDR 1963 die NÖSPL-Reform konsequenterweise mit einer Neubewertung des Brutto-Anlagevermögens der Industrie, d.h. der Grundfonds auf Basis von Wiederbeschaffungspreisen von 1962, die dann auch Grundlage für die Erhöhung der zuvor zu niedrigen Abschreibungen war, um kostengerechte Preise zu erhalten (vgl. DIW 1977: 58)

zum Prinzip der »Eigenerwirtschaftung der Mittel« übergegangen, wonach die Betriebe ihre Investitionen aus dem Gewinn und/oder durch Kredite zu finanzieren hatten. »*Wollen die Betriebe Investitionen durchführen, so sind sie auf die Eigenerwirtschaftung von Mitteln (Gewinnen) angewiesen. Auf der anderen Seite wirken aber Produktionsfondsabgabe und Kreditzinsen gewinnschmälernd und zwingen zu sparsamer Verwendung von Grund- und Umlauffonds (Material- und Fondsökonomie). Eine Anreizwirkung zur Selbstfinanzierung ist aber nur dann gegeben, wenn den Betrieben ein entsprechender Anteil des erwirtschafteten Gewinns für Investitionszwecke verbleibt. Dies ist in der DDR-Reform durch ein entsprechendes Normativ geregelt.*« (Ibid.: 191)[22]

Bei der Entwicklung der ökonomischen Hebel stellten sich zwei Probleme: zum einen ging es darum, ein in sich widerspruchsfreies System dieser Hebel zu entwickeln, um auf der betrieblichen Handlungsebene die gewünschten Entscheidungen und Vorgehensweisen zu erzeugen; dies war in der Regel nur als »trial-and-error-Prozess« möglich, wie überhaupt die Umstellung der gesamten Volkswirtschaft auf die neue indirekt-zentrale Planung einen Übergangsprozess von mehreren Jahren erforderte. Vielfach versuchten die Betriebe, Funktion und Wirkung der ökonomischen Hebel zu unterlaufen, wenn Ausweichmöglichkeiten existierten. Solange bspw. die Möglichkeit noch weiter bestand, Haushaltsmittel für Investitionen direkt zu beantragen, wurde die Kreditfinanzierung mit erweiterter Bankenkontrolle umgangen.[23] Gravierender als die Konstruktion eines zielkonformen und in sich widerspruchsfreien Systems ökonomischer Hebel war aber zum Anderen der Umstand, dass die an monetären Größen auszurichtenden betrieblichen Entscheidungen und die fortbestehenden zentralen Planvorgaben durch ein fortbestehendes Übergewicht der letzteren nicht miteinander harmonierten.

In der Sowjetunion hatten die Preise ursprünglich im Wesentlichen die Aufgabe, naturale Kennziffern auszudrücken und rechenbar zu machen oder bestimmte politische Präferenzen, z.B. die Konstanz und Niedrigkeit der Güterpreise der Grundversorgung der Bevölkerung, durchzusetzen. Dementsprechend waren viele Preisrelationen aus der Periode der NÖP übernommen und fortgeschrieben worden, Änderungen der existierenden Preisrelationen hatte es nur wegen neuer Produkte und pragmatischer Korrekturen am alten Preissystem gegeben. Dieses Preissystem hatte demzufolge keine ökonomische Lenkungswirkung bzw. eine ökono-

---

[22] Gegen eine ausreichende Selbstfinanzierung der Betriebe wurde aber in der Praxis verstoßen: »*Das mit dem NÖS eingeführte Prinzip der Eigenerwirtschaftung der Mittel durch die Betriebe wurde durch hohe Gewinnabführungen an den Staatshaushalt untergraben. Nicht selten mussten sogar Amortisationen abgeführt werden. Die einfache Reproduktion war nicht mehr gewährleistet. Vielerorts wurde auf Verschleiß gefahren.*« (Richter 2015: 55)

[23] Vgl. ibid.: 190f.: »*Bezüglich des Umfangs der Kreditfinanzierung wurden die angestrebten Reformziele nicht erreicht. In der Sowjetunion war ursprünglich ein Anteil von 50% Kreditfinanzierung an den zentralisierten Investitionen vorgesehen, erreicht wurden 1969 aber erst 3%.*«

Kapitel 20: Der »Realsozialismus« als Zwischenspiel

misch ineffiziente bis falsche.[24] Auch durch die Wirtschaftsreformen wurden in den Ländern mit fortbestehender Dominanz der zentralen Planung keine marktbestimmten Knappheitspreise eingeführt. Es blieb bei angebotsbestimmten Produktionspreisen mittels eines einheitlich berechneten Zuschlags zu den durchschnittlichen Selbstkosten der jeweiligen Branche (sog. »Grundpreiskonstruktionen«), d.h. einem Marktproduktionspreis kapitalistischer Prägung, der für einen bestimmten Zeitraum festgesetzt wurde, ohne den rückwirkenden Einfluss nachfrageseitig durch die Marktpreisbewegung induzierter Veränderungen. Ökonomische Aktivitäten der Betriebe konnten durch derartige Preistypen nicht induziert werden, also bspw. verstärkte Erweiterungsinvestitionen oder forcierte Rationalisierungsinvestitionen bis hin zum Verlassen der Produktionssphäre durch Einstellung bestimmter Bereiche des Leistungsportfolios etc. Die Lösung beider Aufgaben, die Anpassung der Preisrelationen an die durch den technischen Fortschritt veränderten Kostenstrukturen und die Anpassung der Preisrelationen an veränderte Knappheitsverhältnisse wurden in der DDR im Rahmen zentraler Preisbildung versucht. Zu recht vermerkt Kosta: *»Es ist jedoch unsicher, ob ein System der zentralen Preisfestsetzung ausreichende Flexibilität erreichen kann, um beide Ziele zu erreichen. Wegen der Komplexität des Preissystems, der überaus hohen Zahl von Produkten und daher Preisen, der Interdependenz aller Preise etc. brauchten die Länder des RGW für die Industriepreisreform jeweils mehrere Jahre. Um die Aufgabe zu vereinfachen, wurden Korrekturfaktoren für ganze Gütergruppen berechnet (dadurch mußte unsicher bleiben, ob die Einzelpreise tatsächlich richtig die gesellschaftlichen Kosten und die Knappheitsverhältnisse widerspiegelten). Trotzdem war die Korrektur des Preissystems nur in mehreren Schritten, d.h. in einem iterativen Prozeß der Annäherung an das ›richtige‹ Preissystem, möglich. Es wird geschätzt, daß bei vermehrtem Computer-Einsatz auch in Zukunft bestenfalls einmal im Jahr eine Preisreform durchzuführen ist.«* (Ibid.:199)

Neben den ökonomischen Hebeln, um die Aktivität der der Betriebe in die gewünschte Richtung zu lenken, brachten die Wirtschaftsreformen auch Veränderungen bei den Lohnformen und Anreizsystemen der Werktätigen. Während ursprünglich hauptsächlich auf immaterielle-moralische Anreize wie Belobigungen für herausragende Leistungen im sozialistischen Wettbewerb etc. gesetzt wurde, erwies es sich zunehmend als notwendig, die materielle Interessiertheit der Werktätigen zu stimulieren. Dabei ist allerdings zu differenzieren. Bereits in den 1950er Jahren war die Form des Akkordlohns dominierend; sie war allerdings in Zusammenhang zu bringen mit Materialverschwendung und schlechter Produktqualität. Mit den Wirtschaftsreformen wurde diese Entlohnungsform zurückgenommen und an ihre Stelle trat ein Gewinnanteilsystem. *»Im System der ökonomischen Stimulie-*

---

[24] Vgl. ibid.: 195: *»Die allzu niedrigen Preise einer Reihe von Gütern und Dienstleistungen, die subventioniert wurden (Bergbau, Investitionsgüter, Wohnungswirtschaft etc.), führten zur Verschwendung von Ressourcen, ohne daß dies durch außerökonomische Ziele gerechtfertigt werden konnte.«*

rung ist die Bildung einer speziellen Quelle des materiellen Anreizes über die zentral festgelegten Sätze und Lohntarife hinaus vorgesehen. Diese Quelle ist der im Betrieb geschaffene Gewinn. Es wurde beschlossen, daß der Umfang der Gewinnabführungen an den Stimulierungsfonds abhängig ist von der Erfüllung des Plans hinsichtlich des Zuwachses des Volumens der realisierten Produktion oder des Gewinnzuwachses sowie von der im Jahresplan vorgesehenen Rentabilitätsrate (bei Einhaltung der vorgegebenen wichtigsten Nomenklatur der Produktion). In den Fällen, in denen ein Wachstum des Volumens der realisierten Produktion nicht zweckmäßig ist, wird der Umfang des Fonds der materiellen Stimulierung in Abhängigkeit vom Wachstum der Gewinnmasse bestimmt.« (Liberman 1973: 24) Für die Werktätigen existierten zwei verschiedene Fonds der Stimulierung, die Fonds des materiellen Anreizes, der den Betriebskollektiven direkt ausgezahlt wurde sowie die Fonds für sozial-kulturelle Maßnahmen und den Wohnungsbau, d.h. den kollektiven Konsum. Für die direkten Auszahlungen der materiellen Anreize konnten die Betriebe auf der Grundlage von empfohlenen typisierten Methodiken eigene Verteilungsweisen für die Prämien ausarbeiten und anwenden (vgl. ibid.: 26). Dies galt auch für die Prämierung der leitenden Mitarbeiter, d.h. des ingenieurtechnischen Personals. Der Anteil der Gewinnprämien am Grundlohn differierte von Land zu Land und zwischen den einzelnen Berufsgruppen sehr stark. Bspw. betrug der Gewinnprämienanteil in der ČSSR am Arbeiterlohn durchschnittlich 2%, er sollte bis auf 8% ansteigen; in Ungarn war eine Höchstgrenze von maximal 25% für Arbeiter, maximal 50% für eine mittlere Führungskraft und maximal 80% für Betriebsdirektoren vorgesehen (vgl. Kosta/Meyer/Weber 1973: 208). Darüber hinaus gab es bestimmte Summen des Fonds der materiellen Anreize für einmalige Beihilfen sowie individuelle Auszeichnungen. Die Fonds für sozial-kulturelle Maßnahmen wiesen in allen realsozialistischen Ländern hohe Wachstumsraten auf und unterstrichen den sozialistischen Charakter des Entlohnungssystems. Zu diesem sozialistischen Charakter des Entlohnungssystems gehörte auch der »Kampf gegen Gleichmacherei« sowie die Kontrolle der Entlohnungsdifferentiale für die verschiedenen Berufsgruppen. Letztere wurden im Zuge der Wirtschaftsreformen moderat erhöht; in der ČSSR stiegen sie z.B. von 1:3 auf 1:4 (vgl. ibid.: 209).

»Sozialistische Marktwirtschaft« in Theorie und Praxis in den realsozialistischen Staaten

Dreh- und Angelpunkt der Wirtschaftsreformen der »indirekten Zentralisierung« war die untergeordnete Stellung der Ware-Geld-Beziehungen gegenüber den zentral-administrativen Planvorgaben, die der betrieblichen Ebene nur sehr limitierte ökonomische Entscheidungsspielräume beließ. Das gesamtwirtschaftliche Preissystem war nicht marktbestimmt, sondern durch eine zentrale Berechnung, die den gesellschaftlichen Arbeitsaufwand abbilden sollte, ermittelt und vorgegeben. Eine Weiterentwicklung dieser indirekten Zentralisierung in Richtung auf eine sozialistische Marktwirtschaft wurde zwar intensiv unter den Ökonomen der realsozialistischen Länder diskutiert, aber nur in zwei Ländern ansatzweise umgesetzt, in der

Kapitel 20: Der »Realsozialismus« als Zwischenspiel

ČSSR während des »Prager Frühlings« bis zu dem abrupten Ende durch die Intervention der Truppen des »Warschauer Vertrags«, sowie bis zum Ende der sozialistischen Periode 1989/90 in Ungarn, im Westen mit dem Begriff »Gulaschkommunismus« kolportiert. In allen anderen realsozialistischen Ländern des RGW-Raumes wurden die mit den Reformen der 1960er Jahre eingeführten Dezentralisierungsmaßnahmen teilweise wieder zurückgenommen, so in der DDR zu Beginn der 1970er Jahre, ohne dass es allerdings wieder zur Rückkehr des alten Systems des 1950er Jahre kam. Entscheidend dafür waren zum einen Implementierungsprobleme des ÖSS, die auf subjektives Fehlverhalten der Betriebsleiter, des Bankpersonals etc. zurückgingen, die nicht quasi über Nacht unternehmerisches Verhalten praktizieren konnten; hinzu kamen Unausgewogenheiten und Friktionen, die sich aus einer ungleichmäßigen Schrittfolge bei der Einführung des neuen Systems ergaben. Zum anderen ergaben sich Ergebnisse, die den politischen Zielen entgegenstanden, z.B. steigende Preise anstatt Preissenkungen; auch die Hoffnung auf rasche Produktivitätssteigerungen und eine Zunahme des Wachstums erfüllten sich nicht. Im Ergebnis wurde statt einer Weiterentwicklung des Reformmodells, das auf der 14. Tagung des ZK des SED im Dezember 1970 heftiger Kritik ausgesetzt war, die Planung und Leitung wieder stärker zentralisiert, d.h. die Entscheidungsspielräume der Betriebe und die Kompetenzen der VVB und anderer mittlerer Instanzen wieder eingeschränkt und die Anzahl der zentral vorgegebenen, an Mengengrößen ausgerichteten Plankennziffern wieder erhöht.

In den Ländern, die eine sozialistische Marktwirtschaft ansatzweise einführten, handelte es sich keineswegs nur um ein mehr oder weniger technisches Planungs- und Leitungssystem einer Volkswirtschaft im engen fachökonomischen oder ökonomistischen Sinn, sondern jeweils auch um eine Veränderung der hergebrachten Willensbildungs- und Partizipationsformen der Bevölkerung an ökonomischen, sozialen und politischen Entscheidungen. Damit ging es auch um die in den Verfassungen festgeschriebene führende Rolle der kommunistischen Partei in Staat und Gesellschaft. Die Zurücknahme und Relativierung dieser führenden Rolle hatte durch die Reformkräfte in der KPČ um Alexander Dubcek die Mehrheit in den Parteigremien gewonnen. Im Aktionsprogramm der Partei vom Januar 1968 war der ausdrückliche Verzicht auf die Vormachtstellung der KPČ zugunsten der Selbstverwaltung in Betrieb und Kommune verankert worden.[25] Dies war denn auch der eigentliche

---

[25] Im Aktionsprogramm der KPČ vom 5. April 1968 hieß es dann: »*Die Partei als Repräsentantin der Interessen der fortschrittlichen Teile aller Schichten – und damit auch der perspektiven Ziele unserer Gesellschaft – kann nicht die Vertreterin der ganzen Skala sozialer Interessen sein. (...) Die Partei will und wird die gesellschaftlichen Organisationen nicht ersetzen, sie muß im Gegenteil dafür sorgen, daß sich deren Initiative und politische Verantwortung für die Einheit unserer Gesellschaft erneuert und weiter entfaltet. (...) Wir wollen und müssen erzielen, daß die Partei schon in ihren Grundorganisationen eine nicht formelle, natürliche und auf den Arbeits- und Leistungsfähigkeiten sowie den moralischen Qualitäten der kommunistischen Funktionäre gründende Autorität besitzt. (...) Die Partei ist sich dessen bewußt, daß es in unserer Gesellschaft keine tiefgreifende Entwicklung*

Grund für die Intervention der Warschauer-Pakt-Truppen im August 1968.[26] Durch die Reformen in der ČSSR war die Tür zu einem zivilgesellschaftlichen Sozialismus-Konzept geöffnet worden, welches im Unterschied und Gegensatz zum überkommenen staatssozialistischen Modell stand. Auch jenseits des politischen Systems, in dessen Zusammenhang zumeist die führende Rolle der kommunistischen Partei diskutiert und kritisiert wird, gab es für die ökonomischen Verhältnisse im engeren Sinne ein Spannungsverhältnis zwischen den durch die KP repräsentierten gesamtwirtschaftlichen und branchenmäßigen Entwicklungszielen einerseits und den durch die Produzentenkollektive auf der einzelwirtschaftlichen Ebene artikulierten Interessen, die zuweilen die »Arbeiterselbstverwaltung« in der seinerzeitigen offiziellen Interpretation in den Ruch anarcho-syndikalistischer Tendenzen im Widerspruch zu den gesamtgesellschaftlichen Zielen gebracht haben. Damit ist das Spannungsverhältnis zwischen einer gesamtgesellschaftlichen Planung und dem einzelwirtschaftlichen Streben der Betriebe angesprochen, welches in den bisher behandelten Systemen indirekter Zentralisierung zugunsten des Zentralplanes aufgelöst worden war; das Konzept der sozialistischen Marktwirtschaft markierte den entgegengesetzten Ansatz.

In einer sozialistischen Marktwirtschaft werden nicht die Ware-Geld-Beziehung und die betrieblichen Interessen und Maßnahmen zugunsten der gesamtgesellschaftlichen Planung instrumentalisiert, sondern das Verhalten der Betriebe an marktbestimmten Preisen, d.h. eine marktwirtschaftliche Ressourcenallokation, wird als Prius gegenüber einer gesamtgesellschaftlichen Entwicklungsplanung gesetzt. Statt einer indirekten, durch verschiedene monetäre Anreizsysteme näher ausgeformten Zentralisierung haben wir es nun zu tun mit einer dezentralen Entscheidung auf betrieblicher Ebene über das Was, Wie und Für Wen der Produktion, welche durch zentrale Vorgaben kanalisiert, flankiert und gesteuert wird. Dieser Unterschied kann auch durch die Begriffspaare einer »Warenproduktion im Sozialismus« versus einer »sozialistischen Warenproduktion«, d.h. einer marktwirtschaftlichen Allokation auf der Grundlage sozialistischer Produktionsverhältnisse veranschaulicht werden.

In die Realität ansatzweise umgesetzt wurde diese sozialistische Marktwirtschaften im Rahmen des vorliegenden Zusammenhangs[27] in der kurzen Zeit des

---

der Demokratie geben kann, wenn nicht demokratische Grundsätze konsequent im inneren Leben und der Arbeit der Partei selbst unter Kommunisten zur Anwendung kommen.« (zit. nach: Ebbinghaus 2008: 46)

[26] Vgl. auch Kosta/Meyer/Weber 1973: 215: »*Die Eigendynamik, die die gesellschaftlichen Auseinandersetzungen angenommen hatten, und die Tatsache, daß sich der Politisierungsprozeß immer mehr der Kontrolle der Partei entzog, waren der wesentliche Grund der militärischen Intervention der Sowjetunion. Eines der dringlichsten Ziele der Sowjetführung betraf die Abschaffung der Arbeiterselbstverwaltung.*« Vgl. auch die Würdigung des »Prager Frühlings« und die umfassende Kritik an den seinerzeitigen innerkommunistischen Legitimationsversuchen des Einmarsches von WVO-Truppen durch C. Lieber (vgl. Lieber 2008).

[27] Auf die Verhältnisse der sozialistischen Marktwirtschaft in den VR China gehen wir gesondert im nachstehenden 21. Kapitel der vorliegenden Abhandlung ein, da sie im Ge-

Kapitel 20: Der »Realsozialismus« als Zwischenspiel

»Prager Frühlings« in der ČSSR sowie in Ungarn; außerdem ist hier der jugoslawische Selbstverwaltungssozialismus einzuordnen, der als besonderer Fall zu behandeln ist.[28]

Sowohl in der ČSSR als auch in Ungarn blieb das staatliche Eigentum an den Produktionsmitteln unangetastet, das Nutzungsrecht der Produktionsmittel ging jedoch an die einzelnen Betriebe über. In Ungarn konnten die dadurch faktisch zu Unternehmungen gewordenen Betriebe Tochtergesellschaften gründen, mit anderen Unternehmen fusionieren oder auch Gemeinschaftsunternehmen mit formell eigener Rechtspersönlichkeit (als AG oder GmbH) gründen, sodass tatsächlich eine weitgehende Autonomie der Unternehmen realisiert wurde. Ausnahmen bestanden nur bei evtl. Sanierungen oder Liquidationen, wo die Möglichkeit staatlicher Eingriffe gegeben war. Auf der Unternehmensebene verblieb auch das Verfügungsrecht über den erwirtschafteten Gewinn nach Steuern; umgekehrt schloss dies auch die Haftung bei Verlusten ein. *»Läßt man die formalen juristischen Konstruktionen beiseite und richtet man sein Augenmerk auf die tatsächlichen Nutzungs- und Verfügungsverhältnisse oder auch den Freiheitskern, worin man den Inhalt des Eigentums zu erblicken pflegt, so kommt man zu der Erkenntnis, daß bei der Verteilung der inhaltlichen Eigentumselemente zwischen Staat und Betrieb der Löwenanteil dem Betrieb zugewiesen worden ist.«* (Brunner 1968: 12f.)

Während in der ČSSR in der kurzen Zeit der Transformation der zentral-administrativen Planung in eine sozialistische Marktwirtschaft die Frage der Unternehmensverfassung, d.h. die Organe und Aufgaben- und Machtbefugnisse von Leitern (Direktoren) und Belegschaften von mehr experimentellen Einzelbeispielen abgesehen, nicht in die Realität umgesetzt worden war, war die soziale Organisation der Unternehmen in Ungarn der einer Aktiengesellschaft angepasst: die Unternehmensführung agierte als Vorstand, während der Staat die Rechte des Aufsichtsrates wahrnahm und neben Veränderungen des Unternehmensumfangs die Unternehmensleiter bestimmte und die Geschäftsführung kontrollierte. In den Aufsichtsräten – fünf bis neun Personen – hatten die Gewerkschaften ein oder zwei Sitze. Der Vorstand bzw. Direktor leitete das Unternehmen in eigener Verantwortung und entschied selbstständig über den Wirtschaftsplan, über Produktionsprogramm und -technik, Finanzierung, Ein- und Verkauf sowie alle damit zusammenhängenden rechtlichen und organisatorischen Fragen (vgl. Hamel 1972: 190).

Auf Basis dieser Eigentumsverhältnisse und Unternehmensverfassung traten an die Stelle der bürokratischen Kontrolle von Leistungen und Interessen Marktverhältnisse. Zwischen den Unternehmen wurden die Marktbeziehungen liberalisiert, die Preise sollten nicht mehr bloße Verrechnungsgrößen, sondern »echte Knappheitsmesser« sein und sich durch das Zusammenwirken von Produktionskosten,

---

gensatz zu den untergegangenen realsozialistischen Gesellschaften Mittel- und Osteuropas nicht nur auf anders gelagerten sozioökonomischen Grundlagen aufgebaut und darüber hinaus auch heutzutage noch existent ist.

[28] Vgl. dazu den nachfolgenden Unterabschnitt.

Nachfragestrukturen und staatlichen Präferenzen bilden. Nur so könne gewährleistet werden, dass sich »*Produzenten und Verbraucher in ihren ökonomischen Beschlüssen richtig (...) orientieren und anspornen, d.h. die vernünftige Nutzung der wirtschaftlichen Kraftquellen, die Anpassung der Produktion an die Nachfrage, die rasche Entwicklung der Technik, die Verbreitung moderner Erzeugnisse, die Bildung einer ökonomischen Verbrauchsstruktur und das Gleichgewicht zwischen Angebot und Nachfrage (...) fördern.*« (ZK-Beschluss der USAP; zit. nach ibid.: 179) Der marktwirtschaftlichen Ressourcenallokation wurde somit Priorität für die Herausbildung und Entwicklung der ökonomischen Strukturen und Proportionen eingeräumt. In der ČSSR galt als Leitlinie: »*Wir wollten freie Güterpreise, aber, aus demokratischer Verantwortung, keine freien Faktorpreise*« (Valtr Komárek, ein Mitarbeiter Ota Šiks). In Ungarn wurde zwar am Marktcharakter des Arbeits- und Kapitalmarktes festgehalten (vgl. Csikos-Nagy 1988: 152 und 154ff.), die »Faktorpreisbildung« zugleich aber durch mannigfache Regulierungen gelenkt. In diesem Zusammenhang war auch die Frage zu beantworten, »*welche Instrumente und Regelungen (...) im Sozialismus eine Analogfunktion zur Konkurrenz im Kapitalismus sichern (sollen)?*« (zit. nach Steiner 2006)

Zugleich wurde der sozialistische Charakter der Marktwirtschaft durch die Orientierung an wirtschaftlichen und gesellschaftlichen Zielen festgemacht; zum Ausdruck gebracht wurde er durch langfristige makroökonomische Pläne, in denen zum einen die grundlegenden Proportionen der Entwicklung der Volkswirtschaft und zum anderen bestimmte Ziele der Wirtschaftspolitik durchgesetzt werden sollten. Zu den grundlegenden ökonomischen Proportionen gehörten dabei die Aufteilung des Nationaleinkommens in Akkumulation und Konsumtion sowie die Proportion zwischen individuellem und kollektivem Verbrauch. Diese Proportionen, die aus langfristigen Zielprojektionen (15–20 Jahre) und aus der Analyse der grundlegenden Entwicklungstendenzen sowohl der gesellschaftlichen Bedürfnisse (Lebensniveau, Lebensweise u.ä.) als auch der Produktionsfaktoren, d.h. den von den Produktivkräften bereitgestellten Möglichkeiten (technische Änderungen, Rohstoff- und Energiequellen, Bevölkerungsentwicklung etc.) ermittelt wurden, bestimmten die Entwicklungsziele der Fünfjahrpläne: das Wachstum der Gesamtproduktion, die Grundstruktur des Marktes und der Produktion, die technische Entwicklung und ihre Auswirkung auf die Struktur der Produktion, mit welchem Umfang an Investitionen und Zuwachs an Arbeitskräften in den einzelnen Wirtschaftszweigen zu rechnen ist, wie sich die Geldeinkommen der Bevölkerung entwickeln sollen und welche Einnahmen der Staat benötigt, um die vorgesehenen öffentlichen Ausgaben finanzieren zu können. Diese Planziele wurden jedoch nicht auf die Betriebe aufgeschlüsselt, sondern bildeten »grundlegende Orientierungen« der von den zentralen Stellen vorgesehenen langfristigen Entwicklung der Volkswirtschaft. Gegenüber der marktwirtschaftlichen Allokation hatte also die gesamtwirtschaftliche Planung einen systematisch nachgeordneten Charakter; ihre Umsetzung sollte mittels der Wirtschaftspolitik erfolgen und zwar hauptsächlich mit indirekten Maßnahmen: »*So sollen die wirtschaftspolitischen Instrumente der Finanzpolitik (Investitions-*

Kapitel 20: Der »Realsozialismus« als Zwischenspiel

und Strukturpolitik), der Steuerpolitik, der Kredit- und Zinspolitik, der Lohn- und Preispolitik sowie der Außenhandelspolitik von den Zentralorganen jeweils so gestaltet werden, ›daß die auf ihren eigenen Vorteil bedachten Unternehmen stets zugleich auch im Interesse der ganzen Gesellschaft entscheiden‹.« (Ibid.: 182)

Einer der prononciertesten Vertreter dieser sozialistischen Marktwirtschaft war Ota Šik, einer der Architekten der Wirtschaftsreformen in der CSSR 1968 und bis zum Ende des »Prager Frühlings« stellvertretender Ministerpräsident des Landes.[29] In seinem Hauptwerk »Humane Wirtschaftspolitik, Ein dritter Weg« (vgl. Šik 1979) hat er versucht, die Charakteristika dieses Wirtschaftssystems in theoretisch systematischer Form darzustellen. Die genauere Analyse zeigt jedoch, dass er den qualitativen Unterschied zwischen einer sozialistischen Marktwirtschaft und einer entwickelten »Mixed Economy« keynesianischer Prägung nicht trifft und letztlich in einer Beschränkung auf Verteilungspolitik stecken bleibt.[30]

c) Informelle Beziehungen zwischen den Wirtschaftseinheiten als Bedingung der Planerfüllung im Realsozialismus

Das Verhältnis zwischen administrativer Lenkung und marktmäßiger Steuerung von ökonomischen Variablen ist nicht einfach unentwickelten und wenig differenzierten Verhältnissen von Branchen, Produkten und Bedürfnissen einerseits sowie entwickelten und differenzierten Verhältnissen andererseits zuzuordnen. Nur in gesellschaftlichen Ausnahmesituationen, in denen es um eine konzentrierte und auf wenige Bereiche fokussierte Intervention geht, sind administrative Formen der Bewirtschaftung ökonomischer Ressourcen und direkte Zuweisung und Lenkung von Mengen, seien sie direkt in naturalen Einheiten oder auch in monetären Größen ausgedrückt, überhaupt ökonomisch funktional. Nur wenn es um die Realisierung bestimmter Ergebnisse in kritischen Zeitfristen geht, ist der konzentrierte Einsatz direkter Lenkungen einer marktwirtschaftlichen Allokation überlegen. In allen anderen Fällen und unter allen anderen Bedingungen ist dies nicht der Fall, entweder weil die ökonomischen Verhältnisse aus sich heraus eine dezentrale Steuerung erfordern oder weil sowohl zentrale administrative Lenkung als auch dezentrale

---

[29] Šik entwertete alle seine theoretischen Arbeiten später, als er sich 1990 in mehreren Interviews rückblickend zum »vollblütigen« Kapitalismus bekannte, so gegenüber einer tschechischen Tageszeitung: *»Sehen Sie, wir konnten damals nicht alle unsere Ziele voll präsentieren. (...) Also war auch der dritte Weg ein verschleierndes Manöver. Schon damals war ich davon überzeugt, dass die einzige Lösung für uns ein vollblütiger Markt kapitalistischer Art ist.«* (Sik 1990) Mit einer derartigen Aussage präsentierte er sich in den letzten Jahren seines Lebens als Renegat und kapitalistischer Agent – ob dies ernst zu nehmen war oder aus einer Laune heraus formuliert wurde, bleibt vorderhand offen.

[30] Vgl. dazu ausführlicher Krüger 2012: 324ff. In diesem Sinne ist der Buchtitel »Humane Wirtschaftsdemokratie« als Dritter Weg jenseits sowohl des klassischen Kapitalismus als auch einer genuin sozialistischen Wirtschaftsweise gerechtfertigt.

marktorientierte Steuerung jeweils Mittel der Wahl sein können oder, was sehr viel häufiger vorkommt, beide Formen miteinander kombiniert und integriert werden.

Diese Bestimmung der Funktionalität und Dysfunktionalität zentraler administrativer Wirtschaftssteuerung steht im Gegensatz zum seinerzeitigen Dogma einer sozialistischen Wirtschaftsweise, welches in der vorab bestimmten planmäßigen Entwicklung der Volkswirtschaft die differentia specifica dieser Wirtschaftsform sah und teilweise bis auf den heutigen Tag sieht. Die tatsächliche Entwicklung der realsozialistischen Ökonomien bewegte sich im überwiegenden Maße bereits kurz nach dem Zweiten Weltkrieg nicht mehr entlang dieses theoretischen Dogmas. Mit fortschreitender Entwicklung der Volkswirtschaften wurde die zentrale, »sozialistische« Planung immer weniger zum dominierenden Steuerungselement der Wertschöpfung. Schwarze und graue Märkte zwischen den sozialistischen Kombinaten und Betrieben mussten immer größere Anteile des Wert- und Stoffersatzes, d.h. der Reproduktion übernehmen und Diskrepanzen zwischen Plan und Realität ausfüllen sowie gänzlich nicht vom Plan erfasste Bereiche vermitteln. Die sowjetische Ökonomin T. Saslawskaja stellte fest, dass die sowjetische Ökonomie tatsächlich nach dem Zweiten Weltkrieg schon nicht mehr als ein administratives Kommandosystem begriffen werden könne, sondern als eine Art »Verhandlungswirtschaft auf Gegenseitigkeit« gefasst werden müsse: »*Das beschriebene System stellt eine Art Hybridprodukt aus dem zentralisierten planwirtschaftlichen und dem marktwirtschaftlichen System dar, wobei es sich um einen spezifischen, veränderten Markt handelt, in dem nicht mit klassischen Begriffen wie Ware, Qualität und Preis operiert wird, sondern mit den zur Verfügung stehenden Möglichkeiten, auf die Funktionsbedingungen des Partners einzuwirken. Die tatsächlichen wirtschaftlichen und sozialen Eigenschaften dieser merkwürdigen Mischung sind zur Zeit noch kaum untersucht und beschrieben.*« (Saslawskaja 1989: 97)

Diese Ausbildung einer hybriden Ökonomie war nicht nur Mängeln in der Operationalisierung des zentralen Planungsmechanismus geschuldet, also auf letztlich subjektive Fehlleistungen gegründet. Dagegen spricht, dass die Hybridstruktur von zentralen Ressourcenzuweisungen und einer auf inoffizielle Verhandlungen und auf Schwarzmärkten vollzogenen Tauschprozessen gegründeten Doppelstruktur keineswegs auf die Sowjetunion beschränkt war, sondern in ähnlicher Weise und evtl. in geringerem Umfang, in allen Volkswirtschaften des Realsozialismus vorkam. Insofern handelte es sich um einen Systemdefekt. Je differenzierter die Branchen- und Produktstruktur der Volkswirtschaften wurde, d.h. je höher sich die Produktivkräfte gesellschaftlicher Arbeit entwickelten, desto weniger war das System zentraler Ressourcenzuteilung in der Lage, den gesamtwirtschaftlichen Wert- und Stoffersatz zu gewährleisten. Anstatt eine überlegene, durch ex-ante Planungsprozesse gelenkte Entwicklung der Wirtschaft herzustellen, die der kapitalistischen Marktwirtschaft mit ihren immanenten Friktionen und Krisen der Kapitalakkumulation überlegen gewesen wäre, wurde der Abstand der ökonomischen Effektivität zwischen Kapitalismus und Realsozialismus immer größer. Nur in einigen wenigen, punktuellen Bereichen wie z.B. der Rüstungswirtschaft und der Raumfahrt konnte die zentrale

Kapitel 20: Der »Realsozialismus« als Zwischenspiel

Bewirtschaftung und Planung ab den 1960er Jahren noch Erfolge auf Weltniveau gewährleisten; Bedingung war dann aber, dass die gesamte Wertschöpfungskette als autarke Einheit der Ressourcenzuweisung unterworfen und nicht von »externen« Lieferanten abhängig war. Dies zeigt dann aber auch nur den beschränkten Einsatzbereich dieser Art von Wirtschaftslenkung, die nicht auf eine ganze Volkswirtschaft verallgemeinerbar ist.

Dadurch, dass die zentrale Ressourcenzuweisung das offizielle Lenkungsinstrument der Ökonomie war und dem Markt theoretisch wie praktisch nur ein eng begrenzter Einfluss auf ökonomische Variablen zugestanden wurde, war der faktische Tauschhandel zwischen den Betrieben alles andere als ein funktionierender, weil regulierter Marktprozess. Für diesen Verhandlungsprozess und den Schwarzmarkt-Tauschhandel ist der Begriff eines »Tolkatschi-Systems« geprägt worden: »*Ein ›Tolkatschi-System‹, in dem Mitarbeiter des Betriebes als Schieber und Organisatoren die material-technische Versorgung der Betriebe bei allgegenwärtigem Defizit aufrechtzuerhalten suchten, mußte trotz seiner unweigerlich korrumpierenden Elemente (...) geduldet werden.*« (vgl. Hoffer 1992: 57). Insbesondere bei der Versorgung der Betriebe mit Rohmaterialien und Vorleistungsprodukten ging es um ein Verschieben, das teilweise auch als Stehlen bezeichnet wurde und in das der örtliche Parteisekretär einzubeziehen war, wenn es um die Bestimmung von Prioritäten der Versorgung ging. Es war daher zwangsläufig, dass Korruption und Verstöße gegen die »sozialistische Gesetzlichkeit« Regelfälle und keine Ausnahmen darstellten.

Ein derartiges »zweites« Distributionssystem für Vorleistungsgüter und Ersatzteile funktioniert naturgemäß nicht reibungslos und sichert den Betrieben keine kontinuierlichen Produktionsabläufe. Die Erscheinungen von Stillstand ganzer Betriebsteile, die sich wiederum mit Produktion unter Hochdruck abwechselten, wenn es um die Erfüllung der Planvorgaben zu bestimmten Zeitpunkten ging, waren daher oftmals anzutreffen. Die kampagnenhaften Initiativen und ethisch-politisch begründeten Incentivierungen spielten vielfach auf diesem Hintergrund.[31] Es versteht sich, dass die betriebliche Produktivität unter solch diskontinuierlichen Produktionsbedingungen nicht hoch sein konnte. Damit zusammen hing vielfach die Situation der Arbeitskräfteknappheit, die durch ein laxes Arbeitsregime und die Zeitbedarfe der Bevölkerung zur Organisation auch ihrer Konsumtionsmittelversorgung verschärft wurde.

Dieses etwas euphemistisch als Verhandlungsökonomie bezeichnete System des Verschiebens und Stehlens von »Volkseigentum« zu betrieblichen und priva-

---

[31] Die »Stachanovbewegung« war die erste, teilweise emphatisch gefeierte kampagnenhafte Bewegung, die weniger ein genuin proletarisches Ethos des Arbeitens zum Ausdruck brachte, als vielmehr den politischen Voluntarismus der charismatischen Herrschaft und Wirtschaft offenbarte und eine unzulängliche Reaktion auf systemisch auftretende Defizite bei dem Vollzug des gesamtwirtschaftlichen Wert- und Stoffersatzes darstellte; vgl. auch Maier 1990.

ten Zwecken musste sich als Krebsgeschwür ausbreiten, je weniger die Vorgaben der zentralen Planung auf den nachgeordneten Ebenen allein durch offizielle Kanäle zu erreichen waren. In den Anfängen, als die sowjetische Ökonomie noch wenig differenziert war und es nach dem Zweiten Weltkrieg in den mittel- und osteuropäischen Volksdemokratien noch um den Wiederaufbau ökonomischer Potentiale ging, war dieser zweite Distributionskanal noch ein, wenn auch notwendiges, Korrektiv der Erfüllung der zentralen Planung. Mit fortschreitender Zeit übernahm jedoch die inoffizielle »Verhandlungswirtschaft auf Gegenseitigkeit« mehr und mehr auch eine Führungsrolle. Natürlich ist eine Bestimmung ihres quantitativen Umfangs kaum möglich, sodass die Schätzungen weit differieren und sich teilweise nur auf Teilbereiche erstrecken. Der ehemalige Wirtschaftsberater von Präsident Gorbatschow, A. Aganbegjan, stellte in der Endphase der Sowjetunion fest: »*Das Ausmaß (der Schattenwirtschaft / S.K.) kann man an folgendem Beispiel abschätzen: in einem bestimmten Gebiet haben Kolchosen und Sowchosen innerhalb eines Jahres Objekte im Wert von 400 Millionen Rubel erstellt, obwohl die zugeteilten Ressourcen (Metall, Zement, Baukonstruktionen, Ziegel, Holzteile) nur für Objekte im Wert von 60 Millionen Rubel ausgereicht hätten. Dabei sind alle diese Ressourcen streng kontingentiert und dürfen nach den gesetzlichen Bestimmungen der UdSSR nur zentral verteilt werden. Das bedeutet also, daß in diesem Fall die Kolchosen und Sowchosen mehr als fünf Sechstel der Ressourcen illegal, auf dem direkten Tauschwege von Industrie-, Bau-, Transport- und anderen Firmen erhalten haben, und das unter Mitwirkung der örtlichen Partei- und Sowjetorgane.*« (Aganbegjan 1989: 53) Besonders groß war die Schattenwirtschaft im Bereich der Dienstleistungen. Anfang der 1980er Jahre, am Ende der sog. Breschnewschen Stagnationsperiode, wurde bei einer Inspektion kommunaler Dienstleistungen in der Ukraine festgestellt, dass jährlich 40% der zugeteilten Materialien entwendet wurden (vgl. Sauer 1991); nach anderen Schätzungen konnten zu dieser Zeit 4/5 des Dienstleistungsbedarfes auf dem Lande nur durch Schattenökonomie vermittelt werden.[32]

Natürlich war dieses um sich greifende Phänomen des Versagens zentraler Planung bekannt und seit Mitte der 1960er Jahre in den verschiedenen Ländern des Realsozialismus auch Gegenstand intensiver Debatten zwischen Fachleuten und innerhalb der Parteien. In der Sowjetunion erfolgte ein Bruch mit dem Dogma der Priorität zentraler Ressourcenzuweisung als Kennzeichen der sozialistischen Wirtschaftsweise in der Praxis erst mit der Gorbatschowschen Perestroika.[33] Die ergrif-

---

[32] Eine besonders krude Auswirkung dieser Schattenökonomie war in der DDR die staatliche Verschiebung von Kunstwerken und Antiquitäten in die BRD durch den Bereich der »Kommerziellen Koordinierung« (KoKo), um den Hunger der DDR-Wirtschaft nach weltmarktkonvertibler Währung zu decken, wenn die »innerdeutschen« Kreditlinien (»Swing«) nicht ausreichten, um Westwaren, die für die Planerfüllung benötigt wurden, zu importieren bzw. Kreditrückzahlungen zu erfüllen.

[33] Die Entwicklung in der VR China mit Deng Xiaoping als Hauptfigur ist wegen andersartiger Ausgangsbedingungen sowie grundsätzlich anderer Resultate gesondert zu betrachten; vgl. dazu das nachstehende Kapitel 21.

fenen Maßnahmen der »Perestroika« waren aber nicht passgenau auf die hybride Struktur der Sowjetwirtschaft bezogen und das Ausmaß der bereits eingetretenen Zerrüttung der sowjetischen Wirtschaft und der Doppelmoral in der Gesellschaft wurden unterschätzt; außerdem fehlte ein abgestimmtes Transformationskonzept in und ein hinreichend konkretisiertes Leitbild für eine marktsozialistische Ökonomie. Letzteres kam zuletzt darin schlagend zum Ausdruck, dass man mithilfe der Beratung von amerikanischen Ökonomen in 500 Tagen eine Marktwirtschaft etablieren wollte – ein Umstand, der sowohl viel über die ökonomische Naivität der sowjetischen Ökonomen als auch die Ignoranz und Gewissenlosigkeit der amerikanischen Berater verriet. Nach der Auflösung der Sowjetunion und der Machtübernahme von Boris Jelzin als Präsident der Russischen Föderation führte die nochmalige Radikalisierung der sog. Schocktherapie zu massenhafter krimineller Aneignung ehemaligen Volkseigentums, blühender Korruption, Zerstörung wirtschaftlicher Verflechtungszusammenhänge und politischer Unterordnung der ehemaligen Weltmacht unter den US-Imperialismus.[34]

d) Sonderfall Jugoslawien

Aufstieg und Ende des jugoslawischen Modells

Gegenüber den staatssozialistischen Modellen administrativer Planung war die jugoslawische Arbeiterselbstverwaltung, die auch als »sozialistische Marktwirtschaft« bezeichnet wurde, ein Gegenmodell, welches im kapitalistischen Westen auch als »dritter Weg« zwischen Kapitalismus und Staatssozialismus gehandelt wurde.[35] Nach dem Sieg der jugoslawischen Partisanenarmee unter Josip Broz Tito und einem überwältigenden Wahlerfolg im November 1945 für die von der Kommunistischen Partei geführte Volksfront wurde in den sechs Teilrepubliken Slowenien, Kroatien, Serbien, Bosnien-Herzegowina, Montenegro und Mazedonien und den zwei autonomen Gebieten Vojvodina und Kosovo die mit sozialistischen Vorzeichnen unternommene Umgestaltung der Wirtschaft mit umfassender Nationalisierung (Verstaatlichung) von Industrie und Banken sowie zentralistisch-administrativer Pla-

---

[34] Ein guter Überblick über diese dunkelsten Jahre der Jelzin-Ära, die den absoluten Tiefpunkt der russischen Entwicklung im gesamten 20. Jahrhundert darstellt – wiewohl er im »Westen« als Demokratisierung nach dem Ende der Sowjet-Ära als Verkörperung des Bösen gefeiert wurde und wird – findet sich bei Jaitner 2014.

[35] Vgl. Horvat 1969: 25: »*Die jugoslawische Wirtschaft ist offensichtlich nicht privatkapitalistisch, weil das private Eigentum an Produktionsmitteln beseitigt worden ist. Sie ist aber auch nicht zentralistisch-planwirtschaftlich, da die wirtschaftlichen Akteure in ihren Entschlüssen autonom sind. Weiterhin, und das ist von grundlegender Bedeutung, ist sie keine gemischte Wirtschaft, in der das private und staatliche Eigentum nebeneinander bestehen, weil sowohl das kapitalistische Privateigentum als auch das Staatseigentum aufgehoben sind (...). Es handelt sich um einen Typ von Wirtschaft, den wir als assoziativen Sozialismus näher bestimmen könnten.*«

nung nach sowjetischem Vorbild durchgeführt; eine Ausnahme stellte der landwirtschaftliche Sektor dar, der im Privatbesitz belassen wurde bzw. dessen Wirtschaften, die im Eigentum von Großgrundbesitzern, Kollaborateuren und Unterstützern nationalistisch-faschistischer Milizen (Ustascha, Cetniks etc.) waren, enteignet und an landlose Bauern verteilt wurden. Die nachholende Modernisierung des Landes im 1. Fünfjahrplan (1947-1951) sah den Aufbau einer zentral geleiteten Industrie durch Forcierung der Investitionen in den Produktionsgütersektor bei künstlicher Verbilligung von Energie und Rohstoffen vor. Die Finanzierung erfolgte durch Ressourcentransfer aus der Landwirtschaft, deren Preise seitens der Zentralregierung systematisch gedrückt wurden, sodass Wertschöpfung der Landwirtschaft zur Industrie transferiert wurde. Diese dem Beispiel der sowjetischen Industrialisierung der 1920er Jahre folgende ursprüngliche sozialistische Akkumulation geschah unter Abschottung des Binnenmarktes durch das staatliche Außenhandelsmonopol, wodurch ein Ausweichen der Agrarproduzenten auf äußere Märkte ebenso ausgeschlossen wurde wie es den Schutz der jungen jugoslawischen Industrie vor ausländischer Konkurrenz sicherte.

Die sozialistische Umgestaltung der Volkswirtschaft verlief in Jugoslawien wesentlich schneller und ohne größere interne Widerstände, weil von vornherein ein Mix an Eigentumsformen, d.h. neben Staats- und genossenschaftlichem Eigentum auch privates Eigentum an Produktionsmitteln (Landwirtschaft, Handwerk, Dienstleistungen) toleriert wurde. Darüber hinaus ordnete sich Jugoslawien nicht dem Prinzip der Arbeitsteilung innerhalb des sowjetisch dominierten Rats für Gegenseitige Wirtschaftshilfe unter, wodurch sich für die meisten osteuropäischen Länder die Rolle eines Rohmateriallieferanten für die Sowjetunion ergab. Zeitweilig auf der Agenda stand die Bildung einer staatlichen Föderation mit Jugoslawien, Bulgarien, Rumänien, Albanien, Ungarn, Polen, ČSSR und evtl. auch Griechenland, die als Gegengewicht zur Sowjetunion und dem kapitalistischen Westen gewirkt hätte, aber nicht realisiert wurde.[36] Die Konflikte zwischen Jugoslawien und

---

[36] Vgl. Schultz 2015: 278: »*Die jugoslawischen Kommunisten erinnerten sich an den alten sozialistischen Traum einer Balkanföderation, der auf der Belgrader Konferenz von 1910 Programm der Sozialdemokraten des Balkans geworden war. Alle sozialistischen Friedensinitiativen vor und während des Ersten Weltkriegs enthielten diesen Vorschlag. Nun sahen die jugoslawischen Kommunisten die Möglichkeit greifbar nahe, mit Albanern, Bulgaren und natürlich den Griechen, wenn die Kommunisten dort (im griechischen Bürgerkrieg / S.K.) siegten, eine solche Balkanföderation zu bilden. Georgi Dimitroff, nun auf die Führung der bulgarischen Partei beschränkt, teilte diese Ideen, denn sie waren nach dem Ersten Weltkrieg auch in Bulgarien populär gewesen. Er schreckte allerdings schon zurück, als die Jugoslawen ihm klarmachten, dass Bulgarien dann eine jugoslawische Teilrepublik neben anderen wäre. Der Albaner Enver Hoxha, dessen Kommunistische Partei mit Titos tatkräftiger Hilfe an die Macht gekommen war, hing dem südslawischen Traum nicht an, er beugte sich der jugoslawischen Überlegenheit. Mit Krediten, gemeinsamen Unternehmen, abgestimmter Wirtschaftsplanung, Zoll- und Währungsunion wurde Albanien von Jugoslawien abhängig. In Moskau beobachtete man argwöhnisch, wie die jugoslawische Großmachtpolitik sich anschickte, ein zweites Kraftzentrum der kommunistischen Welt zu schaffen.*«

Kapitel 20: Der »Realsozialismus« als Zwischenspiel

der Sowjetunion unter Stalin eskalierten mit dem Ausschluss der Kommunistischen Partei Jugoslawiens (KPJ) aus dem Kominform als Nachfolgeorganisation der III. Internationale am 28. Juni 1948. Interne Fraktionsauseinandersetzungen innerhalb der KPJ mit sowjettreuen Genossen entschied Tito für sich.

Dieser Streit mit Stalin und die Vorherrschaft von KPdSU und Sowjetunion in den Gremien der sozialistischen Länder beförderten eine fundamentale Kritik am Stalinismus seitens führender Theoretiker innerhalb der KPJ, die wiederum die Grundlage für die Infragestellung des bis dato umgesetzten Wirtschaftssystems zentral-administrativer Planung bildete und durch eine Rückbesinnung auf originär Marxsche Aussagen[37] und die Erfahrungen der Pariser Kommune die Idee des Selbstverwaltungssozialismus reifen ließ.

Zentralbegriff der jugoslawischen Arbeiterselbstverwaltung war die Kategorie des gesellschaftlichen Eigentums. Damit wurde in genuin Marxscher Tradition abgehoben nicht auf die juristische Eigentumsform, sondern um das Verhalten des Arbeiters zu den Produktionsmitteln als den seinen, d.h. ihm gehörenden. Unter Rückgriff auf eine Formulierung von Marx in den »Ökonomisch-Philosophischen Manuskripten« von 1844 sprach Horvat vom Eigentum als »*Regierungsgewalt über die Arbeit*«. Wie unter kapitalistischen Bedingungen das Kapital »*Regierungsgewalt über die Arbeit und deren Produkte*« (MEW EB 1: 484) ist, so sollten im Sozialismus die unmittelbaren Produzenten die Regierungsgewalt über die Arbeit und deren Produkte ausüben. Erst dadurch würden die Produktionsmittel gesellschaftliches Eigentum. Dies war keineswegs mit der Verwandlung des Privateigentums in staatliches Eigentum gleichzusetzen (vgl. Horvat 1969: 75): Den etablierten Verfügungsrechten der Produzenten über die Betriebe sollte die Übereignung derselben, d.h. die Übergabe der nationalisierten Betriebe an die Arbeiter nachfolgen. D.h. juristisch gab es somit für die nationalisierten Betriebe – neben den Genossenschaften und Privatunternehmen – keinen personifizierten Eigentümer, denn die Produktionsmittel gehörten, wie es in der Verfassung von 1963 verankert wurde, »niemandem«. Die Verfügung über diese Unternehmungen sollte den Arbeiterkollektiven obliegen. Diese übernahmen die Verwaltung bzw. Führung der Betriebe und Entscheidungsbefugnis über deren Aufstellung. Sie entschieden somit über die Unternehmenspolitik, d.h. das Leistungsportfolio und die Arbeitsabläufe, die Revenue- (Lohn)-verteilung, über die Vermögensrechte sowie die Übernahme des unternehmerischen Risikos, nachdem ihnen die nationalisierten Betriebe vom Staat übergeben worden waren. Schon 1952 erhielten die Betriebe das Recht, zwischen 3 und 17% (je nach Wirtschaftszweig) des erwirtschafteten Gewinns zu behalten,

---

[37] Im Fokus standen z.B. bei Horvat (vgl. ibid.: 16ff.) nicht die von uns als problematisch und wegen ihres spezifischen Kontextes als nicht-programmatisch bezeichneten Aussagen von Marx und Engels aus der »Kritik des Gothaer Programms« bzw. dem »Anti-Dühring«, sondern die auch von uns im vorstehenden 8. Kapitel dieser Abhandlung in den Mittelpunkt gestellten Passagen insbesondere von Marx aus den »Grundrissen«, den nachfolgenden Vorarbeiten zum »Kapital« sowie dem »Kapital« selbst.

um daraus zusätzliche Lohneinkommen sowie soziale und kulturelle Ausgaben für die Gemeinde zu bestreiten. Im Jahr 1953 wurden die betrieblichen Produktionsmittel den Betrieben übereignet, die zum Ausgleich für deren Verwendung Zinsen an den Zentralstaat abführen mussten.[38]

Durch diese Dezentralisierung der Entscheidungsgewalten auf Unternehmensebene war zugleich bestimmt, dass die Ressourcenallokation über Marktverhältnisse und die Formen von Ware und Geld zu erfolgen hatte. Die Rahmenbedingungen des Marktes wurden über die gesellschaftliche Planung namentlich der Investitionen determiniert, ihre Kontrolle erfolgte durch die Arbeiterkollektive, ihre technische Koordination durch öffentlich bestellte Experten. »*Bei der Realisierung der Wirtschaftspläne besteht die Hauptaufgabe der Planorgane in der Aufrechterhaltung normaler Marktbeziehungen. Einerseits sind Preisfluktuationen zu vermeiden, andererseits konjunkturbedingte Gewinne und unnötige Verluste. (…) Doch in dem Maße, in dem Stabilität erreicht ist, hängen Gewinne und Verluste der Unternehmungen von den Produktionsbeiträgen ihrer Kollektive ab.*« (Ibid.: 34)

Unter der Voraussetzung, dass »*das Kollektiv für die Übernahme der unternehmerischen Funktionen qualifiziert (ist)*« (Ibid.: 32) und die technische Koordination effizient funktioniert, wurde davon ausgegangen, dass die sozialistische Arbeiterselbstverwaltung produktiver ist als im Kapitalismus und demgemäß ein höheres Wirtschaftswachstum generieren kann.[39] Die in der anfänglichen Periode zentraladministrativer Planung aufgestellten detaillierten, letztlich auf naturale Größen orientierten Wirtschaftspläne wurden durch Rahmenrichtlinien des neuen »Gesellschaftsplanes« ersetzt, die den Betrieben einen größeren Spielraum einräumten (vgl. Sundhausen 1982: 163). Gleichzeitig behielt die Staatsregierung jedoch Einflussmöglichkeiten auf die langfristige Planung, die Vergabe von Investitionen, den Außenhandel und die Preisbildung. In der Ausbalancierung zwischen zentralen Vorgaben und dezentraler Ausfüllung dieser Vorgaben hatte es sich bei zunehmendem Abbau zentraler Vorgaben und Interventionen gegen Ende der 1960er Jahre laut Horvat »*in der jugoslawischen Praxis (…) als ausreichend herausgestellt, direkt über die verschiedenen Investitionsfonds rund ein Drittel der gesamten Investitionen zu kontrollieren – das ist weniger als z.B. in Frankreich, stellt aber noch immer nicht das objektiv mögliche Minimum dar – und demnach erzielt man eine außerordentlich hohe Wachstumsrate.*« (Horvat 1969: 53)

---

[38] Vgl. ibid.: 86: »*Daher soll jeder, der aus dem potenziellen allgemeingesellschaftlichen Fonds eine Produktionskapazität entnimmt, einen bestimmten Preis für das Privileg zahlen, daß er und nicht ein anderer diese Kapazität nutzt. Dieser Preis ist der Zins …*«

[39] Vgl. ibid.: 33: »*Im Vergleich mit dem Privatkapitalismus erwies sich die staatskapitalistische Organisation, gemessen an der Wachstumsrate der Produktion, deshalb als effizienter, weil sie sich der Planung auf nationaler Ebene bedienen konnte. Verglichen mit dem Staatskapitalismus wird die sozialistische Organisation effizienter sein, weil sie nach der Ausschaltung von Klassenantagonismen imstande ist, das vorhandene Wissen sowie die intellektuelle und emotionale Energie der Mitglieder der Gesellschaft vernünftiger zu nutzen.*«

Kapitel 20: Der »Realsozialismus« als Zwischenspiel

In den Jahren nach 1953 bis zum Beginn der 1960er Jahre erlebte Jugoslawien einen ökonomischen Aufschwung mit jährlichen Zuwachsraten der gesamtwirtschaftlichen Produktion zwischen zehn und 17% (vgl. Lohoff 1996: 79). Die Industrialisierung schritt voran und das Land erreichte beim Zuwachs des Sozialprodukts den europäischen Spitzenplatz (zusammen mit Rumänien); innerhalb eines Jahrzehnts, zwischen 1952 und 1962, verdreifachte sich der Wert der industriellen Produktion. Auch der Lebensstandard der Bewohner aller Landesteile erhöhte sich seit 1955 erheblich. Zugleich zeigten sich jedoch mit einer strukturell defizitären Handelsbilanz und einer sprunghaft steigenden Inflation auch ökonomische Probleme: Das Außenhandelsdefizit ergab sich infolge der Importe moderner Investitionsgüter aus dem Westen sowie erhöhter Rohstoffimporte, die Inflation offenbarte den Kaufkraftüberhang gegenüber einem zu unelastischen Angebot der Betriebe. Zudem hatte sich die Politik der westlichen kapitalistischen Staaten gegenüber Jugoslawien grundlegend geändert: die anfängliche US-amerikanische Wirtschaftshilfe – Kredite von insgesamt 3,4 Mrd. US-Dollar – wurde im Zusammenhang mit dem jugoslawischen Engagement in der Blockfreien-Bewegung und der Wiederannäherung an die UdSSR 1961 eingestellt, was in der Folgezeit die auf den Kapitalmärkten zu Marktzinsen aufzunehmende Auslandsverschuldung massiv ansteigen ließ (Vervierfachung von 0,35 (1960) auf 1,42 Mrd US-Dollar; vgl. Thöner 1999: 91 und Conert 1982: 108).

Vor diesem Hintergrund wurde das Verhältnis von Zentralisierung und Dezentralisierung in der Wirtschaft zugunsten einer weiteren Stärkung der marktbestimmten Allokation unter dem Etikett »sozialistische Marktwirtschaft« neu austariert. Ziel dieser Wirtschaftsreformen war eine stärkere Einbeziehung von Jugoslawien in die internationale Arbeitsteilung des kapitalistischen Weltmarkts durch Forcierung der Exporte bei weiterem Import von moderner Technologie. In der Binnenwirtschaft wurden Subventionen und Zollschranken, die den heimischen Markt abschirmten, abgebaut. Zur Erhöhung der Konkurrenzfähigkeit jugoslawischer Produkte wurde die heimische Währung (Dinar) abgewertet. Mit der Deregulierung und weiteren Dezentralisierung der Wirtschaft ging zudem eine Dezentralisierung auch von politischen und wirtschaftspolitischen Entscheidungen vom Zentralstaat auf Republikebene einher. Die Rolle der Banken bei der Allokation der Investitionsmittel nahm auf Kosten der politischen Steuerung zu: die Geldinstitute hatten 1963 lediglich 8,3% der Investitionsmittel bereitgestellt, öffentliche Instanzen hingegen 51,6% (vgl. Höpken/Sundhausen 1987: 903). Bereits 1966 hatte sich der Anteil der Banken auf 34,9% erhöht, während der Bund und andere Gebietskörperschaften nur noch 11,0% aller Investitionsmittel bereitstellten. Dieser Trend setzte sich fort und im Jahr 1970 erreichten die Banken einen Anteil von 44,1% (vgl. ibid.).

Die Wirtschaftsreformen erbrachten nicht die erhofften Ergebnisse. Mit dem Abbau der Zollschranken überschwemmten ausländische Waren den jugoslawischen Markt, die angestrebte Steigerung der Exporte blieb aus, sodass sich das Außenhandelsdefizit stark erhöhte, von -430 Mio. US-Dollar im Jahr 1964 über -1,2 Mrd. 1970 auf -7,2 bzw. -6,1 Mrd. US-Dollar 1979 bzw. 1980. In der Binnenwirtschaft sank die Wachstumsrate ab Mitte der 1960er Jahre, in denen sie rd. 15% p.a. betragen hatte, über 8% auf -0,3% im Jahr 1967 (vgl. Lohoff 1996: 87). Die gleichzeitige Steigerung der durchschnittlichen technischen Zusammensetzung der Produktionsfaktoren erlaubte immer weniger, die aus der Landwirtschaft freigesetzten Arbeitskräfte in Industrie und Gewerbe zu beschäftigen; ein Hauptabsorptionskanal für die steigende Arbeitslosigkeit wurde seit Mitte der 1960er Jahre die Arbeitsemigration nach Westeuropa, insbesondere in die BRD. Im Gegenzug entwickelten sich die Überweisungen der Arbeitsemigranten in ihr Heimatland zur wichtigsten Devisenquelle, die wesentlich zum Ausgleich der hochdefizitären Zahlungsbilanz beitrugen.

Das faktische Scheitern der Wirtschaftsreformen erhöhte die regionalen Disparitäten der jugoslawischen Volkswirtschaft, die traditionell zwischen den entwickeltesten Republiken Slowenien und Kroatien auf der einen und den von Serbien angeführten südlichen Republiken Bosnien-Herzegowina, Montenegro und Mazedonien auf der anderen Seite bestanden.

Bereits die Ausgestaltung der Wirtschaftsreformen mit verstärkter Deregulierung und Dezentralisierung war insbesondere von Slowenien und Kroatien propagiert worden. Den zunehmenden Tendenzen, wirtschaftspolitische Entscheidungen vom Bundesstaat auf die Ebene der Republiken zu verlagern, war die Begrenzung des Transfers von Mitteln zwischen den Republiken, d.h. von Slowenien und Kroatien zugunsten der Südrepubliken gefolgt. Die Schaffung eines Bundesentwicklungsfonds, mit dem knapp 2% des im gesellschaftlichen Sektor erwirtschafteten Nationalprodukts von den reicheren Republiken für die Entwicklungshilfe innerhalb Jugoslawiens zur Verfügung gestellt wurden, konnte diese zentrifugalen Tendenzen nicht wirksam konterkarieren: »*Das Ringen der acht politisch etwa gleichstarken, hinsichtlich ihres Entwicklungsniveaus aber sehr unterschiedlichen Regionen um die Ausgestaltung des Wirtschaftssystems und die Funktionsaufteilung zwischen Bund und Ländern trat Mitte der 60er Jahre in ein neues Stadium. Die verschärfte Arbeitsmarktsituation nach Einführung der ›sozialistischen Marktwirtschaft‹ und die weltweiten Anpassungsschwierigkeiten nach den Ölpreiserhöhungen in den 70er Jahren lösten eine Welle von Verteilungskämpfen, von Egoismus, Ungerechtigkeiten und Intoleranz aus, in deren Verlauf die nationale Frage wieder ihre explosive Bedeutung erhielt.*« (Sundhausen 1982: 188)

Die Reihe der politischen Krisen begann mit dem sog. »kroatischen Frühling« in der zweiten Hälfte der 1960er Jahre. Kernpunkt war neben symbolischen Formen, einer angeblichen Überfremdung der kroatischen Sprache durch das Serbische, der Kampf um die interne Verfügung der aus dem Tourismus erzielten Devisen, die zu rd. 90% an die Nationalbank in Belgrad abgeliefert werden mussten. Da Kroatien etwa 30% aller Deviseneinnahmen aus dem rasch expandierenden Tourismus erzielte, wurden Forderungen zur Beendigung der »Ausplünderung Kroatiens zum Vorteil anderer Republiken und zur Finanzierung unrentabler Projekte in unterentwickelten Republiken mit kroatischem Kapital« (vgl. Lohoff 1996: 178) bis in die Spitzen der Kommunistischen Partei, die nunmehr Bund der Kommunisten Jugoslawiens (BdKJ)[40] hieß, laut. Ergebnis dieses »kroatischen Frühlings« war eine weitere Föderalisierung des jugoslawischen Staates und der Kommunistischen Partei. Umgekehrt erfuhren die Kompetenzen des Bundesstaats eine drastische Einschränkung; seit Ende der 1960er Jahre erhielten die Republiken 50% der bisherigen Steuereinnahmen des Bundes und ab 1971 wurde auch die Bankenkontrolle föderalisiert.

Zwar konnten die nationalistischen Exzesse des »kroatischen Frühling« noch einmal eingefangen werden, jedoch waren sie Ausgangspunkt und Grundlage für die Verfassungsreformen von 1974, durch die das politische und wirtschaftliche System weiter regionalisiert wurde. Exportfirmen konnten nunmehr 20 statt 7% und Tourismusunternehmen 45 statt 12% ihrer Deviseneinnahmen für sich beanspruchen. Die Föderalisierung und Regionalisierung des Zentralstaates nahm weiter zu und erhob die Republiken zu den eigentlichen Trägern der Souveränität mit weitgehenden Rechten, die sogar unter bestimmten Bedingungen die Möglichkeit einer Unabhängigkeitserklärung und Ablösung von der Föderation vorsahen. Der Bundesstaat wurde zu einem gemeinschaftlichen Instrument der Republiken degradiert. Alle Kompetenzen der makroökonomischen Steuerung fielen nun an die Republiken (und autonomen Provinzen), was in der Folge zu recht unterschiedlichen Einzelregelungen für die Märkte, Investitionen sowie der Steuerpolitik führte. Ökonomisch war damit Jugoslawien bereits faktisch auseinandergebrochen.[41] Nur die Außen- und Verteidigungspolitik verblieben in der Kompetenz des Zentralstaats.

Auch im Bereich der Unternehmensorganisation und der Lohn- und Betriebspolitik führte die Verfassungsreform zu Veränderungen. Zum wichtigsten Selbstverwaltungsorgan wurde statt der Arbeiterorganisation die »Grundorganisation«, die zwischen 50 und 100 Werktätige umfasste. In den Großbetrieben gab es somit mehrere Grundorganisationen, etwa entlang der Abteilungsgliederung. Auf den Vollversammlungen der Grundorganisationen wurden Ausgaben-, Programm- und Personalentscheidungen getroffen und die Löhne festgelegt, wobei die vom jeweiligen Betrieb erwirtschafteten Gewinne ein wesentliches Kriterium darstellten. Die

---

[40] Die Umbenennung der KPJ in »Bund der Kommunisten« nahm Bezug auf Marx und Engels, zu deren Zeiten ebenfalls ein Bund der Kommunisten als organisatorischer Ausdruck der Arbeiterpartei bestanden hatte: »*Die jugoslawischen Kommunisten wollten keine Staatspartei mehr sein, die statt der Arbeiter regierte, und keine Partei neuen Typs mehr, wie Lenins zentralistisch geführte Bolschewiki.*« (Schultz 2015: 281) Dem lag die politisch-gesellschaftliche Orientierung auf eine Rätedemokratie zugrunde nach dem Vorbild der Pariser Kommune.

[41] Vgl. Lohoff 1996: 97: »*Die Kluft zwischen Slowenien und Kroatien einerseits und den südlichen Landesteilen andererseits hatte sich so weit geöffnet, dass es unter den Bedingungen der 70er Jahre schlechterdings unmöglich geworden war, eine einheitliche gesamtjugoslawische Entwicklungsstrategie zu formulieren. Während im Süden nur ein rigoros etatistisches Regime den steckengebliebenen Prozess der Basisindustrialisierung einstweilen vor dem Kollaps retten konnte, blockierte im Norden gerade die Übermacht der administrativen Elemente den anstehenden Übergang vom einseitig extensiven Wachstum zu einem diversifizierten Wirtschaftsgefüge.*«

Grundorganisationen eines Unternehmens wählten den zentralen Arbeiterrat, der seinerseits den Generaldirektor bestimmte. Dieser war an die Weisungen des Arbeiterrats gebunden und hatte eine Wahlperiode von vier Jahren mit Wiederwahlmöglichkeit. Demgegenüber konnten die Mitglieder des Arbeiterrats jeweils nur für maximal zwei Jahre in dieselbe Funktion gewählt werden, um einer Verfestigung von Machtstrukturen vorzubeugen. In der Praxis gewann der Generaldirektor aufgrund seines Wissensvorsprungs und der längeren Amtsperiode eine dominante Stellung; eine tendenzielle Verselbstständigung von Managern und Technokraten der oberen Ebenen griff Platz. Dies führte auch zu wachsenden Einkommensunterschieden innerhalb der Betriebe und verfestigte Privilegien.

Der Verfassung von 1974 und ihrem Verständnis von Föderation lag auch eine staatstheoretische Prämisse zugrunde, die auf ein Absterben staatlicher Strukturen zugunsten (zivil-) gesellschaftlicher Gemeinschaften, in der die Interessen des arbeitenden Volkes verwirklicht werden, orientierte. Nach Erringung der politischen Macht in der unmittelbaren Nachkriegsperiode und der Irreversibilität der sozialistischen Produktionsweise und Gesellschaftsverhältnisse – dies kann gewissermaßen als die Periode der »Diktatur des Proletariats« umschrieben werden –, ging es, hier Marx' Verarbeitung der Erfahrungen der Pariser Kommune folgend, um die sukzessive Rücknahme der verselbstständigten staatlichen Strukturen und ihre Transformation zu mehr und mehr technischen Verwaltungsaufgaben; zugleich wurde die zunehmende Föderalisierung als Dezentralisierung der »jugoslawischen Kommune« (vgl. Horvat 1969: 26) begriffen und die Föderation als freiwillige Staatsgemeinschaft aller Völker und Republiken neu definiert. Noch vorsichtig urteilte Sundhausen 1982: »*Mit der quasi-konföderativen Umgestaltung Jugoslawiens seit Anfang der 70er Jahre wurden den wirtschaftlichen Egoismen der Republiken und den Abkapselungstendenzen der Selbstverwalter Möglichkeiten eröffnet, die zu schweren innerjugoslawischen Störungen bei der Versorgung der Bevölkerung und Industrie sowie zu gesamtwirtschaftlich nachteiligen Disproportionen führen können.*« (Sundhausen 1982: 204) Solange Tito, der als Präsident auf Lebenszeit bestätigt wurde, noch lebte, verhinderte seine charismatische Führung des BdKJ einstweilen noch das spätere Zusammenbrechen des jugoslawischen Verbundes; er war allerdings mit dem Scheitern der Wirtschaftsreformen und dem neuen Verfassungsrahmen bereits vorprogrammiert.[42]

---

[42] Vgl. Ströhm 1976: 153f.: »*Solange das jugoslawische Selbstverwaltungssystem durch die Kontrolle des Bundes der Kommunisten ausbalanciert wird, solange auch die persönliche Autorität Titos und anderer kommunistischer Führer hier eine Rolle spielt, so lange ist mit Reibungen nicht zu rechnen. Aber was wird geschehen, wenn eines Tages irgendwelche Kräfte die theoretischen Spielregeln der Selbstverwaltung und das Räteprinzip wörtlich nehmen, die Kontrolle der Partei ausschalten und eine jugoslawische Republik konstruieren wollen? Zu Lebzeiten Titos ist das undenkbar – aber die Vorstellung, dass es den jugoslawischen Kommunisten eines Tages mit dem von ihm geschaffenen System so ergehen sollte wie dem Zauberlehrling im Märchen, der den Besen nicht mehr bändigen kann, ist nicht ganz abwe-*

Die Wachstumsraten der Industrie lagen 1971–75 bei durchschnittlich 7,8% p.a. und 1976–80 noch bei 6,7% p.a. (vgl. Conert 1988: 186) Der Lebensstandard der Bevölkerung stieg stark an, sodass um 1980 kein großer Unterschied mehr zu den Nachbarländern Österreich und Italien bestand. Die Entwicklung des Dezenniums 1970-1980 wurde seinerzeit als Fortgang des Wirtschaftswachstums ohne qualitative Entwicklung bezeichnet (vgl. Vucic 1988). Dies hebt ab auf die Schaffung einer Wirtschaftsstruktur, die mit der Ausrichtung auf einen gesamtstaatlichen Markt wenig zu tun hatte und durch die weitgehend unabhängig voneinander aufgestellten Entwicklungsstrategien der Republiken dominiert wurde. Diese regionalen Disparitäten führten zu einer Aufteilung des ehedem existenten gesamtjugoslawischen Marktes und zur Störung der Lieferbeziehungen und des Wert- und Stoffersatzes. Diese Störungen der gesamtwirtschaftlichen Zirkulation drückten sich unmittelbar in Gestalt von Kapital- und Devisenmangel aus; als vermeintlich naheliegender Ausweg erschien zunächst die vermehrte Inanspruchnahme von Auslandskapital. Solange die Auslandsverschuldung die internen Disproportionen der jugoslawischen Wirtschaft überdeckte, blieben Verteilungskonflikte von größerer Bedeutung aus; die Sonderinteressen der Wirtschaftsakteure und staatlichen Einrichtungen wurden sozusagen auf Pump befriedigt. Die Regierungen der weniger entwickelten Südrepubliken konnten ihren Industrialisierungsprozess fortsetzen, indem sie weiterhin ohne Rücksicht auf Rentabilitätskriterien »politische« Investitionen durchführten. Aber auch slowenische und kroatische Betriebe profitierten von dieser auf den Kredit gegründeten Aufwärtsbewegung, denn sie konnten ihre auf dem Weltmarkt nicht konkurrenzfähigen Waren immer noch sicher auf dem innerjugoslawischen Markt absetzen; ihre oft monopolistische Stellung ermöglichte ihnen befriedigende Gewinne. Im Ergebnis dieser Entwicklung stieg die Auslandsverschuldung Jugoslawiens von 1970 bis 1980 um mehr als das Achtfache auf 19,1 Mrd. US-Dollar an (vgl. Conert 1982: 108). Anfang der 1980er Jahre stand Jugoslawien mit anderen realsozialistischen Staaten und Schwellenländern in der Schuldenfalle auf dem ersten Höhepunkt der internationalen Schuldenkrise. Ab 1985 musste sich Jugoslawien unter das Regime des Internationalen Währungsfonds begeben; mehrere Kredite des IWF mussten aufgenommen werden, um den Schuldendienst zu bewältigen, sie waren mit den bekannten wirtschaftspolitischen Auflagen – Deregulierung der Märkte, Begrenzung des öffentlichen und privaten Konsums, Erhöhung der Wettbewerbsfähigkeit der Unternehmen durch Reduzierung der Belegschaften und Erhöhung der Zinsen etc. – verbunden und spitzten die internen Widersprüche im Land weiter zu.

Die anfangs sozialen Proteste gegen steigende Arbeitslosigkeit, zunehmenden Warenmangel und Reallohnsenkungen durch hinter der Inflation zurückbleibende Nominallohnsteigerungen führten ab 1987/88 zunehmend zu nationalistischen Aufheizungen. Die Streikwelle 1987 war zunächst eine Antwort auf den sinkenden

---

gig. Dann könnte das gleiche System, das sich als Element der Stabilisierung Jugoslawiens erwiesen hat, plötzlich zu einem Faktor extremer Instabilität werden.«

Lebensstandard breiter Bevölkerungsschichten. Der Anlass zum Streik war ein Parlamentsbeschluss, wonach die Löhne auf dem Stand des IV. Quartals 1986 eingefroren werden sollten, was in Einzelfällen Gehaltskürzungen bis zu 50% bedeutete. Gleichzeitig waren die Preise für Grundnahrungsmittel erheblich erhöht worden. Im Juli 1987 wurde staatlicherseits verkündet, dass 7.000 defizitäre Betriebe geschlossen werden müssten, was 1,5 Mio. Menschen arbeitslos gemacht hätte. In dieser Situation waren immer mehr Menschen auf Schwarzarbeit, Überweisungen aus dem Ausland und informelle Beziehungen zur Landwirtschaft angewiesen, um zu überleben. Verarmung und Existenzangst, aber auch Wut gegenüber denen, die sich vermeintlich oder tatsächlich in dem allgemeinen wirtschaftlichen Niedergang bereichert hatten und ihre Privilegien zu sichern trachteten, waren gerade in einem Vielvölkerstaat, der schon vorher zentrifugale Tendenzen des Auseinanderstrebens der Republiken aufgewiesen hatte, der ideale Nährboden für nationalistisch-ethnische Vorurteile. Im Jahr 1988 stellten Slowenien und Kroatien ihre Einzahlungen in den gesamtjugoslawischen Entwicklungsfonds ein und plädierten für einen jugoslawischen Staatenbund und eine weitergehende Weltmarktintegration und Anbindung an die Europäische Gemeinschaft. Die naturwüchsig gewachsenen nationalistisch-ethnischen Vorurteile wurden nun durch die politische Propaganda instrumentalisiert und verstärkt. In Slowenien und Kroatien machten die Politiker vor den Massen unzufriedener Werktätiger immer wieder die Südrepubliken für ihre Misere verantwortlich und versprachen die Sanierung mit EG-Hilfe bei Überantwortung der »unproduktiven« Südrepubliken ihrem Krisenschicksal. Demgegenüber zielte die serbische Seite auf den Erhalt des Gesamtstaates, nicht zuletzt, weil der zentrale Staatsapparat in Belgrad mehrheitlich serbisch besetzt war. Das Jahr 1987 endete mit der Entmachtung des vermittelnden Flügels innerhalb des serbischen BdKJ und mit der Machtübernahme von Slobodan Milošević, der ab 1988 offen den Nationalismus zur Durchsetzung seiner Ziele benutzte.

Die weitere Entwicklung bis zu den Bürgerkriegen in Slowenien, Kroatien und Bosnien war ein weiterer beschleunigter wirtschaftlicher Niedergang, der durch die Regierungen sowie die Auflagen des IWF noch verschärft wurde. Am Ende stand die Freigabe der Preise, die über eine Hyperinflation zur Zerstörung der Währung führte und die Sparguthaben der Bevölkerung entwertete sowie ein Gesetz zur Beschleunigung der Konkursentwicklung zahlungsunfähiger Unternehmen, welches die Regierung auf Rat westeuropäischer und US-amerikanischer Berater einführte. Zugleich wurden durch dieses Gesetz die »Basisorganisationen der Assoziierten Arbeit« aufgelöst und die in gesellschaftlichem Eigentum befindlichen Betriebe in privatkapitalistische Unternehmen umgewandelt. Auch die gesellschaftseigenen Genossenschaftsbanken wurden liquidiert und die jugoslawische Nationalbank sowie die Nationalbanken der acht Republiken wurden zerschlagen. Es folgte im Dezember 1989 ein neues mit dem IWF bis ins Detail abgestimmtes »Antiinflationsprogramm« mit Abwertung und Ankoppelung des Dinars an die D-Mark und dem Einfrieren aller Löhne und vieler Preise. Im Gegenzug bewilligte der IWF einen weiteren Stand-by-Kredit in Höhe von 600 Mio. US-Dollar zur Umschuldung der fälligen Auslandsverbindlichkeiten. Die weiteren Wirkungen dieses Schockprogramms für die Binnenwirtschaft waren eine fortgesetzte Reduktion der Reallöhne, weitere Konkurse von Unternehmen und ein weiterer Anstieg der Arbeitslosigkeit; zwischen den Republiken brach ein regelrechter Wirtschaftskrieg mit Zahlungseinstellungen und gegenseitigen Einfuhrverboten aus.

Gründe für das Scheitern der jugoslawischen sozialistischen Marktwirtschaft

Das Scheitern der jugoslawischen sozialistischen Marktwirtschaft muss sehr genau zum Einen auf seine aus dem Entwicklungsstand der Volkswirtschaft und der nachholenden Modernisierung entspringenden Ursachen, zum Anderen nach seinen konzeptionellen Mängeln, seiner praktischen Umsetzungsdefizite sowie seiner sozioökonomischen und politisch-kulturellen Schwierigkeiten hin untersucht und differenziert werden.

Wie in den meisten realsozialistischen Ländern auch, sollte in Jugoslawien nach dem Zweiten Weltkrieg der Sozialismus im Gefolge der nationalen Befreiung und in einem Land mit vorwiegend agrarischer Produktion – rd. 3/4 der Jugoslawen arbeitete nach Ende des Zweiten Weltkriegs in der Landwirtschaft (vgl. Horvat 1969: 102) – und unentwickeltem Kapitalverhältnis aufgebaut werden. Die Ingangsetzung einer nachholenden Modernisierung durch Aufbau einer Industrie, nach sowjetischem Vorbild beginnend mit der Grundstoff- und Schwerindustrie, lag dabei nahe, insbesondere weil auf eine politische und ökonomische Eigenständigkeit Wert gelegt wurde und die Bildung einer überstaatlichen Föderation von mittel- und osteuropäischen Staaten nicht über erste Planungsstadien hinauskam. Zweifel sind in diesem Zusammenhang anzumelden an der strukturpolitischen Schwerpunktsetzung. Auch ohne Zugehörigkeit zum RGW unter sowjetischer Führung und dem Nichtzustandekommen der »Balkan-Föderation« war die Orientierung auf die Grundstoff- und Schwerindustrie keineswegs zwangsläufig; die komparativen Vorteile der jugoslawischen Wirtschaft lagen eher im Konsumgütersektor (sog. Leichtindustrie), was sich im weiteren Verlauf der Entwicklung auch zeigte. Die Finanzierung dieser ursprünglichen sozialistischen Akkumulation durch in der Landwirtschaft erwirtschaftete Wertschöpfung war mangels anderer Ressourcenquellen allerdings alternativlos; es spricht in diesem Zusammenhang für den politischen Weitblick der jugoslawischen KP, dass ihre Agrarpolitik weitgehend frei von Zwang war und die Bildung von landwirtschaftlichen Kooperativen freiwillig geschah und stets nur eine Produktionsform neben den weiter bestehenden privaten Landwirtschaftsbetrieben darstellte. Allerdings war die Produktivität namentlich der privaten Betriebe niedrig, was mit ihrer Kleinteiligkeit im Ergebnis der durchgeführten Bodenreform nach dem Zweiten Weltkrieg zusammenhing. Inwieweit in der Phase des 1. Fünfjahrplans von 1947–51 unter Bedingungen einer zentralen Planung und Lenkung neben der Sicherung der politischen Macht durch Veränderung der Rechtsformen der nicht-agrarischen Produktionsmittel (Nationalisierung bzw. Verstaatlichung) auch strukturpolitisch die Weichen für die nachfolgende Entwicklung der jugoslawischen Wirtschaft korrekt gestellt worden sind, kann vor dem Hintergrund der Bewertung der Neuen Ökonomischen Politik in der frühen Sowjetunion und der dortigen Industrialisierungsdebatte der 1920er Jahre problematisiert werden.

Der nach dieser ersten Phase erfolgende Übergang zu Dezentralisierung und marktwirtschaftlicher Steuerung, bei fortgesetzter Planung und Bewirtschaftung der wichtigsten Investitionsprojekte, traf auf eine nach wie vor ökonomisch kaum geschulte Arbeiterklasse, die auf einmal formal und vielfach auch tatsächlich in den Selbstverwaltungsorganen der Betriebe mit einer Vielzahl komplizierter Entscheidungssituationen konfrontiert war. Vor diesem Hintergrund gewinnt die Beurteilung der praktischen Umsetzung theoretischer Konzepte im Alltag einen wesentlichen Stellenwert. Hinsichtlich der allgemeinen konzeptionellen Eckpunkte des jugoslawischen Selbstverwaltungsmodells – Verhältnis zentrale Planung und dezentrale Marktsteuerung, wirtschaftsdemokratische Unternehmensorganisation durch Übertragung der Betriebe an die Belegschaften und weitgehende Mitbestimmung der demokratisch bestimmten Repräsentanten der Werktätigen (Arbeiterräte) über das Was, Wie und Für wen der Produktion – gibt es tatsächlich nicht nur vielfältige Berührungspunkte mit originären Vorstellungen von Marx (und Engels) im Hinblick auf eine Produktionsweise der freien assoziierten Arbeit, sondern auch definitive Deckungsgleichheiten. Gleichwohl sind Erfolge dieses sozialistischen Wirtschaftens vielfach ausgeblieben und im Ergebnis alles andere als nachhaltig gewesen. Will man deshalb nicht das gesamte Konzept in Frage stellen, liegt es nahe, etwaige Mängel in der konkreten Umsetzung genauer zu beleuchten.

Im Mittelpunkt praktischer Störungen und theoretischer Kritiken stand stets die genaue Ausbalancierung des Verhältnisses zwischen partikularen oder betrieblichen Interessen der Arbeitskollektive einerseits und den Notwendigkeiten der gesamtwirtschaftlichen Akkumulation und Bedürfnisbefriedigung andererseits. Der Befund war vielfach, dass die eingeführten Selbstverwaltungselemente in den Betrieben nicht eine Förderung der Produzentensouveränität und Mitbestimmung erbrachten, sondern »*Vehikel und Schauplatz harscher Verteilungskämpfe*« (Lohoff 1996: 76) waren. Diese ließen sich innerhalb der einzelnen Betriebe, zwischen den Betrieben sowie zwischen den Regionen bzw. Teilrepubliken beobachten. Die Erklärung dieser Erscheinungen durch das Fortbestehen von Ware-Geld-Beziehungen auf Basis eines indirekten Charakters der Gesellschaftlichkeit der Arbeit schüttet das Kind allerdings mit dem Bade aus und würde auf das althergebrachte Argument des (real-)sozialistischen Marxismus-Leninismus mit Bezug auf die Notwendigkeit der Ersetzung der Ware-Geld-Steuerung durch zentral-administrative Planungen rekurrieren. Näherliegend ist demgegenüber, dass die beobachteten und nicht zu leugnenden Erscheinungen aufbrechender Gegensätze zwischen partikularen und gesamtgesellschaftlichen Interessen auf unzulängliche Regulations- und Steuerungsformen der Marktallokation zurückgehen und darüber hinaus praktischen Umsetzungsmängeln und -defiziten geschuldet sind.[43]

---

[43] Diese Ursachenanalyse liegt schon deshalb näher als die traditionell-klassische Erklärung, weil auch im entwickelten Kapitalismus mit seinen unleugbaren Gegensätzen zwischen

Kapitel 20: Der »Realsozialismus« als Zwischenspiel

Im Einzelnen zeigten sich im Selbstverwaltungssozialismus Jugoslawiens vier Problembereiche.

Erstens. Die führenden jugoslawischen Theoretiker erklärten den Unterschied zwischen Lohn und Profit (Gewinn) für obsolet, weil unter den Bedingungen der Selbstverwaltung die unmittelbaren Produzenten gemeinschaftlich die Wertschöpfung erbringen und daher auch über ihre Verteilung zu entscheiden hatten. In der betrieblichen Ergebnisstaffel wurde dies so umgesetzt, dass nach Abzug der Materialkosten und Abschreibungen von den Umsatzerlösen als einheitliche Größe das »verwirklichte Einkommen« verblieb; es ist praktisch identisch mit der betrieblichen (Neu-)Wertschöpfung. Aus ihm wurden gesetzliche (Abgaben/Gebühren) und vertragliche (Zinsen, Versicherungsprämien) Verpflichtungen abgezogen; es ergab sich das »betriebliche Einkommen«, welches in den »Bruttofonds der Werktätigen« und den »Geschäfts- und Reservefonds« sowie den Fonds für die Finanzierung des kollektiven Konsums zerfiel. D.h. das (Brutto-)Einkommen der Werktätigen und der Geschäfts- oder Akkumulationsfonds des Betriebes standen auf gleicher Ebene und damit in Konkurrenz zueinander; einen tariflichen Lohn als unterschieden von einer Partizipation der Beschäftigten am Gewinn des Betriebes gab es nicht.

Ein Kritikpunkt an dieser Konzeption war, dass mit den Geschäftsleitungen der Unternehmen, die seit den 1960er Jahren formaliter nur weisungsgebundene Organe des Arbeiterrates waren, eine »*Schicht professioneller Verwalter der formal in den Besitz des werktätigen Volkes übergegangenen Produktionsmittel (sich herausgebildet hatte), die über deren Einsatz und über die Verwendung des Mehrwerts entschieden (und) dadurch eine privilegierte Position in der Gesellschaft erlangten und sich von den Arbeitern zunehmend verselbstständigten.*« (Furtak 1975: 21) Auf diese klassisch linksradikale Kritik hatte Horvat schon geantwortet, dass es ohne Autorität keine effiziente Organisation gibt und ohne Organisation kein effizientes Wirtschaften (vgl. Horvat 1969: 29). Dieser Kritik stand die gegenteilige Befürchtung gegenüber, dass »*die Autorität der Leitung* (durch die Arbeiterselbstverwaltung / S.K.) *in Frage gestellt und (dadurch) die Effizienz der Geschäftsführung (vermindert sei).*« (Ibid.: 30) Beiden Kritiken ist entgegenzuhalten, dass Leitungsfunktionen unter doppeltem Aspekt zu betrachten sind, als notwendige technische Koordination gesellschaftlicher Akteure einerseits und gegebenenfalls daran gehängte und damit verschmolzene soziale Herrschaft andererseits; fällt letztere fort, bleibt dennoch die erstere notwendigerweise bestehen: »*In einer Gesellschaft, die eine Assoziation freier und entwickelter Individuen (im Sinne von Marx) darstellt, besteht kein Grund, den Wertsystemen bestimmter Einzelner oder Gruppen mehr Gewicht beizumessen als den Wertsystemen anderer Einzelner (oder Gruppen). Daher hat*

Einzel- und Gesamtinteressen die Abstimmung und der Ausgleich zwischen beiden besser gelingen als im Ergebnis des jugoslawischen Selbstverwaltungsmodells. Insofern sind Widersprüche zwischen Partikular- und Gesamtinteressen in eine rationale Bewegungsform zu bringen und dies ist gerade die Aufgabe der Regulationsformen und -instrumente der Marktallokation – und nicht deren Abschaffung.

in der sozialistischen Gesellschaft im Hinblick auf die Entwicklung eines Wertsystems jeder Einzelne nur eine Stimme. Indes gibt es gesellschaftliche Funktionen, bei denen Werte keine Rolle spielen (oder in denen diese nicht dominieren). (…) In der entwickelten Wirtschaft ist auch die Arbeitsteilung entwickelt, bzw. die berufliche Spezialisierung, und sie erweitert sich mit der wirtschaftlichen Entwicklung immer mehr. Dies heißt, daß fachliche Autorität ins Gewicht fällt.« (Ibid.: 29f.)

Wenn es in der Praxis nun Verselbständigungstendenzen der Geschäftsleitungen von den in den Arbeiterräten organisierten unmittelbaren Produzenten gab, so sind diese in erster Instanz unter dem Aspekt der wechselseitigen politischen Bewusstheit und betriebswirtschaftlichen Kompetenz der beiden Parteien zu betrachten. Die politische, soziale und wirtschaftliche Kompetenz fällt jedoch nicht vom Himmel, sondern ist sowohl von den Betriebsleitungen als auch von den Arbeiterkollektiven erst nach und nach anzueignen. Es ist plausibel, dass dieser Prozess bei den Kollektiven und ihren Organen länger dauert als bei den betriebswirtschaftlichen Spezialisten; bereits dieser Umstand erklärt einen Gutteil der beobachteten Verselbstständigungen, ohne dass es sich hierbei gleich um die Herausbildung einer neuen sozialen Schicht, zudem mit Herrschaftsattributen, handelt bzw. handeln muss.

Zweitens. Eine stärkere Einflussnahme der Produzentenkollektive fand in der Praxis weniger bei genuin betriebswirtschaftlich-unternehmenspolitischen Fragen als vielmehr bei Entscheidungen über die Verteilung des betrieblichen Wertprodukts statt. Die Herausforderung bestand in der Aufteilung des Einkommens der Unternehmen nach Abzug der Zinsen (und Rente) sowie der Steuern nach auszuschüttenden und einzubehaltenden Überschüssen, d.h. in der Entscheidung zwischen Arbeitereinkommen und Akkumulationsfonds bzw. »Kapitalfunktion«. In der Verfassung war festgeschrieben, dass die Selbstverwaltungsgremien für die Prosperität ihres Unternehmens zu sorgen hatten. Dennoch waren die Selbstverwaltungskörperschaften offenbar regelmäßig geneigt, *»ihre Kapitalfunktion zu vergessen und den ihnen überantworteten Anteil an Mehrwert ›aufzuessen‹, sprich die betrieblichen Investitionsfonds dem individuellen Einkommen der Beschäftigten zuzuführen.«* (Lohoff 1996: 73) Damit waren Konflikte zwischen den Betrieben und staatlichen Stellen programmiert, denn letztere mussten einspringen, um die Akkumulation zu sichern.

Syndikalistische Tendenzen und die Höherbewertung von Gegenwartskonsum gegenüber Zukunftsvorsorge wurden durch den Aufbau der betrieblichen Erfolgsrechnung und den auf ihr basierenden Verteilungsverhältnissen befördert. Dies gilt insbesondere für unentwickelte Länder mit Nachholbedarf an Kapitalbildung und Wirtschaftswachstum, in denen nur über hohe Gewinnquoten am Nationaleinkommen und der Priorität der Akkumulation gegenüber dem Konsum der Entwicklungsrückstand aufzuholen ist. Wenn man dem Vorrang der Akkumulation gegenüber dem Konsum zustimmt, ist dieser Vorrang der Akkumulation durch allgemeingültige Regelungen hinsichtlich des Vorrangs der Gewinnthesaurierung gegenüber der Gewinnausschüttung herzustellen. Insofern sind syndikalistische Tendenzen innerhalb der Arbeiterschaft wirksam zu konterkarieren, z.B. durch die Differenzierung zwischen Tariflöhnen als Basis der Geldeinkommen und Gewinnbeteiligungen in Abstimmung mit zentralen Vorgaben hinsichtlich der Wertschöpfungsverwendung bzw. der betrieblichen Thesaurierungs- und Entnahmepolitik.

Drittens. In der jugoslawischen Selbstverwaltung war das individuelle Einkommen der Werktätigen an den einzelbetrieblichen Gewinn gebunden, wodurch dem Gewinn eine wesentliche Steuerungsfunktion auch für Einstellungen und Entlassungen von Arbeitskräften zukam. Zugleich kam es zu erheblichen Unterschieden in den Gewinnen und Einkommen zwischen den Branchen und auch innerhalb der Branchen, sodass das Einkommen viel mehr vom Unternehmenserfolg als von der individuellen Qualifikation des Beschäftigten und seiner Stellung innerhalb der Betriebshierarchie abhing. Der Einkommensunterschied zwischen einem unqualifizierten Arbeiter (einfache Durchschnittsarbeit) und einem Angestellten mit Universitätsbildung (als Beispiel komplizierter Arbeit) betrug im Durchschnitt 1:2,6 (vgl. Höpken/Sundhausen 1987: 871). Sobald jedoch die Ausbildungskosten der Arbeitskräfte von der Gesellschaft über ein unentgeltliches staatliches Schul- und Ausbildungswesen getragen werden, ist gegen eine gesellschaftlich regulierte Deckelung von Einkommensunterschieden nichts einzuwenden; im Gegenteil besteht das sozialistische Prinzip bei der (marktbestimmten) Einkommensverteilung bekanntlich gerade nicht in simplem Egalitarismus, sondern in einer auf gesellschaftlicher Akzeptanz beruhenden Einkommensdifferenzierung zur finanziellen Stimulierung der individuellen Leistung. Wenn es nun in der jugoslawischen Wirklichkeit zu erheblichen Einkommensdifferenzierungen innerhalb und zwischen den Wirtschaftsbranchen gekommen ist, so deuten diese Unterschiede neben einer betriebsindividuellen unterschiedlichen Verteilungspraxis auf offenkundige Störungen eines tendenziellen Profitratenausgleichs zwischen den Unternehmen und einen nicht wirksamen Wettbewerb hin. Es geht in diesem Zusammenhang um die Abstimmung zweier Steuerungsparameter, zum Einen den naturwüchsigen tendenziellen Profitratenausgleich durch Neuanlage von Finanzmitteln sowie Veränderungen der Proportionen der gesellschaftlichen Arbeitsteilung durch Kapazitätsveränderungen in den verschiedenen Produktionszweigen, zum Anderen durch den strukturpolitischen Eingriff in die Investitionsbewegung. Wenn diese beiden Steuerungsprinzipien einander konterkarieren und blockieren und darüber hinaus verlustbringende Unternehmen nicht saniert, sondern ad infinitum durch öffentliche Mittelzuweisungen am Leben erhalten werden, sind allerdings gravierende Unterschiede in der Profitabilität der einzelnen Unternehmen die Konsequenz. Auch in diesem Punkt geht es aber nicht um prinzipielle konzeptionelle Mängel eines Marktsozialismus, sondern um eine schlechte Praxis der Investitionssteuerung, sektoralen Strukturpolitik und einzelwirtschaftlichen Sanierung und Konversion.

Viertens. Da die Selbstverwaltung nicht nur auf der Ebene der Produktionseinheiten, sondern auch in den Gebietskörperschaften eingeführt wurde, partizipierten die Kommunen und Teilrepubliken an den Gewinnen, die die auf ihrem Territorium ansässigen Unternehmen erwirtschafteten. Dieser Umstand berührte zunächst nur das Steuersystem und die Verteilung des Steueraufkommens auf die verschiedenen staatlichen Ebenen sowie regionalen Gebietskörperschaften. Kommt es sodann zu keinem wirksamen Finanzausgleich zwischen den Regionen bzw. Teilrepubliken, sondern zu einer Steuerfestlegungshoheit durch oder sogar Steuerthesaurierung innerhalb der regionalen Einheiten, ist die Verschärfung regionaler Entwicklungsunterschiede vorprogrammiert. Da sich in Jugoslawien die Ansicht verbreitete, dass die Wertschöpfung in der jeweiligen Region verbleiben sollte, in der sie erwirtschaftet worden war, profitierte der reichere Norden, d.h. Slowenien und Kroatien einseitig gegenüber dem ärmeren Süden, der Entwicklungseinbußen hinnehmen musste. Die regionale Strukturpolitik zur Herstellung vergleichbarer ökonomischer und sozialer Verhältnisse in den verschiedenen Teilrepubliken war unterfinanziert und darüber hinaus schlecht konzipiert und umgesetzt. Langfristig hatte, wie wir gesehen haben, das Ausbleiben des regionalen Entwicklungsausgleichs und die Vertiefung der Entwicklungsunterschiede die negativsten Auswirkungen gegenüber der sozioökonomischen und politischen Einheit des Landes zur Folge. Etwas vergröbernd fasst Lohoff zusammen: »*Wo die Einzelbetriebe über ihre Gewinne selber verfügen, schrumpft der Redistributionsspielraum der Zentralgewalt* (dies ist prinzipiell allerdings keineswegs notwendig / S.K.), *das Geld bleibt in den ›reichen‹ Gebieten, die schon vorhandene Schere zwischen den »Gewinner- und Verliererregionen« öffnet sich weiter. Der Selbstverwaltungsgedanke entwickelte sich daher in Jugoslawien de facto allmählich zu einer Waffe des Nordens im Verteilungsstreit mit dem Süden. (...) Der Triumph des Selbstverwaltungsgedankens gegenüber der zentralistischen Sozialismuskonzeption führte also nicht zur notwendigen und von der Tito-Administration projektierten Angleichung der Lebensbedingungen in Gesamtjugoslawien, sondern zu einem Auseinanderdriften der verschiedenen Landesteile und untergrub schließlich die wirtschaftliche Einheit des Landes.*« (Lohoff 1996: 77f.) Die Lehre aus der jugoslawischen Entwicklung ist aber nicht die pauschale Infragestellung oder gar Ablehnung des Selbstverwaltungsgedankens, sondern seine differenzierte Umsetzung für die Ökonomie einerseits und die öffentlichen Haushalte (sowie die sektorale und regionale Strukturpolitik) andererseits. Ohne wirksame Finanzausstattung der Zentralgewalt sowie einen funktionierenden Finanzausgleich zwischen verschiedenen regionalen Gebietskörperschaften sind in der Tat keine ausgleichenden Entwicklungen zwischen verschiedenen Wirtschaftsregionen zu haben.

Wenn so weniger konzeptionelle als vielmehr praktisch-umsetzungsmäßige Defizite des jugoslawischen Selbstverwaltungssozialismus zu konstatieren sind, so kommt mit der Außenwirtschaftspolitik der jugoslawischen Regierung ein weiterer Umstand hinzu, der neben der mehr und mehr überzogenen Dezentralisierung und Föderalisierung auf der politischen Ebene wesentlich für den Niedergang und schließlichen Zusammenbruch des jugoslawischen Systems verantwortlich ist. Nach dem Krieg profitierte das Land zunächst von den westlichen Wirtschaftshilfen, die, da sie immer auch mit dem Ziel der Herauslösung Jugoslawiens aus dem sowjetischen Einflussbereich gewährt wurden, nach der Orientierung der Regierung auf die Bewegung der blockfreien Staaten und Wiederannäherung an die UdSSR ein-

Kapitel 20: Der »Realsozialismus« als Zwischenspiel

gestellt wurde. Allerdings war Jugoslawien dem IWF und dem internationalen Handelsabkommen GATT beigetreten und hatte in den 1960er Jahren das ursprünglich bestehende staatliche Außenhandelsmonopol gelockert und den einzelnen Unternehmen Spielraum für eigene Außenwirtschaftstätigkeiten eingeräumt. Wie erwähnt, war die jugoslawische Handelsbilanz nach dem Zweiten Weltkrieg stets defizitär; mit zunehmender Zeit war dies auch ein Hinweis darauf, dass die weltmarktbezogene Entwicklungskonzeption – Import von Maschinen und Technologie sowie Produktionsgütern, Export von Binnenerzeugnissen aus den neu errichteten Fabriken – nicht aufging. Die Leistungsbilanz musste durch sog. unsichtbare Transaktionen – Jugoslawien als Vermittlungs- und Transitagentur für Technologie- und Investitionsexporte nach Osteuropa sowie durch die Überweisungen der Arbeitsemigranten und die Tourismuseinnahmen – ausgeglichen werden. Die jugoslawische Ökonomie geriet dadurch in eine zweifache Abhängigkeit: Für die notwendigen Produktionsgüterimporte (Energie, Rohstoffe, Halbfertigwaren) musste sie auf bilateraler Clearingbasis nach Osteuropa industrielle Fertiggüter exportieren. Für die Herstellung dieser Fertiggüter war sie wiederum auf Maschinen- und Technologieimporte angewiesen; letzteres geschah hauptsächlich auf kreditfinanzierter Basis aus und durch den Westen.

Das schon in den 1960er Jahren nicht aufgehende weltmarktbezogene Entwicklungskonzept wurde in den 1970er Jahren nochmals intensiviert und radikalisiert. Anstelle öffentlicher oder öffentlich vermittelter Auslandsfinanzierung war durch die erste Phase der Verselbstständigung der Geldkapitalakkumulation und das Aufkommen der Euro-Dollarmärkte privates Kapital reichlich vorhanden und günstig zu haben. Die hohen Wachstumsraten des jugoslawischen Sozialprodukts in den 1970er Jahren täuschten jedoch eine Prosperität vor, die realiter nicht bestand und weitgehend auf Pump aufgebaut war. Wie andere realsozialistische Länder auch, z.B. Polen oder, unter den besonderen Bedingungen der »innerdeutschen« Kreditierung, der DDR, brach die schuldengestützte Akkumulation im Übergang zu den 1980er Jahren in Jugoslawien zusammen. Anstatt durch binnenwirtschaftliche Wertschöpfung interne Multiplikator-Prozesse zu generieren und durch die Produktion wettbewerbsfähiger Waren auf den Weltmärkten Devisen für die Kreditbedienung zu erwirtschaften, nahm die Auslandsverschuldung zu und damit die Abhängigkeit des Schuldnerlandes Jugoslawien von privaten Kreditgebern und den Kreditauflagen des IWF. Fest steht, dass der fehlgeschlagene weltmarktbezogene Entwicklungsweg die binnenwirtschaftlichen Krisenprozesse massiv verschärfte und damit als endgültiges Auflösungsferment gegenüber der Einheit des jugoslawischen Staates und der sozialistischen Selbstverwaltung wirkte.[44]

---

[44] Michel Chossudovsky, Wirtschaftsprofessor an der Universität Ottawa, bemerkte zu der westlichen Instrumentalisierung dieser Entwicklung in den »kommunistischen« Staaten: »In einer als ›streng geheim‹ ausgewiesenen Nationalen Sicherheitsdirektive (NSDD 133) von 1984 mit dem Titel ›US-Politik gegenüber Jugoslawien‹ hatte die Reagan-Administration die jugoslawische Ökonomie direkt ins Visier genommen, trotz der politischen Block-

Das grausam-gründliche Scheitern des jugoslawischen Selbstverwaltungssozialismus, das schließlich in nationalistischen Exzessen und ethnisch-religiös motivierten Bürgerkriegen kulminierte, ist bei differenzierter Betrachtung kein Bankrott dieses Gesellschaftsmodells, wiewohl Schwierigkeiten bei der Umsetzung der verheißenen umfassenden sozialistischen Demokratisierung von Wirtschaft und Gesellschaft vielfach aufgetreten sind und die Ambitioniertheit dieses Gesellschaftskonzeptes offenlegen. Zum einen waren die sozioökonomischen Ausgangsbedingungen in Jugoslawien als einem agrarisch geprägten Land mit unentwickeltem Kapitalverhältnis und einer Arbeiterklasse ohne weiterreichende Mitbestimmungserfahrungen alles Andere als förderlich. Der Entwicklungs- und Modernisierungsrückstand konnte auch in den Dezennien, in denen die jugoslawische Wirtschaft prosperierte, nicht nachhaltig aufgeholt werden; dies verweist auf Umsetzungsdefizite namentlich in der inhaltlichen Ausrichtung der gesamtwirtschaftlichen Strukturpolitik. Wenn inhärente konzeptionelle Schwächen des jugoslawischen Modells herauszustreichen sind, dann in Bezug auf eine zu weit gehende Dezentralisierung der politischen Instanzen bzw. eine unzureichende Finanzausstattung des Zentralstaats. Als theoretische Konsequenz ergibt sich, dass die umstandslose Adaptierung von Äußerungen von Marx zum Staat der Pariser Kommune sich in der Gegenwart ebenso verbietet wie diejenigen von Lenin in seiner Schrift »Staat und Revolution«, die zur Blaupause des Staatsaufbaus in der Sowjetunion nach der Oktoberrevolution geworden waren.

---

freiheit Belgrads und dessen ausgedehnten Handelsbeziehungen mit den USA und der EG. Eine zensierte Version dieses Dokuments, die 1990 der Öffentlichkeit zugänglich gemacht wurde, stimmt weitestgehend mit einer Nationalen Sicherheitsdirektive zu Osteuropa von 1982 überein. Zu den Zielen gehörten ›ausgedehnte Bemühungen, eine Stille Revolution zum Sturz kommunistischer Regierungen und Parteien zu fördern‹ (...) und die Reintegration der osteuropäischen Länder in den Einflussbereich des Weltmarkts.« (Chossudovsky 1999: 224)

Kapitel 21: Sozialistische Marktwirtschaften: China, Vietnam und Kuba

a) Volksrepublik China

Die Reformen unter Deng Xiaoping seit 1978, die schrittweise Transformation zu einer sozialistischen Marktwirtschaft chinesischer Prägung und ihre weitere Ausgestaltung

Die ersten rd. 30 Jahre der chinesischen Entwicklung nach der Gründung der Volksrepublik am 1. Oktober 1949 in der Mao Zedong-Ära mit der Durchführung der Agrarreform, der Nationalisierung von Industrieunternehmen, Bildung neuer Handelsunternehmen, Währungsreform und Gründung der Peoples' Bank of China, den ersten Fünf- und Zehnjahresplänen seit 1953 sowie dem »Großen Sprung nach vorn« und der Proletarischen Kulturrevolution sind bereits früher betrachtet worden;[1] sie werden auch als »Sozialismus 1.0« im Unterschied zu der Periode ab 1978 als »Sozialismus 2.0« bezeichnet (vgl. Long Way Foundation 2015).

Nach dem Tod von Zhou Enlai und Mao Zedong leitete die KPCh auf ihrem XI. Parteitag im Dezember 1978 eine »historische Wende« ein, die eng mit dem Namen Deng Xiaoping verbunden ist. Deng selbst hatte eine wechselvolle politische Biographie und wurde mehrfach als Vertreter einer Minderheitsfraktion innerhalb der KPCh von führenden Positionen entfernt. Die 1978 initiierten Wirtschaftsreformen werden mit seinen geflügelten Worten: »Es ist gleichgültig, ob es eine weiße oder schwarze Katze ist; Hauptsache, sie fängt Mäuse« umschrieben; sie hoben darauf ab, dass es vor allem auf die Ergebnisse und nicht in erster Linie auf die ideologisch-politische Verortung der jeweiligen Maßnahmen im Kanon des bis dato vorherrschenden Verständnisses von kommunistischer Politik in der Volksrepublik ankomme. Rückblickend werden im offiziellen Selbstverständnis zwei Reformstufen unterschieden: Reform und Öffnungspolitik (1978–2002) sowie die koordinierte Entwicklung nach Maßgabe der »wissenschaftlichen Vorschau« (seit 2003); die Phasen lassen sich auch mit den Begrifflichkeiten der Etablierung einer »sozialistischen Warenproduktion« und eines »Marktsozialismus chinesischer Prägung« umschreiben.

Am Beginn des Reformprozesses stand die Landwirtschaft im Mittelpunkt und das »System der vertragsgebundenen Verantwortlichkeit auf Basis der Haushalte unter Zugrundlegung des Leistungsprinzips« ersetzte die Volkskommunen. In diesem System verpflichteten sich die bäuerlichen Haushalte durch Verträge mit der Dorfverwaltung bestimmte Mengen von Grundnahrungsmitteln, die auf den an die Bauern verpachteten Ländereien erzeugt werden, abzuliefern. Was der Bauer über seine Kontraktlieferungen hinaus produzierte, blieb zu seiner Verfügung für den

---

[1] Vgl. Kapitel 16, Unterabschnitt e).

Eigenbedarf und den freien Verkauf auf Bauernmärkten. Dabei wurde das System des Kollektiveigentums erhalten, die Pachtverträge wurden allgemein auf 15 Jahre abgeschlossen. In den folgenden Jahren wurde diese Linie weiter ausgebaut. Es konnten zusätzliche Arbeitskräfte beschäftigt werden und das gesamte ländliche Nebengewerbe (Haus- und Familienindustrie) wurde in einen neuen Ordnungsrahmen einbezogen. *»Die erste Phase der ökonomischen Reform von 1978 ... bedeutete einen Wendepunkt in der Prioritätensetzung der zentralen Planung zugunsten des Agrarsektors. In der Anfangsphase (bis 1984) vermied es die Regierung jedoch, die realen Kosten der verbesserten Lebensmittelversorgung an die städtische Bevölkerung weiterzugeben. Stattdessen bezahlte man hohe Subventionen.«* (Bergmann 1996: 47) Das neue System verbesserte die Performance der chinesischen Agrikultur deutlich.[2]

Ab 1979 wurde die Privatwirtschaft als nützliches Instrument für die Bekämpfung der hohen Arbeitslosigkeit auch in den Städten genutzt. Ein großer Teil der Arbeitslosen schuf sich selbst Beschäftigung im neu entstehenden individuellen Sektor. Typische traditionelle Dienstleistungsberufe wie Händler, Friseure, Schneider etc. trafen auf einen großen gesellschaftlichen Bedarf. Bis 1988 durften die sogenannten »Einzelgewerbebetriebe« maximal sieben Personen beschäftigten, danach wurden auch größere Privatbetriebe zugelassen. 1989 gab es 225.000 Privatbetriebe mit 3,4 Mio. Beschäftigten (vgl. Dietrich 1993: 107). Fortan wurde der gesamtwirtschaftliche Erfolg nicht mehr am Produktionsausstoß, d.h. an der Steigerung der Produktion, sondern an der Entwicklung der Produktivität gemessen. Gegenüber dem vor 1978 herrschenden Egalitarismus in der Einkommensverteilung gab Deng Xiaoping nunmehr mit der Einführung materieller Hebel und Stimuli die Parole aus, dass das Wohlhabendwerden Einiger – sowie das spätere Nachziehen der Anderen – durchaus erwünscht sei; dies galt sowohl für Einzelpersonen und Unternehmen als auch für Wirtschaftsregionen.[3]

Das Prinzip der »sozialistisch geplanten Warenwirtschaft« lautete: »Der Staat reguliert den Markt, der Markt bestimmt die einzelwirtschaftliche Aktivität, d.h. die Unternehmen.« Drei Reformen markierten seit 1984 den Übergang zu dieser sozialistischen Warenproduktion: Erstens wurden die Planziffern deutlich reduziert und die Planung selbst erhielt zunehmend einen indikativen Charakter, sodass auch die Finanzierung der Unternehmen aus dem Staatshaushalt ausgelagert und dem Kreditsystem überantwortet wurde. Mit der bereits 1979 begonnenen Bankreform wurde ein zweistufiges Banksystem aufgebaut, d.h. das Einlagen- und Kre-

---

[2] Vgl. Li/Fumin/Lei 2010: 36: »*Between 1978 und 1985, total grain output went from 304.77 milllion tons to 379.11 million tons, an increase of 24.4%, while cotton output jumped from 2.167 million tons to 4.147 million tons, a rise of 91.4%. The per capita income of peasant households increased from 133.6 yuan to 397.6 yuan, marking a rise of 168.9% in terms of comparable prices.*«

[3] Vgl. ibid.: 90: »*In 1978, Deng Xiaoping first proposed that: ›We should allow some workers and farmers in some areas and businesses to earn more income and live a better life due to their harder work and greater achievements.‹*«

ditgeschäft wurde aus der People's Bank of China (PBC) in Geschäftsbanken ausgegliedert und die PBC erhielt die Funktion einer Zentralbank, die das Monopol der Geldemission und die Steuerung der Finanzmärkte und damit die Stabilität der Währung verantwortete. Zweitens wurden neben den Staatsbetrieben nun auch Unternehmen in Privateigentum zugelassen, die im Rahmen der Arbeits- und Sozialordnung Lohnarbeitsverhältnisse abschließen konnten. Der staatliche Zugriff auf den Brutto-Umsatzüberschuss (Gewinn und Abschreibungsgegenwert) wurde auf ein Steuersystem umgestellt und die Unternehmen entschieden fortan selbstständig über die Gewinnverwendung. Drittens wurde mit der Preisreform begonnen, die in mehreren Schritten die bisher administrativ festgelegten Preise in Marktpreise zu verwandeln hatte.

Chinas bisher auf die Binnenwirtschaft orientierte Ökonomie wurde nach außen geöffnet. Importe und Exporte wuchsen, ausgehend von niedrigen Niveaus, rasant an; ebenso nahm der Kapitalimport zu.[4] Die bisherige Maxime, Auslandsverbindlichkeiten wenn möglich zu vermeiden, wurde fallengelassen. Am deutlichsten kam der Wandel in der Gründung von Sonderwirtschaftszonen (SWZ) zum Ausdruck. 1980 wurden in den vier Küstenstädten Shenzhen, Zhuhai, Shantou und Xiamen die ersten SWZ gebildet. In diesen Zonen wurden chinesische Staats- und Genossenschaftsunternehmen sowie sino-ausländische Joint Ventures und Auslandsunternehmen angesiedelt, die eine größere Autonomie in ihrer Geschäftstätigkeit als in der sonstigen Binnenwirtschaft besaßen und Vorzugskonditionen bei Steuern und Abgaben erhielten. Die chinesische Seite ließ dabei ausschließlich produktive Investitionen zu und die sino-ausländischen Joint-Ventures liefen unter chinesischer Mehrheitsbeteiligung (51%), die als Sacheinlage in Form von Grundstücken und Gebäuden dargestellt wurde. Die ausländischen Partner lieferten die technische Ausrüstung und brachten moderne Management-Methoden ein. Außerdem war vorgesehen, dass das investierte Betriebskapital nach Ablauf einer gewissen Frist an den chinesischen Mehrheitseigentümer übertragen wird. Local-content-Vorschriften und Zölle auf importierte Investitionsgüter sorgten dafür, dass chinesische Arbeitskräfte nicht nur zur Lohnveredelung genutzt, sondern auch chinesische Betriebe als Zulieferer einbezogen wurden. Neben der Attraktion von Auslandskapital, Weltmarkttechnologie und modernem Management, dienten die SWZ auch als Versuchslabor für weitere marktwirtschaftliche Reformen. Ab 1984 wurden weitere Sonderwirtschaftszonen in 14 Hafenstädten eröffnet, 1985 wurden die Deltas des Yangtze, des Perl- und des Minflusses als offene Küstengebiete ausgewiesen, 1988 folgten die Jiaodong- und die Liaodong-Halbinsel.

Im Gegensatz zu vielen, auch technologiegetriebenen Kapitalimporten der realsozialistischen Staaten in der zweiten Hälfte der 1970er sowie den 1980er-Jahren

---

[4] Vgl. Li/Fumin/Lei 2010: 43: »*Total volume of import and export cargo increased from US $ 53.6 billion in 1984 to US $ 102.8 billion in 1988. The amount of actually utilized foreign capital rose from US $ 2.9 billion in 1984 to US $ 10.2 billion in 1988, with the proportion of foreign direct investment to GDP rose from 0.5% in 1984 to 0.8% in 1988.*«

war das Konzept der chinesischen Sonderwirtschaftszonen in vielen Punkten zielführend und hat es der chinesischen Volkswirtschaft ermöglicht, vielfältige Entwicklungsprozesse entscheidend abzukürzen. Die beabsichtigten spill-over-Effekte der ausländischen entwickelten objektiven und subjektiven Produktivkräfte für die heimische Wirtschaft realisierten sich vielfach und die interne chinesische Akkumulation stellte nicht nur ein rasch wachsendes Warenangebot für die Binnenmärkte bereit, sondern ermöglichte gleichzeitig einen stark wachsenden Warenexport, eine aktive Handelsbilanz und den Aufbau einer internationalen Gläubigerposition. Damit ergaben sich direkt gegenteilige Effekte gegenüber denen, die die seinerzeitigen ausländischen Direktinvestitionen z.B. in der Volksrepublik Polen gezeigt hatten, mit denen nicht nur keine Steigerungen der binnenwirtschaftlichen Produktivität erreicht werden konnten, sondern statt nachfolgender exportinduzierter Deviseneinnahmen eine Verschuldungsspirale in Gang gesetzt wurde, die in einzelnen Fällen bis zur Zahlungsunfähigkeit führte.

Die offizielle chinesische Bewertung ging von der Erreichung von Käufermärkten in gesamtwirtschaftlicher Dimension ab 1997 aus (vgl. Li/Fumin/Lei 2010: 45). Diese Konstellation, die bspw. für die Bundesrepublik bereits mit dem Übergang in die 1960er-Jahre auf den meisten Warenmärkten erreicht wurde, war nun weit entfernt von der Überwindung von Knappheitsverhältnissen, sie markierte aber auf der anderen Seite die wesentliche Voraussetzung für ein Funktionieren einer marktwirtschaftlichen Ressourcenallokation; sie stellte darüber hinaus der makroökonomischen Regulierung neue Aufgaben. In China war diese Bewertung Grundlage für eine neue wirtschaftliche Zwillingspolitik, die sich einerseits die Steigerung der binnenwirtschaftlichen Nachfrage, andererseits die Vermeidung finanzieller Risiken zum Ziel setzte; diese Politik schloss eine aktive Finanz- und Firmenpolitik sowie Reformen des Gesundheits- und Erziehungs-/Schulwesens ein. Die Wirksamkeit dieser neuen politischen Leitlinie zeigte sich nicht zuletzt angesichts der weitgehenden Resistenz der chinesischen Volkswirtschaft gegenüber der Asienkrise im selben Jahr.

Seit 1992 zielte die chinesische Makropolitik auf die schrittweise Transformation der sozialistischen Warenproduktion in eine sozialistische Marktwirtschaft. An die Stelle der Marktallokation als Hilfsmittel der Planung sollte erstens die Formation von Waren- und Faktormärkten treten, auf denen verschiedene Wirtschaftssubjekte mit einem modernen börsenorientierten Unternehmenssystem als Herzstück kooperieren können. Diese Marktwirtschaft beinhaltete zweitens die Entwicklung einzelwirtschaftlicher, auf effektiven Marktpreisen basierter Entscheidungskalküle für die Ressourcenallokation sowie drittens die Etablierung eines Systems makroökonomischer Regulierungen, in dem Banken- und Finanzpolitik die Schlüsselspieler sind. Damit unterschied sich diese sozialistische Marktwirtschaft chinesischer Prägung gegenüber der sozialistischen Warenproduktion in der aktiven allokationsstiftenden Funktion der Waren- und Faktormärkte auf der Grundlage effektiver Marktpreise. »*Compared with the planned economic system, the above three changes constitute a fundamental systemic reform.*« (Ibid.: 68)

Der Reform der Preise kam in diesem Transformationsprozess überragende Bedeutung zu. Zwei übergreifende Ziele wurden für die Preisreform formuliert: erstens eine Neuordnung der Preise, sodass die Orientierung der einzelnen Unternehmen mit ihren laufenden Produktions- und Investitionsentscheidungen an denselben die Herstellung gleicher Rentabilitäts- oder Profitraten ermöglichte, d.h. der Ausgleichungsprozess zu einer Durchschnittsprofitrate wurde als Allokationsprinzip für die Verteilung der Grundfonds sowie der Arbeitskräfte auf die verschiedenen Produktionszweige anerkannt. Zweitens wurde der Übergang von den anfangs administrierten Preisen, die weitgehend unabhängig von Angebot-Nachfrage-Konstellationen waren, zu knappheitsindizierenden Marktpreisen schrittweise durchgeführt, keineswegs als kurzfristiger Schock in gesamtwirtschaftlicher Dimension. Für die Konsumgüterpreise war die schrittweise, politisch gelenkte und keineswegs dem Markt überlassene Angleichung der Preise an Marktverhältnisse besonders bedeutsam; sie zog sich über mehr als 10 Jahre hin (vgl. Bergmann 1996: 56).

Die Periode der »Reform und Öffnungspolitik« wurde ab 2003 von der koordinierten Entwicklung auf Basis der »wissenschaftlichen Vorausschau« abgelöst. Sie war gegründet auf der etablierten sozialistischen Marktwirtschaft und beinhaltete neben Steuerreformen insbesondere die Verbesserung der makroökonomischen Regulierung und die Fortentwicklung der Beziehung zwischen Stadt und Land durch vielfältige Einzelmaßnahmen. In der Selbsteinschätzung wurde China eine Marktwirtschaft mit Faktor- und Warenmärkten, auf denen die Preise der meisten Waren durch Angebot und Nachfrage bestimmt wurden. Unter Regierungskontrolle waren nur die wenigen Preise, die die nationale Sicherheit betrafen oder die direkten Lebensumstände des Volkes. Das Verhältnis zwischen politischer Zentralgewalt und regionalen Körperschaften blieb als beständig auszubalancierendes Verhältnis auf der Agenda. Die Delegation von Entscheidungen auf die lokalen und regionalen Ebenen wurde als mobilisierendes Element für Initiativen besonders in den Mittelpunkt gestellt; sie fand ihre Grenze an den Erfordernissen der makroökonomischen Regulierung, die den Durchgriff der Zentralgewalt zur Bedingung haben.

Die gemischten Eigentumsverhältnisse bei Vorrang der öffentlichen Eigentumsformen an Unternehmen blieb Strukturprinzip der sozialistischen Marktwirtschaft chinesischer Prägung. Dabei ging es nicht nur um quantitative Momente, sondern auch und gerade um qualitative: *»The leading role of the state-owned economy is mainly reflected in its controlling force. So long as the state controls the economic lifeline and the controlling force and competitiveness of the state-owned economy are enhanced, some reductions in the proportion accounted for by the state-owned economy will not affect the socialist nature of China. The meaning of state-owned economy also has changed over time. In the past, the enterprises were state-owned and state-run and both had the rights of ownership and management. Now the state has become the main stakeholder of these state-owned enterprises, which have diverse sources of investment and substantial social investment. In particular, listed state-owned companies have a large amount of outside capital.«* (vgl. Li/Fumin/Lei 2010: 84f.) Die Fruchtbarmachung der Trennung von Eigentum und

Funktion im Unternehmenssektor bot darüber hinaus die Basis für die Implementierung moderner Steuerungsinstitutionen zur marktorientierten makroökonomischen Regulierung.

Die Verteilungsverhältnisse wurden nicht mehr nur durch (Arbeits-) Leistung, sondern in begrenztem Umfang auch durch eigenständige Produktionsfaktorenkomponenten – Arbeit, Kapital, Technologie und Management – bestimmt. An die Stelle des ursprünglichen 8-gliedrigen Lohnsystems und des Egalitarismus als Verteilungsmaßstab war daher eine Einkommensspreizung mit teilweise erheblichen Unterschieden zwischen niedrigen und hohen Einkommen getreten. Dabei sollten allerdings die Einkommensunterschiede nach wie vor sozial kontrolliert werden: »*In short, China's distribution system has undergone the following processes of change: the evolution from the initial distribution according to work to the current distribution according to factors; the evolution from giving priority to equity to giving priority to efficiency while giving attention to equity; and to currently placing equal emphasis on equity and efficiency.*« (Ibid.: 92) Mit dem 11. Fünfjahresplan hieß die Losung nicht mehr Tolerierung von leistungsbedingten Einkommensunterschieden wie 1978 zu Beginn des Reformprozesses, sondern: »Gemeinsam reich werden«.

Durch die Finanz- und Weltwirtschaftskrise 2007 ff. kam die chinesische Volkswirtschaft besser als die meisten anderen Ökonomien. Dies war auch das Ergebnis des »4 Trillionen Yuan-Investitionsprogramm«, mit dem nicht nur Nachfrageausfälle kompensiert wurden, sondern zugleich auch die Umstellung der chinesischen Wirtschaft auf eine stärkere Binnenorientierung und eine durch Einkommenssteigerungen unterstützte Stärkung der Konsum- gegenüber der Investitionsnachfrage begonnen sowie die Reparatur der durch den vorangegangenen Wachstumsprozess z.T. erheblichen Umweltschäden angegangen worden ist.

Im Jahr 2012 wurde Xi Jinping als Nachfolger von Hu Jintao auf dem XVIII. Parteitag zum Generalsekretär der KPCh gewählt, 2013 auch zum Staatspräsidenten der VR China. Unmittelbar nach seiner Wahl zum Generalsekretär startete Xi eine Antikorruptionskampagne, die den seit den marktwirtschaftlichen Reformen gewachsenen Problemen des traditionellen »Hong Bao« (rote Umschläge mit Geld) und »Guanxi« (Netzwerke für die eigene Karriere) den Kampf ansagte. Korruption wurde als so große Gefahr angesehen, dass sie zu einem Zusammenbruch der Partei und des Staates führen könnte. Es kam hinzu, dass verstärkte Bemühungen der USA zur systematischen Ausspionierung von Chinas High-Tech-Konzernen ruchbar wurden, die Unternehmensleiter und Parteifunktionäre bestochen hatten. Der Kampagne, die durch die Zentrale Disziplinarkommission der KPCh geleitet wurde, fielen neben vielen sog. »Fliegen« (niedere Beamte) auch »Tiger« (höhere Parteikader) zum Opfer; die Entmachtung und Verurteilung von Bo Xilai, der als Konkurrent Xi Jinpings gegolten hatte, ging auch im westlichen Ausland durch die Medien. Eine Säuberung der Partei wurde erreicht, die Aufnahmebedingungen verschärft, sodass mittlerweile nur ein kleinerer Prozentsatz von Parteiaufnahmeanträgen auch zu einem positiven Aufnahmebeschluss führt. Verglichen mit den Säuberungen während der Zeit der Kulturrevolution verlaufen die Disziplinierungsuntersuchungen und -verfahren heutzutage in zivilen Formen. »Null Toleranz« ist jedoch das Ziel und der Kampf gegen Korruption wird als permanente Auseinandersetzung geführt.

Mit dem wirtschaftlichen Erfolg der Reformpolitik und dem Aufstieg der VR China zur zweitgrößten Ökonomie der Welt nahm die Aggression der USA zu und entwickelte sich unter der Trump-Präsidentschaft zu einem regelrechten Wirtschaftskrieg. Dahinter standen das bilaterale Handels- und Leistungsbilanzdefizit der USA gegenüber der Volksrepublik, die als »Werkstatt der Welt« einen Großteil industrieller Produktionen aus den kapitalistischen Ländern aufgenommen hatte, sowie die Technologieführerschaft der Volksrepublik in einigen Bereichen, die von den USA als Bedrohung ihrer nationalen Sicherheit bewertet wurde. Im Einklang mit der entwicklungspolitischen Transformation einer Schwellenland-Ökonomie zugunsten einer stärkeren Tertiarisierung der Wirtschaftsstruktur sowie als Reaktion auf die protektionistische Abschottungspolitik der USA mit Zöllen auf chinesische Exporte und versuchten Embargostrategien bei High-Tech-Produkten, z.B. Halbleiter-Chips, entwickelte die KPCh 2020 für den 14. Fünfjahrplan (2021–2025) das Wirtschaftskonzept des »doppelten Wirtschaftskreislaufs«. Hierbei soll der innere Kreislauf (Binnenwirtschaft) gegenüber dem äußeren Kreislauf (Außenwirtschaft) gestärkt werden, um die Resilienz der chinesischen Volkswirtschaft gegenüber äußeren Schocks zu stärken. Allerdings ist diese Idee hinter dem Konzept der zwei Kreisläufe keineswegs neu; es wird nun aber eingebettet in die Zukunftsperspektiven von »Made in China 2025« und die strategischen Planungen für 2025 und 2049.[5]

Mit den langfristigen Planungen erhält auch das Verhältnis von Plan und Markt der sozialistischen Marktwirtschaft eine neue Akzentuierung. Weiterhin will China mit der Welt handeln und praktiziert Kapitalex- und -importe in Form von Direktinvestitionen. Bei Kapitalimporten wird aber strenger selektiert und auch heimische Privatunternehmen werden wieder stärker in die Pflicht genommen. Börsengänge an ausländischen Kapitalmärkten sollen künftig unterbleiben. Stattdessen wird von jetzt an mehr Engagement für die strategischen Ziele des Landes verlangt, wie bspw. Armutsbekämpfung und Ausbau der Infrastruktur. Bis zur Erreichung des ersten Etappenzieles einer Gesellschaft mit »hoher menschlicher Entwicklung«, das bis 2049 reicht, soll für die 1,4 Mrd. Menschen im Land ein vollentwickelter Sozialstaat aufgebaut werden. Die dafür notwendige produktive Basis soll eine »langfristige Projektierungsökonomie« als neue Phase der sozialistischen Marktwirtschaft chinesischer Prägung darstellen. Dafür ist eine neue Art der Wirtschaftssteuerung für komplexe sozioökonomische Großprojekte notwendig, in der der Staat eine stärkere Rolle spielen wird.

Der wirtschaftliche Erfolg der chinesischen Wirtschaftsreformen ergibt sich, gerade im Vergleich zu den gescheiterten Transformationsprojekten der realsozialistischen Staaten, namentlich der Sowjetunion anfangs der 1990er-Jahre einerseits

---

[5] Vgl. dazu das 18. Kapitel, Unterabschnitt a) der vorliegenden Abhandlung.

aus unterschiedlichen Ausgangsbedingungen, andererseits aus der anderen Anlage der Reformmaßnahmen.

Erstens wurde in China an der Agrikultur als Ausgangspunkt der gesellschaftlichen Entwicklung und Basis für die Modernisierung festgehalten. Das Zusammenspiel zwischen Agrikultur und der agrarischen Nebenindustrie sowie der Leichtindustrie förderte ein funktionierendes Wechselverhältnis von Produktivitätsentwicklung, Ersparnisbildung und Investitionen, welches die Grundlage für den Ausbau der Infrastrukturen sowie weitergehender Industrialisierungsmaßnahmen bildete. »*Durch Konzentration auf die Leichtindustrie, wo erste begrenzte Investitionen schnelle Erträge bringen, können Arbeitskräfte, die in der Landwirtschaft aufgrund steigender Produktivität freigesetzt werden, absorbiert werden. Ein wichtiges Ergebnis dieser ersten Schritte ist die partielle Freigabe von Preisen, das Entstehen von Wettbewerb und eines funktionierenden Marktes.*« (UBS 1993: 2f.) Entscheidend für die erreichte Dynamik von Überschüssen, Ersparnis und Akkumulation war, dass die Entwicklung der Märkte an den Austausch von neuproduzierten Waren und nicht an die halblegale oder illegale Aneignung von Gesellschaftseigentum geknüpft war.

Zweitens war die überkommene Regionalisierung der Ökonomie ein wichtiger Vorteil des Transformationsprozesses. Ausgehend von der vorhandenen Dezentralisierung der Wirtschaft konnten in den 1980er-Jahren die wirtschaftliche Eigenständigkeit der Unternehmen und die regionsinterne Verwendung der Ressourcen (Finanzautonomie) verwirklicht werden, was die in der Sowjetunion um sich greifenden zentrifugalen Kräfte, die schließlich zum Auseinanderbrechen der Union geführt hatten, vermied. Neben einem partiellen Finanzausgleich zwischen den Regionen und einem abnehmenden Anteil der Staatseinnahmen der Zentrale erwies sich die Maxime einer politisch gewollten ungleichen Entwicklung und erst später in Aussicht gestellten Verallgemeinerung der Standards zwischen den Regionen als erfolgreich für den engen Zusammenhang zwischen Marktprozessen und einer Verhandlungsökonomie zwischen den verschiedenen Gebietskörperschaften, der schrittweise in Richtung regulierter Marktprozesse aufgelöst werden konnte. »*Mit der Dezentralisierung wichtiger Entscheidungsbefugnisse, der bevorzugten Förderung bestimmter Regionen und dem Rückgang zentraler Kontrolle zugunsten lokaler Einheiten hat sich dieser* ›bargaining‹-*Aspekt im geplanten Bereich des chinesischen Systems noch erheblich verstärkt.*« (Zander/Richter 1992: 161)

Drittens gelang in China die Verknüpfung von Binnenmarkt und Außenwirtschaft mit positiven Effekten für interne Entwicklungen in Technologie und Managementmethoden. »*Fest steht, daß die chinesische Industrie- und Strukturpolitik eindeutig eine Spezialisierung des Außenhandels gemäß den komparativen Vorteilen zugelassen hat, d.h. China exportiert in rasch zunehmenden Maße solche industriellen Güter, deren Produktion einen hohen Einsatz des Faktors Arbeit erfordert, also vornehmlich arbeitsintensive industrielle Fertigprodukte. Eine der wichtigsten Determinanten für diese Entwicklung war offenbar, daß Schritt für Schritt ein Zusammenhang zwischen Binnen- und Weltmarktpreisen hergestellt wurde, und gleichzei-*

Kapitel 21: Sozialistische Marktwirtschaften: China, Vietnam und Kuba

tig die Wettbewerbsintensität in der Außenwirtschaft durch die schnell wachsende Zahl der Auslandsgesellschaften (in den Sonderwirtschaftszonen / S.K.) stark zunahm.« (Hermann-Pillath 1993: 10)

Viertens war die schrittweise und kontrollierte Veränderung des Preissystems in Richtung wirklicher Kosten- bzw. Marktpreise ganz entscheidend; sie erfolgte im Spannungsfeld zwischen marktbestimmter Allokation und Gewährleistung sozialer Verteilungsstrukturen bei den grundlegenden Konsumtionsmitteln, d.h. einer Kontrolle der Inflation. Überstürzte Freigaben von Preisen mit der Konsequenz von Zusammenbrüchen von Betrieben sowie regionalen und sozialen Spannungen konnten vermieden werden. Alles in allem verlief die sukzessive Freigabe der Preise und ihre zunehmend indirekte Steuerung über Fiskal- und Geldpolitiken als Makropolitiken erfolgreich. In diesem Punkt zeigt sich, dass die vielfach von westlicher Seite monierte Beibehaltung der führenden Rolle der Kommunistischen Partei nicht nur im Hinblick auf den juristischen und politischen Überbau, sondern auch und wesentlich im Hinblick auf die Kontrolle und Steuerung des ökonomischen Systems unabdingbar war und ist. Ein gleichzeitiger Rückzug der KPCh hätte den Balanceakt der schrittweisen Preisfreigabe von vornherein verunmöglicht.

Fünftens musste die Zunahme marktwirtschaftlicher Ressourcenallokation mit der Umwandlung der Betriebe in selbstständige Unternehmen einhergehen, die ihre Geschäftsaktivitäten dezentral, nach Abführung von Steuern an die Staatshaushalte, eigenständig verantworten. Diese Bestimmtheit der Unternehmen gilt über den Mix unterschiedlicher Eigentumsformen hinweg, d.h. sowohl für die seit ehedem existierenden Staats- und Kollektivunternehmen als auch für die neu gegründeten sino-ausländischen Gemeinschaftsunternehmen sowie die Privatunternehmen. Die Umstellung der Finanzierung der staatlichen Unternehmen von Zuweisungen aus den öffentlichen Haushalten zugunsten von Kreditaufnahmen bei den neu etablierten Geschäftsbanken und Kapitalmärkten konnte dabei keineswegs gleichmäßig und rasch erfolgen; der Umbau der Staatsunternehmen ist bis heute eine Herausforderung sowohl im Hinblick auf Produktivität und Wettbewerbsfähigkeit als auch im Hinblick auf die Vermeidung steigender Arbeitslosenzahlen. Die auch im staatlichen Sektor etablierte Trennung von Eigentums- und Managementfunktion markiert dabei den Ansatzpunkt für den Transformationsprozess. »*Entscheidend für den Erfolg dürften ... zwei Bedingungen sein: erstens ist es wichtig, daß die Trennung zwischen Politik bzw. staatlicher Exekutive und Unternehmensführung wirklich praktiziert wird und daß die Unternehmensführung zudem in eine demokratische Unternehmensverfassung eingebunden ist, in der neben der Belegschaft auch die kommunalen und regionalen Interessen berücksichtigt sind. Zweitens müssen sich neben diesen dominanten Eigentumsverhältnissen innerhalb eines deutlich abgesteckten gesellschaftlichen Rahmens auch die anderen Eigentumsformen (Genossenschaften, Privateigentum) entfalten können.*« (Bischoff 1993: 68)

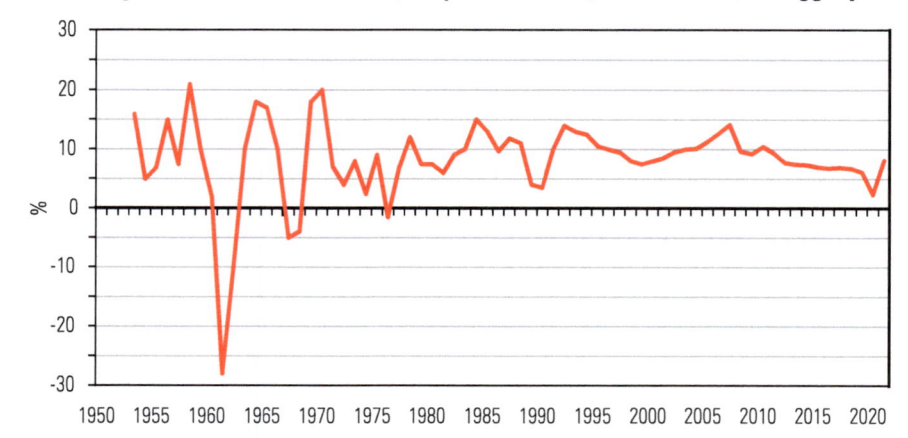

Abbildung 21.1: Wachstum des BIP (comparable Prices) der VR China, in % gg. Vj.

Quelle: Li/Fumin/Lei 2010, Fischer/Lackner (Hrsg.), Länderbericht China

Die Volksrepublik auf dem Sprung zur weltgrößten Volkswirtschaft

Die chinesischen Reformen seit 1978 gelten als Erfolgsgeschichte. Unter dem Aspekt eines langjährigen und nahezu ungebrochenen Wirtschaftswachstums von durchschnittlich rund 10% p.a. – bei Abschwächung der jährlichen Wachstumsraten seit 2012 auf 7,7, 7,5 und 7,4% und mittlerweile auf 5 bis 5,5% – stellen sie die Entwicklungen vergleichbarer Schwellenländer, bspw. Indiens und Brasiliens weit in den Schatten. Von 2007 vor der Großen Finanzmarkt- und Wirtschaftskrise bis zum Jahr 2021 nach dem Tiefpunkt der Covid-19-Krise bedeutete das für die Volksrepublik fast eine Verdreifachung des BIP (2,73 : 1) (vgl. Abb. 21.1). Im selben Zeitraum wuchs die indische Volkswirtschaft als diejenige mit den zweithöchsten Wachstumsraten unter den großen Volkswirtschaften nur auf 2,23-fache des 2007er-Werts.

Die VR China ist seit 2009 »Exportweltmeister« und hatte bereits 2011 Japan als zweitgrößte Volkswirtschaft nach den USA überrundet, bei allerdings einem sehr viel geringeren Bruttoinlandsprodukt Pro-Kopf. Die Währungsreserven des Landes sind stetig angestiegen und betragen seit 2011 beständig mehr als 3 Billionen US-Dollar; der Spitzenwert wurde 2014 mit 3,843 Bio. US-Dollar erreicht.

In der zweiten Hälfte des ersten Jahrzehnts nach dem Jahrtausendwechsel hatte die chinesische Ökonomie bereits den ersten Schritt zu einer reifen Volkswirtschaft vollzogen. Die ehemalige Bauernwirtschaft und -gesellschaft, die noch 1970 einen Agrikultursektor besaß, der knapp 35% zum gesamtwirtschaftlichen BIP beigetragen hatte, war zu einer zunehmend durch Industrie und Gewerbe geprägten Wirtschaft geworden. Wegen der starken Exportorientierung der chinesischen Unternehmen lag der Beitrag dieses Bereichs zur Bruttowertschöpfung allerdings bis

Kapitel 21: Sozialistische Marktwirtschaften: China, Vietnam und Kuba 887

Abbildung 21.2: BIP-Beiträge der Sektoren in %

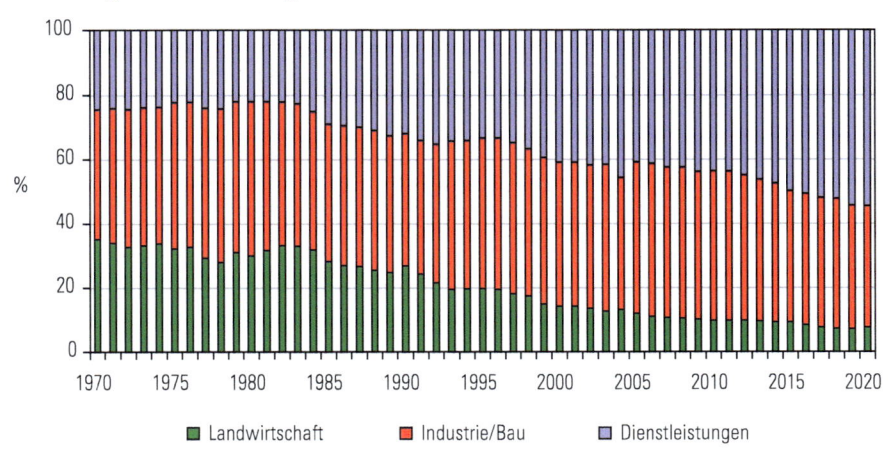

■ Landwirtschaft ■ Industrie/Bau ■ Dienstleistungen

Quelle: OECD

zum Beginn des zweiten Dezenniums dieses Jahrhunderts noch bei rd. 46%, bis 2020 war er auf rd. 38% gesunken. Demzufolge hat sich in diesem Zeitraum auch der Dienstleistungssektor (gesamter Tertiärsektor) als der mittlerweile größte Wirtschaftsbereich etabliert; sein Beitrag zum BIP beläuft sich 2020 auf knapp 55% (vgl. Abb. 21.2). Damit ist die Volksrepublik der Transformation zu einer reifen Ökonomie einen großen Schritt näher gekommen. Die Reduzierung der jährlichen BIP-Zuwachsraten von zunächst durchschnittlich 10% auf gut die Hälfte ist neben dem Basiseffekt dieser veränderten Wirtschaftsstruktur geschuldet. Zukünftig wird sich das Wachstumsniveau zunächst auf rd. 5% p.a. einpendeln und damit dürfte die Volksrepublik gegen Ende des laufenden Jahrzehnts zur weltgrößten nationalen Wirtschaft geworden sein.

Die gesamtwirtschaftliche Lohnquote lag seit den 1990er-Jahren bis zum Übergang des 9. in den 10. Fünfjahrplan 2003 zwischen 50 und 55% und dokumentiert mit diesem Niveau den erreichten Status der chinesischen Gesamtwirtschaft als Marktwirtschaft mit einem bedeutenden auf die Erwirtschaftung von Gewinnen orientierten Unternehmenssektor. Ab 2003 sank die Lohnquote ab und verblieb während der Periode des 10. Fünfjahrplans unterhalb der 50%-Marke. Dies beleuchtet den Hintergrund der für die Zeit ab des folgenden 11. Fünfjahrplans ausgegebenen Parole – »Gemeinsam reich werden« –, die auch ab 2011 in eine wieder steigende gesamtwirtschaftliche Lohnquote umgesetzt werden konnte. Seit 2013 liegt die Lohnquote wieder oberhalb von 50%, 2018 bei 51,7% (vgl. Abb. 21.3). Inwieweit die fortbestehenden großen Unterschiede in den Einkommen pro Kopf sukzessiv verringert werden können, bleibt abzuwarten.

Durch die Finanz- und Weltwirtschaftskrise 2007–09 war die chinesische Volkswirtschaft besser als die meisten anderen Ökonomien gekommen. Dies war auch

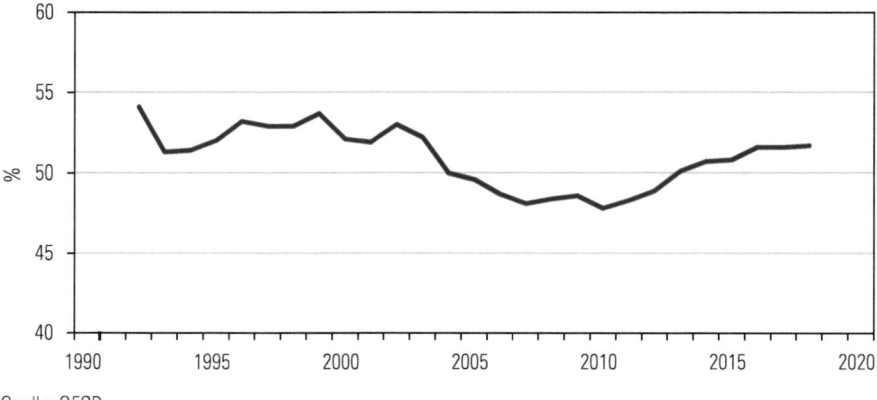

Abbildung 21.3: Proportioneller Arbeitslohn (Lohnquote)

Quelle: OECD

das Ergebnis des seinerzeit aufgelegten großen Konjunkturprogramms, das eine durch Einkommenssteigerungen unterstützte Stärkung der Konsum- gegenüber der Investitionsnachfrage zum Inhalt hatte. Ähnliches hat sich in der nachfolgenden Covid-19-Krise gezeigt, als China mit seiner konsequenten Null-Covid-Politik als einzige große Volkswirtschaft im Jahr 2020 ein wenn auch geringeres, so doch positives Wachstum verzeichnen konnte.

Für den Unternehmenssektor in einer sozialistischen Marktwirtschaft ist die Durchschnittsprofitrate eine Steuerungsgröße für die Ressourcenallokation neben den übergeordneten Vorgaben der makroökonomischen Struktur-, Finanz- und Geldpolitik; in der veränderten Hierarchie zwischen makroökonomischen Politiken und den marktbestimmten Profitraten manifestiert sich die qualitative Differenz der sozialistischen gegenüber einer kapitalistischen Marktwirtschaft mit wirtschaftspolitischer Einflussnahme des Staates (und der Zentralbank). Die vorstehend ausgewiesene Profitratenberechnung zeigt zum Einen zu Beginn bis zur Mitte der 1990er Jahre ein noch relativ hohes Niveau, zum Anderen eine seit 1995, d.h. mit dem 8. Fünfjahrplan beginnende fallende Tendenz, die sich bis in den 12. Fünfjahrjahrplan (2013–2017) fortsetzt. Das relativ hohe Profitratenniveau zu Beginn drückt dabei den Entwicklungsgrad der chinesischen Volkswirtschaft mit einem von der Industrie dominierten wachsenden Reproduktionsprozess aus, deren Übergang zu einem stärkeren Gewicht von Dienstleistungsbereichen noch am Anfang steht. Die fallende Entwicklungsrichtung der Profitrate dokumentiert den dominierenden arbeitssparenden Fortschritt mit Kapitalmehraufwand, d.h. die steigende organische und Wertzusammensetzung des Kapitalvorschusses; erst ab 2011 wirkt die beginnende Erhöhung der Lohnquote zusätzlich senkend auf die durchschnittliche chinesische Profitrate (vgl. Abb. 21.4).

Im Ausgangsjahr der Wirtschaftsreformen 1978 war die Einkommensverteilung vor Steuern in China gemäßigt ungleich: Die reichsten 10 Prozent der Bevölkerung

Abbildung 21.4: Profitrate in der VR China

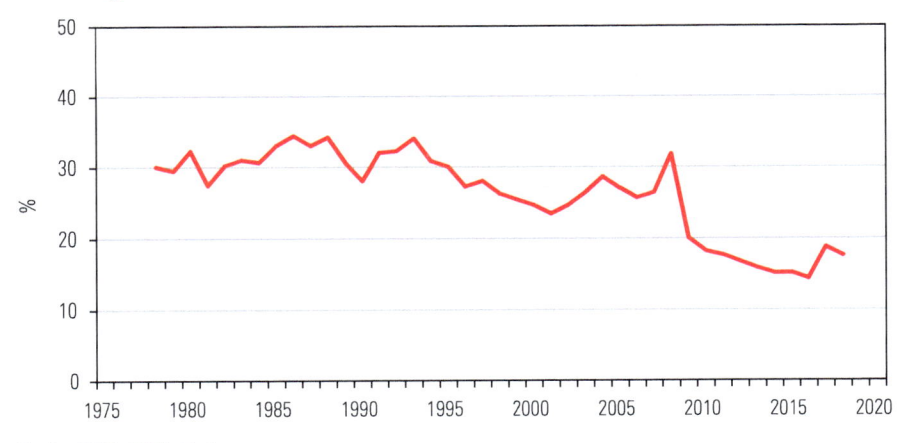

Quelle: OECD, FRED, Maito

vereinigten auf sich rd. 28% der Einkommen; in den USA erreichten sie mit 34% bereits mehr als ein Drittel des Einkommens. Für beide Länder ist eine Zunahme dieses Ungleichheitsindikators charakteristisch. In China nahm die Einkommensspreizung zwischen den reichsten 10 Prozent und dem Rest der Bevölkerung um die Jahrtausendwende stark zu und erreichte dadurch im ersten Dezennium das Maß der USA. Mit dem folgenden zweiten Jahrzehnt stagnierte dieser auf die reichsten 10 Prozent entfallende Anteil bei rd. 42%; er liegt damit wieder etwas deutlicher unter demjenigen der USA mit 45,7%.[6] Es zeigt sich daran, dass die Umstellung der Wirtschaft auf eine Marktökonomie und die Zulassung von Privatunternehmen die frühere stärker egalitäre Einkommensverteilung aufgespreizt hat. Diese Aufspreizung war mit dem Leitsatz »Gemeinsam reich werden« durchaus gewollt als Vehikel zur Förderung von Innovationen durch Privatinitiativen und hat zur Herausbildung einer großen Mittelklasse innerhalb der chinesischen Gesellschaft geführt. Die Konstanz des auf die reichsten 10 Prozent entfallenden Einkommensanteils seit Beginn der 2010er-Jahre macht zusammen mit der jüngsten Verpflichtung privater Konzernleiter auf die Unterstützung allgemein gesellschaftlicher Ziele durch die Partei die stärkere Kontrolle und Intervention in die naturwüchsigen Verhältnisse marktbestimmter Einkommensverteilung deutlich (vgl. Abb. 21.5). Der beabsich-

---

[6] Die nachträglich umverteilende Wirkung des Steuersystems ist bei diesen Zahlen nicht berücksichtigt. Die chinesische Einkommensteuer hat einen progressiven Verlauf von 25% nach dem Grundfreibetrag bis neun Tsd. Renminbi (RMB) bis 45% ab 80 Tsd. RMB. In den USA beginnt die Einkommensteuer mit einem Steuersatz von 10% vom ersten Dollar zu versteuernden Einkommens und reicht bis zu 37% ab 207 Tsd. US-Dollar. D.h. die progressive Wirkung der Einkommensbesteuerung ist in den USA gerade für die hohen und höchsten Einkommen schwächer ausgeprägt als in der Volksrepublik, sodass die Abmilderung der Ungleichheit im Einkommen nach Steuern in China größer ist.

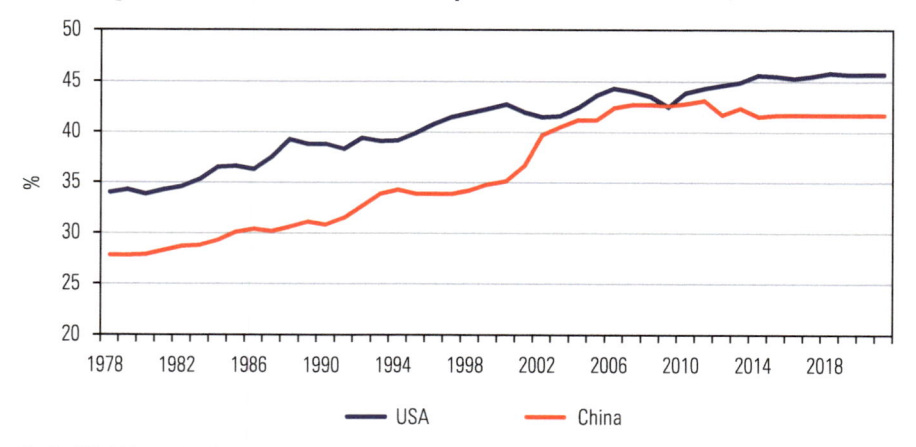

Abbildung 21.5: Einkommensanteile der Top-10 in China und den USA; in %

(Liniendiagramm, x-Achse: 1978–2018, y-Achse: 20–50 %; USA und China)

Quelle: World Inequality Database

tigte Ausbau eines Sozialstaats wird überdies mit Geld- und Sachtransfers der öffentlichen Instanzen weitere Nivellierungen gegenüber den Ungleichheiten erzeugen.

Eine Gesellschaft »mit bescheidenem Wohlstand«, die zwar die Armut weitgehend überwunden hat, aber vom Ziel eines »gemeinsamen Wohlstandes« noch entfernt ist und deren sozialstaatliche Institutionen (Sozialversicherung) noch erhebliche Defizite aufweisen, zwingt die Bevölkerung, sich so weit wie möglich individuell abzusichern. Hierin liegt die Ursache hoher Sparquoten der chinesischen Mittelklasse und der Geldanlage in »Betongold«; die chinesische Wohnungseigentümerquote ist eine der höchsten der Welt. Der dadurch ausgelöste Immobilienboom hat, so sehr er in den vergangenen Jahren zum Wirtschaftswachstum beigetragen hat, zu Übersteigerungen geführt, Wohnungsentwickler-Unternehmen in Schieflage gebracht (Evergrande-Konzern) und den Staatseingriff herausgefordert. Zwar konnte Anfang 2022 eine Kettenreaktion verhindert werden, aber damit ist die Immobilienblase noch keineswegs überwunden. Die chinesische Regierung hat mit restriktiveren Kreditkonditionen sowohl für Immobilienentwickler als auch private Käufer Gegenmaßnahmen ergriffen. Die Gratwanderung ist dabei die aus der letzten Immobilienkrise in den USA und anderen kapitalistischen Ländern bekannte Konstellation, dass die Immobilienpreise nicht so stark fallen dürfen, dass ihre Eigentümer Vermögensverluste erleiden, ihre Kredite nicht mehr bedienen können und das Bankensystem gefährden. Im Unterschied zu den USA ist allerdings der chinesische Staat mit seinen Interventionsmöglichkeiten viel besser aufgestellt; die für die sozialistische Marktwirtschaft typische sehr viel striktere Regulierung des chinesischen Finanzsektors ist daher auch in der Zukunft unabdingbar.

Bis in die erste Hälfte der 1990er Jahre war der Saldo der chinesischen Handelsbilanz ausgeglichen. In der zweiten Hälfte der 1990er bewegte er sich ins Plus und stieg nach der Übernahme der Rolle der chinesischen Ökonomie als »Werk-

Kapitel 21: Sozialistische Marktwirtschaften: China, Vietnam und Kuba

statt der Welt« ab der Mitte des ersten Dezenniums nach dem Jahrtausendwechsel deutlich an. Die Nachwehen der Weltwirtschaftskrise 2009 in den Folgejahren ließen den Handelsbilanzüberschuss zunächst wieder sinken, bevor er zur Mitte des 2010er-Jahrzehnts zu bis dato nicht gekannten Höhen anstieg, die Konjunktur- und Covid-19-Krise 2019/20 überdauerte und 2021 den bisherigen Spitzenwert von fast 680 Mrd. US-Dollar erreichte. Die Handelsbilanz bestimmte während des gesamten Betrachtungszeitraums die Leistungsbilanz, deren Saldo denjenigen der Handelsbilanz auf einem niedrigeren positiven Niveau nachvollzog; ausschlaggebend für die Differenz sind ein Importüberschuss bei Dienstleistungen (commercial services) sowie die mittlerweile gewachsene Reiselust der Chinesen.

Die Gegenbuchungen zum chinesischen Leistungsbilanzüberschuss sind neben dem Aufbau der Währungsreserven ein starker Netto-Kapitalimport bis zur Mitte des zweiten Dezenniums nach dem Jahrtausendwechsel; seit 2015 oszilliert allerdings der Saldo der Kapitalbilanz ohne Devisenbilanz zwischen Netto-Kapitalimporten und -exporten. 2020 hat China mit 212,5 Mrd. US-Dollar bei den Importen von Direktinvestitionen die USA als Nr. 1 überholt. Diesem Nettokapitalimport stand ein Kapitalexport bei den Direktinvestitionen von 110 Mrd. US-Dollar (nach 137 Mrd. US-Dollar in 2019) gegenüber. Bei den Portfolioinvestitionen wechselt die Nettoposition in verschiedenen Jahren. Der bei Anlegern dominierende Emerging-Markets-Boom hat mittlerweile nachgelassen. Investoren zogen nach und nach Kapital aus China ab. Gleichzeitig floss vermehrt Geldkapital aus China ins Ausland; dabei handelt es sich nicht nur um Kapitalexporte der chinesischen Staatsfonds, sondern auch um Fluchtgelder reicher Chinesen via Hongkong. 2021 hat sich der Kapitalexport bei den Portfolioinvestitionen (inkl. des Restpostens der Zahlungsbilanz) gegenüber dem Vorjahr mit der tendenziellen Normalisierung der Ökonomien der entwickelten Länder nach der Covid-19-Krise und der Schrumpfung der Zinsdifferenzen gegenüber den chinesischen Zinssätzen auf rd. 275 Mrd. US-Dollar erhöht (vgl. Abb. 21.6).

Die in der Devisenbilanz dokumentierten chinesischen Währungsreserven liegen wie bereits erwähnt seit 2011 über 3 Bio. US-Dollar, haben jedoch seit 2014 nicht weiter zugenommen, sondern schwanken nach den Rückgängen in 2015/16 um den Wert von 3,2 Bio. US-Dollar. Sie sind nach wie vor überwiegend in Dollar angelegt. Allerdings ist die »People's Bank of China« bemüht, die Anlageformen zu diversifizieren, unter anderem durch Erhöhung der Goldreserven. Nachdem gegen Ende des Jahres 2015 der Renmimbi Yuan in den Währungskorb zur Berechnung der Sonderziehungsrechte des Internationalen Währungsfonds aufgenommen worden war, ist die Integration Chinas in das Weltwährungsgefüge enger geworden. Gleichwohl bleibt der außenwirtschaftliche Kapitalverkehr nach wie vor durch Kapitalverkehrskontrollen reglementiert und der Wechselkurs der chinesischen Währung unterliegt der Regulierung durch die Zentralbank.

Auch die Rolle Chinas bei der Verteidigung des Freihandels und Multilateralismus ist vor dem Hintergrund der protektionistischen Abschottungspolitik und dem unter der Biden-Präsidentschaft fortgeführten Wirtschaftskrieg der USA bedeu-

Abbildung 21.6: Zahlungsbilanz der VR China; in Mrd. US-Dollar

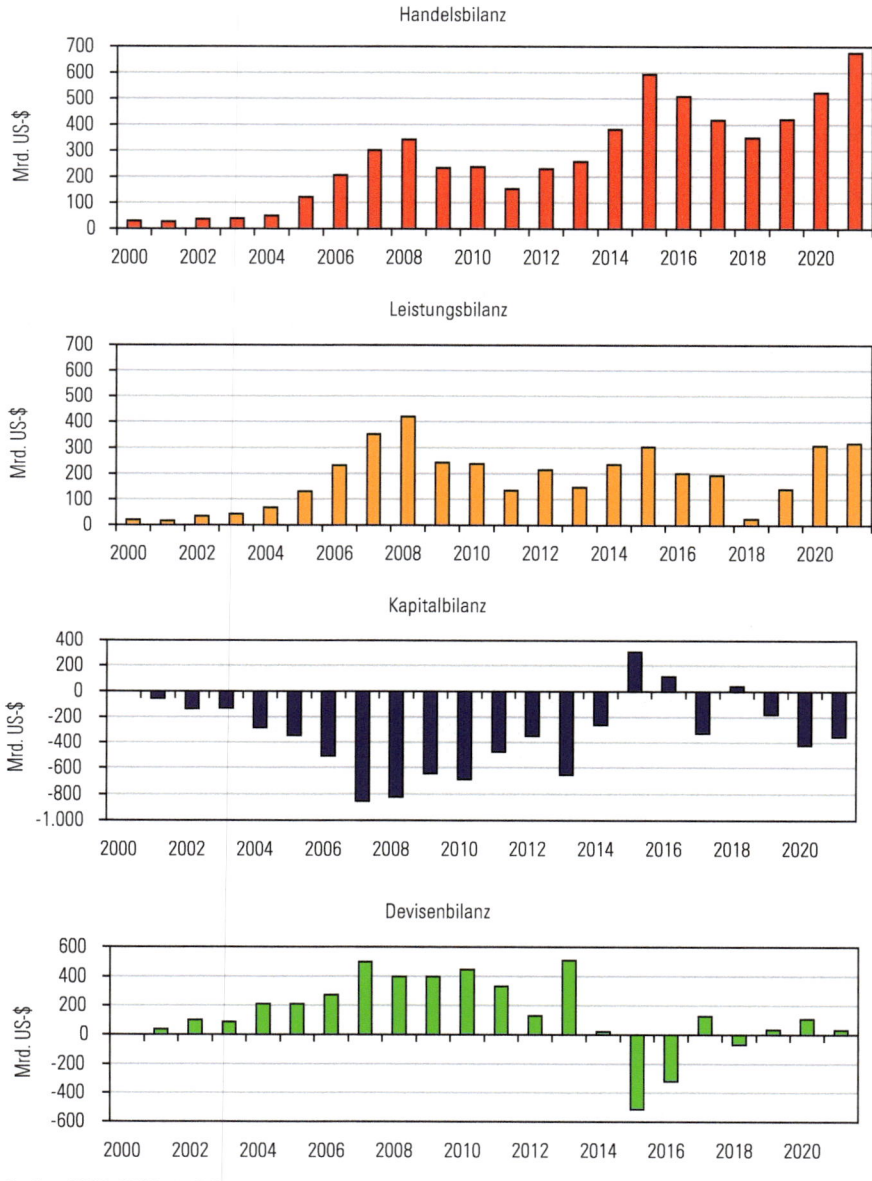

Handelsbilanz

Leistungsbilanz

Kapitalbilanz

Devisenbilanz

Quellen: WTO, OECD, IWF, Statista, Thomsen Financial Datastream

Kapitel 21: Sozialistische Marktwirtschaften: China, Vietnam und Kuba

tend gewachsen. Dabei folgt die Außenhandels- und Außenpolitik der Volksrepublik einem strategischen Plan (»Neue Seidenstraße« bzw. »Belt and Road (B&R)«. Hierbei handelt es sich um Infrastrukturprojekte, um China mit den Märkten Südost-Asiens (Thailand, Singapur) sowie Indiens, Europas (Zugverbindung Beijing bzw. Zhenzhou/Yiwu nach Duisburg über Nowosibirsk bzw. Kasachstan, Kazan, Moskau, Warschau) und Afrika (Djibouti/Äthiopien, Kenia, Angola und Nigeria) zu verbinden; zugleich wird dadurch Entwicklungspolitik insbesondere in Afrika betrieben, die selbstverständlich auch den Einfluss Chinas in der Welt steigert, von westlich-kapitalistischer Seite argwöhnisch beäugt und in altbekannter antikommunistischer Manier als neuer Kolonialismus denunziert wird.[7]

China rüstet sich damit für Auseinandersetzungen mit den USA und anderen westlich-kapitalistischen Staaten, wenn diese ihre bisherige Vorherrschaft zu verteidigen suchen, obwohl ihre ökonomischen Fundamente mehr und mehr erodiert sind und mit der Zunahme nationalistischer Tendenzen weiter erodieren werden. Abgesehen von der Geltendmachung geostrategischer Interessen sowie der Beanspruchung gewohnheitsmäßiger Ressourcen (Fischfang) unmittelbar vor der Haustür der Volksrepublik, d.h. im Südchinesischen Meer, die sich vornehmlich gegen die USA und ihre Satellitenstaaten Taiwan, Südkorea sowie Indonesien und die Philippinen als Behauptung von Hoheitsrechten richten, sind die Ambitionen Chinas aber defensiv, d.h. es wird keine Ablösung der USA als selbsternannter Weltpolizist und »Propagandist« der Werte einer liberalen, auf eine kapitalistische Marktwirtschaft gegründeten bürgerlichen Demokratie angestrebt – jedenfalls nicht auf mittlere Frist. Sollte es zu konfliktvollen Auseinandersetzungen kommen, weil die USA ihre bisherige geostrategische und militärische Vorherrschaft nicht kampflos und freiwillig zurückzunehmen bereit sind wie sich bereits anhand ihrer Rolle im Krieg zwischen Russland und der Ukraine anschaulich zeigt – denn es spricht nichts dafür, dass ein kapitalistischer Welthegemon so friedlich abzutreten bereit ist wie seinerzeit die Sowjetunion in ihrem Einflussbereich –, so wird es nach gegenwärtiger Lage der Dinge nicht die Volksrepublik China sein, die die Rolle des Aggressors spielen wird. Trotz der eher defensiven Position der Volksrepublik wird die Auseinandersetzung mit den USA die zentrale geopolitische Konstellation der kommenden Jahrzehnte sein und die Entwicklung von Weltpolitik und Weltwirtschaft prägen.[8]

---

[7] Vgl. Hoering 2018: 20: »*Die offizielle Version der chinesischen Regierung, die an eine Idealvorstellung der historischen Seidenstraßen anknüpft und auch von zahlreichen beteiligten Regierungen und Beobachtern aufgenommen wird, setzt dem westlichen Entwicklungsdiskurs ein eigenes Paradigma entgegen. Erklärte Ziele sind Wohlstand, Wirtschaftswachstum und Stabilität durch Konnektivität und proaktive staatliche Unterstützung. Konnektivität meint dabei nicht nur materielle Infrastruktur und Handel, sondern auch politische Zusammenarbeit, Finanzsysteme und ›Kontakte zwischen Menschen‹.*«

[8] Vgl. dazu auch Kapitel 18 der vorliegenden Abhandlung.

Zur Bewertung der chinesischen Wirtschaft und Gesellschaft als sozialistische Übergangsgesellschaft zum Kommunismus

Die Beurteilung der sozialistischen Marktwirtschaft chinesischer Prägung als erfolgreiche systemische Transformation, die den Charakter der sozialistischen Produktionsverhältnisse einer entwickelten und differenzierten Gesamtökonomie anpasst, wird keineswegs allgemein geteilt. Von bürgerlicher Seite wird auf unzweifelhaft vorhandene Defizite im Sinne von Rechtsstaatlichkeit und demokratischer Willensbildung verwiesen und eine beschleunigte Transformation auch des politischen System der Volksrepublik eingefordert. Auch wenn einer derartigen Kritik offenkundig die Restauration des Kapitalismus und Herstellung einer repräsentativen bürgerlichen Demokratie als Maßstab unterliegt und damit zugleich ein Unverständnis gegenüber Zielen und Maßnahmen der chinesischen Entwicklung ausgedrückt wird, ist einzuräumen, dass in nachfolgenden Transformationsschritten auch die juristischen und politischen Überbauten der chinesischen Gesellschaft und die Herausbildung einer modernen Zivilgesellschaft in den Fokus zu nehmen sind. Umgekehrt wird von den sich als »links« verstehenden Kritikern der chinesischen Entwicklung bereits mit der Einleitung des Reformprozesses unter Deng Xiaoping die Restauration des Kapitalismus und die Orientierung der chinesischen KP an einem ungehemmten Nationalismus konstatiert (vgl. Dillmann 2009). Hier werden in theoretisch unzulässiger und politisch abenteuerlicher Weise die seinerzeitigen Verhältnisse unter Mao Zedong mit Sozialismus identifiziert; eine zentrale Planwirtschaft gilt dabei ungeachtet praktischer Fehlentwicklungen und theoretischer Debatten innerhalb marxistischer Ökonomen immer noch als differentia specifica sozialistischer Produktionsverhältnisse.

Eine derartige Auffassung unterliegt auch bei wohlmeinenderen Kritikern, die sich der Charakterisierung der bisherigen chinesischen Entwicklung als »sozialistisch« verweigern und stattdessen von einer Übergangsgesellschaft als Vorstufe zum Sozialismus sprechen, die sodann als wirtschaftlicher Staatskapitalismus mit einem von der Kommunistischen Partei beherrschten gesellschaftlichen Überbau charakterisiert wird: »*Unter dem maßgeblichen Einfluss Deng Xiaopings entwickelte die KP Chinas eine neue pragmatisch gehandhabte Strategie und Politik für die Modernisierung des Landes. Sie orientierte sich auf die Aneignung des Fortschritts der Menschheit im Kapitalismus. Für Deng Xiaoping bestand das Wesen des Sozialismus in der Entwicklung der Produktivkräfte, um die materiellen und geistigen Bedürfnisse des Volkes* ständig *besser zu befriedigen und die materiellen Voraussetzungen für den Kommunismus zu schaffen. Sein ›Funktionssozialismus‹ führt jedoch dazu, dass die ausschließliche Konzentration auf die Entwicklung der Produktivkräfte die Gestaltung sozialistisch orientierter Produktionsverhältnisse vernachlässigte.*« (Peters 2015: 391; Hervorh. im Original) Die Reformen von Deng sind damit auch hier der Sündenfall, den seine Nachfolger Jiang Zemin, Hu Jintao und Xi Jinping noch weiter in Richtung kapitalistischer Wirtschaftsstrukturen sowie einer zunehmenden Ersetzung des Marxismus durch die Gedanken des alten chinesischen Weisen Kongzi (Konfuzius) und einer Politik des Nationalismus nach außen transformiert hätten. Die zusammenfassende Bewertung lautet dann: »*Offenbar geht die KP China seit Deng Xiaoping davon aus, im ›Anfangsstadium des Sozialismus‹, das heißt bis Mitte des Jahrhunderts (des 21. Jahrhunderts / S.K.), das Land mit einer Art Grundmodell des ›Sozialismus chinesischer Prägung‹ zu modernisieren – mit einer vom Kapital geprägten ökonomischen Basis und einem ›sozialistisch‹ geprägten Überbau unter Kontrolle und Leitung der KP Chinas. Schon die ersten zwanzig Jahre, in denen dieser Kurs praktiziert worden ist, zeigen, dass dieses Modell diese Zeitspanne kaum überstehen wird. Bei unveränderter Fortsetzung dieses Kurses dürfte sich auch in China das ›Sein‹ gegenüber dem ›Bewusstsein‹ allseitig durchsetzen. Im Ergebnis würde dann im weiteren Prozess aus dem ›Sozialismus chinesischer Prägung‹ ein ›Kapitalismus chinesischer Prägung‹ werden, möglicherweise in Anlehnung an eine ›soziale Marktwirtschaft‹ mit dem Anspruch auf ›gemeinsamen Wohlstand‹.*« (Ibid.: 401)

Auch wenn man diese Bewertung nicht teilt, ist sich aber dennoch der Frage nach den Entwicklungsperspektiven von Wirtschaft und Gesellschaft der VR China zu stellen. Denjenigen, die die marktwirtschaftlichen Transformationen in China zu weit gehen, ist zunächst entgegen zu halten, dass die Herstellung der Dominanz marktwirtschaftlicher Ressourcenallokation mit selbstständig nach den durch Angebot und Nachfrage bestimmten Marktpreisen agierenden Unternehmen dem Umstand Rechnung trägt, dass eine bloße Funktionalisierung der Marktmechanismen auf Basis zentraler Planvorgaben auf Dauer keine stabile Reproduktion ermöglicht. Gerade hierin lag ja die immanente Schwäche der Reform- und Dezentralisierungsprozesse in den realsozialistischen Staaten Mittel- und Osteuropas, in denen sich »freie« Marktprozesse als informelle Verhältnisse schwarzer und grauer Märkte Bahn brachen. Dieser hybriden Struktur der Ökonomie entgeht die Wirtschaft Chinas mit der eindeutigen Priorität, die sie der Marktregulation einräumt. Diese Bewertung schließt nicht aus, sondern ein, dass bestimmte Liberalisierungen auf den Finanzmärkten, die Vermögensblasen im Immobiliensektor nicht oder zu spät eindämmen, die Einrichtung von Wertpapierbörsen, die neben der Kapitalsammelfunktion auf den Emissionsmärkten auch die Spekulation am Sekundärmarkt ermöglichen, durchaus kritisch gesehen werden müssen.

Kritisch gesehen werden muss darüber hinaus, dass die von chinesischer Seite immer wieder vorgetragene Betonung des dominanten Stellenwerts öffentlicher Eigentumsformen an Unternehmen gegenüber genossenschaftlichen und Privatunternehmen für sich genommen noch nicht hinreicht, um eine bewusste Vergesellschaftung der Arbeit und eine nach wissenschaftlichen Vorhersagen sich entwickelnde Gesamtökonomie zu konstituieren. Gerade wenn auf der Trennung von Eigentum an und Funktion bzw. Geschäftsführung der Unternehmen aufgesetzt wird, geht es um die Etablierung einer wirtschaftsdemokratischen Unternehmensorganisation mit einem wohl auszubalancierenden Verhältnis zwischen betriebswirtschaftlicher Rationalität und Produzentendemokratie, also den Einfluss- und Mitwirkungsrechten der Beschäftigten an strategischen sowie auch vielen operativen Entscheidungen. Entsprechendes gilt für die Mitwirkung der Zivilgesellschaft an der Willensbildung der Körperschaften in Bezug auf Entwicklungsschwerpunkte der lokalen und regionalen sowie der gesamtwirtschaftlichen Ökonomie.

Eine besondere Rolle kommt dabei den chinesischen Gewerkschaften zu. Der Allgemeine Chinesische Gewerkschaftsbund (ACGB) hatte 2011/12 insgesamt 258 Mio. Mitglieder und besaß den »klassischen« Status als Transmissionsriemen der Partei. Gleichwohl haben die Arbeitskonflikte der letzten Jahre mit vielen wilden Streiks die zunehmende Macht von Chinas Arbeiterbewegung gezeigt. Die Reaktionen von staatlichen Organen und Kommunistischer Partei auf ökonomische Kämpfe sind von zunehmend flexiblerer Haltung gekennzeichnet, nachdem früher eine unternehmensfreundliche Politik bei Streitfragen dominierte. Im Zuge der unter Xi Jinping vollzogenen Wende in der Wirtschaftspolitik zugunsten der Stärkung des binnenwirtschaftlichen Konsums und Abkehr von forcierter Exportorientierung haben steigende Löhne eine Schlüsselrolle: *»Das 2013 proklamierte Ziel der KPCh besagt, die mittleren Einkommen bis zum Jahr 2020 zu verdoppeln und China zu einer Gesellschaft mit mittlerem Einkommensniveau zu machen (Beschlüsse des 3. Plenums des ZK der KP Chinas, 2013). Entsprechend agieren Chinas Staatsorgane in Konflikten zwischen Arbeit und Kapital nicht mehr wie früher ausschließlich als Bewahrer der Billigarbeit. Außerdem haben die Behörden die (regional unterschiedlichen) Mindestlöhne in den letzten Jahren jeweils zweistellig erhöht.«* (Müller 2015: 55) Durchaus folgerichtig im Rahmen der sozialistischen Marktwirtschaft chinesischer Prägung agieren die Gewerkschaften als Vermittler zwischen Beschäftigten und Unternehmen im Rahmen tripartiter Kooperationen mit Regierungsvertretern und Unternehmen. Dabei wird dieser tripartite Korporatismus zunehmend nicht mehr von oben nach unten, sondern mit einer eigenständigeren Rolle auch der Beschäftigtenvertreter praktiziert: *»Angesichts der Fragmentierung der Unternehmenslandschaft – von Staatskonzernen mit einer starken internen Stellung von Partei und Gewerkschaft bis zu unzähligen kleinen Privatunternehmen in der Exportwirtschaft, meist ohne Betriebsgewerkschaft – wirkt die Regulierung von oben im Wesentlichen in Staatskonzernen und in den großen Joint Ventures der Staatskonzerne mit westlichen Multis. Außerdem haben die Streiks in den letzten 10-15 Jahren – zunächst in den Niedriglohnbetrieben, seit den Streiks 2010 ff. auch in modernsten Produktionsstätten – zu einem ›Tripartismus mit vier Parteien‹ (d.h. mit zusätzlichen Vertretern der Belegschaften neben dem ACGB / S.K.) geführt.«* (Ibid.: 57f.) Dies hat selbstredend Konsequenzen für die Ausrichtung der Gewerkschaften und das Agieren ihrer Vertreter.

Natürlich sind die chinesischen Verhältnisse im Durchschnitt der Unternehmensformen, Branchen und Regionen weit von den idealen Formen einer wirtschaftsdemokratischen Corporate Governance, wie sie vor dem Hintergrund entwickelter westeuropäischer Verhältnisse ausgemalt werden können, entfernt. So unangemessen es jedoch auf der einen Seite ist, die chinesische Arbeiterbewegung und ihre Gewerkschaften nach dem Maßstab bspw. der deutschen DGB-Gewerkschaften zu beurteilen, so falsch wäre es auf der anderen Seite, die Augen vor immer noch teilweise katastrophalen Arbeitsbedingungen in chinesischen Fabriken, Übergriffen der Unternehmer gegen die Beschäftigten und weitgehend fehlenden Flächen- oder nur überbetrieblichen Tarifverträgen zu verschließen, die keineswegs für sozialistische industrielle Beziehungen stehen. Ob es unter den gegenwärtigen Verhältnissen in der VR China gelingt, mit staatlicher Wirtschafts-, insbesondere Verteilungspolitik sowie einer Demokratisierung der Gewerkschaften nach und nach offene und transparente Willensbildungs- und Gestaltungsprozesse auf verschiedenen Ebenen zu etablieren, zu sichern und auf Dauer funktionsfähig zu halten, dürfte einen wesentlichen Faktor für die zukünftige Entwicklungsrichtung der chinesischen Gesellschaft ausmachen. Ein anderer wesentlicher Faktor hängt am praktischen Erfolg der chinesischen Wirtschaft in der Zukunft, d.h. an der Entwicklung der Wertschöpfung und der Verteilungsverhältnisse für die sozialen Klassen, Regionen und Ethnien. Nur wenn sich das Motto der Wirtschaftspolitik der KPCh: »Gemeinsam reich werden« in der Zukunft tatsächlich für Alle im Sinne eines »Trickle down-Prozesses« realisiert, »gemeinsamen Wohlstand« schafft und damit die gegenwärtig bestehenden Disparitäten in den Verteilungsstrukturen abgemildert und tendenziell aufgehoben werden können, ist die Gefahr des Entstehens von Massenprotesten, die schnell durch ethnische und partiell durch religiöse (Xingjiang) Irrationalismen aufgeladen werden und eine zerstörerische Eigendynamik entfalten können, beherrschbar. Dagegen haben die von bürgerlichen »Systemkritikern« eingeforderten und in der westlichen China-Kritik im Mittelpunkt stehenden formalen Freiheitsrechte einen nachgeordneten Stellenwert im Hinblick auf systemsprengende Wirkungen und verraten viel über ein mangelndes Verständnis der chinesischen Geschichte und Kultur sowie den Maßstab ihrer Kritik.

Die Redakteure der »Beijing Cultural Review«, Zeitschrift der »Long Way Foundation«, postulieren vor dem Hintergrund der Widersprüche, die die Periode der marktwirtschaftlichen Reformprozesse – bei ihnen »Sozialismus 2.0« nach der Mao Zedong-Ära (»Sozialismus 1.0«) – eine Neudefinition der »Stellung der Arbeit in der Produktionskette« (vgl. Long Way Foundation 2015: 58), die den durch die Betriebsweise der digitalen Netzwerke erzeugten Bedingungen für die Arbeiterklasse entspricht. Ein zünftiger »Sozialismus 3.0« müsse davon ausgehen, dass Kapitalismus und Sozialismus noch langfristig koexistieren werden, die Arbeit im Zuge der Marginalisierung der Industrien mit fordistischer Massenproduktion immer stärker dezentralisiert wird, sich diversifiziert und abstrakter wird und die mit Big Data verbundenen großen Anbieter von Informationstechnologien (Google, Baidu, Tencent u.a.) zunehmend die Funktionen des öffentlichen Dienstes und der öffentlichen Verwaltung übernehmen (vgl. ibid.: 57). Eine Transformation, die der neuen digitalen Betriebsweise angemessen ist, müsse daher für diese Monopolisten von Rechten an geistigem Eigentum, weil diese gemeinschaftliche Produktionsbedingungen darstellen, die Übernahme in staatliches Eigentum oder zumindest staatliche Kontrolle in den Fokus nehmen. Hierfür weise der chinesische Staat *»eine gewisse Einzigartigkeit«* (ibid.: 58) auf, die sich positiv von den seinerzeitigen »Bürokraten-Arbeiter-Staaten« im Sinne der Sowjetunion unterscheidet. Eine neue Definition des »Öffentlichen«, d.h. des Stellenwerts und der Funktion des gesellschaftlichen Eigentums am Grund und Boden sowie den durch Arbeit erzeugten Produktionsmitteln unter der führenden Rolle der kommunistischen Partei, sei daher notwendig. Die Autoren plädieren für ihren »Sozialismus 3.0« für eine neue Erzählung, die für China Ressourcen aus der traditionellen Kultur, dem »*Ideal der ›großen Harmonie‹ im traditionellen Denken*« (ibid.: 61), schöpft – ein, wie sie selbst zugeben, »*gewisse(r) Idealismus*« (ibid.). Die Anknüpfung an die seinerzeitigen »Mao Zedong-Ideen« als Spezifikum des chinesischen Weges ist dabei unübersehbar.

Damit bleibt abschließend die Frage nach dem Beispiel- oder Vorbildcharakter der chinesischen Reformen und des chinesischen Weges zu beantworten. Mit ziemlicher Sicherheit hätte eine entsprechende Umsetzung auch in der damaligen Sowjetunion zu anderen Ergebnissen als den tatsächlich eingetretenen geführt, obgleich die Ausgangsbedingungen in den 1980er Jahren im Hinblick auf das Ausmaß informeller Strukturen, regionaler Disparitäten und der illegalen Aneignungsmöglichkeiten von »herrenlosem« Volkseigentum sehr viel schlechter als in China waren. Andererseits entfaltet der chinesische Weg einen produktiven Charakter als Vorbild für Umstrukturierungsprozesse in bestehenden sozialistischen Volkswirtschaften. Dies gilt in erster Linie für die Demokratische Republik Vietnam, deren kommunistische Partei sich in ihrer Wirtschaftspolitik offen am chinesischen Weg orientiert und bereits einige Schritte erfolgreich durchlaufen hat. Dies gilt aber auch für zukünftig anstehende Reformen in Kuba, wo vielfach vergleichbare Ausgangsbedingungen bestehen wie zu Beginn des Reformprozesses in der VR China.

b) Sozialistische Republik Vietnam und Demokratische Volksrepublik Korea

Vietnam

Die historischen Ursprünge des heutigen Vietnam sind eng mit der Entwicklung des chinesischen Kaiserreichs und seinen verschiedenen Dynastien verbunden.[9] Sein Territorium gehörte teilweise zu China bzw. war durch die Chinesen besetzt. Nach dem Zusammenbruch der Tang-Dynastie konnte die Schwäche Chinas für die Gründung des ersten selbstständigen vietnamesischen Staates im Jahr 938 u.Z. genutzt werden. In der Folgezeit wechselten sich verschiedene Dynastien ab, die sich auch immer wieder gegen die Chinesen verteidigen mussten. Im 15. Jahrhunderts konnte Vietnam seine Macht und sein Territorium nach Süden ausdehnen. Allerdings gab es auch bereits erste französische Einflussnahmen, die neben religiöser Missionierung auch neue Technologien ins Land brachten. Bis zur Mitte des 19. Jh. gab es weitere Territorialgewinne im Süden bis zu den Grenzen des heutigen vereinigten Vietnams sowie Teilen Kambodschas.

Die ökonomische Basis des vietnamesischen Staates war die durch die Landwirtschaft dominierte asiatische Produktionsweise, die zwischen den Extremen ei-

---

[9] Vgl. Kapitel 11, Unterabschnitt c).

Kapitel 21: Sozialistische Marktwirtschaften: China, Vietnam und Kuba

nes Low-End-State wie in Indien und einem High-End-State chinesischer Prägung wohl eher dem indischen Typ zuzuordnen ist. Die Landwirtschaft mit angeschlossener Hausindustrie und einer weitestgehend auf Subsistenz gerichteten Produktion der Dorfgemeinschaften waren die dominante Form der vietnamesischen Agrargesellschaft. Einheimische Händlerfamilien gewannen erst durch die seit Anfang des 16. Jh. präsenten Europäer an Einfluss auf den Staat.

Die Geschichte des Landes ab Mitte des 19. Jh. ist stark durch ausländische Kolonisten geprägt. Die Franzosen als Schutzmacht der eingewanderten Missionare verstärkten ihren Druck auf die Nguyen-Kaiser, griffen den 1858 den Hafen Đà Nẵng und das Mekongdelta an und tauchten auch auf dem Parfüm-Fluss auf, der durch die seinerzeitige Hauptstadt Huế fließt. Ab 1862 musste Vietnam Gebiete an die Franzosen abtreten. Bis 1883 wurden drei Protektorate gegründet und damit stand Vietnam unter französischer Kolonialherrschaft. Mit der sich durchsetzenden Geldwirtschaft schritt die Verarmung der Bevölkerung voran, während auf dem Land eine schmale Großgrundbesitzerklasse entstand; die chinesische Minderheit dominierte die Ökonomie des Landes.

Während des Zweiten Weltkriegs geriet 1941 Vietnam wie ganz Indochina unter den Einfluss Japans, das im März 1945 das Land okkupierte, die französische Kolonialverwaltung ersetzte und Bảo Đại als Kaiser einsetzte. Bereits gegen die französische Kolonialmacht hatten vietnamesische Studenten und Intellektuelle, die in Frankreich mit den Ideen des Marxismus-Leninismus in Kontakt gekommen waren und unter denen Hồ Chí Minh (1890–1969) der Bedeutendste war, gekämpft. Hồ hatte verschiedene Splitterparteien im Jahr 1929 zu einer kommunistischen Einheitspartei vereinigt. Nach einem missglückten Aufstand (Yen-Bai-Aufstand) wurde die Partei durch die Hinrichtung vieler Parteimitglieder dezimiert und geschwächt. Nachdem Hồ Chí Minh 1941 aus dem Exil zurückgekehrt war, wurde bald aus über 40 lokalen Widerstandsgruppen eine Liga für die Unabhängigkeit Vietnams unter der Kurzbezeichnung Việt Minh zur Abwehr des japanischen Imperialismus und französischen Kolonialismus gebildet. Die USA unterstützten die Việt Minh, die bei der Bekämpfung der japanischen Okkupation einige Erfolge erzielten. Nach der Kapitulation Japans musste Bảo Đại am 25. August 1945 abdanken. Am 2. September 1945 proklamierte Hồ Chí Minh nach der erfolgreichen Augustrevolution die Demokratische Republik Vietnam; er berief sich dabei auf die Unabhängigkeitserklärung der Vereinigten Staaten von 1776.

Nach der Potsdamer Konferenz fiel Vietnam in den Herrschaftsbereich der Briten. Diese mussten jedoch die besiegten Japaner bitten, im aufständischen Süden einzuschreiten. Im Norden wiederum marschierten ab September 1945 nationalchinesische Truppen mit dem Auftrag ein, die Japaner zu entwaffnen. Trotz eines Friedensvertrages mit den Việt Minh erzwangen die Franzosen am 23. September 1945 die Wiedererrichtung ihres kolonialen Regimes in Südvietnam, so dass am 5. Oktober französische Truppen in der Stadt Saigon landeten. Chinesen und Briten übergaben Vietnam wieder an Frankreich. Der Versuch Frankreichs, auch das inzwischen unabhängige Nordvietnam wieder unter seine Kontrolle zu bringen, führte 1946 zum Ausbruch des Ersten Indochinakrieges und der Teilung des Landes in Nord- und Süd-Vietnam.

Die Wirtschaft Nord-Vietnams wurde nach dem sowjetischen Modell restrukturiert. Der bedeutendste Bereich der Landwirtschaft wurde in Kooperativen bewirtschaftet. Im Süden wurden die überkommenen Wirtschafts- und Gesellschaftsverhältnisse unter dem Einfluss der Kolonialmacht Frankreich, später mit amerikanischem Geld mit kapitalistischen Strukturen in den Städten überformt. Im antikolonialen Unabhängigkeitskrieg, in den nach den Franzosen die USA eingriffen und zur wichtigsten Kriegspartei gegenüber den nordvietnamesischen Truppen und der »Nationalen Front zur Befreiung Südvietnams« wurden, starben geschätzt 1,3 bis 3,0 Mio. Vietnamesen und mehr als 60 Tsd. Soldaten der USA und ihrer Verbündeten.

Nach der Wiedervereinigung Vietnams lebten knapp 100 Mio. Menschen im Land. Hauptstadt blieb Hanoi, die größte Stadt nach Einwohnern ist Ho-Chi-Minh-Stadt (Ex-Saigon). Die Wirtschaft des Landes stand nach dem Krieg vor dem Problem, in zwei Hälften geteilt zu sein, die nach komplett verschiedenen Mustern organisiert waren: Der Süden wurde daraufhin nach sowjetischem Vorbild restrukturiert, die Landwirtschaft kollektiviert und die Betriebe verstaatlicht. Im Jahr 1978 trat Vietnam dem Rat für gegenseitige Wirtschaftshilfe bei, während die USA ein Wirtschaftsembargo über Vietnam verhängten, das nicht nur Amerikanern verbot, mit Vietnam Handel zu treiben, sondern auch den IWF und die Weltbank daran hinderte, Vietnam Aufbaukredite zu geben. Kriegsfolgen bei Menschen, wirtschaftlichen Anlagen, Infrastruktur sowie die Umweltschäden durch den Einsatz chemischer Waffen seitens der USA, interne Probleme in Landwirtschaft und Gewerbe/Industrie sowie fehlende Unterstützung durch internationale Organisationen führten zu Armut und Flucht auf dem Land. Angesichts offensichtlicher ökonomischer Probleme entschied sich die Kommunistische Partei 1979 dazu, private Wirtschaftssubjekte stärker zu fördern und 1981 wurden in der Landwirtschaft die ersten Reformschritte gesetzt. Weitere Reformen blieben jedoch zunächst wirkungslos, es kam zu wirtschaftlicher Stagnation und Hyperinflation sowie zu schwerwiegenden Versorgungsengpässen.

Unter dem Eindruck drohender Hungersnöte entschloss sich die Kommunistische Partei Vietnams (KPV) Mitte der 1980er-Jahre jedoch zu einem Kurswechsel und setzte eine Reihe großer Reformen um, die den Wandel von der Planwirtschaft zu einer sozialistischen Marktwirtschaft, beziehungsweise einer »Multisektoralen Wirtschaft« mit dominanten staatlichen und genossenschaftlichen Unternehmen einleiteten; offiziell wurde der Kurs der Erneuerung auf dem VI. Parteitag der KPV im Jahre 1986 beschlossen. Dieser beinhaltete erhöhte Entscheidungskompetenzen für staatliche Unternehmen. Der Anteil des Staatseigentums an den Produktionsmitteln blieb bei ca. 65 Prozent. Der private Sektor, welcher vorher nur in Form von Familienunternehmen existierte, wurde gestärkt, behielt aber strenge Auflagen und Vorgaben. Der landwirtschaftliche Sektor erhielt mehr Freiheiten, indem die Bauern selbstständiger über Produktion und Preisgestaltung verfügen durften, da Ge-

Abbildung 21.7: Entwicklung des BIP von Vietnam; in % gg. Vj.

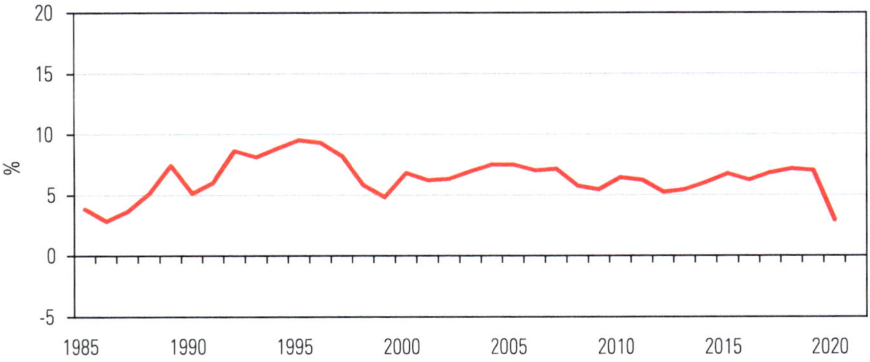

Quelle: Weltbank

nossenschaften und Zwangslieferungen weitgehend abgeschafft wurden. Auch der Handel mit dem westlichen Ausland wurde ausgebaut; dies schloss auch Direktinvestitionen ein. Des Weiteren wurde das Bankensystem dezentralisiert, indem das Monobankensystem abgeschafft und weitere Geschäftsbanken neben der steuernden Zentralbank zugelassen wurden. Die Zentralbank erhielt das Mandat für eine marktorientierte Geldpolitik zur Inflationskontrolle.

Die Entwicklung der vietnamesischen Volkswirtschaft ist seit Beginn des Reformprozesses auf einem stabilen Wachstumspfad verlaufen, allerdings auf einem niedrigeren Niveau als China. Wie die chinesische konnte aber auch die vietnamesische Ökonomie sowohl der Asienkrise 1997/98, der internationalen Finanzmarkt- und Wirtschaftskrise 2007–09 als auch der Covid-19-Krise (im Jahr 2020) trotzen – im Unterschied nicht nur zu Japan, sondern auch zu Südkorea, Taiwan und Singapur (vgl. Abb. 21.7). Vom gesamtwirtschaftlichen Entwicklungsstand ist Vietnam nicht mit den genannten Ländern zu vergleichen: der Beitrag der Landwirtschaft zum BIP Vietnams betrug noch 2020 15% – ein Wert, den China um die Jahrtausendwende aufgewiesen hatte.

Im Jahr 2020 steht Vietnam mit einem BIP von 343 Mrd. US-Dollar auf dem 38. Platz im globalen Länder-Ranking; nach Kaufkraftparitäten liegt Vietnam auf dem 26. Rang mit einem BIP pro Kopf i.H.v. 3.523 US-Dollar bzw. 10.897 KKP. Diese große Differenz zwischen beiden Maßzahlen bestimmt Vietnam als im unteren Bereich anzusiedelndes Schwellenland, obwohl es nach der Weltbank-Definition, die auf die Pro-Kopf-Werte in US-Dollar abhebt, nur zu den »Lower Middle Income Countries« gezählt wird.

Der Sonderfall Nordkorea

Ebenso wie in Vietnam wurde auch die historische Entwicklung auf der koreanischen Halbinsel stark durch China geprägt; hinzu kam der Einfluss Japans. Ende des 16. Jahrhunderts führten japanische Samurai eine Invasion durch, der die Koreaner wenig entgegenzusetzen hatten. Erst als die japanischen Truppen der Grenze des chinesischen Ming-Reiches nahegekommen waren, schickte China Entsatztruppen und die Japaner zogen wieder ab. Ab dem 19. Jh. während der »Meji-Restauration« steigerte sich der Einfluss Japans; 1905 wurde Korea zu einem Protektorat des japanischen Kaiserreichs und 1910 als Kolonie in dieses eingegliedert.

Die in Korea siedelnden Stämme waren schon im 3. bis 4. Jh. zur Staatsbildung übergegangen, nachdem vorher verschiedene Regionalreiche – Koguryo im Norden, Paekehe im Süden und Silla im Südosten – auf dem Territorium geherrscht hatten. Die herrschenden Sippen hatten Reste stammesgesellschaftlicher Institutionen mit Elementen des chinesischen Verwaltungsapparats zurückgedrängt. Auf Basis von Auseinandersetzungen dieser Reiche gegeneinander und in Kooperationen miteinander sowie in wechselnden Bündnissen mit China gelangten neben staatlichen Institutionen chinesische Wissenschaft und Kunst, der Konfuzianismus und der Buddhismus nach Korea. Im frühen 8. Jahrhundert gelang es den mit dem Tang-Reich in China verbündeten Silla, die ganze koreanische Halbinsel zu einigen und einen Staat nach chinesischem Vorbild zu etablieren, in dem auch das »Juntian-System« und das Steuersystem übernommen wurden. Auch eine Beamtenschaft chinesischer Prägung wurde zur Verwaltung des Staatsgebiets vom König – China hatte einen Kaiser, Korea nur einen König – etabliert. Damit hatte sich eine asiatische Produktionsweise chinesischen Typs durchgesetzt: der Grund und Boden war Staatseigentum, den Bauern und Klöster in Besitz hatten und bearbeiteten.

In den ersten zwei Jahrhunderten nach Etablierung der Ri-Dynastie im Jahr 1392 erblühte Korea wirtschaftlich und kulturell. Der Austausch mit Ming-China war intensiv und fruchtbar. Anfang des 15. Jh. entwickelte Korea ein eigenes Alphabet mit einer aus 24 Konsonanten und Vokalen bestehenden Buchstabenschrift Han'gŭl, mit der Lesen und Schreiben für einen koreanisch sprechenden Erwachsenen problemlos innerhalb weniger Tage erlernbar war. Gleichwohl wurde bis zum Ende des 19. Jh. der komplette offizielle Schriftverkehr in klassischem Chinesisch abgewickelt. Das Christentum verbreitete sich in Korea über westliche Kaufleute, zunächst als Katholizismus, später durch die USA auch als Protestantismus. Pjöngjang, die heutige Hauptstadt Nordkoreas, hatte um 1890 über 100 Kirchen und galt Anfang des 20. Jh. als christlichste Stadt in Ostasien (»Jerusalem des Ostens«).

1876, kaum acht Jahre nach Beginn der Meji-Restauration, gelang es Japan, Korea einen sog. ungleichen Vertrag aufzuzwingen, der in seiner Struktur den Verträgen folgte, die Japan zwei Jahrzehnte zuvor mit den USA hatte unterschreiben müssen. Japan erhielt extraterritoriale Rechte in Korea und erreichte die Öffnung von drei Häfen für den Handel, der auf eine wirtschaftliche Ausbeutung Koreas hinauslief. Der Aufstand der religiös-nationalistisch orientierten Tonghak-Bewegung führte Ende des Jahrhunderts zum chinesisch-japanischen Krieg, den beide Länder

Kapitel 21: Sozialistische Marktwirtschaften: China, Vietnam und Kuba

auf koreanischem Territorium ausfochten und aus dem Japan als Sieger hervorging. Damit hatte Japan China als Konkurrenten um die Vorherrschaft in Korea ausgeschaltet und baute seine Präsenz auf der koreanischen Halbinsel massiv aus. Nach dem Protektoratsstatus wurde Korea 1910 japanische Kolonie.

Anders als andere Kolonialmächte, z.B. England im Verhältnis zu Indien, bezog Japan seine Kolonien Taiwan und Chosen (Korea) in eine systematische Arbeitsteilung bei der Produktion des Hauptnahrungsmittels Reis ein und schuf damit Bedingungen im Agrikultur-Sektor, die die Bereitstellung von internen Ressourcen für die spätere industrielle Entwicklung nach dem Zweiten Weltkrieg begünstigten.[10] Demgegenüber blieben die Impulse Japans für die eigentliche industrielle Entwicklung Koreas gering. Nach der Kapitulation und dem Ende des Zweiten Weltkriegs hatte sich Japan aus allen Kolonien zurückzuziehen; in Korea übernahmen nach dem Abzug der Japaner zunächst die Siegermächte Sowjetunion und USA die Verwaltung und Aufsicht. Die Verhandlungen über ein vereinigtes Korea verliefen ergebnislos. Im November 1947 wurde eine UN-Resolution unter Boykott des sowjetischen Vertreters wegen der Anerkennung Taiwans als Repräsentant für China im Sicherheitsrat verabschiedet, die freie Wahlen, den Abzug aller ausländischen Truppen und die Schaffung einer UN-Kommission für Korea vorsah. Die USA zogen die Truppen, die im Süden Koreas stationiert waren, zurück, so wie auch die UdSSR ihre Armee bis Ende 1948 vertragsgemäß aus Nordkorea abzog. Am 10. Mai 1948 fanden im Süden Wahlen statt, die nicht das Attribut »frei« beanspruchen konnten und von den linken Parteien boykottiert wurden. Am 13. August 1948 übernahm Rhee Syng-man, ein Vertreter der von den Japanern 1910 abgesetzten Joseon-Dynastie Koreas offiziell die Regierungsgeschäfte von der US-amerikanischen Militärregierung. Der sowjetisch kontrollierte Norden beantwortete dies mit der Gründung der Demokratischen Volksrepublik Korea am 9. September 1948, deren erster Präsident Kim Il-Sung wurde. Beide Regierungen betrachteten sich als rechtmäßige Regierung über ganz Korea und kündigten darüber hinaus an, diesen Anspruch auch militärisch durchsetzen zu wollen.

Als am 25. Juni 1950 nordkoreanische Truppen Südkorea angriffen, leisteten zunächst amerikanische Streitkräfte unter General MacArthur den südkoreanischen Truppen die angeforderte Hilfe. Nachdem außerdem noch UN-Truppen unter seinen Befehl gestellt wurden, erweiterte sich der nationale Konflikt zum Krieg mit internationaler Beteiligung. Mit dem Eingreifen der USA und später Chinas wurde er ein Stellvertreterkrieg, in dem US-Militärs den Einsatz der Atombombe forderten. Die US- und UN-Truppen wurden zunächst von den nordkoreanischen Truppen bis auf einen kleinen Brückenkopf um Busan im Süden der koreanischen Halbinsel zurückgedrängt. Sie stießen dann aber in einer Gegenoffensive über die Demarkationslinie hinaus bis zur chinesischen Grenze im Norden vor. Dieser weite Vorstoß war nicht durch die Resolution des UN-Sicherheitsrates gedeckt. Ende Oktober 1950 griffen starke chinesische Verbände auf Seiten Nordkoreas in das Kampfge-

---
[10] Vgl. Kapitel 17, Unterabschnitt c).

schehen ein und warfen die US-Truppen zurück, bis sich die Front ungefähr in der Mitte der Halbinsel stabilisierte. Dort am 38. Breitengrad führten die Kriegsparteien einen verlustreichen Stellungskrieg. Nach zweijährigen Verhandlungen wurde am 27. Juli 1953 ein Waffenstillstandsabkommen geschlossen, das den Status quo ante weitgehend wiederherstellte. Bis dahin waren 940.000 Soldaten und etwa drei Millionen Zivilisten getötet worden.

Nordkorea wurde während des Krieges schwer verwüstet. Die zahlreichen Bombenangriffe, in denen die USA auch Chemiewaffen (Napalm) einsetzten, zerstörten nicht nur einen großen Teil des Landes, sondern sorgten auch für enorme Verluste in der Bevölkerung. Nach dem Krieg war das Land völlig verwüstet und hoch verschuldet. In Südkorea bekam die zunehmend undemokratische Führung die Probleme des Landes kaum in den Griff. Kurz nachdem die Südkoreaner Rhee Syngman aus dem Präsidentensitz vertrieben hatten, putschte sich jedoch unter Park Chung-hee das Militär an die Macht. Obwohl es in dieser Zeit zu schweren Menschenrechtsverletzungen kam, gelang es unter der Militärdiktatur, der Wirtschaft zu einem starken Aufstieg zu verhelfen.

Eine vergleichbare Entwicklung fand in Nordkorea nicht statt. Nach dem Ende des Krieges wurde in Nordkorea eine administrative Planwirtschaft sowjetischen Typs eingeführt. Von den 1950er bis zu den 1990er-Jahren wurde die Wirtschaft durch sechs unterschiedlich lange zentrale Pläne gesteuert, deren Laufzeit teilweise über das Planende hinaus verlängert wurde. Während der frühen 1970er-Jahre hatte Nordkorea ein groß angelegtes Modernisierungsprogramm durch den Import westlicher Technologie, insbesondere im Bereich der Schwerindustrie aufgelegt. Zwischen 1972 und 1974 importierte Nordkorea komplette Fabrikanlagen aus Westeuropa. Hierzu gehörte eine Raffinerie aus Frankreich, eine Anlage zur Zementherstellung, eine Fabrik für Kunstdünger, eine Schweizer Uhrenfabrik und eine finnische Papiermühle. Nordkorea ging zur Finanzierung der Importe Verbindlichkeiten bei westeuropäischen Banken ein. Ziel war es, die Kredite mit den Einnahmen zu tilgen, die durch die Exporte der mit diesen Fabriken hergestellten Waren erzielt werden konnten. Dieses Konzept ließ sich wie in anderen sozialistischen Ländern auch (Polen) nicht realisieren. Bereits 1975 standen einige der Fabrikanlagen still. Teilweise ließen sie sich nicht sinnvoll mit den auf Kampagnen fußenden Arbeitsmethoden Nordkoreas betreiben; teilweise fehlte auch die Infrastruktur, die zu einer effektiven Anbindung der Anlagen und Integration in binnenwirtschaftliche Lieferzusammenhänge erforderlich gewesen wäre; hinzu kam der sprunghafte Anstieg der Preise für Rohöl in der ersten Ölpreiskrise 1973. Im Ergebnis war Nordkorea wegen schrumpfender Exporte nicht in der Lage, seine Verbindlichkeiten zu begleichen. 1974 stellte Nordkorea den Import westlicher Fabrikanlagen ein. Auch die internen Planziele wurden verfehlt. Im Dezember 1993 erklärte Nordkorea, dass die Ziele des dritten Sieben-Jahres-Plans (1987-1993) nicht erreicht worden seien. Die Regierung kündigte daraufhin eine dreijährige Anpassungsphase an und legte in dieser Zeit den Fokus auf Leichtindustrie, Landwirtschaft und Außenhandel. Jedoch blieb die Getreideernte wegen Düngermangels, Naturkatastrophen und unzureichenden Transport- und Lagerkapazitäten über eine Million Tonnen hinter dem Minimum zur Selbstversorgung zurück. Zusätzlich konnten durch den Devisenmangel keine Ersatzteile für Maschinen oder Öl zur Stromerzeugung eingekauft werden, was zur Schließung vieler Fabriken führte. Nach dem Ende der Übergangsphase wurde zunächst kein neuer Wirtschaftsplan aufgestellt.

Nachdem anfänglich, d.h. in den 1950er und 1960er Jahren durch die administrative Bündelung und Verteilung der Ressourcen noch vergleichbare wirtschaftliche Erfolge wie in Südkorea erzielt werden konnten, ließ das Scheitern des Modernisierungsprogramms das Pro-Kopf-Nationaleinkommen in Nordkorea massiv zurückfallen; Ende 1979 lag es etwa bei nur einem Drittel desjenigen im Süden. Die Ursachen für dieses schlechte Ergebnis sind komplex: neben internen Mängeln des wirtschaftlichen Planungsmechanismus und Missernten spielen die hohen Militärausgaben eine große Rolle. Von der sektoralen Struktur war Nordkorea noch 2003 mit einem Anteil der Landwirtschaft von rd. 30% und einem Anteil der Industrie von über 33% ein in der ersten Phase der Industrialisierung stehendes Land.

Zudem war auch nach dem Jahrtausendwechsel vielfach eine stagnative bis kontraktive gesamtwirtschaftliche Entwicklung zu verzeichnen. Nimmt man wegen der schlechten Datenlage[11] die Ein- und Ausgaben des Staates – wobei die genaue Abgrenzung nicht offenliegt – als Indikator für die Entwicklung des staatlichen Sektors der Ökonomie, der bis auf die privaten Gärten der Bevölkerung alle ökonomischen Aktivitäten umfasst, so ergibt sich für die Zeit nach dem Jahrtausendwechsel ein auf die Jahre 2003 bis 2005 konzentriertes Wirtschaftswachstum. Davor und danach liegt tendenzielle Stagnation vor, seit 2017 Kontraktion (vgl. 21.8).

Das gesellschaftliche und politische System Nordkoreas wurde und wird in noch größerem Maße als die Stalin-Zeit in der Sowjetunion durch charismatische Herrschafts- und Führungsstrukturen geprägt. Kim Il-Sung als Staatsgründer genießt als Vaterfigur, um die ein großangelegter Personenkult betrieben wird, Unantastbarkeit. Sie setzt sich in verminderter Form auch für seine Nachfolger fort: Kim Il-Sung ist der Große Führer (die Sonne), sein Nachfolger und Sohn Kim Jong-Il ist Ewiger Präsident und Ewiger Generalsekretär der Partei der Arbeit Koreas (PdAK), dessen Nachfolger und Sohn Kim Jong-Un ist Erster Vorsitzender der Nationalen Verteidigungskommission und damit laut Verfassung auch Oberster Führer der DVRK sowie seit dem VII. Parteitag der PdAK 2016 auch Vorsitzender der Partei. Zu der nordkoreanischen extremen Form charismatischer Herrschaft und Führung gehört, dass die Gesellschaft der Körper ist, der ohne Kopf, also den Führer, nicht überleben kann. Dieses Prinzip mit seiner Forderung nach absoluter Loyalität ist an verschiedenen Stellen schriftlich fixiert und findet seinen äußeren Ausdruck in mehreren hundert im ganzen Land verteilten überlebensgroßen Bronzestatuen von Kim Il-Sung, von denen viele bereits um eine weitere von Kim Jong-Il ergänzt worden sind; sie fungieren als Kultstätten, die zu Feiertagen von der Bevölkerung besucht

---

[11] Nordkorea meldet keine ökonomischen Daten an die Weltbank, die daher auch keine Vergleiche zu anderen Ländern vornehmen kann.

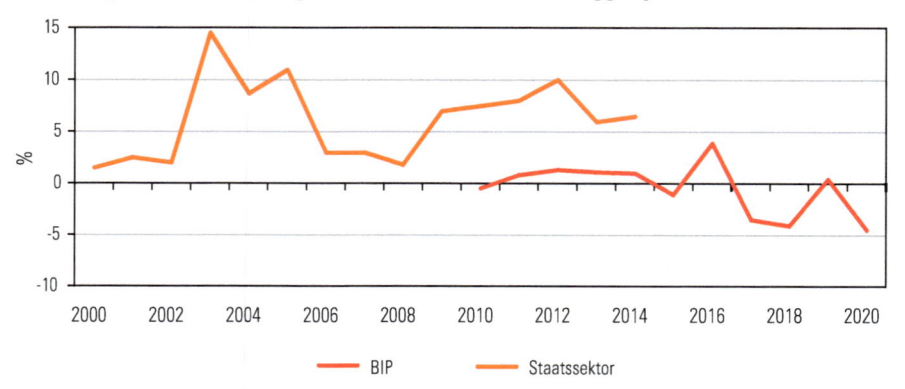

Abbildung 21.8: Entwicklung des BIP in Nordkorea; in % gg. Vj.

Quelle: Statista nach Bank of Korea und Frank 2017

werden, an denen sie sich fotografieren lässt, an denen Hochzeitspaare Blumensträuße niederlegen etc. Die immanenten Defizite charismatischer Herrschaft[12] müssen, sofern der ideologische Kitt nicht ausreicht, gewaltförmig ausgeglichen werden.

Die spezifische ideologische Grundlage des politischen System der DVRK bildet »Chuch'e«, oftmals auch als Kimilsungismus bzw. Kimilsunigismus-Kimjongilismus bezeichnet. Wörtlich übersetzt bedeutet der aus zwei chinesischen Zeichen für »Herr« und »Körper« zusammengesetzte Begriff Chuch'e Herr des eigenen Körpers oder Subjekt: *»Die Dschutsche-Ideologie bedeutet, daß die Volksmassen der Herr in der Revolution und beim Aufbau sind, daß sie als treibende Kraft dabei auftreten. Mit anderen Worten, diese Ideologie bedeutet, daß jeder selbst Herr seines Schicksals ist, daß jeder auch die Kraft besitzt, sein Schicksal zu entscheiden. Die Dschutsche-Ideologie beruht auf dem philosophischen Grundsatz, daß der Mensch der Herr aller Dinge ist und er über alles entscheidet.«* (Kim Il Sung; zit. nach Frank 2017: 95) Im Gegensatz zu der Auffassung, dass diese Aussage den Kernsätzen des Marxismus, die von »gesetzmäßigen, vom Willen der Akteure unabhängigen geschichtlichen Verläufen« ausgehen, widersprechen, ist zu betonen, dass sie sich auf Verhältnisse einer sozialistischen Gesellschaft beziehen sollen, die gerade die Unbewusstheit des Akteurshandelns gegenüber vermeintlichen historischen Gesetzmäßigkeiten überwunden zu haben beansprucht. Allerdings sind im Fall Nordkoreas mehr als nur Zweifel für die Umsetzung dieser Ideologie anzumelden. Denn die nächste Konkretisierung der allgemeinen Sätze der Chuch'e-Ideologie sind weitgehende Autarkie und Nationalismus (»unsere Nation zuerst«). Ihre wichtigste Funktion ist die Verbindung von Sozialismus, Führer und Nationalismus: *»Die Nation steht über Klasse und Schicht, und das Vaterland steht über Theorie und Ideologie.«* (Radong Sinmun; zit. nach: ibid.: 101)

---

[12] Vgl. dazu das vorstehende 21. Kapitel der vorliegenden Abhandlung.

Kapitel 21: Sozialistische Marktwirtschaften: China, Vietnam und Kuba

Dem überragenden Stellenwert der Nation entspricht die herausgehobene Rolle des Militärs. Kim Jong-Il dazu: »*Laut der Sŏn'gun-Politik unserer Partei ist nicht die Arbeiterklasse (rodong kyegŭp), sondern die Volksarmee (inmin kundae) die Hauptkraft der Revolution. Dies ist der Beginn einer neuen Einschätzung der Lage nach der Hauptkraft der Revolution und der Aufgabe der Armee beim revolutionären Aufbau.*« (Radong Sinmum; zit. nach: ibid.: 105) Dies wird als Weiterentwicklung der Lehre von Marx, Engels und Lenin ausgegeben. Im März 2003 wurde in der Parteizeitung verlautbart: »*In der vergangenen Epoche wurde es in der sozialistischen Politik als unantastbare Formel angesehen, die Arbeiterklasse in den Vordergrund zu stellen. Es ist jedoch unmöglich, dass vor eineinhalb Jahrhunderten entwickelte Theorien und Formeln der heutigen Realität entsprechen. Die Frage nach der Hauptkraft der Revolution ist nicht in allen Epochen und Gesellschaften gleich und kann auch nicht nur vom Klassenstandpunkt aus gelöst werden. Welche Klasse, Schicht oder gesellschaftliche Gruppierung zur Hauptkraft der Revolution werden kann, wird durch ihre Rolle beim revolutionären Aufbau definiert.*« (Radong Sinmun v 3.4.2003; zit. nach: ibid.: 105f.) So klar vor diesem Hintergrund die Grundlinien der Politik der DVRK in Bezug auf den Stellenwert des Militärs in der nordkoreanischen Gesellschaft, ihre Stärke mit 1,3 Mio. aktiven Soldaten als eine der größten Armeen der Welt, die Aufrüstung des Landes als Atommacht sowie die Rolle des Militärs als eigenständiger Akteur in der Wirtschaft werden, so wenig kann eine durchgängige Militarisierung der Gesellschaft als zeitgemäße Weiterentwicklung sozialistischer Theorie und Praxis akzeptiert werden. Selbst wenn man zugesteht, dass die ältere Geschichte Koreas unter dem Trauma der japanischen Besatzung stand und die Entwicklung nach dem Zweiten Weltkrieg und dem Koreakrieg – bloßer Waffenstillstand an der Demarkationslinie zwischen Nord- und Südkorea am 38. Breitengrad, proklamierter Alleinvertretungsanspruch Südkoreas, starke militärische Präsenz der USA im Nachbarland und aggressives, die Existenz der DVRK infrage stellendes Gebaren (Nordkorea als Bestandteil der »Achse des Bösen« und »Schurkenstaat«) von der amerikanischen Führung mit scharfen Wirtschafts- und Finanzsanktionen – die Aufrüstung des Landes geradezu erzwungen haben, kann diese Ausnahmesituation des Landes nicht als Weiterentwicklung des Sozialismus durchgehen – zumal diese Rolle und Aufrüstung des Militärs offenkundig massiv auf Kosten des Lebensstandards des nordkoreanischen Volkes geht.

Die charismatische Herrschaft des Führers innerhalb der Partei und der Gesellschaft und die drei Säulen der Macht aus Partei, Staat und Militär gehören und passen zu einer Wirtschaftsverfassung des administrativen Staatssozialismus, verhindern aber geradezu dessen Transformation zu einer sozialistischen Marktwirtschaft als angemessener Form der Ökonomie nach der punktuellen Inwertsetzung bestimmter Leitsektoren des gesellschaftlichen Reproduktionsprozesses. An Versuchen, in Reaktion auf zum Teil katastrophale Planverfehlungen die Wirtschaft nach dem Vorbild Chinas und Vietnams fortzuentwickeln, hat es auch in Nordkorea nicht gefehlt. Nachdem ab den 1960er Jahren noch der Schwerpunkt auf die

Optimierung der hergebrachten planwirtschaftlichen Prozesse u.a. durch Kampagnen für höheres Arbeitstempo und Verbesserung der Kommunikation innerhalb der Betriebe und zwischen staatlicher Verwaltung und den produzierenden Einheiten gelegt worden war, ging man im Gefolge der Wirtschaftsreformen in China Anfang der 1990er Jahre einen Schritt weiter. Die erste Sonderwirtschaftszone Nordkoreas wurde in Rasŏn im Dreiländereck mit China und Russland mit den Geschäftsbereichen Hochtechnologie, internationale Logistik, Handel, Tourismus und Dienstleistungen gegründet; Kernstück war der Hafen von Rajin. Auch mit Südkorea wurde unter dessen Regierung von Kim Dae-jung der Kontakt aufgenommen: 1998 verabredete man das erste innerkoreanische Tourismusprojekt sowie den Bau der Sonderwirtschaftszone Kaesŏng an der Grenze zu Südkorea. Der durch diese Entwicklungen angestoßene Prozess erhielt mit der Bekanntmachung des nordkoreanischen Atomprogramms im Juni 2002 einen Gegenschlag durch den Rückzug westlicher potenzieller Investoren.

Im Innern wurden allerdings eine ganze Reihe von Reformen durchgesetzt: Subventionsabbau durch Anpassung von Preisen auch für Grundnahrungsmittel wie Reis, Erhöhung der Löhne und massive Abwertung des nordkoreanischen Wŏn um den Faktor 68 gegenüber dem US-Dollar. Was blieb, war die Warenknappheit, die vermittelst eines Rationierungssystems die Wirksamkeit der Marktkräfte ins Leere laufen ließ. Insofern waren die Einführung von Rentabilitätsrechnungen für die Betriebe und ein intendierter Wettbewerb zwischen ihnen weitgehend folgenlos. Trotzdem gab es im Zusammenhang mit diesen Veränderungen auch eine größere Offenheit mit Bezug auf marktwirtschaftliche Theorie und Praxis. Die veränderten Preisstrukturen bevorteilten die Produzenten landwirtschaftlicher Produkte, insofern den Bauern faktisch die freie Entscheidung darüber eingeräumt wurde, was sie anbauen wollten. Die Freigabe der Preise ihrer Erzeugnisse legte die vorher durch die staatlichen Subventionen zurückgestaute Inflation offen. Die Konsequenz war eine massive Entwertung der Sparguthaben der Bevölkerung. Dennoch schlug sich diese stärkere Monetarisierung der nordkoreanischen Ökonomie – Anfang 2003 wurden die »Bauernmärkte« offiziell in »Märkte« umbenannt – in einem Anstieg des gesamtwirtschaftlichen Wachstums nieder und es hatte sich in Ansätzen eine neue Mittelschicht in der Gesellschaft herausgebildet.

Bevor allerdings die Transformation der administrativ-staatssozialistischen Wirtschaft in Richtung eines Marktsozialismus weitergehen konnte, erfolgte ein Rückschlag durch Stopp und partielle Rücknahme der Monetarisierung. Verantwortlich dafür war zum Einen die Veränderung der außenpolitischen Lage. Die USA hatten im März 2003 mit einem massiven Luftschlag Bagdad in Trümmer gelegt und waren entschlossen, befreit von den einengenden Zwängen einer bipolaren Welt, ihre geopolitischen und geoökonomischen Interessen rücksichtslos durchzusetzen. Nordkorea musste ernstlich in Betracht ziehen, dass es selbst als nächstes Land auf der Liste der zu »Freiheit und Demokratie« zu verhelfenden Länder stehen würde. Wirtschaftssanktionen gab es ja bereits, und sie waren vor diesem Hintergrund, wo es um die Existenz ging, auch zweitrangig. Neben diesen außenpolitischen Gefahren

Kapitel 21: Sozialistische Marktwirtschaften: China, Vietnam und Kuba

gab es aber auch, bis zu einem gewissen Maß unvermeidlich, interne Widersprüche des Transformationsprozesses, angefangen bei internen Disproportionen im gesamtwirtschaftlichen Wert- und Stoffersatz bis hin zu einer beginnenden Infragestellung des bisherigen umfassenden Kollektivismus durch eine beginnende stärkere Individualisierung im Bewusstsein der Bevölkerung. Beides zusammen, externe Bedrohung und interne Widersprüche, führten seitens der Partei- und Staatsführung zum Rückzug aus dem Reformprozess. In diesem Sinne ist auch das nordkoreanische Atomprogramm als Mittel zur Existenzsicherung einzuordnen; die Atomtests von 2006 und 2009 waren der Auftakt für den weiteren Ausbau zur nicht nur friedlichen, sondern auch der militärischen Nutzung der Kernkraft.

Im Grundsatz hat sich an diesem steckengebliebenen Transformationsprozess der Wirtschaft und Gesellschaft Nordkoreas im zweiten Jahrzehnt nach dem Jahrtausendwechsel wenig geändert. Nach dem Tod Kim Jong-Ils im Dezember 2011 hatte sein Sohn Kim Jong-Un nach und nach die Funktionen an der Spitze von Staat, Militär und PdAK übernommen und damit die außenpolitischen Bedrohungen durch die USA, Südkorea und Japan, eine vorsichtige Politik der VR China gegenüber Nordkorea in internationalen Organisationen und in Bezug auf ökonomische Kooperation sowie eine stagnierende Ökonomie, die auch durch die Kosten des Militärapparats restringiert wurde, geerbt. Auf dem VII. Parteitag der PdAK im Mai 2016 wurden von Kim Jong-Un Kritik an China geübt, heftige Kritik nach innen wegen »Missbrauch von Autorität, Bürokratismus, Korruption und Dekadenz« formuliert sowie Eckpunkte der Wirtschaftspolitik – Wiederauflage von »Tempo-Kampagnen«, Konzentration auf Wissenschaft und Technik, gleichmäßige Wirtschaftsentwicklung, Erschließung einheimischer Energieressourcen und Bau neuer Atomkraftwerke – vorgestellt; an der vorhandenen Selbstständigkeit der Betriebe wurde festgehalten. Außerdem wurde ein neuer Fünfjahrplan (2016–2021), u.a. mit den Schwerpunkten Ausbau des Energiesektors, Produktion von Lebensmitteln und Diversifizierung des Außenhandels, verabschiedet. Die Dominanz des Militärs wurde durch die Verkündung der »pyŏngjin-Linie«, d.h. des parallelen Aufbaus einer starken Wirtschaft und eines nuklearen Abschreckungspotenzials, relativiert. Die Ergebnisse sind, wie aus Abbildung 15.8 ersichtlich, ernüchternd.

c) Die Entwicklung in Kuba nach der Revolution[13]

Voluntarismus bei der sozialistischen Umgestaltung

Die kubanische Revolution, die militärisch über das korrupte Battista-Regime mit der Einnahme Havannas in den ersten Tagen des Jahres 1959 nach einem mehrjährigen Guerillakampf in den Bergen der Sierra Maestra siegte, stand zunächst ganz in der Tradition des kubanischen Freiheitskämpfers Jose Martí. Ausgangspunkt des Kampfes war die Landung der Revolutionäre um Fidel und Raúl Castro sowie Ernesto Guevara in Kuba mit der Yacht »Granma« bei Playa Las Coloradas gewesen. Ihr Ziel war die Herstellung der nationalen Unabhängigkeit mit der Überwindung der US-Dominanz und -Kontrolle in Wirtschaft und Politik sowie die Umsetzung sozialer Reformen; dies hatte dem Kampf der Revolutionäre zunehmend breitere Unterstützung eingebracht. Die wirtschaftliche Ausgangssituation sah Zucker und Tourismus als Hauptbranchen, aber auch eine signifikante eigene Industrie. Die kubanischen Mittel- und Oberklassen waren an US-amerikanischen Konsumgewohnheiten orientiert; der Import von Konsumgütern war eine wesentliche ökonomische Größe. Die Regierungen waren korrupt, insbesondere unter Battistas zweiter Amtszeit und teilweise, wie die Wirtschaft, von der US-Mafia unterwandert.

Die ökonomischen Ziele der Revolution waren eine rasche Industrialisierung und Diversifizierung der Landwirtschaft, um die einseitige Abhängigkeit vom Zuckerexport zu lockern. Die anfänglich betriebene Umstellung der Landwirtschaft auf den einheimischen Bedarf führte zur Vernachlässigung der Zuckerproduktion (-23 bzw.-40% bis 1963) und zwang schnell zur Einführung eines Rationierungssystems (Libreta/Zuteilungsheft), welches teilweise bis in die Gegenwart anhält. Die Beziehungen Kubas zum Haupthandelspartner USA verschlechterten sich rasch, anfänglich wegen der Weigerung der in US-Besitz befindlichen Raffinerien, Erdöl aus der Sowjetunion zu verarbeiten; die Konsequenz war ihre Verstaatlichung. Außerdem reduzierten die USA die Zuckerabnahmequote aus Kuba und strichen sie schließlich vollständig. Bis 1960 wurden alle im US-Eigentum befindlichen industriellen und landwirtschaftlichen Großbetriebe verstaatlicht, die USA verhängten daraufhin ein allgemeines Handelsembargo gegen die Insel, welches in der Folgezeit zusätzliche Verschärfungen erfuhr und ebenfalls bis heute noch anhält. Ein weiterer Umstand war die 1961 von Exil-Kubanern mit Unterstützung der amerikanischen CIA durchgeführte Schweinebuchtinvasion zum Sturz der kubanischen Regierung, die kläglich scheiterte.

An die Stelle der USA als Wirtschaftspartner trat zunehmend die Sowjetunion, die anfänglich die Zuckerabnahmequote der USA übernahm und seit 1964 Han-

---

[13] Die Betrachtung wird vorliegend auf Kuba beschränkt. Andere sozialistisch-sozialdemokratische Ökonomien und Gesellschaften Lateinamerikas – Venezuela, Bolivien, Nikaragua etc. – bleiben aufgrund erst begonnener Umstrukturierungen oder sich nur auf Veränderungen im politischen System bzw. der Regierung konzentrierende Umgestaltungen und Veränderungen ausgespart.

delsvergünstigungen und Festpreise für Kubas Zucker garantierte. Versuche der Kubaner, die Abhängigkeit vom Zucker durch Umstellungen in der Landwirtschaft durch Züchtung eines tropentauglichen Hochleistungsrindes auszugleichen, scheiterten; lang anhaltende negative Auswirkungen auf die Fleisch- und Milchproduktion waren die Folge.

Mit der Gründung der Kommunistischen Partei Kubas (PCC), die an die Stelle ihres überkommenen Vorläufers, des Partido Popular Socialista trat, wurde eine theoretische Debatte um das zu etablierende Wirtschaftssystem – kubanische Planungsdebatte – geführt: Vorstellungen einer Wirtschaft mit umfassender zentral-administrativer Planung ohne regulierende Rolle der Ware-Geld-Beziehungen – das ganze Land als eine Fabrik – standen Positionen bezüglich einer Teilautonomie der Betriebe, von Lohnanreizen und wirtschaftlicher Rechnungsführung, d.h. das existierende Modell der realsozialistischen Staaten seit den 1960er Jahren gegenüber. Ernesto »Che« Guevara, nach der Revolution Industrieminister der neuen Regierung, war einer der Hauptprotagonisten für die umfassende Planung der gesamten staatlichen Volkswirtschaft jenseits von Markt und Wertgesetz: »*(Im Kapitalismus) wird der Mensch durch eine starre Ordnung gelenkt, die sich gewöhnlich dem Begreifen entzieht. Das entfremdete Individuum ist mit der Gesamtgesellschaft durch eine unsichtbare Nabelschnur verbunden: das Wertgesetz, das auf alle Bereiche seines Lebens einwirkt und sein Schicksal formt. Die für die Mehrzahl der Menschen unsichtbaren, blinden Gesetze des Kapitalismus wirken auf das Individuum, ohne dass dieses etwas davon merkt. Es sieht nur einen weiten Horizont, der ihm unendlich scheint. In eben dieser Weise will die kapitalistische Propaganda den Fall Rockefeller – ob historisch wahr oder nicht – als eine Lektion von den Möglichkeiten des Erfolgs darstellen. Das Elend, das um der Entstehung eines solchen Paradebeispiels willen akkumuliert werden muss, und die Summe der Gemeinheiten, die ein Vermögen dieser Größe impliziert, erscheinen nicht auf dem propagierten Bild. ... die Wegstrecke (ist) voller Hindernisse, und allem Anschein nach kann sie nur ein Individuum mit besonderen Eigenschaften überwinden, um ans Ziel zu gelangen; man späht aus nach der fernen Belohnung, aber der Weg ist einsam; dazu herrscht das Gesetz des Dschungels: nur das Scheitern der anderen erlaubt den Erfolg.*« (Guevara 1968: 43)

Wenn man diese Denunzierung von »Freiheit, Gleichheit und Bentham« als vermeintlich wahres Eden der angeborenen Menschenrechte (Marx) noch akzeptieren kann, sind jedoch die Schlussfolgerungen, die Guevara zieht, höchst problematisch. »*Wir kämpfen gegen das Elend, aber wir kämpfen auch gegen die Entfremdung. Eines der fundamentalen Zwecke des Marxismus ist es, das Interesse, den Faktor des individuellen Interesses und Gewinns aus den psychischen Motivationen der Menschen zu entfernen. Marx beschäftigte sich mit den ökonomischen Faktoren und mit ihren Auswirkungen auf den Geist. Wenn der Kommunismus nicht auch daran interessiert ist, mag er eine Methode der Güterverteilung sein, aber er wird niemals eine revolutionäre Form des Lebens sein.*« (Guevara in einem Interview 1963; zit. nach: Vorwort zu Bettelheim et al. 1969: 16)

In diesem Passus sind sowohl die Attraktivität, die Guevara und die kubanische Revolution für die Linke im westlichen Kapitalismus hatte als auch die geradezu klassischen Gründe für das Scheitern ökonomischer Umgestaltungen benannt: Ersteres wird das Entwicklungsziel eines »neuen Menschen« jenseits ökonomischer Stimuli, die komplett durch die revolutionäre Gesinnung und Einsicht ersetzt werden (sollen), markiert, Letzteres durch die revolutionäre Ungeduld, die den zweiten bzw. dritten oder vierten Schritt vor dem ersten gehen will und damit Schiffbruch erleiden muss.

In der Auseinandersetzung mit den in den sozialistischen Ländern geführten Diskussionen um Wertgesetz und Warenbeziehungen, Dezentralisierung von Produktionsentscheidungen, Einführung materieller Anreizsysteme (Rentabilität als Erfolgsmaß der Betriebe) etc. bezog Guevara die strikte Position einer umfassenden, nach politisch-moralischen Gesichtspunkten zentralisierten Planung der Produktion mit den staatlichen Betrieben als einem großen Unternehmen auf Basis eines Budget-Finanzierungssystems. Dieses wurde durch folgende Merkmale, die zugleich seine Vorzüge charakterisieren sollen, geprägt: »*Erstens: durch seine Tendenz zur Zentralisierung tendiert es zu einer rationelleren Ausnutzung der nationalen Fonds. Zweitens: tendiert es zu einer grösseren Rationalisierung des gesamten staatlichen Verwaltungsapparates. Drittens: dieselbe Tendenz zur Zentralisierung zwingt innerhalb angemessener Grenzen zur Schaffung von grösseren Betriebseinheiten, die Arbeitskraft einsparen und die Produktivität der Arbeiter erhöhen. Viertens: durch die Integration in ein einziges Normensystem macht es aus dem ganzen Ministerium, im einen Fall, und aus allen Ministerien, wenn möglich, ein einziges grosses staatliches Unternehmen, in dem man von einer Stelle zur anderen gelangen, in verschiedenen Zweigen und an verschiedenen Stellen emporsteigen kann, ohne dass es Lohnprobleme gibt und wo einfach eine Skala nationalen Charakters Anwendung findet. Fünftens: indem mit Bauorganisationen gerechnet wird, die über das Budget abrechnen, kann die Kontrolle der Investitionen sehr vereinfacht werden; die konkrete Überwachung wird der unter Vertrag stehende Investitionsträger und die finanzielle Aufsicht das Ministerium für Finanzen durchführen.*« (Guevara 1963/1969: 77)

Die Entscheidung über den einzuschlagenden Weg fiel zugunsten des Modells eines Quasi-Kriegskommunismus und führte zur Verstaatlichung der verbliebenen Privatunternehmen (Handwerk). Die wirtschaftlichen Ergebnisse waren desaströs, symbolhaft ausgedrückt durch ein Verfehlen des ausgerufenen 10 Mio. Tonnenziels für die Gran Zafira (große Zuckerernte) von 1970 (erreicht wurden 8,5 Mio. Tonnen) – trotz gewaltiger Mobilisierungsanstrengungen und vielfältiger Kampagnen. Damit wiederholte Kuba, angefacht durch einen revolutionären Überschwang, der theoretisch-ideologisch offensiv durch die Thesen von Ernesto »Che« Guevara begründet wurde, die problematische Entwicklung der Sowjetunion in den ersten Jahren nach der Oktoberrevolution sowie der VR China mit dem Großen Sprung nach vorn.

Entwicklung bis zur »perioda especial« nach dem Zusammenbruch der Sowjetunion und Stopp der ausländischen Subventionen durch die RGW-Staaten

Als Konsequenz des Scheiterns der Guevara-Konzeption mit gesamtwirtschaftlichen Produktionsrückgängen und einem Verfall der Arbeitsproduktivität erfolgte die komplette Übernahme der Planwirtschaft sowjetischer Art; 1972 folgte der Beitritt Kubas zum RGW. Die Umstellungsmaßnahmen zugunsten einer Planwirtschaft sowjetischer Art wurden auf dem I. Parteikongress der PCC 1975 abgesegnet. Es begann die sog. graue Dekade mit einem stabilen Wirtschaftswachstum von rd. 3,5% p.a. In ihr vollzogen sich ein Ausbau der Industrie in den Provinzen und die Durchführung von Infrastrukturprojekten, um die ungleiche Regionalstruktur des Landes (Dominanz Havannas) zu überwinden. Außerdem wurde Kuba in die RGW-Arbeitsteilung als Rohstoffexporteur und Zentrum von Schwerindustrie integriert. Der Verfall der Produktivität in Landwirtschaft und Industrie konnte jedoch nicht gestoppt werden.

Erst ab 1980 ergab sich mit der Einrichtung von Parallelmärkten für privat produzierte Produkte mit leicht höheren Preisen als die der staatlichen Grundversorgung eine Verbesserung des Angebots an Konsumgütern für die Bevölkerung: »Jahre der fetten Kuh«. Jedoch blieb das Angebot an Konsumgütern hinter der Nachfrage zurück, wodurch sich die Notwendigkeit steigender Importe ergab. Ihre Finanzierung geschah hauptsächlich durch die anhaltenden Subventionen der realsozialistischen Staaten. Dennoch wuchs das Außenhandelsdefizit Kubas und seine Währungsreserven nahmen ab.

Trotz der großen Erfolge der kubanischen Revolution bei der Überwindung von Unterernährung, Massenarbeitslosigkeit und großer Einkommensunterschiede sowie beim Aufbau eines in Lateinamerika führenden Bildungs- und Gesundheitssystems litt die kubanische Ökonomie an einem fundamentalen Produktivitätsproblem: Um die gleichen Ergebnisse zu erzielen, mussten immer mehr Mittel aufgewendet werden (vgl. Hofmann 1994). Wegen eigener wirtschaftlicher Schwierigkeiten schränkte die Sowjetunion ab Mitte der 1980er-Jahre ihre Subventionen schrittweise ein: es erfolgte eine Anpassung der Konditionen für den Tauschhandel zwischen Zucker und Erdöl. Dadurch ergaben sich sinkende Deviseneinnahmen Kubas durch Handelsgeschäfte mit Erdöl auf dem Weltmarkt. Eine erneute ernste Krise war die Folge.

Die Reaktion des III. Parteikongresses der PCC bestand an der Kritik am bisher praktizierten Wirtschaftssystem als »ökonomistisch und merkantilistisch«. Man proklamierte ein intensives, d.h. produktivitätsgestütztes qualitatives Wachstum, das mit einer Rückbesinnung auf die idealistisch-voluntaristischen Konzepte Che Guevaras mit Mobilisierungskampagnen und moralischen Appellen durchgesetzt werden sollte. Hierfür steht die Kampagne Fidel Castros zur »rectificación de errores y tendencias negativas«: Verbot privater Bauernmärkte wegen »neokapitalistischer Systemzersetzung«, aber zugleich der Beginn der Forcierung des Tourismus zur Beschaffung von Devisen. 1986 brach Kuba die Bedienung der Auslandsschulden ab. Die wirtschaftlichen Ziele dieser zweiten Korrektur von Fehlern wurden

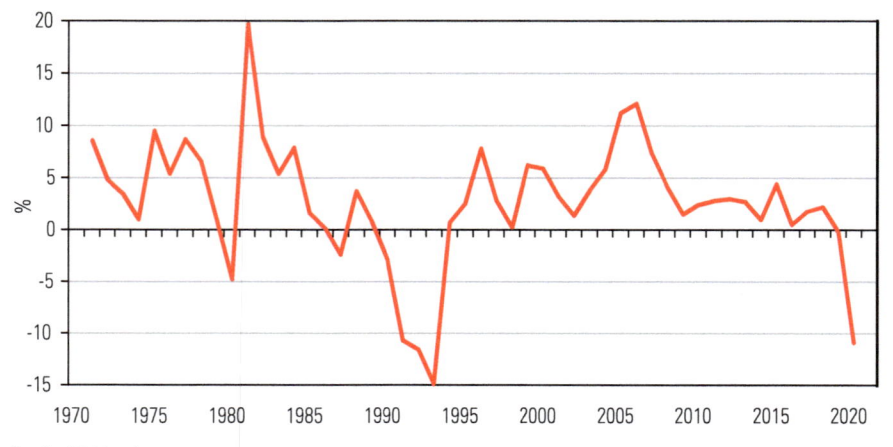

Abbildung 21.9: Entwicklung des BIP in Kuba (konstante Preise in Pesos); in % gg. Vj.

Quelle: Weltbank

wiederum klar verfehlt: Das Haushaltsdefizit stieg auf Rekordhöhen, die Subventionierung unproduktiver Betriebe verschlang wachsende Ressourcen, die Anwesenheit am Arbeitsplatz nahm ab, ein weiterer Fall der Produktivität war die Folge.

Mit dem Zusammenbruch des Realsozialismus in Osteuropa und der Sowjetunion verschlechterten sich die externen Rahmenbedingungen von Kubas Ökonomie massiv. 1989 wickelte Kuba 85% seines Außenhandels mit der Sowjetunion ab, ab 1990 brach der Außenhandel ein: Verlust von 75% der Exporte und aller Kreditgeber. Zugleich verschärfte die US-Regierung mit dem Torricelli Act 1992 ihr Embargo.

Im Januar 1992 war Fidel Castro gezwungen, die »periodo especial en tiempos de paz«, d.h. eine Kriegswirtschaft mit zentralem Kommando und totaler Rationierung zu Friedenszeiten auszurufen. Es erfolgte eine Aufteilung der Wirtschaft in einen Devisen- und einem Nicht-Devisensektor; zu Letzterem gehörten Tourismus, Nickelabbau, Biotechnologie und Telekommunikation. Der Schwerpunkt wurde auf die Entwicklung des Devisensektors gelegt – auf Kosten des Nicht-Devisensektors und der Konsumtion der Bevölkerung. Außerdem wurde der US-Dollar als Zweitwährung per Verfassungsänderung 1992 zugelassen. In dieser »periodo especial« vollzog sich der Absturz der Binnenwirtschaft: Abnahme der Industrieproduktion um 80% bis Ende 1993 und Fall der Zuckerernte bis 1995 um 60% auf den niedrigsten Wert seit 50 Jahren. Das Bruttoinlandsprodukt fiel zwischen 1990 und 1995 um rd. 40%; es brauchte bis zum Jahr 2004, um das Niveau von 1989 wieder zu erreichen (vgl. Abb. 21.9). Es gelang aber eine Aufrechterhaltung des Sozialsystems (kostenloses Gesundheits- und Bildungssystem) und der Arbeitsplatzgarantien zur Vermeidung von Massenarbeitslosigkeit bei gleichzeitig erheblichen Einbußen bei der Lebensmittelversorgung. Die Schwarzmärkte blühten. Die Verfügung über US-Dollar war die einzige Möglichkeit, um an hochwertige Konsumgüter zu kommen. Die Dollarläden wurden auch für Kubaner mit Dollars (aus Auslandsüberweisungen) geöffnet.

Zusätzlich erfolgten erste binnenwirtschaftliche Umsteuerungen: selbstständige Tätigkeiten im Dienstleistungssektor und Kleingewerbebereich wurden zugelassen, jedoch nur für die Beschäftigung von Familienmitgliedern. Außerdem erfolgte eine Dezentralisierung von Staatsfarmen und Übertragung des Landes an selbstverwaltete Kooperativen. Die privaten Bauernmärkte wurden wieder legalisiert. Ausländische Joint-Ventures (außer im Gesundheits-, Bildungs- und Militärbereich) wurden ebenfalls ermöglicht. Das Ergebnis war eine Stabilisierung der Wirtschaft, die 1996 zum ersten Mal wieder um +7,8% wuchs – auf der Basis des zuvor erniedrigten Niveaus.

Mit dem V. Kongress der PCC wurden die Veränderungen in der Binnenwirtschaft jedoch praktisch wieder ausgesetzt. Der Privatsektor im Kleingewerbe wurde durch massive Steuererhöhungen abgewürgt, die Konzentration auf den Weltmarkt forciert. Als Glücksfall ergaben sich die hochsubventionierten Erdöllieferungen aus Venezuela nach dem Erfolg der Bolivarischen Revolution unter Hugo Chávez. Im Gegenzug sendete Kuba zigtausend Ärzte, Lehrer und anderes Fachpersonal nach Venezuela (und später auch andere Länder Lateinamerikas). 2004 erfolgte die Ersetzung des US-Dollars durch den Peso convertible (CUC) in der offiziellen Wirtschaft (zunächst im Verhältnis 1:1) und die Stabilisierung des einheimischen Peso (CUP) auf einen Wert zwischen 20 und 30 CUP zu 1 CUC.

Die Zusammenstellung dieser Fakten zeigt jegliches Fehlen einer durchgängigen wirtschaftspolitischen Öffnungsstrategie der PCC, vielmehr die nach wie vor bestehende Orientierung an einer marktfreien bzw. marktfernen Ressourcenallokation, die mit sozialistischen Wirtschaftsprämissen identifiziert wird. Eine Zulassung von Ware-Geld-Regulationen erfolgte stets nur unter den Druck desaströser Ergebnisse dieser vermeintlich sozialistischen Wirtschaft sowie unter dem Druck extern-außenwirtschaftlicher Restriktionen, d.h. dem Wegfall politisch motivierter ökonomischer Subventionen. Sobald sich eine Lockerung der wirtschaftlichen Zwänge ergab, sei sie durch die bescheidenen Erfolge binnenwirtschaftlicher Dezentralisierung, privatwirtschaftlicher Initiative und Marktallokation oder durch sich neu auftuende außenwirtschaftliche Vergünstigungen durch politisch befreundete Regierungen bedingt gewesen, verfiel man wieder in den alten Voluntarismus.

Behutsamer Umbau des Wirtschaftssystems unter Raúl Castro

Mit der Übernahme des Amtes des Regierungschefs durch Raúl Castro, zunächst kommissarisch wegen der schweren Erkrankung seines Bruders Fidel, sodann endgültig zusammen mit dem Vorsitz der PCC, wurde eine Liberalisierung des kubanischen Alltags umgesetzt: Abschaffung des Verbots des Verkaufs von Computer- und Videotechnik, Erlaubnis des Abschließens von Mobilfunkverträgen und Öffnung von bisher ausschließlich Ausländern vorbehaltenen Hotels für Einheimische. Ab September 2010 wurden weiterreichende Wirtschaftsreformen durchgesetzt: Verpachtung von landwirtschaftlich genutztem Staatsland an Privatbauern und Kooperativen, höhere offiziell-staatliche Ankaufspreise für Landwirtschaftsprodukte, Dezentralisierung von Entscheidungsprozessen. Es wurde eine Liste von 181 Berufen (hauptsächlich einfache und einfachere Dienstleistungen) erlassen, in denen Kubaner selbstständig tätig werden konnten mit erweiterten Möglichkeiten der Anstellung von abhängig Beschäftigten auch jenseits von Familienangehörigen. Dieser Privatsektor galt auch als Auffangbecken für den Abbau überzähliger Beschäftigter in den staatlichen Betrieben. Ab 2011 erfolgten die Zulassung des privaten Handels mit Wohnungen sowie der Kauf und Verkauf von Immobilien und ein vereinfachter Gebrauchtwagenhandel. 2012 folgte die Reduzierung der Preise von Baumaterialien (bis zu 30%), um private Sanierungen zu erleichtern. Als Folge der erhöhten Präsenz des privaten Kleingewerbes auf den Straßen Kubas hatte die Bedeutung des Peso Nacional (CUP) wieder zugenommen.

2013 wurde ein Gesetz zur Bildung von Kooperativen außerhalb der Landwirtschaft (Transport, Baugewerbe, Fischfang, Gastronomie sowie Hausdienstleistungen) erlassen. Ziel war der Aufbau eines genossenschaftlichen Wirtschaftssektors, der seine Produktionsmittel durch Pacht/Miete vom Staat bezieht. Auch eine Dezentralisierung von Entscheidungsprozessen erfolgte, die eine größere Autonomie der Unternehmen gegenüber den Ministerien erbrachte. Sinnfällig wurde die Pachtung von staatlichen Restaurants (mit 1 bis 5 Beschäftigten) durch Selbstständige (zunächst für die Dauer von 10 Jahren). Selbstständige Tätigkeit wurde nicht mehr nur geduldet und durch hohe Steuern behindert, sondern Selbstständigen wurden Steuervorteile eingeräumt und der Import für private Unternehmen erleichtert.

Mit diesen Maßnahmen wurden die bereits früher angegangenen und dann wieder zurückgedrehten Tendenzen der Herstellung von Marktverhältnissen vornehmlich im Konsumgüterbereich verstetigt und verbreitert. Früher folgte auf diese als ideologisch schädlich angesehenen Privatinitiativen immer dann ein Rückschlag, wenn sich die gesamtwirtschaftlichen Rahmenbedingungen durch externe Faktoren verbesserten, z.B. die Verfügung über billiges Erdöl aus Venezuela, welches dann zur Devisenbeschaffung teilweise am Weltmarkt zu höheren Preisen verkauft wurde. Auch nun war die Öffnung für private, marktgetriebene wirtschaftliche Aktivität sehr zögerlich und langsam. Nach wie vor fiel es der PCC schwer, sich ideologisch von den alten Basissätzen Che Guevaras positiv-strategisch – und nicht nur unter dem Zwang innerer und äußerer Verhältnisse – zu verabschieden.

Der Abtritt der letzten »Commandantes« und die Beschlüsse des VIII. Parteitags der PCC 2021

Mit dem VIII. Kongress der Kommunistischen Partei Kubas vom 16. bis 19. April 2021 in Havanna ist der endgültige Wechsel in der politischen Führung des Landes vollzogen worden, und mit Raúl Castro, seinem Stellvertreter José Ramón Machado Ventura und Ramiro Valdés Menéndez sind die letzten »Commandantes« aus Altersgründen aus der Partei- und Staatsspitze ausgeschieden. Die wirtschaftliche Bilanz der letzten Jahre wurde selbstkritisch bewertet; exzessive Bürokratie, mangelhafte Kontrolle der Ressourcen, Korruption und illegale Verhaltensweisen hatten die Anreize für Arbeit und Innovationen nach wie vor strukturell behindert. Betont wurde, dass das sozialistische Staatsunternehmen nach wie vor Kern der Ökonomie bleiben soll, jedoch deutlich eigenständiger zu agieren habe und der zentrale Plan stärker mit der Autonomie der Unternehmen in Übereinstimmung gebracht werden müsse. Ausländische Investitionen sollen weiterhin gefördert und private Eigentums- und Managementformen flexibilisiert und institutionalisiert werden. Die erfolgten Umschuldungen von Auslandsverbindlichkeiten mit Russland und den im »Pariser Club« zusammengeschlossenen Gläubigern des Landes hatten in der Vergangenheit zum Erlass von mehreren Milliarden an Altschulden geführt und dafür gesorgt, dass die Auslandsverschuldung auf ein wieder erträgliches Maß reduziert werden konnte. Die lange geplante und am 1. Januar 2021 abgeschlossene Währungsreform mit Abschaffung der Zweitwährung CUC und seiner Ersetzung durch die »Moneda libremente convertible (MLC)«, einem praktisch bargeldlosen US-Dollar, mit dem in neuen Läden bargeldlos mit ausländischer Kreditkarte oder inländischer MLC-Karte bezahlt werden kann, erhöht die Kontrolle und setzt das inländische Geld (CUP) als formell alleiniges offizielles Zahlungsmittel durch. Interne Überweisungen von MLC- zu MLC-Konto sind möglich, von Konten in CUP jedoch nicht. Da viele Waren des täglichen Bedarfs, wenn überhaupt, lediglich in MLC-Geschäften erhältlich sind, hat sich ein Schwarzmarkt für den Tausch von nationalen Pesos in MLC-Guthaben entwickelt; Anfang 2022 war der Kurs viermal so hoch wie der offizielle Kurs Dollar/Peso. Damit ist die Problematik einer kubanischen Doppelwährung nach wie vor nicht überwunden.

Die Covid-19-Krise hat die kubanische Wirtschaft 2020 schwer getroffen (vgl. Abbildung 21.9). Zu dem Einbruch der wichtigen Devisenquelle Tourismus kam der Rückgang des von Venezuela bezogenen günstigen Erdöls hinzu, dessen frühere Überschüsse von Kuba mit Gewinn auf dem Weltmarkt devisenbringend verkauft worden waren. Die immer schon Kuba strangulierenden Wirtschaftssanktionen des seit 1959 bestehenden US-Embargos waren durch die Trump-Regierung nochmals verschärft und sind durch die Biden-Administration im Wesentlichen beibehalten worden. Auf den Staatschef und neugewählten PCC-Vorsitzenden Miguel Diaz-Canel kommen daher weiterhin immense Herausforderungen zu. Da nach wie vor rd. zwei Drittel der Lebensmittel für die kubanische Bevölkerung importiert werden müssen und die Devisenknappheit anhält, befindet sich Kuba faktisch in einer zweiten »perioda especial«. Auf der Habenseite kann das Land verbuchen, dass die moderne biopharmazeutische Industrie mehrere Corona-Impfstoffe eigenständig entwickeln konnte und die Bevölkerung bereits zu einem hohen Grad durchgeimpft worden ist. Kuba ist das einzige Land Lateinamerikas, welches Covid-19-Impfstoffe entwickelt hat und daher in der Lage ist, sie anderen Ländern in großem Umfang zur Verfügung zu stellen. Dies wird als praktische internationale Solidarität gewürdigt, stärkt Kubas Ansehen in der Welt und verleiht der ständig mit großer Mehrheit in der UN-Vollversammlung erhobenen Forderung auf Aufhebung der US-Blockade Rückenwind, ohne dass allerdings die USA, die zuletzt auf dem Amerika-Gipfel vom 6. bis 10. Juni 2022 in Los Angeles durch Nichteinladung von Vertretern Kubas, Venezuelas und Nicaraguas und dem ostentativen Fernbleiben von Präsidenten anderer Länder eine krachende diplomatische Niederlage einstecken mussten, bisher Anstalten dazu unternommen hätten. Der Kampf der sozialistischen Inselrepublik gegen das Imperium geht also weiter.

Kapitel 22: Die Perspektiven der Weltwirtschaft im Rahmen eines kooperativen Szenarios mit der Fortentwicklung internationaler Organisationen zur Steuerung des Weltmarkts und der Weltpolitik

Wir haben gesehen, dass in der Vergangenheit die Ablösung von internationalen Dominanzstrukturen kein linearer Prozess gewesen ist, in dem sich ökonomische Verhältnisse mehr oder weniger bruchlos in politische Hegemonialpositionen institutionell umgesetzt haben (vgl. Kapitel 15, Unterabschnitt d). Bereits die in den 1920er-Jahren beginnende Ablösung von Großbritannien als Weltmarkthegemon durch die USA war neben der Herausbildung einer neuen Betriebsweise des Produktions- und Reproduktionsprozesses (Fordismus) durch die internationale Öffnung der ursprünglich isolationistischen US-Politik, den Zweiten Weltkrieg sowie, damit zusammenhängend, mit der Veränderung der internationalen Gläubiger-Schuldner-Verhältnisse verbunden. Insbesondere das durch den Ausgang des Zweiten Weltkriegs neu strukturierte internationale Kräfteverhältnis war sodann eine wesentliche Bedingung für die Heraussetzung des neuen Weltmarktregimes mit neuen internationalen Institutionen (GATT, Internationaler Währungsfonds, Weltbank etc.), die den Rahmen für das folgende amerikanische Zeitalter festlegten.

Die Verhältnisse in Weltwirtschaft und Weltpolitik sind in der Gegenwart noch wesentlich verwickelter als beim Epochenumbruch im vergangenen Jahrhundert. Wieder sind es Kriege an und in der Peripherie, zuletzt die Invasion Russlands in die Ukraine, die beide als Stellvertreter für die objektiv sich gegenüberstehenden Akteure USA und China fungieren und zugleich verdecken, dass es letztendlich tektonische Verschiebungen in der Weltwirtschaft sind, die die treibenden Agentien für die oberflächlichen politischen Eruptionen sind.

Aber zugleich beinhalten die ökonomischen Verhältnisse in nuce auch Lösungsformen ihrer immanenten Widersprüche. Damit lässt sich ein positives Entwicklungsszenario der Weltwirtschaft und Weltpolitik ausmalen, welches der gegenwärtigen schlechten Wirklichkeit gegenüber gestellt werden kann. Seine Eckpunkte, Institutionen und Instrumente sind:

- Transformation zu einer politisch gesteuerten, ökologisch nachhaltigen und resilienten Globalisierung jenseits von naturwüchsig-marktbestimmter Internationalisierung der Produktion sowie Autarkiebestrebungen und nationalen Abschottungen;
- Reduzierung des internationalen Kapitalverkehrs auf Direktinvestitionen und internationale Kredite in strikt regulierten Wertpapierformen, die Spekulation weitgehend ausschließen, flankiert durch Finanztransaktionssteuern und Kapitalverkehrskontrollen der Staaten bzw. ihrer Zentralbanken;

- Schaffung einer Weltwirtschaftsregierung zur Steuerung der Zahlungsbilanzen und Wechselkurse nationaler Währungen zu einer internationalen Transaktions- und Reservewährung mit Etablierung
  - einer Handelsagentur (WTA),
  - einer Internationalen Verrechnungsunion (Zentralbank) sowie
  - eines Internationalen Entwicklungsinstituts (Weltbank);
- Demokratische Kontrolle und Legitimation der Weltwirtschaftsregierung und ihrer Institutionen und Instrumente durch die Vereinten Nationen und deren Unterorganisationen.

Bei den vorstehenden Eckpunkten handelt es sich um eine Aktualisierung und Ergänzung von seinerzeit von J.M. Keynes schon in den 1930er und 1940er Jahren entworfenen Konzeption für die Weltwirtschaft (vgl. Keynes 1933 und 1943).

Bildung von supranationalen Wirtschaftsblöcken mit Intensivierung des Intra-Blockhandels bei selektiver Ausrichtung des blockübergreifenden Handels

Die Alternative zur ungehemmten kapitalistischen Globalisierung von Waren und Kapital ist nicht eine enge, falsch verstandene nationale Selbstgenügsamkeit oder gar wirtschaftliche Autarkie, womöglich noch gepaart mit und ideologisch begründet durch einen politischen Nationalismus. Selbstgenügsamkeit unter den mittlerweile entwickelten Bedingungen internationaler wirtschaftlicher Verflechtungen zwischen den verschiedenen Ländern und Volkswirtschaften kann nur ein bewusst gesteuertes Verhältnis zwischen intensiver supranationaler Integration von Handelsbeziehungen innerhalb von Weltregionen und einer selektiven Ausrichtung eines blockübergreifenden internationalen Handels sein. Dies kann als die zeitgenössische Übersetzung des seinerzeitigen Leitbildes von J.M. Keynes gelten, welches er in den 30er Jahren des vorigen Jahrhunderts (noch) unter dem Topos »nationaler Selbstgenügsamkeit« verhandelte. Schon zu dieser Zeit waren die realen ökonomischen Bedingungen für die Propagierung eines unbeschränkten internationalen Freihandels à la Ricardo et al. passé: *»Die Erfahrung zeigt mehr und mehr, daß die meisten Prozesse moderner Massenproduktion in fast allen Ländern und Klimaten mit ungefähr gleichem Erfolg durchgeführt werden können. Darüber hinaus aber treten bei zunehmender Wohlstandsbildung Grundstoffe und Fabrikate an Bedeutung in der Volkswirtschaft, gegenüber Wohnungen, persönlichen Dienstleistungen und lokalen Amönitäten, die nicht dem internationalen Austausch unterliegen, zurück...«* (Keynes 1933: 156)

Wie die Tugend der Sparsamkeit in einer Zeit, in der Kapital knapp und die Akkumulation den Engpass des nationalen Sparaufkommens zu überwinden hatte, sah Keynes auch für die Außenwirtschaftsverhältnisse durch den Freihandel und den freien Kapitalverkehr die wirtschaftlichen Herausforderungen als gelöst an und ging für die Zukunft einer postindustriellen Gesellschaft von der Notwendigkeit eines Paradigmenwechsels aus. Im binnenwirtschaftlichen Kreislauf wird anstelle der Steigerung des Angebots eine mit Vollbeschäftigung zu vereinbarende effektive Nachfrage zum Bezugspunkt der Wirtschaftspolitik und in den außenwirtschaftli-

Kapitel 22: Steuerung des Weltmarkts und der Weltpolitik

chen Beziehungen wird perspektivisch eine größere Selbstgenügsamkeit zum erstrebenswerten Ziel, womit nicht zuletzt auch der »*Friedenssache*« (ibid., 154) in höherem Maße gedient wird als mit der Entfesselung des internationalen Wettbewerbs auf allen Märkten der Welt. Es soll daher zwischen internationalen und nationalen Gütern und Dienstleistungen neu sortiert werden; dieser Paradigmenwechsel ist für Keynes zugleich eine Umorientierung, die langfristig und nur nach und nach ins Werk gesetzt werden soll. »*Ich sympathisiere ... mehr mit denen, die die finanzielle Verknüpfung zwischen den Nationen sehr stark lockern wollen, als mit denen, die sie zu steigern gedenken. Ideen, Wissen, Kunst, Gastfreundschaft, Reisen – das sind Dinge, die ihrer Natur nach international sein sollten, aber laßt Güter in der Heimat herstellen, wenn immer es sinnvoll und praktisch möglich ist, und vor allem laßt die Finanzen in erster Linie nationale sein. Aber die, die ein Land aus seiner Verflechtung zu befreien versuchen, sollten zugleich sehr vorsichtig zu Werke gehen. Nicht Wurzeln sollen ausgerissen werden, sondern das Wachstum einer Pflanze soll in eine andere Richtung gelenkt werden.*« (ibid.)

Es ging ihm also um ein allmähliches Umsteuern auf eine stärkere Binnenorientierung der entwickelten Volkswirtschaften in ihren reproduktiven Basisverhältnissen mit einer gleichzeitigen strikten Absage an finanzielle Globalisierung mit ihren unvermeidlichen Begleiterscheinungen der Spekulation und negativen Rückwirkung auf Wertschöpfung und Beschäftigung.[1] So wenig wie sich die von Keynes favorisierte Umsteuerung von Wirtschaft und Gesellschaft auf eine größere Selbstgenügsamkeit von selbst einstellen würde, so wenig sollten auf der anderen Seite auch die Gefahren missachtet werden, die in diesem Veränderungsprozess gemacht werden können. Neben dem »*Doktrinarismus*« (ibid.: 160) ist es die Hast bei der Umsetzung der Veränderung. »*Wir haben nicht eine plötzliche Revolution zu diskutieren, sondern die Richtung eines säkularen Trends.*« (Ibid.) Die Zeitdimension für die Transformation des kapitalistischen Weltmarktregimes würden wir heutzutage allerdings wegen der drängenden Probleme des Klimawandels einerseits und der anstehenden Zweiteilung der Welt andererseits, kritischer sehen als zu Keynes' Zeiten.

Eine stärkere Regionalisierung der Weltwirtschaft durch supranationale Blockbildungen mit einer Intensivierung des grenzüberschreitenden Handels und der Bildung von ökonomischen Netzwerken und Clustern über nationale Grenzen hinweg, vornehmlich innerhalb dieser Wirtschaftsblöcke, stellt zugleich einen wirksamen Beitrag zum ökologischen Umbau von Weltmarkt und Weltwirtschaft dar. Wo immer möglich, sollten materielle Waren innerhalb der einzelnen Länder sowie innerhalb derartiger supranationaler Wirtschaftsblöcke gefertigt werden, um die Aufwendungen des Transports inkl. die dadurch verursachten Umweltbelastungen zu vermindern und somit Ressourcen, Transportkapazitäten sowie lebendige

---

[1] Letzteres anschaulich formuliert mit dem Hinweis, dass »*(die) Teilhaberschaft eines Chicagoer Spekulanten an der deutschen A.E.G. oder (die) Beteiligung einer englischen Witwe an den städtischen Werken von Rio de Janeiro*« (ibid., 154) keine Blaupause für die Zukunft darstellen könne.

Arbeit, einzusparen. Der betriebswirtschaftliche Vergleich zwischen Lohnkosten und Steuerbelastungen ist daher um Kosten infolge externer Effekte zu ergänzen.

Reduzierung des internationalen Kapitalverkehrs auf Direktinvestitionen und Auslandsfinanzierungen in strikt regulierten Formen
Die Beschränkung und Rückführung des internationalen Kapitalverkehrs auf seine Kernaufgaben bezieht sich nicht auf Direktinvestitionen und internationale langfristige Kreditbeziehungen, die beide Win-win-Konstellationen zwischen den Beteiligten eröffnen können und somit notwendige Funktionen bleiben.

Als private Investitionen werden Direktinvestitionen von privatkapitalistischen Akteuren durchgeführt und folgen einzelwirtschaftlichen Zielen. Handelt es sich dabei um die internationale Verallgemeinerung entwickelter Produktionsverfahren, bleibt das in ihnen verkörperte geistige Eigentum in der Verfügungsgewalt des Investors; erst die Einbindung derartiger Direktinvestitionen in die nationalen Liefer- und Leistungszusammenhänge des Ziellandes ermöglicht spill-over-Effekte und gewährleistet Win-win-Situationen für alle Beteiligten. Die positiven Effekte für die Zielländer derartiger Direktinvestitionen sind jedoch umso beschränkter, desto größer der allgemeine Entwicklungsunterschied der Produktivkräfte zwischen beiden Ländern ist; dies gilt insbesondere, wenn der Investor ein transnationales Unternehmen ist oder zumindest aus einer kapitalistischen Metropole herstammt. Es macht daher gerade in diesen Fällen Sinn, wenn auf der internationalen Ebene eine weitere Steuerungseinheit angesiedelt ist, die derartige Direktinvestitionen mit entwicklungspolitischen Zielen abstimmt. Dies wäre eine bei der Weltbank anzusiedelnde Einheit.

Ihre Funktion bestünde in erster Linie in einer unterstützenden Begleitung solcher Direktinvestitionen mit hohen entwicklungspolitischen Präferenzen durch das Angebot von Beratungsleistungen bis hin zu finanziellen Beiträgen aus ihren Mitteln. Der Effekt würde darin bestehen, das ungleiche Kräfteverhältnis zwischen dem einzelwirtschaftlichen Akteur als metropolitanem Investor und dem unterentwickelten Land als Zielland zugunsten des Letzteren zu beeinflussen und so auch dessen Interessen auf Augenhöhe zu heben. Dies schließt ein, auch auf die Bedingungen im Zielland hinsichtlich dortiger Arbeitsbedingungen und ökologischer Rücksichten einzuwirken.

Geld- und Kapitalmärkte bleiben für hochentwickelte sozialistische Marktwirtschaften unverzichtbar, werden doch Fremdmittel in größeren Volumina von Unternehmen, Banken und den öffentlichen Haushalten durch Anleihebegebung finanziert und Eigenmittel durch Aktienemission oder Emission von Genossenschaftsanteilen und Genussscheinen eingeworben. Für das Börsenwesen ist allerdings die differenzierte Bewertung und Behandlung der Primär- oder Emissionsmärkte einerseits und der Sekundärmärkte für den Händewechsel bereits in Zirkulation befindlicher Titel andererseits wesentlich. Ort der Finanzspekulation sind nämlich die Sekundärmärkte, die nicht nur die Mobilisierung von Wertpapieren vor Ablauf ihrer Laufzeit zwischen verschiedenen Inhabern oder Haltern vermitteln, sondern durch variable

Kapitel 22: Steuerung des Weltmarkts und der Weltpolitik

Kurse in Abhängigkeit von Erträgnissen und/oder Zinssätzen sowie Wechselkursänderungen Differenzgewinne zwischen Verkäufern und Käufern erbringen können.

Entsprechendes gilt für Anteile an eingetragenen Genossenschaften sowie in abgemilderter Form auch für Genussscheine.[2] Diese sollten im Sinne der Transparenz der Eigentumsverhältnisse an den Unternehmen statt als Inhaber- als Namenspapiere ausgestaltet werden, sodass die Inhaber jeweils zeitnah im Aktionärs- bzw. Inhaberbuch des Unternehmens verzeichnet werden. Soll darüber hinaus auf die Zusammensetzung der Eigentümer im Sinne ihrer Stimmrechte seitens des Unternehmens oder sonstiger öffentlich-wirtschaftspolitischer Stellen bestimmend Einfluss genommen werden, ist die Form vinkulierter Namenstitel zu präferieren. Die Vinkulierung begründet die für eine sozialistische Marktwirtschaft passende Einschränkung der Handelbarkeit der Aktien am Sekundärmarkt und damit die Verhinderung feindlicher oder nicht wirtschaftspolitisch gewollter Unternehmensübernahmen (jenseits von kartellrechtlichen Beschränkungen), nicht jedoch bereits die Möglichkeit von Kursschwankungen. Diese sind nur durch Kurssicherungsgeschäfte mit Derivaten auszuschalten oder zu begrenzen; ihre Handelbarkeit an Sekundärmärkten kann und sollte allerdings durch Verbot ausgeschlossen werden. Vorbereitend zu diesen Umstrukturierungen an den Kapitalmärkten greifen Maßnahmen zur Beschränkung eines unerwünschten grenzüberschreitenden Kapitalverkehrs durch Verbot von Spekulationsgeschäften, die Schließung von Schattenbanken, Erhebung von Finanztransaktionssteuern sowie Kapitalverkehrskontrollen.

Die skizzierten Beschränkungen der Wertpapierformen und ihres Handels an den Kapitalmärkten greifen bei Zugrundelegung der heutigen Verhältnisse nur ein sehr kleines Marktsegment heraus. Tatsächlich wird hierdurch aber nichts anderes als die Reduzierung der Kapitalmärkte auf ihre ursprüngliche Funktion als Markt zur Allokation großer Kapitalmengen durch Begebung kleingestückelter Titel, also Sammlung kleiner Geldbeträge und Konzentration zu großen Mengen zur Finanzierung von Geschäften auf gesellschaftlicher Stufenleiter bewerkstelligt. Zu dieser Funktion bedarf es weder des bedeutenden Einflusses »hochorganisierter Investitions-Sekundärmärkte« (Keynes) noch gar der sog. Finanzinnovationen, die zu einer Vervielfachung der Menge des fiktiven Kapitals und seiner Zirkulationsprozesse geführt haben und spekulative Exzesse anreizen, die wiederum zerstörend auf die wirkliche Akkumulation und Wertschöpfung zurückwirken.

Die vorstehend beschriebenen langfristigen Veränderungen der Kapitalmarktformen und -usancen gelten selbstverständlich auch für die internationale Ebene,

---

[2] Genussscheine sind in der Regel Anteilsscheine am Eigenkapital eines Unternehmens, begründen aber keinen Stimmrechtsanspruch, sondern ein variables Gewinnbezugsrecht; sie weisen damit Ähnlichkeiten mit stimmrechtslosen Vorzugsaktien auf. Ihre Rückzahlung bzw. ihr Verkauf während ihrer Laufzeit erfolgt zum Nennbetrag. Sie sind sowohl als Inhaber- als auch als Namenspapiere ausgestaltbar. Als Namensgenussscheine mit konstanten Kursen können sie als »stille« Beteiligungspapiere ein interessantes Finanzierungsinstrument unter Bedingungen sein, in denen der Kapitalmarkt auf seine reine Allokationsfunktion bei Ausschaltung von spekulativen Begleitumständen fokussiert werden soll.

auf der neben den nationalen Aufsichtsbehörden, Zentralbanken und Sicherungsfonds auch eine internationale »Surveillance« einzurichten ist, um die von den Finanzmärkten ausgehenden Ursachen von Finanz- und Geldkrisen weitestmöglich auszuschalten.

Weltwirtschaftsregierung mit Internationaler Handelsagentur, Internationaler Zentralbank und Internationalem Entwicklungsinstitut auf der Grundlage einer Internationalen Währung

Während die heutige Welthandelsorganisation (WTO) nur als Dachorganisation für internationale Verträge bezüglich des Handels in materiellen Gütern, Dienstleistungen und der Sicherung von geistigem Eigentum fungiert und politisch ihre Mitgliedsstaaten auf Marktwirtschaften sowie eine liberale Außenhandelspolitik mit Langfristorientierung auf internationalen Freihandel verpflichtet, würde und müsste eine Internationale Handelsagentur (WTA) eine direkt steuernde Funktion für den Welthandel übernehmen. An die Stelle des Vertrauens auf das blind-naturwüchsige Wirken einer internationalen Arbeitsteilung gemäß den jeweiligen komparativen Vorteilen der einzelnen Länder müsste die sichtbar steuernde Hand internationaler Handelspolitik treten, die aufkommenden Disproportionen im internationalen Handelsverkehr entgegenwirkt und mit den Zielen aus dem Leitbild des internationalen Handels – einem intensiv(iert)en Intra- und selektiven Inter-Blockhandel der verschiedenen Weltwirtschaftsregionen sowie den entwicklungspolitischen Rücksichten – vermittelt. Dies stellt ein mehrdimensionales Zielsystem für die Politik der Internationalen Handelsagentur dar, deren Einzelziele durchaus miteinander konfligieren können. Ihre Umsetzung erfordert darüber hinaus die enge Abstimmung mit der Internationalen Zentralbank (International Clearing Union), die die gesamte Breite der Zahlungsbilanztransaktionen, die Wechselkurse der nationalen Währungen und die Ausgleichsmodalitäten der Zahlungsbilanzen im Fokus hat. Desgleichen wäre eine Abstimmung mit der Überwachungsinstanz des langfristigen Kapitalverkehrs notwendig. Eine solche Internationale Welthandelsagentur würde den ersten Bestandteil eines »International Board«, d.h. einer demokratisch durch die Vereinten Nationen zu legitimierenden Weltwirtschaftsregierung darstellen.

Es ist klar, dass es sich bei der Konstitution eines derartigen Weltmarkt- und Weltwirtschaftsregimes um eine sehr langfristige Zielorientierung handelt, die nicht nur den aktuellen Entwicklungstendenzen eines verstärkten nationalen Egoismus entgegensteht, sondern darüber hinaus auch die stattgefundenen und zukünftig weiter stattfindenden Verschiebungen in den ökonomischen Kräfteverhältnissen der dominierenden Staaten (und Staatenverbindungen) aufzunehmen und in einem kooperativen Szenario auszutarieren hätte. Ihre Politik müsste differenzierte Zollschranken und Herstellung von produktspezifischen multilateralen Handelssalden zwischen verschiedenen Ländergruppen berücksichtigen. Unterentwickelten Ländern müsste über die Tolerierung von Einfuhrzöllen die Möglichkeit eines internen Aufbaus von agrikulturellen und industriellen Potenzialen eingeräumt werden. Eine derartige importsubstituierende Handels- und Strukturpolitik sollte in supra-

Kapitel 22: Steuerung des Weltmarkts und der Weltpolitik

nationalen Wirtschaftsbünden abgestimmt und an Entwicklungsauflagen für die betreffenden Länder gebunden werden. Letztere müssen sich am Aufbau inländischer Wertschöpfungspotenziale sowie einer schrittweisen Annäherung an internationale Wettbewerbsbedingungen orientieren. Die Verminderung internationaler Ungleichheiten bedingt einen weiteren, die unterentwickelten Länder begünstigenden steuernden Eingriff in die internationalen Handelsströme, nämlich die Einräumung von Importkontingenten seitens der Metropolen und Schwellenländer. Eine nationale Überproduktion der unterentwickelten Länder in bestimmten Bereichen muss als Export gerade in die entwickelten Länder ausgeführt werden können, was die Tolerierung und Herstellung von produktspezifischen Handelsbilanzdefiziten der entwickelten Länder gegenüber den unentwickelteren Staaten erfordert. Eine derartige internationale Steuerung von Handelsströmen setzt die Begrenzung des Profitstachels der Einzelkapitale in den entwickelten Ländern voraus und beruht auf den Wirtschaftssystemen einer sozialistischen Marktwirtschaft.

Für die Erweiterung des Aktionsraumes und der Einflussmöglichkeiten dieser WTA im Hinblick auf die Herstellung und Sicherung von Leistungsbilanzsalden der regionalen Wirtschaftsblöcke und sonstigen Einzelstaaten, welche den Zielen der internationalen Wirtschaftspolitik entsprechen, ist die monetäre Steuerung durch eine Internationale Zentralbank (International Clearing Union, ICU) unabdingbar. Als Instrumente kommen in diesem Zusammenhang die Erhebung von Abgaben auf Überschüsse von Leistungsbilanzen, die eine vorgegebene Marge überschreiten – ausgenommen die mit den internationalen Zielsetzungen der Handelspolitik harmonierenden Ausnahmetatbestände –, sowie die Bereitstellung von internationaler Liquidität bei sich entwickelnden Leistungsbilanzdefiziten in Betracht. Sofern sich durch die Abgaben und Kredite keine Umkehrung der Disproportionen ergeben, bleibt eine konsensuell abgestimmte Veränderung der Wechselkurse der betreffenden Währungen möglich. Mit all diesen Maßnahmen ergibt sich eine enge Arbeitsteilung zwischen der WTA und der ICU als Welt-Zentralbank. Während die Clearing Union somit neben dem Management von kurzfristigen Ausgleichsoperationen der nationalen Leistungsbilanzen die Schaffung, Bereitstellung und Kontrolle internationaler Liquidität bewerkstelligt, würde ein internationales »Investment Board« zur Steuerung des langfristigen Kapitalverkehrs neben den entwicklungspolitischen Aufgaben der Weltbank die Bewegung des langfristigen Kapitalverkehrs – nach Reduktion der Geschäftsprozesse dieses langfristigen Kapitalverkehrs auf die nicht mit Verboten belegten Operationen – zu monitoren haben; es hätte damit eine beratende Funktion für WTA und ICU.

Die International Clearing Union stellt somit die komplementäre Instanz zur WTA dar. Ihre Position ergibt sich aus ihrer Funktion der Liquiditätsschaffung (inkl. Steuerung der Menge dieses internationalen Geldes); die näheren Aufgaben und Instrumente sind bereits im damaligen Keynesschen Vorschlag weitgehend enthalten gewesen. Kernstück dieses Vorschlages ist die Etablierung einer Welt-Zentralbank im Sinne einer Verrechnungsstelle und Regulierungseinheit für die nationalen Zahlungsbilanzüberschüsse und -defizite sowie die Schaffung einer internationalen

Kunstwährung als Verrechnungsmedium, welche die Rolle des Weltgeldes übernimmt. Die Clearing-Union und die internationale Währung werden ökonomisch wirksam mit der Eröffnung von Länder-Konten bei der Clearing-Union, die bei Zahlungsbilanzüberschüssen positive und bei -defiziten negative Salden aufweisen; gesamthaft gleichen sich positive und negative Salden zu Null aus. Die nationalen Währungen bleiben bestehen; sie haben feste, wenngleich prinzipiell anpassbare Austausch- oder Wechselkurse zum internationalen Geld. Die Menge der Zuteilung des neuen Weltgeldes auf die einzelnen Länder (und Ländergruppen) bestimmt die Höhe ihrer Währungsreserven, die nicht mehr durch Gold und ausländische Devisen dargestellt werden und im Weiteren die Menge des internationalen Geldes. Da das neue Weltgeld zugleich internationales Transaktionsmedium ist, stellen die nationalen Zuteilungen zugleich Refinanzierungskontingente für die nationalen Zentralbanken dar. Für die Mitgliedsländer der internationalen Clearing-Union besteht nun ein abgestuftes System mit Abgaben bei Negativsalden aufgrund der Finanzierung von Zahlungsbilanzdefiziten, aber auch von Sanktionsleistungen bei strukturellen Überschüssen der Zahlungsbilanz, die von der ITA festgelegt und monitort werden. Sowohl Defizite als auch Überschüsse stellen eine Vorstufe dar, bevor Währungsauf- oder -abwertungen mit ggf. negativen Rückwirkungen auf die internationalen Wirtschaftsbeziehungen ausgelöst werden dürfen.

Neben der Verständigung der (teilnehmenden) Länder auf symmetrische Anpassungen sowohl bei Überschüssen als auch bei Defiziten ihrer Zahlungsbilanzen inkl. der Delegation der damit verbundenen Interventionsrechte zu einer Welt-Wirtschaftsregierung stellt die Etablierung einer internationalen Währung, gegenwärtig repräsentiert durch die Sonderziehungsrechte (SZR), die bedeutendste Maßnahme dar; denn gegenwärtig sind die SZR zwar zusätzlich geschaffene internationale Liquidität, die aber nur als Titel auf nationale Devisen, d.h. im Regelfall US-Dollar und, nachgeordnet, Euro fungieren. Über die Zulassung der SZR als Transaktionsmittel würde auch der Charakter des IWF nach und nach hin zu der beabsichtigten Clearing-Union mit SZR als Verrechnungsmittel der nationalen Salden verschoben und im gleichen Maße die Bedeutung der SZR als Reservemedium gesteigert. Darüber hinaus käme es darauf an, durch international konzertierte Aktionen der nationalen Zentralbanken und des IWF die früher dargestellten Beschränkungen der internationalen Geldkapitalakkumulation wirksam werden zu lassen. Bedingungen für diese Maßnahmen sind eine Veränderung der internationalen politischen Kräfteverhältnisse und eine Neuregelung der Stimmrechte namentlich beim IWF.

Die Internationale Bank für Wiederaufbau und Entwicklung (Weltbank) als Zwillingsinstitution zum internationalen Währungsfonds besteht wie dieser seit 1946 und hat rd. 190 Mitglieder, die Kapitalanteile in Relation zu ihrer wirtschaftlichen Potenz halten. Ihre Hauptaufgabe ist die Vergabe von langfristigen Darlehen an minder entwickelte Länder für Entwicklungs- und Aufbauprojekte. Neben der Steigerung von Mitteln für nationale Entwicklungspolitik kommt der Weltbank eine prominente Rolle bei der Organisation von Know-how und Personal zu, um interne Entwicklungsprozesse in den Ländern des Südens zu befördern und bisweilen zu initiieren. Ihre Kapitalbasis ist den wachsenden Anforderungen anzupassen und die Stimmengewichte sind nicht vordringlich nach dem Mittelaufkommen, sondern zugunsten der potenziellen Empfängerländer zu demokratisieren. Die entwicklungspolitische Leitlinie der Weltbank darf sich nicht mit einer vordringlichen Privatisierungsförderung am Leitbild einer kapitalistischen Entwicklung der unterentwickelten Länder orientieren. Zusammen mit dem IWF bzw. der Internationalen Clearing Union als Welt-Zentralbank und der Welthandelsagentur (ITA) kommt der Weltbank die allgemeine Aufgabe zu, der internationalen Ausbeutung durch die Gesetzmäßigkeiten der kapitalistischen Außenwirtschaftstransaktionen entgegenzuwirken; einmal durch tatsächliche interne sozioökonomische Entwicklung der Dritte-Welt-Länder, zum anderen mit der Durchsetzung der Prinzipien eines »Fair Trade«, d.h. der Durchsetzung von Preisen für die Exporte der unterentwickelten Länder entsprechend der Produktionskosten, welche ihnen eine interne Reproduktion und Entwicklung ermöglicht. Dies ist durch die Verallgemeinerung der allseits proklamierten Prinzipien des Freihandels gerade nicht gewährleistet.

Die UNO als Dach für eine Weltwirtschaftsregierung

Die wichtigsten Aufgaben der Vereinten Nationen (UNO) sind gemäß ihrer Charta die Sicherung des Weltfriedens, die Einhaltung des Völkerrechts, der Schutz der Menschenrechte und die Förderung der internationalen Zusammenarbeit. Im Vordergrund stehen außerdem Unterstützung im wirtschaftlichen, sozialen und humanitären Gebiet.

Die wichtigsten Organe der UNO sind neben der UN-Generalversammlung und dem UN-Sicherheitsrat sog. Nebenorganisationen.[3] Bei ihnen, zu denen der IWF und die Weltbank als Sonderorganisationen bereits gehören, sind die neuen bzw. weiterentwickelten Institutionen der internationalen Wirtschaftsregierung als für die Entwicklung der Welt wichtig(st)en – WTA, ICU und (neue) Weltbank – einzuordnen. Bei der Verteilung der Stimmrechte sollten die führenden wirtschaftlichen Metropolen nur anfangs ein Vetorecht besitzen; das Mehrheitsprinzip ist ansonsten ausreichend zur Vermeidung von Blockaden.

Es wird also auf die Prinzipien der Vernunft, Rationalität und Machbarkeit vertraut, deren materielle Basis die Angleichung der nationalen Reproduktionsprozesse und des Wohlstands ihrer Bevölkerungen auf jeweils höheren Entwicklungsniveaus darstellt und zu fundieren hat. Dieses kooperative Szenario einer bewussten Sozialisierung der bisher naturwüchsig und machtpolitisch begründeten Funktionen des

---

[3] Die wichtigsten sog. UN-Nebenorganisationen sind u.a. der Menschenrechtsrat (HRC), das Entwicklungsprogramm (UNDP), das Kinderhilfswerk (UNICEF), die Konferenz für Handel und Entwicklung (UNCTAD), Welternährungsprogramm/Welternährungsrat, die Abrüstungskonferenz (UNCD), der Hochkommissar für Menschenrechte (UNHCHR) und für Flüchtlinge (UNHCR) sowie die Ernährungs- und Landwirtschaftsorganisation (FAO), Internationale Arbeitsorganisation (ILO), Organisation für Erziehung, Wissenschaft und Kultur (UNESCO) und die Weltgesundheitsorganisation (WHO). Auch der Internationale Währungsfonds und die Weltbank sind Sonderorganisationen der UNO.

Weltmarkt-Demiurgen und Weltpolizisten fällt nicht vom Himmel, sondern muss sich sukzessiv entwickeln. Es ist zu hoffen, dass das vorherig zu durchschreitende Tal der Teilung der Welt mitsamt ihren Auseinandersetzungen nicht zu tief ausfällt und sich die – letztlich alternativlose – Einsicht in ein friedvolles und gleichberechtigtes Miteinander aller Völker der Welt mit den geringsten Kosten erreichen lässt.

Literatur

A) Schriften von Marx und Engels

Marx, K. (1976): Die ethnologischen Exzerpthefte, hrsg. vom Lawrence Krader, Frankfurt/M.

MEGA I. 5: K. Marx/F. Engels, Deutsche Ideologie. Manuskripte und Drucke; in: Marx-Engels-Gesamtausgabe, I. Abteilung, Band 5, Berlin/Boston 2017

MEGA II. 3.1, 3.2, 3.3, 3.4, 3.5, 3.6: K. Marx, Zur Kritik der politischen Ökonomie (Manuskript 1961-1863), in: Marx-Engels-Gesamtausgabe, II. Abteilung, Band 3, Berlin (DDR) 1982

MEGA II. 4.1, 4.2., 4.3: K. Marx, Ökonomische Manuskripte 1863-1867; in: Marx-Engels-Gesamtausgabe, II. Abteilung, Band 4, Berlin (DDR) 1988 bzw. Berlin 2012

MEGA II. 7: K. Marx, Le Capital, Paris 1872-1875; in: Marx-Engels-Gesamtausgabe, II. Abteilung, Band 7, Berlin (DDR) 1989

MEGA II. 7: K. Marx, Capital. A Critical Analysis of Capitalist Production, London 1887; in: Marx-Engels-Gesamtausgabe, II. Abteilung, Band 9, Berlin (DDR) 1990

MEGA IV, 18: K. Marx, Exzerpte und Notizen. Februar 1864 bis August 1868; in: Marx-Engels-Gesamtausgabe, IV. Abteilung, Band 18, Berlin/Boston 2019

MEW 4: K. Marx/F. Engels, Manifest der Kommunistischen Partei, in: MEW, Bd. 4, Berlin (DDR) 1971

MEW 7: K. Marx, Die Klassenkämpfe in Frankreich 1848 bis 1850; in: Marx-Engels-Werke (MEW), Bd. 7, Berlin (DDR) 1971

MEW 8: K. Marx, Der achtzehnte Brumaire des Louis Bonaparte; in: Marx-Engels-Werke, Bd. 8, Berlin (DDR) 1972

MEW 9: K. Marx, Die künftigen Ergebnisse der britischen Herrschaft in Indien. Artikel für die »New-York Daily Tribune« Nr. 3840 vom 8. August 1853; in: Marx-Engels-Werke, Bd. 9, Berlin (DDR) 1970

MEW 13: K. Marx, Zur Kritik der politischen Ökonomie; in: Marx-Engels-Werke, Bd. 13, Berlin (DDR) 1971

MEW 17a: K. Marx, Der Bürgerkrieg in Frankreich. Adresse des Generalrats der Internationalen Arbeiterassoziation; in: Marx-Engels-Werke, Bd. 17, Berlin (DDR) 1971

MEW 17b: K. Marx, Entwürfe zum »Bürgerkrieg in Frankreich«. Erster Entwurf; in: Marx-Engels-Werke, Bd. 17, Berlin (DDR) 1971

MEW 17c: K. Marx, Zweite Adresse des Generalrats über den Deutsch-Französischen Krieg; in: Marx-Engels-Werke, Bd. 17, Berlin (DDR) 1971

MEW 19a: K. Marx, Entwürfe einer Antwort auf den Brief von V.I. Sassulitsch; in: Marx-Engels-Werke, Bd. 19, Berlin (DDR) 1972

MEW 19b: K. Marx, Brief an die Redaktion der »Otetschestwennyje Sapiski«; in: Marx-Engels-Werke, Bd. 19, Berlin (DDR) 1972

MEW 19c: K. Marx, Randglossen zum Programm der deutschen Arbeiterpartei;

in: Marx-Engels-Werke, Bd. 19, Berlin (DDR) 1972
MEW 19d: F. Engels, Die Entwicklung des Sozialismus von der Utopie zur Wissenschaft; in: Marx-Engels-Werke, Bd. 19, Berlin (DDR) 1972
MEW 19e: F. Engels, Fränkische Zeit; in: Marx-Engels-Werke, Bd. 19, Berlin (DDR) 1972
MEW 19f: F. Engels, Zur Urgeschichte der Deutschen; in: Marx-Engels-Werke, Bd. 19, Berlin (DDR) 1972
MEW 20a: F. Engels, Herrn Eugen Dührings Umwälzung der Wissenschaft (Anti-Dühring); in: Marx-Engels-Werke, Bd. 20, Berlin (DDR) 1971
MEW 20b: F. Engels, Anteil der Arbeit an der Menschwerdung des Affen; in: Marx-Engels-Werke, Bd. 20, Berlin (DDR) 1971
MEW 21a: F. Engels, Der Ursprung der Familie, des Privateigentums und des Staates; in: Marx-Engels-Werke, Bd. 21, Berlin (DDR) 1972
MEW 21b: F. Engels, Ludwig Feuerbach und der Ausgang der klassischen deutschen Philosophie; Marx-Engels-Werke, Bd. 19, Berlin (DDR) 1972
MEW 23: K. Marx, Das Kapital. Kritik der politischen Ökonomie. I. Band: Der Produktionsprozeß des Kapitals; in: Marx-Engels-Werke, Bd. 23, Berlin (DDR) 1972
MEW 24: K. Marx, Das Kapital, Zur Kritik der politischen Ökonomie, II. Bd.: Der Zirkulationsprozeß des Kapitals, herausgegeben von F. Engels, in: MEW, Bd. 24, Berlin (DDR) 1971
MEW 25: K. Marx, Das Kapital, Zur Kritik der politischen Ökonomie, III. Bd.: Der Gesamtprozeß der kapitalistischen Produktion, herausgegeben von F. Engels, in: MEW, Bd. 25, Berlin (DDR) 1970
MEW 26.1, 26.2, 26.3: K. Marx, Theorien über den Mehrwert, in: MEW, Bde. 26.1, 26.2, 26.3, Berlin (DDR) 1971, 1967, 1968
MEW 29: K. Marx, Brief an Engels in Manchester, Brief vom 16. April 1956, in: MEW Bd. 29, Berlin (DDR) 1970
MEW 32a: K. Marx an F. Engels, Brief vom 14. März 1868; in: Marx-Engels-Werke, Bd. 32, Berlin (DDR) 1965
MEW 32b: K. Marx an Ludwig Kugelmann, Brief vom 12. Oktober 1868; in: Marx-Engels-Werke, Bd. 32, Berlin (DDR) 1965
MEW 33: F. Engels an Friedrich Adolph Sorge, Brief vom 12.-17. September 1874; in: Marx-Engels-Werke, Bd. 33, Berlin (DDR) 1966
MEW 37: F. Engels an Joseph Bloch, Brief vom 21. September 1890; in: Marx-Engels-Werke, Bd. 37, Berlin (DDR) 1967
MEW 39: F. Engels an Franz Mehring, Brief vom 14. Juli 1893; in: Marx-Engels-Werke, Bd. 39, Berlin (DDR) 1968
MEW 42: K. Marx, Grundrisse der Kritik der politischen Ökonomie, Berlin 1983
MEW EB 1: Ökonomisch-philosophische Manuskripte aus dem Jahre 1844; in: Marx-Engels-Werke, Ergänzungsband 1, Berlin (DDR) 1968

B) Monographien und Aufsätze

Abelshauser, W. (1975): Wirtschaft in Westdeutschland 1945-1948. Rekonstruktion und Wachstum in der amerikanischen und britischen Zone, Stuttgart

Abelshauser, W. (1979): Probleme des Wiederaufbaus der westdeutschen Wirtschaft 1945-1953, in: H.A. Winkler (Hrsg.), Politische Weichenstellungen im Nachkriegsdeutschland 1945-1953, Göttingen

Aganbegjan, A. (1989), Ökonomie und Perestroika, Gorbatschows Wirtschaftsstrategien, Hamburg

Aglietta, M. (1987): A Theory of Capitalist Regulation. The US Experience, London/New York

Aglietta, M. (2000): Ein neues Akkumulationsregime. Die Regulationstheorie auf dem Prüfstand, Hamburg

Aldcroft, D.H. (1970): The inter-war Economy. Britain 1919-1939, London

Aldcroft, D.H. (1978): Die zwanziger Jahre. Von Versailles zur Wall Street 1919-1929, München/Harmondsworth, Middlesex

Allen, R.C. (2005): Capital Accumulation, Technical Changes, and the Distribution of Income during the British Industrial Revolution; in: http://piketty.pse.ens.fr/ files/Allen05.pdf

Anweiler, O. (1958): Die Rätebewegung in Russland 1905-1921, Leiden/NL

Asche, H. (1984): Industrialisierte Dritte Welt? Ein Vergleich von Gesellschaftsstrukturen, Hamburg

Asche, H. (2012): Die Wirtschaft Afrikas seit 1960; in T. Bierschenk/E. Spies (Hrsg.): 50 Jahre Unabhängigkeit in Afrika. Kontinuitäten, Brüche, Perspektiven, Köln

Aschinger, F.E. (1973): Das Währungssystem des Westens, 2. Aufl., Frankfurt/M.

Aschinger, F.E. (1978): Das neue Währungssystem. Von Bretton Woods bis zur Dollarkrise 1977, Frankfurt/M.

Autorenkollektiv (1970/1972): Lehrbuch Politische Ökonomie. Vorsozialistische Produktionsweisen, Frankfurt/M.

Baar, L. (Hrsg.) (1979): Wirtschaftsgeschichte. Ein Leitfaden, Berlin

Bader, V.M. et al. (1975): Krise und Kapitalismus bei Marx, 2 Bde., Frankfurt/M.

Bairoch, P. (1976): Europe's Gross National Product 1800-1975; in: The Journal of European History, 5

Baller, S. (2010): Urbanes Afrika. Afrikanische Stadtgeschichte 1500 – 1900; in: Eckert, A./Grau, I./Sonderegger, A. (Hrsg.): Afrika 1500 – 1900. Geschichte und Gesellschaft, Wien 2010

Berchin, I.B. (1971): Geschichte der UdSSR 1917 – 1970, Berlin (DDR)

Behrens, F. (1961): Wert & Wertgesetz, Kritische & selbstkritische Betrachtungen zur Werttheorie im Sozialismus, Berlin (DDR)

Bergmann, T. (1988): Nikolai I. Bucharin, in: Sozialismus 15. Jgg., Heft 9, Hamburg

Bergmann, T. (1996): Auf dem langen Marsch. Chinas Weg in die sozialistische Marktwirtschaft, Hamburg

Bernstein, M.A. (1987): The Great Depression. Delayed Recovery and Economic Change in America 1929–1939, Cambridge/New York/New Rochelle/ Melbourne/Sydney

Bierbaum, H./Schulz, D./Wahl, A. (2018): Die politische Lage in Lateinamerika und die dortige Linke; in: Supplement zu Heft 10/2018 von Sozialismus.de

Binford, L. (2001): Constructing Frames of Reference. An Analytical Method for Archaeological Theory Building Using Ethnographic an Environmental Data Sets, University of California Press, Los Angeles

Bischoff, J. (1973): Gesellschaftliche Arbeit als Systembegriff. Über wissenschaftliche Dialektik, Westberlin

Bischoff, J. (1993): Staatssozialismus – Marktsozialismus, China als Alternative zum sowjetischen Weg? Hamburg

Bischoff, J. (1999): Der Kapitalismus des 21. Jahrhunderts. Systemkrise oder Rückkehr zur Prosperität? Hamburg

Bischoff, J. (2001): Mythen der New Economy. Zur politischen Ökonomie der Wissensgesellschaft, Hamburg

Bischoff, J. (2006): Zukunft des Finanzmarktkapitalismus. Strukturen, Widersprüche, Alternativen, Hamburg

Bischoff, J. (2008): Globale Finanzkrise. Über Vermögensblasen, Realökonomie und die »neue Fesselung« des Kapitals, Hamburg

Bischoff, J. (2009): Jahrhundertkrise des Kapitalismus. Abstieg in die Depression oder Übergang in eine andere Ökonomie? Hamburg

Bischoff, J. (2012): Die Herrschaft der Finanzmärkte. Politische Ökonomie der Schuldenkrise, Hamburg

Bischoff, J. (2014): Finanzgetriebener Kapitalismus. Entstehung – Krise – Entwicklungstendenzen, Hamburg

Bischoff, J. (2019): Tickende Zeitbombe Finanzmärkte. Bankenkrise, globale Kreditketten und Alternativen im Post-Kapitalismus, Hamburg

Bischoff, J./Detje, R. (1989): Massengesellschaft und Individualität. Krise des »Fordismus« und die Strategie der Linken, Hamburg

Bischoff, J./Detje, R./Lieber, C./Müller, B./Siebecke, G. (2010): Die Große Krise, Finanzmarktcrash – verfestigte Unterklasse – Alltagsbewusstsein – Solidarische Ökonomie, Hamburg

Bischoff, J./Fiehler, F./Krüger, S./Lieber, C. (2017): Vom Kapital lernen. Die Aktualität von Marx' Kritik der politischen Ökonomie, Hamburg

Bischoff, J./Krüger, S. (2021): Digitale Betriebsweise. Eine neue Entwicklungsstufe in der kapitalistischen Produktionsweise des 21. Jahrhunderts, in: Sozialismus.de, 48. Jahrgang, Heft Nr. 464 (7/8-2021)

Bischoff, J./Krüger, S./Lieber, C. (2018): Die Anatomie und Zukunft der bürgerlichen Gesellschaft. Wertschöpfung, Mystifizierung und Klassenverhältnisse im modernen Kapitalismus, Hamburg

Bischoff, J./Lieber, C (2013): Die »große Transformation« des 21. Jahrhunderts. Politische Ökonomie des Überflusses versus Marktversagen, Hamburg

Bischoff, J./Steinitz, K. (2016): Götterdämmerung des Kapitalismus, Hamburg

Bloomfield, A. I. (1959): Monetary Policy under the International Gold Standard, New York
Boris, D. (2015): Linksregierungen in der Defensive. ZehnThesen zur politischen Entwicklung in Lateinamerika; Supplement zu Heft 12/2015 von Sozialismus.de
Boris, D. (2019): Politische Kultur in Lateinamerika. Hintergründe, Wirkungen und Perspektiven; in: Supplement zu Heft 7-8/2019 von Sozialismus.de
Braudel, F. (1986): Die Dynamik des Kapitalismus, Stuttgart
Braudel, F. (1995): Sozialgeschichte des 15.-18. Jahrhunderts. München
Braudel, F. (2009): Frankreich. Band 1: Raum und Geschichte. Band 2: Die Menschen und die Dinge. Band 3: Die Dinge und die Menschen, Stuttgart
Brenner, R. (2002): Boom & Bubble. Die USA in der Weltwirtschaft, Hamburg
Brenner, R. (2004): Neuer Boom oder neue Bubble. Ist der gegenwärtige Aufschwung der US-Wirtschaft eine Seifenblase? in: Supplement der Zeitschrift Sozialismus 4/2004
Brentjes, B. (1970): Die orientalische Welt, Berlin
Brunner, G. (1968): Wirtschaftsreform und Wirtschaftsrecht in Ungarn. Berichte des Bundesinstituts für ostwissenschaftliche und internationale Studien, Heft 6, Köln
Brynjofsson, E./McAfee, A. (2011): Race against the Machine. How the Digital Revolution is Accelerating Innovation, Driving Productivity, and Irreversibly Transforming Employment and the Economy, Lexington, (Mass.)
Brzezinski, Z. (1997): Die einzige Weltmacht: Amerikas Strategie der Vorherrschaft, Frankfurt/M.
Bucharin, N. (1929/1988): Das politische Vermächtnis Lenins; in: Sozialismus 15. Jgg., Heft 9/88, Hamburg
Bucharin, N. (1929/1991): Rede auf dem Vereinigten Plenum des Zentralkomitees und der Zentralen Kontrollkommission der KPdSU(B), 18. April 1929; in: 1929 – Das Jahr des großen Umschwungs, herausgegeben und eingeleitet, kommentiert und übersetzt von Wladislaw Hedeler und Ruth Stoljarowa, Berlin 1991
Bullan, K. (2017): Südafrika 2017 – Ende einer Epoche? in: Sozialismus 44. Jgg., Heft Nr. 421
Butollo, F./de Paiva, P. (2020): Digitale Revolution? Widersprüche der Produktivkraftentwicklung im Postwachstumskapitalismus; in: Das Argument 335, Berlin
Campbell, G. (2010): Sklaverei und andere Formen unfreier Arbeit in der Welt des Indischen Ozeans; in: Eckert, A./Grau, I./Sonderegger, A. (Hrsg.): Afrika 1500 – 1900. Geschichte und Gesellschaft, Wien 2010
Cameron, B. (1992): Geschichte der Weltwirtschaft 2: Von der Industrialisierung bis zur Gegenwart, Stuttgart
Childe, V.G. (1936): Man Makes Himself, Nottingham
Childe, V.G. (1951/1968): Soziale Evolution, London/Frankfurt/M.
Childe, V.G. (1958): The Prehistory of European Society, London
Chossudovsky, M. (1999): Die Zerschlagung des ehemaligen Jugoslawien und die Rekolonialisierung Bosniens; in: Marxistische Blätter Spezial 1 vom 1.5.1999: NATO-Krieg und Kosovo-Konflikt. Hintergründe, Zusammenhänge, Perspektive

Christian, D. (2004): Maps of Time. An Introduction to Big History, Berkeley and Los Angeles (California)

Conert, H. (1982): Bedingungen und Konsequenzen der Weltmarktorientierung nachkapitalistischer Volkswirtschaften – Dargestellt am Beispiel der Auslandsverschuldung Jugoslawiens nach der Wirtschaftsreform von 1965; in: Prokla – Probleme des Klassenkampfs, Zeitschrift für politische Ökonomie und sozialistische Politik, Jg. 12, Heft 3/1982

Conert, H. (1988): Jugoslawien: Die »sozialistische Marktwirtschaft« in der Schuldenkrise, in: Alvater, Elmar/Hübner, Kurt (Hrsg.), 1988: Die Armut der Nationen, Handbuch zur Schuldenkrise von Argentinien bis Zaire, Berlin

Crome, E. (2018): Europäische Zukunft mit der NATO? Kontinuitäten und Wandlungen des Militärbündnisses unter dem Vorzeichen der Trump-Administration; in: Sozialismus, 45. Jahrgang, Heft Nr. 432 (9/2018)

Csikos-Nagy, B. (1988): Sozialistische Marktwirtschaft, Wien

Damus, R. (1973): Entscheidungsstrukturen und Funktionsprobleme in der DDR-Wirtschaft, Frankfurt/M.

Davis, M. (1986): Phoenix im Sturzflug, Berlin

Dehmel, A. (1982): Die besondere Stellung des US-Dollars. Eine Untersuchung zur Entwicklung des Dollars als internationales Zahlungsmittel nach der Freigabe des Goldpreises im Jahre 1971, Frankfurt/M.

Dehmel, A. (1985): Die Struktur der internationalen Liquiditätskrise seit dem ersten Ölpreisschub 1973/4. Ursachen, Schuldner- und Gläubigerstruktur, Lösungsansätze, Frankfurt/Bern/New York

Detje, R. u. a. (1982): Von der Westzone zum Kalten Krieg. Restauration und Gewerkschaftspolitik im Nachkriegsdeutschland, Hamburg

Deutsche Bundesbank (1986) und (2003): Weltweite Organisationen und Gremien im Bereich von Wirtschaft und Währung, Frankfurt/M., versch. Auflagen

Deutsche Bundesbank (2004/2008): Die Europäische Wirtschafts- und Währungsunion, verschiedene Auflagen, Frankfurt/M.

Deutsche Bundesbank (07/2018): Die Neuausrichtung der chinesischen Wirtschaft und ihre internationalen Folgen; in: Monatsbericht, Juli 2018

Dietrich, H. (1993): Das Arbeitssystem der VR China. Strukturen und Entwicklungstendenzen, in: Mitteilungen aus der Arbeitsmarkt- und Berufsforschung, 1/93

Dillmann, R. (2009): China. Ein Lehrstück über alten und neuen Imperialismus, einen sozialistischen Gegenentwurf und seine Fehler, die Geburt einer kapitalistischen Gesellschaft und den Aufstieg einer neuen Großmacht, Hamburg

DIW (1977): Deutsches Institut für Wirtschaftsforschung, Handbuch DDR-Wirtschaft, Reinbek

Dunn, R.E./Mitchell, L.J. (2015): Panorame. A World History, New York

Dobb, M. (1946/1963): Entwicklung des Kapitalismus. Vom Spätfeudalismus bis zur Gegenwart, Köln/Berlin

Ebbinghaus, A. (Hrsg.) (2008): Die letzte Chance? 1968 in Osteuropa, Analysen und Berichte über ein Schlüsseljahr, Hamburg

Eckert, A. (2010): Transatlantischer Sklavenhandel und Sklaverei in Westafrika; in: Eckert, A./Grau, I./Sonderegger, A. (Hrsg.): Afrika 1500 – 1900. Geschichte und Gesellschaft, Wien 2010
Eder, K. (1980): Die Entstehung staatlich organisierter Gesellschaften. Ein Beitrag zu einer Theorie sozialer Evolution, Frankfurt/M.
Elleinstein, J. (1977): Geschichte des »Stalinismus«, Berlin
Emminger, O. (1976): Deutsche Geld- und Währungspolitik im Spannungsfeld zwischen innerem und äußerem Gleichgewicht (1948–1975); in: Deutsche Bundesbank (Hrsg.), Währung und Wirtschaft in Deutschland 1976–1975, Frankfurt/M.
Emminger, O. (1987): D-Mark, Dollar, Währungskrisen. Erinnerungen eines ehemaligen Bundesbankpräsidenten, Stuttgart
Erlich, A. (1960): Die Industrialisierungsdebatte in der Sowjetunion 1924 – 1928, Frankfurt/Wien
Eichengreen (2008): The European Economy Since 1945: Co-ordinated Capitalism and Beyond. Princeton University Press
Engelberg, E./Küttler, W. (Hrsg.) (1978): Formationstheorie und Geschichte. Studien zur historischen Untersuchung von Gesellschaftsformationen im Werk von Marx, Engels und Lenin, Berlin (DDR)
Faulkner, H.U. (1957): Geschichte der amerikanischen Wirtschaft, Düsseldorf
Fischer, D./Lackner, M. (Hrsg.) (2007): Länderbericht China, Bonn
Friedman, M./Schwartz, A.J. (1973): The Great Contraction 1929–1933, Princeton/New Jersey
Federico, G./Tena-Junguito, A. (2016); World Trade 1800–2015; in: http://voxeu.org/article/world-trade-1800-2015
Fischer, D./Lackner, M. (Hrsg.) (2007): Länderbericht China, Bonn
Fitzthum, R. (2018): China verstehen. Vom Aufstieg zur Wirtschaftsmacht und der Endämmungspolitik der USA, Wien
Frank, A.G. (1969): Kapitalismus und Unterentwicklung in Lateinamerika, Frankfurt/M.
Frank, A.G. (1980): Abhängige Akkumulation und Unterentwicklung, Frankfurt/M.
Frank, R. (2014): Nord-Korea. Innenansichten eines totalen Staates, München
Furtak, R.K. (1975): Jugoslawien. Politik, Gesellschaft, Wirtschaft, Hamburg
Gerstenberger, H. (2006): Die subjektlose Gewalt. Theorie der Entstehung bürgerlicher Staatsgewalt, Münster
Giddens, A. (1995): Contemporary Critique of Historical Materialism, 2nd Edition, Palgrave 1995
Goepper, R. (Hrsg.) (1988): Das alte China. Geschichte und Kultur des Reiches der Mitte, München
Goldberg, J. (2008): Überleben im Goldland. Afrika im globalen Kapitalismus, Köln
Goldberg, J. (2015): Die Emanzipation des Südens. Die Neuerfindung des Kapitalismus aus Tradition und Weltmarkt, Köln
Gorbatschow, M. (1987a): Perestroika, München
Gorbatschow, M. (1987b): Die Rede zum 70. Jahrestag der Oktoberrevolution,

Bergisch-Gladbach
Golub, P. (2020): Die neue Weltordnung; in: Le Monde diplomatique vom 11.6.2020
Gowlett, J.A.J. (2016): The discovery of fire by humans: a long and convoluted process; in: https://doi.org/10.1098/rstb.2015.0164
Gramsci, A. (1967): Philosophie der Praxis, Frankfurt/M.
Grünert, H. et al. (1982): Geschichte der Urgesellschaft, Berlin (DDR)
Guevara, E. (1968): Mensch und Sozialismus auf Cuba, Köln/München
Guevara , E. (1963/1969): Über das Budget-Finanzierungssystem; in: Bettelheim/Castro/Guevara/ Mandel/Mora: Wertgesetz, Planung und Bewusstsein, Die Planungsdebatte in Cuba, Frankfurt/M.
Gurven, M.D./Gomes, C.M. (2017): Mortality, Senescence, and Life; in: Muller, M. et al. (Eds.), Chimpanzees and Human Evolution, Cambridge
Haberler, G. (1976): Die Weltwirtschaft und das internationale Währungssystem in der Zeit zwischen den beiden Weltkriegen; in: Deutsche Bundesbank, Währung und Wirtschaft in Deutschland 1876-1975, Frankfurt/M.
Habermas, J. (1976): Zur Rekonstruktion des Historischen Materialismus, Frankfurt/M.
Hamel, H. (1972): Die Experimente der sozialistischen Marktwirtschaft; in: Bress, L./Hensel, K.P. (Hrsg.) (1972): Wirtschaftssysteme des Sozialismus im Experiment – Plan oder Markt? Frankfurt/M.
Hansmeyer, K.-H./Caesar, R. (1976): Kriegswirtschaft und Inflation; in: Deutsche Bundesbank: Währung und Wirtschaft in Deutschland 1876–1975, Frankfurt/M.
Harbach, H. (2011): Wirtschaft ohne Markt. Transformationsbedingungen für ein neues System der gesellschaftlichen Arbeit, Berlin
Hardach, G. (1973): Der Erste Weltkrieg, München/Harmondsworth, Middlesex
Hartmann, D. (2016): Global Physical Climatology, 2nd Edition, San Diego (California)
Harvey, D. (2012): Kapitalismuskritik. Die urbanen Wurzeln der Finanzkrise. Den antikapitalistischen Übergang organisieren, Hamburg
Hassan, F. A. (1981) Demographic Archaeology (Studies in Archaeology), Academic Press Inc.
Hermann-Pillath, C. (1993): China: Paradoxe Transformation oder Modell; in: Berichte des Bundesinstituts für ostwissenschaftliche und international Studien, Nr. 3/1993
Herrmann, J./Köhn/J. (Hrsg.) (1988): Familie, Staat und Gesellschaftsformation. Grundprobleme vorkapitalistischer Epochen einhundert Jahre nach Friedrich Engels' Werk »Der Ursprung der Familie, des Privateigentums und des Staats«, Berlin (DDR)
Herrmann, J. (1982): Wikinger und Slawen. Zur Frühgeschichte der Ostseevölker, Berlin (DDR)
Herrmann, J./Sellnow, I. (Hrsg.) (1982): Produktivkräfte und Gesellschaftsformationen in vorkapitalistischer Zeit, Berlin (DDR)
Hildermeier, M. (1989): Die Russische Revolution 1905–1921, Frankfurt/M.

Hilferding, R. (1923): Das Finanzkapital, Frankfurt/M. 1968
Hobsbawm, E. (1964): Introduction to »Pre-Capitalist Economic Formations« by Karl Marx, New York
Hobsbawm, E. (1969): Industrie und Empire. Britische Wirtschaftsgeschichte seit 1750, 2 Bde., Frankfurt/M.
Hobsbawm, E. (1981): Die Krise des Kapitalismus; in: Krisen der kapitalistischen Weltökonomie, Reinbek/Hamburg
Hobsbawm, E. (1989): Das imperiale Zeitalter 1875–1914, Frankfurt/New York
Hobsbawm, E. (2012): Das Zeitalter der Extreme. Weltgeschichte des 20. Jahrhunderts, München 2012
Hoering, U. (2018): Der Lange Marsch 2.0. Chinas Neue Seidenstraßen als Entwicklungsmodell, Hamburg
Höpken, W./Sundhausen, H. (1987): Jugoslawien von 1914 bis zur Gegenwart; in: Fischer, W. et al. (Hrsg.), Handbuch der europäischen Wirtschafts- und Sozialgeschichte, Band 6, Stuttgart
Hoffer, F. (1992): Perestroika, Die unfreiwillige Zerstörung des sowjetischen Vergesellschaftungszusammenhangs oder warum das letzte Gefecht verlorenging, Marburg
Horvat, B. (1969): Die jugoslawische Gesellschaft, Ein Essay, Frankfurt/M.
HW 3: G.W.F. Hegel: Phänomenologie des Geistes; in: Hegel Werke, Bd. 3, Frankfurt/M. 1970
IGZA (2022): Institut für die Geschichte und Zukunft der Arbeit (Hrsg.), Matrix der Arbeit. Materialien zur Geschichte und Zukunft der Arbeit, Bonn
Jaitner, F. (2014): Einführung des Kapitalismus in Russland, Von Gorbatschow zu Putin, Hamburg
Jakowlew, N.N. (1977): Franklin D. Roosevelt. Eine politische Biographie, Berlin
James, H. (1988): Deutschland in der Weltwirtschaftskrise 1924–1936, Stuttgart
Keiser, G. (1979): Die Energiekrise und die Strategie der Energiesicherung, München
Keynes, J.M. (1919): Die wirtschaftlichen Folgen des Friedensvertrages, München/Leipzig 1920
Keynes, J.M. (1925): Die wirtschaftlichen Folgen von Mr. Churchill; in: Mattfeldt, H., Keynes, Kommentierte Werkauswahl, Hamburg 1985
Keynes, J.M. (1931): Gedanken über den Freihandel; in: Wirtschaftsdienst, Weltwirtschaftliche Nachrichten, hrsg. vom Hamburger Welt-Wirtschafts-Archiv, 16. Jahrgang
Keynes, J.M. (1933): National Selbstgenügsamkeit; in: Mattfeld, H.: Keynes. Kommentierte Werkauswahl, Hamburg 1985
Keynes (1936): General Theory of Employment, Interest and Money; deutsch: Allgemeine Theorie der Beschäftigung, des Zinses und des Geldes, Berlin 1936
Keynes, J.M. (1943): Proposals for an International Clearing Union; in: H.G. Grubel (Hrsg.), World Monetary Reform, Plans and Issues, Stanford (Cal.) 1963
Kindleberger, C.P. (1973): Die Weltwirtschaftskrise, München
Kleinknecht, A. (1984): Innovations Patterns in Crisis and Prosperity: Schumpe-

ter's Jong Cycle reconsidered, Enschede
Kondratieff, N.D. (1926): Die langen Wellen der Konjunktur; in: Die langen Wellen der Konjunktur. Beiträge zur marxistischen Konjunktur- und Krisentheorie, Berlin 1972
Kondratieff, N.D. (1928): Die Preisdynamik der industriellen und landwirtschaftlichen Waren; in: Die langen Wellen der Konjunktur. Beiträge zur marxistischen Konjunktur- und Krisentheorie, Berlin 1972
Korn, E. (2021): Eine Konterrevoluotion wird besichtigt; in junge welt vom 22. Dezember 2021
Kosta, J./Meyer, J./Weber, S. (1973): Warenproduktion im Sozialismus, Frankfurt/M.
Kritzman, L.N. (1929): Die heroische Periode der grossen russischen Revolution, Frankfurt/M.
Krüger, S. (1986): Lange-Wellen-Theorien. Ein Beitrag zur Analyse der langfristigen Entwicklungstendenzen der Kapitalakkumulation; in: Prokla/SPW/Sozialismus/Memorandum/IMSF: Kontroversen zur Krisentheorie. Überakkumulation, Verschuldung, Nachfragepolitik und Alternativen, Hamburg
Krüger, S. (2010): Allgemeine Theorie der Kapitalakkumulation. Langfristige Entwicklung und industrieller Zyklus, Hamburg
Krüger, S. (2012a): Politische Ökonomie des Geldes. Gold, Währung, Zentralbankpolitik und Preise, Hamburg
Krüger, S. (2012b): Keynes & Marx. Darstellung und Kritik der »General Theory«, Bewertung keynesianischer Wirtschaftspolitik, Linker Keynesianismus und Sozialismus, Hamburg
Krüger, S. (2015): Der deutsche Kapitalismus 1950–2013. Beschäftigung, Zyklus, Mehrwert, Profitrate, Kredit, Weltmarkt, Hamburg
Krüger, S. (2016): Wirtschaftspolitik und Sozialismus. Vom politökonomischen Minimalkonsens zur Überwindung des Kapitalismus, Hamburg
Krüger, S. (2017): Soziale Ungleichheit. Private Vermögensbildung, sozialstaatliche Umverteilung und Klassenanalyse, Hamburg
Krüger, S. (2019): Profitraten und Kapitalakkumulation in der Weltwirtschaft. Arbeits- und Betriebsweisen seit dem 19. Jahrhundert und der bevorstehende Epochenwechsel, Hamburg
Krüger, S. (2020): Grundeigentum, Bodenrente und die Ressourcen der Erde. Die Relativierung der Knappheit und Umrisse eines linken Green New Deal, Hamburg
Krüger, S. (2021a): Weltmarkt und Weltwirtschaft. Internationale Arbeitsteilung, Entwicklung und Unterentwicklung, Hegemonialverhältnisse und zukünftiger Epochenwechsel, Hamburg
Krüger, S. (2021b): Produktive und unproduktive Arbeit. Schlüsselkategorien zur Erfassung des Gesamtreproduktionsprozesses einer kapitalistischen Ökonomie; in: Z. Zeitschrift Marxistische Erneuerung, 32. Jahrgang, Heft 125
Krüger, S./Müller, K. (2020): Das Geld im 21. Jahrhundert. Die Aktualität der Marxschen Wert- und Geldtheorie, Köln
Krumbein, W. (2018): Staatsfinanzierung durch Notenbanken! Theoretische Grund-

lagen, historische Beispiele und aktuelle Konzeptionen einer großen Steuerungschance, Marburg
Kuchenbuch, L. (2022): Marx, feudal. Beiträge zur Gegenwart des Feudalismus in der Geschichtswissenschaft, 1975–2021, Berlin
Küblböck, K./Staritz, C. (Hrsg.) (2008): Asienkrise: Lektionen gelernt? Finanzmärkte und Entwicklung, Hamburg
Kulischer, J. (1958): Allgemeine Wirtschaftsgeschichte des Mittelalters und der Neuzeit, 2 Bde., Berlin
Kurz, I. (1920): Aus meinem Jugendland, Stuttgart
Lamb, H. (1982): The Course of Postglacial Climate; in: Anthony F. Harding (Hrsg.), Climate Change in the Later Prehistory, Edinburgh 1982
Lambrecht, L. et al. (1998): Gesellschaft von Olduvai bis Uruk. Soziologische Exkursionen, Kassel
Lehrbuch 1955: Politische Ökonomie, Lehrbuch, Berlin 1955
Lehrbuch 1972: Politische Ökonomie, Sozialismus, Frankfurt/M. 1972
Leisewitz, A./Schwarz, W. (2019/2020): Geschlechterverhältnisse und Engels' »Ursprung der Familie, des Privateigentums und des Staats (Teil I und II)«; in: Z. Zeitschrift Marxistische Erneuerung 31./31. Jahrgang; Heft 120 und 121
Li, W./Fumin, S./Lei, Z (2010): China's Economy, Beijing
Liberman, E.G. (1973): Ökonomische Methoden zur Effektivitätssteigerung der gesellschaftlichen Produktion, Berlin (DDR)
Lieber, C. (2008): Der »Prager Frühling« und der Umgang mit Niederlagen; in: Sozialismus, 35. Jhgg., Heft 8/2008
Livi Bacci, M. (2017). A Concise History of World Population. Wiley-Blackwell
Lipietz, A. (1983): The Enchanted World, Inflation, Credit and the World Crisis, Paris
Lohoff, E. (1996): Der dritte Weg in den Bürgerkrieg, Bad Honnef
Long Way Foundation (2015): Sozialismus 3.0: die Realität und die Zukunft des chinesischen Sozialismus; in: Yang Ping/Turowski, J. (Hrsg.), Sozialismusdebatte chinesischer Prägung, Hamburg
LW 1: W.I. Lenin, Die Entwicklung des Kapitalismus in Russland; in: Lenin-Werke (LW), Bd. 1, Berlin (DDR) 1972
LW 5: W.I. Lenin, Was tun? Brennende Fragen unserer Bewegung; in: LW, Bd. 5, Berlin (DDR) 1971
LW 9: W.I. Lenin, Zwei Taktiken der Sozialdemokratie in der demokratischen Revolution; in: LW 9, Berlin (DDR) 1971
LW 22: W.I. Lenin, Der Imperialismus als höchstes Stadium des Kapitalismus; in: LW 22, Berlin (DDR) 1972
LW 24: W.I. Lenin, Über die Aufgaben des Proletariats in der gegenwärtigen Revolution; in: LW, Bd. 24 (DDR) 1974
LW 25: W.I. Lenin, Staat und Revolution. Die Lehre des Marxismus vom Staat und die Aufgaben des Proletariats in der Revolution; in: LW, Bd. 25, Berlin (DDR) 1972

LW 26a: W.I. Lenin, Rede in der Sitzung des Petrograder Sowjets der Arbeiter- und Soldatendeputierten zusammen mit den Vertretern der Front, 4. (17.) November 1917, Zeitungsbericht; in: LW, Bd. 26, Berlin (DDR) 1980
LW 26b: W.I. Lenin, Rede über die Bodenfrage v. 26. Oktober 1917; in: LW, Bd. 26, Berlin (DDR) 1980
LW 28: W.I. Lenin, Die proletarische Revolution und der Renegat Kautsky; in: LW, Bd. 28, Berlin (DDR) 1970
LW 32a: W.I. Lenin, Referat über die Naturalsteuer; in: LW, Bd. 32, Berlin (DDR) 1972
LW 32b: W.I. Lenin, Über die Naturalsteuer; in: LW, Bd. 32, Berlin (DDR) 1972
LW 32d: W.I. Lenin, X. Parteitag der KPR (B); in: LW, Bd. 32, Berlin (DDR) 1972
LW 32e: W.I. Lenin, Plan der Broschüre »Über die Naturalsteuer«; in: LW, Bd. 32, Berlin (DDR) 1972
LW 33a: W.I. Lenin, Neue Zeiten, alte Fehler in neuer Gestalt; in: LW, Bd. 33, Berlin (DDR) 1971
LW 33b: W.I. Lenin, Über die Bedeutung des Goldes jetzt und nach dem vollen Sieg des Sozialismus; in: LW, Bd. 33, Berlin (DDR) 1971
LW 33c: W.I. Lenin, Die NÖP und die Aufgaben der Ausschüsse für die politisch-kulturelle Aufklärung, Referat auf dem II. Gesamtrussischen Kongreß der Ausschüsse für politisch-kulturelle Aufklärung, 17. Oktober 1921; in: LW, Bd. 33, Berlin (DDR) 1971
LW 33d: W.I. Lenin, Über das Genossenschaftswesen; in: LW, Bd. 33, Berlin (DDR) 1971
LW EB: W.I. Lenin, An alle Bürger Rußlands; in: LW, Ergänzungsband 1896–1917, Berlin (DDR) 1974
Lu, J./Teulings, C. (2016): Secular Stagnation. Bubbles, Fiscal Policy, and the Introduction of the Contraceptive Pill, London
Maddison, A. (1989): Economic Growth in Japan and the USSR, London
Maier, R. (1990): Die Stachanovbewegung 1935–1938. Der Stachanovismus als tragendes und verschärfendes Moment der Stalinisierung der sowjetischen Gesellschaft, Stuttgart
Maito, E.E. (2009): The Historical Transience of Capital. The downward Trend in the Rate of Profit since XIX Century; in: https://thenextrecession.files.wordpress.com/2014/04/maito-esteban-the-historical-transience-of-capital-the-downward-tren-in-the-rate-of-profit-since-xix-century.pdf
Mandel, E. (1962): Der Spätkapitalismus. Versuch einer marxistischen Erklärung, Frankfurt/M.
Mandel, E. (1983): Die langen Wellen des Kapitalismus. Eine marxistische Erklärung, Frankfurt/M.
Mason, P. (2016): Postkapitalismus. Grundrisse einer kommenden Ökonomie, Berlin
Mellassoux, C. (1975/1978): Die wilden Früchte der Frau. Über häusliche Produktion und kapitalistische Wirtschaft (Paris 1975), Frankfurt/M.

Mensch, G. (1977): Das technologische Patt. Innovationen überwinden die Depression, Frankfurt/M.
Menzel, U. (Hrsg.) (1989): Im Schatten des Siegers: Japan. Staat und Gesellschaft
Menzel, U. (2015): Die Ordnung der Welt. Imperium oder Hegemonie in der Hierarchie der Staatenwelt, Berlin
Milanovic, B. (2020): Kapitalismus Global. Über die Zukunft des Systems, das die Welt beherrscht, Berlin
Milward, A.S. (1977): Der Zweite Weltkrieg, München/Harmondsworth, Middlesex
Möller, H. (1976): Die westdeutsche Währungsreform; in: Deutsche Bundesbank, Währung und Wirtschaft in Deutschland 1876–1975, Frankfurt/M.
Morgan, L.H. (1877/1976): Ancient Society; dtsch: Die Urgesellschaft, Lollar/Lahn 1976
Morris, I. (2010): Why the West Rules – for Now. The patterns of history and what they reveal about the future, London
Morris, I. (2011): Wer regiert die Welt? Warum Zivilisationen herrschen oder beherrscht werden, Frankfurt/M.
Morris, I. (2013): The Measure of Civilization. How Social Development Decides the Fate of Nations, London
Musto, M. (2022): Der Krieg und die Linke. Überlegungen zu einer wechselvollen Geschichte; in: Musto, M./Korn, E., Der Krieg und die sozialistische Linke; in: Supplement zu Heft 5 von Sozialismus.de, 49. Jgg.
Mottek, H. (1972): Wirtschaftsgeschichte Deutschlands. Ein Grundriss. Bd. I und II, Berlin (DDR)
Müller, W. (2015): Arbeiterbewegung in China. Die widersprüchliche Rolle der Staatsgewerkschaften; in: Sozialismus, 42. Jahrgang, Heft 3/2015
Müller, W. (2021): Die Rätsel Chinas – Wiederaufstieg einer Weltmacht. Digitale Diktatur, Staatskapitalismus oder sozialistische Marktwirtschaft? Hamburg
Naumann, K. (1978): Formationsanalyse-Entwickungszentren-Weltgeschichte. Ergebnisse und Probleme der geschichtswissenschaftlichen Diskussion über die Periodisierung vorkapitalistischer ökonomischer Gesellschaftsformationen; in: Gesellschaftsformationen in der Geschichte, Argument-Sonderband 32, Berlin
Neelson, J.P. (2019): Indien – Global Player der Dritten Welt. Vom Armenhaus zum Schwellenland und zukünftiger Weltwirtschaftsmacht; in: Sozialismus, 46. Jgg., Heft Nr. 437 (2/2019)
Nick, H. (1970): Gesellschaft und Betrieb im Sozialismus, Berlin (DDR)
Nick, H. (2013): Ware-Geld-Beziehung im Sozialismus, in: Marxistische Blätter, 51. Jahrgg., Heft 5/13
Norman, E.H. (1940/1975): The Restoration; deutsch: Die Meiji-Restauration; in: Dower, J.W. (Hrsg.) (1975), Origins of the Modern Japanese State. Selected Writings of. E.H. Norman, New York
Paul, G. (o.J.): In Straßburg auf der Schanz. Die Fotografie des Deutsch-Französischen Krieges (1870/71); in: https://visual-history.de/2021/12/06/die-fotografie-des-deutsch-franzoesischen-krieges-1870-71

PEM (1978): Projektgruppe Entwicklung des Marxschen Systems, Grundrisse der Kritik der politischen Ökonomie (Rohentwurf). Kommentar, Hamburg
Peters, H. (2015): Der »Sozialismus chinesischer Prägung« aus Sicht der Reform- und Öffnungspolitik der KP Chinas; in: W. Hedeler/M. Keßler (Hrsg.): Reformen und Reformer im Kommunismus, Hamburg
Piketty, T. (2014): Das Kapital im 21. Jahrhundert, München
Piketty, T. (2020): Kapital und Ideologie, München
PKA (1971): Zur Taktik der proletarischen Partei. Marxsche Klassenanalyse Frankreichs von 1848 bis 1871, Berlin
PKA (1972): Projekt Klassenanalyse, Leninismus – neue Stufe des wissenschaftlichen Sozialismus? Zum Verhältnis von Marxscher Theorie, Klassenanalyse und revolutionärer Taktik bei W.I. Lenin, Berlin
PKA (1976): Projekt Klassenanalyse, Gesamtreproduktionsprozeß der BRD 1950–1975. Kritik der Volkswirtschaftlichen Gesamtrechnung, Berlin
Pohl, H. (1989): Aufbruch der Weltwirtschaft. Geschichte der Weltwirtschaft von der Mitte des 19. Jahrhunderts bis zum Ersten Weltkrieg, Stuttgart
Polanyi, K. (1944): The Great Transformation. Politische und ökonomische Ursprünge von Gesellschaften und Wirtschaftssystemen, Wien
Pollock, F. (1929): Die planwirtschaftlichen Versuche in der Sowjetunion 1917–1927, Frankfurt/M.
Preobrashenskij, E. (1971): Die neue Ökonomik, Berlin
Quesnay, F. (1798/1971): Das Ökonomische Tableau; in: F. Quesnay, Ökonomische Schriften 1756–1759, Berlin (DDR)
Reffert-Schönemann, D.M. (1984): Die Welt-Währungsordnung. Von den festen zu den flexiblen Wechselkursen – und wie geht es weiter? Frankfurt/M.
Ricardo, D. (1810/1979): The high Price of Bullion. A Proof of the Depreciation of Banknotes; deutsch: Der hohe Preis der Edelmetalle; in: K. Diehl/P. Mombert (Hrsg.), Vom Gelde. Ausgewählte Lesestücke zum Studium der politischen Ökonomie, Frankfurt/Wien/Berlin 1979
Ricardo, D. (1821/1959): Principles of Political Economy and Taxation; deutsch: Grundsätze der politischen Ökonomie und der Besteuerung, Berlin (DDR) 1959
Richter, H. (2015): Planmäßigkeit und Warenproduktion im Neuen Ökonomischen System der Planung und Leitung der Volkswirtschaft in der DDR; in: Lieberam, E./Poppe, L./Wötzel, R. (Hrsg.): Ulbrichts Reformen, Das Neue Ökonomische System – eine verpasste Chance der DDR? Berlin
Richter, W. (2018): Erneuerung der nuklearen Abschreckung, SWP-Aktuell, März 2018.
Roberts, M. (2015); UK Rate of Profit and British Economic History; in: https://thenextrecession.files.wordpress.com/2015/09/uk-rate-of-profit-august-2015.pdf
Roesler, J. (2009): Kompakte Wirtschaftsgeschichte Lateinamerikas vom 18. bis 21. Jahrhundert, Leipzig
Roesler, J. (2010): Der schwierige Weg in eine solidarische Wirtschaft, Historische Erfahrungen aus Weltwirtschaftskrise und New Deal; in: Supplement der Zeit-

schrift Sozialismus 9/2010

Rohrlich, R./Nash, J. (1981): Patriarchal Puzzle: State Formation in Mesopotamia and Mesoamerica; in: Heresis. A Feminist Publication on Art and Politics 4

Rostowski, J. (1997): Comparing two Great Depressions: 1929 to 1989–93; in: Zecchini, S.: Lessons from the Economic Transition. Central and Eastern Europe in the 1990s

Ruddiman, W. (2014): Earth's Climate. Past and Future, 3rd Edition, New York

Russel, S./Norvig, P. (2012): Künstliche Intelligenz. Ein moderner Ansatz, 3. aktualisierte Auflage, Pearson Deutschland

Saslawskaja, T. (1989): Die Gorbatschow-Strategie, Wien

Scarre, C. (2013): The Human Past: World Prehistory and the Development of Human Societies, New York

Schlesinger Jr., A. (1957): The Crisis of the Old Order 1919-1933, Boston/New York, Bd. 1

Schlesinger Jr., A. (2003a): The Politics of Upheaval, Boston/New York, Bd. 2

Schlesinger Jr., A. (2003b): The Coming of the New Deal, Boston/New York, Bd. 3

Schmalz, S. (2018): Machtverschiebungen im Weltsystem. Der Aufstieg Chinas und die große Krise, Frankfurt/M./New York

Schmid, F. (2018): Trumps Wirtschaftskrieg gegen China; in: Institut für sozial-ökologische Wirtschaftsforschung (isw): Globaler Wirtschaftskrieg. Der Aufstieg Chinas. Zerbricht der Westen? isw-Report 115

Schmidt, M. (1978): Zur Diskussion über die Klassenverhältnisse in der Antike; in: Gesellschaftsformationen in der Geschichte, Argument-Sonderband 32, Berlin

Schmidt-Glintzer, H. (1999): Geschichte Chinas bis zur Mongolischen Eroberung 250 v.Chr. – 1279 n.Chr., München

Schmidt-Glintzer, H. (2008): Kleine Geschichte Chinas, München

Schmidt, I./Zimmermann, A. (2019): Population dynamics and sozio-spatial organization of the Aurignacian: Scalable quantitative demographic data for western and central Europe, PloSONE 14(2): e0211562; in: https://journals.plos.org/plosone/ article?id=10.1371/journal.pone.0211562

Schrenk, F. (2019): Die Frühzeit des Menschen. Der Weg zum Homo sapiens, 6. Auflage, München

Schulmeister, S. (2918): Der Weg zur Prosperität, Wien

Schulmeister, S. (2010): Mitten in der großen Krise – ein »New Deal« für Europa, Wien

Schumpeter, J.A. (1911): Theorie der wirtschaftlichen Entwicklung. Eine Untersuchung über Unternehmergewinn, Kapital, Kredit, Zins und den Konjunkturzyklus, Berlin 1964

Schumpeter, J.A. (1939): Konjunkturzyklen, 2. Bde., Göttingen 1961

Schumpeter, J.A. (1942/1950): Kapitalismus, Sozialismus und Demokratie, München

Schultz, H. (2015): Der jugoslawische Weg; in: Hedeler, W./Keßler, M. (Hrsg.): Reformen und Reformer im Kommunismus, Hamburg

Sellnow, I. et al. (1977): Weltgeschichte bis zur Herausbildung des Feudalismus. Ein Abriss, Berlin (DDR)
Shiller, R.J. (2005): Irrational Exuberance, 2nd edition, Princeton/Oxford
Šik, O. (1979): Humane Wirtschaftsdemokratie, Ein dritter Weg, Hamburg
Šik, O. (1990): Über den Weg der Erkenntnis. Ein Gespräch mit Ota Šik über sein Leben anlässlich der Veröffentlichung seiner Biografie; in: Mladá Fronta, Prag, Jgg. 46, Nr. 178, 2. August 1990, S.1–2. Vollständige Übersetzung des Interviews, übertragen aus dem Tschechischen von Bianca Lipanska, unter http://www.niqel.de/grenzlos/sik.htm
Smith, A. (1786/1963): An Inquiry into the Nature and Causes of the Wealth of Nations; dtsch: Eine Untersuchung über das Wesen und die Ursachen des Reichtums der Nationen. Erster, zweiter und dritter Band, Berlin (DDR) 1963 ff.
Sofri, G. (1972): Über asiatische Produktionsweise. Zur Geschichte einer strittigen Kategorie der politischen Ökonomie, Frankfurt/M.
Srnicek, N. (2018): Plattform-Kapitalismus, Hamburg
SOST (1980a): Sozialistische Studiengruppen, Spaltung der Arbeiterbewegung und Faschismus. Sozialgeschichte der Weimarer Republik, Hamburg
SOST (1980b): Sozialistische Studiengruppen, Erdöl und Energiekrise; in: Beiträge zum wissenschaftlichen Sozialismus, Heft 2, Hamburg
SOST (1981a): »Deutsche Ideologie«. Kommentar, Hamburg
SOST (1981b): Sozialistische Studiengruppen, Kapitalistische Weltwirtschaft, Hamburg
SOST (1982): Sozialistische Studiengruppen, Stagnation und Krise. Langfristige Tendenzen der kapitalistischen Ökonomie, Hamburg
SOST (1982/83): Sozialistische Studiengruppen, Kampf um Industrierohstoffe? Zur langfristigen Entwicklung von Rohstoffpreisen, Teil 1 und 2, in: Sozialismus Nr. 44/1982 und Nr. 45/1983, Hamburg
SOST (1984): Der soziale Ursprung des Patriarchats. Frauen, Familie und Gesellschaftsformation, Hamburg
Sperling, U./Tjaden-Steinhauer, M. (Hrsg.) (2004): Gesellschaft von Tikal bis irgendwo. Europäische Gewaltherrschaft, Gesellschaftliche Umbrüche, Ungleichheitsgesellschaften neben der Spur, Kassel
Staab, P. (2016): Falsche Versprechen. Wachstum im digitalen Kapitalismus, Hamburg
Staab, P. (2019): Digitaler Kapitalismus. Markt und Herrschaft in der Ökonomie der Unknappheit, Berlin
Steiner, A. (2006): Reformen in der DDR der sechziger Jahre: Planwirtschaft auf dem Weg zum Markt? in: Sozialistische Wirtschaftsreformen. Tschechoslowakei und DDR im Vergleich, hrsg. von Boyer, C., Frankfurt
Strathern, P. (2019): Rise and Fall. A History of the World in Ten Empires, Hodder & Stoughton
Striedter, G. (2005): Principles of Brain Evolution, Oxford
Ströhm, C.G. (1976): Ohne Tito – Kann Jugoslawien überleben? Graz/Wien/ Köln

Literatur

Sundhausen, H. (1982): Geschichte Jugoslawiens: 1918–1980, Stuttgart
Swanepoel, C.J./van Dyk, J. (1978): The fixed capital stock and sectoral capital-output ratios of South Africa, 1946 to 1977; in: http://k.co.za/Lists/News and Publications/Attachments/5267/04The fixed capital stock and sectoral capital-output ratios of South Africa, 1946 to 1977.pdf
Sweezy, P./Dobb, M. et al. (1984): Der Übergang vom Feudalismus zum Kapitalismus, Frankfurt/M.
SW 11: Stalin, J.W., Über die Industrialisierung des Landes und die rechte Abweichung in der KPdSU (B), Rede auf dem Plenum des ZK der KPdSU (B), 19. November 1928; in: Stalin Werke (SW), Bd. 11, Berlin (DDR)
SW 13: Stalin, J.W., Über die Aufgaben der Wirtschaftler, Rede vom 4. Februar 1931; in: Stalin Werke (SW), Bd. 13, Berlin (DDR)
Templeton, A. (2002): Out of Africa again and again; in: http://www.bioguider.com/ebook/biology/pdf/Templeton_n2002.pdf
Tetzlaff, R. (2018): Afrika. Ein Einführung in Geschichte, Politik und Gesellschaft, Wiesbaden
Teulings, C./Baldwin, R. (2014): Secular Stagnation: Facts, Causes, and Cures, London
Thilo, T./Heyse, D. (1982): Zum Verhältnis von Produktivkraftentwicklung und Herausbildung des Großgrundeigentums in China; in: Herrmann, J./Sellnow, I. (Hrsg.): Produktivkräfte und Gesellschaftsformationen in vorkapitalistischer Zeit, Berlin (DDR)
Thörner, K. (1999): Jugoslawien: Geschichte eines antikolonialen und antifaschistischen Staates, in: Khella/Karam (Hrsg.) (1999): Der Fall Jugoslawien, Hamburg
Tjaden-Steinhauer, M./Tjaden, K.H. (2001): Gesellschaft von Rom bis Ffm. Ungleichheitsverhältnisse in West-Europa und die iberischen Eigenwege; Kassel
Tooze, A. (2018a): Crashed. Wie zehn Jahre Finanzkrise die Welt verändert haben, München
Tooze, A. (2018b): Mythen über die Finanzkrise 2008. Über eine vergessene Geschichte und was daraus hätte gelernt werden können; in: Sozialismus.de, 10/2018
Treue, W. (Hrsg.) (1967): Deutschland in der Weltwirtschaftskrise in Augenzeugenberichten, Düsseldorf
Triffin, R. (1961): Gold and the Dollar Crisis. The Future of Convertibility, New Haven
Trofimov, I. (2018): The secular decline in profit rates: time series analysis of a classical hypothesis; MPRA Paper No. 88248, posted 31 July 2018; in: https://mpra.ub.uni-muenchen.de/88248
Trotzki, L. (1920): Rede Trotzkis auf dem 9. Kongreß der KPR, April 1920; in: Russ. Korr. 1920, Heft 10
UBS (1993): Union Bank of Switzerland, China's Great Leap Forward, in: UBS International Finance, Issue 15
van der Wee, H. (1984): Der gebremste Wohlstand. Wiederaufbau, Wachstum, Strukturwandel 1945–1980, München

Varga, E. (1974): Die Krise des Kapitalismus und ihre politischen Folgen, Frankfurt/M.
Vogelsang, K. (2021): Geschichte Chinas, Stuttgart
Voy, K./W. Polster/C. Thomasberger (Hrsg.) (1991): Marktwirtschaft und politische Regulierung. Beiträge zur Wirtschafts- und Gesellschaftsgeschichte der Bundesrepublik Deutschland (1949–1989) Bd. 1, Marburg
Vucic, N. (1988): Die Rolle der Auslandsverschuldung in der jugoslawischen Wirtschaft; in: Osteuropa, Jg. 38, H. 4/1988
Wagenführ, R. (1933): Die Industriewirtschaft; in: Wagemann, E. (Hrsg.), Vierteljahreshefte zur Konjunkturforschung, Sonderheft Nr. 31, Berlin
Wagenknecht, S. (2016): Reichtum ohne Gier. Wie wir uns vor dem Kapitalismus retten, Frankfurt/New York
Wallat, H. (2021): Politischer Marxismus. Ellen M. Woods Beitrag zur Aktualisierung des historischen Materialismus, Münster
Wallerstein, I. (1974): The Modern World-System I: Capitalist Agriculture and the Origins of the European World-Economy in the 16th Century, New York/London; dtsch: Das moderne Weltsystem. Die Anfänge kapitalistischer Landwirtschaft und die europäische Weltökonomie im 16. Jahrhundert, Wien
Wallerstein, I. (1980): The Modern World-System II: Mercantilism and the Consolidation of the European World-Economy, 1600–1750, New York; dtsch: Das moderne Weltsystem II. Der Merkantilismus: Europa zwischen 1600 und 1750, Wien
Wallerstein, I. (1989): The Modern World-System, Bd. III: The Second Great Expansion of the Capitalist World-Economy, 1730–1840's, San Diego; dtsch: Das moderne Weltsystem III. Die große Expansion: Die Konsolidierung der Weltwirtschaft im langen 18. Jahrhundert, Wien
Wallerstein, I. (2004): Absturz oder Sinkflug des Adlers? Der Niedergang der amerikanischen Macht, Hamburg
Walras, L. (1864/1984): Elements of Pure Economics. On the Theory of Social Wealth, Philadelphia
Weber, M. (1921/1976): Wirtschaft und Gesellschaft, Tübingen
Wittvogel, K.A. (1938): Die Theorie der orientalischen Gesellschaft; in: Zeitschrift für Sozialforschung
Wittvogel, K.A. (1972): Die Geschichte der bürgerlichen Gesellschaft. Von ihren Anfängen bis zur Schwelle der Großen Revolution, Reprint Malik-Verlag
Wittvogel, K.A. (1977): Die Orientalische Despotie. Eine vergleichende Untersuchung totaler Macht, Frankfurt/M.
Wittvogel, K.A. (1981): Einleitung zu Marx' »Enthüllungen zur Geschichte der Geheimdiplomatie im 18. Jahrhundert«; in: K. Marx, Enthüllungen zur Geschichte der Geheimdiplomatie im 18. Jahrhundert, herausgegeben und eingeleitet von Karl August Wittvogel, Frankfurt
Wontroba, G./Menzel,U (1978): Stagnation und Unterentwicklung in Korea, Meisenheim
Wood, E.M. (2002): Landlords and Peasants, Masters and Slaves: Class Relations

in Greek and Roman Antiquity; in: Historical Materialism. Research in Critical Marxist Theory 2002/3
Wood. E.M. (2015): Der Ursprung des Kapitalismus. Eine Spurensuche, Hamburg
Wood, E.M. (2016): Das Imperium des Kapitals, Hamburg
Woytinsky, W.S. (1961): Stormy Passage. A Personal History through two Russian Revolutions to Democracy and Freedom, 1905–1960, New York
Xi, Jinping (2020): Neue Grenzen öffnen für die marxistische politische Ökonomie im heutigen China; in: Beilage zu Marxistische Blätter, Ausgabe 6
Zander, E./Richter, S. (1992): China am Wendepunkt zur Marktwirtschaft? Mit einer Einführung in die wichtigsten Phasen der chinesischen Politik und Geschichte, Heidelberg
Ziebura, G. (1984): Weltwirtschaft und Weltpolitik 1922/24–1931. Zwischen Rekonstruktion und Zusammenbruch, Frankfurt/M.
Ziegler, A. (2020): Die neuen Maschinensysteme des Hightech-Kapitalismus. Zum Fundament von Tech-Unternehmen; in: Das Argument 335, Berlin

C) Statistische Materialien

Bank of England, www.bankofengland.co.uk/mfsd/iadb/fromshowcolumns.asp
Bank of Japan, Balance of Payments, versch. Jahrgänge
BIZ versch. Jahre: Bank für Internationalen Zahlungsausgleich, Jahresberichte, versch. Jahrgänge
Bureau of Statistics
Deutsche Bundesbank (1976): Deutsches Geld- und Bankwesen in Zahlen 1876-1975, Frankfurt/M.
Deutsche Bundesbank (1988): 40 Jahre Deutsche Mark. Monetäre Statistiken 1948-1987, Frankfurt/M.
Deutsche Bundesbank, Geschäftsberichte, versch. Jg.
Deutsche Bundesbank, Monatsberichte der Deutschen Bundesbank
Deutsche Bundesbank, Statistische Beihefte zu den Monatsberichten der Deutschen Bundesbank, Reihe 2: Wertpapierstatistik
Deutsche Bundesbank, Statistische Beihefte zu den Monatsberichten der Deutschen Bundesbank, Reihe 3: Zahlungsbilanzstatistik
Deutsche Bundesbank, Statistische Beihefte zu den Monatsberichten der Deutschen Bundesbank, Reihe 4: Saisonbereinigte Wirtschaftszahlen
Deutsche Bundesbank, Zahlenübersichten und methodische Erläuterungen zur gesamtwirtschaftlichen Finanzierungsrechung der Deutschen Bundesbank 1960 bis 1977, Sonderdruck der Deutschen Bundesbank
Deutsche Bundesbank, Jahresabschlüsse der Unternehmen in der Bundesrepublik Deutschland, versch. Jgg. (seit 1965)
Deutsches Institut für Wirtschaftsforschung, DIW-Wochenberichte
Deutsches Institut für Wirtschaftsforschung, Sozialprodukt und Einkommenskreislauf. Vierteljährliche Volkswirtschaftliche Gesamtrechnung für die Bundesrepublik Deutschland

Economic Report of the President
Europäische Zentralbank, Jahresberichte, versch. Jg.
Europäische Zentralbank, Monatsberichte
FRED: Federal Reserve Bank of St. Louis, Economic Research; in: https://fred.stlouisfed.org/series/RKNANPUSA666NRUG
Hoffmann, W.G. (1965): Das Wachstum der deutschen Wirtschaft seit Mitte des 19. Jahrhunderts, Berlin/Heidelberg/New York
https://tagesgeld.info/statistiken/bilanzsummen-der-zentralbanken/
https://www.onvista.de/index/S-P-500-Index
ifo-Institut, Spiegel der Wirtschaft, Economic Indicators. Struktur und Konjunktur in Bild und Zahl, versch. Jahrgänge
IISS (http://iiss.org)
INSEE, National Accounts
Institute of Empirical Economic Research nach EZB-Daten
International Monetary Fund, Balance of Payments Yearbooks, versch. Jahrgänge
International Monetary Fund, International Financial Statistics, versch. Jahrgänge
Istat, National Accounts, Database
Länderbericht China
Länderrat der Amerikanischen Besatzungszone: Statistisches Handbuch von Deutschland 1928–1944
League of Nations, Statistical Yearbooks
Maddisson-Database: Original Version 2010, Maddisson Project Database 2020
Maddisson Historical Statistics; in: https://www.rug.nl/ggdc/historicaldevelopment/maddison/releases/maddison-project-database-2018
McKinsey Global Institute, Institute of International Finance (IIF)
Mitchell, B.R. (1978): European Historical Statistics 1750–1970, New York
Monatsberichte der Tokioter Börse; in: https://www.onvista.de/index/Nikkei-Index
National Bureau of Economic Research; in: www.nber.org/databasis/macrohistory
Nihon Keizai Shimbun
Organization for Economic Cooperation and Development (OECD), Economic Outlook
Organization for Economic Cooperation and Development (OECD), OECD Statistics; in: http://stats.oecd.org/
OECD, Economic Survey USA, versch. Jahrgänge
OECD, Economic Survey United Kingdom, versch. Jahrgänge
OECD, Economic Survey France, versch. Jahrgänge
OECD, Economic Survey Japan, versch. Jahrgänge
OECD, Balance of Payments of OECD-Countries, versch. Jahrgänge
Rosstat: Statistical Office of the Russian Federation
Sachverständigenrat zur Begutachtung der gesamtwirtschaftlichen Entwicklung, Jahresgutachten 2017/18
Statista; https://de.statista.com/
Statistical Abstract of the United States 1988

Literatur

Statistisches Bundesamt, Wirtschaft und Statistik, versch. Jahrgänge
Statistisches Bundesamt, Statistik des Auslands, versch. Jahrgänge
Statistisches Bundesamt, Statistisches Jahrbuch der Bundesrepublik Deutschland, versch. Jahrgänge
Statistisches Bundesamt, Volkswirtschaftliche Gesamtrechnungen, in: Fachserien N, Reihe 3 (Sonderbeiträge): Revidierte Zahlen ab 1950
Statistisches Bundesamt, Volkswirtschaftliche Gesamtrechnungen, in: Fachserie 18, Reihe 1: Konten und Standardtabellen, versch. Jahrgänge
Statistisches Bundesamt, Lange Reihen zur Wirtschaftsentwicklung, versch. Jahrgänge
South Africa Reserve Bank
The Economist
UNCTAD: https://unctad.org/
United Nations: https://www.un.org/
US Census: Census Bureau: https://www.census.gov
United States Department of Commerce, Long Term Economic Growth 1860–1965, Washington
United States Department of Commerce, Historical Statistics of the United States. Colonial Times to 1970, Washington
United Nations DESA Population Division
United Nations Organization (UNO), International Trade Statistics
Wagenführ, R. (1933): Die Industriewirtschaft; in: Wagemann, E. (Hrsg,), Vierteljahreshefte zur Konjunkturforschung, Sonderheft Nr. 31, Berlin
Weltbank-Daten: World Bank: https://data.worldbank.org/indicator/gnp
Wikipedia: https://www.wikipedia.de/
World Gold Council: https://www.gold.org/
World Population Prospects
World Trade Organization (WTO), http://stat.wto.org/Statistical Program/WSDB ViewData.asp
Woytinski, W.S./Woytinski, E.S. (1955): World Commerce and Governments 20th Century Fund, New York
www.agendastrategica.com.ar
www.gks.ru

VSA: Marxistische Theorie

Karl Marx
Das Kapital
Kritik der politischen
Ökonomie | Erster Band
Buch I: Der Produktionsprozess
des Kapitals
Neue Textausgabe,
bearbeitet und herausgegeben
von Thomas Kuczynski
800 Seiten | Hardcover mit
USB-Card | € 19.80
ISBN 978-3-89965-777-7
Diese Neuausgabe basiert auf
jenem sorgfältigen Vergleich
der zweiten deutschen und
der französischen Ausgabe des
»Kapital«, den Marx gefordert
hat, aber nicht mehr vornehmen konnte, und vereint erstmals die Vorzüge der beiden
Ausgaben.

Prospekte anfordern!

VSA: Verlag
St. Georgs Kirchhof 6
20099 Hamburg
Tel. 040/28 09 52 77-0
Fax 040/28 09 52 77-50
Mail: info@vsa-verlag.de

Stephan Krüger
**Grundeigentum, Boden-
rente und die Ressourcen
der Erde**
Die Relativierung der Knappheit und Umrisse eines linken
Green New Deal
408 Seiten | mit farbigen
Infografiken | € 29.80
ISBN 978-3-96488-076-5
Grund und Boden als nicht
vermehrbare natürliche Ressource ist für alle Menschen
essentiell, wie sich vor allem
an der Brisanz der Wohnungs-
frage zeigt. Stephan Krüger
bezieht übergreifende Zusammenhänge der Bodennutzung
und des Raumgefüges ein und
entwickelt eine nachhaltige
sozial-ökologische Transforma-
tionsstrategie.

Stephan Krüger
**Der deutsche Kapitalismus
1950–2023**
Inflation, Beschäftigung,
Umverteilung, Profitraten,
Finanzkrisen, Weltmarkt,
Ukraine-Kriegsfolgen
220 Seiten | mit farbigen
Infografiken | € 24.80
ISBN 978-3-96488-189-2
Ein Taschenbuch mit statistischen Daten und Abbildungen:
kompaktes Wissen zum deutschen Nachkriegskapitalismus
bis in die jüngste Gegenwart.
Dieser Band ist die Erweiterung und Aktualisierung
des 2015 erschienenen Text
zur Analyse des deutschen
Kapitalismus. Neben einer Aktualisierung des statistischen
Materials bis 2023 behandelt
der Autor in einem gesonderten Kapitel die Inflation und
die Belastungen der öffentlichen Haushalte durch den
Russland-Ukraine-Krieg und
Verlust an Wertschöpfungspo-
tenzialen.

www.vsa-verlag.de

VSA: Kritik der Politischen Ökonomie und Kapitalismusanalyse

Eine theoretisch-empirische Analyse des Gegenwartskapitalismus auf Basis des Marxschen »Kapital«.

Band 1:
Allgemeine Theorie der Kapitalakkumulation
Konjunkturzyklus und langfristige Entwicklungstendenzen
1000 Seiten
Hardcover; € 58.00
ISBN 978-3-89965-376-2
Vergriffen, als pdf verfügbar unter www.vsa-verlag.de/nc/detail/artikel/allgemeine-theorie-der-kapitalakkumulation-1/

Prospekte anfordern!

VSA: Verlag
St. Georgs Kirchhof 6
20099 Hamburg
Tel. 040/28 09 52 77-0
Fax 040/28 09 52 77-50
info@vsa-verlag.de

Band 2:
Politische Ökonomie des Geldes
Gold, Währung, Zentralbankpolitik und Preise
616 Seiten | Hardcover
€ 36.80
ISBN 978-3-89965-459-2
Eine Geld- und Währungstheorie auf marxistischer Grundlage.
Vergriffen, als pdf verfügbar unter www.vsa-verlag.de/nc/detail/artikel/politische-oekonomie-des-geldes/

Band 3:
Wirtschaftspolitik und Sozialismus
Vom politökonomischen Minimalkonsens zur Überwindung des Kapitalismus
568 Seiten | Hardcover
€ 34.80
ISBN 978-3-89965-674-9

Band 4:
Keynes und Marx
Darstellung und Kritik der »General Theory«
Bewertung keynesianischer Wirtschaftspolitik
Linker Keynesianismus und Sozialismus
416 Seiten | Hardcover | € 26.80
ISBN 978-3-89965-531-5

Band 5:
Soziale Ungleichheit
Private Vermögensbildung, sozialstaatliche Umverteilung und Klassenstruktur
Kritik der Politischen Ökonomie und Kapitalismusanalyse
712 Seiten | Hardcover
€ 39.80
ISBN 978-3-89965-786-9

Band 6:
Weltmarkt und Weltwirtschaft
Internationale Arbeitsteilung, Entwicklung und Unterentwicklung, Hegemonialverhältnisse und zukünftiger Epochenwechsel
Kritik der Politischen Ökonomie und Kapitalismusanalyse, Band 6
608 Seiten | Hardcover
€ 34.80
ISBN 978-3-96488-021-5
Der sechste Band stellt die wesentlichen Eckpunkte einer Wirtschafts- und Sozialgeschichte der entwickelten kapitalistischen Produktionsweise unter den Blickpunkten von Weltmarkt, Weltwirtschaft und Weltpolitik zusammen.

www.vsa-verlag.de